CHINA FORESTRY YEARBOOK

中国林业年鉴

2015

中国林业出版社

图书在版编目（CIP）数据

中国林业年鉴. 2015 / 国家林业局编纂. -- 北京 : 中国林业出版社，2015.12
ISBN 978-7-5038-8247-0
Ⅰ. ①中… Ⅱ. ①国… Ⅲ. ①林业－中国－2015－年鉴
Ⅳ. ①F326.2-54
中国版本图书馆CIP数据核字(2015)第268890号

出　版：中国林业出版社（100009 北京西城区德内大街刘海胡同7号）
网　址：http://lycb.forestry.gov.cn
E-mail：cfybook@163.com　　电　话：010-83143666
发　行：中国林业出版社
印　刷：北京中科印刷有限公司
版　次：2015年12月第1版
印　次：2015年12月第1次
开　本：880mm×1230mm 1/16
印　张：45.75
彩　插：36
字　数：1986千字
定　价：300.00元

中国林业年鉴编辑委员会 ◎

孟宪林　国家林业局濒危物种进出口管理中心常务副主任
孙国吉　国家林业局天然林保护工程管理中心主任
周鸿升　国家林业局退耕还林（草）工程管理中心主任
潘迎珍　国家林业局防治荒漠化管理中心主任
丁立新　国家林业局世界银行贷款项目管理中心（速丰办）主任
吴志民　国家林业局对外合作项目中心常务副主任
王焕良　国家林业局科技发展中心主任
李金华　国家林业局经济发展研究中心主任
黄正秋　国家林业局人才交流开发中心主任
王元法　国家林业局森林防火预警监测信息中心主任
马广仁　国家林业局湿地保护管理中心主任
费本华　国际竹藤中心常务副主任
张守攻　中国林业科学研究院院长
王忠武　国家林业局调查规划设计院院长
郭青俊　国家林业局林产工业规划设计院院长
李向阳　国家林业局管理干部学院党委书记
厉建祝　中国绿色时报社党委书记、总编辑
鲁　德　亚太森林网络管理中心常务副主任
陈幸良　中国林学会秘书长
臧春林　中国野生动物保护协会秘书长
刘　红　中国花卉协会秘书长
陈　蓬　中国绿化基金会副秘书长兼办公室主任
王　满　中国林业产业联合会秘书长
李怒云　中国绿色碳汇基金会秘书长
刘树人　国家林业局驻内蒙古自治区森林资源监督专员办事处（中华人民共和国濒危物种进出口管理办公室内蒙古自治区办事处）专员（主任）
王志高　国家林业局驻长春森林资源监督专员办事处（中华人民共和国濒危物种进出口管理办公室长春办事处）专员（主任）
袁少青　国家林业局驻黑龙江省森林资源监督专员办事处（中华人民共和国濒危物种进出口管理办公室黑龙江省办事处）专员（主任）
陈　彤　国家林业局驻大兴安岭森林资源监督专员办事处专员
向可文　国家林业局驻合肥森林资源监督专员办事处（中华人民共和国濒危物种进出口管理办公室合肥办事处）专员（主任）
尹刚强　国家林业局驻福州森林资源监督专员办事处（中华人民共和国濒危物种进出口管理办公室福州办事处）专员（主任）
周少舟　国家林业局驻武汉森林资源监督专员办事处（中华人民共和国濒危物种进出

口管理办公室武汉办事处）专员（主任）

关进敏　国家林业局驻广州森林资源监督专员办事处（中华人民共和国濒危物种进出口管理办公室广州办事处）副专员

黄建华　国家林业局驻成都森林资源监督专员办事处（中华人民共和国濒危物种进出口管理办公室成都办事处）专员（主任）

康晓达　国家林业局驻贵阳森林资源监督专员办事处（中华人民共和国濒危物种进出口管理办公室贵阳办事处）专员（主任）

江机生　国家林业局驻云南省森林资源监督专员办事处（中华人民共和国濒危物种进出口管理办公室云南省办事处）专员（主任）

侯　龙　国家林业局驻西安森林资源监督专员办事处（中华人民共和国濒危物种进出口管理办公室西安办事处）专员（主任）

刘家顺　国家林业局驻乌鲁木齐森林资源监督专员办事处（中华人民共和国濒危物种进出口管理办公室乌鲁木齐办事处）专员（主任）

王希玲　国家林业局驻上海森林资源监督专员办事处（中华人民共和国濒危物种进出口管理办公室上海办事处）专员（主任）

苏祖云　国家林业局驻北京森林资源监督专员办事处（中华人民共和国濒危物种进出口管理办公室北京办事处）专员（主任）

张　炜　国家林业局西北华北东北防护林建设局局长

张克江　国家林业局森林病虫害防治总站党委书记

张惠新　国家林业局北方航空护林总站总站长

史永林　国家林业局南方航空护林总站总站长

王邱文　南京森林警察学院党委书记

傅宾领　国家林业局华东林业调查规划设计院院长

周光辉　国家林业局中南林业调查规划设计院院长

张　翼　国家林业局西北林业调查规划设计院院长

唐芳林　国家林业局昆明勘察设计院院长

郭小平　武警森林指挥部政治部主任

特约委员

邓乃平　北京市园林绿化局局长

张宗启　天津市林业局局长

刘凤庭　河北省林业厅副厅长

李永林　山西省林业厅厅长

呼　群　内蒙古自治区林业厅厅长

奚克路　辽宁省林业厅厅长

兰宏良　吉林省林业厅厅长

杨国亭　黑龙江省林业厅厅长

陆月星　上海市绿化和市容管理局局长
夏春胜　江苏省林业局局长
林云举　浙江省林业厅厅长
程中才　安徽省林业厅厅长
陈则生　福建省林业厅厅长
阎钢军　江西省林业厅厅长
刘均刚　山东省林业厅厅长
陈传进　河南省林业厅厅长
刘新池　湖北省林业厅厅长
吴剑波　湖南省林业厅副巡视员
陈俊光　广东省林业厅厅长
黄显阳　广西壮族自治区林业厅厅长
关进平　海南省林业厅厅长
尧斯丹　四川省林业厅厅长
吴　亚　重庆市林业局局长
黄永昌　贵州省林业厅机关党委书记
冷　华　云南省林业厅厅长
雷桂龙　西藏自治区林业厅厅长
李三原　陕西省林业厅厅长
段昌盛　甘肃省林业厅副厅长
党晓勇　青海省林业厅厅长
马金元　宁夏回族自治区林业厅厅长
来景刚　新疆维吾尔自治区林业厅党委书记
段　华　新疆生产建设兵团林业局副局长
张学勤　中国内蒙古森林工业集团公司董事长
柏广新　中国吉林森林工业集团有限责任公司董事长
魏殿生　黑龙江省森林工业总局局长
李树铭　大兴安岭林业集团公司总经理
宋维明　北京林业大学校长
杨传平　东北林业大学校长
曹福亮　南京林业大学校长
周先雁　中南林业科技大学校长
刘惠民　西南林业大学校长

中国林业年鉴特约编辑 ◎

国家林业局驻成都专员办（濒管办） 曹小其
国家林业局驻贵阳专员办（濒管办） 陈学锋
国家林业局驻云南专员办（濒管办） 刘海平
国家林业局驻西安专员办（濒管办） 潘自力
国家林业局驻乌鲁木齐专员办（濒管办） 刘 斌
国家林业局驻上海专员办（濒管办） 沈影峰
国家林业局驻北京专员办（濒管办） 于伯康
中国水土保持学会 郑 慧
中国林业教育学会 田 阳
国家林业局西北华北东北防护林建设局 刘 冰
国家林业局森林病虫害防治总站 柴守权
国家林业局北方航空护林总站 石凤莉
国家林业局南方航空护林总站 史 磊
南京森林警察学院 夏桂林
国家林业局华东林业调查规划设计院 刘 强
国家林业局中南林业调查规划设计院 齐建文
国家林业局西北林业调查规划设计院 王义贵
国家林业局昆明勘察设计院 张凤仙
武警森林指挥部 管黎丽
北京市园林绿化局 齐庆栓
天津市林业局 王 浩
河北省林业厅 袁 媛
山西省林业厅 冀瑞平
内蒙古自治区林业厅 牛喜山
辽宁省林业厅 姜忠灏
吉林省林业厅 林彦明
黑龙江省林业厅 崔祥娟
上海市绿化和市容管理局 胡建文
江苏省林业局 吴小巧
浙江省林业厅 谢 力
安徽省林业厅 刘 力
福建省林业厅 林 萍
江西省林业厅 谢利玉
山东省林业厅 刁训禄
河南省林业厅 杨晓周
湖北省林业厅 彭锦云
湖南省林业厅 吴振明
广东省林业厅 欧阳学工
广西壮族自治区林业厅 李巧玉
海南省林业厅 慕立忠
四川省林业厅 张革成
重庆市林业局 刘洪平
贵州省林业厅 姚世超
云南省林业厅 秦洪锦
西藏自治区林业厅 陈 平
陕西省林业厅 吕旭东
甘肃省林业厅 赵 俊
青海省林业厅 宋晓英
宁夏回族自治区林业厅 马永福
新疆维吾尔自治区林业厅 俞言琳
新疆生产建设兵团林业局 贾寿珍
中国内蒙古森林工业集团公司 杨建飞
中国吉林森林工业集团有限责任公司 路增春
黑龙江省森林工业总局 姜东涛
大兴安岭林业集团公司 陈广辉
北京林业大学 高 斌
东北林业大学 雒文虎
南京林业大学 钱一群
中南林业科技大学 李波涛

◎ 2014年3月20日，赵树丛参加国际森林日植树纪念活动 /杨华　供稿/

◎ 2014年5月4日，张建龙参加“五四”青年表彰座谈会 /蔡鸿　供稿/

◎ 2014年10月29日，孙扎根接见森林公安英模代表 /蔡鸿　供稿/

◎ 2014年5月22日，陈述贤接见“全国五一劳动奖章”获得者、2013年首届全国国有林场职业技能竞赛冠军、河北塞罕坝机械林场职工许文江 /卢慧颖　供稿/

◎ 2014年3月20日，张永利参加国际森林日植树纪念活动 / 杨华　供稿 /

◎ 2014年8月23日，陈凤学在四川广安华蓥山大熊猫野化放归培训基地调研 / 朱介石　供稿 /

◎2014年11月24日，刘东生参加中国林业经济学会世界林业经济专业委员会2014年度学术研讨会

/蔡鸿　供稿/

◎ 2014年7月17日，彭有冬参加全国森林公安工作暨国家林业局森林公安局成立30周年座谈会

/蔡鸿　供稿/

◎ 2014年5月26日，谭光明赴三北局开展调研考察工作　　/ 国家林业局人事司　供稿 /

◎ 2014年5月25日，杜永胜在云南省安宁市协调指导扑火工作　　/ 国家林业局防火办　供稿 /

◎ 2014年6月6日，封加平到内蒙古自治区敖汉旗调研低产低效林改造工作

/ 国家林业局办公室　供稿 /

编辑说明

一、《中国林业年鉴》是一部综合反映我国林业建设重要活动、发展水平、基本成就与经验教训的大型资料性工具书。每年出版一卷，反映上年度情况。2015卷为第二十九卷，收录限2014年的资料，宣传彩页部分收录2014年和2015年资料。

二、《中国林业年鉴》的基本任务是为全国林业战线和有关部门的各级生产和管理人员、科技工作者、林业院校师生和广大社会读者全面、系统地提供中国森林资源消长、森林培育、森林资源保护、生态建设、森林资源管理与监督、森林防火、林业产业、林业经济、科学技术、专业理论研究、院校教育以及体制改革等方面的年度信息和相关资料。

三、第二十九卷编纂内容设26个栏目。统计资料除另有说明外，均不含香港特别行政区、澳门特别行政区、台湾省数据。

四、年鉴编写实行条目化，条目标题力求简洁、规范。长条目设黑体和楷体两级层次标题。全卷编排按内容分类。条头设【】。按分类栏目设书眉。

五、年鉴撰稿及资料收集由国家林业局机关各司（局），各直属单位承担；其中“各省、自治区、直辖市林业”由各省（区、市）林业厅（局）承担。

六、释文中的计量单位执行GB3100～3102—1993《国际单位制（SI）及其应用》的规定。数字用法按GB/T15835—2011《出版物上数字用法的规定》执行。

七、条目、文章一律署名。

《中国林业年鉴》编辑部

2015年12月

守护绿色大地的生态铁军

——森林公安30周年发展回眸

1984年5月3日，经国务院同意，林业公安列入公安机关序列，实行林业和公安双重领导；林业部成立公安局。1998年，林业公安统一更名为森林公安，林业部公安局更名为国家林业局森林公安局。国家林业局森林公安局局长王海忠指出，与铁路、交通、民航公安以及缉私、海警一样，森林公安是中国一支重要的专业警种和刑事司法、行政执法力量，肩负着保护森林和野生动植物资源安全，维护林区社会政治和治安稳定，保障林业发展和生态文明建设顺利推进的重大任务。

◎危急时刻的重大决策

20世纪80年代，中国林区治安秩序一度十分混乱，大规模哄抢林木、因山林权属纠纷引发的械斗事件经常发生。面对复杂严峻的森林资源保护和林区治安形势，党中央、国务院果断作出一系列决策部署，要求林区抓紧建立和健全林业公、检、法机构，批准同意成立林业部公安局，从法律上明确了森林公安的职责定位，将森林公安编制纳入政法专项编制序列。自此，森林公安临危受命，全面肩负起保护森林和野生动植物资源安全、维护林区治安秩序稳定的光荣使命。

◎ 王海忠（左）局长2012年4月在云南省检查野生动物执法工作

◎在困境中破冰前行

30年来，在国家林业局党组和公安部党委的坚强领导下，国家林业局森林公安局不辱使命，带领全体森林公安民警着力破解发展中碰到的一个个难题，推动森林公安工作逐步走上了正规化、职业化、现代化的发展道路。经过30年风雨洗礼，森林公安机构由30年前的4000多个增加到目前的近7000个，实有警力由3万人壮大到目前的6万多人，从高寒禁区的白山黑水到野生动物乐园的热带雨林，从车水马龙的东部沿海到人烟稀少的西部内陆，都有了森林公安队伍的常年驻防和守望。

◎为祖国大地添绿增色

30年来，森林公安与海关、工商、国土、民航等部门紧密协作，针对不同时期、不同地方违法犯罪活动的特点，相继开展了“可可西里一号行动”“2014天网行动”等30余次专项整治行动，严厉打击了乱砍滥伐林木、乱采滥挖野生植物、乱捕滥猎野生动物、乱批滥占林地等“四乱四滥”行为，共查处破坏森林和野生动物资源案件456.8万起，打击处理违法犯罪人员667.3万人（次），收缴林木树木1416.3万立方米、野生动物7286.4万头（只），涉案金额672.7亿元。

30年来，森林公安先后荣获克拉克•巴文野生生物执法奖、斯巴鲁生态保护奖、“CITES秘书长表彰证书”“中国边境野生生物卫士”奖等荣誉称号；共有300多名民警光荣牺牲，数千名民警英勇负伤，涌现出

◎ 云南森林公安收缴的野生动物死体及其制品

◎ 北京绿盾二号行动期间收缴捕鸟工具

“绿色焦点人物”钱学佳、“森林卫士”龙涛、“最美警察”陈立军、“巾帼建功标兵”彭秀丽、“任长霞式公安局长”杨连喜、“抗震英雄”王刚、“警界十杰”格日乐、“破案能手”李天友等一大批英雄模范人物。

◎筑牢林区安全防火墙

30年来，森林公安探索了从源头上预防和控制违法犯罪的有效途径，形成了以“三情”“四网”为核心的林区治安防控体系，构建了点线面结合、人防物防技防结合、专群结合的林区巡逻防控网、林区社区防控网、涉林重点单位和行业场所防控网。30年间，森林公安在林区安保维稳工作中发挥了重要作用，特别是近年来，围绕北京奥运会、国庆60周年、上海世博会、广州亚运会、深圳大运会等重大活动、重点时段安保工作部署，强化各项保卫措施，细化工作方案和应急预案，全力维护林区社会治安稳定，实现了重点时期、重大节日不发生重大涉林恶性案件、不发生影响稳定的涉林群体性事件的目标。此外，为适应工作需要，国家林业局森林公安局还指导建立了南方八省区、西部七省区、东北内蒙古林区、中东部地区和泛西南地区等五大区域森林公安警务合作组织。

◎夯实森林公安发展基础

20世纪八九十年代，森林公安机关的生存与发展举步维艰，甚至一些地方连民警的工资都发不出来。这种情况引起了中央的高度重视，2005年，国务院决定将森林公安经费列入各级财政预算，森林公安自此告别了“吃杂粮”的历史。2006年以来，国家林业局抓住公安“三基”工程（抓基层、打基础、苦练基本功）建设和国家政法机关经费保障机制改革等时机，协调国家发改委和财政部等部门，先后启动实施了重点治安区设备购置、中西部地区森林公安派出所建设、林区看守所建设、森林公安业务用房建设等项目，逐步改善了森林公安办公办案条件。同时，从2010年开始，中央财政建立了森林公安转移支付政策，进一步增强了保障能力。

在信息化建设方面，全国森林公安“金盾网”总体接入率达到97%，民警数字身份证书配备率达到91%，涉林刑事案件网上流转率达到71%，有15个省级森林公安局建成并推广应用了警务综合应用平台。

雄关漫道真如铁，而今迈步从头越。在全面深化改革、建设美丽中国、走向生态文明新时代的伟大进程中，全体森林公安民警将继续不懈努力，为建设祖国秀美山川和保卫人类绿色家园作出新的更大的贡献！

（国家林业局森林公安局　供稿）

大漠中的生命之舞

—— 国家沙漠公园工作进展

◎ 新疆鄯善国家沙漠公园

◎ 新疆奇台硅化木国家沙漠公园

为促进国家沙漠公园健康有序发展，规范国家沙漠公园试点建设和管理，国家林业局于2013年8月批复了第一个国家沙漠公园——宁夏沙坡头国家沙漠公园，启动国家沙漠公园建设试点工作。按照《国家林业局关于开展国家沙漠公园建设试点工作的通知》要求，各有关省（区、市）林业厅（局）要强化对国家沙漠公园的指导和监管，提高国家沙漠公园的建设和管理水平，明确土地权属，做好土地登记，明晰边线落界；要健全机构，加强管理，切实做好沙漠自然景观及林草植被保护工作，不断优化区域生态环境，并做好国家沙漠公园试点建设的各项准备工作，有序开展试点建设。

◎ 甘肃阿克塞国家沙漠公园

◎ 新疆阜康梧桐沟国家沙漠公园

◎成立国家沙漠公园专家委员会

国家沙漠公园专家委员会由两位院士担任组长，分为沙漠科学、资源环境、荒漠生态、旅游开发、社会经济、规划设计、政策管理等7个专业。2014年8月国家林业局向58位专家颁发了证书。

◎批复 32 个国家沙漠公园

2014年7月17日国家林业局召开了第一次专家评审会，由李文华院士为组长的8位专家组成了国家沙漠公园专家评审会，会议对12个规划文本进行了审查论证，经专家认真审查、咨询，最后通过了新疆申报的9个规划（表1）经公示后并以林沙发〔2014〕134号下发。2014年12月15日在国家林业局召开了第二次专家评审会，李文华、蒋有绪院士等7位专家出席了评审，来自内蒙古、新疆、甘肃、青海、宁夏、陕西、云南、新疆生产建设兵团等8个省（自治区）汇报了拟建沙漠公园的具体情况，最后共有23个沙漠公园通过了专家评审（表2）经公示后，以林沙发〔2014〕206号下发。

表1　第一批（2014年7月）国家沙漠公园名单

编号	名称	省区	所在县市
1	新疆吉木萨尔国家沙漠公园	新疆	昌吉回族自治州吉木萨尔县
2	新疆阜康梧桐沟国家沙漠公园	新疆	阜康市
3	新疆奇台硅化木国家沙漠公园	新疆	昌吉回族自治州奇台县
4	新疆木垒鸣沙山国家沙漠公园	新疆	昌吉回族自治州木垒县
5	新疆尉犁国家沙漠公园	新疆	巴音郭楞蒙古自治州尉犁县
6	新疆且末国家沙漠公园	新疆	巴音郭楞蒙古自治州且末县
7	新疆沙雅国家沙漠公园	新疆	阿克苏地区沙雅县
8	新疆鄯善国家沙漠公园	新疆	吐鲁番地区鄯善县
9	新疆伊吾国家沙漠公园	新疆	哈密地区伊吾县

表2　第二批（2014年12月）国家沙漠公园名单

编号	名称	省区	所在县市
1	内蒙古库布其七星湖国家沙漠公园	内蒙古	鄂尔多斯市杭锦旗
2	内蒙古磴口沙金套海国家沙漠公园	内蒙古	巴彦淖尔市磴口县
3	内蒙古翁牛特勃隆克国家沙漠公园	内蒙古	赤峰市翁牛特旗乌丹镇
4	内蒙古奈曼宝古图国家沙漠公园	内蒙古	通辽市奈曼旗
5	内蒙古乌海金沙湾国家沙漠公园	内蒙古	乌海市海勃湾区
6	内蒙古乌审旗苏里格国家沙漠公园	内蒙古	鄂尔多斯市乌审旗
7	新疆洛浦玉龙湾国家沙漠公园	新疆	和田地区洛浦县
8	新疆博湖阿克别勒库姆国家沙漠公园	新疆	巴音郭楞蒙古自治州博湖县
9	新疆精河木特塔尔国家沙漠公园	新疆	博尔塔拉蒙古自治州精河县
10	新疆和布克赛尔江格尔国家沙漠公园	新疆	伊犁哈萨克自治州和布克赛尔县
11	新疆吐鲁番市艾丁湖国家沙漠公园	新疆	吐鲁番市
12	宁夏灵武白芨滩国家沙漠公园	宁夏	灵武市
13	甘肃阿克塞国家沙漠公园	甘肃	酒泉市阿克塞哈萨克族自治县
14	甘肃敦煌阳关国家沙漠公园	甘肃	敦煌市
15	甘肃临泽小泉子国家沙漠公园	甘肃	张掖市临泽县
16	甘肃凉州头墩营国家沙漠公园	甘肃	武威市凉州区
17	青海贵南黄沙头国家沙漠公园	青海	海南藏族自治州贵南县
18	青海乌兰金子海国家沙漠公园	青海	海西蒙古族藏族自治州乌兰县
19	青海都兰铁奎国家沙漠公园	青海	海西蒙古族藏族自治州都兰县
20	青海茫崖千佛崖国家沙漠公园	青海	海西蒙古族藏族自治州茫崖行政委员会
21	云南陆良彩色沙林国家沙漠公园	云南	曲靖市陆良县
22	新疆兵团驼铃梦坡国家沙漠公园	新疆兵团	第八师莫索湾垦区一五〇团
23	陕西大荔国家沙漠公园	陕西	渭南市大荔县

（国家林业局治沙办　供稿）

履约20年，中国力量闪耀国际舞台

—— 纪念中国履行《联合国防治荒漠化公约》20 周年

◎ 在中阿合作论坛第六届部长级会议上，赵树丛局长代表中国与阿拉伯联盟签署《中阿荒漠化监测和防治备忘录》

◎ 赵树丛局长出席对非洲法语国家荒漠化防治国际高级研修班，会见学员国驻华大使

◎ 张永利副局长会见荒漠化公约前任执秘吕克·尼亚卡贾

面对荒漠化面积占国土面积27%的挑战，奋力突破；面对全球遭遇荒漠化威胁的难题，主动出击。从1994年签署《联合国防治荒漠化公约》至今，中国在突破与跨越中前行，被世界誉为“荒漠化防治成绩最显著的国家”。

◎加速，20 年荒漠化发展趋势逆转

20世纪70年代至90年代，我国沙化土地面积平均每年以24.6万公顷的速度扩展，荒漠化不断扩展的趋势给中国敲响了警钟，防治行动刻不容缓。

从1978年启动三北防护林工程，到1991年国务院召开第一次全国防沙治沙工作会议，再到出台《1991～2000年全国防沙治沙规划纲要》《关于治沙工作若干政策措施的意见》，中国荒漠化治理步伐越来越快。从1994年中国签署《联合国防治荒漠化公约》以来，中国的行动更具爆发力。

中国政府将组织保障进行升级，建立了由林业部门担任组长，19个部（委、办、局）组成的中国防治荒漠化协调小组，受荒漠化影响的各级地方政府相应成立机构，明确了林业部门主管荒漠化防治的职责。林业部门主挑大梁，从中央到地方，多层次、跨领域，协同作战、齐抓共管的管理体制逐步形成。国务院直接进行工作部署，定期召开全国防沙治沙会议，还成立了由相关领域的16位院士、专家和学者组织的协调小组高级专家顾问组，使重大决策和科学防治上升到了最高层面。

法律制度逐步健全。2001年，《防沙治沙法》颁布，奠定了依法治沙的基础。

政策措施不断完善。2005年，《国务院关于进一步加强防沙治沙工作的决定》出台，确定了长期目标、发展方向和扶持政策；2005年、2013年，相继发布两期《全国防沙治沙规划》；2009年实施省级防沙治沙目标考核责任制。

建设投入持续加大。建立了以中央财政投入为主、地方配套和多方参与的多元投入机制。三北防护林建设、京津风沙源治理、石漠化治理等一批国家级生态工程和区域性工程及示范工程成为防治荒漠化的重要抓手。

生态民生同步发展。通过实施一系列生态治理工程、启动封禁保护区试点和沙漠公园建设，发布《沙

◎ 我国代表团出席荒漠化公约缔约方大会

◎ 参加缔约方大会双边会谈、民间组织论坛

产业发展指导意见》，形成了三级防治体系，有效地改善了生态、发展了民生。

全方位的综合防治机制为实现荒漠化趋势逆转奠定了基础，土地沙化整体得到初步遏制，沙化土地面积持续减少。

◎引领，20 年不辱使命彰显大国风范

过去的20年，不仅是中国引领全球荒漠化防治的20年，还是深化影响国际规则的20年。20年来，中国政府积极履行公约义务，率先采取行动，为全球荒漠化治理探索了道路、积累了经验、做出了示范，彰显出大国风范。

1994年，中国在履约国中第一个建立了国家荒漠化监测体系；1996年中国政府代表团第一批向公约秘书处提交了国家履约行动方案；1998年中国承担了荒漠化公约亚洲区域第一监测评估专题网络；2000年召开了荒漠化公约首个国家履约筹资圆桌会议；2001年颁布了世界上首部《防沙治沙法》；2004年启动实施了全球环境基金第一个干旱地区土地退化防治国家伙伴关系项目；2006年实施了荒漠化公约首个防治荒漠化碳汇试点项目，项目研发的碳监测和计量方法学为全球干旱区灌木辅助造林同类项目的碳监测提供了重要参考；2007年作为亚洲唯一示范国家，参加了全球土地退化评估项目，与中国监测技术相结合，验证了国际评估方法。

◎推动，20 年树立“世界履约看中国”标杆

随着国际社会对中国成绩和经验的肯定和认可，向中国提出合作要求的国家不断增加，国际组织和机构也殷切希望中国在荒漠化防治领域发挥更大影响。2000年，中国与荒漠化公约秘书处签署了建立荒漠化培训中心的合作协议，为受荒漠化影响的国家提供技术培训。近5年来，中国仅林业系统先后为80多个国家的300多人提供了培训。各国学员不但高度评价中国技术，而且深受中国治沙精神鼓舞。中国提供的成功案例，也受到各国普遍欢迎，其中，草方格沙障被称为“中国魔方”。

近年来，各国对实践经验的重视程度越来越高，荒漠化防治逐步成为我国对外交往中的独特亮点。2004年和2006年，中阿和中非合作论坛先后将荒漠化防治纳入行动计划；2012年“里约+20”峰会期间，温家宝向国际社会承诺加大对非洲防治荒漠化培训；2014年，习近平访问蒙古期间、李克强访问非盟期间，均表示要加强荒漠化防治合作。在此推进下，中国目前已签署涉及荒漠化防治的政府间部门合作备忘录30多个，涉及90多个国家。联合国防治荒漠化公约三任执行秘书长称赞中国创造了“生态、民生和经济”平衡驱动的荒漠化防治成功模式，提出“世界履约看中国”；联合国可持续发展大会主席指出“中国的荒漠化防治世界领先”；联合国秘书长潘基文也向中国致信称赞中国治沙成效，并感谢中国支持非洲荒漠化防治……

20年履约历程是中国生态建设和可持续发展的缩影，也是中国生态文明建设的一个战果，但中国防治荒漠化的重任依然艰巨。未来，中国在维护国家生态安全和履行国际公约、兑现国际承诺中将继续书写精彩篇章。

（文字摘自《中国绿色时报》2014年10月14日第1版，有删改。记者：李松龄　贾晓霞；图片提供：国家林业局治沙办）

森林城市建设，助力世界工厂转型

——广东省东莞市创建森林城市纪实

◎ 秀美水乡

近年来，东莞市牢牢把握“国际制造名城，现代生态都市”新定位，努力建设“森林围城、绿道穿城、绿意满城”的美丽东莞，创森成效显著，东莞成功获评“国家森林城市称号”。

◎ 创森主要成效

创建国家森林城市，为东莞生态文明建设带来了利好，实现了生态惠民、林业利民、绿色乐民。一是促进了城市绿量和生态环境的明显改善。全市森林覆盖率由21世纪初的30.6%上升至37.4%，林木绿化率达41.2%，森林活立木蓄积量年增长6%以上，城市人均公园绿地面积提高到17.3平方米。2015年以来，在环保部空气质量监测的全国74个重点城市中，东莞每月都排名靠前。二是打造了一张提升营商环境的靓丽名片。森林城市建设改变了广大客商对传统工业城市的印象，大幅提升了城市品位，成为了东莞营商环境的一张靓丽名片。近3年，全市先后引进投资6亿元人民币或1亿美元以上的重大项目近200个，总投资超过3100亿元，全部投产后将释放产值超过1万亿元。三是倒逼了产业结构调整升级。划定了占全市近一半面积的生态控制线，全部林地纳入其中，实施强制性保护。生态控制线内结合环保标准等提升项目建设门槛，淘汰、拒批不合格企业3000余家。四是带动了文化旅游休闲产业发展。东莞莞香文化等知名度和影响力不断增强，中国（东莞）国际沉香艺术博览会游客量逾百万人次，年成交额逾3亿元。森林公园每年吸引游客逾1700万人次，其中4成来自外地。

◎ 魅力东莞

◎ 华阳湖湿地公园

◎ 骑游花海

◎ 创森主要做法

2011年，东莞市作出创建国家森林城市的决策，成立了袁宝成市长担任组长的创森工作领导小组，出台《东莞市国家森林城市建设总体规划》《关于全面推进新一轮绿化东莞大行动的实施意见》等政策性文件，全市累计投入33.53亿元开展创建工作。一是完善公园体系建设，建成总面积达357.58平方千米的大岭山森林公园等14个森林公园，建成14.23平方千米的华阳湖等14个湿地公园，公园年接待游客逾千万人次，银瓶山森林公园清溪景区成功创建国家4A级景区，东莞生态园荣获国家城市湿地公园称号，建成休闲游憩绿地1287处。二是开展林业生态工程，改造水源涵养林3103.54公顷，建成农田林网168.83千米，复绿56个采石场并逐步建设矿山公园。三是推进森林进城围城，建成洪梅梅沙等48个森林家园，新建林业生态文明村44个，建设生态景观林带251.82千米，建成绿道955.9千米，东莞市所有道路、水系基本完成绿化建设。

◎ 旗峰山下

（陈馨　供稿）

◎ 人与自然和谐

生态发展　和谐宜居

—— 广东省乳阳林业生态建设

◎ 春至南岭

◎ 生态建设　乳阳林业局现有林业用地30 353.6万公顷，蓄积244.6万立方米，其中生态公益林面积27 766.73万公顷，占91.5%；商品林面积2489.5万公顷，占8.2%，森林覆盖率97.6%。2007年以来乳阳林业局建成了商品林基地0.13万公顷，抚育0.4万多公顷。通过封山育林、人工更新、低效林改造、中幼林抚育等措施，在2008年的雨雪冰冻灾害中受损森林生态已得到有效恢复，活立木蓄积量已从灾后的137万立方米增加到现在的244.6万立方米。为了确保资源安全，维护好林区社会治安，1982年成立了乳阳林区公安局，2003年改名为广东省森林公安局乳阳分局。1993年3月成立了南岭国家森林公园，开展森林旅游工作。1994年4月成立广东南岭国家级自然保护区乳阳管理处，开展生态旅游和生态保护工作。

◎ 生态旅游　乳阳林业局管辖的南岭国家森林公园位于湘粤边界的郴州、韶关两市搭界之地，总面积2.733 万公顷。现已开发了石坑崆景区、小黄山景区、瀑布群景区和亲水谷景区四大景区。南岭国家森林公园现已成为广东最具代表性的森林生态旅游景区之一，2011 年年底被评为国家 4A 级旅游景区。

为了解决企业负担重、历史欠账多、国家投入少和旅游管理人才缺乏的问题。2009年12月26日经省林业局批准，乳阳林业局与深圳市东阳光实业发展有限公司签订了合作开发建设南岭国家森林公园的协议。东阳光公司进驻后，已累计投入5亿多元的资金，进行游道的升级改造和旅游基础设施的建设，有利于南岭国家森林公园生态旅游业实现跨越式发展。

◎ 南岭风光

◎ 小水电建设 20世纪80年代，乳阳林业局及时进行产业调整，积极筹集资金进行小水电建设，到2014年总装机容量达到16 280千瓦时，现在年电费收入3000万元左右，占全局收入的80%以上。林业局已走上了“以林蓄水、以水发电、以电养林、以林发展生态旅游业”的良性循环的发展道路。2014年林业局积极争取国家专项补助资金1000万元，自筹700万元，对溪二、溪三、溪四、龙四电站进行增效扩容改造建设，技术改造的完成不仅盘活了现有电站的存量资源，而且提高了自动化程度，为今后减员增效工作奠定了基础。

◎ 瀑布群

◎ 民生林区 乳阳林业局从2001年开始进行职工危旧房改造工作，截至2009年年底已入住新建楼房的共310户，建筑面积31 000多平方米，极大地改善了职工居住条件和局容局貌。截至2014年年底，林业局已全面完成危旧房改造和河西区的整体搬迁工作，2015年4月通过了县发改局、财政局、林业局和建设局组织的总体验收。人均居住面积从2006年的24.6平方米增加到2014年的50平方米。

近年来，林业局的国有资产总值和职工收入实现了跨越式的增长，办公条件和生活环境都发生了翻天覆地的变化。2006年全局年总产值为2068万元，职工人均年收入18 146元，国有资产总值为5565万元。2014年全年总产值达到4700万元，职工人均年收入4万元，国有资产总值达到2.3亿元。

◎ 和谐林区 在发展经济的同时，乳阳市林业局积极开展“争先创优”活动和文明单位、文明家庭及先进工作者的评选活动。通过培训、各种文体活动、送温暖等活动，构建和谐林区，营造健康向上的企业文化。2008年省委、省政府授予乳阳林业局“广东省抗灾救灾先进集体”称号。段徽琪被中华全国总共工会评为“全国优秀工会工作者”。2011年林业局在全国“安康杯”竞赛活动中荣获广东省优胜单位称号，小水电公司被省总工会授予“广东省工人先锋号”，张怡莲被中华全国总工会评为“全国五一巾帼标兵”，杨亚源被评为全国农林水系统优秀工会工作者。2012年陈振明被省委、省政府授予“广东省劳动模范”荣誉称号。2014年林业局被省总工会授予省“五一劳动奖状”单位；被中华全国总工会、国家安全生产监督管理总局授予“全国‘安康杯’竞赛优胜单位”称号；局党委被省厅直属机关党委授予“先进基层党组织”称号；2015年5月廖惟成被省委、省政府授予“广东省劳动模范”荣誉称号。 （陈振明 供稿）

◎ 亲水谷

◎ 瀑布群入口风光

科技兴林排头兵

——湖南省林业科学院

◎ 上级领导参观油茶科技推广示范基地

湖南省林业科学院成立于1958年，2007年经国家林业局批准成为中国林业科学研究院湖南分院。现有职工257人，其中高级以上职称专家70人，博士生导师4人，硕士生导师11人，19位科技专家享受国务院政府特殊津贴，1人被授予全国五一劳动奖章，2人被评为全国先进工作者。

该院坚持“科研立院、人才兴院、产业强院”方针，紧紧围绕服务绿色湖南建设大局，扎实开展林业科技创新工作。在森林生态、森林保护、生物质能、林下经济等研究领域取得丰硕成果，成功打造了“油茶”“工业油料植物”等特色科技品牌，建立了“国家油茶工程技术研究中心”等国家级及省（部）级科研平台28个，木本粮油博士后科研工作站和林木遗传育种博士点各1个。获国家级、省（部）级科技进步奖210多项，国家专利40多项，植物新品种4个，审（认）定林木良种240多个。“油茶雄性不育杂交新品种选育及高效栽培技术和示范”“非耕地工业油料植物高产新品种选育及高值化利用技术”获国家科技进步二等奖。先后与美国、瑞典、德国等20多个国家的科研单位和高等院校建立了合作关系，培训了来自泰国、柬埔寨、越南等发展中国家的学员200多名，为中国科技、外交工作作出了突出贡献。先后被授予全国生态建设突出贡献奖先进集体、全国林业科技工作先进集体、全省林业科技工作先进单位、省直文明标兵单位等荣誉称号。

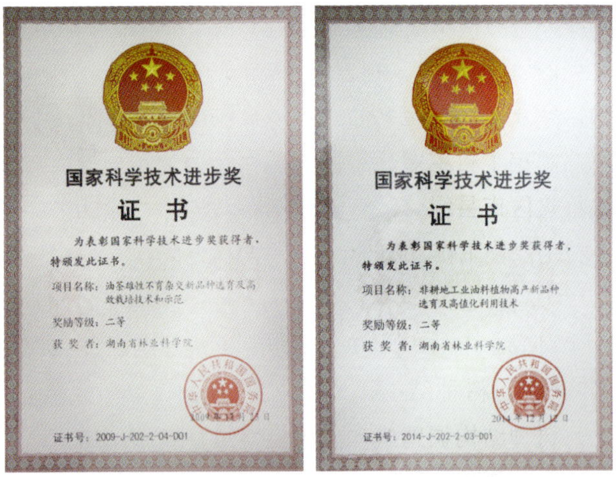

◎荣获油茶、工业油料植物两项国家科技进步二等奖

◎ 国际科技合作交流深入开展

◎ 油茶新品种硕果累累

（钟武洪　供稿）

建设“美丽广西”　谱写绿色篇章

——广西大力发展生态林业和民生林业

广西生态区位重要、自然条件优越，是中国生物多样性最丰富的地区之一。2014年，在广西壮族自治区党委、政府的正确领导和各级各部门的大力支持下，全区林业系统认真贯彻落实中央和自治区关于林业改革发展的决策部署，积极进取、克难攻坚、精准发力，大力发展生态林业和民生林业，全区林业保持了“快中趋稳、稳中有进、进中提质”的良好发展态势，呈现出六大亮点。

◎林业生态建设稳步推进

森林面积和蓄积实现持续双增长，全区森林覆盖率62%，活立木蓄积量6.8亿立方米。完成山上植树造林28.33万公顷，占年度任务的121%，其中：乡土树种、珍贵树种、经济林树种造林面积11.73万公顷，占同期人工造林面积的70%以上。

◎“美丽广西·生态乡村”建设活动扎实开展

完成了铁路沿线和绕城高速公路沿线涉林单位的环境整治以及沿线林地绿化美化任务；新建农村户用沼气池34 016座，完成旧病沼气池修复改造3万座。全面启动“美丽广西·生态乡村”村屯绿化专项活动，印发了“村屯绿化”专项活动工作指南，制定了村屯绿化专项活动操作手册，并组建区市县绿化工作队2155人，蹲点督导村屯绿化工作。

◎森林经营工作加强

完成中幼林抚育40.33万公顷。出台了3个关于树种结构调整优化的规范性文件，树种结构调整成效突出，新造珍贵树种、乡土树种、经济林12万公顷，占人工造林面积的70%以上；桉树造林同比减少3万公顷，下降36%。用材林储备基地新造386.67公顷，抚育改培林3320公顷。崇左市被列为国家珍贵树种培育示范市，大新县、龙州县、天等县、凭祥市被列为国家珍贵树种培育示范县。

◎林业产业发展稳健

林业产业总产值达3850亿元，比2014年增长27.5%，高出全国近15个百分点，

◎ 贵港市城区绿化一角　/雷超铭　摄/

◎ 融安县西山林场国家杉木良种基地　/雷超铭　摄/

◎恭城县平安乡黄岭村新貌　　/雷超铭　摄/

◎广西实施“美丽广西·生态乡村”村屯绿化专项行动，让八桂农村披上绿装　　/覃海南　摄/

跃居全国第四位，比2014年提升2位；据自治区统计局初步统计，林业增加值增长7.6%，是全区一产增幅的1.9倍；完成林业固定资产投资900亿元，比2014年增长11%。

◎主要林产品量价齐升

木材产量2550万立方米，占全国总产量的31.2%，比2014年增长2.8%；经济林产品总量1251万吨，比2014年增长14.8%。主要林产品价格指数上涨约5.6%。

◎林业企业素质不断提升

新认定自治区现代林业产业龙头企业23家，全区总数达到117家，实现历史性超百的突破；高峰林场、三威林产工业有限公司等6家企业被评为“首批国家林业重点龙头企业”，新凯骅实业集团股份有限公司等4家企业被评为“自治区农业产业化重点龙头企业”。“高林”牌中（高）密度纤维板等54个产品获第11届中国—东盟博览会林产品与木制品展金奖；“笔架山”牌环保生态板等43个产品获银奖。

◎集体林权制度改革深入推进

各地继续推进林权证发放的查缺补漏工作。全区政策性森林保险投保面积达570.57万公顷，森林保险覆盖率达42.16%，上升31个

◎黑水河两岸山清水秀　　/雷超铭　摄/

◎岑溪市软枝油茶林 /雷超铭 摄/

◎横县桉树林下种植的草珊瑚 /雷超铭 摄/

百分点；保险公司支付的赔款达12 898.9万元，增长33.4倍。林业专业合作社1095个，入社农户7.6万户，林地经营规模达12.2万公顷，销售收入达35亿元。

◎资金保障更加有力

近年来广西林业财政资金投入主要指标排全国前10位，其中：中央和省级资金均排全国第7位，市县资金排全国第九位。2014年共争取中央林业资金47.7亿元，比2014年增长14.9%；争取中央专项转移支付居区直部门前列；争取林业贴息贷款56亿元，比2014年增长17%。

◎资源保护全面加强

集中开展了全区非法侵占林地清理排查专项行动；创建国家生态文明教育基地和湿地保护取得重大突破；森林防火、森林公安、林业有害生物防治等工作都取得较好成效。

◎国有林场稳步发展

◎ 凤山县农民在种植核桃 /雷超铭 摄/

全区国有林场总产值187.59亿元，比2014年增长9.3%；总经营收入77.57亿元，实现总利润13.1亿元。8家区直林场进入全国国有林场总收入前10强，其中高峰林场位列全国第一。

◎森林防火、林业有害生物防治卓有成效

全区没有发生重特大森林火灾，没有出现森林火灾重大人员伤亡事故，森林火灾发生率、受害率控制在较低水平，森林火灾受害率连续四年控制在0.1‰以内。认真抓好松材线虫病等重大林业有害生物灾害监测预测和应急防控工作，有害生物成灾率0.26‰，全区林业有害生物防控目标管理年度指标全面完成。

◎打击违法行为和调处山林纠纷成效显著

在全区范围内开展了非法侵占林地清理排查专项行动，共清理排查出历年违法案件1893起，疑似违法面积达3850.96公顷。开展了“眼镜蛇二号”等8个专项严打行动，年内侦破刑事案件1734起，办理林业行政案件6186起。共调结山林纠纷5252件，调结率88.5%。此外，加强林业自然灾害防御和安全生产工作，特别是超强台风“威马逊”防御和灾后重建取得成效，将灾害损失降到了最低限度。

◎生态基础设施和文化建设加快推进

新批准设立两处自治区级森林公园；花坪保护区被国家林业局、教育部、共青团中央联合授予“国家生态文明教育基地”；七冲自然保护区晋升为国家级保护区；大明山和崇左白头叶猴国家级自然保护区总体规划得到国家林业局批复；新申报建设国家湿地公园7处。成立了广西生态文化协会。南丹县王尚村等5个村获“全国生态文化村”称号。

◎ 位于凭祥市的红锥大径材林 /雷超铭 摄/

2015年，广西林业系统将深入贯彻落实党的十八大和十八届二中、三中、四中、五中全会精神，认真学习习近平总书记系列重要讲话精神，牢固树立中国特色社会主义生态观，坚持以建设生态文明为总目标，以全面深化林业改革为总动力，以转变林业发展方式为主线，以提高林业质量效益为核心，以全面推进依法治林为保障，着力推进生态林业民生林业双轮驱动，努力实现总量提质、分量提速、均量提效，为建设生态文明示范区、林业强区和美丽广西作出新的贡献。

（广西林业信息宣传中心张雷 兰欣欣 供稿）

◎会仙湿地 /雷志岚 摄/

爱民护林结硕果　鱼水情深谱新篇

——安徽省池州市森林公安局殷汇森林派出所所长许家兴

许家兴，现任安徽省池州市森林公安局殷汇森林派出所所长。入警23年来，他始终扎根基层，积极作为，大胆创新，用10年时间，将一个“三无”森林派出所打造成公安部命名的一级公安派出所；他严格执法，心怀群众，处处展现铁汉柔情的新时期公安民警风采。近年来，他所在的派出所先后两次被国家森林公安局荣记集体二等功；他个人两次被国家森林公安局授予“全国森林公安系统优秀人民警察”称号，并被公安部授予全国公安系统二级英模称号。

◎用行动传递爱民情怀

许家兴常常说：“我们森林公安派出所的工作就是要依靠群众、相信群众，做群众的贴心人”。早在2007年许家兴便推出了所长接待日，多年来，他总是细心地倾听，用最朴实的语言、不厌其烦地向来访者耐心解释，向他们传达最佳解决问题的办法。通过所长接待日这个平台，许家兴破获了近百起案件，解决了200多起林区纠纷，消除了林区治安隐患。

为了加强法律宣传，每到“爱鸟周”、法律宣传月、“六一”儿童节，许家兴都要亲自准备材料，选择偏远的村庄、小学，向辖区群众发放宣传材料，向学生们讲解法律常识，宣传保护野生动物和森林防火知识，开展“学生进警营”互动活动，让保护环境的意识深深根植在娃娃们的心中。十几年来，许家兴经手发放的宣传材料多达两万余份。为了解决辖区木材加工企业年审的问题，许家兴通过和辖区林业站协商，对符合年审的木材加工企业提供“一站式”的服务，大大方便了加工企业，尤其是偏远地区的企业。

在群众路线教育活动中，殷汇森林派出所多次召开群众座谈会，深入到山区群众当中，向人民群众讨教林区治安管理工作对策，用许家兴的话说：既要管理好我们的环境，又要让大家尝到造林绿化的甜头，既要让人民群众知法守法，又要让大家监督派出所民警为警清廉。活动中，许家兴又组织辖区群众为派出所日常工作进行民主“考核”，“考核”结果是辖区群众对派出所的满意率达98%。民警们对这个结果很满意，但是许家兴没有看中这98%，而是瞄准了2%。用许家兴的话来说，这说明我们工作还有不到位的地方，还没有完全被辖区人民群众所接受，对这个2%人群我们同样要用100%的努力。

◎对群众比亲人还亲

许家兴执法之严格，在当地是有口皆碑的，但就是这样一个执法如山的汉子，在面对人民群众的艰难困苦的时候，更多展示的是似水的柔情。2011年年底，殷汇森林派出所受理了一起滥伐林木的刑事案件，犯罪嫌疑人是一个年过六旬的老婆婆，因为无钱看病，请人将家中一片树木砍伐。在调查中，许家兴得知老人大儿子家庭条件较差；小儿子20年前外出打工，杳无音讯。家里的开支仅靠70多岁的老伴磨剪刀赚钱，家中一无所有。办案之后许家兴将老人作为派出所的帮扶对象，举众人之力筹措资金将他们的房子维修好，让两位老人不再受苦。许家兴带头向老人捐款捐衣，又组织人员为老人募捐。每到过年过节，许家兴就会去看看二老。老人逢人就说：共产党好啊！森林派出所民警好啊。为了帮助老人找到失散多年的小儿子，许家兴多次通过微博、地方网络论坛发布寻人启示，期待能有奇迹的发生。

2003年，许家兴资助一犯罪嫌疑人的女儿读完小学。当时，这名犯罪嫌疑人因为非法猎捕了国家保护的野生动物而被拘留，其女儿便辍学回家。许家兴得知情况以后，和当地村委会联系，承诺将承担小女孩小学的一切费用，使小女孩又重新返回学校，从此，许家兴又多了一门"亲戚"，他不但自己给他们家捐款捐衣，还发动分局民警进行募捐。由于小女孩轻度智障，许家兴就利用休息日将孩子接到派出所来进行心理辅导。十几年来，许家兴先后资助了6个困难家庭，其中有5个是半失学状态的儿童。

许家兴就是这样一个人，他没有惊天动地的英雄事迹，就是用一件件平凡的小事诠释着新时期和谐警民关系内涵。

◎恪尽职守护青山

在辖区涉林人员的圈子里，背地里称许家兴为"包公"，不要说送礼，平时就是想找他吃一次饭都难。在廉洁自律上，他严格要求自己，坚决不乱吃、乱拿、乱要，保持坚强的党性原则。在处理公与私、感情与原则等问题上，做到原则面前不让步，不含糊，是非分明，立场坚定，作风扎实。严格执行党风廉政建设责任制。管好自己职责范围内的党风廉政建设，做到自重、自省、自警、自励，积极在廉政方面做出表率，要求民警们做到的，首先自己要做到。他常说：如果我们不能做到廉洁执法，就不可能严格执法，就会失信于民。

殷汇森林派出所辖区林地面积3.33余万公顷，人口18万，所里只有5名民警，每年却要办理近百起案件，其中有近20起都是刑事案件，压力很大。他常对所里民警说：守不住这片青山，我们就是渎职，我们将愧对辖区群众。每年案件高发季节，民警们回家与家人团聚也是奢望。2011年10月，辖区发生团伙滥伐林木案，许家兴正感冒发烧，他顾不上休息，带领民警奔赴数个滥伐现场组织勘查。大家都劝他回家休息，许家兴坚决不同意。这一坚持就是半个月，许家兴也整整病了半个月，人整整瘦了10斤。

2012年元月，许家兴在工作中摸排到有人在辖区内进行国家级保护野生动物的非法交易。在市、区局的支持下，许家兴带领民警整整三天四夜没有合眼，一举侦破了震动全省的"12·19"特别重大非法收购、运输、出售国家重点保护的珍贵、濒危野生动物系列案件，缴获国家二级保护的野生动物小天鹅16只，抓获犯罪嫌疑人8人。在最后的审判中，主犯被判处有期徒刑10年。案情涉及安徽省安庆、池州、合肥、铜陵4个地市。当地市电视台对案件的侦破工作进行了全程跟踪报道，分5集进行连续播放，央视晚间新闻节目档也进行了报道。该案件侦破后，在当地引起了强烈反响，极大地提高了群众爱护野生动物的意识。

许家兴以对森林公安工作的挚爱，点点滴滴如同春雨般滋润着林农们的心田。他用爱心和真情书写着一个个动人的爱民故事，谱写了一曲曲感人的爱民之歌。

（国家林业局森林公安局　供稿）

用执着书写忠诚 把忠诚献给事业

—— 内蒙古自治区阿龙山森林公安局第一派出所教导员刘昌波

刘昌波，2006年12月任阿龙山森林公安局第一派出所教导员。刘昌波率先垂范当榜样，以身作则讲奉献，赢得了上级领导和全体民警的信任和肯定。阿龙山森林公安局第一派出所被公安部评为“一级公安派出所”，两次荣获大兴安岭森林公安局集体三等功表彰，他本人先后多次被评为“先进工作者”，并被公安部授予全国公安系统二级英模称号。

◎情注岗位，做群众的守护神

到基层派出所工作以来，他始终坚持“送给百姓一颗心，百姓还我一片天”的工作信条，把群众安全感和满意度作为衡量工作绩效的根本标准，扎根基层，爱岗敬业，赢得了人民群众的拥护和信任。走访群众时遇到最多的是冰冷、戒备的眼光，吃到最多的是“闭门羹”。但他执著真诚，不言放弃，没有打不动、不讲理的群众，只有不到位、少真情的工作。辛勤的付出换来的是对辖区居民家庭状况的了解和掌握，他成了派出所地道的“活地图”“民意通”。

他结合森林公安派出所和当地森林施业区的实际，创造性地提出了森林公安派出所保卫工作要由粗放型管理向服务型管理飞跃、警力密集型管理向警力集约型管理飞跃、低科技型管理向高智能型管理飞跃的想法，摸索出了一条“管好实辖区、管实虚辖区”适应森林公安派出所发展的管理模式，在林区木材持续减产、天然林保护工程的实施、林区各类矛盾不断增加的情况下，有效地保证了派出所辖区内的和谐稳定。

◎心系百姓，做群众心中的贴心人

“视人民群众为亲人，心中无群众，不配当民警”，这就是刘昌波做好群众工作的标准。刘昌波身兼着两个辖区的管理工作，他的责任区有4多，职工多、矛盾多、上访突发事件多、维护机关秩序工作多……刘昌波都在竭尽全力地去做，“走进门、坐下来、搭上话、解得难”诠释了刘昌波与群众之间和谐的警民关系，辖区内的职工都亲切地称他为“小民警大作用”的“刘哥”。

阿龙山林业局内退职工郭立军，2008年内退后自主创业种植木耳，初期由于各方面准备不足，创业陷入困境，刘昌波在走访过程中知道了他的情况，于是多方联系为郭立军解决木耳种植过程中的木料和锯末等生产资料。看到郭立军资金不足，刘昌波又为郭立军担保，为其解决资金困难。2013年7月阿龙山地区连降大雨，洪水将郭立军围在木耳种植地中，并且淹没了一部分木耳，得知情况后，刘昌波和其他民警冒着生命危险，划着小皮艇深入洪水中心，将其救到安全地带，并积极为郭立军抢运被洪水淹的木耳和其他生产生活资料，将郭立军的损失降到了最低。

上访人杨学玲，因丈夫工伤死亡一事，多次上访。为了解决杨学玲的上访问题，刘昌波多次到杨学玲家中走访，一开始经常遭遇杨学玲的冷板凳和冷脸，后来去的次数多了，才被慢慢接受，在对杨学玲的走访过程中，刘昌波看到杨学玲家中困难，且还有一个正上中学的儿子，刘昌波就从多方面对杨学玲家进行帮助，为杨学玲在阿龙山镇办理低保，并且在其儿子高中毕业后为其联系当兵事宜，2013年杨学玲的儿子光荣入伍，经过多方联系，又帮助杨学玲解决了上访问题。

◎扶危助困，做百姓眼中的“活雷锋”

2010年他在办理王某扰乱办公秩序一案中，了解到嫌疑人王某有一位身患重病、生活不能自理的老母亲。在将王某拘留后，刘昌波和办案民警就把照顾王某母亲的工作承担下来，刘昌波自掏腰包，每天为王母买来饭菜送到家中，和王母聊天说话，看到房屋里冷，就为其生火取暖，看到没有烧柴了，就为其劈好烧柴。王母病重，不能自己下地，刘昌波就搀着王母下地，在院内散散心，王某被拘留了7天，刘昌波就利用下班时间照顾了王母一周，后来王某执行完拘留后回到家中，得知了这一切，感动地到派出所来谢刘昌波，并表示今后不再做违法的事情。

2012年，被刘昌波义务帮助扶持达8年之久的被劳动教养人员张某的女儿张新荣，在外出务工前，找到刘昌波，一句“干爸”，叫出了刘昌波数年来如一日照顾她的真挚感情。张某被阿龙山森林公安局劳动教养后，刘昌波就利用业余时间为张新荣找到监护人，并且跑前跑后帮助张新荣办理了城镇最低生活保障，又积极为其解决学习问题，使张新荣重新找回社会的关爱和温暖。多年来，刘昌波时常自掏腰包为张新荣购买学习用品，逢年过节还为张新荣买衣服和米油等日常用品。如今的张新荣已经在外地走上了工作岗位，每年回阿龙山探亲时，都要看望他这位“刘爸爸”。

温树立夫妇是刘昌波辖区内的无业人员，一家三口人每月只靠不足800元的低保生活，家庭困难，孩子温俪俏还在上学，多年来，刘昌波就一直默默地帮助扶持温树立一家，积极为温树立夫妇联系打零工，在温俪俏去外地上高中期间，刘昌波每月都会为温树立家送去100元钱，以资助孩子上学，温俪俏如愿考上了大学，面对高额的学费温树立夫妇又犯难了，得知情况后，刘昌波积极组织全所民警和朋友为温树立一家捐款，解决了孩子的学费问题。刘昌波还向温树立一家表示，在孩子上大学期间，会继续每月资助温树立一家每月100元钱，直到孩子大学毕业，为此温树立见人便讲：阿龙山森林公安局有一位好民警刘昌波，他是一位为民排忧解难的好干部。

刘昌波从警14年来，有着耀眼的光环，获得了不胜枚举的荣誉，但他不骄不躁，始终以一个党员干部标准严格要求自己，保持着一个普通共产党员的爱民、为民的崇高本色，时刻牢记“立警为公、执法为民”宗旨，用忠诚奉献着自己的青春，捍卫着人民警察的神圣职责。

（国家林业局森林公安局　供稿）

中国林业金融创新的实践者

——华中绿谷实业发展有限公司董事长崔正傲

◎ 国家林业局局长张建龙为华中绿谷中国林业金融创新示范园授牌，崔正傲接牌

华中绿谷实业发展有限公司位于湖北省襄阳市南漳县，是致力于林业产业金融创新的民营企业，被中国林业产业联合会授予“中国林业金融创新产业园”荣誉称号，该公司拥有绿谷资产管理湖北有限公司、华中林苗业交易中心有限公司、盈汉泰竹复合制造有限公司、湖北沃尔沣特种林业股份有限公司，襄阳绿谷股权投资基金中心等十多家实体经营企业。该公司以“林业产业为基础，金融服务为助力，流通与互联网为核心”的经营模式,发展林业金融，设立苗木产业基金、股权基金、资产托管、私募债券、林业金融租赁、金融担保、林业保险、森林银行等金融产品和融资平台，形成种苗研发、培育、生产、销售、网络物流、林业文化和林业旅游相结合的林业全产业链孵化发展方式，并以申办华中林苗交易所为龙头，将现货与期货、线上与线下、产品与产权整合起来，实施绿色产业互联网金融、证券和产品电子商务的产融结合。该公司经营开发的华中绿谷暨中国林业金融创新产业园核心项目已完成投资6.2亿元，总开发面积3334公顷，已形成“一带、二场、三心”的格局：生态景观带，华中根雕奇石、华中花木盆景等两大市场，苗木交易、休闲度假、生态田园旅游等三个中心。开放式的招商政策成为全国首家入驻“免租金”“免物业”的两大专业市场可容纳商户千家以上。该公司还与鑫宙公司共同建设的盈汉泰竹复合压力罐项目也已投产，于2015年9月已生产出全世界第一根由竹子构成的压力管道，其管道可广泛应用于城市供排水、农业灌溉和石油天然气输送，带来的节能减排和固碳效应意义重大而深远。该公司的绿谷资产管理湖北有限公司已被中国证券投资基金业

◎ 华中绿谷实业发展有限公司总经理崔正傲

◎ 崔正傲被誉为最有社会责任感企业家

◎ 湖北省林业厅厅长刘新池调研华中绿谷项目建设

◎ 湖北省委常委、 襄阳市委书记王君正参观华中绿谷项目

协会批准为私募投资基金管理人，成为开展私募股权投资、创业投资等私募基金业务的金融机构。公司下属的“沃尔沣”“七叶树”“三木”三家公司已分别在武汉股权托管中心挂牌，有效解决了林业产业发展资金“瓶颈”的问题。公司与中国林业产业联合会、《中国绿色时报》、中国花卉网、中国林业商情网等部门与媒体深度合作，组建绿谷商城线上电商等，形成了完整的信息产业链。公司现已有7家网站、微信公众平台等网络平台，仅2014年就实现网络交易额8.5亿元。公司还与襄阳市政府合作投资1亿元，成立“华中林苗交易所”。该公司将全力推进立足湖北与华中、面向全国的国家级展会聚集地，建设园区博览中心建筑面积1.6万平方米，建成后跃升为亚洲最大的林业专业博览中心，每年可举办国家级博览、交易会10次以上，业内交易、拍卖会50次以上，打造华中绿谷绿色经济互动平台。

◎ 2015年7月17日，国家林业局计财司副司长、全国木材行业管理办公室主任孙建，中国林业产业联合会副秘书长陈圣林带领专家组调研中国林业金融创新产业园

（湖北省修志办　撰稿）

◎ 2015年8月20日，华中绿谷迎来首届林业产业高峰论坛

◎ 湖北七叶树园林股份有限公司在武汉挂牌上市

目　录

特　辑

中国林业概述

林业重点工程

森林培育

生态建设

林业产业

森林资源保护

森林防火

森林公安

森林资源管理与监督

林业法制建设

集体林权制度改革

林业科学技术

林业信息化

林业教育与培训

林业对外开放

林业计划统计

林业财务会计与资金稽查

林业精神文明建设

各省、自治区、直辖市林业

林业人事劳动

国家林业局直属单位

国家林业局驻各地森林资源监督专员办事处工作

林业社会团体

林业大事记与重要会议

附　录

CONTENTS

特辑

01

林业专论

汪洋副总理在听取国家林业局工作汇报时的讲话

汪 洋

（2014 年 1 月 7 日）

今天召开这个会议，主要是与大家一起研究如何贯彻落实好中央经济工作会议、中央农村工作会议精神，进一步学习贯彻十八届三中全会、习近平总书记一系列重要讲话精神，把中央对林业改革发展的要求落到实处，把今年的林业工作做得更好。刚才，树丛同志代表林业局党组回顾了去年的主要工作，对今年的工作提出了具体安排。讲得很好，我都赞同。

刚刚过去的一年，在以树丛同志为班长的局党组带领下，林业系统广大干部职工齐心协力、锐意进取，各项工作都取得了显著成绩。主要体现在：超额完成全年造林绿化任务；基本完成集体林权制度改革"明晰产权、承包到户"任务，启动国有林场改革试点；理清国有林区改革思路；编制《推进生态文明建设规划纲要》，划定森林、湿地、沙区植被、物种 4 条生态保护红线；林业产业快速发展，森林防火、林业科技、机关队伍建设都取得新的进步。应该说，这些成绩都来之不易。对于林业系统的工作，党中央、国务院领导同志是满意的。在这里向大家表示祝贺和慰问。

当然，我们也要看到，当前我国林业发展还存在着资源总量不足、生态系统功能不强、资源保护压力加大、林区发展滞后等突出问题，与建设生态文明和全面建成小康社会的要求还有不小的差距。我们肩负的担子仍然很重、面临的挑战仍然很多，不仅需要有开拓进取的锐气、负重前行的韧性，还要有长期艰苦奋斗的意识，需要付出长期不懈的努力。

关于今年和今后一个时期的工作，你们的汇报思路清晰，重点突出，要抓好落实。这里，我从宏观方面谈几点意见，供大家参考。

第一，充分认识新一届中央领导集体对林业工作的高度重视

新一届中央领导集体把林业工作摆到十分重要的位置。党的十八大和十八届三中全会对建设生态文明、加快林业改革发展作出了全面部署、提出了明确要求。习近平总书记多次就推进生态文明建设发表重要讲话，作出重要指示。在十八大刚刚闭幕后发表的《认真学习党章严格遵守党章》（2012 年 11 月 16 日）一文中，总书记强调，要深刻理解把生态文明建设纳入中国特色社会主义事业总体布局的重大意义，自觉把生态文明建设融入经济建设、政治建设、文化建设、社会建设各方面和全过程。在去年 4 月 2 日参加首都义务植树活动时，总书记指出，森林是陆地生态系统的主体和重要资源，是人类生存发展的重要生态屏障。在去年 4 月到海南考察时，总书记提出，良好的生态环境是最公平的公共产品，是最普惠的民生福祉；保护生态环境就是保护生产力，改善生态环境就是发展生产力。在去年 5 月中央政治局第六次集体学习生态文明建设时，总书记强调，建设生态文明，关系人民福祉，关乎民族未来。在去年 7 月致生态文明贵阳国际论坛 2013 年年会的贺信中，总书记进一步指出，走向生态文明新时代，建设美丽中国，是实现中华民族伟大复兴的中国梦的重要内容。作为中共中央总书记，在这么短的时间内，如此高频次地对生态保护建设作指示、提要求，这是多年少见的。

新一届国务院也高度重视生态文明建设和林业改革发展。李克强总理主持召开国务院常务会议专题部署推进青海三江源生态保护、京津风沙源治理等重大生态工程，明确提出，守护绿水青山，留住蓝天白云，是对子孙后代义不容辞的责任；在中央农村工作会议上，明确要求各地要下大力气做好新一轮退耕还林等生态治理工程。张高丽副总理在政协专题协商会上就大力推进生态文明建设作报告。其他领导同志也发表了很多重要意见。

在我们这样的体制下，中央领导集体的高度重视是做好工作最有利的条件、最重要的保证。我们要珍惜当前的机遇，乘势而上，推动林业发展再上新台阶。

第二，深刻领会新一届中央领导集体对林业改革发展的重要思想

习近平总书记、李克强总理的一系列重要讲话和重要指示，与时俱进地提出了很多新理念、新论断、新举措，集中反映了新一届中央领导集体推进林业改革发展的战略思想，对做好林业工作具有十分重要的指导意义。我们要在全面学习的基础上，深刻领会精神实质，牢牢把握脉络主线，把它作为做好林业工作的行动指南、强大武器和基本遵循。

一是把林业工作放到更加突出的位置。林业兴则生态稳、文明兴。中央把林业与生态、文明、民生福祉、民族未来紧密相连，既是对林业重要地位作用认识的升华，更是对林业改革发展提出的新的更高要求。

二是强化了林业的社会生产力功能。既然保护和改善生态环境就是保护和发展生产力，既然林业是陆地生态系统的主体，那么保护和发展林业就是保护和发展社会生产力。这不仅是科学的逻辑，也是客观的现实。林业作为重要的经济产业，本身就是社会生产力的重要组成部分；同时，林业又是社会生产力发展的重要支撑。

三是强调了林业的公共产品属性。提供公共产品是政府的职责。林业提供的是最重要的生态产品。做好林业工作、提供更多更好的林业生态产品，是各级政府特别是林业部门的神圣使命。我们要牢固树立抓林业、抓生态就是保障和改善民生的意识，全面增强生态产品生产能力，切实筑牢生态这一重要民生之基。

四是突出了用制度加强林业建设和保护。制度具有根本性和长远性。为促进林业可持续发展，要按照加强生态文明制度建设的要求，通过改革创新，建立健全林业建设、保护和生态补偿等各项制度，不断激发林业发展活力，调动更多的力量参与、支持生态文明建设。

我们要深刻领会这些新的思想、新的定位、新的要求、新的部署，切实把思想和行动统一到中央的决策部署上来，坚持以生态建设为主的林业发展战略，实施好林业重点工程，组织好全民义务植树活动，依法保护好森林资源，把我国建设成为生态环境良好的国家，为全面建成小康社会、实现中华民族伟大复兴的中国梦创造更好的生态条件。

第三，进一步深化重大问题研究

近些年来，林业部门开展了重大问题调研，提出了许多事关林业长远发展的重大举措，比如林业可持续发展战略研究、集体林权制度改革大调研等，有力地推动了林业改革发展。党的十八届三中全会对全面深化改革作出了部署，林业部门如何通过改革创新，不断增强内部活力，吸引和调动外部力量，需要进一步深入研究和谋划。关于具体的改革举措，你们刚才的汇报已经很全面了，有几个问题，还要再好好研究。

一是如何在林业上体现让市场发挥决定性作用和更好发挥政府作用。林业既是重要的经济产业，也是重要的生态产业，还是重要的公益事业。林业的发展，既要充分发挥市场配置资源的作用，也离不开政府的支持。怎么调动市场的力量，怎么把握好政府作用的分寸，厘清政府与市场作用的边界，从而建立起适应市场规律和林业特点的现代林业管理体制，是深化林业改革的重大问题。林业部门该管什么、怎么管，有什么地方越位、有什么地方缺位，有哪些地方越俎代庖、有哪些地方该做没做，都要认真梳理、做到心中有数。只有这样，才能在今后的改革中有更多主动权、发言权。

二是如何在保护好生态的同时加快发展林业产业。真正把生态建设好，必须认真实施好林业重点工程，加强森林资源保护，同时，还必须广泛调动群众的积极性，大力发展林业产业。林业是极具发展前景的富民产业和实体经济，具有市场空间广、产业链条长、就业容量大等优势，是发展绿色经济、低碳经济、循环经济的潜力所在。只有产业发展好了，人们从保护生态中得到了实实在在的经济利益和物质成果，才能实现生态保护、经济发展和民生改善的协调联动。所以，要研究在保护好生态的前提下，如何把林业产业结构调整好，把林业特色产业做大做强，让林业这座巨大的绿色资源能源宝库在满足社会需求、推动绿色增长、促进就业增收等方面发挥出应有的作用。

三是如何充分发挥两个市场两种资源的作用。我国林产品供给不足，进口总量大，对外依存度高。适度进口部分林产品，不仅可以满足国内需求，也有利于促进生态保护。但也要看到，国际上对林产品特别是原木出口存在诸多限制，大量砍伐境外林木还很容易招致攻击，影响国际形象。现在，国际上对我国的人工造林高度赞扬，但对我国在一些国家的原木进口也存在种种非议。因此，我们要根据世情、国情、林情，找到统筹利用国内外两个市场两种资源的结合点，做到既有效保障林产品需求、又为生态建设和保护营造良好环境。对进口什么、如何进口、到哪儿进口，保护什么、如何保护、保护到什么程度，也都要作深入系统的研究和谋划。

你们即将召开全国林业厅(局)长会议，希望与会同志切实把中央的战略思想学习好、领会好，把中央的决策部署贯彻好、落实好！春节快要到了。在此，向国家林业局的同志们，向全国林业战线的同志们，特别是长期坚持在边远地区默默奉献的基层林业工作人员，表示真挚的感谢和良好的祝愿！

在全国绿化委员会第32次全体会议上的讲话

汪　洋

（2014年2月19日）

这次会议是新一届全国绿化委员会召开的第一次全体会议。上一届全国绿化委员会在党中央、国务院的正确领导下，各成员单位认真履行职责，全力推动国土绿化事业发展，取得了显著成效。累计完成造林9.53亿亩、义务植树290.8亿株，森林覆盖率从16.55%提升至20.36%，城市建成区、公路、铁路、学校、军营、企业绿化率和草原的综合植被率明显提升，主要湖库区和江河沿岸得到有效绿化；森林、湿地、草原和野生动植物资源保护和管理不断加强，国土绿化成果得到有效巩固；以森林、草原资源为基础的绿色产业蓬勃发展，我国成为世界林产品生产和贸易大国。国土绿化工作取得的巨大成就，有力地支撑了经济社会持续健康发展，有效地促进了农民就业增收，也为今后加快国土绿化打下了坚实基础、积累了宝贵经验。我们新一届全国绿化委员会一定要倍加珍惜这来之不易的好局面，并通过扎扎实实的工作不断加以巩固和发展。下面，我简要讲几点意见。

一、深刻认识经济社会发展对国土绿化提出的新要求

新一届中央领导集体高度重视国土绿化工作。党的十八大把生态文明建设提升到新的战略性高度，首次纳入中国特色社会主义事业总体布局，并作为党的重大行动纲领写入党章，明确提出了森林覆盖率提高、生态系统稳定性增强、人居环境明显改善的目标任务。十八届三中全会就深化生态文明体制改革、加快生态文明制度建设又作了全面部署。习近平总书记多次就推进生态文明建设发表重要讲话，作出重要指示。他强调，建设生态文明，关系人民福祉，关乎民族未来，要深刻理解把生态文明建设纳入中国特色社会主义事业总体布局的重大意义，自觉把生态文明建设融入经济建设、政治建设、文化建设、社会建设各个方面和全过程。他指出，森林是陆地生态系统的主体和重要资源，是人类生存发展的重要生态屏障；良好的生态环境是最公平的公共产品，是最普惠的民生福祉；保护生态环境就是保护生产力，改善生态环境就是发展生产力。他提出，走向生态文明新时代，建设美丽中国，是实现中华民族伟大复兴中国梦的重要内容。新一届国务院也高度重视生态文明建设和国土绿化工作，李克强总理主持召开国务院常务会议专题部署推进重大生态工程，并且把

做好新一轮退耕还林、还草、还湿等生态治理工程作为今年政府工作的重要内容。其他中央领导同志也就加强生态文明建设和国土绿化工作发表了很多重要意见。

新一届中央领导集体的这些新思想、新论断、新定位、新部署，把国土绿化工作放到了更加突出的位置，为做好国土绿化工作创造了最有利条件、提供了最重要保证，同时也对国土绿化赋予了新的使命、提出了新的更高要求。我们要认真学习，深刻理解，切实把思想认识统一到中央的决策和部署上来。

一要深刻认识全面建成小康社会对国土绿化的新要求。确保到2020年实现全面建成小康社会宏伟目标，是我们党向全国人民作出的郑重承诺。这一目标，既要求推动经济持续健康发展和城乡居民收入较快增长，让人民群众过上更加殷实的生活；又要求提高森林覆盖率、增强生态系统的稳定性，使城乡人居环境得到明显改善。经过多年努力，我国经济发展了，社会物质丰富了，人民生活水平提升了，但不少地方生态环境恶化了，成为制约可持续发展的一个突出因素。加强生态建设，是我国全面建成小康社会的一项重大任务。没有良好生态环境的小康社会就不能称为真正的小康社会。加快国土绿化，不仅是改善生态环境、夯实经济社会可持续发展根基的客观要求，而且是促进农民就业增收、推动社会生产力发展的迫切需要，也是在实现全面建成小康社会目标时让人民群众过上小康生活的综合性要求。当前，我国森林覆盖率还比较低，不到世界平均水平的2/3，特别是占国土面积69%的广大山区经济发展明显滞后、贫困人口众多。如果不加快植树兴绿和绿色产业发展步伐，不仅生态建设的任务难以完成，山区广大农民的减贫脱困和“收入倍增”步伐、全面建成小康社会目标的实现也会严重受阻，经济发展中存在的不平衡、不协调、不可持续的问题将更为突出。

二要深刻认识全面深化改革对国土绿化的新要求。十八届三中全会对加快生态文明制度建设进行了全面部署，明确要求建立系统完整的生态文明制度体系、用制度保护生态环境。与此相比，作为生态文明建设基础工作的国土绿化，还有许多重要制度需要抓紧建立和完善。十八届三中全会明确提出要健全国有林区经营管理体制，完善集体林权制度改革，下一步还要推进国有林场改革，继续实施退耕还林、还草、还湿，这些都需要制度作保证。制度具有根本性和长远性。只有按照加强生态文明制度建设的要求，通过改革创新，建立健全推动国土绿化的各项制度，才能消除当前制约国土绿化事业的各种障碍，全面激发国土绿化事业内生动力和发展活力，调动更多的力量参与、支持国土绿化。

三要深刻认识维护生态安全、建设美丽中国对加快国土绿化的新要求。我国总体上仍然是一个缺林少绿、生态脆弱、生态产品供应不足的国家，大部分国土仍在遭受水土流失、石漠化、荒漠化和沙化威胁，天蓝、地绿、水净的美好家园仍然不太多，与党的十八大提出的构建科学合理的生态安全格局和广大人民群众对建设美丽中国的期待还有很大的差距。加上目前我国可用于绿化的土地资源不仅总量有限，并且60%分布在干旱和半干旱地区，加快国土绿化的难度大、成本高。如果没有“啃硬骨头”的信心和决心，没有科学合理的国土绿化规划布局，就难以筑牢国家生态安全屏障，就不能尽快让祖国大地披上美丽绿装，也无法满足人们群众日益增长的生态需求。

四要深刻认识推动绿色发展对加快国土绿化的新要求。山青才能水秀，林茂才能粮丰，草盛才能畜肥。良好的林草植被不仅是农业农村经济可持续发展的重要生态保障，而且是丰富的绿色可再生资源能源宝库，是转变我国高投入、高消耗、高污染的传统经济发展方式的重要物质支撑。与耕地相比，我国林地、草原面积更广，发展绿色经济、低碳经济、循环经济的潜力也更大。可以这样说，国土绿化既是重要的公益事业，又是重要的基础产业，既是绿色发展的基本前提，又是绿色发展的基础支撑，在满足社会需求、推动绿色增长、促进就业增收等方面都具有不可替代的重要作用。绿色发展是推动社会经济可持续发展、实现良性循环的有效途径。必须深刻反思开发过度、生态环境遭受破坏的教训，积极探索一个人口大国怎么走出一条既能保护生态环境、保证人民生活不断改善，又为子孙后代提供可持续发展条件的道路。

总之，国土绿化是建设生态文明和美丽中国的重要内容，是夯实中华民族伟大复兴中国梦生态根基的关键举措。我们要站在实现“两个一百年”奋斗目标的战略和全局高度，深刻认识做好新时期国土绿化工作的极端重要性，切实增强责任感、紧迫感，努力开创国土绿化事业发展新局面。

二、大力推进国土绿化事业发展和创新

加快推进新时期国土绿化事业，必须深刻领会、全面贯彻新一届中央领导集体对国土绿化的新思想、新定位、新要求、新部署，坚持尊重自然、顺应自然、保护自然的基本原则，严守生态红线；坚持生态效益、经济效益、社会效益相统一的基本要求，让人民群众更充分享受国土绿化成果；坚持全国动员、全民动手、全社会搞绿化的基本方针，形成全社会共同推动国土绿化的强大力量；坚持改革创新的基本取向，以系统完整的制度体系全面激发国土绿化事业发展活力。当前和今后一个时期，要紧紧围绕上述要求扎实做好以下工作。

一是加强现有自然生态系统保护。在国土绿化上，抓保护就是抓发展。要采取强有力的措施保护好现有森林、草原、湿地、海洋等生态系统，尤其是大江大河、重点湖库区和生态脆弱区，坚决杜绝走“先破坏后治理、边治理边破坏”的老路。要大力实施国家主体功能区战略，科学划定并严守林地、湿地、沙地、草地和耕地保护红线，坚决守住维护国家生态安全、满足人民基本要求的底线。要严格征占用林地绿地管理，依法严惩盗伐滥伐林木和非法占用林地绿地行为，严防发生重特大森林草原火灾，不断提高有害生物防治水平，着力巩固国土绿化成果。

二是加大自然生态系统修复力度。要在保护好现有生态资源的同时，加快生态修复步伐，通过保护和修复“两手抓”，最大限度地增加以林草植被为主体的生态资源总量，促进自然生态系统的恢复和完善。自然生态系统的修复，要尊重科学，尊重自然规律，注重依靠大自然自身的力量。要认真实施《全国造林绿化规划纲要(2011—2020)》，抓好天然林保护、退耕还林等生态修复工程建设，积极推进荒漠化、石漠化、水土流失治理，加快构建维护国家生态安全的基本骨架。要充分挖掘绿化用地潜力，完善国土绿化规划，加快形成中央和地方互为补充、城市和乡村全面覆盖的生态工程体系。

三是着力提高国土绿化质量。要按照数量和质量并重、绿化和美化相统一的原则进行绿化规划设计，科学配置树种、草种，坚决制止片面追求视觉效果和政绩的大树进城、一日成林、一夜成景等违背自然规律和经济规律的做法，坚持科学绿化，做到适地适树，努力提高绿化的质量和成效。要把改善人居生态环境放在更加突出的位置，加大社区、营区、校区、矿区绿化美化，积极推进城乡绿化一体化，让越来越多的生产生活区成为绿色之区、生态之区、美丽之区，让人民群众实实在在享受绿色之美。要努力建设近自然的生态景观，做到生态化、自然化，不应刻意地追求一时的视觉效果。要加强国家公园、森林公园、湿地公园和自然保护区、风景名胜区建设，使其成为自然的精华和美丽的地标。要加快通道绿化，让公路线、铁路线变成绿化线、风景线。

四是大力发展绿色产业。要在不断提升生态产品供给能力，为人民群众提供更清洁的水、更清新的空气和更优美的环境的同时，大力培育以森林、草原为主体的生物资源，为发展绿色经济提供丰富的能源和资源。要全面加强森林抚育经营，加强珍贵树种资源培育，提升木材及各类林副产品供给能力。要加快发展花卉苗木、木本粮油、特色经济林、林下经济等绿色富民产业，努力满足人民群众对绿色产品的巨大需求。

五是不断增强全民生态文明理念。各级绿化部门要把繁荣生态文化、弘扬生态文明理念作为重要职责，加大宣传力度，真正使生态文明理念入心入脑，成为全社会共同遵守的主流价值观和推进生态文明建设的软实力。中华民族具有生态文明的悠久历史，在光辉灿烂的中华文化中，就包含了“天地一体、万物同源，道法自然、天人合一”等人与自然和谐相处的思想和理念。我们要学习研究、继承发扬中华民族优秀生态文明传统，牢固树立现代生态文明理念，积极推进生态文明建设。要加强生态文化理论研究，大力发展森林文化、草原文化及竹文化、花文化、茶文化等，创新生态文化内容和形式，使其更加贴近百姓、贴近基层、贴近生活。要加强对各级领导干部的生态文明教育，引导树立科学的发展观和正确的政绩观。

六是加快创新国土绿化体制机制。国土绿化是全社会的公益事业和重要的经济产业，既离不开政府的支持，也需要发挥市场在资源配置中的决定性作用，以吸引和调动全社会力量。作为绿色产业，必须充分发挥市场在资源配置中的决定性作用。各级政府要创造条件，完善政策，创新机制，转变职能，改进服务，积极推进绿色产业发展。要全面总结全民义务植树活动经验，与时俱进地创新形式、完善举措、健全机制，引导和调动广大人民群众积极参与义务植树，提高义务植树效果和尽责率。要加快完善部门绿化分工负责制，进一步健全实施机制，鼓励各部门为国土绿化做出更大贡献。要积极推进国土绿化工程建设体制和建设方式的创新，对种树种草和后期管护等绿化服务尽可能采用购买、承包等市场化的方式，充分激发企业、农民和社会参与的积极性。

三、进一步加强对国土绿化工作的组织领导

全国绿化委员会及各地、各部门绿化委员会要按照中央的决策部署，切实把国土绿化工作放在更加突出的位置，进一步加强组织领导，加大工作力度，不断提高推进国土绿化工作的水平。

第一，创新工作方式，推动职能转变。长期以来，我们在国土绿化的责任落实、宣传发动、组织协调、检查监督、评比表彰等方面积累了一整套符合国情的工作制度和工作方法。这些行之有效的做法要继续坚持和发扬，保持工作的连续性和稳定性，并在此基础上，根据全面深化改革的背景和加快推进政府职能转变的要求，从实际出发，积极推进工作思路和工作方式创新，努力提高工作成效。

第二，加强机构队伍，提高组织水平。各级绿化委员会办公室是开展国土绿化工作的专门办事机构，要进一步完善机构建制，提高人员素质，强化工作保障，增强履职能力。国土绿化系统各级干部都要加快改进工作作风，提高政治素养和业务水平，增强综合协调和处理问题的能力，为国土绿化事业发展提供坚强的组织保障。

第三，加强监督检查，确保任务落实。监督是各级绿委推进工作、行使职责的重要抓手，务必用足用好。要切实加强《造林绿化规划纲要》落实情况的监督检查和指导，加快各种困难和问题的解决。要进一步完善国土绿化工作监督检查和考核评价办法，切实把检查结果纳入领导干部目标责任制考核体系，推动国土绿化任务全面落实。

第四，搞好宣传引导，营造良好氛围。宣传是国土绿化的第一道工序。要办好国际森林日、植树节、共和国部长义务植树、百名将军义务植树等重大活动，增强对国土绿化工作的示范引导作用。要切实抓好全国绿化评比表彰工作，利用榜样的感召力和影响力，带动社会力量参与国土绿化事业。要用正确的舆论引导主流意识，积极回应社会热点关切，聚集起全社会植绿、护绿、爱绿、兴绿的正能量。

这里，我还要强调一下春季森林草原防火和春季造林绿化工作。近一个时期，部分地区降水持续偏少，森林火险等级居高不下，森林火灾时有发生。目前，各地陆续进入春季森林草原防火紧要期，加上春耕生产即将全面展开，农事活动频繁，野外用火明显增多，森林草原防火形势十分严峻。各地区、各有关部门、武警森林部队都要切实加强对森林草原防火工作的组织领导，认真落实责任，加强隐患排查，严格火源管理，做好预警监控和应急值守，抓好防火物质储备，做到火患早排除、火情早发现、火灾早处置，确保不发生重大森林火灾，确保不发生重大人员伤亡。另外，春季植树造林就要开始了，各地、各部门（系统）绿化委员会及其办公室要切实加强组织指导，抓好宣传发动，强化协调管理，抓紧做好春季造林绿化各项工作的部署安排，认真组织落实，确保完成全年造林绿化任务。

同志们，做好国土绿化工作，加快生态文明建设，是党和国家赋予我们的崇高职责，是全国人民的殷切期望。我们要在以习近平同志为总书记的党中央坚强领导下，锐意进取，扎实工作，全面提升国土绿化事业水平，为全面建成小康社会、实现中华民族伟大复兴的中国梦创造更好的生态条件！

牢固树立中国特色社会主义生态观

——深入学习贯彻习近平总书记关于生态文明建设重大战略思想

赵树丛

党的十八大以来，习近平总书记对生态文明建设作出了一系列十分深刻、十分精辟的重要论述，丰富和发展了当代中国马克思主义理论，形成了指导国家长远发展的中国特色社会主义生态观，对于建设生态文明、建设美丽中国、实现中华民族永续发展具有重大的现实意义和深远的历史意义。

中国特色社会主义生态观是中国特色社会主义理论的组成部分，是推动经济社会可持续发展、实现中华民族永续发展的基本遵循，是加快林业治理体系和治理能力现代化的行动指南。各级林业部门深入学习贯彻习近平总书记系列重要讲话精神，就是要用习近平总书记关于生态文明建设重大战略思想武装头脑，牢固树立中国特色社会主义生态观。关键要牢固树立以下九大观念。

一、牢固树立生态决定人类文明兴衰的观念

习近平总书记反复强调，“生态兴则文明兴、生态衰则文明衰”，这是对人类文明发展规律、自然规律和经济社会发展规律的历史总结，深刻论述了生态与文明的重大关系，直接揭示了生态保护建设与人类文明兴衰的本质联系。

历史告诉我们，一部人类的发展史，就是一部人与自然的关系史；一部生态变迁史，就是一部人类的进化史、演变史。尊重自然、保护生态，给人类文明发展创造了基本条件；违背自然、破坏生态，给人类文明成果带来了巨大危害。早在100多年前，恩格斯在《自然辩证法》一书中就警告人类，“我们不要过分陶醉于我们对自然界的胜利。对于每一次这样的胜利，自然界都报复了我们”“美索不达米亚、希腊、小亚细亚以及其他各地的居民，为了得到耕地，毁灭了森林，但是他们做梦也想不到，这些地方今天竟因此而成为不毛之地”。无数的事实证明，一个国家、一个地区、一个民族，生态兴则文明兴、生态衰则文明衰，这是不以人的意志为转移的客观规律。

森林是地球之肺，湿地是地球之肾。森林和湿地是陆地最主要的生态系统，对维护生态平衡和安全起着决定性作用，对建设生态文明和美丽中国发挥着不可替代的功能。各级林业部门一定要深入学习贯彻习近平总书记关于生态文明建设的重大战略思想，牢固树立中国特色社会主义生态观，牢牢把握“生态兴则文明兴、生态衰则文明衰”的历史规律，把发展生态林业、改善自然生态作为林业工作的第一要务，切实承担起建设生态文明的历史使命，为实现中华民族伟大复兴的中国梦不断创造更好的生态条件。

二、牢固树立生态就是生产力的观念

2013年4月，习近平总书记在海南省考察时强调，“保护生态环境就是保护生产力，改善生态环境就是发展生产力”。2013年5月，习近平总书记在中央政治局第六次集体学习时再次强调，“要正确处理好经济发展同生态环境保护的关系，牢固树立保护生态环境就是保护生产力、改善生态环境就是发展生产力的理念”。他还形象地把二者的关系比喻为金山银山与绿水青山的关系。2013年9月7日，他在哈萨克斯坦纳扎尔巴耶夫大学发表演讲并回答学生们提出的问题时指出，“我们既要绿水青山，也要金山银山。宁要绿水青山，不要金山银山，而且绿水青山就是金山银山”。这些精辟论断，深刻论述了生态与生产力的重大关系，作出了生态就是生产力的科学判断，突出强调了自然生态在生产力系统中不可替代的重要作用。

习近平总书记作出的这一科学判断，是对生产力理论的重大创新和发展，是对人类生产力发展实践的深刻洞悉和总结。人类为了发展生产力，对生态造成了持续的大规模的破坏，已经出现了森林锐减、湿地萎缩、土地沙化、水土流失、干旱缺水、洪涝灾害、物种灭绝、环境污染、气候变暖等一系列严重生态危机，对人类生产力可持续发展构成了巨大威胁，有的甚至导致了不可逆转的毁灭性破坏。埃塞俄比亚在过去几十年间，为了发展经济，大量破坏森林，森林面积由过去占国土面积的40%下降到1%，降雨量随之大幅度下降，出现了长期持续的干旱饥荒，仅上世纪80年代的大饥荒就导致100多万人死亡。我国不少地方过去为了生产粮食，大量毁林开荒，也陷入了越垦越穷的境地。相反，实施退耕还林工程不仅没有影响粮食生产，还改善了生态，促进了生产力发展，实现了脱贫致富。

历史的事实反复证明，以牺牲生态来发展经济得不偿失，必将付出惨痛的代价，没有生态的可持续发展，就没有生产力的可持续发展。各级林业部门一定要深入学习贯彻习近平总书记关于生态文明建设的重大战略思想，牢固树立中国特色社会主义生态观，科学把握生态环境与生产力之间的辩证关系，更加重视生态环境这一生产力要素，切实加大自然生态系统保护力度，以高度的历史责任坚决守住保护绿水青山这条底线，坚决反对牺牲生态环境换取经济增长的发展方式，努力推动绿色发展、循环发展、低碳发展，实现生态与生产力发展的良性循环。

三、牢固树立生态就是民生福祉的观念

习近平总书记关于“良好生态环境是最公平的公共产品，是最普惠的民生福祉”的重要论述，深刻揭示了

生态与民生的关系，既是对生态产品的准确定位，又是对民生内涵的丰富发展，反映了人民群众的新需求新期待。

经过改革开放30多年的发展，我国已跃升为全球第二大经济体，创造了世界经济发展的奇迹，同时也付出了巨大的生态代价。目前，良好生态已经成为人民群众的基本需求，生态差距已成为我国与发达国家最大的差距之一，改善生态已成为党和政府的重要任务。生态是林业多重属性中的本质属性，民生是我们党执政过程中始终关注的根本问题。改善生态、改善民生是林业服务党和国家工作大局与中心任务的方向性、根本性问题，也是世界各国着力解决的全球性重大问题。

联合国指出，“地球不是我们从父辈那里继承来的，而是从我们子孙那里借来的”。保护生态不仅关系当代人的利益，而且关系到代际公平，不仅关系到一个国家全体人民的根本利益，而且关系到全人类的根本利益。各级林业部门一定要深入学习贯彻习近平总书记关于生态文明建设重大战略思想，牢固树立中国特色社会主义生态观，真正把生态作为最公平的公共产品、最普惠的民生福祉来对待，大力发展生态林业民生林业，全面增强生态产品生产能力，将更多更好的生态产品奉献给人民，不断提升人民的生态福祉，顺应人民群众对良好生态的新期待。

四、牢固树立山水林田湖统筹治理的观念

2013年11月16日，习近平总书记在十八届三中全会上指出，“我们要认识到山水林田湖是一个生命共同体，人的命脉在田，田的命脉在水，水的命脉在山，山的命脉在土，土的命脉在树”。这一重要论述，立足山水林田湖这个生命共同体，统筹自然生态各种要素，科学阐述了自然生态系统各个组成部分的相互关系，从更大尺度、更广视角回答了治理自然生态系统应坚持的基本原则。这是解决我国复杂生态问题的根本出路，也是加强生态建设必须始终坚持的思想方法。

在山水林田湖这个生命共同体中，森林是处在顶层的生态系统，对土、山、水、田、人的生态安全起着决定性作用。由于森林植被稀少，全国水土流失面积高达295万平方公里，年均土壤侵蚀总量达50亿吨；由于山川土壤严重侵蚀和森林及土壤的蓄水功能削弱甚至丧失，全国每年流失的雨洪资源达1.6亿立方米，而且有2.7万多条河流已经消失，对国家水安全构成了严重威胁；而我国林、土、山、水出现的严重问题，又造成了地力衰退、严重干旱，直接影响到耕地生产力的可持续发展，进而影响到人的生存与发展。习近平总书记用“命脉”把山水林田湖紧密相连，深刻揭示了这个生命共同体的本质联系和坚持统筹治理、系统治理的特殊重要性。

林业部门承担着46亿亩林地、8亿亩湿地和39亿亩荒漠化土地的治理重任，对维护山水林田湖这个生命共同体的安全负有重要责任。各级林业部门一定要深入学习贯彻习近平总书记关于生态文明建设重大战略思想，牢固树立中国特色社会主义生态观，从维护山水林田湖这个生命共同体的安全出发，坚持系统思维，遵循自然规律，一方面，要高度重视森林生态系统建设，充分发挥森林对维护这个生命共同体的特殊作用；另一方面，在林业部门管理的范围内要始终坚持山水林田湖统筹治理，处理好森林、湿地、荒漠生态系统及其生物多样性等重大生态要素之间的关系，统筹推进造林绿化、湿地保护、防沙治沙和野生动植物保护等工作，努力做到各项生态建设之间协调发展。

五、牢固树立林业事关经济社会可持续发展的观念

今年4月4日，习近平总书记在参加首都义务植树活动时强调，“林业建设是事关经济社会可持续发展的根本性问题”。这一重要论述，是站在经济社会可持续发展的全局高度，以卓越智慧和世界眼光，在深刻总结人类历史发展规律和各国发展经验的基础上，对林业的重要地位和作用作出的科学判断，把林业推上了前所未有的新高度，对林业工作提出了前所未有的新要求，赋予了林业部门前所未有的新使命。

由于对生态的严重破坏，全球已经出现了森林锐减、土地沙化、湿地退化、水土流失、物种灭绝、干旱缺水、洪涝灾害、环境污染、气候变化、臭氧层破坏等十大生态危机。在十大全球生态危机中，有八大危机是破坏森林和湿地导致的恶果，并在我国不同程度存在，有的还十分严重。针对我国存在的严重生态问题，习近平总书记深刻指出：“森林是陆地生态系统的主体和重要资源，是人类生存发展的重要生态保障。不可想象，没有森林，地球和人类会是什么样子。”他还特别要求林业部门为建设美丽中国创造更好的生态条件。

发展林业不仅关系到国家生态安全、淡水安全、物种安全、气候安全，还关系到国家能源安全、木材安全、粮油安全以及经济安全、绿色增长和外交战略大局。各级林业部门一定要深入学习贯彻习近平总书记关于生态文明建设重大战略思想，牢固树立中国特色社会主义生态观，大力宣传林业在国家战略全局中的地位和作用，真正把林业摆上战略位置，加快发展林业事业，为国家经济社会可持续发展奠定坚实的基础。

六、牢固树立创新林业治理体系的观念

今年2月20日，习近平总书记在国家林业局《关于第八次全国森林资源清查结果的报告》上批示要求，全面深化林业改革，创新林业治理体系。这一重要论述，是中央对林业改革提出的最新要求，明确了林业改革的总目标，把林业治理体系纳入了国家治理体系总布局。

经过几十年的实践探索，我国林业制度逐步建立。但是，与建设生态文明和美丽中国的要求相比，我国林业治理体系还很不适应。有的制度还存在缺失，需要加强顶层设计并抓紧建立；有的制度还很不完善，甚至存在很多体制机制性障碍，需要继续坚持和改革完善；有的制度已经比较完善，但制度的效能和作用没有得到充分发挥，制度之间的协同性还不够。

建立健全林业制度，创新林业治理体系，事关林业长远发展，事关生态文明建设大局。各级林业部门一定要深入学习贯彻习近平总书记关于生态文明建设重大战略思想，牢固树立中国特色社会主义生态观，按照党的十八届三中全会关于推进生态文明制度建设的总体要求，把推进林业治理体系和治理能力现代化作为全面深化林业改革的总目标，坚定不移地推进各项林业改革，不断创新林业治理体系，使林业的体制机制更加成熟、更加定型，更加适应生态林业民生林业发展要求，真正形成具有中国特色社会主义林业制度。

七、牢固树立充分调动各方面造林育林护林积极性的观念

今年2月20日，习近平总书记批示要求，充分调动各方面造林育林护林的积极性。这一重要论述，进一步阐明了发展林业“依靠谁、为了谁”等重大问题，进一步明确了我国林业生态建设的指导方针、发展道路和工作重点。

林业发展离不开广大人民群众的参与和支持，全国动员、全民动手、全社会办林业，是我国林业发展取得举世瞩目成就的重要保障，也是必须长期坚持的基本方针。全面加快生态林业民生林业发展步伐，既要更好地发挥政府的主体作用，加强生态资源培育和管理，又要充分发挥市场在资源配置中的决定性作用，吸引各种社会力量积极参与林业建设。

林业是全民共有、全民共建、全民共享的伟大事业。各级林业部门一定要深入学习贯彻习近平总书记关于生态文明建设重大战略思想，牢固树立中国特色社会主义生态观，始终坚持发展林业为了人民、发展林业依靠人民、发展成果人民共享，充分发挥全民绿化的制度优势，着力完善林业政策措施，充分调动全社会造林、育林、护林积极性，进一步形成全社会办林业的强大合力。

八、牢固树立增强森林生态功能的观念

今年2月20日，习近平总书记批示要求，稳步扩大森林面积，提升森林质量，增强生态功能。这一重要论述，是党中央在提出森林覆盖率、森林蓄积量增长目标之后，首次对增强森林生态功能提出明确要求，充分体现了对森林生态功能的高度重视。

经过多年努力，我国森林面积有了明显增加，森林覆盖率已经由新中国成立初期的8.6%上升到21.36%，但是森林质量不高、生态功能不强的状况仍然没有得到明显改观。现有森林生态功能等级好的仅占13%，每公顷森林蓄积量89.79立方米，仅为世界平均水平的70%，不到日本的1/2、德国的近1/4。目前，我国森林覆盖率比世界平均水平低10个百分点，即使到2050年实现森林覆盖率增长的长远目标，也只有26%左右，仍达不到世界平均水平。要用占全球5%的森林面积来支撑占世界19%的人口对生态产品和林产品的巨大需求，必须在提高森林质量、增强森林生态功能上下功夫。

长期以来，人们更多地重视森林的经济功能，忽视了森林的生态功能，森林生态系统不断退化。各级林业部门一定要深入学习贯彻习近平总书记关于生态文明建设重大战略思想，牢固树立中国特色社会主义生态观，在注重造林绿化、增加森林资源总量的同时，更加注重森林经营、提高森林资源质量，不断增强森林生态功能，切实筑牢生态安全屏障，充分发挥林业在维护生态安全中的基础性作用。

九、牢固树立科学造林绿化的观念

今年1月28日，习近平总书记在内蒙古自治区考察时强调，绿化只搞“奇花异草”不可持续，盲目引进也不一定适应，要探索一条符合自然规律、符合国情地情的绿化之路。这一重要论述，是针对我国国情地情特别是当前社会上一些不尊重自然规律，搞奇花异草、搞盲目引进、搞大树进城等错误做法提出的，是林业建设和国土绿化工作必须长期坚持的一项基本原则。

自然生态系统是一个复杂的生命体，其演替发展有着特定的客观规律。开展造林绿化，修复自然生态系统，要尊重自然规律，不能盲目蛮干、急功近利。近年来，一些地方为了追求“形象工程”，不按照适地适树的原则选择树种，贪大求洋、盲目引进奇花异草。有的没有根据不同培育目标采取不同的抚育经营措施，对低产林大砍大造甚至“剃光头”。这些做法都违背了科学规律，给林业生产带来了不同的影响，有的甚至破坏了原生态。

林业建设是一项十分复杂的生物工程、生命工程，必须尊重自然规律，充分考虑国情地情，科学推进造林绿化工作。要积极推广使用林木良种和乡土树种，坚持宜林则林、宜草则草，宜造则造、宜封则封，着力营造乔灌草结合的自然生态系统。尤其是城镇绿化要杜绝大树移植、快速成林、一夜成景的不当做法，坚决反对形式主义和铺张浪费行为。

当前，在我国资源约束趋紧、环境污染严重、生态系统退化的严峻形势下，各级林业部门和广大干部职工一定要深入学习领会习近平总书记关于生态文明建设的重大战略思想，牢固树立、积极践行中国特色社会主义生态观，牢记职责使命，全面深化林业各项改革，加快推进林业治理体系和治理能力现代化，不断提升生态林业民生林业发展水平，为建设生态文明和美丽中国、全面建成小康社会、实现中华民族伟大复兴的中国梦作出新的更大贡献！

在福建省深化集体林权制度改革现场会上的讲话

赵树丛

（2014 年 1 月 3 日）

今天，福建省在这里召开深化集体林权制度改革现场会，这是福建省委、省政府贯彻落实十八届三中全会和中央经济工作会议、中央农村工作会议精神的重大举措。

林业发展与生态环境、民生改善息息相关。福建省是我国南方重点林区，历届省委、省政府都高度重视林业工作，始终把林业放在全局工作的重要位置来抓。习近平、贾庆林、贺国强、王兆国、孙春兰、卢展工等中央领导同志，包括我们都非常敬仰的老省委书记项南同志，在福建工作期间都对林业十分关心，先后采取了一系列重大举措推动林业改革发展。特别是早在 2001 年，时任省长的习近平同志就大力推进以“明晰产权、承包到户”为核心的集体林权制度改革，把集体林地承包到户，让农民自主经营，极大地解放和发展了林业生产力。经过 10 多年的持续努力，福建林改已经取得显著成效，实现了“山定权、树定根、人定心”，充分调动了广大农民发展林业的积极性，为全国创造了可资借鉴的好经验。全省造林面积连续 9 年超过 200 万亩，森林覆盖率由 10 年前的 60.52% 提升到 65.95%，在全国处于首位。全省林业产业总产值从 2002 年的 636 亿元增长到 2013 年的 3500 多亿元，农民涉林收入明显增加。这三年来我每年都来福建，先后到过三明、永安、顺昌、武平、长汀等许多地方，每一次和林农们聊天，看他们的表情，就能体会到他们对党和政府由衷的感激之情。今天上午我们到城厢镇云礤村一户森林人家，一坐下，他们就说林改好！这说明我们的政策是对头的，群众是满意的。

武平县是全国最先进行林改的地区，早在 2001 年 4 月就开展了林改试点工作。2002 年习近平同志对武平“坚持家庭承包、均山均权均利”的改革方向给予了充分肯定，作出了“集体林权制度改革要像家庭联产承包责任制那样从山下转向山上”的重要指示，并再三嘱咐“武平林改的方向是对的，要脚踏实地的向前推进，让老百姓真正受益”。遵照习近平同志的指示要求，武平县充分尊重农民意愿，按照“山要平均分、山由农民分”的原则，在全国第一个出台了林改规范性文件，颁发了第一本新式林权证，把所有集体山林均分到户，率先在林业上落实了农村基本经营制度。近年来，针对林改后出现的新情况、新问题和林农的新期待、新要求，武平县又全面深化配套改革，包括巩固稳定农民的承包权，成立森林资源资产评估机构、林权收储担保中心和林权流转交易中心，实施林权直接抵押贷款，构建了“评估、担保、收储、流转、贷款”五位一体的林业服务体系，解决了林业再生产的资金难题，全县林业实现了快速发展，在完善集体林权制度改革方面又领先全国。福建省和武平县林改的成功经验，对引领和推动全国林改作出了贡献。

我国集体林权制度改革，是推进中国特色社会主义事业的标志性事件，集体林改的制度成果、政策成果是中国特色社会主义道路、制度的集中体现，是农村政策的基石。目前，全国已确权集体林地 27.02 亿亩，占集体林地总面积的 98.8%；发证面积 26 亿亩，占确权林地的 96.4%，8972 万农户拿到林权证，明晰产权、承包到户的改革任务基本完成。

党的十八届三中全会和去年底召开的中央农村工作会议，以及中央刚刚发出的 2014 年一号文件，都提出了要完善集体林权制度改革的要求。怎样完善？怎样深化？是福建这次会议的主题。你们已经创造了很多新鲜的经验，值得在全国推广、以资借鉴。特别是省政府去年发的深化改革的十条，是一个好文件。刚才，荣凯副省长讲了很好的意见，我都赞同。下一步，我认为有几个问题需要认真把握。

一、关于坚持稳定巩固农民的林地承包经营权

农村林地集体所有、家庭承包经营、长久不变的承包关系，是农村基本经营制度的核心要素，其中最根本的就是农民的承包经营权。完善集体林权制度改革，最根本的任务就是要巩固农民的承包经营权，强化农民对林地承包经营权的物权保护，完善土地承包经营权能，依法保障农民对其承包经营权的占有、使用、收益、流转及林权的抵押、担保权利。集体林权承包证书是林权承包关系的法定证明。林权证要发到农民手中，县乡村任何一级都不能截留。要维护林权证的权能，任何组织和个人都不得剥夺和非法限制农民对林权林地的承包权。

二、关于培育发展新型林业经营主体

林权承包到户后，农民家庭就是基本的林业经营主体。这首先是因为农民家庭是林权承包经营的法定主体，同时因为林业的生产周期长，林区的基础设施条件差，看护、抚育、营造林木更适合于家庭经营，家庭经营的基础性地位要长期坚持，这是林权改革的根本。我们说发展新型林业经营主体，首先要支持帮助农民家庭发展为新型林业经营主体，这是我们必须明确的。

当然，随着城镇化的发展和农村劳动力资源的结构变化，还有林业经营投资大、周期长、见效慢的特点，林业联户经营、股份合作经营，甚至于工商资本投资经营等新的经营形式都会发展，这也是一个新的趋势。我

们要因势利导、顺势而为，尊重农民的创造，创新集体林业经营体系。在坚持林地集体所有、家庭承包的基础上，按市场配置资源的规律，按农民的意愿，承包权和经营权是可以分离的，农民的林地经营权是可以流转的。但在这里必须明确的是，林权流转是市场配置资源的过程，是农民自己决策的事。也就是说，林权流转还是不流转是农民的事，流转的多与少及价格是市场的事，不是政府可以越俎代庖的，更不能视为干部的政绩体现。使林权流转公开公正有秩序，这是政府的责任。

三、政府要服务林改后的林业发展，更好地改善生态、改善民生

林业承担着改善生态、改善民生的光荣职责，集体林权制度改革为改善生态、改善民生注入了强大的活力。第八次全国森林资源清查表明，福建的森林覆盖率已由63.1%增加到65.95%。我们说赋予农民更多的林地承包经营权，发挥市场在配置资源中的决定性作用，不是说政府可以无为而治，而是要更好地发挥作用。看了福建武平等地创造的经验，我看下面几点都是政府和林业部门要做好的。一是加强林地资源的保护，包括严格搞好林业发展规划及林地保护利用规划，明晰产权，加强用途管制等，不管林权怎样流转，只能种树，不能“种房子”；二是建立公开的林权交易平台，发现价格，服务林农等市场主体公平交易；三是建立森林资源价值评估组织，最近中央有关部委的职能作了一些调整，森林资源价值评估明确由林业部门负责；四是建立林业发展的融资担保机构；五是有条件的还可建立林权收储机构；六是建立适合农户家庭经营的森林可持续经营方案，让森林长的更好、效益更高；七是服务农民发展林下经济，这方面福建做得很好，这也是为了处理好生态和民生的关系，让农民实现不砍树也能致富；八是维护农民承包权益，调解林地林权纠纷；九是落实党和政府的惠林政策，如：生态补偿、造林补贴、抚育补贴、政策性森林保险、林区必要的基础设施建设，等等。

总之，生态受保护、农民得实惠，生态改善民生改善，是我们的根本目标和任务；“不乱、不滥”，维护林区社会秩序稳定，不乱砍滥伐，不乱占滥用林地，保护好绿色家园，是我们的底线，是政府的责任。

我这次来，就是要进一步学习总结福建在完善集体林权制度改革方面的经验，更好地学习习近平同志一系列的重要讲话精神，学习党的十八大和十八届三中全会精神，做好完善集体林权制度改革这篇大文章，为全面建成小康社会目标，为建设生态文明、美丽中国，发挥林业更大的作用。

全面深化改革　完善治理体系
为生态林业民生林业建设注入强大动力

——在全国林业厅局长会议上的讲话

赵树丛

（2014年1月9日）

这次全国林业厅局长会议，是经国务院批准、国家林业局党组决定召开的一次重要会议。会议的主要任务是：学习贯彻习近平总书记系列重要讲话精神，深入落实党的十八大和十八届二中、三中全会，以及中央经济工作会议、中央农村工作会议精神，总结2013年林业工作，部署2014年和今后一个时期林业工作，推动生态林业民生林业建设再上新水平。

党中央、国务院对林业工作和这次会议高度重视。1月2日，汪洋副总理专门作出重要批示：2013年，全国林业系统认真贯彻落实党中央、国务院的决策部署，全力推进林业改革发展，各项工作都取得了明显成效，为改善生态改善民生、促进经济社会持续健康发展发挥了积极作用。2014年是全面贯彻落实党的十八届三中全会精神、全面深化改革的第一年，也是林业推进改革发展的关键之年。希望大家再接再厉，锐意创新，扎实工作，加大改革力度，加强生态保护，加快产业发展，全面提升生态林业民生林业发展水平，为建设生态文明和美丽中国作出新的更大贡献！1月7日，他又专门听取国家林业局领导班子集体工作汇报并作了重要讲话，今天上午已经全文传达。汪洋副总理的重要讲话和重要批示，对于我们做好当前和今后一个时期林业工作具有十分重要的指导意义。我们一定要认真学习领会，全面贯彻落实。

去年年底以来，中央相继召开一系列重要会议，对今后一个时期工作进行安排部署。根据这些重要会议精神，结合当前林业的形势任务，今年和今后一个时期全国林业工作的总体要求是：全面贯彻落实党的十八大和十八届二中、三中全会精神，深入学习贯彻习近平总书记系列重要讲话精神，坚持以建设生态文明为总目标，以改善生态改善民生为总任务，以全面深化林业改革为总动力，紧紧围绕建设美丽中国，认真实施《推进生态文明建设规划纲要》，创新林业体制机制，完善生态文明制度，推进国家林业治理体系和治理能力现代化，增强生态林业民生林业发展内生动力，为全面建成小康社会、实现中华民族伟大复兴的中国梦创造更好的生态条件。

围绕这一总体要求，我讲五点意见，供大家讨论。

一、深入学习贯彻习近平总书记系列重要讲话精神

党的十八大以来，习近平总书记相继发表了一系列重要讲话，深刻回答了新的历史条件下党和国家发展的一系列重大理论和现实问题，为全党全国在新的历史起点上实现新的奋斗目标提供了基本遵循。各级林业部门都要认真学习领会这些重要讲话，切实用讲话精神武装头脑、统一思想、指导实践。

第一，要深入学习领会关于坚持和发展中国特色社会主义的重要论述。习近平总书记多次指出，中国特色社会主义是党和人民长期实践取得的根本成就，是当代中国发展进步的根本方向；中国特色社会主义根植于中国大地，反映中国人民意愿，适应中国和时代发展进步要求。这些重要论述为坚持和发展中国特色社会主义注入了新的内涵、提出了明确要求。学习贯彻讲话精神，就是要深刻理解中国特色社会主义的真谛要义，增强道路自信、理论自信、制度自信，毫不动摇地坚持、与时俱进地发展中国特色社会主义。

第二，要深入学习领会关于实现中华民族伟大复兴中国梦的重要论述。习近平总书记在党的十八大确立“两个一百年”奋斗目标的基础上，鲜明提出实现中华民族伟大复兴的中国梦，生动形象地描绘了全体人民的共同理想。中国梦已成为海内外中华儿女的最大共识，成为激励全体人民团结奋斗的精神旗帜。学习贯彻讲话精神，就是要深刻理解中国梦的基本内涵、实现路径和实践要求，勇于承担林业在实现中华民族伟大复兴进程中的历史重任，加快林业发展步伐，为实现中国梦奠定坚实的生态基础。

第三，要深入学习领会关于全面深化改革开放的重要论述。习近平总书记反复强调，改革开放是决定当代中国命运的关键一招，也是决定实现“两个一百年”奋斗目标、实现中华民族伟大复兴的关键一招；实践发展永无止境，解放思想永无止境，改革开放也永无止境；改革开放只有进行时，没有完成时；改革开放是亿万人民自己的事业，要紧紧依靠人民推动改革。学习贯彻讲话精神，就要深刻理解全面深化改革开放的重大意义、正确方向，坚定信心、凝聚共识、统筹谋划，全面推进各项林业改革，进一步激发林业发展内生动力。

第四，要深入学习领会关于生态文明建设的重要论述。习近平总书记有很多这方面的重要论述，去年在合肥召开的全国林业厅局长座谈会上我们进行了专题学习研讨。近期，习近平总书记又多次指出，既要绿水青山也要金山银山，宁要绿水青山不要金山银山，绿水青山就是金山银山；要把生态文明建设融入经济、政治、文化、社会建设各方面和全过程，更加自觉地推动绿色发展、循环发展、低碳发展，努力建设美丽中国。习近平总书记还特别指出，山水林田湖是一个生命共同体，人的命脉在田，田的命脉在水，水的命脉在山，山的命脉在土，土的命脉在树。这些重要论述把林业放到了更加突出的位置，强化了林业的社会生产力功能，强调了林业的公共产品属性，突出了用制度加强林业生态建设和保护。学习贯彻讲话精神，就是要牢固树立科学发展和生态文明理念，更加重视生态保护和民生改善，充分发挥林业的多种功能，推动经济社会全面协调可持续发展。

第五，要深入学习领会讲话贯穿的立场观点方法。习近平总书记反复强调，马克思主义和共产主义信仰是共产党人的命脉和灵魂，是安身立命的根本；人民对美好生活的向往就是我们的奋斗目标；空谈误国，实干兴邦；领导干部要有天下为公的宽阔胸襟，摒弃私心杂念，夙夜在公、勤勉工作。学习贯彻讲话精神，就是要准确把握讲话贯穿的坚定信仰追求、历史担当精神、真挚为民情怀和务实思想作风，坚持讲实话、办实事、求实效，奋力推进各项林业工作，努力实现好、维护好、发展好最广大人民的根本利益。

李克强总理、张高丽副总理、汪洋副总理等国务院领导同志也高度重视生态文明建设和林业改革发展，多次专题研究部署生态保护和建设问题，对林业工作作出重要指示、提出明确要求。各级林业部门学习贯彻习近平总书记系列重要讲话精神，重点是要学习贯彻对生态文明建设提出的新理念、新论断、新举措，深刻领会新一届中央领导集体关于林业改革发展的重要思想，切实把思想和行动统一到中央的决策部署上来，大力推进生态林业民生林业建设，为建设生态文明和美丽中国贡献力量。

二、科学把握我国林业发展的阶段性特征

加快生态林业民生林业发展，既要把握中央的新要求，又要把握林业的新特征。2011 年以来，我们完成了第八次全国森林资源清查、第四次全国荒漠化和沙化监测、第二次岩溶地区石漠化监测、第二次全国湿地资源调查和第二次全国野生动植物资源第一批调查，为科学判断我国林业发展水平提供了重要依据。综合分析调查监测数据可以看出，现阶段我国林业发展呈现出八个基本特征。

第一，森林资源增长与木材供应不足并存，木材供需矛盾十分突出，对森林资源的压力日益加大。清查结果显示，我国森林覆盖率由上次清查的 20. 36% 提高到 21. 63%，增长 1. 27 个百分点；森林面积达到 31. 15 亿亩，增加 1. 84 亿亩；森林蓄积量达到 151. 37 亿立方米，增长 14. 16 亿立方米，森林资源保持连续增长态势。同时，我国木材消费量急剧增长，由 2002 年的 1. 83 亿立方米猛增到 2012 年的 4. 95 亿立方米，木材对外依存度达到 45% 以上。到 2020 年我国经济总量将再翻一番，木材年需求量还将大幅度增加。要用占全球 5% 的森林面积和 3% 的森林蓄积，来支撑占全球 20% 的人口对木材的需求，我国森林资源面临巨大压力。

第二，森林资源总量提升与森林粗放经营并存，提高森林质量潜力巨大，加强森林经营势在必行。清查结果表明，我国每公顷森林蓄积量达到 89. 79 立方米，增长 3. 91 立方米，每公顷森林年均生长量达到 4. 23 立方米，增长 0. 28 立方米。近成过熟林比例上升 3 个百分点，混交林比例上升 2 个百分点。这说明，我国森林资源总量逐步增加，森林经营效益开始显现。清查结果同时表明，我国单位面积森林蓄积量仍不足世界平均水平的70%，中幼林面积占65%，纯林面积占61%。过密的中幼林达5.3亿亩，占中幼林的33%；过疏的中龄林和近成过熟林达3.6亿亩，占乔木林的14%。林木年均枯损量达1.18亿立方米，中幼林蓄积量占森林蓄积量不足40%，而枯损量却占枯损总量的46%，人工林枯损量增加135%。这些数据显示，我国森林经营十分粗放，森林质量和林地生产力处于较低水平，提升森林质量的潜力很大，应继续加强森林经营。

第三，生态改善与生态退化并存，自然生态系统依然十分脆弱，生态资源总量依然严重不足。监测结果表明，全国森林年涵养水源量达到5807亿立方米，森林植被总碳储量达到84亿吨，森林生态服务功能年价值量超过13万亿元；国家级公益林生物量增加3.37亿吨，增长8%；湿地保护面积达到3.5亿亩，湿地生态服务功能年价值量达10万亿元；沙化土地减少8587平方公里，石漠化土地减少9600平方公里；国家重点保护野生动植物数量稳中有升。这些数据说明，生态保护与建设的成效是十分显著的，生态得到逐步改善。同时，监测结果还表明，质量好的森林仅占19%，生态功能好的森林只有13%；自然湿地面积严重萎缩、功能退化，过去10年湿地面积每年减少510万亩；土地沙化和石漠化危害依然严峻；野生动植物依然面临严重威胁。自然生态系统仍然十分脆弱，严重退化的局面在短期内难以根本扭转。

第四，生态需求增加与资金投入不足并存，资金短缺依然是林业生态建设重要的瓶颈制约。生态需求是人们的基本需求之一。随着人们生活水平的提高，社会对青山绿水、生态产品的需求日益增长。以生态建设为主的林业发展战略实施以来，特别是建设生态文明和美丽中国上升为党和国家重大战略后，发展生态林业民生林业的政策体系不断完善，林业投入大幅度增加。但与日益增长的生态需求和繁重的生态修复任务相比，林业投入依然严重不足。我国林业肩负着近80亿亩林地、湿地、沙地的治理保护任务，按目前的国家投入水平测算，平均每亩每年投入不足20元。清查结果显示，近5年来森林面积增速放缓，仅占上个清查期的60%，这与退耕还林等造林任务减少密切相关。实现2020年23%和2050年26%的森林覆盖率增长目标有相当的难度。

第五，林业产业快速发展与林区民生问题突出并存，发展绿色富民产业、改善林区民生的任务仍然十分艰巨。近年来，我国林业产业快速发展，为促进农民就业增收作出了重要贡献。同时，地处深山老林的林区职工、林农群众收入水平依然很低，林区水、电、路等基础设施十分落后，民生问题非常突出，已经成为我国全面建成小康社会的难点。目前，全国592个扶贫重点县中约480个在山区林区。我国有用材林10亿亩，经济林3亿亩，竹林9000多万亩，还有森林公园2800多处、湿地公园300多处。要充分发挥这些资源优势，做大做强绿色富民产业，尽快改善林区民生。

第六，林业科技进步与生产技术落后并存，提升林业发展质量效益还有很大空间。进入新世纪以来，我国林业科技队伍不断壮大，科研能力明显提升，取得了近万项科技成果。但是，我国林业生产技术水平仍然很低，应用传统落后的生产技术十分普遍，林业科技进步贡献率仅为43%，不仅低于农业53.5%的水平，更低于林业发达国家80%的水平，直接影响到林业多种功能的发挥。我国林地平均产出率只占耕地50%左右。加强林业科技创新，加快科技成果转化，用先进技术替代落后技术，任务还十分艰巨。

第七，社会高度关注与生态破坏严重并存，增强生态意识、遏制生态破坏依然任重道远。生态问题从来没有像现在这样与人们的生存联系得这样紧密，从来没有像现在这样受到党和国家的高度重视，从来没有像现在这样受到全社会的密切关注。同时，生态系统也从来没有像现在这样受到经济活动的巨大影响。特别是我国正经历着世界上规模最大的城镇化进程，侵占林地、破坏湿地的现象十分严重。清查结果显示，5年间已有1.2亿亩林地转为非林地，每年流失林地高达2418万亩，其中，经过批准的正常占用近170万亩，非法占用200万亩，毁林开垦等其他名目占用超过2000万亩。一些地方乱砍滥伐林木、乱垦滥占林地、乱捕滥猎野生动物、乱挖滥采野生植物屡禁不止。全国每年发生林业行政案件近30万起，每年发生森林火灾几千起，每年林业有害生物造成的损失上千亿元，不仅对生态造成了巨大破坏，也对经济发展造成了重大损失。生态破坏与人民群众对良好生态的新期待形成了强烈反差。

第八，战略机遇与严峻挑战并存，用好机遇、应对挑战已成为各级林业部门面临的重大考验。随着我国综合国力的显著增强，发展生态林业、增加生态产品的条件日益优化；随着人民生活水平的显著提高，发展民生林业、增加民生福祉的愿望日益强烈。同时，林业国际化全球化的深入发展，既为我国参与国际林业事务、制定国际林业规则提供了新的舞台，也为我国发展林业产业、壮大绿色经济提供了广阔的国际市场。依据这些基本判断，我国林业发展正处于十分难得的战略机遇期。但同时，林业发展面临的挑战也非常严峻，国内经济发展对生态带来了前所未有的压力，国际社会对生态问题的特别关注也给我国带来了前所未有的压力，要求我国履行国际生态义务、承担国际生态责任、加强林业对外援助的期望越来越高。一些国家还借助二氧化碳排放、木材非法采伐以及象牙、犀牛角、老虎、雪豹、高鼻羚羊等一系列国际社会高度敏感的生态问题和物种保护问题，诋毁我国形象，挑唆发展中国家与我国的矛盾，必须引起我们的高度重视。

这八个“并存”的基本特征表明，我国林业发展正处在一个各种矛盾互相交织、正能量与负能量相互博弈的恢复发展阶段。森林总量不足、质量不高、功能不强、分布不均的基本林情没有根本改变，生态资源不足与日益增长的生态民生需求之间的矛盾仍然十分突出。

林业发展成绩很大，机遇很好，困难很多，任务很重。我们要抓住新机遇，迎接新挑战，切实把落实和严守生态保护红线作为基本底线，把转变林业发展方式作为战略重点，全面提升生态林业民生林业发展水平，充分发挥林业在推进生态文明建设中的最大正能量。

三、全面深化各项林业改革

进入新世纪以来，我国林业改革已经取得三项重大成果。一是以实施以生态建设为主的林业发展战略为标志，我国自然生态系统保护与建设的体制机制初步建立。二是以集体林权制度改革为标志，赋予了亿万农民真正意义上的财产权利。三是以加入世界贸易组织为标志，我国林业产业市场化全球化发展格局基本形成。我国林业发展取得的巨大成就主要靠改革，解决林业发展中的困难和问题还要靠改革。目前，全面深化林业改革的任务十分繁重，要按照十八届三中全会精神和习近平总书记关于改革的系列重要讲话精神，加快推进林业改革，分类推进林业改革，有序推进林业改革，不断为生态林业民生林业建设注入强大动力。

（一）加快完善一批改革措施。对已经推行的改革措施要继续深化，完善各项制度。一是完善集体林权制度改革。实现集体土地所有权和承包经营权分离，是农民的伟大创造；实行承包权和经营权分离，是又一重大创新。要紧紧围绕赋予农民更多的财产权利，坚持农村土地农民集体所有，坚持家庭经营基础性地位，坚持稳定土地承包关系，进一步放活经营权、落实处置权、保障收益权。要在确保不改变林地性质的前提下，规范林权流转。允许农民以林地承包经营权入股发展林业产业化经营。鼓励林地承包经营权在公开市场上向家庭林场、农民合作社、林业企业流转，培育多种市场主体，推进林业规模化、集约化和专业化经营，使农民获得更多的林业财产性收入。二是完善林业补贴制度。提高补贴标准，扩大补贴规模，逐步实行普惠制。加大对森林抚育、木本粮油、特色经济林、林下经济、木材战略储备的扶持力度。尽快出台《关于加快木本油料产业发展的意见》。建立健全林业基础设施建设扶持政策。三是完善森林生态效益补偿基金制度。建立补偿标准动态调整机制，逐步提高补偿标准。探索建立市场化生态补偿机制，多渠道筹集补偿资金。对生态区位极其重要、非国有的国家级公益林，探索建立由国家出资征收、赎买或置换的机制。四是完善林权抵押贷款制度。认真落实中国银监会、国家林业局《关于林权抵押贷款的实施意见》，健全林权抵押贷款机制，畅通贷款渠道，扩大贷款规模。完善林业贷款贴息政策，推进林业贷款据实贴息。探索建立国有林业融资平台和机制。五是完善森林保险制度。扩大森林保险覆盖面，提高保费补贴标准，推动建立巨灾风险准备金制度。总结国有林保险保费补贴试点经验，逐步建立国有林保险制度。六是坚持谁破坏、谁治理，完善森林植被恢复费征收制度。提高征占用林地成本，大幅度提高森林植被恢复费征收标准，规范资金使用和管理。七是完善育林基金征收制度。落实好基层林业部门行政事业经费纳入同级财政预算的规定，健全育林基金全部用于林业生产经营的政策。八是完善林业产业市场化改革。大幅度减少政府对资源的直接配置，充分发挥市场在林业产业发展中的决定性作用，使林业产业依据市场规则、市场价格、市场竞争，实现效益最大化和效率最优化。九是完善林业统计制度。加快制定与《林业及相关产业分类》相适应的林产品目录，建立到基层、到企业的数据巡查制度，切实提高林业统计数据质量。十是完善考核党政干部的林业指标体系。森林覆盖率和蓄积量已纳入国家“十二五”规划纲要考核指标体系，防沙治沙目标责任也纳入了中组部考核省级政府和领导干部的指标，要继续完善考核办法，做到科学、规范、简便、及时、有效，并力争增加权重。

（二）扎实抓好一批改革试点。对已经看准并经过批准的改革措施，要精心组织试点，为全面推进改革积累经验。一是抓好国有林场改革试点。明确国有林场生态公益功能定位和公益事业单位属性，建立相应的财政预算、社会保障、劳动人事管理等制度。加强森林培育和生态保护，强化森林资源监管，妥善分离林场办社会职能，安置富余职工，化解历史债务。认真总结试点经验，尽快完善《国有林场改革方案》，报党中央、国务院审批。二是抓好林木采伐管理机制改革试点。探索既有利于保护森林又有利于经营森林、既有利于木材生产又有利于森林增长的林木采伐管理新机制。改革的方向是，进一步放活对集体林区商品林的采伐利用管控，尤其要放活对速生丰产用材林、短周期工业原料林和竹林的管控，减少审批环节，简化审批程序，方便林农自主经营。推行科学采伐作业方式，严格控制皆伐作业，天然林主伐要以择伐为主，逐步实现“越采越多、越采越好”。三是抓好沙化土地封禁保护制度试点。在沙区开展封禁保护是大面积防沙治沙、改善生态的有效途径。要按照财政部、国家林业局的要求，精心组织试点，加强调查研究，及时解决问题，建立相关制度，逐步在沙区推开。四是抓好湿地保护制度试点。今年财政部和国家林业局将开展湿地生态效益补偿、退耕还湿、湿地保护奖励试点。各试点单位要高度重视，尽快调研，制订试点方案，并认真总结试点经验，为完善补偿标准和管理制度提供依据。五是抓好森林认证制度试点。森林认证是国际上运用市场机制促进森林可持续经营和绿色消费的一种制度安排，也是林产品进入国际市场的绿色通行证。要通过试点，逐步建立国际上认可的指标体系和运行机制，促进森林可持续经营和林产品国际贸易。

（三）精心谋划一批改革顶层设计。对涉及面广、情况复杂、需要中央决策的改革措施，要整体谋划，搞好顶层设计。一是搞好国有林区改革顶层设计。要明确国有林区功能定位，理顺政府管理林区社会职能和森林资源管理体制，实行森林资源管用分开，完善政策支持体系，逐步停止重点国有林区天然林商业性采伐，建立起有利于保护和发展森林资源、有利于改善生态改善民生、有利于增强林业发展活力、权责利相统一的国有林区经营管理体制。二是搞好森林经营制度顶层设计。对森林实行科学经营，大幅度提高森林质量，实现森林资源可持续利用，是我国林业发展的永恒主题，也是转变我国林业工作重心的基本方向。要深入研究，统筹谋划机构职能设置、政策支持体系和监督考核机制，为推动实现这一重大转变提供制度保障。三是搞好自然生态系统保护体制机制顶层设计。保护自然生态系统，扭转生态系统严重退化的局面，是建设生态文明、维护生态安全的根本基础。要从有利于自然生态系统保护、实现中华民族永续发展的战略高度，研究完善自然生态系统保护管理的体制机制。深入研究国际上国家公园体制的模式，提出我国国家公园体制建立方案，抓紧与有关部门沟通，力争早日开展试点。四是搞好森林资源资产产权制度改革顶层设计。深入研究集体林、国有林、湿地、沙化土地和野生动植物产权管理制度，为理顺产权关系提供依据。抓紧研究森林资源资产化管理、核算和有偿使用问题，为建立森林资源资产化管理、有偿使用制度提供量化标准和基础条件。

（四）深入研究储备一批改革措施。对必须推进、中央尚未作出具体部署的改革，要及早介入，提前研究，掌握主动。一是研究生态文明制度体系建设问题。深入研究系统完整的生态文明制度体系，特别是适应生态文明建设的行政管理体系、目标体系、考核办法等相关制度设计。二是研究林业混合所有制经济发展问题。探索林业混合所有制经济发展模式，为做大做强林业产业、壮大绿色经济提供更广阔的空间。三是研究林业法制问题。围绕加强生态文明建设的新要求，抓紧研究提出修改林业相关法律法规的建议。研究提出《湿地保护条例》、《森林公园条例》等立法草案。四是研究林业重大战略问题。抓紧研究如何在林业上让市场发挥决定性作用和更好地发挥政府作用、如何在保护好生态的同时加快发展林业产业、如何充分发挥两个市场两种资源的作用等重大问题，提出具体的改革举措。

四、切实抓好各项林业重点工作

加快发展生态林业民生林业，增加生态资源总量，提升生态系统功能，支撑经济社会可持续发展，是我国林业的核心任务。当前，林业改革发展中有一些重点、热点、难点问题和薄弱环节，需要我们高度重视。

（一）关于严守生态保护红线问题。去年，我们根据国务院赋予的职责在自然生态系统中率先划定了森林、湿地、沙区植被、物种保护4条生态红线。下一步，要把划定的红线落实到省、市、县，落实到地图上、地块上，并向社会公布，接受社会监督。同时，要制定最严格的生态保护红线管制原则和管理办法。对具有法律保障的森林、自然保护区、野生动植物、沙区植被红线，要加大执法力度，严格依法管理，坚决守住底线。目前，全国省级林地保护利用规划已经批复实施，2900多个县级规划也已经基本完成编制和批复工作，要抓紧批复其余的263个县级规划，全面强化林地用途管制。对湿地保护红线，要加快地方立法，推进国家湿地保护条例立法进程，尽快做到有法可依。

（二）关于干旱半干旱地区造林问题。全国近6亿亩宜林地中，67%分布在干旱、半干旱地区，这是今后我国造林绿化的重点难点地区，增加森林面积仍然是这些地方的主要任务。要认真总结推广干旱、半干旱地区造林绿化的成功经验，确保造一片活一片成林一片，今年适当时候要召开专门会议进行部署。同时，对全国8.4亿亩灌木林地要加大封育保护和飞播造林力度，有条件的可补植补造，增加目的树种。对1亿亩未成林地要加强经营管护，确保成林。对6000万亩疏林地要进行补植补造，培育目的树种，确保转化成森林。对平原地区1亿多亩隙地要充分利用，加强农田、道路、河渠和村庄绿化。要坚持封育结合，注重利用自然修复功能，科学恢复森林植被。除地势平坦的商品林地和林农间作外，禁止全垦整地，避免造林时造成新的水土流失。

（三）关于森林经营问题。科学合理的森林经营措施是加快培育健康稳定森林生态系统的必由之路。德国通过100多年的近自然森林经营，平均每公顷森林蓄积量高达320立方米，用仅占我国6%的森林面积，实现了相当于我国60%的林业产值。我国有16亿亩中幼林，是提高森林质量的潜力所在，只要长期坚持科学经营，完全能够达到林业发达国家的经营水平。各地特别是南方地区要科学制定长期森林经营规划和具体经营方案，确定森林经营目标，逐步推行以森林培育为目的的采伐方式。要制修订不同树种林种的森林经营技术规程和检查验收办法，将森林经营纳入制度化、科学化轨道。

（四）关于实施生态修复工程问题。改革开放以来，特别是1998年以来，我国实施了一系列重大生态修复工程，对改善生态改善民生发挥了重大作用。今年，国家将启动新一轮退耕还林，开展退耕还湿、重金属污染耕地治理及退化防护林改造试点。在实施生态修复工程中，要把发展生态林业与民生林业有机结合起来，以改善生态推动民生改善，以改善民生促进生态改善。要进一步加强生态修复工程制度建设，实行生态修复工程精细化管理，修订完善造林、抚育和更新规程，健全各项标准和绩效评价体系，使每项生态修复工程都有科学的指标体系。

（五）关于森林防火问题。森林防火不仅事关森林资源和人民生命财产安全，而且事关林区社会和谐稳定，始终是林业工作的重中之重，也是党中央、国务院高度重视和全社会普遍关注的重点问题。今天上午，汪洋副总理专门视察了武警森林部队，对加强森林防火工作提出了明确要求。各级林业部门要认真贯彻落实，切实把森林防火工作摆到更加突出的重要位置，全面落实森林防火行政首长负责制，做到主要领导亲自抓、分管领导重点抓、责任部门全力抓。要认真实施《全国森林防火中长期发展规划》，继续加强森林防火物资储备库、林区防火道路等条件能力建设。要加强森林防火队伍建设，充分发挥武警森林部队防火突击队、专业队作用。要完善森林防火应急预案，加强隐患排查，严格火源管控，科学扑救火灾，最大限度减少火灾发生和灾害损失。

（六）关于发展绿色富民产业问题。我国林业产业总产值已由2002年的4634亿元增加到2013年的4.46万亿元，十年增长近9倍，为经济社会发展作出了重大贡献。林业产业既是绿色产业，又是富民产业。加快绿色富民产业发展，仍然是我国增加绿色资产、创造绿色就业、推动绿色增长的优势和潜力所在。要编制产业规划体系，科学合理布局。要完善产业政策，加大扶持力度。要发挥特色优势，培育主导产业。要加强改组改造，推动产业升级。要健全林产品流通体系，建立林产品市场预测预警系统和信息发布平台。

(七)关于加强城镇生态建设问题。2012年全国城镇人口已达7.1亿，预计到2030年将超过10亿。加强城镇生态建设，已成为十分重要和紧迫的民生问题。要借鉴发达国家的经验，把森林、湿地、绿地、各类公园等作为有生命的重要基础设施列入城镇建设规划，构建以森林为主体、城乡一体的城镇生态系统，让居民看得见青山绿水，享受到生态产品，生活在绿色美丽的城镇中。要加强古树名木保护，尊重自然规律，不挖山，不填湖，不搞大树移栽，不求一夜成林，坚决反对违背自然规律的行为，坚决反对违背群众意愿的形象工程和铺张浪费。

(八)关于林业科技创新问题。我国优良种苗选育、困难立地造林、林产品精深开发等关键技术研发工作仍很薄弱，科技推广严重滞后。要全面深化林业科技体制改革，加快建设林业科技创新体系，建立产学研协同创新机制，推进林业应用型技术研发市场化、企业化，促进林业科技成果资本化、产业化。要构建公开透明的国家林业科研管理和项目评价机制，建立由市场决定技术创新项目和经费分配、评价成果的新机制，不断完善科技人才培养、评价、选拔、使用机制，为林业建设提供坚强的人才保障和技术支撑。要特别重视林业科技推广服务体系建设，推动研发与推广紧密结合，使科技成果尽快转化，真正发挥效益。我这里要强调一下，前不久，教育部、农业部、国家林业局就推进农林院校改革发展问题，专门下发了文件，召开了会议。各地要认真贯彻落实，从规划、项目、资金等方面对林业院校给予支持，充分发挥林业院校对林业的科技、人才支撑作用。

(九)关于发挥市场的决定性作用问题。随着以生态建设为主林业发展战略的实施，我国已初步建立林业公共财政政策体系，中央林业投入由改革开放初期的每年5亿多元增加到2013年的1450亿元，政府在推动林业发展中发挥了重大作用。但是，市场在林业资源配置中的决定性作用还没有得到充分发挥。各级林业部门要充分认识林业发展的巨大市场空间，充分认识市场在林业资源配置中的决定性作用，正确处理好政府与市场的关系。在充分发挥政府主导作用推动生态建设的同时，要更加注重发挥市场在推动林业产业发展方面的决定性作用，既用好“有形的手”，又用好“无形的手”，坚持用政府力量推动生态建设，用市场力量推动产业发展。

(十)关于林业对外开放问题。近年来，我国林业对外开放程度不断加深，林业问题国际化、政治化趋势日益明显。我们既要看到对外开放给我国林业带来的巨大红利，充分利用两种资源、两个市场，更要看到林业全球化带来的巨大挑战。2012年的统计数据显示，我国在海外购买、租赁林地6.45亿亩，每年进口木材及其他木质林产品折合木材2.35亿立方米，相当于我国6500多万亩森林的蓄积量。各级林业部门要从维护国家战略大局、国家形象和利益的高度出发，认真履行国际公约，树立负责任大国形象，增强我国林业的国际影响力和话语权。要妥善应对气候变化、野生动植物保护、木材非法采伐等林业热点问题，加强林业对外宣传，营造互利互信、合作共赢的国际环境。要加快实施林业“走出去”战略，鼓励和支持林业企业开展境外投资，熟悉并尊重所在国家的法律法规，积极应对林产品对外贸易摩擦。要继续引进先进管理经验和技术，进一步优化林业利用外资结构。

(十一)关于扩大林业影响力问题。与过去相比，我国林业影响力显著增强。但是，林业众多的特殊功能以及对经济社会发展的巨大作用远未被社会所认识。许多人认为林业就是挖坑栽树，不了解林业部门的职责，连野生动植物、湿地由哪个部门管理还要四处打听，对林业的多种特殊功能更是知之甚少，这对林业发展极为不利。林业是一项社会性很强的公益事业，需要全社会的大力支持和广泛参与。这就要求我们既要会做又要会说，既要当实干家又要当宣传家，既要宣传先进典型又要宣传林业事业。特别是林业部门的领导干部要把宣传作为扩大林业影响、提升林业地位的重要措施，抓在手上，抓出成效，让全社会真正了解林业，高度关注林业，自觉支持林业。

五、深入开展“两转变、两服务”活动

当前，生态林业民生林业建设正在进行转型升级、提质增效的全新实践，我们比以往任何时候都有条件更加接近林业发展的奋斗目标，但面临的问题更加集中、肩负的任务更加繁重。越是面对复杂形势，越是面对艰巨任务，越需要思想认识上的统一、作风意志上的过硬、政府管理上的科学。各级林业部门要深入开展“转变职能、转变作风，服务大局、服务基层”活动，努力建设职能科学、结构优化、廉洁高效、人民满意的服务型机关，更好地发挥政府在推动生态林业民生林业建设中的重要作用。

第一，转变政府职能，更好地发挥政府作用。推动生态林业民生林业建设，既要充分发挥市场配置资源的作用，又要更好地发挥政府的作用。当务之急是要厘清政府与市场的边界，把握好政府作用的分寸，进一步明确林业部门该管什么、怎么管，切实将不该由政府管的事项转移出去，真正建立起适应市场规律和林业特点的现代林业管理体制。各级林业部门要认真梳理管理中的越位、缺位、错位问题，做到心中有数，增强转变职能的主动性和针对性。对取消和下放的事项，要加强事中事后监管，确保放而不乱、管而不死。要改变只注重上工程、要资金、抓项目的单一治理手段，逐步将工作重心转移到规划、政策、标准的制定和实施上来，更好地调动社会力量发展林业。

第二，转变工作作风，更好地服务基层群众。公共服务是政府的重要职责，但不能把政府管理错误地理解为管理群众，更不能把群众当成对立面，将权力变成“卡群众、卡基层”的工具。各级林业部门在行政审批领域简政放权的同时，要大力强化为基层、为群众提供优质服务的职责，善于根据群众的愿望、基层的需求，创新治理理念，改进治理方式。关键要按照方便基层、服务群众的要求，转变工作作风，强化服务意识，着力为各种林业经营主体提供优质高效服务。要健全服务网点，完善服务制度，构建覆盖林区的林业基本公共服务体系。要加快林业社会化服务组织建设，发挥其在服务基层群众中的特殊作用。

第三，回应群众关切，更好地维护林区稳定。当前，群众对生态越来越关注，利益诉求也越来越多元。各级林业部门要把群众关切作为工作重点，积极回应群众对林业的各种新期待，着力解决难点热点问题，积极化解林区不稳定因素。要认真梳理事关农民切身利益的政策法规、制度办法，对不符合各地实际情况和损害农民利益的，要坚决废除或修订，真正靠制度实现林区社会和谐稳定、长治久安。要加强林区基础设施建设，着力解决群众就业难、子女上学难、看病就医难的问题。要及时处理社会各界和广大网民反映的乱砍滥伐、偷猎盗猎等热点问题，切实解决一批社会广泛关注、基层反映强烈的突出问题，让人民群众看到实实在在的工作成效。第四，加强队伍建设，更好地提高治理能力。实现林业治理体系和治理能力现代化，关键要靠高素质的干部队伍。各级林业部门要加强培养教育，努力造就一支政治坚定、业务精通、团结协作、求真务实的干部队伍，为提高林业治理能力奠定组织保障。各级领导干部要带头增强依法办事、按制度办事的意识，善于运用法律和制度治理林业，不断提高林业治理效能。要有自我革新的勇气和胸怀，敢于跳出条条框框限制，正确对待利益格局调整，坚决克服地方和部门利益掣肘，形成推进林业改革的强大合力。要认真践行党的群众路线，继续整治“四风”问题，严格执行中央八项规定，切实增强廉洁自律能力。

同志们，全面深化林业改革，完善林业治理体系，任务艰巨而繁重。让我们紧密团结在以习近平同志为总书记的党中央周围，高举中国特色社会主义伟大旗帜，以邓小平理论、“三个代表”重要思想、科学发展观为指导，解放思想，改革创新，转变作风，狠抓落实，全面提升生态林业民生林业发展水平，为建设生态文明和美丽中国、全面建成小康社会、实现中华民族伟大复兴的中国梦作出新的更大贡献！

在全国绿化委员会第32次全体会议上的讲话

赵树丛

（2014年2月19日）

现在，我简要汇报2013年国土绿化工作情况和2014年工作安排意见，请予审议。

一、2013年国土绿化工作完成情况

2013年，各地、各部门认真实施《全国造林绿化规划纲要》和《推进生态文明建设规划纲要》，共完成造林9138万亩，义务植树25.2亿株，中幼林抚育1.19亿亩，种草改良1.76亿亩，建设草原围栏7407万亩，新增水土流失综合治理面积5.4万平方公里。一年来，全绿委各成员单位认真履职尽责，大力推进国土绿化工作，为改善生态、改善民生作出了积极贡献，在此表示衷心的感谢！总的看，去年国土绿化工作有以下几个特点：

第一，义务植树运动深入开展。党和国家领导人带头参加义务植树活动，习近平总书记明确要求，把义务植树深入持久开展下去，为建设美丽中国创造更好生态条件。组织开展了“共和国部长义务植树”、“百名将军义务植树”活动和首个“国际森林日”纪念活动，认建认养、古树名木保护、植纪念树、造纪念林等尽责形式日益丰富，社会各界积极参与国土绿化事业，义务植树尽责率和绿化成效稳步提升。全国5.3亿人次参加义务植树，共植树25.2亿株，有力推动了国土绿化工作。

第二，生态修复工程建设扎实推进。全国林业重点生态修复工程完成造林3737万亩，占全国造林面积的40.9%。其中，天然林保护工程有效管护17.5亿亩森林，完成造林739万亩；退耕还林工程完成造林838万亩，京津风沙源治理工程完成造林909万亩，三北、长江等防护林工程完成造林1252万亩。各地实施的矿山治理、通道绿化、“三边”造林等生态工程建设蓬勃开展，形成了国家与地方互为补充、协同推进的生态建设工程体系，在国土绿化中发挥了重要作用。

第三，部门绿化成效明显。全国城市建成区绿化覆盖面积181.2万公顷，绿地率达35.72%，绿化覆盖率达39.59%，城市人均公园绿地面积达12.26平方米。全国校园绿化率达32%。全国公路、铁路分别新增绿化里程10.5万公里和1170公里。水利部门继续推进江河沿岸、湖泊、库区周边绿化，新增绿化面积4507万亩和江河沿岸绿化里程5800公里。全国天然草原鲜草总产量达10.56亿吨，草原综合植被盖度达54.2%。解放军和武警部队大力支持地方生态建设，新增绿色营区和生态营区147个。北京军区在完成内蒙古商都5.5万亩义务植树基地建设任务的基础上，又在集宁开始建设6.5万亩义务植树基地。共青团共动员529.2万人次参加保护母亲河行动。各级妇联动员400多万妇女参加义务植树种草和绿化宣传活动，新建国家级“三八绿色工程”示范基地40个。石油、石化、冶金系统大多数企业绿化覆盖率达到40%以上。

第四，资源保护全面加强。划定了森林、湿地、沙区植被、物种保护等生态红线，明确了维护国家生态安全的基本底线。27个省、80%的县编制实施了林地保护利用规划。出台了《国家级公益林管理办法》和森林资源管理、树木采挖移植管理等规范性文件。新增林业国家级自然保护区21个、国家森林公园15处、国际重要湿地5处。森林草原防火、有害生物防治和行政执法工作不断加强，各种损失控制在较低水平，有效保护了国土绿化成果。

第五，政策措施逐步完善。各地、各部门建立了造林绿化目标责任考核制度，森林覆盖率和森林蓄积量作为“十二五”规划约束性指标，纳入了各级政府任期目标考核内容。全国共确权集体林地27亿亩，8972万农户拿到林权证，基本落实了农民家庭承包经营权。国有林场改革试点正式启动，国有林区改革思路基本厘清。林木良种、造林、森林抚育、森林生态效益补偿、草原生态保护等补贴政策不断完善，资金投入进一步增加。同时，各地、各部门广泛开展生态文明宣传教育活动，积极发动群众参与国土绿化。

去年，还完成了第八次全国森林资源清查工作。结果显示，我国森林面积和森林蓄积持续增长，森林质量逐步提高，生态功能继续增强。全国森林面积2.08亿公顷，森林覆盖率21.63%，森林蓄积量151.37亿立方米，森林每公顷蓄积量89.79立方米；全国森林植被总碳储量84.27亿吨，生态服务功能年价值超过13万亿元。与第七次清查结果相比，森林面积增加1223万公顷，森林覆盖率提高1.27个百分点，森林蓄积量增加14.16亿立方米，森林每公顷蓄积量增加3.91立方米。2020年森林蓄积增长目标已经提前完成，森林面积增长目标已经完成近六成。但是，森林资源面积增速正在放缓，第八次清查期间森林覆盖率增加1.27个百分点，只有第七次清查期间增幅的60%，这与退耕还林等造林任务减少密切相关。现有宜林地2/3集中在西北、西南地区，立地条件差，造林难度大，成林越来越慢，如期实现2020年森林覆盖率23%的目标，需要付出更大的努力。清查结果还表明，我国森林资源质量好的仅占19%，生态功能好的只有13%，总量不足、质量不高、分布不均的状况仍未得到根本改变。要用只占全球5%的森林面积和3%的森林蓄积，来支撑占全球23%的人口对生态和林产品的巨大需求，我国面临着巨大压力。必须坚持义务植树、重点工程、社会造林协调推进，进一步加快国土绿化步伐，才能为全面建成小康社会、实现中华民族伟大复兴的中国梦创造更好的生态条件。

二、2014年国土绿化工作安排意见

2014年，各级绿化部门要深入贯彻落实党的十八大和十八届二中、三中全会精神，认真学习贯彻习近平总书记系列重要讲话精神，坚持以建设生态文明为总目标，以改善生态改善民生为总任务，全面深化改革，创新体制机制，认真实施《全国造林绿化规划纲要》。全年计划完成造林任务9000万亩，中幼林抚育1.05亿亩，义务植树25亿株。

（一）大力推进国土绿化改革创新。紧紧围绕建立生态文明建设制度体系，不断创新国土绿化体制机制。继续完善集体林权制度改革，稳定农民家庭承包经营权，激发农民造林护林积极性。认真抓好国有林场、林木采伐管理等改革试点，精心谋划国有林区、自然生态系统保护、自然资源产权制度等改革顶层设计。继续完善各种补贴政策，建立国土绿化投入稳定增长机制。健全造林绿化工程法人制、合同制、报账制，推动营造林施工、监理向专业化、社会化方向发展。创新义务植树尽责形式和工作机制，落实属地管理制度，加强适龄公民登记、组织和尽责考核工作，进一步提高义务植树尽责率。

（二）全面完成国土绿化任务。认真实施《全国造林绿化规划纲要》，扎实推进重点生态工程建设，着力抓好新一轮退耕还林工程、退化林分修复和沙化土地封禁保护工作。深入开展义务植树运动，不断提高义务植树成效。积极推进部门绿化和身边增绿，继续抓好庭院、校园、营区、社区、乡村、通道绿化美化工作。完善部门绿化管理和考核制度，加强造林绿化任务落实情况检查评价。探索部队、共青团、妇联推动国土绿化的有效办法，总结推广北京军区和内蒙古自治区创造的“部队整地挖坑、地方植树管护”的军地共建造林绿化模式。强化对各级政府森林蓄积量和森林覆盖率任期目标完成情况的监督检查和考核评价，确保森林资源持续稳定增长。

（三）重点抓好干旱半干旱地区造林绿化。目前，全国67%的宜林荒山分布在干旱半干旱地区，适合造林绿化的面积约有3.75亿亩。这些地区森林覆盖率只有6.7%，不足全国平均水平的1/3，自然条件恶劣，生态状况脆弱，迫切需要增加林草植被和生态资源总量。2020年全国森林覆盖率要达到23%，还需新增造林面积近2亿亩。南方和东部地区的造林空间已经不大，必须把造林绿化重点逐步转到干旱半干旱地区。要大力选育抗旱、抗盐、抗病虫害的林木良种，积极推广抗旱节水造林技术，坚持宜乔则乔、宜灌则灌、宜草则草，宜造则造、宜封则封，切实提高造林成活率和保存率。要加强造林管护和森林经营，切实巩固造林成果，逐步提高森林质量。

（四）切实加强生态资源保护。坚持保护优先的方针，加大天然林、林地、湿地等自然资源保护力度，严格落实森林、湿地、沙区植被、物种保护等生态红线。认真实施《全国林地保护利用规划纲要》，全面实行林地定额管理、林地用途管制制度和森林采伐限额制度，严厉打击毁林开垦和破坏野生动植物资源的行为，最大限度减少生态资源损失。全面落实森林防火行政首长负责制，继续加强森林防火工作，确保不发生重特大森林火灾。进一步加大松材线虫病、美国白蛾等林业有害生物防治力度，维护自然生态系统安全与稳定。

（五）坚决遏制大树采挖移植行为。近年来，随着城镇化进程的快速推进，各地高度重视城镇绿化工作，已经取得明显成效。但是，一些地方盲目攀比绿化速度和树木档次，强求一夜成林，纷纷移植大树古树，刮起了一股"大树进城"之风。这种做法既违背了自然规律，又破坏了森林资源，代价很大，效果不好，浪费了大量人力物力财力，社会各界对此反应强烈。2003 年、2009 年、2013 年，我们曾经 3 次下发通知，严禁大树古树移植进城，要求各地规范树木采挖移植管理，科学推进城乡绿化工作，但"大树进城"问题依然严重。习近平总书记在中央城镇化工作会议上对此提出了严厉批评。最近，我们又再次下发通知，要求各地狠刹大树移植之风。各地、各部门要坚决贯彻落实习近平总书记的指示精神，采取有力措施，切实加强树木采挖移植管理和古树名木保护，坚决杜绝违法采挖、运输和经营大树古树的行为，尽快遏制大树古树移植之风。要广泛宣传大树移植的危害性，引导树立科学绿化理念，积极推广节约型、生态型城乡绿化模式。要抓紧制定分地区、分树种的树木移植标准，完善相关法律法规，依法保障国土绿化事业健康发展。

国土绿化工作，事关建设生态文明和美丽中国，事关国家生态安全和人民生态福祉。国家林业局将与全绿委各成员单位一道，深入学习贯彻习近平总书记系列重要讲话精神，按照本次会议的安排部署和汪洋副总理的讲话要求，深化改革，开拓创新，狠抓落实，努力开创国土绿化工作新局面，为全面建成小康社会、实现中华民族伟大复兴的中国梦作出新的更大贡献。

在国有林场改革座谈会上的讲话

赵树丛

（2014 年 3 月 22 日）

十几年前，我在泰安任市长的时候，上过徂徕山，这次又看了徂徕山林场，感触很深。林场的基础设施建设和生态保护有了很大变化，林场的管理、发展、改革都取得了显著成绩。看过以后，又听了王云鹏市长的介绍，我深深感到，泰安市在国有林场改革中做了很多有意义的探索，你们的很多经验、很多做法值得在全省甚至在全国推广。今天，山东有十几个林场的场长参加了座谈会。刚才，各位林场场长的发言，饱含着对国家生态建设、对祖国绿色事业的热爱和对青山、对林场职工的深情。大家有这种崇高的责任感和事业心，有这种信心和决心，一定能把林场建设得更好，为全社会创造更多的绿色财富，也一定能建立并巩固好我们的绿色生态安全屏障。

大家还从不同角度谈了一些很好的意见和建议，我们的目标是一致的，就是努力使国有林场在向广大人民群众提供生态产品、建设生态屏障、保障生态安全方面发挥更重要的作用。我到林业部门工作之后，有几点感触很深。一是林业是非常艰苦的行业。苦在哪里？首先就苦在基层林场、苦在基层林业职工、苦在基层林业干部。二是林业战线是非常可爱、非常让人尊敬的战线。每一个林场的发展，都是一部艰苦奋斗史！我们这些基层林场、基层林业职工的奉献精神，让人觉得可爱，备受人们尊敬。三是林业是一个亟待改革的行业。在面对全面建成小康社会、实现两个 100 年奋斗目标、走向生态文明建设新时代、建设美丽中国的进程中，林业肩负着更为重要、更为特殊的责任，但目前的林业体制机制还存在很多不完善的地方，必须进行改革。刚才，各位林场场长都谈了林场改革问题，我也谈几点意见。

第一，怎样认识国有林场。认识国有林场首先要认识国有林场的"前世"和"来生"。国有林场是国家林业治理体系的一个重要组成部分。最近，习近平总书记在国家林业局《关于第八次全国森林资源清查结果的报告》上作出重要批示，明确要求，要"创新林业治理体系"。在林业治理体系中，有若干子要素、核心要素、骨干要素，从国家森林资源的支撑来讲，国有林场是林业治理体系中一个不可缺少的重要组成部分。可以说，没有国有林场治理体系和治理能力的现代化，就没有林业治理体系和治理能力的现代化。为什么这么说，让我们看看它的"前世"和"来生"。

先看国有林场的"前世"。也就是国有林场是怎么出现的？每位场长发言时，我都要问："林场是什么时候建的，当时是怎么建的"。目前的国有林场，大多数是在新中国成立之后，国民经济基本恢复之后，为了优化国家的生态开发空间格局，加大自然生态系统保护力度，建设社会主义事业，在荒山秃岭基础上，经过几代人的艰苦奋斗，逐步建立发展起来的。当时的国有林场都是按事业单位对待的。大多是划出一片荒山，派一个得力的干部，组建一支队伍，国家拿一点钱，就开始植树造林了，逐步就把林场搞起来了。徂徕山林场、泰山林场的树，就是这么一棵一棵种起来的，真不容易。真正搞得资不抵债是什么时候？是荒山荒地绿化之后。因为林场搞得有点气候了，就开始把林场的岗位、种的树以及林场的资产甚至是养的鸡都当做唐僧肉来吃，安排的人越来越多，负担的社会事务越来越多，包袱越来越重，最后只得去借钱、贷款，最终这个沉重的包袱还是背到了我们林场职工的身上。这是国有林场的"前世"，其建设的初衷就是为了优化生态开发空间格局，加大生态资源保护的力度。泰山林场就是政府为了公共事业、公益事业办起来的。

再看国有林场的“来生”。就是国有林场今后承担什么使命？主要是维护生态安全，为全面建成小康社会、实现两个100年目标和中华民族伟大复兴的中国梦奠定生态基础。生态安全要以国土生态空间和生态资源作为支撑，国有林场作为各级政府管理的非常优质的生态资源，必须在生态建设中，发挥基础和骨干作用，而不是补充作用。当前，人民的期待和需求发生了很大变化，除了吃饱饭外，人们渴望“天更蓝、地更绿、水更清”。要吃上安全的食品，喝上清洁的水，这些都与国有林场有极大的关系，都需要国有林场为人民提供更好更优质的生态产品，特别是涵养水源、保护土壤、清洁空气、观光游憩等无形的生态产品。淄博鲁山就在涵养十多条河流的水源方面，发挥着不可替代的作用。

国有林场的“前世”是我们的老祖宗、是我们共和国的创立者，在建设社会主义进程中艰苦奋斗创造出来的。国有林场的“来生”，就是要巩固发展国有林场过去创造的优质的生态资源，让这些生态资源发挥更加重要的历史使命，以满足人民群众的新期待，为建设美丽中国的国家大局贡献力量。因此说，国有林场是林业治理体系的一个重要组成部分，没有国有林场治理体系和治理能力的现代化，就没有林业治理体系和治理能力的现代化。

第二，为什么要进行国有林场改革？这是因为在国有林场的发展过程中暴露出来很多体制性问题、机制性问题甚至是发展路径的问题。怎样看待国有林场的性质？在国有林场的发展和管理过程当中怎样更好地发挥市场的作用和政府的作用？国有林场目前的性质是不是排斥市场配置资源的决定性作用？这些问题都需要从体制上、机制上深入研究，逐步加以解决。如果不解决，既不能继承先业，又不能完成国有林场未来的使命。按照三中全会通过的决定精神，推进国有林场改革，必须把握三个原则。一要坚持生态优先、保护第一的基本方向。国有林场最根本的职责是保护青山绿水、保护生态资源，任何时候、任何情况下，保护都是第一位的。要强化对林地的保护，要防止过度开发利用林场的自然资源，为子孙后代保管好珍贵的自然生态资源。二要坚持山水林田湖统一治理的系统思想。习近平总书记深刻指出，山水林田湖是一个生命共同体，人的命脉在田，田的命脉在水，水的命脉在山，山的命脉在土，土的命脉在树。我们搞生态修复必须遵循自然规律，对山水林田湖进行统一保护、统一修复。要按照这一要求，对林场的各个生态系统实行统一管理。国有林场的资源绝不仅仅是地上的林木资源和森林资源，国有林场的林地资源、地下的矿藏资源，以及湖泊、水流等，都是维护我国生态安全的重要支撑，都是国有林场履行使命的基础性资源。国有林场必须守土有责，统一治理，全方位管理，坚持“山水林田湖统一治理”这一系统思想。三要坚持建立自然资源的产权制度和用途管制制度。既然国有林场创建的主体和管理的主体是各级政府，大体是省、市、县三级政府，那么这三级政府就要承担起国有林场改革发展的责任。同时，国有林场又是一个独立的事业法人，其改革的动力和活力就在于各个国有林场的实体。所有一切有利于这个事业法人实现维护生态安全使命的，能够有效保护森林资源、生态资源的做法就是对的，就要坚持；相反，不利于实现维护生态安全使命的，不能够有效保护森林、生态资源的做法就是不对的，就要改革。这就要求国有林场要探索建立自然资源资产负债表，始终坚持把生态产出放在第一位，如果林业的生态价值降低了，生态产出减少了，改革就不成功，林场场长就是失职。

第三，如何使国有林场更具活力，更具可持续性。衡量国有林场改革成效有三条标准。一看改革是否促进了自然资源的增长。既包括总量的增加，也包括质量的提升。要努力采取有利于保护森林资源、能够提高森林生态功能的措施和做法，做到了这一点，林场就履行了保护生态安全的使命和责任。二看改革是否调动了广大干部职工保护培育生态资源的积极性。像你们这些场长也包括干部职工，有没有高度的责任心，能不能主动防火，主动保护森林，主动保护林地，这就要看国有林场有没有好的机制和活力，看是否更好地调动了广大干部职工保护森林资源的主动性和积极性。三看改革是否促进了林场的可持续发展。这要看今后的自我修复、自我循环、自我发展的机制有没有建立起来。还有就是看林场的民生改善没有，看对林场有贡献的干部职工们的生活问题是不是得到了很好的解决，现在还没有全部解决的，是不是找到了解决的途径。在这方面，我们还要进行更多的探索。

第四，要解决好一些政策问题。大家在发言中，提了一些政策问题。关于国有林场的项目性政策，如抚育政策、造林补贴政策、防火基础设施建设、木材安全战略储备基地建设等，国家林业局会对国有林场优先安排。关于生态补偿政策等，我们会把大家的意见带回去，认真地研究。总的思路是要让政策、投入与国有林场发挥的生态功能成正比。如果生产的林产品越来越多、生态产品越来越好、老百姓越来越欢迎，从生态补偿上来讲，就会补得多一些。当然这些补偿是补贴性的，地方的国有林场，主要是地方政府的事权，主要责任在地方政府，中央政府是补贴性的。

第五，需要特别关注的几项重点工作。一是要加强林地保护。国有林场的林地是政府的自然资产，林地是不可再生的，这种自然资产构成了生态安全格局的基础支撑。国务院批准了《全国林地保护利用规划纲要》，国有林场的林地利用必须纳入林地利用规划的指标中去，进行前置性预审。省林业厅必须承担责任，严格管理。这件事是林业工作重点的重点、基础的基础。二是国有林场对现有的生态资源不要过度地开发利用。我们正在考虑，要逐步用国家公园制度精神来管理国有林场。国家公园体制产生于美国，美国是先有国家公园制度，后有林业管理制度。美国以及世界其他国家的公园体制，都是以保护生态、保护生物资源为主要宗旨的，而不是以旅游和开发为主要宗旨的。当前，我国国有林场的主要职能和宗旨与国家公园类似，而且林地和林木资源是全民所有制，这就决定了我们可以按国家公园制度精神来管理国有林场，也应坚持以保护为主。过度开发不符合国有林场“前世”打下的基础，也不符合国有林场“来生”要承担的使命。三是要警惕在林地上兴建楼堂馆所的奢靡之风。大家坚守的这块林地、这块山林，不是场长的，也不是市政府的，它属于全体公民和人民群众，甚至不仅属于我们现在的公民和人民群众，还属于子孙后代。《世界自然资源保护大纲》中有一句名言，地球上的森林和自然资源不是我们从父辈那里继承来的，而是我们从自己的后代那儿借来的。把资源过度利用了，就对不起子孙后代。一定要警惕会所风、高档宾馆风等对国有林场带来的破坏。四是要创新管理机制，创新科学技术。国有林场在同一性质之下，治理体系、治理能力不同，产生的结果就不一样。国有林场要努力探索改革发展的新模式、新路径，依靠科技、依靠改革、依靠群众，把我们的林场建设得更好。既要体制创新、机制创新，还要科技创新。当前，增加绿量、增加生态资源、合理利用资源都需要增加科技含量，要着力在栽什么树、怎么管树、怎么防火、怎么防虫上下功夫、求突破。

国有林场改革发展，责任十分重大。希望各位场长牢记从前辈接管保护森林资源的责任，牢记为子孙后代管理森林资源的责任，勇于担当，兢兢业业，一丝不苟，埋头苦干，为祖国“天更蓝、地更绿、水更清”，为广大人民群众有更加宜居的环境，做出我们应有的贡献。

加快改善首都地区生态环境
为京津冀协同发展创造良好条件
——在京津冀和内蒙古林业生态建设座谈会上的讲话

赵树丛

（2014年7月25日）

这次座谈会的主要任务是：认真学习贯彻习近平总书记重要讲话精神，研究分析京津冀和内蒙古林业生态建设面临的突出问题，共同探讨加快四省区市林业发展的对策措施，围绕改善首都地区生态环境，推动生态林业民生林业发展。

去年以来，党中央、国务院将京津冀协同发展上升为一项重大国家战略积极推进。今年2月26日，习近平总书记专题听取京津冀协同发展工作汇报。他强调，实现京津冀协同发展，是面向未来打造新的首都经济圈、推进区域发展体制机制创新的需要，是探索完善城市群布局和形态、为优化开发区域发展提供示范和样板的需要，是探索生态文明建设有效路径、促进人口经济资源环境相协调的需要，是实现京津冀优势互补、促进环渤海经济区发展、带动北方腹地发展的需要。3月5日，李克强总理在政府工作报告中明确提出，要谋划区域发展新棋局，加强环渤海及京津冀地区经济合作。6月18日，张高丽副总理主持召开京津冀协同发展领导小组第一次全体会议，专门研究京津冀协同发展问题。7月7日，张高丽副总理又主持召开专题会议，研究京津冀区域功能定位和交通、生态、产业三个重点领域率先突破问题。此外，汪洋副总理、郭金龙书记、孙春兰书记和王勇国务委员也先后对推动京津冀协同发展作出了许多重要指示。这些重要指示精神，我们都要认真学习领会并抓好贯彻落实。

考虑到内蒙古是祖国北方的重要生态屏障和主要能源通道，生态状况直接关系到京津冀生态安全和经济社会可持续发展，习近平总书记今年初在内蒙古考察时专门对内蒙古生态建设作出了重要指示，所以我们请内蒙古自治区林业厅的负责同志也来参加会议，就是要内蒙古的生态屏障作用，着力改善环首都地区生态状况。

中央领导同志和北京市对这次会议高度重视，会前中共中央政治局委员、北京市委书记郭金龙等领导同志亲切接见会议主要代表并做重要指示，我们要认真学习领会并抓好贯彻落实。刚才，北京市副市长林克庆同志专门到会指导并讲话，北京、天津、河北、内蒙古四省区市林业厅局的主要负责同志分别发言。大家讲得都很好，听了很受启发。下面，我讲四点意见：

一、深入学习领会习近平总书记重要讲话精神，真正把思想和行动统一到中央的决策部署上来

党的十八大以来，习近平总书记相继视察北京、天津、河北、内蒙古，多次就推进生态文明建设发表重要讲话，对京津冀和内蒙古加强林业生态建设、改善区域生态环境、提升生态承载力作出一系列重要指示，我们要认真学习领会，全面贯彻落实。

——2012年12月29~30日，习近平总书记在河北省阜平县考察扶贫开发工作时强调，推进扶贫开发、推动经济社会发展，要坚持从实际出发，因地制宜。阜平有300多万亩山场，森林覆盖率、植被覆盖率比较高，适合发展林果业、种植业、畜牧业。要做到宜农则农、宜林则林、宜牧则牧、宜开发生态旅游则搞生态旅游，真正把自身比较优势发挥好，使贫困地区发展扎实建立在自身有利条件的基础之上。

——2013年5月15日，习近平总书记在天津考察时指出，生态城要兼顾好先进性、高端化和能复制、可推广两个方面，在体现人与人、人与经济活动、人与环境和谐共存等方面作出有说服力的回答，为建设资源节约型、环境友好型社会提供示范。

——2014年1月26日，习近平总书记在内蒙古阿尔山林业局考察时指出，林业工人为国家作出了贡献，党和国家不会忘记大家。林业的政策会越来越好，林区人民的生活会越来越好。他叮嘱当地干部要加快棚户区改造，让群众早日住上新房。当听到阿尔山林区已全面停止采伐，正处在艰难转型期时，他说，历史有它的阶段性，当时砍木头是为国家做贡献，现在种树看林子也是为国家做贡献。他还明确要求，发展经济、搞活经济不能以破坏生态和环境为代价。

——2014年1月28日，习近平总书记在内蒙古和信园蒙草抗旱绿化股份有限公司考察时指出，要积极探索推进生态文明制度建设，为建设美丽草原、建设美丽中国作出新贡献。实现绿色发展关键要有平台、技术、手段，绿化只搞“奇花异草”不可持续，盲目引进也不一定适应，要探索一条符合自然规律、符合国情地情的绿化之路。

——2014年1月28日，习近平总书记在内蒙古考察时强调，推进生态文明建设下一步的出路主要有两条：一条是继续组织实施好重大生态修复工程，搞好京津风沙源治理、三北防护林体系建设、退耕还林、退牧还草等重点工程建设；一条是积极探索加快生态文明制度建设，探索编制自然资源资产负债表，对领导干部实行自然资源资产离任审计，建立生态环境损害责任终身追究制。不仅要增加经济资产、减少财政负债，也要增加生态资产、减少环境负债，两方面都要搞离任审计、搞责任终身追究。

——2014年2月26日，习近平总书记在北京市考察工作时指出，北京自然生态系统已处于退化状态，资源环境已明显处于超负荷状态。北京种粮食比较效益那么低，从涵养水源和风沙防护角度看，北京应该多搞林业。华北地区缺水问题本来就很严重，如果再不重视保护好涵养水源的森林、湖泊、湿地等生态空间，再继续超采地下水，自然报复的力度会更大。整个华北地区的水源涵养都应该搞起来。他强调，推动京津冀协同发展，要着力扩大环境容量生态空间，环境容量的基础是生态空间。要加强生态环境保护合作，在防护林建设、水资源保护、水环境治理等领域完善合作机制；从生态系统整体性着眼，可考虑加大河北特别是京津保中心区过渡带地区退耕还林力度，成片建设森林，恢复湿地，提高这一区域可持续发展能力；要把河北张承地区定位于“京津冀水源涵养功能区”，同步考虑解决京津周边贫困问题。

——2014年4月4日，习近平总书记在参加首都义务植树活动时强调，林业建设是事关经济社会可持续发展的根本性问题。每一个公民都要自觉履行法定植树义务，各级领导干部更要身体力行，充分发挥全民绿化的制度优势，因地制宜，科学种植，加大人工造林力度，扩大森林面积，提高森林质量，增强生态功能，保护好每一寸绿色。

习近平总书记的一系列重要讲话，充分体现了将改善生态环境放在区域协同发展的优先位置来谋划来推动的战略眼光，是对林业部门的明确要求和殷切希望。我们要认真学习贯彻落实，切实把思想和行动统一到中央的决策部署上来，全面提升区域林业发展水平，为改善首都地区生态环境、推动京津冀协同发展创造更大的环境容量和生态空间。

二、全面分析首都地区面临的突出生态问题，切实增强加强林业生态建设的责任感和紧迫感

通过加强林业生态建设，改善首都地区生态环境，党中央、国务院是高度重视的，30多年来采取了一系列重大措施。1978年启动了“三北”防护林体系建设工程，1986年启动了京津周围地区绿化工程，1993年启动了太行山绿化工程，2002年实施了京津风沙源治理工程，去年12月国务院常务会议专题研究京津风沙源治理和张家口坝上防护林更新改造问题。同时，国家还在退耕还林、湿地保护和造林、森林抚育补贴试点等方面，加大了对首都地区林业生态建设支持力度。

近年来，北京和天津、河北、内蒙古也采取了一系列措施加强林业生态建设，并在造林绿化、森林防火、林业有害生物防治等方面开展了省市合作，有力推动了区域林业发展和生态环境改善。北京市2012年启动了百万亩平原造林工程，着力增加平原地区森林资源。北京市还积极支持河北张承地区治理荒山，修复森林植被，保护水源涵养林。天津市划定了森林、湿地等生态保护红线，大力推进郊野公园建设和盐碱地造林绿化，努力改善城市生态环境。河北省全面实施《造林绿化规划(2011～2020年)》，高标准推进环首都地区造林绿化工作，计划到2020年全省完成造林4200万亩，森林覆盖率达到35%以上。内蒙古全力构筑祖国北方生态安全屏障，每年完成林业生态建设任务1000万亩以上，已经初步取得生态状况整体恶化趋缓、局部治理区域好转的成效。

经过多年努力，四省区市林业生态建设取得了明显成效。第八次全国森林资源清查结果表明，与上次清查期相比，四省区市森林面积增加151万公顷，森林覆盖率提高1.08个百分点。第四次全国荒漠化和沙化监测结果表明，与上次监测结果相比，四省区市沙化土地面积减少4060平方公里，沙尘灾害天气逐步减少。但总的来看，这一地区生态系统仍然十分脆弱，有的区域生态功能严重退化，难以满足经济社会发展和人民群众对良好生态的巨大需求。

一是森林资源不足。京津冀地区是全国人口密度最高的地区之一，人口密度是全国平均水平的4倍。该地区森林覆盖率为23.64%，虽然略高于全国平均水平，但人均森林面积和人均活立木蓄积分别只有0.73亩、

1.33 立方米，只相当于全国平均水平的 1/3、1/10。同时，这一地区森林资源分布极为不均，碎片化和退化老化问题十分严重，难以形成结构完整、功能优化的防护林网络，主要城市和流域缺乏有效的防护林体系。作为北方重要生态屏障的内蒙古，森林覆盖率只有 21.03%，不足全国平均水平，且主要分布在东部地区。

二是风沙问题突出。由于京津冀和内蒙古绝大部分地区常年干旱少雨，植被稀少，土地沙化问题十分严重。目前，内蒙古自治区和河北省分别有沙化土地 41.5 万平方公里、2.12 万平方公里，分别占本省区国土面积的 35%、11.2%，占全国沙化土地总面积的近 1/4。特别是内蒙古分布着巴丹吉林、腾格里、乌兰布和、库布齐四大沙漠和毛乌素、浑善达克、科尔沁、呼伦贝尔四大沙地，全区 90% 以上的人口生活在沙区及其影响范围内。内蒙古、河北还是京津地区风沙危害的主要策源地。据有关方面监测，影响京津地区的沙尘路径有三条。其中，北路和西北路源自内蒙古，经河北坝上地区进入北京和天津，占沙尘天气的 80%；西路源自新疆，经甘肃河西走廊和山西晋北地区进入北京和天津，占沙尘天气的 20%。专家测算，北京地区降尘量的 58% 来自北路和西北路，沙尘对北京 PM2.5 的年均贡献率为 8% ~12%。

三是湿地功能退化。新中国成立以来，京津冀地区湿地严重萎缩，水域湿地面积已不足建国初期的 20%，而且减少态势还在继续。北京湿地从 20 世纪 50 年代的 2568 平方公里，减少到目前的 526 平方公里。南海子历史上是北京最大的湿地，面积达 210 平方公里。后来由于永定河断流等多种原因，出现了面积萎缩、功能退化等问题，“四时不竭，汪洋若海”的景象荡然无存。河北 95% 以上的河流出现断流，湿地总面积从 20 世纪 60 年代的 1.1 万平方公里减少到现在的 600 多平方公里。白洋淀曾是海河平原上最大的湖泊，由于上游河流断流、无序开发、管理薄弱等原因，上世纪 80 年代几近干涸。目前，京津冀和内蒙古湿地总面积 729.62 万公顷，湿地率为 5.21%，低于全国 5.58% 的平均水平，其中湿地保护面积 201 万公顷，湿地保护率仅 27.55%，低于全国平均水平近 16 个百分点，天津市湿地保护率只有 21.16%，不足全国平均水平一半。由于面积萎缩和严重污染等原因，京津冀地区湿地涵养水源、维护生物多样性的生态功能持续退化，缺水问题日益突出。北京年缺水量达 12 亿立方米，河北 74.5% 靠地下水。严重超采地下水，导致水位下降和地面沉降，严重威胁城市基础设施和人民生命财产安全。

四是空气污染严重。在全国空气质量最差的前 10 个城市排名中，京津冀地区常常占据七八席。专家指出，华北地区已成为全球空气污染最严重的地区之一，特别是雾霾已成为影响北京空气质量的主要因素。2013 年以来，重度雾霾多次长时间侵袭京津冀地区，去年 1 月北京雾霾天气长达 26 天，去年 9 月北京雾霾天数长达 15 天。空气污染既严重影响人们身体健康，也损害了中国和首都地区形象，引起了广大人民群众高度关注，国际社会也十分关注。

五是地区差距明显。京津冀和内蒙古经济社会发展水平差别很大，林业发展水平和投入能力也有很大差异。特别是河北、内蒙古两省区宜林荒山荒地荒沙面积很大，保护和发展的任务都非常繁重，主要任务仍然是加大林业建设投资力度，扩大森林、湿地等生态资源总量，拓展生态空间，提升生态承载力。

京津冀和内蒙古林业生态建设方面的问题直接影响着首都地区的生态质量。我们要认真学习贯彻习近平总书记的重要讲话精神，全面加强林业生态建设，充分发挥林业在改善生态改善民生中的重要作用，促进区域生态资源共建共享，着力夯实经济社会发展的生态基础。一要充分认识到加强京津冀和内蒙古林业生态建设，是推动京津冀协同发展的重要内容和优先领域。没有森林、湿地等自然生态系统的和谐稳定，就没有经济社会的可持续发展，也就没有人民群众的良好生态福祉。推动京津冀协同发展，必须扩大森林、湖泊、湿地等生态空间，提高资源环境承载力。二要充分认识到加强京津冀和内蒙古林业生态建设，是改善首都地区生态环境的重要举措。京津冀蒙四省区市山水相连，是一个相互依存的自然生态系统。要从根本上解决首都地区生态问题，不能孤立地就北京抓北京，而必须跳出北京，统筹京津冀蒙生态资源和生态空间，实现区域联动、合力共治。三要充分认识到加强京津冀和内蒙古林业生态建设，是统筹区域生态协调发展的战略选择。京津冀和内蒙古生态状况各不相同，林业发展潜力各有优势。协调推动四省区市林业生态建设，可以实现优势互补、资源共享，加快改善首都地区生态状况，促进区域经济社会可持续发展。

三、准确把握加强京津冀和内蒙古林业生态建设的原则要求，着力恢复自然生态系统整体功能

加强京津冀和内蒙古林业生态建设的总体要求是：发展林业、绿化空间、美化环境、防治沙尘、涵养水源。这既要创新体制机制，打破行政区划限制，统筹使用四省区市的各种资源，着力增强区域之间生态建设的协同性，又要综合考虑森林生态系统、湿地生态系统、荒漠生态系统及其生物多样性之间的内在联系，着力构建结构稳定、功能完善的自然生态系统。在具体工作中，要注意把握好以下五项原则：

一要坚持围绕中心、突出重点。北京市现有常住人口 2114 万，人均绿地面积仅 30 平方米左右，人均公共绿地面积不足 10 平方米，无论是与联合国提出的首都城市人均绿化面积 60 平方米的最佳居住环境标准相比，还是与莫斯科、东京、纽约、伦敦、巴黎等世界城市相比，都存在较大差距。要把改善首都地区生态环境，作为加强京津冀和内蒙古林业生态建设的重中之重来谋划、来实施。同时，要以增加绿化为中心，着力加强生态脆弱区、水源涵养区、人口密集区等重点地区的生态建设和保护工作，切实做到按需施策、因害设防。

二要坚持优势互补、互利共赢。要根据《全国主体功能区规划》《全国林业发展区划》《全国造林绿化规划纲要》和即将出台的《京津冀协同发展规划》，明确各自功能定位，实现优势互补。北京和天津作为特大城市，人多地少，经济发达，在调整生态空间结构、努力增加林草植被的同时，要从资金、技术等方面积极支持河北和内蒙古开展林业生态建设。河北和内蒙古要围绕改善首都地区生态环境，重点抓好造林绿化、防沙治沙和水源涵养等工作，努力构建京津地区生态屏障。

三要坚持总体布局、协同推进。四省区市要打破地域和部门分割，加强统筹规划，搞好顶层设计，彻底改变"各扫门前雪"的现象。要制定一个科学可行的林业发展总体规划，明确建设目标和具体任务，并出台相应的政策措施，形成生态治理合力，提高生态建设成效。

四要坚持系统思想、综合治理。山水林田湖都是重要的生态因子，共同构成完整稳定的自然生态系统。改善生态必须坚持系统思想、综合治理，统筹推进造林绿化、湿地保护、防沙治沙和野生动植物保护等工作，才能形成健康稳定的自然生态系统，实现生态功能最大化。如：针对华北地区干旱缺水的实际情况，造林绿化既要考虑湿地保护和生态用水的问题，还要考虑水土保持和维护生物多样性的问题，决不能简单对待、顾此失彼。

五要坚持尊重自然、依靠科学。要尊重自然规律，坚持保护优先和自然修复为主，不能盲目蛮干、急功近利。造林绿化要因地制宜，适地适树，多营造乡土树种和灌木林，着力营造乔灌草结合的自然生态系统。城镇绿化要杜绝大树移植、快速成林、一夜成景的不当做法，坚决反对形式主义和铺张浪费行为。要合理增加人工湿地，重点保护自然湿地，坚决制止非法侵占，尽量减少人为干扰，努力保持湿地原生状态。

四、突出抓好当前各项重点工作，全面提升京津冀和内蒙古林业生态建设水平

加强京津冀和内蒙古林业生态建设，率先在生态领域取得突破，是林业部门贯彻落实习近平总书记重要讲话精神的具体举措，也是发展生态林业民生林业的重要任务。当前，要重点抓好以下五项工作：

一要编制发展规划。国家林业局将在国家制定的京津冀协同发展总体规划基础上，研究编制具体的专项规划，加大首都地区造林绿化、退耕还林还湖力度，建设一批环首都森林公园和大面积片林，推进风沙源治理、水源林保护、太行山绿化等生态工程建设，加强湿地保护和自然保护区建设，扩大绿化生态空间。各地也要尽快研究制定加强林业生态建设的具体措施。

二要完善政策措施。国家林业局将统筹安排现有中央林业投入，进一步加大对四省区市林业生态建设的支持力度，并积极协调国家有关部门，储备和出台差别化扶持政策，继续增加林业生态建设投入。各地林业部门要加强向党委政府的请示汇报和与有关部门的协调沟通，增加地方政府的林业投入，并向重点地区和重点项目倾斜。要不断完善林地流转、林业贷款、森林保险等政策，吸引社会各界积极投资造林绿化，推动生态林业民生林业建设。

三要解决突出问题。要加快造林绿化步伐，加强森林资源保护，尽快恢复林草植被，构建集中连片的防护林带，着力解决生态资源不足、风沙危害严重的问题。要通过退耕还湖、引水调水和营造水源涵养林等措施，加强湿地恢复和保护，着力解决江河断流、湿地萎缩和地下水位下降等问题，维护流域生态平衡和城市淡水安全。同时，要通过立足区位优势和资源优势，大力发展绿色富民产业，着力解决生态抑制型贫困问题，进一步激发农民保护生态的积极性。

四要强化科技支撑。要加强困难立地造林、退化林分修复、乡土树种培育等关键技术攻关，积极推广节水保墒和保护原生植被的整地方式、造林模式、造林标准，全面提升造林绿化成活率和保存率。要认真研究推广林业有害生物无公害防治技术，防止化学防治引发新的问题。要加强湿地科学研究，掌握湿地生态系统自然演替规律，突破湿地保护与修复技术，全面提升湿地保护管理水平。要组织科技人员深入山区、林区、沙区，总结推广先进实用技术，组织开展技术咨询和培训，帮助农牧民解决林业生产技术难题。

五要建立工作机制。要建立起完善的工作机制，形成加强林业生态建设的合力。国家林业局将成立专门的协调小组，负责指导加强京津冀和内蒙古林业生态建设。四省区市之间要建立起工作联动、信息共享、资源共用等方面的机制，着力在抓落实、见成效上下工夫，共同提高林业生态建设水平。

同志们，加强林业生态建设，改善首都地区生态环境，是一项长期而艰巨的任务。我们要深入学习贯彻习近平总书记重要讲话精神，统一思想，提高认识，真抓实干，全面提升京津冀和内蒙古生态林业民生林业发展水平，为实现京津冀协同发展创造更好的生态条件！

加快林业治理体系和治理能力现代化 充分发挥生态林业民生林业强大功能

——在全国推进林业改革座谈会上的讲话

赵树丛

（2014 年 7 月 29 日）

这次会议的主要任务是：深入学习贯彻习近平总书记系列重要讲话和批示指示精神，认真贯彻落实党的十八大和十八届二中全会、三中全会精神，进一步统一思想，提高认识，狠抓落实，全面深化林业改革，创新林业体制机制，加快推进林业治理体系和治理能力现代化，充分发挥生态林业民生林业的强大功能，为建设生态文明和美丽中国创造更好的生态条件。下面，我讲四个问题：

一、深入学习领会习近平总书记关于生态文明建设和林业改革发展的重大战略思想，牢固树立中国特色社会主义生态观

党的十八大以来，习近平总书记十分重视生态文明建设和林业改革发展，这方面的重要讲话和批示指示达 50 多次，提出了许多重大战略思想，丰富发展了当代中国马克思主义，集中体现了中国特色社会主义生态观。

一是生态决定人类文明兴衰的观念。习近平总书记关于"生态兴则文明兴、生态衰则文明衰"的科学论断，深刻论述了生态与文明的关系，揭示了人类文明发展的客观规律和生态建设的极端重要性。

二是改善生态就是发展生产力的观念。习近平总书记关于"保护生态环境就是保护生产力，改善生态环境就是发展生产力"的战略思想，深刻论述了生态与生产力的内在关系，突出强调了自然生态在生产力系统中的重要作用。

三是生态就是民生福祉的观念。习近平总书记关于"良好生态环境是最公平的公共产品，是最普惠的民生福祉"的重要论述，深刻揭示了生态与民生的关系，既是对生态产品的准确定位，又是对民生内涵的丰富发展，反映了人民群众的新需求新期待。

四是山水林田湖综合治理的观念。习近平总书记关于山水林田湖综合治理的重要论述，科学阐述了自然生态系统各个组成部分的关系，明确指出了治理自然生态系统应坚持的基本原则。

五是林业事关经济社会可持续发展的观念。习近平总书记强调，林业建设是事关经济社会可持续发展的根本性问题。这一重要论述把林业推向了前所未有的新高度，赋予了林业部门前所未有的新使命。

六是创新林业治理体系的观念。习近平总书记批示要求，全面深化林业改革，创新林业治理体系。这是对深化林业改革提出的总体要求，明确了林业改革的方向和目标，把林业治理体系纳入了国家治理体系总布局。

七是充分调动各方面造林育林护林积极性的观念。习近平总书记关于充分调动各方面造林育林护林积极性的重要指示，进一步明确了我国林业建设的指导方针、发展道路和工作重点。

八是增强森林生态功能的观念。习近平总书记就绿水青山、退耕还林、保护天然林和维护水安全、生态安全作出了一系列深刻论述，并明确要求增强森林生态功能，充分体现了对森林生态功能的高度重视。

九是科学造林绿化的观念。习近平总书记强调，绿化只搞"奇花异草"不可持续，盲目引进也不一定适应，要探索一条符合自然规律、符合国情地情的绿化之路。这是林业建设和国土绿化必须长期坚持的基本原则。

各级林业部门学习贯彻习近平总书记系列重要讲话精神，就是要牢固树立中国特色社会主义生态观，大力推进生态林业民生林业建设，为服务大局、服务基层作出更大的贡献。生态是林业多重属性中的本质属性，民生是我们党执政过程中始终关注的根本问题；改善生态、改善民生是林业服务党和国家工作大局与中心任务的方向性、根本性问题，也是世界各国着力解决的全球性重大问题。林业在经济社会发展中发挥着巨大作用，在不同时期注重发挥林业的不同功能，是适应民生需求的不断提高。改善生态改善民生是党中央、国务院赋予林业部门的重大职责，两者高度一致，紧密联系，不可分割。我们不能把发展生态林业民生林业看成是口号，而要把它变成贯穿始终的发展理念，变成忠实践行的自觉行动。7 月 22 日，联合国防治荒漠化公约执行秘书莫妮卡·巴布在考察我国库布其沙漠和治沙成果时表示，中国提出的"生态、民生、经济"平衡驱动可持续治沙战略十分科学前瞻，对全世界很有借鉴意义，它会带给世界更多的和平。这表明，国际社会对生态、民生都十分关注。

习近平总书记关于生态文明建设和林业改革发展的重要讲话和批示指示精神，是中国特色社会主义理论的重要组成部分，内容十分丰富，内涵十分深刻，意义十分深远，用这些重大战略思想武装全国林业干部职工头脑是一项重大的政治任务。特别是今年 4 月 4 日他参加首都义务植树活动时强调："林业建设是事关经济社会可持续发展的根本性问题。每一个公民都要自觉履行法定植树义务，各级领导干部更要身体力行，充分发挥全民绿化的制度优势，因地制宜，科学种植，加大人工造林力度，扩大森林面积，提高森林质量，增强生态功能，保护好每一寸绿色”。这一重要论断，既是对我们的极大鼓舞和鞭策，也是对我们的殷切期望和要求，更是每一个务林人应当永远牢记的职责和使命。国家林业局已将其作为机关干部职工的座右铭镌刻在机关大楼大厅。各级林业部门和广大干部职工都要认真学习、深刻领会、广泛宣传、积极践行，不断推进生态林业民生林业建设。

二、建立健全适应生态文明建设的林业制度，创新和完善生态林业民生林业治理体系

林业治理体系主要体现为林业体制机制、法律法规等各种制度安排。经过几十年的实践探索，我国林业制度逐步建立，林业治理体系初步形成。但是，与建设生态文明和美丽中国的要求相比，林业治理体系还不适应，有些方面还制约了林业发展。要按照国家治理体系和治理能力现代化的总要求，加快建立健全林业制度，力争到2020年形成更加成熟、更加定型的具有中国特色的林业制度。

（一）建立健全生态资源产权制度。对国土空间内的生态资源明确产权主体，确保生态资源的占有、使用、收益、处置做到权有其主、主有其利、利有其责。一是健全国家所有、中央政府行使所有权的生态资源产权制度。重点国有林区的生态资源归中央政府所有，由国务院林业主管部门代表国家行使所有权、履行出资人职责，由中央政府负责对林区内的山水林田湖等所有生态资源进行系统规划和综合治理，逐步实行管用分开，理顺体制机制。二是健全国家所有、地方政府行使所有权的生态资源产权制度。对国有林场、森林公园和绝大部分自然保护区、湿地公园、沙漠公园，建立由国家所有、中央政府委托省级政府行使所有权并承担主体责任、由地方政府分级管理的体制。三是健全集体所有、集体行使所有权和集体所有、个人行使承包权的生态资源产权制度。对承包经营的集体林，赋予农民对承包林地占有、使用、收益、流转及承包经营权抵押、担保权能。允许承包权和经营权分离，可对经营权实行依法有偿流转。

（二）建立健全生态资源监管制度。生态资源监管是各级政府和全社会的共同责任，要建立起所有权人和管理者相互独立、相互配合、相互监督，统一行使生态资源用途管制职责的制度。一是健全生态资源法律制度。加快制修订森林法、湿地保护条例等法律法规，明确所有者权利，规范管理者权力，细化落实用途管制范围，为加强生态资源监管提供法律保障。二是健全生态资源考核制度。编制林地、湿地等生态资源资产负债表，实行生态资源资产离任审计，强化对各级政府资源消耗、生态损害和生态效益的责任考核。对盲目决策、造成生态严重破坏的，严肃追究有关人员的责任。三是健全生态资源社会监督制度。增强公众生态意识，畅通群众监督、舆论监督渠道，健全举报和处置机制，真正把生态资源置于全社会监督之下，提高生态资源监管成效。

（三）建立健全自然生态系统保护制度。建设生态文明，关键在于按制度严格保护自然生态系统。一是建立生态红线保护制度。制定生态红线区划技术规范，把红线落实到山头地块，并出台严格的管制办法，确保守住生态红线。二是健全林地保护制度。实行规划管理、定额管理和用途管制，严格管控林地征占用行为，完善公益林管理办法，严格控制公益林、有林地转为建设用地。三是建立天然林保护制度。逐步把天然林保护工程扩大到全国，严格保护天然林，充分发挥天然林的生态功能。四是建立湿地保护制度。将国际重要湿地、国家重要湿地、湿地自然保护区纳入禁止开发区域，严禁开发，恢复湿地生态系统。五是建立沙区植被封禁保育制度。划定封禁保护区域，严格管控开发建设活动，禁止破坏沙区植被，遏制土地沙化趋势。六是建立国家公园体制。加强顶层设计，按照保护优先、科学规划、依法管理、试点先行的原则，稳步推进国家公园建设，完善我国自然保护体系，实现最大保护与有限利用的有机结合。

（四）建立健全生态修复制度。生态修复是改善生态状况的必由之路，是促进生态系统恢复的重要举措。一是健全谁破坏、谁付费、谁修复的制度。制定森林、湿地、荒漠自然生态系统损害鉴定评估办法和损害赔偿标准，要求破坏者给予经济赔偿或者恢复生态。大幅度提高征占用林地、湿地的成本，形成不敢破坏、不能破坏、破坏不起的机制。二是健全重大生态修复工程建设制度。优化工程布局，形成国家和地方互为补充的生态修复工程体系。重点推进天然林保护、退耕还林、湿地保护、防沙治沙和野生动植物保护等重点工程法律化、制度化，确保长期实施。三是建立自然修复与人工修复相结合制度。对于生态损害严重的区域，以人工修复为主，自然修复为辅；对于生态现状较好的区域，以自然修复为主，人工修复促进自然修复。四是完善生态修复社会参与制度。创新义务植树尽责形式和部门绿化机制，发展生态志愿者队伍，坚持谁造谁有、给谁补贴，充分调动全社会保护、修复生态的积极性。

（五）建立健全生态监测评价制度。生态监测评价是保护成效评估、目标责任考核和实行科学决策的重要依据。一是健全监测体系。建立定期清查与年度监测相衔接、国家监测与地方调查相协调、抽样调查与区划调查相结合，覆盖森林、湿地、荒漠生态系统和野生动植物资源的全国连续清查调查制度。二是建立核算体系。对森林资源实物量和价值量的存量及变量进行科学核算，推动建立森林资源核算与国民经济核算相衔接的综合核算体系。三是建立发布制度。建立生态安全等级评价制度和生态安全预警机制，定期公布监测评价结果。四是建立生态风险评估制度。对影响自然生态系统和珍稀濒危野生动植物种群安全的开发建设项目，进行生态风险评估，获得生态许可后方可批复立项和开工建设。

（六）建立健全森林经营制度。加强森林经营，提高森林质量，是林业发达国家维护生态安全和木材安全的普遍做法。一是建立森林经营规划制度。建立国家、省、县三级森林经营规划体系，明确森林经营的基本原则、目标任务、战略布局、经营方向、政策措施等。二是建立森林经营方案制度。各类森林经营主体都要编制森林经营方案，报林业主管部门审批或备案，并将其作为造林、抚育、采伐、更新的主要依据。林业部门要对森林经营方案实施情况进行监管和评价，并建立相应的奖惩办法。三是建立林木良种制度。国家支持培育和使用林木良种，重点工程造林和享受国家补贴的造林项目要确保使用林木良种，严厉打击制售假冒伪劣林木种苗行为。四是建立森林抚育制度。完善森林抚育技术规程、规范、标准，以及营造林质量监管等技术管理制度。

（七）建立健全生态资源市场配置和调控制度。充分发挥市场在资源配置中的决定性作用和更好地发挥政府作用，推动生态保护与林业产业协调发展。一是完善森林采伐管理制度。开展森林采伐限额管理改革试点，完善木材运输管理制度，逐步扩大放开木材经营加工许可制度试点。严格控制国有林、公益林、天然林采伐，放宽对集体林中商品林特别是毛竹、桉树等速生丰产林的采伐限制。二是建立国家储备林制度。划定国家储备林，培育大径级林木，纳入中央财政物资储备支持体系，实行契约管理、代储代管、轮换动用，加强木材市场调控。三是建立生态资源市场定价制度。推动生态服务功能价值化，完善生态资源价格形成机制，形成反映市场需求、资源稀缺程度、生态修复成本的生态资源价格体系，用价格引导人们对生态资源的消费行为，促进生态资源集约节约利用。四是建立森林及林产品认证制度。推行森林经营认证和产销监管链认证，推动建立木材生产、经营、加工来源合法性认证机制。完善主要林产品质量认证体系和质量监管体系，实行野生动植物及其产品统一标识制度和认证制度，建立林产品负面清单。积极培育认证产品市场，适时推行森林认证产品政府采购政策，大力倡导绿色消费。五是探索建立森林资源资产证券化制度。健全森林资源资产评估制度和机构，完善信用评级体系，培育发展林业信托机构和林权交易市场，推动森林资源资产转化为可流通的债券、基金和股票。六是建立森林碳汇交易制度。加强森林碳汇交易技术支撑和政策保障，健全碳汇计量、监测、审核、交易管理体系，完善交易机制，培育交易市场。

（八）建立健全生态补偿制度。生态补偿是对生态保护者创造的生态价值或者丧失的机会成本的补偿。一是完善森林生态效益补偿制度。研究确定合理的补偿标准，并建立与工资物价水平挂钩的动态调整机制。根据生态区位、资源状况实行分级分类补偿，逐步将所有森林纳入补偿范围。二是建立公益林政府赎买制度。对大江大河源头、重要水源涵养地、国家级自然保护区等生态区位极其重要的集体公益林，由政府出资赎买、租赁或者用国有林进行置换，交由国有林业单位经营管理。三是建立湿地生态补偿制度。对承担湿地保护和管理的地方政府和林业部门给予财政补贴，对因保护湿地而造成损失的给予相应经济补偿。四是完善重点生态功能区转移支付制度。加大中央财政对重点生态功能区的转移支付力度，明确一定比例的转移支付资金用于保护和发展森林、湿地资源。

（九）建立健全财税金融扶持制度。将林业作为公共财政的重点支持对象，加大政策和资金扶持力度，建立稳定的林业政策和资金投入机制，为改善生态和民生提供基本保障。一是完善公共财政投入制度。建立健全财政扶持政策体系，重点加大对生态保护、生态修复、资源监测、绿色产业和基础设施的投入力度。二是完善税收扶持制度。落实好林业所得税免除政策，扩大林业资源综合利用产品增值税即征即退范围。结合改革育林基金制度，研究建立森林生态税。三是完善金融支持制度。联合金融机构制定林业中长期、低息贷款政策。赋予国有林和公益林抵押担保权能，鼓励地方政府建立集体林权交易市场、林权收储中心和担保中心，减免评估手续和费用，加快推进林权抵押贷款。扩大政策性森林保险范围，提高保费补贴标准，建立再保险机制和森林巨灾风险基金，逐步由保物化成本转为保价值，增强林业抗风险能力。

建立健全林业制度，创新林业治理体系，是一项长期的战略任务和复杂的系统工程，既需要各级林业部门的共同努力，又需要争取党委政府和有关部门的支持。各级林业部门都要锐意改革、大胆探索，科学谋划、稳步推进。对已经建立但不适应的制度，要继续坚持和及时完善；对存在缺失急需建立的制度，各地要先行先试，在总结经验的基础上逐步健全。凡是已经成熟定型的制度，都要争取上升为法律法规，将其固定下来长期发挥作用。要通过一段时间的努力，使我国林业制度体系更加完善管用，为发展生态林业民生林业提供坚实可靠的制度保障。

三、全面提升生态林业民生林业治理能力，确保林业治理体系充分发挥效能

林业治理能力主要表现为制度执行力，与林业治理体系相辅相成。面对日益繁重的林业改革发展任务和复杂多样的社会主体利益诉求，我们不仅要创新林业治理体系，还要提升林业治理能力，确保把林业治理体系的制度优势转化为国家治理林业的效能，更好地推动生态林业民生林业建设。

（一）全面加强组织保障能力建设。稳定完善、保障有力的林业组织管理体系，既是林业治理体系的重要内容，也是林业治理能力的坚实基础。一要健全各级林业行政机构。优化内部结构，使之适应创新林业治理体系的要求。要强化林业议事协调机构功能，充分发挥各部门的优势和作用。明确基层林业站所公益性职能，切实提升政策执行力。二要转变政府职能、创新管理方式。进一步减少行政审批事项，建立权力清单，公开权力运行流程。加强取消和下放事项的事中事后监督，提升全程服务水平。三要发挥事业单位功能。加快事业单位分类改革，健全事业单位法人治理结构，强化林业事业单位公益属性，充分发挥公共服务职能。四要完善林业社会组织。鼓励发展专业性林业社会组织，加快推进社会组织与行政机关脱钩，支持社会组织承接政府转移职能，充分激发社会组织活力。五要完善基层林业治理机制。加快发展新型林业微观组织，鼓励林业合作组织进行工商登记，享受小微企业优惠政策。允许财政资金直接投向林业合作组织。

（二）全面加强依法治林能力建设。法治是治国理政的基本方式，是林业治理体系和治理能力现代化的集中体现。一要完善法律体系。适应生态文明建设和林业改革发展需要，加强林业立法修法工作，完善以森林法为主体的法律法规体系，确保各项工作有法可依。二要建设法治机关。认真落实国务院《关于加强法治政府建设的意见》，提高各级林业部门和领导干部运用法治思维和法治方式推动林业改革发展的能力。三要提升执法水平。加快建立林业综合执法平台，加强执法监督，解决多头执法和乱执法、不执法的问题。完善执法程序，做到步骤清楚、要求具体、期限明确、程序公开。四要加强普法教育。增强法治观念，形成全社会知法、懂法、守法的良好氛围。

（三）全面加强科技支撑能力建设。科技是林业强盛之基，是林业治理能力的重要支撑。一要广泛建立林业科技联盟。在一些重点领域和关键环节，集中生产企业和科研单位的优势，组建林业科技联盟，开展科研攻关，解决生产难题，全面提升林业发展水平。二要大力培育林业科技创新主体。确立企业在技术创新中的主体地位，增强企业尤其是大型企业创新活力和动力。健全科技成果市场化机制，促进科技成果资本化、产业化。三要大力推广先进实用技术。选择一批科研成果和成熟管用的实用技术，集中财力扩大推广覆盖面，使科技成果在大范围形成生产力。

（四）全面加强灾害防控能力建设。森林火灾、林业有害生物等自然灾害严重威胁林业资源安全和人民群众生命财产安全，必须努力提高灾害防控和应急处置能力。一要加强源头防控。坚持预防为主，完善预警响应和监测报告机制，做到早防范、早发现、早报告、早处置。健全火源管控、隐患排查和重点时段、重点部位严防严控机制。规范林业植物检疫，强化重大有害生物疫区和疫源管理，防止疫情扩散。引导建立林业灾害社会化防治组织，吸引社会力量参与林业灾害防控。二要落实地方政府责任。加强组织领导，落实森林防火、有害生物防治领导责任，健全责任追究制度。三要加快监测防控装备现代化。着力推广以水灭火、森林航空消防和无公害防治技术，全面提高灾害监测防控装备水平和应急处置能力。

（五）全面加强林业信息化能力建设。没有林业信息化，就没有林业治理能力现代化，要认真研究移动互联网、物联网、云计算、大数据等技术条件下的林业信息化问题。一要推进林区无线网络建设。建设卫星数据采集系统、无人遥感飞机监测系统、视频监控系统及应急地理信息平台，提供可视化、精准化的应急指挥服务。二要加快中国林业云建设。建设全国林业办公自动化集群、林业网站群，实现数据集中存储、调用和共享，实行集约化管理和运行。三要实行林业一张图管理。加快金林工程建设，对海量数据进行处理，尽快建成全国林业一张图，并与各地林业一张图相衔接。四要全面推进网上行政审批。建成网上行政审批大厅，推行全国林权一卡通，为政府、企业、林农等提供在线办理、远程诊断等服务。

（六）全面加强基础设施支撑能力建设。基础设施薄弱是制约林业发展的重要因素。一要加大政府投资力度。将林业纳入经济社会发展总体布局，按照基本公共服务均等化原则，根据加强资源保护管理的需要，加大对林区道路、森林防火、供水供电以及林业科研、装备设施的投资力度。二要调整优化林区布局。适应天然林停伐、棚户区改造、城镇化建设要求，科学规划林业局（场）址，加大山上林场（所）撤并力度。三要创新基础设施投资方式。发挥好林业资源优势，吸引社会资本参与林区基础设施建设和运营。

（七）全面加强生态文化传播能力建设。生态文化是生态文明新时代的主流文化，对于弘扬生态文明、树立生态道德、推动生态建设意义重大。一要创新生态文化传播形式。充分运用报刊、图书、网络、手机等各种媒体加强林业宣传，普及生态文化知识，提升生态文化素养，引领生态文化时尚。二要丰富生态文化传播平台。深入开展森林城市、生态文明教育基地、生态文化村、美丽乡村等创建活动，加强生态文化园区、博物馆、展览馆等基础建设。三要大力发展生态文化产业。完善生态文化扶持政策，支持生态文化产业发展。健全生态文化投融资机制，鼓励金融资本、社会资本参与开发生态文化资源，打造生态文化精品，增强生态文化软实力。

（八）全面加强国际交流合作能力建设。加快构建全方位的林业对外开放新格局，提升林业对外交往水平，服务国家经济建设和外交战略大局。一要加强国际林业发展趋势研究。科学制定参与国际合作与竞争的对策措施，努力占领国际林业发展的战略制高点。二要全面参与国际林业规则制定。积极履行国际公约和双边协定，主动提出新议题新机制新方案，全面反映我国林业利益诉求，推动形成新的国际林业规则体系，努力树立负责任大国形象。牢牢掌握打击野生动植物非法贩运、木材非法采伐与相关贸易等国际热点问题的主动权。三要提升全球林业资源配置能力。鼓励企业走出去，开展林业资源合作利用，指导海外企业规范经营行为。

（九）全面加强人才队伍能力建设。发展生态林业民生林业，必须大力培养具备全球视野和战略思维、适应市场经济和林业全球化的高素质干部队伍。一要提升推动林业改革的能力。加强干部培养，提升科学素养，增强科学决策的能力、依法办事的能力和处理复杂问题的能力，切实承担起全面深化林业改革的历史重任。二要健全人才流动机制。多渠道引进高水平专业技术和经营管理人才，完善各类人才聘用和管理机制，激励人才向基层流动、到一线创业，实现人尽其才、才尽其用。三要大力培养国际型林业人才。制定专门的人才培养规划，积极推荐各类专业人才到相关驻外机构和国际组织任职，着力培养一支高素质的国际型林业人才队伍。

四、认真做好各项重点工作，全面完成今年林业改革发展任务

关于下半年工作，建龙同志已经做了安排部署，各地各单位要加强组织领导，狠抓贯彻落实，全面完成今年林业改革发展任务。我提请大家对以下几个方面要特别关注：

（一）扎实推进林业重点领域改革。十八届三中全会《决定》确定的改革举措共336项，涉及林业的32项，其中国家林业局参与牵头的5项、配合的27项。中央经济体制和生态文明体制改革专项小组今年改革工作要点确定的林业改革举措13项。上半年，我们已将改革任务分解落实到具体单位和责任人，其中新一轮退耕还林和重点国有林区停止天然林商业性采伐试点两项改革举措已基本落实。下半年，要继续按照中央的安排部署和任务分工，全面推进各项林业改革。要尽快报批国有林场改革方案和国有林区改革试点方案，争取全面推开国有林场改革。同时，要继续完善深化集体林权制度改革的文件，积极开展国家公园体制、森林资源资产负债表等问题研究。

（二）认真做好造林绿化和森林防火工作。认真组织新一轮退耕还林工程，抓紧落实下达今年500万亩退耕还林任务。抓紧调查全国天然林资源情况和保护状况，研究提出将天然林保护工程扩大到全国的实施方案和政策需求。筹备召开全国防沙治沙大会和干旱半干旱地区造林工作现场会，大力推进环北京地区造林绿化，加快退化防护林更新改造。认真落实《国务院办公厅关于进一步加强林业有害生物防治工作的意见》。高度重视秋冬季森林防火，提早安排部署，强化责任落实，加强火源管控、隐患排查、监测预警、应急值守等工作，做好扑火队伍、物资和经费等应急准备，严防发生重特大森林火灾。加强自然灾害防控和生态恢复重建工作。

（三）着力抓好生态文明建设试点和重点生态功能区建设。为推进生态文明建设，我们与国家发展改革委、财政部、教育部、团中央等部门陆续开展了生态文明示范工程试点、生态文明先行示范区和生态文明教育示范基地建设。要积极推进试点建设，为推动林业改革发展和生态文明制度建设探索路子、积累经验。同时，要认真履行国务院赋予我们的职责，抓紧编制适应主体功能区要求的生态保护与建设规划，争取年底前全部完成25个规划的编制工作。各地要高度重视，积极做好相关工作。

（四）切实加强项目和资金管理。从去年下半年开始，国家审计署对国家林业局进行了全面审计，发现了一些单位和地区在资金使用和监管方面存在的问题，有的还比较严重。国家林业局党组已对整改落实工作进行专题研究部署，相关地方和单位要按照要求认真整改，建立健全加强资金管理的长效机制。与其他行业投资相比，我国林业资金规模不算大，但是存在实施主体多、资金分散、规模偏小等特点，管理头绪多、难度大，容易出现问题。各地各单位要把项目和资金管理作为基本业务，严格落实管钱用钱的责任，切实管好用好每一分钱。

（五）科学谋划"十三五"林业工作。"十三五"既是我国全面建成小康社会、实现第一个"百年目标"的关键时期，也是全面深化林业改革、实现林业发展目标的重要时期。要紧紧围绕建设生态文明和美丽中国，加强调查研究，突出林业地位，尽快提出林业"十三五"规划总体思路。谋划启动一批新的生态修复工程，加大生态保护和修复投入力度。进一步明确严守林业生态保护红线的具体措施，守住国家生态安全底线。科学安排生态文明制度建设改革试点，全面加强林业制度建设，充分释放林业制度红利。

（六）巩固扩大"两转变、两服务"活动成果。深入开展群众路线教育实践活动和"两转变、两服务"活动，突出抓好建章立制工作，切实用制度管人、管事。继续转变职能、简政放权，特别要大幅度减少审批事项，创新管理手段，提高服务群众的能力和水平。着力解决群众关心的难点热点问题，让群众真正感受到林业系统作风建设带来的新变化。广大林业干部职工要热爱林业、热爱自然、热爱岗位，倾心倾力，勤于奉献，敢于担当，勇于拼搏。要严格落实中央八项规定精神，努力建设廉洁高效、人民满意的服务型机关，为发展生态林业民生林业提供有力的组织保障。

同志们，推进林业治理体系和治理能力现代化，全面提升生态林业民生林业发展水平，使命非常光荣，任务十分艰巨。让我们紧密团结在以习近平同志为总书记的党中央周围，高举中国特色社会主义伟大旗帜，以邓小平理论、"三个代表"重要思想、科学发展观为指导，全面深化林业改革，创新林业治理体系，提高林业治理能力，充分发挥生态林业民生林业巨大功能，为建设生态文明和美丽中国、全面建成小康社会、实现中华民族伟大复兴的中国梦作出新的更大贡献！

在全国退耕还林实施工作电视电话会议上的讲话

赵树丛

（2014年9月28日）

这次会议是国家林业局党组决定召开的一次重要会议。主要任务是：深入贯彻党的十八大、十八届三中全会和习近平总书记系列重要讲话精神，认真落实国务院批准的《新一轮退耕还林还草总体方案》，安排部署新一轮退耕还林工作和2014年建设任务，推动生态林业民生林业全面发展，更好地改善生态、改善民生。刚才，湖北、贵州、甘肃3个省作了很好的发言，3个省的准备工作很充分，值得各地学习借鉴。下面，我讲几点意见：

我国是一个传统农业大国，人多地少是基本国情，在漫长的发展过程中，开垦了大量耕地种植农作物，在解决人们温饱问题的同时，也对生态环境造成了巨大破坏，严重威胁国家生态安全和中华民族永续发展。1998年特大洪灾发生后，为改善我国生态环境，促进经济社会可持续发展，党中央、国务院高瞻远瞩、审时度势，果断作出了实施退耕还林工程的重大决策。经过十几年的努力，截至2013年，中央累计投入3542亿元，全国累计完成退耕还林任务4.47亿亩，其中退耕地造林1.39亿亩，保存率达99%以上，工程建设取得了显著的生态效益、经济效益和社会效益。工程区森林覆盖率平均提高3个多百分点，有的市县提高了十几个甚至几十个百分点。退耕还林造林全部成林后，林分蓄积量将达13亿多立方米，可有效改善区域生态环境。比较典型的是延安、榆林。延安市通过退耕还林，森林覆盖率由33.4%提高到45.4%，水土流失综合治理程度由25%提高到68%，年土壤侵蚀模数由9000吨/平方公里下降为7000吨/平方公里，年输入黄河泥沙量由2.58亿吨下降为1.96亿吨。年降雨量也在增加，良好的小气候正在形成。2013年7月，尽管出现历史罕见的强降雨，但是没有形成洪灾。同时，国家退耕还林工程通过发放补助，直接惠及3200万农户、1.24亿农民，比较稳定地解决了退耕农民的温饱问题，并优化了农村产业结构和土地利用结构，为解决"三农"问题、促进农业增产开辟了新的途径。国家统计局监测显示，2012年，退耕农户人均纯收入5963元，比2007年增加2990元，年均实际增长10.9%，比全国平均水平高1个百分点；退耕户外出就业的劳动力占全部劳动力的比重为31.3%，比2007年提高4.8个百分点，比全国农村平均水平高5.8个百分点。据中国统计年鉴数据分析，与退耕还林前的1998年相比，2012年工程区粮食播种面积增长2.7%，粮食总产量增加23.4%，谷物单产提高19.6%；而6个非退耕还林省市粮食播种面积下降22.2%，粮食总产量下降11.5%，谷物单产仅提高13.2%。事实证明，退耕还林没有影响到全国粮食生产。

实践证明，实施退耕还林工程，是党中央、国务院作出的一项具有远见卓识的英明决策，是我国推动生态文明建设和林业转型发展的标志性工程，是促进人与自然和谐、实现可持续发展的成功典范，受到了基层干部群众的衷心拥护，得到了国际国内专家学者的广泛赞誉。2013年5月，中国工程院部分院士赴延安调研后指出，延安以退耕还林统揽农业农村工作全局，将退耕还林与自然恢复相结合、梁峁沟坡洼统一规划、山水田林路综合治理的做法值得肯定和推广。他们向国务院专门上报了《关于进一步推进退耕还林工程建设的建议》，得到国务院领导同志的高度重视。美国、欧盟、日本、澳大利亚等30多个国家和国际组织也对我国退耕还林工程给予了高度评价。2011年5月，美国斯坦福大学教授、自然资本项目负责人格蕾琴·戴利通过深入研究后认为，中国退耕还林解决了两个至关重要的问题：一是保护了环境，二是引导了产业转型，为农村极端贫困人口提供致富机遇。她认为，退耕还林已经在中国取得了"显而易见的胜利"，其他国家应重视并学习中国的经验。

退耕还林工程建设虽然取得了明显成效，但是就全国来看，水土流失和风沙危害仍是我国最突出的生态问题，全国还有大面积的坡耕地和沙化耕地在继续耕种，造成地力衰退、江河淤积和重要水源地涵养水源的能力下降，严重威胁人民群众生产生活和生命财产安全，严重制约生态文明建设进程和经济社会可持续发展，迫切需要继续退耕还林，广大基层干部、专家学者、农民群众对此十分期盼。2010年以来，河北、内蒙古等14个省（区、市）和新疆生产建设兵团多次专门请示国务院，要求继续安排退耕还林任务。每年全国"两会"期间，人大代表和政协委员提出的有关继续实施退耕还林的建议提案都有四五十件。党的十八大以来，党中央、国务院对退耕还林工作高度重视。习近平总书记在中央财经领导小组第5次会议上强调，要扩大退耕还林、退牧还草，有序实现耕地、河湖休养生息，让河流恢复生命、流域重现生机。有的地区特别是平原面积小的地区，一度把很多25度以上坡地划进了基本农田。严守耕地红线、保护基本农田是必需的，但不能形而上学，要实事求是，该改正的要改正，该退的要退够。这样做，短期看可能减少一些粮食产量和耕地数字，但这是可持续的粮食增产思路。李克强总理在2012年底视察湖北、2013年视察甘肃、2014年视察陕西时，都强调要下决心实施退耕还林，使生态得保护，农民得实惠。十八届三中全会对全面深化改革作出了总体部署，提出要加快生态文明制度建设，并将稳定和扩大退耕还林范围作为全面深化改革的336项重点任务之一大力推进。今年6月下旬，国务院正式批准了《新一轮退耕还林还草总体方案》，提出到2020年，将全国具备条件的坡耕地和严重沙化耕地退耕还林还草。9月25日，发改委、财政部、国家林业局等部门下达了2014年退耕还林还草计划任务500万亩。以此为标志，新一轮退耕还林正式启动。

实施新一轮退耕还林，是党中央、国务院作出的重大决策，是建设生态文明和美丽中国的战略举措，是解决我国水土流失和风沙危害问题的必然选择，是促进农民脱贫致富和全面建成小康社会的客观要求。各级林业部门要深入学习领会习近平总书记系列重要讲话精神和李克强总理重要批示指示要求，深刻认识继续做好退耕还林工作对于推动生态林业民生林业发展、增加我国森林资源、应对全球气候变化的重大意义，全面贯彻落实党中央、国务院的决策部署，认真组织实施新一轮退耕还林工作，切实把退耕还林这项关系国计民生的大事办好办实，充分发挥林业在改善生态改善民生中的重要作用。

第一，坚持生态优先。退耕还林既是一项生态工程，也是一项民生工程，其根本目的是治理水土流失、改善自然生态，为农民生产生活和经济社会发展创造良好的生态条件，这是推动工程建设的出发点和落脚点。国家给予适当补助，支持发展后续产业，解决农民长远生计，都是为了调动农民退耕还林的积极性，更好地发展林业和保护生态。各地要紧紧围绕增强生态功能、扩大森林面积这一根本目标，科学推进退耕还林工程建设。在退耕地选择上，要研究制定退耕还林实施方案，按照突出重点、先急后缓的原则，优先安排生态区位重要、生态状况脆弱、集中连片特殊困难地区退耕还林，增强退耕还林的针对性和有效性。不能把退耕还林简单地看成扶贫措施，平均分配工程建设任务，导致该退的退不下来，不该退的却退了。在树种和模式选择上，要首选涵养水土资源好的生态林，以乡土适生树种为主，也可发展生态效益与经济效益兼优的特色林果业，让农民获得实实在在的经济利益，实现改善生态与改善民生互利共赢。但是，植树造林和林粮间作要在不破坏植被、不造成新的水土流失的前提下进行，特别不能间种高秆作物，也不能高强度、长时间间作，只能适当间种不影响林木生长的豆类、中药材等矮秆作物，有些不适宜种树种草的退耕地要实行封育保护、自然修复。

第二，尊重科学规律。退耕还林是一项复杂的系统工程，各地要从实际出发，按照自然规律和经济规律稳步推进，尤其要防止长官意志和形式主义。要根据各地气候水文条件和土地类型进行科学规划，做到因地制宜，宜林则林、宜草则草，宜乔则乔、宜灌则灌，乔灌草合理配置，大力营造混交林，增强生态系统稳定性。在干旱、半干旱地区，要重点发展耐旱灌木，着力恢复原生植被。在雨量充沛、自然条件好的地区，可以发展经济林、竹林、速生丰产林，增加农民收入。但是，发展经济林要统筹考虑当地立地条件、市场需求情况、农民经营水平等因素，切忌不顾实际地一哄而上。凡是坡度过大、土地瘠薄、生态脆弱和生态区位重要的地方不宜发展经济林，否则可能会引发新的生态问题，背离退耕还林的根本目标。各级林业部门要加强工程管理，修订完善相关管理办法和技术标准，强化工程实施过程的监管和实施结果的验收，总结推广先进实用技术和成熟治理模式，指导农民科学栽植适宜树种，提高退耕还林的质量和效益。要综合考虑便于后期管护等因素，鼓励在有条件的地区集中连片退耕还林，大面积增加林草植被，加快改善区域生态环境。

第三，强化政策落实。各地要认真学习《退耕还林条例》和国务院批复的《新一轮退耕还林还草总体方案》，准确把握新一轮退耕还林的总体要求和政策措施，做好宣传发动、政策培训等工作，让基层干部群众熟悉政策内容、明确工作要求，确保在实施过程中不跑偏、不走样。在退耕还林任务分配和资金安排上，首先要符合退耕还林条件，严格限定在25度以上坡耕地、严重沙化耕地和重要水源地15°～25°坡耕地；其次要建立健全村级退耕还林公示制度，对退耕农户的退耕面积、退耕地点、造林树种以及质量要求、验收结果、补助资金等情况进行公示，接受社会和群众监督。尤其是退耕还林补助款必须按时足额发放到退耕农户手中，决不能克扣或挪作他用，这是任何单位和个人都不能碰触的“高压线”。凡是政策落实和资金使用中出现重大问题的，一经查实，都要依法追究相关责任人的责任。新一轮退耕还林的补助标准是每亩1500元，其中种苗造林费300元、现金补助1200元，原则上分第一、第三、第五年三次拨付。中央明确，新一轮退耕还林，省级人民政府可在不低于中央补助标准的基础上自主确定兑现给退耕农民的具体标准和分次数额。省级政府应增加退耕还林投入，适当提高补助标准，充分调动农民退耕还林的积极性。同时，要统筹安排有关支农资金，用于退耕后调整农业产业结构、发展特色产业，以及开展退耕农户生态移民等，着力解决退耕农户的长远生计问题。按照退耕还林工作经费主要由省级财政承担的要求，省级财政要将工作经费开支纳入财政预算，真正解决基层工作经费缺乏的问题。

第四，加强后期管护。退耕还林后，要由县级以上人民政府依法确权变更登记，及时颁发林权证。要通过签订合同等形式，将造林成活率、保存率等检查验收结果与政策补助直接挂钩，通过有效的激励手段落实管护主体和管护责任。加强护林员队伍建设，对退耕面积较大的村要配备专职护林员，确保各项管护措施落到实处。要将退耕还林地纳入森林抚育补贴范围，并根据退耕还林现状和森林经营目标，科学制订森林经营方案，切实加强森林抚育经营，全面提高森林质量。同时，要着力抓好上一轮退耕还林成果巩固。上一轮退耕还林从2016年起将陆续停止补助，部分退耕农民的收入将会有所下降，势必影响到退耕还林成果的巩固。对还没有发放林权证的退耕还林地，各地要尽快发证，并杜绝一地多证。对符合公益林界定标准的退耕还林地，要分别纳入中央和地方森林生态效益补偿范围。对未划入公益林的，允许农民合理经营和依法流转或采伐。采伐后的退耕还林地，要及时更新，保证林地性质不变。对急需抚育间伐的要纳入森林抚育补贴范围。要严肃查处乱征乱占退耕还林地、擅自复耕等行为，切实巩固退耕还林成果。

第五，全面落实责任。退耕还林是一项系统工程，社会性、政策性、专业性都很强，离不开各方面的积极参与、通力合作，要按照《退耕还林条例》的要求，全面落实各种责任。一要落实各级政府责任。国家对退耕还林工程实行省级政府负总责和各级政府负责制，实行“目标、任务、资金、责任”四到省。国家林业局每年将与各工程省区人民政府签订退耕还林责任书，并对责任书执行情况进行通报。各地要层层分解落实地方各级政府特别是县级人民政府的责任，确保把国家的政策措施和各项要求逐级落实到位。二要落实林业部门责任。要切实承担起作业设计、种苗生产供应、组织施工、检查验收、政策兑现、确权发证、档案管理、抚育管护等职责和任务，严把规划设计关、种苗关、质量关和验收关，确保工程建设健康顺利推进。计财、资源、造林、科技等司局要密切配合，形成工作合力。三要落实有关部门责任。退耕还林涉及发展改革、财政、国土、林业、农业等多个部门，要健全工作机制，各司其职，共同推进，而不能各自为政、孤军奋战。林业部门要多主动沟通协调，争取有关部门的大力支持。四要落实退耕农户责任。要通过检查验收、兑现政策和确权发证等工作，落实好退耕农户的责任和权益，使之成为退耕还林的直接责任主体和受益主体。各有关部门要加强监督检查和责任追究，及时发现并认真整改有关问题。对违反纪律或履职不到位的，要依法追究有关领导和当事人的责任；对弄虚作假、挤占挪用、贪污腐败等严重侵害人民群众利益的问题，要严厉查处。我还要强调一下，要坚决依法维护退耕还林成果。在近几年的林政案件中，有不少把退耕地作为土地增减挂钩、土地整理、疏林地改造而改变林地性质，不仅造成国家财政资金的浪费，而且严重违反《森林法》和《退耕还林条例》的规定。这些行为，一经发现，要严肃处理。

2014年是新一轮退耕还林的开局之年，国家已经将建设任务下达到有关省区。现在已经过了秋分节气，寒露即将到来，季节不等人。各地要认真做好农户申报、作业设计、种苗供应、技术服务等工作，尽快把任务分解落实到具体的山头地块和退耕农户，确保今冬明春全面完成任务。同时，加强对工程实施过程的监管和实施结果的验收，把好种苗质量关、栽种质量关、检查验收关、考核监测关，确保工程建设质量，为新一轮退耕还林工作开好头、起好步。

同志们，实施新一轮退耕还林工作，是党中央、国务院作出的重大决策，是林业部门肩负的重要使命。我们要深入学习贯彻习近平总书记系列重要讲话精神，按照《新一轮退耕还林还草总体方案》的要求，总结经验，开拓创新，扎实工作，努力巩固、发展、扩大退耕还林成果，把退耕还林这一德政工程、生态工程、民生工程抓实抓好，充分发挥生态林业民生林业的巨大功能，为建设生态文明和美丽中国、全面建成小康社会作出新的更大贡献！

在贯彻落实习近平总书记重要批示专题电视电话会议上的讲话

赵树丛

（2014年12月8日）

10月中旬，习近平、李克强、刘云山、张高丽等9位中央领导同志，对秦岭北麓西安段违法建筑整治问题先后作出重要批示。明确要求：务必高度重视，以坚决的态度予以整治，以实际行动遏止此类破坏生态文明的问题扩散蔓延；汪洋副总理还特别批示，林业部门要举一反三，对违反法规在林区大兴土木的，进行一次排查，会同有关部门提出处理意见。国家林业局对此高度重视，立即派出工作组对秦岭北麓西安段违法建筑占用林地整治情况进行调查督办，要求地方政府和林业主管部门全面认真整治，同时决定在全国范围内开展非法侵占林地清理排查专项行动，国家林业局于11月5日专门召开电视电话会议，由陈凤学同志和刘东生同志进行了安排部署，陈凤学同志代表党组作了讲话。

专项行动开展以来，各地迅速部署，大力推进，已经取得阶段性成果，得到中央领导同志的充分肯定。11月26日，习近平总书记对专项行动作出了重要批示。李克强总理、张高丽副总理、汪洋副总理也作出了批示。对于习近平总书记等中央领导同志的指示，国家林业局党组进行了认真的学习和领会。今天我们再次召开电视电话会议，就是要坚决贯彻落实习近平总书记的重要批示精神，对专项行动进行再动员、再部署，把专项行动全面扎实推向深入，确保取得预期成效。

刚才，东生同志通报了前一阶段专项行动开展情况，吉林和贵州省林业厅作了发言。吉林、贵州的经验很好，各地都要认真学习借鉴，再接再厉，确保专项行动取得更大的成果。下面我就贯彻落实习近平总书记重要批示精神，扎实开展专项行动，讲几点意见：

一、坚决贯彻落实习近平总书记重要批示精神，务必把清理排查专项行动全面推向深入

党的十八大以来，习近平总书记站在中国特色社会主义事业"五位一体"总体布局的战略高度，对生态文明建设和林业改革发展高度重视，相继发表了一系列重要讲话，作出了一系列重要指示和批示，为做好林业工作提供了根本遵循，对各级林业部门提出了新的更高要求。近日，习近平总书记又对林地保护和非法侵占林地清理排查专项行动作出重要批示，充分肯定了专项行动的重要性和必要性，对开展好专项行动提出了明确要求。我们一定要认真学习，深刻领会，坚决贯彻落实。

从此次全国专项行动开展情况来看，总的情况是好的，但有的地方也存在行动迟、部署慢、措施软、重视不够等问题。我们要认真学习领会习近平总书记重要批示精神，充分认识当前林地保护管理面临的严峻形势，充分认识加强林地保护和开展这次专项行动的极端重要性，切实担当起加强林地保护管理的重大责任，把开展清理排查专项行动作为当前林业工作的首要任务。进一步强化依法治林，规范林地管理，切实保护好森林资源，坚决守住林地和森林红线，保护好每一寸绿色，为建设生态文明和美丽中国创造更好的生态条件。

二、认真开展清理排查专项行动，严格依法查处违法违规突出问题

近些年，一些地方忽视了生态保护工作，破坏林地资源行为时有发生，有的地方还相当严重。这几年我们严厉查处的这类案件明显增多。如：2011 年 7 月至 2012 年 1 月，中煤陕西榆林能源化工有限公司在能源建设项目中，非法占用林地 2636 亩；2008 年至 2011 年，湖北省利川市谋道镇在房地产开发中，非法占用林地 109 亩；2009 年 7 月，云南省文山州隆鑫矿业有限公司开采金矿，非法占用林地 390 亩；2010 年 11 月以来，辽宁省北票市富贵鸟矿业有限公司开采铁矿，非法占用林地 436 亩。目前，还有一批违规占用林地的案件正在调查中，媒体还曝光了若干破坏森林资源的现象。这次专项行动中，各级林业主管部门要按照《国家林业局关于开展非法侵占林地清理排查专项行动的通知》确定的重点区域和重点对象，扎实开展清理排查工作。对在自然保护区、森林公园、湿地公园、重点国有林区、国有林场违法占用林地，尤其是对搞别墅、高尔夫球场、房地产开发和采石采矿的，要分门别类彻查清楚，并严格依法坚决打击，绝不手软，绝不姑息，绝不放过。

各地在清理排查过程中，还要特别关注以下几个问题。一是土地整理中违规破坏森林资源问题。一些地方在土地整理中违法占用林地呈蔓延之势，不仅破坏了森林资源，整理出的土地也不能耕种。媒体不断曝光，社会影响恶劣，已对林地保护管理造成严重威胁。今年全国林地检查抽查的 149 个县中，共查出 49 个土地整理项目违反国土和林业等方面的法规和政策规定，违法占用林地，涉及林地面积 1296 公顷。其中，对浙江省抽查的 5 个县均存在这方面问题，面积达 207 公顷。二是工业园区建设中违规占用林地问题。一些地方无视林业法律法规，违法圈占大量林地搞工业园区建设，而主管部门却视而不见，或查处走过场，仅仅罚款了事。我们甚至发现，个别案件经我局专员办督办后，工业园区业主因违法占用林地被判处了缓刑，但仍然在继续违法占用林地。三是随意调整林地保护利用规划问题。一些地方为规避占用林地审核审批程序，林业部门违法违规调整林地保护利用规划，有的甚至违法将大量有林地直接调整为非林地。甚至有管理森林资源的负责同志为规避检查出点子、出计策，甚至伪造文件。这个苗头是这两年刚刚出现的，危及到林业发展的根基，各地一定要高度重视，坚决予以制止。四是以发展林下经济为名毁林问题。我们发现一些地方，特别是东北、内蒙古重点国有林区停止商业性采伐后，有的借发展林下经济之名，行毁林开垦之实，问题非常突出。把一些林地非法承包转包，进行非法开垦。以上这些问题，主要是由于领导干部决策不当引起的大规模违法侵占林地行为。我们一定要引起高度重视，敢于碰硬，敢于担当，严肃依法查处，坚决遏制类似现象蔓延的势头。

三、坚决依法查处到位，务求专项行动取得实效

各省级林业主管部门，要及时向省委、省政府有关领导同志汇报习近平总书记重要批示精神和专项行动开展情况。要在前期部署开展的基础上，进一步加强领导、落实责任，各单位一把手要对专项行动负总责，切实按照习近平总书记批示精神和今天会议要求，抓紧完善专项行动方案，狠抓贯彻落实，深入开展专项行动。这次专项行动是否收到实效的衡量标准，就是要看各地对违法占地是否清查彻底，对清查出来的违法行为是否依法查处到位、整改到位。各地务必在这两个方面真抓实干，务求实效。

各地要加快排查进度，针对辖区内林地保护管理的突出问题，抓紧查办大案要案，每个省(区市)都要挂牌督办一批典型案件。对瞒案不报、压案不查的，要追究责任。要通过严厉查处一批典型案件，起到震慑和警示作用。要认真梳理，核实媒体曝光的案件和群众意见大、一些久拖不决的案件，并坚决依法查处到位。要主动协调新闻媒体，将查处情况公开，积极回应社会关切，努力营造全社会保护林地和森林资源的良好氛围。

各地林业主管部门要积极协助纪检监察和公检法等部门，确保把各类违法侵占林地行为查处到位，要把重点放在三个方面。一是对于因工业园区、土地整理等造成的违法侵占林地行为，要按有关规定积极协助各级纪检监察部门，依法依纪追究地方负责人的领导责任，对于调动或升迁的有关责任人要追踪问责。二是对于违法侵占林地行为的直接责任人，要坚决依法追究法律责任，杜绝以罚代刑、以罚代管。三是对于玩忽职守、滥用职权、徇私枉法造成林地资源破坏的政府工作人员，要积极协助纪检和公检法部门，严肃追究相关人员的失职渎职责任；构成犯罪的，要移送司法机关追究刑事责任。特别是对各级林业主管部门的工作人员要更加严格的要求。

四、加快完善林地保护管理长效机制，从源头上遏制违法侵占林地行为蔓延

习近平总书记、李克强总理等中央领导同志在批示中明确要求，理顺监管机制，加强保护责任，研究完善机制，强化对干部政绩考核中有关生态保护的权重，建立涉及生态问题的问责制度，完善法律法规，从源头上遏制此类违法违规现象。这说明，加强林地保护管理，维护森林资源安全，必须完善林业治理体系，加快生态文明制度建设，用制度保护生态环境。

各地要对清理排查发现的问题进行认真分析，找出林地保护管理中的薄弱环节和制度缺陷，并在此基础上按照十八届三中、四中全会的要求，抓紧研究制定加强林地保护管理的具体措施。一是要着力推进林地保护利用规划的实施，抓紧划定省县两级林地和森林红线，将规划落实到山头地块，切实依据规划加强林地保护管理。二是各级林业主管部门要积极参与对各级政府和领导干部的政绩考核，将林地保护管理作为政绩考核评价的重要内容。三是要积极协助组织部门和纪检监察部门，建立健全破坏林地资源责任追究制度，推动出台问责标准，建立完善问责机制。四是要切实加强林地保护管理的执法力量和投入，积极拓宽和畅通社会及群众的监督渠道，充分发挥舆论监督作用，在全社会形成打击破坏林地违法行为的高压态势。

这里我要特别强调，专项行动开展期间，国家林业局派驻各地的森林资源监督机构要充分发挥派驻的权威和优势，全力投入，认真履职，督查大案要案。在案件处理上，要做到对责任人没有依法处理到位不放过，领导责任没追究不放过，整改措施不落实到位不放过。监督机构不是摆设，更不是某一个地方的说客，要做保护森林资源的绿色卫士、钢铁长城，要主动发现问题，及时报告情况，进一步树立监督机构的权威。在监督过程中，该发现的问题没有发现就是失职，发现问题匿情不报和不处理的就是渎职。

会后，国家林业局将派出六个督查组到有关地方督促、检查专项行动开展情况。对地方上处理不到位的案件和问题，要敢于说实话，敢于向督查组反映真实情况，通过上下协力，共同把专项行动不断推向深入。对于问题突出、清理排查敷衍塞责的地方，我局将使用现代化手段，包括使用卫星遥感照片进行重点复查。对存在问题严重、清理排查走过场、查处不力的地区，国家林业局将采取约谈地方负责人和限制审核审批林地等措施，确保将习近平总书记的重要指示落到实处，坚决遏制非法侵占林地行为蔓延的势头。各地要把专项行动开展情况，及时报告国家林业局资源司。各地要将贯彻落实总书记重要批示精神，对专项行动再动员、再部署情况于12月25日前报国家林业局。

同志们，开展非法侵占林地清理专项行动，责任重大，使命光荣。各级林业主管部门要坚决贯彻落实习近平总书记重要批示精神，加大力度，再接再厉，确保非法侵占林地清理排查专项行动取得实效，全力推动生态林业民生林业、生态文明和美丽中国建设。

在全国重大林业有害生物防治现场会上的讲话

赵树丛

（2014年11月21日）

这次会议的主要任务是：深入贯彻落实中央领导同志重要批示指示精神和《国务院办公厅关于进一步加强林业有害生物防治工作的意见》，通报过去3年松材线虫病等重大林业有害生物防控目标责任书检查考核情况，研究部署下一步林业有害生物防治工作，加快推进林业治理体系和治理能力现代化，更好地推动生态林业民生林业发展。

党中央、国务院高度重视林业和林业有害生物防治工作。习近平总书记就生态文明建设和林业改革发展提出了一系列重大战略思想。其中，明确要求全面深化林业改革，创新林业治理体系，充分调动各方面造林、育林、护林的积极性，稳步扩大森林面积，提升森林质量，增强森林生态功能，为建设美丽中国创造更好的生态条件。李克强总理批示要求，要不断提升森林资源总量和质量，为建设生态文明和美丽中国作出新的贡献。汪洋副总理批示要求，要高度重视生物灾害的预防和控制工作。今年5月，国务院办公厅专门下发了《关于进一步加强林业有害生物防治工作的意见》，对林业有害生物防治工作进行了全面部署。这些重要批示指示和文件精神，为发展生态林业民生林业，尤其是加强林业有害生物防治提供了基本遵循，各地要认真学习贯彻落实。

按照习近平总书记牢固树立底线思维的要求，林业工作要重点抓好三个方面的工作，确保不出现大的问题：一是森林防火。森林火灾是显性的，容易受到各方面的重视。二林地资源保护。今年11月5号，国家林业局专门召开了电视电话会议，各地要认真贯彻落实，保护好林地资源，防止林地流失。三是林业有害生物防治。林业有害生物实际损失超过森林火灾，并具有持续性、开放性、公共性等特点。林业有害生物一旦发生，就可能造成长期的危害，这是它的持续性；当今世界全球化程度越来越深，林业有害生物跨境传播时有发生，外来有害生物入侵已对我国生态安全构成严重威胁，这是它的开放性；林业有害生物防治，既是社会管理的重要组成部分，又是公共服务的重要组成部分，关乎生态文明建设大局，关乎生态林业民生林业发展，关乎我国对外开放水平，关乎政府的基本职能和职责，这是它的公共性。因此，党中央、国务院和中央领导同志对林业有害生物防治工作高度重视，国务院办公厅多次下发文件进行安排部署，就是要在这方面更好地发挥政府的作用。

今天上午，我们参观了湖南省岳麓山松材线虫病除治现场和林科院天敌繁育中心，观看了无人机监测林业有害生物现场演示，亲身感受了湖南省在省委、省政府领导下，高举生态文明大旗，紧密结合湖南实际，扎实推进生态林业民生林业建设，各方面取得的明显成效。刚才，张硕辅副省长作了很好的讲话，5 个单位作了典型发言。大家讲得都很好，听了很受启发，很有收获，希望各地认真学习借鉴。下面，我讲几点意见：

一、认真总结防治成效和经验，进一步坚定加强林业有害生物防治的信心和决心

林业有害生物是“不冒烟的火灾”，对森林资源安全和经济社会发展构成严重威胁。为进一步落实防治责任，加强重大林业有害生物防控，2011 年，受国务院委托，我局与各省级人民政府签订了 2011 ~ 2013 年防控目标责任书。前不久，经国务院批准，我局对防治目标任务落实情况进行了检查考核，刚才王祝雄同志通报了考核结果。总的看，过去 3 年全国林业有害生物防治取得了阶段性成效。松材线虫病有 36 个县级疫区彻底根除疫情，42 个县级疫区今年未发现病死树，全国发生面积、病死树数量较 2010 年分别下降 28% 和 30%。美国白蛾成灾面积比 2010 年下降 14.3%，主要风景区、交通要道、城镇乡村周边等重点区域林木叶片保存率持续保持在 90% 以上。林业鼠兔害发生趋势总体平稳，薇甘菊传播扩散势头减缓，成灾面积下降 27%。这样的防治成效来之不易，主要得益于各地高度重视，认真履职，全面加强各项防治工作。

一是政府责任逐步落实。29 个省成立了由省政府分管领导任指挥长、有关部门参加的重大林业有害生物防治领导机构。25 个省建立了政府间和林业部门间“双线”责任制，层层签订责任书。湖南、新疆等地将防治目标管理指标纳入政府考核体系，北京、山东等地对防治工作开展专项督查。地方政府防治资金明显增加，2013 年省级投入比 2010 年增加 37%。北京、辽宁、吉林、上海、江苏、浙江、江西、山东、河南、湖南、广东、重庆、四川、陕西、新疆等 15 省(区、市)省级财政投入超过 1000 万元，其中新疆和北京近 5000 万元。

二是依法防治进程加快。各地积极修订有害生物防治检疫条例、应急预案、工作制度和技术标准。3 年来，共成功处置 22 起重大突发灾害事件，制修订各级标准 60 多项。取消下放近 2/3 的防治检疫审批事项，林业植物检疫网络审批服务平台投入使用，审批效率和透明度明显提高。“绿剑”、“绿盾”等专项检疫执法行动有力打击了检疫违法违规行为。

三是防治能力明显提升。全面落实《全国林业有害生物防治建设规划》，加强基础设施建设，拓展监测预警平台，强化预报预警和疫情源头监控，完善检疫追责制度，推广运用航空监测、无公害防治、飞机防治等新技术，监测预警和防治能力不断提升。全国年均发布生产性预报预警信息 6000 多份，每年挽回损失近 80 亿元，无公害防治率、测报准确率比 2010 年分别提高 7 个和 3 个百分点。

四是防治机制不断创新。通过推进区域联防联治，增强了防治工作协同性和有效性。发改、财政、交通、农业、质检、民航、邮政等部门积极参与省级防治领导指挥机构，部门协作更加紧密。特别是与质检总局建立的协同防范机制，有效降低了外来林业有害生物入侵风险。各地通过政府购买服务，发挥市场作用，培育了一大批社会化防治组织，防治作业市场化程度逐步提高，广东省社会化防治组织承担了 80% 以上的防治任务，新疆政府在资金、设备方面大力支持经济林有害生物社会化防治组织，较好地解决了全区经济林有害生物防治难的问题。

实践表明，只要责任落实、组织有效、措施科学，林业有害生物完全是可防可控的。各地要认真总结并不断发扬已经取得的这些宝贵经验，进一步坚定信心，切实加强林业有害生物防治工作，不断提高林业治理能力和水平，有效维护国家森林资源安全。

二、充分认识面临的严峻形势，切实增强做好林业有害生物防治工作的责任感和紧迫感

林业有害生物防治工作虽然取得了一定成效，但是面临的形势依然十分严峻，特别是松材线虫病等重大林业有害生物防治仍然任重道远。林业有害生物始终是巩固生态林业民生林业发展成果的重大制约因素，严重影响改善生态、改善民生战略目标的实现。

第一，我国林业有害生物种类繁多，极易暴发成灾。我国现有林业有害生物 8000 余种，广泛分布在森林、湿地、荒漠三大生态系统中，只要条件具备就有可能暴发成灾。许多学者认为，全球气候变暖不仅改变了有害生物发育期，也改变了有害生物分布区和暴发频率，还有可能改变有害生物与天敌的关系，有的无害生物甚至可能变为有害生物并大面积发生。据统计，近十几年来，春尺蠖、杨树舟蛾、黄脊竹蝗等 10 多种本土有害生物在我国部分地区相继暴发成灾，已经变成主要害虫。2013 年，我国本土林业有害生物发生面积较 2000 年增加了 1000 多万亩。

第二，外来有害生物传入风险加剧，传播扩散速度提升。伴随着改革开放的逐步深入，我国国际贸易不断增多，物流活动更加频繁，外来有害生物入侵也呈加剧之势。据国家质检部门统计，1985 年口岸截获的外来入侵生物 500 多批次，2000 年上升到 2000 多批次，而 2013 年就急剧上升到 61 万批次。上世纪的一百年间，入侵我国并造成严重危害的外来林业有害生物 25 种，2000 年以后入侵的达 13 种，平均一年一种。预计到 2015 年，我国将成为世界第一大旅游目的地和第四大客源地，今后 5 年我国将进口 10 万亿美元商品，外来有害生物入侵的风险进一步加大。

第三，林业有害生物危害加重，造成的损失巨大。近年来，松树蛀干害虫在西南、鼠兔害在西北、杨树食叶害虫在黄淮海、薇甘菊在华南、栗山天牛在东北局地相继暴发成灾。全国发生面积由2000年的约1.2亿亩上升到2013年的1.8亿亩，经济和生态损失由880亿元上升到1100亿元。仅松材线虫病已累计致死松树5000多万株，严重威胁三峡库区以及黄山、庐山等风景名胜区生态安全。同时，近年来林业有害生物扰民、伤人事件屡有发生，已经影响到人民群众生产生活甚至威胁到健康和生命。2013年，胡蜂在陕西导致196人受伤，44人死亡。在我国林业资源不断增加的情况下，林业有害生物危害风险也将进一步加大。

第四，我国森林健康状况欠佳，生物灾害正在高发频发。我国林业正处于快速发展的过程中。森林覆盖率已从新中国成立初期的8.6%上升到21.63%。但是，大多是中幼林、人工林，且纯林居多。目前，我国质量好的森林仅占19%，生态功能好的森林仅占13%，处于亚健康和不健康等级的乔木林面积占25%。同时，中幼林比例高达65%，纯林面积高达61%。受经济发展、森林健康状况、检疫水平等条件限制，以及防治工作滞后的影响，林业有害生物灾害极易发生。尤其是我国森林健康状况短期内难以根本扭转，抵御病虫害的能力薄弱，生物灾害容易多发高发频发，有害生物防治任务十分艰巨。

第五，防范有害生物入侵已经成为设置贸易壁垒的重要理由，事关国家对外贸易安全。近年来，一些国家为限制我国产品出口，以防范林业有害生物入侵为由，对木质包装材料和运输工具等采取十分苛刻的检疫措施，设置贸易壁垒，甚至拒绝进口我国的木质品、苗木等，以此遏制我国经济发展。北美、欧盟、韩国等针对舞毒蛾、光肩星天牛、香蕉穿孔线虫，分别制订了《来自亚洲舞毒蛾疫区的船舶及船上货物运行管理指南》等技术性贸易措施，致使我国每年数百亿美元货物出口受阻。

面对这样的严峻形势，各级林业部门和广大干部职工一定要充分认识到，发展生态林业民生林业，增加森林资源总量，改善生态改善民生，既要做"加法"，多植树造林；又要做"减法"，减少森林资源损失。据测算，我国每年林业有害生物造成死树4000万株，损失材积2551万立方米。如果有害生物防治工作做好了，这个损失就可以大大减少，对增加森林资源具有重要意义。加强林业有害生物防治，已成为完善林业治理体系的重要内容，提高林业治理能力的重要标志，维护国家外贸安全的重要举措。要把林业有害生物防治与营造林工作放在同等重要的位置，进一步增强责任感和紧迫感，采取扎实有效的防治措施，切实保护好每一棵树木、每一片绿色。

三、准确把握林业有害生物发生的客观规律，科学确定防控工作基本策略

林业有害生物发生、发展、流行、暴发有着其自然和社会的双重属性，也有其内在的规律性。从自然属性看，林业有害生物在森林生态系统中是客观存在的，是自然界长期发展进化的结果，是森林生态系统不可或缺的组成部分，具有普遍性。其成灾是生态失衡、种群非正常增殖的结果，是所处自然环境变化的结果。从社会属性看，林业有害生物灾害在我国更多是由人为因素引发的。人类掠夺式的开发与滥用森林资源，违背自然规律地干预森林生态系统，有意或无意识地将外来物种引入新生境，都会使森林生态系统失衡，导致灾害发生。从灾害发生机理看，林业有害生物灾害与人类流行病具有较强的相似性，暴发和流行都要具备传播源头、传播途径和易感群体这三个基本环节。这三者只要控制住其中任何一环，灾害都不会发生。只有准确认识和把握林业有害生物发生的这些客观规律，并有针对性地采取科学的防控策略，才能收到应有的防治成效。

第一，坚持打好基础，积极营造健康森林。要注重培育健康森林，大力营造混交林和乡土树种，增强森林生态系统稳定性和适应性。要从促进森林健康入手，科学开展森林经营工作，让不健康的森林恢复健康，全面提高森林生态系统自我修复功能和病虫害抵御能力，确保森林持续健康生长。

第二，坚持预防为主，突出抓好检疫和监测预报。减灾重在预防，这是最科学、最经济的灾害管理策略，能起到事半功倍的效果。要将防治工作重心前移，加强重点地区监测预警，做到最及时的监测、最准确的预报、最主动的预警，给社会提供最直接的服务。要强化检疫执法和疫情传播源头管理，推动由被动救灾向主动防灾转变，最终实现防早防小，防灾于未然。

第三，坚持快速响应，全面加强应急能力建设。要修订完善应急预案，建立科学高效的应急工作机制，组建专群结合的防治队伍，加强必要的应急设备和药剂储备，切实做到灾害一旦发生，能够快速响应、积极应对，及时有效加以处置，把灾害控制在最小范围。

第四，坚持绿色防治，广泛运用无公害防治技术。要始终运用尊重自然、顺应自然、保护自然的生态文明思维，牢固树立绿色防治理念，积极转变防治方式，坚持和谐包容、适度干预，注重生态调控，杜绝滥用农药，大力推广无公害防治技术，保护生物多样性，防止人为破坏生态系统平衡，维护绿色食品安全，这是今后工作的重点。

第五，坚持协同防御，全力阻止外来有害生物入侵。目前，外来有害生物入侵的造成损失已超过林业有害生物损失的2/3。防范外来林业有害生物入侵，林业责任重大，但关键在于多部门协同防御。当前要加强与农业、质检、环保和交通运输等部门的合作，建立健全多部门、多环节、多层次综合协同防御体系，并加强引种风险评估和隔离试种，广泛开展国际合作与信息共享，坚决将外来入侵生物抵御于国门之外。

第六，坚持变害为利，稳步推进昆虫资源化利用和疫木无害化处理。虽然有的昆虫危害林木，但同时又在药用、食用、饲用等方面具有较高的开发利用价值。被感染的疫木在进行无害化处理后，也可作为木材资源加以利用。要树立变害为宝、化害为利的理念，积极倡导并稳步推进有害生物资源化利用，实现防治病虫害与林农增收相互促进、互利共赢。要将有害生物特别是一些昆虫的资源化利用提到议事日程上来。

四、突出抓好当前各项重点工作，全面提升林业有害生物防治工作水平

当前和今后一个时期，全国林业有害生物防治工作要全面贯彻落实《国务院办公厅关于进一步加强林业有害生物防治工作的意见》，坚持预防为主、科学治理、依法监管、强化责任的方针，以减轻灾害损失、服务生态林业民生林业建设为目标，全面落实责任，积极创新机制，加强能力建设，突出科学防治，健全管理体系，完善政策法规，提高公众防范意识，为建设生态文明和美丽中国提供重要保障。力争到2020年，林业有害生物监测预警、检疫御灾、防治减灾体系全面建成，防治检疫队伍建设得到全面加强，生物入侵防范能力得到显著提升，林业有害生物危害得到有效控制，主要林业有害生物成灾率控制在4‰以下，无公害防治率达到85%以上，测报准确率达到90%以上，种苗产地检疫率达到100%。

一要进一步落实防治责任。林业有害生物防治属于公共服务范畴，具有普惠性，防治工作主要应由各级政府来组织。地方政府要认真落实重大林业有害生物防治行政领导负责制，对重大林业有害生物防治工作，实行统一领导、统一组织、统一指挥。要将病虫普查、监测预报、植物检疫、疫情除治等经费纳入地方财政预算，并不断加大基础设施建设投资力度。同时，要落实“谁经营、谁防治”的要求，进一步明确产权主体也是防治主体，把疫情监测和防治责任落实到产权人，确保防治任务能够全面落实。

二要进一步推进依法防治。国家层面要加快修订《森林病虫害防治条例》《植物检疫条例》，各地要推进地方防治检疫条例和相关制度规范制修订工作。要制定和完善防治作业设计、限期除治、检查考核等制度办法，以及防治检疫技术、林用农药使用、防治装备等规程标准。要加大执法力度，强化执法监管，依法打击和惩处违法违规行为。对工作不到位造成重大损失的，要依法追究相关人员责任。

三要进一步完善防治体系。积极构建地面和空中相结合的立体监测预警体系，实行全面监测、准确预报、及时预警，为科学防治提供信息服务。严把检疫关口，建立健全部门协作、区域联检、封锁有力的检疫御灾体系，严防检疫性、危险性有害生物入侵和扩散。建立健全专群结合、响应快速、处置高效的防治减灾体系，突出抓好重大林业有害生物治理。

四要进一步创新防治机制。着力推行重点区域、重大林业有害生物联防联治，引导林农建立联户防治互助联合体，实现统防统治。探索建立政府购买疫情除治、监测调查服务机制，完善社会化防治的资质认识、招投标、作业监理、成效评估和第三方核查评价等制度，逐步实行防治任务项目化管理、市场化运作。推进林业有害生物灾害损失评估，尽快把有害生物灾害纳入森林灾害综合保险范畴。

五要进一步强化科技支撑。要将重大林业有害生物防治关键技术研究纳入国家和地方科研计划，重点加强防治关键技术研究，着力解决主要技术瓶颈，并积极推广成熟实用的防治技术。支持发展林业有害生物防治科技创新组织，积极借鉴国际先进防治理念和技术。加强林业有害生物科普宣传，引导社会公众科学认识并自觉防范林业有害生物。六要进一步培养人才队伍。各地要建立健全领导有力、运转高效的防治协调指挥机构，合理配备人员力量，充分发挥防治检疫机构职能作用。要加强行业队伍业务培训和专业技能人才培养，特别是要有针对性培养森保专业人才，实行关键岗位持证上岗制度。加强队伍作风建设，强化责任意识，增强学习意识，提升服务意识，更好地服务林业大局、服务基层群众。

最后，我再强调一下办好用好《中国绿色时报》的问题。《中国绿色时报》是全国绿化委员会、国家林业局主管的唯一一份报纸，是宣传国家政策、发布重要信息、推动林业工作的重要平台和权威媒体，在宣传林业改革发展、服务基层林农群众方面发挥着重要作用，要千方百计办好用好这份报纸。一要多看多用《中国绿色时报》。广大林业工作者尤其是各级领导干部要养成看绿色时报、用绿色时报的良好习惯，善于从报纸中获取信息、掌握政策、了解大局，真正把报纸变成工作指南和参谋助手。二要着力抓好报纸发行工作。当前正值报纸发行关键时期，各级林业部门要广泛动员各种力量订阅《中国绿色时报》，努力扩大读者覆盖面。要积极为同级党委、人大、政府、政协等相关领导订阅报纸，让他们更好地了解、支持和指导林业。要送报下乡，深入推进《中国绿色时报》进农家书屋工作，主动协调地方新闻出版和文化管理部门，认真落实国家新闻出版广电总局的推荐要求，真正推动《中国绿色时报》进农家书屋、到基层一线，使其更好地服务林农群众。三要全面提高报纸质量。报社要紧紧围绕林业中心工作，继续深化改革，创新体制机制，加强人才培养，不断提高办报水平，切实增强报纸的指导性、时效性、可读性和实用性，更好地服务生态林业民生林业大局。各地区、各部门要大力支持报社工作，为其改革发展创造良好条件。

同志们，加强林业有害生物防治，事关林业治理体系和治理能力现代化，事关改善生态改善民生国家战略大局。让我们紧密团结在以习近平同志为总书记的党中央周围，高举中国特色社会主义伟大旗帜，改革创新，开拓进取，落实责任，扎实工作，全面提升林业有害生物防治水平，为发展生态林业民生林业、建设生态文明和美丽中国作出新的更大贡献！

国务院文件

国务院办公厅关于进一步加强林业有害生物防治工作的意见

国办发〔2014〕26号

各省、自治区、直辖市人民政府，国务院各部委、各直属机构：

近年来，我国林业有害生物灾害多发频发，对林业健康可持续发展和生态文明建设等构成严重威胁。为进一步加强林业有害生物防治工作，经国务院同意，现提出以下意见：

一、总体要求

（一）指导思想。以邓小平理论、“三个代表”重要思想、科学发展观为指导，认真学习领会党的十八大和十八届二中、三中全会精神，贯彻落实党中央、国务院的决策部署，以减轻林业有害生物灾害损失、促进现代林业发展为目标，政府主导，部门协作，社会参与，加强能力建设，健全管理体系，完善政策法规，突出科学防治，提高公众防范意识，为实现绿色增长和建设美丽中国提供重要保障。

（二）工作目标。到2020年，林业有害生物监测预警、检疫御灾、防治减灾体系全面建成，防治检疫队伍建设得到全面加强，生物入侵防范能力得到显著提升，林业有害生物危害得到有效控制，主要林业有害生物成灾率控制在4‰以下，无公害防治率达到85%以上，测报准确率达到90%以上，种苗产地检疫率达到100%。

二、主要任务

（三）强化灾害预防措施。林业主管部门要加强对林业有害生物防治的技术指导、生产服务和监督管理，组织编制林业有害生物防治发展规划。完善监测预警机制，科学布局监测站（点），不断拓展监测网络平台，每5年组织开展一次普查。重点加强对自然保护区、重点生态区有害生物的监测预警、灾情评估。切实提高灾害监测和预测预报准确性，及时发布预报预警信息，科学确定林业检疫性和危害性有害生物名单，实行国家和地方分级管理。强化抗性种苗培育、森林经营、生物调控等治本措施的运用，并优先安排有害生物危害林木采伐指标和更新改造任务。切实加强有害生物传播扩散源头管理，抓好产地检疫和监管，重点做好种苗产地检疫，推进应施检疫的林业植物及其产品全过程追溯监管平台建设。进一步优化检疫审批程序，强化事中和事后监管，严格风险评估、产地检疫、隔离除害、种植地监管等制度，注重发挥市场机制和行业协会的作用，促进林业经营者自律和规范经营。

（四）提高应急防治能力。各地区要结合防治工作实际，进一步完善突发林业有害生物灾害应急预案，加快建立科学高效的应急工作机制，制订严密规范的应急防治流程。充分利用物联网、卫星导航定位等信息化手段，建设应急防治指挥系统，组建专群结合的应急防治队伍，加强必要的应急防治设备、药剂储备。定期开展防治技能培训和应急演练，提高应急响应和处置能力。加大低毒低残留农药防治、生物农药防治等无公害防治技术以及航空作业防治、地面远程施药等先进技术手段的推广运用，提升有害生物灾害应急处置水平。

（五）推进社会化防治。从事森林、林木经营的单位和个人要积极开展有害生物防治。各地区、各有关部门要进一步加快职能转变，创新防治体制机制，通过政策引导、部门组织、市场拉动等途径，扶持和发展多形式、多层次、跨行业的社会化防治组织。鼓励林区农民建立防治互助联合体，支持开展专业化统防统治和区域化防治，引导实施无公害防治。开展政府向社会化防治组织购买疫情除治、监测调查等服务的试点工作。做好对社会化防治的指导，积极提供优质的技术服务和积极的政策支持。加强对社会化防治组织和从业人员的管理与培训，完善防治作业设计、防治质量与成效的评定方法与标准。支持防治行业协会、中介机构的发展，充分发挥其技术咨询、信息服务、行业自律的作用。

三、保障措施

（六）拓宽资金投入渠道。地方人民政府要将林业有害生物普查、监测预报、植物检疫、疫情除治和防治基础设施建设等资金纳入财政预算，加大资金投入。中央财政要继续加大支持力度，重点支持松材线虫病、美国白蛾等重大林业有害生物以及林业鼠（兔）害、有害植物防治。有关部门要严格防治资金管理，强化资金绩效评价，确保防治效益和资金安全。积极引导林木所有者和经营者投资投劳开展防治。进一步推进森林保险工作，提高防范、控制和分散风险的能力。风景名胜区、森林公园等的经营者要根据国家有关规定，从经营收入中提取一定比例的资金用于林业有害生物防治。

（七）落实相关扶持政策。进一步落实相关扶持政策，将林业有害生物灾害防治纳入国家防灾减灾体系，将防治需要的相关机具列入农机补贴范围。支持通用航空企业拓展航空防治作业，在全国范围内合理布局航空汽油储运供应点。按照国家有关规定落实防治作业人员接触有毒有害物质的岗位津贴和相关福利待遇。探索建立政府购买防治服务机制，支持符合条件的社会化防治组织和个人申请林业贴息贷款、小额担保贷款，落实相关税收支持政策，引导各类社会主体参与防治工作。

（八）完善防治法规制度。研究完善林业有害生物防治、植物检疫方面的法律法规，制定和完善符合国际惯例和国内实际的防治作业设计、限期除治、防治成效检查考核等管理办法。抓紧制（修）订防治检疫技术、林用农药使用、防治装备等标准。各地区要积极推动地方防治检疫条例、办法的制（修）订，研究完善具体管理办法。各地区、各有关部门要依法履行防治工作职能，加大执法力度，依法打击和惩处违法违规行为。国务院林业主管部门要制定和完善检查考核办法，对防治工作中成绩显著的单位和个人，按照国家有关规定给予表彰和奖励；对工作不到位造成重大经济和生态损失的，依法追究相关人员责任。

（九）增强科技支撑能力。国家和地方相关科技计划（基金、专项），要加大对林业有害生物防治领域科学研究的支持力度，重点支持成灾机理、抗性树种培育、营造林控制技术、生态修复技术、外来有害生物入侵防控技术、快速检验检测技术、空中和地面相结合的立体监测技术等基础性、前沿性和实用性技术研究。注重低毒低残留农药、生物农药、高效防治器械及其运用技术的开发和研究。加快以企业为主体、产学研协同开展防治技术创新和推广工作，大力开展防治减灾教育宣传和科普工作。加强与有关国家、国际组织的交流合作，密切跟踪发展趋势，学习借鉴国际先进技术和管理经验。

（十）加强人才队伍建设。各地区要根据本地林业有害生物防治工作需要，加强防治检疫组织建设，合理配备人员力量，特别是要加强防治专业技术人员的配备。加强防治队伍的业务和作风建设，强化培训教育，提高人员素质、业务水平和依法行政能力。支持高等学校、中职学校、科研院所的森林保护、植物保护等相关专业学科建设，积极引进和培养高层次、高素质的专业人才。

四、加强组织领导

（十一）全面落实防治责任。林业有害生物防治实行“谁经营、谁防治”的责任制度，林业经营主体要做好其所属或经营森林、林木的有害生物预防和治理工作。地方各级人民政府要加强组织领导，充分调动各方面积极性，将防治基础设施建设纳入林业和生态建设发展总体规划，重点加强航空和地面防治设施设备、区域性应急防控指挥系统、基层监测站（点）等建设。进一步健全重大林业有害生物防治目标责任制，将林业有害生物成灾率、重大林业有害生物防治目标完成情况列入政府考核评价指标体系。在发生暴发性或危险性林业有害生物危害时，实行地方人民政府行政领导负责制，根据实际需要建立健全临时指挥机构，制定紧急除治措施，协调解决重大问题。

（十二）加强部门协作配合。各有关部门要切实加强沟通协作，各负其责、依法履职。农业、林业、水利、住房城乡建设、环保等部门要加强所辖领域的林业有害生物防治工作。交通运输部门要加强对运输、邮寄林业植物及其产品的管理，对未依法取得植物检疫证书的，应禁止运输、邮寄。民航部门要加强对从事航空防治作业企业的资质管理，规范市场秩序、确保作业安全。工业和信息化、住房城乡建设等有关部门要把好涉木产品采购关，要求供货商依法提供植物检疫证书。出入境检验检疫部门要加强和完善外来有害生物防控体系建设，强化境外重大植物疫情风险管理，严防外来有害生物传入。农业、质检、林业、环保部门要按照职责分工和“谁审批、谁负责”的原则，严格植物检疫审批和监管工作，建立疫情信息沟通机制，协同做好《国际植物保护公约》《生物多样性公约》履约工作。

（十三）健全联防联治机制。相邻省（区、市）间要加强协作配合，建立林业有害生物联防联治机制，健全值班值守、疫情信息通报和定期会商制度，并严格按照国家统一的技术要求联合开展防治作业和检查验收工作。根据有关规定，进一步加强疫区和疫木管理，做好疫区认定、划定、发布和撤销工作，及时根除疫情。国务院林业主管部门要加强对跨省（区、市）林业有害生物联防联治的组织协调，确保工作成效。

国务院办公厅

2014 年 5 月 26 日

国务院办公厅关于加快木本油料产业发展的意见

国办发〔2014〕68 号

各省、自治区、直辖市人民政府，国务院各部委、各直属机构：

木本油料产业是我国的传统产业，也是提供健康优质食用植物油的重要来源。近年来，我国食用植物油消费量持续增长，需求缺口不断扩大，对外依存度明显上升，食用植物油安全问题日益突出。为进一步加快木本油料产业发展，大力增加健康优质食用植物油供给，切实维护国家粮油安全，经国务院同意，现提出以下意见：

一、总体要求

（一）指导思想。以邓小平理论、“三个代表”重要思想、科学发展观为指导，深入贯彻党的十八大和十八届三中、四中全会精神，认真落实党中央、国务院决策部署，充分发挥市场在资源配置中的决定性作用和更好发挥政府作用，以提高供给能力为目标，以完善政策措施为基础，以提高科技水平为支撑，建立健全木本油料种植、加工、流通、消费产业体系，努力提高木本食用油的消费比重，推动木本油料产业持续健康发展。

（二）基本原则。坚持统筹规划，科学布局，突出区域特色；坚持市场导向，政府扶持，促进适度规模发展，提高集约经营水平；坚持依靠科技，积极推广优良品种和新技术，努力实现高产、优质、高效；坚持适地适树，稳步推进，充分利用宜林地、盐碱地、沙荒地，不占耕地尤其是基本农田；坚持创新机制，发挥龙头企业带动作用，将企业和农民利益联结在一起，实现风险共担、利益共享；坚持多元发展，加强市场监管，维护经营秩序，确保产品安全。

（三）总体目标。力争到2020年，建成800个油茶、核桃、油用牡丹等木本油料重点县，建立一批标准化、集约化、规模化、产业化示范基地，木本油料种植面积从现有的1.2亿亩发展到2亿亩，年产木本食用油150万吨左右。

二、主要任务

（四）优化木本油料产业发展布局。各有关地区和部门要继续组织实施好《全国油茶产业发展规划（2009—2020年）》。各级林业部门要组织开展核桃、油用牡丹、长柄扁桃、油橄榄、光皮梾木、元宝枫、翅果油树、杜仲、盐肤木、文冠果等木本油料树种资源普查工作，查清树种分布情况和适生区域，分树种制定产业发展规划。要把发展木本油料产业与新一轮退耕还林还草、三北防护林建设、京津风沙源治理等国家重大生态修复工程以及地方林业重点工程紧密结合，因地制宜扩大木本油料种植面积。

（五）加强木本油料生产基地建设。抓好木本油料树种良种选育及品种审（认）定，建立健全种质资源收集保存和良种生产供应体系，积极推进良种基地、定点苗木生产基地建设。通过典型示范，全面推行优良品种，积极推广先进适用造林技术，努力提高单产水平，新建一批高产、稳产木本油料生产基地，对现有低产林进行抚育、更新和改造。

（六）推进木本油料产业化经营。积极培育跨地区经营、产供销一体化的木本食用油龙头企业，鼓励企业通过联合、兼并和重组等方式做大做强。支持企业在主产区建立原料林基地和建设仓储物流设施，发展“企业＋专业合作组织＋基地＋农户”等产业化经营模式，建立长期稳定的购销合作关系，引导农民开展标准化和专业化种植。鼓励木本油料林立体种植和综合开发，提高林地利用率和木本油料综合生产能力。支持专业合作组织和农户加强木本油料烘干、仓储等初加工设施设备建设。鼓励企业利用新技术、新工艺，开展精深加工和副产品开发，实现循环发展和综合利用。

（七）健全木本油料市场体系。积极培育统一开放、竞争有序的木本油料产品专业市场。加快建设市场需求信息公共服务平台，健全流通网络，引导产销衔接，降低流通成本，帮助农民规避市场风险。制定木本油料种植、仓储、加工、销售等生产标准，完善油脂产品和相关副产品质量标准及其检测方法。规范木本食用油包装标识管理，保障消费者的知情权和选择权。建立木本食用油质量认证体系，加大生态原产地产品保护认定工作力度，着力培育名牌产品。推动企业提高质量安全管控水平，确保产品绿色、健康、安全、环保。

（八）加强市场监管和消费引导。加强对木本食用油原料生产、加工、储存、流通、销售等环节的监管，严格执行国家标准，强化市场准入管理和质量监督检查，严厉打击制假、售假等违法违规行为，严禁不合格产品进入市场，建立健全产品质量送检、抽检、公示和责任追溯制度。加强木本食用油营养健康知识的宣传教育和普及，通过公益广告、科普读物等形式，倡导消费者合理用油和科学用油，促进形成科学健康的饮食习惯。

三、保障措施

（九）完善多元投入机制。逐步建立以政府投入为引导，以企业和专业合作组织、农民投入为主体的多元化投入机制。国家统筹各类造林投资，加大对木本油料基地建设和良种繁育的扶持力度，带动地方投资和各类社会投资积极参与。中央财政继续整合资金支持木本油料产业发展，支持主产区新建蓄水池、塘坝等水利设施，改善基础设施和生产条件。完善落实产油大县奖补政策。对具备条件的农村贫困地区，可统筹安排财政专项扶贫资金，支持建档立卡贫困村、贫困户发展木本油料产业。

（十）加大金融扶持力度。支持农业发展银行等政策性金融机构加大对木本油料产业扶持力度。鼓励商业性金融机构在风险可控的前提下，针对木本油料产业周期长、投入大等特点，合理确定贷款期限和利率，加大信贷投入。推动金融产品和服务模式创新，大力发展林权抵押贷款、农户小额信用贷款和农户联保贷款，探索开展农村土地承包经营权抵押贷款业务试点。中央财政对符合条件的木本油料产业贷款项目，实行据实贴息。森林保险要逐步覆盖木本油料产业发展，建立生产灾害风险防范机制。各地要积极支持保险机构开展木本油料保险业务，鼓励和引导农民投保。

（十一）支持科技研发和推广。强化科技攻关，进一步扶持木本油料良种选育、丰产栽培技术研究，支持引进优良种质资源，在木本油料产业集中的区域建立国家级试点示范基地，通过推广优良高产新品种和配套技术示范，促进规模化、良种化种植。将木本油料采集、烘干、加工及综合利用列入国家科技创新开发项目，并给予重点扶持。积极研发适宜木本油料种植、收获和加工的机械设备，提高生产加工机械化水平。鼓励企业发挥科技创新主体作用，支持企业与科研机构合作，形成科技创新、技术服务、产业开发有机联系的产学研紧密合作体系。建立分级技术培训制度，支持专业合作组织开展木本油料科技推广，提高农民经营管理水平。

（十二）加强组织领导。各地区、各有关部门要高度重视木本油料产业发展，进一步健全组织领导体系。地方人民政府要根据当地实际，把木本油料产业发展列入重要议事日程，出台有针对性的配套措施。国家林业局要会同有关部门，加强木本油料产业发展系统性研究，及时解决产业发展中的矛盾和问题，加强督促检查，确保各项政策措施落实到位。

国务院办公厅

2014年12月26日

部门规章

国家林业局 海关总署 令

第34号

《野生动植物进出口证书管理办法》已经2013年9月13日国家林业局局务会议审议通过，并经海关总署同意，现予公布，自2014年5月1日起施行。

国家林业局局长赵树丛
海关总署署长于广州
2014年2月9日

野生动植物进出口证书管理办法

第一章 总 则

第一条 为了规范野生动植物进出口证书管理，根据《中华人民共和国濒危野生动植物进出口管理条例》、《国务院对确需保留的行政审批项目设定行政许可的决定》及《濒危野生动植物种国际贸易公约》(以下简称公约)等规定，制定本办法。

第二条 通过货运、邮递、快件和旅客携带等方式进出口野生动植物及其产品的，适用本办法的规定。

第三条 依法进出口野生动植物及其产品的，实行野生动植物进出口证书管理。

野生动植物进出口证书包括允许进出口证明书和物种证明。

进出口列入《进出口野生动植物种商品目录》(以下简称商品目录)中公约限制进出口的濒危野生动植物及其产品、出口列入商品目录中国家重点保护的野生动植物及其产品的，实行允许进出口证明书管理。

进出口列入前款商品目录中的其他野生动植物及其产品的，实行物种证明管理。

商品目录由中华人民共和国濒危物种进出口管理办公室(以下简称国家濒管办)和海关总署共同制定、调整并公布。

第四条 允许进出口证明书和物种证明由国家濒管办核发；国家濒管办办事处代表国家濒管办核发允许进出口证明书和物种证明。

国家濒管办办事处核发允许进出口证明书和物种证明的管辖区域由国家濒管办确定并予以公布。

允许进出口证明书和物种证明由国家濒管办组织统一印制。

第五条 国家濒管办及其办事处依法对被许可人使用允许进出口证明书和物种证明进出口野生动植物及其产品的情况进行监督检查。

第六条 禁止进出口列入国家《禁止进出口货物目录》的野生动植物及其产品。

第二章 允许进出口证明书核发

第一节 申 请

第七条 申请核发允许进出口证明书的，申请人应当根据申请的内容和国家濒管办公布的管辖区域向国家濒管办或者其办事处提出申请。

第八条 申请核发允许进出口证明书的，申请人应当提交下列材料：

(一)允许进出口证明书申请表。申请人为单位的，应当加盖本单位印章；申请人为个人的，应当有本人签字或者印章。

(二)国务院野生动植物主管部门的进出口批准文件。

(三)进出口合同。但是以非商业贸易为目的个人所有的野生动植物及其产品进出口的除外。

(四)身份证明材料。申请人为单位的，应当提交营业执照复印件或者其他身份证明；申请人为个人的，应当提交身份证件复印件。

(五)进出口含野生动植物成分的药品、食品等产品的，应当提交物种成分含量表和产品说明书。

(六)出口野生动植物及其产品的，应当提交证明野外或者人工繁育等来源类型的材料。

(七)国家濒管办公示的其他应当提交的材料。

第九条 申请进出口公约附录所列的野生动植物及其产品的，申请人还应当提交下列材料：

(一)进口公约附录所列野生动植物及其产品的，应当提交境外公约管理机构核发的允许出口证明材料。公约规定由进口国先出具允许进口证明材料的除外。

(二)进出口活体野生动物的，应当提交证明符合公约规定的装运条件的材料。其中，进口公约附录Ⅰ所列活体野生动物的，还应当提交接受者在笼舍安置、照管等方面的文字和图片材料。

(三)出口公约附录Ⅰ所列野生动植物及其产品，或者进口后再出口公约附录Ⅰ所列活体野生动植物的，应当提交境外公约管理机构核发的允许进口证明材料。公约规定由出口国先出具允许出口证明材料的除外。

与非公约缔约国之间进行野生动植物及其产品进出口的，申请人提交的证明材料应当是在公约秘书处注册的机构核发的允许进出口证明材料。

第十条 进口后再出口野生动植物及其产品的，应当提交经海关签注的允许进出口证明书复印件和海关进口货物报关单复印件。进口野生动植物原料加工后再出口的，还应当提交相关生产加工的转换计划及说明；以加工贸易方式进口后再出口野生动植物及其产品的，提交海关核发的加工贸易手册复印件或者电子化手册、电子账册相关内容（表头及相关表体部分）打印件。

以加工贸易方式进口野生动植物及其产品的，应当提交海关核发的加工贸易手册复印件或者电子化手册、电子账册相关内容（表头及相关表体部分）打印件。

第十一条 申请人委托代理人代为申请的，应当提交代理人身份证明和委托代理合同；申请商业性进出口的，还应当提交申请人或者代理人允许从事对外贸易经营活动的资质证明。

第二节 审查与决定

第十二条 国家濒管办及其办事处在收到核发允许进出口证明书的申请后，对申请材料齐全、符合法定形式的，应当出具受理通知书；对申请材料不齐或者不符合法定形式的，应当出具补正材料通知书，并一次性告知申请人需要补正的全部内容。对依法应当不予受理的，应当告知申请人并说明理由，出具不予受理通知书。

第十三条 国家濒管办及其办事处核发允许进出口证明书，需要咨询国家濒危物种进出口科学机构意见的、需要向境外相关机构核实允许进出口证明材料的，或者需要对出口的野生动植物及其产品进行实地核查的，应当在出具受理通知书时，告知申请人。

咨询意见、核实允许进出口证明材料和实地核查所需时间不计入核发允许进出口证明书工作日之内。

第十四条 有下列情形之一的，国家濒管办及其办事处不予核发允许进出口证明书：

（一）申请内容不符合《中华人民共和国濒危野生动植物进出口管理条例》或者公约规定的。

（二）申请内容与国务院野生动植物主管部门的进出口批准文件不符的。

（三）经国家濒危物种进出口科学机构认定可能对本物种或者其他相关物种野外种群的生存造成危害的。

（四）因申请人的原因，致使核发机关无法进行实地核查的。

（五）提供虚假申请材料的。

第十五条 国家濒管办及其办事处自收到申请之日起二十个工作日内，对准予行政许可的，应当核发允许进出口证明书；对不予行政许可的，应当作出不予行政许可的书面决定，并说明理由，同时告知申请人享有的权利。

国家濒管办及其办事处作出的不予行政许可的书面决定应当抄送国务院野生动植物主管部门。

在法定期限内不能作出决定的，经国家濒管办负责人批准，可以延长十个工作日，并将延长期限的理由告知申请人。

第十六条 对准予核发允许进出口证明书的，申请人在领取允许进出口证明书时，应当按照国家规定缴纳野生动植物进出口管理费。

第十七条 允许进出口证明书的有效期不得超过180天。

第十八条 被许可人需要对允许进出口证明书上记载的进出口口岸、境外收发货人进行变更的，应当在允许进出口证明书有效期届满前向原发证机关提出书面变更申请。

被许可人需要延续允许进出口证明书有效期的，应当在允许进出口证明书有效期届满十五日前向原发证机关提出书面延期申请。

原发证机关应当根据申请，在允许进出口证明书有效期届满前作出是否准予变更或者延期的决定。

第十九条 允许进出口证明书损坏的，被许可人可以在允许进出口证明书有效期届满前向原发证机关提出补发的书面申请并说明理由，同时将已损坏的允许进出口证明书交回原发证机关。

原发证机关应当根据申请，在允许进出口证明书有效期届满前作出是否准予补发的决定。

第二十条 进出口野生动植物及其产品的，被许可人应当在自海关放行之日起三十日内，将海关验讫的允许进出口证明书副本和海关进出口货物报关单复印件交回原发证机关。进口野生动植物及其产品的，还应当同时交回境外公约管理机构核发的允许出口证明材料正本。

未实施进出口野生动植物及其产品活动的，被许可人应当在允许进出口证明书有效期届满后三十日内将允许进出口证明书退回原发证机关。

第二十一条 有下列情形之一的，国家濒管办及其办事处应当注销允许进出口证明书：

（一）允许进出口证明书依法被撤回、撤销的。

（二）允许进出口证明书有效期届满未延续的。

（三）被许可人死亡或者依法终止的。

（四）因公约或者法律法规调整致使允许进出口证明书许可事项不能实施的。

（五）因不可抗力致使允许进出口证明书许可事项无法实施的。

第二十二条 允许进出口证明书被注销的，申请人不得继续使用该允许进出口证明书从事进出口活动，并应当及时将允许进出口证明书交回原发证机关。

第三章 物种证明核发

第一节 申请

第二十三条 申请核发物种证明的，申请人应当根据申请的内容和国家濒管办公布的管辖区域向国家濒管办或者其办事处提出申请。

第二十四条 申请核发物种证明的，申请人应当提交下列材料：

（一）物种证明申请表。申请人为单位的，应当加盖本单位印章；申请人为个人的，应当有本人签字或者加盖印章。

（二）进出口合同。但是以非商业贸易为目的的个人所有的野生动植物及其产品进出口的除外。

（三）身份证明材料。申请人为单位的，应当提交营业执照复印件或者其他身份证明；申请人为个人的，应当提交身份证件复印件。

（四）进出口含野生动植物成分的药品、食品等产品的，应当提交物种成分含量表和产品说明书。

（五）出口野生动植物及其产品的，应当提交合法来源证明材料。

（六）进口野生动植物及其产品的，应当提交境外相关机构核发的原产地证明、植物检疫证明或者提货单等能够证明进口野生动植物及其产品真实性的材料。

（七）进口的活体野生动物属于外来陆生野生动物的，应当提交国务院陆生野生动物主管部门同意引进的批准文件。

（八）进口后再出口野生动植物及其产品的，应当提交加盖申请人印章并经海关签注的物种证明复印件或者海关进口货物报关单复印件。

（九）国家濒管办公示的其他应当提交的材料。

第二十五条 申请人委托代理人代为申请的，应当提交代理人身份证明和委托代理合同；申请商业性进出口的，还应当提交申请人或者代理人允许从事对外贸易经营活动的资质证明。

第二节 审查与决定

第二十六条 国家濒管办及其办事处在收到核发物种证明的申请后，对申请材料齐全、符合法定形式的，应当出具受理通知书；对申请材料不齐或者不符合法定形式的，应当出具补正材料通知书，并一次性告知申请人需要补正的全部内容。对依法应当不予受理的，应当告知申请人并说明理由，出具不予受理通知书。

第二十七条 有下列情形之一的，国家濒管办及其办事处不予核发物种证明：

（一）不能证明其来源合法的。

（二）提供虚假申请材料的。

第二十八条 国家濒管办及其办事处自收到申请之日起二十个工作日内，对准予行政许可的，应当核发物种证明；对不予行政许可的，应当作出不予行政许可的书面决定，并说明理由，同时告知申请人享有的权利。

在法定期限内不能作出决定的，经国家濒管办负责人批准，可以延长十个工作日，并将延长期限的理由告知申请人。

第二十九条 物种证明分为一次使用和多次使用两种。

第三十条 对于同一物种、同一货物类型并在同一报关口岸多次进出口野生动植物及其产品的，申请人可以向国家濒管办指定的办事处申请核发多次使用物种证明；但属于下列情形的，不得申请核发多次使用物种证明：

（一）出口国家保护的有益的或者有重要经济、科学研究价值的陆生野生动物及其产品的。

（二）进口或者进口后再出口与国家保护的有益的或者有重要经济、科学研究价值的陆生野生动物同名的陆生野生动物及其产品的。

（三）出口与国家重点保护野生植物同名的人工培植来源的野生植物及其产品的。

（四）进口或者进口后再出口与国家重点保护野生动植物同名的野生动植物及其产品的。

（五）进口或者进口后再出口非原产我国的活体陆生野生动物的。

（六）国家濒管办公示的其他情形。

第三十一条 一次使用的物种证明有效期不得超过180天。多次使用的物种证明有效期不得超过360天。

第三十二条 被许可人需要对物种证明上记载的进出口口岸、境外收发货人进行变更的，应当在物种证明有效期届满前向原发证机关提出书面变更申请。

被许可人需要延续物种证明有效期的，应当在物种证明有效期届满十五日前向原发证机关提出书面延期申请。

原发证机关应当根据申请，在物种证明有效期届满前作出是否准予变更或者延期的决定。

第三十三条 物种证明损坏的，被许可人可以在物种证明有效期届满前向原发证机构提出补发的书面申请并说明理由，同时将已损坏的物种证明交回原发证机关。

原发证机关应当根据申请，在物种证明有效期届满前作出是否准予补发的决定。

第四章 进出境监管

第三十四条 进出口商品目录中的野生动植物及其产品的，应当向海关主动申报并同时提交允许进出口证明书或者物种证明，并按照允许进出口证明书或者物种证明规定的种类、数量、口岸、期限完成进出口活动。

第三十五条 进出口商品目录中的野生动植物及其产品的，其申报内容与允许进出口证明书或者物种证明中记载的事项不符的，由海关依法予以处理。但申报进出口的数量未超过允许进出口证明书或者物种证明规定，且其他申报事项一致的除外。

第三十六条 公约附录所列野生动植物及其产品需要过境、转运、通运的，不需申请核发野生动植物进出口证书。

第三十七条 对下列事项有疑义的，货物进、出境所在地直属海关可以征求国家濒管办或者其办事处的意见：

（一）允许进出口证明书或者物种证明的真实性、有效性。

（二）境外公约管理机构核发的允许进出口证明材料的真实性、有效性。

（三）野生动植物物种的种类、数量。

（四）进出境货物或者物品是否为濒危野生动植物及其产品或者是否含有濒危野生动植物种成分。

（五）海关质疑的其他情况。

国家濒管办或者其办事处应当及时回复意见。

第三十八条 海关在允许进出口证明书和物种证明中记载进出口野生动植物及其产品的数量，并在办结海关手续后，将允许进出口证明书副本返还持证者。

第三十九条 在境外与保税区、出口加工区等海关特殊监管区域、保税监管场所之间进出野生动植物及其产品的，申请人应当向海关交验允许进出口证明书或者物种证明。

在境内与保税区、出口加工区等海关特殊监管区域、保税监管场所之间进出野生动植物及其产品的，或者在上述海关特殊监管区域、保税监管场所之间进出野生动植物及其产品的，无须办理允许进出口证明书或者物种证明。

第五章　附　则

第四十条　本办法所称允许进出口证明书包括濒危野生动植物种国际贸易公约允许进出口证明书和中华人民共和国野生动植物允许进出口证明书。

本办法所称物种证明是指非进出口野生动植物种商品目录物种证明。

第四十一条　从不属于任何国家管辖的海域获得的野生动植物及其产品，进入中国领域的，参照本办法对进口野生动植物及其产品的有关规定管理。

第四十二条　本办法关于期限没有特别规定的，适用行政许可法有关期限的规定。

第四十三条　本办法由国家林业局、海关总署共同解释。

第四十四条　本办法自2014年5月1日起实施。

规范性文件

国家林业局关于印发《松材线虫病疫区和疫木管理办法》的通知

林造发〔2014〕10号

各省、自治区、直辖市林业厅(局)，内蒙古、吉林、龙江、大兴安岭森工(林业)集团公司：

为深入贯彻落实《国务院办公厅关于进一步加强松材线虫病预防和除治工作的通知》(国办发明电〔2002〕5号)精神，加强和改进松材线虫病疫区和疫木管理，严防疫源扩大、疫情扩散，我局对《松材线虫病疫区和疫木管理办法》(林造发〔2002〕164号)进行了修订，现印发你们，请遵照执行。执行中如有问题和建议，请及时反馈我局。

国家林业局

2014年1月27日

松材线虫病疫区和疫木管理办法

第一章　总　则

第一条　为了加强松材线虫病疫区和疫木的管理，防止疫情传播扩散，根据《植物检疫条例》、《国务院办公厅关于进一步加强松材线虫病预防和除治工作的通知》(国办发明电〔2002〕5号)、《国务院对确需保留的行政审批项目设定行政许可的决定》(国务院第412号令)、《松材线虫病疫木加工板材定点加工企业审批管理办法》等有关规定，制定本办法。

第二条　松材线虫病疫区、疫木采伐、疫木安全利用等的监督管理适用于本办法。

第三条　本办法所称疫区是指依照有关法律法规划定和公布的，以县级行政区为单位的松材线虫病发生区(以乡镇级行政区为单位划定和公布的称为疫点)。疫木是指松材线虫病县级疫区内未经除害处理的或者非疫区内染疫的松科植物。疫木安全利用是指对疫木采取热处理、熏蒸处理等可达到除害处理要求的措施处理后进行利用的方式，或者通过造纸、制炭等变性方法，以及制作纤维板和刨花板等具有除害处理功能工序的方法进行利用的方式。

第四条　疫区疫情防治必须坚持政府主导、属地管理、突出重点、分类施策的原则，采取科学有效的措施，有组织、有计划地开展防治，严防疫源扩大，疫情扩散。

疫木采伐必须坚持现有监管能力和除害处理能力决定疫木采伐量的原则，采取先封后伐的策略，严格监管，严防疫木流失。

疫木安全利用必须坚持积极稳妥、彻底有效原则，就地就近、安全可靠地选择利用疫木的地点和方式，实施疫木安全利用。

第五条　鼓励和支持行业协会等社团组织、社会化防治组织等参与疫区松材线虫病防治、疫木管理等工作。鼓励在确保不会造成松材线虫病传播扩散的前提下，采取就地利用疫木培育茯苓等具有创新性的处理方式。

第二章　疫区管理

第六条　松材线虫病疫区按照《全国林业检疫性有害生物疫区管理办法》(林造发〔2013〕17号)有关规定进行划定、改变、撤销和公布。疫区所在地的地方各级政府应当加强松材线虫病疫区防治工作的组织领导，落实防治目标责任制，协调有关部门，采取有效的防治措施，限期及时拔除疫区；应当组织制定本行政区松材线虫病防治方案，协调解决防治工作中出现的重大问题。

疫区所在地的地方各级林业主管部门应当科学制定松材线虫病防治计划，及时准确地开展疫情的监测和普查，并按照有关规定及时报送疫情信息；应当强化检疫执法，建立检疫追溯体系，强化源头管理，严防疫情传出疫区。

第七条 疫区和疫点实行限期拔除制度。当年新发现的疫区，应当在一年内基本拔除；孤立疫区、危险性大和区域位置显要的疫点，应当采取综合措施，自发现起3年内力争基本拔除。疫区和疫点拔除后，应当继续实施跟踪监测，严防疫情反弹，同时还应当采取林分抚育、改造等综合措施，巩固防治成果。疫区和疫点基本拔除和拔除按照以下标准认定：

（一）基本拔除标准：经1年调查和检测，疫区和疫点内松树的病死树率在万分之三以下。

（二）拔除标准。达到下列条件之一的，可认定为拔除：

1. 经连续3年调查和检测，疫区和疫点内松树取样检测无松材线虫，并且松褐天牛虫体取样检测无松材线虫；

2. 疫区和疫点内没有松材线虫病寄主植物；

3. 当年发现的疫情发生区，经当年防治后，所有疫情发生小班没有松材线虫病寄主植物。

松材线虫病调查和检测方法按照《松材线虫病疫情普查监测技术规程》（GB/T 23478）、《松材线虫病检疫技术规程》（GB/T 23476）和《松材线虫病防治技术方案（修订版）》（林造发〔2010〕35号）有关要求执行。其中，松材线虫病调查抽样以林业小班为单位，表现有松材线虫病症状的松树在10株以下时，全部取样；10株以上时，先抽取10株，再选取其余数量的1%－5%。

第八条 疫区松材线虫病发生面积较大、灾情严重、难以在短期内拔除的疫区，应当由边缘向内开展防治工作，逐步控制和压缩发生面积，降低病死树数量；应当采取综合措施防治松褐天牛，降低虫口密度；应当实施营造林措施，由疫区边缘逐步向中心改造松林，营造阔叶混交林，阻止疫情自然扩散。

第九条 疫区内应当采取及时清理病死木、濒死木、枯死木和衰弱木的措施。林木所有者不进行清理的，按照有关规定实施代为清理。

第三章 疫木采伐管理

第十条 松材线虫病县级疫区内松木采伐应当严格管理，严禁擅自采伐和借疫木采伐进行乱砍滥伐。

疫区县的所有松木采伐应当由县级以上地方林业主管部门审批，并严格按照批复的采伐量和采伐范围采伐松木。其中，已发生松材线虫病的乡镇，只能进行松木的防治性采伐。审批的松木采伐作业设计应当报省级林业主管部门备案。

疫区内松木采伐必须建立和实施严格的采伐监管措施，确保疫木不流失和疫情不扩散。在自然保护区内进行疫木采伐，还应当符合自然保护区管理的有关规定。

第十一条 疫区县的森林采伐指标应当优先保证松材线虫病防治性采伐的需要。因疫情大面积暴发，当地防治性采伐所需指标不足的，可从省级预留采伐指标中追加；省级预留不能解决的，按照有关规定申请追加。

第十二条 疫木采伐推行专业化绩效承包、第三方全过程监理的方式。承包方、监理方应当严格按照有关合同规定的要求，各负其责地实施采伐。

林业主管部门应当组织实施采伐迹地的更新造林，制定和完善疫木采伐和迹地更新造林的监督检查办法。探索建立疫木采伐和迹地更新造林的招投标制度、监理制度，加强采伐、更新实施情况的检查指导等工作。

第十三条 疫区县内采伐松木需要实施安全利用的，应当制定严格的安全利用方案，经专家论证并按照规定通过批准后实施。疫木运出采伐山场进行安全利用的时间，原则上应当在松褐天牛非羽化期内进行，并须有专人对疫木运输进行全程监管；不能实施安全利用的，应进行就地除害或者烧毁。

第四章 疫木安全利用管理

第十四条 疫木安全利用实行定点利用制度。其中：

（一）采取加工板材进行疫木定点利用的企业，由国家林业局负责审批。疫木加工板材定点加工企业资格的有效期限为3年。

（二）采取制作胶合板、刨花板、中密度纤维板以及造纸、制炭等其他方式进行疫木定点利用的管理办法，由省级林业主管部门负责制定。

第十五条 疫木安全利用的方法和技术要求按照《松材线虫病疫木处理技术规范》（GB/T 23477）和《松材线虫病发生区松木包装材料处理和管理》（GB/T 20427）执行。

第十六条 疫木安全利用企业应当按照以下要求实施疫木安全利用：

（一）严格按照林业主管部门确定的收购区域收购疫木；

（二）指派专人对疫木安全利用场所周围的松林实施常年监测，做好监测记录，并及时向所在地的县级林业植物检疫机构报告监测情况；

（三）在规定时间内完成疫木安全利用任务，并彻底销毁加工剩余物；

（四）建立包括疫木入厂时间、数量以及疫木加工数量、除害处理情况、制品出厂情况等的台账；

（五）在疫木加工区域，应当安装可全过程监控的在线监控系统，在堆放场所，应当采取有效措施防止疫情传播扩散。

疫木安全利用企业应当在每年12月31日前，将本年度疫木安全利用情况报告给所在地的林业植物检疫机构。

第十七条 确需异地调运疫木进行安全利用的，应当由调出地和调入地的林业主管部门共同组织制定疫木异地安全利用方案（属省内调运的，由调出地和调入地的县级林业主管部门共同组织；属省际调运，由调出地和调入地的省级林业主管部门共同组织），并经专家论证通过后，由组织制订方案的调出地和调入地林业主管部门共同批准后实施（属省内调运的，还需由调入地的县级林业主管部门报省级林业主管部门备案）。

属省内调运的，在疫木调运前，调运人应当取得疫木安全利用企业所在地县级林业植物检疫机构签发的《松材线虫病疫木安全利用调运要求书》(式样见附件1)，办理疫木调出地县级林业植物检疫机构签发的《松材线虫病疫木检疫处理通知单》(式样见附件2)；属省际调运，调运人应当取得调入地省级林业植物检疫机构签发的《松材线虫病疫木安全利用调运要求书》，办理由疫木调出地省级林业植物检疫机构签发的《松材线虫病疫木检疫处理通知单》。疫木调运前，还需凭《松材线虫病疫木检疫处理通知单》办理《木材运输证》。

调运人应当严格按照《松材线虫病疫木安全利用调运要求书》的要求运输疫木。运输过程中必须实行一车(船)一证，并采取遮盖、捆绑等安全防护措施，防止途中丢失。运输途中不得装卸货物及长时间停靠。疫木到达调入地后，调运人应当及时通知调入地林业植物检疫机构进行复查。

第十八条 疫木安全利用必须实施全过程监管。县级以上地方各级林业植物检疫机构负责本辖区内疫木安全利用的监管。

各级林业主管部门应当每年定期或不定期对疫木安全利用进行检查，确保疫木在指定时间、地点内完成加工利用，严防疫木流失。

疫木加工板材安全利用的监管情况，由省级林业植物检疫机构在每年1月31日前，将本省上年度监管情况报送国家林业局。

第十九条 经除害处理的疫木制品，应当按照有关规定，经检验检疫合格，加施检疫标签，并征得调入地林业植物检疫机构同意，取得《植物检疫证书》后方可调运。

第二十条 木材检查站、林业植物检疫检查站、调入地的林业植物检疫机构应当加强松木制品的检查。对来自疫区的松木制品，应当严格查验有关运输证件及其所载明的运输品名、数量、规格等，确保货证相符。对无证调运或者带疫调运的，应当依法依规严肃查处。对未经除害处理的松木制品，必须采取隔离措施，及时就地进行除害处理。

第二十一条 林业植物检疫机构应当加强检疫执法，建立和完善检疫备案制度，定期对辖区内运输、经营、加工和使用木材的企业和个人开展检疫检查，严肃查处违法违规运输、经营、加工和使用疫木及其制品行为。

第五章 有关责任

第二十二条 松材线虫病疫区和疫木管理过程中，存在组织领导不力、落实责任不到位，造成重大损失的，追究领导责任。

第二十三条 松材线虫病疫区和疫木管理过程中，存在监测不力、检疫执法不到位、贻误防治时机的，予以通报批评，并责令限期整改；对漏报、瞒报、虚报疫情的，以及防治过程中有失职行为的，追究有关责任人责任，并视情节给予行政处分；构成犯罪的，依法追究刑事责任。

第二十四条 违反有关规定，经营、加工、利用、使用疫木及其制品的，依法追究有关责任人的责任；引起疫情的，或者有引起疫情危险的，依法追究责任人的刑事责任。

第二十五条 企业隐瞒有关情况或者提交虚假材料申请疫木安全利用资格的，其在一年内不得再次申请疫木安全利用资格。

企业以欺骗、贿赂等不正当手段取得疫木安全利用资格的，一旦发现，应当立即取消疫木安全利用资格，其在三年内不得再次申请疫木安全利用资格；构成犯罪的，依法追究刑事责任。

企业在疫木安全利用过程中出现违反本规定行为的，应当责令立即整顿，出现违反本规定第十六条第一、二、三、四、五项情况的，应当撤销疫木安全利用资格；引起疫情的，或者有引起疫情危险的，依法追究责任人的刑事责任。

第六章 附 则

第二十六条 本规定中的《松材线虫病疫木安全利用调运要求书》、《松材线虫病疫木检疫处理通知单》由省级林业主管部门按照国家林业局规定的式样自行印制。

第二十七条 本办法由国家林业局负责解释。

第二十八条 本规定自2014年4月1日起执行，有效期至2019年3月31日。《国家林业局关于印发〈全国松材线虫病预防和除治工作实施方案〉及有关规定的通知》(林造发〔2002〕164号)中的《松材线虫病疫区和疫木管理办法》、《国家林业局关于进一步加强松材线虫病发生区松木采伐运输管理工作的通知》(林资发〔2004〕30号)同时废止。

附件：1. 松材线虫病疫木安全利用调运要求书(式样)(略)

2. 松材线虫病疫木检疫处理通知单(式样)(略)

国家林业局关于印发《国家林业长期科研试验示范基地管理办法(试行)》的通知

林科发〔2014〕18号

各省、自治区、直辖市林业厅(局)，内蒙古、吉林、龙江、大兴安岭森工(林业)集团公司，新疆生产建设兵团林业局，国家林业局有关直属单位：

为促进技术深化和提升，加快推进长期、稳定、持续的林业科研试验示范平台的建设和管理，我局组织制定了《国家林业长期科研试验示范基地管理办法(试行)》，现印发给你们，请遵照执行。执行过程中有何意见和建议，请及时反馈我局。

2014 年 2 月 20 日

国家林业长期科研试验示范基地管理办法
（试　行）

第一章　总　则

第一条　为规范国家林业长期科研试验示范基地管理工作，保障林业科学研究持续开展，促进科技与生产应用的结合，服务现代林业科学发展，依据《国家中长期科学和技术发展规划纲要(2006—2020 年)》和《林业科学和技术中长期发展规划(2006—2020 年)》，特制定本办法。

第二条　国家林业长期科研试验示范基地(以下简称“国家林业科研基地”)是由国家林业局组织建设，主要开展林木种质资源收集、保存与利用，林木长期育种，生态保护与恢复，森林培育与经营，森林资源利用等林业科学研究、技术开发、成果示范以及为产业化提供服务的林业科研试验示范基地，是林业科技创新平台的重要组成。

第三条　国家林业科研基地坚持“面向需求、立足科研、开放共享、服务生产”的原则建设运行，规范管理和完善基础设施，为相关科研院所和科技工作者提供长期、稳定、持续的研究试验平台，实现林业科学研究成果的长期保存、技术的深化和提升，以更好地服务于生态林业和民生林业建设。

第二章　组织管理

第四条　国家林业局负责国家林业科研基地管理，具体工作由国家林业局科技主管部门会同有关单位共同开展。

国家林业局成立国家林业科研基地咨询专家组，负责进行业务咨询指导。

第五条　各省(自治区、直辖市)林业主管部门，新疆建设兵团，内蒙古、吉林、龙江、大兴安岭森工(林业)集团，国家林业局有关直属单位及原林业部属六所高校归口管理本区域(本单位)国家林业科研基地，负责国家林业科研基地的推荐，并给予相应的条件保障。

第六条　国家林业科研基地土地权属单位为建设单位，运行技术指导单位为技术依托单位，两者不为同一个单位的，建设单位负责基本建设并在基地运行所需的人力、物力和财力方面提供支持和日常保障，技术依托单位负责基地的规划建设、技术支持。

第七条　国家林业局统筹各类资源给予国家林业科研基地相应的支持。项目承担单位在执行国家林业局相关科技项目时，优先在国家林业科研基地实施。

第三章　建设程序

第八条　国家林业科研基地优先建设在国有林场、国有苗圃、国家级种质资源库(圃)、国家级或省级重点林木良种基地、国家级或省级自然保护区、国家级或省级森林公园、国际重要湿地和国家湿地公园、国家林下经济示范基地、国家重点生态功能区等区域范围内。使用土地权属明晰，能长期稳定使用。

第九条　国家林业科研基地需依托国家级科研项目连续开展相关领域研究工作 5 年以上，已形成相当规模，具有开展相关领域科学研究的基础设施与技术优势，具备能够长期保存相关资源、连续开展相关试验观测的能力和基础条件。

第十条　具备条件的国家林业科研基地应由建设单位为主导，与技术依托单位协商后共同提出申请，明确建设内容，经归口管理单位审核后报国家林业局。

第十一条　鼓励各省级林业主管部门建立省级长期科研试验示范基地，已列为省级长期科研试验示范基地的申报国家林业科研基地将优先支持。

第十二条　国家林业局组织专家通过现场考察和评审等程序，将符合条件的基地纳入国家林业科研基地管理。

第四章　运行管理

第十三条　国家林业科研基地日常运行工作由建设单位负责：

(一)联合技术依托单位成立管理委员会，对国家林业科研基地重大事项进行决策。

(二)制定相应的规章制度，规范实验材料和仪器设备使用、科研数据收集和资料档案管理等。

(三)国家林业科研基地实行共建共享，向相关科研院校和人员开放，提供相应科学研究条件。

(四)在国家林业科研基地开展科学研究与试验示范的基础设施、试验材料、数据资料档案等须长期、规范保存，并开展跟踪试验，保证试验数据长期、连续、有效。

第十四条　技术依托单位对国家林业科研基地建设规划、重大事项决策、科研试验调查和观测等科研活动提供技术保障。

第十五条　国家林业科研基地建设用地权属变更的，须提前报告国家林业局。

第十六条　国家林业局对国家林业科研基地开展检查评估，实行动态管理。

第五章　附　则

第十七条　本办法由国家林业局负责解释。

第十八条　本办法自 2014 年 3 月 1 日起施行，有效期至 2019 年 2 月 28 日。

国家林业局关于印发林业行政处罚文书制作填写规范的通知

林策发〔2014〕38 号

各省、自治区、直辖市林业厅（局），内蒙古、吉林、龙江、大兴安岭森工（林业）集团公司，新疆生产建设兵团林业局：

为规范林业行政处罚文书制作，正确实施林业行政处罚，我局根据2012年新修订的林业行政处罚文书格式，制定了《林业行政处罚文书制作填写规范》，现印发给你们，请遵照执行。

2014 年 3 月 21 日

林业行政处罚文书制作填写规范

第一章 总则

第一条 为了规范林业行政处罚文书制作，正确实施林业行政处罚，保障公民、法人和其他组织的合法权益，根据《中华人民共和国行政处罚法》、《中华人民共和国行政强制法》和《林业行政处罚程序规定》等有关规定，制定本规范。

第二条 制作林业行政处罚文书，适用本规范。

第三条 林业行政处罚文书格式由国家林业局统一制定。省、自治区、直辖市林业主管部门根据需要补充制定相应文书格式的，应当报国家林业局备案。法律、法规对文书格式另有规定的，从其规定。

第四条 林业行政处罚文书由省、自治区、直辖市林业主管部门统一印制、统一管理。

采用计算机印制方式制作林业行政处罚文书的，应当符合规定的格式，并经省、自治区、直辖市林业主管部门同意。

第二章 文书制作的一般要求

第五条 制作林业行政处罚文书，应当内容完整、准确，填写字迹清楚、文字规范、文面清洁。

第六条 林业行政处罚文书应当用蓝色、黑色的水笔或者签字笔填写。用计算机制作的，可以用打印方式填写。

第七条 因书写错误，需要对林业行政处罚文书进行修改的，可以用杠线划去错误内容，在其上方或者接下处写上正确内容，并在改动处加盖修正专用印章。

第八条 询问笔录、勘验、检查笔录、听证笔录以及文书中涉及的清单，在当场交由有关当事人审阅或者向当事人宣读后，由当事人逐页书写“以上记录属实”并签名或者盖章。当事人认为记录有遗漏或者有差错的，有权要求补充或者修改，并在改动处签名或者盖章。

第九条 林业行政处罚文书需要由当事人、有关人员签名或者盖章的，应当由当事人、有关人员签名或者盖章；当事人、有关人员拒绝签名或者盖章的，应当由见证人签名或者盖章，并在文书中予以注明。

第十条 对外使用的林业行政处罚文书，必须使用林业主管部门或者法律、法规授权组织的印章。

第十一条 林业行政处罚文书应当按照规定编写文号，文号编写的基本规则为：行政区划名称简称 + 文书种类名称简称 + 年份 + 序号。

第十二条 林业行政处罚文书首页不够记录的，可以附页。附页应当加盖印章或者经当事人签字确认。

第十三条 林业行政处罚文书中有关同类栏目的填写要求如下：

（一）“案由”栏目，填写对违反林业法律、法规、规章的行为进行定性确认的案件类别，如盗伐林木案件、无木材运输证运输木材案件等。

（二）“案件名称”栏目，应当由当事人姓名或名称加上案由组成。

（三）“简要案情”栏目，应当根据案件来源材料或者经过调查取证、审查认定的情况，用准确、简练的语言文字，将案件发生的时间、地点、当事人和案件事实经过、后果等情况概括清楚。

（四）“法律依据”的填写，引用的法律依据，应当使用法律、法规或者规章的全称，并写明条、款、项、目，可以不写条款的具体内容。

（五）文书中行政复议机关和管辖法院的名称应当填写全称。

（六）“时间”的填写，所有林业行政处罚文书均应署明具体时间。日期应当填写年、月、日，特定的时间点应当填写年、月、日、时、分。

（七）文书中的序号、时间、价格等应当使用阿拉伯数字。

第三章 文书制作具体规范

第十四条 林业行政当场处罚决定书，适用于案情简单、违法事实清楚、证据确凿、依法可以当场作出林业行政处罚决定的违法案件。

违法行为发生的时间和地点、违法事实以及处罚内容应当具体明确。

林业行政执法人员应当场向当事人告知违法事实、理由、依据和依法享有的权利，听取当事人陈述和申辩的或者当事人未作陈述和申辩的，在相应选项注明。

罚款履行方式，应当填写指定的收款银行名称和账号。但依法当场收缴罚款的除外。

林业行政当场处罚决定书可以事先加盖林业行政机关的印章并编有文号，由林业行政执法人员签名并署明林业行政执法证件号码。

第十五条 林业行政处罚立案登记表，是依据法律、法规、规章的规定，对涉嫌违法行为是否立案报送行政机关负责人审批的文书。

“案件来源”栏目，按照本机关发现、单位或者群众举报、受害人控告、有关单位移送、上级机关交办和违法行为人主动交代等据实填写。

“承办人意见”栏目，填写承办人根据案情提出立案或者不予立案等意见，并签名、署明提出意见的日期。

“承办部门负责人意见”栏目，由承办部门负责人根据承办人意见填写立案或者不予立案等意见，并签名、署明提出意见的日期。

“行政机关负责人意见”栏目，填写行政机关负责人对承办部门意见进行审查后，批示立案或者不予立案等内容，并签名、署明批示的日期。

第十六条 询问笔录，是为了查明案件事实，搜集证据，向案件当事人、证人或者其他有关人员调查了解有关情况时所作记录的文书。

询问内容，应当记录被询问人提供的与案件有关的全部情况，包括案件发生的时间、地点、事实经过、因果关系、后果等。记录应当准确真实，不得使用推测性词语，涉及案件主要事实和重要线索的内容应当完整记录。

第十七条 案件移送书，是林业行政机关将不属于自己管辖、或者发现违法行为已构成犯罪的案件，移送有管辖权的机关的文书。

“案件移送书”，由移送机关填写后盖章并署明日期，交被移送机关。

“案件移送书(回执)”，由被移送机关填写后盖章并署明日期，交案件移送机关。

“移送案件涉案物品清单”，逐项填写随案件移送的涉案物品的名称、单位、规格和数量，分别由移送机关和被移送机关盖章、移送人和接收人签名，并写明具体的交接时间。

第十八条 勘验、检查笔录，是对与案件有关的场所、物品等进行勘验或者检查所作文字记载的文书。

“勘验、检查地点”栏目，应当写清具体的地点和方位。

“勘验、检查事项及结果”栏目，应当按照勘验、检查的顺序，全面客观地记录；对现场位置、周围环境、现场状况以及其他与案件相关的情况作详尽的记录。

勘验、检查笔录应当由勘验检查人员、记录人员、当事人签名并署明日期。

第十九条 先行登记保存证据通知单，是在办理林业行政处罚案件过程中，认为证据可能灭失或者以后难以取得的，经行政机关负责人批准，对证据实施登记保存的文书。

“证据持有人”栏目，填写内容应当完整、详细，以便查找。

被登记保存物品的保存地点和名称、单位、规格、数量等应当具体明确。

先行登记保存证据通知单应当由林业行政执法人员和证据持有人共同签字或盖章，并加盖行政机关印章，署明日期。

第二十条 抽样取证通知书，是在办理林业行政处罚案件过程中，抽取涉嫌违法物品样品保存作为证据或送交有关部门鉴定、检测而制作的文书。

抽样取证的物品的名称、单位、规格、数量等应当具体明确，并应当在现场封样。

抽样取证通知书由林业行政执法人员和被抽样物品持有人共同签字或盖章，并加盖行政机关印章，署明日期。

第二十一条 封存/扣押决定书，是为了查清案件事实和调查取证的需要，在办理林业行政处罚案件过程中，经行政机关负责人批准，决定对涉案的物品进行封存或者扣押的文书。

封存/扣押的原因，填写因发现被封存/扣押物品持有人持有的物品与涉案的违法行为有关，有封存或者扣押的必要。

林业行政执法人员应当场向被封存/扣押物品持有人告知封存/扣押的理由、依据和依法享有的权利，听取其陈述和申辩或者被封存/扣押物品持有人未作陈述和申辩的，在相应选项注明。

封存/扣押决定书，由林业行政执法人员和当事人共同签字或盖章，并加盖行政机关印章，署明日期。

封存/扣押物品的名称、单位、规格、数量等应当具体明确，并在封存(扣押)物品清单中列明。

第二十二条 解除封存/扣押决定书是指经调查核实，依法对封存/扣押物品解除强制措施并告知当事人的法律文书。

解除封存/扣押的原因，按照《中华人民共和国行政强制法》第二十八条的规定具体填写。

解除封存/扣押的物品应当核对无误，并在解除封存/扣押物品清单中列明物品的名称、单位、规格和数量等具体情况。

解除封存/扣押物品清单由林业行政执法人员和当事人共同签字或盖章，并署明林业行政执法证件号码。

第二十三条 (鉴定/检测/评估)聘请/委托书，是在办理林业行政处罚案件过程中，对需要经过技术鉴定、检测的证据物品或者需要对违法物品进行价值评估、对违法行为侵犯对象进行损害程度评估的，聘请、委托有关单位或者个人对其进行相应鉴定、检测或者评估而制作的法律文书。

(鉴定/检测/评估)聘请/委托书应当由被聘请/委托人签名或者盖章，并署明日期。

第二十四条 责令通知书是指依据有关法律、法规的规定，责令违法行为人立即(或在一定期限内)纠正违法行为或者履行法律、法规规定义务的文书。

依法查明的事实，简要填写当事人的违法行为发生的时间、地点、经过和危害结果等。

责令通知书应当写明责令的具体要求、时限和法律依据。

责令履行法律、法规规定义务的，应当告知不予履行的法律后果。

第二十五条 暂扣木材决定书，是负责检查木材运输的木材检查站决定对无证运输的木材予以暂扣的文书。

暂扣木材的原因是无木材运输证运输木材，适用法律的依据是《中华人民共和国森林法实施条例》第三十七条。暂扣木材由木材检查站予以保管。

林业行政执法人员应当场向被暂扣木材持有人告知暂扣木材的理由、依据和依法享有的权利，听取了被暂扣木材持有人的陈述和申辩或者其未作陈述和申辩的，在相应选项注明。

暂扣木材决定书，由林业行政执法人员和被暂扣木材持有人共同签字或盖章，并加盖木材检查站印章，署明日期。

暂扣木材的名称、单位、规格、数量等应当具体明确，并在暂扣木材清单中列明。

第二十六条 解除暂扣木材决定书是木材检查站依法对暂扣木材解除暂扣措施并告知被暂扣木材持有人的文书。

解除暂扣的原因，按照《中华人民共和国行政强制法》第二十八条的规定具体填写。

解除暂扣的木材应当核对无误，并在解除暂扣木材清单中列明木材的名称、单位、规格和数量等具体情况。

解除暂扣木材决定应当加盖木材检查站印章。

解除暂扣木材清单由林业行政执法人员和被暂扣木材持有人共同签字或盖章，并署明林业行政执法证件号码。

第二十七条 林业行政处罚先行告知书是指在作出行政处罚决定前，告知当事人拟作出的行政处罚决定的事实、理由、依据以及当事人依法享有陈述和申辩权利的文书。

事实部分，简要填写当事人违法行为的时间、地点和违法事实及证据。对违法事实的描述应当完整、明确、客观，不得使用结论性语言。

理由部分，填写当事人违反的法律、法规、规章条款。

依据部分，填写拟作出行政处罚的法律依据。

第二十八条 林业行政处罚听证权利告知书，是对适用听证程序的林业行政处罚案件作出行政处罚决定前，向当事人告知有权要求举行听证的文书。

林业行政处罚听证权利告知书应当写明违法行为，违反的法律、法规、规章条款，拟作出的行政处罚决定的法律依据和拟作出行政处罚的种类和数额，听证机关等。

第二十九条 不予受理听证申请通知书，是对当事人的林业行政处罚听证申请进行审查后，认为不符合听证条件而决定不予受理的文书。

第三十条 举行听证通知书，是向当事人发出的决定举行听证的书面通知文书。

举行听证通知书应当告知当事人举行听证会的时间、地点、方式、主持人、书记员等。

举行听证通知书内容的公告地点，应当具体明确。

举行听证通知书应当写明林业行政机关的联系地址、邮编、联系人及联系电话。

第三十一条 听证笔录，是对听证过程和内容进行记录的文书。

“听证内容记录”栏目，应当写明当事人提出的主要事实和证据；第三人提出的与本案有关的观点和证据；鉴定和勘验结论；证人证言；案件承办人提出的事实、证据和行政处罚建议；质证过程等。

听证主持人、书记员和其他听证参加人均应逐页签名或盖章。

第三十二条 林业行政处罚意见书，是在案件调查结束时，对案件处理提出具体意见，报请林业行政机关负责人审核决定的文书。

“违法行为人”各栏目，按调查掌握的实际情况详细填写。

“承办机构处理意见”栏目，应当写明所依据的法律、法规、规章的条、款、项、目和拟定的处理意见，由本案承办人员、承办机构负责人签名或盖章。

“法制工作机构意见”栏目，应当写明具体的审核意见，由法制工作机构负责人签名，并加盖法制工作机构印章。

“行政机关负责人审查决定或集体讨论决定”栏目，应当写明审核决定意见；情节复杂或者重大违法行为需要给予较重行政处罚的，林业行政机关负责人应当集体讨论决定，根据集体讨论意见予以填写。

第三十三条 不予林业行政处罚决定书是对违法行为轻微，依法可以不予处罚的当事人，依法作出的不予林业行政处罚决定的文书。

依法查明的事实，简要填写当事人违法行为发生的时间、地点、经过和危害结果等。

不予处罚的理由，根据《中华人民共和国行政处罚法》第二十五条、第二十六条、第二十七条的有关规定填写。

第三十四条 林业行政处罚决定书，是对违反林业法律、法规、规章的违法行为人，依法作出行政处罚决定的文书。

依法查明的事实，简要填写当事人的违法行为发生的时间、地点、经过、情节和危害结果等。确认当事人违法的证据，填写调查获取的主要证据。

有从重、从轻或者减轻情节，依法予以从重、从轻或者减轻处罚的，应当写明理由。

决定给予的行政处罚，应当主次分明并写明处罚种类、数额。

罚款履行方式，应当填写指定的收款银行名称和账号，但依法当场收缴罚款的除外。

第三十五条 没收物品清单，是根据依法作出的林业行政处罚决定，记录当事人被没收物品具体情况的文书。

没收物品清单所依据的《林业行政处罚决定书》的文号应当准确填写。

没收物品清单应当将物品名称、单位、规格、数量等记录清楚。

没收物品清单由林业行政执法人员和被处罚人共同签字或盖章，并加盖行政机关印章，署明日期。

第三十六条 （驳回/批准　延期/分期）缴纳罚款申请决定书，是对受到罚款处罚、确有经济困难的当事人的延期或者分期缴纳罚款的申请进行审查后，决定驳回或者批准当事人延期或者分期缴纳罚款的文书。

第三十七条 林业行政处罚文书送达回证，是将林业行政处罚文书送达当事人，证明当事人已经收到的文书。

应当逐项填写送达文书的名称、文号、送达方式、送达或邮寄日期。其中，送达方式包括直接送达、留置送达、邮寄送达和公告送达等。

对于收到的送达文书，受送达人或收件人应当逐项签名或者盖章。

因受送达人拒收、拒绝签名或者盖章，或者代收人拒绝代收、拒绝签名或者盖章而留置送达的，应当在“备注”栏内注明。

第三十八条 通用呈批表，是办理林业行政处罚案件过程中，体现林业行政机关内部审核审批各种流程和情况的通用文书。

第四章 附 则

第三十九条 林业行政处罚案件办理完毕，应当及时将案件文书立卷归档。林业行政处罚文书档案的整理规则，按照国家林业局下发的《林业行政处罚案卷评查标准》执行。

第四十条 本规范由国家林业局负责解释。

第四十一条 本规范自发布之日起施行。

国家林业局办公室
关于印发《国家林业局派驻森林资源监督机构督查督办破坏森林资源案件管理规定》的通知

办资字〔2014〕32号

国家林业局各派驻森林资源监督机构：

为进一步加强森林资源监督系统案件督查督办工作，我局制定了《国家林业局派驻森林资源监督机构督查督办破坏森林资源案件管理规定》，现印发给你们，请遵照执行。

2014年4月1日

国家林业局派驻森林资源监督机构
督查督办破坏森林资源案件管理规定

第一条 为切实加强国家林业局各派驻森林资源监督机构(以下简称“专员办”)督查督办破坏森林资源案件工作的管理，加大案件督查督办力度，有效地打击各类破坏森林资源的违法犯罪行为，依据《中华人民共和国森林法》及其实施条例、《森林资源监督工作管理办法》和其他有关法律法规，制定本规定。

第二条 国家林业局森林资源监督管理办公室(以下简称“监督办”)负责专员办督查督办破坏森林资源案件的协调管理工作；负责组织对专员办案件督查督办工作和监督成效的考核。

第三条 本规定所称破坏森林资源案件，是指公民、法人和其他组织违反《森林法》和相关法律法规及有关森林资源管理的规定破坏森林资源的行为。专员办督查督办破坏森林资源案件，适用本规定。

第四条 专员办督查督办的破坏森林资源案件主要包括：

(一)上级有关部门和领导批转查办的案件；

(二)新闻媒体曝光的案件；

(三)国家林业局组织的检查(核查)中发现的案件；

(四)专员办在监督工作中发现的案件；

(五)信访部门或其他有关部门以信函形式转来需要协助督查督办的案件；

(六)群众来信来访举报的案件；

(七)其他破坏森林资源案件。

第五条 破坏森林资源案件督查督办，实行报告制度。

(一)重大案件报告。专员办应当及时掌握下列破坏森林资源案件发案情况，主动开展调查，并于了解情况之时起24小时之内将案发情况、初步调查情况和进一步办理的意见报告国家林业局。

1. 突发或新闻媒体曝光的重大破坏森林资源案件；

2. 国务院确定的重点国有林区发生的重大破坏森林资源案件；

3. 在国家级公益林区、国家级森林公园、国家级森林和野生动物类型自然保护区区域内发生的重大破坏森林资源案件；

4. 涉及地方政府、部门或县级以上领导干部参与、支持、包庇、纵容的破坏森林资源案件；

5. 可能引起社会普遍关注或者对全国林业工作可能产生重大影响的其他破坏森林资源案件；

6. 需要报请国家林业局掌握情况、组织查处或进行协调的其他案件。

(二)例行报告。专员办每年4月、7月、10月的10日前分别报送一季度、上半年、前三季度案件督查督办情况，次年1月31日前，提交上一年度案件督查督办情况总报告。

第六条 破坏森林资源案件督查督办可采取以下方式：

(一)专员办根据国家林业局要求督查督办；

(二)专员办自行组织督查督办；

(三)专员办和所在地林业主管部门联合查办；

(四)专员办批转地方各级林业主管部门或监督机

构查办。

第七条 专员办督查督办破坏森林资源案件，可采用书面督办、电话督办、会议督办、约谈督办和现地督办等方法，并形成文字材料备案。

第八条 专员办要遵循以事实为依据、以法律为准绳，公平、公正、高效的原则，对破坏森林资源案件进行督查督办。对查清的问题，应当及时向当地林业主管部门或者有关单位提出处理建议，并对处理建议的落实情况进行跟踪监督。

专员办应与地方纪检监察、检察机关和林业主管部门主动沟通协调，建立联合办案工作机制。

第九条 专员办主要领导对督查督办破坏森林资源案件负总责。

第十条 对国家林业局批转要求调查的案件，必须由专员办领导带队进行调查；对批转的督办案件，要进行全程督办，确保案件依法及时查处。

专员办要积极主动开展监督工作，有针对性地组织专项检查，及时掌握案件线索，督促有关部门依法查处。

第十一条 专员办督查督办的破坏森林资源案件，遵从如下时限规定：

专员办督查督办国家林业局要求报告的案件，要严格按照规定的时限上报结果；对没有时限要求的，一般性案件应在立案后两个月内结案并报告情况；对重大案件立案后三个月内结案并报告情况；对情况复杂或者查处难度较大的案件在立案后六个月内结案并报告情况。

专员办对前款规定的期限内未能办理结案的案件要及时向国家林业局报告原因和存在的问题。

第十二条 对有重大影响的破坏森林资源案件，专员办可商省级林业主管部门进行通报；对有特别重大影响的案件，可上报国家林业局在全国范围通报。

第十三条 专员办对辖区内发生的重大破坏森林资源案件不报告或督查督办不力，造成不利影响的，依据《国家林业局关于违反森林资源管理规定造成森林资源破坏的责任追究制度的规定》(林资发〔2001〕549 号)进行责任追究。

第十四条 专员办工作人员违反纪律、滥用职权、玩忽职守、徇私舞弊、隐瞒不报的，按照有关规定追究责任。

第十五条 各地各级林业主管部门要积极配合专员办督查督办破坏森林资源案件工作，对专员办督查督办的案件要及时组织力量，依法查处。

第十六条 专员办对督查督办的破坏森林资源案件应当按档案管理要求，建立健全档案。

第十七条 专员办可根据本办实际，制定具体实施办法。

第十八条 本规定自 2014 年 5 月 1 日起施行，有效期到 2019 年 4 月 30 日。

国家林业局 国家标准化管理委员会关于印发《国家林业标准化示范企业管理办法》的通知

林科发〔2014〕5 号

各省、自治区、直辖市林业厅(局)、质量技术监督局，内蒙古、吉林、龙江、大兴安岭森工(林业)集团公司，新疆生产建设兵团林业局、质量技术监督局：

为促进我国林业可持续发展，推进林业企业标准化生产，提高林产品质量，根据《中华人民共和国标准化法》和《国务院关于印发质量发展纲要(2011 ~ 2020 年)的通知》(国发〔2012〕9 号)的有关规定，国家林业局、国家标准化管理委员会制定了《国家林业标准化示范企业管理办法》，现印发给你们，请遵照执行。

国家林业局 国家标准化管理委员会

2014 年 1 月 15 日

国家林业标准化示范企业管理办法

第一条 根据《中华人民共和国标准化法》和《国务院关于印发质量发展纲要(2011 ~ 2020 年)的通知》(国发〔2012〕9 号)有关规定，为做好林业标准化示范工作，加强国家林业标准化示范企业(以下简称“示范企业”)建设和管理，提升林业标准化生产水平，提高林产品质量，促进林业可持续发展，制定本办法。

第二条 本办法所称示范企业是指以标准化生产为核心，建立完善标准化体系，具有一定规模、管理规范、标准化水平较高，取得良好的经济、社会和生态效益，具有示范带动作用，按本办法规定程序申报确定公布的林业企业。本办法所指林业企业主要包括林木、种苗、花卉、木竹藤及其制品、林产化工产品、林业机械等林产品生产企业。

第三条 示范企业建设工作遵循企业自愿和政府引导的原则。不向申请企业收取任何费用。

第四条 示范企业基本条件：

(一)具有独立法人资格；生产经营活动需要行政许可的，应取得相应许可。

(二)产品在国内生产并有固定生产场所，有一定生产规模，建立完善的标准化体系，具有健全的质量管理体系。主要产品生产满三年。

(三)产品按照国际标准、国家标准、行业标准、地方标准或企业标准组织生产，对生产环境、生产过程、产品质量控制和包装运输等实施全过程标准化管理。

（四）具有至少2名从事本专业领域工作三年以上的标准化专职人员。

（五）产品质量达到国家标准或行业标准要求，近三年内产品经国家监督抽查或行业监测抽查没有不合格记录，未出现重大质量安全事故。

第五条 评价指标：

（一）标准实施情况：应建立标准化生产体系、质量管理体系等并运行良好，标准实施效果良好，产品质量可靠。

（二）标准化人员情况：应有从事标准化和质量工作的人员。

（三）标准化能力情况：主要包括参与国际、国家、行业或地方标准制修订工作，以及获得各级政府标准奖励情况等。

第六条 申请单位根据自愿原则，对照示范企业基本条件，按要求向省级林业主管部门提出申请，并保证申请材料真实可靠。申请材料主要包括：

（一）《国家林业标准化示范企业申请书》（见附件）。

（二）营业执照复印件；生产经营活动需要行政许可的，应提供许可证明复印件。

（三）关于标准化生产状况和质量管理体系的有效证明文件。包括主要产品及其执行标准，企业标准化人员情况，产品质量控制体系建设等。

（四）国家监督抽查检验报告或行业监测抽查检验报告。

（五）其他有效证明材料。所获各级政府（部门）标准奖励的证明材料；参与国际、国家、行业和地方标准制修订的有效证明材料；产品质量认证证书，质量管理体系认证证书等相关材料。

第七条 各省级林业主管部门会同省级质监部门，对本地区申报材料进行审核并提出推荐意见，对符合条件的企业汇总后，以厅（局）文报国家林业局。

第八条 国家林业局会同国家标准化管理委员会组织专家进行评审。专家组对推荐上报的企业，按照申报条件和评价指标进行评审，出具评审报告提出示范企业建议名单，提交国家林业局和国家标准化管理委员会审核。必要时可进行现场核查或要求推荐申请企业进行陈述。专家组依法保守申报企业的技术秘密。

第九条 国家林业局会同国家标准化管理委员会确定示范企业，授予“国家林业标准化示范企业”称号并予以公布。

第十条 国家林业局和国家标准化管理委员会对示范企业在标准化研究、标准制修订、科技成果转化等方面给予支持。鼓励地方政府对示范企业给予资金和政策支持，引导社会资源支持示范企业。

第十一条 示范企业应当遵守相关法律法规的规定，严格按照示范企业的有关要求组织生产，并通过示范带动行业企业标准化生产。

第十二条 建立“国家林业标准化示范企业”监测制度。根据情况，对示范企业标准化生产、产品质量状况和标准实施示范等情况，开展定期或不定期的监测抽查。

第十三条 示范企业有效期三年。有效期满，被授予单位可再次申请，但应在有效期满前六个月提出。

第十四条 有下列情形之一的，国家林业局和国家标准化管理委员会可取消其“国家林业标准化示范企业”称号并向社会公布，且三年内不再授予：

（一）有违反法律法规行为的；

（二）发生产品质量安全事故的；

（三）监测抽查不合格的；

（四）存在弄虚作假行为的；

（五）转产和破产的；

（六）其他必备条件发生变化，已不符合要求的。

第十五条 本办法自2014年2月1日起施行，有效期至2018年12月31日。《国家林业标准化示范企业认定管理办法》（林科发〔2013〕85号）同时废止。

附件：国家林业标准化示范企业申请书（略）

国家林业局关于推进林业碳汇交易工作的指导意见

林造发〔2014〕55号

各省、自治区、直辖市林业厅（局），内蒙古、吉林、龙江、大兴安岭森工（林业）集团公司，新疆生产建设兵团林业局：

为深入贯彻落实党的十八届三中全会和全国林业厅局长会议精神，指导各地规范有序推进林业碳汇交易工作，根据《国务院关于印发“十二五”控制温室气体排放工作方案的通知》（国发〔2011〕41号）、《清洁发展机制项目运行管理办法》（国家发展改革委、科技部、外交部、财政部第11号令）、《国家发展改革委关于印发温室气体自愿减排交易管理暂行办法的通知》（发改气候〔2012〕1668号）、《国家发展改革委办公厅关于开展碳排放权交易试点工作的通知》（发改办气候〔2011〕2601号）等有关规定，经商国家发展改革委并结合我国林业实际，提出以下指导意见。

一、指导思想

（一）以党的十八大和十八届三中全会精神为指导，按照建设生态文明、应对气候变化的目标要求，根据国家构建碳市场的总体部署，加快生态林业和民生林业建设，努力增加林业碳汇，积极推进林业碳汇交易，为实现2020年我国控制温室气体排放行动目标作出贡献。

二、基本原则

（二）坚持清洁发展机制（以下简称CDM）林业碳汇项目交易、林业碳汇自愿交易、碳排放权交易下的林业碳汇交易统筹推进，重点探索推进碳排放权交易下的林业碳汇交易的原则。

（三）坚持统筹兼顾、分类指导、试点先行、稳步推进的原则。

（四）坚持公开、公平、公正、诚信和林业碳汇的可测量、可报告、可核查的原则。

（五）坚持有助于保护和建设森林生态系统、管理和恢复湿地生态系统、改善和治理荒漠生态系统、维护和增加生物多样性的原则。

（六）坚持有助于实现2020年国家控制温室气体排放行动目标的原则。

三、完善CDM林业碳汇项目交易

（七）CDM林业碳汇项目交易按照国家发展改革委、科技部、外交部、财政部联合制定的《清洁发展机制项目运行管理办法》执行。

（八）为确保CDM林业碳汇项目科学实施，在开展相关项目活动时，项目实施单位应就土地合格性、权属、项目组织实施等问题与林业主管部门沟通协商。项目申请按照《清洁发展机制项目运行管理办法》要求，报国家发展改革委批准。

（九）省级林业主管部门要为项目实施单位在本辖区内开展CDM林业碳汇项目相关活动提供相应业务指导，积极做好协调和服务工作。

（十）省级林业主管部门要及时掌握本辖区内所开展的CDM林业碳汇项目活动有关情况，主要包括资金来源、国内审批、国际注册、项目组织实施、碳汇计量与监测、碳汇审定与核证，以及碳汇量签发与转让等情况，及时报告国家林业局。

四、推进林业碳汇自愿交易

（十一）林业碳汇自愿交易按照国家发展改革委制定的《温室气体自愿减排交易管理暂行办法》开展。

（十二）在遵守我国相关法律法规和政策规定的前提下，国内外相关机构、企业、团体、个人均可参与林业碳汇自愿交易。

（十三）国家发展改革委依据《温室气体自愿减排交易管理暂行办法》，对林业碳汇自愿交易采取备案管理。申请备案的林业碳汇自愿交易项目应是2005年2月16日后开工建设的项目。

（十四）鼓励各地根据实际需求，积极组织开发林业碳汇项目方法学，为开展林业碳汇自愿交易提供必要的技术规范。林业碳汇项目方法学的开发主体在向国家发展改革委申请方法学备案前，应先征求国家林业局的意见。林业碳汇自愿交易项目产生的碳汇量，须采用经备案的方法学进行科学测算。

（十五）林业碳汇自愿交易项目有关审定与核证，依据国家发展改革委制定的《温室气体自愿减排项目审定与核证指南》，应由具备相应资格的单位开展。各有关单位要创造条件，组织林业系统符合条件的单位申请温室气体自愿减排项目审定与核证机构资格。

（十六）林业碳汇自愿交易项目产生的碳汇量经备案后，在国家登记簿中登记，并在经国家发展改革委备案的交易机构内交易。已用于抵消碳排放的碳汇量，应于交易完成后在国家登记簿中注销。

五、探索碳排放权交易下的林业碳汇交易

（十七）碳排放权交易下的林业碳汇交易原则上按照国家“十二五”规划纲要提出的“逐步建立碳排放交易市场”的部署、十八届三中全会明确的“推行碳排放权交易制度”的决定和《国家发展改革委办公厅关于开展碳排放权交易试点工作的通知》的要求，积极探索推进。

（十八）国家发展改革委已确定北京、天津、上海、重庆、湖北、广东、深圳（以下简称七省市）为国家碳排放权交易试点地区，要求试点地区结合本地实际情况，研究考虑通过包括林业在内的相关措施，积极探索推进碳排放权交易试点，促进国家温室气体排放控制目标实现。

（十九）七省市林业主管部门要积极协调本级发展改革部门，主动参与本地区碳排放权交易制度设计及有关法律法规、实施方案、管理办法等研究制定，体现林业碳汇的作用和内容。要抓住试点机遇，结合本地实际，用改革的精神和创新的思路，积极探索碳排放权交易下的林业碳汇交易模式，努力作出样板。

（二十）七省市林业主管部门在探索碳排放权交易下的林业碳汇交易模式的过程中，要积极研究林业碳汇交易与碳排放权交易的关系。一方面，要支持和鼓励林业碳汇自愿交易项目作为抵消项目，参与碳排放权交易；另一方面，要结合本地实际，加强森林管理，控制森林温室气体排放。针对森林温室气体排放，研究探索推进排放配额管理，参与碳排放权交易。

（二十一）七省市林业主管部门要积极参与全国林业碳汇计量监测体系建设，依托体系建设，准确掌握本地区森林碳储量与森林碳汇量的现状、变化与潜力情况，查实摸清林业碳汇资源本底，为研究制定推进本地区碳排放权交易下的林业碳汇交易相关政策提供科学依据。

（二十二）碳排放权交易下的林业碳汇交易是一项全新的工作，是利用市场机制拓展林业融资渠道的重要途径和促进实现国家控制温室气体排放目标的重要手段，是加强生态文明制度建设的内在要求。七省市之外的其他省（区、市），可结合自身实际，参照上述有关要求探索推进相关工作。

六、保障措施

（二十三）加强组织领导。省级林业主管部门要把林业碳汇交易工作列入重要议事日程，切实加强组织领导，明确目标任务，充分发挥管理、指导、协调和服务的作用。要在相关政策、资金、人员等方面统筹考虑，确保相关工作稳步推进、规范开展、取得实效。

（二十四）加强立法研究。有关单位要在加强林业应对气候变化立法研究的同时，积极参与国家应对气候变化立法进程，在有关制度设计、条款设置上，努力体现林业碳汇相关内容，积极推进确立林业碳汇交易的法律基础。

（二十五）认真研究碳价。林业碳汇交易价格对林业碳汇交易市场的健康发展影响重大。要加强林业碳汇交易的成本研究分析，为科学确定碳价提供依据。要体现市场对碳价的基础作用，同时切实注重有效发挥政府对碳价的宏观调控作用，确保碳价在合理的区间运行。

（二十六）搞好学习宣传。要认真学习领会国家建立碳市场、推进碳交易的有关政策，学以致用。要加强宣传和技术培训，正确引导舆论，引导社会公众深刻认识林业增汇减排对于建设生态文明、应对气候变化、拓展发展空间的重大意义。要严防利用林业碳汇交易炒作，确保国家和人民群众利益得到有效保护。

（二十七）开展国际合作。要适应气候变化国际谈判形势变化，积极参与相关国际交流与合作，借鉴国际碳市场做法和经验，与时俱进地完善推进林业碳汇交易工作的政策措施，逐步推动林业碳汇交易由点及面，由省域走向区域、全国乃至国际。

本意见自2014年6月1日起实施，有效期至2017年5月31日。

2014年4月29日

国家林业局关于进一步改革和完善集体林采伐管理的意见

林资发〔2014〕61号

各省、自治区、直辖市林业厅（局），内蒙古、吉林、龙江、大兴安岭森工（林业）集团公司，新疆生产建设兵团林业局：

我国集体林地面积占林地总面积的60%，是我国森林资源的重要组成部分，也是生态林业和民生林业建设的重要阵地。集体林权制度改革之后，集体林经营主体和经营模式发生了根本变化，给集体林区发展带来巨大生机和活力。林木采伐管理改革是集体林权配套改革的重要内容，对巩固集体林权制度改革成果、创新林业治理机制、切实赋予林农应有的经营自主权和财产处置权、充分调动其造林育林护林积极性，促进森林资源科学经营、合理利用，实现越采越多、越采越好，确保林业“双增”目标如期实现，具有十分重要的作用。根据林业发展的新形势、新要求，现就进一步改革和完善集体林采伐管理提出如下意见。

一、完善采伐指标的分配管理。各地对集体林不再编制和下达年度木材生产计划，实行采伐限额和木材生产计划并轨，以采伐限额作为统一控制指标。县级林业主管部门要按照公开、公正、公平的原则，科学分配采伐指标，具体可依据森林资源总量、可采资源比例和森林抚育等任务情况，将采伐指标分解到各乡镇、集体林场、相关集体林业合作组织及企事业单位等。采伐指标分配要通过网络、报刊、公告栏等方式及时公示，接受社会公众监督。严禁截留、倒卖采伐指标和将采伐指标分配给没有森林资源的单位和个人。对承包到户的商品林实行封山或禁伐时，应征求林权所有者的意见，切实维护林权所有者的经营自主权和合法收益权。

有条件的地方，提倡采伐指标“进村入户”，重点集体林区县可由所在乡镇林业站将采伐指标进一步分解到行政村、村民小组和农户，让广大林农和森林经营者心中有数。同一行政村的农户所分配的同类型采伐指标，可联户集中使用。

二、简化林木采伐的审批手续。各级林业主管部门要进一步简化林木采伐申请和审批程序，切实解决林农反映的“办证难”问题。采伐申请表格文书要简洁明了，易于被林农理解、接受。林权所有者申请采伐，可凭林木权属证明及相关材料直接向所在地的县级林业主管部门或乡镇林业站提出。

各地要进一步加强对乡镇林业站的管理和建设，充分发挥其职能作用。要将全国林木采伐管理系统的应用延伸到乡镇林业站，逐步实行网上申请、审核和发证。系统应用尚未延伸到乡镇林业站、但采伐指标已分解到乡镇并具备办证条件的，可由县级林业主管部门派出的乡镇林业站办理林农的采伐审批发证。乡镇林业站不具备办证条件的，可由乡镇林业站对林农的采伐申请集中受理后，再到县级林业主管部门统一审批。对申请材料齐全的采伐申请，发证机关或单位应当依法受理，及时审核和公示，对符合采伐发证条件的及时发证，不得推诿拖延或“搭车收费”。

三、推行简便易行的伐区设计。各地要本着切合实际、科学规范、简便易行的原则，对集体林采伐设计实行差别化管理。企事业单位和集体经济组织（包括行政村、村民小组、集体林场、相关林业合作组织等）申请采伐，应依据相关技术标准进行伐区调查设计。林农个人申请采伐，可由林农自行或委托他人根据申办林木采伐许可证的基本要求进行简易伐区调查设计，一次采伐蓄积5立方米以下的可免于设计。采伐经济林、薪炭林、竹林以及非林地上的林木，可由经营者自行设计，自主决定采伐年龄和方式。各地要积极探索皆伐作业按设计面积、择伐作业按设计蓄积进行控制的伐区管理办法。

四、改进采伐作业的监管方式。各地要切实转变采伐作业的监管方式，减少监管成本，提高监管效率。林木采伐作业要以经营者自主管理、自我约束为主，不再实行伐前拨交、伐中检查和伐后验收等现场监管方式。对已经明确所有权和经营权的森林、林木，林权所有者和经营者是伐区采伐作业和迹地更新的责任主体。采伐作业要注意保护林地、防止水土流失和周边植被破坏，并及时更新造林、恢复植被。林业主管部门要把工作重点转移到为森林经营者提供优质服务和技术指导，积极引导林农依法依规采伐利用森林资源，督促其按规定及时更新，严肃查处违法采伐和运输案件，依法保护森林资源持续发展等方面。

五、推进采伐管理与科学经营的紧密结合。采伐管理是控制森林过量消耗的重要手段，也是促进森林科学经营的关键措施。各地要把采伐管理与森林科学经营紧密结合起来，按照严格保护、积极发展、科学经营、持续利用的方针，不断完善采伐限额管理办法和机制，推动集体林场、乡镇或行政村、林业合作组织、相关企事业单位等不同经营主体编制科学可行的森林经营方案，并督促其严格实施，构建以森林经营方案为基础确定森林采伐限额的林木采伐管理体系和森林经营体系。通过合理采伐，调整优化森林结构，提高森林质量，促进森林可持续经营。抚育限额不足的，可以占用主伐或更新采伐限额，或者按规定申请追加。编限单位发生森林火灾、林业有害生物灾害等重大自然灾害确需对受害林木进行清理的，其采伐限额可不分类型集中用于受害木清理。商品林采伐限额可以申请结转使用。

六、进一步放宽竹林经营利用的监督管理。竹林的经营利用有别于其他森林和林木。自“十一五”以来，国家对竹林采伐管理进行了多次改革，各地反映实际效果很好，经营者普遍赞同，竹林资源快速发展。各地要根据竹林资源的特点和限额已放开的实际，从赋予林农最大经营自主权出发，进一步放宽竹林采伐和竹材运输管理，实行竹林经营利用由经营者自主决策。对竹子采伐可暂不实行林木采伐许可发证；对竹材及其制品的运输，暂停纳入凭证运输管理范围。

七、进一步规范木材运输检查监管行为。各地要切实加强重点木材检查站建设管理，整合现有木材检查站的数量，进一步优化布局，规范执法检查行为，为落实集体林采伐管理改革有关政策创造良好环境和氛围。重点木材检查站要加强基础装备、人员素质和执法水平建设，肩负起木材流通环节的监督管理责任。对既无编制、又无经费的检查站，应予以整合或者撤销。要进一步创新木材运输监督检查方式，探索木材流通执法与林政综合执法相结合的管理机制。严禁擅自扩大凭证运输范围，严禁超范围实施木材运输检查，严禁乱罚款、乱收费。

本意见所称集体林指产权明晰的集体和个人所有的森林、林木，以及其他非国有森林、林木。本意见中涉及国家级公益林、自然保护区和国家级森林公园范围内的森林、林木，其采伐管理执行相关法律、法规和政策的规定。

省级林业主管部门可根据本意见，结合当地实际制定具体实施意见。

2014 年 5 月 4 日

国家林业局关于印发《国家林业局公开制售假冒伪劣商品和侵犯知识产权行政处罚案件信息工作实施细则》的通知

林场发〔2014〕76 号

各省、自治区、直辖市林业厅(局)，内蒙古、吉林、龙江、大兴安岭森工(林业)集团公司，新疆生产建设兵团林业局，各计划单列市林业局：

根据《国务院批转全国打击侵犯知识产权和制售假冒伪劣商品工作领导小组关于依法公开制售假冒伪劣商品和侵犯知识产权行政处罚案件信息实施意见(试行)的通知》(国发〔2014〕6 号)有关要求，为切实做好制售假冒伪劣林木种苗和侵犯植物新品种权行政处罚案件信息公开工作，我局制定了《国家林业局公开制售假冒伪劣商品和侵犯知识产权行政处罚案件信息工作实施细则》。现印发给你们，请认真贯彻执行，并就有关事宜通知如下：

一、各地林业主管部门要高度重视，根据《国务院批转全国打击侵犯知识产权和制售假冒伪劣商品工作领导小组关于依法公开制售假冒伪劣商品和侵犯知识产权行政处罚案件信息实施意见(试行)的通知》(国发〔2014〕6 号)制定本地区实施办法，明确职责分工，加强配合，规范管理。

二、为方便公众查询和有关部门对国家林业局公开案件信息工作的监督，我局将在政府门户网站公布案件信息，各地也要通过门户网站、公告、新闻发布以及媒体报道等形式加强对外宣传。

三、本细则自 2014 年 7 月 1 日起实施，有效期至 2018 年 6 月 30 日。本细则实施后，适用一般程序查办的侵权假冒行政处罚案件信息都要公开，并从 2014 年 8 月开始，各省级林业主管部门要按月向国家林业局打击侵犯知识产权和制售假冒伪劣商品工作领导小组办公室报送行政处罚案件信息公开情况。

2014 年 5 月 27 日

国家林业局公开制售假冒伪劣商品和侵犯知识产权行政处罚案件信息工作实施细则

为贯彻落实《国务院批转全国打击侵犯知识产权和制售假冒伪劣商品工作领导小组关于依法公开制售假冒伪劣商品和侵犯知识产权行政处罚案件信息实施意见(试行)的通知》(国发〔2014〕6 号)精神，切实做好国家林业局公开制售假冒伪劣林木种苗和侵犯植物新品种权行政处罚案件(以下简称侵权假冒行政处罚案件)信息工作，制定本细则。

一、组织领导

(一)国家林业局打击侵犯知识产权和制售假冒伪劣商品工作领导小组负责本局查处的侵权假冒行政处罚案件信息公开工作。

(二)国家林业局打击侵犯知识产权和制售假冒伪劣商品工作领导小组办公室(以下简称局打假办)具体负责公开侵权假冒行政处罚案件信息工作，国家林业局政务公开办公室协同配合。

二、总体要求

（三）国家林业局应主动、及时公开适用一般程序查办的侵权假冒行政处罚案件相关信息，公开的案件信息应当准确、真实，接受社会监督。

（四）行政处罚案件信息公开应当遵守《中华人民共和国行政处罚法》、《中华人民共和国政府信息公开条例》、《林业行政处罚程序规定》等法律法规规定。

三、公开的内容

（五）国家林业局负责公开的案件类型包括国家林业局查处的生产、销售假冒伪劣林木种苗案件和侵犯林业植物新品种权案件，通过国家林业局政府网站予以公开。

（六）公开的案件信息内容一般应当包括：行政处罚决定书文号、案件名称、违法企业名称或违法自然人姓名、违法企业组织机构代码证、法定代表人姓名、主要违法事实、行政处罚的种类和依据、行政处罚的履行方式和期限、作出处罚的机关和日期。

（七）对于涉及植物新品种权权利人商业秘密的案件信息，国家林业局应当事先征求有关植物新品种权权利人的意见。对植物新品种权权利人不同意公开的，国家林业局不得对外公开。

案件信息涉及植物新品种权权利人商业秘密的，植物新品种权权利人应事先告知国家林业局。

（八）国家林业局公开侵权假冒行政处罚案件信息，不得泄露国家秘密，损害国家政治、经济安全，影响社会稳定。

（九）行政处罚决定因行政复议或行政诉讼发生变更或撤销的，应当及时公开相关信息。

（十）对公民、法人或其他组织申请公开的假冒伪劣和侵权行政处罚案件相关信息，按照《中华人民共和国政府信息公开条例》、《国家林业局〈政府信息公开条例〉实施办法》和相关法律法规的规定办理。

四、公开的程序和管理

（十一）案件信息应当在做出行政处罚决定后20个工作日内予以公开；行政处罚案件因行政复议或行政诉讼发生变更的，国家林业局应当在变更后20个工作日内公开变更后的信息；行政处罚因行政复议或行政诉讼被撤销的，国家林业局应当在撤销后20个工作日内予以公开相关信息。

（十二）国家林业局建立侵权假冒行政处罚案件信息公开的内部审核机制。作出行政处罚的单位应主动将案件信息报送局打假办，局打假办设专人负责收集整理。收集整理人员在行政处罚决定书作出或者变更之日起5个工作日内，对案件信息进行处理，提交局打假办负责人审核；局打假办负责人在6个工作日内对信息进行审核后，报主管局领导审定，经主管局领导同意后由局打假办在规定时限内公开。

（十三）国家林业局建立侵权假冒行政处罚案件信息公开协调机制。国家林业局公开的案件信息涉及其他行政机关的，应在公开前沟通、确认，保证所公开的信息准确一致。

（十四）国家林业局建立侵权假冒行政处罚案件信息公开的档案管理制度。局打假办设专人负责保管案件信息档案，人员发生变动时，应当及时办理交接手续。档案的内容包括：案件公开的有关规定、行政处罚案件文书、案件公开内部审核文书、案件公开信息协调文书、案件公开结果记录等。

国家林业局关于印发《国家陆地生态系统定位观测研究站网管理办法》的通知

林科发〔2014〕98号

各省、自治区、直辖市林业厅（局），内蒙古、吉林、龙江、大兴安岭森工（林业）集团公司，新疆生产建设兵团林业局，国家林业局有关直属单位：

为加强国家陆地生态系统定位观测研究站网（以下简称“生态站网”）及其所属生态系统国家定位观测研究站（以下简称“生态站”）的建设和管理，保障生态站网高效规范运行，我局组织编制了《国家陆地生态系统定位观测研究站网管理办法》，现印发给你们，请遵照执行。我局已建立的140个生态站作为生态站网成员（详见附件）一并纳入管理，后续新入网的生态站将依本办法定期予以公布。

附件：国家陆地生态系统定位观测研究站网成员名单

国家林业局

2014年7月9日

附件　国家陆地生态系统定位观测研究站网管理办法

第一章　总　则

第一条　为加强国家陆地生态系统定位观测研究站网（以下简称生态站网）的建设与管理，保障科学持续发展和规范高效运行，结合相关发展规划，特制定本办法。

第二条　本办法所称生态站网是以森林、湿地、荒漠三类陆地生态系统为主要观测研究对象，由分布在全国典型生态区的若干陆地生态系统国家定位观测研究站（以下简称生态站）构成的生态观测网络体系。

生态站是指按照国家林业局规划布局，符合建站要求，按照相关程序加入生态站网的站点。

第三条 生态站网是准确掌握国家生态状况、开展生态效益评价和支撑生态文明建设等国家战略需求的重要科学与数据平台，主要承担数据积累、监测评估、科学研究等任务。

（一）数据积累。对生态系统的基本生态要素进行长期连续观测，收集、保存并定期提供数据信息。同时，根据业务需求，开展专项数据观测。

（二）监测评估。基于生态站观测数据，依据相关技术标准，开展生态效益评价和生态服务功能量化评估；根据业务需要，监测、评价国家林业重点工程生态效益，科学反映林业生态建设成效。

（三）科学研究。开展生态基础理论和应用技术研究，支撑生态工程建设；分析研究观测数据，形成专项研究报告，为国家在生态文明建设等方面的决策及参与国际谈判与履约提供科学依据。

第二章 管理体系

第四条 国家林业局负责生态站网的建设管理。具体工作由国家林业局科技主管部门会同有关单位共同开展。

第五条 国家林业局生态定位观测网络中心（以下简称网络中心）具体负责组织开展生态站网规划建设、运行管理、观测研究、培训交流、标准制定等工作。

第六条 根据所在区域、隶属关系及建设运行实际，生态站业务管理由相关单位的科技主管部门负责。有关单位应加强监督管理，在生态站基本建设、经费保障、组织机构等方面予以支持。

第七条 生态站依托相关法人单位开展建设运行和观测研究。依托单位根据职责不同，分为技术依托单位和建设依托单位。技术依托单位负责生态站的规划布局、观测研究和管理运行；建设依托单位负责具体基本建设和观测研究场所的保障。

第三章 站网建设

第八条 生态站网建设遵循“统筹规划，科学布局；突出重点，分步实施；统一标准，规范运行；整合资源，开放共享”的原则。

第九条 申请加入生态站网的站点应具备以下条件：

（一）符合《国家林业局陆地生态系统定位研究网络中长期发展规划（2008～2020年）》的重点和方向，在规划布局范围内。

（二）具备基本运行条件和观测研究能力。

（三）相关单位的科技主管部门同意并支持建站。

（四）具有固定的依托单位。技术依托单位须为省级以上或具有相应水平的科研或教学单位。生态站技术依托、建设、土地使用等涉及多个单位的，须有共建或合作协议。

（五）具有相对稳定的观测研究团队和专职管理人员，生态站固定工作人员一般不少于10人。

（六）建设用地应为国有土地，可供生态站长期使用。

第十条 拟加入生态站网的站点，由依托单位提出申请并编制建站申请书，经相关单位的科技主管部门审核后报送网络中心。网络中心汇总并初步审核后报国家林业局。

第十一条 国家林业局指导网络中心组织开展初审、现场考察、论证咨询等工作，论证通过后，由国家林业局公布加入生态站网的成员名录。

第十二条 生态站由国家林业局统一命名和标识。生态站名称由省级行政区、生态区域、生态类型等要素构成。

第十三条 加入生态站网的生态站，可申请国家林业局基本建设投资，其立项、投资计划安排及项目验收等按基本建设管理程序管理，项目可行性研究报告须依据建站申请书编制。地方单位申请国家建设资金时应提供配套资金支持。

第十四条 国家林业局对生态站网在条件建设、日常运行等方面给予长期稳定支持。生态站建设相关单位的科技主管部门及依托单位应多渠道争取建设和运行经费，并在人才队伍的职级、职称评定以及工作条件等方面予以重点支持。

第十五条 国家林业局根据区位重要性、能力水平等条件，在典型生态区依托现有站筛选建设若干重点站，发挥辐射带动和标准示范作用。

第十六条 自筹资金建设或通过其他方式已建成的生态站，可申请加入生态站网，网络中心根据规划布局和相关标准组织评估，符合条件的，由国家林业局纳入生态站网统一管理。

第十七条 网络中心根据区域布局和需要，逐步建立专业分网；鼓励地方参照规划布局和相关标准，建立省级生态站及其网络，条件具备的可申请作为分网加入生态站网体系。

第四章 站网运行

第十八条 生态站网依据相关技术标准，规范开展联网观测研究工作，推进信息化建设，提升生态站网数字化、自动化、网络化水平。

第十九条 生态站应保证观测场所长期稳定，制定仪器设备管理、观测研究、档案管理等管理制度，加强人员技术培训，不断提高观测水平，保证生态站科学规范运行。

第二十条 生态站应按照相关标准要求，完成观测任务，对观测数据进行规范化整理、保存和上报。各站须于每年1月底向网络中心及时报送上年度观测数据，必要时上报阶段观测数据。网络中心应完善数据共享体系，推进数据共享规范、有序进行。生态站网观测数据归国家所有，各站不得擅自发布数据成果或相关报告，确需发布的，须报网络中心按有关规定批准。数据使用管理办法另行制定。

第二十一条 生态站应积极开展和参与科学研究、示范推广及科普工作，加强对外科技合作与交流。

第二十二条 加强知识产权保护。依托生态站完成的研究成果均应明确标注，专利申请、技术成果转让、申报奖励等按国家有关规定办理。

第五章 考 核

第二十三条 网络中心采取定量与定性相结合、现场检查与集中评议相结合的方式，定期对生态站进行考核。考核结果优秀的，国家林业局在基建及科技项目、运行经费等方面给予重点支持。

第二十四条 对于考核不合格或长期管理混乱、未按要求报送观测数据、不能保证数据质量且整改不力，或有重大弄虚作假、伪造或瞒报行为的，取消其生态站网成员资格，并视情按照国家有关规定追究依托单位及站长本人责任。

第六章 附 则

第二十五条 本办法由国家林业局负责解释。

第二十六条 本办法自 2014 年 7 月 1 日起施行，有效期至 2019 年 6 月 30 日。

附件

国家陆地生态系统定位观测研究站网成员名单

序号	名 称	业务管理单位
1	北京燕山森林生态系统国家定位观测研究站	北京市园林绿化局
2	河北丰宁沙地生态系统国家定位观测研究站	河北省林业厅
3	河北太行山东坡森林生态系统国家定位观测研究站	
4	河北小五台山森林生态系统国家定位观测研究站	
5	河北塞罕坝森林生态系统国家定位观测研究站	
6	山西太行山森林生态系统国家定位观测研究站	山西省林业厅
7	内蒙古包头黄河湿地生态系统国家定位观测研究站	内蒙古自治区林业厅
8	内蒙古达拉特荒漠生态系统国家定位观测研究站	
9	内蒙古大青山森林生态系统国家定位观测研究站	
10	内蒙古大兴安岭森林生态系统国家定位观测研究站	
11	内蒙古多伦浑善达克沙地生态系统国家定位观测研究站	
12	内蒙古鄂尔多斯森林生态系统国家定位观测研究站	
13	内蒙古呼伦贝尔沙地生态系统国家定位观测研究站	
14	内蒙古吉兰泰荒漠生态系统国家定位观测研究站	

（续）

序号	名 称	业务管理单位
15	内蒙古赛罕乌拉森林生态系统国家定位观测研究站	内蒙古自治区林业厅
16	内蒙古特金罕山森林生态系统国家定位观测研究站	
17	内蒙古乌梁素海湿地生态系统国家定位观测研究站	
18	辽宁白石砬子森林生态系统国家定位观测研究站	辽宁省林业厅
19	辽宁冰砬山森林生态系统国家定位观测研究站	
20	辽宁辽东半岛森林生态系统国家定位观测研究站	
21	辽宁辽河平原森林生态系统国家定位观测研究站	
22	辽宁双台河口湿地生态系统国家定位观测研究站	
23	辽宁章古台科尔沁沙地生态系统国家定位观测研究站	
24	吉林查干湖湿地生态系统国家定位观测研究站	吉林省林业厅
25	吉林长白山森林生态系统国家定位观测研究站	
26	吉林莫莫格湿地生态系统国家定位观测研究站	
27	吉林松江源森林生态系统国家定位观测研究站	
28	吉林长白山西坡森林生态系统国家定位观测研究站	
29	黑龙江七台河森林生态系统国家定位观测研究站	黑龙江省林业厅
30	黑龙江扎龙湿地生态系统国家定位观测研究站	
31	上海城市森林生态系统国家定位观测研究站	上海市林业局
32	上海崇明东滩湿地生态系统国家定位观测研究站	上海市林业局
33	江苏太湖湿地生态系统国家定位观测研究站	江苏省林业局
34	江苏盐城滨海湿地生态系统国家定位观测研究站	
35	浙江凤阳山森林生态系统国家定位观测研究站	浙江省林业厅
36	浙江天目山森林生态系统国家定位观测研究站	
37	浙江西溪湿地生态系统国家定位观测研究站	

（续）

序号	名　　称	业务管理单位
38	安徽大别山森林生态系统国家定位观测研究站	安徽省林业厅
39	安徽黄山森林生态系统国家定位观测研究站	
40	福建长汀红壤丘陵生态系统国家定位观测研究站	福建省林业厅
41	福建闽江河口湿地生态系统国家定位观测研究站	
42	福建泉州湾湿地生态系统国家定位观测研究站	
43	福建武夷山森林生态系统国家定位观测研究站	
44	江西九连山森林生态系统国家定位观测研究站	江西省林业厅
45	江西庐山森林生态系统国家定位观测研究站	
46	江西鄱阳湖湿地生态系统国家定位观测研究站	
47	山东黄河三角洲森林生态系统国家定位观测研究站	山东省林业厅
48	山东青岛森林生态系统国家定位观测研究站	
49	山东泰山森林生态系统国家定位观测研究站	山东省林业厅
50	河南黄淮海农田防护林生态系统国家定位观测研究站	河南省林业厅
51	河南鸡公山森林生态系统国家定位观测研究站	
52	河南禹州森林生态系统国家定位观测研究站	
53	河南原阳黄河故道沙地生态系统国家定位观测研究站	
54	湖北大巴山森林生态系统国家定位观测研究站	湖北省林业厅
55	湖北恩施森林生态系统国家定位观测研究站	
56	湖北洪湖湿地生态系统国家定位观测研究站	
57	湖北神农架森林生态系统国家定位观测研究站	
58	湖南长株潭城市群森林生态系统国家定位观测研究站	湖南省林业厅
59	湖南洞庭湖湿地生态系统国家定位观测研究站	
60	湖南衡山森林生态系统国家定位观测研究站	

（续）

序号	名　　称	业务管理单位
61	广东东江源森林生态系统国家定位观测研究站	广东省林业厅
62	广东海丰湿地生态系统国家定位观测研究站	
63	广东南岭森林生态系统国家定位观测研究站	
64	广东汕头沿海防护林生态系统国家定位观测研究站	
65	广西北海湿地生态系统国家定位观测研究站	广西壮族自治区林业厅
66	广西大瑶山森林生态系统国家定位观测研究站	广西壮族自治区林业厅
67	广西漓江源森林生态系统国家定位观测研究站	
68	广西友谊关森林生态系统国家定位观测研究站	
69	海南文昌森林生态系统国家定位观测研究站	海南省林业厅
70	重庆三峡湿地生态系统国家定位观测研究站	重庆市林业局
71	重庆武陵山森林生态系统国家定位观测研究站	
72	四川峨眉山森林生态系统国家定位观测研究站	四川省林业厅
73	四川卧龙森林生态系统国家定位观测研究站	
74	贵州草海湿地生态系统国家定位观测研究站	贵州省林业厅
75	贵州荔波喀斯特森林生态系统国家定位观测研究站	
76	贵州黎平石漠生态系统国家定位观测研究站	
77	云南滇中高原森林生态系统国家定位观测研究站	云南省林业厅
78	云南高黎贡山森林生态系统国家定位观测研究站	
79	西藏林芝森林生态系统国家定位观测研究站	西藏自治区林业厅
80	陕西黄龙山森林生态系统国家定位观测研究站	陕西省林业厅
81	陕西榆林毛乌素沙地生态系统国家定位观测研究站	
82	甘肃白龙江森林生态系统国家定位观测研究站	甘肃省林业厅

（续）

序号	名　称	业务管理单位
83	甘肃敦煌西湖湿地生态系统国家定位观测研究站	甘肃省林业厅
84	甘肃河西走廊森林生态系统国家定位观测研究站	
85	甘肃黑河湿地生态系统国家定位观测研究站	
86	甘肃临泽荒漠生态系统国家定位观测研究站	
87	甘肃祁连山森林生态系统国家定位观测研究站	
88	甘肃小陇山森林生态系统国家定位观测研究站	
89	甘肃兴隆山森林生态系统国家定位观测研究站	
90	青海大渡河源森林生态系统国家定位观测研究站	青海省林业厅
91	青海贵南荒漠生态系统国家定位观测研究站	
92	青海湖湿地生态系统国家定位观测研究站	
93	宁夏贺兰山森林生态系统国家定位观测研究站	宁夏回族自治区林业厅
94	新疆阿尔泰山森林生态系统国家定位观测研究站	新疆维吾尔自治区林业厅
95	新疆精河荒漠生态系统国家定位观测研究站	
96	新疆塔里木河胡杨林生态系统国家定位观测研究站	
97	新疆天山森林生态系统国家定位观测研究站	
98	内蒙古大兴安岭汗马湿地生态系统国家定位观测研究站	内蒙古大兴安岭林业管理局
99	黑龙江牡丹江森林生态系统国家定位观测研究站	黑龙江省森林工业总局
100	黑龙江小兴安岭森林生态系统国家定位观测研究站	
101	黑龙江雪乡森林生态系统国家定位观测研究站	
102	黑龙江嫩江源森林生态系统国家定位观测研究站	大兴安岭林业集团公司
103	北京汉石桥湿地生态系统国家定位观测研究站	中国林业科学研究院
104	甘肃民勤荒漠生态系统国家定位观测研究站	
105	广东湛江桉树林生态系统国家定位观测研究站	中国林业科学研究院
106	广东珠江三角洲森林生态系统国家定位观测研究站	
107	贵州普定石漠生态系统国家定位观测研究站	
108	海南霸王岭森林生态系统国家定位观测研究站	
109	海南东寨港红树林湿地生态系统国家定位观测研究站	
110	海南尖峰岭森林生态系统国家定位观测研究站	
111	河南宝天曼森林生态系统国家定位观测研究站	
112	河南黄河小浪底森林生态系统国家定位观测研究站	
113	湖北秭归三峡库区森林生态系统国家定位观测研究站	
114	华东沿海防护林生态系统国家定位观测研究站	
115	江西大岗山森林生态系统国家定位观测研究站	
116	库姆塔格荒漠生态系统国家定位观测研究站	
117	内蒙古磴口荒漠生态系统国家定位观测研究站	
118	宁夏六盘山森林生态系统国家定位观测研究站	
119	青海共和荒漠生态系统国家定位观测研究站	
120	青海三江源湿地生态系统国家定位观测研究站	
121	山东昆嵛山森林生态系统国家定位观测研究站	
122	四川若尔盖高寒湿地生态系统国家定位观测研究站	
123	云南普洱森林生态系统国家定位观测研究站	中国林业科学研究院
124	云南元谋干热河谷生态系统国家定位观测研究站	
125	浙江杭州湾湿地生态系统国家定位观测研究站	
126	浙江钱江源森林生态系统国家定位观测研究站	

（续）

序号	名　称	业务管理单位
127	重庆缙云山三峡库区森林生态系统国家定位观测研究站	北京林业大学
128	宁夏盐池毛乌素沙地生态系统国家定位观测研究站	
129	山西吉县黄土高原森林生态系统国家定位观测研究站	
130	山西太岳山森林生态系统国家定位观测研究站	
131	首都圈森林生态系统国家定位观测研究站	
132	黑龙江凉水森林生态系统国家定位观测研究站	东北林业大学

（续）

序号	名　称	业务管理单位
133	黑龙江帽儿山森林生态系统国家定位观测研究站	东北林业大学
134	黑龙江漠河森林生态系统国家定位观测研究站	
135	黑龙江三江平原湿地生态系统国家定位观测研究站	
136	江苏长江三角洲森林生态系统国家定位观测研究站	南京林业大学
137	湖南会同森林生态系统国家定位观测研究站	中南林业科技大学
138	云南玉溪森林生态系统国家定位观测研究站	西南林业大学
139	云南滇池湿地生态系统国家定位观测研究站	
140	陕西秦岭森林生态系统国家定位观测研究站	西北农林科技大学

国家林业局关于印发《林业植物新品种保护行政执法办法》的通知

林技发〔2014〕114 号

各省、自治区、直辖市林业厅(局)，内蒙古、吉林、龙江、大兴安岭森工(林业)集团公司，新疆生产建设兵团林业局，国家林业局各司局、各直属单位：

为加强林业植物新品种保护行政执法，促进林业植物新品种保护事业发展，根据《中华人民共和国植物新品种保护条例》、《中华人民共和国植物新品种保护条例实施细则(林业部分)》和国务院关于打击侵犯知识产权和制售假冒伪劣商品工作部署，我局制定了《林业植物新品种保护行政执法办法》，现印发给你们，请认真贯彻执行。执行中有何问题和意见，请及时反馈我局科技发展中心(植物新品种保护办公室)。

国家林业局

2014 年 8 月 1 日

林业植物新品种保护行政执法办法

第一条　为规范林业植物新品种保护行政执法行为，根据《中华人民共和国行政处罚法》、《中华人民共和国植物新品种保护条例》、《中华人民共和国植物新品种保护条例实施细则(林业部分)》和《林业行政处罚程序规定》等相关法律法规规章，制定本办法。

第二条　林业行政主管部门查处案件时，应当以事实为依据、以法律为准绳，遵循公开、公平、公正的原则。

第三条　林业行政主管部门对以下侵犯林业植物新品种权行为实施行政执法时，适用本办法：

(一) 未经品种权人许可，以商业目的生产或者销售授权品种的繁殖材料的；

(二) 假冒授权品种的；

(三) 销售授权品种未使用其注册登记的名称的。

第四条　本办法第三条第二项所称假冒授权品种的行为是指：

(一) 使用伪造的品种权证书、品种权号；

(二) 使用已经被终止或者被宣告无效品种权的品种权证书、品种权号；

(三) 以非授权品种冒充授权品种；

(四) 以此种授权品种冒充他种授权品种；

(五) 其他足以使他人将非授权品种误认为授权品种。

第五条　省级以上人民政府林业行政主管部门管辖本办法第三条第一项所指案件，县级以上人民政府林业行政主管部门管辖本办法第三条第二、三项所指案件。

林业植物新品种保护行政执法由主要违法行为地的林业行政主管部门管辖。

国家林业局科技发展中心(植物新品种保护办公室)负责林业植物新品种保护行政执法管理工作。

第六条　林业行政主管部门应当按照《中华人民共和国政府信息公开条例》等的要求，主动公开林业植物新品种保护行政处罚案件信息，接受社会监督。

第七条 林业植物新品种保护行政执法人员应当熟练掌握植物新品种保护的相关法律、法规和规章制度，以及相应的执法程序，并持《林业行政执法证》上岗；在林业植物新品种保护行政执法过程中，应当向当事人或者有关人员出示其《林业行政执法证》。

第八条 请求省级以上人民政府林业行政主管部门查处本办法第三条第一项所指案件时，应当符合下列条件：

（一）请求人是品种权人或者利害关系人；

（二）有明确的侵权人和侵权证据；

（三）有明确的请求事项和理由；

（四）侵权案件发生地属于该行政管辖范围内。

前款所称利害关系人，包括植物新品种实施许可合同的被许可人和品种权财产权利的合法继承人等。

独占实施许可合同的被许可人可以单独提出请求；排他实施许可合同的被许可人可以和品种权人共同提出请求，也可以在品种权人不请求时，自行提出请求；普通实施许可合同的被许可人经品种权人明确授权，可以提出请求。

第九条 向省级以上人民政府林业行政主管部门请求查处第三条第一项所指案件时，应当提交请求书以及涉案品种权的《植物新品种权证书》复印件。请求书应当包括以下内容：

（一）请求人的姓名或者名称、居住或注册地址、有效联系方式，法定代表人或者主要负责人的姓名和职务；有委托代理的，代理人的姓名和代理机构的名称、注册地址；

（二）侵权人相关信息及侵权证据；

（三）请求查处的事项和理由等。

第十条 请求人应当以纸质或法定电子文件的形式提交请求书，有关证据和证明材料可以以请求书附件的形式提交。请求书应当由请求人签名或盖章，并注明请求日期。

第十一条 省级以上人民政府林业行政主管部门在收到请求书后进行审查，对符合本办法第八条、第九条和第十条规定的，应当在7日内予以立案，并以书面形式告知请求人，同时指定两名或者两名以上案件承办人处理该案件；对不符合本办法第八条、第九条和第十条规定的，应当在7日内以书面形式告知请求人不予立案，并说明理由。

第十二条 林业行政主管部门依据职权查处本办法第三条所指案件时，立案应当符合下列条件：

（一）有违法行为发生；

（二）违法行为是应受处罚的行为；

（三）涉及品种是授权品种；

（四）除本办法第三条第三项所指案件外，涉及品种的品种权应当是有效的；

（五）违法行为发生地属于该行政管辖范围内。

第十三条 林业行政主管部门应当在发现或接受举报后进行审查，对符合本办法第十二条规定的，在7日内予以立案，同时指定两名或两名以上案件承办人负责调查和处理。

第十四条 案件承办人在现场取证时，可以根据请求人或举报人提供的涉案品种所在地点和生长状况等信息，及时取证并鉴定。

第十五条 案件承办人可以采取抽样方法取证；在证据可能灭失或者以后难以取得的情况下，经行政机关负责人批准，可以先行登记保存，填写《林业行政处罚登记保存通知单》，并在7日内做出处理决定；在此期间，当事人或者有关人员不得销毁或者转移证据。

第十六条 对于案件涉及的植物品种，可以采用田间观察检测、基因指纹图谱检测等方法进行鉴定。

第十七条 林业行政主管部门查处本办法第三条第一、二项案件，依法做出较大数额罚款的，应当告知当事人有要求举行听证的权利。当事人要求听证的，林业行政主管部门应当按《林业行政处罚听证规则》相关规定组织听证。

第十八条 省级以上人民政府林业行政主管部门查处本办法第三条第一项案件时，为维护社会公共利益，可以采取下列措施：

（一）责令侵权人立即停止对侵权品种繁殖材料的销售行为，并且不得销售尚未售出的采用侵权品种生产的繁殖材料；

（二）责令侵权人立即停止对侵权品种的生产行为，对涉及侵权的植物材料消灭活性使其不能再被用做繁殖材料；

（三）对正处于生长期或者销毁侵权植物材料将导致重大不利后果的，可以没收植物品种繁殖材料；

（四）没收违法所得；

（五）涉案货值金额5万元以上的，依据情节轻重处以货值金额1倍以上5倍以下的罚款。情节轻微者，处以1至2倍罚款；情节一般者，处以3至4倍罚款；情节较重者，处以5倍罚款；

没有货值金额或者货值金额5万元以下的，根据情节轻重，可处25万元以下的罚款。情节轻微者，处以5万元以下罚款；情节一般者，处以5万元至15万元以下罚款；情节较重者，处以15万元至25万元以下罚款。

（六）以上规定情节轻微者是指：侵权行为是第一次发生且侵权数量或者数额较小的。

情节一般者是指：明知或已被告知侵权的；数次侵权；侵权数量或者数额较大的。

情节较重者是指：数次侵权且侵权数量或者数额巨大的；为逃避处罚提供伪证的。

第十九条 林业行政主管部门查处本办法第三条第二项案件时，应当采取下列处罚措施：

（一）责令侵权人立即停止伪造行为，销毁伪造的品种权证书或品种权号；

（二）责令侵权人立即停止侵权标注行为，消除尚未售出的产品或者其包装上的品种权标识；品种权标识难以消除的，销毁该产品或者包装；

（三）责令侵权人立即停止发放载有虚假、未经许可和误导公众品种权信息的说明书或广告等载体，销毁尚未发出的载体，并通过公告或广告等形式消除社会影响；

（四）责令侵权人立即停止销售假冒授权品种的繁殖材料，对涉及假冒授权品种的植物材料消灭活性使其不能再被用作繁殖材料；

（五）没收违法所得和植物繁殖材料；

（六）涉案货值金额5万元以上的，依据情节轻重处以货值金额1倍以上5倍以下的罚款。情节轻微者，处以1至2倍罚款；情节一般者，处以3至4倍罚款；情节较重者，处以5倍罚款；

没有货值金额或者货值金额5万元以下的，根据情节轻重，可处25万元以下的罚款。情节轻微者，处以5万元以下罚款；情节一般者，处以5万元至15万元以下处罚；情节较重者，处以15万元至25万元以下罚款。

（七）以上规定情节轻微者是指：假冒行为是第一次发生且数量或者数额较小的。

情节一般者是指：数次假冒的；假冒数量或数额较大的；假冒涉及地域较广的。

情节较重者是指：假冒数量或数额巨大的；假冒涉及地域广大的；为逃避处罚提供伪证的。

第二十条 林业行政主管部门查处本办法第三条第二项案件时，对涉嫌犯罪的案件，应当依法移送司法机关。

第二十一条 林业行政主管部门查处本办法第三条第三项案件时，应当采取下列处罚措施：

责令限期改正，可以并处罚款。情节轻微者，处以300元以下罚款；情节一般者，处以300元至600元以下罚款；情节较重者，处以600元至1000元以下罚款。

前款所称情节轻微者是指：侵权行为是第一次发生且影响范围较小的。情节一般者是指：数次发生，影响范围较大的。情节较重者是指：影响范围很大，后果较重的。

第二十二条 林业行政主管部门依据职权在查处本办法第三条第一、二项案件时，根据需要，可以封存或者扣押与案件有关的植物品种的繁殖材料，查阅、复制或者封存与案件有关的合同、账册及有关文件。

封存或者扣押时，案件承办人应当履行《行政强制法》第十八条规定的程序，并按《行政强制法》第二十四条规定制作并当场交付查封、扣押决定书和清单。查封、扣押清单一式二份，由当事人和行政机关分别保存。

第二十三条 林业行政主管部门作出行政处罚决定时，应当制作林业行政处罚决定书，并在15日以内予以公告。

第二十四条 林业行政主管部门应当自立案之日起一个月内结案；经行政负责人批准可以延长，但不得超过三个月。案情特别复杂三个月内仍不能结案的，经报上级林业行政主管部门批准，可以延长。

第二十五条 省级以上人民政府林业行政主管部门依据职权，根据当事人自愿的原则，对侵权所造成的损害赔偿可以进行调解。调解达成协议的，当事人应当履行；调解未达成协议的，品种权人或者利害关系人可以依照民事诉讼程序向人民法院提起诉讼。

上述调解过程可以邀请有关单位或者个人协助，被邀请的单位或者个人自愿协助进行调解。

第二十六条 林业行政主管部门在处理林业植物新品种权行政处罚案件过程中遇有涉及民事案件纠纷的，案件承办人应当向当事人告知其法律救济途径。

第二十七条 林业行政主管部门在结案时，将全部案件文书整理归档。地方各级林业行政主管部门应当建立林业植物新品种行政执法报告制度。

第二十八条 本办法所称以上、以下、以内，包括本数。

第二十九条 本办法由国家林业局负责解释。

第三十条 本办法自2014年9月1日起施行，有效期至2019年8月31日。

国家林业局关于印发《陆生野生动物收容救护管理规定》的通知

林护发〔2014〕102号

各省、自治区、直辖市林业厅（局），内蒙古、龙江、大兴安岭森工（林业）集团公司，新疆生产建设兵团林业局：

随着我国野生动物保护及执法力度的不断加大和公众保护意识的逐步提高，近年来全国收容救护的野生动物种类和数量呈明显上升趋势，同时也暴露出一些不科学、不规范的问题。为进一步规范野生动物收容救护行为，根据《野生动物保护法》和《陆生野生动物保护实施条例》的有关规定，在总结经验、分析问题的基础上，我局制定了《陆生野生动物收容救护管理规定》，现印发给你们，请遵照执行。

2014年8月1日

陆生野生动物收容救护管理规定

第一条 为加强野生动物保护管理，规范野生动物收容救护行为，依据《中华人民共和国野生动物保护法》《中华人民共和国陆生野生动物保护实施条例》等有关法律法规，制定本规定。

第二条 本规定所称野生动物，包括列入《国家重点保护野生动物名录》《地方重点保护野生动物名录》《国家保护的有益的或者有重要经济、科学研究价值的陆生野生动物名录》以及非原产我国的陆生野生动物。

本规定所称收容救护，是指将公众送交或执法机关查没后移交的野生动物，以及野外发现的受伤、病弱、饥饿、受困、迷途的野生动物，接收到具备条件的场所，进行检查、检疫、治疗和合理安置等活动。

第三条 野生动物收容救护应遵循及时、就近、科学和统一协调的原则。

第四条 各级林业主管部门应按照本规定承担所辖区域内野生动物收容救护职责，完善基层收容救护体系，开展野生动物收容救护工作。

省级林业主管部门应当公布所辖区域内承担野生动物收容救护任务的机构、单位的名称、地址和电话。

野生动物驯养繁殖单位和相关机构，可以根据自身条件自愿作为临时收容救护点。临时收容救护点及其收容救护对象名单，由县级林业主管部门公布，并报省级林业主管部门。

自然保护区内野生动物的收容救护，由自然保护区管理机构承担。

第五条 各级林业主管部门或其公布的收容救护机构，接到单位或个人发现受伤、病弱、饥饿、受困、迷途野生动物的报告后，应当立即指派专业人员核实情况，并对确需采取收容救护措施的野生动物，实施收容救护。

第六条 野生动物收容救护机构对公众送交或执法机关查没后移交的野生动物，应予接收，并向送交者出具接收凭证。

临时收容救护点对公众送交的野生动物，应当先行接收，向送交者出具接收凭证，并及时移交至收容救护机构和办理交接手续。

野生动物接收凭证由国务院林业主管部门统一监制。

第七条 野生动物收容救护机构和临时收容救护点接收的公众送交或执法机关移交的野生动物，自送交者或移交者签收接收凭证之时起，其收容、救治、放归自然、调配等处置工作转由所在地林业主管部门负责。送交者或移交者对后续收容救护及处置方式有监督权和知情权。

野生动物收容救护机构和临时收容救护点接收野生动物后，应当及时向所在地林业主管部门报告，并按照林业主管部门的安排实施收容救护、转移或放归自然。

第八条 接收公众或执法机关移交的野生动物，应进行隔离检查、检疫，并根据隔离检查、检疫情况按以下情形对收容救护的野生动物进行处理。

（一）对体况良好、无需采取救护治疗措施或经救护治疗后体况恢复、具备野外生存能力的个体，应当按照本办法第九条规定实施放归自然。

（二）对经救护治疗后体况恢复但不具备野外生存能力的个体，属于国家一级保护野生动物的，由所在地林业主管部门逐级上报至国务院林业主管部门，由其根据各地野生动物科学研究、宣传教育、基因资源保存、优化人工繁育种群结构等需要统一调配；属于国家二级保护野生动物的，由所在地林业主管部门逐级上报省级林业主管部门，由其统一调配。

（三）对按照防疫规定应当采取处理措施的野生动物个体，会同卫生防疫部门进行处理。

（四）对收容后死亡的野生动物个体，应当采取无害化处理措施；对经检疫合格、确有利用价值的野生动物产品，属于国家一级保护野生动物的，由所在地林业主管部门逐级上报至国务院林业主管部门，由其统一调配；属于国家二级保护野生动物的，由所在地林业主管部门逐级上报省级林业主管部门，由其统一调配。

第九条 将收容救护的野生动物放归自然，应当在其自然分布区域进行，并由该区域所在地省级林业主管部门或其指定的单位统一组织实施。需要跨省区将收容救护的野生动物放归自然的，由收容救护所在地省级林业主管部门根据野生动物自然分布情况，向其自然分布区域所在地省级林业主管部门提出。野生动物自然分布区域所在地省级林业主管部门收到上述跨省区放归自然的请求后，应当及时予以安排。

第十条 林业主管部门依照本规定第八条（二）、（四）款要求，对不适宜放归自然的野生动物或死亡的野生动物个体及产品实施统一调配，应当优先用于科学研究、宣传教育、基因资源保存、优化人工繁育种群结构等目的。

前款所称调配活动属于法律规定的行政许可事项的，按相应的行政许可规定执行。

第十一条 各级林业主管部门及收容救护机构应当建立野生动物收容救护、野外放生档案，对其收容救护的野生动物种类、数量、措施、状况等信息记录在案，并及时上报。其中，收容救护的野生动物属于国家一级保护野生动物的，须逐级上报至国务院林业主管部门；属于国家二级保护野生动物的，须逐级上报至省级林业主管部门。

第十二条 野生动物收容救护机构或临时收容救护点无故拒绝接收、救治野生动物的，林业主管部门应当责成其纠正；对接收野生动物后不出具接收凭证或不及时报告林业主管部门，并将接收的野生动物占为己有或擅自转让的，林业主管部门应当依法予以查处。

第十三条 本规定自2014年9月1日起施行。

国家林业局关于加强当前林木种子苗木免税进口管理工作的通知

林场发〔2014〕127号

各省、自治区、直辖市林业厅（局）：

为了贯彻执行种子（苗）、种畜（禽）和鱼种（苗）免征进口环节增值税政策，进一步做好当前林木种子苗木免税进口管理工作，现就有关事宜通知如下：

一、林木种子苗木免税进口计划的申报

（一）申报时间。每年11月30日前，申请办理林木种子苗木免税进口的单位要向所在地省级林业行政主管部门报送本年度免税进口执行情况和下一年度进口计划。省级林业行政主管部门对本省（区、市）本年度林木种子苗木免税进口执行情况进行总结，并根据本省（区、市）林业发展规划及实际需要，提出下一年度免税进口林木种子苗木计划，连同各申请单位所报的进口计划和免税进口执行情况一起，于每年12月10日前报国家林业局国有林场和林木种苗工作总站（以下简称场圃总站）。

（二）申报内容。年度进口计划包括进口种类、申请单位、计划进口数量、进口用途等内容，对其中计划免税进口数量超过上一年度进口数量的品种要说明原因。

二、免税进口林木种子苗木的条件

（一）免税进口的林木种子苗木要符合《财政部国家税务总局关于"十二五"期间进口种子（苗）种畜（禽）鱼种（苗）和种用野生动植物种源税收问题的通知》（财关税〔2011〕9号）和《财政部海关总署国家税务总局关于印发〈"十二五"期间进口种子种源免税政策管理办法〉的通知》（财关税〔2011〕76号）规定的免税条件。

（二）进口林木种子苗木具有下列情形之一的，不予免税：

1. 进口不是用于种植、培育、研究、试验等直接用于或服务于林业生产的林木种子（苗、球）；

2. 用于高尔夫球场、足球场、度假村或俱乐部等场所建设的种子（苗、球）；

3. 进口带花（含带花苞）的花卉；进口高度在2米以上或胸径在5厘米以上的苗木；

4. 进口直接转让或销售给与种植、培育、研究等无关的企业（或个人）的种子（苗、球）。

三、免税进口林木种子苗木的管理与监督

（一）审批管理。国家林业局根据进口单位申请情况，审核、确认申请单位的资质、种子用途以及申请免税数量合理性等事项。在财政部、海关总署、国家税务总局核定的免税计划内，结合进口单位上年免税额度、年初申报计划情况及申报时间的先后进行审批。

免税进口的林木种子苗木，未经合理种植、培育，不得擅自转让和销售。但种子苗木进口单位在向国家林业局申请免税进口额度时，已经国家林业局核准可以转让和销售的，可以转让、销售。申请办理免税进口林木种子（苗）的单位在提交"林木种子苗木（种用）进口申请表"时，必须如实填写进口用途和栽培地点。进口用途包括自用、代理、转让或销售等，如是转让、销售的，要注明转让或销售去向，并附相关协议；栽培地点要具体。

（二）免税计划管理。在财政部、海关总署和国家税务总局下达本年度种子（苗）免税进口计划前，对于上一年度免税进口计划中已列名的种子（苗），场圃总站可以在上一年度确定的免税进口额度的30%以内，提前核发许可表。对于未申报本年度林木种子苗木免税进口计划的单位，不予办理免税审批。

进口单位在种子苗木入境后，应当立即将报关单和海关出具的征免税证明复印件送所在地林木种苗管理机构备案。因计划变动等原因已获得审批但实际未进口的要将许可表退还场圃总站，并说明原因；未按规定备案或退许可表的，在补报相关材料之前暂停其免税进口审批。对于本年度林木种子苗木进口完成量与申报量出入较大的，国家林业局会同有关部门将在下一年度核减其免税额度。

（三）监督。各级林业主管部门要加强林木种子苗木进口后用途及流向监管，采取书面检查和实地监督检查相结合的办法，进行不定期抽查。对违反免税规定的种子苗木免税进口单位，按照有关规定予以处罚。

本通知自2014年9月1日起施行，有效期到2015年12月31日。

2014年8月31日

国家林业局关于界定古树名木有关问题的复函

林策发〔2014〕141号

四川省林业厅：

《四川省林业厅关于界定古树名木范畴有关问题的请示》（川林〔2014〕74号）收悉。经研究，现答复如下：

一、地方性法规对古树名木有规定的，应当按照相关规定办理。

二、确定古树名木，不必区分其是否为原生地天然生长。

三、已经枯死的古树名木，对其采伐也应遵守森林法及其实施条例等有关凭证采伐的规定。

2014年9月30日

国家濒管办关于调整木材进口的非《进出口野生动植物种商品目录》物种证明核发政策的通知

濒办字〔2014〕99 号

国家濒管办各办事处：

为进一步深化濒管办系统行政许可制度改革，创新管理方式，提高管理效能，根据分类指导、简政放权、完善监管、优质服务的原则，结合各办事处辖区木材进口贸易的规模和特点，经研究，决定对我办《关于进一步加强濒危木材物种进口管理的通知》（濒办字〔2013〕36 号）中有关木材进口的非《进出口野生动植物种商品目录》物种证明（以下简称物种证明）核发政策进行调整。现将有关事项通知如下：

一、进一步简化物种证明的核发条件。取消濒办字〔2013〕36 号文中"在证书特殊条件栏内加载进口货物对应提单号"的办理木材进口物种证明的强制性要求。各办事处可以根据进口木材物种证明申请的实际，自行确定是否应当审查提单或者运单并将其编号加载于物种证明特殊条件栏内，供海关参考。

二、适度放宽核发多次使用物种证明的限制。云南省、上海和广州办事处对在本辖区口岸进口非 CITES 管制木材、申请人及其委托人或者代理人的所在地均在本辖区内、且申报内容符合《进出口野生动植物种商品目录》所列海关商品编号条件的，可以为申请人核发多次使用物种证明。云南省、上海和广州办事处为不满足前述条件进口木材核发物种证明的，以及其他办事处为木材进口核发物种证明的，仍按一次使用物种证明的方式办理。

三、建立多次使用与一次使用有机结合的物种证明管理方式。云南省、上海和广州办事处应当根据本辖区木材进口企业的信用评估等级、贸易规模以及物种的敏感程度和办证点管辖区域贸易特点来确定多次使用与一次使用物种证明的办理标准与规范，形成分类管理、宽严并重的政策机制。要从严管理多次使用物种证明的核发工作，综合运用物种、数量、原产地和有效期等管理与调控手段，提高多次使用物种证明的执行率。

四、加强对多次使用物种证明的核发与管理。启用"多次使用非《进出口野生动植物种商品目录》物种证明海关签注页"（简称海关签注页，格式附后），以方便海关签注核销。云南省、上海和广州办事处在核发木材进口多次使用物种证明时，应当遵循如下规定：一是一个物种、一个货物类型对应一份物种证明；二是在特殊条件栏内注明"本证包含 1 页海关签注页"；三是在海关签注页上以打印方式载明证号、有效期限和许可总量等信息；四是在物种证明与所对应的海关签注页间骑缝加盖行政许可专用章。各办事处亦可按上述原则将此海关签注页用于进出口其他物种的多次使用物种证明。

五、切实加强贸易监测和监督检查。云南省、上海和广州办事处应当建立完善后置审查制度，通过回收和核实进口货物报关单、检疫证、原产地证和企业台账等材料，及时准确地记录掌握实际贸易数据。各办事处要对照物种证明行政许可被许可人监督检查办法的要求，认真开展实地监督检查，同时要加强与辖区内专业木材鉴定机构的交流合作，协调做好木材鉴定工作。

请云南省、上海和广州办事处根据本通知精神，并结合本地实际，制定木材进口物种证明核发管理的实施细则，于 2014 年 12 月 15 日前报我办备案。

本通知自 2015 年 1 月 1 日起施行。以往规定与本通知内容不一致的，以本通知为准。

附件：多次使用非《进出口野生动植物种商品目录》物种证明海关签注页格式（略）

国家濒管办

2014 年 11 月 5 日

国家林业局关于印发《陆生野生动物收容救护管理规定》的通知

林北发〔2014〕171 号

三北防护林体系建设工程（以下简称"三北工程"）是我国生态修复的标志性工程，开创了我国生态建设的先河，取得了巨大的生态、经济和社会效益，产生了广泛而深刻的影响。为深入贯彻党的十八大和十八届三中全会精神，进一步深化三北防护林体系建设改革，创新工程建设体制机制，加快推进工程治理体系和治理能力现代化，不断增强工程建设动力，全面实现工程建设目标，更好地促进生态文明和美丽中国建设，现提出如下意见。

一、深化三北工程建设改革的重大意义

1. 工程建设成就显著。经过 30 多年的持续建设，三北工程累计完成造林保存面积 2647 万公顷，建设区森林覆盖率由 5.05% 提高到 12.4%，改善了生态环境，保障了人民生产生活，拓宽了生存发展空间，为促进区域经济社会可持续发展作出了突出贡献。

2. 工程建设面临严峻挑战。目前，三北地区沙化土地面积占全国沙化土地面积的 83%，水土流失面积占全国水土流失面积的 40%；造林立地条件越来越差，治理难度越来越大；退化防护林的比重较高，生态治理体系不健全，治理能力较弱，制约着三北工程进一步发展，难以适应三北地区生态改善的需要。

3. 深化改革意义重大。三北工程面临的挑战，在林业生态建设领域具有广泛的代表性。科学布局工程建设，完善政策制度，优化投资结构，加强组织管理和资源保护，健全三北工程治理体系，全面提升生态林业民生林业治理能力，必须依靠改革。进一步深化三北工程建设改革，是增加生态产品供给，推动生态林业民生林业建设的迫切需要；是改善三北地区生态环境，维护国家生态安全的重要举措；是促进经济社会发展，建设生态文明和美丽中国的必然要求。

二、指导思想、基本原则

4. 指导思想。高举中国特色社会主义理论伟大旗帜，深入贯彻落实党的十八大、十八届三中全会精神，以建设生态文明为总目标，以改善生态改善民生为总任务，以全面深化改革为总动力，以植树造林为重点，以质量效益为中心，以提高防护林生产力为前提，创新工程建设体制、机制，进一步解放和释放防护林建设生产要素活力，建立稳定高效的防护林体系，构筑我国北方绿色生态屏障，为全面建成小康社会、实现中华民族伟大复兴的中国梦作出贡献。

5. 基本原则。坚持生态优先，生态效益、经济效益、社会效益相结合；坚持保护先行，保护、建设、提高相结合；坚持质量第一，数量与质量相结合；坚持科学造林，宜林则林，宜灌则灌，宜草则草，自然恢复与人工治理相结合；坚持深化改革，政府主导与市场配置相结合；坚持改善民生，生产发展、生活富裕、生态良好相结合。

三、认真落实规划任务

6. 按规划组织实施工程建设。各地要切实落实三北工程总体规划和分期规划，做到规划、计划、实施方案、作业设计相衔接。各级林业主管部门要认真编制工程建设分期规划，报同级人民政府审批，纳入当地国民经济和社会发展计划。重点项目依据规划和国家年度计划编制实施方案，按程序审批备案。年度作业设计严格履行上报审批程序。各省级林业主管部门要将规划执行情况纳入生态建设考核体系，加大对规划执行的考核，定期对规划实施进行督查、评估和通报，确保规划任务按期完成。

7. 合理布局工程建设。根据《全国主体功能区规划》、《国务院办公厅关于进一步推进三北防护林体系建设的意见》（国办发〔2009〕52号）和国家林业局《推进生态文明建设规划纲要（2013—2020年）》（林规发〔2013〕146号），集中力量抓好200个左右的县级防护林建设，尽快形成区域性防护林体系。在风沙区和西北荒漠区，加快沙化土地治理步伐，严守沙区植被红线，构筑北方生态防沙带。在科尔沁沙地、毛乌素沙地、呼伦贝尔沙地、浑善达克沙地等重点沙区，建设一批针阔混交的百万亩防风固沙林基地。在河西走廊、柴达木盆地、天山北坡谷地、准噶尔盆地南缘、塔里木盆地周边、阿拉善地区等荒漠和绿洲，建设一批以灌草为主的百万亩荒漠绿洲防护林基地。在黄土高原丘陵沟壑区，治理水土流失面积40万平方公里以上，构筑黄土高原生态屏障。在晋西北、晋陕峡谷、泾河渭河流域、湟水河流域等重点水土流失区，组织实施好黄土高原综合治理林业示范建设项目，建设一批以生态经济兼用树种为主的百万亩水土保持林、水源涵养林基地。在东北华北平原农区，以改善农业生产条件为重点，建设、更新、提高相结合，保护农田5亿亩，构筑高效稳定的农业防护林体系。在松嫩平原、松辽平原、海河流域平原农区，建设一批以阔叶树为主的百万亩农田防护林基地。

四、科学营造防护林

8. 科学配置防护林结构。坚持农林水牧结合，以水定林，山水林田湖统一规划、统一治理、统一保护，建设功能完善、效用互补的生态体系；坚持乔灌草结合，建设以森林植被为主体、林草结合的防护林体系，在年降水400毫米以下的地区以灌草为主；坚持多林种结合，以防护林为主，建设生态经济型防护林；坚持多树种结合，以乡土适生树种为主，营造多种形式的抗旱混交林；坚持封、飞、造结合，在深山远沙以封育为主，在城镇、乡村周围和交通沿线，大力营造生态景观防护林，形成城乡一体化绿化格局。

9. 加强防护林经营。将防护林经营纳入工程建设内容，依据防护林的保护对象和防护目的，制定防护林经营方案。依据全国退化防护林修复总体部署，在先行试点的基础上，尽快启动三北五期工程退化林分修复项目，制定退化林分修复管理办法和技术标准，完善政策措施，优先满足退化林分修复采伐指标，加快推进三北地区退化林分修复工作。

10. 巩固建设成果。坚持建设和保护并重，依法治林，严厉打击乱砍滥伐、毁林开垦、非法征占用林地等违法行为。明确管护责任，落实管护资金，强化管护队伍，健全管护设施，积极推行协议管护、委托管护等方式。加强林业有害生物防治，严格保护森林资源，巩固工程建设成果。开展对工程区内开发建设项目的环境影响评价，建立生态风险评估制度。积极推广禁牧、轮牧、休牧，从源头上控制风沙和水土流失危害。

11. 大力发展民生林业。在有效治理和严格保护的基础上，利用防护林优势资源发展优势特色产业。在有条件的地方优先发展生态经济兼用树种，建设特色经济林、用材林、碳汇林基地，加快形成一批有影响力、带动力、辐射力、经济效益显著的特色产业带。大力开展林副产品加工利用，积极发展种植业、养殖业、加工业、森林旅游业，实现生态、经济、社会效益多赢。

12. 夯实种苗基础。建立市场引导、政府监督服务相结合的种苗生产与供应体系。根据工程建设需要，以质量为核心，以市场需求为导向，扶持建设一批良种繁育基地，为工程建设提供品种对路、质量优良、规格齐全、结构合理的良种壮苗。推行定点育苗（采种）、定向培育、定向供应和公开招标、签订合同相结合的供苗方式，提倡就地育苗，就地造林，大力培育乡土树种和抗逆性强的优良品种。严格控制长途、跨区域调运使用苗木，加强种苗检验检疫，确保良种壮苗使用率达到90%以上。

五、创新工程建设组织管理

13. 创新工程建设机制。建立市场配置、政府宏观调控和公共服务相匹配的组织有序、互为补充和充满活力的工程建设机制。发挥市场配置资源的决定作用，引导生产要素积极有序进入防护林建设。发挥各级政府在政策法规、组织管理、规划设计、建设布局、督导检查等公共管理和服务方面的主导作用，提升生态产品生产能力。发挥农民群众在造林、经营、管护等工程建设各环节的主体作用，完善集体林权制度改革，充分尊重农民对承包林地的使用、收益、流转及承包经营权的抵押和担保等权利，维护农民参与工程建设的权益。发挥非公有制经济主体在工程建设中的重要作用，制定各项优惠政策，积极鼓励捐资造林、森林认购等，激发工程建设活力。推行以专业队伍造林为主的建设模式，逐步形成统一造林、统一管护、分户确权收益的建设格局。

14. 完善防护林管理机制。建立和完善规划落实、质量检查、绩效评估、情况通报、计划资金、考核奖励等管理制度。百万亩防护林基地建设项目、黄土高原综合治理林业示范建设等重点区域治理项目，逐步实行按项目管理，由各省级林业主管部门组织编制年度实施方案，报国家林业局三北工程管理部门审批备案。项目一经审批，要严格按照批准的方案实施，不得随意变更建设地点、内容、资金等。建立重点工程报告制度，各级林业主管部门定期向上级工程管理部门报送工程营造林进度、计划执行、任务完成、情况分析等信息，加强督导检查，及时通报工程建设情况。

15. 建立和完善工程建设质量控制体系。推行全过程质量管理，将规划计划、实施方案、年度任务、作业设计、种苗供给、整地栽植、抚育管护等主要工序纳入工程建设管理范畴。实行项目法人制、合同制，积极推行招投标制和监理制。因不可抗拒的干旱、洪水、冰雹等自然因素造成的造林面积损失，经省级工程管理部门组织进行认定后，报国家林业局三北工程管理部门审核报损，列入下一年度工程建设任务。完善县级自查、省级复查、国家抽查的三级质量监督检查体系，严格落实造林质量责任追究制度，采取通报表彰、亮牌警示、调减任务等办法，强化质量管理。

16. 严格计划资金管理。加强对计划编制上报、综合平衡、审批执行的管理。各省级林业主管部门依据规划和年度任务完成情况编制下一年度任务计划，经国家林业局三北工程管理部门初审汇总后，按程序上报。严格执行年度计划，维护计划的权威性。工程建设资金使用必须严格遵守《三北防护林体系建设工程计划和资金管理办法》(林规发〔2014〕123号)，主要用于调查、规划、设计等前期工作和科技支撑、封山(沙)育林、人工造林、飞播造林、种苗补助、招投标费用等。各省区市必须按照国家规定的比例落实配套资金。国家林业局资金管理部门和三北工程管理部门要加强对工程资金使用情况的监督和检查，组织开展资金稽查。

六、强化科技支撑

17. 完善防护林建设的标准体系。根据区域经济社会发展和改善生态的需要，建立适应三北地区自然立地条件的工程建设标准体系，制定出台三北工程造林专项技术规定。依据水分平衡原则，合理确定防护林初植密度。完善封山育林考核办法，以增加恢复植被为核心，以控制风沙危害和水土流失为验收标准，突出防护林的生态功能。根据立地条件和降水条件，将藤本植物纳入工程建设内容。

18. 加强科技推广和服务。科技推广应与工程建设同步设计、同步实施、同步验收，各级林业主管部门应积极筹措资金加大科技支撑力度。依托三北地区林业科研院所、大专院校，建设一批集研发、创新为一体的技术中心，针对工程区干旱、盐碱等困难立地造林难题，开展科技攻关，突破工程建设技术瓶颈，增强科技支撑能力。建设一批代表性强、辐射面广的林业科技综合示范区，总结探索不同类型区治理模式，为工程建设提供示范。建立健全技术服务和推广体系，加大科技成果转化力度，提高工程建设科技贡献率。

19. 建立和完善工程监测与评价体系。按照功能定位，制定三北工程效益监测评价方案，完善工程效益监测评价体系。分区域分类型加紧建立一批监测点，夯实监测评价基础。加快建设三北工程营造林管理信息系统，提升工程建设信息化水平。各级林业主管部门要定期对工程建设进行期中和终期评估，及时公布评价结果，强化社会监督，并作为目标责任制考核和安排投资的依据。

七、完善工程建设投融资机制

20. 完善工程投入机制。建立以政府投入为主渠道，大力吸纳社会资源和力量参与建设的投资体系，加大重点治理区域中央投资力度。积极引导民间资本和各类公益基金投向三北工程。完善投资结构，将造林基础设施建设、抚育管护纳入投资范畴，逐步提高单位面积造林补助标准。改革投入补贴机制，纳入工程建设范围的造林不分林种树种、不限比例、不分所有制，同等享受工程建设补助政策。以成活、成林为依据，实行分期付款，有条件的建立验收成林付款制度。全面落实造林补贴资金直补到户政策。将退化林分修复纳入工程新造林范围，享受新造林补贴政策。逐步加大对林木良种、木本粮油、特色林果、珍贵树种及大径材培育、生物质能源林等补贴力度。

21. 落实和完善生态补偿政策。三北工程营造的生态公益林，原则上纳入国家和地方生态公益林补偿范围。非国有生态公益林在明确权属和补偿主体的前提下，可探索建立政府直接收购公益林的制度。严格治理责任，在工程建设区从事矿产资源开发和利用活动的经济主体，负责矿区植被的恢复与重建。积极探索建立跨区域生态补偿机制。

22. 落实国家惠林金融扶持政策。认真落实国家对沙产业开发、山区综合开发、林业资源开发等经营活动的信贷支持政策，对符合中央财政贴息规定的项目进行重点扶持。建立和完善工程建设林业信贷担保机制，拓宽信贷担保物范围。完善政府扶持的林业保险机制，积极推进政策性森林保险工作，增强三北工程建设项目的抗风险能力。

八、改进和加强组织领导

23. 加强工程建设的组织领导。三北工程是我国重大生态修复工程和重要的社会公益事业，组织实施好工程建设是各级林业主管部门的重要职责。各级林业主管部门要定期向同级人民政府汇报工程进展情况，主动加强同各有关部门的沟通，争取支持。要健全领导责任制，定期对工程建设进行目标考核，对作出突出贡献的单位和个人给予表彰奖励。积极开展国际交流与合作，学习借鉴先进的治理经验和措施。

24. 强化队伍建设。建立上下贯通、协调有力、运行高效的组织管理体系，完善工程管理机构，健全管理队伍。强化基层林业站在工程建设中的政策宣传、资源管护、林政执法、生产组织、科技推广、社会化服务等职能和作用，夯实工程建设发展基础。加强基层林业主管部门能力建设，开展多形式、多层次的技术培训，提高基层技术人员和管理人员的科技素质和管理水平。

25. 搞好工程建设的宣传发动。各级林业主管部门，要拓展渠道，大力宣传三北工程在改善生态环境、构建北方生态屏障、建设生态文明和美丽中国等方面的重要作用，提高全社会的生态文明意识。要主动联系人民解放军、武警部队、民兵以及工会、妇联、共青团和其他社会团体，充分发挥其在三北工程建设中的重要作用，动员社会各方面力量，支持和关心三北工程建设事业，形成全社会共建三北工程的强大合力。

本意见有效期至2020年12月31日。

国家林业局关于印发《林业公益性行业科研专项管理实施细则(试行)》的通知

林科发〔2014〕28号

各省、自治区、直辖市林业厅(局)，内蒙古、吉林、龙江、大兴安岭森工(林业)集团公司，新疆生产建设兵团林业局，国家林业局有关直属单位：

公益性行业科研专项是财政部2007年设立的中央财政专项，我局是试点部门之一。为进一步加强项目管理，依据财政部、科技部《公益性行业科研专项经费管理试行办法》和《关于调整国家科技计划和公益性行业科研专项经费管理办法若干规定的通知》，结合林业行业特点，我局组织制定了《林业公益性行业科研专项管理实施细则(试行)》，现印发给你们，请遵照执行。执行过程中有何意见和建议，请及时反馈我局。

国家林业局

2014年3月5日

附件　林业公益性行业科研专项管理实施细则(试　行)

第一章　总　则

第一条　为规范和加强林业公益性行业科研专项(以下简称专项)管理，根据财政部、科技部《公益性行业科研专项经费管理试行办法》和《关于调整国家科技计划和公益性行业科研专项经费管理办法若干规定的通知》(以下简称《管理办法》)，结合林业行业科研特点，制定本实施细则。

第二条　专项重点围绕林业科技的重点领域和优先主题，组织开展应急性、培育性、基础性科研工作。支持范围包括：

(一)林业行业应用基础研究。

(二)林业行业重大公益性技术前期预研。

(三)林业行业实用技术研究开发。

(四)国家标准和林业行业重要技术标准研究。

(五)林业行业计量、检验检测技术研究。

(六)林业行业应急技术研究。

第三条　专项管理原则

(一)明确目标，突出重点。以支撑林业生态建设和产业发展为目标，充分体现行业科研的特点和重点，确保科研项目与林业生产紧密结合，合理区分和衔接国家科技计划支持的项目。专项只设项目层面，项目不分解，避免经费分散使用。

(二)明确权责，规范管理。专项管理各方权责明确、各负其责，坚持政府决策与专家咨询相结合，实行决策、实施、监督相互独立、相互制约的管理机制。

(三)科学安排，合理配置。严格按照专项支持的目标，加强项目顶层设计，科学合理地安排专项项目，实现林业科技资源的统筹协调和有效整合。

(四)专款专用，追踪问效。严格按照国家有关财务制度的规定，将项目经费纳入单位财务统一管理、单独核算，确保专款专用，并建立面向结果的追踪问效机制。

第四条　根据项目类型特点，一般采取招标或者择优委托方式确定项目承担单位。

第五条　国家林业局系统外的单位承担专项的财政资金占专项经费的一定比例。

第二章　组织管理

第六条　国家林业局负责专项的组织实施和监督管理，具体工作由科学技术司(以下简称科技司)和发展规划与资金管理司(以下简称计财司)按照职能分工共同承担。

第七条　各省(区、市)林业主管部门，新疆生产建设兵团，内蒙古、吉林、龙江、大兴安岭森工(林业)集团，国家林业局有关直属单位及原林业部直属六所高校归口管理本区域(本单位)承担的项目。

第八条　科技司的主要职责

(一)制定全国林业行业科技发展规划。

(二)负责林业公益性行业科研专项经费项目管理咨询委员会(以下简称咨询委员会)的组建和管理工作。

(三)提出专项年度支持方向和重点，征集项目建议。

(四)审核通过咨询委员会审议的项目建议，并提出项目预算及年度预算安排建议方案。

(五)确定项目承担单位，与项目承担单位签订项目任务书。

（六）组织项目实施方案的评审和协作攻关。

（七）协调处理项目执行中的重大问题，组织监督检查、项目验收和成果管理。

第九条 计财司的主要职责

（一）会同科技司制定专项经费管理制度。

（二）会同科技司组织专项项目预算的编制、审核和申报。

（三）根据财政部的批复下达项目预算。

（四）组织对项目经费的监督检查、资金决算、财务审计、财务验收和绩效考评等。

第十条 咨询委员会的主要职责

（一）根据林业行业科技发展规划，对专项年度支持方向和重点进行咨询。

（二）对专项组织和项目执行过程中的重大事项进行咨询。

第十一条 项目归口管理单位的主要职责

（一）制定本区域（单位）的林业科技发展规划。

（二）组织本区域（单位）项目申报材料的初审和报送。

（三）负责本区域（单位）项目的组织实施、检查指导和资金监管等工作。

（四）负责项目实施过程中任务、人员、预算总额以及预算分配调整等重大事项的审核和上报。

第十二条 项目承担单位的主要职责

（一）按照服务支撑和管理监督并重的基本原则，保障科研项目顺利实施。

（二）面向国家战略、行业建设和区域发展需求，协调组织优势力量共同参与，组织本单位科技人员完成项目建议书、实施方案、预算申报书等材料的填报工作，并对材料的真实性负责。

（三）督促项目负责人按任务书要求实施项目，并及时向归口管理单位报告项目执行情况、经费到位及使用情况等。负责对本单位承担项目的经费预算调整等事项进行审批。督促项目做好验收和成果总结，加强项目知识产权保护、管理和运用。

（四）建立健全经费管理制度，对本单位使用、外拨项目经费情况实行有效监管，确保经费支出符合国家财政资金的使用要求。接受监督检查、验收和绩效考评，结合项目经费审计和评估验收的意见建议，及时制定和落实整改措施。

第三章　项目立项

第十三条 立项程序

（一）征集建议。根据林业科技发展规划，广泛征集林业生产、管理部门的需求，编制年度项目申报指南，提出支持方向和重点，征集项目建议。

（二）形式审查。对项目建议按照相关原则进行审查，包括是否重复立项，申报人、申报单位、申报材料是否符合要求等。

（三）专家评审。组织专家对项目建议进行评审。

（四）咨询评议。将专家评审结果提交咨询委员会咨询评议，形成项目建议咨询意见。

（五）材料上报。科技司审核咨询委员会的项目建议后，及时报送科技部。

（六）编制方案。根据科技部反馈意见调整项目建议，编制项目实施方案和预算，提出专项总预算及年度预算安排建议，报财政部审批。

（七）项目批复。根据财政部批复，签订项目任务书，下达项目预算。

第十四条 项目建议要求

（一）符合申报指南提出的支持方向和重点。

（二）具有明确的目标和考核指标。

（三）与国家科技计划项目层次区分清楚，避免重复交叉。

（四）项目完成后能够直接投入应用或具有较强应用前景。

（五）项目执行期限一般为3～5年。

第十五条 实施方案内容

（一）项目总体目标、年度目标。

（二）项目研究任务、技术路线和组织实施方式。

（三）项目分年度实施方案。

（四）项目承担单位已有科研条件。

第十六条 预算编制要求

（一）根据项目任务的合理需要，坚持目标相关性、政策相符性和经济合理性原则。

（二）预算编制应同时编制来源预算与支出预算。

来源预算中有自筹经费的，应提供出资证明及其他相关财务资料。自筹经费必须为单位的自有货币资金或专项用于该项目研究的其他货币资金等。

支出预算应按照经费开支范围确定的支出科目和不同经费来源编列，同一科目一般不得同时列支专项经费和自筹经费。支出预算应对各项支出的主要用途和测算理由等进行详细说明。

（三）有多个单位共同承担一个项目的，要同时编制列示各单位承担的主要任务、经费预算等。

（四）预算由项目负责人协助项目承担单位财务部门共同编制。

（五）编制预算时，需要申明项目承担单位现有组织实施条件和资源，以及从单位外部可能获得的共享服务，并针对项目实施可能形成的科技资源和成果，提出社会共享的方案。

第十七条 任务书内容

（一）总体目标、年度目标与具体考核指标。

（二）研究任务、主要技术难点和创新点。

（三）项目年度计划。

（四）项目经费来源与支出预算。

（五）承担单位、协作单位及主要研究人员。

第十八条 项目承担单位条件

（一）一般为中国大陆境内具有独立法人资格的科研院所、高等院校和内资或内资控股企业等，各级行政机关或具有行政职能的事业单位不得作为承担单位和协作单位。

（二）具备一定的技术力量、科研能力条件及相关研究基础，优先支持国家和省部级重点实验室、生态站、工程（技术）研究中心、产业联盟等平台依托单位。

（三）鼓励产学研结合，涉及产业性技术研究的原则上须有相关龙头企业参与。

第十九条 项目负责人条件

（一）具有副高级以上专业技术职称，其中重大项目申报人须为相关领域知名专家，具有正高级职称。有较高的学术水平和开拓创新能力，有较强的组织协调能力，诚信记录良好；用于项目研究时间不少于本人工作时间的50%，在国内工作时间不少于9个月。

（二）同期只能主持一项或参加不超过2项本专项项目。正在主持1项或参加2项国家科技支撑、973、863、948计划等科技计划项目的，不得申请本专项。

（三）重大项目申报人原则上不超过57周岁，其他项目申报人原则上不超过55周岁，年龄计算截至申报年度1月1日。

第四章 项目实施

第二十条 重大事项报告。项目实施过程中除遇到不可抗拒的因素，原则上不允许对相关内容进行调整。如出现计划任务调整、项目人员和协作单位变更、项目预算总额调整及项目协作单位之间的预算调整、试验示范基地变更等重大事项，项目负责人和承担单位应及时按程序逐级上报国家林业局。

第二十一条 国际合作与交流备案。项目人员出国培训、国外专家来华交流，项目承担单位应依据任务书按有关规定办理报批手续，经批准后执行。国际合作与交流任务变更须按程序报批。

第二十二条 年度报告。项目承担单位应于每年12月底前将本年度项目实施情况报科技司。

第二十三条 中期评估。中期评估采取现场查看与专家会议评估相结合的方式，对于评估认定不能继续执行的项目，将终止项目执行。

第五章 重大项目组织

第二十四条 围绕国家生态文明建设战略需求，为解决国家生态建设、林业产业和可持续发展等林业中心工作中的重大技术瓶颈，进一步提升林业科技创新能力，在国家林业公益性行业科研专项中设立重大项目。

第二十五条 重大项目支持重点

（一）林业科学发展中具有战略意义，有望取得重大突破，达到或接近国际先进水平的前沿性基础研究。

（二）围绕森林、湿地、荒漠生态系统和生物多样性保护，开展林木种质资源保护与良种创制、重大生态修复工程、生态安全构建和森林资源提质增效等关键支撑技术的基础性研究及应用研究，以及生态效益评价、绿色经济核算等基础性研究。

（三）林业产业发展亟待解决的重大科学问题，林业产业绿色增长关键技术，对开拓发展林业产业具有重要影响或有重大应用前景的研究，强化技术集成与示范。

第二十六条 重大项目申报要求

（一）申报主体一般是中央级科研机构（包括原林业部直属林业高校，下同）或具备相应实力的省级科研机构。鼓励重点学科、重点领域的优势科技资源强强联合、共同申报。

（二）申报人应具有组建包括科研机构、高等院校或相关企业等在内的重大项目研究团队的能力，并将主要精力投入本项目的研究和管理工作。

第二十七条 重大项目组织实施

（一）需在立项签订任务书后三个月内举行项目启动会，细化各任务实施方案及技术路线。

（二）应聘请5～7名相关领域知名专家对项目进行长期跟踪咨询。

（三）项目执行期结束后一个月内，项目承担单位提出验收申请，经归口管理单位审核同意后报科技司，由科技司会同计财司组织专家组进行验收。

（四）重大项目验收后需加强对项目成果、技术的应用及效果的后评估。验收成绩、项目完成情况及后评估情况等综合考评结果作为后续滚动支持的重要依据。

第六章 经费管理

第二十八条 为适应科研活动规律的需要，落实财政科学化精细化管理要求，建立项目间接成本补偿机制，将项目经费分为直接经费和间接经费。

第二十九条 直接费用是指在项目研究开发过程中发生的与之直接相关的费用，主要包括设备费、材料费、测试化验加工费、燃料动力费、差旅费、会议费、国际合作与交流费、出版/文献/信息传播/知识产权事务费、劳务费、专家咨询费和其他支出等。

（一）设备费：指在项目研究开发过程中购置或试制专用仪器设备，对现有仪器设备进行升级改造，以及租赁外单位仪器设备而发生的费用。设备费预算编制中应当注意严格控制设备购置，鼓励共享、试制、租赁专用仪器设备以及对现有仪器设备进行升级改造，确有必要购买的，单位应当对拟购置设备的必要性、现有同样设备的利用情况以及购置设备的开放共享方案等进行单独说明。

（二）材料费：指在项目研究开发过程中消耗的各种原材料、辅助材料等低值易耗品的采购及运输、装卸、整理等费用。

（三）测试化验加工费：指在项目研究开发过程中支付给外单位（包括项目承担单位内部独立经济核算单位）的检验、测试、化验及加工等费用。

（四）燃料动力费：指在项目研究开发过程中相关大型仪器设备、专用科学装置等运行发生的可以单独计量的水、电、气、燃料消耗费用等。

（五）差旅费：指在项目研究开发过程中开展科学实验（试验）、科学考察、业务调研、学术交流等所发生的外埠差旅费、市内交通费用等。差旅费的开支标准应当按照国家有关规定执行。

（六）会议费：指在项目研究开发过程中为组织开展学术研讨、咨询以及协调项目等活动而发生的会议费用。项目承担单位应当按照国家有关规定，严格控制会议规模、会议数量、会议开支标准和会期。

（七）国际合作与交流费：指在项目研究开发过程中项目研究人员出国及外国专家来华工作的费用。国际合作与交流费应当严格执行国家外事经费管理的有关规定。

（八）出版/文献/信息传播/知识产权事务费：指在项目研究开发过程中，需要支付的出版费、资料费、专用软件购买费、文献检索费、专业通信费、专利申请及其他知识产权事务等费用。

（九）劳务费：指在项目研究开发过程中支付给项目组成员中没有工资性收入的相关研发人员（如在校研究生）和项目组临时聘用人员等的劳务性费用。

（十）专家咨询费：指在项目研究开发过程中支付给临时聘请的咨询专家的费用。专家咨询费不得支付给参与专项经费及其项目管理相关的工作人员。

以会议形式组织的咨询，专家咨询费的开支一般参照高级专业技术职称人员500～800元/人天、其他专业技术人员300～500元/人天的标准执行。会期超过两天的，第三天及以后的咨询费标准参照高级专业技术职称人员300～400元/人天、其他专业技术人员200～300元/人天执行。

以通讯形式组织的咨询，专家咨询费的开支一般参照高级专业技术职称人员60～100元/人次、其他专业技术人员40～80元/人次的标准执行。

（十一）其他支出：指项目在研究开发过程中发生的除上述费用之外的其他支出。其他支出应该在申请预算时单独列示、单独核定。

第三十条 间接费用是指承担项目任务的单位在组织实施项目过程中发生的无法在直接费用中列支的相关费用。主要包括承担项目任务的单位为项目研究提供的现有仪器设备及房屋，水、电、气、暖消耗，有关管理费用的补助支出，以及绩效支出等。

间接费用使用分段超额累退比例法计算并实行总额控制，按照不超过项目经费中直接费用扣除设备购置费后的一定比例核定，具体比例为：500万元及以下部分不超过20%；超过500万元至1000万元的部分不超过13%；超过1000万元的部分不超过10%。

间接费用按项目统一核定，由项目承担单位和项目协作单位根据各自承担的研究任务和经费额度，协商提出分配方案，在项目预算（书）中明确，并分别纳入各自单位财务统一管理，统筹安排使用。项目承担单位和项目协作单位不得在核定的间接费用以外再以任何名义在项目经费中重复提取、列支相关费用。

间接费用中绩效支出是指承担项目任务的单位为提高科研工作绩效安排的相关支出。绩效支出不超过直接费用扣除设备购置费后的5%。绩效支出应当在对科研工作进行绩效考核的基础上，结合科研人员实绩，由所在单位根据国家有关规定统筹安排。

第三十一条 项目承担单位和协作单位应当对项目经费和自筹经费分别单独核算，严格按照本办法规定的经费开支范围和标准办理支出。严禁使用项目经费支付各种罚款、捐款、赞助、投资等，严禁以任何方式变相谋取私利。预算金额严格按照下达的项目预算执行，一般不予调整。确有必要调整时，按照预算调整程序报批。

（一）项目总预算、项目年度预算总额不变的情况下，项目承担单位、协作单位的预算调整，由承担单位向归口管理单位提出申请，经归口管理单位审查同意并报科技司，科技司提出审核意见后报计财司，由计财司报财政部审批。

（二）项目总预算不变的情况下，直接费用中材料费、测试化验加工费、燃料动力费、出版/文献/信息传播/知识产权事务费、其他支出预算如需调整，项目组和项目负责人根据实施过程中科研活动的实际需要提出申请，由项目承担单位审批，在中期财务检查或财务验收时予以确认。设备费、差旅费、会议费、国际合作与交流费、劳务费、专家咨询费预算一般不予调增，如需调减可按上述程序调剂用于项目其他方面支出。间接费用不得调整。

第三十二条 项目承担单位是项目经费使用和管理的责任主体，应当建立健全经费管理制度，完善内部控制和监督制约机制，严格项目预算调整审批程序，按时提出财务验收申请，配合做好财务审计、财务验收等工作，及时按规定办理财务结账手续，并采取有效措施切实保障科研、财务、行政等管理部门对项目实施的全面支撑，积极推动本单位现有仪器设备等科研条件对项目的开放共享。

第三十三条 项目协作单位应自觉接受有关监督检查，并对所承担经费的使用情况负责。

第三十四条 项目承担单位和项目协作单位应当按照国家有关规定强化间接费用的管理，制定具体的管理办法。遵循公开、公平、公正的原则，合理统筹安排绩效支出，提升科研人员工作绩效水平。

第三十五条 项目承担单位应当及时按预算核拨项目协作单位经费，并加强对外拨经费的监督管理。项目承担单位和项目协作单位不得层层转拨、变相转拨经费。

第三十六条 项目承担单位应按照财政部要求及时填报项目预算执行进度，并于每年的4月20日前将上年决算报送国家林业局，由国家林业局审核汇总后报送财政部。

第三十七条 项目结存结余经费的管理，按照《管理办法》有关规定执行。项目结存经费是指未完成项目年度经费预算减去年度实际支出后的余额，项目在研期间，结存经费应当留由项目承担单位结转下一年度按规定继续使用。项目结余经费是指项目结束或因故终止时，项目经费总预算减去实际总支出后的余额，因故终止项目结余经费还应当包括处理已购物资、材料及仪器、设备的变价收入。项目结余经费应当按原渠道收回国家林业局，按照财政部关于财政拨款结转和结余资金管理的有关规定执行。

第七章 项目验收与绩效考评

第三十八条 验收申请。项目完成后，由第一承担单位向归口管理单位提交项目验收申请，由归口管理单位审核同意后以正式文件报送科技司。项目因故不能按规定的执行期完成的，应提前三个月将延期验收申请报送科技司。

第三十九条 现场查定。科技司组织对项目任务书规定的研究任务和考核指标的完成情况进行现场检查，形成查定意见。

第四十条 财务审计。项目承担单位应在项目实施期满后，选择具有审计资质的会计师事务所对项目进行财务审计，财务审计是财务验收的重要依据。

第四十一条 项目验收。包括财务验收和业务验收两个部分。财务验收是业务验收的前提。

（一）财务验收主要以项目预算、财务审计报告以及相关经费管理制度为依据，提出独立的验收意见。存在下列情况之一的，不得通过财务验收：

1. 编报虚假预算，套取国家财政资金；
2. 未对专项经费进行单独核算；
3. 截留、挤占、挪用专项经费；
4. 违反规定转拨、转移专项经费；
5. 提供虚假财务会计资料；
6. 未按规定执行和调整预算；
7. 虚假承诺、自筹经费不到位；
8. 其他违反国家财经纪律的行为。

（二）业务验收主要以项目任务书、项目执行情况验收自评价报告、现场查定意见为依据。存在下列行为之一的，不得通过业务验收：

1. 项目目标任务完成不到85%；
2. 所提供的验收文件、资料、数据不真实，存在弄虚作假；
3. 未经申请或批准，项目承担单位、项目负责人、项目目标、研究内容、技术路线等发生变更；
4. 超过下达的项目任务执行年限半年以上未完成，并且事先未做出说明。

第四十二条 项目承担单位、项目负责人须对验收报告、资料、数据及结论等与项目研究相关材料的真实性、可靠性和完整性负责。

第四十三条 项目通过验收后，项目承担单位应在一个月内按有关规定及时办理财务结账手续。

第四十四条 未通过验收的项目在一个月内提出书面整改报告并逐级上报，整改报告主要包括项目未完成任务情况及原因、拟采取的整改措施、整改工作进度安排等内容。

第四十五条 未通过验收的项目，项目负责人5年内不得申报本专项，并对项目承担单位申报新项目采取调控措施。

第四十六条 项目绩效考评。国家林业局结合财务验收和业务验收，逐步建立对项目经费的绩效考评制度。

第八章 监督管理

第四十七条 各级管理部门应按照职责范围重点对项目执行情况、组织管理、配套条件落实、经费管理等进行监督检查。

第四十八条 承担单位应加强对项目组织安排、执行进度、技术保障和经费使用的监督检查。项目负责人必须严格执行项目任务书和经费预算，确保研究目标的实现和经费的规范使用，并接受上级机关的监督检查。

第四十九条 对不接受监督检查，将予以停拨经费或通报批评。对于弄虚作假，伪造材料、剽窃他人科技成果及截留、挪用、挤占项目经费的，一经发现，撤销项目，追回已拨经费，项目负责人5年内不得申报本专项。

第五十条 加强信用管理，对项目承担单位和项目协作单位、项目负责人、咨询专家等在实施专项中的信用情况进行客观评价和记录，并作为其参与科技计划活动的重要依据。

第九章 资产与知识产权管理

第五十一条 项目经费应当严格执行政府采购、招投标、资产管理等的规定。专项形成的固定资产属国有资产，一般由项目承担单位进行管理和使用，资产的处置按照国家有关规定执行，国家有权调配用于相关科学研究开发。企业使用项目经费形成的固定资产，按照《企业财务通则》等相关规章制度执行。

第五十二条 加强对项目实施过程中产生的研究成果在林业生产实践中的应用，并及时采取知识产权保护措施，依法取得相关知识产权，保障研究人员的合法权益。

第五十三条 项目研究过程中形成的无形资产，由承担单位负责管理和使用。研究成果转化及无形资产使用产生的经济效益按照《中华人民共和国促进科技成果转化法》和国家有关财务制度的规定执行。

第五十四条 项目承担单位应与各协作单位约定成果和知识产权的权益分配，不得有恶意垄断成果和知识产权等行为。

第五十五条 专著、论文等成果需第一标注“林业公益性行业科研专项经费资助”（英文：Special Fund for Forest Scientific Research in the Public Welfare）字样及项目编号。

第十章 附 则

第五十六条 本实施细则由国家林业局负责解释。

第五十七条 本实施细则自2014年3月1日起施行，有效期至2019年2月28日。

国家林业局公告

国家林业局公告

2014年第1号

根据《国家林业局 国家工商行政管理总局关于对利用野生动物及其产品的生产企业进行清理整顿和开展标记试点工作的通知》（林护发〔2003〕3号）和《国家林业局 卫生部 国家工商行政管理总局 国家食品药品监督管

理局 国家中医药管理局关于进一步加强麝、熊资源保护及其产品入药管理的通知》(林护发〔2004〕252 号)的有关规定，现将本批试点使用“中国野生动物经营利用管理专用标识”的企业及其产品公告如下：

一、以下所列企业生产、销售的下列中成药产品

序号	省份	企业名称	中药名称	备注
1	山西	山西广誉远国药有限公司	安宫牛黄丸、牛黄清心丸	人工繁育麝类所获的天然麝香
2	北京	北京华邈中药工程技术开发中心	象皮粉	

二、以下所列企业生产、销售的下列野生动物制品

序号	省份	企业名称	产品名称
1	北京	北京绿神鹿业有限责任公司	梅花鹿、马鹿产品
2		北京龙瀛进出口有限责任公司	梅花鹿、鸵鸟产品；野生动物皮张、皮制品、工艺品
3	河北	秦皇岛市腾乐畜牧养殖有限公司	梅花鹿产品
4	上海	上海怡亚通供应链有限公司	野生动物皮制品
5		蔻驰贸易(上海)有限公司	野生动物皮制品
6	浙江	温州士福梅花鹿养殖有限公司	梅花鹿产品
7	甘肃	甘肃海旺鹿业有限责任公司	梅花鹿产品

三、自本公告发布之日起，国家林业局公告 2013 年第 5 号公布的有关象牙制品加工、销售企业名称及指定加工销售场所进行以下相应变更。

(一)象牙制品指定加工场所变更表

省份	加工企业	原加工场所	变更后场所
北京	北京通和堂工艺美术品有限公司	北京市朝阳区十八里店张家店 292 号 1 层	北京市朝阳区东四环南路 56 号 E 座 3 层东
广东	佛山市合神工艺品有限公司	广东省佛山市南海区大沥镇盐步联安小桥工业区 1 号	广东省佛山市大沥镇盐步联安大道西瑶路段自编 167 号之二

(二)象牙制品指定销售场所变更表

省份	所属单位名称	原销售场所	变更后场所
北京	中国工艺美术(集团)公司	北京市海淀区复兴路 29 号 4 层 410 号中国工艺美术(集团)珍宝馆万寿路店	北京市海淀区复兴路 33 号 5 层 A 区中国工艺美术(集团)珍宝馆万寿路店
		杭州市武林广场 1 号杭州大厦 C 座五层	杭州市拱墅区华浙广场 2－3 号杭州大厦购物城 D 座 2 层
	北京博雅鸿运艺术品有限公司	北京市朝阳区惠新东街 2 号国际珠宝交易中心三层 C7 号博艺楼珠宝行	北京市朝阳区惠新东街 2 号国际珠宝交易中心四层 C1 号博艺楼珠宝行
北京	北京瑞象坊艺术有限公司	北京市朝阳区百子湾东里 403 号楼负 102 室	北京市朝阳区华威南路弘善家园 108 号楼北京古玩城 C 座 1003、1005、1006 号
	福建中元艺术品有限公司	北京市西城区西绒线胡同 28 号楼一层 1105 号	北京市朝阳区潘家园东里 26 号楼潘家园工美大厦古玩城二层 2001 室北京悦榕庄工艺品店
广东	广州市大新象牙工艺厂	广州市荔湾路陈家祠堂 48 号自编 2 栋 2－3 楼广州市穗隆工艺美术中心有限公司	广州市荔湾路陈家祠道 48 号自编 2 栋 2－3 楼广州市穗隆工艺美术中心有限公司
		广州市珠海区同福中路 348 号之 1－2 号 3A 房广州市日照龙城投资咨询有限公司	广州市海珠区同福中路 348 号之 1－2 号 3A 房广州市日照龙城投资咨询有限公司
		北京市东城区法华寺街 91 号四号馆二层 25 号北京天昊博瑞国际体育交流有限公司	北京市东城区法华寺街 91 号四号馆二层 5 号北京天昊博瑞国际体育交流有限公司

2014 年 1 月 27 日

国家林业局公告

2014 年第 6 号

2013 年 7 月，在黑龙江省杜尔伯特蒙古族自治县首次发现松树蜂(*Sirex noctilio* Fabricius)危害。同年 8 月，在海南省万宁市兴隆旅游区首次发现椰子织蛾(*Opisina arenosella* Walker)危害。基于风险分析结果，根据《植物检疫条例实施细则(林业部分)》，我局决定将松树蜂和椰子织蛾增列为全国林业危险性有害生物。

2014 年 3 月 10 日

国家林业局公告

2014 年第 7 号

根据《国务院关于取消和下放一批行政审批项目的决定》(国发〔2014〕5 号)要求，现将我局下放的行政审批项目(见附件)予以公布。

2014 年 3 月 6 日

附件 国家林业局下放的行政审批项目

序号	项目名称	承办单位	其他共同审批部门	设定依据	项目处理决定
1	营造林工程监理员职业资格审核	造林司	无	《中华人民共和国劳动法》 《劳动和社会保障部办公厅关于加强职业技能鉴定质量管理有关工作的通知》(劳社厅发〔2003〕18 号) 《劳动和社会保障部办公厅关于印发第八批林木种苗工等 65 个国家职业标准的通知》(劳社厅发〔2004〕1 号)	下放至省级人民政府林业主管部门

国家林业局公告

2014 年第 8 号

根据《中华人民共和国种子法》第十六条的规定，现将由国家林业局林木品种审定委员会审定通过的毅杨 1 号等 27 个品种和认定通过的南方四季杨等 10 个品种作为林木良种予以公告。自公告发布之日起，这些品种在林业生产中可以作为林木良种使用，并在本公告规定的适宜种植范围内推广。

特此公告。

2014 年 4 月 11 日

林木良种名录

审定通过品种

毅杨 1 号

树种：杨树

学名：*Populus* × ‘Yiyang 1’

类别：品种

通过类别：审定

编号：国 S—SV—PY—001—2013

品种特性

毛新杨与截叶毛白杨杂交种，雄株。树干通直，树形开展，分枝角大于 45°。在山东省宁阳县 7 年生试验林毅杨 1 号平均单株材积比对照 LM50 杨提高 52.7%。6 年生毅杨 1 号的木材基本密度为 0.3177g/cm^3，纤维长度 1059.341μm，纤维长宽比 44.830；其木材化学组分中综纤维素和纤维素含量分别为 77.35% 和 49.14%。可作园林绿化品种和营造短周期纸浆原料林。

栽培技术要点

春季和秋末冬初造林，树穴规格 60 × 60 × 60cm，培育纸浆材常用株行距是 2m × 3m、3m × 3m 和 3m × 4m。造林后立即浇透水，及时开展施肥、中耕锄草、整形修枝、病虫害防治等项管理措施。

适宜种植范围

河北、山东等毛白杨适宜栽培区。

毅杨2号

树种：杨树

学名：*Populus* ×‘Yiyang 2’

类别：品种

通过类别：审定

编号：国S—SV—PY—002—2013

品种特性

毛新杨与截叶毛白杨杂交种，雌株。树干通直，树形开展，分枝角大于45°。在山东省宁阳县毅杨2号7年生试验林平均单株材积比对照鲁毛50杨提高65.5%。6年生毅杨2号的木材基本密度为0.3248g/cm^3，纤维长度1059.098um，纤维长宽比38.262；其化学组分中综纤维素和纤维素含量分别为76.29%和49.52%。可用于营造短周期纸浆原料林。

栽培技术要点

春季和秋末冬初造林，树穴规格60×60×60cm，造林后立即浇透水。培育纸浆材常用株行距为2m×3m、3m×3m和3m×4m。造林后及时开展施肥、中耕锄草、整形修枝、病虫害防治等项管理措施。

适宜种植范围

河北、山东等毛白杨适宜栽培区。

毅杨3号

树种：杨树

学名：*Populus* ×‘Yiyang 3’

类别：品种

通过类别：审定

编号：国S—SV—PY—003—2013

品种特性

毛新杨与鲁毛50杨杂交种，雄株。树干通直，窄冠，分枝角小于40°。在山东省冠县7年生毅杨3号试验林平均单株材积比对照鲁毛50杨高12.0%。木材基本密度为0.3259g/cm^3，纤维长度872.895μm，纤维长宽比37.742；其化学组分中综纤维素和纤维素含量分别为75.81%和48.36%。可作园林绿化和营造短周期纸浆原料林。

栽培技术要点

春季和秋末冬初造林，树穴规格60×60×60cm，造林后立即浇透水。培育纸浆材常用株行距是2m×3m、3m×3m和3m×4m。造林后及时开展施肥、中耕锄草、整形修枝、病虫害防治等项管理措施。

适宜种植范围

河北、山东等毛白杨适宜栽培区。

黄淮3号杨

树种：杨树

学名：*Populus deltoides*‘Huanghuai 3’

类别：品种

通过类别：审定

编号：国S—SV—PD—004—2013

品种特性

美洲黑杨种内杂交种，雌株。在河南焦作6年生黄淮3号平均树高17.58m，胸径平均生长量为18cm，单株平均材积为0.1651m^3，分别超过当地主栽品种中林46的15.73%、28.02%和75.53%。6年生黄淮3号杨木材基本密度为0.4270g/cm^3，纤维长度为888.0μm，纤维宽度为21.97μm，综纤维素含量为83.08%，木质素含量为26.67%。可作纸浆材、胶合板材。

栽培技术要点

造林前浸泡2~3天。生长期每年冬季要及时修去竞争枝。培育纸浆材，造林密度是3m×4m为宜；培育大径材则株行距为5m×6m或6m×6m。育苗以培育种条供繁殖时，每亩应在4000~4500株，培育造林苗木时，则每亩不应高于3000株。

适宜种植范围

河南、安徽等美洲黑杨适宜栽培区。

创新杨

树种：杨树

学名：*Populusdeltoides*‘chuangxin’

类别：品种

通过类别：审定

编号：国S—SV—PD—005—2013

品种特性

美洲黑杨种内杂交种，雄株，北方型美洲黑杨，冠幅中等。12年生创新杨基本密度0.388g/cm^3，纤维长1296.47μm，纤维宽22.47μm；α—纤维素含量为44.493%，综纤维素含量78.58%，木质素含量17.96%，1% NaOH抽提物17.62%。可作纸浆材和胶合板材。

栽培技术要点

造林前造林苗木须浸泡2周以上，以提高其造林成活率，每年修去竞争枝，每年应中耕1~2次。纸浆材密度4m×3m，大径材密度5m×6m或6m×6m。

适宜种植范围

北京、内蒙古、山西、河南等美洲黑杨适宜栽培区。

上庄油松一代无性系种子园种子

树种：油松

学名：*Pinus tabulaeformis*

类别：种子园种子

通过类别：审定

编号：国S—CSO(1)—PT—006—2013

品种特性

种子平均千粒重60g。在21年生造林试验中，上庄油松一代无性系种子园种子造林保存率比普通种子高10%左右，高生长为普通种子的111%~128%，胸径为普通种子的115%~133%。21年生平均树高8.2m，平均胸径15.7cm，单株材积0.082m^3。可用于荒山造林，采集花粉和园林绿化等。

栽培技术要点

立地条件较好时，用2年生裸根壮苗或3年生带母土苗造林，纯林密度110株/亩。困难立地造林时，用容器苗造林，造林三年内注意割灌、除草等抚育管理。

适宜种植范围

适于山西、陕西、内蒙古、甘肃等省区海拔800~1800m的山地、丘陵栽培。

金禾女贞

树种：小蜡

学名：*Ligustrum sinense*‘Jinhe’

类别：品种

通过类别：审定
编号：国 S— SV—LS—007—2013
品种特性
常绿，多枝丛生灌木或小乔木，高 2 ~ 3m。春、秋、冬季节叶色呈柠檬黄，夏季翠绿色；圆锥花序长 4 ~ 10cm；花白色，芳香，花期 5 ~ 7 月。可作为道路、高速公路的隔离带、公园等观赏绿化品种。
栽培技术要点
容器苗除 7 ~ 8 月高温干旱季节之外，其他时间都可移栽；穴盘苗或网袋苗移栽时间为 9 月中旬至翌年 5 月中旬。定植后加强水肥管理，松土除草。
适宜种植范围
适于浙江、重庆、福建等省栽培。
华仲 10 号
树种：杜仲
学名：*Eucommia ulmoides* ‘Huazhong 10’
类别：品种
通过类别：审定
编号：国 S—SV—EU—008—2013
品种特性
树皮浅纵裂型，7 年生胸径 8.38cm，树皮厚 0.31cm。树皮含胶率 9.66%，树皮杜仲橡胶密度 15.79mg/cm。果实椭圆形，9 月中旬至 10 月中旬成熟，果形指数 2.97。果实含胶率 12.10%，种仁粗脂肪含量 25%~29%，α—亚麻酸含量 67.6%。用于中药产业。
栽培技术要点
需要配置授粉树，其适宜的授粉品种是‘华仲 1 号’杜仲和‘华仲 5 号’杜仲，授粉品种的比例 5%~ 10%。栽植密度为 4m ×4m ~ 2m ×3m，每亩 42 ~ 110 株。自然开心形和两层疏散开心形修剪，环剥、环割前 1 周浇透水，适宜的环剥时间为 5 月下旬~ 6 月下旬。
适宜种植范围
河南、湖北等省杜仲栽培区。
爱神玫瑰
树种：葡萄
学名：*Vitis vinifera* ‘Aishenmeigui’
类别：品种
通过类别：审定
编号：国 S— SV—VV—009—2013
品种特性
果穗圆锥形带副穗，平均穗长 14.6cm，平均穗重 220.3g。果粒椭圆形，紫红色或紫黑色，平均单株产量为 6.4kg，平均单粒重 2.3g，最大单粒重 3.5g。果肉中等脆，味酸甜，有玫瑰香味，种子不发育，可溶性固形物含量为 17%~ 19%，可滴定酸含量为 0.71%。在北京地区 7 月 26 ~ 28 日浆果成熟。鲜食。
栽培技术要点
篱架栽培时，大树成形后，及时间伐，冬剪以中长梢修剪为宜，花前轻摘心，同时去除卷须和副梢。在温室栽培时，新梢与主蔓之间的角度 90°左右，每个枝条留 1 ~ 2 个花穗，注意适时采收，过晚会引起落粒。果实着色期到成熟期少量多次的喷施钾肥。
适宜种植范围
北京、黑龙江、安徽、甘肃等葡萄适宜栽培区。
鲁枣 9 号
树种：枣
学名：*Ziziphus jujuba* ‘Luzao 9’
类别：品种
通过类别：审定
编号：国 S—SV—ZJ—010—2013
品种特性
树势较强，果实平顶锥形，平均单果重 12.4g，最大单果重 14.7g，果皮鲜红色，鲜枣可溶性固形物含量 34%，可食率 93.0%，Vc 含量 293mg/100g。在山东泰安，9 月上中旬成熟。2010 年至 2012 年三年的平均亩产分别为 382.6kg、448.1kg 和 496.3kg。制干、鲜食兼用。
栽培技术要点
选根颈直径 0.8 cm、苗高 80 cm 根系良好的优质苗木栽植。平原地株行距 2 m ~ 3 m × 3 m ~ 4 m，山区按等高线 1.5m 株距定植。适宜树形自然圆头形或主干疏层形。修剪以生长季为主，无须环剥和配置授粉树，初花期新梢摘心，盛花初期喷施 10mg/L 赤霉素，促进坐果；其他管理按常规进行。
适宜种植范围
山东、河北、山西、新疆等枣适宜栽培区。
鲁枣 12 号
树种：枣
学名：*Ziziphus jujuba* ‘Luzao12’
类别：品种
通过类别：审定
编号：国 S—SV—ZJ—011—2013
品种特性
果实倒卵形，两端齐平，平均单果重 17.4g，最大单果重 20.6g，可溶性固形物含量 36.5%，维生素 C 含量 249mg/100g，出干率 62.8%。在山东泰安果实成熟期 9 月上中旬，2010 年至 2012 年平均亩产分别为 300.5kg、319.6kg 和 433.1kg。制干。
栽培技术要点
选根颈直径 0.8cm、苗高 80cm 根系良好的优质苗木栽植。平原地株行距 2m ~ 3m × 3m ~ 4m，山区按等高线 1.5m 株距定植。适宜树形自然圆头形或主干疏层形。修剪以生长季为主，无须环剥和配置授粉树，初花期新梢摘心，盛花初期喷施 10mg/L 赤霉素，促进坐果；其他管理按常规进行。
适宜种植范围
山东、河北、山西、新疆等枣适宜栽培区。
鲁枣 14 号
树种：枣
学名：*Ziziphus jujuba* ‘Luzao14’
类别：品种
通过类别：审定
编号：国 S—SV—ZJ—012—2013
品种特性
果实短卵圆形，平均单果重 5.2g，最大单果重 5.6g，果实大小均匀，果皮橙红色。味酸甜，鲜枣可溶性固形物含量 33.2%，维生素 C 含量 763mg/100g，总酸 2.14%。在山东泰安果实 9 月中旬完熟，2010 ~ 2012

年平均亩产分别为 412.9kg、478.6kg 和 533.9kg。鲜食。

栽培技术要点

选根颈直径 0.8cm、苗高 80cm 根系良好的优质苗木栽植。平原地株行距 2m~3m × 3m~4m，山区按等高线 1.5m 株距定植。适宜树形开心形或小冠疏层形。修剪以生长季为主，无须环剥和配置授粉树，初花期新梢摘心，盛花初期喷施 10mg/L 赤霉素，促进坐果；其他管理按常规进行。

适宜种植范围

山东、河北、山西、新疆等枣适宜栽培区。

七月鲜

树种：枣

学名：*Ziziphus jujuba* ‘Qiyuexian’

类别：品种

通过类别：审定

编号：国 S—SV—ZJ—013—2013

品种特性

果实长圆形，深红色，果个大，鲜枣平均单果重 28.3g，可溶性固形物含量 29.8%，可食率 97.2%。含总糖 65.4%，总酸 0.860%。在新疆 9 月下旬成熟，4 年生树鲜枣亩产 1713kg。鲜食、制干兼用。

栽培技术要点

选日照充足，土层深厚的地方，按株行距 2m × 3m 或 1m × 3m 定植，一般每亩定植 110 株或 220 株。秋栽宜在落叶后封冻前进行，春栽在解冻后发芽前进行。高密度园适宜树形为细长纺锤形，低密度园适宜树形为矮冠疏层形。

适宜种植范围

陕西、新疆等枣适宜栽培区。

金谷大枣

树种：枣

学名：*Ziziphus jujuba* ‘Jingudazao’

类别：品种

通过类别：审定

编号：国 S—SV—ZJ—014—2013

品种特性

树体中等大，树姿半开张，果形为长圆柱形，深红色，平均单果重 24.10g，鲜枣可溶性固形物含量 36.80%，总糖含量 29.68%，酸含量 0.63%，维生素 C 含量 361.88mg/100 g，可食率 97.7%。制干率 54.6%，在山西太谷地区，9 月下旬果实完全成熟。5 年后进入盛果期，平均亩产 1523.6kg。鲜食、制干兼用。

栽培技术要点

选择土层肥厚、有机质含量高的砂壤土栽植。适宜于中度密植或计划密植栽培，株行距为 2.0~3.0m × 3.0~4.0m，密植株距为 1.5m。适宜树形为小冠疏层形或主干疏层形，树高控制在 2.5~3.0m，干高 60~80cm。该品种的幼龄枝结果能力较强，为实现其连年丰产稳产，一般 3~4 年生的初果期树亩产应控制在 300~350kg，5 年后进入盛果期不应超过 1600kg。

适宜种植范围

陕西、甘肃、新疆等省区枣适宜栽培区。

金昌 1 号

树种：枣

学名：*Ziziphus jujuba* ‘Jinchang 1’

类别：品种

通过类别：审定

编号：国 S—SV—ZJ—015—2013

品种特性

树体中等大小，树冠半圆形，果实呈短柱形，平均单果重 30.2g，最大单果重 78g。在山西太谷地区，9 月下旬为完熟期。鲜枣可食率达 98.6%，可溶性固形物含量 36.8%，总糖含量 28.78%，含酸量 0.74%，维生素 C 含量 390.8mg/100g。干枣含糖量 68.3%，制干率 58.3%。鲜食、制干兼用。

栽培技术要点

栽植时期一般为 3 月中旬至 4 月中旬，栽植密度为 2m~3m×3m~4m。全年追肥 3 次树形以纺锤形为宜。冬剪主要培养主枝，花期喷洒植物生长调节剂等方法促进枣树坐果。需控制产量，合理负载。

适宜种植范围

陕西、甘肃、新疆等省区枣适宜栽培区。

秋蜜红

树种：桃

学名：*Prunus persica* ‘Qiumihong’

类别：品种

通过类别：审定

编号：国 S— SV—PP—016—2013

品种特性

树姿半开张，长势中庸。果实圆形，顶端有很小的突起，平均单果重 332g，最大果重 438g。郑州地区 9 月 16 日果实成熟，果实可溶性固形物为 16.3%~20.3%，总糖 13.6%~14.3 %，总酸 0.43%~2.18%，维生素 C16.3mg/100g。鲜食。

栽培技术要点

在山区、丘陵或瘠薄的土地可采用株行距 2m×5m 或 3m×4m，平原肥沃的土地应适采用株行距 2m×5m 、4m×5m 或 3m×5m，分别按 Y 字形和开心形整枝；重视夏季修剪，冬剪宜轻。注重疏花疏果，盛果期亩产应控制在 2500kg 以内，丰产期后应注意增施有机肥，推荐进行套袋栽培，果实发育后期注意防治桃小食心虫、桃蛀螟。

适宜种植范围

河南省、山东省、甘肃等省桃适宜栽培区。

晚蜜

树种：桃

学名：*Prunus persica*‘Wanmi’

类别：品种

通过类别：审定

编号：国 S— SV—PP—017—2013

品种特性

树姿半开张，果实近圆形，果顶圆，微凸，平均单果重 230g，最大果重 350g。在北京地区果实 9 月底至 10 月初成熟，果皮底色淡绿至黄白色，果面 1/2 以上着紫红色晕，可溶性固形物含量 12%~16%。总糖 9.14%，总酸 0.2%，维生素 C 5.47mg/100g。粘核。鲜食。

栽培技术要点

自然开心形整枝可采用株行距3m～4m×5m～6m进行定植，‘Y’型整枝采用株行距2m～3m×5m～6m进行定植。采收后立即施基肥，花后1个月(硬核开始)进行追肥，以施N为主，三元素配合使用，或施用N、P复合肥，采收前20～30天，以速效性K肥为主。严格疏果，适时采收。

适宜种植范围

北京、河北、山东等省市桃适宜栽培区。

瑞光28号

树种：桃

学名：*Prunus persica* ‘Ruiguang 28’

类别：品种

通过类别：审定

编号：国S—SV—PP—018—2013

品种特性

树姿半开张。果实近圆形至短椭圆形，平均单果重260g，最大果重650g。在北京地区，7月下旬果实成熟，皮底色为黄色，果面80%以上着紫红色晕，可溶性固形物含量12%，可溶性糖含量9.25%，可滴定酸含量0.24%，维生素C含量24.69mg/100g，粘核。鲜食。

栽培技术要点

自然开心形整枝可采用株行距3m～4m×5m～6m进行定植，‘Y’型整枝采用株行距2m～3m×5m～6m进行定植。加强施肥管理，该品种雌蕊明显高于雄蕊，建议配置授粉树，产量每亩控制在2000kg左右。推荐果实套袋栽培，重视夏季修剪，注意适时分批采收。

适宜种植范围

北京、河北、山东等省市桃适宜栽培区。

清香

树种：核桃

学名：*Juglans regia* ‘Qingxiang’

类别：品种

通过类别：审定

编号：国S—SV—JR—019—2013

品种特性

树体中等大小，树姿半开张。8年生树高3.9m，果实长椭圆形，平均单果重14.6g，出仁率52%～53%。种仁含蛋白质15.9%。粗脂肪69.9%。碳水化合物9.8%。V_{B1} 0.5mg，V_{B2} 0.08mg，8年生平均亩产144.7kg。生食或作为育种材料。

栽培技术要点

选择背风向阳的丘陵缓坡地、平地或排水良好的沟坪地，挖1m×1m×1m的栽植穴，并施入基肥，需要配置授粉树，如礼品2号、绿波、辽宁5号、中林5号等。一般可采用4m×6m的株行距，树形应根据分枝情况采用主干分层形或自由纺锤形，注意水肥管理。

适宜种植范围

河北、河南、山东等省核桃适宜栽培区。

红栗2号

树种：板栗

学名：*Castanea mollissima* ‘Hongli ’

类别：品种

通过类别：审定

编号：国S—SV—CM—020—2013

品种特性

树冠高圆头形，多年生枝深褐色，一年生枝紫红色；出实率50.8%，坚果椭圆形，红褐色，平均单粒重10.3g，含水率51.1%、淀粉61.4%、可溶性总糖28.4%、脂肪1.8%，在山东泰安地区9月中下旬成熟，5年后平均亩产320kg以上。炒食。

栽培技术要点

丘陵山地栽植密度以3m×3m或3m×4m为宜；平原与河滩地以3m×5m或4m×5m为宜。授粉品种可采用石丰、黄棚、泰安薄壳等中晚熟品种。树形采用自然开心形和延迟开心形。每年施基肥1次，追肥2次，秋施基肥4000kg/亩，新梢速长期以追施N肥为主，果实膨大期追施P、K肥。5～7月注意及时预防红蜘蛛为害。

适宜种植范围

河北南部、山东、湖南等省板栗适宜栽培区。

岱岳早丰

树种：板栗

学名：*Castanea mollissima* ‘Daiyuezaofeng’

类别：品种

通过类别：审定

编号：国S—SV—CM—021—2013

品种特性

树冠圆头形，树姿开张。坚果椭圆形，红褐色，果肉黄色，单粒重10g以上，平均含水量51.5%，干样含淀粉55.0%，可溶性总糖28.9%，脂肪2.5%，蛋白质10.2%，在山东泰安8月下旬成熟，盛果期亩产可达240kg以上。炒食为主，也可加工制作其他板栗产品。

栽培技术要点

丘陵山区株行距以3m×4m或2m×4m为宜，平原地区以3m×5m或4m×5m为宜。树形宜采用自然开心形。每年在萌芽前、开花前后和果实膨大期追肥3次，施肥后视墒情及时灌水。

适宜种植范围

河北南部、山东、湖南等省板栗适宜栽培区。

东岳早丰

树种：板栗

学名：*Castanea mollissima* ‘Dongyuezaofeng’

类别：品种

通过类别：审定

编号：国S—SV—CM—022—2013

品种特性

树姿直立，树势开张。坚果椭圆形，红棕色，平均单粒重11.5g；果肉黄色，含水量47.5%、淀粉含量53.1%、糖含量30.9%、脂肪含量2.5%、蛋白质含量10.1%，在山东泰安地区8月底至9月初成熟，5年后每亩产量稳定在320kg以上。炒食为主，也可加工制作其他板栗产品。

栽培技术要点

丘陵山地栽植密度，以3m×3m或3m×4m为宜；肥水条件好、土层深厚的平原与河滩地，以3m×5m或4m×5m为宜。授粉品种可采用泰栗1号、早丰、鲁岳早丰、黄棚等早、中熟品种。树形以自然开心形为主，每年施基肥1次，追肥2次，秋施基肥4000kg/亩，春季新梢生长期追施N肥，7、8月份果实膨大期追施P、K肥。

适宜种植范围

河北南部、山东、湖南等省板栗适宜栽培区。

楚伊

树种：沙棘

学名：*Hippophae rhamnoides*‘Chuyi’

类别：无性系

通过类别：审定

编号：国S—SC—HR—023—2013

品种特性

灌木，树冠开张，棘刺较少。果实成熟期8月上旬，圆柱形，橙色，果柄长2~3mm，平均单果重0.6g，盛果期平均单株产量3kg，种子千粒重14~18g，种子产量160kg/ha，果实Vc含量96.3mg/100g，水解总黄酮含量10.9mg/100g；种子VE含量9.8mg/100g，水解总黄酮含量144.9mg/100g，不饱和脂肪酸含量80.9%。生态、经济兼用树种。

栽培技术要点

选择2年生扦插苗，人工管理的地块可选择2m×3m，如果选用机械管理的地块可选择2m×5m。雌雄按8:1配置，栽植时按“田字排列法”定植。适时中耕除草，中耕深度为4~5cm，每年3~4次，杂草控制在10cm以内；土壤持水量保持在60%~80%左右。

适宜种植范围

内蒙古、黑龙江、新疆等省区沙棘适宜栽培区。

浑金

树种：沙棘

学名：*Hippophae rhamnoides*‘Hunjin’

类别：无性系

通过类别：审定

编号：国S—SC—HR—024—2013

品种特性

灌木，树冠开张，棘刺较少。果实成熟期8月下旬，卵圆形，橙黄色，果柄长3~4mm，平均单果重0.4g，盛果期平均单株产量2kg，种子千粒重12~15g，种子产量150kg/ha，果实Vc含量95.48mg/100g，水解总黄酮含量16.64mg/100g；种子VE含量8.74mg/100g，水解总黄酮含量223.38mg/100g，不饱和脂肪酸含量75%。生态、经济兼用树种。

栽培技术要点

选择2年生扦插苗，人工管理的地块可选择2m×3m，如果选用机械管理的地块可选择2m×5m。雌雄按8:1配置，栽植时按“田字排列法”定植。适时中耕除草，中耕深度为4~5cm，每年3~4次，杂草控制在10cm以内；土壤持水量保持在60%~80%左右。

适宜种植范围

内蒙古、黑龙江、新疆等省区沙棘适宜栽培区。

橙色

树种：沙棘

学名：*Hippophae rhamnoides*‘Chengse’

类别：无性系

通过类别：审定

编号：国S—SC—HR—025—2013

品种特性

灌木，树冠开张，棘刺较少。果实成熟期9上旬，卵圆形，橙红色，果柄长8~10mm，平均单果重0.45g，盛果期平均单株产量3kg，种子千粒重17g，种子产量150kg/ha，果实Vc含量177.04mg/100g，水解总黄酮含量3.6mg/100g；种子VE含量11.94mg/100g，水解总黄酮含量165.35mg/100g，不饱和脂肪酸含量50%。生态、经济兼用树种。

栽培技术要点

选择2年生扦插苗，人工管理的地块可选择2m×3m，如果选用机械管理的地块可选择2m×5m。雌雄按8:1配置，栽植时按“田字排列法”定植。适时中耕除草，中耕深度为4~5cm，每年3~4次，杂草控制在10cm以内；土壤持水量保持在60%~80%左右。

适宜种植范围

内蒙古、黑龙江、新疆等省区沙棘适宜栽培区。

强桑1号

树种：桑树

学名：*Morus multicaulis*‘Qiangsang 1’

类别：品种

通过类别：审定

编号：国S—SV—MM—026—2013

品种特性

鲁桑系(M. multicaulis L.)，二倍体，树形直立，树冠紧凑，叶长心形，叶色深绿色，100cm^{2}叶重3.9g，在杭州栽培叶片成熟期4月28日~5月2日。每米条产叶量春季为151g，秋季为138g，属中生中熟品种。桑产叶量为35.58 t/hm^2，万蚕收茧量比湖桑32号提高6.5%。主要用于养蚕。

栽培技术要点

每亩栽植800~1000株，种植定干后，宜进行连续两年春伐，需要充足的肥水，每年春节前开展整枝、修拳、剪梢等管理工作，加强对桑蛀虫的防治，在桑疫病发生严重地区慎栽。

适宜种植范围

山东、安徽、浙江、陕西等省桑树适宜栽培区。

强桑2号

树种：桑树

学名：*Morus multicaulis*‘Qiangsang 2’

类别：品种

通过类别：审定

编号：国S—SV—MM—027—2013

品种特性

鲁桑系(M. multicaulis L.)，四倍体。树形矮壮开展，叶阔心形，正绿色，单叶重 9g；$100cm^2$ 叶重 2.468g，每米条产叶量约 241.7 g，属中生中熟品种。桑产叶量为 29.93 t/hm^2，万蚕收茧量比荷叶白提高 4.49%。主要用于养蚕。

栽培技术要点

每亩栽植 800～1000 株，种植定干后，宜进行连续两年春伐，需要充足的肥水，每年春节前开展整枝、修拳、剪梢等管理工作，加强对桑蛀虫的防治，在桑疫病发生严重地区慎栽。

适宜种植范围

山东、安徽、浙江、陕西等省桑树适宜栽培区。

认定通过品种

南方四季杨

树种：杨树

学名：*Populus deltoids* × *P. nigra*

类别：引种驯化品种

通过类别：认定(5 年)

编号：国 R—ETS—PD—001—2013

品种特性

雄株，1990 年从巴基斯坦引进。四季常绿或半常绿，胸径年生产量 3～5cm，高生长年生长量可达 2～3m，11 年生木材纤维长度为 1.0mm，基本密度为 0.47kg/m。可作园林绿化或培育纸浆材、板材。

栽培技术要点

栽培时间以当年停止生长到第二年萌动前，挖 50～100cm×50～100cm×30～65cm 定植穴，株行距 2m×3m，造林后浇定根水。

适宜种植范围

四川、重庆、云南、浙江等省杨树适宜栽培区。

北杨

树种：杨树

学名：*Populus deltoides*‘Beiyang’

类别：无性系

通过类别：认定(5 年)

编号：国 R—SC—PD—002—2013

品种特性

雄株，北方型美洲黑杨，冠幅中等。北京地区 12 年生北杨平均胸径 34.9cm，平均树高 25.5m，单株材积 $0.7692m^3$。12 年生北杨基本密度 0.401g/cm^3，纤维长 1375.03μm，纤维宽 25.08μm；α—纤维素含量为 42.29%，综纤维素含量 77.97%，木质素含量 18.07%，1% NaOH 抽提物 17.45%。可作纸浆材、胶合板材和锯材。

栽培技术要点

造林前造林苗木须浸泡 2 周以上，每年应修去竞争枝，中耕 1～2 次。纸浆材密度 4×3m，大径材密度 5×6m 或 6×6m。

适宜种植范围

北京、内蒙古、河南、陕西等省市杨树适宜栽培区。

朝霞楸

树种：楸树

学名：*Catalpa bungei*‘Zhaoxia’

类别：无性系

通过类别：认定(5 年)

编号：国 R—SC—CB—003—2013

品种特性

造林 4 年时开花，以后花量逐渐增大，10 年后开花量逐渐稳定，花期一般为 12 天，花瓣及花筒外部分布浓密的红色小斑点，花朵为红色，复伞形花序，顶生，花序长度为 5.5～9.5cm。作为园林观花品种。

栽培技术要点

植树穴呈方形或圆形，穴径 50～60 cm，深 50 cm。一般为 3 月至 4 月上旬栽植，栽后在距离接口以上 4～5 cm 处平茬，并涂抹密封蜡，防止水分散失；待需要保留的萌生枝生长高度达到 10～15 cm 时，及时抹掉侧芽，保留生长健壮的顶芽育干；栽植第三年应开始修枝。栽植后对苗木进行正常的水肥管理。

适宜种植范围

河南、甘肃、湖北等省楸树适生区。

彩云楸

树种：楸树

学名：*Catalpa bungei*‘Caiyun’

类别：无性系

通过类别：认定(5 年)

编号：国 R—SC—CB—004—2013

品种特性

造林 4 年时开花，以后花量逐渐增大，10 年后开花量逐渐稳定，花期一般为 15 天，花瓣和花筒的底色为白色，其上分布较密的红色小斑点，花朵呈粉红色；复伞形花序，顶生，花序长度为 5.5～11.1cm。作为园林观花品种。

栽培技术要点

植树穴呈方形或圆形，穴径 50～60cm，深 50cm。一般为 3 月至 4 月上旬栽植，栽后在距离接口以上 4～5 cm 处平茬，并涂抹密封蜡，防止水分散失；待需要保留的萌生枝生长高度达到 10～15cm 时，及时抹掉侧芽，保留生长健壮的顶芽育干；栽植第三年应开始修枝。栽植后对苗木进行正常的水肥管理。

适宜种植范围

河南、甘肃、湖北等省楸树适生区。

红火箭紫薇

树种：紫薇

学名：*Lagerstroemia indica*‘Red Rocket’

类别：引种驯化品种

通过类别：认定(5 年)

编号：国 R—ETS—LI—005—2013

品种特性

2004 年从美国引进，落叶乔木。树高可达 6m，新叶微红，老叶绿色略带红晕，叶芽在开花前为深红色，开花时变成樱桃红。7 月初始花，可开到 10 月上旬，花鲜红色，花序长 15～35cm，犹如“火箭”。可作园林绿化树种。

栽培技术要点

选择土层深厚、肥沃、排水良好的背风向阳处。株行距2m×2m，挖40cm×40cm×40cm的定植穴，每穴施入菜饼0.5~0.75kg，栽植穴内施腐熟有机肥作基肥，栽后浇透水，3天后再浇1次。幼苗期应做好防寒保温工作，三年生以上的成株则不用保温。在冬季进行一次强度修剪。

适宜种植范围

湖南、浙江、江苏、云南等紫薇适宜栽培区。

红火球紫薇

树种：紫薇

学名：*Lagerstroemia indica* ‘Dynamitet’

类别：引种驯化品种

通过类别：认定(5年)

编号：国R—ETS—LI—006—2013

品种特性

2004年首次从美国引进。树高可达4.5m，新叶深红色，很快变成青绿色，叶片中等革质；7月始花，花芽深红色，花鲜红色，花序圆球形，15~35cm，可开到10月。可作园林绿化树种。

栽培技术要点

选择土层深厚、肥沃、排水良好的背风向阳处。株行距2m×2m，挖40cm×40cm×40cm的定植穴，每穴施入菜饼0.5~0.75kg，栽植穴内施腐熟有机肥作基肥，栽后浇透水，3天后再浇1次。幼苗期应做好防寒保温工作，三年生以上的成株则不用保温。

适宜种植范围

湖南、浙江、江苏、云南等省紫薇适宜栽培区。

白桦草河口种源

树种：白桦

学名：*Betula platyphylla*

类别：种源

通过类别：认定(5年)

编号：国R—SP—BP—007—2013

品种特性

树干通直，树皮洁白，纸状分层剥离，春夏两季白绿相间，秋季叶子金黄色，冬季树干洁白，枝条颜色深红，在帽儿山试验点14年生胸径平均值、材积平均值、地上部分碳储量、树根碳储量分别比所有种源平均值高18.16%、35.51%、47.22%和89.40%。可用来营建速生丰产林(碳汇林)、生态防护林以及园林绿化造林。

栽培技术要点

造林地宜选择在火烧迹地、小块皆伐迹地、林缘坡地或林中空地，株行距为2m×2m为宜整地时要多施有机肥，生长期要施氮肥。追肥可在苗木生长盛期进行，一般在6~7月可追施氮肥1次。造林后1~3年内每年抚育2~3次。

适宜种植范围

辽宁、吉林、黑龙江等白桦适宜栽培区。

白桦帽儿山种源

树种：白桦

学名：*Betula platyphylla*

类别：种源

通过类别：认定(5年)

编号：国R—SP—BP—008—2013

品种特性

树干通直，自然整枝能力强，树皮洁白，纸状分层剥离，春夏两季白绿相间，秋季叶子金黄色，冬季树干洁白，枝条颜色深红，在帽儿山试验点14年树高、胸径、材积、地上部分碳储量和树根碳储量分别比总体平均值高6.58%、9.34%、18.04%、22.40%和21.96%。可用来营建速生丰产林(碳汇林)、生态防护林以及园林绿化造林。

栽培技术要点

造林地宜选择在火烧迹地、小块皆伐迹地、林缘坡地或林中空地，株行距2m×2m为宜。整地时要多施有机肥，生长期要施氮肥。追肥可在苗木生长盛期进行，一般在6~7月可追施氮肥1次。造林后1~3年内每年抚育2~3次。

适宜种植范围

辽宁、吉林、黑龙江等省区白桦适宜栽培区。

白桦清源种源

树种：白桦

学名：*Betula platyphylla*

类别：种源

通过类别：认定(5年)

编号：国R—SP—BP—009—2013

品种特性

树干通直，自然整枝能力强，树皮洁白，纸状分层剥离，春夏两季白绿相间，秋季叶子金黄色，冬季树干洁白，枝条颜色深红，在帽儿山试验点14年生树高、胸径、材积、地方部分碳储量、树根碳储量平均值分别比总体平均值高6.66%、14.70%、26.87%、17.34%和46.33%。可用来营建速生丰产林(碳汇林)、生态防护林以及园林绿化造林。

栽培技术要点

造林地宜选择在火烧迹地、小块皆伐迹地、林缘坡地或林中空地，株行距2×2米为宜。整地时要多施有机肥，生长期要施氮肥。追肥可在苗木生长盛期进行，一般在6~7月可追施氮肥1次。造林后1~3年内每年抚育2~3次。

适宜种植范围

辽宁、吉林、黑龙江等省白桦适宜栽培区。

白桦小北湖种源

树种：白桦

学名：*Betula platyphylla*

类别：种源

通过类别：认定(5年)

编号：国R—SP—BP—010—2013

品种特性

树干通直，自然整枝能力强，树皮洁白，纸状分层剥离，春夏两季白绿相间，秋季叶子金黄色，冬季树干洁白，枝条颜色深红，在帽儿山试验点14年生树高、胸径、材积、地上部分碳储量和树根碳储量分别比总体平均值高6.96%、10.68%、22.84%、20.83%和44.39%。可用来营建速生丰产林(碳汇林)、生态防护林以及园林绿化造林。

栽培技术要点

造林地宜选择在火烧迹地、小块皆伐迹地、林缘坡地或林中空地，株行距2×2米为宜。整地时要多施有机肥，生长期要施氮肥。追肥可在苗木生长盛期进行，一般在6~7月可追施氮肥1次。造林后1~3年内每年抚育2~3次。

适宜种植范围

辽宁、吉林、黑龙江等省白桦适宜栽培区。

注：通过认定的林木良种，认定期满后不得作为良种继续使用，应重新进行林木品种审定。

国家林业局公告

2014年第9号

根据《中华人民共和国行政许可法》《中华人民共和国野生动物保护法》和《国家林业局委托实施野生动植物行政许可事项管理办法》(国家林业局令30号)的有关规定，为支持中国(上海)自由贸易试验区建设，现将国家林业局委托上海市林业局实施的野生动物行政许可事项公告如下：

一、适用范围

上海市自贸区注册的企业。

二、委托事项

“进出口国际公约限制进出口的陆生野生动物或其产品审批”事项中：(一)进口列入“中国野生动物经营利用管理专用标识”管理范围的野生动物皮革制品；(二)进口实验用猕猴、食蟹猴血清等衍生物实验材料。

三、委托时间

委托时间为2014年6月15日至2019年6月14日。国家林业局对其委托的行政许可事项可进行变更、中止或终止，并及时向社会公告。

四、受委托机关名称、地址、联系方式

自2014年6月15日起，国家林业局不再受理本公告委托的行政许可事项，请符合本公告适用范围的申请人到受委托机关申办以上行政许可事项。

受委托机关名称：上海市林业局

地址：上海市静安区胶州路768号(邮编200040)

联系电话：021-52567788

五、国家林业局地址、联系方式

地址：北京市东城区和平里东街18号(邮编100714)

联系单位：国家林业局野生动植物保护与自然保护区管理司

联系电话：010-84238578

2014年5月21日

国家林业局公告

2014年第10号

根据《中华人民共和国植物新品种保护条例》《中华人民共和国植物新品种保护条例实施细则(林业部分)》规定，经国家林业局植物新品种保护办公室审查、国家林业局批准，月季“红五月”等95项植物新品种权申请符合新品种授权条件，现决定授予植物新品种权(名单见附件)(略)，并颁发《植物新品种权证书》。

国家林业局公告

2014第14号

根据《中华人民共和国行政许可法》《中华人民共和国野生动物保护法》《中华人民共和国野生植物保护条例》及《国家林业局委托实施野生动植物行政许可事项管理办法》(国家林业局令30号)等有关规定，现将国家林业局委托黑龙江省森林工业总局实施的野生动植物行政许可事项公告如下：

一、适用范围

黑龙江省森林工业总局管理的单位或个人。

二、委托事项

(一)“出售、收购、利用国家一级保护陆生野生动物或其产品审批”事项中，委托范围如下：

出售、收购、利用人工驯养繁殖所获的梅花鹿、鸵鸟(列入《濒危野生动植物种贸易公约》附录的物种)、尼罗鳄、湾鳄、暹罗鳄或其产品的行政许可事项。

(二)“出口国家重点保护陆生野生动物及其产品审批”和“进出口国际公约限制进出口的陆生野生动物或其产品审批”事项中，委托范围如下：

1. 在国家林业局下达的年度限额内出口实验用猕猴、食蟹猴活体或其血清等实验材料的行政许可事项。

2. 出口人工驯养繁殖来源的梅花鹿、马鹿、鸵鸟产品的行政许可事项。

3. 进口鳄类、鹿类皮张原料进行加工并再出口其加工产品的行政许可事项。

4. 出口加载有"中国野生动物经营利用管理专用标识"的野生动物产品(熊类产品及象牙工艺品除外)。

5. 进口列入"中国野生动物经营利用管理专用标识"管理范围的野生动物皮具(限利用《濒危野生动植物种国际贸易公约》附录所列陆生野生动物的皮张加工制作的皮包、皮鞋、皮带、皮表带)的行政许可事项。

(三)"国家一级保护陆生野生动物驯养繁殖许可证核发"事项中,委托范围如下:

申报梅花鹿、鸵鸟、尼罗鳄、湾鳄、暹罗鳄驯养繁殖许可证的行政许可事项。

(四)"进出口中国参加的国际公约限制进出口野生植物审批""出口国家重点保护野生植物审批"事项中,委托范围如下:

1. 进口、再出口《濒危野生动植物种国际贸易公约》附录所列野生植物及其产品的行政许可事项。

2. 出口蝴蝶兰、大花蕙兰、卡特兰、文心兰、大戟科大戟属肉质植物、夹竹桃科棒锤树属植物、仙客来、猪笼草、瓶子草、扑蝇草等种(类)活体的行政许可事项。

3. 出口云木香、百合科芦荟属、仙人掌科、夹竹桃科火地亚属植物、天麻、西洋参及其产品的行政许可事项。

4. 出口《国家重点保护野生植物名录》(第一批)所列松茸及红松籽(仁)。

三、委托时间

委托时间从2014年12月1日至2018年9月30日。国家林业局对其委托的行政许可事项可进行变更、中止或终止,将及时向社会公告。

四、受委托机关名称、地址、联系方式

自2014年12月1日起,国家林业局不再受理本公告委托的行政许可事项,请符合本公告适用范围的申请人到受委托机关申办以上行政许可事项。

单位名称:黑龙江省森林工业总局

地　　址:哈尔滨市南岗区文昌街66号

邮　　编:150008

联系方式:0451-87011009、82645223

五、国家林业局地址、联系方式

地　　址:北京市东城区和平里东街18号

单　　位:国家林业局野生动植物保护与自然保护区管理司

邮　　编:100714

电　　话:010-84238578

2014年10月8日

国家林业局公告

2014年第15号

根据《国务院关于取消和调整一批行政审批项目等事项的决定》(国发〔2014〕27号)要求,现将我局已取消的"建设工程征占用林地预审"和"重点国有林区森林采伐限额审核"两项行政审批项目予以公布。同时,废止作为"建设工程征占用林地预审"项目设立依据的文件(《建设项目占用征用林地预审办法》(林资发〔2008〕247号)。

特此公告。

国家林业局

2014年11月4日

国家林业局公告

2014年第16号

根据《中华人民共和国植物新品种保护条例》、《中华人民共和国植物新品种保护条例实施细则(林业部分)》规定,经国家林业局植物新品种保护办公室审查、国家林业局批准,"锦业楝"等74项植物新品种权申请符合授权条件,现决定授予植物新品种权(名单见附件)(略),并颁发《植物新品种权证书》。

特此公告。

国家林业局

2014年12月17日

其他主要文件

文件名	文号	发文时间
国家林业局关于贯彻落实《国务院办公厅关于深化种业体制改革提高创新能力的意见》的实施意见	林场发〔2014〕43 号	2014 年 3 月 31 日
国家林业局关于加快特色经济林产业发展的意见	林造发〔2014〕160 号	2014 年 11 月 13 日
国家林业局关于加强林木种苗质量管理的意见	林场发〔2014〕81 号	2014 年 6 月 4 日
国家林业局关于做好退化防护林改造工作的指导意见	林造发〔2014〕194 号	2014 年 12 月 25 日
国家林业局关于公布首批国家林业重点龙头企业名单的通知	林规发〔2014〕67 号	2014 年 5 月 14 日
国家林业局关于加快推进国有林场饮水安全工程建设的通知	林规发〔2014〕71 号	2014 年 5 月 15 日
国家林业局关于切实加强林权登记发证管理工作的通知	林资发〔2014〕92 号	2014 年 7 月 1 日
国家林业局关于切实做好全面停止商业性采伐试点工作的通知	林资发〔2014〕3 号	2014 年 1 月 8 日
国家林业局关于下达 2014 - 2015 年度实验用猴经营利用限额有关事项的通知	林护发〔2014〕139 号	2014 年 9 月 25 日
国家林业局关于下达 2014 年林业行业标准制修订计划项目的通知	林科发〔2014〕99 号	2014 年 7 月 9 日
国家林业局关于印发《全国林木种质资源调查收集与保存利用规划(2014 - 2025 年)》的通知	林规发〔2014〕119 号	2014 年 8 月 18 日
国家林业局关于印发《三北防护林体系建设工程计划和资金管理办法(试行)》的通知	林规发〔2014〕123 号	2014 年 8 月 20 日
国家林业局关于做好东北内蒙古重点国有林区 2015 年度森林采伐管理工作的通知	林资发〔2014〕176 号	2014 年 12 月 15 日

(韩建伟)

中国林业概述

02

2014 年的中国林业

2014 年，全国林业系统深入学习领会习近平总书记系列重要讲话精神，牢固树立中国特色社会主义生态观，认真贯彻落实党中央、国务院的决策部署，加快推进林业治理体系和治理能力现代化，大力发展生态林业民生林业，各项工作都取得明显成效，为建设生态文明、推动经济社会发展作出了重要贡献。

林业改革 国家林业局成立了林业改革领导小组和 7 个专项小组，制定了林业改革中长期规划。确定了建立健全 9 项基本制度、全面加强 9 种能力建设、加快推进林业治理现代化的改革总体目标。会同有关部门制定了《国有林场改革方案》和《国有林区改革指导意见》，并已报经国务院常务会议和中央政治局常委会审议通过。协调银监会形成了国有林区和国有林场金融机构债务初步解决方案。起草了《关于全面深化集体林权制度改革的意见》。制定了《国家林业局关于进一步改革和完善集体林采伐管理的意见》。配合有关部门推动出台《关于引导农村土地经营权有序流转 发展农业适度规模经营的意见》《关于创新重点领域投融资机制 鼓励社会投资的指导意见》，联合有关部门制订了《积极发展农民股份合作 赋予集体资产股份权能改革试点方案》，确定了 2 个集体资产股份权能改革试点单位、8 个集体林业综合改革试验示范区。全国林业经济合作组织近 15 万家，县级以上林权管理服务机构达 1600 多个，集体林业社会化服务体系进一步健全。共调处林权纠纷 19.6 万起，林地家庭承包到户率比 2013 年提高近 2 个百分点。研究提出了《包括自然资源资产产权在内的生态文明体制改革总体思路》《林业事权与支出责任划分研究报告》。会同有关部门完善了国家公园建设试点方案，开展了编制自然资源资产负债表、国家生态安全战略研究。

造林绿化任务全面完成 全国共完成造林 9041 万亩，中幼龄林抚育 0.078 亿公顷。全国和山西、吉林、江苏、西藏等 14 个省份均超额完成全年造林任务。成功举办国际森林日、共和国部长义务植树等活动，4.9 亿人次参加义务植树，植树 23.2 亿株。加强了京津冀蒙林业生态建设和干旱半干旱地区造林绿化。推进了全国木材储备生产基地建设，首批划定国家储备林 100 万公顷，改造培育 40 万公顷，成立了国家木材储备战略联盟。共生产林木种子 2670 万千克，培育苗木 600 亿株，种子和苗木抽查合格率分别为 88.4%、95.2%。修订了森林抚育规程、作业设计规定和检查验收办法，推进了森林经营样板基地和示范国有林场建设。2020 年后林业增汇减排行动目标纳入国家应对气候变化行动方案，发布了推进林业碳汇交易工作指导意见和林业碳汇计量监测体系建设总体方案，12 个省开展了土地利用变化与林业碳汇计量监测工作。

重点生态工程 启动了全面停止天然林商业性采伐试点，加强了扩大天然林保护工程范围政策研究和协调，工程区 1.15 亿公顷森林得到有效保护。启动了新一轮退耕还林工程，落实退耕还林任务 33.33 万公顷。三北等防护林体系建设工程稳步推进，出台了退化防护林改造指导意见，启动了张家口坝上地区退化防护林更新改造试点。京津风沙源治理二期工程完成林业建设任务 24.47 万公顷。石漠化综合治理工程完成林业建设任务 37.13 万公顷，新增 14 个重点治理县，滇桂黔三省区石漠化县实现全覆盖。20 处国家湿地公园试点通过验收，新批 140 多处国家湿地公园，国家湿地公园总数达 570 多处。

资源管理 生态红线逐步落地，天津、湖北、湖南、四川、贵州、陕西、甘肃等省市划定了生态红线。发布了第八次全国森林资源清查和全国第二次湿地资源调查成果，推进了全国林地“一张图”变更调查、荒漠化和沙化监测、重点省份泥炭地调查、国际重要湿地生态状况评价等工作。启动了建设项目使用林地占补平衡试点，开展了全国非法侵占林地清理排查、重点国有林区开垦林地清查、打击侵犯植物新品种权等专项行动。新批准 12 处国家森林公园。与 12 个重点省份签订了省级政府防沙治沙目标责任书。新增国家沙漠公园 32 处、沙化土地封禁保护补助试点县 23 个。全国共查处林业行政案件 23.05 万起，破获涉林刑事案件 1.9 万多起。

野生动植物保护 出台了《陆生野生动物收容救护管理规定》，与海关总署联合发布了《野生动植物进出口证书管理办法》。完成了全国第四次大熊猫调查工作，推进了第二次全国野生动植物资源调查。成立了全国林业生物多样性保护委员会，加强了大熊猫、朱鹮、老虎等重点物种保护，珍稀野生植物德保苏铁回归自然获得成功。开展了 2014 天网行动和眼镜蛇二号行动，公开销毁 6.1 吨执法查没象牙及其制品。19 个林业自然保护区晋升国家级，国家级林业自然保护区总数达 344 个。强化了野生动物疫源疫病监测防控，发现并妥善处置 8 起野生动物疫情。

森林火灾等灾害防控 完成了林火信息系统更新和林火监测系统、应急卫星升级改造，森林防火天地图系统投入使用，提升了林火卫星监测和应急处置能力。认真落实有火必报和卫星监测热点核查 2 小时报告制度，热点核查反馈率达 99.8%。武警森林部队昆明直升机场建设获国务院和中央军委批复，森林航空消防飞行二大队组建工作全面展开，森林航空消防能力稳步提升。开展了重点林区大型装备、以水灭火、视频监控等试点项目建设，加强了防火物资储备库建设和管理。全年共发生森林火灾 3673 起，受害森林面积 1.88 万公顷，人员伤亡 112 人，森林火灾次数有所下降。国务院办公厅印发了《关于进一步加强林业有害生物防治工作的意见》，河北、安徽、江西等省人民政府制定了落实办法。完成了省级人民政府重大林业有害生物防治目标责任检查考核，启动了全国林业有害生物普查。林业有害生物发生面积0.119亿公顷。加强了沙尘暴预警监测，全国共发生沙尘天气7次。

林业产业 出台《国务院办公厅关于加快木本油料产业发展的意见》，印发了优势特色经济林发展布局、森林等自然资源旅游、林下经济等专项规划，制定了扶持特色经济林产业发展指导意见。认定了首批128家国家林业重点龙头企业，确定了69个国家林业标准化示范企业，开展了林业产业特色区域评定、林产品质量监测、林产品质量提升行动。成功举办2014青岛世界园艺博览会、第七届中国义乌国际森林产品博览会，北京成功申办认可2019世界园艺博览会，第三届中国绿化博览会筹备工作进展顺利。成立了中国林业产业诚信联盟，首次开展了中国林业产业突出贡献奖评选。全国林业产业实现总产值5.26万亿元，比2013年增长11.1%。其中，木竹加工及产品制造业、经济林产品种植与采集业产值均突破1万亿元。广东、山东、福建、广西、浙江、江苏等省林业产值均超过3000亿元。全国林产品进出口贸易额达1380亿美元，比2013年增长9.5%。全国经济林产量1.49亿吨，油茶种植面积377.6万公顷，花卉种植面积122.73万公顷，木材产量8178万立方米，人造板产量2.58亿立方米。

林业宣传 与主流媒体合作开展了"红线""森林与水""与梦想同行——绿色梦"等20多项主题宣传活动，全年刊播稿件1万多条。在中国网、央视网等开设了林业宣传平台，林业官方微博运行良好，网络生态文化影响力逐步提高。宣传了林业方面的"时代楷模""最美职工""最美基层干部""我最喜爱的人民警察"等重大典型。成功举办第八届中国竹文化节。拍摄了《山丹丹花儿开》《梦萦张家界》等生态主题电影，出版了《生态文明时代的主流文化》等精品图书。《中国绿色时报》被列入农家书屋重点推荐目录，《森林与人类》和《中国林业》杂志荣获中国最美期刊称号。森林城市、森林城镇、生态文明示范市县、生态文明教育基地、生态文化村等创建活动深入开展，国家森林城市达75个，国家生态文明教育基地达67个。

政策和法治保障能力 完成了11个国家重点生态功能区生态保护与建设规划、12个扶贫开发专项规划编制工作。中央林业投入1517亿元，涉林贷款2083亿元。落实停止天然林商业性采伐试点、新一轮退耕还林工程、国有林场改革中央财政补助资金73.1亿元，安排退耕还湿、湿地生态效益补偿、湿地保护奖励试点资金10.9亿元。森林保险范围扩大到27个省份，林权抵押贷款加快发展，新增林业贴息贷款99.4亿元。落实林业棚户区(危旧房)改造任务8.53万户，累计安排改造任务158.9万户、中央投资245.6亿元，已竣工140万户，惠及林区职工群众500多万人。国有林场(区)外联道路和安全饮水纳入相关行业规划并落实部分投资计划。中国绿化基金会和中国绿色碳汇基金会募集资金1.5亿元。加大了林业援疆援藏援青和对口扶贫工作力度。放宽了外商投资林业领域，欧洲投资银行4亿欧元林业贷款基本落实。木材等资源性产品纳入国家进口重点扶持范围，境外森林资源开发利用稳步推进。全面加强林业项目和资金管理，及时整改审计发现的问题。森林法修改稿进一步完善，野生动物保护法修改建议稿已报全国人大环资委，种子法修订草案已提交全国人大常委会审查。湿地保护条例草案待征求有关部门意见后将报国务院审议。办理行政许可事项4500多件，完成行政复议案10件。

科技和信息化水平 发布了中国森林资源核算结果，全国林地林木资产总价值21.29万亿元，森林生态系统服务总价值12.68万亿元。初步探明了森林对PM2.5等细微颗粒物的吸附机理，开展了空气负离子监测试点研究。在世界上率先完成了枣树全基因组测序，绘制了蝴蝶兰全基因图谱。荣获国家科技进步奖4项，取得各类研究成果450多项。林木遗传育种国家重点实验室通过验收，新增生态定位站、工程技术研究中心等基础平台26个，建立了林业科技成果储备系统，组建了竹藤产业发展创新驱动联盟和木地板专利联盟。发布林业国际标准2项，实现国际标准零的突破。森林认证实现国际互认并启动了认证制度试点，1.13亿亩森林通过认证审核。植物新品种授权169件，实施了9个林业转基因生物安全监测项目。中国林业网完成第4次重大改版，日访问量达100多万人次，在中国政府网站绩效评估中名列第二，并荣获新媒体融合发展领先奖、政务微博卓越奖。云计算平台、物联网示范、北斗示范等项目建设和林业电子商务试点积极推进。全国林业信息化示范市县增加到100个，建成了林业系统信息安全等级保护体系。签署了中韩、中坦、中肯、中波、中罗等林业合作协议。成功举办首次领导人共植亚太伙伴林和营造碳中和林活动，悉尼林业目标评估等林业行动纳入APEC会议成果。融入国家"一带一路"战略，启动了亚欧林业示范项目。开展了中美打击野生动植物非法交易对口磋商，达成了《打击野生动植物非法交易伦敦宣言》。参与了应对气候变化等国际谈判，成功召开联合国森林论坛国家倡议会议，推动构建全球和区域森林治理体系。经国务院批准，与比利时、马来西亚开展了大熊猫合作研究。加强了涉林境外非政府组织合作与管理。承办了第66届国际园艺生产者协会年会。中法签订了5万亩能源林基地建设项目协议。中美共建中国园项目取得积极进展。林业援外项目进展顺利，举办了13个援外培训班。

"转变职能、转变作风，服务大局、服务基层"活动 群众路线教育实践活动整改和"两转变、两服务"活动深入开展，累计取消和下放林业行政审批项目36项，拟再取消和下放12项，废、改、立各种制度110多项。文件、会议和"三公"经费支出继续减少，认真清理办公用房和公务用车，进一步规范和精简节庆展会、评比表彰、检查核查、调查研究，机关作风继续好转。加强了惩治和预防腐败体系建设，各级党组织主体责任意识、纪检部门监督责任意识、干部职工廉洁自律意识明显增强。2.2万个林业站开展了简化办事程序便民服务。同时，人才队伍建设、机关和党的建设、后勤服务、离退休干部等工作成效明显，为林业改革发展提供了有力保障。

(段亮红供稿)

中国林业的基本情况

【森林和野生动植物资源】

森林资源 新中国成立以来，我国先后共开展了八次全国森林资源清查。第八次全国森林资源清查(2009～2013年)结果显示，全国森林面积20 769万公顷，活立木总蓄积量164.33亿立方米，森林蓄积量151.37亿立方米，森林覆盖率21.63%，比1949年的8.6%净增13.03个百分点。森林植被总碳储量84.27亿吨。我国森林面积居俄罗斯、巴西、加拿大、美国之后，列世界第五位；森林蓄积量居巴西、俄罗斯、美国、刚果民主共和国、加拿大之后，列世界第六位。我国人工林保存面积6933万公顷，蓄积24.83亿立方米，人工林面积列世界第一位。

除香港、澳门和台湾地区外，全国有林地面积19 117万公顷。按林种划分，公益林、商品林面积分别占53.14%和46.86%，其中公益林面积中防护林8720万公顷、特种用途林1440万公顷；商品林面积中用材林6724万公顷、薪炭林177万公顷、经济林2056万公顷(其中油茶林236万公顷)。按土地权属划分，国有林7377万公顷，集体林11 740万公顷，分别占38.59%和61.41%。按林木权属划分，国有的7244万公顷，集体经营的3500万公顷，个体经营的8373万公顷，分别占37.89%、18.31%和43.80%。全国现有天然林面积12 184万公顷，占有林地面积的63.73%；蓄积量122.96亿立方米，占全国森林蓄积量的83.20%。全国现有人工林面积6933万公顷，占有林地面积的36.27%；蓄积量24.83亿立方米，占全国森林蓄积量的16.80%。

总体上看，我国森林资源仍存在总量不足、质量不高、分布不均衡的问题。我国的森林覆盖率远低于全球31%的世界平均水平，人均占有森林面积仅为世界人均水平的1/4，人均占有森林蓄积量只有世界人均水平的1/7。造林良种使用率仅为51%，与林业发达国家的80%相比，还有很大差距。除香港、澳门和台湾地区外，在我国现有森林中，中、幼龄林比重较大，面积占乔木林面积的64.66%，蓄积量占森林蓄积量的38.81%。从地域分布上看，我国东北的大、小兴安岭和长白山，西南的川西川南、云南大部、藏东南，东南、华南低山丘陵区，以及西北的秦岭、天山、阿尔泰山、祁连山、青海东南部等区域，森林资源分布相对集中；而地域辽阔的西北地区、内蒙古中西部、西藏大部，以及人口稠密、经济发达的华北、中原及长江、黄河中下游地区，森林资源分布较少。

野生动植物资源 我国野生动植物资源十分丰富。全国有脊椎动物约6500种，约占世界脊椎动物种类的10%，其中：兽类约580种，鸟类1300多种，爬行类约410种，两栖类约300种，鱼类3800多种。其中大熊猫、朱鹮等400多种野生动物为我国特有。全国有高等植物3万多种，居世界前三位，其中特有植物种类1.7万余种，如银杉、珙桐、银杏、百山祖冷杉、香果树等，均为我国特有的珍稀濒危野生植物种类。为保护这些珍稀濒危野生动植物，我国先后颁布了国家重点保护野生动物名录和国家重点保护野生植物名录，将341种陆生野生动物、246种(8类)野生植物，确定为国家一级或二级保护对象，予以重点保护。我国现有古树名木约1200万株，其中国家一级古树35万株(树龄500年以上)、国家二级古树210万株(树龄300～499年)、国家三级古树1000万株(树龄100～299年)，国家级名木7万株。林木良种资源收集保存库面积1000万余公顷，收集保存林木种质资源约5万份。

林业自然保护区 我国林业系统共建立各类自然保护区2174处，总面积1.24亿公顷，约占国土陆地面积的12.96%，其中国家级自然保护区344处，面积8112.86万公顷。林业系统建立的自然保护区中，森林生态系统类型自然保护区1335处，面积3518.3万公顷；湿地生态系统类型自然保护区428处，面积3161.1万公顷；荒漠生态系统类型自然保护区36处，面积3740.2万公顷；野生植物类型自然保护区116处，面积150.2万公顷；野生动物类型自然保护区245处，面积1870.2万公顷。此外，我国还建立了4.86万个自然保护小区，41处被列入国际重要湿地名录。这些自然保护区，有效地保护了我国90%的陆地生态系统、85%的野生动物种群和65%的高等植物群落，以及20%面积的天然林群落。调查结果显示，我国45%的自然湿地，85%以上的珍稀野生动植物物种，特别是大熊猫、朱鹮等物种的野外种群，都依靠自然保护区得到了有效保护。我国共有28处自然保护区加入联合国教科文组织“人与生物圈”保护区网络，37处被列入国际重要湿地名录，18处被列为世界自然遗产名录，相当一部分自然保护区是全球生物多样性保护的重点地区。

国有林场 我国共有国有林场4855个，职工总数75万人，其中在职职工48万人、离退休职工27万人。全国国有林场总经营面积7643万公顷，其中林业用地面积5804万公顷，在5804万公顷林业用地面积中，商品林面积1804万公顷，公益林面积4000万公顷，其中重点公益林面积2900万公顷。国有林场有林地面积3577万公顷，疏林地面积121万公顷，灌木林地面积916万公顷，宜林荒山荒地面积698万公顷。森林面积4500万公顷，森林蓄积量23.4亿立方米，分别约占全国森林面积和森林蓄积量的23%和17%。

森林风景资源 目前，全国共建立各类森林公园3098处，保护森林风景资源1780万公顷，其中国家级森林公园791处、国家级森林旅游区1处，保护森林风景资源1225万公顷，中国世界遗产中有18处以森林公园为主体，中国世界地质公园名录中有17处是森林公园，国家级森林公园全部纳入国家禁止开发区域，省级及以下森林公园全部纳入省级层面禁止开发区域。27

处森林公园被命名为“国家生态文明教育基地”，森林公园在传播弘扬生态文化方面发挥了重要作用。近900处森林公园免收门票，每年1.6亿人次享受到森林公园的生态福利。

【湿地资源保护】

湿地资源状况　据第二次全国湿地资源调查(2009～2013年)结果显示，我国单块面积大于8公顷的湿地总面积5360.26万公顷(包括香港、澳门和台湾湿地面积18.20万公顷，另有水稻田面积3005.70万公顷未计入)。调查范围内，湿地面积5342.06万公顷，其中自然湿地面积4667.47万公顷，占87.37%；人工湿地674.59万公顷，占12.63%。在自然湿地中，近海与海岸湿地579.59万公顷，占10.85%；河流湿地1055.21万公顷，占19.75%；湖泊湿地859.38万公顷，占16.09%；沼泽湿地面积2173.29万公顷，占40.68%。湿地内分布有高等植物4220种，脊椎动物2312种。

湿地保护管理　我国是《湿地公约》缔约国。1992年加入《湿地公约》以来，我国政府采取了一系列措施保护和恢复湿地。2000年，国务院17个部门联合颁布《中国湿地保护行动计划》。2003年，国务院批准《全国湿地保护工程规划(2002～2030年)》。2004年，国务院办公厅发出《关于加强湿地保护管理的通知》。2005年，2012年，国务院分别批准了全国湿地保护工程“十一五”“十二五”实施规划，对重要湿地实施抢救性保护。2006～2014年，累计投入中央基本建设资金26亿元，实施保护恢复工程500多个。2009～2014年的中央1号文件，都对湿地保护提出明确要求，从2010年起，中央财政安排专项资金，启动了湿地保护补助，湿地生态效益补偿试点，退耕还湿试点，湿地保护奖励试点等工作，投入中央财政资金达24.5亿元，实施项目近600个。全国已建立湿地类型自然保护区570多处，指定国际重要湿地46处，国家湿地公园569处，以湿地自然保护区、湿地公园为主的湿地保护网络体系初步形成，湿地保护面积达到2324.32万公顷，湿地保护率由10年前的30.49%提高到现在的43.51%。我国湿地保护的实践和成效得到了国际社会的广泛赞誉，《湿地公约》前秘书长安纳达先生评价“向广大发展中国家树立了典范”。

【荒漠化和沙化状况】

荒漠化和沙化状况　我国是世界上荒漠化和沙化面积大、分布广、危害重的国家之一，严重的土地荒漠化、沙化，威胁着我国生态安全和经济社会可持续发展。全国第四次荒漠化和沙化监测(2005～2009年)结果显示，全国荒漠化土地面积为262.37万平方千米，沙化土地面积为173.11万平方千米，分别占国土总面积的27.33%和18.03%。与全国第三次荒漠化和沙化监测(2000～2004年)比较，5年间全国荒漠化土地减少1.25万平方千米，比上次监测时减少0.47%，年均减少2491平方千米；沙化土地减少8587平方千米，比上次监测时减少0.49%，年均减少1717平方千米。5年间，中度、重度、极重度3种类型的荒漠化土地分别减少1.69万平方千米、6800平方千米和2.34万平方千米；中度、重度、极重度3种类型的沙化土地分别减少9906平方千米、1.04万平方千米和1.56万平方千米；流动沙地、半固定沙地减少7084平方千米。沙化土地植被平均盖度由17.03%提高到17.63%，植被盖度50%以上的沙化土地面积增加1.03万平方千米，盖度小于10%的沙化土地面积减少1.36万平方千米。荒漠化和沙化重点保护治理区植物种类明显增加，植被群落稳定性增强。重点治理区生态环境明显改善。科尔沁沙地、毛乌素沙地、浑善达克沙地、呼伦贝尔沙地、京津风沙源治理工程区等区域生态明显改善。监测表明，我国土地荒漠化和沙化整体得到初步遏制，荒漠化、沙化土地持续净减少，局部地区仍有扩展。

建立国家沙漠公园试点33个，涉及新疆、内蒙古、宁夏、甘肃、青海、山西、云南等省，总面积165.6万公顷。

石漠化状况　我国石漠化主要发生在以云贵高原为中心，北起秦岭山脉南麓，南至广西盆地，西至横断山脉，东抵罗霄山脉西侧的岩溶地区。行政范围涉及黔、滇、桂、湘、鄂、渝、川和粤8省(区、市)463个县，国土面积107.1万平方千米，岩溶面积45.2万平方千米。截至2011年年底，我国石漠化土地面积为1200.2万公顷，占区域国土面积的11.2%，占岩溶面积的26.5%。与2005年相比，石漠化土地净减少96万公顷，减少了7.4%；年均减少面积16万公顷，缩减率为1.27%。与2005年相比，岩溶地区生态状况呈现以下几个重要变化。一是石漠化状况普遍改善。与2005年相比，8省(区、市)石漠化土地均有所减少。除云南曲靖珠江源区外，其他重点区域都呈好转态势。二是石漠化程度明显减轻。中度、重度、极重度石漠化分别减少了12.3%、25.8%和41.3%；轻度石漠化面积增加75.2万公顷，增加了21.1%。三是植被状况显著改善。区域植被总盖度提高了4.4%；植被结构也有明显改善，乔木型和灌木型的比例增加2.2%，无植被类型的面积减少0.8%。四是坡耕地的石漠化呈加剧趋势。发生在坡耕地上的石漠化土地增加了43431.9公顷，年均增加7238.0公顷，部分坡耕地质量进一步下降。监测结果表明，我国土地石漠化整体扩展的趋势得到初步遏制，由过去持续扩展转变为净减少，岩溶地区生态状况呈良性发展态势，但我国岩溶地区生态状况依然十分脆弱，石漠化防治形势仍很严峻。

【林业法律法规和规章】　新中国成立以来，我国基本形成了以森林法为主体，其他相关林业法律、法规、规章相辅相成的林业法律体系。各项林业工作基本做到了有法可依、有章可循，为推动现代林业建设、促进林业部门依法行政发挥了重要作用。

林业法律　颁布的林业法律有10部，分别是：《森林法》《野生动物保护法》《种子法》《防沙治沙法》《农业法》《农业技术推广法》《农村土地承包法》《农民专业合作社法》《农村土地承包经营纠纷调解仲裁法》和《第五届全国人民代表大会第四次会议关于开展全民义务植树运动的决议》。

林业行政法规　林业行政法规有17件，分别是：

《森林法实施条例》《陆生野生动物保护实施条例》《野生植物保护条例》《自然保护区条例》《植物新品种保护条例》《森林防火条例》《植物检疫条例》《森林病虫害防治条例》《森林采伐更新管理办法》《国务院关于开展全民义务植树运动的实施办法》《森林和野生动物类型自然保护区管理办法》《退耕还林条例》《濒危野生动植物进出口管理条例》《城市绿化条例》《风景名胜区条例》《血吸虫病防治条例》《重大动物疫情应急条例》。

林业部门规章 林业部门规章51件，以及使用其他部门令号的联合部门规章2件，主要有：《林木和林地权属登记管理办法》《占用征用林地审核审批管理办法》《林业行政处罚程序规定》《林业标准化管理办法》《植物新品种保护名录(林业部分)》《引进陆生野生动物外来物种种类及数量审批管理办法》《林木种子生产、经营许可证管理办法》《森林公园管理办法》《国家级森林公园设立、撤销、合并、改变经营范围或者变更隶属关系审批管理办法》《林木种子质量管理办法》《主要林木品种审定办法》《林木种质资源管理办法》《开展林木转基因工程活动审批管理办法》《森林资源监督工作管理办法》《国家林业局产品质量检验检测机构管理办法》《营利性治沙管理办法》《突发林业有害生物事件处置办法》《湿地保护管理规定》《国家湿地公园管理办法(试行)》《国家湿地公园验收办法(试行)》等。

此外，还有地方人大、政府制定的地方性林业法规和地方政府林业规章400多件。

【林业科技、教育与信息化】

林业科技 新中国成立以来，特别是改革开放以来，我国林业科技工作取得了显著成绩，共取得科技成果24 000多项，其中，获国家级奖励309项，林业科技贡献率达到43%。颁布实施林业国家标准394项，行业标准992项，在基础研究、应用研究、高新技术研究、软科学研究以及科技成果转化推广、高新技术产业化等领域全面参与国家各类重大科技计划，并初步形成了包括林业科学研究与技术开发、科技推广与技术服务、技术标准与质量监督、林业科技管理等在内的比较完整的林业科技创新体系。全国共有地(市)级以上林业科研机构232个，研究开发人员1.4万人。现有国家级、局级重点实验室35个，陆地(森林、湿地、荒漠)生态系统定位观测研究台站140个，国家林业科学数据共享平台1个，国家林木种质资源平台1个，国家级和局级工程技术(研究)中心41个，国家林业局生物产业基地10个，木竹产业技术创新战略联盟1个，知识产权保护联盟1个，林业科技示范县70个，标准化示范区288个，林业专业标准化技术委员会25个，国家级和局级林业质量检验检测机构30个，省、地(市)、县三级林业科技推广机构2638个，国家级林业科学技术普及基地14个，全国林业科普基地113个，全国林业知识产权试点75个。已建立植物新品种测试中心1个、测试分中心5个，分子测定实验室2个，专业测试站5个，知识产权研究中心1个。

林业教育 林业教育体系健全，形成了普通高等林业教育与高、中等林业职业技术教育、林业培训协调发展的林业教育培训体系。目前，涉林一级学科有生物学、生态学、林业工程、林学、风景园林学、农业资源与环境、农林经济管理7个，授予专业学位的种类有风景园林、林业、工程3种。全国独立设置的普通高等林业本科院校7所，独立设置的林业(生态)职业技术学院14所、中等林业(园林)职业学校18所，另有219所其他普通高等院校和高等职业院校、324所中等职业学校招收了林科专业学生。以国家林业局管理干部学院为骨干的培训机构负责林业干部培训工作，设有国家林业局成人教育研究中心、职业教育研究中心、自学考试管理中心、教育培训信息中心。全国共有林业行业关键岗位培训单位57个，林业职业技能鉴定站65个。全国林科类专业在校研究生1.6万人，本科生和高职、高专生14万人，中专生13.5万人，5.8万人次通过林业行业职业技能鉴定考核获得国家职业资格证书。

林业信息化 28个省区市完成智慧林业规划编制。编制了《中国林业云框架设计》《中国林业物联网框架设计》，出版了第二套林业信息化丛书，加快了智慧林业推进步伐。“金林工程”项目取得重大进展。林业云计算平台、林业网联网示范、高清视频会议系统、北斗示范应用等项目建设和林业电子商务试点积极推进。开展第二批全国林业信息化示范市县建设，示范市县达到100个。中国林业网完成第4次重大改版，打造成基于大数据分析的中国林业智慧政府门户，实现“一览无余、一网打尽、一站服务”，网站群规模达3000多个，中国林业网在政府网站绩效评估中位列第2名，并获得新媒体融合发展领先奖、政务微博卓越奖等。建立信息安全等级保护联络员制度，完成局信息安全等级保护项目建设。组织开展网络安全和保密工作大检查。制定《国家林业局使用正版软件规范》，做好软件正版化工作。颁布实施了7项林业信息化行业标准。利用新媒体平台，开展“绿化祖国・低碳行动”等宣传活动。34个省级林业主管部门建立独立信息化管理机构。积极推进全国林业网站绩效评估工作，梳理完善内部制度，开展“信息化推动林业现代化”5周年征文活动、第二届美丽中国大赛，出版《美丽生态佳作选》等，推动网络生态文化建设。

【林业机构与队伍】

林业机构 国家林业局内设办公室、政策法规司、造林绿化管理司(全国绿化委员会办公室)、森林资源管理司、野生动植物保护与自然保护区管理司、农村林业改革发展司、森林公安局(国家森林防火指挥部办公室)、发展规划与资金管理司(全国木材行业管理办公室)、科学技术司、国际合作司(港澳台办公室)、人事司11个职能司局和机关党委、离退休干部局，机关行政编制315名。另有国家林业局国有林场和林木种苗工作总站、林业工作站管理总站、濒危物种进出口管理中心(中华人民共和国濒危物种进出口管理办公室)、天然林保护工程管理中心、西北华北东北防护林建设局(三北防护林工程管理办公室)、退耕还林(草)工程管理中心、防治荒漠化管理中心、速生丰产用材林基地建设工程管理办公室、森林资源监督管理办公室、湿地保护管理中心(中华人民共和国国际湿地公约履约办公室)、中国林业科学研究院、调查规划设计院等50个直属事业单位，其中国有林场和林木种苗工作总站、林业工作站管理总站、濒危物种进出口管理中心(中华人民共和国濒危物种进出口管理办公室)、天然林保护工程管理中心、西北华北东北防护林建设局(三北防护林工程管理办公室)、退耕还林(草)工程管理中心、防治荒漠化管理中心、森林资源监督管理办公室、科技发展中心(植物新品种保护办公室)、湿地保护管理中心(中华人民共和国国际湿地公约履约办公室)等25个直属事业单位列入参照公务员法管理事业单位。此外，还有主管或挂靠的中国林学会、中国野生动物保护协会、中国花卉协会、中国绿化基金会、中国林业产业联合会、中国绿色碳汇基金会、中国竹产业协会、中国林场协会、中国经济林协会、中国林业职工思想政治工作研究会等29个全国性社会团体。

林业队伍 我国林业自上而下拥有一套完整的行政管理体系，每个省区市都设有林业厅(局)，绝大多数地市县设有单独的林业行政机构，大部分乡镇设有林业工作站。同时，我国拥有健全的林业执法机构和执法队伍。全国共有近7000多个森林公安工作机构、2.5万个防火检查站、2323个木材检查站、25 337个乡镇林业工作站、3081个森林病虫害防治检疫局(站)、1938个林木种苗管理站、7083个野生动植物管理站和350个国家级、768个省级、2000余个市县级陆生野生动物疫源疫病监测站，共有执法人员约32万人，其中森林公安民警6万余人。全国共有3375个县级以上森林防火指挥部办事机构，人员2.3万人；专业、半专业森林消防队2.2万支，人员63.7万人。全国共有县级以上林权管理服务机构1600多个、林业合作经济组织近16万家。全国共有林业有害生物防治检疫工作人员2万余人，野生动物疫源疫病专兼职监测人员1万余人，林木种苗质量检验人员1万余人，从事森林公园管理和服务人员16万人，另有乡村护林员65.8万人。全国共有2000多个林业调查规划设计单位，各类专业技术人员5万人。全国共有国有重点森工企业135个，重点营林局20个，国有林场4855个，乡村林场4.3万个，国有苗圃2243个，国家重点林木良种基地226个。全国林业系统职工总人数162万人。

【林业国际合作】

国际交流与援助 我国已与德国、美国、加拿大、日本、澳大利亚、俄罗斯等50多个国家和联合国粮农组织、联合国开发计划署、全球环境基金、国际热带木材组织、世界银行、亚洲开发银行、欧洲投资银行、世界自然基金会、世界自然保护联盟、大自然保护协会、湿地国际等20多个政府间和非政府间国际组织建立了林业交流与合作渠道，在林业生态建设、防治土地退化、湿地保护、自然保护区建设、人员培训等领域开展了一系列的项目合作，引进了技术、资金和理念，改善了项目区的生态环境。我国林业共争取无偿援助项目760个，无偿援助金额8.5亿美元；争取世界银行林业贷款项目6个，引进世界银行贷款9亿多美元；争取亚洲开发银行贷款项目4个，引进亚洲开发银行贷款1.6亿多美元；争取欧洲投资银行贷款项目8个，引进欧洲投资银行贷款3亿欧元。担任了世界自然基金会、保护国际等18个境外非政府组织在华活动的业务主管单位，不断强化管理、规范合作，有效推动了与国际非政府组织的交流与合作。中日民间绿化合作("小渊基金")截至年底共争取日方援助资金达86.6亿日元，实施项目240个，项目造林6.5万公顷。

执行国际公约 我国由林业部门牵头执行的国际公约有3项，分别是：《联合国防治荒漠化公约》《濒危野生动植物种国际贸易公约》《关于特别是作为水禽栖息地的国际重要湿地公约》，同时，负责履行《国际森林文书》相关工作。此外，林业部门还参与执行了《联合国生物多样性公约》《国际植物新品种保护公约》《国际植物保护公约》《联合国气候变化框架公约》和《京都议定书》《生物安全议定书》《国际热带木材协定》等国际公约协定和牵头负责联合国森林论坛各项谈判工作。

政府间合作 由林业部门负责执行的政府间双边协定有《中日候鸟保护协定》《中国澳大利亚候鸟保护协定》《中印老虎保护协定》《中俄森林防火联防协定》《中俄兴凯湖保护区协定》《中俄老虎保护协定》《中蒙森林草原防火联防协定》《中印尼联合打击非法林产品贸易谅解备忘录》《中南非林业合作谅解备忘录》《中俄候鸟保护协定》《中韩候鸟保护协定》《中美打击木材非法采伐及相关贸易谅解备忘录》《中国澳大利亚打击木材非法采伐及相关贸易谅解备忘录》《中日打击木材非法采伐谅解备忘录》《中南非湿地荒漠生态系统和野生动植物保护合作谅解备忘录》《中韩植物新品种保护合作备忘录》。

中国与芬兰、加拿大、新西兰、墨西哥、澳大利亚、俄罗斯、印度尼西亚、泰国、美国、越南、奥地利、苏里南、圭亚那、韩国、德国、智利、伊朗、土耳其、缅甸、法国、斯洛伐克、斐济、希腊、英国、埃及、日本、莱索托、瑞典、阿曼、意大利、巴西、捷克、印度、科特迪瓦、蒙古、朝鲜、阿根廷、伊拉克、刚果共和国、尼泊尔、奥地利、阿联酋、马来西亚、文莱、卡塔尔、瑞士等51个国家，先后签署了77个林业部门间合作协议(备忘录)。 (韩建伟供稿)

林业重点工程

03

天然林资源保护工程

【综 述】 2014年，天然林资源保护工程(以下简称天保工程)各项工作进展顺利。自天保工程二期实施以来，至2014年年底，中央已累计投入资金931亿元，管护森林面积1.15亿公顷，累计完成公益林211.54亿公顷，国有中幼林抚育671万公顷，后备资源培育30.04万公顷，工程取得了集生态保护、宣传教育和实践行动于一体的重大成效。

2014年，天保工程投入资金合计304亿元，其中中央投入266.42亿元(其中：中央财政专项资金253.42亿元，中央基本建设资金13亿元)，地方投入37.84亿元(其中：地方公益林补偿12.18亿元)。全年完成造林47.74万公顷，其中人工造林10.91万公顷，飞播造林11.53万公顷，无林地和疏林地新封山育林25.30万公顷。完成中幼龄林抚育面积180.4万公顷。2014年4月1日起，在黑龙江省重点国有林区开展停止天然林商业性采伐试点，东北内蒙古等重点国有林区木材产量由天保二期调整到位的402.5万立方米进一步调减到2014年的256.6万立方米以下。天保工程实施单位年末人数为82.24万人，其中在岗职工55.66万人，离开本单位保留劳动关系人员26.18万人，其他从业人员0.40万人。职工基本养老、基本医疗、工伤、生育和失业等保险基本实现全覆盖。在岗职工年平均工资为30 012元，比2013年增长12.6%。

推动天保工程区转型发展 为落实2013年11月在牡丹江召开的“天保工程区转型发展现场会”精神，国家林业局天保办确定2014年为转型发展年，积极推动天保工程区转型发展。各地从发展方式转型，就业模式转变、林区经济转型和管理机制转型等方面下工夫，加快了产业结构调整和林区经济发展，促进了职工就业、增收，进一步推动了工程区生态林业、民生林业发展。

扩大天然林保护范围 2014年3月14日，习近平总书记在中央财经领导小组第五次会议上强调指出，“要研究把天保工程范围扩大到全国，争取把所有天然林都保护起来。眼前会增加财政支出，也可能减少一点国内生产总值，但长远是件功德无量的事。”为此，3月20日，国家林业局成立了以党组副书记副局长张建龙和副局长张永利为组长、封加平总工程师为副组长的“国家林业局扩大天然林资源保护工程实施范围领导小组”，领导小组下设办公室，封加平总工为办公室主任，国家林业局天保办主任孙国吉为副主任。国家林业局联合国家发展改革委、财政部等有关部门系统研究了扩大天然林保护范围的政策措施。在做好资料收集分析和基础数据汇总的基础上，完成了《天保工程实施情况总结报告》，以及扩大天然林保护范围对地方经济和林农收入、国有林场职工就业、木材生产和供给之影响的4个报告。在此基础上，会同有关部门形成了初步政策框架，并起草了《全面加强全国天然林保护的实施意见》(征求意见稿)和相关说明材料。

调整天保工程二期补助标准 为推动天保工程二期有关补助标准的调整提高，根据天保工程二期实施方案(林规发〔2011〕21号)中关于“工程实施过程中，根据工资水平和物价变动等因素，适时调整有关补助标准”的要求，2014年7～8月，国家林业局开展了关于调整天保工程二期有关补助标准的调研论证工作。在调研论证的基础上按照“保障重点、量入为出”和优先保障民生的原则，提出了《天保工程国有林管护和森林抚育补助标准调整论证报告》《天保工程社会保险补助政策调整论证报告》《关于延长天保工程社会公益事业补助政策和提高政社性人员补助标准论证报告》3个专题报告，提出了《2015年天然林保护工程专项资金预算编制报告》，并报财政部，争取逐步列入中央财政预算。

完善和强化工程管理 一是进一步完善天保工程管理机制的有关改革。以提升核查工作水平为核心，建立科学、合理、透明的考核体系。二是进一步简政放权，分批取消了涉及国家林业局天保办工作职能的4项行政审批项目。三是根据中发办〔2014〕8号文件要求，将“加强天然林保护”纳入“改革路径”中，将“天然林保护条例”纳入“需要新制定的法律法规”中，将《国务院关于加强天然林保护工作的指导意见》纳入“拟提请领导小组审议的重大改革方案”。四是在全面总结天保工程“十二五”工作的基础上，研究制订了《天保工程“十三五”规划编制工作方案》，提出“十三五”规划设想。五是进一步强化森林管护、抚育、培育、工程核查、“四到省”等管理工作。在对公益林管护和森林抚育两个指导意见执行情况进行调研的基础上，起草了《关于进一步规范和加强天保工程森林管护工作的通知》(讨论稿)，完成了2013年东北内蒙古重点国有林区天保工程二期森林培育绩效考评报告，开展了2014年森林抚育、森林培育绩效考评工作。六是推进天保工程业务管理系统建设，构建天保工程数字化、图形化管理平台；加强业务培训及信息调度，做好天保工程信息季报、年报工作。七是进一步做好天保工程二期社会宣传工作。在全国范围内开展了天然林保护标识和标识语的征集活动；组织书画家赴天保工程区举办笔会；制作播出了“天保工程建设巡礼”系列专题18期。

【组织开展2014年天保工程二期实施情况综合核查】 为考核天保工程二期实施情况，按照《国家林业局办公室关于组织开展2014年天然林资源保护工程二期实施情况综合核查的通知》(办天字〔2014〕50号)要求，国家林业局于2014年6月10日至9月8日，采取抽样调查和全面调查相结合的方法，对天保工程实施情况进行了年度核查。核查内容包括：森林管护情况，职工就业情况，政社性人员情况，职工参加基本养老、基本医疗、失业、工伤、生育五项保险情况，在岗职工年均工资增减情况，木材停伐减产和“两证”审批核发情况，工程管理能力建设情况，资金管理和使用情况，中央财政森林生态效益补偿基金兑现情况等。核查工作外业内业结束后，将于次年年初发布核查结果。

【对2013年天保工程二期“四到省”考核结果进行通报】 根据国务院批准的天保工程二期实施方案要求，为检查和考评天保工程“目标、任务、资金、责任”到省落实情况，国家林业局以2013年天保工程核查、森林改造培育绩效考评、森林抚育国家级抽查、森林抚育综合评价、全国营造林综合核查等结果为依据，从工程组织管理、木材停伐减产与森林管护、公益林建设与森林改造培育、森林抚育、职工就业与社会保障、资金到位和中央森林生态效益补偿基金兑现情况等方面对20个省级单位进行了综合考核。下发《国家林业局办公室关于2013年天然林资源保护工程二期“四到省”考核结果的通报》(办天字〔2014〕101号)，对考核结果进行了通报，并针对工程实施中存在的问题，做出整改部署，提出整改要求。

【对天保工程省级和县级管理人员进行天保工程相关业务知识培训】 根据《国家林业局办公室关于加强天然林资源保护工程二期培训工作的通知》精神，为进一步提高天保工程管理水平，加强天保工程管理人员专业技术和基础素质水平，国家林业局天保办分别于2014年7月和12月在国家林业局管理干部学院和湖北省举办了两期培训班，集中对省、县两级工程管理人员进行培训。来自20个省级实施单位的管理人员，接受了包括天保工程森林管护和抚育、公益林管理、森林经营、工程区转型发展、森林旅游、信息化建设、重点工程社会与经济效益监测、生态效益监测等为主要内容的专业培训，并对如何加强天保工程效益监测和管理信息系统化建设等工作进行了研讨。两期培训班均达到了预期效果。

【开展天然林保护标识和标识语征集活动】 为传承天然林保护的文化底蕴，进一步提高社会层面对天然林保护重要性的认知度和关注度，顺应天保工程区广大职工的诉求，国家林业局天保办通过央视网中国林业频道开展了天然林保护标识和标识语征集活动。旨在通过这种活动集中全社会的智慧，用最简洁的图案和最精炼的语言概括天然林保护的意义和作用，营造人与自然和谐发展的氛围，激发天保工程区广大职工爱岗敬业的情操，推动天保工程健康发展，为建设美丽中国做出更大贡献。活动从4月开始，至12月结束，共征集到稿件3230件，其中标识425件，标识语2805条。经专家评审组综合评审，评选出获奖作品53件，其中标识一等奖1名，入围奖24名，标识语一等奖1名，二等奖2名，三等奖3名，入围奖22名，并向社会公布。

【开展“天保行·书画家走进和龙林区”采风活动】 2014年5月6 ~9日，国家林业局天保办邀请刘广运、杨继平、邵玉铮、谢仁杰、上官洪夫、张立娜等国内部分知名书画家赴吉林省和龙林业局，深入林区采风，并举办了“天保行·书画家走进和龙林区”书画笔会。活动以弘扬生态文化为主线，旨在通过文化交流，展现天然林的厚重感、林区民生的和谐安定、人与自然的相互依存，使社会大众了解天然林保护的重要性和必要性，致力于发挥文化的软实力，为弘扬生态文明、建设美丽中国，提升天然林保护的社会认知度。

(国家林业局天保办由刘雷供稿)

退耕还林工程

【综　述】 2014年是我国全面深化改革的元年，也是新一轮退耕还林工程启航之年。《中共中央 国务院关于全面深化农村改革加快推进农业现代化的若干意见》(中发〔2014〕1号)要求：“从2014年开始，继续在陡坡耕地、严重沙化耕地、重要水源地实施退耕还林还草。”国务院批准《新一轮退耕还林还草总体方案》，新一轮退耕还林还草正式启动实施。全年退耕还林工程中央共投入各项资金304.10亿元，其中种苗造林补助费16.69亿元、退耕农户补助资金163.19亿元、巩固成果专项资金124.22亿元，退耕还林成果得到进一步巩固和扩大。

新一轮退耕还林还草启动实施 ①会同有关部门研究形成了《新一轮退耕还林还草总体方案》，于1月30日正式上报国务院。②6月，国务院批准《新一轮退耕还林还草总体方案》后，会同有关部门给各省(区、市)人民政府下发《关于印发新一轮退耕还林还草总体方案的通知》(发改西部〔2014〕1772号)，对新一轮退耕还林还草有关工作进行了部署安排。③落实年度造林任务。在全面完成2013年退耕还林工程配套荒山荒地造林任务的基础上，会同有关部门先后下发《关于下达退耕还林工程配套荒山荒地造林2014年中央预算内投资计划的通知》(发改投资〔2014〕1391号)和《关于下达2014年退耕还林还草年度任务的通知》(发改西部〔2014〕2155号)，安排配套荒山荒地人工造林4.44万公顷、新一轮退耕还林还草33.33万公顷，2014年新增中央预算内投资16.69亿元、新一轮退耕还林还草财政专项资金24.79亿元。国家计划正式下达后，为保证工程顺利实施，国家林业局与各工程省(区、市)人民政府签订了《2014年度退耕还林工程责任书》，落实各级政府工程建设方面的责任。截至12月底，2014年度工程退耕地造林、配套荒山荒地人工造林分别完成7.50万公顷和2.70万公顷，分别占计划任务的22.5%和75.9%。④9月28日召开新一轮退耕还林实施工作电视电话会议，国家林业局赵树丛局长对做好新一轮退耕还林实施工作及2014年启动工作进行了安排部署。⑤在多次征求有关部门意见基础上，国家林业局会同有关部门研究提出了重要水源地的范围，并制定下发了《关于印发新一轮退耕还林还草工程严重沙化耕地界定标准和省级实施方案编制提纲的通知》(林退发〔2014〕181号)。⑥为扎实做好新一轮退耕还林的实施工作，国家林业局组织力量对2014年安排退耕还林还草任务的10个省(区、市)开展了实地调研。湖南、湖北、广西、云南、四川、重庆等省(区、市)先后以省政府名义召开电视电话会议，总结前一轮退耕还林工程取得的成效和经验，安排部署新一轮退耕还林还草实施工作。云南省林业厅针对国家启动新一轮退耕还林工程的新形势，深入富源县、贡山县进行专题调研，在总结陡坡地生态治理建设成效的基础上，分析陡坡地生态治理面临的难点问题，向省政府上报了《关于完善陡坡地生态治理相关政策的请示》，提出了继续推进省级陡坡地生态治理工程、适当放宽省级陡坡地生态治理工程实施范围、调整省级陡坡地生态治理工程补助标准及建设规模等政策建议。重庆市林业局组成3个调研组，深入渝东北生态涵养发展区、渝东南生态保护发展区和城市发展新区的6个区县，围绕前一轮退耕还林实施的经验和存在问题、新一轮退耕还林实施准备情况和政策措施建议等内容进行调研，对超计划遗留问题、长江两岸退耕还林和新一轮退耕还林市级配套政策建议3个问题进行了重点调研，理清了新一轮退耕还林工作思路，提出了完善配套政策和实施政策措施的建议。在调研基础上，结合重庆实际，起草了《重庆市人民政府关于新一轮退耕还林还草的实施意见》(代拟稿)，为实施好新一轮退耕还林工作奠定了基础。

巩固成果深入推进 ①会同有关部门在对各地上报的2014年巩固退耕还林成果专项建设任务申请进行审核的基础上，3月24日下达《关于2014年度巩固退耕还林成果建设任务的批复》(发改西部〔2014〕502号)，落实年度建设任务，其中涉林项目73.19万公顷，包括补植补造16.82万公顷、营造薪炭林4.11万公顷以及建设原料林、经果林、速生丰产林等林业产业基地52.26万公顷。②会同国家发展改革委、财政部等部门下发《关于开展巩固退耕还林成果专项规划实施情况联合督查的通知》，在部署各工程省(区、市)对7年来专项规划实施情况开展全面自查的基础上，11月中下旬国家林业局等部门分别牵头组成5个联合督察组，对广西、贵州等10个省(区、市)进行督察。辽宁省为切实抓好退耕还林工程森林经营示范工作，有效巩固退耕还林成果，于11月5日在沈阳市召开退耕还林工程森林经营示范工作会议，会议要求要与全省“千万亩经济林”建设有机结合，进一步搞好巩固退耕还林成果项目建设，加强退耕还林工程森林经营示范工作。四川省林业厅为巩固退耕还林成果，大力发展后续产业，进一步发挥退耕还林在助农增收中的重要作用，于12月4~6日，在遂宁市射洪县举办了全省丘区退耕还林后续产业发展管理和技术培训班，10个市69个工程县(市、区)从事工程管理或技术工作的同志共150余人参加培训。

阶段验收工作圆满完成 ①全面完成阶段经验工作。2014年，共组织省级和国家级6600余名验收技术人员，对21个工程省区2006年实施的26万多公顷退耕还生态林进行了阶段验收，涉及797个县、5663个乡镇、16万个小班，同时，还验收了补查、缓查面积0.9万公顷，涉及15个工程省(区、市)200多个县、近400个乡镇、近2600个小班。验收形成了21个分省核查报告和全国阶段验收总报告，为兑现退耕还林政策补助资金和进一步加强工程管理提供了重要依据。②汇总过去7个年度的阶段验收结果，1999~2006年全国退耕地造林计划面积保存率达99.9%，退耕还林成果得到有效巩固。其中，2014年国家抽查的12.94万公顷面积中，达到保存标准的12.91万公顷，面积保存率为99.8%，与2013年基本持平。在国家核查保存面积中，已成林面积9.98万公顷，成林率为77.3%，比2013年提高了3个百分点。③及时下拨各项补助资金。按照《退耕还林条例》和《退耕还林财政资金预算管理办法》(财农〔2010〕547号)的规定，国家林业局根据2014年度退耕还林工程阶段验收结果，对退耕还林工程政策补助资金兑现进行全面梳理，并向财政部报送了《国家林业局关于报送2014年度退耕还林工程阶段验收结果的函》(林函退字〔2014〕121号)和《国家林业局关于商请清算2014年度退耕还林工程完善政策补助资金的函》(林函退字〔2014〕122号)，协助财政部下达2014年完善政策补助资金138.22亿元。同时，根据退耕还林财政资金预算管理办法，向财政部报送了《国家林业局关于商请预拨2015年度退耕还林工程完善政策补助资金的函》(林函退字〔2014〕123号)，协助财政部提前下达2015年退耕还林财政专项资金253.61亿元。

宣传引导成效显著 ①与中央人民广播电台联合组织开展《绿色中国行动》大型系列报道活动，连续20天在中央人民广播电台轮盘挂栏播出报道近百篇，为推进新一轮退耕还林营造了良好的舆论氛围。②在《中国绿色时报》以《用数字说话推进生态文明制度建设的战略抉择》为题开设专版宣传退耕还林效益监测成果；协调《人民日报》发表《退耕还林不会亏本》一文，详细报道实施退耕还林14年的巨大成就。③在《中国绿色时报》推出“热点直击·新一轮退耕还林政策要点解读”专题，以两个版面的篇幅，对新一轮退耕还林的实施背景、政策要点以及需要把握的原则进行了系统解读。④利用互联网做好退耕还林宣传工作。加强对退耕还林网站的管理，及时更新工程动态信息和工程简报，全年编发退耕还林工程信息600条、图片信息112条、退耕还林工程简报4期，同时开辟爱心助学、信息动态等栏目，进一步扩大退耕还林网站的影响和效果。重庆市重庆卫视栏目组深入南川区头渡镇方竹村、武隆县仙女山镇龙宝塘村，通过采访退耕农户、种植专业户、村社干部和林业部门工作人员，在《重庆新闻联播》栏目对重庆市退耕还林工程取得的成效及新一轮退耕还林工程启动情况等进行了专题报道，广泛宣传退耕还林工程产生的生态服务价值。四川省林业厅编印了《退耕还林在四川15年》宣传画册，图文并茂地反映了全省退耕还林工程建设概况以及取得的成效。

退耕还林效益监测有序开展 ①在对2013年开展生态效益监测工作的6个省的703个监测县有关数据进行汇总、审核、分析的基础上，组织相关专家对重点省的退耕还林生态效益监测情况进行科学评估及论证，并按照“用数据说话”“向人民报账”和“不断提升林业治理能力”的总要求，发布了《退耕还林生态效益监测国家报告(2013年)》。②组织17个工程省区开展2014年度退耕还林生态效益监测工作，并举办退耕还林工程生态效益监测技术与管理人员培训班。③起草并下发《退耕还林工程生态效益监测工作评价暂行办法》，明确评价指标和方法，深化效益监测工作动态指导机制，确保监测工作不断规范化、科学化。④指导北京林业大学开展《全国退耕还林工程生态效益评价研究》项目。

工程管理进一步强化 ①对汇总整理出的近200个技术模式进行分类、筛选，举办《退耕还林技术模式回头看成果展》，出版了《退耕还林工程典型技术模式》。②针对部分工程区出现的因灾损毁、工程征占用退耕还林地块情况，派员赴河南、黑龙江开展专题调研，并就有关问题提出处理意见。③根据调度情况及国家林业局组织的各项检查结果，对各工程省区2013年度责任书执行情况进行通报，并与各有关省（区、市）人民政府签订了2014年度退耕还林工程建设责任书。④举办了各工程省区退耕办主任参加的新一轮退耕还林政策和管理培训班。⑤按照《新一轮退耕还林还草总体方案》要求，研究起草了《退耕还林合同书范本》，印发各工程省（区、市）参照执行。⑥对各省办理2013年群众举报情况进行了通报，并认真抓好2014的群众举报办理工作，重点督办了青海兴海、山西石楼和杏花岭、湖南衡东、重庆万州退耕还林有关问题的举报，并赴内蒙古翁牛特旗就反映该旗退耕还林及其他林业问题的举报进行了暗访。⑦对江西、湖南、陕西的退耕还林工程管理工作进行调研，提出加强工程管理的具体措施。

（王　楠）

【新一轮退耕还林还草总体方案】 6月，国务院批准了国家发展改革委、财政部、国家林业局、农业部、国土资源部5部门联合上报的《新一轮退耕还林还草总体方案》。总体方案具体内容包括：①明确了新一轮退耕还林还草的总体思路和基本原则。即：采取“自下而上、上下结合”的方式实施，在农民自愿申报退耕还林还草任务基础上，中央核定各省总规模，并划拨补助资金到省，省级人民政府对退耕还林还草负总责，自主确定兑现给农户的补助标准。按照这一思路，新一轮退耕还林还草应遵循以下原则，即：坚持农民自愿，政府引导；坚持尊重规律，因地制宜；坚持严格范围，稳步推进；坚持加强监管，确保质量。②提出了实施新一轮退耕还林还草的总体规模和任务安排。即：到2020年，将全国具备条件的坡耕地和严重沙化耕地约282.67万公顷退耕还林还草。其中包括25度以上坡耕地144.87万公顷，严重沙化耕地113.33万公顷，丹江口库区和三峡库区15~25度坡耕地24.67万公顷。对已划入基本农田的25度以上坡耕地，要本着实事求是的原则，在确保省域内规划基本农田保护面积不减少的前提下，依法定程序调整为非基本农田后，方可纳入退耕还林还草范围。严重沙化耕地、重要水源地的15~25度坡耕地，需有关部门研究划定范围，再考虑实施退耕还林还草。综合考虑粮食安全、种苗供应等情况，2014年安排退耕还林还草任务500万亩。优先安排符合退耕条件、群众退耕积极性高、前期工作准备充分的地方。③确定了新一轮退耕还林还草的补助政策。即：退耕还林每亩补助1500元，其中，财政部通过专项资金安排现金补助1200元、国家发展改革委通过中央预算内投资安排种苗造林费300元；退耕还草每亩补助800元，其中，财政部通过专项资金安排现金补助680元、国家发展改革委通过中央预算内投资安排种苗种草费120元。中央安排的退耕还林补助资金分3次下达给省级人民政府，每亩第一年800元（其中，种苗造林费300元）、第三年300元、第五年400元；退耕还草补助资金分两次下达，每亩第一年500元（其中，种苗种草费120元）、第三年300元。同时，总体方案对实施新一轮退耕还林还草的前期工作、工程实施、监测考核、配套措施等方面都做出了明确规定。

（王　楠）

【关于印发新一轮退耕还林还草总体方案的通知】 8月2日，国家发展改革委、财政部、国家林业局、农业部、国土资源部联合下发《关于印发新一轮退耕还林还草工程总体方案的通知》（发改西部〔2014〕1772号）。通知要求：①各工程省（区、市）人民政府在不低于中央补助标准基础上，尽快确定本省（区、市）兑现给退耕农民的具体补助标准和分次数额，并将政策宣传到户。②各工程省（区、市）按照《新一轮退耕还林还草总体方案》要求和程序编制好省级实施方案，自下而上，上下结合，充分尊重农民意愿。实施方案应依据年度土地变更调查成果和乡（镇）土地利用总体规划，将纳入退耕还林还草范围的耕地落实到2013年度土地变更调查成果的县级土地利用现状图（数据库）上。③2014年全国安排退耕还林还草任务500万亩，重点安排25度以上坡耕地集中地区。根据第二次全国土地调查和年度变更调查成果，请25度以上坡耕地较多的山西、湖北、湖南、广西、重庆、四川、贵州、云南、陕西、甘肃省（区、市）于8月15日前，在摸清群众意愿的情况下，自下而上，将本省（区、市）2014年退耕还林、退耕还草任务申请报送国家林业局、农业部，并抄送国家发展改革委、财政部和国土资源部。

（王　楠）

【全国退耕还林实施工作电视电话会议】 为贯彻落实国务院批准的《新一轮退耕还林还草总体方案》，安排部署新一轮退耕还林工作和2014年建设任务，推动生态林业民生林业全面发展，9月28日，国家林业局召开全国退耕还林实施工作电视电话会议。国家林业局局长赵树丛出席会议并讲话，国家林业局副局长张永利主持会议，国家林业局总工程师封加平，国家发展改革委西部司、财政部农业司有关同志出席会议，全国25个工程省（区、市）和新疆生产建设兵团林业部门有关同志在分会场参加会议，湖北、贵州、甘肃三省在会上作典型发言。

赵树丛要求，要深入学习领会习近平总书记系列重要讲话精神和李克强总理重要批示指示要求，深刻认识继续做好退耕还林工作对于推动生态林业民生林业发展、增加我国森林资源、应对全球气候变化的重大意义，全面贯彻落实党中央、国务院的决策部署，认真组织实施新一轮退耕还林工作，切实把退耕还林这项关系国计民生的大事办好办实。一要坚持生态优先。紧紧围绕增强生态功能、扩大森林面积这一根本目标，优先选择涵养水土功能强的树种，优先安排生态区位重要、生态状况脆弱、集中连片特殊困难地区退耕还林，增强针对性和有效性。二要尊重科学规律。坚持生态优先，从实际出发，按照自然规律和经济规律稳步推进，防止长官意志和形式主义。科学规划，因地制宜，宜林则林、宜草则草，乔灌草合理配置，大力营造混交林，增强生态系统稳定性。三要强化政策落实。准确把握新一轮退耕还林的总体要求和政策措施，做好宣传发动、政策培训等工作，建立健全村级公示制度，让基层干部群众熟悉政策内容、明确工作要求，确保在实施过程中不跑偏、不走样。四要加强后期管护。及时颁发林权证，科学制订森林经营方案，落实管护主体和管护责任，严肃查处乱征乱占退耕还林地、擅自复耕等行为，依法巩固退耕还林成果。五要全面落实责任。各级政府、各相关部门特别是林业部门要各司其职、形成合力、共同推进，同时要落实好退耕农户的责任和权益。赵树丛强调，2014 年是新一轮退耕还林的开局之年。各地要在搞好宣传发动和政策培训的基础上，认真做好农户申报、作业设计、种苗供应、技术服务等工作，尽快把任务分解落实到具体的山头地块和退耕农户，确保今冬明春全面完成任务。要加强对工程实施过程的监管和实施结果的验收，把好种苗质量关、栽种质量关、检查验收关、考核监测关，确保工程建设质量，为新一轮退耕还林工作开好头、起好步。（王　楠）

【新一轮退耕还林政策和管理培训班】 为贯彻落实全国退耕还林实施工作电视电话会议精神，促进各地更好地实施新一轮退耕还林，10 月 21 日国家林业局退耕办在北京举办了新一轮退耕还林政策和管理培训班，培训新一轮退耕还林政策、退耕还林工程典型技术模式，座谈讨论新一轮退耕还林省级实施方案编制、合同签订、检查验收等工作，研究修改《退耕还林条例》。国家发展改革委员会西部开发司童章舜副司长讲解了新一轮退耕还林政策，国家林业局退耕办周鸿升主任做总结讲话。各工程省（区、市）和新疆生产建设兵团林业厅（局）退耕还林办公室主任参加了培训。（王　楠）

【新一轮退耕还林还草工程严重沙化耕地界定标准和省级实施方案编制提纲】 根据《关于印发新一轮退耕还林还草总体方案的通知》（发改西部〔2014〕1772 号）有关编制好省级退耕还林还草实施方案的要求，在深入研究和广泛征求意见的基础上，国家林业局会同农业部、国土资源部联合下发了《关于印发新一轮退耕还林还草工程严重沙化耕地界定标准和省级实施方案编制提纲的通知》（林退发〔2014〕181 号），明确了新一轮退耕还林还草工程严重沙化耕地界定标准及操作说明、省级实施方案编制提纲，要求各工程省（区、市）抓紧编制新一轮退耕还林还草工程省级实施方案并尽快上报有关部门。新一轮退耕还林还草工程严重沙化耕地，指依据 2013 年土地变更调查成果和乡镇土地利用总体规划，没有防护措施及灌溉条件，经常受风沙危害（年均 8 级以上大风日数 10 天以上），作物生长很差（缺苗率≥30%）、产量低而不稳（粮食单产低于本省、自治区、直辖市平均产量的 50%）的沙质耕地（土壤颗粒组成中砂粒含量大于 90%）。新一轮退耕还林还草工程省级实施方案编制提纲包括前一轮退耕还林还草工程（1999～2013 年）实施情况、实施新一轮退耕还林还草工程的必要性和可行性、实施新一轮退耕还林还草工程的总体思路、实施范围与建设布局、建设任务、投资概算、效益分析、保障措施等 8 个方面的内容。（王　楠）

【2014 年度退耕还林工程责任书】 为贯彻落实《退耕还林条例》，强化地方政府实施退耕还林工程的责任，确保前一轮退耕还林建设成果的巩固和新一轮退耕还林工作的顺利开展，根据《退耕还林条例》第七条“国家对退耕还林实行省、自治区、直辖市人民政府负责制”的规定，国家林业局与各工程省（区、市）人民政府和新疆生产建设兵团签订了 2014 年度退耕还林工程责任书。2014 年度退耕还林工程责任书主要包括 3 部分内容：第一部分是建设任务，明确了 2014 年国家下达的退耕还林工程建设任务；第二部分是省级人民政府责任，主要是巩固退耕还林成果、做好新一轮退耕还林的启动工作、强化工程管理和监督等；第三部分是国家林业局责任，主要是研究政策、制定管理措施、组织检查监督等。（王维亚）

【2013 年退耕还林工程责任书执行情况通报】 国家林业局根据 2013 年组织的退耕还林工程管理实绩核查、退耕还林工程阶段验收和全国营造林综合核查结果，结合 2013 年度工程实施情况的调度以及日常工作记录、统计情况，印发了《国家林业局关于 2013 年度退耕还林工程责任书执行情况的通报》（林退发〔2014〕117 号），对各工程省（区、市）和新疆生产建设兵团的计划任务落实和完成、前期工作准备、责任落实、造林质量、政策兑现和巩固成果专项资金完成、成果巩固、确权发证、群众举报办理、档案管理、信息统计和培训、效益监测等情况进行了通报。（王维亚）

【退耕还林合同书范本】 为规范退耕还林合同，落实责任，保障退耕农户利益，保证退耕还林质量和进度，根据《关于印发新一轮退耕还林还草总体方案的通知》（发改西部〔2014〕1772 号）要求，国家林业局制订并印发了《退耕还林合同书范本》（办退字〔2014〕170 号），供各工程省参照执行。范本规定了签订合同的内容主要包括退耕还林地点及规模、中央退耕还林补助政策、地方退耕还林补助政策以及各方的权利和义务。（王维亚）

【关于开展 2014 年度退耕还林工程省级复查工作的通知】 为了全面掌握退耕还林工程建设情况，为巩固退耕还林工程建设成果打好基础，2 月 18 日，国家林业局退耕还林办公室印发了《关于开展 2014 年度退耕还林工程省级复查工作的通知》（退核字〔2014〕4 号），对各工程省（区、市、生产建设兵团和部队）2014 年度退耕还林工程省级复查工作进行了部署。通知要求：①各工程省要在省级复查工作开始前，组织本省退耕还林工程县认真开展自查工作。凡应开展县级自查而未完成或自查质量不合格的县，不得开展省级复查。对县级自查工作存在严重问题的工程县，各省应采取必要的调控措施。②准确把握复查内容。省级复查内容为：国家下达的 2013 年度宜林荒山荒地造林和封山育林计划任务完成情况；国家下达的 2010 年度宜林荒山荒地造林计划任务的保存情况。③严格执行相关办法规定。省级复查工作要严格按照《退耕还林工程建设年度检查验收办法》(林退发〔2009〕294号)执行。④及时、准确上报复查结果。各工程省于2014年4月30日前，将省级复查工作报告及经省级复查后确认的县级自查结果汇总表报国家林业局退耕还林办公室。（曹海船）

【《绿色中国行动》大型系列报道活动】 为了贯彻党的十八大精神，在退耕还林实施15年、新一轮退耕还林启动之际，国家林业局联合中央人民广播电台于2014年6月13日至7月3日，组织开展《绿色中国行动》大型系列报道活动。此次活动前后方参加记者共100余人，报道组深入河北、山西、内蒙古、辽宁、河南、安徽、江西、湖北、湖南、广西、重庆、四川、云南、陕西、甘肃、新疆16个省(区、市)的45个县(市、区)，行程4万多千米，在持续20天的报道中，中央人民广播电台《新闻和报纸摘要》节目播发录音报道、特写18篇，《新闻纵横》节目播发深度报道17篇，《央广新闻》连线70条；中国广播网刊发上百条独家报道和20多篇记者手记及300多张图片，并在中国之声微博、微信实时转发。《绿色中国行动》报道历时3周，每篇稿件推出后，第一时间被百度抓取，并被新浪网、网易网、搜狐网等门户网站以及中国政府网、国家林业局网站、中国网等中央媒体网站转载，中宣部《新闻阅评》专门撰文肯定了此次报道活动。（刘　青）

【退耕还林技术模式"回头看"活动】 为了更好地总结、推广、宣传各地在退耕还林实践中创造的好的经验，多角度、全方位反映退耕还林的巨大成就，提高退耕还林工程的影响力，国家林业局组织开展了退耕还林工程技术模式回头看活动。经过认真筛选、充分准备，编辑印制了《退耕还林技术模式回头看成果展》宣传册，5月19日至6月6日在国家林业局主楼大厅举办了《退耕还林技术模式回头看成果展》。展出期间，除《中国绿色时报》和国家林业局网站进行报道外，中国政府网、新华网、凤凰财经网、网易财经网等媒体分别以《为谋划实施新一轮退耕还林提供坚实技术保证》《国家林业局举办退耕还林技术模式回头看成果展》等标题进行了报道，在社会上引起广泛反响。通过对汇总整理出的近200个技术模式进行分类、筛选，经近一年时间的准备，最终确定将退耕还林工程99个技术模式编辑成册，出版发行了《退耕还林工程典型技术模式》一书，并举办了《退耕还林工程技术模式培训班》。（孔忠东）

京津风沙源治理工程

【综　述】 京津风沙源治理工程是中国生态建设的标志性工程。2012年国务院通过了《京津风沙源治理二期工程规划(2013~2022年)》。二期工程西起内蒙古乌拉特后旗，东至内蒙古阿鲁科尔沁旗，南起陕西定边县，北至内蒙古东乌珠穆沁旗，建设范围包括北京、天津、河北、山西、陕西及内蒙古6省(自治区、直辖市)的138个县(旗、市、区)，与一期工程相比，二期工程建设范围增加了63个县(旗、市、区)，工程区总国土面积70.60万平方千米，沙化土地面积20.22万平方千米。工程的建设期为十年，分两个阶段，第一阶段为2013~2017年，第二阶段为2018~2022年。

工程进展情况　截至2014年12月31日，六省区市共完成2014年林业建设任务24.44万公顷，占年度计划任务的100%。其中，人工造林13.15万公顷，封山育林7.6万公顷，飞播造林2.87万公顷，工程固沙0.82万公顷。2014年中央下达京津风沙源治理工程投资17亿元，其中林业建设项目投资71 329万元。

工程建设取得的成效　工程实施以来，取得了明显的生态、经济、社会效益。一是工程区森林面积增加。据第七次全国森林资源清查(2004~2008年)，5年间，工程区森林面积净增186.33万公顷，年均净增37.27万公顷；森林覆盖率增长了4.07个百分点。二是风沙天气明显减少。工程区已由沙尘天气发生发展过程中的加强区变为减弱区。据统计，2000~2002年北京市沙尘天气发生次数均在13次以上，减少到2010~2012年的4次、3次、2次。三是沙化土地明显减少。据第四次全国荒漠化和沙化监测，工程区固定沙地面积增加9.5万公顷，增加了1.75%；流动沙地面积减少10.29万公顷，减幅达30.68%。四是经济效益日益凸显。通过大力发展特色林果、林下种养、生态旅游等产业，拓宽了农民增收致富门路，初步实现了生态建设和经济发展的良性互动。内蒙古多伦县依托京津工程，建成百万亩樟子松基地，参与工程建设的农民人均收入4.8万元。2011~2014年全县累计出售苗木款1.2亿元，覆盖2569户，户均增收4.6万元。五是社会效益明显。工程对区域经济发展的贡献率保持在24.7%~28.3%，工程区域经济社会可持续发展指数达到71.2。（白建华）

三北防护林体系工程建设

【综　述】 2014年，三北地区各级林业和三北工程管理部门，抢抓建设生态文明给林业带来的重大战略机遇，应势而动，借机发力。据调度统计，全年完成造林育林 71.51 万公顷，占年度计划任务的 92.34%，比 2013 年增长 20% 多。其中人工造林 41.09 万公顷、封山(沙)育林 29.55 万公顷、飞播造林 0.87 万公顷。北京、黑龙江、宁夏、兵团 4 省(区)超额完成了年度计划任务，天津、辽宁、陕西、甘肃 4 省(市)全面完成了年度计划任务。工程建设呈现出稳中有增的良好态势。

实施绿色新政、促进绿色发展 河北省将生态环境保护作为京津冀协同发展率先突破的领域之一，启动实施了“绿色河北攻坚工程”，省政府印发了《关于实施绿色河北攻坚工程的意见》，省长与 13 个市政府签订了造林绿化责任状。吉林省启动了美丽吉林绿色通道、森林小镇和绿美示范村屯、西部绿色生态屏障建设等五大林业重点工程，开启了建设美丽吉林的新征程。内蒙古自治区认真贯彻落实习近平总书记关于把内蒙古建成我国北方重要生态安全屏障的指示精神，自治区党委、政府制定了《关于进一步加强生态建设的意见》和《关于加快生态文明制度建设和改革的意见》，编制了《构筑北方重要生态安全屏障规划纲要》，强力推进林业生态建设。2014 年自治区财政安排林业资金 11 亿元。

科技创新驱动、市场利益拉动 黑龙江省大力推广沙地庄园式治理、樟子松嫁接红松、杨树伐根萌蘖更新、“以松改杨”等模式，为工程建设向困难立地挺进提供了强大科技支撑。内蒙古自治区把科技推广与造林作业同步设计、同步实施、同步验收，筛选了 50 多项先进技术重点推广，科技推广覆盖率达到 90% 以上。山西省太原市按照“8:2”优惠政策吸引民间资本投入造林绿化，80% 的面积绿化后，剩余 20% 的面积可进行适度开发。

按自然单元整体推进 山西省按照“下好一盘棋、绘好一张图”的要求，集中治理吕梁山生态脆弱区，把区域内的 23 个县(区)作为生态建设的一个整体单元规模推进、协同治理，连续两年其区域营造林面积占到全省 1/3 左右。陕西省继续推进毛乌素沙地百万亩樟子松人工林基地，全年新造樟子松 1.33 万公顷，已在毛乌素沙地形成了总面积达 5.33 万公顷的樟子松林海，陕北绿色生态屏障基本形成。

转型升级、提质增效 近年来，新疆维吾尔自治区着力在标准化建设、加工转型、市场开拓上下功夫，加快推进特色林果业提质增效和转型升级步伐，全区林果总面积稳定在 120 万公顷左右，林果业总产值从 2005 年的不到 50 亿元，发展到 430 多亿元，农民人均来自林果业的收入超过 1400 元。甘肃省加快推进特色林果产业由生产初级果品向精深加工转变，因地制宜建设规模化特色林果基地，研发推广了一批适用先进林果技术，建成了“平凉金果”等一批林果产业化龙头企业，打造了一批地方特色知名品牌。

统筹推进、协同发展 辽宁省启动宜居乡村建设绿化示范工程，计划用 3 年左右时间在全省创建 100 个宜居建设绿化示范乡、1000 个示范村、10 000 个绿化达标村，基本实现村庄园林化、道路林荫化、庭院花果化。天津市围绕建设“美丽天津”一号工程，继续在城市近郊大力发展郊野森林公园，让三北工程建设成果直接惠及民生。目前，在三北工程建设区内建成郊野森林公园面积 80 多平方千米。宁夏组织实施主干道大整治大绿化工程，全力推进公路沿线、重要节点的造林绿化，完成主干道造林绿化 2.39 万公顷，成为镶嵌在宁夏山川的一条靓丽风景线。

优化结构、提升功能 北京市坚持以质为先，植树成景，在重点地区全面推行多树种配置、针阔混交造林、带冠栽植等质量标准，落叶乔木胸径在 8 厘米以上的超过 70%，打造具有首都地域特色的城市森林。吉林省按照分类指导、分区提升的原则，在西部地区重点实施科尔沁沙地提质增效工程，中部地区稳步推进农田防护林更新改造、优化升级工程，东部地区稳步推进以森林抚育和低效林改造为重点的森林经营工作，全省整体森林生态系统质量、结构、功能得到了优化提升。青海省整合各种建设资源，提高造林标准，做到“造一片、成一片、绿一片”，在高海拔地区建成了一批标准化造林样板工程。

2014 年，三北各地按照国家林业局的统一部署，做了大量卓有成效的工作。

构筑区域生态屏障 三北局按照突出重点、规模治理的原则，继续推进百万亩人工林基地建设和黄土高原综合治理林业示范建设，召开了黄土高原综合治理林业示范建设现场会，着力推进工程发展方式转变。各地也从区域生态状况实际出发，突出建设重点，以点带面，推进工程建设。内蒙古自治区通辽市启动科尔沁沙地“双千万亩”综合治理工程，全年完成建设任务 12.87 万公顷。宁夏回族自治区着力实施生态移民工程，完成生态移民迁出区生态修复 4.85 万公顷，迁出区生态环境明显改善。新疆维吾尔自治区昌吉回族自治州将工程建设与城镇、村庄、道路等重点区域生态屏障建设相结合，完成造林 1.53 万公顷。

强化工程建设质量 三北局把督导检查作为转职能、转作风的重要抓手，围绕春季造林、黄土高原治理、封沙育林开展了 3 次专项督导检查。河北、黑龙江、青海、宁夏、新疆、新疆兵团等省区在春季造林期间，由厅(局)领导带队，分赴各地就苗木准备、造林进度及质量进行督导。其中，河北通过实行日报告、周调度、月通报制度，对县区绿化情况进行评比、打分、通报，工程建设质量较往年有明显提升。山西、辽宁、陕西积极推行业务干部联络包干制度，对工程建设进度、质量等全负责，做到人人有任务，个个有责任，形成省市县齐抓共管工程建设的好局面。

规范工程建设行为 三北局积极协调以国家林业局名义出台了《三北防护林体系建设工程计划和资金管理办法》，为规范工程管理提供了依据。北京修订了《平原地区造林工程技术实施细则》，进一步强化了树种配置、栽植规格和地被覆盖等技术要求。山西出台了《三北防护林工程建设管理办法(试行)》《三北防护林工程检查验收办法(试行)》等 7 项办法及规定，工程管理、造林质量评价基本做到了有章可循。内蒙古下发了《关于加强营造林质量管理的意见》，对作业设计编制、种苗质量、抚育管护等都做出了明确要求，质量管理做到了有据可依。

释放工程内生动力 三北各地坚持问题导向，向改革要动力，不断创新工程建设和运行机制。河北积极引导和鼓励社会各界参与生态建设，以政府投资为杠杆，撬动社会资金40多亿元用于造林绿化。甘肃兰州新区依托国有独资农林水资源开发有限公司，以国家资本撬动非公有资本，初步形成了国有资本与非公有资本交叉持股、取长补短、合作共赢的格局。内蒙古通辽市实行党政主要负责人离任生态环境审计制度，林业生态建设指标分值由1%提高到10%以上。新疆兵团农七师创新管护机制，对新造农田防护林一律承包到户，管护经营，采伐后，按比例分成，切实解决了管护难的问题。

优化工程建设环境 三北局邀请全国政协和粮农组织视察三北工程，加大对外宣传力度，对提升工程建设产生了积极的作用。北京在电视台开设“爱绿、植绿、护绿”专栏，积极弘扬生态文化，引导社会各界参与生态建设。黑龙江召开了三北四期工程总结表彰暨五期工程动员大会，大力宣传表彰了先进单位和先进个人，激发了全社会投身工程建设的积极性。陕西累计在各类杂志网站发布信息400多条(篇)，宣传工程建设取得的成绩，面临的形势，营造了良好的社会氛围。甘肃在“两会”期间，联系部分政协委员，为三北工程建设呼吁、呐喊，争取高层支持。

【三北防护林站局长会议在宁夏银川召开】 2014年1月14日，经国家林业局批准，三北局在宁夏银川召开2014年三北防护林站局长会议，传达学习全国林业厅局长会议精神，总结2013年三北工程建设进展情况，安排部署2014年重点工作。

会议听取了三北地区各省(区)林业厅(局)工程主管部门的工作汇报，讨论修改了《三北工程退化林分修复管理暂行办法》和《三北工程退化林分修复技术概要》，分析了工程建设面临的形势和任务，对认真学习贯彻全国林业厅局长会议精神、全面深化改革创新、扎实推进三北工程持续健康发展作出了安排部署。

会议指出，做好2014年三北工程建设的总体要求是，深入学习贯彻党的十八大、十八届二中、三中全会精神以及全国林业厅局长会议精神，坚持以植树造林为重点、以生态修复为核心、以规模治理为抓手、以强化监管为基点，把改革创新贯穿于工程建设全过程，全力推进工程建设提速度、转方式、拓内涵、调结构、惠民生，为全面完成“十二五”规划任务打下坚实的基础。

会议指出，2014年要重点抓好以下几项工作，一要不断扩大森林资源。切实抓好春季造林准备工作，抓好计划任务的落实，强化对工程建设全过程的质量管理和监督检查。二要开拓工程发展空间。要选择一批基础条件好、人口密度大、区域优势明显、具有广泛代表性的县城、乡镇开展试点工作，实施“美丽城镇”创建行动；要在坚持生态优先的前提下，按照“一县一品、一区一业”的原则，科学规划、分区抓建一批生态与经济兼优的特色产业带或产业基地，统筹生态民生、兴林富民协调发展；要紧紧围绕防护林建设可持续发展，积极开展退化林分修复试点。三要加快规模治理步伐。要继续加大工作力度，积极做好协调争取工作，力争再启动3~5个百万亩人工林建设基地项目。四要打造精品样板工程。要全面贯彻执行《三北工程黄土高原综合治理林业示范建设项目管理暂行办法》，切实加强对项目的计划管理、组织实施、监督检查，确保项目建设顺利推进；要引入项目管理理念，实行项目法人责任制、招投标制、合同制等，积极推行专业队造林和技术承包责任制；要建立督导检查和考核奖惩机制，切实把任务落实到山头地块。五要提升工程建设质量。要着力抓好工程制度体系建设、工程质量管理和工程监督检查。六要优化工程发展环境。要以深入学习贯彻党的十八大、十八届三中全会精神为主线，积极协调策划一批重大宣传活动，巩固和扩大“地球绿飘带”引发的宣传效应。

【全国政协副主席罗富和率队调研三北防护林体系建设工程】 2014年6月14日至19日，由全国政协副主席罗富和任组长，全国政协人口资源环境委员会主任贾治邦任副组长的三北工程专题调研组，赴宁夏、陕西、甘肃对三北工程建设情况进行了专题调研，并与3省(区)有关部门进行了座谈。

调研组认为，三北工程是在党中央领导下取得的生态建设的重大成就，也是世界生态建设史上的一大奇迹。工程实施35年来，不仅成为维护我国生态安全的重要屏障，又为保障和改善民生、促进区域经济社会发展发挥了不可替代的生态、经济和社会效益。35年来累计完成造林保存面积2647万公顷，工程森林覆盖率由1977年的5.05%提高到12.4%，在祖国北疆初步筑起了一道抵御风沙、保持水土、护农促牧的绿色长城。

调研组指出，虽然三北工程建设取得了巨大的成就，但面临的问题也十分突出。一是建设任务十分艰巨。三北地区依然是我国植被最稀少、生态状况最脆弱、急需加快治理的重点区域。目前，还有沙化土地面积143.8万平方千米、水土流失面积138.5万平方千米，分别占全国的83%和39%。二是组织领导有待加强。三北工程既是一项社会公益事业，又是一项千秋工程，离不开强有力的组织领导。随着工程建设不断深入，治理难度越来越大，成本越来越高，一些地方对工程建设的长期性、艰巨性认识不足，抓工程力度小了，声音弱了，出现了松懈思想和畏难情绪，严重影响工程建设发展。三是中央投资到位率不足。工程启动以来，中央累计投入资金远远低于规划投资。中央投资的主导地位和作用尚未确立，规划与计划、任务与投资相互脱节的问题尚未根本解决。投资不足、标准偏低，直接影响着工程规划目标的如期实现。四是后续发展亟须跟进。一方面，早起营造的以杨树为主的防护林大部分进入成过熟阶段，防护功能开始下降。由于长期低投入、低标准建设，后期管护措施跟不上，形成了相当比重的低质低效林，直接影响着防护功能的持续发挥。另一方面，工程培育了一大批上规模的特色林果业基地，但由于缺乏相应产业政策、产业资金、产品开发的扶持和带动，产品仍处在初级阶段，精深加工跟不上，产品优势未能充分发挥。

【联合国粮农组织驻华代表考察三北工程】 应国家林业局国际合作司邀请，2014年5月26~29日，联合国粮农组织驻华代表Percy Misika先生一行对宁夏三北工程建设进展情况进行了考察。国家林业局国际司巡视员金普春、国家林业局三北局局长张炜陪同考察。

考察期间，宁夏回族自治区副主席屈冬玉会见了考察组一行，介绍了宁夏在旱作农业、植树造林、治理荒漠化等方面取得的成功经验。Misika先生对宁夏在防沙、治沙、造林等领域所取得的成就给予高度评价。

考察组一行先后赴中卫考察荒漠化治理，考察灵武白芨滩林场防沙治沙工程，走访职工家庭。考察组参观了三北工程建设成就展，并召开了座谈会。国家林业局三北局、宁夏回族自治区林业厅、宁夏农业科学研究院相关负责人分别介绍了三北工程建设概况及宁夏生态建设情况，并表达了与联合国粮农组织在培训、技术交流与输出等方面的合作意向。

座谈会上，张炜向联合国粮农组织介绍了三北工程建设当前面临着2647万公顷建设成果的巩固和每年66.67万公顷的新造林任务，工程建设任务繁重，责任重大，需要加强国际交流合作，吸收世界各国先进的建设理念和技术措施。同时，工程建设35年来形成的一系列经验措施，如荒漠化防治、生态经济型防护林体系建设理念等，也愿借助粮农组织这一国际化的平台，进行相关培训和技术输出，与世界共享成果。

金普春对近年来我国林业国际交流情况进行了说明，国际司将在新形势下，就一些新领域与粮农组织开展深度的合作，共同分享技术，进行人员培训和交流。

Misika先生介绍了联合国粮农组织的基本情况，发展理念，战略目标，表示愿在粮农组织发展框架下，就可持续的林业资源管理、遥感监测、应对气候变化、可替代能源等方面与国家林业局开展合作。

据悉，联合国粮农组织多年来一直加强同中国多领域的合作交流，多次援助我国的林业生态建设。其中，“中国三北009”项目(全称“三北地区造林、林业研究、规划与开发”项目)，“中国三北地区防护林管理与天牛控制”项目是联合国粮农组织援助中国的技术合作项目，取得了显著的建设成效。

【三北工程黄土高原综合治理林业示范建设现场会在宁夏彭阳召开】 2014年8月27日，国家林业局在宁夏回族自治区彭阳县召开三北工程黄土高原综合治理林业示范建设现场会议。会议通报了三北工程黄土高原综合治理林业示范建设项目检查情况，总结交流了三北工程黄土高原综合治理的成效与经验，明确了黄土高原综合治理的方向和举措，安排部署了黄土高原综合治理林业示范建设工作。国家林业局副局长张永利出席会议并作了重要讲话，宁夏回族自治区党委副书记崔波出席会议并致辞。国家发展改革委、国家林业局有关司局、三北地区各省(区、市)林业厅(局)、河南省林业厅、新疆建设兵团林业局分管领导和三北工程主管部门负责同志、黄土高原综合治理40个林业示范县的政府负责同志参加了会议。

与会代表们现场观摩了彭阳县六盘山挂马沟林场水源涵养林区、六盘山景观苗木示范园等5个黄土高原综合治理现场。宁夏彭阳县、山西平顺县、陕西宜川县、甘肃合水县的县委、政府主要领导作了大会交流发言。

会议指出，党和国家领导人一直非常重视黄土高原综合治理和水土保持工作，在不同时期作了一系列重要的批示，为黄土高原综合治理增添了动力、指明了方向。30多年来，三北工程坚持以生态修复为核心，以小流域综合治理为突破口，按山系、分流域整体推进，山、水、田、林、路统筹规划，协同发展，三北工程在黄土高原地区累计完成造林779.1万公顷，区域森林覆盖率由工程建设初期的11%提高到19.55%，实现了山川大地由黄到绿的历史性巨变，生态恶化呈现出整体遏制、局部好转的态势。

会议指出，当前，推进黄土高原综合治理的总体要求是，以充分发挥生态林业与民生林业的强大功能为主线，以植树造林为重点，以生态修复为核心，以小流域治理为基本单元，坚持生态优先、保护第一、量水而行，宜乔则乔、宜灌则灌、宜草则草，坚持依靠群众、依靠科技、依靠体制机制创新，坚持科学谋划、整体布局、规模治理，大力造林育林护林，扩大森林资源总量和生态容量，着力构筑黄土高原生态安全屏障。

【“地球绿飘带”图片展暨“三北造林记”书法作品展在宁夏银川举办】 2014年4月26日，由新华社宁夏分社、国家林业局三北局等单位联合主办的“地球绿飘带”图片展暨“三北造林记”书法作品展在宁夏银川开展。原林业部副部长、中国林业书法协会主席刘广运，国家林业局原纪检组长、中国林业文联主席杨继平，宁夏回族自治区原政协主席任启兴等领导出席开幕式，国家林业局三北局全体干部职工、宁夏林业厅有关部门以及宁夏当地书画家和广大书画爱好者参观了展览。

“地球绿飘带——三北工程35周年图片展”同日在宁夏回族自治区银川市光明广场新华影廊展出，共展出图片200多幅。集中展示了从1978年11月起，在我国四大沙地、八大沙漠南缘及黄土高原建设大型防护林取得的成果。展出内容分为“那些黄沙滚滚的岁月”“人进沙退——三北人闯出的生态路”“用生命守护绿色的人”和新华社地球绿飘带采访过程及报道成果等5部分，反映了我国沙漠化状况、数十年来治沙造林的过程和治沙给人民生活带来的变化及我国各地治沙英雄人物。

“三北造林记”书法作品展在宁夏回族自治区银川市美术馆举行，展出了原林业部副部长、中国林业书法协会主席刘广运老人全文书写的《三北造林记》等100多幅书法作品。宁夏美术家协会会员周贵军、韩学书、赵红、金玉国，宁夏书法家协会会员梁满平，现场挥毫泼墨，创作出了一幅幅以弘扬生态文化、建设生态文明，打造美丽中国为主题的书画作品。

2013年8月上旬，新华社联合国家林业局、联合国环境规划署以及三北地区41家媒体，启动“地球绿飘带”大型媒体联合行动。历时两月，走近造林人，倾听英雄事，感知35年可歌可泣的造林史，并深入三北广大地区，深入各地群众，调研造林成果。由新华社社长李从军领衔完成了长篇通讯《三北造林记》。文章一经发表，海内外数百家媒体广泛采用，全国反响强烈，“绿色文明”正能量迅速传递。

【国家林业局颁发《三北防护林体系建设工程计划和资金管理办法》(试行)(林规发〔2014〕123号)】 为进一步加强三北工程计划和资金管理，充分发挥投资使用效益，2014年8月20日，国家林业局颁发《三北防护林体系建设工程计划和资金管理办法》(试行)(以下简称《办法》)。

《办法》要求，省级林业主管部门要根据国家批复的三北工程规划和工程建设实施情况，每年6月底前提出下一年工程建设建议计划，经三北局初审汇总后，报国家林业局作为安排三北工程年度中央预算内投资的重要依据。三北工程年度中央预算内投资计划下达后，各省级林业部门要在一个月内分解工程建设任务和投资，明确工程建设地点、内容、规模，协调有关部门落实配套资金。

《办法》指出，要根据国家下达的三北工程百万亩人工林基地建设、黄土高原综合治理林业示范建设等重点区域治理项目年度投资计划，由省级林业主管部门组织编制重点区域治理项目年度实施方案，报三北局审查、备案。

《办法》明确，三北工程是国家重点建设工程，加大工程建设投资规模，完善投资标准和投资结构，建立政府投入、社会参与的多元化投资机制，逐步加大中央投入力度，重点保证重点区域治理项目。中央对工程建设投资实行定额补助，不足部分由地方配套资金解决。

《办法》要求，建立三北工程计划和资金管理目标责任考核机制。国家林业局对年度建设任务完成好、质量标准高、实绩突出的，给予通报表扬；对工程建设任务或质量不达标的，给予通报批评。

【《国家林业局关于进一步深化三北防护林体系建设工程改革的意见》(林北发〔2014〕171号)】 为进一步深化三北防护林体系建设改革，创新工程建设体制机制，加快推进工程治理体系和治理能力现代化，不断增强工程建设动力，全面实现工程建设目标，更好地促进生态文明和美丽中国建设，2014年12月12日，国家林业局出台《关于进一步深化三北防护林体系建设工程改革的意见》(以下简称《意见》)。

《意见》明确了全面深化三北防护林体系建设改革的指导思想、基本原则，在落实规划任务、科学营林、创新工程建设组织管理、强化科技支撑、完善工程建设投融资机制等方面作出了具体要求。

《意见》要求，各地要切实落实三北工程总体规划和分期规划，做到规划、计划、实施方案、作业设计相衔接。分期规划要纳入当地国民经济和社会发展计划。重点项目依据规划和国家年度计划编制实施方案，按程序审批备案。年度作业设计严格履行上报审批程序。各省级林业主管部门要将规划执行情况纳入生态建设考核体系，定期对规划实施进行督查、评估和通报。将集中力量抓好200个左右的县级防护林建设，尽快形成区域性防护林体系。

《意见》提出，要科学配置防护林结构，坚持农林水牧结合、乔灌草结合、多林种树种结合，封、飞、造结合。要将防护林经营纳入工程建设内容，制订经营方案；在先行试点的基础上，尽快启动三北五期工程退化林分修复项目；坚持依法治林，开展对工程区内开发建设项目的环境影响评价，建立生态风险评估制度。利用防护林优势资源发展优势特色产业，建设特色经济林、用材林、碳汇林基地；大力开展林副产品加工利用，积极发展种植业、养殖业、加工业、森林旅游业。要建立市场引导、政府监督服务相结合的种苗生产与供应体系，扶持建设一批良种繁育基地；推行定点育苗(采种)、定向培育、定向供应和公开招标、签订合同相结合的供苗方式；大力培育乡土树种和抗逆性强的优良品种，严格控制长途、跨区域调运使用苗木；加强种苗检验检疫，确保良种壮苗使用率达到90%以上。

(刘冰供稿)

长江流域等防护林工程建设

【2013~2014年度长防等防护林工程建设情况】 长江流域防护林体系工程完成造林130 352公顷，其中，人工造林78 905公顷，封山育林51 447公顷；沿海防护林体系工程完成造林118 590公顷，其中，人工造林94 084公顷，封山育林24 506公顷；珠江防护林体系工程完成造林43 985公顷，其中，人工造林28 317公顷，封山育林15 668公顷；太行山绿化工程完成造林35 745公顷，其中，人工造林22 158公顷，封山育林13 587公顷；平原绿化工程完成人工造林6416公顷。

【国家林业局关于做好全国退化防护林改造工作的指导意见】 为推动全国退化防护林改造工作，加快更新步伐，提高林分质量，防止发生大面积退化防护林死亡现象，在组织全国南北片调研，多次召开座谈会修改完善的基础上，经国家林业局局务会同意，12月25日，《国家林业局关于做好退化防护林改造工作的指导意见》正式印发。《指导意见》确立了尊重自然，科学改造；因地制宜，分类施策；突出重点，合理推进；创新机制，多元投入的改造四项原则。提出了到2025年，全国防护林退化监测预警体系基本建成，重点地区防护林退化死亡情况得到基本控制，防护林整体质量和生态防护交通显著提升，全国防护林退化监测覆盖率达到100%，退化防护林改造率达到80%以上的改造目标。同时，明确了在地域分布上优先改造国家重点生态工程区域的退化防护林。在退化程度上优先改造重度、中度退化防护林。在类型上优先改造退化农田防护林以及遭受重大自然灾害和病虫害林等的改造重点。

【河北张家口坝上地区退化林分更新改造试点工作】 2014年5月，国务院正式批复了国家发改委牵头，联合国家林业局、水利部、农业部、北京市、天津市、河北省上报的《河北张家口坝上地区退化林分改造试点实施方案(2014~2016年)》(以下简称《实施方案》)。《实施方案》总投资18.48亿元，其中林业6.79亿元，对坝上地区8万公顷退化防护林开展专项改造，其中，采伐更新1.33万公顷，择伐补造2万公顷，抚育改造4.67万公顷。针对不同的退化类型采取不同的改造措施。国家林业局主要负责退化林分改造的技术指导、检查和监督工作。12月，国家林业局办公室下发了《实施方案》的效益监测方案，组织开展了坝上退化林分改造效益监测工作。

【全国沿海防护林体系建设工程三期规划编制工作】 5~8月，与全国旱区造林绿化调研相结合，组织赴广东、海南，山东、江苏4省开展了沿海防护林体系建设工程三期规划编制调研。10月，在积极调研的基础上，以局办文下发了《国家林业局办公室关于开展〈全国沿海防护林体系建设工程规划(2016~2025年)〉编制工作的通知》。同时，经过争取协调，相关规划已纳入国家发展改革委"十三五"规划编制工作计划。

【珠江流域防护林体系建设工程以及太行山绿化建设工程评估工作】 2月22~24日，于贵州省兴义市组织召开了珠江流域防护林体系建设工程(1993~2012年)评估工作座谈会，珠防工程覆盖的云南、贵州、广西、广东、湖南、江西6省(区)林业部门具体负责同志参加了会议，系统交流了各工程省评估过程中存在的问题，研究解决对策措施。6月，于山西太原市组织召开了太行山绿化建设工程(1984~2013年)评估工作培训会，对工程覆盖的北京、河北、河南和山西4省(区)评估技术人员进行了培训。截至2014年年底，各省评估报告已经全部上报，总评估报告(初稿)即将完成。

(覃庆锋供稿)

速丰林基地工程建设情况

【综　述】 我国重点地区速丰林建设工程自启动以来，在国家林业局党组的正确领导下，在政府推动、市场拉动、林农主动、企业带动和利益驱动的多因素作用下，不断深化集体林权制度改革，初步形成了多主体投资、多形式建设、多功能利用的总体格局，取得了明显成效。据18个重点省(区、市)的不完全统计，截至2014年年底，累计完成速丰林基地建设1070.93万公顷，其中，2014年当年完成速丰林工程建设各类造林61.4万公顷，其中荒山荒地造林22.34万公顷，更新造林22.76万公顷，非林业用地造林2.92万公顷；完成改培面积13.37万公顷。

【特殊林木项目综述】 2014年，进一步加强了对特殊林木后备资源培育项目的管理，规范了建设标准。特殊林木培育项目投资4000万元，完成建设任务6427公顷，对于缓解中国的木材供需矛盾，特别是珍稀大径材极其短缺的结构性矛盾发挥重要的作用。

(林章楠供稿)

森林培育

04

林木种苗生产

【综　述】 2014年，场圃总站深入贯彻国务院办公厅《关于加强林木种苗工作的意见》和《深化种业体制改革提高创新能力的意见》，狠抓林木种苗生产供应工作，保障生态和林业重点工程建设的种苗需求。

林木种子生产 2014年全国共采收林木种子3142万千克，较2013年增长17.6%。其中红松种子采收量增幅较大，而以核桃、油茶为代表的经济林树种和前几年市场滞销品种如樟子松等供应量则逐步下降。其中核桃减少30%，油茶减少13%，板栗减少26%，山桃减少72%。油茶种子采收量虽有所下降，但良种实际用量连续两年增幅在30%以上。

采收前种子库存量为255万千克，实际用种量为1901万千克。

良种基地生产 2014年全国良种基地共生产种子730万千克，比2013年增加563万千克；良种基地生产穗条68.8亿条(根)，比2013年增加26.8亿条(根)。

采种基地生产 2014年全国采种基地共采收种子1266万千克，占全国林木种子采收量的40%，比2013年增加760万千克。

苗木生产 2014年全国共完成育苗面积141.2万公顷，比2013年增加34.1万公顷。育苗面积居于前五位的省份是山东省、江苏省、浙江省、河北省和安徽省，分别为19.53万公顷、16万公顷、13.87万公顷、13.8万公顷和8.27万公顷。全国新育苗面积38万公顷，占育苗总面积的27%。国有、乡村集体和个体育苗面积分别占育苗总面积的9.78%、5.1%和85.12%，与2013年相比，国有育苗面积比重减少0.83个百分点，乡村集体育苗面积比重增加0.3个百分点，个体育苗面积比重增加0.53个百分点，个体育苗面积所占比重超过80%成为新常态。

2014年育苗总量为677.7亿株，比2013年增加77.7亿株，增幅为13%。除留圃苗木外，实际用于造林绿化的苗木量为175.5亿株，其中生态公益林苗木86.9亿株，经济林苗木46.9亿株，其他林种苗木41.7亿株。2014年实际用苗量中30.09%来自国有单位，6.77%来自乡村集体，还有63.14%来自个体。

2014年容器育苗产量为116亿株，良种苗产量186亿株，与2013年相比，容器苗产量增加19亿株，良种苗产量增加21亿株，增幅为13%。

林木种苗基地建设 全国林木良种基地建设面积26.6万公顷，其中：种子园2.36万公顷、母树林16.08万公顷、采穗圃0.8万公顷、良种繁殖圃0.61万公顷、测定林1.05万公顷、收集区0.5万公顷、良种示范林4.7万公顷、其他0.49万公顷。2014年全国采种基地可采种面积51.55万公顷。

育苗单位 截至2014年年底，全国共有各类苗圃462 540个，国有、乡村集体和个体所占比例分别为1.61%、1.76%和96.63%。在国有苗圃单位中，林业系统内部的苗圃有5457个。　（韩文兵）

【林木种苗工程项目】 国家继续支持全国林木种苗工程建设，建设重点是林木良种基地和林木种质资源保存库、地县级林木种苗质检能力项目建设。

林木种苗工程项目投资 中央预算内投资计划下达林木种苗工程建设投资20 000万元，投资规模与2013年持平。其中：地(市)县级林木种苗质量监督检验项目12个，质量监督检验项目建设投资2846万元，林木良种基地建设投资10 243万元，林木种质资源收集保存库建设投资4323万元，其他投资2588万元，依次占该项目中央预算内投资的14.23%、51.22%、21.62%、12.94%。各项目占当年比重与2013年相比，地(市)县级林木种苗质检项目建设、林木良种基地建设分别降低了4.91%、9.63%，种质资源收集保存库和种苗繁育等其他项目建设分别提高了11.19%和3.36%。

林木种苗工程项目建设 建设林木种苗工程项目96个，建设规模4542公顷(其中：新建1815公顷，续建2727公顷)。建设林木良种基地项目56个，林木种质资源保存库项目18个，种苗繁育基地等其他项目10个，建设规模依次分别占建设规模的57.47%、18.13%、24.40%。继续建设地(市)县级林木种苗质检项目12个，涉及11个省(区)，1个计划单列市，计划建成3个省(区)的52个质检站。　（于滨丽）

【林木种苗管理机构建设】 地县级种苗管理机构能力建设范围进一步扩大，新增河北省、四川省、河南省(Ⅱ期)，青岛市、巴彦淖尔市的地县级质量监督检验项目，续建8个省地(市)县级质量监督检验项目。其中，江西、安徽、内蒙古巴彦淖尔市52个地(市)县的机构能力建设项目投资。2014年中央预算内投资2846万元，2011~2014年国家共投资1.39亿元，项目涉及14省(区)。地(市)县级林木种苗质量监督检验条件逐渐改善，服务能力和管理水平逐年提高。　（于滨丽）

【印发《国家林业局关于贯彻落实〈国务院办公厅关于深化种业体制改革　提高创新能力的意见〉的实施意见》】 继2013年12月20日国务院办公厅印发了《国务院办公厅关于深化种业体制改革　提高创新能力的意见》(以下简称《意见》)后，为深入贯彻落实《意见》，2014年3月31日我局印发了《关于贯彻落实〈国务院办公厅关于深化种业体制改革 提高创新能力的意见〉的实施意见》(林场发〔2014〕43号)。实施意见提出加强林木种质资源工作、加强种苗生产基地建设、加强林木种苗科技支撑、加强种苗市场监管等四项重点工作任务，全面落实林木良种补贴政策，研究制定林木种子贮备政策、加大资金投入等三项政策措施。　（丁明明）

【印发《全国林木种质资源调查收集与保存利用规划

(2014～2025 年)》】 经国家发展改革委、财政部、科技部同意，9 月，国家林业局印发《全国林木种质资源调查收集与保存利用规划(2014～2025 年)》(以下简称《规划》)。这是中国第一次就林木种质资源调查收集与评价利用工作做出全面系统的规划。

《规划》共分 6 部分。主要介绍《规划》编制的背景和必要性；分析中国林木种质资源调查、收集、保存与利用方面取得的成绩及存在的主要问题；明确林木种质资源工作的指导思想、基本原则及建设目标；明确林木种质资源调查、保存、利用的主要建设内容；确定本规划建设期限；明确组织保障、政策保障、科技保障、资金保障。

在 12 年规划期内，要完成全国林木种质资源调查，摸清资源本底，建立起层次分明、组织完善、功能齐全的林木种质资源保存、监测、评价、利用体系，使 80% 以上主要造林树种的种质资源得到有效保存，重点开展主要造林树种及珍贵树种种质资源的监测评价，使保存的资源得到有效利用。 (丁明明)

【林木品种审定情况】 2014 年全国审(认)定通过包括用材树种、经济林树种及观赏品种在内的林木良种共 619 个，其中国家林业局林木品种审定委员会审(认)定通过 31 个品种；北京市、河北省、山西省、辽宁省、黑龙江、江苏省、浙江省、安徽省、福建省、江西省、山东省、河南省、湖北省、湖南省、广东省、广西壮族自治区、四川省、重庆市、贵州省、云南省、陕西省、青海省、宁夏回族自治区和新疆维吾尔自治区等 24 个省(区、市)审(认)定公布了林木良种 586 个。

(丁明明)

【开展第一批国家重点林木良种基地考核工作】 按照《国家重点林木良种基地考核办法》的相关要求，2014 年 4 月以国家林业局办公室文件下发《关于开展国家重点林木良种基地考核工作的通知》(办场字〔2014〕51 号)，部署开展第一批国家重点林木良种基地考核工作，成立由场圃总站、计财司、基金总站组成的考核组。通过实地踏查、查阅账目、座谈等形式对辽宁、吉林、青海、宁夏、安徽、湖北、山东、河南、广西 9 个省(区)的 40 个第一批国家重点林木良种基地进行考核，对发现的问题进行通报，并要求存在问题的基地进行整改。

(丁明明)

【国家林业局制定下发《关于加强林木种苗质量管理的意见》】 6 月 4 日，国家林业局下发了《关于加强林木种苗质量管理的意见》(林场发〔2014〕81 号)。要求各地林业部门要充分认识加强林木种苗质量管理的必要性；进一步落实林木种苗生产经营许可、标签、档案等质量管理制度，规范林木种苗广告管理；切实加强林木种苗质量监督管理工作，加强林木种苗生产过程质量管理、林木种苗质量监督抽查工作、林木种苗使用环节管理，加大对各类林木种苗质量案件的查处力度；林木种苗质量管理能力建设、林木种苗标准体系建设。

(李世峰)

【国家林业局组织开展全国林木种苗质量抽查工作】 2014 年，国家林业局委托国家级林木种苗质量检验机构对江苏、福建、湖北、广东、广西、重庆、云南、新疆、甘肃 9 个省(区、市)及龙江森工的林木种苗质量进行重点抽查；委托北京、河北、吉林、浙江、安徽、江西、山东、四川、陕西 9 省(区)林业主管部门对本辖区林木种苗质量进行抽查同时，还部署其他省(区、市)及森工集团、新疆生产建设兵团进行自查。12 月 17 日，国家林业局对 2014 年全国林木种苗质量抽查情况通报进行了通报。

抽查内容 包括林木种子、苗木质量情况；林木种子生产经营许可、标签、档案制度执行情况；林木种苗质量自检情况；林木种子来源情况；采种林确定和采种期公告情况等。

抽查情况 共抽查林木种子样品 138 个、苗木苗批 762 个，涉及 179 个树种(品种)、218 个县、377 个单位(含个人，下同)。与 2013 年相比，种子样品数增加 16%，苗批数增加 63%，抽查单位增加 43%。

抽查结果 林木种子样品合格率为 88.4%，较 2013 年的 96.6% 下降 8.2 个百分点。苗木苗批合格率为 95.2%，较 2013 年的 96.9% 下降 1.7 个百分点。

抽查的从事林木种苗生产、经营的 252 个单位中，具备许可证的有 251 个，占 99.6%。应当使用标签的 365 个单位中，使用标签的有 341 个，占 93.4%。应当建立档案的 376 个单位中，建立档案的有 367 个，占 97.6%，档案内容齐全的有 264 个，占 70.2%。

应当进行种苗质量自检的 255 个单位中，开展质量自检的有 198 个，占 77.6%。抽查的 138 个种子样品均来源清楚，其中，来源于种子园的有 38 个，占 27.5%；来源于母树林的有 30 个，占 21.7%；来源于采种基地的有 6 个，占 4.3%；来源于一般采种林的有 64 个，占 46.4%。龙江森工集团 14 个种子样品中，有 13 个来源于种子园和母树林。

抽查的 762 个苗批中，育苗种子来源于种子园的有 102 个，占 13.4%；来源于母树林的有 33 个，占 4.3%；来源于采穗圃的有 226 个，占 29.7%；来源于采种基地的有 68 个，占 8.9%；来源于一般采种林的有 323 个，占 42.4%；来源于种质资源库的有 3 个，占 0.4%；来源不详的有 7 个，占 0.9%。按照规定应当确定采种林以及公布采种期的县 39 个，其中，有 36 个按照《中华人民共和国种子法》规定确定了采种林，并在采种季节向社会公布采种期，占 92.3%。 (薛天婴)

【在新闻发布会上通报种苗质量管理情况】 11 月 21 日，在国务院新闻办公室举行的新闻发布会上，全国打击侵犯知识产权和制售假冒伪劣商品工作领导小组办公室和公安部、新闻出版广电总局、林业局、知识产权局有关负责同志介绍知识产权保护及打击侵权假冒的有关情况，并答记者问。国家林业局场圃总站总站长杨超在会上公布了 2014 年全国林木种苗质量抽查结果。

(李世峰)

【《中华人民共和国种子法》修改】 全国人大农委将《种子法》修改列入立法计划，国家林业局制订了《国家林业局种子法修改工作实施方案》和具体工作计划。场圃总站在与全国人大农委沟通基础上，工作主要有四方面。一是就进一步明确种苗管理机构主体地位、执法职能，种苗扶持政策，种质资源保护，品种审定登记、许可、标签、档案、检验等项制度设立等方面问题，提出林业的修改意见和建议；二是就林木种苗机构建设、林木种质资源及良种基地保护、非主要林木品种登记制度等问题，先后赴内蒙古、浙江、山东等省份开展调研，并形成了《国家林业局关于种子法修改有关情况的汇报》《国家林业局关于扶持林木种苗财政税收优惠政策情况的汇报》；三是组织召开专家论证会，就《种子法（修正草案）》征求意见稿中关于占用种质资源库（区或者地）需经设立机关同意、单位或者个人与外国投资者合作研究利用种质资源的审批、建立非主要林木品种登记制度等方面内容，组织了专家论证，并将论证结果报送全国人大农委；四是国家林业局副局长陈凤学参加全国人大农委组织的座谈会，就《种子法（修正草案）》中进一步明确种苗管理机构地位问题、新增行政审批事项问题、种苗扶持政策问题，提出了林业部门的意见和建议。 （场圃总站李世峰）

【林木种苗标准制修订】 国家林业局场圃总站组织有关专家，起草林木种苗生产技术、评价标准。其中，《林木种苗标签》《林木种苗生产经营档案》《林木种子检验仪器技术条件》已于8月21日以国家林业局公告（2014年第12号）发布，自2014年12月1日起实施；《苗木抽样方法》《林木种子质量分级》《主要造林树种苗木质量分级》《育苗技术规程》《林木良种审定规范》《林木种质资源保存原则与方法》《油茶栽培技术规程》已上报国家标准委。

《林木种苗标签》（LY/T 2290—2014）规定了林木种苗标签的术语和定义、标签内容、制作要求和标签使用，适用于林木种苗经营和使用。《林木种苗生产经营档案》（LY/T 2289—2014）规定了林木种苗生产经营档案的术语、档案建立、归档要求、组卷和编目、档案管理的内容与要求，适用于林木种苗生产、经营档案的建立与管理。《林木种子检验仪器技术条件》（LY/T 1343—2014，代替LY/T 1343—1999）规定了林木种子检验仪器的用途、基本结构和技术条件，适用于按《林木种子检验规程》（GB 2772—1999）进行林木种子质量检验的仪器。 （场圃总站薛天婴）

【打击制售假冒伪劣林木种苗行动】 国家林业局继续组织各地开展打击制售假冒伪劣林木种苗。一是制订下发《国家林业局公开制售假冒伪劣商品和侵犯知识产权行政处罚案件信息工作实施细则》（林场发〔2014〕76号），明确国家林业局公开侵权假冒行政处罚案件的范围、内部办理程序、有关工作制度等。二是制订下发《国家林业局关于加强林木种苗质量管理的意见》（林场发〔2014〕81号），确定各地林业行政主管部门进行林木种苗质量管理的重点。三是向全国打击侵权假冒工作领导小组办公室提出了修改《2014年度省（区、市）打击侵犯知识产权和制售假冒伪劣商品违法犯罪活动绩效考核办法》建议，增加林木种苗质量抽查和执法检查内容列入绩效考核的范围。

2014年全国各地共查处生产销售假冒伪劣林木种苗行政案件66件，处罚金额22.46万元，捣毁制售假冒伪劣种苗窝点2个。 （场圃总站薛天婴）

【制订下发《国家林业局公开制售假冒伪劣商品和侵犯知识产权行政处罚案件信息工作实施细则》及贯彻落实情况】 5月27日，国家林业局以林场发〔2014〕76号下发《国家林业局公开制售假冒伪劣商品和侵犯知识产权行政处罚案件信息工作实施细则》，明确了国家林业局打击侵犯知识产权和制售假冒伪劣商品工作领导小组负责侵权假冒行政处罚案件信息公开工作，具体由国家林业局打假办负责，局政务公开办公室协同配合；规定了信息公开的基本原则、公开的内容、不予公开的情形、公开的程序及时限、内部审核机制、公开协调机制、档案管理制度等。同时，要求各地林业主管部门制订本地区实施办法，加强宣传，方便公众对案件信息公开工作的监督，并从2014年8月开始按月向国家林业局报送案件信息公开情况。

截至2014年年底，有17个省（区、市）制定了本省（区、市）实施细则，10个省（区、市）对国家林业局文件进行了转发，公开了案件处罚信息5件。全国31个省、359个地市、1413个县级设立了打假案件信息公开网页。 （场圃总站薛天婴）

【林木种苗生产经营许可证核发】 《林木种子生产、经营许可证管理办法》（国家林业局令2002年第5号）规定，各省（区、市）林业行政主管部门应当于每年3月底前将上一年度发证情况上报国家林业局。据统计，2013年，全国新发放生产许可证23 191个，经营许可证23 209个；其中国家林业局发放经营许可证18个。截至2013年年底，全国持证生产者91 657个，持证经营者90 693个；其中，国家林业局领取经营许可证的经营者117个。各级林业行政主管部门及其所属种苗管理机构认真贯彻落实《种子法》，采取有力措施，加快推进林木种苗生产经营许可制度，许可证核发成效显著。

（场圃总站薛天婴）

【国有苗圃改革和保障性苗圃建设专题调研】 4月22日印发《国家林业局国有林场和林木种苗工作总站关于开展国有苗圃改革和保障性苗圃建设专题调研的通知》（林场工字〔2014〕28号）。调研内容主要有省（区、市）林木种苗发展及生产供应情况、国有苗圃基本情况、存在的主要问题、改革的基本思路与典型经验、保障性苗圃建设情况等。调研工作分两个层次进行，一是国家重点调研，二是省（区、市）全面调研。国家重点调研由国家林业局场圃总站领导带队分3个组分别对吉林、江西、四川、新疆、福建、内蒙古6省区开展调研，其他省（区、市）由本省区组织全面调研。通过调研基本摸清全国国有苗圃的基本情况，掌握国有苗圃当前存在的主要问题，总结了各地改革的成果经验，为探索全国国有苗圃改革方向、出台国有苗圃改革政策、制订和完善《国家林业保障性苗圃建设与管理办法》奠定了基础。

（场圃总站张超英）

【国家林业保障性苗圃论证咨询会议】 11月22日在湖南长沙召开。参加会议的有23个重点省（区、市）林木种苗站主管站长、国家发改委农经司、财政部农业司和局计财司有关领导和同志，会议围绕保障性苗圃建设必要性、可行性、建设内容和条件、认定程序及管理等进行了充分论证，达成了一致意见，为进一步修改完善

《国家林业保障性苗圃建设与管理办法》(征求意见稿)提供了思路和具体意见。（场圃总站张超英）

【林木种苗标准培训班】 7月30日至8月2日在内蒙古自治区由国家林业局场圃总站举办。国家林业局北方、南方种子检验中心、国家林业局林木种苗质量检验检测中心(长沙、呼和浩特、石家庄、沈阳)等6个质检中心，全国31个省(区、市)林业厅(局)林木种苗管理站，内蒙古、龙江、大兴安岭森工(林业)集团公司营林处(种子站)，新疆生产建设兵团林业局林木种苗站和计划单列市林业局林木种苗站主要负责林木种苗行政执法和质检人员参加培训。培训的主要内容是解读新实施的《林木种子质量分级》《主要造林树种苗木质量分级》《林木种苗生产经营档案》《林木种苗标签》4项标准，讲解林木种子、苗木检验检测方法和实际操作以及介绍2014年全国林木种苗质量抽查情况。培训班还邀请全国人大农委法案室张福贵副主任介绍《种子法》修改情况。本次培训特点是注重实际操作，邀请12个实验老师，用2天的时间在实验室和苗圃实地教学。

（场圃总站李世峰）

【全国林木种苗站站长培训班在银川举办】 8月21～23日，国家林业局场圃总站在宁夏银川市举办了全国林木种苗站长培训班。来自全国各省(区、市)、四大森工集团、新疆生产建设兵团、计划单列市林木种苗站(处)长、国家林业局质量检验中心、国家级种苗交易市场负责人等100余人参加了培训班。国家林业局场圃总站总站长杨超出席并作讲话。

培训班邀请全国人大农委法案室副主任张福贵和中国农科院作物研究所王述民研究员分别就《种子法》修改进展情况、修改内容和农作物种质资源调查收集保护等相关内容做了专题介绍；各省(区、市)林木种苗站负责同志就本省区贯彻落实《意见》采取的具体措施，以及新形势、新任务下林木种苗事业发展等方面的问题进行了座谈和交流。（场圃总站赵兵）

【举办全国落叶松国家重点林木良种基地技术培训班】 国家林业局场圃总站于2014年7月22～25日在河北省围场县举办了全国落叶松良种基地建设与管理培训班。来自河北、山西、内蒙古、辽宁、吉林、黑龙江、湖北、陕西、甘肃、宁夏、新疆等省(区)及四大森工集团的国家落叶松重点良种基地技术负责人、技术指导专家和林木种苗站分管领导、种苗行业科科长共计100多人参加了培训。培训内容包括主要针叶树种种子园管理、华北落叶松种子园高效经营管理及子代测定技术、落叶松种子园改建升级技术、落叶松优树选择及种子园营建技术、种子园结实、子代测定、调查与数据处理分析、良种基地建设与管理经验交流及现场实习等。通过培训和交流，极大地提高了国家重点林木基地主任的业务能力，为把基地真正建设成林木良种的生产基地、科研院校的研发基地、林木种质资源的保存基地和科研成果推广的示范基地奠定了基础。（场圃总站赵兵）

【2014年林木种苗信息培训班】 国家林业局场圃总站于2014年10月10～12日在西藏自治区拉萨市举办了2014年林木种苗信息培训班。来自全国各省(区、市)和计划单列市、森工集团、新疆生产建设兵团林木种苗主管部门的种苗信息负责同志和信息员参加了培训。

西藏自治区林业厅主要领导出席并致辞，场圃总站总站长作讲话。培训班邀请了国家种苗网、林木种苗数据库的有关人员就国家种苗网信息收集和发布、林木种苗数据库填报和维护等方面作专题辅导。同时，明确了林木种苗信息工作下一步的重点工作：一是种苗基础数据的完善工作；二是要继续支持鼓励地方搭建信息平台；三是利用网络平台及时发布种苗供求信息，引导种苗生产有序进行；四是要增强安全防护意识，确保信息安全。（场圃总站韩文兵）

【组织编制林木种苗质量检验员网络培训系统】 为加强林木种苗质量检验人员培训和管理，统一学习内容、培训标准，提高培训效率，降低培训成本，实现种苗质量检验人员网上学习、培训和考核，国家林业局场圃总站继续开展全国林木种苗质量检验员培训系统建设工作。目前系统建设进展顺利，系统主体开发工作已完成，考核试题、视频课件、学习资料业已完成编写、拍摄和录入工作，进入试运行阶段。

（场圃总站李世峰）

【行政许可受理】 国家林业局场圃总站共承担6项行政许可事项，依次为林木种子经营许可证核发、国家林木种子质量检验机构资质考核、林木种苗进口审批、向境外提供或从境外引进林木种质资源审批、采集或采伐国家重点保护种质资源审批、国家级森林公园设立、撤销、合并、改变经营范围或变更隶属关系审批。2014年，场圃总站共受理行政许可申请2430件，其中准予许可2281件，不予许可4件，发出核查通知书70份，补正通知书30份，修改行政许可文书45件。

（场圃总站韩文兵）

【林木种苗引进】 2014年，共从美国、加拿大、澳大利亚、荷兰、比利时、日本、丹麦、中国香港等国家和地区进口林木种子31 562吨，苗木1824.8万株，种球17 895万粒。其中松、杉、柏、槭树、桉树、水果、干果等各类林木种子513.3吨；早熟禾、黑麦草、高羊茅、狗牙根等草坪种子30 510.3吨；鸡冠花、一串红、仙客来、蝴蝶兰、百合、郁金香、唐菖蒲等花卉种子538.4吨；百合、郁金香、唐菖蒲等花卉种球17 895万粒。（场圃总站赵兵）

【国家种苗网】 由场圃总站主办并建设的国家种苗网自投入运营以来，为林木种苗行业提供了更加现代、便捷、实用的信息服务。2014年，国家种苗网不断修改完善，加载信息数量达到7059条，较去年增长84%。

（场圃总站韩文兵）

【林木种苗交易活动情况】 2014年，山东昌邑、安徽合肥、新疆呼图壁3个国家级种苗交易市场举办了苗木交易会。情况如下：第三届新疆苗木花卉博览会(简称"苗博会")于8月28日至9月2日在新疆维吾尔自治区呼图壁县举办。本届苗博会由国家林业局、新疆维吾尔自治区人民政府主办，昌吉州人民政府、自治区林业厅承办。共有200多家国内企业和15家境外园林机构参加了展会，现场签约金额达11亿元；2014年中国(昌邑)北方绿化苗木博览会(简称“绿博会”)于9月21~23日在山东省昌邑市举办。本届绿博会由国家林业局、山东省人民政府主办，国家林业局场圃总站、中国花卉报社、山东省林业厅、潍坊市人民政府、昌邑市人民政府承办。共有来自全国20多个省(区、市)的1000多家企业参展，达成苗木购销合同1000多笔，交易额3.5亿元。2014中国合肥苗木花卉交易大会(简称“苗交会”)于10月24~26日在安徽省肥西县举办。本届苗交会由国家林业局、安徽省人民政府主办，国家林业局场圃总站、安徽省林业厅、合肥市人民政府承办。本届苗交会以“打造产业交易平台、促进生态文明”为主题，共有来自24个省(区、市)的1520多家参展商，约3.5万人参加。大会共达成交易额22.45亿元，总交易额较上届增长10.2%。区域种苗交易活动的蓬勃开展，为种苗供需双方提供了交易场所和优质服务，扩大了种苗生产企业之间的信息、技术、品种交流，对促进区域发展和提高林农收入具有积极作用。　(场圃总站韩文兵)

【编制《2013年林木种苗发展白皮书》】　为了适应林木种苗工作发展的需要，场圃总站组织编写了《2013年全国林木种苗发展白皮书》，将林木种苗有关政策文件以及全国、各省(区、市)林木种苗生产供应情况、林木种苗管理机构建设情况汇编成册，供各级林木种苗管理机构、广大林农借鉴、参考。　(场圃总站韩文兵)

【《中国李杏种质资源》出版】　场圃总站组织编撰的中国林木种质资源丛书之一《中国李杏种质资源》出版。该书以中国李杏主产区的李杏种质资源为基础，广泛收集各类栽培品种、主要农家类型、优良单株以及特异性种质资源，集中介绍了鲜食加工李品种37个，观赏李品种5个，肉用杏品种156个，仁用杏品种15个，观赏杏品种7个，特异杏品种2个。这是继《油茶优良种质资源》《中国马尾松种质资源》《中国枣种质资源》《中国核桃种质资源》《中国猕猴桃种质资源》后出版的第六部种质资源系列丛书。　(场圃总站丁明明)

森林培育

【综　述】　2014年各地、各部门深入贯彻落实党的十八大和十八届三中全会精神，认真学习贯彻习近平总书记系列重要讲话精神，以建设生态文明为总目标，以改善生态改善民生为总任务，认真实施《全国造林绿化规划纲要(2011~2020年)》《推进生态文明建设规划纲要(2013~2020年)》和《林业发展“十二五”规划》。据统计，截至12月底，全国造林完成610.2万公顷，占全年600万公顷造林任务的101.7%，其中，人工造林442.8万公顷，占全年任务的110.4%；飞播造林10.9万公顷，占全年任务的63.1%；封山育林156.5万公顷，占全年任务的85.7%。河北、山西、辽宁、吉林、浙江、江西、山东、河南、湖北、广东、广西、四川、云南、西藏、陕西、甘肃、宁夏、新疆、新疆生产建设兵团19个省(区、市)超额完成了全年造林任务。2014年完成造林任务较2013年减少40.3万公顷，超额完成任务的省(区、市)减少4个，2014年造林规模增速较2013年减缓。2014年造林绿化呈现以下5个特点。

组织发动　4月4日党和国家领导人习近平、李克强、张德江、俞正声、刘云山、王岐山、张高丽等来到北京市海淀区南水北调团城湖调节池参加首都义务植树活动，习近平总书记在植树时强调：“林业建设是事关经济社会可持续发展的根本性问题。每一个公民都要自觉履行法定植树义务，各级领导干部更要身体力行，充分发挥全民绿化的制度优势，因地制宜，科学种植，加大人工造林力度，扩大森林面积，提高森林质量，增强生态功能，保护好每一寸绿色。”全国绿化委员会、国家林业局在京举行以“绿色的梦想，共同的家园”为主题的纪念“国际森林日”植树活动，宣传森林可持续经营理念，动员社会各界进一步支持林业建设。主题为“履行植树造林义务，实现美丽中国梦想”的共和国部长义务植树活动在北京举行，172名部级领导干部参加，示范带动履行植树义务。各地组织发动工作力度加大。江苏、浙江、安徽、江西、河南、广西、海南等地区，春节上班后即组织开展义务植树活动，抢抓林时及时启动造林绿化。山东省发起“青春绿色行动·共建美丽山东”青少年春季集中植树行动，发动全省广大青少年积极参与。湖北省五部门联合发出《关于在全省开展“人人多植一棵树”活动倡议书》，倡议全省各界积极参加义务植树活动，人人争做生态文明的传播者、实践者和保护者。四川省围绕“扩绿量，提质量，减荒漠，增效益”的总目标，广泛宣传造林绿化对改善人居环境、应对气候变化、维护生态安全的重大意义，营造全民参与造林绿化的良好氛围。

工作部署　2月19日汪洋副总理在国务院主持召开全国绿化委员会第32次全体会议，听取2013年国土绿化工作情况汇报，审议《全国绿化委员会工作规则》，研究部署2014年国土绿化工作，这次全绿委会议较往年提前了近一个半月。国家林业局及时召开全国林业厅局长会议，安排林业生态建设任务，提出2014年计划造林600万公顷，森林抚育700万公顷。全国绿化委员会、国家林业局印发《关于进一步规范树木移植管理的通知》(全绿字〔2014〕2号)和《关于做好2014年造林绿化工作的通知》(全绿字〔2014〕4号)，对造林绿化工作作出全面部署，重申非法采挖移植大树的危害，进一步从严树木移植规范管理，提倡尊重自然、科学绿化的理念，狠刹大树进城之风。各地、各级党委、政府召开林业工作会议、造林绿化现场会或出台相关文件，高位推动，对2014年造林绿化和全民义务植树工作进行部署，制订行动方案，明确职责分工，分解落实任务，为春季造林以及全年全民义务植树和造林绿化工作的开展打下坚实基础。北京市在首都绿化委员会第33次全体会议上，对2014年工作进行动员部署，强调要紧紧扭住重点工作，以服务保障APEC会议和国庆65周年活动为契机，全面提升首都生态环境建设水平。河北省委、省政府召开绿色河北攻坚工程暨春季造林绿化动员会议，启动实施绿色河北攻坚工程，省政府与设区市、省直管县(市)签订《绿色河北攻坚工程责任书》。山西省政府出台《关于进一步推进全省林业生态建设提质增效再上新台阶的意见》，要求每年完成营造林26.7万公顷以上，森林覆盖率年均增加1个百分点，力争到2020年森林覆盖率达到26%以上。2014年1月，重庆市下发了《关于下达2014年度营造林生产预安排计划的通知》对全年造林绿化工作进行安排部署。

准备工作 内蒙古自治区在提早谋划造林绿化方案编制、作业设计及科技服务等，结合土壤墒情及时开展预整地，提前准备造林苗木。辽宁省派出8个工作组，对2014年全省千万亩经济林工程准备情况进行拉网式排查，对造林地块落实、苗木准备、植树协议签订、重点部位工作、资金落实等情况进行现场督察。黑龙江省要求各地切实做好春季苗木产地检疫工作，从实际出发，形成制度，制订措施，把苗木产地检疫责任制落实到单位、人头、地块。上海市提前设立义务植树点43处、可供认建认养绿地126处，面积160多公顷。安徽省以省政府文件形式提前将造林绿化任务下达分解到各市、县，明确责任，召开全省造林整地现场会，启动冬季整地工作。海南省在造林季节前将1.3万公顷造林和1000万株义务植树计划任务下达到各市县和农垦部门。陕西省召开春季造林工作部署会，组织人员深入各地检查落实今春造林绿化各项准备工作。青海省及时发布《2014年全省林木种苗供需分析预测通报》，优先保证造林绿化苗木供应，加强对林木种苗流通领域的执法管理，严格省外种苗调进的管理。大兴安岭林业集团公司采取集中培训、以会代训、专题讲座、以检代训、现地培训等方式，对各级营林管理人员、工程技术人员、质量监管人员和生产作业人员提前进行营造林培训。

资金投入 河北省加大资金投入，建立健全政府主导和多方参与的投入机制，政府投资以营造防护林、特用林等公益林为主，林权权利人投资以营造用材林、经济林、薪炭林等商品林为主，政府给予适当政策、资金扶持；各级政府根据财力情况，不断增加对造林及城市园林绿化的资金投入；整合水利、农业、国土资源、环保、住房城乡建设、交通运输等部门绿化资金，用足用好农业综合开发、扶贫等项目中的绿化资金；鼓励荒山拍卖、反租倒包、土地流转用于国土绿化，通过农村"一事一议"及组织义务植树等多种形式，引导社会资金投入造林绿化。辽宁省将民生林业放到突出位置，将拿出4.7亿元资金专门用于经济林发展，省财政对纳入千万亩经济林工程建设任务的项目，按照平均每公顷4500元的标准给予苗木费补助，同时要求各地给予必要的配套资金补助，各银行业金融机构创新信贷产品，加大对工程建设的支持力度。江苏省财政拨付7000万元补助义务植树和造林，7000万元补助森林抚育，1亿元补助绿美乡村建设。浙江省继续开展珍贵和彩色树种赠苗植树活动，向全省5000个行政村赠送珍贵和彩色树种550万株，推进"营造美丽森林，推进五水共治"活动。海南省财政安排绿化宝岛资金3.8亿元。西藏自治区规划期17年(2014~2030年)总投资达300亿元的"两江四河"造林绿化工程正式启动，继青藏铁路工程后西藏投资规模最大的工程，自治区预算资金投入2亿元，较2013年增加一倍。

发展机制 山西省政府坚持把林业建设作为各地一把手工程进行考核。吉林省积极培育家庭林场、林业专业合作社、龙头企业等新型造林经营主体，扩大非公有制林业比重，推进五大地方造林绿化工程。黑龙江省改变造林资金拨付补贴方式，按造林实际核查验收结果，合格一亩，补贴一亩。上海探索常态长效的全民义务植树机制，开展认建认养、绿化"六进"(进社区、进校区、进营区、进园区、进楼宇、进村宅)活动、阳台增绿"DIY"活动、商务楼宇办公室绿化"PK"大赛等，把"3·12"延伸至"365"。安徽省实施万名林业科技人员下基层服务千万亩森林增长工程建设，建立省级专家服务联系点制度，24个省级专家指导组72名成员每人建立一个33公顷以上联系点。福建省以"四绿"工程建设为重点，大力推进高速公路森林生态景观通道、中心城区环城一重山森林生态景观提升、林分修复、示范"绿色村庄"、油茶丰产示范片、珍贵树种造林和沿海防护林基干林带等重点工程。山东省建立绿化目标责任制，对工程造林实施招投标制、监理制，加大检查督导考核力度，确保造林质量。河南省积极探索造林绿化新途径，将造林绿化与巩固全国粮食生产核心区地位相结合，实行林田水路综合治理、统筹推进。广东省加快推进新一轮绿化广东，加大考核评价和问责力度，追究完不成任务的市县党政主要领导的责任。重庆市建立健全绿化质量保障机制，全面推行项目法人责任制、工程建设招标制、工程质量监理制，完善造林质量检验监测体系，做到全过程监管，实现按规划设计、按设计施工、按项目投资、按效益考核。四川省将"主要造林树种良种使用率"纳入市州政府现代农业发展考核体系，夯实林木种苗在现代林业发展中的基础地位。陕西省在"领导重视、责任落实、管理规范、措施到位、机制健全"五方面切实将造林发展目标变成绿化生动现实。宁夏回族自治区重点抓好"主干道路大整治大绿化、生态移民迁出区生态修复、市民休闲森林公园建设、保护黄河绿化行动、乡村绿化美化、防沙治沙和荒漠化治理"6项重点工作。

存在问题 立地条件较好的区域已基本完成造林，干旱半干旱地区、石质山区、盐碱地等困难立地区域已成为造林绿化的主要区域，造林难度越来越大；造林普遍成本为9000~15 000元/公顷，中央财政和预算内造林补助标准仅占成本的30%~50%，中央投入造林标准偏低；造林作业道路、水利灌溉、有害生物防治等配套基础设施滞后，造林营林基础建设急需加强；混交林造林面积占全部造林面积的比重为40.22%，混交林造林比重有待进一步提高。 (牛 牧)

【全国绿化委员会办公室发布《2013年中国国土绿化状况公报》】 为大力宣传2013年各地区、各部门在造林绿化和林业生态建设上的重大举措和取得的显著成绩，进一步激发社会各界支持和参与造林绿化事业，推进生态林业民生林业发展，建设生态文明和美丽中国，3月12日，全国绿化委员会办公室发布《2013年中国国土绿化状况公报》。公报全面反映全民义务植树、国家重点生态工程造林、部门绿化、森林保护等实际进展、取得成绩和经验做法，指出了当前存在的困难和问题，提出了2014年造林绿化总体思路。植树节前后，新华社、《人民日报》《经济日报》《中国绿色时报》，以及中国网、中国林业网、新浪、搜狐等几十家新闻媒体全文登载或摘要登发公报，取得很好的宣传效果。（牛　牧）

【进一步规范树木移植管理】　为深入贯彻落实党中央、国务院关于生态建设的一系列重要指示精神，落实中央八项规定，坚决抵制“四风”，依法保护森林资源，促进国土绿化和生态建设健康发展，全国绿化委员会、国家林业局发出《关于进一步规范树木移植管理的通知》（全绿字〔2014〕2号），进一步规范树木移植管理。

（王恩苓）

【京津冀和内蒙古林业生态建设座谈会】　7月25日，国家林业局在北京怀柔召开京津冀和内蒙古林业生态建设座谈会。国家林业局局长赵树丛、副局长张永利、局总工程师封加平，国家发改委、北京市政府有关领导，京津冀和内蒙古林业厅（局）主要负责人、造林处长以及有关新闻记者出席会议。会前，中共中央政治局委员、北京市委书记郭金龙在京接见了参加京津冀和内蒙古林业生态建设座谈会的部分代表。会议期间，与会代表现场参观了东郊森林公园华北树木园、湿地公园，平原造林潮白河沙坑治理工程以及潮白河森林公园建设现场；北京市副市长林克庆致辞；京津冀和内蒙古林业厅（局）主要负责人先后发言，介绍了推进京津冀和内蒙古林业生态建设的主要做法、成功经验，分析了存在的主要问题，提出了对策建议；国家林业局局长赵树丛作了重要讲话。

赵树丛要求，要突出抓好五项重点工作。一是编制发展规划。研究编制具体的专项规划，加大首都地区造林绿化、退耕还林还湖力度，建设一批环首都森林公园，推进风沙源治理、水源林保护、太行山绿化等生态工程建设，加强湿地保护和自然保护区建设，扩大绿化生态空间。二是完善政策措施。要用足用好现有政策，协调储备差别化政策，增加地方政府的林业投入，并向重点地区和重点项目倾斜。三是解决突出问题。加快造林绿化步伐，加强森林资源保护，构建集中连片防护林带，强化湿地恢复和保护，大力发展绿色富民产业。四是强化科技支撑。加强困难立地造林、退化林分修复、乡土树种培育等关键技术攻关和湿地科学研究，积极推广林业先进实用技术。五是建立工作机制。成立专门协调小组，建立工作联动、信息共享、资源共用等方面的机制，形成加强林业生态建设的合力。

会议的成功召开，将有效推动京津冀和内蒙古林业生态建设工作，为区域协同发展，改善四省（区、市）特别是首都地区生态环境发挥重要作用。（王恩苓）

【旱区造林绿化工作现场会】　9月22～23日，国家林业局在内蒙古自治区赤峰市召开旱区造林绿化工作现场会。国家林业局副局长张永利、有关司局、直属单位负责同志及有关专家，国家发展改革委等有关领导，内蒙古自治区党委副书记李佳，自治区党委副秘书长、农牧办主任于清理，全国31个省（区、市）林业厅（局）和新疆生产建设兵团林业局主要负责人、18个旱区省（区、市）造林处长、有关新闻记者出席会议。与会代表现场参观了赤峰市翁牛特旗东部沙化土地综合治理工程、松山区夏家店乡三家村干旱山地经济林基地以及松山区龙潭干旱山地综合治工程；中国林科院荒漠化研究所研究员卢琦作了学术报告，内蒙古自治区林业厅、宁夏回族自治区林业厅、甘肃省定西市政府、山西省偏关县政府、陕西省吴起县政府等5个单位代表，作了典型发言；国家林业局副局长张永利做了重要讲话。

（王恩苓）

【国家珍贵树种培育示范县】　根据《国家珍贵树种培育示范县管理办法（试行）》（林造发〔2013〕27号）有关规定，在各地推荐、专家评审基础上，国家林业局于5月29日发出《关于公布国家珍贵树种培育示范县、市名单的通知》（林造发〔2014〕78号），确定广西壮族自治区崇左市为国家珍贵树种培育示范市（地级），河北省塞罕坝机械林场，山西省乡宁县，内蒙古自治区伊金霍洛旗，辽宁省桓仁县、清原县、本溪县，吉林省通化县、临江市，浙江省长兴县、嵊州市、龙泉市，安徽省泾县、滁州市南谯区，福建省华安县、永安市、政和县，江西省德兴市、崇义县、广丰县，山东省郯城县、泗水县、邹城市、垦利县，河南省栾川县、卢氏县、济源县、修武县，湖北省荆门市十里牌林场、咸宁市咸安区、竹溪县、红安县，湖南省新宁县、安化县、永州市祁阳金洞管理区、常德市鼎城区，广东省天井山林场、肇庆国有林业总场、梅州市梅江区，广西壮族自治区大新县、龙州县、天等县、凭祥市，四川省巴中市巴州区、营山县、开江县、洪雅县，贵州省习水县、罗甸县、黎平县、兴义市，云南省罗平县、腾冲县、勐海县，陕西省旬阳县、镇安县、扶风县、黄龙山林业局，甘肃省徽县，内蒙古森工集团阿里河林业局，龙江森工集团东方红林业局、新青林业局、苇河林业局、大海林林业局，大兴安岭林业集团公司西林吉林业局、十八站林业局共65个县（市、区、旗、场、局）为国家珍贵树种培育示范县。国家珍贵树种培育示范县（市）的确定对示范带动全国珍贵树种培育工作，创新珍贵树种培育政策机制，增加优质木材资源储备，促进生态林业民生林业发展，加快建设生态文明和美丽中国具有重要意义。

2014年继续安排中央预算内林业基本建设投资6000万元，用于国家珍贵树种培育示范基地建设，新造6086.7公顷，改培3186.7公顷，涉及核桃楸、蒙古栎、黄菠萝、皂角、辽东栎、降香黄檀、红椎、火力楠、沉香、桢楠等57个珍贵树种、25个省（区、市）。

（王恩苓）

【中央财政造林补贴国家级核查】　2014年，中央财政造林补贴安排资金283 440万元，其中，新增造林任务直接补贴184 473万元，间接补贴9709万元，2012年直接补贴30%部分89 258万元。完成造林51万公顷，其中，人工造乔木林28.4万公顷，灌木林4.7万公顷，木本油料林9.5万公顷，水果、木本药材等其他经济林3万公顷，新造竹林7600公顷，迹地更新4.6万公顷。

7月4日，国家林业局办公室印发《关于2011年中央财政造林补贴试点国家级核查结果的通报》(办造字〔2014〕94号)，对2013年开展的2011年度中央财政造林补贴国家级核查结果进行通报。

10月16日，国家林业局办公室印发《关于开展2012年中央财政造林补贴试点国家级核查工作的通知》(办造字〔2014〕150号)，兼顾不同地理位置和不同试点类型，确定在江苏、江西、广东、海南、重庆、贵州、陕西等7省(市)开展2012年国家级核查。国家级核查组在7个省(市)抽取县级样本28个、乡级样本47个，共核查造林面积2487.8公顷，涉及造林小班322个。

(牛　牧)

森林抚育

【综　述】 2014年，各级林业部门认真学习领会十八大和十八届三中、四中全会精神，深入贯彻习近平总书记系列重要讲话和批示指示精神，落实党中央、国务院和国家林业局党组决策部署，按照国家林业局工作要点和森林经营工作安排，狠抓落实，稳步推进森林经营工作，全年森林抚育计划任务全面完成。

主要做法和成效

加强森林经营顶层设计　落实局党组关于在生态文明体制改革中加快林业制度建设的部署，结合森林法修改，积极推进森林经营法律制度建设。加快编制《全国森林经营规划(2015～2050年)》(以下简称《规划》)，完成了《规划》前期调研、资料收集，开展了区域经营策略、主要森林类型经营技术措施等专题研究，完成了《规划》初稿。依据第八次全国森林资源清查最新成果修订完善了《我国森林抚育经营现状及潜力分析报告》。组织开展了森林抚育成本效益分析研究，旨在为完善森林抚育补贴政策提供依据。组织开展了林业财政专项资金绩效管理研究，探索建立中央财政森林抚育补贴资金绩效评价制度。

全面完成森林抚育年度任务　2014年，认真落实“十二五”林业发展规划，细化分解森林抚育年度计划任务，加强督导落实，全面完成年度计划任务。配合财政部修订印发了《中央财政林业补助资金管理办法》，进一步完善森林抚育补贴政策，细化制订了补贴任务分配办法，规范资金管理。进一步加大对森林抚育潜力大省的支持力度，适当增加了南方集体林区补贴任务规模。落实中央财政森林抚育补贴资金58.11亿元，完成中央财政森林抚育补贴任务345.24万公顷。

完善森林经营技术标准体系　完成了《森林抚育规程》国家标准的修订，并已由国家标准委批准颁布。组织编制了《森林抚育规程》解读，部署和指导各地研究制定符合当地实际的森林抚育实施细则。修订印发了《森林抚育作业设计规定》。东北东部山地、大兴安岭、热带天然次生林等区域性森林抚育技术规程通过专家审定。组织修订《低效林改造技术规程》，完成了修订初稿。新启动一批森林经营相关技术规程的编制工作，已纳入林业行业标准制订计划，为建立以全国性标准为指导、区域和地方标准或实施细则为补充的森林经营技术标准体系奠定了基础。

进一步强化抚育质量监管　修订印发了《森林抚育检查验收办法》，开发了森林抚育检查验收管理服务平台，改进了检查技术手段，降低抽查比例，提高工作效率，减轻基层负担。完成了2013年度中央财政森林抚育补贴国家级抽查，通报了抽查结果。抽查结果显示，2013年度全国森林抚育补贴面积核实率98.4%，作业质量合格率95.5%，作业设计合格率94.8%，省级单位综合评价平均得分94.5分，县级单位综合评价平均得分94.9分，继续保持较高水平。督导落实《关于切实加强天保工程区森林抚育工作的指导意见》，完善了天保工程区森林抚育综合评价指标和核查方法，开展了森林抚育绩效考评。部署开展了2011～2013年度森林抚育补贴资金稽查，重点检查了天保工程二期森林抚育补贴资金预算执行、资金安排、支出范围、报账手续、合同管理等方面的问题，推动建立健全内部稽查控制制度，保证资金安全和使用效益。

科学推进示范样板建设　组织召开了全国森林经营样板基地和国际森林文书履约示范单位建设座谈会，总结了阶段性成果，分析了存在的问题，加大了对样板基地和示范单位建设工作的指导力度。指导全国森林经营样板基地完成了建设情况报告，总结了10个森林经营模式类别，建立了144种森林经营模式类型。组织召开了森林经营方案实施示范林场建设座谈会。审核了首批15个森林经营方案实施示范林场的森林经营方案，努力提高示范效果。结合河北省木兰围场国有林场管理局实际初步建成20.67万公顷中国北方森林经营实验示范区。指导国家级森林资源可持续经营管理试验示范点开展森林抚育成效监测，进一步完善了森林抚育成效监测数据库软件。

逐步加强科技支撑能力　启动开展了全国林地立地质量评价试点研究，初步完成4个试点区立地质量评价工作，取得阶段性成果。引进了基于森林生态系统管理的人工林经营技术、人工林多功能经营及模拟预测技术、水源涵养林可持续经营等国外先进技术。开展了重点用材林高效栽培与可持续经营技术、森林健康经营技术等方面的攻关研究。实施了油松、华北落叶松等用材林近自然经营技术、低产低效林改造技术等7项中央财政林业科技推广项目。

继续加大人才培训力度　制定印发了《全国森林经营人才培训计划(2015～2020年)》，推动建立国家、省、县三级森林经营人才培训制度。举办了第二期南方地区、北方地区森林抚育经营管理技术研修班，重点突出现场案例教学和作业设计环节，促进各地转变思想观

念、树立正确理念、掌握先进理论、提高实操技能，扩大了研修成果。制定出台了《国有林场职业技能竞赛暂行规定》，举办了2014年中国技能大赛——全国林业行业国有林场职业技能竞赛(国家级二类竞赛)。森林可持续经营纳入了面向地方和直属机关林业知识培训课程和“全国乡镇林业工作站岗位培训在线学习平台”。举办了森林经营样板示范、天保工程综合管理等培训班。指导基层林业站开展包括森林抚育技术在内的林农培训，全国各级林业站共举办培训班6.3万余期次，培训林农757万余人次。

不断拓展国际合作空间　积极推进中美森林健康经营合作，编写完成《森林健康在中国——中美森林健康合作10周年总结》(中英文版)，系统总结了合作成果和成功经验。参与中美林业合作第六次工作组会议，森林经营相关内容纳入中美林业第六次工作组会议备忘录和2014～2017年合作项目计划。开展中非林业合作前期考察调研，研究分析了中非林业合作前景与潜力，提出了森林经营、植被恢复等重点合作内容与合作形式。开展了中国与奥地利、德国、瑞士、芬兰等双边国际交流合作和实地调研，围绕森林经营理论技术、森林经营人才培训、营林机械化试点示范等内容，不断拓展森林经营国际合作领域。

主要问题　中国森林经营工作开始步入正轨，森林抚育严重滞后的状况得到初步缓解，但经营意识不强、管理体制不顺、经营机制不活、资金投入不足、基础设施落后、科技支撑滞后、人才队伍匮乏、法律法规缺失等问题依然突出，全面有序科学推进森林经营工作依然任重道远。　(蒋三乃)

【举办第二期南北方森林抚育经营管理技术研修班】 成功举办第二期南方地区、北方地区森林抚育经营管理技术研修班，针对森林抚育经营工作中的突出问题，在研修培训内容上继续强调现场案例教学，重点突出了森林抚育作业设计环节，增加了现场演练内容，有力地促进了研修学员转变思想观念、树立正确理念、掌握先进理论、提高实操技能，研修效果明显。　(刘　羿)

【建立健全森林经营技术标准体系】　编制完成《森林抚育规程》解读，部署各地依据新修订的《森林抚育规程》规程研究制定符合当地实际的森林抚育实施细则或地方标准。以国家标准为指导，制订完成了《东北东部山地森林抚育技术规程》《大兴安岭森林抚育技术规程》等区域性标准；修订印发了《森林抚育作业设计规定》《森林抚育检查验收办法》。组织开展《低效林改造技术规程》的修订工作。　(刘　羿)

【2013年度中央财政森林抚育补贴国家级抽查】　2013年度中央财政森林抚育国家级抽查工作，共抽查了215个县级单位、2107个抚育小班，2107份作业设计，抽查面积40 735.1公顷，占2013年度中央财政森林抚育补贴计划任务的1.2%。经抽查，全国面积核实率98.4%，作业质量合格率95.5%，作业设计合格率94.8%，省级单位综合评价平均得分94.5分，县级单位综合评价平均得分94.9分，保持了较高水平。抽查同时发现，少数省级单位存在任务分配不合理、抚育进度缓慢、作业设计质量差、县级自查不严格、省级核查走过场等管理不到位问题。个别县级单位施工作业不规范、作业质量不高等问题依然存在，森林抚育监管力度有待进一步加强。　(刘　羿)

【全国森林经营样板基地建设】　召开全国森林经营样板基地建设座谈会，与15个建设单位签订了项目任务书，下发了成效监测方案，进一步明确了建设任务和成果要求。目前，全国森林经营样板基地已经确立了10个森林经营模式类别，建立了144种森林经营模式类型，基本涵盖了全国主要森林类型。国家、省、县三级在财政、金融、资源管理政策上集中扶持基地建设，建设单位积极创新森林经营管理体制机制，取得了初步成效，示范效应开始逐步发挥。　(刘　羿)

【制定全国森林经营人才培训计划】　针对中国森林经营人才队伍匮乏、后备力量断档、人才队伍老化、培训制度不健全、培训基础薄弱等瓶颈问题，为贯彻落实局党组提出森林经营是现代林业建设的永恒主题、核心任务和主攻方向的战略部署，全面开展森林经营、推动林业提质增效，造林司会同人事司研究制定了《全国森林经营人才培训计划(2015～2020年)》，印发各地执行，指导开展国家、省、县三级森林经营人才培训工作。　(刘　羿)

经济林建设

【综　述】　2014年，各地认真贯彻党中央、国务院的部署，紧紧围绕生态林业民生林业建设，进一步加大特色经济林的培育力度，统筹推进生态建设、经济发展和农民脱贫致富，工作措施加强，建设成效提升，成绩显著。据统计，2014年新造经济林面积113.92万公顷，占当年全国人工造林完成面积的28.11%，其中，重大生态修复工程营造经济林面积46.5万公顷，占工程人工造林面积的56.47%。截至2014年年底，全国经济林总面积已达3895万公顷，各类经济林产品产量达1.58亿吨，比2013年增长6.72%。干鲜果品、茶、中药材等经济林种植与采集业实现产值10 728.04亿元，占林业第一产业比重57.8%。2014年经济林培育建设有以下特点。

地位突出　各级党委、政府把油茶、核桃等特色经济林作为生产高级食用油的重要来源，作为化解国家粮油安全的重要途径，普遍重视，摆到突出的战略地位，纳入重要议事日程和年度重点工作，加强了组织领导，加大了资源培育和产业发展的推进力度。广大山区农民把特色经济林作为生存发展的物质基础和脱贫致富的重要途径，纷纷自愿主动拿出承包经营的土地广泛种植经营当地适生的经济林。各地核桃种植大户、板栗栽植大王、农民枣专家等屡见报端。发展特色经济林，已成为生态林业民生林业的最佳结合点，得到广大农民的一致欢迎，并在生动演绎"要我造林变为我要造林"的林业发展新形势和新境界中扮演着主要角色。社会公众把特色经济林产品作为增进身体健康的重要食品和保健品，不饱和脂肪酸、亚麻酸、花青素等对人体的保健作用日益受到重视，干鲜果品已成为老百姓餐桌的必备品，并在改变着中国人的饮食习惯和结构。各界企业、公司把经济林作为增加投资回报率、实现企业利润新的经济增长点，投资建基地，办产业，相继加盟到经济林资源培育和产业建设行列，经济林成为经济新常态下的社会投资热点。

顶层设计 加强了政策扶持，国家重要文件接踵出台。为进一步加快木本油料特色经济林培育和产业发展，大力增加健康优质食用植物油供给，切实维护国家粮油安全，国务院办公厅下发《关于加快木本油料产业发展的意见》(国办发〔2014〕68号)。文件从保障国家粮油供应安全的高度对木本油料产业发展提出目标任务，进行科学部署，提出要在普查摸清资源底数基础上，按木本油料树种分树种分别制定产业发展规划；把木本油料经济林培育纳入重大生态工程建设内容，因地制宜扩大栽植面积。这部文件在我国木本油料发展史上具有里程碑意义，是全面指导当前和今后一个时期木本油料产业发展的纲领性文件。为贯彻落实党中央、国务院的指示和局党组的工作部署，扶持特色经济林培育和产业建设，促进生态林业民生林业协同发展，国家林业局印发《关于加快特色经济林产业发展的意见》(以下简称《意见》)。《意见》强调发展特色经济林的重要意义，明确特色经济林产业发展的总体要求和发展目标，从提升生产能力、推进产业化经营、构建五大支撑体系和强化保障措施等方面提出具体要求，是今后全面指导我国特色经济林培育及相关产业协调发展的一份重要文件。优化了发展布局，国家首部经济林发展规划问世。国家林业局、国家发改委和财政部联合颁布《全国优势特色经济林发展布局规划(2013～2020年)》(林函规字〔2014〕60号，以下简称《规划》)。对木本油料、木本粮食、特色鲜果、木本药材、木本调料等五大类30个优势特色经济林树种，进行科学规划，提出发展目标、总体布局和建设任务。《规划》的发布和实施，对统筹生态林业与民生林业协调发展，维护国家生态安全和粮油安全，促进农民收入增加，加快农村经济发展具有重要战略意义。强化了基础保障，提升了经济林苗木在林木种苗发展中的地位。国家林业局出台《关于贯彻落实〈国务院办公厅关于深化种业体制改革提高创新能力的意见〉的实施意见》，提出对生产经济林良种苗木为主的苗圃，各级林业部门要给予重点扶持。

资金投入 从中央到地方各级财政加大了特色经济林良种繁育、科技推广、培育示范建设。中央财政继续投入扶持特色经济林示范建设，2014年先后下达两批农业综合开发名优经济林等示范项目，中央财政累计投入资金5.1亿元，建设项目337个，示范面积达3.47万公顷。经济林信贷支持力度加大，中国农业银行与国家林业局推进落实林业产业建设发展合作框架协议，加强对木本粮油等十大林业主导产业的信贷支持，加强经济林信贷支持，2014年林业贴息贷款新增7.85亿元发展木本油料，占同期林业贴息贷款新增总额的8%；2014年亚行西北三省林业发展项目提款报账2263万美元，陕西、甘肃、新疆利用国际贷款营造经济林面积3.8万公顷。北京市开展高效节水现代化示范果园建设，市级财政安排专项资金1亿元，对新建示范果园每亩补助5000元，助推百万亩平原造林工程。辽宁省启动实施千万亩经济林建设工程，省财政按照平均每亩300元的标准，对纳入省千万亩经济林工程建设项目的给予苗木费等补助，2014年省级财政投入资金4.6亿元。吉林省制订《省级林业产业发展引导资金管理办法》，重点补助支持红松果材兼用林、榛子果林、核桃林、蓝莓、东北红豆杉、沙枣等特色经济林种植和产品加工生产，符合条件的每个项目省财政补助50万～80万元。江苏省积极发展适宜本地的木本油料经济林，对种植薄壳山核桃的，财政每亩给予1000元补贴。江西、湖南省市县三级财政普遍设立油茶产业发展专项资金，用于营造油茶林的种苗补助和基地建设。重庆市两级财政加大发展特色经济林的补贴，对核桃基地等验收合格后每亩按500元予以补贴。四川省加大特色经济林培育与产业扶持力度，广元、凉山等市(州)市县两级财政每年专项安排资金，用于扶持发展核桃、油橄榄等特色经济林。陕西省各地加大特色经济林培育资金投入，西安市投入资金1.84亿元支持核桃培育示范县建设。甘肃省财政安排3700万元资金开展林果示范基地建设的同时，还落实500万元油用牡丹产业发展专项资金。宁夏回族自治区落实扶持资金1.6亿元，改造提升低产低效经济林。

发展机制 建立依托国家重大生态修复工程，推进特色经济林培育与产业发展的新机制。国家林业局印发《关于深化三北防护林体系建设改革的意见》(林北发〔2014〕171号)，要求在有条件的地方优先发展生态经济兼用树种，建设特色经济林基地，提出纳入工程建设范围的造林不分林种树种、不限比例，同等享受工程建设补助政策，逐步加大对木本粮油、特色林果补贴力度。创新完善集体林区经济林采伐管理制度，落实农民自主经营权。国家林业局出台《关于进一步改革和完善集体林采伐管理的意见》(林资发〔2014〕61号)，提出推行简便易行的伐区设计，采伐经济林，可由经营者自行设计，自主决定采伐年龄和方式。扶持农民专业合作社发展，创新培育经济林经营主体。国家积极扶持经济林果等农民专业合作社发展，充分发挥其在维护农民权益、组织零散农户集中开展林业生产活动，以及企业与农户之间的桥梁纽带等作用，有"北京后白虎涧京白梨种植专业合作社"等一批经济林栽培合作社被国家林业局、农业部、国家发展改革委等9家单位联合评为"国家农民合作社示范社"。各地也积极创新发展机制。北京、山西实行新建改造并举，在扩展经济林面积的同时，加大低产低效经济林改造力度，促进经济林结构品种优化、产量效益提升，更新改造面积超过营造经济林总面积的25%。河北探索建立经济林培育等涉林项目与农民专业合作社对接机制，扩大合作社承担经济林营造的规模。安徽着力培育社会造林主体，推行股份合作、招标承包等经营机制，积极引导企业、农户等投资经济林建设。福建建瓯等地创新拓宽融资渠道，通过开展股权出资和林地承包经营权作价出资等方式，扩大非货币财产出资，积极发展笋用竹等特色经济林，推进生态省建设。江西基层探索创新出“四统一分”(统一规划、统一整地、统一购苗、统一栽植，分户管护)的油茶林培育发展机制，调动了林农发展油茶的积极性，促进了林地流转和适度规模经营。湖北、湖南等地实行先造后补，确保了经济林的营造质量和国家资金的使用成效。广东、重庆等地通过推行订单林业，发展“公司(企业)+合作社+农户”的合作经营模式，推进基地建设，实现特色经济林适度规模经营。黑龙江森工着力打造“黑森”绿色食品产业，通过树立知名品牌并拓展营销网络，带动森林食品和药材基地建设。广西创新发展农村绿化推进机制，由国有苗圃定点培育扁桃果、人面果、南方红豆杉、银杏等特色珍稀经济林苗木，无偿提供农户在房前屋后种植，并通过大力发展经济林促进林分结构的优化调整，推进过去营造速生树种较多的状况逐步改变，2014年广西营造特色经济林和珍贵树种12万公顷，占自治区人工造林完成面积的70%。陕西等地通过不定期抽查、定期通报的办法，督导落实经济林种植质量。云南省更新发展理念，进一步调控核桃造林规模，适度扩大澳洲坚果、油橄榄等其他适生木本油料经济林栽种面积，促进当地特色经济林建设协调发展。各地还积极创新宣传形式，通过举办各具特色的经济林节会，扩大社会影响，促进产销对接。北京、河北、山西、山东等地举办核桃节、枣文化节；浙江、安徽等地举办竹文化节、核桃节、香榧节；湖北、广东、重庆等地举办板栗节；广西、湖南等地举办油茶文化节；四川、甘肃省举办油橄榄文化节；新疆维吾尔自治区举办特色林果产品(广州)交易会等。

科技支撑 特色经济林新品种研发和良种繁育步伐加快，2014年有22个经济林新品种通过国家林业局授权，有19个经济林良种通过国家级审(认)定。全国核桃遗传资源调查编目工作启动，核桃培育基础工作进一步抓实。杜仲全基因组精细图绘制完成，特色经济林遗传基因研究取得新突破。特色经济林丰产栽培技术水平提升，油茶丰产分子育种技术、光皮树早实矮化技术、油桐优良无性系技术等取得新突破。特色经济林工程技术研究深入推进，新挂牌成立国家林业局山核桃、油用牡丹、长柄扁桃、南方油料能源植物、板栗、茯茶等特色经济林工程技术研究中心6处，截至2014年年底，国家林业局已挂牌成立特色经济林工程技术研究中心18处。特色经济林栽培技术示范加强，有油茶、核桃、山核桃、金丝小枣、肉桂、五味子等12个经济林栽培科技示范项目被列为“第八批国家农业综合标准化示范项目”，占14个林业示范项目数量的85%。森林食品、森林药材质量检测受到进一步重视，国家林业局分别在黑龙江省、宁夏回族自治区新成立经济林产品质量检验检测中心各1处。特色经济林技术标准制订步伐加快，2014年新制订《油茶嫁接技术规程》《泡核桃栽培技术规程》等有关经济林良种繁育、栽培和初级产品质量检测等方面的国家技术标准2项、林业行业技术标准18项。截至2014年年底，已颁布经济林国家技术标准38项，林业行业技术标准143项。各地也普遍加强特色经济林发展的科技支撑，山东省深入推进产学研用相结合，鼓励发挥龙头企业在经济林科技研发与新技术、新品种推广中的作用，菏泽尧舜牡丹生物科技有限公司获第五届“山东省省长质量奖”；广东省加强丰产油茶种植技术攻关；四川省推进落实施肥、防虫的科学化和无公害化，突出化肥、农药和重金属污染防控，启动森林食品基地认定工作；云南省在造林地选择、种苗培育、定植栽培、无公害抚育养护、果实采收等环节，推行核桃、澳洲坚果等经济林标准化生产作业，促使亩产、产值、收益成倍增加。青海省立足本地资源，突出优势和特色，将“枸杞规模化丰产栽培技术”纳入省政府督办的重要科技示范项目，予以广泛推广。 (周力军)

【经济林产业发展重大规划颁布实施】 5月26日，国家林业局、国家发改委和财政部联合印发《全国优势特色经济林发展布局规划(2013～2020年)》(林函规字〔2014〕60号，以下简称《规划》)。《规划》对木本油料、木本粮食、特色鲜果、木本药材、木本调料等五大类30个优势特色经济林树种，进行科学规划，提出发展目标、总体布局和建设任务。《规划》的发布和实施，对统筹生态林业与民生林业协调发展，维护国家生态安全和粮油安全，促进农民收入增加，加快农村经济发展具有重要战略意义。 (刘丽军)

【国家林业局出台经济林发展指导意见】 为深入贯彻落实党的十八大和十八届三中全会精神，促进生态林业与民生林业协调发展，2014年国家林业局印发《关于加快特色经济林产业发展的意见》(林造发〔2014〕160号，以下简称《意见》)。《意见》指出新时期发展特色经济林产业的重要意义，提出指导思想、基本原则和主要目标，强调落实规划建设任务、提升基地建设水平、实施标准化生产、拓宽产业发展领域，以及培育壮大龙头企业、积极创建知名品牌、创新生产经营体制、发展完善订单林业，部署构建良种繁育、科技支撑、有害生物防控、质量安全监管、新型社会化服务五大支撑体系，要求加强组织领导、健全工作机制、完善政策措施、积极宣传引导。《意见》颁布，对加大特色经济林发展扶持力度，突破产业发展瓶颈，促进经济林产业健康持续快速发展，将发挥重要作用。 (周力军)

【名优经济林示范建设深入推进】 国家林业局会同国家农业综合开发办公室，先后下达两批农业综合开发名优经济林(含花卉、绿化苗木)示范项目，中央财政资金累计投资5.1亿元，建设项目337个，建设规模3.47万公顷，重点扶持核桃、油茶、油用牡丹等木本油料特色经济林树种的示范项目建设。 (刘丽军)

【全国经济林发展基础数据平台正式上线运行】 为全面及时准确把握全国经济林发展和变化情况，国家林业局造林绿化管理司组织国家林业局经济发展研究中心开发了全国经济林发展基础数据平台。该平台覆盖省、市、县三级林业主管部门，囊括8大类54个树种，涵盖种植、生产、加工、贸易等指标数据和相关信息。2014年起，该平台正式投入使用。（刘丽军）

【第八届中国竹文化节在安徽省黄山市举办】 11月18~19日，主题为"弘扬竹文化、发展竹产业、建设美好乡村"的第八届中国竹文化节在安徽省黄山市举办。本届竹文化节由国家林业局、安徽省人民政府、国际竹藤组织主办，中国竹产业协会、安徽省林业厅、黄山市人民政府承办。国际竹藤组织董事会联合主席江泽慧、国家林业局副局长张永利、安徽省政协副主席王鹤龄出席文化节并作重要讲话。国际竹藤组织董事会董事和成员国驻华使节代表、国家林业局有关司局负责同志、来自全国16个产竹省区市的林业厅(局)主管厅(局)长与主管处长、竹业科研教学单位的专家、中国竹产业协会常务理事、各有关省区市竹产业协会秘书长、"中国竹子之乡"与"中国特色竹乡"代表等近400人参加文化节活动。主要活动内容包括开幕式，参观竹文化博物馆及徽派竹刻艺术，种植纪念竹，参观国际竹藤中心太平基地、丰产竹林基地，举办竹文化专题摄影展，开展中国竹产业发展经验交流、国际竹子研讨、中国竹种园联席活动等。通过此次节会的举办，进一步凝聚共识，增进交流，扩大合作，实现了通过传承、挖掘、宣传竹文化，进一步做大做强竹产业，推动生态林业民生林业协同发展的目的，办成了一届有创新、有特色、有影响的竹文化节。（周力军）

【第十四届中国·中原花木交易博览会在河南省许昌市鄢陵县举办】 为促进花卉苗木产业的成果展示、经验交流和经贸合作，国家林业局和河南省人民政府于9月26~27日在河南省许昌市鄢陵县举办第十四届中国·中原花木交易博览会，1900多家企业共计5000多位代表参会，主要活动有开幕式、花木产业高层论坛、项目签约、插花花艺大赛、中州盆景大赛等内容。本届花博会更加注重对产业发展的促进作用，突出为花农服务、为企业服务的理念，将花博会办成"花农的花博会"。

（刘丽军）

林业生物质能源

【综　述】 2014年，林业生物质能源建设按照《全国林业生物质能源发展规划(2011~2020年)》提出的目标要求，进一步加强对林业生物质能源产业发展宏观管理，重点围绕能源林基地建设，推进生物能源产业化，树立典型，培育产业化龙头企业，加快促进产业发展规模。采取主要措施有实行产学研对接，推进科研院所与企业科研生产相结合，促进企业生产技术创新及先进设备研发，规范基地建设标准，加大科技支撑力度，提升基地建设水平，推进林业生物能源产业可持续发展。

支持发展林业生物能源产业政策 为引导产业健康发展，国家采取了一系列重要措施。在原料基地补助、支持重大技术产业化项目及税收扶持等政策的基础上，明确将林业生物质能源作为能源和林业可持续发展的重要内容，纳入鼓励类建设项目。提倡各级地方政府和林业部门要按照国家《可再生能源法》和相关政策，在林业工程建设中支持林业生物质能源资源培育和开发利用，形成政府支持，市场引导，吸引社会资金参与的良好发展环境，培育一批实力较强的骨干企业，推进产业规模化发展。

加大科技支撑力度 对林业生物产业建设进行全方位的技术指导，组织编写颁发《灌木能源林培育利用指南》和《无患子原料林可持续培育指南》等系列能源林可持续栽培指南，引导企业原料基地建设与地方林业主管部门、科研院所合作，加快实用技术研发和推广和优良树种品种选育。能源林基地建设严格按照各树种培育技术指南和抚育管理技术规程和标准造林管理，提高原料林基地建设水平。

发挥龙头企业典型示范作用 为树立典型，发挥龙头企业在产业发展中以点带面作用，对条件成熟的行业龙头企业颁发文件确认"林油一体化示范基地"，确定生物质发电试点示范企业为"沙林电一体示范基地"，授予国家林业局示范基地称号。在原确认试点示范基地基础上，对符合标条件的企业继续给予确认。通过加强宏观管理，树立典型样板，规范行业管理，对引导产业健康发展起到了重要作用。（王桂芝）

【确认生物质资源综合利用产业化示范基地】 国家林业局2014年4月印发了"国家林业局关于确认福建源华林业生物科技有限公司为生物质综合利用产业化示范基地的函"(林造发〔2014〕54号)。（王桂芝）

【印发文冠果、山桐子原料林可持续培育指南】 国家林业局2014年4月印发了"国家林业局关于印发文冠果原料林可持续培育指南和山桐子原料林可持续培育指南的通知"(林造发〔2014〕45号)，进一步规范能源林基地造林。（王桂芝）

生态建设

05

全民义务植树绿化工作

【综　述】 2014年，各部门(系统)认真贯彻落实党的十八大、十八届三中、四中全会关于生态文明建设的战略部署，深入学习贯彻习近平总书记系列重要讲话精神，采取有效措施，扎实推进国土绿化，取得显著成效。圆满完成各项重大植树活动，全国古树名木保护工作取得新进展，第三届中国绿化博览会各项筹备工作全面展开，整体进展顺利。　　(宫　腾)

【全国绿化委员会第32次全体会议】 2月19日，国务院副总理、全国绿化委员会主任汪洋在京主持召开全国绿化委员会第32次全体会议，听取2013年国土绿化工作情况汇报，审议通过了《全国绿化委员会工作规则》，研究部署2014年国土绿化工作。国家林业局局长、全国绿化委员会副主任赵树丛汇报了2013年国土绿化工作和2014年工作安排意见。国家林业局副局长张永利作《全国绿化委员会工作规则》说明。　　(宫　腾)

【中央领导植树活动】 4月4日，习近平等党和国家领导人在北京市海淀区南水北调团城湖调节池参加首都义务植树活动。习近平总书记在植树时强调，林业建设是事关经济社会可持续发展的根本性问题。每一个公民都要自觉履行法定植树义务，各级领导干部更要身体力行，充分发挥全民绿化的制度优势，因地制宜，科学种植，加大人工造林力度，扩大森林面积，提高森林质量，增强生态功能，保护好每一寸绿色。在京中共中央政治局委员、中央书记处书记、国务委员等参加了首都义务植树活动。　　(宫　腾)

【“国际森林日”植树纪念活动】 3月20日，全国绿化委员会、国家林业局在北京举办以“绿色的梦想，共同的家园”为主题的“国际森林日”植树纪念活动。全国绿化委员会副主任、国家林业局局长赵树丛，联合国粮农组织驻华代表伯希·米希卡在启动仪式上致辞。来自联合国、博茨瓦纳等外国驻华使领馆和国际组织代表，国家林业局和北京市相关部门的干部职工，群众代表，驻京部队指战员约300人参加了植树活动。　　(宫　腾)

【共和国部长义务植树活动】 3月29日，全国绿化委员会、中共中央直属机关绿化委员会、中央国家机关绿化委员会和首都绿化委员会共同开展以“履行植树造林义务，实现美丽中国梦想”为主题的“共和国部长义务植树活动”。来自中共中央直属机关，中央国家机关各部委、单位和北京市的172名部级领导参加植树活动。自2002年开展这项活动以来，累计有2302人次部级领导干部参加义务植树，共栽下树木28 800多株。　　(宫　腾)

【部门绿化检查评价活动】 11月16至12月12日，全国绿化委员会办公室组织对解放军系统绿化检查评价活动。由全绿委办领导带队，分两个组，分别对南京军区、成都军区《全国造林绿化纲要(2011～2020年)》执行情况进行检查评价，总结经验，查找问题，形成了检查评价报告，有力地推进了部门(系统)造林绿化的开展。

【全国古树名木保护工作座谈会】 12月29～30日，全国绿化委员会办公室在四川都江堰市召开全国古树名木保护工作座谈会。会议对《古树名木保护管理办法》进行了进一步研究审订。交流了古树名木保护管理工作经验，研究了2015年全国古树名木保护管理工作方向，安排部署第一批古树名木普查试点工作。来自各省(区、市)、有关计划单列市，有关部门(系统)绿化委员会办公室负责人和部分专家学者共50余人参加此次会议。　　(宫　腾)

第三届中国绿化博览会

【综　述】 2014年，在各地区、各部门和各有关方面的共同努力下，第三届中国绿化博览会各项筹备工作全面展开，整体进展顺利。48家参展单位都已落实确定，各参展单位积极进行展园施工建设，截至2014年年底，大部分展园硬质工程建设和大型乔木栽植工作都已完成，绿博园南湖景区设计及绿化提升改造工程基本完工，可以保证2015年8月开园期间为广大游客呈现良好景观效果。第三届绿博会宣传工作深入开展，利用电视、报纸、杂志、网络、新媒体等多种广泛开展了宣传工作，进一步扩大第三届绿博会的知名度和影响力。　　(李　蒙)

【第三届中国绿化博览会绿博园参展展园设计方案专家评审活动】 4月10～12日、5月14～16日，第三届绿博会组委会办公室在天津市武清区先后分两批次举办第三届中国绿化博览会绿博园参展展园设计方案专家评审活动。对38家参展单位的展园设计方案人进行评审。此后，全绿委办又通过互联网络，对余下10家参展展园设计方案进行了评审。　　(李　蒙)

【第三届中国绿化博览会首次新闻发布会】 8月21日，第三届中国绿化博览会新闻发布会在天津大礼堂召开，全绿委委员、国家林业局副局长张永利作为主发布人介绍了第三届中国绿化博览会的有关情况，天津市市政府、国家林业局，全绿委办、天津市林业局、武清区委、区政府领导等出席。发布会上了揭晓第三届中国绿化博览会会徽、吉祥物。 （李 蒙）

【第三届中国绿化博览会展园建设现场观摩活动】 10月20~21日，全国绿化委员会办公室在天津市武清区组织举办第三届中国绿化博览会展园建设现场观摩活动。绿博园48家参展单位绿委办和展园建设方负责同志参加活动。代表们考察观摩了绿博园整体建设情况，重点考察了绿博园各参展展园建设现场。观摩活动结束后，全绿委办组织召开第三届绿博会展园建设现场推动会。 （李 蒙）

防沙治沙

【综 述】 2014年，全国防沙治沙工作取得重要进展。落实《全国防沙治沙规划》。各地认真编报省级防沙治沙规划，国家林业局与12个重点省区和新疆生产建设兵团签订了“十二五”省级政府防沙治沙目标责任书。推进沙化土地封禁保护区补助试点建设。召开试点工作启动会，全面部署封禁保护区建设工作。研究制订资金和项目管理办法。举办政策技术培训班，规范工作管理。中央财政拨付资金3亿元，用于内蒙古、西藏、陕西、甘肃、宁夏、新疆等7省区开展试点建设。试点县累计达到53个。重点防沙治沙工程取得实质性突破。京津风沙源治理二期工程实现投资总量、投资标准和林业投资比例的“三提高”。强化工程质量管理，下发通知，加强对工程营造林及抚育管护等工作的督导。新增石漠化重点治理县14个，实现滇桂黔三省区石漠化县全启动、全覆盖。制订《岩溶地区石漠化综合治理工程绩效考核办法》，启动石漠化二期思路研究工作，开展专题研究并形成了研究报告。加强全国防沙治沙综合示范区建设。有效应对春季沙尘天气灾害。举办培训班，与中国气象局联合召开会商，完善应急系统软硬件配备，强化预警监测和应急值守，及时掌握沙尘暴灾害发生、发展情况，积极应对，减少损失。保质保量完成第五次全国荒漠化和沙化监测外业工作。印发《技术规定》和《工作方案》，举办培训班，指导地方编制《实施细则》。制订并下发《检查验收办法》，召开了监测工作中期会，开展专题监测，保障外业监测工作质量。全面推进国家沙漠公园试点建设。组建专家委员会，研究编制《国家沙漠公园试点建设规划》，制订规划与建设导则、规划设计规范。新批复国家沙漠公园试点32个。深度参与国际履约和国际合作。推动荒漠化公约“里约+20”可持续发展大会后续行动政府间工作组磋商（IWG）进程，设立全球防治荒漠化目标。完成荒漠化公约履约战略研究。举办对非英语国家防治荒漠化技术和政策研修。积极推动和参与中阿、中埃、中蒙等区域合作，推动荒漠化防治纳入“新丝绸之路经济建设总体战略”。全年共完成沙化土地治理面积126.5万公顷。

（张德平）

【沙化土地封禁保护区补贴试点建设】 2014年，国家下达中央财政补助资金3亿元，在内蒙古、西藏、陕西、甘肃、青海、宁夏、新疆7省区的30个县实施试点。其中新建试点23个，续建试点7个。

1月3日，国家林业局在北京召开沙化土地封禁保护补助试点暨第五次全国荒漠化和沙化监测工作启动电视电话会议。会议强调开展封禁保护补助试点工作的重大意义，明确试点工作的基本要求，并提出了要切实抓好试点建设的几项重点工作。

8月19 ~20日，国家林业局举办沙化土地封禁保护补助试点政策与技术培训班。培训班就中国林业及防沙治沙的财政政策和沙化土地封禁保护区建设技术要求等内容进行了系统讲授，参加培训的学员分别代表各省区和各试点县就本地区封禁保护补助试点工作进展情况、存在的问题和下一步工作建议开展了深入的交流。

（刘 萌）

【全国防沙治沙综合示范区和农业综合开发防沙治沙项目】 截至2014年年底，国家林业局已先后批准建立46个示范区，其中跨区域示范区2个，省级示范区1个，地级示范区8个，县级示范区35个，涉及全国24个省（自治区、直辖市）和新疆生产建设兵团的159个县（市、区、团场），涵盖了《全国防沙治沙规划》中确定的5种沙化土地类型区。2014年，为规范示范区建设和管理，研究出台了《全国防沙治沙综合示范区建设中央预算内投资计划管理办法（试行）》；为总结推广示范区建设经验，研究起草了防沙治沙综合示范区建设有关情况的报告，提出加快推进示范区建设的建议；协调落实2014年度防沙治沙示范区建设投资4300万元，与2013年相比增加了300万元。经过10多年的探索与建设，示范区取得了明显成效。提高了地方政府对治沙工作重要性的认识，激发了社会各界参与防沙治沙的积极性，总结出一批防沙治沙模式，树立了一批防沙治沙样板，对于提升防沙治沙水平、提高防沙治沙效益、推动全国防沙治沙工作发挥了积极作用。 （付 蓉）

【沙区行政执法及审批】

新疆天然胡杨林立法保护情况调查 针对新疆胡杨林保护情况展开调查研究，重点对立法保护情况、管护责任的落实、基础设施建设、项目资金检查等方面情况进行详细调查，对于其出现的管护资金不足、基础设施投入不够、生物危害严重等问题积极与新疆林业厅沟通，并对下一步工作作出安排和部署。

“宁夏毁林事件”情况调查 根据群众举报，对宁夏灵武破坏沙区植被事件进行了督查处理。宁夏灵武发生大型煤矿毁林事件，宁夏神华宁煤双马煤矿非法开采，非法排污。2014年被中央电视台新闻频道曝光后，此事件影响恶劣。该案件大面积破坏沙区植被，严重破坏了当地生态环境。国家林业局防治荒漠化管理中心就此事件展开调查，督促当地政府对于此问题展开调查处理。

"腾格里沙漠排污事件"事件调查 9月6日起，中央电视台以《沙漠之殇：腾格里沙漠腹地现巨型排污池》为题报道位于内蒙古、宁夏交接处的腾格里沙漠化工企业排污至沙漠的情况，相关报道随即引发舆论反应强烈，引起各界关注。9月中旬，按照局领导的要求对宁夏和内蒙古等地区的沙漠排污问题进行了调查了解，督促宁夏和内蒙古防沙治沙监管部门及时有效依法处理此问题，并将处理结果报告局领导。（叶百晶）

【国家沙漠公园建设】

国家沙漠公园专家委员会 国家沙漠公园专家委员会由两位院士担任组长，分为沙漠科学、资源环境、荒漠生态、旅游开发、社会经济、规划设计、政策管理等7个专业。8月国家林业局向58位专家颁发了证书。

国家沙漠公园评审会 7月17日，在林科院召开了第一次专家评审会，由李文华院士为组长、吴斌书记为副组长的8位专家组成的国家沙漠公园专家评审会。会议对12个规划文本进行了审查论证。经专家认真审查、咨询，最后通过了新疆申报的9个规划（表1）。12月15日在林科院召开了第二次专家评审会，李文华、蒋有绪院士等7位专家出席了评审，来自内蒙古、新疆、甘肃、青海、宁夏、陕西、云南、新疆生产建设兵团等8个省（自治区）的代表分别汇报了拟建沙漠公园的具体情况，最后共有23个沙漠公园通过了专家评审（表2）。

（叶百晶）

表5-1 2014年第一次国家沙漠公园评审结果

编号	名　称	省区	所在县市
1	新疆吉木萨尔国家沙漠公园	新疆	昌吉回族自治州吉木萨尔县
2	新疆阜康梧桐沟国家沙漠公园	新疆	阜康市
3	新疆奇台硅化木国家沙漠公园	新疆	昌吉回族自治州奇台县
4	新疆木垒鸣沙山国家沙漠公园	新疆	昌吉回族自治州木垒县
5	新疆尉犁国家沙漠公园	新疆	巴音郭楞蒙古自治州尉犁县
6	新疆且末国家沙漠公园	新疆	巴音郭楞蒙古自治州且末县
7	新疆沙雅国家沙漠公园	新疆	阿克苏地区沙雅县
8	新疆鄯善国家沙漠公园	新疆	吐鲁番地区鄯善县
9	新疆伊吾国家沙漠公园	新疆	哈密地区伊吾县

表5-2 2014年第二次国家沙漠公园评审结果

编号	名　称	省区	所在县市
1	内蒙古库布其七星湖国家沙漠公园	内蒙古	鄂尔多斯市杭锦旗
2	内蒙古磴口沙金套海国家沙漠公园	内蒙古	巴彦淖尔市磴口县
3	内蒙古翁牛特勃隆克国家沙漠公园	内蒙古	赤峰市翁牛特旗乌丹镇
4	内蒙古奈曼宝古图国家沙漠公园	内蒙古	通辽市奈曼旗
5	内蒙古乌海金沙湾国家沙漠公园	内蒙古	乌海市海勃湾区
6	内蒙古乌审旗苏里格国家沙漠公园	内蒙古	鄂尔多斯市乌审旗
7	新疆洛浦玉龙湾国家沙漠公园	新疆	和田地区洛浦县
8	新疆博湖阿克别勒库姆国家沙漠公园	新疆	巴音郭楞蒙古自治州博湖县
9	新疆精河木特塔尔国家沙漠公园	新疆	博尔塔拉蒙古自治州精河县
10	新疆和布克赛尔江格尔国家沙漠公园	新疆	伊犁哈萨克自治州和布克赛尔县
11	新疆吐鲁番市艾丁湖国家沙漠公园	新疆	吐鲁番市
12	宁夏灵武白芨滩国家沙漠公园	宁夏	灵武市
13	甘肃阿克塞国家沙漠公园	甘肃	酒泉市阿克塞哈萨克族自治县
14	甘肃敦煌阳关国家沙漠公园	甘肃	敦煌市
15	甘肃临泽小泉子国家沙漠公园	甘肃	张掖市临泽县
16	甘肃凉州头墩营国家沙漠公园	甘肃	武威市凉州区
17	青海贵南黄沙头国家沙漠公园	青海	海南藏族自治州贵南县
18	青海乌兰金子海国家沙漠公园	青海	海西蒙古族藏族自治州乌兰县
19	青海都兰铁奎国家沙漠公园	青海	海西蒙古族藏族自治州都兰县

（续）

编号	名　称	省区	所在县市
20	青海茫崖千佛崖国家沙漠公园	青海	海西蒙古族藏族自治州茫崖行政委员会
21	云南陆良彩色沙林国家沙漠公园	云南	曲靖市陆良县
22	新疆兵团驼铃梦坡国家沙漠公园	新疆兵团	第八师莫索湾垦区一五〇团
23	陕西大荔国家沙漠公园	陕西	渭南市大荔县

【第五次荒漠化、沙化土地监测】 2014 年启动第五次全国荒漠化和沙化监测工作，保质保量完成了外业工作。一是召开监测工作启动电视电话会，全面部署工作。二是印发了《技术规定》和《工作方案》，提出工作要求；认真审查省级监测《实施细则》和《工作方案》，把好初审、复审和批复三道关。三是举办全国监测技术和应用软件技术培训班，指导省区编制好监测实施细则、开展技术试点和技术培训工作。四是促进度、保质量。派出 6 组技术专家组及时督导，对进度缓慢的省区派专人负责盯守，实行全过程控制。五是制定并下发《检查验收办法》，组织专家对成果质量进行全面检查，对检查中出现问题的省区责令整改。六是积极协调各省区落实配套经费，编制完善外业信息采集软件。七是组织召开了监测工作中期会，统一进度，解决前一阶段遇到的技术问题。八是组织有关单位和重点省区开展专题监测，为第五次监测结果提供全面支撑。 （李梦先）

【沙尘暴灾害监测及应急处置工作】

沙尘暴发生总体情况 2014 年(主要是春季)，中国北方地区共发生 7 次沙尘天气过程，影响西北大部、内蒙古西部和山西北部约 150 万平方千米、4800 万人口。按沙尘天气类型分，强沙尘暴 1 次，沙尘暴 2 次，扬沙 4 次；按月份统计，3 月份发生 2 次，4 月份发生 3 次,5 月份发生 2 次；按影响范围统计，影响范围超过 100 万平方千米的有 5 次，50 万 ~ 100 万平方千米的有 2 次。总体而言，2014 年春季沙尘天气次数少，强度弱，影响范围较小；次数和强度与 2013 年同期基本持平，低于近 13 年(2001 ~ 2013 年)同期均值。

沙尘暴应急处置措施 按照《重大沙尘暴灾害应急预案》的要求，2014 年主要采取了以下应对措施：一是 1 月 7 日联合中国气象局组织专家开展了春季沙尘天气趋势预测分析会商，并将预测结果上报国务院，为各有关部门开展防灾减灾提供服务。二是 3 月 10 日下发了《国家林业局关于做好 2014 年春季沙尘暴灾害应急处置工作的通知》(林沙发〔2014〕34 号)，全面部署今春沙尘暴应急工作。三是督促地方完善应急工作方案，检查应急措施和工作制度落实情况。四是发挥卫星遥感监测，沙尘暴地面站、短信平台等现有监测设施和平台的作用，科学开展预警监测。五是及时掌握沙尘天气预报信息，并通过应急处置管理平台转发预警信息，指导地方林业部门开展防灾减灾。六是 3 月 1 日至 5 月 31 日沙尘暴重点预警期，加强应急值守，收集遥感监测和地面监测信息，及时掌握灾害发生、发展情况。七是认真做好沙尘暴灾害信息日报、周报、月报和半年报和年报工作，严格执行日报告和零报告制度，及时通报上年度有关省区零报告、地面监测站上报监测数据、信息员报送灾害信息情况。八是利用新闻媒体广泛宣传沙尘暴基本知识及灾害预防常识，及时向社会公布沙尘暴灾情，采取的应急处置措施，正确引导社会舆论。九是在甘肃兰州举办了全国沙尘暴应急处置培训班，筹建沙尘暴灾害处置综合平台，完善应急处置短信平台，购置一批气象观测、沙尘浓度测定等设备，规范沙尘暴地面站管理，提高沙尘暴灾害监测预警能力水平。 （潘红星）

【南方岩溶地区石漠化综合治理】

工程进展情况 截至 2014 年 12 月 31 日，八省(区、市)全面完成 2014 年林业建设任务 37.16 万公顷，其中，人工造林 8.49 万公顷，封山育林 28.67 万公顷。截至 2014 年 12 月底，工程累计完成林业建设任务 152.43 万公顷，其中，人工造林 38.62 万公顷，封山育林 113.81 万公顷。

工程建设取得的成效 工程实施以来，共完成营造林 152.4 万公顷，石漠化扩展势头得到初步遏制，由过去持续扩展转变为净减少。据第二次全国石漠化监测，截至 2011 年年底，中国石漠化土地面积为 1200.2 万公顷，与 2005 年相比，石漠化土地净减少 96 万公顷，年均减少 16 万公顷。

一是生态效益初显。据监测，治理区林草植被盖度平均提高了 15 个百分点。生物量明显增加，植被生物量比治理前净增 115 万吨。群落植物丰富度提高，生物多样性指数从治理前的 0.735 提高到了 1.521，治理区水土流失总量从治理前的 511 万吨减少到 170.31 万吨，减幅达 66.68%。

二是经济效益提高。石漠化综合治理过程中，通过生态环境改善和培育绿色产业，促进了当地的产业结构调整和社会经济可持续发展，促进了富余劳动力的转移和就地务工，也促进了农民增收，项目区农民人均纯收入从治理前的 3916.13 元增加到 4394.88 元，增幅 12.48%。

三是社会效益良好。通过实施石漠化综合治理，探索了一条“封、造、改、迁、建、扶”的石漠化综合治理路子。通过工程建设，改善了当地生态质量，营造了良好的投资和发展环境，为构建和谐新农村起到了带动示范作用。 （江天法）

【荒漠化公约履约和国际合作】 2014 年荒漠化公约履约和国际合作工作，重点围绕深入参与国际和区域履约、宣传 20 年履约成效和以落实中埃防治荒漠化中心项目为中心推动和拓展多渠道、取得了成效。

荒漠化公约谈判 一是在华举办荒漠化公约“里约 +20”可持续发展大会后续行动政府间工作组第二次会议。7 月 16 ~ 18 日在北京召开第二次政府间磋商，张永利副局长出席会议并讲话，介绍中国履约成效，督促达成共识，树立履约目标。形成了土地退化零增长定义和实现这一目标在国家层次应采取措施的建议。25个国家的代表参加了会议，中国担任履约措施起草组协调员。二是荒漠化公约新任执秘莫尼卡·巴布考察中国治沙，深化与中国荒漠化防治合作。7月17日国家林业局赵树丛局长会见莫尼卡·巴布，就支持公约科学制定联合履约指标、分享中国防治经验等问题达成一致；执秘考查内蒙古和宁夏治沙项目，称赞中国创造了“生态、民生和经济”平衡驱动的荒漠化防治的成功模式，在全球具有推广意义。三是12月12日在利马气候变化公约缔约方大会期间配合荒漠化公约秘书处与国家发改委合作在中国角组织边会，介绍中国防治荒漠化成效和经验，宣传土地退化治理对适应气候变化、减轻贫困和促进可持续发展作用，获得积极反响。四是完成2014年履约国家报告。派员参加公约亚太区域国家报告编写培训，组织受荒漠化影响省区和相关部门，收集数据和信息，完成了2014年荒漠化公约国家报告，并配合次区域完成东北亚次区域履约报告。五是完成涉林公约履约战略荒漠化专题研究。组织专家完成了荒漠化公约履约战略研究，并参与国家林业局涉林公约履约战略总体研究，为林业更好参与国际进程和全球林业治理提出建议。

国际合作 一是与阿盟签署合作备忘录，防治荒漠化合作纳入中阿合作论坛2014～2016年行动计划。中阿合作论坛部长级会议将防治荒漠化列为重点内容之一，将在摩洛哥建立中阿荒漠化防治中心，在苏丹召开防治荒漠化科学研讨会列入《中阿合作2014～2016年行动计划》，国家林业局赵树丛局长与阿盟秘书长阿拉比签署《关于荒漠化防治和监测合作备忘录》，为未来5年合作规划重点领域和路线图。

二是与埃及签署荒漠化防治技术合作会谈备忘。完成中埃荒漠化防治培训和示范中心建设项目可持续性研究，7月配合商务部完成了中埃防治荒漠化培训和示范中心项目基础建设可行性评估和技术合作可行性评估，签署关于技术合作会谈的备忘。组织相关研究机构和企业实体完成了5个技术合作项目建议书文本，与埃方建立了双边专家技术联络渠道，为进一步开展技术合作奠定了基础，并配合商务部积极沟通埃及农业部尽快提出中心重新选址方案。

三是落实国家领导访问蒙古成果，以东北亚次区域荒漠化、土地退化和干旱网络为平台，推动与蒙古荒漠化合作。主办东北亚次区域荒漠化、土地退化和干旱网络第三次政府间指导委员会磋商，国家林业局担任轮值主席，提出实施中蒙边界沙尘暴防治联合示范项目、探讨建立三方合作资金机制、筹划召开部长级会议的建议。组织中、韩、蒙三方专家开展蒙古治沙造林技术需求专家咨询，提出建立技术需求清单和培训计划的建议，获得各方支持；在韩国政府援蒙项目资金的支持下，通过中、韩、蒙三方合作，成功举办对蒙古梭梭林培育技术培训班；为东北亚次区域环境机制区域沙尘暴防治项目提供专家支持。

四是继续办好中非防治荒漠化培训。6月中旬至7月上旬，与竹藤中心合作，再次举办对非洲英语国家防治荒漠化政策和技术高级研修班。通过课堂讲座和实地考察，宣传和展示了中国经验和技术，通过双向交流互动，了解了非洲国家合作需求，建立了联系渠道，为推动后续合作奠定了基础。

五是组织开展了国外防沙治沙经验和案例研究，初步完成了对全球及各区域沙漠基本状况、分布、沙化成因的分析和30多个典型国家在防沙治沙方面的经验和典型案例的整理、归纳和综合分析；形成了研究报告，为中国荒漠化防治提供借鉴。

六是完成了中亚国家和蒙古防治荒漠化合作可行性专题研究，提出了与中亚国家合作重点领域建议包括：荒漠化监测评估、交通干线防护和绿洲经济生态型综合防护体系建设。

七是完成了中德合作项目防治荒漠化技术与实践书稿。选取德援项目典型经验模式，促进推广和应用国际合作项目成果。

八是中国参与的全球土地退化评估二期项目，获得全球环境基金批准。将为进一步提高中国当地土地退化和可持续土地管理措施评估和政策决策作出示范，并对促进中国参与全球经验技术共享提供平台。

九是与联合国规划署开展库布其沙漠绿色经济评估和世界荒漠化地图集编制工作。

十是派员参加赴澳大利亚荒漠化防治和森林可持续经营引智培训团，学习国外先进技术。

双边合作 为国家林业局与欧盟、蒙古、韩国、墨西哥、南非、阿根廷、阿曼、罗马尼亚、卢旺达、卡塔尔、伊朗等国家双边会谈提供了业务支持和合作建议。

第五届库布其国际沙漠论坛 2014年库布其国际沙漠论坛获批为国家大型涉外机制性论坛。国家林业局与科技部、内蒙古自治区、联合国环境署和联合国国防治荒漠化公约秘书处作为主办单位，共同协商确定了“沙漠生态文明和共建丝绸之路”作为论坛主题；确立了由中外方主办单位和鄂尔多斯市政府、亿利公益基金两家承办单位共同合作的“3＋2＋2”合作机制。召开了第一次筹备委员会会议，形成了会议筹备方案，积极推动各项筹备工作有效进行。 （贾晓霞）

【荒漠生态文化及宣传】

全面回顾中国履约20周年成效 10月中下旬，通过举办专题图片展览、主办报纸专栏和网络专题宣传，系统回顾中国20年来履约工作，宣传履约成效。共展出图片80多张，刊发专题报道和时评7篇，网络宣传文章20多篇，吸引了媒体和社会对荒漠化防治的关注。

一是10月14～25日举办了《纪念中国联合国防治荒漠化公约20周年》回顾展览，采用图片、音像等综合手段，国家林业局政府官方网站发布展览全部图文资料。

二是10月中下旬至12月底，在《中国绿色时报》开辟“防治荒漠化精彩履约20年”专栏，连续系列刊发6篇专题报道和1篇时评，10月14日头版头条首发“中国力量闪耀国际舞台”综述，获得网络媒体广泛转载。

三是10月14日开始，在国家林业局外网进行网络专题宣传，开设履约进程回顾，公约相关背景、政策法律和典型事例等专栏和网上图片展，全方位展示履约成效，发布防治荒漠化管理中心标识，扩大影响。

（贾晓霞）

荒漠生态文化及宣传 2014年为了更好地宣传防沙治沙工作，吸引媒体和社会对荒漠化防治的关注，组织了一系列活动。6月17日开展了世界防治荒漠化与干旱日宣传活动。协调《人民日报》和新华社于6月17日分别刊发赵树丛局长《绿化荒漠 美丽中国》署名文章和推出赵树丛局长权威访谈《防沙治沙要有大发展，关键靠改革》、中央电视台播放张永利副局长专访，播放治沙英雄石述柱、牛玉琴公益广告；6月17~22日在中国林业政府网开辟“绿化荒漠 美丽中国”专栏，开展司局长在线访谈、微访谈、官方微博等形式多样的网络宣传，人民网、新华网等26家知名网站播发相关信息320多条。在沙尘暴期间，及时对外宣传国家林业局的应对措施以及如何开展应对沙尘天气的知识科普。协调媒体对中非培训、中阿部长级会议、第五届库布其国际沙漠论坛等活动进行宣传报道。 （林 琼）

编写《沙漠生态文化研究》 为更好地开展沙漠生态文化研究，治沙办组织人员对沙漠生态文化研究课题进行了深入的研究，召开了2次编写组讨论会，对初稿进行了3次修改完善，并请专家进行了审改，已于12月份按时向中国生态文化协会提交了《沙漠生态文化研究》初稿，共9章23多万字，包括：沙漠生态文化的内涵与观念谱系、沙漠与人类的历史及文明、沙漠与存在物、沙漠的价值与沙漠伦理、绿洲文化、沙产业与沙漠化生态治理、沙漠生态旅游文化、沙漠生态文化的制度基础、沙漠生态文化传播。 （林 琼）

森林公园建设与管理

【综 述】 2014年中国森林公园建设发展状况良好，取得突出成效。截至年底，全国共建立森林公园（含国家级森林旅游区）3101处，规划总面积1780.54万公顷。

森林公园建设步伐加快 据统计，2014年各地森林公园共投入建设资金403.16亿元，截至年底全国森林公园拥有游（步）道7.81万千米，车船3.47万台（艘），床位85.28万张，餐位153.73万个。

四川、新疆召开全省（区）森林公园工作会议，大力推动森林公园建设；广东省林业厅印发《广东省市、县和镇森林公园体系建设指引》，并在省财政厅支持下从森林植被恢复费省统筹资金中安排3000万元，对粤东西两翼和粤北山区新建的森林公园基础设施进行资金补助，佛山、湛江、梅州、东莞市也对新建的市（县）、镇级森林公园分别给予10万~300万元补助，该省新增市（县）级森林公园72处，新增镇级森林公园213处；广西壮族自治区林业厅印发《关于加快森林公园发展的意见》，提出了全区加快发展森林公园的目标、任务和工作重点，并从本级部门预算安排资金对新建的森林公园一次性补助50万元；宁夏回族自治区林业厅协调自治区相关部门出台了《宁夏市民休闲森林公园建设技术指导意见》等指导性文件，并组织专家对市民休闲森林公园建设进行指导督促，全区规划的25处市民休闲森林公园已全部完成规划并开工建设；甘肃省林业厅通过协调衔接，将森林公园饮水工程纳入全省安全饮水“十二五”建设工程，争取资金2676万元解决了71个森林公园安全饮水问题；重庆市南川区政府印发了《关于转发南川区林业局森林公园申报建设标准及审批程序的通知》，规定森林公园可将规划总面积2%的林地作为接待服务设施用地，吸引了大量社会资本投入森林公园建设。

森林公园管理力度增强 各地加大森林公园保护投入，2014年共投入资金54.54亿元，新增风景林11.66公顷，改造林相17.17万公顷，森林公园的生态及景观质量不断改善。

广西壮族自治区林业厅从2014年起将森林公园是否违规建设、是否违规占用森林公园林地，作为生态保护考核指标纳入自治区对各市年度绩效考评内容；广东省林业厅全年共组织60多人次对全省40多处森林公园贯彻《广东省森林公园管理条例》的情况进行检查，并召开了2014年度国家级森林公园监督检查情况汇报会，对在监督检查中发现突出问题的10个国家森林公园进行约谈，限期整改；湖南省林业厅着重清理森林公园总体规划编制情况，并结合清理结果下文督促7个森林公园限期修编总体规划、9个森林公园限期修改报批总体规划、2个森林公园编制总体规划；四川省林业厅召开全省森林公园财政资金项目管理培训会，对获得国家级森林公园转移支付补助资金和省级森林公园财政项目资金的单位进行监管，规范资金使用，并通过整改督促推动2处国家森林公园建立了专门管理机构，解决了1处国家级森林公园长期存在的体制机制不顺问题。

森林公园功能不断拓展 北京市林业局积极引进韩国森林休养、日本森林医疗、德国森林教育和荷兰自然降解等先进理念，在昌平、密云、延庆、怀柔4区县通过国际合作建设了森林疗养基地，在八达岭、西山等森林公园建设了5个森林文化基地，在八达岭森林公园和松山自然保护区建设了2条森林疗养路径，在西山森林公园建设了首条自然观察径。八达岭森林公园主打“森林体验”特色，以森林体验中心为依托，开展了25次森林体验教育活动，接待中小学生、亲子家庭5000余人；陕西黑河森林公园在世界自然基金会的资助下建成了秦岭自然学校并对外开放，劳山森林公园建成了青少年森林生态科普体验馆；内蒙古恩格贝森林公园开展形式多样的生态文化活动，举办了15批次共700余人参加的拓展训练基地训练班，并与北京青少年俱乐部合作举办了3期共130多名学生参加的科普夏令营活动；吉林净月潭森林公园在主要景点投放共计7块负氧离子实时监测设备，为游客提供了最先进的负氧离子监测提示；浙江温州市森林公园和森林绿道3年任务圆满完成，全市共新建改建森林公园90个，建成森林绿道1020千米，森林绿道串联起的众多森林公园为游客提供了森林观光、森林度假、森林养生、森林科普、森林文化、森林探险等不同旅游体验。

森林公园宣传提档升级 森林公园社会知名度和市场吸引力大幅提高，全年共接待游客7.1亿人次，其中海外游客1370.95万人次，直接旅游收入达572.13亿元。

北京市林业局印制了《北京森林公园指南》免费发放给游客，并组织摄制了16集《北京森林公园》系列专题宣传片，国庆节前在"北京新闻频道"黄金时段连续播出。福建省林业厅与省交通厅、省旅游局等部门合作实施旅游服务交通通达工程，完成高速公路通往30个国家级森林公园景区的指示牌的制作，获得公众强烈关注。同时，河北省林业厅开通森林公园网站，吉林省林业厅在吉林卫视投放全年电视广告，山东省林业厅与省电视台联合承办以"寻找山东最美森林"为主线的"生态文明齐鲁行"宣传活动，上海林业局与《新民晚报》合作开辟专版"生态上海"，江苏省林业局与《莫愁》杂志联合开展"发现森林之美"系列科普宣传活动，江西省林业厅与江西蓝航传媒有限公司合作在《航空旅游——江西空港》杂志开辟"江西森林旅游"专栏，湖北省林业厅编印发行《森林旅游》杂志，湖南省林业厅和《森林与人类》杂志社合作出版《湖南：多少美景森林中》专刊，广东省林业厅与广州日报社共同组织策划启动"寻找最美的森林公园"大型采访宣传活动，广西壮族自治区林业厅与自治区旅游发展委员会共同编印《广西森林旅游手册》并举行"2014美丽广西行·聚焦广西森林旅游"大型媒体采风活动，内蒙古森工集团编印《内蒙古大兴安岭林区旅游交通地图》《内蒙古大兴安岭林区景点区位图》《内蒙古大兴安岭林区国家森林公园区位图》并主办内蒙古大兴安岭金秋摄影节，采取多种形式大力推介森林公园。森林公园还积极加强相互协作，湖北、湖南两省林业厅联合签订森林旅游战略框架合作协议，共同推进森林公园联合发展达成共识，湖南九嶷山森林公园与广西姑婆山森林公园、广东地下河景区精心策划了湘、粤、桂三日三省森林生态旅游精品线路，青海北山森林公园与甘肃天祝三峡森林公园、吐鲁沟森林公园签订《旅游区域合作协议》。

森林公园社会效益显著 统计显示，2014年全国共有911处森林公园免收门票，免费游览森林公园的游客达1.68亿人次。

福建省林业厅持续推进森林人家建设，新增森林人家授牌点88户，全省森林人家共接待游客达1444万人次，收入达9.8亿元，解决当地就业人数11 352人。福州市旗山森林人家依托旗山森林公园，年接待游客达80多万人次，年收入超过1400万元，解决当地就业人数1000多人。黑龙江金龙山森林公园周边乡村的旅游从业人员达1500人，本地出产的豆腐、木耳、榛蘑等则成为游客最喜爱的旅游商品，年销售收入可达200多万元。云南太阳河森林公园2014年的300余人用工中社区就业人员达280多人，社区就业人员工资收入500余万元。据不完全统计，2014年全国森林公园共提供社会就业岗位79.26万人，带动的社会旅游综合收入近6000亿元。同时，大量城郊型森林公园免费向市民开放，更多公众尽情享受森林公园无偿提供的生态福祉。

（场圃总站许晶）

【2014年度国家级森林公园管理高级研修班】 于3月20～21日，在湖北省宜昌市由国家林业局国有林场和林木种苗工作总站（简称场圃总站）举办。来自29个省（区、市）及3个森工集团公司森林公园处室、46个拟设立国家级森林公园申报单位、47个规划设计单位的相关人员近260人参加。本次研修班重点讲解了国家级森林公园行政许可、国家级森林公园总体规划编制、国家级森林公园建设项目占用林地、国家级森林公园管理等相关制度，同时邀请专家讲授了国家级森林公园环境解说规划技术、绿道体系建设实践等课程，并就进一步贯彻落实国家级森林公园管理制度开展了分组讨论和专题答疑。（场圃总站许晶）

【2014年森林公园行业管理暨监督检查研讨班】 于12月22～23日，在福建省福州市由国家林业局场圃总站举办。来自34个省级林业部门森林公园主管人员50余人参加。本次研讨班就强化森林公园管理、森林公园政策支持与宣传推介、森林公园监督检查、拓展森林公园发展空间等专题，分别由相关省份以PPT和书面材料相结合的方式进行了研讨交流，同时邀请IUCN（世界自然保护联盟）中国代表处主任朱春全博士做了"国际保护地绿色名录和国家公园体制建设"讲座。

（场圃总站许晶）

【2014年国家级森林公园主任培训班】 于12月23～28日，在福建农林大学由国家林业局场圃总站举办。来自全国各地100余名省级林业部门、国家级森林公园的有关主管人员参加。本次培训班不仅设置了国家森林公园的管理与建设、森林公园林相改造理论与技术、环境教育及其规划技术、台湾观光休闲游憩资源及其发展趋势等理论课程，安排了森林养生及产品开发、绿道体系建设实践等森林公园建设经验介绍，还组织了赴福州、旗山等国家级森林公园的现场教育。（场圃总站许晶）

【同意建设河南新郑国家古枣林公园】 4月23日，国家林业局以林场发〔2014〕53号致函河南省林业厅，同意建设河南新郑国家古枣林公园，建设地点在新郑市孟庄镇、薛店镇和郭庄镇，面积1333.33万公顷。要求将河南新郑国家古枣林公园纳入森林公园管理体系，切实加强指导与监督。同时，要求公园建设以保护古枣树种质资源为首要任务，抓紧做好范围划定和总体规划编制，健全管理机构和人员，落实保护建设资金，积极提升景观质量和文化内涵，使之真正成为集生产科研、观光休闲、文化体验于一体的国家级示范公园。河南新郑国家古枣林公园是继河南洛阳国家牡丹园、江苏邳州国家银杏博览园、河南鄢陵国家花木博览园、江苏泰兴国家古银杏公园之后，国家林业局批准的第五个国家级林业（花卉）专类公园。（场圃总站许晶）

【开展国家生态公园试点建设】 10月20日，国家林业局以林场发〔2014〕152号致函内蒙古、重庆、浙江省（区、市）林业厅（局），同意内蒙古自治区包头市昆都仑区、浙江省开化县、重庆市南川区开展国家生态公园试点建设。要求各有关省级林业主管部门高度重视国家生态公园试点建设，将国家生态公园作为巩固生态建设成果、展示林业建设成就、完善生态保护体系、服务民生福祉的重要平台切实抓紧抓好。同时，要求将国家生态公园纳入森林公园管理体系，明确国家生态公园建设范围、建设内容、建设目标和主要任务。鼓励和引导国家生态公园积极探索在实施国土空间战略中的功能、定位、管理模式、运行机制和政策措施，及时总结和推广国家生态公园试点建设的好经验好做法，努力将国家生态公园建设成为生态环境保护基地、生态文明宣传基地、生态旅游休闲基地、生态成果展示基地、生态福祉共享基地。 （场圃总站许晶）

【中国林学会森林公园分会第三届理事会二次会议】 于10月29~31日，在陕西金丝大峡谷国家森林公园召开。来自全国26个省227家森林公园、高等院校及科研院所的410余名专家学者参加。本次会议主要总结了本届分会工作，部署2015年分会工作任务目标，遴选了下次年会承办单位，审议了《国家级森林公园负责人交流挂职办法》。会议期间，还举办了“大力推动城郊型森林公园发展”论坛，与会专家和代表围绕城郊森林公园规划设计、运行管理、法制建设等议题展开了交流、探讨。 （场圃总站许晶）

【参加2014世界公园大会】 应世界自然保护联盟（IUCN）邀请，经批准，11月11~20日，以国家林业局副局长陈凤学为团长的中国政府代表团和国家林业局场圃总站站长杨超为团长的业务代表团，赴澳大利亚参加了世界自然保护联盟2014世界公园大会。本次大会以“公园、人类、地球：启发解决方案”为主题，就全球自然保护地规划、治理及管理领域重大问题开展了对话与交流。会议期间，陈凤学在大会部长级论坛上作了主旨发言并在亚太雨林峰会上作了发言，国家林业局、世界自然保护联盟和世界自然基金会联合举办了主题为“走向生态文明——探索有利于中国自然保护事业的国家公园体制”的中国主题边会，宣传中国在自然保护中取得的成就、经验及对世界的贡献。 （场圃总站俞晖）

【国家级森林公园行政许可】 依照《国家级森林公园设立、撤销、改变经营范围或者变更隶属关系审批管理办法》相关规定，2014年国家林业局先后做出26项行政许可决定，准予设立合肥滨湖等12处国家级森林公园，准予辽宁元帅林等11处国家级森林公园改变经营范围，准予新疆照壁山等3处国家级森林公园变更公园名称。截至2014年年底，全国共设立国家级森林公园791处，规划总面积1059.58万公顷。 （场圃总站许晶）

【吉林龙湾群国家森林公园入选首批全球绿色名录】 11月14日，世界自然保护联盟（IUCN）在澳大利亚召开“全球绿色名录——最佳管理保护地”发布及推介大会，发布首批全球绿色名录，共有8个国家23个不同类别的自然保护地入选，吉林龙湾群国家森林公园是中国6个入选自然保护地中唯一的森林公园。全球绿色名录是世界自然保护联盟在全球自然资源及其环境保护领域推出的新倡议，旨在落实2012世界自然保育大会（WCC）决议，在全球范围推出对各类保护地资源价值以及有效管理等方面最高认可的一项国际品牌，评价标准包括“详实的规划、公平的治理、有效的管理、显著的影响”4个方面100多项具体考核指标。国家林业局场圃总站总站长杨超任全球绿色名录中国评委会副主任，兼森林公园组组长。 （场圃总站许晶）

林业应对气候变化

【综　述】 2014年，按照党中央、国务院决策部署和国家林业局党组统一安排，林业应对气候变化工作紧紧围绕《“十二五”控制温室气体排放工作方案》和《林业应对气候变化“十二五”行动要点》扎实推进，取得新进展，为实现林业“双增”目标、增加林业碳汇、应对气候变化、建设生态文明作出了重要贡献。 （张　峰）

【加强林业应对气候变化宏观政策研究】 根据国家应对气候变化规划和战略要求，启动开展了《林业应对气候变化“十三五”行动要点》和《林业适应气候变化行动方案（2015~2020）》编制工作。研究提出了2020年后林业应对气候变化行动目标，推进纳入了国家应对气候变化有关政策。制定发布了《2013年林业应对气候变化政策与行动白皮书》和《2014年林业应对气候变化重点工作安排与分工方案》。密切参与国家应对气候变化立法，加快《森林法》修改，积极推进林业应对气候变化工作法制化进程。 （张　峰）

【深入推进全国林业碳汇计量监测体系建设】 编制发布了《全国林业碳汇计量监测体系建设总体方案》和《土地利用、土地利用变化与林业碳汇计量监测技术指南》，召开了体系建设启动暨培训会，重点在12个省份部署开展了土地利用、土地利用变化与林业碳汇计量监测工作，完善了基础数据库和参数模型库，完成了体系建设年度报告。基于体系建设成果，积极指导推进第三次国家应对气候变化信息通报林业碳汇清单编制工作。 （张　峰）

【积极探索推进林业碳汇交易】 按照国家碳市场建设总体要求，结合林业实际，制定出台了《国家林业局关于推进林业碳汇交易工作的指导意见》。为落实好指导意见，开展了林业碳汇交易试点专题调研和论坛研讨。7个碳排放权交易试点省市已明确林业碳汇项目可以通过中国核证减排量抵消机制，参与碳排放权交易。目前开展林业碳汇项目交易的技术和政策条件已具备，为进一步推进林业碳汇交易融入国家碳排放权交易市场奠定了基础。 （张　峰）

【加强林业应对气候变化技术规范建设】 修订发布了《碳汇造林技术规程》和《造林项目碳汇计量监测指南》，出版了《造林项目碳汇计量监测指南》和《森林经营项目碳汇计量监测指南》。研究提出了2015年林业应对气候变化技术标准制修订计划，纳入了林业行标制修订计划。积极推进全国林业碳汇标准化分技术委员会筹建工作，取得新进展。 （张 峰）

【强化林业应对气候变化人才队伍培养】 组织举办了林业应对气候变化高级研修班和全国林业碳汇计量监测技术培训班，共培训180多人次，近年来累计培训近1500人次，提高了各地林业应对气候变化及碳汇计量监测管理和技术人员的业务素质和能力。 （张 峰）

【加大林业应对气候变化宣传力度】 结合植树节、世界环境日、全国低碳日、节能宣传周及气候大会等重要节点，开展了形式多样的林业应对气候变化宣传活动。APEC会议期间，实施了碳中和林项目。参与制作《应对气候变化——中国在行动》宣传片和宣传册，展示中国林业应对气候变化的努力、行动和成效。全面改版升级中国林业应对气候变化网，利用网络平台，推进政务公开，宣传林业应对气候变化工作动态、政策措施和知识要点。 （张 峰）

【扩大林业应对气候变化国际交流合作】 参与完成IPCC评估报告的专家推荐和部门评审，推进报告相继发布。完成了林业应对气候变化履约战略研究报告。扎实推进中德低碳土地利用项目，开展技术培训和实地考察，组织国际研讨，取得了丰硕成果。加强与有关国际非政府组织合作，开展了林业碳汇项目合作和能力建设活动。 （张 峰）

林业生态环境监测

【《国内外林业生态监测》正式出版】《国内外林业生态监测》一书是于2011年组织有关专家、学者开始编撰的。书中全面介绍了国际上现行的“生态效益评价指标体系”和已开展生态监测国家的生态监测状况，对于研究制定既符合国际规范又具有中国特色并客观反映中国林业建设生态效益的监测体系具有积极借鉴意义。《国内外林业生态监测》一书已于2014年6月正式出版发行。

【组织编制《全国林业生态监测体系建设规划(2014～2020年)》】 为突出林业生态效益监测能力建设，进一步展现林业在生态建设中的重要地位和作用，增强林业生态建设决策管理的针对性、科学性和有效性，提升中国林业生态综合监测与评估能力，组织局规划院等有关单位，开展了《全国林业生态监测体系建设规划(2014～2020年)》编制工作，目前已完成专家论证。

【开展“林业生态安全综合指数”试点评价工作】 “建立资源环境承载能力监测预警机制，对水土资源、环境容量和海洋资源超载区域实行限制性措施”是中央全面深化改革的重要举措之一。为做好这项改革工作，联合局经研中心、北京林业大学等有关单位开展了“林业生态安全综合指数”研究，拟对全国及31个省份的森林、湿地和荒漠生态系统安全状况及变化趋势进行评估分析。为将此项研究成果推向实际应用，验证生态安全综合指数建立的指标体系、评价方法、评估运行系统的实用性和科学性，选择了吉林、浙江、湖北、贵州、浙江5省15县开展先期试点，并于11月2日在北京国林宾馆开展“林业生态安全综合指数”评价试点培训。目前，试点县收据收集、校对、验证、现场考核等工作已全面完成，形成了试点县。

【开展涉林原产地产品保护相关研究】 为进一步理顺林业系统工作程序和内容，丰富涉林产品保护内涵，完善涉林产品保护品种，组织编制了《林业生态原产地产品保护工作草案》《林业生态原产地产品评定标准编制实施方案》《林业生态原产地产品分类》。目前相关工作正在有序开展。同时，部署有关单位开展了《林业生态原产地产品工作细则》《技术导则》《标准制定》等相关规则办法的研究制定工作。

【2014年中国清洁发展机制赠款项目】 根据《国家发展改革委办公厅关于开展2014年度中国清洁发展机制基金赠款项目组织申报工作的通知》(发改办气候〔2014〕772号)，组织林业方面项目的申报和2次专家评审工作。同时，积极与国家发展改革委气候司等有关单位协调沟通，做好林业重点领域、重点项目的推荐工作，目前已有3个项目进入第二轮评审。

【完成2013年度三峡工程生态监测工作】 按照国务院三峡办有关要求，组织中国林科院、局规划院等有关单位开展了2013年三峡工程生态监测工作，并圆满完成了相关工作，通过三峡办水库司组织的年度验收。

【南水北调对口协作工作】 按照国家发展改革委、国务院南水北调办公室等有关部门的总体工作部署，为进一步做好南水北调对口协作工作，组织局规划院编制了《丹江口库区及上游地区林业对口协作实施方案》。同时，联合南水北调办公室赴丹江口库区开展相关调研，研究探讨丹江口库区生态建设与保护工作。

（陆诗雷 张明吉）

林业产业

06

油茶产业

【综　述】 2014年，全国油茶新造林15.75万公顷，改造低产林13.75万公顷，油茶总面积达到365万公顷，油茶籽产量203.4万吨，产值552亿元，比2013年增长31%，发展态势持续向好。

一是党中央、国务院高度重视木本油料产业发展。2014年12月国务院办公厅印发了《关于加快木本油料产业发展的意见》(国办发〔2014〕68号)，进一步明确了木本油料发展的主要任务和保障措施。党和国家领导人多次对发展木本油料作出重要批示，国务院专门召集有关部门研究协调扶持政策，加快推进木本油料产业发展。二是林业部门大力推动。2008年以来，国家林业局每年召开一次油茶产业发展现场会，2014年11月在广西桂林召开第七次全国油茶产业发展现场会，大力推动油茶等木本油料产业发展，推动各级林业部门把木本油料产业抓下去，抓出成效。三是中央和地方政府继续加大投入力度，同时引导和带动社会资金投向油茶产业。2014年各级财政和社会投入油茶产业的资金达57亿元，为油茶产业持续健康发展提供了资金保障。四是继续筑牢油茶种苗生产供应基础。2014年，14个油茶发展省区，共繁育油茶良种苗木7.8亿株，其中2014年新育苗4.6亿株，留床苗木3.3亿株，容器苗3.9亿株，出圃苗木3.7亿株，满足了油茶造林苗木需求。五是不断加强油茶产业发展的技术支撑。依托全国油茶技术协作组专家队伍在江西举办了全国油茶良种示范基地建设技术培训班，针对油茶种苗繁育、栽培管理、加工及市场等环节存在的突出问题进行培训，培训油茶示范基地技术负责人120余人；发布油茶行业标准4项，现行的主要油茶国家和行业标准达13项，标准体系进一步完善；组织专家编写了《中国油茶品种志》，规范指导全国不同生态区油茶造林的品种使用。六是筹备建立了中国林业产业联合会木本油料分会。在全国范围内征集了会员，起草了分会工作规则，组建了分会组织机构，为参与油茶等木本油料产业发展的生产、管理、企业及有志于木本油料发展事业的个人搭建了合作、交流、服务平台。

【全国油茶良种示范基地建设技术培训班】 12月6～9日，在江西南昌举办。参加培训的有来自14个油茶发展省区的油茶良种基地、定点苗圃、重点企业技术负责人和管理机构技术负责人，共计120余人。培训班安排10个专题讲座，由中国油料及油茶研究的权威专家进行讲授，主要内容有中国油料生产供应现状及新技术、油茶良种生产基地建设与管理、示范林基地建设与管理、低产林改造技术、油茶精深加工技术等，同时研讨座谈了当前油茶产业发展形势和存在的主要问题，听取各地油茶企业、林农、种苗繁育基地以及管理单位的意见建议。

【油茶良种种苗生产供应调度】 起草下发《国家林业局国有林场和林木种苗工作总站关于报送2014年油茶种苗生产情况的通知》，对14个油茶发展省区油茶种苗生产供应情况进行全面调度，并根据各省区上报情况，向局领导报送了《关于2014年全国油茶种苗生产情况的报告》。据统计，截至2014年6月底，14省区共培育油茶良种苗木7.77亿株，其中留床苗3.22亿株，新育苗4.55亿株，嫁接苗7.06亿株，占苗木总量的91%。可出圃苗木3.7亿株，可供造林22万公顷，能够满足油茶造林的种苗需求。调度结果显示，油茶良种生产供应形势已顺利实现从数量保障型向质量效益性的平稳转变。

【编辑《中国油茶品种志》】 组织全国油茶技术协作组专家编辑《中国油茶品种志》，系统总结中国油茶良种选育成果，规范良种科学描述，汇编全国油茶良种，是中国第一部全面系统总结油茶良种形态和优良特性的品种图志，是中国油茶科技工作者几十年成就的总结。

【油茶产业发展项目】 继续实施油茶产业发展项目，在14个油茶产业发展省区98个全国油茶产业发展重点县，安排基本建设资金2亿元，营造油茶高产示范林4.44万公顷，充分发挥重点县油茶高产示范基地建设辐射、示范和带动作用。

【筹建中国林业产业联合会木本油料分会】 8月28日印发《国家林业局国有林场和林木种苗工作总站关于征集中国林业产业联合会木本油料分会会员的通知》，通知明确了分会宗旨、业务范围、入会基本条件及入会方式等问题。截至2014年12月底共征集个人会员240个、单位会员190个。根据申报情况，研究拟订了分会的组织架构，提出了理事、常务理事、副理事长、理事长建议名单，并筹备成立大会相关事宜。

【油茶产业发展宣传】 继续在《粮油市场报》开辟《油茶视界》宣传版面，2013年11月至2014年11月《油茶视界》及其他版面共刊出25期宣传文章。向公众宣传了油茶健康、绿色的独特功效；向业界传递了油茶产业发展政策及信息；介绍了油茶良种繁育技术；推广了重点油茶企业的典型经验；解答了油茶良种基地管理、生产、科研中出现的难点与问题，架起一座油茶产业传播桥梁，加深了消费者对油茶产业发展和茶油的认知，为油茶产业持续健康发展提供了正确的舆论导向和有效的宣传手段。

（场圃总站张超英供稿）

森林旅游

【综　述】森林旅游工作实现较快发展，森林旅游产业进一步发展壮大。

基本概况　截至2014年年底，全国建立各级森林公园3097处，总面积1614.4万公顷，其中国家级森林公园791处，面积1059万公顷。各级湿地公园979处，总面积319万公顷，其中国家湿地公园569处，面积275.5万公顷。各级林业自然保护区2174处，面积12 469.52万公顷，其中国家级自然保护区344处，面积8121.63万公顷。国家沙漠公园33处，面积167.5公顷。

全国森林旅游目的地接待床位近160万张，接待餐位总数达到330万个。

2014年，全国森林旅游游客量达到9亿人次，比2013年增长18%，约占2014年国内旅游人数的24.8%；森林旅游直接收入860亿元，比2013年增长25.5%。2014年，森林公园、湿地公园、沙漠公园、林业自然保护区从事森林旅游管理和服务的人员数量达到24万人，其中导游和解说人员3万多人。

工作进展　2014年森林旅游各项工作稳步推进。一是规划发展方向，印发了《全国森林等自然资源旅游发展规划纲要(2013～2020年)》，出版发行了《2013中国森林等自然资源旅游发展报告》。二是推动示范建设工作，召开了10个"全国森林旅游示范区试点单位"交流总结会，完成了三年试点工作总结；研究部署了"森林体验""森林养生"研究报告、科普读本、行业标准等。三是进一步加强林地管理，严格按规定办理建设项目占用国家级森林公园林地的审查工作。四是加强旅游信息工作，进一步完善了中国森林旅游网建设，举办了首届全国森林旅游信息管理培训班。五是加大宣传力度，大力加强森林旅游宣传推介力度，举办了"2014中国(温州)森林旅游节"；播出了15集大型电视纪录片——《中国国家森林公园》第二辑(6～10集)；出版发行了《中国国家森林公园画册》；在云南太阳河国家森林公园举办了以"国家森林公园的保护性利用"为主题的绿色中国行"8＋1"访谈活动；在北京地铁4号线开展了"国家森林公园风光博览和森林旅游公益宣传"等，森林旅游的社会影响力明显提高。

【举办中国森林旅游信息管理培训班】　6月4～6日，在国家林业局管理干部学院国家林业局森林公园管理办公室主办第一期中国森林旅游信息管理培训班。国家林业局森林公园管理办公室副主任杨连清出席开班式并讲话，管理干部学院党委副书记黄桂荣致欢迎辞。来自全国30个省(区、市)，4个森工(林业)集团的77处森林旅游目的地的信息管理人员参加培训。培训班分析了森林旅游发展面临的新形势、新任务，指出了森林旅游信息管理的努力方向。还作了《森林旅游景区信息管理中应注意的几个问题》的专题讲座。阿酷(北京)科技有限公司总经理孔祥瑞对中国森林旅游网及信息报送系统进行了全面介绍。龙江森工日月峡国家森林公园、浙江西溪国家湿地公园、湖南张家界国家森林公园 、陕西金丝大峡谷国家森林公园4个单位就本景区相关工作与参会者进行了经验交流。本次培训还专门开设操作课，让学员现场操作实践并进行现场的技术指导，提高学员对中国森林旅游网信息报送系统的运用能力。

【《绿色中国行——走进普洱太阳河国家森林公园"8＋1"访谈节目》】　11月27日，以"国家森林公园的保护性利用"为主题的《绿色中国行——走进普洱太阳河国家森林公园"8＋1"访谈节目》在云南普洱太阳河国家森林公园举行。来自政府部门、学术界、企业界、演艺界的8位嘉宾和1位主持人针对森林公园的保护与发展进行了高峰对话。来自全国的37家中央级、省级媒体现场进行了采访，人民网、绿色中国网络电视全程直播，香港卫视实况转播。

"8＋1对话"发表了《普洱宣言》。宣言认为，国家森林公园内包含着十分丰富的在全国范围内具有稀有性、典型性和突出普遍价值的珍贵的森林风景资源，这些资源是不可再生的自然遗产，是人类的共同财富，是国家形象的代表，是经济社会可持续发展的重要物质基础，保护好这些珍贵资源并使后代拥有同等的欣赏利用机会是时代赋予我们这一代人的神圣使命。

【2014年中国(温州)森林旅游节】　4月28日，在温州市泰顺县泗溪镇廊桥文化园开幕。该森林旅游节由国家林业局、浙江省人民政府主办，浙江省林业厅、浙江省旅游局、温州市人民政府承办，浙江省政协副主席陈艳华出席开幕式。国家林业局、浙江省林业厅、浙江省旅游局、温州市等有关单位领导和当地群众代表共200多人参加了开幕式。本届森林旅游节的主题是亲近山水温州，传承生态文明。活动持续到5月底，主要内容包括"纪念2014'国际森林日'宣传活动""第五届'三月三'畲族风情文化节""'有氧温州之旅'体验活动"等9个部分。开幕式现场，进行了《温州古道》书籍发行及赠送仪式，同时对第六批全国生态文明建设试点县、国家主体功能区建设试点示范县、2013年度浙江旅游推广十佳县举行了授牌仪式。

【全国森林等自然资源旅游发展规划纲要(2013～2020年)】　3月7日，国家林业局下发通知(林规发〔2014〕32号)，正式印发《全国森林等自然资源旅游发展规划纲要(2013～2020年)》。该纲要是中国第一个指导森林等自然资源旅游发展的纲领性文件，是规范和促进森林等自然资源旅游发展的重要依据。《通知》要求，各省级林业主管部门要提高认识，加强领导，认真研究和分析本地区森林等自然资源旅游发展的优势与不足，科学谋划本地区森林等自然资源旅游发展的方向和重点，尽快组织编制省级森林等自然资源旅游发展规划。《通知》强调，在森林旅游开发过程中，要正确处理好森林等自然资源保护与利用的关系，要始终坚持"保护优先，适度开发"原则，在保护好、培育好森林、湿地、野生动植物等自然资源的前提下，把开发活动严格控制在生态承载力范围以内；同时，要切实维护森林等自然资源权利人的合法权益，在旅游经营权流转中，要坚持自然资源有偿使用及公开、公正、自愿的原则，切实保障相关权利人的合法权益。

【15 集大型纪录片——中国国家森林公园】 首部以全景视角展示国家森林公园自然景观与人文风貌的 15 集大型电视纪录片——中国国家森林公园于 2014 年拍摄制作完成，其中前 10 集在中央电视台第七频道的黄金时段播出。

《中国国家森林公园》由国家林业局森林公园管理办公室和中央电视台第七频道历时 3 年联合摄制完成。全片共分 15 集，每集时长 25 分钟。《中国国家森林公园》每集拍摄一个国家森林公园，展示中国动植物资源的稀有性和独特性，介绍森林公园的秀美风光和风俗文化。每集突出一个主题，以珍稀和特色物种的生物学、生态学特征以及生态系统的特点和规律为主线，带领观众一起探究国家森林公园中未知的神秘世界。

【《中国国家森林公园画册》】 2014 年 9 月，国家林业局森林公园管理办公室、中国画报社联合编撰的《中国国家森林公园画册》出版发行。画册分上下两册，对在"2013 年江苏大阳山杯中国最美森林旅游景区系列评选活动"中受到网民广泛赞誉的 78 家森林公园进行了集中展示。画册以图片展示为主，同时每个森林公园都配有简短的文字说明。国家林业局党组副书记、副局长张建龙为该画册作序。

【《2013 中国森林等自然资源旅游发展报告》正式发布】 2014 年 10 月 20 日，国家林业局森林公园保护与发展中心在北京正式发布了《2013 中国森林等自然资源旅游发展报告》(以下简称《报告》)的相关成果。《报告》由国家林业局场圃总站组织专家团队编写，全面反映了最近一年来中国森林等自然资源旅游发展的动态和产业的最新热点，是目前关于我国森林等自然资源旅游产业发展最为权威、信息量最为丰富的报告。

《报告》从组织管理和工作部署、政策与法制建设、规划和标准化建设、目的地发展与建设、产业发展与生态教育、示范区建设、宣传推介、国(境)内外交流与合作等 9 个方面对 2013 年中国森林等自然资源旅游产业进行了全景透析与权威解读，对其中的热点问题予以剖析，并对其未来发展做出预测。《报告》的出版发行，对于有效展示中国重要森林景观和生态文化资源的保护与利用成就，不断扩大森林等自然资源旅游产业影响力，不断优化森林旅游发展环境，不断促进自然生态资源保护，带动林业产业发展，弘扬生态文明，实现兴林富民等都有着极为重要的理论与现实意义。

【国家森林公园风光博览和森林旅游公益宣传活动】 为展示中国重要森林景观和生态文化资源的保护与利用成就，激发人们走进森林、体验自然的热情，树立关注森林、保护自然的生态情怀，国家林业局森林公园管理办公室于 2014 年 9 月 26 日至 10 月 9 日在北京地铁 4 号线隧道开展以"走进森林、体验自然"为主题的"国家森林公园风光博览和森林旅游公益宣传"活动。本次活动采取图片展示的形式，共有 61 张特色精美图片展出，每张图片代表 1 个国家森林公园并配有森林公园名称。

（场圃总站武立磊供稿）

木材行业管理

【国家林业重点展会新闻发布会】 4 月 17 日，2014 年国家级林业重点展会新闻发布会在国家林业局召开。为推动林业会展经济发展，搭建林产品贸易展示与交流平台，打造极具影响力的国家级林业重点展会品牌，促进农民增收致富和林业产业转型升级，2014 年，国家林业局分别与江西、黑龙江、山东、广西、浙江、福建等省(区)人民政府联合主办中国(赣州)第一届家具产业博览会、第三届中国(伊春)国际森林产品博览会、第十一届中国林产品交易会、第十一届中国—东盟博览会专业展林产品及木制品展、第七届中国义乌国际森林产品博览会和第十届海峡两岸林业博览会。

【国家林业局认定首批国家林业重点龙头企业】 5 月 14 日，国家林业局发文公布首批 128 家国家林业重点龙头企业名单。2013 年 12 月，国家林业局发文启动首批国家林业重点龙头企业评选工作，经省级林业主管部门推荐、初审、专家评审、公示等环节，通过专家组针对企业规模、带动能力、竞争能力、盈利能力、社会诚信、持续经营能力、资源环保等八大类 26 个指标的严格评审，从全国各地推荐的企业中评选出 128 家国家林业重点龙头企业。首批认定的 128 家国家林业重点龙头企业主要分为三大类，分别是以人造板、家具、木竹制品、木竹浆纸为主的木材加工类企业，以生产松香、活性炭为主的林产化工类企业和以木本粮油资源培育与加工为主的生产类企业。

【中国(赣州)第一届家具产业博览会】 5 月 28 日，中国(赣州)第一届家具产业博览会在江西省赣州市南康区泓泰家具大市场开幕。国家林业局党组成员、中央纪委驻国家林业局纪检组组长陈述贤出席并宣布博览会开幕。中国(赣州)家具产业博览会由国家林业局和江西省人民政府主办，本届博览会主题为"绿色家具·健康环保”，参展总面积120万平方米，主展览区分为“一馆两区”，即：主展馆6万平方米，红木博物馆展区3万平方米，木工机械展区1万平方米。其中，主展馆分全国品牌家具馆、南康品牌实木家具馆、南康软体家具馆、林产品馆、综合家具馆(包括上犹油画馆、家居饰品馆、顺德馆等)。全方位展示实木套房、餐台桌椅、办公家具、软体沙发等几十种业态近百万件展品，为参展者打造涵盖上、中、下游的“一站式”家具贸易平台。林产品馆方面，主要展示江西省近年来林业生态产业建设成果，整个林产品馆设标准展位218个，特展7个，根雕石艺展位16个，参展企业265家；红木博物馆展区，集中展示全球180多种红木木材，同时展示一批世界高端家具和木制工艺品；木工机械展区，有100家来自广东顺德伦教和山东、安徽、四川、江苏、江西、福建、上海等省市和台湾地区的木工机械企业参展。

【第三届中国(伊春)国际森林产品博览会】 8月26日，第三届中国(伊春)国际森林产品博览会在黑龙江省伊春市开幕。本届森博会共设置综合、旅游文化2个形象展区，森林食品、实木家具、工艺品、中俄文化作品、苗木花卉、旅游户外产品等多个实物展区，展区面积近3万平方米，设国际标准展位800多个，参展企业达600余家，共展出八大系列100多类5000余种森林食品。来自德国、俄罗斯、韩国、马来西亚、日本、巴基斯坦、中国台湾地区及国内各省市参展商2000余人参加本届森博会。

【第十一届中国林产品交易会】 9月19日，第十一届中国林产品交易会在山东省菏泽市开幕，国家林业局总工程师封加平出席开幕式并讲话，山东省副省长赵润田宣布交易会开幕。本届林交会以“发展安全林产品，创造美好新生活”为主题，突出生态林业、民生林业两大板块，设家具、建材、工艺品、种苗花卉、森林食品和精品展6个展区，共800个展位。展会期间，举办了2014(秋季)中国菏泽投资贸易洽谈会、第十一届中国林产品交易会特别贡献奖评奖、第十一届中国林产品交易会参展产品评奖、菏泽第三届盆景奇石根雕艺术展等活动。来自美国、荷兰、朝鲜、新加坡以及国内香港、台湾等20个省(市、区)，签订投资项目和销售合同及协议306个，其中外资项目1个，总投资8000万美元，合同外资3000万美元；内资项目10个，总投资93.1亿元人民币；销售合同及协议295个，交易额4.66亿元人民币；现场交易额1.32亿元。

【中国东盟博览会木质产品展】 9月25日，第十一届中国—东盟博览会林产品与木制品展在广西壮族自治区南宁市举办。本届林木展主题是“共享森林产品 共铸绿色东盟”，集中展示了中国与东盟各国互补性强且符合双方市场需求的特色商品、优质项目和先进技术。林木展期间还举办了“三会一论坛”，即木工机械、林下经济产品采购对接会等专场采购对接会，中国—东盟国际木文化交流活动暨红木鉴赏会，广西非物质文化遗产之木音乐展示会，第四届中国(南宁)林产品国际贸易论坛，进一步提升展览的专业化，切实提高经贸实效。

【第七届中国义乌森林产品博览会】 11月1日，第七届中国义乌国际森林产品博览会在浙江义乌国际博览中心开幕。国家林业局党组副书记、副局长张建龙和浙江省副省长黄旭明参加了开幕式。本届森博会以“和谐共生，持续发展”为主题，共设国际标准展位3240个，展览面积7万平方米。有来自国内23个省(区、市)及境外29个国家和地区的1322家企业参展。参展内容包括家具及配件、木结构木建材、木竹工艺品、木竹日用品、森林食品、茶产品、花卉园艺、林业科技与装备八大类。森博会期间，还特设了台湾农林精品展，有来自台湾11个县市农会、协会组织的2000余种农林精品参展，成为展会的一大亮点。本届森博会吸引了超过5000名境外采购商前来采购，开展国际交流活动，包括木结构建筑中加合作交流会、东盟地区经贸合作信息发布会。展会同时举办三大论坛——浙江省林业电子商务论坛、铁皮石斛产业发展论坛、第三届中国创意林业产业发展论坛。

【第十届海峡两岸博览会】 11月6日，第十届海峡两岸林业博览会暨投资贸易洽谈会在三明会展中心举行。本届林博会秉持“崇尚荣誉、开放创新、团结协作、敬业奉献”的精神，以“走进电商时代、助力现代林业”为主题，重点围绕林产品贸易、招商引资、新业态培育和现代林业金融等内容，举行一系列活动。展会共设置12个展区，即生态文明展示区、台湾商品展销区、林业“新、奇、特、精”产品展销区、三明林业金融展示区、大学生创业孵化区、历届林博会金奖产品展示区、福建设区市展区、全国林业会展城市展区、绿色生活展示区、农林机械展示区、福建三明森林食品小吃展区和林品汇线上线下体验区。本届博览会共有593家企业参展，展示3500余种林产品及农特产品；项目对接共签约项目143项，总投资193.4亿元；现场参观人数近10万人次，实现贸易订单和现场销售总额3328万元。

(周泽峰　田　野)

森林资源保护

07

林业有害生物防治

【综　述】 2014 年，全国主要林业有害生物发生 1193.33 万公顷，同比下降 1.69%，但仍属偏重发生状态。其中，重度发生面积 80 万公顷，同比下降 11.69%，下降幅度明显。病害、鼠(兔)害发生面积 140 万公顷和 213.33 万公顷，同比分别下降 4.26% 和 5.65%，但虫害发生 840 万公顷，同比上升 4.36%。

2014 年，在国务院出台《国务院办公厅关于进一步加强林业有害生物防治工作的意见》(国办发〔2014〕26 号，以下简称《意见》)的大背景下，地方各级人民政府和各级林业部门强化防治管理，加大工作力度，全国主要林业有害生物持续高发频发态势得到一定程度的遏制。据统计，全年共采取各种措施防治 766.67 万公顷，累计防治作业面积 1346.67 万公顷次，主要林业有害生物成灾率控制在 4.5‰以下，无公害防治率达到 85% 以上。

【贯彻落实《国务院办公厅关于进一步加强林业有害生物防治工作的意见》】 5 月 28 日，国务院办公厅印发《关于进一步加强林业有害生物防治工作的意见》。国家林业局党组高度重视，开展一系列贯彻落实工作。

局党组专题学习部署 6 月 18 日和 8 月 19 日，国家林业局先后召开局务会议和党组会议，专题学习《意见》精神，研究部署贯彻落实工作。

召开落实工作座谈会 国家林业局张永利副局长带队赴河北、沈阳等地调研，并组织有关生产、科研、管理部门的专家，召开创新落实《意见》座谈会，研究提出贯彻落实《意见》的基本思路和主要措施。

印发贯彻落实文件 印发《国家林业局关于贯彻落实〈国务院办公厅关于进一步加强林业有害生物防治工作的意见〉的通知》(林造发〔2014〕94 号)和国家林业局内部司局贯彻落实工作任务分工方案的文件，在林业系统内部全面部署了贯彻落实工作。

开展宣传活动 在《中国绿色时报》分别刊登学习《意见》的局领导专访文章和专版解读文章，并分别举办《意见》绿色大讲堂专题宣讲活动和专题展板展出活动。

建立贯彻落实情况定期报告制度 为加强国办《意见》贯彻落实工作的督导力度，切实增强《意见》执行力，根据国务院有关精神，向各省(区、市)人民政府办公厅印发《国家林业局办公室关于对〈国务院办公厅关于进一步加强林业有害生物防治工作的意见〉贯彻落实情况实行月报的函》(办函造字〔2014〕233 号)。

【制定《松材线虫病等重大林业有害生物防治目标责任检查考核办法》】 起草《松材线虫病等重大林业有害生物防治目标责任检查考核办法》，征求 31 个省份意见、4 个相关司局的意见，并根据反馈意见修改。经报请国务院同意，10 月 11 日，印发《松材线虫病等重大林业有害生物防治目标责任检查考核办法》(林发明电〔2014〕2 号)。

【《2011～2013 年松材线虫病等重大林业有害生物防控目标责任书》履责情况检查考核】 制订《2011～2013 年松材线虫病等重大林业有害生物防控目标责任书》履责情况检查考核方案，10 月 15 日～25 日，组织 15 个检查考核组，对 31 个省(区、市)人民政府《2011～2013 年松材线虫病等重大林业有害生物防控目标责任书》履责情况进行检查考核，汇总检查考核结果上报国务院，并向 31 个省(区、市)人民政府通报考核情况。

【全国林业有害生物防治工作现场会】 11 月 21 日，国家林业局在湖南长沙召开全国重大林业有害生物防治现场会。赵树丛局长出席会议，张永利副局长主持会议。财政部、发改委、农业部、质检总局、国家减灾委等多个部门的领导，以及各省级人民政府主管秘书长参会。会议全面学习了《意见》，通报了各省(区、市)人民政府《2011～2013 年松材线虫病等重大林业有害生物防控目标责任书》履责情况检查考核结果，湖南省、上海市、山东省、广东省、新疆维吾尔自治区交流了防治工作经验，研究部署了今后一个时期的重点防治工作。与会代表还参观了岳麓山松材线虫病除治现场、湖南省林科院天敌繁育中心和无人机森林病虫害检测演示。

【部门间协作】 12 月 2 日，国家林业局与质检总局共同签订了《关于促进生态林业民生林业发展的合作备忘录》，双方商定建立更加紧密的合作机制，共同防范林业有害生物入侵危害，保护野生动植物健康，科学合理利用森林资源，共同推进林产品地理标志和生态原产地保护，树立生态文明的国家品牌，促进林产品国际贸易和林业持续健康发展。

【全国林业有害生物普查】 印发《国家林业局关于开展全国林业有害生物普查工作的通知》(林造发〔2014〕36 号)，部署启动了全国林业有害生物普查工作。经调研、召开研讨会、座谈会，广泛征求意见和专家论证，以局办文印发《全国林业有害生物普查技术方案》，编印《全国松树蜂普查技术指导手册》《椰子织蛾普查技术手册》。在江西南昌市举办全国林业有害生物普查技术培训班，加强普查工作的技术指导。组织研发林业有害生物普查上报与统计信息系统，提高普查信息化水平。

【林业植物检疫审批】 组织研发了林业植物检疫审批服务平台的专门网站和检疫审批的专门系统，初步实现检疫审批网络化管理。5 月 25 日，国家林业局在上海举办全国林业植物检疫高级研修班，邀请农业部、国家质检总局、国家林业局法规司有关行业专家及北京林业大学、中国林科院等单位的学术专家到班授课，对林业检疫工作和林业植物检疫审批服务平台应用进行培训。

【国际间交流与合作】 3月23～27日，应马尔代夫渔农部邀请，国家林业局组织调研专家团队对马尔代夫椰心叶甲发生危害等情况进行实地调研，随团提供了椰心叶甲防治援助物品。5月28日～6月24日，对马尔代夫派来的2名技术人员进行防治技术培训，并在技术员回国时赠送防治椰心叶甲的寄生蜂种蜂。在马尔代夫共建椰心叶甲联合研究中心与天敌繁育场，向马尔代夫援助试验设备和物资。

【开展全国生态建设突出贡献奖评比表彰工作】 向人力资源和社会保障部备案了《全国生态建设突出贡献奖评选表彰活动实施方案》，印发《国家林业局办公室关于开展全国生态建设突出贡献奖评选表彰活动的通知》（办造字〔2014〕91号），部署开展表彰推选申报工作。组织本次评选表彰工作领导小组成员单位局办公室、造林司、人事司、监察局、森防总站共同对申报材料进行审核，印发《国家林业局关于表彰全国生态建设突出贡献奖先进集体和先进个人的决定》（林造发〔2014〕161号），对2014年全国生态建设突出贡献奖50个先进集体和200名先进个人进行表彰。

【林业有害生物防治与督查】 开展北戴河地区林木病虫害、赣州柑橘黄龙病防治工作，组织专家研究制定防治方案，指导和支持防治作业。组织督导了浙江省台州市摩托车木质包装材料携带松材线虫活体事件查处工作，并印发《国家林业局办公室关于浙江省台州市摩托车木质包装材料携带松材线虫活体事件的通报》。开展江苏、浙江等16个松材线虫病发生省（区、市）春季松材线虫病防治督导工作。实地调查和查处了重庆市万州区、江西省南康市松材线虫病疫木监管不严事件。

【推进了林业有害生物防治法规制度建设】 修订印发《松材线虫病疫区和疫木管理办法》，加强和改进松材线虫病疫区和疫木管理，严防疫源扩大、疫情扩散。发布《2014年松材线虫病疫区公告》《2014年撤销的松材线虫病疫区公告》《2014年美国白蛾疫区公告》。组织开展胡蜂长效防控技术方案、松树蜂和椰子织蛾防治技术方案、无人机监测松材线虫病技术规范等标准规范的研究制定工作。（邱 爽）

野生动植物保护与自然保护区建设

【综 述】 2014年是实施全国野生动植物保护及自然保护区建设工程实施的第14个年头，中央政府对野生动植物保护与自然保护区建设的总投入为9亿多元，重点加强自然保护基础设施及能力建设、野生动植物的栖息地保护及野外巡护、野生动物疫源疫病监测防控、野生动植物资源调查、自然保护法规建设及监督检查等工作。

法规制度建设 发布了《野生动物收容救护和野外放生管理办法》，完成了报送全国人大环资委的《野生动物保护法》修改建议稿，多次研究和协调《关于进一步加强野生动物保护的意见（讨论稿）》的发布工作，起草了《国家林业局关于切实加强野生植物培育利用产业发展的指导意见》《鸟类环志管理办法》《黑熊养殖利用技术规定》《国家重点保护野生动物驯养繁殖许可证管理办法》《珍稀濒危植物回归引种规范》《野生植物迁地保护采种技术规范》等多项管理办法和标准规范，组织编制了《国家林业局H7N9禽流感疫情防控应急工作指南》，下发了《重点野生动物疫病种类和疫源物种名录》。

保护规划编制 完成了《全国极度濒危野生动物保护实施方案》《全国候鸟迁徙路线保护总体规划》《中国兰科植物保护行动计划》《中国苏铁植物保护行动计划》《野生动物疫病防控与生物安全战略规划纲要》等规划方案编制，启动了雪豹、亚洲象、两栖爬行类、昆虫类等野生动物保护专项行动计划的编制。

野生动植物拯救保护 指导实施了近百种濒危野生动植物的野外巡护监测、栖息地恢复试点，组织开展大熊猫、朱鹮等放归自然活动，验收通过了"德保苏铁回归自然项目"并组织开展了项目成果总结宣传活动，兰花、金丝猴等多项科研成果在美国《自然遗传学》等杂志上发表，密切关注妥善应对自然灾害、环境污染等突发事件对野生动植物种群安全的影响，督导做好入境俄罗斯东北虎等野生动物保护工作，继续推进第二次全国重点保护野生动植物资源调查，组织实施了"执法查没象牙公开销毁活动"，开展"警钟行动"等对候鸟保护、大熊猫借展、象牙加工利用等情况进行了重点监督检查。

自然保护区建设管理 林业系统新建自然保护区11处，自然保护区总量达2174处，新增国家级自然保护区19处，林业国家级自然保护区达344处；自然保护区能力建设、基本建设投入进一步加大，投资总额达8亿元；加强业务培训，提高专业水平能力，全年对300多名国家级自然保护区领导干部进行了轮训；完成了《2013年林业自然保护区统计分析报告》；严格保护区内设施建设审批和资源管理，严肃查处了青海祁连山矿山开采、陕西秦岭北坡修建别墅等违规建设问题。

野生动物疫源疫病监测 及时下发做好春季、秋冬季候鸟保护和疫源疫病监测防控工作的紧急通知，强化重点时节重点区域的监测防控，积极防范埃博拉出血热疫情经野生动物及其产品传入我国的风险，全年共发现并报告78起野生动物异常情况，有效应对H5亚型禽流感、大熊猫犬瘟热等10起突发疫情；稳步推进主动预警，采集样品15 100多份，发现多亚型禽流感病毒及与韩国等国H5N8禽流感疫情的病毒学关联性；启动实施国家级监测站增建和示范站创建、开展野生动物源人兽共患病战略研究。

国家公园建设 国家林业局党组高度重视国家公园建设问题，与云南省政府、IUCN联合举办了“国家公园建设研讨会”，国家林业局局长赵树丛亲赴云南进行国家公园试点专题调研，副局长陈凤学陪同全国人大赴吉林开展国家公园法议案调研，保护司会同国家发展改革委前往北京等多地开展国家公园调研，起草了多份向党和国家领导人及有关部门的专题报告；组建成立国家林业局国家公园体制改革组，多次组织召开“国家公园体制改革组工作会议”，及时总结、分析情况，研究推进工作思路。

大熊猫保护管理 全面完成全国第四次大熊猫调查工作，启动了《大熊猫保护工程规划》的修订工作；制订2014年度大熊猫繁育配对方案，全年共繁育成活32只大熊猫幼仔，大熊猫人工圈养种群数量达到394只；推动中国大熊猫保护研究中心和成都大熊猫繁育研究基地大熊猫野化培训基地建设，正式启用卧龙天台、广安华蓥山野化培训基地，在石棉栗子坪保护区建设大熊猫野化培训放归基地；加强国内借展的管理和监督检查，完成了国内大熊猫借展场所的监督检查。

生物多样性保护 认真履行生物多样性保护职责，成立“全国林业生物多样性保护委员会”，协助中国生物多样性保护委员会秘书处完成了《中国履行〈生物多样性公约〉第五次国家报告》的编制工作，积极推动林业生物多样性保护试点建设，在黑龙江、内蒙古、云南开展了林业生物多样性保护示范前期选点，在四川开展林业生物多样性保护综合试点工作。

宣传教育 积极开展“国家公园”主题宣传工作，国家林业局局长赵树丛在《经济日报》和《科技日报》上发表署名文章，副局长陈凤学在“贵阳生态文明国际论坛”上发表了主旨演讲，在新华社《国内动态清样》《参考清样》上刊发云南国家公园试点经验，在《森林与人类》杂志刊发了国家公园专辑；组织完成了中美战略对话期间“打击野生动物非法贸易宣传活动”，组织开展“世界野生动植物日”主题宣传活动，设计、印制包括介绍我国打击野生动物非法贸易等情况的对外宣传品和“野生虎及其他濒危野生动物跨境打击野生动物非法贸易策略国际研讨会”文件汇编；编辑发行《中国野生动物保护行动》电教片，在中国林业网、中国林业新闻网、《中国绿色时报》《中国林业》杂志等媒体长期设置专栏开展宣传活动；组织开展2014年中国野生动植物保护十件大事评选及宣传活动。

对外合作交流 积极参与打击野生动物非法贸易国际事务，出席“打击野生动植物非法贸易伦敦会议”，加强中美战略与经济对话等活动中有关野生动物保护及贸易国际事务的研究合作。组织实施了“中美自然保护议定书附件十二”项目和中美自然保护青年工作者交流活动，参加了中美能源与环境工作组第九次会议和中俄总理定期会晤机制下的环保分委会会议，组织安排“中日、中韩、中澳候鸟保护协定双边工作会议”及第三届“中日韩朱鹮保护研讨会”等系列鸟类物种的学术研讨会，参与中韩自贸区野生动物部分工作谈判，与科威特、卡塔尔开展猎隼合作繁育研究，举办“第七届亚太地区野生动物疫病防控国际研讨会”，完成了向比利时和马来西亚提供大熊猫的工作，积极落实中央再次对澳门特区赠送大熊猫的工作，完成了第20届、21届海峡两岸自然保护区业务交流研讨活动，参加国际狩猎大会暨国际狩猎俱乐部42届年会、国际狩猎与野生动物保护理事会61届全体会议，积极推进GEF项目和MIKE项目在我国的开展，与IUCN合作开展熊类养殖与野外种群研究，参加《生物多样性公约》十二次缔约方大会、科咨附属机构第十八次会议和联合国粮农署组织的亚洲生物多样性保护能力培训，参加了生物多样性保护系列国际培训研讨活动，参加APEC减少野生动植物非法需求研讨班和非洲和东南亚野生动物保护官员培训班。

【保护工作大事】

2013年12月30日至2014年1月27日期间 由中国等国家和有关国际组织共同组织28个国家和地区联合开展了代号为“眼镜蛇二号”的国际行动，共破获350多起破坏野生动植物资源案件，中国共出动执法人员10余万人次，查获案件200多起。此次跨国、跨洲专项联合打击行动，有效遏制了偷猎和走私濒危物种的高发势头，国际反响巨大，中国为此获得CITES公约“秘书长表彰证书”。

美国《自然通讯》发表了西北大学李保国教授团队的研究论文，揭示了我国特有动物川金丝猴社群独特的重层社会结构模式。美国《自然遗传学》发表了国家兰科植物种质资源保护中心暨深圳市兰科植物保护研究中心刘仲健教授团队的研究论文，完成了世界首个兰花全基因组测序。首个由我国政府部门主导的珍稀濒危野生植物物种回归自然项目——德保苏铁回归自然取得成功。继朱鹮在河南董寨、陕西千阳成功野化放飞后，中国首次在长江以南地区浙江德清实施放归，对探索研究朱鹮在长江以南地区的生存具有重要意义。这一系列事件标志着我国濒危物种保护研究取得重大成果。

1月6日 国家林业局和海关总署在广东省东莞市联合举行了“执法查没象牙销毁活动”，销毁执法查没象牙及制品共计6.1吨，十多个国家和重要国际组织及国内行业近300名代表现场见证了这一壮举。此次活动进一步宣示中国政府坚决打击走私象牙等野生动植物非法贸易的坚定立场，树立了负责任大国的形象，赢得了国际社会广泛赞誉。

3月2日 国家林业局、中国野生动物保护协会、中国野生植物保护协会共同举办了首个“世界野生动植物日”公益宣传活动，鼓励全社会以实际行动积极参与野生动植物保护和生态建设。

3月30日 比利时天堂公园大熊猫园揭幕，这是大熊猫“星徽”和“好好”两位友谊使者在比利时的新家，它们持有比利时长期签证，有效期15年。中国国家主席习近平及其夫人彭丽媛与比利时菲利普国王及其王后玛蒂尔德共同参加天堂公园大熊猫馆的开园仪式，显示了两国领导人对大熊猫保护及国际研究合作的高度重视，这也是首次两国元首及夫人共同参加大熊猫国际合作研究的现场活动。

4月 国家林业局与云南省政府、国际自然保护联盟(IUCN)联合举办了国家公园建设研讨会，总结推广云南国家公园试点经验，推动国家公园建设。与此同时，国家林业局积极配合全国人大、国家发展改革委等部门在多地开展国家公园调研活动，编制了《国家公园试点方案》，组织召开了国家公园试点工作会议，有力发挥了林业在国家公园体制建设中的资源优势和前期工作优势。

5月10日至7月31日 中国野生动物保护协会、搜狐公益、鸟网在搜狐网共同发起2014"网络爱鸟周"活动。"网络爱鸟周"活动创新互动参与方式，以网上观鸟闯关和鸟类知识问答的形式邀请网友参加。活动期间，共有736万余人次的实名制网友参与互动，参与人数创历史新高。

7月29日 经中国保护大熊猫研究中心与广州长隆野生动物世界的共同努力，大熊猫"菊笑"在长隆野生动物世界产下3只大熊猫幼仔，并全部成活，创造了大熊猫人工繁育史上新纪录。

在澳大利亚举办的世界自然保护联盟（IUCN）2014世界公园大会上，我国唐家河国家级自然保护区、龙湾群国家森林公园、长青国家级自然保护区、五大连池风景名胜区、黄山世界遗产地和东洞庭湖国家级自然保护区6个自然保护地入选世界自然保护联盟首批全球最佳管理保护地绿色名录，在全球入选的23个最佳中中国独占6席，充分展示了中国在保护地管理方面的成就。

2014年10月开始 俄罗斯在远东地区野外放归的2只东北虎库贾（KUZYA）和乌斯金（USTIN）陆续进入中国黑龙江省境内，其活动情况引起国际国内广泛关注。我国通过采取有针对性的保护、监测及安全防范等有效措施，确保了人虎安全，避免了伤人伤虎事件的发生，库贾和乌斯金安全返回俄罗斯。俄罗斯过境虎入境事件，进一步强化了中俄东北虎等野生动物保护的国际合作，验证了黑龙江地区通过多年实施的天保工程和野生动植物保护及自然保护区建设工程营造的良好生境，彰显了我国保护东北虎等野生动物的能力和水平。

（张云毅供稿）

野生动物保护与繁育

【中国首次举办执法查没象牙销毁活动】 1月6日，国家林业局和海关总署在广东省联合举办了"执法查没象牙销毁活动"，首次公开销毁6.15吨执法查没的象牙和象牙制品，并同期召开"打击野生动物非法贸易座谈会"。除国内有关部门、广东省政府和各级林业、海关执法机关代表外，美、英、法、泰、印度、肯尼亚、加蓬、坦桑尼亚、赞比亚、博茨瓦纳10个国家27名主管官员或驻华使节，濒危野生动植物种国际贸易公约、联合国环境规划署、世界自然保护联盟等10个国际组织的11名代表，应邀出席了本次销毁活动和座谈会。期间，还有10家国内主流媒体和6家国际知名媒体全程参与报道，活动取得圆满成功，得到国际社会的广泛赞誉。（马　天）

【首个"世界野生动植物日"举办公益活动】 第68届联合国大会将每年3月3日确定为"世界野生动植物日"，2014年3月3日为首个"世界野生动植物日"。为积极响应联合国大会决议，提高全社会的野生动植物保护意识，国家林业局于2014年2月17日下发通知，决定在全国范围内广泛开展"世界野生动植物日"主题宣传活动。2014年3月2日，国家林业局、中国野生动物保护协会、中国野生植物保护协会共同在北京动物园举办了首个"世界野生动植物日"公益宣传活动。活动由中国野生动物保护协会会长赵学敏主持，国家林业局副局长张建龙、美国驻华使馆参赞Erica Thomas女士、世界自然保护联盟驻华代表朱春全、中国野生植物保护协会会长马福分别致辞，美国、英国、肯尼亚、南非等国驻华使馆代表，UNEP（联合国环境规划署）、IUCN（世界自然保护联盟）等国际组织官员参加了现场活动。青年志愿者代表、北京林业大学学生向全社会宣读了保护野生动植物倡议书。本次活动展现了中国在野生动植物保护方面的行动和成就，有助于提高物种保护意识，动员全社会以实际行动参与野生动植物保护和生态建设。

（李林海）

【委托实施部分行政许可事项】 为支持中国（上海）自由贸易试验区建设，依据《行政许可法》和《国家林业局委托实施野生动植物行政许可事项管理办法》的有关规定，国家林业局于2014年5月21日发布2014年公告第9号，将列入"中国野生动物经营利用管理专用标识"管理范围的野生动物皮革制品和进口实验用猕猴、食蟹猴血清等衍生物实验材料的野生动物行政许可事项委托上海市林业局实施，进一步扩大了委托实施范围。国家林业局于2014年10月8日发布2014年第14号公告，将4项11类野生动植物行政许可事项委托给黑龙江森林工业总局实施，委托时间至2018年9月30日，进一步扩大了委托实施单位范围。（李林海）

【警钟行动】 7月，国家林业局保护司、政法司、濒管办联合实施了"警钟行动"，对全国37家象牙加工经营单位进行全面检查，通过检查发现北京通和堂工艺美术品有限公司、北京瑞象坊艺术有限公司和南京市工艺美术总公司3家单位存在涉嫌违法、擅自改变加工地点或未开展加工活动等问题，依据相关规定，国家林业局取消了上述3家单位从事加工象牙的资格，以进一步规范和强化象牙及其制品的管理。（马　天）

【《陆生野生动物收容救护管理规定》出台】 国家林业局于2014年8月1日，印发《陆生野生动物收容救护管理规定》的通知（林护发〔2014〕102号）（以下简称《规定》）。《规定》是首次对陆生野生动物收容救护的系统规范，主要目的是加强野生动物保护管理，规范野生动物收容救护行为，其主要内容一是野生动物收容救护的定义；二是收容救护的范围和原则；三是构建以野生动物收容救护专业机构为主、其他驯养繁殖单位为辅的组织框架；四是规范收容救护程序及技术要求；五是严防借收容救护变相获取野生动物种源行为；六是健全收容救护和放归自然协调机制共6个方面。此外，《规定》对收容救护档案建立、隔离检疫、死亡处置工作要求做出规定，本《规定》自9月1日起执行。（李林海）

【野生动物保护执法督导】 11月，国家林业局保护司、公安局、濒管办、中动协等多个部门派员组成5个野生动物保护执法督导组，分赴天津、河北、福建、江西、湖北、湖南、广东、广西、云南等野生动物重点保护和案件多发省（区、市），进行了执法巡查督导工作。各工作组在省里自查的基础上，重点检查了各地落实《国家林业局关于切实强化秋冬季候鸟保护和疫源疫病监测防控工作的紧急通知》的进展情况，抽查了野外栖息地巡护看守情况，深入了解各地野生动物保护执法能力建设和开展宣传教育等情况，并就督导过程中查找的问题，及时与省级林业主管部门座谈沟通，督促解决。（李林海）

【首次在南部地区实行朱鹮放归】 11月12日，国家林业局和浙江省人民政府在浙江省湖州市德清县下渚湖国家湿地公园实施朱鹮放归自然。国家林业局副局长刘东生、浙江省副省长黄旭明出席仪式，并共同将33只经野化训练的人工繁育朱鹮个体放归自然。中国在朱鹮人工繁育及放归自然方面成果显著，人工繁育种群超过1000只，并已在陕西、河南等地区多次成功实施放归自然。本次活动是首次中国南部地区实施朱鹮放归自然，对进一步扩大现有朱鹮种群生存环境、重建野生朱鹮新种群具有重要意义。（陈涤非）

野生植物保护管理

【全国野生植物保护管理培训】 为切实抓好野生植物保护的宣传和管理，提高保护从业人员的管理水平和业务能力，3月23～25日，国家林业局保护司在海口举办“全国野生植物保护管理培训班”。来自全国各省（区、市）林业厅（局）和部分林业规划设计院、林业科学研究院、植物园（树木园）、大学院校等科研院所的代表近100人参加了此次培训。（马凡强）

【德保苏铁回归自然项目成果总结】 5月29日，国家林业局在广西壮族自治区德保县组织开展了德保苏铁回归自然项目成果总结宣传活动，宣布了首个由中国政府主导的珍稀濒危植物回归项目的成功。来自全国16个相关省（自治区、直辖市）的60多位代表和媒体参加了会议。（马凡强）

自然保护区建设

【自然保护区发展】 全国林业部门进一步推动《全国林业自然保护区发展规划》的实施，围绕拯救东北虎、雪豹、兰花等珍稀濒危物种，保护典型生态系统和重点生态区域划建自然保护区。据统计，全国新建林业系统自然保护区11处，新增国家级自然保护区19处。目前，中国林业系统自然保护区总数达2174处，总面积12 486.50万公顷，占我国国土总面积的13%。经国务院批准的国家级自然保护区344处。这些自然保护区的建立对维护生态和生物多样性、促进可持续发展具有重要作用。（贾　恒）

【国家级自然保护区规范建设】 为更好地指导自然保护区建设管理工作，全面提高自然保护区建设管理水平和管理能力，强化了对国家级自然保护区总体规划的审查和生态旅游规划的审批工作，提升了自然保护区法律法规和相关规划技术标准、规程的执行力。组织28处国家级自然保护区总体规划的编制和审查工作，组织完成13个国家级自然保护区生态旅游规划的编制和审查工作，对其中10个国家级自然保护区生态旅游规划进行了审批。（贾　恒）

【林业系统国家级自然保护区晋升和调整评审】 国家林业局于2月26～27日组织开展了2014年林业系统国家级自然保护区晋升和调整评审工作，组织了中国科学研究院、北京大学、东北林业大学等科研院所的27位相关专家对辽宁楼子山、吉林通化石湖、黑龙江北极村等23处申请晋升、10处申请范围和功能区调整和1处申请更名的自然保护区进行了评审。经审查，23处申请晋升国家级的自然保护区全部通过了评审，9处国家级自然保护区调整范围或功能区获得通过。（贾　恒）

【全国林业国家级自然保护区建设管理培训】 国家林业局野生动植物保护与自然保护区管理司9月21～27日组织各省（市、区）自然保护区管理人员在湖北神农架国家级自然保护区召开了“全国林业国家级自然保护区规范化建设管理培训班”，选择湖北神农架、陕西长青等自然保护区规范化建设典型单位介绍在自然保护区建设、社区共管和规范管理等方面的经验，以推动全国各地组织自然保护区开展科学化、规范化建设工作。11月29日至12月29日在重庆市召开了“全国林业示范国家级自然保护区建设管理培训班”。培训期间，组织了7名专家和保护区的管理人员就自然保护区人员培养、社区共管、自然保护区管理计划编制等建设管理问题进行了报告，各省厅及示范保护区的领导100人参加了培训。5月6～13日在北京举办了“第十八期国家级自然保护区领导干部培训班”，68位国家级自然保护区的局长接受了培训。（贯　恒）

【行政审批】 2014年，总计受理自然保护区建设管理方面行政许可审批30件，先后27次组织专家对甘肃民勤连古城、新疆艾比湖等国家级自然保护区实验区内修筑设施行政许可进行了实地考察，依法依规办理在国家级自然保护区实验区内修建设施行政许可23项。

（贯　恒）

【国家公园体制建设】 3月24～27日，国家林业局局长赵树丛亲赴云南进行国家公园试点专题调研，形成国家公园体制试点建设调研报告，呈报国务院领导；赵树丛在《经济日报》和《科技日报》上撰文，就国家公园体制建设进行论述，提出了适合我国国情的国家公园体制建设思路；4月，国家林业局会同云南省人民政府、世界自然保护联盟在昆明召开了“国家公园建设研讨会”；7月，在“贵阳生态文明国际论坛”上，副局长陈凤学发表了主旨演讲、保护司司长张希武作为对话嘉宾接受了对话专访，对我国国家公园体制建设和试点工作进行了系统阐述；在新华社《国内动态清样》《参考清样》上刊发云南国家公园试点经验，在《森林与人类》杂志刊发了《国家公园：自然的圣殿》专辑；组织成立国家林业局林业改革领导小组国家公园体制改革组并召开会议，及时总结、分析了情况，研究推进工作的思路。

（贯　恒）

野生动物疫源疫病监测与防控

【重点野生动物疫病目录印发】 为进一步贯彻落实《陆生野生动物疫源疫病监测防控管理办法》，国家林业局野生动植物保护与自然保护区管理司组织有关单位专家研究制定了《重点野生动物疫病种类和疫源物种目录》（以下简称《目录》），于2014年1月28日发布实施。《目录》依据野生动物疫病的危害程度、宿主分布范围、社会关注程度、国内野生动物种群状况等评价指标，筛选确定了禽流感、西尼罗热、狂犬病、布鲁氏菌病、结核病、非洲猪瘟、旱獭鼠疫和羊传染性胸膜肺炎8种重点监测的野生动物疫病及其疫源物种。

《目录》的发布实施，对指导各省结合本辖区实际、编制细化目录，引领各地突出重点、规范有序开展重点疫源物种监测工作，对逐步推进分病种、分物种、分区域监测防控策略具有积极的推动作用，凸显了以重点野生动物疫病为导向的野生动物疫源疫病监测防控策略。

（孙贺廷）

【野生动物疫情监测防控】 针对2014年春季人感染H7N9禽流感疫情再次散发的严峻态势，以及非洲埃博拉出血热疫情传入我国的高风险隐患，国家林业局高度重视，一是下发了《关于积极应对人感染H7N9禽流感疫情切实做好春季陆生野生动物疫源疫病监测防控工作的紧急通知》《国家林业局关于切实强化秋冬季候鸟保护和疫源疫病监测防控工作的紧急通知》，切实强化重点时节、重点区域和重点病种的监测防控工作。二是组织编制了《国家林业局H7N9禽流感疫情防控应急工作指南》，指导各地切实做好H7N9禽流感疫情应急处置和准备工作。同时，加大国家级监测站督察力度，对686站（次）的应急值守情况进行抽查，强化了基层监测防控机构的风险意识和责任意识。三是派出专项督导组赴广东、福建、上海、浙江等人感染H7N9禽流感疫情高发省份进行督导检查，并会同国家卫生计生委赴新疆、宁夏等省区开展了联合检查，落实防控责任和防控措施，消除疫情发生和散播隐患。四是针对山西、内蒙古、陕西等地发生的野生动物疫情，积极组织有关专家，开展疫情紧急流行病学调查和珍稀濒危物种染病会诊与救治。

2014年，全国共监测、报告野生动物异常情况78起，死亡野生动物54种5790只（头），成功处置了大熊猫犬瘟热等10起突发野生动物疫情，未出现扩散蔓延情况，实现较大级以上级别野生动物疫情零发生。

（孙贺廷）

【主动预警】 在前期主动预警试点工作的基础上，研究扩大了主动预警的疫病种类和试点实施范围，制订下发了《2014年重要野生动物疫病主动预警试点工作实施方案》，2014年，主动预警共采集检测野生动物样品15 243份，分离到82株禽流感病毒、68株新城疫病毒，部分驯养鹿结核病监测呈阳性，未监测到非洲猪瘟阳性情况。（孙贺廷）

【野生动物疫源疫病监测防控示范站创建】 10月20～23日，国家林业局野生动植物保护与自然保护区管理司在西安市举办全国野生动物疫源疫病监测防控示范站建设培训班，研讨制订示范站建设标准和评估指标体系，开展野生动物疫源疫病监测防控示范站核心能力创建工作。（孙贺廷）

【中韩野生动物疫源疫病监测防控双边合作】 5月29～30日，韩国环境部自然保全局的有关代表特别安排了对国家林业局野生动物疫源疫病监测总站和中国林科院全国鸟类环志中心的走访交流活动。双方就机构设置与专业队伍建设、禽流感疫情监测与防控、候鸟迁徙研究、信息共享与交流等问题进行了深入探讨，并一致希望建立长期合作机制，加强双边交流和业务联系，为中韩两国重点野生动物疫病联防联控工作保驾护航。7月3日，在国家主席习近平和韩国总统朴槿惠的共同见证下，国家林业局副局长张建龙和韩国环境部部长尹成圭在韩国首尔青瓦台签署了《中华人民共和国国家林业局和大韩民国环境部关于野生动植物和生态系统保护合作的谅解备忘录》。野生动物疫源疫病监测防控作为优先合作议题被纳入该谅解备忘录中。中韩双方将在《备忘录》框架下，积极探索在野生鸟类禽流感合作研究、多亚型禽流感病毒发现地点与候鸟迁徙关系、病毒遗传进化信息等诸多方面建立信息交换机制。（孙贺廷）

大熊猫保护管理

【成功繁育大熊猫三胞胎】 7月29日，中国保护大熊猫研究中心与广州长隆野生动物世界开展的大熊猫繁育研究结出硕果，大熊猫“菊笑”在长隆野生动物世界产下3只大熊猫幼仔并全部成活，创造了大熊猫繁育史上的新纪录。（张　翼）

【大熊猫人工繁育】 2014年，全国大熊猫人工繁育工作继续稳步推进，全年共繁育24胎36只，成活32只，截至2014年年底，我国人工圈养大熊猫种群数量达到394只。（张　翼）

【全国第四次大熊猫调查工作全面完成】 2011年，国家林业局组织开展全国第四次大熊猫调查工作。调查历时3年，投入2000多人，完成调查样线20 513条、植被调查样方11 901个，到2014年年底工作全部完成。调查结果显示：截至2013年年底，全国野生大熊猫种群数量达到1864只，相比第三次调查增长16.8%；栖息地面积达到258万公顷，相比第三次调查增长11.8%；全国圈养大熊猫种群数量达到375只。（张　翼）

【中央领导同志对大熊猫保护作出重要批示】 2014年年底到2015年年初，习近平总书记、李克强总理、张高丽副总理等中央领导同志陆续对全国第四次大熊猫调查工作作出重要批示。习近平总书记在批示中肯定了大熊猫调查工作的基础性作用以及近年来大熊猫保护工作取得的新成效，同时指出大熊猫保护面临的挑战依然严峻，明确要求进一步加强栖息地保护和恢复，加强科技攻关和人才培养，促进野生种群复壮，提升大熊猫保护管理水平。李克强总理在批示中指出，加强大熊猫保护对于维系生物、平衡自然、保护生态具有重要意义，明确要求实施新一轮大熊猫保护工程，加强规划编制，完善法规制度，强化科技支撑，创新保护模式，实现大熊猫种群数量稳定增长。张高丽副总理在批示中要求有关部门进一步做好大熊猫保护工作，为建设生态文明和美丽中国作出贡献。（张　翼）

【比利时大熊猫园开园】 3月30日，中国国家主席习近平及其夫人彭丽媛与比利时菲利普国王及其王后玛蒂尔德在比利时共同参加了天堂公园大熊猫馆的开园仪式，显示了两国领导人对大熊猫保护及国际研究合作的高度重视，这也是首次两国元首及夫人共同参加大熊猫国际合作研究的现场活动。根据中国野生动物保护协会与比利时天堂公园签署的大熊猫合作研究协议，来自四川卧龙中国保护大熊猫研究中心的一对大熊猫“星徽”和“好好”于2014年2月23日抵达比利时正式开启了中比15年大熊猫合作研究项目。（张　玲）

【中马大熊猫保护合作研究启动】 2012年6月15日，在中共中央政治局常委、中央纪委书记贺国强和马来西亚总理纳吉布的共同见证下，中国野生动物保护协会与马来西亚自然资源与环境部野生动物和国家公园司在马来西亚签署了大熊猫保护合作研究协议。根据协议，来自四川卧龙中国保护大熊猫研究中心的一对大熊猫“福娃”和“凤仪”于2014年5月21日抵达马来西亚，正式开启了中马大熊猫合作研究项目。中马双方将在大熊猫保护的科普教育和科研等方面开展为期10年的合作，将进一步推动和深化两国在物种和生物多样性保护等方面的合作与交流。（张　玲）

【中央政府宣布再向澳门赠送一对大熊猫】 为庆祝澳门回归祖国15周年，12月19日，国家主席习近平在澳门会见澳门特别行政区行政长官崔世安时表示，中央决定再向澳门赠送一对大熊猫。此前，在澳门回归祖国10周年时中央曾向澳门特区赠送一对大熊猫“开开”和“心心”。但2014年6月22日，大熊猫“心心”因肾衰竭而去世。（张　玲）

濒危野生动植物进出口管理和履约

【综　述】 2014年，野生动植物进出口管理和履行《濒危野生动植物种国际贸易公约》(以下简称《公约》或CITES)工作取得新进展。

野生动植物进出口管理　一是完善规章制度。国家林业局与海关总署联合发布《野生动植物进出口证书管理办法》。二是强化行政许可管理。发布公告，实施上海自贸区野生动植物进出口行政许可改革措施，支持上海自贸区建设发展。将有关许可核发权限下放国家濒管办办事处，简化许可程序；对部分龟鳖、木材等物种研究确定便利审批政策措施。进驻“青岛世园会”现场办理植物进出口业务，并开展宣传活动。召开濒危木材进口履约管理座谈会。完成《进出口野生动植物种商品目录》修订。对海关、公安、进出口企业等人员开展培训，全年共举办培训班46个，培训人员2300多人。三是推进行政许可监督管理。开展实施行政许可集中监督检查工作，完成对148家企业的调查，走访调研文化、古玩、动物毛皮、宠物等市场78个，涉及物种种类如象牙、沉香等60多种。四是开展办事处行政许可工作检查。成立10个工作组，对11个办事处及其所管辖区内相关贸易单位、口岸等开展调研和检查活动，掌握各办事处工作情况，了解业界需求意见，解决实际问题。五是推进能力建设。启动以与海关系统联网为主要内容的"电子口岸建设项目"。完成龟鳖类和鲨鱼类大宗贸易回顾专题报告、中国木材进口状况和形势分析报告。出版《药用濒危植物鉴别手册》并发送一线管理和执法单位使用，推进常见贸易物种产品和进口贸易濒危木材鉴定识别手册编写工作。协调在上海、哈尔滨、绥芬河、广州、昆明、西安等城市的有关国际机场、水陆口岸、地铁站点设立履约宣传展柜、宣传牌，推进对外宣传。

2014年，共核发野生动植物进出口证书90 772份，涉及野生动植物出口贸易额59.70亿元人民币（动物33.00亿元，植物26.70亿元），进口贸易额317.41亿元人民币（动物41.72亿元，植物275.69亿元）；收取野生动植物进出口管理费5518.54万元。

履行濒危野生动植物种国际贸易公约　一是积极参与国际谈判。推进"2013～2016中国履行公约有效决议决定行动方案"落实，参与亚太经合组织领导人峰会、东亚峰会、中美战略与经济对话会议等相关议题研究，做好各类问题处置。组织参加《公约》相关国际会议，以及打击野生动植物犯罪伦敦峰会、联合国预防犯罪和刑事司法委员会第23届会议、欧盟打击非法贩运野生动植物专家大会、打击从马达加斯加走私木材研讨会、国际司法大会（打击非法砍伐和贸易木材专门工作组会议）、促进合法可持续林产品贸易和投资国际研讨会，参与和中国密切相关的议题谈判，落实具体物种评估、调研、提交报告等工作。二是扩大对外交流。会同CITES秘书处、联合国粮农组织及14个国家的CITES管理机构和渔业部门召开亚洲区域CITES新列附录鲨鱼和前口蝠鲼履约能力评估研讨会，形成《厦门宣言》，推动国际社会重视鲨鱼等物种的保护发展。组织有关部门、在华使领馆、行业协会等，召开纪念首届世界野生动植物日座谈会。举办亚洲、非洲履约执法和保护管理人员培训班、中德濒危木材鉴定联合培训班、赛加羚羊国际合作保护项目研讨会。接待CITES公约秘书长约翰斯·甘伦先生来访，推动与公约秘书处间的交流合作；接待卢萨卡议定书执法工作组、欧盟、津巴布韦、德国代表来访，磋商双边履约合作机制。赴中国台湾地区开展濒危野生动植物进出口管理交流，与印度尼西亚履约管理机构签订履约合作备忘录，与乌克兰农科院就赛加羚羊保护与履约签署合作备忘录。举办中央政府与港澳特区履约协调年度会议。三是协调开展履约执法。联合28个国家组织开展代号为"眼镜蛇二号行动"的跨洲打击走私濒危物种违法犯罪活动专项行动，取得丰硕成果，获得"CITES秘书长表彰证书"。会同林业、海关等部门组织开展"执法查没象牙销毁活动"。向CITES秘书处提交中国库存象牙数据及中国执行象牙贸易控制行动计划进展情况报告，对外提交"非法猎杀大象监测"项目监测数据资料。组织召开第10届敏感物种履约执法联席会议和部门间CITES执法工作协调小组第四次联席会议。组织制订"重点履约执法物种司法鉴定操作标准"。召开网络非法交易濒危物种座谈会，推动阿里巴巴等9家电商发布"向非法野生动植物及其制品说不"倡议书，努力消除网络野生动植物犯罪行为。

（张　旗）

【签署中—印尼CITES履约合作备忘录】　9月2～6日，国家林业局副局长、国家濒管办主任刘东生率中国CITES代表团赴印度尼西亚访问期间，中国国家濒危物种进出口管理办公室与印度尼西亚林业部森林保护与自然保育总局签署履约合作备忘录，并与印尼林业部自然保育总局、CITES管理机构、沉香保育协会、动物园协会等进行会谈和业务交流。此次双方签署"合作备忘录"，将进一步夯实两国CITES管理机构合作基础，拓展双方合作的深度和广度。　（黄晓珍）

【中德濒危木材鉴定联合培训班】　于9月24～26日在北京由国家濒管办与德国CITES管理机构共同举办。来自内地和港澳的海关监管、进出境检验检疫与濒危物种进出口管理系统的62位学员参加培训。

培训班邀请了联邦德国杜能木材研究所及中国林科院木材所有关专家，就CITES公约对木材物种的管制、木材解剖学和木材鉴定实践的基础知识与最新进展进行授课和交流，并讲解了由德国CITES管理机构与杜能木材研究所共同开发的CITES木材识别软件。学员们对不同木材样品进行了实践练习。课程结束后，授课老师为培训合格的学员颁发了结业证书。通过此次培训活动的举办，增强了中德双方CITES管理与木材科研机构在木材物种鉴定技术领域的合作。　（黄晓珍）

【常见贸易濒危药用植物识别手册】　为认真履行国际公约，加强进出口环节的执法和管理，方便口岸海关和执法部门查验监督工作，国家濒管办组织有关专家、学者和野生植物保护管理工作者，共同编撰了《常见贸易濒危药用植物识别手册》。书中包含了50种常见于国际贸易和可能涉及走私的药用植物，通过简明文字和典型特征的图片，对每个物种的分布、保护级别、形态特征、药材性状、性味功效等进行了介绍。通过查询对照，可以较快地对有关物种进行鉴别。　（黄晓珍）

【濒危木材进口履约管理座谈会】　于2014年6月18日由国家濒管办组织在浙江东阳召开。来自商务部、海关总署、国家林业局、国家濒管办、中国林科院、中国主要木材进口口岸辖区的海关监管与缉私部门和国家濒管办办事处，以及有关行业协会的代表参加会议。

会议对近三年来特别是《公约》第16次缔约国大会以来中国濒危木材的进口状况与形势进行了回顾和分析，就规范濒危木材进口管理的政策措施、木材物种列入《公约》管制的应对策略进行了交流和研讨。会议确定了今后一段时期内在深化国际合作、强化履约执法、

建立监管链条、完善政策措施、加强宣传培训、规范舆论导向等6方面的工作。（黄晓珍）

【2015年度进出口野生动植物种商品目录工作组会议】 于11月18～22日在北京召开。会议结合CITES公约和国内有关动植物及其产品进出口管理要求和变动情况，对《进出口野生动植物种商品目录》进行了修订。（任志鹏）

【CITES公约附录Ⅱ鲨鱼和蝠鲼物种履约管理工作培训会议】 于7月18日由农业部渔业渔政管理局、国家濒管办和中国水产流通与加工协会联合在北京举办。国家工商总局、海关总署、国家海洋局、国家濒科委以及福建、广东、浙江海洋与渔业厅(局)及地市级渔业主管部门等部门代表共40多人参会。会议介绍了公约对鲨鱼的保护管理要求、远洋渔业和国际渔业管理情况以及国内的渔业管理规定，讨论了“关于做好鲨鱼和蝠鲼物种履约管理工作的通知”和“公约附录Ⅱ鲨鱼和蝠鲼物种履约管理工作流程”，研究拟定了今后一段时期鲨鱼履约管理、执法鉴定、宣传培训和行业自律等方面的工作思路。（任志鹏）

【亚洲区域CITES新列附录鲨鱼和前口蝠鲼履约能力评估研讨会】 于5月13～15日在福建厦门召开。来自亚洲区域14个国家的CITES管理机构和渔业部门、CITES公约秘书处、联合国粮农组织、国际有关区域性渔业组织、中国有关部门及香港、澳门特区CITES履约管理机构的代表参加了本次会议。国家林业局副局长刘东生出席会议并讲话，农业部渔业和渔政管理局局长赵兴武、CTIES公约秘书长约翰・斯甘伦先生、联合国粮农组织高级渔业官员约内・费舍女士到会并致辞。国家濒管办、农业部渔业局及香港渔农自然护理署代表中国代表团从不同角度分别介绍了中国鲨鱼资源和管理现状，提出了加强履约合作的建议。各参会国家和组织对世界和亚洲各国鲨鱼管理现状、鲨鱼履约主要难点热点问题、鲨鱼履约能力建设等进行了充分的讨论。

会议形成了《厦门宣言》，呼吁各有关国际组织和相关分布国、贸易国充分重视鲨鱼等物种在履约过程中面临的问题和挑战，加强科学研究，充实基础数据，增加履约投入，提高能力建设，并呼吁发达国家和国际组织为发展中国家履约提供应有的资金和技术援助。（任志鹏）

【关于规范和简化允许进出口证明书管理有关事项的通知】 8月4日，国家濒管办向各办事处下发《关于规范和简化允许进出口证明书管理有关事项的通知》，对允许进出口证明书核发工作进一步做出规范和简化，以深化行政审批制度改革，加大简政放权的力度。通知自2014年9月1日起施行。（任志鹏）

【眼镜蛇二号行动】 1月1～26日，中国组织由中国、美国、南非等3个区域性大国以及卢萨卡议定书执法特遣队、东盟野生动植物执法网络、南亚野生动植物执法网络等3个区域性野生动植物执法机构联合组织，以及濒危野生动植物种国际贸易公约、世界海关组织、国际刑警组织等3个国际执法机构支持的，28个国家的海关、公安和野生动植物保护机构同时参与的，代号为“眼镜蛇二号行动”的全球打击破坏野生动植物资源违法犯罪联合行动，成功开展，并取得显著成效。

行动期间，各国共破获350多起破坏野生动植物资源案件，逮捕400多名犯罪嫌疑人，缴获200余吨红木、3吨多象牙及其制品、10 000多只龟鳖、10 000多条欧洲鳗鲡、1000多张野生动物皮张、36根犀牛角以及其他大量野生动植物及其制品。中国林业、海关、公安、司法、出入境检验检疫系统参加了这次行动。行动期间，中国共出动十余万人次执法人员，查获案件200多起，处理违法人员250多人。此次行动中，中国与肯尼亚警方联手，实现了首次跨境抓捕并遣返野生动植物违法犯罪团伙头目；首次在境外为在非华人成功举办控制濒危物种非法贸易培训班，取得良好效果。（吴　倩）

【非洲及亚洲野生动植物保护与履约管理培训班】 分别于6月24日至7月12日和9月22日至10月12日在杭州举办。上述培训班由商务部资助，国家林业局、农业部、海关总署、中科院等部门多方支持，国家濒管办与国家林业局竹子研究中心共同组织，来自朝鲜、尼泊尔、不丹、东帝汶、也门、吉尔吉斯斯坦、巴勒斯坦、泰国和斯里兰卡等9个亚洲国家和埃塞俄比亚、加纳、津巴布韦、肯尼亚、马拉维、毛里求斯、尼日利亚、塞拉利昂、南苏丹、坦桑尼亚、桑给巴尔、乌干达、赞比亚、喀麦隆、马达加斯加、塞舌尔、卢旺达、埃及和苏丹等19个非洲国家的约50名官员和专家参加培训。培训班讲授了中国野生动植物保护和自然保护区建设和打击野生动植物违法犯罪情况，并组织对保护区和海关进行了实地考察。此外，参加培训的学员还与中国有关管理部门代表就各国野生动植物非法贸易其状况进行了交流，提出了共同开展打击野生动植物非法交易的建议。（吴　倩）

【第十届敏感物种履约执法联席会议暨网络贸易控制会议】 于10月9日至10月10日在杭州举办。中国最高人民法院、最高人民检察院、外交部、公安部、农业部、商务部、海关总署、国家工商总局、国家质检总局、国家旅游局、国家林业局、国家濒管办及其各地办事处，部分地方森林公安局和海关缉私部门以及中国野生动物保护协会和部分国际保护组织近70名代表，听取了当前打击野生动植物非法交易的国内外形势、履约执法要求、走私和破坏野生动植物案件的特征和趋势分析以及野生动植物非法交易监测结果，就进一步做好打击野生动植物非法交易，全面履行公约义务进行了深入讨论，提出了2015年履约执法工作总体思路和重点工作建议。（吴　倩）

【电商企业发出“请向非法野生动植物及其制品说不”倡议】 10月10日，国家濒管办组织阿里巴巴等9家电子商务企业，向社会发出“请向非法野生动植物及其制品说不”的倡议，承诺在自己管理和经营的网络平台上，不给非法野生动植物及其制品提供宣传和交易机会，主动接受政府和社会监督，呼吁更多的企业加入到行动行列，呼吁公众树立理性消费观念，倡导建立政府、企业、非政府组织和公众“四力合一”的网络，努力消除

网络野生动物犯罪行为。（吴 倩）

【部门间 CITES 执法工作协调小组第四次联席会议】 于12月10日在北京召开。公安部治安局、农业部渔业和渔政管理局、海关总署监管司和缉私局、国家工商总局市场司、国家质检总局动植司、国家林业局保护司和森林公安局、国家濒管办等协调小组成员单位出席会议，最高人民法院刑五庭等单位及上海等省级协调小组代表列席会议。会议听取和审议了协调小组2014年工作报告，通报了参与"眼镜蛇三号行动"基本设想，交流了部分省级协调小组和各部门单位履约执法工作开展情况，审议通过了2015年协调小组工作安排意见，并一致同意接纳中国海警局司令部为协调小组成员单位。（吴 倩）

湿地保护管理

【综　述】 2014年，全国湿地保护取得显著成效。进一步完善了《湿地保护条例》(草案)，完成省级湿地立法省份进一步扩大。实施了全国湿地保护工程，中央预算内投资数额与2013年持平。中央财政完善了湿地补贴政策，湿地补贴资金达16亿元，比2013年增加5.4倍。新批准国家湿地公园试点140处，比2013年增加9处。20处国家湿地公园通过验收。建立了国际重要湿地预警机制，首次完成了中国大陆范围内全部45处国际重要湿地健康功能价值评价，每年每公顷湿地价值为11.42万元。启动了对气候变化具有重要意义的泥炭地碳库调查。总赠款2600万美元的GEF5期6个子项目全面启动。全年新增自然湿地保护面积34.37万公顷，恢复退化湿地3万公顷，退耕还湿1万公顷。截至2014年年底，全国共有国际重要湿地46处，湿地自然保护区570多处，湿地公园900多处，其中国家湿地公园(含试点)569处。自然湿地保护率从2013年的45.33%提高到46.06%。（王福田）

【湿地保护重点工程建设】 按照《全国湿地保护工程"十二五"实施规划》，组织实施了湿地保护重点工程。2014年，全国投入中央预算内资金3亿元，其中，林业项目投资2.3亿元，实施林业项目63个，项目区湿地面积达50万公顷。投入中央预算内资金500万元，启动了国家高原湿地研究中心研究平台建设项目，支撑开展高原湿地生态系统结构、功能及其关键生态过程等基础研究，以及高原湿地保护与恢复、资源可持续利用的关键技术等应用研究，为中国高原湿地保护管理提供决策依据。（刘 平）

【中央财政湿地补贴政策执行情况】 按照2014年中央1号文件关于开展湿地生态效益补偿试点和退耕还湿试点的精神，中央财政拓展了湿地保护的财政支持政策，大规模增加了湿地投入力度。将湿地保护补助政策扩大为湿地补贴政策，将湿地保护补助项目调整为湿地保护与恢复项目，并新增了退耕还湿试点、湿地生态效益补偿试点、湿地保护奖励试点3个新的支持方向。安排湿地补贴资金16亿元，实施了268个湿地补贴项目，其中，湿地保护与恢复项目174个，资金5.1亿元；退耕还湿试点项目13个，资金1.5亿元，在黑龙江、内蒙古、吉林完成退耕还湿1万公顷；湿地生态效益补偿试点项目21个，补偿资金6.4亿元；湿地保护奖励项目60个，资金3亿元。中央财政湿地补贴政策的不断完善，为最终建立湿地生态效益补偿制度，形成较为完善的湿地保护财政支持政策奠定了基础。（王福田）

【全国重点省份泥炭沼泽碳库调查】 自2014年起，在财政部的支持下，国家林业局设立了全国重点省份泥炭沼泽碳库调查项目。调查以省为单位，查清单块面积不小于1公顷的泥炭沼泽状况，调查指标有：泥炭沼泽范围及其面积、1990年以来泥炭沼泽排水与复湿情况、植物碳库、土壤有机碳库、泥炭厚度等。调查重点省份包括：内蒙古、辽宁、吉林、黑龙江、四川、贵州、云南、西藏、甘肃、青海和新疆11个重点省(区)。按照调查技术规程、工作指南、质量检查验收办法，进行了充分的准备。2014年，国家林业局率先在吉林省和辽宁省开展泥炭沼泽碳库调查试点。目前，两省的外业工作、统计汇总、质量检查等已完成，正在编写报告。（姬文元）

【国际重要湿地生态系统评价情况】 完成了大陆范围内全部45处国际重要湿地的评价工作，成为世界范围内首次对所有国际重要湿地进行生态系统评价的国家。45处国际重要湿地范围总面积392.27万公顷，其中各类湿地面积233.58万公顷。评价结果显示：湿地生态系统综合健康指数为6.06，健康等级为"中"；湿地生态系统综合功能指数为7.00，功能等级为"好"；湿地生态系统价值较高，总价值达2668.31亿元/年，单位湿地价值为每年每公顷11.42万元。通过这次评价，全面掌握了我国国际重要湿地的生态状况、变化趋势，为今后制定湿地保护管理政策、履行《湿地公约》提供了数据支持。（刘 平）

【湿地保护立法】 与环保部、农业部、水利部、国土资源部、海洋局等部门进行了多次沟通协调，湿地保护立法必要性已达成了基本共识。向国务院法制办作了专题汇报。根据部门意见对《湿地保护条例(草案)》进行了修改和完善；按照十八届四中全会的精神，组织专家对现有与湿地保护有关的法律法规进行进一步梳理，以完善湿地保护的法律制度。指导广西区出台了省级湿地保护条例，全国完成省级立法的省份达到20个。（王隆富）

【湿地公园建设】 举办了2期国家湿地公园建设与管理培训班，培训人员160余人次。组织完成新申报193处国家湿地公园(试点)的材料预审，对通过预审的186处拟建国家湿地公园(试点)组织专家实地考察，对通过实地考察的174处提交专家评审委员会会议进行技术审查，其中140处通过了评审，并在拟建国家湿地公园所在地进行了公示，下发了《国家林业局关于同意北京房山长沟泉水等140处湿地开展国家湿地公园试点工作的通知》(林湿发〔2014〕205号)。目前，全国国家湿地公园达到569处，总面积达275万多公顷，保护湿地面积183万多公顷。组织对24处试点国家湿地公园进行验收，其中20处通过验收并下发了《国家林业局关于内蒙古白狼洮儿河等20处国家湿地公园(试点)验收的批复》(林湿发〔2014〕204号)，截至2014年年底，通过验收的国家湿地公园达到52处。为规范国家湿地公园的建设管理，下发了《国家林业局办公室关于进一步加强国家湿地公园建设管理的通知》(办湿字〔2014〕6号)。

(闫晓红)

【湿地保护宣传教育】 中央电视台、《人民日报》等主流媒体加大了湿地保护的宣传力度，报道数量比2013年进一步增加，《经济日报》《经济》杂志合作开展了"高端视点"宣传，在10期杂志上刊发了湿地保护的相关文章和报道。在《中国绿色时报》专版解读中国湿地保护政策、湿地资源调查成果、湿地生态评价体系等。"湿地中国网"发布信息3662篇，实现点击4100万次。举办了2014年世界湿地日宣传活动、长江湿地保护网络年会、黄河流域湿地保护与恢复经验交流会议等一系列大型宣传活动，印发世界湿地日张贴画3万份，明信片5000份。通过开展多种形式的宣传，进一步扩大了湿地保护的社会影响，提升了全社会湿地保护意识。

(王隆富)

【国际重要湿地管理】 制订《国际重要湿地管理办法》，发布《国际重要湿地生态特征变化预警方案》(试行)，组织完成20处国际重要湿地数据更新工作，妥善处理了部分国际重要湿地生态特征变化引起国际社会质疑的问题。举办国际重要湿地管理培训班。 (胡昕欣)

【湿地公约履约】 按照公约秘书处要求，编写完成履约《国家报告》，组团参加了湿地公约相关会议，开展世界湿地日宣传活动。 (胡昕欣)

【国际合作与交流】 GEF5期项目扎实开展，启动GEF6期增资项目申请工作。签署《中美自然议定书》附件12，确立未来两年双边合作优先领域，圆满完成历时4年的中德技术合作项目。扩大与非政府组织的合作平台，与美国保尔森中心、中科院地理资源所签署关于《中国滨海湿地保护战略研究》合作备忘录。成功组织3期香港湿地保护管理培训班，提高各级湿地保护管理人员保护管理水平。

(胡昕欣)

【举行第二次全国湿地资源调查新闻发布会】 1月13日，国新办举行第二次全国湿地资源调查结果新闻发布会。国家林业局副局长张永利向社会公布了历时5年、到2013年结束的第二次全国湿地资源调查成果，给出了一系列科学、准确、真实、可靠的调查数据和结果。这次调查在遥感数据覆盖全国的前提下，运用3S技术与现地调查相结合的方法，统一采取了遥感数据室内判读、现地验证和实地调查、数据汇总的工作流程。调查共投入2.2万人、近4亿元，获取成果数据2.6亿条，包括湿地类型、面积、分布、受威胁情况和生态状况等各方面信息，调查技术居世界领先水平。本次调查荣获了中国地理信息产业协会的"2014中国地理信息产业优秀工程金奖"、中国测绘地理信息学会的"2014全国优秀测绘工程白金奖"。

(姬文元)

【黄河湿地保护网络成立】 10月21~22日，黄河流域湿地保护与恢复经验交流会在宁夏吴忠召开，黄河湿地保护网络成立，网络的成立旨在推动建立流域湿地保护机制，协同保护好黄河流域湿地，会议发布了《吴忠宣言》。来自黄河流域的青海、四川、甘肃、内蒙古、陕西、山西、河南、山东8省(区)林业厅主管厅长、湿地保护管理中心主任、湿地自然保护区及国家湿地公园代表、相关专家参加会议。会议由国家林业局湿地保护管理中心、湿地国际中国办事处主办，宁夏林业厅、吴忠市政府承办。

(刘　平)

【长江湿地保护网络年会】 10月30~31日，2014年长江湿地保护网络年会在四川西昌召开。年会就"携手保护流域湿地，共建长江生态文明"这一主题开展了研讨，回顾总结了过去一年多来长江流域湿地保护、恢复和可持续利用的新进展、新成果，交流学习了长江流域生态文明建设的做法和经验。会上发布了《西昌宣言》。年会旨在加强长江流域湿地保护网络成员单位之间的交流合作，不断深化长江流域湿地保护的合作机制，提升长江流域湿地保护与管理的整体联动效益，共建长江生态文明。年会由国家林业局湿地保护管理中心、世界自然基金会、四川省林业厅、凉山州人民政府主办，西昌市人民政府、凉山州林业局承办。

(闫晓红)

【中国湿地保护协会筹备成立】 10月11日，民政部批复中国湿地保护协会筹备成立(民函〔2014〕297号)。

(闫晓红)

森林防火

08

森林防火

【综　述】 受冬春连旱、持续高温、大风天气增多等极端天气影响，中国部分地区森林火险等级长期居高不下。四川、云南等省森林火灾频发，山东半岛、华北及东北一些重点地区也相继发生森林火灾，内蒙古大兴安岭北部原始林区、云南保山隆阳及昆明安宁更是发生了重特大森林火灾，国家森防指先后7次紧急启动实施森林防火应急预案。2014年，全国共发生森林火灾3703起，受害森林面积1.91万公顷，伤亡112人(死亡53人)，与近3年同期均值相比，火灾次数下降17.4%，受害森林面积和伤亡人数上升5%和101.2%。

部署落实　党中央、国务院领导高度重视森林火灾预防和扑救工作，李克强总理、汪洋副总理多次对森林防火工作做出重要批示，汪洋副总理先后9次对扑火工作提出指示和要求。国家森防指、国家林业局将森林防火工作当作林业头等大事来抓，在全国林业厅局长会、全国推进林业改革座谈会上进行专门安排和部署。特别是在APEC会议期间，国家森防指、国家林业局先后组织召开视频调度会、环京重点省区市座谈会并派出工作检查组，专门安排部署和巡查北京周边森林防火工作，确保了APEC期间全国森林防火形势平稳、基本实现了“不着火、不冒烟”。在发生重大火灾时，国家森防指领导高度重视、靠前指挥，赵树丛总指挥多次坐镇国家森林防火指挥中心，指挥扑救了内蒙古“4·30”北部原始林区、云南昆明安宁“5·21”等重、特大森林火灾；国家森防指副总指挥孙扎根、专职副总指挥杜永胜等也及时组织召开会议，对防火工作做出部署、提出要求，并在节假日期间亲自带班、查岗，督促值班人员做好各项应急处置工作

严密防控　召开春季、夏季和秋冬季3次全国森林火险形势会商会，形成《全国中长期火险形势分析报告》，为各地做好森林火灾预防、扑救工作提供科学依据。发布《森林火险气象等级预报》365期、《高森林火险天气警报》158期、《未来一周全国森林火险预测》52期、《未来一月全国森林火险预测》12期、《火场气象专报》30期、《高森林火险橙色警报》18期、《高森林火险红色警报》10期，并在国家林业局网站每日头条栏目中发布高森林火险警报等10余期。升级改造林火监测系统，增加了接收处理FY3－B、FY3－C等新卫星的能力，缓解了卫星林火监测可用星资源减少问题。接收、处理过境卫星轨迹1.17万条，制作监测图像8514幅、报告热点9374个，热点核查反馈率99.77%。及时更新林火信息系统和应用森林防火天地图系统，有效提升了火灾处置能力。完成VSAT应急卫星升级，做好应急卫星通信保障任务，为河北阜平、山东栖霞、内蒙古北部原始林区和云南安宁等森林火灾扑救指挥提供应急卫星视频通信技术保障。协调总参应急办和总参作战部、陆航部等有关部门，安排航空消防飞机203架次、累计飞行3573架次、7457小时，空中发现林火186起，直接参与扑救林火130起。先后派出4个火场工作组，协调指导内蒙古北部原始林区、山东栖霞、河北阜平和云南安宁火灾扑救工作。开展森林防火督察，在森林防火紧要期协调落实15个工作组分赴北京、河北、天津等地督查森林防火工作，消除火险隐患。

提升保障能力　全面启动《全国森林防火规划(2016～2025年)》编制工作，组织各地重新区划县级单位火险等级，召开规划编制培训班和座谈会听取地方意见建议(目前已完成初稿编制)。协调计财司下达12亿元中央预算内森林防火基本建设投资计划，启动实施建设项目116个。配合计财司新审批建设项目77个，其中东北、西南重点林区大型装备、以水灭火、视频监控三类试点项目22个，批复中央投资达7.5亿元。国务院、中央军委正式印发了《关于同意新建武警森林部队昆明直升机场的批复》，组建森林航空消防飞行二大队工作全面展开。赴美国调研适宜高海拔地区飞行的K－MAX直升机，邀请军民航各管理部门及北、南方航空护林总站召开协调会，支持湖南、陕西两省开展森林航空消防业务。扶持通航公司引进1架K－32直升机，配合山东省做好购置M－26TC直升机协调工作。与武警总部开展联合调研活动，指导推进武警部队应急森林消防队伍建设。加强与武警森林部队沟通联系，随时调度了解武警森林部队兵力和布防情况，协调落实了机动支队兵力靠前驻防、跨区作战事宜。积极发挥国家物资储备库作用，印发了《国家森林防火物资储备库管理暂行规定》，先后向内蒙古、黑龙江、云南、四川等20多个省(区、市)调拨各类扑火装备物资4万多件(台、套)，有力支援当地防扑火工作。与国家行政学院联合举办首届全国森林防火高级指挥员培训班，设置应急管理、森林防火、实践教学、学员研讨、学员论坛、时事政策6大板块内容。加强森林防火国际合作，推动与蒙古、俄罗斯等国举办联防会议，妥善历次处置边境火情。按财政部和国家税务总局批复，为394辆森林防火专用车办理了免税手续。

指挥调度　理顺森林防火值班信息报送汪洋副总理办公室的工作渠道，确保重要火情信息第一时间报送国务院领导同志。累计向汪洋副总理办公室报送重要火情专报、重要时段专报等各类信息26期，其中5期得到汪洋副总理的重要批示。开展森林防火调度指挥综合测试演练，理顺应急处置操作流程，检验了多部门协同作战能力。制订赴火场工作组方案，修订《国家森林防火指挥部办公室森林火灾应急处置细则》《全国森林航空消防应急预案》，全面做好应急准备。严格执行“有火必报”和卫星监测热点核查“2小时报告”制度，全方位了解火情信息，多渠道掌握火势发展。截至2014年年底，指挥中心调度火情1000多起，编报值班信息218期、编发各类火情信息近300期，及时、妥善处置了云南香格里拉、保山、安宁，四川冕宁、陕西柞水、山东

威海、广东梅州、新疆伊犁和塔城边境等领导关心、社会关切、舆论关注的多起森林火灾。

营造防火氛围 积极协调中国气象局、中国卫星直播中心，在国家突发事件预警信息发布平台(国务院授权)和国家广播电视卫星直播中心(“中星9号”卫星，是我国自主发射的第一颗电视直播卫星，其覆盖范围涵盖中国全部国土)开设了“森林防火预警宣传平台”，使森林防火预警宣传渠道首次拓展到国家级和卫星级平台，增加了权威性，扩大了覆盖面。继续在春、秋防高火险期，特别是清明、“五一”、国庆和十八届四中全会、APEC会议等重要时期，在中央电视台新闻报道中播出“国家森防指发布高森林火险警报”消息，在“天气预报”栏目中连续播出“林区火险等级天气预报”，新华社发布通稿10余篇。在《中国绿色时报》推出“聚焦森林防火”专题栏目，直击各地森林防火备战情况。利用森林防火公共信息网络平台累计发布信息756篇，编发中国森林防火手机报308期、舆情监测报告100期；在中国林业网、中国森林防火网报道森林防火信息399条，《中国绿色时报》刊发森林防火信息300余条；森林防火微博发布信息680条，粉丝达6万多人次，营造良好防火氛围。 (李新华)

森林火灾

【全国森林火灾情况】 2014年森林火灾情况(见2014年全国森林火灾分月统计表)如下。

火灾次数情况 2014年，全国共发生森林火灾3703起，比前3年(2011～2013年，下同)均值下降778起，降幅达17.4%。其中一般森林火灾2080起、较大森林火灾1620起、重大森林火灾2起、特别重大森林火灾1起。一般火灾、较大火灾、重大火灾分别比前3年均值下降了19.3%、14.7%和40%。与2013年相比，火灾次数下降226起，降幅达5.8%，其中一般火灾下降11.4%，较大火灾上升2.4%。

火灾损失情况 2014年全国森林火灾受害森林面积19 110公顷，比前3年均值相比增加903公顷，增幅达5%。与2013年相比，增加5386公顷，增幅达39.2%；2014年因森林火灾造成人员伤亡112人，比前3年均值增加56人，增幅为101.2%。与2013年相比，增加57人，增幅为103.6%。其中，轻伤39人、重伤20人、死亡53人，分别比前3年增加207.9%、81.8%、65.6%，分别比2013年增加290%、185.7%和39.5%。2014年因森林火灾死亡的53人中，广东省10人，云南省7人，贵州和陕西省各6人，浙江省和湖南省各4人，江西省、河南省和广西壮族自治区各3人，福建省和四川省各2人，河北省、安徽省和湖北省各1人。

火灾扑救情况 2014年，全国扑救森林火灾共出动81.7万个人工日，出动车辆7.6万辆(台)次，分别比前3年均值增加6.2%和21.6%，比2013年增加2.7%和31.6%；出动飞机575架次，比前3年均值减少28.8%，比2013年增加125.5%；投入扑救森林火灾经费约1亿元，比前3年均值减少47.8%，比2013年增加8.4%。

火灾原因分析 2014年发生的森林火灾中，已查明火源的森林火灾3017起，占全部森林火灾次数的81.5%，未查明火源的森林火灾686起，占全部火灾次数的18.5%。在已查明火源的森林火灾中，人为因素引起的森林火灾占96%，其中烧荒烧炭925起、野外吸烟222起、上坟烧纸741起、小孩玩火119起、雷击火47起，分别占已查明火源的森林火灾的30.7%、7.4%、24.6%、3.9%和1.6%。

森林火灾“三率”情况 2014年森林火灾发生率(起火灾/10万公顷森林)为1.78，森林火灾控制率(公顷受害森林面积/每起森林火灾)为5.16，森林火灾受害率(受害森林面积/森林总面积)为0.09‰(按全国森林面积20 769万公顷计算)。 (金 博)

【内蒙古大兴安岭北部原始林区“4·30”俄罗斯入境森林火灾】 4月30日，内蒙古大兴安岭北部原始林区因俄罗斯林火入境引发森林火灾，火场临近国境，属未开发原始林区，地形复杂，山高林密，偏远无路，运兵困难，只能依靠直升机调运兵力进行扑救，给火灾扑救工作带来极大困难。党中央、国务院高度关注，汪洋副总理作出重要批示，国家森防指赵树丛总指挥、孙扎根副总指挥在国家森林防火指挥中心坐镇指挥，对扑火工作提出具体要求，先后派出两个赴火场工作组协调指导火灾扑救工作，并紧急向扑火前线调拨了一批扑火物资。经1400名林业专业扑火队伍和武警森林部队官兵的奋力扑救，5月3日早7时，火场外围达到无烟、无火、无气的“三无”标准，扑火救灾取得决定性胜利。火灾过火面积2703公顷，受害森林面积2703公顷。

(王 岩)

【云南省昆明市安宁市“5·21”森林火灾】 5月21日16时05分，云南省昆明市安宁市禄脿街道办北冲郑家沟因村民吸烟引发火灾，火场区位敏感、地形复杂、植被茂密，严重威胁解放军战备物资库等7个重点目标、北甸村等16个村庄及上万公顷国家森林资源和人民群众生命财产安全。火灾发生后，汪洋副总理、赵树丛总指挥、孙扎根副总指挥先后作出重要批示，国家森防指专职副总指挥杜永胜亲临一线指导扑救，要求严密组织，加强指挥，搞好保障，尽快将林火扑灭。云南省先后启动县、市(州)、省三级应急响应，共调集军警民8000余人、直升机4架、大型挖掘机21台、消防车57辆、园林绿化水车33辆，经过7个昼夜连续鏖战，共扑灭火头60个、火线23.8千米、开辟隔离带34千米，清理火线20余千米，明火于5月27日11时全部扑灭。火灾过火面积3252.3公顷，受害森林面积933.5公顷。

表 8-1　2014 年全国森林火灾分月统计表

月份	森林火灾次数					火场总面积（公顷）	受害森林面积（公顷）			损失林木		人员伤亡（人）				其他损失折款（万元）	出动扑火人工（工日）	出动车辆（台）		出动飞机（架次）	扑火经费（万元）
	共计	一般火灾	较大火灾	重大火灾	特大火灾		共计	其中		成林蓄积（立方米）	幼林株数（万株）	共计	轻伤	重伤	死亡			共计	其中汽车		
								原始林	人工林												
全年累计	**3703**	**2080**	**1620**	**2**	**1**	**55 339.60**	**19 110.38**	**3710.50**	**12 544.00**	**354 655.00**	**1986.12**	**112**	**39**	**20**	**53**	**42 512.79**	**817 315.50**	**75 608**	**54 628**	**575**	**9897.50**
一月	1117	526	591	0	0	14 727.52	4934.99	206.60	4461.20	89 483.70	659.91	25	3	6	16	1963.29	167 371.00	17 377	12 534	60	1986.50
二月	501	245	256	0	0	6381.70	2391.73	112.68	2055.80	61 650.40	202.80	15	3	5	7	35 320.00	112 632.00	9661	6122	89	1336.20
三月	666	427	239	0	0	7088.84	2248.86	126.69	1735.80	47 223.00	648.30	24	1	7	16	1450.38	135 708.50	12 213	8995	52	1386.00
四月	857	578	277	1	1	16 813.53	6424.81	3108.70	2533.40	71 991.90	249.96	6	4	0	2	1730.57	216 383.00	23 850	19 130	270	2416.80
五月	167	104	62	1	0	5948.76	1617.30	28.20	454.46	61 235.30	74.88	29	26	0	3	1510.46	103 685.00	4496	3258	7	1296.40
六月	64	37	27	0	0	988.62	236.39	92.02	133.21	5013.94	18.76	1	0	0	1	45.26	43 130.00	2301	1345	51	789.20
七月	20	16	4	0	0	95.17	30.68	1.09	5.32	199.60	0	0	0	0	0	9.97	2497	242	212	0	75.71
八月	17	13	4	0	0	84.39	58.08	2.52	55.69	107.72	9.13	0	0	0	0	189.19	3456	214	174	12	89.94
九月	8	3	5	0	0	49.64	17.70	3.76	17.70	100.00	0.20	0	0	0	0	0	947	110	108	14	77.78
十月	112	46	66	0	0	1077.90	558.52	14.60	531.68	11 545.00	29.89	9	2	1	6	144.15	11 941	2509	1094	10	209.04
十一月	42	20	22	0	0	309.38	92.81	0	92.81	1348.60	7.36	1	0	0	1	11.57	6148	1091	655	0	37.82
十二月	132	65	67	0	0	1774.13	498.53	13.58	466.93	4756.32	84.93	2	0	1	1	137.96	13 417	1544	1001	10	196.26

5月27日16时38分，在火场值守过程中突遇雷暴，23名官兵和5名地方扑火人员被雷电击中，其中3名战士光荣牺牲。（王 岩）

【云南省保山市隆阳区“4·12”森林火灾】 2014年4月12日12时40分，云南省保山市隆阳区永昌街道办事处红庙社区呢喃山发生森林火灾，因村民林元文(男，66岁，文盲)私自携带山神纸进山上坟，不慎引发森林火灾。火灾发生后，党中央、国务院，省委、省政府高度重视，扑火前指科学决策、调集重兵、靠前指挥，全力做好火灾扑救工作。国务院副总理汪洋，国家林业局局长赵树丛，省委书记秦光荣，省长李纪恒等领导相继作出指示、批示。经过5000余军、警、民共同艰苦奋战95个小时，明火于4月16日12时全部扑灭。此次火灾过火面积860公顷，受害森林面积620公顷。（王 岩）

森林防火重要会议及活动

【全国春季农业生产暨森林草原防火工作会议】 3月21日，国务院在山东省济宁市召开全国春季农业生产暨森林草原防火工作会议。李克强总理作出重要批示，汪洋副总理出席会议并讲话。汪洋副总理在讲话中指出：“枝繁叶茂一百年，化为灰烬一瞬间”。森林草原防火事关人民生命财产安全，事关经济社会发展大局，绝不能出大的问题。汪洋副总理说，2014年以来，全国林火监测热点为2010年以来同期最多，初步分析当前情况，主要林区由于气温偏高、降水偏少，火险等级偏高，火灾隐患增多。对此，各地区、各有关部门要有清醒的认识和充分的应对准备。他强调，要严格防火责任，落实各项防控措施，强化预警监测和应急值守，提前布防各类消防力量。一旦发生火情，要快速反应、尽早扑救，确保不发生特大森林草原火灾和重大人员伤亡。（李新华）

【重点省(区、市)森林防火工作座谈会】 4月15日，国家森防指在辽宁省沈阳市召开重点省(区、市)森林防火工作座谈会，国家森林防火指挥部副总指挥、国家林业局副局长孙扎根出席会议并讲话，国家森林防火指挥部专职副总指挥杜永胜通报了当前重点地区热点、火灾情况及火险形势，辽宁省副省长赵化明、武警森林指挥部副司令员郭建雄出席会议。（李新华）

【中俄第三次森林防火联防会议】 7月23日，中俄第三次边境森林防火联防会议在俄罗斯滨海边疆区首府海参崴召开。会议由中国国家林业局党组副书记、副局长张建龙和俄罗斯联邦林务局副局长支林共同主持。国家林业局防火办，国际合作司，内蒙古、吉林、黑龙江3省区森林防火指挥部以及有关边境地市林业部门负责同志参加了会议。俄罗斯联邦林务局、各边境省区林业部门、紧急情况部、外交部、航空护林局等单位派员出席了会议。会上，张建龙副局长和俄罗斯联邦林务局支林副局长分别致辞，双方介绍了自上次联防会议以来森林防火联防工作的开展情况，并就共同关心的问题深入交换了意见。国家森防指办公室副主任王海忠代表中方提出了包括明确国家层面应急联系渠道、尽快梳理更新基层联防站联系方式、近期全面开展一次临时会晤、明确国家级联防会议举办周期、建立省一级的联防机制、加强技术层面互访交流等8个方面的具体建议。双方特别就协调发挥外事和边防部门参与应急联络、联合开展边境扑火演习等重要事项达成了共识。双方一致认为，本次会议非常务实、很有成效，开创了中俄两国森林防火联防工作的新阶段。这次会议的召开，必将有效促进中俄边境森林防火工作的快速、持续、健康发展。会后，双方签署了会议纪要。会议期间，代表团会见了俄罗斯滨海边疆区第一副区长乌索里采夫，就扩大林业合作事宜交换了意见。（王 岩）

【中蒙第二次森林防火联防会议】 8月5日，中蒙第二次边境森林防火联防会议在蒙古国首都乌兰巴托召开。会议由国家林业局副局长张建龙和蒙古国紧急事务管理局副局长特·巴德日勒上校共同主持。会上，张建龙和特·巴德日勒分别致辞。双方回顾了自1999年《联防协定》签署以来，特别是第一次联防会议之后的合作行动，对双方在边境森林防火合作领域取得的进展给予了肯定，同时就共同关心的问题进行了讨论。双方一致认为，加强中蒙两国边境地区的森林防火协调，积极开展边境森林防火联防工作，有利于改善中蒙边境地区的森林防火状况，有利于加强中蒙边境地区的林业工作，有利于维护两国生态安全，有利于发展中蒙两国政府和两国人民之间的友谊，具有重大的战略意义。会上，双方就继续推进边境防火隔离带建设、将国家级联防会的周期固定化、探索建立蒙、中、俄三国间的森林火灾联防机制、加强双方互访交流、加强部门之间的协调、落实联络站间的沟通联络、建立务实高效的应急快速过境扑火工作机制、加强对蒙方的扑火物资装备援助以及推进蒙方境内中资企业参与防扑火工作9个方面重要事项达成了共识，签署了会议纪要。双方一致认为，本次会议非常务实、很有成效，开创了中蒙两国森林防火联防工作的新阶段。会后，代表团走访了蒙古国首都紧急情况局、救援中心和消防站等单位，与相关人员进行了深入交流。国家林业局森林公安局、国际合作司有关负责同志，内蒙古自治区防火指挥部及相关边境盟市防火办负责同志，蒙古国环境和绿色发展部、边防局、海关局等部门负责同志参加了会议。（王 岩）

【森林防火视频调度会】 4月29日，国家森林防火指挥部召开森林防火视频调度会，对五一节期间及春防后期森林防火进行再动员、再部署、再落实。国家森防指副总指挥、国家林业局副局长孙扎根出席会议并讲话；国家森防指专职副总指挥杜永胜通报近期森林火灾情况及火险形势。武警森林指挥部郭建雄副司令员出席会议。（李新华）

【森林防火专职指挥座谈会】 12月1～3日在福建省厦门市举办，来自内蒙古、辽宁、吉林、黑龙江、福建、河南、广东、海南、重庆、四川、云南、甘肃等省（区、市）及大兴安岭森工集团、黑龙江森工总局、大兴安岭林管局的专职指挥和有关领导就“森林防火问责”进行了专题发言。北方、南方航空护林总站、南京森林警察学院、中国林科院、东北林业大学、北京林业大学、广东省林科院的有关领导和专家进行了讲评。与会代表介绍了各自辖区在建立和落实森林防火责任追究制度、机制方面的经验、做法，对存在的问题和解决途径进行了深入交流。积极开展森林防火责任追究工作，是贯彻十八届四中全精神的重要举措，是落实党中央、国务院和国家林业局领导有关指示要求的重要步骤。通过森林防火责任追究，对森林防火工作管理不到位、责任不落实以及渎职、失职行为进行问责，是依法治火、依法治林的集中体现，对于贯彻《森林防火条例》，落实地方政府行政首长负责制具有重要推动作用。通过举办座谈会，进一步提高了思想认识，明确了工作方向，为制定森林防火相关政策、开展相关工作提供了有益借鉴。（闫　厚）

森林消防体系建设

【森林消防基础保障】 2014年，国家林业局审批2014年森林防火项目85个，项目总投资12.2亿元，下达森林防火中央基本建设投资12亿元。协调国家发展改革委开展《全国过森林防火中长期发展规划（2016～2025年）》编制工作，对“十三五”规划课题开展研究工作。（孙　鹏）

【指挥员培训工作】 2014年，国家森林防火指挥部在国家行政学院、南京森林警察学院和武警警钟学院共举办了5期森林防火指挥员培训班，培训各省厅（局）、处级森林防火指挥员429人。2014年的培训有两个方面进展：一是国家行政学院举办了首届森林防火高级指挥员培训班。在国家森林防火指挥部大力支持和配合下，国家行政学院于2014年11月举办了由全国有关省（区、市）政府办公厅、森防指（林业厅）、武警森林部队和森工集团公司45名厅（师）级领导参加的“森林防火高级指挥员培训班”，对提高全国森林火灾扑救指挥水平发挥了重要作用。二是举办了4期地市级森林防火指挥员培训班。8～10月，在南京森林警察学院、武警警种学院举办了4期地市级指挥员培训班，共有384人参加。参加培训的人员有地市级分管副市长等副厅以上领导、地市级政府分管副秘书长、地市级林业局局长（副局长）或专职指挥等。（王志友）

【全国森林防火规划培训】 4月28～29日，国家森防指办公室在湖南省长沙市组织举办了全国森林防火二期规划编制和项目建设培训班，研究商讨森林防火二期规划大纲，征求规划区域布局、建设重点意见；培训一期规划总结和二期规划数据统计、森林火险区综合治理建设项目典型模式设计编制、解读《林业基本建设项目管理办法》及部署2014年防火项目组织及重点省区试点项目工作。王海忠局长亲自出席会议并作重要讲话，来自全国各省（区、市）、有关单位近120名代表参加了会议。（孙　鹏）

【森林消防队伍建设工作】 加强森林消防队伍建设是森林防火工作中的一个重要内容，2013年，国家森防指下发《关于进一步加强森林消防队队伍建设的意见》，2013年年底国家森防指办公室组织了队伍建设现场会，推广了江西的建队经验和模式，极大地推动了各地森林消防队伍建设进程，队伍的规模不断壮大，队伍的素质有了明显提高。截至2014年10月，全国有专业队3561支，110 296人；半专业队25 574支，638 693人；应急队伍4848支，23.5万人。（王志友）

【森林消防标准工作】 全国森林消防标准化技术委员会2014年年会暨标准审查会于2014年12月12日在北京国林宾馆召开。会议审查并通过了《森林火险预警信号分级及标识》等12项林业行业标准。会议由国家林业局科技司副司长、全国森林消防标委会副主任胡章翠主持，国家森林防火指挥部专职副总指挥、标委会主任委员杜永胜作了重要讲话，秘书长王立夫向大会作了2012年以来标委会的工作报告。2014年，共有6项森林防火标准被科技司批准立项。（孙　鹏）

【森林防火试点项目】 按照国家发改委批复同意的《全国森林防火中长期发展规划（2009～2015年）》调整意见，国家森林防火指挥部、国家林业局选择在黑龙江省林业厅、黑龙江省森工总局、大兴安岭林业集团公司、内蒙古自治区林业厅、内蒙古森工集团、吉林省林业厅、四川、云南等8家单位开展试点工作。按照规划中期评估意见，国家防火办积极协调计财司，重点推进大型装备、视频监控、以水灭火三类试点项目建设，研究确定了建设范围、建设重点、技术要求，初审三类试点项目22个。（孙　鹏）

【加强森林火险预测预报工作】 组织相关专家分别对元旦、春节、清明、五一、端午、中秋、国庆等节日期间和APEC会议期间等高森林火险时段的森林火险形势进行会商，并召开了春、夏和秋冬季3次全国森林火险形势会商会，对全国气候变化、森林火险形势进行综合分析、预测，形成了全国中长期火险形势分析报告。同时，根据扑火工作需要，及时与中国气象局专家进行会商，全年共制作发布了森林火险气象等级预报365期、高森林火险天气警报171期、未来一周全国森林火险预测52期、未来一月全国森林火险预测12期、高森林火险橙色警报21期、高森林火险红色警报10期，为山东威海、云南安宁、香格里拉等森林火灾提供火场气象服务，共制作火场气象专报31期，并在国家林业局网站每日头条栏目中发布高森林火险警报等10余期。此外，按照领导的指示和实际需要，不定期编辑制作中短期全国或重点地区、时段气候特征及森林火险趋势预测报告。

（张英男）

【提高应急通信水平，强化应急保障能力】 完成森林防火VSAT卫星通信系统技术升级，建立了到运营商地面专线，实现了支持3路高清视频传输的专用独享带宽，减小了信号延迟，降低了传输不稳定性概率，进一步提升了应急卫星通信系统传输质量和使用效果。完成了海事卫星通信系统升级，在森林防火应急通信中首次使用独享带宽方式进行视频通信，通信质量得到了显著提高，在历次实战和测试演练中取得了良好效果。

（杜建华）

森林航空消防

【森林航空消防基本情况】 2014年，中国的森林航空消防事业得到快速发展。2014年，北京、河北、内蒙古、吉林、黑龙江、江西、山东、广东、河南、湖北、湖南、广西、重庆、四川、云南、陕西、新疆17个省（区、市）开展了森林航空消防工作，总航护面积达300.41万平方千米，占国土总面积的31.3%，主要执行巡逻报警、火场侦察、火场急救、空投空运、吊桶灭火、机(索)降灭火、化学灭火、防火宣传等任务。南北方共租用飞机215架次，其中直升机153架次，固定翼飞机62架次。全年累计飞行3615架次7658小时24分，空中发现林火186起，参与扑救林火130起，其中吊水灭火飞行411架次643小时50分，洒水11 749.5吨；机降索降飞行202架次227小时28分，运送5390人；化灭飞行25架次18小时48分，喷洒灭火药液48吨；运送扑火物资18.5吨；配合地方森林防火部门开展了防火宣传，投撒防火传单33万份。特别是在扑救内蒙古北部原始林区森林火灾过程中，短时间内协调北方总站紧急调集9架飞机参与扑火，为快速扑灭森林火灾发挥了重要作用。

（刘国珍）

武警森林部队

【综　述】 2014年，各级紧紧围绕实现强军目标，认真学习贯彻习近平主席系列重要讲话精神，按照武警党委和指挥部党委部署要求，坚持正规建设部队、提升标准质量，持续转作风正风气，求真务实抓落实，部队保持全面提高、整体进步良好态势，实现了“两个确保”。

【思想政治建设】 认真学习贯彻习近平主席系列重要讲话、十八届四中全会精神以及全军和武警部队政治工作会议精神，按照“六步法”分专题抓好党委中心组学习，分两期组织团以上干部理论轮训，强化听党指挥的政治自觉和实际能力。扎实开展“牢记强军目标、献身强军实践，永远做党和人民的忠诚卫士”主题教育，组织配合活动和战斗力标准大讨论，评选表彰第三届“绿色卫士”，狠抓严守政治纪律和组织纪律，肃清周永康、徐才厚的流毒影响，进一步打牢“三个绝对”思想基础。做细做好经常性思想工作，在昆明召开会议规范基层文化建设，广泛开展群众性文化活动，积极占领思想文化阵地。吉林总队《大森林里一群兵》舞蹈入选央视2015年元宵晚会。内蒙古总队大兴安岭支队政治处被总部表彰为“先进政治机关”，奇乾中队典型宣传取得较好效果；指挥部被总部表彰为“新闻宣传工作先进单位”。

【党的群众路线教育实践活动】 坚持两批教育实践活动上下衔接、整体联动，党员干部普遍受到马克思主义群众观点教育，刹“四风”转作风取得重要阶段性成果。治理“五超”“五多”和“三清”扎实有力，不合理住房、超面积办公用房、超标超配车辆整改到位；经费管理更加严格，取消不合规补助，行政消耗性开支、公务接待费大幅压减；会风文风更加朴实，基层风气不断纯正。各级“废改立”和“办实事”工作推进有序。四川、甘肃总队接受全军和总部督导检查受到好评。

【核心军事能力】 狠抓战备工作，集中会审战备方案，系统规范战备值班，组织覆盖式检查，战备秩序更加正规。狠抓核心要素建设，组织通信要素整合改造，开展“云计算”试点，加强应急通信保障训练，完善部队管控和任务指挥功能；搞好装备普查和操作使用培训，投入1.91亿元配发补充应急装备和靠前预置装备，3项新研发装备获武警部队科技进步奖；持续分级分类、全员全程培训干部骨干，重视保留专业技术人才，直升机支队被总部表彰为“人才培养先进单位”。狠抓实战化训练，围绕“懂指挥、会指挥”举办“四长”集训，抓好新大纲试训和考比拉活动，加大网上查训力度，组织“两化”训练和4个重大演习演训，从难从严摔打锻炼部队。军事理论体系研究取得重要成果，战斗力生成模式“五个转变”迈出实质性步伐。坚持防火灭火行动原则，精心指导靠前驻防和春秋防工作。全部队动用兵力13万余人次，参加防火执勤4000余次，灭火作战533起，扑救云南昆明、楚雄和内蒙古北部原始林区入境火灾，受到各级领导高度赞誉；维稳备勤、抢险救灾任务完成出色。直升机支队7个机组具备独立遂行任务能力，二大队组建稳步推进。

【部队管理】 认真贯彻总部依法从严治警集训精神，制定《正规化建设五年规划》，在福建总队组织集训，研究围绕内涵式发展推进新一轮正规化建设举措。抓好常态化条令学习训练和制度落实，严格部队日常管理教育，做好“四个样子”。指挥部司令部和黑龙江总队大兴安岭地区支队司令部分别被总部表彰为“先进司令部”。持续推进正规化建设达标，指挥部被总部表彰为“正规化管理先进单位”。紧盯“四个安全”不放松，狠抓安全制度落实，加强隐患排查治理，部队保持平稳发展。37个支队首次全都实现“三无”。严密组织新兵教育训练和“三查一除”工作，从源头把好新兵质量关。

【基层建设】 持续开展《纲要》轮训、预任中队主官集训、毕业学员岗前培训和应用性操作性培训，每月举办政工讲坛，提高干部骨干实际工作能力。狠抓基层组织建设，深入开展支部班子成员岗位练兵和“三帮一提高”活动，严格落实七项组织生活制度，不断提高“三个能力”。采取下部队检查指导、当兵蹲连、按纲抓建过程控制，促进基层经常性基础性工作有效落实。注重抓好党建带团建工作，甘肃总队平凉支队团委被总政表彰为“全军红旗团委”。

【现代后勤建设】 开展成建制、成体系试点，区分南北片区组织交叉检查观摩，检验成果、提供示范，扎实推进“三大建设任务”。制定出台4部后勤法规，系统规范战备、训练、装备和物资储备，推开应急保障力量“一组三队”建设和“一兵多用、一专多能”训练模式，搞好后勤装备器材配备，组织保障先行实兵实装综合演练，具有森林部队特色的应急保障体系基本形成。注重利用军地资源培训后勤专业兵，驾驶员、炊事员、卫生员培训全部实现社会化。投入近2.5亿元加强基础设施建设，解决基层营房老化、面积不足等问题。狠抓后勤依法管理，集中组织“四查”，开展伙食标准化体系建设试点，从严从紧管理使用经费，加大审计监督力度，增强综合保障效益。指挥部被财政部评为“年度预算绩效管理”一等奖。

【党委班子建设】 深入开展党委班子考察帮建和民主集中制学习研讨活动，不断强化班子成员参与集体领导的意识和能力。认真贯彻民主集中制原则，严格按政策、规定和程序办事，坚持重大问题集体讨论决定，用人用权用钱符合规定要求。严格党内生活，召开专题民主生活会开展批评和自我批评，落实述职述廉、双重组织生活、重大事项报告等制度，5个总队召开党代表大会，各级班子凝聚力、战斗力不断增强。持续抓好党性党风党纪教育，从严管理领导干部，严肃查处违规违纪问题，总结推广福建总队龙岩支队基层风气建设经验，大力营造风清气正良好环境。

【汪洋副总理考察指挥部机关】 1月9日，中共中央政治局委员、国务院副总理汪洋考察指挥部机关，观看森林部队全面建设录像、听取指挥部党委工作汇报和国家林业局关于全国森林防火工作情况汇报。强调森林部队要坚持不懈用中国特色社会主义理论体系武装官兵，扎实开展“牢记强军目标、献身强军实践”主题教育活动，进一步加强政治建设、作风建设、能力建设，努力建设一支听党指挥、能打胜仗、作风优良的森林防火灭火国家队专业队突击队。

【四级军事主官暨指挥部首长机关灭火组织指挥业务集训】 2月25日至3月14日，指挥部分两期在警种学院举办四级军事主官暨指挥部首长机关灭火组织指挥业务集训。集训紧紧围绕提高灭火组织指挥能力主题，区分组织指挥、战法研究、任务安全、多样化任务4个单元，深入研究破解遂行任务中最急需、最现实、最紧迫的重难点问题。各总队、机动支队、直升机支队“四长”(总队长、支队长、大队长、中队长)和指挥部首长机关共630人参加集训。

【学习贯彻习近平主席系列重要讲话精神轮训】 3月27日至4月10日，指挥部在黑龙江省森林总队分两期举办团以上领导干部学习贯彻习近平主席系列重要讲话精神轮训。轮训采取与武警部队军师职领导干部理论轮训班同步集中、同步展开的方式，571名团以上领导干部参加轮训。轮训以“深入学习贯彻习主席建军治军重要思想，努力提高现代化森林部队建设水平”为主题，在参加总部轮训班远程授课的基础上，先后组织4次学习体会交流、4次实践教学、4次讨论、2次优质研讨文章评选、2次学习笔记展评和2次理论测试。通过轮训进一步坚定高举旗帜的信心信念，进一步增进对党中央、习近平主席的忠诚信赖，进一步强化献身强军实践的历史担当，进一步凝聚拥护改革、支持改革的意志力量，进一步形成领导干部改作风、作表率的高度自觉。轮训队队长、指挥部副政委聂增龙、副司令员魏凤桐分别主持大会，指挥部政委亢进忠、司令员何宏成分别作动员讲话，森林部队团以上领导干部参加培训。

【扑救俄罗斯入境火】 4月30日12时05分，俄罗斯境内大火越过界河，袭入内蒙古大兴安岭北部原始林区乌玛伊木河。党中央、国务院高度关注，中共中央政治局委员、国务院副总理汪洋作出重要批示，国家林业局领导在国家森林防火指挥中心多次调度灭火。指挥部领导要求部队全力以赴，坚决将入境火全部扑灭。内蒙古森林总队和司令部领导亲自挂帅，奔赴火场一线指挥。大兴安岭支队出动360名官兵参战，经过100个小时奋力扑救和反复清理，圆满完成阻截俄罗斯入境北部原始林区大火任务。部队累计行程3400余千米，扑打清理火线21千米，歼灭火头34个，开设防火隔离带8千米，处理烟点700余处，清理站杆倒木500余根。

【扑救安宁禄脿、青龙镇森林火灾】 5月21~24日，云南省安宁禄脿、青龙镇相继发生森林火灾。云南森林总队累计出动790名官兵，在4000余名军警民协同配合下，经过7个昼夜艰苦鏖战扑灭大火。期间，累计扑灭火头60个、火线23.8千米，清理火线42.4千米，有效保护解放军战备物资库区等7个重要目标安全和界牌等10余个村庄人民群众生命财产安全。

【现代后勤建设会议】 8月20~24日，指挥部在内蒙古森林总队和云南森林总队教导队分别举办森林部队现代后勤建设会议。与会人员先后观摩指挥部海拉尔战备物资储备库规范化建设和内蒙古大兴安岭支队"集中部署、集成建设、集约保障"模式，重点观摩云南总队应急保障队全员全装全要素静态展示、昆明支队后勤应急保障队实兵实装实战状态下综合保障演练、昆明支队后勤专业兵"一专多能、一兵多用"岗位互训演示、石林中队应急保障组紧急状态下拉动演示和大(中)队卫生机构规范化建设5个内容，集中展示森林部队总队、支队、大(中)队四级后勤应急保障能力和后勤训练组训模式。

【抗震救灾】 10月7~11日，云南省普洱市景谷傣族彝族自治县发生6.6级地震。云南森林总队普洱支队迅速调集245名官兵，紧急赶赴震中永平镇进行救援。期间，排查景谷县永平镇芒费村大芒竜、小芒竜、那卡等9个村民小组灾区群众235户、928人，搭建救灾帐篷166顶，搬运棉被、帐篷、食品等救灾物资275吨，为灾区群众转移搬运家具、家用电器50余件，转移危房物资20余吨，平整路面1500米，挖水沟1500余米，救治伤员9人，慰问困难群众3户，为80余户受灾群众进行心理疏导和发放药品，圆满完成前期抗震救灾任务。

11月22日16时55分，四川省康定县发生里氏6.3级地震，25日23时19分，又发生5.8级余震。四川森林总队甘孜支队先遣组率45名官兵，作为第一支快速进入震中的部队奔赴地震灾区夺让一村、二村参加抗震救灾。11月25日再次发生5.8级余震后，总队政委金德成率150名官兵，分赴康定塔公、康定县城、雅江县城、道孚县八美镇4个片区实施救灾。截至12月2日，累计救治伤病员49人，疏散转移群众700余人，进行巡诊和心理疏导372人，搭建帐篷230顶，转送帐篷880余顶，搬运物资136吨，抢运受灾群众家具1180余件(套)，转移牦牛等牲畜163头，抢救转移其他被困车辆11辆，转运建筑木材38立方米，保障部分学生热食和热水供应2000余人次，救治伤员39人次。

【集体一等功——大兴安岭地区森林支队三大队五中队】 2013年8月，黑龙江省境内三江流域发生特大洪灾，中队官兵连续鏖战44个昼夜，完成处置大兴安岭地区甘河内涝排险，增援佳木斯市抚远、同江抗洪救灾等紧急救援任务。转移受困群众216人，往返接送群众1300人次，拖拽遇险车辆262台，搜救失散人员3名。在同抚大堤5处险段排打近500根木桩，向坝水结合处投进20万袋沙石料，对背水坡26处渗水点进行沙袋封盖强化处理，中队官兵以超人毅力和奉献精神成功守护被划为"淹没区"的同抚大堤三村段。用血肉之躯筑起坚固子堤，赢得地方和人民群众的高度赞誉。2014年2月，武警总部为五中队记集体一等功。

（武警森林部队由管黎丽供稿）

森林公安

09

【综 述】 2014年，是国家林业局森林公安局成立30周年，森林公安工作得到党和国家领导人的高度重视和关心。8月29日，中央政治局委员、政法委书记孟建柱对森林公安作出重要批示；国务委员、公安部部长郭声琨专门在国家林业局森林公安局成立30周年之际对森林公安工作作出重要批示。国家林业局、公安部领导也多次对森林公安工作作出指示、提出要求，国家林业局、公安部领导多次听取森林公安工作情况汇报、出席森林公安工作会议并作重要讲话，指明了森林公安工作方向，明确了任务目标。广大森林公安民警扎根林区，依法履职，有力打击了涉林违法犯罪活动，有效维护了森林资源安全和林区社会治安持续平稳，全年工作取得明显进步。

推进依法治林，严打涉林违法犯罪 深入贯彻落实中央关于全面推进依法治国和推进生态文明、美丽中国建设的重大战略部署，严厉打击各类破坏野生动物资源违法犯罪活动。先后部署开展了"2014天网行动""2014利剑行动"两次大规模、全国性专项打击行动。组织指导各地查处了北京"4·21"、福建"7·10"、浙江"11·18"特大收购、运输、出售珍贵、濒危野生动物制品案和河南"8·25"特大非法运输金丝猴案、宁夏"10·15"网络贩卖野生动物案、四川省芦山县武某特大滥伐林木案等一批重特大案件。督办广东"12·12"特大杀害老虎案、河北非法象牙交易案、西藏非法猎杀野驴案、北京"7·8"伪造国家机关公文案、云南"10·16"猎杀亚洲象案等重特大案件20余起，下发举报转办函58份。针对中央电视台、新华网、人民网等中央主流媒体曝光的天津市候鸟非法交易、河北省唐山市非法猎捕候鸟、云南省西双版纳州勐腊县非法猎杀亚洲象和普洱市江城县中越边境非法出售野生动物等破坏野生动物资源重大问题的系列报道，联合保护司加强核查、督办，在北京、天津、河北、广东等地查获"三有"野生鸟类20余万只，遏制了事态发展蔓延。组织各地参加代号"眼镜蛇二号"的全球执法行动和国际刑警组织打击野生动物犯罪PAWS行动，进一步深化国际执法合作，树立中国野生动物执法良好国际形象。据统计，2014年，全国森林公安机关共立森林和野生动物刑事案件3.13万起，与2013年同期相比上升17.1%；破案2.46万起，同比上升14.1%。抓获涉嫌犯罪人员3.15万人，收缴林木60余万立方米、野生动物7万多头(只)；共查处行政案件22.4万起，同比下降7.1%，处罚违法人员37万人次，收缴林木树木51万立方米、野生动物49万余头(只)，涉案金额3.4亿元，森林公安机关办案能力和执法地位在实战中得到普遍提升。

推进平安林区建设，全面加强林区维稳 结合林区实际，及时部署检查春节、"两会"、国庆、APEC会议等节假日和重要会议期间林区维稳安保工作，保持林区社会治安总体平稳。组织全国各级森林公安机关开展"缉枪治爆专项行动"和"集中打击整治非法制贩管制器具和仿真枪、枪支违法犯罪行动"并取得明显战果：截至10月底，共查破各类涉枪涉爆案件1286起(其中涉枪刑事案件立案98起、采取强制措施119人；查处治安案件1188起、处罚1280人)，捣毁涉枪涉爆窝点2处。收缴非法枪支2204支、子弹14 897发，炸药1212千克，雷管3604枚，索类爆炸物品867米，管制刀具326把。开展林区禁毒工作，发现铲除非法种植的罂粟33.05万株，大麻6.4万株；立案侦查非法种植毒品原植物等刑事案件37起，抓获犯罪嫌疑人53名；查处非法种植治安案件172起，处罚405人；共缴获海洛因30.61千克、冰毒2.52千克、罂粟壳2.58千克、罂粟籽4千克。森林公安系统6个单位被国家禁毒委员会办公室评定为全国禁种铲毒工作优秀组织单位，20名个人被评定为全国禁种铲毒工作先进个人，3个单位、5名个人因在"肃毒害、创平安"禁毒百日攻坚会战中表现突出受到国家禁毒办通报表扬，1名民警被国家禁毒办评定为"2013年毒品案件信息管理先进个人"。组织开展了"除火患、保平安"冬春专项行动、林区城镇重大火灾隐患集中整治活动，有效消除林区火灾隐患。

推进规范执法，夯实基层基础工作 编制《森林公安机关执法办案示范卷宗》，以常见真实案例为基础，为执法民警完整展现刑事、治安、林业行政三类案件办案流程和主要证据形式。完成《森林公安机关执法细则》修订工作，对刑事执法、林业行政执法、执法监督等重要编章的具体规定进行全面修改。印发《森林公安机关执法规范化建设进展情况的通报》，对各省区执法权限落实、执法制度建设、执法主体能力建设、执法办案场所改造、执法监督管理、执法信息化、执法成效等7大项、19小项关键性考核指标完成情况进行通报。印制《森林公安派出所规范化建设指导图册》7000余册，对森林公安派出所机构设置、基础设施、警务公开、制度规范、内务管理等进行全面规范并图示，指导一线森林公安派出所建设。掌握、分析派出所机构设置、人员配备、基础设施建设和基础业务工作等情况，总结分析派出所管理经验和问题，积极开展基层派出所整合研究工作。组织开展森林公安派出所等级评定，新命名二级森林公安派出所123个。印发《森林公安看守所"五化建设"实施方案》和《森林公安拘留所"三项重点工作"实施方案》，部署开展森林公安看守所"五化建设"工作和森林公安拘留所"三项重点工作"推进落实活动，进一步推进和深化森林公安看守所勤务模式科学化、执法行为规范化、管理方式精细化、监管手段信息化、设施保障标准化建设，以及森林公安拘留所规范执法、创新管理、矛盾化解工作。按照标准评定2013年度二级看守所11个、三级看守所29个，二级拘留所7个、三级拘留所33个。配合公安部开展了2014年全国高级执法资格等级考试，组织实施了2014年森林公安系统中级、基本级考试，共设置各类考点58个、考场461个，1.2万余名森林公安民警参考，民警执法能力和水平又得到新的提升。印发《平安林区建设》论文集，总结交流警务合作典型案例及工作经验，推动森林公安区域警务合作向纵深发展。

推进科技强警，加快信息警务实战化 将2014年确定为全国森林公安信息化建设"巩固提高年"，及时制订下发《2014年森林公安信息化工作要点》，明确全年信息化工作核心目标。深入推进15个省级、20个市级和30个县级信息化示范单位的示范建设和典型引路工作，积极总结推广示范单位先进做法和工作经验。组织研发"森林公安基层基础信息采集工具"，部署开展森林公安基层基础信息采集大会战，夯实基础信息化根基。开展"森林公安信息化破案十大典型案例评选活动"，交流办案经验，分享破案成果。组织开展信息化建设专项表彰，进一步总结经验、表彰先进、鼓舞士气。截至10月底，全国森林公安网总体接入率达97%（较2011年年底大幅提升30%），基本实现全覆盖。全国有22个省级单位基本建成警综平台，其中15个实现全面应用；县级以上执法单位信息采集室建成率达到53%，执法场所视频监控建成率达到55%；涉林警务信息采集量达到4.9亿条，涉林刑事案件网上办理率达到80%；民警数字身份证书配备率达95%，一线民警执法记录仪配备率达88%；全国森林公安用于信息化建设的资金已达2.4亿多元，警务信息实战化初具规模。

推进从严治警，强化内部监督整顿 加强森林公安机关内部监督，及时部署开展重要活动和重大节假日期间林区安全保卫工作现场督察活动。组织开展执法检查"回头看"活动，对接处警、受立案、调查取证、涉案财务管理和窗口服务等执法办案关键环节、重点领域进行再梳理、再排查、再剖析，解决整改9059个问题。组织开展森林看守所思想纪律作风专项整顿活动，重点整顿看守所领导和民警有法不依、有章不循、有令不行、有禁不止，收受贿赂为在押人员通风报信，以及非法牟利，侵犯在押人员合法权益等突出违法违纪问题。协调公安部纪委健全森林公安案件查办系统机构体系，通过"民警违法违纪案件线索受理查办系统"，规范森林公安民警违法违纪案件查办工作。部署开展了为期2个月的纪律作风教育整顿活动，落实从严治警要求。组织9个机动督察队36名队员，对2013年以来办理案件较多、信访问题较突出的河北、内蒙古、黑龙江等9省区开展集中督察，发现指出问题225个、现场纠正178个、提出整改建议149条。开展涉警负面舆情监测，发布舆情信息监测370期、涉及舆情940条，提高了监督时效性和针对性。开展维护民警执法权益专题调研，形成了《加强民警安全防护调研报告》，为今后增强维权责任、强化维权工作奠定工作基础。

推进规范管理，提升队伍正规化水平 加大领导干部协管力度，严格落实森林公安机关领导干部双重管理制度，对江西、安徽等6个省区拟任领导干部进行了任前考察。继续推动森林公安机关主要领导"进班子或高配"，省、市、县三级森林公安机关主要领导"进班子或高配"比例分别达到52.9%、51.7%和56.2%，派出所所长按副科级以上配备比例达到72.8%。推进县级以上森林公安机关行政首长兼任督察长，已有749个森林公安机关落实了行政首长兼任督察长。积极开展森林公安政治工作信息系统推广工作，提高政工管理科学化、现代化。深入分析2013年全国森林公安队伍基本数据，形成《2013年全国森林公安队伍基本状况分析报告》供领导科学决策。组织开展民警思想状况调查，形成了《森林公安民警思想状况调查报告》，为加强民警思想政治工作提供了参考。组织开展公务用枪安全大检查，逐一清点查验配枪资格、公务用枪、子弹数量及自有枪弹库(室)和枪弹柜情况。调研总结海南省森林公安垂直管理经验，为具备条件地区开展体制改革探索提供借鉴。调整下放省级公安机关人民警察警籍审批权限和首授人员培训资格审核权限，进一步规范警衔材料填报要求和报送时限，1~10月审核、审批人民警察警衔9508份，审核制作警官证2893份。严格落实"三个必训"，建立健全练兵长效机制。组织开展依法使用武器警械专项训练活动，积极备战第二届警务实战教官比武。举办各类培训884期，实训民警62 876人，培训教官3158人，培训总投人达3642.85万元。开展爱民模范评选活动，有2个集体、2名个人受到公安部表彰，并受到习近平等中央领导同志和赵树丛局长等国家林业局领导亲切接见。做好从优待警工作，累计发放特别慰问金104万元、特别补助金和一次性抚恤金203万元，为35名公安英烈、因公伤残及特困民警子女发放2013年度助学金3.64万元，为9名英雄模范亲属申报了"中国贫困英模母亲——建设银行资助计划"专项补助经费2.5万元。组织14个省区荣获一等功以上民警及家属36人赴内蒙古休养。积极发挥表彰奖励激励作用，全年面向基层一线单位和民警批记集体一等功1个、二等功79个、三等功19个，个人一等功25名、二等功181名、三等功13名。

推进文宣工作，树立良好执法形象 以国家林业局森林公安局成立30周年纪念活动为契机，会同有关媒体全面启动了"森林公安30周年"系列宣传活动。在中国林业网、中国森林防火网和中国公安信息网国家林业局森林公安局网站建立"森林公安30周年"专栏，全方位展示30年来我国森林公安发展建设成果，提交专栏稿件735篇/条。《中国绿色时报》推出"热血铸就绿色盾牌——森林公安三十年特别报道"专栏并刊发了5篇有分量的宣传稿件，《现代世界警察》杂志推出"森林公安30周年"专稿，刊发了《森林公安30年：守护生态安全》等8篇文章。《中国绿色时报》开展公安局历任局长访谈活动，组织完成了杜永胜专职副总指挥、王海忠局长、原谢大发局长专访。召开打击破坏野生动物资源违法犯罪专项行动新闻通报会，广泛宣传我国野生动物执法成效，营造良好的国内国际舆论环境。加强警营文化建设，组织开展"我是(与)森林公安"征文活动，已收到投稿568篇。组织开展"关爱英模·情暖警心"主题征文评选活动，评出获奖作品65件、优秀组织奖10个单位。首次联合全国公安摄影家协会，以"定格瞬间，感动悠远，谱写和谐"为主题，开展了"感动瞬间"随手拍摄影比赛。积极组织参加公安文艺节目创作汇演、征文活动等，共推荐上报文艺和理论作品350多篇，被公安部评为全国公安文化理论优秀组织单位，多部作品获奖和展播。

（李新华）

森林公安重要活动

【孟建柱郭声琨对森林公安工作作出重要批示】 2014年是国家林业局森林公安局组建30周年。8月29日，中共中央政治局委员、中央政法委书记孟建柱对森林公安工作作出批示，要求保护生态安全、维护林区稳定，为平安中国、法治中国和生态文明建设做出新的更大贡献。孟建柱充分肯定了森林公安工作取得的显著成绩。他指出，森林公安是我国一支重要的执法力量，肩负着保护生态安全、维护林区稳定的光荣使命。30年来，全国各级森林公安机关和广大森林公安民警恪尽职守，甘于奉献，为保护森林和野生动植物资源安全、维护生态安全和林区稳定做出了重大贡献，是党和人民完全可以信赖的一支队伍。孟建柱强调，全国各级森林公安机关和广大森林公安民警要在新的历史起点上，进一步总结经验，凝心聚力，真抓实干，忠诚履职，开拓创新，为法治中国、平安中国建设和生态文明建设做出新的更大贡献。6月15日，国务委员、公安部部长郭声琨对森林公安工作作出批示，要求着力提升维护林区社会稳定、保护森林生态安全的能力和水平，为建设平安中国、法治中国、美丽中国，为全面建成小康社会和实现中华民族伟大复兴的中国梦作出新的更大贡献。郭声琨充分肯定森林公安工作取得的显著成效。他指出，森林公安是公安机关的重要组成部分，肩负着保护森林及野生动植物资源、保护生态安全、维护林区社会治安的重大职责。长期以来，森林公安机关和广大森林公安民警牢记使命、忠诚履职，顽强拼搏、扎实工作，在强化林区治安防范、维护林区社会稳定、打击涉林违法犯罪、加强森林防火工作、捍卫国土生态安全等方面付出了艰辛努力、作出了重要贡献。郭声琨指出，党的十八大提出要大力推进生态文明建设，努力建设美丽中国，实现中华民族永续发展。在全面深化改革、建设小康社会、走向生态文明新时代的伟大历史进程中，森林公安使命光荣、责任重大。全国森林公安机关和广大森林公安民警要牢牢把握推进生态文明建设、建设美丽中国总要求，发扬优良传统，锐意开拓进取，进一步加强和改进森林公安工作和队伍建设，着力提升维护林区社会稳定、保护森林生态安全的能力和水平，在新的历史起点上不断开创森林公安工作新局面，为建设平安中国、法治中国、美丽中国，为全面建成小康社会和实现中华民族伟大复兴的中国梦作出新的更大贡献。

（张晓辉　敖孔华）

【全国森林公安工作暨国家林业局森林公安局成立30周年座谈会】 7月17日在北京召开。国家林业局党组书记、局长赵树丛出席会议并讲话，强调森林公安要深入学习贯彻习近平总书记系列重要讲话精神和郭声琨同志重要批示精神，深入总结30年建设成绩，继承发扬过去60多年光荣传统，不断提升从严治警水平和依法履职能力，为林业改革发展提供有力支撑和坚强保障。赵树丛指出，国家森林公安局成立30年来，带领全国森林公安机关和广大森林公安民警围绕林业中心工作，多次组织开展全国性专项行动，累计查办涉林案件434万起，涉案价值630亿元，收缴林木1400多万立方米，解救野生动物7286万头（只），有效巩固了生态建设成果，有力提升了国家履约能力。依法查处森林火灾案件20多万起，遏制和减少了森林火灾的发生。建立健全治安防控体系和跨区域警务合作机制，积极创建“平安林区”，维护了林区社会稳定。集体林权制度改革期间始终保持严打高压态势，保护了森林资源安全，维护了农民合法权益。30年来，森林公安政法专项编制、经费财政预算等问题逐步解决，正规化建设全面推进，警务保障水平明显提升，已经发展成为维护国家生态安全和林区社会稳定的重要力量。森林公安是和平年代林业战线风险最大、牺牲最多的英雄群体，30年来，全国共有300多名森林公安民警光荣牺牲，数千名民警英勇负伤，2万多人（次）、5000多个（次）集体受到表彰，不愧为“森林卫士”和“生态铁军”的光荣称号。赵树丛指出，森林公安是一支肩负重要使命的队伍，既是林业治理体系的重要组成部分，更是林业治理能力的中坚力量，在推进生态林业民生林业建设中承担着重要任务。在大力推进林业治理体系和治理能力现代化进程中，迫切需要森林公安发挥更大作用。在保护生态资源方面，一些地方破坏森林和野生动植物资源的情况十分严重，需要森林公安切实肩负起保护生态资源、严守生态红线的重任。在维护林区稳定方面，任务异常繁重，需要森林公安提高警惕，落实防范措施，全力维护林区社会稳定和林农群众合法权益，为林业改革发展营造良好环境。在森林火灾防控方面，需要森林公安机关严厉打击野外违规用火行为，严肃查处森林火灾案件，努力减少森林火灾发生。赵树丛要求，要不断提升森林公安从严治警水平和依法履职能力，为林业改革发展提供有力支撑和坚强保障。坚持从严治警，加强队伍建设，努力打造一支信念坚定、执法为民、敢于担当、清正廉洁的森林公安队伍，永葆忠于党、忠于祖国、忠于人民、忠于法律、忠于事实的政治本色。坚持使命意识，勇于担当负责，始终把保护生态资源作为工作的出发点和落脚点，紧紧围绕严守生态红线，及时开展重点整治和专项打击行动，坚决把森林资源看住，把现有林地守住，把珍稀野生动植物资源护住。坚持严格执法，维护公平正义，切实增强法治精神，真正做到信仰法治、坚守法治，争当知法、懂法、守法、用法、护法的楷模，确保森林公安办理的每一起案件、每一个执法环节都体现公平正义。坚持改革创新，提升治理能力，围绕林业中心工作，调整工作重点，改进警务机制，完善考评体系，全面提升警务效能。赵树丛强调，各级林业主管部门要加强对森林公安工作的领导，配齐建强森林公安领导班子，指导督促森林公安带好队伍，做森林公安严格执法的坚强后盾。各级森林公安机关要自觉接受双重领导，积极主动向地方政法委和公安机关请示汇报，争取更大的支持。受郭声琨同志委托，公安部党委委员、副部长黄明出席会议并讲话，对国家林业局森林公安局成立30周年表示热烈祝贺。他强调，各级公安机关要与林业主管部门密切配合，主动争取党委、政府的重视支持，着力帮助森林公安机关选好配强各级领导班子，协调解决遇到的实际困难，加大对经费、装备和基础建设方面的投入。会前，赵树丛、黄明共同接见了森林公安英模和老同志代表。会上，国家林业局森林公安局局长王海忠对森林公安工作作了总结与安排。森林公安英模代表、老同志代表作了发言。会议通报表扬了39个全国林业严打工作先进单位，为50个市县级森林公安信息化建设应用示范单位进行了授牌。国家林业局党组成员、副局长孙扎根主持会议，国家林业局党组成员彭有冬、国家森林防火指挥部专职副总指挥杜永胜出席会议，参加接见英模和老同志代表。中央政法委、中央编办、国家发改委、公安部、财政部有关部门负责同志应邀参加会议。各省(区、市)林业厅(局)，内蒙古、龙江、大兴安岭森工(林业)集团公司，新疆生产建设兵团林业局有关负责同志，森林公安局主要负责同志，森林公安系统英模代表和老同志代表参加座谈。

(张晓辉　敖孔华)

队伍建设

【森林公安机构及人员】 截至2014年12月，除上海市外，全国30个省级行政区域(包括22个省，5个自治区、3个直辖市)共建立森林公安机构7000余个。实有警力6万余人，同比增加0.9个百分点。30岁以下占17.67%、31~40岁占27.60%、41~50岁占34.83%，51~60岁人占19.89%。大专及以上文化程度占总警力的88.19 %，同比增加2.21%。　(赵　晓)

【森林公安机关领导干部协管工作】 根据森林公安机关领导干部双重管理有关规定，国家林业局森林公安局严格执行对省级森林公安机关领导干部的协管工作，2014年，对11个省级森林公安机关的17位领导干部任免履行了协管程序。扎实推进森林公安机关主要领导“进班子或高配”工作，取得明显进展：截至2014年年底，全国省、市、县级森林公安机关主要领导“进班子或高配”比例分别为55.9%、52.2%、55.5%，派出所按副科级配备比例为71.9%；省、市、县森林公安机关主要领导配备率分别为100%、87.4%、91.6%。

(耿淑芬)

【森林公安警衔评授工作】 2014年全年共审核审批森林公安人民警察警衔9508人次，其中，首次授予警衔2566人，按期晋升警衔6781人，取消警衔21人，不予保留警衔140人。同时完成了有关省(区、单位)2893人的警察证换发、补办工作。　(史淑花)

【森林公安教育训练】 2014年全国森林公安机关共组织各类培训3684期(次)，培训民警142 764人(次)。一是落实“三个必训”情况：国家林业局森林公安局在南京警官培训中心和长春林业公安培训中心举办司晋督训练班13期1867人，领导干部首任训练班5期468人，新录用民警初任训练班16期2185人；基层一线实战训练862期58 376人(次)；警员、警司、警督晋升训练139期6053人。二是各种业务训练情况：省、市、县三级组织各种业务训练共2649期73815人次，新增实战教官514人，新增教育训练基地34个。积极推进森林公安政治工作信息系统，为各地培训100名业务骨干。从全国森林公安系统抽调20名警务实战技能教官在南京警院参加为期两个月的集训，积极备战公安部警务实战教官比武活动。　(赵　晓)

【森林公安立功创模】 2014年，全国森林公安系统共有501个集体受到奖励，占机构总数的7.09%。其中，有25个单位被授予荣誉称号，1个单位荣立一等功，79个单位荣立二等功，186个单位荣立三等功，210个单位受到嘉奖。有3150名民警受到奖励，占总警力的5.06%。其中，2名民警荣获二级英模荣誉称号，1名民警荣获特级优秀人民警察称号，25名民警荣立一等功，284名民警荣立二等功，1182名民警荣立三等功，1658名民警受到嘉奖。　(李树林)

【森林公安优抚工作】 2014年，共计为208名民警发放104万元特别慰问金；为77名因公牺牲、病故民警家属发放特别补助金和一次性特别抚恤金203万元。为35名公安英烈、因公伤残及特困民警子女发放2013年度助学金3.64万元，申报2014年度助学金3.80万元；为9名英雄模范亲属申报了“中国贫困英模母亲——建设银行资助计划”专项补助经费2.5万元。认真贯彻落实新修订的《人民警察抚恤办法》，以“关爱英模、情暖警心”为主题，组织来自全国14个省区的荣获一等功以上的民警及家属36人赴内蒙古大兴安岭开展休养活动。2014年，全国森林公安系统共有21名民警因公负伤，10名民警因公牺牲，65名民警在职病故。(张　卫)

【警务督察工作】 2014年，全国各级森林公安机关紧紧围绕森林公安中心工作和队伍建设，以强化执法监督和保障执法为民为着力点，充分发挥督察部门抓监督、抓落实、促规范的职能作用，坚持以事实说话，严督细察，督察工作水平和效果明显提升，有力助推了森林公安工作和队伍正规化建设：一是立足大局需要，强化重要活动和节假日期间现场督察工作。二是强化执法督察，牵头开展全国森林公安机关执法检查“回头看”活动。三是回应群众关切，注重个案督办。在坚持信访事项属地办理的基础上，对国家林业局领导批示、公安部关注的群众举报案件，加大了督办审核力度。四是坚持问题导向，开展涉警负面舆情监测，引导各地提高舆情敏感性，善于从负面舆情中发现问题和线索，提高监督的时效性和针对性。五是继续推进县级以上森林公安机关行政首长兼任督察长工作。各地积极贯彻落实森林公安机关行政首长兼任督察长规定，截至2014年年底，已有14个省、123个市、316个县级森林公安机关的行政首长兼任督察长。六是开展维护民警执法权益专题调研。七是不断强化督察业务建设。举办森林公安纪检督察培训班，加强纪检督察业务培训，总结交流纪检督察工作，明确当前和今后一个时期纪检督察工作的思路和重点任务。开展森林公安机关警务督察工作先进集体和先进个人推荐评选工作。根据《公安部关于贯彻实施〈公安机关督察条例〉的意见》，下发通知，对切实加强森林公安警务督察工作进行部署，提出要求。为加强和提升机动警务督察分队的履职能力，调整充实了机动警务督察力量。

【执法检查“回头看”活动】 为贯彻落实公安部的部署要求，促进执法公平公正，切实解决损害群众权益的突出问题，2014年3月中旬起，国家林业局森林公安局用4个半月时间，在全国森林公安系统组织开展了执法检查“回头看”活动。活动全面围绕2013年以来办理的行政、刑事案件和涉诉涉法案件，紧紧抓住接处警、受立案、调查取证、涉案财物管理和窗口服务等执法办案关键环节、重点领域，以“回头看”的方式，对群众反映强烈的执法突出问题进行再梳理、再排查、再剖析。国家林业局孙扎根副局长高度评价执法检查“回头看”活动，批示指出：“此项活动开展得很好，应认真总结”。7月17日，在全国森林公安工作座谈会上，国家林业局森林公安局王海忠局长对执法检查“回头看”工作进行了阶段性总结点评，对积极主动开展自查自纠、着力完善长效机制、提高规范执法工作水平提出具体要求。各级森林公安机关紧扣执法检查“回头看”活动重点环节，研究查摆问题，制定整改措施，巩固深化治理成效。经严格清理排查，各级森林公安机关查摆问题1万余个，活动结束时，80%的问题已得到整改。为扎实开展执法检查“回头看”活动，促进执法执勤规范化，提升执法公信力，国家林业局森林公安局先后下发7份文件安排部署，指导推动执法检查“回头看”活动。5月22～31日，国家林业局森林公安局组织9个机动督察队36名队员，对河北、内蒙古、内蒙古大兴安岭、黑龙江、安徽、福建、湖南、广东、陕西9个省区开展了集中督察。督察队员查阅各类文件481份、台账1346份，抽查案件507卷，访问民警185人，回访当事人57人，暗访窗口单位45个、检查执法场所40个，共发现指出问题225个，现场纠正178个，提出整改建议149条。为巩固深化执法检查“回头看”活动成果，各地森林公安机关针对突出问题，边查边改，建章立制，堵塞执法漏洞。通过“全警查问题、全力抓整改”，引导广大民警牢固树立群众观念，切实转变执法理念，正确对待、规范行使执法权，不断提高规范执法意识和能力。

（张晓辉　敖孔华）

【全国森林公安纪检督察培训班】 11月4～5日在四川省成都市举办，主要任务是传达学习十八届四中全会精神，总结森林公安系统纪检督察工作，分析森林公安队伍管理面临的形势，安排部署纪检督察工作任务。培训班邀请中纪委驻国家林业局纪检组、公安部警务督察局、南京森林警察学院有关专家讲授了林业反腐倡廉、公安督察理论与实践、刑事案件查办程序规定等相关知识，吉林、江西、四川、云南、甘肃以及黑龙江森工、大兴安岭森林公安局进行了交流发言。国家林业局森林公安局政委焦德发出席开班仪式并作动员讲话。他指出，森林公安纪检督察部门认真贯彻实施《公安机关督察条例》，充分发挥抓落实、抓监督、抓规范、抓维权、抓查处等职能作用，积极开展廉洁从警教育、典型案例警示教育和纪律作风整顿，协助党委（党组）不断深化党风廉政建设和反腐败工作，为服务和促进森林公安工作以及森林公安队伍建设发挥了重要作用，有力提升了森林公安整体工作水平，保障了各项工作落实到位，促进了执法规范化，维护了队伍良好形象。国家林业局森林公安局机动警务督察分队队长；各省（区、市）、森工集团森林公安局、南京森林警察学院纪委书记、副督察长，纪检、督察部门负责人；大连、青岛、宁波、厦门、深圳市森林公安局、南京警官、长春林业公安培训中心有关负责同志；四川省、市（州）森林公安局分管领导和督察业务骨干参加了培训。

（张晓辉　敖孔华）

【森林公安涉警（案）舆情监测】 2014年，国家林业局森林公安局监测编发《森林公安舆情信息》202期，涉及舆情545条，同比上升13.7%。从省区分布看，北京12条、天津8条、河北25条、山西23条、内蒙古12条、辽宁29条、吉林27条、黑龙江21条、江苏17条、浙江15条、安徽16条、福建18条、江西31条、山东23条、河南45条、湖北33条、湖南30条、广东35条、广西21条、海南16条、重庆5条、四川11条、贵州8条、云南17条、西藏2条、陕西33条、甘肃4条、宁夏2条、黑龙江森工5条、黑龙江大兴安岭1条。各地按时核查反馈529条，反馈率为97.1%，同比提高1.1%。国家林业局森林公安局2次分析通报舆情监测和反馈情况，引导各地提高舆情敏感性，善于从负面舆情中发现问题和线索，提高监督的时效性和针对性；指导督促有关省区，加强广西宾阳豹猫案、东北多地兜售保护鸟类、云南江城中越边境贩卖野生动物案等舆情的引导处置工作，及时回应了媒体和群众的关切；制定下发《森林公安舆情处置引导规范》，进一步规范了舆情预警、处置、引导、善后等工作。

（张晓辉　敖孔华）

【森林公安宣传文化工作】 2014年，围绕森林公安队伍建设业务工作，国家林业局森林公安局组织开展了系列宣传文化活动。一是加强森林公安执法成果宣传。1月6日会同国家林业局宣传办召开新闻通报会，向《人民日报》、新华社、《光明日报》、中央人民广播电台、中央电视台、凤凰卫视等媒体通报全国森林公安机关开展打击破坏野生动物资源违法犯罪专项行动情况，现场回答了记者提问。通报会后，有关媒体报道40多条消息。组织媒体及时跟进报道“2014天网行动”和“2014利剑行动”战果。中央电视台制作播出《血色象牙》《神秘菜单》等纪实节目，专题报道了北京市、湖南省等森林公安机关查处的野生动物大要案件，在社会上引起强烈反响。二是深入开展先进典型宣传报道。2014 年，国家林业局局长赵树丛等局领导先后 2 次接见森林公安英模代表和爱民模范代表，《中国绿色时报》等媒体对接见活动进行了专题报道，并采访报道了爱民模范代表的感人事迹。《人民公安报》在“英模风采”专栏刊发广西壮族自治区德保县森林公安民警岑建光、云南省武定县森林公安民警李炳祥等英模事迹。《中国绿色时报》开办“关爱英模 情暖警心”专栏，采写刊发了 12 位森林公安英模的事迹。三是加强森林公安文化建设。组织全国森林公安民警积极参加公安部和全国公安文联部署开展的公安文艺节目创作汇演、公安“微信、微博、微电影”创作、第十二届“金盾文化工程”优秀作品评选、“梦想和共和国同行”征文、《2013 年度公安文学精选》作品选送、公安文学理论研讨征文、“国家治理与公安改革”征文、“江淮瑞风杯公安民警摄影大赛”等文化活动，共推荐上报文艺和理论作品近 500 篇，国家林业局森林公安局被评为全国公安文化理论优秀组织单位，推荐的多部作品获奖，南京森林警察学院被授予全国首个公安院校管乐基地。南京森林警察学院、东北林业大学完成森林公安志、森林防火志初稿编写工作。

（张晓辉　敖孔华）

【森林公安新闻宣传和舆情处置制度印发实施】 为进一步规范森林公安新闻宣传和舆情处置引导工作，国家林业局森林公安局 12 月 31 日印发《森林公安新闻宣传工作制度》和《森林公安舆情处置引导规范》，决定从 2015 年起正式实施。《森林公安新闻宣传工作制度》共 5 章 34 条。《森林公安舆情处置引导规范》共 8 章 35 条，从组织领导、舆情预警、舆情处置、舆论引导、善后工作、奖惩措施等 6 个方面，全面规范了森林公安舆情处置引导工作。按照《森林公安新闻宣传工作制度》和《森林公安舆情处置引导规范》规定，森林公安通讯员每年采编稿件应不少于 12 条，中央主要媒体对森林公安的正面报道，省级森林公安机关应达到 3 条、市级应达到 2 条、县级应达到 1 条以上，每年 1 月 15 日前，省级森林公安机关应向国家林业局森林公安局上报上一年度宣传工作总结、公安宣传情况统计年报表和中央主要媒体宣传情况汇总表。对国家林业局森林公安局通报的舆情，省级森林公安机关应在 7 个工作日内反馈核查结果；对具有全国影响的案例，应在舆情处置引导结束后一个月内上报书面材料。（张晓辉　敖孔华）

【“森林公安 30 周年”系列宣传活动】 2014 年是国家林业局森林公安局正式组建 30 周年。中国林业网、中国森林防火网和中国公安信息网森林公安网站专门开设“森林公安 30 周年”专栏，共刊发 760 多条相关纪念活动信息。《中国绿色时报》推出“热血铸就绿色盾牌——森林公安 30 年特别报道”专栏，连续刊发 10 篇文章，专访国家林业局森林公安局 3 名历任局长，回访 20 多位不同年代森林公安民警代表，共同回眸森林公安光辉历程，讲述队伍英雄业绩。《森林公安》杂志推出 2 期“森林公安 30 周年”专刊，《现代世界警察》杂志第 5 期刊发“森林公安 30 周年”专稿，全方位展示 30 年来我国森林公安发展建设成果。此外，人民网、新华社、中央电视台等中央媒体也对森林公安 30 周年活动情况进行了报道。宣传活动结束后，国家林业局森林公安局通报表扬了 18 个宣传先进单位和 25 名宣传先进个人，鸣谢了 7 家支持单位。（张晓辉　敖孔华）

【组织参加第五届“我最喜爱的人民警察”评选活动】 7～11 月，公安部和中央电视台共同举办了第五届“我最喜爱的人民警察”评选活动。为保证推选质量，国家林业局森林公安局从全国逐级征集 25 名人选，择优推荐吉林省临江森林公安分局局长卜凤山代表森林公安参加评选。组织央视网林业频道、《中国绿色时报》等媒体记者，赴当地拍摄卜凤山的事迹宣传片《扎根边疆林区 30 载忠诚守护》，采写报道了 2 篇人物通讯稿；协调中国林业网、中国森林防火网链接活动网页，发动林业系统干部职工和森林公安民警积极关注评选活动，并以此为契机，大力营造“学习先进找差距，自我加压提能力”的良好氛围。卜凤山最终进入候选名单并获提名奖，被授予全国特级优秀人民警察荣誉称号，受到孟建柱、郭声琨等领导的亲切接见。（张晓辉　敖孔华）

【“我是(与)森林公安”征文活动】 3 月初至 10 月底开展。本次征文活动自今年活动分为“我是森林公安”和“我与森林公安”两个主题。其中，“我是森林公安”面向全体森林公安民警(包括离退休和离职民警)开展，通过民警讲述从警的点滴故事，诉说身边的发展变化，全面展现广大森林公安民警忠诚使命的精神风貌和战斗生活的酸甜苦辣。“我与森林公安”面向社会公众开展，通过对森林公安民警的接触和对森林公安工作的了解，讲述对森林公安队伍建设和森林公安事业的认识、体会、期望和建议等。征稿结束时，共收到来自全国各地的投稿 919 篇，其中散文随笔 200 余篇、纪实文学 300 余篇、小说 100 余篇、诗歌近 100 篇，其他题材还有传记、文言文和词曲等。经过专家评选，征文活动共评出一等奖 3 篇、二等奖 10 篇、三等奖 20 篇、优秀奖 102 篇。组稿量前 10 名的内蒙古大兴安岭、湖北省、甘肃省、吉林省、云南省、江西省、内蒙古自治区、湖南省、广东省、浙江省森林公安局等 10 个单位获组织奖。

（张晓辉　敖孔华）

【森林公安“感动瞬间”随手拍摄影比赛】 为展现森林公安在保护生态、改善民生、建设美丽中国中发挥的重要作用，提升全社会关注地球家园、爱护生态环境的意识，国家林业局森林公安局联合全国公安摄影家协会于 2014 年 4 月初至 12 月底共同举办了以“定格瞬间，感动悠远，谱写和谐”为主题的“感动瞬间”随手拍摄影比赛。此次比赛由南京森林警察学院具体承办，国家林业局信息办，中国绿色时报社、人民公安报社，《中国林业》《森林公安》杂志协办，共收到摄影作品 260 幅(组)。经专家评审，内蒙古赤峰市林西县森林公安局康建军拍摄的《放飞希望》斩获金奖；云南省森林公安局邓瑾拍摄的《巡护亚坪》(组照)、内蒙古莫尔道嘎森林公安局张洁拍摄的《永恒的记忆》(组照)、江西省抚州市乐安县森林公安局王国华拍摄的《宣传义务》3 幅(组)作品喜获银奖；浙江省武义县公安局徐文荣拍摄的《解救被困野山羊》(组照)、陕西省森林公安局王毅拍摄的《搜救落水儿童》(组照)、《四川日报》记者李向雨拍摄的《高原上的"森林守护神"》(组照)、吉林省汪清县大兴沟森林公安局郝政伟拍摄的《警察叔叔是我们的小队长》、青海省三江源森林公安局赵金德拍摄的《查缴》、福建省德化县公安局森林分局张莉《法制宣传校园行》等6幅(组)作品荣获铜奖;比赛还评出优秀奖作品25幅(组),组织奖6个。（张晓辉　敖孔华）

执法办案

【全国森林公安机关查处刑事案件情况】 2014年,全国森林公安机关共立案侦查破坏森林和野生动物资源刑事案件3.13万起(其中,森林刑事案件同比上升16.8%,野生动物刑事案件同比上升22.5%。),同比上升17.1%,破获破坏森林和野生动物资源刑事案件2.46万起,同比上升14.1%,打击处理违法犯罪人员3万余人,收缴林木木材61余万立方米、野生动物7万余头(只),全部涉案价值达23.9亿元。一是盗伐、滥伐林木案占森林刑事案件的50.9%,呈持续高发态势。二是失火、故意放火烧毁森林或其他林木案同比分别上升46.2%、22.3%,森林火灾案件急剧上升。三是非法收购运输盗伐滥伐林木案同比上升38.3%,涨幅明显。四是非法占用农用地案同比上升15.5%,非法占用林地现象仍然较为突出。五是非法采伐毁坏国家重点保护植物案、走私珍稀植物及其制品案和非法收购运输加工出售国家重点保护植物及其制品案同比分别上升30.9%、545.5%和11.2%,破坏国家重点保护植物资源案件大幅上升。六是野生动物刑事案件主要集中在猎捕、流通环节,非法收购运输出售珍贵濒危野生动物及其制品、非法狩猎和非法猎捕杀害珍贵濒危野生动物三类案件分别占野生动物刑事案件的46.9%、26.2%和12.3%。七是野生动物刑事案件中损失野生动物数量同比下降58.5%,野生动物损失出现大幅下降趋势。（郑璐璐）

【森林公安办理行政案件情况】 2014年,全国森林公安机关共查处行政案件224 482起(其中,查处森林和野生动物行政案件215 917起,治安案件8565起),同比下降7.1%;共处理违法人员370 725人次,收缴林木树木和木材510 371立方米、野生动物491 502头(只),涉案金额3.4亿元。森林和野生动物行政案件呈现以下特点:一是违法运输木材、滥伐林木、盗伐林木案件是破坏森林资源案件的主要类型,分别发案41 343起、39 974起、28 360起,三者合计占全部森林行政案件的52.4%。二是滥伐林木案、盗伐林木案、毁坏森林或者林木案等源头性破坏森林资源案件占比较大,总体略有下降。三是流通领域的破坏森林资源案件相对减少。四是野生动物行政案件的发案数量稳中有降,全年共查处野生动物行政案件6745起,较2013年下降5.3%。五是破坏野生动物资源案件类型较为集中,违法猎捕野生动物案件、非法狩猎案件、违法出售运输携带野生动物及其制品案件总计4448起,合计占案件总量的65.9%。（朱晓玉）

【"2014天网行动"】 为深入贯彻落实中央关于推进生态文明和美丽中国建设的重大战略部署,严厉打击破坏野生动物资源违法犯罪活动,进一步树立良好的国际形象,4月1日至6月30日,国家林业局森林公安局在全国范围内组织开展了"2014天网行动"。在各级森林公安机关的全力推动和各地区、各部门的协同配合下,专项行动取得了显著成效。通过打上线、断中线、挖下线,成功侦破广州市"4·30"特大贩卖珍贵濒危野生动物案等一批案情重大、影响恶劣的案件,打掉一批跨区域、流窜型、家族式犯罪团伙,捣毁了大量从事或参与盗运、收购、制售野生动物及其制品的黑作坊、黑工厂、黑市场、黑窝点。据统计,全国森林公安机关共出动民警22万余人次、车辆8万余台次,受理破坏野生动物资源案件1172起,查处1092起,其中涉象牙案件9起、犀角案件2起、虎豹皮案件2起、穿山甲案件4起、蟒蛇案件6起,打击处理违法犯罪人员1332人,打掉犯罪团伙20个,收缴野生动物16余万头(只)、野生动物制品7000余件、野生动物皮张1500余张,涉案总价值高达6000余万元,配合有关部门清查整治古玩城、市场等重点场所11 312处,清理整顿相关企业3115家,清理整治网站和论坛271个,清理屏蔽网上违法信息260条,进一步规范了野生动物及其制品市场秩序,有效维护了国土生态安全和公共卫生健康。

（郑璐璐）

【"2014利剑行动"】 为认真贯彻落实习近平总书记系列讲话和国家林业局、公安部领导的重要批示精神,坚决打击、遏制破坏森林和野生动物资源违法犯罪高发势头,国家林业局森林公安局自2014年10月10日至2015年1月底,在全国范围内部署开展了"2014利剑行动",以打击团伙盗伐、滥伐林木,利用网络贩卖濒危物种制品等9类违法行为为重点,严厉打击破坏森林和野生动物资源违法犯罪活动。特别是对系列团伙性盗伐滥伐、规模化盗猎、跨区域网络交易和运输、经营"一条龙"式的犯罪,协同作战,集中收网,成功侦破吉林省特大网络非法交易高鼻羚羊角案等一批重特大案件。行动期间,全国森林公安机关共配合清理整治古玩城、野生动物市场、野生动物驯养繁殖场、木材市场、木材加工利用场所等重点场所3万处,清理网上非法交易信息425条、网站和论坛126个,清理非法征占用林地项目1500余个;查处破坏森林和野生动物资源案件1.8万余起,查办象牙案件33起、犀角案件4起、熊掌案件5起、穿山甲案件11起、蛇类案件22起,打击处理违法犯罪人员近2万人,打掉犯罪团伙187个,收缴野生动物30余万头(只)、野生动物制品及皮张8000余件(张)、林木木材2万余立方米,收回林地677余公顷,

全部涉案价值约1.1亿元。（郑璐璐）

【部署重点时段林区维稳安保工作】 按照公安部和国家林业局统一部署，国家林业局森林公安局结合林区实际，下发紧急通知部署元旦、春节、“两会”、清明节、“五一”、端午节、中秋节、国庆节、十八届四中全会、APEC会议期间的林区安保维稳等工作。在国庆节、APEC期间森林防火、林区安保维稳工作视频调度会和环京重点省区座谈会等会议对林区维稳安保工作进行了部署。派员陪同国家林业局领导考察了北京市APEC会议期间森林公安和防火工作。派出工作组赴吉林、龙江森工等大面积国有林区开展了安保维稳工作专项督导检查，了解森林公安机关突发事件处置预案编制和群体性事件预警机制修订完善情况。2014年重大节假日特别是APEC会议期间林区没有发生重大突发事件、涉林群体性事件和重大涉林违法犯罪，林区社会治安大局和谐稳定。（朱晓玉）

【缉枪治爆、查缉收缴枪爆物品管制刀具等专项行动】 认真贯彻落实国家林业局、公安部关于加强社会治安整治工作的部署，国家林业局森林公安局组织开展了缉枪治爆、查缉收缴枪爆物品管制刀具等一系列专项行动，取得了显著战果，有效维护了林区特别是大面积国有林区的社会稳定。2月中旬至11月底，组织开展了2014年全国缉枪治爆专项行动。3月下旬至6月底，组织开展了集中打击整治非法制贩管制器具和仿真枪、枪支违法犯罪行动。8月中旬至11月底，组织开展了全国查缉收缴枪爆物品管制刀具专项行动。截至10月底，全国森林公安机关共查破各类涉枪涉爆案件1286起，其中涉枪刑事案件立案98起，采取强制措施119人，查处治安案件1188起，处罚1280人，捣毁涉枪涉爆窝点2处。收缴非法枪支2000余支，子弹1万余发，炸药1000余千克，雷管3000余枚，索类爆炸物品800余米，管制刀具300余把。排查枪支弹药从业单位63家、爆炸物品从业单位206家，排查登记涉枪涉爆重点人员57人、录入重点人员14人、落实重点人员监控19人。（朱晓玉）

【林业系统禁毒工作】 10月17日，国家林业党组书记、局长赵树丛主持召开第18次局党组会议，专题研究部署加强林业系统禁毒工作。会议全文传达学习了习近平总书记、李克强总理、孟建柱同志等中央领导关于禁毒工作的重要指示批示精神，学习了全国禁毒工作会议精神，充分肯定了近年来林业系统禁毒工作。会议决定，为认真贯彻中央决策部署，指导全国林业系统进一步加强禁毒工作，成立专门领导小组，由分管局领导任组长，有关司局、直属单位为成员，办公室设在森林公安局。全国林业系统积极参加国家禁毒委员会办公室部署的“天目－14”禁种铲毒行动、全国公安机关禁毒百城会战，发现铲除了一大批非法种植的毒品原植物，缴获海洛因、冰毒等毒品54千克。其中，云南省漾濞县森林公安局一日查获走私入境海洛因22.75千克，受到国家禁毒委、公安部领导批示表扬。全系统共有10个单位、30名个人被评定为全国禁种铲毒工作优秀组织单位和先进个人，分别占到国家禁毒办表彰总数的1/7和1/4。（汶　哲）

【组织全国森林公安系统年度执法资格等级考试】 完成2013年度森林公安民警基本级、中级执法资格考试成绩录入、分数线划定等后续工作。经公安部审定，2013年度全国森林公安系统共有1400名民警通过基本级考试，合格率为73.30%；2228名民警通过中级考试，合格率为27.24%。另有1130名民警通过公安部统一组织的全国公安机关首次高级执法资格考试，取得高级执法资格民警数位居全国公安机关第六名、专门公安机关第一名。组织实施2014年度森林公安民警基本级、中级执法资格考试。全系统共设置31个考点、330个考场，共有9117名民警参考，其中2122名民警参加基本级考试，6995名民警参加中级考试。国家林业局森林公安局共向各考点派驻72名监考负责人。考试结束后，公安部执法资格等级考试办公室对其中83个考场的监考录像进行抽查。配合公安部组织了2014年度全国公安民警高级执法资格考试，森林公安系统共设置27个考点、131个考场，3553名民警参考。（汶　哲）

警务保障

【森林公安信息化工作“巩固提高年”活动】 2014年是全国森林公安机关信息化建设的“巩固提高年”。国家林业局森林公安局继续坚持把信息化工作作为突破口，组织全国各级森林公安机关继续以超常力度和超常举措，全面加快信息化基础建设与实战应用步伐。截至2014年年底，全国各级森林公安机构的公安网接入率达到97%，较2011年年底提升30个百分点；除极个别偏远机构外，基本实现全覆盖。22个省级单位基本建成警综平台，其中15个全面应用。民警数字身份证书配备率达到95%，一线民警执法记录仪配备率达到88%。8个省级单位基本建成视频会议系统，17个省级单位正在抓紧推进中。县级以上单位标准化信息采集室建成率达到53%，执法场所视频监控建成率达到55%。涉林信息采集量超过5亿条，涉林刑事案件网上办理率接近80%。全国森林公安用于信息化建设的资金接近4亿元。（贺　飞）

【森林公安信息化破案“十大典型案例评选活动”】 2014年，国家林业局森林公安局部署开展了森林公安信息化破案“十大典型案例”评选活动。各级森林公安机关积极响应，踊跃参与，上报信息化破案典型案例70起。经广大民警投票和有关专家打分，以下案例被评选为森林公安信息化破案“十大典型案例”：①张某、慎某军等人非法采伐国家重点保护植物案（江西）；②程某山、王某忠、吕某凯盗窃案（安徽）；③胡某非法收购、出售珍贵、濒危野生动物案（北京）；④袁某华等人特大网络贩卖国家重点保护动物系列案（广东）；⑤胡某儒等人特大非法收购、运输、出售国家珍贵、濒危野生动物及其制品案（湖南）；⑥关某江盗窃案（黑龙江森工）；⑦廖某非法采伐国家重点保护植物案（湖北）；⑧朱某程涉嫌非法运输珍贵、濒危野生动物案（云南）；⑨“6·23”非法采伐国家重点保护植物案（福建）；⑩任某忠非法采伐、毁坏国家重点保护植物案（贵州）。（贺　飞）

【森林公安部署开展基层基础信息采集大会战】 为全面推进森林公安基层基础信息的采集和录入工作，严格保证信息采集的数量和质量，进一步加快森林公安信息化建设和应用进程，国家林业局森林公安局决定，于2014年10月至2015年3月，在全国森林公安机关开展为期半年的基层基础信息采集和录入工作，并印发《全国森林公安基层基础信息采集大会战工作方案》。此次信息采集工作紧紧围绕“全警采集、全警应用、全警共享”的工作目标，依托“森林公安基层基础信息采集工具”和各地自主研发的基础信息采集系统，通过为期半年的基层基础信息采集和录入工作，基本实现森林公安基层基础信息的应采尽采、应录尽录，不断提升森林公安民警采集、维护、利用信息资源的意识和能力，进一步推进警综平台等业务系统的推广应用，全面构建起“信息工作基础化、基础工作信息化”的工作格局。此次信息采集工作分动员、培训、采集和审核上报4个阶段。（贺　飞）

【编印《森林公安机关示范卷宗》】 为适应修改后《中华人民共和国刑事诉讼法》《公安机关办理刑事案件程序规定》《公安机关办理行政案件程序规定》等法律法规的新要求，帮助森林公安民警熟悉掌握案件办案流程，正确制作法律文书，提高执法规范化水平，国家林业局森林公安局组织云南、山西、吉林、河南、四川等省森林公安法制业务骨干，经过多次调研论证、集中研讨，历时两年时间，编撰完成《森林公安机关示范卷宗》。《卷宗》共编入刑事案件、治安案件、林业行政案件、以林业主管部门名义办理的林业行政案件四类卷宗，涵盖了森林公安机关主要执法范围。所选案件均以常见真实案例为基础，通过合理增加情节展示各种办案环节，其中刑事案件卷宗设计了并案侦查、累犯、回避、重新计算侦查羁押期限等特殊情形，展示了DNA鉴定、电子数据的收集与鉴定等新型证据形式，方便民警在办案中参考使用。（汶　哲）

【全面加强派出所规范化建设】 根据公安部关于派出所等级评定工作要求和《森林公安派出所等级评定实施办法》，国家林业局森林公安局组织全国森林公安机关开展年度派出所等级评定工作，新命名二级森林公安派出所123个，占全国森林公安派出所总数的15.8%。向全国印发7000册《森林公安派出所规范化建设指导图册》，对派出所机构设置、基础设施、警务公开、制度规范、内务管理等各项工作进行全面规范和图示。总结、推广了江西等省区派出所建设经验，指导各地因地制宜推进派出所规范化建设。（朱晓玉）

【深化森林公安区域警务合作，推进平安林区建设】 按照公安部对区域警务合作的总体部署，国家林业局森林公安局指导全国森林公安机关深化合作、注重实效，森林公安整体防控能力不断提升。下发《关于进一步深化区域警务合作 提升执法能力的通知》，从9个方面对加强区域办案协作、加速情报信息交流共享、开展跨区域联合整治、建立考核通报和激励机制等进行了规范，推动警务合作不断深化。收集汇总各地警务合作典型案例及工作经验，印发《平安林区建设》论文集，供各级森林公安机关学习借鉴。三是推广福建林区警务战略、广西“一场（区）一警”等先进经验，指导各省深入推进平安林区建设。国家林业局森林公安局领导出席了4个警务合作联席会议，对深化区域警务合作工作提出了具体要求。优化“森林公安区域警务合作”栏目，指导各地利用网络平台加强沟通联络，全年共发布有关信息76条，更新网站内容35项。（朱晓玉）

【评选命名全国森林公安机关新一轮执法示范单位】 按照公安部《关于组织申报新一轮全国公安机关执法示范单位的通知》要求，为进一步巩固执法示范单位建设成果，建立富有活力的竞争淘汰机制，4～8月，国家林业局森林公安局部署各级森林公安机关开展了新一轮执法示范单位申报活动，并组织工作组对部分候选单位进行了实地复查。经严格审核把关，内蒙古自治区莫尔道嘎森林公安局、江西省德安县森林公安局关山派出所、云南省玉溪市森林公安局红塔山自然保护区派出所等3个单位被公安部命名为“全国公安机关执法示范单位”。河北省蔚县森林公安局、北京市公安局大兴分局榆垡森林公安派出所等52个单位被国家林业局森林公安局命名为“全国森林公安机关执法示范单位”。（汶　哲）

【开展森林公安依法使用武器警械专项训练】 为积极应对当前复杂严峻的林区治安形势，全面提升森林公安民警依法、规范、有效使用武器警械的能力，2014年，公安局组织全国森林公安机关开展了依法使用武器警械专项训练活动。共举办培训班862期，实训民警58 376人，培训教官3158人，培训总投入达3642万元。通过此次专项训练活动，全国森林公安民警临战状态下的法律意识、战斗意识、责任意识、安全意识明显提升，依法使用武器警械的技战术水平全面提高，基本达到了“以练促战、以战促练、全面提升森林公安民警武器警械使用的法律素养和实战技能”的训练目的。（赵　晓）

【开展公务用枪安全大检查和“回头看”专项行动】 按照公安部的统一部署，国家林业局森林公安局3～6月组织全国森林公安机关开展了公务用枪安全大检查，逐一清点查验我系统配枪资格人员及公务用枪、各类弹药配备数量，逐一清点查验森林公安自有枪弹库（室）900余个、枪弹柜近2000个。9月组织开展了为期1个月的公务用枪安全大检查“回头看”专项行动，各地以公务用枪安全大检查中发现的公务用枪保管领用、配套装备维护更新等问题为重点，整改了一批突出隐患问题，大大降低了发生枪支丢失、被盗抢和违法违规使用案事件的风险。（朱晓玉）

【森林公安启动行业专用装备研发工作】 针对当前一些公安机关通用的警用装备不适用于森林公安、无法满足森林公安基层实战需要的实际情况，2014 年国家林业局森林公安决定根据森林公安工作实际情况，组织研发具有森林公安行业特色的专用装备和专用设备。经广泛征求各地意见，国家林业局森林公安局决定研发适用于涉林案件和森林火灾案件现场勘查的“涉林案件专用现场勘查箱”，并与南京森林警察学院科技处签订委托合同，依托南京警院按照科研项目立项程序，具体承办组织立项、研发、论证等工作。（贺　飞）

【森林公安梳理报送统一着装情况】 按照财政部《关于请报送统一着装专题报告的函》(财行办〔2014〕21 号)要求，2014 年国家林业局森林公安局对森林公安系统统一着装情况进行了梳理。从梳理情况看，按照国家关于公安民警着装的有关规定，森林公安民警统一着公安制式警服，相关着装经费实行分级管理和保障体制。2011～2013 年，全国森林公安队伍年均统一着装人数为 54 324人，年均列支警服购置经费 8035 万元，每人每年列支警服购置经费 1479 元。同时，针对实际工作中森林公安警服购置经费在财政上没有统一明确的列支科目，没有将森林公安民警的警服购置经费纳入各级财政的问题，国家林业局专门向财政部致函，就进一步规范森林公安民警统一着装工作提出了意见和建议。（贺　飞）

森林资源管理与监督

10

森林资源与林政管理

【综　述】 森林资源管理工作坚持发展生态林业民生林业，扎实推进森林资源管理监督工作，取得了明显成效。

森林资源监测

森林资源清查 2月25日，第八次全国森林资源清查结果正式发布，习近平总书记、李克强总理均作了重要批示。国家林业局及时发放清查成果材料，借助森林资源清查信息网络发布平台，公开了数据和成果报告，满足社会各界对森林资源清查成果的信息需求。编制印刷了森林资源清查宣传手册、中英文宣传资料、《中国森林资源报告》等系列成果，并将清查结果通过外交途径提供给联合国两年组织(FAO)和各国使领馆。联合国副秘书长吴红波和联合国粮农组织总干事达席尔瓦专门致函赵树丛局长，对中国森林资源清查工作给予了高度赞誉。同时依据清查结果向联合国粮农组织提交了2015年全球森林资源评估中国国家报告，展示了中国林业工作在维护全球生态平衡和应对气候变化方面所发挥的重要作用。

2014年也是第九次全国森林资源清查的开局年。国家林业局下发了部署开展第九次全国森林资源清查2014年工作的通知，修改完善了清查技术规定，研究批复了各省清查方案，跟踪指导各省清查工作的组织领导，推动吉林(含吉林森工)、上海、浙江、安徽、湖北、湖南和陕西7省(直辖市)8个单位清查工作有序开展。共完成固定样地调查46 940个，覆盖面积104万平方千米，样地合格率达到97.30%。完成了覆盖全国中等分辨率(15米左右)遥感数据的收集、处理、变化地块判读区划分析，编制了全国森林植被变化趋势图。

森林资源监测体系优化 按照全国森林资源一体化监测的思路，开展了森林资源年度出数和年度监测试点，研究探索实现一体化监测的技术方法，为进一步推进监测体系完善做好技术储备、打好理论基础。在上海市的清查工作中，提出了利用高分辨率航片区划面积、采用分层抽样调查蓄积，探索森林资源“一体化”监测思路。开展森林资源清查年度监测研究试点，探索设计全国统一的20千米×20千米抽样框架，并在辽宁省开展了不同分辨率遥感数据的可判性分析及界线判读区划的误差分析，利用辽宁、湖南清查数据，对改进方案进行了专题分析。落实罗富和副主席的建议，举办了森林资源连续清查体系理论与实践座谈会，就罗副主席向中央领导呈交的《关于改进和完善国家森林资源连续清查体系的建议》进行认真研究，提出了具体落实思路。

国家级公益林管理 汇总分析国家级公益林资源变化和管理情况，完成了国家级公益林落界成果汇总，形成了全国国家级公益林矢量数据库，积极跟进国家级公益林监测与评价试点。配合国家审计署开展中央财政补偿资金审计，提供了符合保密原则的国家级公益林相关数据。

林业数表编制 推进林业基础数表检验和生物量建模工作，完成2013年3个树种组6个建模总体的参数测定和数据整理分析，初步完成已采集样本的8个树种组26个建模总体的生物量建模工作和含碳系数等参数整理，利用生物量调查建模样本的有关材积数据对相应树种的二元立木材积表进行了检验。

森林资源利用监管

林木采伐和运输管理 出台了《国家林业局关于进一步改革和完善集体林采伐管理的意见》，从完善采伐指标的分配管理、简化林木采伐的审批手续、推行简便易行的伐区设计、改进采伐作业的监管方式、推进采伐管理与科学经营的紧密结合、进一步放宽竹林经营利用的监督管理、进一步规范木材运输检查监管行为7个方面对集体林采伐管理进行了完善与规范。在向国家林业局党组、国务院法制办、全国人大法工委汇报基础上，复函同意浙江省开展采伐管理改革试点，加快探索林改后放活集体商品林采伐管理的新途径。研建了东北四大家林木采伐管理系统，并在吉林重点国有林区全面推广运行；升级全国林木采伐管理系统，指导北京等14个试点省全面使用全国林木采伐管理系统办理林木采伐许可证；运行维护全国木材运输系统，并按季度进行全国各省区市木材运输数据的汇总分析。组织开展“我为采伐献计策”全国森林采伐管理征文活动，征集各类文章150多篇，并对1996~2014年以来有关森林采伐管理的文件进行了汇编。组织开展黄淮海地区林木采伐、木材运输管理调研。

推进全国“十三五”期间森林采伐限额编制。成立了编限领导小组、专家咨询组和工作组，研究制定了编制方案，下发了《关于编制“十三五”期间年森林采伐限额编制工作的通知》，举办培训班，开展了专题研究，利用第八次全国森林资源清查结果对“十三五”期间合理年伐量进行宏观测算，“十三五”采伐限额编制工作有序开展。

森林可持续经营管理 组织开展了蒙特利尔进程标准指标体系在国内的研究和应用，参与蒙特利尔进程2015~2025年战略行动计划、进程宣言的编制和修订。参加了蒙特利尔进程第24次工作组会议指导了6个单位开展森林可持续经营试点，编制了2013年中国森林可持续经营成果汇编；构建了森林经营方案实施情况检查与评价指标体系，在3个单位开展了考核评价工作；完成了2014年森林抚育成效监测工作。支持和指导黑龙江林口林业局森林抚育和森林可持续经营管理试点，

修订大海林林业局森林经营方案。

重点国有林区天然林商业性停伐试点　按照中央1号文件的要求，1月13日国家林业局在哈尔滨召开会议，对停伐试点作出提前部署，并下发了《国家林业局关于切实做好全面停止商业性采伐试点工作的通知》，提出了“五严格、一限期”的政策规定和要求，决定从2014年4月1日起，在龙江森工、大兴安岭林业集团公司全面停止天然林商业性采伐。为确保“停得下、稳得住、不反弹，守住停止天然林商业性采伐”这条警戒红线不突破，国家林业局组织两个检查组对龙江、大兴安岭森工(林业)集团一季度采伐情况进行了重点抽查，组织驻黑龙江、大兴安岭专员办对停伐林业局进行全面检查，确保停伐平稳有序。3月31日，与财政部在北京联合召开启动会，对停伐试点工作作出全面部署，并多次对龙江、大兴安岭森工集团停伐后的森林资源管理、林区职工再就业和产业转型等问题进行调研，研究谋划内蒙古、吉林森工集团进一步开展停伐试点的政策意见。截至4月1日，龙江、大兴安岭森工(林业)集团所属各林业局的木材生产已全部停止。停伐期间，为进一步强化东北内蒙古重点国有林区森林资源管理，国家林业局下发了《关于强化东北内蒙古重点国有林区森林资源保护管理的通知》，从强化林地保护、规范采伐管理、完善森林抚育、严格控制树木采挖和林下经济开发等方面提出了明确要求。

林地林权管理

林地保护利用规划　各省对林地保护利用规划和林地“一张图”建设成果进行汇总分析；国家林业局规划院和西北院分别对全国林地“一张图”成果数据和各省林地保护利用规划进行汇总分析，编写了汇总分析报告，为编制下一期林地保护利用规划、完善林地用途管制制度做好准备。

林地年度变更调查　组织国家林业局5个直属院对10个省，以及其他省各2个县的2013年林地年度变更调查试点成果进行检查验收，更新了全国林地“一张图”数据库。召开2014年全国林地更新调查工作会议，购置、处理了高分辨率遥感数据，组织开展技术培训，部署启动了天津、吉林等10个省级单位林地变更调查工作。

林地管理制度建设　下发了《国家林业局办公室关于进一步加强林地台账管理的通知》，制定了林地使用情况记录表和汇总统计表，健全林地台账管理制度。在福建省开展建设项目使用林地“占补平衡”试点。致函海南省人民政府，就林地管理存在的问题予以纠正，督促省林业厅提请省人大修改了《海南经济特区林地管理条例》。下发了《国家林业局关于开展东北内蒙古重点国有林区开垦林地清查工作的通知》，基本完成重点国有林区开垦林地清查工作。开展对吉林、黑龙江、浙江、上海、陕西、广西等地林地管理情况调研。

占用征收林地审批　下达了2014年度占用征收林地定额，办理北京、安徽等13省提前使用2015年度国家备用定额审批，研究内蒙古、宁夏、新疆3区和陕西省榆林市占用宜林地不纳入定额管理的措施。全国共审核审批占用征收林地项目20 357项，面积13.43万公顷，收取植被恢复费89.88亿元。其中，国家林业局审核审批占用征收林地项目532项，面积4.58万公顷，收取植被恢复费32.53亿元。国家占用征收林地审核审批系统加载到国家林业局门户网站。

林权管理工作　落实《国务院机构改革和职能转变方案》和《关于整合不动产登记职责的通知》精神，参加不动产登记部际联席会议、国务院不动产统一登记工作会议和《不动产登记条例》起草相关意见，配合国土资源部开展不动产登记职责整合，确保林权登记发证工作平稳过渡。起草了《国家林业局关于切实加强林权登记发证管理工作的通知》，与国土等部联合下发的《关于进一步加快推进宅基地和集体建设用地使用权确权登记发证工作的通知》。

森林资源监督

非法侵占林地清理排查行动　9月，国家林业局配合中办督察室对中央领导批示的秦岭北麓西安段违法建筑占用林地问题进行了调研督办。习近平总书记等9位中央领导在调研报告上作出重要批示，汪洋副总理要求国家林业局在全国范围内开展排查非法侵占林地专项行动。按照汪洋副总理的批示精神，11月4日国家林业局下发了《关于开展非法侵占林地清理排查专项行动的通知》，11月5日召开电视电话会议，在全国范围内部署开展为期两个月的清理排查专项行动。11月13日，国家林业局赵树丛局长以写信的方式向汪洋副总理呈报了落实中央领导同志批示精神、开展专项行动、加大对破坏林地和森林资源案件查处力度的情况报告。11月26日，习近平总书记在国家林业局的报告上又作出重要批示。为落实习近平总书记批示精神，12月8日国家林业局再次召开电视电话会议，传达习近平总书记重要批示精神，对清理排查专项行动再部署、再动员，要求各地在认真清理排查、坚决查处到位上下功夫，把专项行动推向深入，切实收到实效。专项行动清理排查出案件48 541起，违法占用林地面积达85 675公顷。

林政案件督察督办　下发查办通知以及现地督办破坏森林资源案件74起。其中，按照李克强总理的批示，现地督办福建省泰宁县非法采石破坏森林资源案件，并将查处结果报告总理；按照汪洋副总理的批示，对黑龙江明水湿地保护区毁林毁湿开垦问题进行查处督办。按照赵树丛局长的批示要求，对各专员办2013年督查督办破坏森林资源案件情况进行了统计分析、汇编成册。

森林资源监督检查　修改完善了检查核查方案，组织开展营造林综合核查、全国森林采伐和林地管理情况检查、东北内蒙古重点国有林区森林资源管理情况检查和保护发展森林资源目标责任制检查。下发了《通报》和《整改通知》，督促在2013年检查核查中存在问题的单位进行整改，对核查通报的陕西安塞县、山西洪洞县、广西柳东新区和鹿寨县、海南保亭县违法占地案件现地督办。整改共处理相关责任人379人，其中行政问责218人，含县处级干部20人。组织对黑龙江通北林业局毁林毁湿开垦和浙江省垦造耕地涉林情况进行了专项检查。配合检察机关开展"破坏资源环境和危害食品安全犯罪专项立案监督活动"。

森林资源监督建设　下发了《关于做好破坏森林资源案件报告工作的通知》，印发了《派驻森林资源监督机构督查督办破坏森林资源案件管理规定》，对案件督查督办工作进行规范。汇总编印了《2013年度森林资源监督报告汇编》，并报局领导、分送各司局，首次报送中央编办。通过《森林资源监督工作简报》和《中国绿色时报》对查办督办破坏森林资源案件工作开展深度宣传。到陕西省开展了破坏森林资源违法情况问责情况调研，研究进一步强化责任追究的政策措施；到浙江省开展了垦造耕地涉林情况调研，拟将相关情况及建议形成报告报国务院。

高尔夫球场清理整治　配合国家发展改革委起草了《关于全国高尔夫球场清理整治工作中对违法违规建设项目处理建议的请示》《关于落实高尔夫球场清理整治措施的通知》《关于规范高尔夫球场建设的意见》，赴山东、云南检查高尔夫球场清理整治工作，督办贵州省独山县违规建设高尔夫球场案件。

重点国有林区改革　对黑龙江重点国有林区停止天然林商业性采伐试点后的林区改革问题和大兴安岭林区"管用分开"体制进行了调研；由国家林业局领导带队，多次与国家发改委就重点国有林区改革指导意见沟通协调，基本形成共识，《国有林区改革指导意见》已经国务院常务会议审议通过。

行政审批制度改革　落实国务院关于推进行政审批制度改革的要求，对涉及森林资源管理的20项行政许可审批项目进行研究梳理，提出取消下放14项行政许可审批项目，以及非行政许可审批项目转为内部审批的意见，并对木材经营加工行政许可事项开展了专题调研。　（陈　昱）

【全国林地变更调查稳步推进】　国家林业局贯彻落实国务院批准的《全国林地保护利用规划纲要(2010～2020年)》，推进国家、省、县三级林地保护利用规划体系建设，组织完成了全国省级、县级林地保护利用规划编制和审批，推进林地保护利用规划实施。为监测林地保护利用情况，保持林地"一张图"现势性和时效性，实施了林地变更调查更新林地"一张图"的工作。对2013年开展林地变更调查的黑龙江、安徽、江西、湖北、重庆、贵州、新疆、内蒙森工、龙江森工、大兴安岭10个省级单位，以及其他省(区、市)各2个县级单位、共970个县级单位的变更调查成果进行了汇总分析。2014年，组织天津、吉林、江苏、浙江、山东、湖南、广西、云南、青海省、吉林森工集团开展林地变更调查，各省调查工作将在2015年4月完成。　（韩爱惠）

【东北内蒙古重点国有林区毁林开垦林地清查】　按照《国家林业局关于开展东北内蒙古重点国有林区开垦林地清查工作的通知》(林资发〔2014〕2号)的要求，组织吉林省林业厅，内蒙古、龙江、大兴安岭森工(林业)集团公司开展了重点国有林区毁林开垦林地清查工作。经过两期遥感图像对照分析判读区划、现地核实、上图入库、汇总分析等环节，历时一年整，完成了重点国有林区毁林开垦等改变林地用途情况的调查。同时，《国家林业局关于商请对东北内蒙古重点国有林区毁林开垦林地依法处理和加强林地保护管理的函》(林函资字〔2015〕40号)致函内蒙古、吉林、黑龙江省(区)人民政府，请三省(区)人民政府对重点国有林区范围内农民侵权毁林开垦林地行为采取有效措施予以制止。

（韩爱惠）

【2014年度全国占用征收林地定额使用情况】　根据《占用征收林地定额管理办法》有关规定及全国各省2013年占用征收林地年度定额使用情况，2014年国家林业局和各省级林业主管部门审核同意建设项目实际使用占用征收林地定额11.32万公顷。其中，实际使用下达各省的林地定额8.83万公顷，有9个省提前使用2015年度林地定额0.33万公顷，有14个省申请使用2015年国家备用定额2.16万公顷。　（胡长茹）

【全国审核审批占用征收林地情况】　全国(不含台湾，下同)共审核占用征收林地项目16 668项，审核同意面积118 984.97公顷；批准临时占用林地和直接为林业生产服务的工程设施占用林地项目3689项，批准面积15 310.67公顷；征收森林植被恢复费898 778.35万元。其中，国家林业局审核占用征收林地项目370项，审核同意面积40 318.17公顷；批准临时占用林地和直接为林业生产服务的工程设施占用林地项目162项，批准面积5517.01公顷；征收森林植被恢复费325 280.62万元。各省(区、市、新疆生产建设兵团)林业主管部门审核占用征收林地项目16 298项，审核同意面积78 666.80公顷；批准临时占用林地和直接为林业生产服务的工程设施占用林地项目3527项，批准面积9793.66公顷；征收森林植被恢复费573 497.73万元。

（胡长茹）

表 10-1 2014 年度国家林业局审核审批占用征收林地情况统计表

省(区、市)、集团、兵团	审核占用征收林地			审批临时占用林地			审批直接为林业生产服务占用林地	
	项目数	面积(公顷)	森林植被恢复费(万元)	项目数	面积(公顷)	森林植被恢复费(万元)	项目数	面积(公顷)
总计	**370**	**40 318.17**	**295 702.52**	**125**	**4873.38**	**29 578.10**	**37**	**643.63**
北京	1	18.25	365.02					
天津								
河北	4	391.82	2905.74	1	117.14	702.85		
山西	7	351.64	2589.18	3	132.57	738.30		
内蒙古	32	5153.88	31 240.06	7	433.76	2630.76		
辽宁	9	1841.70	14 924.72	1	8.09	72.56		
吉林	34	2810.29	18 767.58	14	601.44	3775.34	7	57.25
黑龙江	6	237.03	1342.54	5	125.16	649.19		
上海								
江苏	2	95.74	816.71					
浙江	14	831.15	6109.99	2	49.26	325.44		
安徽	8	679.42	5150.69	3	152.01	1101.18		
福建	23	2269.17	23 238.52	2	270.37	2184.93		
江西	16	4993.40	33 449.13	2	334.60	2237.02		
山东	8	1022.16	5573.67	2	18.76	133.50		
河南	9	580.53	5766.74					
湖北	3	274.14	1829.73					
湖南	9	2778.05	23 659.47					
广东	6	1518.42	10 277.55					
广西	6	1141.73	9257.81	6	379.87	2810.21		
海南	2	549.52	3113.83	1	225.14	1264.95		
重庆	1	126.82	710.78					
四川	20	1491.85	11 226.45	12	427.92	2550.79		
贵州	20	1262.57	13 498.15	3	44.10	656.78		
云南	33	5149.04	36053.78	18	588.59	3761.80		
西藏	3	132.01	1299.75	1	11.56	168.06		
陕西	25	1846.22	14327.76	7	361.01	986.71		
甘肃	1	128.90	306.39					
青海	5	815.66	6581.41					
宁夏	1	209.97	912.20					
新疆	12	850.00	5759.80	4	387.94	1945.73		
新疆建设兵团	6	144.93	1319.12	1	48.64	248.08		
内蒙森工	16	195.68	1238.73	13	72.69	142.61	21	401.49
大兴安岭	13	188.05	556.30	7	29.01	164.38	8	164.63
龙江森工	15	238.43	1533.23	10	53.74	326.91	1	20.26

表 10-2　2014 年度各省(区、市)、新疆生产建设兵团审核审批占用征收林地情况统计表

省(区、市)、兵团	审核占用征收林地			审批临时占用林地			审批直接为林业生产服务占用林地	
	项目数	面积(公顷)	森林植被恢复费(万元)	项目数	面积(公顷)	森林植被恢复费(万元)	项目数	面积(公顷)
总计	**16 298**	**78 666.80**	**531 814.93**	**1811**	**7548.98**	**41 682.80**	**1716**	**2244.67**
北京	136	523.28	7597.04	40	57.75	991.57	2	4.69
天津	1	32.29	707.07	3	5.09	40.61		
河北	339	2801.97	12 746.53	10	77.56	325.23	11	53.94
山西	161	868.65	3908.77	49	339.11	1525.17	2	8.60
内蒙古	630	4456.86	29 649.69	18	53.37	375.11	21	172.86
辽宁	146	929.14	5762.56	13	39.28	348.11	1	1.60
吉林	262	1026.56	8338.21	32	111.03	814.14	18	25.55
黑龙江	201	567.23	3017.86	40	151.87	933.69	17	187.87
上海	4	5.02	226.05					
江苏	123	624.36	4934.67	10	6.51	76.18	26	10.87
浙江	909	3037.30	18384.94	198	356.90	1474.68	1462	1149.58
安徽	635	3659.18	20 730.90	41	175.57	1276.14		
福建	1708	7324.83	78 062.31	66	441.39	3730.40	15	24.79
江西	988	4838.47	28 430.04	4	16.30	118.07	1	0.48
山东	149	504.87	3046.60	21	64.01	488.82	17	17.91
河南	376	1943.54	14 154.22	17	96.91	781.96	4	7.70
湖北	1411	5908.75	40 929.73	20	129.40	576.47	14	42.43
湖南	1950	5635.43	59 740.00	31	106.19	1077.29	2	0.38
广东	815	5062.01	31 794.10	118	562.54	3494.47	8	7.97
广西	701	4875.24	38 601.81	20	103.51	688.50	10	304.19
海南	176	901.70	4668.58	144	500.13	1998.99	1	0.60
重庆	369	1545.02	10 823.40	24	80.74	566.92	22	37.94
四川	932	3964.22	23 324.23	182	519.45	2703.51	10	27.69
贵州	733	2573.80	20 968.53	51	126.01	1201.42	2	0.08
云南	1077	6650.80	35 742.32	277	1742.40	8114.47	24	52.32
西藏	42	288.34	1790.39	20	52.68	409.71	1	0.01
陕西	526	3458.91	2317.47	11	97.55	370.69	4	18.30
甘肃	106	1203.71	3981.42	87	274.11	988.78	14	50.58
青海	115	267.61	2066.72	51	122.04	1052.54	1	0.64
宁夏	182	1726.07	6347.92	94	544.64	1745.32	1	23.33
新疆	253	1150.03	6637.03	108	552.81	3159.14	5	11.80
新疆建设兵团	142	311.56	2383.82	11	42.10	234.70		

【国家林业局占用征收林地行政许可被许可人监督检查】 国家林业局组织 15 个派驻森林资源监督机构(以下统称专员办)开展了 2014 年度国家林业局占用征收林地行政许可被许可人监督检查工作。本次监督检查从 3 月开始，至 10 月底全面完成内外业工作，共投入 378 名检查人员，检查了 220 项国家林业局审核审批的占用征收林地建设项目，涉及 234 个县(市、区、局，团场)。

检查的 220 项占用征收林地建设项目，使用林地面积 19 374.26 公顷，其中，181 项依法使用林地；39 项存在超审核(批)范围使用、异地使用等问题，违法占用林地面积59.48公顷。有19个建设项目的附属工程存在违法临时占用林地情况，面积50.58公顷。

检查结果表明，大部分建设项目能够按照行政许可确定的地点、面积、范围、用途、期限依法依规使用林地。但也查出一些项目存在超审核(批)范围和异地使用林地；一些项目取弃土、堆料、施工场地等用地随意性大，违法临时使用林地情况突出。另外，一些调查规划设计单位编制的建设项目使用林地可行性报告不规范。

各专员办已对检查出的违法违规使用林地项目进行了督查整改，基本整改到位。下一步国家林业局将进一步完善占用征收林地相关规章制度建设，强化建设项目占用征收林地监管工作，坚决打击违法违规使用林地行为。 (付长捷)

森林资源利用监管

【国家林业局部署重点国有林区停止天然林商业性采伐试点】 为认真贯彻落实《中共中央 国务院关于全面深化农村改革加快推进农业现代化的若干意见》(中发〔2014〕1号)"加大生态保护建设力度，在东北、内蒙古重点国有林区进行停止商业性采伐试点"的要求，加快重点国有林区森林资源恢复和培育，切实抓好重点国有林区停止商业性采伐试点，国家林业局经商财政部并请示国务院同意，决定从2014年起率先在黑龙江省重点国有林区进行停止商业性采伐试点。为此，1月8日，印发了《国家林业局关于切实做好全面停止商业性采伐试点工作的通知》(林资发〔2014〕3号)，明确从2014年4月1日起，龙江、大兴安岭森工(林业)集团公司要全面停止木材商业性采伐，下属各林业局第一季度的采伐量、出材量一律不得超过2014年度木材生产计划的70%。 (谢守鑫)

【国家林业局部署编制"十三五"期间年森林采伐限额】 鉴于国务院批准各地的"十二五"期间年森林采伐限额于2015年年底执行期满，2016~2020年将执行"十三五"期间年森林采伐限额。为认真做好"十三五"期间年森林采伐限额编制(以下简称"十三五"编限)工作，国家林业局制订了《"十三五"期间年森林采伐限额编制方案》，并于2014年5月5日印发了《国家林业局关于编制"十三五"期间年森林采伐限额工作的通知》(林资发〔2014〕62号)。对"十三五"编限工作提出了5项要求：一要高度重视，切实加强组织领导。通知指出，坚持限额采伐制度，切实做好采伐限额编制，保障采伐限额严格执行，直接关系到林业"双增"目标的实现和林业工作的全局，对于巩固发展林业改革建设成果、加快推进生态文明建设具有重要战略意义。要求各级林业(森工)主管部门务必高度重视"十三五"编限工作，要层层成立编限工作领导小组，组成由资源林政管理部门牵头、有关部门参加的专门班子，保证编限工作条件和业务经费，同时，积极主动向同级人民政府汇报，切实抓好编限的组织、部署、指导和协调等各项工作。省级林业(森工)主管部门要在系统总结历届采伐限额编制和实施成效的基础上，依据《"十三五"期间年森林采伐限额编制方案》，结合实际研究制定本省的"十三五"编限方案，细化各阶段工作任务，抓紧部署，狠抓落实，确保"十三五"编限工作按时高质量完成。二要摸清家底，确保编限基础数据准确可靠。通知指出，森林资源的总量和结构是确定森林采伐限额的重要依据，编制采伐限额必须以森林资源现状为基础。要求近期没有进行二类调查的，要抓紧完成二类调查或补充调查，确保各类林地面积、森林蓄积、林种、树种、龄组结构等资源底数详实、准确。编限数据不符合《"十三五"期间年森林采伐限额编制方案》相关要求的，不得用于"十三五"编限。森林资源底数不清的单位，其采伐限额建议指标由省级林业主管部门严格控制。三要严格审核，保障编限成果科学合理。"十三五"编限必须从森林资源保护发展、生态文明建设、森林可持续经营的实际出发，选择符合森林资源实际的合理年伐量计算方法，科学确定采伐利用周期、采伐方式、采伐强度等技术参数，确保编限成果科学可行。省级林业主管部门除必须严格审核各编限单位采取的森林资源基础数据外，还必须对其采用的合理年伐量计算方法和技术参数从严把关，确保编限成果科学可行，符合林业经营管理实际。四要自下而上，逐级审核提报编限成果。编限单位"十三五"期间合理年采伐量的测算必须由县级林业主管部门组织，相关森林经营主体、尤其单独编限单位应参与测算过程。因资源数据等特殊情况，统一由省、市林业主管部门组织合理年采伐量测算的，测算结果必须书面通知编限单位并征求其意见。编限单位的年森林采伐限额建议指标，要严格按《"十三五"期间年森林采伐限额编制方案》的要求自下而上申报、审核。省级编限成果请务必于2015年3月31日前由省级林业(森工)主管部门报国家林业局初审，于2015年6月30日前由省级人民政府正式上报国务院，同时抄送国家林业局。五要加强调研，完善采伐管理改革政策。要求各级林业(森工)主管部门在"十三五"编限过程中要广开言路，充分听取和反映各类经营主体的意见建议，认真分析和总结本地采伐管理存在的问题、改革成效和经验，超前谋划加强"十三五"限额管理和创新采伐管理机制的政策措施。

(谢守鑫)

【工程建设征占用林地采伐天然林批复】 根据《国务院批转林业局关于全国"十二五"期间年森林采伐限额审核意见的通知》(国发〔2011〕)的规定，长江上游、黄河上中游、海南、新疆和建设兵团天然林资源保护工程区内，继续停止天然林商品性采伐。因建设工程占用征收林地、自然灾害和森林经营保护等特殊情况采伐天然林需占用所在编限单位或省级预留的人工林采伐限额，且一次性采伐500立方米以上的，需经国家林业局批准。2014年度，国家林业局批复云南、四川、海南、新疆等8省区、37个工程项目征占用林地使用人工林采伐限额采伐天然林蓄积量15.5万立方米。其中，云南省水库、水电站、公路、输油管道等18个工程项目建设涉及采伐天然林蓄积量7.6万立方米，采伐树种以云南松、油松、枫香、思茅松、高山松、落叶松、马尾松为主。（王亚军）

【国家林业局进一步改革完善集体林采伐管理政策】 5月4日，国家林业局下发了《关于进一步改革和完善集体林采伐管理的意见》(以下简称《意见》)，进一步改革和完善了集体林采伐管理的有关政策。主要有以下几个方面的内容。

第一，各地林业主管部门要进一步完善采伐指标的分配管理，简化林木采伐的审批手续。对集体林不再编制和下达年度木材生产计划，以采伐限额作为统一控制指标。采伐指标分配要及时公示，严禁截留、倒卖。有条件的地方，提倡采伐指标“进村入户”。同一行政村的农户所分配的同类型采伐指标，可联户集中使用。林权所有者申请采伐，可凭林木权属证明及相关材料直接向所在地的县级林业主管部门或乡镇林业站提出，发证机关对符合采伐发证条件的应及时发证，不得推诿拖延或“搭车收费”。

第二，推行简便易行的伐区设计，企事业单位和集体经济组织申请采伐，依相关技术标准进行伐区调查设计，林农个人申请采伐，可由林农自行或委托他人根据申办林木采伐许可证的基本要求进行简易伐区调查设计，一次采伐蓄积量5立方米以下的可免于设计。采伐经济林、薪炭林、竹林以及非林地上的林木，可由经营者自行设计、自主决定采伐年龄和方式。

第三，各地要切实转变采伐作业的监管方式。林木采伐作业要以经营者自主管理、自我约束为主，不再实行伐前拨交、伐中检查和伐后验收等现场监管方式。对已经明确所有权和经营权的森林、林木，林权所有者和经营者是伐区采伐作业和迹地更新的责任主体。

第四，采伐作业要注意保护土壤植被，并及时更新造林和恢复植被。同时，各地要把采伐管理与森林科学经营紧密结合起来，按照严格保护、积极发展、科学经营、持续利用的方针，不断完善采伐限额管理办法和机制，推动集体林场、乡镇或行政村、林业合作组织、相关企事业单位等不同经营主体编制科学可行的森林经营方案，并督促其严格实施，构建以森林经营方案为基础确定森林采伐限额的林木采伐管理体系和森林经营体系。

第五，各地要进一步放宽对竹林经营利用的监督管理，从赋予林农最大经营自主权出发，进一步放宽竹林采伐和竹材运输管理，实行竹林经营利用由经营者自主决策。对竹子采伐可暂不实行林木采伐许可发证，竹材及其制品的运输暂停纳入凭证运输范围。

第六，各地要切实加强重点木材检查站建设管理，整合现有木材检查站的数量，进一步优化布局，规范执法检查行为，为落实集体林采伐管理改革有关政策创造良好环境和氛围。对既无编制、又无经费的检查站，应予以整合或者撤销。严禁擅自扩大凭证运输范围，严禁超范围实施木材运输检查，严禁乱罚款、乱收费。

《意见》明确，对涉及国家级公益林、自然保护区和国家级森林公园范围内的集体森林、林木，其采伐管理执行相关法律、法规和政策的规定。省级林业主管部门可根据本意见，结合当地实际制定具体实施意见。

（靳爱仙）

【全国林木采伐管理征文活动举办】 为广泛征集社会各方面对林木采伐管理的意见和建议，进一步改革和完善全国林木采伐管理政策，3月31日~10月31日，国家林业局资源司与中国绿色时报社、林业资源管理编辑部共同开展了“我为采伐管理改革创新献计策”2014林木采伐管理征文活动。此次征文活动共收到来自全国26个省(区、市)的稿件292件，经过初步筛选、网络投票、专家评审、组织者研究复议等多个环节的评审，评选出特等奖1名、一等奖5名、二等奖10名、三等奖20名、优秀奖24名、组织奖3名。组织奖获得者是山西省林业厅、河北省林业厅和湖北省林业厅。获奖作品分别在《中国林业》和《林业资源管理》上刊发，获奖结果在新浪、网易等许多主流媒体网站上刊发。

（靳爱仙）

【全国木材运输情况统计】 截至2014年年底，全国木材运输管理系统已在全国启动运行4年，使用该系统共办理木材运输证2560.75万份，运输木材7.79亿立方米、竹材25.06亿万株。其中，2014年使用该系统办理木材运输证540.72万份，运输木材1.42亿立方米、竹材2.94亿株。各省办理木材运输证、运输木材情况详见表10-3。（张厚武　杨雪清）

【国家级森林抚育成效监测】 一是指导开展森林抚育成效监测。赴河北塞罕坝机械林场、辽宁省清原县、黑龙江省林口林业局、龙江森工集团大海林林业局、福建省永安市林业局、广东省西江林业局、甘肃省小陇山林业实验局等国家级森林可持续经营(林木采伐)管理试验示范点开展森林抚育成效监测实地技术指导，共计14次近40人次。二是设置固定样地。在辽宁省清原县、广东省西江林场等地设立森林抚育成效监测固定样地约10组，拟开展森林抚育生态效益监测。三是收集森林抚育监测样地数据。已收集相关森林可持续经营试验示范点设置的森林抚育成效监测固定样地数据50余组。四是进一步完善森林抚育成效监测固定样地数据库软件。对2013年开发的森林抚育成效监测固定样地数据库系统，进一步进行了完善，形成了网络版录入系统和Excel版录入系统，便于基层监测人员的数据录入。五是数据收集。截止到2014年年底，已经调查采集的50多组森林抚育成效监测固定样地数据，已经全部入录数据库。六是开展森林抚育对森林资源与生态的成效理论研究。在查找国内外相关文献资料的基础上，对森林抚育的理论、森林抚育对森林资源、森林生态等的影响，进行了研究，编写了“森林抚育对林分结构与林木生长的影响”“森林抚育对森林土壤与森林水文的影响”等研究综述。（崔武社）

表 10-3　2011～2014 年全国木材运输管理系统统计木材运输情况表

单位	签发运输证(份)					木材运输量　(万立方米)					竹材　(万株)				
	2011 年	2012 年	2013 年	2014 年	总计	2011 年	2012 年	2013 年	2014 年	总计	2011 年	2012 年	2013 年	2014 年	总计
合　计	**6 510 456**	**6 354 906**	**7 334 924**	**5 407 227**	**25 607 513**	**18 946.05**	**20 758.61**	**23 919.5**	**14 160.13**	**77 784.29**	**80 998.58**	**67 138.62**	**73 019.26**	**29 412.82**	**250 569.28**
北　京	5961	5033	5984	2849	19 827	22.72	23.40	33.25	18.63	98	14.54	13.65	30.26	7.82	66.27
天　津	16 692	14 194	14 320	10 417	55 623	83.07	68.52	103.05	58.44	313.08	17.90	10.07	36.54	12.08	76.59
河　北	121 835	113 694	90 124	39 827	365 480	527.17	381.61	305.48	71.88	1286.14	1350.25	858.92	589.19	296.28	3094.64
山　西	9132	12 465	5734	4246	31 577	13.98	16.20	7.98	3.17	41.33	5.56	14.86	11.19	15.29	46.90
内蒙古	31 338	26 351	24 714	22 338	104 741	85.49	56.89	52.56	348.62	543.56	4.42	213.30	8.54	0.94	227.20
辽　宁	109 208	106 256	139 202	141 963	496 629	230.93	259.30	490.06	329.27	1309.56	2.34	2.49	192.68	60.01	257.52
吉　林	133 461	122 971	125 617	123 823	505 872	469.10	430.94	398.64	393.36	1692.04	251.14	61.40	187.28	41.71	541.53
黑龙江	26 254	111 783	119 166	102 676	359 879	209.52	669.20	519.44	451.67	1849.83	1.04	16.58	39.93	115.17	172.72
上　海	136 917	137 367	171 044	143 674	589 002	760.21	877.37	1314.92	910.13	3862.63	61.68	42.09	27.25	10.75	141.77
江　苏	451 780	502 644	535 999	371 325	1 861 748	2095.41	5322.17	3290.60	1641.51	12 349.69	1157.44	526.18	965.72	449.94	3099.28
浙　江	685 743	771 479	647 674	271 958	2 376 854	1039.19	1136.64	934.00	367.68	3477.51	10 671.42	9367.04	6792.49	1360.45	28 191.40
安　徽	417 885	354 330	359 157	267 354	1 398 726	999.72	845.92	977.55	765.69	3588.88	5807.70	3360.64	3608.48	2133.60	14910.42
福　建	—	—	584 874	332 004	916 878	—	—	5049.99	2038.12	7088.11	—	—	0.00	0.00	0.00
江　西	282 353	241 333	246 639	153 089	923 414	1607.51	347.26	372.22	200.93	2527.92	4046.45	3177.94	3404.27	1138.39	11 767.05
山　东	449 969	392 816	379 169	225 407	1 447 361	2444.88	2760.75	2325.76	981.61	8513	10 291.01	15 955.76	22 684.69	6645.57	55 577.03
河　南	92 336	130 312	174 580	114 546	511 774	299.54	476.98	553.82	371.39	1701.73	162.40	241.05	712.66	416.78	1532.89
湖　北	195 242	175 061	161 992	98 967	631 262	388.57	354.22	292.58	136.15	1171.52	4929.72	4098.96	4157.14	2821.05	16 006.87

（续）

单位	签发运输证(份)					木材运输量 （万立方米）					竹材 （万株）				
	2011 年	2012 年	2013 年	2014 年	总计	2011 年	2012 年	2013 年	2014 年	总计	2011 年	2012 年	2013 年	2014 年	总计
湖　南	450 095	320 422	319 556	214 097	1 304 170	1035. 81	758. 47	575. 67	386. 15	2756. 1	25 797. 96	16 566. 89	17 281. 90	8436. 68	68 083. 43
广　东	547 890	616 685	635 661	543 837	2 344 073	891. 42	1032. 36	1077. 39	949. 22	3950. 39	3066. 52	2900. 04	3477. 62	1584. 18	11 028. 36
广　西	1 430 454	1 329 646	1 710 553	1 523 810	5 994 463	3104. 23	2880. 88	3169. 70	2180. 70	11 335. 51	5412. 65	4257. 77	2519. 75	1027. 81	13 217. 98
海　南	7309	9538	11 304	19 774	47 925	18. 06	30. 65	37. 50	77. 52	163. 73	3. 38	2. 01	1. 85	0. 04	7. 28
重　庆	17 254	29 264	25 915	25 529	97 962	44. 10	69. 98	60. 71	55. 17	229. 96	130. 97	221. 46	101. 19	39. 79	493. 41
四　川	347 620	300 613	290 860	202 415	1 141 508	766. 28	607. 47	530. 08	336. 58	2240. 41	5147. 09	2987. 64	2614. 69	720. 28	11 469. 70
贵　州	79 981	73 636	78 742	57 555	289 914	172. 76	164. 17	180. 95	135. 94	653. 82	654. 59	592. 32	922. 19	546. 03	2715. 13
云　南	310 371	281 402	304 598	275 483	1 171 854	603. 45	515. 61	622. 29	534. 31	2275. 66	43. 32	39. 62	70. 96	17. 70	171. 60
西　藏	2380	2393	1771	1406	7950	10. 49	9. 66	7. 86	6. 16	34. 17	18. 41	4. 48	1. 10	0. 00	23. 99
陕　西	29 140	28 317	23 282	11 787	92 526	35. 22	60. 99	29. 68	9. 00	134. 89	1040. 78	920. 94	1225. 38	867. 57	4054. 67
甘　肃	33 279	27 442	18 593	16 133	95 447	608. 87	138. 38	102. 42	57. 58	907. 25	904. 37	636. 51	1335. 29	641. 93	3518. 10
青　海	464	382	424	297	1567	1. 97	1. 52	1. 40	0. 97	5. 86	0. 00	0. 28	0. 00	0. 00	0. 28
宁　夏	211	437	459	736	1843	0. 38	1. 89	1. 15	3. 25	6. 67	0. 01	47. 63	0. 59	0. 10	48. 33
新　疆	1698	718	499	5238	8153	8. 96	3. 78	2. 92	29. 41	45. 07	3. 10	0. 00	0. 00	0. 01	3. 11
内蒙古森工	32 662	26 567	27 927	23 622	110 778	191. 32	153. 66	149. 59	123. 60	618. 17	0. 13	0. 00	0. 00	0. 01	0. 14
龙江森工	891	45 432	46 413	24 366	117 102	2. 48	160. 86	186. 46	81. 88	431. 68	0. 00	0. 10	18. 43	4. 86	23. 39
大兴安岭	52 651	43 923	52 378	34 679	183 631	173. 24	140. 91	161. 83	104. 44	580. 42	0. 29	0. 00	0. 01	0. 00	0. 30

注：福建 2011～2012 年度未启用全国木材运输管理系统。

【森林可持续经营管理试点示范工作】 一是全国200个单位森林可持续经营管理试点示范工作稳步推进，吉林、河北、内蒙古、福建、湖南、浙江、广西、湖南等地举办森林可持续经营能力建设培训班，组织森林经营方案编制工作现场培训和成果论证等，建立各种森林类型的森林可持续经营模式林。二是黑龙江省林口林业局森林可持续经营试点工作稳步推进，该林业局根据其人工林资源的特点，紧紧依靠科技支撑单位的帮助，不断调整和完善试点方案，模式林建设、监测系统建设、能力建设、档案管理等取得新成绩。三是与林干院、中国林科院、中国科学院等单位合作，组织国际研讨会的相关专家赴全国森林可持续经营试点单位考察学习，试点成果得到了更广泛的宣传。四是结合国际森林文书履约试点单位的工作成效，积极参与国际森林文书国家进展报告的撰写工作。 （崔武社）

【森林可持续经营方案编制及经营数据库建设】 一是由国家林业局规划院初步构建了森林经营方案实施情况检查与评价指标体系；二是黑龙江省大海林林业局、福建省永安市林业局、广东省西江林场3个项目单位开展了方案实施指标体系研究与方案实施考核评价工作，并分别编写了工作报告；三是项目组成员赴俄罗斯、波兰2国开展森林可持续经营项目研讨与学习，编制形成了《赴俄罗斯波兰森林可持续经营项目研讨会考察报告》；四是在福建省永安市召开了项目培训交流与研讨会议，督促项目进展及完善。 （柏建伟）

森林资源监测

【完善森林资源连续清查体系】 第九次全国森林资源清查工作从2014年开始启动，在维持第八次清查基本技术方案不变的前提下，开展有关监测理论与技术方法的研究试点，推进清查体系的优化完善。重点完成了以下几项工作：一是修改完善了《国家森林资源连续清查技术规定》，主要是精简了调查因子，删除了土地荒漠化监测和湿地资源监测的相关内容，并对林地分类做了优化调整，为第九次清查提供了技术指南。二是积极响应全国政协罗富和副主席的倡议，与华南农业大学森林经理研究室联合举办了“森林资源连续清查体系理论与实践座谈会”，并对罗副主席所提的完善清查体系《建议》及座谈会上的专家意见，组织相关专家和人员进行了研究，提出了初步落实意见。三是结合上海实际需求和经济技术支撑条件，积极推进森林资源“一体化”监测的应用，提出了利用高分辨率航片区划面积、采用分层抽样调查蓄积的技术思路，实现了国家监测和地方监测的“一盘棋”。四是以“一体化”监测和年度出数为目标，探索设计了全国统一的20 km^2 ×20 km^2抽样框架，对覆盖全国范围2.36万个4 km^2 ×4 km^2的遥感大样地进行了判读分析；并选取辽宁、浙江、湖南、云南、陕西5省进行了现地验证，其中重点以辽宁省为对象，开展了不同分辨率遥感数据的可判性分析及界线判读区划的误差分析。五是利用第八次清查数据按不同方案分析测算了全国层面森林面积和蓄积的年度变化，并利用辽宁、湖南的连清数据，对“每年完成1/5样地”的改进方案进行了专题分析，为清查体系的优化完善提供了决策参考。六是继续推进立木生物量调查建模及相关二元立木材积表的验证工作，出台了《立木生物量建模方法技术规程》和《立木生物量建模样本采集技术规程》2项行业技术标准，以及杉木、马尾松、云南松、油松、湿地松5个树种的《立木生物量模型及碳计量参数》行业标准；全面完成了冷杉、柳杉、枫香3个树种组6个建模总体的内业参数测定；初步完成了8个树种组26个建模总体的生物量建模和碳计量参数编制工作，为2015年继续出台各树种组的系列生物量模型和碳计量参数标准奠定了基础；同时还利用生物量调查建模样本的有关材积数据，对相应树种的二元立木材积表进行了检验。 （闫宏伟 曾伟生）

【森林资源连续清查体系理论与实践座谈会在广州召开】 7月27日，国家林业局森林资源管理司与华南农业大学森林经理研究室在广州市联合举办了“森林资源连续清查体系理论与实践座谈会”。到会专家25人，主要来自国家林业局各调查规划设计院和部分省调查规划设计院，以及各大林业（农林）院校。会议由全国政协罗富和副主席和国家林业局封加平总工程师分别主持，国家林业局刘东生副局长到会讲话。广东省人民政府、省林业厅和华南农业大学有关领导及相关人员，以及华南农业大学森林经理研究室的部分教师出席会议。

刘东生副局长对中国森林资源清查工作40年来所取得的成绩给予了充分肯定，并提到了在新形势下所面临的问题和出现的矛盾，最后强调要切实加大资金投入力度，逐步完善森林资源清查体系，继续提高清查工作科技水平，不断增强清查体系服务能力。罗富和副主席最后对会议进行了小结，认为在我国森林资源清查工作40年、我国著名林学家沈鹏飞教授诞辰120周年之际召开这次座谈会，很有意义；尽管这次会议还没能就优化完善森林资源连续清查体系的具体方案达成共识，但与时俱进推动清查体系的优化完善、服务于生态文明建设，这一目标是共同的；相信在各位专家的关心和支持下，坚持传承与创新相结合、先进与实用相结合，立足服务于生态文明建设和政府任期考核，充分调动各级政府的能动性，就一定能够将森林资源连续清查体系的发展推进到一个新的水平。 （闫宏伟 曾伟生）

【第八次森林资源清查成果发布】 2月25日，第八次全国森林资源清查结果新闻发布会在国务院新闻办公室召开，国家林业局局长赵树丛正式对外发布了我国森林资源状况。清查结果显示，全国森林面积2.08亿公顷，森林覆盖率21.63%，森林蓄积量151.37亿立方米。人工林面积0.69亿公顷，蓄积量24.83亿立方米，充分表明中国森林资源进入了数量增长、质量提升的稳步发展时期。

第八次清查于2009年开始，历时5年，参加清查工作的技术人员2万余人，投入资金近9亿元，清查面积957.67万平方千米，实测固定样地41.50万个，判读遥感样地284.44万个，获取清查数据1.8亿组。清查工作由国家林业局统一部署，森林资源管理司组织实施，各省林业主管部门负责组织完成本省调查任务，国家林业局各区域森林资源监测中心负责技术指导、质量检查和成果编制。

本次清查执行了国家林业局2004年颁发的《国家森林资源连续清查技术规定》(林资发〔2004〕25号)和2008年颁发的《〈国家森林资源连续清查技术规定〉补充规定》(办资字2008〔100〕号)。为适应新时期林业改革发展和生态建设的需要，本次清查增加了集体林地经营权、造林更新状况、森林抚育情况、树种资源调查、林下植被状况和林地土壤侵蚀等监测指标和调查因子，进一步丰富和完善了清查内容。同时，积极推进全国主要树种生物量调查建模工作，有效增强了森林固碳监测能力；并在广东省开展了森林资源年度监测试点，为增加监测信息时效性探索了方法、积累了经验；还鼓励和扶持各省联系各地实际推进森林涵养水源、保育土壤等定点生态监测，开展了相关试点工作，为客观评估森林生态功能效益奠定了基础。

本次清查制定并执行了《国家森林资源连续清查质量管理办法(试行)》，进一步建立健全了清查各环节管理机制，实行了调查队伍组建审核、技术培训评估制度，严格执行调查单位自检、省级检查和国家级检查的“三级检查”，以及省级成果初审、复审、终审“三审制”，强化了清查工作全过程的指导检查和督促把关，全面加强了清查工作质量管理，确保了调查数据客观翔实、清查结果准确可靠。本次清查样地、样木复位率分别达到99.98%和97.35%，清查工作质量整体达到“优”级。

为做好第八次清查全国汇总分析工作，确保汇总分析结果科学严谨，国家林业局成立了第八次清查全国汇总分析高级顾问组、专家支撑组和技术工作组，组织60余名专家和技术人员，历时8个月，对31个省的清查数据进行认真复核，汇总形成了全国森林资源结果。较常规相比，第八次清查成果发布工作提前了一年左右。 (闫宏伟 张 敏)

【第八次森林资源清查成果发布宣传】 配合第八次全国森林资源清查成果的发布，充分利用报纸、网络、媒体以及专题资料和成果，对第八次全国森林资源清查成果进行了系统、全方位的宣传，充分满足了社会各界对森林资源清查成果的关注。一是创新性地研究开发了“全国森林资源清查”专题网站，首次利用互联网将清查成果与结果发布同步上线，清查成果信息服务能力得到了提升。社会各界可通过网络，全面了解、查询森林资源清查最新成果，掌握森林资源变化动态，满足各级领导和社会各界对森林资源清查成果的信息需求。二是结合国务院清查成果新闻发布会的召开，精心编制了新闻发布稿、新闻备答问题、局领导成果发布专访材料、《人民日报》宣传专版、新闻发布会视频介绍材料、森林资源清查成果网站等系列成果，确保成果发布各项活动井然有序，严谨细致，科学高效。三是依据第八次森林资源清查主要成果，编制出版了《中国森林资源报告——第八次全国森林资源清查成果》《中国森林资源》宣传册、第八次森林资源清查主要结果折页(中英文)等系列成果。 (张 敏 闫宏伟)

【国家领导人对第八次森林资源清查成果作出重要批示】 2月20日，习近平总书记在国家林业局报送的《第八次全国森林资源清查结果报告》上作出重要批示：“森林资源清查摸清了家底，也发现了问题。近年来植树造林成效明显，但我国仍然是一个缺林少绿、生态脆弱的国家，人民群众期盼山更绿、水更清、环境更宜居，造林绿化、改善生态任重而道远。要全面深化林业改革，创新林业治理体系，充分调动各方面造林、育林、护林的积极性，稳步扩大森林面积，提升森林质量，增强森林生态功能，为建设美丽中国创造更好的生态条件”。李克强总理、张高丽副总理、汪洋副总理也先后作出重要批示。李克强总理批示指出：“我国森林资源连续30年持续增长，这是一个了不起的成就。总体看，我国仍然是一个少林国家，恢复森林资源、加强林业建设、维护生态安全任重道远。要进一步加快林业改革发展，加大造林绿化力度，加强清查保护管理，不断提升森林资源总量和质量，为建设生态文明和美丽中国作出新的贡献”。张高丽副总理、汪洋副总理也作出批示，要求相关部门认真传达学习贯彻习近平总书记、李克强总理的重要批示精神。 (闫宏伟 张 敏)

【第九次全国森林资源清查全面启动】 2014年是第九次全国森林资源清查的开局年，全国有吉林(含吉林森工)、上海、浙江、安徽、湖北、湖南和陕西7省(直辖市)8个单位开展清查工作，复查覆盖面积104万平方千米，需调查外业固定样地4.7万个。根据国家财政预算管理的需要，一是对各省2104年的清查组织、技术、队伍和物资等各项准备做了安排和部署。4月，下发了《开展第九次全国森林资源清查2014年工作的通知》，对清查任务和要求再次做了明确。二是组织对《国家森林资源连续清查技术规定》进行了补充和调整，并及时印发至各地执行。三是及时跟踪落实，研究批复各省清查方案，督促各省和直属院按要求做好方案制订、细则编制、队伍组建、技术培训和外业调查工作，确保工作时序和工作质量。针对安徽、陕西清查队伍组建、技术培训的组织问题，及时跟踪指导，沟通协调，确保了各省工作的规范性和科学性。四是全面推动全国森林资源清查技术进步。全国清查技术组和华东院结合上海森林资源管理的实际需求，在上海市2014年清查中创新性地探索了森林资源“一体化”监测试验，拓展和完善了森林资源清查技术体系。五是认真组织，做好清查成果的统计汇总分析工作。各省外业调查、成果统计工作在2014年年底前基本完成。复查各省样地合格率达到97.30%。清查技术组针对修订后的技术规定，加强了各省清查成果的对比分析工作，经审慎研究，初步确定了第九次清查主要成果的统计口径，为服务各省林业和生态建设实践提供了基础和保障。

（张　敏　闫宏伟）

【国家级公益林管理】 一是抓基础管理，督促各省严格按照《国家级公益林区划界定办法》和《国家级公益林管理办法》的规定进行管理，及时掌握和上报国家级公益林资源变化和管理情况，规范处理有关国家级公益林的调减问题。二是研究新情况新问题，针对部分省提出的林农要求退出国家级公益林或申请新增国家级公益林的情况，从维护林区社会稳定、促进国家级公益林补偿基金制度健康持续发展的角度出发，认真研究提出了按照《国家级公益林区划界定办法》规定程序允许调出的处理意见签报了局领导。三是科学、全面评价中央森林生态效益补偿基金制度的实施绩效，积极跟进国家级公益林监测与评价的试点。四是积极配合国家审计署开展中央财政补偿资金审计工作。按审计署要求，在不违反国家保密规定的前提下，积极为国家审计署提供国家级公益林数据和演示相关成果，并就审计署提出的国家级公益林区划落界方面的问题进行了解释说明。

（白卫国　闫宏伟）

【全国营造林综合核查情况】 一是重新将一般造林纳入核查范围，实行全口径核查，充分体现地方营造林成绩。二是强化现地查实、面积量测和资料查对，查实了营造林具体情况以及重复实施问题。三是强化质量管控，坚持了培训考核、重大事项报告、责任追究等制度，进一步明确承担单位、核查人员的责任，对核查人员、抽乡结果、外业时间等实行备案，强化成果审查，保证了成果质量。四是强化廉政纪律监督，严格执行中央“八项规定”、国家林业局十八项要求和《森林资源管理检查十项纪律》，实行“质量廉政反馈卡”制度，公布举报电话，接受地方监督，确保廉洁高效完成核查任务。共抽查了15 340个小班和25个播区，抽查面积17.30万公顷。核查结果真实客观反映了全国营造林实际情况，充分体现地方营造林工作成绩，并解决了2013年核查中担心的一些情况，反映了趋势性、倾向性和苗头性问题。（白卫国　闫宏伟）

【全国营造林综合核查主要结果】

2013年度全国营造林实绩　2013年度各省（区、市）、森工（林业）集团公司、新疆生产建设兵团（以下简称各省），营造林合格率（指上报面积的合格率，下同）76.2%，测算合格面积468.53万公顷。其中重点工程合格率79.7%，测算合格面积203万公顷。

人工造林　合格率81.8%，测算合格面积367.67万公顷。

封山育林　合格率64.2%，测算合格面积111.53万公顷。

飞播造林　合格率46.8%，测算合格面积7.33万公顷。

营造林成效　本次核查了2010年度人工造林（更新）的保存状况和2008年度封山育林、飞播造林的成效情况。经核查，营造林成效率（指上报面积的成效率，下同）81.2%，测算全国成效总面积469.8万公顷；重点工程营造林成效率82.9%，测算成效面积275.93万公顷。

人工造林、更新　保存率78.4%，测算保存面积323.07万公顷，其中人工造林299万公顷，人工更新24.07万公顷。

封山育林　成效率92.1%，测算成效面积139.53万公顷。

飞播造林　成效率48.3%，测算成效面积7.2万公顷。

核查反映，全国营造林继续保持较大规模，2013年度各地统计上报营造林总面积超过600万公顷，相关年度全国营造林成效面积超过466.67万公顷。重点工程发挥生态建设主体作用，2013年度重点工程营造公益林面积比例83.2%，营造林成效面积占全国的58.7%。全国非重点工程人工造林面积313.33万公顷，占全国人工造林总面积的70.7%。

存在的主要问题　造林地选择不合理，后续管理松懈，造林地放牧、不合理间作等问题较为严重。造林作业设计粗放、检查验收不到位等管理不规范问题较为普遍。在有林地灌木林地实施重点工程无林地疏林地封山育林任务，少数地方甚至在郁闭度0.5以上的有林地实施。将林冠下造林、零星植树、单行林带造林等作为人工造林完成面积，虚报、重复上报营造林面积问题有所抬头。

核查发现，全国营造林质量有所下滑，营造林合格率有11个省明显下降，成效率有10个省明显下降。

（白卫国　闫宏伟）

【林业调查规划设计资质监管】 截至2014年年底，全国共核发《林业调查规划设计资质证书》的单位2412家，其中甲A级34家，甲B级40家，乙级444家，丙级1217家，丁级685家。此次受检单位涉及29个省（市、区）的138个单位。检查结果显示，符合林资发〔2012〕19号规定的127家，不符合林资发〔2012〕19号规定的11家，合格率达92%。（白卫国　闫宏伟）

林政执法

【全国森林资源行政案件管理培训班】 为进一步提升全国森林资源行政案件管理水平，资源司（监督办）于7月17～18日在吉林延吉举办了全国森林资源行政案件管理培训班，对各省级林业主管部门、森工（林业）集团和国家林业局各派驻森林资源监督机构案件管理负责人进行了培训。

全国共有51个单位、88人参加了培训，其中处级干部57人，培训人员分别来自资源林政、森林公安、执法监察、林政稽查、资源监督等多个部门。本次培训突出“务实、高效、实用”的特点，内容由森林资源保护管理形势及主要业务开展与要求、林政执法监督实践、林业领域渎职侵权案件的发生与预防三大部分组成，分别由资源司(监督办)张松丹副主任、长春专员办王志高专员、最高人民检察院渎检厅重大责任事故调查办公室主任牛正良主任授课。本次培训取消了致辞、动员环节，增加了摸底测试环节，让学员从中自我评估业务知识水平，找到差距与不足，以进一步完善自己，提升森林资源行政案件管理能力。（王　鹏）

【重大森林资源行政案件督查督办情况】 根据群众举报、新闻媒体曝光、国家林业局领导批示，资源司(监督办)发函责成省级林业主管部门和派驻专员办查处督办或派工作组现地查处督办破坏森林资源案件74起。按照汪洋副总理的批示精神，进一步加大了对黑龙江明水湿地保护区毁林、毁湿开垦问题查处的督办力度，在依法依纪处理后，起草了给汪洋副总理的报告，汪洋副总理对此作出了重要批示。派出工作组赴福建省泰宁县，对李克强总理批示要求处理的该县开采花岗岩破坏森林资源问题进行了现地督办，并将查处情况报告了李克强总理。此外，还重点督办了贵州省独山县紫林山国家森林公园违规建设高尔夫球场案等案件。

（王　鹏）

【全国林业行政案件统计分析】

林业行政案件统计结果 2014年全国共发现林业行政案件23.25万起，同比减少3.65万起，降幅达13.56%。全国共查处23.05万起，收回林地3517.31公顷，没收苗木1120.00万株、木材32.57万立方米、种子0.88万千克、野生动物50.13万只，涉案金额11.36亿元，责令补种树木836.50万株，行政处罚23.44万人次。案件造成损失林地8004.25公顷、林木27.06万立方米、竹子764.02万根、幼树或苗木5719.99万株、种子7883.00千克、野生动物17.94万只。

林业行政案件发生特点及趋势 2014年全国林业行政案件呈现五大特点：一是案件发现总量大幅下降。2014年我国林业行政案件发现总量较2013年减少3.65万起，为近6年内下降幅度最大的一次。二是违法占用征收林地案继续逆势增长。2014年全国共发现违法占用征收林地案2.48万起，较2013年增加436起，涨幅为1.79%。三是野生动物损失情况有所缓解。2014年，全国共损失野生动物17.94万只、没收野生动物50.13万只，较2013年分别减少23.49万只、11.26万只。四是政府和企业违法行为呈上升趋势。2014年全国林业行政案件中，政府和企业行为案件分别为689起和8236起，较2013年增加359起和210起，增幅分别为108.79%和2.61%，政府违法行为案件增幅显著。五是西部地区案件发现总量有所减少。2014年，内蒙古等14个西部地区的林业行政案件发现总量为9.95万起，较2013年减少0.72万起，下降6.77%。

基本判断与要求 根据新形势新任务新要求，结合2014年全国林业行政案件特点和趋势，国家林业局作出如下基本判断和要求：一是各地林业主管部门要对案件总量下降保持清醒的认识，不能盲目乐观，应进一步加大对有关环节的执法检查力度；二是要持续重视林地保护工作，大力开展林地清理、回收等专项行动，坚决打击非法占用林地的违法行为，遏制林地非法流失现象；三是要加大森林资源保护工作宣传力度，科学编制林木采伐限额，进一步建立完善涉林纠纷调处机制，及时开展有针对性的打击行动，从源头上保护好森林资源；四是要建立健全各级林业执法管理机构，加强执法保障能力建设，发挥基层单位的执法职能作用，积极推进林业综合执法改革；五是要正确认识林业行政案件数量的性质，科学评价资源保护管理和行政执法的水平与成效，严格防范不实上报林业行政案件数量与损失的问题，注意纠正执法力度越大、发现和查处案件越多、反被认为问题越多的倾向。（班　奇）

【受理举报林业行政案件办理情况】

案件发生情况 2014年1～12月，稽查办共受理并批转群众举报林业行政案件52件。其中，举报政府行为违法案件3件，占5.77%，举报企业法人违法案件11件，占21.15%，举报村组负责人违法案件16件，占30.77%，举报其他行为主体人22件，占42.31%；涉及盗伐林木案件9件，占17.31%，滥伐林木案件16件，占30.77%，毁坏林木和苗木案件10件，占19.23%，非法征占用林地案件15件，占28.85%，反映其他林业行政案件2件，占3.85%。

案件办理情况 全年受理的52件林业行政案件，全部按要求转发到相关省级林业主管部门办理。其中，要求各地反馈查处情况的案件48件，占案件总量的92.31%，到期未反馈案件10件，占20.83%，未反馈办理情况的省(区、市)分别是：内蒙古3件，辽宁、黑龙江、福建、江西、广东、广西、新疆等省区各1件。

案件的特点和存在问题 2014年受理的林业行政案件呈现出以下几个方面的特点和问题：一是举报案件总量大幅下降。全年共受理林业行政案件52件，与2013年同期相比减少了34件，下降39.53%。二是举报滥伐林木和非法征占用林地案件比较突出。与2013年同期相比，滥伐林木案件增加10件，上升166.67%，非法征占用林地案件增加1件，上升7.14%。三是各省案件发现情况不平衡。举报案件较多的单位有：吉林、安徽各5件，辽宁、黑龙江各4件，河北、内蒙古、浙江、江西、河南各3件，天津、山东、湖北、湖南、广西区、大兴安岭各2件，福建、广东、重庆、西藏区、陕西、甘肃、新疆区各1件。四是反馈率较低。要求反馈的共有48件，有10件逾期未反馈，占要求反馈的20.83%。（宋文龙）

森林资源监督

【森林资源监督综述】 森林资源监督认真落实国家林业局工作部署，为保障和促进生态林业、民生林业的健康发展发挥了重要作用。

案件督察督办工作 为深入贯彻局党组对案件督察督办工作的重要指示精神，各专员办以保护森林资源为根本宗旨，以督察督办破坏森林资源案件为第一职责，采取建立制度、完善机制、查办大案、拓宽渠道、强化素质等多种有效措施，扎实开展案件督察督办工作。全年各专员办共督察督办案件1448起，其中，国家林业局批转636起、监督发现492起、媒体曝光及信访320起；案件办结1323起，办结率91.4%。共处理各类违法违纪人员2190人，其中，刑事处罚253人，行政处罚1345人，党纪政纪处分592人。收回林地1334公顷，罚款(金)1.29亿元。2014年破坏森林资源案件主要呈现出林地案件多发、自查案件比重加大、信访案件增多、部分案件查处难4个特点。

林地保护管理监督 ①深入开展非法侵占林地清理排查专项行动。为确保行动深入开展，各派驻专员办制订行动方案，成立领导小组，落实行动责任，大力推进案件督查督办工作。长春专员办重点查处了鹤大和通梅高速建设项目两个非法采伐大案；黑龙江专员办确定了木兰县国有林场场长非法占有林地案等10起挂牌督办的重点案件。②认真开展占用征收林地行政许可被许可人检查工作。在国家林业局的统一组织和部署下，各专员办对国家林业局审核同意的220个被许可人使用林地情况进行了检查。检查涉及28个省(区、市)及各森工集团和新疆生产建设兵团的234个县，参与检查378人，用时2968个工作日，现地检查18 602公顷，实际使用林地15 746公顷。针对检查中发现的问题及违法违规案件，各时向驻地林业主管部门进行了通报，督促有关问题及时整改查处到位。③积极组织开展林地保护管理专项监督检查行动。各专员办紧密结合监督区林地保护管理实际，针对存在的突出问题，适时组织开展专项打击行动。内蒙古专员办与集团公司联合开展了打击毁坏开垦专项行动；西安专员办与陕西省林业厅开展了非法采石、开矿、乱建别墅等毁林占地专项行动；武汉专员办针对神农架林区森林资源保护管理问题开展了专项整顿。

目标责任制检查工作 为切实做好这项工作，资源司(监督办)对检查方案进行了修改，确保达到预期效果。各专员办共对77个县级人民政府进行了检查，确定“优秀”评级63个，“合格”14个，平均91.36分。检查结果表明：全国2732个应当建立责任制的县级人民政府中，有2686个县已建立责任制。除内蒙古、江西、四川、陕西、新疆5个省(区)仍有未建立责任制的县外，其余26个省(区、市)应当建立责任制的县(区)全部建立了县级人民政府保护发展森林资源目标责任制。通过责任制检查工作，对建设生态林业和民生林业起到了重大促进作用。

森林采伐经营管理秩序 ①狠抓全面停止商业性采伐落实情况的监管。为确保停止商业性采伐的实施，黑龙江、大兴安岭专员办狠抓对停伐落实情况的监管，推动停伐试点工作。黑龙江专员办抽取20个林业局的40个林场80个小班对森林资源保护管理情况进行了专项检查；大兴安岭专员办组成推进停伐试点督查组，对林业局采伐区域严格控制监管措施。为确保试点工作稳步推进，黑龙江、大兴安岭专员办积极开展调查研究工作，提出意见建议，为国家林业局决策提供参考。②狠抓重点国有林区森林资源管理情况检查工作。资源司、监督办组织对检查方案进行了修改和优化，体现出“威慑力强、覆盖面广、时效性好、针对性强”等特点。共对14个森工局进行了检查，检查参检人员197人，检查林场139个、小班1828个。检查出毁林开垦地块118块，面积171.88公顷；违法占用林地95块，面积47.3公顷；无证采伐地块17块，蓄积量573.8立方米；滥伐地块9块，蓄积量260.9立方米。检查工作整体呈现出“重点国有林区资源管理正在加强，超证采伐问题有所好转，毁林开垦、违法探矿采矿和无证采伐问题仍然严重”的态势。对于检查中发现的问题，各专员办及时下发了整改通知，督促相关部门依法依规严肃处理。③狠抓重点国有林区森工企业局伐区调查设计和作业质量(两个1%)核查工作。为确保限额制度、凭证采伐等制度的严格执行，内蒙古、长春、黑龙江、大兴安岭专员办组织对重点国有林区的1655个小班进行了检查，其中调查设计小班1053个，面积11 441.3公顷；作业小班763个，面积9383.7公顷，提出监督建议602条，督促相关部门对发现的问题依法依规给予严肃处理。④四是狠抓林木采伐许可证核发工作。内蒙古、长春、黑龙江、大兴安岭专员办共核发林木采伐许可证68 673份，合计蓄积量537.5万立方米，出材299.5万立方米。黑龙江、大兴安岭专员办为确保停伐工作各项要求的落实，狠抓凭证采伐和总量控制两个关键环节，加强林木采伐审核审批工作，坚决守住限额采伐红线。⑤狠抓林木采挖和木材运输经营监督。各专员办紧密结合监督区实际，认真开展林木采挖和木材运输监督工作。内蒙古专员办督促林管局出台了树木采挖管理细则，木材凭证运输率保持在了99%以上；长春专员办对吉林省18个森工局2012年以来采挖作业小班逐块进行了核查，纠正了违规问题。

机关两建工作 ①持续深入开展党的群众路线教育实践活动。在去年开展党的群众路线教育活动的基础上，各专员办按照局党组要求，继续履行职能，不断巩固和扩大活动成果，确保“回头看”活动取得实效。福州专员办认真开展“讲团结、讲学习、讲责任、讲纪律”活动，组织开展辅导讲座5次；西安专员办积极开展“抓整改、建机制、促工作”主题活动，全面推进了问题整改和建章立制工作；广州专员办聚焦整改“四风”，建立了一套反形式、反官僚、反奢侈、反浪费的内部管理制度。②加强作风建设。各专员办以巩固和扩大争先创优活动成果为契机，进一步加强作风建设。黑龙江专员办全年文件简报数量减少32%，各类会议减少50%，各类检查核查压缩28%；成都专员办扎实开展“三严三实”学习教育活动，组织全办同志观看教育影片。③加强党风廉政建设。各专员办不断加强廉政制度体系建设，坚持和完善廉政风险防控机制，严格管理，严肃要求，打造风清气正、廉洁高效的监督队伍。大兴安岭专员办严明纪律，要求检查人员签订《个人廉政承诺书》；成都专员办与地方纪委建设“五同共建机制”，开展了领导干部收受红包礼金问题专项整治活动，签订拒收不送红包礼金承诺书。 （沙永恒）

【森林资源监督报告】 国家林业局15个派驻森林资源监督机构分别向33个省(含自治区、直辖市、集团公司、兵团)提交了《森林资源监督报告》。

森林资源保护管理宏观态势 注重顶层设计，实行高位推进，林业发展谋划新布局；坚持生态优先，加快造林绿化，森林资源实现新增长；运用底线思维，坚守林业命脉，林地保护得到新加强；严格限额计划，控制源头消耗，林木采伐步入新层面；加大管护力度，增加资金投入，分类经营跃上新台阶；完善责任制度，规范指标体系，目标管理开创新局面；健全保障体系，增强支撑能力，基础工作提升新水平；开展专项行动，打击违法行为，林业执法呈现新加强。

林业发展面临的主要矛盾与问题 主要包括“三个突出矛盾”：森林资源总量增长与质量较低的矛盾十分突出，林地保有量持续上升与非法侵占逆转的矛盾十分突出，生态文明建设需求与资金投入不足的矛盾十分突出。存在的“六个重点问题”：县级人民政府保护发展森林资源目标责任制有待于进一步健全完善，湿地资源遭受破坏导致生态系统极其脆弱，林地林权受到外部诸多因素的侵蚀，林木采伐管理还存在薄弱环节，国有林场改革严重滞后，基层林业站的力量非常薄弱。

监督建议 建立大力推进生态文明建设的制度保障体系，实行最严格的林地湿地红线保护措施，切实提高科学经营森林的能力和水平，认真解决调处好林权纠纷问题，依法严厉打击破坏森林资源违法犯罪案件，切实加大对林业的投入和支持力度。建议国家林业局将林业生态红线指标尽快分解落实到地方，督促地方健全完善保护发展森林资源目标责任制体系，修订完善有关林业法律法规，建议积极稳妥地推进国有林场改革。

监督报告引起相关省领导重视 北京、天津、河北、山西、内蒙古、辽宁、吉林、上海、江苏、浙江、安徽、福建、江西、山东、河南、湖北、湖南、广东、广西、海南、重庆、贵州、云南、西藏、陕西、甘肃、青海、宁夏、新疆生产建设兵团29个省(区、市、兵团)的党委、政府主要领导或分管领导对监督报告作出了批示。 （段秀庭）

【保护发展森林资源目标责任制检查情况】 2014年是全国县级人民政府保护发展森林资源目标责任制检查工作开展的第4年，是责任制检查工作由“注重建立”向“注重建立和执行”转变的关键之年。为做好2014年责任制检查工作，对责任制检查方案进行了全面的修改，在全国31个省(区、市)共选定了80个被检查单位，各专员办认真履职，完成了全国80个县的检查任务，责任制检查取得了明显的成效。

检查结果 全国共检查了77个县(新疆3个县因存在安全问题暂停检查)。检查结果显示，“优秀”评级的63个，占全部被检县的81.8%；“合格”评级的14个，占全部被检县的18.2 %。得分最高的县是陕西省镇巴县和宁夏的青铜峡市，为99分，得分最低的县是辽宁省凤城市，得分61分，平均91.36分，全部为合格及以上等级。

取得成效 一是保护发展森林资源目标责任工作机制呈现良好运行态势；二是县级政府主要领导逐步树立了生态文明、绿色发展的科学发展观；三是监督干部队伍能力素质得到提升

存在问题与下一步工作 一是省级层面责任制工作机制建立进展缓慢；二是各地责任制目标内容不统一、执行不规范；三是整改工作需进一步加强，考核结果运用不够理想；四是各专员办对检查方案把握的尺度不一。下一步工作，一是将保护发展森林资源目标责任制纳入法制化轨道；二是进一步加大宣传力度，推动省级政府责任制的建立；三是总结推广县级人民政府责任制工作先进典型；四是进一步探索森林覆盖率、森林蓄积量双增目标考核方法和手段；五是进一步加大责任制检查的力度。 （段秀庭）

【国家林业局各派驻监督机构开展案件督查督办】 各派驻专员办共督查督办案件1448起，其中，国家林业局批转636起(局领导直接批转及其他24起、调查督办97起、检查核查通报515起)、监督发现492起、媒体曝光及信访320起；案件办结1323起，办结率91.4%。共处理各类违法违纪人员2190人，其中，刑事处罚253人，行政处罚1345人，党纪政纪处分592人。收回林地1334公顷，罚款(金)1.29亿元。

强化案件督查督办工作 国家林业局印发了《国家林业局派驻森林资源监督机构督查督办破坏森林资源案件管理规定》，对督查督办案件的组织管理、报告制度、办理原则、办理方法、档案管理及责任追究进行了明确规定；7月，印发了《关于做好破坏森林资源案件报告工作的通知》，进一步规范案件报告工作。赵树丛局长作出了“督查督办破坏森林资源案件，是专员办的第一职责”“对典型案例要进行分析，对破坏森林资源的案件要敢碰硬、敢较真。专员办要敢于担当。”的重要批示，刘东生副局长也先后作出长篇批示，为确保局领导批示精神落实，下发了《关于贯彻落实赵树丛局长、刘东生副局长重要批示精神的通知》，进一步做好森林资源管理和监督工作提出具体要求；为进一步深入研究贯彻落实局领导批示的具体措施，组织召开了专员、院长座谈会，对进一步做好资源管理和监督工作再次提出明确要求。为落实局领导的系列指示精神，提高专员办人员的办案能力，资源司(办)专门举办了森林资源监督干部培训班(总第十六期)，就案件督查督办工作进行

了专题培训，有效增强了办案人员的工作水平，提高了督查督办案件能力。

建立制度，规范程序 为实现案件督查督办工作的制度化、规范化，各专员办结合自身实际，把案件按照受理、批转、承办、跟踪、报告、归档等程序，根据案件性质、违法情节等主要因素对案件督办实行了分类和细化管理，为有效开展案件督查督办工作奠定坚实基础

完善机制，创新监督手段 通过与驻地林业主管部门进一步建立联合工作机制，形成了打击破坏森林资源案件的合力；完善了地方政府领导约谈机制，推动案件查处；为切实解决破坏森林资源案件有案不移、有案难移的问题，彻底扭转以罚代刑现象，推动案件的依法查处，贵阳、西安、成都、大兴安岭、黑龙江专员办还与监督区检察机关建立了联合工作机制，严厉打击破坏森林资源违法犯罪行为，赵树丛局长和刘东生副局长给予了充分肯定。

开展非法侵占林地清理排查专项行动 国家林业局贯彻中央领导批示专题电视电话会议后，迅速组织实施，大力推进排查案件督查督办工作。如长春专员办与吉林省林业厅联合在吉林省参业重点县(市)范围内开展打击非法侵占林地毁林种参专项整治行动，集中力量查处毁林种参大案；成都专员办深入四川省邻水县工矿废弃地复垦利用试点项目现地检查，及时发现了在项目实施过程中发生的重大问题。

重点督查督办工作 为遏制当前以政府行为为主导的破坏森林资源案件高发态势，各办把督查督办地方政府和大企业违法案件作为重点，坚持原则，敢于碰硬，彻查了一批大案要案。

增强案件督查督办工作的主动性 各办前移监督关口，拓宽案件渠道，及早发现问题，积极介入调查，增强了工作的针对性和主动性。如西安专员办建立网络舆情监测制度，利用Google地图对重点区域和重点地段定期进行查看，根据情况采取相应措施；广州、上海专员办采取设立监督联络员、专员直通车等形式，把监督关口前移到基层一线，确保对苗头性、倾向性问题及早发现、尽早介入；合肥专员办在开展监督检查工作时注意收集案件信息，并开展林业重点县巡视检查，切实提高案件信息获取的主动性。

做好群众信访工作 为切实做好这项工作，各专员办积极完善信访制度，畅通信访渠道，切实解决基层群众关心的问题，得到了高度赞誉和肯定。如合肥专员办在督办群众举报案件结束后，信访人赠送了印有“执法严明，以法护林”的锦旗；长春专员办收到了信访代表赠与的“公正执法、热心为民”的锦旗，对他们不畏权势、敢于碰硬，坚决维护林农合法权益的行为表示感谢。

积极协调，主动沟通 各专员办主动加强与驻地党委、政府及其有关职能部门的沟通联系，采取监督报告、主动汇报、联合办案、定期交流等工作形式，积极争取支持。如西安专员办坚持主动与监督区政府和林业主管部门汇报沟通，有效推动了重大典型案件的查处；广州专员办在督办保亭案件过程中，分别给省委书记和省长写信，取得了理解和支持，为案件查办提供了良好环境。

严格管理，廉洁自律 为切实提高工作实效，树立监督队伍的良好形象，各专员办不断加强廉政制度体系建设，坚持和完善廉政风险防控机制，严格管理，严肃要求，打造风清气正、廉洁高效的监督队伍。如成都专员办与地方纪委建设“五同共建机制”，开展了领导干部收受红包礼金问题专项整治活动，签订拒收不送红包礼金承诺书；福州专员办继续执行监督检查廉政信息反馈制度，请被检单位填写《廉政与作风建设信息反馈意见卡》，反馈情况均为满分。 （沙永恒）

【东北内蒙古重点国有林区森林资源管理情况检查】 结合停止天然林商业采伐试点，对检查方案进行了修改，对停止天然林商业性采伐的林业局和未停止的检查进行了分类调整，并增加了大树采挖的检查内容等。对内蒙古森工集团的阿尔山、阿里河、阿龙山、得耳布尔、甘河林业局，吉林森工集团的和龙、敦化、天桥岭、松江河、白石山林业局，龙江森工集团的红星、新青、双鸭山林业局以及大兴安岭林业集团的加格达奇林业局等14个单位的森林资源管理情况进行了检查。

从检查结果看，主要存在4个方面问题。一是毁林开垦。检查出毁林开垦地块共118块，面积171.88公顷。二是违法占用林地。检查出违法占用林地95块，面积47.31公顷。三是无证采伐。检查出无证采伐地块共17块，面积20.33公顷，蓄积量573.8立方米。其中，在甘河林业局和呼中林业局交界处，发生1起特大盗伐地块，面积3.07公顷，蓄积量316立方米。四是滥伐。检查出滥伐地块9块，蓄积量260.9立方米。

加格达奇林业局毁林开垦问题严重，高达53起。尤其在2012年大兴安岭林业集团公司下发《大兴安岭林业集团公司发展林下经济实施意见》(大林集综〔2012〕57号)后，毁林开垦情况剧增。

针对检查结果，通报了存在的问题，要求各有关单位对存在的问题进行整改。 （柏建伟）

【全国非法侵占林地清理排查专项行动】 9月，资源司(监督办)配合中办督查室对中央领导批示的秦岭北麓西安段违法建筑占用林地问题进行了现地督办。汪洋副总理在督办报告上批示，要求国家林业局在全国范围内开展排查非法侵占林地专项行动。11月4日，国家林业局下发了《关于开展非法侵占林地清理排查专项行动的通知》，11月5日召开电视电话会议进行了专门部署，在全国开展为期两个月的专项行动，把自然保护区、森林公园、湿地公园、国有林场和东北内蒙古重点国有林区作为重点排查区域，把高尔夫球场和房地产开发建设、土地整理、开山造地、采石采矿中违法使用林地，以及毁林毁湿开垦破坏林地情况作为重点清理排查对象。之后，习近平总书记等中央领导再次对专项行动作出了重要批示。12月8日，国家林业局再次召开全国电视电话会议，就贯彻落实习总书记等中央领导批示精神作出全面具体安排，对专项行动进行了再动员、再部署、再推进。12月中下旬，国家林业局派出督查组对11个省和1个森工集团的专项行动开展情况进行了督办。 （王 鹏）

【黑龙江省通北林业局毁林毁湿开垦情况专项检查】 根据群众举报，责成黑龙江专员办对黑龙江省通北林业局毁林毁湿开垦问题进行了专项检查。检查发现，2003~2014年期间，该局存在非法占用林地59.2公顷，低产(效)林改造林粮间作94.4公顷，毁林(湿)开垦案件达271起、面积266.5公顷，毁林(湿)开垦案件查处后不依法还林(湿)等问题，林地保护管理秩序混乱，社会影响恶劣。对此，根据赵树丛局长的批示精神，刘东生副局长于11月26日，约谈了黑龙江森工总局的主要负责人等相关责任人，要求高度重视通北林业局存在的问题，限期依法依纪进行处理，举一反三，扎实开展非法侵占林地清理排查专项行动，并对停止天然林商业性采伐后的森林资源管理提出了要求。国家林业局发文对黑龙江森工总局重申了上述要求。

此外，专项检查还发现海伦市国有林场管理局存在毁林开垦25.2公顷，非法占用林地1.1公顷，采伐迹地更新造林不及时28.2公顷问题；沈阳军区农副业基地存在毁林开垦35.0公顷问题。对此，国家林业局发局文要求黑龙江省林业厅对检查发现的毁林开垦和非法占用林地问题，要依法查处，尽快恢复林业生产条件；对采伐迹地要及时更新，限期造林；对违法违规直接责任人和责任单位，要追究法律责任，构成犯罪的，依法移交司法机关处理；对管理不善、渎职、失职导致森林资源造成严重破坏的公职人员，要依法依纪追究党纪政纪和法律责任。（柏建伟）

【浙江省垦造耕地涉林情况专项检查】 网络多次反映浙江省以“低产林改造”和“耕地占补平衡”为名大规模毁坏山林垦造耕地，对天然林资源造成了严重破坏，赵树丛局长和张建龙、刘东生副局长先后作出重要批示，要求调研核实并研究天然林林地资源管护政策。按照局领导批示要求，资源司(监督办)于8月召集浙江省林业厅、驻上海专员办和华东院，与局政法司、造林司、天保办共同召开专题会议，听取浙江省垦造耕地破坏森林资源情况。9月与驻上海专员办、华东院组成调研组，对浙江省杭州市余杭区、淳安县和丽水市松阳县垦造耕地涉林情况进行了实地调研，华东院对台州市仙居县、丽水市龙泉市垦造耕地项目使用林地情况进行了专项调查。通过调研，发现以下问题：垦造耕地行为已经对生态保护造成重大影响，林地双重身份造成管理混乱，通过垦造耕地实现占补平衡的效果日趋削弱，利益分配不均容易引发干群矛盾等。通过专项调查，发现两个县抽查的22个垦造林地项目中，实际施工面积315.33公顷，其中林地面积290.53公顷，占92.1%；在290.53公顷林地中，有73.47公顷不符合“六禁止”规定，占25.3%。针对这些情况提出了下一步的应对建议。

（陈昱 王鹏）

【专员院长座谈会】 10月30日，国家林业局资源司(监督办)在北京召开森林资源监督专员、调查规划设计院院长座谈会。会议的主要任务是学习领会赵树丛局长、刘东生副局长对森林资源管理工作的重要批示，认真总结2014年的森林资源监督和监测工作，交流经验，分析问题，研究部署贯彻落实局领导批示精神的具体措施。国家林业局各派驻监督机构专员、各调查规划设计院院长参加了会议，刘东生副局长出席会议并讲话。

（沙永恒）

【国家林业局第十六期森林资源监督干部培训班】 12月23~24日，国家林业局第十六期森林资源监督干部培训班在贵州省贵阳市举办。国家林业局各派驻森林资源监督机构分管专员、负责案件工作的处长及相关工作人员参加了培训。

资源司副司长(监督办常务副主任)徐济德进行开班授课并提出3点要求。一是要认真学习贯彻党的十八届四中全会精神，把全会的各项要求与生态文明建设、林业发展和森林资源监督工作紧密结合，确保各项工作取得新的更大成效；二是要始终牢固树立“第一职责”的工作理念，高质量地完成森林资源监督各项工作，特别是案件督查督办工作；三是要全力做好非法侵占林地清理排查专项行动，确保将习近平总书记的重要指示落到实处，坚决遏制非法侵占林地行为蔓延的势头。

本次培训以提升案件督查督办能力为重点，结合当前案件督查督办工作形势，设计了培训内容和学习形式。认真学习了赵树丛局长和刘东生副局长对森林资源监督工作的系列重要批示和专员院长座谈会精神；为切实提高案件督查督办工作能力，组织开展了经验交流发言，各专员办介绍了案件督查督办工作经验，剖析了重点案件的督办做法和成效；同时为进一步适应当前工作需要，还组织全体学员观看了教学片《走向大国的中国法制》。为进一步提高案件管理水平，培训还组织了专题研讨，认真分析当前案件督查督办工作面临的形势和存在的困难问题，并就今年以来在案件统计分析过程中遇到的有关重要问题进行了认真讨论，提出了解决问题的意见和建议。（沙永恒）

国有林区改革

【重点国有林区改革取得突破性进展】 一是深入开展重点国有林区改革调研。4月下旬，刘东生副局长带队，赴黑龙江省柴河和林口林业局就停伐后国有林区改革、森林经营、企业转型与林区社会稳定等情况进行了调研。7月下旬，会同计财司陪同中央农办农村二组副组长谢德新同志深入黑龙江省柴河和大海林林业局，重点调研天保二期工程实施情况，特别停伐后，龙江森工集团深化改革、产业发展、转岗分流、民生改善等情况。以题为《改革要出路 转型焕生机》调研报告在《农村要情》(第36期)上刊登。随后，以题为《对国有林区改革的思考与建议》在《人民日报内部参阅》上(第41期)刊发。5月下旬，赴大兴安岭就如何开展森林资源“管用分开”，构建森林资源管理新体制进行了调研。11 月下旬，赴内蒙古根河、莫尔道嘎等林业局进行实地调研，了解内蒙古森工集团公司以及林业局经济运行情况，探讨分析停伐面临的企业转型、职工转岗等问题。

二是改革指导意见审议通过。6 月初，《国有林区改革意见》(征求意见稿)由国家发展改革委、国家林业局共同征求有关部门、省(区)人民政府意见。对有关部门和有关省(区)人民政府提出的意见进行修改完善后，于 10 月底，再次联合上报了国务院。12 月 3 日，国务院常务会议审议原则通过了改革指导意见。12 月 25 日，中央政治局常委会审议通过了改革指导意见。

(刘　义)

林业法制建设

11

林业政策法规

【规范性文件】

编辑出版《林业现行有效规范性文件汇编(2014年版)》 该汇编不仅包括了国家林业局现行有效的规范性文件230余件，还包括了中共中央、国务院发布的部分文件、有关规范性文件管理制度等。按照业务领域，将规范性文件分成了七大类。

进一步推进规范性文件管理工作 2014年国家林业局共制定发布规范性文件18件，废止8件。按照《国家林业局规范性文件制定和管理办法》规定，加强了文件的合法性审查工作。在规范性文件发布后，及时将有关规范性文件全文上传到规范性文件数据库，对废止的规范性文件，及时调整文件有效状态，向社会公布。

修改完善规范性文件数据库 通过1年多的运行和维护，针对规范性文件数据库存在的不足，委托技术支撑单位对有关软件系统进行了拓展和升级，优化了前台高级检索设置，细化了检索范围，增加了后台统计功能，新增了后台备忘录、文件废止原因注释说明等功能。

加强重点规范性文件调查研究 在规范性文件审查过程中，针对一些涉及面广、新出现的文件进行充分研讨，对陆地生态系统定位观测研究站网等重点文件进行实地调查研究，对林业植物新品种测试管理规定、林业植物新品种保护行政执法办法、封禁保护区管理办法、陆生野生动物收容救护管理暂行规定等文件重点研究，充分听取基层管理部门和群众意见，不断修改完善相关内容。 (颜国强)

【林业立法】

推进法律法规的修改 一是加快了推进《森林法》修改工作。制定了《森林法》修改工作实施方案，形成了《森林法修改征求意见稿》，征求了中共中央、国务院有关部门和各省级林业主管部门的意见。二是完成了《野生动物保护法》(修改)起草工作。与全国人大环资委、全国人大常委会法工委、国务院法制办就野生动物驯养繁殖、栖息地保护等主要问题进行了专题调研，并按照科学立法、民主立法要求，先后在全国人大机关办公楼、北京林业大学、中国科学院动物研究所举办了3次专题讲座。在专题调研和广泛听取意见的基础上，形成《野生动物保护法》(修改草案稿)。10月，以林函策字〔2014〕129号文正式向全国人大环资委报送《中华人民共和国野生动物保护法(修改建议稿)》。三是做好《种子法》(修改)工作。积极与全国人大农委进行沟通，先后两次以国家林业局名义提出修改意见，就林木良种、种苗管理机构等内容专门前往全国人大农委进行汇报。就《种子法》修改中拟新增的行政许可事项，听取科研机构、地方种苗管理机构和企业代表的意见。为在《种子法》修改中解决种苗机构地位职责、种苗财政扶持政策等，在全国人大农委组织下，与中编办、财政部、税务总局、国务院法制办等部门进行了专门协调。全国人大农委已将《种子法》修改草案报送全国人大常委会审查。四是做好《湿地保护条例》立法协调工作。与国务院法制办、环境保护部、农业部、国家海洋局等就制定湿地保护条例的必要性和主要内容进行沟通协调。根据国务院法制办、环境保护部、国家海洋局反馈的意见，对《湿地保护条例》(征求意见稿)做了进一步修改完善。根据国务院关于严格限制新设行政许可的要求，启动了召开《湿地保护条例》(草案)听证会的前期准备工作。

规章制定和审查工作 公布了《野生动植物进出口证书管理办法》(国家林业局和海关总署联合令公布)，并按程序报国务院备案。审查了《林业有害生物防治条例》《林业工作站管理办法》《建设项目使用林地审核审批管理办法》《国家重点保护野生动物驯养繁殖许可证管理办法》《林业固定资产投资建设项目管理办法》等行政法规草案、部门规章草案。

其他工作 一是配合全国人大常委会法工委做好刑法第三百四十一条第一款、第二款的立法解释工作。二是参与不动产登记条例起草工作。多次参加不动产登记联席会议和国务院法制办召开的协调会，对不动产登记条例中涉及林业部分提出修改意见。三是对全国人大、国务院法制办、国务院有关部委征求意见的法律法规草案，结合林业职能提出修改意见。2014年，共办理全国人大征求意见的行政诉讼法、广告法等10余件法律草案，国务院法制办和各部门征求意见的不动产登记条例、城镇住房保障条例等30余件法律和行政法规草案。四是认真办理了全国"两会"建议提案以及全国人大环资委和全国人大农委转交办理的议案，其中农委转来议案7件，环资委转来议案20件。五是完成2014年国家林业局公报的编辑出版发行工作。 (法规处)

【林业执法监督】

林业行政复议工作 办理完成行政复议案11件，全部做到案结事了，定纷止争；完成行政复议典型案例的编写、上报工作；完成林业行政复议机构设置和行政复议人员配备情况的调查、上报工作；完成2013年行政复议案件统计分析报告的起草上报工作；配合国务院法制办做好行政复议法修改工作。

完成执法检查工作 配合全国人大完成了《旅游法》执法检查汇报材料的起草、上报工作。完成了贯彻实施《农业技术推广法》有关情况汇报材料的起草工作。

推进林业综合行政执法示范点建设 组织江西省遂川县等9个林业综合行政执法示范点，开展了林业综合行政执法配套制度研究工作，对于进一步加强林业综合行政执法示范点规范化建设，提升林业综合行政执法水平起到了较好的作用。

林业行政执法证核发工作 为了确保证林业行政执

法证使用的连续性和有效性，为北京、河北等24个省区的执法人员新增、补发了林业行政执法证6700套，保证了各地依法行政工作的有效开展。

印发《林业行政处罚文书制作管理规范》 为加强对各级林业主管部门的指导，规范有关林业行政处罚文书制作填写工作，针对新的林业行政处罚文书格式，印发了《林业行政处罚文书制作填写规范》。

举办了林业行政执法人员培训班 在长春市举办了全国林业行政执法骨干人员培训班。通过培训，深入传达了近期国务院关于依法行政工作的主要精神，讲授了新修改的《环境保护法》，介绍了部委行政诉讼案件情况及败诉风险防范经验，并交流了林业综合行政执法工作开展情况。

2014年共完成审查会签及征求意见文件67件，完成答复地方请示文件3件，完成国务院法制办、商务部等其他部委征求意见文件6件。 （吕 振）

【林业普法】

制定印发年度工作要点 根据全国普及法律常识办公室《关于印发〈2014年全国普法依法治理工作要点〉的通知》（普法办〔2014〕2号）文件的精神，结合林业系统"六五"普法规划的总体部署和年度重点工作安排，制定并印发了《2014年林业系统法制宣传教育工作要点》（办策字〔2014〕28号）。

举办林业普法骨干培训班 按照"六五"普法规划中"开展法制宣传教育工作者学习培训活动，提高专职法制宣传教育工作者的业务能力"的要求，2014年12月，在江西省南昌市举办了"全国林业普法骨干培训班"。各省级林业主管部门60余名普法骨干参加了培训。

组织年度普法考试 在"12·4"全国法制宣传日期间，结合林业行业特点，继续将"12·4"法制宣传日活动与林业系统年度普法考试结合起来。通过考试，有力地带动了广大干部职工学法的热情，进一步推动了"六五"普法工作的深入开展。 （李 权）

【林业行政许可】

推进行政审批制度改革工作 一是按照国务院和国务院审改办的要求，在国家林业局网站公布国家林业局现有实施的76项行政审批项目目录。二是加大取消和下放行政审批事项力度，截至2014年年底，国家林业局共取消下放行政审批事项27项。三是组织对国家林业局实施的工商登记前置审批事项进行研究，提出全部改为工商登记后置审批的处理意见。四是组织开展行政审批事项取消和下放后的后续监管研究。五是开展非行政许可审批事项清理工作。六是配合做好国务院稳增长促改革调结构惠民生政策措施落实情况督查工作。

完善行政许可管理制度 一是举办林业行政许可工作人员培训班，对林业系统行政许可窗口工作人员进行培训。二是继续推进行政许可公告修改工作和非行政许可审批事项的规范工作，进一步简化或明确申请人需要提交的材料，简化申报程序，规范和优化行政许可行为。三是配合做好野生动植物行政许可委托实施工作，切实为申请人提供便捷的服务。四是配合做好上海自由贸易实验区改革工作，对涉及上海自贸区的有关行政许可，扩大委托许可的范围，简化审批程序，并缩短办理时限。

日常程序审查，确保工作质量 2014年度，共办理林业行政许可事项189 338件（准予许可179 607件，不准予许可等9731件）。其中，按具体承担单位计：国家林业局机关办理许可6059件（准予许可5976件，不准予许可等83件）；植物检疫机构准予许可2775件；濒管系统办理许可76 108件（准予许可76 097件，不准予许可11件）；国家林业局驻内蒙古自治区森林资源监督专员办事处办理许可20 662件（准予许可20 320件，不准予许可342件）；国家林业局驻长春森林资源监督专员办事处办理许可17 537件；国家林业局驻黑龙江森林资源监督专员办事处办理许可51 960件（准予许可42 956件，不准予许可9004件）；国家林业局驻大兴安岭森林资源监督专员办事处办理许可14 237件（准予许可13 946件，不准予许可291件）。 （周金锋）

集体林权制度改革

12

集体林权制度改革

【综　述】 2014 年是中国全面深化改革元年，也是集体林权制度改革承上启下、攻坚克难的关键之年。按照"改革、稳定、规范、服务、发展"的要求，深化集体林权制度改革工作顺利推进，家庭承包经营制度进一步落实，林权纠纷调处进一步加强，林业股份合作制度创新推进，新型林业经营体系建设步伐加快，社会化服务体系不断完善，林权流转步入良性发展轨道，绿色富民产业不断壮大，金融保险制度逐渐完善。

【深化集体林权制度改革工作取得新进展】 2014 年全国除上海和西藏以外 29 个省（区、市）已确权面积 1.803 亿公顷，占各地纳入集体林权制度改革面积的 98.97%，其中，家庭承包经营 1.175 亿公顷，集体经营 0.36 亿公顷，其他形式经营 0.22 亿公顷。集体林权制度改革涉及 1.5 亿户农户，5.61 亿农民。林改县农民人均年收入比 2013 年增加 2037.07 元，增长 23.35%，其中来自林业的收入增加 135.27 元，增长 8.41%。全国林下经济产值达 5414.73 亿元，增长 18.34%，其中林下种植 1793.45 亿元，林下产品采集加工 1447.34 亿元，林下养殖 1172.91 亿元，森林景观利用 1001.03 亿元。全国已建立县级及以上林权管理服务机构 1600 多个，比 2013 年增长 16.67%，成立 878 个资产评估机构，增长 2.69%。已建立林业合作经济组织近 15 万家。27 个省（区、市）建立地方森林生态效益补偿基金制度，中央与省级补偿比 2013 年增加 40 亿元。25 个省（区、市）森林投保面积达 0.95 亿公顷，投保金额 5300 多亿元。27 个省（区、市）开展了林权抵押贷款工作，全国新增涉林贷款 101 亿元，林权抵押贷款余额同比增长 18.5%。

深化集体林权制度改革工作扎实有序推进。一是研究起草《国务院关于全面深化集体林权制度改革的意见》，做好集体林业改革顶层设计。农村林业改革发展司派出近百人次到基层调研，两次召开全国林改处长会议，研究文件起草工作。多次协调国办、财政部、发改委、中农办等部委。截至 2014 年年底，《意见》以白头文件形式报国办秘书局。二是完善林权确权登记工作，切实维护农民林地承包权益。起草了《关于加强农村林地承包合同管理的意见》，制定《农村林地承包合同（示范文本）》。与农业部、中农办共同牵头起草了《积极发展农民股份合作赋予集体资产股份权能改革试点方案》，组织编制了《集体经营林地资产改革试点方案》。制定《国家林业局关于加强农村林地承包经营纠纷调解仲裁体系建设的意见》，指导地方依法维护农民合法权益，全年调处林权纠纷约 20 万件，林权纠纷调处率为 88%，有效促进了林区社会稳定。三是抓好绿色富民产业，促进生态林业民生林业发展。制定出台了《全国集体林林下经济发展规划纲要（2014～2020）》，全国林下经济产值近 7000 亿元。积极争取中央财政对林下种植中药材补助试点，补助试点资金投入有所增加，带动 16 个省（区、市）出台建立扶持林下经济专项资金。四是构建林权管理服务体系，推进集体林业高效发展。全国已建立县级及以上林权管理服务机构 1600 多个，编制印发了《全国林权管理服务体系建设规划（2015～2020 年）》，推进县级林权管理服务平台建设。与国家工商行政管理总局联合印发《集体林权流转合同（示范文本）》通知。汇编出版了《集体林权流转管理服务工作手册》。五是建设林业专业合作社，加快培育新型林业经营主体。全国已建立林业合作经济组织 15 万家，涉及农户 1600 多万户。首次评定 366 家国家级林业专业合作社示范社，协同农业部等 8 部委印发了规范农民专业合作社发展的政策文件。10 家林业专业合作社荣获"中国 50 佳合作社奖"，1 人获得"合作社领军人物"。六是完善林权抵押贷款和森林保险，推动银林合作。协同人民银行召开了全国林权抵押贷款工作电视电话会议，配合开展三权抵押贷款和普惠金融课题调研工作。全国有 28 个省（区、市）开展了林权抵押贷款工作。抵押贷款面积 40.18 万公顷，贷款金额 1797.06 亿元，增长 54.12%，贷款余额 803.76 亿元。全国有 26 个省（区、市）开展森林保险，投保面积 1 亿公顷，增长 10.12%，保险金额 731.09 亿元，增长 11.31%，保费 68.10 亿元，增长 2.96 倍。七是积极参与中央关于农村工作改革文件的制定，谋求集体林业在改革全局中的地位和作用。2014 年参与或联合印发的农村改革文件 106 个，充分反映了林业的特殊地位和政策诉求。林权纠纷调解工作已被中央综合治理委员会列入各级政府的评价内容，中央组织部也同意将集体林改工作纳入对各级政府及领导的考核内容，参与协调国家质检总局共同推进林产品地理标志和林下经济生态原产地产品保护。与中组部共同开展"奋斗在林改一线的优秀大学生村官"评选活动。八是精心谋划，布设了一批集体林改综合改革试验示范区。召开综合改革试验区座谈会，制订了《集体林业综合改革试验示范区工作方案》，经过层层筛选，确立了 8 个国家级集体林改综合改革试验示范区，确定了广东蕉岭县、北京昌平区等 2 个集体资产股份权能改革试点，并已开展各相关试点工作。九是加强力量，完成局交办的改革探索研究任务。根据深化改革任务分工，国家林业局共有 25 项改革任务，其中涉及集体林权制度改革共 12 项，由农村林业改革发展司牵头落实的共 10 项。围绕这些改革任务，农村林业改革发展司与北京大学、中国人民大学、北京林业大学等高校和科研单位共同开展"农村集体林地所有权有效实现形式""稳定农村集体林地承包关系研究""新型林业经营主体运行机制研究"等课题研究，取得了一批具有重要决策参考价值的研究成果和调研数据。十是开展一系列宣传工作，调动社会力量参与林业的积极性。在《中国绿色时报》开辟聚焦深化集体林改专栏，从林业专业合作社、林权流转、林下经济 3 个方面进行系列宣传。组织编写林改相关重点新闻、宣传报道100多篇，编印刊发《林改动态》24期，在《林情快报》等信息平台发布林改信息76条。加强林改成果宣传和转化，组织编辑《中国集体林权制度改革丛书》《服务林农知识手册》《林业专业合作社示范社典型案例》。

【落实家庭承包经营制度，确保集体林地家庭承包经营权长久稳定】《中共中央 国务院关于全面推进集体林权制度改革的意见》颁布以来，“确权发证、承包到户”的改革任务已基本完成。2014年，农村林业改革发展司采取3项举措，确保集体林地家庭承包经营权长久稳定。一是强化承包合同和林改档案管理。组织开展明晰产权、承包到户工作“回头看”活动，督促各地查漏补缺，进一步完善承包合同，做好确权发证后续工作，确保林权证真正发到林农手上。加强林改档案管理，起草《关于加强农村林地承包合同管理的意见》，制订《农村林地承包合同(示范文本)》。二是探索集体经营林地资产改革。与农业部、中央农村工作领导小组办公室共同牵头起草了《积极发展农民股份合作赋予集体资产股份权能改革试点方案》，组织起草了《集体经营林地资产改革试点方案》，确定北京市房山区、广东省蕉岭县两个改革试点。三是完善林权纠纷调解仲裁。制订下发了《国家林业局关于加强农村林地承包经营纠纷调解仲裁体系建设的意见》，指导各地建设农村林地纠纷调解仲裁体系。与国务院综治委积极沟通，争取将林地承包纠纷调处工作纳入社会管理综合治理考评体系。全年调处林权纠纷约20万件，调处率为88%。直接督办重大信访案件40件，指导地方依法维护林农合法权益，一些久而未决的案件得到调处。

【加强集体林权流转管理】 一是强化农村林业服务体系建设。编制印发了《全国林权管理服务体系建设规划(2015～2020年)》，推进县级林权管理服务平台建设。与国家工商行政管理总局联合印发《集体林权流转合同(示范文本)》，引导和规范合同当事人签约履约行为。汇编出版了《集体林权流转管理服务工作手册》，规范林权依法流转。二是规范林权流转。探索林地经营权流转证制度，指导浙江省开展发放《林地经营权流转证》试点工作，破解了盘活森林资源资产、促进林地规模流转并实现林权抵押贷款的难题。推进林权股份合作制度建设，发展林地规模经济，同时保护林农能够享受流转林权未来增值收益；实施“林权流转基准价格调查发布制度”，为流转双方提供了价格参考、推进了林权抵押贷款等工作；实施了林权流转奖补制度，如江苏省、浙江省、河北省、福建省、安徽省、江西省、湖南省、四川省、重庆市、云南少数县通过林权奖补制度，吸引社会资本投资林业，壮大了林业经济。三是推动银林合作。协同央行召开了全国林权抵押贷款工作电视电话会议，配合开展三权抵押贷款和普惠金融课题调研工作。全国有28个省(区、市)开展了林权抵押贷款工作。抵押贷款面积40.18万公顷，贷款金额1797.06亿元，增长54.12%，贷款余额803.76亿元。全国有26个省(区、市)开展森林保险，投保面积1.001亿公顷，增长10.12%，保险金额731.09亿元，增长11.31%，保费68.10亿元，增长2.96倍。

【建立林业专业合作社，加快培育新型林业经营主体】
加强农民林业合作社示范社建设和宣传推广工作。按照全国农民合作社发展部际联席会议的部署，在全国各省(区、市)林业厅(局)上报的近400家农民林业专业合作社中，评选出366家林业专业合作社作为国家级示范社，并在《中国绿色时报》上进行公示。积极推荐农民林业专业合作社参选2013年度“中国50佳合作社”，10家林业专业合作社获“中国50佳合作社奖”，1人获得“合作社领军人物”荣誉称号。2014年3月，国家林业局与瑞典政府业务主管部门在北京联合举办了“中瑞林农合作组织专题研讨会”，相互学习借鉴先进经验的同时，宣传了中国农民林业专业合作社的有关政策、发展情况及成果。

【抓好绿色富民产业，推动林下经济发展】 一是编制林下经济发展规划。《全国集体林地林下经济发展规划纲要(2014～2020)》历经多次修改，于2014年12月25日正式印发。《全国集体林地林药林菌发展实施方案(2014～2020)》已定稿。截至2014年年底，全国已有20个省(区、市)出台了省级林下经济规划，21个省(区、市)对林下经济进行资金扶持，为促进林下经济发展提供了政策和资金保障。二是大力推进示范基地建设。建设国家林下经济示范基地，以点带面，辐射推广，既可直接带动周边区域的经济发展，又可在类似区域推广，激发群众发展林下经济的热情，起到“探路子、出经验、做示范”的重要作用。2014年9月启动了第二批全国林下经济示范基地推荐认定工作。根据规划，到2020年将建设700个国家级林下经济示范基地。三是扩大中药材种植补助试点。2014年中央财政对林下种植中药材补助资金，从2013年的7000万增加到1.5亿，补助范围从2013年的15个省(区、市)增加到24个省(区、市)。在积极争取扩大补助资金规模的同时，争取设立发展林下经济中央财政补助专项资金，支持全国林下经济示范基地建设，对发展林下经济的农民、合作社、龙头企业等适当进行扶持，加强林区基础设施如道路、水电建设等，解决农民发展林下经济基础设施薄弱难题。四是开展林下经济认证试点。为提升林下经济(非木质林产品)经营水平，提高产品竞争能力和附加值，2014年开始在大兴安岭林业集团公司、黑龙江迎春林业局、柴河林业局、汤旺河林业局4个地方开展林下经济(非木质林产品)认证试点工作。

【建立综合改革试验示范区，引导深化改革先行先试】
集体林权制度改革正处于深水区，许多矛盾需要解决，许多问题需要探索，需要通过设立试验区的方式进行创新探索，集中研究集体林权制度改革面临的重大问题。一是深入开展调查研究。根据深化改革任务分工，与北京大学、中国人民大学、北京林业大学等高校和科研单位共同开展“农村集体林地所有权有效实现形式”“稳定农村集体林地承包关系研究”“新型林业经营主体运行机制研究”等课题研究，目前皆已结题验收，取得了一批具有重要决策参考价值的研究成果和调研数据。二是明确试验区建设思路。通过农村综合改革九部委联席会议制度，协调推进集体林改综合改革试验示范区建设，召开综合改革试验示范区座谈会，制订了《集体林业综合改革试验示范区工作方案》，明确试验区建设原则、运行方式以及重点改革的领域、方向及路径。三是布设了一批试验示范区。经层层筛选，将内蒙古自治区达拉特旗、福建省永春县、福建省沙县、河南省信阳市、湖南省浏阳市、重庆市永川区、四川省成都市、四川省巴中市巴州区确定为第二批农村改革试验区中的深化集体林权制度改革试验示范区。四是启动国家林业局集体林业综合改革试验示范区工作，拟在全国确定22个集体林业综合改革试验示范区，承担9项改革试验任务。

（集体林权制度改革由齐联供稿）

林业科学技术

13

林业科技

【综　述】 2014年，林业科技工作以党的十八大和十八届三中全会精神为指导，以巩固和扩大党的群众路线教育实践活动成果为重点，全面贯彻落实中央经济工作会议、中央农村工作会议、全国科技工作会议和全国林业厅局长会议精神，锐意创新，狠抓落实，各项工作取得明显进展。全年共组织实施中央财政林业科技项目约1000项，经费约8亿元，登记各类研究成果409项，4项成果获得国家科技进步奖，为林业改革发展提供了强有力的科技支撑。

【顶层设计】 为全面谋划林业科技长远发展，提升林业科技自主创新能力，服务林业发展方式转变，强化顶层设计，提早谋划林业科技“十三五”及长远工作。一是开展系列规划的前期研究和编制工作。启动了《林业科技“十三五”发展规划》《林业行业科研专项发展规划》《主要林木育种规划》《林业标准化发展规划（2014～2020）》《国家林业局重点实验室建设规划》等规划的前期调研、论证和编制工作。二是积极谋划各类项目，争取各方面支持。组织筛选并推荐了2个“973”计划项目、1个“863”计划项目、4个科技支撑计划项目、5个高分共性关键技术项目，组织完成了4个项目的出库组装和专家论证工作，国家科技支撑“油脂松脂基增塑剂和环氧固化剂制备关键技术及示范”项目获得科技部正式批复。三是合理布局部门专项计划。围绕当前林业生态建设和产业发展对科技的需求，新增林业公益性行业科研专项78项；新增林业引进国外先进技术项目（“948”项目）78项，国家林业局重点研发项目4项。四是针对中央财政林业补助资金管理政策的要求，确定了中央财政林业科技推广示范补贴因数分配，研发建立了“国家林业局林业科技推广成果库管理信息系统”。

【科学研究】 一是开展宏观战略研究，服务宏观决策。联合国家统计局开展中国森林资源核算及绿色经济评价体系研究并发布了研究成果，全国林地林木价值21.29万亿元、森林生态服务价值12.68万亿元，为中国探索编制森林资源资产负债表、完善资源有偿使用制度和生态补偿制度提供了重要参考。二是重点攻克在生态建设、林业种业创新、林下经济开发、产业转型升级等领域存在的技术瓶颈问题，共验收国家科技支撑课题13项，林业公益性行业科研专项82项，“948”项目59项，国家林业局重点研发项目4项。三是围绕服务民生的技术需求，在经济林果、资源综合利用、林下经济等方面集成创新了一批林农实用技术，助推了林农增收致富，带动了林区经济发展。四是在应对气候变化方面，研究了森林的气候学效应及气候变化影响下的演变趋势，针对“林业应对气候变化”和“国际森林问题”等国内外重大林业问题系统提出了支撑和应对的技术措施、策略以及促进国内林业发展的政策建议。五是在推进中国/全球环境基金干旱半干旱地区土地退化防治国家伙伴关系战略实施。顺利完成亚行技术援助项目，制定了“中国西部可持续土地管理综合战略”，三期项目“中国西部适应气候变化的土地可持续管理项目”顺利通过全球环境基金批复，计划2015年启动。

【林业成果转化】 一是继续推进林业科技特派员工作。2014年共选派科技特派员2548名，组织召开全国林业科技推广暨科技特派员工作会议，总结交流全国林业科技推广工作和科技特派员科技创业行动取得的成效和经验，深入分析林业科技推广工作面临的形势与任务，全面部署下一阶段林业科技特派员工作。二是加大新品种新技术推广。依托中央财政林业科技推广示范补贴和国家级林业科技推广计划，共组织实施林业科技推广项目484项，重点推广林木优良品种繁育及丰产栽培技术、生态修复治理技术、林特资源开发及高效加工利用技术、重大林业有害生物防治技术等，共安排资金4.3亿元。三是积极构建林业科技成果转化平台，加快产学研结合。批复了思茅松、森林旅游、竹家居等8个工程技术中心、浙江东阳香榧生物产业基地以及湖南长沙和江西赣州等2个国家林业科技示范园区。组织召开全国林业工程（技术）研究中心工作座谈会。四是加强基层林业科技推广站能力建设，为北京、天津、河北等29个省（区、市、计划单列市、新疆兵团）171个基层重点林业科技推广站安排投资1799万元，为提高基层林业科技推广机构社会化服务能力发挥了积极作用。

【林业标准化】 一是积极推进林业标准制修订工作。组织开展林业行业标准制修订计划项目217项，林业国家标准计划项目38项，完成2015年林业标准化项目预算编制工作。二是加强林业标准化委员会建设和管理。完成经济林产品、林化产品2个标委会筹建工作。开展木材、营造林、森林可持续经营等8个技术委员会换届工作。申请筹建全国林业碳汇标准化技术委员会。三是积极参与国际标准化活动。组建中国代表团参加国际标准化组织人造板、木材、林业机械等专业技术委员会相关会议。积极推进中国承担国际标准制修订进度，首次由中国牵头制订并发布林业国际标准2项，申请成立ISO竹藤标准化技术委员会。四是加强林产品质量安全监管工作。起草了《林业检验检测认证机构整合方案（送审稿）》，批准成立1个国家林业局林产品质检中心，完成3个林业检验机构复评审认可。对人造板、红木等产品的1156家生产家企业进行抽样，监测其产品质量状况；对6个省的核桃、油茶产地和产品进行质量监测。联合国家质检总局继续开展“林产品质量提升行动计划”，推进国家林产品质量提升示范市创建活动，联合国家标准委建设了46家国家标准化示范企业。

【基础性工作】 一是进一步加强项目制度建设。制订印发了《国家林业长期科研试验示范基地管理办法(试行)》《林业公益性行业科研专项管理实施细则(试行)》《国家林业局林业科技成果国家级推广项目资金管理办法》。联合财政部制订发布了《中央财政林业补助资金管理办法》，为加强项目管理和绩效评价，推动林业科技项目的科学实施，促进财政资金使用效益起到了积极作用。二是严格项目过程管理。对到期的各类林业科技项目进行了集中验收，组织完成执行到中期的行业专项、“948”项目共175个项目中期评估，完成对到执行期159个项目现场查定。进一步规范林业科技成果国家级推广项目经费支出管理，确保项目经费的运行安全和提高项目资金的使用效益，起草编制了《林业科技成果国家级推广项目经费支出定额标准》及其编制说明。三是确保资金使用效率。加快完成“948”计划、行业专项、林业科技成果国家级推广、林业标准化等项目任务书签订工作，协调计财司加快年度资金拨付，不断提高经费使用效益。四是加大科技工作宣传。为及时总结、交流林业科技工作，共编发林业科技动态8期。编制“948”项目通讯6期、科技支撑项目通讯3期，发布《2013年中国陆地生态系统定位观测研究站网年报》，编印了《全国林业科技推广示范基地汇编》，展示和宣传了82个林业科技推广示范基地建设成效。开展了以“推进生态文明 建设美丽中国——绿色让生活更美好”为主题的全国林业科技周活动。 (谢春华)

林业科学研究

【“中国森林资源核算与绿色经济评价体系研究”通过国家林业局科技委论证】 4月23日，国家林业局科技委在北京组织召开了“中国森林资源核算与绿色经济评价体系研究”专家论证会，讨论通过了《中国森林资源核算报告》。会议由国家林业局科技委副主任、全国政协人口资源与环境委员会副主任江泽慧教授主持。来自中国科学院、中国工程院、国务院发展研究中心、清华大学、中国人民大学、中国林科院、北京林业大学等科研机构和高等院校，以及国家发展改革委、财政部、统计局、林业局等国家有关部门的18位院士和专家出席了会议。 (谢春华)

【召开“中国森林资源核算研究成果新闻发布会”】 10月22日，国家林业局与国家统计局联合在北京召开了“中国森林资源核算研究成果新闻发布会”。“中国森林资源核算与绿色经济评价体系研究”项目总负责人、全国政协人口与资源环境委员会副主任、国家林业局科技委常务副主任江泽慧发布了核算研究成果，国家统计局副局长、中国森林资源核算研究项目领导小组副组长许宪春，国家林业局副局长、中国森林资源核算研究项目领导小组副组长孙扎根出席新闻发布会并回答新闻媒体记者提问。 (谢春华)

【中国森林资源核算与绿色经济评价体系研究取得阶段性成果】 “中国森林资源核算与绿色经济评价体系研究”主要包括“林地林木资源核算”“森林生态系统服务核算”“森林社会与文化价值核算”和“林业绿色经济评价指标体系”4部分内容。2014年完成了“林地林木资源核算”“森林生态系统服务核算”研究内容。研究结果建立了中国森林资源核算的理论框架和基本方法，核算出2012年末全国林地资产实物量3.10亿公顷，林木资产实物量160.74亿立方米，全国林地林木资产总价值21.29万亿元；第八次森林资源清查期间，全国森林生态系统每年提供的森林涵养水源、保育土壤、固碳释氧、净化大气环境、森林防护、生物多样性保护、森林游憩等7类13项生态服务的总价值为12.68万亿元。 (谢春华)

【国家科技支撑计划项目】 “油脂松脂基增塑剂和环氧固化剂制备关键技术及示范”项目获科技部批复正式启动；在前期推荐入库的基础上，“林业生态科技工程”“速生丰产林定向培育技术研究”“木质复合材料制造关键技术研究与示范”和“竹藤种质资源创新利用研究”4个项目通过科技部综合咨询和专家论证，正式启动。“高效防灾减灾沿海防护林体系构建优化技术研究与示范”“林业生态科技工程”2个项目顺利通过国家科技部验收。 (杨振寅)

【国家科技基础性工作专项】 “中国森林典籍志书资料整编”“中国森林土壤调查、标准规范及数据库构建”等2个项目正式启动实施。“中国树木溃疡病原多样性及其生态地理分布和危害调查”通过国家科技部验收。 (杨振寅)

【基础性条件平台建设】 国家林业科学数据平台和林木种质资源平台2个平台向476个重点单位的用户提供种质资源服务8790份次，开展技术咨询、技术推广、技术服务共1303次，技术培训6224人次。联合开展了“河南南水北调渠首水源地生态建设的联合专题服务”，林木种质资源平台开展“重庆秀山皂荚特色资源利用服务”“贵州凯里市林业局种质资源与新品种展示基地建设”等专项服务。 (科技司计划处杨振寅)

【国家林业公益性行业科研专项项目】 2014年，财政部、科技部新批准国家林业公益性行业科研专项项目78项。

表13-1　2014年度国家林业公益性行业科研专项项目

序号	项目编号	项目名称
1	201404101	胡杨和楸树全基因组关联遗传分析
2	201404102	整合基因网络的高效林木育种技术研究与示范
3	201404104	江南生态林彩化树种改良与景观应用技术研究
4	201404106	楸叶泡桐装饰材林高效培育技术研究与示范
5	201404107	滨海盐碱地抗逆柳树良种选育及高效利用研究
6	201404109	耐盐碱观赏海州常山种质资源收集和良种选育
7	201404110	乌桕规模化快繁育苗关键技术研究与示范
8	201404113	“三北”地区青杨多倍体种质创新研究与示范
9	201404116	石碌含笑等珍贵木兰科树种种质资源与繁育技术研究
10	201404119	沼泽小叶桦规模化繁殖技术研究与应用示范
11	201404127	速生型等杉木特征性状遗传解析研究
12	201404201	气候变化对森林水碳平衡影响及适应性生态恢复
13	201404202	东北黑土区林业生态工程构建技术集成与示范
14	201404204	藻草灌复合植被恢复重建关键技术研究与示范
15	201404206	华北山区针阔混交林种间水分关系及结构优化技术研究
16	201404209	基于生态安全的水土保持措施空间配置技术
17	201404210	杭州湾围垦次生湿地生态恢复关键技术研究
18	201404211	云南低效常绿暖性针叶林改造与恢复研究
19	201404213	华北典型山地森林景观格局优化关键技术研究
20	201404214	环京津生态脆弱区生态经济植被建设技术研究
21	201404217	西北荒漠区抗逆菌根真菌筛选与应用技术
22	201404220	盐碱土壤“草—灌渐进式”植被恢复技术与示范
23	201404224	煤矸石山生态植被机械化建造技术与装备研究
24	201404301	美丽城镇森林景观的构建技术研究与示范
25	201404302	黄河中游地区Ⅰ级古树名木保护关键技术研究
26	201404303	东北森林生态要素全指标体系观测技术研究
27	201404304	戈壁生态系统长期定位观测研究
28	201404305	滨海湿地生态系统服务功能与评估技术研究
29	201404306	石羊河流域防护林生态功能监测评价及结构优化模式研究
30	201404308	湿地景观生态规划关键技术研究
31	201404309	生态脆弱区典型乔木碳库遥感动态监测研究
32	201404312	重要乡土彩色乔木树种新品种选育及产业化
33	201404314	森林风景资源管理与游憩利用技术研究
34	201404315	森林公园绿色名录与森林风景资源培育技术
35	201404316	亚热带人工林固碳潜力及增汇途径研究
36	201404401	重大森林虫灾监测预警的关键技术研究
37	201404402	基于地面与遥感观测的森林火险预报新技术
38	201404403	新疆野果林苹果小吉丁虫综合治理研究与应用
39	201404404	野鸟H7N9禽流感病毒溯源与流行趋势研究
40	201404405	林果栽培全程害鼠无害化调控研究
41	201404408	毛竹林扩展模式及其调控技术研究
42	201404409	白僵菌专用菌株新剂型研制及应用技术研究
43	201404410	全国林业生物灾害精细化预报及管理基础应用研究
44	201404413	花布灯蛾生物防控关键技术研究
45	201404417	太行山西侧生态公益林提质增效关键技术研究
46	201404420	紫貂生存现状评价及遗传管理对策研究
47	201404422	自然保护区成效监测、评估与预警关键技术研究
48	201404501	实木家具用低质材提质加工技术研究与示范
49	201404502	低质人工林木材家具制造关键技术研究与示范
50	201404503	速生林木材高效重组制造关键技术与示范
51	201404504	木地板高效制造过程装备技术集成与示范
52	201404505	木竹电热复合材料及抗老化技术研究与示范
53	201404506	功能化环保型纤维板原料收制装备及制造技术研究

（续）

序号	项目编号	项目名称
54	201404508	颗粒增强木质功能材料成形技术研究与应用
55	201404510	木/竹材糠醇树脂改性关键技术研究与示范
56	201404515	纤维板生产中生物酶和微生物法分离纤维研究
57	201404516	微波开启木材细胞通道机理与可控技术研究
58	201404519	人工林小径木户外家具材制造关键技术研究
59	201404601	竹子等林源植物精油生物调控及其利用研究
60	201404602	四川特色香料与油脂植物产业化关键技术研究
61	201404604	林木纤维乙醇生物共转化关键技术创新与示范
62	201404608	林源芳香生药缬草、香茅高效利用关键技术
63	201404610	超级电容器用木质活性炭加工关键技术研究与示范
64	201404611	废弃粉状活性炭再生利用新技术研究与示范
65	201404615	耐盐植物酶法制备功能性甘露低聚糖的研究
66	201404616	塔拉果多酚衍生物绿色分离及高值产品加工研究与示范
67	201404617	农林生物质水热处理及全组分利用研发与示范
68	201404701	油用牡丹新品种选育及高效利用研究与示范
69	201404702	油茶高含油核心种质创制与源库调控技术研究
70	201404703	寒地林菌林菜定向培育及高效利用关键技术
71	201404705	滇丁香属遗传资源与新品种培育技术研究
72	201404708	特色果用胡颓子良种选育及丰产栽培技术研究
73	201404709	山地红枣生态经济林增效关键技术研究与示范
74	201404710	抗寒常绿木兰科植物育种群体建立与种质创新
75	201404712	新疆文冠果优系引选及繁育技术研究
76	201404715	福建山樱花优良种质收集保存与繁育技术研究
77	201404718	寒温带道地药材仿生态培育技术研究与示范
78	201404720	果树现代高效栽培关键技术研究与示范

（科技司计划处陈列）

【引进国际先进林业科学技术计划项目（“948”项目）】 2014年，新批准引进国际先进林业科学技术计划项目78项，完成2014年度到期验收项目61项，开发出具有自主知识产权的新产品、新技术、新工艺、新装置97项，认定成果49项，专利28件，标准2项，论文263篇（其中18篇SCI，21篇EI）、专著6部。

表13-2 2014年度引进国际先进林业科学技术计划项目（“948”项目）

序号	项目编号	项目名称
1	2014-4-01	林火智能监测与决策支持系统技术引进
2	2014-4-02	舞毒蛾生防真菌生产技术引进
3	2014-4-03	捕食性天敌蠋蝽饲养质量控制技术引进
4	2014-4-04	安全高效光肩星天牛检疫监测技术引进
5	2014-4-05	野生动物无线远程实时智能监测技术引进
6	2014-4-06	森林可燃物图像信息系统技术引进
7	2014-4-07	珍稀白赤鹿种源及其扩繁关键技术引进
8	2014-4-08	植物源林木用杀虫药剂制备关键技术引进
9	2014-4-09	森林火灾预测及灭火资源调度技术引进
10	2014-4-10	红掌优良新品种及定向选育技术引进
11	2014-4-11	台湾优良樱花品种及配套栽培技术引进
12	2014-4-12	广玉兰种质资源及繁殖技术引进
13	2014-4-13	紫薇优良亲本种质及育种技术引进
14	2014-4-14	金花茶新品种及培育技术引进
15	2014-4-15	卡特兰重要亲本及唇瓣定向育种技术引进
16	2014-4-16	茶梅遗传资源及株形控制技术引进
17	2014-4-17	美国流苏优良种质及繁育技术引进
18	2014-4-18	荷兰重瓣百合品种资源及栽培技术引进
19	2014-4-19	攀援月季优良品种与繁育技术引进
20	2014-4-20	第二代杏李种间杂交新品种及栽培技术引进
21	2014-4-21	特种油料植物南美油藤种质及栽培技术引进
22	2014-4-22	森林多功能可持续经营规划技术引进
23	2014-4-23	油橄榄水肥精准控制技术引进
24	2014-4-24	喀斯特人工幼林地生物炭施用集成技术引进
25	2014-4-25	森林干扰及恢复历史重构遥感分析模型引进
26	2014-4-26	化肥驱动正渗透水处理果园灌溉技术引进
27	2014-4-27	基于LiDAR系统的森林资源调查技术引进
28	2014-4-28	秸秆类生物质定向液化联产高值材料技术引进

（续）

序号	项目编号	项目名称
29	2014-4-29	木质纤维素定向气化制合成气技术引进
30	2014-4-30	农林剩余物低碳制造功能性纳米材料技术引进
31	2014-4-31	农林剩余物制机械浆节能和减量技术引进
32	2014-4-32	林业生物质气化制取富氢燃气技术引进
33	2014-4-33	高纯度芳樟醇生物合成制备技术引进
34	2014-4-34	林木剩余物高效制备生物液体燃料技术引进
35	2014-4-35	熊果酸高选择性分离纯化新技术引进
36	2014-4-36	两性聚电解质提高再生纸张强度技术引进
37	2014-4-37	纤维原料高温酶催化水解关键技术引进
38	2014-4-38	煤电用超级滤烟脱硫活性竹炭制备技术引进
39	2014-4-39	桉叶制备水果天然保鲜剂关键技术引进
40	2014-4-40	乙二醛—尿素—甲醛共缩聚树脂合成技术引进
41	2014-4-41	高品质彩色生漆生产技术引进
42	2014-4-42	结构用胶合木产品质量控制技术引进
43	2014-4-43	现代木结构高强度金属件—卯榫连接技术引进
44	2014-4-44	木门旋杯式静电喷涂技术引进
45	2014-4-45	木材合法性尽职调查与追溯系统技术引进
46	2014-4-46	MDF板厚在线检测与精准控制关键技术引进
47	2014-4-47	控制胶合板甲醛释放量的生产技术引进
48	2014-4-48	实木板材激光轮廓和色泽集成扫描技术引进
49	2014-4-49	功能型木塑复合材制造技术引进
50	2014-4-50	节能环保型木材常压过热蒸汽干燥技术引进
51	2014-4-51	木—混凝土组合结构建造关键技术引进
52	2014-4-52	北美红枫新品种工厂化育苗技术引进
53	2014-4-53	北方沿海防护林抗性树种及配套技术引进
54	2014-4-54	儿童植物园园艺植物及其构建技术引进
55	2014-4-55	葡萄健康种苗繁育技术体系引进
56	2014-4-56	RPM容器苗繁育技术引进
57	2014-4-57	植物对环境的光合响应模型及其模拟技术引进
58	2014-4-58	林木氮、磷利用率提升技术引进
59	2014-4-59	杂种北美枫香体胚快速繁育技术引进
60	2014-4-60	药用植物规模化繁殖生产技术与加工工艺引进

（续）

序号	项目编号	项目名称
61	2014-4-61	落叶型冬青植物规模化组培快繁关键技术引进
62	2014-4-62	耐重金属胁迫木本植物快速筛选技术体系引进
63	2014-4-63	城乡立体绿化专用固态基材新技术引进
64	2014-4-64	基于废水利用的节水灌溉技术引进
65	2014-4-65	臭氧生物监测及防护关键技术引进
66	2014-4-66	资源昆虫特定功能基因时空表达技术引进
67	2014-4-67	高寒湿地温室气体排放核算技术引进
68	2014-4-68	台湾优良观叶树木品种及配套技术引进
69	2014-4-69	丁香新品种及培育技术引进
70	2014-4-70	南天竹优良品种及规模化快繁技术引进
71	2014-4-71	金黄熊猫等优良景观树种资源及栽培技术引进
72	2014-4-72	高脂火炬松种质资源与定向选育技术引进
73	2014-4-73	观赏型红厚壳优良种质及培育关键技术引进
74	2014-4-74	RNA干扰竹子功能基因研究应用技术引进
75	2014-4-75	地表高程测量平台技术引进
76	2014-4-76	便携式电子测树仪关键技术引进
77	2014-4-77	数控多功能板式家具曲线封边机制造技术引进
78	2014-4-78	便携式立木腐朽电阻断层成像关键技术引进

表13-3 2014年度引进国际先进林业科学技术计划项目验收认定成果

序号	成果名称
1	蝴蝶兰全基因组测序技术
2	观赏欧洲鹅耳枥高效繁殖技术
3	林木基因组超高通量测序分析技术
4	药用植物锯叶棕苗木繁育技术
5	热区抗病育苗基质的配制与应用技术
6	豆梨优良品种扩繁技术
7	美洲椺木优良种质资源繁育技术
8	野牛草优良无性系选育技术
9	越南黄花梨种苗繁育技术
10	红松苗木平衡施肥技术
11	诺丽种苗快繁技术
12	黑黄连木和乳香黄连木繁育技术
13	森林土壤微生物群落结构分子分析技术

（续）

序号	成果名称
14	基于云计算的人工林多目标管理技术
15	生态系统过程模型运行系统
16	沙地林木超深栽节水造林综合配套技术
17	中国干旱区生态系统固碳量计量方法
18	桉树人工林营养诊断及测土配方施肥技术
19	基于 CBM - CFS3 的中国森林碳计量系统
20	野外伺服仪远程监测分析系统
21	白术连作障碍生物修复的 PGPR 微胶囊菌种及应用技术
22	可供中国林业管理人员使用的 InVEST 模型系统
23	流域森林水文信息系统
24	丹江口库区水源涵养林可持续经营技术
25	城市污泥稳定化及用于采矿废弃地植被恢复技术
26	林分综合经营模式模拟与动态规划技术
27	华山松大小蠹信息素的研制与应用
28	利用生境制图进行黄土高原林地分析评价技术
29	地震滑坡生态毯植被恢复技术与应用
30	纤维素废弃物生物质糖清洁生产技术
31	木塑托盘制造新技术
32	新型残留农药生物降解剂的制备技术
33	大功率超声波植物活性物质提取技术
34	一种适合与高温热处理复合改性的纳米级石蜡乳液制备技术
35	山苍子油合成柠檬腈和鸢尾酮关键技术
36	陡坡山地森林择伐作业设备及技术
37	顺向木条层积材(PSL)制造技术
38	高活性纤维素酶制备技术
39	自走遥控式风力灭火机
40	生物质微波连续式液化设备及配套技术
41	环保型无胶刨花板制造关键技术
42	特异性木豆内生真菌生产木豆芪酸技术
43	“木材表面差异化压缩、热处理定型技术”和“蒸汽压力探针控制系统”
44	四头电动主轴及制造技术
45	环保型无胶刨花板制造关键技术
46	计算机断层扫描快速检测木材特性技术
47	油茶粕蛋白制备降血压肽技术
48	连续式核桃脱青皮技术及装备
49	活立木弹性模量分等技术

（科技司计划处吴世军、李耀明）

【国家林业局重点科研计划项目】 2014 年，新批准国家林业局重点科研计划项目 5 项；6 个项目通过验收，认定成果 4 项。新产品、材料 14 种，新技术新工艺 4 项，专利 3 件，论文 17 篇。

表 13-4 2014 年度国家林业局重点科研项目

序号	项目编号	项目名称
1	2014 - 01	林产品国际竞争力评价技术研究与应用
2	2014 - 02	湿地对东北黑土地的保护作用及其保育技术研发
3	2014 - 03	瘿蜂亚科种类和寄主的多样性及其细胞质共生菌 Wolbachia 的 PCR 监测技术研发
4	2014 - 04	可调控配筋胶合木梁受力性能研发
5	2014 - 05	火烧迹地森林更新技术研发

表 13-5 2014 年度国家林业局重点科研计划项目验收认定成果

序号	成果名称
1	林木鼠(兔)害控制与效益评价体系
2	山苍子优良家系选育技术
3	杉木人工林土壤健康生物监测技术
4	鸟羽的微观鉴定技术

（科技司计划处李耀明）

【林业软科学研究】 2014 年，国家林业局组织实施林业软科学研究项目 19 项，安排经费 600 万元。

表 13-6 2015 年林业软科学研究项目

序号	项目名称	项目第一承担单位
1	森林公安文化建设体系研究	南京森林警察学院
2	城市生态廊道生态安全调控及实施对策	中国林业科学研究院林业科技信息研究所
3	出口竹制品主要技术性贸易壁垒调查及应对措施	国家林业局竹子研究开发中心
4	林权流转政策与城乡一体化研究	北京大学管理科学中心
5	农林复合经营与林下经济的保护与发展	中国科学院地理科学与资源研究所
6	林业技术技能人才培养质量评价研究	南京森林警察学院
7	林业关键、特殊岗位建立准入制研究	中国林业教育学会
8	集体林权改革背景下新型林业经营主体发展支持政策研究	福建省林业科学研究院
9	基于生态视角的林业企业社会责任信息披露研究	北京林业大学
10	发达国家与发展中国家生态文明理论与实践的比较研究	南京林业大学
11	湖南省森林综合效益的计量与评价	中南林业科技大学

（续）

序号	项目名称	项目第一承担单位
12	基于抵押品的西北地区森林碳汇贷款机制研究	西北农林科技大学
13	我国森林保险制度设计与运行机制研究	中国林业科学研究院林业科技信息研究所
14	国有林场改革动态监测研究	中国林业科学研究院林业科技信息研究所
15	林业多元化融资体系研究	中国林业科学研究院林业科技信息研究所
16	示范林场森林经营管理模式与技术体系研究	中国林业科学研究院林业科技信息研究所
17	森林旅游的低碳化管理路径选择研究	福建农林大学
18	我国生态文明建设体制改革创新研究	中国行政体制改革研究会
19	中国森林资源核算及绿色经济评价体系研究	国际竹藤中心

（唐红英）

【陆地生态系统定位观测研究网络】 2014 年新建陆地生态系统定位观测研究站 17 个。国家林业局陆地生态系统定位观测研究站总数达到 157 个，其中生态系统定位观测研究站 101 个、湿地生态系统定位观测研究站 33 个、荒漠生态系统定位观测研究站 23 个。

（科技司计划处李耀明）

【《国家陆地生态系统定位观测研究站网管理办法》】 国家林业局印发了《国家陆地生态系统定位观测研究站网管理办法》（林科发〔2014〕98 号），包括总则、管理体系、站网建设、站网运行、考核和附则等六章，共计二十六条。（科技司计划处李耀明）

【《国家林业局林业生态站等监测运行项目资金管理办法》】 11 月 13 日，国家林业局印发了《国家林业局林业生态站等监测运行项目资金管理办法》，包括总则、资金使用范围和支出内容、项目申报与管理、资金监督与管理、附则等五章十七条，用于规范管理通过国家林业局部门预算安排，专项用于林业重点实验室、生态站、林业质量检验检测机构等科技基础条件平台运行补助的中央财政专项经费。（科技司计划处李耀明）

中国—GEF 干旱生态系统土地退化伙伴关系项目

【“中国西部适应气候变化的可持续土地管理”项目正式批复】 6 月 2 日，全球环境基金总裁批复了“中国西部适应气候变化的可持续土地管理”项目文本。根据文本内容，三期项目执行期限为 36 个月，全球环境基金赠款 525 万美元，联合融资 1.8 亿美元(其中现金配套 315 万美元)。项目实施区域包括内蒙古、陕西、甘肃、青海、贵州和四川 6 个省区。项目目标是通过在西部 6 省区实施适应气候变化的可持续土地管理，恢复退化土地、改善生计。（科技司综合处谢春华）

【“中国西部可持续土地管理综合战略报告”通过审定】 1 月 14 日，中国—全球环境基金干旱生态系统土地退化防治伙伴关系项目中央指导委员会在北京召开全体会议，审议通过了“中国西部可持续土地管理综合战略报告”。项目指导委员会主任江泽慧主持会议，国家发展改革委、财政部、全国人大法工委、国务院法制办、国家林业局、水利部、农业部、国土资源部、科技部、环保部、中国气象局和中国科学院 12 个成员单位代表、国内咨询专家代表及中央项目办全体工作人员共 40 人出席会议。（科技司综合处谢春华）

【“中国西部可持续土地管理综合战略”技援项目通过终期评估】 10 月 10～11 日，亚洲开发银行对“中国西部可持续土地管理综合战略”技援项目进行了终期评估。中央项目执行办主任、国家林业局科技司副司长胡章翠和亚洲开发银行高级环境专家 Frank Radstake 分别代表中国政府和亚洲开发银行签署了谅解备忘录。

（科技司综合处谢春华）

林业科技成果

【成果统计与奖励】 2014 年共登记林业科技成果 409 项，其中软科学类成果 2 项，占成果总数的 0.49%；基础理论类成果 28 项，占成果总数的 6.84%；应用技术类成果 379 项，占成果总数的 92.67%。2014 年度，3 项科技成果获得国家科技进步二等奖。

表 13-7　2014 年获国家科学技术奖励的林业项目

项目名称	主要完成单位	主要完成人	奖　种
杨树高产优质高效工业资源材新品种培育与应用	中国林业科学研究院林业研究所、南京林业大学、北京林业大学、山东省林业科学研究院、辽宁省杨树研究所、安徽省林业科学研究院、黑龙江省森林与环境科学研究院	苏晓华、潘惠新、黄秦军、沈应柏、姜岳忠、王胜东、于一苏、赵自成、王福森、付贵生	国家科技进步二等奖
竹纤维制备关键技术及功能化应用	福建农林大学、陕西科技大学、福建宏远集团有限公司、四川永丰纸业股份有限公司、福建省晋江优兰发纸业有限公司、贵州赤天化纸业股份有限公司、湖南拓普竹麻产业开发有限公司	陈礼辉、黄六莲、刘必前、张美云、叶敏、徐永建、赵琳、柯吉熊、张鼎军、郑勇	国家科技进步二等奖
非耕地工业油料植物高产新品种选育及高值化利用技术	湖南省林业科学院、中国林业科学研究院林产化学工业研究所、天津科技大学、天津南开大学蓖麻工程科技有限公司、中南林业科技大学、淄博市农业科学研究院、广西壮族自治区林业科学研究院	李昌珠、夏建陵、王光明，叶锋、蒋丽娟、王昌禄、肖志红、马锦林、聂小安、张良波	国家科技进步二等奖

（科技司综合处谢春华）

林业科技推广

【召开全国林业科技推广暨科技特派员工作会议】 4 月 18 日，国家林业局科技司在浙江省临安市组织召开了全国林业科技推广暨科技特派员工作会议。国家林业局党组成员、副局长孙扎根出席会议并作了重要讲话。国家林业局党组成员、科技司司长彭有冬主持会议。会议为入选 2013 年国家级科技特派员创业链、创业基地和创业培训基地的 8 家单位进行了授牌，邀请 6 个林业科技推广工作和科技特派员科技创业行动典型单位和个人作了大会交流发言。来自全国 31 个省(区、市)林业厅(局)、四大森工(林业)集团公司、新疆生产建设兵团林业局、6 所林业高校、中国林科院、国际竹藤中心的主管领导和负责林业科技推广工作的处长(或站长)，以及科技部、国家林业局相关司局负责人参加了会议。

（科技司推广处田晓堃）

【中央财政林业科技推广示范资金专项】 2014 年，安排中央财政林业科技推广示范资金 4.3 亿元，共支持在全国各省(区、市)开展科技推广项目 432 个。支持方向包括：良种繁育、生态修复、林特资源、生物质能源、生物防治以及标准化类。推广成果涉及林木优良品种繁育及丰产栽培、生态修复和治理、林特资源开发及高效加工利用、林业生物质能源树种培育及林业剩余物加工利用、重大林业有害生物防治、森林防火等技术，在全国 31 个省(区、市)实施。（科技司推广处田晓堃）

【林业科技成果国家级推广项目】 2014 年，安排林业科技成果国家级推广项目 58 项，项目主要由中国林科院，北京林业大学、东北林业大学、南京林业大学、西北农林科技大学、中南林业科技大学、西南林业大学及其他局直属科研单位承担。

表 13-8　2014 年度林业科技成果国家级推广项目

序号	项目名称	承担单位
1	油橄榄良种及良栽技术示范推广	中国林业科学研究院林业所
2	南方型速生杨树新品种南杨的示范推广	中国林业科学研究院林业所
3	加工型和高抗寒型平欧杂种榛新品种示范推广	中国林业科学研究院林业所
4	绿色植物生长调节剂(GGR)及其配套技术对困难造林地区的应用、示范与推广	中国林业科学研究院林业所
5	薄壳山核桃采穗圃营建及扩繁技术推广	中国林业科学研究院亚林所
6	红豆树、楠木等珍贵树种轻基质容器育苗和高效栽培技术推广	中国林业科学研究院亚林所
7	四季竹高效培育技术示范推广	中国林业科学研究院亚林所
8	杉木优质速生新品种示范与推广	中国林业科学研究院亚林所
9	新型国产材木结构墙体与桁架连接技术应用示范	中国林业科学研究院木工所
10	森林昆虫自动识别技术	中国林业科学研究院森保所
11	林木剩余物高效清洁制浆技术产业化推广	中国林业科学研究院林化所
12	杨树抗硫新品种“普瑞”推广	中国林业科学研究院新技术所
13	荒漠绿洲过渡带防护林优化配置技术示范与推广	中国林业科学研究院

（续）

序号	项目名称	承担单位
14	木豆优良杂交种制种生产及规模化栽培	中国林业科学研究院资昆所
15	西南桦优良种源及配套栽培技术在云南德宏的示范推广	中国林业科学研究院热林所
16	仁用杏新品种“中仁 1 号”及丰产栽培技术推广	国家林业局泡桐研究开发中心
17	环保型深度改色竹质建筑装饰材料生产与示范	国家林业局竹子研究开发中心
18	桉树优良耐寒树种本沁桉、多利桉的推广与示范	国家林业局桉树研究开发中心
19	森林公安数字化资源管理调度系统示范推广	南京森林警察学院
20	新型环形捕鼠夹防治鼠害技术推广	国家林业局森林病虫害防治总站
21	2.8 木烟碱微囊悬浮剂防治森林食叶害虫技术推广	国家林业局森林病虫害防治总站
22	兴安北药区试品种栽培技术推广	大兴安岭林业集团
23	大兴安岭地区俄罗斯大果沙棘引进、栽培及推广	大兴安岭职业学院
24	欧洲红花山楂繁殖及栽培技术推广	北京林业大学
25	“香瑞白”梅等抗寒梅花品种推广与示范	北京林业大学
26	基于 CFFE – FVS 软件的森林碳储量监测系统成果推广应用	北京林业大学
27	红花玉兰苗木繁育示范推广与产业化技术	北京林业大学
28	油茶林水分调控技术推广	北京林业大学
29	新型耐磨杨木复合地板生产技术推广	东北林业大学
30	常规木材干燥节能技术集成生产应用与推广	东北林业大学
31	流域水源涵养林构建与结构优化技术推广	东北林业大学
32	三种杨树天牛灾害预警与控制技术的推广应用	东北林业大学
33	工矿区废弃地植被恢复与生态重建技术推广	东北林业大学
34	刺五加系列产物的生产技术推广	东北林业大学
35	水溶性喜树碱生产关键技术推广	东北林业大学
36	木质素柴油生产技术推广	东北林业大学
37	楸树优良无性系扩繁及苗木标准化生产技术推广示范	南京林业大学
38	南林 862、3804 和 3412 杨良种繁育与示范推广	南京林业大学
39	枫脂产业化示范及产品应用技术熟化和推广	南京林业大学
40	生物质活性有机液体肥料的研究与应用推广	南京林业大学

（续）

序号	项目名称	承担单位
41	地被类观赏竹快速繁育技术推广	南京林业大学
42	弧状原竹片高效展平技术的推广与示范	南京林业大学
43	困难立地造林及植被恢复生物活性剂技术推广应用	西北农林科技大学
44	板栗新品种栽培技术集成与示范推广	西北农林科技大学
45	优质抗逆葡萄新品种媚丽及其配套栽培技术推广	西北农林科技大学
46	陕北山地低产枣林改造技术示范与推广	西北农林科技大学
47	黄河中游黄土高原高效植被构建配制技术推广	西北农林科技大学
48	沙棘果无废弃物综合利用技术推广与示范	西北农林科技大学
49	防潮型刨花板研发及工业化生产技术的推广应用	西南林业大学
50	云南德宏州 4 个油茶优良无性系的应用推广与示范	西南林业大学
51	油茶配方施肥及树体培育技术推广	中南林业科技大学
52	湘西南石漠化地区植被恢复模式优化技术推广	中南林业科技大学
53	南方丘陵山区砂梨优质栽培关键技术推广	中南林业科技大学
54	圆竹加工关键技术推广与示范	中南林业科技大学
55	木质纤维 SSCF 法制取生物乙醇燃料技术示范	中南林业科技大学
56	湿地景观植物在湿地保护及修复中的推广应用	中南林业科技大学
57	油茶全粕制备新农药“螺枯威”技术推广与示范	中南林业科技大学
58	油茶采后处理技术推广和示范	中南林业科技大学

（科技司推广处田晓堃）

【国家林业科技推广成果库管理信息系统】 为加强项目的顶层设计和宏观管理，国家林业局科技司建立了“国家林业科技推广成果库管理信息系统”，已面向全国各省（区、市）、森工集团、国家林业局相关直属单位、林业高等院校征集林业科技成果 5365 项。

（科技司推广处田晓堃）

【林业工程技术研究中心】 2014 年，国家林业局新批复建立了思茅松、森林旅游、竹家居、长柄扁桃、茯茶、南方油料植物、油用牡丹、山核桃等 11 个林业工程技术研究中心。（科技司推广处田晓堃）

【林业科技示范园区】 2014 年，国家林业局新批复建立了“浙江东阳香榧生物产业基地以及山东临沂国家林产工业科技示范园区”和“湖南长沙国家林业科技示范园区和江西赣州国家林业科技示范园区”。

（科技司推广处田晓堃）

表 13-9　2014 年度批复的林业工程技术研究中心

工程中心名称	依托单位
国家林业局思茅松工程技术研究中心	云南林科院
国家林业局森林旅游工程技术研究中心	中南林业科技大学
国家林业局板栗工程技术研究中心	北京市农林科学院
国家林业局油用牡丹工程技术研究中心	西北农林科技大学、东北林业大学
国家林业局竹家居工程技术研究中心	国家林业局竹子中心、中国林科院亚林所
国家林业局南方能源植物工程技术研究中心	湖南林科院
国家林业局长柄扁桃工程技术研究中心	陕西省治沙研究所、西北大学、榆林市沙漠王生物科技有限公司
国家林业局茯茶工程技术研究中心	陕西苍山茶业有限责任公司
国家林业局山核桃工程技术研究中心	安徽省林科院、中国林科院亚林所
国家林业局森林公园工程技术研究中心	福建农林大学
国家林业局东北栎类工程技术研究中心	辽宁省林科院

（科技司推广处田晓堃）

【林业工程技术研究中心座谈会】　9 月 15 日，国家林业局科技司在福建农林大学组织召开了全国林业工程技术研究中心工作座谈会，34 个国家林业工程技术研究中心负责人、有关单位领导专家参加了座谈，就产业技术联合体建设、中心人才培养、中心运行体制机制创新、科技成果转化等问题展开了深入交流。

（科技司推广处田晓堃）

【科技特派员】　2014 年，国家林业局共选派林业科技特派员 2548 名。截至 2014 年年底，国家林业局共选派林业科技特派员约 13 000 名，超额完成了选派 10 000 名科技特派员的目标，被中央国家机关工委评为“践行群众路线，解决民生问题”工作典型。“丹阳强化木地板产业创业链”等 8 个创业链、创业基地和创业培训基地获得科技部批复。

表 13-10　2014 年批复的科技特派员创业链、创业基地和创业培训基地

类　别	名　称	牵头单位
国家级科技特派员创业链	丹阳强化木地板产业创业链	中国林科院木工所
国家级科技特派员创业链	枸杞产业创业链	银川泰丰生物科技有限公司
国家级科技特派员创业基地	酒泉（瓜州）创业基地	甘肃省林业科技推广总站
国家级科技特派员创业培训基地	黄山创业培训基地	国际竹藤中心
国家级科技特派员创业培训基地	南平创业培训基地	福建林业职业技术学院
国家级科技特派员创业培训基地	长沙创业培训基地	中南林业科技大学
国家级科技特派员创业培训基地	浦东创业培训基地	上海现代林业技术培训中心
国家级科技特派员创业培训基地	杭州（临安）创业培训基地	浙江农林大学

（科技司推广处田晓堃）

【林业科学技术普及】　2014 年，国家林业局实施林业科普项目 15 项。按照国家《全民科学素质行动计划纲要》工作部署，国家林业局科技司组织开展了以“推进生态文明 建设美丽中国——绿色让生活更美好”为主题，以保护自然、保护生态，以提高公众生态保护意识为目的，以宣传林业科普知识为主要内容的“全国林业科技周系统活动”，活动内容包括林业科技服务和科普惠民活动、生态文化进校园活动、走进森林活动、全国爱鸟周、自然体验师培训等。

（科技司综合处唐红英）

【林业科普基地建设】　为倡导生态文明，提高公众对林业的认知度，更好地发挥林业科普资源优势，充分调动各方面积极性，11 月，组织科技部、中国科协、国土资源部、地震局等部门联合开展了国家林业科普基地建设调研工作。　（科技司综合处唐红英）

林业标准化工作

【林业国家标准】　2014 年，国家质量监督检验检疫总局、中国国家标准化管理委员会批准发布林业国家标准 10 项。

表 13-11　2014 年发布的林业国家标准目录

序号	标准编号	标准名称	代替标准号
1	GB/T 30762 - 2014	主要竹笋质量分级	
2	GB/T 18672 - 2014	枸杞	GB/T 18672 - 2002
3	GB/T 4269. 4 - 2014	农林拖拉机和机械、草坪和园艺动力机械操作者操纵机构和其他显示装置用符号 第 4 部分：林业机械用符号	GB/T 4269. 4 - 2006
4	GB/T 31202 - 2014	农业和林业机械及园林机械 手扶控制和手持控制机械 灼热表面可触及性的测定	
5	GB/T 31265 - 2014	混凝土模板用木工字梁	
6	GB 19725. 2 - 2014	农林机械 便携式割灌机和割草机安全要求和试验第 2 部分：背负式动力机械	
7	GB 19725. 1 - 2014	农林机械 便携式割灌机和割草机安全要求和试验第 1 部分：侧挂式动力机械	
8	GB/T 5395 - 2014	林业及园林机械 以内燃机为动力的便携式手持操作机械振动测定规范手把振动	GB/T 5395 - 2008
9	GB/T 31264 - 2014	结构用人造板力学性能试验方法	
10	GB/T 31291 - 2014	木材和木基产品的荷载持续时间效应和蠕变性能评定	

（科技司标准处程强）

【发布林业行业标准】 2014 年，国家林业局批准发布林　业行业标准 183 项。

表 13-12　2014 年发布的林业行业标准目录

序号	标准编号	标准名称	代替标准号
1	LY/T 2241 - 2014	森林生态系统生物多样性监测与评估规范	
2	LY/T 2242 - 2014	自然保护区建设项目生物多样性影响评价技术规范	
3	LY/T 2243 - 2014	自然保护区外来入侵种管理规范	
4	LY/T 2244. 1 - 2014	自然保护区保护成效评估技术导则 第 1 部分：野生植物保护	
5	LY/T 2244. 2 - 2014	自然保护区保护成效评估技术导则 第 2 部分：植被保护	
6	LY/T 2244. 3 - 2014	自然保护区保护成效评估技术导则 第 3 部分：景观保护	
7	LY/T 2245 - 2014	森林火灾隐患评价标准	
8	LY/T 2246 - 2014	森林消防专业队伍建设和管理规范	
9	LY/T 2247 - 2014	油茶遗传资源调查编目技术规程	
10	LY/T 2248 - 2014	中国主要栽培珍贵用材树种	
11	LY/T 2249 - 2014	森林群落结构监测规范	
12	LY/T 2250 - 2014	森林土壤调查技术规程	
13	LY/T 2251 - 2014	林业科普基地评选规范	
14	LY/T 2252 - 2014	碳汇造林技术规程	
15	LY/T 2253 - 2014	造林项目碳汇计量监测指南	
16	LY/T 2254 - 2014	亚湿润干旱区沙地生态系统定位观测指标体系	
17	LY/T 2255 - 2014	西南干热干旱河谷生态系统定位观测指标体系	
18	LY/T 2256 - 2014	防护林分类	
19	LY/T 2257 - 2014	防护林术语	
20	LY/T 2258 - 2014	立木生物量建模方法技术规程	
21	LY/T 2259 - 2014	立木生物量建模样本采集技术规程	
22	LY/T 2260 - 2014	立木生物量模型及碳计量参数　油松	

（续）

序号	标准编号	标准名称	代替标准号
23	LY/T 2261－2014	立木生物量模型及碳计量参数　湿地松	
24	LY/T 2262－2014	立木生物量模型及碳计量参数　云南松	
25	LY/T 2263－2014	立木生物量模型及碳计量参数　马尾松	
26	LY/T 2264－2014	立木生物量模型及碳计量参数　杉木	
27	LY/T 2265－2014	林业信息术语	
28	LY/T 2266－2014	林业信息元数据	
29	LY/T 2267－2014	林业基础信息代码编制规范	
30	LY/T 2268－2014	林业信息资源交换体系框架	
31	LY/T 2269－2014	林业信息资源目录体系框架	
32	LY/T 2270－2014	林木良种数据库建设规范	
33	LY/T 2271－2014	造林树种与造林模式数据库结构规范	
34	LY/T 2272－2014	中国森林认证　人工林经营	
35	LY/T 2273－2014	中国森林认证　非木质林产品经营	
36	LY/T 2274－2014	中国森林认证　非木质林产品认证审核导则	
37	LY/T 2275－2014	中国森林认证　竹林经营	
38	LY/T 2276－2014	中国森林认证　竹林经营认证审核导则	
39	LY/T 2277－2014	中国森林认证　森林公园生态环境服务	
40	LY/T 2278－2014	中国森林认证　森林公园生态环境服务审核导则	
41	LY/T 2279－2014	中国森林认证　生产经营性珍贵濒危野生动物 饲养管理	
42	LY/T 1878－2014	中国森林认证　森林经营认证审核导则	LY/T 1878－2010
43	LY/T 2280－2014	中国森林认证　森林经营操作指南	
44	LY/T 2281－2014	中国森林认证　产销监管认证审核导则	
45	LY/T 2282－2014	中国森林认证　产销监管链操作指南	
46	LY/T 2283－2014	植物新品种特异性、一致性、稳定性测试指南 栾树属	
47	LY/T 2284－2014	植物新品种特异性、一致性、稳定性测试指南　桦木属	
48	LY/T 2285－2014	植物新品种特异性、一致性和稳定性测试指南　槐属	
49	LY/T 2286－2014	植物新品种特异性、一致性、稳定性测试指南　梓树属	
50	LY/T 2287－2014	植物新品种特异性、一致性、稳定性测试指南　沙棘	
51	LY/T 2288－2014	植物新品种特异性、一致性、稳定性测试指南　卫矛属	
52	LY/T 2289－2014	林木种苗生产经营档案	
53	LY/T 2290－2014	林木种苗标签	
54	LY/T 1343－2014	林木种子检验仪器技术条件	LY/T 1343－1999
55	LY/T 2291－2014	落叶松温室容器育苗技术规程	
56	LY/T 2292－2014	南方红豆杉育苗技术规程	
57	LY/T 2293－2014	光皮树育苗技术规程	
58	LY/T 2294－2014	红叶石楠扦插繁殖技术规程	
59	LY/T 2295－2014	白刺播种育苗技术规程	
60	LY/T 2296－2014	山生柳扦插育苗技术规程	
61	LY/T 2297－2014	铅笔柏播种育苗技术规程	
62	LY/T 2298－2014	油橄榄扦插育苗技术规程	
63	LY/T 2299－2014	树莓苗木质量等级	

（续）

序号	标准编号	标准名称	代替标准号
64	LY/T 2300－2014	沉水樟育苗技术规程	
65	LY/T 2301－2014	云实育苗技术规程	
66	LY/T 2302－2014	东方杉嫩枝扦插技术规程	
67	LY/T 2303－2014	桂花苗木质量分级	
68	LY/T 2304－2014	灯台树播种育苗技术规程	
69	LY/T 2305－2014	油茶品种微卫星标记鉴别技术规程	
70	LY/T 2306－2014	中华金叶榆苗木培育技术规程	
71	LY/T 2307－2014	侧柏容器育苗技术规程	
72	LY/T 2308－2014	麻疯树采穗圃营建技术规程	
73	LY/T 2309－2014	麻疯树育苗技术规程	
74	LY/T 2310－2014	麻栎育苗和造林技术规程	
75	LY/T 2311－2014	青钱柳播种育苗技术规程	
76	LY/T 2312－2014	天竺桂育苗技术规程	
77	LY/T 2313－2014	红榿木育苗技术规程	
78	LY/T 2314－2014	油茶容器育苗技术规程	
79	LY/T 2315－2014	薄壳山核桃实生苗培育技术规程	
80	LY/T 2316－2014	绿化植物废弃物处置和应用技术规范	
81	LY/T 2317－2014	观光果园总体设计规范	
82	LY/T 2318－2014	腊梅栽培技术规程	
83	LY/T 2319－2014	竹芋盆栽生产技术规程	
84	LY/T 2320－2014	四季秋海棠无土栽培技术规程	
85	LY/T 2321－2014	腊梅切花生产技术规程	
86	LY/T 2322－2014	八仙花切花生产技术规程	
87	LY/T 2323－2014	花果兼用梅栽培技术规程	
88	LY/T 2324－2014	梅花切花设施生产技术规程	
89	LY/T 2325－2014	芍药切花露地生产技术规程	
90	LY/T 2326－2014	云南松低产低效林改造技术规程	
91	LY/T 2327－2014	枳壳培育技术规程	
92	LY/T 2328－2014	木荷防火林带营建技术规程	
93	LY/T 2329－2014	油茶嫁接技术规程	
94	LY/T 2330－2014	紫丁香繁殖与栽培技术规程	
95	LY/T 2331－2014	伯乐树培育技术规程	
96	LY/T 2332－2014	观光木培育技术规程	
97	LY/T 2333－2014	喜树栽培技术规程	
98	LY/T 2334－2014	吴茱萸栽培技术规程	
99	LY/T 2335－2014	鹅掌楸栽培技术规程	
100	LY/T 2336－2014	天竺桂造林技术规程	
101	LY/T 2337－2014	毛竹笋栽培技术规程	
102	LY/T 1834－2014	早竹笋用林丰产栽培技术规程	LY/T 1834－2009
103	LY/T 2338－2014	麻竹栽培技术规程	
104	LY/T 2339－2014	核桃楸培育技术规程	

（续）

序号	标准编号	标准名称	代替标准号
105	LY/T 2340－2014	西伯利亚杏杏仁质量等级	
106	LY/T 2341－2014	干果生产现场检测技术	
107	LY/T 2342－2014	苦竹鲜笋	
108	LY/T 1678－2014	食用林产品产地环境通用要求	LY/T 1678－2006
109	LY/T 2343－2014	青梅生产技术规程	
110	LY/T 2344－2014	泡核桃栽培技术规程	
111	LY/T 2345－2014	城市主要绿化竹种苗木等级	
112	LY/T 2346－2014	竹秆锈病诊断剂防治技术规程	
113	LY/T 2347－2014	刚竹属 DNA 扩散片段长度多态性（AFLP）分析方法	
114	LY/T 2348－2014	油茶苗木产地检疫规程	
115	LY/T 2349－2014	云杉八齿小蠹防治技术规程	
116	LY/T 2350－2014	松褐天牛携带松材线虫的 PCR 检测技术规范	
117	LY/T 2351－2014	3% 氯氰菊酯微胶囊悬浮剂安全使用技术规程	
118	LY/T 2352－2014	云南松切梢小蠹受害木清理技术规程	
119	LY/T 2353－2014	枣大球蚧检疫技术规程	
120	LY/T 2354－2014	花木展览会检疫规范	
121	LY/T 2355－2014	双钩异翅长蠹检疫技术规程	
122	LY/T 2356－2014	矿山废弃地植被恢复技术规范	
123	LY/T 2357－2014	半干旱黄土丘陵沟壑区乔灌草配置规范	
124	LY/T 2358－2014	黄土丘陵沟壑区人工造林技术规程	
125	LY/T 2359－2014	陆生野生动物疫源疫病监测技术规范	
126	LY/T 2360－2014	野生动物疫病危害性等级划分	
127	LY/T 2361－2014	野生动物饲养管理技术规程 银狐	
128	LY/T 2362－2014	野生动物饲养管理技术规程 绿头鸭	
129	LY/T 2363－2014	野生动物养殖管理技术规程 白鹇	
130	LY/T 2364－2014	野生动物饲养管理技术规程 黄腹角雉	
131	LY/T 2365－2014	大熊猫栖息地植被恢复技术规程	
132	LY/T 2366－2014	药用濒危野生动物原料封装和管理规范	
133	LY/T 2367.1－2014	马鹿人工授精操作技术规程	
134	LY/T 2054.4－2014	基于森林生态作用的森林工程运行控制系统设计审核导则 第1部分：导则	
135	LY/T 2368－2014	基于森林生态作用的森林工程设计控制系统设计审核导则 第4部分：抚育采伐	
136	LY/T 2369－2014	沙生灌木物理力学性能测试方法	
137	LY/T 2370－2014	生物质重组刨切单板	
138	LY/T 2371－2014	木材工业用复合改性玉米淀粉基—异氰酸酯胶黏剂	
139	LY/T 2372－2014	活动地板基材用石膏纤维板	
140	LY/T 2373－2014	木材工业用豆基蛋白胶黏剂	
141	LY/T 2374－2014	防腐木材和阻燃木材中有效药剂透入度测试方法	
142	LY/T 2375－2014	托盘用木材质量分级	
143	LY/T 2376－2014	户外景观用木材与木质材料一般要求	
144	LY/T 2377－2014	木质结构材料用销类连接件连接性能试验方法	

（续）

序号	标准编号	标准名称	代替标准号
145	LY/T 2378－2014	林业生物质固体成型燃料生产技术规范	
146	LY/T 2379－2014	林业生物质固体成型燃料	
147	LY/T 2380－2014	楼面和屋面用结构人造板在集中荷载和冲击荷载作用下承载性能测试方法	
148	LY/T 2381－2014	结构用木质材料基本要求	
149	LY/T 2382－2014	应力波无损测试锯材动态弹性模量方法	
150	LY/T 2383－2014	结构用木材强度等级	
151	LY/T 2384－2014	木质颗粒燃料	
152	LY/T 2385－2014	预油漆装饰单板	
153	LY/T 2386－2014	室内木质门用纤维板	
154	LY/T 2387－2014	室内木质门安装与验收规范	
155	LY/T 2388－2014	轻型木结构连接件通用技术条件	
156	LY/T 2389－2014	轻型木结构建筑覆面板用定向刨花板	
157	LY/T 2390－2014	野皂荚多糖胶	
158	LY/T 2391－2014	电工层压木板生产综合能耗	
159	LY/T 2392－2014	饰面用浸渍胶膜纸生产综合能耗	
160	LY/T 2393－2014	紫胶生产综合能耗	
161	LY/T 2394－2014	林业企业能源计量器具管理规范	
162	LY/T 2395－2014	竹材刨花板生产综合能耗	
163	LY/T 2396－2014	竹木复合板生产综合能耗	
164	LY/T 1183－2014	α－蒎烯	LY/T 1183－1995
165	LY/T 1182－2014	β－蒎烯	LY/T 1182－1995
166	LY/T 1358－2014	歧化松香钾皂	LY/T 1358－1999
167	LY/T 1065－2014	精制浅色松香	LY/T 1065－1992
168	LY/T 1331－2014	净水载银活性炭	LY/T 1331－1999
169	LY/T 1394－2014	木焦油抗聚剂	LY/T 1394－1999
170	LY/T 1393－2014	松焦油	LY/T 1393－1999
171	LY/T 1323－2014	紫胶虫种胶	LY/T 1323－2010
172	LY/T 2397－2014	乙酸异龙脑酯	
173	LY/T 2398－2014	莰烯	
174	LY/T 2399－2014	虫白蜡	
175	LY/T 2400－2014	浅色松香类产品铂钴比标准试验方法	
176	LY/T 2401－2014	园林机械　以汽油机为动力的手扶推行式草坪切边机	
177	LY/T 2402－2014	园林机械　悬挂式草坪松土平整机	
178	LY/T 2403－2014	园林机械　手持式电动绿篱修剪机	
179	LY/T 2404－2014	园林机械　手推滚刀式草坪割草机	
180	LY 1691－2014	林业机械　通用安全要求	LY 1691－2007
181	LY/T 1167－2014	林业机械　便携式油锯前护手器 尺寸和空隙	LY/T 1167－2003
182	LY/T 2405－2014	林业机械　悬挂式割灌机	
183	LY/T 2406－2014	林业机械　车载式风送喷雾喷烟一体机	

（科技司标准处程强）

【林业国家标准计划项目】 国家标准化管理委员会批准2014年林业国家标准计划项目42项。

表13-13　2014年度林业国家标准计划项目汇总表

序号	计划编号	项目名称
1	20140352－T－432	生物质基泡沫材料中现代碳含量检测方法
2	20140353－T－432	松脂中工业盐类掺杂物检验方法
3	20140354－T－432	造林技术规程
4	20140355－T－432	东方百合切花产品等级
5	20140356－T－432	香石竹切花产品等级
6	20140357－T－432	月季切花产品等级
7	20140358－T－432	林业有害生物防治基础术语与代码
8	20140359－T－432	户外涂饰木材表面耐候性试验方法
9	20140360－T－432	户外涂饰木材表面质量等级与评价方法
10	20140361－T－432	结构用人造板均布载荷性能测试方法
11	20140362－T－432	实木地板 第1部分：技术要求
12	20140363－T－432	实木地板 第2部分：检验方法
13	20140364－T－432	造纸用原木
14	20140365－T－432	阻燃木材燃烧性能试验火传播试验方法
15	20140366－T－432	非结构用指接材
16	20140367－T－432	挤压刨花板
17	20140368－T－432	木门表面漆膜有害物质检测方法
18	20140369－T－432	木质地板铺装、验收和使用规范
19	20140370－T－432	野生动物饲养管理技术规程 蓝狐
20	20140371－T－432	商品竹苗质量检测方法
21	20140372－T－432	竹纤维
22	20140702－T－432	林业机械 便携式风力灭火机 手把振动的测定
23	20140703－T－432	林业机械 便携式风力灭火机噪声的测定
24	20140704－T－432	自行式林业机械　滚翻保护结构实验室试验和性能要求　第2部分：旋转平台上安装驾驶室和起重臂的机械
25	20141560－T－432	林业生物质原料分析方法 淀粉测定
26	20141561－T－432	林业生物质原料分析方法 灰分的测定
27	20141562－T－432	林业生物质原料分析方法 取样方法
28	20141563－T－432	林业生物质原料分析方法 样品处理方法
29	20141564－T－432	林业生物质原料分析方法 总固体含量测定
30	20141565－T－432	生物质原料分析方法 不可溶性糖测定
31	20141566－T－432	生物质原料分析方法 蛋白质含量测定
32	20141567－T－432	生物质原料分析方法 结构碳水化合物测定
33	20141568－T－432	生物质原料分析方法 可溶性糖的测定
34	20141569－T－432	生物质原料分析方法 纤维素酶活性测定
35	20141570－T－432	生物质原料分析方法 预处理后不溶固体含量测定
36	20142146－T－432	林业主要有害生物调查总则
37	20142147－T－432	防沙治沙术语
38	20142148－T－432	荒漠化土地分级和利用规范
39	20142149－T－432	便携式油锯　锯切效率和燃油消耗率 试验方法
40	20142150－T－432	林业机械 便携手持式油锯
41	20142151－T－432	机械应力分级 锯材
42	20142730－Q－432	一次性筷子 第1部分：木筷

（科技司标准处程强）

【林业行业标准计划项目】 2014年，国家林业局批准林业行业标准制修订计划项目217项。

表13-14　2014年度林业行业标准计划项目汇总表

序号	项目编号	项目名称
1	2014－LY－001	国家级森林公园评价规范
2	2014－LY－002	国有林场综合评价指标与方法
3	2014－LY－003	森林公园步道设计规范
4	2014－LY－004	国家级森林公园林相改造技术规程
5	2014－LY－005	林分断面积—蓄积量标准表编制技术规程
6	2014－LY－006	林业碳汇计量监测技术指南
7	2014－LY－007	林业碳汇计量监测指标体系
8	2014－LY－008	陆生野生动物资源调查技术规程
9	2014－LY－009	陆生野生动物资源监测技术规程
10	2014－LY－010	森林健康监测评价技术规程
11	2014－LY－011	森林景观资源评价规范
12	2014－LY－012	湿地信息库建设技术规范
13	2014－LY－013	自然资源（森林）资产评价技术规程
14	2014－LY－014	森林空气负氧离子浓度监测技术规范
15	2014－LY－015	南方林区营林用火技术规程
16	2014－LY－016	雁鸭类养殖防疫技术规程

（续）

序号	项目编号	项目名称
17	2014 - LY - 017	野生动物饲养管理技术规程 鸿雁
18	2014 - LY - 018	天然林保护工程生态效益评估规范
19	2014 - LY - 019	植物新品种特异性、一致性和稳定性测试指南 白蜡树属
20	2014 - LY - 020	植物新品种特异性、一致性和稳定性测试指南 山楂
21	2014 - LY - 021	植物新品种特异性、一致性和稳定性测试指南 红豆杉属
22	2014 - LY - 022	植物新品种特异性、一致性和稳定性测试指南 箣竹属
23	2014 - LY - 023	植物新品种特异性、一致性和稳定性测试指南 罗汉松属
24	2014 - LY - 024	植物新品种特异性、一致性和稳定性测试指南 拟单性木兰属
25	2014 - LY - 025	植物新品种特异性、一致性和稳定性测试指南 爬山虎属
26	2014 - LY - 026	植物新品种特异性、一致性和稳定性测试指南 省藤属
27	2014 - LY - 027	植物新品种特异性、一致性和稳定性测试指南 樟属
28	2014 - LY - 028	植物新品种特异性、一致性和稳定性测试指南 女贞
29	2014 - LY - 029	中国森林认证　竹林认证指南
30	2014 - LY - 030	中国森林认证　生产经营性珍稀濒危动物认证指南
31	2014 - LY - 031	中国森林认证　自然保护区森林生态环境服务认证指南
32	2014 - LY - 032	中国森林认证　森林公园生态环境服务认证指南
33	2014 - LY - 033	中国森林认证　碳汇林经营
34	2014 - LY - 034	中国森林认证 非木质林产品经营认证审核导则
35	2014 - LY - 035	中国森林认证 珍稀濒危野生动物饲养管理认证审核导则
36	2014 - LY - 036	中国森林认证 生产经营性濒危野生植物经营认证审核导则
37	2014 - LY - 037	中国森林认证　联合认证审核导则
38	2014 - LY - 038	林业有害生物风险分析准则
39	2014 - LY - 039	航空静电喷雾设备应用技术规范
40	2014 - LY - 040	林业有害生物监测预报技术规范
41	2014 - LY - 041	林业植物检疫术语
42	2014 - LY - 042	松疱锈病检疫技术规程
43	2014 - LY - 043	松阿扁叶蜂防治技术规程
44	2014 - LY - 044	锈色棕榈象检疫技术规程
45	2014 - LY - 045	森林火灾案件侦查技术规程
46	2014 - LY - 046	戈壁生态系统定位观测技术规范
47	2014 - LY - 047	煤矸石山生态修复综合技术规范
48	2014 - LY - 048	岩溶石漠化生态系统服务价值评估规范
49	2014 - LY - 049	盐渍化土地定位观测指标体系
50	2014 - LY - 050	国家沙漠公园规划与建设导则
51	2014 - LY - 051	油用牡丹栽培技术规程
52	2014 - LY - 052	长柄扁桃栽培技术规程
53	2014 - LY - 053	楸树嫁接育苗技术规程
54	2014 - LY - 054	南方集体林区森林可持续经营指南
55	2014 - LY - 055	杉木大径材培育技术规程
56	2014 - LY - 056	血防林 术语
57	2014 - LY - 057	中国森林退化评价标准与指标
58	2014 - LY - 058	长江中下游滩地人工林生态监测规范
59	2014 - LY - 059	结构用胶合木力学性能特征值的确定方法
60	2014 - LY - 060	聚氯乙烯片材饰面复合地板
61	2014 - LY - 061	木夹板门
62	2014 - LY - 062	木结构机械紧固件接头测试用木材密度要求
63	2014 - LY - 063	木塑复合材料热稳定性试验方法
64	2014 - LY - 064	木塑复合外挂墙板
65	2014 - LY - 065	轻质纤维板(LY/T 1718 - 2007)
66	2014 - LY - 066	室外木结构材用涂料
67	2014 - LY - 067	顺向单板条层积材
68	2014 - LY - 068	废弃木材保管规范
69	2014 - LY - 069	装饰微薄木
70	2014 - LY - 070	原条检验
71	2014 - LY - 071	沉香
72	2014 - LY - 072	防火木材及木质产品吸湿特性试验方法
73	2014 - LY - 073	木制品耐光色牢度等级评定
74	2014 - LY - 074	铅笔板
75	2014 - LY - 075	生物质基泡沫材料中现代碳含量检测方法
76	2014 - LY - 076	松脂中工业盐类掺杂物检验方法
77	2014 - LY - 077	户外涂饰木材表面耐候性试验方法
78	2014 - LY - 078	户外涂饰木材表面质量等级与评价方法
79	2014 - LY - 079	结构用人造板均布载荷测试方法
80	2014 - LY - 080	木门表面漆膜有害物质检测方法
81	2014 - LY - 081	木塑复合材料中生物质含量测定 傅立叶变换红外光谱法

（续）

序号	项目编号	项目名称
82	2014－LY－082	森林火场扑救指挥地图标绘技术要求
83	2014－LY－083	退耕还林工程生态效益监测评估技术标准与管理规范
84	2014－LY－084	油松林近自然经营技术规程
85	2014－LY－085	低效林改造技术规程（LY/T 1690－2007）
86	2014－LY－086	焦性没食子酸
87	2014－LY－087	松香树脂酸气相色谱分析方法
88	2014－LY－088	松脂化学组成分析方法 气相色谱法
89	2014－LY－089	山茶花嫁接技术规程
90	2014－LY－090	锥栗栽培技术规程
91	2014－LY－091	油茶主要性状调查测定规范
92	2014－LY－092	困难立地红树林造林技术规程
93	2014－LY－093	白蜡虫繁育技术规程
94	2014－LY－094	印度黄檀栽培技术规程
95	2014－LY－095	灰木莲育苗技术规程
96	2014－LY－096	沙棘种质资源保存库营建技术
97	2014－LY－097	无核君迁子培育技术规程
98	2014－LY－098	湖泊湿地生态系统定位观测技术规范
99	2014－LY－099	湿地生态系统定位观测研究站建设技术要求（LY/T 1780－2007）
100	2014－LY－100	湿地生态系统长期定位监测技术规范
101	2014－LY－101	单板堆垛机
102	2014－LY－102	连续式预压机
103	2014－LY－103	木材板状结构件热压机
104	2014－LY－104	数控裁板机
105	2014－LY－105	数控门扇生产线验收通则
106	2014－LY－106	网带式单板干燥机　网带（LY/T 1098－1993）
107	2014－LY－107	林业机械　便携式油锯 护手器 机械强度（LY/T 1166－2011）
108	2014－LY－108	林业机械　便携式油锯 手把 最小空隙和尺寸（LY/T 1348－2007）
109	2014－LY－109	林业机械 甩锤式灌草 碎化机
110	2014－LY－110	林业机械 悬挂盘式枝丫切碎机
111	2014－LY－111	园林机械　果岭通风机
112	2014－LY－112	园林机械　手持式电动打草机
113	2014－LY－113	园林机械　以汽油机为动力的步进式松土机
114	2014－LY－114	园林机械　以汽油机为动力的手持式绿篱修剪机 安全要求和试验

（续）

序号	项目编号	项目名称
115	2014－LY－115	园林机械 以汽油机为动力的手持式吹吸叶机
116	2014－LY－116	林业架空索道架设拆转技术规范（LY/T 1169－1995）
117	2014－LY－117	东北内蒙古林区森林抚育工程技术要求 第1部分：总纲
118	2014－LY－118	薄竹胶合板
119	2014－LY－119	竹键盘、竹鼠标用竹材使用规范
120	2014－LY－120	巨龙竹栽培技术规程
121	2014－LY－121	木塑门套线
122	2014－LY－122	无胶竹砧板
123	2014－LY－123	竹材饰面木质地板
124	2014－LY－124	原竹多方重组材料通用技术要求
125	2014－LY－125	竹帘包装容器
126	2014－LY－126	竹子种质资源圃保存技术规程
127	2014－LY－127	棕榈藤材力学性能试验方法
128	2014－LY－128	阔叶箬竹无性繁殖生产技术规程
129	2014－LY－129	商品竹苗质量检测方法
130	2014－LY－130	湿地生态系统价值评价规范
131	2014－LY－131	林业数据整合改造技术规范
132	2014－LY－132	林业物联网标识与解析技术规范
133	2014－LY－133	林业物联网信息安全通用要求
134	2014－LY－134	林业信息产品分类规则
135	2014－LY－135	金莲花生产技术规程
136	2014－LY－136	林业重点实验室建设规范
137	2014－LY－137	绿地月季养护技术规程
138	2014－LY－138	山茶扦插苗生产技术规程
139	2014－LY－139	果岭式绿地草坪建植与养护技术规程
140	2014－LY－140	板栗品种鉴定 DNA 指纹法
141	2014－LY－141	核桃品种鉴定 DNA 指纹法
142	2014－LY－142	狍饲养管理技术规程
143	2014－LY－143	裂叶榆种子繁殖技术规程
144	2014－LY－144	�蜻饲养技术规程
145	2014－LY－145	沙冬青繁育技术规程
146	2014－LY－146	沙枣苗木培育技术规程
147	2014－LY－147	针叶树苗木立枯病防治技术规范
148	2014－LY－148	东北刺人参栽培技术规程
149	2014－LY－149	东北松嫩平原迁徙白鹤物种保护技术规程
150	2014－LY－150	东北杜鹃播种繁殖技术规程
151	2014－LY－151	欧洲花楸人工栽培技术规程

（续）

序号	项目编号	项目名称
152	2014－LY－152	人造板及制品中甲醛释放量测定高效液相色谱法
153	2014－LY－153	木栅栏
154	2014－LY－154	草履蚧防治技术规程
155	2014－LY－155	紫竹材用林丰产栽培技术规程
156	2014－LY－156	太子参种苗繁育及栽培技术规程
157	2014－LY－157	栀子种植技术规程
158	2014－LY－158	刨花楠栽培技术规程
159	2014－LY－159	油茶林下经济作物种植技术规程
160	2014－LY－160	无花果培育技术规程
161	2014－LY－161	板栗良种嫁接繁育技术规程
162	2014－LY－162	平枝栒子育苗技术规程
163	2014－LY－163	定向刨花板地板
164	2014－LY－164	南方有色金属矿区废弃地生态修复与植被恢复技术规程
165	2014－LY－165	野生植物迁地保护（引种和采种）规范
166	2014－LY－166	加压防腐处理木质复合材料
167	2014－LY－167	华南石灰岩地区造林技术规程
168	2014－LY－168	香叶醇
169	2014－LY－169	任豆丰产栽培技术规程
170	2014－LY－170	树状月季栽培技术规程
171	2014－LY－171	桐木拼板
172	2014－LY－172	牛心柿培育技术规程
173	2014－LY－173	七叶树培育技术规程
174	2014－LY－174	山桐子栽培技术规程
175	2014－LY－175	盆栽菊花栽培技术规程
176	2014－LY－176	桂花观赏苗培育技术规程和质量分级
177	2014－LY－177	八角莲栽培技术规程
178	2014－LY－178	刺梨培育技术规程
179	2014－LY－179	黄褐毛忍冬育苗技术规程
180	2014－LY－180	闽楠育苗技术规程
181	2014－LY－181	马尾松育苗技术规程
182	2014－LY－182	华山松人工林抚育技术规程
183	2014－LY－183	印度紫檀育苗技术规程
184	2014－LY－184	胡杨造林技术规程
185	2014－LY－185	牡丹杂交育种技术规程
186	2014－LY－186	文冠果种子育苗技术规程
187	2014－LY－187	青海云杉播种育苗及造林技术规程
188	2014－LY－188	单宁酸生产综合能耗
189	2014－LY－189	黑木耳块生产能耗

（续）

序号	项目编号	项目名称
190	2014－LY－190	木质生物质颗粒燃料单位产品能源消耗限额
191	2014－LY－191	东北内蒙古边境防火阻隔带建设规范
192	2014－LY－192	毛皮动物养殖场建设规范
193	2014－LY－193	森林点火器通用技术条件
194	2014－LY－194	森林消防人员佩戴标志
195	2014－LY－195	野生动物饲养技术规程　雪兔
196	2014－LY－196	大青杨用材林培育技术规程
197	2014－LY－197	花木栽培基质
198	2014－LY－198	芍药无土栽培生产技术规程
199	2014－LY－199	国际重要湿地监测预警指示
200	2014－LY－200	林木病虫害数据库结构规范
201	2014－LY－201	燃料料型灌木能源林培育技术规程
202	2014－LY－202	森林生态系统调控 PM2.5 等颗粒物的监测与评价技术规程
203	2014－LY－203	中国林业企业社会责任信息披露指南
204	2014－LY－204	枣实蝇防治技术规程
205	2014－LY－205	枣品种鉴定 SSR 分子标记方法
206	2014－LY－206	自然保护区野生植物保护成效评估技术导则
207	2014－LY－207	自然保护区野生动物保护成效评估技术导则
208	2014－LY－208	自然保护区植被保护成效评估技术导则
209	2014－LY－209	野生动物饲养管理技术规程 黑天鹅
210	2014－LY－210	东京野茉莉播种育苗技术规程
211	2014－LY－211	海州常山扦插繁殖技术规程
212	2014－LY－212	白术栽培技术规程
213	2014－LY－213	极小种群植物水松保护与回归技术规程
214	2014－LY－214	南岭山地森林培育技术规程
215	2014－LY－215	青冈栎培育技术规程
216	2014－LY－216	钩栗培育技术规程
217	2014－LY－217	人造板生产生命周期评价技术规范

（科技司标准处程强）

【全国林业标准化示范区项目】 2014 年，国家林业局科技司实施林业标准化示范区建设项目 37 个。

表 13-15　2014 年林业标准化示范区项目

序号	省份	项目名称	项目承担单位
1	北京	北京市森林近自然经营标准化示范区建设项目	首都绿色文化碑林管理处

（续）

序号	省份	项目名称	项目承担单位
2	河北	苹果省力化栽培标准化示范区	河北农业大学/河北富岗食品有限责任公司
3	山西	核桃低产林改造标准化示范区建设	山西省林业科学研究院
4	山西	枣裂果防控及丰产栽培标准化示范区建设	石楼县林业技术推广站
5	浙江	文成县油茶良种丰产栽培技术标准化示范区建设	文成县林业技术推广站
6	安徽	桐城市油茶标准化示范区建设项目	桐城市林业科技推广中心
7	安徽	金安区油茶标准化示范区建设项目	金安区林业科技推广中心
8	安徽	祁门县油茶标准化示范区建设项目	祁门县林业局营林站
9	安徽	南陵县凤丹标准化示范区建设项目	南陵县林业技术中心
10	福建	福建省金线莲标准化示范区建设	邵武市林业科学技术推广中心
11	福建	乳源木莲标准化示范区建设	沙县林业科技推广中心
12	福建	鹅掌楸速生丰产林标准示范区建设	福建省龙岩市林业科技推广中心
13	江西	江西省修水县油茶标准化示范区建设	修水县林技站/江西省林业科学院/九江市林业技术指导站
14	江西	江西省崇仁县毛竹林丰产培育标准化示范区建设	崇仁县林技站/江西省林业科学院
15	江西	上犹县油茶标准化示范区建设	上犹县油茶产业发展办公室、赣州市林技站
16	江西	江西省武宁县油茶标准化示范区建设	武宁县林技站江西省林业科学院/九江市林业技术指导站
17	山东	核桃标准化示范区建设	山东省经济林管理站、烟台市林业技术推广站
18	河南	猕猴桃标准化示范区建设	河南省西峡猕猴桃研究所
19	河南	伊川县龙凤山核桃标准化示范区建设项目	伊川县林业技术指导站
20	湖北	兴山县核桃标准化示范区建设	湖北省林业科学研究院
21	湖南	湖南靖州杉木标准化示范区建设	湖南省林业科学院
22	湖南	湖南安化杉木标准化示范区建设	安化县洞市国有林场
23	湖南	湖南青羊湖毛竹标准化示范区	湖南省青羊湖国有林场

（续）

序号	省份	项目名称	项目承担单位
24	湖南	湖南岳阳桃江毛竹标准化示范区建设	湖南省林业科学院
25	广东	广东省揭阳市油茶标准化示范区	华南农业大学
26	广西	广西藤县八角标准化示范区建设	广西林科院
27	四川	核桃丰产栽培技术标准化示范	华蓥市林业技术推广站
28	贵州	金沙县核桃标准化示范区建设	金沙县林业科技推广站
29	贵州	普安县核桃标准化示范区建设	普安县林业技术推广站
30	贵州	威宁县核桃标准化示范区建设	威宁县林业科学技术推广所
31	贵州	赫章县核桃标准化示范区建设	赫章县核桃局
32	贵州	龙里县刺梨标准化示范区建设	龙里县林业科技推广站
33	贵州	修文县猕猴桃标准化示范区建设	修文县林业科技推广站
34	云南	澳洲坚果良种标准化示范基地建设	临沧市林业科学研究所
35	新疆	喀什地区红枣标准化示范区建设	喀什地区林业技术推广站
36	新疆	若羌灰枣标准化示范园建设	巴州林业科学技术推广中心
37	新疆	吐鲁番无核白葡萄优质栽培标准化生产示范区建设	吐鲁番地区林果业技术推广服务中心

（科技司标准处程强）

【国家林业标准化示范企业】 2014年，国家林业局联合国家标准化管理委员会共同认定国家林业标准化示范企业46家。

表13-16 2014年国家林业标准化示范企业汇总表

序号	企业名称	所在地区	类别
1	北京市大东流苗圃	北京市	林木种苗
2	北京市园林绿化有限公司	北京市	林木种苗
3	秦皇岛卡尔·凯旋木艺品有限公司	河北省	林木制品
4	衡水巴迈隆木业有限公司	河北省	林木制品
5	通辽市锦秀木业有限公司	内蒙古自治区	林木制品
6	内蒙古宇航人高技术产业有限责任公司	内蒙古自治区	林木种苗
7	佳木斯市孟家岗林场	黑龙江省	林木种苗
8	上海种业（集团）有限公司	上海市	林木种苗
9	江苏红豆杉生物科技股份有限公司	江苏省	林木种苗

（续）

序号	企业名称	所在地区	类别
10	绍兴市彬彬木业有限公司	浙江省	林木制品
11	久盛地板有限公司	浙江省	林木制品
12	浙江金迪控股集团有限公司	浙江省	林木制品
13	浙江良友木业有限公司	浙江省	林木制品
14	浙江森禾种业股份有限公司	浙江省	林木种苗
15	芜湖市雨田农业科技有限公司	安徽省	林木种苗
16	大田县广联木业有限公司	福建省	林木制品
17	福建省漳平木村林产有限公司	福建省	林木制品
18	福建杜氏木业有限公司	福建省	林木制品
19	山东霞光实业有限公司	山东省	林木制品
20	山东大唐宅配家居有限公司	山东省	林木制品
21	山东金如意木业股份有限公司	山东省	林木制品
22	河南四季春园林艺术工程有限公司	河南省	林木种苗
23	兰考三环华兰实业集团	河南省	林木制品
24	河南省艾迪嘉家具有限公司	河南省	林木制品
25	夏邑县金展木业有限责任公司	河南省	林木制品
26	湖北金卉花木有限公司	湖北省	林木种苗
27	湖北福汉木业有限公司	湖北省	林木制品
28	湖北燕加隆九方圆板材有限责任公司	湖北省	林木制品
29	康欣新材料科技股份有限公司	湖北省	林木制品
30	湖南林之神生物科技有限公司	湖南省	林木种苗
31	益阳桃花江竹业发展有限公司	湖南省	林木制品
32	湖南圣保罗木业有限公司	湖南省	林木制品
33	巴洛克木业(中山)有限公司	广东省	林木制品
34	海南农垦林产集团有限责任公司	海南省	林木制品
35	成都建丰林业股份有限公司	四川省	林木制品
36	四川升达林业产业股份有限公司	四川省	林木制品
37	凉山州中泽新技术开发有限责任公司	四川省	林木种苗
38	贵州新锦竹木制品有限公司	贵州省	林木制品
39	云南云投生态环境科技股份有限公司	云南省	林木种苗
40	昆明三德木门制造有限公司	云南省	林木制品
41	云南云景林业开发有限公司	云南省	林木种苗
42	陕西大统生态产业开发有限公司	陕西省	林木种苗
43	白龙江林业管理局洮河林业局	甘肃省	林木种苗
44	宁夏农林科学院枸杞研究所(有限公司)	宁夏回族自治区	林木种苗
45	新疆维吾尔自治区天山西部林业局特克斯林场	新疆维吾尔自治区	林木种苗
46	新疆沃尔曼种业科技有限责任公司	新疆维吾尔自治区	林木种苗

（科技司标准处程强）

【国家林业局质量检验检测机构】 2014年，依据《行政许可法》和《国家林业局产品质量检验检测机构管理办法》要求，国家林业局批准依托西南林业大学成立了国家林业局木材与木竹制品质量检验检测中心(昆明)，授权开展木质林产品质量检验检测工作；依托宁夏林业研究所股份有限公司成立了国家林业局经济林产品质量检验检测中心(银川)，授权开展经济林产品质量检验检测工作；依托黑龙江省林副特产研究所成立了国家林业局经济林产品质量检验检测中心(牡丹江)，开展经济林产品质量检验检测工作。 （科技司标准处程强）

【开展“林产品质量提升行动计划”】 2014年，国家林业局联合国家质检总局开展了“林产品质量提升行动计划”，共监测抽查了16个省206家中密度纤维板企业、15个省138家浸渍纸胶模板企业、11个省156家混凝土模板用胶合板企业、8个省131家集成材企业、14个省213家实木复合地板企业、15个省225家浸渍纸层压木质地板企业、5个省81家红木制品生产企业，了解了产品质量状况，促进林业企业质量提升。

（科技司标准处程强）

【开展全国林业标准编写培训班】 5月，国家林业局科技司在湖北武汉举办了全国林业标准编写培训班。来自林业科研、教学、生产、管理等单位的200多人参加了培训。培训内容包括：《标准化工作导则　第1部分：标准的结构和编写》(GB/T1.1－2009)、林业标准体系、国际标准采用方法、强制性标准编写方法等。

（科技司标准处程强）

【举办国家林业局质检机构管理和检测技术培训班】 9月，国家林业局科技司在湖南长沙市举办了国家林业局质检机构管理和检测技术培训班。培训内容包括：林业质检机构改革整合相关规定、林产品质检机构相关管理规定、食用林产品质量安全检验检测技术、木质林产品抽样和检验检测技术，林产品质检机构能力建设和管理等。各国家林业局质检机构负责人和技术专家等60多人参加了培训。 （科技司标准处程强）

【国际标准化工作】 2014年，国家林业局科技司先后组团赴日本参加了国际标准化组织林业机械技术委员会(ISO/TC23/SC15)全体成员国年会、赴法国参加了国际标准化组织木材技术委员会(ISO/TC218)全体成员国年会、赴德国参加了国际标准化组织林产品产销监管链技术委员会(ISO/PC287)成员国年会，参与相关国际标准研讨论证，提高中国林业在国际标准化领域的影响力。

（科技司标准处程强）

【国际标准】 2014年，国际标准化组织发布了由中国承担的ISO 13608《装饰单板饰面胶合板》和ISO 13609《细木工板》2项国际标准，实现了中国制订林业领域国际标准零的突破。 （科技司标准处程强）

【国际标准化组织竹藤技术委员会】 2014年，国家林业局联合国际竹藤组织、国家标准委向国际标准化组织(ISO)提交了成立国际标准化组织竹藤技术委员会的申请。 （科技司标准处程强）

林业知识产权保护

【林业知识产权战略实施年度推进计划】 《2014 年林业知识产权战略实施推进计划》以全面落实《国家林业局关于贯彻实施〈国家知识产权战略纲要〉的指导意见》和《全国林业知识产权事业发展规划(2013～2020 年)》为宗旨，分别就提升林业知识产权创造质量、促进林业知识产权转化运用、加强林业知识产权保护、提升林业知识产权服务水平、促进林业知识产权宣传和国际交流等 5 个方面，确定了 27 项重点任务，分别由国家林业局相关司局和直属单位牵头完成。 (龙三群)

【林业知识产权联盟建设】 在国家林业局科技发展中心(植物新品种保护办公室)指导下，"木地板专利联盟"于 2014 年 4 月 24 日在北京成立。联盟由中国林业科学研究院木材工业研究所、国家林业局知识产权研究中心、全国木地板专业委员会、南京林业大学、常州地板协会，以及圣象集团、德威木业等共 14 家木地板行业领头企业单位，在自愿、互利基础上组成。其宗旨是促进木地板专利的保护、运用和创造，搭建专利技术合作平台，推动木地板产业结构优化升级，提升中国木地板产业的核心竞争力。联盟秘书处设在中国林业科学研究院木材工业研究所。 (龙三群)

【林业知识产权试点】 2014 年 4 月国家林业局科技中心(新品办)分别在南京和长沙组织召开了第二批全国林业知识产权试点单位验收会，共有 27 家第二批全国林业知识产权试点单位通过了考核验收。第二批林业知识产权试点工作自 2011 年正式启动，为期 2 年，至 2013 年年底试点到期。各试点单位以健全机构、完善制度、提高能力为重点，取得了预期成效，培育了一批知识产权管理水平高、核心竞争力强的林业企事业单位，发挥了试点单位的辐射带动作用，提高了林业行业的知识产权创造、运用、保护和管理水平。第三批共 20 家全国林业知识产权试点单位试点工作顺利推进。

(龙三群)

【林业知识产权宣传培训】 国家林业局于 2014 年 4 月 21 日正式启动了全国知识产权宣传周林业系列活动。宣传周期间，国家林业局科技中心(新品办)与有关司局和单位合作，开通了《2014 林业知识产权宣传周》网站，以及在国家林业局政府网站、中国林业知识产权网、《中国绿色时报》等媒体集中报道、出版科技图书、举办培训和座谈会等活动，采取多种形式宣传林业知识产权知识，组织宣传报道 450 多篇文章，展示林业实施知识产权战略取得的新进展、新成就。

编辑出版了《2013 中国林业知识产权年度报告》，《报告》主要分政策法规、专项工作、试点示范、执法保护、宣传培训、能力建设、国际合作、各地动态、统计分析及附表等栏目，全面总结了 2013 年林业知识产权工作，通过对一年来林业知识产权工作主要进展和成果展示，让更多的人了解、关心和支持林业知识产权工作，共同推进林业知识产权的创造、运用、保护和管理，为推动现代林业科学发展提供支撑。 (龙三群)

【林业专利产业化推进】 为引导、支持先进林业专利技术产业化，2014 年共组织实施了国际竹藤网络中心承担的"竹林专用钢渣肥加工及应用示范"、安徽龙华竹业有限公司承担的"新型竹地板专利技术产业化推进"、江西康替龙竹业有限公司承担的"环保型重组竹专利技术应用与推广"、内蒙古森工栲胶制品有限责任公司承担的"树皮粉酚醛树脂胶黏剂科技成果转化项目"等 4 项林业专利技术产业化推进项目，为林业专利技术产业化树立了示范样板。 (龙三群)

【林业重点领域专利分析研究】 2014 年 4 月国家林业局知识产权研究中心编著了《木/竹重组材技术专利分析报告》，由中国林业出版社出版发行。该书概述了木/竹重组材技术专利的总体情况和竞争环境，研究分析了木/竹重组材技术的总体发展趋势、国家分布、主要竞争对手、核心技术和关键技术点、技术演变、国内外技术对比等，提出了应对策略和建议，对中国木/竹重组材技术研发具有重要参考价值，主要目的是使中国木/竹重组材行业的相关企业对木/竹重组材技术的竞争环境有一个较为全面和客观的认识，为中国木/竹重组材技术专利的创造、运用、保护和管理提供必要的数据支撑和决策参考。 (龙三群)

【林业专利荣获中国专利奖】 经单位申报、国家林业局初评和推荐，3 项林业专利荣获第十六届中国专利优秀奖，分别是中国林业科学研究院木材工业研究所发明的"一种大片竹束帘及其制造方法和所用的设备"(发明人：于文吉、余养伦、苏志英)和"一种增强、阻燃改性人工林木材及其制备方法"(发明人：刘君良、柴宇博、刘焕荣、阳财喜、孙柏玲、王雪花)、国家林业局北京林业机械研究所发明的"竹材原态多方重组材料及其制造方法"(发明人：傅万四、周建波)。以上 3 项获奖专利创新性强，在实际应用中取得了良好的社会经济效益。中国专利奖是中国唯一的专门对授予专利权的发明创造给予奖励的政府部门奖，得到联合国世界知识产权组织(WIPO)的认可，在国际上有一定的影响。评奖标准不仅强调项目的专利技术水平和创新高度，也注重其在市场转化过程中的运用情况。 (龙三群)

林业植物新品种保护

【林业植物新品种保护法规与政策】 2014 年 8 月 1 日国家林业局印发《林业植物新品种保护行政执法办法》，对各级林业行政主管部门的执法范围和权限、侵犯林业植物新品种权行为及处罚标准做出了明确规定，健全了行政执法行为规范，增强了林业植物新品种保护执法的严肃性和权威性。组织修订《中华人民共和国植物新品种保护条例实施细则》(林业部分)，研究制定了《林业植物新品种权申请审查规则》和《林业植物新品种测试管理规定》，进一步规范了林业植物新品种保护行政执法和审批工作，促进了林业知识产权事业发展。

(王 琦 周建仁)

【林业植物新品种权受理、审查和授权】 以加快品种权受理、审查为突破口，林业授权植物新品种数量快速增加。2014 年国家林业局植物新品种保护办公室共受理国内外植物新品种权申请 254 件，授予植物新品种权 169 件。全年共完成 4 批 168 个新品种权申请的初步审查，组织对 115 个申请品种进行了特异性、一致性和稳定性(DUS)专家现场审查，并对 97 个申请文件进行了补正；转田间测试 16 个品种，收到 32 个田间测试报告。参与承办海峡两岸第三次植物新品种保护工作组会议暨测试技术研讨会，加强两岸品种权保护机构间的技术交流与合作。截至 2014 年年底，已受理国内外植物新品种申请 1515 件，授予植物新品种权 827 件。

(王 琦)

【林业植物新品种权行政执法】 按照国务院的统一部署，2014 年 6～11 月国家林业局组织开展了打击侵犯林业植物新品种权专项行动，制订了《行动方案》，召开了启动部署会，设立了举报电话，强化宣传，加大了植物新品种保护执法力度，有效遏制了侵权、假冒植物新品种违法行为，规范植物新品种交易市场，保护了品种权人合法权益，激励创新，促进植物新品种培育，推动了植物新品种保护事业健康发展。在北京召开了林业植物新品种保护及行政执法工作座谈会，各地代表交流了林业植物新品种保护及行政执法工作情况和经验。在陕西、河北、山东开展了林业植物新品种权行政执法试点工作，构建了月季和牡丹 DNA 指纹数据库，旨在为植物新品种权的行政执法取证提供技术支撑。

(周建仁)

【林业植物新品种测试体系建设】 加强 1 个植物新品种测试中心、3 个分中心、2 个分子实验室和 5 个专业测试站的条件能力建设。组织召开植物新品种测试工作会议，组织专家开展 12 项林业植物新品种测试指南的编制，发布栾树属、桦木属等 6 项林业植物新品种 DUS 测试指南行业标准。按照品种权审查进度，即时下达品种测试任务，组织并指导测试机构开展测试工作。2014 年完成测试并提交了近 40 份品种测试报告。截至 2014 年年底，开展了 83 项林业植物新品种测试指南的编制工作，完成了杏、槐属、蔷薇属、桉属、枸杞属等 33 项测试指南的编制，分别以国家标准或行业标准发布，提高了授权质量和审查测试能力。

(马 梅)

【林业授权植物新品种转化应用】 授权植物新品种转化应用是展示新品种生产潜力、发挥新品种效益的重要途径。2014 年国家林业局科技发展中心(植物新品种保护办公室)组织申报授权新品种区域试验与转化项目 20 个，为授权新品种区试和转化应用提供储备，目的是鼓励林业品种创新，促进林业植物新品种推广和转化应用，提升授权新品种在林业产业中的贡献率。组织开展“松韵”和“华桉 1 号”2 个授权新品种转化应用试点，旨在推动中国新品种选育—生产—应用的整体发展。完成林业授权植物新品种转化应用政策研究，提出授权植物新品种转化应用的政策建议，为促进植物新品种转化应用提供政策支持。国家发布了植物新品种权转让公告 4 批，共涉及 9 个授权植物新品种，分别是银杏新品种“优雅”和“甜心”，桉树新品种“普桉 1 号”和“普桉 2 号”，樟树新品种“龙脑 1 号”，刺槐新品种“黄金刺槐”，桃花新品种“红伞寿星桃”和“红宝石寿星桃”，紫薇新品种“红云紫薇”，这表明林业授权新品种的市场潜力越来越大。

(王 琦)

【林业植物新品种宣传培训】 为方便生产单位和广大林农获取信息，更好地为发展生态林业、民生林业和建设美丽中国服务，国家林业局科技发展中心(植物新品种保护办公室)将 2013 年授权的 158 个林业植物新品种进行整理，编辑出版了《中国林业植物授权新品种(2013)》一书。该书的出版，能在生产单位、林农和品种权人之间架起沟通的桥梁，使生产者能够获得所需的新品种，在推广和应用中取得更大的经济效益；同时，品种权人的合法权益能得到有效保护，获得相应的经济回报，使林业植物新品种在发展现代林业、建设生态文明、推动科学发展中发挥更大的作用。

为提高林业植物新品种保护意识，鼓励植物品种权申请，2014 年 10 月 29～31 日在湖南省长沙举办了林业植物新品种保护管理培训班，来自各林业厅(局)科技处、林科院及有关林业高校、科研院所等相关管理人员 100 多人参加了培训。培训班为学员们讲授了中国林业植物新品种保护现状与转化应用、林业植物新品种申报审批规程、品种权受理与申请文件填写要求、林业行政处罚程序规定、林业植物新品种行政执等课程。

(王 琦)

【落实《海峡两岸知识产权保护合作协议》】 为促进海峡两岸植物新品种权的创新、应用、管理及保护，加强两岸品种权保护机构间的技术交流与合作，2014 年 3 月 20～21 日在上海主办了两岸第三次植物新品种保护工作组会议暨测试技术研讨会。来自国家林业局新品种保护办公室、港澳台办公室、有关新品种测试站、中国林科院、上海市林业局、上海植物园，农业部种子管理局、科技发展中心、有关新品种测试机构等单位的领导和专家，以及中国台湾地区农委会农粮署、农委会科技处、台湾农委会种苗改良繁殖场等代表50余人参加了会议。会议对第二次品种权工作组会议以来的工作进行了回顾和总结，经过讨论和交流。研讨会对一品红、月季、非洲菊、花毛茛、凤梨、文心兰等测试技术进行了深入讨论，进一步推动了两岸新品种测试技术的交流和提高测试水平。会议还组织代表参观了国家林业局一品红测试站、上海植物园茶花新品种和农业部植物新品种上海测试分中心。

（王　琦）

表 13-17　1999～2014 年林业植物新品种申请量和授权量统计

单位：件

年度	申请量			授权量		
	国内申请人	国外申请人	合计	国内品种权人	国外品种权人	合计
1999	181	1	182	6	—	6
2000	7	4	11	18	5	23
2001	8	2	10	19	—	19
2002	13	4	17	1	—	1
2003	14	35	49	7	—	7
2004	17	19	36	16	—	16
2005	41	32	73	19	22	41
2006	22	29	51	8	—	8
2007	35	26	61	33	45	78
2008	57	20	77	35	5	40
2009	62	5	67	42	13	55
2010	85	4	89	26	—	26
2011	123	16	139	11	—	11
2012	196	26	222	169	—	169
2013	169	8	177	115	43	158
2014	243	11	254	150	19	169
合计	1273	242	1515	675	152	827

表 13-18　1999～2014 年林业授权植物新品种中不同植物类别的授权量统计

单位：件

年份	林木	果树	观赏植物	竹	木质藤本	其他	合计
1999	6	—	—	—	—	—	6
2000	3	—	20	—	—	—	23
2001	2	2	14	—	—	1	19
2002	—	1	—	—	—	—	1
2003	6	1	—	—	—	—	7
2004	6	4	5	—	—	1	16
2005	3	1	34	—	—	3	41
2006	5	—	3	—	—	—	8
2007	7	1	70	—	—	—	78
2008	10	6	19	1	—	4	40
2009	14	1	39	—	—	1	55
2010	10	6	10	—	—	—	26
2011	2	1	5	—	—	3	11
2012	27	20	113	—	2	7	169
2013	34	9	114	1	—	—	158
2014	24	13	121	1	—	10	169
合计	159	66	567	3	2	30	827

表 13-19　1999～2014 年林业授权植物新品种中不同申请国家的授权量统计

单位：件

排名	国家	授权总量	2014 年授权量	主要属种
1	中国	675	150	蔷薇属、杨属、山茶属、杜鹃花属
2	德国	57	—	蔷薇属、大戟属
3	荷兰	31	4	蔷薇属、紫金牛属
4	法国	25	—	蔷薇属
5	英国	18	14	蔷薇属
6	美国	9	—	大戟属、杏
7	比利时	6	—	杜鹃花属
8	意大利	3	1	蔷薇属
9	丹麦	2	—	蔷薇属
10	新西兰	1	—	蔷薇属
合计		827	169	

表 13-20　1999～2014 年不同国家品种权人授权品种的属（种）授权量统计

单位：件

属（种）	授权总量										
	中国	比利时	丹麦	德国	法国	荷兰	美国	新西兰	意大利	英国	合计
杜鹃花属	47	6	—	—	—	—	—	—	—	—	53
蔷薇属	101	—	2	42	25	30	—	1	3	18	222
大戟属	3	—	—	15	—	—	7	—	—	—	25
紫金牛属	2	—	—	—	—	1	—	—	—	—	3

（续）

属(种)	授权总量										
	中国	比利时	丹麦	德国	法国	荷兰	美国	新西兰	意大利	英国	合计
杏	16	—	—	—	—	—	2	—	—	—	18
杨属	93	—	—	—	—	—	—	—	—	—	93
山茶属	50	—	—	—	—	—	—	—	—	—	50
牡丹	32	—	—	—	—	—	—	—	—	—	32
其他	331	—	—	—	—	—	—	—	—	—	331
合计	675	6	2	57	25	31	9	1	3	18	827

表 13-21　1999～2014 年林业授权品种中不同植物类别品种权人的授权量统计

单位：件

品种权人 植物类别	科研院所	高等院校	个人	企业	繁育场	其他	合计
林木	73	55	8	23	—	—	159
果树	30	17	7	9	—	3	66
木本观赏植物	58	85	92	281	32	19	567
竹	2	1	—	—	—	—	3
木质藤本	2	—	—	—	—	—	2
其他	13	3	1	13	—	—	30
合计	178	161	108	326	32	22	827

（马文君）

林业生物安全管理

【转基因林木安全行政许可】 2014 年，国家林业局共受理转 CaMV35S 启动 PopCel1 基因“南林 895 杨”中间试验等 13 项行政许可的申请，批准了转 CaMV35S 启动 PopCel1 基因“南林 895 杨”中间试验等 11 项行政许可申请，分别是富优基尼生物技术（上海）有限公司的转 CaMV35S 启动 PopCel1 基因“南林 895 杨”、转 SVBV 启动 AtCel1 基因“南林 895 杨”、转 AtCel1 启动 CBD 基因“南林 895 杨”、转 SVBV 启动 PopCel1 基因“南林 895 杨”中间试验，中国科学院上海生命科学院植物生理生态研究所的转反义 Ptr4CL3 基因“南林 895 杨”、转 PtrMan6 基因“南林 895 杨”、转反义 Ptr-WDUF 基因“南林 895 杨”、转水稻 OsCYP714D1 基因银中杨、转杨树油菜素内酯基因 PtDWF2 山新杨中间试验，北京林业大学的转 Vgb 基因地被菊、转 Roseal 和 Delila 基因地被菊中间试验。（李启岭）

【转基因林木安全监测】 2014 年国家林业局分两批安排了 9 项转基因林木的安全监测项目。分别是转 β-1，3-葡聚糖酶基因（BG2）欧美杨中间试验安全性监测、转多基因库安托多抗杨 4 号环境释放和生产性试验安全监测、转基因 SacB 银腺杨抗旱 2 号（S13－18）环境释放和生产性实验安全性监测、转抗虫基因 741 杨环境释放和生产性试验安全性监测、转基因 JERFs36 银中杨抗逆 1 号环境释放和生产性试验安全性监测、转多基因库安托多抗杨 5 号环境释放和生产性试验安全监测、转沙冬青抗寒基因岱玉杏中间试验安全性监测，转耐盐基因（TA）山新杨中间试验安全性监测和转 PTCYP85A5 基因山新杨中间试验安全性监测等。（李启岭）

【印发项目资金管理办法】 2014 年 11 月，国家林业局办公室以办规字〔2014〕179 号，印发了《国家林业局生物安全与遗传资源管理项目资金管理办法》，《办法》共分五章十七条，规定了生物安全与遗传资源管理项目的资金使用范围和支出内容、项目的申报与管理、资金监督与管理等。（李启岭）

林业遗传资源保护与管理

【油茶遗传资源调查编目工作】 2014 年 7 月下旬，国家林业局科技发展中心在浙江杭州召开油茶遗传资源调查编目工作汇报及材料汇总会议，对完成好油茶遗传资源调查编目工作进行了部署。项目进展顺利，各省（区、市)均按实施方案开展了属地的油茶遗传资源调查，基本查明了中国油茶遗传资源的分布状况，发现了一大批具保护和潜在育种价值的优良遗传资源。经初步统计，本项目调查涉及油茶物种50余个，累计调查遗传资源2000余份，包括古树资源20余份、具丰产性资源1200余份(含现有审认定良种资源)、大果型资源100余份、抗炭疽病20余份、高出籽率资源100余份、高含油率资源330余份、高油酸资源40余份、早花型资源20余份、晚花型资源20余份。同时也发现了一批树形、花性变异资源，如垂枝性树体资源、窄冠紧凑型等特异树体性状资源、重瓣花资源及花色变异资源等。

(李启岭)

【启动全国核桃遗传资源调查编目工作】 2014年10月30日，国家林业局办公室印发了关于开展全国核桃遗传资源调查编目工作的通知。12月2日，国家林业局科技发展中心在北京召开了全国核桃遗传资源调查编目工作暨技术培训会议。12月12日国家林业局科技发展中心印发了《核桃遗传资源调查编目技术规程》和《泡核桃遗传资源调查编目技术规程》。部署了《山核桃遗传资源调查编目技术规程》和《长山核桃遗传资源调查编目技术规程》的编制任务，新启动了全国核桃遗传资源调查编目工作。 (李启岭)

【联合印发《关于加强对外合作与交流中生物遗传资源利用与惠益分享管理的通知》】 为加强生物遗传资源保护与管理，2014年10月28日，国家林业局与环境保护部、教育部、科技部、农业部和中科院，联合印发了《关于加强对外合作与交流中生物遗传资源利用与惠益分享管理的通知》(环发〔2014〕156号)，通知强调了加强生物遗传资源保护和管理的重要性，对对外合作与交流的项目立项、项目实施、项目成果及生物遗传资源的输出行为进一步进行了规范，同时提出加强部门协调和基础能力建设。 (李启岭)

【林业生物遗传资源及相关传统知识获取和惠益分享试点】 2014年11月12日至14日，国家林业局科技中心组织中国林科院、中央民族大学等单位专家赴贵州省凯里市，对林业生物遗传资源及相关传统知识获取和惠益分享试点工作进行检查指导，试点工作顺利推进。

(李启岭)

【制订《中国林业遗传资源保护与可持续利用国家行动计划(2015~2025年)》】 根据联合国粮农组织拟定的森林遗传资源重点领域和行动重点，国家林业局组织专家研究制订了《中国林业遗传资源保护与可持续利用国家行动计划(2015~2025年)》，包括中国林业遗传资源保护及利用现状、保护与利用战略、重点领域与行动计划、保障措施4部分内容，重点领域与行动计划部分确定了林业遗传资源调查、监测与信息化建设、林业遗传资源收集与保存、林业遗传资源评价与可持续利用、林业遗传资源保护与利用能力建设等4个林业遗传资源保护与可持续利用的重点领域，以及18项重点行动，以促进林业遗传资源的研究与利用。 (李启岭)

国际交流合作与履约

【林业植物新品种国际履约与合作交流】 国家林业局认真履行《国际植物新品种保护公约(UPOV)》，参加了UPOV技术委员会第50次会议、理事会第31次特别会议、顾问委员会第87次会议、行政和法律委员会第69次会议、行政和法律委员会第70次会议、顾问委员会第88次会议、理事会第48次常规会议、行政和法律委员会咨询组第9次会议，会前精心准备对案，积极提出意见和建议，履行成员国责任。参加了在摩洛哥举办的UPOV果树技术工作组第45届会议，在肯尼亚举办的UPOV林木和观赏植物技术工作组会议第47届会议。完成了UPOV丁香属测试指南编制，承担了UPOV核桃属测试指南编制任务。顺利完成了"中韩自贸区协定"知识产权章节中的植物品种权谈判，积极参加"中日韩自贸区协议"的谈判。 (王 琦 马 梅)

【林业生物安全和遗传资源管理国际履约】 2014年，针对《生物安全议定书》及《生物安全议定书补充议定书》《名古屋议定书》，国家林业局科技发展中心组织专家完成了两个议定书的履约战略研究。履约战略中涉及议定书的发展历程及现状，中国的核心利益及中国应该采取的措施等。国家林业局科技发展中心派员先后参加了2月24~28日在韩国平昌召开的名古屋议定书政府间委员会第3次会议，7月7~9日在意大利罗马召开的森林遗传资源委员会政府间技术工作组第3次会议，9月29日至10月3日在韩国平昌召开的生物安全议定书第7次缔约方会议。在会议期间，积极参与履约谈判和协商，在森林遗传资源委员会政府间技术工作组第3次会议上，与新任的FAO工作组执行秘书沟通，并与其他政府代表就森林遗传资源事宜进行研讨。中国代表在本次会议上被推举为会议副主席和报告员，对会议的顺利完成作出了贡献。 (李启岭)

【森林认证国际互认与合作】 2014年2月5日，CFCC与国际体系森林认证认可计划(PEFC)实现了国际互认，中国森林认证体系得到了美国、英国、法国等40多个PEFC成员国的认可，标志着中国基本建立了符合国情、林情，并与国际接轨的森林认证体系。顺利推进互认后的对接，启动了PEFC认证的CoC企业转化工作，接待了PEFC主席与秘书长来华检查。派员参加了5月在德国召开的国际标准化组织CoC标准会议和6月在德国召开的PEFC技术会议。 (陈 光)

森林认证

【森林认证标准】 2014年，制定并发布了12项中国森林认证林业行业标准，包括：《中国森林认证 森林经营认证审核导则》(LY/T 1878－2014)、《中国森林认证 森林经营操作指南》(LY/T 2280－2014)、《中国森林认证 产销监管链认证审核导则》(LY/T 2281－2014)、《中国森林认证 产销监管链操作指南》(LY/T 2282－2014)、《中国森林认证 非木质林产品经营》(LY/T 2273－2014)、《中国森林认证 非木质林产品认证审核导则》(LY/T 2274－2014)、《中国森林认证 生产经营性珍贵濒危野生动物饲养管理》(LY/T 2279－2014)、《中国森林认证 森林公园生态环境服务》(LY/T 2277－2014)、《中国森林认证 森林公园生态环境服务审核导则》(LY/T 2278－2014)、《中国森林认证 人工林经营》(LY/T 2272－2014)、《中国森林认证 竹林经营》(LY/T 2275－2014)、《中国森林认证 竹林经营认证审核导则》(LY/T 2276－2014)。《中国森林认证 联合认证操作指南》《中国森林认证 联合认证导则》《中国森林认证 竹林经营认证操作指南》《中国森林认证 非木质林产品经营认证操作指南》等4项林业行业标准已经审定，正在报批过程中，森林认证标准进一步完善。 (陈 光)

【森林认证试点】 森林认证制度试点是2014年国家林业局重点工作任务之一，启动了吉林省汪清林业局、辽宁省清远林业局、甘肃省小陇山林业局的制度试点工作。此外，在山东、重庆、黑龙江、浙江、河北省(市)等地，组织开展了森林经营认证试点、产销监管链认证试点、森林生态环境服务认证试点、非木质林产品认证试点、竹林认证试点、生产经营性珍贵濒危稀有物种认证试点，为全面推进森林认证工作不断积累经验，树立示范样板。 (陈 光)

【森林认证市场推广】 启动了森林认证纸产品纳入政府采购目录研究，编辑制作森林认证宣传片、宣传册、展板和其他宣传材料3000余册(块)，召开了2次中国森林认证体系(CFCC)会议和利益方论坛会议，完善了森林认证网站和数据库建设，编制了森林认证网上培训课件、模板和试题库，为开通网上培训创造了条件。中林天合认证机构顺利开展认证工作，吉林松柏认证机构具备了开展审核工作的条件，江西、山东认证机构也完成了审批工作。到2014年，已有15家森林经营企业的191.5万公顷森林开展了CFCC的认证。开展认证的森林面积82%是国有林，集体林占8%。 (陈 光)

【森林认证制度建设】 制订发布了《森林认证项目资金管理办法》，对森林认证试点单位进行了监督检查，并按照合同规定开展了项目进度评估。召开森林认证利益方论坛第二次会议，并选举产生争议调解委员会，进一步完善中国森林认证体系建设。 (陈 光)

林业智力引进

【引进国外技术和人才】 全年引进国外技术、管理人才项目20项，引进专家36人次，引智成果示范推广项目5项，资助项目经费136万元，为中国分子育种技术、种间杂交技术、植物优良品种及培育技术、森林生态系统经营管理、森林认证技术、森林可持续经营、原竹分级及建筑应用等多个研究领域的技术创新提供了技术和人才支撑。中国林科院澳大利亚籍遗传育种专家Bernard Dell教授，荣获2014年中国政府"友谊奖"。 (龚玉梅)

【出国(境)培训】 坚持控制总量、优化结构、提高质量的原则，围绕林业重点工作任务，2014年实施8项出国(境)培训项目，培训人员128人。其中，党政干部类培训项目4项、69人，占54%；专业技术类培训项目4项、59人，占46%。2014年派出培训人数比2013年压缩27%，其中党政干部类压缩44%。重点执行了赴澳大利亚"荒漠化防治和多功能林业经营机制与对策"、赴俄罗斯"国有林经营管理""森林保护和可持续经营技术"、赴德国"国有林区管理体制改革"、赴美国"森林可持续经营监测与信息管理技术"等培训项目，着重选派林业事业急需的党政干部、科技人才、高技能人才出国培训。 (龚玉梅)

【引智基地建设】 建立"清洁制浆生产技术及高浓废水治理""优质苗木栽培""杨树新品种选育和集约栽培技术""森林可持续经营技术与认证体系"4个国家引进国外智力成果示范推广基地。各基地立足自身优势，发挥引智基地的辐射带动作用，开展了国外新品种引进、扩繁、试验、转化及技术培训等活动，扩大了引智成果受益面。 (龚玉梅)

林业信息化

14

林业信息化建设

【综　述】 2014年是智慧林业全面推进的第一年，按照2014年全国林业厅局长会议和《2014年林业信息化与电子政务工作要点》部署，围绕生态林业民生林业中心工作，以“四个服务”为宗旨，林业信息化工作扎实推进，成效显著。中国林业网完成第四次重大改版，打造成基于大数据分析的中国林业智慧政府门户，实现“一览无余、一网打尽、一站服务”，网站群规模达3000多个，日发布信息1000多条，日访问量100多万人次，中国林业网在2014年中国政府网站绩效评估中位列第二名，并获得新媒体融合发展领先奖、政务微博卓越奖等奖项，再次取得历史性突破。顶层设计进一步完善，28个省（区、市）完成本级智慧林业规划编制。“金林工程”项目取得重大进展，林业云计算平台、林业物联网示范、高清视频会议系统、北斗示范应用等项目建设和林业电子商务试点积极推进。开展第二批全国林业信息化示范市县建设，示范市县达到100个。建立OA系统群，推广应用电子签章，内网访问量达到300万人次。国家卫星遥感林业平台、网络安全等级保护项目建设完成终验，建成全国林业系统信息安全等级保护体系。林业信息化标准规范、机构队伍建设进一步加强，信息化服务能力大幅提升，为提升林业行业社会影响力和林业治理现代化作出了贡献。

【林业信息化建设进展】

推进顶层设计，深化引领指导　一是深入推进顶层设计。启动林业信息化“十三五”规划编制工作。积极开展智慧林业顶层设计解读、宣传和培训工作，推动28个省（区、市）完成智慧林业规划编制，加快全国智慧林业发展。编制了《中国林业云框架设计》《中国林业物联网框架设计》，基本形成国家层面的林业云计算和物联网顶层设计。二是策划组织开展一系列活动。组织召开了全国林业信息办主任会议暨智慧林业培训班，发布了2013年全国林业信息化发展水平评测、网站绩效评估结果，总结了信息办成立五周年以来林业信息化建设取得的成就与经验，深入解读了《中国智慧林业发展指导意见》，安排部署了下一阶段林业信息化的工作任务。三是编著出版林业信息化丛书。编著出版了《中国林业信息化政策解读》《中国林业信息化标准规范》《中国林业信息化示范建设》《中国林业信息化绩效评估》《中国林业信息化政策研究》等林业信息化丛书，系统总结和全面梳理了林业信息化快速推进5年以来的各项工作和建设成果，为全国林业信息化建设提供有益借鉴。

突出重点工程，加快项目建设　一是“金林工程”等推进工作取得重大进展。完成“金林工程”项目需求评审、建议书编制、备案等工作，完善了试点省建设方案。局高清视频会议系统获得批复。二是加强在建项目建设和管理。完成国家卫星林业遥感数据应用平台建设项目和国家林业局等级保护建设项目终验。推进全国林业一张图、网络博览会、国家苗木信息网、物联网示范项目建设。强化云计算、物联网、大数据、移动互联等新一代信息技术在项目建设中的推广和应用。三是推进重要项目立项。积极推进局云计算平台、灾备中心、林业生态建设与保护北斗示范应用系统、林农林权服务平台、濒管办联网审批系统、全国植物检疫审批管理信息系统立项。向发展改革委员会提交全国林业电子商务试点工作汇报，加快林业电子商务发展。四是加强示范建设。开展第二批全国林业信息化示范市、县、基地建设，加快实施智能林业物联网应用示范工程建设，进一步发挥林业信息化示范带动作用。五是打造林业大数据。扩展中国林业数据库等系统的数据内容，参与空间地理信息资源库建设，丰富和完善遥感信息资源，加强数据挖掘和分析，积极推进大数据技术应用工作。

打造智慧网站，提升服务能力　一是开展网站智慧化提升建设。开展中国林业网智慧决策系统建设，完成中国林业网第四次重大改版，打造成基于大数据分析的中国林业智慧门户。网站绩效排名在72个部委中位列第二名，再次取得历史性突破。新版网站增加了“走进林业”板块，建设了涵盖官方微博、微信、微视、移动客户端的“林业新媒体”，构建了“纵向到底、横向到边、特色突出”的站群体系，立足“服务大局、服务司局、服务基层、服务群众”4个维度，全面提升服务能力，实现林业全周期“一站式”在线服务。二是加强网站内容建设和管理。通过采编、制作、购买和转载等方式多渠道采集信息资源，丰富网站内容、提高信息质量，提升网站服务能力。三是进一步扩大林业站群规模。加强网站群建设培训、指导与管理，积极推进国外林业子站、市县级网站群、森林公园、国有林场、种苗基地、自然保护区、主要树种子站等网站群建设，普及推广林业知识，扩大服务范围，大幅度提升了林业的影响力。四是全力做好综合办公服务。优化OA系统，建设OA系统群，在全局范围内推广电子签章，开展综合办公系统应用服务。五是积极开展“三微”工作。改版升级中国林业网微博发布厅和微信，增设了热点发布、政策引导、在线办事等功能，提高了“中国林业发布”微博和“中国林业网”微信社会影响力。开通中国林业网微视账号，将拍摄的短视频分享到微信、QQ空间、微博等，成为展示林业形象的新平台。六是积极开展网络生态文化建设。依托中国林业网组织策划了“唱响绿色旋律·奏出生态强音”司局长访谈，开展了第二届美丽中国大赛、“信息化推动林业现代化”5周年征文活动，出版《美丽生态佳作选》等书籍，大力弘扬生态文化，推动网络生态文化建设。创新林业信息展现形式，完成8期林业重大政策文件图解工作。

强化网络安全，做好服务保障　一是加强林业信息安全等级保护管理体系建设。建立全国林业系统信息安全等级保护联络员制度，完成局信息安全等级保护项目建设，全面推进等级保护管理体系工作。二是开展网络信息安全检查。组织开展网络及系统安全、商用密码和保密工作大检查，完善了安全检查制度，增强了干部职工的保密安全意识。三是加强网络基础设施建设。扩容网络带宽，保证网站运行和互联网使用需求。加强国家林业局内外网、专网管理。推进涉密网建设立项，为涉密数据及应用提供网络保障。大力支持林区网络设施建设。四是全力做好服务保障。完成机房设备及系统日常运行维护工作，实现365天连续安全运行无事故。完成绿色大讲堂、视频会议支持与保障工作。制定《国家林业局使用正版软件规范》，积极推进软件正版化工作。

开展技术培训，深化合作交流 一是举办了两期“绿色大讲堂”。第一期邀请工业和信息化部杨学山副部长作了《大数据等信息技术发展现状与趋势》的专题报告；第二期邀请中国电信集团科技委主任韦乐平作了《云计算、大数据和物联网的发展与挑战》专题报告。二是大力开展林业信息化技术培训。在北京大学举办第二届林业CIO高级研修班，与知名专家深入探讨智慧林业建设。多次举办信息化培训班和专题讲座，加强对各地信息化培训工作的指导，推进了信息技术在实际工作中的应用。三是加快推进标准建设。推进已立项标准的制修订工作，编制完成3项林业物联网国家标准和1项行业标准。颁布实施《林业信息术语》等7项行业标准，使近年来林业信息化正式发布标准达到30项。继续推进标准研究，积极争取标准化项目，不断完善标准项目储备。四是广泛开展合作交流。积极与有关高校、科研单位、国家部委和IT企业开展互动交流，增进彼此了解，促进共同进步。

加强综合管理，强化自身建设 一是加强制度建设。深入贯彻落实中央各项管理办法，对现有内部制度进行全面梳理和修改完善。坚持实行例会制度，及时总结上月工作，安排部署下月工作计划，规范机关运作程序，提高工作效率和工作质量。二是加强林业信息化机构与干部队伍建设。完成全国林业信息化机构和从业人员摸底调查，建立基础信息库，推动各地林业信息化机构队伍建设。积极与有关部门协调沟通，做好增编和干部队伍建设，完成信息办处级干部竞争上岗选拔工作。三是完成综合办公系统的修改完善及上线运行工作，进一步规范工作流程，提高管理水平，提升工作效率。四是深入推进信息办文化建设。

网站建设

【网站改版】 2014年11月，中国林业网4.0版正式上线。新版中国林业网构建了“纵向到底、横向到边、特色突出”的站群体系。纵向站群建设了世界、国家、省级、市级、县级林业等各层级网站，横向站群覆盖了森林公园、国有林场、种苗基地、自然保护区和主要树种、珍稀动物、重点花卉、湿地公园等林业各领域网站，特色站群突出了美丽中国网、中国植树网、中国信息林、网络图书馆、博物馆、博览会、数据库、图片库、视频库等网站。中国林业网充分借鉴发达国家政府网站和国内领先政府网站的优点，结合目前流行的扁平化和简约化设计风格，以蓝白灰和体现林业的绿色为主色调，突出优势栏目、推出重点栏目、整合边缘栏目，图文动静结合，在保留了“信息发布、在线服务、互动交流”三大政府网站传统板块的基础上，根据林业特色设计增加了“走进林业”板块。

【全媒体建设】 陆续在新浪、人民、新华等五大主流门户开通“中国林业发布”官方微博，建立了中国林业微博发布厅，集成了全国40多个各级林业部门的官方微博，发布微博7000多条，粉丝数达50多万。开通了“中国林业网”官方微信，关注人数达3500多人，方便更多的人了解林业、关注林业、参与林业。开通了“中国林业发布”官方微视，通过微视频方式建起与公众沟通的桥梁。建成了“中林智搜”，通过资讯、政策法规、核心业务、实用技术、相关搜索、热点搜索、猜您关心、图片、视频、数据、应用、最近热点等12种分类维度进行检索，最终构建出统一的智能搜索平台提供检索服务，方便公众随时随地了解林业信息，享受在线服务。

【网站管理】 中国林业网第二届编辑委员会2014年11月4日正式成立。编委会明确了中国林业网各分组人员、职责及工作要求，进一步加强了中国林业网的组织管理，为中国林业网与各单位的沟通和联系提供了畅通渠道。定期召开加强日常网站建设管理工作会议，坚持多渠道采集信息，利用文字、视频、图片、访谈等多种形式发布信息。加强子站建设管理，开展森林公园、国有林场、种苗基地、自然保护区网站群等子站信息采编培训工作。2014年12月举办了首届中国林业网信息员能力提升培训班，针对网站建设的相关要求，对来自全国各省级林业主管部门和计划单列市、国家林业局各司局和直属单位的110名信息员就做好信息发布工作及提高信息写作能力等进行了系统培训。加强信息报送的制度化和规范化管理，按季度整理通报信息采用情况，并对全年优秀信息报送单位、优秀信息员、优秀信息进行评定。

【网站绩效评估】 2014年秉持“客观、科学、公平、公正”的原则，通过设置科学的评估指标，采取人工测评法、同一指标平行测试、用户体验法、调查法、专业软件测试法等评估方法，对全国林业系统43个司局和直属单位子站、41个省(区、市)林业网站、50个市级林业网站、50个县级林业网站以及100个森林公园、国有林场等专题子站，以及国家林业局办公网应用进行了绩效评估。评估结果如下：①信息办、科技司、西北院、造林司、退耕办、工作总站、三北局、林科院、碳汇基金会、规划院网站被评为十佳市局网站；②湖南、北京、福建、湖北、宁波、上海、四川、甘肃、广东、河南 、江苏被评为十佳省级网站；③浙江杭州、广东广州、四川阿坝州、江苏连云港、河南新乡、湖南郴州、山东济南、辽宁沈阳、浙江湖州、江西九江、广东珠海被评为十佳市级网站；④浙江萧山、浙江义乌、湖南衡东、湖南洞口、湖北谷城、江西修水、黑龙江嫩江、四川会理、福建宁化、江西靖安被评为十佳县级网站；⑤河北塞罕坝、内蒙古免渡河、广西七坡、甘肃党川、福建洋口、广西高峰、陕西牛背梁、重庆仙女山、陕西太白山、陕西长青被评为十佳专题网站；⑥办公室、计财司、信息办、科技中心、资源司、宣传办、造林司、保护司、科技司、人才中心被评为内网应用十佳单位。

【网站内容保障】 中国林业网充分发挥网络问政的平台作用，将社会公众密切关注的各类政务信息做到主动公开、及时公开。以文字、图片、视频等多种方式，主站共发布信息 88 006 条，其中视频信息 261 条，图片信息 192 条，网友留言 599 条、回复 97 条，征求意见 13 次，大大增强了中国林业网的互联网影响力，网站访问量突破 14 亿人次；应对突发事件，发布森林火灾信息 242 次，陆生野生动物疫源疫病监测紧急通知 2 次，重大外来林业有害生物灾害公告、警示通报 7 次，沙尘暴监测与灾情评估 3 次；策划信息服务，为林农解决实际困难，按照领导批示，通过在网站、移动客户端和微博、微信发布信息等方式，呼吁企业和个人帮助鲁甸地震灾区解决花椒滞销问题；聚集发布热点专题。全年共修改和制作专题 13 个，其中新建专题 9 个，修改升级专题 4 个。新建世界防治荒漠化与干旱日、第二届美丽中国作品大赛、全国林业网站建设及网络安全培训班、国家储备林划定成果、国家公园建设、生态红线保护行动、三北工程黄土高原综合治理林业示范建设现场会、国家森林公园风光博览和森林旅游公益宣传活动、纪念中国签署《联合国防治荒漠化公约》20 周年等专题 8 个。修改升级了“3・12”中国植树节、生态文明、林业信息化、集体林权制度改革等 4 个专题。

2014 年，在在线访谈制度化建设取得成效的基础上，制定了《中国林业网 2014 年在线访谈录制计划》，下发了《国家林业局信息办关于开展中国林业网 2014 年厅局长在线访谈的通知》和《中国林业网关于开展“唱响绿色旋律，奏出生态强音”司局长专题访谈的通知》，安排部署全年访谈录制工作，共完成在线访谈和直播 19 次。

【内网建设】 一是加强重点信息发布。根据工作需要，国家林业局办公网信息平台设置了领导讲话、内部信息、内部文件及会议、内部简报等栏目。2014 年，共发布各类信息 44 478 条，其中公文信息 6387 条，其他政府信息 37 794 条，为广大干部职工及时了解和学习国家林业局重要工作、重要会议和重要文件精神，提供了一个便捷的平台。同时，信息平台还设置了统计分析、林业标准、共享数据、网络民意动态、国研观点和内参报告等栏目，发布和购买了大量与林业相关的资料供广大干部职工学习和参考。二是栏目补充梳理。2014 年，对内网交流平台司局专区各单位栏目进行了梳理，为部分单位增加了领导讲话、正式文件、调研报告、计划与总结、公共信息等多个通用性栏目，为单位内部工作交流提供了便利。三是电子数据更新。为丰富和提高内网信息质量，提高数据使用效率。2014 年，根据有关单位和人员的建议，购买了时政类、林业类、财经类、文学类、信息化类、综合类等各类信息和学术期刊、学位论文等资料数据 237 456 条，丰富了内网的信息内容，增加了内网的访问量，较好地满足了工作和学习需要。

【网络大赛】 为进一步弘扬生态文化，推进生态文明，建设美丽中国，组织举办了第二届美丽中国大赛。大赛由中国林业网、国家生态网、美丽中国网主办，吉林省政府网、吉林林业网、新华网吉林频道、吉林省新闻摄影学会共同负责组织及评选工作，大赛自 2014 年 7 月 1 日开展以来，共收到作品 2600 余件。作品质量高、数量多、来源广、内容丰富、体裁多样，得到了社会公众和专家的一致好评。经过网络评选和专家评选，文学类作品共选出一等奖 3 项、二等奖 7 项、三等奖 10 项、优秀奖 30 项；摄影类作品共选出特别奖 1 项、一等奖 1 项、二等奖 5 项、三等奖 10 项、优秀奖 20 项。

本届大赛数量众多、内容丰富、体裁多样，扩大了中国林业网影响力，展示了美丽中国网文化平台，推动了网络生态文化发展。大赛紧贴“弘扬生态文化，共建美丽中国”的主题，真正成为了社会公众的年度生态文化盛宴，为弘扬生态文化，建设生态文明，共建美丽中国作出了积极贡献。

【全国林业信息化十件大事评选】 为总结 2014 年全国林业信息化建设取得的成绩，展示林业信息化建设成果，2014 年 12 月，中国林业网（国家林业局政府网）组织开展了“2014 年全国林业信息化十件大事”网络评选活动，评选活动得到广大网友及社会各界的积极响应和热情参与。评选结果如下：①中国林业网首次进入部委网站第二名。②中国林业网 4.0 版正式上线。③智慧林业顶层设计深入推进。④中国林业网子站数量突破 3000 个。⑤打造“林业新媒体”。⑥办公自动化开启云服务。⑦一批林业信息化行业标准正式颁布。⑧全国林业信息办主任会议暨智慧林业培训班成功召开。⑨林业信息化重点项目取得重要进展。⑩林业信息化建设成果不断涌现。

网络运维

2014 年全面加强网络安全建设，保障水平明显提高，基础设施服务能力显著提升。多地林业部门联通国家电子政务外网，开通资源卫星中心专线，扩展互联网出口带宽，增加互联网出口备用线路，新建中心机房，进行网络改造，建设视频会议系统，深入推进等级保护体系建设，安全测评与运维管理不断加强。

【信息安全】 一是组织管理侧重信息安全建设。充分认识加强信息安全工作的重要性和紧迫性，切实加强组织领导，强化领导责任，严格责任追究。不断加强内部信息化工作人员管理，狠抓落实岗位信息安全责任人制度，切实明确信息安全重要性，注重强化信息从业人员安全意识，深入开展信息化安全培训工作。福建、广西、贵州、青海成立林业网络安全与信息化建设领导小组，加强信息安全建设。二是提高信息安全预防和应急能力。2014 年全国各地林业部门加强信息安全事件应急预案，根据实际情况结合信息安全发展需求，开展网络与信息安全出现突发事件的应急响应机制，不断修改和完善信息安全事件应急预案。三是信息安全监督检查。全国多地通过开展检查，以查促建、以查促管、以查促改、以查促防，巩固深化信息安全保密意识，落实安全责任，深入分析安全风险，系统评估安全状况，全面排查安全隐患，进一步健全安全管理制度，完善安全防护措施，提升自主可控水平和安全防护能力，预防和减少网络安全事件的发生，切实保障重要网络与信息系统的安全稳定运行。加强了软件正版化工作，在以往工作的基础上，进一步采取有效措施，加大工作力度，创新工作方式，切实做好软件正版化工作，各方面均取得积极成效。龙江森工、大兴安岭森工、内蒙古、山西等地通过多形式、多手段，提高干部职工对软件正版化工作重要性的认识，督促各部门使用正版软件，为网络信息安全奠定良好基础。四是信息安全等级保护项目。国家林业局内外网信息系统安全等级保护建设项目于 2014 年 12 月 1 日完成验收。该项目以服务林业信息化和提升林业信息系统安全为目标，通过构建全面的安全加固系统、一体化安全服务联动机制，提升了国家林业局内、外网平台安全防护能力。安徽、海南、湖南、青海、山东、浙江、广西、江苏、大兴安岭等地按照国家林业局信息系统安全定级指导意见，积极开展林业信息系统安全定级工作。

【运行维护】 随着林业信息化工作的逐步推进，保障各个信息系统安全稳定运行，为用户提供良好的应用服务，及时解决出现的问题和故障，是林业信息化正常开展的重要保障，也是信息化效益的重要体现。一是运维基础设施。各省林业主管部门购置加强网络安全防护能力的产品。黑龙江、河北、四川、广西等地增加 web 应用防护系统、运维安全审计设施，更新无修复价值的漏洞扫描、网络综合审计等安全设备及信息安全检查工具。湖南、北京等地增加和整合安全监控应用系统，实现网络、应用、安全及运行维护的统一监控，有针对性地开展应急实际演练。云南在原有外网线路的基础上，新增了备用线路，加强了网络保障能力。龙江森工增加了视频会议终端、MCU、各条战线的专线网络，全部整合到中心机房，统一管理、统一调度。江西、海南对机房进行了改造，实现了机房温湿度、电源等环境参数的实时监控。二是日常运维工作。随着信息化的发展水平不断提高，要不断加强日常管理，确保各信息系统和各环节稳定运行。长期做好基本设备的运维与管理工作。结合安全生产隐患大排查和在其他敏感时间对安全隐患的排查工作，采取季度性维护、现场巡查、应急演练等多项举措保证网络安全顺畅。山东视频会议进入试运行阶段，形成了省、市两级实时、即时地上传下达网络。江苏对视频会议系统进行了升级改造，将原有系统提升为高清视频终端。广西将办公网络由 20M 升为 50M，提升了网络带宽。湖北实现全省 143 个林业专网节点接入，建成了覆盖省、市、县（区）三级的林业专网，实现了农村网格化系统对接，将网络延伸到乡村。三是维护管理。通过建立完善的运行维护服务体系，更好地树立并落实以用户为中心的服务理念。通过对运维体系内的各种人力与设备资源的优化组织，制定出分等级的服务质量标准制度，从能力和管理制度两个方面提升具备相关业务实施的条件，针对客户差异化的服务要求，提供差异化的服务。因此服务集成商通过集成各服务提供商的服务，为林业系统提供专业化的运维服务，才能保障各林业系统的可用性和持续性。北京应用虚拟化云平台，对现有服务器与冗余数据磁盘阵列资源进行了有效整合，搭建了稳定安全的虚拟服务器集群，有效解决了服务器的增长需要。四是系统运维工作制度化。为适应信息化发展需求，2014 年 11 月国家林业局信息办对原有的机房和计算机管理制度进行了修改完善和补充，经过整合后印发了《国家林业中心机房管理细则》《国家林业局信息网络和计算机安全管理办法》。该细则的制订，使国家林业中心机房的运维管理更加规范，职责更加明确，办公计算机的使用更加规范和安全，通过制度的有效落实，能够保障关键信息系统安全、稳定运行，同时能够使信息安全事件得到及时跟踪、控制和处理。山东先后制定完善了 16 项工作制度，逐步建立健全了林业信息系统工作的长效、动态管理体制。内蒙古、大兴安岭、河南、海南等地纷纷出台多项运维及安全管理办法，为信息化的健康持续发展提供了制度保障。

项目建设

2014年，按照“服务大局、服务司局、服务基层、服务林农”的要求，加强应用系统建设，深入挖掘数据资源，提升服务水平，开展第二批林业信息化示范市、县和首批示范基地建设，带动林业信息化建设再上新台阶。

【网站群建设】 国家林业局立足当前，着眼长远，2014年完成10 000个域名的编制、解析、管理工作；举办了两期网站群培训班，共有523人参加培训，指导各省(区、市)建设市县级网站群、森林公园、国有林场、种苗基地、自然保护区等培训工作。截至12月初，2014年累计新上线子站1197个。吉林、四川、安徽、甘肃、辽宁、山东等地积极开展林业网站群扩建工作。

【应用系统建设】 一是大数据应用建设。为充分利用大数据理念和技术进一步加快林业信息化建设，提升林业管理能力和服务水平，国家林业局信息办于2014年启动了《中国林业大数据发展战略研究》的编制工作，其主要内容包括：发展道路剖析、研究概述、战略地位与作用、战略重点及现状、战略设计、安全研究、风险分析、规划及保障、发展评测；开展“明天去哪儿”“果子熟了”大数据服务平台建设。充分运用大数据关键技术，构建生态旅游智慧化生态旅游服务平台，运用大数据的关键技术，实现林业信息数据的挖掘、处理及分析，构建智慧化大数据预测平台，为用户提供生态园选择、线路规划、交通信息、酒店选择的一站式配套服务，为林业企业提供果实采摘推荐服务、用户需求分析等预测模型。同时，通过开展林业大数据应用示范试点，为后续林业大数据的深入拓展及广泛应用积累建设经验，奠定基础。二是物联网示范。2011年8月，国家发展改革委、财政部确定国家林业局为智能林业物联网应用示范工程建设单位，在江西井冈山、吉林长白分别开展森林旅游安全监管与服务物联网应用示范和森林资源安全监管与服务物联网应用示范。三是移动互联网建设。充分运用新媒体技术，实现主动推送服务，新增的“林业新媒体”涵盖了中国林业网官方微博、微博发布厅、微信号、移动客户端，努力走向“全媒体”“一站通”新阶段，方便公众随时随地了解林业行业信息、享受在线服务，建成了基于新媒体的政务信息发布和互动交流新渠道。四是地方应用系统建设。辽宁开展青山工程动态监测平台和辽宁省人工造林信息管理系统建设；宁夏信息化资源整合逐步推进，森林公安局初步完成宁夏森林防火指挥体系和宁夏森林防火信息指挥系统，正在建设综合通信保障系统；北京申报、建设国有林场苗圃信息服务平台，进一步推进国有林场苗圃的信息化应用；江苏建设了森林公安装备管理系统；安徽森林防火信息指挥系统完成了系统集成和调试，开始试运行；江西森林资源管理信息系统是数字林业建设最基础的重要业务应用系统，主要完成系统开发和森林资源数据库建设两大任务；西藏森林资源林政管理信息系统将实现森林资源管理系统、生态公益林管理系统、征占用林地管理系统、林木采伐管理系统、木材运输管理系统、木材加工台账管理系统等六大系统数据数字化；大连建设森林管护信息系统平台，并为全市农村专职护林员或森林消防队员及分级管理人员无偿配备手持GPS终端设备；海南建成林权信息管理服务系统；内蒙古森工建成电子商务平台，主要承担各类产品网上销售等关键业务，是集团面向全国、面向市场的信息门户。

【数据库建设】 一是林业数据库二期项目。2014年，主要建设中国林业数据库二期项目，即林业数据采集整合分析软件开发。中国林业数据库系统建设依据全国林业信息化“四横两纵”的总体框架，结合林业数据库系统的需求，基于SOA框架体系，采用云计算技术、大数据技术、在线分析处理技术以及数据中心和数据仓库技术，以林业数据库为核心，以互联网和林业专网为依托，进行林业数据库系统构建。二是地方数据建设。2014年，北京完成了城区绿地、城市绿线、二道绿化隔离地区、平原造林等数据的矢量化、整理入库、较正、发布等工作，共新增了15 088条记录。编制了数据资源共享机制及管理办法。开发建设了绿化资源监管小助手系统，加强了现场办公、移动办公能力建设，形成了一张图管理模式，为管理部门开展空间管理和应急决策等提供支撑。部署实施了北京市园林绿化局卫星遥感数据库，完成了报表系统相关部门的需求调研及表格整理与设计，实现了与国家林业局系统的对接；贵州建立了贵州省林业工作信息库(包括林业工作主要问题、各省森林资源数据和省林业厅各部门常用数据等内容)，并纳入今年省级目标考核内容；四川已建成数据库7个，分别为：四川省森林资源信息管理系统数据库、四川省林业有害生物监测预警综合信息系统数据库、四川省森林防火视频指挥调度系统数据库、林火监测和预警系统数据库、木材运输系统数据库、林业行政权力公开数据库、电子政务内网门户网站数据库及四川林业网站群系统数据库。

【示范建设】 为进一步发挥先进典型的示范引领作用，不断深化新一代信息技术在林业中的应用，全面提升林业信息化发展水平，下发《国家林业局办公室关于报送林业信息化示范单位建设材料的通知》(办信字〔2014〕133号)开展第二批全国林业信息化示范市、示范县和首批示范基地建设工作。经各地积极申报，通过组织专家评审和国家林业局审核，最终确定了示范单位名单。

表 14-1　第二批全国林业信息化示范市名单

序号	单位名称	示范主题
1	内蒙古自治区呼伦贝尔市	智能林业服务平台建设示范
2	黑龙江省黑河市	数据共享云平台应用示范
3	山东省淄博市	互联共享信息服务体系建设示范
4	湖北省咸宁市	森林防火视频智能分析平台建设示范
5	湖南省衡阳市	卫星遥感防火指挥系统建设示范
6	广东省广州市	智慧绿化平台建设示范
7	广西壮族自治区梧州市	综合办公云平台建设示范
8	四川省广安市	智能应急指挥系统建设示范
9	贵州省贵阳市	生态云计算平台建设示范
10	甘肃省武威市	地理信息大数据处理系统建设示范

表 14-2　第二批全国林业信息化示范县名单

序号	单位名称	示范主题
1	内蒙古自治区多伦县	智慧林业建设示范
2	辽宁省昌图县	林业智能服务体系建设示范
3	吉林省蛟河市	森林资源大数据管理建设示范
4	吉林省抚松县	智能植物检疫信息平台建设示范
5	山东省昌邑市	智慧管理平台建设示范
6	山东省利津县	林业智能管理系统建设示范
7	湖北省南漳县	森林资源智慧管理应用示范
8	湖北省老河口市	数据开放平台建设示范
9	湖南省洞口县	林农智能服务平台应用示范
10	湖南省衡东县	病虫害自动诊断信息系统建设示范
11	广西壮族自治区百色市右江区	智慧林政管理应用示范
12	四川省江油市	森林资源大数据动态监测示范
13	四川省宝兴县	生态智能监管平台建设示范
14	龙江森工东方红林业局	野生动物保护监测物联网应用示范
15	龙江森工迎春林业局	智能林火监控系统应用示范

表 14-3　全国林业信息化示范基地名单

序号	单位名称	示范主题
1	北京大东流苗圃	智慧苗圃建设示范
2	河北木兰围场国有林场	华北智慧林场建设示范
3	内蒙古贺兰山国家级自然保护区	自然保护区智慧管理建设示范
4	安徽舒城金桥农林科技有限公司	智慧育苗应用示范
5	福建金森林业股份有限公司	智慧林业一体化应用示范
6	山东日照市国有大沙洼林场	智慧林区建设示范
7	河南二仙坡绿色果业有限公司	智能果园物联网建设示范
8	湖北太子山林场	智慧网络服务平台建设示范
9	湖北荆门市十里牌林场	华中智慧林场建设示范
10	湖南张家界国家森林公园	智慧森林公园建设示范
11	湖南林业种苗中心	林木种苗电子商务平台建设示范
12	广东湛江红树林国家级自然保护区	红树林生态智能监管建设示范
13	广东车八岭国家级自然保护区	智慧感知平台建设示范
14	广西国有高峰林场	华南智慧林场建设示范
15	广西南宁树木园	智慧树木园建设示范
16	四川卧龙国家级自然保护区	智慧卧龙建设示范
17	四川唐家河国家级自然保护区	空天地一体智慧保护建设示范
18	四川攀枝花苏铁国家级自然保护区	智能生态系统建设示范
19	云南昆明市海口林场	智能监控系统建设示范
20	甘肃莲花山国家级自然保护区	森林资源智能监测预警建设示范
21	青海西宁野生动物园	智慧旅游景区示范
22	青海青海湖国家级自然保护区	智慧生态旅游建设示范
23	青海三江源国家级自然保护区	智慧自然保护区建设示范
24	宁夏中宁国际枸杞交易中心	智能商务平台建设示范
25	吉林森工集团露水河国家森林公园	物联网与移动互联应用示范

技术合作

加强标准建设、扩大合作交流、强化人员培训是全面推进智慧林业建设的重要抓手，是大幅提升林业信息化发展水平的战略抉择。2014 年，各级林业主管部门围绕智慧林业的发展目标，坚持问题导向、需求牵引，脚踏实地、开拓进取，取得了诸多成绩。

【标准建设】 标准是林业信息化建设的重要遵循，是消除信息孤岛、规避低水平建设、实现又好又快发展的不二法宝。2014 年国家林业局和各级林业主管部门在标准建设方面迈出了一大步，为科学发展提供了重要保障力量。一是行业标准建设。2014 年国家林业局正式立项了 4 个林业信息化行业标准具体如下：

表 14-4　2014 年立项林业信息化标准进展一览表

序号	立项年度	标准类型	标准名称	承担单位	工作进度
1	2014	行标	林业物联网标识与解析技术规范	工业和信息化部 电子工业标准化研究院	正修改完善
2	2014	行标	林业物联网 第 3 部分 信息安全通用要求	工业和信息化部 电子工业标准化研究院	2015 年发布
3	2014	行标	林业信息产品分类规则	北京大学电子 政务研究院	正修改完善
4	2014	行标	林业数据整合改造技术规范	北京苍穹数码 测绘有限公司	已报批，待正式发布

10 月 24 日，《林业物联网 第 4 部分 手持式智能终端通用规范》等 3 项林业物联网国家标准和 1 项行业标准在标准审查会上审定通过。8 月 21 日，国家林业局公告第 12 号发布了 183 项林业行业标准，其中包括《林业信息术语》等 7 项林业信息化标准，自 2014 年 12 月 1 日起正式实施。二是地方标准建设。各省级林业信息化主管部门积极参照执行相关信息化标准，努力提高建设、应用和管理水平，同时结合本地区实际，也制定了一些信息化标准，为规范数据库和应用系统建设、推进信息安全工作等发挥了积极作用。如黑龙江省林业厅正在组织构建林业信息化标准体系，补充制定一系列林业信息化地方标准。

【合作交流】 2014 年国家林业局和各级林业部门不断扩大和深化交流合作，充分借鉴先进国家、先进行业、先进单位的成功经验与做法，取得了明显成效，成为紧跟时代潮流、有效汇聚和充分利用各类资源的重要抓手。一是国家林业局合作交流。积极与国家部委间开展交流合作。2014 年，国家林业局信息办与多个部委进行了信息化交流，增进了相互了解与学习。配合机关党委举办“大数据时代”“云计算、大数据和物联网的发展与挑战”两期专题讲座。国务院办公厅、中编办电子政务中心分别到国家林业局对信息化建设情况进行调研。在国内有关会议上，与工信部、农业部、环保部、国标委等部委就政府网站建设、新一代信息技术应用、网络信息安全、信息化标准建设等进行了广泛交流。二是积极与教学科研单位、知名 IT 企业及媒体间开展交流合作。先后到国家林业局管理干部学院、北京林业大学、中国林业科学研究院、华为、中国电信等教学科研单位和 IT 企业进行了调研交流，并采取多种举措，充分发挥有关专家和业务骨干的作用，促进信息化科研成果尽快转化为现实生产力。进一步推进与教育、培训基地的合作，先后向国家林业局管理干部学院、北京林业大学、中国林业科学研究院等 3 个单位赠送有关书籍共约 2000 本，并派有关处室负责人赴基地开展专题讲座，同时邀请北京林业大学教授开展专题讲座。继续联手中国电信集团、神州数码网络有限公司、苍穹数码测绘有限公司、工信部电子工业标准化研究院、中国电子信息产业发展研究院、吉林森工集团等单位，共同推进国家智能林业物联网应用示范工程建设。在北京召开了国家智能林业物联网应用示范工程建设推进会暨中国林业物联网建设研讨会，就林业物联网发展进行了总结和部署，中国林业物联网建设取得重要进展。2014 年是“中国林业发布”官方微博和“中国林业网”官方微信硕果累累的一年，与央视网、新华网、人民网、新浪网、腾讯网、中新网等媒体单位进一步深化合作，面向广大公众发布林业重大政策和活动信息及图解，有效地发挥信息公开、舆论引导、倾听民声、反馈民需的重要作用，获得了“2014 年政务微博卓越奖”等多个奖项和荣誉。三是地方林业部门合作交流。制定了《2014 年林业信息化专题调研工作方案》，围绕林业信息化机构队伍、资金保障、信息安全、项目建设等内容，分派 7 个小组先后到贵州、甘肃、四川等十多个省份开展调研指导工作，深入分析当前主要问题，研究提出有效对策措施，切实解决信息化建设中遇到的困难和问题。同时积极推动地方林业部门之间相互交流学习，北京、浙江等林业信息化发展较好的省份，都接待了多批次其他省级林业主管部门的信息化考察团。黑龙江、江苏等省林业厅，赴本省多个市县调研，摸清基层单位需求，为全省林业信息化建设打好基础。甘肃、广东等省林业厅与当地的电信、移动、联通签署战略合作协议，充分发挥公司的技术、设备、人才、服务等优势，加快林业信息化建设进程。青海、吉林森工、湖南等省林业厅与教学科研单位、知名IT企业、媒体单位建立了良好的合作关系，助推智慧林业建设发展；吉林森工与新浪网深度合作，利用新媒体的网络影响力，开通了“新浪·吉林森工频道”，设《吉森文化》《聚焦吉森》《财富吉森》《乐享吉森》4个栏目，成为集团信息发布、产品推介、形象展示、文化传播的重要平台。

【人员培训】 2014年国家林业局和各级林业信息化主管部门克服重重困难，多方式、多层次、多角度推进人员培训，为事业发展提供了良好的人才支撑。一是国家林业局培训。2014年7月9~12日在北京大学举办了第二届全国林业CIO高级研修班。9月1~5日、11月23~29日在国家林业局林干院举办了两期林业网站群建设培训班，共522人参加培训。10月27~28日在国家林业局林干院举办了林业信息化标准宣贯培训班，共56人参加了培训。二是地方林业部门培训。地方各级林业部门高度重视林业信息化培训工作，结合建设项目和实际应用需求，开展了多种形式的培训工作，有效提高了林业干部职工的信息化水平和业务素质，为发展生态林业、民生林业提供了重要的人才支撑。吉林、湖北、湖南、广西、大兴安岭林业集团等地（单位）分别组织了网站管理、电子公文传输、网络管理等培训班，全面提升了林业干部职工的信息化应用。

办公自动化

2014年，是全国林业办公自动化工作快速发展的一年。各级林业主管部门按照《中共中央国务院关于印发〈党政机关厉行节约反对浪费条例〉的通知》（中发〔2013〕13号）精神，积极落实“利用信息化手段，推行无纸化办公”要求，高度重视办公自动化工作，在OA系统的新建、优化、推广等多方面做了大量工作，成效显著。

【全国林业OA建设情况】 一是积极启动OA系统新建工作。2014年，天津、吉林、云南、吉林森工先后启动了OA系统的新建工作，各单位通过前期调研、软件开发、应用部署等工作，大幅推进了OA系统建设进度。二是大力加强OA系统优化升级。江苏、新疆、厦门针对用户使用中存在的问题，对本单位OA系统进行了优化升级，完善了如行政监察、法制监督、即时通讯、电子公告、统计管理等功能，提高了系统使用效率。三是不断提升OA系统应用水平。为深化OA系统应用，山西、黑龙江、浙江、江西、湖南、新疆兵团等多家单位进行了OA系统应用推广，通过举办操作培训班、召开用户座谈会、加大宣传力度等，多措并举提升OA系统应用水平，均取得了良好收效。其中，青岛在推广OA系统应用的同时，部署完成了移动办公系统，为处室、站局负责人提供移动办公服务，显著提高了工作效率。

【国家林业局OA建设情况】 一是为推广综合办公系统建设成果，避免各直属单位重复投资，国家林业局于2013年启动了“全国林业OA群”建设工作，建设共分两期进行。第一期建设对象包括了15家国家林业局各派驻森林资源监督机构，已于2013年完成建设工作，共新增了300余个用户。2014年，全国林业局OA群（第二期）建设共包括三北局、林科院、规划院等17个京内外直属单位。二是2014年综合办公系统服务对象已经增加至14个司局、40个直属单位的1800余位用户。2014年全年综合办公系统文件处理量前十单位分别是：计财司、办公室、科技中心、资源司、宣传办、信息办、保护司、造林司、科技司、人事司。三是为增加国家林业局OA系统个人签名的可靠性，电子签名于2014年6月建设完成。5月，启动了移动办公系统的巡检和优化工作，通过移动办公系统操作手册和现场培训的方式，提升了移动办公系统的服务水平，全年开展各类培训共计300余人次。四是制订了移动办公系统优化升级方案，将通过升级通信信道、手机App来进一步提升移动办公系统的服务水平。五是OA系统综合保障工作。2014年建设直属单位电子档案系统，将各单位电子文件进行统一归档，保障数据安全；2014年九三学社、中央机关办公厅、中编办电子政务中心等多家单位来国家林业局对办公自动化建设管理经验进行了深度交流学习。

【林业大事】

1月6日 全国林业信息办主任会议暨智慧林业培训班召开。

1月10日 办公自动化开启云服务。

1月15日 在2013年度央视网政务微博评选中，中国林业微博发布大厅荣获最具影响力政务微博平台。

1月18日 建成北京市园林绿化局语音自动报送平台，实现森林有害生物和公园人流量等业务数据的快速采集、自动催报及统计汇总等功能。

1月25日 国家林业局信息办开展计算机网络信息安全大检查。

2月10日 北京市园林绿化局开发园林绿化资源移动监管小助手系统，实现园林绿化资源核心指标、数据、图件和政策等信息在系统上进行高效安全管理和发布。

3月7日 中国林业网推出中国植树节“春天去哪儿”专题。

3月12日 国家林业局信息办组织央视网等媒体开展“植树节”微访谈，与网友在线交流“绿化祖国·低碳行动”植树节相关话题。

3月21～23日 第五届(2014)中国智慧政务最佳实践暨2013年中国优秀政务平台推荐及综合影响力评估总结交流大会在北京召开，中国林业网被评为2014年度最具影响力政务网站，荣获2014年度“中国政务网站领先奖”。

5月12日 国家林业局邀请工业和信息化部副部长杨学山作“绿色大讲堂——大数据时代”专题讲座。

6月17日 中国林业网推出“第二十个防治荒漠化与干旱日”专题，开展了“推进防沙治沙 建设美丽中国”专题访谈。

6月30日 中国林业网、国家生态网、美丽中国网主办，吉林省林业厅网站承办的第二届美丽中国大赛开始。大赛主题是“弘扬生态文化 共建美丽中国”。

7月9～12日 国家林业局信息办在北京大学举办第二届林业CIO培训班。来自全国各省级和计划单列市林业信息化主管部门负责人等约50人参加了培训，工信部、北京大学、国家信息中心等单位的知名专家为学员做专题讲座。

7月19日 国家林业局信息办组织召开国家智能林业物联网应用示范工程推进暨中国物联网建设研讨会。

9月3日 中国林业网推出“生态红线保护行动”专题和“国家公园建设”专题。

9月18日 《国家林业局云计算平台建设项目初步设计》获批复。

9月23日 河南省林业厅营造林管理系统各业务日趋完善，荣获2014中国地理信息产业优秀工程银奖。

10月24日 林业物联网标准审查会在北京召开，《林业物联网 第3部分 信息安全通用技术要求》等4个林业物联网国家标准通过审定。

10月27～28日 林业信息化标准宣贯培训班在国家林业局管理干部学院举办，来自各省(区、市)林业厅(局)以及国家林业局信息办的业务骨干共60余人参加了培训。

10月28日 国家林业局信息办启动中国林业网智能搜索平台建设工作。

11月4日 中国林业网4.0版正式上线。

11月18日 2014政府网站集约化建设与精品栏目管理经验交流会举行，国家林业局信息办主任李世东荣获“2014中国政府网站最佳管理者”，中国林业网获“2014中国政府网站精品栏目”。

11月19日 国家卫星林业遥感数据应用平台建设项目通过验收。

11月28日 中国林业网官方微视和移动客户端2.0开通运行，是继中国林业网官方微博、微信，定制“正分享”插件后，打造的“林业新媒体”。

12月1日 国家林业局内外网安全等级保护建设项目完成项目验收。

12月3日 在第十三届中国政府网站绩效评估结果发布暨经验交流会上，中国林业网(国家林业局政府网)综合排名列72个部委网站第二名。这是在2013年综合排名第三的基础上，再次取得历史性突破。

12月18日 中国花卉网站群扩建项目通过验收，共35个花卉子站在线运行。

12月30日 中国林业网子站数量突破3000个，位居国内前列，构建了“横向到边，纵向到底，特色突出”的站群体系。

12月31日 “中国林业大数据发展战略研究”项目正式启动。 (林业信息化由张会华供稿)

林业教育与培训

15

林业教育与培训

【地方党政领导干部林业专题培训】 5月12~21日，由中央组织部主办、国家林业局承办的地方党政领导干部湿地生态系统保护专题研究班在京举办。国家林业局党组书记、局长赵树丛作了题为《全面加强湿地生态系统保护，大力推进生态文明和美丽中国建设》的主题报告，有关专家就中国湿地相关政策法规、湿地保护与管理、湿地保护与栖息地恢复、世界湿地保护形势及其对中国湿地保护管理的启示等问题进行解读，并就我国湿地保护工作中的重点难点问题进行结构化研讨，共提出60个问题，最后聚焦为如何解决湿地保护法律和制度保障不力、协调湿地保护与社会经济发展关系、推进将生态保护成效纳入各级党委政府的政绩考核体系等3个问题，深入剖析原因，形成了政策建议上报国家林业局党组。专题研究班综合运用专题讲授、学员论坛、座谈交流、案例教学、情景模拟、结构化研讨等教学方式，并赴河北省衡水湖国家湿地公园进行现场教学。参训学员掌握了湿地保护有关政策和科学理论，增强了湿地保护的责任感、紧迫感，拓宽了视野，提升了领导湿地保护工作的能力。27个省(区、市)36名分管林业工作的副县长等党政领导干部参加培训。 （邹庆浩）

【地县林业领导干部培训】 国家林业局于8月18~27日在北京举办地县林业局局长国有林场改革培训班，邀请国家发展改革委、财政部、人力资源社会保障部、国家林业局有关领导分别就经济体制改革形势与任务、事业单位改革与管理、国有林场改革与发展、林业投资与生态建设形势、国有林场改革与林业财政政策等专题做报告；国家林业局有关司局、单位领导与学员面对面交流，答疑解惑；组织学员赴山东省原山国有林场进行现场教学，并就国有林场改革发展过程中的重点难点问题进行结构化研讨，深入分析了原因，提出了对策建议。通过培训，学员较为深入地了解了中央的重大决策部署和国家林业局党组的总体要求，明确了国有林场改革的生态公益基本方向和保资源、惠民生的主要任务，消除了国有林场改革中的一些认识误区，进一步统一了思想；掌握了事业单位管理和改革、中央财政支持国有林场改革的主要政策、中央林业基本建设投资支持重点的主要精神，进一步认清了面临的重大历史机遇和挑战，切实增强了做好国有林场改革工作的责任感和使命感，提升了落实国家决策部署、推动国有林场改革的能力。来自10个省(区)的18个地市、58个县级林业局的76名学员参加了培训。 （邹庆浩）

【司、处级领导干部任职培训】 5月6~16日，国家林业局举办第19期处级领导干部任职培训班；11月13~19日举办第8期司局级领导干部任职培训班。上述司、处级领导干部任职培训以“提升领导任职能力”为主题，设置了林业建设、能力建设和综合素质等课程模块。通过培训，学员拓展了思路、丰富了知识、提高了能力。来自机关各司局、在京直属单位和京外直属单位27名司级领导干部和39名处级领导干部参加培训。

（陈峥嵘）

【司局级干部选学及网络学习】 2014年，国家林业局69名司局级干部报名参加在中央党校、国家行政学院等7所院校开设的专题班和必修课学习，选学课时约3000学时；25名司局级干部参加网络学院学习，选择了283门网络课程学习，网络学习时间达320小时。选学和网络学习的主要内容是加快转变政府职能、构建开放型经济新体制、坚持走中国特色新型城镇化道路等。通过学习，学员进一步增强了党性修养，提高了理论水平，拓宽了知识范围，提升了解决实际问题的能力。

（陈峥嵘）

【在职培训】 4月8~18日国家林业局组织举办公务员在职培训班，安排了国家安全形势与外交政策、宏观经济形势及热点分析、国内外林业热点问题解析、智慧林业、公务礼仪与魅力形象塑造、干部言语表达艺术与沟通技巧等专题讲座，开展了破冰活动、情景模拟教学、学员论坛和知识竞赛等丰富多样的教学活动。通过学习，学员们提升了用战略思维和国际视角做好本职工作的能力，加深了对党的十八大和三中全会关于生态文明建设重大战略思想的理解，深化了对局党组关于建设生态林业、民生林业总体部署的认识和把握，拓展了综合素质能力，增强了党风廉政建设的自觉性，增进了彼此了解和合作。局机关和直属单位业务骨干36人参加培训。 （陈峥嵘）

【初任培训】 为使局机关及事业单位新录用人员了解和掌握国家机关工作的基本知识与技能，尽快完成角色转变，提高工作能力，国家林业局于8月17~22日在北京举办新录用人员初任培训班。培训班设置了中国林业发展与生态文明建设、廉政教育与保密知识、林业政策与法律法规、公文写作与运转等讲座，安排了以“转变角色、尽快胜任本职工作”和“青年人才如何成长”为主题的交流研讨。通过培训，学员们进一步坚定了理想信念，提高了认识；明确了角色定位，摆正了工作心态；提高了业务技能，初步掌握了工作方法；培养了团队精神，树立了全局观念。对如何认识林业工作、如何更好地完成本职工作、如何与周围同事更好的相处等问题有了明确的方向。局直属机关62名新录用人员参加了培训。 （陈峥嵘）

【林业知识培训】 为提升新进入林业系统工作的未具备林业专业知识背景的干部履行岗位职责的能力，国家林业局于6月30至7月13日在北京举办了第四期林业专业知识培训班。培训班设置了涉及森林生态、森林培育、森林资源调查与监测、森林可持续经营与森林认证、国有林场改革、林业产业发展、森林防火等林业专业基础知识以及林业政策法规、建设生态文明、解读全国厅局长会议精神等林业重点热点知识等方面的专题讲座，组织学员参观了北京周边的湿地保护、森林质量健康、宜居生态系统等示范点。通过培训，学员系统地学习和掌握了林业基础知识，了解了中央和国家林业局关于林业工作的部署和要求，增强了投身林业建设事业的紧迫感、荣誉感和使命感，为今后更好地完成本职工作打下了良好基础。有关省（区、市）林业厅（局）和国家林业局机关、直属单位的104名学员参加了培训。

（陈峥嵘）

【林业专家入选公务员培训师资库】 8月，国家公务员局公布了首批公务员培训兼职教师暨公共管理硕士（MPA）校外导师人员名单，国家林业局林改司刘拓、森林公安局王海忠、荒漠化防治中心胡培兴、资源监督办张松丹、绿化基金会陈蓬、绿色碳汇基金会李怒云、政法司高静芳、林改司邢红、湿地办鲍达明、经研中心张升、规划院翟洪波等11人入选，将承担国家公务员培训和公共管理硕士（MPA）校外导师任务。这是继2013年计财司孙建、荒漠化防治中心王信建、绿色碳汇基金会李怒云入选中组部全国干部教育培训师资库之后，又一批林业专家入选国家级干部教育培训师资库。

（吴友苗）

【专业技术人员继续教育基地】 7月，国家人力资源社会保障部认定国家林业局管理干部学院为第四批国家级专业技术人员继续教育基地。

为推动专业技术人才队伍建设，促进专业技术人才素质提升，按照《国家中长期人才发展规划纲要（2010～2020）》部署，人力资源社会保障部、财政部、科技部、教育部、中国科学院2011年联合启动了新一轮的专业技术人才知识更新工程，其重点项目包括高级研修项目、急需紧缺人才培养培训项目、岗位培训项目和国家级专业技术人员继续教育基地建设项目。

国家级专业技术人员继续教育基地是以高等院校、科研院所和其他施教机构为依托，以对专业技术人员进行补充、更新知识，拓展知识结构，提高综合素质和创新能力为基本内容开展教育培训的机构，是国家培养培训高层次、急需紧缺和骨干专业技术人才的服务平台，不改变原有隶属关系，在继续教育业务上接受管理单位的指导，实行人财物相对独立的管理机制。中央财政为每个国家级专业技术人员继续教育基地提供一次性的专项补助经费。（吴友苗）

【林业干部培训应用性课题研究】 12月，中共中央组织部召开全国干部教育培训理论研讨会，对全国干部教育培训研究课题成果给予奖励。国家林业局人事司、林业管理干部学院课题组的《行业干部素质能力模型构建及应用研究——以林业行业为例》研究报告荣获全国二等奖。

课题组从林业干部培训实际出发，创造性地提出了"三维度""八方面"的行业干部素质能力模型分析框架，并以关键事件访谈法为主、专家研讨为辅，应用行为锚定等级评价法，确定了具体的要素，对每一个要素进行行为层级划分及行为特征描述。在此基础上，经过深入的研究，课题组构建了乡镇林业工作站站长等6个林业基层关键岗位干部的素质能力模型，就行业干部素质能力模型的构建与应用进行理论探索，且在初步实践中取得突出效果。报告在总结林业干部素质能力模型构建经验的基础上，探索了行业干部素质能力模型构建的规律，展现了行业干部素质能力模型的应用前景。

（吴友苗）

【高等农林教育综合改革】 9月，由教育部、农业部、国家林业局联合下发了《关于批准第一批卓越农林人才教育培养计划改革试点项目的通知》，确定99所高校为首批卓越农林人才教育培养计划项目试点高校，改革试点项目140项，其中涉林项目40项。

试点项目包括拔尖创新型、复合应用型、实用技能型三类人才培养模式改革，涉及农学门类专业及农业工程类、林业工程类、食品科学与工程类、农业经济管理类专业。在36所高校的40项涉林改革试点项目中，拔尖创新型农林人才培养模式改革试点项目9项，复合应用型农林人才培养模式改革试点项目23项，实用技能型农林人才培养模式改革试点项目8项。（吴友苗）

【涉林普通高校共建工作】 为促进涉林普通高等院校学校保持办学特色，发挥学科优势，培养高级林业人才，2014年3月、5月、7月、12月，国家林业局分别与安徽、新疆、浙江、河北4省区人民政府签署协议，合作共建安徽农业大学、新疆农业大学、浙江农林大学、河北农业大学。根据协议，上述高校将充分发挥优势，强化内涵建设，进一步提升服务林业建设的能力。截至2014年年底，国家林业局与有关省区和教育部合作共建的涉林高校已达14所。（吴友苗）

【林业职业教育集团化办学】 为促进成员单位之间优势互补、资源共享、双赢共进，增强林业职业教育办学活力和服务现代林业发展的能力，推动林业职业教育"规模化、集团化、连锁化"发展，在国家林业局人事司推动下，中国（北方）现代林业职业教育集团、中国（南方）现代林业职业教育集团分别于2014年6月、7月在辽宁沈阳、广西柳州成立。中国（北方）现代林业职业教育集团理事长单位由辽宁林业职业技术学院担任，成员包括华北、东北、西北13省（区、市）有关林业职业院校、普通高等院校、科研机构、行政机关、行业组织、其他企事业单位共152个，中国（南方）现代林业职业教育集团理事长单位由广西生态工程职业技术学院担任，成员包括华东、中南、西南18省（区、市）有关林业职业院校、普通高等院校、科研机构、行政机关、行业组织、其他企事业单位等165个。两个区域性林业职业教育集团的成立，将有力促进林业职业教育师资队伍、实验实习设施、实训基地、职业技能鉴定、教科研成果、教育信息、产教结合及校企合作等方面实现教育资源共享，推进林业行业产学研结合和校企深度融合。

（吴友苗）

林业教育信息统计

表 15-1 2014～2015 学年初普通高、中等林业院校和其他高、中等院校林科基本情况

单位：人

名称	学校数（所、个）	毕业生数	招生数	在校学生数	毕业班学生数	教职工数	
						合计	其中：专任教师
总计	—	**153 532**	**145 877**	**480 674**	**151 932**	**20 821**	**13 574**
一、研究生	83	7379	7984	24 097	10 097	—	—
1. 高等林业院校	6	5282	6025	17 104	6971	12 091	7557
2. 其他高等院校（林科）	76	1807	1641	6039	2753	—	—
3. 林业科研单位	1	290	318	954	373	—	—
二、本科生	250	40 739	43 299	173 702	43 766	—	—
1. 普通高等林业院校	7	24 654	27 093	107 223	25 906	—	—
2. 其他普通高等院校（林科）	243	16 085	16 206	66 479	17 860	—	—
三、高职（专科）生	235	37 702	39 906	120 219	37 788	—	—
1. 高等林业（园林）职业学校	14	24 366	27 604	80 722	24 654	6116	4374
2. 其他高等职业学校（林科）	219	12 099	11 714	37 471	12 281	—	—
3. 普通林业学校专科	2	1237	588	2026	853	—	—
四、中职生	342	67 712	54 688	162 656	60 281	—	—
1. 中等林业（园林）职业学校	18	14 501	12 975	43 107	13 869	2614	1643
2. 其他中等职业学校（林科）	324	53 211	41 713	119 549	46 412	—	—

表 15-2 2014～2015 学年初主要涉林普通高等院校林科学生情况

（以林科学生占在校生比例排序）

单位名称	分学科、专业学生数	毕业生数	招生数	在校学生数
中国林业科学研究院	**学生总数**	**290**	**318**	**954**
	其中：林业学科、专业学生	246	252	753
	占学生总数的比例	84.83%	79.25%	78.93%
北京林业大学	**学生总数**	**4628**	**4964**	**18 054**
	其中：林业学科、专业学生	1617	1631	5994
	占学生总数的比例	34.94%	32.86%	33.20%
东北林业大学	**学生总数**	**5902**	**6065**	**23 080**
	其中：林业学科、专业学生	1575	1595	5908
	占学生总数的比例	26.69%	26.30%	25.60%
西南林业大学	**学生总数**	**3843**	**4709**	**17 539**
	其中：林业学科、专业学生	1028	1146	4039
	占学生总数的比例	26.75%	24.34%	23.03%
南京林业大学	**学生总数**	**4827**	**5304**	**19 724**
	其中：林业学科、专业学生	1044	1125	4419
	占学生总数的比例	21.63%	21.21%	22.40%
浙江农林大学	**学生总数**	**3849**	**4024**	**15 491**
	其中：林业学科、专业学生	620	542	2326
	占学生总数的比例	16.11%	13.47%	15.02%

（续）

单位名称	分学科、专业学生数	毕业生数	招生数	在校学生数
中南林业科技大学	**学生总数**	**6802**	**7228**	**27 366**
	其中:林业学科、专业学生	741	867	3259
	占学生总数的比例	10.89%	12.00%	11.91%
西北农林科技大学	**学生总数**	**7477**	**7873**	**29 294**
	其中:林业学科、专业学生	712	737	2720
	占学生总数的比例	9.52%	9.36%	9.29%
内蒙古农业大学	**学生总数**	**8542**	**8818**	**33 832**
	其中:林业学科、专业学生	846	859	3010
	占学生总数的比例	9.90%	9.74%	8.90%
河北农业大学	**学生总数**	**6212**	**7034**	**24 098**
	其中:林业学科、专业学生	424	555	2037
	占学生总数的比例	6.83%	7.89%	8.45%
福建农林大学	**学生总数**	**7581**	**7063**	**27 417**
	其中:林业学科、专业学生	688	566	2109
	占学生总数的比例	9.08%	8.01%	7.69%
山东农业大学	**学生总数**	**8019**	**8789**	**33 746**
	其中:林业学科、专业学生	509	772	2360
	占学生总数的比例	6.35%	8.78%	6.99%
新疆农业大学	**学生总数**	**3802**	**3991**	**16 291**
	其中:林业学科、专业学生	196	192	997
	占学生总数的比例	5.16%	4.81%	6.12%
安徽农业大学	**学生总数**	**5359**	**5129**	**21 175**
	其中:林业学科、专业学生	297	251	1066
	占学生总数的比例	5.54%	4.89%	5.03%
河南农业大学	**学生总数**	**7307**	**8197**	**30940**
	其中:林业学科、专业学生	325	148	874
	占学生总数的比例	4.45%	1.81%	2.82%

表 15-3　2014～2015 学年初普通高等林业院校教职工情况

单位:人

学校名称	教职工数											另有其他人员						
	合计	校本部教职工										科研机构人员	校办企业职工	其他附设机构人员	聘请校外教师	离退休人员	附属中小学幼儿园教职工	集体所有制人员
		计	专任教师						行政人员	教辅人员	工勤人员							
			计	正高级	副高级	中级	初级	无职称者										
总计	**12 091**	**11 568**	**7557**	**1242**	**2607**	**3148**	**403**	**207**	**6312**	**1242**	**620**	**69**	**135**	**325**	**1162**	**4783**	**33**	**114**
北京林业大学	1844	1762	1186	262	478	367	8	71	298	212	66	—	57	31	356	779	33	—
东北林业大学	2734	2422	1519	297	543	571	93	15	402	353	148	6	63	243	18	1139	—	114
南京林业大学	1949	1864	1249	210	395	599	45	—	351	156	108	37	15	33	259	1070	—	—
浙江农林大学	1653	1638	1074	159	356	436	56	67	341	163	60	4	—	11	107	10	—	—
中南林业科技大学	2333	2333	1438	190	472	682	52	42	4681	239	188	—	—	—	209	1165	—	—
西南林业大学	1167	1148	833	101	280	397	93	12	130	96	39	19	—	—	160	428	—	—
南京森林警察学院	411	401	258	23	83	96	56	—	109	23	11	3	—	7	53	192	—	—

表 15-4　2014～2015 学年初普通高等林业院校资产情况

学校名称	占地面积(平方米)			图书资料		拥有教学用计算机(台)	多媒体教室座位数(个)	语音实验室座位数(个)	固定资产总值(万元)	
	总面积	其中:绿化用地	其中:运动场地	合计(万册)	其中:当年新增(万册)				计	教学、科研仪器设备资产
一、学校产权	**17 823 897**	**4 260 215**	**531 978**	**1099. 37**	**33. 84**	**53 633**	**38 378**	**1904**	**953 458**	**262 741**
北京林业大学	8 115 735	124 750	56 505	177. 45	7. 1	9516	5683	136	188 843	60 578
东北林业大学	1 287 559	400 000	100 291	209. 08	3. 63	9912	7813	393	179 430	66 207
南京林业大学	3 730 262	1 492 104	66 475	172. 5	6. 3	7509	6200	299	145 379	55 273
浙江农林大学	1 859 349	920 906	101 198	151. 58	3. 73	6453	3103	265	143 390	24 247
中南林业科技大学	1 307 246	586 000	52 175	183. 3	3	10 834	7598	320	109 807	30 156
西南林业大学	801 768	330 253	70 118	146. 09	8. 16	6367	5728	426	133 978	19 004
南京森林警察学院	721 978	406 202	85 216	59. 37	1. 92	3042	2253	65	52632	7275
二、非学校产权	**490 629**	**16 000**	**15 000**	**50 000**	**—**	**700**	**350**	**35 100**	**8700**	**—**
北京林业大学	—	—	—	—	—	—	—	—	—	—
东北林业大学	—	—	—	—	—	—	—	—	—	—
南京林业大学	—	—	—	—	—	—	—	—	—	—
浙江农林大学	—	—	—	—	—	—	—	—	—	—
中南林业科技大学	33 300	6000	15 000	50 000	—	700	350	35 100	8700	—
西南林业大学	437 329	—	—	—	—	—	—	—	—	—
南京森林警察学院	20 000	10 000	—	—	—	—	—	—	—	—

表 15-5　2014～2015 学年初普通高等林业院校和其他高等院校、科研院所林科研究生分单位情况

单位:人

学校名称	毕业生数	招生数	在校学生数	毕业班学生数
总计	**7379**	**7984**	**24 097**	**10 097**
一、博士生	**1055**	**1421**	**6568**	**3732**
1. 高等林业院校	464	652	3096	1811
北京林业大学	212	265	1136	609
东北林业大学	167	193	939	554
南京林业大学	65	128	729	478
浙江农林大学	—	3	6	—
西南林业大学	—	9	9	—
中南林业科技大学	20	54	277	170
2. 林业科研单位	100	118	409	172
中国林业科学研究院	100	118	409	172
3. 其他高等院校(林业学科)	491	651	3063	1749
二、硕士生	**6324**	**6563**	**17 529**	**6365**
1. 高等林业院校	4818	5373	14 008	5160
北京林业大学	1229	1403	3683	1439
东北林业大学	1144	1241	3287	1183
南京林业大学	887	1067	2715	1088
浙江农林大学	468	497	1263	282
中南林业科技大学	620	696	1854	711
西南林业大学	470	469	1206	457
2. 林业科研单位	190	200	545	201
中国林业科学研究院	190	200	545	201

（续）

学校名称	毕业生数	招生数	在校学生数	毕业班学生数
3. 其他院所（林科）	1316	990	2976	1004
中国农业大学	14	6	28	22
中国人民大学	5	6	12	6
北京师范大学	1	5	12	3
中国科学院大学	29	22	79	26
中国社会科学院研究生院	—	—	—	—
中国农业科学院研究生院	1	2	4	1
北京农学院	13	11	30	13
天津科技大学	4	1	6	3
河北农业大学	50	34	106	36
山西大学	3	6	20	5
山西农业大学	26	43	122	32
内蒙古农业大学	53	62	176	59
沈阳农业大学	52	43	117	40
辽宁工程技术大学	7	3	15	4
吉林农业大学	13	22	50	14
北华大学	8	15	36	8
东北师范大学	6	—	—	—
东北农业大学	28	3	16	7
黑龙江八一农垦大学	—	—	1	—
上海财经大学	2	2	4	2
上海社会科学院研究生部	1	—	—	—
南京农业大学	26	26	86	37
苏州大学	7	—	2	2
浙江大学	6	—	—	—
安徽农业大学	67	27	138	58
安徽师范大学	—	1	1	—
福建农林大学	107	76	210	73
福建师范大学	3	1	9	2
江西农业大学	39	20	72	26
江西财经大学	3	13	25	3
南昌大学	3	7	17	5
山东农业大学	64	34	96	26
山东建筑大学	4	—	4	2
青岛农业大学	10	13	28	9
青海大学	7	7	16	3
聊城大学	3	6	16	6
齐鲁工业大学	—	—	3	2
曲阜师范大学	1	2	3	1
河南农业大学	27	17	66	23
华北水利水电大学	3	6	13	4
华中农业大学	81	35	125	50
中南财经政法大学	2	2	3	1
湖北民族学院	2	15	34	4
长江大学	7	2	3	1
湖南农业大学	—	2	2	—

（续）

学校名称	毕业生数	招生数	在校学生数	毕业班学生数
湖南师范大学	2	3	4	—
吉首大学	11	6	22	7
华南农业大学	43	20	73	28
华南师范大学	6	5	16	5
仲恺农业工程学院	17	28	54	11
广西大学	34	21	63	22
广西师范大学	1	1	2	—
海南大学	30	9	33	16
西南大学	44	15	53	22
四川大学	8	2	4	2
四川农业大学	101	39	144	56
西南交通大学	4	—	2	2
西华师范大学	3	32	54	8
贵州大学	27	32	99	26
云南农业大学	31	21	81	34
西藏大学	4	—	13	4
西北农林科技大学	127	100	277	81
陕西师范大学	—	—	3	1
西安理工大学	2	13	37	21
长安大学	—	—	—	—
甘肃农业大学	21	23	71	22
兰州大学	—	1	3	1
兰州交通大学	1	—	1	—
新疆农业大学	11	21	61	15

表 15-6　2014～2015 学年初普通高等林业院校和其他高等院校、科研院所林科研究生分学科情况

单位：人

学科名称	毕业生数	招生数	在校学生数	毕业班学生数
总计	**7379**	**7984**	**24 097**	**10 097**
一、博士生	**1055**	**1421**	**6568**	**3732**
1. 林业学科小计	979	1301	6110	3486
林木遗传育种	43	49	218	111
森林培育	52	78	383	244
森林保护学	43	52	213	110
森林经理学	26	33	183	107
野生动植物保护与利用	33	34	185	112
园林植物与观赏园艺	43	41	207	125
水土保持与荒漠化防治	52	79	336	168
森林工程	18	26	150	97
木材科学与技术	46	52	274	154
林产化学加工工程	25	47	175	85
土壤学（森林土壤学）	2	4	11	6
植物学（森林植物学）	23	25	125	71
生态学（森林生态学）	52	72	345	204
风景园林学	17	46	151	59
林业经济管理	60	60	361	241

（续）

学科名称	毕业生数	招生数	在校学生数	毕业班学生数
其他林业学科	444	603	2793	1592
2. 林业院校和科研单位其他学科	76	120	458	246
草学学科	3	3	23	15
道路与铁道工程	—	8	8	—
动物学	1	—	1	1
发酵工程	—	2	2	—
发育生物学	3	6	22	12
机械电子工程	—	1	5	2
机械工程学科	—	8	24	7
机械设计及理论	19	3	67	54
机械制造及其自动化	—	1	5	2
交通运输规划与管理	—	1	1	—
农业经济管理	12	20	81	46
农业资源与环境学科	—	7	7	—
生物化学与分子生物学	8	8	39	21
生物学学科	—	9	14	4
食品科学与工程学科	—	5	10	5
水生生物学	—	1	5	3
思想政治教育	—	7	24	12
微生物学	7	8	30	15
细胞生物学	6	7	25	12
遗传学	5	4	21	11
载运工具运用工程	4	4	16	7
制浆造纸工程	8	7	28	17
二、硕士	**6324**	**6563**	**17 529**	**6365**
1. 林业学科小计	3768	3792	10 050	3462
林木遗传育种	133	157	475	157
森林培育	272	271	818	268
森林保护学	145	171	505	159
森林经理学	191	161	530	183
野生动植物保护与利用	107	142	416	134
园林植物与观赏园艺	819	335	1053	392
水土保持与荒漠化防治	311	357	995	301
森林工程	66	65	186	62
木材科学与技术	167	150	477	170
林产化学加工工程	91	97	275	86
土壤学（森林土壤学）	33	28	93	33
植物学（森林植物学）	91	87	274	92
生态学（森林生态学）	168	200	561	166
林业经济管理	52	24	84	31
风景园林	427	542	1263	541
其他林科专业	695	1005	2045	687
2. 林业院校和科研单位其他学科	2556	2771	7479	2903
材料加工工程	8	7	24	8
材料物理与化学	—	7	21	7

（续）

学科名称	毕业生数	招生数	在校学生数	毕业班学生数
材料学	12	11	33	11
草学学科	16	13	38	14
测试计量技术及仪器	10	4	4	—
茶学	—	1	3	1
车辆工程	11	12	46	17
城乡规划学学科	88	44	133	45
道路与铁道工程	26	21	61	19
地理学学科	—	5	5	—
地图学与地理信息系统	49	43	127	43
动物学	33	28	80	27
动物遗传育种与繁殖	5	4	13	5
俄语语言文学	2	5	14	4
发酵工程	6	6	12	4
发育生物学	16	16	48	14
法学理论	8	9	26	7
法学学科	1	28	75	21
翻译	29	56	120	64
防灾减灾工程及防护工程	—	1	2	1
概率论与数理统计	1	5	14	4
高分子化学与物理	29	11	36	12
工程	540	670	1327	641
工商管理	79	119	295	176
工商管理学科	—	27	110	44
管理科学与工程学科	47	37	119	43
国际贸易学	14	16	39	8
国际商务	8	9	15	6
果树学	4	5	17	6
汉语言文字学	7	5	16	6
行政管理	27	29	104	38
化学工程与技术学科	—	4	30	15
化学工艺	15	11	34	12
环境工程	25	26	68	25
环境科学	62	19	58	18
环境科学与工程学科	1	40	120	45
环境与资源保护法学	67	24	75	25
会计	33	55	90	35
会计学	22	29	75	15
机械电子工程	9	18	50	15
机械工程学科	1	12	36	11
机械设计及理论	41	26	65	18
机械制造及其自动化	30	19	67	28
计算机软件与理论	10	10	30	12
计算机系统结构	—	4	10	4
计算机应用技术	41	29	96	36
技术经济及管理	3	3	11	4

（续）

学科名称	毕业生数	招生数	在校学生数	毕业班学生数
检测技术与自动化装置	9	8	24	6
建筑学学科	—	18	49	14
交通信息工程及控制	2	5	18	7
交通运输规划与管理	9	9	23	7
结构工程	49	17	72	27
金融学(含:保险学)	4	4	13	4
精密仪器及机械	—	4	4	—
科学技术哲学	14	—	1	1
控制理论与控制工程	21	19	55	17
伦理学	12	9	35	14
旅游管理	30	24	69	30
马克思主义发展史	1	5	13	5
马克思主义基本原理	15	9	27	10
马克思主义哲学	—	3	3	—
马克思主义中国化研究	25	17	68	24
美学	—	6	14	4
民商法学	—	12	37	10
模式识别与智能系统	2	5	11	1
农产品加工及贮藏工程	23	12	42	17
农业电气化与自动化	4	6	13	2
农业机械化工程	7	10	28	8
农业经济管理	17	33	118	44
农业生物环境与能源工程	4	3	14	7
农业资源与环境学科	—	7	20	6
企业管理	69	32	87	30
桥梁与隧道工程	19	14	42	14
轻工技术与工程学科	—	2	2	—
人口、资源与环境经济学	9	8	27	11
人文地理学	—	3	12	4
软件工程学科	—	9	23	7
设计学学科	44	142	365	101
设计艺术学	148	—	40	40
生理学	4	9	34	13
生物工程学科	—	4	12	4
生物化工	8	12	30	9
生物化学与分子生物学	43	47	159	60
生物物理学	14	19	56	20
生物学学科	—	8	8	—
生药学	18	16	48	16
食品科学	22	9	22	5
食品科学与工程学科	—	20	63	21
市政工程	—	1	3	1
蔬菜学	—	1	4	2
数学学科	—	5	10	—
水生生物学	14	8	22	6

（续）

学科名称	毕业生数	招生数	在校学生数	毕业班学生数
思想政治教育	37	24	92	37
特种经济动物饲养	4	7	21	7
统计学	12	14	40	12
土木工程学科	—	39	111	32
外国语言学及应用语言学	31	24	75	30
微生物学	33	44	139	52
细胞生物学	23	21	62	21
宪法学与行政法学	3	15	36	7
心理学学科	2	10	32	10
岩土工程	11	10	31	10
药物化学	7	7	14	3
仪器科学与技术学科	—	—	16	8
遗传学	24	19	63	25
艺术	26	101	292	152
艺术学理论学科	—	3	3	—
英语语言文学	30	16	55	20
应用化学	15	15	43	15
应用数学	11	6	19	7
应用统计	7	6	14	8
应用心理学	8	—	6	6
有机化学	—	6	16	4
载运工具运用工程	27	27	82	27
哲学学科	2	12	34	12
植物学	91	87	274	92
植物营养学	15	9	30	9
制浆造纸工程	25	22	79	29
资产评估	9	10	20	10
自然地理学	7	20	48	15

表 15-7　2014～2015 学年初普通高等林业院校和其他高等院校林科本科学生分学校情况

单位：人

专业名称	毕业生数	招生数	在校学生数	毕业班学生数
总　计	**40 739**	**43 299**	**173 702**	**43 766**
一、普通高等林业院校	**24 654**	**27 093**	**107 223**	**25 906**
北京林业大学	3187	3296	13 235	3269
东北林业大学	4591	4631	18 854	4569
南京林业大学	3875	4109	16 280	4111
浙江农林大学	3381	3524	14 222	3468
中南林业科技大学	5438	5890	23 348	5623
西南林业大学	3373	4231	16 324	3884
南京森林警察学院	809	1412	4960	982
二、其他高等院校（林科）	**16 085**	**16 206**	**66 479**	**17 860**

表 15-8　2014～2015 学年初普通高等林业院校和其他高等院校林科本科学生分专业情况

单位：人

专业名称	毕业生数	招生数	在校学生数	毕业班学生数
总计	**40 739**	**43 299**	**173 702**	**43 766**
一、林科专业	**20 115**	**20 388**	**83 998**	**20 614**
1. 林业工程类	2763	2914	11 161	2676
森林工程	412	410	1434	323
木材科学与工程	1915	1933	7688	1919
林产化工	436	571	2039	434
2. 森林资源类	3779	4081	15 782	3751
林学	2844	2947	11 590	2775
森林保护	628	810	2861	622
野生动物与自然保护区管理	307	324	1331	354
3. 环境生态类	13 219	12 996	55 485	13 795
园林	11 763	11 352	49 051	12 175
水土保持与荒漠化防治	995	1016	4173	956
风景园林	461	466	2098	664
环境生态类新专业	—	162	163	—
4. 农林经济管理类	354	397	1570	392
农林经济管理	354	397	1570	392
二、林业院校非林科专业	**20 624**	**22 911**	**89 704**	**23 152**
包装工程	161	214	770	193
保险学	32	60	196	58
材料成型及控制工程	45	77	273	88
材料化学	154	166	638	159
材料科学与工程	—	75	99	24
财务管理	113	136	592	161
草业科学	48	27	212	49
测绘工程	145	227	804	207
测控技术与仪器	45	62	207	50
茶学	—	28	57	29
产品设计	—	302	795	277
朝鲜语	26	31	116	28
车辆工程	219	318	1389	346
城市地下空间工程	—	70	130	60
城市管理	60	79	205	30
城乡规划	220	250	1328	274
地理科学	—	47	91	43
地理科学类专业	54	—	—	—
地理信息科学	186	258	1042	250
电气工程及其自动化	248	215	853	195
电子科学与技术	27	65	197	56
电子商务	132	150	476	113
电子信息工程	393	353	1510	402
电子信息科学与技术	55	118	415	123
电子信息类专业	—	149	149	—
动画	154	54	460	87
动物科学	108	155	482	133

（续）

专业名称	毕业生数	招生数	在校学生数	毕业班学生数
动物医学	41	117	358	106
俄语	68	92	324	79
法学	365	451	1675	404
法语	110	86	339	76
服装与服饰设计	44	—	137	45
高分子材料与工程	256	236	1015	251
给排水科学与工程	54	88	482	140
工程管理	282	264	1132	291
工程力学	—	43	171	49
工商管理	311	416	1411	324
工业工程	75	85	334	99
工业设计	445	393	1647	345
公安管理学	—	133	289	156
公共事业管理	172	120	636	163
公共艺术	—	51	70	19
广播电视学	27	32	156	42
广告学	225	206	916	195
国际经济与贸易	502	469	2268	632
国际商务	48	91	293	75
过程装备与控制工程	49	61	192	42
汉语国际教育	—	65	106	41
汉语言	31	—	74	—
汉语言文学	150	195	680	182
行政管理	41	62	202	46
化学	44	49	196	60
化学工程与工艺	250	205	845	219
化学生物学	—	46	116	35
环境工程	265	295	1090	285
环境科学	223	227	954	292
环境设计	705	658	2988	797
会计学	1227	921	4444	1121
会展经济与管理	—	38	38	—
机械电子工程	135	210	784	229
机械设计制造及其自动化	1019	725	3039	747
计算机科学与技术	460	622	2483	740
建筑环境与能源应用工程	—	61	283	62
建筑学	110	156	830	160
交通工程	90	121	396	109
交通运输	393	253	1044	244
金融工程	—	88	163	75
金融学	356	412	1400	330
经济统计学	—	58	227	62
经济学	61	80	306	76
警务指挥与战术	—	148	219	71
酒店管理	—	74	132	58
粮食工程	—	27	61	34

（续）

专业名称	毕业生数	招生数	在校学生数	毕业班学生数
旅游管理	449	472	1919	513
能源与动力工程	146	165	701	193
农村区域发展	44	44	162	42
农学	93	122	456	102
农业机械化及其自动化	43	—	81	—
农业资源与环境	70	62	259	63
汽车服务工程	45	172	570	168
轻化工程	201	174	711	171
人力资源管理	146	115	538	113
人文地理与城乡规划	59	107	337	104
日语	231	212	787	183
软件工程	99	232	618	142
商务英语	—	49	199	47
设计学类专业	—	434	436	—
社会工作	85	89	326	84
社会体育指导与管理	30	30	119	28
摄影	48	—	108	25
生态学	119	127	449	106
生物工程	125	111	507	112
生物技术	263	414	1443	363
生物科学	185	87	511	128
生物科学类专业	—	69	69	—
生物制药	—	35	68	33
食品科学与工程	332	372	1527	395
食品质量与安全	40	89	420	98
市场营销	251	260	1219	359
视觉传达设计	99	170	756	317
数学与应用数学	90	99	418	117
数字媒体技术	—	57	179	—
数字媒体艺术	107	—	178	82
泰语	—	39	173	46
体育教育	54	37	182	58
通信工程	158	206	760	182
统计学	128	29	214	29
土地资源管理	—	131	415	127
土木工程	1321	810	3897	942
土木类专业	113	—	—	—
网络安全与执法	—	98	213	115
网络工程	30	28	116	30
文化产业管理	60	58	219	48
物理学	33	48	181	66
物流工程	148	200	805	226
物流管理	147	155	611	205
物业管理	113	53	238	51
消防工程	64	140	348	108
心理学	68	—	—	—

（续）

专业名称	毕业生数	招生数	在校学生数	毕业班学生数
信息工程	—	51	189	46
信息管理与信息系统	268	329	1317	398
信息与计算科学	229	291	1064	277
刑事科学技术	112	230	895	233
艺术设计学	459	—	584	9
音乐表演	41	76	245	50
印刷工程	52	51	209	33
英语	646	525	2194	562
应用化学	156	194	695	203
应用生物科学	—	35	159	43
应用统计学	—	60	115	55
应用物理学	—	38	99	38
应用心理学	—	73	302	84
园艺	269	270	1025	260
越南语	—	34	106	40
侦查学	401	401	1695	460
政治学与行政学	58	61	215	55
植物保护	92	96	413	91
治安学	278	321	1518	389
中药学	65	60	178	54
种子科学与工程	—	—	56	27
自动化	279	300	1144	296
自然地理与资源环境	123	98	413	85

表 15-9　2014～2015 学年初高等林业职业院校教职工情况

单位：人

学校名称	教职工数											另有其他人员						
	合计	校本部教职工										科研机构人员	校办企业职工	其他附设机构人员	聘请校外教师	离退休人员	附属中小学幼儿园教职工	集体所有制人员
		计	专任教师						行政人员	教辅人员	工勤人员							
			计	正高级	副高级	中级	初级	无职称者										
总计	**6257**	**6179**	**4478**	**228**	**1137**	**1607**	**1186**	**320**	**679**	**501**	**521**	**1**	**13**	**64**	**1676**	**2154**	**—**	**—**
山西林业职业技术学院	306	285	216	4	42	72	71	27	29	19	21	—	—	21	114	79	—	—
辽宁林业职业技术学院	419	419	283	28	78	105	52	20	58	7	71	—	—	—	70	280	—	—
黑龙江林业职业技术学院	642	637	316	47	98	84	69	18	155	77	89	—	—	5	176	492	—	—
黑龙江生态工程职业学院	496	496	236	32	77	100	21	6	76	94	90	—	—	—	176	203	—	—
安徽林业职业技术学院	132	132	98	2	27	36	31	2	9	8	17	—	—	—	96	62	—	—
福建林业职业技术学院	422	408	340	9	69	88	160	14	22	34	12	1	13	—	161	83	—	—
江西环境工程职业学院	746	737	525	29	105	173	206	12	51	70	91	—	—	9	130	110	—	—
湖南环境生物职业技术学院	932	932	753	28	223	360	112	30	82	76	21	—	—	—	180	327	—	—
湖北生态工程职业技术学院	620	620	463	7	87	116	164	89	91	37	29	—	—	—	230	91	—	—
广西生态工程职业技术学院	395	366	271	15	77	123	26	30	51	20	24	—	—	29	110	227	—	—
云南林业职业技术学院	553	553	485	8	106	196	154	21	23	16	29	—	—	—	108	111	—	—
甘肃林业职业技术学院	453	453	388	19	121	138	83	27	15	37	13	—	—	—	124	57	—	—
宁夏防沙治沙职业技术学院	141	141	104	—	27	16	37	24	17	6	14	—	—	—	1	32	—	—

表 15-10　2014～2015 学年高等林业职业教育及普通专科分学校情况

单位：人

学校名称	毕业生数	招生数	在校学生数	毕业班学生数
总计	**37 702**	**399 06**	**120 219**	**37 788**
（一）高等林业职业学校	**24 366**	**27 604**	**80 722**	**24 654**
山西林业职业技术学院	1652	1491	5327	1998
辽宁林业职业技术学院	1567	2126	6244	2215
黑龙江林业职业技术学院	1999	2043	6452	2295
黑龙江生态工程职业学院	1742	1523	4914	1211
安徽林业职业技术学院	1068	1146	3139	959
福建林业职业技术学院	1761	1889	6420	2135
江西环境工程职业学院	2072	2765	7369	2114
河南林业职业学院	—	91	204	—
湖北生态工程职业技术学院	2378	3505	9752	2651
湖南环境生物职业技术学院	2997	3080	9222	2752
广西生态工程职业技术学院	1924	2432	5936	1372
云南林业职业技术学院	2166	2146	6332	1841
甘肃林业职业技术学院	2833	3092	8731	2906
宁夏防沙治沙职业技术学院	207	275	680	205
（二）普通林业学校专科	**1237**	**588**	**2026**	**853**
中南林业科技大学	724	588	1887	714
南京森林警察学院	513	—	139	139
（三）其他高等学校（林科）	**12 099**	**11 714**	**37 471**	**12 281**
北京农学院	58	101	214	55
北京联合大学	13	16	37	10
北京城市学院	26	—	48	26
北京农业职业学院	38	60	172	42
天津农学院	61	56	204	69
天津滨海职业学院	42	55	155	45
河北农业大学	177	—	176	176
河北北方学院	66	5	93	33
衡水学院	38	13	58	45
邢台学院	52	18	68	16
沧州师范学院	20	8	22	14
河北科技师范学院	53	—	—	—
河北政法职业学院	95	55	182	52
沧州职业技术学院	74	67	299	120
保定职业技术学院	70	53	145	50
石家庄工程职业学院	—	44	225	79
唐山职业技术学院	157	92	361	104
衡水职业技术学院	73	9	124	77
河北旅游职业学院	84	90	332	139
河北美术学院	—	21	58	13
廊坊职业技术学院	27	93	274	73
河北女子职业技术学院	20	—	—	—

（续）

学校名称	毕业生数	招生数	在校学生数	毕业班学生数
廊坊东方职业技术学院	16	8	25	7
宣化科技职业学院	—	20	23	—
吕梁学院	46	122	425	154
太原学院	20	21	74	24
长治职业技术学院	24	25	59	16
晋城职业技术学院	—	23	24	—
山西运城农业职业技术学院	—	—	—	—
内蒙古农业大学	27	27	147	31
内蒙古电子信息职业技术学院	60	61	187	58
锡林郭勒职业学院	—	12	54	18
乌兰察布职业学院	27	38	176	70
鄂尔多斯生态环境职业学院	—	—	—	—
辽宁农业职业技术学院	153	171	494	158
沈阳大学	30	—	—	—
阜新高等专科学校	27	—	52	32
辽东学院	69	—	58	33
辽宁职业学院	37	68	182	41
辽宁水利职业学院	45	85	171	37
长春科技学院	17	28	75	28
松原职业技术学院	11	—	5	5
伊春职业学院	30	27	270	124
黑龙江职业学院	22	49	113	17
黑龙江建筑职业技术学院	53	60	189	54
大庆职业学院	—	7	7	—
黑龙江农业职业技术学院	18	8	28	13
黑龙江农业工程职业学院	56	31	108	39
齐齐哈尔工程学院	—	18	31	—
大兴安岭职业学院	23	44	119	48
黑龙江农业经济职业学院	36	19	76	23
黑龙江生物科技职业学院	33	11	60	18
黑龙江农垦科技职业学院	—	12	52	14
上海城市管理职业技术学院	120	78	309	114
上海农林职业技术学院	122	127	335	88
连云港职业技术学院	—	51	190	56
扬州市职业大学	—	81	157	—
硅湖职业技术学院	13	3	41	11
江苏联合职业技术学院	248	—	625	235
扬州环境资源职业技术学院	65	—	—	—
南通农业职业技术学院	113	22	276	115
江苏农牧科技职业学院	90	74	266	97
苏州农业职业技术学院	211	194	624	228
江苏农林职业技术学院	331	488	1658	597
江海职业技术学院	—	8	8	—
无锡城市职业技术学院	44	43	87	—
江苏城市职业学院	73	46	199	54
南京旅游职业学院	23	23	65	16
徐州生物工程职业技术学院	—	12	65	32

（续）

学校名称	毕业生数	招生数	在校学生数	毕业班学生数
金华职业技术学院	171	124	463	137
宁波城市职业技术学院	89	188	610	202
嘉兴职业技术学院	138	151	471	147
丽水职业技术学院	86	84	322	144
台州科技职业学院	36	47	136	44
温州科技职业学院	174	185	560	193
芜湖职业技术学院	53	43	160	58
宿州职业技术学院	78	54	174	39
六安职业技术学院	66	141	440	139
合肥职业技术学院	53	32	74	25
滁州职业技术学院	64	56	143	48
池州职业技术学院	159	111	342	124
宣城职业技术学院	78	66	177	47
安徽城市管理职业学院	101	136	402	126
安庆职业技术学院	94	73	343	91
黄山职业技术学院	—	25	77	31
漳州职业技术学院	69	80	253	93
闽西职业技术学院	29	29	104	41
福建农业职业技术学院	176	71	470	248
福州黎明职业技术学院	26	—	52	15
宁德职业技术学院	13	12	52	22
漳州城市职业学院	41	51	150	50
武夷山职业学院	39	15	30	11
江西农业大学	37	—	—	—
景德镇学院	59	41	130	35
江西科技师范大学	100	79	79	—
江西工程学院	—	—	—	—
南昌工学院	28	42	72	—
江西生物科技职业学院	64	77	255	64
吉安职业技术学院	—	20	20	—
临沂大学	12	53	116	16
济宁职业技术学院	19	2	64	21
潍坊职业学院	55	132	236	33
东营职业学院	33	42	101	28
聊城职业技术学院	9	16	45	14
滨州职业学院	20	22	87	30
潍坊科技学院	52	28	114	49
山东英才学院	16	87	123	11
东营科技职业学院	—	38	40	2
淄博职业学院	10	28	60	23
青岛求实职业技术学院	35	33	85	25
山东协和学院	—	32	32	—
山东旅游职业学院	—	6	6	—
泰山职业技术学院	21	39	85	15
枣庄职业学院	—	4	25	8
潍坊工程职业学院	—	5	15	5

（续）

学校名称	毕业生数	招生数	在校学生数	毕业班学生数
山东农业工程学院	43	58	211	53
河南科技大学	291	—	65	65
河南农业大学	61	—	160	100
河南科技学院	87	85	250	70
三门峡职业技术学院	60	15	108	44
新乡学院	77	—	112	67
信阳农林学院	170	236	428	92
濮阳职业技术学院	83	10	73	38
许昌职业技术学院	64	30	142	63
商丘职业技术学院	89	57	238	106
河南农业职业学院	345	205	840	318
商丘学院	—	38	106	26
许昌陶瓷职业学院	—	—	3	3
黄冈职业技术学院	65	55	246	80
江汉大学	—	—	23	23
荆楚理工学院	45	55	178	54
恩施职业技术学院	19	159	171	11
武汉生物工程学院	197	167	483	138
武汉工贸职业学院	32	18	32	14
荆州职业技术学院	40	34	131	61
仙桃职业学院	25	47	172	35
武汉软件工程职业学院	54	—	74	74
湖北三峡职业技术学院	58	63	182	53
湖北生物科技职业学院	133	73	318	115
咸宁职业技术学院	73	62	208	50
武汉民政职业学院	68	93	180	52
三峡旅游职业技术学院	78	19	68	31
永州职业技术学院	33	27	74	14
湖南生物机电职业技术学院	212	215	658	198
娄底职业技术学院	73	67	263	126
长沙职业技术学院	19	21	59	18
岳阳职业技术学院	43	46	151	52
常德职业技术学院	30	31	124	51
湘西民族职业技术学院	—	11	34	15
益阳职业技术学院	21	158	265	58
湖南应用技术学院	44	94	266	87
湖南都市职业学院	—	15	52	20
顺德职业技术学院	81	41	155	29
深圳职业技术学院	154	152	471	154
私立华联学院	38	58	244	95
广东农工商职业技术学院	160	106	425	164
阳江职业技术学院	60	83	234	67
河源职业技术学院	51	48	139	49
揭阳职业技术学院	—	29	29	—
广州城市职业学院	51	84	242	87
东莞职业技术学院	69	94	249	74

（续）

学校名称	毕业生数	招生数	在校学生数	毕业班学生数
广东环境保护工程职业学院	—	169	711	304
广东生态工程职业学院	—	486	486	—
玉林师范学院	13	—	—	—
桂林师范高等专科学校	—	14	64	23
贺州学院	11	—	8	8
广西交通职业技术学院	—	66	213	63
广西农业职业技术学院	82	64	240	104
广西城市职业学院	23	26	84	25
广西英华国际职业学院	26	2	26	18
广西工程职业学院	—	6	25	11
海南职业技术学院	59	132	280	47
琼台师范高等专科学校	47	110	202	30
重庆三峡职业学院	296	330	979	331
重庆工贸职业技术学院	157	84	282	87
重庆城市管理职业学院	170	162	483	165
重庆旅游职业学院	71	32	124	54
西南科技大学	20	48	131	42
西昌学院	22	14	135	51
西华师范大学	39	50	160	51
绵阳师范学院	21	—	43	13
南充职业技术学院	84	45	112	29
内江职业技术学院	52	38	145	44
成都农业科技职业学院	150	90	360	124
广安职业技术学院	23	40	132	31
安顺职业技术学院	13	32	84	10
黔东南民族职业技术学院	20	71	110	23
黔南民族职业技术学院	7	8	44	15
遵义职业技术学院	—	18	23	—
黔西南民族职业技术学院	22	40	94	33
贵阳职业技术学院	110	51	226	101
云南农业大学	—	24	24	—
普洱学院	36	36	98	33
昆明学院	37	—	27	27
云南农业职业技术学院	245	50	169	58
西双版纳职业技术学院	32	15	71	19
玉溪农业职业技术学院	128	51	226	84
云南热带作物职业学院	70	—	103	62
云南国防工业职业技术学院	61	24	111	39
大理农林职业技术学院	—	55	149	—
西藏大学农牧学院	40	40	110	35
西藏职业技术学院	57	90	297	104
杨凌职业技术学院	36	32	113	57
榆林学院	19	—	—	—
安康学院	12	—	56	22
西安东方亚太职业技术学院	—	5	5	—
咸阳职业技术学院	46	72	150	43

（续）

学校名称	毕业生数	招生数	在校学生数	毕业班学生数
西安职业技术学院	9	—	39	31
汉中职业技术学院	12	21	60	8
延安职业技术学院	—	—	29	13
河西学院	44	—	1	1
陇南师范高等专科学校	—	33	45	—
兰州职业技术学院	35	50	289	40
甘肃农业职业技术学院	102	58	168	52
青海畜牧兽医职业技术学院	36	36	138	32
宁夏职业技术学院	73	53	163	43
伊犁职业技术学院	5	19	81	12
巴音郭楞职业技术学院	29	30	92	26
新疆应用职业技术学院	21	32	84	12

表 15-11　2014～2015 学年高等林业(生态)职业技术学院和其他高等职业学院林科分专业情况

单位：人

专业名称	毕业生数	招生数	在校学生数	毕业班学生数
总　计	**37 702**	**39 906**	**120 219**	**37 788**
(一)林科专业	**17 657**	**17 600**	**55 838**	**18 123**
林业技术	1729	2082	5526	1718
园林技术	12 167	11 609	36 463	12 019
城市园林	767	1296	4291	1393
园林建筑	45	129	433	116
商品花卉	485	492	1686	620
森林资源保护	195	245	754	251
野生植物资源开发与利用	211	40	197	75
野生动物保护	20	19	56	22
自然保护区建设与管理	45	118	185	40
森林生态旅游	336	303	842	308
林产化工技术	21	—	—	—
木材加工技术	184	135	472	180
森林工程技术	8	30	46	—
人造板自动化生产技术	32	—	34	34
家具卖场设计与管理	99	428	695	105
高尔夫场地管理	50	154	300	63
林业信息技术	46	36	100	28
经济林培育与利用	29	15	68	25
森林防火指挥与通讯	—	10	106	38
其他林科专业	1188	459	3584	1088
(二)非林科专业	**20 045**	**22 306**	**64 381**	**19 665**
包装技术与设计	17	49	137	36
财务管理	35	161	383	74
茶艺	—	17	66	29
城市水净化技术	—	9	9	—
城镇规划	225	145	406	114
畜牧兽医	65	50	156	43
传媒策划与管理	—	36	79	—
导游	40	25	99	34

（续）

专业名称	毕业生数	招生数	在校学生数	毕业班学生数
道路桥梁工程技术	505	399	1303	464
地理信息系统与地图制图技术	149	101	342	130
电脑艺术设计	113	120	297	100
电气自动化技术	21	57	161	50
电子商务	243	444	1009	272
雕刻艺术与家具设计	24	91	309	119
动漫设计与制作	117	142	366	69
都市园艺	—	40	55	—
房地产经营与估价	42	12	41	14
服装设计	22	20	67	18
给排水工程技术	68	53	128	43
工程测量技术	261	249	901	342
工程测量与监理	52	230	554	144
工程机械运用与维护	15	—	9	9
工程监理	359	204	628	195
工程造价	791	1248	3282	876
工商企业管理	18	24	85	24
工业分析与检验	—	—	21	—
工业设计	—	5	16	—
公共管理类专业	—	28	28	—
广告设计与制作	91	158	408	105
广告与会展	5	16	51	16
国际贸易实务	—	—	13	13
国际商务	74	—	144	98
焊接技术及自动化	14	6	48	23
护理	1734	1684	5397	1666
环境工程技术	42	79	204	50
环境监测与评价	213	201	542	145
环境监测与治理技术	252	278	746	236
环境艺术设计	519	462	1388	483
会计	629	838	2349	544
会计电算化	1176	1222	4153	1512
会计与审计	394	420	1247	421
会展策划与管理	48	35	147	57
机电一体化技术	374	809	1685	350
机械制造与自动化	98	49	250	117
计算机多媒体技术	20	20	46	12
计算机网络技术	441	317	811	260
计算机系统维护	28	—	14	9
计算机信息管理	89	80	287	80
计算机应用技术	269	473	1145	340
家具设计与制造	333	282	1013	391
家政服务	40	48	196	108
建筑工程管理	—	114	239	46
建筑工程技术	1579	1698	5490	1512
建筑设计类专业	2	—	26	15
建筑装饰工程技术	89	123	301	98

（续）

专业名称	毕业生数	招生数	在校学生数	毕业班学生数
金融与证券	82	147	376	104
经济管理	132	127	350	101
景观设计	5	119	293	57
景区开发与管理	26	34	82	27
酒店管理	534	535	1547	501
康复治疗技术	—	25	25	—
口腔医学技术	—	69	117	—
连锁经营管理	38	—	64	43
楼宇智能化工程技术	35	18	77	35
旅游服务与管理	—	—	—	—
旅游管理	372	241	638	235
旅游英语	24	38	101	36
绿色食品生产与检验	—	51	140	47
模具设计与制造	17	37	121	43
葡萄与葡萄酒工程	—	102	179	—
汽车电子技术	73	86	253	89
汽车技术服务与营销	188	240	703	178
汽车检测与维修技术	114	367	776	167
汽车运用技术	81	187	412	89
汽车运用与维修	—	82	122	—
汽车制造与装配技术	—	49	93	—
软件技术	85	77	247	85
商务管理	37	—	31	31
商务英语	108	50	190	74
设施农业技术	50	24	60	25
社区管理与服务	—	47	95	—
涉外旅游	6	—	4	2
生物技术及应用	282	156	492	173
生物制药技术	97	112	302	115
食品加工技术	—	10	18	—
食品生物技术	18	22	37	10
食品营养与检测	168	157	503	185
食品质量与安全监管	—	—	2	2
市场开发与营销	68	90	213	48
市场营销	323	422	1122	325
市政工程技术	94	43	216	82
视觉传达艺术设计	13	18	93	41
室内检测与控制技术	25	—	—	—
室内设计技术	1584	1302	4147	1354
室内装饰设计	—	—	10	—
数控技术	71	78	298	111
数控设备应用与维护	42	11	67	27
水利工程	72	73	241	98
水土保持	98	51	176	73
水文与工程地质	—	46	46	—
通信技术	—	176	451	186
投资与理财	96	29	103	31

（续）

专业名称	毕业生数	招生数	在校学生数	毕业班学生数
图形图像制作	154	174	494	157
微电子技术	—	—	18	—
文秘	125	65	225	89
物联网应用技术	—	87	183	48
物流管理	463	483	1493	494
物业管理	13	6	6	—
西餐工艺	—	41	83	—
新闻采编与制作	17	15	59	29
新闻与传播	11	—	—	—
休闲服务与管理	—	30	49	—
学前教育	130	220	665	227
药学	212	179	576	184
医学检验技术	131	173	451	157
医药营销	—	6	32	8
艺术设计	94	196	483	122
营销与策划	122	198	490	139
影视动画	19	11	61	17
应用电子技术	123	117	323	119
应用俄语	12	—	16	10
应用化工技术	58	41	115	58
应用日语	—	—	—	—
园艺技术	407	453	1265	426
侦查	180	—	—	—
治安管理	333	—	139	139
中草药栽培技术	—	39	89	25
中药	75	80	185	51
中药制药技术	43	8	52	27
助产	201	210	541	156
装潢艺术设计	64	65	159	43
装饰艺术设计	19	214	503	—
资产评估与管理	123	104	254	83
资源环境与城市管理	123	172	462	121

表 15-12 2014～2015 学年初主要涉林高等院校及科研单位分学科专业学生情况

单位名称	分学科、专业学生数	毕业生数	招生数	在校学生数	毕业班学生数
北京林业大学	**学生总数**	**4628**	**4964**	**18 054**	**5317**
	其中:林业学科、专业学生	1617	1631	5994	2020
	占学生总数的比例	34.94%	32.86%	33.20%	37.99%
	一、研究生合计	**1441**	**1668**	**4819**	**2048**
	(一)博士小计	212	265	1136	609
	1. 林业学科	172	194	882	492
	林木遗传育种	10	11	50	25
	森林培育	6	13	62	39
	森林保护学	14	14	50	22
	森林经理学	6	7	39	26
	野生动植物保护与利用	18	14	85	52
	园林植物与观赏园艺	13	19	62	29

（续）

单位名称	分学科、专业学生数	毕业生数	招生数	在校学生数	毕业班学生数
	水土保持与荒漠化防治	32	36	129	62
	森林工程	3	5	18	10
	木材科学与技术	10	16	77	39
	林产化学加工工程	11	17	66	36
	林业经济管理	26	16	118	80
	土壤学	2	4	11	6
	植物学	12	10	56	32
	生态学学科	9	12	59	34
	2. 其他学科	40	71	254	117
	（二）硕士小计	1229	1403	3683	1439
	1. 林业学科	598	746	1806	654
	林木遗传育种	22	30	71	18
	森林培育	28	27	80	25
	森林保护学	16	34	84	22
	森林经理学	28	17	60	21
	野生动植物保护与利用	37	45	133	44
	园林植物与观赏园艺	65	42	139	50
	水土保持与荒漠化防治	49	73	188	48
	森林工程	4	8	26	9
	木材科学与技术	30	37	112	38
	林产化学加工工程	12	31	77	18
	林业经济管理	9	10	29	10
	土壤学	9	8	27	8
	植物学	21	24	68	21
	生态学	31	29	80	21
	林业（专业学位）	74	107	189	82
	风景园林（专业学位）	79	116	231	115
	林业工程（专业学位）	84	108	212	104
	2. 其他学科	631	657	1877	785
	二、本专科生合计	**3187**	**3296**	**13235**	**3269**
	1. 林科专业	847	691	3306	874
	木材科学与工程	133	172	654	150
	林产化工	76	84	300	67
	林学	109	—	238	103
	森林资源保护与游憩	—	—	—	—
	野生动物与自然保护区管理	24	47	159	28
	园林	177	138	712	189
	水土保持与荒漠化防治	96	94	411	94
	风景园林	148	116	559	159
	农林经济管理	84	40	273	84
	2. 其他专业	2340	2605	9929	2395
东北林业大学	**学生总数**	**5902**	**6065**	**23 080**	**6306**
	其中：林业学科、专业学生	1575	1595	5908	1991
	占学生总数的比例	26.69%	26.30%	25.60%	31.57%
	一、研究生合计	**1311**	**1434**	**4226**	**1737**
	（一）博士小计	167	193	939	554

（续）

单位名称	分学科、专业学生数	毕业生数	招生数	在校学生数	毕业班学生数
	1. 林业学科	128	141	724	436
	林木遗传育种	10	10	43	19
	森林培育	1	5	27	18
	森林保护学	9	9	41	23
	森林经理学	9	6	21	10
	野生动植物保护与利用	9	9	60	39
	园林植物与观赏园艺	4	3	12	6
	水土保持与荒漠化防治	1	6	30	18
	森林工程	5	8	49	33
	木材科学与技术	10	11	64	38
	林产化学加工工程	6	5	25	16
	林业经济管理	15	15	90	64
	植物学	8	7	32	15
	生态学	13	8	45	27
	其他林业学科	28	39	185	110
	2. 其他学科	39	52	215	118
	(二)硕士小计	1144	1241	3287	1183
	1. 林业学科	466	593	1464	577
	林木遗传育种	17	29	93	35
	森林培育	5	12	37	14
	森林保护学	12	28	76	20
	森林经理学	20	16	54	19
	野生动植物保护与利用	4	19	56	20
	园林植物与观赏园艺	23	20	60	20
	水土保持与荒漠化防治	14	10	33	11
	森林工程	20	25	60	13
	木材科学与技术	19	30	83	26
	林产化学加工工程	10	10	31	10
	林业经济管理	3	7	20	6
	土壤学	4	4	13	5
	植物学	18	18	57	19
	生态学	14	20	66	26
	林业(专业学位)	19	28	62	34
	农业推广(林业,专业学位)	42	47	100	53
	工程(林业工程,专业学位)	146	183	369	186
	风景园林(专业学位)	30	34	57	23
	其他林业学科	46	53	137	37
	2. 其他学科	678	648	1823	606
	二、本专科生合计	**4591**	**4631**	**18 854**	**4569**
	本科小计	4591	4631	18 854	4569
	1. 林科专业	782	705	3032	786
	林产化工	49	59	215	45
	木材科学与工程	141	142	523	125
	森林保护	47	55	220	54
	森林工程	100	84	367	84
	野生动物与自然保护区管理	62	60	288	78

（续）

单位名称	分学科、专业学生数	毕业生数	招生数	在校学生数	毕业班学生数
	风景园林	125	94	418	118
	农林经济管理	74	62	270	74
	林学	93	91	415	112
	园林	91	58	316	96
	2. 其他专业	3809	3926	15822	3783
南京林业大学	**学生总数**	**4827**	**5304**	**19 724**	**5677**
	其中：林业学科、专业学生	1044	1125	4419	1441
	占学生总数的比例	21.63%	21.21%	22.40%	25.38%
	一、研究生合计	**952**	**1195**	**3444**	**1566**
	（一）博士小计	65	128	729	478
	1. 林业学科	40	90	538	360
	林木遗传育种	5	3	32	20
	森林培育	4	12	48	29
	森林保护学	2	7	40	29
	森林经理学	—	3	25	19
	野生动植物保护与利用	1	1	4	2
	园林植物与观赏园艺	3	4	33	25
	水土保持与荒漠化防治	1	6	35	23
	森林工程	6	8	47	30
	木材科学与技术	7	7	61	44
	林产化学加工工程	3	11	44	22
	林业经济管理	3	9	75	56
	植物学	3	8	37	24
	其他林业学科	2	11	57	37
	2. 其他学科	25	38	191	118
	（二）硕士小计	887	1067	2715	1088
	1. 林业学科	344	367	971	359
	林木遗传育种	12	18	58	21
	森林培育	19	29	79	23
	森林保护学	18	21	60	19
	森林经理学	13	14	38	11
	野生动植物保护与利用	2	1	5	1
	园林植物与观赏园艺	23	20	60	20
	水土保持与荒漠化防治	11	16	45	15
	森林工程	10	10	24	10
	木材科学与技术	37	33	98	31
	林产化学加工工程	16	15	48	16
	林业经济管理	8	—	—	—
	土壤学	6	—	—	—
	植物学	23	26	76	26
	生态学	28	27	83	29
	林业（专业学位）	27	41	81	40
	风景园林（专业学位）	64	72	145	73
	其他林业学科	27	24	71	24
	2. 其他学科	543	700	1744	729
	二、本专科生合计	**3875**	**4109**	**16 280**	**4111**

（续）

单位名称	分学科、专业学生数	毕业生数	招生数	在校学生数	毕业班学生数
中南林业科技大学	(一)本科小计	3875	4109	16 280	4111
	1. 林科专业	660	668	2910	722
	森林工程	23	31	98	22
	木材科学与工程	241	145	814	253
	林产化工	26	66	209	44
	林学	165	186	696	162
	森林保护	—	27	48	—
	园林	105	74	445	122
	风景园林	69	79	402	92
	农林经济管理	31	60	198	27
	2. 其他专业	3215	3441	13 370	3389
	学生总数	**6802**	**7228**	**27 366**	**7218**
	其中:林业学科、专业学生	741	867	3259	869
	占学生总数的比例	10.89%	12.00%	11.91%	12.04%
	一、研究生合计	**640**	**750**	**2131**	**881**
	(一)博士小计	20	54	277	170
	1. 林业学科	17	29	156	113
	林木遗传育种	2	1	6	4
	森林培育	3	5	35	23
	森林保护学	2	1	7	4
	森林经理学	1	1	10	20
	野生动植物保护与利用	—	1	3	2
	园林植物与观赏园艺	1	1	14	16
	水土保持与荒漠化防治	—	1	5	2
	森林工程	3	2	29	21
	木材科学与技术	4	2	21	13
	林产化学加工工程	—	3	11	4
	其他林业学科	1	11	15	4
	2. 其他学科	3	25	121	57
	(二)硕士小计	620	696	1854	711
	1. 林业学科	185	183	511	162
	林木遗传育种	—	2	6	1
	森林培育	27	27	85	26
	森林保护学	6	6	20	7
	森林经理学	15	26	71	23
	野生动植物保护与利用	4	2	6	2
	园林植物与观赏园艺	35	12	36	14
	水土保持与荒漠化防治	10	10	26	7
	森林工程	8	2	6	4
	木材科学与技术	12	9	20	11
	林产化学加工工程	5	4	7	3
	林业经济管理	4	1	6	3
	植物学	6	3	18	7
	生态学	24	58	134	30
	林业(专业学位)	11	13	23	10
	其他林业学科	18	8	47	14

（续）

单位名称	分学科、专业学生数	毕业生数	招生数	在校学生数	毕业班学生数
	2. 其他学科	435	513	1343	549
	二、本专科生合计	**6162**	**6478**	**25 235**	**6337**
	(一)本科小计	5438	5890	23 348	5623
	1. 林科专业	539	655	2592	594
	森林工程	48	83	295	60
	木材科学与工程	81	99	461	112
	林产化工	34	45	181	33
	林学	143	131	567	145
	森林保护	30	31	144	37
	园林	148	53	382	137
	风景园林	—	119	236	—
	农林经济管理	55	94	326	70
	2. 其他专业	4899	5235	20756	5029
	(二)高职小计	724	588	1887	714
	商品花卉	724	588	1887	714
西南林业大学	**学生总数**	**3843**	**4709**	**17 539**	**4341**
	其中:林业学科、专业学生	1028	1146	4039	1034
	占学生总数的比例	26.75%	24.34%	23.03%	23.82%
	一、研究生合计	**470**	**478**	**1215**	**457**
	(一)博士小计	—	9	9	—
	1. 林业学科	—	7	7	—
	森林培育	—	1	1	—
	森林经理学	—	1	1	—
	野生动植物保护与利用	—	1	1	—
	水土保持与荒漠化防治	—	1	1	—
	森林工程	—	1	1	—
	木材科学与技术	—	1	1	—
	林产化学加工工程	—	1	1	—
	2. 其他学科	—	2	2	—
	(二)硕士小计	470	469	1206	457
	1. 林业学科	293	275	704	278
	林木遗传育种	6	3	21	8
	森林培育	11	7	35	16
	森林保护学	11	9	33	13
	森林经理学	20	13	38	12
	野生动植物保护与利用	20	6	30	11
	园林植物与观赏园艺	16	5	23	9
	水土保持与荒漠化防治	13	9	25	8
	森林工程	11	7	20	6
	木材科学与技术	11	2	17	8
	林产化学加工工程	1	3	7	2
	林业经济管理	10	3	12	5
	植物学	20	12	41	14
	生态学	27	32	92	27
	林业(专业学位)	22	28	55	27
	工程(林业工程,专业学位)	20	38	65	27

（续）

单位名称	分学科、专业学生数	毕业生数	招生数	在校学生数	毕业班学生数
	风景园林(专业学位)	74	88	173	85
	其他林业学科	—	10	17	—
	2. 其他学科	177	194	502	179
	二、本专科生合计	**3373**	**4231**	**16 324**	**3884**
	(一)本科小计	3373	4231	16 324	3884
	1. 林科专业	735	871	3335	756
	森林工程	59	75	286	73
	木材科学与工程	85	170	548	83
	林产化工	37	65	224	32
	林学	123	160	644	145
	森林保护	93	42	254	87
	野生动物与自然保护区管理	34	29	130	33
	园林	222	197	789	203
	水土保持与荒漠化防治	45	52	221	50
	农林经济管理	37	81	239	50
	2. 其他专业	2638	3360	12 989	3128
西北农林科技大学	**学生总数**	**7477**	**7873**	**29 294**	**8630**
	其中:林业学科、专业学生	712	737	2720	773
	占学生总数的比例	9.52%	9.36%	9.29%	8.96%
	一、研究生合计	**2196**	**2584**	**7467**	**3164**
	(一)博士小计	276	402	1989	1205
	1. 林业学科	26	45	206	112
	林木遗传育种	—	1	10	9
	森林培育	4	6	20	11
	森林保护学	2	6	22	10
	森林经理学	1	2	6	1
	野生动植物保护与利用	1	1	11	8
	园林植物与观赏园艺	2	1	10	9
	水土保持与荒漠化防治	8	16	75	37
	林业经济管理	5	1	7	5
	植物学	3	11	45	22
	2. 其他学科	250	357	1783	1093
	(二)硕士小计	1920	2182	5478	1959
	1. 林业学科	181	163	398	139
	林木遗传育种	11	6	17	6
	森林培育	7	9	23	5
	森林保护学	16	10	36	11
	森林经理学	6	7	22	8
	野生动植物保护与利用	8	5	22	8
	园林植物与观赏园艺	28	11	11	—
	水土保持与荒漠化防治	36	39	110	32
	木材科学与技术	5	3	11	4
	林产化学加工工程	8	6	18	6
	林业经济管理	2	4	7	1
	风景园林(专业学位)	30	39	71	32
	林业(专业学位)	24	24	50	26

（续）

单位名称	分学科、专业学生数	毕业生数	招生数	在校学生数	毕业班学生数
	2. 其他学科	162	231	451	220
	二、本专科生合计	**5281**	**5289**	**21 827**	**5466**
	1. 林业学科	505	529	2116	522
	木材科学与工程	95	89	352	95
	林产化工	54	56	187	47
	森林保护	49	61	203	50
	水土保持与荒漠化防治	122	60	384	123
	林学	89	119	422	110
	园林	96	85	509	97
	风景园林(专业学位)	—	59	59	—
	2. 其他学科	4776	4760	19 711	4944
浙江农林大学	**学生总数**	**3849**	**4024**	**15 491**	**3750**
	其中:林业学科、专业学生	620	542	2326	625
	占学生总数的比例	16.11%	13.47%	15.02%	16.67%
	一、研究生合计	**468**	**500**	**1269**	**282**
	(一)博士小计	—	3	6	—
	林学学科	—	3	6	—
	(二)硕士小计	468	497	1263	282
	1. 林业学科	168	120	362	123
	林木遗传育种	18	15	42	13
	森林培育	30	18	50	16
	森林保护学	16	10	27	9
	森林经理学	15	13	43	15
	野生动植物保护与利用	—	1	8	4
	园林植物与观赏园艺	39	14	40	13
	水土保持与荒漠化防治	—	1	3	1
	森林工程	—	1	6	3
	木材科学与技术	10	6	36	15
	林产化学加工工程	6	4	7	3
	林业经济管理	11	—	1	—
	植物学	—	4	12	4
	生态学学科	23	14	44	16
	其他林业学科	—	19	43	11
	2. 其他学科	300	377	901	159
	二、本专科生合计	**3381**	**3524**	**14 222**	**3468**
	(一)本科小计	3381	3524	14 222	3468
	1. 林科专业	452	422	1964	502
	林学	60	90	378	84
	木材科学与工程	140	141	573	142
	农林经济管理	73	60	264	65
	园林	60	73	266	61
	风景园林	119	58	483	150
	2. 其他专业	2929	3102	12 258	2966
中国林业科学研究院	**学生总数**	**290**	**318**	**954**	**373**
	其中:林业学科、专业学生	246	252	753	301
	占学生总数的比例	84.83%	79.25%	78.93%	80.70%

（续）

单位名称	分学科、专业学生数	毕业生数	招生数	在校学生数	毕业班学生数
	一、研究生合计	**290**	**318**	**954**	**373**
	（一）博士小计	100	118	409	172
	1. 林业学科	78	88	313	134
	林木遗传育种	14	19	66	30
	森林培育	8	13	48	22
	森林保护学	13	10	34	14
	森林经理学	6	8	37	21
	野生动植物保护与利用	1	1	5	3
	园林植物与观赏园艺	6	5	19	8
	水土保持与荒漠化防治	3	4	18	7
	林产化学加工工程	5	10	28	7
	木材科学与技术	9	10	31	9
	其他林业学科	13	8	27	13
	2. 其他学科	22	30	96	38
	（二）硕士小计	190	200	545	201
	1. 林业学科	168	164	440	167
	林木遗传育种	9	17	40	13
	森林培育	16	19	60	19
	森林保护学	6	9	24	9
	森林经理学	9	3	11	4
	野生动植物保护与利用	1	1	6	4
	园林植物与观赏园艺	2	1	6	3
	水土保持与荒漠化防治	5	6	14	5
	森林工程	2	—	3	1
	木材科学与技术	10	11	30	11
	林产化学加工工程	6	10	23	6
	林业经济管理	7	3	16	7
	土壤学	2	1	8	4
	植物学	3	—	2	1
	生态学学科	21	20	62	17
	风景园林（专业学位）	60	54	108	54
	其他林业学科	9	9	27	9
	2. 其他学科	22	36	105	34
河北农业大学	**学生总数**	**5366**	**6273**	**22 114**	**5613**
	其中：林业学科、专业学生	424	555	2037	662
	占学生总数的比例	7.90%	8.85%	9.21%	11.79%
	一、研究生合计	**789**	**814**	**2260**	**958**
	（一）博士小计	38	53	277	171
	1. 林业学科	8	10	65	42
	林木遗传育种	2	1	4	2
	森林保护学	—	2	5	1
	森林经理学	—	—	2	1
	森林培育	—	2	13	10
	园林植物与观赏园艺	—	—	1	—
	林业经济管理	4	—	5	3
	土壤学	1	3	20	14

（续）

单位名称	分学科、专业学生数	毕业生数	招生数	在校学生数	毕业班学生数
	植物学	1	2	15	11
	2. 其他学科	30	43	212	129
	(二)硕士小计	751	761	1983	787
	1. 林业学科	108	101	257	101
	林木遗传育种	7	7	19	6
	森林保护学	8	5	22	9
	森林经理学	9	5	17	6
	森林培育	7	8	26	10
	水土保持与荒漠化防治	1	2	5	1
	园林植物与观赏园艺	15	6	13	2
	林业经济管理	10	8	23	8
	植物学	13	14	39	12
	风景园林(专业学位)	38	46	93	47
	2. 其他学科	643	660	1726	686
	二、本专科生合计	**4577**	**5459**	**19 854**	**4655**
	(一)本科小计	4577	5459	19854	4655
	1. 林科专业	278	401	1503	390
	林学	78	120	435	102
	森林保护	—	30	102	42
	园林	91	97	417	119
	风景园林	59	68	276	69
	木材科学与工程	50	86	273	58
	2. 其他专业	4299	5058	18 351	4265
内蒙古农业大学	**学生总数**	**8542**	**8818**	**33 832**	**9219**
	其中:林业学科、专业学生	846	859	3010	814
	占学生总数的比例	9.90%	9.74%	8.90%	8.83%
	一、研究生合计	**770**	**900**	**2486**	**965**
	(一)博士小计	85	110	453	234
	1. 林业学科	15	17	84	51
	林木遗传育种	—	1	2	1
	森林保护学	—	—	2	2
	森林经理学	1	2	9	5
	森林培育	2	1	5	4
	野生动植物保护与利用	2	3	9	4
	园林植物与观赏园艺	—	—	1	1
	水土保持与荒漠化防治	2	3	17	10
	森林工程	1	2	6	3
	木材科学与技术	1	2	9	5
	林业经济管理	—	1	3	1
	土壤学	2	1	8	5
	植物学	4	1	13	10
	2. 其他学科	70	93	369	183
	(二)硕士小计	685	790	2033	731
	1. 林业学科	83	104	248	88
	林木遗传育种	1	5	12	3
	森林培育	6	6	14	4

（续）

单位名称	分学科、专业学生数	毕业生数	招生数	在校学生数	毕业班学生数
	森林经理学	5	6	15	6
	森林保护学	1	2	5	1
	水土保持与荒漠化防治	14	18	45	14
	野生动植物保护与利用	2	8	17	6
	园林植物与观赏园艺	9	2	11	2
	森林工程	8	8	25	10
	木材科学与技术	5	3	16	6
	林产化学加工工程	—	1	6	4
	林业经济管理	2	3	10	3
	林业（专业学位）	5	13	20	6
	风景园林（专业学位）	25	29	52	23
	2. 其他学科	602	686	1785	643
	二、本专科生合计	**7772**	**7918**	**31 346**	**8254**
	本科小计	6819	6872	27 984	7163
	林科专业	748	738	2678	675
	林学	105	95	441	115
	森林保护	—	90	263	—
	水土保持与荒漠化防治	125	117	393	109
	园林	282	256	1025	335
	森林工程	160	60	173	30
	木材科学与工程	76	120	383	86
安徽农业大学	**学生总数**	**5359**	**5129**	**21 175**	**5802**
	其中：林业学科、专业学生	297	251	1066	317
	占学生总数的比例	5.54%	4.89%	5.03%	5.46%
	一、研究生合计	**740**	**918**	**2595**	**826**
	（一）博士小计	37	50	181	79
	1. 林业学科	7	10	31	17
	森林培育	2	3	11	7
	森林保护学	1	1	4	2
	木材科学与技术	2	3	8	4
	木材科学与技术	2	3	8	4
	2. 其他学科	30	40	150	62
	（二）硕士小计	703	868	2414	747
	1. 林业学科	78	59	225	79
	林木遗传育种	—	—	2	1
	森林保护学	1	3	10	3
	森林经理学	2	4	18	8
	园林植物与观赏园艺	52	12	82	34
	木材科学与技术	7	5	15	5
	土壤学	9	6	30	12
	植物学	2	2	11	5
	林业（专业学位）	5	27	57	11
	2. 其他学科	625	809	2189	668
	二、本专科生合计	**4619**	**4211**	**18 580**	**4976**
	（一）本科小计	4619	4211	18 580	4976
	林科专业	212	182	810	221

（续）

单位名称	分学科、专业学生数	毕业生数	招生数	在校学生数	毕业班学生数
	木材科学与工程	58	66	220	54
	农林经济管理	53	57	280	71
	园林	101	59	310	96
福建农林大学	**学生总数**	**7581**	**7063**	**27 417**	**7472**
	其中:林业学科、专业学生	688	566	2109	654
	占学生总数的比例	9.08%	8.01%	7.69%	8.75%
	一、研究生合计	**1073**	**1136**	**3347**	**1260**
	(一)博士小计	84	111	509	287
	1. 林业学科	13	21	94	51
	林木遗传育种	—	1	3	1
	森林保护学	—	—	3	2
	森林经理学	1	1	10	6
	森林培育	1	3	14	11
	野生动植物保护与利用	1	2	4	2
	园林植物与观赏园艺	2	—	3	3
	水土保持与荒漠化防治	1	1	6	2
	木材科学与技术	3	—	2	2
	林业经济管理	4	6	20	9
	植物学	—	—	5	4
	其他林业学科	—	7	24	9
	2. 其他学科	71	90	415	236
	(二)硕士小计	989	1025	2838	973
	1. 林业学科	158	100	280	114
	林木遗传育种	3	1	4	2
	森林保护学	2	4	6	1
	森林经理学	14	10	29	11
	森林培育	8	25	43	11
	野生动植物保护与利用	1	2	2	—
	园林植物与观赏园艺	55	11	42	23
	水土保持与荒漠化防治	7	9	30	10
	森林工程	3	2	9	2
	木材科学与技术	9	3	14	6
	林产化学加工工程	4	2	8	3
	林业经济管理	2	1	12	5
	土壤学	18	—	10	10
	植物学	5	2	11	4
	林业(专业学位)	27	21	48	26
	其他林业学科	—	7	12	—
	2. 其他学科	831	925	2558	859
	二、本专科生合计	**6508**	**5927**	**24 070**	**6212**
	(一)本科小计	5706	5927	22 962	5526
	1. 林科专业	517	445	1735	489
	林学	122	108	408	116
	森林保护	54	52	162	42
	森林工程	33	40	147	36
	水土保持与荒漠化防治	49	63	218	48

（续）

单位名称	分学科、专业学生数	毕业生数	招生数	在校学生数	毕业班学生数
	园林	222	59	409	212
	风景园林	—	63	223	—
	农林经济管理	37	60	168	35
	2. 其他专业	5991	5482	22 335	5723
山东农业大学	**学生总数**	**8019**	**8789**	**33 746**	**8521**
	其中：林业学科、专业学生	509	772	2360	498
	占学生总数的比例	6.35%	8.78%	6.99%	5.84%
	一、研究生合计	**1014**	**1140**	**3087**	**1174**
	（一）博士小计	105	111	399	175
	1. 林业学科	8	10	29	10
	森林培育	5	4	11	4
	土壤学	3	6	18	6
	2. 其他学科	97	101	370	165
	（二）硕士小计	909	1029	2688	999
	1. 林业学科	108	92	229	69
	林木遗传育种	6	2	11	4
	森林培育	8	6	16	4
	森林保护学	7	7	21	6
	森林经理学	4	5	15	4
	园林植物与观赏园艺	27	3	5	—
	水土保持与荒漠化防治	12	11	28	8
	植物学	14	20	53	13
	土壤学	12	13	36	11
	其他林业学科	18	25	44	19
	二、本专科生合计	**7005**	**7649**	**30 659**	**7347**
	（一）本科小计	7005	7649	30 659	7347
	林学	61	76	280	57
	园林	154	65	464	131
	风景园林	—	62	266	68
	木材科学与工程	36	83	222	43
	农林经济管理	57	161	305	62
	森林保护	57	121	363	75
	水土保持与荒漠化防治	50	82	285	56
	生态学	—	87	141	—
河南农业大学	**学生总数**	**7307**	**8197**	**30 940**	**7900**
	其中：林业学科、专业学生	325	148	874	352
	占学生总数的比例	4.45%	1.81%	2.82%	4.46%
	一、研究生合计	**585**	**680**	**1993**	**850**
	（一）博士小计	40	63	170	60
	1. 林业学科	4	4	12	5
	森林培育	4	—	5	5
	其他林业学科	—	4	7	—
	2. 其他学科	36	59	158	55
	（二）硕士小计	545	617	1823	790
	1. 林业学科	50	29	116	61
	林木遗传育种	1	—	2	—

（续）

单位名称	分学科、专业学生数	毕业生数	招生数	在校学生数	毕业班学生数
	森林培育	5	—	14	6
	森林经理学	4	—	8	3
	园林植物与观赏园艺	17	—	25	14
	风景园林（专业学位）	23	29	67	38
	2. 其他学科	495	588	1707	729
	二、本专科生合计	**6722**	**7517**	**28 947**	**7050**
	（一）本科小计	5837	6340	25 514	6053
	1. 林科专业	271	115	746	286
	林学	52	58	223	49
	园林	219	57	523	237
	2. 其他专业	6451	7402	28201	6764
新疆农业大学	**学生总数**	**3802**	**3991**	**16 291**	**4099**
	其中：林业学科、专业学生	196	192	997	208
	占学生总数的比例	5.16%	4.81%	6.12%	5.07%
	一、研究生合计	**574**	**612**	**1826**	**818**
	（一）博士小计	23	37	177	104
	1. 林业学科	1	—	2	1
	林业经济管理	1	—	2	1
	（二）硕士小计	551	575	1649	714
	1. 林业学科	24	27	95	32
	林木遗传育种	2	1	4	1
	森林培育	1	2	12	5
	森林保护学	—	4	10	2
	森林经理学	1	1	7	2
	野生动植物保护与利用	—	3	4	—
	园林植物与观赏园艺	7	9	17	3
	水土保持与荒漠化防治	—	—	4	—
	林业经济管理	—	1	3	2
	植物学	3	1	11	7
	土壤学	10	5	23	10
	二、本科小计	**3228**	**3379**	**14 465**	**3281**
	1. 林科专业	171	165	900	175
	水土保持与荒漠化防治	—	—	78	—
	林学	117	41	328	130
	园林	54	46	340	45
	森林保护	—	78	154	—
辽宁林业职业技术学院	**学生总数**	**1567**	**2126**	**6244**	**2215**
	其中：林业类专业学生	559	659	1866	670
	占学生总数的比例	35.67%	31.00%	29.88%	30.25%
	高尔夫场地管理	—	31	31	—
	林业技术	152	127	330	123
	园林技术	306	323	1034	380
	商品花卉	24	44	123	43
	森林生态旅游	26	36	118	48
	木材加工技术	19	36	114	47
	人造板自动化生产技术	32	—	29	29
	家具卖场设计与管理	—	62	87	—

（续）

单位名称	分学科、专业学生数	毕业生数	招生数	在校学生数	毕业班学生数
黑龙江林业职业技术学院	**学生总数**	**1999**	**2043**	**6452**	**2295**
	其中：林业类专业学生	239	609	1287	322
	占学生总数的比例	11.96%	29.81%	19.95%	14.03%
	林业技术	9	16	47	18
	园林技术	119	214	533	183
	野生植物资源开发与利用	—	9	24	—
	木材加工技术	12	4	29	16
	家具卖场设计与管理	99	366	606	105
	森林防火指挥与通讯	—	—	48	—
黑龙江生态职业技术学院	**学生总数**	**1742**	**1580**	**4914**	**1211**
	其中：林业类专业学生	263	213	674	188
	占学生总数的比例	15.10%	13.48%	13.72%	15.52%
	林业技术	18	6	29	12
	园林工程技术	110	111	364	104
	园林技术	71	53	164	35
	旅游管理（生态旅游方向）	25	31	64	19
	家具设计与制造	39	12	53	18
安徽林业职业技术学院	**学生总数**	**1068**	**1146**	**3139**	**959**
	其中：林业类专业学生	352	301	834	262
	占学生总数的比例	32.96%	26.27%	26.57%	27.32%
	林业技术	72	72	226	94
	园林技术	224	229	608	168
	森林生态旅游	24	—	—	—
	资产评估（森林资源方向）	32	—	—	—
福建林业职业技术学院	**学生总数**	**1761**	**1891**	**6420**	**2135**
	其中：林业类专业学生	163	138	547	199
	占学生总数的比例	9.26%	7.30%	8.52%	9.32%
	林业技术	46	43	148	52
	木材加工技术	20	2	29	18
	园林技术	97	93	359	129
	城市园林	—	—	11	—
江西环境工程职业技术学院	**学生总数**	**2072**	**2765**	**7369**	**2114**
	其中：林业类专业学生	368	580	1564	525
	占学生总数的比例	17.76%	20.98%	21.22%	24.83%
	林业技术	55	201	363	77
	园林技术	313	379	1126	386
	雕刻艺术与家具设计	—	—	75	62
河南林业职业技术学院	**学生总数**	**1254**	**1771**	**5033**	**1856**
	其中：林业类专业学生	413	872	1500	835
	占学生总数的比例	32.93%	49.24%	29.80%	44.99%
	一、高职林业类专业学生小计	**281**	**252**	**712**	**259**
	林业技术	33	23	93	34
	森林生态旅游	46	20	101	59
	园林技术	167	171	469	166
	园林工程	35	38	49	—
	二、中职林业类专业学生小计	**132**	**620**	**788**	**576**

（续）

单位名称	分学科、专业学生数	毕业生数	招生数	在校学生数	毕业班学生数
	现代林业技术	78	276	347	343
	森林生态旅游	4	15	48	2
	园林技术	50	329	393	231
湖北生态职业技术学院	**学生总数**	**2378**	**3505**	**9752**	**2651**
	其中：林业类专业学生	594	647	2066	755
	占学生总数的比例	24.98%	18.46%	21.19%	28.48%
	林业信息工程与管理	8	—	—	—
	林业技术	19	106	313	83
	园林技术	487	493	1600	588
	木材加工技术	—	6	16	10
	森林生态旅游	80	42	137	74
湖南生物环境职业技术学院	**学生总数**	**2997**	**3080**	**9222**	**2752**
	其中：林业类专业学生	222	241	647	163
	占学生总数的比例	7.41%	7.82%	7.02%	5.92%
	林业技术	43	18	74	17
	森林生态旅游	—	12	21	6
	园林技术	179	211	552	140
广西生态工程职业技术学院	**学生总数**	**1924**	**2432**	**5936**	**1372**
	其中：林业类专业学生	610	537	1481	391
	占学生总数的比例	31.70%	22.08%	24.95%	28.50%
	一、高职林业类专业学生小计	**610**	**537**	**1481**	**391**
	林业技术	322	339	873	213
	园林工程技术	213	169	487	140
	野生植物资源开发与利用	24	—	—	—
	木材加工技术	9	—	25	9
	人造板自动化生产技术	—	—	5	5
	家具设计与制造	23	29	58	7
	林业信息工程与管理	19	—	33	17
云南林业职业技术学院	**学生总数**	**2166**	**2423**	**6332**	**1841**
	其中：林业类专业学生	989	937	2710	872
	占学生总数的比例	45.66%	38.67%	42.80%	47.37%
	林业技术	148	239	560	149
	森林资源保护	95	75	258	99
	经济林培育与利用	29	18	65	25
	自然保护区建设与管理	36	26	107	41
	野生动物保护	20	19	56	22
	野生植物资源开发与利用	84	31	153	66
	园林技术	286	256	759	245
	商品花卉	69	40	134	42
	木材加工技术	57	63	213	69
	林产化工技术	21	—	—	—
	森林生态旅游	54	73	130	29
	林业信息技术	46	36	100	28
	林业经济信息管理	44	61	175	57
甘肃林业职业技术学院	**学生总数**	**2833**	**3092**	**8731**	**2906**
	其中：林业类专业学生	578	646	2124	669

（续）

单位名称	分学科、专业学生数	毕业生数	招生数	在校学生数	毕业班学生数
	占学生总数的比例	20.40%	20.89%	24.33%	23.02%
	林业技术	205	177	637	240
	森林资源保护	47	89	280	75
	园林工程技术	125	142	434	144
	园林技术	121	116	456	141
	森林生态旅游	80	77	226	69
	林业信息技术	—	45	91	—
宁夏防沙治沙职业技术学院	**学生总数**	**207**	**275**	**680**	**205**
	其中:林业类专业学生	80	97	237	72
	占学生总数的比例	38.65%	35.27%	34.85%	35.12%
	林业技术	—	20	31	—
	防沙治沙工程	—	30	79	30
	森林资源保护	38	—	19	19
	园林技术	42	47	108	23
上海农林职业技术学院	**学生总数**	**1322**	**1417**	**3869**	**1295**
	其中:林业类专业学生	150	121	398	184
	占学生总数的比例	11.35%	8.54%	10.29%	14.21%
	园林技术	116	121	336	122
	都市林业资源与林政管理	34	—	62	62
江苏农林职业技术学院	**学生总数**	**3540**	**3322**	**11 028**	**3724**
	其中:林业类专业学生	492	615	1710	393
	占学生总数的比例	13.90%	18.51%	15.51%	10.55%
	林业技术	39	86	228	41
	园林技术	344	362	1035	216
	园林建筑	39	90	200	41
	高尔夫场地管理	19	37	91	23
	木材加工技术	29	—	51	51
	家具设计与制造	22	40	105	21

表 15-13　2014～2015 学年初普通中等林业(园林)职业学校教职工情况

单位:人

学校名称	校本部职工数	校本部职工数										校办厂(场)职工	附设机构人员	兼任教师(不在教职工数中)
		合计	专任教师						教辅人员	行政人员	工勤人员			
			计	正高级	副高级	讲师	助理讲师	教员						
合计	**2614**	**2609**	**1643**	**1**	**571**	**528**	**310**	**232**	**343**	**279**	**344**	**—**	**5**	**233**
北京市园林学校	99	99	61	1	16	26	16	2	15	8	15	—	—	—
天津市园林学校	55	55	39	—	13	19	7	—	5	3	8	—	—	5
涿鹿县宝峰寺林业中学	29	29	28	—	12	16	—	—	—	—	1	—	—	—
内蒙古扎兰屯林业学校	119	119	99	—	64	19	11	5	3	6	11	—	—	29
内蒙古大兴安岭林业学校	187	187	102	—	60	35	7	—	11	23	51	—	—	—
沈阳市园林学校	39	39	34	—	9	21	4	—	4	—	1	—	—	1
黑龙江省林业卫生学校	495	495	271	—	25	24	32	190	81	104	39	—	—	—
朗乡林业局职业中学	33	33	25	—	4	15	6	—	4	—	4	—	—	—

（续）

学校名称	校本部职工数	校本部职工数										校办厂（场）职工	附设机构人员	兼任教师（不在教职工数中）
		合计	专任教师						教辅人员	行政人员	工勤人员			
			计	正高级	副高级	讲师	助理讲师	教员						
黑龙江省伊春林业学校	132	132	78	—	46	9	23	—	17	22	15	—	—	—
黑龙江省齐齐哈尔林业学校	186	186	115	—	46	23	41	5	17	7	47	—	—	—
福建三明林业学校	160	160	127	—	39	41	46	—	11	13	9	—	—	112
广东省林业职业技术学校	237	237	129	—	57	35	24	13	67	24	17	—	—	—
广西壮族自治区桂林林业学校	106	106	83	—	13	49	21	—	11	9	3	—	—	—
贵州省林业学校	162	162	83	—	33	37	13	—	34	11	34	—	—	68
普洱林业学校	75	70	50	—	14	20	16	—	7	—	13	—	5	—
陕西省榆林林业学校	185	185	113	—	52	49	12	—	14	32	26	—	—	11
甘肃省庆阳林业学校	127	127	93	—	29	43	17	4	19	4	11	—	—	7
新疆林业学校	188	188	113	—	39	47	14	13	23	13	39	—	—	—

表 15-14　2014～2015 学年中等林业(园林)职业学校和其他中等职业学校林科分学校学生情况

单位:人

学校名称	毕业生数	招生数	在校学生数	毕业班学生数
总　计	**67 712**	**54 688**	**162 656**	**60 281**
(一)中等林业(园林)职业学校	**14 501**	**12 975**	**43 107**	**13 869**
北京市园林学校	128	130	523	153
天津市园林学校	743	60	515	312
涿鹿县宝峰寺林业中学	274	60	341	174
内蒙古扎兰屯林业学校	1592	667	2098	670
内蒙古大兴安岭林业学校	1441	113	1037	777
沈阳市园林学校	46	—	58	22
黑龙江省林业卫生学校	410	1740	7727	2834
朗乡林业局职业中学	16	12	58	31
黑龙江省伊春林业学校	1735	1961	4298	1787
黑龙江省齐齐哈尔林业学校	1011	788	1977	891
福建三明林业学校	1822	2041	6827	2655
广东省林业职业技术学校	1446	1190	4008	—
广西壮族自治区桂林林业学校	686	737	2072	706
贵州省林业学校	755	2358	7165	773
普洱林业学校	182	125	312	39
陕西省榆林林业学校	946	229	804	305
甘肃省庆阳林业学校	540	450	2492	1424
新疆林业学校	728	314	795	316
(二)高职院校及其他中等专业学校(林科)	**53 211**	**41 713**	**119 549**	**46 412**

表 15-15 2014～2015 学年初普通中等林业(园林)职业学校和其他中等职业学校林科分专业学生情况

单位:人

专业名称	毕业生数	招生数	在校学生数	毕业班学生数
总　计	**67 712**	**54 688**	**162 656**	**60 281**
(一)林科专业	**61 723**	**46 464**	**134 923**	**52 098**
现代林业技术	7871	4722	15 353	6656
森林资源保护与管理	2718	1288	2879	904
园林技术	28 330	25 526	79 321	29 008
园林绿化	12 495	7000	19 730	8584
木材加工	5749	4082	8530	3614
林产化工	—	—	135	105
生态环境保护	171	291	656	194
其他林业专业	4389	3555	8319	3033
(二)非林科专业	**5989**	**8224**	**27 733**	**8183**
宠物养护与经营	6	17	43	10
道路与桥梁工程施工	88	20	92	60
电气运行与控制	4	32	262	156
电子电器应用与维修	24	—	47	47
电子技术应用	—	—	59	—
电子商务	96	316	639	35
电子与信息技术	27	—	32	32
服装设计与工艺	40	51	162	1
工程测量	—	41	92	—
工程机械运用与维修	—	77	164	—
工程造价	27	125	242	43
工艺美术	—	78	78	—
果蔬花卉生产技术	11	48	65	16
焊接技术应用	14	9	34	15
护理	433	3103	11 254	2804
化学工艺	331	131	246	18
会计	343	502	1175	573
会计电算化	328	407	1448	488
机电技术应用	5	55	144	—
机电设备安装与维修	100	19	144	68
机械加工技术	7	—	6	3
机械制造技术	—	—	8	—
计算机动漫与游戏制作	—	53	119	11
计算机平面设计	80	43	137	54
计算机网络技术	32	112	248	—
计算机应用	1654	722	2499	1247
家具设计与制作	191	357	797	417
建筑工程施工	19	58	187	16
建筑装饰	2	83	83	—

（续）

专业名称	毕业生数	招生数	在校学生数	毕业班学生数
景区服务与管理	—	11	24	2
酒店服务与管理	52	—	23	22
康复技术	—	11	57	24
客户信息服务	25	—	2	—
口腔修复工艺	110	92	303	150
旅游服务类专业	—	13	31	—
旅游服务与管理	239	116	496	181
美发与形象设计	44	40	124	16
美术设计与制作	49	42	126	—
民族民居装饰	—	—	40	—
木材加工	42	—	44	44
农村电气技术	34	—	11	11
农村经济综合管理	283	5	226	111
农村医学	25	30	875	51
农业机械使用与维护	176	5	190	171
农业与农村用水	37	—	127	127
其他类专业	141	—	162	18
汽车电子技术应用	25	—	24	4
汽车运用与维修	234	697	1693	259
汽车制造与检修	2	—	—	—
石油天然气开采	34	—	—	—
市政工程施工	118	48	255	110
数控技术应用	24	31	129	53
水利水电工程施工	—	44	86	—
太阳能与沼气技术利用	—	120	120	—
通信运营服务	1	—	—	—
文化艺术类专业	—	26	46	—
文秘	83	—	33	—
现代农艺技术	5	25	61	13
橡胶工艺	—	4	23	—
学前教育	111	158	832	368
眼视光与配镜	35	66	161	52
药剂	26	—	91	24
药品食品检验	—	—	28	—
中草药种植	15	181	530	237
中药制药	16	—	92	3
其他类专业	141	—	162	18

林业教材管理

【2014年林业高等教育教材工作研讨会召开】 10月31日至11月2日，由国家林业局院校林科教育教材办公室和中国林业出版社共同组织的2014年林业高等教育教材工作研讨会在四川康定召开，来自全国各地34所高等农林院校及相关单位的近百名代表出席了本次会议。会议宣布了《关于国家林业局院校林科教育教材建设办公室正式运行的通知》及《关于公布国家林业局林科高等教育、职业教育教材建设专家委员会主任人选及构建框架的通知》，并对第三届全国林（农）类优秀教材暨教材建设管理先进工作者评奖工作进行了部署。大会还分别就《全国农林院校教材建设战略联盟章程》和《国家林业局普通高等教育"十三五"教材规划》两个文件，进行了分组讨论。

【"十二五"规划教材《食品安全综合实验》编写工作会召开】 由国家林业局院校林科教育教材建设办公室和中国林业出版社共同主办的"十二五"规划教材《食品安全综合实验》编写工作会，于2014年11月22日在北京召开，会议由北京农学院承办。来自北京农学院、天津农学院、西北农林科技大学、北京林业大学、内蒙古农业大学、山西农业大学、海南大学等7所院校共12位专家参加了本次会议。与会专家针对《食品安全综合实验》的编写大纲、体例编排和编写分工进行了深入讨论，达成了共识，并一致认为《食品安全综合实验》教材的编写填补了当前食品质量与安全实践教学的空白，符合《教育部关于"十二五"普通高等教育本科教材建设的若干意见》的要求。

【国家林业局普通高等教育林业经济管理类专业"十三五"规划教材研讨会召开】 11月29日，由国家林业局院校林科教育教材建设办公室和中国林业出版社共同组织的国家林业局普通高等教育林业经济管理类专业"十三五"规划教材研讨会，在第八届中国林业技术经济理论与实践论坛会议期间召开。本次会议由浙江农林大学暨阳学院承办。来自北京林业大学、东北林业大学、南京林业大学、西南林业大学、中南林业科技大学、福建农林大学、内蒙古农业大学、西北农林科技大学、浙江农林大学等9所院校的12位专家参加了本次研讨会。会议就如何建设国家林业局普通高等教育林业经济管理类核心教材展开了讨论，并对核心教材选题规划达成了一致意向。

（张东晓）

北京林业大学

【概　况】 2014年，北京林业大学占地面积46.88万平方米，学校产权建筑面积37.93万平方米。固定资产总值188 843.09万元，其中，教学、科研仪器设备资产值60 578.03万元。图书馆建筑面积23 400平方米，藏书177.45万册。电子文献40 000GB，电子资源库39种。全年教育经费投入114 145万元，其中，国家拨款68 762.44万元、自筹经费45 382.56万元。学校信息化投入671万元，拥有计算机台数9516台，多媒体教室136间，网络信息点26 000个，上网课程2996门。校区设置14个院（系、部）；开设61个专业及方向覆盖8个学科门类；具有一级学科32个，博士点39个，一级学科博士学位授权点9个，一级学科硕士学位授权点18个和专业学位授权点11个；博士后流动站7个，其中，博士后研究人员出站25人、进站19人、退站2人和在站82人。学校拥有1个一级国家重点学科（涵盖7个二级学科），2个二级国家重点学科，1个国家重点（培育）学科；10个国家林业局重点学科；3个北京市一级重点学科，4个北京市二级重点学科，1个北京市交叉重点学科。建有1个国家工程实验室、1个国家工程技术研究中心、1个国家级研发中心、1个国家科技示范园、1个国家野外台站、4个教育部重点实验室、3个教育部工程技术研究中心、2个教育部科技创新团队、5个国家林业局重点实验室、5个国家林业局定位观测站、1个北京实验室、5个北京市重点实验室、3个北京市工程技术研究中心。学校现有教职工1877人，其中，专任教师1186人，包括教授262人、副教授478人；有博士生导师241人，硕士生导师652人；中国工程院院士3人，"973"项目首席科学家1人，"千人计划"人选1人，有长江学者5人，国家杰出青年4人，国家"百千万人才工程"人选5人，国家"新世纪百千万人才工程"人选4人，国家有突出贡献专家8人，省部级有突出贡献专家21人，享受政府特殊津贴专家111人，教育部"新世纪优秀人才"40人。外籍教师3人，其中，教授3人。毕业生8902人，其中，学历教育学生中全日制研究生1441人（博士生212人、学术型学位硕士804人、专业学位硕士425人），普通本科生3187人，成人教育本专科生3951人（本科生2437人、专科生1514人）；在职人员攻读硕士学位授予学位数323人。本科毕业生就业率93.15%。招生8688人，其中，学历教育学生中全日制研究生1668人（博士生265人、学术型学位硕士806人、专业学位硕士597人），普通本科生3296人、成人教育本专科生3414人（本科生2630人、专科生782人）；在职人员攻读硕士学位招生人数312人。高考北京地区文科录取线607分、理科603分。在校生31 356人，其中，学历教育学生中全日制研究生4819人(博士生1136人、学术型学位硕士2446人、专业学位硕士1237人)，普通本科生13 235人，成人教育本专科生11 711人(本科生9374人、专科生2337人)；在职人员攻读硕士学位1591人。留学生毕业12人，招生51人，在校生103人。

(高　斌)

【国务院副总理刘延东考察北林大】 4月29日，中共中央政治局委员、国务院副总理刘延东，在教育部部长袁贵仁、国务院副秘书长江小涓和国家林业局副局长孙扎根等的陪同下考察北林大。

刘延东一行先后考察了校博物馆、图书馆和学研中心等地，参观了珍稀动植物展，学校办学成果展，"绿色梦想汇"大学生创新创意体验展，并与活动现场的师生进行了交流。

刘延东在学研中心发表讲话，她用欣慰、鼓舞、振奋来形容此次的北林大之行。她指出北京林业大学是我国林业高端人才培养的绿色摇篮和林业科技的重要基地，是国家生态文明建设的重要力量。她向为国家、社会、民生作出了重大贡献的一代又一代北林人，表示了敬意和感谢。

刘延东强调，2014年是新中国成立65周年，改革开放35周年，也是十八届三中全会的开局之年，将生态文明写入党代会报告，把建设生态文明纳入五位一体的总体布局，体现了党中央国务院对生态环境建设的高度重视，而林业在其中发挥了举足轻重的作用。她希望北林大围绕生态文明建设、国家的重大需求，牢记服务国家的经济社会发展和民生改善，瞄准世界的科技前沿，全面提升大学人才培养、科学研究、社会服务、文化传承与创新、国际合作五大职能，向建设世界一流大学迈出坚实的步伐。她勉励学校，继续坚持"知山知水，树木树人"的校训，按照十八届三中全会的精神要求，深化高等教育综合改革，建设具有世界水平、中国特色、北林特点的高水平现代大学。

刘延东与现场的北林大师生分享了自己青年时代的求学经历，她指出青年是民族的希望和未来，将承担实现国家富强、民族振兴、人民幸福的伟大中国梦的历史重任，在"五四运动"85周年纪念日即将到来之际，她向青年人提出了殷切的希望：希望大家把志存高远和脚踏实地结合起来，把敢想敢为和尊重科学结合起来，把解放思想和实事求是结合起来，把青春生命和国家发展结合起来，掌握知识，提高能力，锻炼品格，在中华民族伟大复兴的历史进程中建功立业，实现精彩人生。

(高　斌　张　勇)

【北京林业大学制订综合改革方案】 2月21日，北林大召开2014年工作会，确定2014年是学校的综合改革年，明确了综合改革的核心任务。学校制订了包括目标系统、动力系统和支持系统等在内的学校全方位综合改革框架方案。3月5日，校党委书记吴斌等校领导，与学校各学院党政负责人座谈，征求学院对综合改革方案的意见和建议。3月6日~4月16日，校长宋维明等校领导带领党政办公室、发展规划处、人事处、教务处、科技处、研究生院等相关部门，到各个部门和二级学院进行调研，听取各单位对综合改革方案的建议以及学院如何落实开展各层面综合改革的设想。

经过广泛的调研和征求意见，学校决定，重新审视和完善现有的顶层设计，按照目标系统、动力系统、保障系统三大系统，积极开展综合改革。学校综合改革由校党委领导，分管领导分工负责、协调推进。同时充分发挥校院两级学术机构的咨询功能和双代会的民主监督职能，全力开展综合改革。(高　斌　张　勇)

【制定《北京林业大学章程(草案)》】 9月，学校召开大学章程建设工作会议，下发《北京林业大学章程(讨论稿)》公开听取各方面意见。

10月29日下午，北京林业大学召开第六届教代会暨第十四届工代会第六次会议。会议认真听取了发展规划处负责人做的《北京林业大学章程(草案)》的起草说明；审议通过了《北京林业大学章程(草案)》。

11月2~12日，《北京林业大学章程(草案)》面向全校公开征求意见和建议，经过修订后报教育部。

(高　斌　张　勇)

【总结党的群众路线教育实践活动】 2月21日，学校召开党的群众路线教育实践活动总结大会。校党委书记吴斌从教育实践活动开展的简要情况、主要做法、思想认识成果和实践成果、制度成果、主要经验、存在问题和努力方向6个方面进行全面总结。校长宋维明主持总结大会。教育部第一督导组成员出席大会。

学校的教育实践活动自2013年7月8日召开动员大会开始，历时6个月，按照"照镜子、正衣冠、洗洗澡、治治病"的总要求，以"为民务实清廉"为主要内容，以学校党政领导班子成员、各部门处级领导干部为重点逐步推进。顺利完成了"学习教育、听取意见；查摆问题、开展批评；整改落实、建章立制"3个环节的工作。

学校通过专题简报、校园广播、信息公开栏、专题网站等立体宣传，发布教育实践活动动态信息，通过组织民主生活会、座谈会、调研会，开展问卷调查，开设意见箱、网上专栏主动听取师生诉求。学校坚持校级、处级两个层面统筹兼顾推进教育实践活动。在重点搞好校级班子教育活动的同时，全部24个分党委、党总支和直属党支部认真落实要求，扎实开好动员大会、撰写对照检查材料、召开民主生活会、制订整改方案，做好整改落实。58个处级单位总结梳理师生提出的意见和工作中遇到的问题，列好整改台账，逐一改进。185名处级干部立足部门实际，扎实搞好教育实践活动，将整改做出成效。

(高　斌　张　勇)

【学校加强政产学研用一体化建设】 3月2日，福建省三明市市委副书记、市长杜源生，携三明市委统战部、省科协、省林业厅有关负责人等一行来学校座谈。双方就北京林业大学南方林区(福建三明)综合实践基地建设情况、近年来校地合作进展情况进行了总结回顾，探讨了下一步深化合作的领域和方向，就继续推进校地共建合作，深化"政产学研用"一体化模式达成了一致共识。

3月4日，北林大与贵州省林业厅的合作继续深化，校长宋维明与贵州省林业厅厅长金小麒、副厅长黎平等座谈，就各项合作事宜进行了商谈，达成了共识。

3月13日，呼伦贝尔市副书记、市长张利平，市委常委、副市长姜恩来一行来北林大洽谈校地合作。7月初，校长宋维明与呼伦贝尔市市长张利平正式签署了校地战略合作框架协议。

3月15日，校长宋维明、副校长王自力等与全国政协常委、亿利资源集团董事长王文彪等就校企合作的有关事宜进行了深入讨论，达成了共识。

3月17日，双方正式签署战略合作框架协议，双方将在生态修复前沿技术研究、科技成果转化、人才培养和生态环境产业整合等方面进行广泛和深入的合作。

5月，北京林业大学鄢陵科研中心奠基暨北京林业大学教学科研基地揭牌，北京林业大学鄢陵科研中心由鄢陵县人民政府全资投资1100万元，许继集团子公司、鄢陵龙头花木企业龙源公司具体承建，规划占地14.67公顷，其中建筑面积1500平方米，育苗基地13.33公顷，温室大棚2000平方米，每年由鄢陵县人民政府拨付研发经费100万元，具体支持学校“林木育种国家工程实验室”和“国家花卉工程技术研究中心”结合当地花木产业开展各项科研任务。北京林业大学教学科研基地以技术指导或技术合作的形式，由学校定期选派专家指导或合作建立企业科技研发中心，重点扶持当地20家龙头企业。

5月23日，校长宋维明与北京市园林绿化局局长邓乃平共同签署了框架协议，合作成立“北京园林绿化协同创新中心”。双方将按照协议约定，以解决首都园林绿化建设所面临的科学和技术难题为目标，在城市绿地、森林建设、自然保护与绿色产业等方面开展全面合作，服务国家“京津冀”协同发展重大战略的实施。

5月29日，中国生态文明研究与促进会与北京林业大学签署战略合作框架协议。深化会校合作，健全运行机制，推动具体合作项目落地，力争早出成果，实现合作双赢。

12月8日，学校与浙江省开化县人民政府共建国家东部公园框架协议签字仪式举行。根据本次共建协议，北京林业大学将发挥绿色学府的科技智力优势，结合当地生态资源特色，全面助力开化“两美”国家东部公园建设，推动县域地方社会经济“转型跨越、绿色崛起”。

12月18日，学校与南京铱讯信息技术股份有限公司共建签约仪式举行。建设“北京林业大学—南京铱迅下一代网络安全实验室”，并将开展持续的后期投入。

（高　斌　张　勇）

【完成本科教学工作审核评估】 2月，学校召开第一次校长办公会专题研讨本科教学工作，部署本科教学工作审核评估迎评工作。3月，副校长骆有庆以及学校相关部门一行赴山东农业大学调研该校教育部本科教学审核评估工作的经验和做法。

6月24日，学校召开迎接教育部本科教学工作审核评估动员部署会，广泛动员，全面部署迎评工作。会议邀请教育部高等教育教学评估中心院校评估处处长作专题报告。

6月27～28日，学校召开本科教学工作研讨会暨本科教学工作审核评估交流会，总结2013～2014学年工作，研讨本科教学过程中存在的问题。

8月30日，骆有庆副校长组织召开会议，听取校内专家组对本科教学审核评估学院自评工作的审核意见，并提出了下一步工作要求。评建办根据校内专家组审核意见，进一步细化自评提纲，和各学院进行面对面的意见反馈。

12月21日，教育部审核评估专家组进校开展评估工作。12月22日，召开教育部本科教学工作审核评估见面会。教育部审核评估专家组全体成员，校领导、各学院负责人、各职能处室负责人等出席了会议。会上，专家组组长、东南大学副校长林萍华介绍了本次评估的基本情况，并说明了专家进校考察的工作任务、工作方法以及需要北林大配合的相关事宜。

12月21～25日，教育部审核评估专家组成员根据本科教学工作审核评估方案的要求，在前期审阅学校自评报告和教学状态分析报告的基础上，通过听课、看课、走访、访谈、调阅支撑材料等方式对学校本科教育教学工作进行了紧张有序的现场考察工作。累计听课73门次，调阅毕业论文1229份，调阅试卷3379份，走访24个职能部门和院系349人次，访谈9位校领导，考察学校实习基地和3个用人单位，召开座谈会34场。

12月25日，召开学校本科教学工作审核评估专家个人意见反馈会。反馈会上，14位专家组成员逐一发言，分别就学校的定位目标、教师队伍、教学资源、培养过程、学生发展、质量保障等方面内容分别进行了个人意见反馈。

（高　斌　张　勇）

【4项科研成果获高校科研优秀成果奖】 2014年，北林大作为第一完成单位有4项科研成果获得高等学校科学研究优秀成果奖（科学技术），在自然科学奖、技术发明奖和科技进步奖3大奖种中均有获奖。

此次获奖的4项科研成果分别是：戴玉成、崔宝凯等的“中国锈革孔菌科真菌资源与系统学研究”项目获自然科学二等奖；常建民、任学勇等的“林木生物质油制备绿色环保型木材胶黏剂关键技术及应用”项目获技术发明二等奖；张启翔、吕英民等的“梅新品种培育与产业升级关键技术及应用”以及尹伟伦、骆有庆等的“沙棘等灌木林衰退机理、抗逆育种及虫害防治的理论与技术”项目获科技进步二等奖。

（高　斌　张　勇）

【教学改革成果显著】 由校长宋维明、副校长骆有庆等人主持完成的教学改革研究成果“构建多维实践育人体系，培育树型生态环境人才”获评国家级教学成果二等奖。该成果将树木生长与人才成长有机结合，提出了树型生态环境人才概念，构建了树型生态环境人才的能力组成结构，并通过多维实践育人体系来实现。

在中国林业教育学会高等教育分会组织的高等林（农）业教育研究成果暨第三届高等林（农）业教育研究优秀论文评奖中获评优秀成果奖7项（其中一等奖1项、二等奖1项、三等奖5项），获评优秀论文18篇（其中一等奖2篇、二等奖7篇、三等奖9篇）。

面向全校征集教学改革研究论文，经过评审遴选出优秀论文116篇，出版教学改革研究论文集《秉烛者的思考与实践》。

发起成立全国林业高等院校特色网络课程资源联盟，秘书处设在北林大，为学校精品视频开放课程资源建设提供了良好平台；由沈国舫院士和翟明普教授主编的《森林培育学（第2版）》、余新晓教授主编的《水文与水资源学(第2版)》、杨赉丽教授主编的《城市园林绿地规划(第3版)》、丁国栋教授主编的《风沙物理学(第2版)》和董丽教授主编的《园林花卉应用设计(第2版)》共5种教材入选第二批"十二五"普通高等教育本科国家级规划教材。由水保学院张洪江教授主讲的《土壤侵蚀原理》和林学院马履一教授主讲的《中国人工林培育》2门课程获批国家级精品视频公开课;由园林学院刘燕教授主持建设的国家级精品资源共享课《园林花卉学》完成整改并正式上线。林学院田呈明教授和水保学院丁国栋教授获评北京市教学名师。 (高 斌 张 勇)

【10专业(类)入选卓越农林人才培养改革试点项目】 10月,教育部、农业部和国家林业局联合发布《关于批准第一批卓越农林人才教育培养计划改革试点项目的通知》,北林大申报的"拔尖创新型"和"复合应用型"农林人才培养模式改革试点项目均获批准。其中,"拔尖创新型"试点项目涉及专业有园林、林学、水土保持与荒漠化防治、森林保护和园艺,"复合应用型"试点项目涉及专业有林业工程类(木材科学与工程、林产化工)、农林经济管理、野生动物与自然保护区管理、食品科学与工程和草业科学。 (高 斌 张 勇)

【提升教师队伍质量】 全年新补充专任教师68人,新进教师毕业学校全部为"985"、"211"高校、中科院研究所、全国重点美术院校和留学回国人员,外校学缘比例约为70%。生物学院依托梁希学者特聘教授岗位引进国家杰出青年基金获得者、中科院百人计划入选者、瑞典农业大学教授建立创新团队,支持国家重点学科和国家工程实验室建设;材料学院、经管学院等依托国家人才项目申报和学校梁希学者特聘教授岗位,引入多名国外高水平教学机构和科研院所教授,着力支持重点学科和重点实验室团队建设。

开展教师队伍国际化培养,全年共支持36名教师通过留学基金委面上项目、青年骨干项目出国研修,配套经费200余万元;支持骨干教师参加国家精品课程培训、留学人员外语培训、高级英语培训班培训、国内访问学者、学位提升和课程进修等中青年骨干教师培养资助项目,全年共资助300余人次,投入专项资助经费近100万元。

材料学院许凤教授入选2014年"国家百千万人才工程",材料学院曹金珍获"全国优秀教师"荣誉称号,环境科学与工程学院王强教授获"北京市优秀青年人才"荣誉称号,微生物所崔宝凯教授获得"国家优秀青年科学基金"资助。 (高 斌 张 勇)

【加强国际交流与合作】 北林大全年共接待国外及中国港澳台访问团组18个110余人次,包括芬兰农业部等多个高级别来访团组,来访国家和地区遍布亚洲、欧洲、美洲、大洋洲、非洲,会见内容涉及北林大对外交流合作的多个领域,进一步提升了学校的国际知名度,为学术科研、人才培养等方面的对外合作创造了良好条件,有效推进了北林大国际化进程。

共组织3次校级出访团组,访问美国、加拿大、土耳其、法国、意大利等国著名高校,与国外高校就相关领域的交流合作广泛深入地交换了意见,达成了校际合作伙伴意向,通过高层访问进一步提升了北林大的国际知名度。 (高 斌 张 勇)

【军训工作开展20年纪念】 4月22日,学校召开了2014年学生军训工作协调会,部署军训期间的各项工作,标志着军训20周年纪念系列活动拉开帷幕。

5月17日,军训汇报表演举行,以"军训是什么"为主题,通过整合军事科目中体现的军人精神和军营文化的共性特点,将全部10个表演科目划分为4个篇章,全景展现了学校开展学生军训工作的20年发展历程。

5月20日,学生军训20周年纪念座谈会召开。与会嘉宾和辅导员代表、参训学生代表分别从北林大学生军训工作的起源、发展、国防生培养工作以及军训对当代大学生综合素质培养等方面进行了交流讨论。

北林大学生军训开始于1995年,经历了校园军训、部队军训和基地军训3个发展阶段。

(高 斌 张 勇)

【深入开展志愿服务工作】 4月5日,绿桥、绿色长征活动推进会在北京林业大学学研中心举行,本届活动以"美丽中国梦,我们在行动"为主题,围绕"美丽校园""美丽北京""美丽中国",通过绿色咨询、青春志愿林种植、骨干培训、志愿服务、主题调研、科创竞赛、增绿减霾等多项活动,引导广大青年学生积极参与到国家生态文明建设中,以实际行动展现当代青年的责任感和使命感,为中国特色社会主义作出积极贡献。

首都大学生第三十届绿色咨询活动、首都大学生青春志愿林种植活动分别在北京市植物园、北京市通州区张家湾镇同期举行,志愿者通过参与生态文明宣传、实践,为首都生态环境建设贡献力量。

6月20日,北京林业大学"生态文明宣讲进基层"暨"生态文明"博士生讲师团第一百场宣讲推进会在北京市朝阳区八里庄街道举办。在2014年全国大学生社会实践评选决赛中,生态文明博士生讲师团荣获二等奖。

11月1~13日,北林大105名志愿者完成APEC志愿服务工作,累计服务时间超过10 000小时,服务超过800人次。

在12月1~4日举行的首届中国青年志愿服务项目大赛中,北林大"A4210"好习惯养成微行动项目获金奖。"A4210"是北林大学生发起的特色理念。2014年,团学组织开展了多项活动,对"A4210"理念进行拓展,号召青年大学生从"强体魄、读经典、讲节俭、明礼节"4个维度,通过参与"A4210"好习惯养成微行动,逐渐走下网络、走出宿舍,在学习生活等方面形成正确的理念、健康的行为。 (高 斌 张 勇)

东北林业大学

【综　述】 2014年,东北林业大学(后简称东北林大)设有研究生院、17个学院和1个教学部,有62个本科专业,9个博士后科研流动站,1个博士后科研工作站,8个一级学科博士点、38个二级学科博士点,19个一级学科硕士点、93个二级学科硕士点、10个种类33个领域的专业学位硕士点。拥有两个一级学科国家重点学科、12个二级学科国家重点学科、6个国家林业局重点二级学科、1个黑龙江省重点学科群、7个黑龙江省重点一级学科、两个黑龙江省领军人才梯队。有国家计委、财政部和教育部联合批准的国家生命科学与技术人才培养基地、教育部批准的国家理科基础科学研究和教学人才培养基地(生物学),是国家教育体制改革试点学校,国家级卓越工程师和卓越农林人才教育培养计划项目试点学校。

学校有林木遗传育种国家重点实验室、黑龙江帽儿山森林生态系统国家野外科学观测研究站、生物资源生态利用国家地方联合工程实验室(黑龙江);有森林植物生态学、生物质材料科学与技术、东北油田盐碱植被恢复与重建3个教育部重点实验室,4个国家林业局重点实验室,5个黑龙江省重点实验室,7个省教育厅重点实验室;有1个教育部工程研究中心,1个国家林业局工程技术研究中心,1个高等学校学科创新引智基地,有林学、森林工程、野生动物3个国家级实验教学示范中心,森林工程、野生动物两个国家级虚拟仿真实验教学中心,6个省级实验教学示范中心和1个省级虚拟仿真实验教学中心;有两个国家林业局生态系统定位研究站,1个省生物质能技术中试基地,1个省哲学社会科学研究基地,3个省普通高校人文社会科学重点研究基地,两个省中小企业共性技术研发推广中心;有国家林业局猫科动物研究中心、东北林业大学大庆生物技术研究院、植物资源生态与分子工程研究院等54个研究机构;有帽儿山实验林场、凉水实验林场等8个校内实习基地和221个校外实习基地。

学校现有教职员工2735人,其中专任教师1273人,中国工程院院士2名,双聘院士5名,“长江学者”特聘教授4名,国家杰出青年基金获得者1名,全国“百千万人才工程”人选4名,“新世纪百千万工程”人选6名,新世纪优秀人才支持计划入选者36名,享受国务院政府特殊津贴专家31名,国家有突出贡献中青年专家3名,省部级有突出贡献中青年专家16名,龙江学者特聘教授8名,全国优秀博士学位论文获得者5名,有教育部“长江学者和创新团队发展计划”创新团队2个。近年来,有国家教学名师奖获得者2人,全国优秀教师5人,全国模范教师1人,省级教学名师奖获得者7人,省级优秀教师8人,全国“五一”劳动奖章获得者2人,全国“五一”巾帼标兵1人。

2014年,毕业本科生4591人,全日制在校生23 161人,其中:博士研究生939人,硕士研究生3287人,本科生18 854人,留学生81人。教学行政用房面积456 727平方米,学生宿舍面积161 915平方米,教学科研仪器设备总值6.62亿元,图书馆面积41765平方米,电子图书132 397GB。

【新增1个国家级虚拟仿真实验教学中心】 2月19日,教育部批准东北林大森林工程虚拟仿真实验教学中心为国家级虚拟仿真实验教学中心,成为全国首批100个国家级虚拟仿真实验教学中心之一;黑龙江省教育厅批准野生动物虚拟仿真实验教学中心为省级虚拟仿真实验教学中心。

【1学生获中国大学生自强之星标兵称号】 2月26日,园林学院韩晴同学获2013年度“中国大学生自强之星标兵”荣誉称号,这是黑龙江省第二位获此殊荣的大学生,东北林大荣获此项活动“高校优秀组织奖”荣誉称号。

【1学生获全国励志成长成才优秀学生典型】 3月,理学院叶楠同学被评为“国家资助 助我飞翔”全国励志成长成才优秀学生典型。

【1人获全国高校辅导员年度人物提名奖】 4月,野生动物资源学院辅导员刘甜甜获得第六届全国高校辅导员年度人物提名奖。

【成立涉林高校就业联盟】 4月10日,东北林大和北京林业大学、南京林业大学共同成立了涉林高校就业联盟,今后每年在联盟内学校举办专场招聘会,共同收集就业信息,联合打造就业市场,开展就业协作。4月12日,首场招聘会在东北林大举办,204家企事业单位为涉林院校学生提供了5000余个就业岗位。

【成为“三走”活动试点高校】 4月10日,东北林大召开大学生“三走”活动启动仪式暨吉祥物、主题曲发布仪式。东北林大是全国10所“三走”活动试点高校之一、黑龙江省和东北三省唯一一所试点高校。“三走”活动是由共青团中央、教育部、国家体育总局、全国学联联合组织,面向全国各高校广泛开展的大学生“走下网络、走出宿舍、走向操场”主题群众性课外体育锻炼活动。

【成为全国首个建立“购买碳汇”造林基地高校】 4月27日,学校领导和近300名师生参加了碳汇生态林植树活动,东北林大成为全国首个建立“购买碳汇”造林基地的高校,先后共有2543人次分别以个人或集体的名义通过购买碳汇等形式捐资5万余元。

【1纪录片获最佳导演奖】 5月4日,研究生旷野人文地理协会拍摄的纪录片《鹿殇》在“第21届北京大学生电影节”上获纪录片单元最佳导演奖。

【教育部党组任命干部】 7月15日，教育部党组任命蔺海波为东北林大党委委员、常委，副书记。12月30日，教育部正式任命伍海泉为东北林大总会计师。

【中国(哈尔滨)森林博物馆被评为全国林业科普基地】 8月，中国(哈尔滨)森林博物馆被中国林学会评为"全国林业科普基地"。

【1学生获中国青少年科技创新奖】 8月20日，博士研究生卢芸获得中国青少年科技创新领域的最高荣誉——第九届中国青少年科技创新奖。

【获优秀校园网络通讯站称号】 9月，东北林大获教育部中国大学生在线"优秀校园网络通讯站"荣誉称号。教育部中国大学生在线创办于2004年，现为教育部主办的唯一面向全国大学生开展网络思想政治教育工作的公益性、综合性网站。教育部中国大学生在线现有共建高校140余所，校园网络通讯站170多家，高校师生注册用户超过160万。

【多名教师在教师节获嘉奖】 9月4日，在黑龙江省庆祝第30个教师节暨教育系统先进集体、先进个人表彰大会上，王传宽获"全国模范教师"荣誉称号，林学院获"全省教育系统先进集体"荣誉称号，贾艳敏、吕洁华获"全省优秀教师"荣誉称号，李玉花、孙彦臣获"全省优秀教育工作者"荣誉称号。东北林大被评为"2014年度黑龙江省高校师德先进集体"。

【7个专业获批卓越农林人才教育培养计划改革试点项目】 林学、野生动物与自然保护区管理、林产化工、森林保护、园林、森林工程、农林经济管理7个专业获批卓越农林人才教育培养计划改革试点项目。

【国家林业局红松工程技术研究中心在东北林大正式揭牌】 9月28日，国家林业局红松工程技术研究中心在东北林大正式揭牌。中心将以东北林大为依托，以红松为研究对象，紧密围绕资源培育与高效利用中亟待解决的工程技术难题，完善红松资源培育技术体系；通过阐明干扰对阔叶红松林健康的影响，建立红松天然林保护技术体系；通过红松木材及其他产品加工关键技术的研发与转化，建设相关产品的产业化示范基地；集成各学科优势，联合攻关，形成本领域顶级人才培养中心，搭建国际学术交流与合作平台。

【成立黑龙江省秸秆综合利用联盟】 9月28日，黑龙江秸秆综合利用联盟—生物质液固体燃料与循环经济技术产业联盟在东北林大正式成立。联盟以推进黑龙江省秸秆生物质液固体燃料与循环经济相关技术协同创新、研发和产业化应用及发展为目标，通过多家企业的优势互补与强强联合，从而促进生物质液固体燃料产业共性技术的研发与应用，提升黑龙江省生物质液固体燃料及相关产业技术自主创新和协同创新的能力与水平。

【1人获海峡两岸林业敬业奖】 10月，校长杨传平教授获得2014年度海峡两岸林业敬业奖。本次评选共有5位在林业教育科研领域和基层工作中作出突出贡献的专家受到了表彰。

【1作品获中国国际广告节创作类银奖】 10月24日，15度团队广告小分队的广播作品《支持正版》在第21届中国国际广告节上获得创作类银奖(该类别金奖空缺)，这是本届所有竞赛类别等级奖中唯一高校获奖作品，也是黑龙江省在本届国际广告节中获得的最高奖。

【期刊获奖】 11月，在第五届中国高校精品·优秀·特色科技期刊奖评比活动中，《林业研究》(英文版)荣获"中国高校精品科技期刊奖"和"2014中国最具国际影响力学术期刊"，《东北林业大学学报》《植物研究》荣获"中国高校优秀科技期刊奖"，《森林工程》荣获优秀团体奖、优秀栏目奖、优秀编辑论著奖和编辑创新奖。

【召开第六届教职工代表大会暨第十三次工会会员代表大会】 11月7~8日，召开东北林业大学第六届教职工代表大会暨第十三次工会会员代表大会。会议听取和审议了校长工作报告，审议和批准了学校工会工作报告、学校财务工作报告、工会经费收支情况报告、提案工作报告，审议通过了《东北林业大学章程》和《东北林业大学学术委员会章程》，选举产生了学校新一届工会委员会和经费审查委员会，选举产生了"双代会"执委会和专门委员会。

【《光明日报》和《中国教育报》报道马建章院士事迹】 9月25日和11月10日，《光明日报》和《中国教育报》分别以整版篇幅报道了对东北林大马建章院士的专访和他倾心野生动物事业的感人事迹。马建章院士是我国第一个野生动物资源学院和"中国野生动物保护与管理人才培训中心"的创建人，为青年人才的培养、成长和选用倾注了大量心血，营造了有利于青年人才成长的良好环境。文章全方位展现了马院士用一辈子的时间守护野生动物、教书育人、勇攀科学高峰的名家风范。

【召开第二十一次学生代表大会暨第十次研究生会代表大会】 11月16日，学校召开第二十一次学生代表大会暨第十次研究生会代表大会。会议听取和审议了第二十届学生会工作报告、第九届研究生会工作报告，审议通过了新修订的《东北林业大学学生会章程》《研究生会章程》《研究生会工作条例》，选举产生了新一届学生会委员会委员和研究生会委员会委员。

【被授予滑坡减灾全球卓越中心——寒冷地区滑坡研究中心称号】 在第三届世界滑坡论坛上，东北林大被国际滑坡计划全球促进委员会批准授予"滑坡减灾全球卓越中心－寒冷地区滑坡研究中心"称号，国际滑坡协会寒冷地区滑坡网络(ICL－CRLN)国际协调员、学校工程咨询设计研究院单炜教授获"国际滑坡研究项目成就奖"。

【成为中国林业教育信息化研究会理事单位】 12月，东林大成为中国林业教育信息化研究会理事单位。研究会由北京林业大学、东北林业大学发起成立，得到中国林业教育学会批准。

【1人获全国高校思想政治理论课教学能手称号】 12月，马克思主义学院刘经伟教授荣获全国高校思想政治理论课教学能手荣誉称号，成为黑龙江省唯一一位被教育部列为“全国高校优秀中青年思想政治理论课教师择优资助计划”，获得“全国高校思想政治理论课教学能手”荣誉称号的教师。

【2人获全国优秀科技工作者称号，1人被聘为全国野生动物保护学首席科学传播专家】 12月16日，刘守新、徐艳春教授荣获第六届全国优秀科技工作者称号，张伟教授被中国科学技术协会聘为全国野生动物保护学首席科学传播专家。

【获优秀等次高校项目办称号】 12月30日，东北林大被团中央授予全国西部计划“优秀等次高校项目办”称号。2014年，学校共选派西部计划志愿者（包括研究生支教团）24名，分赴新疆、内蒙古、贵州、黑龙江等地，围绕义务支教、基层青年工作、基层社会管理、农业科技等方面开展为期一年的志愿服务。

【高层次人才队伍建设】 2014年，付玉杰教授当选为长江学者特聘教授，至此东北林大长江学者特聘教授增至4人。新增李凤日、郭明辉、裴玉龙3人享受国务院政府特殊津贴，新增谢延军1人享受黑龙江省政府特殊津贴。

【国际交流与合作】 2014年，东北林大与东芬兰大学、芬兰卡累利阿应用科学大学、法国瓦朗谢纳和冈布雷齐大学、台湾台中教育大学分别签署了校际学术交流合作协议，双方将在学术交流、举办学术会议、讲学、科研项目合作、学生交流等多领域开展合作。

【国际会议】 5月26～28日，保护医学与生态安全研究中心主办了2014生态风险管理与控制技术国际研讨会，来自美国、日本、俄罗斯、巴西、新加坡等国的150余位学者参会研讨；6月8～9日，全球环境基金项目（GEF）“中国东北野生动物保护景观方法”监测技术标准研讨会在国家林业局猫科动物研究中心召开，该项目是由世界银行全球环境基金（GEF）开展的东北虎野外种群及其栖息地保护及恢复建设项目；7月26日，第八届国际鹿类生物学大会暨国际野生动物管理研讨会在东北林大举办，来自16个国家的46名外国专家学者以及国内近300名专家学者参会。

【科研获奖】 2014年，学校获得各级科技奖励共计89项。其中黑龙江省科技奖一等奖2项，二等奖3项，三等奖8项（第一完成单位4项，第二完成单位4项）；黑龙江省环境保护科学技术二等奖1项；哈尔滨市科技进步三等奖6项；黑龙江省高校科学技术奖一等奖1项，二等奖3项，三等奖1项；第五届梁希青年论文奖一等奖1项，二等奖4项，三等奖16项；第十六届社会科学优秀成果奖19项，一等奖2项。申请专利304件，授权专利266件。

【学生社团】 4月，“丁香花”学生科技创新团队入选中国青少年科技创新奖励基金支持的全国首批大学生“小平科技创新团队”。启明星志愿者协会等2个集体、宋爽等29位个人被黑龙江省文明办、省委高校工委、团省委联合授予“十万高校志愿者进社区”活动先进集体和优秀志愿者荣誉称号。11月22日，学生社团启林研究会当选全国大学生文学社团联盟常务理事单位，成为黑龙江省唯一一个入选联盟常务理事单位的学生社团。12月7日，学生社团太极协会获“全国百佳体育公益社团”称号。

【学生比赛获奖】 7月，15度团队广告小分队的平面作品《吃货眼中的高速》在第三届中国公路公益广告大赛中获得一等奖，也是黑龙江省唯一一个获奖作品。7月4～10日，东北林大体育代表团在黑龙江省第十六届大学生运动会上获团体总分第一名并获体育道德风尚奖。7月18～21日，土木工程学院学生代表队在第三届全国高等学校大学生测绘技能竞赛中获得两个单项一等奖、一个单项二等奖，并获团体一等奖。8月20日，机电工程学院学生代表队在第九届全国大学生智能汽车竞赛中获全国一等奖1项、全国二等奖2项。11月，生命科学学院学生代表队在第十届国际遗传工程机器设计大赛中获银奖，也是黑龙江省参赛队伍中唯一银奖获得者。11月13～16日，学生运动员代表队荣获2014年黑龙江省大学生体育舞蹈锦标赛团体冠军。

（东北林业大学由朱立明供稿）

南京林业大学

【综　述】 2014年10月，南京林业大学（以下简称南林大）有各类全日制在校学生30 099人，其中博士研究生729人，硕士研究生2715人。招收本科生6776人，毕业本科生6448人。招收博士研究生128人，硕士研究生1067人。毕业博士研究生65人，硕士研究生887人。教职工1949人，其中，专任教师1249人，中国工程院院士2人，长江学者奖励计划特聘教授1人，江苏特聘教授11人，国家杰出青年基金获得者1人，具有正高职称224人，副高职称369人。有19个学院及研究生院和公有民办南方学院。有8个博士后流动站、7个一级学科博士学位授权点、39个二级学科博士学位授权点、19个一级学科硕士学位授权点、82个二级学科硕士学位授权点和26个专业学位授权领域。有林业工程1个一级学科国家重点学科，生态学、林木遗传育种、林产化学加工工程、木材科学与技术、森林保护学等5个二级学科国家重点学科,1个江苏省一级学科国家重点学科培育点。学校占地面积686.33公顷(包括新庄主校区、句容下蜀实习林场、白马教学科研基地、南方学院淮安校区、江宁工程培训中心等)。

2014年,南林大曹福亮教授当选中国林学会第十一届理事会副理事长,温作民教授当选国际林联生态经济学分部理事长。勇强教授、陈金慧教授入选 科技部"中青年科技创新领军人才",邵晓峰教授入选首届"江苏青年社科英才"。张齐生院士和尹佟明教授获中国科协第六届全国优秀科技工作者,张智光教授被授予江苏省五一劳动奖章,李玲博士获美国林产品协会2014年度木材奖。2014年,南林大森林资源与环境学院更名为林学院,设立生物与环境学院。承办了第二届全国农林院校林产品贸易学术研讨会、全国林科十佳毕业生表彰大会等。选育"不飘絮"雄性杨树品种通过国家林业局审定,被江苏省评为"挂县强农富民工程"突出单位。林学类(包含林学、园林、生物科学、生态学4个专业)荣获江苏省教育厅优秀等级,汉语国际教育、材料科学与工程、软件工程3个本科专业经教育部核准招生。工程管理硕士和翻译硕士专业学位授权点获国务院学位委员会批准。"水土保持与生态修复重点实验室"获江苏省高校重点实验室。

【亚太森林恢复与可持续管理组织奖学金项目获批】 2月,该奖学金项目获批,9月,面向亚太地区招收10名来华留学生(硕士研究生)。通过在南林大的学习,掌握林学(森林培育、森林资源利用、生态与环境保护等方面)、林业工程(竹木加工技术、森林资源化学利用技术)、环境科学(湿地生态与水环境保护)等方面专业知识和实践技能。

【南林大技术转移中心泗阳分中心揭牌】 3月14日,南京林业大学技术转移中心泗阳分中心揭牌仪式在南京林业大学(泗阳)杨木加工利用技术研究院举行,这是南林大继2012年9月成立溧水分中心后的第二个分中心。南林大薛建辉副校长,江苏省泗阳县委常委、组织部长吴小雨出席仪式并为泗阳分中心揭牌。该中心的设立,将进一步推动南林大相关科研成果在泗阳及苏北地区的转化和转移,促进苏北地区的木材加工产业发展和企业科技创新。泗阳是中国杨树之乡,木材加工产业产值超百亿,随着南京林业大学技术转移中心泗阳分中心正式投入运行,将进一步提升泗阳县科技成果转化和先进技术转移应用的能力,全面提升泗阳木材加工产业规模、质量和效益。

【木结构社区医院设计获得一等奖】 3月28日,南林大材料科学与工程学院选送作品《Knot Garden——木结构社区医院设计》在"神州北极杯"第二届中国木结构建筑设计大赛获一等奖。该设计的社区医疗服务中心集养生、休闲、健身、景观于一体,设计选用环保低碳的木材作为主要建筑材料,采用呼吸幕墙和智能调节系统,并配套太阳能集热器和光伏发电技术,结合种植屋面等设计,紧扣大赛"绿色、节能、和谐"的主题。大赛由中国林产工业协会主办,南京林业大学和北京海墅展览策划有限公司共同承办。

【张智光获江苏省五一劳动奖章】 4月28日,在江苏省庆祝"五一"国际劳动节暨表彰劳动模范大会上,南林大张智光教授被授予江苏省五一劳动奖章。张智光教授长期从事管理科学与工程学科的教学和科研工作,主持国家科技支撑计划课题、国家自然科学基金项目、教育部高校博士点基金博导类课题等科研项目40余项,出版著作20余部,发表论文200余篇,曾获江苏省哲学社会科学优秀成果一等奖、教育部科学研究优秀成果三等奖、江苏省教学成果一等奖等省部级以上奖励10余项,被评为2012年享受国务院政府特殊津贴专家。曾任南林大经济管理学院院长,现任经济管理学院学术委员会主任、省部级重点学科带头人、江苏省系统工程学会副理事长、中国系统工程学会林业系统工程专委会副理事长、中国管理科学与工程学会理事等职。

【簸箕柳全基因组测序工作完成】 7月,南林大长江学者尹佟明教授联合兰州大学、深圳华大基因研究院和美国能源部橡树岭国家实验室等单位完成了簸箕柳全基因组测序,为解码木本植物基因组奥秘提供了理想的研究体系。主要成果发表在由中国科学院上海生命科学研究院生物化学与细胞生物学研究所和中国细胞生物学学会共同主办的《Cell Research》杂志。

【承办全球森林生态经济论坛】 7月16日,由国际林业研究组织联盟等联合主办的以"和谐的生态与经济"为主题的第二届"全球森林生态经济论坛" 在南林大举行。来自国际林联、美国耶鲁大学、中国人民大学、北京林业大学等国内外知名大学及科研机构代表参加论坛。论坛就森林生态核算、森林生态需求、森林生态补偿、森林生态系统管理、森林生态旅游、森林生态政策、生态计量经济学等内容进行了3场主题报告和12场分报告。

【巴赫先生看望南林大青奥志愿者】 8月26日,国际奥委会主席巴赫先生一行到南京钟山国际高尔夫赛场看望在这里服务的南林大青奥志愿者,并参加"巴赫对话'小青柠'"活动。南林大志愿者林琳同学向巴赫主席分享了她的青奥志愿服务经历。巴赫主席赠送志愿者奥运徽章。

【张齐生获全国杰出专业技术人才称号】 9月22日,南林大张齐生院士获中央组织部、中央宣传部、人力资源社会保障部、科技部联合表彰,获第五届"全国杰出专业技术人才"称号。张齐生,南京林业大学教授、博士生导师,木材加工与人造板工艺学专家。1961年毕业于南京林学院,1997年当选为中国工程院院士。张齐生院士是我国和世界竹材加工利用研究领域的开拓者,先后获"国家发明三等奖""林业部科技进步一等奖""国家科技进步二等奖""第二届亿利达科技奖""国家发明二等奖""中国专利创造金奖"等奖项,已授权中国国家发明专利8项。先后荣获"国家级有突出贡献的优秀中青年科技专家""国家星火科技先进工作者""国家科技推广先进工作者”等荣誉称号，是国家林业局科技委委员、中国竹产业协会副会长、中国林学会木材工业分会副理事长。张齐生院士对竹材工业化利用的研究，为竹材加工利用事业作出了创造性的贡献。

【著名森林生态学家熊文愈逝世】 9月27日，著名林学家、森林生态学家和竹类研究专家，中国竹类研究所的倡导者，中国竹林培育科学创始人，国际“竹先生”熊文愈教授逝世，享年99岁。熊文愈先生1915年7月出生于四川崇庆县，1940年毕业于四川大学森林系，1944年考取公费留学，1947年获美国耶鲁大学硕士学位，1951年获美国明尼苏达大学博士学位，1953年回国。曾任南京林学院（现南京林业大学）林学系主任，中国林学会第三、四、五届理事，国务院学位委员会第一、二届学科评议组成员，九三学社社员。熊文愈先生长期从事森林生态学的教学与研究，主编有《森林学》，合编有《竹林培育》等。提出的“现代林业”“生态系统工程”“生态边界层”和“仿生生态学”等理论，对推动中国林业现代化和森林生态学的发展发挥了积极作用。2014年4月，中国林学会竹子分会授予熊文愈先生“竹子科学技术终身成就奖”。

【曹福亮获何梁何利基金“科学与技术进步奖”】 10月29日，何梁何利基金2014年度颁奖典礼在北京钓鱼台国宾馆隆重举行，南林大曹福亮教授获何梁何利基金“科学与技术进步奖”。全国有52位科技工作者在当天的颁奖典礼上获奖。其中，“科学与技术成就奖”2名，“科学与技术进步奖”36名，“科学与技术创新奖”14名。

【获批卓越农林人才培养试点高校】 10月，南林大申报的“拔尖创新型”和“复合应用型”农林人才培养模式改革试点项目获批准，成为国家首批卓越农林人才教育培养计划改革项目试点高校。“拔尖创新型”涵盖林学、园林、森林保护专业，“复合应用型”涵盖林产化工、木材科学与工程、森林工程专业。

【主持的紫金山国家森林公园总体规划通过评审】 11月6日，由南林大王浩教授主持的《紫金山国家森林公园总体规划》项目通过评审。来自江苏省植物、森林资源管理、旅游、园林等专业的9位专家组成评审委员会以及中山陵园管理局相关人员参加会议。紫金山国家森林公园区位优势明显，是南京市生态系统的重要组成部分，是城区的重要生态屏障，对区域环境保护和经济发展具有重要作用。该规划的编制对保护森林风景资源和生物多样性，开展森林旅游，建设宜居城市和美丽江苏具有重要意义。

【与美国阿拉巴马农工大学共建孔子学院】 11月14日，美国阿拉巴马农工大学孔子学院美方理事会成员一行到南林大召开了两校合作共建孔子学院首届理事会第一次会议，审议了孔子学院发展战略、院长人选、学院章程、两校执行协议、中国文化活动等。授予南林大曹福亮校长阿拉巴马农工大学校长最高荣誉奖章，参观了玄武区徐庄软件工业园区。11月17日，在孔子学院总部举行了“中国南京林业大学与美国阿拉巴马农工大学孔子学院执行协议”签字仪式。南京林业大学校长曹福亮教授和美国阿拉巴马农工大学校长 Andrew Hugine 博士分别代表学校签字。

【承办全国林科十佳毕业生表彰大会】 12月11日，“北美枫情杯”2015届全国林科十佳毕业生评选表彰大会在南林大举行。该评选活动以“展现真我风采，弘扬生态文明”为主题，6月17日在江西环境职业工程学院启动，历时6个月，经学生自荐、院校推荐、组委会初审、参评院校初评、高级专家综合评审等环节，最终评选出研究生组“全国十佳毕业生”10名，“全国优秀毕业生”40名；本科组“全国十佳毕业生”10名，“全国优秀毕业生”41名；高职组“全国十佳毕业生”10名，“全国优秀毕业生”42名。中国林业教育学会理事长杨继平，国家林业局人才开发交流中心主任、中国林业教育学会副理事长黄正秋，南京林业大学校长、中国林业教育学会副理事长曹福亮，南京森林警察学院党委书记王邱文，国家林业局人才开发交流中心副主任路永斌，中国林业教育学会秘书长、北京林业大学副校长骆有庆，国家林业局宣传办副主任李天送，南京林业大学党委副书记、副校长赵茂程，广西生态职业技术学院党委书记庞正轰，中国林业教育学会副秘书长贾笑微，江苏省林业局纪委书记邱昱东，辽宁林业职业技术学院副院长王巨斌等领导和嘉宾参加表彰大会。

【毕业生就业创业促进分会成立】 12月11日，中国林业教育学会毕业生就业创业促进分会成立大会在南林大召开。中国林业教育学会杨继平理事长、骆有庆秘书长、贾笑微副秘书长，国家林业局人才开发交流中心主任、中国林业教育学会副理事长黄正秋，国家林业局人才开发交流中心副主任路永斌，南京林业大学党委副书记赵茂程，南京森林警察学院党委副书记、政治部主任林平出席了成立大会。骆有庆秘书长主持会议，并宣读了中国林业教育学会关于成立的批复。

会议通过了《毕业生就业创业促进分会工作条例》，选举黄正秋为理事长，路永斌、李天送、张治平、李树铭、骆有庆、李斌、赵茂程、马建华、李永和、王忠彬、庞正轰、周清华为副理事长，何乐观为秘书长。

（南京林业大学由钱一群供稿）

中南林业科技大学

【综　述】 2014年，学校上下深入学习贯彻党的十八大和十八届三中、四中全会精神，以党的群众路线教育实践活动和“改革创新年”为契机，团结务实、锐意进取、勤奋工作，学校建设发展呈现出崭新局面。

【党建和思想政治工作】 按照中央、湖南省委的统一部署和要求，在省委第一督导组的精心指导和关心帮助下，在全校各级党组织和广大党员干部中深入开展群众路线教育实践活动。按照上级要求，开展了公务用车、办公用房、办文办会、"三公"经费、校内收费项目等20项清理整治工作。坚持立行立改、边学边改，从师生群众反映最强烈、最迫切的问题入手，抓好整改落实，有效解决了一批事关学校改革发展和群众切身利益的问题，师生满意度明显提高。加强整章建制，完善和修订了作风建设规章制度32项，初步形成了改作风转作风的新机制、新常态。

着力抓好作风建设，严格执行中央"八项规定"、省委"九项规定"，着力培育务实清廉、勤俭节约、勤政高效的作风。加强组织建设，研究制定了"基层服务型党组织建设规划"和"干部教育培训规划"，举办了6期基层书记业务培训，积极开展处级干部党校学习培训、网络在线学习等。探索建立科学规范的干部选拔任用制度，积极推行处级干部任期制、增强干部队伍生机和活力，开展了新一轮处级干部交流聘任。省管干部选拔推荐工作成绩喜人，2名校领导提任为外校正职校领导，1名处级干部选任外校副职校领导。积极开展党建研究与交流工作，立项党建课题20项，成功组织承办全国农林水高校党建与思想政治工作研讨会第14次会议。获评全省教育系统"十佳"学习型党组织3个，木材科学与技术教研室获评全省"十佳学以创业先锋"。

加强党风廉政建设，落实党风廉政建设责任和反腐倡廉要求，认真执行《落实中央八项规定精神情况月报》等制度。纪委监察处全年接到信访举报41件（次），立案2件，查实违纪事实并处分1人。

把握正确的舆论导向，强化思想引领。充分发挥好校报、学校门户网站等校内宣传阵地的作用，开设了"中南林科大新闻网"微信公众号。年度对外宣传报道237篇（次），其中在全国性的媒体上发表40篇次。

发挥统一战线优势，注重凝心聚力，着力推进"同心工程"。加强民主党派基层队伍建设，13人荣获省级先进个人，1人被聘为省政府参事，4个基层组织被授予省级"优秀基层组织"。

坚持立德树人，着力培育和践行社会主义核心价值观。完善德育网络，努力探索网络思想政治教育的新途径。加强思政教育、第二课堂、实践育人等平台建设，创新心理健康教育工作。积极开展"学风特色项目建设""青年马克思主义者培养工程""大学生礼仪素养提升计划""青春励志"讲座等系列活动。学校获得"全省思想政治工作先进单位""全省高校大学生心理健康教育研究先进集体""全国大学生创业大赛优秀组织奖"等荣誉，多人被授予全省"思想政治教育中青年杰出人才""优秀思想政治工作者""优秀政研干部"等称号。

【教育教学】 新增专业3个，暂停招生专业3个。生态学专业获批为国家级"十二五"专业综合改革试点专业，木材科学与工程、林学、生态学、食品科学与工程等专业列入教育部、农业部和国家林业局"第一批卓越农林人才教育培养计划改革试点项目"；土木工程专业顺利通过住建部行业认证评估，2个本科专业顺利通过湖南省学位授予权评估和办学水平评估。生态学、物流管理与工程类专业分别获评全国4星级、5星级专业，木材科学与工程专业被作为"十大顶尖专业"在湖南教育电视台宣传报道。

积极探索双语教学授课方式变革，在班戈学院和国际学院试点使用Blackboard教学管理平台；建成了卓越课程中心和精品课程中心等课程建设平台，新增10门网络公共课程，进一步扩大公选课程的网络选修力度。《国际物流概论》《汽车服务信息系统》等10部教材申报了"十二五"国家级规划教材。

立项校级及以上教改项目99项，吴义强教授荣获国家级教学成果二等奖1项，实现了学校教学成果奖的新突破。获得省级教学成果一等奖1项、二等奖2项、三等奖7项等成绩。深化课程考核与重修改革。推行灵活多样的考试方式，创新试卷出题方式，试点引进外校题库。全面实行"公共课独立开班、考教分离，专业基础课和专业课到同专业下一年级插班学习、同卷考核"的重修方式。

不断强化实践教学，构建大学生创新创业教育体系。完成了所有本科专业实践教学基础信息统计和评价，获批建设2个人才培养示范基地和大学生创新训练中心，立项校级及以上学习与创新项目121项。搭建"院—校—省—国家"四级竞赛平台，鼓励学生参与科技创新活动，取得湖南省大学生创业大赛金奖、全国大学生高分子材料创新创业大赛决赛二等奖等优异成绩。

大力推进研究生教育综合改革。积极推进招生选拔制度改革，构建较为完善的研究生奖学金助学金体系，圆满完成研究生全面收费第一年的招生工作，2015年将首次试点博士招生申请审核制；修订完善学术学位研究生培养方案，进一步加强研究生培养过程质量监控，严格执行"双盲"评审制度，学位论文抽检合格率达95%以上；完善校院两级管理模式，成立学校第一届专业学位研究生教育指导委员会，年度增选博导6名、硕导29名；成功申报省研究生创新基地项目2个、省级创新基金项目24项、校级研究生教育提质工程等项目61项。

研究制订《中南林业科技大学教学质量监控与评价实施方案》，加快构建教学质量监控与评价体系。进一步抓好听课评教、教学督导和质量监控等工作。坚持本科教学质量报告年度发布制度，完成了本科教学基本状态数据采集与上报工作，为迎接第一批湖南省属高校审核评估打下了坚实的基础。

对接国家招生制度综合改革要求，积极构建多类型、多元化考试招生制度。实施招生阳光工程，全面实现一本招生，生源质量进一步提高。2014年，共在全国29个省（区、市）录取全日制新生7565名，其中博士48人，硕士712人，本科6005人，专科800人；本科一批录取率达到85%。国际教育呈现良好局面，圆满完成班戈学院首届招生和国际学院首届一本招生任务。

就业创业工作成效明显。就业质量稳步提升，年底研究生就业率为95.08%，就业质量为70.05%，并初步建立了毕业研究生质量跟踪调查和用人单位评价反馈机制。年底本科生初次就业率为90.1%、就业率为76%，用人单位满意度达90%以上。学生创新创业能力不断增强，学生先后创办"博士地瓜"连锁品牌、中国最大的校园S2C平台——宅瓜街、"甜甜的"DIY创意手工坊、

“熊抱”工作室等。编制并发布首份就业质量报告——《2014届本专科生就业质量报告》。学校连续第三次获评湖南省普通高校毕业生就业工作“一把手工程”督查优秀单位。

创新继续教育工作,坚持“成教、自考、培训”三位一体,狠抓教学管理与质量。积极巩固拓展函授站、教学点,函授站点总数达到72个。积极开拓干部培训市场,全年举办各类培训班71期,进一步巩固了全省企业管理干部培训基地的地位。

【学科建设】 根据国家政策调整和学科建设规律,优化完善学校学科布局,完成了林学与生物学学科调整。新增翻译硕士、工程硕士(建筑与土木工程领域)2个专业学位硕士点。全年新招录博士后9人、出站6人,在省属高校中率先完成在企业设立“博士后创新实践基地”的申报工作。

深入开展学科调研,着力解决学科构架不科学、学科关系不合理、学科团队和梯队意识不强、学科带头人管理偏弱、学科发展不可持续等问题。分批分类制定学位授权点自评方案,全面启动学科和学位点评估工作。启动了学校“十三五”事业发展规划的调研和前期准备工作。

【科技创新】 自然科学研究体量继续扩大,质量进一步提高。全年到账科研经费1.05亿元,获得国家级项目44项,省级项目立项72项;其中国家自科基金获准立项27项、省自然科学基金立项资助22项。获得省部级以上科技成果奖励7项,申请各类专利213件,出版专著33部,发表论文783篇。

社会科学研究取得明显进步。全年共获得纵向项目114项,科研总经费达507万元(其中纵向335万元,横向172万元);获国家社科基金项目5项,其中国家社科基金重点项目取得突破,立项数居全国林业院校首位,全国农林院校第七位。3项成果获省教育科学研究优秀成果一等奖。廖小平、蒋兰香、胡萍等教授喜登“社科湘军”光荣榜。

加强科研制度建设。进一步完善和规范科研项目经费的管理和使用,改革青年科学基金管理办法,加大青年科技人才培养力度;修订完善《中南林业科技大学科技开发服务管理办法》,着力加强学校资质和各类科技资源合理利用和分配;加强省部级以上科技创新平台的培育、建设和管理,制订出台《中南林业科技大学科技创新平台建设与管理暂行办法》。

平台与基地建设稳步推进。获批1个国家林业局森林旅游工程技术研究中心、1个湖南省高校产学研合作示范基地(亚热带珍稀林药资源高效利用及产业化)、1个省高校科技创新团队(现代林业技术与装备创新团队)、1个省科技厅创新团队(生物质材料工程技术创新团队)。“生态经济与绿色发展研究中心”获批省高校哲学社会科学重点研究基地。

学术期刊建设总体水平居全国林业院校和省属高校前列。《经济林研究》复合类影响因子在园艺类和林学类期刊均排名第一;自然科学学报复合类影响因子排名林学类期刊第五;社科学报复合类影响因子排名大幅提升;《经济林研究》和自然科学学报连续入选2014年度中国科技核心期刊。

【师资队伍建设】 1人被评为“长江学者”特聘教授(吴义强),是学校在该项人才计划上取得的重大突破;1人入选湖南省“百人计划”;1人被评为“全国优秀教师”(罗迎社);新增享受省政府特殊津贴人员2人、省学科带头人培养对象4人、省青年骨干教师培养对象4人;聘请海外讲席教授1人。

坚持培养与引进并重,鼓励在职教师攻读学位和到国内外进修。全校教师博士后入站10人,考取博士研究生27人,新增博士学位专任教师45人,博士比例比2013年增长3个百分点。积极开展新教师培训、骨干教师国外访学、现代教育技术应用竞赛、英语“四会班”等。全年23人全脱产参加英语“四会”班,23人出国(境)学习和工作,57人校外培训进修,20人到英国班戈大学培训。

进一步规范高层次人才引进工作运行机制,加大人才引进工作力度,建立健全师资考核与评价体系,深化聘任制度改革,研究制订定岗定编方案,完善和修订了职称评审办法。

【办学条件】 2014年1月,湖南省政府正式下文批复,将面积达4800公顷的平江芦头林场无偿划拨学校,解决了学校长期没有固定的教学科研实验林场的问题。

加快推进数字化校园建设。圆满完成校园内网优化改造、数据中心机房和数字化校园平台建设,基本实现校园无线网全覆盖和职工免费使用办公网络;完成行政办公、教务管理、资产管理、科研管理、多媒体教学等系统升级改造工作,校园网络软硬件、网络教学资源进一步完善和优化;推进校务公开、信息公开,构建了全新的信息公开网络平台,行政办公系统用户实现教职工全覆盖,学校获评“全省高校教育政务网工作先进单位”。

基础设施进一步完善。稻谷及副产物深加工国家工程实验室建成投入使用,先后完成土木结构楼及实验室、国际楼、家具与艺术设计学院、继续教育学院、班戈学院等办公场地建设和维修改造项目;积极推进综合实验楼、西园图书馆改扩建等中西部基础能力建设项目建设,落实建设项目国家资金4000万元。完成了中央财政支持地方高校发展专项资金项目2750万元的实施方案的编制工作,其中特色重点学科建设800万元,教学实验平台建设1270万元,公共服务体系建设680万元。

争取地方政府支持,对文源路进行重点整治和提质改造,校园环境明显改观;完成了“美丽校园”建设整体规划;推动商贸旅游职院老校区土地有偿划拨进入实质性程序,学校公租房列入长沙市政府2015年建设计划。

【对外合作交流】 全力推进中南林业科技大学班戈学院等国际教育机构的建设和管理,加强国际教育师资培训,建立了青年骨干双语教师、中层教学管理人员海外轮训机制。湖南省韩国文化研究与交流中心落户学校,并与韩国培材大学初步达成联合申办中南林业科技大学培才孔子学院意向;开辟新的交换生培养模式,与法国雷恩商学院、美国乔治福克斯大学推出“3+2”本硕连读项目、与法国图尔大学达成免学费交换生意向;留学生数量同比增长10%。

加强与社会的合作,积极服务区域经济社会发展。深化产学研合作,新建立科普、产学研等基地40余个。学校被列为国家级科技特派员创业培训基地。成功主办第三届国际地球观测与遥感应用研讨会、2014年亚洲解说研讨会等国际学术会议。承办了全国男子篮球联赛、全国羽毛球俱乐部超级联赛、全国幼儿体操表演大会等重大赛事和活动,扩大了学校影响。夯实校友工作基础,加强校友联络和服务,不断凝聚校友智慧和力量。

【内部治理】 积极推进现代大学制度和治理体系建设。完成了《中南林业科技大学章程》的制定,并经省教育厅核准面向社会发布。坚持和完善党委领导下的校长负责制,健全和完善工会、教代会、学术委员会、学代会等机构职能,坚持重大事项均提交教代会审议表决,积极推进民主办学、科学决策。改进文风会风,强化督查督办,校内会议、文件大幅精减,工作执行力明显增强。构建新的学术治理体系,制订了《中南林业科技大学学术委员会章程》和《中南林业科技大学学术委员会改选方案》。

构建"目标管理、过程监控、绩效考核"三位一体的目标管理格局。深化收入分配制度改革,进一步修订绩效工资实施方案,呈现总量增加、体现同工同酬、取消学院间相互结算、提高超课时酬金单价等特点。

完善财务工作制度,进一步加强财务管理和预算控制。通过严格控制"三公经费"、从紧安排行政和消费性支出,全校公务接待支出同比减少30%以上,确保了学校各项事业的正常运转。学校被评为"省直非税收入执收工作先进单位"。

创新审计程序与方法,进一步规范项目立项、合同审批等业务,基本实现网上办公;参与基建维修和物资采购类项目审计,积极配合上级部门开展科研经费使用情况和校长任期经济责任两项专项审计工作;完成了长沙商贸职院资产重新评估、安置房开发成本测算等重大项目的调研论证工作。

推进实验室建设与资产管理的规范化、信息化,进一步理顺学校资产管理职能,着手筹建大型仪器设备共享中心。获批国家级虚拟仿真实验教学中心、国家级实验教学示范中心各1个。加强政府采购和招投标过程管理和信息服务。

推进节约型校园建设,深化办公用房、公务用车、水电管理、物业服务改革,清理超标行政办公用房,清退超标公务用车。加快推进公有资源有偿使用和两型校园建设等工作。

着力构建校园安全防控体系,开展各类专项整治、综合治理,确保校园安全稳定。投入400余万元建成了视频监控系统为主、巡更系统为辅的综合防控体系;成功申报平安校园,争取省教育厅40万元配套建设资金;进一步规范校园道路交通安全管理,完善校内交通设施,校园交通秩序明显改善。

【和谐校园建设】 努力改善、提高教职员工收入水平和福利待遇,制订出台了过渡性绩效工资分配方案,适当调增在职职工绩效工资,离退休老同志待遇相应增长。

结合群众路线教育实践活动,切实关注民生,抓好相关问题整改。如妥善解决株洲校区整体处置后续工作,启动拆迁安置房、青年教师过渡房等项目,实行教职工全员体检,恢复教职工工作日中餐,新建了离退老同志活动场地、学生活动中心等。改善学生学习生活条件,直饮水供应系统安装到学生公寓区楼层,学生公寓热水供应系统安装到宿舍,实现24小时供应热水。

扎实推进"教职工之家"建设,开展丰富多彩的教职工文体活动。加强文明创建,学校被认定为"湖南省高校文明单位"。 (中南林业科技大学由皮芳芳供稿)

南京森林警察学院

【综　述】 2014年,南京森林警察学院(以下简称学院)设有治安系、森林消防系、侦查系、刑事科学技术系、警务管理系、信息技术系、警务技战术系、思政部、教学实训基地和继续教育部。国家林业局警官培训中心、森林公安司法鉴定中心、森林防火工程技术研究中心、林业职业教育研究中心、森林消防指挥培训中心挂靠在学校。目前学校设置有8个本科专业,分别是治安学、侦查学、消防工程、刑事科学技术、公安管理学、警务指挥与战术、网络安全与执法、信息安全,其中信息安全专业暂未招生;另设有治安管理、侦查等2个专科专业。全日制在校生5014人。学院现有教职工410人,专任教师263人,其中,正高职称28人,博士、研究生200人,聘请兼职教授20人、高级教官53人。学校占地总面积76.2公顷,总建筑面积近20万平方米。学校拥有教学仪器设备总值7497万元,图书馆馆藏电子图书167.7万种,纸质图书59.8万册。

【江苏省2013年度高校科协学术年会在学院举行】 1月8日,江苏省2013年度高校科协学术年会在学院举行。江苏省科协副主席张铁恒、学会部部长许钧,省高校科协秘书长、东南大学科研院常务副院长李建清等应邀出席。省内约80所高校的科协、科技处领导参加会议。会议由省高校科协副秘书长、解放军理工大学科研部副部长孙敏主持。

【学院喜获"2012~2013年度江苏省高等学校和谐校园"荣誉称号】 2月15日,经自评申报、专家评审并经省教育厅党组会议研究通过,学院被江苏省教育厅授予"2012~2013年度江苏省高等学校和谐校园"荣誉称号。据了解,全省共有62所高校获此殊荣。

【台湾警察专科学校华东警政参访团来学院交流】 1月20日下午,台湾警察专科学校华东警政参访团一行13人到学院访问交流。副校长傅冰钢会见了曾英哲团长及参访团员，并对他们的到来表示热诚欢迎。侦查系、治安系、教务处、校办等相关人员参加了座谈。

会见中，副校长傅冰钢简要介绍了学院的基本情况及近年来学校的发展状况。参访团团长曾英哲向与会人员介绍了台湾警察专科学校的发展历史及台湾警界特点。座谈会上，学院各系教授及职能部门负责人还探讨了两岸警界在森林保护及森林刑事案件处置等方面的问题。

【江苏省教育厅在学院召开阮泽来同学先进事迹座谈会暨媒体通报会】 3月17日，江苏省教育厅在学院召开阮泽来同学先进事迹座谈会暨媒体通报会。省教育厅洪流副巡视员，张高文校长、张治平常务副校长、李明副书记出席媒体通报会。《中国教育报》《江苏教育报》、江苏卫视、中央人民广播电台、新华网、人民网、中国警察网、江苏教育网等20家媒体记者应邀出席媒体通报会。省教育厅有关部门领导，学院有关部门领导，阮泽来的老师、同学、父亲及被救助的代表参加媒体通报会。

阮泽来同学现为学院2012级特警专业学生，他持续十年帮扶困难群众，两次勇救落水群众，拾重金而不昧。2013年7月5日傍晚，阮泽来在家乡浙江省绍兴市上虞区奋不顾身地跳入3米多深的河里，勇救3名落水群众，赢得了当地群众的广泛赞誉。2013年，南京森林警察学院对阮泽来同学的先进事迹给予了隆重表彰，授予他“雷锋式好学警”荣誉称号。同年12月，国家林业局森林公安局为阮泽来同学荣记个人二等功一次。阮泽来的老师、同学、父亲以及受到阮泽救助的代表在媒体通报会上分别从不同角度介绍了阮泽来的先进事迹和成长历程。参加媒体通报会的媒体记者对阮泽来和有关人员进行了现场采访。

【公安部物证鉴定中心视频侦查技术培训班开班】 4月9日，由公安部物证鉴定中心主办、南京森林警察学院承办的视频侦查技术培训班开班典礼在学院大报告厅举行。来自全国各地公安机关刑事技术部门、人民检察院、国家安全局等专业骨干150多人参加培训。本次培训班历时6天，结合实战案例，对视频侦查技术（视频图像测量技术、视频研判相关技术、模糊图像处理技术）等展开讲解，并以分组讨论的形式对综合案例进行进一步分析。

【阮泽来同学参加2013年江苏省大学生年度人物提名人选风采展评】 4月24日，由江苏省教育厅主办、南京师范大学承办的江苏省大学生年度人物提名人选风采展评在南京师范大学仙林校区礼堂隆重举行。学院警务技战术系特警阮泽来同学受邀参加。展演中，通过风采展示、互动问答以及专家点评等环节，阮泽来同学勇救落水群众、拾重金而不昧、十年坚持帮扶贫困的先进事迹感动了在座的每一个人；阮泽来同学带来的警务搏击技能表演特色鲜明，很好地展现了学院学子“有爱心、有勇气、有能力”的综合素质，获得了评委们一致好评。

【学院在江苏第六届“仙林成才杯”模拟法庭大赛中取得优异成绩】 5月11日上午，江苏第六届“仙林成才杯”模拟法庭大赛决赛暨颁奖典礼在栖霞区人民法院大法庭举行。学院参赛队在比赛中获得了团体总分第一、社区普法创意金奖、合议庭方第一、公诉方第一、被告方优胜奖的优异成绩。

本届“仙林成才杯”模拟法庭大赛的参赛高校规模进一步扩大，南京大学、东南大学、南京师范大学、苏州大学、南通大学等省内代表队参与，更吸引了武汉大学、华东政法大学等省外知名高校的加盟，共17所高校参加了比赛。学院公诉方和合议庭方均取得第一的好成绩。

【李磊和骆家林被评为“十佳优秀青年工作者”和“优秀青年”】 5月4日，国家林业局召开“五四”青年表彰座谈会，表彰2012～2014年度国家林业局“十佳优秀青年”“十佳优秀青年工作者”和局直属机关“优秀青年”“优秀青年工作者”。李磊被评为国家林业局“十佳优秀青年工作者”，骆家林被评为局直属机关“优秀青年”，李磊还应邀前往国家林业局参加了“五四青年节”主题活动。

【消防工程学科多项课题通过验收和获批立项】 5月15日，学院森林消防系郑怀兵副教授主持的国家林业行业标准项目“森林火灾隐患评价标准”通过了验收，专家一致同意该标准通过审定，并认为达到国内先进水平。国家林业局批准自2014年12月1日起实施，标准编号为LY/T 2245－2014，本标准首次规定了中国森林火灾隐患认定指标和认定程序。

由张高文教授、郑怀兵副教授主持的国家林业公益性行业项目“森林火灾案件侦查关键技术研究”（项目编号201104086）顺利通过国家林业局科技司组织的验收，认定“森林火灾案件侦查技术”成果1项。编著出版了《森林火灾案件侦查技术》和《森林火灾案件侦查典型案例集》。森林消防系建系以来，积极争取基本建设项目的资助，在团队的努力下，相关教学科研设施、设备获得国家林业局、“绿色江苏”项目以及本校项目经费等多项资助。

【张思玉教授喜获国家林业局2013年“百千万人才工程”省部级人选】 5月22日，经专家评审、局党组会议审定，2013年“百千万人才工程”省部级人选名单公布，学院张思玉教授成功入选，这对进一步促进学院人才工程项目、多层次学术梯队的建设具有重要意义。

【学院顺利通过学士学位授予权评审】 5月22日，江苏省人民政府学位委员会评审专家组组长夏锦文教授在学院学位授予权评审意见反馈会上宣布，专家组经评议认为，学院已达到学士学位授权单位的条件，经无记名投票表决，一致同意增列学院为学士学位授权单位，并同意将学院侦查学、治安学、刑事科学技术、消防工程（林火管理方向）4个专业增列为学士学位授权专业。

【公安技术一级学科被确定为江苏省“十二五”重点建设学科】 5月22日，江苏省教育厅发布《省教育厅关于公布新建本科高等学校省重点学科名单的通知》（苏教研〔2014〕7号），学院公安技术一级学科增列为“十二五”省重点建设学科。

本次增列是根据《省教育厅关于开展新建本科高等

学校省重点学科遴选建设工作的通知》(苏教研〔2013〕8号),学院积极组织申报,经相关学科专家审核、网上公示、省教育厅审核等一系列严格评审程序进行的。

【隆重召开第一次党员代表大会】 5月30日,中国共产党南京森林警察学院第一次党员代表大会开幕。国家林业局人事司郝育军副司长出席大会开幕式并讲话。校党委书记王邱文向大会作工作报告。大会开幕式及大会第一次全体会议由张高文校长主持。

下午,在分组讨论结束后,王邱文主持了第二次全体会议和第三次全体会议。大会表决通过了选举办法、总监票人、监票人名单,经过民主投票,大会选举产生了新一届中共南京森林警察学院委员会和中共南京森林警察学院纪律检查委员会。

大会宣读了《中共南京森林警察学院第一次党员代表大会关于上届党委工作报告的决议》(草案)和《中共南京森林警察学院第一次党员代表大会关于上届纪律检查委员会工作报告的决议》(草案),大会表决通过了这两个决议,批准了王邱文代表上届党委所作的党委工作报告和李明代表上届纪委所提交审议的纪委工作报告。

【阮泽来同学入选2013江苏省大学生年度人物】 6月13日,以"青春逐梦 精彩绽放"为主题的2013江苏省大学生年度人物暨高校辅导员年度人物颁奖典礼在南京师范大学举行。学院"雷锋式好学警"阮泽来同学入选2013江苏省大学生年度人物。江苏省委教育工委书记、教育厅厅长沈健出席典礼并作了讲话。获奖者所在高校相关领导、辅导员代表、学生代表近1500位嘉宾参加颁奖典礼。

【全国森林防火"应知应会"知识竞赛在学院举办】 7月21~23日,国家森林防火指挥部办公室在学院成功举办了全国森林防火"应知应会"知识竞赛。国家森林防火指挥部办公室副主任、国家林业局森林公安局政委焦德发及学校党政领导出席了知识竞赛,来自全国各地森林防火机关34支代表队参加了比赛。

本次比赛是由国家森林防火指挥部办公室主办,南京森林警察学院承办。共决出团体一等奖3名,二等奖7名,三等奖9名,优秀组织奖15名。个人一等奖5名,个人二等奖10名,三等奖16名,优秀奖19名。团体一等奖分别由黑龙江省、浙江省、吉林省代表队夺得;个人一等奖分别由黑龙江省代表队的沙乘旭、崔莹,浙江省代表队的潘颖瑛、于来来,四川省的柯浩夺得。

【学院获森林公安30周年宣传活动突出贡献单位和个人表彰】 8月8日,国家林业局森林公安局发布《关于表扬森林公安30周年宣传活动突出贡献单位和个人的通报》(林公督〔2014〕39号),学院期刊编辑部《森林公安》编辑室和林建新分别获得突出贡献单位和个人。

【完成南京青奥会各项工作】 8月28日,第二届夏季青年奥林匹克运动会在南京落幕,学院圆满完成各项安保及开闭幕式仪式标兵任务。

据统计,我校3782名师生奋战34天,在建邺区、玄武区、江宁区的12个相关赛会场馆,执行青奥会安检、验证、交通管理、场馆巡逻、场内控制、随车护卫等任务,共出任务7.9万人次。各场馆累计安检88万余人次,检查箱包39万余件,检查车辆2.4万余辆,查出违禁物品若干;320名仪式标兵在开闭幕式上高标准完成了相关表演,为平安青奥、特色青奥作出重要贡献。学院志愿者的事迹受到了中央电视台、江苏教育频道、南京新闻综合频道、《光明日报》《中国绿色时报》《新华日报》《南京日报》《金陵晚报》、龙虎网、江苏网等多家媒体的集中报道,在社会上树立了学校良好的办学形象。

【2014年全国森林公安信息化建设与应用业务培训班结束】 8月20~23日,由国家林业局森林公安局组织的全国森林公安信息化建设与应用业务培训班在警官培训中心举办。国家林业局森林公安局政委焦德发、国家林业局森林防火预警监测信息中心副主任崔洪浩及学校党政领导出席了开班式,来自全国30个省级森林公安机关的67名学员参加了培训。

此次培训班通过专家授课,各地对《全国森林公安信息化建设规划》(2014~2020)有关情况和森林公安基层基础信息采集工作进行了咨询和讨论,内蒙古、吉林等10个单位就信息化工作作了典型发言。

在8月22日的培训班总结会上,崔洪浩副主任宣读记功命令,焦德发政委作了讲话,对近三年森林公安信息化工作成效进行总结,并对谋划森林公安信息化重点任务和部署开展森林公安基层基础信息采集工作提出意见和要求。

【完成第一期全国地市级新任职森林防火指挥员培训工作】 按照国家森防指培训计划,2014年第一期全国地(市)级新任职森林防火指挥员培训班于8月25~30日在警官培训中心(森林消防指挥培训中心)成功举办。来自全国18个省(区、市)的104名防火指挥员参加了培训。

国家林业局森林公安局政委焦德发、南京森林警察学院副校长傅冰钢出席了开班典礼。

国家森防指办公室副主任、国家林业局森林公安局副局长柳学军,扑救处处长吴建国,南京森林警察学院常务副校长张治平出席了8月29日的结业典礼。在结业典礼上,柳学军作了讲话。

【学院获得一项国家博士后自然基金面上项目】 9月3日,学院何诚老师的"东北原始林区森林地下火蔓延规律及卫星遥感识别研究"课题通过中国博士后科学基金理事会评审,获得国家博士后自然基金面上项目。此次立项是学院林火研究中心2014年在林火研究领域获得的第三项省部级以上科研项目。

【学院师生代表参加中国人民公安大学第五届"中国警界明日之星论坛"】 第五届"中国警界明日之星论坛"于9月28~30日在中国人民公安大学木樨地校区举行。来自全国34所公安院校的50余位嘉宾和80余名学生代表参加了此次论坛活动,学院团委书记乔春华、侦查学1206区队崔轶群、治安学1204区队王开明参加活动。

以本届论坛的举办为平台，论坛组委会面向全国公安院校开展了以"新时期共和国预备警官的责任与使命"为主题的征文活动，共收到来自全国34所公安院校来稿351篇，学院崔铁群的论文荣获二等奖，王开明、杨博学的论文荣获三等奖，黄恩泽的论文荣获优秀奖，目前获奖论文已结集出版。

【召开2013学科建设项目验收评审会】 10月9日下午，2013学科建设项目验收评审会在学院举行。省学位委员会办公室副主任蔡华，校长张高文、副校长陶珑、科技处处长周爱民，以及公安技术学、公安学各学科方向带头人和青年学术团队带头人出席会议。会议由张高文校长主持。

经专家评审，侦查学、治安学、网络安全与执法3个学科建设项目验收结论为优秀，森林保护、消防工程、野生动植物物证技术3个学科建设项目验收结论为良好，公安情报学、警务指挥与战术、刑事科学技术3个学科建设项目验收结论为合格。9个项目均通过验收。

【全国林业院校图书情报工作委员会第23次会议在学院召开】 10月24～25日，"全国林业院校图书情报工作委员会、中国林业教育学会图书馆工作委员会第23次会议"在学院召开。校党委书记王邱文、副校长傅冰钢、北京林业大学副校长骆有庆、全国林业院校图工委主任钟新春、江苏省高校图工委秘书长邵波出席了会议，来自全国13所林业高校的图书馆领导和代表30余人参加了会议。

南京大学图书馆副馆长邵波教授、南京师范大学图书馆常务副馆长张建平教授、北京林业大学刘勇教授分别作了学术报告。

24日下午进行了学术交流。全国林业院校图工委领导授予学院图书馆"全国林业院校2014年度优秀图书馆"称号。

本次会议还对会议征文进行了评选，学院图书馆投稿的4篇论文取得一等奖两篇，二等奖、三等奖各一篇的好成绩。

【学院参赛作品荣获首届全国警察公共关系之星大赛特等奖】 10月25～26日，中外警察公共关系论坛暨首届全国警察公共关系之星大赛在常州举行。来自全国16所公安、政法院校的代表参加了活动。学院由傅冰钢副校长、林安薇老师指导，侦查1201区队尤际祥、警管1201区队陈智豪和治安1301区队李晨昊完成的参赛论文荣获大赛唯一的特等奖。学校荣获大赛的优秀组织奖。

【丛静华教授受聘为38所博士后工作站导师】 11月10日，学院丛静华教授受聘为中国电子科技集团公司第三十八研究所博士后工作站导师。聘任仪式于在位于合肥的38所总部举行。丛静华教授被聘为38所博士后工作站导师是学院研究生工作的重要推进，是为学院人才培养工作的又一成果。

【加拿大不列颠哥伦比亚省司法学院来学院考察访问】 11月18日，加拿大哥伦比亚省司法学院塔克院长率领代表团一行4人来学院考察访问。校领导王邱文、李明、陶珑，国家林业局森林公安局综合处王薇等与来宾座谈。座谈会后，考察团一行参观了森林公安司法鉴定中心和森林消防系相关实验室。

【第五届江苏省青年科学家年会分论坛开幕式举行】 11月20日，第五届江苏省青年科学家年会南京森林警察学院"保护野生动植物 关爱人类家园"论坛开幕式在学院大报告厅举行。校党委书记王邱文、江苏省科协副巡视员许均、北京林业大学副校长骆有庆、校党委副书记李明、副校长傅冰钢、江苏省科协学会部部长李政、江苏省高校科协副秘书长张宁馨、南京大学科协办公室主任龚俊、本届年会执委李千目，以及学院全体师生出席开幕式。开幕式由周爱民主持。

分论坛系列活动的举办时间为11月5～26日，主要包括开幕式、科普教育、青年教师学术沙龙、青年学者专题讲座4项内容。

【第三届"公安院校学报建设与发展论坛"在学院召开】 11月27日，第三届"公安院校学报建设与发展论坛"在学院召开。学院院长张高文、中国人民公安大学副校长李健和、辽宁警察学院副校长刘鸿儒、武汉市人民警察培训学院副院长肖振福以及来自全国30家公安院校学报编辑部57位专家学者出席了论坛。论坛开幕式由中国人民公安大学学报主编仇加勉主持。

论坛遴选10位专家围绕着"公安学术期刊特色化""新媒体时代的学术期刊品牌化""数字化时代公安学报"以及"公安学报的学术影响力"等主题作大会发言，与会专家就以上主题进行大会交流。

【"全国公安院校管乐基地"在学院揭牌】 12月3日，全国公安院校管乐基地揭牌仪式在学院举行。全国公安文联主席祝春林、国家林业局森林公安局局长王海忠、全国公安文联副主席武和平、公安部人事训练局副局长程人华、公安部宣传局副局长江玉兰等出席了会议。人民公安报社、中国人民公安出版社，中国人民公安大学等15所公安院校的师生代表，部分公安机关文化宣传部门及公安艺术团体等70余人参加了会议。

全国公安文联主席祝春林、国家林业局森林公安局局长王海忠共同为基地揭牌。全国公安文联副主席武和平宣读《关于同意设立全国公安院校管乐基地的决定》。

【第二届全国公安院校"祖国·梦想·警徽"主题征文颁奖仪式暨校园文化建设经验交流会在学院举行】 12月3日，由全国公安文联、人民公安报社和中国人民公安出版社共同举办的第二届全国公安院校"祖国·梦想·警徽"主题征文颁奖仪式暨校园文化建设经验交流会在学院举行。全国公安文联主席祝春林、国家林业局森林公安局局长王海忠、全国公安文联副主席武和平、公安部人事训练局副局长程人华、公安部宣传局副局长江玉兰、人民公安报社副总编辑邵清滢、中国人民公安出版社副总编辑李国强等领导出席颁奖仪式。中国人民公安大学等15所征文获奖院校的师生代表、部分公安机关文化宣传部门及公安艺术团体等70余人参加了仪式。颁奖仪式由全国公安文联秘书长张策主持。我校荣获"祖国·梦想·警徽"主题征文活动优秀组织奖,治安1101区队陈以扬、1306区队吴文灏分获一、二等奖。

【森林消防系承担的常州市武进区森林防火规划项目通过评审】 12月9日,由学院森林消防系承担的《常州市武进区森林防火规划(2015~2020)》(以下简称规划)评审会在常州市武进区人民政府举行。南京林业大学、常州市林业站、溧阳市林业站、金坛市林业站的专家以及江苏省森林防火办公室、常州市农委、武进区政府、辖区各镇政府的相关领导及规划组技术人员参加了评审会。

专家组听取项目组的汇报,审核了相关材料,一致通过评审。

【苏州市吴中区森林防火规划项目通过评审】 12月12日,由学院森林消防系承担的《苏州市吴中区森林防火规划(2014~2020)》(以下简称规划)在苏州市顺利通过了吴中区人民政府组织的评审。吴中区林业局局长李东主持了本次会议,江苏省森林防火办公室、苏州市农委、吴中区财政局、吴中区发改委、辖区各镇政府的相关领导及规划组技术人员参加了评审会。经过专家组评审,该项目顺利通过验收,并认为该规划在县(区)森林防火规划中具有指导作用,且规划具有可操作性、科学性和前沿性,是下一步本区森林防火工作的纲领。

【苏州高新区森林防火规划项目通过评审】 12月24日,由学院森林消防系承担的《苏州高新区森林防火规划(2014~2020)》(以下简称规划)在苏州市顺利通过了高新区管委会组织的评审。高新区副区长刑文龙主持了本次会议,苏州市农委、辖区相关部门及乡镇负责人、规划组技术人员参加了评审会。经过专家组评审,该项目顺利通过验收。

【师资队伍建设】 2014年,学院以能力建设为核心,以优化结构为主线,积极推进师资队伍建设。引进专任教师24人,其中博士5人,硕士19人;教师培养方面,21人晋升高一级职称,其中正高2人,副高19人,中级6人,19人参加公安业务实践,提升了公安专业化教育能力。

【毕业生就业工作】 2014年,学院采取多种措施,统筹兼顾,提升毕业生就业能力,努力为现代林业建设事业输送高素质的建设者和保卫者。建立了一支精干、高效、专业的就业辅导队伍(包括公务员考试辅导团队),开设了有关就业技能、技巧以及公务员考试的必(选)修课程和活动,对学生进行公务员考试培训辅导及应试就业技能、求职技巧方面的培训。2014年,先后举办各类招聘活动10余次,接待用人单位30多家。截至12月底,2014届1320名毕业生中,1172名毕业生已就业,总就业率达88.79%。

(南京森林警察学院由夏桂林供稿)

林业对外开放

16

林业重要外事活动

【赵树丛局长访问波兰、罗马尼亚、芬兰】 为落实《中国—中东欧国家合作布加勒斯特纲要》，应波兰环境部、罗马尼亚环境与气候变化部、芬兰农林部的邀请，赵树丛局长于4月9~18日率团访问波兰、罗马尼亚、芬兰。在波兰期间，赵树丛局长与波兰环境部部长格拉波夫斯基签署了《关于林业合作的谅解备忘录》，决定在林业政策法规、森林可持续经营、森林健康保护、农村林改、木材及木制品贸易、林业科研教育以及其他共同感兴趣的相关领域开展合作。在罗马尼亚期间，赵树丛局长与罗马尼亚环境与气候变化部部长科洛迪和水、森林与渔业局特派部长帕讷签署了《关于森林、湿地保护和野生动物保护合作的谅解备忘录》，决定在林业政策法规、森林资源保护、湿地和野生动植物保护、森林可持续经营、木材及木制品贸易、林业科研教育以及其他共同感兴趣的相关领域开展合作。在芬兰期间，赵树丛局长与芬兰农林部部长科斯基林举行了会谈，就推进森林可持续经营、加强生物质能源利用、扩大林业双向投资等进行了深入交流。（王　骅）

【赵树丛局长出席第六轮中美战略与经济对话有关活动】 7月9~10日，赵树丛局长作为中国政府代表团正式成员参加了第六轮中美战略与经济对话有关活动。七项林业成果(共建中国园、野生动植物非法交易、眼镜蛇行动、森林健康、亚太森林组织、自然保护、打击木材非法采伐及相关贸易双边论坛)列入第六轮中美战略对话成果清单。对话期间，中美打击野生动植物非法交易对口磋商和宣传活动在北京举行。刘延东副总理、杨洁篪国务委员与美国克里国务卿等参加了宣传活动。赵树丛局长和美国国务院副国务卿诺维莉出席了对口磋商开幕式并致辞。中国国家林业局、外交部、公安部、农业部、海关总署以及美国国务院、对外发展署、司法部等部门代表出席了对口磋商。（王　骅）

【张建龙副局长访问蒙古】 8月4~8日，张建龙副局长率团赴蒙古参加中蒙第二次边境森林防火联防会议。双方就继续推进边境防火隔离带建设，将国家级联防会的周期固定化，探索建立蒙、中、俄三国间的森林火灾联防机制，加强双方互访交流，加强部门之间的协调，落实联络站间的沟通联络。建立务实高效的应急快速过境扑火工作机制，加强对蒙方的扑火物资装备援助以及推进蒙方境内中资企业参与防扑火工作等9个方面重要事项达成了共识，签署了会议纪要。访蒙期间，代表团会见了蒙古环境与绿色发展部国务秘书亚斯兰先生。（余　跃）

【孙扎根副局长访问加拿大、德国】 11月18~25日，国家林业局副局长孙扎根率中国林业代表团访问加拿大、德国。期间，孙扎根相继会见了加拿大不列颠哥伦比亚大学副校长约翰·赫本和森林管理委员会总干事凯姆·卡斯滕森，并出席"气候变化与森林响应与适应"国际研讨会。代表团在哥伦比亚大学会谈期间，双方共同回顾了林业科技交流情况，并就未来合作领域达成诸多共识。在德国，孙扎根一行听取了森林管理委员会业务发展和机构建设情况报告，并就双方今后在森林认证领域的合作以及互认等事项进行了深入的讨论。（胡元辉）

【陈述贤组长访问尼泊尔、老挝】 3月26日至4月2日，国家林业局党组成员、中央纪委驻局纪检组组长陈述贤率团出访尼泊尔、老挝，局总工程师封加平随团出访。代表团在尼泊尔参加了中尼第三次林业工作组会议，中尼双方就亚洲犀牛与雪豹等野生动植物跨境保护、竹子经营利用、社区林业发展、天然林保护、打击非法采伐与相关贸易等方面的深入合作达成了广泛共识。代表团在老挝出席"亚欧林业示范项目"签字仪式，见证了亚欧林业示范项目在老挝成功落户并正式启动。（余　跃）

【刘东生副局长访问马来西亚】 6月24~28日，刘东生副局长率中国林业代表团访问了马来西亚，出席了马来西亚大熊猫保护中心开幕仪式，并与马来西亚自然资源环境部秘书长尤素夫先生就加强中马林业合作进行了会谈。（余　跃）

【芬兰农业和林业部长访华】 应国家林业局邀请，芬兰农业和林业部长佩特里·奥莱普于9月9~14日率团访华。在华期间，赵树丛局长会见了奥莱普部长一行，就森林可持续经营、生物质能源、联合国森林论坛和林权改革等共同关心的问题交换了意见，表达了进一步深化两国林业务实合作的意愿。芬兰代表团还赴上海参加了第二十届中国国际家具展览会。（王　骅）

【南非环境事务部部长访华】 12月2日，赵树丛局长会见了南非环境事务部部长莫莱瓦一行，双方就加强两国在野生动物保护、荒漠化治理和湿地保护与管理等领域的交流与合作交换了意见。双方还就落实《关于湿地与荒漠生态系统和野生动植物保护合作的谅解备忘录》达成共识。（余　跃）

【蒙古环境与绿色发展部国务秘书访华】 9月24日，刘东生副局长会见了蒙古环境与绿色发展部国务秘书(副部级)巴特包勒德·亚斯兰一行。双方就开展戈壁熊保护繁育、森林病虫害防治、荒漠化防治和森林经营等方面的合作交换了意见，并强调要进一步深化两国林业务实合作。亚斯兰国务秘书一行随后前往四川考察了大熊猫繁育。（余　跃）

【APEC领导人在北京雁栖湖共植亚太伙伴林】 11月11日，来华出席亚太经合组织第二十二届领导人非正式会议的21个经济体领导人在北京雁栖湖共植了亚太伙伴林，象征着APEC领导人合作应对亚太区域挑战的决心和意愿，体现了各经济体对林业推动绿色低碳发展和应对气候变化的独特作用的认可，并为2014年APEC会议和APEC成立25周年留下了永久性纪念。

（肖望新）

【2014年APEC会议碳中和林植树活动启动】 11月3日，2014年APEC会议碳中和林植树启动仪式在北京怀柔雁栖镇举行。本次碳中和林植树启动仪式由外交部、国家林业局、北京市人民政府共同主办，中国绿色碳汇基金会和北京市有关部门共同组织实施。国家林业局局长赵树丛、北京市副市长林克庆、外交部部长助理钱洪山与来自相关部门、联合国粮农组织（FAO）、联合国开发计划署（UNDP）、国际竹藤组织（INBAR）、世界自然保护同盟（IUCN）等国际组织和捐资企业代表以及新闻媒体共计100多人参加了启动仪式和植树活动。项目将在北京市怀柔区和河北省康保县营造84.93公顷“碳中和林”，预计在未来20年内中和2014年APEC会议排放的二氧化碳，这在APEC会议史上尚属首次。

（肖望新）

【大熊猫“好好”和“星徽”抵达比利时】 2月23日，根据中国野生动物保护协会和比利时天堂公园签署的《关于开展大熊猫保护研究合作的协议》，大熊猫“星徽”与“好好”顺利抵达比利时，比利时首相迪吕波和两位副首相亲临机场迎接。3月30日，中国国家主席习近平携夫人彭丽媛，与比利时国王菲利普、王后玛蒂尔德和首相迪吕波一起出席了天堂公园大熊猫馆开馆仪式。

（王　骅）

【推进中韩大熊猫合作研究】 7月，习近平主席出访韩国期间，两国领导人共同表示，支持两国有关部门开展大熊猫合作研究。为落实领导人访问成果，国际司会同保护司向外交部确认了中韩大熊猫合作属于重大外交需要。经局领导批准后，两国合作实施单位开始了磋商。

（吴　青）

林业对外科技交流与合作

【中国和坦桑尼亚签署《野生动植物和自然资源保护合作与交流的谅解备忘录》】 10月24日，在习近平主席和坦桑尼亚总统基奎特的见证下，赵树丛局长与坦桑尼亚外交和国际合作部部长门贝在北京签署了《中华人民共和国国家林业局和坦桑尼亚自然资源和旅游部关于野生动植物和自然资源保护合作与交流的谅解备忘录》。双方将促进在野生动植物和自然资源保护领域的合作与交流。　（余　跃）

【中国和阿拉伯联盟签署《荒漠化防治与监测合作备忘录》】 6月5日，在出席中国与阿拉伯国家合作论坛第六届部长级会议期间，国家林业局局长赵树丛与阿拉伯联盟秘书长签署了《中国国家林业局与阿拉伯联盟（阿拉伯干旱地区和旱地研究中心）关于荒漠化监测与防治合作的谅解备忘录》。双方表示愿意在荒漠化和干旱监测及防治领域建立合作和伙伴关系，开展有关项目及研究。　（肖望新）

【中国和肯尼亚签署《林业和生态保护合作的谅解备忘录》】 5月10日，在李克强总理与肯尼亚总统肯雅塔的见证下，外交部部长王毅和肯尼亚环境、水与自然资源部长朱迪·瓦克洪古在内罗毕签署了《中华人民共和国国家林业局和肯尼亚共和国环境、水与自然资源部关于林业和生态保护合作的谅解备忘录》。双方将在森林可持续经营、林业产业、减缓气候变化、野生动植物保护与国际履约方面开展合作。　（余　跃）

【中国和大韩民国签署《野生动植物和自然生态系统保护合作谅解备忘录》】 7月3日，在习近平主席和韩国总统朴槿惠的共同见证下，张建龙副局长和韩国环境部部长尹成圭在首尔青瓦台签署了协议，为两部门的合作建立了框架和平台。在韩期间，张建龙副局长与韩国环境部部长尹成奎就自然保护合作进行了商谈，双方表示要进一步推进合作，积极落实协议。　（吴　青）

【张建龙副局长出席中俄举行第三次边境地区森林防火联防会议】 7月23日，中俄第三次边境地区森林防火联防会议在俄罗斯海参崴召开。中国国家林业局副局长张建龙和俄罗斯林务局副局长支林分别率代表团出席会议。双方就协调发挥外事和边防部门参与应急联络、联合开展边境扑火演习等重要事项达成了共识。

（王　骅）

【中国和伊朗签署《林业合作的谅解备忘录》】 4月22日，刘东生副局长与伊朗农业部副部长兼森林、牧场与流域管理局局长克霍达卡拉姆·亚拉里在北京签署了《中华人民共和国国家林业局与伊朗伊斯兰共和国农业部关于林业合作的谅解备忘录》。双方将在森林可持续经营、林业产业、荒漠化防治等方面开展合作。

（余　跃）

【中美举行自然保护议定书附件十二磋商】 4月25日，中美自然保护议定书附件十二磋商在南京召开。中国国家林业局、美国鱼和野生物局分别派团出席会议。双方回顾了2011～2013年根据附件十一开展的各项活动所取得的成果，通过了2014～2016年的合作计划，确定了在保护区管理、生态系统监测、濒危物种贸易公约议题谈判、湿地监测与恢复、野生动物疫病防控等领域的15个交流项目与合作活动。　（王　骅）

【中美林业工作组第五次会议】 6月11日，中美林业工作组第五次会议在美国华盛顿召开。中国国家林业局、美国农业部林务局分别派团参加了会议。双方评估了2011～2014年合作，同意在2014～2017年继续在森林健康、入侵物种、气候变化、林产品、生物质利用、森林防火以及非采备忘录方面开展务实合作，并决定支持2014年10月联合国森林论坛国家倡议，探讨研究站结对合作。（王　骅）

【中加（加拿大）林业工作组第七次会议】 6月13日，中加（加拿大）林业工作组第七次会议在渥太华召开。中国国家林业局和加拿大林务局派团参加了会议。双方回顾了上一次会议以来在森林碳汇、国际示范林网络、非法采伐和相关贸易以及木材标准合作等方面开展的工作，并讨论了今后在全球碳循环中的木材产品研究、国际示范林网络、应对非法林产品贸易、木材产品标准化系统、环境产品声明和森林可持续经营方面的合作建议。同期，双方还召开了打击非法采伐和相关贸易经验交流会。（余　跃）

【中芬林业工作组第18次会议】 10月17日，中芬林业工作组第18次会议在北京召开。中国国家林业局、芬兰农林部派团参加会议。在前期调研的基础上，会议着重讨论了中芬现代林业发展示范项目建议书编制工作，决定依托辽宁清原履行《国际森林文书》示范基地建设，统筹规划两国在森林经营、森林资源清查、集体林权改革等领域的合作，并同意在生物质能源利用、非木质林产品开发、林业机械利用、林业投资方面开展交流活动。（王　骅）

【中奥林业工作组第二次会议】 10月27日，中奥林业工作组第二次会议在北京召开。中国国家林业局、奥地利农林部派团参加会议。双方讨论了在林权改革、森林经营、生物质能源利用、国际森林问题、林业科研合作、林业企业等方面的合作建议，决定进一步研究建立综合示范区，结合展览会、研讨会、合作研究等形式，推进双边各层次交流与合作。（王　骅）

【中日韩澳候鸟协定工作组会及中日韩朱鹮保护研讨会】 11月10～15日，第15届中日、第4届中韩、第11届中澳候鸟保护协定双边工作组磋商及第三次中日韩朱鹮保护研讨活动在浙江省德清县举行。朱鹮保护研讨活动上三国专家就朱鹮保护的技术问题进行了研讨和讨论。与澳大利亚、韩国、日本的双边磋商中分别就以后两年的合作重点交换了意见，并商定下次会议在澳大利亚召开。（吴　青）

林业经济技术交流与合作

【中英合作国际林业投资与贸易项目（InFIT）启动实施】 根据商务部和英国国际发展部签署的《关于中英森林施政、市场和气候合作的谅解备忘录》，中英合作国际林业投资与贸易项目于2014年2月启动。该项目是英国全球森林施政、市场和气候项目（FGMC）的一部分，旨在降低中国木制品和其他在林地生长商品的国际贸易对森林退化的影响，包括中国木材合法性认定体系的建立和实施、促进企业指南的应用、分享林权改革经验、能力建设和推动木材合法性活动四大产出。项目实施期为2014年2月至2017年1月，英国国际发展部、中国商务部和国家林业局共同组成项目指导委员会监督项目实施工作。（王　骅）

【中韩自贸协定实质性谈判】 中韩自贸区谈判2012年5月启动，旨在达成一个全面、平衡、高水平的自贸协定。国家林业局从第11轮开始参与“经济合作—林业”和“知识产权”两个章节的谈判。2014年，国际司牵头参与了第11～第13轮谈判，在“经济合作—林业”及“知识产权”章节上基本与韩方达成一致。中韩自贸区协定有望在2015年正式签署。（吴　青）

国际合作与交流

【综　述】 2014年，林业国际合作顺应全球化发展趋势，加强战略研究和总体设计，全面部署和大力推进全方位林业国际合作，继续统筹国际国内两个大局、利用两种市场和两类规则，积极推进新的林业双边合作关系，主动参与多边林业治理进程，林业国际合作取得了新进展。新签署了《中波（波兰）林业合作的谅解备忘录》《中罗（罗马尼亚）森林、湿地保护和野生动植物保护合作的谅解备忘录》《中伊（伊朗）林业合作的谅解备忘录》《中肯（肯尼亚）林业和生态保护合作的谅解备忘录》《中阿（阿拉伯联盟）荒漠化监测与防治合作谅解备忘录》《中韩（韩国）野生动植物和生态系统保护合作的谅解备忘录》《中坦（坦桑尼亚）野生动植物和自然资源保护合作与交流的谅解备忘录》7个林业部门间合作协议；全年共审批462批、1520人次的出访和来华，其中派出277批、874人次，请进185批、646人次。（黄一川）

【2015后国际森林安排研讨会】 2014年10月29～31日，联合国森林论坛国家倡议会议——“2015后国际森林安排研讨会”在北京举办。会议由国家林业局与奥地利、加拿大、芬兰、德国、瑞士和美国政府部门联合主办。此外，巴西、印度尼西亚、日本和南非参与了会议国际指导委员会的工作，联合国森林论坛、联合国粮农

组织和国际热带木材组织为会议提供了技术支持。来自55个国家和18个国际组织的近200名官员和专家参加了会议，会议通过了《联合主席报告》，就2015后国际森林安排提出了具有创新性、建设性的意见和建议，为2015年5月联合国森林论坛第十一届会议关于2015后国际森林安排的政府间谈判奠定了基础。（蒋英文）

【向联合国提交《中国履行〈国际森林文书〉进展报告》】 为履行中国林业国际责任和义务，国家林业局组织编写了《中国履行〈国际森林文书〉进展报告》，并按程序向联合国提交。该报告全面展示了中国林业建设的做法和成就，已在联合国网站上公布并编入了联合国秘书长相关报告，有力地宣传了中国林业建设成就，提高了国际影响力。（蒋英文）

重要国际会议

【中美打击野生动植物非法交易对口磋商】 7月9日，国家林业局与美国国务院在第六轮中美战略与经济对话框架下召开了打击野生动植物非法交易对口磋商，并共同举行中美打击野生动植物非法交易宣传活动。赵树丛局长和美国副国务卿凯瑟琳·诺维莉女士分别代表中、美代表团出席会议开幕式并致辞，刘东生副局长和美国代理助理国务卿朱迪斯·嘉伯女士主持。刘延东副总理、杨洁篪国务委员和克里国务卿出席宣传活动并致辞，向国际社会展示中美在打击野生动植物非法交易方面的良好合作，推动国际社会深化对话与合作。通过本轮磋商，中美双方回顾了2013年首次磋商以来在打击野生动植物非法交易方面取得的成就，围绕加强各层面执法、减少非法来源和需求、加强合作等议题进行交流，就象牙贸易管控等问题深入交换意见。

（廖　菁）

【打击野生动植物非法交易伦敦会议】 2月12～13日，由英国政府主办的“打击野生动植物非法交易伦敦会议”在英国伦敦召开。中国国家林业局副局长张建龙率团参会。与会各方审议通过了《打击野生动植物非法交易伦敦会议宣言》，作出庄重政治承诺，将野生动植物非法交易作为“严重犯罪”。（张忠田）

【大森林论坛2014年年会】 5月5日，国家林业局副局长张永利率团出席在喀麦隆布埃亚市举行的大森林论坛2014年年会。各国与会代表围绕“森林300年，行动在当下”这一主题进行了广泛研讨和深入交流。张永利在会上介绍了过去一年中国林业发展的最新情况，就当前全球林业发展面临的机遇与挑战、林权制度改革、森林经营、林业应对气候变化、林业机构建设等议题充分阐述了中方观点。会议期间，张永利会见了喀麦隆林业与野生动物部长恩格勒·菲利普·尼格维斯，双方就加强中喀两国林业与野生动物合作深入交换了意见，并就商签林业合作备忘录事宜进行了探讨。（肖望新）

【第六届世界公园大会】 应世界自然保护联盟（IUCN）邀请，11月11～20日，以国家林业局陈凤学副局长为团长的中国政府代表团赴澳大利亚参加了世界自然保护联盟2014世界公园大会。陈凤学在大会部长级论坛上作主旨发言，宣传中国在自然保护中取得的成就、经验及对世界的贡献，并向大会提出了在自然保护地建设中突出保护优先原则、优化国土空间格局、加强保护地领域的国际合作等三条建议，得到大会的肯定。11月14日，陈凤学出席了世界自然保护联盟全球最佳管理保护地绿色名录发布及推介大会，中国6个自然保护地入选首批绿色名录。

大会期间，中国代表团与多方进行了会谈。11月14日，陈凤学会见了世界自然保护联盟主席章新胜一行。双方就国家公园体制问题进行了深入交谈，并在建立适合中国国情的国家公园标准体系、建立国家公园系统、加强保护地能力建设，推动保护目标实现等方面达成共识。

同日，陈凤学分别与澳大利亚环境部和国家公园管理局、加拿大国家公园管理局进行了会谈。双方分享了在自然保护地、国家公园建设发展的经验和成果，探讨和交流了国家公园在管理体制、投入机制、土地利用、保护措施、旅游发展、管理人员配置等方面的问题。

（郭瑜富）

【亚太雨林峰会】 11月12日，应澳大利亚环境部邀请，国家林业局副局长陈凤学出席了澳大利亚环境部主办的亚太雨林峰会，来自26个国家的150多位林业主管部门领导、商界领袖、国际组织高官出席了峰会。陈凤学就中国打击非法采伐、为保护热带雨林发挥的作用作了发言，建议在打击非法采伐和相关贸易中应遵循4项原则：政府主导、国际合作与全社会参与、尊重国家主权和保护林产品正常贸易，得到与会者积极响应。

（郭瑜富）

【亚太经合组织（APEC）非法采伐和相关贸易专家组第五次会议】 5月6～9日，在2014年APEC第二次高官会期间，亚太经合组织（APEC）非法采伐及相关贸易专家组（EGILAT）第五次会议在青岛举行。刘东生副局长出席会议并致辞。来自APEC18个经济体的60余名代表出席了会议。会议交流了各经济体对“非法采伐”和“合法性”的理解及法律范畴，在专家组内形成了增进信息共享、推动合法贸易的良好共识。同期召开了建立木材合法性验证体系研讨会。（王　骅）

【亚太经合组织（APEC）非法采伐和相关贸易专家组（EGILAT）第六次会议】 8月6～8日，在2014年APEC第二次高官会期间，亚太经合组织（APEC）非法采伐及相关贸易专家组（EGILAT）第五次会议在北京举行。刘东生副局长出席开幕式并致辞。来自APEC16个经济体的60余名代表出席了会议。会议探讨了如何促进各成员经济体对“合法木材”的共同认识，推动合法林产品贸易。同期举办了APEC2020悉尼林业目标评估项目宣介会。（王 骅）

【中欧森林执法与行政管理双边协调机制（BCM）第五次会议】 3月6日，中欧森林执法与行政管理双边协调机制（BCM）第五次会议在北京召开。中国国家林业局、欧盟委员会环境总司分别派团出席了会议。双方交流了各自开展打击非法采伐及相关贸易工作的进展情况，充分肯定了2013年取得的合作成果，确定了2014年工作计划，并探讨了建立中国—欧盟林业合作机制、共同在非洲开展三方合作等事宜。（王 骅）

【利马气候变化大会】 12月1～13日，《气候变化框架公约》第二十次缔约方大会和《京都议定书》第十次缔约方大会在秘鲁首都利马召开。大会的主要目标是对将于2015年年底在法国巴黎达成的2020年后全球应对气候变化协议（简称“新协议”）的各项内容进行谈判，主要是新协议要包括哪些要素、是否要体现“共同但有区别和各自能力”以及公平等原则、各缔约国国际社会提交2020年后应对气候变化行动及其相关说明信息等，大会最终就推进新协议谈判达成共识并通过了大会决定，形成了“利马案文”，为2015年年底如期达成新协议提供了重要保障。林业议题继续受到普遍关注，各方就发达国家在支持发展中国家实施减少毁林和森林退化导致的排放和通过森林保育、森林经营等增加碳汇行动（简称“REDD＋”行动）和清洁发展机制（CDM）下林业问题进行谈判，会议同意将植被恢复纳入《京都议定书》第二承诺期新增加的活动，此项决定将对促进中国干旱区植被恢复具有积极意义。（张忠田）

亚太森林恢复与可持续管理网络

【综　述】 2014年，亚太森林网络管理中心积极推动亚太森林组织国际化进程，开展国际交流合作，以政策对话、能力建设、示范项目为抓手，各项工作取得良好进展。

机构建设 亚太森林组织国际化进程稳步推进，组建董事会和理事会的工作相继启动。5月，在泰国召开亚太森林组织指导委员会第四次会议和第五次联络员会议，审议通过成立亚太森林组织首届董事会和理事会的有关文件。同期成立首届董事会遴选委员会，评选出首届董事会成员12人的建议名单。7月，正式启动《亚太森林组织2011～2015年战略规划》终期评估及《亚太森林组织2016～2020年战略规划》的制订工作。聘请前联合国森林论坛高级专家，通过网络问卷调查、赴亚太地区主要经济体实地调研等多种形式开展评估工作。

政策对话 ①积极落实习近平总书记提出的丝绸之路经济带战略构想和建立中蒙俄经济走廊全方位合作战略倡议，加强与中亚国家和蒙古的林业合作与交流，成功举办了中亚地区林业战略合作高级研讨会。与会各方一致同意依托亚太森林组织建立区域林业部长级会晤机制，实现区域林业高级研讨会机制化，开展能力建设和示范项目，促进区域林业协同发展。②为落实温家宝总理倡议的亚欧林业示范项目，多次派专家组赴老挝实地调研与商讨，召开亚欧示范项目技术协调会。经多方努力，4月与老挝签署项目协议，召开项目指导委员会，顺利启动该项目。③配合亚太经济合作组织（APEC）2014中国年活动，提出“APEC悉尼目标进展评估”项目，评估和分析亚太区域各经济体自2007年以来森林面积变化情况。在11月召开的APEC第22次领导人非正式会议上，与会领导人一致同意“与亚太森林组织等相关组织合作，确保悉尼森林目标的实现”。④在印度尼西亚举办区域林业人力资源开发研讨会，围绕林业机构在职培训议题进行了深入交流，产出了亚太地区林业人力资源开发情况回顾背景文件和政策简报，填补了区域的空白。

能力建设 针对区域经济体的实际发展需求，成功举办主题为“亚太区域退化林地恢复”和“森林生物多样性与农村生计发展”的2期国际培训班；在北京林业大学和南京林业大学开设的奖学金项目共招收硕士研究生18人。在能力建设中突出亚太区域林业发展的新形式与亮点，加深“讲—学”交互的深入性，切实实现了能力提升，并通过该项目向国际社会宣传了中国可持续发展思想和生态林业、民生林业发展理念，向发展中经济体推介了我国林业建设经验。

示范项目 项目活动是组织务实合作的重要体现，2014年继续加强项目规划与管理，提升项目质量。①开展充分、全面的项目前期调研。大湄公河次区域（简称“GMS区域”）是中国周边外交的重点区域，为有针对性地、科学地推进在这一区域的合作，实施了GMS区域林业调研项目，现已基本完成了综合报告和国别报告，全面梳理了该地区林业发展情况，分析了深化林业务实合作所面临的挑战和机遇，为开展GMS区域林业合作和相关项目提供了重要的信息支撑。②开展系统、科学的项目规划设计。根据《亚太森林组织2011～2015战略规划》确定的示范项目发展原则，综合考虑各经济体的实际需求和亚太森林组织发展现状进行项目规划设计。在项目设计中增强主动性，注重对我国林业建设成就和林业发展经验的宣传和推广，并在项目设计和实施过程中积极寻找各参与方利益的结合点，使各方受益，多方共赢。③精心组织项目征集和评审。以探索、总结和示范退化林地恢复和森林可持续经营为主线，积极开展了2015年度项目的开发和选定工作。按照公平、公开、公正的原则面向区域经济体广泛征集项目，共收到亚太地区8个经济体和4个国际组织或科研机构提交的25份项目概要书。项目评审专家通过严格的专家评审和实地调研，推荐了6个项目作为亚太森林组织2015年候选项目。④实施严格、规范的项目管理。全面启用

《项目管理办法》和《项目评估办法》，进一步规范了项目管理程序，强化了项目计划报告、监测评估与资金拨付；进一步强化对项目执行方的管理，主动与项目执行方沟通，密切跟踪和参与项目计划制订和评审会议，及时了解项目实施进度，把握项目重点。（杨馨郁）

林业民间国际合作与交流

【综　述】 2014年，林业对外合作与交流继续遵循服务国家外交大局、服务林业发展全局的原则。围绕国内集体林权制度改革后林农合作需求，积极拓展与外国民间社团和企业的务实合作，与瑞典家庭林主联合会、德国尤尼克公司、芬兰农业生产者和林主联合会以及美国林业从业人员网络等机构建立和保持了合作关系；积极推进"借鉴日本林业治山模式""引进日本、韩国森林疗养理念和技术模式""林业援外培训需求与工作机制"以及"中国林业企业走出去"等专题研究和调研；与湿地国际、世界自然保护联盟、保护国际基金会、大自然保护协会、野生生物保护学会和世界自然基金会等国际非政府组织召开合作年会，商定新合作项目90余个，涉及森林可持续经营、湿地和淡水保护、生物多样性、气候变化、林业碳汇、能力建设和公众宣传等领域；目前正在执行和管理的多双边无偿援助项目236个，受援金额约11亿元人民币；积极参与有关国际磋商，先后出席了第六届世界公园大会、世界自然保护联盟亚洲保护地伙伴关系国际规划委员会第一次会议、森林管理委员会大会、国际林联大会、亚洲湿地会议、湿地国际成员大会等重要国际会议，加强了在各领域与相关国际组织的沟通与合作；组织了世界自然保护联盟中国保护地绿色名录的评选工作，中国6个保护地成功纳入了世界自然保护联盟最佳管理保护地绿色名录。（孙念军）

【中国西部地区林业人才培养项目成果总结报告会】 2014年1月16日，中日技术合作中国西部地区林业人才培养项目成果总结报告会在国家林业局管理干部学院举行，来自日本驻华大使馆、日本国际协力机构中国事务所、科技部、国家林业局有关司局、项目中日有关主管部门代表、项目实施相关单位及部分西部地区省级林业培训机构代表共35人参加了会议。该项目顺利完成了四年计划任务，培养了西部地区一批基层林业人才，为集体林权制度改革和国有林场改革提供了智力支持，为西部地区林业人才培养发挥了示范作用。

（许强兴）

【中日民间绿化合作2014年工作年会】 2014年2月25～28日，中日民间绿化合作2014年工作年会在日本东京举行。双方就中日民间绿化合作委员会第十五次会议议题、项目年度检查、森林档案编制等情况交换了意见，并就项目后期管护，进一步深化合作达成共识。访日期间，我代表团还拜会了日本农林水产省林野厅和相关民间机构和团体，就进一步加强中日民间相关领域的交流与合作进行了探讨。（许强兴）

【中日合作"中国黄土高原林业新技术及管理方法推广普及项目"联合协调委员会第四次会议召开】 2014年3月24～25日，中日合作"中国黄土高原林业新技术及管理方法推广普及项目"联合协调委员会第四次会议在甘肃兰州召开，日本国际协力机构中国事务所、国家林业局国际合作司、对外合作项目中心以及山西、陕西、内蒙古、宁夏、河南、甘肃、青海7省（区）林业厅分管外援项目的负责人40余人出席会议。会议听取了项目参与省（区）2013年度项目实施工作情况汇报，并通过了2014年度项目实施计划。（许强兴）

【刘东生副局长会见瑞典农村事务部国务秘书】 2014年3月28日，国家林业局副局长刘东生在北京会见了瑞典农村事务部国务秘书麦格那斯·延布一行，双方就加强在林农合作组织建设、森林认证和林业产业发展等方面的交流与合作交换了意见。（郭瑜富）

【刘东生副局长出席中瑞（典）林农合作组织专题研讨会】 2014年3月28日，由国家林业局对外合作项目中心和瑞典家庭林主联合会共同举办的中瑞（典）林农合作组织专题研讨会在北京召开，国家林业局副局长刘东生出席会议并致辞。会议就林农合作组织建设、林产品贸易及林木产品创新利用等议题进行了深入讨论，并就今后中瑞林业合作的模式和领域达成了共识。

（郭瑜富）

【中韩合作八达岭森林体验中心正式对外开放】 2014年6月4日，中韩合作八达岭森林体验中心开放仪式在北京八达岭林场举行。此次活动由国家林业局主办，国家林业局对外合作项目中心、北京市园林绿化局承办。国家林业局副局长刘东生、韩国驻华公使朴银夏、北京市人民政府副秘书长赵根武出席了开放仪式。刘东生副局长和朴银夏公使共同为"八达岭森林体验馆"揭碑，赵根武副秘书长向八达岭林场等荣获"首都生态文明宣传教育示范基地"的十家单位授牌，北京榜样组委会向八达岭森林体验馆捐赠了500册图书。北京市园林绿化局局长邓乃平表示，北京市园林绿化局将深层次地开发森林的服务功能，满足广大市民和青少年走进森林、体验文化的需求。来自延庆县第三小学的学生向全市小朋友发出了"走进森林、感知文化"的倡议。

2010年5月14日，国家林业局和韩国国际协力团在北京签署了中韩合作"北京八达岭地区森林资源保护与公众教育"项目实施协议。根据协议，韩方无偿援助100万美元，中方配套100万美元，在八达岭林场建设森林体验中心，宣传森林和环境保护；在松山国家级自然保护区修建生态体验和教育设施，开展生态教育

活动。（许强兴）

【中瑞(典)林农组织2014年合作年会召开】 2014年6月13日，中瑞(典)林农组织2014年合作年会在瑞典斯德哥尔摩召开。应瑞典家庭林主联合会邀请，以国家林业局林改司巡视员安丰杰为团长的国家林业局林农合作组织代表团一行5人出席了会议。双方就合作领域、方式和计划进行了讨论，并通过了2014年至2015年度双方合作意向。访问期间，代表团了解了瑞典林农合作组织发展历程和运作管理模式，并向瑞方介绍了中国集体林权制度改革和发展林下经济、促进林农创业致富的经验和做法，引起了瑞方的浓厚兴趣。（郭瑜富）

【中日民间绿化合作委员会第十五次会议】 2014年7月16~18日，中日民间绿化合作委员会第十五次会议在甘肃敦煌举行。会议回顾了中日民间绿化合作2013年度项目执行、检查以及资金使用情况，审议通过了2014年度项目实施方案和重点领域。国家林业局国际合作司和对外合作项目中心、外交部亚洲司与日本外务省亚洲大洋洲局、林野厅森林整备部派代表出席会议。（许强兴）

【小渊基金2014年度项目磋商会】 2014年9月16~18日，应日中绿化交流基金事务局长梶谷辰哉的邀请，国家林业局对外合作项目中心副主任刘立军一行访问了日本。访日期间，双方就2013年度新项目实施的有关情况交换了意见。会后，代表团还拜会了日本林野厅和森林组合等日本主要林业民间机构。（张　喆）

【新年度小渊基金合作项目】 2014年10月，在国家林业局积极努力下，新年度小渊基金项目日方正式批准70个，争取日方资金6亿日元。项目区涉及中国25个省(区、市)，荒漠化防治成为小渊基金合作重点领域。（张　喆）

【国家林业局对外合作项目中心在北京召开近自然林业研讨会】 2014年10月9~11日，由国家林业局对外合作项目中心主办的近自然林业研讨会在北京召开，来自19个省(区、市)林业厅(局)的50位代表参加了会议。会议旨在通过更新观念、提高素质、创新机制，借鉴国外先进理念和模式，促进中国林业政策体系和管理体系的不断完善。（汪国中）

【中瑞合作斯凯孚造林项目指导委员会第六次会议召开】 2014年11月7日，中瑞合作斯凯孚造林项目指导委员会第六次会议在上海召开。指导委员会听取了中瑞合作辽宁造林项目2014年工作情况，并对拟议中的项目成果交接仪式方案进行了商讨。该项目启动实施以来，共完成造林935公顷，其中阜新县造林488.3公顷，岫岩县造林446.7公顷，栽植苗木226.5万株，项目不仅带来生态和社会效益，同时引进了瑞典先进的技术理念，促进了双方的交流合作。（杨瑷铭）

【中日技术合作“四川省地震灾后森林植被恢复项目”成果普及推广会】 2014年11月24日，中日技术合作“四川省地震灾后森林植被恢复项目”成果普及推广会在成都举行。国家林业局相关司局及《森林法》修改小组以及安徽、贵州、陕西等13个省(区、市)林业厅(局)的代表，日本驻华使馆、日本海外协力机构及北京林业大学、四川大学等机构的嘉宾和专家共计140余人参加了会议。该项目引进的以稳固山体、修复植被为核心内容的“林业治山”理念和技术模式受到了与会代表的称赞和广泛关注。（张　喆）

【中日合作“黄土高原林业新技术及管理方法推广普及项目”总结交流会】 2014年12月5日，“中日合作黄土高原林业新技术及管理方法推广普及项目”总结交流会在山西省太原召开。国家林业局国际合作司以及山西、内蒙古、河南、陕西、甘肃、宁夏、青海省(区)林业厅的领导和项目实施单位参加了会议。（张　喆）

【首届林业援外培训管理座谈会在北京召开】 2014年12月5日，首届林业援外培训管理座谈会在北京召开。来自国家林业局归口管理和地方涉林援外培训实施单位以及有关专家代表共计40人出席会议。国家林业局国际合作司司长苏春雨、国家林业局对外合作项目中心常务副主任吴志民、商务部国际商务官员研修学院副院长邹传明出席会议并讲话。（汪国中）

【中日人与朱鹮和谐共存的地区环境建设项目第四次联合协调委员会会议在北京召开】 2014年12月17日，由国家林业局和日本国际协力机构(以下简称JICA)合作实施的人与朱鹮和谐共存的地区环境建设项目第四次联合协调委员会会议在北京召开。国家林业局相关司局、中国林科院、陕西省林业厅、河南省林业厅以及日本驻华使馆、JICA中国事务所的有关官员和该项目在华日方专家出席了会议。会议听取了2013年度项目活动报告，审议了2014年度项目活动计划并签署了联委会备忘录。（许强兴）

【瑞典家庭林主联合会代表团访华】 2014年3月29~31日，应国家林业局对外合作项目中心邀请，瑞典家庭林主联合会主席斯温—埃里克·海默先生等一行3人来华考察中国林农合作组织建设和履行《国际森林文书》示范单位建设情况。外宾访问了辽宁省本溪县王鑫红松种植专业合作社、老谢林下参种植合作社和北湖纯土特产品生产专业合作社，实地参观了清原县履行《国际森林文书》示范单位的森林立体经营模式和林—药、林—养、林—菜等综合经营模式，并就两国林农合作组织发展历程、运行模式、发展前景以及森林经营模式等问题与当地林业部门和合作社创始人进行了深入探讨和交流。（郭瑜富）

【绿色经济国际研讨会在北京举行】 2014年11月23~24日，由国家林业局对外合作项目中心与国际林业研究中心共同举办的“绿色经济国际研讨会”在北京举行，国家林业局副局长刘东生出席并讲话。研讨会以“森林景观恢复与民生林业”为主题，围绕相关国家实施森林景观恢复，推动民生林业发展展开研讨。来自国家林业局有关司局、科研院校专家，以及国内外非政府组织代

表约50人出席了会议。（郭瑜富）

【国家林业局与国际非政府组织2014年度座谈会】2014年12月11日，国家林业局副局长刘东生出席了国家林业局与国际非政府组织2014年度座谈会并作重要讲话。座谈会总结了中国林业单位与涉林国际非政府组织2014年的合作情况，并就2015年合作重点进行了磋商。（郭瑜富）

【国家林业局与湿地国际2014年年会在北京召开】2014年4月22日，国家林业局与湿地国际2014年年会在北京举行。国家林业局对外合作项目中心、湿地保护管理中心以及宁夏、河北等有关省区林业（厅）局、湿地国际—中国办事处的代表参加了会议。与会双方回顾了上一年度合作项目的执行情况，拟定了2014年至2015年的合作项目计划，形成了《国家林业局与湿地国际2014年至2015年度合作备忘录》，根据《备忘录》，2014年至2015年双方将共同开展6个合作项目。（王　智）

【国家林业局与保护国际2014年年会在北京召开】2014年5月22日，国家林业局与保护国际基金会2014年年会在北京举行。国家林业局有关司局、直属单位、相关省（区）林业厅以及保护国际基金会北京代表处的代表参加了会议。会议回顾了上一年度合作项目执行情况，商定了2014年至2015年度合作项目，形成了《国家林业局与保护国际基金会2014年至2015年度合作备忘录》。根据《备忘录》，2014年至2015年度，双方将在淡水保护、林业碳汇和应对气候变化、社区保护与发展等领域开展项目合作，保护国际将投入资金约570万元人民币。（荣林云）

【国家林业局与世界自然保护联盟2014年年会在北京召开】2014年5月13日，国家林业局与世界自然保护联盟2014年年会在北京举行。国家林业局有关司局、直属单位、相关省（区）林业厅以及世界自然保护联盟驻华代表处的代表参加了会议。会议回顾了上一年度合作项目执行情况，商定了2014年至2015年度合作项目，形成了《国家林业局与世界自然保护联盟2014年至2015年度合作备忘录》。根据《备忘录》内容，2014年至2015年度，双方将在森林景观恢复、森林可持续经营、国家公园体制建设等领域开展6个合作项目，世界自然保护联盟将投入资金约311万元人民币。（荣林云）

【国家林业局与大自然保护协会2014年年会在北京召开】2014年5月23日，国家林业局与大自然保护协会2014年年会在北京举行。国家林业局有关司局、直属单位、相关省（区）林业厅以及大自然保护协会北京办公室的代表参加了会议。会议回顾了上一年度合作项目执行情况，商定了2014年至2015年度合作项目，形成了《国家林业局与大自然保护协会2014年至2015年度合作备忘录》。根据《备忘录》，2014年至2015年度，双方将在自然保护与生态修复、气候变化与林业等领域开展项目合作，大自然保护协会将投入资金730万元人民币。（荣林云）

【国家林业局与野生生物保护学会（WCS）2014年年会在北京召开】2014年8月12日，国家林业局与野生生物保护学会（WCS）2014年年会在北京举行。国家林业局有关司局、直属单位、相关省（区）林业厅以及野生生物保护学会项目办公室的代表参加了会议。会议回顾了上一年度合作项目执行情况，商定了2014年至2015年度合作项目，形成了《国家林业局与野生生物保护学会2014年至2015年度合作备忘录》。根据《备忘录》，2014年至2015年度，双方将在野生东北虎及其栖息地保护、青藏高原野生动物保护及野生动物贸易控制管理等领域开展项目合作，野生生物保护学会将投入资金约350万元人民币。（荣林云）

【国家林业局与世界自然基金会2014年年会在北京召开】2014年12月15日，国家林业局与世界自然基金会2014年合作年会在北京召开，来自国家林业局有关司局、直属单位及有关省（区）林业厅（局）以及世界自然基金会的50多位代表参加了会议。会议回顾了上一年度合作项目执行情况，商定了2014年至2015年度合作项目，形成了《国家林业局与世界自然基金会2014年至2015年度合作备忘录》。根据《备忘录》，2014年至2015年度，国家林业局将与世界自然基金会在湿地保护与管理、野生动植物保护、森林保护与森林可持续经营等多个领域开展合作项目，世界自然基金会将投入资金约1360万元人民币。（荣林云）

国际金融组织贷款项目

【世界银行贷款林业综合发展项目实施工作已近尾声】

截至2014年年底世行贷款“林业综合发展项目”，已累计完成造林12.01万公顷，占项目评估总计划13.26万公顷的91%。其中营造多功能人工林9万公顷，占项目评估总计划的97%；修复现有人工林3.01万公顷，占项目评估总计划的76%。造林质量全部达到设计标准。修建集水窖417个。累计造林用苗2.2亿株，使用肥料10.47万吨，其中有机肥占93%。项目严格按要求使用农药3.03万千克。截至2014年12月31日，项目累计使用世行贷款资金8125万美元，占贷款总额1亿美元的81%，项目配套资金累计到位5.34亿元，占累计年度计划的102%。为了提高世行贷款资金使用效率、最大限度地使用好贷款资金，安徽、山西和辽宁3个省完成了贷款资金类别调整工作，共将178.37万美元调整到造林类别中。

项目办公设备采购工作已经全部完成，共计采购办公设备725台，占项目总计划630台的115.1%；扶持组建农民协会20个，占项目总计划的100%；为支持林改工作，完成各级培训、国内外考察和专家咨询29.53万人日，占项目总计划的116%；参与项目的农户或其他实体共15万个，占项目中期调整后计划的94%；森林经营方案编制工作已全部完成。

为提高在建项目的资金使用效率，优化项目的生产活动，开展了在建项目绩效评价工作。绩效评价组对项目的评价结果是92.12分，认为项目总体进度和质量均达到了预期目标，资金使用符合规定，综合评价等级为"实施顺利"，认为项目高度相关、效率非常高、效果非常满意、具有可持续性。（董　晖）

【亚洲开发银行贷款西北三省林业生态发展项目实施顺利】 截至2014年年底，亚行贷款西北三省（区）林业生态发展项目累计营造经济林37 952.40公顷、生态林4313.63公顷，分别占计划的89.29%和82.26%；完成森林旅游和服务设施13 488平方米；建成果品储藏库4座，购置变压器33台、铺设高压线路41.66千米，修建道路247.97千米、蓄水池1座，新打和更新机井179眼、滴灌系统6746.55千米。项目贷款项下签署合同总额55 656.69万元，累计提取贷款资金20 942.97万元（折合3416.47万美元），占贷款总额的34.16%；全球环境基金赠款项下签署完成合同总额达228.41万元（折合37.20万美元），占GEF赠款总额的7.44%。亚行检查组对项目实施进展给予充分肯定，推选本项目作为中国地区优秀项目上报执董会。（万　杰）

【欧洲投资银行贷款项目通过评估】 欧投行第一期气候变化贷款是国家林业局首次利用欧投行贷款在内蒙古和江西分别实施的碳汇造林和生物质能源林示范项目，各安排贷款2500万欧元。江西项目2009年11月启动，至2014年已全部完成项目计划任务。内蒙古项目2011年7月启动，至2014年年底已完成人工造林31 185.6公顷，占项目造林总任务的98.1%。

2014年，欧投行林业专项框架贷款的6个项目，除福建项目外，湖南、辽宁、浙江、重庆和国家林业局打捆项目（包括：河南、广西和海南三省）均顺利通过评估。其中：湖南、辽宁两省项目已经签约实施，浙江、重庆和国家林业局打捆基本完成了欧洲投资银行内部审批程序，2015年即可签约实施。

2014年，经过积极争取，国家主管部门决定，将欧投气候变化框架内约1.5亿欧元贷款，全部用于林业项目，分别安排山西、山东、江西、湖北、黑龙江、贵州6省贷款2500万欧元。2014年11月28日至12月7日，欧投行对山西和山东两省项目进行了评估。（万　杰）

【全球环境基金赠款项目获得批准】 全球环境基金赠款"中国林业可持续管理提高森林应对气候变化能力"项目概念文件已报请全球环境基金理事会审批。该项目涉及河南、广西、福建和海南4个省区，协议赠款800万美元，其中499万美元将用于国家储备林制度研究和信息化项目建设。新一期的全球环境基金"中国珍稀树种培育和保护示范项目"2014年8月向财政部申请，该项目系国家林业局在全球环境基金第六增资期开始后申报的首个项目，项目立项后，连同上期全球环境基金项目，将可以基本覆盖国家储备林所有南方试点省区。（万　杰）

【大力推进国家储备林建设工作】 2014年，国家储备林建设范围由7个试点省扩大到南方15个省，投资超过10亿元，全年完成国家储备林基地建设40万公顷，其中改造培育珍稀及大径级材14万公顷。在南方15个省（市、区）1226个承储主体，完成国家储备林划定任务100万公顷，涉及大径材培育80万公顷、珍稀树种20万公顷，储备林蓄积量13 220万立方米，蓄积量127.5立方米/公顷。

2014年，向国务院报送《关于加快木材战略储备基地建设 建立国家储备林制度的报告》，编制完成了《2014年项目实施方案》和《政策解读》，出版了《木材储备基地营造林模式及典型案例》，开展了"我国木材市场供需状况总体分析"等3个课题研究。印发了《全国木材战略储备生产基地建设管理办法》等5个管理办法。在开展国家储备林基地建设的同时，借鉴世行项目经验和国内外物资储备的通行做法，以契约管理、代储代管、轮换动用和动态监测为核心，初步构建了国家储备林制度框架。制订了划定、管理、核查"三个办法"，完成了《全国木材战略储备基地现有林改培技术规程》等3个行业标准的申报和报批，开展了"国家储备林运行管理研究"等3项研究。成立了国家木材储备战略联盟，召开首届理事大会，张建龙副局长出席大会并作重要讲话。审议通过了联盟组织机构、专家咨询委员会、联盟章程及工作运行机制。（周　瑞）

国有林场和林业工作站建设

17

国有林场建设与管理

【综　述】 十八大以来，党中央国务院高度关注国有林场改革发展，习近平、李克强等中央领导同志多次就国有林场工作作出重要批示。12月3日，《国有林场改革方案》经国务院72次常务会议审议通过，并于12月25日经中央政治局常委会研究通过。各地紧抓历史机遇，大力推动国有林场改革，促进国有林场发展，加大国有林场基础设施建设投入，加强国有林场森林经营工作，林区职工生产生活条件不断改善，国有林场改革发展成绩显著。

国有林场基本情况 截至2014年年底，全国国有林场总数4855个，分布在31个省(区、市)的1600多个县(市、旗、区)。经营总面积0.76亿公顷，其中林业用地面积0.58亿公顷，森林面积0.45亿公顷，森林蓄积量23.4亿立方米，分别约占全国林业用地面积、森林面积和森林蓄积量的19%、23%和17%。国有林场职工总数75万人，其中在职职工48万人，离退休职工27万人。在4855个国有林场中，按隶属关系划分，省级管理的占10%，地市级管理的占15%，县级管理的占75%。按预算管理方式划分，全额拨款的占9%，差额拨款的占39%，自收自支的占52%。从生态区位分布看，国有林场大多分布在江河两岸、水库周围、风沙前线、黄土丘陵、石质山区等重点生态区域，其中西部黄土高原地区有国有林场913个，沙漠和风沙前沿有503个，大型水库周围有223个。全国主要江河流域的森林大部分是以国有林场为主体的，其中长江流域占30%，黄河流域占65%，辽河流域占38%，海河流域占26%，珠江流域占11%。据统计，目前有1312个国有林场列入天保工程，1058个列入三北防护林工程，长防林工程359个，沿海防护林工程165个。

国有林场投资情况 国有林场实际收到财政资金178.2亿元，比2013年增加7.7亿元。其中：一是基本建设投资17.6亿元，主要包括天保工程2亿元、危旧房改造6.1亿元，基本建设投资9.5亿元。二是财政投入160.6亿元，主要包括机构运行支出41.2亿元、财政专项资金118.9亿元。

按投入级次分：一是中央投入97.3亿元，其中：基本建设投资11.6亿元(主要包括天保工程1.8亿元、危旧房改造3.2亿元、其他6.6亿元)；财政投入85.7亿元，其中财政专项85亿元(主要包括天保工程19.5亿元，森林生态效益补偿15.3亿元，森林培育17.6亿元，石油价格补助15.9亿元)。二是省级投入32.8亿元，主要包括基本建设投资4.3亿元，财政投入28.5亿元(其中专项资金21.5亿元)。三是地市级投入16.1亿元，主要包括基本建设投资0.4亿元，财政投入15.7亿元。四是县级投入28.4亿元，主要包括基本建设投资0.5亿元，财政投入27.9亿元。

截至2014年年底，全国国有林场总资产1557.4亿元，其中：流动资产391.4亿元，非流动资产1166亿元(其中：固定资产净值264亿元，林木资产702亿元)；总负债598.1亿元，其中：流动负债458.9亿元，非流动负债139.2亿元。 (郝　明)

【国有林场信息化建设】 国家林业局国有林场和林木种苗工作总站(简称场圃总站)通过一系列举措推进国有林场信息化建设，先后于3月14日和6月25日印发了《场圃总站关于加强国有林场信息工作的通知》和《国有林场信息工作绩效评估办法(试行)》，并于年底对各省份全年国有林场信息工作绩效进行了评估和通报。

国有林场信息工作绩效评估 6月25日，场圃总站印发了《国有林场信息工作绩效评估办法(试行)》(以下简称《办法》)。按照《办法》规定，12月下旬，场圃总站对各省级国有林场主管部门信息工作进行了评估。

国有林场网站建设 1～4月，国有林场行业门户网站中国林场信息网改版升级(www.guoyoulc.com)，增设了公示公告、领导信箱、林场文萃、讲话报告等栏目，增加了中国林场协会会员申请等功能。新版中国林场信息网在及时发布国有林场行业重要政策信息、报道各地国有林场大事要情的同时，向有条件、有意愿的国有林场开放信息报送后台，鼓励广大林场报送信息。新版中国林场信息网信息发布量较2013年增长了7倍，网站点击量及用户活跃度大幅提升，涌现了河北省木兰围场国有林场管理局、湖北省太子山林场管理局、江西省明月山林场、广西国有黄冕林场、广西国有高峰林场、河北省塞罕坝机械林场、湖北省天池垭林场、山东省淄博市原山林场、福建省洋口国有林场、四川省洪雅县林场等信息发布十佳林场。

国有林场网站群规模持续扩大，截至2014年年底总数已达668个。同时，一些有条件、有需求的林场开始独立建设网站，一批优秀的林场网站脱颖而出。12月，场圃总站对独立建设的国有林场网站进行了评估，河北省木兰围场国有林场管理局、广西国有高峰林场、山西省太行山国有林管理局、甘肃省小陇山林业实验局、河北省塞罕坝机械林场、山西省关帝山国有林管理局、新疆天山西部国有林管理局、福建省漳平五一国有林场、广东省龙眼洞林场和山东省淄博市原山林场等国有林场网站综合排名居前，成为最具影响力的十大国有林场网站。

国有林场数据库填报审核 25个省(区、市)完成了国有林场数据库2013年度数据的填报审核，并正式报送了数据审核确认函。基础数据的完整准确，保障了国有林场改革的顺利推进。 (郝　明)

【国有贫困林场扶贫】 中央财政安排国有贫困林场扶贫资金3.6亿元。扶贫资金主要用于支持国有贫困林场改善生产生活条件、发展生产、人员培训、省级林业主管部门提取项目管理费4个方面。据不完全统计，2014

年林场扶贫资金支持了726个国有贫困林场，主要建设内容有：新建和维修改造贫困林场场部、管护站点及职工危旧房面积13.1万平方米，新建、硬化、维修林区道路及防火通道1407千米，新建和维修桥梁9座、涵洞117处，打机井75眼，修建泵房9座、蓄水池81个、净化水设备1套，铺设输水管道284千米，新建变压器等供电系统14套，新建和改造输电线路84.6千米，场区及旅游设施路面硬化11.5万平方米；营造经济林89.67公顷，培育珍稀树种217.33公顷，造林及低产林改造2302.2公顷，新建设和改造苗圃158.47公顷，发展林下种植业439.87公顷，建设速丰林基地2220.53公顷；培训林场干部和技术人员320人次。

10月16～17日，国家林业局与中国农林水利工会联合召开了国有林场帮扶工作经验交流会，会议是在世界扶贫日，也是首个中国扶贫日召开。会议得到了国家林业局和全国总工会领导的高度重视，中央纪委驻国家林业局纪检组组长、国家林业局党组成员陈述贤和全国政协社会和法制委员会副主任、全国总工会党组成员、原副主席、书记处书记张世平出席会议并作讲话。会议总结回顾了国有林场扶贫工作的成效，指出了当前扶贫工作存在的问题，对进一步搞好国有林场扶贫工作提出了明确要求。 （杜书翰）

【国有林场森林经营】 2014年3月，场圃总站邀请森林经营方面的11位专家对首批15个森林经营方案实施示范林场的森林经营方案进行了点评指导，为做好示范林场的森林经营工作明确了目标，提出了措施。

5月，场圃总站开始对经营理念、经营模式比较成熟的河北省木兰围场国有林场管理局和广西壮族自治区国有派阳山林场进行重点扶持，探索和总结森林经营模式，同时邀请中国林科院科信所作为技术支撑单位，对示范林场的森林经营情况开展监测、评估、总结，加快示范林场建设，发挥示范引领作用。河北木兰林管局建成15万亩中国北方森林经营实验示范区，广西派阳山林场编写了《现代国有林场治理体系——广西国有派阳山林场管理模式》，中国林科院科信所编写了《示范林场森林经营监测报告》。此外，场圃总站开展了国有林场森林经营方案编制与实施情况调研，对国有林场森林经营方案实施工作的顺利开展起到积极的促进作用。

（杜书翰）

【国有林场场外造林】 近年来，在全国生态文明建设快速推进的大背景下，一些有条件的国有林场充分发挥自身在专业队伍、林业技术、科学管理等方面的优势，采取承包、赎买、租赁、股份合作等多种形式，积极发展场外造林，走出去与地方政府或乡村、集体合作开展造林绿化和森林经营，建设了一批高标准、高质量的森林精品工程。

10月13日，场圃总站印发了《关于推荐场外造林示范和试点国有林场的通知》，要求各省（区、市）对本地区国有林场开展场外造林的情况进行调查摸底，并从已开展场外造林的国有林场中选择条件好的推荐为场外造林示范国有林场，从拟开展场外造林的国有林场选择条件好的推荐为场外造林试点国有林场。截至2014年年底，各地共推荐了46个国有林场场外造林示范林场和11个试点林场，场圃总站根据申报林场开展场外造林的模式、规模、效果、影响等情况综合考量，确定了20家首批场外造林示范林场，具体有北京市共青林场、河北省承德县北大山林场、山西省五台山国有林管理局、辽宁省凤城市通远堡林场、吉林省国营九台市波泥河林场、江苏省睢宁县国有林场总场、浙江省庆元县永青林场、安徽省祁门县大红岭林场、福建省清流国有林场、江西省安福县明月山林场、山东省寿光市国有机械林场、河南省国有商城黄柏山林场、湖北省钟祥市花山寨林场、湖南省桂东县宋坪林场、广西壮族自治区国有高峰林场、四川省古蔺县笋子山林场、贵州省扎佐林场、云南省国营澄江梁王山林场、甘肃省白龙江林管局白水江林业局白源林场等；确定8家场外造林试点国有林场，具体有江苏省射阳县林场、江苏省大丰市林场、云南省昌宁县立桂国社合作林场、陕西省商洛市商州区杨斜林场、陕西省商洛市商州区夜村林场、甘肃省白龙江林管局南华林场、新疆维吾尔自治区阿勒泰地区园林场、新疆维吾尔自治区沙湾县三道河子林场等。

（郝　明）

【举办三期国有林场场长培训班】 场圃总站联合中国农林水利工会、中国林场协会，分别于4月、7月和9月举办了三期国有林场场长培训班，来自全国28个省（区、市）的国有林场主管部门负责同志和林场场长共计357人参加了培训。培训班大约一周时间，分为理论教学和现场教学两个部分。理论部分邀请了国家发展改革委、财政部、人力资源和社会保障部及国家林业局相关司局领导就国有林场改革发展、政策法规、森林经营等方面的专题进行授课，并就经济体制改革形势与任务、国有林场改革与林业财政政策、林业主要法律制度、中国林场信息网应用与操作、《国有林场管理办法》等内容与学员们进行了交流研讨；三期培训班的现场教学分别安排在山东省淄博市原山林场、山东省泰安市徂徕山林场、河北省塞罕坝机械林场、河北省木兰围场林管局、甘肃省庆阳市等地交流学习。 （杜书翰）

【全国林业行业国有林场职业技能竞赛】 5月21～22日，国家林业局与中国就业培训技术指导中心、中国农林水利工会在广西壮族自治区高峰林场联合举办2014年中国技能大赛——全国林业行业国有林场职业技能竞赛。本次竞赛是中国国有林场创办60多年来首次举办的国家级二类竞赛，全国共有4000多个林场的3万多名职工报名参加了预选，经过层层筛选，26个省（区、市）30个代表队的90名选手取得了竞赛资格。竞赛内容有理论知识考试和技能操作考核两项，其中技能操作考核又包括林分因子调查和抚育间伐施工两项内容。韦振联等15名选手分获个人一、二、三等奖，魏加彬等15名选手获得个人优秀奖；黑龙江省林业厅等10个代表队分获团体一、二、三等奖；北京市园林绿化局等10个代表队获得优秀组织奖，辽宁省林业厅等15个代表队获得精神风尚奖。获个人一等奖的选手报请中华全国总工会授予“五一”劳动奖章；获个人一、二等奖的选手报请人力资源和社会保障部授予“全国技术能手”荣誉称号；获优秀奖以上的选手颁发获奖证书和相应等级职业资格证书。 （杜书翰）

【中国林业职工思想政治工作研究会国有林场分会成立】 2014年4月27日，中国林业职工思想政治工作研究会国有林场分会成立大会暨第一届理事会在山东省淄博市原山林场召开，会议选举产生了以场圃总站副总站长刘春延为会长的国有林场分会第一届理事会组织机构，审议通过了《中国林业职工思想政治工作研究会国有林场分会工作规则》，明确中国林业政研会国有林场分会的主要任务。 （张 静）

【中国林业职工思想政治工作研究会国有林场分会主要工作进展】 9月，由山西省五台山国有林场管理局、山东省淄博市原山林场和广西国有高峰林场牵头，共12个单位派员参加的3个调研组，分赴河北、山西、山东、安徽、福建、广西6个省区，就国有林场职工思想政治工作现状、国有林场改革中干部职工的思想动态、职工思想政治工作发挥的作用、思想政治工作取得的成效、经验、困难和问题展开了深入细致的调研。采取召开座谈会、实地考察、入户走访和问卷调查等方式，调研了6个省区18个市县的50多个国有林场，共召开座谈会30余次，走访到户近70户，发放问卷近2000份。

各调研组发现了一批职工思想政治工作成效显著的国有林场，如山西省五台山国有林管理局、河北省塞罕坝机械林场总场、河北省木兰围场国有林场管理局北沟林场、山东省淄博市原山林场、安徽省全椒县瓦山林场、广西国有高峰林场、福建省洋口国有林场。

（张 静）

国有林场改革

【综 述】 2014年，国有林场改革取得重大进展，党中央国务院审议通过了全国《国有林场改革方案》，国有林场改革成为建设生态文明的重大国家战略。

国务院常务会议和中央政治局常委会先后审议通过全国《国有林场改革方案》 国家林业局会同国家发展改革委、财政部等部门起草完成全国《国有林场改革方案》，并征求了中编办、财政部、民政部、人社部、住建部、国土部、银监会意见以及中组部、国务院法制办等35个部门的意见，与有关部门就相关重大问题进行了反复协调，在此基础上对改革方案进行了进一步修改完善。12月3日，李克强总理主持召开国务院第72次常务会，审议通过《国有林场改革方案》。国家林业局会同国家发展改革委、财政部等部门根据国务院常务会议精神，对《国有林场改革方案》作了进一步修改完善。12月25日，习近平总书记主持召开第89次中央政治局常务会，审议并原则通过了《国有林场改革方案》。

中央财政安排国有林场改革补助资金24.6亿元 中央财政下达国有林场改革补助资金24.6亿元，支持河北、江西、湖南省国有林场改革试点工作。财政部、国家林业局联合制订了《中央财政林业补助资金管理办法》（财农〔2014〕9号），明确国有林场改革补助主要用于补缴国有林场拖欠的职工基本养老保险和基本医疗保险费用、国有林场分离场办学校和医院等社会职能费用、先行自主推进国有林场改革的省奖励补助等。中央财政安排的补助资金补缴国有林场拖欠的职工基本养老保险和基本医疗保险费用有结余的，可用于林场缴纳职工基本养老和基本医疗等社会保险以及其他与改革相关的支出。国有林场改革补助按照国有林场职工人数（包括在职职工和离退休职工）和林地面积两个因素分配，其中：每名职工补助2万元，每公顷林地补助17.25元。

组织开展国有林场改革试点中期评估和监测工作 为掌握国有林场改革试点工作进展，客观评价改革目标、重点任务、政策措施等落实情况和成效，发现并分析存在的问题及原因，提出进一步改进的措施建议，确保国有林场改革试点取得实效，国家林业局会同国家发展改革委开展了国有林场改革试点中期自评估工作，下发了《关于开展国有林场改革试点中期自评估的通知》（发改办经体〔2014〕3151号）。继续开展国有林场改革试点监测工作，形成了《国有林场改革试点监测报告》（2013年度）。

研究制定国有林场改革配套政策 国家林业局会同人社部在深入调查研究的基础上，起草《关于国有林场岗位设置管理的指导意见》，进一步规范国有林场人事管理。会同银监会、财政部等部门就国有林场金融债务进行调研，就国有林场金融债务化解政策初步达成共识。起草《国有林场改革试点验收办法》，并征求有关省林业厅和国家国有林场和国有林区改革工作小组意见。

深入开展调查研究 在山东省泰安市组织召开国有林场改革座谈会，赵树丛局长发表了重要讲话，进一步明确了国有林场改革方向。赴广东省进行了国有林场改革调研，形成调研报告在《林业要情》刊发。会同中国农林水利工会开展了国有林场职工权益保障调研。同时，下发了关于组织开展国有林场改革发展大调研的通知，组织各省国有林场主管部门开展国有林场改革发展大调研活动，调研内容包括建立健全国有林场森林资源资产管理体制和监管体制研究等14个方面。开展了用国家公园体制精神管理国有林场研究。 （李建锋）

【国有林场基础设施建设】

继续推进国有林场危旧房改造 2014年改造国有林场危旧房33 616户，安排下达中央预算内投资3.8亿元。审查和批复了2014年各省国有林场危旧房改造方案。同时，积极争取将国有林场危旧管护用房改造纳入林业棚户区改造范围。下发通知组织开展国有林场危旧管护用房调查，在此基础上组织编制了国有林场危旧管护用房改造规划（2015~2017年）。

积极推进国有林场饮水安全、道路、供电等基础设施建设工作 国家发展改革委、水利部联合下发的《关于下达农村饮水安全工程2014年中央预算内投资计划的通知》中明确要求各省级发展改革、水利部门要将国有林场饮水安全工程建设纳入2014年、2015年两年年度计划，并在分解年度投资计划时予以落实，确保在2015年年底前同步完成规划确定的建设任务。为了进一步明确各级林业主管部门的责任，国家林业局下发了《关于加快推进国有林场饮水安全工程建设的通知》(林规发〔2014〕71号)，要求各省级林业行政主管部门抓紧对接省级发展改革委、水利等部门，在进一步核实规划内国有林场建设任务和实施进展的基础上，配合省级发展改革、水利等部门制订本省(区、市)国有林场饮水安全工程实施方案。国家林业局与交通运输部积极沟通，2014年交通运输部安排国有林场道路建设资金7.1亿元，改造通林场沥青(水泥)路1975千米。国家发展改革委安排资金2000万元用于国有林场电网改造升级。

召开国有林场基础设施建设研讨会 为全面总结"十二五"期间国有林场道路、安全饮水、电网改造升级等基础设施建设进展情况，查找工作存在的困难和问题，切实做好"十二五"基础设施建设收尾工作，并研究谋划"十三五"国有林场基础设施建设思路，于2014年12月16～17日在北京召开国有林场基础设施建设研讨会，山西、内蒙古、黑龙江、浙江、江西、湖南、广东、重庆、贵州、甘肃等省(区、市)林业厅(局)有关人员参加了会议。 (场圃总站李建锋)

【国有林场立法等工作】 在前期工作的基础上，对《国有林场条例》做了进一步修改完善，征求了国家林业局相关司局和各省林业主管部门意见，并与国务院法制办进行了初步沟通。同时，认真研究了国外国有林立法情况，为制定《国有林场条例》准备了相关理论依据。完成了国家林业局2014年重大问题调研任务，形成了《国有林场功能定位研究》调研报告。 (场圃总站李建锋)

【启动《中国国有林场60年》编纂工作】 分别于9月4日和11月14日召开了《中国国有林场60年》编纂小组会议，安排部署《中国国有林场60年》编纂工作。

(场圃总站李建锋)

林业工作站建设

【综 述】 2014年是中国全面深化改革起步之年，也是全面推进林业改革的关键之年。一年来，工作总站以党的十八大精神为指引，深入贯彻落实全国林业厅局长会议精神，深化群众路线活动成果，在改革创新上下功夫，在提升能力上使长劲，在主动服务上求成效，抓重点促难点，抓关键带全面，积极谋政、勤政、廉政，开拓创新，扎实工作，全年工作亮点如下。

行业管理 ①出台《调查办法》。按照局群众路线教育实践活动整改计划，经广泛征求意见，工作总站出台了《全国省级林业工作站年度重点工作质量效果跟踪调查办法》(试行)，明确了当前和今后一个时期林业站系统6个方面21项重点工作及质量标准，在行业内展开了试运行，基本形成了全国"一盘棋"的工作格局。②出台《投资管理办法》。根据国家投资体制改革和《中央预算内投资补助和贴息项目管理办法》的有关规定，为加强中央预算内投资管理，规范投资计划管理程序，工作总站参与制定的《基层林业工作站建设中央预算内投资计划管理办法(试行)》以国家林业局文件印发实施，行业投资计划决策水平和资金使用效益明显提高。③出台《资金管理办法》。按照财政部《中央本级项目支出预算管理办法》要求，为规范林业工作站本底数据年度更新及管理服务能力提升项目资金使用范围和支出内容，明确项目资金申报程序，提高资金使用效益，起草并配合有关部门以国家林业局文件下发了《林业工作站本底数据年度更新及管理服务能力提升项目资金管理办法》，对资金拨付渠道、使用范围、监管责任作出了新的明确规定。④修订《林业站管理办法》。先后10余次召开专题会议，对有关部委、各省级林业主管部门和局内各司局、单位以及社会群众提出的129条意见建议进行了深入研究，逐条提出了采纳意见，形成了《办法》修订草案、修订说明。期间，由站领导带队与局资源司等部门深入交换了意见，会同局政法司赴湖北进行了专题调研。

基层基础 ①基层机构保持稳定。依据本底调查数据完成了《全国林业工作站机构队伍情况汇总表》，并有针对性地赴广东、贵州、海南等省进行专题调研，对全国林业站机构变化情况进行了动态跟踪，指导协调各地做好稳定机构与被撤并林业站的恢复工作。②经费投入继续增加。经积极争取，2014年林业站获得中央预算内基本建设资金8000万元，比2013年增加1500万元，为历年来增幅最高。在指导各地落实好2013年重点县林业站建设和标准化林业站建设试点的基础上，通过对新疆、河南、黑龙江、吉林等省调研，2014年全面推开了标准化林业站建设，利用中央预算内基本建设资金共申报、安排了400个标准站，基层"四无"情况得到一定改善。③本底调查扎实推进。对2013年全国林业站本底调查数据进行了汇总、分析，形成了"一张表""一个报告"，即2013年林业站本底调查系列统计表、2013年全国乡镇林业工作站机构队伍和投资情况报告，具体统计数据在《中国林业统计年鉴》上正式向社会发布。同时，将本底调查数据报表管理系统连接于中国林业网"工作总站"子站上，对调查指标统一了标准，对报表软件进行了升级，对操作使用组织了培训，对统计年度的时间作出了调整，大大提升了统计调查的准确性、时效性、实用性。④模式研究范围扩大。为了适应林业改革新形势新任务，积极探索新时期不同区域、不同类型林业工作站的管理服务体制机制，在河北、山西、吉林、福建、江西、河南6个省开展了林业站建设管理模式研究，在19个省(区、市)选取了76个乡镇林业站实施管理服务能力建设，初步取得了"点上开花，面上结果"的功效。⑤联合调研深入广泛。按照2014年国家林业局与中国农林水利工会第13次联席会议有关工作部署，工作点站由站领导负责，牵头联合中国农林水利工会、局宣传办、中国绿色时报社等单位，历时半年以上，派出了5个调研组，分别赴广东省、湖南省、贵州省、重庆市、河北省开展了"基层林业工作站主要困难和问题调研"，撰写了5篇分省专题调研报告和2份总报告，提出了解决林业站基层基础薄弱的对策建议，引起了有关领导和部门的高度重视。

教育培训 ①完成了年度测试。组织了"林业站站长能力测试工作座谈"，制订下发了《2014年乡镇林业工作站站长能力测试工作安排》《2014年林业工作站能力建设监督检查实施方案》，组派督导组26组57人次，对站长能力测试工作做出了精心部署。已有25个省(区、市)，共计5300余名林业站长参加并完成了本年度能力测试工作，至此全国已有15个省(区、市)提前完成了"十二五"能力测试的规划任务。②强化了"平台"的推广和应用。运用云计算技术，实施了"全国乡镇林业工作站岗位培训在线学习平台"功能升级改造，解决了"平台"网络拥堵、课件浏览不畅、视频播放缓慢等问题；正式上线了北京、黑龙江、辽宁等省(市)的12门地方性课程，时长近1000分钟，为其他省(区、市)地方性课程的编制起到了良好的示范带动作用。拟制了《"平台"管理办法》，将"平台"的使用推广纳入了《全国省级林业工作站年度重点工作质量效果跟踪调查办法(试行)》。目前，"平台"注册人数达到8.5万余人，总访问已近130万人次，日均访问4000人次，全国学习总时长超过了20万小时。③创新了培训方式。首次分南、北两个区域开展了基层林业站长示范培训。根据基层林业站长既要对内管理，又要面对林农解决处理具体问题的工作需要，遴选确定了有关课程。邀请农业部、国家行政学院以及国家林业局有关专家、教授进行了专题讲座，开展了桌面推演式、讨论启发式等互动教学。组织学员到乡镇林业站及其延伸到村委会的便民服务大厅窗口开展了现场教学与研讨，受到了参训人员的普遍欢迎。④谋划了培训措施。举办了"林业站行业培训研讨班"，研究拟制了《加强和改善林业站培训工作的指导意见》，对下一阶段加强林业站培训工作及培训教材建设的工作措施进行了研讨。同时，与局林干院联合申报的《全国乡镇林业工作站干部能力提升策略研究》项目已经正式立项。

稽查调纠 ①完成了统计分析。高质量完成了2013年全国林业行政案件统计分析，以局办名义向全国通报了案件情况。认真开展了2014年上半年林业行政案件统计分析工作，赵树丛局长、张建龙副局长、刘东生副局长、彭有冬党组成员在分析报告上作出重要批示。②开展了深度研究。利用1998～2013年全国林业行政案件统计数据和相关资料，运用逻辑归纳、交叉比较等方法开展了林业行政案件统计数据的深度分析研究，为制定林业相关政策、法规和加强林业行政案件管理等工作提供了重要参考依据。③升级了统计系统。为提高全国林业行政案件信息采集的速度和质量，增强信息处理和分析能力，工作点站组织开展并基本完成了"全国林业行政案件分析系统"的改版升级。并对全国35个省级统计单位和3855个市、县级统计单位共计121万个调查因子进行了数据更新。据统计，2014年全国受理林业行政案件23.25万起，查处22.79万起。④编印了《执法手册》。为进一步规范林业行政执法行为，切实提高林业行政执法水平和从业人员的综合素质，组织编写并向各省、地、县林业行政执法专门机构及有执法权的乡镇林业工作站发送了《林业行政执法实用手册》1.5万余本，尚有多个单位要求增订。《手册》已成为相关业务人员的培训指导用书。⑤开展了专题调研。为深入了解重点案件类型的具体构成和分布，摸清各地林业行政案件受理和查处、管理机构设置、执法队伍现状、统计分析人员配备等情况，2014年下半年，针对案件多发省和多发地区及一些持续高发的案件类型，工作点站在内蒙古、湖南等省开展了林业行政案件管理专项调研，摸清了工作底数。⑥开展了案件受理和督办。热情接待群众来电来信，认真受理和积极督办林业行政案件。截至11月底，共受理社会举报电话1800多个、信件52件，较好地维护了社会关心林业、参与林业、建言林业的热情。⑦推动了林权纠纷调处。选取广西、湖南两省的6个地级市、4个县市进行了林权争议调处调研，组织了9次省、地、县不同层次座谈会，与200余名林权纠纷调处工作管理人员和基层调处办的干部进行了座谈。对中南片区六省(区)的70余名林权争议调处人员进行了专门培训，在湖南举办了第五届浙闽赣湘粤桂省际林权争议处理培训班，较好地推动了各地林权纠纷调处工作。

森林保险 ①强化了政策引导。启动了《关于进一步推进森林保险工作指导意见》的草拟工作。在认真分析回顾5年来森林保险工作的实际情况后，根据局领导批示意见，会同计财司并经保监会财产保险监管部同意，拟以国家林业局名义与保监会共同出台《指导意见》。目前，确定了编写组及工作进度安排，形成了《指导意见》(讨论稿)，拟于2014年年底前召开森林保险工作座谈会对文稿进行讨论，力争2015年出台。②加强了调查研究。汇总分析了24个省的材料，与局计财司共同完成了5年来森林保险工作情况书面调研报告；依托河北、内蒙古、湖北、四川4省区开展了森林保险相关问题专题研究工作，完成了专题研究报告；赴江西、四川、广东、河南4省开展了森林保险调研并形成调研报告。各项研究工作为探索构建森林保险发展的长效机制奠定了基础，提供了支撑。③研发了信息系统。为加强森林保险数据统计工作，对2009年以来的"全国森林保险情况统计表"进行了实用性和可操作性检验，在此基础上，委托局规划院对信息数据统计表进行了软件开发，创建了"森林保险信息系统"，并于7月份在局域网上正式开通运行。"信息系统"实现了对各省森林保险数据实时查询、汇总、统计、分析、审核、打印等功能，有效提升了森林保险工作科学决策水平。④编印了《宣传手册》。为让基层林业部门和林农对森林保险有更详细的了解，组织修订了《森林保险宣传手册》，增加了森林保险操作流程及案例说明以及对各种灾害的解释，进一步丰富了宣传内容。《宣传手册》发放到全国各省（区、市）、计划单列市、国有森工集团，得到了各省及有关单位的好评，特别是对准备纳入森林保险保费政策补贴的10多个省（区、市）及单位起到了大力宣传和积极的推动作用。⑤开展了座谈交流。为进一步规范管理，提升服务质量，与人保财险进行了深度座谈，沟通了赔付率低、风险责任涵盖不全、理赔不规范和工作经费支付不合规等问题，明确了下一步双方将继续在信息共享、基层合作、产品和制度创新等方面开展深入合作，共同推动森林保险的持续健康发展。2014年，中央财政森林保险保费补贴范围新增北京市和山东省，森林保险工作已基本覆盖全国。

社会服务 ①开展“林业站服务年”活动。为深入践行党的群众路线教育实践活动，引导各地建设“学习型、法治型、服务型、创新型”林业站，部署开展了以“简化办事程序，缩短办事期限，推行‘一站式’‘全程代理’等服务模式，加强林农培训，开展贯彻落实《关于加强乡镇林业工作站工作人员廉洁履行职责的若干规定》及站务公开制度的专项检查，为林农群众办一件实事，加强林业站社会化服务能力建设，建立长效机制”为主要内容的“林业站服务年”活动。各地积极行动，因地制宜地迅速展开了活动。截至11月，全国80%的林业站开展了“简化办事程序，缩短办事期限”便民活动，1.45万个具备条件的林业站推行了“一站式”“全程代理”等服务模式，举办林农培训班6.3万余期次，培训林农达941万余人次，“林业站服务年”活动取得了成效。②推广服务模式。深入基层整理挖掘了屯堡林业站等一批基层林业站为民服务的典型。在此基础上，组织林业站管理人员现场观摩了湖北省恩施市屯堡林业站“为民服务全程代理”现场及操作流程，学习推广了“全程代理”恩施模式、结合推广项目的黄陂模式、信息服务京山模式等经验，收到了良好的效果。③推进“一站式”建设。进一步完善了全国林业站触摸屏查询系统软件，为做好软件的推广和应用，结合人民日报阅报栏建设，选取6个林业站开展了管理服务能力及阅报平台建设，通过示范推广，进一步加大了林业站“一站式”服务平台建设力度。

行业宣传 ①在林业主要媒体上的见报率显著提升。其中，在《中国绿色时报》开辟聚焦“林业站服务年”专栏，开展“林业站服务年”中的先进典型报道宣传，发稿6篇。在《中国林业》杂志开设“林业站基层行”专栏，发稿9篇。此外，在《中国绿色时报》编发消息报道7篇，总计发稿5万余字。②宣传形式不断丰富。在中国林业网络电视上发表电视短片两部，在“工作总站”子站编发图片信息202篇，丰富了宣传形式，直接带动了北京、浙江、湖南、福建、广西、甘肃等省（区、市）在省级和中央级媒体上发表反映林业站工作和先进典型的宣传稿件。③子站信息量显著增加。以林业政务信息定期通报制度为抓手，每季度对各地林业站站务信息采用情况作出通报，大力引导和激励各地主动抓好信息宣传工作。据统计，中国林业网“工作总站”子站信息发布突破1000条，仅前3季度子站信息发布数量已达1167条，比2013年全年增长了46%。各地林业站上报、上镜率大幅度提高。（唐　伟）

【全国林业工作站站（处）长座谈会】 2月23～24日，国家林业局林业工作站管理总站在安徽省合肥市组织召开全国林业工作站站（处）长座谈会，学习贯彻党的十八届四中全会、中央经济工作会议精神，回顾总结2014年度全国林业站行业工作，安排部署2015年度工作重点，并就如何加强行业建设发展进行了专题研讨。各省（区、市）林业工作站站（处）长以及具体负责林业站工作的同志参加了会议。

会议认真听取了各地工作情况介绍。会议指出，2014年在各级党委政府和林业主管部门的坚强领导下，520个乡镇林业站新建了办公用房，安排了400个标准站建设任务，基层林业站“四无”情况继续改善。培训林业站长4.7万人次、站员6.9万人次，对5300多名乡镇林业站站长进行了能力测试，队伍素质不断提高。制订出台了《全国省级林业工作站年度重点工作质量效果跟踪调查办法》，新增了6个省进行林业站建设管理模式研究，新选取了76个乡镇林业站进行管理服务能力建设，行业管理效能继续增强。组织开展了“林业站服务年”活动，共“简化办事程序、缩短办事期限”84万多项（件），有1.45万个林业站推行了“一站式”“全程代理”等服务模式，培训林农941万余人次；直接办理的林业行政案件占全国林业行政案件总数的27.5%，参与调处林权纠纷6.4万件，中央财政森林保险保费总额达29.3亿元，社会化服务更加深入，行业影响不断扩大。

会议深入分析了林业站面临的任务形势。会议指出，当前国家改革正在全面深化，全面发力，力度前所未有。林业改革正处于关键时期，正在全面推进，任务十分繁重。作为事业单位的林业站已处在加快改革的行列之中，步伐只会越来越快，力度只会越来越大。首先，在思想上要适应改革，牢固树立服务思想，增强改革发展理念，始终坚持依法行政，切实当好林业部门的“显示终端”。其次，在行动上要跟上改革，大力兴林增绿，大力爱林护绿，大力惠民富民，努力推进生态林业和民生林业建设。三是在创新上要顺应改革，创新工作机制，创新服务内容，创新宣传手段，把林业重大改革、重点工程落实到千家万户和山头地块，畅通“最后一公里”。

会议对2015年重点工作作出了部署。要求各级林业站要以建设生态文明为总方向，以改善生态、改善民生为总目标，以“稳机构、打基础、强管理、提素质、抓服务”为总任务，坚持“凝心聚力、固本强基、规范管理”，坚持“质量建站、素质强站、服务立站”，改革创新，与时俱进，下大力抓好“依法行政能力建设、履职保障能力建设、公共服务能力建设、指导决策能力建设、组织管理能力建设”等“五个能力建设”，努力为我国生态林业、民生林业建设提供优质服务与保障。

（唐　伟）

【全国林业站本底调查关键数据更新工作】 本底调查年度数据更新工作是详细掌握全国林业站机构、队伍、基础设施、办公设备、职能作用发挥、管理体系以及林业站管理指导的乡村护林员队伍、乡村林场、林业合作经济组织等年度变化情况，提高林业工作站规范化、科学化管理水平，充分发挥林业工作站的职能作用的一项重要基础性工作。在广泛调研和征求意见的基础上，为保证调查数据填报的科学、及时、准确、便利，与国家林业局信息中心进行了多次协调沟通，全国林业站本底调查数据报表管理系统在国家林业局官网正式上线运行，实现了计算机自动逻辑检查和网上填写、审核、上报，大大提高了数据填报的准确性和工作效率。9月，印发了做好2014年本底调查关键数据年度更新工作的通知，明确了关键数据更新工作目的和任务、报表填报内容等要求。举办了全国林业站管理人员培训班，对本底调查报表填报、软件使用内容进行了专题培训，并就有关问题开展专题研讨。（张志刚）

【全国林业站本底调查关键数据】 截至2014年年底，全国有地级林业站222个，管理人员2511人，有县级林业站1833个，管理人员23 295人。与2013年相比，地级林业站减少20个，管理人员减少22人；县级林业站减少569个，管理人员增加372人。全国现有乡镇林业站25 337个，其中，管理两个以上乡镇林业工作的片站4102个，管理体制为县级林业主管部门派出机构的站有8766个，占总站数的34.6%；县、乡双重管理的站有4238个，占16.7%；乡镇管理的站12 333个，占48.7%。与2013年相比，全国乡镇林业站数量减少了2498个，片站增加983个，派出机构的比例降低了3.6%，双重管理的比例降低了7.7%，乡镇管理的比例增加了4.1%。

全国乡镇林业站核定编制91 546人，年末在岗职工110 588人，其中，长期职工109 429人。与2013年相比，核定编制数减少了17 184人，在岗职工人数减少14 323人，长期职工减少12 555人。在岗职工中，经费渠道为财政全额的有87 801人，占79.4%，比2013年增加了2%；财政差额6073人，占5.5%，比2012年降低1.3%；林业经费8878人，占8.0%，比2013年降低0.6%；自收自支7836人，占7.1%，比2013年降低0.1%。林业站长期职工中，35岁以下的25 110人，占22.9%；36岁至50岁的67 669人，占61.8%；51岁以上的16 650人，占15.2%。

2014年，各级林业主管部门通过开展多种形式、多种渠道的培训，提高林业站职工队伍的综合素质。在林业站长期职工中，大专以上学历59 482人，占54.4%，比2013年提高了3.1%；中专、高中学历42 818人，占39.1%，比2013年降低1.3%；初中以下文化程度7129人，占6.5%，比2012年降低1.8%。全国完成林业站站长培训47 437人次，其中初任培训7495人次，能力提升培训39 937人次，站员培训68 861人次。林业站职工参加林业本(专)科班、中专班毕业生人数为1967人，在校生人数为1674人，新入学人数为511人。

2014年，全国完成林业站基本建设投资73 167万元，比2013年减少了6675万元。其中，国家投资8278万元，地方配套58 547万元。全国新建乡镇林业站247个；共有520个林业站新建了办公用房，810个站配备了通信设备，590个站配备了机动交通工具，2014个站配备了计算机。（张志刚）

【标准化林业工作站建设】 标准化林业工作站建设是面对现代林业建设新形势，为更好地适应林业改革发展需要，结合建设社会主义新农村的要求，使林业工作站更好地履行所担负的职责，充分发挥其在现代林业建设中的基础保障作用而开展的建设项目。从2009年起，累计在464个乡镇林业站开展了标准化建设试点。在此基础上，国家林业局印发了《基层林业工作站建设中央预算内投资计划管理办法（试行）》（林规发〔2014〕17号），明确标准化林业工作站建设内容依据《乡镇林业工作站工程建设标准》确定，中央预算内林业站基本建设投资主要用于标准化林业站建设，标志着全国标准化林业站建设全面启动。2014年利用中央预算内投资，在全国选择400个林业站开展标准化建设。（张志刚）

【林业工作站本底数据年度更新及管理服务能力提升项目资金管理办法】 为加强对林业工作站本底数据年度更新及管理服务能力提升项目资金的管理，规范资金使用范围，提高资金使用效率，强化对林业站的科学管理和指导，增强林业站公共服务能力，充分发挥其职能作用，根据财政部《中央本级项目支出预算管理办法》（财预〔2007〕38号）等文件规定，国家林业局印发了《林业工作站本底数据年度更新及管理服务能力提升项目资金管理办法》（办规字〔2014〕166号）。办法明确了项目资金的使用范围和支出内容、项目申报与管理、资金监督与管理等内容。（张志刚）

【林业工作站建设管理能力提升项目】 在北京、内蒙古、辽宁、湖北、河南5个省（区、市），选择有代表性的林业工作站进行建设管理模式试点，组织开展专题研究，探索不同类型的乡镇林业工作站建设标准，深入研究乡镇林业站机构设置、管理体制、人员配备、人员素质、制度建设、站务公开、设施设备配置、服务方式等方面的建设和管理模式，提出不同地域、不同类型的乡镇林业站建设和设置模式。在北京、河北、吉林、福建、江西、四川6个省市，选择有代表性的林业工作站，根据林业站辖区的林业现状和林业站职能情况，编制项目建设方案，开展为林农提供林业行政办证、林权管理、森林资源流转、科技信息、政策法律咨询等“一站式”服务的试点，进行林业站职能定位与服务创新研究。为配合项目实施，进一步完善了全国林业站触摸屏查询系统软件，并及时推广和应用，结合《人民日报》阅报栏建设，选取6个林业站开展了管理服务能力及阅报平台建设，拟通过示范推广，推进林业站“一站式”服务平台建设。（张志刚）

【基层林业站主要困难和问题专题调研】 根据国家林业局与中国农林水利工会第13次联席会议精神，2014年3～11月，由工作点站牵头，联合中国农林水利工会、局宣传办、中国绿色时报社等单位，赴河北、广东、湖南、贵州、重庆5省市开展了“基层林业站主要困难和问题专题调研”。调研显示，乡镇林业站在生态建设中具有重要的“基石”作用，但目前普遍存在基层机构不稳定、管理体制不顺畅、基础设施太薄弱、经费渠道不通畅、任务繁重责任大、保障机制不健全、管理执法环境差等主要困难和问题。调研组在认真分析其原因的基础上，提出了稳机构，积极巩固林业站基石地位；顺体制，更好发挥林业站职能作用；增投资，逐步改善林业站基础设施；保权益，切实提高林业站人员素质；出文件，加快推进林业站建设管理等5点对策建议。（张志刚）

【林业站培训工作】 2014年全国林业站行业培训工作突出表现为“三个新”。

行业培训 ①首次分南、北两个区域开展林业站长示范培训。针对基层林业站长既要管理站内事务，又要解决林农具体问题的实际，仔细遴选、科学确定课程内容，邀请农业部、国家行政学院以及国家林业局有关司局具有丰富理论和实践经验的专家、教授进行专题讲座。并以桌面推演式、讨论启发式和互动式等教学方法调动参训学员的积极性。结合“林业站服务年”等重点工作开展了现场教学活动，预先拟订了教学方案和思考题，让学员们带着问题到现场学习，实现了工作目标与培训目标的有机结合，既达到了开阔思路，推进工作的目的，又起到了树立榜样、示范引导的作用，有效地推进了各地“林业站服务年”活动的深入开展。②认真谋划加强林业站行业培训工作的政策措施。举办了“林业站行业培训研讨班”，召开了“林业站站长能力测试工作座谈会”，组织部分省（区、市）专家研究“十三五”林业站行业培训的有关工作措施，分析、研判2014年乡镇林业站长能力测试工作，对未来林业站长能力测试工作及试题库的编修等有关问题进行了研讨。③林业站素质能力提升课题研究有突破。工作总站与局林干院联合申报的《全国乡镇林业工作站干部能力提升策略研究》项目已经由科技司批准正式立项，此项目的实施，将对加强林业站行业培训工作，提升林业站干部职工队伍能力素质具有重要意见。

“平台”建设 ①优化“平台”的运维和使用。针对各地反映“平台”网络拥堵，课件浏览不畅，视频播放缓慢等问题，运用云计算技术，依托腾讯公司做好“平台”日常维护、功能升级改造等工作，使“平台”具有更大的带宽，学员学习更加顺畅。②正式上线地方课程。北京、黑龙江、辽宁等省市的12门时长约1000分钟的地方性课程正式上线，既为广大学员提供了交流借鉴机会，也为其他省（区、市）地方性课程的编制起到了示范带动作用。③加强“平台”管理。培训了“平台”管理员，研究出台了加强“平台”管理的有关措施，进一步规范了“平台”的学习与管理工作。同时，把“平台”的使用推广纳入《全国省级林业工作站年度重点工作质量效果跟踪调查办法（试行）》考核指标，鼓励广大乡镇林业站干部职工踊跃上线学习，推进“平台”的普及使用。目前，“平台”注册人数达到8.5万余人，总访问已近130万人次，日均访问4000人次。

能力测试 ①印发了《关于做好2014年乡镇林业工作站站长能力测试工作安排的通知》。要求各地高度重视，认真谋划，继续做好能力测试工作，加快测试进度，力争全面提前完成“十二五”测试任务。截至2014年年底，已有25个省（区、市）共计5300余名林业站长参加并完成了本年度能力测试工作，其中，15个省（区、市）提前完成了“十二五”能力测试的规划任务。②做好站长能力测试的监督检查工作。制订下发了《2014年林业工作站能力建设监督检查实施方案》，要求各省在做好能力测试组织管理的同时，严格按照《乡镇林业站长能力测试实施办法》和《规范检查核查规定》的要求，重点抓好50周岁以下的站长测试工作，要严肃考场纪律，落实考务责任，确保能力测试各个环节都有人抓、有人管。③做好“十三五”站长能力测试有关工作。拟建立“平台”学习与能力测试工作有机结合机制，要求各地在全力做好“十二五”能力测试收尾工作的同时，认真做好“十三五”能力测试工作基本情况摸底调查，为“十三五”能力测试工作打好基础。（郭露平）

【林业站信息宣传工作】 全年在中国林业网“工作总站”子站信息发布数量达1600多条，获得国家林业局2014年“十佳子站”光荣称号；《中国绿色时报》《中国林业》刊发各地稿件13篇，总计发稿超过5万字；“中国林业网络电视”发布有关电视短片2部；编印《工作简报》10期。林业站信息报送宣传工作取得了突破性进展。

一是信息发布数量持续大幅增长。“工作总站”子站信息发布量比2013年增长1倍，是2011年的4倍。其中甘肃省信息采用量264条，上海市191条，河北省146条，湖北省101条，4个省信息采用量占子站全年发布数量的44%。

二是信息工作质量评价标准不断优化。为推进林业站信息宣传工作，全面反映各地信息宣传工作质量，在各地林业站站务信息季度通报中增加了“稿件采用率”评价指标，使子站的信息采用公开透明。在年度通报中，增加了“省级、中央级媒体加分”指标，把各地在省级以上媒体宣传有关林业站的新闻作品，作为加分的依据，以此衡量省林业站宣传工作的整体水平。2014年，有20个省在省级以上媒体宣传报道了林业站的工作。

三是宣传形式和载体不断丰富。针对信息形式单一、图片少的问题，总站提出了增加图片信息报送新要求，并配合此项工作开展了新闻摄影培训，截至2014年年底“工作总站”子站共采用各地图片信息275条，占采用信息总量的17%，图片信息大量增加。同时，总站充分利用中国绿色网络电视平台，组织有关省制作林业站宣传片，其中甘肃、湖北反映林业站的电视片已在中国绿色网络电视平台上播出。此外，总站还加强与中国林业教育培训网的合作，利用网络和微信公众平台开展林业站宣传，收到了良好效果。

四是林业站专题宣传影响广泛。为配合“林业站服务年”活动，总站及时在《中国绿色时报》和“工作总站”子站上开辟了“聚焦‘林业站服务年’”栏目，下发了征稿启事，组织媒体记者进行深度采访，广泛宣传林业站在服务年活动中的做法、经验、典型，在社会和林业系统引起了强烈反响。（潘明哲）

【林业站服务年】 根据国家林业局深入开展“两转变、两服务”活动的总体部署，组织开展了以“管理规范、作风过硬、服务优质”为主题的“林业站服务年”活动，明确了“简化办事程序，缩短办事期限，推行‘一站式’‘全程代理’等服务模式，加强林农培训，开展贯彻落实《关于加强乡镇林业工作站工作人员廉洁履行职责的若干规定》及站务公开制度的专项检查，为林农群众办一件实事，加强林业站社会化服务能力建设，建立长效机制”等方面的活动内容。

“四个到位” 一是深入调查研究，方案措施到位。各地在落实“林业站服务年”任务前，开展了大量的调查研究，认真梳理林业站工作存在的问题，制订了详细的活动方案，明确了工作内容，对活动做出了周密部署。广西区制定了分阶段落实任务对照表，将工作内容量化分解、限时落实，提高了方案的可操作性。二是加强组织领导，责任落实到位。各省(区、市)林业站管理部门把开展“林业站服务年”活动作为2014年林业站工作的重点内容，与其他工作同步研究，同步落实。明确专门机构，确定专人负责。云南省成立了由分管副厅长任组长、林政处处长任副组长，相关处(室)组成的活动领导小组；浙江省还专门召开部分林业重点县分管局长座谈会，结合“群众满意基层站所”评比活动，抓好活动部署落实。三是加强宣传发动，思想认识到位。工作总站在《中国绿色时报》开辟了“聚焦林业站服务年”专栏，重点宣传报道各地开展“林业站服务年”活动中的好经验、好做法。各省(区、市)积极跟进，并充分利用网站、新闻媒体、专题栏目、工作简报等各种宣传手段，加大宣传力度，营造良好氛围。四是强化任务落实，问题解决到位。各地统筹推进活动各项任务的落实，使活动在解难题、优服务、办实事、建机制上取得实效，实现林业站服务的便利化、常态化。北京市搭建微信平台，发布乡土专家微信公众号，使乡土专家、市民、电商之间无缝对接，实现了林业站服务与林农增收的有机结合。

“四个成效” 一是服务意识明显增强。牢固树立了为林农服务的思想，变被动指导为主动服务。二是工作作风明显转变。工作积极性、主动性进一步增强，干劲更足，工作更实。接待林农更加热情，服务林农更加周到，门难进、脸难看、事难办变成了一张笑脸、一杯热茶、一个满意答复。三是服务能力明显提升。自我加压、主动学习、自我提高，针对林农需求和自身不足学，注重政策水平、专业技能和业务能力的提高，打造林业工作的“多面手”，努力成为服务林农的“全科医生”。四是服务质效明显提高。注重提高服务质量和效率，尤其是推广“一站式”“全程代理”等服务中，不仅丰富了服务内容，保证了服务质量，而且大大简化流程，缩短了业务办理时间，确保林农“林事站办，足不出乡”，得到了林农群众的一致好评。

目前，全国共有31个省(区、市)及新疆生产建设兵团的2.2万个林业站开展了84万多项(件)简化办事程序，缩短办事期限的工作；1.45万个林业站推行了“一站式”“全程代理”等服务模式；2万余个林业站建立了6.3万条(项)长效机制；2.3万个林业站为林农群众办实事35.5万余件；2.3万个林业站开展了贯彻落实《关于加强乡镇林业工作站工作人员廉洁履行职责的若干规定》及站务公开制度的专项检查；2万余个林业站举办林农培训班6.3万余期次，培训林农达757万余人次。“林业站服务年”活动在基层取得了实实在在的成效。 （郭露平）

【积极推进森林保险】 截至2014年年底，中央财政森林保险保费补贴工作已覆盖全国29个省级单位(含24个省区市、3个计划单列市、2个森工企业)，全国森林保险总面积1.402亿公顷，占全国森林面积的67.6%。其中，公益林保险面积1.06亿公顷，占75.5%；商品林0.34亿公顷，占24.5%。保费总额27.27亿元，各级财政补贴24.34亿元，占总保费的89.3%；中央财政补贴12.67亿元，占总保费的46.5%。总保险金额10 889.29亿元，平均费率2.5‰。平均简单赔付率为21%。

强化政策引导 启动了《关于进一步推进森林保险工作指导意见》(以下简称《指导意见》)的拟定工作。在认真分析回顾五年来森林保险工作的实际情况后，根据局领导批示意见，会同计财司并经保监会财产保险监管部同意，起草、形成了《指导意见》讨论稿，力争尽快出台。

研发信息系统 为加强森林保险数据统计工作，对2009年以来的“全国森林保险情况统计表”进行了实用性和可操作性检验，在此基础上，研发了“全国森林保险业务管理信息系统”，并于7月在局域网上正式开通运行。“信息系统”实现了对各省森林保险数据实时查询、汇总、统计、分析、审核、打印等功能，有效提升了森林保险工作的科学决策水平。

编印《宣传手册》 为让基层林业部门和林农对森林保险有更详细的了解，组织修订了《森林保险宣传手册》，增加了森林保险操作流程及案例说明以及对各种灾害的解释，进一步丰富了宣传内容。《宣传手册》发放到全国各省区市、计划单列市、国有森工集团，得到了各省及有关单位的一致好评，对尚未纳入补贴范围的省区起到了极大的推动作用。

开展座谈交流 为进一步规范管理，提升服务质量，与人保财险进行了深度座谈，沟通了赔付率低、风险责任涵盖不全、理赔不规范和工作经费支付不合规等问题，明确了下一步双方将继续在信息共享、基层合作、产品和制度创新等方面开展深入合作，共同推动森林保险的持续健康发展。

深入调查研究 开展了广泛调研，汇总了24个省的森林保险材料，形成总报告，全面总结和分析了中央财政森林保险保费补贴工作开展五年来的总体进展情况；依托河北、内蒙古、湖北、四川4省区开展了关于建立森林保险可持续发展的政策体系、商品林参保模式、森林灾害防御体系建设等方面的专题研究。各项研究工作为探索构建森林保险发展的长效机制奠定了基础，提供了支撑。 （许慧娟）

林业计划统计

18

全国林业统计分析

2014年，全国林业系统深入学习领会习近平总书记系列重要讲话精神，牢固树立中国特色社会主义生态观，认真贯彻落实党中央、国务院的决策部署，加快推进林业治理体系和治理能力现代化，大力发展生态林业民生林业，生态建设与保护得到进一步加强，林业产业持续发展，林产品进出口贸易额再创历史新高，为建设生态文明、推动经济社会发展作出了重要贡献。

【生态建设与保护】 2014年生态建设与保护工作得到进一步加强，造林规模保持较高水平，森林经营力度进一步加大，生态防护功能显著增强。

营造林总体状况 2014年，全国共完成造林面积554.96万公顷，其中人工造林405.29万公顷，飞播造林10.81万公顷，无林地和疏林地新封山育林138.86万公顷。西部12个省区(含新疆兵团)共完成造林面积271.21万公顷，占全部造林面积的48.87%。

2014年全国造林面积比2013年减少9.02%，减少面积最大的省份有内蒙古、云南、福建、重庆等，面积减少的主要原因是通过近年大规模的生态建设，造林难度越来越大，造林投入不足等。从造林方式上看，造林面积减少幅度最大的是封山育林，比2013年减少34.73万公顷。人工造林占全部造林面积的73.03%，所占比重比2013年提高4个百分点，人工造林所占比重逐年提高。

2014年，森林经营力度进一步加大。全国共完成中幼龄林抚育面积901.96万公顷，比2013年增长14.94%；完成低产低效林改造面积68.74万公顷，比2013年减少9.36%；完成有林地造林面积60.26万公顷；更新造林29.25万公顷；四旁(零星)植树20.57亿株。全年林木种子采收量、苗木产量和育苗面积分别为3.14万吨、677.71亿株和141.23万公顷，种子和苗木抽查合格率分别为88.4%、95.2%。

2014年，造林方式进一步优化，更加注重生态防护功能，防护林和乡土树种都保持较高比重。

防护林造林保持较高比例 从林种用途看，在全部造林面积中，用材林109.23万公顷、经济林113.92万公顷、防护林323.87万公顷、薪炭林3.69万公顷、特种用途林4.25万公顷，占全部造林面积的比重分别为19.68%、20.53%、58.36%、0.66%和0.77%。生态公益林(防护林和特种用途林)占全部造林面积的比重为59.13%。

更加注重乡土树种造林 从树种类型看，乡土树种更加具有适种性。2014年，乡土树种的造林面积为349.05万公顷，占全部造林面积的比重为62.90%。

混交林造林比重有待进一步提高 从结构类型看，混交林面积为223.22万公顷，占全部造林面积的比重为40.22%，混交林造林比重有待进一步提高。

国家林业重点生态工程 2014年国家林业重点生态工程深入实施，共完成造林面积192.79万公顷，占全部造林面积的34.74%。其中天保工程、退耕还林工程(不含京津工程退耕)、京津风沙源治理工程和三北及长江流域等重点防护林体系工程分别为41.05万公顷、37.96万公顷、23.91万公顷和89.87万公顷，占全部造林面积的比重分别为7.40%、6.84%、4.31%和16.19%。

各级地方政府造林、企业造林、大户造林等其他造林面积362.17万公顷，占全部造林面积的比重达到65.26%。生态建设已由中央主导向各级地方政府和全社会广泛参与转变。

天然林保护工程 2014年，启动了全面停止天然林商业性采伐试点，加强了扩大天然林资源保护工程范围政策研究和协调。

2014年工程区木材产量进一步调减，为680.56万立方米，比2013年减少26.35%，仅占全国木材总产量的8.27%，所占比重进一步降低。

2014年天保工程完成造林面积41.05万公顷，其中人工造林11.49万公顷，飞播造林6.40万公顷，无林地和疏林地新封山育林23.16万公顷。中、幼龄林抚育面积169.51万公顷。森林管护面积为11 458万公顷，其中国有林管护面积7072万公顷，集体和个人所有的国家级公益林面积2059万公顷，集体和个人所有的地方公益林面积2327万公顷。自1998年工程实施以来，17年间工程已累计完成人工造林333.67万公顷、飞播造林354.40万公顷、新封山育林858.76万公顷。

天保工程区项目实施单位年末人数为82.24万人，其中在岗职工55.66万人，离开本单位保留劳动关系人员26.18万人，其他从业人员0.40万人。在岗职工年平均工资为30 012元，比2013年增长12.6%。在岗职工参加基本养老保险人数为47.32万人，在岗职工参加基本医疗保险人数为50.15万人。

退耕还林工程 2014年启动了新一轮退耕还林还草工程，下达退耕还林还草任务500万亩。全年共完成造林面积37.96万公顷，其中退耕地造林403公顷，荒山荒地造林31.27万公顷，无林地和疏林地新封山育林6.65万公顷。西部12个省区(含新疆兵团)共完成21.67万公顷的退耕工程任务，占退耕工程总造林面积的57.09%。

自1999年工程试点以来已累计完成退耕地造林906.34万公顷，荒山荒地造林1656.76万公顷，新封山育林294.73万公顷。

京津风沙源治理工程 2014年京津风沙源治理工程共完成造林23.91万公顷，其中人工造林13.12万公顷，飞播造林2.07万公顷，无林地和疏林地新封山育林8.72万公顷。草地治理面积2.05万公顷，小流域治理面积2.78万公顷，治理总面积达到28.74万公顷。另外，建设暖棚52.07万平方米；购置各类饲料机械8723台；完成水利配套设施2643处；易地搬迁6915人，涉及1398户。

京津风沙源治理工程实施14年来累计完成治理总面积达到1123.23万公顷，其中林业工程771.97万公顷，草地治理241.82万公顷，小流域治理109.44万公顷。在林业工程中，累计完成人工造林374.67万公顷、飞播造林103.86万公顷、新封山育林293.44万公顷。

三北及长江流域等防护林体系建设工程 2014年，三北等防护林体系建设工程稳步推进，出台了退化防护林改造指导意见，启动了张家口坝上地区退化防护林更新改造试点。

三北工程全年共完成造林59.63万公顷，其中人工造林35.51万公顷，飞播造林0.87万公顷，无林地和疏林地新封山育林23.25万公顷。长江流域防护林工程完成造林面积10.74万公顷，沿海防护林工程完成造林面积9.69万公顷，珠江流域防护林工程完成造林面积2.69万公顷，太行山绿化工程完成造林面积4.92万公顷，平原绿化工程完成造林面积2.19万公顷。

在三北及长江流域等防护林体系建设工程全部造林面积中，防护林面积所占比重为90.94%，其中防风固沙林和水土保持林所占比重最高，分别达到了27.51%和24.18%。另外，完成低产低效防护林改造面积1.18万公顷。

自2001年以来，三北及长江流域等防护林体系建设工程累计完成人工造林935.93万公顷、飞播造林30.98万公顷、新封山育林554.71万公顷。其中，三北工程累计完成人工造林576.63万公顷、飞播造林11.98万公顷、新封山育林304.21万公顷。

野生动植物保护及自然保护区建设工程 2014年，林业系统自然保护区达到2174处，总面积1.24亿公顷，占全国国土面积的12.98%。19个林业自然保护区晋升国家级，国家级林业自然保护区总数达344个，面积达到7873.65万公顷，国家级自然保护区面积占林业系统自然保护区总面积的63%。

2014年年末实有自然保护小区4.84万个，总面积1058万公顷。野生植物就地保护点901个，总面积355万公顷。野生动物种源繁育基地5892个，其中商业性野生动物驯养繁殖单位5728个。野生植物种源培育基地1070个，野生动物观赏展演单位393个，植物园(树木园)180个。野生动植物保护管理站4544个，野生动植物科研及监测机构633个，鸟类环志中心(站)116个。全国从事野生动植物及自然保护区建设的人员达5.27万人，其中各类专业技术人员1.68万人。

湿地保护与恢复 2014年，国际重要湿地为46处，面积达到400.22万公顷。20处国家湿地公园试点通过验收，新批140多处国家湿地公园，国家湿地公园总数达570多处。

【林业产业发展】 2014年，我国林业产业持续发展，产业规模继续扩大，产业结构进一步优化，以林业旅游与休闲为主的林业服务业快速发展，各类经济林产品和木竹加工产品产量稳定增长。

林业产业总产值 2014年林业产业总产值达到5.40万亿元(按现价计算)，比2013年增长14.20%，自2001年以来，林业产业总产值的平均增速达到21.96%。

分产业看，第一产业产值18 559.46亿元，占全部林业产业总产值的34.35%，同比增长14.75%；第二产业产值28 088.04亿元，占全部林业产业总产值的51.98%，同比增长12.46%；第三产业产值7385.44亿元，占全部林业产业总产值的13.67%，同比增长19.80%。林业三次产业的产值结构已由“十一五”末期的39:52:9，调整为目前的34:52:14，以林业旅游与休闲为主的林业服务业所占比重逐年增大，产业结构逐步优化。

2014年，出现两个超万亿元的林业支柱产业，分别是经济林产品种植与采集业和木材加工及木竹制品制造业。包括干鲜果品、茶、中药材以及森林食品等在内的经济林产品种植与采集业产值为10 728.04亿元，占第一产业比重为57.80%；包括锯材、人造板、地板等在内的木材加工及木竹制品制造业产值为11 028.95亿元，占第二产业比重为39.27%；第三产业中，林业旅游与休闲服务业产值为5321.24亿元，占第三产业比重最大，为72.05%，全年涉林旅游和休闲的人数达到19.83亿人次。

分地区看①，东部地区林业产业总产值为26 456.97亿元；中部地区林业产业总产值为11 593.94亿元；西部地区林业产业总产值为11 211.39亿元；东北地区林业产业总产值为4770.65亿元。中、西部地区林业产业增长速度最快，增速都超过20%。东部地区林业产业总产值所占比重最大，占全部林业产业总产值的48.96%。林业产业总产值超过3000亿元的省份共有6个，分别是广东、山东、福建、江苏、广西和浙江。

木材安全保障 2014年，全国木材储备生产基地建设继续推进，国家木材储备战略联盟成立，并划定首批国家储备林100万公顷，改造培育40万公顷。全国木材储备生产基地建设共完成造林经营面积11.14万公顷。速生丰产用材林基地建设共完成各地类造林36.33万公顷。

木材生产及林产工业

木材产量 2014年，全国商品材总产量略有减少，为8233.30万立方米。在全部木材产量中，原木产量7553.46万立方米，薪材产量679.84万立方米。东北、内蒙古国有林区木材产量比2013年减少82.21万立方米，商品材产量持续调减。此外，全国农民自用材采伐量773.11万立方米，农民烧材采伐量2127.40万立方米。

锯材与木片、木粒加工产品产量 2014年，锯材产量为6836.98万立方米，比2013年增长8.56%。木片、木粒加工产品4314.09万实积立方米，比2013年增长9.62%。

人造板产量 2014年，全国人造板总产量为27371.79万立方米，比2013年增长7.09%。

在全部人造板产量中，胶合板14970.03万立方米，

---

① 本分析采用国家四大区域的分类方法，即将全国划分为东部、中部、西部和东北四大区域。东部地区包括：北京、天津、河北、上海、江苏、浙江、福建、山东、广东、海南10个省(直辖市)；中部地区包括：山西、安徽、江西、河南、湖北、湖南6个省；西部地区包括：内蒙古、广西、重庆、四川、贵州、云南、西藏、陕西、甘肃、青海、宁夏、新疆12个省(区、市)；东北地区包括：辽宁、吉林、黑龙江3个省。

比2013年增长9.07%，占全部人造板产量的54.69%；纤维板6462.63万立方米，与2013年基本持平，占全部人造板产量的23.61%，其中中密度纤维板产量为5682.57万立方米；刨花板产量2087.53万立方米，比2013年增长10.75%，占全部人造板产量的7.63%；其他人造板3851.60万立方米(细木工板占62%)，比2013年增长8.57%，占全部人造板产量的14.07%。

从分省情况看，山东、江苏、广西、安徽、河南、河北、广东7省(区)产量均超过1000万立方米，7省(区)人造板产量共计21 073.54万立方米，占全国人造板总产量的76.99%。

木竹地板产量 2014年木竹地板产量为7.60亿平方米，比2013年增长10.30%。在木竹地板产量中，实木地板1.50亿平方米，占全部木竹地板产量的19.68%；实木复合地板2.43亿平方米，占全部木竹地板产量的31.95%；强化木地板(浸渍纸层压木质地板)2.47亿平方米，占全部木竹地板产量的32.51%；竹地板1.02亿平方米，占全部木竹地板产量的13.49%；包括软木地板、集成材地板等其他木地板0.18亿平方米。江苏和浙江两省是木竹地板产量最大的省份，产量分别达到1.69和1.20亿平方米，江苏省主要以强化木地板为主，而浙江省主要以实木及实木复合地板为主。

林产化工产品产量 2014年，全国松香类产品产量170.07万吨，比2013年增长3.56%。松节油类产品产量23.08万吨，比2013年减少13.41%。樟脑产量1.32万吨，冰片产量2610吨，栲胶类产品产量5013吨，紫胶类产品产量4645吨。包括木炭、竹炭、活性炭等各类木竹热解产品产量134.08万吨。

经济林、竹、油茶、花卉产业 2014年，国务院办公厅出台《关于加快木本油料产业发展的意见》，国家林业局印发了优势特色经济林发展布局、森林等自然资源旅游、林下经济等专项规划，制定了扶持特色经济林产业发展指导意见。全国各类经济林产品产量稳定增长，达到1.58亿吨，比2013年增长6.81%。从产品类别看，水果产量为1.35亿吨，比2013年增长6.72%；干果产量为1148万吨，比2013年增长5.39%；毛茶等林产饮料产品的产量为210万吨；花椒、八角等林产调料产品的产量为65万吨；竹笋干、食用菌等森林食品产量为340万吨；杜仲、枸杞等木本药材的产量为171万吨；油茶等木本油料产量为212万吨；松脂、油桐等林产工业原料产量187万吨。

2014年大径竹产量为22.24亿根，比2013年增长18.52%，其中毛竹13.08亿根，其他直径在5厘米以上的大径竹9.16亿根。竹产业产值达1845亿元。

2014年，油茶种植面积达到365万公顷，当年新造油茶林15.75万公顷，低产林改造13.75万公顷。繁殖圃471个，苗木产量8.66亿株，油茶籽产量为202万吨，比2013年增长13.90%。从事油茶良种苗木培育、种植、茶油以及其他副产品生产加工的企业发展到1844家，油茶产业产值达553亿元。

2014年，花卉种植面积102.21万公顷，花卉种植业产值达到1855亿元。切花切叶176亿支；盆栽植物45亿盆；观赏苗木111亿株；草坪3.79亿平方米。具有一定规模的花卉市场4400多个，花卉企业4.92万家，其中大中型花卉企业9000多家；花卉从业人员493万人，花农136万户；控温温室面积和日光温室面积分别为6585万平方米和16 813万平方米。

林业主要产品销售价格 2014年全国主要林业产品综合平均价格涨跌互现，其中木材、竹材价格有所提高，木竹加工产品价格普遍提高，林化产品价格有所下降。木材综合平均价格为每立方米822元，比2013年提高10.78%，竹材综合平均价格为每根10元，比2013年略有增长；锯材综合平均价格为每立方米1359元，木片综合平均价格为每实积立方米847元，木地板综合平均价格为每平方米191元，胶合板综合平均价格为每立方米1679元，硬质纤维板综合平均价格为每立方米1913元，中密度纤维板综合平均价格为每立方米1607元，刨花板综合平均价格为每立方米1304元；受国际价格影响，松香和紫胶综合平均价格分别比2013年下降29.09%和28.54%，为每吨8931元和34 569元。栲胶综合平均价格为每吨11 311元，比2013年提高18.17%。

【林业投资】 2014年，中央实施了一系列支持林业发展的政策措施，林业投资规模再创新高。落实停止天然林商业性采伐试点、新一轮退耕还林工程、国有林场改革中央财政补助资金73.1亿元，安排退耕还湿、湿地生态效益补偿、湿地保护奖励试点资金10.9亿元。森林保险范围扩大到27个省份，林权抵押贷款加快发展。落实林业棚户区(危旧房)改造任务8.53万户，累计安排改造任务158.9万户，惠及林区职工群众500多万人。

林业建设资金到位情况 2014年，实际到位各类林业建设资金4265.47亿元，比2013年增长12.25%。按来源分，国家预算资金1727.95亿元，占资金总量的40.51%，国内贷款(主要为林业贴息贷款)、利用外资、自筹资金和其他资金为401.70亿元、63.69亿元、1676.51亿元和395.62亿元，分别占资金总量的9.42%、1.49%、39.30%和9.28%。国家预算资金中，中央资金为858.82亿元，地方资金为869.12亿元，地方财政资金首次超过中央财政资金。

林业投资完成情况 2014年，全部林业投资完成额达到4325.51亿元，比2013年增长14.36%，其中国家投资完成1631.49亿元，占全部林业投资完成额的37.72%。全部林业投资完成额中，按照项目管理的且计划总投资在500万元以上的林业固定资产建设项目完成投资1415.40亿元，占全部林业投资完成额的32.72%。

按建设内容分，用于生态建设与保护方面的投资为1947.97亿元，占全部林业投资完成额的45.03%，比2013年增长4.14%；用于林木种苗、森林防火、有害生物防治等林业支撑与保障方面的投资为232.74亿元；用于林业产业发展方面的资金为1620.02亿元，这部分资金主要依靠社会和民间资本注入；用于林业棚户区改造和其他林业社会性基础设施建设资金153.24亿元；其他资金371.54亿元。

分地区看，东部地区林业投资完成额1273.60亿元，占全部林业投资完成额的29.44%；中部地区林业投资完成额736.31亿元，占全部林业投资完成额的17.02%；西部地区林业投资完成额增速最快，比2013

年增长20.11%，达到1984.19亿元，占全部林业投资完成额的45.87%；东北地区林业投资完成额316.07亿元，占全部林业投资完成额的7.31%。

截至2014年，已累计安排林业棚户区危旧房改造任务158.9万户、中央投资245.6亿元，已竣工140万户，惠及林区职工群众500多万人。全年房屋施工面积达到647.28万平方米，竣工面积440.70万平方米。其中，住宅施工面积为443.00万平方米，竣工面积为320.26万平方米。此外，国有林场（区）外联道路和安全饮水也已纳入相关行业规划并落实部分投资计划。

林业利用外资情况 2014年，我国林业利用外资项目个数为219个，实际利用外资规模10.39亿美元，比2013年增长29.11%，其中国外借款0.94亿美元，外商直接投资9.04亿美元，无偿援助0.41亿美元，分别占林业实际利用外资总规模的9.06%、87.05%和3.89%。林业实际利用外资金额占全国外商直接投资（1197亿美元）的0.87%。

【林业系统从业人员和劳动工资】 截至2014年年底，全国林业系统各种经济类型单位共计43 320个，其中企业2270个，事业单位36 244个，机关4806个。

2014年林业系统年末人数共计154.96万人，比2013年减少0.87%。其中在岗职工118.04万人，离开本单位仍保留劳动关系人员32.18万人，其他从业人员4.74万人。在岗职工中专业技术人员31.56万人，仅占全部在岗职工的26.74%；在岗职工中中专及中专以下学历人员67.69万人，占全部在岗职工的57.35%；在岗职工中40岁以上人员72.27万人，占全部在岗职工的61.23%，林业系统在岗职工无论是技术水平、学历水平和年龄结构都有待优化。

林业系统在岗职工年平均工资达到34 530元，比2013年增长11.60%。

分地区看，东部地区林业系统在岗职工年平均工资最高，达到47 490元；中部地区林业系统在岗职工年平均工资32 779元，连续多年增速最快，达到19.93%；西部地区林业系统在岗职工年平均工资为38 765元；东北地区林业系统在岗职工年平均工资最低，仅为26 735元。分行业看，林业工程技术与规划管理业年平均工资一直保持最高，为61 190元，木竹浆造纸业年平均工资最低，为20 695元。

【林业灾害发生和安全生产情况】 2014年，森林火灾等灾害防控水平不断提高。完成了林火信息系统更新和林火监测系统、应急卫星升级改造，森林防火天地图系统投入使用，提升了林火卫星监测和应急处置能力。国务院办公厅印发了《关于进一步加强林业有害生物防治工作的意见》，完成了省级人民政府重大林业有害生物防治目标责任检查考核，启动了全国林业有害生物普查。

林业灾害发生情况 全年共发生森林火灾3673起，受害森林面积1.55万公顷，人员伤亡112人，森林火灾次数有所下降。林业有害生物发生面积1193.33万公顷。加强了沙尘暴预警监测，全国共发生沙尘天气7次。

安全生产情况 2014年，林业生产事故有所减少，其中轻伤、重伤和死亡分别为597人次、41人次和44人，死亡人数比2013年大幅减少。

【主要林产品进出口贸易】 2014年，受美国经济稳健复苏，同东盟、欧盟以及南非、墨西哥、印度等新兴国家市场林产品贸易良好发展的影响，全年林产品进出口贸易额再创历史新高。根据海关统计数据汇总分析，全国林产品进出口贸易额为1399.5亿美元，比2013年增长8.4%。其中，出口额722.0亿美元，比2013年增长11.3%；进口额677.5亿美元，比2013年增长5.5%。带动全年出口增长的是家具、纸及纸制品、胶合板、木制品等我国传统优势产品，进口额增长主要是由原木、锯材、纸浆大幅增长所带动。

主要林产品进口情况 2014年原木进口量5119.4万立方米，金额117.8亿美元，分别比2013年增长13.4%和26.4%；锯材进口量2574.6万立方米，金额80.8亿美元，分别比2013年增长7.1%和18.4%；纸、纸板及纸制品进口量294.6万吨，金额43.1亿美元，分别比2013年减少0.9%和1.4%；纸浆进口量1796.4万吨，金额120.7亿美元，分别比2013年增长6.6%和6.1%；木家具进口量982.7万件，金额8.9亿美元，分别比2013年增长33.1%和25.5%；木片进口量885.7万吨，金额15.4亿美元，分别比2013年减少3.4%和1.2%。

主要林产品出口情况 2014年木家具出口量3.2亿件，金额220.9亿美元，分别比2013年增长10.1%和13.7%；纸、纸板及纸制品出口量766.0万吨，金额142.6亿美元，分别比2013年增长10.5%和11.5%；木制品出口额55.0亿美元，比2013年增长14.7%；胶合板出口量1321.6万立方米，金额58.1亿美元，分别比2013年增长28.8%和15.5%；纤维板出口量255.7万吨，金额16.3亿美元，分别比2013年增长4.2%和7.1%；锯材出口量40.9万立方米，金额3.0亿美元，分别比2013年减少10.8%和8.5%。

（注：林产品进出口贸易数据为海关初步统计数，其他数据为林业统计年报数据。）

（刘建杰　于百川　姜喜麟）

林业规划

【《全国森林等自然资源旅游发展规划纲要（2013～2020年）》】 2014年3月，国家林业局以林规发〔2014〕32号印发了《全国森林等自然资源旅游发展规划纲要（2013～2020年）》。《纲要》实施期限：2013～2020年。

《纲要》的主要目标：到2015年，森林等自然资源旅游景区类型进一步多元化，以森林公园为主的各类森林等自然资源旅游景区总数超过8000处。森林等自然资源旅游景区建设进一步完善，服务水平明显提高，形成一批特色鲜明的森林等自然资源旅游专项产品。森林等自然资源旅游市场规模进一步扩大，年旅游人数达到10亿人次，年均增长15%。森林等自然资源旅游社会综合产值超过6700亿元，年均增长15%。每年新增旅游就业15万人。基本形成森林等自然资源旅游发展良好的产业基础，可持续发展能力显著增强。到2020年，各类森林等自然资源旅游景区总数达到9000处，在全国构建起以森林公园为主体，湿地公园、自然保护区、沙漠景观旅游区、森林植物园(树木园)等自然资源旅游观光园等相结合的较完善的自然资源旅游发展体系，推出一批国际国内一流的自然资源旅游景区。森林等自然资源旅游市场规模较为稳固，森林等自然资源旅游人数达16亿人次，年均增长10%，创社会综合产值达10 000亿元，年均增长10%。规划期内累计新增直接就业150万人，间接就业600万人。将森林等自然资源旅游培育成林业支柱产业，在满足城乡居民日益增长的生态空间需求的同时，成为展示美丽中国、传播生态文化的重要窗口。《纲要》总体布局：根据森林等自然资源空间分布特点、资源特色把我国(未含香港、澳门、台湾)划分成大兴安岭—三江平原—长白山旅游区、天山—祁连山—蒙新高原旅游区、太行山—泰山—黄河中下游旅游区、秦岭—大别山—淮河流域旅游区、四川盆地—武陵山—长江中下游旅游区、武夷山—南岭—珠江流域旅游区、热带雨林与季雨林旅游区、云贵高原珍稀动植物旅游区、青藏高原高寒植被旅游区9个森林等自然资源旅游区，以及根据全国森林等自然资源特色及点、线、面的旅游规律，积极打造林海雪原森林景观旅游带、三江流域沼泽湿地景观旅游带、大漠草原景观旅游带、太行秦川山区与文化景观旅游带、黄河湿地文化景观旅游带、湘鄂川原始森林景观旅游带、长江中下游水乡泽国湿地景观旅游带、武夷碧水丹山森林及地貌景观旅游带、热带雨林与季雨林森林景观旅游带、岩溶地貌及珍稀动植物景观旅游带、青藏高原(冰川)地貌及高寒植被景观旅游带等11条特色旅游带。《纲要》主要任务：一是充分利用资源，加快建立各类景区。按照国家推进形成主体功能区要求，结合林业、旅游业发展战略，以自然山脉、水系为脉络，以国家级森林公园、国家级湿地公园等为重点，以各级森林等自然资源旅游景区为主体，优先在大城市郊区、黄金旅游线路沿线、热点旅游区域范围内建立森林等自然资源旅游景区；二是加强资源保护，提高资源保护力度。加强对珍贵森林等自然旅游资源的基础研究，建立科学的分类、调查与评价体系，明确保护对象、保护范围和保护手段，确定核心的保护区域和景观区域等，科学安排开发布局和强度，加大对珍贵资源的保护力度；三是加强景区建设，提升接待服务水平。加大对森林等自然资源旅游景区基础设施的建设和投入力度，提升接待服务品质，满足不同层次的游客需求；四是发挥自身优势，培育特色产品体系。发挥森林等自然旅游资源自身优势，培育现代旅游产品体系。提升观光旅游产品的同时，重点发展休闲度假旅游和康体疗养旅游，积极发展文化教育旅游，适度发展体育旅游、会议旅游和探险旅游等；五是强化解说服务，提高科学普及能力。深入挖掘森林等自然资源旅游景区的生态文化内涵，结合自身实际，确定生态文化教育的主线和主要形式，加强软、硬件建设，充分发挥景区的科学普及功能；六是推动示范建设，加强精品示范引导。推动森林等自然资源旅游示范区建设。在全国建立一批生态环境保护良好、旅游资源特色突出、服务管理体系完善、配套基础设施健全、从业人员素质较高、产业发展势头强劲、示范带动能力强的森林等自然资源旅游示范区，建立一批政府重视、全民参与、市场影响力大、综合效益显著、森林等自然资源旅游蓬勃发展的示范县、示范村发挥示范引导作用；七是扩大宣传推广，稳步推进品牌建设一是保护工程。加大森林等自然资源旅游的宣传力度，打造优秀森林等自然资源旅游品牌，全面提升森林等自然资源旅游的行业形象和综合效益；八是带动林农增收，推动林区经济发展。引导森林等自然资源旅游景区积极为周边林农提供就业机会，鼓励林农在产权关系明晰和自愿的基础上，依托各类森林等自然资源旅游相关产业，大力发展直接为森林等自然资源旅游服务的种植业、养殖业和制造业，着力兴办“森林人家”等接待性服务。

【《全国优势特色经济林发展布局规划(2013~2020年)》】 5月，国家林业局以林规发〔2014〕60号印发了《全国优势特色经济林发展布局规划(2013~2020年)》。《规划》实施期限：2013~2020年。《规划》的主要目标：力争通过8年的努力，初步形成科学合理、特色鲜明、功能健全、效益良好的优势特色经济林发展格局，实现优势特色产品供给、粮油安全保障、富民增收能力显著增强。到2020年，重点发展在国内外市场上有较强竞争力、对农民增收带动作用明显的30个树种构成的优势特色经济林，培育一批特色突出、竞争力强、国际知名的优势产区，建设一批高产、优质、高效、生态的重点县，形成一批规模化、标准化、品牌化的产业示范基地。

产品供给能力 到2020年，优势特色经济林种植面积达到2480万公顷，增长49%，产品年产量达到3650万吨，增长1.4倍。其中，油茶、核桃、枣、板栗、仁用杏(山杏)等为主的木本粮油经济林面积增长60%，产量增加4倍。

质量安全水平 到2020年，优势特色经济林良种使用率达到90%以上，抗逆性和稳定性不断增强；无公害、绿色、有机产品认证基地面积在现有基础上增加50%以上，产品抽检合格率达95%以上，优质产品率达到80%以上。优势特色经济林产品标准化生产水平显著提高，全程监管能力不断加强，市场秩序更加规范，市场知名度稳步提高。

产业综合实力 到2020年，优势特色经济林第一产业年产值6000亿元，增加1.8倍；果品加工比例达到30%，产品贮藏保鲜比例达到35%。优势特色经济林产品产、加、销一体化程度明显提高，产业加工规模化、集群化水平显著提升。

富民增收效果 到2020年，累计提供就业机会50亿工日，规划区内农民来自优势特色经济林年收入达到3000元，增长1.5倍。

粮油安全保障能力 到2020年，木本油料年产量达1100万吨，占国内油料产量的比重由6%提升到10%；木本粮食年产量达1350万吨。木本粮油折算节约耕地面积约615万公顷。

《规划》发展布局：依据《中国林业发展区划》，综合考虑自然立地条件、资源分布状况和社会发展水平，按照合理区划、分类指导、突出重点的要求，着重培育五大优势特色经济林片区：东北中温亚寒带片区、西北大陆性温带片区、华北黄河中下游暖温带片区、南方丘陵山地亚热带片区和西南高原季风性亚热带片区。《规划》主要任务：一是培育推广优良品种。新建和改扩建一批以油茶、核桃、枣、板栗、仁用杏等为主的优势特色经济林良种苗木生产基地，保障良种壮苗充足供应，全面推行品种化、良种化种植。二是建设优质高产示范基地。按照适地适树、品种优良、栽培规范、管理到位的要求，高标准、高质量、高水平建设优势特色经济林基地。三是推行标准化生产。加快制定和完善优势特色经济林相关标准，加大标准实施和推广力度。四是提升产业化水平。按照扶优、扶强、扶大的要求，以提高精深加工、采后分级和冷链贮运能力为重点，扶持一批类型多样、资源节约、效益良好的龙头企业。五是强化科技支撑有效整合科技资源，组建专家技术服务团队，创建产业技术创新联盟，加快构建优势特色经济林产业技术创新体系，形成产学研用紧密结合的协同创新机制，有效链接科技创新与产业发展。

（发展规划与资金管理司规划处　陈嘉文　覃鑫浩）

林业固定资产投资建设项目批复统计

【森林防火项目】 共审批森林防火项目82个，批复总投资116 632万元，其中中央投资79 214万元，地方配套投资37 418万元。

表18-1　林业固定资产投资建设项目批复统计

序号	项目名称	批复文号	批复投资(万元)		
			合计	中央	地方
	合计		**116 632**	**79 214**	**37 418**
1	河北省秦皇岛市北部森林重点火险区综合治理三期工程项目	林规批字〔2014〕33号	2039	1223	816
2	黑龙江省木兰县森林重点火险区综合治理二期工程	林规批字〔2014〕34号	1230	738	492
3	甘肃省庆阳市森林重点火险区综合治理二期工程建设项目	林规批字〔2014〕35号	1820	1456	364
4	贵州省毕节市东部森林重点火险区综合治理三期工程	林规批字〔2014〕36号	1622	1298	324
5	贵州省毕节市西部森林重点火险区综合治理三期工程	林规批字〔2014〕37号	1728	1382	346
6	陕西省榆林市北部森林重点火险区综合治理项目	林规批字〔2014〕50号	1800	1440	360
7	吉林省延吉市等三市森林重点火险区综合治理三期工程项目	林规批字〔2014〕61号	806	645	161
8	宁夏同心县森林重点火险区综合治理工程项目	林规批字〔2014〕64号	884	707	177
9	湖北省大别山森林重点火险区综合治理工程三期项目	林规批字〔2014〕66号	2189	1313	876
10	安徽省宣城市森林重点火险区综合治理三期工程项目	林规批字〔2014〕67号	1826	1096	730
11	新疆维吾尔自治区哈密地区平原天然林区森林重点火险区综合治理工程项目	林规批字〔2014〕68号	1200	960	240
12	江西省三清山森林重点火险区综合治理三期工程项目	林规批字〔2014〕69号	1690	1100	590
13	广西壮族自治区百色市桂滇黔三省交界森林重点火险区综合治理三期工程项目	林规批字〔2014〕70号	2055	1644	411
14	安徽省安庆市大别山低山丘陵森林重点火险区综合治理三期工程项目	林规批字〔2014〕71号	1192	715	477
15	新疆维吾尔自治区天山西部林区特克斯河流域森林重点火险区综合治理工程建设项目	林规批字〔2014〕74号	1480	1184	296
16	广西壮族自治区百色市西南部森林重点火险区综合治理工程建设项目	林规批字〔2014〕75号	1655	1324	331
17	江西省万载县森林重点火险区综合治理三期工程项目	林规批字〔2014〕76号	1282	1026	256
18	安徽省安庆市大别山中心区域森林重点火险区综合治理三期工程项目	林规批字〔2014〕77号	1640	984	656
19	安徽省安庆市大别山东南麓森林重点火险区综合治理三期工程	林规批字〔2014〕78号	1653	992	661

（续）

序号	项目名称	批复文号	批复投资(万元)		
			合计	中央	地方
20	北京市西北部重点林区森林火灾红外监控自动报警系统建设项目	林规批字〔2014〕81 号	7468	2987	4481
21	山东省泰山山系森林重点火险区综合治理三期工程项目	林规批字〔2014〕82 号	2485	994	1491
22	陕西省延安市“三山”(革命旧址)森林重点火险区综合治理建设项目	林规批字〔2014〕87 号	2275	1820	455
23	辽宁省朝阳县森林重点火险区综合治理三期工程建设项目	林规批字〔2014〕88 号	356	142	214
24	贵州省遵义市娄山关、红军山森林重点火险区综合治理工程项目	林规批字〔2014〕90 号	905	724	181
25	重庆市大足区森林重点火险区综合治理工程项目	林规批字〔2014〕92 号	869	695	174
26	浙江省北部森林重点火险区综合治理二期工程建设项目	林规批字〔2014〕93 号	1980	792	1188
27	西藏自治区日喀则地区森林重点火险区综合治理二期工程项目	林规批字〔2014〕94 号	1218	1218	0
28	陕西省黄龙县森林重点火险区综合治理三期工程	林规批字〔2014〕95 号	795	636	159
29	黑龙江省勃利森林重点火险区综合治理三期工程建设项目	林规批字〔2014〕96 号	1496	898	598
30	宁夏盐池县森林重点火险区综合治理工程项目	林规批字〔2014〕97 号	890	712	178
31	湖北省宜昌市三峡坝(库)区森林重点火险区综合治理工程三期项目	林规批字〔2014〕98 号	2196	1537	659
32	湖北省神农架林区森林重点火险区综合治理工程三期项目	林规批字〔2014〕99 号	1380	828	552
33	河南省信阳市森林重点火险区综合治理三期工程项目	林规批字〔2014〕100 号	2328	1667	661
34	辽宁省新宾县等四县森林重点火险区综合治理三期工程项目	林规批字〔2014〕103 号	1051	420	631
35	内蒙古自治区根河林业局森林重点火险区综合治理三期工程项目	林规批字〔2014〕104 号	1302	1042	260
36	辽宁省凌海市森林重点火险区综合治理工程建设项目	林规批字〔2014〕105 号	1220	488	732
37	吉林省敦化林区森林重点火险区综合治理三期工程项目	林规批字〔2014〕106 号	1776	1421	355
38	黑龙江鸡密虎森林重点火险区综合治理三期工程	林规批字〔2014〕107 号	1808	1085	723
39	湖南省怀化东部森林重点火险区综合治理二期工程建设项目	林规批字〔2014〕108 号	2240	1344	896
40	广西环大明山森林重点火险区综合治理二期工程建设项目	林规批字〔2014〕114 号	1692	1354	338
41	沈阳棋盘山森林防火智能监控系统建设项目	林规批字〔2014〕116 号	545	218	327
42	内蒙古自治区阿里河林业局森林重点火险区综合治理三期工程项目	林规批字〔2014〕125 号	1173	938	235
43	新疆维吾尔自治塔城地区森林重点火险区综合治理工程项目	林规批字〔2014〕126 号	1248	998	250
44	新疆维吾尔自治生产建设兵团第十师森林重点火险区综合治理工程项目	林规批字〔2014〕127 号	1056	845	211
45	新疆维吾尔自治生产建设兵团第八师森林重点火险区综合治理工程项目	林规批字〔2014〕128 号	900	720	180
46	内蒙古自治区库都尔林业局森林重点火险区综合治理三期工程项目	林规批字〔2014〕129 号	958	766	192
47	内蒙古自治区金河林业局森林重点火险区综合治理三期工程项目	林规批字〔2014〕130 号	1235	988	247
48	陕西省旬邑县森林重点火险区综合治理二期工程建设项目	林规批字〔2014〕131 号	1061	849	212
49	青海省海东市森林重点火险区综合治理三期工程项目	林规批字〔2014〕132 号	1875	1500	375
50	青海省黄南州森林重点火险区综合治理三期工程项目	林规批字〔2014〕136 号	2026	1621	405
51	山西省太行山国有林管理局森林重点火险区综合治理工程项目	林规批字〔2014〕137 号	1480	888	592
52	山东省滕州市森林重点火险区综合治理工程项目	林规批字〔2014〕138 号	1225	490	735
53	山西省中条山国有林管理局森林重点火险区综合治理工程项目	林规批字〔2014〕143 号	1655	993	662
54	江西省鄱阳湖南部森林重点火险区综合治理二期工程项目	林规批字〔2014〕144 号	1062	637	425
55	黑龙江省沾河林业局森林防火视频监控系统试点项目	林规批字〔2014〕147 号	1567	1254	313
56	内蒙古呼伦贝尔市柴河林业局森林防火视频监控系统试点项目	林规批字〔2014〕149 号	748	598	150

（续）

序号	项目名称	批复文号	批复投资(万元)		
			合计	中央	地方
57	四川省峨边彝族自治县森林防火视频监控试点项目	林规批字〔2014〕150 号	955	764	191
58	黑龙江省五常市森林防火视频监控系统试点项目	林规批字〔2014〕151 号	668	534	134
59	江西省森林防火重点火险区综合治理林火视频监控系统建设项目	林规批字〔2014〕153 号	4080	2448	1632
60	吉林省松江河林业局森林防火以水灭火试点项目	林规批字〔2014〕154 号	646	517	129
61	黑龙江省阿城省级森林防火物资储备库建设项目	林规批字〔2014〕155 号	468	140	328
62	内蒙古自治区阿尔山林业局森林防火以水灭火系统试点项目	林规批字〔2014〕156 号	778	622	156
63	内蒙古自治区甘河林业局森林防火大型装备试点项目	林规批字〔2014〕158 号	796	637	159
64	吉林省珲春林业局森林防火大型装备试点项目	林规批字〔2014〕159 号	514	411	103
65	内蒙古自治区红花尔基林业局森林防火大型装备试点项目	林规批字〔2014〕160 号	687	550	137
66	河南平顶山市森林重点火险区综合治理建设项目	林规批字〔2014〕165 号	2572	1543	1029
67	黑龙江大兴安岭松岭林业局森林防火以水灭火试点项目	林规批字〔2014〕166 号	766	613	153
68	云南省玉溪市红塔区森林防火以水灭火试点项目	林规批字〔2014〕167 号	679	543	136
69	内蒙古自治区兴安盟五岔沟林业局森林防火以水灭火试点项目	林规批字〔2014〕168 号	696	557	139
70	四川省雅江县森林防火以水灭火试点项目	林规批字〔2014〕169 号	673	538	135
71	黑龙江柴河林业局森林防火以水灭火试点项目	林规批字〔2014〕170 号	657	526	131
72	内蒙古自治区大兴安岭绰源林业局森林防火视频监控系统试点项目	林规批字〔2014〕171 号	1290	1032	258
73	吉林省露水河林业局森林防火视频监控系统试点项目	林规批字〔2014〕172 号	848	678	170
74	黑龙江大兴安岭韩家园林业局森林防火视频监控系统试点项目	林规批字〔2014〕173 号	2226	1781	445
75	黑龙江省勃利县森林防火以水灭火试点项目	林规批字〔2014〕174 号	560	448	112
76	黑龙江省黑河市北部重点林区森林扑火能力建设项目	林规批字〔2014〕175 号	2437	1462	975
77	黑龙江省东方红林业局森林防火大型装备试点项目	林规批字〔2014〕178 号	860	688	172
78	黑龙江省伊春市本级专业扑火队能力建设项目	林规批字〔2014〕181 号	2522	1513	1009
79	黑龙江省嘉荫县森林防火大型装备试点建设项目	林规批字〔2014〕182 号	875	700	175
80	黑龙江大兴安岭加格达奇林业局森林防火大型装备试点项目	林规批字〔2014〕183 号	828	662	166
81	云南省昆明市晋宁县森林防火视频监控系统试点项目	林规批字〔2014〕184 号	604	483	121
82	陕西省秦岭国家植物园森林重点火险区综合治理工程项目	林规批字〔2014〕185 号	612	490	122

【国家级自然保护区建设项目】 共审批国家级自然保护区基础设施建设项目 11 个，批复总投资 21 879 万元，其中中央投资 17 320 万元，地方配套投资 4559 万元。

表 18-2 国家级自然保护区建设项目

序号	项目名称	批复文号	批复投资(万元)		
			合计	中央	地方
	合 计		**21 879**	**17 320**	**4559**
1	安徽天马国家级自然保护区基础设施三期工程项目	林规批字〔2014〕56 号	1835	1468	367
2	内蒙古自治区赛罕乌拉国家级自然保护区保护与宣教工程项目	林规批字〔2014〕109 号	1245	996	249
3	内蒙古自治区大青山国家级自然保护区宣教设施建设项目	林规批字〔2014〕110 号	3605	2884	721
4	广东石门台国家级自然保护区基础设施建设项目	林规批字〔2014〕117 号	3619	2712	907
5	云南轿子山国家级自然保护区基础设施建设项目	林规批字〔2014〕152 号	1827	1462	365
6	山东昆嵛山国家级自然保护区二期工程项目	林规批字〔2014〕161 号	1845	1476	369
7	河南丹江湿地国家级自然保护区基础设施二期工程建设项目	林规批字〔2014〕162 号	1005	804	201
8	吉林珲春东北虎国家级自然保护区基础设施二期工程建设项目	林规批字〔2014〕163 号	1580	1264	316
9	湖北七姊妹山国家级自然保护区基础设施二期工程建设项目	林规批字〔2014〕164 号	1493	1194	299
10	辽宁大黑山国家级自然保护区基础设施建设项目	林规批字〔2014〕199 号	1790	1432	358
11	黑龙江乌裕尔河国家级自然保护区基础设施建设项目	林规批字〔2014〕201 号	2035	1628	407

【林业有害生物防治项目】 共审批林业有害生物防治基础设施建设项目38个，批复总投资39 307万元，其中中央投资28 718万元，地方配套投资10 589万元。

表18-3 林业有害生物防治项目

序号	项目名称	批复文号	批复投资(万元)		
			合计	中央	地方
	合 计		**39 307**	**28 718**	**10 589**
1	甘肃省黑河流域林业有害生物防控体系基础设施建设项目	林规批字〔2014〕6号	1079	863	216
2	福建省长汀水土流失区林业有害生物防控体系建设项目	林规批字〔2014〕7号	478	382	96
3	四川省渠江上游松材线虫病预防体系建设项目	林规批字〔2014〕8号	1172	938	234
4	中原经济区(河南省)杨树食叶害虫防控体系基础设施建设项目	林规批字〔2014〕10号	1500	900	600
5	天津市危险性林业有害生物预防体系建设项目	林规批字〔2014〕11号	1667	1000	667
6	山东省林业有害生物检疫御灾体系建设项目	林规批字〔2014〕18号	1129	677	452
7	甘肃省东部渭河流域林业有害生物防控体系基础设施建设项目	林规批字〔2014〕19号	1260	1008	252
8	内蒙古自治区大兴安岭林区重要区域林业有害生物防控基础设施建设项目	林规批字〔2014〕20号	1371	1097	274
9	云南省滇南重点生态林区林业有害生物防控体系基础设施建设项目	林规批字〔2014〕21号	1114	891	223
10	陕西华山松材线虫病预防体系基础设施建设项目	林规批字〔2014〕22号	820	656	164
11	福建汀江流域下游林业有害生物防控体系建设项目	林规批字〔2014〕23号	539	431	108
12	甘肃省林业有害生物应急防控体系基础设施建设项目	林规批字〔2014〕24号	1239	991	248
13	河北省黄河故道重点区域林业有害生物防控体系建设项目	林规批字〔2014〕25号	1079	647	432
14	贵州省黔西南州珠江水系南北盘江流域林业有害生物灾害防控能力建设项目	林规批字〔2014〕26号	1015	812	203
15	新疆伊犁野果林苹果小吉丁防控基础设施建设项目	林规批字〔2014〕27号	625	500	125
16	天津市杨树食叶害虫应急防控体系基础设施建设项目	林规批字〔2014〕28号	1721	1033	688
17	宁夏盐池县林业有害生物综合防控体系基础设施建设项目	林规批字〔2014〕29号	368	294	74
18	山西省直国有林区危险性林业有害生物防控体系建设项目	林规批字〔2014〕30号	1884	1130	754
19	黑龙江省森工林区边界重点区域林业有害生物综合防控体系建设项目	林规批字〔2014〕31号	1165	932	233
20	贵州省六盘水市林业有害生物防控体系基础设施建设项目	林规批字〔2014〕32号	893	714	179
21	广东省珠江(西江)防护林有害生物综合防控体系基础设施建设项目	林规批字〔2014〕38号	1228	737	491
22	新疆天山东部天然林区林业有害生物防控体系基础设施建设项目	林规批字〔2014〕39号	1062	850	212
23	陕西黄龙山林业有害生物防治基础设施建设项目	林规批字〔2014〕43号	896	717	179
24	皖东姑溪河流域松材线虫病疫区防控体系建设项目	林规批字〔2014〕44号	864	518	346
25	西藏自治区日喀则地区林业有害生物综合防控体系建设项目	林规批字〔2014〕45号	1002	1002	0
26	冀东沿海重点区域林业有害生物应急防控体系建设项目	林规批字〔2014〕47号	1339	803	536
27	广东省梅州市林业有害生物综合防控体系基础设施建设项目	林规批字〔2014〕48号	598	478	120
28	辽宁省鸭绿江流域林业有害生物防控体系基础设施建设项目	林规批字〔2014〕49号	968	581	387
29	新疆生产建设兵团环塔里木盆地林业有害生物综合治理基础设施建设项目	林规批字〔2014〕51号	1030	824	206
30	曲阜市林业有害生物综合防控体系建设项目	林规批字〔2014〕52号	448	269	179
31	陕西省太白山林业有害生物天敌繁育场建设项目	林规批字〔2014〕54号	703	281	422
32	大兴安岭加格达奇林业局有害生物防控体系基础设施建设项目	林规批字〔2014〕55号	615	492	123
33	广西桂西地区林业有害生物防控体系基础设施建设项目	林规批字〔2014〕60号	1122	898	224
34	广西百色老区林业有害生物防控体系基础设施建设项目	林规批字〔2014〕65号	932	746	186
35	山东省林业有害生物天敌繁育中心建设项目	林规批字〔2014〕84号	691	276	415
36	贵州省舞阳河流域下游林业有害生物防控体系基础设施建设项目	林规批字〔2014〕86号	401	321	80
37	延边州林管局森林危险性有害生物预防体系建设项目	林规批字〔2014〕111号	1305	1044	261
38	西藏自治区林业有害生物应急防控体系建设项目	林规批字〔2014〕142号	1985	1985	0

【森工非经营性建设项目】 共审批森工非经营性建设项目 5 个，批复总投资 6620 万元，其中中央投资 5296 万元，地方配套投资 1324 万元。

表 18-4　森工非经营性建设项目

序号	项目名称	批复文号	批复投资(万元)		
			合计	中央	地方
	合计		**6620**	**5296**	**1324**
1	内蒙古得耳布尔林业局水毁桥涵复建项目	林规批字〔2014〕58 号	1257	1006	251
2	内蒙古库都尔林业局水毁桥涵复建项目	林规批字〔2014〕59 号	1488	1190	298
3	吉林省临江林业局职工医院改扩建项目	林规批字〔2014〕79 号	1173	938	235
4	吉林省红石林业局职工医院改扩建项目	林规批字〔2014〕91 号	712	570	142
5	黑龙江省清河林业局初级中学改扩建项目	林规批字〔2014〕197 号	1990	1592	398

【直属单位基础设施建设项目】 共审批直属单位建设项目 45 个(包括初步设计 20 个、可研报告 25 个)，批复总投资 66 308 万元。

表 18-5　直属单位基础设施建设项目

序号	项目名称	批复文号	批复投资(万元)		
			合计	中央	地方
	合　计		**66 308**	**61 108**	**5200**
一	**直属单位初步设计**		**32 228**	**27 028**	**5200**
1	库姆塔河荒漠生态系统定位研究站建设项目初步设计	林规批字〔2014〕41 号	597	597	0
2	自然保护区及野生动植物西南监测中心建设项目初步设计	林规批字〔2014〕42 号	1755	1755	0
3	高分辨率遥感影像在天然林保护业务中的应用项目实施方案	林规批字〔2014〕46 号	6700	1500	5200
4	南京森林警察学院学生宿舍 F 组团建设项目初步设计	林规批字〔2014〕62 号	2957	2957	0
5	国际竹藤组织(INBAR)青岛科技基地建设项目初步设计	林规批字〔2014〕73 号	2953	2953	0
6	局森林病虫害防治总站实验室仪器设备购置项目实施方案	林规批字〔2014〕80 号	370	370	0
7	中国林业科学研究院情报楼节能改造修缮工程建设项目初步设计	林规批字〔2014〕102 号	1419	1419	0
8	中国林业科学研究院林产化学工业研究所万吨级松脂深加工中试基地项目初步设计	林规批字〔2014〕112 号	2724	2724	0
9	中国林业科学研究院(南京)科技园科研辅助用房建设工程初步设计	林规批字〔2014〕113 号	1486	1486	0
10	云南普洱生态系统定位研究站建设项目初步设计	林规批字〔2014〕115 号	671	671	0
11	云计算平台建设项目初步设计	林规批字〔2014〕119 号	2389	2389	0
12	北京门头沟城郊森林生态系统定位研究站建设项目初步设计	林规批字〔2014〕122 号	469	469	0
13	四川若尔盖高寒湿地生态系统定位研究站建设项目初步设计	林规批字〔2014〕123 号	502	502	0
14	大兴安岭林业勘察设计院设备更新与房屋节能改造工程建设项目初步设计	林规批字〔2014〕124 号	337	337	0
15	中南院综合信息系统改造工程初步设计	林规批字〔2014〕146 号	875	875	0
16	林业科学数据共享中心改扩建工程项目初步设计	林规批字〔2014〕186 号	502	502	0
17	泡桐原阳实验基地科研基础设施建设项目初步设计	林规批字〔2014〕187 号	816	816	0
18	森林碳汇研究与实验基地建设工程初步设计	林规批字〔2014〕191 号	2939	2939	0
19	中国林科院荒漠化研究所消防基础设施工程建设项目初步设计	林规批字〔2014〕195 号	292	292	0
20	陕西佛坪国家级自然保护区森林防火基础设施建设项目初步设计	林规批字〔2014〕196 号	1475	1475	0
二	**可研报告批复**		**34 080**	**34 080**	**0**
1	北方航空护林总站森林航空消防火场侦察系统建设项目	林规批字〔2014〕4 号	1600	1600	0
2	中国林科院荒漠化研究所消防基础设施工程建设项目	林规批字〔2014〕9 号	296	296	0
3	长江三峡库区(秭归)森林生态系统定位研究站建设项目	林规批字〔2014〕12 号	523	523	0
4	四川若尔盖高寒湿地生态系统定位研究站建设项目	林规批字〔2014〕14 号	495	495	0

（续）

序号	项目名称	批复文号	批复投资（万元）		
			合计	中央	地方
5	南京森林警察学院教学楼数字化教学建设项目	林规批字〔2014〕15 号	2482	2482	0
6	全国党员干部现代化远程教育林业教材制播中心初期平台建设项目	林规批字〔2014〕17 号	898	898	0
7	国家高原湿地研究中心研究平台建设项目	林规批字〔2014〕53 号	2009	2009	0
8	河南宝天曼森林生态系统定位研究站建设项目	林规批字〔2014〕57 号	705	705	0
9	管理干部学院院区地下管网维修改造工程	林规批字〔2014〕63 号	2683	2683	0
10	森林碳汇研究与实验中心建设碳汇计量实验室项目	林规批字〔2014〕118 号	2957	2957	0
11	中国林科院森林生态环境与保护研究所植物标本库改造工程建设项目	林规批字〔2014〕120 号	569	569	0
12	江西大岗山森林生态站野外综合观测楼建设项目	林规批字〔2014〕141 号	269	269	0
13	山东昆嵛山生态系统定位研究站植物观测系统建设项目	林规批字〔2014〕145 号	528	528	0
14	甘肃白水江国家级自然保护区基层保护站点环境整治建设项目	林规批字〔2014〕148 号	847	847	0
15	国家森林防火综合调度指挥平台建设项目	林规批字〔2014〕157 号	2318	2318	0
16	华东沿海防护林生态系统定位观测研究站建设项目	林规批字〔2014〕176 号	721	721	0
17	全国林业高清视频会议系统建设项目	林规批字〔2014〕177 号	2235	2235	0
18	泡桐中心孟州经济林树种实验基地建设项目	林规批字〔2014〕179 号	1683	1683	0
19	竹子研究开发中心实验基地基础设施建设项目	林规批字〔2014〕180 号	1867	1867	0
20	资源昆虫与利用重点实验室仪器设备购置项目	林规批字〔2014〕188 号	1996	1996	0
21	泡桐中心经济林遗传改良与种质创新实验室能力建设项目	林规批字〔2014〕189 号	1259	1259	0
22	亚热带林木培育重点实验室科研仪器设备购置 项目	林规批字〔2014〕190 号	2051	2051	0
23	卧龙镇沙湾防洪堤建设项目	林规批字〔2014〕192 号	1289	1289	0
24	北方林木种子检验中心仪器设备设施建设项目	林规批字〔2014〕193 号	490	490	0
25	中国林业科学研究院（南京）科技园环保基础设施建设项目	林规批字〔2014〕194 号	1310	1310	0

【林业科技教育基础设施建设项目】 共审批林业科技　　教育基础设施建设项目 18 个，批复总投资 8470 万元。

表 18-6　林业科技教育基础设施建设项目

序号	项目名称	批复文号	批复投资（万元）		
			合计	中央	地方
	合　计		**8470**	**8470**	**0**
1	辽宁半岛森林生态系统定位观测研究站改扩建项目	林规批字〔2014〕1 号	370	370	0
2	辽宁章古台荒漠生态系统定位研究站建设项目	林规批字〔2014〕2 号	445	445	0
3	湖南衡山森林生态系统定位研究站建设项目	林规批字〔2014〕3 号	459	459	0
4	福建泉州湾红树林湿地生态系统定位研究站建设项目	林规批字〔2014〕5 号	412	412	0
5	新疆精河荒漠生态系统定位研究站建设项目	林规批字〔2014〕13 号	496	496	0
6	湖北洪湖湿地生态系统定位研究站建设项目	林规批字〔2014〕16 号	492	492	0
7	内蒙古通辽市特金罕山森林生态系统定位研究站建设项目	林规批字〔2014〕40 号	527	527	0
8	局林产品质量检验检测中心（南宁）建设项目	林规批字〔2014〕72 号	369	369	0
9	内蒙古达拉特荒漠生态系统定位研究站建设项目	林规批字〔2014〕83 号	469	469	0
10	黑龙江七台河森林生态系统定位研究站建设项目	林规批字〔2014〕85 号	484	484	0
11	吉林长白山西坡森林生态系统定位观测研究站建设项目	林规批字〔2014〕89 号	484	484	0
12	上海城市森林生态系统定位观测研究站建设项目	林规批字〔2014〕101 号	516	516	0
13	黑龙江黑河森林生态系统定位观测研究站建设项目	林规批字〔2014〕121 号	513	513	0
14	青海贵南荒漠生态系统定位观测研究站建设项目	林规批字〔2014〕133 号	507	507	0
15	青海湖湿地生态系统定位观测研究站建设项目	林规批字〔2014〕134 号	444	444	0
16	青海大渡河源森林生态系统定位观测研究站建设项目	林规批字〔2014〕135 号	528	528	0
17	贵州黎平石漠化生态系统定位观测研究站建设项目	林规批字〔2014〕139 号	493	493	0
18	广西北海湿地生态系统定位研究站建设项目	林规批字〔2014〕140 号	462	462	0

【出台《森林火险区综合治理工程项目建设标准》《林业有害生物防治工程项目建设标准》《林木种苗工程项目建设标准》】 为切实提高中国森林火险区综合治理工程的管理水平和投资效益，国家林业局组织制定了《森林火险区综合治理工程项目建设标准》《林业有害生物防治工程项目建设标准》《林木种苗工程项目建设标准》（以下简称《标准》），自2014年3月1日起在各省、自治区、直辖市、计划单列市林业厅（局），内蒙古、吉林、龙江、大兴安岭森工（林业）集团公司，新疆生产建设兵团林业局及国家林业局有关直属单位施行。3个《标准》的出台，对于指导中国森林火险区、林业有害生物防治、林木种苗工程项目的咨询、审查、设计和建设的实施，科学控制工程造价，确保工程建设质量，推进林业生态文明进程具有十分重要的意义。

【发布国家林业局公告（2014年13号）】 国家林业局发布2014年13号公告，批准《林业工程名词术语及计量标准》等9项林业行业工程建设标准，自2014年12月1日起实施。

表 18-7 林业行业工程建设标准

序号	标准编号	标准名称	代替标准号	批准日期	实施日期
1	LY/T 5001－2014	林业工程名词术语及计量标准	LYJ001－87	2014－09－05	2014－12－01
2	LY/T 5002－2014	林业工程制图标准	LY002－87	2014－09－05	2014－12－01
3	LY/T 5003－2014	林业工程分类标准	LY5003－93	2014－09－05	2014－12－01
4	LY/T 5004－2014	竹材胶合板工程设计规范		2014－09－05	2014－12－01
5	LY/T 5005－2014	林区公路设计规范		2014－09－05	2014－12－01
6	LY/T 5006－2014	森林航空消防工程建设标准		2014－09－05	2014－12－01
7	LY/T 5007－2014	林火阻隔系统建设标准		2014－09－05	2014－12－01
8	LY/T 5008－2014	细木工工程设计规范		2014－09－05	2014－12－01
9	LY/T 5009－2014	森林消防专业队伍建设标准		2014－09－05	2014－12－01

（发展规划与资金管理司建设管理处　闫春丽　富玫妹）

林业基本建设投资

【林业基本建设投资情况】 2014年是顺利实施"十二五"规划的关键之年。一年来，以全面落实党的十八大和十八届二中、三中、四中全会精神为宗旨，紧紧围绕建设生态文明的总目标，以改善生态改善民生为总任务，以全面深化改革为总动力，充分发挥中央投资对推进林业改革，促进林业发展方式转变，改善林区民生的引导和带动作用，着力优化投资结构，提高投资使用效益。进一步加强重点和薄弱环节，切实发挥好中央投资对加快转变林业经济发展方式和结构调整的引导作用，为全面提升生态林业民生林业发展水平继续提供支撑保障条件。

2014年累计安排中央林业基本建设投资135亿元，保持了较高的投资水平。继续加大造林投资力度，深入推进百万亩人工林基地等重点区域治理工程，在防护林工程投资中安排60%以上投资专项用于重点区域治理工程。继续在防护林工程中安排中央投资2亿元用于40个示范县（区）开展黄土高原地区综合治理林业示范建设。抓好重点火险区综合治理，加快森林防火基础设施建设，改善林区道路和通信条件，提高防火物资储备和保障能力，试点开展林区以水灭火、森林防火大型装备等建设项目。继续加大木材战略储备基地示范工作投资力度，安排中央投资2亿元用于福建、江西等省区木材战略储备基地试点建设。

2014年营造林生产计划继续保持高位运行，全年安排生产任务600万公顷，并于年初全部下达到各省份。其中：人工造林400万公顷，飞播造林17.33万公顷，封山育林面积182.67万公顷。

全年安排林业棚户区危旧房改造任务8.5万户，安排中央投资12.1亿元。中央这项惠及林区民生、促进林区发展的重大举措已经取得明显成效。一是改善林区民生。人均居住面积由改造前的13平方米增加到目前的近25平方米。二是促进林业改革。林业棚户区改造工程的实施，加快了林区生产力布局的调整，为国有林区和国有林场体制机制改革创造了有利条件。三是推进城镇化进程。各级林业部门在实施林业棚户区改造中，逐步解决了林区职工居住、供电、给排水、医疗、教育、交通等一系列长期以来未能解决的难题，为整体推进城镇化建设作出了贡献。　（田勇臣　郭　伟）

林业区域发展

【国家林业局深入开展援疆援藏工作】 召开了2014年林业援疆工作座谈会及对口支援座谈会和全国林业援疆工作座谈会。印发了《国家林业局办公室关于印发〈国家林业局援疆工作机制〉的通知》《国家林业局关于进一步加强林业援疆工作的意见》《国家林业局办公室关于印发〈贯彻落实进一步加强林业援疆工作意见分工方案〉的通知》。组织相关省及森工企业对青海美丽乡村建设进行实地考察，审议批复西藏、青海美丽乡村设计方案。举办了新疆和青海专项培训班各两期。

【国家林业局积极参与中东西部发展】 配合国家发展改革委、国家民委等部门完成了东部振兴、西部开发、中部崛起、革命老区、民族地区等涉及林业的相关工作，加大对口支援力度，印发了《国家林业局对口支援万安县振兴发展工作方案》，协调支持河北阜平建设核桃基地计划。 （郝学峰　解炜炜）

林业对外经济贸易合作

【林业利用外资项目的实施】 紧紧围绕国家利用外资总体要求和部署，加快推进在建外资项目的组织实施，积极谋划新的外资项目。一是加快推进外资项目落地，发挥其引导和示范作用。全部完成了4亿欧元林业贷款14个省（区、市）项目准备工作。同时继续谋划积极争取亚行、世行新的贷款项目。二是继续跟踪在建外资项目实施工作。跟踪调度正在实施的欧投行、世行、亚行项目实施进展，协调解决实施中存在的问题，总结经验，切实发挥示范带动作用。三是创新林业利用外资管理体制机制。按照国务院对外资准入制定负面清单的总体要求，对涉及林业领域的外资准入相关法律法规进行了梳理。进一步压减限制和禁止外商投资林业领域。

【谋划林业在“一带一路”中的地位和作用】 按照国家发展改革委的部署，组织完成了丝绸之路经济带和海上丝绸之路生态建设、产业合作两个专题研究工作，研究成果已纳入由国家发展改革委牵头制定的《丝绸之路经济带和海上丝绸之路建设战略规划》《“一带一路”愿景与行动》和《“一带一路”建设三年（2015～2017年）滚动计划》，确立了林业在突出生态文明理念，推进生态建设和环境保护，共建绿色丝绸之路战略中的地位和作用。

【全球森林资源配置】 一是林业走出去步伐加快，创新境外林业投资合作模式。中国企业在境外购买或租赁林地超过4300万公顷，大中型项目160多个，投资达到70多亿美元，遍布20多个国家。走出去企业主体结构多元化，合作方式由过去直接投资购买或租赁林地，向收购股权、合资合作、战略联盟、股权置换等转变。二是规划的引领规范作用与功能进一步释放和强化。按照中俄两国元首联合声明的要求，中俄双方加快有关合作规划编制和实施进程，启动中俄森林资源开发四期、五期合作规划编制工作；组织实施中俄三期合作规划，强化对俄一期、二期规划实施事中事后监管和服务。同时启动了中国—柬埔寨林业合作规划、中国—圭亚那森林资源开发利用合作规划。完成了《民营企业境外投资战略研究》。三是境外森林资源战略布局不断深入。在稳定和巩固俄罗斯作为中国进口木材主体来源国地位的同时，借助中国东盟自贸区平台，挖掘与东南亚国家森林资源开发利用合作潜力，与马来西亚、柬埔寨、缅甸等国家磋商森林资源开发合作。与圭亚那商签了共同编制森林资源开发利用合作规划协议。四是继续完善政、银、企合作机制平台。引导企业开展绿地投资、并购投资和联合投资，加快推进合作项目落地。协助符合贷款条件的企业申请开行贷款，根据对外投资项目成熟度，向开行推荐一批优先支持重点项目。联合商务部、开行、中咨公司对有关项目进行评估。五是全国进口木材资源储备加工交易基地建设规划实施取得新进展。创新政府扶持、企业为主体、市场化运作新模式，大连、曹妃甸、绥芬河3个新基地建设加快推进。六是扶持政策及服务进一步完善和强化。协助企业争取对外经济技术合作专项资金七项补助政策。协调中国林业产业联合会和中林集团发起成立了《中国林业产业联合会国际投资贸易促进会》，更好地引导和规范企业开展境外投资合作，提高国际竞争力。加强野生动物和森林保护管理非洲有关国家设备援助项目正在推进，其中已经落实援助肯尼亚项目340万元人民币。

【国际经贸合作】 一是2014年APEC中国年林业议题磋商取得重要进展。成功举办了APEC非法采伐及相关贸易专家组第五次、第六次会议及建立木材合法性验证体系国际研讨会，并正式提出了“建立区域内木材合法性互认机制”倡议，得到各成员经济体的呼应。二是开辟林业经贸谈判磋商新平台。首次参加了世贸组织框架下环境与贸易委员会例会，为进一步在国际社会赢得国际合作规则制定的话语权和主导权做好了铺垫。配合商务部做好世贸组织对中国第五次贸易政策审议有关工作。参与中韩自贸区谈判、中日韩自贸区谈判，努力推动三国林业交流合作机制构建。三是积极应对国际贸易壁垒和热点问题。举行中欧双边协调机制第五次会议，并落实了一揽子合作项目。积极协调商务部，帮助企业做好美国对中国出口胶合板进行“反倾销、反补贴”调查后续应对工作。在中美商贸联委会框架下应对美国《雷斯法案修正案》取得新进展，与美国合作项目“巴布亚新几内亚供应链合法性试点”顺利完成。

【林业经贸工作】 一是会同海关总署审定通过了《细木工板加工贸易单耗标准》等三项标准。二是加强基础研究，已完成126个国家的《世界林业国别研究报告》，形成了一批战略导向和市场应用高度融合的研究成果。继续推进中国林产品指标机制建设，并发布FPI30、FPI地板指数。累计培训了数百家企业。

【与有关国际组织的合作】 一是与英国国际发展部合作森林施政、市场与气候变化中国项目二期准备工作取得实质性进展，正式签署合作协议。二是开展《中国企业境外可持续林产品贸易与投资指南》编制工作进展顺利，广泛征求各利益相关方的意见，并已通过专家评审。三是组织局林产品国际贸易研究中心会同有关国际组织召开中俄木材贸易国际研讨会和促进合法可持续的林产品贸易和投资国际研讨会，重点研讨当前林产品贸易投资领域所关注的热点问题，为促进林产品贸易合法与可持续性建立了沟通平台。

（付建全　田　禾　荆　涛）

山区综合开发

【印发《关于加快木本油料产业发展的意见》】 为贯彻落实中央领导同志的重要指示精神，加快油茶、核桃等木本油料产业发展，维护国家粮油安全，2014年年底，国务院办公厅出台了《关于加快木本油料产业发展的意见》。意见提出：到2020年，中国将建成800个油茶、核桃、油用牡丹等木本油料重点县，木本油料树种种植面积从现有的800万公顷发展到1333.33万公顷，2020年将产木本食用油150万吨左右。

【第七次全国油茶产业发展现场会】 为扎实推进全国油茶产业发展，11月5日，国家林业局在广西壮族自治区桂林市召开了第七次全国油茶产业发展现场会。国家林业局党组书记、局长赵树丛参加会议并发表重要讲话，广西壮族自治区唐仁健副主席参加会议并讲话。会议全面总结了近年来油茶等木本油料产业发展取得的成效与经验，研究了存在的问题与对策，安排部署了当前和今后一个时期木本油料产业发展的重点工作。会议还参观了桂林市林科所油茶采穗圃、收集圃、繁殖圃和轻基质生产车间、油茶芽苗砧加温催芽床、广西油茶科技文化馆等。

【长柄扁桃产业发展现场会】 6月16日，国家林业局在陕西省榆林市召开长柄扁桃产业发展现场会。全国政协副主席罗富和、全国政协人口资源环境委员会主任贾治邦出席会议并作重要讲话。国家林业局副局长张建龙、总工程师封加平，陕西省政协副主席千军昌出席了会议。来自长柄扁桃有关分布和适生的8个省林业厅负责同志和有关处室、科研院所负责同志参加了会议。会议考察了陕西省榆林市神木县长柄扁桃基地，对下一步做好长柄扁桃产业发展工作进行了部署。

【完成2014年度项目计划投资的下达工作】 国家林业局会同国家农发办，于11月以《国家林业局 国家农业综合开发办公室关于2014年农业综合开发林业生态示范和名优经济林等示范项目实施计划的批复》（林规发〔2014〕164号）下达了2014年农业综合开发林业项目计划。2014年，共安排中央财政资金7.19亿元，其中用于扶持木本油料的资金达到3.5亿元。

【部署2015年农业综合开发林业项目编报工作】 国家林业局计财司联合国家农业综合开发办公室下发了《关于编报2015年农业综合开发林业项目滚动计划的通知》（规山函〔2014〕146号），对2015年滚动计划进行了部署，提出了工作要求。

【2015年农业综合开发林业项目评审工作】 按照《农业综合开发部门项目管理办法》，国家林业局计财司组织开展了2015年农业综合开发林业项目专家评审工作。邀请了北京林业大学、中国林科院、规划院、设计院等有关方面的专家对上报的项目进行了逐一评审论证，共有19个项目不可行，其中：林业生态示范项目4个，名优经济林等花卉示范项目15个。

【举办农业综合开发林业项目管理培训班】 为加强农业综合开发项目和资金管理，国家林业局计财司于2月中旬在北京举办了农业综合开发林业项目管理培训班。培训班邀请了国家农发办部门处领导讲授《国家农业综合开发滚动计划管理办法》，对农发林业政策进行了讲解，通报了近年来项目评审、检查工作情况，座谈研讨了项目和资金管理存在的问题和政策措施。来自各有关省林业厅（局）主管农业综合开发工作的处长和具体工作人员参加了培训。

【完成2013年农发统计工作】 按照国家农业综合开发部门项目管理办法要求，国家林业局计财司于4月组织开展了2013年农业综合开发林业项目统计报表编报工作，并于6月参加农业综合开发统计会审后上报国家农发办。

【部署农业综合开发检查工作】 根据《国家农业综合开发办公室关于开展2013年农业综合开发综合检查的通知》（国农办〔2013〕187号），国家林业局计财司下发通知要求各省尽快开展项目自查工作，并在此基础上，配合国家农业综合开发办公室开展了抽查工作。

（刘跃祥　韩　非）

林业生产统计

表 18-8　全国营林生产主要指标 2014 年与 2013 年比较

指 标 名 称	单 位	2014 年	2013 年	2014 年比 2013 年增减(%)
一、造林面积	**公顷**	**5 549 612**	**6 100 057**	**-9.02**
(一)按造林方式分				
1. 人工造林	公顷	4 052 912	4 209 686	-3.72
其中:竹林面积	公顷	46 903	47 794	-1.86
2. 飞播造林	公顷	108 055	154 400	-30.02
3. 无林地和疏林地新封	公顷	1 388 645	1 735 971	-20.01
(二)按经济成分分				
1. 公有经济造林	公顷	2 915 900	3 255 217	-10.42
①国有经济造林	公顷	1 402 267	1 602 727	-12.51
②集体经济造林	公顷	1 513 633	1 652 490	-8.40
2. 非公有经济造林	公顷	2 633 712	2 844 840	-7.42
(三)按林种用途分				
1. 用材林	公顷	1 092 351	1 057 558	3.29
2. 经济林	公顷	1 139 192	1 233 676	-7.66
3. 防护林	公顷	3 238 663	3 748 409	-13.60
4. 薪炭林	公顷	36 950	24 898	48.41
5. 特种用途林	公顷	42 456	35 516	19.54
(四)按树种类型分				
其中:速生树种	公顷	909 343	1 031 244	-11.82
其中:乡土树种	公顷	3 490 518	3 735 831	-6.57
其中:珍贵树种	公顷	91 585	94 174	-2.75
(五)按结构类型分				
1. 纯林	公顷	3 317 425	3 508 627	-5.45
2. 混交林	公顷	2 232 187	2 591 430	-13.86
二、有林地造林面积	**公顷**	**602 625**	**688 152**	**-12.43**
1. 林冠下造林	公顷	135 839	169 518	-19.87
2. 飞播营林	公顷	1599	—	—
3. 有林地和灌木林地新封	公顷	465 187	518 634	-10.31
三、更新造林面积	**公顷**	**292 453**	**303 086**	**-3.51**
四、四旁(零星)植树	**万株**	**205 721**	**235 734**	**-12.73**
五、年末实有封山(沙)育林面积	**公顷**	**24 719 474**	**25 178 730**	**-1.82**
六、森林抚育改造面积				
1. 低产低效林改造面积	公顷	687 375	758 327	-9.36
2. 未成林抚育作业面积	公顷次	6 966 646	7 751 527	-10.13
3. 中、幼龄林抚育面积	公顷	9 019 639	7 847 187	14.94
七、林木种苗				
1. 林木种子采集量	吨	31 422	26 680	17.77
2. 当年苗木产量	万株	6 777 066	6 004 062	12.87
3. 育苗面积	公顷	1 412 326	1 071 459	31.81
其中:本年新增育苗面积	公顷	380 891	299 639	27.12

表 18-9 各地区按造林方式和按林种用途分的造林面积

单位:公顷

地　区	总　计	按造林方式分			按林种用途分				
		人工造林	飞播造林	无林地和疏林地新封山育林	用材林	经济林	防护林	薪炭林	特种用途林
全国合计	**5 549 612**	**4 052 912**	**108 055**	**1 388 645**	**1 092 351**	**1 139 192**	**3 238 663**	**36 950**	**42 456**
北　京	22 937	22 937	—	—	—	131	22 482	—	324
天　津	7061	7061	—	—	1320	355	5386	—	—
河　北	340 042	274 554	—	65 488	50 741	56 183	232 724	—	394
山　西	303 501	233 191	3333	66 977	1887	85 791	200 489	15 334	—
内蒙古	559 247	320 254	57 434	181 559	9780	10 285	538 515	—	667
内蒙古集团	2948	2948	—	—	1389	837	722	—	—
辽　宁	226 471	126 407	—	100 064	13 466	25 443	187 562	—	—
吉　林	108 523	108 523	—	—	58 331	7784	42 399	9	—
吉林集团	2761	2761	—	—	2658	94	9	—	—
长白山集团	824	824	—	—	766	58	—	—	—
黑龙江	101 079	49 276	—	51 803	7142	1794	91 567	66	510
龙江集团	—	—	—	—	—	—	—	—	—
上　海	899	899	—	—	—	236	663	—	—
江　苏	59 209	59 209	—	—	6660	11 771	39 685	—	1093
浙　江	39396	26720	—	12676	4930	9035	25328	1	102
安　徽	157 745	150 871	—	6874	51 701	44 584	54 826	426	6208
福　建	44 346	44 346	—	—	28 714	5677	7984	4	1967
江　西	131 973	130 751	—	1222	82 696	29 371	18 232	1025	649
山　东	224 972	223 560	—	1412	43 411	66 219	113 208	—	2134
河　南	260 003	201 251	13 334	45 418	67 178	48 996	143 082	667	80
湖　北	243 799	168 867	—	74 932	85 622	51 338	105 254	13	1572
湖　南	391 942	229 614	—	162 328	203 574	47 356	134 519	1393	5100
广　东	151 473	133 218	—	18 255	43 889	7793	98 293	89	1409
广　西	143 651	117 985	—	25 666	80 908	30 552	30 496	—	1695
海　南	8802	8802	—	—	1483	4148	2425	—	746
重　庆	191 001	138 820	—	52 181	45 535	52 923	82 823	9700	20
四　川	98 226	67 812	—	30 414	20 366	30 324	47 128	—	408
贵　州	320 000	233 361	—	86 639	96 000	140 800	73 967	6833	2400
云　南	400 355	334 593	—	65 762	72 512	216 588	108 257	365	2633
西　藏	82 668	32 140	—	50 528	—	17 012	65 656	—	—
陕　西	335 362	251 125	32 000	52 237	10 739	70 697	253 793	133	—
甘　肃	214 025	152 502	—	61 523	133	20 451	184 760	381	8300
青　海	132 044	28 444	—	103 600	—	979	131 065	—	—
宁　夏	84 191	49 723	—	34 468	—	4232	79 959	—	—
新　疆	151 336	112 763	1954	36 619	3633	40 344	106 803	511	45
新疆兵团	15 350	15 350	—	—	—	5140	10 210	—	—
大兴安岭	—	—	—	—	—	—	—	—	—

注:全国合计造林面积中包括军事管理区 13 333 公顷人工营造的防护林。

表 18-10 各地区营林生产

地 区	有林地造林面积				更新造林	四旁(零星)植树(万株)	年末实有封山(沙)育林面积
	合 计	林冠下造林	飞播营林	有林地和灌木林地新封			
全国合计	**602 625**	**135 839**	**1599**	**465 187**	**292 453**	**205 721**	**24 719 474**
北 京	943	943	—	—	1280	242	115 336
天 津	—	—	—	—	—	459	26 014
河 北	421	88	—	333	4004	11 431	927 548
山 西	4491	—	—	4491	—	10 062	843 542
内蒙古	30 731	30 731	—	—	11 201	2621	3 706 461
内蒙古集团	30 731	30 731	—	—	134	33	—
辽 宁	564	31	—	533	10 651	5979	1 310 583
吉 林	44 784	44 784	—	—	12 984	934	576 336
吉林集团	18 685	18 685	—	—	1137	2	215 647
长白山集团	20 281	20 281	—	—	409	19	150 127
黑龙江	51 207	22 954	—	28 253	—	977	855 082
龙江集团	21 621	21 621	—	—	—	185	297 545
上 海	—	—	—	—	—	36	—
江 苏	703	370	—	333	1692	9217	23 234
浙 江	4354	548	—	3806	14 335	2603	986 073
安 徽	11 062	20	—	11 042	—	13 321	536 896
福 建	150 624	14 897	—	135 727	23 303	3543	695 928
江 西	35 534	2739	533	32 262	13 091	5199	1 108 169
山 东	—	—	—	—	5397	17 325	105 553
河 南	—	—	—	—	—	20 768	388 344
湖 北	8807	367	—	8440	3589	13 786	1 184 859
湖 南	57 318	3315	—	54 003	18 419	14 255	968 225
广 东	41 818	7146	—	34 672	67 842	7538	597 683
广 西	10 349	1194	—	9155	86 585	5892	1 965 759
海 南	152	152	—	—	13 408	1315	216 239
重 庆	24 755	2272	—	22 483	1811	6740	346 090
四 川	—	—	—	—	627	19 281	691 945
贵 州	—	—	—	—	—	2036	520 933
云 南	105 121	1933	—	103 188	—	9885	1 406 148
西 藏	—	—	—	—	—	—	50 528
陕 西	8466	—	—	8466	366	10 226	959 332
甘 肃	4000	—	—	4000	—	5110	936 739
青 海	—	—	—	—	—	1386	970 844
宁 夏	—	—	—	—	—	891	320 287
新 疆	6421	1355	1066	4000	1868	2662	1 378 764
新疆兵团	1233	1233	—	—	375	277	150 177
大兴安岭	—	—	—	—	—	—	—

主要指标完成情况

单位:公顷

森林抚育			林木种苗			
低产低效林改造面积	未成林抚育作业面积(公顷次)	中、幼龄林抚育面积	林木种子采集量(吨)	当年苗木产量(万株)	育苗面积	
					合计	其中:本年新增育苗面积
687 375	**6 966 646**	**9 019 639**	**31 422**	**6 777 066**	**1 412 326**	**380 891**
1977	22 865	66 766	15	16 513	13 749	3443
—	84 752	57 971	—	6684	8469	2580
415	361 929	402 687	2320	350 732	138 089	79 117
12 766	42 013	69 078	610	450 674	73 237	20 316
13 573	248 832	636 565	1857	461 336	47 403	8804
—	—	350 271	—	11758	139	26
4164	60 982	60 459	1502	294 279	35 619	8155
5343	489 343	224 015	5597	125 086	8460	2935
497	150 932	46 630	64	13 291	136	32
1544	122 671	90 698	13	1990	529	57
1731	378 861	617 125	3153	201 121	10 247	2953
790	218 361	487 155	42	53 582	492	83
863	2867	15 890	—	12 558	12 954	146
3941	65 480	209 909	—	276 136	160 118	18 067
10 836	31 650	232 000	21	455 474	138 675	15 320
6421	367 332	512 548	588	72 360	82 380	5130
11 623	378 579	211 336	15	43 912	1017	628
38 572	249 903	178 106	127	315 335	78 743	21 989
30 918	322 219	415 701	2238	932 052	195 617	58 087
16 213	264 567	349 128	825	281 112	68 141	31 417
32 868	277 901	442 485	356	191 475	49 910	22 300
126 577	458 283	405 800	382	85 321	1846	1765
49 267	123 805	478 859	73	60 232	16 436	2526
14 835	673 220	614 471	313	146 567	18 524	3900
1433	266 070	222 460	188	18 810	3537	1468
1283	42 749	125 029	283	77 541	34 364	5106
53 014	21 960	135 286	1278	86 614	40 392	11 268
1400	14 217	287 583	541	88 446	4123	2599
101 159	—	141 440	4090	88 764	3795	2391
—	—	—	3	1542	5115	1683
72 176	120 041	161 398	2469	368 967	28 429	9004
3227	99 526	155 904	1045	697 037	43 044	12 941
—	—	23 533	153	40 734	9880	1139
5478	209 677	271 802	475	306 591	38 661	5804
52 635	1 287 023	1 090 372	905	213 304	41 191	17 858
3519	338 284	179 307	49	18 185	6716	5894
12 667	—	203 933	—	9757	161	52

表 18-11　林业重点生态工程

指　　标	总　计	天然林资源保护工程	退耕还林工程	京津风沙源治理工程	合　计
一、造林面积	**1 927 884**	**410 508**	**379 589**	**239 107**	**898 680**
(一)按造林方式分					
1. 人工造林	1 111 643	114 948	313 093	131 167	552 435
2. 飞播造林	93 388	63 955	—	20 766	8667
3. 无林地和疏林地新封	722 853	231 605	66 496	87 174	337 578
(二)按林种用途分					
1. 用材林	124 799	15 012	76 932	2731	30 124
2. 经济林	196 973	16 256	130 118	4005	46 594
3. 防护林	1 575 732	371 905	154 526	232 038	817 263
4. 薪炭林	15 946	133	15 536	—	277
5. 特种用途林	14 434	7202	2477	333	4422
二、低产低效防护林改造面积	**11 752**	**—**	**—**	**—**	**11 752**
三、年末实有封山育林面积	**14 039 065**	**5 499 376**	**2 100 449**	**2 606 979**	**3 832 261**
四、全部林业投资完成额	**6 659 502**	**2 610 936**	**2 230 905**	**106 583**	**1 512 854**
其中:国家投资	5 448 154	2 204 105	1 916 113	81 217	1 098 931

建设情况

单位:公顷,万元

三北及长江流域等重点防护林体系建设工程						野生动植物保护及自然保护区建设工程
三北防护林工程	长江流域防护林体系工程	沿海防护林体系工程	珠江流域防护林体系工程	太行山绿化工程	平原绿化工程	
596 343	**107 397**	**96 859**	**26 924**	**49 218**	**21 939**	**—**
355 135	62 295	67 810	17 301	27 955	21 939	—
8667	—	—	—	—	—	—
232 541	45 102	29 049	9623	21 263	—	—
15 196	8017	2470	3462	979	—	—
37 813	4082	2923	531	1245	—	—
541 891	93 705	90 198	22 860	46 994	21 615	—
277	—	—	—	—	—	—
1166	1593	1268	71	—	324	—
4030	1965	3436	2321	—	—	—
2 622 425	359 886	412 990	251 836	185 124	—	—
406 704	98 569	278 075	21 229	13 196	695 081	198 224
253 193	33 154	140 431	14 930	12 664	644 559	147 788

表 18-12　各地区林业重点生态工程造林面积

单位:公顷

地　区	全部造林面积	重点工程造林面积					其他造林面积
		合　计	天然林资源保护工程	退耕还林工程	京津风沙源治理工程	三北及长江流域等重点防护林体系建设工程	
全国合计	**5 549 612**	**1 927 884**	**410 508**	**379 589**	**239 107**	**898 680**	**3 621 728**
北　京	22 937	22 806	—	—	—	22 806	131
天　津	7061	7061	—	—	2010	5051	—
河　北	340 042	116 169	—	22 767	38 668	54 734	223 873
山　西	303 501	172 819	39 935	42 156	48 298	42 430	130 682
内蒙古	559 247	363 897	91 515	16 399	132 578	123 405	195 350
内蒙古集团	2948	—	—	—	—	—	2948
辽　宁	226 471	96 258	—	—	—	96 258	130 213
吉　林	108 523	19 337	—	6802	—	12 535	89 186
吉林集团	2761	—	—	—	—	—	2761
长白山集团	824	—	—	—	—	—	824
黑龙江	101 079	50 561	—	—	—	50 561	50 518
龙江集团	—	—	—	—	—	—	—
上　海	899	—	—	—	—	—	899
江　苏	59 209	14 056	—	—	—	14 056	45 153
浙　江	39 396	11 152	—	—	—	11 152	28 244
安　徽	157 745	30 938	—	20 546	—	10 392	126 807
福　建	44 346	3766	—	—	—	3766	40 580
江　西	131 973	8370	—	—	—	8370	123 603
山　东	224 972	28 755	—	—	—	28 755	196 217
河　南	260 003	84 627	6579	27 093	—	50 955	175 376
湖　北	243 799	60 207	31 746	13 993	—	14 468	183 592
湖　南	391 942	36 657	—	20 000	—	16 657	355 285
广　东	151 473	32 787	—	—	—	32 787	118 686
广　西	143 651	25 002	—	15 049	—	9953	118 649
海　南	8802	1817	—	200	—	1617	6985
重　庆	191 001	12 063	7048	5015	—	—	178 938
四　川	98 226	45 035	29 327	15 708	—	—	53191
贵　州	320 000	21 554	16 887	4667	—	—	298 446
云　南	400 355	152 566	37 566	108 086	—	6914	247 789
西　藏	82 668	17 624	2200	6757	—	8667	65 044
陕　西	335 362	135 991	62 033	3928	17 553	52 477	199 371
甘　肃	214 025	96 073	40 463	6835	—	48 775	117 952
青　海	132 044	61 201	15 600	18 667	—	26 934	70 843
宁　夏	84 191	64 076	27 361	—	—	36 715	20 115
新　疆	151 336	125 326	2248	15 588	—	107 490	26 010
新疆兵团	15 350	11 570	—	—	—	11 570	3780
大兴安岭	—	—	—	—	—	—	—

注:退耕还林工程中包括军事管理区 9333 公顷荒山荒地造林。

表 18-13　天然林资源保护工程建设情况

指　　标	单　位	合　计	东北、内蒙古等国有重点林区	长江上游、黄河上中游地区
一、工程区木材产量	**立方米**	**6 805 565**	**2 322 328**	**4 483 237**
其中：人工林木材产量	立方米	4 300 109	151 909	4 148 200
二、造林面积	**公顷**	**410 508**	**2248**	**408 260**
1. 人工造林	公顷	114 948	294	114 654
2. 飞播造林	公顷	63 955	1954	62 001
3. 无林地和疏林地新封	公顷	231 605	—	231 605
按林种用途分				
1. 用材林	公顷	15 012	—	15 012
2. 经济林	公顷	16 256	—	16 256
3. 防护林	公顷	371 905	2248	369 657
4. 薪炭林	公顷	133	—	133
5. 特种用途林	公顷	7202	—	7202
三、中、幼龄林抚育面积	**公顷**	**1 695 065**	**1 250 553**	**444 512**
四、年末实有封山(沙)育林面积	**公顷**	**5 499 376**	**786 114**	**4 713 262**
五、年末实有森林管护面积	**公顷**	**114 583 848**	**38 030 797**	**76 553 051**
1. 国有林	公顷	70 720 306	38 030 797	32 689 509
2. 集体和个人所有的国家级公益林	公顷	20 592 386	—	20 592 386
3. 集体和个人所有的地方公益林	公顷	23 271 156	—	23 271 156
六、工程区项目实施单位人员情况				
1. 年末人数	人	822 402	671 155	151 247
其中：混岗职工人数	人	105 180	103 918	1262
(1)在岗职工	人	556 625	410 103	146 522
(2)其他从业人员	人	4028	1547	2481
(3)离开本单位保留劳动关系人员	人	261 749	259 505	2244
2. 在岗职工年平均人数	人	527 059	386 175	140 884
3. 在岗职工年工资总额	万元	1 581 795	1 095 387	486 408
4. 年末实有离退休人员	人	664 570	529 435	135 135
5. 当年离退休人员生活费	万元	1 594 835	1 236 640	358 195
6. 年末参加基本养老保险人数	人	741 276	576 139	165 137
其中：在岗职工	人	473 247	353 227	120 020
7. 年末参加基本医疗保险人数	人	891 952	668 714	223 238
其中：在岗职工	人	501 463	374 344	127 119
七、全部林业投资完成额	**万元**	**2 610 936**	**1 407 338**	**1 203 598**
其中：国家投资	万元	2 204 105	1 321 025	883 080
1. 公益林建设	万元	81 708	—	81 708
2. 后备资源培育	万元	26 428	26 428	—
3. 森林管护	万元	690 750	296 829	393 921
4. 森林抚育	万元	302 765	231 697	71 068
5. 生态效益补偿	万元	488 205	6377	481 828
6. 社会保险(养老、医疗、失业、工伤、生育)	万元	481 501	379 261	102 240
7. 政社性支出	万元	418 466	395 944	22 522
8. 其他	万元	121 113	70 802	50 311

表 18-14　退耕还林工程建设情况

指　　标	单　位	本年实际
一、造林面积	**公顷**	379 589
1. 退耕地造林	公顷	403
其中:生态林面积	公顷	56
25°以上坡耕地退耕面积	公顷	56
15～25°水源地耕地退耕面积	公顷	—
严重沙化耕地退耕面积		—
2. 荒山荒地造林	公顷	312 690
3. 无林地和疏林地新封	公顷	66 496
按林种用途分		
1. 用材林	公顷	76 932
2. 经济林	公顷	130 118
3. 防护林	公顷	154 526
4. 薪炭林	公顷	15 536
5. 特种用途林	公顷	2477
二、年末实有封山(沙)育林面积	**公顷**	**2 100 449**
三、当年种草面积	**公顷**	**2988**
其中:退耕地种草面积	公顷	2921
四、全部林业投资完成额	**万元**	**2 230 905**
其中:国家投资	万元	1 916 113
1. 种苗费	万元	43 029
2. 完善政策补助资金	万元	1 252 034
3. 巩固退耕还林成果专项资金	万元	803 454
4. 新一轮退耕还林补助资金	万元	90 004
5. 其他	万元	42 384

表 18-15　京津风沙源治理工程建设情况

指　　标	单　位	全国合计
一、治理情况		
(一)造林面积	公顷	239 107
1. 人工造林	公顷	131 167
2. 飞播造林	公顷	20 766
3. 无林地和疏林地新封	公顷	87 174
按林种用途分		
1. 用材林	公顷	2731
2. 经济林	公顷	4005
3. 防护林	公顷	232 038
4. 薪炭林	公顷	—
5. 特种用途林	公顷	333
(二)年末实有封山(沙)育林面积	公顷	2 606 979
(三)草地治理面积	公顷	20 499
(四)暖棚建设面积	平方米	520 726

（续）

指标	单位	全国合计
（五）饲料机械台数	台	8723
（六）小流域治理	公顷	27 800
（七）水利设施	处	2643
（八）易地搬迁人数	人	6915
（九）易地搬迁户数	户	1398
二、全部投资完成额	**万元**	145 206
其中：林业投资完成额	万元	106 583
其中：国家投资	万元	81 217
1. 造林	万元	102 272
2. 科技费用	万元	—
3. 其他	万元	4311

表 18-16 三北及长江流域等重点防护林体系工程建设情况

单位：公顷，万元

指标	三北及长江流域等重点防护林体系建设工程						
	合计	三北防护林工程	长江流域防护林体系工程	沿海防护林体系工程	珠江流域防护林体系工程	太行山绿化工程	平原绿化工程
一、造林面积	**898 680**	**596 343**	**107 397**	**96 859**	**26 924**	**49 218**	**21 939**
1. 人工造林	552 435	355 135	62 295	67 810	17 301	27 955	21 939
2. 飞播造林	8667	8667	—	—	—	—	—
3. 无林地和疏林地新封	337 578	232 541	45 102	29 049	9623	21 263	—
按林种用途分							
1. 用材林	30 124	15 196	8017	2470	3462	979	—
2. 经济林	46 594	37 813	4082	2923	531	1245	—
3. 防护林	817 263	541 891	93 705	90 198	22 860	46 994	21 615
其中：水源涵养林	96 279	33 610	31 232	14 076	9918	7443	—
水土保持林	217 341	147 867	22 557	19 425	5966	21 526	—
防风固沙林	247 237	222 395	3974	13 502	333	3807	3226
农田、牧场防护林	52 851	43 310	2972	6569	—	—	—
护岸护堤林	7335	1456	1601	4278	—	—	—
护路林	6847	2767	1851	2229	—	—	—
4. 薪炭林	277	277	—	—	—	—	—
5. 特种用途林	4422	1166	1593	1268	71	—	324
二、年末实有封山（沙）育林面积	3 832 261	2 622 425	359 886	412 990	251 836	185 124	—
三、低产低效林改造面积	11 752	4030	1965	3436	2321	—	—
四、全部林业投资完成额	1 512 854	406 704	98 569	278 075	21 229	13 196	695 081
其中：国家投资	1 098 931	253 193	33 154	140 431	14 930	12 664	644 559
1. 造林	1 397 060	367 568	74 368	255 306	14 784	13 024	672 010
2. 低产低效防护林改造	5573	1424	1041	2699	409	—	—
3. 种苗	39 567	14 644	12 707	10 869	1257	90	—
4. 森林防火	3400	884	1096	1250	168	2	—

（续）

指　标	三北及长江流域等重点防护林体系建设工程						
	合　计	三北防护林工程	长江流域防护林体系工程	沿海防护林体系工程	珠江流域防护林体系工程	太行山绿化工程	平原绿化工程
5. 病虫害防治	6409	3570	1155	1590	87	7	—
6. 科技费用	4845	2028	759	1963	95	—	—
7. 其他	56 000	16 586	7443	4398	4429	73	23 071
五、群众投工投劳（折合资金）	**93 760**	**43 260**	**13 059**	**12 041**	**18 421**	**6979**	**—**

表 18-17　林业系统野生动植物保护及自然保护区工程建设情况

指　标	单　位	本年实际
一、年末实有自然保护区个数	**个**	**2174**
其中：国家级	个	344
二、年末实有自然保护区面积	**百公顷**	**1 246 952**
其中：国家级	百公顷	811 286
三、年末实有自然保护小区个数	**个**	**48 376**
年末实有自然保护小区面积	百公顷	105 838
四、野生植物就地保护点个数	**个**	**901**
野生植物就地保护点面积	百公顷	35 506
五、国际重要湿地个数	**个**	**46**
国际重要湿地面积	百公顷	40 022
六、野生动物种源繁育基地	**个**	**5892**
1. 公益性野生动物救护繁育基地	个	164
2. 商业性野生动物驯养繁殖单位	个	5728
七、野生植物种源培育基地	**个**	**1070**
八、野生动物观赏展演单位	**个**	**393**
1. 动物园	个	172
2. 野生动物园	个	50
3. 马戏团等展演单位	个	171
九、植物园（树木园）个数	**个**	**180**
十、野生动植物保护管理站	**个**	**4544**
十一、鸟类环志中心（站）个数	**个**	**116**
十二、野生动物疫源疫病监测站个数	**个**	**1418**
十三、野生动植物科研及监测机构个数	**个**	**633**
在野生动植物科研及监测机构中各类专业技术人员	人	2688
十四、从事野生动植物及自然保护区建设的职工人数	**人**	**52 700**
其中：各类专业技术人员	人	16 767
十五、野生动植物及自然保护区建设投资完成额	**万元**	**198 224**
其中：国家投资	万元	147 788

表 18-18　林业产业总产值

（按现行价格计算）

单位:万元

指　标	总产值	指　标	总产值
总　计	**540 329 423**	（3）木制品制造	22 584 210
一、第一产业	**185 594 583**	（4）竹、藤、棕、苇制品制造	7 758 236
（一）涉林产业合计	176 391 639	2. 木、竹、藤家具制造	44 805 706
其中:湿地产业	1 369 545	3. 木、竹、苇浆造纸和纸制品	53 468 826
1. 林木育种和育苗	15 649 304	（1）木、竹、苇浆制造	8 621 221
（1）林木育种	1 357 555	（2）造纸	26 509 613
（2）林木育苗	14 291 749	（3）纸制品制造	18 337 992
2. 造林和更新	10 571 166	4. 林产化学产品制造	6 125 129
3. 森林经营和管护	8 135 038	5. 木质工艺品和木质文教体育用品制造	5 587 681
4. 木材和竹材采运	10 857 399	6. 非木质林产品加工制造业	40 340 167
（1）木材采运	8 196 841	（1）木本油料、果蔬、茶饮料等加工制造	30 364 008
（2）竹材采运	2 660 558	（2）野生动物食品与毛皮革等加工制造	1 826 414
5. 经济林产品的种植与采集	107 280 379	（3）中药材加工制造	8 149 745
（1）水果种植	54 929 097	7. 其他	13 562 890
（2）坚果、含油果和香料作物种植	17 415 409	（二）林业系统非林产业	6 700 525
（3）茶及其他饮料作物的种植	9 961 757	三、第三产业	**73 854 433**
（4）中药材种植	6 845 605	（一）涉林产业合计	67 296 717
（5）森林食品种植	9 732 759	其中:湿地产业	2 035 385
（6）林产品采集	8 395 752	1. 林业生产服务	2 490 581
6. 花卉及其他观赏植物种植	18 546 312	2. 林业旅游与休闲服务	53 212 379
7. 陆生野生动物繁育与利用	5 352 041	3. 林业生态服务	5 095 105
（二）林业系统非林产业	9 202 944	4. 林业专业技术服务	1 715 545
二、第二产业	**280 880 407**	5. 林业公共管理及其他组织服务	4 783 107
（一）涉林产业合计	274 179 882	（二）林业系统非林产业	6 557 716
其中:湿地产业	1 344 275	补充资料:竹产业产值	18 451 012
1. 木材加工和木、竹、藤、棕、苇制品制造	110 289 483	油茶产业产值	5 525 332
（1）木材加工	21 110 964	林下经济产值	42 233 727
（2）人造板制造	58 836 073		

表 18-19　全国主要林产工业产品产量 2014 年与 2013 年比较

主要指标	单位	2014 年	2013 年	2014 年比 2013 年增减（%）
木材产量	万立方米	8233.30	8438.50	-2.43
1. 原木	万立方米	7553.46	7836.89	-3.62
2. 薪材	万立方米	679.84	601.60	13.01
竹材产量	万根	222 439.93	187 684.91	18.52
锯材产量	万立方米	6836.98	6297.60	8.56
人造板产量	万立方米	27 371.79	25 559.91	7.09
1. 胶合板	万立方米	14 970.03	13 725.19	9.07
2. 纤维板	万立方米	6462.63	6402.10	0.95
3. 刨花板	万立方米	2087.53	1884.95	10.75
4. 其他人造板	万立方米	3851.59	3547.67	8.57
木竹地板产量	万平方米	76 022.40	68 925.68	10.30
松香类产品产量	吨	1 700 727	1 642 308	3.56
栲胶类产品产量	吨	5013	8403	-40.34
紫胶类产品产量	吨	4645	5764	-19.41

表 18-20　各地区主要林产工业产品产量

单位:万立方米,万平方米,万根,吨

地区	木材	竹材	锯材	人造板					木竹地板	松香类产品产量	栲胶类产品产量	紫胶类产品产量
				合计	胶合板	纤维板	刨花板	其他人造板				
全国合计	**8233.30**	**222 440**	**6836.98**	**27 371.79**	**14 970.03**	**6462.63**	**2087.53**	**3851.59**	**76 022.40**	**1 700 727**	**5013**	**4645**
北　京	13.03	—	—	20.39	—	20.39	—	—	60.00	—	—	—
天　津	14.71	—	—	—	—	—	—	—	—	—	—	—
河　北	90.18	—	171.00	1660.95	570.40	479.78	291.28	319.49	99.00	—	1320	—
山　西	15.64	—	3.42	39.65	0.44	13.35	7.33	18.54	—	—	—	—
内蒙古	178.75	—	710.98	73.11	32.11	6.39	26.49	8.12	12.08	—	—	—
内蒙古集团	108.30	—	—	—	—	—	—	—	—	—	—	—
辽　宁	199.96	—	382.08	790.53	361.14	176.61	126.95	125.83	2476.83	—	—	—
吉　林	345.18	—	149.44	423.99	149.02	126.01	76.81	72.15	4327.41	—	—	—
吉林集团	56.39	—	1.44	141.15	0.44	80.18	60.00	0.54	423.87	—	—	—
长白山集团	73.92	—	2.38	11.90	1.05	10.53	—	0.32	254.80	—	—	—
黑龙江	212.79	—	716.93	419.64	280.18	59.07	55.08	25.30	878.10	—	—	—
龙江集团	54.36	—	44.23	27.33	4.03	5.81	8.44	9.04	140.78	—	—	—
上　海	—	—	—	8.33	7.18	—	—	1.16	3208.30	—	—	—
江　苏	141.33	399	185.45	4715.64	3182.84	709.90	279.73	543.17	16 939.14	—	—	—
浙　江	136.77	20512	319.51	684.32	275.07	107.28	12.69	289.27	12 010.30	20 500	—	—
安　徽	465.52	14 887	405.66	2019.26	1275.58	398.27	132.66	212.75	8484.73	7328	—	—
福　建	575.05	67 387	192.13	791.18	355.70	125.82	150.03	159.63	2500.74	132 007	—	300
江　西	259.61	19 684	197.61	511.43	207.72	145.72	33.56	124.42	5957.44	140 367	—	—

（续）

地　区	木材	竹材	锯材	人造板					木竹地板	松香类产品产量	栲胶类产品产量	紫胶类产品产量
				合计	胶合板	纤维板	刨花板	其他人造板				
山　东	429.55	—	1443.11	6659.08	4624.99	1101.07	367.50	565.51	7390.69	—	—	—
河　南	256.28	171	207.41	1792.71	907.82	349.29	130.95	404.65	1102.57	2635	—	—
湖　北	227.47	3414	115.69	591.53	149.19	298.71	78.79	64.84	3180.79	20 235	—	—
湖　南	478.21	5943	287.49	408.50	167.79	45.90	20.31	174.51	1327.54	40 303	—	25
广　东	841.47	14 475	168.35	1136.81	332.71	570.06	159.16	74.88	3633.17	119 769	—	2800
广　西	2302.76	44 992	625.70	3089.08	1642.64	830.71	110.81	504.91	644.83	1 008 388	3693	—
海　南	134.86	1156	44.34	36.35	17.85	11.00	7.50	—	16.50	1132	—	—
重　庆	35.09	3216	29.06	145.57	62.36	80.99	0.87	1.35	5.80	1115	—	—
四　川	207.66	9693	165.66	835.19	205.74	507.44	10.11	111.91	1198.73	1153	—	—
贵　州	191.36	740	83.24	81.09	54.44	8.47	0.11	18.08	59.32	16158	—	3
云　南	393.57	14 960	199.23	292.56	86.16	170.56	8.42	27.43	497.32	189 637	—	1517
西　藏	5.76	—	1.00	—	—	—	—	—	—	—	—	—
陕　西	6.74	810	13.78	114.85	12.70	101.36	0.30	0.49	3.00	—	—	—
甘　肃	4.04	—	1.36	0.81	0.81	—	—	—	—	—	—	—
青　海	1.01	—	0.09	—	—	—	—	—	—	—	—	—
宁　夏	—	—	—	—	—	—	—	—	—	—	—	—
新　疆	43.94	—	8.00	15.25	7.25	8.00	—	—	—	—	—	—
新疆兵团	16.77	—	0.04	—	—	—	—	—	—	—	—	—
大兴安岭	25.01	—	9.26	13.97	0.19	10.48	0.08	3.22	8.07	—	—	—

表 18-21　全国主要木材、竹材产品产量

产品名称	单位	全部产量
木材及竹材采伐产品		
一、商品材	**万立方米**	**8233.30**
其中：热带木材	万立方米	1104.77
其中：针叶木材	万立方米	1259.44
1. 原木	万立方米	7553.46
2. 薪材	万立方米	679.84
按用途分：		
1. 直接用原木	万立方米	2899.56
2. 加工用材	万立方米	3659.22
3. 造纸用材	万立方米	663.04
4. 其他	万立方米	1011.49
按生产单位分：		
1. 系统内国有企业单位生产的木材	万立方米	615.67
2. 系统内国有林场、事业单位生产的木材	万立方米	1341.64
3. 系统外企、事业单位采伐自营林地的木材	万立方米	458.31
4. 乡(镇)集体企业及单位生产的木材	万立方米	630.50
5. 村及村以下各级组织和农民个人生产的木材	万立方米	5187.18

（续）

产品名称	单位	全部产量
二、非商品材	**万立方米**	**2900.51**
1. 农民自用材采伐量	万立方米	773.11
2. 农民烧材采伐量	万立方米	2127.40
三、竹材		
（一）大径竹	万根	222 439.93
其中：村及村以下各级组织和农民个人生产的大径竹	万根	128 503.78
1. 毛竹	万根	130 843.42
2. 其他	万根	91 596.51
（二）小杂竹	万吨	925.98

注：大径竹一般指直径在5厘米以上，以根为计量单位的竹材。

表18-22　全国主要林产工业产品产量

产品名称	单　位	产　量
木竹加工制品		
一、锯材	**万立方米**	**6836.98**
1. 普通锯材	万立方米	6590.61
2. 特种锯材	万立方米	70.19
3. 枕木及其他锯材	万立方米	176.17
二、木片、木粒加工产品	**万实积立方米**	**4314.09**
三、人造板	**万立方米**	**27 371.79**
（一）胶合板	万立方米	14 970.03
1. 木胶合板	万立方米	13 610.10
2. 竹胶合板	万立方米	464.02
3. 其他胶合板	万立方米	895.91
（二）纤维板	万立方米	6462.63
1. 木质纤维板	万立方米	6339.90
（1）硬质纤维板	万立方米	611.26
（2）中密度纤维板	万立方米	5682.57
（3）软质纤维板	万立方米	46.06
2. 非木质纤维板	万立方米	122.74
（三）刨花板	万立方米	2087.53
1. 木质刨花板	万立方米	2052.60
其中：定向刨花板（OSB）	万立方米	86.47
2. 非木质刨花板	万立方米	34.93
（四）其他人造板	万立方米	3851.59
其中：细木工板	万立方米	2386.29
四、其他加工材	**万立方米**	**692.53**
1. 改性木材	万立方米	145.94
2. 指接材	万立方米	377.36
五、木竹地板	**万平方米**	**76 022.40**
1. 实木地板	万平方米	14 961.00
2. 实木复合木地板	万平方米	24 291.68
3. 浸渍纸层压木质地板（强化木地板）	万平方米	24 715.37
4. 竹地板（含竹木复合地板）	万平方米	10 255.14
5. 其他木地板（含软木地板、集成材地板等）	万平方米	1799.22

（续）

产品名称	单 位	产 量
林产化学产品		
一、松香类产品	**吨**	**1 700 727**
1. 松香	吨	1 497 738
2. 松香深加工产品	吨	202 989
二、松节油类产品	**吨**	**230 764**
1. 松节油	吨	174 758
2. 松节油深加工产品	吨	56 006
三、樟脑	**吨**	**13 171**
其中:合成樟脑	吨	12 291
四、冰片	**吨**	**2610**
其中:合成冰片	吨	2608
五、栲胶类产品	**吨**	**5013**
1. 栲胶	吨	5013
2. 栲胶深加工产品	吨	—
六、紫胶类产品	**吨**	**4645**
1. 紫胶	吨	4575
2. 紫胶深加工产品	吨	70
七、木竹热解产品	**吨**	**1 340 780**
八、木质生物质成型燃料	**吨**	**370 374**

表 18-23 全国主要经济林产品生产情况

单位:吨

指 标	产 量	指 标	产 量
各类经济林产品总量	**158 435 260**	**三、林产饮料产品(干重)**	**2 100 878**
一、水果产量	**135 113 544**	1. 毛茶	1 800 604
1. 苹果	35 294 977	2. 咖啡	104 425
2. 柑橘	28 723 704	3. 其他林产饮料产品	195 849
3. 梨	17 466 385	**四、林产调料产品(干重)**	**646 296**
4. 葡萄	12 547 424	1. 花椒	350 938
5. 桃	12 951 342	2. 八角	150 302
6. 杏	2 678 186	3. 桂皮	113 651
7. 荔枝	2 180 354	4. 其他林产调料产品	31 405
8. 龙眼	1 671 709	**五、森林食品(干重)**	**3 396 609**
9. 猕猴桃	1 037 652	1. 竹笋干	653 240
10. 其他水果	20 561 811	2. 食用菌	2 101 739
二、干果产量	**11 481 017**	3. 山野菜	373 541
1. 核桃	2 713 741	4. 其他森林食品	268 089
2. 板栗	2 278 175	**六、木本药材**	**1 709 340**
3. 枣(干重)	4 175 519	1. 杜仲	182 984
4. 柿子(干重)	1 073 287	2. 黄柏	48 386
5. 仁用杏	80 726	3. 厚朴	183 094
6. 山杏仁	219 996	4. 枸杞	229 590
7. 银杏(白果)	125 776	5. 山茱萸	46 394
8. 榛子	137 144	6. 五味子	63 817
9. 松子	130 512	7. 其他木本药材	955 075
10. 其他干果	546 141		

（续）

指 标	产 量	指 标	产 量
七、木本油料	**2 116 891**	1. 生漆	22 290
1. 油茶籽	2 023 445	2. 油桐籽	416 065
2. 油橄榄	20 820	3. 乌桕籽	35 921
3. 文冠果	4289	4. 五倍子	23 746
4. 油用牡丹籽	12 300	5. 棕片	58 482
5. 其他木本油料	56 037	6. 松脂	1 309 520
八、林产工业原料	**1 870 685**	7. 紫胶(原胶)	4661

表 18-24 全国油茶与花卉产业发展情况

指 标	单 位	产 量
一、油茶产业发展情况		
1. 年末实有油茶林面积	公顷	3 648 008
当年新造面积	公顷	157 549
当年低改面积	公顷	137 478
2. 繁殖圃个数	个	471
繁殖圃面积	公顷	6288
3. 苗木产量	万株	86 622
其中:一年生苗木产量	万株	42 848
二年留床苗木产量	万株	33 920
4. 油茶籽产量	万吨	202
5. 油茶企业	个	1844
二、花卉产业发展情况		
1. 年末实有花卉种植面积	公顷	1 022 066
2. 切花切叶产量	万支	1 759 315
3. 盆栽植物产量	万盆	451 673
4. 观赏苗木产量	万株	1 112 064
5. 草坪产量	万平方米	37 942
6. 花卉市场	个	4472
7. 花卉企业	个	49 207
其中:大中型企业	个	9076
8. 花农	万户	136. 29
9. 花卉从业人员	万人	492. 69
其中:专业技术人员	万人	27. 42
10. 控温温室面积	万平方米	6585
11. 日光温室面积	万平方米	16 813

表 18-25 木材战略储备基地及速生丰产用材林建设情况

指 标	单位	本年实际
一、木材战略储备基地建设情况		
(一)造林经营面积	公顷	111 357
1. 集约人工林栽培面积	公顷	20 016
2. 现有林改培面积	公顷	18 965
3. 中幼林抚育面积	公顷	72 376

（续）

指　标	单位	本年实际
（二）造林经营面积按树种分		
1. 一般树种	公顷	98 264
2. 珍稀树种	公顷	13 093
（三）全部林业投资完成额	万元	198 557
1. 中央投资	万元	29 530
2. 地方配套投资	万元	28 962
3. 国内贷款	万元	605
4. 利用外资	万元	—
5. 自筹资金	万元	137 423
6. 其他	万元	2037
二、速生丰产用材林建设情况		
（一）造林经营面积	公顷	363 342
1. 荒山荒(沙)地造林	公顷	224 596
2. 更新造林	公顷	74 815
3. 非林业用地造林	公顷	29 096
4. 改培面积	公顷	34 835
（二）造林经营面积按培育目的分		
1. 浆纸原料林	公顷	50 926
2. 人造板原料林	公顷	156 052
3. 大径级和珍贵树种用材林	公顷	62 921
4. 其他	公顷	93 443
（三）全部林业投资完成额	万元	811 369
1. 国家投资	万元	53 571
2. 国内贷款	万元	23 943
3. 利用外资	万元	7700
4. 自筹资金	万元	712 901
5. 其他	万元	13 254

劳动工资统计

表 18-26　林业系统从业人员和劳动报酬主要指标 2014 年与 2013 年比较

主要指标	单　位	2014 年	2013 年	2014 年比 2013 年增减%
一、单位个数	**个**	**43 320**	**44 562**	**-2.79**
二、年末人数	**人**	**1 549 622**	**1 563 271**	**-0.87**
1. 从业人员	人	1 227 780	1 281 649	-4.20
①在岗职工	人	1 180 371	1 221 890	-3.40
②其他从业人员	人	47 409	59 759	-20.67
2. 离开本单位仍保留劳动关系人员	人	321 842	281 622	14.28
三、年末实有离退休人员	**人**	**1 034 949**	**1 015 200**	**1.95**
四、在岗职工年平均工资	**元**	**34 530**	**30 940**	**11.60**

表 18-27　各地区林业

地　区	总　计	按性质分				
		企　业	事　业	机　关	合　计	林木育种育苗
全国合计	**43 320**	**2270**	**36 244**	**4806**	**24 970**	**2490**
北　京	312	—	288	24	165	17
天　津	83	—	76	7	75	16
河　北	1491	32	1266	193	1085	164
山　西	2150	17	2000	133	1158	188
内蒙古	1617	50	1300	267	924	111
内蒙古集团	53	28	25	—	19	—
辽　宁	1302	16	1156	130	634	61
吉　林	1443	271	1044	128	1133	50
吉林集团	70	70	—	—	8	—
长白山集团	22	14	3	5	12	—
黑龙江	1916	164	1594	158	884	110
龙江集团	184	110	57	17	66	7
上　海	32	—	31	1	9	—
江　苏	721	103	594	24	510	87
浙　江	997	16	870	111	782	42
安　徽	1422	48	1150	224	785	80
福　建	1879	232	1443	204	1137	111
江　西	2228	279	1748	201	1056	67
山　东	2213	39	1990	184	982	235
河　南	1128	50	866	212	635	129
湖　北	1967	98	1701	168	631	93
湖　南	2922	86	2567	269	1361	150
广　东	1693	38	1408	247	677	44
广　西	2201	222	1727	252	1241	111
海　南	201	28	150	23	108	5
重　庆	933	13	848	72	245	26
四　川	3317	132	2884	301	2489	117
贵　州	2230	79	2009	142	2074	30
云　南	1777	98	1419	260	1132	60
西　藏	86	3	16	67	12	10
陕　西	1528	65	1222	241	704	120
甘　肃	1486	6	1281	199	1039	138
青　海	358	—	238	120	174	32
宁　夏	273	4	242	27	232	17
新　疆	1257	53	1008	196	881	69
新疆兵团	—	—	—	—	—	—
局直属单位	157	28	108	21	16	—
大兴安岭	70	22	28	20	16	—

系统单位个数

单位:个

按行业分							
农林牧渔业							
造林与经营管护	木竹采运	经济林产品种植与采集	花卉及其他观赏植物种植	陆生野生动物繁育与利用	林业有害生物防治	森林防火	其他
11384	**930**	**413**	**185**	**145**	**1622**	**1168**	**6633**
48	—	6	3	23	10	9	49
24	—	5	—	2	14	1	13
342	22	30	7	5	79	49	387
534	—	—	—	—	97	84	255
408	23	4	1	1	78	53	245
—	19	—	—	—	—	—	—
387	41	24	9	7	57	25	23
309	22	—	—	1	38	27	686
—	8	—	—	—	—	—	—
—	11	—	—	—	1	—	—
426	62	2	—	1	73	42	168
7	41	—	—	1	1	3	6
2	—	—	—	—	1	—	6
226	5	57	6	—	41	23	65
129	7	9	—	8	65	29	493
508	22	—	2	2	71	22	78
434	119	2	5	3	56	49	358
342	151	5	3	3	52	67	366
572	19	38	6	1	40	53	18
176	52	17	13	6	90	51	101
350	8	23	4	4	50	27	72
592	73	20	9	31	71	42	373
286	23	9	1	1	48	38	227
419	47	21	67	8	84	105	379
46	7	1	—	1	9	7	32
163	2	1	1	1	33	13	5
1081	53	14	11	8	91	44	1070
1490	119	72	23	7	89	89	155
420	32	20	1	8	61	67	463
—	—	—	—	—	1	1	—
341	15	9	9	5	40	37	128
538	3	13	2	1	64	42	238
109	—	—	2	1	13	6	11
129	—	2	—	—	19	16	49
543	3	9	—	6	87	48	116
—	—	—	—	—	—	—	—
10	—	—	—	—	—	2	4
10	—	—	—	—	—	2	4

地区	按行						
	制造业						
	合计	木材加工及木、竹、藤、棕、苇制品业	木、竹、藤家具制造业	木、竹、苇浆造纸业	林产化学产品制造	其他	合计
全国合计	**317**	**220**	**20**	**6**	**18**	**53**	**17 746**
北京	—	—	—	—	—	—	143
天津	—	—	—	—	—	—	8
河北	7	4	—	—	—	3	391
山西	5	—	—	—	—	5	987
内蒙古	3	1	1	1	—	—	660
内蒙古集团	2	1	—	1	—	—	10
辽宁	1	1	—	—	—	—	666
吉林	38	23	—	1	2	12	269
吉林集团	35	20	—	1	2	12	27
长白山集团	3	3	—	—	—	—	7
黑龙江	29	19	1	2	2	5	954
龙江集团	23	16	1	2	1	3	59
上海	—	—	—	—	—	—	12
江苏	—	—	—	—	—	—	209
浙江	—	—	—	—	—	—	205
安徽	24	14	4	—	1	5	606
福建	17	12	—	—	3	2	714
江西	7	3	1	—	2	1	1148
山东	—	—	—	—	—	—	1230
河南	—	—	—	—	—	—	484
湖北	18	14	—	—	2	2	1318
湖南	37	24	6	1	2	4	1515
广东	15	15	—	—	—	—	988
广西	60	57	—	—	1	2	885
海南	3	1	—	—	—	2	90
重庆	4	4	—	—	—	—	681
四川	13	4	2	—	2	5	800
贵州	1	—	—	—	1	—	150
云南	9	7	—	1	—	1	600
西藏	3	3	—	—	—	—	71
陕西	17	11	5	—	—	1	803
甘肃	2	2	—	—	—	—	445
青海	—	—	—	—	—	—	184
宁夏	—	—	—	—	—	—	40
新疆	—	—	—	—	—	—	373
新疆兵团	—	—	—	—	—	—	—
局直属单位	4	1	—	—	—	3	117
大兴安岭	4	1	—	—	—	3	30

（续）

业	分						
服务业							其他行业
野生动植物保护和自然保护区管理	林业工程技术与规划管理	林业科技交流和推广服务	林业公共管理和社会组织	其中：林业行政管理、公安及监督检查机构	其中：林业专业性、行业性团体	其他	
1020	**982**	**2842**	**11 116**	**10 075**	**1041**	**1786**	**287**
3	6	2	95	89	6	37	4
1	—	—	7	7	—	—	—
12	5	129	225	225	—	20	8
34	47	53	670	662	8	183	—
24	63	14	549	536	13	10	30
3	1	—	1	—	1	5	22
35	35	59	529	473	56	8	1
10	10	53	160	160	—	36	3
—	—	—	—	—	—	27	—
—	1	1	5	5	—	—	—
31	15	47	746	734	12	115	49
—	2	8	23	18	5	26	36
2	3	6	1	1	—	—	11
2	2	140	64	61	3	1	2
16	4	57	126	123	3	2	10
34	72	160	311	278	33	29	7
36	65	50	543	366	177	20	11
52	52	72	715	629	86	257	17
71	85	566	365	351	14	143	1
42	28	79	297	291	6	38	9
73	113	131	913	913	—	88	—
73	103	248	952	830	122	139	9
104	10	92	480	347	133	302	13
47	58	115	510	392	118	155	15
25	—	7	39	38	1	19	—
13	42	17	604	560	44	5	3
71	20	158	529	478	51	22	15
6	1	1	142	142	—	—	5
75	27	99	374	332	42	25	36
1	—	3	67	67	—	—	—
33	51	285	374	351	23	60	4
46	24	84	250	213	37	41	—
2	2	55	122	120	2	3	—
4	1	7	28	28	—	—	1
34	31	31	259	212	47	18	3
—	—	—	—	—	—	—	—
8	7	22	70	66	4	10	20
5	1	2	20	20	—	2	20

表 18-28 各地区林业系统单位

地 区	总 计	按性质分				
		企 业	事 业	机 关	合 计	林木育种育苗
全国合计	**1 180 371**	**488 668**	**593 147**	**98 556**	**878 432**	**60 831**
北 京	10 428	—	9293	1135	4726	651
天 津	751	—	626	125	617	144
河 北	22 731	1630	17 640	3461	16 341	2203
山 西	23 565	172	21 569	1824	14 668	1956
内蒙古	102 426	53 745	42 529	6152	88 243	2336
内蒙古集团	54 091	50 726	3365	—	49 691	—
辽 宁	20 922	444	18 945	1533	13 041	663
吉 林	110 052	78 356	27 548	4148	89 472	1791
吉林集团	31 744	31 744	—	—	19 419	—
长白山集团	27 581	26 925	84	572	25 397	—
黑龙江	278 557	215 995	57 819	4743	253 566	20 179
龙江集团	223 684	213 826	8090	1768	207 275	18 769
上 海	1341	—	1166	175	215	—
江 苏	13 492	5832	7438	222	11 698	2928
浙 江	10 576	411	8157	2008	7164	325
安 徽	20 800	1299	17 150	2351	14 719	2398
福 建	22 232	5583	12 802	3847	13 218	445
江 西	51 533	11 753	33 739	6041	36 172	2551
山 东	22 491	485	19 416	2590	12 428	2839
河 南	29 826	759	24 640	4427	18 169	3223
湖 北	26 310	2954	19 732	3624	11 749	1237
湖 南	48 660	4370	36 833	7457	21 862	1520
广 东	28 397	2621	19 493	6283	15 110	689
广 西	39 692	4165	31 657	3870	28 815	985
海 南	6536	2498	3047	991	4366	93
重 庆	7367	300	5849	1218	3716	214
四 川	44 520	16 009	22 163	6348	30 952	1621
贵 州	18 736	3212	13 314	2210	15 806	262
云 南	32 815	8693	16 619	7503	19 037	1674
西 藏	1736	460	254	1022	126	114
陕 西	37 353	5519	28 147	3687	24 065	2591
甘 肃	39 349	1169	34 176	4004	28 523	1573
青 海	9406	—	8192	1214	6802	437
宁 夏	9385	518	8355	512	7397	955
新 疆	21 807	4602	14 625	2580	15 799	2234
新疆兵团	—	—	—	—	—	—
局直属单位	66 579	55 114	10 214	1251	49 850	—
大兴安岭	58 162	54 175	2970	1017	49 850	—

在岗职工年末人数

单位:人

按行业分							
农林牧渔业							
造林与经营管护	木竹采运	经济林产品种植与采集	花卉及其他观赏植物种植	陆生野生动物繁育与利用	林业有害生物防治	森林防火	其他
421 054	**279 523**	**5698**	**1665**	**1201**	**11 927**	**15 645**	**80 888**
1219	—	117	48	350	170	653	1518
172	—	67	—	8	108	11	107
6890	152	226	51	29	690	1028	5072
9009	—	—	—	—	653	1076	1974
30 165	49 759	39	5	—	772	793	4374
—	49 691	—	—	—	—	—	—
8796	2609	115	74	49	380	124	231
31 029	48 628	—	—	5	331	318	7370
—	19 419	—	—	—	—	—	—
—	25 386	—	—	—	11	—	—
65 780	154 651	31	—	28	394	1884	10 619
26 678	152 315	—	—	28	18	382	9085
54	—	—	—	—	19	—	142
6766	112	741	110	—	374	373	294
3127	57	31	—	84	387	191	2962
9061	328	—	27	3	443	160	2299
7300	2996	9	12	6	230	193	2027
23 379	5207	41	57	48	286	1514	3089
8122	186	365	58	8	299	377	174
9903	1044	215	280	58	1050	433	1963
8679	191	119	70	33	373	255	792
12 312	1384	94	124	123	350	252	5703
9407	952	62	11	10	284	632	3063
19 169	998	121	289	60	517	1520	5156
3526	68	2	—	59	52	39	527
3084	18	13	15	15	220	123	14
21 344	2101	121	133	29	535	248	4820
10 694	1036	157	126	57	234	293	2947
8643	3023	136	14	18	407	515	4607
—	—	—	—	—	3	9	—
12 490	4009	179	114	67	802	739	3074
23 227	9	206	9	—	649	247	2603
6029	—	—	38	28	116	50	104
3738	—	410	—	—	206	761	1327
9166	5	2081	—	26	593	208	1486
—	—	—	—	—	—	—	—
48 774	—	—	—	—	—	626	450
48 774	—	—	—	—	—	626	450

地区	按						行
	制造业						
	合计	木材加工及木、竹、藤、棕、苇制品业	木、竹、藤家具制造业	木、竹、苇浆造纸业	林产化学产品制造	其他	合计
全国合计	**32 003**	**20 591**	**2491**	**1933**	**1012**	**5976**	**250 475**
北京	—	—	—	—	—	—	4687
天津	—	—	—	—	—	—	134
河北	56	42	—	—	—	14	6307
山西	11	—	—	—	—	11	8886
内蒙古	1140	5	38	1097	—	—	10 605
内蒙古集团	1102	5	—	1097	—	—	943
辽宁	50	50	—	—	—	—	7747
吉林	11 814	9510	—	592	302	1410	8653
吉林集团	10 275	7971	—	592	302	1410	2050
长白山集团	1539	1539	—	—	—	—	645
黑龙江	2884	2535	—	51	109	189	14 542
龙江集团	2716	2455	—	51	23	187	6144
上海	—	—	—	—	—	—	596
江苏	—	—	—	—	—	—	1661
浙江	—	—	—	—	—	—	3274
安徽	455	197	32	—	36	190	5374
福建	628	451	—	—	176	1	8338
江西	13	4	3	—	6	—	13 879
山东	—	—	—	—	—	—	10 051
河南	—	—	—	—	—	—	11 418
湖北	933	780	—	—	3	150	13 628
湖南	4191	1715	2302	75	29	70	22 540
广东	123	123	—	—	—	—	12 991
广西	1951	1548	—	—	320	83	8605
海南	21	2	—	—	—	19	2149
重庆	53	53	—	—	—	—	3594
四川	441	274	20	—	24	123	12 510
贵州	7	—	—	—	7	—	2662
云南	710	587	—	118	—	5	12 735
西藏	460	460	—	—	—	—	1150
陕西	847	737	96	—	—	14	11 162
甘肃	1050	1050	—	—	—	—	9776
青海	—	—	—	—	—	—	2604
宁夏	—	—	—	—	—	—	1975
新疆	—	—	—	—	—	—	5817
新疆兵团	—	—	—	—	—	—	—
局直属单位	4165	468	—	—	—	3697	10 425
大兴安岭	4165	468	—	—	—	3697	2008

（续）

业	分						
服务业							其他行业
野生动植物保护和自然保护区管理	林业工程技术与规划管理	林业科技交流和推广服务	林业公共管理和社会组织	其中		其他	
				林业行政管理、公安及监督检查机构	林业专业性、行业性团体		
22 812	**15 046**	**35 049**	**150 717**	**140 774**	**9943**	**26 851**	**19 461**
61	382	84	2461	2313	148	1699	1015
9	—	—	125	125	—	—	—
631	178	943	4317	4317	—	238	27
557	466	594	5602	5554	48	1667	—
652	569	441	8302	7934	368	641	2438
311	61	—	43	—	43	528	2355
400	387	571	6330	5863	467	59	84
312	862	710	4642	4642	—	2127	113
—	—	—	—	—	—	2050	—
—	43	30	572	572	—	—	—
568	562	1952	8692	7754	938	2768	7565
—	188	1789	2705	1799	906	1462	7549
40	58	323	175	175	—	—	530
8	12	1074	565	434	131	2	133
308	88	637	2222	2203	19	19	138
278	479	1085	3082	2807	275	450	252
377	930	261	6568	5360	1208	202	48
636	562	803	9490	8974	516	2388	1469
782	665	3517	3711	3678	33	1376	12
1716	353	1952	6125	5907	218	1272	239
951	999	1409	8991	8991	—	1278	—
3272	1255	2137	13 798	12 446	1352	2078	67
940	229	1405	7652	6819	833	2765	173
908	418	844	5461	4880	581	974	321
560	—	336	1159	1156	3	94	—
236	225	184	2874	2675	199	75	4
1788	1207	1283	8078	7436	642	154	617
236	129	69	2228	2228	—	—	261
1725	442	985	9181	8801	380	402	333
54	—	74	1022	1022	—	—	—
725	752	3382	4887	4731	156	1416	1279
1805	536	1691	4552	4253	299	1192	—
10	50	1304	1218	1214	4	22	—
829	45	585	516	516	—	—	13
582	500	479	4009	2969	1040	247	191
—	—	—	—	—	—	—	—
856	1706	3935	2682	2597	85	1246	2139
437	178	196	1017	1017	—	180	2139

表 18-29　各地区林业系统单位

地　区	总　计	按性质分				
		企　业	事　业	机　关	合　计	林木育种育苗
全国合计	**34 530**	**27 909**	**36 920**	**51 629**	**30 434**	**27 851**
北　京	84 708	—	83 529	94 734	72 329	93 455
天　津	58 708	—	54 867	77 944	55 186	50 718
河　北	34 790	30 428	34 389	38 882	33 110	26 128
山　西	36 428	18 451	35 877	44 677	33 210	27 965
内蒙古	39 380	35 554	41 014	62 089	37 000	41 241
内蒙古集团	36 335	36 016	41 125	—	36 012	—
辽　宁	30 736	16 368	29 762	46 041	27 661	27 674
吉　林	31 309	32 046	26 698	48 488	28 950	22 482
吉林集团	36 972	36 972	—	—	35 087	—
长白山集团	34 064	33 261	56 159	70 206	33 593	—
黑龙江	23 922	22 620	26 493	46 816	22 481	20 233
龙江集团	23 885	22 722	44 710	54 155	22 725	19 766
上　海	106 095	—	103 244	125 089	101 944	—
江　苏	31 921	27 313	33 570	67 276	28 949	25 867
浙　江	68 837	47 189	65 785	87 068	63 482	76 243
安　徽	32 899	30 524	31 107	47 106	29 207	24 371
福　建	43 880	30 695	45 559	56 765	40 425	44 307
江　西	33 502	32 703	31 185	47 212	29 689	25 726
山　东	41 809	29 287	41 074	49 394	39 156	34 199
河　南	25 636	33 322	24 151	32 542	22 950	23 180
湖　北	36 838	28 790	35 988	48 137	29 562	29 569
湖　南	32 224	27 761	31 670	37 361	28 364	28 210
广　东	47 821	29 828	43 740	68 782	39 082	33 235
广　西	32 689	18 280	32 823	47 528	30 948	30 980
海　南	39 050	32 354	34 364	70 382	31 050	33 513
重　庆	47 681	32 261	47 258	53 518	46 290	48 057
四　川	42 843	35 729	44 850	53 641	39 342	39 487
贵　州	24 719	17 932	25 917	29 903	24 061	15 182
云　南	41 285	29 586	42 700	52 375	37 765	29 871
西　藏	54 328	42 000	62 760	57 873	49 738	48 182
陕　西	40 136	30 410	40 956	48 582	37 411	42 183
甘　肃	38 422	19 039	37 215	54 103	36 431	36 560
青　海	39 810	—	36 565	61 978	36 888	49 016
宁　夏	38 586	31 097	38 156	52 939	36 997	37 996
新　疆	41 235	37 188	40 045	55 261	37 017	25 047
新疆兵团	—	—	—	—	—	—
局直属单位	37 705	29 683	74 533	67 794	27 574	—
大兴安岭	29 469	27 701	51 020	56 542	27 574	—

在岗职工平均工资

单位:元

按行业分							
农林牧渔业							
造林与经营管护	木竹采运	经济林产品种植与采集	花卉及其他观赏植物种植	陆生野生动物繁育与利用	林业有害生物防治	森林防火	其他
30 431	**28 733**	**28 486**	**27 993**	**29 187**	**43 077**	**33 806**	**35 776**
88 637	—	115 140	70 999	5000	96 481	40 195	73 235
55 614	—	55 173	—	58 992	54 651	53 875	60 903
36 431	27 744	28 446	42 648	26 301	32 676	28 997	32 814
35 590	—	—	—	—	35 420	25 643	30 773
36 087	36 040	42 643	58 664	—	56 937	54 155	45 035
—	36 012	—	—	—	—	—	—
28 421	23 841	18 842	35 832	37 681	34 894	31 636	30 587
19 393	34 151	—	—	58 505	42 102	43 815	33 089
—	35 087	—	—	—	—	—	—
—	33 583	—	—	—	56 084	—	—
19 847	24 137	52 870	—	25 469	40 091	24 365	20 015
19 814	23 967	—	—	25 469	33 782	23 695	18 235
111 297	—	—	—	—	92 916	—	99 463
29 401	28 350	29 772	28 205	—	37 306	31 455	39 047
59 485	78 822	70 369	—	76 334	77 317	66 486	63 719
30 372	21 210	—	28 784	35 774	42 317	41 742	27 679
42 147	33 597	51 311	50 629	48 043	46 169	38 385	41 966
30 501	24 896	42 424	40 587	40 683	40 573	29 707	32 085
40 962	40 055	38 194	31 582	43 842	39 682	39 339	40 942
22 456	20 307	27 094	17 791	30 215	24 647	25 853	24 787
28 913	28 634	34 713	15 433	30 317	36 026	36 866	32 228
27 626	25 719	26 710	30 899	31 066	42 839	28 788	29 659
36 662	36 027	39 957	19 636	50 905	55 997	37 197	48 034
32 538	2752	27 293	13 114	37 503	36 010	23 557	28 918
32 368	34 958	38 784	—	11 910	51 223	37 470	20 760
46 585	40 540	31 011	31 011	31 011	46 580	40 996	49 331
39 034	32 091	32 066	36 952	45 742	49 000	48 311	42 619
27 842	31 068	24 605	26 320	30 704	29 322	23 814	21 548
36 568	32 161	43 266	29 616	42 067	47 885	44 012	44 894
—	—	—	—	—	55 228	70 047	—
36 079	30 991	35 206	46 494	38 947	42 219	45 782	44 355
35 079	30 485	41 319	41 153	—	46 473	36 064	44 775
34 187	—	—	56 968	64 878	60 205	60 156	63 595
34 139	—	31 759	—	—	46 408	46 864	38 768
41 290	47 093	27 945	—	48 600	42 750	48 752	36 616
—	—	—	—	—	—	—	—
27 434	—	—	—	—	—	24 185	46 309
27 434	—	—	—	—	—	24 185	46 309

地　区	按						行
	制　造　业						
	合计	木材加工及木、竹、藤、棕、苇制品业	木、竹、藤家具制造业	木、竹、苇浆造纸业	林产化学产品制造	其他	合计
全国合计	27 850	27 576	35 197	20 695	23 940	28 799	48 634
北　京	—	—	—	—	—	—	94 258
天　津	—	—	—	—	—	—	74 925
河　北	14 321	9763	—	—	—	27 994	39 420
山　西	39 741	—	—	—	—	39 741	41 791
内蒙古	21 601	35 000	25 320	21 410	—	—	59 281
内蒙古集团	21 472	35 000	—	21 410	—	—	48 918
辽　宁	12 000	12 000	—	—	—	—	36 205
吉　林	32 199	33 422	—	18 098	18 219	33 285	53 809
吉林集团	32 805	34 442	—	18 098	18 219	33 285	75 392
长白山集团	28 121	28 121	—	—	—	—	68 521
黑龙江	20 644	20 142	—	18 241	24 925	24 829	41 921
龙江集团	20 904	20 596	—	18 241	24 621	24 719	46 261
上　海	—	—	—	—	—	—	108 901
江　苏	—	—	—	—	—	—	48 101
浙　江	—	—	—	—	—	—	82 262
安　徽	22 354	21 834	47 175	—	31 915	17 174	45 210
福　建	23 838	18 213	—	—	39 790	55 000	50 853
江　西	21 150	33 525	12 000	—	17 000	24 000	44 003
山　东	—	—	—	—	—	—	45 113
河　南	—	—	—	—	—	—	29 904
湖　北	23 638	23 976	—	—	18 960	21 973	44 070
湖　南	32 155	28 641	35 351	33 700	34 002	11 867	35 936
广　东	14 509	14 509	—	—	—	—	58 616
广　西	17 777	17 175	—	—	19 969	20 792	42 282
海　南	5114	2400	—	—	—	5400	55 658
重　庆	31 095	31 095	—	—	—	—	49 366
四　川	28 593	32 772	29 412	—	24 190	19 973	53 288
贵　州	17 714	—	—	—	17 714	—	29 607
云　南	5710	2543	—	20 000	—	39 644	48 759
西　藏	42 000	42 000	—	—	—	—	59 880
陕　西	31 533	31 443	33 333	—	—	24 000	46 674
甘　肃	18 036	18 036	—	—	—	—	46 050
青　海	—	—	—	—	—	—	46 316
宁　夏	—	—	—	—	—	—	44 732
新　疆	—	—	—	—	—	—	52 075
新疆兵团	—	—	—	—	—	—	—
局直属单位	29 530	32 799	—	—	—	29 078	82 329
大兴安岭	29 530	32 799	—	—	—	29 078	46 564

（续）

业 分							
服 务 业							其他行业
				其中			
野生动植物保护和自然保护区管理	林业工程技术与规划管理	林业科技交流和推广服务	林业公共管理和社会组织	林业行政管理、公安及监督检查机构	林业专业性、行业性团体	其他	
41 863	**61 190**	**45 006**	**48 715**	**48 980**	**45 004**	**51 595**	**42 369**
32 624	95 795	109 133	90 373	91 080	83 647	100 979	96 335
32 988	—	—	77 944	77 944	—	—	—
47 674	57 156	27 539	39 596	39 596	—	47 992	30 663
39 018	43 291	45 395	40 763	40 722	45 393	44 457	—
53 926	48 327	58 882	60 949	61 467	49 778	52 989	46 058
42 807	16 443	—	66 186	—	66 186	54 920	44 925
39 355	41 206	40 220	35 274	35 578	31 595	37 565	20 000
42 410	49 192	46 760	47 178	47 178	—	73 414	41 789
—	—	—	—	—	—	75 392	—
—	61 188	48 977	70 206	70 206	—	—	—
40 841	48 320	41 479	43 218	42 923	45 589	37 251	35 100
—	44 620	41 385	51 314	53 753	46 388	43 014	35 118
97 436	110 472	101 321	125 089	125 089	—	—	104 624
36 500	8933	40 999	61 482	60 853	62 913	24 500	42 000
73 144	113 917	76 363	83 886	83 849	87 993	94 474	46 669
35 909	44 333	46 555	48 436	49 087	42 459	28 528	27 434
43 006	38 857	47 320	53 848	54 608	50 128	29 663	56 544
47 984	47 329	41 621	44 445	44 779	38 591	41 118	21 835
44 610	34 970	42 122	47 176	47 280	35 717	52 470	32 000
23 177	42 914	24 710	31 242	31 304	29 486	36 647	19 358
46 598	52 106	39 988	40 690	40 690	—	64 463	—
32 229	38 215	28 106	36 427	36 287	37 713	44 924	22 215
58 981	88 891	50 036	64 388	67 347	40 147	45 021	37 394
39 544	37 262	38 265	45 113	46 895	30 384	34 307	30 963
37 855	—	45 806	68 032	68 070	53 333	43 731	—
45 606	61 860	47 633	49 336	49 935	41 315	29 142	48 413
53 745	66 235	48 076	52 442	52 069	56 972	35 650	16 398
30 421	21 384	—	29 574	29 574	—	—	21 382
40 361	37 988	44 445	51 820	52 375	39 362	39 899	37 636
86 537	—	76 236	57 873	57 873	—	—	—
51 350	51 987	45 481	47 180	47 333	43 039	42 551	38 665
37 115	42 682	41 809	52 403	53 558	36 120	43 873	—
60 050	68 825	33 091	61 957	61 978	56 376	79 430	—
45 551	72 630	34 532	52 779	52 779	—	—	45 206
44 887	37 228	48 247	55 185	55 439	54 460	57 586	59 632
—	—	—	—	—	—	—	—
41 909	152 956	67 567	75 453	75 226	82 416	76 481	55 848
34 028	33 135	54 623	56 542	56 542	—	25 278	55 848

表 18-30　林业系统按行业分职工伤亡事故情况

国民经济行业	轻　伤 （人次）	重　伤 （人次）	死　亡 （人）
总　　计	**597**	**41**	**44**
一、农、林、牧、渔业	**514**	**35**	**37**
其中：国有林场	96	14	14
木材及竹材采运业	395	15	6
二、采矿业	**—**	**—**	**—**
三、制造业	**27**	**—**	**4**
1. 木材加工及木、竹、藤、棕、苇制品业	20	—	3
2. 木、竹、藤家具制造业	3	—	—
3. 木、竹、苇浆造纸业	2	—	—
4. 林产化学产品制造	—	—	—
5. 其他	2	—	1
四、建筑业	**1**	**—**	**—**
五、其他	**55**	**6**	**3**

固定资产投资统计

表 18-31　林业投资完成情况

单位：万元

指　标	本年实际	其中：中央投资
一、本年计划投资	**37 985 074**	**8 682 522**
二、自年初累计完成投资	**43 255 140**	**9 207 326**
其中：国家投资	16 314 880	—
1. 生态建设与保护	19 479 662	7 389 790
（1）造林与更新	10 665 084	2 194 399
（2）森林抚育与管护	2 575 830	1 023 140
（3）野生动植物保护及自然保护区	257 385	161 429
（4）湿地恢复与保护	365 317	142 551
（5）森林生态效益补偿	2 044 344	1 360 348
（6）其他（含生态工程补助资金）	3 571 702	2 507 923
2. 林业支撑与保障	2 327 390	693 841
（1）林木种苗	954 323	90 963
（2）森林防火与森林公安	486 209	166 020
（3）林业有害生物防治	230 281	58 297
（4）科技教育	76 814	34 541
（5）林业信息化	22 851	3285
（6）其他	556 912	340 735
3. 林业产业发展	16 200 261	236 676
（1）工业原料林	1 273 056	25 559
（2）特色经济林（不含木本油料）	774 359	43 225
（3）木本油料	458 187	83 159

（续）

指　标	本年实际	其中:中央投资
（4）花卉	1 028 535	1195
（5）林下经济	2 103 175	15 134
（6）木竹制品加工制造	4 003 251	2992
（7）木竹家具制造	1 201 074	300
（8）木竹浆造纸	511 432	283
（9）非木质林产品加工制造	311 941	1885
（10）林业旅游与休闲	1 771 351	14 774
（11）其他	2 763 900	48 170
4. 林业民生工程	1 532 407	447 163
（1）棚户区（危旧房）改造	767 271	236 298
（2）社会性基础设施	523 695	164 627
（3）其他	241 441	46 238
5. 其他投资	3 715 420	439 856
其中:财政事业费	1 772 839	105 132
三、本年实际到位资金合计	**42 654 719**	**8 924 651**
1. 上年年末结余资金	882 226	304 303
2. 本年实际到位资金小计	41 772 493	8 620 348
（1）国家预算资金	17 279 475	8 588 226
（2）国内贷款	4 017 044	7965
（3）债券	1534	—
（4）利用外资	636 899	—
（5）自筹资金	16 765 086	—
（6）其他资金	3 072 455	24 157

表 18-32　各地区林业投资完成情况

单位:万元

地　区	总　计	其中:国家投资
全国合计	**43 255 140**	**16 314 880**
北　京	2 353 682	2 054 335
天　津	203 034	203 034
河　北	897 626	580 673
山　西	1 465 912	1 036 327
内蒙古	1 513 615	1 183 961
内蒙古集团	481 035	376 572
辽　宁	1 227 495	615 774
吉　林	678 177	467 585
吉林集团	202 032	131 851
长白山集团	204 584	151 379
黑龙江	974 013	856 090
龙江集团	707 758	663 862
上　海	147 768	139 500

（续）

地　区	总　计	其中:国家投资
江　苏	1 493 080	151 169
浙　江	876 555	467 723
安　徽	971 859	250 578
福　建	2 643 740	119 628
江　西	973 325	558 552
山　东	3 250 914	337 102
河　南	1 102 935	208 029
湖　北	940 769	426 409
湖　南	1 908 333	735 681
广　东	732 897	391 588
广　西	10 861 358	467 410
海　南	136 712	122 619
重　庆	463 092	413 595
四　川	2 403 437	984 888
贵　州	402 000	402 000
云　南	904 811	451 034
西　藏	188 309	135 916
陕　西	1 091 744	719 910
甘　肃	837 211	602 137
青　海	281 662	248 457
宁　夏	164 160	117 051
新　疆	730 509	471 140
新疆兵团	234 513	43 328
局直属单位	434 406	394 985
大兴安岭	280 982	251 112

表 18-33　全国历年造林面积

单位:千公顷

年　份	造林面积				年　份	造林面积			
	合计	人工造林	飞播造林	新封山育林		合计	人工造林	飞播造林	新封山育林
1949~1952	1707.33	1707.33			1991	5594.47	4751.80	842.67	
1953	1112.93	1112.93			1992	6030.40	5083.70	946.70	
1954	1166.20	1166.20			1993	5903.40	5044.40	859.00	
1955	1710.53	1710.53			1994	5992.66	5190.24	802.42	
1956	5723.27	5723.27			1995	5214.61	4629.35	585.26	
1957	4355.07	4355.07			1996	4919.38	4314.96	604.42	
1958	6098.67	6098.67			1997	4354.93	3737.75	617.18	
1959	5449.67	5442.67	7.00		1998	4811.05	4086.00	725.05	
1960	4143.93	4136.93	7.00		1999	4900.71	4276.85	623.86	
1961	1441.33	1432.33	9.00		2000	5105.14	4345.01	760.13	
1962	1198.73	1188.73	10.00		2001	4953.04	3977.32	975.72	

（续）

年　份	造林面积				年　份	造林面积			
	合计	人工造林	飞播造林	新封山育林		合计	人工造林	飞播造林	新封山育林
1963	1530.13	1516.03	14.10		2002	7770.97	6896.04	874.93	
1964	2911.33	2893.23	18.10		2003	9118.89	8432.48	686.41	
1965	3425.33	3403.23	22.10		2004	5598.08	5018.89	579.19	
1966	4533.33	4351.83	181.50		2005	3637.68	3221.29	416.39	
1967	3904.00	3540.99	363.01		2006	3838.79	2446.12	271.80	1120.87
1968	3413.33	2858.81	554.52		2007	3907.71	2738.52	118.67	1050.52
1969	3479.33	2753.31	726.02		2008	5353.74	3684.26	154.07	1515.41
1970	3884.00	2976.48	907.52		2009	6262.33	4156.29	226.34	1879.70
1971	4525.13	3404.40	1120.73		2010	5909.92	3872.76	195.95	1841.21
1972	4635.73	3473.33	1162.40		2011	5996.61	4065.69	196.93	1733.99
1973	4982.87	3925.47	1057.40		2012	5595.79	3820.70	136.41	1638.68
1974	5002.47	4114.74	887.73		2013	6100.06	4209.69	154.40	1735.97
1975	4973.73	4437.66	536.07		2014	5549.61	4052.91	108.06	1388.65
1976	4925.73	4323.06	602.67		1949 ~ 1952	1707.33	1707.33		
1977	4793.27	4218.54	574.73		1953 ~ 1957	14 068.00	14 068.00		
1978	4496.33	4125.73	370.60		1958 ~ 1962	18 332.33	18 299.33	33.00	
1979	4489.27	3910.27	579.00		1963 ~ 1965	7866.79	7812.49	54.30	
1980	4552.00	3940.00	612.00		1966 ~ 1970	19 213.99	16 481.42	2732.57	
1981	4110.07	3681.00	429.07		1971 ~ 1975	24 119.93	19 355.60	4764.33	
1982	4495.60	4115.80	379.80		1976 ~ 1980	23 256.60	20 517.60	2739.00	
1983	6324.40	5603.13	721.27		1981 ~ 1985	31 520.54	27 639.47	3881.07	
1984	8253.67	7290.74	962.93		1986 ~ 1990	26 453.27	21 403.14	5050.13	
1985	8336.80	6948.80	1388.00		1991 ~ 1995	28 735.54	24 699.49	4036.05	
1986	5274.00	4158.20	1115.80		1996 ~ 2000	24 091.21	20 760.57	3330.64	
1987	5414.20	4207.27	1206.93		2001 ~ 2005	31 078.66	27 546.03	3532.64	
1988	5533.27	4574.80	958.47		2006 ~ 2010	25 272.49	16 897.96	966.82	7407.71
1989	5023.33	4109.53	913.80		1949 ~ 2014	298 958.75	253 337.42	31 716.35	13 904.99
1990	5208.47	4353.34	855.13						

注:1. 1985 年以前，造林成活率达到 40% 即统计造林面积，以后为达到 85% 以上统计。

2. 根据《造林技术规程》(GB/T 15776—2006)，本表自 2006 年起将无林地和疏林地新封山育林面积计入造林总面积。

表 18-34　全国历年新封山育林和迹地更新面积

单位:千公顷

年　份	新封山育林面积	迹地更新面积	年　份	新封山育林面积	迹地更新面积
1949 ~ 1952		22.53	1991	6220.47	664.10
1953		16.53	1992	5874.10	673.60
1954		38.80	1993	4795.60	739.20
1955		39.20	1994	4844.44	722.70
1956		94.13	1995	4538.49	750.96
1957		55.80	1996	3659.83	794.75
1958		391.13	1997	3865.81	798.38
1959		560.33	1998	9699.10	806.30

（续）

年　份	新封山育林面积	迹地更新面积	年　份	新封山育林面积	迹地更新面积
1960		483.73	1999	6704.50	1042.83
1961		157.07	2000	6130.00	919.80
1962		106.33	2001	5821.90	515.29
1963		183.00	2002	2561.36	379.00
1964		206.53	2003	1817.34	285.99
1965		238.93	2004	1196.55	319.31
1966		321.00	2005	1763.00	407.55
1967		303.00	2006	1120.87	408.24
1968		240.00	2007	1050.52	390.91
1969		233.00	2008	1515.41	424.00
1970		325.00	2009	1879.70	344.25
1971		307.53	2010	1841.21	306.71
1972		319.00	2011	1733.99	326.64
1973		356.73	2012	1638.68	305.07
1974		362.00	2013	1735.97	303.09
1975		422.00	2014	1388.65	292.45
1976		420.80	1949～1952		22.53
1977		416.40	1953～1957		244.46
1978		458.40	1958～1962		1698.59
1979		409.33	1963～1965		628.46
1980		421.93	1966～1970		1422.00
1981	3652.33	442.60	1971～1975		1767.26
1982	5732.00	438.80	1976～1980		2126.86
1983	5678.07	508.80	1981～1985	26 889.87	2580.47
1984	6780.67	552.00	1986～1990	25 277.07	3308.40
1985	5046.80	638.27	1991～1995	26 273.10	3550.56
1986	5736.13	577.40	1996～2000	30 059.24	4362.06
1987	5449.13	703.50	2001～2005	13 160.15	1907.14
1988	4646.00	636.90	2006～2010	7407.71	1874.12
1989	4535.33	719.10	1949～2014	135 564.41	26 720.15
1990	4910.47	671.50			

注：2004 年后新封山育林面积指无林地和疏林地新封山育林面积。

林业财务
会计与资金稽查

19

林业财务和会计

【综　述】 2014年，在局党组的正确领导下，林业计财部门坚持学习贯彻党的十八大和十八届三中、四中全会精神，紧密围绕建设生态文明的总目标和改善生态改善民生的总任务，全面贯彻落实全国林业厅局长会议部署，深入开展党的群众路线教育实践活动，继续以“健全完善林业计财工作七大体系”为目标，牢固树立大局意识、服务意识、改革创新意识、学习研究意识、合作意识、程序意识和廉政意识，认真履行职责，强化团队建设，转变职能、转变作风、服务大局、服务基层，充分发挥全体干部的积极性和聪明才智，圆满完成了各项工作任务，取得了新的成果，为发展生态林业、民生林业提供了有力保障。

现代林业建设规划体系　一是加强顶层设计，做好规划引领。启动了“十三五”林业规划编制工作，完成了纳入国家“十三五”规划基本思路林业重点内容和重大工程、重大项目、重大政策建议。联合国家发展改革委、财政部印发了《全国优势特色经济林发展布局规划》；印发了林权管理服务体系建设、集体林地林下经济发展规划、甘南等国家重点生态功能区生态保护与建设等13个专项规划；会同有关部门批复了河北等7个省级防沙治沙规划；启动了国家沙漠公园等6个专项规划的编制工作。配合国家发展改革委编制了《京津冀协同发展生态保护与建设规划》，将丝绸之路经济带和海上丝绸之路生态建设、产业合作两个专题研究成果纳入《丝绸之路经济带和海上丝绸之路建设战略规划》等规划。参与了有关部委牵头编制的《农业突出环境问题治理规划》等多项规划。二是加强谋位占位，做好战略研究。完成了水安全战略研究报告；承担了中央财经领导小组第5次会议主要任务分工方案中扩大京津平原森林湿地面积、扩大天保工程范围、建立水资源论证制度、修复华北平原地下水超采等4项战略研究；开展了全国负氧离子监测研究，启动了7个市级单位试点监测；开展了扩大退耕还林任务研究；组织开展了湖北神农架林区生态保护与经济转型等问题研究；及时与交通运输部进行沟通，解决了两会代表反映突出的林场(区)道路建设问题。三是加强制度建设，强化规划实施监督。起草完成了《国家级自然保护区总体规划审批管理办法》《国家级森林公园总体规划管理办法》，批复国家级自然保护区总体规划16个、国家级森林公园总体规划31个；与有关部委批复了第二批全国生态文明示范工程试点名单和第一批生态文明先行示范区建设名单；开展了生态保护与建设示范区评定工作；加快实施主体功能区战略，开展了《国家粮食安全中长期规划纲要(2008～2020年)》林业中期评估；完成了鄂西南地区油茶产业规划实施阶段评估以及生态资源产权等9项制度的评估。

现代林业建设公共财政体系　一是完善林业重大生态工程财政政策。会同有关部门印发了《新一轮退耕还林还草总体方案》；积极协调国务院批准启动新一轮退耕还林，安排退耕还林还草任务33.33万公顷，中央财政安排资金24.7亿元。启动了退耕还湿、湿地生态效益补偿和湿地保护奖励等试点工作。2014年争取中央财政林业专项资金会同财政部联合向国务院报送了《关于全面停止黑龙江重点国有林区天然林商业性采伐并完善相关财政政策的请示》，经国务院领导批准，黑龙江重点国有林区率先启动停止天然林商业性采伐试点，中央财政每年新增安排天保工程补助资金23.5亿元，主要用于保障林区干部职工基本生活和社会正常运转。二是加大争取中央财政支持力度。2014年中央财政林业专项资金将达784.4亿元。其中，湿地保护政策取得突破，2014年中央财政大幅度增加了湿地保护补助资金，安排补助资金16亿元，比2013年增加13.5亿元；中央财政安排林业国家级自然保护区补贴5亿元，比2013年增加2亿元。支持了251个林业国家级自然保护区能力建设，覆盖了77%林业国家级自然保护区；2014年，中央财政安排森林防火补贴1亿元，比2013年增加0.5亿元；中央财政安排林业有害生物防治补贴4亿元，比2013年增加2亿元。三是扎实推动林业改革。积极推进国有林区改革，编制完成了《国有林区改革指导意见》和《国有林场改革方案》；协调银监会，研究提出了化解国有林区和国有林场金融机构债务初步方案。积极落实中央及国务院有关部门涉及林业改革举措分工方案，报送了《涉及林业的改革举措中长期改革实施规划》、林业政府间事权与支出责任划分研究报告，制定了局改革工作要点，印发了林业改革举措分工方案。四是加大了农业综合开发力度。批复了2014年农业综合开发林业项目投资计划，2014年，共安排农业综合开发中央财政资金7.19亿元，安排各类林业生态示范项目投资2.09亿元，共3.98万公顷，名优经济林示范项目投资5.1亿元，共3.24万公顷。五是加大了国家预算内基本建设投资力度。2014年营造林生产计划继续保持高位运行，全年安排生产任务562.5万公顷，并于年初全部下达到各省区；积极争取中央林业基本建设投资135亿元，保持了较高的投资水平。林区棚户区危旧房改造稳步推进，全年安排改造任务8.53万户，共计安排投资12.1亿元；林业棚户区(危旧房)改造配套基础设施建设共计安排投资245.6亿元。六是扩大了2014年部门预算盘子。落实国家林业局部门预算58.79亿元，其中：基本支出10.48亿元，项目支出48.31亿元，部门预算进一步优化支出结构，关注民生需求。提高了科学教育事业单位基本支出预算标准，规范了机关事业单位医疗费来源渠道，确保机关和事业单位的正常运行；认真测算机关和参公事业单位规范津补贴以及在京单位离退休人员补贴调整的资金需求，确保及时足额发放到位。七是林区基础设施建设取得突破。加紧推进林场（区）道路建设，截至2014年年底，累计安排资金28亿元，建设完成国有林场（区）道路7790千米。经与交通部协商一致，同意将国有林场（区）道路按属性纳入相关公路网规划统筹安排；大力推进林场（区）饮水安全工作建设，在有关单位下发的《关于下达农村饮水安全工程2014年中央预算内投资计划的通知》中，明确要求将国有林场饮水安全工程建设纳入今、明两年年度计划，并在分解年度投资计划时予以落实，确保在2015年年底前同步完成规划确定的建设任务；继续推进林场（区）外联供电、广播电视等基础设施建设问题通过相关部门规划解决。八是积极推进局重点建设项目。积极争取在《国家民用空间基础设施中长期发展规划》中的林业占位，将碳卫星立项纳入规划报国务院批复；积极与有关单位沟通，协调编制碳卫星项目先期攻关项目建议书；组织力量编制了《推进碳卫星立项工作方案》。将林业纳入全国北斗卫星导航产业示范应用8个行业之一，并下达了2014年的建设计划；积极协调各省市参与总装备部启动的“林业生态建设与保护北斗示范应用系统工程项目”；推进“局森林碳汇研究与实验中心项目”，促成三亚市政府解决了项目建设中涉及的立项备案等一系列问题，目前已完成了土地划拨所有的前置手续。截至2014年，共完成了144个林业建设项目的审批工作，批复投资18.8亿元，其中中央资金14.1亿元。九是积极做好自然灾害应对和重大自然灾害灾后恢复重建与救灾工作。编写完成《2013年度涉林自然灾害应对工作总结》；进一步修改完善《重大自然灾害林业灾损调查与评估技术规程》并完成了林业行业标准申报工作；参与拟定对重大自然灾害灾后恢复重建和生态修复的财政支持政策，积极争取林业救灾资金1.1亿元，对2013年度遭受重灾的省份给予林业生产救灾补贴；参与云南鲁甸地震及海南等地台风灾后恢复重建政策意见起草和总体规划编制等工作。

现代林业建设金融支持体系 一是继续加强林权抵押贷款工作。与银监会联合召开全国林权抵押贷款工作（电视电话）会议，介绍和交流了林权抵押贷款工作情况和经验，安排部署林权抵押贷款下一步工作重点。配合人民银行开展三权（宅基地使用权、农村土地承保经营权以及林权）抵押贷款和普惠金融课题调研。二是继续加强森林保险有关工作。开展森林保险调研，形成《全国森林保险工作开展情况的调研报告》，对下一步森林保险工作提出了建议；完成赴澳大利亚森林保险培训团的境外培训，学习借鉴澳大利亚森林保险工作，提出中国森林保险工作建议；继续扩大中央财政森林保险保费补贴范围。2014年将北京市和山东省纳入中央财政森林保险保费补贴范围，目前已有24个省（区）、3个计划单列市和大兴安岭重点国有林区纳入补贴范围。截至2014年10月底，森林保险保费收入22.41亿元，承保森林面积1.4亿公顷，保额7874.9亿元，参保农户2145万户次，赔款支出10.18亿元，受益农户9.39万户次。预计年底投保面积1.47亿公顷。

林业产业发展和林业对外经贸合作政策环境体系 一是加强林业产业宏观指导，促进林产品贸易发展。认定首批128家国家林业重点龙头企业；组织召开了林业重点会展新闻发布会，举办了中国（赣州）第一届家具产业博览会等6个林产品交易博览会，并根据中央有关规范节庆论坛展会的精神，对各项展会进行了清理规范；开展了木材经营加工许可制度改革调研，并向局领导报送了《关于木材经营加工许可制度改革调研情况的报告》，提出了木材经营加工许可制度改革的重点和思路；与国家质检总局等9部门联合开展了全国建材市场秩序专项整治；开展了创建森林标志产品品牌和林产品市场监测预测预警体系建设前期工作；下发一系列文件及时就林业安全生产工作做出要求和安排，保障了林业安全生产工作的稳定态势。二是加大了油茶等木本粮油产业的推进力度。起草了《国务院办公厅关于加快木本油料产业发展的意见（代拟稿）》并报国务院；召开了第七次全国油茶产业发展现场会、油用牡丹产业发展座谈会和长柄扁桃产业发展现场会，全面总结了近年来本油料产业发展取得的成效与经验，研究存在的问题与对策，安排部署当前和今后一个时期木本油料产业发展的重点工作。三是争取林业外资项目取得新突破。组织完成总额4亿欧元林业贷款准备工作，向发展改革委报送了项目资金申请报告，履行审批程序；配合有关部委对中美投资协定谈判涉林领域建立负面清单，修订《外商投资产业指导目录》，进一步压减限制和禁止外商投资林业领域。四是进一步提升全球森林资源配置能力。启动中俄森林资源开发四期、五期合作规划和中柬、中圭合作规划编制；完成了《民营企业境外投资战略研究》；会同商务部等与马来西亚等国家磋商森林资源开发合作；向开行推荐一批优先支持重点项目，联合商务部、开行对有关项目进行评估；全国进口木材资源储备加工交易基地建设取得新进展；协助企业争取对外经济技术合作七项专项资金补助政策，协调有关部门将木材等资源性产品纳入《国务院办公厅关于加强进口的若干意见》予以重点扶持；协调有关单位发起成立《中国林业产业联合会国际投资贸易促进会》；积极推进加强野生动物和森林保护管理援非项目，援助肯尼亚项目已经落地。五是国际经贸合作取得新进展。2014APEC中国年林业议题磋商取得重要进展，配合国际司举办了APEC有关林业会议。利用世贸组织和中美投资协定谈判等平台，为林业经贸合作赢得话语权和空间。积极应对林产品国际贸易壁垒和热点问题，完成中欧双边协调机制框架下一揽子合作项目；帮助企业做好美国对中国出口胶合板进行双反调查后续应对工作；应对美国《雷斯法案修正案》取得新进展；妥善应对有关境外媒体和非政府组织炒作中国企业国际木材贸易事件。中英合作森林施政、市场与气候变化二期——国际林产品投资与贸易项目正式启动；《中国企业境外可持续林产品贸易与投资指南》通过专家评审。累计完成126个国家的林业国别研究报告，形成了一批战略导向和市场应用高度融合的研究成果。六是强化了区域协调发展。与水利部联合召开滇桂黔石漠化片区区域发展与扶贫攻坚推进会；按照中央有关要求，配合农业部等相关部门印发了《特色产业增收工作实施方案》；印发了《全国林业扶贫攻坚规划》及11个片区林业扶贫攻坚规划；完成了《林业扶贫情况统计分析报告》，部署了2013年集中连片特困地区林业扶贫情况信息采集工作；完成了《2014年中国扶贫年鉴》林业部分的报告。分别在新疆和西藏召开了工作座谈会及对口支援座谈会，印发了《国家林业局援疆工作机制》等一系列援疆援藏文件；举办了4期扶贫、4期援疆援藏培训班；批复了西藏、青海美丽乡村设计方案。印发了《国家林业局对口支援万安县振兴发展工作方案》；与河北省林业厅协调2014年支持阜平建设核桃基地计划；完成了"三峡库区生态屏障区生态效益监测技术与评价方法研究"课题立项，编制了《丹江口库区及上游地区林业对口协作实施方案》。七是生态监测和生态原产地涉林产品保护工作取得新成效。出版了《国内外林业生态监测》；组织编制《全国林业生态监测体系建设规划(2014～2020年)》；联合有关单位开展"林业生态安全综合指数"研究，选择吉林等5省15县开展先期试点，并开展相关培训；起草《国家林业局与国家质检总局关于共同开展林业生态原产地产品保护工作共建协议(初稿)》；组织编制《林业生态原产地产品保护工作草案》。

现代林业建设统计评价体系 一是完善了林业统计方法制度。对林业综合统计报表制度做了进一步修订，并部署实施；首次建立林业服务业统计报表制度；整合报批林业专项统计制度。二是加强统计研究基础工作。完成林业就业测算研究；启动林产品分类目录研究；配合有关司局完成中国森林资源核算及绿色经济评价研究，积极协调国家统计局做好探索建立自然资源资产负债表的有关工作；完成2013年林业统计年报和2014年半年报、三季报等统计工作任务；审核了规模以上人造板、木地板生产企业的经济普查数据，并将相关意见和建议函复国家统计局。三是强化统计信息咨询和服务。完成了《2014中国林业发展报告》和《2013中国林业统计年鉴》；完成了林业产业和木本油料2篇专题分析报告并报中办、国办；完成了2013年全国林业统计年报分析报告，2014年半年、三季度全国林业经济运行分析报告及《2013年全国林业统计年报分析汇编》等林业统计分析资料，供领导决策参考。另举办了3期统计业务培训班，提高了基层林业统计人员业务素质。

森林资源资产化管理制度体系 一是继续推进森林资源资产评估制度建设。将完善森林资源资产评估内容协调纳入正在修订的《森林法》；积极协调财政部推进修订《森林资源资产评估技术规范》和《森林资源资产评估管理规定》两个制度办法，其中《森林资源资产评估技术规范》将以国家林业局行业标准方式发布。二是做好森林资源资产评估课题研究和培训。完成了《森林资源资产评估咨询人员培训教材》修订，开展《森林资源资产生态价值实物量计量与价值量评估》课题研究；配合指导有关单位举办了3期森林资源资产评估咨询人员培训班，为有关省区林业调查规划设计单位和林权管理服务中心培训森林资源资产评估专业技术人员近600人。

林业资金和资产使用管理安全运行体系 一是加强警示教育，强化资金资产安全运行意识。结合审计整改，开展法制学习检查、内部审计检查和巡视检查，重点检查干部职工对会计法和财经知识是否学会弄懂，对国家林业局制定的廉政管理办法以及各项财务管理是否熟知；加强内部审计检查，重点对近几年出问题的单位、有苗头倾向的单位实行重点审计，提高资金安全意识。二是加强教育培训，强化严格执行财经法纪意识。组织局机关财务工作培训，将国家有关财经法律法规的内容，列入各级培训的教学计划，提高各级领导干部和工作人员严格执行财经法纪的意识。三是加强制度建设，提高自我约束意识。启动《自然保护区工程项目建设标准》等国家建设项目标准制定，完成了《林业工程建设标准体系(征求意见稿)》，发布实施了《森林火险区综合治理工程项目建设标准》等12项行业建设标准；完成了国家标准《冻土工程地质勘察规范》的专家审查，并报送住建部；修订完成了《林业建设项目可行性研究报告编制规定》等5项制度。进一步明确林业工程建设标准的立项、编制、编号、批准发布等管理职责；继续加大部门预算项目制度建设力度，累计完成了《国家林业局森林认证项目资金管理办法》等17个管理办法，极大地促进了预算管理的制度化、科学化。完成25个项目支出预算定额标准制定工作，促进预算编制的科学性和合理性；会同财政部印发了《中央财政林业保护补助资金管理办法》，对林木良种补贴9项林业财政专项资金进行整合；修改完善《森林植被恢复费征收使用管理办法》，制定《中央财政林业保护补助资金申报标准文本》，加强了林业建设标准、部门预算和行业财政资金管理。四是加强监管制约机制，提高计财管理水平。及时将部门预算下达到预算单位和项目承担单位，并向社会公开部门预算和"三公经费"。2013～2014年国家林业局中央部门预算管理工作被财政部评为先进单位。2013年部门决算连续9年被财政部评为一等奖；组织开展绩效评价工作，推进事业单位整体支出绩效评价，报送"林业科技成果国家级项目推广"等12个绩效评价试点项目，开展绩效评价项目库建设，指导财政支出绩效目标的申报管理。建立国家林业局部门预算绩效管理工作专家库，提高绩效评价科学性和有效性；严格开展出国预算来源审核确认工作，控制因公出国支出规模；进一步强化局机关及直属单位政府采购基础管理工作，及时转发政府采购有关规定，积极推行"政府采购计划管理系统"，举办局机关和直属单位政府采购业务培训班，提高采购人员业务素质；严格控制"三公经费"，把厉行节约工作纳入党风廉政建设重要内容。五是加强预算执行和国有资产管理力度，进一步规范资金资产管理。在全局范围内按月通报各直属单位预算执行情况，及时协调各单位的预算执行并做好国库集中支付工作；严格按照内部报销审核工作程序做好专项经费报销工作；上报国管局2013年度国有资产决算表和2014年度国有资产配置计划表，上报财政部资产管理信息系统统计表；及时审核批复直属单位国有资产处置申请，对直属单位国有资产管理工作进行指导；开展编制森林资源资产负债表研究工作，协调有关部委并组织专家开展论证，确定研究方向和研究重点。六是积极协调各单位，认真做好审计整改。2013 年审计署对国家林业局开展预算执行情况、财政存量资金和行业专项资金的审计工作。此次审计中共发现国家林业局在预算执行、其他财政收支和中央转移支付资金管理等方面存在 253 个问题。局党组对本次审计查出的问题高度重视，多次召开会议，研究整改措施，部署整改工作，并下发文件要求各相关单位对查出的问题认真研究，深刻剖析，制订出整改方案，采取有效措施，切实予以纠正。目前，除责任追究仍在具体落实和按程序报批外，审计报告中指出的其余问题，已全部完成整改。七是严格按照中央精神，做好公务用车改革工作。2014 年，中央正式开展公务用车制度改革工作，根据中央有关文件精神和中央公务用车制度改革领导小组办公室的工作部署，成立了局公务用车制度改革工作组，积极协调各工作小组，平稳有序推进公务用车制度改革，在广泛征求局内各单位和中车办意见基础上，报送了《国家林业局公务用车制度改革实施方案》。按财政部要求，完成了公务用车补贴需求测算工作。此外，积极做好物业费和取暖费改革。八是管好用好机关经费，保障机关工作顺利开展。起草了《国家林业局机关财务管理暂行办法》，强化机关经费预算管理，规范机关财务行为，推动节约型机关建设。

（马一博）

【部门预算】 2014 年，国家林业局部门预算工作紧紧围绕十八大及三中和四中全会会议精神，认真贯彻中央八项规定和政府带头过“紧日子”的要求，加强规范、加大统筹、夯实基础、提高水平、注重实效，紧紧抓住部门预算资金争取这个中心，进一步强化预算管理，完善规章制度，规范支出管理，切实提高部门预算管理水平。

积极做好 2014 年部门预算争取工作 2014 年年初财政部批复部门预算资金 58.24 亿元（不含预算内基本建设投资），扣除大兴安岭林区天保二期工程补助资金、公检法及义务教育补助经费、石油价格改革补贴等固定预算因素，与 2013 年径年初预算 51.99 亿元相比，增加 6.25 亿元，增长 12%。同时，根据林业发展需要和突发情况，积极申请财政追加预算 5.85 亿元。

积极组织实施国家林业局预算信息公开工作 根据《财政部关于进一步做好预算信息公开工作的指导意见》，提前做好预算信息公开的准备工作，并报经局领导审核同意后及时通过国家林业局政府网站向社会公开，包括国家林业局 2014 年部门预算、2014 年“三公”经费财政拨款预算和 2013 年国家林业局部门决算。

认真组织 2015 年部门预算编制工作 2015 年部门预算编制，充分考虑机关事业单位的人员支出和正常运转支出需求，重点申请解决包括规范津贴补贴、医疗经费挂账等基本支出需求。经积极争取，财政部累计安排 2015 年初部门预算指标 57.78 亿元（不含预算内基本建设投资），相比 2014 年初预算数减少 0.46 亿元，减少 0.79%。减少原因主要是 2015 年森林防火专项从中央部门预算划转地方转移支付 4.12 亿元，相比 2014 年预算增加 3.66 亿元，增长 6.28%。2015 年初部门预算重点增加内容包括：一是基本支出预算解决了在京行政及参公单位规范津贴补贴经费、在京事业单位离退休人员规范津贴补贴经费、南京森林警察学院生均标准提高经费等涉及基本运行和人员稳定的相关经费；二是项目支出预算重点增加了第二次全国重点保护野生动植物资源调查 2000 万元、森林资源清查与动态监测 1300 万元、天然林保护工程补助经费（政策性社会性支出补助）48 700 万元等。

及时批复 2014 年部门预算和 2013 年部门决算 按照“中央各部门应当自财政部批复本部门预算之日起 15 日内，批复所属各单位预算”的规定，国家林业局按时将部门预算正式批复下达到预算单位和项目承担单位，做到一个单位一本预算，保证了部门预算批复的及时和完整，为预算单位履行职能和开展专项业务工作创造了条件。同时，根据财政部批复国家林业局 2013 年部门决算，及时向各单位批复了部门决算。

积极开展财政项目定额标准制定工作 根据中央本级项目支出定额标准管理规定，结合国家林业局部门预算项目具体情况，2014 年国家林业局启动 25 个项目的定额标准建设工作，会同 2 个项目定额标准制定工作专家组，重点针对各标准与相关单位进行沟通，现场调研了解项目具体实施管理情况等，提出标准进一步修改完善的内容和方向，逐步完善各项目支出定额标准。部分项目定额标准基本通过内部审核，待结合预算编制检验后，验证标准的合理性和可行性，择时发布；对 2015 年准备开展制定标准的 10 个项目，布置各单位抓紧研究拟定项目定额标准初稿，提交专家审核、广泛征求意见、力争经过反复修改完善后，尽早予以发布执行。

积极开展财政项目支出预算绩效评价试点工作 根据《财政支出绩效评价管理暂行办法》（财预〔2011〕285 号）要求，一是按时完成 2013 年确定的林业科技成果国家级项目推广、野生动物疫病监测和预警系统维护等 6 个项目绩效评价报告的报送工作；二是面对绩效评价项目不断增加、评价难度不断提高的情况，积极组织开展 2014 年选择确定的教学设备购置和维修、国家森林病虫害预测预报补助经费、荒漠化监测等 12 个项目的绩效评价工作；三是根据《预算绩效管理工作规划（2012 ~ 2015 年）》（财预〔2012〕396 号）要求，完成了对国家林业局对外合作项目中心 2013 年整体支出绩效评价工作；四是配合财政部预算评审中心开展 2013 年“国家森林病虫害预测预报补助经费”项目的绩效再评价工作；五是建立国家林业局部门预算绩效管理工作专家库。2014 年，选择确定 2015 年绩效评价试点项目 17 个，相比 2013 年增加 5 个；填报绩效评价目标项目 44 个，相比 2013 年增加 17 个；研究制定了 2014 年 12 个试点项目绩效评价指标体系，提高了绩效评价目标报送的准确性和有效性。

积极推进制度建设工作 为加强部门预算项目资金管理，规范项目资金使用方向和支出内容，2014 年继续推进项目预算管理规章制度的建设。制订发布了《国家林业局生物安全与遗传资源管理项目资金管理办法》《国家林业局审计与稽查项目资金管理办法》等17项资金管理办法，规范了部门预算项目资金的管理，推动部门预算编制管理水平的提升。

保质保量完成预算管理的日常工作 主要包括：组织完成2013年部门决算的编制汇总上报工作和2013年度绩效管理自评工作，2013年国家林业局部门决算在财政部组织的部门决算评比中连续第九年荣获一等奖，2013年绩效管理工作在财政部绩效管理工作评比中连续两年荣获一等奖，受到了通报表扬；配合财政部预算评审中心完成2015年林业生态站等监测运行项目的预算评审工作；部署2014年度预算的清理核对和决算布置工作；完成局机关因公出国(境)经费预算来源的审核确认工作，杜绝超预算和无预算安排出国情况，严格控制因公出国(境)支出规模。 (吴 旻)

【公车改革】 完成国家林业局机关和在京参公单位车改工作。2014年，根据中共中央办公厅、国务院办公厅《关于全面推进公务用车制度改革的指导意见》(中办发〔2014〕40号)和《中央和国家机关公务用车制度改革方案》(中办发〔2014〕41号)，2014年12月，中央公务用车制度改革领导小组批复同意国家林业局公务用车制度改革实施方案，国家林业局顺利完成局机关和京内9个参公事业单位的公车改革工作。 (徐旺明)

【资金审计】 配合审计署农林水利审计局完成2013年度预算执行、其他财政收支和决算(草案)以及参与分配中央财政专项转移支付资金情况等审计工作。对审计发现的问题认真研究，积极完成整改。 (徐旺明)

【森林保险】

2014年森林保险总体发展情况 截至2014年年底，中央财政森林保险保费补贴工作已覆盖全国29个省级单位(含24个省区市、3个计划单列市、2个森工企业)，全国森林保险总面积1.4亿公顷，占全国森林面积的67.6%。其中，公益林保险面积1.06亿公顷，占75.5%；商品林0.34亿公顷，占24.5%。保费总额27.27亿元，各级财政补贴24.34亿元，占总保费的89.3%；中央财政补贴12.67亿元，占总保费的46.5%。总保险金额10 889.29亿元，平均费率2.5‰。平均简单赔付率为21%。

投保情况 投保面积总体增长。公益林投保面积的增长幅度与森林保险总体投保面积的增长幅度基本一致，商品林投保面积增幅不大，江西、海南、吉林、河南、广东、重庆、云南7省商品林投保面积减少。

理赔情况 赔付率偏低。赔付率排在前四位的是广西(108.5%)、江西(80.0%)、海南(73.4%)和湖南(48.4%)，与四省区当年遭受风灾、火灾等造成严重损失的现实情况一致。全国总体情况，平均简单赔付率为21%，与农业保险赔付率相比偏低。 (吴 今)

【基本建设财务管理】 完成了2014年度中央级林业固定资产投资决算的审核、汇总、上报工作。共汇编526个固定资产投资项目，2014年中央级林业用于各类固定资产投资项目实际支出904 664.3万元，其中交付使用资产36 820.4万元，待核销基建支出623.4万元，新增在建工程79 036.1万元。

完成2014年林业行业固定资产投资决算 根据财政部2014年度决算编报要求，结合林业工作实际，对2014年林业行业固定资产投资决算工作进行了部署和培训。

认真做好2014年度基本建设贷款中央财政贴息资金的审核申报工作 财政部核定林业行业2014年度林业基建贴息1.1亿元，涉及50个项目。 (侯 睿)

【政府采购】

政府采购工作基本情况 2014年国家林业局及时转发了国务院、财政部有关政府采购管理的办法及规定，举办了局直属单位政府采购业务培训班，要求各单位不得无预算、超预算采购；建立了政府采购联系人制度，要求各单位专人统一管理政府采购计划、执行、签订合同、货物验收入库；按时审核、上报政府采购计划报表、计划执行报表以及信息统计报表；完成了局直属单位采购进口产品审核、上报工作；及时将直属单位公开招标信息在林业网公示。一年来，国家林业局机关及直属单位严格按照《政府采购法》及有关规定，开展各项政府采购工作。

主要指标说明 2014年国家林业局政府采购预算27 185.61万元，实际完成政府采购24 058.35万元，节约资金3127.26万元，资金节约率11.50%。2014年实际完成的政府采购资金按项目类别分，货物类为13 393.22万元，占采购总规模的55.67%；工程类8636.36万元，占采购总规模的35.90 %；服务类2028.77万元，占采购总规模的8.43%；按采购方式分，采用公开招标的采购规模为22 235.05万元，占采购总规模的65.29%，主要是办公设备、实验科研仪器、森林防火储备物资采购以及分散采购工程、服务项目；按政府采购合同规模分，小型企业11 149.34万元，微型企业1140.13万元，占政府采购资金总额的51.08 %。节能、节水产品采购金额为740.81万元，占同类产品采购总额的92.50%。环保产品采购金额663.18万元，占采购总金额的87.59%。 (张丽媛)

【全国林业行业财政资金收支状况】 2014年全国林业行业预算投入1864.9亿元，其中：中央投入999.7亿元，地方投入865.2亿元。与2013年相比，增加106.2亿元，其中：中央增加20.8亿元(基本建设投资减少38.5亿元，财政投入增加59.3亿元)，地方增加85.4亿元。全年实际到位资金2023.5亿元，实际支出1915.8亿元。具体如下：

中央预算投入(投资计划) 2014年中央预算林业投入985.9亿元，其中：基本建设投资137.9亿元，财政投入848亿元。①基本建设投资。2014年中央林业基本建设投资共计137.9亿元，主要包括：棚户区改造

18.3亿元，“三北”、沿海等防护林建设工程37亿元，退耕还林工程16.1亿元，天然林保护工程13亿元，森林防火11.3亿元，京津风沙源治理工程8亿元，野生动植物及自然保护区建设工程3.1亿元，林业有害生物防治3.2亿元。②财政投入。2014年中央财政林业投入共计848亿元，其中财政专项资金846.7亿元，机构运行支出1.3亿元。财政专项资金主要包括：天然林保护工程资金164.3亿元，退耕还林工程资金286.4亿元，森林生态效益补偿基金148.1亿元(不含总参)，森林抚育补贴58.1亿元，造林补贴28.3亿元，林木良种补贴4.8亿元，林业(含基本建设)贷款贴息补贴7.6亿元，林业科技推广示范补贴4.3亿元，林业有害生物防治补贴4亿元，林业国家级自然保护区补贴5亿元，湿地保护补贴16亿元，林业成品油价格补助专项资金37.9亿元，国有贫困林场扶贫资金3.6亿元，农业综合开发林业项目7.2亿元，国有林场改革补贴24.6亿元，育林基金改革减收财政转移支付14亿元。与2013年相比，2014年中央预算林业投入增加33.5亿元，其中：基本建设投资减少38.9亿元，财政投入增加72.4亿元。主要情况：一是基本建设投资。棚户区(危旧房)减少62.9亿元，“三北”和沿海等防护林建设工程增加14.9亿元，退耕还林增加4.7亿元。二是财政投入。天然林保护增加23.5亿元，退耕还林增加21.1亿元，湿地保护补助增加13.5亿元，国有林场改革补助增加24.6亿元。

地方预算投入(投资计划) 2014年地方各级财政投入865.2亿元，其中：省级388.7亿元，比2013年增加48.4亿元，地市级169.6亿元，比2013年增加12.3亿元；县级306.9亿元，比2013年增加24.7亿元。按项目分，包括：基本建设投资70.8亿元，财政投入794.3亿元(机构运行支出280.2亿元，财政专项资金514.3亿元)。财政专项资金主要包括：森林培育143.6亿元，森林生态效益补偿基金67.4亿元，森林防火17.8亿元，林业产业化16.1亿元，天然林保护工程7.9亿元，退耕还林工程11.8亿元。与2013年779.8亿元相比，2014年地方预算投入增加85.4亿元，其中：基本建设投资减少21.7亿元，财政投入中财政专项资金(项目支出)支出增加107.1亿元。

资金到位与支出情况 2014年，中央与地方林业行业财政资金到位2023.5亿元，实际支出1915.8亿元，加上年初结余409.8亿元，年末结余517.5亿元。①基本建设投资。2014年实际收到226.6亿元，支出213.7亿元，年末结余100.6亿元(上年末结余87.7亿元)，主要包括棚户区(危旧房)改造结余19.6亿元，天然林保护结余9.3亿元，“三北”、沿海等防护林工程建设结余11.3亿元。②财政资金。2014年实际收到1796.9亿元，支出1702.2亿元，年末结余416.9亿元(上年末结余322.2亿元)。结余较多的主要是：财政专项资金结余410.7亿元，主要包括森林生态效益补偿基金48亿元，退耕还林工程59.6亿元，天然林保护工程35亿元，森林培育56.8亿元。

天然林资源保护工程财政专项资金 2014年全国天然林资源保护工程(以下简称“天保工程”)财政资金实际收入214.6亿元(不含基本建设投资)，比2013年的167.8亿元增加46.8亿元。具体是：中央财政专项资金165.5亿元，地方财政补助8.6亿元，利息等其他收入4.3亿元，天保工程实施单位自筹36.2亿元。当年实际支出212.1亿元，年末累计结余35.1亿元。分项收入与支出情况如下：①森林管护费。收入70.4亿元(比2013年增加3.3亿元)，其中：中央财政补助59.9亿元，地方财政补助3亿元，天保工程实施单位自筹5.5亿元，其他2亿元；全年实际支出70.7亿元。②社会保险补助费。收入50.2亿元，其中：中央财政补助43.5亿元，地方财政补助1.4亿元，天保工程实施单位自筹5.3亿元；全年实际支出52.3亿元。③政策性社会性支出。收入69.2亿元(比2013年增加16.7亿元)，其中：中央财政补助41.4亿元，地方财政补助0.2亿元，天保工程实施单位自筹25.4亿元，其他收入2.1亿元；全年实际支出69.4亿元。

2014年年末，天保工程财政资金结余35.1亿元，主要是森林管护费14.2亿元，社会保险费8.6亿元，政策性社会性支出5.2亿元，其他7.1亿元。从省区来看，龙江森工集团和四川省最多，分别结余8亿元、5.6亿元，其次为内蒙古森工、云南、吉林，分别结余5.2亿元、4.5亿元和2.8亿元。

造林补贴 2014年中央财政共下达造林补贴28.3亿元，比2013年减少0.2亿元。根据各省决算数据，各实施单位共到位造林补贴58.9亿元，其中：中央财政补贴25.7亿元，地方财政补贴33.1亿元，利息等其他收入0.1亿元。2014年共支出造林补贴资金55.4亿元，其中：种苗费、人工费等直接补贴53.7亿元，作业设计、检查验收费等间接补贴1.6亿元，年末结余16.3亿元(比2013年增加2.8亿元)。

2014年实际完成补贴造林面积97.61万公顷，占计划任务的93.7%。补贴造林范围涉及1329个县(区)，补贴林农49.8万户，补贴林农合作组织13451个，补贴承包经营国有林的林业职工9953人。

森林抚育补贴 2014年中央财政共下达森林抚育58.1亿元，与2013年持平。根据各省决算数据，各实施单位共到位森林抚育补贴70.2亿元，其中：中央财政补贴59.8亿元，地方财政补贴10.3亿元。2014年共支出补贴资金65.1亿元，其中：人员工资、机械燃油费等直接费用61.4亿元，作业设计费、检查验收费等间接费用3.7亿元。年末大部分省区补贴资金存在结余，共计21.7亿元，结余量较大的有龙江森工集团2.9亿元，云南省2.6亿元，广东省2.2亿元。

2014年年底前已开工面积256.28万公顷，占当年计划任务的63.6%，年底已完工面积308.78万公顷。参加抚育单位5894个，参与抚育人数128.1万人。

森林生态效益补偿 2014年中央财政共下达森林生态效益补偿148.1亿元，比2013年增加1.2亿元。根据省决算数据，森林生态效益补偿预算215.6亿元(比2013年增加3.9亿元)，其中：中央补偿基金148.1亿元，比2013年增加1.2亿元。地方补偿基金67.4亿元，比2013年增加4.3亿元。实际收到补偿基金217.8亿元(比2013年增加9.6亿元),中央、省级、地市级、县级分别为147.3亿元、58.9亿元、6.8亿元、4.6亿元。2014年,省级补偿基金最多的为广东省10.4亿元,其次为浙江省6.7亿元,云南省6.5亿元,上海市6.2亿元,江西省4.9亿元。

2014年森林生态效益补偿基金实际支出210.2亿元(比2013年增加14.6亿元),其中:中央补偿基金支出142.1亿元(比2013年增加9.1亿元)。年末结余60.9亿元(年初结余为53.3亿元),其中:中央补偿基金结余46.4亿元。中央补偿基金结余最多的为西藏7.3亿元,其次为内蒙古自治区5.3亿元,四川省4.8亿元,贵州省4.2亿元,广西省4.2亿元,云南省3.5亿元。

育林基金

征收与提取情况　2014年,全国征收提取育林基金45.4亿元,其中:林业主管部门征收25.1亿元,国有森工企业和林场(苗圃)等国有林业单位提取15.8亿元。与2013年相比,多征收提取育林基金1.5亿元,主要是国有森工企业和林场(苗圃)多提取0.2亿元、苗圃和其他多提取1.3亿元。

育林基金征收主要集中在南方集体林区,广西、福建、湖南和江西4省区分别征收育林基金8.1亿元、2.8亿元、2.7亿元和2.3亿元,合计15.9亿元,占全国征收育林基金总额的63.3%。育林基金提取主要集中在吉林省、广西壮族自治区和龙江森工集团重点国有林区,分别为7.7亿元、2.4亿元、1.1亿元,合计11.2亿元,占全国育林基金提取总额的70.8%。

收支情况　林业部门收到(含自提自用)育林基金52.3亿元,其中:国有森工企业、林场与苗圃自提自用10.9亿元,财政和林业主管部门(含国有林单位)拨入26.4亿元。全年实际支出50.6亿元,其中:森林培育13.2亿元,有害生物防治1.1亿元,森林防火与扑救4.9亿元,森林资源监测1.6亿元,林业技术推广0.7亿元,营林护林等基础设施建设和设备购置3亿元,其他支出26.1亿元(含林业行政事业经费支出6.2亿元)。全国共有25个省区将育林基金用于林业行政事业经费支出,支出最多的为湖南省1.5亿元,其次是吉林省1.1亿元,福建省1亿元,安徽省0.6亿元,江西省0.4亿元,广东省0.3亿元。2014年年末,全国育林基金结余95.4亿元,与年初结余93.8亿元相比增加1.6亿元,结余主要集中在东北内蒙古重点国有林区,共69.2亿元,占全国的72.5%,其中:龙江森工集团28.2亿元,吉林省23.4亿元,内蒙古森工集团9.8亿元,大兴安岭林业集团公司7.8亿元。

森林植被恢复费　2014年全国征收森林植被恢复费55.6亿元,征收数额最大的为福建省10.1亿元,其次为江西省8.3亿元,云南省7.4亿元,广西省5.2亿元,湖南省4.5亿元,浙江省4亿元。按收入级次分,中央级0.2亿元,省级42.6亿元,地市级1.1亿元,县级11.8亿元。与2013年征收46.6亿元相比,2014年多征收9亿元。

2014年林业部门实际收到各级财政拨入森林植被恢复费73.8亿元(比2013年减少1.5亿元),其中:中央级2.3亿元,省级53.1亿元,地市级4.6亿元,县级13.9亿元。本年实际支出67.5亿元(比2013年增加2.9亿元)。

具体支出资金用途为:①整地、造林、抚育等营林生产45.5亿元,比2013年减少2.4亿元。②营林管理费、调查规划设计、森林保护等营林费用支出9.9亿元。③其他支出12.2亿元(含林业部门行政事业经费支出1.1亿元)。4. 年末结余56.5亿元,比2013年增加2.8亿元。　(孔　卓)

【全国国有森工企业财务状况】　2014年全国国有森工企业财务报表共汇总19个省区909户企业,经营面积0.65亿公顷,其中林地面积0.44亿公顷;年末职工139万人,其中:国有职工60.9万人,混岗职工13.3万人,离退休职工64.8万人;企业总资产1282.2亿元;全年营业总收入251.6亿元;实现净利润5.2亿元。

资产负债情况　2014年年末,全国国有森工企业总资产1282.2亿元,其中:流动资产622.2亿元(货币资金166.1亿元)、非流动资产660亿元(固定资产净值358.8亿元);总负债907.7亿元,其中:流动负债562.3亿元、非流动负债345.4亿元;所有者权益374.5亿元,其中:实收资本190.3亿元(国家资本171.5亿元),资本公积222.9亿元,专项储备0.5亿元,盈余公积13.9亿元,未分配利润-87.1亿元,少数股东权益34亿元。2014年年末,含林木资产的资产负债率70.7%,比2013年提高0.1%。不含林木资产的资产负债率73.0%,比2013年降低0.4%。

损益情况　2014年全国森工企业营业总收入251.6亿元,比2013年增加17.3亿元;营业总成本303.1亿元(其中:主营业务成本138.2亿元,管理费用95.2亿元,财务费用12.6亿元),比2013年增加27.4亿元;营业外净收入61.7亿元,比2013年增加17.7亿元。2014年,盈利企业422户,亏损企业487户,亏损面53.6%,比2013年增加1%,亏损企业亏损额13.8亿元,比2013年亏损增加1.9亿元。2014年全国森工企业净利润5.2亿元。种植业中的木材营业收入仍是影响整体利润的主要因素。此外,2014年森工企业政策性社会性支出共56.3亿元(比2013年增加9.9亿元),其中:教育13.8亿元、医疗卫生8.3亿元、公检法司7.3亿元、政府经费8.4亿元、环卫等其他18.6亿元。扣除各级财政补助35.6亿元和事业等收入2.2亿元后,企业损益实际负担政社性支出24.5亿元。

收入和利润主要情况及分析 2014年全国森工企业营业收入251.6亿元,比2013年增加17.3亿元;经营利润58.9亿元(剔除营业总成本中管理费用、财务费用等期间费用后的产品或行业销售利润,下同),比2013年增加2.3亿元。

以木材采伐为主的种植业是森工企业营业收入与营业利润的最主要组成部分。2014年,全国森工企业种植业营业收入71.1亿元,占总收入的28.3%;营业利润32.7亿元，占总营业利润的55.5%，其中原木营业收入53.5亿元，占种植业营业收入的75.2%。

主要产品产销情况及分析

原木　全年产量426.8万立方米，比2013年减少116.8万立方米；销售量653.8万立方米，比2013年增加22.3万立方米。木材销售收入53.5亿元，比2013年减少3.4亿元。木材平均售价817.6元/立方米，比2013年降低84.1元/立方米。营业利润24.5亿元，比2013年增加1.8亿元，占森工企业营业利润总额的41.6%。

纤维板　全年产量111.1万立方米，比2013年增加64.9万立方米；销售量121.4万立方米，比2013年增加65万立方米；实现销售收入14.6亿元，比2013年增加7.3亿元；平均售价1200元/立方米，比2013年减少87.6元/立方米；实现营业利润-4.5亿元。纤维板的产量主要在广西、吉林、福建、云南等4省区，分别为8.5万立方米、88.8万立方米、9.9万立方米和3.8万立方米。

刨花板　全年产量88.8万立方米，比2013年增加12.3万立方米；销售量77.2万立方米，比2013年减少8.4万立方米；实现销售收入10亿元，比2013年减少1.2亿元；平均售价1293.5元/立方米，与2013年基本持平；实现营业利润-0.6亿元，比2013年增加亏损0.3亿元。刨花板产量主要集中在吉林和福建省，分别为64.4万立方米和20万立方米。

税费缴纳和财政资金收入情况

缴纳税费　2014年全国森工企业上缴税费13.2亿元，比2013年减少2.5亿元，其中：增值税3.9亿元、营业税2.7亿元、所得税3.2亿元。缴纳社会保险费46.9亿元，其中：基本养老保险27.4亿元，基本医疗保险13.8亿元。年末未交税费3.5亿元，其中：增值税-2.1亿元，营业税0.7亿元，所得税1.3亿元。年末欠缴社会保险费7.9亿元，其中：基本养老保险6.3亿元，基本医疗保险1.1亿元。以前年度应返还增值税54.6万元，本年实际返还0.5亿元，年末应返还0.4亿元。

财政资金收入　2014年森工企业实际收到财政资金267.1亿元(比2013年增加11.5亿元)，其中：①基本建设投资39.3亿元，比2013年减少27.7亿元，主要是棚户区改造26.2亿元，天保工程4.5亿元，森工非经营性项目4.4亿元(比去年增加1.5亿元)。②财政投入227.8亿元，比2013年增加39.2亿元，主要是机构运行支出0.2亿元，财政专项资金227.6亿元(其中：天保工程165.8亿元、森林培育24.6亿元、石油价格补助11.6亿元、森林生态效益补偿3.2亿元,)，其他220.1万元。投入按级次分：中央投入204.6亿元，比2013年减少13.1亿元。一是基建投资30.6亿元(其中：天保工程4.4亿元，棚户区改造18.9亿元)；二是财政投入173.9亿元，其中财政专项173.9亿元(主要包括天保工程123.1亿元，森林培育24.2亿元，石油价格补助11.6亿元，森林生态效益补偿2.4亿元)。省级投入20.8亿元，其中：基本建设投资2.9亿元，财政投入17.9亿元(其中：专项资金17.8亿元)。地市级投入1.6亿元，主要为财政投入。县级投入0.4亿元，其中：基本建设投资499.8万元，财政投入3249.8万元。

社会保险与职工工资福利情况

参保情况　国有职工60.9万人，应参加基本养老保险人数56万人，实际参保54.2万人，参保率96.8%；应参加基本医疗保险人数58.7万人，实际参保57.8万人，参保率98.5%；应参加失业保险人数55.6万人，实际参保54.1万人，参保率97.3%；应参加工伤保险人数57万人，实际参保56万人，参保率98.2%；实际参加生育保险人数54.4万人。离退休职工64.8万人，比2013年减少1.5万人，实际参加基本养老保险48.1万人，参保率74.2%；参加基本医疗保险51.8万人，参保率79.9%。

工资福利情况　全年国有职工工资总额123.3亿元，人年均工资2万元；离退休职工养老金总额139.1亿元，其中企业负担4.4亿元，人年均养老金2.1万元。年末累计拖欠职工工资费用总额1.5亿元，其中主要包括：职工工资1.3亿元，涉及0.6万人；拖欠医药费243.4万元；拖欠离退休金970万元，涉及0.3万人。

(孔　卓)

【全国国有林场财务状况】　2014年全国国有林场财务报表共汇总31个省区4793个国有林场(比2013年增加74个，其中，增加的主要是黑龙江29个，甘肃31；减少的主要是广西17个，湖南14个，兵团2013年报送12个林场，2014年未报)，经营面积0.67亿公顷，其中林地面积0.43亿公顷。年末职工68.4万人，其中：国有职工39.7万人，混岗职工1.4万人，离退休职工27.3万人。年末总资产1557.4亿元，负债598.1亿元，所有者权益959.4亿元。全年营业总收入181.0亿元，比2013年增加1.6亿元，实现净利润8.0亿元，比2013年减少6.6亿元。

资产负债情况　2014年年末，全国国有林场总资产1557.4亿元，其中：流动资产391.4亿元(货币资金145.8亿元)，非流动资产1166亿元(固定资产净值264亿元，林木资产702亿元)；总负债598.1亿元，其中：流动负债458.9亿元，非流动负债139.2亿元，2014年年末，含林木资产的资产负债率38.4%，比2013年减少2.7%。不含林木资产的资产负债率70%，比2013年减少9.1%；所有者权益959.4亿元，其中：实收资本143.9亿元(国家资本66.9亿元)，林木资本693.4亿元，资本公积107亿元，盈余公积24.1亿元，未分配利润-9亿元。

损益情况　2014年全国国有林场营业总收入181亿元，比2013年增加1.6亿元；营业总成本216.5亿元，比2013年增加4.6亿元；营业外净收入5.9亿元，比2013年减少2.5亿元。承包户上交净收入10.6亿元，比2013年增加0.3亿元。补贴收入27.1亿元，比2013年减少0.4亿元。2014年全国国有林场实现净利润8亿元，比2013年减少6.6亿元。2014年，在4793个国家林场中，盈利林场2620个，亏损林场2173个，占林场总数的45.3%，亏损林场比2013年增加2.3%；亏损林场亏损额17.6亿元，比2013年多亏损4.3亿元。此外，2014年国有林场政策性社会性经费收入3.2亿元，其中：各级财政补助和事业等其他收入2.4亿元，企业自筹0.8亿元。全年共支出3.3亿元(比2013年减少0.4亿元)，其中：教育0.5亿元、医疗卫生0.4亿元、公检法司0.4亿元、政府经费0.9亿元、环卫等其他1.1亿元。

收入和利润主要情况及分析 2014年全国国有林场营业收入181亿元，比2013年增加1.6亿元；营业利润55.1亿元(剔除营业总成本中管理费用、财务费用等期间费用后的产品或行业销售利润，下同)，比2013年减少2.5亿元。

以木材采伐为主的种植业是国有林场营业收入与利润主要组成部分。2014年全国国有林场种植业营业收入109.9亿元，占总收入的60.7%；营业利润40.6亿元，占总营业利润的73.7%。另外，非林非木产业发展比较快，经济效益开始显现，实现营业收入43.6亿元(比2013年增加1.6亿元)，占林场总收入的24.1%；营业利润13.8亿元，占总营业利润的25.0%，比2013年增加1.8亿元。

按地区分，营业收入最多的是广西、吉林和湖南省(区)，分别是71.0亿元、15.8亿元和12.1亿元。以上3省区合计98.9亿元，占全国54.6%。

主要产品产销情况及分析

原木 全年产量1060万立方米，比2013年减少118.3万立方米；销售量1502.6万立方米，比2013年增加98.3万立方米。木材销售收入87.2亿元，比2013年增加0.6亿元。木材平均售价580.6元/立方米，比2013年降低36.4元/立方米。销售利润33.6亿元，比2013年减少2.3亿元，占国有林场总营业利润的61%，占种植业营业利润的82.8%。

纤维板 全年产量91.4万立方米，比2013年减少2.9万立方米；销售量88.9万立方米，比2013年减少5.4万立方米；实现销售收入11.3亿元，比2013年减少0.9亿元；平均售价1241.3元/立方米，比2013年减少了56.1元；销售利润2052.5万元。纤维板的产量集中在辽宁省和广西壮族自治区，分别为1.2万立方米和90.1万立方米。

苗木 销售收入14亿元，比2013年减少1.5亿元。实现销售利润5.1亿元，比2013年减少4.8亿元。

旅游服务业 营业收入5.1亿元，比2013年减少3亿元。营业利润1.7亿元，比2013年增加0.3亿元。

税费缴纳和财政资金收入情况

缴纳税费 2014年全国国有林场上缴税费3.7亿元，比2013年减少1.8亿元，其中：增值税1.3亿元、营业税0.6亿元、所得税0.6亿元。缴纳社会保险费29.2亿元，其中：基本养老保险20.4亿元，基本医疗保险6.8亿元。以前年度应返还增值税43.6万元，本年缴纳1546.9万元，实际返还1422.9万元，年末应返还167.7万元。

财政资金收入 2014年国有林场实际收到财政资金178.2亿元，比2013年增加7.7亿元，其中：基本建设投资17.6亿元，比2013年减少4.9亿元，其中：天保工程2亿元，与2013年基本持平，危旧房改造6.1亿元，比2013年减少6.3亿元，其他基本建设投资9.5亿元。财政投入160.6亿元，比2013年增加12.5亿元，①机构运行支出41.2亿元，比2013年增加5.1亿元；②财政专项资金118.9亿元，比2013年增加8.5亿元，主要包括天保工程22.9亿元，森林生态效益补偿22亿元，森林培育23.1亿元，石油价格补助16亿元，贫困国有林场扶贫资金3亿元；其他0.5亿元。投入按级次分：中央投入97.3亿元，比2013年增加0.1亿元，其中：基建投资11.6亿元(天保工程1.8亿元、危旧房改造3.2亿元，其他6.6亿元)；财政投入85.7亿元，其中财政专项85亿元(主要包括天保工程19.5亿元，森林生态效益补偿15.3亿元，森林培育17.6亿元，石油价格补助15.9亿元)。省级投入32.8亿元，比2013年减少6.4亿元，包括：基本建设投资4.3亿元，财政投入28.5亿元(其中专项资金21.5亿元)。地市级投入16.1亿元，比2013年增加0.7亿元，包括：基本建设投资0.4亿元，财政投入15.7亿元。县级投入28.4亿元，比2013年增加2.5亿元，包括：基本建设投资0.5亿元，财政投入27.9亿元。

职工参保与工资福利情况

参保情况 国有职工39.6万人，应参加基本养老保险人数35万人，实际参保30.5万人，参保率87.1%，比2013年增加0.4%；应参加基本医疗保险人数34.1万人，实际参保28万人，参保率882.1%比2013年减少2.3%；应参加失业保险人数22.5万人，实际参保17.1万人，参保率76%，比2013年减少1%；应参加工伤保险人数25.2万人，实际参保19.7万人，参保率78.2%，比2013年增加0.6%；实际参加生育保险人数15.6万人。离退休职工27.4万人，实际参加基本养老保险18.8万人，参保率68.6%；参加基本医疗保险19.6万人，参保率71.5%。

工资福利情况 全年国有职工工资总额97.7亿元，人年均工资2.5万元，比2013年增加0.7万元。离退休职工养老金总额58.1亿元(其中林场负担17.5亿元)，人年均养老金2.1万元，比2013年增加0.1万元。年末累计拖欠职工工资费用总额53.9亿元，主要包括：拖欠职工工资43.5亿元，涉及10.4万人；拖欠医药费0.4亿元；拖欠离退休金8.3亿元，涉及3.6万人。

(孔　卓)

【全国国有苗圃财务状况】 2014年全国国有苗圃财务报表共汇总31个省区1640个国有苗圃，与2013年减少25家。总资产60.6亿元，比2013年增加4.8亿元；全年总收入14.7亿元，比2013年减少1.3亿元；净利润0.6亿元，比2013年减少0.1亿元。苗圃总经营面积16.11万公顷，其中育苗面积2.99万公顷，有林地苗圃面积10.31万公顷；年末职工4.7万人，其中国有在册职工2.7万人，离退休职工2万人。

资产负债情况 2014年年末，全国国有苗圃总资产60.6亿元，其中：流动资产29.9亿元(其中：货币资金11.9亿元)，非流动资产30.7亿元(固定资产净值18.8亿元，林木资产2.8亿元，其他非流动资产0.4亿元）；总负债31.4亿元，其中：流动负债26.2亿元、非流动负债5.2亿元；所有者权益29.2亿元，其中：实收资本15.2亿元（国家资本4.7亿元），林木资本3.8亿元，资本公积8.5亿元，盈余公积1.6亿元，未分配利润0.1亿元。与2013年相比，国有苗圃资产增加4.8亿元，负债增加0.8亿元，所有者权益增加3.9亿元。2014年年末，含林木资产的资产负债率51.8%，比2013年减少2.9%。不含林木资产的资产负债率54.3%，比2013年减少3%。

损益情况 2014年国有苗圃营业总收入14.7亿元，与2013年相比减少1.3亿元。其中主营业务收入13亿元（主要是苗木收入11亿元），与2013年相比减少1.2亿元；其他业务收入1.7亿元，与2013年相比减少0.1亿元。营业总成本17.9亿元，比2013年减少0.8亿元。营业外净收入0.5亿元，与2013年相比增加0.3亿元。另外，承包户上交净收入0.2亿元，与2013年相比减少0.1亿元；补贴收入3.1亿元，比2013年增加0.1亿元。2014年国有苗圃实现净利润0.6亿元，与2013年相比减少0.1亿元。年末未分配利润0.1亿元。2014年，国有苗圃盈利915个，占55.8%；国有苗圃亏损725个，占44.2%，比2013年增加4.2%，亏损额为1.5亿元，比2013年增加0.4亿元。

税费缴纳和财政资金收入情况

缴纳税费 2014年全国苗圃上缴税费1151.4万元，主要包括：增值税197万元、营业税527.2万元、所得税86.2万元。缴纳社会保险费2.2亿元，其中：基本养老保险1.7亿元，基本医疗保险3386.1万元。年末未交税费551.1万元，主要包括：营业税170.2万元。年末欠缴社会保险费1.1亿元，主要是基本养老保险费1亿元。

财政资金收入 2014年苗圃实际收到财政资金9.4亿元，比2013年减少1.7亿元，其中：基本建设投资0.4亿元（种苗投资1128.1万元）；财政投入9亿元（比2013年减少0.4亿元），主要包括：机构运行支出4.8亿元，财政专项资金4.2亿元，其他财政资金108万元。投入级次分：中央投入2.4亿元。包括：基本建设投资0.2亿元（含种苗投资521.4万元）；财政投入2.2亿元，其中主要是财政专项资金（包括天保工程1399.1万元，森林生态效益补偿871.4万元，石油价格补助0.9亿元）。省级投入1.5亿元，比2013年减少1.1亿元。包括：基建投资1071.6万元，财政投入1.4亿元（其中专项资金1.0亿元）。地市级投入1.8亿元，与2013年基本持平。包括：基本建设投资314.9万元，财政投入1.7亿元。县级投入3.7亿元，比2013年增加0.3亿元。包括：基建投资194.6万元，财政投入3.4亿元（主要是机构运行支出3.4亿元）。

职工参保与工资福利情况

参保情况 年末国有在册职工2.7万人，参加基本养老保险人数1.8万人，参加基本医疗保险人数1.8万人，参加失业保险人数1万人，参加工伤保险人数1万人，参加生育保险人数0.8万人。离退休职工2万人，参加基本养老保险1.2万人，参保率60%；参加基本医疗保险1.3万人，参保率65%。

工资福利情况 全年国有职工工资总额5.9亿元，人年均工资2.2万元（比2013年增加0.1万元）；离退休职工养老金总额3.9亿元，其中苗圃负担0.8亿元，人年均养老金2万元。年末累计拖欠职工工资费用总额2.4亿元，其中主要包括：职工工资1.9亿元，涉及5122人；拖欠医药费58.2万元；拖欠离退休金0.3亿元，涉及1844人。

（孔　卓）

林业资金稽查

【综　述】 2014年，国家林业局审计稽查办公室按照国家林业局强化资金管理的总体要求，突出工作重点，创新工作方法，进一步加大对重点林业资金的稽查监管力度。组织开展了对天然林资源保护工程二期投资、湿地保护工程投资和中央财政森林抚育补贴3项资金的稽查工作，并协同国家林业局场圃总站、计财司开展了对国家级林木良种基地考核工作，全年共派出21个稽查工作组、79人次，稽查林业资金总额为438.73亿元，重点抽查林业资金39.87亿元，共查出违法违规资金0.27亿元。

【天然林资源保护工程二期投资稽查】 组织对吉林、河南、四川、重庆、云南、贵州、陕西和龙江森工8个省（市）2011～2013年度天保工程二期中央预算内投资进行重点稽查，稽查资金总额为378.11亿元。共派出8个工作组、38人次赴上述8个省（市）抽查了30个工程实施单位，抽查资金30.29亿元，占8个省（市）2011～2013年度天保工程二期中央预算内投资总额的8.01%，查出违法违规资金1524.32万元，占抽查资金的0.5%。

【森林抚育补贴资金稽查】 主要针对纳入天保工程范围的森林抚育补贴资金开展稽查，并与天保工程二期投资稽查结合进行。涉及吉林、河南、四川、重庆、云南、贵州、陕西和龙江森工8个省（市）2011～2013年森林抚育补贴资金48.68亿元，抽查资金5.08亿元，占8个省（市）2011～2013年森林抚育补贴资金总额的10.44%，查出违法违规资金594.4万元，占抽查资金的1.17%。

【湿地保护工程投资稽查】 组织开展了对河北、辽宁、吉林、江苏、安徽、河南、湖南、四川、重庆、云南、贵州、陕西、龙江森工和西藏14个省（区、市）2011～2013年度湿地保护工程中央预算内基本建设投资和中央财政湿地保护补贴资金进行了重点稽查，稽查资金总额为10.87亿元。共派出14个工作组、60人次赴上述

14个省(区、市)抽查了45个湿地保护工程项目，抽查资金3.43亿元，占14个省(区、市)湿地保护工程投资总额的31.55%，查出违法违规资金169.91万元，占抽查资金的0.5%。

【协同其他部门开展林业资金检查】 协同国家林业局场圃总站、计财司开展了国家级林木良种基地考核工作。共派出9人次，参与7个工作组赴辽宁、吉林、安徽、山东、河南、湖北和广西7省(区)，对其2010～2013年度第一批国家重点林木良种基地中央财政补贴资金使用管理情况进行了核查，核查资金总额1.08亿元。

【林业资金稽查监管信息系统建设】 完成林业资金稽查监管信息系统建设，并在吉林省推进系统试点工作。

【林业资金稽查制度建设】 为了进一步加强林业资金稽查监管工作，提高林业资金使用效益，制定了《林业资金稽查监管年度报告制度(试行)》，要求各级林业主管部门认真总结年度开展林业资金稽查和能力建设等情况，并提交年度报告。

【林业资金稽查监管年度报告编撰】 编撰并印发《2013年度林业资金稽查监管年度报告》。 (王 囡)

林业审计

【综 述】 2014年，国家林业局内部审计工作紧紧围绕林业中心工作，全面履责，充分发挥审计"免疫系统"功能，全力服务于局直属机关行政效能建设、作风建设和惩治预防腐败体系建设，强化人员培训和审计问题的整改，取得了明显的成效。

经济责任审计工作 完成对6名局直属单位主要负责人的经济责任审计工作，涉及审计金额3.78亿元，查出违规违纪和管理不规范问题金额0.56亿元。

预算执行审计工作 完成了对国家林业局华东林业调查规划设计院等8个局直属单位2011～2013年度预算执行情况的审计，涉及审计金额7.03亿元，查出违规违纪和管理不规范问题金额0.96亿元。

对被审计单位整改情况进行回访 对2013年林业内部审计查出存在较严重问题的10个局直属单位开展了审计回访，督促整改措施落实到位。8个单位报送了整改报告，能整改的问题已经整改完毕。

举办林业内部审计和财务人员培训班 11月，举办了国家林业局内部审计业务培训班，局直属单位内审人员、财务会计人员近130人参加了培训。培训班上通报了近年来审计发现的主要问题，并对局直属单位财务人员和内审人员开展了业务培训，以促进各直属单位建立健全内控制度，加强内部管理，促进依法行政，确保其内部经济运行管理各项目标的顺利实现。

(李世旭)

林业贴息贷款

【综 述】 2014年，林业贴息贷款管理工作紧紧围绕林业建设大局和中心工作，着力完善林业贴息贷款管理制度，进一步优化林业信贷环境，积极推进林业贴息贷款管理工作依法行政，规范管理，充分发挥贴息贷款的导向作用，大力促进生态林业民生林业发展建设。

完善林业贷款贴息资金管理制度 为了深化改革，进一步规范中央财政林业补助资金使用和管理，财政部、国家林业局联合制定了包括林业贷款中央财政贴息资金管理制度在内的《中央财政林业补助资金管理办法》(财农〔2014〕9号)，进一步改革了林业贷款中央贴息资金管理体制，强化了对林业贴息贷款项目的监督管理。

林业贴息贷款落实情况 国家林业局商财政部同意下达2014年林业贴息贷款建议计划规模260亿元，与2013年度持平。根据《财政部 国家林业局关于印发〈中央财政林业补助资金管理办法〉的通知》(财农〔2014〕9号)规定，在林业贷款贴息政策调整过渡期间，2014年中央财政只对2013年10月1日至2014年4月30日期间的新增林业贷款和以前年度累计贷款余额进行贴息。受此影响，2014年度7个月实际落实新增林业贴息贷款98亿元，林业贴息贷款累计余额206亿元，中央财政安排贴息资金6.5亿元。

林业贴息贷款结构情况 林业贴息贷款继续大力支持工业原料林、木本油料经济林、林下经济和林业小额贷款项目建设。据统计，2014年度，在206亿元林业贴息贷款余额总额中，投向有利于改善生态环境和实现林业"双增"目标的工业原料林和沙区、石漠化地区种植业项目建设87亿元，占当年度林业贴息贷款累计余额总额的42%，中央财政予以贴息2.6亿元(其中，新增林业贴息贷款40亿元，占当年度新增林业贴息贷款总额的41%，中央财政予以贴息1.2亿元)；投向有利于保障国家粮油安全的木本油料产业项目建设25亿元，占当年度林业贴息贷款累计余额总额的12%，中央财政予以贴息0.72亿元(其中，新增贴息贷款8亿元，占当年度新增贴息贷款总额的8%，中央财政予以贴息0.23亿元)；投向有利于深化集体林权制度配套改革，帮助广大林农兴林致富的林业小额贷款项目建设37亿元，占当年度林业贴息贷款累计余额总额的18%，中央财政予以贴息1.08亿元(其中，新增林业小额贴息贷款16亿元，占当年度新增贴息贷款总额的16%，中央财政予以贴息0.45亿元)；投向有利于巩固林改成果、改善民生的林下经济项目10亿元，占当年度林业贴息贷款累计余额总额的5%，中央财政予以贴息0.3亿元(其中，新增林下经济贷款3亿元，占当年度新增林业贴息贷款总额的3%，中央财政予以贴息0.08亿元)。

林业贴息贷款使用效益 据统计，项目单位利用林业贴息贷款及其配套资金营造工业原料林15.3万公顷，抚育24.46万公顷·次，整地未造林0.37万公顷；新造改造经济林14.48万公顷，种植其他经济作物5.06万公顷。建设林产品加工等多种经营项目325多个，项目总投资209.92亿元，年度投资额98.73亿元。其中，已投产项目279个，林业龙头企业联结农户47.01万户，带动基地面积46万公顷，创产值201.07亿元，创利税25.7亿元，带动农民年增收23.7亿元，安置就业人员6.48万人；未投产项目46个，预计创产值37.69亿元，创利税7.58亿元，预计安置就业人员1.31万人。

【修订完善林业贷款贴息资金管理制度】 5月12日，财政部、国家林业局联合印发了《中央财政林业补助资金管理办法》(财农〔2014〕9号)，进一步改革林业贷款中央财政贴息资金管理体制，强化林业贴息贷款项目监督管理。新办法规定，各省(区、市)根据贴息范围申报林业贷款贴息补贴，不再向财政部和国家林业局上报林业贴息贷款备案项目。财政部和国家林业局分别切块下达各省(区、市)林业贷款贴息补贴和林业贴息贷款建议计划。在加强林业贴息贷款项目监管方面，明确规定由省级财政部门会同省级林业主管部门对本省(区、市)申报贴息补贴的贷款及其项目实施情况进行审核，对其真实性、合规性负责。同时，适当延长了省级管理部门对申报林业贷款贴息补贴项目的审核时间，以进一步加强对林业贴息贷款项目的监督管理。

【深化与金融机构业务合作】 一是出台农业金融服务林业的政策措施。3月4日，国家林业局、中国农业银行联合印发了《国家林业局、中国农业银行关于认真做好共同推进林业产业建设发展合作框架协议落实工作的通知》(林基发〔2014〕25号)，进一步明确双方重点合作领域，提出落实协议目标任务所采取的政策措施，包括创新林业信贷产品，优化林业贷款审批流程，推进林权抵押贷款和林农个人贷款等，以提升林业金融服务水平，促进林业产业与市场有效对接，加大林业信贷投入。2014年，中国农业银行累计投放林业贷款409亿元，比2013年增加19.7亿元。投放林权抵押贷款58.8亿元，比2013年增加7.8亿元。二是开展联合调研，深入推进银林合作。为了深入贯彻落实中央一号文件提出的拓宽三农投入资金渠道，带动金融和社会资金更多投入农业农村的工作要求，推进落实国家林业局与中国农业银行签署的“共同推进林业产业建设发展合作框架协议”，基金总站与中国农业银行联合赴云南省开展了农业金融服务林业调研活动，深入了解林业贷款业务开展情况以及基层林业部门、金融机构和林业企业等对创新林业金融产品，提升林业金融服务能力，促进林业产业发展等方面的意见和建议，认真总结银林合作的主要做法及取得的成效，进一步明确双方合作主要方向和工作重点。三是召开银林联席工作会，进一步落实金融服务林业政策措施。多次与中国人民银行、中国农业银行、中国农业发展银行等金融部门召开联席工作会议，沟通交流业务合作情况，不断推进落实支持生态林业民生林业建设的金融措施。积极协调中国人民银行、银监会与国家林业局联合出台加强林业贴息贷款监督管理指导意见相关工作，推进建立由林业、财政和金融管理部门共同参与、分工协作的联合监管机制。

【联合组织开展林业贴息贷款专项检查】 6月25日，财政部、国家林业局、银监会联合印发了《关于开展林业贷款贴息补贴使用管理情况专项检查的通知》(财办农〔2014〕35号)，要求各省(区、市)财政、林业和银监部门联合开展对2011～2013年度林业贴息贷款进行全面检查及问题整改。7～10月，财政部、国家林业局、银监会组成联合工作组对湖南、安徽、山东、浙江等10个省进行了重点抽查，要求其对专项检查中发现的问题，采取有力措施坚决整改。12月，财政部、国家林业局、银监会联合上报国务院《关于林业贷款贴息补贴管理情况专项检查的报告》，全面汇报了专项检查情况，提出了进一步加强林业贴息贷款监督管理的政策措施。

【开展林业贴息贷款管理业务培训】 12月8～10日，在吉林省长春市举办了全国林业贴息贷款管理业务工作培训班。培训班上总结通报了财政部、国家林业局、银监会联合组织开展的对2011～2013年度林业贴息贷款专项检查及问题整改情况。国家林业局林业基金管理总站有关负责同志强调，要切实加强林业贴息贷款项目监督管理工作，落实监管责任，提高管理水平，使林业贴息贷款在发展现代林业、促进生态林业和民生林业建设等方面切实发挥应有的重要作用。财政部农业司、中国人民银行金融市场司、中国银监会案件稽查局的有关同志应邀分别对林业贷款中央财政贴息政策、中国人民银行征信系统查询规定以及国内银行业监督管理规定进行了重点培训。培训班上还部署了2015年林业贷款中央财政贴息资金申报、审核及其效益统计和总结工作，围绕进一步完善林业贷款贴息政策、健全林业贴息贷款监督管理制度和工作机制、改进林业贴息贷款项目管理及其信息系统等工作进行了热烈讨论。通过培训与讨论，进一步明确了林业贴息贷款管理工作面临的新形势、新任务、新要求，为进一步全面做好林业贴息贷款管理工作，切实加强对贴息贷款项目的监管奠定了必要的基础。来自各省(区、市)林业厅(局)、吉林、龙江森工集团、新疆生产建设兵团林业局和部分市、县林业主管部门林业贴息贷款管理负责人、经办人共140多人参加了培训。

(刘文萍)

林业精神文明建设

20

林业纪检监察

【综　述】 2014年，中央纪委监察部驻国家林业局纪检组监察局认真贯彻十八届中央纪委三次、四次全会和国务院第二次廉政工作会议精神，以落实党风廉政建设主体责任和监督责任为主线，聚焦纪检监察主业，加快落实“三转”，加大监督执纪问责力度，深入推进中央八项规定精神的贯彻落实，深入推进惩治和预防腐败体系建设，为全面深化林业改革、加快生态林业和民生林业建设提供了有力保障。

落实党风廉政建设主体责任　一是传达学习中央精神。国家林业局党组先后9次召开专题会议，传达学习十八届中央纪委三次和四次全会、国务院第二次廉政会议精神，传达学习中央纪委书记王岐山在中央直属机关工委和中央国家机关工委调研、在纪检监察机关“三转”专题研讨班上的讲话精神，传达学习中央纪委副书记杨晓渡到国家林业局约谈时的指示精神，研究贯彻落实中央精神和有关具体工作。二是安排部署党风廉政建设和反腐败工作。2月18日，召开国家林业局直属机关党风廉政建设和反腐败工作会议。国家林业局党组书记、局长赵树丛在会上亲自动员部署2014年工作。国家林业局党组成员、中央纪委驻国家林业局纪检组组长陈述贤作题为《聚焦林业中心任务 加大正风肃纪力度 深入推进党风廉政建设和反腐败工作》的工作报告。三是落实党风廉政建设责任制。制定出台《国家林业局党组落实党风廉政建设主体责任和监督责任的实施意见》，印发《国家林业局2014年党风廉政建设和反腐败工作部署分工意见》，修订《国家林业局领导班子及其成员党风廉政建设责任分工意见》。四是加强内设纪检监察机构建设和党组巡视工作。对设党委直属单位一律配齐纪委书记，举办国家林业局直属机关纪检监察干部培训班，实行巡视工作全覆盖。

党风廉政建设监督　一是加强对国家林业局领导班子的监督。国家林业局党组成员、中央纪委驻国家林业局纪检组组长陈述贤、中央纪委驻国家林业局纪检组副组长、监察部驻国家林业局监察局局长张习文出(列)席国家林业局党组会、民主生活会、局务会，对国家林业局领导班子贯彻落实党的路线方针政策、执行党的政治纪律、重大事项民主决策等情况进行监督。通过出具廉政意见、初核举报件等方式，对国家林业局领导班子及其成员廉洁自律、选拔任用干部等情况进行监督。对拟任国家林业局领导人选出具廉政意见5人次，对国家林业局领导后备人选出具廉政意见6人次，对拟任司局级干部出具廉政意见57人次。二是加强对国家林业局各司局和直属单位领导班子的监督检查。会同国家林业局人事司组成考核检查组对10个司局和事业单位领导班子贯彻落实党的路线方针政策、执行党的政治纪律、重大事项民主决策、廉洁自律、落实党风廉政建设责任制等情况进行考核和检查。三是紧紧盯住审计查出的问题，督促驻在部门落实整改和追责工作。针对审计署对国家林业局审计查出的问题，及时向局党组提出加强整改和追究责任的意见建议，并会同有关职能部门采取一系列措施督促相关责任单位纠正错误、剖析问题、吸取教训、堵塞漏洞。国家林业局党组对责任单位主要负责人进行了诫勉谈话，并分别由组局、机关党委、中国林科院分党组对问题严重的责任人进行立案调查。经国家林业局党组会研究，对有关责任单位和人员分别作出通报批评、责令检查、组织调整、给予党纪政纪处分。

严肃查办违反党纪政纪的案件　一是对举报反映的问题线索进行大起底。按照中央纪委的要求，驻局纪检组监察局对近年来未了结的问题线索重新提出办理意见，及时进行初核或了结。二是集中统计驻在部门外逃人员。对国家林业局1995年以来外逃人员情况进行清理统计，并建立外逃人员24小时报告制度。三是做好涉及群众利益信访举报件的办理工作。对举报反映内蒙古自治区某基层林场未兑现群众退耕还林补助资金的问题进行督查督办，督促国家林业局有关部门对责任单位进行通报批评，限期纠正。四是加大初核工作力度。全年共收到信访举报151件，组织初步核实52件，了结38件，配合司法机关调查了解3件。其中，查实12件，立案3件，决定给予9人党纪政纪处分，共实施诫勉谈话29人次，发监察建议书3件。对国家林业局调查规划设计院某处套取资金私设小金库、中国林科院某所套取科研项目经费等严重问题进行立案调查。五是会同国家林业局相关职能部门督查督办全国林业系统违纪违法案件1736件，共有1742名责任人受到处理。六是全力支持中央纪委监察部案件查办工作，按照二室和四室要求，先后选派骨干力量4人次参加中央纪委4个专案组工作，圆满完成了相关任务。

改进作风、纠正“四风”　一是切实简政放权，解决文山会海问题。2014年，国家林业局发文数量同比减少2%，各类会议同比减少65个，取消和下放行政审批事项27个，三公经费预算同比减少650万元。继续清理和规范庆典会展活动，严格执行评比表彰达标规定，减少检查核查项目和次数。二是抓住节日节点，严明廉政纪律。2014年春节前夕，专门召开国家林业局各司局和直属单位负责人会议，部署节日期间党风廉政建设工作。陈述贤同志作了题为《深入持久反“四风” 勤俭廉洁过两节》的讲话，通报林业系统违反八项规定精神的12个典型案件，明确提出不准公款送节礼年货、不准公款吃喝，不准铺张浪费等纪律要求。三是巩固教育实践活动成果，督促四风问题的整改。认真做好国家林业局群众路线教育实践活动领导小组相关工作，陈述贤组长听取21个单位整改落实情况的汇报，对各单位落实整改任务和反四风情况进行督促检查。四是开展贯彻八项规定精神专项检查工作。驻局纪检组监察局会同国家林业局机关纪委对8个京外直属单位贯彻落实中央八项规定精神情况进行检查，提出了加强设党委单位纪委建设、规范自收自支事业单位创收和分配办法、加强巡视工作等意见建议，得到国家林业局党组重视和采纳。局党组书记、局长赵树丛作出重要批示，并召开党组会专题研究有关意见建议的落实。

加大预防工作力度　一是贯彻落实2013～2017年工作规划，制定出台《实施意见》。中央颁布《惩治和预防腐败体系2013～2017年工作规划》后，国家林业局党组及时传达学习规划精神，制定出台《国家林业局党组贯彻落实〈惩治和预防腐败体系2013～2017年工作规划〉的实施意见》，印发各司局各直属单位执行。二是深入开展反腐倡廉宣传教育，发挥宣传教育的导向和预防功效。组织编辑《廉政教育手册》，购买《十八大以来廉政新规定》，发国家林业局处级以上干部人手一册。转发《中央纪委关于何建中等同志违反中央八项规定精神问题的通报》，开展警示教育。在学习习近平总书记系列讲话精神司处级干部轮训班上，安排党风廉政建设和反腐败形势任务专题报告。驻局纪检组副组长、监察局局长张习文应邀为全国森林公安纪检督察培训班、机关服务局干部廉洁从政培训班讲课，并到国家林业局网站进行在线访谈。三是加强对重点领域和关键环节的权力制约，发挥事前、事中监督的预防作用。对人员招考录用、干部竞争上岗、评优表彰、财政资金分配和使用、政府采购招投标、因公出国（境）任务执行、公车改革等工作，采取出具廉政意见、派人参与监督的方式，加强事前和事中预防。全年共出具廉政意见192人次，派出18人次参加有关工作事项和现场监督。四是加强行风建设，预防涉林职务犯罪和行业不正之风。召开2014年全国林业系统纪检组组长、监察室主任培训班，国家林业局党组成员、驻局纪检组组长陈述贤出席培训班并讲话。组织开展行风建设问题专题调研，发现和推广典型经验，了解存在的问题，督促和指导基层林业部门开展预防涉林职务犯罪、纠正行业不正之风等工作。加强对林业系统纪检监察干部培训工作，协调中央纪委3个培训中心，组织安排了640名林业基层纪检监察干部参加培训。

强化组局干部队伍自身建设　一是突出派驻机构主业。认真学习中央纪委书记王岐山在纪检监察机关“三转”专题研讨班上的讲话，按照“三转”要求，对参与国家林业局领导小组等议事协调机构进行集中清理，梳理出驻局纪检组监察局参与的37个项目，决定保留10个项目。二是突出人才培养、选拔和锻炼。借调3人充实力量，接收一名新考录公务员，有2名同志被选拔到正处级职务，一名同志被选拔到副处级职务，选派7人次参加中央纪委组织部、二室、四室抽调的有关案件和教育实践活动中央督导组工作，圆满完成与中央纪委监察部第四纪检监察室干部双向挂职锻炼任务。

【全国林业系统纪检组长监察室主任培训班】　3月20日，全国林业系统纪检组长监察室主任培训班在广东举办。国家林业局党组成员、中央纪委驻局纪检组组长陈述贤要求，要紧紧围绕林业改革发展中心工作，加强党风廉政建设和反腐败工作，为发展生态林业民生林业提供有力保障。

陈述贤组长强调，当前，要认真学习领会新一届中央领导集体关于党风廉政建设和反腐败工作的决策部署和总体要求，充分认识纪检监察工作对林业改革发展事业的服务、促进和保障作用，准确把握当前林业反腐倡廉工作面临的新形势、新任务，积极应对林业党风廉政建设面临的新情况，找准纪检监察工作与林业各项业务工作的切入点和结合点，努力开创林业反腐倡廉工作新局面。

陈述贤组长要求，2014年林业系统党风廉政建设和反腐败工作，要深入贯彻落实十八届中央纪委三次全会和国务院第二次廉政工作会议精神，紧紧围绕林业改革发展中心工作，加强纪律建设和作风建设，全面实施《建立健全惩治和预防腐败体系2013～2017年工作规划》，强化廉政教育和对中央重大决策部署落实情况的监督检查，加大查办违纪违法案件力度，营造风清气正的林业发展环境，为生态林业民生林业建设提供有力保障。要严明党的纪律，坚持不懈地抓好作风建设；落实工作规划，建立健全权力运行的制约和监督机制；加强监督检查，坚决纠正损害林农利益的不正之风；深化林业改革，从源头上预防和治理腐败；强力正风肃纪，推动林业政风行风进一步好转；完善体制机制，打造纪律过硬的林业纪检监察干部队伍。

（林业纪检监察由唐长宏供稿）

国家林业局直属机关党的建设和机关建设

【综　述】　2014年，国家林业局直属机关党的建设工作牢牢把握服务中心、建设队伍核心任务，突出学习贯彻习近平总书记系列重要讲话精神这条主线，巩固群众路线教育实践活动和“两转变两服务”活动两项成果，夯实学习型服务型创新型党组织三个基础，完善落实党建工作四个机制，着力推进反腐倡廉五项工作，努力提高党建工作科学化水平，取得了较好成效。

深入学习贯彻习近平总书记系列重要讲话精神　围绕学习党的十八大、十八届三中、四中全会和习近平总书记系列重要讲话精神，尤其是习总书记关于生态文明建设的重大战略思想，开展了21次党组中心组学习，6次绿色大讲堂学习，司局长理论研修班、司处级干部轮训班、党员领导干部进修班、党务纪检监察干部培训班、工会主席培训班、妇工委委员培训班和入党积极分子培训班等7个班次的集中培训，强化了党员干部思想理论武装。举办朱彩芹、红旗渠精神先进事迹报告会，汇编林业先进人物典型事迹材料，在林业系统开展向苏和学习活动。总结中南院先进集体典型经验，并在中央国家机关进行宣讲，加强中国特色社会主义核心价值体系学习教育。上半年中央国家机关工委对各部委党组中心组学习情况进行了通报，国家林业局在中央国家机关部委中排在前列。局理论成果在中组部教育实践活动理论成果会上进行了大会交流。

巩固拓展群众路线教育实践活动成果 巩固扩大教育实践活动成果。建立四本台账，即党组"两方案一计划"、审计发现问题、群众意见建议任务书和取消下放审批事项台账。台账明确整改时限、整改措施、负责领导和落实部门。强化四个督导，即听取专题汇报，党组同志专门听取42个司局和在京单位整改汇报，督促加快整改进度；公开通报检查，5次在全局通报整改落实情况，接受群众监督；现场巡视督导，组成工作组对8个京外单位督导检查；加强行业指导，举办全国林业系统党委书记培训班，印发林业系统第二批教育实践活动指导意见，上下联动深化整改。开展"回头看"，各司局各单位对整改情况逐一进行检查验收，防止"四风"问题反弹。经过深化整改，党组整改方案所列14个方面54条整改措施已落实52条，专项整治方案所列6个方面34条整改措施已落实33条，群众意见建议任务书所列114条意见建议已解决76条，局党组确定的9项制修订重点制度已全部完成。各司局各直属单位对涉及林业行业的规章制度进行了梳理，确定181项制度建设任务，已完成111项。突出专项整改。将审计署反馈的设立"小金库""三公"经费及会议费管理不规范等9个问题列入专项整改，并已整改完成，违纪违规资金全部追缴到位，9名相关人员分别给予撤销职务、降低岗位等处分。

继续深化"两转变两服务"活动 将"两转变两服务"活动作为教育实践活动重要载体，在局机关和全行业深入推进。上报取消下放审批事项48项，占全局审批事项的50%，国务院已批准取消下放36项。严肃整治"松、散、懒"和团队意识、担当意识、责任意识差等作风问题，激发了干部干事创业的积极性。具有行政审批职能的相关单位，采取下放审批权、现场办公和网络审批等措施，将服务窗口前移，提高了服务质量。通过上下联动，优化机构职能，强化作风建设，进一步提升林业行政服务能力。中组部、中央教育实践活动办、中央第31督导组对局深化教育实践活动整改落实和"两转变两服务"活动做法给予充分肯定。

大力推进学习型服务型创新型党组织建设 一是推进学习型党组织建设。认真落实中心组理论学习计划，开展学习贯彻习近平总书记重要论述专题文章撰写活动，在《中国绿色时报》刊登了19篇体会文章。发放《之江新语》《习近平谈治国理政》《十八届四中全会辅导读本》等学习书籍，强化党员干部学习。开展"中国梦、公仆情、劳动美"机关公文写作技能比赛，宣传林业建设改革发展的成果。二是推进服务型党组织建设。贯彻落实《关于加强中央国家机关基层服务型党组织建设的意见》，通过联合共建、对口帮扶、科技下乡等方式，推动服务型党组织创建活动深入开展。开展工会妇女干部专题培训，加大工会妇女干部培养。开展"根在基层·情系民生"青年调研实践活动、义务植树活动、温暖冬衣捐助活动和青年成长讲座，增补109名青联委员，引导青年干部成长成才。组织"百名工会主席送温暖"和劳模休假活动，举办直属机关第二届职工运动会、"绿之韵"时装表演、舞蹈比赛和健步走等活动，营造和谐机关氛围。举办林业系统乒乓球比赛和林业全民健身项目培训，加强林业体协工作。三是推进创新型党组织建设。落实党建工作责任制，完善机关党建与业务工作紧密结合的有效方法，激发党员干部干事创业的热情。积极参加中央国家机关工委组织的"践行党的群众路线、总结支部工作法"活动。造林司党支部被评为中央国家机关总结支部工作先进单位，科技司、世行中心(速丰办)党支部开展的践行群众路线服务民生工作被评为中央国家机关工作典型。

完善落实党建工作长效机制 一是落实学习教育长效机制。落实中央国家机关工委《进一步加强和改进党组(党委)中心组学习的意见》，发挥党组中心组示范引领作用。各司局各直属单位结合自身实际创建了分讲堂、湿地讲堂、处长讲坛、微型课堂等学习平台，建立完善各具特色的学习教育机制。二是落实党内生活长效机制。组织全局231个基层党组织开展了《机关基层组织工作条例》落实情况检查工作。建立党组织换届提醒制度，及时对应换届党组织进行提醒，共有11个党支部(总支)，2个党委完成了换届选举工作。制定印发了局直属机关"三会一课"等6项组织生活规定和激励关怀帮扶等2项组织工作制度，推进党内生活制度化、规范化。三是落实教育管理长效机制。修订了《中共国家林业局直属机关委员会关于发展党员工作的规定》，严格党员日常教育管理。四是落实考评激励长效机制。推荐人民满意公务员先进集体，表彰"巾帼建功"先进集体和个人，授予"五一劳动奖状奖章"称号，开展优秀青年、青年工作者和优秀基层工会组织、工会干部及优秀职工之友的评选表彰。局办公室、中国林科院被评选为中央国家机关第二届"创建文明机关 争做人民满意公务员"活动先进集体，造林司被授予中央国家机关"五一劳动奖状"称号。

反腐倡廉建设 一是落实"两个责任"。落实党委主体责任和纪委监督责任，制定实施意见，开展专题培训，推动责任落实。对提拔任用、公务员和军转干部考录实行全过程监督。二是加强风险防控。抓住中秋、国庆、元旦、春节等重要时间节点，严格执行中央八项规定及局党组十八条实施意见，持之以恒纠正"四风"问题。建立中央八项规定执行情况通报制度，每月向中央国家机关工委报告局落实中央八项规定情况。三是加强警示教育。采取讲廉政党课、参观廉政教育基地、观看反腐倡廉教育片、宣传勤廉典型等形式，开展党性党风党纪教育、廉政法规、从政道德教育。及时通报违反八项规定典型案例，增强廉洁从政意识。四是开展巡视工作。开展常规巡视一批次、专项巡视3批次，巡视范围覆盖全局71个司局和直属单位。五是加大执纪力度。约谈88人次，诫勉谈话14次，立案调查3件，涉案人员8人，做到事事有回音，件件有着落。(周勘供稿)

林业宣传

【综述】 2014年，宣传办紧跟党组、服务大局，突出生态林业民生林业宣传主题，积极出击、尽心作为，较好地完成了各项林业宣传任务。截至12月31日，中央主要媒体共刊播林业新闻11 500多条。其中，《人民日报》220篇(一版21条)，中央电视台主要频道1700多条(新闻联播58条)，新华社1900多条。授予国家森林城市17个、国家生态文明教育基地12个，正在“创森”的75个城市新增造林面积45.33万公顷。

【林业新常态宣传】 围绕发展生态林业民生林业的大思路大举措，在《人民日报》《学习时报》等刊发理论文章和专访20篇，特别是赵树丛局长12篇署名文章、7篇局领导专访的刊发，有力地传播了林业的权威声音，阐释了林业的工作思路。围绕林业厅局长会、林业改革座谈会、绿化委员会全体会、京津冀生态建设座谈会、城市森林建设座谈会等重要会议，以及停止黑龙江天然林商业性采伐、新一轮退耕还林启动、APEC会议碳中和项目等重大事项，组织媒体大力宣传林业改革发展的新思路新举措，刊发各类新闻近4000条。借助世界森林日、中央领导同志植树、共和国部长植树、代表委员谈林业等活动，对造林绿化进行广泛宣传，主要媒体刊发报道1000多条。

【生态建设和产业宣传】 围绕旱区造林绿化现场会、《关于进一步规范树木移植管理的通知》《关于进一步加强林业有害生物防治工作的意见》等进行集中宣传，刊发稿件近700条。协调国新办对第八次全国森林资源清查结果、第二次全国湿地资源调查结果进行发布，主要媒体共播发报道1500多条。利用“世界防治荒漠化和干旱日”契机，大力宣传中国防沙治沙的现状、措施和成效，刊发稿件超过300条。组织主流媒体对执法查没象牙公开销毁、眼镜蛇二号行动、大熊猫野化放归、国家公园座谈会等进行深入报道，共刊发报道2500多条，带动海外掀起了中国保护野生动物正面舆论热潮。联合中央电台《神州之声》栏目，推出30集《绿富中国》系列报道，重点对广东、福建等9省(区)的林下经济进行系列报道。组织媒体对2014年六大林产品交易博览会、油用牡丹产业发展进行了集中宣传，《人民日报》、新华社刊发一系列有分量有影响的专题报道。

【重大典型和专题宣传】 与中宣部、河北省委联合发布两个“时代楷模”——内蒙古苏和、河北塞罕坝机械林场，并在中央主要媒体上进行了为期一周的集中宣传。联合全国总工会推出了“最美职工”——龙江森工沾河林业局幸福瞭望塔塔长朱彩芹，并结合“五一劳动节”进行了广泛宣传。联合《人民日报》、新华社等媒体，开展“国家储备林”专题宣传，对建设战略储备林、速丰林基地进行广泛报道。联合《经济日报》开展“生态是金乡村行”专题报道，对因林而富、因林而美、因林而秀的典型乡村进行深入报道。联合中央电台开展“绿色中国行动”专题活动，对40个县的退耕还林进行系列报道，展示退耕还林15年的建设成效。

【林业宣传舆论引导】 在内参报道方面，先后与《新华社》《人民日报》《农民日报》协作开展内参报道，2014年仅新华社就推出21篇反映集体林改和林业建设、停伐后国有林区生存与发展两大系列内参报道，赢得了很好的宣传效果。在舆情监测方面，与专业机构合作对涉林舆情进行全天候监测，经过研判、整理形成周报、月报和急事急报，全年编发舆情快报50多期，多期有局领导批示，对及时掌握舆情、应对热点起到了重要而独特的作用。在新媒体运营方面，国家林业局人民网、新浪网官方微博运营初具规模。最新数据显示，两大官方微博总粉丝超过400万，主动发布微博数近万条。并且内容日趋丰富、形式日渐多样，影响力不断扩大，成为生态林业民生林业宣传的重要平台，新媒体的宣传效应得到充分显现。

【“两项”创建活动】 国家林业局宣传办加强对森林城市和生态文明教育基地创建活动的指导监督，组织专家270多人次到35个“创森”城市开展理论宣讲和建设指导，组织专家60人次赴15个生态文明教育基地进行考察和核验，进一步提升了创建活动的质量和成效。成功召开了2014中国城市森林建设座谈会，全国95个大中城市市长及社会各界260名代表参加了会议，17个城市、12家单位被分别授予国家森林城市和国家生态文明教育基地，进一步扩大了创建活动的影响力。研究起草了《国家森林城市管理办法》《国家森林城市核验办法》《国家生态文明教育基地评价指标》等系列规范性文件稿，为更加科学有序地推进创建工作提供了保障。同时，对2009年获得国家森林城市称号的无锡市、杭州市、宝鸡市和威海市进行了复查。

【生态文化活动】 与中央电视台联合推出《中国古树》第二季，拍摄的30集节目在央视播出。与凤凰卫视联合推出150集专题片《与梦想同行——绿色梦》，前90集已在凤凰卫视播出。完成5集生态纪录片《中国金丝猴》的制作，陆续在央视、美国国家地理频道播出。与中国文联联合开展“送欢乐下基层”活动，邀请刘兰芳、殷秀梅、陈思思、苏士澍等50多位文艺家，深入大兴安岭林业建设一线，举办了6场演出和6次书画、音乐、摄影笔会及辅导讲座。举办了“原始森林杯”全国摄影大赛、“地球绿飘带公益书法”三北地区巡回展、“美丽中国”大型图片书法展览、“首次中外自然生态摄影师作品联展”活动，在局办公大楼一层大厅组织安排了8次林业专业展览。指导中国生态文化协会编制《全国生态文化建设纲要》，指导退耕还林电影《山丹丹花儿开》和反映鹦哥岭先进典型电影《新青春之歌》的拍摄制作。完成了中国林业文联的换届工作，召开了中国林业文联四届一次常务理事会议。

【民主党派联系工作】 做好提案建议工作，积极争取八大民主党派中央的支持，发动更多"两会"代表委员就关系林业建设大局的问题，向"两会"提交提案建议。2014年"两会"代表委员共提交林业提案建议517件，是历史上最多的一年。开好联席工作会议，年初分别与中国农林水利工会，全国工商联、中国光彩会召开联席会议，明确了联合工作重点，确定了联合工作事项。办好各项联合重点活动，举办了第十届民营企业家参与林业建设培训班，120名民营企业家接受培训。开展了第五届"光彩事业国土绿化贡献奖"评奖活动，对40位在国土绿化建设方面作出突出贡献的民营企业家进行表彰。举办了国有林场第二届职业技能竞赛活动，全国2万多名选手参赛，90名选手进入决赛。联合召开了国有林场国有林区帮扶工作经验交流会，有力地推动国有林场国有林区帮扶工作的顺利开展。

【自办宣传阵地】 央视农业频道《绿色时空》栏目，以好榜样、好故事等致富增收典型为重点，2014年共拍摄播出30分钟专题节目52期，收视率提升到央视农业频道12个栏目中综合排名第四名，已成为央视宣传林业的一块重要阵地。央视少儿频道《绿野寻踪》栏目，2014年摄制播出林业专题节目57期，收视稳居央视少儿频道前列，特别是暑假特别节目《最野假期》收视率在中央电视台少儿频道达到第一，栏目已成为央视向公众提供林业科普知识的重要窗口。央视网《中国林业》频道，继2013年在央视网首页试运营成功后，2014年加强了林业动态资讯、全国林业厅局长访谈、天然林保护等专栏的开辟，有效地提升了频道的宣传效果，已成为网络快速传播林业新闻信息的重要平台。关注森林网，2014年重点对网站标识、首页架构、栏目设置进行了全面完善。目前，网站注册用户为近万人，访问量达到814万次，已成为集新闻性、科学性、知识性和服务性于一体的综合性林业网站。局属报刊，坚持新闻通气会制度和审读制度，及时传达报刊出版政策和重大主题，并做日常监督和服务工作，发挥局属报刊出版在林业宣传领域的主力军作用。自主编辑发行《生态文化》共6期，全年发行量近3万份。

【林业宣传大事】

2月20日 国家林业局办公室印发《2014年全国林业宣传思想文化工作要点》。

2月26日 国家林业局与中国农林水利公会第十三次联席会议在全国总工会召开。国家林业局党组成员、中央纪委驻国家林业局纪检组组长陈述贤出席会议并讲话。

4月16日 国家林业局与全国工商联、中国光彩会第八次联席会议在国家林业局召开。国家林业局党组成员、中央纪委驻国家林业局纪检组组长陈述贤出席会议并讲话。

4月29日 关注森林活动组委会2014年主任工作会议在国家林业局召开。关注森林组委会主任王刚出席并讲话，全国政协人资环委主任贾治邦主持会议，国家林业局党组书记、局长赵树丛作关注森林活动工作汇报，国家林业局党组成员、中央纪委驻国家林业局纪检组组长陈述贤出席。

9月19日 第十届全国民营企业家及管理干部培训班在内蒙古库布其举办。国家林业局党组成员、中央纪委驻国家林业局纪检组组长陈述贤出席培训班开班仪式并讲话。

9月25日 由国家林业局、全国政协人口资源环境委员会、山东省人民政府、经济日报社联合主办的2014中国城市森林建设座谈会在淄博召开。关注森林活动组委会主任王刚出席会议并讲话。全国政协常委、人资环委主任贾治邦主持会议。国家林业局局长赵树丛、山东省人民政府省长郭树清、全国政协人资环委驻会副主任凌振国、经济日报社总编辑张晓颖出席会议并致辞。全国政协机关党组书记、常务副秘书长孙怀山，局党组成员、中央纪委驻国家林业局纪检组组长陈述贤，局总工程师封加平出席会议。

10月22日 国家林业局、国家统计局联合召开中国森林资源核算研究成果新闻发布会。国家林业局副局长孙扎根、国家统计局副局长许宪春参加发布会。

11月13~16日 由中国文联、国家林业局主办的"送欢乐、下基层"中国文联志愿服务团走进大兴安岭林业集团公司慰问采风。这次活动由中国文联党组书记赵实和国家林业局局长赵树丛亲自部署，赵实书记、陈述贤组长亲临大兴安岭，70多位艺术家和作者深入林区一线放歌、献艺、挥毫泼墨。

12月中旬 林业系统最大的文化出版工程《中华大典·林业典》中的《森林利用分典》《森林资源与生态分典》《林业思想文化分典》和《园林与风景名胜分典》全部出版，至此，《中华大典·林业典》的编纂出版工作画上了圆满的句号。 （林业宣传由周霄羽供稿）

林业出版

【综　述】 在党的十八大和十八届三中、四中全会精神指引下，2014年中国林业出版社按照年初社工作会议制定的全年工作总体思路，从加快产业升级、继续实施项目带动、强化传统主业、确保两个效益和加强科学管理5个方面，开展了扎实有效的工作。实现了码洋过亿元、回款创新高、重大项目捷报频传、员工收入不断提高，取得了实实在在的新突破、新业绩、新发展。

图书生产销售情况 全社全年共组织召开编务会14次，研究选题12批，审批通过选题823个。累计生产图书630种，其中新书461种、重印书169种，按结构细分包括国家级重点图书、国家级规划教材53种，社级重点图书、社级规划教材183种，一般图书和教材394种；生产码洋10 339万元，其中新书8025万元，重印书2314万元；印数138.35万册(其中新书80.05万册，重印书49.3万册)。全年累计发货码洋5300.26万元，发货实洋3346.33万元，发货册数95.7万册；退货码洋1109.07万元，退货实洋696.8万元，退货册数17.9万册；回款2836.7万元。与2013年相比，所有指标均有较大幅度增长。

重大项目取得和开展情况 中国林业出版社转企后提出"大工程带动大发展"战略并付诸实施，对锻炼队伍素质、增加经济效益、提升综合实力、扩大业界影响起到了有效的推动作用。2014年以来在狠抓传统主业不松懈的前提下，进一步推进项目带动，取得了十分丰硕的成果。一是刷新获得国家出版基金资助的历史记录。全年共有4个项目获得国家出版基金资助，分别是《中国植物保护百科全书》《"碳汇中国"系列丛书》《党政领导干部生态文明读本(电子出版物)》和《绿水青山——建设美丽中国纪实(电子出版物)》，资助总金额千万元以上，创造了中国林业出版社一个年度内获得国家出版基金资助额度的历史之最。《党政领导干部生态文明读本》和《绿水青山——建设美丽中国纪实》也是中国林业出版社自2012年《中国的绿色增长——党的十六大以来中国林业的发展(3卷本)》成功入选国家主题出版重点出版物之后，连续三次入选国家主题出版的项目，彰显了中国林业出版社在专业出版领域的卓越出版能力和领先地位。二是数字出版转型升级步伐加快。2014年，中国林业出版社数字出版转型升级项目已成功实施并通过验收，拥有了MPR出版资质，有约1400种图书实现了资源数字化；按需出版系统已完成全部厂房建设、设备采购安装和技术人员培训，开展了中林科印(北京)有限责任公司注册；新机房基本建成；ERP系统升级项目已完成实施方案测试，正在开展上线前期初数据的准备；首款移动App图书商城产品"筑力北京—建筑读库"正式上线；"数字森林博览馆"项目和"数字出版与产业服务平台"即将完成全部研发任务，中国林业出版社正大步迈向数字出版时代。三是高度重视获得大项目及其储备工作。"植物保护全媒体服务系统建设"申报了2014年度新闻出版改革发展项目库项目和中央文化产业发展专项资金项目，均获成功，当年获得资助800万元；"中国林业资源数据库"项目申报了中央文化企业数字化转型升级项目二期工程也获得批复，获2014年度国有资本经营预算支出项目资助900万元，使中国林业出版社注册资本增至5176万元。当年还组织申报了三项2015年度国有资本经营预算支出项目，分别是"中国生态科普服务平台建设"项目、"中国林业出版社并购西北农林科技大学出版社"项目和"中华木作——木材及其制品移动信息服务平台"项目，共申请财政资金3000多万元，其中前两项在中央文化企业国有资产监督管理领导小组办公室举办的专家答辩会上通过了答辩。还申报了多项国际合作、政府招标、地方文化项目等，并有多个项目通过了前期论证进入到项目储备。

重点工作开展情况 一是顺利完成了转企后第二轮全员聘用工作。该项工作从8月8日开始，到8月31日圆满结束，从9月1日起进入新一轮聘期。这次全员聘用中，上一聘期的中层干部由于年龄和其他原因退出本次聘任以及未能连任的8人，7名一般员工进入到中层干部序列，8名上一聘期的副职中层干部提拔为正职或主持工作，调整力度较大。但各项工作开展紧张有序、有条不紊，整个工作过程公开透明，公平公正。局人事司参加出版社竞聘答辩的领导对出版社干部的思想政治素质和业务水平大加称赞，给予了很高的评价。二是重新梳理了组织架构。2014年中国林业出版社综合考量发展需求，对图书出版业务和相关管理职能进行了梳理，将生产部门中原有7个图书出版中心的业务进行了重新划分并探索建立了4个分社；将原图书加工中心更名为审校室并划归支持保障部门，新设立了数字产业中心和研究中心以进一步强化支持保障职能；将管理部门中出版部更名为生产经营部以强化经营管理职能，将财务部更名为资产财务部以强化资产管理职能，特别是加快国家预算执行进度，将后勤中心并入办公室(人事劳动处)更名为综合办公室(人力资源部)以强化综合管理和人力资源管理职能。三是进一步加大了优秀人才选拔推荐和培训工作力度。在优秀人才选拔推荐方面，金旻社长获得第三届中国出版政府奖优秀出版人物奖，这是中国林业系统首次获得；刘家玲入选了2013年度"百千万人才工程"省部级人选；温晋入选第四批全国新闻出版行业领军人才；邵权熙、何增明获得国家科技进步二等奖；纪亮、段植林分别荣获2012～2014年度国家林业局直属机关"优秀青年"和"优秀青年工作者"称号。还推荐4名同志分别参加中宣部"四个一批"人才培养工程、第十二届韬奋出版奖和国家林业局第二批百千万人才工程省部级人选的评选。5位同志获得正高、副高技术职称。培训工作方面，年初就制订了培训计划，选派60余人分别参加了中组部司局级干部选学、责任编辑继续教育、数字出版编辑岗位培训班、社长总编辑岗位培训班和编辑室主任岗位培训班等培训活动；启动了"一月一学"活动；推荐刘家玲赴美参加第三批全国出版行业领军人才培训。全年累计参加培训超过200人次，中国林业出版社用人、育人、留人的人才培育机制基本形成。四是充分发挥党组织的保证监督作用。一方面是按照党的群众路线教育实践活动的要求，认真组织学习习近平总书记系列重要讲话精神，学习党的十八大和十八届三中、四中全会精神，加大了整改工作力度并按要求开展了"回头看"。另一方面是着力加强了党组织建设，2014年中国林业出版社共发展党员3名，按期转正党员2名，其中新发展的3名党员均是部门主要负责人。在执行中央八项规定、反"四风"方面，态度坚决，党风廉政建设取得了新成效。同时，高度重视企业文化建设，积极参加局工青妇组织活动，在局运动会上取得良好成绩。不断提高员工待遇，合并并提高工资项目，调整提高员工岗位津贴，按时发放各类补贴、福利、奖金。五是继续开展服务外包以强化核心业务。在2013年完成保安、保洁外包的前提下，中国林业出版社又完成了职工食堂的整体外包，进一步加大了物业服务社会化，降低了用人风险和成本。特别是完成了百善书库建设工作和外包工作。通过向市场寻求专业服务，引入成熟管理团队，书库的整体管理水平和仓储物流效率得到了显著提高，受到了业务部门的一致认可、同行和局领导的高度赞扬，在行业中处于领先水平。通过服务型业务的专业化外包，进一步解放了生产力，同时服务保障水平和效率也得到很大提升，对开展核心业务起到了更好的保障作用。

荣誉获得情况 《中国林业发展区划(5卷)》获得了第三届中国出版政府奖图书奖；《种子植物名称(5卷)》《中国梅花品种图志》获得了第三届中国出版政府奖优秀出版物提名奖；《银杏》获得2014年度国家科技进步二等奖，是本年度国家科技进步奖获奖单位中唯一的出版社，本项目还获得了全国科普作品金奖；《种子植物名称》和《湿地资源检测技术》入选了“三个一百”原创图书；《论生态文明》成为中国林业出版社首次入选中组部全国党员教育培训教材的图书；7种图书入选2014年全国中小学图书馆(室)推荐书目；《农耕道》《林地立体开发实务指南》等一批图书又入选2014年度农家书推荐书目，至此中国林业出版社已成为全国连续4年入选农家书屋推荐目录数量最多的73家出版单位之一，位列第19名；全年成功增补5种39卷图书选题入选“十二五”国家重点图书出版规划，至此中国林业出版社共有13种(套)96册(卷)优秀选题入选国家“十二五”出版规划，刷新了中国林业出版社历史记录；7种图书入选教育部普通高等教育“十二五”国家级规划教材；5种图书入选“十二五”职业教育国家规划教材；2种图书获得2013年度国家科学技术著作出版基金资助。

这一年中，有多家出版社到中国林业出版社学习取经，中国林业出版社也去多家出版社调研先进做法，既密切了中国林业出版社与兄弟出版单位的联系，又吸收了先进经验，开拓了工作思路。张建龙副局长、陈述贤组长、局党组成员彭有冬等局领导率多位司局长到中国林业出版社考察，对中国林业出版社工作给予了肯定和赞扬。

【建设生态文明 建设美丽中国——学习贯彻习近平总书记关于生态文明建设重大战略思想】 国家林业局编，2014年12月出版。为推动全国林业系统掀起深入学习贯彻习近平总书记系列重要论述精神的热潮，进一步指导生态林业民生林业建设，国家林业局党组作出了一系列安排部署，局党组以及各有关司局和单位对习近平总书记系列重要论述进行了反复研读，形成了一系列学习成果，编辑成书。本书的出版对推动林业改革发展具有重要意义。

【党政领导干部生态文明建设读本】 国家林业局组织编写，2014年1月出版。本书是国家新闻出版广电总局深入学习贯彻党的十八大精神的重点出版物，也是国家出版基金资助项目。旨在从理论与实践的结合上为中国党政领导干部提供一本学习宣传贯彻“十八大”关于“大力推进生态文明建设”重大部署和十八届三中全会关于生态文明制度建设重要论述的辅助读物。全书深入解读了十八大报告对生态文明建设的中的战略部署、当代人类文明转型的历史必然性、建设美丽中国，实现中华民族的永续发展、生态文明的理论创新等内容，对于党政领导干部学习贯彻十八大精神具有重要指导意义。

【生态建设与改革发展——2013年林业重大问题调查研究报告】 赵树丛主编。2014年12月出版。该书介绍了2013年国家林业局组织开展的林业重大问题调研，调研选题紧紧围绕发展生态林业民生林业的主题，重点聚焦林业与生态文明建设、林业与国家安全战略、深化林业改革、生态林业与民生林业、林业产业发展、林业保障体系等。在调研成果的基础上，形成了一批针对性强、面向实际、具有操作性的调研报告，提出了许多重要的政策建议和意见，对加快推进林业治理体系和治理能力现代化，具有重要价值。该书的出版，为加快林业治理体系和治理能力现代化，充分发挥生态林业民生林业的强大功能，建设生态文明和美丽中国，具有重要意义。

【论生态文明】 贾治邦著，2014年9月出版。该书是第二届全国党员教育培训优秀教材。书中详尽地叙述了地球生态的本质及其演变、生态系统与生态产品、生物多样性、被侵害的生态系统、理性的觉醒、生态文明的发展之路、生态文明的意义及其技术可能性、美丽中国是对人类文明的巨大贡献、法治是生态文明的根本保障、做生态文明的贡献者等内容。该书的出版有助于推动普及关于生态系统的科学知识，唤起全社会的生态意识，引导教育全社会提高生态道德水平和践行生态文明的能力，保护建设好生态系统，为建设生态文明和美丽中国贡献力量。

【洞庭湖退田还湖区生态修复研究】 周金星等著，2014年2月出版。该书为“国家科学技术学术著作出版基金”资助项目。该书在对洞庭湖实施退田还湖工程前后自然资源概况及生态环境问题充分调研的基础上，阐明了洞庭湖区滩地的自然发育与植被演替过程，深入系统地分析了滩地生态系统的自然植被群落特征与土壤环境特征，以及洞庭湖滩地的典型土地利用方式杨树人工林、芦苇地、苔草地、农田等不同时间尺度的土壤呼吸变化规律；并应用遥感、GIS等先进技术手段分析退田还湖生态修复工程对整个洞庭湖区土地利用变化的影响，提出了退田还湖工程对单退垸、双退垸土地利用结构影响及景观适宜性评价的指标体系及判别方法；同时，针对滩地多效人工林生态系统构建，总结完善了抗逆性树种、新品种选育、生态系统优化结构配置及可持续经营技术，并探讨洞庭湖湿地生态恢复模式及其综合效益评价，为洞庭湖退田还湖区生态修复、滩地林业血防生态工程建设提供了理论支持以及新的思路和方法。该书所用材料来源于十一五科技支撑课题“洞庭湖退田还湖区生态修复与综合治理技术试验示范”和国家自然科学基金(41071334)的部分内容。

【中国奇木雕艺】 徐华铛编著，2014年6月出版。奇木雕艺，主要指奇异而珍贵木材雕刻的艺术品，也包括少量由普通木材雕刻的精而奇的艺术品。该书从沉木雕艺、崖柏雕艺、黄杨木雕艺、珍贵木材雕艺、奇根异木雕艺、木雕脸部造型集锦六大篇章，供读者品位鉴赏。

【开国林垦部长】 李青松编著，2014 年 9 月出版。该书对中国林业事业杰出的开拓者、中华人民共和国成立后第一任林垦部（林业部）部长梁希做了全面的研究与分析，对他的生平和一生所从事的抗战以及教学工作进行了全面的介绍。

【中国森林生态网络体系建设出版工程】 彭镇华等著。2014 年 6 月出版。本系列丛书是"十二五"国家重点图书出版规划项目，也是国家出版基金资助项目。该书作者团队对全国 12 个城市的城市森林的研究和实践进行了系统的分析与总结，在此基础上，撰写了丛书。丛书从中国的实际出发提出了林网化与水网化的现代城市森林建设理念，对森林规划、树种选择、植物配置等进行了全面的研究。丛书的出版是中国第一部比较全面、系统阐述中国城市森林建设的专著，对中国城市森林的健康发展具有重要的指导意义。

【林业有害生物控制技术（第 2 版）】 关继东主编，2014 年 12 月出版。本教材是"十二五"职业教育国家级规划立项教材，内容分为上下两篇。上篇为林业有害生物防治的必备知识与基本技能，包括认识森林昆虫、认识林木病害、林业有害生物防治原理与方法、林业常见害虫类群及防治、林木常见病害及防治、林木鼠害及防治等。下篇为林业有害生物防治员典型工作综合实训，包括森林病虫害一般性调查、林业有害生物监测预报、苗圃病虫害防治历的编制、食叶害虫防治作业设计与施工、白蚁防治作业与施工、林木鼠害调查与防治、农药药效实验设计与实施、林业植物检疫实施等。该教材采取工作任务形式编排，理论与实践相结合，有利于学生对知识的掌握。

【森林资源资产评估实务（第 2 版）】 董新春主编，2014 年 12 月出版。本教材是"十二五"职业教育国家级规划教材。该书依据"以森林资源资产评估项目工作过程为导向，基于职业岗位能力"的要求，采用项目教学模式展开，以任务驱动引领教学内容。全书共介绍了全面认识森林资源资产评估、森林资源资产评估业务操作流程、用材林资源资产评估、经济林资源资产评估、竹林资源资产评估、森林景观资源资产评估等 6 个项目的内容。在每一个项目开头引入真实的森林资源资产评估任务，针对任务的相关要求，贯穿知识点的讲解，完成任务的操作。在每一项目编写过程中安排"知识链接""想一想""议一议"等小栏目，拓展学生学习思维。同时在每一项目后安排了作业练习和实训模块，有助于读者进一步掌握评估职业技能。

【园林植物栽培养护（第 2 版）】 黄云玲、张君超主编，2014 年 1 月出版。本教材是"十二五"职业教育国家级规划教材，也是全国林业职业教育教学指导委员会高职园林类专业工学结合"十二五"规划教材。全书依据"园林绿化技术员、园林植物养护技术员、园林花卉生产管理技术员"等职业岗位的典型工作任务确定课程内容，涵盖了园林植物栽植前准备、木本园林植物栽植、草本园林植物栽植、屋顶及垂直绿化植物栽植、园林绿地养护招投标及合同制定、园林树木养护管理、草本花卉养护管理、屋顶及垂直绿化植物养护管理、园林绿地养护成本控制及效益评估的基本知识和技能。

【林业法规与执法实务（第 2 版）】 石荣胜主编，2014 年 8 月出版。本教材是"十二五"职业教育国家级规划教材，也是全国林业职业教育教学指导委员会"十二五"规划教材。全书是根据现行林业法律法规、依据教育部关于提高高职高专教学质量的意见以及教学的总体要求编写而成的。本教材共分为 10 个单元。适用于高等职业院校林学及其林科类专业，也适合成人高等教育使用和林业行政执法人员参考。

【木地板生产技术】 尹满新主编，2014 年 8 月出版。本教材是"十二五"国家规划教材。本教材从理论指导的角度，全面系统地介绍了影响室内环境的空间、色彩、光、声、温、气等因素，同时介绍与对室内设计关系密切的建筑构造初步知识以及室内设计人员的知识领域与技能要求等室内设计的理论基础知识。再从实操的角度，详尽地叙述了室内设计中技能性要求较强的内容：室内空间设计、室内功能分类设计、室内色彩设计、室内物理环境设计、室内家具选择、室内陈设和绿化设计等。书中以案例的形式有机地将室内设计的方法、步骤、工作内容等整合成室内设计实务。

【中国兰文化百科全书——兰言四种译注】 杨鹿鸣、复明原著；莫磊、姚和金译注。2014 年 1 月出版。《兰言四种》收集了中国由古至今有关兰花的大量诗词典籍，内容涉及面广，包括兰花的绘画、分类、鉴赏、栽培、品评、文化等，是一部真正的兰花百科全书，为后人了解中国兰文化的历史、文化有很重要的价值。该书作者在译注时查阅了大量的文献资料，将其尽量准确地翻译成白话文，让读者可以通俗易懂地阅读这本兰花百科全书。

【苏式建筑营造技术】 雍振华著，2014 年 12 月出版。该书为"国家科学技术学术著作出版基金"资助项目。作者在多年从事苏式建筑研究、设计、施工的技术积累和总结的基础上，用科学现代的表达方法总结中国式建筑营造技术的一部著作。该书由浅入深，循序渐进，详细介绍古建筑的名称、部位、通则，进而介绍各种木构建筑的构造方式、构架功能。该书的出版对古建筑文物保护、修缮、仿古建筑设计有直接指导作用；对建筑史、建筑技术史的研究，古建筑教学、技术人才培训亦有直接指导和重要参考作用。

【中国红木家具制作与解析百科全书】 朱志悦、马建房、李岩主编，2014 年 1 月出版。该系列图书是一套红木家具制作与解析的百科工具书，分为组合类、台案椅几类、沙发床榻类和柜格类，通过大量的实例图片展示了红木家具的文化含义和艺术美感，并用 CAD 图的方式从细节处展示了制作方法，是一套兼具欣赏价值和实用效果的书籍。

【古树名木故事】 北京市公园管理中心、北京市公园绿地协会编，2014年6月出版。该书挑选了分布在全国各个地方有历史、有典故的各具特点的古树360种，每棵古树都配以精美的图片和极具趣味性的故事，可读性强、科普性强、受众范围广，可作为儿童故事读物，并且能够寓教于乐，避免了传统读物的枯燥乏味。

【湿地环境教育手册】 陈水华主编，2014年8月出版。该书介绍了湿地的基础知识和湿地教育的基本方法，提供了大量类型多样、生动有趣的湿地环境教育活动方案，内容丰富、方法新颖、使用方便。该书强调受教育者在体验中感悟，在解决问题的过程中反思，在交流与理解中形成正确的环境价值观。该书可作为湿地保护和教育工作者，尤其是湿地导游和中小学教师们重要的参考工具书。

【明清家具鉴赏——榫卯之美】 郭希孟主编，2014年10月出版。该书以榫卯的历史背景、类别形式、器型体现为线索展现明清家具之美——榫卯之美。书中图片清晰精美、文字优美古典，整体版式给人以古朴优雅的视觉感受。该书对家具生产、科学技术与艺术文化研究提供了宝贵的参考资料，可供广大家具设计师、古典家具喜爱者、大专院校师生学习、欣赏、参考。

【中国杜仲图志】 杜红岩主编，2014年6月出版。该书全面系统介绍杜仲的根、茎、叶、花、果实等形态特征及其变异特点，全国杜仲资源情况，杜仲遗传多样性及其优良品种选育，杜仲良种繁育技术，杜仲主要栽培模式(包括传统药用栽培模式等)。该书紧密结合中国杜仲产业化开发的需要，内容全面、系统，以文解图，以图释文，通俗易懂，是一本杜仲科研成果的荟萃，更是一本成果推广转化教材，也是一本完善的杜仲百科全书。

【中国猫科动物(引进版)】 世界自然保护联盟(IUCN)物种存续委员会(SSC)猫科动物专家组编。2014年2月出版。世界自然保护联盟(IUCN)物种存续委员会(SSC)猫科动物专家组与国家林业局野生动植物保护与自然保护区管理司等多家机构合作，编辑整理现有的知识，旨在建立一份中国猫科动物物种的本底状况报告，对中国现存的13种猫科动物的分布区域、种群数量趋势逐一进行概述和更新，为中国猫科动物的调查和深入研究奠定了基础，以促进在此基础上更多的猫科动物研究。

【华南海陆过渡带生态恢复系列】 邱广龙，等著，2014年11月出版。本系列丛书为“十二五”国家重点图书出版规划项目。本系列书是国家湿地建设专项“广西北仑河口国家级自然保护区生物恢复工程”的主要成果，该专项是中国首个同时进行海草、红树林、盐沼和滨海植被规模化恢复的整体工程。本研究历时4年完成，多项核心技术获得国家专利局的授权。本系列书就是对前期调查研究和生态恢复工程成果的技术总结，该书的出版对今后进一步的研究和类似工程的实施具有一定的参考价值与借鉴意义。

【中国昆虫模式标本名录(英文版)】 白明等编，2014年11月出版。该书主要收集了1950～2010年发表于国外的、保存在国内的新种模式标本，以及截至2010年前两卷未收录的在专业杂志和地方志中发表的产于中国的新种模式标本的补遗。该书中昆虫名录共包括4纲25目231科957属2763种。该书内容大量来自综合考察报告及系列出版物，一该书中包括诸多类群及作者，我们对每一位作者在每一该书中所写类群或独立的章节均在参考文献中一一列出，以便读者查阅。本卷以发表在国外的新种为主体，故本卷为英文版。

【常见贸易濒危药用植物识别手册】 中华人民共和国濒危物种进出口管理办公室、中国医学科学院药用植物研究所主编，2014年2月出版。该书收录了常见贸易中的濒危药用植物100余种，以简明的文字和富有典型特征的图片，介绍了每个物种的形态特征、生物学特性、分类、分布及保护级别等要点。通过查阅该书，读者可以较快地对有关物种进行鉴别，极大方便了口岸海关和执法部门查验监督工作，该书也可用于执法培训和宣传教育等方面。

【(北京植物种质资源调查与评价丛书)北京重点保护野生植物】 沐先运等著，2014年3月出版。该书是以《北京市重点保护野生植物名录》为对象开展的专题研究的成果之一。本项研究专题获取了北京市珍稀濒危植物丰富而准确的本底资料；书中详细记录了北京市保护植物的形态、分布、生境、资源量，对每一物种进行濒危分析，并提出保护措施。

【野生动物的神奇故事】 国家林业局宣传中心、中国野生动物保护协会著。2014年7月出版。中央电视台《绿野寻踪》开播已有几百期了，在社会上和少年儿童中产生了较大的影响。在这个基础上，编者做进一步的整理，将电视中播出过的故事精炼成纸质图书。该书共收录50个小故事，图文并茂，生动有趣，知识性强，很多都是读者常见但却意想不到的故事。图书的定位在6～14岁少年儿童，可供少年儿童学习、欣赏，使少年儿童更深入地了解野生动物的知识，懂得爱护野生动物对人类的重要性，提高生态道德水平，从而全方位地提高孩子们的情商和智商。

【中国国家公园的探索与实践】 张希武、唐芳林编著，2014年7月出版。国家公园是人类文明进步的必然产物，它的出现推动了自然保护事业的发展，不仅创造了人类社会保护自然生态环境的一种新形式，同时也引发了一场世界性的国家公园运动。该书主要内容包括自然保护思想、国家公园与保护地的产生与发展、保护地体系、中国的保护地体系及建立国家公园的必要性、中国国家公园的建设实践、国家公园的建设理念及功能定位等篇章，详述了中国国家公园的现状和发展。

【(地理中国)黄河这样从我们身边流过——穿越中国景观的母亲河】 陈维达等著。2014 年 11 月出版。这是一本关于黄河的旅游指南，也是涉及黄河流域人文风情和地理地貌的科普读物。该书不仅仅停留在对河流的表层介绍，更重要的是以黄河为中心展开对黄河沿岸文明的追溯，对黄河流域劳动人民的关注，并结合分析当今黄河所承载的现代文明和黄河与两岸人民的命运。该书的出版可加深读者对黄河的了解，激发起探险、旅游爱好者的向往，同时也弥补了读者不能亲自游览黄河的缺憾。

【中国林业信息化丛书 Ⅱ】 李世东主编，2014 年 11 月出版。本套丛书主要从政策文件、战略定位、顶层设计、综合政策、网站建设、技术保障、政策指导等几个方面，系统全面地分析解读中国林业信息化建设发展 5 年来所出台的重要相关政策和重要举措，对林业信息化的进一步发展具有重要的指导作用。

【园林植物季相景观设计手册(共 2 卷)】 李作文、李雪飞主编，2014 年 1 月出版。本套景观设计手册按照季相分为春夏卷和秋冬卷，介绍了不同季节中的植物景观，每部分中又分为乔木、灌木和草本植物 3 个方面。全套手册精选了北方地区近 300 种景观植物，将近千幅原色图片，记述了每种植物的株高、花期花色和适合种植区域、种植方式等。该书可为景观设计者、种苗生产者和园林施工单位提供设计、生产和施工依据。

（段植林）

林业报刊

【综　述】 2014 年，中国绿色时报社"一报两刊一网"完成 80 多个选题报道，刊发专题报道 160 多块(期)、系列报道 44 组，有 31 篇作品获省部级奖励。其中，17 件作品获第二十八届中国产经新闻奖，4 件作品获 2013 年度全国报纸副刊优秀作品奖。报社推荐的 7 篇书评作品全部入选国家新闻出版广电总局新闻报刊司开展的 2013 年"全民阅读报刊行"优秀书评。《中国林业》和《森林与人类》杂志在中国期刊博览会上获得"中国最美期刊"称号。《中国绿色时报》被国家新闻出版广电总局正式列入《农家书屋重点推荐目录》。报纸发行量比 2013 年增加 3708 份，创历史新高。

2014 年，报社推出了 9 个方面的重点报道。

贯彻习近平总书记系列重要讲话精神宣传 刊发了习近平总书记参加首都义务植树时的重要讲话、对第八次全国森林资源清查结果批示等消息；报道了国家林业局党组贯彻落实总书记重要指示精神的工作部署等；开设了《贯彻习总书记重要指示精神》和《深入学习贯彻习近平同志系列重要讲话精神》两个专栏。

生态林业宣传 先后开设了《弘扬生态文明 圆美丽中国梦》等 3 个专栏，重点报道了福建生态省建设、湖北"绿满荆楚行动"、绿色湖南建设、美丽广西建设等，刊发专栏报道 100 多篇。围绕新一轮退耕还林等林业重点工程和森林城市创建，推出了 5 组系列报道、10 多块专题报道。

民生林业宣传 将民生林业建设与绿色富民相结合，相继推出了《民生林业 富民惠民》专栏、《富民一线》专题等，报道内容涵盖了林下经济、森林旅游、经济林果、苗木花卉、林木产品、林纸产业等。同时，报道民生林业发展中基层群众急需的林业新技术、新成果、新品种和致富新窍门等，服务了基层林农。

林业改革宣传 重点报道了国有林区国有林场改革试点、集体林权制度改革、国家公园建设等。围绕国有林区天然林停伐试点，刊发报道共 20 多篇；围绕建立国家公园体制，《森林与人类》特别策划了《国家公园：自然的圣殿》大型专辑，报纸推出了世界国家公园对中国国家公园体系建设的启示系列报道等；围绕集体林改，推出了《探索创新 深化林改》专栏和林改系列报道；同时对贵州、浙江深化林业改革作了重点报道。

依法治林宣传 以生态红线保护为重点，强化了林地和森林、湿地、荒漠植被、物种保护宣传。仅湿地保护宣传，报纸就刊发 10 多篇深度报道和 3 块整版报道。在《生态・话题》专题中，围绕依法治国主题，以言论的形式，对法治林业建设提出了许多新观点，同时对违法征占用林地及毁林现象开展了舆论监督。

资源保护宣传 突出报道了林业有害生物防治，用 3 个整版篇幅对国办《关于进一步加强林业有害生物防治工作的意见》进行了解读性报道，并对全国重大林业有害生物防治现场会作了及时报道。森林防火、生物多样性保护宣传实现常态化，全年刊发森林防火稿件 400 多篇、生物多样性保护稿件 600 多篇。

重要会议和活动宣传 对全国两会、全国林业厅局长会议、林业援疆工作会议、青岛世园会、中美打击野生动植物非法交易宣传活动等开展了集中报道。

林业典型宣传 重点报道了苏和、朱彩芹、王树清等 50 多位典型人物和塞罕坝林场等先进单位的事迹；以专栏、专题的形式，对基层一线务林人、公安英模、行业年度人物等作了突出报道，鼓舞了林业人的士气。

林业热点宣传 对雾霾治理、销毁象牙、禁止大树进城、木材储备林建设、粮油安全、桉树种植、科学造林、林业碳汇等社会和行业关注的热点话题进行了报道，引导了社会舆论。

《中国绿色时报》新开设了图文并茂的《图说一线》专栏，可读性明显增强；增加了历史报道，"永不磨灭的绿色印记"系列突出了厚重感。《森林与人类》杂志 2014 年推出 2 期增刊，并整合全年 12 期杂志推出珍藏版。

报社分两批派记者赴广西国有高峰林场蹲点调研，

组织记者参加"中央媒体青年采编人员革命老区行"，全年有120人次参加了培训。同时，高峰林场、木兰林管局、武警森林部队共派出6名同志到报社学习采编业务。

报社先后组建了"绿报人QQ群""绿报人微信群""绿报工作交流QQ群"。各编辑部开设了4个微信公众号，报刊宣传报道融入微信、微博，实现二次传播。报社摄影部组建了摄影小组，从各部门抽调5名摄影爱好者承担摄影采访任务。

报社主办了人造板论坛、花木年度人物评选、生态美文评选、中国(河池)核桃产业发展研讨会、绿色中国梦论坛、中国经济林产业发展座谈会6个规模较大的活动。报社工会组织开展的"读乐会·分享你的智慧体验"活动，先后举办了4次专题演讲，共36人次走上演讲台。报社工会因此获得全国总工会"争当学习型职工读书活动"优秀组织奖。报社副刊部获得"巾帼建功先进集体"称号。

报社重点抓好全国林业厅局长会议特刊、协议合作、"创森"和论坛活动4个精品平台建设，新建制度5件，使报社规章制度达到38件。报社首次建立了大事记、大数据，经营实行了合同电子化管理，建立台账，逐月统计分析经营数据，跟踪监测运行情况。

(杜艳玲)

表彰与奖励

【2013年国家林业局"百千万人才工程"省部级人选名单】

林科院

房桂干　卢孟柱　肖文发　徐大平　崔丽娟
周金星　吴　波　殷亚方　饶小平　何彩云

规划院

张煜星　唐小平　夏朝宗

竹藤中心

王　戈
设计院
王希群

森防总站

陈国发

南京警院

张思玉

昆明院

唐芳林

出版社

刘家玲

经研中心

赵金成

(人才劳资处供稿)

各省、自治区、直辖市林业

21

北京市林业

【概 述】 2014年，全市新增造林绿化面积2.5万公顷，其中平原造林完成2.37万公顷、山区完成人工造林666.67公顷，新增城市绿化面积1019公顷。全市林木绿化率达到58.4%，森林覆盖率达到41%；城市绿化覆盖率达到47.4%，人均公共绿地面积达到15.9平方米。

绿化营林 平原造林完成2.37万公顷，植树1812万株；山区完成人工造林666.67公顷，植树73.8万株；低效林改造完成1773.34公顷；封山育林完成1466.67公顷；森林健康经营完成4万公顷。

城市绿化美化 全市新增城市绿地919公顷，新建屋顶绿化18万平方米、垂直绿化61千米，完成老旧小区绿化改造72处、胡同街巷绿化改造49处，建成市级健康绿道212千米。

公园景区 建成朝阳望和公园和弘善家园、海淀建西苑、丰台马家堡和郭庄子等30处城市休闲公园，新增公园6个；完成《北京公园条例》修订论证工作，慕田峪长城风景名胜区总体规划获市政府批准；截至2014年年底，全市公园达到395个，其中城市注册公园355个，面积12 859公顷，森林公园31个，湿地公园9个，风景名胜区27处，全年开展文化活动327项，年接待游客2.9亿人次，节假日游客量3974.8万人次。

森林公安 森林公安机关共接受(或发现)警情共计1947起。全市共计立案538起，办理刑事案件106起，林业行政案件432起。按案别分，北京市森林公安办理538起案件中，包括盗伐案件70起，滥伐案件144起，毁林案件118，森林火灾案件107起，全市共接报火情103起，形成一般森林火灾1起，与2013年持平；过火林地面积0.9公顷，同比下降86.0%。擅自改变林地用途案件29起，盗窃案6起，野生动物案47起，其他案件17起。共计抓获刑事案件嫌疑人107人，行政处罚761人次，涉案单位71个。

绿色产业 全市果树果品产量8.3亿千克，全市果品总收入达43.4亿元。全市花卉生产面积稳定在5333.33公顷，产值突破14亿元，大中型花卉交易市场40个，花卉零售店1500个，花卉生产企业250个。全市蜜蜂饲养总量为23.6万群，蜂蜜产量760万千克，蜂王浆产量8.8万千克，蜂胶产量3.6万千克，蜂蜡产量35.2万千克，全市共有蜂业专业合作组织79个，有蜂业产业基地60个，有养蜂户1万户，养蜂万元户超过3000户，售蜂收入723.3万元，蜂授粉收入1500万元，养蜂总产值1.6亿元，蜂产品加工产值超过12亿元，出口创汇超过1500万美元。

全民义务植树 全市320万人次以各种形式参加义务植树活动，植树360万株，认建认养绿地698公顷、树木6.8万株。深入开展绿化美化“六进”“六美”创建活动，全年创建花园式单位120个、花园式社区40个、园林小城镇5个、首都绿色村庄80个。积极推进“市花月季进社区”，通过多种方式投入资金近1400万元，70个社区进行月季规模化种植。开展首个“世界野生动植物日”“国际森林日”和“北京湿地日”等生态科普宣传活动，弘扬生态文明新风尚。首次开展亚太经合组织(APEC)会议碳中和林植树活动，会议期间造成6371吨二氧化碳排放将通过营造84.93公顷碳汇林以实现碳中和。

【平原地区造林工程】 2014年，按照“整体推进、突出重点、打造精品、彰显特色”的要求，重点建设12处有特色、高品位、多效益的大规模城市森林区域，即“两园、两线、三带、五区”。“两园”，即东郊森林公园建设，青龙湖森林公园建设。“两线”：围绕APEC会议，对京承高速、机场南线、雁栖联络线两侧绿化带进行加宽加厚和景观提升；南水北调干线—京密引水渠绿道建设、两侧绿化带加宽加厚和景观提升。“三带”，即：永定河、潮白河、北运河三条绿带建设。“五区”，即：在新航城周边、延庆世界园艺博览会、昌平西部风沙危害区、密云大沙河风沙危害区、顺义舞彩浅山重点区域。完成造林2.37万公顷，植树1800万株，完成东郊森林公园、青龙湖森林公园、APEC会议等重大活动生态服务保障工作，2011～2014年，全市完成平原造林6.33万公顷，植树5100余万株，平原地区森林覆盖率从14.85%提高到24.5%，净增9.65个百分点。其中在“两环、三带、九楔、多廊”空间布局规划范围内造林1.77万公顷；突出实施六环内造林绿化3200公顷(其中利用拆迁腾退地造林933.33公顷)；利用废弃沙石坑和沙荒地实施造林4893.33公顷；利用废弃坑塘藕地绿化1333.33公顷。在密云、怀柔、顺义等地下水严重超采区实施造林6000公顷；在京密引水渠、南水北调干线两侧的水源保护区建设绿色保护带800公顷；在密云、怀柔、平谷和延庆等生态涵养区实施造林4446.67公顷。加强京津保中心区生态建设，在房山长沟、小清河建设533.33公顷湿地森林，在北京新机场周边建设1800公顷大片森林；加快连接三省市的重点河流、公路绿色通道建设，在永定河、潮白河、北运河两侧实施绿化2466.67公顷和拒马河沿线造林253.33公顷，在京津第二高速两侧实施造林606.67公顷、京港澳两侧346.67公顷。

【山区营造林示范经营】 2014年，全市各级园林绿化部门把森林健康经营工程当作重点工程，成立161支专业施工队伍开展林木抚育经营，通过严把“六关”，即：方案编报审查批复关、经营技术培训交流关、督促检查关、施工组织管理关、舆论宣传关和工程核查验收关，保证森林健康经营工程的建设标准和质量 。全市2014年度4万公顷森林健康经营任务圆满完成，其中重点抚育区完成1.4万公顷，一般抚育区完成2.6万公顷。共计投入资金1.6亿多元，完成补植补造4768.27万公顷855 908株、间伐定株1.19万公顷1 122 452株、修枝割灌1.32万公顷、除蘖2656.53公顷、松土扩堰9674.87公顷、涂白255.2公顷、平茬复壮4.33公顷、修建林间道路77 524延长米、人工作业步道402 027延长米、建设生态用水保障设施6处。

【**节日庆典花卉布置**】 2014年，圆满完成国庆65周年城市花卉景观布置和烈士纪念日敬献花篮活动服务保障任务，全市共摆放立体花坛近500处，地栽花卉约40万平方米，花钵、花箱1万余个，应用花卉品种150余个，总用花量超过2200万盆(株)。国庆期间开展首都各界盛大游园活动，全市373家公园免费开放，举行文艺演出21场。

【**APEC峰会景观环境保障**】 2014年，推进雁栖湖生态示范区公共景观以及核心岛的绿化美化建设。完成绿化面积400余公顷，栽植乔木14万株、灌木70万株、地被158公顷，打造"一核、一环(八景)、一带"优美生态景观。同时，结合平原造林工程，全力抓好京承高速、机场南线等主要联络线外侧原有林带的加宽加厚和景观提升工作，栽植乔木7200多株、灌木4万余株、草坪地被25.3公顷，实现"绿不断线、景不断链、色彩丰富、景观优美"目标。着力提升奥林匹克公园及其周边道路绿化景观，栽植乔灌木9万株、花卉地被5万平方米、绿篱8000平方米，确保会议期间园林绿化景观效果。

【**城市绿色空间**】 2014年，建成朝阳弘善家园、海淀建西苑、丰台马家堡、郭庄子等30处休闲公园；完成200千米市级健康绿道建设，其中三山五园、环二环东西城段已全面开放；完成棚户区绿化改造和拆违建绿200余公顷、老旧小区绿化改造72处、胡同街巷景观提升49处，实施屋顶绿化18万平方米、垂直绿化61千米。

【**建设城市健康绿道**】 2014年，市园林绿化局、市发展改革委、市财政局联合下发《关于加快北京市市级绿道建设工作的意见》和《2014年北京市绿道工程建设工作方案》，明确2014年全市绿道建设总体任务、时间安排、资金保障和项目实施保障措施。同时，编制下发《北京市区县绿道体系规划编制指导书》和《北京绿道规划设计技术导则》等技术文件，为绿道建设提供技术支撑。推进200千米市级绿道建设和398千米市级绿道前期立项工作。截至2014年年底，全市市级绿道已完成212千米。其中三山五园绿道已全面开放；环二环绿道东、西城段已全面开放；丰台园博绿道完成开放。温榆河绿道昌平、通州段基本完成建成开放。

【**山区生态建设**】 2014年，完成京津风沙源治理、三北防护林建设、太行山绿化等国家级生态工程，完成人工造林666.67公顷，封山育林2000公顷，低效林改造1800公顷，彩色树种造林1333.33公顷。完成森林健康经营4公顷、建成示范区22处。完成公路河道绿化300千米。完成95个重点村绿化593.33公顷，建设村镇休闲绿地200余处，完成京冀生态水源保护林6666.67公顷，栽植苗木845万株。

【**全民义务植树活动**】 年内，市区两级绿化部门继续坚持面向社会公布社会义务植树接待点做法。各区县共接待社会团体、家庭和个人达6.1万人次，植树15.4万株；各区县在义务植树新植地块主要安排在平原造林工程项目中，其中接待社会义务植树在平原造林范围内有7处、95.33公顷，占全市公布接待总面积56.5%；在平原造林中开展义务植树活动112次，接待社会义务植树4.9万人次，参与植树280公顷。

【**2019年世界园艺博览会筹办工作**】 年内，国际展览局第155次大会一致表决认可2019年中国北京世界园艺博览会(以下简称世园会)并授予局旗，标志着北京世园会全面完成国际批准和认可程序，正式纳入认可类世博会范畴，上升为国家行为。世园会组织体系全面完善，在中国政府成立组委会、执委会的基础上，北京市正式组建并挂牌成立北京世界园艺博览会事务协调局。编制完成世园会园区概念性规划综合方案，京张高铁、国道110二期、兴延路等重大基础设施建设有序进行，世园会总体策划方案编制、宣传推介、招商招展等工作进一步加快。

【**森林防火**】 年内，全市共接报火情103起，形成一般森林火灾1起，与2013年持平；过火林地面积0.9公顷，同比下降86.0%。严格落实森林防火岗位责任制，全市签订各类森林防火责任书21万份。市园林绿化局领导班子2次分7组带队检查督导森林防火工作。市森防办7次共派出35个工作组。全市森林公安民警巡逻检查总里程超过130万千米，发现并消除隐患1506起。全市统一开展"人人防火、珍惜森林、共享绿色"宣传月活动，以宣传《森林防火条例》《北京市森林防火办法》为主线，全市共开展各类宣传活动547次，发放宣传品104.2万份，设立固定宣传牌5587块、电子宣传屏幕331块、语音宣传杆165个，悬挂横幅1.1万余条，发送手机短信242.9万条。森林公安机关加大火灾案件和违章用火查处力度，其中刑事立案2起，制止违章用火6546起，罚款6.37万元。抓好专业森林消防队、防火巡查队和生态林管护员这三支队伍建设。全市新建和改建专业森林消防中队11支，达到113支2580人。推进森林防火设施建设，全市新建瞭望塔22座，瞭望塔总数达到212座，瞭望覆盖率达到70%。安装45个400兆通信基站，完成全市森林防火数字通信主干网构架，通信覆盖范围达到65%。房山区新建森林防火公路15.8千米，石景山区投入1800万元用于阻隔系统建设。

【**森林执法专项行动**】 年内，在国家林业局森林公安局统一部署下，4月1日至6月30日在全市范围内开展一次破坏野生动物资源违法犯罪专项打击行动，代号"2014天网行动"。专项行动期间，全市出动警力4139人次，出动车辆1742台次，清查整治各类市场270处，开展普法教育94次；立案侦查刑事案件39起，侦破刑事案件17起，其中重大案件4起，特别重大刑事案件4起，抓获犯罪嫌疑人37人。9月15日至10月20日，在全市范围内开展打击破坏野生动物资源违法犯罪专项行动，共出动民警2693人次，清查整治各类市场448次，共立案侦查刑事案件6起，破案6起，抓获犯罪嫌疑人9人。10月10日至12月10日，开展打击破坏森林和野生动物资源违法犯罪专项行动，代号"2014利剑行动"，打击成效显著。

【林业有害生物防控】 年内，累计完成防治作业面积63.05万公顷次，其中人工地面防控面积52.21万公顷次；开展飞机防治3250架次，预防控制面积10.83万公顷次，无公害防治率达到100%；全市果树有害生物发生面积18.47万公顷次，防治面积34.02万公顷次；全年预计林业有害生物发生面积4.11万公顷，实际发生面积3.96万公顷，测报准确率96.38%；实施种苗产地检疫面积1.2万公顷，种苗产地检疫率达到100%；成灾面积33.33公顷，成灾率仅为0.04‰。测报准确率、无公害防治率分别比国家下达的指标任务提高7.38、16.0个百分点，成灾率比国家下达的指标任务降低1.16个千分点；共计监测诱杀越冬代、第一代和第二代美国白蛾成虫31 266头、4017头、2075头，分别是2013年同期的1.97倍、84.57%和43.45%；共计在724株、565株和1692株树木上查处第一代、第二代和第三代美国白蛾幼虫，分别是2013年同期的1.22倍、22.48%和34.81%。全市美国白蛾发生面积266.67公顷，未发生美国白蛾灾害，全面完成国家林业局下达给北京市的"四率"指标和美国白蛾防控任务。

【科技成果推广】 2014年，重点推广"金叶白蜡、金叶复叶槭两个彩叶树种良种在北京平原造林中示范与应用""现代苹果园肥水一体化高效利用技术推广示范"等项目12项。建立森林培育和森林经营、湿地与自然保护区管理、园林绿化产业、林下经济、城市绿地建设、防沙治沙6个类型的23处科技创新示范区，示范面积4700余公顷。结合平原造林工程，建立平原区森林多功能经营、废弃地景观生态林、平原区沙地景观生态林健康经营、应对PM2.5的森林多功能经营、平原区高碳汇森林以及高碳汇森林多功能经营等6处207公顷的示范区。主要示范推广了土壤改良、生态垫覆盖、节水灌溉、树木整形修剪、污染土壤微生物修复以及林下植被管理等新技术、新材料。

【森林文化建设】 年内，举办第二届森林文化节活动，3月29日，以"体验森林，感知文化"为主题的第二届北京森林文化节在西山国家森林公园举办，全市森林公园举办77项丰富多彩的森林文化活动，包括森林音乐会、丁香节、红叶节、风筝节等。加强森林景观提升改造和森林文化设施建设完善。重点打造了西山森林公园的"西山晴雪"、百望山森林公园的"烂漫山花"、八达岭森林公园的"长城红叶"和松山保护区的"山地杜鹃"等特色森林景观，建设完成了八达岭森林公园的森林体验馆、西山森林公园的无名英雄广场、百望山森林公园的健康步道等设施并对外开放。据统计，电视台专题报道52次，电台报道60次，报刊、网络报道520余次，组织摄制《北京森林公园》专题宣传片16集，制订印发《2014年森林文化建设实施方案》。

【APEC相关绿化美化工作】 年内，完成雁栖湖生态示范区绿化建设。该工程包括雁栖湖生态发展示范区公共区、雁栖岛绿化两部分，绿化面积395.5公顷。着力打造"一核、一环(八景)、一带"景观架构。"一核"，即雁栖岛绿化景观工程，工程建设包括会议中心、酒店、别墅等庭院及其周边绿化景观建设，绿化面积47.5公顷；"一环"，即沿范崎路、南环路、北环路沿线及雁栖湖东岸形成围绕雁栖湖的绿化景观工程，绿化面积293.6公顷，共建成松云邀月、五峰秋韵、翠荫掩黛、古槐溪语、雁坝览胜、柏崖印记、雁栖畅观、螺山霞妆八大景观节点，简称"雁栖八景"；"一带"，即西、北部生态山林修复工程，绿化面积54.4公顷，针对雁栖湖西侧、北侧山体视线节点进行景观提升和生态修复。共栽植乔木14万株、灌木70万株，花卉及草坪地被共158公顷。重点完成京承高速(太阳宫桥至怀柔桥段)护网内绿化景观提升工程。共栽植乔木7206株、灌木39 679株、草坪地被25.3公顷。提升奥林匹克公园及其周边道路绿化景观。针对奥林匹克公园公共区，鸟巢、水立方、国家会议中心红线范围内，以及奥林匹公园周边道路绿地实施改造提升工程，即在原有绿化基础上增加常绿树和色叶树，保证APEC会期园林景观效果。共栽植乔灌木9万株、花卉地被5万平方米、绿篱8000平方米。组织专业人员编制完成APEC会议"三区、八线、四周边"花卉布置工作。

【第五次沙化土地监测】 年内，完成第五次北京市沙化土地监测工作。加大湿地保护、恢复和建设力度，恢复建设湿地2000公顷，新建市级湿地公园2个，全市湿地公园总数达到8处。

【生态保护执法】 年内，森林公安局成功侦破一起跨省非法收购、出售象牙制品特大刑事案件，抓获犯罪嫌疑人14人，收缴象牙制品391千克，盔犀鸟和犀牛角制品143件，为保护国家珍稀濒危野生动物作出突出贡献，公安部部长郭声琨亲自签发命令，为市园林绿化局森林公安局"5·20"专案组记集体一等功。

【果树产业】 年内，制定《50万亩低产低效果园提升改造工作方案》，全年新植优质高效果树661.93公顷、改造提升866.4公顷；建设高标准果品基地4066.67公顷，更新老杂劣果树1600公顷；优化果品结构，全市年产干鲜果品8.3亿千克，收入43.4亿元。观光采摘接待游客913.8万人次，采摘收入5.2亿元。

【花卉产业】 年内，推进花卉优良品种研发、新技术示范推广，培育花卉新品种26个、引进200多个，花卉生产面积达到5333.33公顷，年产值突破14亿元。

【苗圃建设】 年内，市园林绿化局会同市有关部门联合出台《加快平原地区规模化苗圃发展的意见》，并编制总体规划，制定相关配套文件。目前，大兴、通州、顺义、平谷、密云、延庆6个区县共建设规模化苗圃49个(参与企业41家)，总面积2666.67公顷，投资43.3亿元。2666.67公顷规模化苗圃全部建成后，将培育乔木800余万株，使平原地区森林覆盖率提高0.4个百分点；每年带动7500人绿岗就业；吸引社会企业投入35.76亿元。

【健康绿道建设】 年内，以“服务市民健康生活，推进滨河、郊野公园绿道建设”议案办理工作为契机，编制完成《北京市级绿道建设总体方案(2013～2017年)》，确定北京市级绿道“三环、三翼、多廊”的总体布局；起草完成《北京市绿道建设工作意见》《北京绿道设计建设导则》《绿道标识系统设计方案》等各类指导性文件；启动海淀三山五园绿道、丰台园博绿道、环二环绿道、温榆河滨水绿道等示范建设，其中三山五园绿道、园博绿道已获市发展改革委批复，开始施工建设；区县级绿道规划编制工作正在展开，其中顺义、丰台、大兴、通州等区级绿道规划区已率先完成。

【国庆游园活动】 年内，国庆期间天坛公园、朝阳公园、园博园、陶然亭公园、玉渊潭公园5家集中游园公园文艺演出21场，摆放立体花坛30个，地栽花卉6万平方米，涉及150余个花卉品种，布置花钵花箱1700个，用花总量约300万盆株，营造出浓厚的节日气氛。5个游园公园十一当天共接待游客17.8万人，4个热点公园接待游客15.6万人，全市387个公园共接待游客146万人。为确保集中游园公园的安全，全市373家公园免费开放。

【打造公园风景区公众服务品牌】 年内，扩大100条健康行走路线、100项文化活动、100片最美赏花区和赏彩叶区、100项园林文化创意产品和100张公园风景区美图影响力，开放更多公共资源。与体育部门合作公园风景区50条健身步道标识系统改造建设工作。与北京文艺广播共同搭建“北京公园风景区绿色播报”平台以及“北京公园和风景名胜区”官方网站、“北京公园和风景区”微博和微信等多种途径，向公众发布公园风景区动态信息，进一步打造“美丽北京，美丽园林”公众服务品牌。

【生物防治工作】 年内，全市共计推广应用周氏啮小蜂30亿头，防治美国白蛾等林业有害生物1万公顷；赤眼蜂10亿头，防治美国白蛾、杨扇舟蛾等鳞翅目害虫3333.33公顷次；管氏肿腿蜂150万头，防治双条杉天牛6.67公顷；春尺蠖核型多角体病毒5000千克，防治春尺蠖幼虫3333.33公顷；美国白蛾核型多角体病毒15吨，防治美国白蛾1万公顷；喷粉型400亿孢子/克球孢白僵菌4吨防治延庆腮扁叶蜂和美国白蛾等林业有害生物；向各区县发放粘虫胶带1500卷，用于防治草履蚧和春尺蠖等林业有害生物，共计围环防治18.75万株，防治面积277.8公顷；开展光肩星天牛防治试验效果调查和释放麦氏蒲螨防治白蜡窄吉丁低龄幼虫试验，防治效果良好。

【首都群众性创建活动】 年内，在城区广泛开展“花园进社区”“绿植进家庭”、胡同街巷绿化等身边增绿活动；推进绿化美化进单位、进学校、进社区、进乡村、进军营、进家庭等“六进”活动。引导市总工会积极开展“绿色进单位”绿化活动，市妇联开展“身边增绿”“绿色进家庭”主题绿化活动，市教委开展“弘扬生态文明，共建绿色校园”“绿色进校园”活动，团市委实施“绿色北京”——青年行动计划。加强与中央、市属、区属单位、企业等其他社会单位沟通联络，及时摸清、准确掌握各单位的绿化情况和创建意向，加强技术指导，跟踪做好创建服务，全年创建首都花园式街道1个、社区53个、首都花园式单位146个。

【重大义务植树活动】 4月4日，党和国家领导人习近平、李克强、张德江、俞正声、刘云山、王岐山、张高丽等来到北京市海淀区南水北调团城湖调节池参加首都义务植树活动；3月21日，中央军委副主席范长龙、许其亮，国防部部长常万全，总参谋长房峰辉，总后勤部部长赵克石，空军司令员马晓天等军委领导、四总部领导和驻京部队各大单位领导等96名将军，来到北京市通州区宋庄镇东郊森林公园华北树木园南门区参加义务植树劳动；3月29日，来自中共中央直属机关、中央国家机关各部委、单位和北京市172名部级领导干部，在北京市昌平区北七家镇未来科技城北京市平原造林工程项目区参加以“履行植树造林义务，实现美丽中国梦想”为主题的2014年共和国部长义务植树活动；4月10日，全国人大常委会副委员长兼秘书长王晨，副委员长沈跃跃、吉炳轩、张平、向巴平措、艾力更·依明巴海和全国人大常委会、全国人大专门委员会部分人员，集体乘车来到北京市丰台区北宫国家森林公园参加首都义务植树劳动；4月11日，全国政协副主席罗富和、张庆黎、李海峰、卢展工、王正伟、马飚、刘晓峰和全国政协机关工作人员400余人，来到北京顺义区参加义务植树活动。

【第30个首都义务植树日活动】 4月5日是首都第30个全民义务植树日。以“弘扬生态文明、建设美丽北京”为主题，组织各区县、各系统、各部门干部群众开展形式多样的义务植树和绿化美化活动。据统计，在首都第30个全民义务植树日期间，全市有163.1万人次参加形式多样的义务植树劳动，栽植各类树木142.4万余株，挖坑159.6万个，动土方181.2万立方米，养护树木664.8万株，清扫绿地1311.1万平方米，发放宣传材料488.8万份，爱绿、植绿、护绿活动达到新的高潮。

【“市花月季进社区”活动】 年内，制定下发《关于进一步加强“市花月季进社区”工作的通知》。5月与北京广播电台、北京花卉协会大兴区政府在大兴区林校街道举办市花月季进社区启动仪式；6月先后在北京市翠微小学、北京市八一中学开展市花月季进校园活动；9月组织“精品市花月季社区”创建工作观摩会。大兴区开展

“市花我来学，月季文化进万家；市花我来种，月季花开进万家；市花我来护，文明礼仪进万家”等系列主题活动，东城区、西城区分别开展“六美”创建和“美丽西城”建设，把万株月季送进居民家中，鼓励居民美化家庭，陶冶情操收到很好效果；丰台区“市花月季进社区，绿色植物进家庭”活动贴近市民，群众欢迎，市属媒体给予多方报道，影响强烈；海淀区、石景山区把市花月季推进中小学校园；通州区建立社区月季党员园、亲子园；怀柔区开展的让市花月季为APEC峰会服务保障增姿添美等活动，均收到非常好的效果。全市16区县通过政策引导，街乡镇扶持，企业赞助，居民多种方式参与等，投入资金近1400万元，在70个社区进行市花月季规模化种植工作，新增月季种植面积近11万平方米，新栽植各类月季109万余棵，9月下旬至10月底，北京市对16个区县筛选上报符合申报“市花月季精品社区”条件的40个社区进行评审，评选出东城国瑞城中社区、朝阳区和谐雅苑社区、大兴区永华南里社区、昌平区回龙观北二社区等30个“市花月季精品社区”。

【首个世界野生动植物日活动】 3月2日，配合国家林业局在北京动物园举办“世界野生动植物日”公益宣传活动，在全市16个区(县)配合全国的主题宣传活动同步组织开展主题为“加强野生动植物保护，建设鸟语花香美丽北京”的首个“世界野生动植物日”宣传活动。全市共悬挂横幅90条，摆放展板221块，发放各类宣传材料5万份，接受宣教3.3万人次。

【林下经济发展】 年内，全市新建林下经济1.12万公顷，其中平原造林工程下发展林下经济5933.33公顷。涉及林药、林花、林粮、林菌、林苗、林蔬、林草、林下休闲游等模式，实现产值3.04亿元，参与农户8237户，带动就业人数1.9万人，参与合作组织56个，企业数154个，户均增收9300元。

【湿地保护恢复】 年内，完成汉石桥湿地恢复工程，恢复与建设湿地53.33公顷，使湿地总面积达到586.67公顷。建设湿地水循环系统，日循环量8000立方米。开展野鸭湖湿地保护与恢复，恢复湿地200公顷；推进野鸭湖国家旅游生态示范区和市级旅游生态示范区标准化试点，建设智能监控管理系统。完成怀柔汤河口、大兴长子营湿地公园以及平谷城北湿地公园总体规划审查，通州台湖、平谷城北湿地公园建设工程有序推进。批准建立怀柔汤河口、大兴长子营2个市级湿地公园。开展长沟国家湿地公园申报及国家林业局专家考察论证。全市市级湿地公园达到7处，湿地公园总数达到9处。在房山、平谷、通州、大兴等区县，实施平原地区湿地恢复及建设1333.33公顷。

【开展全国第二次重点野生植物资源调查】 年内，开展全国第二次重点保护野生植物资源北京地区调查。召开调查动员会议和调查技术培训，印发《北京市园林绿化局关于全面启动北京市第二次全国重点保护野生植物资源调查工作的通知》。截至2014年年底，已经完成河北梨、核桃楸、紫椴、黄檗和刺五加等国家规定5个树种调查，完成北京水毛茛、槭叶铁线莲、百花山葡萄、款冬、轮叶贝母、大花杓兰、紫点杓兰、杓兰、珊瑚兰和裂唇虎舌兰等北京市增补物种的种群调查。参与调查60余人，野外调查36次，总体野外调查时间达1440天，填写各类表格700余份，建立调查临时样地250个。截至2014年年底，正在对各类数据进行录入、整理。

【公园精细化管理】 年内，在全市范围推行公园精细化管理，在2013年26家公园试点精细化管理工作的基础上，年内全市公园推行精细化管理，建立和实施“一制度六台账”，逐步提升全市公园管理水平和服务能力。市局对各区县精细化管理工作进行综合考评。考评包括统一汇报和实地考查两部分：由各区(县)汇报2014年全区(县)精细化工作推进的整体情况及参评公园精细化管理工作实施情况。市局对参评公园进行实地检查，结合汇报和检查两方面情况进行打分排名。考评成绩纳入全年绩效考核。

【成立世界园艺博览会事务协调局】 1月5日，中央编办正式批复北京市编委会《关于设立北京世界园艺博览会事务协调局有关问题的请示》，同意设立北京世界园艺博览会事务协调局(以下简称世园局)，作为2019北京世园会执行委员会的办事机构。3月12日，市政府办公厅印发了《关于设立北京世界园艺博览会事务协调局的通知》。截至2014年年底，世园局已完成组建并挂牌成立，办公地址位于北京奥运大厦。

【世园会园区规划工作】 年内，开始《2019年中国北京世界园艺博览会园区概念性规划设计方案》征集。市筹备办与有关单位积极配合，完成《世园会园区概念性规划方案征集文件》编制，并确定10个应征人。8月29日，应征人已经提交应征文件。世园局正组织有关专家和部门，对应征人递交的文件进行评审，从10个方案中评出3个优胜方案，并开展园区方案公众展示工作；选取1~2个应征人配合市规划院对3个优胜方案进行综合、完善，并充分征求中国贸促会、中国花卉协会及市有关部门和领导的意见后，2014年年底前形成世园会园区概念性规划综合方案，提请执委会审定。

【世园会基础设施建设】 年内，京张高铁已完成公司注册和项目初审，近期启动项目环评；国道110二期已完成施工总承包与监理招标，施工单位正在做进场准备；兴延路规划方案已获市规委批复，待市水务局等部门回复意见后报市政府审批，2014年年底实质性开工。市发改委、财政局、筹备办、延庆县等单位就世园会建设需求、投融资机制和相关项目进行研究，形成投融资工作方案。延庆县从优化新城功能定位、完善功能布局等方面，对延庆县域进行整体研究和新城城市设计工作。

【迎春年宵花展活动】 1月21日至2月14日，举办以“鲜花扮靓美好生活”为主题的2014迎春年宵花展。通过组合盆栽大赛、“幸福京蝶飞入百姓家”蝴蝶兰展卖以及蝴蝶兰、梅花、水仙花卉专项展览等系列活动的举办，弘扬花卉文化，丰富市民节日活动，促进花卉消费，满足人们精神文化需求，推动花卉产业发展。经统计，2014年新春北京市重点花卉企业生产年宵花卉238万盆，其中主要年宵花卉品种为蝴蝶兰、红掌、竹芋、凤梨和长寿花。

【举办第六届北京月季文化节】 5月15日至6月15日，第六届北京月季文化节，在北京植物园、天坛公园、陶然亭公园、纳波湾园艺、繁华世金玫瑰谷、蔡家洼玫瑰情园和妙峰山森林公园七大会场同期举行，为期32天。文化节共组织主题活动50余项，包括月季主题展览、万盆月季进社区、玫瑰采摘等；展出月季2500余个品种、272万株，展出面积462万平方米；接待游客164万人，收入380万元。

【举办第六届北京菊花文化节】 9月26日至11月16日第六届北京菊花文化节，在北京国际鲜花港、北海公园、北京植物园、世界花卉大观园、天坛公园和五棵松园艺体验中心六大会场举办。将组织十余项菊花专业评比以及菊花擂台赛、全国菊艺大师作品展等主题活动。

【全市果树发展】 年内，全市果树遭受旱灾，干鲜果品产量8.3亿千克，减产近9%，全市果品总收入达43.4亿元，仅降低1.3%。其中，大桃产量3.8亿千克，增长0.7%，收入达到16.7亿元，增长8.4%；梨产量达到1.5亿千克，增加1000万千克，收入5.1亿元，增长3.2%；樱桃产量增长25%，达到735万千克，收入达到3.3亿元，桃、梨、樱桃产量、收入创历史新高。鲜杏在减产12%的情况下，实现增收20%，首次突破亿元大关。收入过亿元还有葡萄3.2亿元，苹果6.2亿元，核桃2.3亿元，板栗1.9亿元。

【设施果品产量收入再创新高】 全市设施果品总产量达到899.6万千克，总收入高达2.4亿元，同比分别增长15.7%和22.1%，均创历史新高。截至2014年年底，全市共有设施果树面积817.47公顷，其中结果面积508.27公顷、6119个棚室，同比分别增长6.1%、11.6%和8.3%。结果面积的平均公顷收入达到57万元。

【高效现代果园改造提升工程】 年内，新建园采用矮化高密栽培技术，采用“宽行窄株”种植方式，由传统每公顷种植660~1050株改为每公顷种植3330~4755株，便于机械化管理，实现省工、节本、增效，配合“五位一体”管理技术，做到三年收回投资；采用独干高光效树形，实现结果部位集中在冠周1米范围内，简化修剪技术；按果树生理需求科学灌水，根据果树生理发育期需求及土壤墒情确定是否需要灌水，且用水量仅有传统用水量三分之一，实现节水增效。采用生物动力有机农业技术调整地力调节树势，提高光合效率，实现果品优质安全生产。全市采用现代化高效果园更新与改造模式，新植661.93公顷（主要是苹果、梨、樱桃）、改造866.4公顷（以樱桃、桃、梨为主），实现早果、丰产、高效，安全、优质，80%以上果园达到欧盟有机认证标准，3~4年，亩产达5000千克，收入达5万元。

【标准果品基地建设】 年内，全市春季完成果树发展4066.67公顷、504.5万株。其中，新发展果树1600公顷、281.3万株，山区县1266.67公顷，占到全市的79.2%。新植果树中近万亩按矮密高效现代化果园模式，每亩种植222~317棵，与传统大冠稀植或密植相比，单位面积种植株树大幅度提高；大树改造提质幅度较大，全市更新老杂劣果树1600公顷、139.1万株，同比分别增长66.0%、14.0%。其中，鲜果更新力度较大，共更新1400公顷、127.2万株。完成树体改造及品种改良、高接换优共完成866.67公顷、84.1万株(山区县占到488.13公顷、32.7万株)，以鲜果为主达到733.33公顷、73万株。其中，梨树完成270.07公顷、18万株，集中在大兴；设施果树发展迅猛，各区县共新发展设施果树9.6公顷、104个棚室同比面积增长30.9%。总投资3550万元，其中农民自筹618万元、市级补助2932万元。

【果园观光采摘】 年内，京郊采摘开放果园已达1626个，面积2万公顷，同比分别增长25.1%、8.8%。京郊果园共接待游客913.8万人次，采摘果品总量达3686.2万千克，采摘直接收入5.2亿元，比2013年增长6.1%。通过果园采摘促销果品5585.1万千克，促销收入3.8亿元。百万市民观光采摘系列旅游文化活动精心策划宣传实施，在广大市民心目中春季摘樱桃、秋季摘苹果已成为固定郊游项目。号称“春果第一枝”樱桃栽培面积已达到3800公顷，总产量587.4万千克，总收入2.8亿元。

【扶持蜂业保障措施出台】 年内，将蜂产业列为该区县年度重点产业发展项目和重点发展工程，打造富有活力的“空中产业”。其中，密云县连续十年出台产业扶持政策，扶持蜂产业发展，该县养蜂业已由单纯的发展蜂群数量向扩大蜂场规模和蜂产品深加工方向复合发展，房山区自2011年“7·21”特大自然灾害后，将蜂产业列为“十百千”工程，加大产业扶持力度，2011年至2014年，共投入资金2100多万元扶持蜂产业发展，怀柔区连续3年将蜂产业列为区政府折子工程，并制定出台了相应的扶持政策。

【国家蜂产业技术体系示范基地】 年内，通过西方蜜蜂规模化转地饲养技术试验应用，形成示范蜂场蜂群管理技术规范，蜂场人均蜜蜂饲养量达118群，蜜蜂单产量提高15千克，群单产由50千克提高到60~80千克，且全部达到成熟蜜标准；王浆产量提高60%，群单产由0.5千克提高到0.8千克；平均生产效率提高40%。完成北京地区蜜蜂主要病虫害流行病学调查，协助开展小蜂螨采样，在本地区示范、推广绿色蜂药1000群以上，每群蜂每年节约用药20元，产品达到无公害标准；投入质量可追溯蜂群2000群，收集荆条蜂蜜样品30份以上，举办蜂产品溯源管理培训班3期。

【蜂产品安全可溯源监控技术示范基地】 年内，在昌平、密云、门头沟、顺义4个蜂产品安全可溯源监控技术示范基地建立蜂产品产地信息溯源系统、蜂产品收购信息溯源系统、蜂产品加工信息溯源系统和蜂产品溯源查询网站等4个信息采集与查询系统。采用电子信息化手段对蜂产品开展质量可追溯技术研究，建立蜂产品质量溯源系统，对蜂产品开展实时跟踪、监测和查询，同时，在北京选取2家加工厂、4个合作社和200户蜂农开展应用示范，采集溯源信息200条，基本实现蜂产品布局、生产、销售、流通、溯源等的全程数字化和智能化，完成蜂产品从“田间到餐桌”转变。

【蜜蜂授粉富民工程】 2014年，蜂农经济结构已由单纯销售蜂产品向“销售蜂产品＋蜜蜂授粉”方向转变。开展设施农业授粉蜂群工厂化繁育与调度工作，建立600群以上集约化授粉蜜蜂繁育场2个，按不同作物授粉需求和时间提供授粉专用蜂群5000群。开展国产熊蜂周年继代繁育工作，建成半自动工厂化生产车间，形成大规模生产能力，实现年产熊蜂5万群。年内共建成熊蜂授粉基地1个，蜜蜂授粉基地4个。其中，在大兴区建成熊蜂授粉基地；在怀柔区建成2个蜜蜂授粉基地，基地规模3000群，年内对区内33.33公顷果树基地进行蜜蜂授粉试验示范。在顺义区李遂镇和杨镇建立蜜蜂授粉示范基地2个，共组织授粉蜂群12 000多群，熊蜂5000多群，授粉范围分布为顺义、昌平、平谷、通州、大兴等几个区县及河北省境内，主要为设施西瓜、设施大桃及露天樱桃授粉，授粉收入200万元。在昌平区南口、兴寿应用设施草莓蜜蜂授粉200公顷，每公顷节约人工授粉费用9000元，与人工授粉相比每公顷提高经济收入22 500元。

【征占用林地绿地规划审查和审批】 年内，共办理树木移伐申请1382件，许可移伐树木4.47万株；其中市局办理审批931件，许可移伐树木4.047万株(其中区县代受理730件，许可砍伐树木2330株)。年内，全市审批采伐5073件，241.8万株，采伐蓄积29.1万立方米，使用采伐限额8.58立方米。其中，区县审批5050件，采伐林木240.2万株，采伐蓄积28.9万立方米；市局直接审批23件，采伐林木1.6万株，采伐蓄积2450立方米；截至10月27日，全市审批林木移植497件，移植林木35.7万株。其中，区县审批492件，移植林木35.5万株；市局审批5件，移植林木0.2万株。年内，共审核同意征收占用林地99件，征收占用林地面积351.09公顷，其中年度定额内审核同意96件，310.89公顷；临时占用林地30件，临时占用林地面积35.73公顷；征收森林植被恢复费6133.1万元。

【开展第八次全市园林绿化资源普查】 年内，开展第八次全市园林绿化资源普查。普查分为森林资源调查和城市园林绿化资源普查两部分。为保障工作开展，成立普查工作领导小组，确定机构人员、明确职责分工、制定工作计划。通过编制普查工作方案、普查技术细则，组织普查工作培训、模拟外业调查实践等工作高质量、稳步推进普查深入开展。组织市级技术培训4次，开展中期评估1次、赴区县指导8次。截至2014年年底，普查工作按计划已基本完成外业调查，正在进行数据统计、汇总工作，年底形成普查成果报告。经园林绿化局与市统计局对普查成果共同确认后，上报市政府审批，在市政府审批后向社会发布。

【古树名木保护】 年内，开展古树名木保护示范点创建和抢救复壮工作，在丰台区和海淀区完成15处30株古树保护示范点建设，主要进行生长环境改良、树洞修补、支撑加固、地被种植等示范。加强古树名木抢救复壮，在海淀区、石景山区、丰台区、门头沟区、东城区等区县共抢救复壮古树名木600余株。开展全市古树名木保护管理情况检查，对全市16个区县和市公园管理中心古树保护管理工作进行检查。

（北京市林业由齐庆栓供稿）

【林业大事】

1月3日 昌平区樱桃栽培综合标准化示范区项目顺利通过国家标准委的审核，入选第八批国家农业综合标准化示范区项目。

1月6日 北京市园林绿化局在全国林业信息办主任会暨智慧林业培训班上荣获“全国林业信息化建设十佳单位”称号。首都园林绿化政务网被评为“全国林业十佳网站”。

1月26日 北京市政府副秘书长赵根武到石景山区检查森林防火工作。

2月10日 首都绿化委员会召开第33次全体会议，市委副书记、市长王安顺参加会议。

2月11日 2019年中国北京世界园艺博览会组委会第一次会议在京召开。国务院副总理汪洋主持召开会议。市委书记郭金龙、市长王安顺、常务副市长李士祥、市政府党组成员夏占义，以及贸促会、国家林业局、中国花协等37家中央单位有关领导参加会议。

2月19日 全市2014年园林绿化工作会召开。

3月12日 北京市园林绿化局与中国人民财产保险股份有限公司北京市分公司签约，正式启动北京山区生态公益林保险机制。

3月21日 中央军委副主席范长龙、许其亮，国防部长常万全，总参谋长房峰辉，总后勤部部长赵克石，空军司令员马晓天来到通州区东郊森林公园参加义务植树劳动。

同日 中共中央政治局委员、中央军委副主席范长龙，中共中央政治局委员、中央军委副主席许其亮来到北京市东郊森林公园参加义务植树劳动，共栽种2300多棵树木。

3月29日 2014年共和国部长义务植树活动在北京举行。中共中央直属机关、中央国家机关各部委、单位和北京市的172名部级领导干部参加义务植树劳动。

4月3日 第十届全国人大常委会副委员长顾秀莲，中华环保联合会副主席、国家林业局原副局长李育材，中华环保联合会副秘书长谢玉红、吕克勤，中国环境友好企业联盟执行秘书长郭府青参加了以“播种绿色，保护家园”为主题的公益植树活动。

4月4日 党和国家领导人习近平、李克强、张德江、俞正声、刘云山、王岐山、张高丽等来到北京市海淀区南水北调团城湖调节池参加首都义务植树活动。

4月10日 全国人大常委会副委员长兼秘书长王晨，副委员长沈跃跃、吉炳轩、张平、向巴平措、艾力更·依明巴海和全国人大常委会、全国人大有关专门委员会部分组成人员，到北京市丰台区北宫国家森林公园参加义务植树活动，栽植350棵树木。

4月11日 全国政协副主席罗富和、张庆黎、李海峰、卢展工、王正伟、马飚、刘晓峰和全国政协机关工作人员400余人，在北京市顺义区参加义务植树活动，植树1500余树木。

4月25日 阿根廷国民政府国家总秘书部门内阁部长玛利亚·卡门·阿拉尔孔女士、阿根廷驻华大使馆公使胡安·卡洛斯·帕斯先生与查科省农林园艺学院何塞·阿贝多·儒切希到市园林绿化局进行交流。

5月9日 市园林绿化局在全市2014年政府法制信息宣传工作会议上获2013年度政府法制信息宣传工作考核先进单位殊荣。

5月10日 全市完成2014年春季平原造林建设任务。新增平原造林21 127.13公顷，改造提升855.4公顷，共计栽植树木1626.28万株。

5月23日 北京市副市长林克庆出席“绿色科技 多彩生活——2014园林绿化科技创新暨科学普及活动”。

5月25~26日 北京市在第六届中国月季花展上荣获造景特别金奖。

6月3日 国家林业局副局长刘东生、韩国驻华公使朴银夏、北京市政府副秘书长赵根武、市园林绿化局局长邓乃平出席八达岭森林体验中心开馆仪式。

7月11日 市平原造林总指挥部召开平原造林工程移交和林木养护管理工作推进会。市政府副秘书长赵根武主持会议。市政府党组成员、市平原造林总指挥夏占义作出重要指示。

9月1日 新西兰环境部副部长盖伊先生一行6人到市园林绿化局进行友好访问。双方就进一步加强园林绿化领域的多方位合作交换意见。

9月24日 北京市首个碳交易抵消项目——顺义区碳汇造林一期项目在北京环交所挂牌交易。

10月1日 在天坛公园、陶然亭公园、朝阳公园、玉渊潭公园和园博园集中举办国庆游园活动。

10月10~11日 2014年秋季京津冀蒙林木种苗交易会成功举办。

10月17日 南非环保部代表团到北京市野生动物救护中心开展学习交流。

同日 《北京房山区十渡黑鹳保护小区建设规划》通过专家论证。

10月31日 北京出入境检验检疫局与北京市园林绿化局就合作开展林业有害生物监测、林业植物检疫和相关信息资源共享等内容签订合作协议。

11月3日 2014年亚太经合组织(APEC)会议碳中和林植树启动仪式在怀柔区雁栖湖镇举行。启动仪式由外交部、国家林业局、北京市人民政府主办，国家林业局局长赵树丛、北京市副市长林克庆、国家林业局党组成员彭有冬等出席仪式并为纪念碑揭幕。

11月11日 习近平总书记与亚太经合组织成员经济体领导人、代表共计21人在位于雁栖湖国际会议中心南广场夏园共植21棵象征友谊长存的白皮松。

12月5日 北京市37个林木良种在北京市林木品种审定委员会全体委员会议上通过北京市林木品种审定委员会审定。

12月8日 意大利VITROPLANT苗木公司果树专家参观昌平区苹果产业发展情况。并与有关人员就苹果栽培品种、砧木、育苗过程等技术问题进行沟通交流。

12月11日 首届“弘扬生态文化、建设美丽北京”生态文化北京论坛成功举办。

12月15日 北京市园林绿化局制订出台《北京市公园配套建筑及设施使用管理办法(试行)》

12月16日 北京市园林绿化局组织召开全市非法侵占林(绿)地清理排查专项行动电视电话会议。

(林业大事由陈楠供稿)

天津市林业

【概　述】

植树造林 ①超额完成全年造林任务。2014年度，按照《绿化美化行动方案》，计划造林1.77万公顷，完成造林2.57万公顷，占计划的145.3%，其中，“一环两河七园”市级重点工程完成2700公顷，占计划的120%。②郊野公园建设取得进展，共完成造林966.67公顷。东丽郊野公园完成造林346.67公顷；西青郊野公园完成造林333.33公顷；津南郊野公园完成造林200公顷。官港和独流减河郊野公园完成造林91.87公顷。③圆满组织了义务植树活动。组织完成市党政军领导同志在津南区外环线外侧绿化带参加义务植树活动。植树日当天，全市共有10万余人参加了义务植树劳动，栽植各类树木50余万株。同时配合新闻媒体进行宣传报道，收到良好效果。

资源保护与管理 ①加强森林防火工作，落实森林防火责任制。明确森林防火任务，落实森林防火措施。市森防办先后20余次赴重点火险区蓟县对应急值守、扑火队伍演练、巡查落实情况、防火物资准备和宣传情况进行检查。组建了专业森林消防队伍，增强了森林防火队伍力量。重大节假日期间，武警天津总队派武警官兵靠前驻防，确保重点区域防控到位。狠抓应急演练，提高实战扑救水平。全年组织开展了5次扑火实战演练，进一步增强了各级队伍处置突发火灾能力和协同作战意识。天津市已经取得了连续24年无重大森林火灾的成绩。②加强征占用林地管理和行政审批工作。2014年天津市国家和市级重点工程建设项目较多，涉及征占用林地审批工作任务繁重。全年共审核审批征占用林地70件，面积541.03公顷，收取森林植被恢复费3343.3万元。③加强野生动物保护工作。开展打击乱捕滥猎野生动物和鸟类非法交易专项整治行动。在行动中共查处非法驯养繁殖鸟类案件40起，行政处罚46人，行政罚款11.76万元，收缴电子引鸟器15个，放飞画眉等市级重点保护鸟类9.8万余只。经市政府同意，发布了禁猎区、禁猎期通告，划定了全市的禁猎区、禁猎期，为野生动物保护提供了有力的法律保障。④扎实做好森林病虫害防治工作。从5月6日至9月27日，天津市全面完成三代美国白蛾防治工作，共完成防治作业面积19.15万公顷，有效地控制了美国白蛾疫情；完成春尺蠖、杨扇舟蛾、光肩星天牛等其他林业有害生物防治面积3.59万公顷，均实现有虫不成灾的治理目标；不断改进林业有害生物监测预报工作，全年监测覆盖率99.7%，测报准确率达到98.5%，为全面准确掌握虫情，及时开展防治工作提供了技术支持；加强检疫工作。全年共复检苗木163万株，木材115.7万立方米，有效防止了危险性有害生物传入天津市。

党建工作 ①加强党风廉政建设，进一步强化"两个责任"、落实"一岗双责"。强化党委主体责任和纪委监督责任，把党风廉政建设工作与业务工作目标同部署、同落实、同检查、同考核。班子成员在抓好业务工作的同时，抓好分管部门党风廉政建设工作。②开展廉政纪律教育。通过集中学习、辅导讲座、参观展览等多种形式，强化党员干部的廉政意识。③强化权力监督。认真落实民主集中制原则，确保依法依规行使权力。④加强制度建设，促进组织建设正规化。制定完善了《市林业局党委会议制度》《市林业局党的组织生活制度》《市林业局党员领导干部联系点制度》《市林业局领导干部廉洁自律承诺制度》等制度规定，逐步建立起涵盖党建工作各方面的制度体系。⑤开展专项整治工作。强化教育实践活动整改方案落实。深入开展专项整治工作，取得良好效果。⑥严格落实中央八项规定，抓好监督检查，有效防止了"四风"问题反弹。⑦深化反腐倡廉教育，加强对重点领域和关键环节权力行使的监督检查，通过观看廉政教育专题片、组织廉政建设知识竞赛、参观廉政图片展等活动，促进党员干部牢固树立廉洁自律意识，自觉遵守《廉政准则》。

机关自身建设 ①深入开展美丽机关建设活动。制定出台了《市林业局美丽机关建设的实施意见》，通过美化净化机关环境，维护良好机关秩序，努力打造优美整洁、规范有序、文明高效的机关形象，以环境改善带动了作风的明显转变。②加强机关管理。修改完善了《请假制度》《离津报告制度》等机关管理制度，印发了《关于进一步加强机关管理的通知》，重点整顿纪律松弛现象，促进机关管理的科学化、规范化、制度化。③强化干部考核管理。采取个人述职与民主评议相结合、平时考核与年终考核相结合、能力水平与工作成效相结合的方式，强化考核力度，破除不求有功，但求无过的观念，树立了勤奋工作、勇于创新、有所作为的干部队伍形象。

【京津冀协同发展三年造林行动方案】 按照市政府的安排部署，市林业局研究制定了《京津冀协同发展三年造林行动方案(2015～2017)》，该方案报请市政府市长黄兴国、主管副市长王宏江同意。《行动方案》计划在2014年已经完成造林2.57万公顷的基础上，围绕"两带、两环、三网、四区、七园、多组团"的总体布局，安排造林8万公顷。同时启动湿地保护与湿地公园建设工程、森林自然保护区与森林公园保护工程、林业有害生物防治和森林防火工程、以圃代绿工程。预计到2017年年底，全市林木绿化率将达到25%以上；湿地生态系统得到修复和有效保护，森林灾害防控能力不断加强，种苗自给率大幅度提升。为群众享有绿色健康的生态环境保驾护航。

【划定禁猎区、禁猎期】 为保护天津市陆生野生动物资源，维护生态安全和平衡，根据《中华人民共和国野生动物保护法》和《天津市野生动物保护条例》，结合天津市野生动物资源状况及其栖息繁衍规律，经市人民政府同意，2014年10月22日，天津市林业局发布陆生野生动物禁猎区、禁猎期的通告，在天津市部分区域内划定禁猎区、禁猎期。

根据《通告》，在禁猎区、禁猎期内，除科学研究、疫病防控、保障航空安全等法定特殊情形外，禁止猎捕陆生野生动物，禁止使用网具和野生动物保护法律法规禁止使用的工具和方法猎捕陆生野生动物。禁猎物种为列入国家重点保护野生动物名录、天津市地方重点保护野生动物名录和国家保护的有益的或者有重要经济、科学研究价值的陆生野生动物名录的陆生野生动物。违反《通告》在禁猎区、禁猎期猎捕陆生野生动物的，由林业行政主管部门依法给予行政处罚；构成犯罪的，依法追究刑事责任。

【市级重点造林工程】 2014年，市级重点工程围绕"一环两河七园"("一环"，指外环线；"两河"指独流减河和永定新河；"七园"，指七个郊野公园)绿化展开，共完成造林面积2700公顷，植树345.1万株。其中，外环线两侧绿化带完成造林405.4公顷，植树71.3万株；独流减河和永定新河绿化完成1326.67公顷，植树137.5万株；郊野公园完成造林973.33公顷，植树136.2万株。

【爱鸟周】 4月13～20日，天津市林业局与滨海新区农业局、蓟县林业局、宁河县林业局采取四区联动方式开展了主题为"关爱候鸟 共建美丽天津"的第33届"爱鸟周"宣传活动。

本届"爱鸟周"通过举办主题展览、鸟类摄影展、拒烹拒食野生动物万人签名、绿色厨艺大使宣言、北大港观鸟、走进校园等一系列丰富多彩的活动，让广大市民进一步提高了对鸟类的认识，增强了保护意识。

本次活动侧重四方面的宣传，一是发布了天津市最新湿地资源现状。据第二次湿地资源调查结果显示，天津市湿地总面积为29.56万公顷，共分为5大类。其中，近海与海岸湿地面积为10.43万公顷、河流湿地面积为3.23万公顷、湖泊湿地面积为0.36万公顷、沼泽湿地面积为1.09万公顷、人工湿地面积为14.45万公顷。二是普及了H7N9禽流感科普知识。三是指导市民科学爱鸟护鸟。四是阐明了国家法律法规对野生动物保护的相关规定，并以“致广大市民朋友的爱鸟护鸟倡议书”形式，倡导市民树立保护野生动物的理念，提高对生态环境保护的认识，提倡从我做起，自觉遵守法律法规相关规定，依法保护鸟类等野生动物资源。

本次活动，全市累计发放图页与宣传材料45 000余份，宣传人数超过万人。《天津日报》《今晚报》《每日新报》北方网、天津广播电台、《中国绿色时报》等媒体对活动进行了报道，取得了非常好的效果。

【林业有害生物防治】 召开了天津市美国白蛾防治工作动员会。完成三代美国白蛾防治工作，全市美国白蛾防治作业面积19.14万公顷，其中地面施药作业面积16.60万公顷，飞机防治作业面积1.97万公顷，人工剪网1.55万公顷。共出动10.82万人次，4.08万车次，动用药械857台套。第三代防治作业完成后，市防控办组织了检查验收，全市有农业区县防后平均有虫株率为0.06%，叶片保存率99.88%，达到了国家林业局下达的防控指标。其他林业有害生物全年防治作业面积3.58万公顷，其中春尺蠖防治作业面积9433.33公顷，杨扇舟蛾防治作业面积9833.33公顷，光肩星天牛防治作业面积4233.33公顷，杨树病害防治作业面积7720公顷，杨小舟蛾防治作业面积1266.67公顷，白杨透翅蛾防治作业面积1700公顷，国槐尺蠖防治作业面积1653.33公顷。

【林业大事】

1月10日 市人大常委会农业与农村办公室主任张志方、副主任戴国兰一行到市林业局进行湿地立法调研。市林业局党委书记王宜民、副局长李果丰及相关处室负责同志参加。

1月16日 市森林防火指挥部办公室主任、市林业局局长张宗启，副局长李果丰率森林公安局、森林防火预警监测中心负责同志赴蓟县检查森林防火工作。蓟县森防办、蓟县林业局负责同志陪同。

1月26日 市林业局组织学习《天津市政府系统公务人员行政效能明察暗访工作暂行办法》。局党委书记王宜民同志就贯彻落实《办法》提出了具体要求，副书记庞清顺同志主持会议，局领导班子成员，局机关全体党员和基层单位主要负责同志参加了会议。

2月24日 市林业局召开党的群众路线教育实践活动总结会。市委第五督导组组长李培生出席会议并讲话，局党委书记王宜民主持会议。

2月26~27日 林政资源处召开全市林业资源管理工作会议暨林地年度变更调查培训班，市林业局齐龙云副局长、国家林业局监督办高德明处长出席会议，蓟县、宝坻、武清、宁河、静海主管林政资源的局长，各区县主管林政资源的科长和相关技术人员40多人参加会议。

3月19日 市林业局党委书记王宜民、副局长李果丰率森林公安局有关负责同志赴蓟县检查春季森林防火工作。

4月9日 市林业局召开林业科技工作座谈会。局党委书记王宜民主持会议并讲话，局领导庞清顺、吴学东、李果丰、李俊柱出席会议。机关有关处室、局直属单位负责同志及科技工作骨干参加会议。

4月23日 市林业局召开第一代美国白蛾防治工作会议，安排部署第一代美国白蛾防治工作。市林业局党委委员李俊柱同志主持会议并讲话，有农业区县林业部门主管局长、森防站长，市森防站负责同志参加会议。

4月24日 市林业局团委组织团员青年参观宝坻区林业生态建设工程，并与宝坻区林业局团员青年开展了篮球友谊赛和拔河对抗赛。市林业局党委书记王宜民、副书记庞清顺，宝坻区林业局局长张振亭出席活动。

4月25日 天津市野生动物保护协会举办第四届会员代表大会暨换届大会。市林业局党委书记王宜民、党委委员李俊柱出席大会并讲话。市发展改革委、市农委、市公安局、市食品药品监督管理局、市环保局、市海洋局等相关单位的负责同志及各区县部门负责人共50余人参加了大会。

4月13~20日 天津市林业局与滨海新区农业局、蓟县林业局、宁河县林业局采取四区联动方式开展了主题为“关爱候鸟 共建美丽天津”的第33届“爱鸟周”宣传活动。

5月13日 市林业局召开全市林木确权和抵押管理工作座谈会。市农委金融处、市农业投资担保有限公司有关领导、全市10个涉农区县林业行政主管部门分管林权确权工作的局长和科长参加了座谈会。

6月2日 市林业局召开了全市林业项目及资金管理工作会议。

6月6日 市委农工委书记、市农委主任张国庆到市林业局检查指导工作，并听取工作汇报。市林业局领导班子全体成员出席了工作汇报会。

5月20日至6月11日 市林业局党委书记王宜民、局长张宗启率局领导班子及有关处室负责人对全市各区县去冬今春造林绿化工程完成情况进行了全面督导检查，并听取各区县造林绿化工作汇报。

6月12日 市委农工委副书记、市农委副主任常洪友就京津冀协同发展问题到市林业局调研，听取市林业局《京津冀协同发展三年造林行动方案》的汇报。市林业局领导班子全体成员出席了汇报会。

6月19日 市林业局召开去冬今春造林绿化联查工作总结会。局党委书记王宜民主持会议，局长张宗启部署工作，局领导班子成员、机关处级干部和直属单位主要负责同志参加会议。

7月8日 市林业局组织召开飞机防治美国白蛾工作会议，对2014年飞防任务、目标进行部署，市林业局党委委员李俊柱主持会议并讲话。有关区县主管局长和森防站站长参加了会议。

7月26~28日 天津市飞机防治第二代美国白蛾工作在西青区、北辰区、宝坻区、武清区、静海县和蓟县的重点公益林地相继开展，飞行作业132架次，喷洒生物农药10吨，飞防作业面积1.12万公顷。通过飞机防治，全面降低作业区域的虫口密度，达到飞防作业预期效果，有效遏制了第二代美国白蛾的严重发生与危害。

8月20~21日 国家林业局驻北京森林资源监督专员办第三检查组高德明处长一行三人到天津市检查武清区保护发展森林资源目标责任制建立执行情况。

10月17~20日 以国家林业局政法司副司长祁宏为组长的重大林业有害生物防控责任制落实情况检查组，对天津市2011~2013年重大林业有害生物责任制落实情况进行检查。

10月22日 经市人民政府同意，市林业局发布陆生野生动物禁猎区、禁猎期的通告，在天津市部分区域内划定禁猎区、禁猎期。

11月7日 天津市林业局下发了《关于开展非法侵占林地清理排查专项行动的通知》，并与国家林业局驻北京森林资源监督专员办事处共同成立专项行动领导小组，张宗启局长任组长，齐龙云副局长、钱能志副专员等有关局领导任副组长，成员包括市林业局林政、公安、野保、场圃、法制、宣传等有关部门负责人。

12月10日 市林业局再次召开全市非法侵占林地清理排查专项行动工作会议。

12月10日 市林业局举办全市林木采伐管理系统培训班，对10个涉农区县林业主管部门、审批部门及市水务、公路负责林木采伐审批的工作人员进行了技术培训。 （天津市林业由王浩供稿）

河北省林业

【概　述】 2014年，全省林业系统紧紧围绕落实京津冀协同发展战略，积极实施“绿色河北攻坚工程”，大力开展山水林田湖生态修复，完成了全年各项目标任务。

造林绿化 全年完成造林绿化34万公顷、中幼林抚育40.2万公顷，分别为年度任务的121%和201%。以10个人工造林大县和10个封山育林大县为带动，高标准完成京津风沙源治理、退耕还林、三北防护林、太行山绿化、沿海防护林等工程造林和中央财政补贴、世行五期等项目造林16.93万公顷。认真落实京冀“6+1”、津冀“4+1”战略合作框架协议，建设京冀水源林0.67万公顷，开展坝上退化林分更新改造作业1.37万公顷。积极推进农村面貌改造提升行动，完成村庄植树3674.2万株，建设环村林带0.34万公顷。大力实施京石高铁、京哈高速等重要通道绿化景观提升工程，完成高速公路和国省干道绿化4712千米。加大衡水湖周边地下水严重超采区还林还湿力度，压采植树0.6万公顷，还湿0.02万公顷。组织开展了省市县党政领导义务植树活动，全省3280万人次义务植树1亿株。

林业产业 全省林业产业实现总产值1413亿元，同比增长14.8%。围绕建设果品强省，以10个果品特色县和十大果品龙头企业为抓手，加快七大果品生产基地建设，新增高标准基地15.2万公顷，完成结构调整和树体改造14.67万公顷，新建观光采摘果园210个。持之以恒抓好果品安全，完成果品例行监测2036个批次，抽检合格率99.6%。编制《河北省木材战略储备基地建设规划(2014~2020年)》，实施七大特殊林木培育项目，人造板年生产能力达1500万立方米，位居全国前列。启动林下经济示范县和林下经济示范基地建设，新增林下中药材种植示范点7个，新批准设立黑山大峡谷等省级森林公园7处。认定了6个花卉重点产区和43家花卉示范基地，新建巨鹿药用花卉和香河观赏荷花两个花卉重点产区，新增花卉种植面积0.37万公顷。临城绿岭等4家企业入选首批国家林业重点龙头企业，平山葫芦峪等248家企业被评为省级林业重点龙头企业。成功举办第二届名优果品擂台赛，组织参加国际森林产品博览会和亚洲水果展，进一步扩大了河北林业产业的知名度和影响力。

林业改革 进一步完善林权流转制度，在全省大力推广赤城、河间两个林权管理服务试点县和武安推进林权流转经验，全省累计建立林权流转服务机构80个，流转林地29.87万公顷，落实林权抵押贷款9.5亿元。引导建立林业合作组织2512个，带动农民68.8万户，泊头金马等44家被评为国家级林业合作社，评选出140家省级示范林业合作社。森林保险工作全面启动，与人保财险河北省分公司和中华财险河北省分公司签署了《关于共同推进森林保险的合作协议》，全省森林参保面积达143.93万公顷，提供风险保障金136.7亿元。扎实推进国有林场改革，国家改革补助资金、省改革配套资金和县财政改革资金全部落实到位，隆化、丰宁两县21个试点林场全部界定为公益林场，进一步理顺了管理体制。积极推进行政审批制度改革，取消行政审批2项，下放行政审批权1项，明确为“先照后证”的行政审批3项，行政审批事项全部实现“两岗终审、三岗终结”。

法治建设 配合省人大开展执法监督，对《森林法》和《河北省实施〈森林法〉办法》执法情况进行了全面检查。积极推动《河北省实施〈森林法〉办法》修订工作，将部分行政审批权下放到市、县。完成《河北省封山育林条例》修订工作，明确违法放牧行为的法律责任。推动省政府出台《河北省古树名木保护办法》，古树名木管理体制进一步理顺。清理了一批行政许可事项，建立了行政“监督清单”和“权力清单”。开展非法侵占林地清理排查、森林资源监督检查和“金钺”“金剑”“金网”“金盾”等专项行动，查处三峡新能源公司和中电投非法占用林地等一批大案要案，有力打击了乱垦滥占林地、乱砍滥伐林木、乱捕滥猎野生动物等违法犯罪行为。进一步健全突发事件应急、区域警务合作等治安管控机制，全省林区治安秩序持续向好。张家口蔚县森林公安局被评为全国森林公安系统执法示范单位。

资源保护 建立了省市县三级森林防火视频会议系统和视讯指挥调度系统，完成56套林火视频监控站点建设，有效提升了火灾监测水平和扑救效率。全面强化封山管理、隐患排查、应急扑救、跨区增援等措施，全省森林火灾受害率0.22‰，低于0.3‰的控制目标，没有发生"进京火"、重特大森林火灾和重大人员伤亡。以省政府办公厅名义印发《关于切实加强林业有害生物防治工作的通知》，完成美国白蛾等防治作业94万公顷次，林业有害生物成灾率0.06‰，远低于4.1‰的控制目标。省森防站被授予"全国林业生态建设突出贡献奖先进集体"。省政府常务会议审议通过了《河北省湿地保护规划》，认定了首批5块省级重要湿地。在全省开展湿地保护"十个一"集中行动，实施了7个湿地保护项目，北戴河、白洋淀、衡水湖等重要湿地的生态功能得到有效改善，香河、怀来晋升为国家级湿地公园，新建桑洋河等10个省级湿地公园。承德市一次申报了18个省级湿地公园，全面加快了湿地保护步伐。

保障能力 完成了京津冀协同发展生态环境保护、山水林田湖生态修复、京津保平原生态过渡带等8个重点规划编制工作。争取省级以上投资40.2亿元，为年初目标的111.7%。其中，国家重点工程资金4.78亿元，同比增长52.7%。开展了"林业科技惠民行动"和基层"林业站服务年"活动。新上国家和省级科研、推广项目29项，推广林果新品种新技术100项次以上，建立完善科技示范点400个以上。全省种苗面积达到8万公顷，评选确定了首批14个省级林木良种基地，成功举办全省和华北四省种苗交易会。

【启动实施绿色河北攻坚工程】 2月25日，河北省委、省政府召开绿色河北攻坚工程暨春季造林绿化动员大会。会议发布《关于实施绿色攻坚工程的意见》，提出2014年~2017年，河北将完成造林绿化112万公顷，使全省森林覆盖率提高到32%，城市建成区绿化覆盖率和村庄绿化覆盖率分别达到41%和30%。到2020年，全省森林面积增加到656.67万公顷，森林覆盖率达到并稳定在35%以上，重点区域森林生态功能得到修复。

河北省省长张庆伟在会上要求，各地、各部门要结合《绿色河北攻坚工程实施方案》确定的目标任务，以开展春季造林绿化为起点，加快构建完备的森林生态体系、发达的林业产业体系和完善的资源保护体系，不断提升全省森林覆盖率。一是优化全省林业布局。根据河北林情，在张承坝上风沙治理区、燕山及冀西北丘陵山地水源保护区、太行山水土流失综合治理区、冀中平原高效林业建设区等地实施不同的治理模式。二是大力开展植树造林。精心组织实施林业重点工程，启动一批重点生态修复工程。把绿化与美化、造林与造景、增绿与致富相结合，让群众在造林绿化中实现增收。三是深入推进林业改革。加快集体林权制度配套改革，鼓励农民兴办林业合作组织，加快林业要素市场建设，为实施绿色河北攻坚工程增添活力。四是强化林业科技支撑。完善林业科技产学研协同创新机制，加强科技推广服务体系建设，通过科技支撑走出一条现代林业发展之路。五是加强造林绿化管护。严格依法治林，守住林地生态红线，强化对森林、湿地等资源特别是古树名木的保护，严厉打击破坏森林资源的违法犯罪行为。充实人员、科技力量，全力以赴抓好森林防火防疫工作。

【省四大班子领导在西柏坡参加义务植树活动】 3月23日，河北省委、省人大、省政府、省政协四大班子领导与中央第八巡回督导组有关领导，在西柏坡参加完"中国梦·赶考行"——省级领导干部集体学习教育座谈会后，来到西柏坡镇霍家沟村同千余名省会各界干部群众一起义务植树，为西柏坡再添新绿。当天上午，共种植杨树等1万余株。

【省委作出开展向塞罕坝机械林场先进群体学习活动的决定】 3月7日，河北省委作出决定，在全省范围内广泛开展向塞罕坝机械林场先进群体学习的活动。决定指出，塞罕坝机械林场以改善生态、造福京津为己任，数十年如一日艰苦奋斗，追梦不止，是模范培育和践行社会主义核心价值观的先进典型，是"中国梦·赶考行"宣传教育活动的鲜活教材，是建设全面小康的河北、富裕殷实的河北、山清水秀的河北的宝贵精神财富，对于推进全省改革创新、绿色崛起具有重大的现实意义。

【举办塞罕坝机械林场先进事迹巡回报告会】 4月4日、10日和11日，河北省在承德、石家庄、保定市分别举办了"艰苦奋斗助力绿色崛起"——塞罕坝机械林场先进事迹巡回报告会。这是河北省委"中国梦·赶考行"宣传教育活动的重要内容之一。

塞罕坝林场总场党委书记刘海莹、林场老职工代表陈彦娴、千层板林场场长于士涛、女职工代表闫晓娟、承德日报社副总编周易等分别作了报告。承德、石家庄、保定等市直机关干部职工、市民群众等1000多人聆听了报告会。报告会分别从青春抉择、使命责任、时代传承、举家奉献、记者观察等多个角度再现了塞罕坝务林人半个多世纪的无悔坚守和崇高追求。

【中宣部授予塞罕坝机械林场造林人时代楷模称号】 4月28日，塞罕坝林场被中宣部授予时代楷模荣誉称号，并在中央电视台向全社会公开发布塞罕坝林场的先进事迹。人民网、新华网、央视网和中国文明网同步发布。时代楷模发布活动以"我们的价值观、我们的中国梦"为主题，现场宣读了中宣部授予塞罕坝林场时代楷模荣誉称号的决定，并播放反映塞罕坝人典型事迹的电视短片，塞罕坝林场三代干部职工代表与主持人现场互动交流，并领取时代楷模纪念章和荣誉证书。

【省森林公安局木兰分局被评为全国公安机关爱民模范先进集体】 10月28日，全国公安机关爱民模范先进事迹报告会在人民大会堂隆重举行，河北省森林公安局木兰分局荣获全国公安机关爱民模范先进集体，省森林公安局木兰分局局长赵志强代表木兰分局参加事迹报告会并接受颁奖。

木兰分局以平安林区创建工作为载体，大力弘扬森林公安"忠诚、正义、团结、奉献"核心价值观，不断密切同人民群众的血肉联系，把森林公安建成了一支让党委放心，让林区百姓安心的高素质队伍。2011年以来，相继开展多个专项行动，侦破刑事案件20起，查处林业行政案件637起，平均每年行政案件查处率达95%以上，刑事案件破获率达100%，切实保护了森林资源和林区生态安全。为了更好地服务林区群众，组织群众座谈活动80余次，走访林区农户2000余户，开展联谊活动40余次，组织捐资助学20余次，累计捐款3万余元，帮扶资助贫困学生14名、关爱留守儿童40余名，使700余名中小学生得到学习用品捐赠，先后为林区群众做好事、解难事300余次，为林区困难群体以及为玉树地震、雅安地震等灾害事故捐款捐物10万余元。争取项目资金，建设防火林路30条、240余千米，积极为林区群众联系临时林业生产劳动岗位4000余次，为林区群众增收700余万元，积极为家庭有困难的农户联系免费的烧火柴，平均每年100余吨。连续10余年被河北省森林公安局或木兰林管局评为先进集体和工作实绩突出单位，2006年、2012年两次被国家林业局森林公安局授予集体二等功。

【塞罕坝机械林场再获全国五一劳动奖状】 4月28日，在北京举行的庆祝五一国际劳动节暨全国五一劳动奖状奖章表彰大会上，塞罕坝机械林场获得全国五一劳动奖状并代表获奖单位作了典型发言，这是继2006年后塞罕坝林场再次获此殊荣。另外，在此次表彰大会上塞罕坝第三乡林场获得全国工人先锋号荣誉称号，大唤起林场职工许文江获得五一劳动奖章。

【《河北省湿地保护规定》】 河北省人民政府2013年12月26日发布，2014年2月1日起施行。《规定》分总则、规划保护、监督管理、法律责任、附则，共5章31条。主要包括以下4方面，一是强调了各级政府的职责。规定县级以上政府应当加强对湿地保护工作的领导，将湿地保护纳入国民经济和社会发展规划，建立健全联席会议制度，协调解决湿地管理机构、经费保障、保护利用等方面的重大问题。二是规范了保护措施。林业部门要定期进行湿地资源调查，编制湿地保护规划要与土地利用、环境保护、防洪等规划相衔接；湿地要实行分级管理，对各级湿地的设定及采取的相应保护措施作了规定，同时还列举了保护湿地的相对禁止事项。三是规定要加强监督管理。明确县级以上人民政府林业主管部门负责湿地保护工作的组织、协调、指导和监督，国土资源、环境保护、水利、农业、住房城乡建设、海洋、交通运输等部门按职责分工，具体负责有关的湿地保护管理工作；发展改革、财政、旅游等部门按各自职责，做好湿地保护管理的相关工作。四是对严重危害湿地生态安全的行为，设定了法律责任。

【《河北省古树名木保护办法》】 11月27日，河北省政府常务会议审议通过《河北省古树名木保护办法》，自2015年2月1日起施行。《办法》主要规范了以下几方面的内容：一是明确了古树名木保护管理工作的主体。规定县级以上人民政府绿化委员会统一组织、协调本行政区域内古树名木的保护管理工作。县级以上人民政府城市园林绿化主管部门负责城市和建制镇规划区内的古树名木保护管理工作，县级以上人民政府林业主管部门负责城市和建制镇规划区外的古树名木保护管理工作。二是规定了古树名木实行分级保护。规定名木和树龄500年以上的古树实行一级保护；树龄300年以上不满500年的古树实行二级保护；树龄100年以上不满300年的古树实行三级保护。同时规定县级人民政府绿化委员会应当组织本级人民政府古树名木主管部门，每5年对本行政区域内的古树名木资源进行一次普查，建立古树名木资源档案，并根据当地古树资源状况，确定一批树龄80年以上不满100年并且具有保护价值的树木，作为古树后备资源，参照三级保护措施实行保护。三是规定了古树名木保护实行养护责任制。明确了古树名木的养护责任人。县级人民政府古树名木主管部门应当与养护责任人签订养护责任书，明确养护责任。古树名木养护责任人变更的，应当重新签订养护责任书。四是明确了古树名木保护的具体措施。规定县级以上人民政府古树名木主管部门应当向养护责任人无偿提供必要的养护知识培训和养护技术指导，定期组织专业技术人员对古树名木进行专业养护；新建、改建、扩建的建设项目影响古树名木正常生长的，应当采取避让和保护措施；因特殊需要采伐、移植古树名木的，应当按照《中华人民共和国森林法》和《城市绿化条例》的规定办理批准手续，并承担移植的全部费用以及移植后5年内的复壮、养护费用；经批准移植的古树名木，应当由专业绿化作业单位实施移植；并对损害古树名木的禁止性行为进行了规范。

【省人大常委会开展森林法执法检查】 为深入贯彻中央和省委关于大力推进生态文明建设、加快绿色崛起、建设山清水秀河北的重大部署，推动《中华人民共和国森林法》和《河北省实施〈中华人民共和国森林法〉办法》的贯彻实施，7月29日至8月8日，河北省人大常委会森林法执法检查组对全省贯彻实施《森林法》和实施办法情况进行执法检查。检查期间，省人大常委会召开《森林法》执法检查汇报会，听取了省林业厅、发改委、财政厅、住建厅、交通厅关于贯彻《森林法》和实施办法工作情况汇报。检查组先后深入到张家口、保定、廊坊、秦皇岛4个市及所辖的崇礼、怀来、易县、涿州、固安、大厂、北戴河新区、抚宁8个县(市)区进行执法检查。此次检查活动，采取省执法检查组听取政府及相关部门工作汇报、与基层干部群众和林业执法人员座谈、深入林场和造林绿化现场及林业合作组织实地考察、随机检查走访相结合的方式进行。执法检查组对各地贯彻实施《森林法》和实施办法所取得的成绩给予了充分肯定，并就深入贯彻落实中央和省委关于推进生态文明建设、加快绿色崛起重大部署，大力实施“绿色河北攻坚工程”，加快造林绿化步伐，加强森林资源保护、培育和合理利用等问题，提出意见和建议。

【省林业厅与人保财险河北省分公司、中华联合财险河北省分公司签订《共同推进森林保险的合作协议》】 3月28日，正式签订《共同推进森林保险的合作协议》，标志着河北森林保险工作迈出新步伐。根据协议，双方将按照“平等自愿、优势互补、合作共赢、服务至上”的原则，成立森林保险工作领导小组，合作推进政策性森林保险业务。同时，双方将通过建立信息资源共享平台、定期联席会议制度及深化互动培训活动，发挥各自优势，探索具有河北特色的森林保险承保、理赔和服务新模式，构建有商业保险参与的新型森林防灾减灾工作体系。

【省林业厅开展省级现代林果业示范园区创建工作】 为建设果品产业强省，加速推进河北省现代林果业发展，从2014年开始，河北省在林果主导产业相对集中连片的区域，立足资源优势和产业特色，每年高起点、高标准、高水平建设10个左右的省级示范园区，利用5年时间，在全省范围内创建一批独具河北区域特色的新型林果业样板区。通过典型示范和辐射带动，转变发展理念，强化物质装备，提升科技水平，完善产业体系，创新经营方式，培养新型农民，将示范区域建成为全省林果主导产业集聚的功能区、先进科技转化的核心区、综合功能拓展的先行区、体制机制创新的试验区和农民接受新知识新技术的培训基地，引领河北现代林果业实现高效发展。

【省林业厅获5项河北省科学技术进步奖】 其中一等奖1项，三等奖4项。获一等奖的项目是北方丘陵山地生态经济型水土保持林体系建设关键技术，主要完成单位为河北农业大学。获三等奖项目分别是冬枣、草莓采后臭氧去感染保鲜技术研究与应用，主要完成单位为河北省林业科学研究院；德国鸢尾新品种引进、栽培及产业化配套栽培技术吸收，主要完成单位是河北省林业科学研究院；燕山山区森林对位配置及经营关键技术，主要完成单位是河北农业大学；华北地区森林水文规律及水源保护林营建关键技术，主要完成单位是河北农业大学。

【加大扶持和引导力度培育花卉重点产区和示范基地】 为推进全省花卉产业标准化进程，提高花卉产品质量，增强市场竞争力，发挥重点产区和示范基地的示范带动作用，河北省林业厅评审认定平泉县等6个县(市)为“河北省花卉重点产区”，河北绿之源农林科技有限公司等43家企业为“河北省花卉示范基地”，有效期自2014年12月1日至2019年12月1日。被认定为“河北省花卉重点产区”的县(市、区)，优先申报国家级“花木之乡”和河北名牌花卉产品、中国名牌花卉产品；“花卉示范基地”纳入省级花卉项目库，优先获得国家农业开发资金和省财政项目资金扶持。

【省政府与国家林业局签订共建河北农业大学协议】 12月10日，河北省政府与国家林业局在北京签订了合作共建河北农业大学的协议。根据协议，省政府和国家林业局将共同促进河北农大发展，支持河北农大保持办学特色，发挥学科优势，更好地为现代林业建设服务。

【省林业厅赴行唐县开展“助农圆梦”三下乡服务活动】 1月9日，河北省林业厅三下乡惠民服务团赴行唐县开展“助农圆梦”大型集中活动。服务团的果树、病虫害防治、种苗、林业政策等专家现场解答了林果农提出的核桃栽培管理、核桃黑防治、缩果病防治、提高枣树结果率等技术问题及相关林业政策问题。针对该县林果生产实际，下乡服务团发放了核桃、枣、杨树、常见林果病虫害防治等技术明白纸。本次活动，现场培训果农150余人，发放各种技术明白纸5000余份，林果杂志600余本，并为该县落实退耕还林、太行山绿化等7个林业项目，项目资金约1400万元。

【林业大事】

1月16日 起河北省人民政府废止《河北省农产品市场准入办法》等4件省政府规章。

2月17日 河北省林业厅召开农村面貌改造提升行动(基层建设年活动)驻村帮扶工作动员会，会议就如何做好驻村帮扶工作进行了安排部署。

2月25日 全省林业局局长会议在石家庄市召开。河北省林业厅党组书记、厅长王海洋作了题为《全力实施绿色河北攻坚工程为建设山清水秀河北贡献力量》的讲话。厅党组副书记、副厅长刘凤庭主持会议并宣读了省林业厅《关于推进全省林果业发展第二批“四个十工程”的通知》和省林业厅、省人社厅《关于表彰河北省林业系统先进集体和先进工作者的决定》。纪检组长、监察专员王金品和副厅长雷永怀分别对林业系统党风廉政建设、林业产业工作发表具体意见。

3月5日 河北省林木种苗协会和河北省林木种苗管理站联合主办、石家庄博华展览有限公司承办的2014年河北省林木种苗交易会在石家庄市人民会堂开幕。此次交易会共设189个展位，到会展商289家。

3月7日 河北省林业厅召开全省森林公安工作会议，总结2013年森林公安工作，安排部署当前和今后一个时期的全省森林公安工作。

3月25日 河北省林业厅召开全省春季森林防火工作视频调度会议，深入贯彻全国春季农业生产暨森林草原防火工作会议和省领导指示精神，调度、听取各市工作情况，对春季森林防火工作进行再安排、再部署。

4月2日 河北省委、省政府召开全省春季造林绿化调度会议，深入贯彻全省绿色河北攻坚工程暨春季造林绿化动员会议、全省春季农业生产暨森林草原防火会议精神，促进全省春季造林绿化再掀新高潮，助推河北绿色崛起和京津冀协同发展。

4月9日 河北省委、省政府在廊坊市召开环首都地区造林绿化工作调度会议，听取环首都地区各市春季造林绿化工作情况汇报，交流经验，研究措施，解决问题，助推河北绿色崛起和京津冀协同发展。

4月10~11日 河北省现代化果园建设现场观摩会在保定市顺平县召开。会议组织参观了顺平县马各庄桃生产示范基地、河北农业大学顺平水果试验示范站、南神南三优富士矮化密植栽培示范园以及高阳县河北天丰农业集团有限公司梨省力高效现代栽培模式示范园，邀请专家教授进行了现场技术讲解和答疑。

5月22日 在广西举办的全国林业行业国有林场职工职业技能竞赛中，河北省代表队获得团体比赛二等奖，朱明华、崔立峰获得个人三等奖，魏加彬获得个人优秀奖。

7月15日 河北省湿地保护管理工作会议在沽源县召开，会议以“深化绿色河北攻坚工程，集中开展湿地保护行动”为主题，就全省湿地工作进行了阶段性总结，对今后一个时期的工作进行了动员部署。

9月22日 省委、省政府召开全省秋冬季造林绿化电视电话动员会议，总结2014年以来全省造林绿化工作，部署秋冬季造林绿化工作，动员全省、全社会力量再接再厉，再掀造林绿化新高潮。

10月 河北省荣获2014青岛世界园艺博览会室外展园竞赛特等奖。

12月19日 河北省林业厅召开全省非法侵占林地清理排查专项行动视频调度会议，深入贯彻习近平总书记对专项行动的重要批示精神，全面落实国家林业局和省委、省政府部署要求，对全省非法侵占林地清理排查工作进行再动员、再调度、再部署。

（河北省林业由袁媛供稿）

山西省林业

【概　述】 2014年，山西省林业工作按照省委省政府绿化山西、生态兴省战略部署，围绕"山上治本、身边增绿、产业富民、林业增效"的工作思路，大力实施山西林业六大工程，全面推进林业建设转型升级、提质增效，生态林业与民生林业协调发展，为促进山西省"六大发展"和"富民强省"作出了积极贡献。

造林绿化 深入推进山西林业六大工程，全年完成营造林30.8万公顷（人工造林完成23.6万公顷，封山育林完成7.2万公顷），占年度任务的102.7%。其中，"两山"造林工程完成18.06万公顷，"两网"绿化工程完成1.46万公顷，"两林"富民工程完成6.62万公顷，"两区"增绿工程完成2.31万公顷，"双百"精品工程完成2.32万公顷。

森林资源保护 积极开展森林资源专项检查，重点查处了新建山西中南部铁路和太钢集团非法占用林地案件。全年审核审批占地项目188起，其中永久性占用林地144起，临时占用林地42起，收缴森林植被恢复费7529万元。继续提升林业灾害防控水平，全面开展农林交错区秸秆杂草清除工作，清除可燃物60.84万公顷。2014年山西发生火情84起，同比下降60.75%；森林火灾受害率0.058‰，查处火灾肇事者8人，追究行政负责人47人，全年没有发生重特大森林火灾和重大人员伤亡事故。认真落实国办发26号文件精神，初步形成《山西省关于进一步加强林业有害生物防治工作的意见》，组织修订了《山西省林业有害生物灾害应急预案》，实施防治面积10.8万公顷，成灾率控制在0.87‰，低于4.5‰的控制目标，无公害防治率达到94.3%。加大力度保护野生动植物资源。组织开展山西省陆生野生动物资源调查和第二次全国重点保护野生植物调查，完成原麝、斑羚、褐马鸡、林蛙4个陆生野生物种以及山西省临汾、长治、晋中3市和太行、太岳、吕梁3个国有林管理局的重点保护野生植物调查。全年查处森林和野生动物案件3983起，其中刑事案件68起、行政案件3915起，查处违法犯罪人员6039人次，为国家挽回经济损失3500余万元。组织开展山西省"严厉打击非法盗挖大树古树"专项行动。配合国家林业局成功侦破"9·28"非法收购、运输、出售国家重点保护野生动物制品案。

林业改革创新 深化集体林权制度改革，山西省60个县被列入国家林业局"全国重点县级林权管理服务中心"建设规划，组建合作社2437个，21个合作社成为国家级示范社。出台《关于促进农民林业专业合作社规范化建设意见》。全面启动山西省森林保险工作，全省生态公益林投保面积达361.4万公顷，保险金额325.28亿元。积极推进国有林场改革，形成《山西省国有林场改革方案》，并以省政府名义提请国家发改委、国家林业局将山西列入国有林场改革试点省，国有林场改革已列入山西省转型综改项目。继续深化购买式、开发式、合作式造林新机制，制定出台《山西省林业厅关于进一步规范和改进省直国有林局合作造林的意见》，初步形成《山西省林业厅关于积极稳妥推进购买式造林促进造林绿化提质增效的实施意见》。山西省太原、阳泉、晋城市和五台、黑茶、吕梁等省直林局积极探索实践，形成了购买式、开发式、合作式造林的新机制、新典型、新经验。

林业产业 继续加强经济林基地建设，新发展核桃、红枣等传统经济林和双季槐、连翘、翅果油树等特色经济林8.27万公顷，改良低质低效经济林2.27万公顷。在山西省永和、左权、稷山、垣曲4县分别开展红枣、核桃、双季槐等经济林现场培训会，组建省、市、县、乡四级干果经济林管理技术服务团队416个、2689人，培训林农和基层技术人员3万余人次。新增育苗面积1.67万公顷，全省育苗达到6.67万公顷。成功举办2014山西苗木及绿化资材博览会，达成苗木采购意向3.6亿元。新增各级森林公园17处，全省森林公园总数达到127处，总面积达到56.77万公顷，占全省国土总面积的3.64%。全年林业产值达到410亿元，同比增长18.5%。

林业科技 组织开展优良乡土树种选育、红枣裂果综合防控、核桃杂交育种、森林灾害防控等技术研究，"枣裂果综合防控技术研究"等6项科技成果通过山西省科技成果鉴定，研究成果达到国际先进水平。成立山西省林业标准化专业技术委员会，编制完成3项地方标准，新立林业地方标准13项。组建林木良种培育、林业生态与景观工程、森林健康经营等6大科技创新团队，向山西省科技厅申报攻关项目11项。

【关于进一步推进全省林业生态建设提质增效再上新台阶的意见】 2月20日，山西省政府出台《关于进一步推进全省林业生态建设提质增效再上新台阶的意见》（晋政发〔2014〕5号）。《意见》客观总结了近年来林业建设取得的成就，作出了"基本遏制和初步扭转了生态环境恶化的趋势"这一科学判断；提出了山西省今后一个时期林业建设的指导思想、目标任务、工作重点、政策支持和保障措施。《意见》有3个鲜明特点，一是明确提出落实省政府“造林绿化的领导力度只加大不减小，资金支持只增加不减少，目标考核只加强不减弱”的工作举措。二是指明了林业转型跨越发展以提质增效为重点的具体路径。三是为林业事业健康发展制定了优惠政策。

【省城党政军民义务植树】 4月14日，山西省委书记、省人大常委会主任袁纯清，省委副书记、省长李小鹏，省政协主席薛延忠等省党政军领导和太原市干部群众、少先队员共350余人参加义务植树。袁纯清在参加省城党政军民义务植树活动时强调，植树造林、绿化祖国是每个人的责任和义务，全省人民都要积极行动起来，坚持不懈增绿护绿，扎实改善生态环境，共同建设绿色山西、美丽山西。李小鹏指出，近年来，太原市在加强生态环境保护方面做了大量工作，取得了明显成效，要再接再厉，扎实工作，继续大打省城环境质量综合治理攻坚战，不断取得新成效。李小鹏强调，植树造林是建设生态文明的重要内容和有力抓手，要认真贯彻中央关于加强生态文明建设的一系列决策部署，认真落实习近平总书记“把义务植树深入持久开展下去”的重要指示精神，大力弘扬“迎难而上、艰苦奋斗，久久为功、利在长远”的右玉精神，加大力度、持之以恒，切实办好植树造林这件大好事，加快绿化三晋大地，为全省人民营造宜居宜业、可持续发展的良好生态环境。

【山西省核桃经济林综合管理技术示范现场培训会】 6月27~28日，山西省核桃经济林综合管理技术示范现场培训会在山西省晋中市左权县召开。山西省10个市林业局、32个核桃重点县林业局负责人参加了会议。会议代表参观了左权县九龙岗核桃文化园旧寨双调技术示范园、大炉村病虫害防治示范园、秋林滩放任树管理示范园、寺坪村王瑞红精细化管理示范园、九龙岗核桃文化广场、高接换优等现场，集中学习核桃栽培管理技术。会议提出，各级各部门尤其是林业部门要把核桃经济林的提质增效作为一项重要职责，发挥当地有经验、有技术的土专家优势，集管理与技术为一体常抓不懈，采取切实有效的办法，做到行政推动、队伍建设、示范带动、专家团队、机制创新“五个到位”，向科技要效益，向管理求质量，真正实现为林业增效、为百姓造福。

【造林绿化现场会】 8月27~28日，山西省省造林绿化现场推进会在吕梁市召开，这是山西省政府连续9年召开的第9个造林绿化现场推进会。山西省省长李小鹏与参会代表一起考察了造林绿化工程，并在基层林业管护站主持召开座谈会。李小鹏指出，近年来，山西省大力加强造林绿化工作，取得了明显成效。特别是去年以来，各级各部门顶住经济下行的压力，做到了对造林绿化工作的领导力度只加大不减小、资金支持只增加不减少、目标考核只加强不减弱，圆满完成了全年目标任务，成绩来之不易，要充分肯定、认真总结。但也要清醒地看到，与党的十八大提出的要求相比，与全省可持续发展的需要和人民群众的期盼相比，进一步加强造林绿化工作的紧迫性仍然很强，任务仍十分繁重。

【造林绿化先进集体】 8月27日，山西省政府印发《关于表彰全省造林绿化先进集体的决定》（晋政发〔2014〕31号），授予吕梁市“全省造林绿化先进市”称号，奖励100万元；授予大同市新荣区、交城县、太谷县、潞城市、晋城城区、古县、绛县7个县（市、区）“山西省林业生态县（市、区）”称号，各奖励30万元。

【造林绿化先进集体和先进个人】 8月25日，省绿化委员会、省人社厅、省林业厅印发《关于表彰2014年造林绿化先进集体和先进个人的决定》（晋人社厅发〔2014〕56号），决定授予：太原市晋源区、广灵县、朔州市朔城区、繁峙县、柳林县、孝义市、平遥县、平顺县、沁水县、临汾市尧都区、吉县、闻喜县为山西省林业生态建设“三加三不减”先进县；授予娄烦县、大同县、天镇县、朔州市平鲁区、偏关县、方山县、灵石县、昔阳县、盂 县、黎城县、武乡县、泽州县、乡宁县、翼城县、垣曲县、永济市为山西省林业“六大”工程先进县；授予太原市万柏林区林业局、大同市林业局、朔州市林业局、忻州市林业局、交口县林业局、晋中市林业局、阳泉郊区林业局、长子县林业局、临汾市林业局、襄汾县林业局、运城市林业局、山西省太行山国有林管理局、山西省五台山国有林管理局、山西省黑茶山国有林管理局为山西省林业“六大”工程先进单位；授予太原市绿化委员会、阳泉市绿化委员会、长治市绿化委员会、晋城市绿化委员会山西省创建森林城市先进单位；授予娄烦县娄烦镇、左云县马道头乡、灵丘县白崖台乡、应县大临河乡、山阴县岱岳镇、忻府区奇村镇、保德县东关镇、临县城庄镇、石楼县龙交乡、岚县梁家庄乡、交口县回龙乡、榆社县社城镇、左权县拐儿镇、襄垣县古韩镇、长治县南宋乡、阳城县北留镇、洪洞县龙马乡、隰县黄土镇、蒲县山中乡、侯马市凤城乡、盐湖区三路里镇、河津市下化乡为山西省绿色生态乡（镇）（22个）；授予清徐县东于镇黑岔村、阳曲县北小店乡六固村、怀仁县何家堡乡楼子口村、宁武县东寨镇东寨村、代县枣林镇鹿蹄涧村、昔阳县大寨镇大寨村、平遥县朱坑乡六和村、平定县冠山镇宋家庄村、沁县杨安乡佛堂岩村、陵川县崇文镇石字岭村、夏县庙前镇西村、新绛县横桥乡支社村为山西省绿色生态村；授予杨文锦（浑源县青瓷窑乡银洞梁林业专业合作社）、高华处（兴县宋家沟造林专业合作社）为山西省绿色生态大户；授予忻州市第一中学校、长治市城区澳瑞特学校、临猗县临晋中学为山西省绿色生态学校；授予太原陆军预备役高炮旅、武警山西总队后勤基地为山西省绿色生态军营；授予山西龙岭投资公司、大同煤矿集团有限公司、太谷县润月庄园、阳泉煤业（集团）有限责任公司、山西通才工贸有限公司为山西省绿色生态单位；授予太原市杨继承、王金潮、张太生、赵晋文、郭连芝；大同市解先文、路明亮、江训家、王光胜；朔州市刘树兵、郭连兵、马晓；忻州市孔保宝、王刚、董二万、刘飞明；吕梁市王建国、刘凤平、韩永丽、杨景保；晋中市马海军、冯斌、弓建勇；阳泉市苏秀瑞、赵晋卫、韩二锁；长治市李丁夫、王建斌、王建伟、崔三胖；晋城市王晋峰、张云峰、段福顺；临汾市陈纲、曹兴林、马新平、杨玉贵、张峰；运城市杨彦康、张俊庆、邓志义、雷茂端；省直林局高步化、韩钦、章永光、郭瑞卿、李勇、白小东、武福生、李绳庆、霍保全、杨杰、陈光彩、王月东、蔺福祥、张书利、杜小刚；省直单位阎建民、邓晓平、武俊鹏、李军、赵胜奇、郭增江、陈顺、史敏华、李林玉为山西省造林绿化先进个人。

【林业大事】

1月7日 山西省林业工作暨党风廉政建设会议在太原召开。郭迎光副省长对会议作了重要批示。山西省11市、9个省直林局汇报2013全年工作及2014年打算。会议确定了2014年山西省林业工作的主要任务。

1月18日 山西省林科院科技攻关项目“移植容器苗育苗及造林综合配套技术研究”“枣裂果灾害防控关键技术研究”“枣黑顶病发病机理及防控关键技术研究”三项科研成果通过省级鉴定，均达到国际先进水平。

2月14日 山西省棋子山森林公园成功晋升为国家级森林公园，这是山西省自1996年以来近20年的时间里新批建的第一处国家级森林公园，自此山西省国家级森林公园总数达到19处。

3月9日 第二届山西苗木及绿化资材博览会在太原煤炭交易中心开幕，全省11市、9大国有林局和全国各地200多家苗木及绿化资材生产经营单位参加展会。这次博览会由山西省林业种苗管理总站等单位主办，是政府主管部门搭台、协会主办、社会承办的方式组织举办的大型展会，是山西省举办的规模最大、档次最高、参会人数最多的大型专业化种苗行业展会。

3月20日 山西省政策性森林保险工作正式启动。

4月28日 《山西省志·林业志》完成初稿，并报山西省地方志办公室审核。《山西省志·林业志》共10编、58章，总字数110万字，记述了党的十一届三中全会到2007年山西林业30年发展历史。

5月5日 山西省政府批准设立金牛、长城山、大泉山、石马寺、鹿泉山、宝峰湖、卢医山、白杨坡、灵通山、华阳山、阳光、红叶岭、九龙山、梅洞沟、金沙滩等15处省级森林公园。这是自《山西省森林公园条例》实施以来，山西省设立的首批省级森林公园。至此，山西省现有森林公园总数达到127处，其中省级森林公园51处，占比40.2%。

5月30日 中央电视台中文国际频道《中国古树》栏目摄制组在山西省太原天龙山，拍摄《中国古树—蟠龙松》专题纪录片。

7月16日 山西省林业厅出台《关于进一步规范和改进省直国有林局合作造林的意见》，对山西省直国有林局与市县开展合作造林这一造林机制创新，作出了明确规范。

8月5日 2014年北方——西部地区国有林场年会暨国有林场场外造林现场会在山西省五台山国有林管理局召开。会议现场观摩了五台山国有林场管理局地合作造林工程，举行了山西省五台山国有林场管理局、忻州市繁峙县人民政府、山东原山林场场外合作造林项目揭碑仪式。

9月28日 山西省林业厅、山西省纪委、监察厅联合举办全省林业系统领导干部岗位廉政教育培训班，全面贯彻落实十八大及十八届三中全会精神，系统学习党中央对党风廉政建设和反腐败形势提出的一系列新思想、新举措和新要求，邀请有关领导、专家讲解了当前党风廉政建设和反腐败工作形势和任务。

10月25日 山西省寿阳县春艺园盆景果树合作社选送的“满堂红”获“首届中国杯盆景大赛”铜奖。

11月25日 第三届中国绿化博览会山西园建设项目在天津市武清区正式开工。山西展园以古韵雄风为基本思路，以“关公文化”为主线，体现关公“忠、义、勇”和山西造林绿化精神，既有山西历史文化的深厚底蕴，又有现代生态文明的新理念。

12月30日 《山西省古树名木养护管理规范》正式发布。本标准共有6章，系统全面提出了古树名木日常养护的技术和管理措施，不仅包括树体养护、环境维护、有害生物防治等技术，还对雷电、强风、雪灾等灾害预防作了具体规定，在国内首次规定了火灾防范技术。本标准于2015年1月1日实施。

（山西省林业由冀瑞平供稿）

内蒙古自治区林业

【概　述】 2014年，内蒙古自治区各级林业部门以建设中国北方重要生态安全屏障为目标，继续坚持以生态建设为主的林业发展战略，全面提升生态林业民生林业发展水平，各项工作任务圆满完成。共争取落实中央基本建设和财政资金100亿元，自治区投资14亿元。全区共完成林业生态建设面积67.2万公顷，其中完成人工造林46.6万公顷，飞播造林6.9万公顷，封山(沙)育林13.7万公顷。完成重点区域绿化13.9万公顷。全区义务植树7137余万株。采集林木种子186万千克，育苗4.7万公顷，年末在圃苗木46亿株。

林业生态建设

重点工程　继续坚持以生态建设为主的林业发展战略，全力组织实施天然林保护、京津风沙源治理、退耕还林、“三北”防护林建设等重点生态工程。重点工程和造林补贴等项目共完成建设面积48万公顷，占完成总量的71.4%。在保证数量的同时，把造林质量管理作为一项重要工作来抓。林业厅专门制定了《关于加强营造林质量管理的意见》，从项目布局、作业设计、技术推广和工程管理等方面入手，努力提高工程建设质量和水平。

重点区域绿化　各地区、各有关部门紧紧围绕城乡统筹、新型城镇化和新农村新牧区建设，进一步强化组织体系、政策体系、投入体系、科技服务体系和督查监管体系，采取一体化布局、社会化参与、多元化投入、市场化运作、标准化建设，全力推进重点区域绿化，不仅数量和质量得到保证，而且更加注重建精品抓示范，向提质增效转变。全区重点区域绿化投入资金160亿元，完成绿化面积13.9万公顷，超额完成年度计划，其中公路绿化4679千米、4.2万公顷；城镇绿化355个、4.6万公顷；村屯绿化1336个、2.6万公顷；厂矿园区绿化384个、1.1万公顷；黄河两岸绿化1万公顷；大青山前坡绿化0.4万公顷。

森林资源管理

林地管理　严格征占用林地审核审批及定额管理，全区99%的旗县级林地保护利用规划经当地人民政府批准实施。内蒙古自治区林业厅和国家林业局共审核审批使用林地项目709项、面积1.03万公顷。其中基础设施、公共事业和民生类项目占审核审批总数的70%，优先保证了重点项目、基础设施和民生项目用地，征收森林植被恢复费5.97亿元。

采伐管理　继续实施阿尔山地区停伐。自治区政府决定，从2012年开始，将阿尔山地区整体停伐。该区域内的内蒙古森工集团阿尔山林业局、兴安盟五岔沟林业局、白狼林业局和阿尔山市杜拉尔林场共三局一场，每年停伐木材产量9.18万立方米，自治区财政每年补贴1.1亿元。

森林资源保护

森林草原防火　全区共发生森林火灾162起，其中一般火灾82起，较大火灾79起，特大火灾1起，受害森林面积3426公顷，森林火灾受害率0.137‰；共发生草原火灾96起，其中一般火灾90起，较大火灾5起，重大火灾1起，受害草原面积3.59万公顷，草原火灾受害率0.409‰。火灾当日扑灭率达到99.4%。同时，成功堵截蒙古国和俄罗斯大的境外火25起。

林业有害生物防治　推进林业有害生物监测预警工作，加大检疫执法力度，强化有害生物入侵防控机制，及时组织开展防治工作，有效降低林业有害生物危害。全区共发生各类林业有害生物98.32万公顷，其中轻度54.73万公顷、中度32.27万公顷、重度11.32万公顷，成灾率为2.05‰，无公害防治率94%，有害生物发生与2013年同期相比略有下降。

打击涉林违法犯罪行为　组织开展了全区春季林木种苗调运专项执法行动，重点打击违法生产、经营、使用林木种苗行为，共查处林业行政违法案件162起，罚款33万多元，退回原产地不合格苗木1.5万株。为贯彻落实国家林业局部署的"非法侵占林地清理排查专项行动"，经自治区人民政府同意，林业厅部署了为期一年的"清理整治破坏和非法占用林地专项行动"，主要任务是打击违法圈占、侵占、蚕食和毁林开垦等改变林地用途行为，依法查处破坏和非法占用林地案件；清理整治未经批准流转国有林场、自然保护区等国有森林经营单位森林、林木和林地以及森林景观资源行为；清理整治未经批准变更国有林场、自然保护区等国有森林经营单位行政隶属关系和经营范围行为；调处林权争议，完成未发证国有林场林权证的核发工作。进一步推进森林公安队伍正规化建设，坚持严打方针，加大执法力度，严肃查处各类破坏森林资源的违法犯罪案件。全区共受理各类森林和野生动植物案件34 692起，侦破、查处各类森林和野生动植物案件34 144起，综合查处率98.4%，挽回直接经济损失6845.87万元。

野生动植物、湿地保护管理及自然保护区建设　为贯彻落实习近平总书记、张高丽副总理和自治区党委政府领导关于呼伦湖治理的重要批示，启动了自然保护区立法工作，实施了部分休渔措施，编制呼伦湖生态保护与综合治理规划，加快推进"引河济湖"二期和河湖连通工程。呼伦湖水域面积已达到2100平方千米，恢复到2002年水平。开展了野生动植物调查以及野生动植物行政许可、核查和野生动物疫源疫病监测工作。对25处全区重点湿地进行日常监测，监测湿地面积78万公顷。完成内蒙古乌兰坝、沙日温都等自然保护区的晋升、整改工作，完成内蒙古大兴安岭北部原始林区建立国家公园的申报工作。

林业产业　进一步加大林业产业推动力度。突出区域特色，落实自治区财政资金1000万元，扶持名优特新经济林基地建设，营改造经济林面积近3.33万公顷、木本药材0.33万公顷。积极培育林业产业化重点龙头企业，2014年新认定31家，全区总数达到82家。落实林业产业化资金1150万元。完成全区林业产业普查工作，为下一步优化林业产业布局、调整产业结构、制定发展规划提供基本依据。2014年全区林业产业总产值383亿元，农牧民人均林业收入650元。

林业改革　按照自治区的总体部署和改革工作方案的要求，林业厅成立了全面深化林业改革工作领导小组，制订了《全面深化改革工作方案》，对涉及林业方面的改革任务进行了责任分解，其中主要牵头事项2项，配合牵头事项4项，配合事项29项。林业改革工作稳步推进。林业厅牵头代自治区党委政府起草了《关于进一步加强生态建设的意见》，政府研究通过后已上报党委。研究起草了《关于进一步规范集体林权流转管理工作的意见》；评选出自治区级林业专业合作社示范社64家，其中12家被评为国家级示范社。完成全区国有林场基本情况调查和改革调研，修订完善自治区《关于加快国有林场改革与发展的意见》，指导赤峰市克什克腾旗、林西县制定了国有林场改革方案。修订印发"集体人工商品林、农田防护林、公益林"采伐更新管理办法。制订《自治区林业生态红线划定工作方案》，启动林业生态红线划定工作。选择3个国有林场开展森林资源资产负债表编制试点，1个国有林场开展湿地资源资产负债表编制试点。

惠民政策落实

森林生态效益补偿　分解下达2014年国家级公益林生态效益补偿面积1033.33万公顷、资金17.87亿元，自治区财政地方公益林生态效益补偿面积33.33万公顷、资金1500万元。

天保工程一次性安置　会同自治区财政厅、人社厅印发了《内蒙古自治区天然林资源保护工程一次性安置职工社会保险补贴实施方案》，拨付中央财政补助资金9.28亿元，自治区财政补助资金2.2亿元。

国有林场危旧房改造建设　2014年国有林场危旧

房改造任务计划数 1246 户，建筑面积 8.09 万平方米。计划总投资 1.94 亿元，其中中央补贴 1286 万元，自治区补贴 1246 万元，其他投资 1.69 亿元。2014 年建设任务开工 1091 户，竣工 660 户。

支撑保障能力建设

林业法制建设　自治区人大常委会开展《内蒙古自治区实施〈中华人民共和国防沙治沙法〉办法》执法检查和《内蒙古自治区森林草原防火条例》立法调研及修订工作。自治区林业厅制订《内蒙古自治区林业厅行政许可工作管理办法》等 6 项制度。

科技支撑　内蒙古自治区重点区域绿化领导小组和林业厅组建重点区域绿化科技支撑专家团队，制定《内蒙古自治区重点区域绿化技术导则(试行)》；继续开展林业科技培训和送科技下乡活动；分 3 批发布重点区域绿化、林业产业、经济林林业科技成果 35 项；成立生态定位观测网络中心。

林业对外合作　欧洲投资银行内蒙古清洁发展机制造林项目、大自然保护协会内蒙古盛乐国际生态示范项目进展顺利，中日林业合作黄土高原新技术推广普及及管理示范项目结束，日元贷款内蒙古风沙治理项目竣工完成。

【2014 年全区林业及森林草原防火工作】　2 月 25 日，自治区人民政府在呼和浩特市召开全区林业暨森林草原防火工作会议，全面总结 2013 年全区林业及森林草原防火工作，安排部署 2014 年工作。自治区副主席王玉明出席会议并作重要讲话，代表自治区人民政府与各盟行政公署、市人民政府和大兴安岭林管局签订了防火责任状。王玉明副主席充分肯定了近年来林业工作取得的成就，指出了当前和今后一个时期内蒙古林业发展面临的突出问题，对全面推进重点区域绿化、深化林业改革、发展民生林业、加强森林草原防火等工作进行了强调部署。

国家林业局驻内蒙古森林资源监督专员办刘树人专员出席会议并讲话。呼群厅长作工作报告。林业厅党组成员、巡视员曹文仲传达汪洋副总理在听取国家林业局工作汇报时的讲话和全国林业厅局长会议精神。

【北京军区官兵为乌兰察布市集宁区再添新绿】　4 月 25 日，北京军区、国家林业局、自治区党委政府和内蒙古军区在集宁区开展义务植树活动。北京军区司令员张仕波、政委刘福连，国家林业局党组副书记、副局长张建龙，全国绿委办常务副秘书长赵良平，自治区党委副书记、主席巴特尔，自治区党委副书记李佳、自治区副主席王玉明，内蒙古军区司令员车华松、政委杨俊兴等军地领导与北京军区 7000 多官兵、3000 多名民兵预备役和当地干部群众共同参加义务植树活动。4 月 16～25 日，北京军区 7000 多官兵在集宁区义务植树基地共挖植树坑 48 万个，栽植各类苗木 75 万株。

【全区造林绿化现场会在乌海市召开】　5 月 19 日，自治区人民政府在乌海市召开全区造林绿化现场会。自治区党委书记王君会前作出重要批示，指出："每年召开一次绿化现场会对于促进全区造林绿化工作意义深远。"自治区副主席王玉明出席会议并作重要讲话。王玉明对加强林业重点工程建设、加快重点区域绿化步伐、创新造林绿化机制、加大管护和防治力度、加大资金投入和监管力度等工作进行安排部署。

自治区林业厅厅长呼群通报 2013 年全区造林绿化工作情况。乌海、通辽、呼和浩特、鄂尔多斯市人民政府，自治区发展改革委、财政厅、交通厅、煤炭局和翁牛特旗、多伦县、五原县 11 个单位作了典型发言。与会代表参观乌海市甘德尔山造林绿化工程、凤鸣湖生态综合治理工程、汉森集团林业产业化基地和乌海湖黄河风情线建设项目。

【自治区落实天然林保护工程一次性安置职工社会保险补贴政策】　为落实好天保工程一次性安置职工基本养老保险和基本医疗保险补贴政策，自治区林业厅组成 3 个专题调研组，赴 9 个盟市开展安置职工社会保险补贴调研，形成调研报告。按国家要求，结合自治区一次性安置职工实际，自治区林业厅会同财政厅、人力资源和社会保障厅，编制了《内蒙古自治区天然林资源保护工程一次性安置职工社会保险补贴实施方案》，并上报自治区人民政府。经自治区人民政府专题会议研究后，自治区林业厅、财政厅、人力资源和社会保障厅印发了《内蒙古自治区天然林资源保护工程一次性安置职工社会保险补贴实施方案》。

【自治区林业厅分片召开全区林业工作座谈会】　为深入学习和贯彻落实习近平总书记系列重要讲话及全国推进林业改革座谈会精神，研究解决自治区林业工作中存在的突出问题，努力推进全区林业工作进程，自治区林业厅于 2014 年 9 月中旬至 10 月中旬，在巴彦淖尔市、通辽市和乌兰察布市分片召开全区林业工作座谈会。自治区林业厅领导，有关处室、直属单位主要负责人，各盟市、满洲里市、二连浩特市、各旗县(市、区)、岭南八局林业局局长及国家级自然保护区和国家湿地公园的负责人参加会议。

会议期间，与会代表围绕如何提高营造林质量、强化资源管理保护和林业重点工程项目及资金管理、深化集体林权制度改革和推进国有林场改革、加快林业产业发展、推进重点区域绿化、加强基层林业机构及队伍建设和基层基础设施建设等问题进行了深入交流和探讨。

【自治区 4 个行政村荣获"全国生态文化村"称号】　9 月 16 日，由中国生态文化协会主办的"全国生态文化村经验交流会"在青岛市举行。会上，中国生态文化协会授予"北京市朝阳区高碑店村"等 109 个行政村"全国生态文化村"称号，授予青岛世界园艺博览园区"全国生态文化示范基地"称号。其中，内蒙古自治区兴安盟突泉县杜祥村、巴彦淖尔市五原县联乐村、呼伦贝尔市鄂伦春旗希日特奇村和赤峰市元宝山区前进村 4 个行政村荣获"全国生态文化村"称号。

目前，全区共有 12 个行政村荣获"全国生态文化村"称号，两个企业分别荣获"全国生态文化示范基地""全国生态文化企业"称号。

【习近平总书记赴内蒙古考察调研】 1月26～28日，中共中央总书记、国家主席、中央军委主席习近平赴内蒙古进行考察调研。调研期间深入林区看望了林业职工，多场合发表重要讲话。他指出，内蒙古生态状况如何，不仅关系到内蒙古各族群众生存和发展，也关系华北、东北、西北乃至全国生态安全，要努力把内蒙古建成我国北方重要生态安全屏障。强调内蒙古的生态环境实现了"整体遏制、局部好转"的转变，走到了"进则全胜，不进则退"的历史关头。要继续组织实施好重大生态修复工程，搞好京津风沙源治理、三北防护林体系建设、退耕还林、退牧还草等重点工程建设；积极探索加快生态文明制度建设，大胆先行先试，建立可持续的生态环境保护制度。努力走出一条符合自然规律、具有地区特色的生态文明建设之路，筑牢我国北方重要生态安全屏障。

【林业大事】

1月26～28日 中共中央总书记、国家主席、中央军委主席习近平赴内蒙古进行考察调研。调研期间深入林区看望了林业职工，多场合发表重要讲话。

3月27～28日、5月22～23日 中共中央政治局常委、国务院总理李克强先后两次到党的群众路线教育实践活动联系点内蒙古赤峰市翁牛特旗考察调研。提出国家对翁牛特旗、赤峰市防沙治沙、林业建设等方面将给予重点支持。

6月16～18日 全国政协副主席罗富和、全国政协常委、人口资源环境委员会主任贾治邦一行赴内蒙古鄂尔多斯市、包头市等地调研"三北防护林"建设，指出内蒙古为"三北防护林"工程作出重大贡献，希望内蒙古继续重视生态文明建设。

（内蒙古自治区林业由武国庆供稿）

内蒙古森工集团林业

【概 述】 2014年，内蒙古森工集团（林管局）围绕生态建设、转型发展、民生改善主要任务，应对压力加强管理，全部完成年度生产经营计划：实现林业产业总产值91.5亿元，较2013年同比增加22.13亿元，增幅31.88%；基本建设计划投资32.1亿元，完成19.7亿元，完成计划的62%；接续替代产业收入增长率40.69%，较2014年年初计划指标提高25.69%；完成木材生产109万立方米，销售105.4万立方米，实现销售收入8.49亿元，实现营业总收入21.7亿元，同比增加2.6亿元。2014年内蒙古森工集团实现利润4749万元（剔除棚户区改造配套资金），超年度利润指标821万元，较2013年同期增加1178万元，全面完成内蒙古自治区国资委下达的经营业绩考核指标和森工集团董事会确定的各项经营任务。（张 亮）

【生态建设】

森林资源管理 开展了打击毁林开垦非法侵占林地专项行动，查处毁林开垦和非法占地案件656起，收回林地273公顷；共立滥砍盗伐、非法捕猎野生动物等林业行政案件3980起，查处3828起，遏制了涉林违法行为的势头。北部原始林区武装"三清"实现了常态化。（张 亮）

森林经营 争取国家林业局下达补植补造任务30 666.67公顷，完成30 726.67公顷，为计划的100.2%，任务量较2013年增加17 333.33公顷，投资增加5200万元；完成森林抚育35万公顷，为计划的100%；完成人工造林3053.34公顷，为计划的101.1%；完成义务植树21万株，为计划的102.4%；完成育苗生产139.3公顷，为计划的353%。各项作业质量均达到或超过行业标准。（周 喆）

森林保护 发生森林火灾18起，受害森林面积2874公顷，森林受害率0.35‰，低于国家控制指标。北部原始林区"4·30"俄罗斯过境森林火灾，首次采用大规模航空灭火，调集9架直升机投送兵力1400人，59小时扑灭火灾，积累了航空灭火经验。林业有害生物成灾率、无公害防治率、测报准确率、种苗产地检疫率全部完成国家指标。（周 喆）

自然保护区建设 毕拉河自然保护区获得国务院批复，晋升为国家级自然保护区；大杨树奎勒河湿地公园、甘河湿地公园试点建设方案得到国家林业局批复；兴安里湿地保护二期工程建设项目获得内蒙古自治区发改委批复，总投资1267万元。汗马国家级示范自然保护区建设实施方案（2013～2017年）得到国家林业局的批复，一期项目预算投资2998万元，2014年获得国家级自然保护区能力建设补助资金200万元；额尔古纳国家级自然保护区基础设施建设二期项目可研报告得到批复，总投资1675万元，2014年完成投资1120万元。汗马国家级自然保护区申请加入"世界人与生物圈保护网络组织成员"获得联合国教科文组织一审通过。

（于泽洋）

【产业发展】

生态旅游 重点围绕东部、北部、南部三大板块布局，加大基础设施建设和市场营销力度，加快推进旅游产业发展。南部板块方面，阿尔山国家森林公园景区完成停车场、休闲广场、游客换乘站等13个总面积12.5万平方米的景区公共交通基础设施建设，景区观光客车正式运营；完成10个无线信号传输塔和19个机房的建设；景区标识系统全部完成安装并启用。2014年大兴安阿尔山旅游公司顺利通过国家ISO9001质量管理体系和ISO14001环境保护体系认证，阿尔山国家森林公园获得第20届亚洲旅游业金旅奖"十佳自然生态旅游景区"荣誉称号。北部板块方面，莫尔道嘎旅游公司完善公司化经营管理方式，经济效益明显提升，实现营业收入1900万元；森林观光小火车成功试运行。根河源国家湿地公园实现封闭经营，房车基地综合服务大厅、漂流码头等基础设施建设完成。东部板块方面，以毕拉河达尔滨湖国家森林公园一期工程项目为核心推进基础设施建设，2014 年完成总投资额的 70%，建成 6 条总长度 5550 延长米栈道；基本完成面积 5590 平方米的游客服务接待中心主体工程建设。完成阿里河相思谷景区小火车路轨修复工程。满归、莫尔道嘎、毕拉河、恩和哈达机场建设申报获得内蒙古自治区批复，列入自治区通用航空规划，其中满归机场已开工建设。

2014 年林区旅游累计接待游客 106.6 万人次，同比增长 59%；实现旅游综合收入 6.47 亿元，同比增长 81%。（毕书鹏）

赴俄采伐 累计赴俄采伐原木 4.9 万立方米，派出劳务人员 100 人；深入推进满洲里木材精深加工基地建设，与多家企业进行合作洽谈，签订了收购联发木业股权合作意向书。大兴安岭浆纸公司 7.5 万吨特种纸技改升级项目一期工程完工，2014 年生产浆纸 5.8 万吨，销售 4.5 万吨。（王 冬）

矿业开发 比利亚谷铅锌矿一期工程启动，分两批对设备、井建、监理等进行公开招标，涉及总价 4182.5 万元，完成职工宿舍、火工库建设和尾矿库及选厂基础清理工作，累计井巷掘进 9369.8 延长米。林区矿泉水开发已勘明 7 处，水源达到或超过国家矿泉水检测标准。（王 冬）

林下经济 林下经济开发快速推进。库都尔大果沙棘种植面积超过 733.33 公顷；大杨树蓝莓采果 5.7 万千克，销售 1.45 万千克，实现销售收入 43.6 万元；阿里河林业局播育榛子良种近 1 万千克育苗 6.67 公顷，完成移栽野生榛子造林 833.33 公顷。克一河森工公司注册成立内蒙古惠众食用菌培植有限公司，2014 年试生产三级菌种 80 万袋，并与吉文、甘河等九家林业局签订协议，合作打造"诺敏山"食用菌商标；扶持基层单位和职工种植黑木耳 800 万袋，总产量 352 吨。根河森工公司"中国冷极"商标在国家商标局注册，第一批"冷极印象"系列产品投放市场。向芬兰引种 600 头驯鹿工作，完成检疫和养殖分配方案；绰尔、乌尔旗汉、伊图里河等局通过引导和扶持职工发展家庭经济，推广林间草场养殖，扩大马匹等养殖规模，2014 年 12 月 31 日，马匹存栏 7000 匹，其他经济动物养殖 10 万头（只），为推进森林畜牧业发展奠定了基础。毕拉河冷水鱼养殖初试成功，2014 年实现销售收入 35 万元。（朱显明）

【企业管理】 深入开展管理增效年活动，坚持量入为出、量力而行的原则，以财务资金管理为核心，合理编制财务预算，统筹经营、综合施策，科学及时调配和使用资金，保证了各项事业基本的资金需求。严格控制两级管理费用和"三公"经费支出，剔除工资增长因素两级管理费与 2013 年同比减少 1573 万元，"三公"经费同比减少 729.3 万元，分别下降 2.6% 和 12.2%。持续推进节能减排，万元产值综合能耗 1.12 吨标准煤，较 2013 年同期下降 7.2%。紧扣国家政策和林区转型发展实际，丰富项目储备提高申报质量，2014 年争取国家和内蒙古自治区各类项目 54 个，批复总投资 13.3 亿元，下达投资计划 11.8 亿元。完成 6 座油库安全达标，5 座加油站油气回收和 12 台油槽车下装改造工作。及时开展安全隐患排查，重点对木材采伐、棚户区改造、矿山生产建设、浆纸公司技改升级等环节和项目进行隐患排查治理，实现 2014 年无重特大安全责任事故。（金明举）

【改善民生】

提高职工收入 克服资金紧张压力，按照内蒙古自治区国资委批复的职工工资总额增长预算，以 12.3% 的增幅为职工增加工资，在岗职工年平均工资由 2013 年的 32 355 元提高到 2014 年的 36 335 元。

完善社会保障体系 全力落实内蒙古自治区退休职工养老金调增政策，离退休人员养老金月增长 203.53 元。完成非工伤遗属生活费调整工作，人均每月增长 121.28 元。争取落实了一次性安置人员社保补贴政策，共争取国家和内蒙古自治区补贴资金 9.7 亿元，企业配套 1.4 亿元，2014 年共发放补贴资金 7.14 亿元。制订《内蒙古森工集团（林管局）住房公积金归集、提取、贷款管理办法》，完成软件选型与信息录入工作。

棚户区改造 2014 年棚户区改造工程新开工 34 907 户，建筑面积 222 万平方米，在完成计划开工任务的同时，历年尾欠工程实现全部开工，2014 年年末达到基本建成条件 14 236 户，为内蒙古自治区政府下达建设责任状的 127%。棚改工程牙克石异地建设 2010 年结转的 2307 户全部竣工并交付使用，2011 年工程交付 873 户。海拉尔异地建设 2012 年一期工程交付使用 6016 户。（李 明 杨建飞）

【党建和精神文明建设】 注重强化企业党委的政治核心作用，提升党建工作科学化水平。2014 年共举办各类干部培训班 213 期、培训 6389 人次，培训党员 20 678 人次，提高了领导班子引领企业科学发展的能力。巩固党的群众路线实践教育活动成果，严格落实执行"两方案一计划"，保证了实践教育活动效果。持续开展群众性经济技术创新、合理化建议、劳动竞赛、技能比武等活动，共征集合理化建议 480 条，举办各领域劳动竞赛，参赛职工 48 132 人次。信访形势持续好转，2014 年个体访批次、人数同比分别下降 12%、31%；集体访批次同比下降 9%。（张 宏）

【林业大事】

1 月 26 日 中共中央总书记、国家主席习近平到内蒙古大兴安岭林区阿尔山林业局看望林业棚户区职工群众。习近平总书记要求要加快棚户区改造进度，早日让林区职工群众住上新房。在视察内蒙古并听取汇报后，总书记作了重要讲话，作出"把祖国北疆这道风景线打造得更加亮丽"的重要指示。

1 月 27 日 林区召开党的群众路线教育实践活动总结会议。

4 月 30 日 俄罗斯边境火烧入内蒙古大兴安岭北部原始林区，森工集团（林管局）森林防火指挥部迅速反应，积极沉着应对扑火作战，中央领导、国家森防指领导、自治区领导就火灾扑救工作作出重要批示。

6月16日 中国内蒙古大兴安岭林区"4·30"森林保险火灾理赔兑现大会在呼和浩特召开，中国人保财险内蒙古分公司向林区支付赔款3210.56万元。

7月21日 国务院国资委组织的"走进新国企——寻找地球之肺"采访团到内蒙古大兴安岭林区采访。

9月29日 林区第二十一届先进集体、劳动模范(先进工作者)表彰大会在牙克石召开。

10月1日 中央电视台新闻中心派出节目组到阿尔山景区，对国庆特别节目《日出东方》和《国旗飘飘》进行选点直播。 (杨建飞)

辽宁省林业

【森林资源状况】 辽宁省林地面积716.73万公顷，占国土总面积的48.4%；有林地面积580.73万公顷；活立木总蓄积量3.25亿立方米；森林覆盖率40.82%。森林覆盖率、有林地面积和活立木蓄积位居全国中等水平。

【林业建设】 2014年，辽宁省各项林业工作取得了显著成绩；千万亩经济林工程实现良好开局；造林绿化取得显著成效；青山工程深入推进；集体林权制度改革工作强力推进；护林员体制改革试点成效显著；林业产业加速发展；森林资源管护全面加强；湿地保护工作取得重大突破；基层基础建设进一步加强；林业宣传与生态文化建设取得新成效；全力开展林业抗旱救灾工作。

【千万亩经济林工程】 千万亩经济林工程是辽宁省政府确定的一项重大民生林业工程。工程规划从2014年起，利用5年时间，在全省发展名特优新经济林工程建设面积63.7万公顷。经省级核查验收，2014年全省完成面积13.4万公顷，完成重点示范基地2万公顷，引导民营企业、合作社及大户参与工程建设面积达4.1万公顷，培育各类经济林工程建设典型200多个。

【造林绿化工作】 全省完成人工造林面积22.3万公顷，其中，经济林13.4万公顷、生态林8.9万公顷；完成封山育林10.4万公顷；森林抚育10万公顷；飞播造林0.3万公顷。全民义务植树9000余万株。重点围绕辽河、浑河、太子河等流域开展了"万村万树"村屯绿化，经过认真检查验收，评选出500个行政村为辽宁省绿化示范村。

【青山工程】 青山工程完成超坡地还林2.6万公顷、完成围栏封育3000千米，实施闭坑矿生态治理项目278个、0.1万公顷。全省开展了青山工程建设"回头看"，对"小开荒"开展拉网式清理，对成活率未达到要求的地块进行补植补造，巩固清退成果；彻底巡查已完成的围栏，及时修缮倒伏地段。青山执法情况纳入省政府对市政府绩效考核指标体系，集中开展了青山保护执法"百日行动"，以打促治，依法查处390起违法破坏青山的行政案件。

【集体林权制度改革工作】 全省新增确权面积1.9万公顷，确权率由99.6%提高到99.95%。集体林发证面积达516.7万公顷，发证率达到98%。林改电子档案建设工作稳步推进，全省有6841个村完成了扫描，6384个村完成了录入工作。2014年新增林权管理服务分中心10个，建成并投入使用的林权管理服务中心总数达到53个，服务分中心总数达到30个。新建林业合作组织67个，总数达到2674个，15个林业专业合作社被评为国家级示范社。新增以林抵押贷款5.6亿元，累计贷款余额达到40亿元，森林保险面积343.7万公顷(含大连19.3万公顷)，占森林面积580.7万公顷的59%。

【护林员体制改革】 组织丹东市、绥中县、昌图县、庄河市为试点的封育、禁牧、管护"三位一体"管理体制改革工作，基本实现了减员增效、理顺体制、提高管护能力的预期目标。目前，4个试点原有护林员人数从3819人减少到2974人，缩减28.4%；人均管护面积从233.3公顷增加到333.3公顷，提高42.8%；人均年收入从7178.8元增加到12 491.3元，提高74%。各试点单位均成立了县乡级护林巡防队伍共79支，同时，在重点地区还设立警务室36处，协助森林公安做好林区巡护工作。

【林业产业】 全省实现林业总产值1820亿元，同比增长4.74%。大力扶持"一县一业"发展。西丰县、开原市、辽阳县分别获得"中国鹿产业第一县""中国榛子产业示范县"和"中国大果榛子之乡"称号；5个乡镇获得"辽宁特产之乡"称号。积极培育和扶持龙头企业发展。大连华丰家具集团有限公司等5家企业获"国家林业局首批国家林业重点龙头企业"称号。产业园区和产业集群建设稳步推进。全省共签约招商项目54个，投资规模43.1亿元。其中，彰武园区签约项目27个，投资规模15.2亿元，新开工项目11个，完成固定资产投资15亿元。

【森林资源管护】 全省共发生森林火灾105起，其中一般性森林火灾77起，较大森林火灾28起，未发生重、特大森林火灾和人员伤亡事故。林区治安工作取得显著战果。全省共查处各类森林和野生动物案件3489起，打击和处理各类违法犯罪人员4096人次。森林资源管理进一步加强。省政府批复了《辽宁省林地保护利用规划(2010～2020年)》，划定全省林地红线716.7万公顷。林业有害生物防治防控效果明显。全省林业有害生物发生面积66.0万公顷，防治作业面积67.5万公顷，成灾面积0.1万公顷，成灾率0.19‰，远低于3‰的规定指标。野生动植物保护和自然保护区建设成效显著。

组织全省第二次全国野生动植物调查工作，严厉打击了乱捕滥猎和非法经营候鸟等野生动物的违法行为；朝阳青龙河、葫芦岛虹螺山两个省级自然保护区晋升为国家级自然保护区；建平老虎洞山晋升为省级自然保护区。目前，全省林业系统自然保护区达到73个，其中国家级保护区12个、省级23个。生态公益林管护工作不断加强。进一步提高了省级公益林补偿标准，稳步推进补偿资金直补到户工作，直补到户率达到95%。

【湿地保护工作】 全省争取中央财政湿地生态效益补偿等湿地保护资金7180万元，是2013年的5倍多，超过全国湿地保护投资的平均增幅。16个省级重要湿地被纳入《辽宁省重要湿地名录(第二批)》，并以省政府名义正式发布。全面开展了全省泥炭沼泽碳库调查工作。

【基层基础建设】 全面启动了《辽宁省林业发展“十三五”规划》的编制工作。智慧林业建设稳步推进，服务型门户网站群建设成效显著，并在中央政府门户网站公布的2013中国优秀政务平台推荐及综合影响力评估结果中，成为全国林业行业唯一荣获年度“中国政务网站优秀奖”的省级部门。国家林业站重点县和标准化林业站建设工作稳步推进，“条块结合，以条为主”的管理体制改革工作进一步理顺。全省完成育苗面积1.7万公顷，育苗数量30亿株，其中完成容器育苗9000万杯的任务落实、计划协调、发放和技术指导等工作。国有林场工作稳步推进，沈阳等12市4244户国有林场危旧房改造工作已全部开工建设，开工率为100%。林业科研和推广工作成效明显。共申报各类科研项目42项，其中申报国家林业局项目13项。加强了林业技术推广示范基地建设，新建省级示范基地10处，总数达到50处。

【林业宣传与生态文化建设】 葫芦岛市和营口市国家森林城市创建工作通过国家考核验收，有望2015年正式命名，全省国家森林城市将达到7个。本溪平顶山国家森林公园被评为国家生态文明教育基地，全省总数达到6个；丹东东港市北井子镇獐岛村等5个村被为全国生态文化村，全省总数达14个。沈阳市植物园等5家单位被评为省级生态文化教育示范基地，全省总数达到22个。

【林业抗旱救灾工作】 面对2014年夏季严峻的干旱形势，全省各级林业部门积极行动，从落实抗旱保苗措施入手，组织发动企业和农户开展抗旱保苗自救工作。积极开展抗旱浇水和技术指导。进一步落实重新造林计划，全力抓好苗圃抗旱和苗木繁育储备工作，及早做好苗木预定和调运，确保了补植补造的苗木需求供应。认真做好灾情统计工作。据统计，全省全年新植林受灾面积达到14.2万公顷，占造林作业面积的61.8%。其中，生态林7.8万公顷，经济林6.4万公顷。扎实做好森林保险核灾理赔工作。积极协调保监局、保险公司做好核灾、理赔工作，简化理赔流程。全省完成理赔面积0.6万公顷，理赔额3700多万元。

（辽宁省林业由姜忠灏供稿）

吉林省林业

【概　述】 2014年，在吉林省委、省政府和国家林业局的指导下，紧紧抓住保护生态、改善民生两大根本任务，全体林业职工开拓创新，真抓实干，全面完成了各项生产建设任务。以造林绿化为重点的生态建设成效明显，林业总产值达到1450亿元，胜利实现连续34年无重大森林火灾，集体林权和国有林场改革进展顺利，退耕还林、“三北”防护林五期等重点生态工程建设任务按期完成，全省林业发展建设取得了新的成就。

【林地资源】 全省林业用地面积929.9万公顷，其中有林地827.0万公顷，疏林地2.5万公顷，灌木林地18.2万公顷，未成林地13.5万公顷，苗圃地0.5万公顷，无立木林地5.1万公顷，宜林地5.0万公顷，辅助生产林地58.1万公顷。有林地面积中，按起源分，天然林625.1万公顷，人工林201.9万公顷；按林种分，用材林350.2万公顷，防护林430.6万公顷，特种用途林42.1万公顷，薪炭林1.2万公顷，经济林2.9万公顷；按林木权属分，国有林601.5万公顷，集体林167.6万公顷，个体林51.9万公顷，其他6.0万公顷；按龄组分，幼龄林139.6万公顷，中龄林333.0万公顷，近熟林200.6万公顷，成熟林121.1万公顷，过熟林32.7万公顷。

【林木资源】 全省活立木总蓄积量97 082万立方米，其中有林地蓄积量96 483万立方米，疏林地蓄积量33.3万立方米，散生木蓄积量48.3万立方米，四旁树蓄积量517.4万立方米，森林覆盖率43.9%。在全省有林地蓄积量中，按起源分，天然林79 240万立方米，人工林17 243万立方米；按林种分，用材林39 744万立方米，防护林48 552万立方米，特用林8161万立方米，薪炭林24万立方米，经济林2万立方米；按林木权属分，国有林79 705万立方米，集体林12 468万立方米，个体林3755万立方米，其他555万立方米；按龄组分，幼龄林5021万立方米，中龄林35 925万立方米，近熟林28 385万立方米，成熟林20 645万立方米，过熟林6507万立方米。

【湿地资源】 全省有湿地面积172.8万公顷，占全省国土总面积的9.2%。其中天然湿地102.5万公顷，占全省湿地总面积的59.3%。全省共有国家级重要湿地8

处，分别为向海国家重要湿地、莫莫格国家重要湿地、松花江三湖国家重要湿地、查干湖国家重要湿地、大布苏国家重要湿地、月亮湖国家重要湿地、龙沼国家重要湿地和长白山熔岩台地沼泽区国家重要湿地。向海湿地和莫莫格湿地已被评定为国际重要湿地。全省湿地类型多、分布广、区域差别显著，生物多样性丰富。共有4大类16型，其中河流湿地3型，湖泊湿地3型，沼泽湿地6型，人工湿地4型。东部主要是长白山林区的森林沼泽湿地和泥炭沼泽湿地；中部主要是以江河湖泊为主的湖泊湿地；西部主要是松花江、嫩江流域为主的内陆河流及平原沼泽湿地。有湿地野生动物30目59科297种，湿地高等植物112科253属613种，其中濒危重点保护物种70种。建有湿地保护区26个，其中12个国家级保护区，10个省级湿地保护区，4个湿地保护小区。建有湿地公园26个，其中21个为国家级湿地公园。

【野生动物资源】 全省有陆生野生动物445种，其中两栖类14种，爬行类16种，鸟类335种，兽类80种，约占全国野生动物种类数量的17.69%，鸟类占全国种类数量30.36%。列入《国家重点保护野生动物名录》的有76种，其中兽类14种，鸟类62种；国家一级保护野生动物18种，国家二级保护野生动物58种。列为国家保护有益的或者有重要经济、科学研究价值的陆生野生动物291种。东北虎、豹、梅花鹿、东方白鹳、丹顶鹤、白鹤、大鸨等一批国家一级保护野生动物在国际濒危物种的拯救与保护中具有极为重要的地位。东北虎作为国家一级保护野生动物，在全世界仅有450只左右，在吉林省分布数量逐年增长，已由20世纪90年代的7~9只增加到现在的11~13只。东北豹目前世界上仅存50只左右，濒临灭绝，在吉林省分布达15只以上。白鹤在全世界仅有4000余只，在全省分布最多时可达3800余只。

【野生植物资源】 全省现有野生植物3890种。其中地衣类270余种、苔藓类350余种、真菌类900余种、蕨类140余种、裸子植物30种、被子植物2200余种。列入《国家重点保护野生植物名录(第一批)》的有16种，其中国家一级保护野生植物3种，国家二级保护野生植物13种。省级重点保护野生植物219种，其中一级11种、二级88种、三级120种。长白松作为国家一级保护野生植物，是长白山独有的野生植物，因其形若美女，也称“美人松”。有“植物活化石”和“国宝”之称的东北红豆杉，是国家一级保护野生植物，在吉林省分布面积较广，因保护力度加大，植株数量呈增长扩散趋势。

【自然保护区】 截至2014年底，全省林业系统建立和管理的自然保护区达到41个，面积257.22万公顷。其中有长白山、向海、莫莫格、龙湾、三湖、珲春、天佛指山、雁鸣湖、哈尼、波罗湖、黄泥河、汪清集安、白山原麝13个国家级自然保护区，面积达100.1万公顷。拥有国际重要湿地2处，面积24.95万公顷；自然保护小区7个，面积1.12万公顷；野生动物种源繁育基地43个，野生植物种源培育基地16个，野生动植物保护管理站109个，鸟类环志中心(站)2个，野生动植物科研及监测机构35个，从事野生动植物及自然保护区建设的职工人数达2186人。建有省级以上森林公园57个，面积223.98万公顷，其中国家级森林公园35个，省级22个。

【芦苇资源】 全省共有芦苇湿地面积17.13万公顷，主要分布在镇赉、通榆等8个县(市、区)。品种有铁杆苇、长杆苇、紫穗苇、白皮苇等，其中铁杆苇为常见种，面积最大，年产量5.65万吨，可创造直接经济效益3000余万元。

【职工队伍建设】 截至2014年年底，全省林业系统拥有各类经济单位1443个，其中企业271个，机关128个。全系统在册职工总数176 730人，其中在岗职工110 052人，在岗职工中女性职工31 106人。从业人员主要集中在木材采运企业和地方国有林场，共有职工144 746人，占全部在册职工的80.86%。

【行政管理系统】 全省自上而下拥有一套完整的林业行政管理体系。设有林业行政主管部门74个，林业工作站704个、森林病虫害防治检疫站90个、林木种苗管理站71个、野生动植物管理和救护机构119个。作为国家重点林区，设有国有林业局18个，森林经营局4个，省林业厅派驻各地森林资源监督机构22个。县级以上林业公安局91个，各级林业科研单位10个，县级以上科技推广机构52个。

【生态建设】 全年完成各类生态建设任务153 307公顷，其中人工造林面积108 523公顷，林冠下造林面积44 784公顷。退耕、三北两大重点工程共完成各类生态建设任务19 337公顷，占总生态建设任务的12.61%。完成更新造林12 984公顷，低产低效林改造面积5343公顷，未成林抚育作业面积489 343公顷，中、幼龄林抚育作业面积224 015公顷，义务植树3901万株。

【森林防火】 加强火灾应急处置能力建设，举行了为期20多天的扑火实战拉动演练。以长白山保护区和中俄、中朝边境为重点，实施以水灭火装备建设和边境防火公路建设，有力提升了“一区两线”的综合防火能力。投资600万元完成了95.8千米中俄边境防火通道建设，投资1000万元在长白山重点火险区装备大型水车10台、水泵120套。完成了辉南、汪清、吉林3个直升机坪立项工作。全年共发生森林火灾63起。其中一般森林火灾53起，较大森林火灾10起，过火总面积123.53公顷，受害面积44.36公顷，实现了连续34年无重大森林火灾目标。

【林业有害生物防治】 全年全省应施调查监测林业有害生物种类58种，通过调查监测达到发生种类50种，全省应施调查监测面积606.51万公顷，实施调查监测面积596.42万公顷。全省林业有害生物预测发生面积为26万公顷，实际发生面积为26.34万公顷，测报准确率为98.69%；全省现有林地面积为825.67万公顷，全省林业有害生物成灾面积为0.76万公顷，成灾率为0.92‰；全省林业有害生物无公害防治面积为24.03万公顷，无公害防治率为91.23%；全省应施种苗产地检疫100 419万株，实施种苗产地检疫100 419万株，种苗产地检疫率达到100%。“四率”指标均达到或超额完成国家林业局下达的林业有害生物防治“四率”指标任务。

【林地清收】 按照“三年清收、五年还林”的目标要求，全力推进林地清收还林工作。清查出被非法改变用途林地面积57万公顷，占全省被改变用途林地面积的73.4%；收回林地面积32万公顷，占全省被非法改变用途林地面积的39.8%；春季还林10万公顷，占全省5年还林计划面积的25%。

【资源管理】 修订完善了《吉林省建设项目使用林地砍伐林木补偿标准》，征占用林地补偿实现了与耕地的“同区同价”“同地同价”，是国家林业局提出调整林地补偿标准要求后，第一个完成这项工作的省份。起草了《吉林省林业厅关于改革参业用地配置方式的实施意见》，对现行参地配置方式进行了改革，进一步落实了广大群众的知情权、参与权和监督权。全面加强森林资源基础管理，组织启动了《一元立木材积表和材种出材率表》《森林采伐调查设计细则》的重新修订，组织开展了“十三五”采伐限额编制和第九次全省森林资源清查工作。扎实推进集体林登记发证，全省林地所有权发证率达到93%，林地使用权、林木所有权发证率达到61%。

【林政稽查】 共破获各类涉林案件9579起，其中森林刑事案件761起(特大24起，重大43起)，野生动物刑事案件10起，林业行政案件8749起，野生动物行政案件59起。查处违法人员11 357人，收缴木材2239立方米，收缴野生动物及其制品2048只(件)，收缴作案工具3934件，林政罚款2568万，为国家挽回经济损失3300余万元。

【平安林区建设】 深入部署开展“命案攻坚”“涉黑涉恶线索摸排”及“5·15经济犯罪侦查专项”行动，全年共破获各类刑事案件518起，其中重特大案件51起，打处犯罪嫌疑人227人，抓获网上逃犯88人。全面开展“扫黄铲赌”“打四黑、除四害”“缉枪治爆”“禁种铲除”“肃毒害、保平安”“公务用枪安全大检查”6项严打整治专项行动。全年共检查各类食品加工点、农贸市场、药店、饭店、旅店、洗浴、娱乐服务业等各类场所941家，停业整改宾馆旅店27家。与工商部门开展联合检查收缴各类无正规手续假药品150盒，无质监部门检疫证明猪肉150余千克、牛肉105余千克。打掉扑克牌赌博团伙2个，处罚11人，收缴赌资4万余元。收缴各类枪支321支、子弹5791发、炸药90.7千克、黑火药烟火剂2千克、导火索3719米、雷管711枚、仿真枪1支、管制刀具89把。获取涉毒案件线索59件，立案侦查21起，铲除毒品原植物罂粟27 000株，大麻31 000株。部署开展2次公务用枪安全大检查，国有森工局枪弹库均达到“三级风险”标准，报警器、视频监控等技防设施全部配全，双人双锁、枪弹分离落实到位。处理简易程序交通事故386起、死亡12人、受伤人数19人，与2013年同比，事故起数下降14.39%、受伤人数下降22.28%、死亡人数下降47.02%。检查重点防火单位568家、重点要害部位1704处，整改火灾隐患219处。

【野生动植物保护】 联合省工商局下发了《关于联合开展野生动物保护执法大检查的通知》，重点打击各种乱捕滥猎陆生野生动物、无证养殖、无证经营利用以及走私、运输等违法行为。与省工商局、省森林公安局、国家林业局驻长春专员办等单位组成联合检查组，对吉林、延边等地区的部分农贸市场、鸟类市场、药店以及饭店进行了明察暗访，加大对陆生野生动物及其产品经营利用违法行为的查处力度和野生动物保护知识宣传力度。全面开展了吉林省第二次全国野生植物资源调查工作，在全省范围内开展了首个“世界野生动植物日”活动。科学制定野生红松籽、松茸采集计划，为进一步规范国家重点保护野生植物采集管理提出了更高要求。完成了2014年中央预算内项目和2014~2015年穿山甲片消耗计划的申报工作，向国家林业局申报2015年财政预算项目21项，核发国家重点保护野生动物驯养繁殖许可证60份，为11家制药企业批准购买利用和审核上报穿山甲片、乌梢蛇、熊胆粉、羚羊角1255.9千克入药，并申请使用“中国野生动物经营利用管理专用标识”550.5万枚，为3家单位批准制作野生动物标本630个，批准使用“中国野生动物经营利用管理专用标识”630枚。

【湿地保护管理】 启用重要湿地补水备用金425万元，为莫莫格保护区补水6000立方米、大安牛心套保补水2000立方米。为向海保护区1600公顷耕地申请了退耕还湿试点并争取中央投资2400万元；为雁鸣湖保护区1135公顷受损耕地申请了湿地生态效益补偿试点并争取资金2000万元；为大安市、通化县人民政府等2个单位申请了湿地保护奖励试点并争取资金1000万元。在向海、莫莫格、查干湖国家级自然保护区及大安嫩江湾国家湿地公园开展了荷花基地建设试点，投入资金1500万元，栽植荷花730.6公顷。

【林业重点生态工程】 2014年天保工程区实有森林管护面积396.3万公顷，木材产量143.74万立方米。工程区年末在岗职工60 260人。参加基本养老保险112 994人，参加基本医疗保险113 688人。工程全年完成投资21.06亿元，其中国家投资14.45亿元。退耕还林工程继续稳步推进，特别是加强对退耕农户生活费补助资金的发放。全年完成荒山荒地造林6802公顷。完成工程建设投资38 643万元，其中国家投资38 480万元。“三北”防护林五期工程全年完成人工造林12 535公顷。完成工程投资5290万元，其中国家投资4916万元。

【林业改革】 积极稳妥推进国有林场改革，已基本掌握了全省国有林场人员编制、森林资源、林木林地流转、财务收支、社会保障、基础设施建设、生产经营和职工工资等情况。在此基础上，组织起草了全省地方国有林场改革总体方案，并以省政府文件上报国家有关部门待批。全面推进集体林权制度配套改革，全省已有9个市(州)25个县(市、区)经编办批复成立林改管理机构。加强了农民林业专业合作组织建设，全省农民林业专业合作社已突破700个，比2013年增加20%。推荐12家林业专业合作社参加了全国农民合作社示范社评选，并全部通过审核，成为全国首批国家级农民合作社示范社。积极参与国有林区改革顶层设计，开展了相关调研论证，有理有据地向国家提出了政策性建议和改革诉求。同时，积极探索理顺森林资源监督体制有效途径，协调省编办新增专员办专项编制13个，为深化森林资源监督管理体制改革奠定了基础。经过积极争取，成立了天然林保护管理局，由事业单位变成行政单位，为下步强化天保工程管理，推进国有林区改革打下了良好基础。积极开展森林保险和国家公园建设试点。在17个县(市、区)和省直8个国有林业局组织开展了森林保险试点。经过积极争取，吉林省被列为国家公园建设9个试点省之一，初步确定长白山保护区为试点单位。

【林木种苗】 出台了《吉林省人民政府办公厅关于加强林木种苗工作的意见》，新建1.5代良种生产基地265.5公顷，嫁接红松等树种16万株。全省种子园产良种2.2万千克、良种接穗16.8万条、插穗600万条，全省母树林产量达到200万千克。全年出圃苗木8亿多株，其中良种苗木占60%以上，用于工程造林苗木6亿多株。

【荒漠化治理】 对“十二五”以来全省防沙治沙目标责任完成情况进行全面检查验收，共完成治沙任务14.5万公顷，其中2014年完成3.2万公顷，完成“十二五”目标任务的90.1%。全面开展第五次全省荒漠化和沙化土地监测工作，对白城、松原、四平和长春4个地区，共14个县(市)、174个乡(镇)进行监测，总监测面积416.7万公顷。大力发展沙产业开发项目，全年山杏、葡萄种植总面积达66.7万公顷，已初步经形成产业规模。加快发展牧业经济，全年沙区共建养殖小区14个，沙区牧业总收入达到20多亿元。

【林业产业】 从全省林业产业发展的实际需要出发，对《吉林省林业产业发展专项资金》进行了修订，制定了《吉林省省级林业产业发展引导资金管理办法》，对专项资金的支持范围和方式进行了适当调整，优先支持利用林地、湿地、沙地和森林环境开展的种植、养殖项目。安排林业产业发展引导资金3600万元，补助项目94个。其中林下种植养殖类项目73个，林产品加工类项目11个，林业科技推广类项目10个。帮助红松宝以主承销商身份在渤海商品交易所挂牌交易松籽，成为吉林省首家在渤商所上市交易的企业。举办了第五届中国(长春)苗木花卉展销会。来自全国13个省份的430多家苗木花卉企业参展，展销期间共签订购销合同400多笔，交易额达8500多万元。全年实现林业产业产值1450.99亿元，比2013年增长7.4%。

【民生实事】 编制完成了国有林区基础设施建设规划，委托省统计局发布了权威性国有林区民生统计报告，为改善林区民生状况、推进林区社会进步提供了科学依据。加大重点民生工程的建设力度。全省棚户区改造开工12 130户，竣工8003户，开工率100%，竣工率66%。争取省开行贷款额度20亿元，已落实4.8亿元。协调省发改委争取棚户区改造配套设施投资6.15亿元，启动了一批局场址给水和职工医院改扩建项目。认真落实国有林区一次性安置职工社会保险补助政策。联合下发了《吉林省天然林资源保护工程一次性安置职工社会保险补贴实施方案》，发放一次性安置职工社会保险补助12亿元，10万人从中受益。积极扶持引导林区职工发展致富项目，增加职工工资性收入，2014年全省林业在岗职工年平均工资可达到3.2万元，比2013年增长13.5%。

【林业投资】 2014年全省实际到位各类建设资金总额70.60亿元，到位资金同比增长10.88%。其中中央投资45.15亿元，同比增长15.01%，占林业资金到位总量的63.95%，中央投资仍为吉林省林业建设资金的主要来源；自筹资金和其他资金16.18亿元，同比下降2.47%。林业完成投资中，用于生态建设与保护36.71亿元，占林业完成投资额的54.13%；用于林业支撑与保障8.50亿元，占林业完成投资额的12.54%；用于林业产业发展4.0亿元，占林业完成投资额的5.9%；用于林业民生工程12.97亿元，占林业完成投资额的19.12%；用于各类其他资金5.63亿元，占林业完成投资总额的8.31%。

【林业经济】 2014年全省完成林业产业总产值1450.99亿元，比2013年增加100.1亿元，增长7.4%。其中第一产业产值391.17亿元，比2013年增长7.96%，占总产值的26.96%；第二产业产值891.17亿元，比2013年增长7.76%，占总产值的61.42%；第三产业产值168.65亿元，比2013年增长4.33%，占总产值的11.62%。从地区看，东部地区林业产业总产值为1174.32亿元，占全部林业产业总产值的80.93%；中部地区林业产业总产值为188.28亿元；西部地区林业产业总产值为80.93亿元。东部地区林业产业总产值占全省总产值比重最大，与其他地区的差距进一步拉大。全省林业产业总产值超过50亿的县(市)有6个，分别是敦化市、通化县、抚松县、集安市、延吉市、通化市区。

林业一、二、三次产业中，龙头产业的带动性日益增强。2014年，包括水果、干果、中药材以及森林食品等在内的经济林产品的种植与采集业产值达到199.88亿元，占第一产业产值的51.1%。包括中药材加工、果酒果汁制造、坚果加工以及山野菜、食用菌加工在内的非木质林产品加工制造业产值达到426.74亿元，占第二产业产值的47.89%，非木质林产品加工制造业已成为加快林业产业发展的重要砝码。森林旅游业成为林业第三产业的主要增长点，2014年，森林旅游及休闲服务业产值达到74.63亿元，比2013年增长7.01%，占第三产业产值的44.25%。

【森林保险】 敦化、汪清、珲春等试点县(市)召开了财政、林业、保险公司等相关单位参加的森林保险试点工作启动大会，安排落实森林保险试点工作。加大森林保险宣传力度，落实参保面积，签订保险合同，履行保险责任。三家保险公司已签订承保面积27万公顷，占应参保面积的41%。赔偿火、虫灾事故金额77.86万元，赔付率17%。

【林业科研与技术推广】 向国家林业局申报林业科技类项目55项，其中公益性行业科研专项3项，国外林业先进科学技术(948)项目2个，中央财政林业科技推广示范项目20个，林业行业标准制修订项目11项，森林认证、生态定位站运行补助等其他项目19项，申请中央财政林业科技资金4917万元。完成科技成果鉴定12项，新产品鉴定5项。向省级科技主管部门申报省科技进步奖11项，其中推荐一等奖2项、二等奖9项。

【林业大事】

2月1日 《吉林省封山禁牧管理办法》正式实施。

2月21日 省政府办公厅印发《关于加强林木种苗工作的意见》(吉政办发〔2014〕9号)。

4月16日 省及长春市五大班子领导在长东北城市生态湿地公园参加义务植树活动，省委书记王儒林、省长巴音朝鲁、省政协主席黄燕明及省委、省人大、省政府和长春市领导参加。

6月17~19日 省政协副主席支建华到桦甸、抚松、长白山管委会等地视察长白山修复、森林小镇、绿美家园、村屯绿化工作。

6月17日 省政府办公厅印发《吉林省林业推进生态文明建设规划纲要(2014~2020)》(吉政办发〔2014〕26号)。

7月8日 省政府第8次常务会议审议通过《吉林省建设项目使用林地砍伐林木补偿标准》，自2014年10月1日起执行。

7月22日 吉林省代表队在全国森林防火"应知应会"知识竞赛中荣获竞赛团体一等奖，2名参赛选手获个人二等奖。

9月9日 以吉林派诺生物科技集团为主承销商的松子产品在渤海商品交易所正式挂牌交易，为吉林省首家在渤商所上市交易的企业。

9月24日 吉林省人民政府森林防火指挥部与吉林省草原防火指挥部合并为吉林省森林草原防火指挥部，指挥部下设两个日常办事机构分设在省林业厅和省畜牧局。

10月13~15日 国家林业局局长赵树丛就天保工程实施情况和扩大天保工程实施范围到吉林省进行专题调研。省委书记巴音朝鲁和省长蒋超良会见了调研组一行。

10月28日 珲春森林公安局敬信派出所被公安部评为"爱民模范先进集体"，受到习近平总书记的接见。

11月4日 省政府办公厅印发《关于推进林地清收还林工作的意见》(吉政办明电〔2014〕99号)。

11月14日 吉林龙湾群国家4A级森林公园入选"IUCN全球最佳管理保护地绿色名录"。

(吉林省林业由踪念毅供稿)

吉林森工集团林业

【概　述】 中国吉林森林工业集团有限责任公司(以下简称集团)是1994年经国家三部委批准成立的全国首批57户大型试点企业集团、全国四大森工集团之一。实行母子公司体制，由集团母公司、子公司和生产基地三个层级组成。现辖子分公司41户，其中，全资子公司12户，控股子公司19户，参股子公司10户。已形成吉林森工股份公司、金桥地板集团、泉阳泉饮品公司、吉森丰华矿业集团、旅游集团、开发建设集团等6个专业子集团。现有员工6.7万人，离退休人员3.7万人。截至2014年年底，资产总额306亿元，净资产51.1亿元。

森林经营 投入9700万元，完成更新造林1.45万公顷、森林抚育17.5万公顷，经营区森林覆盖率达90.9%，比2013年增长0.1个百分点；有林地总蓄积量达1.8亿立方米，比2013年增长380万立方米；乔木林公顷蓄积量达151.95立方米，在全国已开发林区位居第一；成过熟林蓄积量占有林地总蓄积量41.6%，珍贵树种蓄积量比重44.5%，针阔混交林面积占有林地面积87.3%。建成大苗移植基地和林苗一体化基地3333余公顷。查处林业行政案件124起。未发生重大森林火灾和大面积森林病虫害。从非林子公司净利润中按1%~5%比例提取2000万元生态建设基金专项用于森林资源培育、管护和环境绿化等项目建设。依法清收林地7140公顷。

经营运行 克服经济下行压力加大和市场需求不旺、行业竞争加剧等诸多不利因素的影响，研判市场形势，谋划产业布局，实施项目重组，开拓市场，防范风险，集团经济保持了持续稳健的发展态势，自2005年改制以来连年创造历史最好水平。全年实现总产值200亿元，比2013年增长22.7%；营业收入92.7亿元(由于会计准则调整和内部抵消影响收入14.9亿元)，按可比口径比2013年增长13.5%；利润总额16.1亿元，比2013年增长2.12倍；净利润3.5亿元，比2013年增长3.37倍；2014年年底资产总额达306亿元，比2013年增长22.4%；净资产51.1亿元，比2013年增长24.3%。

产业转型 组建人造板集团，借助重组中盐银港人造板公司向域外发展，实现人造板产业在河北、湖北、湖南、四川等地的全国布局，扩大产能170万立方米，并购湖南益阳林业公司实现收益13.97亿元。重组湖南益阳森华林业发展公司，建立4.67万公顷外埠速生丰产林工业原料基地，推进林板一体化。长春水泥刨花板外墙挂板项目进入试生产阶段，推进人造板产业产品转型升级。泉阳泉饮品公司销售矿泉水30.5万吨，比2013年增长46.7%；实现利润3045万元，比2013年增长117%；推进了靖宇年产50万吨矿泉水新建项目建设。财务公司、投资公司和融信控股公司落实金融业务风险管理办法，防范经营风险，实现利润4.5亿元，比2013年增长20.2%。在全部销售收入中，原木销售收入10.2亿元，占11%，林木加工业销售收入28.1亿元，占30.3%，其他非林产业销售收入54.4亿元，占58.7%。一、二、三产业比例为26:39:35。

经营管理 针对10个重点领域25个方面的管理短板和瓶颈问题，启动5项专项治理工程，修改完善45项内控制度，制定实施15项经营管理制度。推行采购、验收、出库三分离制度，实施考核站管理模式，防止了跑冒滴漏和侵占企业利益行为的发生。控制成本和费用，全年生产成本降低了3%。在银行间交易市场发行14亿元短期债券、6亿元中期票据和7亿元私募债，改善债务结构，全年节约财务费用3200多万元。开展经营风险检查和巡视活动，成立巡视办公室，重点对金融、房地产、加工企业进行全面审计。开展资本权益和资产安全监管检查，督导企业及时整改问题，防控经营风险。坚持党政工青齐抓共管，开展夏季攻坚和冬季会战，进行安全监管、检查和隐患排查整改，重点实施作业现场管理，安全生产保持持续稳定，连续7年实现无生产死亡、无重伤、无工业火灾目标。集团被吉林省政府评为安全生产优胜单位，15户重点企业被评定为安全生产标准化三级企业。

市场开拓 与北京易观公司实施战略合作，完成电子商务发展战略整体设计，组织开展了战略支撑点建设与实际操作培训、教练工作。探索O2O营销模式，推进网络营销与实体店体验有机结合，利用淘宝网吉森商城平台推介销售吉林森工产品取得进展。宣传品牌，冠名十七届省运会和延边足球队，在传统媒介和自办网站及微信公众平台宣传产品，推广吉林森工品牌形象。借助上海自贸区政策优势，组建上海自贸区投资公司，筹建吉林森工形象及产品展示馆，带动了产品区域营销。推进北京森工食品公司与华润万家商超合作，实现吉林森工保健食品在沈阳7家大卖场的进店销售。

品牌建设 露水河刨花板、泉阳泉矿泉水和霍尔茨门被国家质检总局认定为“生态原产地保护产品”。金桥地板集团被全国进出口企业质量诚信经验交流会评为“中国质量诚信企业”。集团被国家发改委批准为第二批资源综合利用骨干企业，股份公司和金桥地板集团被列入首批国家林业重点龙头企业。

改革创新 在吉林省委、省政府的直接推动下，推进分离企业办社会职能试点工作。老国企退休职工医保缴费已确定统筹部分由企业和吉林省财政各承担50%，省财政给予2亿元补贴；林区医院纳入当地卫生资源管理体系，享受相关政策待遇；辖区120.9千米国道和460千米省道移交当地交通部门，减轻了集团负担。实施多元化投资主体模式，泉阳泉饮品公司、中森电子商务公司、财务公司和融信控股公司完成增资扩股工作。融信控股公司引进企业外资金13亿元。适应市场需求，依托企业科技中心研发新产品，人造板7款新品、实木复合地板14款新品和天然矿泉水5款新品投放市场。开发了蓝莓等系列果汁饮料、果醋产品。推进刨花板主导产品向水泥外墙挂板、门芯板、内饰板等高附加值产品转移，开发出浸渍纸、薄木饰面板、后成型防火板等新品种。F4星级刨花板胶黏剂、废弃木耳菌袋在刨花板生产中应用研究项目已通过省级科技成果鉴定。

党建和思想政治工作 根据中央和吉林省委的统一部署和要求，自2月20日至10月17日，集团党委及所属30个基层党委按照“照镜子、正衣冠、洗洗澡、治治病”的总要求，围绕解决“四风”和不落实，以及不担当方面的问题，集中开展了党的群众路线教育实践活动。落实领导班子联系点、理论学习、干群恳谈会、调查研究和党委巡视办法等18项制度，重点组织了解决理论学习风气、慵懒散奢、信访积案、脱离基层脱离群众和采伐管理领域问题等20项专项整治活动，完成了各个环节工作任务。落实党委主体责任和纪委监督责任，健全“三级联建”责任体系，发挥“四位一体”监督格局作用，执行中央八项规定、吉林省委具体规定和集团23条规定，对5户金融类企业进行巡视检查，对18个重点项目开展效能监察，为企业增加效益1.05亿元。立案查处19件，给予党纪处分5人、行政处分30人。通过深入开展宣传教育活动，集团文化导入参控股企业，广大员工树立社会主义核心价值观，弘扬“为国效力、为民造福、忠诚做人、和谐创业”吉森精神，为推进企业转型发展献计出力。

民生工作 投资1.3亿元，完成2465户林业棚户区改造工程任务。争取8亿元资金，为6.3万名天保一次性安置人员接续养老保险和医疗保险。改革薪酬制度，降低领导班子薪酬，向一线和后勤、辅助生产岗位人员倾斜，一线员工人均年收入增长15%。全年支付员工薪酬总额20.57亿元，在岗员工人均年收入达4.4万元，增长5%。工伤、长病、内退及离退休等人员统筹外支出2亿元。利用扶贫帮困基金发放扶贫贷款950万元，扶持206户困难职工创业致富。开展“扶贫帮困送温暖”活动，支出706万元慰问困难员工、老党员12760人次。实施信访工作网格化管理，开展专项整治，投入816万元，解决98件信访积案。

尽责社会 全年上缴税金8.2亿元，上缴吉林省国资委利润4550万元。提取育林基金2.7亿元，上缴吉林省林业厅育林基金2025万元。政社性支出12.4亿元，民生建设投入资金6.1亿元。新增就业岗位356个。

【集团荣誉】 集团获得第二届中国林业产业突出贡献奖特别奖。集团被吉林省人民政府评为2013年度信访工作先进单位。集团和金桥地板集团、泉阳泉饮品公司、吉林森工旅游集团、松江河林业集团、临江林业局、湾沟林业局、露水河林业局、吉林森工露水河刨花板分公司等单位被吉林省国委评为“平安企业创建”活动先进单位。集团被评为2011～2013年全国内部审计先进集体。集团代表队在全国林业系统第十三届乒乓球比赛中获得男子团体、女子团体两项冠军。

【林业大事】

1月18日 集团在长春召开2014年工作会议。

1月20日 集团召开2014年安全生产工作视频会议。

2月19日 吉林省副省长谷春立到集团调研指导工作。

2月20日 集团召开党的群众路线教育实践活动动员部署会议。

3月24日 吉林省省长巴音朝鲁到集团调研指导工作，强调要深入贯彻吉林省委、省政府部署，适应新形势，抢抓机遇，攻坚克难，按照既定目标和方向走下去，坚持远近结合，立足现有基础，发挥资源优势，以改革创新增动力，以市场开拓添活力，以调整转型促发展，为全省经济持续健康发展作出新贡献。

4月29日 集团召开推进电子商务业务会议。

7月11日 国务委员王勇到吉林森工金桥地板工业园调研。

7月30日 国家质检总局副局长、党组副书记梅克保到吉林森工金桥地板集团调研指导工作。

8月6日 集团召开第三届二次职工代表、股东代表大会。

8月28日至29日 集团召开绿化苗木基地建设现场会。

10月13日 国家林业局党组书记、局长赵树丛到集团白石山林业局调研指导工作。

10月17日 集团召开党的群众路线教育实践活动总结大会。

11月11日 吉林省国资委主任于海军到集团调研指导工作。

11月16日 集团召开成立二十周年暨集团节庆祝大会。 （吉林森工集团林业由路增春、吴在军供稿）

黑龙江省林业

【概　述】 2014年，围绕省委、省政府全力推进“十大重点产业”“五大规划”和“一路一带”发展战略。大力发展生态林业和民生林业，开展了扎实有效的工作。①全省14个省重点项目全部开复工，开复工率达到100%，完成固定资产投资39.8亿元，为2014年计划的128%。推进了67个一般项目，累计投资68亿元。②举办中国(伊春)第三届国际森林产品博览会和首届黑龙江省林业(尚志)博览会。③借助省政府搭建的中俄贸易洽谈会、央企合作洽谈会、民企龙江行等活动平台，与俄罗斯远东哈巴地区签订了合作协议，④“嫁接”绥芬河与中林集团合作项目，投资近10亿元。⑤培育林业龙头企业和品牌产品，推进林业产业的特色化、规模化、专业化、标准化、品牌化建设。入选国家级林业产业龙头企业6家。清理并重新评定省级龙头企业16家。⑥搭省政府大力发展黑龙江省绿色食品产业的顺风车，开展绿色林业食品企业和绿色林业食品品牌建设，特别是食用菌、浆果、坚果类林业特色产品，将林业企业和品牌产品纳入全省绿色食品产业发展规划纲要，推介黑龙江省林业企业和品牌产品。⑦解决涉林企业融资难题，协调发改、财政部门，落实产业结构调整专项资金，以融资奖励、贷款贴息等方式，支持资金2300万元。⑧推进以林下种植业、养殖业、相关产品采集加工业和森林旅游为主的林下经济发展，林下经济产品达24个，年创收4.6亿元。全省林业总产值实现1800亿元。

造林绿化 全年完成造林15.32万公顷，为计划任务的110%，其中人工造林5.42万公顷，封山育林9.9万公顷；完成三北防护林工程造林10.84万公顷，其中退化林分修复1.72万公顷，为年度责任目标的116.14%；完成沙化土地综合治理任务1.42万公顷，为计划任务的142.2%；绿化村屯2 103个，绿化道路4 065千米；城市郊区片林133块；义务植树6020万株，新建义务植树基地786个，面积0.56万公顷。完成育苗面积0.97万公顷，生产各类苗木14.75亿株，其中商品苗木6.68亿株。2014年全省共完成育苗生产0.97万公顷，可供2015年各类苗木6.68亿株，采收各类林木种子311万千克。

各级党委、政府高度重视，精心部署发动 黑龙江省委书记王宪魁在春季全省农村工作会议上提出了“从2014年开始，利用3~5年时间开展村屯造林绿化行动，抓好村边、路边、水边、屋边和工厂、园区周边绿化，加大村屯绕绿、见缝插绿、庭院植绿、荒坡造绿力度，使农村看得见树、见得着绿”要求。全省造林绿化工作会议和全省林业局局长会议两会召开后，各地市先后召开全市林业工作会议，全面部署2014年春季造林绿化工作，明确了四项绿化为工作重点，落实领导责任。

精心组织，全力推进四项绿化工作 2014年是全面开展村屯绿化、道路绿化、城郊绿化和工业园区绿化工作的第一年，省厅下发《关于做好2014年全省造林绿化工作的通知》《关于做好村屯、道路和城郊绿化工作的通知》等6个文件，要求全省各地切实采取有效措施全力推进村屯绿化、道路绿化、城郊绿化和工业园区绿化等造林绿化工作，提高造林绿化建设标准。春季造林期间，组成由9个厅领导带队的督查组，督促检查指导造林绿化工作。

挖掘潜力，破解造林用地难题 村屯绿化、道路绿化、城郊绿化和工业园区绿化工作难点是地块落实上，各地坚持宜串则串、宜征则征、宜补则补的原则，采取了机动地调补法、占地补偿法、土地调换法等方法千方百计落实造林地块。运用新思维、新方法，“一恢复、二串地、三租赁”的办法全面解决造林用地。恢复是采取恢复原有残次林带和已采伐多年的林带，减少占用农田面积；串地指有机动地的村屯对造林占用地进行调串，确保农户耕地不受损失；租赁指对造林占地采取与农户签订合同，按当年市场价格每年支付租金的方法解

决用地问题，确保造林绿化地块全部落实到位。

创新机制，调动社会各界积极性　坚持“谁造谁有，谁投资谁受益”的原则，吸引社会资金投入到造林绿化中来。①个体承包造林。以农民为主体承包造林地块进行造林。②股份制造林。对于造林地块较大，一人承包投资有困难的百亩以上地块，采取股份制造林的模式，按股投资，风险共担，按股分红。③招商引资造林。对于造林面积较大，要求标准较高，投资数额较多且群众投资有难度的区域，采取招商引资的形式，吸引热爱造林事业的有识之士投资造林。④竞价发包。对于群众热情高，多人有意承包的林带，采取竞价式发包的形式，优选造林主体。⑤降低承包费。对机动地、坝外地、河套地降低承包费。⑥无偿赠与。对一些立地条件差、造林难度大和地处偏远、零星分散的农林地可无偿提供给个人造林。

资源管护　全年共发生森林火灾33起，包括一般森林火灾27起、较大森林火灾6起，其中春防20起、夏防13起，秋防未发生森林火灾，过火面积256公顷，受害有林地面积141公顷，森林火灾受害率0.007‰，未发生人员伤亡事件。主要措施：①责任落实。全省严格执行森林防火行政首长负责制，加大责任落实力度，省、市、县、乡四级政府层层签订了森林防火责任状，建立完善了绩效评估和责任追究制度，加大考核问责力度。②防火宣传。在全省新闻中，播出春秋季森林防火工作部署情况；遇有高火险天气，向全省群发森林防火短信。北部重点林区对进入辖区的人员，群发短信，提醒安全用火。全省共开展森林防火媒体宣传14 000余次，印发宣传制品150万份，出动宣传人员24 000余人，营造浓厚的森林防火氛围。③火源管理。设立防火检查站，严格登记制度，必要时采取封山戒严，明确管控责任人。秋防期间，省政府印发《黑龙江省禁止野外焚烧秸秆改善大气环境质量实施方案》。全省共设置森林防火检查站2626处，出动森林防火巡护人员39 072人。④开展检查。春防期间，省森防指成员单位分赴各自包片责任区检查森林防火，省林业厅组成9个检查组对全省各地进行两轮检查，在森林高火险时段，对全省重点火险区、边境林区进行秋季森林防火大检查。全年共派森林防火检查组2105人，检查单位2860个，下达整改通知252份。组织开展了严厉打击破坏森林和野生动物资源违法犯罪活动的“2014天网行动”和“2014利剑行动”。全省各级森林公安机关共受理森林和野生动物立案4019起，查处3726起，其中刑事案件立案495起，破案463起；林业行政案件受理3524起，查处3263起；共打击处理各类违法犯罪人员4337人次，收缴野生动物24 827头(只)，收缴野生动物制品152件。⑤依法占用征收林地审核审批。审核审批占用征收林地项目203项、面积575.37公顷，上报国家审批占用征收林地项目10项、面积351.39公顷。⑥加强林木采伐管理，稳步推进“十三五”期间年森林采伐限额编制工作。共受理审批林木采伐许可107项，核发林木采伐许可证1950份。⑦加大林业行政案件查处力度。全省发生林业行政案件1237起，查处1235起，查处率为99.84%。没收非法所得3.34万元，罚款509.12万元，赔偿损失12.52万元，补征林业经费0.94万元，没收木材245.96立方米，收回林地49.84公顷，补种树木8.39万株，行政处罚1183人次。全年林业有害生物发生面积为25.91万公顷，防治面积23.58万公顷，防治率95%，成灾率仅为0.02%。

【湿地建设】　开展湿地保护奖励、退耕还湿以及湿地生态效益补偿等项工作，涉及资金总额22 245万元。将湿地率纳入县域经济考评办法，推动各级政府和全社会更加关注湿地保护、建设和发展，促进湿地资源可持续利用。对呼兰河口、哈东沿江、肇东沿江等9处湿地自然保护区开展了湿地保护工程建设。哈尔滨、大庆、齐齐哈尔等重要城市都开展湿地公园试点。通过湿地生态旅游，促进湿地资源合理开发和利用。黑龙江省已建国家级湿地公园33处，省级湿地公园8处。

【林业重点工程】　完成国家下达抚育任务10.67万公顷，推进森林经营样板基地和示范国有林场建设。落实特殊林木后备资源培育项目，总投资922万元，其中国家投入600万元。批复项目单位《特殊林木培育项目实施方案》，完成新造林100公顷，改培1166.67公顷。

【林业国际交流与合作】　亚洲开发银行三江平原湿地保护能力建设项目正式启动。欧洲投资银行贷款北方特色林木可持续培育项目列入国家发展改革委备选项目。编制《黑龙江省林业厅关于申请列入国家外国政府贷款备选项目规划》及《黑龙江省林业厅北方寒带经济林建设项目国别比选报告》。中日合作小渊基金绿化项目黑龙江省黑河市卡伦山林场水土保持林工程。春季，完成项目造林面积100公顷，其中栽植兴安落叶松13.6万株，面积66.67公顷；樟子松6.9万株，面积33.3公顷。

【林权制度改革】　明晰集体林产权面积121.49万公顷，占总面积的99.6%，确权发证面积118.82万公顷，占明晰产权面积的97.8%。全省林权流转服务机构51个。建立银林合作机制，与中国邮政储蓄银行黑龙江分行签订了金融支持林业产业和林下经济发展框架合作协议，推进林业投融资改革和林权抵押贷款业务开展。目前，全省林权抵押贷款累计金额7.0亿元。对涉林评估咨询人员培训，获得评估咨询资格人员285人。鼓励引导林权人发展农民林业专业合作社、家庭合作林场、股份制林场等林业合作组织，联合经营林地。全省农民林业专业合作组织发展到408家。全省林下中药材种植品种达30多个，种植面积达1.82万公顷，年均产值达46 786万元。

【森林生态效益补偿】　2014年，黑龙江省国家级公益林补偿面积337.43万公顷，补偿资金达到2.57亿元。编制了2014年中央森林生态效益补偿基金实施方案，将管护任务落实到山头地块，重新签订了管护合同，安排中央森林生态效益补偿管护责任人15 882人。落实省级公益林管护面积32.26万公顷，管护责任人1948人，补偿资金2000万元。

【尚志国有林场管理局林业产业】 ①黑木耳栽植。全局共栽植黑木耳3000余万袋，产值9000万元，利润近3000万元。②水貂养殖。采取集体养殖和分户养殖的办法，全局集体和个人共饲养种貂5万只，繁育子貂30万只。建成日产160吨的水貂饲料加工厂和5200平方米的冷库。③兴建交易中心。依托以尚志国有林场管理局为核心的100多家皮草养殖企业，联合俄罗斯众多的皮草科研和经销企业，投资兴建了东北亚中俄皮草互贸交易中心。

【庆安国有林场管理局造林】 共完成育苗面积45.91公顷。其中新播1.13公顷，换床3.38公顷，容器育苗0.85公顷，育大苗10.25公顷，留床30.3公顷。总产苗1167.5万株，其中成苗738.5万株，幼苗429万株。完成造林1337.87公顷。更新造林坚持"因地制宜、适地适树"的科学造林原则，积极营造混交林、速生丰产林，做到造一片、活一片、成林一片，实现多树种、多林种、多层次的森林立体结构，充分发挥森林的多种效益。幼林抚育0.57万公顷次，封山育林0.2万公顷，森林抚育补贴面积0.4万公顷。

【林业大事】

1月14日 组织召开黑龙江省林业科学技术奖评审会，共评出授奖项目18项。"黑龙江省西部低山丘陵区集水抗旱造林技术研究"等9个项目获一等奖，"寒温带半干旱地区灌木树种引选及栽培技术研究"等8个项目获二等奖，黑龙江省林业厅副厅长杨克杰、杨国亭参加会议。

1月15日 黑龙江省林业厅厅长蔡炳华代表省林业厅与芬兰北卡地区委员会代表团签订林业产业合作备忘协议，副厅长李跃民，厅总会计师、厅办公室主任孙永刚出席签约仪式。

2月7日 召开《黑龙江省森林与湿地生态服务功能价值评估》专题讲座会，厅长蔡炳华主持讲座会，厅领导杨克杰、李树铭、王瑞斌、李跃民、杨国亭，厅总会计师、厅办公室主任孙永刚出席讲座会，副厅长杨国亭主讲。

3月10日 厅长蔡炳华出席全省造林绿化工作会议并宣读全省造林绿化、三北四期工程和森林防火工作表彰决定，副厅长杨克杰、李树铭出席会议。

同日 召开全省林业局局长会议，厅长蔡炳华作重要讲话，副厅长杨克杰总结2013年工作部署2014年工作，副厅长李树铭同志主持会议，省纪委驻厅纪检组组长王瑞斌传达全国林业厅局长会议精神，厅领导张恒芳、张凤仙、李跃民、杨国亭、张学武，厅总会计师、厅办公室主任孙永刚出席会议。

4月14日 首批国家林业重点龙头企业公示，黑龙江省哈尔滨森鹰窗业有限公司、华鹤集团鹤门业发展有限公司、黑龙江三和木业集团公司等6家企业上榜。

4月26日 黑龙江省省委书记王宪魁，省委副书记、省长陆昊，省政协主席杜宇新等，在哈尔滨市道里区太平镇永和村的园林种苗科研示范基地，与省直机关干部和基层群众代表300多人共同参加义务植树，为龙江大地再添新绿。

5月20~22日 尚志国有林场管理小九林场赵鑫、苇河林场马绍林和尚志林场刘志宇3名同志代表黑龙江省参加中国技能大赛—全国林业行业国有林场职业技能竞赛并获得团体第一名和个人全部三等奖。

6月14~15日 第七届黑龙江·黑河中俄林业生态建设学术论坛在黑河市召开，厅长蔡炳华主持论坛，副厅长杨国亭出席论坛。

6月29日 省政府下发了《黑龙江省人民政府关于黑龙江省林地保护利用规划(2010~2020年)的批复》(黑政函〔2014〕69号)，正式批准实施黑龙江省林地保护利用规划。规划的实施，摸清了黑龙江省森林资源底数，完成了全省林地"一张图"，确定了今后一个时期的林地、森林、覆盖率等奋斗目标，对黑龙江省林业发展具有里程碑意义。

7月1日 在中俄企业洽谈对接会上，厅长蔡炳华与俄罗斯林科院签署林业科技合作意向协议。

7月2日 中俄博览会尚志分会暨林产品博览会在尚志市召开，省林业厅厅长蔡炳华出席开幕式并宣布开幕，省绿化委员会专职副主任张凤仙、副厅长杨国亭出席会议。

8月8日 经省科学技术奖励委员会评审，省林业厅推荐的"杨树杂交新品种黑青杨选育与示范"项目荣获2014年度黑龙江省科学技术二等奖。"珍稀食药用菌培育及现代木耳优质高效栽培新技术""国外耐寒树种引种驯化技术研究""平原防护林更新造林树种引选及扩繁技术的研究"和"黑龙江省北部林区大型草食性野生动物生境监测研究"4个项目荣获2014年度黑龙江省科学技术三等奖。

8月25日 厅长蔡炳华与省林业产业协会会长申立国、省林业厅副厅长杨国亭出席省林业厅、省林业产业协会与中国邮政储蓄银行股份有限公司黑龙江分行联合框架协议签字仪式，黑龙江省首家银林协作平台正式开通与运行。

9月15日 副厅长杨国亭出席黑龙江省林业厅与中国纸业投资有限公司框架协议签字仪式。

9月16日 在"全国生态文化村"经验交流会上，黑龙江省的北安市赵光镇东风村、依安县依龙镇丰林村、东宁县绥阳镇柞木村被中国生态文化协会命名为"全国生态示范村"。

10月2日和11月11日 由俄罗斯总统普京放生的野生东北虎"库贾"和"乌斯京"分别由俄罗斯入境到黑龙江省。省林业厅制定了严格的保护方案，并派出专门队伍，严防发生威胁人身及野生东北虎安全事件。

12月19日 组织召开"黑龙江七台河国家林业科技示范园区总体规划"和"鹤岗科技园区规划"专家论证会，省政协副主席、东北林业大学副校长赵雨森，副厅长杨国亭出席会议。

12月30日 省政府新闻发布中心召开第二次全省湿地资源调查情况新闻发布会，副厅长杨克杰作主旨发布。

（黑龙江省林业由崔祥娟供稿）

黑龙江森林工业

【概　述】 2014年，龙江森工深入贯彻落实党的十八大、十八届三中、四中全会和习近平总书记系列重要讲话精神，按照国家林业局和省委、省政府重大战略部署，在经济下行压力较大的背景下，森工上下坚定实施“四八四三”发展战略，奋发努力，果断停伐、转型发展，取得生态资源恢复、经济稳中向好、结构持续调整、转型发展加快、民生不断改善、社会和谐稳定的良好局面。2014年产业总产值完成477.7亿元，其中“三江”林区完成301.3亿元，比2013年增长9.4%；更新造林2.17万公顷，森林抚育49.87万公顷；职工人均年工资性收入达到2.5万元。

【主要经济指标】 2014年主要经济指标完成情况：完成产业总产值477.7亿元，其中“三江”林区完成301.3亿元，比2013年增长9.4%；产业增加值完成205.7亿元。实现营林产值13.3亿元；完成木材生产54.4万立方米，实现产值7.8亿元；工业园区24个，占地面积达到32.7平方千米，林产工业实现产值45.3亿元；种植养殖业实现产值103.2亿元；森林食品业实现产值67.6亿元；北药产业实现产值14.2亿元；旅游接待游客900万人次，实现产值41.7亿元；清洁能源业实现产值4.8亿元。在岗职工人均年工资性收入达到2.5万元。

【营林生产】 2014年，更新造林累计完成2.17万公顷，完成计划的113%；森林抚育完成49.9万公顷；育苗391.5公顷；完成绿化面积427.64公顷；全年植树551.4万株，尽责率达到96%；林业有害生物预测预报准确率98%，完成有害生物防治16.4万公顷。实现营林产值13.3亿元。完成了全省2013年森林抚育省级验收工作。全林区森林抚育计划面积49.9万公顷，实际完成49.93万公顷，为计划的100.1%。在国家林业局2012年度森林抚育补贴国家级抽查中，黑龙江省森工综合得分99.6分，名列全国第二。

建成林业碳汇工作管理体系　总局、林管局、林业局分别以编委文件成立碳汇管理工作领导小组，明确了领导小组职责及成员单位分工。开展了碳汇交易试点，柴河、大海林林业局与北京国农小康低碳产业投资公司正式签署了碳汇交易项目开发合作协议，旨在造林再造林、森林经营等领域合作开发林业碳汇交易项目。兴隆局与香港排放权交易所有限公司，就林业碳汇交易项目开发事宜签订合作协议；林口万亩碳汇林项目竣工，经总局组织的省级验收，面积核实率100%，平均株数据保存率92.4%，并提请国家级验收。全林区现有经济林面积30.6万公顷，品种33个，其中国有30.1万公顷，占总规模的98.4%，红松果林27.2万公顷，占总面积的88.8%；人工经济林11.2万公顷，占总面积的36.5%，其中国有10.8万公顷，占总人工经济林的97.1%，人工红松果林7200公顷，占人工经济林的96.9%。2014年通过红松抚育改造，增加了1.86万公顷红松果林后备林。

林业有害生物监控和防治　成灾率控制到3‰以下，预测预报准确率87%以上，无公害防治率87%以上，种苗产地检疫率99%，完成了2014年年初国家下达的防治目标管理指标。

绿化苗木　森工绿化苗木花卉产业经过4～5年的发展，已初具规模，现有鹤立、海林、双鸭山、乌马河、兴隆五大绿化苗木基地，红星、大海林、绥阳、双鸭山、带岭等林业局绿化基地面积均达20～33.3公顷，培育绿化苗木百余种。规模最大的鹤立营大产业园区总面积为200公顷的建设规模。五大绿化苗木基地，其中4处注册成立了绿化公司。公司从园林绿化工程的苗木生产、工程的设计、施工及后期的定期管护实现了一条龙经营。兴隆林业局于2013年年初，注资1000万元，成立了翱翔隆森林木种苗有限公司，具备园林绿化二级资质证书。首标与省机关事务管理局签订了省直机关公务员小区绿化工程。公司已接收下岗职工60余人，解决了林业局下岗职工的难题。

森林公园　黑龙江森工系统森林公园已发展到41个，经营总面积达137.68万公顷，其中国家级森林公园24个，省级森林公园17个。

【多种经营】 2014年，多种经营产值完成276亿元，比2013年增长2.9%。其中种植养殖业产值103.2亿元；森林食品业产值67.6亿元；北药业产值14.2亿元。收入实现146亿元。完成播种面积39.1万公顷、粮食产量实现12.8亿千克、黑木耳栽培量17.3亿袋(产量7万吨)、养殖大牲畜136万头、养禽1367万只、养蜂18.6万箱、人工药材栽培面积1.13万公顷。全系统争取粮食直补及综合补贴资金2.57亿元，争取良种补贴资金5260万元。其中牡丹江、松花江、合江林区争取粮食直补及综合补贴资金1.6亿元(直补面积16.4万公顷)；争取良种补贴资金3837万元(补贴面积25.2万公顷)，补贴资金已全部落实到位，已通过银行直接发放到农户手中。争取农机补贴资金1000万元，604台农机具全部购置完毕。迎春林业局粮食储运有限责任公司被纳入地方国有粮食销售企业管理范畴。

基地建设　以规模化、标准化、专业化基地建设为抓手，着重推进十大类生产基地建设，制定并出台了《推进十大类生产基地建设实施方案》。截至2014年年底，牡丹江、松花江、合江林区共建成各类规模化基地68处，其中种植业基地22处，养殖业基地24处，森林食品业基地15处，药材种植基地7处。

养殖业　紧抓林区特色养殖产品需求多、售价高的有利优势，大力发展特色养殖项目，林蛙、山猪、狐、鹿、河蟹等特色养殖发展步伐加快。牡丹江、松花江、合江林区各类规模化、养殖小区(场)已达到429处，其中以猪、牛、羊、禽等为代表的常规项目养殖小区(场)371处，以鹿、狐、野猪、兔等为代表的林区特色项目养殖小区(场)58处。

森林食品产业 积极推进工厂化制菌、棚室挂袋栽培等生产方式的普及工作。牡丹江、松花江、合江林区黑木耳棚室吊袋大棚已达2420个，其中绥阳、亚布力、方正、八面通林业局黑木耳棚室吊袋大棚分别达到了610栋、420栋、605栋和185栋。工厂化制菌厂267处，制菌袋3.4亿袋。全林区蓝莓栽培面积0.27万公顷，其中坐果面积60公顷。成功为“黑森”商标(干食用菌系列产品)申办了“黑龙江省著名商标”。积极开展“三品一标”认证工作。目前，牡丹江、松花江、合江林区有效使用绿色食品产品标识认证17个，有机食品标识认证6个，无公害产品标识认证26个，认证面积共计12.5万公顷。

北药产业 培育和壮大“两参”、平贝等现有优势品种栽培面积作为北药产业发展基础，逐步实现林下药材栽培基地化、规模化、产业化，加快推进林药复合生产模式。穆棱林业局“两参”绿色面积达到500公顷；海林林业局平贝种植规模已发展到366.7公顷，鲜贝产量达1600吨(干品510吨)。

龙头企业 在立足现有加工企业基础上，将发展重点放在培育农畜产品、森林食品、北药加工及销售骨干龙头企业方面，同时把招商引资、各方投入作为手段，解决上项目资金瓶颈问题。全林区年销售收入500万元以上的企业已达44户，其中亿元以上的企业12户，5000万元以上的企业8户。柴河局威虎山饮品公司，投资7000余万元重点对基础建设设施进行了改扩建，提高了生产、加工、储存能力，提升了市场竞争力，实现年产值近1.25亿，利润2000万元。迎春局蜂产品加工企业是全国唯一从蜜源植物、收购、运输、加工、销售全产业链可追溯的特大型蜂产品加工企业，在产品研发方面拥有典藏蜜系列、玉脂蜜系列、蜂花粉系列、蜂王浆系列等8个品类25种产品，已经在北京、上海、苏州、无锡、南京等全国50个城市建立了销售网点，并出口马来西亚。方正局红棒槌酒业有限公司引进先进水平的生产线，已拥有6大品类20余种产品，实现产品系列化，产品通过了省技术监督局的检查验收，获得了“黑龙江省名牌产品”，提升了产品在酒类行业的知名度和品牌影响力。

市场体系建设 完成黑森绿色食品(集团)公司组建、产品征集、制定宣传推广方案，哈尔滨旗舰店、青岛旗舰店的开业运营。

【森林旅游】 黑龙江省委、省政府对龙江森工森林生态旅游产业高度重视，省委书记、省长多次赴森工视察并对旅游产业做出了重要指示。总局党委、总局提出了产业转型“三年攻坚战”的发展战略，将森林旅游产业作为森工未来战略性支柱产业之一，全森工形成了重视旅游产业的共识、发展旅游产业的氛围和做大、做强旅游产业的热情，为旅游产业快发展、大发展创造了良好的环境，奠定了坚实的基础。

2014年完成旅游产值41.7亿元，接待900万人次，中国雪乡、亚布力滑雪旅游度假区、平山滑雪场、中国雪谷、柴河九寨、双鸭山青山、苇河红豆杉等重点景区，相比2013年都有较大增长，其中中国雪乡旅游风景区年初雪期共接待游客35万人次；柴河九寨景区接待55万人次，产值收入及人数均创历史性新高。苇河林业局红豆杉景区和双鸭山林业局青山国家森林公园，被评为国家4A级旅游景区；兴隆林业局鸡冠山景区、方正林业局龙山公园景区和桦南林业局七星峰国家森林公园景区被评为国家3A级旅游景区。在2014～2015哈尔滨对外重点推荐的旅游线路中，哈尔滨—亚布力—中国雪乡成为唯一的首推线路。全年组织进行了5次大型安全演练。

经多年向黑龙江省旅游局的积极申请，黑龙江省旅游局从2014年委托下放总局旅游局旅行社相关管理的权限：委托负责审批(经营范围为入境旅游、境内旅游业务)、颁发旅行社业务经营许可证，同时负责旅游服务质量保证金的缴存、退缴、划拨及日常管理等项管理工作。

【木材生产销售】 从2014年4月1日开始，全省森工林区全面停止天然林商业性采伐，2014年木材生产下达计划是62.58万立方米，为“天保二期”全年产量的70%，实际完成54.4万立方米(包括部分林业局的棚改材计划)。

2014年1～10月份销售木材65.83万立方米，比2013年同期多销售6.98万立方米，增幅11.8%；木材销售收入累计9.63亿元；平均售价1463元/立方米，比2013年售价提高237元/立方米，增幅19.3%，其中柴河和穆棱局达到2000元/立方米。

【林产工业】 林产工业完成产值45.3亿元。其中，全民企业5.1亿元，集体企业2.0亿元，合资企业0.4亿元，个体企业37.7亿元。境外木材加工完成产值3.9亿元。主要产品产量：锯材预计完成44.2万立方米，木片2万立方米，人造板完成2.7万立方米，刨花板完成834万立方米，纤维板5.8万立方米，细木工板完成7.5万立方米，实木地板完成64.5万平方米，复合地板完成108万平方米，家具完成8亿元，卫生筷子完成102万标箱。

针对停伐后木材原料供给变化，在生产布局上，通过招商引资、外引内联，上项目、建园区，企业向口岸交通沿线集聚。分布在各林业局的24个工业园区，占地面积达到32.7平方千米，不断吸引加工企业入驻，实现产业集聚，增加职工就业。全年实现产值51亿元，为年度计划的92%。年加工利用木材125万立方米，其中加工利用本系统木材45万立方米，外购木材80万立方米。实现木材加工增值，吸纳林区劳动力，林产工业对森工经济发展作用进一步显现。

针对木材原料供给减少，价格上升，产品结构上，限制淘汰初加工产品，发展精深加工产品，延长产业链条，提高木材利用率和加工增值幅度。受停伐影响，2014年计划产值较2013年降低，主要是调整产业结构，降低锯材、人造板等初级加工产品产量，发展精深加工，家具、地板等木材精深加工产品，经济运行的质量有所提升。林产工业加工每立方米木材创产值4080元，比2013年提高167元，每万立方米木材容纳劳动力440人，比2013年提高45人，每万元产值消耗木材减少到2.45立方米，木材利用率和加工增值幅度进一步提高。

【对外林业合作开发】 针对全面停止天然林商业性采伐的现实，结合森工转型发展现实要求，立足近年来开展对俄经贸合作的良好基础，着力推进与对俄木材加工利用。森工与牡丹江龙跃经贸有限公司合作建设工业合作园区，森工占10%的股份。园区已建成12万立方米锯材、5万立方米干燥材、2万立方米百叶窗木片生产线。2014年海林局投资1020万元，占股本51%，在犹太州阿穆尔园区，与耐力集团共同建设年产2万立方米胶合板项目，6月20日竣工投产。

绥阳局源通木业有限责任公司，为扩大木材原料来源，2014年继续扩大在俄滨海边疆区丘古耶夫卡加工基地规模，更好地保证国内地板生产的原料需要。绥棱局合资建设了以生产木制别墅为主的龙林木结构有限公司，项目2014年年底正式投产。目前，森工加工业同俄罗斯5个州(区)建立了木材合作加工项目。

【资源保护和管理】 截至2014年年末，森工林区有林地面积由2013年的857万公顷增加到858.1万公顷，活立木总蓄积量由2013年的8.3亿立方米增加到8.6亿立方米，平均公顷蓄积量由2013年的94立方米提高到98立方米，森林覆盖率达到85.1%。

森林资源监管 为适应全面停止天然林商业性采伐和森工转型发展的新形势，资源局提出“严管林、慎用权、法为先”的监管方针、“转观念、转习惯、转作风、转方式、转职能、转重点、调结构”的指导思想和创建“学习型、创新型、管理型、服务型、廉洁型、效能型、法治型、和谐型”机关的目标，明确树立“制度化、精细化、规范化、信息化、科学化、高效化、法治化、现代化”监管理念，增强林区多资源管理和资源有偿使用意识，全面加强监管能力和服务能力建设。成立了政务服务中心、资源举报中心、信息中心、森林资源综合执法总队、效能考核办公室，整合了采伐管理部门。在一楼设立政务服务大厅，凡行政审核、审批和直接服务林区的事项，一律在大厅窗口办理，实现阳光服务、高效服务、一站式服务。启用资源举报中心，在媒体上公布举报电话、邮箱，统一受理涉林举报，统一管理涉林案件。强化依法治林手段，加强森林资源综合执法队伍建设，严厉打击各种破坏森林资源违法行为。

林政执法 2014年度共发生林政案件4362起，查处林政案件4362起，查处率为100%。全年共损失林地31.18公顷、林木321.29立方米、幼树1.17万株，野生动物211只(无国家重点保护野生动物)。收缴木材358立方米、没收苗木1300株、野生动物100只，收回林地29公顷，挽回经济损失332.4万元。责令补种树木5085株，行政处罚4371人次。组织开展了“亮剑”行动，共查处破坏森林资源案件351起，抓获犯罪嫌疑人100人，行政处罚306人，捣毁私建炭窑1个，收回林地51.13公顷，收缴罚没款28.6万元，收缴木材67.6立方米。对木材经营加工企业进行了全面清理整顿，全林区木材加工厂点由1492家减少为1402家，依法取缔90家。受理举报32人次，查办29起案件(含上级转办案件10起)。对3起典型破坏林地案件，跟踪督办。

林地保护管理 严格占用林地管理，共审查上报占用林地项目10个，占用林地131.6公顷。重点对侵权开垦、毁林开垦、违法占用林地情况进行清理。按照国家林业局部署，制订了《黑龙江省国有重点林区非法侵占林地清理排查工作方案》，成立了领导小组，明确了排查重点、进度安排、保障措施。

森林管护 经过2年的工作，完成了森林管护软件测试、数据收集、与林业局对接等工作。全林区个人承包经营管护面积230万公顷，安置9.6万人。完善了森林资源管护各项规章制度和办法。提出了管护要与企业转型、职工转岗相结合，要求各森林经营单位重新修订管护方案、管护办法，重新确定管护对象、管护面积、管护时间。

【森林防火】 2014年森工森林防火工作，认真贯彻落实国家、省关于做好森林防火工作的各项安排部署，狠抓落实、及早部署、精心谋划、严字当头，采取了一系列行之有效的措施，全面完成了森林防火各项工作任务。春防期间，共发生2起一般森林火灾，过火总面积为0.57公顷。

全林区逐级落实535名副处级以上领导实行森林防火包片责任制，将责任和任务层层细化、分解，落实到岗、到人，做到了每一个山头、每一个地块都有森林防火承包责任人。开展了局县共建、场乡(村)联防联治包保责任制，森工林区与吉林省交界的各林业局之间实行跨省区域森林防火联防协作机制，在农林交错区域实行“五户一包、十户联防”。在火源管理方面，按照治火先管人的原则，对入山作业人员、林缘农田承包人员、社会重点人员等逐一明确监控责任人，实施了交防火抵押金、签防火责任状、落实防火责任人、划定作业范围等规定和硬性措施，制定了监控失职的责任追究办法，有效地管住了人为火源。在林区公路干线、要道口布设了9775块各种固定森林防火标语牌，签订森林防火公约13万余份，设立防火宣传一条街387条，出动各类森林防火宣传车2395台次，印发各类森林防火宣传品22万余份。构建起了以防火、林政、宣传、学校、旅游、公安等部门以及林场(所)、居民委为主体的防火宣传教育网络体系。

在全森工林区森林防火战线掀起了向全国“五一劳动奖章”、全国十大“最美职工”、黑龙江省沾河林业局防火瞭望员朱彩芹学习的热潮，进一步激发了全体森林防火指战员的爱岗敬业、尽职尽责、无私奉献的实干精神。

防火期间总局党政领导每到林区都把森林防火工作作为一项重要内容，做到齐抓共管；全林区共有15名厅级、113名处级干部组成339个次巡查工作组、流动检查队、“三清”工作队到重点林区进行流动巡查、蹲点检查和重点督查，查火险隐患，查薄弱环节，查防范措施落实。

结合防火道路建设、自然阻隔条件、生物防火林带等，建立了人工与自然相结合的综合防火阻隔系统，在

513个林场(所)、831个林区周边村屯、180处林区重要设施周围开设了防火隔离带。通过高山了瞭望塔、沿江(湖)地带快艇巡查、空中飞机载人巡护、卫星热点核查、地面巡逻等综合手段，对森林火情全天候、全覆盖监测，确保有火及时发现，迅速报警。每个林业局都组建了100～300人的局级森林消防队、15～30人的场级森林消防队；在远离林业局址、交通不便的关键部位，增加驻防执勤点，派驻了8230名专业防火队员布防在森林防火最前沿。全林区共投入风力灭火机16 733台、各类扑火工具4.5万把(支、套)、指挥车175辆、运输车1046辆、履带式运兵车29辆、水泵565台、太阳能发电机619台、微型发电机858台、通信设备7693部等应急设备。

【天然林保护工程】 2014年，龙江森工天保工程财政专项资金中央投资到位547 872万元。其中森林管护费67 585万元，森林抚育89 760万元，政策性社会性支出补助227 588万元，社会保险补助157 939万元，森林资源培育5000万元。

通过了2013年度天保工程实施情况国家级核查验收。各有关天保实施单位都在规定的时间内完成了2012年度国家级核查发现问题的整改工作。制订印发了《黑龙江省森林工业总局天然林资源保护工程2013年度考核办法》，量化了各项指标，采用打分的办法评定各项工作。圆满完成了天保信息系统数据采集和相关统计数据的汇总工作。组织开展了2013年度天保工程实施情况的企业自查工作，所属40个林业局全部完成了自查工作，林业局自查率达100%。对铁力、桃山、南岔、清河、林口、东京城、美溪、友好、新青、山河屯、绥棱、沾河12个林业局的2013年度天然林资源保护工程二期森林资源培育项目实施情况进行了省级复查。对发现的问题制订了整改措施，促进天保二期森林资源培育工作的健康实施。

【招商引资与对外贸易】 2014年，牡丹江、松花江、合江林区重点推进产业项目78个，完成固定资产投资26.55亿元，21个项目竣工投产；招商引资49.02亿元，开工建设项目37个，超亿元项目11个；伊春林区新建、续建产业项目61个，完成投资45.6亿元。成功举办第三届中国(伊春)国际森林产品博览会，签订产业项目12个，签约额9.9亿元。

成功组织了赴香港、广东、北京开展经贸交流活动；黑龙江省2014年绿色有机食品(上海、广州)博览会和义乌森博会，现场直接销售200多万元。达成意向合作项目5个，意向性协议金额1000万元，拓宽了视野与合作渠道。先后在俄罗斯开展了多次推介活动，推动了对俄合作项目升成。成功组织企业参加首届中俄博览会，共计签约合同、意向、在谈项目39个，项目总金额25.4亿元。其中合同项目28个，签约金额17.5亿元；在谈、意向项目11个，项目金额7.8亿元。主要涉及森林食品、森林旅游、林产工业、境外开发、北药、物流等产业。博览会期间绿色食品销售额达50万元，林产工业家具、地板、木制工艺品销售额达4000万元，其中森工室外展区木制别墅共销售28套，销售额达3360万元。

【公路建设】 2014年森工林区农村公路建设计划共完成552.6千米，其中三级公路40.6千米，四级公路512千米，完成投资总计24 317.5万元，其中国家投资10 800.1万元，地方自筹配套资金13 518.4万元。公路整修里程2899千米，创建文明示范路线220千米，绿化826 534株，里程碑3339块，标志牌1899块，乡道标线273千米。开展了新规划的国省道普查和汇总工作，11条893.77千米的林区公路列入国省道规划中，其中国道1条182.2千米，省道10条711.6千米，规划边防支线807千米。积极筹措林区公路养护资金。森工林区13 058千米公路已纳入省级乡村公路养护补贴，2014年公路管理养护省补资金共3304.28万元，其中，县级公路省补资金132.66万元，乡级公路财政支付养护资金1629.07万元，村级公路财政支付养护资金1542.55万元。对森工40个林业局231名路政执法人员进行了培训。

【民生工作】 2014年在岗职工调增工资200元，职工年平均工资达到2.5万元，年增幅12.01%；从事多种经营人员经营性收入提高到2.3万元。新增就业2.91万人，实现困难人员就业1.81万人，职业介绍成功就业1.88万人；输出劳务3000余人；增加公益性岗位2400个，增加就业资金3000万元，大大缓解了停伐后职工转岗下岗造成的就业压力。新建、改扩建幼儿园3所，建设标准化学校3所、高中达标学校2所。建设社区卫生服务中心22个、服务站34个。完善林区社会保障体系，进一步提高养老保险水平，养老保险征缴基数提高到90%；成立住房公积金管理中心并完成住房公积金启动的各项准备工作。进一步扩大低保覆盖面，落实新增低保指标9981个，到位资金2.5亿元。开展扶贫解困和助残活动，为散居孤儿发放生活补贴47.1万元。完成5个林业局老年公寓建设，新增养老床位790张，养老服务体系进一步发展。牡丹江、松花江、合江林区2014年棚户区改造计划任务20 000套，往年结转棚户区改造任务2609套，公用租赁住房任务585套。森工林区保障性安居工程总任务为23 194套。截至2014年年底，“三江”林区棚户区改造任务开工19 724套，开工率为98.6%，基本完成18 539套，竣工率为92.6%；结转棚户区改造任务2609套已全部开工，开工率为100%，基本完成2609套，竣工率为100%；公用租赁住房任务开工585套，开工率为100%，基本建成285套，竣工率为48.7%。

【党的群众路线教育活动】 开展第二批群众路线教育实践活动，着力解决文山会海、公款吃喝、奢侈浪费、“三公”经费开支过大、侵害群众利益等突出问题，查出“吃空饷”问题73人，辞退、清退42人；清理“小金库”13个、涉及金额120万元；与2013年相比会议数量减少32%，发文数量减少24%，“三公”经费减少1717.5万元。建立健全和完善各项规章制度493项，各级领导干部的作风进一步转变。

【党的建设】 加强干部教育培训，培训干部241期3.7万人次。深入开展"三建四争"活动，党的基层组织战斗堡垒作用和党员的先锋模范作用进一步发挥。从严监督管理干部，组织开展了"三超两乱"、领导干部在企业兼职、超职数配备干部等专项治理工作。认真落实党风廉政建设主体责任和监督责任，加大反腐败力度，查处案件205件，处分党员干部249人。

【林业大事】

1月14日 国家林业局在哈尔滨市召开东北内蒙古重点国有林区全面停止天然林商业性采伐试点部署会议。国家林业局党组副书记、副局长张建龙出席会议并讲话。森工总局领导高金芳、魏殿生、董杰、王东旭、张维铎出席会议。森工总局魏殿生局长、大兴安岭地区行署、林管局专员、局长单增庆在会上作了发言。

1月29日 黑龙江省委书记王宪魁，省委常委、秘书长李海涛到森工看望慰问干部职工，并召开座谈会。总局领导高金芳、魏殿生、毕卫星、吴爱国、董杰、陈德志、张维铎、王春杰、张雷参加座谈。

2月21日 全省森工工作会议在哈尔滨市召开。会议提出2014年森工工作的总体思路。总局党委书记高金芳、局长魏殿生，国家林业局驻省专员赵恩举作了讲话。总局领导胡传义、毕卫星、马建路、姜传军、董杰、陈德志、刘庆林、王东旭、张维铎、姜宏伟、王春杰、张雷出席会议。

3月4日 黑龙江省委第二批党的群众路线教育实践活动第三巡回督导组一行7人，在第一组组长、原哈尔滨市人大常委会主任石忠信带领下，到森工总局听取森工第二批党的群众路线教育实践活动开展情况。总局党委书记高金芳作了汇报，总局领导魏殿生、毕卫星、陈德志、姜宏伟、王春杰参加会议。

3月27日 黑龙江省省委副书记、省长陆昊深入亚布力滑雪旅游度假区调研，总局领导高金芳、魏殿生、马建路陪同调研。

4月1日 黑龙江国有森工林区全面停止天然林商业性采伐。

4月21日 森工总局领导高金芳、董杰、陈德志、刘庆林、姜宏伟、王春杰接见全国"最美职工"朱彩芹。沾河林业局森林防火瞭望员朱彩芹，当选2014年中共中央宣传部、中华全国总工会联合评选的全国十位"最美职工"，成为全国林业唯一获奖者。

4月23日 国家林业局党组成员、中纪委驻国家林业局纪检组组长陈述贤接见全国"最美职工"和全国五一劳动奖章获得者——沾河林业局森林防火瞭望员朱彩芹。

4月25日 魏殿生局长会见中国林业集团公司董事长宋权礼一行，双方就绿色食品、生态旅游、招商引资等方面进行了洽谈。国家林业局计资司副司长张艳红，总局副局长马建路陪同会见。

5月9日 吉林延边州政协副主席赵龙带领长白山森工考察组到森工总局，双方就停止天然林商业性采伐的相应事宜及下步产业发展、民生等工作进行交流探讨。

5月30日 黑龙江"黑森"绿色食品集团哈尔滨旗舰店开业。黑龙江省贸促会会长鄂忠齐、省发改委副上主任臧国忠，总局领导高金芳、魏殿生为旗舰店开业揭牌。省食品药品监督管理局副局长周建家，总局领导胡传义、马建路、姜传军、董杰、陈德志、刘庆林、张维铎、姜宏伟、王春杰、张雷出席开业仪式。

5月30日 黑龙江省人民政府副省长吕维峰到"黑森"绿色食品哈尔滨旗舰店检查指导工作。省政府副秘书长金济滨，省林业厅厅长蔡炳华，总局领导高金芳、魏殿生、姜传军陪同检查。

6月17日 黑龙江省省委副秘书长、省委政研室主任艾立明带队到森工，就黑龙江国有林区停伐后的产业转型发展情况进行专题调研。总局领导高金芳、魏殿生、毕卫星、张维铎、张雷参加调研。

6月20日 由森工控股、海林林业局占股51%的，年产2万立方米的胶合板的俄罗斯储德湖胶合板有限责任公司在俄罗斯犹太州龙跃经济合作区挂牌运营。总局领导高金芳、俄罗斯犹太州州长威尼果夫阿·阿、副州长阿夏诺夫斯基弗·依、斯米多维奇区区长亚历山大彼·特、副区长阿布杜普陵哈·尤等参加公司挂牌仪式。

6月20日 魏殿生局长会见中国森林认证委员会(CFCC)主任、国家林业局科技发展中心常务副主任王伟带队的调研组就森工森林认证情况进行会谈。总局副局长马建路，总局党委委员、资源局局长王敬先参加会谈。

6月24日 浙江省林业厅原副厅长邢最荣带队的浙江林业厅代表团到龙江森工访问，总局领导高金芳、魏殿生、毕卫星会见了代表一行，双方就经济合作等方面进行广泛交流。

6月28日 省人大常委会副主任盖如垠率省人大视察组到森工清河林业局就城镇化建设建行调研视察。总局领导高金芳、魏殿生、毕卫星陪同。

6月30日 俄罗斯犹太自治州政府维尼科夫·亚历山大·阿罗诺维奇州长一行到森工访问，总局领导高金芳、魏殿生、王东旭参加会见。双方就林木深加工、工业园区建设等合作进行了深入洽谈。

7月10日 魏殿生局长陪同省人大常委会委员、省人大城环委主任孙纲带队的省人大城环委调研组到森工兴隆林业局调研大小兴安岭林区生态保护和经济转型规划实施情况，总局副巡视员王东旭，松花林管局局长李国军陪同调研。

7月12日 省政府新亚布力滑雪旅游度假区管委会正式成立，总局局长、亚布力滑雪旅游度假区管委会主任魏殿生，总局副局长马建路，总局党委委员、资源管理局党委书记、局长、亚布力滑雪旅游度假区管委会专职副主任王敬先，省体育局副局长李峰，省旅游局副局长李滨出席揭牌仪式。

8月3日 总局副局长马建路陪同国际森林认证组织PEFC(森林认证体系认可计划)理事会主席威廉姆斯·斯利特，PEFC中国办事处主任余柏松，中国森林认证委员会主席、国家林业局科技发展中心常务副主任王伟到森工柴河林业局进行森林认证情况考察。

8月8日 总局党委书记高金芳陪同团中央书记处第一书记秦宜智深入森工鹤北林业局调研，看望慰问基层林场一线团员青年。团省委书记李豪岩、总局党委副书记胡传义，合江林管局党委书记时永录陪同调研。

8月9日 魏殿生局长陪同孙尧副省长到亚布力旅游度假区调研度假区建设情况，总局党委委员、资源管理局党委书记、局长、亚布力滑雪旅游度假区管委会专职副主任王敬先陪同调研。

8月30~31日 黑龙江省省长陆昊深入绥棱、兴隆林业局就国有重点林区停伐后转型发展进行调研。省政府秘书长李显刚、省政府研究室主任田恃玮，总局领导高金芳、魏殿生、毕卫星、姜传军陪同调研。

9月22日 受国家林业局"绿色大讲堂"邀请，全国十大"最美职工""全国五一劳动奖章"获得者朱彩芹事迹报告团一行，在国家林业局大礼堂举行朱彩芹先进事迹报告会。国家林业局领导赵树丛、张建龙、陈述贤、陈凤学、杜永胜、封加平，森工总局魏殿生局长出席报告会。会后，国家林业局领导赵树丛、张建龙、陈述贤接见了朱彩芹事迹报告团一行。

9月23日 黑龙江省人民政府省长陆昊访问俄罗斯哈巴罗夫斯克边疆区、犹太自治州期间到森工在俄犹太自治州建设的境外园区——龙跃林业经贸合作区进行考察调研，听取森工汇报。总局局长魏殿生、副巡视员王东旭陪同调研。

10月16~17日 黑龙江省人民政府省长陆昊深入森工东京城、柴河林业局，就国有重点林区全面停伐后转型发展进行调研。省政府秘书长李显刚、省政府研究室主任田恃伟、总局领导高金芳、魏殿生、毕卫星陪同调研。

10月20日 黑龙江省政协副主席赵雨森率多名教授、国内知名鸟类专家赴带岭林业局就中华秋沙鸭保护工作进行调研。

11月3日 黑龙江省旅游局局长锡东光一行赴亚布力滑雪旅游度假区，就省政府亚布力滑雪旅游度假区管委会成立以来的重点工作推进和项目建设情况进行调研。总局领导魏殿生、马建路、王敬先陪同调研。

11月4~5日 全省森工转型发展研讨会暨产业项目建设推进会议在哈尔滨市召开。黑龙江省人民政府省长陆昊出席会议并作重要讲话。省政府秘书长李显刚、省政府政策研究至主任田恃伟、国家林业局驻省森林资源监督专员袁少青出席会议。总局党委书记高金芳做了讲话，总局领导魏殿生、胡传义、毕卫星、马建路、董杰、陈德志、刘庆林、王敬先、王东旭、张维铎、姜宏伟、王春杰、张雷出席会议。

11月6~7日 全国林业职业院校协作会2014年度会议在黑龙江省生态工程职业学院召开。中国林业教育学会理事长杨继平、全国林业职业教育教学指导委员会秘书长贺建伟、国家林业局职业教育研究中心常务副主任李炳凯、黑龙江省教育厅副厅长房文斌出席会议。总局党委书记高金芳出席会议并致辞，副巡视员张维铎参加会议。

11月21~22日 黑龙江省委常委、宣传部长张效廉带队，省委宣传部、省直文艺工作者赴大海林林业局开展"深入生活、扎根人民"主题创作采风慰问活动。省委宣传部副部长赵德信、省文联主席傅道彬、省文联副主席张戈，总局党委书记高金芳，总局党委委员、宣传部长王春杰出席活动。

12月15~16日 黑龙江省人民政府省长陆昊到亚布力滑雪旅游度假区和雪乡国家森林公园调研冰雪旅游。省政府秘书长李显刚、省政府研究室主任田恃伟，总局领导高金芳、魏殿生、马建路、王敬先陪同调研。

12月19日 黑龙江省法院党组书记、院长张述元，常务副院长王树江一行6人到省林区中级人民法院慰问林区法院干警，检查指导司法公开三大平台建设。总局领导高金芳、胡传义陪同。

（黑龙江森林工业由姜东涛供稿）

大兴安岭林业集团公司

【概　述】 2014年，大兴安岭林业集团公司围绕国家林业局建设"生态林业、民生林业"的总体要求，全面贯彻落实全国林业厅局长会议精神，加快实施"把资源管起来，让百姓富起来"发展战略，克服木材停伐和主产品市场需求持续低迷等不利影响，保生态，促转型，惠民生，推动林区经济社会稳步发展。全年实现林业产业总产值111.8亿元，其中，第一产业完成49.8亿元，第二产业完成33.8亿元，第三产业完成28.2亿元。完成森林抚育补贴试点20.39万公顷，补植补造1.27万公顷，义务植树102万株。全年未发生人为森林火灾。全区森林面积、活立木总蓄积量和森林覆盖率分别增加4.16万公顷、740.5万立方米、0.49个百分点，森林资源连续5年实现"三增长"。开展"兴安六号"专项行动，查处各类森林资源案件365起，收回林地291.44公顷，挽回经济损失2000余万元。全年招商引资到位资金80亿元，新签约项目47个，其中亿元以上项目27个。推进旅游项目建设，提升服务质量。全年旅游接待人数402.9万人次，实现旅游总收入38.1亿元，同比分别增长5.94%和5.83%。推进和扶持全民创业，全年全民创业实现增加值23.7亿元，增长23.5%，拉动全区GDP增长2.3个百分点，人均净收入22 976元，增长14.2%。推进以野生蓝莓抚育、食用菌养殖、特色动物养殖、山产品采集等为主的林下经济，全年林下经济实现产值35.7亿元，同比增长14%。编制完成《境外采伐五年规划》，全年境外生产商品材47.71万立方米，加工板材12.02万立方米。推进自然保护区规范化、标准化建设，盘古河自然保护区晋升为省级自然保护区，呼玛河源和漠河大林河批准为国家湿地公园。大兴安岭林业集团公司成为全省第一个列入国家主体功能区建设的试点示范单位。

【森林防火】 强化火源管理，提升控制人为火灾能力。

与黑河市和内蒙古大兴安岭签订联防协议，各县区局与相关毗邻单位签订联防协议，明确联防责任和联防措施。开展大规模"跟雪三清"活动和以"防森林火灾，保平安清明"为主题的"清明节"战役。高火险期内对高危地段实施拉网式"三清"，坚决清除无证、违规入山人员。春防期间，地县两级包片领导到包片责任区督促检查防火工作，组成4个督导组，开展以人员、地块责任落实为内容的"双向责任"督办落实工作，对发现的8大类35个问题进行跟踪整改。全区组成各类检查、督察组400个，查找并消除火险隐患1700余个。秋防期间，关注天气情况，提前开展踏查、规划，制定科学合理的点烧方案，实施点烧由专业森林消防队伍现场监控，点烧战略性防火隔离带4295.4千米，点烧农田剩余物1927公顷。提高重特大森林火灾快速反应能力，首次在漠河驻防BELL－212直升机，在椅子圈驻防Z－8直升机。加强航空灭火力量，使用大型灭火飞机强化灭火工作，全年投入飞机36架，飞行607架次，飞行1159小时，吊桶24架次，洒水120吨，化学灭火作业12架次，洒液36吨，载人巡护181架次。2014年，全区发生一般森林火灾20起，全部为雷击火，火灾当日扑灭率100%，过火林地总面积6.302公顷，林地过火率0.001%。全年未发生重、特大森林火灾，未发生烧毁林场、村屯现象，未发生人身伤亡事故，完成黑龙江省委、省政府下达的森林防火工作考核指标。

【天保工程】 按照国务院批复的《东北内蒙古天然林资源保护工程二期实施方案》，2014年年初，林业集团公司下达木材生产计划39.55万立方米，实际完成24.85万立方米。从4月1日起，全区停止商业性采伐。加强作业设计调查、认证及审批，按技术规程组织生产作业，全面完成中幼林抚育、补植补造任务。全年到位天保工程资金227 527万元，其中，森林管护费58 545万元，社会保险补助费33 570万元，政社性支出49 804万元，中幼龄林抚育补助资金33 108万元，补植补造费3800万元，停伐试点补助资金48 700万元。编制《大兴安岭林业集团公司天然林资源保护工程二期2014年森林资源培育实施方案》《大兴安岭林业集团公司森林管护站建设规划》。组织各林业局自查、林业集团公司复查及整改，通过国家林业局对2013年度天保工程实施情况的综合核查。围绕社会保险、涉及工程区收入类建设项目补助标准和延长社会公益性改革支持政策投入三方面，组织相关部门进行测算，结果形成报告上报国家林业局。梳理和分析天保工程二期实施中的问题，提出针对性对策和措施，形成《林业集团公司天保工程"十二五"总结及"十三五"规划专题报告》上报国家林业局。与地区总工会联合开展第二批"加强节能减排、促进生态建设"竞赛活动。

【森林经营】 推行生产计划分配公示制、生产作业合同制和工资分配实名制，制定出台《关于加强和规范营林生产组织的实施意见》，通过规范营林生产组织形式，建设林场（经营所、管护区）所有、以职工为主体、成建制、稳定的专业化营林队伍，促进生态建设和保障职工转岗增收。截至2014年年末，全区有营林小队687支，生产作业人员12 737人，其中木材生产转岗人员5470人，占作业人员43%，占转岗人员总数39%。完善营林系统培训工作方案，通过岗前培训、现场培训、以检代训等方式，采取分级、分层培训形式，对种苗、病防、质检、设计等管理人员和生产作业人员开展技术技能培训。全年举办各类营林技术培训班136期，培训30 454人次，完成年培训计划179.1%。制订《大兴安岭林业集团公司营林生产项目检查验收管理办法》，重新定义营林生产"三级"检查验收管理制度。扶持林业企业和职工从事育苗生产和林下栽植，加强国有骨干苗圃生产管理和基础设施建设，开展林下经济发展专项苗木补贴，提升企业及职工的创业积极性。2014年，全区完成中央投资森林抚育任务20.39万公顷，补植补造任务1.27万公顷；1200公顷森林经营样板基地设立7种模式11个类型，完成1066.67公顷；地方"三县"（漠河县、呼玛县、塔河县）荒山荒地造林200公顷，封山育林4333.33公顷；义务植树102万株、村屯绿化582.2公顷、道路绿化69.97公顷；全区苗木产苗量1.36亿株，换床30.73公顷，新播24.08公顷。

【森林资源管理】 落实停采政策，突出林地用途管制，推进依法治林。加大森林资源执法监督检查，组织开展"兴安六号"专项行动，全年查处各类森林资源案件365起，打击处理违法犯罪人员380人，收缴木材366.1立方米，收回林地291.44公顷，挽回经济损失2000余万元。加强林地保护管理，规范林下经济使用林地行为，制发《关于全面加强林地保护管理的通知》，组织开展发展林下经济使用林地、涉农林地、工程项目占用林地等林地保护专项行动，查处非法侵占破坏林地案件88起，挂牌督办13起。加强木材运输管理，根据运输计划及拨交办证数计算运量核发新运输证，实行核发一笔注销一笔，木材凭证运输率100%。推进森林可持续经营试点，开展示范林建设，初步完成山头地块选定和标牌设立等工作。推进森林调查设计标识改革，实现调查设计树木"零"损耗和"零"损伤，降低森调工人劳动强度，提高劳动效率，利于科学指导森林经营活动。

【森林资源监督】 自2014年4月1日起，大兴安岭林业集团公司执行国家停伐决定，全面停止木材商业性采伐，

贯彻执行国家林业局停伐决定，制发《关于进一步做好停止商业性采伐工作的通知》，成立专项检查组，采取明察暗访等形式检查停采情况，全区9个有木材生产任务的林业局在规定时间内全部停止商业性采伐。加强采伐许可证核发质量，全年审核发证17 215份，拨交林木采伐蓄积94.95万立方米、出材25.02万立方米，分别占采伐限额55.01%和出材计划44.3%。加强和规范林地管理，督办非法侵占林地清理排查专项行动，发现违法违规使用林地9起，行政处分11人。加强林政执法，全年国家林业局批转督办件3起，办结上报3起，查办拱地头、扩地边非法开垦林地案件7起，查办非法采伐、收购、运输木材案件10起，刑事处罚6人，行政处罚15人，收回林地62.01公顷。

【经营管理改革】 成立深化改革领导小组，开展10个方面的专题调研，制定经济体制、生态文明建设等8个领域专项改革工作方案，及时向国家发展改革委、国家林业局和省委省政府汇报区划体制和改革建议。启动实施韩家园林业局管护区划调整试点改革。推进电力工业局股份制改造，组建行署卫生和计划生育委员会，理顺工商、质检、食品药品监督等部门管理职能，将神州北极木业、国林矿业和兴安国际林业投资公司纳入地区直属企业管理。整合区域内的所有投诉和服务热线，成立地区全方位的"12345"服务民生热线。地本级累计取消行政审批事项251项、下放91项。先后对水利、住建、公路、城镇绿化等四大类230个工程建设项目实行公开招标，中标金额13亿元，节省建设资金1300万元。清理"吃空饷"人员311人，清理"小金库"违规资金859.2万元。

【项目建设】 2014年，全区招商引资到位资金80亿元，新签约项目47个，其中亿元以上项目27个，肇东、安达项目区项目复工4个。55个重点产业项目全部开复工，完成投资20.1亿元，建成投产24个。工业园区实现产值5.9亿元。与中国林业、农夫山泉、葵花药业等集团签订战略框架合作协议。推进旅游项目、生态游、养生养老等建设，宛西制药北极村张仲景养生院建成运营。开展探矿权、采矿权清理工作，松岭岔路口钼铅锌多金属矿项目完成投资2.45亿元，累计完成投资16.7亿元。推进圭亚那项目建设，全区境外采伐生产商品材47.7万立方米，加工板材12万立方米，其中圭亚那生产的商品材每立方米利润达1600元。发展富民项目，制定出台全民创业专项扶持资金使用办法和担保贷款管理办法，全民创业拉动GDP增长2.3个百分点。

【生态旅游】 2014年，全区旅游行业加快推进旅游项目建设，加强市场促销力度，全面提升旅游服务质量。推进神州北极旅游休闲区、北极村七星山湿地植物园、立体球幕影院、龙文化主题公园、华洋集团民俗园等13个重点旅游产业项目，完成投资70 694万元，完成年度计划86%。通过全国自由式滑雪冠军赛、漠河国际冰雪汽车越野赛、北极光节和蓝莓节等节庆赛事活动，提升大兴安岭生态旅游的知名度和美誉度。开发旅游产品，打造特色品牌，形成找北探源、森林避暑、湿地观光、冰雪体验等多元化的旅游产品体系。组团参加"4+1"城市联盟上海推介会、全省特色旅游商品展和哈尔滨铁路客运旅游产品推介会。《穿越大冰雪》旅游宣传片拍摄完成，在黑龙江电视台和优酷网播出，提升冰雪旅游的吸引力和影响力。整顿和规范旅游市场秩序，对旅游景点、旅游企业进行明察暗访，重点清理规范旅行社虚假广告、违反合同约定等违法违规行为。对全区29家旅行社经理进行资质培训，提高岗位技能。呼中白山景区和多布库尔生态旅游景区晋升为国家3A级旅游景区。全区已建成各类景区23个，其中4A级景区2个、3A级景区7个，国家级森林公园3个，国家级湿地公园6个，国家级森林生态自然保护区2个，国家级湿地生态自然保护区3个，国家级农业旅游示范点1个，4S级滑雪场1处。全区旅行社注册29家，黑龙江省中国青年旅行社、黑龙江中国国际旅行社等在漠河成立分支机构。2014年，全区旅游接待人数402.9万人次，实现旅游总收入38.1亿元，同比分别增长5.94%和5.83%。

【林下经济】 推进以野生蓝莓抚育、食用菌养殖、特色动物养殖、山产品采集等为主的林下经济发展。制发《林下经济示范基地建设标准》，建成林下经济示范基地182个，其中，蓝莓基地25个、食用菌基地94个、北药基地20个、特色养殖基地33个、苗木产业基地10个。12个基地被评为首批"全民创业示范基地"，9个上报国家林业局申请"国家林下经济示范基地"。引进宛西制药等全国知名食品药品加工企业9家，培育本地林下产品加工企业84家，初步形成"公司+基地+承包户"的产业化发展格局。截至2014年年末，全区成立各类林下经济合作社、联合体337个，参与职工7640人，注册农民专业合作社598个，各类协会组织147个。编制《大兴安岭市场开发建设推广方案》，制发《林下经济市场布局方案》，组织参加全国大型展览活动，重点展示推介大兴安岭地区特色、绿色产品8大类112种，建设直销店10个。大兴安岭特色产品电子商城运行良好。建立微信兴安旗舰店、全民创业等公共信息群，为客商采购、工作联系、产品推介、招商宣传等提供平台。举办2014大兴安岭林下生态产品订货会，邀请外地经销商、客商、绿色食品生产企业以及种养殖户，进行对接洽谈等经贸活动。制订《大兴安岭品牌管理办法》，推广使用"大兴安岭蓝莓""大兴安岭黑木耳"地理标志证明商标，建立大兴安岭绿色食品质量追溯体系。截至2014年年末，全区33个产品通过有机食品认证；8家企业15个产品通过绿色食品认证，认证面积1.2万公顷；10家企业80个产品通过无公害农产品认证，认证面积10.33万公顷。2014年，全区野生蓝莓抚育1.8万公顷，人工蓝莓种植686.93公顷，食用菌养殖31 754万袋，蓝莓加工产值实现45 447万元，蓝莓、红豆采集实现产值20 761万元。全区林下经济实现产值35.7亿元，同比增长14%。

【全民创业】 推进、扶持、发展全民创业，制发《全民创业专项扶持资金使用办法》《地区全民创业担保贷款管理办法》《科技帮扶工作实施方案》等文件21份，召开全民创业协调推进会议15次，编发《全民创业工作简报》42期。召开全区全民创业经验交流暨项目建设工作推进会，制发《全民创业工作主要责任指标考核评价办法》《大兴安岭地区全民创业统计监测办法》，明确全民创业共性指标、个性指标和社会评价指标标准。2014年，全区全民创业人数为66 848人，占全区劳动力人口的18.6%；实现增加值23.7亿元，增长23.5%，拉动全区GDP增长2.3%；人均净收入22 976元，增长14.2%。召开全区全民创业科技指导员帮扶动员会议，健全地县两级科技指导队伍333人，食用菌养殖、中草药种植等专家到县区局、乡镇（林场）、村屯进行现场技术指导17次，解决有关技术问题275个。开展全民创业大讲堂活动3次，在电视台播放技术讲座5期，全区共举办种养殖技术、创业指导等各类创业培训活动

63次，培训8300余人次。中央电视台、《中国绿色时报》等重要媒体专题报道大兴安岭全民创业工作，新华网、中新网、东北网等重要网站采用全民创业工作稿件183篇。

【民生工程】 2014年，大兴安岭林业企业在岗职工人均月增资103元，机关事业单位在职及离退休人员兑现第四、第五次阳光工资。呼玛县、塔河县、漠河县被确定为国家级县级公立医院改革试点，全部实行药品零差价销售。新林区通过全国义务教育发展基本均衡评估验收。全年争取就业专项资金1.25亿元，全区新增就业1.4万人，城镇登记失业率3.8%。追讨农民工工资1954.2万元，收缴保证金1101.6万元。地区社会福利院、呼玛县老年公寓建成，全年发放城乡居民低保、医疗救助等资金1.6亿元。推进加格达奇区热源扩建、热网改造和终端用户改造，解决居民住户供热问题。林业棚户区改造结转项目和新建项目全部开复工，分别完成31.3万平方米和19.7万平方米。

【林产工业】 2014年，受全国木材产品市场低迷、企业生产原料不足和全区企业产品竞争力弱的影响，全区林产工业经济呈现持续下滑。全年林产工业完成产值176 490.8万元，完成年计划92.9%，同比降低23.86%；增加值完成68 780万元，完成年计划92.8%，同比降低23.91%。主要产品产量同比大幅下滑，其中，人造板、集成材、实木复合地板、卫生筷子、锯材、林化产品等主要产品产量下降幅度分别达29.5%、73.1%、57.2%、31.3%、25.7%、18.4%。

【林木产品经销】 开展“抓质量、促销售、提售价、增效益”活动，适应市场需求，强化木材市场调研和促销力度，完善与市场相对接的营销体系，严把“招标、定价、出场、复检”四道关口，实现木材销售效益最大化。全年销售原木590 333立方米(内销190 293立方米)，比2013年同期少销309 424立方米；平均售价647.22元/立方米，比2013年同期降低10.87元/立方米；实现销售收入38 207万元，其中经济材销售458 281立方米(内销102 332立方米)，平均售价742.76元/立方米，实现销售收入34 039万元。加强销售总量管理和运输总量管理，经济材平均载量54.93立方米/车，较2013年同期提高1.21立方米/车。

【境外采伐】 编制完成《境外采伐五年规划》。推进圭亚那项目建设，加强机械和销售管理，实行“以销定产”，调整采伐树种结构，采伐树种由28个调整为12个，停止采伐廉价树种，加强伐后产品的回运速度。2014年，全区境外生产商品材47.71万立方米，其中直接生产25.13万立方米，劳务生产22.58万立方米；加工板材12.02万立方米。

【野生动物保护】 遏制破坏野生动物资源违法犯罪行为，开展秋冬季打击破坏野生动物资源专项行动，加强对南瓮河、呼中自然保护区等重点部位的清查力度，保持高压打击态势。2014年，全区出动人员3990余人次，车辆1390余台次，检查市场、饭店等经营场所680户次，检查过往车辆3500余台，清理非法入山人员118人次，收缴猎捕工具1049件，放飞活鸟460余只，收缴野生动物290余只，破获野生动物案件5起。全年监测到兽类和鸟类200余种、10万余个，首次监测到国家极度濒危物种东方白鹳4只，环志鸟类3220只。组织开展非洲猪瘟和重点湿地鸟类疫病专项监测采样工作，送检1011份。开展全区野生动物疫源疫病隐患排查2次。全年上报国家林业局监测总站监测日报、周报和专题报告1200余份。

【林下资源管理】 开展林下资源采集监督检查，遏制滥采、掠青等掠夺性采摘林下资源行为。2014年，受春季霜冻影响，野生蓝莓、红豆产量较2013年大幅降低。全年野生蓝莓采集量648.26吨，同比减少4052.74吨；红豆采集量2390.05吨，同比减少3271.15吨；偃松采集量2897.49吨，同比增加2014.49吨。野生蓝莓、红豆、偃松共实现产值4361万元，同比减少8879万元；参与采集人员10 210人，同比减少11 980人；人均收入4310元，同比减少1657元。

【保护区建设】 推进自然保护区规范化、标准化建设，制发《大兴安岭林业自然保护区标桩标牌标准化建设规范》。截至2014年年末，全区自然保护区总数达30个，总面积180.8万公顷，占全区施业区总面积的21.6%，较2013年提高0.8%。其中，国家级保护区5处，面积72.01万公顷；省级保护区5处，面积32.96万公顷；地级自然保护区、保护小区、保护地20处，总面积75.82万公顷。盘古河自然保护区晋升为省级自然保护区。呼玛河源和漠河大林河批准为国家湿地公园。北极村自然保护区通过国务院自然保护区评审委员会评审。盘中省级自然保护区晋升国家级自然保护区完成初审文件编制。《南瓮河国家级自然保护区生态旅游规划》获国家林业局批复。呼中国家级自然保护区申请世界人与生物圈保护区网络获国家林业局批准。大兴安岭林业集团公司成为全省第一个列入国家主体功能区建设的试点示范单位。

【林业科研】 2014年，完成国家林业局推广项目寒温带地区蓝莓引种人工标准化栽培技术推广和“948”项目蓝莓种质资源及经营技术引进。科技支撑项目子课题特色浆果资源恢复和高效培育技术研究与示范开展透光抚育施肥、调酸、修剪、补植等试验。地区课题高寒地区蓝莓抗寒品种选育引入3个笃斯越橘无性品种(系)，繁育抗寒苗木8000株。研究蓝靛果忍冬资源圃构建及良种快繁技术，开展组培繁育试验。开展西伯利亚红松采种林营建技术研究，观测2013年嫁接苗成活情况，西伯利亚红松成活率达92%，红松和偃松成活较少。开展天然平榛的复壮更新及提高结实量的经营管理试验，总结复壮经营管理技术模式，提供技术与示范。研究大兴安岭榛树品种选育及人工栽培技术，引种大连大果杂交榛子品种200株，开展野生平榛和大果榛子杂交无性系试验11个。研究稀优园林植物人工繁育技术，通过新技术和已有技术的配套组装，制订适合于大兴安岭地域特点的稀优园林植物规模化生产技术。

【林业有害生物防治】 2014年，全区林业有害生物实际发生面积15.08万公顷，其中病害1.89万公顷，虫害5.83万公顷，鼠害7.35万公顷。林业有害生物实际监测116.62万公顷，监测覆盖率96.36%。林业有害生物防治面积3.31万公顷，防治作业面积5.02万公顷，全年无化学防治。针对林木良种基地樟子松健康状况逐年下降、部分母树不明原因死亡的情况，12月邀请国家林业局森防总站和中国林业科学研究院林业新技术所8位专家，对樟子松枯死原因进行论证，专家组给出相应防治建议，为良种基地建设与发展提供科技支撑。2014年，全区林业有害生物成灾率为0，测报准确率为99.79%，无公害防治率为100%，种苗产地检疫率为100%，完成"四率"指标。森林病虫害防治检疫总站获国家林业局全国生态建设突出贡献奖先进集体称号。

【神州北极木业公司经营】 2014年，神州北极木业有限公司全年销售收入完成7302万元，上缴税金372.6万元，国有资产保值增值率达100.5%。完善管理制度办法，规范企业生产经营行为，加强产品质量等十项管理。全年因质量问题多支出费用170.38万元，同比减少290.92万元。降低原料和产成品库存3464万元，减少财务费用228.63万元。通过发送律师函、诉讼立案、申请仲裁等方式加大法律清欠力度，全年清回应收款4133.22万元，降低财务费用273万元。加大研发力度，8项科技创新成果向国家申请专利，双D字形木搭接墙体构件和木屋墙体端头防裂装置获新型专利证书。研发的泛水板、墙体端头防裂盖板，实现批量生产。承载木梁拼板机、空心木柱液压拼圆机、齿板压合机通过国家木工机械质量监督检测检验中心检测。木梁、墙体通过国家固定灭火系统和耐火构件质量监督检测中心防火检测。空心木柱通过中国林业科学研究院人造板及木材检验实验室检测。《异形承载木梁拼板制造技术与应用》通过专家鉴定，取得科技成果鉴定证书。2014年，公司获黑龙江省名牌产品、首届中国林业产业木门及木结构诚信企业、中国林业产业创新奖(木结构业)二等奖、国家林业重点龙头企业等称号。

【国林旅游公司管理】 2014年，国林旅游公司围绕"细化管理、提升服务、树立品牌"的经营思路，完善管理体制和经营机制，推动公司健康平稳发展。强化运营管理，公司与各基层部门签订《经营目标责任状》，重点目标分解量化到责任部门。创新开展"四抓四促"载体活动，完善工作制度87项、岗位职责95项、工作流程64项。旅游旺季推行绩效薪酬模式，员工月增资10%。推进5A级景区创建，按照国家5A级景区创建标准，建立旅游商务网站。完善北极村景区引导标识和警示标识系统，改造生态停车场、旅客中心、观光车换乘站，增设游客休闲设施，加强旅游从业人员文明礼仪培训。提升旅游服务质量，实施"提升服务，打造品牌"战略，组织管理人员分批到5A级景区和五星级酒店学习培训，对全体员工分层面开展素质培训。细化岗位职责和考核机制，实现从简单的乡村式服务向规范服务流程、服务细节和服务理念转变。提出"国林1+N"品牌服务，使顾客享受超值贵宾服务。开展系列活动展示优势旅游资源和中国寒温带首席生态旅游目的地的品牌形象。推进宣传营销，完善公司官网、旅行社和圣诞村网站，建立"最北一家手机微店和淘宝网店"等网络平台。创建公司微信公众平台、建立个人微博，编辑发布微信800余篇。创新丰富企业文化，强化《国林之韵》月报文化平台作用，增设"员工文苑""荣誉榜""国林人事迹"等专栏，全年员工投稿800余篇，印发19期。2014年，北极村景区获第20届亚洲旅游业金旅奖、十大特色魅力旅游风景名胜区和中国十大特色魅力旅游风景名胜区等称号。

【国林矿业公司经营】 2014年，国林矿业公司转变矿业发展方式，加强地质项目勘查，推进办矿权申办，全面完成年度各项经济目标。公司全年实现收入876万元，其中投资收益800万元，其他业务收入76万元，完成年度上缴款600万元。全年开展地质勘查项目8个，投入勘查资金1160万元，完成槽探工程量1.1万立方米，钻探工程量490.6米，探明有成果项目两个。推进办矿权申办工作，黑龙江省呼玛县泉盛沟613高地金多金属矿普查等6个探矿权取得勘查许可证。根据大兴安岭矿泉水赋存量和矿物质含量丰富的实际，与黑龙江省九〇四水勘院合作开展水资源利用规划的研究和编著工作。 (大兴安岭林业集团公司由张羽供稿)

上海市林业

【概　述】 2014年，上海生态环境质量持续提升。围绕"十二五"期末实现森林覆盖率15%目标，落实造林地块1.22万公顷。完成绿地建设1105公顷，其中公共绿地552公顷。外环生态专项完成腾地100公顷。通过国家林业局组织的上海市保护发展森林资源责任制与有害生物预防"双线"责任制考核，结果均为优秀。完成上海市全国第9次森林资源连续清查，在全国率先开展森林资源一体化监测，实现"一盘棋、一套数、一张图"目标。

【生态环境建设】 围绕"系统化、精细化、功能化"要求，全力推动《上海市基本生态网络规划》和林地保护利用规划落地，实现生态空间规模品质俱进。完成绿地建设1105公顷，其中公共绿地552公顷；年内完成新造林2200公顷，划示固化未成造林地4800公顷。全年完成项目作业设计评审工作68项，其中，评审生态公益林造林项目64个、疏林地改造项目3个、经济果林项目1个。重点推进主体功能区、重点区域、新城新镇和大居等绿地建设，如国际旅游度假区配套绿地、南大绿地、虹桥商务区绿地、黄浦江滨江绿地、大场公园等。外环生态专项完成腾地100公顷。着力推进生态堤防、河道防护林和农田林网建设，实行农、林、水联动。积极推进5个郊野公园试点建设，推动郊野公园功能定位和政策聚焦。

【森林资源监管体系建设】 完成上海市全国第9次森林资源连续清查，在全国率先开展森林资源一体化监测，实现“一盘棋、一套数、一张图”目标。加强林业“三防”体系建设，进一步落实森林防火工作责任制，通过《国际卫生条例》核心能力水平建设成果审查。

【分解落实森林目标责任】 上海市政府与相关区(县)政府、有关市属国有企业签订森林目标责任书，分解落实2014年和2015年林业建设与森林资源管理任务。浦东新区作为本市代表，接受国家林业局对保护和发展森林资源责任制的检查考核，考核结果为“优”。国家级城市生态定位研究站项目申请获国家林业局批准成立。

【林业有害生物监测防控】 通过国家林业局组织的上海市保护发展森林资源责任制与有害生物预防“双线”责任制考核，结果均为优秀。林业有害生物产地检疫率达到100%，调运检疫26万份，核发木材运输证12万份；受理审批国外引进植物436批次。复检绿化工程698个，实施行政处罚7起。查获检疫性有害生物红棕象甲2批次共5株，查获危险性有害生物27批次，共3.7万余株。

【建立林政稽查队伍】 首次组建林政稽查队伍，查处国家林业局督办、局领导批示、信访举报和媒体监督等各类林业行政违法案件11起，林政处罚3人次，林政罚款115.9万元，责成违法当事人补种树木9824株；查处宝山区美兰湖、崇明县北沿公路等11起违法案件。

【基层林业工作体系建设】 全年50个乡镇林业站完成挂牌，占应挂牌乡镇数量的49%，其中崇明县、金山区、嘉定区、松江浦南地区、浦东新区书院镇的林业站实现全部挂牌。5家林业养护社(嘉定区菊园养护社、浦东新区南汇养护社、奉贤区奉城养护社和金山区大禹林业养护社、青浦华新)完成标准化建设。编制《上海市林业养护企业养护能力认定办法》，调研松江区“家庭林场”养护模式和崇明县市场化养护模式，为全市开展林业养护模式改革积累经验。

【推进林业产业发展】 一是继续实施经济果林“双增双减”和套袋扶持政策。全年共推广有机肥面积1.8万公顷、无公害农药面积1.4万公顷，累计推广面积3.2万公顷；推广果树套袋折合面积近8000公顷；落实财政补贴资金0.9亿元。二是深化“信得过果园”创建评选。对2014年申请创建的果园进行综合评分，评出15家合格果园并授牌。对全市信得过果园的安全监督员进行培训，考核并新加入20名安全监督员。委托专业机构对70家果园的76个样品进行农残检测，抽样结果均为合格。新添加32家果园二维码信息，共打印下发二维码115.5万个，实现全市55家“信得过果园”二维码全覆盖。三是会同市农委、市商务委、市妇联等部门，组织郊区经济果林专业合作社开展桃、梨、葡萄等地产优质果品“进公园、进商场、进社区、进楼宇”活动，帮助果农对接市场需求。

【完善造林苗木准入制度】 通过上海林业技术网、国家种苗网等网络，依托“农科热线”发布苗木供需信息，引导种苗市场健康发展。2014年，共受理6家花卉生产企业进口林木种子苗木免税申请432份，引进花卉种球6777.37万只，苗木(含插穗)37.46万株(根)，林木种子204.06万千克，免税进口执行率分别达到72.18%、93.57%、99.11%，实际进口总额达1.34亿元，林木种苗进口免税金额共计1.34亿元。

【上海花城建设】 上海形成一批公园花展品牌，成功举办上海辰山植物园国际兰展、静安雕塑公园国际雕塑展、上海古猗园上海国际睡莲暨上海荷花展、上海海湾国家森林公园上海梅花节、顾村公园上海樱花节、上海植物园上海花展、上海滨江森林公园上海杜鹃花展、共青森林公园上海菊花展、上海动物园第二届蝴蝶展、莘庄梅展、世纪公园双梅展、桂林公园“唐韵中秋”活动等一系列公园主题活动，丰富市民文化生活，为打造“上海花城”奠定了基础。

【2014青岛世界园艺博览会获殊荣】 2014青岛世界园艺博览会上，上海园荣获“2014青岛世界园艺博览会室外展园竞赛大奖”。由上海市绿化和市容管理局代表上海市政府参建的上海园占地面积1350平方米，主题为“快城市·慢生活”。上海园贯彻文化创意、科技创意、自然创造理念，以竹为线索展开，立意为“竹席上的悠闲时光”，结合人的不同感官体验，将场地分成若干与竹及园林造景要素相融合的场所，反映当代上海在城市高速发展过程中对生活品质及生活环境的思考，意在向人们提供一个感受美好、享受自我、放慢脚步、品位生活的空间意境。

【优化常态花卉景观布置】 完成“五一”“十一”常态花卉景观布置，地栽花坛花境面积保持10公顷以上，布置组合花卉和悬吊花球约1万组，主题绿化景点60余个。落实市级储备草花的监管与配送，共采购一二生草花和多年生地被68种、花卉总量190万盆，较好地发挥了市级储备草花的应急保障作用。

【继续推进林荫道建设】 根据《上海市林荫道三年(2013~2015年)实施计划》，2014年，全市共创建命名20条林荫道，改建提升林荫道51条，新建储备林荫道30条。

【鲁迅公园完成整体改造】 8月28日，鲁迅公园完成整体改造工程，正式对游客开放。主要改造内容包括基础设施改造，公园布局完善，绿化调整与提升，道路地坪调整与改造，部分水体驳岸改造与修复、水体清淤，应急避灾设施设置以及电气、供排水、标识标牌、厕所和建筑小品改造等。本轮改造具有五大特色，即挖掘恢复文化历史，展现"历史厚重感"；充分挖掘保护园内古树资源，打造鲁迅公园"古树群"；营造区域绿化特色，提升公园绿化面貌；新增人性化服务设施，为市民休闲娱乐提供便利；建设应急避难设施，完善应急避难功能。

【66座公园夏季延长开放时间】 7月1日至9月30日，全市66座公园延长开放时间。其中，长宁区延虹绿地、虹桥公园、华山绿地、虹桥河滨公园、新泾公园、中山公园、天原公园、水霞公园、华山儿童公园、凯桥绿地、天山公园(9月28日起)等11座公园实行全年延长开放时间。

【新增3座城市公园】 建成滨河文化公园、桃浦公园、堡镇市民公园并纳入全市公园管理体系，上海城市公园从158座增至161座，镇级公园为30座。

【持续推进植物群落结构调整与功能提升】 通过实施以调整植物群落密度、新优品种引种、土壤改良、设施完善为重点的绿地群落结构调整与功能提升市级示范项目，推动全市绿地调整优化工作的开展，截止2014年年底，完成闵行黄道婆绿地、黄浦延中H1绿地和杨浦嫩江路沿线绿地3个市级示范点绿化改造工程，全市绿地调整优化近50公顷。

【松江区方松街道成功创建本市首个"上海市园林街镇"】 2012年10月住建部(建城〔2012〕148号)下发《关于印发国家园林县城城镇标准和申报评审办法的通知》，要求各省、自治区和直辖市要制订标准和创建办法，推进本地区园林城镇创建工作。2013年，市绿化市容局和市建设管理委经研究，选定松江区方松街道作为上海市园林街镇创建试点单位。根据《上海市园林街镇创建办法(试行)》(沪绿容〔2014〕192号)要求，方松街道于2014年10月向松江区绿化市容局提出申报申请。经过松江区绿化市容局初审，市园林街镇评定小组组织验收、现场评定，方松街道达到验收标准，并经公示无异议，2014年12月19日，松江区方松街道正式被授予"上海市园林街镇"称号，成为全市第一个园林街镇。

【整治公园会所、高档餐厅】 1月，根据中纪委和中央党的群众路线教育实践活动领导小组《关于在党的群众路线教育实践活动中严肃整治"会所中的歪风"的通知》，以及住房城乡建设部住房城乡建设部《关于进一步加强公园建设管理的意见》(建城〔2013〕73号)等相关文件要求，上海市政府专题部署公园内会所治理工作。经梳理，在全市158座城市公园中共有茶室、咖吧、餐厅等230余处，其中有会所3处，高档餐厅8处。针对上述梳理现状情况，市绿化市容局立即对3家会所发出整改单，对8家餐厅提出具体整改目标和要求，同时印发《关于进一步规范本市公园内经营消费场所管理的通知》(沪绿容〔2014〕28号)，委托上海市公园管理事务中心、公园行业协会等单位，每月对上述3家会所、8处高档餐厅进行定期暗访和巡查，督促所在公园及区管理部门予以整改。至2014年年底，部分会所已关停，尚在经营的部分会所也已扩大开放面积，延长开放时间。涉及餐饮的会所已取消最低消费，提供大众化服务，下调菜品价格，降低人均消费价格，为游客提供价格较低的早茶及午市套餐，体现公园的公益功能。

【开展国家园林城市复查】 国家园林城市每5年复查一次，2003年上海成功创建"国家园林城市"，2009年上海市经复查合格。2014年3月，住房城乡建设部下发《关于开展国家园林城市复查工作的通知》(建办城函〔2014〕147号)，要求相关城市8月底前完成自查，年底前住建部组织开展重点抽查。上海市绿化市容局会同上海市建设管理委制订《本市迎接国家园林城市复查工作方案》，并于8月底完成自查工作，形成《上海市国家园林城市复查自查报告》上报住房城乡建设部。

【开展园林城区复查】 根据住房城乡建设部和《上海市园林城区复查办法》(沪建交联〔2011〕820号)有关规定，园林城区每3年复查一次，2014年为园林城区复查年，上海市涉及浦东新区、闵行、金山(国家园林城区)和嘉定、松江、宝山、青浦、奉贤(上海市园林城区)等8个区。此次复查注重简化程序，将申报材料由6项减为2项，增加专家暗访评估和材料审核环节以减少相关区工作量，同时对上一次(2011年)复查提出的整改项目落实情况进行考核。经综合评定，所涉区均已通过复查。

【完成2013~2014年度"上海市花园单位"评定】 新命名42家"上海市花园单位"，并利用《绿委特刊》《新民晚报》生态专版、市绿化市容局网站等进行宣传。

【市领导参加2014年全民义务植树活动】 3月18日上午，中共中央政治局委员、市委书记韩正，市委副书记、市长杨雄，市人大常委会主任殷一璀，市政协主席吴志明，市委副书记李希等带领市四套班子领导来到普陀同普绿地，参加2014年全民义务植树活动。市绿化市容局党组书记、局长陆月星等局党政班子成员陪同市领导参加了此次植树活动。同普绿地位于普陀区长风街道长风生态商务区以西，地块西临木渎港，南至同普路北到金沙江路，东靠丹巴路，规划绿地面积近27 300平方米。该公共绿地是河道防护绿地和社区集中绿地合并一起规划建设，主要服务周边社区居民，定位为满足社区居民休闲、游憩、健身需求，同时也是普陀区以及长风生态商务区环境建设项目的重要组成部分。

【全民义务植树】 围绕"同追绿色梦想、共建生态上海"的主题，2014年，共设立义务植树点116处，总面积约592 059平方米，参与人次202 270人，可供认建认养地块126块，绿地面积约150万平方米。参与认养单位225个，认养个人2708人，认养金额3 982 008元。

【上海公厕立体绿化试点启动】 市绿化市容局积极试点探索公厕立体绿化，让公厕变身为城市的景观小品，起到既吸附二氧化碳等有害气体、降低公厕异味，又遮阴降温、美化环境的作用，充分体现节能、环保、低碳的理念。目前，公厕立体绿化主要采用两种建设模式，一是选择易于养护的藤本植物如凌霄、月季、爬山虎、紫藤等种植在公厕外墙、屋顶上，在设置上注重错落有致，例如长宁的中山公园广场公厕，该公厕立体绿化无论从水能耗、养护人工能耗等方面，均低于采取传统种植方式的绿化工程项目，并精心挑选抗性强、表现好的植物，在常态长效的保持上有不俗表现；二是在公厕外立面悬挂盆栽，并对悬挂盆栽定时、定量浇水，及时进行养护，例如松江的文汇路龙城路口公厕，该公厕立体绿化充分结合公厕充满立体感的玻璃幕墙与不锈钢网格，使公厕成为大学城一道美丽的风景。

【重要湿地试点申报】 根据《湿地保护管理规定》(国家林业局第32号令)，2014年2月，上海市绿化和市容管理局研究制定并下发《关于做好上海市重要湿地(试点)申报工作的意见》(沪绿容〔2014〕72号)。3月，经组织专家评估，批复同意松江区泖港湿地为首个上海市重要湿地(试点)。 (薛　程)

【更新国际重要湿地数据】 7月，根据中华人民共和国国际湿地公约履约办公室《关于更新三江国家级自然保护区等20处"国际重要湿地数据信息表"的通知》(林履湿字〔2014〕25号)要求，组织更新两处国际重要湿地数据并上报。国际重要湿地数据更新是我国履行《关于特别是作为水禽栖息地的国际重要湿地公约》的重要工作，也是国际重要湿地保护管理的基础。经调查，崇明东滩国际重要湿地面积32 600公顷，包含上海崇明东滩鸟类国家级自然保护区及其东南侧水深不超过6米的约8445公顷水域。长江口中华鲟国际重要湿地面积3760公顷，起始边界由崇明东滩国际重要湿地的南－东－北外部边界向东扩展至上海市长江口中华鲟自然保护区的部分区域。

【启动第二次全国重点野生植物资源调查工作】 1月至3月，编制完成《第二次全国重点保护野生植物调查上海市工作方案》和《第二次全国重点保护野生植物调查上海市实施细则》，上报国家林业局保护司并获国家林业局陆生野生动物与植物监测中心批复(林植监函〔2014〕3号)；4月，上海市绿化和市容管理局(上海市林业局)正式印发(沪绿容〔2014〕112号)；6月24日，上海市第二次全国重点保护野生植物资源调查启动会在上海市动物园召开。上海市第二次全国重点野生植物资源调查分为重点调查及补充调查专项、滨海植物、外来物种、人工栽培植物和GIS数据库构建5个专项调查和各区县人工种群调查。3月，各专项组完成计划任务书编制并通过专家评审；8月，调查领导小组办公室召开第二次全国重点野生植物资源调查试点经验推广现场会，全面推进各区县人工种群调查工作。12月，调查领导小组办公室完成第一次外业调查质量检查并召开年度总结会。

【推进全国第二次陆生野生动物资源调查工作】 全年完成4次外业调查；同时，结合常规调查和其他专项调查结果，开展蛙蛇类补充调查。共出动调查人员1000多人次，对112条调查样线开展1~4次野外实地调查，在调查中共完成调查表格2433套。开展两次质量检查并形成检查报告。出版8期《上海市第二次陆生野生动物资源调查简报》。

【推进野生动物栖息地及极小种群恢复和野放工程】 1月，完成嘉定浏岛、崇明西沙、宝山陈行—宝钢水库、浦东金海4个野生动物重要栖息地项目，以及崇明东滩扬子鳄、奉贤狗獾、崇明明珠湖獐、松江新浜獐4个极小种群恢复和野放项目的批复工作，推进区县项目单位开展项目前期、施工招投标和工程实施；11月，完成青浦区大莲湖蛙类、闵行区浦江蛙类和松江区泖港鸟类3个野生动物重要栖息地项目实施方案批复。全年11个项目批复资金总额5369万元，已下拨资金1320万元，落实率70%，项目面积达1194.6公顷。

【对接自贸区审批事项】 5月9日，在自贸区举行"支持中国'上海'自由贸易试验区建设、简化野生动植物管理工作程序现场委托仪式"，国家林业局副局长陈凤学与上海市绿化和市容管理局局长陆月星共同签署《野生动植物行政许可事项实施委托协议》，正式委托上海市绿化和市容管理局和国家濒管办上海办事处实施部分野生动植物行政许可和进出口管理事项，简化自贸区注册企业进出口野生动植物及其产品的管理程序。委托上海市绿化和市容管理局直接审批的事项涉及动物皮革奢侈品经营、钟表贸易、科研医药、木材贸易等5大行业的16家企业，具体内容为：进口"中国野生动物经营利用管理专用标识"管理范围的野生动物皮革制品；进口实验用猕猴、食蟹猴血清等衍生物实验材料等两项行政许可事项；明确"中国野生动物专用标识"发放时间由事后申领发放简化为提前制作、与许可决定书同时发放。此次下放委托许可事项。

【野生动植物行政许可审批】 2014年，审核或审批各类野生动物驯养繁殖与野生动植物资源经营利用、猎捕等行政许可176份，比2013年增长18.9%，经营利用野生动物及其制品贸易金额10 261.16万元。濒危野生动植物进出口许可1411份(其中国家林业局委托下放审批1147件)，比2013年增长11%，进出口贸易额达82 119万元。上报本市野生动植物种源免税进口5批，免税动物53头，免税金额453万元。开展2014年度行政许可后续监管检查，实地检查26家申请单位(个人)、共涉及128项行政许可的后续实施情况。宣传国家林业局2013年10月发布的委托审批事项，组织开展2014年上海市梅花鹿、鳄鱼驯养繁殖和经营利用企业巡查。

【下放一项野保行政审批权力】 1月，根据《上海市人民政府关于本市第七批取消和调整行政审批事项目录的通知》，"对本市重点保护野生动物驯养繁殖许可证的核发"下放至区(县)林业行政主管部门审批。下发《关于下放本市重点保护野生动物驯养繁殖审批的有关事项通知》，规范下放事项有关细节。

(上海市林业由秦磊供稿)

江苏省林业

【概　述】　截至2014年年底，江苏省林木覆盖率22.2%，活立木总蓄积量8760万立方米；全省创建国家森林城市5个(无锡市、扬州市、徐州市、南京市、镇江市)，全国绿化模范城市3个、全国绿化模范县(市、区)33个、全国绿化模范单位44个；建立省级以上森林公园67处，其中国家森林公园19处、省级森林公园48处；省级以上湿地公园47处，其中国家级湿地公园8处，国家湿地公园(试点)12处，省级湿地公园27处。2014年全省新增成片造林面积4.35万公顷，实施南水北调东线(江苏段)水土保持林营建等重点林业生态工程，困难立地造林及生态修复取得新突破，木本油料林和珍贵乡土树种用材林培育示范点建设有新进展，加快推动薄壳山核桃、榉树、楸树等优良树种成片造林。绿色村庄建设深入推进，新建绿化示范村1028个。开展丘陵山区次生林、平原杨树林和绿色通道森林抚育示范，完成森林抚育面积10.2万公顷。新建全民义务植树基地47个、面积1067公顷，营建纪念林485个，全省参加义务植树近1000万人次，义务植树约3000万株。

森林资源管理　严格执行省政府生态红线保护规划，加强森林资源保护和管理，落实使用林地占一补一规定，确保林地面积只增不减。2014年新增省级公益林面积2.93万公顷，全省重点公益林总面积38.4万公顷，其中国家级公益林6.92万公顷、省级公益林31.48万公顷。全省共审批建设项目占用征收林地145件，面积702.9公顷。征收森林植被恢复费6891.9万元，森林植被恢复费征收率100%。部署全省林地年度变更调查工作，出台2014年全省林地年度变更工作方案和调查技术操作细则，召开全省林地变更工作动员会议，举办江苏省林地年度变更调查技术及软件应用培训班。开展非法侵占林地清理专项排查和打击破坏森林资源违法犯罪活动，全省共排查案件158起，涉及林地面积237.55公顷，收回林地88.41公顷，办结72起，其中2起移送司法机关处理，有效震慑了涉林违法犯罪。强化全省林木采伐管理，林木采伐面积2万公顷，采伐蓄积量85万立方米，严格控制在国家下达限额内。严抓林业案件查处，2014年全省发生林政案件1299起，查处1283起，查处率98.8%；没收木材1077立方米，没收非法所得44.6万元，处以罚款709万元，责令补种树木14万株，行政处罚1036人次。推进木材检查站标准化建设，2014年省财政对睢宁西郊木检站、溧水在城木检站、宝应子婴闸木检站、镇江镇扬汽渡木检站、连云港宁海木检站分别投资40万元，用于站房改建、购置办公器材、交通工具等建设。

湿地及野生动植物资源保护　按照《江苏省生态红线区域保护监督管理考核暂行办法》严格执行省政府生态红线保护规划，加强对列入生态红线的林业系统自然保护区和湿地公园管理，开展退化湿地恢复，2014年全省恢复湿地4267公顷，新增受保护自然湿地11.1万公顷，自然湿地保护率达42.1%；全省湿地总面积为282.2万公顷，其中自然湿地194.6万公顷，人工湿地87.6万公顷。新建省级湿地公园4处，湿地保护小区47个，苏州太湖湖滨国家湿地公园(试点)通过国家验收，新申报溧阳长荡湖国家湿地公园(试点)和丰县黄河故道大沙河国家湿地公园(试点)。实施苏州东山东太湖湿地恢复一期工程等18个湿地保护与恢复工程，其中12个湿地恢复工程基本完工，流域内恢复湿地867公顷。加强湿地保护项目管理，2014年国家财政湿地保护与恢复补助资金共6100万元对徐州九里湖等7家国家湿地公园，姜堰、溧阳等两市(区)湿地保护先进县及大丰麋鹿国家级自然保护区进行补助。湿地法规建设取得突破，《南京市湿地保护条例》颁布实施、苏州市政府出台《关于加强湿地保护管理工作的意见》；编制《江苏省湿地保护规划(2014～2030)》和《江苏省湿地保护实施规划(2015～2020)》并通过专家论证。建立省级财政生态补偿转移支付制度，对湿地公园、重要湿地等15类生态红线区域的保护实施生态补偿。根据对各地湿地类生态红线区域保护管理成效评价进行生态补偿，全省每年下达涉及湿地的生态补偿资金5亿元、每亩平均100元。苏州、南京、无锡、常州等地实施更大力度的地方生态补偿制度，苏州对全市95个湿地村按每年每村60万～100万元进行生态补偿，南京、无锡对市级、省级、国家湿地公园建设单位按每年40万～200万元管护费予以补助。生态补偿进一步提升了地方保护湿地积极性，湿地保护工作稳定有效可持续。2014年10月，出台《江苏省陆生野生动物运输管理办法》，为全省野生动物保护和运输管理工作提供法律依据。濒危物种保护状况逐步缓解。2014年向国家林业局申报了“珍稀濒危物种野外救护与繁育”和“极小种群野生植物拯救与保护”项目，安排2014年绿色江苏野生动植物保护专项资金用于濒危物种保护，有效保护了鹤类、麋鹿、秤锤树、宝华玉兰、银缕梅、榉树、金钱松、河麂等省内有自然分布的国家重点保护或珍稀濒危野生动植物生境。全省各动物园的猴类、鹤类、麋鹿、华南虎等科研和种群繁育水平位居全国前列。大丰麋鹿国家级自然保护区麋鹿种群持续增长，麋鹿种群数量达到2360头，其中野生种群达到235头。完成全省第二次陆生野生动物资源和重点保护野生植物资源外业调查工作。扎实做好野生动物疫源疫病监测工作，安排野生动物疫源疫病监测防控专项经费300万元，用于加强各市监测中心、各监测站基本监测设施设备建设；开展全省野生动物禽流感主动取样检测工作，共取样300份，有力保障了南京青奥会的公共卫生安全；举办全省野生动物保护暨疫源疫病监测防控培训班。

林业有害生物防治　2014年全省主要林业有害生物寄主面积181.53万公顷，发生面积9.25万公顷，比

2013年同比下降23.2%，属于偏轻发生年份。全省林业有害生物成灾率0.62%，防治率94.5%，无公害防治率85.1%，种苗产地检疫率99%。林木病害发生1.03万公顷，同比下降3.7%，其中松材线虫病发生面积0.97万公顷，死亡松树数量16.5万株，比2013年分别下降2.4%、5.2%；林木虫害发生8.21万公顷，较2013年下降25.1%，其中美国白蛾发生面积4.75万公顷，较2013年略有增加，同比上升9.5%，以舟蛾为主的杨树食叶害虫发生面积3.17万公顷，较2013年大幅度降低，同比下降47.3%。主要风景区、交通要道两侧及重大活动场所周边，叶片保存率95%以上；村庄、河道等其他区域，叶片保存率80%以上。全省林业有害生物监测覆盖率92%，监测范围和种类达到了全覆盖，实现普查与定点监测、日常监测与重点监测的有机结合；全面落实林业有害生物疫情信息周报和月报制度，启用"林业有害生物信息报告和管理系统"；调整国家级中心测报点建设布局，推进县级防治示范站建设。强化对林业植物及其产品的检疫检查，受理审批《国外引进林木种子、苗木和其他繁殖材料检疫审批单》66份，组织申报1家普及型国外引种试种隔离苗圃；全年签发56.75万份《植物检疫证》，组织开展70余次林业检疫执法行动；举办新增专职林业植物检疫员培训班和美国白蛾防控技术培训班，培训检疫员117人。采取多种形式及时发布各类病虫情信息，发布《林业有害生物防控动态》，各监测预警点累计发出林木病虫情报500多期，计4万余份，为有效防治林业有害生物提供科学依据。

森林防火　2014年全省发生森林火灾31起，过火面积44.86公顷，受害面积5.11公顷，森林火灾发生率1.62次/10万公顷、受害率0.003‰，控制率0.18公顷/次，森林火灾查处率68%，与2013年同期相比过火面积、受害面积分别下降13.8%和62.6%。未发生重特大森林火灾，确保了春节、元宵节、清明节等森林防火重点时段和南京青奥会期间的森林资源安全。开展森林防火宣传，全省共张贴、悬挂森林防火宣传标语、横幅1.8万条，出动宣传车800余辆次，发放《森林防火知识读本》7000余册。《西游记后传——花果山森林防火记》电视宣传片被司法部、国家新闻和互联网办公室及全国普法办公室等3家单位评为"全国动漫优秀奖"，获得全国森林防火"应知应会"知识竞赛团体二等奖。委托江苏省标准化研究院制定森林防火相关标准；开展森林火灾扑救应急演练（技能竞赛）活动20次，举办培训班28期，参加人员1500余人次；成功举办第五届全省森林消防技能竞赛；全省建设完成防火通道120千米、生物防火林带60多千米、防火工程阻隔带200千米、护林（检查）站30余个；新建蓄水池32个、泵房3个，铺设引水管道约40余千米；新组建2支森林消防专业队。新添置森林消防水车4辆、机动细水雾系统28套、高压细水雾灭火水枪1400支、水泵98台、灭火机1000余台、灭火弹6万余枚等一批扑火物资。

林业产业　2014年全省林业产值达3900亿元，同比2013年增长8%。木材加工、林木种苗、特色林产品综合利用等传统产业优势明显，森林旅游逐步发展为林业产业增长的新亮点；林业产业结构日趋优化，全省以木材加工为主的第二产业和林产品经营及森林旅游为代表的第三产业产值比重逐年加大。林业企业自主创新能力增强，新上精深加工生产线30余条。争取并落实国家林业贴息贷款计划和中央及省财政贴息资金；6家林业企业获"国家林业产业龙头企业"称号；组织相关单位和企业参加第七届中国国际森博会等活动。野生动植物产业持续发展。全省批准的驯养繁殖单位达450余家，一些市场潜力大、开发价值高的野生动植物资源人工繁殖或培育业迅速发展，全省河麂、梅花鹿、鳄鱼、实验动物、红豆杉、兰花等特色养殖或培植业规模日益扩展。出口兰花、西洋参、试验用猕猴和食蟹猴、西洋参等中药材类数量继续位居全国前列，2014年全省野生动植物进出口贸易额达1500万美元。

科技兴林　根据林业科学研究与攻关的重点内容，结合绿色江苏建设需要，组织各级林业科研、教学、推广等单位申报各类林业科技项目，2014年共立项79项，财政资金支持4130万元。其中中央财政林业科技推广示范资金项目9项，资金1000万元；国家林业局森林认证项目2项，补助资金15万元；林业生态站监测运行补助项目1项，补助资金10万元；国家林业局科技发展中心林业知识产权试点项目3项，资金30万；省科技厅涉林科技项目5项，资金160万元；省质量技术监督局林业地方标准制定项目5项，资金15万元；省林业三新工程项目54项、资金2900万元。建成"江苏省林业科技综合管理信息系统"，实现全省林业科技项目从指南发布到结题验收、申领验收证书的一站式服务

依法治林　制定《2014年江苏省林业系统依法行政和普法工作要点》，指导各级林业部门依法行政和有效普法。2014年11月，举办林业法律知识及执法实务培训班，结合执法实践，从多个角度不同层面对典型案例分析解读有关法律知识和执法实务问题，进一步提高基层行政人员执法水平。做好林业行政审批制度改革工作，清理和取消非行政许可类权力事项共18项，下放到市县林业主管部门行政权力5项，工商登记前置审批林业类行政权力改为后置审批的3项，分别是林木采伐，林区运出木材、林区经营（含加工）木材，林木种子生产。改革后，行政审批事项削减了34%，行政权力80%以上为属地实施。江苏省林业局权力清单中有权力事项146项，其中行政许可19项，临时许可1项。对取消、下放（含属地管理）、转移、保留的权力事项，分类建立健全事中事后监管制度，明确本部门与下级部门、社会组织职责分工和工作重点，落实日常监管、有效抽查、责任追溯、专项整治等方面24项事中事后监管制度措施。

森林公安　规范化执法取得成效。增加森林公安局领导职数，印发《关于市县森林公安机构名称有关事宜的通知》，统一市、县森林公安机构名称；协调省公务员局调整森林公安民警招录，由A类改为B类，明确招录对象为公安类院校毕业生；出台《关于加强森林公安队伍建设的意见》，进一步规范民警招录、警籍管理、授衔、交流任职及森林公安机构领导干部任命等事项。开展执法检查"回头看"活动，组织中级执法资格考试；出台《关于规范开展全省森林公安机关公安信息网络接入工作的通知》，依托省公安厅移动警务平台配发移动警务终端实现金盾网全部接入，建设全省森林公安网站

群和视频会议系统，举办警务信息化培训班，建成警务综合平台和数据库。组织全省森林公安开展“查隐患、破火案”专项行动，排查整改火灾隐患176处，查办火灾案件4起，当场制止并教育处罚野外违法使用火源120起；组织开展代号“2014天网行动”的打击破坏野生动物资源违法犯罪专项行动，办理野生动物案件36起，处理违法犯罪人员63人，清查整治古玩城、市场等重点场所407处，清理整顿相关企业83个，收缴野生动物29 148头(只)，野生动物制品11张；开展代号“2014利剑行动”的打击破坏森林和野生动物资源违法犯罪专项行动，清理整顿相关加工、利用场所及市场1472处、相关企业32家，查处案件230起，处理违法犯罪人员246人，收缴林木127立方米、野生动物2880只、野生动物制品57件；开展打击制售假劣林木种苗和侵犯植物新品种权专项行动。

林业改革 进一步深化集体林权制度配套改革，联合省农行开展林权抵押贷款情况调研，下发《关于进一步规范和推进林权抵押贷款工作的通知》。加快推进林下经济发展，出台《江苏省林下经济发展规划指导意见》。积极培育经济合作组织等新型林业经营主体，指导全省10家林业专业合作社建成国家农民合作社示范社。开展全省林权发证调查摸底，落实省不动产统一登记改革试点部署，推进不动产登记职责整合过渡期全省林权登记有序管理。推进全省国有林场危旧房改造工作，全面落实2014年国有林场危旧房改造任，全省国有林场危旧房开工建设1235套，竣工555套；落实国有林场配套设施建设项目专项资金1255万元。部署国有林场森林经营方案编制，做好国有林场改革相关准备。创新义务植树履职形式，手机短信和网络捐赠植树、护绿活动取得实效。开展林业产业、生态公益林、湿地补偿等方面扶持政策的调研；与南京林业大学、江苏省林业科学研究院合作开展《江苏省生态公益林补偿机制及补偿标准研究》及《林业产业提升》软课题研究。

项目资金管理 出台《江苏省林业项目管理办法》《江苏省林业项目验收规定》，明确省、市、县三级林业主管部门和省林业局各相关处室林业项目监管职责；拟定绿色江苏专项资金切块方案，编制下发绿色江苏专项资金申报指南；建立江苏省林业项目评审专家库制度，下达绿色江苏专项资金35 233万元。开展林业产业、生态公益林、湿地补偿等方面扶持政策调研，落实林木良种、造林、森林抚育保护等补贴政策。优化支出结构，下达中央财政造林补贴、病虫害防治、湿地补助、林木良种补贴、国有贫困林场扶贫等专项资金18 931万元；落实下达森林生态效益补偿、森林植被恢复等省级专项资金19 581万元。按照林业基本建设程序规定，做好投资计划分解下达工作。下达森林防火、湿地恢复与保护、林木种苗、林业有害生物防控体系等基础设施项目资金1962万元，农业综合开发林业生态示范和名优经济林等示范项目资金3516万元；会商省发展改革委下达防护林工程7800万元、国有林场危旧房改造工程中央预算内投资计划2768万元。

林业信息化 江苏林业网获得2014年度“全国林业十佳网站”称号，全年发布信息4950条。按照《政府信息公开条例》及时主动公开各类政府信息，主动公开各类文件140份，重点公开2014年省林业局部门预算和2013年省林业局部门决算。完成“省林业局行政权力审批事项清单”网页，所有在用行政权力均实现“网上申请、外网受理、内网处理、外网反馈、全程监控”的工作机制，全年网上运转公文510件、办理行政权力事项590件。召开全省林业信息宣传工作座谈会，通报江苏林业网内容保障考核情况，对局各处室(单位)、各市林业信息员进行培训，提高信息员政务信息采编水平，推动全省林业信息化建设深入开展。

林业生态文化 积极组织国家森林城市创建，森林文化得到广泛传播。继无锡、扬州、徐州、南京市之后，2014年9月镇江市建成国家森林城市。大丰麋鹿国家级自然保护区被国家林业局、教育部、共青团中央联合授予“国家生态文明教育基地”称号，成为全省第一个获得该荣誉称号的单位；“铁山寺国家森林公园”等6家单位被命名为“江苏省生态文明教育基地”，省级生态文明教育基地已达25个。积极拓展义务植树尽责形式，在全省组织开展短信与网络植树活动。继续与省委宣传部联合开展“绿化好新闻”评比活动，受到各级新闻媒体广泛关注。2014青岛世界园艺博览会江苏展园荣获国际园艺生产者协会大奖(最高奖)，同时获2014青岛世界园艺博览会组委会颁发的室外展园竞赛组委会大奖，且总分冠居第一。充分利用“植树节”“爱鸟周”“世界湿地日”等开展丰富多彩的宣传活动。在《新华日报》刊发《为建设生态文明的美好江苏创造良好的生态条件》专版，植树节期间在《新华日报》《新华观察》栏目就大树移植、森林城市建设和村庄绿化等热点问题刊登系列述评。在《中国绿色时报》刊发《“江苏省生态文明建设林业行动计划”实施》专版，在其头版连续发表“江苏绿色攻坚 实现文明跨越”大型系列报道10篇。全年编发《江苏林业工作简报》26期，出版《江苏绿化》杂志6期。

林木种苗 全省林业种苗(含花卉)生产面积达15万公顷，产苗量28亿株。其中，常规造林苗8.7亿株，绿化苗木17.3亿株，种苗业产值达180亿元；有“林业种苗生产基地”“花木之乡”22个，其中国家级11个，省级11个；从业人员超过50万人；育苗单位数达77 326个。2014年下达国家级、省级林木良种补贴资金2816万元，安排中央预算内林木种苗基本建设项目投资500万元，下发《关于开展全省林木种质资源清查工作的通知》及《江苏省林木种质资源清查操作细则》；完成全省20个省级林木良种基地的考评，组织开展第三批省级林木良种基地申报工作；开展10期全省林木种苗信息员、执法人员和林木种子生产经营人员资格培训，核发江苏省林木种苗质量检验员证1277份；召开江苏省第九次林木品种审定会，通过审(认)定林木品种16个。

【省领导参加义务植树活动】 2014年2月28日，江苏省委书记、省人大常委会主任罗志军、省长李学勇、省政协主席张连珍、省委副书记石泰峰等，集体到南京青奥体育公园旁的浦口区滨江风光带，与省市机关干部一起参加义务植树活动。在宁部分省委常委、省人大常委会副主任、副省长、省政协副主席和南京市领导同志以及省绿化委员会成员参加了义务植树活动。

【全省林业局局长会议召开】 2014年1月22日，全省林业局局长会议在南京召开。会议贯彻落实全国及省有关会议精神，总结2013年度全省林业工作，分析林业发展形势，部署今后一个时期全省林业改革发展和2014年重点工作。会议指出，全省林业系统把握生态文明建设时代机遇，坚持绿色江苏建设方向，以加快转变林业发展方式为主线，以生态文明建设工程和农业现代化工程为抓手，统筹推进林业生态建设、修复和保护，加快发展林业产业，大力繁荣林业生态文化，各项工作取得了新的成效，为全省经济社会发展作出了重要贡献。会议强调，省委、省政府连续出台了《江苏省生态文明建设规划》《关于深入推进生态文明建设工程率先建成全国生态文明建设示范区的意见》和《江苏省生态红线区域保护规划》3个重要文件，对林业发展提出了更高的目标定位，林木覆盖率和自然湿地保护率被纳入生态文明建设考核指标体系，湿地公园、森林公园、自然保护区、重要湿地和生态公益林等被划入生态红线区域进行保护。全省林业系统要以建设生态文明为总目标，以改善生态改善民生为总任务，以全面深化林业改革为总动力，创新林业体制机制，完善生态文明制度，深入实施《江苏省生态文明建设行动计划》，全面加强生态建设、修复和保护，为经济社会发展奠定牢固的生态基础，为民生改善提供优质的生态产品，为率先建成全国生态文明建设示范区作出贡献。会议部署了8个方面重点工作，即稳步提升森林资源数量质量；扎实推进湿地保护恢复；严格规范资源保护管理；切实加强林业灾害应急处置；大力促进林业产业提档升级；积极传播林业生态文化；着力夯实支撑保障能力；努力强化政风行风建设。

【国家森林城市——镇江市】 2014年9月，全国绿化委员会、国家林业局授予江苏省镇江市“国家森林城市”称号，成为江苏省继无锡、扬州、徐州、南京之后的第5个“国家森林城市”。镇江市以生态文明理念为引领，加强组织领导、科学规划布局、广泛宣传发动，深入开展国家森林城市创建活动，4年累计投入各类资金近60亿元，新增造林面积2.68万公顷，镇江市市域森林覆盖率达到35.5%，建成区绿化覆盖率达到42.1%，人均公园绿地达到14.51平方米，生态湿地保护率达到40%，40项主要创建指标均达到或超过国家标准，形成了层次分明、功能完善、廊道通畅、斑块稳定的森林网络体系。镇江市实施长江防护林、林业血防林、太湖流域水环境综合治理造林三大工程，大手笔修复丘陵山区森林植被，大面积建设平原地区农田林网体系，新建湿地公园13个、市级森林公园5个，复绿采石宕口100多处，新建和更新农田林网4.33万公顷，沿铁路、高速公路、主干要道、大江大河实施绿色通道行动，大力度建设生态景观长廊，充分彰显了镇江市林水相依、林田相交、林路相映、林城相宜的生态绿色特征。

【林业大事】

1月28日 江苏省政府副省长、省森林防火指挥部指挥徐鸣到省林业局森林防火指挥中心视察森林防火工作。

1月31日 江苏省林业局局长会议在南京召开。会议贯彻落实省委十二届九次全会、全省农村工作会议和全国林业厅局长会议精神，总结2014年全省林业工作，分析新常态下林业改革发展的新形势，部署2015年及今后一个时期全省林业工作。

2月28日 江苏省委书记罗志军、省长李学勇、省政协主席张连珍、省委副书记石泰峰等省领导集体来到南京青奥体育公园旁的浦口区滨江风光带，与省市机关干部一起参加植树活动。

4月15日 江苏省“严防森林病虫灾害，维护绿色青奥形象”动员部署会在南京市六合区召开。

6月26~27日 江苏省国有林场危旧房改造工作会议在南京市江宁区召开。

7月7~8日 江苏省造林绿化工作座谈会在泗洪县召开。

7月23日 江苏省林业三新工程管理工作会议在南京召开。

9月30日 江苏省美国白蛾防控技术培训班在南京举办。

10月23日 江苏省第五届森林消防技能竞赛在宿迁举办。

10月25日 “2014青岛世界园艺博览会”闭幕，“江苏园”获本次国际园艺生产者协会颁发的唯一大奖，并获2014年青岛世界园艺博览会组委会颁发的室外展园竞赛奖大奖，且总分位居第一。

11月20日 江苏省林业信息宣传工作座谈会在南京召开。

12月16日 江苏省林业局在南京召开贯彻中央领导批示专题会议，对非法侵占林地清理排查工作进行再动员、再部署。

12月23日 江苏省林业有害生物普查试点工作座谈会在泰州市姜堰区召开。

12月24日 江苏省2015年林业有害生物发生趋势会商会在泰州市姜堰区召开。

12月26日 江苏省森林公安工作会议在宜兴召开。

（江苏省林业局办公室供稿）

浙江省林业

【概 述】 2014年，浙江省委、省政府出台《关于加快推进林业改革发展全面实施五年绿化平原水乡十年建成森林浙江的意见》，全省林业工作紧紧围绕“五年绿化平原水乡十年建成森林浙江”战略目标，全面推进林业改革发展，林业事业继续保持良好的发展态势。全省共完成造林3.94万公顷，参加义务植树2360万人次，完成植树6800万株。实现林业行业总产值4187亿元。

【林业生态建设】

“1818”平原绿化行动 浙江省委、省政府连续第五年召开全省平原绿化工作座谈会，省委书记夏宝龙出席会议并作重要讲话。全省共完成平原绿化2.61万公顷，是年度任务的156.8%，总计投入资金98.74亿元。

森林抚育经营 以交通主干线两侧为重点，结合松材线虫病防控，实行沿线连片推进，加快林相改造，提升森林质量和景观水平，全省完成森林抚育23.2万公顷。

生态公益林建设 全省省级以上公益林面积保持在267.92万公顷，补偿标准从每公顷375元提高到405元，新增优质林分面积11.87万公顷，累计优质林分面积达到227.47万公顷。

重点林业生态工程建设 加快绿色通道建设，全省新建和改造绿色通道6165.4千米，绿化面积0.586万公顷。加快重点防护林体系建设，全省完成建设任务1.11万公顷，完成率为101.3%。

【林业改革】

林业新型经营主体建设 全省共有股份制合作社68家，涉及农户达11 200户。有家庭林场1294个，涉及林地面积42 011.5公顷，经营内容包括用材林、经济林、商品林、苗木等。

林权作价出资 全省已登记林权出资的公司有25家，已出资林地0.84万公顷，作价金7.09亿元。

山林纠纷调处 抓好重点山林纠纷调处，全省共调处山林纠纷502起，落实争议面积0.2万公顷。

国有林场改革 全面推进国有林场改革全国试点工作，截至12月底，列入改革试点的7个市所辖89个国有林场中，有82个林场改革方案获得当地政府或编委审议通过，并在改革方案中明确林场公益性质定位，科学核定人员编制，解决资金保障问题。中央财政下达第二批国有林场改革补助资金共计7206万元。

【林业产业】 2014年浙江省林业产业总产值达4187亿元，位列全国前茅。

现代林业园区 全省已公布现代林业园区创建点74个，其中主导产业示范区16个、精品园58个，建设规模0.764万公顷，总投资8.9亿元。

木本油料产业 继续抓好油茶、香榧、山核桃等木本油料提升项目，全省累计投入资金1.4亿元，木本粮油提升项目基地建设共完成1.16万公顷，其中新造林0.87万公顷、低改和生态复合经营0.28万公顷，繁育基地37.67万公顷。

林下经济 建设林下经济省级示范基地19个，财政扶持805万元，建设面积83.33公顷。加快林区道路建设，完成林区道路建设8553.3千米。

森林旅游 2014中国(温州)森林旅游节暨第八届温州森林旅游节在泰顺县泗溪镇廊桥文化园开幕，省政协副主席陈艳华出席开幕式。2014年，浙江森林旅游游客量超1.5亿人次，总收入超过600亿元，年平均增幅三成以上。

2014中国(萧山)花木节 3月7~9日，2014中国(萧山)花木节暨第九届中国园林绿化产业交易会在浙江(萧山)花木城举行。本次花木节由国家林业局、浙江省人民政府、中国花卉协会联合主办。为期3天的“花木节”共吸引来自全国各地的参观者6万多人次，达成销售意向6.5亿元。

第7届中国义乌国际森林产品博览会 11月1~4日在义乌市举办。为期4天的森博会有来自全球29个国家和地区的1322家企业参展，设国际标准展位3240个。展会吸引了64个国家和地区采购商、参观者到会参观采购，总人数41.22万人次，其中专业采购商10 417人。本届展会实现成交额46.83亿元，其中内贸成交额32.40亿元，占总成交额的69.2%，外贸成交额14.43亿元，占总成交额的30.8%。

【森林资源保护】

林地管理 出台《关于进一步简化林地审批强化林地监管工作的通知》，进一步扩大委托审批范围，简化审批要求，明确监管职责。全省依法办理征占用林地项目审核审批2556项，涉及林地面积5235公顷，征收森林植被恢复费2.5亿多元。

采伐管理 新修订的《浙江省林木采伐管理办法》经省人民政府第21次常务会议审议通过，自2014年4月1日起施行。在全省范围开展放宽集体商品林主伐年龄改革；在龙游、柯桥、宁海、景宁县(区)开展取消集体商品林采伐限额管理改革试点；在天目山国家级自然保护区开展允许采伐自然保护区内竹子、允许清理区内自然灾害木及对保护对象有害林木的试点。部署开展“十三五”期间年森林采伐限额编制工作。

资源调查 完成全国森林资源第九次连续清查浙江省第七次复查工作，部署开展各县森林资源规划设计调查、林地变更调查工作。经请示国家林业局同意，浙江被列为全国森林资源年度监测试点省。

湿地管理 浙江省人民政府办公厅下发《关于加强湿地保护管理工作的意见》，提出今后一个时期全省加强湿地保护管理工作的总体要求、主要任务和保障措施。省湿地保护委员会在宁波召开首次成员会议暨全省湿地保护现场会。省人民政府批准并公布了首批32个省重要湿地名录，面积13多万公顷。批建磐安七仙湖、天台始丰溪、海盐钱江潮源、武义熟溪4个省级湿地公园，云和梯田和天台始丰溪两个省级湿地公园晋升为国家级湿地公园。

森林灾害防控 全省森林火灾受害率为0.13‰，发生率为2.57次/10万公顷，受害面积785.53公顷，未发生重特大森林火灾事故、人员伤亡事故和火烧连营事故。松材线虫病防治共完成除治面积12.67万公顷。科学应对极端异常天气，组织实地指导抗灾救灾，下达灾后恢复生产补助资金1000万元。

【“关注森林”活动】

寻找“浙江最美森林”活动 通过发动宣传、网络评选和专家论证，历时半年，评选出“浙江最美森林”50片，“浙江最美森林”提名奖14片，并向社会公布。

生态文明主题植树活动 组织开展省市党政军领导义务植树活动，引导全社会广泛参与林业建设，全省参加义务植树人数2352.5万人次、植树6800.4万株。

森林系列创建 召开全省森林城市创建工作现场会，有效推动创森工作。温州市成功创建为“国家森林城市”，10个县市、45个乡镇、200个村创建为省级森林城市、城镇、村庄。

生态文化宣传 举办第18个“世界湿地日”“爱鸟周”、森林消防等宣传活动，组织“平原绿化书记访谈”“浙江美丽森林记者行”采访活动；加强生态文化基地建设，安吉县递铺镇双一村和德清县洛舍镇东衡村成为第五批全国生态文化村，雁荡山国家森林公园获得“国家生态文明教育基地”称号，西溪国家湿地公园等16家单位被命名为“浙江省生态文化基地”。

【林业支撑保障】

重大林业科技项目 加快科技创新平台建设，建立国家林业局香榧、铁皮石斛工程技术研究中心和林业生物产业基地，组织实施国家林业公益性行业专项、948等科研项目30项，新立省院合作项目19项。推动林业标准化工作，发布2项国际标准和10项省级地方标准。认定森林食品基地106个、面积1.53万公顷。

林木种苗 浙江省绿委、省老促会与省林业厅联合在开化县举办“营造美丽森林 推进五水共治”赠苗植树活动，省人大常委会副主任程渭山出席并宣布活动启动。2014年全省新增省财政资金1300万元，培育珍贵树种苗木800万株，赠送珍贵和彩色树种557万株，受赠行政村5426个；完成造林面积0.57万公顷，其中示范林173片0.09万公顷，示范村103个644.8公顷。探索开展珍贵树种滚动循环发展，经各县自主申报并统筹，共选取15个珍贵树种重点县为试点县，培育试点苗木（二年生容器苗）89万株，按每株2元的标准（省定育苗补助标准的30%左右）实施育苗资金地方配套试点，共落实配套资金178万元。

【林业大事】

1月19日 在浙江省“两会”期间，省政协在杭州召开全省“关注森林”工作会议，回顾总结2013年全省“关注森林”活动情况，表彰温州、金华等19个省级“森林城市”及萧山区闻堰镇等56个省级“森林城镇”，省政协主席、省“关注森林”组委会主任乔传秀出席会议并讲话。

2月7日 全省各地结合“五水共治”“森林城市（城镇）”创建、“1818”平原绿化、“四边”绿化和通道沿线绿化开展植树造林活动，积极组织党政军领导、机关及乡镇干部、企事业单位职工、团员青年参加义务植树劳动，种下大量珍贵树木和彩色树种。据统计，全省共有40个市、县（市、区）超过14万人参加了义务植树劳动，种植树木超过120万株。

3月7日 “营造美丽森林推进五水共治”赠苗植树活动在浙江开化县举行。浙江省人大常委会副主任程渭山宣布活动启动。

3月8日 2014中国（萧山）花木节暨第九届中国园林绿化产业交易会开幕式在萧山区新街镇浙江（中国）花木城举行。

3月25日 浙江省委、省政府在杭州市萧山区召开2014年全省平原绿化工作座谈会。省委书记夏宝龙在会上作重要讲话，省委常委、省委秘书长赵一德出席会议，省政府副省长黄旭明主持会议。省级有关部门负责人、各设区市林业局局长、20个平原绿化重点县（市、区）党委书记和林业局局长参加会议。

4月1日 新修订的《浙江省林木采伐管理办法》（浙江省人民政府令第320号）开始施行。

4月12日 以“鸟语花香·共享自然之美”为主题的2014年浙江省野生动植物保护宣传月暨爱鸟周活动启动仪式在杭州野生动物世界举行。省政协副主席、省生态文化协会会长陈艳华宣布活动启动。

4月28日 由国家林业局和浙江省人民政府主办，省林业厅、省旅游局和温州市人民政府承办的2014中国（温州）森林旅游节暨第八届温州森林旅游节在泰顺县泗溪镇廊桥文化园开幕。

6月23～25日 省委书记、省人大常委会主任夏宝龙一行赴丽水调研，先后走访遂昌、龙泉、庆元、云和、青田等地，深入乡村、网店、库区和自然保护区，了解经济社会发展情况，对推动丽水绿色崛起、科学跨越，促进农业发展、农民增收，保障和改善民生等工作进行考察和指导。

6月25日 浙江省公布首张省级部门权力清单，将4236项权力全部公布在浙江政务服务网和“浙江发布”微博、微信上，其中有林业权项65项。

8月1日 省林业厅正式启动集体商品林和自然保护区采伐管理改革试点。试点内容主要包括：在全省范围内取消竹子的采伐计划管理、凭证抚育采伐和凭证运输管理，选择龙游、宁海、柯桥、景宁4个县（区）开展取消采伐限额管理和放宽用材林主伐年龄试点，在天目山国家级自然保护区内允许采伐竹子及清理自然灾害木和对保护对象有害的林木等。试点时间为2014年7月1日至2015年12月31日。

8月23日 绿色中国行——走进国家东部公园暨“国家东部公园·绿色中国林”认养启动仪式在开化举行。省人大常委会副主任程渭山，国家林业局党组成员、科技司司长彭有冬参加活动。

9月25日 "2014中国城市森林建设座谈会"上，浙江的雁荡山国家森林公园被国家林业局、教育部、共青团中央授予"国家生态文明教育基地"称号。

10月11日 浙江省委、省政府正式印发《关于加快推进林业改革发展全面实施五年绿化平原水乡十年建成森林浙江的意见》(浙委发〔2014〕26号)。

10月18日 2014中国(长兴)花木大会在长兴举行，省政协副主席、省生态文化协会会长陈艳华，省政协农业和农村工作委员会主任楼国华等参加开幕式。

10月23日 第十二届中国苗木交易会在金华举行，省人大常委会副主任程渭山参加开幕式。

11月1日 由国家林业局和浙江省人民政府联合主办的第7届中国义乌国际森林产品博览会在义乌国际博览中心盛大开幕。国家林业局党组副书记、副局长张建龙和省人民政府副省长黄旭明共同启动开幕水晶球。

11月19~20日 首届世界互联网大会在桐乡乌镇召开期间，国家互联网信息办公室主任鲁炜，浙江省委书记、省人大常委会主任夏宝龙，省委副书记、省长李强等领导、嘉宾栽种"世界互联网大会纪念林"。此片纪念林共有1.43公顷，首次活动共栽种中国梧桐0.3公顷。

11月11日 浙江省委办公厅和省政府办公厅将"森林质量评价"作为一项基础指标纳入党政领导班子实绩考核评价指标体系。

12月28日 湖州梁希纪念馆正式开馆，全国政协常委、九三学社中央常务副主席邵鸿，国家林业局党组成员、中央纪委驻局纪检组组长陈述贤等参加开馆仪式。 (浙江省林业由谢力供稿)

安徽省林业

【概　述】 2014年，安徽省林业厅认真贯彻落实党的十八大和十八届三中、四中全会精神，按照省委、省政府和国家林业局的部署与要求，紧紧围绕建设生态文明的总目标和改善生态改善民生的总任务，以全面深化改革为总动力，创新林业体制机制，深入实施千万亩森林增长工程，强化森林资源保护，大力发展林业经济，全省林业改革发展取得了明显成效。全省共完成千万亩森林增长工程新造林15.1万公顷，超额完成省政府下达的年度计划任务。全省林业产值达到2510.8亿元，同比增长21.9%。

【营林生产】 2014年，全省各地坚持把千万亩森林增长工程建设作为国土绿化的重中之重，紧盯建设生态强省的目标，咬定新增造林的任务，统筹谋划，扎实推进，取得了新成绩。全省共完成千万亩森林增长工程新造林15.1万公顷，占计划任务的105.7%，超额完成省政府下达的年度计划任务。全省林业建设呈现出新的特点。

项目支撑 细化落实项目，全面推进工程建设。在统筹推进千万亩森林增长工程建设的同时，继续实施退耕还林工程，全省共完成退耕还林荒山荒地造林6511.7公顷，完成巩固退耕还林成果专项规划造林9366.4公顷。围绕区域生态环境治理，完成林业血防工程造林7925.2公顷，完成长江防护林工程造林7007.5公顷；加快石质山绿化，完成石质山造林工程7097.3公顷。

经营机制 积极培育大户、家庭林场、专业合作组织、龙头企业等新型林业经营主体，大力推广股份合作、招标承包、反租倒包等经营形式，植树造林主体化经营、规模化发展取得了新突破。2014年各类社会造林主体投资造林面积占新造林面积的90%以上，其中3.3公顷以上规模造林主体达5000多个。

质量效益 加强工程质量监管，工程造林质量稳步提升，造林面积合格率达98.5%，比2013年提高1.7个百分点；平均造林成活率达到91.5%，比2013年提高2.1个百分点。突出发展经济林，油茶、山核桃、香榧等一批经济效益和生态效益俱佳的树种得到快速发展，全省共新造经济林46 000公顷，其中名优经济林1134.5公顷。

创建成效 森林城镇、森林村庄、森林长廊"三项创建"成效显著。合肥、安庆两市荣获"国家森林城市"称号，黄山、宣城、六安、淮南、铜陵5个市创建"国家森林城市"和淮北市创建"全国绿化模范城市"工作进展顺利。全省创建安徽省森林城市10个、安徽省森林城镇139个、安徽省森林村庄855个；创建森林长廊示范段1800.7千米。

义务植树 2014年，省委、省政府在全省组织开展了千万亩森林增长工程义务植树活动，各级党政领导带头，部门配合联动，全民积极参与，江淮大地植树造林热情空前高涨。据统计，全省共有3578万人次以多种形式履行植树义务，义务植树尽责率达91.8%。各种类型的义务植树基地不断涌现，有力促进了千万亩森林增长工程建设。据统计，"3·12植树节"期间，全省县级以上党政领导开展义务植树209次，参加人次6.2万人，植树株数39.4万株，建立党政领导义务植树点266个。

核查验收 在县级全面自查的基础上，增加了市级抽查环节，省级核查比例也有所提高，抽查、核查的总比例达到20%以上。同时，建立了多部门参与的核查监督制度，对省级核查验收进行跟踪检查，确保验收公平公正，核查结果真实可靠。

【"三线三边"绿化提升行动】 按照省委、省政府开展"三线三边"环境治理的决策部署，省林业厅会同省委宣传部于2013年12月在颍上县召开了启动会，将"三线三边"环境治理与实施千万亩森林增长工程有机融合，快速启动实施"三线三边"绿化提升行动，全面掀起"三线三边”造林绿化热潮，精心打造出一批绿化与美化有机结合、生态与产业同步发展的新亮点。全省共完成“三线三边”造林61 066.7公顷，占全省新造林15.1万公顷的40.5%。其中，“三线”绿化提升新建扩建林带3342.6公里，线路绿化提升补植374.6万株；完成“三边”绿化提升成片造林20 200公顷，森林经营14 800公顷；完成“三线三边”农田林网建设（庇护面积）135 533.3公顷；完成城乡绿化提升造林19 466.7公顷，四旁植树7382.4万株，全面超额完成规划确定的年度目标任务。

【合肥、安庆两市荣获“国家森林城市”称号】 在9月25日召开的2014中国城市森林建设座谈会上，安徽省合肥、安庆两市荣获“国家森林城市”称号。连同2013年获此殊荣的池州市，全省已有3个市荣获“国家森林城市”称号。此外，黄山、宣城、六安、淮南等市也正在全力创建“国家森林城市”。

合肥、安庆两市高度重视林业和生态建设，坚持以创建“国家森林城市”为抓手，广泛动员全社会力量，大力开展植树造林。2010年11月，合肥市委、市政府作出加快建设森林城市的重要决策，实施了该市历史上规模最大、范围最广、任务最艰巨、影响最深远的造林绿化工程。截至2013年年底，全市森林覆盖率28.58%（剔除水面35.21%），城市建成区绿化覆盖率45.2%，人均公园绿地12.9平方米。安庆市通过创建国家森林城市，全市共完成建成区绿化面积1253公顷，环城林带640公顷，新增城镇绿化达标59个，新增村庄绿化达标260个；完成道路、河流等绿色长廊1056千米；新建、改建农田林网折合造林面积1748公顷，完成植被恢复440公顷，森林提质5.5万公顷，完成退耕还林、血防林、长防林等林业重点工程造林4.1万公顷，完成速丰林、经果林、花卉苗木等各类产业基地造林3.5万公顷。截至2013年年底，全市森林覆盖率37.995%，城市建成区绿化覆盖率40.9%，城区人均公园绿地11.93平方米。

【林业改革】 成立领导组织，明确职责分工，强化检查调度，深入推进林业改革，重点领域取得了新的突破。

集体林权制度配套改革 以江南林业产权交易所为省级平台，以16个省辖市和82个县（市、区）林权管理服务中心为依托，建立了省、市、县三级林权流转交易服务平台；江南林业产权交易所实现增资扩股，与各市签订了会员制合作协议，与全省各级林权管理信息系统对接，初步形成了覆盖全省、连接省外的区域性林权交易市场；完善林权登记档案管理，加强信息系统建设，在全省范围内实现了林权信息互联互通和公开查询；组织开展了森林资源资产评估机构摸底调查，清理规范评估市场。扎实推进林业投融资体制改革，积极与省级银行、担保、投资、保险等机构协调，探讨金融服务林业的新途径；与省产权交易中心合作，组建了“安徽省森林资源收储中心”，为林业融资提供林权抵押反担保、抵押森林资源的托底收储等配套服务；与邮储银行签署了林权抵押贷款“一卡通”金融服务的合作协议，选择宁国等7个县（市、区）开展了农户小额林权抵押贷款“一卡通”试点，建立“在线评估、一户一卡、随用随贷”运行机制。深入推进森林保险工作，将油茶、毛竹列入省特色农业保险品种范围；各试点市认真做好森林保险年度续保工作，续保面积221.3万公顷、投保金额162.14亿元、支付保费6026.25万元；各试点市初步建立了森林保险投保服务、查勘定损和理赔机制，因灾害理赔面积0.8万公顷，理赔金额2166.04万元。

国有林场改革试点 会同省发改委开展了国有林场改革调研，并多次召开协调会，研究支持政策。起草了《安徽省人民政府关于推进国有林场改革试点工作的指导意见（代拟稿）》，已报请省政府常务会议审定。

生态文明制度改革 研究编制了《安徽省林业推进生态文明建设总体规划（2013～2020年）》，划定了全省林地、森林、湿地、物种等4条林业生态保护红线，已经省政府同意印发各地执行。其中，林地红线：全省林地面积不低于443万公顷；森林红线：全省森林面积不低于415万公顷，森林蓄积量不低于2亿立方米；湿地红线：全省湿地面积不少于104万公顷；物种红线：确保各级各类自然保护区严禁开发，确保濒危野生动植物种类不再增加，已濒危野生动植物全部得到保护。认真落实国家和省主体功能区规划，制定出台了《关于加快推进安徽大别山水土保持生态功能区生态保护与建设的实施意见》。健全完善森林生态效益补偿机制，积极争取省政府提高省级公益林补偿标准，从2015年起由每年每公顷150元提高到225元。此外，根据安徽实际，探索在集体和个人所有的商品林中开展中央财政森林抚育补贴试点工作，选择青阳等5个县（区）率先开展了试点。

【安徽划定4条林业生态红线】 10月8日，经安徽省人民政府同意，省林业厅印发《安徽省林业推进生态文明建设总体规划（2013～2020年）》，明确了林业生态体系建设目标和战略任务，首次划定了4条生态红线，稳固生态基础，增加生态容量，为全省生态文明建设提供安全保障。

《规划》确定的全省生态建设总体布局是，围绕打造生态强省和建设美好安徽，加快推进千万亩森林增长工程，大力建设皖北及沿淮平原农区生态屏障、江淮及沿江平原丘陵区城市带生态屏障、皖西大别山区水资源保护生态屏障、皖南山区旅游资源保护生态屏障；着力构建安徽国土生态空间规划体系、重大生态修复工程体系、生态产品生产体系、维护生态安全的制度体系和生态文化体系。发展目标是：到2020年，全省森林覆盖率达到35%，森林蓄积量达到2.6亿立方米，林业产业总产值达到4000亿元，自然湿地保护率达到60%，濒危动植物种保护率达到90%。

《规划》明确划定了4条林业生态红线。一是林地红线：全省林地面积确保不低于443万公顷。二是森林红线：全省森林面积不低于415万公顷，森林蓄积量不低于2亿立方米，确保维护全省生态安全。三是湿地红线：全省湿地面积不少于104万公顷，确保维护全省淡水安全。四是物种红线：确保各级各类自然保护区严禁开发，确保濒危野生动植物种类不再增加，已濒危野生动植物全部得到保护，确保维护国家物种安全。《规划》强调要制定最严格的林业生态红线管理办法，将林地、湿地及生物多样性保护纳入政府责任制考核，依法保护红线，制定出台征占用生态用地项目禁限目录，有效补充生态用地数量，确保生态用地资源适度增长。

【森林资源保护】 健全完善保护发展森林资源目标责任制，进一步细化压实地方政府责任，将林木绿化率、森林蓄积量列入省对市、县党政领导班子和领导干部考核指标体系，将千万亩森林增长工程建设情况列为省政府对各市政府考核的内容。严格林地定额管理和用途管制，研究制订了《安徽省占用征用林地审核审批管理办法》，经省政府法制办审核，已印发各地执行，进一步从严管理、优化服务，保重点、保民生；在依法保护林地资源的同时，积极为全省经济社会发展提供优质服务，安排占用征收林地578宗、使用林地定额4444公顷，控制在国家下达的定额之内。加强和改进森林采伐限额管理，从严控制森林资源消耗，全省共使用采伐限额255.2万立方米，控制在省政府下达的限额以内；同时，改革和完善集体林采伐管理，放开对竹林经营利用的监督管理。扎实做好古树名木保护工作，经省政府认定公布了安徽省名木138株、一级古树616株，并实行挂牌保护。加强树木移植源头控制，出台管理规定严格采挖管理，坚决遏制“大树进城”之风。抓好森林资源调查和监测，按照国家林业局统一部署，精心组织、科学实施，顺利完成了第九次森林资源清查工作，成果已上报审核。继续推进全省森林资源规划设计调查工作，108个县级调查单位先后完成调查任务，调查成果通过验收评审。加快推进森林资源信息管理系统建设，以最新森林资源规划设计调查成果为基础，更新完善了林地“一张图”，初步完成了森林资源数据库建设。强化林业执法，全省共发生林业行政案件15 836起，查处15 376起，查处率99.49%，行政处罚人数16 215人，为国家和集体挽回经济损失3292余万元；全省森林公安机关先后开展了“春季行动”“天网行动”“2014利剑行动”等专项严打行动，共立刑事案件708起，破案529起，严厉打击了各类破坏森林资源的违法犯罪行为。

【湿地和野生动植物资源保护】 新建安庆市宜秀区菜子湖等15处省级湿地公园试点单位，增加湿地保护面积3.02万公顷；探索建立湿地生态补偿制度，升金湖国家级自然保护区获批湿地生态效益补偿试点资金3000万元，界首市获批湿地保护奖励资金500万元；以升金湖国家级自然保护区为主，启动实施了GEF项目(加强安徽省湿地保护地体系管理有效性项目)。继续推进全省第二次野生植物资源调查，外业调查工作完成了约80%，人工栽培调查工作全部完成。开展野生动物驯养繁殖清理整顿，加强日常监管，规范经营利用行为。加强自然保护区建设项目的指导，组织实施天马、扬子鳄、清凉峰、牯牛降等国家级自然保护区实施自然保护区建设项目；组织开展清凉峰、九龙峰、老山、皇甫山等自然保护区资源本底调查，组织协调岳西古井园省级自然保护区开展晋升国家级的规划编制工作。扬子鳄饲养繁育、野外放归和保护区园区建设取得新成效，共收集鳄卵273窝6880枚，孵出幼鳄3833条；成功开展了第10次扬子鳄野外放归活动，放归10条，是单次放归数量最多的一次，至此已野外放归扬子鳄66条。

【森林防火】 2014年，全省各级森林防火指挥部和林业主管部门认真贯彻落实国家和省委省政府一系列决策部署，强化组织领导，加强防火宣传，加大防火投入，严格管控火源，严格责任追究，森林防火各项工作有力推进、有序展开，取得了新的显著成效，确保了全年森林防火形势总体平稳。据统计，全年共发生森林火灾140起，受害森林面积265.5公顷，森林火灾受害率0.07‰，远低于国家下达的控制指标，没有发生重大森林火灾和人员伤亡事故。特别是在春节、“五一”“十一”、冬至、元旦等关键时间节点，提前周密部署，责任落实到人，实行死看硬守，创造了零火情的佳绩。

部署推进 年初，面对森林防火的严峻形势，安徽省委书记张宝顺、省长王学军、副省长梁卫国都对做好森林防火工作提出了严格要求，省政府办公厅先后发出了一系列通知，省森林防火指挥部及时召开会议部署，并及时发布高森林火险红色警报，各地、各有关部门加强组织领导，全面落实责任，确保森林防火工作落到实处。

治理体系 省林业厅紧密结合安徽省情林情，着眼于全面提升森林防火工作系统化、实战化水平，研究制订了《关于推进森林防火责任、信息、救灾体系建设的意见》，以省政府办公厅名义下发各地执行，森林防火治理体系不断完善。

森林消防力量 2014年新组建森林消防专业队64支、半专业森林消防队309支，目前，全省森林消防专业队达241支、半专业森林消防队达641支；积极支持武警省总队新组建省、市两级6支森林灭火突击队；2014年11月份在安庆市首次举行了全省性的森林防火综合演练，进一步提升了森林消防队伍的实战能力。

森林防火投入 争取省财政安排资金2195万元，用于森林防火基础设施建设。同时，用好国家森林防火项目资金，加强了省森林防火指挥中心、省级森林防火物资储备库建设以及六安、宣城、安庆等5个森林重点火险区的森林防火建设。据不完全统计，2014年全省各级森林防火资金投入超过4亿元。

森林防火宣传 全省各地围绕《森林防火条例》《安徽省森林防火办法》等法律法规，开展了形式多样、生动活泼的森林防火宣传活动。据统计，全年全省共出动宣传车5.52万台次，文艺宣传演出165余场次，播放电影338场次，组织培训班736期，防火知识竞赛322场次，防火宣传栏4893期，新设立防火宣传牌1.7万余块，发放温馨提示卡22余万张。

问责机制 据统计，2014年全省共有90余名干部因森林火灾被问责，全省广大干部群众得到了警示、警醒。

【林业有害生物防治】 认真贯彻落实《国务院办公厅关于进一步加强林业有害生物防治工作的意见》，报请省政府出台了《关于进一步加强林业有害生物防治工作的实施意见》，省政府与各市政府签订了《2014～2016年度重大林业有害生物防治(预防)目标责任书》。坚持以松材线虫病、美国白蛾防治为重点，落实防控责任，强化监测检疫，提升应急能力，推进社会化服务，全力遏制重大林业有害生物蔓延势头。全省主要林业有害生物发生面积38.4万公顷，防治面积34万公顷；成灾率4.1‰，测报准确率97.7%，无公害防治率94.1%，种苗产地检疫率98.4%，“四率”指标达到国家林业局下达的年度考核指标。在国家对近3年重大林业有害生物防控目标管理考核中，安徽省获优秀等次。全省完成松材线虫病发病山场枯死树清理2209.9公顷，皆伐2372.3公顷，其他区域枯死树清理37 511.3公顷；完成美国白蛾防治面积1.3万公顷。积极推进“绿盾2014”林业植物检疫执法检查行动，全省各级林业主管部门组织相关人员开展联合行动和专项行动1365次，共出动执法人员共计7912人次；检查3784家种苗基地，涉检种苗花卉数量达75 710多万株；检查4098家涉木企业，涉检竹木材数量达257 023立方米，检查木质包装箱、线缆盘25 487个；共查处检疫案件1329起，取样镜检725份，涉案竹木材数量3285立方米、木质包装箱和线缆盘11 017个、种苗花卉14 866株，涉案金额共计922万元，依法处以行政罚款205.17万元。

【林业产业】 林业经济蓬勃发展，2014年全省林业产值达到2510.8亿元，同比增长21.9%。其中第一产业752.47亿元，比2013年增加121.49亿元，同比增长19.25%；第二产业1336.18亿元，比2013年增加198.27亿元，同比增长17.42%；第三产业422.16亿元，比2013年增加131.51亿元，同比增长45.25%，第三产业增长速度最快。

培育特色林业资源 继续主攻油茶、竹子、杨树“三大树种”，分别新造油茶1.3万公顷、竹子0.36万公顷、杨树1.55万公顷；其他特色经济林快速发展，新造山核桃、薄壳山核桃等0.42万公顷，葡萄、猕猴桃、金银花、油用牡丹、蓝莓等0.45万公顷。完成新育苗面积0.67余万公顷，新续建林木良种基地0.13万公顷，全省苗木种植面积已近16.67万公顷，年产值达160余亿元。顺利完成国家储备林划定任务，全省划定国家储备林面积7.97万公顷，其中国家储备林6.93万公顷，占下达任务数的104%，后备林1.04万公顷。

壮大新兴林业产业 加快发展林下经济，以林下种植中药材和菌类种植为突破口，带动林下养殖、林间采集加工的发展。加快森林旅游业发展，新增1处国家级、3处省级森林公园，全省森林公园总数已达73处，总面积15.61万公顷，其中国家级31处，数量居全国第八位；会同省旅游局授予287家经营点为第二批“森林旅游人家”，天柱山国家森林公园等19家森林旅游景区为首批“安徽省森林旅游示范景区”。

打造产业发展平台 成功举办了第十二届中国合肥苗木花卉交易大会，总交易额22.5亿元，较2013年增长10.2%；会同黄山市成功承办了第八届中国竹子文化节和竹产业发展经验交流会。会同宿州市成功承办了第十三届全国人造板工业发展研讨会，宿州市被中国林业产业联合会认定为“中国杨木产业经济示范区”。鼓励企业自主创新，加大林业贴息贷款等政策扶持力度，支持林业龙头企业依靠科技进步研发新工艺、新产品。加快实施品牌战略，安徽龙华竹业有限公司等7家皖企被国家林业局认定为重点龙头企业。

培育新型林业经营主体 加强对林业合作组织、家庭林场、专业大户、林业龙头企业等新型经营主体的培育引导，制订了《安徽省省级示范家庭林场认定办法》。继续开展省级林业合作社示范社评选，共评选省级示范社50个；向国家推荐了15个全国农民合作社示范社，并得到批准确认；1个省级林业产业化龙头企业被认定为国家标准化示范企业。

【主要林产品产量】 全年全省生产商品材465.52万立方米、毛竹11 867.14万根，小杂竹106.51万吨，与2013年相比略有下降。水果种植面积13.54万公顷，产量285.35万吨，同比增长10.92%；干果种植面积11.71万公顷，同比下降17.33%，产量27.36万吨，同比增长35.94%；产饮品种植面积13.55万公顷，同比下降1.79%，产量10.75万吨，同比增长15.82%；森林食品产量10.78万吨，同比减少4.52%；木本药材种植面积1.33万公顷，产量2.24万吨，与2013年相比增长14.29%。木本油料种植面积11.95公顷，比2013年增长12.10%，产量7.70万吨，同比上涨11.76%；林产工业原料产量2.04万吨，比2013年同期提高了2.49个百分点；其中松脂1.31万吨，占工业原料的64.22%，仍然是最主要的工业原料。

表21-1 安徽省主要经济林产品产量

产品名称	计量单位	产　量
苹果	吨	396 250
柑橘	吨	40 365
梨	吨	1 125 160
葡萄	吨	384 525
桃	吨	615 111
杏	吨	8997
猕猴桃	吨	17 930
核桃	吨	19 201
板栗	吨	197 803
枣(干重)	吨	11 791
柿子(干重)	吨	39 797
银杏(白果)	吨	1968
毛茶(干重)	吨	104 451
竹笋干	吨	28 291
食用菌(干重)	吨	57 852
山野菜(干重)	吨	8727
杜仲	吨	1603
油茶籽	吨	71 425
油桐籽	吨	2653
棕片	吨	3982
松脂	吨	13 105

表 21-2　安徽省主要木竹加工产品产量

产品名称	计量单位	产量
锯材	立方米	4 056 641
木片、木粒加工产品	实积立方米	1 498 805
人造板	立方米	20 192 573
1. 胶合板	立方米	12 755 763
2. 纤维板	立方米	3 982 708
3. 刨花板	立方米	1 326 645
4. 其他人造板	立方米	2 127 457
其中：细木工板	立方米	1 699 387
其他加工材	立方米	33 296
木竹地板	平方米	84 847 301
1. 实木地板	平方米	5 617 054
2. 实木复合木地板	平方米	14 135 059
3. 浸渍纸层压木质地板（强化木地板）	平方米	52 518 230
4. 竹地板（含竹木复合地板）	平方米	11 019 958
5. 其他木地板（含软木地板、集成材地板等）	平方米	1 557 000

表 21-3　安徽省主要林产化工产品产量

产品名称	计量单位	产量
松香	吨	6928
松节油	吨	1879
木炭	吨	74 305
竹炭	吨	6113
木质活性炭	吨	380

【第十二届中国合肥苗木花卉交易大会成功举办】 10月24～26日，第十二届中国合肥苗木花卉交易大会在肥西县中国中部花木城成功举办。国家林业局党组副书记、副局长张建龙，省委常委、合肥市委书记吴存荣，副省长梁卫国，省政协副主席牛立文，省林业厅厅长程中才等参观了展览交易现场。

本次“苗交会”展位面积达8万平方米，创历届之最。共有来自24个省份的1520多家参展商、贸易商，约3.5万专业人士云集合肥参展、参观、交流、交易。有1157家苗木花卉生产经营企业进场参展，较2013年增长11.8%。大会期间，总交易额22.46亿元，较2013年增长10.2%。其中，现场交易额6971万元，签订正式合作协议15.06亿元，达成意向协议金额6.7亿元。

本次“苗交会”除展示苗木花卉外，还有部分林产品、盆景、奇石展览展销，内容丰富。同时，举办了“园林机械绿化用品、安徽省盆景艺术、安徽省高校大学生插花艺术比赛及作品展”等专题展示；举行了“倡导低碳生活，建设绿色家园，圆梦美丽中国——我承诺，我践行”万人公益签名活动和银企对接会。

【第八届中国竹文化节在安徽省黄山市举办】 11月17～19日，第八届中国竹文化节在安徽省黄山市举办。全国政协人口资源环境委员会副主任、国际竹藤组织董事会联合主席、中国竹产业协会会长江泽慧出席开幕式并宣布第八届中国竹文化节开幕，国家林业局副局长张永利、安徽省十届政协副主席王鹤龄、国际竹藤组织总干事费·翰思出席开幕式并致辞。省林业厅厅长程中才作交流发言。各竹子主产区省（市、区）的林业部门负责人，“中国竹子之乡”“中国特色竹乡”代表，联合国教科文组织驻华代表、国际竹藤组织董事会董事和成员国驻华使节、代表等，国家林业局，竹业科研单位的学者专家等400余人参加本届竹文化节。

本届竹文化节由国家林业局、安徽省人民政府、国际竹藤组织联合举办，主题是“弘扬竹文化，发展竹产业，建设美好乡村”。竹文化节活动丰富多彩，与会代表参观了黄山竹文化博物馆，实地考察了国家竹藤中心太平基地、工程技术研究中心及竹种质资源库、黄山区省级毛竹科技示范园等。同时，还举办竹产业发展经验交流会、竹业绿色发展与创新驱动国际研讨会、竹文化专题摄影展、安徽省竹产业发展图片展等，并为黄山韵竹园揭牌、种植纪念竹。

【林业科技】 继续组织开展了万名林业科技人员下基层服务千万亩森林增长工程活动，省林业厅派出24个专家组、72名人员深入各地指导服务，每名专家都建立了33.3公顷以上的联系点，总面积达0.77万公顷；精心实施国家和省林业科技推广示范项目，共实施中央财政项目17个、省财政和政府性基金项目39个，建设示范林0.2万公顷，并结合示范林建设开展技术培训，对关键技术问题组织创新研究，不断提高示范林建设水平。林业科技平台建设持续推进。“国家林业局山核桃工程技术研究中心”落户省林科院，宁国市申报“国家山核桃生物产业基地”通过专家评审，近两年国家林业局已在安徽省布局建立了4个国家级研究中心和基地。林业科技攻关和标准化工作深入开展，在实施10项国家林业局、省科技厅科研项目，并组织开展了森林认证、林业知识产权试点工作。《毛竹笋早出培育技术规程》等10个省地方标准经省质监局审定发布实施；桐城市、金安区、祁门县和南陵县分别被国家林业局批准为全国油茶和凤丹标准化示范区，至此全省已建26个林业标准化示范区。

【林业对外合作】 推进外资项目建设，全面完成世行五期项目2014年度新造林任务，共营造项目林0.73万公顷。其中：新造多功能人工林0.53万公顷，现有人工林生态恢复0.2万公顷。积极推进中德三期项目建设，完成森林经营面积0.3万公顷，修建林区道路22.5千米；完成了中德安徽林业二期项目终期评估。中日绿化基金项目在我省舒城县、怀宁县、阜阳市、滁州市南谯区同时实施，取得新的进展。加强国际交流合作，组织出国（境）48人次赴外学习考察，接待国外、国际组织官员、专家80余人次来安徽省参观考察。

【林业大事】

1月22日　全省重大林业有害生物防治工作座谈

会在合肥召开。副省长、省森林防火和重大林业有害生物防治指挥部指挥长梁卫国出席会议并讲话。省政府副秘书长孙正东主持会议，省林业厅厅长程中才通报了全省2013年松材线虫病和美国白蛾等重大林业有害生物疫情发生情况。

1月25日 省政府办公厅发出紧急通知，要求各级政府和有关部门扎实做好春节期间森林防火工作，确保人民群众生命财产安全和社会和谐稳定。同日，安徽省森林防火指挥部发布高森林火险红色警报(1401期)。

1月25日 副省长、省森林防火指挥部指挥长梁卫国专程赴安庆市指导安庆市大龙山森林火灾扑救工作。

1月26日 省森林防火指挥部召开紧急电视电话会议，副省长、省森林防火指挥部指挥长梁卫国出席会议并作重要讲话，省林业厅厅长程中才通报了近期全省森林火灾发生情况。

1月27日 省林业厅召开党的群众路线教育实践活动总结会议。厅党组书记、厅长、厅教育实践活动领导小组组长程中才主持会议并作活动总结讲话，省委第十督导组组长李学香出席会议并作重要讲话。

1月27日 省林业厅召开全厅干部职工大会，厅党组书记、厅长程中才讲话。

3月10日 全省林业局局长会议在合肥召开。省林业厅党组书记、厅长程中才作工作报告。

3月10～11日 省林业厅在合肥举办全省林业局局长专题培训班。

3月12日 省政府举行新闻发布会，省绿化委员会副主任、省林业厅厅长程中才发布2013年安徽省国土绿化状况。

3月15日 省暨合肥市党政军领导与机关干部群众和在肥部队官兵，在合肥市肥东县长临河镇茶山村义务植树基地参加义务植树活动。省委书记张宝顺，省委副书记李锦斌和省几大班子负责同志参加植树活动。

3月19日 省委副书记、省千万亩森林增长工程建设领导小组组长李锦斌主持召开省领导小组第二次全体会议，常务副省长詹夏来、副省长梁卫国、省军区副司令员陈德亮和武警安徽总队司令员金林炎出席会议并讲话。省林业厅厅长程中才作了工作汇报。

3月20～4月30日 全省森林公安机关在全省范围内集中开展春季严厉打击涉林违法犯罪专项行动，代号“春季行动”。

3月28日 安徽省第33届“爱鸟周”启动仪式在黄山学院举行，2014年“爱鸟周”的主题是“保护野生动植物，建设鸟语花香的美好安徽”。

3月31日 国家林业局与安徽省政府合作共建安徽农业大学协议签字仪式在北京举行。国家林业局局长赵树丛、副局长张建龙、局党组成员彭有冬，安徽省政府副省长梁卫国、省政府副秘书长孙正东、省林业厅厅长程中才、安徽农业大学党委书记赵良庆、校长宛晓春等出席签字仪式。梁卫国、张建龙代表双方签字并致辞。

4月22日和24日 省林业厅分别在怀宁县和宣州区召开了全省第九次森林资源清查工作部署会议暨技术培训班(淮河以南片)，安排部署我省第九次森林资源清查工作，并对参加清查工作的技术人员进行培训。

5月9日 省千万亩森林增长工程建设领导小组下发《关于进一步加强千万亩森林增长工程建设管理工作的通知》，从7个方面对进一步加强千万亩森林增长工程建设管理工作提出了明确要求。

5月14日 省林业厅新公布了薄壳山核桃“安农1号”等14个林木优良品种。

5月20日 安徽省委书记张宝顺作出重要批示，要求进一步落实政府责任，加强森林资源保护管理，促进生态强省和生态文明建设。

6月8日 省林业厅党组在合肥召开落实党风廉政建设和反腐败工作主体责任会议，省林业厅党组书记、厅长程中才与各处室、单位主要负责人签订了《安徽省林业厅机关处室(单位)落实党风廉政建设和反腐败工作责任书》，并作重要讲话。

7月14日 安徽省委书记张宝顺在省人大工作研究会呈送的《总结经验再提高推动发展新跨越——对我省油茶产业发展若干问题的调研与思考》一文上作出重要批示。此前，省长王学军、省委副书记李锦斌、省委常委、常务副省长詹夏来、省人大常委会副主任、党组副书记臧世凯、省人大常委会副主任宋卫平和副省长梁卫国等省领导也作出批示，要求省林业厅认真研究采纳相关建议。

7月18日 安徽省绿化委员会发出《通知》，公布了第一批安徽省名木和一级古树名录。其中，具有历史价值和重要纪念意义的名木138株，树龄500年以上的一级古树616株。

9月2日 省政府办公厅出台了《关于进一步加强林业有害生物防治工作的实施意见》。

9月19日 梁卫国副省长专门听取了省林业厅关于2015年千万亩森林增长工程建设安排意见的汇报，强调要坚定不移地实施好千万亩森林增长工程。

9月22日 省长王学军在省政府秘书长邵国荷等陪同下，赴安徽扬子鳄国家级自然保护区视察指导工作。

9月22日 经省政府同意，省政府办公厅转发了《省林业厅关于推进森林防火责任、信息、救灾体系建设的意见》。

10月8日 经安徽省政府同意，安徽省林业厅印发了《安徽省林业推进生态文明建设总体规划(2013～2020年)》。

10月10～12月10日 全省各级森林公安机关组织开展了打击破坏森林和野生动物资源违法犯罪专项行动，代号“2014利剑行动”。

10月16～17日 第十三届全国人造板工业发展研讨会在安徽省宿州市召开。国家林业局党组成员、中央纪委驻局纪检组组长陈述贤在研讨会上讲话。省林业厅厅长程中才在会上致辞。

10月18～19日 国家林业局党组成员、科技司司长彭有冬来安徽调研林业科技等工作。省林业厅厅长程中才等陪同调研。

10月16～17日 省政协副主席王秀芳率中共界别委员一行，赴安庆市调研森林生态补偿机制建设工作。省林业厅厅长程中才陪同调研

10月24～26日 第十二届中国合肥苗木花卉交易大会在肥西县中国中部花木城成功举办。国家林业局党组副书记、副局长张建龙，省委常委、合肥市委书记吴存荣，副省长梁卫国，省政协副主席牛立文，省林业厅厅长程中才等参加了开幕活动。

11月11日 全省森林防火综合演练在安庆市宜秀区举行。副省长、省森林防火指挥部指挥长梁卫国观摩演练并讲话，省林业厅厅长程中才观摩了演练活动。

11月12日 省委、省政府在安庆市望江县召开全省千万亩森林增长工程造林整地现场会，省委副书记李锦斌出席会议并作重要讲话，副省长梁卫国主持会议。省林业厅厅长程中才作了大会发言。

11月17～19日 第八届中国竹文化节在安徽省黄山市举办。全国政协人口资源环境委员会副主任、国际竹藤组织董事会联合主席、中国竹产业协会会长江泽慧出席开幕式并宣布第八届中国竹文化节开幕，国家林业局副局长张永利、安徽省十届政协副主席王鹤龄、国际竹藤组织总干事费・翰思出席开幕式并致辞。省林业厅厅长程中才作交流发言。

12月14～15日 省林业厅、省文明办在宿州市召开全省"三线三边"绿化提升行动现场会。省委宣传部副部长、省文明办主任贺懋燮和省林业厅厅长程中才出席会议并分别讲话。

12月30日 省林业厅出台《安徽省占用征用林地审核审批管理办法(试行)》。

（安徽省林业由刘力供稿）

福建省林业

【概　述】 2014年，认真落实《国务院关于支持福建省深入实施生态省战略 加快生态文明先行示范区建设的若干意见》精神，围绕生态林业、民生林业的目标，深化林业改革，推进生态文明先行示范区建设，取得明显成效。

深化林业改革 扩展林权证发证面，开展茶叶、寺庙林权登记发证，对联户证实行拆分或股份到户，便于抵押贷款或流转，全省调处林权纠纷327起，新增林权登记发证面积26.9万公顷。森林综合保险从2014年起每公顷保额由原来的7500元提高到9000元，参保面积超过733.3万公顷、参保率超过90%。加强和完善森林资产评估、抵押担保、林权收储中心等平台建设，筹建省级林权收储中心，全省已有18个市、县成立或正在筹建林权收储机构。全省新增林权证抵押贷款27.5亿元、同比增加31.5%，累计129.7亿元。继续扶持发展农民林业专业合作社、股份林场、家庭林场等新型林业经营主体，促进林业适度规模经营，全省新增林业专业合作社335个、累计2280家。推进林权规范有序流转，促进森林资源的市场化配套，全省新增林权流转面积1.86万公顷，已有86家林业企业在海峡股权交易市场挂牌交易或展示。

造林工作 按照"山上抓提升，山下抓延伸"的思路，持续推进造林绿化美化。全省完成造林绿化总面积10.93万公顷、占总任务的126%。其中"四绿"工程建设，完成造林4.59万公顷、占任务的105.8%。特别是启动了山脚田边生物防火林带建设，计划3年完成3万公顷建设任务。二是继续在"三沿一环"重点生态区位(含低值、低效茶果园)采取间伐、改造、补植、套种等生态修复措施，完成"三沿一环"重点生态区位林分修复(含茶果园)2.35万公顷、占任务的104.6%；完成沿海防护林基干林带建设5700公顷、占任务的106.9%。三是全省培育造林绿化各类苗木约4.39亿株，其中容器育苗约0.49亿株，为造林绿化提供了充足的苗木保障。

森林科学经营 持续推进森林抚育和封山育林，全省完成森林抚育65.53万公顷、封山育林69.6万公顷(其中新封面积13.57万公顷)。在全国率先完成12.07万公顷国家储备林划定工作，并在全国林业厅局长会议上作经验交流。省政府办公厅印发《关于开展生态公益林布局优化调整工作的通知》，通过赎买、置换等方法逐步将重点区位内商品林调整为生态公益林。永安、顺昌、永泰等地完成近667公顷重点生态区位商品林赎买。完善林业生态补偿机制，省级以上生态公益林补助标准提高到255元/公顷・年。龙岩、永安等地开展生态公益林管护模式改革试点。

林业产业 继续实施现代农业(竹业、油茶、花卉)发展项目、林下经济等重点项目，促进兴林富民。全省共新扩建现代林业重点项目174个，落实投资资金近6亿元(其中省级以上补助资金2亿元)，建立示范基地1.22万公顷，超额完成省政府下达任务。省财政追加2000万元林下经济专项扶持资金，总资金达7000万元，扶持新增林下经济示范基地3.32万公顷，促进农民持续增收。按照"抓龙头、铸链条、促转变"的要求，扶持一批林业龙头企业和重点林业专业园区发展，鼓励企业上市融资和争创品牌，引导产业集聚，加快产业转型升级，推动森林资源资产证券化，促进森林资源资产向资本方向转化。全省新增境内外上市涉林企业3家、累计22家，新增"中国驰名商标"8件、累计31件，现有国家林业产业化龙头企业10家、省级以上龙头企业共176家。规模以上林业工业企业实现产值3467亿元、比增11.3%。2014年全省林业产业总产值达3972亿元、比增10%。推进海峡两岸(三明)现代林业合作实验区以及涉林台湾农民创业园等建设，举办海峡两岸林博会、花博会，发挥海峡两岸林业合作交流前沿平台作用。全省林业利用外资5.5亿美元，新增林业台资项目22个，合同利用台资1.4亿美元，实际利用台资4200万美元。

森林灾害防控工作 实施《福建省森林防火条例》，落实森林保护责任制，继续实行森林防火重点县管理制度，强化监测预警、火源管控和物资储备库、专业队伍等基础建设。全省未发生重大森林火灾，发生森林火灾130起，发生率1.46次/十万公顷，受害率0.13‰，未突破规定指标。全面落实林业有害生物防治目标"双线"责任制，强化监测预警、检疫执法和防治减灾，加强社会化防治组织等能力建设，大力实施无公害防治，全力抓好松材线虫病等重大林业有害生物预防与除治，省财政追加3000万元松材线虫病防控专项补助资金，启动《重点生态区位重大林业有害生物防御规划》编制工作。全省林业有害生物发生面积23.12万公顷，防治21.56万公顷，防治率达93.2%，成灾率控制在0.97‰，无公害防治率达98.5%，种苗产地检疫率达100%，全面完成国家下达的林业有害生物防治的"四率"指标，其中松材线虫病发生面积和防治面积均2187公顷，防治率100%，顺利通过国家松材线虫病防治目标责任制考核。落实林业安全生产"党政同责、一岗双责"规定，实施林业企事业单位安全生产标准建设提升3年行动，强化林业行业防台防汛等工作，中央财政下达1000万元林业救灾资金。

资源保护工作 加强生态建设和生物多样性保护，强化公益林、天然林，重点是自然保护区、森林公园、重要湿地、重要水源地、"沿路、沿江、沿海、环城一重山"等重点生态功能区的强制性保护。组织开展第二次全国重点野生植物资源调查、第二批"福建树王"评选等活动，新增国家级自然保护区、森林公园、湿地公园各1个，省级森林城市(县城)6个。新增省级野生动物疫源疫病监测站13个，累计40个，发布福建第一批陆生野生动物疫源疫病重点疫源物种和疫病种类名单。组织实施华南虎、黑脸琵琶、中华凤头燕鸥、四川苏铁、长序榆、观光木、黑桫椤等珍贵濒危物种保护救护项目。组织开展眼镜蛇2号等专项行动，持续保持打击破坏森林和野生动植物资源违法犯罪的高压态势，全省共查处林业行政案件1.4万起、侦破涉林刑事案件1379起。严格落实省级和县级林地保护利用规划，开展非法侵占林地清理排查专项行动，依法科学管理林地，严格执行林地定额管理，做好重点、民生等项目使用林地服务。在漳州、永安、尤溪、晋江、德化等市(县)开展林地占补平衡试点。全省审核占用征收林地9594公顷，其中重点、民生、基础设施项目占71%。

提升林业发展支撑保障 第四期林木种苗科技攻关、省种业创新与产业化工程等项目建设有序推进，组建森林公园工程技术研究中心。组织实施国家林业科研项目7项、省级科研项目50多项，15个林业项目获福建省科学技术进步奖。完成16项省地方标准制修订工作，扎实推进3个林业标准示范区建设。做好第十二届中国·海峡项目成果交易会林业项目成果对接工作，征集科研成果400项，对接91项，总投资近9.4亿元。实施林业科技推广示范项目27个，新增科技示范基地1800公顷，加快林业科研成果转化。加快立法步伐，《福建省湿地保护条例》已经省政府常务会议审，报省人大审议。强化资金保障，2014年全省安排省级以上林业资金40.4亿元、同比增加7.2%，其中省级25.3亿元、比增18.8%。

【新增一国家级自然保护区】 12月5日，国务院办公厅公布新建国家级自然保护区，汀江源自然保护区成为福建林业第14个国家级自然保护区。汀江源国家级自然保护区位于长汀县境内，地处闽西西部，坐落于武夷山脉南段延伸支脉区域，总面积10 379.7公顷，主要保护对象为原生性的中亚热带常绿阔叶林生态系统、典型的中亚热带溪流生态系统、丰富的大型真菌资源、汀江源头重要水源涵养林，属森林生态系统类型自然保护，对保护生物多样性和生物资源、维护生态系统服务功能等方面具有重要作用。

【多措施推进生态文明先行示范】 省林业厅下发《关于加快林业科学发展跨越发展推进生态文明先行示范区建设实施方案的通知》，要求完善森林资源保护管理机制，划定林地和森林、湿地、物种、沙区植被保护红线；对森林、山岭、湿地等自然生态空间进行统一确权登记，实施林地用途管制制度，健全林地节约集约使用制度；实施林业生态保护修复工程，加强自然保护区、森林公园建设和湿地保护，实施沿海防护林体系修复、江河流域生态修复及天然林保护、重点水土流失区生态修复等工程；实施森林防火、林业有害生物防治和林业执法等体系建设工程；推进林业产业升级，做强第一产业，提升第二产业，做大第三产业；深化林业改革，持续推进确权发证工作，培育新型林业经营主体，建立林权规范流转机制，推进林权抵押贷款工作，加强林业服务体系建设，严格管理生态公益林，科学经营商品林，深化国有林场改革，深化林业部门转变职能改革，扩大林业开放；强化保障措施，加强组织领导，强化科技支撑，完善法治保障、加强队伍建设。

【首次出台不炼山造林补助政策】 11月28日，省政府下发《关于切实抓好2015年造林绿化和森林经营工作的通知》，下达2015年造林绿化和森林经营任务36.67万公顷。任务包括造林绿化10万公顷，森林抚育13.33万公顷；封山育林13.33万公顷。为提升森林质量，增强森林生态功能，福建省级资金首次补助不炼山造林每公顷3000元，其他省级资金补助还有"四绿工程"造林每公顷4500元，高速公路、高铁森林生态景观通道建设每公顷15 000元，沿海防护林人工造林每公顷30 000元、林带修复每公顷7500元、封山育林每公顷1050元，"沿路、沿江、沿海、环城"即"三沿一环"重点区位林分修复每公顷7500元，珍贵用材树种造林每公顷7500元，山脚田边生物防火林带建设每公顷15 000元，森林抚育每公顷1500元，营林机械推广示范县(点)建设每个100万元。

【开展生态公益林布局优化调整】 12月22日，省政府下发《关于开展生态公益林布局优化调整工作的通知》，要求进一步提升森林资源优势，建立与"机制活、产业优、百姓富、生态美"新福建相适应的森林生态体系。以推进生态公益林集中连片、优化生态公益林区位布局、增强生态服务功能为目标，按照"总量不变、布局优化、科学规划、程序严格"原则，稳步推进，逐步将重点区位内商品林调整为生态公益林，将重点区位外零星分散的生态公益林调整为商品林，使全省生态公益林规模、结构、布局更加合理，森林生态功能更加完善。县级人民政府负责组织制订、实施重点生态公益林调整规划总体方案，县级林业主管部门对调整的森林资源档案和林权证进行林种变更登记，设区市林业主管部门对调整规划进行组织审核，省林业厅对调整规划进行审核批准；对国家级生态公益林的调整，由省林业厅会同省财政厅报省政府同意后，报国家林业局和财政部核准。严格实行占用征收重点生态公益林地“占一补一”制度，鼓励建立重点生态公益林储备库，占用征收生态公益林地将定期从储备库调进相应面积数进行补充，破解当前用多少补多少、不连片等问题；补进的生态公益林必须在重点生态区位内，其中沿海防护林基干林带必须在同区位内；探索生态公益林赎买等改革机制，确保重点生态区位生态公益林有效保护；试行占用征收生态公益林异地占补制度，允许跨县异地在重点生态区位内等面积有偿补充的方式实现占补平衡，其中沿海防护林基干林带必须在同区位类型补充。

【2014年福建省林木品种审定委员会审(认)定54个品种】 审定通过品种36个，包括花卉品种1个、杉木无性系5个、黑木相思家系5个，油茶采穗圃3片，共12.27公顷；马尾松1代种子园1片、马尾松1.5代种子园1片、马尾松专营种子园2片、马尾松2代种子园3片，共119.6公顷；杉木3代种子园8片、杉木2代种子园1片、杉木专营种子园1片，共140.2公顷；福建柏初级种子园1片，共5公顷；柳杉1代种子园1片，共6.13公顷；马占相思实生种子园1片、卷荚相思实生种子园1片、厚荚相思实生种子园1片，共16.27公顷。认定通过品种18个，包括花卉无性系4个、枫香家系8个、无患子无性系5个，油茶采穗圃1片，共5.73公顷。

【南平市林业】 全市林业总产值595.58亿元，同比增长18.85%，其中，一产88.93亿元、二产465.69亿元、三产40.95亿元。

林业改革 全市已成立林权流转交易服务平台10个、森林资源评估服务机构13家、林权抵押担保收储服务平台7个、林业科技综合服务平台10个。邵武市、建阳市推进林权抵押担保收储工作，两市累计发放林权担保收储贷款6057万元。新增林业经济合作组织126个，面积8560公顷，其中林业专业合作社111个。全市完成林权发证面积198.09万公顷，发证率98.71%；发放林权证62.73万本，到户率97.2%。办理林权流转4078起，面积4.19万公顷，流转额5.71亿元；完成林权抵押登记879笔，面积2.84万公顷，抵押贷款金额7.6亿元；商品林综合保险参保面积119.54万公顷，参保率达93.06%，同比提高5.56个百分点。

造林绿化 抓好科学造林，调整树种结构，提高城乡绿化美化水平，全市完成造林绿化面积2.47万公顷，占省上任务的122.3%，其中“绿色城市、绿色村镇、绿色屏障、绿色通道”建设8727公顷，人工造林更新1.6万公顷；森林抚育4.08万公顷。苗木供应总体充足，全市大田育苗面积120.75公顷，产苗量5761.7万株，培育容器苗1196.8万袋、组培苗300万株、绿化树种1.23亿株。持续开展造林示范，扎实推进生态绿廊建设，完成重点区位林分修复(含茶果园)6673公顷，珍贵用材树种造林1600公顷，以及12个省级示范绿色村庄建设。

林业产业 发展竹业经济、林下经济等兴林富民产业，推进传统产业转型升级。全市规模以上工业产值427.19亿元，同比增长16.38%。清理整顿不合格木材经营加工企业，责令整改281家，取缔并收回批准书108家。加大对竹产业扶持力度，市政府出台《南平市竹产业发展扶持资金管理办法》，新建丰产高效竹林示范片11个、294.23公顷。林下经济示范成效不断提升，实现林下经济产值119.45亿元，新增5个林下经济省级示范县，实现示范县项目10个县(市、区)全覆盖，建立可学可看可推广的林下经济示范基地87个，经营面积1万公顷。开展重点招商活动，全年引进涉林项目136个，项目总投资278.2亿元，完成投资28.44亿元。品牌建设取得新进展，福建元力活性炭、邵武杜氏木业、顺昌老知青等3家企业获首批国家林业重点龙头企业称号，占全省总数的30%，延平区被中国林业产业联合会授予“中国百合之乡”称号，建阳龙泰竹业获准在“新三板”挂牌。

资源保护 持续加强林业“三防”体系建设，强化森林资源和生物多样性保护，努力构建生态安全屏障。重新修订《南平市森林火灾应急预案》，建阳、浦城、光泽等县(市)组建县级专业森林消防队，全市共发生森林火灾32起，森林火灾发生率1.52次/十万公顷；受害森林面积298.5公顷，森林火灾受害率0.14‰，各项森林火灾控制指标均低于省控标准。主要林业有害生物发生面积3.65万公顷，防治面积3.55万公顷，防治率达97.40%，无公害防治率达99.11%，成灾率0.33‰，各指标均优于省林业厅下达指标。严格落实松材线虫病防治工作，全市松枯死木清理完成率、除害处理率和综合防治松墨天牛防治率均达100%。编制全市生物多样性保护规划，启动全国第二次野生植物资源调查，顺昌县七台山及武夷山黄龙岩省级自然保护区申报材料已提交省政府审批。加强林业执法，森林公安开展专项严打整治行动7次，立刑事案件406起。全市受理林业行政案件4059起，查处4057起，市执法支队直接查办重点案件3起；完善林业视频监控系统，建设固定监控点206个，设立监控室10个，基本覆盖全市主要道路、重点路段。

服务水平 做好武夷新区、省市重点项目建设用地保障工作，受理林业行政许可及服务项目231起，提前办结率达100%，压缩办理时限达85%以上；其中建设项目征占用林地获批211起，占用林地面积1807.69公顷。争取中央、省级项目资金6.33亿元，同比增长16.28%，其中中央资金2.82亿元，省级资金3.51亿元。加大林业基础设施建设投入力度，落实国家级林业站标准站项目3个，累计建设修葺基层林业站54个，占全市126个林业站的43%。落实林业危旧房改造项目建设任务，全市续建、新建任务7152套，已全面开工，其中竣工3290套，累计完成投资8.6亿元，占总投资的86.5%。推进涉林矛盾纠纷多元调处机制建设，做好信访案件复查答复工作，办结林木林地权属争议案件

91 起，面积 1787 公顷。

【三明市林业】

林权改革创新突破 ①创新金融产品。成立全省首家市级混合所有制林权收储机构，在全国首创 10~30 年林权按揭贷款，建立资产评估、银行、人保财险、资产管理公司、林权收储公司“五位一体”风险防控模式，全市新发放林业贷款 11.6 亿元，其中林权抵押贷款 5.9 亿元。森林综合保险 150.8 万公顷，参保率 91%。②创新经营组织。新组建股份林场、家庭林场、专业合作社、“公司+基地+林农”、托管经营等新型经营主体 169 家，涌现沙县西霞新园林业有限公司、三元星桥股份林场等经验模式。③创新管理服务。成立三明金融服务中心，设立林权流转与金融服务网，规范林权流转 1141 起、1.22 万公顷，林业大宗商品交易中心成交额 4700 多亿元。健全林权动态管理，办理各类登记 1.0 万宗、9.7 万公顷。健全与法院等大调解机制，办结信访 215 件、办结率 85%，无越级群体性上访，沙县被确定为国家级集体林改综合改革试验示范区。

造林绿化 全市造林绿化 2.26 万公顷、森林抚育 4.86 万公顷公、封山育林 2.83 万公顷，均超额完成任务；完成“四绿”工程建设 6467 公顷，省级示范绿色村庄 12 个、骨干苗圃 2 个。建设国家木材战略储备基地 1.45 万公顷；永安被确定为国家珍贵树种培育示范市；建宁无患子基地被确定为国家生物质资源综合利用产业化示范基地；尤溪、沙县、将乐等 3 个省级营林机械推广示范县带动全市建成专业队 67 支。

生态和民生项目 建宁被授予省级森林县城、全市累计 8 个，清流、宁化通过创森规划评审，围绕“十大工程”推进国家森林城市创建。开展第二届树王评选。建设市区城市绿道 17 千米，成为生态健康步道、生物多样性廊道、旅游景观通道、森林文化走廊。资源管理持续加强。落实目标责任。全市森林覆盖率 75.9%、蓄积量 1.6 亿立方米，提前一年完成“十二五”目标。推广联防联动管护机制，森林火灾发生率 1.72 次/十万公顷、受害率 0.14‰，病虫害成灾率 0.63‰、防治率 100%，均控制在省定指标内。查破各类涉林案件 6807 起、挽回损失 0.5 亿元。

采伐和林地管理 木材采伐 132.7 万立方米，皆伐 1.45 万公顷、择伐 1533 公顷。开展永安、尤溪林地“占补平衡”试点。林地征占用获批 312 起、面积 1600 公顷，占定额 202%，居全省第二。

保护重点生态区位 编制全市湿地资源保护规划，以永安为试点，赎买重点生态区位商品林约 667 公顷。在全省率先启动、完成 9 个县域野生植物资源调查，无发生野生动物重大疫情。梅列金丝湾森林公园被评为省级生态文明教育示范基地。林业产业转型升级。全市林业产业总产值 731 亿元、比增 10%，其中规模以上林产工业产值 558 亿元、比增 10%，提前一年完成“十二五”目标。市林业局荣获中国林业产业突出贡献奖。建宁铙山纸业竹浆纤维超薄奶面纸、大田华闽纸业乳胶纸研发荣获中国林业产业创新奖。办好天天林博会，林品汇网上商城线上线下销售额累计 1.2 亿元。电商龙头春舞枝集团在德国证券交易所上市，成为全国首家花卉上市企业。林产品进口 1.1 亿美元，出口 1.6 亿美元、占全市 9%。第十届海峡两岸（三明）林业博览会有新意，成立中国林业产业联合会林业电子商务分会，举办林品汇网上商城推介会、大学生电子商务创业竞赛等，1065 家企业参会，签约项目 143 项、总投资 193 亿元。特色现代林业蓬勃发展。

生物医药及生物产业 新建基地 2667 公顷，产值 97 亿元、比增 15%。明溪南方制药成为全市首家新三板挂牌企业。建宁源华生物在上海股权交易中心 Q 板挂牌。泰宁汉堂生物完成三明市企业在海峡股权交易中心首笔定向增发业务。永安森美达被评为省级创新型企业。①笋竹产业。新培育丰产竹林基地 7467 公顷，产值 127 亿元、比增 16%。新增竹专业国家农民合作示范社 2 家。永安建成为福建省规模最大的闽笋交易中心。②油茶产业。新建基地 1867 公顷，产值 14 亿元、比增 11%，沈郎被评为国家林业重点龙头企业，“沈郎乡及图”荣获中国驰名商标。③花卉苗木产业。新建基地 1467 公顷，总产值 46 亿元、比增 31%。清流鲜切花荣获国家地理标志保护产品。

林下经济 新建基地 7.57 万公顷、省级示范县 7 个，产值 135 亿元、比增 12%。服务发展水平提升。执行八项规定，开展党风廉政建设、“简化手续、减轻负担、优质服务”“加强制度建设、认真落实制度”等活动，落实党的群众路线教育实践活动整改任务。新建和修缮林业站 18 个、森林派出所 10 个，完成林业站统一标志制作。全市国有林场营业收入 1.4 亿元，尤溪、将乐国有林场被授予“美丽林场”。兴林花卉苗木试验场、松脂基地等项目建设有序推进。实施科技项目 38 项、总投资 0.5 亿元，科技培训 93 期、下乡 186 次，签约 6.18 项目 19 项、总投资 2.4 亿元，三明林业产业院士工作站荣获全省院士专家示范工作站，金森智慧林业示范项目被列入国家首批移动物联网专项计划。

【龙岩市林业】

深化林权改革 ①创新林权抵押贷款。在全市推广武平成立林权收储担保中心、长汀成立林业金融服务中心的做法，构建“评估、担保、收储、流转、贷款”五位一体的林业金融服务平台，推行林权证直接抵押贷款，创新贷款形式、担保形式、还款模式，扩大林权抵押物，提高贷款限额，延长贷款期限。上杭县成立林业金融服务中心。全市新增林权抵押贷款 6.2 亿元，居全省前列，累计达 36.2 亿元。②完善森林生态管护机制。市林业局筹集 250 万元资金，在重点水土流失区开展生态公益林蓄积量增长奖励试点，探索建立激励机制。全面开展生态林护林员管理体制改革，实行护林员、扑火队员、林技员“三员合一”或“二员合一”。在梅花山自然保护区开展了“以电代柴”补助试点。③大力发展林业合作组织。市政府出台《关于深化集体林权制度改革加快林下经济发展的实施意见》、市林业局印发《关于推动家庭林场加快发展的意见》《关于扶持发展家庭林场的通知》等，加强林业合作组织建设，重视家庭林场建设。全市林业专业合作组织达 485 个、成员 3.4 万人，其中家庭林场 120 家，经营面积达 9733 公顷。④创新涉林调解机制。加大涉林信访纠纷调解，联合法院、检察院、公安等政法部门力量参与山林纠纷调处，建立涉林纠纷“大调解”工作机制。全市共调处山林纠纷288起、面积1867公顷。

森林资源培育 ①扎实开展造林绿化。完成造林绿化1.02万公顷，占任务的123.2%，其中完成“四绿工程”4700公顷、占任务的111%。建立油茶丰产示范片404.33公顷、珍贵用材树种基地639公顷，建设高速公路生态景观林334.73公顷，提升中心城市环城一重山景观74.07公顷，修复“二沿一环”林分2667公顷。新建省级绿色示范村庄16个、市级绿色示范村庄14个、市级绿色乡镇35个。②重视森林经营。完成森林抚育1.07万公顷，占任务的103.9%。继续开展45.27万公顷重要生态区位封山育林。③加强优良乡土阔叶树苗木培育。培育造林绿化苗木804万株，其中优良乡土阔叶树大苗569万株、一年生造林苗木235万株。

森林资源保护 ①加强森林防火工作。全市发生森林火灾20起，受害面积246.67公顷，分别占省控指标的13%和16%，未发生重大森林火灾、未发生人员伤亡事故。②做好森林病虫害防治。全市发生主要林业有害生物面积5.51万公顷，防治率100%，成功避免马尾松毛虫每5年左右周期性暴发成灾规律；加强新罗区重度松墨天牛的防治。③严厉打击违法破坏森林资源行为。组织开展野生动物保护执法和连城长汀两县边界林区治安市县联合执法、打击违法占用林地专项行动等专项整治行动。全市查处林业刑事案件280起、林业行政案件4420起、林业治安案件109起，打击处理违法犯罪人员6567人次，林区治安基本稳定。

富民产业发展 ①林下经济。市林业局筹集100万元资金，扶持林下经济发展。全市林下经济经营面积55.42万公顷，实现产值101.6亿元，同比增长105.8%，初步形成新罗野山薯、永定巴戟天、上杭黄栀子、武平金线莲、长汀姜黄、连城铁皮石斛、漳平金花茶“一县一主导”的林下种植区域特色。②花卉苗木产业。落实花卉苗木专项资金1000万元，全市建立花卉示范企业11个、苗木示范基地23个，扶持长汀建立“河三线”现代花卉苗木示范园区。全市种植花卉苗木1.03万公顷，实现产值40亿元，分别同比增长15.8%和25%。③竹业。落实革命基点村竹业发展工程专项资金500万元，全市生产竹材1.1亿根、鲜笋29.9万吨，实现竹业产值51.2亿元，分别同比增长4.7%、17.4%和6.4%。④森林旅游。新授牌森林人家47户，累计达108户。全市森林旅游共接待游客471.7万人次，实现直接收入6.1亿元，实现社会总产值18.9亿元，分别同比增长12.9%、8.3%和17.9%。⑤林产工业。全市实现林产工业产值158.3亿元，同比增长10.5%。其中规模以上产值111.7亿元，同比增长18%，增幅居全省第二。林产品出口交货值达3.24亿美元，同比增长10%。新增国家林业重点龙头企业2家，新增中国驰名商标2件、累计4件。⑥抓森林城市创建。《龙岩市国家森林城市建设总体规划》中提出的生态环境、生态产业、生态文化三大体系和森林资源安全能力建设工程建设任务基本完成。在全国率先启动开展“十大魅力风水林”评选活动；评出第二批10个树种的“古树王”。完成义务植树668万株，占计划的102%。龙岩市和连城县被评为“首批创建生态文明典范城市”，龙岩市林业局获“2014推进创建生态文明城市先锋单位”称号。⑦加强林业生态建设。汀江国家湿地公园获国家林业局批准，漳平南洋国家湿地公园列入试点建设。汀江源国家级自然保护区获得国务院正式批准。梅花山华南虎繁育野化训练基地项目建设已基本完成，做好南非野化训练华南虎回归准备工作。

服务促发展 ①做好林地报批服务。全市审核同意征占用林地项目232个、面积1638公顷，同比增长29.6%和40.2%，只要符合审批条件的均获得了批准。认真梳理筛选建设项目，优先安排基础设施、民生工程、重点工业和税源培育项目用地，做到既有效保护林地、又服务经济发展。省林业厅2014年下达龙岩市定额944公顷，占全省的17.3%，居全省第一，符合审批条件的均获得了审批。组织开展2009～2013年全市审核同意的永久使用林地建设项目情况核查，清理盘活批而未用的林地定额。一次性告知占用征收林地审核受理窗口、工作流程、需提交材料、收费标准等；对重大项目实行领导挂钩、点对点服务制。②做好林业贴息贷款申报服务。走村入户、召开座谈会、发放宣传材料、现场解答等，广泛宣传林业贷款中央财政贴息政策，积极引导林农、林企加大投入，积极申报贴息。争取2014年第一批国家林业贷款贴息资金762.18万元，居全省第二位。

【林业大事】

1月3日 全省深化集体林权制度改革现场会暨全省林业局局长会议在武平召开。国家林业局局长赵树丛、福建省副省长陈荣凯出席全省深化集体林权制度改革现场会并讲话。省林业厅厅长陈则生在会上对2014年全省林业工作进行具体部署。

2月3日 陈荣凯副省长到福建省森林防火指挥部部署春节期间森林防火工作。

3月2日 福建省林业厅、国家濒危物种进出口管理办公室福州办事处、福建省野生动植物保护协会在福州市动物园联合开展首届“世界野生动植物日”主题宣传活动。

4月1日～6月30日 省森林公安局组织开展“2014天网行动”，在全省范围内集中打击破坏野生动物资源违法犯罪专项行动。

3月10日 福建省委常委、组织部长姜信治与参加全省县(市、区)委书记培训班的学员，到东山县谷文昌纪念园参加义务植树活动。

3月21日 省委书记、省人大常委会主任尤权、省长苏树林、省政协主席张昌平等省领导来到福州市仓山区南三环路螺洲段南侧绿地，与机关干部、驻闽部队和武警官兵等一起参加义务植树活动。

3月24日 省林业厅党组书记、厅长陈则生主持召开厅群众路线教育实践活动巡回检查工作汇报会，省委第三巡回检查组组长、省司法厅巡视员肖新建等出席会议并讲话。

3月29日 中国福建·首届国际观鸟博览会在福州国家森林公园开幕，国际鸟盟、世界自然基金会(WWF)等全球40多家生态组织前来交流。

5月14日 福人集团有限责任公司等10家林业企业入选国家林业局公布的首批128家国家林业重点龙头企业名单，福建为入选数量最多省份。

5月22~23日 “中国·海峡项目成果交易会”林业科技专家下乡入企进林区南平专场对接活动在邵武举行。

6月18日 第十二届中国·海峡项目成果交易会在福州海峡国际会展中心开幕，17~18日，省长苏树林、副省长陈荣凯等省领导参观福建林业展馆。

6月27日 省林业厅陈则生厅长等走进福建电视台经济频道《热线777》栏目《政风行风热线》直播间，围绕造林绿化、生态保护等有关政策与观众进行互动交流。

8月29日 国家林业局批复同意福建漳州、永安、尤溪、晋江、德化等市(县)开展林地占补平衡试点，福建省为全国唯一试点单位。

9月17日 福建连城兰花股份有限公司在青岛召开的国际园艺生产者协会(AIPH)第66届年会上荣获“2014年度国际种植者银玫瑰奖。”

11月6~9日 由国家林业局和福建省政府联合主办的第十届海峡两岸林业博览会于在三明市举办，林博会以“走进电商时代，助力现代林业”为主题，展现十年林博会成果，突出企业参与，体现两岸合作。

11月18~23日 第六届海峡两岸农业博览会·第十六届花卉博览会在东南花都举办。

12月2日 省林业厅和省人保财险公司联合在福州国家森林公园举行森林保险走村入户宣传志愿者活动启动仪式。 (福建省林业由刘建波供稿)

江西省林业

【概 述】 2014年，江西省林业系统按照建设全国生态文明先行示范区的总体要求，围绕“改革、提质、增效”3篇文章，主动适应经济新常态，立足转变发展方式，统筹推进各项工作，林业改革和发展取得新的进展。

森林培育 全省完成造林面积14.01万公顷，面积合格率95.2%。其中，杉木、湿地松、油茶等山地造林面积约占90%；完成退耕还林工程1.07万公顷、长(珠)江防护林工程0.81万公顷、血防工程造林1.2万公顷、欧投行贷款生物质能源林示范项目造林2.03万公顷、亚行贷款林业生态示范项目造林0.46万公顷、气候变化赠款项目(CCF)森林可持续经营示范作业380公顷。完成森林抚育11.73万公顷、毛竹抚育0.3万公顷、速生丰产林专项0.41万公顷、木材战略储备基地造林667公顷。完成第五次全省荒漠化和沙化监测工作，全省沙化土地面积64 930.51公顷，比第四次监测(2009年)减少7550.39公顷，减少率10.4%。

林政管理 严格执行森林采伐限额管理制度，严控森林资源消耗，全年落实木材生产计划662.96万立方米，实际生产木材333.01万立方米，占生产计划的50.2%，占林木年采伐限额的16.8%。严格执行林地定额管理制度，严把林地定额关和占用征收审核关，完成林地占用征收项目审核(批)1015项，涉及林地面积1.02万公顷，征收植被恢复费3.20亿元，网上审核率100%，其中保障国家和省重点工程项目95宗、使用林地2766公顷。开展林地年度变更和森林资源补充调查，建立全省林业“一张图、一套数、一个库、一个统一应用平台”的基础数据平台，建成全省森林资源管理地理信息系统；林地年度变更试点通过国家林业局验收，调查数据合格率95%。全省生态公益林落界与林地“一张图”完整对接；首次开展公益林执法检查，查处公益林违法违规行为680起；340万公顷生态公益林全部纳入综合保险，新增公益林保险理赔248起，完成植被恢复1867公顷。首次采用遥感判读与实地调查相结合的方式开展沙化土地图班数据采集，完成30个重点县(市、区)沙化土地外业调查，布设12个类型211个固定监测样地，开展林业碳汇监测遥感判读。上饶市成为全国首批负氧离子监测试点城市，遂川等8个县(市)被列为全国森林可持续经营试点县，景德镇市枫树山林场被确定为全国首批森林经营方案实施示范林场。

森林防火 省森林防火总指挥部咬定“杜绝重特大森林火灾和重大人员伤亡”的目标不放松，适时发布高火险红色警报，及时启动应急响应机制，及时处置各类火情。全省先后开展“平安春季行动”“文明清明”“平安冬季”“森林防火宣传月”等一系列森林防火宣传活动，总结推广专业森林消防队正规化建设“万载模式”，制订并实施《全省森林消防大队教育训练大纲》。省航空护林站实现飞机常年驻防，全年飞行作业287小时，参加扑火9次、洒水234桶，增加降雨量5.8亿吨。武警森林部队营区建设顺利竣工，部队正规化建设全面到位，全年出动兵力1000余人次，开展防火宣传督查活动5次，举办专业队培训13期，参加扑火作战5次。重新划分并公布县级行政单位森林火险区102个。全年发生森林火灾158起，过火面积3634.58公顷，受害森林1579.33公顷，因灾伤亡4人，与“十一五”年均值相比，分别下降47.3%、43.4%、44.9%和57.4%。

林业有害生物防控 省人大常委会审议通过《江西省林业有害生物防治条例》，省政府办公厅印发《关于进一步加强林业有害生物防治工作的实施意见》，省林业厅制订《江西省林业有害生物联防联治工作规则》，完善赣东北片、赣抚片、赣中西片联防联治机制。启动全省林业有害生物新一轮普查，明确普查技术标准，开展市县人员培训和普查试点。对全省300多万公顷松林进行拉网式排查，分别在婺源、余江、上高和安福县开展松材线虫病、松毛虫、杨树害虫、萧氏松茎象等4类林业有害生物(无公害)防治示范区建设。省级配发噻虫啉药剂15.04吨，花绒寄甲成虫125万头，诱捕器200套。推广松材线虫病防控工程化管理招投标绩效承包，组织检疫执法专项行动。省林业厅与江西出入境检验检疫局联合对疫木定点加工企业、木材热处理加工企业、电力和通信等涉木企业，开展检疫执法检查统一行动，在7个设区市11个县(市、区)查出非法调运、加工木材企业10家。全省除治松林疫情0.79万公顷，采伐疫木19.8万株，各县级松材线虫病发生区发生面积和病死树实现逐年下降，南昌县、鄱阳县和分宜县3个县级疫区被根除，全省乡镇级单位发生点数未超过规定数量，完成与国家林业局签订的《2011～2013年松材线虫病等重大林业有害生物防控目标责任书》目标任务。全年林业有害生物成灾率0.34‰，无公害防治率94.2%，种苗产地检疫率99.8%。

“一区两园”建设 全省建立林业自然保护区237处，总面积121.34万公顷，占全省国土面积7.3%，其中，国家级14处、面积23.1万公顷，省级31处、面积29.63万公顷，市县级192处、面积68.6万公顷。建立森林公园178处，其中国家级46处、省级118处、市县级14个，省级以上森林公园总面积48.40万公顷，占全省国土面积2.9%。建立湿地公园77处，其中国家级3处、国家级试点20处、省级试点54处，公园总面积13.25万公顷，占全省国土面积0.79%。省人大常委会通过关于修改《江西省森林公园条例》的决定，省林业厅修订《江西省湿地公园管理办法》。江西铜钹山省级自然保护区晋升为国家级自然保护区，中华秋沙鸭、铁丝岭、五府山、大龙山4处县市级自然保护区晋升为省级自然保护区。省编办批复马头山和九岭山2个国家级自然保护区管理局为省林业厅直属正处级事业单位，人员编制35名。争取国家级自然保护区能力建设补助资金2450万元。新增国家级森林公园1处、省级森林公园8处，33个国家级森林公园完成总体规划编制工作；全省森林公园年度投入16亿元，同比增长50%。修河国家湿地公园建设试点通过国家林业局验收，新增国家湿地公园试点5处、省级湿地公园试点10处。

野生动植物保护 省政府召开专题会议部署2014～2015年度鄱阳湖越冬候鸟保护专项行动，省财政下达奖励资金100万元对2013～2014年度鄱阳湖区越冬候鸟保护工作进行考评，省林业厅对保护工作不力的县(市、区)实行“四暂停一约谈”(暂停安排林业项目、征占用林地审批、林木采伐审批、木材加工项目审批，约谈政府主要领导)制度。首次开展“世界野生动植物日”宣传活动，举办江西省第33届“爱鸟周”暨南昌市第33届“爱鸟周”登山观鸟比赛，开展“保护野生动物宣传月”等系列宣传活动。9个重点市、县实施极小种群野生植物保护和珍稀濒危野生动物救护繁殖项目，保护白鹤、香榧树等10种国家重点保护野生动植物种。开展鄱阳湖国家级保护区夏季水鸟监测，记录到夏季筑巢繁殖的水鸟52种，包括东方白鹳、须浮鸥、白翅浮鸥、夜鹭、黑水鸡、斑嘴鸭等珍稀鸟种。全年环志鸟类129种6978只。全省年审经营利用野生动物证件321家，核销证件11家；取消野生植物经营利用许可证，对经营利用国家二级以上保护野生植物实行一事一批。

湿地保护管理 6月，省人大执法检查组对南昌、九江、上饶、鹰潭、赣州、抚州6个重点设区市及所辖21个重点湿地县贯彻《江西省湿地保护条例》情况进行重点检查；9月23日，省人大常委会听取和审议《关于检查〈江西省湿地保护条例〉实施情况的报告》。10月15日，省人大常委会通过《关于加强城市规划区湿地保护的决议》。完成第二次全省湿地资源调查，湿地总面积全国排名第16位，占国土面积比全国排名第14位。对34个具有代表性的重点湖泊特别是鄱阳湖湿地开展产权状况调查。省林业厅出台《江西省占用、征收重要湿地审核管理办法》《江西省重要湿地确定指标》，公布青山湖湿地等44块湿地为第一批省重要湿地。举办全省湿地保护管理工作会议暨湿地公园建设和湿地保护培训班，完成《江西省湿地保护工程规划》编制。成立江西省湿地保护综合协调小组，九江、上饶、景德镇、鹰潭、南昌5个设区市林业局以及永修、南丰等14个县相继成立湿地保护管理机构。争取国家首批湿地生态补偿在鄱阳湖区试点，中央财政下达补偿资金3000万元；争取其他国家湿地保护项目12个，总投资4878.75万元。

林业产业产值 全年实现林业总产值2654.54亿元，同比增长31.1%，其中第一产业860.14亿元、第二产业1292.69亿元、第三产业501.71亿元，分别同比增长14.4%、58.3%和9.8%，产值比重由2013年的37∶40∶23调整为32∶49∶19。全年生产原木240.24万立方米、大径竹19 683.94万根、小杂竹43.68万吨，生产木竹加工产品6829.21万立方米、林产化工产品37.40万吨、各类经济林产品560.08万吨。

全省省级林业龙头企业353家，总资产规模400亿元，总销售收入突破300亿元。全省筛选出9个林业产业集群，金溪县香精香料产业集群列入全省重点推进的60个产业集群，宜丰—奉新—铜鼓竹产业集群列入全省农业产业化集群。江西康替龙竹业有限公司等9家企业被认定为首批国家林业重点龙头企业。58家企业产品获“江西省名牌产品”称号；83家企业注册的商标获江西省著名商标，11家企业获中国驰名商标；87家企业获发明或实用新型专利；87家企业产值超亿元。全年贴息补助资金扶持林业龙头企业30余家，林产品加工等创造多种经营项目社会产值12.70亿元。省级林业龙头企业常年为20万人提供就业，带动农户130多万户，企业与林农之间形成比较稳固的利益联结机制。

全年油茶产业总产值164.43亿元，同比增长35.5%。2014年年末实有油茶林面积85.35万公顷，繁殖圃107个、面积764公顷、苗木产量12 822.87万株，油茶籽产量43.46万吨。全省完成高产油茶造林2.45万公顷、低产油茶改造2.66万公顷，投入资金7.4亿元。全省油茶企业481家，年加工精炼茶油能力21.2万吨，其中3家企业注册商标获全国驰名商标，4家企业获评全国首批林业重点龙头企业。深圳市神州通集团投资10亿元建设油茶产业园项目落户星子县。宜春市被国家林业局授予“全国高产油茶产业发展示范市”称号；德兴市被授予“中国红花油茶之乡”，遂川县、袁州区再次被授予“中国油茶之乡”。

全省竹林面积98.6万公顷，立竹总株数23.21亿株。全年完成毛竹低产林改造2.43万公顷，建设笋用竹或笋竹两用林基地1846.92公顷，新修竹林道路1418.67千米。全年竹产业总产值292.54亿元，同比增长8%。全省竹加工企业1400余家。江西康达竹制品集团有限公司的“通贵及图”等4家企业注册的商标获中国驰名商标。26家企业竹地板产品在国家质量监督检验检疫总局、国家林业局组织的全国5类林木制品检测中合格。铜鼓县被中国林业产业联合会授予“中国竹键盘之都”称号。

省政府办公厅印发《关于加快林木种苗工作的意见》，省林业厅出台《关于大力推广林业“良种良法”的意见》等4个配套文件。全年实现林木育种育苗产值65.86亿元，花卉及其他观赏植物种植产值142.24亿元。确定第二批保障性苗圃29个(含自繁自用苗圃11个)，淘汰第一批公布的保障性苗圃6个。全年调剂杉木良种1706千克、国外进口湿地松良种1169千克。全省年末实有花卉种植面积5.81万公顷，切花切叶产量19 475.56万支，盆栽植物产量10 288.92万盆，观赏苗木产量18 800.34万株。全省花卉市场497个，花卉企业1262家，其中大中型企业73家。奉新县被中国林业产业联合会授予“中国苗木产业示范县”称号。

2014年“江西风景独好·森林旅游”年票发行，53处森林公园和湿地公园加盟。全省森林公园接待游客5551万人次；森林旅游与休闲产业产值378.16亿元，同比增长17.7%。柘林湖国家森林公园被列为创建“森林庄园”品牌示范试点，陡水湖、龟峰等6处森林公园列为“中国最美森林旅游景区”在全国重点宣传推介。赣南森林小火车旅游专线正式开通。

全省林下经济总产值165.19亿元，同比增长7%。全年生产森林食品7.71万吨、木本药材4.37万吨。江西淦鑫实业发展有限公司林下种植基地等100家林下经济基地被认定为“省级林下经济示范基地”，安义县尚富种养专业合作社林下养殖基地被认定为“省十佳林下经济示范基地”，江西云河实业有限公司油茶基地等8家单位被认定为江西省首批森林食品基地。实施全国林下经济发展补助试点，草本药材种植合格面积415.88公顷，下达补贴资金312万元，惠及11个县(区)的14个国有林业企事业单位。

集体林权制度改革 省委办公厅、省政府办公厅印发《关于积极稳妥推进林地流转进一步深化集体林权制度改革的意见》，省政府召开电视电话会议部署推进全省林地流转工作。省林业厅成立深化林业改革领导小组，确定在武宁等11个县(市)开展林地流转试点；组织到浙江省龙泉市学习考察林地流转先进经验。全省建立79家县级林权交易中心，56个县级林权交易中心转变为林权管理服务中心。全年林权交易系统挂牌林权交易项目931项，成交845项，成交面积2.67万公顷，成交金额8.1亿元。全省林业合作社、民营林场等林业新型经营主体4080家，其中林业专业合作社2630家，入社农户47.77万户，合作经营面积47.67万公顷。76家林业合作社获中央财政农民合作组织专项资金扶持，创建省级林业合作社示范社50家，其中14家被认定为全国农民合作社示范社。全省新增林权抵押贷款23亿元，林权抵押贷款余额49.5亿元。全省利用林业小额贷款近6亿元，中央财政贴息1700万元，7000余户林农和林业职工受益。全省纳入保险的森林面积760万公顷，参保率83%。全省调处山林权属争议545起，面积0.49万公顷，未发生山林权属争议重大群体性事件。

林业科技教育 加快林业科技协同创新步伐，成立江西省林业科学技术委员会，组建首支林业科技创新团队，实行首席专家负责制。收集整理林业科技创新研究项目76项，启动松、杉、油茶等八大(类)树种科技创新研究专项。“萧氏松茎象系统控制技术研究与推广”项目成果获省科技进步二等奖，“松材线虫病防控关键技术开发和集成与示范”课题列入省重大科技项目，《江西庐山常见鸟类(第Ⅰ卷)》获“中华优秀出版物奖”华东地区一等奖。国家林业局批复建立江西赣州国家林业科技示范园区以及庐山、九连山两个国家级生态定位站。国家林业局经济林产品质量检测检验中心(南昌)通过江西省质监局资质认定。靖安县江西邓氏园林(集团)有限公司通过中国森林产销监管链(COC)认证主审。争取到国家林业局标准化示范区建设项目4项、国家林业标准化示范企业2家。新增石城“珍珠源”和于都“绿中源”油茶产业科技示范园，在建10个油茶科技园建设取得阶段性成果。陈山红心杉经国家质量监督检验检疫总局批准编入《中国地理标志产品大典》。国家林业局确定大亚科技集团有限公司和江西省林业科学院为全国第一批林业知识产权试点合格单位，江西省康替龙竹业有限公司和江西省铜鼓江桥竹木业有限责任公司为全国第二批林业知识产权试点单位并完成试点工作。制订《光皮树育苗技术规程》《枳壳培育技术规程》《木荷防火林带营建技术规程》《南方红豆杉育苗技术规程》《油茶嫁接技术规程》，并被国家林业局列为全国林业行业标准；新制订《东京野茉莉苗木培育技术规程》等7个省级地方标准。开发完成江西省林业信息化公共基础平台，初步建成森林资源信息管理系统。庐山植物园与百度百科合作，将园内3000余株植物悬挂植物二维码名牌。在全国首次开展基层林业专业技术人员定向招生，录取大专生205人。江西环境工程职业学院毕业生初次就业率90%以上，获教育部“2014年度全国毕业生就业典型经验50强高校”称号，被授予“2014年全国职业院校就业竞争力示范校”荣誉称号；获全国职业院校技能大赛一等奖1项、二等奖4项、三等奖6项。

林业生态文化 国家林业局、教育部、共青团中央授予鹰潭市龙虎山风景区“国家生态文明教育基地”称号；中国生态文化协会授予赣县白鹭乡白鹭村等5个村“全国生态文化村”称号；省林业厅评选出庐山国家级自然保护区管理局等5个单位为省级生态文化示范教育基地，命名遂川县衙前镇溪口村等20个村为江西省生态文化示范村。中国野生动物保护协会授予南昌动物园“全国野生动物保护科普教育基地”，授予铅山县紫溪乡中心小学等6所小学“未成年人生态道德教育示范学校”称号。中国林学会命名江西环境工程职业学院为全国林业科普教育基地，江西省林学会命名井冈山国家级自然保护区管理局等8家单位为江西省林业科普基地。省林业厅在“江西省第七届中国环境与健康宣传周启动仪式暨泰豪城市环境与健康高层论坛”上展出的“碳中和计算罗盘”和“节能减排碳计算罗盘”引人注目。11月1日，九江市举办第二届鄱阳湖生态文明护生节，为中国首个以推进生态文明和保护生命为主题的节日。11月21～23日，举办第五届鄱阳湖湿地公园帐篷节，

3000余名户外爱好者参与。3月10日~4月10日，鹰潭市开展中华秋沙鸭形象标志征集评选活动。

林业资金投入 全年实际完成林业投资97.33亿元，同比增长18.7%；实际到位资金89.56亿元，其中国家预算资金55.74亿元、同比增长10.5%，国内贷款1.34亿元、同比减少73.7%，利用外资8.68亿元、同比增长12.3倍，自筹资金6.42亿元、同比减少52.5%，其他资金17.38亿元、同比增长81.0%。全年完成林业固定资产投资10.55亿元，新增固定资产2.78亿元。全省争取林业项目资金59.5亿元，同比增长51%，首次突破50亿元，其中中央资金42.7亿元、省级资金16.8亿元。争取国有林场改革资金21.07亿元，其中中央财政补助16.21亿元、省级财政配套4.86亿元。争取中央财政湿地补助资金6700万元，同比增长3.8倍。实施林业利用外资项目27个，协议利用外资2.14亿美元，实际利用外资1.43亿美元。中央林业贷款贴息补贴资金4555万元。全省征收林业规费9.71亿元，其中森林植被恢复费7.38亿元，同比增长7.7%；育林基金2.33亿元，同比下降21.6%。全省林业招商引资项目签约128个，签约内资248.48亿元人民币、外资61.50亿美元，实际引进内资59.575亿元人民币、外资17.74亿美元。

【省领导重视森林防火工作】 2014年年初，江西持续干旱，森林火险等级居高不下，森林防火形势严峻。1月25日，省委、省政府主要领导分别就森林防火工作作出批示。省委书记强卫批示："今冬干旱，春节将至，森林防火形势严峻，全省各级干部要高度重视，把森林防火工作作为当前重要工作抓紧抓好，要强化责任意识，加强节日值班。要做好宣传引导工作，教育群众加强防火意识。要健全应急方案，提高处置突发情况的能力。通过努力，确保我省林区安全稳定，确保人民群众生命财产安全，确保春节假期安定祥和。"鹿心社省长批示："森林防火是各级政府的一项重要工作。要落实森林防火行政首长负责制，主要领导亲自抓、分管领导协调抓、班子成员包片抓，将领导责任落实到人、落实到山头地块；要加强防火宣传教育，强化野外火源管控，倡导文明祭祀，引导群众移风易俗，从源头上消除火灾隐患；要加大资金投入，加强防火基础设施建设和物资储备，提高森林火灾综合防控能力；要加强森林防火队伍建设，强化值班值守，健全应急响应机制，确保火情早发现、火灾早处置，确保科学扑火、安全扑火。"同日，省委、省政府紧急召开全省森林防火电视电话会议。省委副书记尚勇指出，各地要把森林防火作为当前全省工作的重要事情来抓，主要领导要高度重视，加强野外火源管控，果断处置森林火灾，加强应急值班，强化责任追究，确保春节期间全省林区安全稳定。会议通报近期全省森林火灾情况，并对做好当前和春节期间森林防火工作提出要求。省森林防火总指挥部成员单位全体组成人员在主会场参加会议，各设区市委、市政府各1位分管领导以及森林防火指挥部全体组成人员，各县（市、区）党政主要负责人及森林防火指挥部全体组成人员，各乡（镇、场）党政主要负责人在分会场参加会议。

【省领导参加义务植树】 2月23日，省委书记强卫、省长鹿心社等省委、省人大、省政府、省政协领导，到南昌市红谷滩新区祥云大道参加义务植树活动。强卫、鹿心社指出，植树是公民的法定义务，不仅植树节前后要掀起植树热潮，在平时也要大力倡导、积极行动，年年栽、月月栽，积木成林，把一片片绿汇聚成江西生态文明勃发之势。同时强调，国土绿化既要提高绿化率，更要提升绿化质量；要大力种植乡土珍贵树种，积极调整树种结构，提升森林质量；要把城乡绿化与美化并行，提升城乡建设品位；要以国家公园建设为契机，打造江西绿色明珠。省军区、省武警总队领导，省林业厅机关干部以及南昌市四套班子成员等200余人参加当天的义务植树活动，共栽树1212株。省委统战部和统一战线成员单位在广昌县驿前镇开展"同心林"植树活动，"同心林"占地15公顷，分为红叶石楠园、香樟园、枫香园等8个园区。据统计，全省完成义务植树1.5亿株。

【首届中国（赣州）家具产业博览会】 3月，经国家林业局批准，举办了八届的南康家具博览会升格为国家级盛会。5月28~30日，国家林业局、江西省政府在赣州市南康区举办中国（赣州）第一届家具产业博览会，国家林业局党组成员、驻局纪检组组长陈述贤出席并宣布开幕，省委常委、赣州市委书记史文清，省政府党组成员、顾问熊盛文等出席。博览会以"绿色家具·健康环保"为主题，展区面积120万平方米，主展馆设实木家具、软体板式家具、家居饰品、林产品展区。4000多家企业参展，其中外资企业3家、上市企业13家、中国驰名商标企业25家、省著名商标企业200多家，观展人数12万余人次，签约金额逾10亿元。期间，举办家具产业发展高峰论坛、国家林业重点展会城市座谈会、客商见面会暨优秀展品颁奖仪式、优秀家具作品摄影展、人才交流会和友好县区战略合作框架签约仪式等一系列活动。评出金奖产品24个、银奖48个、优秀奖24个。

【首批森林食品基地认定】 4月1日，江西省森林食品基地认定委员会成立。按照《江西省森林食品基地认定办法（试行）》要求，经过材料初审、产地环境检测、现场查定、专家评审、认定委员会评议等程序，江西云河实业有限公司等8家公司被认定为"江西省首批森林食品基地"。该8家森林食品基地总面积1326公顷，初级产品主要为油茶、雷竹笋、灵芝、金银花、香橼、枳壳等。

【江西省林产品质量安全条例】 5月29日，省人大常委会审议通过《江西省林产品质量安全条例》，于12月1日正式实施。该《条例》分7章45条，主要从合理界定林产品定义、理顺管理体制、强化产地保护、规范生产行为、加强监督检查、严格法律责任等方面做出规定。该《条例》出台，填补江西省林产品质量安全立法的空白，为依法加强全省林产品质量安全监督管理，规范林产品质量安全各方主体行为，保障群众生命安全和身体健康提供重要的法律保障，对江西林业产业发展具有里程碑意义。

【首批国家储备林划定】 6月19日，全省启动国家储备林划定工作，涉及10个设区市38个县(市、区)的159个存储主体，共划定国家储备林9.34万公顷，划定后备林1.24万公顷。在划定的国家储备林中，国有林地占97.7%，其他权属林地占2.3%；人工林占78%，天然林占22%；大径级材树种占82.5%，珍稀树种占17.5%。

【全国生态文明先行示范区建设】 7月22日，国家发展改革委、财政部、国土资源部、水利部、农业部、国家林业局联合印发《关于开展生态文明先行示范区建设(第一批)的通知》，将江西全境列入全国首批生态文明先行示范区。11月4日，该六部委批复《江西省生态文明先行示范区建设实施方案》，建设生态文明先行示范区成为江西第一个全境列入的国家重大战略。11月22日，省委、省政府召开生态文明先行示范区建设启动大会。省政府将林地(湿地)保有量纳入2014年度市县科学发展综合考核评价体系。全省林业部门围绕生态文明先行示范区建设，将营造林工作重心转移到山上，狠抓现有林管理，着力提升森林质量；扎实推进造林绿化，全面启动乡村风景林建设；持续加强森林、湿地和野生动植物保护。国家林业局分别授予江西省林业有害生物防治检疫局、贵溪市森林病虫害防治检疫站和唐晓敏等6人“全国生态建设突出贡献奖”先进集体和先进个人荣誉称号；在中国互联网新闻中心主办的2014城市发展与生态平衡高层论坛上，赣州市、武宁县、安福县被授予全国“首批创建生态文明典范城市”称号。

【绿色江西首次成功“卖空气”】 8月18日，乐安林业碳汇项目在广州碳排放交易所挂牌交易。开盘即完成5笔交易，有国际买家参与，每吨交易价60元左右，上海一家企业签约“购碳”5000吨。该项目是2013年10月乐安县实验林场开发并经联合国第三方专业机构核查，成功注册的中国首个国际标准自愿减排林业碳汇项目。该项目面积7733公顷，30年预计可产生减排量260万吨，每公顷森林年均可减排11.2吨。乐安项目成功上市，为江西更多的青山走向国际碳交易市场，让绿色江西成为“减排仓库”探索出一条新路。

【国有林场改革试点完成】 截至2014年年底，全省国有林场改革试点任务基本完成。全省425个国有林场整合重组为216个，平均经营规模由改革前的0.39万公顷扩大到0.8万公顷。定性为生态公益型林场182个，占84.3%；商品经营型林场34个，占15.7%。争取中央和省级补助资金21.07亿元，市县两级投入10亿元。全省应参加基本养老保险9.99万人，实际参保9.93万人，参保率99%；应参加基本医疗保险10.01万人，实际参保9.92万人，参保率99%。各地采取置换身份、内部退养、提前退休等多种方式，分流安置职工4.56万人，占改革前在职职工的81%。场办义务教育学校和医疗单位全部剥离，退休和解除劳动关系人员大部分实现社会化管理。生态公益型林场全部纳入财政预算管理，与林场职工签订新型劳动或聘用合同。改革中没有出现大面积破坏或变卖森林资源案件，没有出现群体性上访事件。

【关于实施低产低效林改造提升森林资源质量的意见】 9月5日，省政府办公厅印发该《意见》。《意见》提出，通过加大资金投入、完善采伐政策、强化科技支撑等措施，采取更新、补植、封山、抚育等改造方式，逐步改善低产低效林林分结构，不断增加森林资源总量，提升森林质量。

【鄱阳湖鸟类第二次科学考察】 9月5日，省野生动植物保护协会牵头，省科学院、鄱阳湖国家级自然保护区等共同组织的鄱阳湖第二次科学考察鸟类项目完成。本次科考记录到鸟类236种，其中冬候鸟100种，占总数的42.4%，隶属15目52科；东洋种78种，古北种119种。结果显示，在地理区系构成上，鸟类组成具有明显的东洋界和古北种特征，体现鄱阳湖作为亚洲最重要的鸟类越冬地所具有的动物区系的特殊性；在数量分布格局上，越冬水鸟主要分布在鄱阳湖国家级保护区、都昌县、鄱阳湖南矶湿地国家级保护区以及新建县和鄱阳县，其中2万只以上的湖泊有10个。

【关于积极稳妥推进林地流转进一步深化集体林权制度改革的意见】 10月10日，省委办公厅、省政府办公厅印发该《意见》。《意见》提出，以坚持和完善农村基本经营制度为基础，以促进商品林地流转为主线，积极稳妥放活经营权，健康有序推进林地流转，实现家庭经营与规模经营相统一。要突出林地流转形式、林权管理办法、产业发展方式、资源管理机制“四个创新”，完善林地确权登记发证，建立健全林地流转公开市场，创新林地流转管理手段，强化纠纷调处机制；要培育新型林业经营主体，壮大特色优势产业；要创新生态公益林经营管理，改革商品林采伐管理制度；要强化林地林木产权保护、政策扶持、科技支撑。

【商品林采伐管理制度改革】 10月10日，省林业厅印发《江西省商品林采伐管理改革试点实施方案》，对商品林采伐实行“一取消、两允许、三放开”政策。即取消毛竹采伐限额和年度生产计划，由经营者自主采伐和销售。允许由林权所有者填写林木采伐申报卡后直接向林业主管部门或其委托的乡镇林业工作站申请采伐；允许按面积控制采伐。放开权属、采伐类型、林分起源等分项限额限制，以县为单位控制林木采伐限额总量；放开林木主伐年龄限制，由县(市、区)根据实际情况自主确定，非林地林木采伐年龄由经营者自定；放开林木采伐审批权，将占用征收林地、低产低效林改造、森林抚育、受灾林木清理中涉及的阔叶树采伐以及人工阔叶树采伐，下放至县级林业主管部门审批。

【首届中国中部(九江)红木家具博览会】 10月11日，江西省家具行业协会、江西省立信集团在瑞昌市举办该博览会。省林业厅厅长阎钢军出席开幕式。中国家具协会副理事长陈宝光，山西、湖南、湖北、安徽、河南、江西等6省家具协会会长以及省直有关部门、九江市相关领导和嘉宾共900余人出席。博览会以"九江通衢通四海，瑞昌红木红万家"为主题，设展位200个、面积2万平方米。江西、浙江、湖北、福建等地96家红木生产企业和320位经销商参加，一批代表东作、仙作、广作、鲁作等流派的红木厂商在列。邀请中国家具协会、故宫博物院、南京林业大学等单位专家学者，以红木家具传统文化与收藏价值等为题，举办中部红木家具产业高峰论坛、红木家具评奖等系列活动。瑞昌市引资36亿元建设中部红木产业园，投资18亿元打造中部红木大市场，为红木家具产销一体化对接提供平台。

【首家民营森林植物标本馆】 10月，由九江市退休林业科技工作者谭策铭创办，总投资400余万元，集森林植物标本馆藏与研究、科普展览和教学实习于一体的森林植物标本馆在九江县落成，标志着全国规模最大、馆藏标本最多、功能最齐全的民营森林植物标本馆开始向中小学生和社会各界免费开放。该标本馆共7层，建筑面积3800多平方米，辟有科普展览大厅、标本馆藏室、标本制作及鉴定室、电化教学室以及学生宿舍和餐厅等附属设施。可同时接待实习生100人。该馆已收藏植物标本3万余号6万余份，鉴定植物物种4000余种。

【关于加强城市规划区湿地保护的决议】 10月15日，省人大常委会通过该《决议》。《决议》规定，县级以上人民政府应将城区湿地保护规划纳入城市总体规划、城市土地利用总体规划；面积8公顷以上的城区湿地应纳入省重要湿地名录；任何单位和个人不得非法侵占城区湿地，对擅自占用或改变城区湿地用途的，有关部门应责令立即停止违法行为，限期补救，并严格依法处罚；对造成城区湿地遭到非法侵占、填埋的，除依法追究当事人责任外，还应依法追究当地有关行政领导的责任；确需占用城区湿地的，应征得同级林业主管部门的同意，依法办理审批手续，并按照国家有关规定收费，专项用于湿地生态保护。

【首次乡村风景林建设】 11月12日，省林业厅出台《关于切实加强风景林建设和保护工作的通知》，明确风景林建设的扶持政策和具体措施；召开全省风景林建设现场会，举办风景林专题讲座，与《森林与人类》杂志社合作出版专刊《江西生态风景林专辑》。完成全省乡村风景林建设现状摸底调查，确定风景林保护效果较好的11个乡镇和124个村庄为全省风景林建设第一批示范点。各地按照保护、完善和建设3种类型，对乡村风景林进行建设。上高、婺源等县风景林建设成效明显。

【第十四届世界生命湖泊大会】 11月20～21日，全球自然基金会与江西省政府在南昌举办第十四届世界生命湖泊大会。副省长郑为文、全球自然基金会主席 Marion Hammerl 女士、国际湿地组织战略部部长 Chris Perceval 出席开幕式并致词，有关国际组织及30多个国家和地区的专家学者计200余人参加会议。大会以"城镇化与湖泊保护"为主题，通过题为"携起手来，共同保护世界湖泊的生命之源"的《鄱湖共识》。《鄱湖共识》指出，目前中国境内许多湖泊面临严重的污染问题，鄱阳湖是为数不多的未受严重污染或富营养化的大型湖泊之一。鄱阳湖是世界著名的候鸟栖息地，生态系统较为良好。世界生命湖泊组织赞赏江西在保护鄱阳湖方面所做出的长期努力，鄱阳湖的保护成为世界生命湖泊保护的成功案例，世界生命湖泊组织将在世界范围内推广鄱阳湖保护的经验。参会代表实地考察了鄱阳湖区。全球自然基金会向江西东鄱阳湖国家湿地公园管委会、江西省山江湖可持续发展促进会颁发2014年"生命湖泊最佳保护实践奖"。

【江西省林业有害生物防治条例】 11月28日，省人大常委会通过该《条例》，2015年1月1日起正式施行。《条例》共七章四十八条，突出政府主导、部门协作、社会参与、科学防治的原则，彰显十大亮点：县级人民政府应当将林业有害生物有关防治经费纳入财政预算；建立跨行政区域联防联治制度；无《植物检疫证书》或证货不符的森林植物及其产品不得运递；对擅自捡拾、挖掘、采伐疫木及其剩余物的单位和个人进行处罚；禁止将松科植物及其制品调入松材线虫病重点预防区；工信、住建等有关主管部门要对采购双方提供和查验《植物检疫证书》作出要求；县级以上林业主管部门应公布林业有害生物灾害预警电话，建立有奖报告制度；气象部门应无偿提供公益性气象监测服务，广播、电视、报刊等单位应无偿刊播林业有害生物预警预报信息；处罚下限提高至200元以上；支持推行社会化防治、检疫追溯和森林灾害保险制度。

【江西省第二次湿地资源调查公报】 12月15日，省林业厅在《江西日报》发布该《公报》。全省湿地有4类8型，总面积91.01万公顷(不含水稻田)，其中自然湿地71.07万公顷，占78.1%；人工湿地19.94万公顷，占21.9%。鄱阳湖是湖泊湿地的主要分布区，赣、抚、信、饶、修"五河"水系是河流湿地的主要分布区，赣中南丘陵山地为库塘湿地主要分布区，环鄱阳湖区为人工湿地主要分布区和沼泽湿地主要分布区。全省有湿地脊椎动物及虾蟹贝类688种(亚种)，包括鸟类151种、鱼类211种、两栖类51种、爬行类90种、哺乳类42种、贝类97种、虾蟹类46种，其中国家一级重点保护动物11种、国家二级重点保护动物27种；有湿地高等植物988种，包括被子植物792种、裸子植物4种、蕨类植物54种、苔藓植物138种，其中国家一级保护植物4种、国家二级保护植物10种等。调查显示，江西湿地生态环境开始退化，滩涂草洲植被面积逐年缩小，生物多样性有所减少，鱼类、贝类等生物资源衰退，一些重要的洄游性鱼类已濒临灭绝，湿地保护形势严峻。

【首届国际白鹤论坛】 12月16日，由江西省生态文明研究与促进会主办，江西省水利科学研究院、俄罗斯科学院西伯利亚分院和共青城市政府承办的江西省生态文明研究与促进会第一届年会暨首届国际白鹤论坛在共青城市召开。副省长谢茹出席并讲话，中国生态文明研究与促进会副会长翟浩辉、省生态文明研究与促进会会长胡振鹏致辞。国内外有关行政主管部门、科研单位、高校、非政府机构及企业的专家学者、管理人员和志愿者等共120余人参加。该论坛旨在为白鹤研究与保护提供开放、自由的交流平台，围绕白鹤保护、人工繁殖、候鸟迁徙、追踪方法以及栖息地保护和管理等热点问题进行交流，分享国内外白鹤研究与保护的成功经验。

【首支林业混合经济股上市】 12月18日，吉安"嘉豪林业"代持的"绿庐陵"金丝楠木项目在深圳前海股权交易中心成功挂牌上市，成为江西省林业系统首支"国企+民营"混合经济创新合作模式的金融平台上市股，开创全省林业资本运营先河。"嘉豪林业"是由吉安绿庐陵林业投资有限公司与深圳山盟汇投资有限公司组建的股份公司，其主营业务为楠木种植。此次上市，"嘉豪林业"在前海资本平台融资6个亿，全部用于吉安市楠木种植及楠木产业化运营开发。

【森林公园接待人数突破5500万】 2014年，全省155处国家级和省级森林公园接待游客5551万人次，较2013年增长18.2%；实现旅游收入51.2亿元，较2013年增长13.8%。南昌梅岭、浮梁瑶里、宜春明月山、靖安三爪仑、上犹陡水湖、石城通天寨6处森林公园旅游收入超亿元，南丰军峰山等14处国家森林公园及新建象山等8处省级森林公园旅游收入超千万元。南昌梅岭等11处国家森林公园和石城通天寨、全南梅子山2处省级森林公园旅游人数超百万人次。

【"森林城乡、绿色通道"建设】 吉安市、抚州市荣膺"国家森林城市"称号，德兴市等29个市县区获评省级森林城市。全省新建和提升森林公园48个、湿地公园43个；新增森林园区、森林社区、森林街道、森林单位、森林小区、森林校园、森林营区计550个，新增森林乡镇172个、森林村庄1075个。全省新建绿道里程441.13千米；新增通道绿化达标里程369.54千米，其中高速65.09千米、国道103.17千米、省道201.27千米；通道绿化提升里程554.73千米，其中高速215.47千米、国道105.60千米、省道233.66千米。新增国家城市湿地公园1个，国家重点公园1个，城市公园766个，公园绿地面积2.50万公顷。全省城市建成区绿化覆盖率46.1%，绿地率42.1%，人均公园绿地面积14.15平方米，城市园林绿化主要指标均处全国领先水平。

【"点鸟奖湖"项目】 为解决鄱阳湖南矶湿地国家级自然保护区内十余个季节性子湖长期存在的湖泊养殖承包户"驱赶水鸟"和"子湖泊同时排干"两大威胁，南昌市政府批准在该保护区50%的湖区实施"点鸟奖湖"项目，设立社区共管专项经费50万元，根据水域实际点鸟数，按1~2元/只的标准向承包户发放奖金。该保护区分别于2013年12月15日和2014年1月12日，对项目区开展水鸟同步调查，第一次点鸟22.89万只，是历史同期全保护区最高纪录的2倍多，向承包户发放奖金22.89万元；第二次点鸟11.6万只，是历史同期全保护区最高纪录的3倍多，发放奖金23.20万元。同时，该保护区在战备湖实行"错峰排水奖"，即对严格按要求调控湖泊水位的承包人奖励10%的承包费。该项奖励实施后，排水比往年推迟30天，且不完全排干，从而首次实现没有权属的保护区对水鸟栖息地的有效管理，基本解决湖泊排水季"子湖泊同时排干"而危及候鸟栖息环境的问题。

【林业执法严打整治活动】 全省组织开展严厉打击"三乱一非"、保护鄱阳湖越冬候鸟、侦破森林火灾案件大会战、"2014天网行动""2014利剑行动"、林地保护和缉枪治爆等一系列林业执法和严打整治行动，加大对非法侵占林地、破坏古树名木和野生动植物资源违法犯罪的打击力度。全省森林公安共查处各类森林案件3.35万起，依法逮捕2455人，收缴各类木材1.5万立方米，挽回直接经济损失1.07亿元。全省林政管理部门共查处林业行政案件1.498万起，行政处罚14 024人，案件查处率99.8%；没收非法所得755.58万元，罚款7415.36万元，补征林业规费363.25万元，没收木材1.70万立方米，收回林地76.76公顷。全省木材检查站查验运输木材车辆7.74万辆次，检查木材流量196.69万立方米；查处违法运输木材案件3649起，涉及违法木材1.31万立方米，为国家挽回直接经济损失804.76万元。

【"9·11"特大森林案件成功侦破】 2013年9月11日凌晨，省森林公安局组织萍乡等3市县民警在沪昆高速宜春服务区蹲点守候，一举抓获正准备交易南方红豆杉的3名犯罪嫌疑人，当场缴获红豆杉47棵，折合立木6.65立方米。省森林公安局立即抽调精干警力成立"9·11"专案组，及时召开案件协调会，采用图侦、网侦、技侦、视频锁定等高科技手段进行广泛侦查。办案民警辗转江西、浙江、福建、上海、云南、广东等6省市，先后组织28次案情分析会和26次抓捕行动。经过6个多月的艰苦奋战，终将这一盘踞在赣西北地区非法采伐、出售、运输、收购红豆杉的犯罪团伙一网打尽，收缴红豆杉60立方米、红豆杉原木及制品100余件，追查涉案人员50余名，判刑17人。此案为江西森林公安史上最成功的案例之一，引起社会积极反响。专案组被国家林业局森林公安局荣记集体二等功；中央电视台《今日说法》《道德观察》栏目进行专题报道。

【江西生态文明指数跃居全国第6位】 由北京林业大学生态文明建设课题组编撰完成、社会科学文献出版社出版发行的《中国省域生态文明建设评价报告(ECI 2014)》(以下简称《报告》)显示，我国整体生态文明建设水平呈上升趋势，其中江西省生态文明指数由上年度的第18位攀升至第6位。《报告》从生态活力、环境质量、社会发展、协调程度4个核心领域入手，选取23个具体指标定量分析和评价各省域生态文明建设状况。《报告》指出，江西生态文明建设类型属生态优势型，其生态活力居全国领先水平，协调程度居全国上游，环境质量居中上游，社会发展欠佳。在生态活力指标上，江西的森林覆盖率和建成区绿化覆盖率仍居全国前两位；森林质量、自然保护区的有效保护、湿地面积占国土面积比居全国中游。江西生态文明建设的优良表现与良好的生态基础条件和重视生态文明建设密不可分。在生态文明建设中，江西主打生态品牌，将生态环境建设与保护放在基础性地位，为全省的经济、政治、文化、社会进步奠定了坚实的生态环境基础。

【林业大事】

1月8日 江西省林业厅、省教育厅、省人社厅联合下发通知，计划自2014年起用5年时间，定向培养1000名左右林业专业技术人员补充到全省基层林业部门。

1月8日 “麋鹿回乡——鄱阳湖国家湿地公园麋鹿物种引进仪式”在江西东鄱阳湖国家湿地公园举行，北京市麋鹿苑向东鄱阳湖国家湿地公园输入麋鹿10只，用于开展麋鹿野外种群恢复。

1月13日 “江西林业”政务微博正式开通。

1月26日 江西省林业厅被授予“省直机关第十届文明单位”称号，这是该单位连续第八届获得此殊荣。

2月14日 江西省委任命钟世富为省森林公安局政委。

2月17日 江西省住建厅、省发展改革委、省财政厅联合下达2014年9677户林业棚户区改造任务，安排在172个国有林场(自然保护区)实施，改造面积766 228平方米。

2月27~28日 省林业厅在南昌、宜春两市召开全省“森林城乡、绿色通道”建设流动现场会。各设区市林业局局长等参加会议。省林业厅厅长阎钢军出席会议并讲话。

3月6日 国务院机关事务管理局、国家发展改革委、财政部公布江西省林业厅为全国第一批节约型公共示范单位。

3月19日 中央电视台《新闻直播间》栏目报道南昌、抚州、景德镇等地非法猎杀、贩卖黄麂、猫头鹰等重点保护野生动物事件。省林业厅快速反应，涉事三地迅速核查处理。

4月14~16日 江西省林业厅与江西省出入境检验检疫局在吉安市开展林业植物检疫联合执法。

4月25日 2014年世界园艺博览会在青岛市开幕。江西园以“生态江西、绿色崛起”为主题，突出体现江西的优美山水景观和生态文化，展园分历史足迹区、红色印记区、绿色崛起区、鄱阳湖生态区4个区，打造成以绿色崛起为主要特色的“生态园、人文园、创新园”。省政府副秘书长谢茂林，省林业厅厅长阎钢军、副厅长邱水文出席开幕式。

5月6日 省林业厅印发《关于在全省开展森林质量提升活动的意见》。

5月8日 省人大常委会在南昌召开《江西省湿地保护条例》执法检查动员会暨2014年环保赣江行活动新闻发布会。省人大常委会副主任谢亦森、省政府副省长谢茹出席会议并讲话，省人大环资委主任委员汪毓华主持会议。会议通报《关于检查〈江西省湿地保护条例〉实施情况的方案》和《2014年环保赣江行活动方案》。

5月12日 江西鄱阳湖国家级自然保护区夏候鸟调查人员发现4只东方白鹳在鄱阳县莲湖大桥旁的稻田里觅食，另一对东方白鹳及其“爱巢”在余干县东塘乡被发现。

5月18日 2014年全国林业科技活动周启动暨未成年人生态道德教育“自然体验师”培训开班仪式在江西环境工程职业学院举行。国家林业局党组成员、科技司司长彭有冬，中国野生动物保护协会会长赵学敏等出席。

5月27~29日 联合国中国绿色产业专家委员会委员、中国老教授协会林业咨询部主任、中国林牧渔业协会副理事长、国务院三峡办“沧海桑田”项目组组长任荣荣一行3人，来赣开展鄱阳湖区自然消落带及沙化土地利用专项调研。

5月27~28日 全国林业系统党委书记培训班在井冈山举行。国家林业局党组成员、驻局纪检组组长陈述贤出席并讲话。各省、自治区、直辖市林业厅(局)，内蒙古、吉林、龙江、大兴安岭森工(林业)集团公司，新疆生产建设兵团林业局，北京林业大学，东北林业大学，南京林业大学，中南林业科技大学，西北农林科技大学，西南林业大学，以及国家林业局相关直属单位等100多人参加培训。

6月初 公安部通报表彰全国公安机关警务督察工作成绩突出的100个集体和200名个人，江西省森林公安局警务督察处受到表彰。这是全国森林公安系统唯一获此殊荣的先进集体。

6月6日 江西省委宣传部组织江西日报、中国绿色时报、江西广播电视台、中国江西网等省直新闻媒体到永修县，对徐智平同志的先进事迹进行集中采访报道。

6月11~26日 江西省人大常委会副主任魏小琴、谢亦森、马志武分别率省人大执法检查组赴南昌、九江、赣州、抚州、上饶、鹰潭市开展《江西省湿地保护条例》执法检查。

6月30日 经省政府审核同意，省林业厅公布《江西省重要湿地确定指标》。该《指标》是按照《江西省湿地保护条例》规定，确定江西省重要湿地的依据。

7月21~24日 来自东北林业大学、南京林业大学、海南师范大学、江西师范大学及山东大学的专家教授一行19人，应邀到江西武夷山国家级自然保护区进行科学考察，主要涉及动物分类、动物生态、鸟类、两爬及小型哺乳类等学科。

7月22日 江西省林业厅印发《江西省林业有害生物普查工作实施方案》，部署自2014年4月1日起至2016年12月31日开展第三次全省林业有害生物普查工作。

8月4日 江西省林业厅在南昌举行风景林学术交流报告会，美国巴德学院柯利思博士、教授应邀就《中国南方风水林》进行讲座，并就风景林建设问题互动交流。省林业厅机关全体人员，部分市、县林业局领导和相关技术人员共180余人参加。

8月7日 江西省林业厅出台《关于支持省直管县(市)加快林业发展的意见》，赋予试点县(市)林业局行使与设区市林业局同样的管辖权限，可直接向省林业厅报告工作。

8月11日 江西省林业厅、省发展改革委、省财政厅在南昌联合召开欧洲投资银行贷款鄱阳湖流域森林质量提升示范项目准备工作会。30余个备选项目市、县(区)林业局、发展改革委、财政局主要领导参加会议。

8月14日 江西省林业厅授予省内353家林业企业为“江西省省级林业龙头企业”称号，有效期为两年。

8月26日 全省国有林场改革和气象重点工作推进会在南昌召开。省委常委、常务副省长莫建成出席会议并讲话，省政府副秘书长谢茂林主持。

8月29日 江西省林业厅组建由科研、教学、推广和有关国有林场与龙头企业组成的林业科技创新团队，实行首席专家负责制，以松树、杉木、樟树、油茶等八大(类)树种为主导，以种质创新与良种快繁为主攻方向，发展林业主导产业。

9月12日 江西省委常委会审议通过《关于积极稳妥推进林地流转进一步深化集体林权制度改革的意见》。省委书记强卫主持会议，省林业厅党组书记、厅长阎钢军汇报《意见》起草的背景、过程和主要内容。

9月15日 国家林业局党组副书记、副局长张建龙到万安县调研对口支援工作。省林业厅厅长阎钢军等陪同。

9月15日 国家林业局机关及直属单位纪检监察干部培训班在井冈山开班，国家林业局党组成员、副局长、直属机关党委书记张建龙出席并作重要指示。

9月16～18日 省政府国有林场改革调研组到赣州市、吉安市调研国有林场改革与发展工作。

9月24日 江西省政府召开全省森林防火、林地流转暨松材线虫病防控、湿地候鸟保护工作电视电话会议。省委常委、常务副省长莫建成出席会议并讲话，省政府森林防火总指挥部、省林业有害生物防控工作指挥部各成员单位负责人等在主会场参会，各市、县(区)政府分管领导、有关部门领导等在分会场参会。

10月9日 经国家新闻出版广电总局批准，《江西林业科技》期刊更名为《南方林业科学》，主办单位为江西省林业科学院、江西省林学会。

10月21～24日 国家林业局考核组来赣对江西省政府与国家林业局签订的《2011～2013年松材线虫病等重大林业有害生物防控目标责任书》完成情况进行检查考核，认为江西省实现了《责任书》确定的主要防控目标。

10月27～29日 江西省林业厅厅长阎钢军率厅机关有关处室和上饶市林业局主要负责人，到浙江省龙泉市调研集体林权制度改革工作。

10月31日 江西省林业厅厅长阎钢军在南昌会见以日本岐阜县林政部造林推进课课长平井实以及前林政部部长正村洋一郎为首的友好植树团。

11月12日 江西省林业厅召开全省非法侵占林地清理排查专项行动电视电话会议，贯彻落实中央领导就非法破坏林地案件的系列批示和全国清理排查专项行动电视电话会议精神。

11月18日 江西省政府副省长李炳军到省林业厅调研。

11月18～20日 第二十届全国松香年会在江西吉安市召开。全国产销区松香、松节油的生产、经营、出口、深加工及下游等方面企业的精英代表近250人参加。本届年会由中国林产工业协会主办，以“产业转型，融合创新，和谐生态”为主题。

11月24～25日 江西省林业厅在宜春市召开全省2014年度营造林工作暨风景林建设现场会，省林业厅厅长阎钢军、宜春市市长蒋斌等出席会议并讲话。

11月28日 国家林业局经济林产品质量检验检测中心(南昌)经过两年多的筹建，正式通过江西省质量技术监督局的资质认证，获得“计量认证证书”和“食品检验机构资质认定证书”。

12月1日 江西省林业厅遵照省政府主要领导批示，对本厅职责范围内的国有林场危旧房改造工程在11月底仍未开工的新建县、黎川县、宜黄县启动约谈机制。

12月8～11日 美国爱博金林木种苗公司副总裁约翰·佩特一行到江西吉安市考察湿地松产业。

12月10日 经省政府批准，省林业厅公布《江西省林产品名录(第一批)》，两大类24种林产品适用于《江西省林产品质量安全条例》。

12月17日 江西省国有林场改革领导小组办公室下发《国有林场改革省级评估验收工作方案》，从12月22日起，开展全省国有林场改革试点评估验收工作。

12月20～25日 江西省旅游发展委员会、省体育局、省林业厅联合举办2014首届环鄱国际骑游大会，省委书记强卫为骑行队授旗，省委常委龚建华、副省长朱虹出席启动仪式。

12月21日 全省湿地保护管理工作会议暨湿地公园建设和湿地保护培训班在南昌召开。省林业厅厅长阎钢军出席会议并讲话。各设区市和6个省直管县林业局的负责人和湿地办主任(野保站站长)、国家和省级湿地公园负责人以及湿地保护项目单位负责人等共120余人参加。

12月30日 江西省林业厅与中国邮政储蓄银行江西省分行签订战略合作协议，邮储银行江西分行计划投放各类涉林贷款不低于30亿元，协议期限为5年。

(江西省林业由谢利玉供稿)

山东省林业

【概　述】 2014年，全省积极推进林业治理体系和治理能力现代化，发展生态林业、民生林业。全省新造林面积224 972公顷，育苗面积193 859公顷，林业产业总产值6094亿元，累计完成投资325亿元。森林防火形势总体平稳，全省处置森林火情87起、森林火灾25起；主要林业有害生物发生面积20.78万公顷，同比减少了4.07万公顷。严格执行森林采伐限额和征占用林地审批制度，审核占用征收林地195项，占用征收林地1787.7公顷；举办了山东省森林资源森林碳汇、湿地资源、林业产业、种质资源保护新闻发布会，开展了第五次荒漠化和沙化监测工作，启动建设山东省临沂国家林产工业科技示范园和省林科院非木质林产品认证试点，山东省被国家林业局确定为林业植物新品种权行政执法试点单位。

【集体林权配套改革】 按照山东省生态文明与经济体制改革领导小组的部署，积极探索林地流转、林权管理服务中心建设、规范集体林地经营行为等21项改革。设立森林资源资产价格评估机构23家，制定了关于进一步规范集体林权流转工作的指导意见，建立了141家县级林权流转管理服务中心，林权流转总面积9.18万公顷。创新组织经营模式，培育评选出省级林业合作示范社160家，林业专业合作组织成为基层最具活力的模式之一。积极开展林权抵押贷款和小额信贷业务，全年新增贷款额度8.9亿元，林权抵押贷款总额度达31亿元，有效破解了林农发展的资金瓶颈问题。探索开展森林保险工作，制定了山东省森林保险条款，全省参保森林面积达25.89万公顷，保险费达1.55亿元。积极推进国有林场改革，泰安、临沂两市进一步细化国有林场改革试点工作方案，明确了改革目标任务。总结推广改革试点经验，在全省15市积极推进国有林场改革。

【开展大造林行动】 山东省委、省政府确定了荒山绿化、省会周边绿色廊道和鲁冀交界大型林带建设三项重点绿化工程。各地创新造林机制，转变发展方式，推进全省造林绿化继续保持快速发展的良好态势。全省新造林22.92万公顷，完成年度计划任务的114.6%。其中，荒山绿化造林4.55万公顷，水系绿化造林9.53万公顷。一是由部门造林向社会造林转变。各地把创建森林城市、绿化模范县（乡镇）作为转方式、调结构的重要抓手和有效载体，推动城乡绿化一体化大发展。继威海、临沂之后，2014年淄博、枣庄两市获得国家森林城市称号。一大批县（市、区）正在创建省级森林城市，形成了全党动员、全民参与、全方位推进的良好氛围。二是由分散造林向规模造林、专业造林转变。各地大力实施工程化造林，实行招投标制、合同制、监理制，专业绿化公司成为造林主体，改变了原来一家一户分散造林的模式。三是由政府推动向市场拉动转变。各地因势利导，制定出台优惠政策，吸引企业和大户等社会力量参与造林绿化，成为山东省造林绿化的生力军。各地按照“政府主导、流转土地，市场运作、林场管理”的新机制，大力实施生态林场建设，成为迅速扩大造林规模和有效保护绿化成果的新模式。

【林业产业发展】 各地以调结构、转方式为重点，狠抓林业产业提质增效。全省林业产业总产值突破6094亿元，同比增长7.6%。一是加强林业品牌建设。东阿县、平邑市、荣成市新获得“中国经济林之乡”称号。评选出50家“山东省森林食品推荐品牌”和“山东省十佳观光果园”，评选出144家省级林业龙头企业。二是加强林产品质量安全监管。组织开展专项整治、标准化生产、质量监测、宣传培训和品牌创建等多项活动，不断提高林产品质量安全。2014年对果品监督抽检4500批次，是2013年抽检批次的3倍多。三是种苗花卉产业再上新台阶。省政府办公厅印发了《关于加强林木种苗工作的实施意见》（鲁政办字〔2014〕56号），为全省林木种苗工作健康发展提供了政策支撑。全省新育苗面积6.4万公顷，完成年度任务的240.3%，育苗生产逐步向基地化、规模化、高档化方向发展。全省1000亩以上的育苗基地60多处。四是木材加工业不断壮大，带动农民就业、促进农民增收效果明显，2014年带动农民就业248万人，从业人员实现工资性收入70多亿元。五是大力发展林下经济，山东省被列为全国林下经济试点省。六是积极推进森林旅游业发展，全省年森林旅游人数达3400多万人次，森林旅游直接收入达19.6亿元以上，社会旅游综合收入160多亿元。

【森林资源保护管理】 组织开展森林防火能力达标创建活动，全省消防专业队员达2.1万人、护林员3.2万人，建设水源地3100多处，改造和新建防火通道1230千米，开设森林防火隔离带1256千米。新增水罐车、高压泡沫车等先进装备3610台套。林业有害生物防控扎实有效，全省各级建立测报站点1924处，测报准确率达95.33%。全面完成2011～2013年度有害生物防控目标任务，被国家林业局评为优秀等次。全省有害生物发生面积20.78万公顷，同比减少了4.07万公顷。根除了临朐县、博山区、文登市3个松材线虫病疫点，崂山区、长岛县病死树率控制在万分之三以内。湿地保护管理进一步加强，全年有11处湿地公园晋升为国家级湿地公园，18处晋升为省级湿地公园，无棣县和东平县政府分别获得国家湿地保护奖励，国家级湿地公园总数居全国首位。加大林业执法查处力度，开展“天网行动”“利剑行动”和非法侵占林地清理排查等专项行动，查处林业行政案件5249件，行政处罚6036人次，同比分别增长57%和74.5%。

【科技和信息化】 实施科技兴林战略，有7项林业科技成果获山东省科学技术奖励，9个行业标准通过了国家林业局标准审查，3个项目列入国家林业局“948”项目计划。省林科院、泰山林科院、东营正和木业有限公司被国家林业局评为“全国林业知识产权试点合格单位”。启动开展了荒漠化沙化监测调查和全省森林资源普查，实施了森林资源动态监测。建成开通了全省视频会议系统，启动开展了网上行政审批等“智慧山东林业”工作。

【山东省政府与俄罗斯签署森林消防Mi—26TC直升机采购协议】 6月16日，山东省政府与俄罗斯直升机集团在山东大厦举行山东省森林航空消防Mi—26TC直升机采购项目签约仪式。此次山东省在全国率先订购大型直升机开展护林防火和林业有害生物防控，在中国和山东的林业发展史上具有重要的里程碑意义，标志着山东省的林业管理工作进入了现代化建设的新时期。山东省副省长赵润田、俄罗斯直升机集团总监谢尔盖·阿斯塔宾科等出席签约仪式。山东省政府应急办主任张积军主持签字仪式。Mi－26TC直升机是一款多用途重型直升机，也是当今世界上仍在服役的最重、最大的直升机。该机载重20吨。Mi－26TC消防型可配15吨洒水吊桶，进行空中吊桶洒水灭火。在全省重点森林防火区，规划布设了10处航空护林基地和35处临时直升机起降点。省林业厅厅长燕翔、副巡视员马福义以及省政府外事办公室和省财政厅有关负责人见证了签字仪式。罗斯托夫直升机制造有限公司亚洲区总裁塔吉扬娜·巴拉尼科娃，灵盾航空器材供应有限公司副总裁柳子德、刘传基，灵盾航空器材供应有限公司驻俄罗斯商务经理谢尔盖·施古拉德夫等参加了签字仪式。

【2014中国城市森林建设座谈会在淄博市举行】 9月25~26日，2014中国城市森林建设座谈会在淄博市举行，中国关注森林活动组委会主任王刚、国家林业局局长赵树丛、山东省省长郭树清等出席会议并讲话。国家林业局党组成员、中央纪委驻局纪检组组长、关注森林活动组委会副主任陈述贤宣读"国家森林城市"和"国家生态文明教育基地"授予决定，淄博市、枣庄市等17个城市获得"国家森林城市"称号。全国政协人资环委主任、关注森林活动组委会副主任贾治邦主持座谈会。全国绿化委员会副主任、国家林业局局长、关注森林活动组委会副主任赵树丛，山东省省长郭树清，全国政协人资环委驻会副主任凌振国，经济日报社总编辑张小影，淄博市市委书记周清利致辞。国家林业局总工程师封加平、副省长赵润田、省政协副主席焉荣竹、省政府秘书长蒿峰、经济日报社副总编辑林跃然、省林业厅党组书记董书华、副厅长辛福智出席会议。省林业厅厅长刘均刚、淄博市市长徐景颜、上海同济大学建筑与城规学院教授刘滨仪作主旨演讲。本次座谈会以"城市森林·民生福祉·美好家园"为主题，由关注森林活动组委会牵头，国家林业局、全国政协人口资源环境委员会、山东省政府、经济日报社共同主办。

【2014青岛世界园艺博览会】 4月25日，2014青岛世界园艺博览会世园会在青岛市李沧区百果山森林公园开幕。国际园艺生产者协会秘书长提姆·布莱尔克里夫，山东省省委副书记、省长郭树清，国家林业局局长赵树丛，副局长张永利，中国花卉协会会长江泽慧，省委常委、青岛市委书记李群，副省长赵润田，省林业厅厅长燕翔，副厅长吴庆刚等出席开幕式，省长郭树清致辞。本届世园会以"让生活走进自然"为主题，倡导人与自然和谐相处的绿色发展理念。园区占地总面积241公顷，其中，主题区164公顷，体验区77公顷。国际园内有35个展园，有37个国家、1个国际竹藤组织参展。中华园内有50个展园，实现了"五洲聚会、中华团圆"。本届世园会着力打造数字园区，开发使用的手机智慧导游系统以手机作为终端，可以向参观者提供电子地图查询、游览线路推介、电子讲解、精彩景点介绍、植物百科查询、微博分享和互动游戏等功能。此次展会10月25日结束，历时6个月。

【山东省第二次湿地资源调查情况新闻发布会】 山东省人民政府新闻办公室于2014年5月21日举行新闻发布会，邀请省林业厅主要负责同志发布山东省第二次湿地资源调查情况。此次湿地调查于2011年8月开始至2013年12月结束，此次调查运用3S技术与现地调查相结合的方法，按照遥感数据室内判读、现地验证和实地调查、室内修正的工作流程，重点调查湿地1184处，布设植物调查样方7978个，动物调查样带和样方306个，获取调查数据623万个，包括湿地类型、面积、分布、受威胁情况和生态状况等方面的信息。本次湿地调查起调面积为8公顷以上的滨海、湖泊、沼泽、人工湿地以及宽度在10米以上、长度5千米以上的河流湿地。调查结果显示，全省湿地总面积173.75万公顷(不包括水稻田面积13.18万公顷)，湿地面积占全省国土总面积的比率(即湿地率)为11.09%。

(山东省林业由王树军供稿)

河南省林业

【概　述】 2014年，河南省林业系统认真组织实施《河南林业生态省建设提升工程规划》，大力推动生态文明建设，各项工作都取得了新的成效。

造林绿化　积极组织实施天然林保护、退耕还林、重点地区防护林等国家重点林业生态工程和生态廊道网络、"百千万"农田防护林、山区营造林等省级重点林业生态工程，启动了林业推进生态文明建设示范县工作，加快推进了森林抚育和改造、平原林业建设。据核查，全省共完成工程造林23.6万公顷、森林抚育和改造19.93万公顷。积极开展义务植树活动，全省共完成义务植树1.9亿株。郑州、鹤壁两市成功创建国家森林城市。

集体林改　继续巩固扩大集体林地确权发证成果，全省集体林地家庭承包率提高到75.4%。规范林权流转，全省累计流转面积46.93万公顷，流转金额17.5亿元。推进林权抵押贷款，全省新增林权抵押贷款4.5亿元，累计达28亿元。大力发展林下经济，新建林下经济示范基地41个。加强林业合作组织建设，认定了63家省级农民林业合作社示范社，新增林业合作社和家庭林场858家，全省总数达3910家。加大集体林地承包经营纠纷调解仲裁机构建设，建立了10个县级仲裁机构。持续推进公益林森林保险，启动商品林森林保险试点，完善了公益林森林保险理赔支付方式，协调保险公司解决了重大灾害案件的理赔问题。

林业产业　加快经济林和工业原料林基地建设，实施木材战略储备基地试点示范项目，完成国家储备林划定任务，新建速生丰产用材林基地1.33万公顷，新发展经济林面积2.81万公顷。认真落实《河南省花卉产业发展规划》，新发展花卉和园林绿化苗木1.13万公顷。推进林业产业化集群发展，省级林业产业化重点龙头企业达到355家，5家林业企业成为首批国家林业重点龙头企业，4家企业成为国家林业标准化示范企业。加大林业招商引资力度，成功举办了第十四届中原花木交易博览会。加强林产品检测，新增4个检测种类，完成111个批次林产品抽样检测工作。加快发展森林旅游，全省森林旅游接待游客3960万人次。全省实现林业总产值1432亿元。

资源保护 规范林地管理，制定了省林业厅占用征用林地审核审批办法，审核审批林地406宗，保障了一批国家、省重点工程和民生项目使用林地。基本完成全省省级公益林区划落界并建立数据库，开展了新一轮退耕还林准备和野生动植物资源调查工作，完成了第五次荒漠化沙化监测、石漠化监测、森林碳储量计量监测工作。新增省级以上森林公园7处、湿地公园11处。认真做好野生动物保护管理和疫源疫病监测工作，发布鸟类5年禁猎期通告，全省救护野生动物2.4万只，野生动物保护工作得到进一步加强。加大林业执法力度，全省森林公安机关先后组织开展多次专项严打行动，共办理各类刑事案件1199起，移送起诉1348人。

林业灾害 认真落实森林防火各项措施，完善了森林防火应急预案和责任追究办法，强化森林火险形势会商机制和火情监测，及时发布高森林火险橙色警报，加强航空护林，加大关键节点防火力度。全年共发生森林火灾280起，火灾24小时扑灭率达98%，森林火灾受害率0.1‰，低于1‰的控制目标。加大林业有害生物防控力度，采取飞机防治等综合措施，控制林业有害生物的蔓延，有效防治各类林业有害生物面积48.11万公顷，无公害防治率94.4%，成灾率0.19‰，低于4‰的控制目标。在美国白蛾和杨树食叶害虫防控形势严峻的情况下，全省没有出现"夏树冬景"现象。

党的群众路线教育实践活动 省林业厅在巩固第一批教育实践活动成果的基础上，切实抓好深化整改落实、建章立制等工作，新出台领导干部定期接待群众来访制度、固定资产管理办法等制度8项，教育实践活动取得了新成效。坚持上下联动，开展专项整治，加强了木材检查站管理，依法规范了木材运输检查。各市、县林业部门在第二批教育实践活动中，充分发挥与群众联系更直接、更紧密的特点，主动解民难、排民忧、顺民意，进一步密切了党群干群关系，切实改进了工作作风。通过教育实践活动的深入开展，提高了服务质量和行政效率，树立了林业部门的良好形象。

2014年，省委省政府高度重视林业工作，省委书记郭庚茂、省长谢伏瞻、省委副书记邓凯多次对林业工作做出重要批示指示。副省长王铁多次召集会议对林业工作进行安排部署或作出批示。省人大高度重视湿地立法工作，多次组织调研和修改完善，《河南省湿地保护条例(草案)》已经顺利通过省人大常委会一次审议。河南省林业改革发展也受到全国的高度关注，国家林业局在河南省召开了全国深化集体林权制度改革座谈会，推广了河南省深化集体林改的经验。2014年，全省林业投入再创新高，在全国经济增速相对放缓的情况下，全省林业总投资规模达118亿元，较2013年增加9.8亿元，其中中央和省无偿资金34.5亿元，较2013年增加8个百分点，市县财政无偿资金49.2亿元，较2013年增加7个百分点。其都为全省林业改革发展起到了重要推动和保障作用。

【鄢陵第三届蜡梅文化节】 1月17日，以"赏梅 、咏梅、弘扬蜡梅文化，促进许昌鄢陵蜡梅产业发展"为主题的鄢陵第三届蜡梅文化节启动仪式在鄢陵花木市场隆重举行。当天共有来自鄢陵花木企业、蜡梅生产研究者的8000多盆蜡梅盆景在主展区和其他蜡梅观赏区参加了展览，300多盆精品蜡梅盆景参加了展赛。本届蜡梅文化节会期为1月17日~2月20日，文化节期间还举办踏雪寻梅游、温泉养生游、乡村休闲游、蜡梅盆景大赛及蜡梅产业发展恳谈会 、蜡梅文学、书画摄影大赛、文化旅游等活动。蜡梅文化节的成功举办，将对弘扬鄢陵蜡梅文化，提高鄢陵蜡梅产品综合开发能力，促进蜡梅产业化发展，打响鄢陵蜡梅文化品牌起到积极的推动作用。

【召开全省林业局局长视频会议】 2月8日，河南省林业厅召开全省林业局局长视频会议，回顾总结2013年林业工作，研究分析当前林业形势，安排部署2014年林业工作。省林业厅党组书记、厅长陈传进回顾了2013年全省林业工作情况。2013年，全省林业系统认真组织实施《河南林业生态省建设提升工程规划》，取得明显成效。一是造林绿化持续推进，全省共完成林业生态省提升工程造林27.33万公顷，完成森林抚育和改造10.29万公顷。二是林业产业快速发展，全省实现林业总产值1258亿元。三是森林资源有效保护。四是林业改革不断深化。五是支撑保障能力增强。六是党的群众路线教育实践活动扎实开展。

陈传进分析了当前林业发展面临的形势和重要机遇，指出，生态文明战略部署对林业提出了更高的期望，实施"三大规划"、推进"四个河南"建设对林业提出了更高的要求，新型城镇化和民生林业建设对林业提出了更大的需求。要准确把握中央、省委对林业的定位，把思想统一到林业生态省建设提升工程的决策上来，切实履行好神圣使命。

陈传进强调，2014年是推进林业生态省建设提升工程规划顺利实施的关键一年，要以建设生态文明为总目标，认真实施林业生态省建设提升工程规划，继续深化改革，创新体制机制，统筹生态和民生，强化支撑保障，全面增强生态产品生产能力，为推进"四个河南"建设做出积极贡献。主要目标是营造林42.67万公顷，完成林业总产值1409亿元，森林火灾受害率控制在1‰以下，林业有害生物成灾率控制在4‰以下。一要突出抓好林业生态建设，努力改善生态状况。二要提升产业发展水平，加快绿色富民步伐。三要加强资源保护力度，巩固林业生态建设成果。四要强化灾害防控能力，维护林业生态安全。五要加强科技法制和基础建设，提高支撑保障能力。六要全面抓好自身建设，提高管理服务能力。同时，要抓好林业改革工作，有条不紊、分类统筹地推进各项林业改革，继续深入推进集体林权制度改革，进一步激发林业发展内生动力。

会议还对河南省2013年度林业工作优秀单位和先进单位进行了通报表彰。

【河南省首次发布鸟类禁猎期】 为进一步加强鸟类资

源保护，根据《中华人民共和国野生动物保护法》和《河南省实施〈中华人民共和国野生动物保护法〉办法》，河南省林业厅决定在全省对所有野生鸟类实行禁猎，禁猎期为2014年2月1日至2019年1月31日。禁猎期间，除科学研究、疫病防控、保障航空安全等特殊情形外，各级林业主管部门对猎捕鸟类的行政许可申请一律不予审批。凡未经林业主管部门批准，非法猎捕鸟类的，由县级以上林业主管部门依法给予处罚；构成犯罪的，依照《刑法》第三百四十一条规定，将依法追究刑事责任。

【全省新增7个国家级湿地公园(试点)】 2月，国家林业局对2013年国家级湿地公园申报进行了批复，河南省组织申报的河南唐河国家湿地公园、河南陆浑湖国家湿地公园、河南汾泉河国家湿地公园、河南台前金水国家湿地公园、河南息县淮河国家湿地公园、河南民权黄河故道国家湿地公园、河南安阳漳河峡谷国家湿地公园等7个国家级湿地公园全部获批。至此河南省的国家湿地公园(试点)增加到17个，总面积达到40 358.67公顷。

【省集体林权制度改革工作会议召开】 2月28日，河南省集体林权制度改革工作会议召开，会议结合贯彻党的十八届三中全会精神，对2014年河南省集体林权制度改革任务进行了明确。会议确定了2014年度的工作目标：全省集体林地家庭承包率提高到75%；建立县级林地承包经营纠纷仲裁庭10个；林权抵押贷款额达到25亿元；认定省级林权管理示范中心6个；新增农民林业专业合作社(含家庭林场)300个，认定农民林业专业合作社示范社50个；全省林下经济产值达到215亿元；新建林下经济示范基地40个；开展农民林业专业合作社和林下经济基地负责人省级培训100人次。会议指出，当前的集体林权制度改革工作，家庭承包经营制度尚需完善，集体林改任务依然艰巨，中央对林改工作提出了新要求。2014年，一要切实提高家庭承包率，二要积极推进承包经营纠纷仲裁工作，三要规范林改档案管理，四要进一步规范林权流转，五要做好林权抵押贷款服务工作，六要积极扶持林业合作组织建设，七要加快林下经济发展，八要加强林权管理机构建设，九要大力营造深化林改的良好氛围。

【洛阳牡丹赴台参展】 3月4日，洛阳神州牡丹园500株催花牡丹飞抵台湾参加3月8日开幕的2014年杉林溪洛阳牡丹文化节，此届文化节于3月8日至5月8日在台湾南投县杉林溪举行。此次赴台展出的主要是最具代表性的“洛阳红”，首批500株牡丹3月6日左右开花，第二批300株于3月23日左右运抵台湾。文化节期间，洛阳市大力推介洛阳牡丹和牡丹深加工产品，参展团企业家对台湾相关的农业花卉企业进行考察、交流，并签订合作意向。目前，台湾杉林溪洛阳牡丹园已种植8000株洛阳牡丹，共46个品种，涵盖九大色系。

【全省各地组织开展义务植树活动】 3月，在我国第36个植树节来临之际，全省各地大力开展义务植树活动。3月1日，鹤壁市委书记魏小东带领四大班子领导与几百名干部群众一起，在宝山循环经济产业集聚区参加义务植树活动。3月5日，漯河市委书记马正跃带领四大班子领导来到西城区花之园义务植树基地，同广大干部群众一起植树。市漯河市全民义务植树活动以“建设生态绿城、打造美丽漯河”为主题，内容包括市直单位植树活动，纪念林、纪念树植树活动，“生态家园——魅力漯河”摄影大赛等。3月9日，三门峡市委书记杨树平带领市四大班子领导来到黄河公园参加义务植树活动，共栽植大叶女贞、白皮松、雪松、银杏、金叶榆等470多株。3月10日，濮阳市市委书记段喜中、市长赵瑞东等四大班子领导和市人大代表、政协委员、当地群众到濮水公园和濮阳新区进行植树，植树3800余株。3月12日，濮阳市直70余个单位的干部职工，分别到东部卫生防护林带、市工业大道义务绿化基地和濮水公园渣土山参加义务植树活动，共参加4000余人次，挖坑植树2万个(株)。3月11日，安阳市委书记丁巍等市领导与400多名市县机关干部、安阳军分区官兵一起，到南林高速瓦店出入口参加义务植树活动，共栽植1600余棵杨树。3月11日，新乡市委书记李庆贵等市领导带领市直机关干部200余人，到凤泉区南水北调渠两侧义务植树，栽下700多株雪松、女贞、法桐。近年来，全市年均参加义务植树超过200万人次，植树900万株以上。3月12日，洛阳市委常委、市委农工委书记史秉锐带领市直机关党员干部500余人，在伊川县龙凤山森林公园洛阳义务植树基地栽植雪松、栾树等2000余株。市直单位、各县和济南军区也组织了义务植树活动。截至3月12日，全市参加义务植树人数207万人次，义务植树1798万株。3月12日，南阳市长程志明等在宛城区红泥湾镇刘寺村南水北调中线干渠义务植树示范点，与近千名干部群众、官兵、志愿者一起义务植树，共栽植桂花、辛夷等3500余株。3月12日，周口市党政军领导徐光、刘继标等到川汇区颍川生态园，与市直及川汇区机关干部一起义务植树，以实际行动号召全市广大干部群众踊跃参加义务植树活动，合力创建全国绿化模范城市。

【省森林抚育现场会在信阳商城县召开】 3月13～15日，河南省森林抚育现场会在商城县召开。省林业厅厅长陈传进出席会议并讲话。陈传进强调，一是要总结经验，巩固成果，再接再厉搞好森林抚育工作。二是要统一认识，把握机遇，把森林抚育作为今后全省林业发展的一项重大任务来抓。三是要明确责任，落实措施，扎实工作，圆满完成全年森林抚育任务。各级林业部门要深刻认识森林抚育是实现林业“双增”目标的重要手段，是和造林同样重要的工作，各地要切实加强对森林抚育工作组织领导，提高作业设计水平和森林抚育质量，加强宣传和舆论引导，确保全年抚育任务的圆满完成。

与会代表还实地观摩了商城黄柏山林场定株抚育、生态疏伐和割灌除草等多种抚育模式，特别是对黄山松人工林抚育样地按不同间伐强度试验设计、持续50年观测研究触动极深。该试验林1964年栽植，是河南省林业调查规划院和黄柏山林场共同建立“黄柏山人工林抚育间伐综合效益研究”的试验样地，设计了强度、中度、弱度和对照4种抚育间伐模式，4次重复，每个样地600平方米。研究结果表明中度间伐强度效果最好，木材蓄积量（已间伐蓄积加目前样地活立木蓄积）达32.4立方米，超过对照131.43%，且抗灾害能力最强。该试验样地是全省目前固定观测样地中抚育间伐次数最多、持续观测时间最长、数据及档案资料保留最完整、间伐效果最突出的一块样板。与会代表对黄柏山林场多年来开展森林抚育取得的成效等给予高度评价。

【省2013～2014年冬春航护】 3月14日，河南省2013～2014年冬春航护圆满结航。本航期从2013年11月3日开始，历时132天，累计飞行66小时52分钟，23架次，其中火场侦察9架次，增援火场4架次，吊桶训练4架次，洒水37桶（吊灭21桶，吊训16桶），巡护、转场3架次，协助地方防火宣传3架次，空投防火宣传单5万余份。河南航站与青岛直升机航空有限公司密切配合，增援火场高效，侦察火场快速，协助地方防火宣传效果明显，圆满完成了森林航空消防任务，在全省森林防火中充分发挥了航空护林的尖兵作用。

【省第二次全国湿地资源调查】 河南省第二次全国湿地资源调查圆满完成，调查质量被国家林业局评定为优秀等级。调查结果显示，全省湿地总面积62.79万公顷（不包括水稻田63.38万公顷），全省湿地面积占国土面积的比率为3.76%；全省共有湿地维管束植物850种，隶属134科470属；全省湿地脊椎动物有498种，隶属于5纲35目93科；截至2011年年底，全省共建有33个自然保护区、8个湿地公园，受保护湿地面积16.42万公顷，湿地保护率达26.15%；全省湿地资源面临的威胁很多，除气候变化等自然因素外，还有水利工程、污染、围垦、基建占用、过度捕捞野生动物和采集野生植物、外来物种入侵、非法狩猎等众多人为干扰因素。

【全省各地部署清明节期间森林防火工作】 3月28日，河南省政府召开全省春季农业生产和森林防火工作电视电话会议，省政府护林防火指挥部指挥长、副省长王铁在会议上对森林防火工作进行了再动员、再部署、再安排。日前，省政府护林防火指挥部发出通知，要求切实做好清明节期间的森林防火工作。全省各地认真贯彻，提早准备，切实做好清明节期间森林防火工作。

【启动林业推进生态文明建设示范县】 3月31日，河南省绿化委员会、省林业厅印发了《河南省林业推进生态文明建设示范县考核办法》。考核办法对示范县的组织领导、制度建设、生态活力、社会林业、集体林权制度改革与绿色经济、科技支撑与森林保护、生态文化等各类情况指标进行了细化，并明确了存在近3年未连续完成年度"双增"目标或发生重大破坏林业资源案件等6种情况的，不得参与申报。考核办法强调了生态文明建设示范县生态活力的标准。除太行山区以外，山区森林覆盖率要达53%以上，宜林荒山荒地绿化率95%以上，无连片7公顷以上的宜林荒山荒地；丘陵地森林覆盖率27%以上，宜林荒山荒地绿化率95%以上，无连片3公顷以上的宜林荒山荒地；一般平原区农田林网控制率95%以上，林木覆盖率20%以上，无连片1公顷以上的宜林荒地。城镇乡村要有完整的城乡绿地系统，县城建成区和乡镇社区绿化覆盖率要达40%以上，人均绿地面积分别达到11平方米和13平方米，村庄林木覆盖率45%以上。廊道绿化方面，沟河路渠绿化率达95%以上，高速公路和国道两侧森林抚育率达98%以上。考核办法明确，生态文明建设示范县要培育公众良好的生态文明行为，群众对生态环境的满意率达60%以上。

生态文明建设示范县以县级行政区域为单位申报，由省绿化委员会、省林业厅命名授牌，并实行动态管理，5年组织复查一次。示范县建设以林业推进生态文明建设为总目标，以改善生态、改善民生为总任务，旨在加速构建国土生态空间规划体系、重大生态修复工程体系、生态产品生产体系、支持生态建设的政策体系、维护生态安全的制度体系和生态文化体系，为中原经济区建设提供更大生态环境容量，拓展绿色发展空间。

【省林科院被批准为"河南省创新驿站工作站"】 4月，科技部中国创新驿站河南省区域站点批准河南省林业科学研究院为"河南省创新驿站工作站"。省林科院是此次获批的50家试点单位中唯一一个林业站点。"中国创新驿站"是科技部在借鉴欧盟创新驿站成功经验的基础上，建立的以企业技术需求为导向，以信息化手段为支撑，跨地区、跨行业、跨领域的技术转移服务体系暨中小企业创新支持系统。今后，省林科院将紧紧围绕河南省林业优势产业、高成长性产业和高新技术产业、资源环境等领域，建立起技术转移转化工作服务体系，全面推动河南省林业产、学、研协同创新与技术转移。

【省林业厅赴嵩县开展送科技下乡活动】 4月8～9日，省林业厅组织专家到嵩县车村镇明白川村开展送科技下乡活动。明白川村拥有林地200余公顷，近几年来大力发展山茱萸、核桃、板栗等经济林，但在生产过程中存在着品种差、病虫害多、管理不到位、产品销路不畅等问题。来自河南农大和省林科院的林业科技专家向村民们讲授了核桃、板栗、山茱萸的栽培技术及管理措施，并深入到田间地头进行现场指导，为果树管理亲自"把脉"，现场开出科技"药方"。省林业厅有关处室还向该村赠送了林业科技图书和生产工具。

【省森林公安"春季行动"工作】 3～4月，河南省森林公安机关组织开展了打击破坏森林和野生动植物资源违法犯罪行为"春季行动"。据统计，行动期间全省共出动民警19 199人次、警车6280台次，立各类案件1294起，侦破1170起。行动期间共抓获犯罪嫌疑人243人，打掉犯罪团伙9个，行政处罚1515人，收缴林木木材390余立方米，收回林地62.35公顷。

【省2013～2014冬春防火紧要期结束】 根据《河南省森林防火条例》规定和林区墒情，河南省森林防火指挥部办公室决定全省森林防火紧要期按期于4月30日结束。从2013年11月1日到2014年4月30日，整个防火紧要期全省共接收卫星监测热点523个，其中，国家林业局森林火灾预警监测中心卫星监测热点133个，省气象遥感监测中心卫星监测热点390个。与2013年同期相比，全省卫星监测热点减少1204个。经核实，整个防火紧要期全省发生森林火灾282起，其中一般森林火灾226起，较大森林火灾56起，没有发生重特大森林火灾；受害森林面积340.8公顷，损失森林蓄积量632立方米、幼树11万株，其他经济损失23万元。火灾造成死亡3人、重伤1人。火灾24小时扑灭率达98%，森林火灾受害率低于国家下达的1‰以下的控制目标。与2013年同期相比，全省减少森林火灾444起，减少受害森林面积282.93公顷。在已经查明起火原因的200起森林火灾中，烧荒烧炭引起的火灾80起，占已查明火源的40%，上坟烧纸引起的火灾57起，占已查明火源的28.5%，野外吸烟引起的火灾13起，占已查明火源的6.5%，小孩玩火引起的火灾8起，占已查明火源的4%。截至年底，已处理火案144起，处理人员153人，其中刑事处罚17人。

【平原林业建设】 5月15日，河南省平原林业建设现场会在许昌市召开。会上，省林业厅厅长陈传进回顾了河南省平原林业建设取得的显著成效。一是生态环境持续改善，为粮食生产提供了屏障；二是森林资源持续增加，木材蓄积逐年提高；三是支撑林业产业发展，培育新经济增长点；四是农村产业结构优化，农民收入不断增加；五是城乡持续绿化美化，人居环境不断改善。

陈传进指出，平原林业是河南省林业建设的重要组成部分，发展平原林业是建设中原经济区的需要，是建设国家粮食生产核心区的需要，是全面建设小康社会的需要，是建设美丽河南的需要，是维护河南林业形象的需要，要进一步提高对发展平原林业重要性的认识。在平原林业的发展中，必须防止出现一个“误区”，即认为农田林网“胁地”的认识误区；正确处理好“三个关系”，即处理好当前市场与长远产业发展的关系，处理好造林与森林抚育的关系，处理好单一树种与多树种造林的关系。

【朱鹮首次在信阳大别山野外繁殖成功】 2013年10月，我国首次在河南信阳大别山野化放飞了34只朱鹮。2014年5月中旬，野外监测人员在这些野化放飞朱鹮中，监测到其中的一对“父母”成功孵化出了1只小朱鹮，这次河南信阳大别山野外孵化的小朱鹮是中国原产地以外的首次繁殖成功，扩大了朱鹮野外分布范围，标志着我国人工野化放飞国宝朱鹮取得了又一重大突破。

【郑州铁路局积极探索林业发展新路径】 通过开展专业造林和义务植树活动，郑州铁路局2014年春季共栽植各类苗木71.4万株，完成单位庭院、站区、住宅区绿化6处。

一是回收铁路用地，促进林业发展。郑州铁路局坚持“以林护地、以地养林”，千方百计把出租土地和村民非法侵占耕种的土地收回来。两年来，共收回铁路用地12块、计60余公顷，经精心规划，先后建成小苗圃5个，建成片林7处，栽植各类苗木84万株。二是挖掘土地潜力，推动林业发展。坚决杜绝出现空地、白地，下大力气提高土地利用率。土质好、地界宽的地段，采取密植造林，力争建成准苗圃，目前已建成5个，面积达29.79公顷，育苗54万株。立地条件差、土质差的非宜林地段，通过选择适宜树种，让土地焕发生机。三是坚持因地制宜，探索多元发展。目前，该局共有6个林场，圃地总面积有66.67余公顷，把林场育苗定位在附加值高的稀缺珍贵苗木上。同时在林下散养鸡、鸭、鹅，发展林下经济；将普通绿化苗木的育苗放在交通方便、立地条件好的铁路沿线，方便起苗移栽；低洼积水地块，在确保线路安全的前提下，开挖鱼塘搞养殖创收，挖出的土方将周边垫高再种上树。四是借助社会力量，加快林业发展。加强了与地方的协调、沟通、合作，开展合作造林。铁路方面主要负责土地和规划，村民方面主要负责劳力和管护，合作造林期满后，在不影响林带效果的情况下，双方对合作造林进行处置，按约定比例分红。近两年，该局共与沿线村镇、村民合作造林8处，植树30.51万棵，直接节约造林资金投入226.52万元。五是通过体制改革，保障林业发展。该局对土地林业体制进行改革，把原土地局、林业局合并，新成立郑州铁路局土地林业管理办公室，实现了“林地合一”，促进了协调发展。自2013年6月份以来，全局新增林地63.8公顷，新造林107.8万株，为林业发展提供了强有力的土地保障。同时通过造林，保护了铁路用地和行车安全。

【省人大代表专题视察省林业厅】 7月18日上午，省人大常委会副主任王保存带领9名省人大代表对省林业厅建议办理情况进行了专题视察。省人大代表专题视察组查阅了省林业厅办理建议的答复件，听取了省林业厅关于办理省十二届人大三次会议代表建议情况的汇报。省人大代表还对省林业厅办理代表建议情况提出了中肯的意见和建议。

2014年省林业厅共办理省十二届人大三次会议人大代表建议16件，其中主办9件，协办7件，建议涉及南水北调干渠绿化、生态公益林、退耕还林、小浪底库区生态修复、森林防火、花卉和经济林等。

【国家林业局局长赵树丛与王铁副省长举行会谈】 8月28日上午，河南省政府副省长王铁一行赴国家林业局，就2014年以来局省《共同推进中原经济区建设框架协议》执行情况和2013年12月27日局省领导会谈事项落实情况进行了汇报，并就2015年度局省合作事项与赵树丛局长进行了会谈。赵树丛局长对河南省林业生态建设给予肯定，并表示国家林业局将继续支持河南省林业工作，落实好各项局省合作事项，进一步加强对今后河南省造林及森林抚育补贴项目、退耕还林、湿地保护、森林城市创建和中国·中原花木交易博览会举办等方面工作的支持。

【自然保护区建设管理】 9月16日，河南省省自然保护区建设管理现场会在河南宝天曼国家级自然保护区召开。会议代表现场参观了河南宝天曼国家级自然保护区保护站和森林生态系统定位站、地面气象站、坡面径流场等相关保护和科研监测设施。7个自然保护区管理局介绍了在资源保护、科研监测、科普宣教、基础设施建设等方面的经验。

省林业厅厅长陈传进在会上指出，河南省自然保护区建设30多年来，从无到有、从小到大，取得了明显成效，自然保护区管理网络基本形成，全省林业系统已建立自然保护区25处，总面积50.47万公顷，占全省国土面积的3%；基础设施初具规模，建成野外保护站138个、保护点165个、宣教中心6处、生态定位站4处、巡护道路920千米；保护能力逐步增强，管理制度逐步规范，合理利用有序推进，合作与宣传日益活跃，对维护河南省生态平衡、保护生物多样性、促进可持续发展方面作出了重要贡献。

【省林业厅部署走访慰问老干部工作】 9月22日，河南省林业厅召开会议，集中学习河南省委郭庚茂书记在省厅级老同志工作通报会上的讲话，学习省林业厅退休干部张守印同志的先进事迹，部署开展学习老干部、服务老干部活动和重阳节走访慰问老干部工作。厅党组成员、纪检组长乔大伟出席会议。会议要求，要把做好新形势下老干部工作当作一项重要政治任务，在欢庆中华人民共和国成立65周年和全国第二个老人节之际，认真做好走访慰问老干部工作，落实领导干部联系老干部制度，及时了解老干部的需求和期盼，做到主动关心老干部，诚心帮助老干部，热心照顾老干部，全心服务老干部，为老同志安享晚年提供好的条件。

【郑州、鹤壁两市荣获"国家森林城市"称号】 9月25日，在山东淄博召开的中国城市森林建设座谈会上，郑州、鹤壁等17个城市被授予"国家森林城市"称号。至此，河南省国家森林城市总数达到9个，位居全国第一。

目前，郑州市林地面积达23.69万公顷，森林覆盖率达33.36%；城区绿化总面积达1.4亿平方米，绿化覆盖率达到40.5%，人均公共绿地达到11.25平方米。

鹤壁市森林覆盖率31.7%，城区绿化覆盖率41.9%，人均公园绿地面积12.5平方米，城市饮用水源地水质达标率100%，空气质量优良率82.2%，城市美誉度和生态承载力显著增强。

【省林业厅党组中心组开展法制理论学习活动】 9月18日，河南省林业厅党组中心组召开法治理论学习扩大会，邀请郑州大学法学院朱春玉教授作"林业法与林业依法行政"专题讲座。厅党组中心组在郑全体成员、厅机关全体公务员、厅直单位处级干部和部分单位科级干部参加学习。朱春玉教授从"我国林业法概况、典型案例分析、对林业法有效实施的建议、林业依法行政的突破口——权力清单制度"4个方面，就林业法与林业依法行政、权力清单制度等进行了阐述，既讲述理论，又结合实际，对依法治林和依法行政工作将起到推进作用。

【河南省"2014利剑行动"】 9月28日，河南省林业厅召开首次重大林业案件查办联席会议，安排部署"2014利剑行动"。会议要求，一要高度重视，强化责任，深刻认识破坏林地和野生动物资源的严重危害性和保护林地和野生动物资源的极端重要性，切实增强使命感和责任感。二要周密组织，密切配合，联席会议各成员单位加强协助配合，建立情报信息交换制度，切实推动"2014利剑行动"深入开展。三要严格执法，规范执法。四要重视宣传，加强督察。自10月10日开始到12月10日行动结束期间，全省森林公安机关共出动人员41 243人次，出动车辆12 729台次，查处各类案件1262起，其中刑事案件143起，重特大刑事案件9起，打掉犯罪团伙19个，打击处理违法犯罪人员1153人，收缴野生动物及制品8116头(只、张)，收缴作案工具133件，收缴作案车辆28台。

全省"2014利剑行动"表现出以下特点。一是高位推动。国家林业局森林公安局印发《关于关于开展打击破坏森林和野生动物资源违法犯罪专项行动的通知》后，省林业厅迅速成立重大林业案件查办联席会议领导小组，研究制订了全省"2014利剑行动"实施方案，全省各级林业部门也按照省厅统一部署，相继由森林公安机关牵头成立领导小组，制订实施方案，全力推动"2014利剑行动"深入扎实开展。二是部门联动。行动期间，全省各级森林公安机关与资源管理、野生动植物保护、森林防火等职能部门加强协调配合，实现信息共享。商丘市森林公安局联合有关部门，成功侦破了"8·25非法收购、运输、出售珍贵濒危野生动物案"，抓获犯罪嫌疑人3名，查获涉案川金丝猴3只。商城县森林公安局与地方公安机关强化情报信息沟通和办案协作，积极建立警务合作机制，成功查处非法收购野生动物案件。三是督导跟进。省森林公安局采取划片分包督导的方式，组成5个督导组，分别对豫东、豫西、豫南、豫北和豫中5个区域划片督导检查。省森林公安局还采取挂牌督办的方法，使一批重大案件得到了及时查处。各省辖市林业部门负责同志也围绕18起市级挂牌督办案件，至基层一线进行督办督导，确保"2014利剑行动"扎实有效开展。四是宣传到位。省林业厅"2014利剑行动"联席会议办公室编发10期简讯。大河报、河南日报农村版等新闻媒体多次报道全省"2014利剑行动"战果。各级森林公安机关也通过简报、报纸、短信、广播、网络等多种形式，积极宣传专项行动战果，使得社会民众保护林地和野生动物资源的意识得以明显增强。

【省政府召开全省森林防火工作电视电话会议】 10月30日，河南省政府召开全省森林防火工作电视电话会议，通报2013年冬至2014年春河南省森林防火工作情况，安排部署2014年冬至2015年春森林防火工作。副省长、省政府护林防火指挥部指挥长王铁出席会议并作重要讲话。王铁要求全省各地要以防早、防住为抓手，把住路看住山管住火。要落实目标责任，做到山有人看、林有人护、火有人管、责有人担；要强化宣传教育，构建群防群控森林防火的工作格局；要强化督促检查，加强火源管控，大程度消除火灾隐患；要强化应急处置，努力做到科学组织扑救。

省林业厅厅长陈传进在会上总结了去冬今春全省森林防火工作，要求各地严格落实责任，严管野外火源，做好应急准备，加强培训演练，加强值班调度，确保不发生重大森林火灾。

【省中德财政合作林业发展项目2014年国际监测工作完成】 9月13日至10月23日，受德国复兴信贷银行的委托，德国DFS咨询公司阿尔弗雷德·皮特乐教授对中德财政合作河南省农户林业发展项目2009～2012年度的营造林和2014年森林经营管理进行了国际监测。10月23日签署了国际监测备忘录，省林业厅副厅长李军出席有关活动。

国际监测从2010年开始，共开展了5次，2014年是国际监测的最后一次。本次国际监测对嵩县、鲁山、南召、卢氏4个项目县的21个乡镇、28个村的43个小班进行了抽查，共抽查面积492.8公顷，占2014年省级监测营造林面积8509.8公顷的5.8%。同时对2012年度的造林合同、土地承包合同、参与式规划、小班登记表、劳务费、苗木费的支付以及财务管理等内容进行了检查。本次国际监测的造林抽样合格率为97.6%，森林经营管理抽样合格率为96.4%。在开展此次常规国际监测的同时，还增加了成效林评估检查，旨在收集2008年至2014年期间项目的总体执行情况和监测数据，为德国复兴信贷银行2015年项目评估检查做准备。

【牡丹加工产品展销会暨油用牡丹发展研讨会在洛阳举行】 11月26日，我国首个牡丹加工产品展销会“2014中国·洛阳牡丹加工产品展销会暨油用牡丹发展研讨会”在洛阳举行。该活动由中国林业经济学会、中国林业产业联合会与洛阳市人民政府联合主办。国家林业局有关部门、全国10个牡丹生产重点省林业部门负责人和10多位专家教授、60多家牡丹企业代表参加。本次展销会共展出牡丹食品、牡丹饮品、牡丹籽油、牡丹茶、牡丹化妆品、牡丹保健品、工艺文化品等11类200多种加工产品。参展的单位和企业围绕牡丹产品应用、油用牡丹种苗、牡丹食品、牡丹化妆品及牡丹精油等多方面进行广泛交流学习。

（河南省林业由李灵军、杨晓周、张志阳供稿）

湖北省林业

【人工造林与封山育林】 2014年，全省完成荒山荒地造林总面积24.04万公顷，其中人工造林面积17.08万公顷，在人工造林面积中，有竹林面积2946公顷。按林种分，用材林8.59万公顷，经济林5.28万公顷；防护林10.01万公顷；薪炭林13公顷；特种用途林1572公顷。按树种分，速生树种6.68万公顷、乡土树种13.91万公顷、珍贵树种4563公顷；按权属分，公有经济成分造林7.43万公顷，其中国有经济成分造林3.91万公顷，集体经济成分造林3.52万公顷；非公有经济成分造林16.62万公顷。在人工造林中，林业重点工程完成人工造林面积1.73万公顷，其中完成天然林资源保护工程人工造林3949公顷，退耕还林工程7396公顷；长江流域防护林二期工程造林5909公顷。全年全省完成无林地和疏林地新封山育林面积6.96万公顷，有林地和灌木林地新封山育林面积1.61万公顷。全年全省共完成中幼林抚育面积44.25万公顷、完成四旁零星植树1.38亿株。2014年全省绿满荆楚行动创建的首批10个林业生态示范县，吸引各类市场主体投资8.86亿元，完成新增造林2.79万公顷，占年度计划142.6%。建设绿色示范乡村581个，授牌命名200个，完成了湖北省政府2014年为民办实事的承诺。支持新一轮“三万”活动和21个“四化同步”示范乡镇完成了村庄绿化目标任务。本年度在全省范围内开展了可造林面积普查工作。通过召开专题会议，制订技术方案，印发普查通知，举办10期次培训班，组织全省近1000名技术人员，用4个月时间，完成了全省可造林面积普查工作，摸清了各类可造林地现状，还有56.84万公顷造林可实现绿色全覆盖，其中宜林地造林22.90公顷、无林地造林9.10万公顷、通道绿化4.49万公顷、村庄绿化20.35公顷。

【绿满荆楚行动】 2014年11月28日，中共湖北省委、湖北省人民政府《关于加快推进绿满荆楚行动的决定》（鄂发〔2014〕24号），明确规定用3年时间，到2017年，实现全省宜林地、无立木林地、通道绿化地、村庄绿化地应绿尽绿的总体目标。通过推进荒山造林、乡村绿化、生态景观林带、森林城镇创建、绿色产业富民、森林碳汇、退耕还林等7大工程造林，新增有林地面积56.84公顷以上，森林覆盖率达到40.5%，森林蓄积量达到3.2亿立方米，林地保有量860.67万公顷。并初步形成山区森林生态屏障、水源地森林生态防护、通道景观生态网络、城乡人居生态保障、平原湖区湿地生态保护、林业绿色生态产业等六大森林生态安全体系。

【新农村建设】 2014年，湖北省林业厅结合新农村建设和新一轮“三万”活动，出台了《绿色示范乡村建设标准》，制定了推进“绿满荆楚行动”的实施细则，提出户均新增10棵树的目标，积极推广17个绿色示范乡村建设模式。要求各地见缝插针，应绿尽绿，建成村在林中、路在绿中、房在园中、人在景中的优美人居环境和生态惠民工程。在21个四化同步示范乡镇和6个整镇推进试点乡镇，分别各安排100万元和150万元用于村庄绿化。

【集体林权制度改革】 2014年，全省林业系统按照《国家林业局林改司关于加快集体林权登记发证工作的通知》精神，开展林权确权登记发证工作“回头看”，分三次对重点地区进行了专题督办。对主体改革进行了查缺补漏，登记发证工作全省确权面积新增2.1万公顷，发证面积新增1.84万公顷，新发放林权证7.90万本。根据《农业部关于开展国家农民合作社示范社申报工作的通知》（农经发〔2014〕2号）文件的要求，组织申报了15

家国家级农民林业专业合作社示范社。积极倡导合作组织主动协调龙头企业，构建"龙头企业+基地+合作组织+农户"经营体系，全省农民林业专业合作组织已经发展到2756家，本年新增369家，根据湖北省林业厅、省农行、省农发行、省信用社联合出台的《湖北省森林资源资产抵押贷款管理办法》和《中国银监会 国家林业局关于林权抵押贷款实施意见》的通知要求，全省林权抵押新增贷款农户12.47万户，贷款金额6.53亿元。重点协调和督办了政策性森林保险的受灾理赔和试点的扩面工作。各试点县市因灾赔偿368.4万元。省厅共受理因林权争议的来信来访来电185起、212人次，其中集体上访10人以上的3起，已办结177件，调结率95.7%。

【木本油料】 2014年，全省年末实有油茶林面积20.02万公顷，其中当年新造面积1.69万公顷、当年低产林改造的油茶面积4303公顷，全省油茶繁殖圃56个，面积1921公顷，油茶苗木产量7804.55万株。全省油茶籽产量12.74万吨。全省油茶产业企业198个、年产值28.56亿元。全年开展了对油茶、核桃和油用牡丹等木本油料树种的产业发展工作进行全面部署和安排，组织编制了《湖北省油用牡丹产业发展规划》。组织实施对省财政油茶、核桃木本油料专项资金1000万元项目、省财政油用牡丹专项资金500万元项目的合理分配，强化对项目的监督管理。2014年9月4日，在湖北襄阳召开了全省油用牡丹试点工作推进会。贯彻落实国家林业局油用牡丹产业发展座谈会精神，安排布置下一阶段工作。组织认定一批省级核桃良种育苗基地的认定工作。为了加强对全省核桃种苗质量管理，保障全省核桃产业发展，组织认定一批省级核桃育苗基地，逐步解决核桃育苗点数众多、相对分散，育苗技术、管理水平参差不齐，部分育苗基地存在穗条来源不清、品种不清、品种不良等问题。2014年11月18日，在省林业厅召开了油茶产业发展座谈会。组织3个检查组对全省28个油茶定点育苗点进行年度育苗检查评比与全省油茶、核桃和油用牡丹等木本油料产业的统计工作。

【林业血防工程造林】 2014年全省有30个县(市、区)实施林业血防工程，共完成当年造林任务0.978万公顷，完成投资7335万元，其中，中央预算内投资4400万元。开展林业血防抑螺成效改造试点。根据国家林业局安排，选择在黄冈市黄州区、荆州市的石首市、松滋市、咸宁市的嘉鱼县共开展266.67公顷林业血防抑螺成效改造试点。通过立地环境、植物材料、抚育管理、配套设施等综合改造，达到兴林、抑螺、提质、增效、示范的目的。根据省血防办安排，开展了对口督办联系点黄州区血防工作。

【林业碳汇工作】 全年碳汇工作依托参与的国家林业局《林业应对气候变化碳汇计量和监测体系建设》项目，在前期调查分析基础上，重点完成了加工整理湖北省森林资源连续清查数据，按照森林碳汇计量监测要求进行信息分类和整理，建立湖北省森林碳汇基础数据库，计量湖北省碳储量，完成上年度森林碳变化量测算工作。完成湖北省碳汇基础数据库、森林碳汇计量监测总结报告。碳汇造林被推荐在全国大会上作交流。珍贵树种培育示范县数量位居全国前列。

【公益林生态效益监测】 2014年选取十堰、宜昌、襄阳、黄冈、咸宁、恩施和神农架7个地区作为生态效益监测重点，在各监测片区中布设监测固定样地，森林类型按马尾松林、栎类林、其他针叶林、其他阔叶林和针阔混交林5个森林类型。根据上述分类标准，在每个监测片区针对不同森林类型分别设置3~5个监测样地，全省公益林共设置监测样地100余个，对水源涵养、水土保持、固碳释氧和生物多样性保育等方面的效益进行了监测和评价。同时，开展监测设施建设，增加自动定位采集数据的仪器设施，提高监测能力和数据的客观性；采用多种形式对基层监测队伍开展了培训，保障监测工作的全面性和科学性；丰富监测指标和内容，加强监测数据采集与分析。

【国有林场改革与建设】 2014年，省国有林场管理站已实现经营收入880.8万元，占全年目标任务840万元的104.9%。2014年3月，省林工商公司与太子山宏太木业有限公司合作注册成立林辉木业公司，公司总投资380万元，主营建筑模板。项目建成并投入生产。2014年7月省编委批复全站为公益二类事业单位，事业编制20人。沙口林场在实现苗木销售收入5.8万元的同时，加强了对苗木、试验林的田间管理。金口良种基地完成了全部苗木搬迁移植工作。开展了国有林场改革试点意愿征求工作。对全省国有林场的基本情况进行了全面调查和统计汇总。编制了《湖北省国有林场改革实施方案》(草案)。编制《湖北省国有林场危旧房改造2014年实施方案》并上报国家林业局，督促各地组织项目实施。开展了全省危旧房改造工程进展情况调查及项目月报、季报工作。对2010~2014年所有国有危旧房改造项目单位的28 402户计划进展情况进行了调查，落实危改各项配套资金计1.36亿元。9月16日，组织举办了首届全省国有林场森林抚育类职业技能竞赛，该项竞赛由省林业厅、省人社厅、省总工会联合举办，省林场站、太子山林管局共同承办。全省17个市州代表队的48名选手参加了竞赛。被省人社厅称赞为2014年全省38个行业竞赛中组织工作做得最好的行业。全年组织了3期共50位林场场长参加了国家林业局举办的国有林场场长培训班。共选派6名林场场长前往福建等省区先进林场进行挂职锻炼，同时接收山东等省的4名场级干部前来湖北省挂职锻炼。加强了省际林场间的交流。完成了全省国有林场网站建设情况调查统计工作与部署全省国有林场信息化工作。全省在中国林场信息网发布了157条林场信息，信息量位居全国第三位。开展了2014年国有贫困林场扶贫项目的组织申报、项目评审工作。参与了蔡甸嵩阳等6个国有林场办理征占用林地情况调查；启动了《中国林场60年》(湖北篇)编纂工作；完成了2014年度"全国十佳林场"推荐工作等。

【外资造林】 2014年，全省林业利用外资项目1个，实际利用外资金额117万美元。全省启动实施木材战略基地建设项目。通过德援、日贷项目终期评估，获外方肯定评价。8月，德国复兴银行林业专家哈内斯诺伊勒先生对项目进行了终期评估。11月，日本协力银行专家早濑史麻女士一行开展了日贷项目竣工验收评估，实地检查了6个项目县实施完成情况，与省、市、县项目办、林场、林农进行了交流座谈。新的德贷、欧投项目取得实质进展，亚行贷款项目增加项目储备深度。7月，国家发改委、财政部、国家林业局和欧投行在北京召开了欧投行项目准备工作会，专门听取了湖北申报准备项目工作汇报，明确湖北省欧投行项目列入中欧气候变化框架，要求在2014年年底全面做好项目的前期准备工作。10月，在与德国复兴银行、GFA咨询公司沟通协调后，开展了项目调整规划工作，德贷项目即将进入实质实施阶段。亚洲开发银行贷款项目建议书，正按照程序做好项目前期工作。国家林业局下达湖北省特殊林木培育项目计划6个。组织6个项目林场编制了实施方案，邀请省林科院、林调院、林业推广中心专家进行了评审，对项目编制文本进行了审查。全省特殊林木培育项目共完成投资1067万元，占计划的100.3%，共完成营造林0.1万公顷，占计划的100%。竹溪县双竹林场建立楠木、红豆杉良种繁育基地，为项目实施提供了苗木保障；英山县桃花冲林场因地制宜，培育乡土树种黄山松，森林质量显著提升。统筹外资项目还贷工作，本着“谁借谁还”的原则，组织各地相关财务和技术人员，开展清理与收缴工作，确保项目按时足额还贷。

【速生丰产林】 2014年，全省完成速生丰产用材林造林经营面积3.48万公顷，改造培育面积115公顷，其中，浆纸原料林6233公顷，人造板原料林18 651公顷，大径级和珍贵树种用材林3191公顷，其他6799公顷。完成全部林业投资额3.02亿元，其中，国内贷款3271万元、自筹资金2.65亿元、其他投资410万元。国家木材战略储备基地建设造林经营面积7611公顷，其中集约人工林栽培面积1773公顷、现有林改造培育面积377公顷、中幼林抚育面积5461公顷。造林经营面积按树种分杨树、竹子、杉木、马尾松、落叶松、湿地松、火炬松等一般树种6278公顷，南方红豆杉、柳杉、云杉、楠木、火力楠、核桃楸、椴树、榉木、柚木、西南桦、铁力木等珍稀树种1333公顷。完成全部林业投资额8462万元，其中，中央投资494万元、地方配套投资112万元、自筹资金7656万元、其他投资200万元。

【义务植树】 2月26日，湖北省委书记李鸿忠、省长王国生等省领导到江夏区青龙山国家森林公园进行了义务植树，省纪委、省委组织部、省委宣传部、省委统战部、省总工会、省直机关工委、省委党校、省国资委等单位都组织开展了本部门的义务植树活动。省外侨办、省外国专家局第十四次组织来自美国、加拿大等13个国家的近百名在鄂工作专家，到鄂州市鄂城区银山生态园义务植树，完成了“外国专家友谊林”添绿任务。全省17个市州领导带领机关工作人员分别在管辖地参加了义务植树活动。全年全省共完成四旁零星及义务植树1.38亿株。省绿化委员会、省林业厅联合省委宣传部等省直部门在《湖北日报》发出了《人人多植一棵树》倡议书。

3月5~8日，华中科技大学、华中师范大学、华中农业大学等高校的3000名师生积极响应，分别在武汉花博园和青山区戴家湖湿地公园等义务植树点参加了义务植树活动。5月6日，《中国绿色时报》刊发了题为《湖北启动“生态园林式学校”创建活动》新闻报道。2014年第6期《国土绿化》杂志对湖北省国土绿化工作成绩、经验进行了专题报道。由省绿化委员会、省林业厅联合采编，省委副书记张昌尔同志作序，刘新池厅长为书补记的《荆楚大美》摄影作品大型画册已出版发行。省绿化办与中国绿化基金会共同创建的“中国网络植树公益网湖北网”已开通。3月19日，省绿化委员会、省林业厅、团省委联合召开了绿色示范乡村建设暨保护母亲河行动电视电话会议，并联合在全省开展了“保护母亲河2014年度青少年植树行动”，共组织129万青少年参加义务植树活动，完成植树910万株。于3月3日省绿化委员会、省教育厅、省林业厅联合发文，在湖北省高等学校开展“生态园林式学校”创建活动，指导高校绿委制订发布了《湖北省高等学校生态园林式学校评估体系》，并于3月11日联合决定，授予武汉市洪山高级中学等102所学校“绿色文明校园”荣誉称号；强化与湖北省水利厅合作，推动“林水结合”模式的发展与创新，按照“建设一个工程、绿化一片天地、打造一个景点”的要求，指导水利厅制发了《湖北省水利系统申报绿化模范单位考核细则》，省绿委与省交通厅联合下发了《关于进一步加强绿色通道建设的通知》，省绿委印发了鄂绿发〔2014〕6号《湖北省绿化委员会关于开展2012年至2013年度“湖北省绿化模范单位”“湖北省绿化模范县（市、区）”和“湖北省绿化奖章”评选活动的通知》。省绿化办下发了鄂绿发〔2014〕9号《关于授予2012到2013年度“湖北省绿化模范单位”“湖北省绿化模范县”和“湖北省绿化奖章”的决定》，共授予省委办公厅等140个单位“绿化模范单位”荣誉称号，黄石市阳新县等14个县（市、区）“绿化模范县”荣誉称号，倪纯宏等97名同志全省绿化奖章。编印了《绿满荆楚省直部门国土绿化事迹汇编》。开展了第三届绿博会湖北2000平方米展园建设工作。省绿化办印发鄂绿办发〔2014〕11号《关于全省2014年古树名木保护情况的通报》，推广武汉市职业技术学院将二维码技术引入古树保护，扩大了古树信息量，方便公众获取古树信息。楚天都市报以“武汉大学生给树木挂身份证”手机一扫可辨识为题报道了具体做法。

【天然林保护】 2014年，全省天然林资源保护工程造林面积2.71万公顷，其中人工造林3949公顷，新封山育林面积23 153公顷，全年中、幼龄林抚育面积30 017公顷。2014年年末全省实有森林管护面积331.54万公顷，其中，国有林78.26万公顷、集体和个人所有的国家级公益林150.10万公顷、集体和个人所有的地方公益林103.18万公顷。全年全部林业投资完成额85 298万元。其中，国家投资67 271万元，用于公益林建设4067万元，用于森林管护22 893万元，用于森林抚育4671万元；用于生态效益补偿39 962万元，社会保险7541万元，政策性支出1646万元、其他开资4518万元。全年全省天保区35个实施单位建立森林管护站点1313个，采取竞争上岗的方式确定管护人员9448人，其中，专职护林员4297人，兼职护林员5151人，规定了巡山管护时间、方法、要求，完善了检查登记和档案管理；完善了基层站所、护林员、信息员的管护装备配置，在重要地段、管护站所安装高音播放设备和报警设施，做到一有情况能够快速反应，基本形成了横向到边，纵向到底，全方位、多角度的森林资源管护体系。全年在天保工程区内继续实行天然林禁伐停伐政策，遏制了乱砍滥伐现象，森林病虫害和森林火灾得到有效控制，以森林资源为基础的生态旅游及相关产业蓬勃发展，综合效益进一步显现。天保区内职工各项补贴发放到位。职工社会保险及政社性支出全面得到落实，天保工程一次性安置职工社会保险补贴工作顺利推进。先后办理了13件省人大建议和政协提案，其中主办件5件，均得到了建议人或提案人满意的认可。国家林业局天保中心先后4次派出工作组来湖北省开展了天保区转型发展调研、天保二期7个县市区有关政策调研、全面实施天然林保护专项调研以及自然保护区和森工企业调查等，开展的调研报告在国家林业局《天保动态》上进行了刊载。会同省林调院，重点抽取7个天保工程实施单位开展了省级复查工作。9月12～14日，在十堰市郧西县举办了全省天保工程区森林生态效益补偿暨管护培训班，认真总结分析了天保工程建设形势，分析了存在的主要问题和差距，交流探讨了改进的措施办法。集中部署了落实生态补偿、加强森林管护等重点工作。10月21～24日，国家林业局天保中心在神农架自然保护区举行全国“天保工程综合业务省级培训班”，来自全国各有关单位管理人员170余人参加培训。神农架国家级自然保护区已推荐申报全国“五一劳动奖状”。

【生态公益林】 2014年，全省生态公益林总面积370.47万公顷，其中，国家级公益林面积221.13万公顷，省级公益林面积92万公顷，县级公益林面积57.34万公顷，落实补偿资金54 303万元，其中，国家级公益林补偿资金42 409万元，省级公益林补偿资金9316万元，县级公益林补偿资金2578万元。开展了公益林建设国家级核查工作。针对县级自查、省级复查和国家级核查中发现的各类问题和薄弱环节，组织专班到各地进行督办，指导各县市对号入座，查找原因，制定措施，明确标准、明确时限、明确责任，逐个整改，挂账销号，跟踪督办，取得了良好效果。

【退耕还林工程】 2014年，全省退耕还林工程完成营造林1.26万公顷，其中荒山荒地造林7396公顷，新增封山育林5198公顷。年末实有封山育林面积3.54万公顷。全年全部林业投资完成额9.51亿元，其中，国家投资6.2亿元，种苗费1841万元，完善政策补助资金5.58亿元、巩固退耕还林成果专项资金3.61亿元，新一轮退耕还林补助资金360万元、其他资金1013万元。全年配合省发改委对巩固退耕还林成果专项规划建设情况及历年资金拨付使用情况进行了检查验收。完成退耕还林工程效益监测任务，已向国家提供生态效益监测报告。国家以湖北、河北等5省的监测数据为依据，形成国家报告，并对外发布。争取国家已将湖北作为全国新一轮退耕还林10个试点省份之一，按照国家要求，与相关部门协调，形成了新一轮退耕还林基础数据；编写新一轮退耕还林实施方案；召开了新一轮退耕还林工作启动会议和全省新一轮退耕还林培训会议。恩施市龙凤镇新启动退耕还林试点工作进展顺利，为农民增收开辟了新的途径。系统清理、整理退耕还林15年来国家和湖北省出台的各种文件，汇编成了《退耕还林政策文件汇编》。对全省退耕还林工作开展15年来涌现出的先进单位和先进个人进行表彰奖励，依据《退耕还林条例》（国务院令第367号）第十条“在退耕还林工作中做出显著成绩的单位和个人，由国务院有关部门和地方各级人民政府给予表彰和奖励”的规定，联合省人力资源和社会保障厅，开展了评比表彰活动，在全省范围内表彰退耕还林工作先进单位30个、先进个人48名。全年共接到群众来信来访16人次，其中，国家转办3次，日常工作中，接待、解答群众来电咨询相关政策等多次。办结率100%。在国家林业局政府网、国家退耕还林网上刊载的报道达30篇。配合中央人民广播电台“绿色中国行”采访组，深入到秭归、丹江口、竹溪3县市，上山头、进农户，对退耕还林15年来取得的经济、生态、社会效益进行了深入采访，采访组发表退耕还林宣传报道文章8篇。2014年7月28日，在全国推进林业改革座谈会上，湖北省宜昌市就退耕还林工作作了典型发言，并现场参观了退耕还林基地；2014年9月28日，全国新一轮退耕还林实施工作电视电话会议召开。湖北省林业厅长刘新池作了题为《超前谋划精心准备扎实做好新一轮退耕还林工作》的典型发言。

【长江防护林工程】 2014年，全省40个县市区完成工程造林面积1.50万公顷，其中，人工造林5909公顷，封山育林9065公顷。完成投资计划5466万元，其中，中央投资3106万元，地方配套2360万元。全年以项目实施为载体，与水利、交通、环保、旅游等部门联动，推动长防林工程建设。在长防林工程中采取良种良法，严格工程管理，着力提高工程建设成效，使其成为当地造林绿化的样板工程和示范工程，带动了全省造林绿化快速高质推进。洪湖市、谷城县落实“谁开发、谁经营、谁管理、谁受益”政策，调动了社会各方面力量参与长防林基地建设的积极性，提高了工程建设质量与成效。罗田县多次召开工程建设专题会议，实行主要领导亲自抓，分管领导具体抓，并签订了目标责任状，明确了工作责任和要求，制定了工程实施措施，落实了工程建设任务。湖北省长防林工程涉及三峡库区、丹江口库区两个重点地区共21个县，其中：涉及三峡库区的12个项目县市区，涉及丹江口库区的9个项目县市区，都按时完成了当年的造林任务。

【自然保护区建设】 全年全省实有自然保护区个数51个、面积93.7万公顷，其中国家级自然保护区个数15个、面积44.41万公顷。全年全省实有自然保护小区175个，面积12.47万公顷。全年有十八里长峡保护区晋升为国家级得到了国务院的正式批复，谷城南河和黄冈大别山保护区已通过国家自然保护区评审委员评审，报国务院待批。洪湖保护区已通过了国家自然保护区评审，本年度取得农业部、环保部、国家林业局同意上报了国务院批准，房县野人谷、巴东金丝猴、保康五道峡晋升国家级已通过了国家林业局评审，环保部已派专家组对晋升工作进行了实地考评，崩尖子、万朝山保护区申报国家级，京山对节白蜡、麻城狮子峰、张湾大西沟、广水中华山等4个自然保护区晋升省级已通过论证和环保专家现场考评，待省政府审批。组织专家赴四川等省学习考察保护区规范化建设经验，督促九宫山、赛武当、龙感湖自然保护区完成了基础设施建设项目。七姊妹山、堵河源保护区基础设施建设项目，已经纳入了国家林业局项目储备；组织指导十八里长峡、星斗山保护区申报了国家基建项目。取得国家林业局对七姊妹山保护区申报了5年的功能区调整进行了实地论证和专家评审通过。协调省环保厅对丹江口、崩尖子省级保护区功能区调整进行实地论证和专家评审。协同省发改委赴十堰市、襄阳市开展了省级自然保护区建设情况的调研。对五道峡保护区、黄龙山省级小区的风电建设、巴东银杏省级小区输变电线路架设、野人谷保护区农耕文化博物馆建设、大老龄保护区种子资源建设、大九湖坪阡建镇占用保护区林地等6处组织开展了生物多样性影响评价工作。向国家林业局请示要求将湖北省列为国家公园建设试点省；组织考察组赴云南省学习国家公园建设经验；将全国国家公园会议精神向省政府报告，王国生省长、梁惠玲副省长批示同意组织全省林业国家公园试点的具体工作；要求神农架保护区派出专业考察组赴云南省学习，并邀请国家林业局昆明规划院派专家组帮助编制神农架国家公园总体规划。争取省政府致函国家林业局要求将湖北省列为国家公园建设试点省、将神农架列为国家林业局国家公园建设试点；组织制定《湖北省国家公园技术规范》。

【湿地保护与管理】 2014年，湖北省境内国际重要湿地1个，面积41 412公顷。全年完成天鹅洲长江故道、网湖湿地和龙感湖湿地申报国际重要湿地的野外考察和各项文件准备工作。完成了洪湖国际重要湿地数据信息表的更新工作。开展17处国家湿地公园的申报工作。按照国家林业局申报程序要求，完成了前期考察、省级评审、总规修改、国家评估等程序，已将修改后的文本报国家林业局。对45处新申报建立省级湿地公园按照要求进行审查，已批准省级湿地公园37处。开展了中央财政湿地补助资金的实施工作。荆州市洪湖国际重要湿地及周边开展湿地生态效益补偿试点工作，沉湖国际重要湿地、神农架大九湖国际重要湿地、武穴武山湖国家湿地公园等8个单位开展湿地保护与恢复工作，赤壁市、东宝区、红安县开展湿地保护奖励工作。开展了中央预算内投资项目武汉东湖国家湿地公园保护与恢复工程、武汉藏龙岛国家湿地公园保护与恢复工程、大冶保安湖国家湿地公园保护与恢复工程、黄冈遗爱湖国家湿地公园保护与恢复工程等4项工程。

3月17日，国家财政部、联合国开发计划署UNDP与湖北省林业厅共同签署确认了湖北省GEF湿地项目执行文本。该项目是联合国开发计划署资助的全球环境基金第五期赠款项目："加强湖北省湿地保护体系，保护生物多样性"项目(简称"湖北省GEF湿地项目")。6月12日，在武汉召开湖北省GEF湿地项目启动会和湖北省GEF湿地项目指导委员会第一次会议。GEF湿地项目在武汉正式启动，项目执行期限为5年，项目总投资2080万美元。其中，GEF机构拨款265万美元；配套资金1815万美元。全年争取中央财政湿地补助资金7100万元，其中湿地生态效益补偿3000万元，湿地保护与恢复2600万元，湿地保护奖励1500万元。争取中央预算内投资1498万元。争取湖北省GEF湿地项目2080万美元。争取省财政湿地补助资金500万元。湿地保护在省级财政资金安排方面实现零的突破。争取国家林业局安排部门预算内2014年湿地监测与管理项目资金20万元。3月3日，湖北省王国生省长签署第370号政府令，公布《湖北省湿地公园管理办法》，于2014年5月1日起施行。出台了《湖北省湿地公园考核评估办法(暂行)》，为全省湿地公园的考核评估工作提供了依据。推动《湖北省湿地保护条例》的立法工作，组织专家对武襄十城际铁路穿越谷城汉江国家湿地公园生物多样性影响进行评价，得到了国家林业局的批复。参与了《湖北省湖泊保护条例》贯彻实施情况的执法检查工作，组织联合省水利厅、国土厅、公安厅对咸宁、鄂州两市的湖泊保护情况进行了检查。9月26日，在黄冈蕲春召开全省湿地工作现场推进会，国家林业局湿地保护管理中心主任马广仁、湖北省林业厅党组书记、厅长刘新池出席会议并讲话，厅党组成员、森林公安局局长陈毓安主持会议。2月，组织部分新批建的国家湿地公园试点单位主要负责人赴香港米埔湿地自然保护区参加业务培训工作。6月，省内9个国家湿地公园的负责人赴山东参加了2014年第一期国家湿地公园建设管理培训班。7月，分别组织14人参加在北京举办的2014年第二期国家湿地公园建设管理培训班、5人参加在宁夏银川举办的全国湿地保护工程管理培训班。10月，组织部分长江湿地网络成员单位参加在四川西昌召开的长江湿地网络年会。11月，联合湖北省湿地保护基金会在武汉沉湖举办一期湿地公园管理技术培训班，共培训湿地公园管理人员近100人。全年完成湖北省人大、省政协建议、提案回复13件，开展《中国湿地资源湖北卷》的编撰工作，参与《湖北省湖泊志》的编辑、审稿工作。根据湖北省王晓东常务副省长对省湖泊保护协会《关于加快洪湖生态移民问题的调查与建议》的批示，联合水利厅、农业厅、荆州市政府等相关单位在荆州市调研，专题研究加快洪湖生态移民问题。

【野生动物疫源疫病监测与防控】 全年全省野生动物疫源疫病监测站71个，全省野生动植物科研及监测机构69个，专业技术人员216人。4月，制订和印发了在全国属于第一个省级目录的《湖北省重点野生动物疫病种类和疫源物种目录》。调整完善省、市和县监测领导小组和专家小组，修订了《野生动物疫源疫病监测防控应急方案》。在全省61个国家和省级疫源疫病监测站中启动了预警站和示范站建设，评选出沉湖、龙感湖、洪湖3个预警站，京山、黄冈、十堰、宜昌4个示范站。与省卫计委、省农业厅等部门建立了疫情会商和信息通报制度，通过加强组织领导、落实源头防控、强化疫情监测和预警以及加强宣传教育等措施，加强了联防联动，形成了防控合力。

印发了《湖北省林业厅关于进一步明确自然保护区和湿地公园野生动物疫源疫病监测防控职能的通知》，进一步加强自然保护区、湿地公园、鸟类迁徙通道等3个重点监测区域站点建设。组织撰写的《陆生野生动物疫源疫病监测及技术规范》，通过专家评审，湖北省质量技术监督局以湖北省地方标准DB42/T 978－2014正式对外发布。组织编写《湖北省野生动物监测手册》，经湖北科学技术出版社正式出版发行，在全国首创编印了《湖北省野生动物监测日志》。在人工驯养蓝孔雀中首度检测到细小病毒，在灵长目动物中首次检测到腺病毒，对蓝孔雀肠杆菌、沙门氏菌、细小病毒混合感染致死的病理，禽流感病毒研究成果已向美国杂志投稿，待完善刊出。发挥中科院武汉病毒所签订战略合作协议的作用，联合该院开展了野外采样检测活动，全年共采样13批次1888多份，检测发现禽流感H5N6阳性样本3份，H6N1、H9N2、H6N2阳性样本各2份，H6N8、H7N7、H5N3、H10N7阳性样本各1份，孔雀细小病毒2份。与长春军事兽医研究院、华中农业大学、东北林业大学建立了稳定的合作关系，开展了一系列细菌、病毒研究工作。全年在省内各大湖区及孔雀养殖场开展样本采集工作24批次，采集动物尸体、脏器、拭子、粪便等各种样本3354份，进一步掌握全省野生动物疫病情况。举办了监测防控技术培训班，开展应急处置演练；完善了应急储备物资，购置了一批应急处置设备；加大了应急值守抽查，全省节假日累计值守18 935人次，野外巡护27 145次，电话抽查135次，在岗率100%，以此确保一旦有异常情况，拉得出、冲得上、查得准、处置得好。7月成功处置宜昌麻雀异常死亡事件。

【湖北省野鸟携带多种禽流感病毒防控形势严峻】 湖北省处于全球鸟类"东亚—澳大利亚"迁徙通道，每年过境候鸟多达126种60余万只，种类占全国231种的54%，数量远超湖南、江西、安徽相邻省份，主要经飞俄罗斯、印度尼西亚、新几内亚、澳大利亚、新西兰等国，最远迁徙距离9000多千米。远道迁徙候鸟携带大量禽流感病毒。据统计，省林业厅先后在野生动物样本中检测到人兽共患病29种，涉及野生动物种类69种，导致野生动物死亡126起1623头(只)。各种研究数据显示，湖北省野生动物疫病种类多、疫源品种多、关联区域多，野生动物多种疫病规模性发生的风险呈持续上升态势。面对严峻形势，按照省委、省政府的部署要求，省林业厅全面动员，扎实开展野生动物疫病防控工作。将野生动物疫病防控纳入林业中心工作，纳入生态林业、民生林业重要内容；先后设立了181个监测站，配备了3648名专兼职监测人员，初步构建了全省监测防控网络体系，实现重点疫病、重点物种、重点区域的监测防控全覆盖；联合中科院武汉病毒所等科研院校，开展溯源排查、快速检测、疫苗研制等科技攻关；在全国率先编发了《技术手册》《挂图》《网络图》《工作流程图》，开展技术培训和应急演练；加强野外巡护监测和信息报告，野外巡护98万人次，启动信息网络直报，上报信息20余万条；实行24小时应急值守和电话抽查制度；成立应急预备队，新建应急仓库，成功处置25起异常事件。

【野生动植物保护与管理】 全年全省野生动物种源繁育基地65个、野生植物种源培养基地13个，野生动植物保护管理站122个，野生动物园2个，植物园2个，鸟内环志中心站9个。发布了为期5年的全省野生鸟类禁猎通告，在全国是第三家发布。2014年9月25日，湖北省第12届人大常委会第11会议，对《湖北省实施〈中华人民共和国野生动物保护法〉办法》的部分条款作出了修订，将省级和"三有"保护动物的经营审批权，分别下放到市、县。组织编制了全省《野生动植物保护与自然保护区建设法律法规文件选编》，对1982年以来的野保的相关法律法规进行了系统梳理。组织了2次专项行动、一次全省保护系统业务知识培训，召开了2次座谈会商讨工作方案，组织对全省野生动物保护行政执法情况进行了清理，并组织武汉、黄冈联合工商等部门开展联合执法行动，对楚天都市报等新闻媒体报道的新洲举水河贩卖野生动物案件进行了专项打击。森林公安开展"天网"行动，严厉打击各类破坏非法猎捕、野生动植物资源的违法行为。省林业厅向全球环境基金(简称GEF)理事会申报了GEF神农架项目。全年办理保护方面行政审批审核事项131件，其中协助审批办理行政许可事项40件，办理国家林业局委托事项、野生动物引进、借展、专用标识申报、野生动植物进出口等相关事项91件。组织10个野生植物资源调查队和2个野生动物资源调查队对83种重点保护野生植物开展和大别山区、神农架、武陵山等地理单元野生动物资源进行了野外调查，白颈长尾雉野外调查和湿地水鸟同步调查取得了阶段性成果。在省厅网站专门开设"珍爱野生动植物，保护生物多样性"的宣传窗栏。国家林业局网站、中国绿色时报、湖北日报等主流媒体先后10余次刊发湖北省保护动态。完成7件省人大、政协建议和提案，印发了3000份《省林业厅关于在全省禁猎野生鸟类的通告》，在全省广为张贴，并举办了爱鸟图片展览，在新建的省科技馆设立了野生动植物保护专栏。分别于3月3日，与省野保协会联合在武汉植物园举办了首个"世界野生动植物日"宣传活动，聘请奥运冠军杨威为全省野生动植物保护形象大使。4月1日，由中国野生动物保护协会、省林业厅、十堰市政府及省野生动植物保护协会联合在十堰市武当山特区文化广场举办了全国暨湖北省"爱鸟周"启动仪式活动。中国野生动物保护协会会长赵学敏，湖北省政协副主席、省野生动植物保护协会名誉会长郑心穗及省林业厅、十堰市领导出席活动并作讲话。郧西县和南漳县被评为"中国喜鹊之乡"和"中国鸳鸯之乡"。11月3日，与野保协会、鄂州市政府联合举办了全省"保护野生动物宣传月"启动仪式。

【野生动物救护】 全年完成了《中国野生动物救护手册》编写组稿工作，率先在全国成立省级野生动物救护委员会，在全国首开先河开展了野生动物救护志愿者行动。全年累计接听救护电话99起；开展救护行动80次；电话指导救护19次；救护动物724头只，其中，鸟类56只，兽类4头，两栖类664只，救护成活率81%，存栏动物成活率89%，守住"救护零投诉"这条底线。全年共向国家局申报了项目7个，向湖北省科技厅申报林业科技支撑项目2个到位资金同比增长24%。开展疫病普查，先后组织技术人员对全省18家孔雀养殖企业养殖的孔雀免费体检，先后采样230份，在人工驯养繁殖的孔雀中发现了一种新的细小病毒。与福建恒达标本制作公司合作，初步完成了蓝孔雀、鹧鸪的交易，并签订了恩施雉鸡、孝感鳄鱼、京山鹧鸪的购买协议。完成事业单位分类改革，湖北省野生动物救护中心被确定为公益一类事业单位。档案管理工作成功晋升机关档案工作目标管理省一级。承办了全国救护委员会首届年会；参加了在吉林召开的全国野生动物源人畜共患病防控战略研究；选派1名同志到香港嘉道理农场接受野生动物救护培训。2014年10月承办了全国野生动物救护委员会年会，组织召开了湖北省野生动物救护委员会的成立大会，成立了全国首个地方野生动物救护委员，搭建起救护工作新的交流平台；筹备并成立了全国首个省级野生动物救护志愿者协会，启动仪式上邀请了团省委、中动协领导出席。

【林产工业】 2014年全省林业产业年总产值1736.99亿元，其中第一产业702.26亿元、第二产业708.37亿元、第三产业326.36亿元。全年全省商品木材产量227.47万立方米，竹材产量3414.41万根，竹产业产值20.88亿元。主要木竹加工产品包括锯材、木片、人造板、木竹地板及其他加工材等五大类林产品分别为锯材115.69万立方米，木片71.69万立方米，人造板产量591.53万立方米，其中胶合板149.19万立方米，纤维板298.71万立方米，刨花板78.79万立方米，细木工板等其他人造板64.84万立方米；木竹地板3180.79万平方米；其他加工材7.67万立方米。主要林产化工产品有松香类、松节油类、木竹热解产品、木质生物质成型燃料等四大类产品分别为松香类产品2.02吨、松节油类产品3412吨、竹炭350吨、木质生物质成型燃料3.37吨。2014年，国家林业局在全国范围内，首次评选出国家级林业重点龙头企业128家。湖北省9家企业被认定为首批国家级林业重点龙头企业，占全国128家的7%，入选企业数与福建、江西并列全国第一位。4月22日在北京召开的中国林业产业联合会换届大会和中国林业产业诚信联盟成立大会上，湖北省有2家单位和8名个人获得"中国林业产业突出贡献奖"；全国授牌16个林业特色区域，湖北省枣阳市和通城县榜上有名，占全国授牌总数的12.5%；康欣、黄袍山茶油、燕加隆集团三家企业负责人被授予"中国林业诚信企业领军人物"。占全国获奖人数的8%；2014年新增认定的省级龙头企业48家，全省林业重点龙头企业总数达到393家。举办的首届中国武汉绿交会，通过择优评奖，助推了全省林业产业品牌化建设。全年社会资本投资林业新兴产业如苗木花卉、森林旅游、绿色家具、经济林、原料林、林下经济、绿色林产品加工业等总投资达到102亿元。省、市(州)、县(市、区)三级财政专项林业产业补助资金可达5亿元，政府扶持资金占社会投资额的5.4%，全省龙头企业、专业合作社等新增造林面积9.67万公顷，占全省新增造林面积的60%。2014年省林业厅重点在全省开展了产业调研和板材生产行业调研，初步形成了《全省林业产业发展调研报告》和《全省人造板行业发展调研报告》，《报告》分析了全省产业和人造板行业的发展现状、存在问题，提出对策与建议。2014年，省厅新出台和印发了《湖北省涉林食品安全工作分工方案》《全省食用林产品质量安全管理工作》《加强全省林业企业安全生产工作》等3个规范性文件。按照省安委会的部署，成立两个专班，分别对4个市州8个县市开展了安全生产的暗访抽查，有力地推动了林业安全生产工作。全省林业安全生产和森林食品安全无重大事故。全年承办了华中地区"纤维板、胶合板"市场期现结合研讨会，举办实用电子商务、二维码营销及股权托管交易培训班，全省林业产业重点龙头企业会员单位的企业家代表和林业部门管理人员130余人到会参加培训。

【首届中国武汉绿色产品交易会】 2014年10月11～13日，在武汉国际会展中心举办首届中国武汉绿色产品交易会。国家林业局副局长张建龙、湖北省副省长梁惠玲、湖北省政协副主席郑心穗和武汉市领导以及国内知名学者出席。开幕式由湖北省林业厅党组书记、厅长刘新池主持。张建龙宣读了全国政协人口资源环境委员会主任贾治邦发来的贺信，并宣布本次活动开幕。梁惠玲讲话。这次活动由中国林业产业联合会、湖北省林业厅和武汉市人民政府主办，中国生态文化协会、湖北省商务厅和本报传媒集团及其他单位支持。10月13日，首届中国·武汉绿色产品交易会暨中国·湖北生态文化论坛林业招商和经贸签约仪式、获奖产品颁奖仪式暨成果发布会在武汉国际会展中心召开。湖北省林业厅党组书记、厅长刘新池致辞，副厅长黄德华发布绿交会成果。发布会现场举行了林业招商和经贸签约仪式，并为获得绿色产品奖的企业和交易会组织奖的单位颁奖。发布会由省林业厅党组副书记、副厅长董祚华主持。本届交易会和论坛充分展示了绿色产业新技术、新成果、新产品、新文化，同时，大力宣传和推广了绿色林产品，吸引了大批企业家和经销商的眼球。

【主要经济林产品】 2014年全省主要经济林产品总量年末实有种植面积142.84万公顷、年末实有结果面积84.50万公顷、产量667.40万吨。主要产品有水果、干果、林产饮料、林产调料、森林食品、木本药材、木本油料、林产工业原料等八大类经济林产品生产情况分别为水果产量540.04万吨，年末实有种植面积44.05万公顷，年末实有结果面积39.34万公顷，其中，苹果1.57万吨、柑橘345.30万吨、梨50.42万吨、葡萄30.36万吨、桃100.52万吨、杏11249吨、猕猴桃2.06万吨、其他水果8.68万吨。干果产量58.82万吨，年末实有种植面积40.06万公顷，年末实有结果面积30.46万公顷，其中核桃9.42万吨、板栗41.40万吨、枣3.17万吨、柿子2.24万吨、白果1.99万吨。林产饮料产品16.06万吨，年末实有种植面积28.73万公顷，其中毛茶15.77万吨。林产调料产品4882吨，年末实有种植面积7978公顷，其中花椒3475吨、桂皮221吨。

森林食品 18.13 万吨，其中竹笋干 1.23 万吨、食用菌 13.69 万吨、山野菜 1.88 万吨。木本药材 10.78 万吨，年末实有种植面积 8.77 万公顷，其中杜仲 1.79 万吨、黄檗 5139 吨、厚朴 1.67 万吨、枸杞 383 吨、山茱萸 1478 吨、五味子 6701 吨、其他木本药材 5.95 万吨。木本油料 12.92 万吨，年末实有种植面积 20.43 万公顷，年末实有结果面积 14.70 万公顷，其中油茶籽 12.74 万吨，油用牡丹籽 1377 吨。林产工业原料 1016 万吨，其中生漆 6298 吨、油桐籽 2.49 万吨、乌桕籽 1.85 万吨、五倍子 3241 吨、棕片 3714 吨、松脂 4.50 万吨。2014 年全部经济林产品的种植与采集产值 472.47 亿元，其中水果种植与采集 172.19 亿元、坚果及含油果和香料作物种植与采集 37.84 亿元、茶及其他饮料作物的种植与采集产值 105.22 亿元、林产中药材的种植与采集 38.57 亿元、森林食品种植与采集总产值 92.80 亿元。

【苗木花卉】 2014 年林木种子采集量 4756 吨，育苗面积 3.97 万公顷，其中本年新增育苗面积 9945 公顷，全年苗木产量 13.20 亿株。全年林木育种与育苗总产值 37.76 亿元。2014 年年末实有花卉种植面积 4.83 万公顷，切花切叶产量 9385.67 万支，盆花植物产量 1.24 亿盆，观赏苗木产量 2.97 亿株，草坪产量 768.62 万平方米，全省共有花卉市场 265 个，花卉企业 1302 个，花卉从业人员 11.73 万人，全年花卉种植总产值 63.32 亿元。

【森林公园和森林旅游】 2014 年，全省林业旅游与休闲产业 5313.86 万人次，旅游收入 199.45 亿元，林业旅游与休闲产业直接带动的其他产业产值 530.81 亿元，其中全省林业旅游 4698.90 万人次，旅游收入 173.38 亿元，林业旅游直接带动的其他产业产值 482.58 亿元；林业疗养与休闲 614.96 万人次，休闲收入 26.07 亿元，直接带动的其他产业产值 48.24 亿元。2014 年新增森林公园 6 个，其中国家级 2 个，省级 4 个。全年开展了对新建国家森林公园管理机构设置、建设发展情况、建设项目进行监督检查，确保国家级森林公园建设符合总体规划和森林公园管理规范。组织编制了西塞国和岘山两个申报国家级森林公园的可研报告，完成了省级评审，国家林业局组织专家已进行了现场考察并进行国家级评审。新设立了田野、永灵山、白玉垭、大百川四处省级森林公园。大洪山、偏头山、牛头山和大别山国家森林公园总体规划修编已上报国家林业局并待批复。全年争取国家级森林公园总体规划补助，对优质国家级森林公园总体规划进行补助，推动森林公园总体规划水平和档次提升。争取遗产地森林风景资源保护资金与风景林改造项目，加大森林公园森林资源保护力度，提升森林公园内森林、环境资源价值。承办国家林业局 2014 年度国家级森林公园管理高级研修班。加强与湖南省林业厅沟通洽谈，达成了湖北、湖南两省森林旅游战略合作协议。完成《湖北省森林等自然资源旅游管理办法》初稿。首次编辑出版《湖北森林旅游》杂志，加大湖北森林旅游品牌宣传推介力度。省森林国际旅行社全年投入宣传费 16 万元，组织到全省森林公园、生态旅游景区旅游的游客达 1.3 万人次，实现营业收入 1280 万元，经营利润 123 万元。建设湖北省森林国际旅行社的网站“湖北森林旅游网”，参加由国家旅游局、湖北省人民政府主办、湖北省旅游局承办的每两年举办一次的第七届华中旅游博览会在武汉国际博览中心召开，系统宣传湖北省森林公园、森林旅游。组织全省 30 家森林旅游企业参加首届“中国武汉绿色产品交易会暨中国湖北生态文化论坛”。全年完成森林公安阮观文副局长带队的澳大利亚、新西兰考察团任务，谢思芳副厅长带队的俄罗斯、印度考察团任务，庹德政副巡视员带队的台湾考察团任务。

【野生动物驯养繁殖】 2014 年全省野生动物种源繁育基地 65 个，其中，公益性野生动物救护繁育基地 14 个，商业性野生动物驯养繁殖单位 51 个。全年陆生野生动物繁育与利用总产值 11.09 亿元。召开一次全省野生动物驯养繁殖产业座谈会，探索野生植物的产业开发途径。重点服务和扶持一批特色企业做大做强。

【林下经济发展】 2014 年，全省林下经济总产值 57.11 亿元。全年全省根据编制完成的《湖北省林下经济发展规划(2013~2020 年)》，重点做好规划的上下衔接和组织实施工作。配合国家林业局林改司开展全国林下经济发展规划的编制工作，提供全省林下经济的资源分布和特色优势，争取国家发展规划中对湖北省有更多的份额和支持；指导全省各地编制好林下经济发展规划，形成全省一盘棋，林下经济协调发展；申报 8 家国家级林下经济示范基地，做好林下经济补贴试点工作。国家林业局把湖北省列入了林下经济补贴试点省份，下拨补助资金 900 万元，其中 2014 年的补助资金 500 万元，用于发展林下中药材，促进了全省林下经济的发展。

【森林防火】 2014 年，全省共发生森林火灾 596 起，过火面积 3899.75 公顷，受害森林面积 505.25 公顷，受害率控制在 1‰范围以内。2014 年 3 月 17 日，十堰市郧西县森林火灾造成 1 人死亡。全年强化森林防火宣传教育共出动人员 8.7 万人次，设立宣传牌和宣传标语 55 余万块(条)，印发宣传单 200 多万张，电视、广播、报纸等媒体报道森林防火各类信息 2 万多次，发送手机警示短信 800 余万条。同时，1320 所中小学校开设了森林防火课堂，受教育人数 40 余万人。派出业务骨干到神农架、襄阳、鄂州等地进行森林防火业务理论授课，营造良好的森林防火舆论氛围。1 月 7 日，湖北省政府在鄂州召开全省森林防火工作会议，对森林防火工作进行动员部署。省森防指先后下发了《关于抓好当前森林防火工作的紧急通知》《关于抓好森林防火工作 确保电力安全的通知》《关于应对极端天气抓好春季森林防火工作的通知》等 12 个文件，要求各地枕戈待旦，抓好森林防火工作。印发了国务院副总理汪洋和湖北省省长王国生、副书记张昌尔、副省长梁惠玲关于森林防火工作的重要批示，要求各地认真抓好贯彻落实。对森林火灾数靠前的 3 个县市(阳新、麻城、随县)予以全省通报，要求当地政府认真查找存在问题，迅速整改。针对高火险天气，向全省发布了高森林火险橙色警报，做好应急响应。11 月 6 日，召开全省森林防火工作电视电话会议，对秋冬季森林防火工作进行再动员再部署。从1月23日起实行双人双岗值班，在火灾高发时段，实行四人轮班制，24小时坐班，及时高效处置火情。在国家防火办和省政府电话抽查中，省防火办值班在岗在位率为100%。省防火办先后5次对全省值班电话、带班领导进行了电话检查，督促各地落实防火值班制度。对全省547个热点及时进行核查，了解火灾情况，并在2小时内向国家防火办反馈，反馈率为100%。2月7日，指挥调度223起森林火灾，当日扑灭率达90%。全年先后对356名火灾肇事者进行了处罚。对森林火灾多发、频发地方的18位主要领导和有关人员进行约谈。全省现已建立各种形式的森林消防队4753支、14.7万人，其中专业、半专业森林消防队391支、9775人，义务森林消防队4362支、13.7万人。先后两次组织18名基层指挥员到北京参加森林防火知识培训，两次举办全省森林防火指挥员培训班，受训人员达300多人，扑火救灾综合实战能力进一步提高。全年采购500万元基层需要，技术先进的风力灭火机、移动水泵等森林防火物资，并分发到基层。向国家林业局申报大别山2189万元、宜昌市2196万元、神农架林区1380万元、鄂西北森林重点火险区综合治理三期项目已经国家林业局批复立项。2014年国家林业局下达湖北省森林防火项目投资资金4868万元，其中孝感、随州、丹江口综合治理项目资金分别为：1805万元、1978万元、1085万元。对已建设完成的省森林防火预警监测系统、已整改到位的森林防火信息指挥系统建设项目按程序组织了验收。指导荆州、黄石等地森林防火综合治理项目按标准建设，并对项目进行了检查验收。编制湖北省森林防火二期规划，并将相关数据报送国家林业局。武警驻鄂森林部队将进驻的新营房建成花园式绿色军营。5月24~29日，武警驻鄂森林部队官兵远程机动到咸宁市通山县九宫山国家级自然保护区进行"卫士-14亮剑"实兵演练。部队还先后协助各地开展森林防火培训10余次、集中宣传教育20余次，组织联合演练8次，部队正规化建设和战斗力水平得到提升。1月29日、2月18日，湖北省委副书记张昌尔，副省长、省森林防火指挥部指挥长梁惠玲分别批示：春节防火安全不放松、狠抓防火防控工作落实。

【森林病虫害防治】 2014年，全省林业有害生物防治林业建设资金完成投资4739万元，全省林业有害生物发生面积28.97万公顷，其中成灾面积2.37万公顷，成灾率2.79‰，成灾率控制在4‰以下。通过加大森林病虫害监测、防治力度，无公害防治率达94.85%，测报准确率93.12%，种苗产地检疫率99.5%，均超额完成了2014年确定的防治工作目标。年初召开了重大林业有害生物防控工作会议，对除治工作作了全面部署。2014年起省财政同意在省级财政预算里增加林业有害生物防治补助资金500万元，保证松材线虫病防控工作的顺利实施。"南水北调工程汉江中下游生态防护林林业有害生物防控体系建设项目"已上报国家林业局，并获批立项；"湖北省国家级自然保护区林业有害生物防控基础设施建设项目""神农架天敌繁育场扩建项目"已上报待批。向湖北省发改委上报了应急物资储备库建设等3个基建项目建议书。6个在建项目扎实推进，全年制定下发《2014年湖北省林业有害生物防控工作要点》。组织各地采取摘茧采卵，喷洒生物、防生药剂，施放天敌等方式开展了防治，有效控制了马尾松毛虫危害。组织了对第三代和第四代杨树舟蛾的防控工作。建立以省、市、县三级测报站为枢纽，国家级、省级测报点为骨干，乡镇林业站和村级森防员为基点的监测预警体系。通过优化调整国家级中心测报点布局、分批新建防治示范站，提升基层林业生物灾害防灾减灾和公共信息服务能力。8月11日召开全省林业有害生物普查工作电视电话会议，动员部署全省普查工作。成立了省普查领导小组。谢思芳副厅长任组长，造林处、计财处、省森防总站等相关处室、单位负责人为成员。成立了省专家技术指导小组。邀请国家森防总站、华中农业大学、湖北省植物病理学会、湖北省昆虫学会、省林科院、省生态学院的有关专家、教授担任专家组成员。组织专班编制普查方案，并进行专家评审，修改完善后按时上报国家林业局。省普查工作已争取本年度财政追加预算200万元，用于培训、专家咨询、设备工具购置和专班运行等支出。统一采购了5种300多册工具书和210多套调查和标本制作工具、5种规格170多箱的标本盒分发到县。省普查办先后4次派出检查组对全年试点的前期工作及各市准备工作进行检查。全年完成松材线虫病春秋季普查工作，准确掌握全省松材线虫病发生动态。将检疫审批纳入全省林业行政审批平台，实现了网络审批和网络监管。开展了全省检疫员检疫制服置换工作，举办了2期专职检疫员培训。完成对省际调运委托的85个森防站的年检。11~12月底，在全省范围内组织开展林业植物检疫执法行动，严厉打击非法调运和逃检、漏检行为。积极组织对全省各地送检样品的检验，检验率达100%，准确率达98% 。"春尺蛾生物学特性及防治技术"研究课题进入总结阶段；启动了"华山松大小蠹生物学特性及防治技术研究"课题。"松苗猝倒病防治技术"在松滋、当阳两地推广示范120公顷。"林间白蚁防治技术"在襄阳开展试点推广工作，野外林间白蚁除治药剂已投入生产。承担起草的国家林业行业标准"双钩异翅长蠹检疫技术规程"已通过国家林业局组织的专家评审。在荆门市、十堰市、武汉市推广赤眼蜂传递病毒防治松毛虫技术，在宜昌等松材线虫病疫区推广天敌防治，在十堰市、恩施州、孝感市、黄冈市等马尾松毛虫常发区推广纯生物制剂白僵菌粉炮防治马尾松毛虫技术等均取得好的防治与示范效果。全省有10个自然保护区成立了森防机构，进一步完善全省森防机构。2014年，湖北省森林病虫害防治总站被国家林业局授予"全国生态生态建设突出贡献奖先进单位"称号。全年网站共发布各地森防工作新闻1900余条，在全国森防宣传报道中排名第四。

【森林公安队伍建设】 2014年，有12个集体和118名个人分别受到公安部、国家林业局和湖北省公安厅表彰，其中集体二等功4个，个人二等功7个，警务督察工作成绩突出个人2个；南漳县被国家林业局评为"严打先进单位"，随州市、钟祥市、神农架保护区森林公安局被国家林业局确定为"全国森林公安信息化建设应用示范单位”。全省13家森林公安机关争取到业务技术用房项目，比2013年新增2家，总计获得中央总投资3974万元，总建筑面积18 203平方米。在全国森林公安工作暨国家林业局森林公安局成立30周年座谈会上，湖北省作了题为“打赢基础设施建设攻坚战”的书面交流发言。2014年，在国家林业局组织的“森林公安30周年”征文活动中，有111篇征文被国家林业局采用编发，有6篇新闻报道在《中国绿色时报》上发表，《湖北省森林公安十年发展掠影》等4篇文稿在国家《森林公安》杂志上刊发，展现了湖北省森林公安发展所取得的成就。全省55个市县业务技术用房项目已有33个市县森林公安局业务用房竣工投入使用，22个在建设之中，总建筑面积9万平方米，总投资2亿元，全省森林公安基层基础设施总体面貌改善。全年集中采购了350兆数字通信设备1100套，警务车辆指挥调度系统596套，视频会议系统12套，执法场所视频监控系统47套，为森林公安履职尽责提供了强大的装备支撑。分3个组对全省警用武器装备使用管理和安全防范工作进行了一次全面检查，促进了全省警用武器装备与安全防范设施的使用管理水平。对网上办案逐案进行了奖励，收集整理了信息化破案典型案例52个，其中2个入选全国森林公安经典案例库，总结推广了“综合比对碰撞法”“人员轨迹串并法”等成功的网上办案技战法，森林公安信息化应用逐步提高。

【森林公安办案】 2014年，共办理涉林案件13 262起，处理各类违法犯罪人员13 613人次，已超额完成全年任务。其中省森林公安局挂牌督办大要案件15批181起，结案169起，联合市县森林公安机关组织侦办大要案件128起。全年组织开展了“森林火灾破案攻坚行动”和“2014天网行动”“利剑行动”，加大对火灾案件、林地案件和破坏野生动植物资源案件查处力度，受理森林火灾案件1021起，查处943起，处理违法犯罪人员1012人，其中刑事案件268起；办理林地案件535起，处理违法犯罪人员621人，其中刑事案件71起，办理野生动植物案件916起，打击处理违法犯罪人员215人，打掉犯罪团伙27个，其中刑事案件117起，重特大案件22起。在侦办鄂东、鄂南等地系列野生动物案件中，省地专案组共查处野生动物案件116起，其中侦破刑事案件41起，摧毁非法经营野生动物窝点39个，打掉违法犯罪团伙25个，采取刑事强制措施52人，收缴野生动物及制品12万头(只、条、件)，其中国家二级以上野生动物及制品5196头(只、条、件)，追缴违法所得485万元，挖掘违法犯罪线索294条，涉及省内11个市州以及全国14个省份，基本上摧毁了鄂东、鄂南片区非法交易野生动物的地下市场。组织开展执法工作“回头看”活动和优秀案件评选活动，对执法办案中接处警、立案、涉案财物管理等重点环节进行全面监督检查，共核查各类刑事、行政案件19 915起；加大对执法办案的指导力度，编印了《森林公安执法文件汇编3》《森林公安执法文件汇编4》和《森林公安林业行政处罚案件示范卷》，进一步促进执法规范和公平公正。全年在重要节点和敏感时期，对林区安保维稳工作总计出动警力1200余人次，参与地方安保维稳112次，确保了林区治安大局稳定，其中有3名民警被湖北省公安厅评选为全国“两会”安保先进个人。全省森林公安机关共清查重点场所8556个，走访重点人口10 450余人次，调解涉林矛盾纠纷560起，做到了“及时发现、及早处理”，避免了矛盾激化和群体性事件的发生。在重点区域设置了73个警务室，建立了利川谋道等5个治安立体防控卡点，将防控维稳力量推到林区最前沿，使林区治安由突击行动变为常态管理；广泛开展区域警务合作，实行轮值工作制，坚持24小时全天候巡逻盘查，做到了“警力下沉、警务前移、警务协作、立体防控”，掌握了林区治安形势的主动权。

【森林采伐】 2014年，共办理林木采伐证73 275份，采伐木材188.51万立方米，毛竹764.25万根；办理木材运输证83 321份；林地、采伐使用定额指标均控制在年度限额之内，守住了两条底线。向国家林业局上报湖北省林木采伐管理改革意见，被国家林业局资源司采纳至《国家林业局关于进一步深化和完善我省集体林采伐管理的意见》在全国施行。6月，出台《进一步深化和完善湖北省集体林采伐管理改革意见》，对林木采伐实行分类管理，严管生态公益林，放活人工商品林；简化采伐审批程序，将采伐指标分解到村到企业，有条件的到户，方便林农和造林业主，使全省采伐政策更加有利于生态，有利于民生。

【林地管理】 2014年，全省共办理永久占用征收林地962宗，面积4164公顷，依法征收森林植被恢复费2.8亿元；林地使用定额指标均控制在年度限额之内。全年林地管理工作加大检查力度，开展20个项目的行政被许可人检查和3个县(区)的林地管理全查，根据检查情况，与十多个地方县市领导交换了意见，查处违法占用林地面积51.10公顷，罚款510.99万元，促进地方依法使用林地。2014年国家林业局中南规划设计院对湖北省5个县市林地管理全查，未发现一宗违法占用林地刑事案件。将森林覆盖率和森林蓄积量等约束性指标纳入市县综合考核指标体系，林业指标已纳入湖北省委“市州领导班子考核”“三农考核”“县级经济考核”“省级文明城市考核”等4项考核体系，其中“县域经济考核”新增林业指标，“三农考核”扩大林业指标权重；优化林业生态指标计算方法，加强森林资源动态监测工作，保障考核数据提供。全国第九次(湖北省第七次)森林资源清查工作已结束，数据上报中南院审核，从中南院检查验收情况看，湖北省进度质量位居中南监测区首位，是全国连清工作率先完成省份。

【林业案件】 2014年，全省共发生林业行政案件13 602起，查处13 204起，查处率为97.07%；与2013年同期相比，案发总数减少5.9%。重点案件“阳新陶港镇乱砍滥伐及非法开矿占用林地”“国家4A级景区孝感双峰山疑被毁林盖别墅”等重大林政案件加强了查处，约谈了14个县市政府领导，严肃追究了1名县级领导行政责任，维护了《森林法》权威和林业执法形象。

【林业工作站】 2014年，全省林业站建设工作获国家林业局批准的“标准化林业站建设项目”17 个，投资增加40 万元。承办“全国基层林业站长南方片培训班”，全省林业站系统开展以“提升能力，服务基层”为主题的林业站服务年活动所推广的“恩施、黄陂、京山、罗田”4 种服务模式，得到了国家林业局林业工作总站和全国林业站同行的充分肯定和广泛好评，4 月 22 日，《中国绿色时报》在头版头条刊登聚焦全国“林业站服务年”系列报道了湖北恩施屯堡林业站为代表的林业站服务活动事迹。完成190 名乡镇林业站长能力测试培训工作。林业站服务森林保险工作，全省有 14 个试点县市共投保森林面积 142.46 万公顷，完成有林地总面积的 53.32%，承保公司因灾赔款 616.42 万元，另有 278.82 万元赔偿待核定办理。全省林权抵押面积达 15.61 万公顷，贷款农户 89.43 万户，贷款金额 70.25 亿元，为林业发展注入了新的活力。

【森林资源监测】 2014 年，开展了国家森林资源连续清查湖北省第七次复查工作全省共成立 150 个工组，近千余人参加。开展了全省可造林绿化普查工作，8 月份汇总形成了湖北省可造林绿化面积普查成果，数据成果已运用于绿满荆楚行动。全年共完成全省近 2 万个小班的卫星影像区划判读，组织全省各市(州)的 97 个县(市、区)的240 名主要技术骨干进行了技术培训。8～10 月分阶段完成了阳新、曾都、保康 3 县(区)的林地核查工作。开展了 2014 年度全省沙化土地监测工作。共完成退耕还林工程省级阶段验收、天保工程年度复查、森林抚育和造林补贴项目省级核查等十项林业重点工程检查验收工作。全面推广森林资源信息管理系统在森林资源动态监测、林业重点工程检查验收、林地核查、征占用林地审批等工作中的应用。依托全省林业专网，开通了荆门市林业局、东宝区林业局、京山县林业局的系统账号，测试系统各项功能，为省、市、县三级联网，服务全省林业做好相关技术准备。

【林业勘察设计】 2014 年，完成国家储备林划定工作。完成工作方案和技术细则编制、外业底图制作，开展全省技术培训，5 月中旬至 7 月底，指导全省相关单位进行外业核实调查工作，8 月底完成了《湖北省国家储备林划定成果报告》；完成“十三五”期间森林采伐限额相关工作。根据《国家林业局关于编制“十三五”期间年森林采伐限额编制工作的通知》(林资发〔2014〕62 号)和全省“十三五”期间年森林采伐限额编制工作的要求，开展相关单位文件和数据汇总工作；开展林业司法鉴定和森林资源资产评估工作。完成蕲春县、曾都区等地司法鉴定工作8 项；承担咸宁市通城县方仕村苗木基地苗木资产评估、恩施州鹤峰县五里乡红梅集体林场林木林地资产评估等3 项评估工作；完成德援项目数据库建设工作。编制完成《湖北省油用牡丹产业发展规划(2014～2025 年)》通过专家评审；实施天津绿博会湖北园建设。完成施工图设计，组织施工现场，湖北园已初具规模。

【湖北省森林资源连续清查第七次复查统计结果】 湖北省森林资源连续清查工作从 2013 年 10 月份开始筹备，2014 年5 月份开始内外业培训，6 月份各县市逐步开展外业工作，9 月底外业工作全部完成，内业整理于 11 月初全部结束并通过中南院的验收。本期复查初步统计结果为全省林地面积为 876.09 万公顷，与前期相比，增加 26.24 万公顷。林地面积中，乔木林 606.67 万公顷，灌木林地 162.87 万公顷，竹林地 17.92 万公顷，疏林地 3.20 万公顷，未成林造林地 15.67 万公顷，苗圃地 0.64 万公顷，迹地 15.04 万公顷，宜林地 54.08 万公顷。本期全省活立木总蓄积量为 3.95 亿立方米，本期增加 0.82 亿立方米之间。活立木总蓄积量中，有林地蓄积量 36 480.11 万立方米，疏林地蓄积量 28.80 万立方米。散生木蓄积量 1282.35 万立方米，四旁树蓄积量 1760.75 万立方米。活立木蓄积量增加最多的恩施、十堰，减少最多的为天门、鄂州。本期年均蓄积总消耗量为 1832.7 万立方米(前期为 1381.4 万立方米)，较前期增加 451.3 万立方米。消耗量减少最多的为咸宁、黄石，消耗量增加最多的为襄阳、宜昌。乔木林地平均每公顷蓄积量为 60.39 立方米(前期 50.06 立方米)，每公顷年生长量 4.93 立方米(前期 4.40 立方米)，每公顷株数 1227 株(前期 1055 株)，平均胸径 11.4 厘米(前期 11.3 厘米)。

【林业法制建设】 2014 年，全面落实“六五”普法和依法治理工作，制发了《湖北省林业厅办公室关于印发〈2014 年全省林业系统法制工作要点〉的通知》，组织开展“法律六进”活动。国务院法制办、国家林业局、《中国绿色时报》《湖北日报》、荆楚网、湖北省政府法制网、湖北法治网、湖北省林业厅门户网等共刊发林业法制信息 100 多条(篇)，《法治湖北》杂志刊发省林业厅报送的林业法治信息 5 篇(条)。2 月 21 日湖北省长王国生主持召开省政府常务会议，审议通过了《湖北省湿地公园管理办法》，并以省政府第 370 号令颁布，自 2014 年5 月1 日起施行。4 月，湖北省政府常务会议审议通过了《湖北省森林资源流转条例(草案)》。9 月省人大常委会三审通过了《湖北省森林资源流转条例》，自 2014 年12 月1 日起施行。开展《湖北省林业有害生物防治检疫条例》立法争取工作。向省人大常委会呈报了《湖北省林业有害生物防治检疫条例(送审稿)》，列入省人大面向社会“公推公选”年度 30 件立法计划建议项目之一。组织对《森林法(修订)》《种子法(修订)》《湖北省旅游条例(修改草案)》《湖北省民用机场地区管理办法(草案)》等 20 多部法律法规草案，提出了修改意见上报国家林业局、湖北省人大和省政府法制办。组织对《湖北省林业管理办法》等9 件省本级地方性林业法规逐件逐条逐款提出了修改意见和建议，省第十二届人民代表大会常务委员会第十一次会议通过了《湖北省人民代表大会常务委员会关于集中修改、废止部分省本级地方性法规的决定》，对《湖北省国有林场管理办法》等 5 件省政府规章、14 件省政府规范性文件、9 件省政府办公厅规范性文件进行全面清理，提出了宣传废止、宣传失效、予以修改和继续有效的建议，组织对省林业厅 1978 年以来制发的规范性文件进行全面清理，经厅党组会议研究，印发了《省林业厅关于公布规范性文件清理结果的决定》，决定继续有效的规范性文件 106 件，宣布废止 50 件，宣布失效 121 件，予以修改 19 件。对十堰、潜江、鄂州、黄石等市委出台的7件规范性文件进行了合法性审查，提出了审核意见，得到了省委办公厅的肯定。全年共审核制发、上报5件省林业厅规范性文件，做到了内容合法、程序到位、报备及时。省林业厅法律顾问对《省林业厅招待所租赁合同》《关于联合拍摄首部〈神农架传奇〉数字电影协议书》《湖北智慧林业发展规划(2014～2020年)咨询设计合同》《湖北省林业厅利用德国贷款用于湖北森林经营项目转贷协议》《省林业厅系统集成、网络工程项目合同》《鄂西北、鄂东南森林防火通信系统建设项目合同》《省林业厅林业行业管理基础数据库建设项目供货合同》等9件合同(协议)提出了修改意见和建议。制发了《省林业厅办公室关于开展林业行政执法改革调研工作的通知》，在全省林业系统开展林业行政执法改革调研工作。分赴丹江口、随县、京山、黄石、鄂州等市县专题调研林业综合行政执法改革工作。向省政府法制办报送了《湖北省林业行政执法改革调研报告》。配合湖北省人大农村委、城环委做好全国人大野生动物保护法和森林法修订等立法调研工作。

【科技推广】 2014年，在国家林业局组织的对全国40个中央财政跨区域林业科技推广项目进行统一验收中，湖北省承担的2个油茶项目综合得分分别获得全国第7和第9名，均进入国家林业局确定的“优秀等次”行列。在对全省15个中央财政林业科技推广项目绩效评价中，省林业科技推广中心承担的3个项目，获得1个第1名，2个并列第2名的好成绩，保持推广项目实施成效的领先优势。全年完成林业科技成果推广应用2千余公顷，辐射带动2万余公顷。5月13～15日，泰国科技部农业司农业研究与发展第一区办公室主任Uthai Noppakoonwong先生一行6人在全国首席油茶专家姚小华研究员的陪同下，到湖北试点单位黄陂油茶示范基地开展技术考察交流，对湖北油茶育苗栽培技术给予高度评价。全年完成了《“清香”核桃育苗技术规程》及甜柿、胡柚、马褂木、香椿等5项省级地方标准的起草工作，其中2项已由省质量技术监督局发布实施，其余3项已通过专家评审。完成了“油茶长林40号”品种省级良种选育工作。完成了《核桃林下种植技术鉴定成果》前期工作。与中国林科院亚林所、省农科院药材所等单位合作完成了2项科技成果储备工作，并与亚林所就签订战略合作协议达成一致。完成向国家、省有关部门申报了《油茶丰产栽培及质量控制利用技术示范》等中央财政科技科技推广、林业站建设、省本级林木良种补贴等项目5个已获得批复立项。开展了全省重点发展的油茶、核桃、板栗、柑橘等经济林，推广适生适用的良种和嫁接、病虫防治、丰产栽培等实用技术培训。推广了由省质量技术监督局发布实施的《水源涵养林营建技术示范》等5项省级地方标准，不断规范育苗、造林、经营管理等技术。对红花油茶、日本樱花、杨梅等良种开展了引种栽培与推广示范等工作。加强了与中科院武汉植物园、华中农业大学、黄冈师范学院等地方科研院所合作，派员赴台湾中州科技大学开展为期6天的交流学习，拓展对外合作交流渠道。全年共计举办各种形式技术培训17期(次)，培训林农及各类人员2650人次，发放资料5000多份。

【教育与培训】 2014年，联合国家林业局科技司组织承办了全国林业行业标准化培训班。国家林业局科技司、国际竹藤中心培训处及来自全国26个省(区、市)的林业行业标准项目负责人、来自全省12个市(州)38个县(市)林业局、林场、林科所的业务主管负责人及相关技术人员参加了培训班。承办了由国际竹藤中心主办的“湖北省林业技术专项培训班”。国际竹藤中心、中国林科院亚热带林业研究所、湖北省林业厅等领导与专家出席了开班式。举办2014年度中央财政林业科技推广示范资金项目申报规程和项目文本制作培训班，湖北省2014年中央财政林业科技推广示范资金项目合同签订暨项目培训会和湖北省中央财政林业科技推广示范资金项目验收会。举办了两场学术讲座。湖北生态职业技术学院全年招生计划超过3000人，

【林业科研】 2014年共申报各类科研项目50项，其中申报国家项目29项，湖北省项目21项，争取项目资金3750万元。经筛选向省政府科技奖励办公室、科技厅申报各类成果16项，获得湖北省科技进步三等奖4项，第十二届林业青年科技奖1项，完成成果鉴定2项。组织推荐湖北省科学技术奖励评审专家。推荐了欧阳绍湘等29名同志进入湖北省科学技术奖励评审专家库。完成了2014年度全省科技特派员的选派工作。建设空气负氧离子监测系统。与湖北省气象局联合，开展对全省17个地市州空气负氧离子监测，完成了监测系统中心站和17个站点建设。申报制定林业国家、行业、地方标准及技术规程。全年共完成申报林业国家行业标准4项。

【对外合作交流】 全年完成了4批次因公临时出国(境)林业技术交流与项目合作和3批次赴台交流。共组织林业系统26人赴国外进行林业技术交流及项目合作，3批次25人赴台交流。5月19日，静冈县日中友好协会、湖北省林业厅及湖北省人民对外友好协会，为推进基于日本政府与中华人民共和国之间“日中民间绿化合作委员会”植树绿化事业基准的“湖北省长江绿化植树事业”而建立合作关系，签署“湖北省长江绿化植树事业交流协议书”，已向国家林业局申报立项。与省外办共同组织了在鄂100名外国专家友人义务植树活动；与省对外友协共同接待了日本静冈县日中友好绿化团一行赴孝昌县考察中日友好造林项目；邀请了驻武汉外国领事馆、商务代表及在鄂部分外资企业参加首届中国武汉绿色产品交易会的参展，接待台北市两岸农林经贸文化事业交流协会一行来鄂进行林业经营技术交流与参展工作。9月16日，欧美同学会中国留学人员联谊会第三届年会和中国留学人员创新创业湖北发展峰会在湖北武汉举行，根据省委、省政府统一部署安排，完成了10名海外留学人员的迎送工作。

【资金与计划管理】 2014年，全年累计完成林业投资94.08亿元，本年实际到位资金93.97亿元，其中本年度实际到位的国家预算资金42.64亿元，在到位的国家

预算资金里，实际到位的中央投资资金32.34亿元。在全年累计完成的林业投资里，用于生态建设与保护的资金42.44亿元、林业支撑与保护的资金4.72亿元、林业产业发展的资金2833万元、林业民生工程的资金5.75亿元、其他投资5.18亿元。全年已完成涉林改革事项共25项，启动了林业发展“十三五”规划编制工作，成立了工作专班，印发了《湖北林业发展“十三五”规划编制工作方案》和《湖北林业发展“十三五”规划前期专题调研工作方案》；向国家林业局上报了《湖北省耕地镉污染林业治理规划》《全国森林防火建设规划》《全国湿地保护工程实施规划》《国家沙漠公园发展规划》和《全省生态保护与建设规划》等；开展国家生态文明先行示范区申报工作，十堰市、宜昌市已纳入国家第一批生态文明先行示范区范围，5月14日，承办2014年南方片林业投资计划暨林业血防工作座谈培训会。完成了3个森林防火项目、1个森林病虫害项目、2个国家级自然保护区建设项目、1个国家级自然保护区总体规划的前期策划和项目申报工作；组织举办厅直系统部门预算编制工作培训班，严格控制了“三公”经费尤其是招待费支出。省林业厅被省财政厅评为预算绩效管理工作考核先进单位、获得部门预算编制奖励资金156万元。组织开展省级木本油料产业发展专项资金和林业产业发展补助资金竞争性分配；及时清理已批未建、待收尾和已完成前期工作的项目，加强重点领域和薄弱环节建设；做好与省审计厅有关2013年城镇保障性安居工程即国有林场危旧房改造跟踪审计的协调工作。修订《厅直属系统厉行节约反对浪费实施细则》等6个管理办法，进一步规范了厅机关公务接待、会议费、差旅费、培训费和固定资产管理；完成森林植被恢复费征缴直缴财政国库的衔接工作。完成年度林业基本建设、林业行业财务、厅本级部门决算等财务决算报表的编制、上报与上年度厅机关会计凭证、账簿、报表的整理归档、财务各账套的数据备份工作。省林业厅被省财政厅评为固定资产投资决算报表编制工作先进单位。履行鹤峰县脱贫奔小康试点对口帮扶牵头单位职责，完成对口联系与帮扶、支持方面的工作任务；完成7个脱贫奔小康试点县市的评估考核工作，推荐上报的9个对口帮扶鹤峰的省直单位获“全省支持脱贫奔小康试点工作先进单位”；协助省政府办公厅组织召开支持鹤峰县脱贫奔小康暨“616”工程对口帮扶工作会议，省林业厅被国务院授予“全国民族团结进步模范集体”荣誉称号、在全国林业援藏工作会议上作典型发言。

【林业贴息贷款与资金稽查管理】 2014年实际到位的国内贷款12.2亿元，落实中央财政贴息补贴资金3223万元。根据国家审计署安排，武汉特派办组织了16人专班，分8个小组，3月8～24日对湖北省2011年至2013年林业贷款中央财政贴息资金进行专项审计。共涉及22家企业的31个贴息项目。5月15日，组织各市州林业局对申报2014年中央财政贴息资金工作进行了专项培训。按照国家林业局《关于做好2015年度林业贴息贷款建议计划申报工作的通知》(林基贷〔2014〕23号)要求，组织各级林业主管部门会同同级财政部门对项目单位申报材料进行了审核与上报。共向国家林业局申报2015年度中央财政贴息林业贷款计划21.78亿元。湖北省印发了《关于认真做好2014年度林业贷款省级财政贴息补贴项目申报工作的通知》(鄂林基〔2014〕159号)，对湖北康欣科技开发有限公司“工业原料林建设”等39个项目给予贴息补贴。按照国家林业局基金管理总站《关于开展天然林资源保护工程二期和湿地保护工程资金稽查的通知》要求，完成全省天然林资源保护工程二期和湿地保护工程资金的稽查工作。开展了对省林业厅直属单位即野保站、杂志社、后勤中心招待所主要领导干部任职期间履行经济责任情况的审计工作与厅招待所资产清产核资工作。开展了湖北省林业厅与省邮储银行的《战略合作协议》，省邮储银行向全省各类林业生产经营主体提供信贷资金不少于100亿元。根据财政部、国家林业局、中国银监会《关于开展林业贷款贴息补贴使用管理情况专项检查的通知》(财办农〔2014〕35号)要求，与省财政厅、湖北银监局联合完成了林业贷款贴息补贴使用管理情况专项检查的工作。举办全省林业贴息贷款政策培训班，对各市、州林业局和120多家林业企业的财会人员进行了为期2天的业务培训。开展“森林抚育补贴试点资金稽查工作”和“对湖北省生态学院、园林学校清产核资审计”。按照财政部、国家林业局联合下发的《中央财政林业补助资金管理办法》(财农〔2014〕9号)要求，省林业厅与省财政厅联合制定了《湖北省林业贷款中央财政贴息资金管理实施细则》。

【种苗管理】 2014年，全省林木种子采集量4756吨，当年苗木产量13.2亿株，育苗面积3.97万公顷，其中，本年新增育苗面积9945公顷。7月30日出台《省人民政府办公厅关于加强林木种苗工作的实施意见》(鄂政办法〔2014〕42号)。启动实施种质资源调查工作。完成《湖北省林木种质资源调查手册》的编制工作，举办了湖北省林木种质资源调查试点培训班，开展了野外调查试点工作。清理规范16项行政许可和服务工作，全年发放林木种苗生产、经营许可证“两证”1128套，办理省级“两证”46家。成立湖北省第五届林木品种审定委员会，出版了《湖北省林木良种指南》。全年共完成林木种苗投资2.68亿元，其中中央投资1.06亿元。省林木种苗管理总站全年争取中央种苗项目资金2749万元，承担的8个国家级良种基地补贴项目科技支撑，取得效果，承担的“油茶优良推广与示范”等4个中央财政林业科技推广示范资金重点项目已完成项目建设全部任务，“山地杨优良无性系繁育与推广示范”进入实施阶段，已营建油用牡丹良种繁育基地17.8公顷，收集保存省内外油用牡丹资源5万多株。推进亚美马褂木良种选育和产业化进程，全年嫁接和扦插亚美马褂木优良品种苗5万余株，截至2014年已推广造林53.3公顷；初选了12个第二批省级林木良种基地。配合国家林业局完成对湖北省国家重点林木良种基地4年考核工作，5个(第一批)基地全部考核合格，并召开了良种补贴项目4年工作总结会，对2014年度湖北省实施的9个国家重点良种基地良种补贴作业设计进行了批复，与28家苗木补贴单位签订了林木良种苗木培育补贴项目合同。组织全省林木良种基地工作人员参加省内外考察学习活动。对苦槠、喜树、香椿、枫杨等乡土树种进行了资源调查和优树林分、优良单株选择，已经选择优树100多棵，建立了苦槠、喜树、枫杨等良种基地20公顷，育苗近60万株。开展了保障性苗圃调研，制定了省级保障性苗圃建设考核标准。

2014年省种苗场总产值突破2700万元，高标准嫁接油茶良种容器苗400余万株，可对外供应良种油茶苗350万株；无纺布轻基质容器生产步入正常轨道，全年生产基质容器袋1500余万个，实现销售额280余万元；加大大田改造力度，全年累计完成大田改造面积8.93公顷。园林工程公司、花卉市场、良种推广、工程监理、花卉销售与租摆等营业额整体较2013年增长15%以上。全面启动林木种苗生产和科研基础设施重建项目。拆迁补偿在最初评估价的基础上提高了近40%，并保持了拆迁过程中的安全与稳定。站林木种苗生产和科研基础设施与湖北国家森林防火物资储备库建设项目已获省人民政府和省发改委批准立项。项目建设总规模为20 678平方米，总投资7900万元。项目选址意见书、建设用地规划许可证、可行性研究报告、设计方案也在同步办理之中。

【行政审批工作】 2014年已通过网上平台受理省级林业行政审批项目1130件，限时办结率100%。在湖北省源头治理腐败工作领导小组组织第三方进行的行政服务群众满意度调查中，湖北省林业厅行政服务的满意度较高，4个调查项目有3项在25个省直部门中排名第一。全省107个县市区林业局和17个市州林业局，使用网上审批平台的用户总数量达1039个，厅机关和厅直单位用户有80个，网上审批平台最多达到220个用户同时登录在线操作，系统总体运行良好。2014年5月份，湖北省林业行政审批已全部实现地域、审批事项、内、外网全覆盖。全年共办理行政审批事项达9442件次，人均1574件次。共接待省直机关工委、省直兄弟厅局13批次、54人，全年共接待纪律明察暗访和检查指导9批次、21人。全年共组织了8期林业网上审批的相关培训，覆盖全省所有县市区，培训人数达到1040人次。全省23项林业行政服务事项，其中省级审核报国家2项、省级审批12项，全部归口审批办，实行一个窗口对外和一站式服务。根据国家林业局和省政府要求，已对省林业厅行政审批和服务事项认真进行了清理，共承接国家下放审批事项4项，取消了1项，下放1项，向省政府提出建议下放5项，转为内部审批7项，转为行政许可6项，改变管理方式方1项。3月，《省林业厅采取五项措施 打造一流审批环境》在国家林业局《林业要情》上刊载转发。2014年6月23日，省林业厅在省直机关“三抓一促”现场推进会上，做了《深化审批改革 优化服务环境》典型发言。

【宣传信息管理】 2014年，省部级以上新闻媒体大量刊发反映湖北省林业改革与发展成就的报道。在《中国绿色时报》《湖北日报》以专版形式加大对湖北省绿满荆楚行动、森林城市建设、生态文化、野生动植物保护等方面的林业系列报道和专版。组织新华社湖北分社、《人民日报》湖北记者站、中央电台湖北记者站、《经济日报》湖北记者站和《湖北日报》、湖北广播电视台、湖北卫视、荆楚网等主流媒体记者，积极参与湖北林业重大活动的宣传报道，提高了湖北林业发展的影响力和知名度。7月，中央人民广播电台中国之声《新闻和报纸摘要》《新闻纵横》《记者连线》等节目播出湖北省退耕还林6集广播系列报道；10月6日、12月2日《湖北日报》头版头条与《中国绿色时报》头版头条相继发表湖北省绿满荆楚行动长篇新闻报道。全年湖北林业网共编发最新要闻、综合信息、荆楚林讯、新闻传真、社会关注、林情论坛、生态文化、关注森林、公示公告等栏目的文字、图片和视频信息9000多条。新华网、人民网、新浪网、搜狐网、腾讯网、国家林业局政府网、中国林业新闻网、湖北省政府门户网、荆楚网、长江网等知名网站刊载反映湖北省林业建设成就的报道达2000余条（篇）。与湖北电视台和湖北日报合作，录播10集《美丽湖北湿地行》专题片，在《湖北日报》上发表10篇系列专题报道，宣传湖北省湿地保护情况。组织湖北电视台录制10集《绿满荆楚生态文明示范县建设专题》系列林业电视专题片；湖北卫视《长江新闻号》播出《世界进入“生态文明时代”湖北如何实现绿色繁荣》新闻专题片。摄制了《湖北林业发展成果专题片》，在全国林业厅局长咸宁会议上展播，受到国家林业局赵树丛局长等领导好评。湖北省关注森林活动组织委员会在全省范围内扎实开展国家森林城市创建活动，力争让森林走进城市，让城市拥抱森林，让群众享受生态福利，让生态文化得到弘扬。十堰、宜城等市先后提出创森申请。经申报初审、考察培育，总规评审、考核验收、组委会审定等程序，命名十堰市、宜城市为“湖北省森林城市”。指导推进襄阳市、随州市积极创建国家森林城市。2014年，襄阳、随州市两市均获得“国家森林城市”荣誉称号。咸宁市潜山国家森林公园被国家林业局、教育部、共青团中央授予“国家生态文明教育基地”称号。省林业厅与湖北日报社、湖北广播电视台、湖北省文联合作，做好举办湖北省首届生态文化论坛的各项准备工作。全年组织人员赴湖南、辽宁两省和市州实施了林业信息化调研，编写完成《湖北智慧林业总体规划》《湖北智慧林业规划纲要》和《全省智慧林业建设三年行动计划》，分时间分步骤细化了湖北智慧林业建设内容。智慧林业规划已于8月完成专家评审。组织全省143个点的林业专网接入，建成了覆盖国家、省、市、县（区）四级互联互通，集数据、视频和音频传输为一体的林业专用“信息高速公路”，完成了全省143个接入点的机房和内网建设，全省林业专网及视频会议系统已于8月完成验收，交付使用。省级中心机房、林业行政审批大厅、省森林防火指挥中心等配套设施已投入使用。高清视频会议系统已覆盖全省112个林业部门，实现了无缝对接和高清视频、音频等多种信号接入。组织林业业务系统开发。3月，全省林业行政审批平台实现了省、市、县一体化平台的三级联动，全省23项林业行政审批事项全部实现了网上办理。4月，部署完成了全省林业电子公文传输系统和邮件系统，为全省林业信息化建设奠定了坚实基础。协同办公平台实现了省、市林业部门无纸化办公和省、市、县三级公文网络化、电子化传输。根据信息化建设需求，已制定了《全省智慧林业数据标准编制方案》，编制了《全省GIS公共服务平台建设方案》。北斗导航在湖北林业行业示范应用项目已通过国家发改委立项，进入规划实施阶段。根据《2014年全国林业网站绩效评估标准》《湖北省政府网站绩效评估细则及办法》(鄂政办函〔2014〕38号)、网站技术发展趋势和林业宣传需求，林业门户网站进行改版升级，重新设计了栏目架构和页面，按照服务型网站要求，开辟办事流程和结果公示栏目，开发在线服务监督功能，部署统计系统，升级监控系统搜索引擎，并增加信息公开模块，开通了林业政务微信和政务微博。全年向国家林业局门户网站信息报送信息4000条，门户网站信息发布9760条，保证了信息数量和质量。在2014年第一季度中国林业网(国家林业局政府网)主站信息报送中，湖北省林业厅报送信息采用量名列全国第二，受国家林业局表扬。全省林业门户网站日访问量突破3000人次，总访问量突破300万。开展了襄阳、荆门两个全国林业信息化示范市和潜江、谷城两个全国林业信息化示范县建设，采取远程技术支持，现场检查验收，定期跟踪问效等方式，重点关注4个示范点的信息化建设，先后2次派人检查指导，确保示范效果落实。根据国家林业局办公室文件"办信字〔2014〕133号"的要求，对咸宁、荆门、南漳等5个示范市、县和太子山森林公园、荆门市十里牌林场2个示范基地进行申报。举办了全省林业电子公文传输、系统管理员和林业门户网站信息报送与信息安全培训等六期培训班。5月19～20日、6月16～17日，对全省各市(州)、县(区)林业局、国家级自然保护区管理局、国家湿地公园管理局、厅直单位的电子公文管理人员和系统管理员进行了培训，培训人员近300人。11月10～26日，组织涵盖全省市州到森林公园、种苗基地逾400人的林业系统门户网站信息报送暨信息安全培训班。

【湖北省首届生态文化论坛】 首届中国湖北生态文化论坛于10月11日在武汉国际会展中心举行。中国林业产业联合会、湖北省林业厅、武汉市人民政府联合主办，中国生态文化协会、湖北省商务厅、与湖北日报社、湖北广播电视台、湖北省文联作为支持单位联合举办湖北省首届生态文化论坛。全国政协人口资源环境委员会副主任贾治邦为论坛撰文并发表贺信。中国工程院院士尹伟伦等7名国内知名专家学者进行了7场专题演讲和两场高端对话，积极探索生态文化核心价值、哲学智慧、审美体验、制度创新、行为准则以及生态文化与林业产业发展的关系。论坛发布了题为《建设生态支点推进绿色发展》的倡议书，大力弘扬生态文化，倡导低碳生活，在社会上引起强烈反响。新华网、省政府网全程直播论坛盛况，中央驻汉和省内主流媒体50名记者参与了活动的宣传报道。

【林业大事】

1月7日 湖北省政府在鄂州市召开全省绿满荆楚行动现场推进会暨森林防火工作会。湖北省副省长梁惠玲，湖北省政府副秘书长吕江文，国家林业局驻武汉专员办专员周少舟，省林业厅党组书记、厅长刘新池，鄂州市市长叶贤林出席会议。各市、州、直管市、神农架林区政府分管领导、林业局局长；黄陂区等10个创建林业生态示范县(市、区)长、林业局局长；省绿化委员会成员单位负责人参加会议。

1月8日 在湖北省纠风领导小组年终公布的评议结果上，湖北省林业厅得分在省直10个委办厅局参评部门中名列榜首，被评为优秀单位。

1月17日 由联合国开发计划署主办的"走进种植能源新时代"论坛在武汉举行，来自全球10多个国家的50多名政界、企业界代表现场参观了阳光凯迪生物炼油技术。

1月18日 湖北省政府2014年继续为民办十件实事。其中扶贫植绿是其中之一。这是湖北首次将林业建设纳入全省十大实事。

2月12日 湖北省2位民营企业家荣获由全国工商联、国家林业局、中国光彩会颁发的"光彩事业国土绿化贡献奖"。湖北康欣新材料科技有限公司总经理李洁、湖北燕加隆九方圆板材有限责任公司总裁赵坤榜上有名。

2月20日 湖北省人大农业和农村委员会在武汉召开《湖北省森林资源流转条例》立法调研座谈会，湖北省林业厅副厅长蔡静峰，宜昌市、谷城县、京山县、通山县、恩施市等县市领导及相关部门负责同志参会。湖北省人大常委会副主任王玲出席会议并讲话。

2月20日 湖北省林业生态示范县和绿色示范乡村建设现场推进会在京山县召开，湖北省林业厅党组书记、厅长刘新池、副厅长谢思芳等领导出席会议。

2月21日 湖北省委常委、襄阳市委书记王君正带领20多位在家的市"四大家"领导来到襄城区卧龙镇汉江生态示范带防沙治沙基地，同市直机关干部、襄城区"四大家"领导、驻襄阳解放军指战员、武警官兵和劳动模范代表共1100多人一起参加义务植树。

2月21日 湖北省林业厅首次公布生态公益林综合效益评估结果。全省生态公益林总面积370.47万公顷，综合生态效益达到644.42亿元，是2013年森林生态效益补偿资金5.64亿元的114倍。

2月23日 湖北省襄阳市汉江湿地公园和宜城市万洋洲湿地公园获批晋级国家级湿地公园。

2月24日 湖北省委副书记、省长王国生主持召开省政府常务会议，会议审议并原则通过了《湖北省湿地公园管理办法(草案)》，将以湖北省政府令的形式公布施行。

2月26日 湖北省委书记李鸿忠、省长王国生、省委副书记张昌尔等省领导，来到武汉市江夏区青龙山国家森林公园，与国家林业局驻武汉专员办负责同志、省直机关干部和江夏区干部群众共120多人一道，参加义务植树活动。王晓东、侯长安、傅德辉等领导一同参加植树活动。

3月3日 湖北省天门市张家湖湿地通过湖北省林业厅专家评审，成为省级湿地公园。

3月3日 湖北省首届"世界野生动植物日"宣传活动在武汉植物园隆重举行。湖北省林业厅副厅长黄德华、省野生动植物保护协会会长李德珍、体操奥运冠军杨威出席会议并讲话，中科院武汉植物园、省林业厅野生动植物保护处、省野生动植物保护总站、省野生动物救护中心负责人及近500名武汉市民和大中小学生参加了活动。

3月3日 湖北省省长王国生签署第370号湖北省人民政府令，颁布了《湖北省湿地公园管理办法》。该《办法》自2014年5月1日起施行。

3月10日 凯迪电力公司与联合国开发计划署就生物质能源的开发签署了正式合作协议。根据协议，两者将在可持续生物质能源开发领域展开合作，共同推广生物质能源。

3月13日 国务院参事刘坚、刘志仁、唐守正等到湖北省咸宁市调研林业产权改革工作。国家林业局林改司副司长李近如、湖北省林业厅巡视员李新水、咸宁市长丁小强，副市长闫英姿参加调研座谈会。

3月14日 郧西县申报"中国喜鹊之乡"通过了在北京举办的中国野生动物保护协会评审会的评审。

3月23日 随州食用菌龙头企业湖北炎帝农业科技股份公司发布该公司生产的鲜香菇和干香菇通过农业部有机食品认证。这在全国食用菌行业尚属首例。

3月24日 由湖北省神农架林区深山茶业专业合作社申报的林特产品地理标志登记保护产品木鱼绿茶，经省部两级审查，已获得通过并颁发证书，成为林区首个林特产品地理标志登记保护产品。

3月26日 湖北省人大常委会副主任王玲率省人大常委会、省人大农委部分组成人员和湖北省林业厅有关负责人，就《湖北省森林资源流转条例(草案)》赴福建省进行立法调研。

3月26日 湖北省发展改革委发布，湖北省碳排放交易于4月2日正式启动，138家试点企业已递交开户材料。作为国家发改委选择的7个实施碳排放交易试点之一的湖北来说，2014年配额总量预计超过3亿吨，开市后成为世界第三大碳交易市场。

3月26日 湖北省湿地保护基金会第二届理事会全体会议在湖北省林业厅召开。全国政协提案委员会副主任、湖北省湿地保护基金会名誉理事长王生铁，湖北省湿地保护基金会理事长宋德福，湖北省林业厅党组书记、厅长刘新池，湖北省民政厅民间组织管理局副局长王斐遒等领导和民营企业家代表出席会议。省湿地保护基金理事会和省林业厅相关处室负责人参加了会议。

3月27日 湖北省人大常委会作出关于大力推进绿色发展的决定，并于湖北省第十二届人民代表大会常务委员会第八次会议通过。

4月1日 由中国野生动物保护协会、湖北省林业厅、湖北省十堰市政府及省野生动植物保护协会主办，十堰市林业局和武当山特区管委会承办的以"保护野生动植物，建设鸟语花香的美丽湖北"为主题的2014年全国暨湖北省"爱鸟周"活动在十堰市武当山特区文化广场启动。国家林业局原副局长、中国野生动物保护协会会长赵学敏，湖北省政协副主席、省野生动植物保护协会名誉会长郑心穗，国家林业局驻武汉专员办专员周少舟、湖北省政协人口环资委专职副主任杨水晶、湖北省林业厅副厅长黄德华、湖北省野生动植物保护协会会长李德珍，十堰市委副书记、市长张维国，市政协主席陈家义等出席活动。湖北省十堰市郧西县被授予"喜鹊之乡"授牌。

4月2日 在湖北武汉光谷资本大厦举行湖北省碳排放权交易启动仪式，并召开了湖北碳排放权交易试点工作座谈会。国家发展改革委副主任解振华、国家发展改革委应对气候变化司有关负责同志以及山西、安徽、江西、河南、湖南、广东等省发改委负责同志参加会议。

4月2日 湖北省襄阳市南漳县隆重举行"中国鸳鸯之乡"授牌暨南漳县"爱鸟周"活动启动仪式，标志着"中国鸳鸯之乡"正式落户南漳。中国野生动物保护协会会长赵学敏，省政协副主席、省野生动物协会名誉会长郑心穗等领导出席仪式。

4月8~9日 武汉专员办(濒管办)在湖北武汉举办鄂豫两省部门间CITES执法工作协调小组成员单位暨野生动植物进出口企业培训会议。来自湖北、河南两省的林业、农业(水产)、公安、工商厅(局)和国家濒管办武汉办事处、武汉海关、郑州海关、湖北出入境检验检疫局等7家"省级部门间CITES执法工作协调小组"成员单位以及湖北福汉木业(集团)有限公司、宜都天峡特种渔业有限公司等20余家野生动植物进出口企业的代表共计70余人参加了会议。

4月10日 湖北省委常委、省纪委书记侯长安带领省纪委相关人员到武汉花山生态新城开展义务植树活动，湖北省林业厅党组书记、厅长刘新池陪同。

4月10日 第十二届中国杜鹃花展览暨第四届中国麻城杜鹃文化旅游节开幕，这是中国杜鹃花展览首次在曾获得"中国杜鹃花城"称号的麻城举办，来自韩国、越南以及江苏、江西、贵州、浙江、台湾等地的30多个参展城市500余种杜鹃花参展。此次杜鹃花展览设在麻城龟峰山风景区。

4月23日 中国林业产业联合会在北京召开换届大会，湖北通城黄袍山油茶产业园正式被授予"国家油茶产业示范园"，该公司总经理方大兵被评为"中国林业产业诚信企业领军人物"。

4月25日 湖北省林业厅与建行湖北省分行就德国政府贷款森林经营项目转贷协议举行签字仪式。湖北省人大常委会副主任赵斌、省政协副主席肖旭明出席。

4月28~29日 湖北省人大常委会副主任王玲一行赴洪湖就《湖北省湖泊保护条例》执法检查及专题询问开展预调研。

4月30日 全国首个"中国玫瑰产业与文化示范市"揭牌暨"枣阳玫瑰之旅"启动仪式在湖北枣阳市隆重举行。国家林业局党组成员、中央纪委驻国家林业局纪检组组长、中国林业产业联合会副会长陈述贤和襄阳市委常委、宣传部长、市政府副市长郭忠为"中国玫瑰产业与文化示范市"揭牌。湖北省林业厅副厅长黄德华出席了揭牌仪式。

4月30日至5月1日 中央纪委驻国家林业局纪检组长、国家林业局党组成员陈述贤、国家林业局退耕办总工程师敖安强等一行，实地考察襄阳市国家森林城市创建工作。湖北省林业厅副厅长黄德华、襄阳市委常委、宣传部长、副市长郭忠、市政府副秘书长王正强，市林业局党组书记、局长余涛等陪同。

5月10日 湖北省神农架第四届高山杜鹃花节在神农顶景区开幕。

5月12日 湖北省人大农业与农村委员会在武昌

召开2014年“农产品质量安全荆楚行”新闻通气会。湖北省人大常委会副主任王玲出席会议并讲话。

5月14日 国家林业局发文公布全国有129家企业被认定为首批国家林业重点龙头企业，其中湖北有9家企业入选，湖北入选的数量与福建、江西并列全国第一。

5月14日 湖北省人大常委会副主任王玲一行就《湖北省湖泊保护条例》执法检查及专题询问赴武汉市开展预调研。

5月22日 主题为“湿地生物多样性”的2014年湖北省“国际生物多样性日”纪念活动在石首麋鹿国家级自然保护区举行。

5月29日 国家林业局公布了首批国家珍贵树种培育示范县66个，其中湖北省的红安县、竹溪县、咸安区、十里排林场等4个县(区、场)为国家珍贵树种培育示范县。

6月11日 湖北经济学院王远坤教授、十堰市黄龙林场副场长杨斌厚一行，在黄龙林场老母荒林区海拔1100多米的岩屋寨绝壁上，发现了国家一级保护动物红白鼯鼠，俗称“飞虎”。

6月12日 全球环境基金赠款项目“加强湖北省湿地保护体系，保护生物多样性”项目启动会在武汉召开。联合国开发计划署驻华代表处项目经理马超德先生、湖北省GEF湿地项目指导委员会成员出席启动仪式。

7月8日 湖北省政策性森林保险位列全国8个试点省份之首。全省14个试点县市共签订保单1848份，投保森林面积159.06万公顷，占应保面积三分之二。

7月22日 湖北省的“宜都宜红茶”获国家农产品地理标志登记证书，成功入选2013年度全国名特优新农产品目录。

7月23日 湖北荆州市环荆州古城湿地申报国家湿地公园，总体规划通过了省级专家评审，投资2.8亿元，用8年建成国家湿地公园。

7月28日 国家林业局局长赵树丛在宜昌市夷陵区调研，参观了“绿色示范乡村”官庄村和刁家岗退耕还林示范基地等。湖北省副省长梁惠玲、省政府副秘书长吕江文、省林业厅厅长刘新池等陪同调研。宜昌市夷陵区是全国100个重点林业生态建设县(区)之一。

7月28日 湖北省十二届人大常委会第十次会议在武汉举行。湖北省委书记、省人大常委会主任李鸿忠主持会议。湖北省人大常委会党组书记、常务副主任李春明，省人大常委会副主任田承忠、赵斌、周洪宇、王玲、王建鸣出席会议。省林业厅党组成员、副厅长蔡静峰列席了会议。

7月28~29日 全国推进林业改革座谈会在宜昌市召开。国家林业局局长赵树丛讲话。湖北省委常委、宜昌市委书记黄楚平出席会议，湖北省副省长梁惠玲致辞。

7月31日 《武汉市山体保护办法》于7月7日武汉市人民政府第96次常务会议审议通过，自2014年9月1日起施行，这是全国副省级及大中城市出台的首部有关山体保护的地方政府规章。

8月2日 由《中国绿色时报》、中国林业产业联合会、北京林业大学、湖北省林业厅主办的“绿色中国梦中国林业产业投资与发展高峰论坛”在武汉市召开。湖北省林业厅厅长刘新池出席论坛并致辞。中国绿色时报社党委书记、总编辑厉建祝，中国林业产业联合会副会长、秘书长王满，中国绿色时报社社长柳维河，湖北省林业厅副厅长黄德华，省林业厅相关处室负责人及嘉宾代表600余人参加了论坛开幕式。

8月6日 湖北省政府在最近出台的湖北林业推进生态文明建设规划纲要(2014~2020年)中划定了4条生态红线。

8月23日 湖北省省长王国生到神农架调研生态建设和林区经济社会发展。湖北省政府秘书长王祥喜，神农架林区负责同志参加调研。

8月21日 原中共中央政治局常委、全国人大常委会委员长吴邦国在湖北省领导的陪同下亲临神农架金丝猴研究基地，考察中国林科院资源信息所承担的863计划科研成果。

8月28日 湖北省委、省政府举行支持远安县绿色发展专题办公会。湖北省委常委、宜昌市委书记黄楚平发言，湖北省副省长梁惠玲主持会议。省发改委、财政、国土、建设、交通、水利、林业、扶贫办8个部门参会。

9月4日 湖北省宜昌市长阳县生产的清江黑茶斩获第十届国际名茶评比的金奖，这是长阳茶产品首次在国际级名茶评比中获奖。

9月7日 湖北省恩施州和长阳、五峰土家族自治县联合设立的“武陵山区(鄂西南)土家族苗族文化生态保护实验区”正式被文化部批准为国家级文化生态保护实验区，成为湖北省第一个，全国第16个同类实验区。

9月9日 国内首单碳资产质押贷款项目正式落地，在湖北省武汉市光谷资本大厦成交。

9月25日 湖北省十二届人大常委会第十一次会议25日表决通过《湖北省森林资源流转条例》，条例明确规定生态公益林不得流转，自2014年12月1日起施行。

9月25日 在2014中国城市森林建设座谈会上获悉，国家林业局、教育部、共青团中央决定授予湖北省咸宁市潜山国家森林公园等12家单位“国家生态文明教育基地”称号。这是湖北省第五家国家生态文明教育基地。

9月25日 在山东淄博举行的2014中国城市森林建设座谈会上获悉，17个城市被全国绿化委员会、国家林业局授予“国家森林城市”称号。湖北省襄阳市、随州市两城市获此殊荣。

9月25日 湖北省人民代表大会常务委员会第一百六十八号公告，《湖北省森林资源流转条例》已由湖北省第十二届人民代表大会常务委员会第十一次会议通过，现予公布，自2014年12月1日起施行。

9月28日 英山紫楹石斛产业园开园。英山冲刺“中国石斛之乡”。

10月11日 首届中国·武汉绿色产品交易会暨中国·湖北生态文化论坛在武汉国际会展中心开幕。国家林业局副局长张建龙、湖北省副省长梁惠玲、湖北省政协副主席郑心穗和武汉市领导以及国内知名学者出席。

10月13日 首届中国·武汉绿色产品交易会暨中

国·湖北生态文化论坛林业招商和经贸签约仪式、获奖产品颁奖仪式暨成果发布会在武汉国际会展中心召开。湖北省林业厅党组书记、厅长刘新池致辞，副厅长黄德华发布绿交会成果。发布会由省林业厅党组副书记、副厅长董祚华主持。湖北银行行长段银弟，中国邮政储蓄银行湖北省分行行长洪晓成，湖南省林业厅副厅长唐苗生，湖北省林业厅班子成员、厅机关处室、厅直机关主要负责人，全省各市、州、直管市林业局局长、分管局长、产业科长、宣传办主任和经贸签约、获奖企业代表以及新闻媒体的记者参加了发布会。

10月21日 湖北省武汉市政府常务会原则通过《武汉市湖泊公园建设实施方案》，该市将开建166个湖泊公园，以保护湖泊，并为市民提供绿地。

10月23~24日 鄂豫皖三省政协主席联席会共同研讨大别山老区振兴发展规划，大别山区鄂豫皖三省政协主席联席会议第三次会议在安徽省六安市召开。湖北省政协主席杨松、河南省政协主席叶冬松，国家林业局副局长张建龙，副厅长黄德华以及国务院扶贫办、财政部、国土资源部、环境保护部、住房和城乡建设部、水利部、农业部等部委的负责同志应邀出席会议。

10月24~27日 第七届全国柿生产和科研进展研讨会在湖北省黄冈市罗田县召开。自来16个省(区、市)的165位代表和意大利佛罗伦萨大学的杰沃丹尼教授等参加了研讨会。湖北省林业厅副巡视员庹德政出席了24日举办的研讨会开幕式并致辞。

10月29日 湖北省首家林业产权专门的交易平台鄂西北林权交易中心正式在襄阳启动，湖北省委常委、襄阳市委书记王君正，湖北省林业厅厅长刘新池为中心揭牌。鄂西北林权交易中心是经湖北省林业厅批准，是我国第四家林权交易平台，也是华中地区第一家。

10月30日 湖北省副省长梁惠玲召开办理《关于大力发展湖北油茶产业，推动绿色经济崛起》重点提案座谈会，要求将油茶产业打造成湖北省的特色优势产业。

11月3日 以"保护野生动物，共建生态文明"为主题的2014年湖北省保护野生动物宣传月活动在鄂州市梁子湖区华中师范大学附属梧桐湖学校启动。湖北省政协副主席、省野生动植物保护协会名誉会长郑心穗出席仪式并宣布保护野生动物宣传月活动正式启动。鄂州市委副书记、市长叶贤林，湖北省林业厅副厅长黄德华、省野生动植物保护协会会长李德珍、鄂州市政府副市长吴涛、市政协副主席陈茉莲、省林业厅省野生动植物保护处负责人以及梁子湖区周边学校师生代表和当地干部群众近600人参加了活动。

11月6日 湖北省森林防火及退耕还林工作电视电话会议在省林业厅召开。湖北省各市州县森林防火指挥部、退耕还林领导小组成员单位负责人和相关工作人员在各自分会场参加了会议。

11月5日 在湖北省襄阳市委、市政府召开的全市创建国家森林城市总结表彰暨"绿满襄阳"行动推进会上，湖北省委常委、市委书记王君正要求全市上下再接再厉，扎实工作，努力开创"绿满襄阳"行动的新局面。

11月13日 武汉市森林公安局投资约200万元启用森林防火气象卫星监测系统，堪称森林防火"千里眼"。这套系统由武汉市林业局、市气象局合作开发完成。

11月14日 为期一周的首届"中国杯"全国盆景大赛11月2日在江苏如皋结束，湖北省有3件作品分获比赛的金银铜奖。

11月17日 湖北省长王国生主持召开省政府常务会议，研究与讨论加快推进全省绿满荆楚行动方案，部署林业生态建设等。

11月19日 湖北省绿化委员会、湖北省林业厅联合向社会公布了全省第一批命名为湖北省"绿色示范乡村"的200个村名单。绿色示范乡村建设是绿满荆楚行动的重要内容。

11月20日 湖北省武当山森林航空消防2014年冬季开航现场会在武当山青徽铺召开。国家林业局南方航空护林总站党委副书记、副总站长周俊亮，湖北省林业厅党组书记、厅长刘新池，十堰市委书记周霁，市长张维国，副市长张歌莺及武当山特区领导和当地武警、公安、干部群众等200多人参加了现场会。

11月28日 湖北省委、省政府出台鄂发(2014)24号文件关于加快推进绿满荆楚行动的决定，要求用3年时间实现全省绿色全覆盖。

11月29日 由湖北省武汉市蔡甸区沉湖湿地自然保护区管理局和《长江日报》共同举办的以"芦花烂漫、鱼跃鸟鸣、美食美景、生态沉湖"为主题并由"芦花节""观鸟节"和"美食节"三大节庆活动组成的"沉湖国际重要湿地文化旅游节"沉湖湿地开幕。

12月5日 经国务院国办发〔2014〕61号文批准，湖北省荆州洪湖、襄阳南河和黄冈大别山晋升为国家级自然保护区。

12月19日 中国林业产业联合会、国家林业局计财司、全国木材行业管理办公室、退耕办等专家组，对湖北省襄阳市南漳县申报的"中国林业金融创新产业园"进行了评审。

12月23日 湖北省咸宁市通城黄袍山绿色产品有限公司的品牌"本草天香"，被国家工商总局认定为中国驰名商标。

12月24日 湖北省林业厅、省发改委、省财政厅、省农业厅和省国土资源厅联合发文，启动新一轮退耕还林还草，确定国家补助政策，并要求各市、州、县政府组织编制县级实施方案。

12月31日 湖北省8家涉林企业获中国驰名商标，7类特产获地理标志注册产品。

（湖北省林业由彭锦云供稿）

湖南省林业

【概　述】 2014年，湖南省各级林业部门围绕绿色湖南建设的总目标，突出"健康森林、美丽湿地、绿色通道、秀美村庄"四大主题建设，圆满完成了各项林业建设任务。

主题建设 一是经营健康森林。全省完成森林抚育49.39万公顷，义务植树1.26亿株，无节良材培育6.9万公顷，优材更替9400公顷，珍贵树种造林1.41万公顷。划定国家储备林12.33万公顷，综合治理了32个县市区岩溶地区的石漠化。森林火灾受害率和林业有害生物成灾率均控制在国家规定的1‰和4‰以下。二是保护美丽湿地。制定了《湖南省"美丽湿地"建设三年行动计划》，明确了全省湿地保护三年建设目标、建设内容、建设标准以及保障措施。新获批建设国家湿地公园(试点)17处，新建了一批湿地保护区和保护小区，新增保护湿地面积8.4万公顷。全省湿地保护率达到69.3%，同比增长8.24%。三是打造绿色通道。出台了《湖南省"绿色通道"建设三年行动计划》，计划用3年时间完成全省已通车的134 841千米高速公路、高速铁路、普通铁路、国道、省道、县道和乡道等通道沿线的造林绿化达标任务。2014年，全省投入近20亿元，通道沿线植树4484万株，完成绿化达标里程67 629千米，占全省总里程的57%。四是建设秀美村庄。制定了《湖南省"秀美村庄"建设三年行动计划》，在广大乡村发动了"见缝插绿""五边"(城边、水边、路边、村边、宅边)大造林活动。2014年全省投入资金7.1亿元，在30 778个行政村开展了"秀美村庄"建设，建成"秀美村庄"示范村100个，269万农户在房前屋后栽植珍贵树木1850万株。

生态建设 围绕构筑"一湖三山四水"生态安全屏障，认真实施了退耕还林、长珠防林、石漠化治理、林业血防等重点工程项目，完成人工造林24.38万公顷，封山育林16.71万公顷。全省森林覆盖率达59.57%，同比增长2.05%；活立木总蓄积量达4.84亿立方米，同比增长3900万立方米。出台了《关于加强森林火灾群防群治工作的意见》，修订了《湖南省森林防火应急预案》，实施了《湖南省森林防火重点县市区管理办法》；协调湖南省武警总队组建了省、市、县三级规模达3400人的森林灭火救援队伍，全省投入近6000万元配备防扑火装备；广泛开展了大宣传、大培训、大排查、一落实的"三大一落实"活动。全面控制了松材线虫病、竹青虫等疫情，拔除松材线虫病县级疫点2个，成功承办了全国重大林业有害生物防治现场会。组织了首届世界野生动植物保护日和2014年爱鸟周宣传活动，开展了鸟类等野生动物保护"天剑"专项行动，新建候鸟保护站10个，查处各类捕鸟案件100多起，全省未发生大规模非法猎捕迁徙候鸟事件。全年共办理各类涉林案件35 842起，打击处理违法犯罪人员36 395人(次)，调处山林纠纷5860起，解决争议林地1133.33公顷，维护了广大林农的合法权益。

产业发展 全省林业产业总产值达2799亿元，同比增长18%。稳步推进了衡阳市、常德市、怀化市等油茶百里产业带和邵阳县、常宁市等油茶特色产业县以及桃江、绥宁等毛竹产业重点县建设。全省油茶种植面积达134.23万公顷，年产茶油20.7万吨，年产值达213亿元，均继续位居全国首位。竹林种植面积达108.79万公顷，年产值达250亿元。城市周边花卉产业带加速聚集，种植面积突破了2000公顷，年产值达200亿元。林下经济产值突破了300亿元。落实产业园建设扶持资金1.06亿元，推荐9家林业综合产业园和16家林业特色产业园入选湖南省"百片千园万名"科技兴农工程。新增"洞庭""林钰王""旺正"等中国驰名商标3件，新增和重新认定湖南著名商标75件、湖南名牌产品20件，全省省级以上林产品品牌达298件。森林公园共接待游客3575万人次，实现旅游综合收入346亿元。

生态文化 全国首部森林公园题材电影《梦萦张家界》在各地上演并走向韩国、芬兰等地，《绿色恋歌》荣获湖南省第十二届精神文明建设"五个一"工程奖。全省新增省级森林公园4个、国家和省生态文明教育基地7个，《林业与生态》杂志被评为湖南省"双十佳期刊"。邓三龙厅长当选为中国林业文学艺术工作者联合会副主席，并应邀出席了生态文明贵阳国际论坛2014年年会。湖南林业艺术团正式成立，并开展了送文艺下乡活动。植树节、爱鸟周、张家界森保节、常宁油茶文化节等生态文化节庆活动绚丽多彩，青岛世界园艺博览会湖南馆获室内外展园特等奖。

林业改革 一是推进国有林场改革。拟定了《湖南省人民政府关于推进国有林场改革的意见》，开展了国有林场定性、定编、定资试点示范。全省80个国有林场纳入了当地财政预算，核定事业编制4255名。二是深化集体林权制度改革。中部林业产权交易服务中心正式投入运营，实现了与全省120多家县级林权交易服务机构的整合和信息共享。自2011年筹建并试运行3年来，已累计发布信息、在线流转、资产评估达102.67万公顷，成交金额近52亿元，业务辐射四川、云南、广西、江西、湖北等10多个省(市)。三是启动森林资源禁伐减伐。拟定了森林资源保护禁减结合三年行动方案，对国家级和省级公益林以及铁路、高速公路、国(省)道两旁第一层山脊以内陡坡地段或平地200米范围内林木实行禁伐，对纳入国家重点、省部级重点、省级重点生态功能区的58个县市区实行减伐。

支撑保障 全省各类林业资金总投入达190亿元，同比增长19%。湖南林下经济科研示范中心获批成为国家林下经济示范基地，林业生物防治处于全国领先水平。湖南省林科院主持完成的"非耕地工业油料植物高产新品种选育及高值化利用技术"荣获2014年度国家科学技术进步奖二等奖。"湖南油茶良种组合区划和标准化栽培”等4项科技成果获省科技进步奖二等奖。油茶杂交育种、组织培养、分子技术、源库调控、测土配方施肥等现代技术得到大力推广应用。湖南林业信息网在全国林业网站绩效评估中排名第一。

（吴振明　毕　凯）

【省人民政府出台《关于支持工商资本转型发展林业的意见》】 11月11日，湖南省人民政府正式下发《关于支持工商资本转型发展林业的意见》（以下简称《意见》）。《意见》通过完善资源配置机制、提高行政服务效率、加大项目资金支持力度、优化企业融资环境、建立森林保险制度、推动工商转型林业企业建立现代企业制度、提高林业科技创新能力、建设省级林业产业园区和鼓励工商企业进入新兴产业等政策措施，引导和支持工商企业尤其是矿山和房地产企业投资资源培育业、种苗花卉培育业、林下种养业、木竹加工业、林果加工业、生态旅游业和生物质能源等林业重点领域。根据《意见》的要求，湖南省财政厅从2015年开始每年落实财政专项资金2000万元，用于支持工商企业转型投资林业建设。（陈英睿）

【生态公益林保护建设】 2014年，湖南省委、省人民政府将生态公益林保护建设列入为民办实事项目。全年投入资金12.20亿元，签订禁（限）伐合同216万份，落实管护人员、签订管护协议2.97万（人）份，对528.75万公顷省级以上公益林实现了管护全覆盖。同时，全省各地加大了公益林确权到户工作力度，加强了村级阳光公示工作，将省级以上财政补偿资金11.73亿元及时足额通过“一卡通”发放到林农个人公益林账户或财政拨付到国有、村组集体等公益林经营管护单位，惠及林农350多万户，使“省级以上生态公益林管护面积到位率”和“省级以上公益林补偿资金发放到位率”均达到了100%的为民办实事项目要求。（罗　明）

【湖南省林科院“非耕地工业油料植物高产新品种选育及高值化利用技术”荣获国家科学技术进步奖二等奖】

由湖南省林业科学院等单位共同承担的“非耕地工业油料植物高产新品种选育及高值化利用技术”项目，历经15年的潜心攻关顺利结束。该项目突破了非耕地工业油料植物蓖麻纯雌系三系杂交育种及工程化制种、光皮树“双重矮化”育种等多项关键技术，选育出工业油料植物新品种22个，开发出耐低温柴油添加剂、生物柴油混配产品等新产品，创新集成油脂选择性加成定向聚合酰胺化等关键技术和制备工艺用于环氧结构胶、环氧沥青材料的耐高温低黏度聚酰胺固化剂产品，获国家发明专利24项，制订标准5项，发表论文136篇，出版专著4部，鉴定成果12项，实现了非耕地油料植物的大面积种植和工业油料规模化加工利用。成果经推广，近3年累计实现产值49.38亿元，有效解决了我国非耕地发展工业油料产业存在高产品种缺乏、加工技术和装备落后、产业效益较低等难题。该成果荣获2014年国家科技进步奖二等奖。（魏海林）

【组建武警应急森林消防队伍】 为切实提高全省森林火灾的应急处置能力，4月18日，湖南省人民政府召开第25次常务会议，杜家毫省长专门听取森林防火工作情况汇报，并研究决定以省武警总队为依托，建立省、市、县三级应急森林消防队伍。12月27日，湖南省林业厅、省武警总队、省财政厅联合下发《关于建设武警森林灭火救援队伍的意见》。根据《意见》，湖南省武警力量将划拨3400人，湖南省财政拿出6000万元用于队伍筹建。（丁　旺）

【中部林业产权交易服务中心正式运营】 11月6日，中国中部第一家区域性林权交易平台——中部林业产权交易服务中心揭牌成立，正式投入运营。中心覆盖产权交易、林业融资、电子商务、资产评估、法律咨询、技术服务等多项业务，与全省120多个县（市、区）分中心实现了网络的互联互通。现已发展综合（交易）会员45家，招募各类企业会员124家，累计发布信息、在线流转、资产评估达102.67万公顷，成交金额近52亿元，业务辐射四川、云南、广西、江西、湖北等10多个省（市）。（马清相）

【郴州市、株洲市被授予“国家森林城市”称号】 2014年，郴州市森林覆盖率达66%，城区绿化覆盖率达42.4%，人均公园绿地面积11.06平方米。株洲市森林覆盖率达61.79%，城区绿化覆盖率达41.59%，人均公园绿地面积11.69平方米。在2014年中国城市森林建设座谈会上，郴州市、株洲市均获“国家森林城市”称号。（周建梅）

【鸟类等野生动物保护“天剑”专项行动】 8月10日至11月30日，湖南开展了鸟类等野生动物保护“天剑”专项行动。全省共出动执法人员4000多人次，查处各类违法案件100多起，劝退企图捕鸟人100多人。在重要候鸟迁飞通道地区举办了爱鸟护鸟图片展，与环保志愿者联合举办了首届护鸟志愿者培训班，增强了当地群众爱鸟护鸟意识。2014年，湖南未发生大规模非法猎捕迁徙候鸟事件，候鸟迁飞通道和栖息地得到有效保护。

（李婷婷）

【非法侵占林地清理排查专项行动】 11月12日至12月31日，湖南开展了非法侵占林地清理排查专项行动。全省共清理出违法使用林地项目928宗、面积1440公顷，收回林地373公顷；行政处罚206起、处理350人、罚款1450万元，责令补缴森林植被恢复费1680万元；刑事立案76起，刑事拘留30人，提起公诉5起，行政问责87人。通过此次专项行动，有效打击了侵占林地的违法犯罪行为，保护了全省林地资源，维护了生态安全。（罗　明）

【国家森林资源清查湖南省第八次清查工作】 2014年，国家森林资源连清湖南省第八次清查工作顺利结束。此次清查共投入148个作业工组、37个质量检查组、1300名专业技术人员，历时7个月，完成了全省6615个固定样地和537个植被、树种多样性调查样地的调查，样地复位率和样木复位率均达100%，为上级主管部门制定林业方针、政策和规划提供了科学依据。

（罗　明）

【“十二五”森林资源二类调查工作】 2014 年，湖南省全面完成了“十二五”森林资源二类调查。全省 130 个县级调查单位，共筹措 1.26 亿元调查经费，投入 5800 名专业技术人员，区划 592 万个资源小班，调查了 8.6 万个系统抽样点，全面系统地查清了全省林地上的森林、林木和林地资源的种类、数量、质量和分布。此次调查客观反映和评价了当前湖南的森林资源经营现状，是全省“十三五”林业发展规划编制最重要的依据。

（罗　明）

【“3·17”案被评为全国森林公安信息化破案十大典型案例】 2013 年，湖南省森林公安局成功破获胡大儒等人非法收购、运输、出售珍贵、濒危野生动物及其制品案(代号“3·17”案)，共抓获犯罪嫌疑人 47 人，收缴穿山甲 1058 只、野生娃娃鱼 222 条、熊掌 116 只，涉案价值达 2500 多万元。2014 年，该案被国家林业局森林公安局评为森林公安信息化破案十大典型案例之一。

（丁　旺）

【湖南森林公安代表队在全国森林防火“应知应会”知识竞赛中获得佳绩】 7 月 20～23 日，国家森林防火指挥部办公室在南京森林警察学院举办了全国森林防火“应知应会”知识竞赛。在 34 支代表队中，湖南代表队总成绩位列第四名，荣获团体二等奖。新化县森林公安局民警江涛、靖州县森林公安局民警蒋甄玲均荣获个人二等奖。

（丁　旺）

【“三大一落实”活动】 8～12 月，湖南在全省开展了森林防火“三大一落实”活动。一是“大宣传”增强防火意识。利用气象部门预警信息发布平台，每周向全省 330 万手机气象用户发送森林防火宣传短信。高火险期每天向 11 万森林防火战线的同志发送森林火险预警信息，并在湖南卫视、湖南经视发布森林火险等级预报。出版《林业与生态》杂志森林防火专刊 1 万份，发至乡镇一级；制作森林防火宣传挂图 17 万份，发至村组一级。二是“大培训”提升防火技能。全省共举办各类森林防火培训班 215 期，加大了对森林防火指挥员、值班员、护林员和扑救队员的培训，参训人员近 10 万人，有效提升了森林防火队伍的实战水平。三是“大排查”消除火灾隐患。对全省 14 个市州开展了森林防火工作督查，逐一排查重点区域的火险隐患，并严格对照有关标准进行了整改。四是“一落实”夯实防火基础。认真落实了“五条标准”(即行政首长负责制、森林防火纳入政府绩效考核、森防指成员单位履职、森林防火保障、森林火灾指挥扑救)和“八项措施”(即领导班子和专门负责人员、森林防火责任、森林消防专业队伍、护林员、责任追究、防火经费、值班人员以及防火物资装备)。

（丁　旺）

【航空护林】 2014 年，湖南对生态重点区域开展了航空护林。省航空护林站全年共计开航 190 天，累计飞行 47 架次、100 小时 55 分，成功扑灭了湘乡市翻江镇和衡阳县金兰镇两场森林火灾，维护了全省森林资源和人民群众的生命财产安全。

（周　涛）

【生态定位观测网络中心成立】 2014 年 3 月，湖南省林业厅依托省林业科学院成立了“湖南省生态定位观测网络中心”。该中心负责开展全省林业生态定位观测，制订全省森林、湿地和荒漠等生态定位观测技术标准。

（石　华）

【国有林场改革试点】 湖南在全省 110 个国有林场开展了定性、定编、定资(即定为生态公益型林场、科学核定事业编制、纳入当地财政预算)试点示范，带动全省 80 个国有林场纳入了当地财政预算，核定事业编制 4255 名。经过多次调研和征求意见，拟定了《湖南省人民政府关于推进国有林场改革的意见(送审稿)》。

（张长虹）

【湖南林下经济科研示范中心被确认为国家林下经济示范基地】 11 月，国家林业局批复确认湖南林下经济科研示范中心为国家林下经济示范基地。该中心是依托湖南省林业科学院、省林木种苗管理站、省森林植物园等组建，集林下经济科学研究和产业化推广示范为一体的省级林下经济科研示范平台。现已成功研发出红汁乳菇、林芝、云芝、天麻、金银花、铁皮石斛等品种的规模繁殖和栽培技术模式，取得了湖南省科技进步奖等成果 5 项、发明专利 6 项，转化成果 5 项，推广林下菌根性食用菌、天麻等繁殖栽培技术 666.7 公顷。

（罗　琴）

【湖南全面完成 2011～2013 年松材线虫病等重大林业有害生物防控目标】 7 月，国家林业局与湖南省政府签订《2011～2013 松材线虫病等重大林业有害生物目标管理责任书》，确定了湖南省松材线虫病防控责任目标。10 月，国家林业局检查组对湖南履责情况进行了检查考核，确认湖南已全面完成了防控责任目标，成功根除了资阳区疫点，北湖区、桃江县、岳麓区实现无疫情，取得了良好的防治效果。

（戴立霞）

【南方油料工程技术研究中心落户湖南】 7 月，国家林业局批准在湖南省林业科学院设立南方油料工程技术研究中心。该中心将建立油料能源植物种质资源评价与遗传改良等 6 个研究团队，建设 5000 平方米专业实验室，2300 平方米技术服务平台，改扩建示范基地 3 个，旨在围绕我国南方油料能源植物发展的需求，整合国内优势科技资源，高效培育高产、高含油、适合南方种植的油料能源植物，构建高质量的生物质液体能源产品转化及现代化的服务体系。

（孟　钢）

【新一轮退耕还林工程启动】 8 月 2 日，国家确定湖南为在 25 度以上坡耕地实施新一轮退耕还林任务的 10 省之一。9 月 25 日，国家下达湖南 2014 年退耕还林还草计划任务 6700 公顷，标志着全省新一轮退耕还林工程正式启动。

（祝梦瑶）

【第四届生物质能源技术国际会议暨第八届国际生物能源会议在长沙召开】 10 月 21 日，第四届生物质能源技术国际会议暨第八届国际生物能源会议在长沙召开。本次会议旨在为国际生物质能领域的专家、学者和企业家等提供一个交流和展示的平台，促进生物质能源产业与国际大型企业、投资机构对接，在全球范围内为生物质能技术研究机构和企业开拓更广阔的发展机遇。

（魏海林）

【王福生荣获“全国五一劳动奖章”】 4月，湖南省林业调查规划设计院高级工程师王福生荣获“全国五一劳动奖章”。该同志从业30多年来，先后主持完成国家级、省级重点工程项目60余项，参与完成国家级科技攻关项目8项，荣获国家、省部级科技成果奖31项。

（马清相）

【林业大事】

6月13日 邓三龙厅长当选中国林业文联副主席。

8月15日 湖南划定12.33万公顷国家储备林，居全国第一。

9月25日 郴州市、株洲市被授予“国家森林城市”称号。

11月6日 中部林业产权交易服务中心正式运营。

11月10日 歌曲《绿色恋歌》荣获湖南省第十二届精神文明建设“五个一”工程奖。

11月11日 湖南省人民政府出台《关于支持工商资本转型发展林业的意见》。

11月21日 全国重大林业有害生物防治现场会在湖南召开。

12月12日 湖南省林科院“非耕地工业油料植物高产新品种选育及高值化利用技术”荣获国家科学技术进步奖二等奖。

12月15日 湖南省委、省人民政府为民办实事项目——全省生态公益林保护建设工作圆满完成。

12月27日 湖南省建立以武警总队为依托的省、市、县三级应急森林消防队伍。

12月31日 湖南省国家湿地公园数量跃居全国第一。

（周彰军　周建梅）

广东省林业

【概　述】 2014年，广东省林业用地面积1096.25万公顷，有林地988.36万公顷，森林（含非林地上的森林）蓄积量5.41亿立方米，森林覆盖率58.69%，林业产业总产值6500.34亿元，继续位居全国第一，其中第一产业791.70亿元、第二产业4468.97亿元、第三产业1239.67亿元。全省参加义务植树3515万人次，植树1.06亿株。全年落实中央和省级林业部门预算及专项资金47.55亿元（中央级专项资金12.54亿元，省级部门预算及专项资金35.01亿元），比2013年增长7.47%，落实贴息贷款7.6亿元。全省完成造林作业面积22.95万公顷，中幼林抚育44.2万公顷，封山育林10.02万公顷。至2014年年底，全省已建立各种类型、不同级别的林业系统自然保护区270个，总面积124.51万公顷，其中国家级8个，省级50个，市、县级212个，占全省国土面积6.9%。

【集体林权制度改革】 2014年，广东省集体林权制度改革的重点是深化改革。省林业厅专门安排860万元，补助20个重点县用于确权发证工作，查漏补缺，整改完善，对错、漏登记的林权证依法依规进行纠正。至年底，全省共发放集体林地所有权林权证面积940万公顷，占全省林改面积的96.8%；发放集体林地使用权林权证面积920万公顷，占全省林改面积的94%。起草《广东省林地林木流转办法（草案）》，拟采用省政府规章或地方性法规进一步加强全省林地林木流转的规范管理。积极推行林地流转合同、承包合同示范文本，全省共完善规范林地林木流转合同19.6万份，流转林地面积118.6万公顷，流转金额23.5亿元。积极组织各地级以上市和林地2万公顷以上的县抓紧编制林下经济发展规划。积极争取国家林业局安排广东省300万元补助，用于中药材种植和种苗培育。全省林下经济面积达到100万公顷，产值239亿元，受益农户141.5万户、618.8万人。翁源、始兴、德庆3个县已被国家林业局列为全国农民林业专业合作示范县，翁源县绿丰园等7家林业合作社被评为国家级示范社。全省已建立各类农民林业合作社1230个，加入合作社的农户有39.7万户，合作社经营林地面积达32.7万公顷。

【林业重点生态工程建设】 2014年，广东省完成森林碳汇工程造林23.7万公顷，累计完成73.3万公顷；建设生态景观林带2750千米，累计完成8610千米。建设森林公园155个、湿地公园55个。惠州市成功创建“国家森林城市”。新建乡村绿化美化示范村1825个。扩大省级生态公益林面积50万公顷，省级以上生态公益林面积达到464.3万公顷，占林业用地面积42.35%，生态公益林平均补偿标准由300元/公顷提高到330元/公顷。继续实施生态公益林激励性补助政策，全省共有12个市的41个县（市、区）、8个市属林场，以及9个省属林场和新丰江林管局，共59个单位获得75元/公顷的激励性补助资金。继续开展生态公益林示范区建设，对2013年所建第一批31个生态公益林示范区8.4万公顷，投入资金960万元。组织全省申报2014年第二批广东省生态公益林示范区建设项目，经专家评审共建设第二批44个生态公益林示范区，涉及建设补助资金1530万元。全年落实生态公益林补偿资金15.35亿元，惠及2600万农村人口。至2014年年底，全省有13个地级以上市、96个县（市、区）获得省政府授予的林业生态市县称号。

【资源林政管理】 8月，广东省政府办公厅印发《广东省林业生态红线划定工作方案》，部署启动全省划定林业生态红线工作，分为森林、林地、湿地和物种4条林业生态保护红线，同时，按照全面保护与突出重点相结合的原则，划分Ⅰ、Ⅱ、Ⅲ、Ⅳ级4个保护区域等级。坚持实行用途管制，严格控制占用征收林地和湿地，严禁随意砍伐林木，采取更加严格的管理措施，保护森林生态资源，维护国土生态安全。广东审核审批占用征收林地项目13批次、984宗、使用林地面积7447.5公顷，使用林地定额6580.4公顷，收缴森林植被恢复费4.78亿元，其中交通设施项目77宗（高速公路项目5宗）、林地面积1996.9公顷，产业转移项目88宗、面积1053公顷。推行森林采伐指标阳光分配，强化采伐过程监管，切实降低林木生产性消耗。全省先后开展"利剑"行动、清理排查非法侵占林地专项行动等一系列行动，挂牌督办了一批违法用地项目，查处了一批违法破坏森林资源案件，严厉打击乱砍滥伐、乱占林地、毁林开垦、非法采矿采石采稀土等破坏森林资源违法犯罪行为，切实维护林区和谐稳定。切实加强两站基础设施建设，扎实推进项目管理，稳步推进第三批木材运输巡查工作，维护全省木材正常流通秩序。

【森林灾害防治】 2014年，广东省积极推进森林防火指挥部指挥长调整为政府行政首长担任，韶关、河源、梅州、惠州、肇庆、清远、云浮7市以及辖区内各县（市、区）森林防火指挥长均已调整为当地政府主要负责同志担任。加强护林员队伍的落实工作，省财政投入9625万元专项资金用于护林员队伍建设补助，督促各地按照标准配备护林员，并抓好护林员队伍的监督管理。在森林防火紧要期，特别是春节、元宵、清明、中秋、国庆、重阳期间，实行"双岗双班"，严密监测林火热点，加强调度指挥，做到及时、有效有序处置森林火灾。强化森林航空灭火工作，全省共租用3架直升机累计飞行70架次、135小时，洒水455桶，扑救森林火灾21起。全省共发生森林火灾140宗，过火面积2458.8公顷，其中受害森林面积971.4公顷，因森林火灾死亡10人，受伤4人，森林火灾受害率为0.1‰，控制在0.5‰的指标范围内，最大限度减少了森林火灾损失。2014年，林业有害生物防治体系建设得到强化，完善了以广东省林业有害生物防控指挥中心为中枢，地面人工和航空拍摄监测相结合的立体监测网络，装备31辆检疫执法车，配备36套较先进的监测、检疫和防治设备。全面启动第三次全国林业有害生物普查工作。优化、规范检疫行政许可程序，推行网上受理、审批。统一委托全省各市、县（区）森防检疫机构承接辖区内森林植物及其产品的出省调运检疫。组织开展"绿盾2014"检疫执法行动，加强松材线虫病疫木的监管。积极推进区域间、部门间联防联治，推行专家网络在线。全省实施防治作业面积27.0万公顷次，林业有害生物成灾率为0.08%，松材线虫病、薇甘菊等重大林业有害生物灾害得到有效控制，在国务院组织的"2011～2013年松材线虫病等重大林业有害生物防控目标责任书"届满考核中被评为优秀。

【林业产业】 2014年，广东省林业总产值6500.34亿元。以木材加工为主的第二产业仍是全省林业产业的支柱。全省加工业产值达4469亿元，其中木竹加工628亿元、木竹家具业产值达1426亿元、木竹浆纸业产值达1746亿元、林产化工业产值达81亿元，木竹家具、松香产品生产量、出口量位居全国前列。木材加工企业2.02万家，其中家具企业6000多家、胶合板企业290家、纤维板企业67家、刨花板企业72家、木地板企业322家、造纸企业1444家。人造板产能1071万立方米。新评选出省级林业龙头企业22家，全省累计达137家。省级森林旅游示范基地83家。24个林业项目确定为广东省现代产业500强项目。全省建成商品林基地400万公顷。苗木花卉种植面积达5.24万公顷，年产苗总量77.08亿株。珍贵树种种植面积7.3万公顷。油茶种植面积17.3万公顷，规模以上油茶加工企业23家，产能达4.67万吨。全省已建立各类森林公园759处，总面积112.63万公顷，占全省国土总面积的6.26%，其中，国家级25处，省级74处，市县级433处，镇森林公园227处。全省森林公园共接待游客1.32亿人次，森林旅游收入26.17亿元。

【野生动植物及湿地资源保护】 2014年，广东省稳步推进全省第二次野生动植物资源，完成云开大山动物调查外业、广东省陆生脊椎野生动物多样性编目初稿和启动野生植物资源调查工作。深圳苏铁种质资源保护中心开展的德保苏铁回归自然获得成功。继续实施鳄蜥、仙湖苏铁、喜树、观光木等极小种群野生动植物和重点物种保护工程。国家林业局批复同意支持广东长隆集团在清远建设世界珍稀野生动植物种源基地。切实加强野生动物疫源疫病监测防控工作管理。强化野外监测，深入排查病毒来源，采集各种野生动物样品318份。制定《广东省重点野生动物疫病种类和疫源物种目录》。召开海峡两岸野生动植物贸易管理研讨会。与国际自然保护金融公司共同探讨华南虎的野化训练与回归工作。加强与民间组织、志愿者的交流与合作，强化粤西沿海地区野生鸟类的保护与执法。完成野生动物保护协会换届，正式更名为"广东省野生动植物保护协会"。开展"世界野生动植物日"和"鸟节""爱鸟周"宣传活动，提高公众保护野生动物意识。配合国家林业局、海关总署在广东举行的"中国　执法查没象牙销毁活动"，销毁执法查没象牙及其制品6.15吨。开展肇庆星湖国家湿地公园湿地保护工程项目，雷州九龙山、海珠湖、万绿湖国家湿地公园湿地保护与恢复补贴，乳源县湿地保护奖励和海丰国际重要湿地生态效益补偿试点，共落实资金5100万元。至年底，全省已建立3个国际重要湿地，94个湿地类型自然保护区，11个国家湿地公园、5个省级国家湿地公园，各市已建和在建地方湿地公园共55个。

【林业大事】

1月6日 国家林业局和海关总署在广东省东莞市举行"执法查没象牙公开销毁活动"。这是中国首次公开销毁执法查没象牙，共彻底销毁6.1吨近年来执法行动中查没的象牙。

1月18日 广东省湿地保护协会召开第一次会员大会。该协会由广东省社会组织管理局批准成立，是全国第一家省级湿地保护协会，为社会各界参与广东湿地保护事业发展搭建了一个更为广阔的交流沟通平台。

2月7日 广东省林业厅和公安厅在广东省警用直升机飞行保障基地联合举办"共建绿色家园"新春义务植树活动。广东省副省长、省绿委主任邓海光，广东省副省长、公安厅厅长李春生等省领导与省林业厅和公安厅机关干部一道参加植树，共种下美丽异木棉、红花紫荆、阴香、白兰等珍贵树种500多棵。

2月27日 广东省绿化委员会、广州军区环保绿化委员会、广州地区绿化委员会在广州白云区金沙洲联合主办"推进新一轮绿化广东大行动，建设全国绿色生态第一省"广州地区党政军领导义务植树活动。中共中央政治局委员、广东省委书记胡春华，广州军区司令员徐粉林上将，广东省省长朱小丹，省人大常委会主任黄龙云等参加了植树活动。党政军民300多人，一起为金沙洲种下细叶榕、橡胶榕、木棉、红花紫薇等20多个品种共2300株树，添绿近3万平方米。

3月7日 广东省野生动植物保护协会第一届会员代表大会在广州举行。大会选举产生了理事会和会长，广东长隆集团有限公司总裁陈万成当选会长。该协会是广东省首家省级野生动植物保护协会，将为广东野生动植物资源保护、发展和合理利用产生积极作用，推动广东野生动植物保护事业的发展。

3月25日 广东省副省长邓海光到省林业厅调研全省造林绿化和森林防火工作，并在省森林防火指挥中心现场办公，协调解决一系列问题。

3月28日 广东省政府批复并报教育部备案，同意设立广东生态工程职业学院，该学院隶属省林业厅，暂定办学规模6400人。

4月14日 广东省政府在广州召开新一轮绿化广东大行动推进会暨全省林业工作电视电话会议，研究部署全面推进2014年新一轮绿化广东大行动和深化林业生态建设改革发展工作。广东省省长朱小丹在广州主会场出席会议并讲话。广东省副省长邓海光主持会议。会上发布了《关于2013年度全省森林资源保护和发展目标责任制考核结果的通报》。

4月15~16日 国家林业局副局长陈凤学一行4人先后考察调研了清远长隆国际森林度假区、国家级世界野生动植物种源基地等建设项目。

4月22~23日 广东省省长朱小丹率有关负责同志到韶关、清远，就新一轮绿化广东大行动推进情况进行调研，进一步确立"以人为本、质量为先、效益为重、永续为要"的新一轮绿化广东大行动指导思想。副省长邓海光参加调研并主持座谈会。

4月29日 广东省委、省政府在广州召开广东省科学技术奖励大会暨全省科技创新大会，对获得2013年度广东省科学技术奖的项目进行了表彰。有7项林业科技成果获奖。

5月26日 广东省林业厅在广州市增城区主持召开珠三角生态安全体系一体化规划建设现场会，贯彻落实全省推进珠三角"九年大跨越"工作会议精神，统筹推进珠三角区域生态安全体系一体化规划建设和新一轮绿化广东大行动，努力打造珠三角森林城市群。

6月10~11日 国家林业局副局长刘东生一行到广东省调研森林资源保护管理和野生动植物保护工作，实地考察广州长隆野生动物世界，并在广州召开座谈会听取工作汇报。

6月12日 广东省家具协会、广东省林业产业协会在广州共同召开广东省家具、人造板行业环保产品工作会议，搭建广东省家具、人造板行业对接平台，促进政府、协会和企业紧密携手，从环保方面共同推动两大行业清洁生产，促进产业转型升级。

6月16日 广东省林业厅在广州召开全省扩大生态公益林面积工作电视电话会议。会议部署2014年扩大省级生态公益林66.67万公顷，使全省省级生态公益林达481万公顷。

6月26日 广东省绿化委员会第13次全体会议在广州召开，总结国土绿化工作，部署今后一段时期全省国土绿化工作。副省长、省绿委会主任邓海光出席会议并讲话。

6月30日~7月2日 广东省副省长邓海光率省直有关部门负责同志到惠州市龙门县、河源市龙川县、紫金县就林业生态建设、扶贫开发、中小河流治理等工作进行主题调研督导。

7月1日 广东省林业厅决定在全省范围内组织开展为期半年的"利剑行动"，重点打击乱垦滥占林地、乱砍滥伐林木、乱收滥运木材、乱捕滥猎野生动物、纵火烧山等涉林违法犯罪行为。

8月6日 广东省林业厅获悉，广东长隆碳汇造林项目通过国家发展改革委的审核，成功获得备案，成为全国首个可进入碳市场交易的中国林业温室气体自愿减排(CCER)项目。该项目于2011年在河源和梅州的宜林荒山实施碳汇造林，造林规模为866.67公顷。项目在20年计入期内，预计产生34.7万吨减排量(CCER)，年均减排量为1.74万吨。

8月6日 广东省副省长邓海光与省直有关部门负责同志一起到深圳沙头角林场和东莞樟木头林场，就国有林场改革、建设生态型林场、推进林业生态文明建设开展专题调研。

8月8日 广东省政府办公厅印发《广东省林业生态红线划定工作方案》，明确林业生态红线由森林、林地、湿地、物种等4条红线组成，要求到2015年年底，建立全省林业生态红线地理空间数据库，形成全省林业生态红线一张图，实现"以库管线""以图管线"。

8月12日 广州长隆野生动物世界宣布，来自四川卧龙的大熊猫"菊笑"于7月29日陆续诞下3只熊猫幼崽，成为全球目前唯一存活的大熊猫三胞胎。

9月11日 广东省森林公安局联合广州市公安局森林分局，查获一宗特大非法贩卖国家重点保护濒危野生动物案件，现场查获国家二级保护动物穿山甲死体457只，抓获犯罪嫌疑人4名，这是近几年来广东警方破获的最大一起非法贩卖国家重点保护濒危野生动物案件。

9月25日 全国绿化委员会、国家林业局授予惠州市"国家森林城市"称号，惠州是广东省继广州之后第二个成功创建"国家森林城市"的城市，也是广东首个获此殊荣的地级市。

10月20日 深圳市公安局森林分局在深圳宝安机场查获2014年最大宗非法运输野生鸟类案，现场缴获鸟类死体7万多只、重1430千克，带回嫌疑人1名。

11月7日 广东省政府召开全省秋冬季森林防火工作电视电话会议，认真贯彻落实全国秋冬季森林防火工作会议精神，部署全省今冬明春森林防火工作。副省长、省森林防火总指挥邓海光在会上作了讲话。

12月30日 广东省委副书记、省政法委书记马兴瑞，副省长邓海光，先后到省森林公安局、省森林防火指挥中心、省林业科学研究院、省林业调查规划院等单位，调研林业生态建设工作。

（广东省林业由欧阳学工供稿）

广西壮族自治区林业

【概　述】 2014年，广西林业保持了“快中趋稳、稳中有进、进中提质”的良好发展态势。据统计，广西森林面积1473.33万公顷，森林覆盖率达到62.08%，活立木蓄积量达到6.80亿立方米；林业产业总产值达到3850亿元。

林业产业　广西林业产业实现总产值3850亿元，同比增长27.5%；居全国第四位，比2013年提升2位。全年林下经济发展面积达306.67万公顷，林下经济产值可达610亿元，同比增长30%。广西木材产量2550万立方米，同比增长3%；人造板产量2800万立方米，与2013年基本持平。主要林产品产销总体平稳，价格呈上升趋势，林产品价格指数同比上涨5.6%。

造林绿化　广西山上植树造林（含萌芽更新）完成面积28.33万公顷，占年度任务的121%；义务植树9100万株。“绿满八桂”通道绿化188千米、村屯绿化504个；“千万珍贵树种送农家”1017多万株。

林业投资　广西完成林业固定资产投资894亿元，同比增长9.8%。共争取中央资金47.09亿元，同比增长13%；争取林业贴息贷款56亿元，同比增长17%。

树种结构调整　广西共完成乡土树种、珍贵树种、经济林树种造林面积11.73万公顷，占同期人工造林面积的70%以上；桉树造林面积比2013年同期减少2.8万公顷，同比下降36%。

国有林场　广西国有林场实现总产值187.59亿元，同比增长9.3%；总经营收入77.57亿元；实现总利润13.1亿元；总资产349.04亿元，同比增长12%。重点推进贫困林场扶贫、国有林场危旧房改造等工作，广西国有林场危旧房改造工程新开工1420户，基本建成3143户，分配入住5164户。

林业科技　广西共组织申报各类林业科技项目300余项，累计申请资金1.7亿元，申请资金同比增长54.5%。完成了“油茶组培技术攻关及应用”等50多个项目的验收，取得科技成果40多项；获得科技奖励8项，其中，获2014年度广西科技进步奖二等奖1项、三等奖1项，重要技术标准奖1项，第五届梁希青年优秀论文奖1项，中国林业青年学术年会优秀论文奖二等奖1项，广西第四届发明创造金奖、银奖各1项，国家科技进步奖二等奖1项（协作）。

干部队伍建设　继续实施人才强林战略，完成2013年直属事业单位公开招聘录用后续工作，经自治区人社厅批准录用309人。拟定了2014年直属单位公开招聘及优才引进计划，拟招聘工作人员490名，其中博士16名，硕士85名，本科264名。组织开展了公务员及参公人员招录工作，录用28人；定向选调清华、北大等“985”重点院校博士2名，硕士1名；从基层选调优秀年轻干部，并尝试在区直林场引进企业职业经理人1名。接收安置军转干部7人。

（广西壮族自治区林业信息宣传中心）

【林业生态建设】

退耕还林工程　完成配套荒山造林15 000公顷，完成无林地和疏林地封育4333公顷；完成退耕还林成果巩固专项林业项目补植补造面积509公顷，完成后续产业人工造林3938公顷，完成低效林改造1528公顷。9月，国家正式启动新一轮退耕还林，安排广西2014年度退耕地还林计划任务1万公顷。

珠江流域防护林工程　完成人工造林4733公顷、封山育林1600公顷，其中人工造林营造乡土树种、珍贵树种比例达90%以上，混交林比例达60%以上。工程建设投入资金5366万元，其中国家投资2476万元，群众投工投劳折资15 767万元。

沿海防护林工程　完成人工造林4200公顷，其中乡土树种、珍贵树种比例达80%以上，混交林比例达80%以上。工程建设投入资金3106万元，其中国家投资2608万元，群众投工投劳折资173万元。

石漠化综合治理工程林业项目　完成人工造林4547公顷、封山育林37 767公顷。完成林业项目投资15 292万元。2014年广西75个石漠化县（区）全部纳入重点县范围，实现了石漠化治理工程全覆盖。

（广西壮族自治区林业厅营林处）

【森林资源培育】

速丰林工程　新造速丰林11.37万公顷，主要树种有松树、杉树、桉树和珍贵树种。组织开展桉树速丰林高产竞赛，参赛单位营造的6年生桉树速丰林每公顷蓄积量最大的达到282.5立方米，最小的达181.4立方米；年平均每公顷蓄积生长量最大的达到48.8立方米，最小的达31.8立方米。

经济林培育　广西有经济林总面积225.7万公顷。按用途分，水果类125万公顷，干果类20.4万公顷，林产饮料类5.8万公顷，林产调料类36.0万公顷，木本药材类2.4万公顷，木本油料类36.1万公顷。经济林产品总产量1121.9万吨。

油茶产业发展　年内共培育油茶优良无性系苗木4500多万株。完成油茶新造林16 667公顷，低产林改造13 333公顷。其中，完成中央和自治区专项补助新造林项目12 667公顷，低改项目2333公顷。

木材战略储备基地　完成2013年度国家下达47 040公顷木材战略储备基地试点建设任务，其中，新造林和现有林改培3707公顷、森林抚育43 333公顷；中央安排投资8500万元（中央预算内林业基建投资2000万元，中央财政资金6500万元），自治区配套1000万元。

珍贵树种　完成珍贵树种造林11 333公顷，比2013年增加3842公顷；完成珍贵树种育苗3000多万株。其中，完成自治区部门预算珍贵树种项目733公顷，占年度任务的100%。完成“珍贵树种送农家”1000万株。（广西壮族自治区林业厅营林处）

【林业产业】 2014年，广西林业产业总产值3850亿元，比2013年增长27.5%。其中林业第一产业产值1283亿元，第二产业产值2224亿元，第三产业产值343亿元。第二产业占广西林业总产值的57.8%。全区木材产量2550万立方米，约占全国木材产量的30%，木材加工业（即木材加工和木、竹、藤、棕、苇制品制造）产值1132亿元，林产化工产值174亿元。

造纸与木材加工 全区木材经营加工企业数量约17 600家，造纸与木材加工产业实现销售收入1300亿元，人造板产量2800万立方米。

人造板企业有1500多家，人造板年生产能力超过3000万立方米，新增人造板产能625万立方米。其中胶合板企业1200多家，纤维板企业56家，刨花板企业25家，细木工板企业100多家，80%左右的人造板企业都生产建筑模板。工业总产值超过亿元的人造板企业22家，其中：工业总产值超过10亿元以上的企业1家，工业总产值在5亿~10亿元的3家，工业总产值在1亿~5亿元的18家。人造板类龙头企业主要有：华峰林业、丰林木业、浩林人造板、恒宇木业、东正集团、新凯骅木业、广西三威、祥盛木业、融西木业等37家。

木（竹）浆造纸产业产值296亿元，有纸浆企业200多家，大型的木（竹）浆造纸企业主要分布在钦州、北海、南宁、百色等地。龙头企业主要有：金桂浆纸业、华劲纸业、荔浦纸业、金荣纸业、凤凰纸业等5家。

广西形成以钦州、北海、南宁、百色为中心的林（竹）浆纸生产基地，以柳州、南宁为中心的板式家具制造基地，以南宁、贵港为中心的胶合板制造基地，以南宁、梧州、贺州为中心的纤维板生产基地，以崇左、贺州为中心的刨花板生产基地，以柳州、河池为中心的细木工板、指接板生产基地，以凭祥、东兴为中心红木家具进出口及商贸物流基地，以玉林容县为代表的异型胶合板生产基地，以荔浦县为代表的中国木衣架生产基地。

竹藤加工 广西竹、藤、芒、棕、苇制品制造产业产值达到22亿元，藤芒年产50多万吨。其中，木竹质制品类龙头企业主要有：俏天下家居用品、全翼竹木业、毛家工艺品、裕祥家居用品、利林木业、隆泰竹业、海龙工艺编织厂、宝兴工艺品等17家。

林产化工 广西是全国重要的林产化工大区，主要包括以马尾松、湿地松商品松脂资源林培育并以此为原料的松香、松节油生产及其深加工的松脂产业；以八角、肉桂经济林培育并以此为原料的八角果、桂皮生产及其深加工产业；以油桐经济林培育并以此为原料的桐油生产及其深加工产业。主要产品有松香、松节油及深加工产品等。在松脂方面，广西有松脂加工企业170多家，松香年产量和出口量占全国40%和50%。松香、松节油深加工产品主要有歧化松香、歧化松香皂、聚合松香、氢化松香、马来松香、浅色松香、松香树脂、氢化松香树脂、歧化松香树脂、造纸施胶剂、食品级松香树脂、松香胺、松香腈、芳樟醇、松油醇、长叶烯衍生物、二氢月桂烯醇、龙脑等40多个系列产品。在八角深加工产品方面，广西的八角深加工产品有茴油、茴脑、天然茴香醛、莽草酸等，广西年产八角茴香油约3000吨，占全国产量的90%以上，占世界总产量的80%，年出口量约为700吨。

（广西壮族自治区林业厅产业处）

【林地保护利用管理】

占用征收林地定额管理 2014年，广西占用征收林地定额为6990.58公顷，其中，国家林业局下达定额为6000公顷，广西结转2013年度定额为990.58公顷。共下达林地定额6890公顷，使用林地定额6092.10公顷。

占用征收林地审核审批 全年共审核审批征占用林地项目745宗，较2013年的625宗增加了19.20%，项目面积6879.11公顷，收取森林植被恢复费5.19亿元，保障了70个自治区重大项目建设需要。其中，国家林业局审批项目14个，林地面积1596.73公顷，收取森林植被恢复费1.26亿元；自治区林业厅审批项目731个，林地面积5282.94公顷，收取森林植被恢复费3.93亿元。

划拨林地林权证变更登记 完成8家区直国有林场8.95万公顷国有林地50年使用划拨变更登记工作中形成的2502本林权证填制打印、审核，以及报自治区人民政府审定、盖印和电子建档等工作。

建立和完善林地管理台账制度 印发《广西自治区林业厅关于建立林地管理台账制度的通知》（桂林办政字〔2014〕18号），指导市、县两级完成了台账登记、自检、上报等工作，建立和完善了林地管理台账制度，规范征占用林地管理。

（广西壮族自治区林业厅林政资源管理处）

【林木采伐管理】

“十三五”期间年森林采伐限额编制 印发了《关于开展“十三五”期间年森林采伐限额编制工作的通知》（桂林政发〔2014〕43号）和《广西“十三五”期间年森林采伐限额编制工作方案》及《广西“十三五”期间年森林采伐限额编制实施细则》，部署开展“十三五”期间年森林采伐限额编制工作。2014年2~10月，收集广西第八次连续清查数据、林地落界数据及广西编限测算参数，召开广西编限工作会议，举办编制工作培训班，汇总和审定编限单位。12月，组织有关专家对广西376个编限单位的采伐限额编制成果报告进行审查。

森林采伐限额管理 报请广西壮族自治区人民政府同意调剂使用短轮伐期桉树用材林采伐限额，印发《关于规范年短轮伐期用材林采伐限额调剂申请和批复的通知》（桂林政发〔2014〕39号），规范了广西短轮伐期桉树采伐限额调剂申请和批复程序，解决了限额不足与限大量结余长期并存的问题。2014年，共追加调剂采伐限额78批次、200万立方米；广西各编限单位共使用森林采伐限额2265.6万立方米，没有发生超限额采伐现象。

林木采伐管理 下放和调整了公益林采伐、疫木采伐、绿色通道林木采伐的审核审批权限，提高采伐审批效率。7月，印发《转发国家林业局关于进一步改革和完善集体林采伐管理意见的通知》（桂林政发〔2014〕29号），简化了一亩以下及经济林、薪炭林和非林地林木采伐伐区设计要求，放宽采伐年龄及方式限制，放开竹林采伐和运输。据统计，2014 年广西共发放采伐证 13.64 万张，采伐发证蓄积量 2301.82 万立方米，木材产量达 2550 万立方米。

速丰桉和大叶栎采伐管理改革 3 月，印发《关于开展速丰桉和大叶栎采伐管理改革试点的通知》(桂林政发〔2014〕21 号)，在梧州、钦州两市部署开展速丰桉和大叶栎采伐管理改革试点，探索放宽对短轮伐期桉树、大叶栎的采伐管控。12 月，批复了两市试点改革方案，全面启动了试点工作。

林业调查设计单位管理 组织起草了《广西壮族自治区林业调查规划设计管理办法》，完成了征求意见和修改完善工作。严格审查广西林业调查规划设计单位资质申报材料，提出资质评审意见。2014 年广西共有 71 家单位通过中国林业工程建设协会审核，其中，丙级 22 家，丁级 49 家。广西林业调查规划设计资质单位从 207 家增至 278 家。

(广西壮族自治区林业厅林政资源管理处)

【木材运输管理】

木材检查站建设 2014 年，制定了《广西木材运输执法检查工作规范》，基本完成了固定木材检查站的站房外观颜色统一，路牌、门牌、徽标、站牌等标识统一，制度上墙统一的“三统一”工作。下发《关于进一步做好流动木材检查站检查工作的通知》(桂林政发〔2014〕3 号)，部署广西开展流动木材检查站检查范围确定工作。截至 2014 年年底，已有 11 个市级流动木材检查站、65 个县级流动木材检查站完成了检查范围确定工作。

木材检查站机构编制申请 指导各地木材检查站向同级党委、政府及财政、编制等部门申请木材检查站“牌子增挂”“机构增编”和“单位性质升级”。2014 年，广西 376 个木材检查站中，全额和差额拨款事业单位共 298 个，其中全额拨款事业单位 253 个、差额拨款事业单位 45 个，占广西总数的 79.3%；广西从事木材运输检查执法的 2630 名工作人员中，在编人员 2324 人，占总人数的 88.4%。

(广西壮族自治区林业厅林政资源管理处)

【森林资源调查监测及数据管理】

林地和森林资源变更调查 印发了《2014 年广西壮族自治区林地和森林资源变更调查工作方案》和《广西壮族自治区林地和森林资源年度变更调查操作细则(2014)》，完成了广西 177 个国有林场“二类调查”、林地“一张图”数据和森林资源数据整合等基础工作，完成了遥感图像纠正处理、遥感图像变化图斑检测和变化地块核实等阶段性工作任务。

森林资源管理信息平台建设 印发《关于在广西开展森林资源管理信息平台建设的通知》(桂林政发〔2014〕18 号)，编印教材，举办培训班，全面启动县级森林资源管理信息平台建设工作，建设县级信息管理平台 105 个，实现了县级森林资源管理信息平台建设的全覆盖。

森林资源主要数据年度更新 更新修订了《广西县域森林资源主要数据更新办法》，部署广西开展 2014 年森林资源主要数据更新工作，汇总各地县域森林资源主要数据。对各市上报数据开展实地抽查核验，形成了《2014 年度广西森林资源主要数据更新报告》，广西森林覆盖率达 62.08%，活立木蓄积量达 6.80 亿立方米，实现了年度出数。

广西森林生态系统服务功能及价值评估 组织修改完善《广西森林生态系统服务功能及其价值评估报告(2013 年)》，召开专家论证会，评估认定 2013 年广西森林生态系统服务功能价值达 10 757.2 亿元，比 2010 年增加 2368.3 亿元。组织开展 2014 年森林生态系统服务功能及其价值评估工作，完成了《广西森林生态系统服务功能及其价值评估报告(2014 年)》初稿。

(广西壮族自治区林业厅林政资源管理处)

【林政执法监督检查】 据统计，2014 年，广西共发生林业行政案件 12 693 起，比 2013 年同期下降 6.6%。查处 12 668 起，查处率为 99.8%，其中，非法收购、运输木材案件 10 191 起，占全年行政案件总数 12 693 起的 80.3%；滥伐林木案件 921 起，占全年行政案件总数的 7.3%；加工木材案件 533 起，占全年行政案件总数的 4.2%。

山林纠纷排查调处和稳控 下发了《关于开展山林权属纠纷排查工作的通知》(桂林政发〔2014〕23 号)，在广西范围内部署开展山林纠纷大排查活动，通过排查活动，摸清了山林纠纷的底数。2014 年，广西共发生山林纠纷 5935 件，调结 5252 件，调结率 88.5%。

(广西壮族自治区林业厅林政资源管理处)

【森林防火】 2014 年，广西共发生森林火灾 403 起，其中一般森林火灾 186 起，较大森林火灾 217 起；火场总面积 6243.9 公顷，受害森林面积 1241 公顷；烧毁成林蓄积 37 339.46 立方米，烧死幼树 103.17 万株；森林火灾受害率 0.08‰；因灾轻伤 3 人、重伤 4 人、死亡 3 人，90% 的火灾持续时间在 10 小时以下，24 小时扑灭率达 100%，没有发生重特大森林火灾，没有发生火烧连营，没有发生重特大伤亡事故，在有组织的扑火过程中没有发生人员伤亡事故。与 2013 年相比，森林火灾次数、过火面积、受害森林面积和伤亡人数分别上升 54.4%、122.5%、108.9% 和 400.0%。全年扑救森林火灾共出动扑火人数 2.47 万人次、车辆 2901 台次、直接开支扑火经费 359.38 万元。

森林防火基础设施建设 2014 年，广西壮族自治区共投入森林防火资金 30 109 万元(国家 10 096 万元，地方 20 013 万元)，用于瞭望系统建设 1515.6 万元、通信系统建设 152.2 万元、阻隔系统建设 4598.8 万元，购置交通工具 1023.4 万元、购置扑火机具 1834.5 万元，其他项目支出 2.1 亿元。全年新建瞭望台 87 座、储备库 55 座 1628 平方米，购买无线电台 687 台(部)、森林消防专用车辆 230 辆、扑火机具 17 029 台(把、套)、计算机 197 台，营建防火林带 1689 千米，开设防火线 1049.8 千米。

森林防火队伍建设 截至 2014 年年底，广西有森林防火指挥部 146 个，其中省级 1 个、市级 14 个，县级 131 个。各级森林防火指挥部办公室有专职防火人员共计 1008 人，专业森林消防队伍 127 支、3864 人，半专业森林消防队伍 1745 支、36 605 人，义务森林消防队伍 4159 支、84 790 人，火源管理摩托车巡逻队 1402

支9386人，瞭望员1072人，专职护林员16 390人，兼职护林员32 169人。

航空护林 2014年春航航期为2月26日至5月20日，历时84天，执行任务总计22架次42小时05分。秋冬航期为2014年11月1日至2015年1月20日，执行任务总计50架次111小时37分。

（广西壮族自治区森林防火指挥处）

【野生动植物保护】

野生动物资源调查 组织实施全国第二次陆生野生动物资源广西区域的调查，完成了2014年度的调查计划，初步掌握重要区域和重点物种的资源情况。抓好海南虎斑鳽、黑叶猴、穿山甲、冠斑犀鸟等物种的野外拯救保护和繁育工作，开展黑叶猴、鳄蜥、黑颈长尾雉等人工繁育个体放归自然试验。

野生动物保护执法 开展打击破坏野生动物资源专项整治行动，重点打击了边境地区跨国走私、贩卖野生动植物，滥捕滥猎滥食候鸟，非法经营和食用野生动物，非法收购、加工、销售野生动物及其制品，非法驯养繁殖野生动物等违法犯罪行为，协调媒体对野生动物保护执法进行跟踪报道。

野生动物繁育利用 协助自治区质量技术监督局出台了《滑鼠蛇人工驯养繁殖技术规程》和《眼镜蛇人工驯养繁殖技术规程》地方标准。

野生动物疫源疫病监测 启用了广西陆生野生动物疫源疫病监测信息管理系统，开展国家级和自治区级监测示范站建设，全力推进边境地区疫源疫病联防联控体系建设，强化监测站人员的培训，提高疫源疫病检测、预警和防控能力。

珍稀濒危野生动植物拯救保护 配合全国人大法工委等开展《野生动物保护法》调研，通过实地调研和座谈的形式为动物法各条款的修改出谋划策。崇左市和西林县分别获得“中国木棉之乡”和“中国桫椤之乡”称号。推进广西第二次全国重点保护野生动植物资源调查工作。推进广西火桐、德保苏铁、海南风吹楠、金花茶、瑶山苣苔、观光木等极小种群野生植物和冠斑犀鸟、鳄蜥、穿山甲等极度濒危野生动物的拯救保护和人工繁育工作。推进黑叶猴放归自然和广西火桐原生地回植工作。

部门间联动 与工商、交通、铁路、民航等部门推进野生动植物保护执法工作长效制度。协调自治区工商管理部门，规范利用野生动物招徕等行为，并在餐饮企业中开展签订《守法经营承诺书》活动。

自然保护区规范化建设 推进猫儿山、木论和弄岗3个国家级自然保护区和姑婆山自治区级自然保护区分别在保护站点建设、信息化管理、生态文化和生态旅游方面的试点示范建设工作，建立自然保护区规范化、数字化监测管理体系。完成了大明山、大桂山鳄蜥、崇左白头叶猴、大瑶山国家级自然保护区总体规划评审并上报国家林业局，其中大明山和崇左白头叶猴国家级自然保护区总体规划得到国家林业局批复同意。

（广西壮族自治区野生动植物保护和自然保护区管理处）

【森林病虫害防治】

林业有害生物发生概况 2014年，广西发生并造成较严重危害的林业有害生物共有46种，其中病害11种，虫害34种，有害植物1种，发生总面积34.89万公顷，发生率为2.83%。其中：病害发生面积3780公顷，虫害发生面积30.94万公顷，有害植物薇甘菊发生面积407公顷，成灾面积3153公顷。

林业有害生物防治 2014年广西林业有害生物防治作业总面积为10.33万公顷，其中预防面积6887公顷，实际防治面积9.64万公顷。生物防治面积6.69万公顷，仿生防治面积1827公顷，人工防治面积1.29万公顷；无公害防治总面积为10.25万公顷，无公害防治率达99.26%。

林业有害生物成灾率 2014年广西林业有害生物发生面积为34.89万公顷，其中病害发生面积3.91万公顷，占11.21%，虫害发生面积30.94万公顷，占88.67%。成灾面积3153公顷，成灾率0.26‰。

林业有害生物预测准确率 预测2014年广西林业有害生物发生面积36.67万公顷，实际发生面积34.89万公顷，预测准确率为94.90%。

林业有害生物无公害防治率 2014年防治面积为10.33万公顷，其中使用生物、仿生制剂等无公害药剂防治面积为10.25万公顷，无公害防治率为99.26%。

林业有害生物检疫率 全年种苗产地检疫率100%，木材调运1583.94万立方米，检疫1583.65万立方米，调运检疫率为99.98%。

松材线虫病 2014年广西松材线虫病分布于梧州市、贵港市和玉林市，涉及3个县（市、区）5个乡镇。其中，梧州市苍梧县1个乡镇，面积100.35公顷，贵港市桂平市2个乡镇，面积85.4公顷，玉林市兴业县2个乡镇19.3公顷。百色市西林县1个乡镇、梧州市万秀区、贵港市桂平市南木镇3个疫情发生点（发生小班）以及玉林市兴业县2个乡镇的松林已经全部皆伐完毕。

薇甘菊 2014年有害植物薇甘菊发生面积407公顷，主要分布在玉林市陆川县，南宁市江南区、钦州市钦北区有零星分布。

（广西壮族自治区森林病虫害防治检疫站）

【湿地保护】

湿地资源概况 2014年，广西湿地类型有近海与海岸湿地、河流湿地、湖泊湿地、沼泽湿地和人工湿地5大类25型，连片面积8公顷以上的各类湿地总面积达75.43万公顷，占广西国土面积的3.18%。其中，自然湿地53.66万公顷，占湿地总面积的71.1%；人工湿地21.77万公顷，占湿地总面积的28.9%。自然湿地主要以近海与海岸湿地和河流湿地为主，其中近海与海岸湿地25.90万公顷，占湿地总面积的34.3%；河流湿地26.89万公顷，占湿地总面积的35.7%。

湿地保护与管理 截至2014年年底，广西湿地类型自然保护区有12处，总面积7.11万公顷，其中国家级自然保护区3处、自治区级自然保护区6处、市（县）级自然保护区3处。山口红树林湿地、北仑河口红树林湿地、茅尾海红树林湿地、澄碧河水库湿地已列入中国重要湿地名录。其中，山口红树林湿地、北仑河口红树林湿地已列入国际重要湿地名录。山口红树林湿地在中央电视台主办的“美丽中国·魅力湿地”评选中，入选“中国十大魅力湿地”。广西已建有国家湿地公园（试点）13个，湿地公园总面积为1.56公顷，其中湿地面积1.15公顷。

2011~2014年，广西获得中央湿地保护工程建设投资共5697万元，2014年，横县、富川县获中央财政首次颁发的湿地保护奖励，每县奖励500万元。

（广西壮族自治区野生动植物保护和自然保护区管理站）

【林业大事】

1月6日 全国打击野生动物非法贸易座谈会在广东东莞市召开，广西壮族自治区森林公安局等9家单位被授予"打击野生动物非法贸易先进集体"称号。

2月24日 国家林业局调查规划设计院专家审查通过《广西壮族自治区珠江流域防护林体系工程建设成效自评估报告》，这是珠江防护林体系建设工程自1996年实施以来第一次评估。

2月24~27日 中国绿化基金会与自治区林业厅联合开展的"幸福家园·绿色金秀——全国志愿者生态扶贫植树交流"公益活动在金秀瑶族自治县拉开序幕，来自全国的捐资机构和志愿者共捐款200万元。

5月14日 国家林业局公布了2014年首批国家林业重点龙头企业认定结果，此次认定的广西林业企业共6家，分别是广西壮族自治区国有高峰林场、广西三威林产工业有限公司、广西金桂浆纸业有限公司、广西梧州日成林产化工股份有限公司、广西天利恒种业有限公司、广西桂林思源生态农业科技开发有限责任公司。

5月21~22日 由国家林业局、中国就业培训技术指导中心、中国农林水利工会全国委员会联合举办，自治区林业厅承办，广西国有高峰林场协办的第二届全国林业行业国有林场职业技能竞赛在广西南宁举行。

7月4日 中国生态文化协会在北京举行"中国生态文化村——美丽乡村纪实"项目成果论证报告会。广西梧州市藤县象棋镇道家村等4个村获"美丽乡村"称号。

7月17日 全国森林公安工作暨国家林业局森林公安局成立30周年座谈会在北京召开，广西壮族自治区森林公安局荣获严打工作"优秀组织单位"荣誉称号。

8月2日 国家发展改革委、财政部、林业局、农业部和国土资源部联合下发《关于印发新一轮退耕还林还草总体方案的通知》，标志着新一轮退耕还林工程正式启动，广西是工程建设重点省区之一。

9月4日 中国生态文化协会下发《关于授予"全国生态文化村"和"全国生态文化示范基地"称号的决定》，广西防城港市港口区光坡镇红沙村等5个村获"全国生态文化村"称号。广西已有13个村获此称号。

9月25~28日 中国—东盟博览会林产品及木制品展在南宁举办，广西油茶产业协会组织10余家会员单位40多个茶油系列产品和副产品参展。广西油茶产业协会获展会优秀组织奖，广西茶籽龙林业科技发展有限公司等5家林业企业获展会金奖。

11月5~6日 第七次全国油茶产业发展现场会在桂林市召开。国家林业局党组书记、局长赵树丛，广西壮族自治区党委常委、副主席唐仁健，桂林市市长唐琮沅出席会议并讲话。全国23个木本油料发展重点省（区、市）林业厅（局）负责人等70多名代表参加会议。

11月14日 广西壮族自治区党委、政府召开"美丽广西·生态乡村"活动电视动员大会，彭清华书记、陈武主席在会上作了讲话。广西壮族自治区林业厅制定的《"村屯绿化"专项活动工作指南》作为《"美丽广西·生态乡村"活动指导意见》配套文件以自治区党委、政府办公厅名义印发。

11月22日 国家农业部、国家发展和改革委员会、国家财政部、国家水利部、国家税务总局、国家工商行政管理总局、国家林业局、中国银行业监督管理委员会、中华全国供销合作总社等9部门联合发文公布国家级农民合作社示范社名单，广西天峨县八朵软枝油茶农民专业合作社等18家合作社入选国家级林业专业合作社示范社。

12月5日 经国务院批准，广西七冲自然保护区正式晋升为国家级自然保护区。

12月16日 2014年南方5省（区）野生动植物保护管理工作座谈会在南宁市召开，同期邀请了云南、贵州省保护部门的代表参会，国家林业局保护司总工程师严旬出席会议并在会上讲话。

12月23日 广西壮族自治区崇左市和西林县分别获得中国野生植物保护协会授予的"中国木棉之乡"和"中国桫椤之乡"称号。

（广西壮族自治区林业信息宣传中心）

海南省林业

【概 述】 2014年海南省林业厅在省委省政府的正确领导下，主动适应经济发展新常态，全力克服经济环境复杂、自然灾害频发等不利影响，周密部署、狠抓落实，各项工作都取得了新的进展。

【森林公安管理体制改革】 2014年是海南省委、省政府确定的"深化改革年"。省委六届五次全会把深化森林公安体制改革确定为全省重点改革事项。省林业厅认真贯彻执行省委、省政府的决策部署，按照"先收回，后理顺"的改革思路，因势利导推进森林公安改革工作，理顺森林公安办案权限，妥善分流安置超编人员，顺利进行人员和资产移交，于2014年5月底全面完成全省森林公安机关垂直管理体制改革工作，全省18个市县森林公安局及派出所整体移交省森林公安局管理。在全国率先实行省以下森林公安垂直管理。实行垂直管理以来，全省森林公安履职能力显著提高，各级森林公安机关共立刑事案件334宗、同比增长11.3%，侦破277宗、增长12.6%；涉林案件发案795宗，同比下降13%，实现了"发案率下降，破案率提高"的预期目标。海南省森林公安垂直管理改革工作得到国家林业局的充分肯定，国家林业局局长赵树丛专门作了重要批示，指出海南实行森林公安垂直管理改革，是依法治林、完善林业治理体系、提高林业治理能力的重大举措。他要求国家林业局跟踪总结海南的经验，创新林业生态建设的新思路。海南省森林公安改革，为全国林业改革做出了很好的示范。

【林地管理体制改革】 为解决海南省林地管理存在的突出问题，切实加强林地保护管理，省林业厅会同省人大、省法制办等部门，深入调研，充分征求国家林业局、省政府有关部门、市县政府等方面意见建议，拟订了《海南经济特区林地管理条例》修订草案，5月13日，省政府第20次常务会议审议通过了《海南经济特区林地管理条例修正案(草案)》并提请省人大审议。5月30日，省人大五届八次会议正式通过了《海南经济特区林地管理条例》，明确将下放市县的林地审核审批权收归省林业厅行使，从立法的角度完善林地审核审批制度，强化了对林地资源的集中管理。

【行政审批制度改革】 省林业厅行政审批办在依法审批的基础上，2014年精简三分之一行政许可事项的承诺时限，比法定时限减少65%。审批事项按时办结率达到100%，实现零投诉。同时出台了《海南省占用征收林地审核审批管理办法》，将林地审批时限由40个工作日压缩到20个工作日，提速50%。省林业厅自加压力，审批时限仅为12天，提高了征占用林地审核审批效率。

【集体林权制度配套改革】 积极推进林权管理服务中心建设，全省有16个市县列入全国林权管理服务体系建设规划。完成"海南省林权管理服务系统"建设。积极开展林权抵押贷款工作，全省有18 091户农民用林权证抵押贷款10.8亿元，抵押林地面积2.93万公顷。开展森林保险工作，完成投保面积73.9万公顷。建设农民林业专业合作组织848家，其中省级示范社43家。

【国有林场改革】 完成26个林区林场改革实施方案报批，各林区林场按照省林业厅要求，完成了6大改革任务，着手解决8大历史遗留问题，为实施国家统一部署的国有林场改革奠定良好的基础。

【造林绿化】 2014年7月，海南省在琼海市召开了全省绿化宝岛大行动现场会，陈志荣副省长出席会议并作讲话，对全省绿化宝岛大行动进行了全面部署。海南省林业厅积极组织各市县、各单位认真开展绿化宝岛大行动"回头看"活动。同时，突出年度工作重点，积极推进"两环两点"(环岛高速公路、环岛高速铁路，海口美兰、三亚凤凰机场)绿化、"四园万村"(50个森林公园、100个水上公园、100个观光果园、100个城镇公园和一万个文明生态村)建设。2014年新开工建设森林公园4个、城镇公园9个、水上公园3个、观光果园17个，启动生态文明村建设359个。全省共完成造林绿化面积1.33万公顷，占年度0.667万公顷计划的200%。

2014年7月，"威马逊""海鸥"等强台风连续袭击海南省，全省林业损失巨大，林木折损面积达到了15.53万公顷，经济损失约35.15亿元，其中绿化宝岛以来新增造林损毁1.4万公顷，仅海口、文昌、岛东林场等地就损毁0.667万公顷。林业厅积极应对自然灾害，制订台风灾后绿化宝岛大行动生态恢复实施方案和古树名木抢救技术方案，全力开展抗灾自救，组织抢救受灾倒伏树木51.5万株。林业厅还先后两次组织文昌市和岛东林场开展大规模灾后植树造林，目前已完成造林0.47万公顷。强台风的破坏虽然使全省绿化宝岛累计完成面积从10.4万公顷减少到9万公顷，但森林覆盖率仍然稳定在61.5%以上。

【资源管护】 林业厅认真贯彻海南省委书记罗保铭关于保护环境的指示精神，全面加强森林资源保护。①明确了"三条红线""三个停止""三个严禁"的工作思路，划定林地(211万公顷)和森林红线(206.4万公顷)、湿地红线(24.2万公顷)和物种红线(国家重点保护野生动物123种、国家重点保护野生植物48种)"三条红线"。提请省政府出台了《关于加强天然公益林资源保护工程二期建设的意见》，全面规范天然林工程建设管理。②严格林地用途管制，制定《林地保护利用规划(2010～2020年)》，18个市县级规划经当地政府批准实施，实现了全省林地"一张图"管理。同时，制订了《海南省占用征收林地定额管理办法》，强化林地林木审核审批管理，全省工程建设征占用林地审核率为100%，森林资源消耗连续低于年度采伐限额。③联合省检察院，持续开展打击破坏森林资源违法犯罪专项行动，开展非法侵占林地排查、清理历年重大涉林积案、打击破坏野生动物资源等专项行动。组建了6支巡逻队，对全省重点区域森林资源进行动态监控；组织3支专项打击队伍，进驻西部和南部市县，受理、查处各类破坏森林资源案件。2014年全省森林公安机关共立刑事案件528宗，侦破432宗，查处国家林业局督办案件32件，抓获犯罪嫌疑人524人，移送起诉307人；受理林业行政、治安案件798起，查处779起，处理违法人员808人，涉林违法犯罪高发态势得到有效遏制。2014年11月2日，汪洋副总理视察海南时，充分肯定了海南省加强森林保护的工作成效，称赞海南加强森林资源保护体现了省委省政府主要领导正确的政绩观。④全面加强天保工程管理。制订《海南省国有林场管理办法(试行)》和《海南省国有林场年度绩效考核办法》，与11个天保实施单位签订2014年天保工程森林资源保护目标管理责任书，新建管护站点19个，完成了2013年度天保工程建设自查，对全省18个市县53个公益林管护单位进行管护检查验收和量化考评。⑤落实生态效益补偿机制。根据《海南省森林生态效益补偿基金管理办法》，完成全省54个重点公益林管护单位的预算汇总和审核工作，共安排生态效益补偿资金18 821万元，确保2014年海南省公益林管护各项工作顺利开展。⑥组织开展木材运输管理和木材经营加工清理整顿专项行动，全面加强木材运输证核发管理工作，强化出省木材运输源头管理。2014年全省共计查处木材管理行政案件109起，行政处罚122人，没收非法木材130立方米、沉香木33根，没收非法绿化树木(苗木)163株，没收违法所得20 460

元，行政罚款24.4万元。

【自然保护区建设】 编制和修编完成7个保护区总体规划，鹦哥岭保护区晋升为国家级自然保护区，加强红树林退塘还林和环境治理工作，东寨港保护区保护面积由0.33万公顷增加到0.8万公顷，完成湿地红树林恢复造林200多公顷，红树林生态功能逐步得到恢复，2014年李克强总理视察海南时给予充分肯定。

【森林防火】 坚持"预防为主，积极消灭"的原则，强化森林防火管理。①领导重视，高位组织推动。认真贯彻海南省委书记罗保铭、副省长陈志荣对森林防火批示精神，召开三次森林防火专题会议，动员部署2014年全省森林防火工作。坚持森林防火行政首长负责制，推进森林防火制度、机制、信息、平台建设，开展全省森林防火大检查，制定了《海南省森林火情报告制度》，落实24小时值班和领导带班制度。②预防为主，抓好源头管理。层层签订责任状，开展野外火源管控、火灾隐患排查等专项行动。对市县瞒报、漏报森林火灾的行为进行通报，对影响较大的5起较大森林火灾开展点名督办。③加强宣传，强化防火意识。共出动宣传车730辆次，悬挂宣传横幅3500条，张贴宣传标语56 863张，散发宣传单（画册、公告）187 795份，组织各类宣传咨询活动60场，制作宣传光碟200张，刷新各类永久性宣传牌300块，播放宣传广告10 000分钟。④抓好项目，夯实防火基础。建成海南省森林防火指挥部中心，实现与国家防火指挥中心和市县分中心的连接。积极推进全省市县森林防火办与省森林防火指挥中心网络互联互通。开发海南省森林防火专网并实现与国家森林防火网、省林业厅政务网链接。海南省森林防火通信系统建设项目，已完成设备采购、安装。⑤加强考核，强化督查工作，做到了责任落实到位、灾情管控到位、宣传教育到位、隐患排查到位、应急准备到位、组织指挥到位"六个到位"。森林火灾应急处置能力有较大提升。全省共发生森林火灾91起，其中一般森林火灾49起，较大火灾42起；森林火灾火场总面积388.8公顷，受害森林面积268.3公顷，全省森林火灾受害率连续20年在国家控制目标0.3‰以下，连续23年没有发生重、特大森林火灾。

【森林病虫害防治】 全面落实重大林业有害生物防控目标责任制度，积极开展以释放寄生蜂等生物防治为主，以挂药包法等化学防治为辅的综合防治措施。①全省累计生产和释放椰心叶甲寄生蜂37 009万头（其中：姬小蜂33 274万头，啮小蜂3735万头），放蜂点分布全省19个市县。挂药包防治25.72万株次，超额完成全年15万株防治目标。②薇甘菊防治。2014年安排55万元用于薇甘菊防治，全省共防治120公顷，有效控制了薇甘菊危害和扩散蔓延趋势。③椰子织蛾防治。2014年全省共防治420公顷，疫区疫情得到有效控制。④金钟藤防治。2014年全省共防治面积达213.33公顷。⑤认真开展林业有害生物监测预报工作。2014年主要林业有害生物发生面积2.07万公顷，同比下降12.5%，其中轻度发生1.45万公顷，中度发生0.43万公顷，重度发生0.19万公顷。⑥加强林业有害生物防治项目建设工作。《海南省椰心叶甲等林业有害生物检疫除害基地建设》项目已经完成土建工程。《海南省薇甘菊等林业有害生物综合治理基础设施建设》初步设计已经获得省林业厅审批，项目正在实施中。

【森林旅游】 林业厅注重做大做强传统产业，培育打造森林旅游产业。①积极加强森林旅游基础设施建设，不断完善配套服务。黎母山森林公园旅游公路已建成通车；吊罗山森林旅游栈道、霸王岭风情小镇及相关配套设施完工。②转变服务理念，改善服务设施，加强交通集散地、旅游餐饮场所、旅游设施、绿道等日常管理，及时排除各类安全隐患，全年森林旅游市场规范有序，旅游景区无安全事故发生，实现多年零投诉。③扩大宣传力度，促进森林旅游发展。霸王岭国家级森林公园与昌江县政府成功举办"木棉节"活动，吸引周边游客参观达6万余人；五指山举办登山活动、吊罗山国家级森林公园参加陵水举办的元宵喜乐汇活动，并申报海南广电全媒体大型互动寻访展示活动——寻找最美村镇等；七仙岭通过网络宣传及网上购票平台签订合作协议，仅国庆黄金周期间吸引自驾游客就创下历史新高，接待游客总数和经营总收入均比2013年同期增长超过70%。2014年全省森林公园景区共接待国内外游客超过500万人次，较往年增长10%，总收入近3亿元，同比增长15%。

【花卉产业】 成功举办海南省第十三届迎春花市活动，积极争取中央和省2014年现代农业生产发展资金共4000万元。海口兰花产业园7万平方米兰花生产全自动温室已建成并投入使用；海南国际花卉产业园签约入园的企业已达106家。组织相关单位和企业参加上海辰山植物园国际兰花博览会和青岛世界园艺博览会，其中中国热带农业科学院热带作物品种资源研究所的花艺设计"归巢""吉祥如意""大爱无疆"分别获得金奖、铜奖和优秀奖，单株品种分别获得银奖1项、铜奖1项、优秀奖2项；三亚柏盈热带兰花产业有限公司的小型景观获铜奖1项，单株品种分别获得铜奖3项，优秀奖4项。全省花卉种植面积达到了0.81万公顷，花卉企业640家，花农9150户，从业人员达到5万人，花卉年销售额达到16.5亿元。

【木材加工产业】 编制《海南省木材经营加工行业发展规划》，加强木材经营加工管理，积极推动海口、澄迈两市县木材加工交易市场建设。全省木材经营加工单位达548家，从业人数2.8万人。

【林木种苗】 抓住绿化宝岛大行动机遇，引导、扶持种苗业发展。①落实"两证一签"，规范全省苗木生产经营。下发《关于报送2013年度林木种子生产、经营许可证发放情况的通知》，派出两个检查组对全省18个市县实施检查。全省办理"两证"手续的苗圃共有526家，占全部苗圃数的85.9%。②加强国家重点林木良种基地和良种补贴项目的管理。组织专家组对2013年财政部和国家林业局下拨的1530万元良种补贴项目进行实地检查、评审，签订种苗生产合同。全省11个国有林木良种培育基地已有6家通过验收、评审。③加强林木种苗质量检验。举办首期林木种苗质检员培训班，加强林木种苗相关法律法规、林木种苗质量检验理论知识、检验技术和种苗病虫害防治技术培训。④按照国家林业局的统一部署与要求，积极开展打击侵犯林业植物知识产权和制售假冒伪劣林木商品工作，对全省林业重点工程造林所使用的种苗质量进行抽查，制定了《海南省林业厅依法公开制售假冒伪劣苗木和侵犯植物新品种权行政处罚案件信息工作实施细则》，严厉打击林业植物侵权行为。全省苗圃数量612个，同比增加26.45%；总占地面积4016.9公顷，同比增加11.46%。全省育苗总量为1.67亿株，同比增加21.27%。

【野生动物驯养】 依法加强对陆生野生动物驯养繁殖产业的管理。①起草下发《海南省林业厅办公室关于加强陆生野生动物及其产品经营审批和管理工作的通知》，规范海南省陆生野生动物经营利用工作。②及时向国家林业局上报2013年实验猴驯养繁殖和经营利用情况，积极配合国家林业局专家组对海南省各实验猴养殖企业进行实地核查。③对新申请驯养繁殖场进行核查，对已审批的养殖场进行规范监管，指导各市县野生动物驯养繁殖产业的发展。目前，经省林业厅审批的野生动物驯养繁殖场达到250家，比2013年增加80多家，从业人员5000多人。主要养殖虎纹蛙、龟鳖类、蛇类、实验猴、鳄鱼、果子狸等野生动物，预计年产值6亿元。

【野生动物疫源疫病监测】 加强野生动物疫源疫病监测工作的组织领导。①转发《国家林业局关于积极应对人感染H7N9禽流感疫情切实做好春季陆生野生动物疫源疫病监测防控工作的紧急通知》和《国家林业局关于切实强化秋冬季候鸟保护和疫源疫病监测防控工作的紧急通知》，印发海南省林业厅开展秋冬季候鸟保护和疫源疫病监测防控工作方案。与海南省动物疫病预防控制中心联合印发2014年野生动物口蹄疫、高致病性禽流感等重大动物疫病流行调查方案的通知。②举办全省陆生野生动物疫源疫病监测防控和野生动物管理工作培训班，有效提高各级工作人员的疫源疫病监测防控、动物识别和执法能力。根据岛外多地发生禽流感疫病的情况，分别向安徽、江西、湖南、湖北、广东、广西等6省(区)的林业厅发《关于请求暂停办理禽类野生动物入琼的函》，要求暂停办理禽类野生动物运输入琼手续，同时抄送至海南省交通厅、省内各市县林业部门、出入本岛的各机场和港口，严格控制禽类从各通道进入海南省。③开展不间断的监测防控工作。全省33个陆生野生动物疫源疫病监测站实行24小时应急值守制度，每天通过专用网络系统上报疫情，全年未发现禽流感疫情，确保海南无疫区安全。

【陆生野生动植物资源调查】 ①继续开展全省陆生野生动物资源调查工作，陆生野生动物资源调查范围覆盖全岛18个市县、30个自然保护区。调查采用野外样线、样点调查和布设红外相机调查及人工种群调查等方法进行。共完成样线1302条(计3646千米)、样点148个的野外调查。2014年1月全省陆生野生动物资源野外调查工作基本完成，目前正在进行数据收集和分析整理工作。②继续开展全省野生植物资源调查工作。完成三亚等14个市县重点保护野生植物资源野外调查，共调查了101个样带，1159个样方，记录到45个重点保护物种。涉及23个保护区和6个国有林场(林业局)。目前正在进行数据录入、统计分析及标本制作。

【林下经济】 认真贯彻省政府办公厅《关于大力发展林下经济促进农民增收的实施意见》，按照"因地制宜、统筹安排、合理布局、突出特色、发挥优势、讲求实效"的原则，积极编制《海南省林下经济发展规划(2014~2020年)》，大力发展以林下种植、林下养殖、林下产品采集加工、林下旅游为主要内容的林下经济。组织落实2014年林下经济示范基地项目建设资金1530万元，共申报认定2014年国家林下经济示范基地4个，省级林下经济示范基地58个。截至2014年年底，全省林下经济面积达14.1万公顷，产值116.17亿元，有效地促进了农民增收。

【木材战略储备】 启动全国木材战略储备基地建设和国家储备林划定工作。省农垦总局、岛东林场、澄迈林场被列入全国木材战略储备生产基地建设规划，获得中央预算内资金支持；澄迈林场、金鸡岭林场、农垦总局和白沙县林业局划定完成国家储备林1.43万公顷，超额完成国家下达的1.33万公顷任务。

【基础保障建设】 紧紧围绕生态林业、民生林业两条主线，强化基础设施建设，着力夯实林业保障基础。①抓好危旧房改造工程建设。全面完成林区林场危旧房改造7419户和大中型水库移民危房改造2068户的建设任务，实现林区林场职工户均1套住房的目标。投入巨资启动配套设施项目建设，项目开工率为100%，竣工率为100%。②强化科技支撑能力。开展中央财政林业科技推广示范项目绩效评估工作，完成全省油茶遗传资源调查编目工作，建立"海南省油茶遗传资源信息库"。开展碳汇计量监测体系建设。向国家申报科技项目25个。"椰心叶甲持续治理技术研究与应用"获得中国植物保护学会科学技术奖励一等奖。③加快林业信息化建设。出台《海南省智慧林业发展指导意见》，建成全省林业系统综合信息平台，实现林业信息系统和资源数据的整合，加快推进全省林业网站群建设，上线网站达到61家，上线率达到61%，居全国第二名。④全面加强林业项目和资金管理。开展林业专项资金检查和审计工作，及时整改审计发现的问题。⑤启动法治林业建设。印发《海南省林业厅关于全面推进依法治林的实施意见》，开展"法律进乡村林区"等普法活动，联合省委组织部首次举办市县领导学法执法培训班，推动森林防火和林木种苗质量管理规定、农垦系统林业管理等5部地方性法规规章立法工作。⑥强化安全生产和应急管理。狠抓安全隐患排查整治，深入开展"安全生产月"活动，每季度进行安全生产抽查暗访，积极配合有关部门开展"八打八治"专项行动，加强关键时期和重点部位安全生产监管。严格执行应急值守和报告制度，科学应对“威马逊”台风等重大自然灾害，切实减轻人民生命财产损失，林业系统的安全生产和应急管理能力进一步提高。

【精细化管理】 根据省委、省政府提出的“科学管理年”要求，省林业厅以建立和完善工作标准为核心，以“精、准、细、严”为要求，在全省率先实行精细化管理，印发《海南省林业厅精细化管理方案》，将部门单位各项业务工作目标、工作程序、工作质量和时限进行细化，明确机构职能、岗位职责、责任分工、办事规程、工作标准和工作要求，加强责任考核，确保政令畅通、执行有力、工作落实，林业系统行政效能和服务质量有了显著提高。

【党建工作】 始终坚持党要管党、从严治党，将党建工作和中心工作一起谋划、一起部署、一起考核，扎实抓好党的建设各项工作。①抓好群众路线教育实践活动整改，全面完成“两方案一计划”(《党的群众路线教育实践活动海南省林业厅领导班子整改方案》《海南省林业厅“四风”突出问题专项整治方案》和《海南省林业厅制度建设计划》)24 项整改措施、7 项专项整治和 20 项制度建设工作任务，群众对林业厅整改工作的满意度达 98.2%。②贯彻落实中央八项规定和省委、省政府 20 条规定，强化内部管理制度，坚决遏制公款吃喝、公款旅游，文件、会议和“三公”经费支出大幅度下降，认真清理办公用房和公务用车，机关作风继续好转。③加强基层党组织建设，健全基层党组织机构，开展直属单位软弱涣散基层党组织班子整顿工作，基层组织活力明显增强。④加强领导班子和干部队伍建设，配齐配强各级领导班子，领导班子和党员干部服务群众、服务发展的能力显著增强。⑤深入推进党风廉政建设和反腐倡廉工作，认真落实党风廉政建设责任制，层层签订《党风廉政建设责任状》，创新党风廉政建设责任主体机制，在党委负主体责任、纪委负监督责任基础上，增加党员干部自主责任。进一步规范了权力运行，厅机关及直属单位共制定权力正负面清单 350 条、责任清单 150 条，完善了督事、评绩、考人、查纪“四位一体”的考核机制。深入开展“庸懒散奢贪”和“不干事、不担事”专项检查，严厉整治不良风气。

(海南省林业由慕立忠供稿)

重庆市林业

【概　述】 2014 年，全市林业系统认真贯彻市委、市政府决策部署，以生态文明建设为主线，坚持强化保护、积极发展、深化改革、有效利用的工作思路，全面完成各项目标任务。森林覆盖率达到 43.1%，林木蓄积量 1.97 亿立方米，林业总产值 521.9 亿元。市级以上财政投入 37.42 亿元。林业生态文明建设取得新进展。

林业定位 深入实施重庆市五大功能区域发展战略，编制《重庆市推进生态文明建设林业规划纲要》，为五大功能区域林业发展作出定位：都市功能核心区定位为精品林业展示区，突出林业的生态宜居支撑功能；都市功能拓展区定位为主城生态屏障区，突出林业的生态屏障和生态隔离功能；城市发展新区定位为城乡林业统筹发展区，突出林业在城市集群发展中的生态支撑作用；渝东北生态涵养发展区定位为三峡库区重要生态屏障区，突出林业的涵养水源、保持水土、维护生物多样性以及提供生态产品等多种功能；渝东南生态保护发展区定位为武陵山重要生态屏障区，突出林业在生态保护、森林旅游、生态产业发展以及生物质能源基地建设等方面的功能。市政府第 43 次常务会审议通过，市政府办公厅正式印发《规划纲要》。这是全市生态文明建设大会后，市政府出台的第一个生态文明建设专项规划纲要。

国土绿化 以荒山造林、通道绿化和城区绿化等为重点，推进国土绿化。完成营造林 21.77 万公顷，为国家下达计划的 102.0%，其中人工造林 14.22 万公顷。参加义务植树 2000 万人次，植树 6800 万株，为全年计划的 113.3%。继续抓好森林抚育、造林补贴试点项目。完成 2011～2013 年度三峡后续工作造林绿化项目清理工作。争取三峡后续工作生态屏障区植被恢复续建项目资金 9 亿多元、百米带绿化提档升级项目资金 8 亿元。开展捐赠资金清理，调整造林绿化实施方案并报中国绿化基金会审定。草拟《三峡水库生态屏障区生态林管护办法》。配合九三学社中央、农工党中央等民主党派开展三峡库区造林绿化调研。全面完成上一轮退耕还林任务 127.83 万公顷，其中坡耕地退耕还林 44.07 万公顷，退耕还林成果进一步巩固。争取到新一轮退耕还林工程任务 4.33 万公顷。市政府召开新一轮退耕还林工作会议，印发《关于实施新一轮退耕还林还草的意见》，向国家 5 部委报送《重庆市新一轮退耕还林还草工程实施方案(2014～2020 年)》。全面落实公益林管护责任，营造公益林 1.13 万公顷，对 300 万户林农直补兑现生态效益补偿金近 5.8 亿元，在全国天保工程“四到县”考核中评为第三名。石漠化综合治理试点区县增加到 16 个，编制《防沙治沙总体规划》，上报《防沙治沙监测报告》。

资源保护 《重庆市林地保护利用规划 2010～2020 年》经市政府印发。划定林地及森林、湿地、物种保护红线，即：到 2020 年，全市林地面积不低于 420 万公顷，森林面积不低于 373.33 万公顷，湿地面积不低于 20.67 万公顷，珍稀濒危野生动植物保护率达到 95%。完成全市林地落界，实行林地分级管理，制定《占用征收林地审核审批管理工作制度》，拟定《重庆市林地保护管理制度》，收取森林植被恢复费 1.2 亿元。林业资源管理信息系统运行良好。完善全市自然保护区基础信息库，争取到 2100 万元中央资金用于国家级自然保护区建设。制定《重庆市重点保护野生植物名录(第一批)》，已报市政府待批。开展野生动物保护执法及驯养、经营、展演安全大检查活动，发布《重庆市重点监测陆生野生动物疫病种类和疫源物种名录》，全市无陆生野生动物疫情发生。完成全市第二次野生动植物资源调查渝东南片区植物调查和大娄山—乌江流域中山峡谷地理单元动物调查的野外调查工作。开展春季、冬季鸟类同步调查试点。开展湿地生态修复示范 146.67 公顷、三峡库区消落带湿地生态治理试点 1533.33 万公顷。邀请民主党派和市级有关部门专题调研三峡库区湿地消落带治理，并将情况上报市政府，重庆市副市长张鸣批示：对今后三峡库区湿地消落带治理具有指导意义。修编《重庆市湿地保护利用规划》，印发《重庆市湿地公园管理暂行办法》。切实抓好森林防火，共发生森林火灾 9 起，过火面积 15.6 公顷，受害森林面积 3.3 公顷，未发生重特大森林火灾和重大人员伤亡事故，森林火灾数量、过火面积、受害森林面积与近三年同期平均值相比分别下降 88%、96% 和 98%，取得近 9 年来的最好成绩。共发生林业有害生物灾害 1 万公顷，成灾率 2.3‰，在全国核查中 2011～2013 年度考核为优秀。

林业改革 巩固集体林权确权发证成果，出台《关于建立健全林权纠纷排查调处长效机制的实施意见》，累计调解纠纷 1.63 万起，面积 6.63 万公顷。推进林权流转，新增流转面积 1.75 万公顷、金额 1.52 亿元。扩大贷款规模，林权抵押贷款余额新增 60 亿元，累计达到 224 亿元。积极发挥市土交所、涪陵林交所、南川林地林木交易厅等平台作用，完成林权交易 99 宗 1.96 万公顷，交易金额 4.2 亿元。市农业农村体制改革专项小组第二次全体会议审议通过《全市林木采伐管理改革方案》。经市政府常务会议审定，市政府办公厅印发《关于加强林木采伐管理的意见》，全面推进林木采伐分类管理、采伐指标分配、采伐申请审批、采伐伐区调查管理、采伐伐区作业监管、森林经营管理、完善木材运输监管机制等 7 项重点改革。召开专题会议研究国有林场改革，制订工作推进方案，全面调查全市国有林场基本情况、存在问题、改革意见和建议等，摸清国有林场家底，征求市级部门意见，对接国家有关部委，完善《重庆市国有林场改革方案》，待国家方案出台后报市政府审定。到云南、广东开展国家公园体制和湿地保护管理调研，向市政府作专题报告。启动国家公园建设试点前期准备，开展国家公园标准等研究。

林业产业 进一步明确主导产业，结合林业重点工程和区县资源优势，优化产业布局，坚持做精做细，把木本油料、笋竹、林产品加工、花卉苗木、中药材、森林旅游业等作为全市林业主导产业。进一步加大产业投入，全市林业特色产业发展资金增加到 4500 万元，比 2013 年翻一番。大力支持区县发展“森林人家”，“森林人家”建设补助资金增加到 500 万元，比 2013 年增加 1.5 倍。进一步发展森林旅游业，南川山王坪喀斯特国家生态公园成为全国首批生态公园试点单位，新建市级森林公园 2 个，利用 85 个市级以上森林公园和 18 个湿地公园发展森林旅游，旅游人数达 5800 万人次，实现森林旅游收入 86.5 亿元，比 2013 年增长 17.4%。进一步发展特色产业，重点发展 75 个林业特色产业项目，新建产业基地 1.67 万公顷。投入 500 万元在 10 个区县开展林下经济中药材种植补贴试点。完成 1.33 万公顷国家储备林划定，投入 800 万元在 4 个区县启动储备林基地建设。推进珍稀树种和一般树种的改培工作。

生态文化 中共重庆市委书记孙政才、市长黄奇帆、市委副书记张国清、副市长张鸣等市领导带头参加春季义务植树活动。开展青少年植绿护绿行动、“三八绿色工程”示范基地建设、军民共建绿色示范基地等植树活动。积极引导企业、市民参与“认建”“认养”活动，全社会义务植树意识进一步提高。全年报道林业活动的新闻达 380 多条，重庆电视台、《重庆日报》等媒体多次对林业生态文明建设、湿地保护、生态保护等进行专题访谈和宣传。组织“绿色人生”为主题的基层务林人系列宣传。开展 2014 年“爱鸟周活动”，解救、放生野鸟 300 余只，保护鸟类栖息地 100 多处。积极开展“国际森林日”传播活动，全市有 120 万人次免费进入森林公园、湿地公园和自然保护区进行自然体验。不断发挥缙云山“全国生态文明教育基地”载体作用，承办重庆市首届梦想课堂自然笔记大赛，参加以“科学生活·创新圆梦”为主题的 2014 科技周活动。开展“中国生态文化村——美丽乡村纪实”活动“美丽重庆、美景森林”摄影大赛等主题活动。9 个区县被国家确定为生态文明示范县。评选 7 个首批“市级生态文化村”，新增 5 个“全国生态文化村”，全市“全国生态文化村”达到 14 个。加强生态监测，空气负氧离子监测覆盖 38 个区县，实现日测日报，全市森林空气负离子平均含量由 2013 年每立方厘米 866 个提升到 925 个，并向社会公布。

支撑保障 通过国家林业局和市科委验收的林业科研课题近 30 项，开展林业资源资产负债表、民生林业发展关键技术、碳汇林业、三峡库区湿地生态治理等技术创新研究，研究筛选出适宜消落带不同水位生长的木本植物 10 多种、能提高林地“复种指数”的林下经济发展新模式 1 套、猪腰枣多倍体品系、新型森林灭火剂及其制备方法等科技成果和专利 20 多项，取得全国林业行业标准编制成果 5 项。建成皂荚生态产业发展、麻竹生物产业高效利用、林下食用菌高效发展，以及三峡湿地、石漠化生态治理、生态效益监测等科技示范基地近 60 个。继续推进《重庆市湿地保护条例》立法，草拟《重庆市地方公益林区划界定办法》和《重庆市地方公益林管理办法》。完成林业行政审批事项清理，共计 78 项，保留实施的 28 项，初审的国家林业局审批事项 18 项，取消、调整、下放的 32 项，编制审批流程图。完成行政审批前置事项清理规范工作，共涉及 12 项，对设置前置服务的名称、法律依据、收费等进一步规范和整改，对委托或授权两江新区的行政审批项目形成无缝对接。开展非法侵占林地清理排查等专项行动，依法严厉查处涉林违法案件 3775 起，挽回经济损失 2135 万元，未发生涉林特大案件。召开直辖以来规模最大、规格最高的全市森林公安工作座谈会，研究《关于加强森林公安队伍正规化建设的意见》。欧洲投资银行重庆林业发展项目正式立项，国家发展改革委批复重庆市项目资金 4.8 亿元，项目采购计划得到初步同意。承办全国森林疗养研讨会，探讨森林疗养产业发展。组织有关区县、林业企业参加中国（重庆）—东盟家具博览会等展会 5 次。进一步提升林业开放度。投入 1200 万元推进 5 个国家级重点林木良种基地和 12 个市级林木良种基地建设，扎实开展林木良种补贴工作，培育良种苗木2347.5万株，实现主要造林树种林木良种使用率62%、基地供种率80%。组织开展林木种苗质量检查，质量合格率100%。

【重庆市编制完成《三峡水库生态屏障区生态林管护办法》】 根据国务院三峡办安排，从3月开始，重庆市林业局会同重庆市移民局，以重庆市林业局造林处相关人员为主要骨干成立三峡水库生态屏障区生态林管护研究小组，通过调查研究、召开座谈会、查阅资料、征求意见等多种形式，形成《三峡水库生态屏障区生态林管护研究报告》及《三峡水库生态屏障区生态林管护办法》，得到国务院三峡办的充分肯定，已上报重庆市人民政府审定。

【重庆市加大林业检疫执法】 重庆市森林公安局、重庆市森防站配合重庆市武隆县、石柱县、沙坪坝区公安机关查办三起林业植物检疫刑事案件。3月7日，武隆县查办的伪造《植物检疫证书》案件已移交武隆县人民检察院。12月5日，石柱县人民法院对高某犯妨害动植物检疫罪作出"判处有期徒刑一年六个月，缓刑两年，并处罚金人民币一万元"的判决。12月19日，沙坪坝区人民法院对谭某犯妨害动植物检疫罪作出"判处有期徒刑六个月，并处罚金5000元，查封的10.58吨松材线虫病疫木，予以销毁"的判决。

【重庆市林业有害生物防控信息系统正式投入运行】 在国家森防总站的指导下，重庆市森防站联合重庆森一科技公司成功开发林业有害生物防控信息系统，制订下发《重庆市林业有害生物防控信息系统管理办法》，上线运行网络管理平台，为38个区县基层测报员配发382台移动智能终端。重庆市林业有害生物防控信息化已从技术研发走向应用推广、从科研阶段进入到管理层面、从试点试验延伸到广泛使用，初步实现林业有害生物监测的可视化和网络化，较大提升防控信息化能力和水平。

【重庆市举办首届梦想课堂自然笔记大赛】 从3月起，重庆市林业局联合重庆市委宣传部、重庆市委教育工委、重庆市教委、重庆市科委、重庆市环保局、共青团重庆市委、重庆市科协、重庆市生态文化协会等单位共同主办，《少年先锋报》、重庆缙云山国家级自然保护区管理局、重庆两江志愿服务发展中心、华龙网共同承办，以"感悟生命感恩自然"为主题，历时3个月的首届重庆市梦想课堂自然笔记大赛圆满结束，尊重自然、顺应自然、保护自然的生态文明理念和爱物知恩、节用惜福的观念与风尚得到广泛传播。期间，通过举办开幕式"笔记缙云山的春天""观赏自然真趣·自然教育论坛""自然笔记教师培训讲座""自然是最好的学堂·自然教育亲子分享会""小鸟的家我的家·观鸟自然笔记"等系列活动，吸引292个中小学及幼儿园共计5万余人参赛，收到作品4500余份，评选出46件单项奖、团体奖和家庭奖优秀作品，230幅优秀作品，为30所学校授予梦想课堂"自然教育示范学校"授牌。

【林业大事】

5月 重庆三峡库区消落带类型湿地区域生态修复关键技术研究取得重大突破。重庆市林科院联合西南大学共同研究出适宜库区海拔165~175米消落带湿地区域不同水位生长的乔木6种、灌木3种、草本植物8种。重庆市林业系统通过原始创新和引进创新，累计研究出适宜该区域不同水位生长的乔木10种。这些成果都通过国家有关部门组织的专家委员会评审认定。

5~8月 国家林业局西北林业调查规划设计院对重庆市32个区县原政策补助到期的2006年度退耕地还林进行阶段核查验收。验收结果为退耕地还林面积保存率100%，重庆市第一轮退耕还林全部通过国家核查验收。

9月15~17日 全国国有林场帮扶经验交流会议在重庆市南川区举行，全国总工会、国家林业局、重庆市政府相关领导以及全国30个省（区、市）分管帮扶工作的林业厅（局）长、工会有关领导同志共120余人参加会议。

9月25日 国家发展改革委、财政部、国家林业局、农业部、国土资源部5部委以发改西部〔2014〕2155号联合行文，下达重庆市2014年新一轮退耕还林计划任务4.33万公顷，超过全国计划任务的1/8。

10月15~17日 国家林业局对重庆市《2011~2013年松材线虫病等重大林业有害生物防控目标责任书》完成情况进行检查考核。考核结果为优秀。

10月20日 重庆南川山王坪喀斯特国家生态公园经国家林业局批准，成为国家首批生态公园试点单位。

11月2日 中共重庆市委、重庆市人民政府下发《关于加快推进生态文明建设的意见》（渝委发〔2014〕19号），提出到2020年全市林地面积不低于420万公顷、森林面积不低于373.33万公顷的目标，标志着重庆市林地和森林两条生态保护红线的划定。

11月13~15日 全国森林疗养研讨会在重庆市召开，国家林业局领导、全国12个省（区、市）林业厅（局）相关负责人以及日本、韩国专家参会，共同探讨森林疗养产业发展。

11月24~27日 重庆市林业局、重庆市委党校、重庆市公务员局联合举办"重庆市林业系统生态文明建设培训班"，邀请中央党校、国家林业局造林司、林改司、宣传办、中国绿色碳基金会，重庆市委市政府研究室有关领导及权威专家进行授课，培训处级以上领导干部120余人。

11月28日 重庆市召开全市森林公安工作座谈会，国家林业局、重庆市公安消防总队有关领导出席会议，各区县林业局局长、森林公安局局长、政委等参加会议。

11月30日~12月3日 全国林业示范国家级自然保护区建设管理培训班在重庆市北碚区举行，国家林业局领导、各省（区、市）林业厅（局）保护处负责人和全国51个林业示范国家级自然保护区管理局负责人参加培训。

12月25日 重庆市人民政府办公厅下发《关于加强林木采伐管理的意见》（渝府办发〔2014〕169号），推进林木采伐分类管理、指标分配、申请审批、伐区管理、伐区监管、森林经营、木材运输监管等7项重点改革，开展建立森林培育补偿机制、推进林权交易平台建设、探索林木“两权”分离等3项配套改革。

（重庆市林业由刘洪平供稿）

四川省林业

【概　述】 2014年，全省林业深入贯彻党的十八届三中、四中全会和四川省委十届四次、五次全会精神，认真落实四川省委、省政府和国家林业局决策部署，围绕发展现代林业、建设生态文明，扎实推进生态林业、民生林业建设，圆满完成年度目标。落实省级以上财政投入99.5亿元，完成营造林59.3万公顷，增加森林面积12.24万公顷、森林蓄积1685万立方米，森林覆盖率35.75%，林业生态服务价值1.63万亿元。实现林业总产值2200亿元、农民人均林业收入990元，同比分别增长8.4%和13.8%。森林火灾损失率0.045‰，林业有害生物成灾率0.05‰，涉林案件综合查处率96%以上。

【发布生态文明建设纲要】 为贯彻国家林业局《林业推进生态文明规划纲要(2013～2020年)》，省林业厅组织力量，反复研究，多次征求意见，编制了《四川省林业推进生态文明建设规划纲要(2014～2020年)》。《纲要》分别报经省委常委李昌平、省政府副省长曲木史哈同意，10月10日正式对外发布。《纲要》明确构建自然生态空间规划体系、重大生态修复工程体系、生态产品生产体系、生态文明制度体系、生态文化体系等五大任务，决定实施生态红线保护行动、森林保育行动、湿地保护与恢复行动、荒漠化治理行动、物种拯救行动、城乡绿化美化行动、绿色产业富民行动、重点领域改革行动、科技支撑行动、生态文明宣教行动等“十大行动”。《纲要》将全省划分为东、西部两大板块。围绕打造东部绿色盆地，着力构建以盆周山区绿色生态屏障、环成都平原绿色生态屏障和长江干流、岷江—大渡河下游、沱江、涪江、嘉陵江、渠江等六大流域生态带为骨架，以自然遗产地、自然保护区、森林公园、湿地公园等点(块)状分布的典型生态系统为重要组成的“两屏六带多点”战略格局。围绕打造西部生态高原，着力构建以若尔盖草原湿地、川滇森林及生物多样性、大小凉山水土保持和生物多样性三大生态屏障，及金沙江、雅砻江和岷江—大渡河上中游等三大流域生态带为骨架的“三屏三带多点”战略格局。《纲要》划定全省森林红线1800万公顷、林地红线2360万公顷、湿地红线166.67万公顷、沙区植被红线88万公顷。

【集体林权制度改革】 省委、省政府印发《四川省完善和深化集体林权制度改革方案》，提出四川省完善和深化集体林权改革目标，明确完善集体林权确权颁证、规范林权流转、实施森林分类经营管理、完善财政支林制度、完善金融支林制度、培育新型林业经营主体、强化林业社会化服务体系建设等7项重点任务。林业厅出台集体林权流转管理、家庭林场认定管理办法，制定了森林保险实施规程。成都市、巴中市巴州区纳入全国深化集体林权制度改革综合试验示范区，宜宾市、剑阁县等15个试点单位完成集体林权交易平台建设并联网运行。推进林权抵押贷款和“量价分离”评估，开展了林权价格评价机制试点，全省累计流转林地127.47万公顷、金额39.4亿元，抵押林地32.4万公顷。新增32个省级以上农民林业专业合作示范社，全省林业专合组织达到2955个。省级集体公益林生态补偿提高到每年每公顷225元。

【森林资源培育】 各级领导率先垂范，积极开展植树造林，完成人工造林22.7万公顷、义务植树1.7亿株。泸州、巴中、阿坝等7个市州营造林2.67万公顷以上。拓展造林空间，非林地自主造林比例提高到54.8%。推进天然林保护二期工程，管护森林1733.33万公顷，建设公益林2.93万公顷，荣获国家“四到省”考核第一名。推进前一轮退耕还林工程，实施巩固成果专项建设16.9万公顷，完成荒山造林4666公顷。提升森林质量，实施封山育林6.25万公顷，抚育中幼林16.03万公顷，改造低产低效林14.32万公顷，划定国家储备林6.03万公顷。统筹城乡绿化，实施平原绿化1334公顷，建设绿色通道5000千米，德阳和攀枝花、达州、巴中分别创建为国家级、省级森林城市，新增省级绿化模范县8个、国家森林公园3个、省级森林公园3个。加强国际合作造林，完成德国政府贷款近自然森林经营2000公顷，欧投行紧急贷款、中日合作森林植被恢复项目通过终期评估，诺华、迪斯尼碳汇造林取得重要进展。

【林木良种管理】 出台《四川省人民政府办公厅关于加强林木种苗工作的意见》(川办发〔2014〕21号)。《意见》提出，到2020年，全省建成种质资源保存库433.33公顷以上、林木良种繁育基地1333.33公顷以上，主要造林树种良种使用率提高到75%以上，市县级林木种苗管理机构达100个以上，明确加强林木种质资源保护、加大林木良种选育和推广力度、强化林木良种基地建设、提高林木种苗生产供应能力、促进特色种苗产业发展、健全种苗执法和质量监管体系、完善社会化服务体系等七大重点任务。全省新增县级种苗管理机构6个。全年育苗11亿株，审(认)定林木品种47个。凉山州建成全国首个国家级油橄榄种质资源异地保存库。全省主要造林树种良种使用率达到50%，提高4.9个百分点。

【启动实施新一轮退耕还林】 根据中央总体要求，四川省政府于12月10日召开全省新一轮退耕还林还草电视电话会议，副省长曲木史哈出席会议并讲话。新一轮退耕还林还草中，中央财政对退耕还林每公顷补助22 500元，省财政分3次下达给工程县(市、区)。省级制定的配套政策包括：完善还林补偿政策，对符合公益林界定标准的退耕还林地，分别纳入中央、地方森林生态效益补偿范围。未划入公益林的，允许合理经营和依法采伐。对补助期满且符合抚育间伐条件的退耕还林地，纳入森林抚育补贴范围；鼓励在退耕地上间种牧草、豆类、中药材、菌类、森林蔬菜等植物，培育相关产业；坚持依法、自愿、有偿原则，支持采取转包、转让、互换、出租、入股等形式，将退耕还林还草地向专业大户、家庭林场、龙头企业、专业合作社、股份制林场等新型经营主体流转；统筹整合专项扶贫、易地扶贫搬迁、现代农业生产发展、农业综合开发、现代林业产业发展等资金，大力调整农业产业结构，发展特色优势产业。启动实施了新一轮退耕还林，落实年度建设任务4.8万公顷。

【森林资源管理】 省、县两级林地保护利用规划获批复实施，历时3年的林地保护利用规划和林地生态空间规划全面完成。严格按照林地保护利用规划管理和审核审批林地，管理水平得到提升。创新林地管理服务机制，与省电力公司开展电网工程使用林地专题座谈会，协调签订了林业厅与电力公司战略合作框架协议。深入调查研究，提出关于新农村村民聚居点建设使用林地审核审批意见，下发关于占用征收林地林种划分和植被恢复费收取有关问题的通知、支持加快推进无电地区电力建设涉林工作的意见。规范和加强林地监管，组织开展了为期5个月的使用林地清理整治，清理林地5000余宗，查处违法使用林地900余宗。按照国家统一部署，组织开展非法侵占林地清理排查专项行动。利用卫星照片监测对南充市、甘孜州、凉山州3起重大占用林地案件开展督查督办，现场督查攀枝花、九寨沟等地高尔夫球场清理整治。全年收取森林植被恢复费近4亿元，办理国有森林经营单位内部使用林地申请项目10宗。审核审批及上报使用林地项目943个，面积5200公顷，控制在国家下达的定额范围内。

【林木采伐运输管理】 深化林木采伐管理制度改革，贯彻国家林业局关于进一步改革和完善集体林采伐管理的意见，结合四川实际提出贯彻实施意见，从完善采伐指标分配、简化审批手续、推行简易林木采伐设计、改善采伐监管方式、放宽竹林经营管理等方面，细化明确了政策、管理措施和要求，全面暂停了竹材凭证运输。下放部分省级林木采伐审批权限，对承接工作提出要求。开展集体林区林木采伐管理政策调研，以及国有林区林木采伐管理体制、机制调研，完成集体林采伐管理政策调研报告。规范和加强林木采伐管理，制订印发了《四川省树木移植管理办法》《四川省受灾林木采伐管理办法》。全面启动“十三五”年森林采伐限额编制工作，印发编制操作细则，举办编限和全国林木采伐管理系统应用培训，审核确定编限单位。安排部署《全国林木采伐管理系统》启用工作。下达2015年国有人工公益林采伐限额6.9万立方米，审查批准商品林采伐限额结转4万余立方米，开展专项林木采伐申请现地核验10次，办理批复征占用林地、灾害木清理等专项林木采伐85宗，共15万余立方米，追加采伐限额12.2万立方米。全省林木采伐消耗控制在1324万立方米的限额内。调查处理群众举报反映的乐山市个别木材检查站违规违纪检查问题，督促乐山市对有关责任人进行处理，在全省范围内通报。组织检查南充等5个市州的部分木材加工企业原料收购与监督管理、木材运输流动巡查和林业治理公路“三乱”，针对存在问题分别向有关地方发出了整改通知。办理2户企业的新设木材加工行政许可和12户企业木材经营加工许可延期。全年发放木材运输证18.5万余份。

【保护森林资源“亮剑行动”】 省林业厅将“亮剑行动”作为全年工作重点，协调省委政法委、省高级人民法院、省检察院、省公安厅、省工商局等8部门合力推进专项行动。督办重特大案件48件，侦破重特大案件7件。行动期间，全省森林公安机关出动警力7.6万余人次，侦破查处破坏森林和野生动植物资源案件10 743件，同比增长47%。受理刑事案件1263件，侦破1112件，同比增长91.3%，其中重特大案件204件，打掉犯罪团伙32个，粉碎犯罪交易链7条，查处单位犯罪20件。打击处罚12 463人次，其中刑事处理1562人，抓获网上逃犯21名。检查生产木材、野生动植物及其制品的重点单位、场所21 645家次，清理整顿5705家次，收缴国家重点保护植物907株，木材13 800立方米，野生动物29 452只(头)，野生动物制品1947件，涉案价值9000余万元。组织开展各类户外法制宣传活动共计3427次，张贴、悬挂户外宣传标识13 256张(条)，发放各类宣传资料28.56万份，发放警民联系卡10万余张。利用电视、报刊、广播、网络等媒体平台，通过发布典型案件、通报行动战果、公开举报电话广泛宣传，“百度”搜索数十万条相关行动信息。首次以省政府名义召开新闻发布会，新华社、中新社、中央电视台等中央媒体报道7次，四川电视台、《四川日报》《四川法制报》《华西都市报》等省级媒体报道91次，各市州级媒体报道185次。

【林业应急处置】 省委书记王东明、省长魏宏对认真贯彻全国森林防火工作会议精神作出重要批示，国家森林防火指挥部、国家林业局领导孙扎根、杜永胜等先后深入四川检查指导工作，省委常委李昌平、省政府副省长曲木史哈多次听取汇报、研究部署森林防火工作。省森林防火指挥部、林业厅多次专题研究部署阶段性森林防火工作，针对元旦、春节、全国“两会”、清明、五一等关键时期进行重点安排，先后派出24批工作组赴火场一线指导火灾扑救。省林业厅出台《四川省处置森林火灾组织指挥工作规范(试行)》等指导性文件，在攀枝花市盐边县红格镇成功举办省、市、县、乡(镇)四级应急响应森林消防联合演练。在火灾集中高发时段，省指挥部启动应急预案Ⅲ级响应16次，紧急调拨价值480余万元扑火物资支援火灾多发地区。在森林防火期，各级严格执行24小时值班和领导带班制度，做到了反应迅速、积极应对、及时处置。武警驻川森林部队发挥“尖刀班、排头兵”的作用，动用兵力28 500人(次)遂行林政检查、防火执勤和灭火作战任务，成功扑灭森林火灾71起。南方航空护林总站成都站、西昌站发挥空中优势，共动用5架飞机作业，飞行311小时。全省处置森林火灾442起，连续3年无重特大森林火灾。启动林业有害生物普查，国家级中心测报点新增9个，总数达到49个，居全国第一。有效防治各类林业有害生物52.07万公顷，无公害防治率98.12%。及时有效开展监测防控，没有发生重大野生动物疫源疫病。

【特色林业产业】 分片区召开现场会议，推进川南竹产业、川东北特色经济林产业、川西生态旅游产业集群发展，六大重点产业实现产值1950亿元，主要经济林产量稳步提升，区域特色更加鲜明。南充、宜宾等7市林业产值超过100亿元，其中成都突破400亿元。制定现代林业产业基地标准，培育现代林业产业基地20万公顷，总规模达到132万公顷。强化示范引领，40个重点县实现产值650亿元，占全省林业总产值30%，农民人均林业收入1150元，高出全省平均160元。雅安、广元等4市农民人均林业收入超过1500元。“万亩林亿元钱”建设持续推进，建成千亩以上示范片45个，总面积1.47万公顷。国家级、省级林业龙头企业分别达到5家、148家。加快发展林下经济，完成中央财政林下中药材补贴试点，全省发展林下种植23.47万公顷，林下养殖1.2亿头(只、箱)，实现林下经济产值500亿元。举办首届大熊猫国际生态旅游节，首次开展“十大最美杜鹃花观赏地”“四川果王子”等评选活动，举办了一系列花卉、果类、红叶等生态旅游节会。眉山市成功申办第九届中国竹文化节，威远县、平武县、达川区分别被命名为“中国无花果之乡”“中国厚朴之乡”和“中国乌梅之乡”。全省林业生态旅游接待游客2.1亿人次，实现直接收入596.7亿元。

【重点生态修复】 加强湿地保护，完成第二次湿地资源调查，全省湿地面积174.78万公顷(不含水稻田)。成功申报6个国家湿地公园试点，累计建成湿地公园33个，其中国家级20个。成功承办长江湿地保护网络年会，发布湿地保护《西昌宣言》。推进荒漠化治理，启动第五次荒漠化及沙化监测，发布《四川省荒漠化与防治状况公报》，川西北沙化土地治理和巩固成果1.67万公顷，治理岩溶地区石漠化592.7平方千米。加强物种保护，绵阳千佛山自然保护区晋升为国家级，唐家河保护区入选全球首批23个最佳管理保护地绿色名录。大熊猫第四次调查工作完成，组织开展野化放归活动，新增4只大熊猫参加国际合作。人工繁育存活大熊猫28仔，圈养大熊猫总数达到337只。推进地震灾后重建，芦山地震灾区林业重建完成投资6.15亿元，项目完工率26.4%，修复震损林地2.05万公顷、大熊猫栖息地5506.67公顷。

【支撑保障能力建设】 贯彻落实依法治省纲要，推进林业依法治理，省人大颁布《四川省野生植物保护条例》。省级林业保留行政审批事项19项，公共服务事项11项，办结行政许可2051件，行政审批效能提速97%。加强科技支撑，发布《科技创新发展纲要》，22项成果获省科技进步奖，创历史新高。加强林产品质量安全监管检测体系建设，发布林业地方标准36项，认定森林食品基地16个。组织开展林业科技服务“七大行动”，在省委组织部召开的全省“走基层”工作会上作了典型交流。全省推广科技成果32项、实用新技术45项、合作引智基地12个，林业科技成果转化率和科技贡献率分别达到53%、42%。强化对外宣传，举办先进人物典型、“美丽中国·四川林业在行动”等系列宣传活动，组织评选第二届“天府七珍”，创作了《四川水运史记》《四川森工转型发展纪实》等电视纪录片和林业微电影。强化服务保障，北斗应用综合示范工程、国家级林业示范市县建设取得突破，四川林业网站群子站达到160个，省林业厅政务信息、网站信息继续居全国首位。加强基层站所建设，编制完成《基层林业站标准化建设实施规划》，启动“林业站服务年”活动，14个基层林业站创建国家标准化林业站。

【强林惠民政策】 加大林业投入，新申报项目68个，涉及中央资金4.5亿元，新增省级财政预算1.64亿元。拓宽林业投资渠道，完成国际国内合作资金落地6500万元，8个金融支林示范县进展顺利，全省林业贷款余额136.16亿元，同比增长10.2%。林业防灾减灾首次纳入中央财政补助范围。下调公益林、商品林保险费率和保费，全省参保林地面积2213.33万公顷，参保率92%。持续改善林区条件，落实林区基础设施建设资金2亿元、国家重点生态功能区转移支付5.8亿元，新启动改造棚户区1629户、危旧房961户，累计完成棚改超过2万户。天保工程区553.13万公顷集体公益林生态补偿得到落实，国有林业单位3.2万职工全面纳入“五险”，7.1万离退休人员纳入医疗保险。出台林业稳增长惠民生七条措施，组织开展民生工程、损害群众利益、项目资金等专项督查，首次实现21个市(州)综合稽查全覆盖。

【林业队伍作风建设】 推进学习型机关建设，坚持厅务会会前学法制度，及时传达中央和省委省政府重大决策部署，厅党组中心组集中学习16次。践行“三严三实”要求，持续深入大调研、走基层、挂包帮活动，扎实开展党员领导干部民主生活会，“五个专项整治”活动及时有效。强化群众路线教育实践活动整改，厅机关四类及以上会议减少26%，行政审批群众满意率100%，考核检查项目减少32%，“三公经费”支出进一步减少。加强机构人事管理，10个直属单位完成分类改革，举办林业培训班27期，培训学员3700余人次。推荐各类专家30余人，评审高级工程师188人、教授级高工和研究员职称19人，创历年新高。党组主体责任和纪委监督责任全面落实，及时查处纠正了违纪违规行为，干部廉政教育、廉政意识不断强化。

【林业大事】

1月10日　林业厅分别与中国电信股份有限公司四川分公司、中国移动通信集团四川有限公司、中国联合网络通信有限公司四川分公司签订森林防火《合作框架协议》，为四川森林防火信息化建设搭建了一个新的平台。

1 月 22 日 林业厅启动实施全省 2014 年林业科技成果转化、林业科技大培训、林业产业提升、林业科技进村入户、林业科普宣传、科技扶贫、林产品质量安全等服务基层七大行动，全年累计服务林农 89.37 万人次，培训基层林业科技人员及林农 76 万人次，发放资料 134 万份。

1 月 24 日 全省林业工作会议在成都召开，林业厅厅长、党组书记尧斯丹作《深化改革 加快发展 努力推进四川现代林业实现新的跨越》的主题讲话，总结 2013 年工作，分析形势，安排 2014 年工作。各市州林业局局长、林业厅机关各部门和直属各单位主要负责人参加会议。

2 月 20 日 省政府作出授予 2013 年度四川省科技进步奖的决定，林业厅推荐的林业科技成果共有 11 项获奖，其中一等奖 1 个、二等奖 2 个、三等奖 8 个，获奖数量创历史新高。

3 月 25 日 省森林草原防火指挥部、攀枝花市人民政府、盐边县人民政府联合举办的"森林钢城—2014"四川省森林消防联合演练在盐边县红格镇举行。武警攀枝花市森林支队、盐边县森林消防专业队、红格镇群众义务扑火队及护林员共 330 人参演，动用南方航空护林总站西昌站 K－32 直升机两架次。

3 月 27 日 省委书记、省人大常委会主任王东明，省委副书记、省长魏宏，省委副书记柯尊平与省和成都市党政军负责人、机关干部一道，前往成都市温江区参加"共建环城生态 添绿美丽四川"义务植树活动，王东明随后考察了成都城市生态湿地、生态资源保护情况。

4 月 10 日 大熊猫第四次调查工作完成，调查表明全省大熊猫数量和栖息地面积持续恢复性增长，野外分布状况更加清晰。

4 月 14 日 林业厅与中国邮政储蓄银行四川省分行签署《推进四川林业产业发展促进农民增收合作协议》。5 年合作期间，邮储省分行将面向全川累计投放各类涉林贷款 80 亿元以上，每年涉林贷款增速高于该行全部贷款增速 10 个百分点。

4 月 25 日 《四川省人民政府办公厅关于加强林木种苗工作的意见》(川办发〔2014〕21 号)印发，是新中国成立以来省政府办公厅首次就林木种苗单项工作出台意见。

5 月 5 日 财政厅下发《关于下达 2014 年省级公益林森林生态效益补偿提标部分资金的通知》，从 2014 年起将集体和个人所有的省级公益林补偿标准每公顷每年提高 75 元，省级公益林与国家级公益林补偿标准实现并轨。

5 月 29 日 省森林草原防火指挥部、林业厅在四川传媒学院大演播厅举办"中航安盟保险杯"森林防火知识电视决赛，是四川首次采用电视直播形式开展的大规模森林防火宣传活动。全省 21 个市、州和武警四川省森林总队参加比赛，乐山市获得一等奖。

7 月 7～9 日 以省政府副省长曲木史哈为团长、林业厅厅长尧斯丹为副团长的四川防沙治沙考察团，赴内蒙古自治区鄂尔多斯、呼和浩特等地考察学习防沙治沙，随后形成《赴内蒙古考察防沙治沙的情况报告》。

7 月 22 日 国家发展改革委、财政部等 6 部委局联合下发《关于开展生态文明先行示范区建设(第一批)的通知》，成都市、雅安市纳入全国生态文明先行示范区试点单位。

7 月 30 日 林业厅与省工商联、省投资促进局在成都联合举办全省林业产业项目推介暨投资促进会，推介林业特色优势招商项目 112 个，签约投资项目金额 106.3 亿元，签约融资项目金额 13.3 亿元。

7 月 30 日 林业厅召开 2013 年度林业资源及效益监测通气会，向社会发布《林业资源及效益监测报告》，2013 年度全省林业生态服务价值 1.63 万亿元，相关情况获国内外 29 家主流媒体报道。

8 月 13 日 省委副书记、省长魏宏，副省长曲木史哈在阿坝州调研期间，专程前往若尔盖县阿西乡谢玛拉也村调研考察防沙治沙工作。魏宏充分肯定治理成效，要求要加大工作力度，加快推进防沙治沙工作。

9 月 29 日 省委办公厅、省政府办公厅印发《完善和深化集体林权制度改革方案》(川委厅〔2014〕49 号)，提出全省集体林权制度改革的总体思路、工作重点、效果评价，明确了责任分工，是四川省集体林权制度改革的重要里程碑。

9 月 30 日 林业厅印发《四川林业科技创新发展纲要(2014～2020 年)》，提出实施六大创新工程、建立四大支撑体系、确立五项保障措施。

10 月 8 日 经省委、省政府领导同意，林业厅印发《四川省林业推进生态文明建设规划纲要(2014～2020 年)》，提出"构建五大体系、推进十大工程、实施十大行动"战略部署，划定森林和林地、湿地、沙区植被、物种 4 条林业生态红线。

10 月 20 日 林业厅、省旅游局和阿坝州人民政府共同主办的 2014 四川红叶生态旅游节主会场暨黑水第二届冰山彩林节在阿坝州黑水县达古冰山景区举办，拉开了 2014 四川红叶生态旅游节系列活动的序幕。

11 月 14 日 唐家河国家级自然保护区经世界自然保护联盟(IUCN)严格评估和筛选，成功进入全球最佳管理保护地绿色名录，成为全球首批 23 个最佳管理保护地之一，标志着唐家河国家级自然保护区建设管理达到国际先进水平。

11 月 26 日 省第十二届人大常委会第十三次会议审议通过《四川省野生植物保护条例》，共二十五条，将于 2015 年 3 月 1 日起施行，填补了四川作为野生植物资源大省立法保护野生植物的空白。

12 月 2～7 日 2014 首届中国四川大熊猫国际生态旅游节在雅安市石棉县举办，此活动由林业厅、省旅游局、雅安市人民政府主办，省生态旅游协会、省大熊猫生态与文化研究会、雅安市林业局、雅安市旅游局协办，中共石棉县委、石棉县人民政府承办。

12 月 10 日 省政府召开全省新一轮退耕还林还草工作电视电话会议，副省长曲木史哈出席并讲话，尧斯丹厅长作相关工作安排，标志着全省新一轮退耕还林还草工程正式启动，安排 2014 年度退耕还林任务 4.8 万公顷。

(四川省林业由张革成供稿)

贵州省林业

【概 述】 2014年，贵州省委、贵州省人民政府领导全年多次对林业工作作出重要批示。新一轮退耕还林启动工作、森林保护“六个严禁”专项行动工作获得国家林业局肯定，3次作大会典型发言。全省“十二五”以来退耕还林及林业有关工作、湿地保护工作高票通过贵州省人大常委会评议。

2014年，贵州省委、贵州省人民政府在全国率先召开了全省生态文明建设大会，贵州省委书记赵克志在大会上提出要向石漠化发起总攻，用3年多的时间全面完成现有69.47万公顷宜林荒山的绿化，用3年多的时间使全省森林覆盖率达到50%以上，并要求贵州省林业厅及时召开套会贯彻落实。

2014年，贵州省委、贵州省人民政府决定从2014年9月至2015年3月，在全省范围内开展“严禁盗伐滥伐林木、严禁掘根剥皮等毁林活动、严禁非法采集野生植物、严禁烧荒野炊等容易引发林区火灾行为、严禁擅自破坏植被从事采石采砂取土等活动、严禁擅自改变林地用途造成生态系统逆向演替”的森林保护“六个严禁”执法专项行动，严厉打击各类破坏森林资源的违法犯罪活动，有效保护森林资源安全。并组织召开动员视频会议，对“六个严禁”执法专项行动进行动员部署。截至2014年年底，全省共摸排出各类林业案件6589起，已经查结3505起。

2014年，贵州省林业厅成立了全面深化林业改革领导小组，下设集体林改、国有林场改革、退耕还林、生态红线、林地保护责任追究制度、湿地保护、编制森林资源资产负债表等7个专题组，负责研究相关专题的重要改革事项。在全面深化林业改革取得积极进展下，贵州省政府同意省林业厅印发《贵州省赤水河流域森林及物种保护红线划定实施方案》《贵州省湿地保护与建设方案》《关于进一步加强森林资源管理的通知》。贵州省人民政府制订《贵州省林业生态红线划定实施方案》，正式划定了贵州林地保有量等9条林业生态红线，红线条数为全国之最。划定红线区域面积共613.73万公顷，其中林地592.73万公顷、湿地21万公顷，并召开新闻发布会对外公布。《贵州省林业自然资源资产负债表(实物量表)编制工作实施方案》《贵州省林业自然资源资产负债表(实物量表)编制工作技术方案》《贵州省林业自然资源资产负债表(实物量表)编制工作操作细则》编制完成，并在荔波等4个县开展了试点工作。《关于将国有林场森林转为生态林的实施意见》已正式呈报贵州省生态文明建设领导小组，在全省19个国有林场开展了生态林划定试点。

2014年，贵州省在全国率先编制完成《贵州省林业推进生态文明建设规划》，明确贵州林业推进生态文明建设的内容、目标任务和保障措施。2014年全省共落实林业投资40.2亿元，突破40亿元大关，其中中央投入33.6亿元；完成营造林面积32万公顷，占国家林业局下达任务数31.3万公顷的102.1%，森林覆盖率增长1个百分点，达到49%。全省完成育苗面积0.26万公顷，生产合格苗木7.52亿株。马尾松3个家系、油茶9个优良品种通过审(认)定。全省基地供种率达85.7%，良种使用率达55.68%。天保工程二期完成营造林1.69万公顷、森林抚育1.07万公顷。国家正式启动新一轮退耕还林后，贵州率先在全国完成了农民意愿摸底调查，争取到退耕还林计划任务4.67万公顷，在全国11个工程省区中排名第二。安排毕节市等4个市(州)的9个重点县实施省级退耕还林2万公顷，超计划0.67万公顷。完成巩固退耕还林成果林业项目营造林6.19万公顷、2013年追加巩退营造林面积0.78万公顷、配套荒山造林面积0.46万公顷。完成石漠化综合治理林业建设任务10.66万公顷，在全国排名第二。完成通道绿化，城镇、工业园区周边和村寨绿化，贵阳环城绿化面积0.64万公顷。完成中幼林抚育30.66万公顷。划定国家储备林5.34万公顷，超额完成任务并运用信息系统规范管理，在全国处于领先水平。《贵州省义务植树条例》颁布实施，全省共完成义务植树5596万株。截至2014年年底，全省森林面积达863.33万公顷，活立木总蓄积量达4.31亿立方米，森林蓄积量达4.01亿立方米。完成国有林场生态林划定试点任务3.7万公顷，超额完成任务。集体林权制度改革继续深化，全省林权抵押贷款面积3.96万公顷，贷款金额12.7亿元，同比增长10%；流转面积26.4万公顷，同比增长17.8%；政策性森林保险投保面积达580.1万公顷，其中公益林投保面积480.58万公顷，公益林政策性森林保险基本完成；建立林权交易服务机构49个，同比增长28.9%，建立森林资源资产评估机构14个，同比增长17%。全省成立各类林业合作经济组织2601个，同比增长33.4%。19家林业专业合作社被授予全国农民专业合作示范社称号。

2014年，贵州省林业厅组织编制《贵州省刺梨产业发展规划(2014～2020年)》，新增刺梨面积1.42万公顷。完成无患子能源林基地建设0.24万公顷。新建油茶林1.54万公顷。用好用足省级林业产业财政专项资金3200万元，带动社会资金7.85亿元投入林业产业。全省共签约项目126个，已履约项目115个，到位资金60.71亿元。贵州省林业厅牵头实施的6个园区建设入驻企业65家，其中龙头企业为16家，投入总资金9.49亿元，实现总产值6.59亿元、销售总收入5.17亿元。玉屏县油茶示范园区在2013年度全省100个现代高效农业示范园区考评中名列第8位。全省森林公园接待游客3000余万人次，实施直接旅游收入40亿元，较2013年增长18.7%和71.6%。全省林下经济经营面积达32.9万公顷，产值达51.13亿元。全年林业总产值达610亿元，比2013年增长21.16%。

2014年，贵州省纳入森林生态效益补偿的328.58

万公顷国家级公益林已全部落实管护责任；地方公益林补偿标准由每年每公顷75元提高到120元，省级财政每年增加投入4500万元。完成占用征收林地审核审批624起，面积0.36万公顷，征收森林植被恢复费3.21亿元，首次对违法占用林地项目的县级人民政府分管领导进行了问责。在全省28个县(市、区)开展委托行使部分占用征收林地审核审批权试点。

全省森林公安机关机构名称逐步统一规范，贵州省林业厅森林公安局更名为贵州省森林公安局并具独立法人资格。组织开展"雷霆行动""天网行动"和"六个严禁"等专项行动，全省森林公安共受理各类案件7503起，查处7025起，其中刑事案件1437起，查处率为93.63%，处罚各类违法犯罪人员1.2万人。根据国家林业局森林公安局通报，贵州省2014年上半年百名民警刑事立案数、破案数均在全国排名第一。林业灾害防控有效，《贵州省森林防火条例》正式颁布实施，全省共发生森林火灾201起，受害率仅为0.058‰。全年林业有害生物成灾率仅为0.08‰。

2014年，贵州佛顶山省级自然保护区成功晋升国家级自然保护区。六盘水市、铜仁市以及赫章等5个市(县)成功申报野生植物之乡并获授牌。贵州省政府新闻办组织召开新闻发布会，对外发布贵州省全国第二次湿地资源调查成果。针对贵州省10年来自然湿地资源衰减的形势，贵州省委书记赵克志、省长陈敏尔、副省长刘远坤等省领导分别对湿地保护工作作了重要批示。组建了贵州省湿地保护中心，累计10处国家湿地公园成立了管理机构，落实了管理人员。阿哈湖国家湿地公园试点建设通过验收，成为贵州第二个国家湿地公园。都匀清水江等11处湿地被列为国家湿地公园试点。《贵州省湿地保护发展规划(2014～2030)》获贵州省人民政府批复同意实施。

2014年，贵州省林业厅党组被省委党建领导小组评为先进党组。贵州省林业厅荣获2013年省直单位职能绩效目标考核获优秀奖、创新奖，实现"五连冠"。在深化第一批群众路线教育活动中，厅领导班子和班子成员细化整改"四风"问题整改措施共83条。新建厅机关内部规章制度11项，修订22项。林业重要政务信息采用得分排名全国第四，为历史最好排名。全年共在《人民日报》、中央电视台、贵州电视台、《贵州日报》《中国绿色时报》等媒体播(刊)发全省林业新闻708条，为生态林业民生林业发展凝聚正能量。

【贵州省委书记赵克志连续两次对湿地保护工作作出重要批示】 针对10年来贵州自然湿地急剧衰减的严峻形势，4月份，贵州省委书记赵克志连续两次对湿地保护工作作出重要批示。4月11日的批示内容为："要高度重视湿地保护工作，认真总结湿地减少的原因，修补制度，加强监管，严格保护湿地"。4月23日的批示内容为："我省湿地资源珍贵脆弱，只能保护，不能破坏；只能增加，不能减少；只能科学利用，不能放任退化。各级各有关部门要把湿地保护工作牢牢抓在手上，全面提升湿地保护管理水平，坚决遏制我省湿地减少退化的势头"。

【贵州省委书记赵克志等省领导参加义务植树】 3月15日，贵州省委书记赵克志，省委副书记、省人民政府省长陈敏尔，省委副书记李军等，到贵阳市重要水源地——红枫湖畔参加义务植树活动，以实际行动带领全省干部群众推动《贵州省义务植树条例》的实施。省委常委谌贻琴、孙永春、秦如培、廖国勋、陈刚，省人大常委会、省政府、省政协和省军区、省武警总队领导，省绿化委成员单位、省直有关部门、贵阳市负责同志等200多人参加了当天的植树活动，共栽植树木1000多株，面积2公顷。

【贵州省在全国率先召开生态文明建设大会】 6月9日，贵州省委、贵州省人民政府在全国率先召开全省生态文明建设电视电话会议。省委书记赵克志出席并对贵州建设生态文明先行示范区进行动员部署，明确提出了贵州生态文明建设的目标和任务。赵克志特别强调，要把生态建设、植树造林作为全省生态文明建设的首要任务来抓，向石漠化发起总攻，把植树造林这件最紧迫最长远的事情办好。

按照大会的要求，6月10日，贵州省林业厅及时召开套会——全省林业系统生态文明建设工作推进会暨市州林业局局长座谈会，及时贯彻落实大会精神。

【加强生态环境建设工作】 3月18日，贵州省委副书记、省人民政府省长陈敏尔在省政府第27次常务会议上指出，要以更大的决心、更硬的举措，以踏石留印、抓铁有痕的劲头，下大力气抓大气污染防治，努力消除人民群众的"心肺之患"，不断提升人民群众幸福感。

陈敏尔强调，解决大气污染问题，根本上取决于3条，一是取决于结构优化，二是取决于生态环境优化，三是取决于生态文明体制机制改革创新。据统计，一公顷树林每天能吸收二氧化碳1005千克、释放出氧气735千克。树木还具有黏附空气中尘埃的作用，一公顷树林一个月可吸收二氧化硫60千克，一年可吸收尘埃300～900吨。加强生态环境建设，是治理大气污染最管用、最有效的战略举措。要推进退耕还林、植树造林、石漠化综合治理、草地湿地恢复保护等重点生态工程，确保2014年森林覆盖率提高到49%。在城镇化过程中，要高度重视绿化工作。绿地能够净化空气、吸纳扬尘、调节气候。要舍得腾出黄金地段建设公共绿地，实现景观美化与大气净化的有机统一。要加大立体绿化建设和园林式单位、园林式小区创建力度，下大力建绿、造绿、添绿，让群众拥有树荫环抱、绿茵遍地、四季葱绿的绿色空间。要抓紧划定生态保护红线，加快创建全国生态文明先行区，积极推进生态环保产业园区建设，大力开展生态环保产业专题招商，在生态文明建设领域后发先行，实现发展与生态良性互动。

【7项专题改革助力生态文明建设】 为加强对全面深化林业改革的组织领导，贵州省林业厅于4月1日成立了全面深化林业改革领导小组，下设集体林权制度改革、国有林场改革、退耕还林、生态红线、林地保护责任追究制度、湿地保护、编制森林资源资产负债表等7个专题组，负责研究相关专题的重要改革事项，协调推动有

关改革政策措施的制定和实施。

【全国首张林业自然资源资产负债表实物量表在贵州诞生】 8月7日，《贵州省林业自然资源资产负债表实物量表》已编制完成，成为全国首张林业自然资源资产负债表实物量表。《贵州省林业自然资源资产负债表》是《贵州省自然资源资产负债表》的重要组成部分，其编制是贵州全面深化林业改革的一项重要工作。《贵州省林业自然资源资产负债表实物量表》的指标体系主要包括林地面积、林地质量、森林面积、森林蓄积、森林质量、湿地面积和湿地质量等7个一级指标，以及与一级指标相对应的23个二级指标。

【生态红线正式划定】 9月26日，《贵州省林业生态红线划定实施方案》经贵州省人民政府同意正式实施，明确全省林业生态红线区域红线面积共计613.73万公顷，其中林地592.73万公顷、湿地21万公顷。全省林业生态红线共包括9条，为全国红线条数之最。

【《贵州省林业推进生态文明建设规划》】 6月10日，贵州省在全国率先制定并实施《贵州省林业推进生态文明建设规划》，规划提出，到2020年，全省林地面积达到1000万公顷，森林覆盖率达到50%，森林蓄积量达到4.71亿立方米，25度以上坡耕地和轻度石漠化土地基本得到治理，中度以上石漠化在一定程度上降低等级，从根本上遏制住石漠化扩展势头，“两江”上游重要生态安全屏障功能更趋完备；林业产业总产值年均增长20%、达到1500亿元以上，林业产业集群基本建立；生态文化体系进一步完善，生态文明观念深入人心；支持生态建设的政策体系和维护生态安全的制度体系趋于健全和完善。

【《贵州省义务植树条例》】 1月9日，贵州省第十二届人民代表大会常务委员会第六次会议通过了《贵州省义务植树条例》，从2014年3月1日起施行。其共24条，规定全省范围内年满18周岁至60周岁的男性适龄公民和年满18周岁至55周岁的女性适龄公民为实施义务植树的主体。年满11周岁不满18周岁的未成年人，可以根据实际情况，有组织地就近参加力所能及的义务植树。每年第一季度为贵州省义务植树活动季。其强调，各级人民政府要将义务植树工作纳入国民经济和社会发展规划，将义务植树所需经费列入年度财政预算，要根据土地利用总体规划、林业发展长远规划、城乡建设规划和水土保持规划等制定义务植树规划。

【开展委托县级林业主管部门办理部分占用征收林地行政许可试点】 为进一步简政放权，贵州省林业厅决定从7月1日起，开展将部分占用征收林地行政许可委托息烽等28个县级林业主管部门办理的试点工作。即将省林业厅行使的部分占用征收林地[含永久性占用征收防护林地、特种用途林地面积0.3333公顷以下(不含0.3333公顷，下同)，永久性占用征收其他林地面积0.6667公顷(不含0.6667公顷，下同)以下，或者永久性占用征收林地面积分别在前述标准的50%以下的审核权和临时占用防护林地或者特种用途林地面积5公顷以下(不含5公顷)，其他林地面积10公顷以上20公顷以下(不含20公顷)]的行政许可权限委托给县级林业行政主管部门行使，并对委托事项、监督检查、行政许可流程、期限、森林植被恢复费征收和技术培训等作了相应规定。试点工作开展期间，贵州省林业厅将加大监管力度，对息烽等28个试点县的工作开展定期或不定期的检查。

【《贵州省刺梨产业发展规划(2014～2020年)》】 9月16日，贵州省人民政府正式批复由省发展改革委和省林业厅组织编制的《贵州省刺梨产业发展规划(2014～2020年)》(以下简称“规划”)，明确提出，贵州将依托发改、林业、扶贫等工程项目，到2020年，在黔南州、安顺市、六盘水市、毕节市等4个市州新建刺梨基地6万公顷，全省总面积达到8万公顷。通过对现有企业的扶持和加大招商引资力度等方式，建成生产、加工、贮藏、销售一体化的产业链，力争将贵州打造成为全国最大的刺梨产业带，把刺梨产业建设成为促进农民增收致富和改善生态环境的重要产业。

【建立林业行政执法与刑事司法衔接工作制度】 6月20日，贵州省高级人民检察院、国家林业局驻贵阳专员办、贵州省林业厅联合出台《行政执法与刑事司法衔接工作制度》，标志着贵州林业行政执法与刑事司法衔接问题取得了突破性进展。该制度共有4章21条，对制定林业行政执法和刑事司法衔接制度的目的、适用对象、案件移送的职责和程序、联席会议制度、信息共享、案卷调阅权等作了明确规定，要求检察机关、林业行政执法机关加强工作联系，建立、规范和完善经常性工作联系机制，使工作衔接机制经常化、制度化、规范化。该制度的出台，进一步促进林业行政执法权和法律监督权的有效协作，推动全省林业行政执法机关与司法机关的密切配合，形成打击破坏林业生态环境刑事犯罪的合力，为林业推进生态文明建设增强了制度保障。

【建立省级自然保护区】 1月5日，贵州省人民政府以黔府函〔2014〕6号、7号文件批复同意建立林业系统纳雍珙桐省级自然保护区和湄潭百面水省级自然保护区。

纳雍珙桐自然保护区是以保护光叶珙桐、云贵水韭和十齿花等国家一级保护珍稀植物及其生境为主要对象的野生生物类保护区。该自然保护区位于毕节市纳雍县南部，总面积11 398.22公顷，其中核心区面积为4565.57公顷，缓冲区面积为2293.13公顷，实验区面积为4539.52公顷。核心区分杉木箐、斗篷箐、刺冲和白勒大箐4个片区。

湄潭百面水省级自然保护区是以保护林麝、黄杉等野生珍稀动植物及其生境为主的自然生态系统类保护区。该自然保护区位于遵义市湄潭县南部，总面积19 173公顷。其中核心区面积为6805公顷，缓冲区面积4544公顷，实验区面积7824公顷。

【贵州省成立湿地管理中心】 为加强全省湿地保护管理工作，3月19日，贵州省编办同意将省林业厅“三三五六”办公室更名为贵州省湿地管理中心，为省林业厅内设机构，其宗旨是为全省湿地保护工作提供服务。其业务范围主要是贯彻执行国家有关湿地保护利用的方针政策和法律法规；配合拟定全省湿地保护规划及相关技术标准和规范；开展全省湿地资源调查、动态监测和信息统计工作；开展建立省级以上湿地保护小区和湿地公园专业评审及申报的技术性、事务性工作等。

【《森林对空气PM2.5的影响效应及机理研究》课题研究取得初步成果】 由贵州省林业科学研究院承担的《森林对空气PM2.5的影响效应及机理研究》课题研究自2014年4月以来，对贵阳市环城林带的几种森林类型进行了上百次对比监测，初步监测结果显示：在相应的气候条件和空气污染状态下，贵阳市环城林带的马尾松林、针阔混交林和阔叶林内空气的PM2.5浓度低于林外8%~12%，PM10浓度林内空气比林外低20%~45%。

【出版发行《贵州主要阔叶用材树种造林技术》】 7月1日，由贵州省林科院主持、黔东南州林科所主编的《贵州主要阔叶用材树种造林技术》专著由贵州科技出版社出版发行。该书主要吸收了贵州省林科院主持或科技支撑的“贵州省公益林可持续经营创新能力建设”“濒危药用木本植物保护与开发利用技术研究”“构树多目标培育与产业化技术示范”“贵州乡土阔叶园林绿化树种评价、筛选及苗木培育关键技术研究”“贵州野生珍稀木本观赏植物繁育及栽培示范”等研究成果，在参考省内外有关研究的基础上，对全省62个阔叶用材树种进行了栽培技术总结，对其他阔叶树种的培育技术进行了阐述。

【《贵州湿地常见植物图谱》出版发行】 7月4日，由贵州省林科院主持、黔东南州林科所参加编著的《贵州湿地常见植物图谱》专著由贵州科技出版社出版发行。据贵州湿地植物研究课题组专题调查结果，全省湿地植物共有116科248属521种，其中苔藓植物18科24属30种，维管束植物97科223属490种，维管束植物中包括蕨类植物16科19属23种，被子植物82科205属468种。同时，发现了1个新种，发现了1个贵州的新纪录科、2个新纪录属、10个新纪录种。《贵州湿地常见植物图谱》专著的出版，填补了贵州省湿地植物研究空白，为全省乃至全国的湿地和生态环境保护将起到积极的推动作用。

【林业大事】

1月9日 贵州省第十二届人民代表大会常务委员会第六次会议通过了《贵州省义务植树条例》，从2014年3月1日起施行。

1月23日 贵州福泉市黄丝镇发生山林火灾，造成5名扑火队员牺牲，1名扑火队员重伤。

2月8日 贵州省直机关目标办对2013年度省级机关目标绩效管理考评情况进行了通报。贵州省林业厅荣获2013年度省级机关目标绩效管理考评最高奖：优秀奖和创新奖，实现“五连冠”。

2月19日 贵州省人民政府成立贵州省退耕还林还草领导小组，由贵州省省长陈敏尔任领导小组组长，副省长刘远坤任副组长。

4月16日 贵州省委组织部、省科技厅和省科协联合批准贵州省林业科学研究院为贵州第四批院士工作站。

5月23日 贵州省人民政府副省长刘远坤主持召开专题会议，确认新一轮退耕还林还草农民意愿摸底调查结果，要求以全省实有25度以上旱坡耕地100万公顷以上的基础数据争取国家在计划安排上给予倾斜。形成了《关于研究新一轮退耕还林(草)实施方案编制和重点村造林绿化规划有关问题的会议纪要》(黔府专议〔2014〕101号)会议纪要。

5月26日 经贵州省人民政府同意，地方公益林补偿标准由每年每公顷75元提高到120元，按省、市、县4:3:3的比例由各级财政安排补偿资金。省级财政每年增加投入4500万元。

6月30日 省林业厅党组被省委党的建设工作领导小组命名为“全省机关企事业单位党建工作先进党组(党委)”称号。

7月29日 受贵州省人民政府委托，省林业厅厅长金小麒向省人大常委会报告“十二五”以来全省退耕还林及林业有关工作情况。这是贵州省人大常委会首次对林业工作进行评议。

9月25日 国家发展和改革委、财政部、国家林业局、农业部、国土资源部下达全国年度退耕还林还草任务33.33万公顷，其中贵州省4.6万公顷，在全国11个工程省区中排名第二。

(贵州省林业由姚超供稿)

云南省林业

【概　述】 2014年，云南省林业系统认真贯彻落实省委、省政府关于生态文明建设的决策部署，准确把握林业改革发展的时代机遇，以深化林业改革为主线，以实施林业十大行动计划为抓手，着力推进“森林云南”建设，为全省生态文明建设和经济社会发展作出了积极贡献。全年完成营造林44.27万公顷，义务植树1.06亿株，低效林改造27.12万公顷，木本油料基地建设17.93万公顷，森林管护1326.67万公顷。

政策研究 围绕生态文明建设和全面深化改革的总体部署，切实加强林业重大理论、重大政策、重大措施的研究。与省科协联合开展“云南省建立国家生态文明试验示范区”战略研究，形成院士专家建议书并获得李克强总理的重要批示，并在第十六届全国科协年会上作为重点报告进行了交流；组织开展云南生态足迹与生态承载力评价研究，在全国率先完成了省级“生态足迹与生态承载力评价报告”；积极开展林业“十三五”发展重大课题研究，为科学编制“十三五”规划奠定了基础；组织开展全省林业专题调研活动，评选出优秀调研报告42篇，在森林资源有偿使用、国家公园特许经营及生态效益补偿政策等方面进行大胆研究和探索，一批研究成果获得了国家级、省级表彰奖励和决策运用。

林业改革 认真贯彻落实中央和省委、省政府关于全面深化改革的决定，成立领导机构，制订《云南林业改革专项方案》，得到国家林业局赵树丛局长的充分肯定，并印发全国林业系统学习借鉴。积极推进林业重点领域改革，报请省委、省政府出台《关于进一步深化集体林权制度改革的意见》，组织开展集体林地确权发证“回头看”活动，全省新发放林权证6万余本；协调省编委印发《云南省自然保护区管理机构管理办法》，为解决长期以来云南省自然保护区管理体制不顺、机构规格混乱、人员编制不齐、经费保障不力等重大问题走出了坚实的一步；启动了林木权证登记管理、征占用林地使用方式创新、国际重要湿地生态效益补偿等改革试点。

生态治理 省委、省政府先后召开了全省造林绿化暨林业改革电视电话会议、环境友好型生态胶园建设现场会、造林绿化玉溪现场观摩会、新一轮退耕还林电视电话会议，组织省直有关部门派出8个督查组深入16个州市对造林绿化工作进行专项督查；各地积极探索创新植树造林模式，引入市场机制，大力加强交通沿线、江河流域、湖泊库区、城市面山生态治理，有力地促进了城乡绿化美化；完善了公益林管护和生态效益补偿政策，积极推进由县级林业部门统一组织管护的公益林管护体系建设；妥善解决了11 521名天保工程一次性安置人员社会保障问题，维护了林区和谐稳定；组织开展了新一轮退耕还林工程摸底调查，编制了省级实施方案，完善了新一轮退耕还林与陡坡地治理政策，顺利启动了工程建设；进一步完善了低效林改造政策措施，创新森林抚育经营方式和机制，提升了改造质量和效益；防护林建设、石漠化治理顺利推进，陆良彩色沙林获国家林业局批准作为国家沙漠公园建设试点；湿地保护管理得到切实加强，省政府出台《关于加强湿地保护工作的意见》，发布《云南省省级重要湿地认定办法》及相关技术标准，编制《云南省湿地生态监测规划》，全面完成了全省湿地资源调查和国际重要湿地生态状况评估，启动了第一批省级重要湿地认定工作，新增国家湿地公园4处；农村能源建设工程深入实施，沼气、节柴灶、太阳能热水器项目分别完成7.97万户、16.32万户、10.61万台，完成率分别为161%、109%、105%；修订完善了《云南省森林生态效益补偿资金管理办法》，统一了中央和省级公益林补偿资金补助标准、使用范围、补偿方式，提升了公益建设管理水平。

产业转型升级 认真贯彻落实省委、省政府关于加快高原特色农业发展的决定，争取省政府出台《关于加快林下经济发展的意见》，按照“不砍树也致富”的理念，大力发展林下经济。进一步调控核桃基地建设规模，优化油茶发展布局，适度扩大澳洲坚果、油橄榄种植规模，组织召开全省核桃产业提质增效现场会，大力推广实用技术，提升基地建设质量，全省共完成木本油料基地建设17.93万公顷。积极推进国家木材战略储备和珍贵用材林基地建设，划定国家储备林8.67万公顷，营造珍贵用材林1733.33公顷。以自然保护区、国家公园、森林公园和湿地公园为依托，加快发展森林生态旅游，完成了国家重要森林风景资源调查，起草了《云南省森林旅游发展规划》和《关于加快云南省森林旅游发展的意见》，出台了云南省首个森林旅游地方标准。加快推进竹产业发展，编制了《云南省竹产业发展规划》并通过国家评审，是全国第一个通过国家评审的省级竹产业发展规划。加大林业新兴经济组织发展和扶持力度，向国家林业局推荐上报了18个国家级农民合作社示范社，按照每户10万元的标准对137个林农专业合作社省级示范社给予了扶持，5个林业龙头企业被国家林业局认定为首批国家重点林业龙头企业。组织开展“森林云南”建设省级示范基地创建活动，第一批认定了15类109个省级示范基地。切实加大招商引资力度，积极与中兴、云药等大企业、大集团开展战略合作，全省签约项目109个，签约资金359亿元，为林业发展注入了新的活力。

资源保护管理 建立健全保护发展森林资源目标责任制，国家林业局对云南省4个县级人民政府进行了考核检查，结果均为优秀。认真落实林地定额和林木采伐限额管理制度，严格林地征收占用和林木采伐审核审批。全年共审核审批各类工程项目占用征收林地申请1235件、涉及林地面积15 234公顷、使用林地定额11 861公顷，收取植被恢复费9亿元；完成森林采伐1500万立方米，占全省采伐限额的47%；办理木材运输证21.7万份，批运木材392.5万立方米。制定了《云南省占用征收林地查验工作规范》，切实维护和加强涉林工程项目使用林地的合法性和严肃性。启动开展了全省新一轮森林资源二类调查、林地年度变更调查和“十三五”采伐限额编制工作，为科学经营森林资源和构建全省森林资源“一张图”奠定了基础。全面推行以森林公安为主相对集中林业行政处罚权的执法模式，整合林业执法力量，充分发挥森林公安机关的“拳头”和“尖刀”作用，提升了综合执法效能；深入开展了全省清理排查非法侵占林地、保护野生动物资源、森林火灾案件预防查处等专项行动，并联合云南专员办共同挂牌督办了10起非法侵占林地典型案件，切实加大破坏森林资源违法案件的查处打击力度；全省林业执法机关共查处各类林业案件25 434起，有力地打击、震慑了违法犯罪分子，保护了森林资源，促进了林区社会稳定；大力加强林业执法队伍建设，全面提升执法办案水平，在全省行政执法案卷评查中，林业系统名列第三，得到了依法治省领导小组的充分肯定。

灾害防控 省政府多次召开会议对森林防火工作进行部署，首次启动了《云南省森林火灾应急预案》I级响应，并派出14个督查组分赴全省各地进行森林防火专项督查，采取有效措施，应对严峻形势，共扑灭森林火灾364起，当日扑灭率达95.8%，森林火灾受害率控制在0.17‰以内，圆满完成了省政府下达的目标任务。积极做好林业有害生物防治工作，加强疫情监测预警，全省共发生林业有害生物30.33万公顷，防治28.30万公顷，防治率达93.32%，林业有害生物发生面积同比减少了3.5%。进一步完善野生动物疫源疫病监测防控体系，新建野生动物疫情监测站8个，确保全省无重大野生动物疫情发生。加强鲁甸、景谷地震灾区林业受灾情况调查统计，科学编制灾后重建规划，争取重建资金1.2亿元，有力地支持了灾区恢复重建工作。

生物多样性保护 成立了云南省生物多样性保护委员会，制订了生物多样性保护战略行动计划任务分解方案，积极争取各方支持加大生物多样性保护投入力度。国家级自然保护区能力建设中央补助资金从1630万元增加到2800万元，设立启动了省级自然保护区能力建设补助项目；极小种群物种拯救保护项目资金增长了2.5倍，保护物种扩大到30个；野生动物公众责任保险实现了全省全覆盖，经费投入由2700万元增加至5200万元，作为全国唯一开展这项工作的省份，得到了全国人大和国家林业局立法调研组的充分肯定。全省第二次野生动植物资源调查全面展开、进展顺利；自然保护区建设管理得到切实加强，发布了《自然保护区规范化建设管理指南》，编制了《自然保护区建设项目生物多样性影响评价技术规范》，一批国家级、省级自然保护区和森林公园总体规划分别获得国家林业局和省政府批准实施。

国家公园建设 国家林业局、云南省人民政府、世界自然保护联盟共同组织有关院士、专家和全国各省(区、市)林业厅(局)在昆明召开了国家公园建设研讨会，国内外主流媒体相继对云南国家公园建设进行了全面报道，极大地提升了云南国家公园的知名度和影响力；国家林业局局长赵树丛对云南国家公园建设进行了专题调研并向中央有关领导及部门上报了调研报告；省政府批准成立了第二届国家公园专家委员会；省林业厅编制了《国家公园公共标识指南》，发布了《国家公园管理评估规范》，启动了怒江等4个国家公园申报工作，开展了全省第二次国家公园管理评估，强化了动态监测管理，全面提升了国家公园建设管理水平，为建立完善国家公园管理体制奠定了基础。

支撑保障 完成了全省乡镇林业站本底调查，编制实施了《云南省乡镇林业站建设规划》，建立了乡镇林业站信息管理系统。整合投入资金2655万元，新建标准化林业站127个、国家一级木材检查站8个，扶持32个国有贫困林场开展林区道路、水电、办公用房改造。林业科研项目储备不断增加，科技平台建设稳步推进，启动实施了省级科技创新项目，省林科院科研基础设施建设稳步推进。强化了林木种苗管理，制定并发布实施林业种苗标准15个，审定认定林木良种35个。林业法制建设快速推进，《云南省国家公园管理条例(草案)》已经省政府常务会议审议通过，《云南省木材运输管理办法》《云南省农村能源管理办法》已列入政府规章立法计划。按照省委、省政府要求，组建了林业厅滇中产业新区分局。深入开展干部人事制度改革，加强干部队伍建设，实施了“百名机关干部到基层、百名基层干部到机关”双向挂职工作，目前已有123名机关和基层干部完成了挂职锻炼；全年举办各类培训140期、培训人员2.2万人次；稳步推进事业单位分类改革，25个厅属事业单位类别得到明确；职称评定实现了向基层倾斜，共有340人取得副高职以上职称任职资格，比2013年增加了180人。

【培育发展苗木新兴产业】 一是构建良种选育推广体系。根据造林绿化用种需求，统筹布局、区域协作、优势互补，加强苗木种质资源的调查、收集和保存工作，建立优异种质资源库、新品种选育基地和苗木良种生产基地，高效、有序地组织开展苗木良种选育推广工作，加快推进苗木良种化进程。二是构建种苗生产供应体系。加强苗木种子生产基地分级分类建设和管理，形成生产基地化、育苗良种化、质量标准化和市场规范化的苗木种子生产供应体系，确保林木良种使用率和基地供种率。培育良种壮苗、珍贵树种苗木和生态林苗木，保障林业重点工程造林和林农造林对种苗的需求。大力培育高规格、多品种苗木，保障城乡绿化种苗需求。三是构建苗木研发创新体系。着力加强品种和技术的自主创新，积极开展名特优新品种引进消化与吸收再创新，鼓励开展专用设施与配套技术研发创新，完善以企业为主体、市场为导向、产学研相结合的技术创新体系。四是构建苗木市场流通体系。规范发展产地批发市场、区域集散市场和城乡消费市场，建设苗木专营网络和零售业态，大力推行连锁经营、网上配送等多种经营方式，大力建设专业化冷链运输体系、包装与储运信息系统等物流服务体系，不断提升经营管理水平。五是加大招商引资力度。吸引国内外知名苗木企业和企业总部落户云南，带动全省苗木研发、生产、流通等产业链优化升级。

【云南省林业厅与省农村信用社联合签署战略合作协议】 协议于1月17日签署，协议规定，双方建立长期稳定的银林合作关系，信用社将在符合信贷政策的前提下，每年提供不低于100亿元的信贷资金支持云南林业产业发展。

【岩溶地区石漠化治理技术研究取得新进展】 1月，《云南省岩溶地区石漠化治理技术规程研究》课题通过验收。该研究延伸完善了传统石漠化的定义，开展了云南石漠化区域分区研究，提出了不同石漠化类型区植被修复的参考物种，对科学设置石漠化综合治理的生物措施和工程措施具有现实指导意义。

【云南省林业厅与省气象局签署协议共同推进森林防火气象合作】 协议于6月17日签署，协议强调，双方坚持优势互补、注重实效、稳步推进、共同发展原则，建立高效的信息共享、合作研发和沟通交流机制，全面提高云南森林防火工作的针对性和时效性。协议明确，畅通省林业厅与省气象局的数据渠道，健全完善双方信息共享机制；联合开发48小时、72小时森林火险气象等级预报产品和旬、月全省森林火险气象等级趋势预测产品，完善预报模型，提高森林火险气象等级预报的时效和精度；利用电视、网络、手机等信息发布渠道，做好森林火险气象预报信息发布工作；完善森林火灾监测信息及时互通机制；完善森林火灾应急联动机制，在遇到重大火灾时，气象部门适时进行现场应急观测和实施人工影响天气作业等；联合开展对森林火灾预警、监测研究和技术手段研发。

【第二个碳汇造林项目正式启动】 6月28日，临沧市举行“滇西南澜沧江——怒江流域植被恢复森林碳汇造林项目”签字仪式，标志着云南省第二个碳汇造林项目正式启动。项目由美国大自然基金会支持，云南省绿色基金会实施。

【核桃种质资源保存库建成】 项目2010年年底落户大理州漾濞县，建设规模84.33公顷，总投资970万元。项目将有效保存核桃种质资源，建立起核桃种质资源数据库，为核桃育种工作提供物质基础和基因资源，促进核桃保护性开发与利用研究。

【建设全国最大澳洲坚果产业基地】 7月，《云南省澳洲坚果产业发展规划(2013年~2020年)》经省政府批准出台。规划提出，到2020年，全省澳洲坚果基地将达到26.67万公顷，重点布局在普洱、临沧、德宏、保山、西双版纳、红河、文山、怒江等8个州市的40个县区，壳果年产量达到100万吨，综合年产值达到660亿元以上。届时，云南将成为全国乃至全球最大的澳洲坚果产业基地。

【云南省林下经济发展促进会成立】 7月23日，云南省林下经济发展促进成立，协会由7家本土企业和专业合作社发起成立。协会提出，到2020年，力争会员达到3000户，会员利用林下土地超过1亿亩，会员林下经济总产值超过1000亿元，会员年总产值超过1500亿元，会员融资超过1000亿元，超过300家会员企业投资和产值都过亿元，30家会员公司上市等量化发展目标。

【启动实施木本油料创新项目】 项目提出，结合当前核桃产业建设中急需攻关的技术，拟用2~3年时间主要开展云南山地核桃高效栽培关键技术、云南核桃遗传资源调查与编目、云南核桃种植区划、云南核桃品种选育、核桃病虫害监测及控制技术、云南核桃品质评价、核桃干燥及贮藏技术、云南核桃标准化体系等方面内容的研究。

【启动建设“云南林业惠农云服务”平台】 9月19日，云南省林业厅、中兴通讯、中信国联实业三方签署“云南林业惠农云服务”战略合作协议，打造全国第一个林业信息、金融、电子商务一体化云服务平台，建立快速便捷沟通渠道，全面实现云南林产业数字化。“云南林业惠农云服务”平台建设分为3个阶段：首先，搭建林农、林权数据信息平台，搭建政府与林农信息沟通桥梁。其次，以数据信息平台为基础，与金融机构共同打造面向林农的金融服务平台，提供国家政策性补贴发放、林产业税费上缴、林权交易等电子金融服务。最后，完成林产品电子商务平台建设，缩短林农生产中涉及的资金流转、生产资料交易、信贷等原本漫长而耗费人力的过程，提供低成本销售渠道。

【《云南省森林生态效益补偿资金管理办法》新修订出台】 《办法》一是首次将中央财政森林生态效益补偿基金和省级公益林生态效益补偿资金统一到一个办法中规范管理，确保补偿资金安全高效运行；二是首次提出各地建立统一的管护体系，引导全省公益林管护从兼职管护向专业队伍管护转变，从季节性一般管护向常年性重点管护转变，打破目前管护模式粗放、管护效果不理想的瓶颈；三是首次实行“管补分离”，把补偿资金分为管护费5元和补偿费10元，取消了原管理办法按比例兑现补偿金的规定，明确了补偿标准。

【云南省林业厅建立挂钩联系重点龙头企业工作制度】 10位厅领导分别挂钩联系符合产业发展政策导向、投资规模大、发展前景好的野生动物驯养繁殖、木本油料、木材加工、森林旅游、特色经济林、林产化工、林浆纸、林下经济等产业类别的10家林业重点龙头企业。《工作制度》明确，每位厅领导每年至少走访2次联系企业，每季度组织对联系企业情况进行汇总，集中分析、研究、协调解决企业发展过程中存在的资金、土地、劳动力、原材料等具体困难和问题；对重大项目建立健全联系、报告、服务制度；及时向联系企业传达政策导向、服务措施和管理要求。

【陡坡地生态治理工程补助标准每公顷提高至22 500元】 云南结合国家新一轮退耕还林政策，将省级陡坡地生态治理项目补助政策提高为22 500元/公顷，其中：种苗造林补助费4500元/公顷，现金补助18 000元/公顷。资金分3次兑付，第一年补助12 000元/公顷(其中种苗造林补助费4500元/公顷)、第三年补助4500元/公顷、第五年补助6000元/公顷。种苗造林补助4500元/公顷由各地林业主管部门统一管理、统一负责组织实施；现金补助由各县(市、区)财政部门根据林业主管部门的检查验收结果直接兑付。2012年、2013年已实施的省级陡坡地生态治理项目按原政策补助标准执行。全省2014年度陡坡地生态治理工程计划任务1.33万公顷，省级财政投资1.6亿元，涉及12个州市、27个县(市、区)。

【成立极小种群物种保护联盟】 12月27日，云南极小种群物种保护联盟在昆明成立。联盟由云南省绿色环境发展基金会发起，联合阿拉善SEE基金会、云南省参与式发展学会生物多样性专业委员会、云南省杨善洲绿化基金会、野生动物植物保护国际FFI等在云南从事环保事业的基金会、协会及媒体成立。联盟以“集中资源，凝聚力量，形成合力，广泛推动，保护好每一种极小种群物种及栖息地”为使命，旨在通过保护云南极小种群物种，对全国范围的极小种群保护提供示范带动，彻底改变云南动植物保护“单打独斗”的工作局面。

【首批109家“森林云南”建设省级示范基地出炉】 为充分发挥典型示范带动作用，调动社会力量投入林业建设，提升林业品牌形象，加快推进“森林云南”建设，进一步打造林业生态建设、产业发展、森林生态文化建设等各个领域亮点，2014年省林业厅在全省开展了“森林云南"建设省级示范基地创建活动。经过林业部门层层审核筛选，首批109家单位被授予"森林云南"建设省级示范基地荣誉称号。其中包括19个特色经济林示范基地，4个低效林改造示范基地，2个防护林体系建设示范基地，2个森林旅游示范区，3个森林旅游示范村，2个野生动物驯养繁殖产业示范基地，30个观赏苗木产业示范基地，12个森林庄园，6个科技推广示范基地，5个天然林资源保护工程示范基地，5个公益林经营管护示范基地，11个退耕还林示范基地，1个湿地保护示范基地，6个农村能源示范基地，1个林木良种繁育示范基地。

【林业大事】

2月12日 《云南省森林云南示范基地建设有关称号申报认定办法(试行)》正式印发。

4月3日 云南省林业科学院与新西兰皇家植物与食品研究所签署协议，共建"中新云南森林植物培育与开发利用联合实验室"。

4月28日 由国家林业局、云南省人民政府、世界自然保护联盟联合主办的国家公园建设研讨会在昆明召开。

5月21日 云南省林业厅聘请3位律师为常年法律顾问。

7月30日 云南省委、省政府印发《云南省全面深化农村改革总体方案》及《云南林业改革专项方案》。

7月30日 云南省委、省政府印发《关于进一步深化集体林权制度改革的意见》。

7月31日 云南省第一家由林业部门组建成立的林业产业实用技术培训学校——"昭通市林业产业实用技术培训学校"正式揭牌开班。

8月19日 《云南省人民政府关于加强湿地保护工作的意见》印发。

9月18日 云南坚果行业协会在临沧成立。

12月24日 云南省林业厅第三届专家咨询委员会在昆明成立。

(云南省林业稿件由秦洪锦提供)

西藏自治区林业

【概　述】 2014年，全区完成造林绿化任务8.27万公顷；全年到位林业建设资金18亿多元，占"十二五"规划投资的22%，与2013年同期相比资金到位率提高19%；林业生态保护与建设稳步推进并带动农牧民增收9亿元、同比增长6%；实现林业产值22亿元、同比增长9%。

林业生态建设 西藏自治区把生态建设作为推进生态西藏、美丽西藏建设的重要举措。一是造林绿化。2014年，全区完成人工造林和封山育林8.27万公顷，占年度计划的109.2%，同比增长23%；组织国家林业局中南林业调查规划设计院和西北林业调查规划设计院编制《西藏"两江四河"流域造林绿化工程规划》，并原则通过规划编制领导小组的审查。同时在日喀则地区南木林县艾玛乡启动"两江四河"流域造林绿化工程，投资5750万多元，营造生态防护林0.09万公顷。二是实施国有保障性苗圃扶持工程。对以自治区林木科学院为主的全区20个国有保障性苗圃进行扶持，先后投入资金达5000余万元，有力地增加了国有苗圃发展后劲，为提高林木种苗自给率打下基础。三是防沙治沙。落实中央投资1000万元，完成噶尔县沙化土地封禁保护补助试点2013年度建设任务；完成定结县沙化土地封禁保护补助试点的外业勘测及方案的编制工作，2014年建设资金到位1000万元；根据《西藏自治区2013年生态安全屏障保护与建设规划防沙治沙作业设计》，投资1.20亿元在拉萨、山南、日喀则、林芝、阿里5地(市)实施封沙育草等防沙治沙项目4.12万公顷任务；投资2739万元，完成2013年度自治区财政防沙治沙专项建设1775公顷治沙任务；完成第五次全区荒漠化和沙化土地监测的外业调查工作。

森林资源保护 西藏森林资源十分丰富，为保护好这些珍贵的森林资源，自治区林业厅多措并举加强森林资源保护。一是加强资源林政管理。国家财政部下拨2014年中央财政森林生态效益补偿基金7.72亿元，同时国家将西藏自治区国有公益林管护标准从2015年开始提高到105元/公顷，并纳入国家财政年度预算，使全区每年中央财政森林生态效益补偿基金总量可达10.5亿元，森林生态效益补偿政策在为农牧民带来增收的同时极大地提高了农牧民管护森林资源的积极性；出台《西藏自治区公益林管护办法(试行)》，并在林芝地区工布江达县召开森林管护工作现场会；组建公益林专业管护队伍，全区确定拉萨市林周县等19个县为公益林专业管护试点县，每县试点建立一支公益林专业管护队伍，每支队伍由5名专业管护员组成，19个公益林专业管护队伍组建完成，地方财政拨款5000万元资金启动19个试点县专业管护站站房建设。此举得到自治区人民政府的充分肯定；完成全区74个县(市、区)的森林资源二类调查成果的审定工作，并请示自治区人民政府正式公布二调结果。从二调数据统计看，西藏近十年森林面积增加159.02万公顷、森林活立木蓄积量增加1.9亿立方米；2014年全区共下达木材生产计划为85.16万立方米，占"十二五"期间年森林采伐限额的40.5%；全年共办理占用征收林地项目53宗，占用征收林地面积424.57公顷，征收森林植被恢复费3015.32万元；全年全区共发生林业行政案件138起，案件发生总数与2013年同期相比总量呈下降趋势，同比下降39%，查处138起，查处率100%。二是强化生物多样性保护。2014年，全区共落实野生动植物保护、自然保护区建设和湿地保护与恢复项目30多个，到位资金2.32亿元。有效控制2014年5月31日至6月4日在南木林县仁堆乡发生的岩羊不明死亡现象，该区域未再发现疫情。同时，积极做好2014年10月以来日喀则地区昂仁县、那曲地区尼玛县藏羚羊死亡疫情防控工作，查明死亡原因并向国家林业局申请防控经费74.10万元；新增农牧民协议野生动物疫源疫病监测员24人，将全区非公益林自治区级以上自然保护区管护员和野生动物疫源疫病监测员补助资金标准提高为每人每月600元；组织申报2015年"珍稀濒危物种野外救护与繁育""珍稀濒危物种调查监管"5类项目24个，共申请资金5886.67万元；组织珠峰、色林错等9个自然保护区申报西藏生态安全屏障基础能力建设项目；获批2014年羌塘屏障项目投资2998万元，项目全面启动，到位资金2998万元；获批类乌齐、芒康等6个保护区补贴资金项目，珠峰、羌塘、色林错国家级自然保护区棚户区(危旧房)改造工程1991户，拉姆拉错、朱拉河、嘉乃玉错、麦地卡、玛旁雍错湿地保护与恢复项目5个，共落实资金5330万元；组织全区24处未编制总体规划的地县级自然保护区开展总体规划编制工作，规划成果材料及相关文件正式报自治区环保厅审查备案；组织验收桑桑、玛旁雍错、班公错湿地保护与恢复工程。三是加强林业灾害防控。在全区范围内开展为期3个月的"天网行动"，出动警力135人次、车辆125台次，清查整治古玩城、花鸟市场等20处，涉案价值共计355万元。办理各类案件93起，处理违法犯罪人员118人、收缴野生动物502头(只)；强化森林防火工作。据统计，全年全区没有发生一起森林火灾，创造了历史同期最好成绩。四是狠抓林业有害生物防治工作。据统计，2014年全区林业有害生物发生面积为27.69万公顷，完成防治面积16.33万公顷。开展调入苗木"三证"查验和复检、产地检疫，共检疫苗木500余万株，检查调运区内苗木车次300余辆。日喀则地区森防站在苗木调运复检工作中就地销毁携带西藏自治区补充检疫对象白杨透翅蛾的新疆杨8.3万株。自治区森防站和拉萨市林业局在联合检查过程中要求拉萨市达孜县中心苗圃对疑似携带杨干透翅蛾的1万株新疆杨进行隔离试种。编写《云贵川渝藏林业植物检疫联合执法专项行动简报》28期。

【天然林资源保护工程】 全面停止天然林商品性采伐，大幅度调减森林资源采伐限额；配备具有责任心、工作踏实的农牧民管护人员对127.67万公顷的天然林进行常年管护，确保森林资源安全；完成了人工造林0.03万公顷，封山育林0.19万公顷；落实天保工程中央预算类投资320万元，财政专项投资9611万元；组织完成天保工程自查和自治区级复查工作，并配合国家林业局完成工程年度核查工作。

【退耕还林工程】 2014年，实施2013年度退耕还林荒山荒地造林和封山育林项目0.67万公顷，落实项目资金1850万元，全部拨付各工程县，建设任务全部完成；完成2013年度巩固退耕还林成果专项规划年度建设任务，2600万元资金按各工程县《实施方案》全部拨付到县；落实兑现退耕还林原政策和完善政策补助资金3582.60万元；启动新一轮退耕还林工程，开展调研摸底工作，初步编制完成省级实施方案；完成退耕还林工程2014年的省级复查及督促检查工作。

【林业产业】 编制出台《西藏自治区林业产业发展规划》，开展特色经济林、苗木、林下资源、林产品精深加工、森林旅游基地建设的推动和建立工作，申报林业产业扶持项目4个并落实项目资金1529.72万元，申报国有贫困林场扶贫项目3个并落实资金430万元。

【林业信息化】 建成覆盖自治区、地区、县的三级防火网络和林业厅数据中心，实现自治区、地区、县三级防火指挥机构的视频会议、协调指挥和森林防火工作信息化；改版升级厅门户网站，改版后的网站刊登信息1600余条，访问量从150人/天增加到现在近600人/天，新浪微博关注者达到1.4万人。

【生态文化建设】 与中央电视台合作，开展《我们与藏羚羊》大型科考直播系列报道，先后在央视播出116条新闻，直播26场。各大媒体播发280余条新闻和10集专题片；遴选6个村上报中国生态文化协会，其中4个村获选"全国生态文化村"；编印全区8个林业系统国家级自然保护区宣传手册等8000余册，在"世界湿地日""世界野生动植物日""环境日"等开展集中宣传10余次，向全区发放各种宣传资料、画册、宣传扑克1万份；完成湿地资源调查数据库核实，组织协调自治区人民政府新闻办公室举行全区第二次湿地资源调查成果新闻发布会；向上级部门报送林业信息220条，采用率79%并得到上级部门和有关领导的肯定与好评；完成25件自治区人大代表建议和政协委员提案的答复工作，代表、委员满意率100%。

【基础性工作】 组织编制并上报"十三五"林业发展规划总体思路；完成昌都地区2013年度中幼林资源调查和年度森林抚育设计工作及2015～2017年度全区7地(市)的生态安全屏障保护与建设项目防护林工程和防沙治沙工程的外业调查工作及实施方案、作业设计文本的编制；开展野生动物驯养繁殖经营利用检查工作、野生动物资源二调工作；完成国家林业局在全区部署的首批3个"美丽乡村"建设项目实施方案；完成各地区申报的2015年度农业综合开发林业生态示范项目申报书和名优经济林基地示范项目可行性研究报告共17项；与中国林科院、西南大学联合开展"生态型桑树良种选育项目"的研究，引进桑树品种24个；与中国科学院植物所联合开展"困难立地树种选育和造林技术"研究，引进了樟子松、沙地柏、紫穗槐、四倍体刺槐等品种2万多株；与中国林科院林业所、东北农业大学联合开展"小浆果良种引种试验"，引进树莓、平欧杂家榛等品种20多个。

【林业大事】

3月12日 拉萨市林业绿化局在拉萨河南岸组织大型义务植树活动。参加这次活动的有区、市两级四大班子领导、区直机关、市直机关、武警官兵2000多人。自治区党委书记陈全国参加义务植树活动并作重要讲话，对林业工作作出重要指示。

3月29日 自治区党委组织部、自治区林业厅组织的第七批援藏干部义务植树暨3月份党日活动在拉萨市堆龙德庆县羊达乡通嘎村举行，活动的主题是："绿色援藏 红色生日 共建祖国生态安全屏障"。来自第七批中央和国家机关、北京、江苏援藏干部和博士服务团近200人参加活动。

5月 自治区人民政府批准印发执行《西藏自治区林业推进生态文明建设规划纲要(2013～2020)》。

9月4日 全国林业援藏工作座谈会在西藏自治区拉萨市举行。自治区主席洛桑江村、国家林业局副局长张建龙出席会议并讲话。自治区副主席边巴扎西，自治区政协副主席阿旺，自治区政府党组成员许雪光、纪国刚出席会议，国家林业局总工程师封加平主持会议。国家林业局有关司局、直属单位及四大森工企业负责人，全国17个对口援藏省市林业厅(局)主要领导，自治区相关部门领导、七地(市)行署(政府)分管领导和林业局局长或书记及相关科室负责人，自治区林业厅、武警西藏森林总队、绿化委员会负责人，林业厅直属各单位负责人，厅机关有关处室主要负责人参加会议。

9月29日 自治区人民政府出台《西藏自治区公益林管护办法(试行)》，并于2015年1月1日起施行。

11月12日 自治区人民政府召开全区冬春森林防火工作会议，自治区副主席边巴扎西主持会议并讲话。自治区森林防火指挥部成员单位，各地(市)行署(政府)分管副专员(副市长)、林业局局长、分管副局长、森林公安局局长、防火办主任参加会议。

（西藏自治区林业由陈平供稿）

陕西省林业

【概　述】 2014年，陕西省林业紧紧围绕"关中大地园林化、陕北高原大绿化、陕南山地森林化"生态建设战略，以启动实施丝绸之路经济带新起点建设为契机，开拓创新，扎实工作，圆满完成了各项林业工作任务。全年共完成林业投资100亿元，林业产值达823.7亿元。

【造林绿化】 全年完成造林绿化33.17万公顷，占年度计划的124%，其中：人工造林24.85万公顷，飞播造林3.27万公顷，封山育林5.05万公顷。治理沙化土地7.29万公顷，保护恢复湿地9.78万公顷。实施森林抚育13.63万公顷，1010万余人次义务植树8435万株。重点区域绿化快速推进，完成高速公路林带补植补造366千米，渭河综合整治造林绿化656.47公顷，晋陕峡谷造林绿化0.42万公顷，完成150个村"三化一片林"绿色家园建设任务，人居环境不断改善。

【资源保护】 严格审核征占用林地项目487起，占用林地0.39万公顷，下达人工商品林采伐指标65万立方米。森林火灾受害率和有害生物成灾率分别为0.02‰和3.2‰，均低于中、省控制指标。在全省开展严厉打击非法采石开矿、乱建别墅等毁林占地专项行动、非法侵占林地清理排查、冬季严打、利剑行动、天网行动等专项行动，查处各类林业案件4483起，对破坏森林资源的违法犯罪起到了打击和震慑作用。

【林业改革】 编制了《陕西省创新型林业建设方案》，颁布实施《陕西省森林生态效益补偿基金管理办法》，完成了《陕西省2013年森林生态系统服务功能价值评估报告》。取消和下放林业行政审批项目7项，承接国家林业局下放审批项目2项。全省累计成立林权管理服务中心41个，流转林地25万公顷，林权抵押贷款总额16亿元，森林保险面积扩大到493.33万公顷，保险金额达370亿元。完成了陕西林业集团组建工作，成立了集团管理机构。

【林业产业】 制定印发了《陕西省油用牡丹产业发展规划》(2014～2020)，发展油用牡丹0.61万公顷，西北首条年产1000吨牡丹油自动化示范生产线建成投产。新建核桃、红枣等经济林基地5.58万公顷、改造5.71万公顷。森林旅游再创新高，全年接待游客1824万人次，较2013年增长13%。种苗产业快速发展，全省育苗2.33万公顷，出圃苗木39亿株，种子采收280万千克，在林业重点工程建设中，良种使用率达到45%。

【林业科技】 国家林业局茯茶工程、长柄扁桃、油用牡丹、红枣工程技术研究中心等研究机构在陕相继挂牌成立。加强林业科技创新，组织实施林产品深加工关键技术研究和林业自主科研攻关项目，开展秦巴山区优异生物资源开发等关键技术研究。积极推进科研成果转化，让科研成果加快应用于林业生产实践，真正转化为生产力。2014年全省共建"十百千"科技示范基地10个，科技示范点143个，科技示范户1075户，完成各类实用技术推广示范面积6.31万公顷。

【重点工程】 新一轮退耕还林工程正式启动，落实工程建设任务4万公顷。天然林保护工程进一步落实管护责任、健全管理体系，管护效果良好。"全面治理荒沙三年行动"累计完成荒沙治理20.27万公顷，超额完成任务。第五次荒漠化和沙化监测启动实施，外业调查全面完成，已通过国家检查验收。

【野生动植物保护】 结合全省野生动植物保护工作实际，利用"国际湿地日""世界野生动植物日""爱鸟周""同在地球上，共享大自然"科普宣传、"学生野生动植物保护科普讲座"等形式多样的活动，不断提高公众对野生动植物的保护意识，有效地保护了野生动植物种群安全。

全年成功繁育3只大熊猫幼崽，朱鹮繁育成活355只，人工繁育林麝1800余头；经国家林业局批准活捕3

只川金丝猴补充人工种群种源。朱鹮异地野化放飞取得成功，继2013年在秦岭以北的铜川沮河流域成功野化放飞32只朱鹮后，2014年在宝鸡千湖湿地公园野化放飞30只朱鹮。目前，铜川放飞的朱鹮已适应环境，并于2014年顺利孵化出了第二代小朱鹮；在宝鸡放飞的朱鹮已逐渐适应环境，活动正常。

【"丝绸之路经济带新起点"建设】 贯彻中省"丝绸之路经济带"战略部署，制定《推进"丝绸之路经济带新起点"建设陕西林业行动方案》，启动实施"一带两城三库百园千亿"载体建设。一带建设：丝绸之路泛关中生态示范带。依托关中大地园林化建设，以亚欧大陆桥陕西段为轴，立足关中，辐射陕南陕北，打造丝绸之路泛关中生态示范带。以亚行丝路综合生态系统项目为载体，加快丝绸之路陕西段综合生态系统保护建设。以创建国家森林城市、绿化模范城市和园林城市为抓手，打造丝绸之路关中国家森林城市群。两城建设：在古丝绸之路起点打造上林苑国家生态科技产业城，推动林果业、药材、生态旅游发展，与中国林科院等4院所协同创新，建立古树名木、茯茶、红枣、猕猴桃、花椒、大熊猫、金丝猴等国家工程技术研究中心，加快动植物资源的保护、利用和林业关键技术研究与应用。建设中国大漠生态城，促进区域生态、生产研发、旅游协调发展，开展干旱、沙化防治、生态修复合作交流。三库建设：丝路暖温带植物资源库、秦岭生物物种资源库、陕西高级食用油资源库，储存动植物种源，发展生态产业，开发高级食用油产品，打造生态升级版。百园建设：以陕西100多个森林、湿地、沙漠、动植物公园、自然保护区为载体，与中亚和西北省区在生态保护、旅游方面开展合作交流。千亿建设：推进生态建设产业化、产业发展生态化，坚持巩固壮大林业第一产业，全面提升第二产业，大力发展第三产业，不断培育新的林业经济增长点，大幅度提高特色产业和新兴产业在林业产业中的比重，优化产业结构和生产力布局，实现林业产业总产值1000亿元以上，年均增速30%以上，打造陕西千亿级林业产业集群。目前，"一带"建设已初具规模，完成造林6.53万公顷；"两城"中的大漠生态城已落实用地186.67公顷；"三库"中的秦岭生物资源库建专类园6个，高级木本食用油库启动实施木本油料产业发展项目125个，建设木本油料种植基地8.11万公顷。已建成森林、湿地、沙漠公园106个，林业自然保护区48个。

【林业生态文化】 开展生态文化村评选，黄柏塬等4个村被授予国家生态文化村称号。中小学生森林体验、生态文明教育进课堂和生态文明教育基地创建"三位一体"的青少年生态文明教育工作在全国保持领先。编制《陕西省森林体验工作指南》，组织举办森林体验工作培训班，全面完成了6处森林体验基地和3条生态探秘线路的建设任务，全省参加生态文明教育人数达56万余人次。

《美丽陕西》杂志累计刊出7期，投放到高铁站、机场等重要窗口，成为展示美丽陕西的靓丽名片。与《华商报》合作自然新闻周刊《它世界》，讲述陕西动植物故事，开辟陕西森林文化宣传新阵地。编辑《森林之歌》等书籍，开展"探密太白山采风活动"等形式多样的生态文艺活动。

各级林业部门积极开展弘扬生态文化的各项活动。铜川市组织开展了"绿色进校园""保护母亲河"，营造"公仆林""曙光林""巾帼林"等形式多样的全民义务植树活动。商洛市编辑出版了《林业发展比较研究》《优秀调研文章汇编》《古树名目画册》等刊物。渭南市广泛开展清明节发放"纪念柏"活动，倡导植树缅怀、生态祭奠，得到群众的普遍赞誉。榆阳区打造"杏树文化"，成为榆林生态旅游名片。

【关中地区林业治污减霾】 《关中城市群治污减霾林业三年行动方案》进展顺利，"百万亩森林"和"百万亩湿地"建设任务均完成9成以上。2014年中国林科院对陕西省关中地区林业治污减霾成效进行了评估，结果表明：关中地区林业固碳释氧、清除污染物功能强大，治污减霾效果显著，与其他减排措施相比，林业治污减霾成本低且不会造成GDP损失，保护和发展森林、湿地，对于改善关中地区空气质量具有重要意义。

【古树名木扩繁保护】 为保护、利用好陕西的70万株古树名木，在做好常规保护工作的基础上，转变观念，大胆创新，联合有关科研院所对5000年的黄帝手植柏、2300年的汉武帝挂甲柏和2600年的老子手植银杏等进行克隆扩繁技术攻关，于2014年获得成功。国家林业局认为这是真正意义上对古树的保护，开创了中国古树扩繁的先河。2014年黄陵祭祀活动中对黄帝手植柏克隆苗进行了展示，引起社会广泛关注。

【退耕还林试点示范建设】 在调研论证的基础上，陕西省确定将子洲县双湖峪镇、苗家坪镇、淮宁湾乡作为全省退耕还林先行试点示范建设区，采取统一规划，部门联动，资金捆绑，项目配套，乔灌草相结合，山水田林路综合治理的办法开展试点示范工作。通过一年来的试点示范建设，探索出了几点值得推广的经验和模式：一是集中流转土地，专业队造林，大户、专业合作社经营，发展循环产业。二是工程化造林，3年后移交。三是企业带动，土地入股，合作营林，合同化管理。四是吸收社会资金，通过公开招标确定退耕还林项目实施主体。同时，得出4点启示：一是创新机制，发展现代农业产业，拓宽农民增收渠道，是促进退耕还林的根本措施。二是推进土地流转，全面实施工程化造林，是提高退耕还林质量效益的有效手段。三是实行项目捆绑，综合治理，是整体推进退耕还林的必由之路。四是推行合同管理，严格资金监督，是确保退耕还林取得成效的根本保障。

【天然林保护】 对国有林管护采取局、场、管护站三级管护体系，集体林管护采取县、乡、村、组四级管护体系，组成了专业巡护队—巡护人员—哨卡—检查站，形成了点、线、面相结合的管护网络。各岗位管护人员责任明确又相互配合，严格制止乱砍滥伐、幼林放牧、林区用火、非法采集等行为。对林业有害生物、公益林建设成效进行监测，采取发放宣传资料、入户座谈等方式把护林防火、保护森林等知识和要求送到广大农户手中，提高对天保工程的认识和保护生态环境的自觉性。全省共落实森林管护面积1139.21万公顷，落实森林管护人员23 327人，签订管护责任书23 398份，设立护林站点2262个，设立各种护林宣传标志牌10 387个。

【林业大事】

1月7日 中国野生动物保护协会保护区委员会成立大会在湖南岳阳举办，陕西牛背梁国家级自然保护区成为首批会员单位。

1月8日 采用扦插繁殖的黄帝陵黄帝柏幼苗从温室里的营养杯内移栽到了大盆生长，标志着扩大繁殖保护黄帝柏研究工作取得突破性进展。

1月8日 陕西省林业厅与北京林业大学签署产学研合作框架协议，建立厅校战略合作关系。

3月2日 陕西省“世界野生动植物日”主题宣传活动启动仪式在陕西自然博物馆西广场举行。

3月12日 陕西省森林体验工作座谈会在西安召开。

3月14日 《陕西省油用牡丹产业发展规划》暨《美丽陕西花开四季植物选择方案》论证会在西安召开。

3月27日 大韩民国驻西安总领事馆、中国三星与陕西省林业厅、西安市林业局和西安高新技术产业开发区管理委员会在西安签署了中韩友谊林项目协议，陕西省副省长李金柱出席仪式。

4月12日 陕西省第三十三届“爱鸟周”暨“爱之巢”活动在西安启动。

4月27日 “2014秦岭环保志愿行动”首场示范活动在陕西珍稀野生动物抢救饲养研究中心开展。

4月29日 西北地区首家牡丹油自动化示范生产线启动投产。

4月30日、5月1日 中国首次在秦岭以北地区野化放飞的一对朱鹮在铜川先后顺利孵化出两只朱鹮，标志着中国在北方地区的朱鹮野化放飞研究取得重大突破。

5月14号 中国油用牡丹产业座谈会在杨凌示范区召开。

6月5~6日 2014年全国国有林场信息员培训班在陕西岚皋县举办。

6月25日 陕西省珍稀野生动物抢救饲养研究中心的大熊猫“阳阳”顺利产下一对“龙凤胎”熊猫幼仔。

8月3日 陕西生漆文化与产业发展座谈会在咸阳召开。

9月6日 西北农林科技大学林学院正式确定将太白山自然保护区作为该校教学实践基地，并向太白山自然保护区管理局颁发了“西北农林科技大学林学院教学实践基地”匾牌。

9月16日 “国家林业局茯苓工程技术研究中心”在陕西咸阳成立。

9月17日 秦岭以北第二次朱鹮野化放飞活动在宝鸡市千阳县千湖国家湿地公园举行，共放飞30只朱鹮。

9月18日 陕西林业集团有限公司揭牌暨领导班子宣布会议在西安举行。

10月21~23日 全国野生动物疫源疫病监测防控示范站建设培训班在西安市举办。

11月3日 《关中地区林业治污减霾功能评估》新闻发布会在西安召开。

11月14日 陕西长青国家级自然保护区成功入选首批全球最佳管理保护地绿色名录。

12月2日 国家林业局“油用牡丹工程技术研究中心”授牌仪式在杨凌西北农林科技大学举行。

12月4日 《美丽陕西》杂志正式投放到西安高铁站服务台和贵宾室，并将在沿线宝鸡、渭南、杨凌等高铁客运站的服务台和贵宾室投放，供旅客阅览。

12月22日 陕西省非法侵占林地清理排查专项行动汇报会在西安召开。

（陕西省林业由吕旭东供稿）

甘肃省林业

【概　述】 2014年，甘肃省林业以党的十八届三中、四中全会和省委十二届六次、八次全委(扩大)会议精神为指导，深入贯彻落实全国林业厅局长会议和全省经济、农村工作会议精神，围绕建设幸福美好新甘肃这一大局，立足构建生态安全屏障和大地增绿农民增收两大目标，大力开展生态建设，全面深化林业改革，各项工作有序推进，保持了良好发展态势。

造林绿化 全省完成人工造林22.73万公顷，封山育林8万公顷，中幼林抚育9.22万公顷，财政补贴造林3.98万公顷；新育苗1.69万公顷，全省育苗总面积达到3.93万公顷，年供应苗木11亿株；完成义务植树9355.4万株，新建义务植树基地420个；完成道路绿化9366千米，江河沿岸绿化376千米。沙化土地封禁保护区试点工作稳步推进，实施封禁面积8.87万公顷。张家川、民乐、漳县等国家木材战略储备生产基地建设试点2013年度任务全面完成。

林业投资 全年共落实中央和省级林业建设资金64.84亿元，其中中央投资47.93亿元，比2013年分别增长11.97%和31.91%。国家安排甘肃省林业重点工程建设和造林补贴建设任务16.45万公顷，较2013年增加营造林任务1.84万公顷；其中新一轮退耕还林工程建设任务4.33万公顷，任务量在全国排名第三；国家将环县等6个沙区县(区)纳入第二期沙化土地封禁保护补助试点范围，安排中央投资6000万元。储备林业基础设施建设、科技推广等项目534个。全省森林管护和生态效益补偿面积达到819.4万公顷，年补偿资金9.9亿元。9个在建外资项目进展良好，新增外资项目4个。

深化改革 截至2014年年底，甘肃省累计流转林权21.97万公顷，办理林权抵押贷款33.04亿元，组建农民林业专业合作社1775个，农民利用承包林地造林25.78万公顷。兴办农家乐和森林人家2400户，实现林下经济产值64.95亿元。编制完成了《甘肃省推进生态文明建设林业规划(2014～2020年)》，制订了《甘肃省林业生态红线划定方案》，提出了全省林地和森林、湿地、沙区植被、物种4条林业生态保护红线的意见。

资源管护 《甘肃民勤连古城国家级自然保护区管理条例》纳入甘肃省人大立法计划。研究制订了《森林覆盖率目标责任考核办法》，下发了《关于进一步加强建设项目依法使用林地的通知》。全省共审核审批征占用林地项目208项，查处各类林政案件2950起，查处率99.43%。开展了"森林防火宣传月"和"森林防火宣传周"活动，实施了国家级自然保护区管理能力提升工程。沙尘暴预警监测、林业有害生物防治、野生动物疫源疫病监测防治等应急工作有序开展，林业应急处突综合能力显著提高。

产业发展 全省新增特色经济林果面积6.48万公顷，占年度计划任务4万公顷的162%；完成经济林果提质增效8.32万公顷，占年度计划任务8万公顷的104%。全省经济林果总面积达到134.71万公顷(其中：优质林果基地面积为81.88万公顷)，年产量920万吨，年产值218亿元，农民人均林果收入1410.9元，比2013年增长26.24%。落实省列林果产业发展专项资金3700万元，在42个县区和单位实施示范基地建设；落实省级财政油用牡丹发展专项扶持资金500万元。参加了2014年青岛世园会参展工作，甘肃省以"羲皇故里，寻根访祖"为主题的"始祖园"获得世园会室外展园竞赛金奖。

民生改善 2009～2014年实施的32 882户林业棚户区(危旧房)改造任务，基本建成29 306户，占建设任务的89%；主体竣工26 115户，竣工率84%；实现入住21 718户，入住率达到70%。落实公租房建设任务5000户，中央投资2.1亿元，全部开工建设，基本建成3012户。落实国有贫困林场扶贫中央资金1580万元，在203个国有林场、自然保护区、苗圃、森林公园实施的240处饮水安全项目全部完工，基本解决了林区7.28万人的饮水安全问题。94个天保工程实施单位中，有57个纳入同级财政全额供给或参照事业单位平均工资标准供给。

综合保障 争取各类林业科研、推广项目81项，落实经费3842万元，向国家林业局申报2015年林业科技项目38项。林业行政审批项目由原有的38项减少到28项，减少率达26.3%，全部入驻省政府政务大厅办理；全年共受理行政许可事项557件，按规定时限已办结537件，办结率96.4%。严格落实中央八项规定和省委"双十条"规定精神，压缩会议80场次，精减文件简报980份，削减"三公"经费256.67万元，分别同比减少36%、18%、17%；出国(境)3次，较2013年压缩85%。林业信息化建设进一步加快，开通运行无纸化办公系统。

联村联户 依托"1236"扶贫攻坚行动，充分发挥林业特点优势，创新扶贫模式，完善帮扶措施，深入开展联村联户行动。联户干部累计入户3286人次，宣传政策628次，发放宣传资料9080份，参加群众7510人次；收集民情民意149条，调处矛盾纠纷22起；组织果树栽培、家禽养殖等科技培训69场次，培训农户4357人次。认真组织实施富民项目，在28个贫困村完成荒山造林486.67公顷，经济林果新植补植628公顷，道路绿化26.7千米，培育苗木32.53公顷。

【林业公租房建设】 根据《甘肃省2014年保障性安居工程建设目标任务分解计划》通知，下达林业系统公租房建设任务5000套。截至2014年12月底，中央下达专项投资21 045万元(主体工程17 353万元，基础设施3692万元)，建设任务全部开工，基本建成3012套；建设任务覆盖兰州市、白银市、张掖市、庆阳市、平凉市、陇南市、天水市、定西市等8个市，白龙江林管局、小陇山林业实验局和省林业站管理局、安南坝自然保护区管理局、盐池湾自然保护区管理局、祁连山自然保护区管理局、太子山自然保护区管理局、莲花山自然保护区管理局等9个省林业厅直属单位；惠及178个国有林场、林业工作站、苗圃、林区(保护区)管护站、点，计划2015年全部建成并陆续投入使用。

【新一轮退耕还林】 2014年，国家启动新一轮退耕还林还草工程。下达甘肃省新一轮25度以上坡耕地退耕还林任务4.33万公顷。省林业厅提出了任务分解建议，经与省发展改革委、财政、农业、国土等部门会商一致后，2014年11月下达至8个市州43个县区。同时，甘肃省还制定印发了新一轮退耕还林合同、作业设计规范，开展了退耕还林工程3S技术、谷歌卫星图片等方面的应用研究，积极推进全省新一轮退耕还林信息化管理。

【集体林权综合配套改革】 截至2014年年底，甘肃省林下经济种植面积34.86万公顷，其中经济林果24.18万公顷，林下种药材2.68万公顷，林下培植食用菌0.5万公顷，林下培育种苗花卉1.47万公顷；发展林下禽类养殖891.41万只，林下种草舍饲养畜84.59万头(只)，林区特种养殖38.31万头(只)，兴办森林人家2400多户，建成各类林下经济产品加工企业230个。2014年全省实现林下经济产值64.95亿元。有80个县(市、区)、11家银行开办林权抵押贷款业务，累计抵押林地面积19.58万公顷，发放贷款33.04亿元。全省累计流转林权面积21.97万公顷，实现流转金额4.54亿元。全省已组建林业合作社1775个。

【林业外资项目】 2014年，甘肃省实施的林业外资项目共12项，其中，政府间双边合作项目3个；国际金融机构(亚行)贷款项目1个；国际金融机构(全球环境基金GEF)赠款项目1个；国际组织援助(日本小渊基金)项目7个。项目总投资8973.3万美元(折合55 634.5万元人民币)，利用外资2009.88万美元(折合1.25亿元人民币)。其中：亚行贷款甘肃林业生态发展项目共组织营造经济林1160.66公顷，占项目经济林总造林任务17 977.5公顷的7%。截至2014年年底，项目已累计营造经济林18 265.5公顷，占项目经济林总造林任务17 977.5公顷的102%；组织营造生态林677.03公顷，占项目生态林总造林任务的18%。

【林果产业】 截至2014年年底，甘肃省新增特色经济林果面积6.48万公顷，完成经济林果提质增效8.32万公顷；全省林果总面积达到134.71万公顷，挂果面积72.25万公顷，总产量920万吨，总产值218亿元，农民人均林果收入1410.9元，占全省农民人均纯收入的24.6%，部分主产区农民人均林果收入已达到农民人均纯收入的40%以上。狠抓特色林果基地建设，积极争取省财政林果产业发展资金3700万元，安排林果产业基础较好的42个县区(单位)开展新建标准化示范基地和提质增效标准化示范基地建设，重点发展具有市场潜力的特色树种和优良品种。积极组建了由省、市、县109位专家组成的经济林果产业技术协作组，聘任了13名林果产业发展首席科技专家，林果产业专业信息员队伍覆盖全省68个重点县(市、区)。

【油橄榄产业】 2014年，甘肃省陇南油橄榄产业建设按照“一城两带三园四中心十基地”的战略规划目标，通过栽植补植优良品种，高标准栽植优质油橄榄0.56万公顷，全省油橄榄基地面积已达2.92万公顷，其中挂果面积1.03万公顷，建成39个千亩以上示范点，形成了一批重点乡镇、专业村社、产业片带。年产鲜果1.55万吨，初榨油年产量2325吨，同比增长29%；年综合产值8.5亿元，同比增长28%；受益农户4万多户，户均收入2125元。通过开展科研攻关，制定和申报油橄榄标准10项，编辑出版了《油橄榄品种图谱》《油橄榄栽培技术》。陇南市被国家林业局确定为“国家油橄榄示范基地”；国家质检总局正式批复武都区筹建“全国油橄榄产业知名品牌创建示范区”。

【油用牡丹产业】 2014年，甘肃省全面实施《甘肃省油用牡丹产业发展规划(2013～2020年)》，积极争取省级财政油用牡丹发展扶持资金500万元，按照“先易后难、稳步推进”的原则，优先在发展基础好、自然条件适宜的兰州、白银、定西、天水、临夏、陇南等7个市(州)建立了7个良种种苗繁育基地和6个种植示范基地，建设规模320公顷。

【种苗产业】 截至2014年12月底，甘肃省育苗面积达到43 047公顷。其中，留床面积30 107公顷，占总育苗面积的69.94%；新育面积12 940公顷，占总育苗面积的30.06%。全省苗木产量为69.70亿株。其中，留床株数为42.56亿株，占总育苗量的61.06%；新育苗量为27.14亿株，占总育苗量的38.94%。国有苗圃育苗9460公顷，总产苗量达16.92亿株；国有林场苗圃育苗5127公顷，总产苗量达4.12亿株；企业、集体和个体育苗28 460公顷，总产苗量达48.66亿株。主要树种分为3类：一是生态工程造林苗木，主要有云杉、油松、樟子松、侧柏、落叶松、刺槐、新疆杨、速生柳、毛条、柠条、沙棘、山杏等；二是绿化大规格苗木，主要有云杉、欧洲云杉、铅笔柏、雪松、丁香、海棠、紫叶李、香花槐、国槐等；三是经济林苗木，主要有苹果、核桃、李子、油橄榄、葡萄、红枣、枸杞、樱桃、花椒等。2014年全省共计销售各类苗木16.97亿株，比2013年增加了1.68亿株；销售金额23.53亿元。其中：庆阳达7.44亿元，临夏州达5.2亿元，陇南达1.9亿元，武威达1.67亿元，定西达1.59亿元。所售苗木主要为云杉、侧柏、油松、国槐等城市绿化树种，主要销往西藏、内蒙古、宁夏、新疆等周边省区。

【森林生态旅游】 2014年，甘肃省新建省级森林公园1处(卓尼九洞山省级森林公园)，向国家申报国家级森林公园1处(子午岭国家森林公园)，森林公园总数达到95个。全年接待游客695.66万人(次)，实现森林公园总收入10 666.14万元，全省旅游道路达2079.33千米，接待床位数9479张，就餐容量20 391个，初步形成了森林旅游产业“吃、住、行、游、购、娱”六要素配套发展的旅游服务体系。

【红豆杉培植】 为促进甘肃省野生植物产业可持续发展，甘肃省林业厅积极鼓励和支持国家一级保护野生植物红豆杉的人工培植与繁育，近年来扶持了甘肃省小陇山林业实验局观音林场等17家红豆杉人工培植基地，人工培植红豆杉、南方红豆杉、曼地亚红豆杉数量达395.6万株，培植面积达82.2公顷，有力推动了甘肃省野生植物产业以利用野生动植物野外资源为主向以利用人工繁育资源为主的战略转变。

【中国特有植物庙台槭】 甘肃省分布的中国特有植物庙台槭被国家林业局、国家发展改革委列入《全国极小种群野生植物拯救保护工程规划(2011～2015年)》保护的120个极小种群野生植物。为做好这一珍稀濒危树种的拯救保护工作，甘肃省野生动植物管理局组织专家编制了《甘肃极小种群野生植物庙台槭拯救保护项目实施方案》和《甘肃极小种群野生植物庙台槭巡护监测制度》，组织技术人员对全部野生资源进行了详细的普查并统一编号挂牌、建立身份档案，安排了专职管护员对庙台槭分布区进行定期巡护和监测。根据调查和监测，甘肃省共分布有野生庙台槭成体701株，为国家原统计数据27株的26倍，充分彰显了甘肃省在野生植物保护工作方面取得的巨大成效。

【林业科技】

经费投入 2014年，甘肃省争取各类科研、推广项目81项，落实经费3842万元，比2013年增长19.08%，其中：国家级项目33项、经费3139万元(中央推广项目14项、经费1400万元，国家自然基金项目5项、经费250万元，林业行业专项1项、307万元，行业标准制修订3项、24万元，遗传资源编目2项、35万元，森林认证项目1项、经费12万元，祁连山、张掖黑河和兴隆山生态定位站建设经费651万元，国家重点实验室建设1项300万元，质量检验检测中心建设经费100万元，天水、陇南推广站建设经费60万元)；省级项目48项、经费703万元(科研经费343万元、推广经费350万元，引进外国智力项目经费10万元)。启动实施了"中国西部适应气候变化的可持续土地管理项目"(GEF/OP12 三期项目)，争取项目配套资金40万美元。

科研成果 2014年，获得省级科技管理部门登记科技成果30项，68项科技成果通过国家林业局评审，进入国家林业科技推广成果储备库管理信息系统，1项林业公益性行业科研专项通过国家林业局验收，获得专利9项，出版论著5部，发表科技论文350余篇。5项林业科技成果获2014年度省科技进步奖，其中二等奖2项，三等奖3项；甘肃省林业科学技术奖恢复评奖工作，共评出一等奖3项、二等奖8项、三等奖18项。积极开展自列科研项目成果评价工作，对市(县)林业局、厅直单位完成的15个自列科研项目成果进行了评审和成果登记。

科研平台 甘肃省荒漠化与风沙灾害防治重点实验室—省部共建国家重点实验室培育基地落实300万元建设经费，基础设施不断完善，具备开展各种科学研究的能力，正在准备迎接国家评审。《国家林业局经济林产品质量检验检测中心(兰州)仪器及相关配套设备购置项目实施方案》通过专家评审，落实项目经费100万元。截至2014年年底，甘肃省林业系统有2个省级重点科研院所能力建设单位，2个省级重点实验室，1个省部共建国家重点实验室培育基地，1个国家级荒漠化野外观测站，8个国家级生态定位观测研究站，3个省级生态定位观测研究站，4个省级工程技术研究中心，3个科技创新平台，1个国家林业局经济林产品质量检验检测中心，2个全国林业企事业单位知识产权试点单位。

【全民义务植树】 2014年，甘肃省有义务植树适龄公民1595万人，实际参加义务植树活动的人数达到1416万人(次)，尽责率达88.8%，完成义务植树9355.4万株，占计划任务的103%，人均植树6.6株，新建义务植树基地420个。全省城市建成区绿化覆盖率达32.06%，绿地率达28.12%，人均公园绿地面积达11.76平方米；县城绿化覆盖率达16.15%，绿地率达11.88%，人均公园绿地面积达6.94平方米，人居环境持续改善。

【林业行政审批】 截至2014年年底，甘肃省林业行政审批事项由原来的37项压减为28项，全部入驻省政府政务大厅办理，项目入驻率由原来的63%提高到100%。行政审批事项主要源于森林法、野生动物保护法、防沙治沙法、自然保护区法规、种子法和林业病虫害检疫法等6类法律法规。其中，源于森林法的10项：林木采伐许可证，珍贵树木采伐，临时占用林地，征收、征用或占用林地审核，森林经营单位修筑直接为林业生产服务工程设施占用林地审批，出省木材运输证核发，出口珍贵树木或其制品、衍生物审核，林区内开展森林生态旅游审批，森林防火期内进入森林防火区进行实弹演习、爆破等活动审批，营造林工程监理员职业资格审核项目；源于野生动物保护法的5项：国家二级保护野生动物特许猎捕证审批，国家二级重点保护野生动物驯养繁殖许可证核发，建立固定狩猎场所审批，出售、收购、利用国家二级保护陆生野生动物及其产品审批，运输、携带国家重点保护野生动物及其产品审批；源于防沙治沙法的1项：即防风固沙林带、林网及林木和固沙植被抚育更新采伐审批；源于自然保护区法规的4项：外国人进入林业系统自然保护区审批，进入林业系统自然保护区建立机构和修筑设施审批，在自然保护区缓冲区、实验区从事科学研究、教学实习和标本采集等活动审批，进入自然保护区核心区进行科学研究观测、调查活动审批；源于野生植物保护法规的2项：外国人对国家重点保护野生植物进行野外考察审批，采集、出售、收购林区内国家二级重点保护野生植物审批；源于种子法及林业有害生物检疫防治法的6项：林木种子检验员证核发，国家珍贵树木种子收购和同级人民政府规定限制收购的林木种子审批，林木种苗质量检验证核发，林木种苗生产、经营许可证核发，从国外引进林木种子、苗木检疫、引种审批，森林植物及其产品和其他繁殖材料调运检疫审批。

【林地管理】 2014年，甘肃省共审核审批各类建设项目征占用、临时占用林地项目208项，征占用及临时占用林地面积1657.30公顷，收缴森林植被恢复费5276.59万元。其中：占用征收林地项目107项，使用林地面积1332.62公顷；临时占用林地项目87项，使用林地面积274.11公顷；审批直接为林业生产服务占用林地14项，使用林地面积50.58公顷。

【林木采伐管理】 2014年，甘肃省各级林业主管部门颁发林木采伐许可证4858份，批准采伐森林、林木蓄积量11.24万立方米。其中：颁发耕地等非规划林地林木采伐许可证320份，采伐林木蓄积量0.75万立方米，不纳入采伐限额管理；颁发林地林木采伐许可证4538份，采伐林木蓄积量10.49万立方米，纳入采伐限额管理，占国务院批准甘肃省"十二五"期间年森林采伐限额111.2万立方米的9.44%。按采伐类型分：抚育采伐消耗量3.99万立方米，占抚育采伐限额56.6万立方米的7.06%；更新采伐消耗量1.10万立方米，占更新采伐限额7.6万立方米的14.52%；其他采伐(含低效林改造)消耗量5.39万立方米，占其他采伐限额47万立方米的11.48%。

【林政执法工作】 2014年，甘肃省共发生林政案件2967起，查处2950起，查处率99.43%。其中：盗伐林木案件469起，占15.81%；滥伐林木案件792起，占26.69%；毁坏林木、苗木案件352起，占11.86%；违法占用林地案件272起，占9.17%；非法收购、运输木材案件273起，占9.20%；非法经营、加工木材案件126起，占4.25%；非法猎捕野生动物案件49起，占1.65%；非法收购、出售、运输野生动物及其产品案件32起，占1.08%；违反森林植物检疫案件6起，占0.20%；其他林政案件596起，占20.09%。

【林业大事】

1月23日 甘肃省林业厅组织召开全省林业局局长会议，全面总结了2013年林业建设成效，分析林业发展形势，安排部署了2014年林业工作。

2月18日 甘肃省政府副省长王玺玉一行来省林业厅调研林业工作，省林业厅党组书记、厅长石卫东和全体在家厅领导及有关处室负责人参加了调研。

3月12日 甘肃省绿委会同兰州市绿委在兰州市民广场举办了以“构筑生态屏障、共建绿色家园”为主题的大型宣传咨询活动。

3月19日 甘肃省春季造林绿化电视电话动员大会在兰州召开，会议安排部署了全省造林绿化工作任务。省委副书记欧阳坚、省政府副省长王玺玉出席会议并作了讲话。

4月15日 甘肃省第五次荒漠化和沙化监测工作启动暨技术培训会议在兰州召开。会议安排部署了全省第五次荒漠化和沙化监测工作，对承担此次监测任务的技术人员进行了业务培训。

5月14日 甘肃省陇南市祥宇油橄榄开发有限责任公司、甘肃绿源农林科技有限公司等2家企业被国家林业局认定为首批国家林业重点龙头企业。

7月22日 《甘肃省林业发展“十三五”规划的总体思路及编制大纲》和《甘肃省“十二五”林业发展规划实施中期评估报告》通过评审。

8月6日 甘肃省三北工程黄土高原综合治理林业示范建设项目推进会在庆阳市合水县召开，国家三北局熊善松副巡视员应邀参加了会议。

9月5日 国家森林防火指挥部副总指挥、国家林业局党组成员、副局长孙扎根一行来甘肃省检查调研国家级自然保护区建设和森林防火基础建设等工作。

9月16日 甘肃省林业厅成立了国家生态安全屏障综合试验区建设林业工作领导小组，印发了《甘肃省林业厅推进国家生态安全屏障综合试验区建设林业工作方案》。

9月25日 甘肃省林业厅与省外专局在兰州大学共同举办了首届“国家生态安全屏障综合试验区建设甘肃荒漠化防治国际学术交流会”。来自11个国家的33名外国知名专家与国内20多名专家学者参加了研讨会。

9月28日 甘肃省林业厅印发了《甘肃省集体林地股份制改革试点工作方案》，积极探索建立“林地变股权、农民变股东、收益有分红”的林地经营新机制。

10月25日 2014青岛世界园艺博览会在中国青岛落下帷幕，甘肃省室外展园“始祖园”被评为“2014年青岛世园会室外展园竞赛金奖”。

11月4日 甘肃省现代林果产业建设现场会在甘肃泾川县召开。省委副书记欧阳坚、省政府副省长王玺玉出席会议并作了讲话。

11月18日 国家林业局党组副书记、副局长张建龙一行来甘肃检查指导全省林业工作。

（甘肃省林业由赵俊供稿）

青海省林业

【概　述】 2014年，全省共完成营造林8.79万公顷，其中，人工造林4.51万公顷、封山(沙)育林4.27万公顷。落实各类林业投资24.95亿元。其中，中央投资21.09亿元、省级投资3.7亿元、利用外资0.16亿元，有力拉动了林业生态建设提质增量。

【林业重点工程】

退耕还林工程 完成人工造林任务0.47万公顷、封山育林1.4万公顷。完成了2006年度退耕还林省级验收和国家核查工作。经各县自查上报，省级复查、国家重点核查确认，保存面积0.33万公顷，保存率100%。完成了退耕还林工程政策兑现工作。根据退耕还林工程政策，及时做好证卡印制发放工作，确保补助资金按时足额发放。完成了2014年退耕农户兑现资金3.308亿元(其中完善政策补助资金2.37亿元，直补资金8634万元，生活补助差额资金541.23万元，历年政策补助差额资金205.65万元)，涉及农户29.6万户，135.5万人，户均1118元。

天然林资源保护工程 完成人工造林1333.33公顷、封山育林任务1.43万公顷，完成天然林资源管护367.8万公顷，全省天然林资源得到全面、有效保护。天保工程支持林下经济发展资金950万元，实施国有林场林下经济项目8个，扶持国有林区农户开展“农家乐”及种养殖户共70户。全面开展了公益林、天然林保护补助资金与保护责任、保护效果挂钩工作。对全省102个国有林场为主体的国有管护单位开展考核评比工作，实现项目资金与管理效益挂钩，对达到不同考核等级的国有林场进行相应的资金扣减和奖励，以此激发国有林场发展活力，充分发挥国有林场在森林资源培育、保护和建设生态环境中的骨干和示范作用。

“三北”防护林建设工程 完成人工造林1.25万公顷、封山育林1.45万公顷。完成防沙治沙面积6.11万公顷；在共和、贵南、都兰、海晏4县和格尔木市建设防沙治沙综合示范区，完成治沙造林88.67万公顷。

野生动物保护和自然保护区建设工程 开展了普氏原羚专项调查，全面掌握了冬季普氏原羚在青海境内的分布现状、种群数量及面临的濒危因子等情况，共调查到普氏原种群数量1095只。赴可鲁克湖—托素湖开展迁徙水鸟同步调查试点工作，共记录鸟类12种6333只。国家林业局于2014年将青海省纳入了国家林业局重点保护陆生野生动物造成人身财产损失补偿试点省份，并已争取到补偿资金90万元。组织开展全省野生动物疫源疫病监测防控指导检查，督促各地及时开展好疫源疫病监测巡护工作。

编制《青海“三江源国家公园”建设工作方案》，积极开展三江源国家级自然保护区功能区调整工作。完成祁连山省级自然保护区管理局机构组建工作，并开始运转。组建成立三江源森林公安机构，执法管护能力得到提升。天峻县弧山区域纳入祁连山省级自然保护区范围进行管理。结合全省生态环境大检查，开展了两次保护执法专项行动，取得了积极成效。着手开展祁连山自然保护区生态恢复与治理工作。

湿地保护工作 积极争取开展青海省湿地生态效益补偿试点、湿地保护奖励试点和湿地保护与恢复项目，落实中央财政湿地补贴资金7850万元。将青海湖国家级自然保护区及周边湿地纳入国家首次开展的湿地生态效益补偿试点范围，将格尔木市、祁连县和门源县纳入国家首次开展的湿地保护奖励试点范围。首次以省政府名义召开了青海省湿地资源第二次调查成果新闻发布会。全省湿地资源面积为814.36万公顷，占全国湿地总面积的15.19%，湿地面积居全国第一。新批准祁连黑河源等8处国家湿地公园(试点)，全省国家湿地公园达到11处，总面积21.1万公顷。贵德黄河清、西宁湟水河、河南洮河源3处国家湿地公园建设全面启动。制订印发了《青海省湿地保护奖励管理办法》《青海省重要湿地标识规范》《青海省湿地监测技术规程》。委托中科院遥感与数字地球研究所对青海湖鸟岛、扎陵湖、鄂陵湖3处国际重要湿地进行了价值评估，3处国际重要湿地生态系统总价值达247.96亿元，湿地生态系统较为健康，青海省境内的国际重要湿地为切实履行国际公约发挥了重大作用。

【森林资源管理】 落实重点公益林管护面积496.09万公顷。强化公益林管理。专题申报2014年度中央财政森林生态效益补偿基金，会同省财政厅编制了《青海省2014年森林生态效益补偿基金实施方案》和《青海省天然林保护工程二期2014年森林管护实施方案》。开展了国家级公益林管护奖补考核试点工作。做好征占用林地管理和审批工作。对工程建设征占用林地项目进行严格审核审批，做好森林植被恢复费的征收和使用管理。共审核审批征收占用林地项目150项，占用征收林地面积1124.14公顷。组织开展了全省开展林地变更调查和森林资源二类调查、青海省第五次荒漠化和沙化监测工作。

【造林绿化】

国土绿化 积极顺应人民群众对宜居环境和生态产品的需求，转变思路，加大投入，着力构建城镇园林化、道路林荫化、村庄全绿化、农田林网化格局，让人民群众共享绿化成果。

村庄绿化 完成村庄绿化300个，扩绿、增绿成效显著。主要建设内容包括村庄道路绿化、住宅绿化(庭院和房前屋后)、水旁绿化和公共绿地绿化。

碳汇造林 与北京山水自然保护中心合作在大通县按照VCS标准开发0.13万公顷碳汇造林。与上海环保桥公司签订2012年碳汇造林项目重新开发收购合同。

全民义务植树活动 完成义务植树1500万株，为计划任务的100%。部门绿化通过省级检查验收，全部合格。

重点区域造林绿化 海东市南北山绿化工程正式启动，投入绿化和基础设施建设资金突破3亿元。高速通道、机场周边、光伏园区等重点区域造林绿化扎实开展，完成造林面积0.79万公顷，通过高投资、大规格、严要求，打造全省造林绿化新亮点，全面提升绿化成效。

西宁南北山绿化 西宁南北山投入绿化和基础设施建设资金9950万元，完成绿化370公顷。其中，北山前坡面治理126.67公顷。西宁市提前一年完成创建国家森林城市指标。

新农村建设 2014年新农村绿化投资达7500万元，绿化村庄300个，绿化规模和投资为历年最高。通过村庄区域内全面、合理绿化，实现了村庄建设结构合理、乔灌花科学配置的村庄绿化体系的目标，使村容村貌得到大的改观，改善乡村人居环境，提高群众造林绿化的积极性。

【林木种苗生产】 全年完成采种15.4万千克，新育苗1126.67公顷，全面完成了种苗生产任务。全年出圃各类苗木4.6亿株、储备种子14.5万千克，种子、苗木质量合格率均达到90%以上。评选出12处省级林木良种基地，为全省林木良种生产打下了基础。经省林木品种审定委员会审(认)定通过，4个品种为林木良种，至此，青海省林木良种数量已达到25个，涵盖了青海省主要造林树种、园林绿化树种和经济林树种，全省良种率从过去的25%提高到40%。理顺了生产、使用、流通环节，确立了林木种苗质量的分级负责制，实行了县级全查、市州抽查、省级检查的质量检查机制。全省建立了10个林木种苗信息采集点。

【集体林权制度改革工作】 组织开展大通县、平安县集体林权流转管理服务试点，出台了《青海省集体林权流转管理办法(试行)》，建立了试点县林权管理服务中心，初步开展集体林权流转信息发布、咨询、申请、审批和交易服务工作。按照《省政府办公厅关于加快林下经济发展的意见》精神，以保护森林生态环境为前提，以科学利用林地资源为基础，以农牧民林业专业合作组织为实施主体，积极发展林下经济项目，制定了绩效评价量化指标。共落实林下经济扶持资金2270万元，其中省财政林下经济补助资金1320万元，在西宁市、海东市、海北州、海南州、黄南州的15个县(区、市)的国有林场、农民林业专业合作社及相关企业等经营实体开展林下种植、养殖、森林景观利用项目共30个。

【林业产业】 全省投入各类林业产业发展资金近1.6亿元。完成生态经济林建设1.06万公顷，再创新高。果洛州班玛县人工栽植藏茶获得成功，栽植166.67公顷，为青南地区发展特色经济林积累了经验。积极培育林业产业龙头企业，全省林业产业省级龙头企业达到33家，青海忠华核桃有限公司被认定为首批国家林业重点龙头企业。国有林场、农民林业专业合作社等经营实体积极发展经济林种植、育苗、林下养殖、森林景观利用等林业产业，增加了农牧民经济收入。落实林业惠民政策，通过退耕还林、天保工程、公益林生态效益补偿基金，使全省86.65万户农牧民直接受益资金达到8亿元，户均收入950元。林业经济效益进一步显现，全省实现林业产值近38亿元。

【森林资源保护】

林业有害生物防治 完成林业有害生物防治面积16.25万公顷，林业有害生物成灾面积连续五年下降，未发生松材线虫病等重大生物灾害疫情和重大野生动物疫情。省政府和各市、州政府签订了《青海省2014年林业有害生物防控目标责任书》，省林业厅与各市、州林业部门签订了《青海省2014年林业生产目标责任书》。将2014年林业有害生物防治任务及"四率"指标分解到乡镇、林场，层层签订了林业有害生物目标责任书，落实"双线目标管理责任制"。重点对玉树州2400公顷青杨木虱等病虫害、西宁市南北山100多个绿化区开展有害生物防控工作。加强检疫执法，开展了"青海绿盾2014"林业植物检疫执法检查行动。

森林防火 全力抓好森林防火工作，全省未发生重大森林火灾，取得了连续28年无重特大森林火灾的好成绩。

严打专项行动 先后组织开展"护鸟行动""绿剑行动""天网行动""缉枪治爆""非法侵占用林地大清查""祁连山自然保护区联合执法专项行动""利剑行动"等破坏野生动植物资源违法犯罪专项行动，共查处各类森林案件1199起，处理各类违法犯罪人员4274人次。

【林业科技与推广】 组织实施"枸杞规模化丰产栽培技术集成与示范""柴达木地区枸杞精准高效栽培技术集成与示范"等3项省级科技重大专项。实施了国家公益性科研专项"青藏高原野生五裂茶藨子繁育及藏药成分研究"。制订了《青海云杉播种育苗及造林技术规程》林业行业标准1项，组织有关单位制定了《湿地监测技术规程》《柽柳扦插育苗技术规程》等15项青海省地方标准。收集整理地方标准63项，编辑出版了《青海省林业地方标准(一)》。广泛征集并加强林业科技成果鉴定、储备和推广应用，建立了"青海省林业科技成果储备库"。编制印发了《青海省陆地生态系统定位研究网络发展规划(2014～2020)》，规划建设生态系统定位研究站22个。青海大渡河源森林、贵南荒漠、青海湖湿地等3个生态定位研究站《基建可行性研究报告》通过国家林业局批复。

争取中央财政林业科技推广示范项目12项，省级科技攻关项目1项，安排省级林业新技术推广项目9项，天保工程科技支撑项目12项。建立了青海省农村技能人才库。完成6个标准化乡镇林业站和6个科技推广站建设项目。实施森林综合保险114.27万公顷，林木种苗保险333.33公顷。

【生态系统服务功能监测与价值评估项目】 全力推进青海省生态系统服务功能监测与价值评估工作，完成《青海省生态系统服务功能价值评估综合报告》《青海省森林、草地、荒漠、湿地生态系统服务功能价值评估分报告》《三江源区、青海湖流域、祁连山等重点生态功能区生态系统服务功能价值评估分报告》等九大主报告。

工程质量监管 春季造林期间，省林业厅先后派出两批工作组，由厅领导带队分赴各地督导检查，协调和解决造林中出现的困难和问题。州、县林业局负责同志深入造林一线，在起苗、运苗、栽植等环节通力协作，定岗定责，全程跟踪，严把种苗质量关、苗木栽植关、造林成活关，提升了管理水平。在加快推进林业工程建设的同时，全面落实"亮牌"制度，严把林业项目实施方案的编制、审批关，注重实地核实，及时开展工程资金稽查，严格按照各类林业标准、规程操作，保证林业工程质量。

【工程项目】

三江源生态保护和建设工程 三江源生态保护与建设二期工程林业项目顺利实施。完成封山育林5.92万公顷、沙漠化防治2.73万公顷。开展三江源国家级自然保护区中铁—军功保护分区功能区调整工作，上报了《青海三江源国家级自然保护区中铁—军功保护分区功能区调整论证报告》《青海三江源国家级自然保护区总体规划》。

祁连山生态保护与建设综合治理工程 启动实施了青海祁连山生态保护与建设综合治理工程，工程投资1亿元，其中：林业工程3500万元，完成封山育林0.93万公顷，湿地保护3.13万公顷，沙漠化土地治理0.13万公顷，病虫鼠害防治1.33万公顷。

湟水河流域百万亩人工林基地项目 完成湟水河流域百万亩人工林基地建设项目营造林0.92万公顷。

外资项目 指导西宁市林业局申请德国促进性贷款绿化和生态保护项目。完成国际农发基金青海六盘山片区林业扶贫项目可行性研究报告的报批及2015年实施计划的制订。日贷青海湖流域周边地区生态环境综合治理工程及GEF三江源生物多样性保护等项目顺利推进。积极争取GEF土地退化三期项目，东部地区流域综合治理，青海省普氏原羚、雪豹栖息地保护等外援项目。

对口支援工作 选定班玛县灯塔乡格日则牧委会、大通县朔北乡药匠台村和互助县东沟乡姚马村实施"美丽乡村"的援建项目取得实效。

【生态文化建设】 9月24日，成立了青海生态文化协会，对推进全省生态文明建设具有重要意义。通过面向全国广泛征集青海藏茶产品名称、商标标识、广告用语，并重点向青海省内相关专家、学者重点征集，广泛听取意见。通过召开座谈会、研讨等形式对青海藏茶种植情况及藏茶文化进行了宣传，取得了很好的效果。

【林业宣传】 全年在各类新闻媒体刊播(发)各类新闻稿件近400篇，较2013年度有较大的提高。组织中央和省级主要媒体联合开展省级领导义务植树活动、"厅局长林"义务植树活动、西宁南北两山绿化工作开展情况及成效、青海湿地资源保护及成效、防沙治沙及沙产业成效、"防治荒漠化日"、林业有害生物防治、重点区域绿化、国有林场发展情况、森林保险、林下经济发展情况、祁连山自然保护区保护与建设情况、青海藏茶人工种植与发展、党的群众路线教育实践活动整改措施、全省农区深化集体林权制度改革工作开展情况等15次大型专题宣传活动。

在加强平面媒体宣传的同时，不断强化网络宣传力度，充实和完善青海林业信息网"网上展厅""网上视频"等内容。仅"三江源首次人工拍到雪豹影像"一条新闻，经中央电视台新闻频道播出后，被多家网站转载，转载量达 19 万次。同时，强化网络舆情分析工作，派专人就林业信息网络跟帖进行全时间监看，主动从网络舆情中发展苗头和问题，及时解除负面影响，在舆论阵地中掌握主动权。

【队伍建设】 认真贯彻落实中央八项规定，省委省政府 21 条措施，扎实推进机关效能和"三基"建设，服务大局、服务基层，强化整改"四风"问题，持续正风肃纪，巩固和扩大了教育实践活动成果，树立了林业部门良好形象。加强林业干部队伍建设，举办各类培训班近 30 期，培训 2000 余人次，林业干部整体素质进一步提高。加快林业信息化建设，"智慧林业"实现新发展。抓好林业普法工作，营造了学法、遵法、守法、用法的良好氛围。

【林业大事】

1 月 13 日 国务院新闻办发布全国第二次湿地资源调查成果，青海省湿地面积 814.36 万公顷，占全国湿地总面积的 15.19%，湿地面积居全国第一。

1 月 14 日 首部反映青海林业阶段性发展的图书《青海林业发展十年——林业人的探索与实践》由青海民族出版社出版发行。

1 月 16 日 全省林业会议上指出，2014 年度青海林业有害生物发生面积和成灾率首次呈现双下降。

1 月 20 日 国家林业局在全国林业信息办主任会上发布了 2013 年网站绩效评估、信息化发展水平评测结果。"青海林业信息网"被评为"全国林业网站快速发展领先奖"，这是省林业厅在信息化建设中首次获此殊荣。

4 月 2 日 青海林业部门在班玛县灯塔乡栽植 133.33 公顷人工藏茶，这是青海省首次大规模开展藏茶种植工作。

5 月 6 日 为确保全省集体林权流转有序、规范运行，保障林权权利人的合法权益，省林业厅正式印发了《青海省集体林权流转管理办法(试行)》，于 6 月 5 日起实施。

5 月 14 日 根据《国家林业局关于公布首批国家林业重点龙头企业名单的通知》精神，青海忠华核桃有限公司被认定为首批国家林业重点龙头企业。

8 月 29 日 由省政府主持，在海北州祁连县召开了祁连山生态保护与建设综合治理工程实施推进会，标志着该工程正式启动实施。

9 月 12 日 全省国有林场工作会议在互助北山林场召开。

9 月 17 日 青海省祁连山自然保护区管理局正式挂牌成立。

9 月 24 日 青海生态文化协会成立。

10 月 15 日 青海湖湿地生态系统定位观测研究站建设项目获国家林业局批复，该定位站的建设填补了青海国家级湿地定位站的空白。

10 月 21 日 首次召开全省农业区深化集体林权制度改革现场会，学习交流改革实践，总结成功经验和亮点，推进下一步各项工作。

11 月 13 日 出台《青海省人民政府办公厅关于进一步加强林业有害生物防治工作的实施意见》。

12 月 31 日 青海省申报的《青海贵南黄沙头国家沙漠公园总体规划》《青海都兰铁奎国家沙漠公园总体规划》《青海乌兰金子海国家沙漠公园总体规划》《青海茫崖千佛崖国家沙漠公园总体规划》4 个国家沙漠公园试点获得国家林业局批准。

12 月 31 日 国家林业局批准青海省玛多冬格措纳湖、都兰阿拉克湖、乌兰都兰湖、德令哈尕海、玉树巴塘河、天峻布哈河、祁连黑河源、互助南门峡等 8 处国家湿地公园为试点地区。

(青海省林业由宋晓英供稿)

宁夏回族自治区林业

【概　述】 2014 年依托天然林保护、退耕还林、三北防护林等国家重点生态建设工程，加快"两带两轴""五大生态工程"建设，完成营造林 8.78 万公顷，占计划任务的 109.8%，其中：人工造林 5.33 万公顷，封育 3.45 万公顷；义务植树超过 1000 万株，飞播造林种草 0.67 万公顷，治理荒漠化 3.33 万公顷。认真落实自治区人民政府关于加强生态移民迁出区生态修复与建设的《意见》和《规划》，组织召开全区生态修复现场观摩会，围栏封育、造林种草、管护抚育多措并举，完成人工生态修复 4.84 万公顷，其中：林业工程 1.4 万公顷，草地恢复与保护工程 3.45 万公顷。高标准建成原州区开城镇刘家沟、张易镇马场，西吉县月亮山、张家湾等移民迁出区生态修复示范点。完成退耕还林 1 万公顷阶段验收和 2.8 万公顷补植补造任务，连续 7 年保存率和核实率达到 100%。

【林业重点工程】 2014 年全力抓好京藏、青银等 11 条高速公路、6 条国道、12 条省道两侧及国省干道省际节点的绿化美化，高标准建设了青银高速黄河大桥至水洞沟段、中宁 109 复线、兴庆区徕龙公园、永宁西部水系等精品园林工程。全区完成主干道路造林绿化 2.39 万公顷，修剪抚育各类树木 8640 余万株，整治湖泊湿地 520 公顷，主干道路沿线环境面貌大为改观。全区 25 个市民休闲森林公园全部开工建设，规划建设总面积 1.26 万公顷，完成投资 14.9 亿元，部分市、县(区)市民休闲森林公园已初具雏形。按照自治区美丽乡村建设总体部署，编制了引黄灌区 2014～2017 年高标准农田防护林建设规划，制定了引黄灌区沟道护坡林建设技术规范，完成宽林带大网格农田林网1000公顷，对100个乡村实施环村绿化美化。积极争取国家备用林地定额1123公顷，全力支持高速公路、铁路、重点水利工程和宁东基地、滨河新区、闽宁镇等自治区重点工程建设。

【优势特色产业】 2014年新发展葡萄3400公顷、枸杞2800公顷、苹果2333.33公顷、红枣666.67万公顷、花卉200公顷，改造提升低产低效果园0.67万公顷，兑现产业扶持资金1.6亿元。研究出台了关于加强葡萄、枸杞质量监管品牌保护市场规范的指导意见，鼓励引导或强制使用产区地理标志和证明商标。全力推进葡萄品种优良化、种植标准化、管理规范化和经营品牌化建设，全年繁育优质葡萄苗木2000万株，投产酒庄72家；成功举办了中法葡萄设备技术展和2014贺兰山东麓国际葡萄酒博览会。全年枸杞出口额实现翻番，突破7000万美元，确立了宁夏枸杞在国内外市场定价权的地位。稳步推进苹果、红枣、花卉产业，试验示范推广了10项苹果、红枣丰产技术。全区森林、湿地公园共接待游客200多万人次，旅游综合收入4000万元以上。全区林业及相关产值达到190亿元。

【防沙治沙】 组织实施灵武白芨滩、中卫、同心、红寺堡全国沙化土地封禁保护项目，加快推进盐池、灵武、同心、沙坡头区4个全国防沙治沙示范县项目建设。加强世行贷款宁夏黄河东岸防沙治沙项目监管；制定了《宁夏荒漠化和沙化监测技术细则》，启动第五次荒漠化和沙化监测工作。全区完成荒漠化治理3.33万公顷。全力推进宁夏防沙治沙职业技术学院建设，完成中、高职招生470人，占全年计划的138%，首届高职毕业生就业率达到95%。

【退耕还林工程】 2014年确定宁夏新一轮退耕还林还草面积10.87万公顷(其中25度以上坡耕地0.47万公顷、重要水源地25度以下坡耕地0.36万公顷、严重沙化耕地10.05万公顷)。完成灵武白芨滩、同心、红寺堡、中卫4个沙化封禁保护补助试点项目。全区共完成2.83万公顷退耕还林的补植补造任务。配合国家林业局西北院对宁夏2006年度实施1万公顷退耕地还生态林进行了阶段验收。积极争取退耕还林林果产业项目资金2700万元，在西吉县试种山楂树66.67多公顷，在沙坡头区、同心县、隆德县试种欧李(钙果)80多公顷，在隆德县试种油用牡丹33.33余公顷。如果引种推广成功，将扭转宁夏退耕还林后续产业发展滞后、林地产值效益低下的局面，大幅提升广大退耕农户的经济收入。

【森林湿地资源】 严格林地用途管制，全年共受理办结占用征收林地278宗。严格落实森林防火责任制，加强森林防火预警演练，森林火灾受害率低于1‰。扎实开展非法侵占林地专项整治行动，严厉打击乱占滥建、乱砍滥伐、滥捕乱猎等违法犯罪行为，全区森林公安机关立案56起，破案率100%。依法加强野生动植物保护和有害生物检疫，全区林业有害生物成灾率控制在6.5‰以内。切实加强天保工程管理，全区6879名国有林场职工全部纳入社会保险补助范围，102.05万公顷森林资源和59.52万公顷国家级公益林列入天保工程和生态效益补偿范围。完成9个国有林场656户危旧房改造，投资1988万元。加强自然保护区基础设施和能力建设，哈巴湖自然保护区积极探索社区共管模式，南华山晋升为国家级自然保护区。加强湿地保护与管理，发布了《保护黄河流域湿地——吴忠宣言》，高质量承办了全国黄河流域湿地保护与经验交流会。

【林业科技支撑】 2014年争取中央财政专项资金14.5亿元，同比增长17.7%。全区苗木基地达到3.2万公顷，建立林业技术推广示范基地15个，举办了宁夏首届园艺园林设备展和苗木花卉交易展览会。引进驯化油用牡丹、欧美杨等10余个优新树种，组织审定了《宁夏黄土丘陵区油松育苗技术规程》等25项行业和地方标准。加快推进葡萄、枸杞、种苗人才高地建设，举办各类林业科技培训100余场，培训基层林业科技人员和果农近6万人次。成立了国家林业局枸杞工程技术中心和林产品检测检验中心；黄河湿地、城市森林、平原绿化3个国家生态定位研究实验站通过现场考核并纳入国家生态定位观测网络。加强宁夏防沙治沙职业技术学院建设，招生人数创历年新高，首届高职毕业生就业率达95%以上。

【生态移民工程】 新改扩建32个国有林场，强化抚育管护，提高生态修复质量。全区完成人工生态修复4.85万公顷，占规划任务4.33万公顷的111.8%，其中：林业工程完成1.4万公顷，占规划任务的123.5%；草地建设与保护工程完成3.45万公顷，占规划任务的107.7%。高标准建成原州区开城镇刘家沟、张易镇马场，西吉县月亮山、张家湾4个生态移民迁出区生态修复示范点。

【大整治大绿化】 全力抓好京藏、青银等11条高速公路立交枢纽匝道、城市过境段，6条国道、12条省道两侧及国省干道省际节点拆迁整治和绿化美化，重点打造青银高速黄河大桥至水洞沟段15.8千米800公顷高标准生态景观长廊。全区主干道路共完成造林绿化2.39万公顷，修剪抚育各类树木8640余万株。出台了《宁夏市民休闲森林公园建设技术指导意见》，22个市、县(区)25个市民休闲森林公园已全部开工建设。

按照全面启动、先行试点、逐步推开的工作思路，加快县级林权服务平台建设，积极推动林权抵押贷款，规范林权流转管理，全区累计流转林地面积9.97万公顷。起草了《宁夏生态红线划分工作方案》和《宁夏回族自治区生态保护红线划定方案大纲》，积极开展森林、林地、湿地、沙区植被、物种保护5条生态红线的调研。推进国有林场改革，确定原州区、中宁县作为全区国有林场改革试点县。精简下放审批权限，减少合并10项林政审批事项，审批期限压缩50%。制定完善了《2014~2015年全区林下经济发展计划》，全力扶持培育壮大林产品加工流通企业，积极引导、支持、鼓励和发展新型林业生产经营主体。全区培育林产品加工流通龙头企业近300家，发展农民林业专业合作社317家，家庭林场637家。发展以黄芪、秦艽、柴胡等林草、林药为主的林下种植6.25万公顷，林禽、林畜养殖近260万头(只)，实现年产值近9.6亿元。

【林业宣传】 2014年，在各媒体发表林业新闻1600多篇(条)，其中，中央电视台6条；《人民日报》刊登报道3篇，其中一版2篇；《光明日报》7篇；《经济日报》10篇，其中1版1篇；《农民日报》4篇；宁夏电视台新闻联播播出林业新闻130多条，新闻话题专题报道4次；《宁夏日报》1版29篇，专版3篇；《中国绿色时报》刊登宁夏林业报道30余篇，其中头版14篇；新华网、人民网宁夏频道、《新消息报》等其他媒体报道林业新闻及活动1000多篇(条)。《人民日报》一版头条刊登了《宁夏全力逆转沙漠化》；结合三北工程黄土高原综合治理林业示范建设现场会、黄河流域湿地保护与经验交流会等重要会议，组织宁夏电视台、《宁夏日报》等重要媒体进行宣传；结合宁夏丝绸之路经济带建设这项重要活动，与《经济日报》联合对宁夏葡萄、枸杞产业进行了多次宣传报道，在《经济日报》刊登的新闻稿件就达12篇；组织《人民日报》宁夏分社、新华社宁夏分社、《宁夏日报》等媒体记者，对宁夏基层林业一线工作人员进行了专题采访报道；共有3次中央媒体采访团，20余名记者，对宁夏防沙治沙、湿地、葡萄、枸杞产业等方面进行了广泛的宣传报道。

【自治区林业厅正式挂牌】 4月29日，自治区政府主席刘慧，自治区政府党组副书记、特邀顾问郝林海，自治区政府副主席屈冬玉出席了自治区林业厅挂牌仪式。刘慧主席为林业厅揭牌，标志着自治区林业厅作为自治区人民政府组成部门，开始全面履行新职能。仪式结束后，刘慧主席等领导调研了贺兰山东麓百万亩葡萄文化长廊建设。刘慧指出，贺兰山东麓百万亩葡萄长廊是宁夏的一张"紫色名片"，中国葡萄酒的希望在宁夏，后劲也在宁夏，要按照规划的要求，一步一步实施，早日让希望变成现实。

【生态移民迁出区生态修复】 4月24日，自治区人民政府办公厅印发了《宁夏生态移民迁出区生态修复工程年度实施方案》，自治区林业厅牵头抓总、协调各方，全面推进生态移民迁出区生态修复。成功召开了全区生态移民迁出区生态修复现场观摩会，自治区副主席屈冬玉出席会议并讲话。2014年全面完成人工生态修复4.85万公顷，占年度计划任务的111.8%。建成了原州区开城镇刘家沟、张易镇马场，西吉县月亮山、张家湾4个生态移民迁出区生态修复示范点。

【主干道路大整治大绿化】 10月17日，在全区主干道路大整治大绿化工程总结表彰会议上，自治区林业厅被自治区人民政府评为工程建设先进单位，银川市、吴忠市、中卫市、原州区、彭阳县、西吉县等市、县(区)林业局受到自治区人民政府的表彰奖励。全区主干道路绿化美化工程共完成造林绿化2.39万公顷，修剪抚育各类树木8640余万株，总投资30.11亿元。由自治区林业厅负责实施的青银高速黄河大桥至水洞沟段生态景观长廊工程，扮靓了银川东大门，为建设"美丽宁夏"作出了积极贡献。

【全区25个市民休闲森林公园全面开工建设】 宁夏规划建设的25个市民休闲森林公园已全面开工。其中，新建11个，改、扩建14个。建设总面积1.26万公顷，投资概算94.4亿元，2014年完成投资近15亿元。25个市民休闲森林公园建成后，宁夏340多万城镇居民将人均新增绿地37平方米。

【贺兰山东麓葡萄酒连续荣获国际大奖】 宁夏贺兰山东麓葡萄酒成为2014年度国际大奖获奖"大户"。在"发现中国·2014中国葡萄酒发展峰会"上，有4款酒被列入全球推荐的中国精品葡萄酒；在2014年世界葡萄酒巅峰挑战赛上，荣获"新兴产国之星"称号；在2014年中国优质葡萄酒挑战赛上，一举夺得38个奖项中的18个，另有7款葡萄酒获得最佳性价比奖。成功举办了2014中法葡萄酒设备技术展览会、2014贺兰山东麓国际葡萄酒博览会和全区葡萄与葡萄酒产业发展工作会议，贺兰山东麓葡萄酒得到国际葡萄酒同行业的高度关注。

【枸杞出口创历史新高】 2014年，宁夏枸杞产品走俏国际市场，已出口美国、俄罗斯、澳大利亚和欧盟等40多个国家和地区，出口枸杞干果6870吨，出口额近7000万美元，位居全区食品出口第一位。各枸杞主产区林业部门狠抓优新品种繁育推广、新技术与新装备推广应用，使标准化基地建设、品牌保护、质量监管、市场规范等关键环节有了全面提升，枸杞产业继续保持良好发展势头。

【全国三北工程黄土高原综合治理林业示范建设现场会在宁夏召开】 8月27日，国家林业局三北工程黄土高原综合治理林业示范建设现场会在彭阳县召开。自治区党委副书记崔波、国家林业局副局长张永利出席会议并讲话。来自国家林业局、国家发展改革委、三北防护林建设局及全国15个省(区、市)的代表参加了会议。彭阳县就本地在三北工程黄土高原综合治理中的成效与经验作了交流发言。国家林业局副局长张永利称赞彭阳县："小县也能办大事、穷县也能出精品"，彭阳经验为黄土高原综合治理树立了样板和典范。

【《携手合作 保护黄河流域湿地——吴忠宣言》在宁发布】 10月21~22日，全国黄河流域湿地保护与恢复经验交流会在吴忠市召开，自治区副主席屈冬玉、国家林业局副局长张永利出席会议并讲话。来自黄河流域9省(区)的湿地保护工作者考察了宁夏黄河流域湿地保护工作，进行了经验交流。会议成立了黄河流域湿地保护网络，召开了首届黄河流域湿地保护网络年会，发布了《携手合作保护黄河流域湿地——吴忠宣言》。2014年，平罗县天河湾被列为国家湿地公园建设试点单位。目前，宁夏已建成13个国家级湿地公园，4个湿地类型自然保护区，10个区级湿地公园。

【林业改革工作】 11月19日，全区首家县级林权管理服务机构贺兰县林权管理服务中心正式挂牌成立。中国银监会宁夏监管局、自治区财政厅、自治区林业厅、自治区金融服务办公室、中国人民银行银川中心支行、中国保监会宁夏监管局6部门联合出台《关于进一步推进林权抵押贷款工作的意见》，推动1.5亿元林权抵押贷款支持林业发展。全年行政审批事项和期限“双减50%”。森林、林地、湿地、沙区植被和物种5条红线的划定工作全面开展。国有林场改革在原州区、中宁县先行试点。

【南华山晋升为国家级自然保护区】 12月5日，经国务院批准，宁夏南华山晋升为国家级自然保护区，总面积20 100.5公顷，保护类型为山地森林生态系统和山地草原与草甸生态系统。南华山是宁夏中南部干旱带上重要的水源涵养基地，呈西北—东南走向，长约26.4千米，宽约19.2千米，平均海拔2500米，主峰马万山2955米。保护区内有国家Ⅰ级重点保护植物发菜，Ⅱ级重点保护植物短芒披碱草，国家一级重点保护动物金雕，Ⅱ级重点保护动物大天鹅、鸳鸯和苍鹰等21种。

【林业大事】

1月6日 在国家林业局举办的全国林业信息办主任会议上，“宁夏林业信息网”在全国林业网站绩效分项评估中，被评为“网站效能领先奖”。

1月17日 全区林业局局长会议在银川召开，王文宇厅长作工作报告，观看了2013年全区林业工作先进单位典型经验交流宣传片，表彰了全区2013年度林业工作先进单位。

1月24日 宁夏枸杞协会第二届会员代表大会开幕。自治区林业厅副厅长曹凯龙主持会议。自治区枸杞产业指导组组长、林业厅副厅长平学智出席了代表大会。

1月26日 宁夏红枣协会、苹果协会分别召开成立大会。大会通过了红枣协会、苹果协会章程，选举产生了会长、副会长、秘书长。徐庆林任宁夏红枣协会会长，金韶琴任宁夏苹果协会会长，副厅长曹凯龙主持会议。

2月12日 宁夏林学会在自治区林业厅召开第七次会员代表大会，自治区林业厅党组书记、厅长王文宇出席会议并作讲话，自治区林业厅党组成员、副厅长金韶琴主持会议。

2月17～18日 “中国西北苗木产业合作交流会暨第三届西北苗木供需洽谈会”在宁夏银川举办。来自宁夏以及周边的甘肃、山西、内蒙古、山西等16个省(区、市)的种苗管理部门、320余家苗木供需单位共350余人参加了洽谈会。

2月18日 国家林业局场圃总站站长杨超和自治区林业厅副厅长金韶琴一行8人，在中宁县林业和枸杞产业发展局副局长李志中的陪同下，检查了中宁县林场国家枸杞种质资源收集库树种收集保存、良种选育试验研究情况。

2月20日 宁夏湿地保护管理中心、自治区财政厅外援办组织召开了银川平原湖泊湿地保护与可持续利用项目培训会。

3月6日 全区枸杞产业发展座谈会在百瑞源枸杞研发中心召开，自治区政府屈冬玉副主席出席会议并作讲话。自治区政府办公厅，自治区发展改革委、财政厅、科技厅、农牧厅、商务厅、检验检疫局、工商局、质监局、农科院、药监局等单位相关负责人及枸杞主产县区政府分管领导和企业代表参加了会议。

3月7～10日，发现中国·2014中国葡萄酒发展峰会在上海召开，自治区政府党组副书记、特邀顾问郝林海带领自治区林业厅王文宇厅长、宁夏贺兰山东麓葡萄产区企业近100人参加了会议。

3月12日 自治区林业厅联合首府绿化办在银川市光明广场、南门广场开展了第36个全民义务植树节宣传活动。

3月18日 自治区召开绿化委员会全体(扩大)会议暨春季植树造林电视电话会议，安排部署今年宁夏春季植树造林工作。

3月24日 自治区林业厅、自治区森林草原防火指挥部森林防火办公室与宁夏气象局联合召开2014年全区森林防火气象形势和森林防火工作视频会议。

3月27日 全区国有林场工作会议在银川召开，会议传达学习全国省级种苗总站站长会议精神，安排部署2014年全区国有林场重点工作，下达2014年656户国有林场危旧房改造任务计划。

4月2日 以“鸟语花香 共享生态文明”为主题的宁夏银川市第32届暨鸣翠湖第十届“爱鸟周”活动正式启动，自治区林业厅副厅长徐庆林出席并做了讲话。

4月3日 自治区党委书记李建华、自治区主席刘慧等领导在银川市黄河东岸全民义务植树1号基地，与区直29个部门的干部职工、驻宁官兵、武警战士一起参加义务植树活动。

4月14～17日 世界银行以刘瑾女士为团长，由采购专家、社会发展专家、财务管理专家组成的代表团，对宁夏正在实施的利用世界银行贷款“宁夏防沙治沙和生态保护项目”进行检查指导。

4月24～25日 伊朗农业部副部长兼森林、牧场与流域管理局局长克霍达卡拉姆·亚拉里一行先后深入宁夏灵武白芨滩国家级自然保护区、中卫沙坡头等地，考察了宁夏防沙治沙工作，并希望寻求与宁夏在防沙治沙、林业建设等方面的合作。

4月25日 自治区林业厅组织召开全区林业产业化发展银企座谈会，自治区党委政研室和人民银行银川中心支行、自治区银监局、农业发展银行宁夏分行、国家开发银行宁夏分行等13家金融机构的相关部门负责人，21家林业产业化龙头企业、12家林业专业合作社、5家国有林场、5家家庭林场的代表参加会议。

4月25日 自治区林业厅厅长王文宇率团参加了青岛市李沧区百果山森林公园花艺园中心舞台举办的2014青岛世界园艺博览会开幕式。

4月26日 “地球绿飘带”——“三北工程图片展”暨“三北造林记”公益书画作品展在宁夏银川市开展。此次展览由新华社宁夏分社、国家林业局三北防护林建设局、中国林业书法家协会、中国艺术家生态文化工作委员会、宁夏回族自治区林业厅、银川市文化广播电视局等单位共同主办。

4月27~29日 全国人大代表、湖南省林业厅厅长邓三龙，湖南省林木种苗管理站站长孙建一、湖南省林业科学院党委书记周国生等一行6人先后深入贺兰山国家级自然保护区、沙湖湿地保护区、宁夏林业研究所等地，考察宁夏自然保护区、湿地、花卉苗木等林业建设情况。

4月29日 自治区主席刘慧出席了自治区林业厅挂牌仪式并调研了贺兰山东麓百万亩葡萄文化长廊建设。

5月12日 全区生态移民迁出区生态修复现场观摩会在固原市举行，自治区副主席屈冬玉出席观摩并讲话。

5月26日 自治区副主席屈冬玉在银川会见了联合国粮农组织驻华代表珀西·米西卡一行。自治区林业厅党组成员、副厅长金韶琴等相关部门领导参加会见。

5月27~29日 由财政部农业司、国家林业局计财司联合主办，自治区财政厅、林业厅承办的全国林业财政政策培训班在宁夏举办。

6月9~10日 以色列专家团队(林业组)一行6人赴银川、吴忠两市就苹果水肥一体化、葡萄节水灌溉、荒漠化治理等专题深入调研。

6月11~12日 以色列专家就干旱区植被恢复与抗旱节水技术推广体系对宁夏林业系统技术人员进行培训。厅党组成员、副厅长曹凯龙、徐庆林分别陪同调研。

6月17日 自治区林业厅90余名干部职工到灵武白芨滩国家级自然保护区，与保护区职工及当地农民一起扎草方格，固定流动沙丘，开展了世界防治荒漠化与干旱日宣传活动。

6月18日 由宁夏贺兰山东麓葡萄与葡萄酒国际联合会、法国高美艾博展览(上海)有限公司共同主办的中法葡萄酒设备技术展在银川开幕。自治区党委副书记崔波、政府党组副书记、宁夏贺兰山东麓葡萄与葡萄酒国际联合会主席郝林海、自治区政府副主席屈冬玉，法国驻华大使馆农业参赞李嘉琳和高美艾博展览(上海)有限公司总经理凯旋等出席并分别致辞，自治区林业厅厅长王文宇主持开幕式。

6月20日 自治区林业厅、财政厅组织召开《银川平原湖泊湿地保护与可持续利用项目》讨论会，自治区财政厅政府外债管理办公室、自治区林业厅湿地保护管理中心、林业技术推广总站、自治区农垦局沙湖自然保护区，银川、吴忠、石嘴山市湿地保护管理中心负责人和部分专家共30余人参加。

7月7~12日 中国林场协会会长姚昌恬一行3人莅临宁夏对国有林场森林经营情况进行专题调研，同时了解国有林场改革有关情况。

7月18日 宁夏回族自治区林业厅组织召开了全区家庭林场观摩交流暨授牌会议。厅党组成员、副厅长金韶琴出席会议并作讲话，李安副巡视员主持会议。全区各市、县(市、区)林业(园林)局局长(副局长)、示范性家庭林场负责人参加了会议。

7月19日 天津渤海商品交易所与中杞集团在中宁国际枸杞交易中心举行中宁枸杞大宗电商采购签约仪式，来自全国十大中药材流通市场、药材连锁企业、医药公司、大型超市等枸杞采购方200多人参加了采购仪式，渤海商品交易所与中宁枸杞国际交易中心签署了第一期5000吨枸杞采购合作协议。

7月19~21日 应国家林业局邀请，联合国助理秘书长、《联合国防治荒漠化公约》新任执行秘书莫妮卡·巴布女士一行考察宁夏。

7月22日 日本金泽市日中友好协会西野会长及日本沙漠协会大泽会长一行11人，来宁夏对孙家滩正在实施的小渊基金项目进行考察。

8月17~23日 "中日合作黄土高原林业新技术及管理方法推广普及培训班"在固原成功举办。

8月21日 全国林木种苗站长培训班在银川开班。国家林业局场圃总站站长杨超主持培训班，全国人大农委法案室副主任张福贵等相关领导参加会议。宁夏林业厅党组书记、厅长王文宇出席培训班并致辞。

8月27日 三北工程黄土高原综合治理林业示范建设现场会在彭阳县召开。

9月3~6日 由自治区林业厅主办、宁夏宁苗园林绿化有限公司承办的首届宁夏园艺园林设备展览会在宁夏贺兰园艺产业园举行。

9月2~4日 "宁夏首届秋季苗木花卉交易会"在宁夏园艺产业园举办。

9月8日 中央纪委驻国家林业局纪检组组长、国家林业局党组成员陈述贤一行2人，在自治区纪委派驻林业厅纪检组长、林业厅党组成员开永安等区市林业厅(局)负责人的陪同下，前往西吉县月亮山、张家洼考察生态移民迁出区生态修复工程。

9月11~12日 自治区林业厅召开全区2014年特色经济林产业发展观摩会及座谈会。自治区林业厅党组书记、厅长王文宇出席观摩会并主持召开座谈会，厅纪检组长开永安，副厅长金韶琴、平学智分别出席了观摩会及座谈会。

9月15~16日 宁夏林权服务中心在银川举办了全区林权管理服务培训班。全区各市、县(区)从事深化林改工作的业务骨干、自治区林业厅森林资源保护处、林改处、宁夏林业调查规划院相关人员等70余人参加了培训班。

9月27~29日 吸引20多国外宾及国内众多企业参加的2014贺兰山东麓国际葡萄酒博览会开幕。自治区领导王儒贵、郝林海、屈冬玉、张乐琴出席活动，并为2012世界酿酒大师贺兰山东麓邀请赛获奖酿酒师颁奖。自治区林业厅党组书记、厅长王文宇主持开幕式。

10月11~13日 由国家林业局林业工作站管理总站主办，国家林业局管理干部学院和宁夏林业技术推广总站协办的全国基层林业站长示范培训班(北方区)在宁夏银川举行，来自北京、河北、山西、山东等北方区16个省(区、市)的60多名代表参加了培训。

10月11日 在南京召开的全国休闲农业经验交流会上，西吉县吉强镇龙王坝村获得了农业部2014年"中国最美休闲乡村"百村称号，这是该村荣获"国家林下经济示范基地"称号后，再次荣获的一项国家荣誉，也是历年来宁夏唯一获此殊荣的乡村。

10月16日 宁夏林学会与台湾神农科技发展协会

合作框架签字仪式在宁夏林业厅举行。林业厅徐庆林副厅长主持了签字仪式，台湾神农科技发展协会廖树宏理事长代表一行及林业厅有关处室、协会负责同志出席了签字仪式。

10月21日 国家林业局计财司刘金富副司长、自治区林业厅金绍琴副厅长等一行6人视察灵武市国家沙生灌木良种基地大泉林场项目区建设情况。

10月21～22日 由国家林业局湿地保护管理中心、湿地国际中国办事处主办，宁夏林业厅、吴忠市政府承办的黄河流域湿地保护与恢复经验交流会在吴忠市召开。

10月23日 宁夏林学会在仁存渡护岸林场举办了第十届宁夏青年科学家论坛（林业专题）研讨会。来自宁夏大学、宁夏大学农学院、宁夏林业研究所、宁夏园林景观协会及全区林业科研、教学、生产第一线的科技工作者共50余人参加了研讨会。

10月31日至11月2日 自治区林业厅在银川举办了“十三五”森林采伐限额编制与森林资源管理技术培训班。自治区林业厅徐庆林副厅长出席了开班仪式。

11月28日 宁夏举行2014年全区应急森林扑火队伍调度演习暨全区森林防火视频会议。自治区副主席、自治区森林草原防火指挥部总指挥屈冬玉指挥演习并作讲话，自治区森林草原防火指挥部副总指挥、自治区林业厅厅长王文宇部署了今冬明春全区森林防火工作。

12月1～4日 由国家发展改革委、财政部、农业部、水利部、国家林业局、国土资源部组成的联合调查组，在自治区林业厅金韶琴副厅长和治沙退耕站景佩玉主任的陪同下，对宁夏巩固退耕还林成果专项规划项目建设情况开展全面督查。

（宁夏回族自治区林业由马永福供稿）

新疆维吾尔自治区林业

【概　述】 2014年，在自治区党委、人民政府的坚强领导下，在国家林业局的大力支持下，全区林业系统牢牢把握社会稳定和长治久安总目标，抓住共建丝绸之路经济带重大历史机遇，坚持走“生态效益第一”的林业可持续发展道路，着力深化林业改革，全面推进依法治林，大力发展生态林业和民生林业，全面完成2014年度目标任务，国家林业局与自治区人民政府在乌鲁木齐召开了2014年林业援疆工作座谈会和19个省市林业对口援疆工作座谈会，各项工作取得显著成效。

（俞言琳）

【生态建设】 完成造林16.67万公顷，义务植树1.1亿株。大力实施生态保护工程，全区2013.33万公顷天然林资源得到有效保护。天然林保护二期工程进展顺利。根据森林资源二类补充调查结果，新增666.67万公顷天然林地。三北防护林五期工程完成造林9.6万公顷，同比增长15.2%。天山北坡谷地森林植被保护与恢复工程和塔里木盆地周边防沙治沙工程全面启动，下达年度建设资金2亿元。积极推进伊犁河谷百万亩生态经济林工程建设。村庄绿化、道路绿化、农田防护林和城市防护林建设工程深入推进。中央财政森林生态效益补偿基金补助面积580.67万公顷，位居全国第五位。完成沙化土地治理51.53万公顷。沙化土地封禁保护面积达19.87万公顷。鄯善县等9个县的沙漠公园成为全国首批挂牌的国家级沙漠公园。完成新一轮退耕还林基础数据摸底调查，编制完成《新疆新一轮退耕还林实施方案（2015～2020年）》。全力推进自治区级野生动物疫源疫病监测、救护站建设，基本形成野生动物疫源疫病监测防控、救护体系。巴尔鲁克山自然保护区、布尔根河狸自然保护区晋升为国家级自然保护区。全区湿地总面积394.8万公顷，位居全国第五位。国家林业局批准自治区国家湿地公园（试点）9个，总数达到33个。赛里木湖国家湿地公园成为自治区首家正式挂牌的国家湿地公园。

（伍永明）

【特色林果业】 全区特色林果种植面积突破146.67万公顷，总产量650万吨，产值450多亿元。全区农民年人均林果业收入达到1400元，林果业人均增收180元，占农民增收的三分之一以上。建立林果标准化示范基地23个，总面积达到15.33万公顷。生态健康果园示范推广面积1066.67公顷。特色林果资源调查和测土配肥工作进展顺利。全区从事特色林果业的农民达到530万，林果业加工贮藏保鲜企业380家，实现农民就地就业7.5万人。组建农民林业专业合作社800家。西域果园等10种林果产品被国家林业局首推为“中国森林食品”，若羌县等4个县被命名为“中国经济林之乡”。在全国范围建立新疆林果产品专卖、代理、加盟店1000多家，初步建成新疆林果销售网络。成功举办中国酒业协会葡萄酒技术委员会年会暨新疆昌吉葡萄酒产业发展高峰论坛。协助国家农业部举办中国亚欧博览会—中国优质水果推介会、中国—东盟博览会优质水果推介会，与山东省联合主办2014中国（乐陵）红枣暨果品产业博览会。2014新疆特色林果产品（广州）交易会成果显著，签约金额22亿元。

（马　辉）

【生态文化】 以促进生态林业、民生林业发展为主题，在中央和自治区主流媒体发表反映新疆现代林业建设成就和典型经验稿件680多篇，音视频报道500余条。结合重点防护林建设工程，积极开展森林城市、园林城市和美丽乡村的创建活动。在《中国绿色时报》《新疆日报》开展“赏绿色 品新疆”和“现代林业演绎绿色华章”系列专题报道，精心制作新疆林业形象展示片《追梦绿色新疆》。在新疆电视台播出11期“访惠聚”活动专集和综合宣传片。与南航公司联合开展以“防沙治沙、惠及民生”为主题的防沙治沙专题宣传。积极挖掘新疆地

域生态文化资源，禾木哈纳斯蒙古民族乡哈纳斯村被授予“全国生态文化村”称号。（俞言琳）

【民生工程】 不断巩固退耕还林成果，落实退耕还林政策补助资金4.4亿元。2014年国家下达自治区国有林区棚户区改造和国有林场危旧房改造任务4903户，开工2365户。国有林场（站）1582户危旧房改造任务全部完工。落实天保工程一次性安置职工社会保险补贴7362万元。争取国有贫困林场扶贫资金1500万元，加强国有贫困林场基础设施建设。落实乡镇林业工作站基础设施建设资金3030万元，开工建设101个乡镇林业工作站。扎实做好对口扶贫工作，组织实施《自治区林业厅扶持民丰县尼雅乡托皮村、奇木力克吾斯塘村林业项目规划》。制订了《支持莎车县农村产业结构调整任务分解落实方案》《支持英吉沙县种苗花卉产业发展任务分解落实方案》，从人才、科技、政策、项目、资金等方面给予全方位支持。林业厅被自治区人民政府评为2014年自治区扶贫先进单位。（伍永明）

【森林资源管理】 一是认真落实森林资源保护责任。逐级签订森林资源经营管理责任状。在全区各县市建立了县级人民政府保护发展森林资源目标责任制。在全国率先建立以《县级简明森林经营方案》为指导的林木采伐新制度。二是森林抚育工作成效显著。完成中央财政森林抚育补贴年度计划10.53万公顷，修订完成《森林抚育技术规程（新疆地方标准）》，成为全国首个制定森林抚育地方性制度的省区。（马　辉）

【林业改革】 着力推进林业改革，开展了自治区林业生态红线划定工作，不仅划定了新疆森林、湿地、荒漠植被、物种4条林业生态红线的数量指标，同时确定了红线的空间范围，实现了红线落地，并制定了红线的管控措施，形成了《新疆林业生态红线专题研究报告》和《新疆林业生态红线保护纲要》，自治区林业生态红线划定成果走在了全国的前列，同时也为自治区启动林业生态红线保护行动打下了坚实基础。稳步推进集体林权制度改革，目前已基本完成明晰产权、确权发证主体改革任务，并认真组织开展“回头看”，严格落实督查整改，全区农民林业专业合作社已达到1028个，涉及5万多农户。积极推进事业单位改革，全区各级森林公安机构全部升格，自治区林果业发展协调领导小组办公室、自治区林业有害生物防治检疫局机构和职能得到加强。大力推进林业行政审批制度改革，主动取消下放调整林业行政审批项目27项，压减率达到43.5%，提前完成自治区提出的行政审批事项压减任务。

（俞言琳）

【林政执法】 依法严厉打击破坏森林、野生动植物资源违法犯罪行为。始终保持严打高压态势，深入开展非法侵占林地清理排查专项行动，坚决规范林地管理，遏制非法侵占林地蔓延势头。积极开展保护森林资源和野生动植物资源专项行动，依法严厉查处破坏森林和野生动植物资源案件，有力地保护了森林和野生动植物资源安全。积极开展林木种苗行政执法、林业植物检疫联合执法等专项检查行动。聘请常年法律顾问，进一步实现依法决策、民主决策、科学决策。（马　辉）

【护林防火】《新疆处置重特大森林火灾应急预案》通过自治区人民政府审核，进一步明确森林防火实行地方行政领导负责制，并将森林火灾纳入地方政府应急管理。通过实施预警监测、航空航站建设、边境防火隔离带、重大火险区等工程建设，森林防火灭火能力得到进一步加强，自治区保持连续多年没有发生重特大森林火灾。（伍永明）

【林业有害生物防控】 以特色林果为主的有害生物防控体系基本建成。林业植物检疫执法水平、依法行政能力进一步提高，检疫登记管理工作有序推进，监测预报体系向科学化方向迈进，建立并完善了预测预报联合会商制度、有害生物预报有奖制度。建立完善林业有害生物有偿防治服务机制，大力开展社会化防治服务。“双线”目标责任全面落实，自治区被国家林业局评为“双线”目标责任落实优秀省区。（伍永明）

【种苗花卉等林业产业】 全区现有苗圃1.36万处，育苗面积3.47万公顷，产苗量19.5亿株。编制完成《新疆国家林木种质资源库建设项目总体规划（2014～2020年）》。落实中央、自治区林木良种补贴3280万元。成功举办第三届新疆苗木花卉博览会，签约金额17.5亿元。目前自治区花卉种植总面积1.6万公顷，产值12亿元。林下种植、养殖、森林景观利用等林下经济产值6.5亿元。全区沙区特色经济植物种植面积9.47万公顷，沙产业深加工、沙物质建材和沙区特色旅游总产值41.7亿元。（伍永明）

【林业科技】 组织申报国家和自治区各类科技项目279项，落实立项91项。积极推动新疆林业生态监测与评估工作。完成自治区15个地方标准的制修订和两项国家行业标准的制定。聘请18位区内外专家为特色林果业发展科技支撑首席专家，聘请新疆农业大学等4家单位为特色林果业发展科技支撑单位。统筹推进自治区林业高层次人才、林业青年科技英才等人才培养工程，组织开展“西部之光”访问学者、少数民族专业技术人员特培工作。（伍永明）

【法制保障】 积极参与《森林法修正草案》《种子法修正草案》的调研和修改工作。清理行政规范性文件170件，废止或失效的23件，规范性文件合法性审查和备案率达到100%。组织开展了“宪法法律宣传月”活动和“与法同行万人宣讲活动”。（俞言琳）

【项目资金管理】 全面加强林业项目和资金管理，落实林业贴息贷款21亿元，中央财政贴息资金6090万元。对森林生态效益补偿基金、森林抚育、天然林保护工程的项目资金进行了重点稽查，确保林业工程项目资金安全高效运行。分别与中国农业银行新疆分行、中国银行新疆分行签订了《促进新疆林业产业发展合作框架协议》和《促进新疆林业产业发展战略合作协议》。外资利用水平进一步提高，共落实项目资金2.4亿元。

（马　辉）

【林业援疆工作】 2014年5月9日，自治区人民政府、国家林业局在乌鲁木齐市成功召开了2014年林业援疆工作座谈会和全国林业对口援疆工作座谈会。中共中央政治局委员、自治区党委书记张春贤、国家林业局局长赵树丛等领导出席会议并作了重要讲话。国家林业局提出了支持新疆林业发展具体政策和措施，出台了《关于进一步加强林业援疆工作的意见》。2014年自治区共落实国家林业建设资金24.6亿元，与2013年相比有较大幅度增加。全国对口援疆省市林业援疆取得突破性进展，各地共落实林业援疆项目40多个，资金9300多万元。 （俞言琳）

【“访惠聚”活动】 紧紧围绕社会稳定和长治久安总目标，切实转变工作作风，全力维护民族团结，认真落实民生建设任务，积极投身严打暴恐维稳专项斗争，不断推进基层组织建设，各项工作取得了明显成效，有力地增进了民族团结，维护了社会和谐稳定。厅党委班子成员经常深入乌什县、策勒县调研，现场指导活动开展，协调解决问题，每个班子成员都确定了联系点和联系户并及时走访慰问，以实际行动带头维护民族团结和社会稳定。编制实施了《林业厅“访惠聚”活动三年规划》，2014年落实资金4690万元。林业厅“访惠聚”活动得到了自治区“访惠聚”领导小组、当地党委、政府和乡村广大干部群众的高度评价和一致称赞。 （俞言琳）

新疆生产建设兵团林业

【概　述】 2014年，新疆生产建设兵团(以下简称兵团)在国家林业局的大力支持下，在兵团党委的正确领导下，以贯彻落实十八大和十八届三中、四中全会精神为指导，深入落实全国林业厅局长会议精神，扎实推进林业重点工程建设，严格森林资源保护和管理，保障兵团林业健康快速发展。

造林绿化 全年完成造林绿化面积1.54万公顷，其中防护林1.02万公顷，经济林0.51万公顷。参加义务植树的干部职工人数为92.04万人，全民义务植树尽责率为96.95%，义务植树6364.47万株。

林业工程建设

退耕还林 完成了绩效考核退耕还林阶段验收目标合格率达到99.94%；被国家纳入新一轮退耕还林试点单位，当年争取退耕任务0.33万公顷。

防沙治沙 一是完成了“十二五”兵团与各师防沙治沙考核目标责任书的签订工作；二是沙化土地治理面积达到了1.68万公顷，全面完成当年目标责任考核任务。

天然林保护工程 森林管护任务、责任和资金落实到位，落实任务10万公顷、管护人员161人，资金1029万元，其中：天保管护资金750万元，社保补贴资金171万元，森林抚育资金108万元。天保工程所涉155名在职职工和136名离退休人员，全部纳入了参保范围做到应保尽保、足额缴费。同时，依法加强天然林的保护和管理，层层签订管护责任书，考核落实责任，天保区全年没有发生森林火灾，森林虫害得到有效控制，天保工程实施顺利。

森林抚育 落实0.75万公顷森林抚育试点任务，其中非天保工程区0.69万公顷，天保工程区600公顷；并针对问题，开展森林抚育试点培训，有12个师62个实施团场计109人参加，重点对森林抚育试点作业设计、实施管理等进行培训，提高森林抚育试点管理水平，规范森林抚育的实施。

兵团绿博园建设 目前，完成绿博园兵团的展园竞标、设计及进场施工工作，兵团展园工程完工量已达60%以上，2015年春季可基本完工。

森林资源管理

林地监管 一是开展林地检查工作，针对违法违规使用林地单位进行处理，并限期整改。二是落实国家级公益林责任和任务。当年落实管护人员1781人，管护任务98.16万公顷。三是开展了保护林地资源严厉打击毁林开垦非法占用林地专项活动。出动森林公安民警1636人次，受理案件48起，查处46起，林业行政处罚39人，罚没款26.08万元，限期恢复林地295.13公顷，挽回经济损失1513万元。

占用征收林地 进一步规范占用征收林地审核程序，加强申报材料的审核把关，做好服务，提高审批效率。全年申请和办理占用征收林地160宗，批准面积547.26公顷，其中：永久用地148宗，批准面积456.52公顷；临时用地12宗，批准面积90.74公顷。

林木采伐管理 一是规范林木采伐程序，加强林木采伐管理，林木采伐限额执行得较好，认真执行“十二五”期间兵团年森林采伐限额34.9万立方米，做到按限额管理，凭证采伐林木，全年兵团没有超限额采伐的事件发生。据统计，全年累计采伐林木16.77万立方米。二是落实开展“十三五”期间年森林采伐限额编制工作，根据国家林业局统一部署，兵团结合实际，制订兵团限额编制方案，进行人员培训。目前已完成编制限额单位的数据准备和审核工作。

首批获得林业规划设计资质，部分解决基层设计资质不足难题。2014年完成了兵团二师林业站等6个基层单位的林业规划设计资质申报，现已通过国家审核，获得林业调查规划设计资质证书。成为首批获得林业规划设计资质的基层单位，为方便基层设计工作开展，规范林业规划设计提供了基础。

森林保护

林业有害生物防治 是年继续在一师和八师5个团场采用低容量喷雾技术开展有害生物飞机防治工作，飞防面积0.99万公顷，达到平均虫口减退率93.96%，叶片保存率92.66%的防治效果。兵团近3年累计防治面积达7.19万公顷，有效地扼制森林虫害的发生，生态保护成效显著。同时，兵团环塔里木盆地林业有害生物综合治理基础设施建设项目得到国家支持，这些基础设施的建设，为提升兵团森林有害生物防控能力提升奠定了基础。

湿地和自然保护区管理 加快湿地保护工程建设步伐，提升湿地保护管理能力。落实第三师叶尔羌河和第七师奎屯河流域湿地保护工程，完成三师和六师中央财政湿地保护补助资金200万元的实施方案；编制湿地"十三五"规划，规划湿地自然保护区建设项目15个、湿地保护小区建设项目9个，规划总投资7.8亿元。

森林防火 组织完成兵团森林防火"十三五"规划的编制，并与新疆维吾尔自治区协作完成了森林火险等级区划。建设完成了第四、六师重点火险区综合治理工程，落实第五、八、十、十二师森林重点火险区综合治理任务，获得国家支持1914万元。全年组织扑灭一般森林火灾17起，组织扑灭重大边境森林火灾两起。

重点保护野生动物工作 完成重点保护野生动物致使职工利益受损调查、核实和补偿工作，全年为9个师31个团场的1065户受灾职工发放补偿资金400余万元，保障了受害职工的基本生活，营造了保护野生动物的良好社会舆论氛围。

森林公安队伍建设

林业执法 按照国家要求，结合自身特点，组织93名森林公安民警开展了两期反恐防暴应急处突培训，完成了枪支使用、暴力恐怖及突发事件应急处置及模拟现场实战对抗等训练，并参与完成了实地治安卡点跟班执勤、治安巡逻及接出警等实际任务，提高森林公安民警反恐防暴应急技能。

执法办案能力 根据各师森林公安局人员少、内设机构不健全、执法范围大的实际，按照公安部"警力配置最优、警务成本最低、警务效能最大"的要求，以第四、第八师为试点，在不改变原机构序列的情况下，重新整合配置人员，最大限度盘活现有警力，提高工作效率。同时积极开展与林业其他部门及师公安部门之间的沟通合作，不断提升联动执法能力。

森林公安信息化 以推进警综平台建设为契机，逐步推进森林公安信息化建设。完善兵团森林公安信息网及法律法规应用系统，逐步拓展警综平台功能。开通了兵团森林公安案事件系统并推广使用，全年共录入案件128起，加强了对案件的监督。

国家林业局援疆对口兵团工作 为贯彻落实中央援疆工作会议精神，国家林业局党组书记、局长赵树丛于2014年5月5~9日带领国家林业局有关司局领导，来新疆维吾尔自治区和兵团调研林业发展情况，期间，赵树丛局长一行到一师五团、二师铁门关市考察了退耕还林、农田防护林建设及防风固沙生态经济林基地等建设情况，对一、二师重视发展生态林业和民生林业给予了高度评价；9日组织召开林业援疆工作座谈会暨全国林业对口援疆工作座谈会，赵树丛局长就林业援疆和林业对口援疆提出了"双9条"支持意见，体现国家林业局对新疆和兵团在林业建设方面支持的诚意和力度。

【植树造林】 2014年，兵团完成造林2.3万公顷(其中：防护林1.15万公顷，经济林1.15万公顷)，完成国家1.33万公顷造林计划任务的172.2%。完成封育面积0.6万公顷，是国家0.57万公顷计划任务的105.9%，另外，当年还种植葡萄0.53万公顷。完成中幼林抚育11.49万公顷；新育苗木0.22万公顷，达16 397万株。全民义务植树蓬勃开展：当年全兵团参加义务植树的干部职工人数为92.04万人，全民义务植树尽责率为96.95%，义务植树6367.47万株。（滕晓宁）

【兵团启动新一轮退耕还林工程】 9月25日，国家新一轮退耕还林工程正式启动，当年全国计划退耕还林总面积500万亩，国家安排兵团退耕任务5万亩。为积极争取国家新一轮退耕还林工程建设任务，兵团林业局按照国家林业局的要求，委派兵团林业调查规划设计院组成调查组对有关师、团场进行了实地核查，对符合条件的退耕还林地进一步确定，为合理确定兵团新一轮退耕还林相关数据及申报事宜提供了科学依据。按照要求，退耕的农田严格限定在25度以上非基本农田坡耕地；充分尊重农民意愿，不搞强迫命令；并向南疆灾害多发地区倾斜。新一轮退耕还林国家补助政策每公顷补助22 500元，补助款分三次给付。同时不再区分生态林与经济林，允许农民发展林下经济，缓解因退耕造成收入减少等问题。（滕晓宁）

【第三届中国绿化博览会新疆生产建设兵团展园基础设施建设取得阶段性进展】 第三届中国绿博会将于2015年8月在天津市举行。本届绿博会的主题是"绿色让梦想绽放"。全国48个参展单位进驻绿博园，开建各自富有特色的园林展区。兵团作为参展单位之一，对拟参与兵团绿博园建设的4家设计单位提出的绿博园初步设计和建设方案进行了多次审议，最终新疆林科院园林绿化规划工程设计所中标。兵团展园以兵团精神为设计思想内涵，结合大会主题，将兵团成立60年来，几代兵团人用真情和热血浇筑，并为之献身的筑城戍边、绿化兴边、建设美好家园的伟大事业，通过绿色园林的形式，展现给世人。目前，兵团展园已基本完成基础设施建设工作，下一步将按照全国绿化委员会办公室的要求，并严格执行国家林业局《关于进一步规范树木移植管理的通知》等相关文件精神，加快工程建设进度，科学绿化，确保展园各项工程保证质量，按期完成。（滕晓宁）

【兵团森林公安建设】

打击涉林违法犯罪 组织开展"保护林地资源严厉打击毁林开垦非法占用林地专项活动"和"2014天网行动"，严厉打击涉林违法犯罪，重点督察了六师芳草湖农场、七师126团等发生的毁林开垦案件，对61团兴玉砂石料场和天运新型建材厂两个毁林开垦案件赴现场督办。全年共受理各类涉林案件395起，查处案件384起(刑事案件42起，行政案件342起)。调解信访和民事纠纷158起。林业行政处罚364人次，处理违法犯罪人员40人。第六师森林公安局获得了"全国森林公安严打工作优秀组织单位"称号。

队伍建设 全年共组织各类培训班4次，培训森林公安民警193人次。一是开展了两期反恐防暴应急处突培训，组织民警学习武器警械使用技能，发放持枪证90个；二是举办森林防火二期规划编制业务培训班，学习全国森林防火二期规划编制技术；三是举办一期执法规范化建设培训班，开展执法质量考评，评选优秀卷宗，交流执法经验，开展执法能力调查，发放调查表115份；四是组织民警到师公安局跟班学习，提高执法办案效率的业务技能，以第四、八师为试点，在不改变原机构序列的情况下，重新整合配置人员，最大限度盘活现有警力，提高工作效率；五是加强和改进森林公安思想政治工作，开展民警思想状况问卷调查，掌握民警思想状况。

基础设施建设和信息化建设 加快推进兵团政法基础设施建设"十二五"规划的落实，一是督促第一、四、六师完成了森林公安局业务技术用房建设项目并投入使用；二是指导第三、八师加快森林公安业务技术用房建设项目的实施；三是组织上报了第五、七、十等师森林公安业务技术用房建设项目；四是基层派出所执法办案环境进一步改善，目前18个基层森林公安派出所均有独立的办案场所，7个派出所完成了执法办案功能区改造及室内同步录音录像系统安装工作；五是以推进警综平台建设为契机，不断完善兵团森林公安信息网及法律法规应用系统，推广并使用兵团森林公安系统用语，全年共录入案件128起；六是开展视频会议系统建设准备工作，制订了兵、师、派出所三级视频会议系统的建设方案。第八师森林公安局成为全国森林公安信息化建设示范单位。

森林防火 全年共发生森林火灾45起，其中边境森林火灾两起，8月13日第九师161团重大边境森林火灾，过火森林面积800公顷。8月25日，165团发生边境森林火灾，过火面积约26.67公顷。全年认真落实全国森林防火工作会议精神，一是加强森林火灾预防和扑救工作，全年共组织扑灭一般森林火灾17起，组织扑灭161团重大边境森林火灾一起。对第四、五、九等师森林防火工作进行了检查，确保了森林防火安全。二是加强森林防火基础设施建设。完成了第四、六师重点火险区综合治理项目，第八、十师森林重点火险区综合治理项目获国家林业局批复。督促第五、十二师加快重点火险区综合治理项目落实。上报了第二、九师森林重点火险区综合治理项目、兵团森林防火信息指挥系统项目、第四师森林重点火险区综合治理二期项目可研报告。上报《关于申请第九师边境森林防火资金的请示》。四是编制了兵团森林防火"十三五"规划并与新疆维吾尔自治区防火办协作完成了森林火险等级区划。

湿地及自然保护区保护管理 一是组织4个湿地自然保护区加强保护和管理工作，指导第二师开展塔里木河下游湿地自然保护区申报工作；二是跟踪落实叶尔羌河和奎屯河流域湿地保护工程建设项目，督促加快项目建设；三是申请中央财政湿地保护补助资金200万元，组织三师和六师制订了资金使用实施方案；四是编制兵团湿地"十三五"实施规划，规划湿地保护项目24个。

重点保护野生动物造成职工财产损害补偿工作 一是对2013年兵团补偿资金落实情况进行了抽查，确保补偿资金发放到受灾职工；二是完成了2014年上半年重点保护野生动物致使职工利益受损补偿工作，发放兵团补偿资金122.37万元，目前共为9个师31个团场的1065户受灾职工发放补偿资金400余万元。

（熊　杰）

【国家级公益林管护】 在国家林业局的大力支持和关怀下，兵团区划界定的国家级公益林已有98.16万公顷纳入中央财政补偿基金范围，惠及兵团13个师、99个团场和单位。为管好用好中央财政补偿基金，兵团在总结经验的基础上，进一步采取完善制度、健全机构、明确责任、加强监管等措施，较好地执行了2014年中央财政补偿基金的各项管理工作。

中央财政补偿基金落实到位。是年，财政部下达兵团中央财政补偿基金7362万元，管护兵团98.16万公顷国家级公益林。兵团按照预算级次及时足额拨付资金到各有关实施团场或单位。一是落实管护资金。落实管护支出7024万元，其中用于专职管护人员劳务费和一般性日常管护4417.2万元，包括专职管护人员工资、社会保障、交通、通讯和聘用的季节性临时用工的劳务费用；用于重大抚育项目建设及公共管护支出2606.8万元，包括补植补造支出150万元，围栏建设支出973.8万元，宣传牌支出600万元，界碑支出84.12万元，管护用房支出250万元，防火简易道路支出108.3万元，森林病虫鼠害防治支出440.58万元。二是落实公共管护支出338万元，主要用于各级林业主管部门开展国家级公益林检查验收及资源信息化监测管理。三是严格执行补偿资金管理规定。严格按照《中央财政林业补助资金管理办法》（财农〔2014〕9号）和《新疆生产建设兵团森林生态效益补偿基金管理办法实施细则》（兵财企〔2010〕28号）规定的支出范围进行支付，严禁超范围支出。四是设立转账，加强管理。各级财务部门对中央财政补偿基金实行专项管理，分账核算，做到中央补偿基金及时足额拨付到各实施团场，专款专用。严格核定获得补偿性支出的人员数量，补偿性支出实行定额管理。建立健全基金拨付、使用和档案。强化监督管理，充分利用各监督管理部门监督检查结果，积极督促中央财政补偿基金安全、高效使用。

加强管理，落实管护责任制。制定并执行《兵团国家级公益林管护办法》《兵团国家级公益林管护质量检查验收考核办法》《国家级公益林管护人员考核奖惩制度》《国家级公益林监管人员考核奖惩制度》等一系列管护、检查、考核等方面的制度和措施。落实监管人员459人，管护人员1781人，建立健全了各项管护责任制。

认真检查，积极整改。组织林调院对国家级公益林现状和管护情况进行检查，依据兵团林地保护利用规划编制成果和林地年度变更调查工作，对团场公益林管护面积和区域进行合理调整。

强化重大抚育项目建设监管。2014年完成补植补造200公顷，建设围栏541千米、宣传牌200座、管护用房175平方米、防火简易道路9千米，森林病虫鼠害防治440.58万元。抚育项目均由师林业局会同财务局、建设局等有关部门履行检查验收程序。

加强培训，提高国家级公益林管理水平。2014年初与8月初，举办了3期林地及公益林管理培训班，培训人员309人次，重点学习林地与公益林管理的法律法规，对典型案件进行分析讲解，并针对工作中出现的问题进行研讨和交换经验，取得了良好效果。

严厉打击毁林开垦等各类破坏森林资源的违法活

动。组织开展"保护林地资源严厉打击毁林开垦非法占用林地专项活动"和"2014天网行动"，严厉打击涉林违法犯罪，全年共受理各类涉林案件395起，查处案件384起(刑事案件42起、行政案件342起)，调解信访和民事纠纷158起，处理违法犯罪人员40人。通过案件的查处，有效震慑了违法犯罪人员，依法保护了森林资源，挽回了巨大的经济损失。（贾寿珍）

【天然林保护工程】 2014年，新疆兵团天保工程二期建设在兵团各级党委领导关心支持下，广大林业干部职工精心组织，真抓实干，狠抓落实，天然林保护工程建设进展顺利。

森林管护 是年天保工程继续停止天然林采伐，依法加强对天然林的保护和管理，林业局和工程实施单位通过层层签订管护责任书(合同)，管护责任书签订率100%。全面落实森林管护责任，其中：有林地2.9万公顷(其中天然林2.81万公顷)，疏林地0.24万公顷，灌木林地4.07万公顷，未成林造林地520公顷，宜林地2.73万公顷。

天保区272个林班，4734个小班，管护人员161人，通过有效管护，天保区全年没有发生森林火灾，森林虫害得到有效控制，提高了天保区的森林覆盖率，增加了森林蓄积。

森林抚育 2014年兵团下达天保区森林抚育计划面积600公顷，资金108万元已下拨，其中：61团266.67公顷，67团333.33公顷。按照要求，作业设计前对各实施单位分管领导、技术人员进行培训。设计方案由林业局进行批复，已完成600公顷实施方案和作业设计的编制工作。

社会保险政策落实 天保工程一次性安置职工社会保险补贴政策落实进度全国第一，完成进度100%。155名天保工程在职职工和136名离退休人员，全部纳入了基本养老、基本医疗、工伤、生育和失业五项参保范围。2014年落实职工"五险"中央财政社会保险补助资金171万元。天保工程实现了应保尽保、足额缴费，保障了国有林业职工的切身利益。

档案建设 按照《天然林资源保护工程档案管理办法》要求，对天保工程档案进行了规范化建设，统一档案管理格式，建立纸质档案20卷盒，其中文书档案8盒、技术与管理档案4盒、财务档案4盒、音像和电子介质档案2盒。

资金落实 是年落实天保工程二期建设资金1029万元，其中：天保管护资金750万元，社保补贴资金171万元，森林抚育资金108万元，已通过师财务预算拨付到团场，保证天保工程的顺利实施。

取得的成效 天保二期工程实施后，森林管护和森林资源培育加强，现有林分结构和森林质量得到优化，森林覆盖率有了明显的增长，森林生态功能得到提升，实现了森林资源从恢复性增长进一步向提高森林质量转变。对完善社会保障体系、大幅提高职工群众收入、维护团场社会稳定、增强可持续发展能力，履行屯垦成边历史使命，具有重大的长远意义。兵团采取有效措施，积极引导职工增加二三产经营收入，是年实现林业职工家庭人均纯收入17 300元，较2013年增加3931元，增长率29%。（贾寿珍）

【森林有害生物防治】 2014年，全兵团主要林业有害生物整体发生平稳，发生面积35万公顷，属偏轻发生年份。其中，林木病害发生2.1万公顷，虫害发生23.85万公顷，鼠害发生9.05万公顷。成灾率4.5‰，测报准确率87.33%，无公害防治率95.17%。发生的主要种类有胡杨锈病、红枣黑斑病、香梨腐烂病、葡萄白粉病、春尺蠖、弧目大蚕蛾、杨二尾舟蛾、青杨天牛、光肩星天牛、白杨透翅蛾、沙鼠类、根田鼠、白星花金龟、果螨、红枣大球蚧等。其中，鼠害发生面积总计9.05万公顷，其中，轻度发生5.57万公顷，中度发生2.68万公顷，重度发生0.79万公顷。主要种类有根田鼠、大沙鼠和鼹形田鼠等，根田鼠在新植林和退耕还林地危害面积有所扩大，部分区域危害程度有所加重；大沙鼠在荒漠林区危害保持平稳。杨树蛀干害虫发生面积3073.33公顷，其中，轻度发生680公顷，中度发生1226.67公顷，重度发生1166.67公顷。总体发生面积减少，但局部危害加重。

鼠害预防和治理 兵团针对林业鼠害发生和防治制订了防治方案，做好林木鼠害的监测调查，早发现、早报告、早防治；通过对营林、生物、物理及化学防治措施及天敌保护技术的应用，达到控制害鼠的目的。

森林鼠害治理 一是继续对荒漠林实施封沙育林、禁牧、禁猎，开展广泛宣传，保护荒漠植被和鼠类捕食性天敌，取得了较好效果。二是统一投药，提高防治效果。各团场抓住春季和冬前灭鼠时机，在调查监测的基础上，对鼠害发生较为严重的部分荒漠林，所有的葡萄地、新植防护林、杨树片林、苗圃等区域进行投药灭鼠，对居民区附近的林园采用鼠铗、鼠笼灭鼠，治理面积2万公顷，针对鼠害发生严重的重点团场通过统一采购或团场自行采购鼠药，治理面积达4万公顷，有效扼制了鼠类对林业的危害。三是加强营林措施，新植林带和新建园采取工程性平地、林床整地质量高，林木抚育管理到位，本年的新植林和葡萄园鼠类危害较轻。通过治理，有效控制了鼠害地发生和为害，2014年兵团防治森林鼠害面积8.53万公顷，投入资金累计达1782.46万元。

杨树蛀干害虫预防和治理 抓住防控时机，在调查监测的基础上，对青杨天牛、白杨透翅蛾等杨树蛀干害虫发生较为严重的部分道路林及防护林、杨树片林、苗圃等区域进行截干、截枝、平茬烧毁处理。是年，二师森防站组织22团在光肩星天牛疫区开展了连续监测，摸清了该垦区光肩星天牛的发生及危害情况，并对部分林带进行了采伐更新；四师森防站组织伊宁垦区各团场开展了光肩星天牛疫情普查工作，目前尚未发现传入。七、八师各团场在白杨透翅蛾发生严重的新造林和中幼林地设置固定样地进行监测，幼虫期采取药物注射，成虫期采取悬挂引诱剂诱杀、喷洒生物药剂进行防治，防治面积1406.67公顷，取得了很好的防治效果。通过治理，有效控制了杨树蛀干害虫的发生和为害，2014年兵团防治面积(含预防面积)0.67万公顷，投入资金563.42万元。

食叶害虫防治 是年，对一师10团、12团，八师

121团、133团、134团采用低容量喷雾技术进行食叶害虫飞机防治。作业时间：4月15日至5月2日，实际防治面积0.99万公顷，投入资金345余万元；据统计，5个团场平均虫口减退率为93.96%，叶片保存率为92.66%，防治效果明显、生态效益显著，飞机防控工作取得圆满成功，达到了预期目的。

林业有害生物补助经费落实　是年国家下达兵团林业有害生物补助资金100万元，严格按照林业有害生物防治补助经费使用的有关规定和要求，结合近年来主要林业有害生物发生防治情况，制订了防治补助方案。其中，82万元为近几年兵团森林食叶害虫发生严重、防治设施设备薄弱的四师70团、五师91团、九师166团、十四师一牧场各配备了1辆综合防治机械，用于提高这些团场的林业有害生物的防治能力；18万元主要用于购置检疫检验工具及设备等。

预防和治理成效　通过预防和治理，兵团林业有害生物发生控制在国家林业局下达的“四率”控制指标范围以内，森林食叶害虫整体蔓延发生的趋势得到了初步遏制，森林害鼠成灾面积和成灾率进一步下降，杨树蛀干害虫发生危害情况得到进一步遏制，发生范围进一步缩小。全年没有重大林业生物灾害和突发事件发生。

（贾寿珍）

【森林抚育工作】　2014年，根据财政部、国家林业局《关于印发〈中央财政林业补贴资金管理办法〉的通知》（财农〔2014〕9号），落实国家下达兵团森林抚育补贴试点任务0.75万公顷，其中：非天然林资源保护工程区0.69万公顷，天然林资源保护工程区600公顷，涉及兵团13个师43个团场。通过制定规范、健全机构、明确责任、加强监管等措施，较好地完成森林抚育试点补贴的各项管理工作。

森林抚育补贴试点　自2011年实施森林抚育补贴试点项目以来，兵团根据不同的森林类型、土壤状况、立地条件，通过设置标准地进行观测的方法，对林分生长状况、林分结构变化、林下植被状况和社会经济效益进行了监测和分析。森林抚育工作促进林分质量提高和团场职工增收。一是提高林分质量。通过卫生伐和修枝抚育，伐除林中枯死木、病倒木，修剪清理林地内的丛生枝、断头枝、多头枝、病虫枝、枯死枝，提高了林地内卫生状况和林木材质，增强了森林抵御火灾和病虫害的能力。改善了林木的生长条件，提高了林分质量。通过松土除草、灌水，为林木创造了适宜的生长空间，使林木质量显著提高，加快了林木生长，改善了林区环境，增强了生态保护作用，提高了森林的生态效益。二是增加团场职工的收入。森林抚育试点任务的实施解决了一部分团场劳动力就业问题。是年，兵团完成0.75万公顷森林抚育补贴试点任务，2000余人受益，生产季节平均每人获利5500元左右。　（贾寿珍）

【林下经济】　随着林权制度改革的扎实推进，明晰的产权给更多的职工有了经营林业的空间，调动了广大职工承包经营林地的积极性，为林下经济的发展和绿色食品的营销带来了活力，成为团场职工致富奔小康的一种重要途径。是年兵团林下经济发展较好。

多模式发展，多品类共存。林下养殖模式：林下养禽、畜，品种为鸡、鸭、鹅、牛、羊等。种植业，在枣树、果树地中间作套种小麦、苜蓿和黑麦草等。各地根据实际情况积极发展养殖，并在周边市场、团场占有一定份额。

各师林下经济发展现状：二师2010～2014年共养鸡27万只，给职工增收324万元。四师从事林下种植、养殖业的职工有100多人，100亩以上的大户有10户。五师91团建成了全国最大的林下有机鸡养殖基地，通过发展林下养鸡产业，2011年新增工作岗位300个，实现产值1亿元，养殖纯收入2000万元，养殖户户均收入10万元；84团实现林下经济产值达到1500万元，退耕还林户均增收5000元。六师1000公顷林下养殖，养殖家禽14万只，养殖牛羊1250头。八师从事林下种植、养殖业的农户有479户，500亩以上的大户有92户，企业经营的有6家；全师是年林下经济产品销售额已超过0.49亿元，占林业产值的1.5%。十师从事林下种植、养殖业的农户有100户，已发展林下经济近973.33公顷，是年林下经济产值285.96万元，林禽模式346.67公顷，林畜模式186.67公顷，饲养量3000只；林经模式（苜蓿）440公顷。12师建设了3333.33公顷的苗圃，增加经济收入300余万元，林农人均增收15 000元以上，吸纳就业人数200余人。13师2014年共发展林下养殖禽类12.14万只，部分出栏禽类实现销售收入191.93万元。14师林下种植业3000公顷，林下养殖禽类2.45万只；其中鸡2.29万只，鹅1000只，鸭600只，林下养殖放养面积达到200公顷，经济效益可观。

企业参与，品牌带动。大力倡导并鼓励有一定生产能力的企业，从事林下经济的发展，发展了一批有市场潜力和经济效益的林下经济产品。如121团军燕葡萄酒庄，是一家生产绿色食品的企业，其利用林下开展林禽、林畜养殖，杨树与牧草复合种植，提高了林地土壤的肥力和水分，满足了杨树生长条件，又为牧草提供必要的生产环境，取得培养大径材和牧草种植双赢。12师“桃园鸡”已成为团场的品牌。147团浩宇生态农业公司开展林下散养“土姥姥”土鸡和奶牛，土鸡和奶牛品质得到了提升，林木生长的土壤肥力也得到了增强，养殖与育林一举两得，投资回报率达38.6%，即打造自己的特色品牌，又为自己的餐饮业提供生态食品，提升行业竞争力，增强品牌带动效应。

政策扶持，成效明显。师局相应出台了《关于加快林业改革发展的若干意见》，明确了发展林下经济，推动产业结构升级的具体思路和相关的保障措施，各团场、处、镇也立足实际，对发展林下种、养殖业的企业和职工农户，给予政策扶持，并在林权流转、办证、科技信息和动植物检疫上提供优质服务，八师还从财务中拿出资金900万元用于林农发展林下经济的无息贷款、对建造养殖圈舍的职工给予300元/平方米的补贴，对资金周转较困难农户，协调银行给予贷款帮扶。

发展林下经济过程中的探索和突破。积极引导林农依法合理利用林地资源开发探索林下种植、养殖等经营。①林下种植：因地制宜的开发林果、林花、林菜、林菌、林药等模式；如红旗农场实施了以人工接种肉苁蓉10公顷，投入4.5万元，2014年收入3万元，平均每公顷收入3000元。②林下养殖：发展立体养殖，鼓励林禽、林畜、林下养蜂等模式。③林粮(牧草)模式:速生丰产用材林一般成材周期7~10年,林地郁闭之前在林下种植棉花、辣椒、西瓜、小麦、牧草等经济作物,以耕代抚。④退耕还林套种牧草发展畜牧养殖:结合退耕还林工程,在林带行间种植红豆草、苜蓿666.67公顷。牧草每年收获1~2茬,平均干草产量1800千克/公顷、草籽150千克/公顷,公顷成本750元,公顷效益2100元。收获的牧草为牛、羊的主要饲草料。⑤杨树丰产林+间作小麦+林下养鸡模式:105团林权改革,职工种植宽窄行杨树,行间种植小麦33.33公顷,公顷效益4500元。职工种植经济林的积极性显著提高。⑥开拓林游模式:利用大面积葡萄园、速生丰产林、胡杨林地自然风景资源等优势,结合公益林管护站独特优势,采取松散型组织形式,开展"林家游"项目。头屯河农场以开心农场打造田园休闲摘菜、林带下乘凉休憩、退耕还林地打造蒙古包为契机,形成了集避暑聚会、娱乐休闲、生态旅游为一体的城郊型休闲林业。依托绿色有机产品开发农家乐项目,形成了一定的规模和特色优势,目前从事林下种植、养殖业的品类达20种之多。新建园行间间作饲草、花生、茴香、西瓜、打瓜等矮杆作物,缓解了建园前期的投入压力,还起到了防风固沙的作用。

五一农场、头屯河农场、天恒基园林公司引进"油用牡丹"50万株,中天玫瑰20万株,种植面积达40公顷,油用牡丹不但可以观花,果实榨油,根部还可以作为中药;中天玫瑰兼具观赏和提取精油价值,目前引种两年来均表现良好,为苗圃基地给职工增效开辟了新的途径。 (贾寿珍)

【**林业工作站建设**】 2014年,按照国家林业局工作重点,兵团结合实际,重点做好林业站本底调查、"林业站服务年"活动、基层团场标准林业站建设等工作。

林业工作站本底调查。按照国家林业局工作部署,结合兵团实际,制订了兵团林业站2014年本底调查实施方案,采取师、团场自查,兵团进行抽查方式完成。是年7月下旬至8月14日,兵团对13个师级林业站和41个基层团场林业工作站进行抽查。

检查汇总结果:兵团现有团场基层林业工作站145个,管理人员1284人,其中大专以上学历1076人,中专学历172人,高中以下文化程度36人。专业技术人员771人,其中取得高级职称53人,中级职称271人,初级职称447人。在岗职工总数5274人,其中长期在岗职工4889人,自收自支1123人。目前,自有办公用房的林业站有35个,其中是年新建办公用房的林业站有12个;有交通工具的林业站有121个,其中是年新增交通工具的林业站有5个。

近两年,由于机构改革,有的团场林业站划归农业公司管理,由事业单位变为企业;有的团场保留事业单位编制,只保留2~3人,导致基层林业站人员数量的缩减。团场林业站年末在岗职工总数5944人,长期职工5459人。是年兵团师级林业站总人数83人,较2013年减少2人;团场林业站年末在岗职工总数5274人,较2013年减少670人;长期职工4889人,较2013年减少570人。

"林业站服务年"活动开展情况。按照国家林业局统一部署要求,兵团结合第二批党的群众路线教育实践活动的推进,制订"林业站服务年"活动实施方案,组织开展"林业站服务年"活动。兵团开展"林业站服务年"活动的林业站159个,145个林业站推行了"一站式""全程代理"等服务模式,简化了办事程序,缩短了办事期限。为团场职工简化程序办事979件,为职工群众节约办事成本230.9万元。156个林业站为团场林业职工办实事822件,145个林业站开展了贯彻落实《关于加强乡镇林业工作站工作人员廉洁履行职责的若干规定》及站务公开制度的专项检查。二是做好服务,分级培训。兵团举办了5期林业培训班,主要培训林业有害生物防治、林业科技实用技术、林业信息宣传以及林果试验示范等,培训人员达385人次。师组织授课培训7期,培训人员1173人次;组织林业技术人员分赴团场进行巡回授课,建立田间课堂,系统传授了苹果、香梨、红枣、葡萄的栽培管理技术,全年组织818次(期),培训职工12万多人次。

抓好基层团场标准化林业站建设。为了推进兵团基层团场标准化林业站建设进程,制订了《兵团基层团场标准化林业站建设考核办法》,考核基层团场标准林业站机构建设、队伍建设、办公用房、办公设施设备、制度建设、档案管理、职能作用发挥和年度重点工作完成情况等,依据考核评分结果,确定林业站基础设施建设投资方案以及林业站管理服务能力建设实施单位。

是年,国家林业局安排中央预算内林业基本建设资金160万元,主要用于基层团场林业工作站基础设施建设,改善林业站的办公条件。兵团按照要求,遴选一师8团林业站、二师31团林业站、四师68团林业站、九师161团林业站、十师182团林业站、十二师西山农场林业站、十三师红星一场林业站和红星四场林业站为标准林业工作站。 (贾寿珍)

【**再次承担国家林业公益性行业科研专项项目**】 兵团林业科学技术研究院的国家林业行业公益项目"新疆文冠果优系引选及繁育技术研究"实施年限为5年(2014年1月—2018年12月),国家投资118万元。该项目将针对新疆文冠果的品种混杂,移栽成活率低,繁育技术滞后等影响文冠果资源培育的关键问题,本着观赏性、经济性并重的目标,通过对国内不同种源地的文冠果优系的普查,分别采集优良株系的种子和接穗,在新疆建立试验测试林,通过调查对比分析研究,筛选出表现较好的优良株系。通过容器基质繁育技术研究,建立适应新疆地区的文冠果种苗繁育技术规范。 (滕晓宁)

【**驼铃梦坡国家沙漠公园经国家批复同意开展试点建设工作**】 12月31日,经国家林业局批复,同意新疆生产建设兵团驼铃梦坡国家沙漠公园开展试点建设工作。这是兵团首个国家沙漠公园。

新疆生产建设兵团驼铃梦坡国家沙漠公园区域位于新疆第二大沙漠——古尔班通古特沙漠的西南边缘,新疆生产建设兵团第八师150团境内西部,南北跨幅约7.4千米,东西跨幅约5.8千米。总面积2039.78公顷。

驼铃梦坡沙漠公园于2007年开始开发建设,是目前新疆北疆地区最大的沙漠生态旅游景区。150团通过融资及贷款等方式对驼铃梦坡沙漠生态旅游景区累计投入已经近2000万元。近年来，150团扩建了通往景区的主要道路，改造了道路指示牌和景点介绍牌。建成占地一万多平方米的绿色生态停车场和占地650平方米的游客中心。同时还建成一个面积为25 000平方米，由25座沙漠露营蒙古包组成的篝火晚会宿营地。这里还建有2.8千米的摩托车赛道和8千米的越野吉普车车道等。

该景区被新疆兵团第八师石河子市旅游局纳入军垦红色旅游景点，"驼铃梦坡"是国家4A级景区。

曾荣获"中国最令人向往的地方"称号，2014年1月，150团西古城镇被国家授予"2013美丽中国十佳旅游镇"称号，这也是国家旅游行业最高奖项。

（滕晓宁）

【国家林业局领导来兵团调研林业援疆工作】 为做好新一轮林业援疆工作，5月5~9日，国家林业局党组书记、局长赵树丛及有关司局领导深入新疆、兵团调研。

赵树丛局长一行到一师5团、二师铁门关市考察了退耕还林、农田防护林建设及防风固沙生态经济林基地等建设情况，对一、二师重视发展生态林业、民生林业给予高度评价。

5月8日，兵团党委书记、政委车俊，兵团党委副书记、司令员刘新齐与国家林业局党组书记、局长赵树丛一行座谈。赵树丛表示，长期以来，兵团在开发建设边疆、维护新疆稳定、履行生态卫士职责等方面作出了突出贡献。兵团历来高度重视林业工作，并发挥了良好的示范引领作用。通过此次调研，国家林业局对兵团做好新一轮林业工作充满信心。希望兵团能充分发挥自身优势，科学规划林业产业，更好地推进生态建设。国家林业局将一如既往地大力支持兵团林业发展，为维护新疆社会稳定和长治久安作出贡献。

5月9日，在国家林业局组织召开的林业援疆工作座谈会暨全国林业对口援疆工作座谈会上，赵树丛局长就林业援疆和林业对口援疆提出了"双9条"支持意见：一是在战略全局上，支持把新疆列为国家生态建设的战略重点。二是在改善生态上，支持新疆实施好重大生态修复工程。三是在改善民生上，支持新疆做大做强做优特色林果等经济林产业。四是在深化改革上，支持新疆林业体制机制创新。五是在科学技术上，支持新疆实施一批关键项目。六是在平台建设上，支持新疆林产品"走出去"。七是在基础建设上，支持新疆改善林业发展条件。八是在人才培养上，支持新疆与国家林业局加强干部交流和培训。九是在组织协调上，支持新疆与19个省（区、市）林业系统开展对口援助合作。"双9条"体现了国家林业局对新疆兵团在林业建设方面给予全力支持。

（滕晓宁）

【兵团与内蒙古亿利资源集团签订沙漠治理战略合作备忘录】 4月3日，兵团党委副书记、司令员刘新齐会见了全国政协常委、内蒙古亿利资源集团董事长王文彪一行。兵团副司令员宋建业会见时在座。双方就发挥各自优势，在防沙治沙、生态修复、生态保护、生态产业培育等方面开展多方位合作，共谋发展，实现互惠互利、合作共赢达成共识。

会见结束后，兵团第一师与亿利资源集团就先期进行60平方千米本土植物种质资源开发、种子驯化培育、种植试验示范，成功后再分期扩展推广示范，逐步实施荒漠化防治与生态经济建设，进行防沙治沙、生态修复、沙旱生物经济作物种植加工、产业开发等经营活动签订了战略合作备忘录。

这是新疆生产建设兵团为认真落实俞正声主席关于鼓励亿利资源集团进入南疆进行荒漠化防治的重要批示，双方在进行实地考察、调研，深入交流沟通的基础上达成的共识。

（滕晓宁）

【全国生态建设突出贡献先进集体和先进个人】 11月12日，国家林业局授予兵团第六师奇台农场国家级森林病虫害中心测报点为全国生态建设突出贡献先进集体；新疆生产建设兵团森防总站吴雪海、第二师33兵团级森林病虫害预测预报中心站2人为全国生态建设突出贡献先进个人。

（滕晓宁）

林业人事劳动

22

国家林业局领导成员

局长、党组书记：赵树丛
副局长、党组副书记兼机关党委书记：张建龙
副局长：印红（副部长级，2014年2月免职，调离）
副局长、党组成员：孙扎根
中央纪委驻国家林业局纪检组组长、党组成员：陈述贤
副局长、党组成员：张永利**副局长、党组成员：**陈凤学（2014年2月任职）
副局长：刘东生（2014年2月任职）
党组成员：彭有冬（2014年2月任职）
国家森林防火指挥部专职副总指挥：杜永胜
总工程师：陈凤学（2014年3月免职）
封加平（2014年3月任职）

新任国家林业局副局长、党组成员

陈凤学 男，汉族，1956年6月出生，黑龙江木兰人，1975年3月加入中国共产党，大学本科学历，学士学位，高级工程师。1978年8月于东北林学院毕业后在黑龙江省营林局森林经营处参加工作，1983年4月任黑龙江省林业厅森林病虫害防治站科长。1987年8月任黑龙江省森林植物园副主任（副处级）。1991年3月任黑龙江省林业厅经济协作办公室、外资项目管理办公室主任（正处级）。1998年3月任国家林业局森林病虫害防治总站副总站长（副局级），2002年1月任国家林业局森林病虫害防治总站总站长、党委书记（正局级），2002年11月任国家林业局森林病虫害防治总站党委书记。2004年7月任国家林业局西北华北东北防护林建设局党组书记、局长。2008年3月任国家林业局林业工作站管理总站总站长。2011年5月任国家林业局总工程师。2014年2月任国家林业局副局长、党组成员。

新任国家林业局副局长

刘东生 男，汉族，1962年12月出生，河北内邱人，九三学社社员，九三学社中央委员会农林委员会副主任，1999年12月加入中国共产党，在职研究生学历，博士学位，研究员。1982年8月于北京林学院毕业后在中国林科院林经所参加工作，1993年7月任林经所副所长，1995年4月任林业部经济发展研究中心综合业务室主任（正处级），1999年12月任国家林业局经济发展研究中心副主任（副司局级）。2003年6月任国家林业局驻兰州森林资源监督专员办事处专员（正司局级）。2007年11月任国家林业局驻云南省森林资源监督专员办事处专员。2009年3月任国家林业局经济发展研究中心主任、党委书记，2010年6月任国家林业局经济发展研究中心主任。2014年2月任国家林业局副局长。2014年3月兼任国家林业局濒危物种进出口管理中心（中华人民共和国濒危物种进出口管理办公室）主任。

新任国家林业局党组成员

彭有冬 男，汉族，1961年10月出生，山东寿光人，1988年3月加入中国共产党，大学学历，学士学位，副教授。1982年8月于山东大学毕业后历任西北林学院教师、团委副书记、团委书记、学生工作处副处长、学生工作处处长、院长助理、党委副书记兼纪委书记（副司局级）、副院长。1999年9月任西北农林科技大学党委副书记。2001年4月任北京林业管理干部学院副院长（主持行政工作），2001年11月任北京林业管理干部学院常务副院长、党委副书记（正司局级），2004年2月任国家林业局管理干部学院党委书记。2008年3月任国家林业局机关服务局局长、党委副书记。2010年4月任国家林业局办公室主任。2011年1月任国家林业局科学技术司司长。2014年2月任国家林业局党组成员兼科学技术司司长。

新任国家林业局总工程师

封加平 男，汉族，1957年9月出生，湖南衡南人，1985年7月加入中国共产党，中央党校在职研究生学历，学士学位，高级工程师。1974年3月在湖南省江永县井边公社杉木冲农场插队参加工作。1978年1月至1982年1月在中南林学院学习。1982年1月于中南林学院毕业后在林业部宣传司宣传报道处工作，1990年9月任林业部教育宣传司宣传报道处副处长，1992年12月任林业部教育宣传司宣传报道处处长，1995年5月任林业部宣传中心副主任（副司局级），1999年12月任国家林业局宣传中心副主任（主持工作），2001年4月任国家林业局宣传中心主任（正司局级）。2004年2月任国家林业局办公室主任 。2010年4月任国家林业局发展规划与资金管理司司长。2014年3月任国家林业局总工程师兼发展规划与资金管理司司长。

国家林业局机关各司（局）负责人

办公室

主任： 张鸿文
巡视员：王建子（2014年3月免职，退休）
副主任：朱新飞 李金华 王福东（2014年9月任职）

政策法规司

司长：刘永范
副司长：王洪杰、卢昌强（2014年9月免职）
副巡视员：祁 宏

造林绿化管理司（全国绿化委员会办公室、长江流域防护林体系建设管理办公室）

司长（秘书长、主任）：王祝雄
副司长（常务副秘书长）：赵良平
巡视员：于建亚（2014年4月免职，退休）
丁付林（2014年9月免职，退休）
副司长：吴秀丽 王剑波（2014年9月任职）
向守都（2014年1月结束挂职锻炼免职）
平学智（2014年3月挂职锻炼任职）

森林资源管理司

司长：郝燕湘
副司长：徐济德（兼） 袁少青（2014年7月免职）
冯树清（2014年9月任职）

野生动植物保护与自然保护区管理司（野生动植物保护及自然保护区建设工程管理办公室）

司长（主任）：张希武
巡视员：孟 沙
副司长：刘亚文
副司长（副主任）：贾建生
总工程师：严 旬
副司长：韦 萍（2014年1月结束挂职锻炼免职）

农村林业改革发展司

司长：张 蕾（2014年3月免职，退休）
刘 拓（2014年3月任职）
巡视员：安丰杰 孔 明
副司长：李 军（2014年7月免职）
苗启华（2014年1月结束挂职锻炼免职）

森林公安局（国家森林防火指挥部办公室）

局长（副主任）、分党组书记：王海忠
政委、分党组成员：焦德发（2014年4月任政委）
副局长（副主任）、分党组成员：焦德发（2014年4月免副局长、副主任） 柳学军（2014年4月任职）
巡视员、分党组成员：曹 真
副局长、分党组成员：张 萍 崔永环（2014年4月免职，提前退休）

发展规划与资金管理司（全国木材行业管理办公室）

司长：封加平（兼）
巡视员：高玉英（2014年3月免职，退休）
王前进
副司长（主任）：孙 建
巡视员：付 贵（2014年7月任职）
副司长：闫 振（兼） 杨 冬
副巡视员：张艳红 汤晓文（2014年3月免职）
副司长：刘金富

科学技术司

司长：彭有冬（兼）
副司长：胡章翠（兼）
巡视员：张志达
副司长：李 兴（2014年7月免职，退休）
靳 芳
副巡视员：杜纪山
副司长：孙光芝（2014年3月挂职锻炼任职）

国际合作司（港澳台办公室）

司长：苏春雨
巡视员：金普春
副司长：章红燕 王春峰（2014年9月任职）

人事司

司长：谭光明
副司长：蓝增寿（2014年3月免职） 丁立新
郝育军

直属机关党委(直属机关纪委)
常务副书记：高红电
副书记、纪委书记：柏章良
直属机关工会
主席：杨建新(2014 年 7 月免职，退休)
蒋周明(2014 年 7 月任职)
副主席：孟庆芳
离退休干部局
局长：孙传玉
党委书记：薛全福
副局长：马世魁(2014 年 3 月任职)
蓝增寿(2014 年 3 月任职)
副巡视员：马世魁(2014 年 3 月免职)
王德宗(2014 年 3 月任职)
张　瑞(2014 年 3 月任职)

中央纪委、监察部驻国家林业局纪检组、监察局
组长：陈述贤
副组长、局长：张习文
副局长：周　洪
正司局级纪检监察专员：吴兰香
纪检监察一室主任：籍永刚

国家林业局直属单位负责人

国家林业局机关服务局
局长、党委副书记：王永海
正司局级干部：运文田(2014 年 8 月任职)
副局长：运文田(2014 年 8 月免职)
周　瑄(2014 年 8 月免职)
徐志霞(2014 年 8 月任职)
副巡视员：徐志霞(2014 年 8 月免职)
副局长、基本建设管理办公室专职副主任：姚志斌
国家林业局信息中心
主任：李世东
副主任：王福东(2014 年 9 月免职)　李　达
邹亚萍(2014 年 9 月任职)
国家林业局国有林场和林木种苗工作总站(国家林业局森林公园保护与发展中心)
总站长：杨　超
副总站长：张周忙　杨连清　刘春延
国家林业局林业工作站管理总站
总站长：潘世学
副总站长：何美成　陈雪峰　汤晓文(2014 年 3 月任职)
总工程师：伍步生(2014 年 3 月任职)
副巡视员：许　缏(2014 年 3 月任职)
国家林业局林业基金管理总站(国家林业局审计稽查办公室)
总站长：孔　明(2014 年 8 月免职)
周　瑄(2014 年 8 月任职)
副总站长：王翠槐　路　健(2014 年 12 月免职，退休)　陈　彤(2014 年 7 月免职)
李　冰　郝雁玲(2014 年 8 月任职)
国家林业局宣传办公室
主任：程　红
副主任：李天送、樊喜斌
副司局级干部：李志宏
国家林业局濒危物种进出口管理中心(中华人民共和国濒危物种进出口管理办公室)
主任：印　红(2014 年 3 月不再兼任)
刘东生(兼，2014 年 3 月任职)
常务副主任：孟宪林
副主任：马爱国
巡视员：周亚非
副主任：周志华　王维胜(2014 年 9 月任职)
匡加才(2014 年 3 月挂职锻炼任职)
国家林业局天然林保护工程管理中心
主任：孙国吉
巡视员：叶荣华(2014 年 9 月任职)
副主任：陈学军　文海忠　樊　华
总工程师：叶荣华(2014 年 9 月免职)
闫光锋(2014 年 9 月任职)
国家林业局退耕还林(草)工程管理中心
主任：周鸿升
副主任：刘雪平(2014 年 3 月免职，退休)
王殿富
巡视员：张秀斌
副主任：吴礼军
总工程师：敖安强
国家林业局防治荒漠化管理中心
主任：刘　拓(2014 年 4 月免职)
潘迎珍(2014 年 4 月任职)
副主任：胡培兴　罗　斌　许　庆
总工程师：屠志方
国家林业局世界银行贷款项目管理中心(速生丰产用材林基地建设工程管理办公室)
主任：闫　振
副主任：姜喜山　王连志　黄采艺
总工程师：许传德
国家林业局对外合作项目中心
主任：苏春雨(兼)
常务副主任：吴志民(2014 年 3 月任职)
副主任：吴志民(2014 年 3 月免职)　刘立军
胡元辉(2014 年 3 月任职)
国家林业局科技发展中心(国家林业局植物新品种保护办公室)
主任：胡章翠
常务副主任：王　伟

副主任：李明琪　黄发强

国家林业局经济发展研究中心

主任：刘东生（2014 年 8 月免职）
王焕良（2014 年 8 月任职）

党委书记：王焕良（2014 年 8 月免职）
戴广翠（2014 年 8 月任职）

副主任：戴广翠（2014 年 8 月免职）　王剑波（2014 年 9 月免职）　张利明（2014 年 8 月任职）
王月华（2014 年 8 月任职）

国家林业局人才开发交流中心

主任：黄正秋

副主任：路永斌　文世峰

国家林业局森林防火预警监测信息中心

主任：焦德发（2014 年 4 月免职）
王元法（2014 年 4 月任职）

副主任：王元法（2014 年 4 月免职）
陈介平（2014 年 4 月明确为副司局级）
崔洪浩（2014 年 4 月任职）

国家林业局森林资源监督管理办公室

主任：郝燕湘（兼）

常务副主任：徐济德

副主任：冯树清（2014 年 9 月免职）

巡视员：卢昌强（2014 年 9 月任职）

副主任：张松丹　王洪波（2014 年 9 月任职）

副巡视员：王洪波（2014 年 9 月免职）

国家林业局湿地保护管理中心（中华人民共和国国际湿地公约履约办公室）

主任：马广仁

巡视员：程　良

副主任：严承高　袁继明

国家林业局国际竹藤中心

主任：江泽慧（兼）

常务副主任：费本华

党委书记：刘世荣（2014 年 4 月任职）

副主任：李凤波

党委副书记：李晓华（2014 年 4 月任职）

中国林业科学研究院

院长、分党组副书记：张守攻

分党组书记、副院长、京区党委书记：叶　智

纪检组长、副院长、分党组成员：李岩泉

副院长、分党组成员：陈幸良（兼）　储富祥
刘世荣（兼，2014 年 4 月免去分党组成员职务）
孟　平　黄　坚

国家林业局调查规划设计院

院长、党委副书记：王忠武

党委书记、副院长：刘国强

副院长：赵中南

总工程师：张煜星

副院长：蒋云安　唐小平

副书记、纪委书记：严晓凌

国家林业局林产工业规划设计院

院长、党委副书记：郭青俊

党委书记、副院长：李　鹏

常务副院长：张全洲

总工程师：肖小兵

副院长：李玉印　徐新华　王欲飞（兼）　王新凯

国家林业局管理干部学院

院长：赵树丛（兼）

党委书记：李向阳

常务副院长、党委副书记：张健民

副院长：方怀龙

党委副书记、纪委书记：黄桂荣

副院长：梁宝君

中国绿色时报社

党委书记兼总编辑：厉建祝（2014 年 3 月任党委书记）

社长、党委副书记：柏章良（2014 年 3 月免职）

社长：柳维河（2014 年 3 月任职）

常务副社长：柳维河（2014 年 3 月免职）

常务副社长、副总编辑：张连友（2014 年 3 月任常务副社长）

副总编辑：曾联盟（2014 年 6 月免职，退休）

副社长：刘　宁

副司局级干部：段　华（2014 年 8 月任职）

中国林业出版社

党委书记：柳学军（2014 年 4 月免职）

社长、党委副书记：金　旻

副社长、党委副书记、纪委书记：李玉峰

副社长、副总编辑：刘东黎

副总编辑：邵权熙

国家林业局亚太森林网络管理中心

主任：苏春雨（兼）

常务副主任：鲁　德

副主任：王春峰（2014 年 9 月免职）　李淑新
夏　军（2014 年 9 月任职）

中国林学会

秘书长：陈幸良

副秘书长：沈　贵　尹发权

中国野生动物保护协会

秘书长：臧春林

副秘书长：李青文　赵胜利

中国花卉协会

秘书长：刘　红

副秘书长：陈建武　张引潮

中国绿化基金会

副秘书长兼办公室主任：陈　蓬

办公室副主任：赵志营　杨旭东

中国林业产业联合会

秘书长：王　满

副秘书长：石　峰　王欲飞　陈圣林

中国绿色碳汇基金会

秘书长：李怒云

副秘书长：苏宗海

国家林业局驻内蒙古自治区森林资源监督专员办事处（中华人民共和国濒危物种进出口管理办公室内蒙古自治区办事处）

专员（主任）、党组书记：刘树人

副专员(副主任)、党组成员：李国臣　高广文

国家林业局驻长春森林资源监督专员办事处(中华人民共和国濒危物种进出口管理办公室长春办事处)

专员(主任)、党组书记：王志高

副专员(副主任)、党组成员：李伟明　傅俊卿

国家林业局驻黑龙江省森林资源监督专员办事处(中华人民共和国濒危物种进出口管理办公室黑龙江省办事处)

专员(主任)、党组书记：赵恩举(2014年7月免职)
袁少青(2014年7月任职)

副专员(副主任)、党组成员：孙文义　左焕玉

国家林业局驻大兴安岭林业集团公司森林资源监督专员办事处

专员、党组书记：蒋周明(2014年7月免职)
陈　彤(2014年7月任职)

巡视员、党组成员：王荣满

副专员、党组成员：杜晓明

国家林业局驻合肥森林资源监督专员办事处(中华人民共和国濒危物种进出口管理办公室合肥办事处)

专员(主任)、党组书记：向可文

国家林业局驻福州森林资源监督专员办事处(中华人民共和国濒危物种进出口管理办公室福州办事处)

专员(主任)、党组书记：尹刚强

国家林业局驻武汉森林资源监督专员办事处(中华人民共和国濒危物种进出口管理办公室武汉办事处)

专员(主任)、党组书记：周少舟

国家林业局驻广州森林资源监督专员办事处(中华人民共和国濒危物种进出口管理办公室广州办事处)

专员(主任)、党组书记：许　辉

副专员(副主任)、党组成员：关进敏

国家林业局驻成都森林资源监督专员办事处(中华人民共和国濒危物种进出口管理办公室成都办事处)

专员(主任)、党组书记：付　贵(2014年7月免职)
黄建华(2014年7任职)

副专员(副主任)、党组成员：张志忠

国家林业局驻贵阳森林资源监督专员办事处(中华人民共和国濒危物种进出口管理办公室贵阳办事处)

专员(主任)、党组书记：康晓达

国家林业局驻云南省森林资源监督专员办事处(中华人民共和国濒危物种进出口管理办公室云南省办事处)

专员(主任)、党组书记：万兆奇

副专员(副主任)、党组成员：连文海

党组成员：李　鹏

国家林业局驻西安森林资源监督专员办事处(中华人民共和国濒危物种进出口管理办公室西安办事处)

专员(主任)、党组书记：侯　龙

副专员(副主任)、党组成员：李彦华

副巡视员、党组成员：王彦龙

国家林业局驻乌鲁木齐森林资源监督专员办事处(中华人民共和国濒危物种进出口管理办公室乌鲁木齐办事处)

专员(主任)、党组书记：刘家顺

副专员(副主任)、党组成员：张东升(2014年8月任职)

国家林业局驻上海森林资源监督专员办事处(中华人民共和国濒危物种进出口管理办公室上海办事处)

专员(主任)、党组书记：王希玲

副专员(副主任)、党组成员：王招英(2014年3月免职，退休)
李　军(2014年7月任职)

副巡视员、党组成员：万自明(2014年7月任职)

国家林业局驻北京森林资源监督专员办事处(中华人民共和国濒危物种进出口管理办公室北京办事处)

专员(主任)、党组书记：苏祖云

副专员(副主任)、党组成员：钱能志(2014年7月任职)

副巡视员、党组成员：贾　节(2014年7月任职)

国家林业局西北华北东北防护林建设局

局长：潘迎珍(2014年4月免职)
张　炜(2014年4月任职)

党委书记：张　炜

副局长、党组成员：杨金恒　王作谊

总工程师、党组成员：洪家宜

副局长、党组成员：李冬生(2014年4月任职)

副巡视员、党组成员：熊善松(2014年4月任职)

国家林业局森林病虫害防治总站

党委书记、副总站长：李青松

总站长、党委副书记：宋玉双

纪委书记：李永成

国家林业局北方航空护林总站

总站长、党委副书记：张惠新

党委书记：江机生

副总站长、党委副书记：李世奇

副总站长：张宝柱　张克江

总工程师：张喜忠

国家林业局南方航空护林总站

总站长、党委副书记：史永林

党委副书记、副总站长：周俊亮(2014年4月任职)

副总站长：吴　灵　袁俊杰

南京森林警察学院

党委书记：王邱文

院长、党委副书记：张高文

常务副院长：张治平

党委副书记、纪委书记：李　明

党委副书记、政治部主任：林　平

副院长：陶　珑　吉小林　傅冰钢

国家林业局华东林业调查规划设计院

院长、党委副书记：傅宾领

党委书记、副院长：刘裕春

党委副书记、纪委书记、副院长：周　琪

副院长、总工程师：何时珍

副院长：丁文义

国家林业局中南林业调查规划设计院

院长、党委副书记：周光辉

党委书记、副院长：彭长清

总工程师、副院长：熊智平

党委副书记、纪委书记、副院长：周学武

国家林业局西北林业调查规划设计院

院长、党委副书记：张　翼
党委书记、副院长：陈道东
总工程师：李立球
副院长：吴海平

国家林业局昆明勘察设计院

院长、党委副书记：唐芳林
党委书记、副院长、纪委书记：周红斌（2014 年 7 月任党委书记）
副院长、总工程师：张敏琦
副院长：张光元、汪秀根

中国大熊猫保护研究中心

主任：陈凤学（兼）

各省（区、市）林业厅（局）负责人

北京市园林绿化局（首都绿化办）

局长（主任）、党组书记：邓乃平
党组成员、副局长（正局级）：史贵升
巡视员：刘宝军
党组成员、副主任：甘　敬　朱国城
党组成员、副局长：强　健　黄德峰　高士武
副局长：周剑平　李学林
副巡视员：张建民　廉国钊　赉权民　蔡宝军

天津市林业局（绿化委员会办公室）

党委书记：王宜民
局长（主任）、党委副书记：张宗启
副巡视员、副局长：齐龙云
党委副书记：庞清顺
副局长：吴学东　李果丰

河北省林业厅

厅长、党组书记：王海洋
副厅长、党组副书记：刘凤庭
副厅长、党组成员：雷永怀　王　忠
副厅长：沈　瑾（2014 年 1 月任职）
纪检组组长、监察专员、党组成员：王金品
副巡视员：暴常青（2014 年 5 月任职）

山西省林业厅

厅长、党组书记：李永林
副厅长、党组成员：霍转业（正厅级）　常光明　任建中
纪检组组长、党组成员：谢　璞
总规划师、党组成员：张云龙
总工程师：刘虎山
党组成员、省森林公安局局长：李　更
巡视员：杜创业
副巡视员：尹福建　尉文龙　姚文达（2014 年 5 月退休）

内蒙古自治区林业厅

党组书记、厅长：呼　群
党组成员、巡视员：曹文仲　李树平　田选明
党组成员、副厅长：龚家栋　阿勇嘎（兼自治区防火指挥部专职副总指挥）
党组成员、纪检组组长：汪治和
党组成员、总工程师：高桂英
副巡视员：杨俊平　乔　云　肖文武

辽宁省林业厅

厅长、党组书记：奚克路
副厅长、党组副书记：侯喜丰
副厅长、党组成员：田树槐　武兰义　李宝德　陈　杰
纪检组组长、党组成员：马双林
巡视员：马志刚
副巡视员：胡崇富　刘忠义
总工程师：王　珏

吉林省林业厅

党组书记、厅长：兰宏良
副厅长：孙光芝
党组成员、副厅长：孙亚强
党组成员、纪检组组长、监察专员：刘长录
党组成员、副厅长：王　伟
党组成员、省森林防火专职副指挥：郭石林

黑龙江省林业厅

厅长、党组书记：蔡炳华
副厅长：杨克杰
副厅长、省森林草原防火指挥部专职副指挥：李树铭
纪检组组长：王瑞斌
副厅长：张恒芳　李跃民　杨国亭
省绿化委员会专职副主任：张凤仙
副巡视员：金　强

上海市绿化和市容管理局（上海市林业局）

党组书记、局长：陆月星
党组副书记：崔丽萍
副局长：鲁建平　方　岩　顾晓君
总工程师：唐家富
巡视员：恽奇伟　夏颖彪
副巡视员：钱伯金

江苏省林业局

局长、党委书记：夏春胜
副巡视员、省森林防火指挥部副指挥：严宏生
副局长、党委委员：葛明宏　卢兆庆　傅　兵　王德平
纪委书记、党委委员：邱昱东
党委委员、森林公安局长：仲志勤

浙江省林业厅

厅长、党组书记：林云举

副厅长：吴　鸿
副厅长、党组成员：杨幼平　俞　坚
纪检组组长、监察专员、党组成员：陈亚敏
巡视员：叶胜荣(2014 年 11 月退休)
副巡视员：王章明
党组成员：陆献峰

安徽省林业厅

厅长、党组书记：程中才
巡视员、党组成员：汪炳瑜(2014 年 10 月退休)　程　鹏　赵　波(2014 年 7 月退休)
纪检组组长、党组成员：张盛林(2014 年 4 月退休)　黄昕晖(2014 年 12 月任职)
总工程师、党组成员：汤　坚(2014 年 2 月退休)
副厅长、党组成员：潘法祥　吴建国(2014 年 9 月任职)　齐　新

福建省林业厅

党组书记、厅长：陈则生
党组副书记、副厅长(正厅级)：严金静(2014 年 7 月任职)
党组成员、副厅长：林少霖　谢再钟
党组成员、省森林防火指挥部专职副指挥：谭　论
党组成员、副厅长：王宜美
党组成员、武警福建省森林总队政委：欧阳德
党组成员、纪检组组长：张利生
党组成员、副厅长：王声斌(2014 年 5 月挂职)
副巡视员：张　平(2014 年 7 月任职)　张欣欣(2014 年 7 月任职)

江西省林业厅

党组书记、厅长：阎钢军
巡视员：魏运华
党组成员、副厅长：郭　家(党组成员任至 2014 年 1 月，副厅长任至 2 月)　詹春森　罗　勤　邱水文
党组成员：黄小春
党组成员、纪检组组长：李晓浩
党组成员、总工程师：胡跃进(党组成员 2014 年 6 月任职)
副巡视员：毛赣华　曹志远(任职至 2014 年 5 月)　钟　明(2014 年 7 月任职)
副厅级纪检员、监察专员：郭国芸

山东省林业厅

厅长：刘均刚
党组书记：董书华
纪检组组长、党组成员：张保卫
副厅长、党组成员：辛福智　吴庆刚　刘建武　亓文辉
副巡视员：李登开　马福义　王太明　赵德奎

河南省林业厅

厅长、党组书记：陈传进
副厅长、党组副书记：张继敬　丁荣耀　李　军
纪检组组长、党组成员：乔大伟
副厅长、党组成员、森林公安局局长：侯怀堂
党组成员、省护林防火指挥部专职副指挥长：徐　忠
巡视员、党组成员：王德启
副巡视员：王学会　师永全

湖北省林业厅

厅长、党组书记：刘新池
党组副书记、副厅长：董祚华
副厅长、党组成员：刘晓洪　蔡静峰　谢思芳　王铭德
副厅长：黄德华
纪检组组长、党组成员：陈年山
总工程师、党组成员：洪　石
党组成员、森林公安局局长、森林公安警察总队总队长：陈毓安
巡视员：李新水
副巡视员：姜必祥　向仕斌

湖南省林业厅

厅长、党组书记：邓三龙
副厅长、党组副书记：胡长清
副厅长、党组成员：唐苗生　柏方敏　吴彦承
总工程师、党组成员：文振军
副厅长、党组成员：李益荣
纪检组组长、党组成员：王鹰柏　周杏武(2014 年 2 月任职)
副巡视员：柳开明　吴剑波

广东省林业厅

厅长、党组书记：张育文
党组成员、巡视员：陈俊勤
副厅长、党组成员：陈亚广　孟　帆　陈俊光　杨胜强
党组成员、纪检组组长、监察专员：林俊达
党组成员、总工程师：谭天泳
党组成员、省森林防火指挥部专职副总指挥：彭尚德
副巡视员：林俊钦(2014 年 11 月任职)　林爵平(2014 年 11 月任职)

广西壮族自治区林业厅

厅长、党组书记：陈秋华
副厅长、党组副书记：莫一平
副厅长、党组成员：韦纯良　邓建华　黄政康
总工程师、党组成员：蒋桂雄
纪检组组长、党组成员：陈泽益
森林公安局局长(副厅级)：罗卫东
森林公安局政委(副厅级)：李堂龙
副巡视员：李可夫　江秀奎
党组成员：安家成

海南省林业厅

厅长：关进平
副厅长：黄金城　刘艳玲　王春东
党组成员、防火办主任：周绪梅
党组成员、总工程师：周亚东
巡视员：秦忠文
副巡视员：曾　平

四川省林业厅

党组书记、厅长：尧斯丹
党组成员、副厅长：马　平(正厅级)　陶智全　郭亨孝(2014 年 4 月调离)

刘书贵　降　初
宾军宜(2014年3月调任)
包建华
纪检组组长、党组成员：蒲晓虎
机关党委书记、党组成员：李　剑
总工程师、党组成员：骆建国
党组成员(正厅级)：金德成
党组成员、省防火指挥部专职副指挥长：毛德忠
副巡视员：龙先华　张绍荣　廖志抗　唐代旭
纪检监察员(副厅级)：黄　平(2014年10月退休)
森林公安局局长(副厅级)：范成绪
森林公安局政委(副厅级)：李春洪
林业工会主席(副厅级)：熊北蓉(2014年5月退休)
卧龙国家级自然保护区管理局党委书记(副厅级)：黄建华
卧龙国家级自然保护区管理局局长(副厅级)：张和民

重庆市林业局

党组书记、局长：吴　亚
党组成员、副局长：罗建极　杨富权　王声斌
副局长：张　洪
党组成员、纪检组组长：庹清文
党组成员、局长助理：彭泽民　谢志刚
党组成员、总工程师：杜士才
党组成员、市森林防火指挥部专职副总指挥：戴栓友
副巡视员：张　静　晏正平
副厅级纪检监察专员：高承杰

贵州省林业厅

党组书记、厅长：金小麒
党组成员、副厅长：杨洪俊　黎　平(女)　沈晓春　向守都
党组成员、总工程师：聂朝俊
党组成员、机关党委书记：黄永昌
党组成员、纪检组组长：高鄄宁

云南省林业厅

党组书记、厅长：侯新华
党组成员、省"森林云南"建设产业督导协调组组长：郭辉军
党组成员、副厅长：冷　华　刘一丹　夏留常　万　勇
党组成员、森林公安局局长：李　华
党组成员、纪检组组长：沈光善
党组成员、省森林防火指挥部专职副指挥长：杜　勇
党组成员、武警云南省森林总队政委：赵振忠(2014年5月任党组成员)
副巡视员：习建国　王　哲
厅长助理：陈学群(挂职，2014年11月免职)

西藏自治区林业厅

党组书记、副厅长：布　穷
党组副书记、厅长：雷桂龙
党组成员、副厅长：郭　杰　田建文(2014年7月任职)
党组成员、纪检组组长：郭林豫
党组成员、副厅长：索朗旺堆　宗　嘎　李　达

陕西省林业厅

党组书记、厅长：李三原
党组成员：孙承骞
党组成员、副厅长：陈玉忠　郭道忠　王建阳　拓　平　彭　鸿(2014年4月免职)　李嘉农　党双忍
党组成员、总工程师：范民康
党组成员、纪检组组长：赵钰莹
党组成员、秦岭国家植物园园长：沈茂才(正厅级，2014年4月免职)　彭　鸿(2014年4月任职)
副厅长：唐周怀
党组成员、森林公安局局长：马利民

甘肃省林业厅

党组书记、厅长：石卫东
党组副书记：火统元
党组成员、副厅长：段昌盛
副厅长：张　平
党组成员、副厅长：樊　辉　张肃斌
党组成员、省森林公安局局长：张鹿鸣
党组成员、纪检组组长：李　智
党组成员、省绿化委员会办公室副主任：陈浩文
森林防火指挥部专职副指挥：刘锡良
绿化委员会办公室副主任：郭　平
副巡视员：陈万志

青海省林业厅

党组书记、厅长：党晓勇
党组成员、副厅长：邓尔平　赫万成　高静宇　王新凯
党组成员、三江源国家级自然保护区管理局局长：李若凡
纪检组组长：叶万彬
巡视员：郑　杰(2014年6月任职)
副巡视员：肖俄力

宁夏回族自治区林业局

党组书记、厅长：王文宇
党组成员、副局长：金韶琴　曹凯龙　徐庆林　平学智
党组成员、纪检组组长：开永安
巡视员：佘进军
副巡视员：李　安　王明忠　王　宁

新疆维吾尔自治区林业厅

党委书记：来景刚
厅长：艾则孜·克尤木
党委委员、副厅长：侯翠花　英　胜　吾拉孜别克·索力坦　李东升　王洪波(援疆干部)
党委委员、纪委书记：党元德
党委委员、政治部主任：彭小明
党委委员、总工程师：谢　军
巡视员：侯福群
副巡视员：曾　力　李照祥　樊新民

干部人事工作

【综　述】 2014年，人事司深入贯彻落实党的十八届三中、四中全会精神，深化改革，推进各项工作落实，服务林业发展大局、服务全局干部职工取得新成绩，多项工作取得新突破。

林业机构保障能力　随着林业职能拓展和事业发展，直属机关机构设置不适合、编制少的矛盾日益突出。为全面掌握实情，组织开展了直属机关机构和编制人员情况调查核查工作，摸清了所有单位机构和编制、人员情况。在此基础上，找准急需解决的重点问题，研究提出了新成立1个事业单位、对3个事业单位更名、对15个事业单位编制进行调整的方案，已上报中央编办，正在积极协调沟通过程中。批复增加了南京警院进人控制数，批复林产工业设计院加挂国家林业局林业灾情评估中心牌子、哈尔滨林机所加挂寒温带林业研究中心牌子，对林改司、合作中心、森防总站等11个单位内设处室和处级领导干部职数进行了调整，满足了各单位发展需要，保证了新增职能落到实处。

事业单位改革　事业单位分类改革进入征求意见和最终确定阶段。加强与科技部沟通力度，反复研究提出了中国林科院5个拟转制研究所中心的分类意见。为争取有争议单位的有利分类方向，一方面保持与中央编办联系，随时掌握其工作进度，另一方面加强与人社部、财政部的汇报衔接，做了大量的协调工作，得到了两部委理解与支持。《事业单位人事管理条例》出台后，对照条例梳理现有各项管理制度，对不符合条例要求的制度进行修改，确保事业单位人事管理更加规范。在2013年新增466名高级专业技术岗位的基础上，按照向基层、向生产一线倾斜的原则，建立了岗位聘用计划申报制度，出台了《关于加强专业技术二、三级岗位聘用管理工作的通知》，从制度建设、组织实施、考核管理等方面对提出了具体要求，有力推动了事业单位岗位调整的规范化管理。同时，组织完成对经研中心、北方航站等7家单位高级专业技术岗位聘用计划及人选的审批工作。

各级领导班子和干部队伍建设　以高度的政治责任感和使命感，完成了中组部来国家林业局开展考察局领导工作和专题调研工作的组织、服务、联络以及材料报送等。积极协调中央编办、公安部，加强森林公安组织机构建设，增设了公安局政委职务。坚持发挥参谋助手作用，按照党组要求，不断加强干部队伍建设。

干部人事制度改革　完善干部选任程序和细节，对局办公室、造林司等33个单位领导班子进行了补充和调整，其中，新提任12位正司局级干部、28位副司局级干部，平级调整18位司局级干部。相继启动了38个单位的处级干部调整工作，提拔处级干部109人。坚持实事求是，对梯队合理、有合适人选的单位以常规选拔为主，对符合岗位要求人选较多的单位以竞争性选拔为主，得到了相关单位的高度认可。通过公务员招考，招录19人补充到机关和参公单位工作，通过面向社会公开招聘，招录了257名应届高校毕业生，有力补充了新生力量。

干部培养　按照“干什么学什么、缺什么补什么”的原则，一方面继续加强干部理论业务培训，积极争取名额，选派了23名司局级干部参加了中央党校、行政学院和3所干部学院的理论业务培训，与机关党委共同组织了学习习近平系列讲话和学习贯彻四中全会精神处级以上干部轮训班，共培训1000人次。组织了司局级干部选学和网络学习，举办了任职培训等17期培训班，培训直属机关干部2300余人次，有力提高了直属机关干部理论和业务知识水平。另一方面加强实践锻炼，选派了第八批4名援疆干部赴疆工作，选派了1名处级干部到信访局挂职锻炼。在广西百色召开了滇桂黔挂职干部座谈会，听取了挂职干部工作汇报和意见建议，对18名挂职期满干部进行了考核，对继续选派干部到滇桂黔挂职锻炼进行了部署。同时，按照中央三部委部署，接收了3名西部和其他少数民族地区干部到国家林业局挂职锻炼，本着积极支持、量力而行的原则，接收了14名地方林业系统干部到国家林业局相关单位上挂锻炼。

干部日常监督与管理　认真做好2013年年度考核评优和结果反馈工作，组织开展了直属机关重大事项报告，按照干部管理权限，录入809人个人信息，并进行了汇总分析。妥善处理有关信访举报的核实工作。制定了局《加强干部因私出国(境)管理通知》，明确了审批权限、程序和证照管理要求，对因私证照实行统一集中保管，干部因私出国(境)管理进一步得到加强。

林业人才工作　研究制订了高端人才引进办法，建立了党组直接联系专家制度。创建高层次人才库，确定了首批300名党政人才、技术人才和经营管理人才人选。为打造一支数量充足的科技领军人才、战略专家队伍，组织实施了百千万人才工程省部级人选培养工程，评选了第一批20名省部级人选，并从中推荐产生了7名国家级人选候选人，其中1人(中国林科院卢孟柱)人选国家级人才工程。改变重选拔、轻培养的做法，建立了政策、经费保障机制，加大了培养工作力度，示范作用显著。评选9名专家享受国务院政府特殊津贴，推荐2人被评为全国新闻出版行业第四批领军人才。继续开展西部林业科技人才培养工作，接收3名“西部之光”访问学者和第三批5名新疆“青年科技英才”研修培养。圆满完成了工程系列、会计经济系列和新闻出版系列职称评审工作。

教育培训工作

加强培训管理能力建设　争取到林干院被人社部批准为第四批国家级专业技术人员继续教育基地，并获得300万元经费资助，实现了林业国家级干部教育基地建设新突破。制定贯彻落实2013～2017年全国干部教育

培训规划通知，提出了近一个时期林业教育培训工作的总体目标和具体任务。组织开展了两项干部教育培训课题研究，其中“行业干部素质能力模型构建及应用研究”获中组部课题研究二等奖。

行业干部培训　把培训作为贯彻国家林业发展方针政策、把党组工作部署融入地方工作大局的重要途径，组织实施知识更新工程，协调开展面向地方的业务培训，全年培训地方林业干部15 000多人次，有力促进了行业干部队伍综合素质和工作能力的提升。利用专用频道、网络频道和林业教育培训网开展现代远程教育，全年报送教材52期共175个课件3000分钟，切实达到了“让党员干部受教育，使人民群众得实惠”效果。圆满完成中组部下达的分管林业县级领导专题培训任务，组织举办了纳入人社部培训计划的石漠化治理高级研修班。制订了2014～2018年林业援疆干部培训培训计划，启动了新一轮林业援疆培训工作，2014年举办了1期新疆林业干部培训班，培训59名新疆林业领导干部。

林业职业教育、高等教育和学科建设　加强职业教育是党和国家确定的教育改革重点，贯彻落实全国职业教育工作会议精神，协调组建了由300多家院校、企业、社团等组成的南方、北方两个林业职业教育集团，实现了中国区域性林业职业教育集团化发展历史性突破。研究确定了9个国家林业局高等职业教育重点专业，组织申报3个项目被列为教育部职业教育研究项目，组织申报两所院校的两个课题获2014年职业教育国家级教学成果二等奖。与教育部、农业部联合发文，批准了第一批卓越农林人才教育培养计划改革试点项目，其中37个项目涉及林业专业。协调与河北、安徽、浙江、新疆4省区人民政府签订合作共建四所农大协议，目前，共建高校已达14所。下发《普通高等教育十二五规划教材编写目录》，确定编写教材目录113种。加强了对中国林科院、南京警院学科、专业建设、招生就业及成人教育的指导和管理工作。

表彰奖励工作　完成了第五届“全国杰出专业技术人才”“专业技术人才先进集体”“全国离退休干部先进个人”“全国民族团结进步模范集体”“第二次全国土地调查先进工作者”等表彰项目的推荐工作。推荐唐守正院士获得全国杰出专业技术人才荣誉称号、黄枢获得全国离退休干部先进个人荣誉称号、付长捷获得全国土地调查先进工作者荣誉称号、竹藤中心获得全国杰出专业技术人才先进集体荣誉称号、昆明院工程项目管理处获得全国民族团结模范集体。会同有关司局指导开展了全国生态建设突出贡献奖先进集体、先进个人表彰的组织实施工作。

相关中长期改革　人事司负责中央确定的第283项对领导干部实行自然资源资产离任审计、第284项建立生态损害责任追究制度等两项中长期改革实施规划的牵头工作。按照局党组和改革办的总体部署，人事司一方面会同相关司局和单位研究提出了实施规划，着手制订工作推进方案和调研方案，一方面加强与牵头部门沟通协调，经积极争取，由中组部、监察部牵头的第284项改革已同意国家林业局作为参与单位。

此外，加强局属社团管理，民政部批复同意成立中国湿地保护协会，提报并协助推进成立中国牡丹产业协会，按照中央有关规定，制定出台了进一步加强社团管理有制度办法。加强工资管理，完成了直属单位工资总额测算、报批、批复工作，组织开展了机关、参公单位在职人员和事业单位离退休人员津补贴调整及发放工作等。

（段兆刚供稿）

人才劳资

【卢孟柱入选“百千万人才工程”国家级人选并被授予“有突出贡献中青年专家”荣誉称号】　2014年，人力资源社会保障部印发了《关于确定2014年国家百千万人才工程入选人员名单的通知》（人社部发〔2014〕105号）文件，根据《国家百千万人才工程实施方案》规定，在各地区、各部门、有关单位推荐人选的基础上，经人力资源社会保障部等9部门组织专家评审，中国林业科学研究院卢孟柱研究员入选2014年国家百千万人才工程，并被授予“有突出贡献中青年专家”荣誉称号。

【房桂干等20人入选国家林业局首批“百千万人才工程”省部级人选】　2013年，国家林业局发布了《“百千万人才工程”省部级人选选拔实施方案》并组织开展了首批“百千万人才工程”省部级人选评选工作。按照《实施方案》的规定，在个人申报、各单位推荐上报基础上，经专家评审、局党组会议审定，于2014年确定了首批20名国家林业局“百千万人才工程”省部级人选。

（王常青供稿）

国家林业局直属单位

23

国家林业局经济发展研究中心

【综　述】 2014年，经研中心按照全国林业厅局长会议和推进林业改革座谈会要求，紧紧围绕《国家林业局2014年工作要点》及分工落实方案，结合本单位年初工作计划，开展各类研究项目总计58项，研究经费总数2200多万；赴基层调研290余人次，形成研究报告79篇；发表文章25篇，出版著作(报告集)12部，作为主要编写人员参编著作3部；提出政策建议近80项；组织会议和业务培训50余次。

围绕局党组及社会关注的重点问题开展研究，服务决策

参与局重要决策研究，落实局领导交办的工作任务，与司局的合作增强　一是参与全国林业厅局长会议材料起草，参与编写《关于深化国有林业改革和强化国有林业建设的建议》《国务院关于全面深化集体林权制度改革的意见》等。二是按照国务院《关于全面停止黑龙江重点国有林区天然林商业性采伐并完善相关财政政策的请示》的批复要求，赴黑龙江省调研停伐措施、停伐后林区面临的产业结构调整、富裕人员安置、林区社会稳定、全面加强森林可持续经营、国有林区改革等问题。三是参加国务院发展研究中心牵头的对各省区主要负责人的生态环境建设责任制实施情况的评估与计量工作等。

以生态文明制度建设为重点组织开展重大问题研究工作　2014年，林业重大问题调研以生态文明和林业改革研究、生态林业和民生林业研究、生态文明和林业建设为重点，设立24个研究课题。围绕改革和决策完成8项重要研究。一是组织开展新常态下林业发展战略机遇研究，形成国家林业局主动适应新常态研究报告。二是由中心牵头、局内11个司局单位配合，共同研究包括自然资源资产产权在内的生态文明改革总体思路和基本框架。研究成果以国家林业局名义上报中央全面深化改革领导小组办公室。三是开展林业绿色经济理论与评价指标体系研究。完成“森林资源核算与绿色经济评价研究”中的林地林木资源核算专题研究，第八次森林资源清查期末全国林地林木资源总价值21.29万亿元，人均森林财富1.57万元等研究成果在10月22日通过国家林业局和国家统计局召开的联合发布会上发布。研究确定的林地林木资源核算框架，为开展林业资源资产负债表编制奠定重要基础。四是经研中心牵头，会同政法司等7个司局单位，共同研究系统完整的生态文明制度体系，特别是适应生态文明建设的行政管理体系、目标体系、考核办法等相关制度设计。五是受财政部委托与计财司、中国林科院共同开展中国政府间林业事权与支出责任研究。对当前中国林业事权与支出责任进行了系统梳理和认真研究，为林业更好地承担国土生态安全使命，履行保障国土安全职能，理顺政府与市场、政府之间财政关系提供依据。报告报送财政部。六是研究林业混合所有制经济发展问题。理清林业混合所有制发展现状，分析制约发展的因素，寻找发展路径，提出推进林业混合所有制的政策思路。七是开展林业自然资源资产负债表编制研究。与局计财司及相关司局单位以及北京林业大学等单位共同合作，围绕森林、湿地、荒漠和生物多样性资源，开展资产负债编制和评价指标体系研究，目前已经取得初步成果。八是开展生态安全指数理论和实证评价研究。在持续3年的基础理论研究获得阶段成果的基础上，与计财司以15个试点县为对象共同开展应用研究，在实践验证的基础上将对全国进行评价。

林业基础理论和重点问题研究

以林业“十三五”规划专题研究为重点，开展重大生态修复和生态建设相关研究　包括“十三五”西部地区生态修复环境治理研究；三峡库区生态屏障区生态建设重大问题研究；此外，围绕“两生林业”和“生态文明和林业建设基础”开展生态林业与民生林业功能、林业发展战略目标等一系列研究。

集体林权制度改革相关政策研究　一是继续深化对集体林权制度改革的理论和实证研究。全方位地梳理改革开放30多年来中国集体林权的制度变迁，对新一轮集体林权制度改革的政策效应、存在问题进行分析论证，提出相关对策建议。二是参与起草《关于推进集体林权流转交易公开、公正、规范运行的意见》，提出加强林权流转管理和服务的措施，为中共中央办公厅、国务院办公厅印发《关于引导农村土地经营权有序流转发展农业适度规模经营的意见》提供部门意见。

林业法制研究　一是研究木材经营加工许可制度。二是修改研究最高法院关于审理走私及破坏野生动物资源刑事案件具体应用法律问题两个司法解释。三是开展《国家林业局行政许可项目资金支出定额标准》和《林业法规修订制定项目支出预算定额标准》起草研究等工作。四是完成“全国林业行政执法人员系统”管理、林业法制信息收集发布工作。五是完成《森林火灾隐患评价标准》研究制定工作，该标准已于2014年12月1日正式实施。

围绕民生林业开展相关研究　一是开展国家自然科学基金项目“林业重点工程对农户收入与消除贫困影响实证研究与分析——基于长期大农户样本收入增长、分配和流动等视角”。二是开展林业财政政策对农村林业发展影响的专题研究。提出将林业财政投资分为林业工程投资和非工程投资、强化林业基础设施建设、增加林业科研和林业技术推广投入、增加财政对集体林、农民专业合作社、森林资源管护和造林等方面的补贴、逐步将国有林场和自然保护区等有关单位纳入财政预算体系等政策建议。三是完成3年期林业就业测算研究，科学测算出中国主要林业行业就业总量，客观反映林业对国民经济和社会发展的贡献，为促进民生林业发展发挥重要参考作用。研究结果受到计财司的充分肯定和国家发

展改革委、财政部等部门专家的认可，并被局领导采用。

新启动一批研究项目 启动林业资源资产负债表编制研究项目，初步完成森林、湿地、荒漠和物种资源的资产负债表设计和物量指数研究；启动三峡库区生态屏障区生态建设重大问题研究项目。开展集体林权制度改革背景下妇女参与农村林业改革与发展情况研究；原木供需风险形势判断及主要影响因素识别；基于碳权的生态补偿探索项目研究；林业有害生物防治机制研究；适应全面深化改革要求需要调整的林业相关制度研究等。各项新启动研究工作正在顺利推进，部分工作取得了阶段性研究成果。

各项监测工作和实证研究

2014林业重点工程社会经济效益监测 在完成常规监测任务的同时，为提高监测质量，分别在贵阳和北京召开了两次监测培训会议。同时，以退耕监测为基础，开展国际合作，提升监测分析研究水平，提高决策支持力度，同时扩大国际宣传与交流。2014年正式启用了网报系统，监测报告英文版在国际知名林业组织网站发布，为启动新一轮退耕还林，落实东北、内蒙古重点国有林区停止天然林商业性采伐试点任务发挥决策参考作用。

2014年度集体林权制度改革监测工作 3月召开监测数据分析和报告撰写培训座谈会，11月在云南昆明召开了监测报告座谈会，取得了较好的效果。紧扣决策需求，围绕新型经营主体发展、林地流转、林下经济等内容开展专题研究，监测结果得到了相关省林业主管部门的高度重视，监测方案已在国家统计局备案，确保了这项工作的科学性和合法性。监测工作为深化各地集体林权制度改革发挥了越来越重要的作用。

建立起全国重点林产品市场信息监测网络 为林业产业健康发展提供观测平台。县级林产品基础数据上报网络已连续运行7年；400家林业企业经营状况监测网络已运行2年，在全国重点地区建立了578个监测点，并发布月度林业企业采购经理指数(《中国绿色时报》头版)；建立林产品国际贸易监测动态数据库，逐月发布主要林产品进出口动态和主要林产品进出口额前50家企业动态。

中央财政林业补贴政策监测 形成了覆盖黑龙江、辽宁、浙江、湖南、四川等5省和龙江森工的监测网络，建立起1000户农户(林业职工家庭)样本的监测体系，形成了以经研中心为主、多家农林高校协作的工作机制。

民生林业监测 重点以林业改革背景下民生问题、林业重大政策调整对民生的影响和农民对森林的依赖程度等问题为导向，及时多角度服务决策。同时，继续与北京市园林绿化局开展深化北京市农民林业收入监测工作，统计分析330户农户调查数据，撰写监测报告，为研究绿岗就业、生态补偿政策提供参考。

努力维护研究品牌，研究品牌建设有新进步

《林业重大问题调查研究报告2014》出版 多篇政策建议，在《中国社会科学院要报》、《决策参考》、《中国绿色时报》、《林业经济》杂志等媒体发表。一些决策建议得到局领导批示，并送交有关领导和决策部门参阅。

《中国林业发展报告2015》顺利发行 2014年林业白皮书的编写进行了工作机制创新，建立省级推荐制度，增加了各省林业发展状况排序，丰富了发展报告的背景资料和点上资料，大幅度增加专栏数量，可读性进一步增强。

《中国林业产业与林产品年鉴2014》出版 本卷年鉴重点关注各省(区、市)发展林业产业新政策措施、新增龙头企业和品牌产品、各地林业优势产业发展新经验等内容。“中国林业产业与林产品信息网络平台”正常运行并且不断完善，在36个省级单位，333个地级单位，3452个县级单位，网络运行良好。

《绿色中国》杂志 继续围绕林业重点工作宣传生态文明建设成果；专刊连续10年进入“两会”，受到广大读者和两会代表委员的称赞；联合绿化基金会共同筹备设立“中国绿化基金会绿色中国发展基金”，为各项业务的发展壮大提供了较稳定的资金保障。

开展大型公益活动，绿色中国行公益活动和年度焦点人物评选 举办“绿色中国行——走进海南紫园、四川内江、浙江开化、云南普洱”等4次公益活动；开展第六、第七届绿色宝贝颁奖；首次进入社区宣传生态文明；结合全民义务植树节，启动“范长江新闻林”活动，在更大范围弘扬生态文明、传播绿色理念、建设美丽中国。

《林业经济》杂志 创新刊物策划与组稿思路，大力推进林业经济理事单位协办工作，并通过对期刊社内部改革，进一步优化人员结构，整体工作呈现良好发展态势。在2014年停止收取版面费的不利条件下，经多方努力，经营成效为近年最好。

《决策参考》 全年共出版45期(总189期)，受到赵树丛、陈述贤、张永利、刘东生等局领导的关心和高度重视，多次对《决策参考》取得的成绩给予了肯定。同时进一步扩大发送范围，从各地的反馈情况来看，其受关注和肯定的程度正在不断加强。

《气候变化、生物多样性和荒漠化问题动态参考》 共编发18期(总第77期)，内容涉及IPCC第五次评估、全球气候变化立法进展、联合国森林生态补偿、气候公约2015协议的政治建议等诸多方面，做到了“快、新、深”工作要求；此外，编辑出版《气候变化、生物多样性和荒漠化问题动态参考2014年度辑要》，影响日益扩大。

第十二届中国林业经济论坛 以“助推生态林业与民生林业发展，建设美丽中国”为主题，围绕着林业现实需要和未来发展方向的诸多议题展开主题报告和专题研讨，出版了第十二届中国林业经济论坛论文集。

农村林业理论与政策创新研究基地建设 十多年来，依托国家财政调研项目、国家级基础研究项目(“973”计划)、国家自然科学基金、国家社会科学基金以及世界银行、亚洲发展银行等国际合作项目，研究基地建设逐渐走向成熟，建立了覆盖16省(区)、35个县(市、区)、200多个乡镇、7000余农户的多层级数据库，最长时期跨度为20年。围绕林业重点工程建设、集体林权制度改革、林业扶贫等重大政策问题，运用现代经济学与政策分析的理论与方法，开展实证研究及跟

踪监测，为政府部门提供决策服务。同时，在国内外发表学术论文100余篇，出版专著15部；获得北京市科学技术奖、梁希科学技术奖4项，获“2014年中国农村政策研究”提名奖。创新研究基地也培养了一批优秀人才，1名同志入选国家级“百千万人才工程”和“国家有突出贡献的中青年专家”。与国内院校联合培养博士5名、硕士10名，为基层培养挂职干部5名。

研究合作和国际交流

研究组织工作　以国家林业局林业重大问题调研工作为平台，以多项监测工作为依托，按照有利于中心品牌建设，有利于增强研究能力的原则，稳定建立起与多个政府部门、研究机构、大专院校和社会团体的合作渠道和长期联系，合作范围、领域、形式不断扩大和完善。

国际合作交流　一是开展“林业与2015后联合国可持续发展议程研究”，争取在全球发展进程中最大程度体现林业目标。二是参与林业履约战略研究和林业敏感问题研究。为中国林业更好地履行国际公约以及在对外谈判中争取话语权和最大限度维护国家利益提供参考。三是完成由8个司局单位参加的《2014年国际森林文书国家进展报告》编写任务，报告发布在联合国森林论坛官方网站，对推动中国履行森林文书的政治承诺发挥积极作用。四是与林业对外项目中心合作开展“林业国际合作项目对我国林业发展的启示”以及“林业非政府组织合作指南”研究。五是继续跟踪国际森林问题研究，参加联合国森林论坛国家倡议会议——“2015后国际森林安排研讨会”。六是配合国际森林日，组织在《中国绿色时报》上发表“国际森林问题与中国林业的机遇、挑战”宣传文章。七是参加联合国粮农组织第22届林委会会议，参会报告得到了局领导的认可。八是以“一带一路”建设为目标，主持完成2014年周边国家林业外交战略研究，配合项目编译的“美国秘鲁林业协议”发表在《决策参考》上，得到赵树丛局长的批示和国际司的高度重视。

党建、纪检、干部队伍等组织建设

一是以“四个务实”精神开展群众路线教育实践活动，切实强党建、抓作风、促转变。“四风”整治取得初步成效。文件简报减少10%，会议减少20%，公务出国减少3批9人次、压缩30%，“三公”经费减少65.15万元、压缩37.6%。

二是认真抓好党委领导班子建设和纪检工作，推动中心廉政建设。按照上级党组织要求做好中心党委和纪委换届准备工作；严格执行中央八项规定；开展处级及以上领导干部个人有关事项报告工作；加强审计监督和群众监督，做好中心廉正建设工作。

三是加强人才队伍建设，为提升科研竞争力提供核心动力。国家林业局人事司2014年5月批复中心内设处室由原来12个增加为14个，处级干部职数由23个增加为25个。组织推荐优秀青年和优秀青年工作者、推荐增补青联委员、推荐享受政府特殊津贴、推荐中央国家机关“五一劳动奖章”等，相关同志当选。通过组织培养和个人自身努力，中心多名同志在研究领域、本职岗位等获得奖励和称号。

制度建设

推进制度建设　一是落实教育实践活动整改要求，完成《经研中心党委中心组理论学习制度》《经研中心领导班子议事规则》《经研中心科研经费管理办法》。二是加强专业技术资格评定和聘用管理。制订《经研中心专业技术二、三级岗位管理办法》《经研中心专业技术资格评审条件(试行)》，完成中心学术委员会换届工作。

后勤服务和职工福利保障　一是积极推进胜古南里办公区域公共设施基建改造项目申报。二是开展办公用房清理整改及数据填报工作。三是在政策允许的范围内兑现了物业费，取暖费，去世人员抚恤金调整，离、退休人员规范津贴补贴等职工福利。四是加强宿舍管理和职工就餐服务。

工、青、妇组织工作　认真组织运动会、舞蹈比赛、健步走等文体活动，活跃职工文体生活。认真组织献爱心捐款和“恒爱行动——百万家庭亲情一线牵”活动，为边疆儿童编织毛衣送温暖。精心组织年度体检工作，在职工身心健康、扶老济困等方面做好工作，促进单位和谐发展。（办公室）

【林业重大问题调查研究】　2014年，林业重大问题调研工作深入贯彻党的十八大和十八届二中、三中全会、中央农村工作会议及全国林业厅局长会议精神，坚持服务大局、服务基层、突出重点的原则，围绕关系林业发展全局的重大理论和有关热点问题组织力量开展调研活动，为林业科学决策提供保障。

深入研究，确定林业重大问题调研领域和任务。贯彻加快生态文明制度建设有关精神，结合全国林业厅局长会议精神，重点突出了生态文明建设和林业体制改革，生态林业和民生林业研究，生态文明和林业建设基础三大主题。吸取中心内外专家和领导意见，研究提出了20多项具体调研课题的方案，上报赵树丛局长审定。2014年5月4日，国家林业局办公室下发了《关于开展林业重大问题调研工作的通知》(办发字〔2014〕55号)，林业重大问题调研工作正式启动。

规范管理，切实保障林业重大问题调研工作有序推进。严格按照《调研通知》要求，对承担单位上报的调研计划进行审核归档，并与19家承担单位签订了调研业务委托合同。完善了调研成果的知识产权管理；尝试建立调研课题中期检查制度，向调研课题承担单位下发了项目中期调查表，检查项目进展情况，督促项目承担单位按时按质完成任务；组织专题研讨、专题调研等形式，督导项目工作进展和研究质量；继续实施调研成果专家匿名评审方法，对调研报告进行初审，督促各单位修改完善调研成果；严格执行项目财务管理办法，要求课题承担方在项目结束后提交项目财务报告，确保财政资金合规合理使用。

林业重大问题调研成果影响力持续增强。2013年度林业重大问题调查研究报告出版发行，共形成专题报告22篇，46万字。针对2013年度重大问题调研成果，组织力量编辑整理出研究结论和主要政策建议，提交《决策参考》6篇，供局领导和有关单位决策参考，在《中国绿色时报》发表林业重大问题调研报道两篇，重要的调研报告推荐在《林业经济》杂志发表。林业重大问题调研继续深化与有关高校和研究机构合作，形成了一批调研成果对服务决策和宣传林业都发挥了重要作用，“城镇化进程中林地保护管理”调研成果在《中国社会科学院要报》上发表。林业重大问题调研继续发挥服务基层的作用，各个调研组深入基层了解林业实际，通过调研报告反映基层需求，调研工作得到了基层林业部门的大力支持，切实发挥服务决策的功能。

（调研室）

【中国林业发展报告 2015】 是国家林业局发布的第十六部林业白皮书，《报告》在结构上有所创新，包含国有林场和国有林区改革、生态建设、产业发展、生态文化、改革、政策与法治、林业投资、支撑与保障、区域林业、国际合作与交流、林产品市场 10 个部分。《报告》附有历年全国和2014 年各省(区、市)营造林、六大林业重点工程建设、森工生产、林业投资、主要林产品进出口、森林防火、森林病虫鼠害防治情况及主要林产品生产、消费和贸易等方面的图表。《报告》详细介绍了新时期林业形势的变化、林业发展的战略思路及重大决策，并以大量丰富、翔实的信息，客观、全面地描述和评价了 2014 年中国林业的改革与发展实践。

2014 年，是中国全面深化改革的关键之年。各级林业部门深入贯彻习近平总书记关于生态文明建设和林业改革发展的重大战略思想，认真落实党中央、国务院的各项决策部署，主动适应新常态，加快林业改革发展，为改善生态改善民生作出了重要贡献。

森林、湿地、荒漠化生态系统及野生动植物保护取得显著成效。2014 年完成造林面积 554. 96 万公顷，全国共有 4. 9 亿人次参加各种形式的义务植树活动，植树 23. 2 亿株；全国共完成沙化土地治理面积 126. 5 万公顷；湿地保护工作全面推进，国家湿地公园(试点)达到 569 处，总面积达 275 万多公顷，保护湿地面积 183 万多公顷；生物多样性保护进一步加强，新增林业系统自然保护区 11 处，林业系统保护区总数达 2174 处，总面积 1. 25 亿公顷，占全国国土面积的 12. 99%，有效地保护了中国 90% 的陆地生态系统类型、85% 的野生动物种群和 65% 的高等植物群落，涵盖了 20% 的原生林、50. 3% 的自然湿地和 30% 的典型荒漠地区。

林业产业产值增长，结构优化，产品丰富。林业总产值继续快速增长，全年实现林业产业总产值 5. 40 万亿元(按现价计算)，林业三次产业的产值结构已由“十一五”末期的 39: 52: 9，调整为目前的 34: 52: 14。在全国林业总产值中，包括干鲜果品、茶、中药材以及森林食品等在内的经济林产品的种植与采集业的产值达到 10 728. 04 亿元。

生态文化体系更加完善，生态文化意识增强。生态文化基础设施稳步推进，类型不断丰富，特色更加鲜明。生态文化样板示范基地进一步加强，对弘扬生态文化，建设生态文明起到了积极的示范、引导作用。生态文化的整理挖掘工作有序推进，生态文艺创作的题材更加丰富，理论研究深入开展。《人民日报》、新华社、中央人民广播电台、中央电视台等主流媒体播发林业新闻、报道上万条。生态文化教育积极开展，社会公众生态文明素养提高。

林业投资持续增加，主要投向生态修复和民生改善。2014 年，林业投资实际完成 4325. 51 亿元。用于生态建设与保护的投资为 1947. 97 亿元，占全部林业投资完成额的 45. 04%；用于林木种苗、森林防火、有害生物防治等林业支撑与保障的投资为 232. 74 亿元，用于林业产业发展的资金为 1620. 03 亿元，用于林业民生工程的资金为 153. 24 亿元，在林业投资完成额中所占比重依次为 5. 38%、37. 45%、3. 54%。2014 年，林业种苗、科技、教育、公安等支撑保障体系不断完善，国际合作范围不断拓展。

（林业经济理论与宏观政策研究室）

【林业重点工程社会经济效益监测】 为客观记录和科学评估林业重点工程取得的社会经济效益，从 2003 年开始，国家林业局启动实施了林业重点工程社会经济效益年度跟踪监测工作。目前已连续 13 年对天然林资源保护、退耕还林、京津风沙源治理和野生动植物保护及自然保护区建设 4 项工程进行监测，监测范围涵盖全国 27 个省(区、市)、171 个县、278 个村、1656 个农户，以及 37 个森工企业、40 个自然保护区、79 个林场。

2014 年的监测结果显示，林业重点工程总体运行情况良好，工程区森林资源稳步增长，森林、荒漠、湿地生态系统和生物多样性得到有效保护，生态状况明显改善，工程建设的综合效益贡献日益显现。

天然林资源保护工程区进入转型发展攻坚期，停伐政策落实到位，对产业和职工就业结构产生显著影响，国有林区改革稳步推进。东北、内蒙古样本企业年度实际木材产量比 2013 年减少 15. 54%，第三产业产值比重超三成，从事服务业人数增长 37. 98%，长江、黄河流域样本县森林资源持续增长，经济林产品、森林旅游等新兴产业发展迅速，成为林农致富增收的重要途径。森林抚育推进不足、接续产业缺乏竞争优势、职工再就业困难、人员安置不力等仍是天保工程二期面临的突出问题。

退耕还林工程专题监测新一轮退耕还林工程执行情况。新一轮退耕在范围界定、补助标准和补助期限、配套政策等方面做出新规定，在增进公平、提高效率和政策可持续性方面取得长足进展；各地结合实际积极创新工程实施途径，初步体现了中国特色的制度创新智慧；各项政策要求基本得到落实：农户自愿参与原则得到较好体现，在是否参与退耕、退耕地块确定和树种选择等方面，农户有了更大的自主权；已退耕地多严格限定在 25 度以上非基本农田。新一轮退耕面临的突出问题是大量 25 度以上坡耕地被划为基本农田，退耕地块落实难、零星分散，生态效果难体现。同时，退耕补助标准低，直接或间接挫伤了部分群众对这一惠民政策的再次启动的期待和热情。加强部门协作、调整退耕地条件、提高退耕补助标准是新一轮退耕亟待解决的问题。

京津风沙源治理工程对当地生态环境改善、社会经济发展、人民生活水平提高以及社会福利进步等方面起到了积极的促进作用。2000 ~ 2014 年，监测样本县(旗)森林覆盖率提高 13. 82 个百分点，工程区沙尘天气总体减少，2014 年春季沙尘日数 2. 36 天，比 2000 年减少 5. 04 天，风沙危害明显减轻，样本县(旗)2014 年农作物受灾面积比 2013 年下降 14. 48%，工程建设拉动地方经济增长显著，对地区 GDP 增长的贡献率为 4. 91%。但工程建设难度越来越大，工程区产业发展后劲不足，巩固成果长效机制尚未建立。

野生动植物保护和自然保护区建设工程在生物多样性保护、带动社区就业等方面发挥了积极作用。工程区野生动植物种类持续增加，2014 年，9 个样本保护区内新发现野生动物26 种，5 个样本保护区内新发现野生植物 13 种；濒危或极度濒危野生动物种群数量呈增加趋势，在 6 个样本保护区内对 9 种濒危或极度濒危野生动物调查结果显示，种群数量呈增加趋势的达 7 种；极小种群野生植物得到有效保护，16 个样本保护区内 50 种极小种群野生植物得到了有效保护，种群数量稳定增长；工程建设继续带动社会社区就业，2014 年样本保护区带动社区就业人数比 2013 年增长 5.46%。但工程在濒危野生动物保护机制、生态补偿政策等方面仍需进一步完善。（测报办）

【集体林权制度改革跟踪监测】 2014 年是集体林权制度改革监测工作连续开展的第六年，同时既是中国全面深化改革元年，又是林业全面深化改革启动之年。与 2013 年度相比，2014 年集体林改监测工作保持了监测队伍和监测样本的稳定性和持续性。目前，集体林采伐管理、新型林业经营主体培育、林权流转、林业金融等方面的改革取得了新进展，并继续加快改革的新步伐。

家庭承包经营比重提高，集体保留林地面积下降近三成 明晰产权、承包到户的改革任务完成之后，样本地区继续巩固改革成果。截至 2014 年年底，样本县农户经营林地 766.67 万公顷，林地家庭承包经营率为 72.86%。2011～2014 年，集体统一经营林地面积减少了 32.84%，占确权林地的比重下降了 4.94 个百分点，仅占确权林地面积的 9.43%。

林权纠纷逐步增加，纠纷调处率下降 截至 2014 年年底，样本县林地权属和承包经营权纠纷调处 19.80 万起，纠纷调处率 73.48%，多数林权纠纷基本上做到当年发生，当年化解。调处的纠纷中，通过仲裁机构调处 3.38 万起，占调处总数的 17.08%。与 2013 年相比，林权纠纷发生数量增长了 1.89 倍，纠纷调处率下降了 23.81 个百分点。

林地流转面积逐年增加，六成林地进行流转登记 截至 2014 年年底，样本县累计流转林地 133.83 万公顷，占林地总面积的 9.40%，与 2013 年相比，流转面积增长了 24.67%，流转比重提高了 1.85 个百分点。2014 年样本户共流转林地 1560 公顷，其中，流入林地 1053.33 公顷，流出林地 506.67 公顷，分别占流转面积的 67.37% 和 32.63%；平均流转期限 12.60 年，流转价格为 435.75 元/公顷 · 年，61.03% 的林地在流转时进行了变更登记或备案登记。

林权抵押贷款规模持续增加，贷款质量急需提升 截至 2014 年年底，样本县共抵押林地 77.81 万公顷，占林地总面积的 5.46%；贷款 156.06 亿元，平均 20 056.2元/公顷；贷款农户 5.16 万户，平均 17.88 万元/户；已偿还贷款 85.74 亿元，偿还率为 98.86%；不良贷款 8868.12 万元，不良贷款率为 0.57%，大大低于全国银行业金融机构不良贷款率。与 2013 年相比，样本县抵押林地面积增长了 8.01%，贷款额增长了 34.22%，贷款农户增长了 2.95%。

投保林地面积大幅增长，实际保险费率持续上升 截至 2014 年年底，样本县投保林地 860 万公顷，占林地总面积的 60.51%，保险金额 565.13 亿元，平均 6557.4 元/公顷；保费 1.46 亿元，平均 16.8 元/公顷；保费补贴 1.08 亿元，平均 12.6 元/公顷，占保费的 74.42%，保险实际费率为 0.66‰；保险公司累计赔付 5069.06 万元，赔付率为 34.87%。近几年，样本县投保林地面积快速增加，所占比重不断增大。2009～2014 年，样本县投保林地面积由 206.58 万公顷增长到 860 万公顷，增长了 3.17 倍；投保林地比重由 14.45% 提高到 60.51%，增加了 46 个百分点；保额由 5586.75 元/公顷增加到 6557.4 元/公顷，增长了 17.37%。

新型林业经营主体经营林地面积达一成以上 截至 2014 年年底，样本县成立农民林业专业合作社 3593 个、专业大户 2431 户、林业企业 13 660 个、家庭林场 1029 个，这四大类新型林业经营主体经营林地面积 161.45 万公顷，占集体林地面积的 14.60%。

木材产量总体呈下降趋势，育林基金占木材销售收入比例不大 2014 年，70 个样本县木材产量为 501.13 万立方米，比 2013 年增长了 9.70%，其中，村及村以下各级组织和农民个人生产的木材占木材总产量的 52.48%，木材产量随林木生产周期正常波动，总体呈下降趋势。2014 年，70 个样本县共征收育林基金 3.32 亿元，比 2013 年增长了 4.73%。

农户林业收入增长趋缓，林业就业率缓慢上升 2014 年，样本农户户均林业收入 11 878.76 元，比 2013 年降低了 22.18%；林业收入占家庭总收入的比重为 17.56%，比 2013 年上升了 1.75 个百分点。2009～2014 年，样本农户户均林业收入总体呈现“降—升—降”的波动变化。与 2009 年相比，2014 年样本农户户均林业收入增长了 19.19%，年均增长 11.25%。2014 年，样本农户林业就业率为 8.16%，比 2013 年提高 0.58 个百分点。

林业产值大幅上升，拉动地区经济增长能力提高 2014 年，样本县的林业产业总产值为 1917.52 亿元，比 2013 年增长了 35.43%，其中，一、二、三产业占比分别为 41.88%、41.76% 和 16.36%。林业产业增加值 863.71 亿元，林业产业拉动地区经济增长 3.96 个百分点，比 2013 年上升了 2.52 个百分点。

政策需求 对于下一步需出台的政策，按照农民需求程度，排在前 5 位的依次是：扩大营造林补贴（补偿）规模，提高补贴（补偿）标准；推进科技服务入村到户；推进林下经济发展；加快发展森林保险；扶持发展专业大户、合作社、家庭林场、林业企业。

（改革研究室）

【《气候变化、生物多样性保护和荒漠化问题动态参考》】 2014 年，《动态参考》继续以气候变化、生物多样性和荒漠化治理问题为重点，密切跟踪国际和国内外的林业建设和生态治理进程，搜集、整理和分析重要政策信息和进程动态，送有关领导和有关部门阅参。全年出版 18 期刊物，快速、及时、全面地反映国际和国内外与林业密切相关的重大问题，为领导和相关部门提供了 98 份有价值的重要信息资料，快速准确地反映国际和国内外林业建设和生态治理进展情况。

同时，办刊工作渐入正轨，刊物影响不断扩大，办刊效果日益显著，主要表现在3个方面：一是服务决策。据不完全统计，刊物得到赵树丛局长2次批示。二是刊物发行范围不断拓展，影响逐年扩大。当年单期发行范围增加10多家，另有许多外部门外单位表达希望能通过阅读刊物，了解掌握相关领域国际动态的意愿。三是科研储备。积累了大量相关领域国际最新进展研究资料，并培养了一支研究队伍。

（林业与气候变化研究室）

【世行技术援助项目】 2014年，世行技术援助项目“中国集体林产权制度相关政策研究”完成项目后评估，该项目累计正式发表论文30余篇，出版项目报告3部。此项目的国内配套项目继续对集体林产权制度改革配套改革政策实施效果予以关注。全年完成9省（区）、18县（市）的2430个样本农户的跟踪调研工作。“集体林产权制度改革农户数据库”更新至8年数据。该项目主要政策性研究成果可归纳为以下6个方面：

一是系统研究分析了国内外集体林产权制度变迁的动力和源泉，全面总结了集体林产权制度改革绩效以及后续配套改革措施的实施状况，具体探讨了今后集体林权制度改革的研究方向。

二是客观地、实事求是地总结了集体林权制度改革及其配套改革措施对促进农村生产力发展，生产关系、产业结构调整，生产生活方式转变、农业生产条件优化、农民收入消费结构变化、收入水平提高等方面的积极作用。

三是用大量数据具体论证了集体林权制度改革在林地确权发证、农民经营林地自主权、林地流转、森林保险、林木采伐限额管理几个方面的显著成效和由此引发的农村在政治、经济、文化以及人的思想观念、行为方式等一系列社会关系的深刻变化。

四是选择林地投入、劳动力投入、生产费用投入以及单位面积生产要素投入等指标，定量研究了集体林权制度主体改革及配套改革对农户生产要素配置及生产要素配置效率提高的影响。

五是深入剖析了集体林权制度改革在生态公益林经营管理、林业规模化经营、林地分配、林业合作组织、林地林木流转、林业社会服务、森林保险等方面存在的问题和产生问题的原因。

六是加强了与国外就中国集体林权制度改革情况的互通与交流，为国际社会全面了解中国的集体林改，更好地吸收借鉴国外经验，直接听取来自国外专家的意见建议创建了有益的平台。

（农村林业经济研究室）

【《林业经济》期刊】 2014年为中国全面深化改革元年，党中央成立全面深化改革领导小组，切实把改革放到了重要地位。经中心党委及领导批准，2014上半年《林业经济》期刊启动改革，按中心批复的改革方案及国家审计署审计结论要求，期刊领导班子进行调整，停止收取版面费。从全年情况看，期刊工作总体呈现良好发展态势。尤其经营工作值得一书：2014年本是期刊经营形势极其困难的一年，经努力，经营成效达近年最好。

策划与组稿 2014年《林业经济》策划与组稿，总体上围绕中央及国家林业局近期关注的重大领域及林业与生态建设中的热点与难点，主要关注：十八大改革部署与生态文明建设；林业改革及其顶层设计；林业重点工程；林业与气候变化；林业与民生等领域。强化与有关学院及专家团队的联系，在了解有关专家研究专长与方向的前提下，有重点、有步骤地约稿和组稿。根据刊物总体策划方向，与专家协商栏目内容，在目录页标出栏目组稿学院或组稿专家的方式，强化组稿专家的责任与激励。实行后向三期滚动组稿跟踪措施。提前3个月将组稿计划落实到专家本人，定期督促，确保完成组稿计划。

编辑与出版 2014年，《林业经济》较好完成了期刊编辑与出版工作。由于年初拖期严重，经过努力上半年已能够月内出刊，但下半年因人员变动出刊又有拖延，还需继续调整以保按时出刊。林业经济网上稿件处理系统经过近两年的运行，基本进入正常使用，实现了作者在线投稿、编辑在线处理、专家在线审稿。

经营与财务 与2013年相比，2014年《林业经济》发行协办等经营的外部环境发生较大变化，显现相当大阻力。面对大环境的不利影响，期刊着重从两方面进行了突破：一是积极寻求新的增长点。通过筛选，确定了与旭日华夏（北京）国际科学技术研究院的合作项目，签订了合作协议。二是与合作单位协同努力、共度难关。北京中环恒信文化传媒中心代理期刊理事会业务已有5年，往年业务进展顺利。2014年遭遇经营环境变化，业务受挫，成本上升，面临亏损。期刊社动用所有人脉帮其开拓业务，并让利5个点助其度过难关。经努力，2014年期刊经营及财务指标较2013年均有增长。

培训及其他 参加相关继续教育培训。为使网上查询《林业经济》更为准确方便，减少与《绿色中国》的混淆，与百度公司、中国知网达成了新的系统采编平台，在百度推广中排名第一。（《林业经济》期刊社）

【中国林业经济论坛】 中国林业经济论坛是中国林业经济界与国内同行、国际学者进行学术交流的平台。会议以国内林业经济及相关教育和科研机构为依托，搭建资源共享、学术交流的平台，全面开展林业经济科学研究、咨询服务和教育教学人才培养、学者互访等活动，促进学术研究与中国林业建设实际的融合与互动，对中国的林业经济改革与建设发挥了重要的推动作用。

2014年9月23～26日，由中国林业经济学会、中国林业经济论坛组委会主办，沈阳农业大学经济管理学院和沈阳市科协联合承办的第十二届中国林业经济论坛成功举办。本次论坛以“生态、民生与中国林业发展”为主题，围绕生态林业与民生林业发展、生态文明与中国林业现代化、林业改革与管理制度创新、林业产业与绿色经济等问题进行了探讨和交流。来自国家林业局、辽宁省林业厅等政府部门，美国奥本大学、北京大学、北京林业大学等27所高校，中国科学院、中国林科院等6个科研单位，中国农业出版社、《林业经济》编辑部等5家新闻出版单位共计240余人参加了会议。

论坛上，中国林业经济学会副理事长、国家林业局经济发展研究中心主任王焕良，中国林业经济论坛组委会主任、北京林业大学经济管理学院院长陈建成，辽宁省林业厅副厅长武兰义，沈阳市科协副主席李宏印等在论坛上发言。国家林业局计财司王前进巡视员，美国奥本大学张道卫教授，中国人民大学农业与农村发展学院刘金龙教授，国务院农林经济管理学科评审组成员、东北林业大学经济管理学院曹玉昆教授，北京林业大学经管学院谢屹副教授，沈阳农业大学经济管理学院王春平教授等分别以"气候变化、森林之力和社会发展""林下经济能否成为国有林区停伐的出路""新型林业经营主体培育路径选择——基于可持续发展、公益限制与产权自主的视角"为题在论坛上作主题报告。

本次论坛创造性地在主题报告和专题报告中安排研究员、教授、副教授、讲师等多层次专家进行主旨发言，突显学术梯度，同时引入业内"知名教授与青年学者共同点评"的方式增加本次论坛的研讨氛围，提升本次论坛的研讨水平。本次论坛经过广泛征求意见，成功设计了中国林业经济论坛图标，并组建了中国林业经济论坛网络即时通讯群组，为中国林经人的交流探讨提供了便捷、通畅的平台，为中国林业经济论坛的成长壮大注入新的精神与活力。

中国林业经济学会在论坛上开展了学会优秀论文评选工作，本次评选活动共收到各专业委员会、林业经济期刊杂志社、农林高等院校及本届论坛等单位推荐的110余篇论文，经过初选、复选及学会专家组匿名评审，共评出2014年度中国林业经济学会优秀论文一等奖3篇、二等奖7篇、三等奖15篇。

（林业经济学会秘书处办公室）

【《绿色中国》杂志】 杂志社在编辑、出版、发行、经营管理和网络电视建设等方面都有所进步和发展。编辑"两会"专刊，系统阐述生态林业和民生林业的发展思路，并配发了对十八大报告的解读文章，受到与会代表的称赞；网络电视强化组织建设，完善管理和激励制度，进一步加强四大经营部门管理，明确目标和任务，发展势头良好。

继续组织"2014绿色中国年度焦点人物""第七届中国绿色宝贝"评选与颁奖，活动的社会影响持续扩大。

成功举办"绿色中国行——走进海南紫园暨第六届中国绿色宝贝颁奖典礼""绿色中国行——走进美丽内江"、"绿色中国行——走进国家东部公园"暨"第七届中国绿色宝贝"颁奖典礼、"绿色中国行——走进普洱太阳河国家森林公园"、绿色中国行"拼车出行，用低碳换植树"暨第八届中国绿色宝贝评选活动启动等社会公益活动并获得广泛好评。 （《绿色中国》杂志社）

国家林业局人才开发交流中心

【综　述】 2014年，人才中心贯彻落实中央全面深化改革、推进依法治国精神和全国林业厅局长会议精神，围绕生态林业和民生林业，各项工作成效显著。完善职称评价制度，完成2014年职称评审工作；举办了60多期培训班，累计培训6000多人次；参与国家职业分类大典修订工作，积极开展职业技能鉴定工作，全年共鉴定40 000多人；完成近7000名站长的能力测试监督考务管理工作；启动了林业职业经理人4个专业类别的认证教材开发工作和局高层次人才库建设以及林业系统人才统计工作。

【完善评价制度，加强能力建设】 修改完善职称申报系统和评审投票系统，完善职称评审环节，进一步规范职称评审工作流程；完成了2014年度工程系列中、高级和会计经济、新闻出版系列评审工作。重点围绕林业改革、林权流转、国有林场、林业产业等领域，举办了50多期短期培训班，累计培训4000多人次，重点班次培训效果评估的综合满意率达到98.5%。积极推进职业水平评价，组织专家编制森林资源资产评估咨询人员培训教材和试题，举办了4期培训班，共培训近600人次，进一步提升职业能力。

【领导干部和业务骨干培训】 与中央党校合作，组织推荐58名林业系统处级领导干部参加了中央党校培训班，组织承办国家林业局森林公安局警官警体训练培训班2期。面向基层单位领导和业务骨干，举办了近百人参加的森林经营管理技术培训班，《中国绿色时报》头版作了专题报道。利用财政资金组织举办智慧林业、林业财务、森林经营、林业碳汇、特色经济林和林业科技推广能力建设等培训示范班，累计培训近1000多人次。

【技能人才和基层实用人才队伍建设】 2014年启动了2个职业标准编制工作，向人社部和职业大典修订行业专业委员会提交了37个林业职业体系表；起草了《林业行业特有工种职业技能鉴定实施办法》《林业行业鉴定站管理办法》《林业行业职业技能竞赛技术规程》《营造林工程监理从业人员管理办法》等送审稿。进一步加强职业技能鉴定工作，共鉴定40 000多人。强化高技能人才培养示范基地建设工作，选出黑龙江森工总局等6家鉴定站进行重点建设。强化考评员队伍建设，共举办考评员培训班2期，培训考评员近160人，其中高级考评员近50人。完成近7000名站长的能力测试监督考务管理工作，完成阅卷、证书制作及数据库维护管理等工作。

【企业人力资源工作】 组建中国林业产业联合会人力资源发展促进会，组织举办了第九届中国林业产业发展与人才开发论坛；加快林业职业经理人认证制度建设和推广工作，开展园林等4个领域特级职业经理人认定申报工作，启动林业职业经理人4个专业类别的认证教材开发工作。

【人才工作基础建设】 受国家林业局委托正式建立了局高层次人才库，启动了林业系统人才统计工作，开发统计软件；成立中国林业教育学会毕业生就业创业促进分会，专门组织了林业院校毕业生就业促进工作研讨会；举办了2015届全国林科十佳毕业生评选活动，有300多所涉林院校的50 000多名林科应届毕业生参与，推动涉林院校人才培养，促进林科毕业生就业。

【为局机关和局属单位提供人事人才服务】 完成2014年度局属在京单位公开招聘毕业生和接收毕业生工作、局属事业单位法人登记管理、局属单位人事人才统计和全国林科学生统计工作、开展局属单位干部档案管理工作，起草《国家林业局干部人事档案查阅规定》，进一步规范干部档案管理工作；完成局管干部、公务员及无人事权单位干部因公出国备案工作。完成国家公派出国留学基金申报和受理工作，申报项目22项，获得资助12项。（王尚慧）

【开展2014年度职称评审工作】 2014年专业技术资格评定办共受理35个单位196人的职称申报材料，经对申报人的学历、资历、外语等方面资格审核并组织同行专家审定论文后，178人提交评审会评审。先后组织召开了工程系列中、高级，会计、经济系列高级，新闻、出版系列评审会议。各系列评委会对申报人的理论水平、工作能力、获取处理信息能力、工作经历、实践成果、理论成果等6方面进行了充分讨论评议，经无记名投票表决，共评审通过95人，其中教授级高级工程师21人，高级工程师35人，工程师28人，助理工程师1人，高级会计师5人，高级经济师1人，副编审3人，编辑1人。（李　伟）

【在京单位公开招聘毕业生工作】 根据《国家林业局事业单位公开招聘暂行办法》的规定，组织开展局属在京单位公开招聘毕业生工作。通过制订《在京单位公开招聘实施方案》，明确实施范围、招聘对象、工作程序及进度安排，对招聘工作各阶段的工作程序、人员保障及时间进度等进行了安排，并协助各单位拟定岗位需求、发布招聘公告、组织报名和审核资格并做好相关政策的解答。在组织实施阶段，认真完成笔试的组织实施以及协助各单位组织复试和考核体检对拟录用人员进行公示等，完成了公开招聘各环节的工作。（李　伟）

【局属京内外毕业生接收工作】 根据各单位申报情况及人社部下达计划，提出了局属单位2014年毕业生接收计划下达方案及毕业生接收工作有关要求，组织在京单位填报计划与岗位对接方案；审核汇总了各单位拟接收毕业生人选的基本情况，向人社部进行网上报备在京单位拟接收毕业生人选并办理了京外生源毕业生落户手续。（李　伟）

【局干部档案管理工作】 完成了局公务员、局管干部、局属单位干部档案审核、整理、查借阅、归档、转递等日常管理工作。为干部任免、房屋财产公证等工作提供了大量的档案查借阅服务。并按照中组部要求，完成局新任中管干部档案报送工作。同时为贯彻落实全国干部人事档案专项审核工作会议精神，按照中组部的工作部署，结合国家林业局干部人事工作实际，起草了《国家林业局干部人事档案专项审核工作实施方案》（代拟稿）。对专项审核工作的范围、内容及时间安排、方法步骤等进行详细的安排。（李　伟）

【各项人事代理工作】 为代理单位2013年接收毕业生办理落户。通过核查办理落户毕业生学历学位材料、劳动关系及缴纳社保材料、逐一走访代理单位毕业生在岗情况、面向社会公示毕业生信息等多种方式，确保真实规范接收毕业生。还组织代理单位申报了2014年毕业生需求计划，并对代理单位毕业生接收资质及毕业生需求计划进行严格复核。为局属和行业单位提供了2014年参公单位公开招聘工作人员考试的命题、阅卷等人事代理服务。根据中编办对事业单位法人年检制度的改革完善，事业单位法人年检的工作内容也随之发生了较大变化。为减轻局属单位的负担，提高工作效率，增加了法人证书年检和组织机构代码证年检的代理服务。为局属参公单位提供了工资统发，人事人才、公务员及工资统计年报等人事代理服务；为代理单位提供了档案管理及以档案为基础的各项代理服务以及代发工资、代理缴纳社保和公积金等各项人事代理服务。（李　伟）

【国家公派出国留学选派工作】 为培养一批具有国际视野、熟悉国际规则的林业高层次人才队伍，按照国家留学基金管理委员会和国家林业局人事司的工作安排，国家林业局人才中心组织开展了2014年国家留学基金资助出国留学申请受理工作，共22人申报国家公派留学项目，12人获得国家公派留学资格。（吴学瑞）

【服务集体林改，培养评估专业人才】 为配合集体林权制度改革，积极培养森林资源资产评估专业人才，2014年国家林业局人才中心联合中国资产评估协会在黑龙江、河南、宁夏举办3期森林资源资产评估咨询人员培训班，其中399人获得《森林资源资产评估咨询人员证书》。通过培训，提高了森林资源资产评估工作人员专业胜任能力和职业道德水平，培养了一批高素质的森林资源资产评估人才队伍，为集体林权制度改革的深入开展提供了人才保障和智力支撑。截至12月31日，国家林业局人才中心联合中国资产评估协会举办了40期森林资源资产评估咨询人员培训班，共有7056人获得《森林资源资产评估咨询人员证书》。（吴学瑞）

【组织推荐林业系统领导干部参加中央党校培训班】 4月21～30日，国家林业局人才中心组织推荐林业系统的58名处级领导干部参加了中央党校培训班。培训班以中国特色社会主义理论体系为指导，结合林业干部队伍建设的实际需要，紧密围绕基本理论、宏观视野、战略思维、领导素养四大板块设计培训课程，并安排实地考察和研讨交流，全面提升学员的理论素养、世界眼光、领导能力和创新能力，为生态林业民生林业科学发展提供人才支撑。国家林业局人才中心充分利用中央党校高端培训资源，积极为林业系统的领导干部提供高端培训平台。截至12月，中央党校为林业系统已成功举办5期领导干部培训班。（吴学瑞）

【森林抚育工等11个国家职业技能标准颁布实施】 为了进一步强化林业行业职业技能鉴定的标准化建设，逐步建立健全质量管理体系，2009年，经人力资源社会保障部审批同意了11个职业的标准编制计划，包括营林试验工、森林抚育工、林业有害生物防治员、林木采伐工、集材作业工、野生动物保护员、野生植物保护员、纤维板工、刨花板工、人造板制胶工、浸渍纸层压板工等。为保证标准编写工作的顺利开展，成立了由国家林业局人事司牵头的标准编审委员会和国家林业局人才开发交流中心牵头的标准编写委员会，同时聘请营造林、森林病虫害防治、木材采伐、森林抚育、野生动植物保护及人造板生产等领域的40余名专家组成标准编写组。全行业已有19个国家职业技能标准，涵盖了行业职业培训和鉴定人员范围的80%左右，它是从业人员从事职业活动，接受职业教育培训，以及用人单位录用、使用人员的基本依据，是鉴定站开展职业技能鉴定的重要基础。（吴秀平）

【职业技能鉴定管理工作】 2014年林业职业资格鉴定管理工作顺利有序开展。截至2014年年底，林业行业共有北京市园林绿化局干部学校等63家职业技能鉴定站。根据人社部《职业技能鉴定规定》《职业技能鉴定工作规则》等有关文件规定，对已届满2年的63个林业行业特有工种职业技能鉴定站进行了进一步梳理、调整，明确了各鉴定站的鉴定范围，重新换发鉴定许可证，严格执行许可证制度，确保鉴定工作在许可的范围内进行。落实质量管理和督导。按照人社部印发的《2014年度职业技能鉴定质量管理责任书》要求，签署了质量管理责任书，指导各鉴定站不断加强内部管理和自身建设。落实职业技能鉴定站的质量管理体系建设和质量督导工作，加大对鉴定站组织管理、岗位设置、人员配备、鉴定过程控制等环节的检查和督导，进一步规范职业技能鉴定机构、考评人员、职业资格证书以及职业技能鉴定具体组织实施环节的管理，确保职业技能鉴定工作质量。取得职业资格证书人数为57 643人，其中初级技能6834人，中级技能16 950人，高级技能23 164人，技师6596人，高级技师4099人。（关　震　图星哲）

【考评员培训】 为进一步加强林业行业考评人员的队伍建设，提高林业行业考评人员的理论水平和业务知识，国家林业局职业技能鉴定指导中心共举办考评员培训班两期，参加培训的学员来自各省（区、市）林业行业的20余家单位共计206人，其中考评员156人，高级考评员50人。培训采用全国职业技能鉴定管理与考评人员培训指定教材并按照相关要求对全体学员进行了公共知识和专业技能两项考试，全部通过了考核，为更好地推行国家职业资格证书制度发挥了重要的作用。（李　斌）

【职业大典修订工作】 2014年，国家林业局人事司、人才中心完成《中华人民共和国职业分类大典（林业部分）》修订工作。此次修订，林业行业承担并修订了特有职业44个，其中技能人员职业34个，专业技术人员职业10个，技能人员中包括138个特有工种。经研究初步确定保留林业行业特有职业41个，其中维持27个、修改12个，新增2个，取消5个职业。并参与修订了相关职业47个，其中包括4个林业行业特有工种。（关　震）

【中国林业产业联合会人力资源发展促进会成立】 12月28日，中国林业产业联合会人力资源发展促进会成立大会暨一届一次理事会在北京召开。会议表决通过了《人力资源发展促进会工作规则》，选举产生了第一届理事会组成人员。国家林业局人才开发交流中心主任黄正秋当选第一届理事会理事长，国家林业局人才开发交流中心副主任路永斌，四川省林业厅副厅长包建华，吉林森工集团副董事长、常务副总经理李学友、龙江森工集团副总经理毕卫星、北京林业大学副校长、北京林业大学科技股份有限公司董事长王自力当选第一届理事会副理事长，国家林业局人才开发交流中心人才开发处处长何乐观当选第一届理事会秘书长。中国林业产业联合会为新成立的分支机构举行了隆重的授牌仪式，国家林业局副局长、中国林业产业联合会常务副会长张建龙等领导出席，并为人力资源发展促进会等分支机构授牌。（杨子超）

【林业职业经理人资质认证】 中国林业产业联合会、中国林业教育学会、国家林业局人才开发交流中心继续组织开展林业职业经理人认证工作。为进一步完善认证培训课程体系建设，充实认证培训内容，2014年启动了人力资源类、营销类、生产管理类、质量控制类等4个专业类别的林业职业经理人资质认证教材开发工作。（杨子超）

【毕业生就业创业工作】 4月在北京林业大学举办了毕业生就业促进工作研讨会，就全年毕业生就业促进工作做了充分研讨交流，落实了工作重点。筹备建立了中国林业教育学会毕业生就业创业促进分会，12月9日在南京召开了分会成立大会，国家林业局人才开发交流中心主任黄正秋当选分会理事长，国家林业局人才开发交流中心副主任路永斌，国家林业局宣传办副主任李天送，黑龙江省林业厅副厅长李树铭，北京林业大学副校长骆有庆，南京林业大学党委副书记、副校长赵茂程，东北林业大学副校长李斌，西北农林科技大学党委副书记马建华，西南林业大学党委副书记李永和，南京森林警察学院副院长张治平，辽宁林业职业技术学院院长王忠彬，广西生态工程职业学院党委书记庞正轰，北美枫情（上海）商贸有限公司总经理周清华当选为分会副理事长，国家林业局人才开发交流中心人才开发处处长何乐观当选为分会秘书长。历时近一年，国家林业局人才开发交流中心和中国林业教育学会共同举办了“北美枫情杯”2015届全国林科十佳毕业生评选活动，来自39家涉林院校5万多名林科毕业生参评，研究生、本科生和高职组各10名大学生获得了“全国林科十佳毕业生”称号，40名大学生获得了“全国林科优秀毕业生”称号。（李　卉）

【高层次人才库及林业系统人才情况统计工作】 完成国家林业局首批高层次人才库入库人选的甄选工作，首批入库200人。分别编制了国家林业局高层次人才库党政领导人才、专业技术人才和企业经营管理人才信息采集表。组织编制了国家林业局高层次人才库信息采集系统。在北京组织召开了人才库工作研讨会，对高层次人才库建设工作进行了交流研讨。完成了林业系统人才情况统计系统软件制作；组织召开了林业系统人才情况统计软件建设工作研讨会，各省级林业主管部门负责人事人才统计工作的同志参会研讨如何有效开展人才统计工作。举办了首期林业系统人才统计培训班，讲授了林业系统人才统计报表填报要求及软件使用方法，培养了一批林业人才统计骨干。 （李　卉）

中国林业科学研究院

【综　述】 2014 年，中国林业科学研究院（简称中国林科院）按照年初工作会议部署，以强化创新、服务全局为重点，扎实推进各项工作，全面支撑生态林业、民生林业发展，取得显著成效。

整合科技资源，服务林业大局　积极组织专家参与重大战略报告起草工作，唐守正院士牵头起草的《建立国家储备林制度，深入推进木材战略储备生产基地建设报告》上报国务院，李克强总理批示要求就有关问题开展认真研究。完成了国家生态安全战略、现代林业治理体系等研究，全面参与《林业科学和技术"十三五"发展规划》等规划编制和报告起草工作。牵头申报的"国家林业局丹阳强化木地板产业国家科技特派员创业链"获得科技部批准，启动第二批联盟 4 个新产品创制基地和 1 个专业实验室的建设。"生物基材料产业技术创新战略联盟"和"桉树产业技术创新战略联盟"列入科技部重点培育名单。发布了《杜仲产业绿皮书》。"长汀生态文明示范县建设规划"等通过论证。组织 10 批近百名专家深入林区实地考察和技术指导，为共建单位举办 8 次技术培训班，培训学员 500 人。组织完成 126 个国家林业基本情况调研，10 个国家的林业国别研究和 2 个国家的合作战略研究。牵头完成的中国森林认证体系正式与 PEFC 体系实现国际互认。

创新过程管理，促进成果产出　启动了中国林科院"十三五"规划、学科建设发展规划方案编制工作，研究提出了"中国林科院科技创新工程"实施方案的初步框架。全年新增科研项目 326 项，合同总经费 2.01 亿元。其中，15 项 948 项目、59 项国家自然科学基金项目、19 项林业行业专项项目、18 项林业科技成果国家级推广项目、48 项林业行业标准项目。首次获准国家自然科学基金优秀青年科学基金项目。完成了 105 个项目的验收工作。"杨树高产优质高效工业资源材新品种培育与应用"项目获国家科技进步二等奖，"红树林快速恢复与重建技术研究"获广东省科技进步一等奖。牵头制定的《装饰单板贴面胶合板》和《细木工板》两项国际标准由国际标准化组织（ISO）正式发布。"江淮 1 号杨"等 9 项新品种权申请获国家林业局授权。新增 7 个国家基金委依托单位，总数上升到 15 个。林木遗传育种国家重点实验室通过科技部建设期验收。湿地生态功能与恢复北京市重点实验室通过北京市科委验收。竹家居、山核桃两个国家林业局工程技术研究中心获批成立，马尾松、防沙治沙工程技术研究中心通过评审。寒温带林业研究中心、林化产品质量检验检测中心（昆明）获批成立，组织完成了《国家陆地生态系统定位观测研究站网管理办法》编制和 14 个新建生态站初审工作。编制完成《中国林科院森林资源管护工作发展规划（2014 年~2020 年）》。3 项专利获 2014 年第十六届中国专利优秀奖。获国家发明专利授权 80 项，国际专利授权 4 项。

完善体制机制，强化队伍建设　5 个所、中心领导班子得到调整，提任 4 名司局级、11 名正处级、11 名副处级领导干部。申报并获批"国家林业局林产品国际贸易研究中心"等 3 个非法人机构。2014 年度接收毕业生共 91 名。8 位科研人员获批公派出国留学。完成第十期"西部之光""新疆特培""新疆林业青年科技英才"共 10 人的培训工作，接收了第十一期"西部之光"3 人、"新疆特培"3 人。唐守正院士荣获"第五届全国杰出专业技术人才"荣誉称号，2 位专家入选"万人计划"第一批科技创新领军人才，2 人荣获全国优秀科技工作者称号，1 人入选国家中青年科技创新领军人才，1 个团队入选科技部重点领域创新团队，10 人入选国家林业局"百千万人才工程"省部级人选，1 人当选"推动北京创造的十大科技人物"。2014 年研究生导师达到 365 人，录取博士研究生 119 人，全日制硕士研究生 202 人，非全日制硕士专业学位研究生 59 人，全院各类在读研究生超过 1100 人。

深化合作交流，提升国际影响　签署 3 个国际合作协议。1 位国际合作伙伴获 2014 年度中华人民共和国国际科学技术合作奖，2 位国际合作伙伴获 2014 年度"国家友谊奖"。2 位专家当选国际木材科学院院士。主办国际会议 4 次。

规范资金管理，加强党建精神文明建设　全年争取到预算资金同比增加 12.83%。新批复基建项目立项可研报告 14 项，批复基建项目初步设计 13 项。开展了凝练林科精神系列活动，顺利通过"全国文明单位"复查和"首都文明单位标兵"测评。荣获中央国家机关第二届"创建文明机关 争做人民满意公务员"活动先进集体称号，中国林科院《科研院所加强服务型基层党组织建设研究》荣获二等奖。1 人获全国三八红旗手称号，1 人获中央国家机关五一劳动奖章，4 个家庭获中央国家机关干部职工家庭建设"最佳经验奖"，2 人分别获国家林业局优秀青年和优秀青年工作者称号。

【生物基材料产业技术创新战略联盟 2014 年第一次理事会】 1 月 12 日，理事会在南京中国林科院林化所召开。会议报告了 2013 年联盟工作，介绍了木竹产业技术创新战略联盟的运行情况，修订联盟章程，共同探讨了联盟在运行过程中出现的问题和解决办法，提出了联盟 2014 年工作计划。中国林科院副院长、联盟学术委员会主任储富祥研究员出席会议并对联盟的进一步发展提出了要求。南开大学、华东理工大学、东北林业大学、中国日用化学工业研究院、济南圣泉集团股份有限公司等29家理事单位代表参加了会议。

【国家林业局防沙治沙工程技术研究中心通过评审】 1月13日，该工程中心评审会在依托单位中国林科院沙林中心召开。会议汇报了"工程中心"筹备和申请情况。评审专家现场查看了"工程中心"科研基础条件，审阅相关申报材料，经过充分质询和讨论，一致认为，成立工程中心对提升行业发展水平意义重大，中国林科院沙林中心在防沙治沙关键技术研究与实验示范等方面有长期的积累，研究基础好，申请依据充分，目标明确，具备承担防沙治沙工程中心各项职能的条件，通过专家评审论证。

【中国林科院2014年工作会议】 1月14日，工作会议在院召开。国家林业局党组成员、副局长孙扎根出席会议，并要求，当前和今后一个时期，中国林科院要重点做好全面深化体制机制改革、建设创新战略联盟、大力推进科技创新、加强人才引进和培养、充分发挥咨询参谋作用以及狠抓领导班子建设等六方面的工作。中国林科院院长张守攻作题为《积极推进改革 强化自主创新 为建设生态文明美丽中国提供有力的科技支撑》工作报告，报告总结了2013年中国林科院工作，部署了2014年中国林科院重点工作。

会议期间，召开了2014年中国林科院党建工作会。中国林科院分党组书记、副院长叶智作题为《认真学习贯彻党的十八届三中全会精神 为中国林科院改革发展提供坚强保障》的报告，报告总结了2013年党建工作，部署了2014年党建工作。国家林业局计财司、科技司、人事司、机关党委、监察局等部门负责人，中国林科院全体院领导，各所、中心党政主要负责人，院各部门、各院属公司负责人，京区副处以上干部、有关专家等近100人参加了会议。

期间，1月15日举行了中国林科院所、中心党政主要负责人2013年度述职测评会，中国林科院院领导、院各部门主要负责人对38位各所、中心党政主要负责人进行了测评。

【中央纪委驻局纪检组组长陈述贤到中国林科院热林所调研】 3月20日，国家林业局党组成员、中央纪委驻局纪检组组长陈述贤，中央纪委办公厅纪律检查员、监察专员马志刚，广东省纪委副书记陈伟东等到中国林科院热林所调研，调听取了中国林科院热林所基本情况、优势学科及未来的发展设想等工作汇报，与专家深入讨论了社会普遍关注的桉树发展对环境的影响、珍贵树种促生后的木材价值等。陈述贤肯定了中国林科院和热林所的工作，希望热林所今后要按照中央要求，围绕国家林业局提出的生态林业、民生林业开展工作，要多出人才、出成果。

【《退耕还林工程生态效益监测国家报告(2013)》】 3月1日，正式发布。报告由国家林业局退耕还林(草)工程管理中心组织、国家林业局森林生态系统定位观测研究网络中心提供技术依托，中国林科院森环森保所，联合北京市、河北省等6个退耕还林生态效益监测重点省和42个森林生态系统定位观测网站，经过半年多时间共同完成。监测评估结果真实地反映了退耕还林工程重点监测省份所取得的生态效益，为工程管理部门科学有效地制定退耕还林工程成果巩固措施、重点生态工程决策者提供了科学依据。报告由国家林业局副局长张永利作序，中国林业出版社出版发行。

【林木基因工程育种创新团队入选科技部重点领域创新团队】 3月20日，科技部发布了《关于公布2013年创新人才推进计划入选名单的通知》，"林木基因工程育种创新团队"入选"重点领域创新团队"。2013年林业系统仅有该团队入选重点领域创新团队，也是中国林科院专家团队首次入选该类计划。

【促进合法可持续的林产品贸易和投资国际研讨会】 3月25～27日，研讨会由中国林科院林业科技信息研究所、森林趋势、欧洲森林研究所欧盟FLEGT基金，世界自然基金会等共同在上海举办。内容包括国家林业局林产品国际贸易研究中心年会、红木贸易研讨会、《中国企业境外可持续林业贸易与投资指南》(讨论稿)座谈会。会议旨在促进对林产品贸易的了解和信息分享，推动可持续的中国境外企业贸易和投资。来自亚洲、非洲、欧洲和美洲等多国的政府官员、专家学者、企业代表，以及国内高校和科研机构人士及企业代表120多人参加会议。

【国家林业局竹质建筑与装饰材料工程技术研究中心通过专家评审】 3月28日，依托国家林业局竹子研究开发中心和中国林科院亚林所联合申请建设的工程中心专家评审会在杭州举行。专家组听取了工程中心筹备和申请情况汇报，现场查看了"工程中心"科研基础条件，查阅了相关申报材料，经过充分质询和讨论，一致认为，该工程中心的建立，将有助于整合资源、协同创新，突破竹质建筑与装饰材料关键技术问题，推动该领域新技术新成果集成与应用，提升产业科技水平。依托单位研究基础好，组建方案可行，组织管理和运行机制设置科学，具备承担该工程中心各项职能的条件，通过专家评审。国家林业局科技司、中国林科院以及相关单位负责人和人员参加了会议。

【国家林业局盐碱地研究中心建设项目工程】 4月11日，建设项目工程主体结构通过验收。该工程于2013年9月6日开工建设，历时217天。项目坐落于天津市滨海新区官港森林公园耐盐碱植物科技园区内，占地面积6.67公顷，总建筑面积4644.76平方米，主要建设包括科研实验楼、综合业务楼、地源热泵房以及消防泵房4个单体，总投资2820万元。此次验收对象为科研实验楼、综合业务楼以及地源热泵房的主体结构质量等。监督部门对整个验收过程进行了监督。

【云南省委书记秦光荣会见中国林科院资昆所专家】 4

月12日，秦光荣书记会见了中华侨联总会理事长简汉生，加拿大皇家科学院院士、ECO基金会主席王家璜和中国林科院资昆所所长陈晓鸣，介绍了云南省近年来在发展农业、林业与环境保护所做工作，高度评价了中华侨联总会、ECO基金会和中国林科院资源昆虫所的合作方式，以及对云南生态建设、农民增收等方面做出的贡献，并对云南省进一步加强与加拿大的科技合作提出了具体要求。

【木竹产业技术创新战略联盟2014年度第一次专家委员会】 4月15日，专家委员会在京召开。会议审批通过8项2014年度木竹产业技术创新战略联盟科研计划课题，共筹集研究经费3500万元，其中联盟资助200万元。4项联盟科研计划课题通过验收。与会专家介绍了中国林产品指标机制网情况，研讨了2014年度联盟科研计划课题创新方向、联盟科研特派员实施方案等。41家联盟成员单位专家委员或代表共60余人参加了会议。

【林木遗传育种国家重点实验室通过建设验收】 4月16日，该重点实验室专家验收会在北京举行。验收专家组听取了实验室建设报告，通过现场考察，与实验室及其依托单位和主管部门有关人员交流，一致认为实验室自批准建设以来，根据我国林业发展的重大需求、学科发展趋势，结合自身优势，在林木种质创新与利用、林木重要性状形成的分子基础和林木分子育种等3个方向，开展了特色鲜明的应用基础研究。承担国家科研项目能力显著增强，人才队伍建设初见成效，形成了合理的创新研究团队。积极开展学术交流，建立了较好的开放运行管理机制，圆满完成了建设计划任务书设定的目标和要求。专家组同意通过验收，并对实验室今后的建设和发展提出了意见和建议。

【广西友谊关森林生态系统定位观测研究站正式挂牌】 4月18日，定位观测研究站揭牌仪式在中国林科院热林中心举行，中国林科院副院长刘世荣研究员等揭牌。仪式上介绍了友谊关森林站的建设进展情况以及今后发展。中国林科院热林中心有关人员参加揭牌仪式。该观测研究站是2011年11月获国家林业局批复同意建站。经过两年多的建设，已进入数据观测阶段，即将纳入华南热带季雨林雨林地区森林生态系统定位研究网络。

【中国林科院与安徽农业大学共建林业辐照中心补充协议】 4月21日，共建补充协议签字仪式在中国林科院举行。安徽农业大学副校长程备久与中国林科院副院长黄坚分别代表双方签署协议，并回顾了多年来合作开展的林业科学研究，就进一步加强合作进行了深入交流。安徽农业大学党政办、农业园管理中心、国资处、林学与园林学院，以及中国林科院办公室、科技处、产业处、计财处有关负责人参加签字仪式。

【中国林科院与德国弗莱堡大学签署合作谅解备忘录】 4月22～28日，中国林科院副院长刘世荣以及热林中心、资源所、科信所等专家组成的代表团到德国、意大利开展交流。与德国弗莱堡大学签署了合作谅解备忘录。根据协议，双方将在森林生态、森林经营以及应用于森林清查与经营的空间监测高新技术领域加强科研合作和人员交流。在德国哥廷根大学有举行了中德多目标森林经营学术研讨会；与意大利国家研究委员会(CNR)罗马总部，等讨论了今后合作计划。

【国家林木种质资源平台2014年度工作会议】 4月29～30日，工作会议在京召开。会议系统总结了平台2013年的运行服务情况。2013年度平台各项服务数量增长显著，服务质量受到了广大用户的好评。会议提出了平台2014年的工作目标和思路，表彰了获2013年度国家科技平台先进个人。与会代表深入讨论了平台组织机构与制度建设、标准体系建设、描述规范研制、资源发掘利用等。专家组对平台参加单位2013年工作情况进行了绩效考评，对申请加入平台的单位进行了评估认定。来自全国三十多家参建单位的七十余名代表参加会议。

【赵树丛局长在新疆调研中国林科院合作企业发展】 5月6日，国家林业局党组书记、局长赵树丛等到中国林科院合作企业——阿克苏果满堂公司干果产业园区调研，听取了中国林科院与果满堂公司开展院企合作、以科技成果支撑林业企业发展，红枣新品种果满堂6号研发情况和相关高效生产技术的汇报，赞赏了中国林科院与果满堂公司的深度合作，希望科研单位以此为典范，继续探索产学研结合的措施和机制。并表示，国家林业局将继续加大对新疆生态建设和林果等经济林产业发展的支持力度。新疆维吾尔自治区政府副秘书长张小平、国家林业局总工程师封加平、中国林科院院长张守攻，新疆维吾尔自治区林业厅党委书记来景刚、厅长艾则孜·克尤木，阿克苏地区行署专员麦尔丹·木盖提等参加调研。

【中国林科院对外开放和进社区系列科普活动】 5月17～24日，科技周期间，中国林科院组织了以“绿色让生活更美好”为主题的专家咨询服务和公众互动参与的系列林业科普活动，参加了在北京农展馆举行的全国科技周暨北京主场活动，两位专家做科普报告，多位专家开展咨询和互动活动；5位专家参加科技列车赣南行活动。作为主办方之一，在江西省赣州市举办了2014年全国林业科技活动周启动仪式，1位专家作专家科普报告；参加了北京科技周海淀主场活动和北京市园林绿化局举行的2014园林绿化科技创新暨科学普及活动月活动。

【国家林业局党组成员彭有冬到中国林科院沙林中心调研】 6月4～5日，国家林业局党组成员、科技司司长彭有冬一行到中国林科院沙林中心调研，听取了中国林科院沙林中心基本情况、下一步工作思路汇报，肯定了中国林科院沙林中心35年来在中国防沙治沙、干旱区林业科研和示范推广等方面作出的突出贡献，希望沙林中心今后充分发挥科研平台作用，强化与科研院所的合作，加强林业科学研究和推广示范；抓好国家林业局内蒙古磴口荒漠生态定位监测站的建设，提高建设标准，拓展监测功能；加快防沙治沙工程中心建设步伐，早日为我国防沙治沙事业作出新贡献。并表示，国家林业局将继续关心和支持沙林中心建设与发展，推进防沙治沙事业进程。国家林业局治沙办、中国林科院、内蒙古自治区林业厅、巴彦淖尔市以及磴口县领导等陪同调研。

【2014 年 ITTO 成员国竹产业发展培训班开班】 6 月 10 日，该培训班由国家商务部主办、国家林业局竹子研究开发中心在杭州承办。培训班是竹子中心首次与国际热带木材组织（ITTO）合办，面向 ITTO 成员国招生，是竹子中心援外培训工作的一个创新。培训班安排国内林业专家讲授竹子种植、加工、利用、政策等专题，组织学员赴江苏南京、浙江安吉和临安、云南昆明和西双版纳等著名产竹区考察实习。来自马来西亚、马里、危地马拉、菲律宾、巴拿马、加纳、埃塞俄比亚、秘鲁、墨西哥、缅甸、东帝汶、印尼和科特迪瓦 14 个国家 27 名学员参加培训。

【《长汀生态文明示范县建设规划（2013～2025）》通过论证】 6 月 12 日，该《规划》论证会由环境保护部自然生态保护司在京召开。环境保护部、清华大学、中国环境科学研究院、北京林业大学、中国社会科学院等单位专家组成的专家组，听取了规划编制组的汇报，审阅了相关材料，认真质询和讨论，一致认为《规划》对长汀县生态环境、土地资源和产业状况进行了深入分析，开展了长汀县生态足迹和 SWOT 分析研究，提出了“海西锦绣地，百里汀江画，富美新长汀”的建设理念和“二轴二带二中心，五区十镇百乡村”的建设空间布局，对长汀生态文明建设具有重要的指导意义。该规划是 2013 年 6 月，福建省长汀县人民政府作为院地合作项目委托中国林科院负责编制。

【2014 非洲英语国家竹业技术培训班】 4 月 24 日至 6 月 14 日，培训班由国家商务部主办、竹子中心在杭州承办，为期 56 天。来自国内著名高校、科研院所的竹子研究领域的专家讲授了竹子培育、加工、利用、政策等专题内容，学员们考察了浙江安吉、临安、南京等亚热带散生竹产区和广东广宁等热带丛生竹。继培班采取课堂教学、野外考察和实习、交流探讨等形式深受学员欢迎和好评。来自喀麦隆、埃塞俄比亚、肯尼亚、马拉维、毛里求斯、尼日利亚、塞舌尔、坦桑尼亚、乌干达和津巴布韦 10 个国家的 24 名学员参加了培训。

【中国林业科学研究院寒温带林业研究中心成立】 6 月 14 日，国家林业局发文同意依托国家林业局哈尔滨林业机械研究所成立该研究中心。旨在加强以寒温带林业生态建设为主的林业基础科学研究。主要面向我国东北大小兴安岭、完达山、长白山地区森林生态系统，融科学研究、科技推广和人才培养为一体，以基础和应用基础研究为主，研究领域涵盖寒温带森林资源培育、林木遗传育种、森林生态与环境保护、林业生态工程等研究方向，着重解决我国寒温带地区林业建设中基础性、关键性、综合性的科学技术问题。

【中国林科院与南阳签署项目合作协议】 6 月 20 日，渠首水源地林业科技服务项目签字仪式在河南省南阳市举行。中国林科院分党组书记叶智与南阳市市长程志明分别代表双方在协议书上签字。根据协议，该项目将通过开展技术培训、技术指导、联合共建等形式，为淅川提供库区遥感专题数据集编制，新优品种选育和繁育基地建设，现有公益林监测站改造，石漠化监测点建设，示范区石漠化治理，技术人员培训等方面的林业科技服务，为确保一库清水永续北送提供林业科技支撑。河南省南阳市政协、市林业局，淅川县县委、县政府，中国林科院资源所、森环森保所、林业所、荒漠化所、院省合作办负责人和专家参加签字仪式。

【国家林业局林产品国际贸易研究中心及林业战略与规划工作汇报会】 6 月 20 日，汇报会在中国林科院举行。国家林业局计财司副司长张艳红、中国林科院院长张守攻出席会议，并在讲话中肯定了中国林科院科信所在林产品国际贸易及战略与规划领域研究取得的成绩，从今后研究方向、学科建设等方面提出希望和具体要求。会议汇报了国家林业局林产品国际贸易研究中心及林业战略与规划研究近年来的工作情况，提出了今后将进一步加强团队建设、加强研究成果转化、充分发挥专家作用，共促林业经济管理和相关政策研究的深化发展。国家林业局计财司外经处、规划处，中国林科院办公室、科技处、人教处有关负责人以及科信所相关专家参加会议。

【中国林科院第二期青年管理人才培训班】 7 月 1～5 日，培训班在国家林业局管理干部学院举行。旨在帮助中国林科院年轻管理人才拓宽视野，交流经验，查找不足。中国林科院分党组书记叶智作开班动员讲话。学员们接受了现代林业形势、公务礼仪、公文写作等培训，开展了以“中国林科院青年管理干部成长成才亟须解决的问题”为议题的结构化研讨，各小组分别汇报了青年管理人才成长成才过程中遇到的共性问题，以及形成的建议及解决措施。

【中国林科院 2014 届研究生毕业典礼暨学位授予仪式】 7 月 9 日，毕业典礼暨学位授予仪式在中国林科院举行。仪式上，表彰、奖励了 2014 届优秀毕业生、2014 年度中国林科院优秀博士学位论文获得者和指导导师。宣读了 2014 届毕业研究生学位获得者名单，中国林科院院长张守攻为 99 名获得博士学位和 242 名获得硕士学位的研究生赠院长、院士寄语，颁发学位证书，并发表《努力成为优秀而大写的人》的致辞。导师代表发表离别赠言，毕业研究生代表发表感言。中国林科院副院长储富祥、孟平，院士蒋有绪、唐守正、宋湛谦，以及中国林科院院属所、中心和国际竹藤网络中心有关负责人出席仪式，毕业研究生、部分在校研究生以及导师、亲友代表参加仪式。

【2014亚洲国家野生动植物保护管理与履约官员研修班】 6月26日至7月13日，研修班由商务部主办、竹子中心等在竹子中心承办，历时21天。来自国家林业局保护司、森林公安局，农业部渔业渔政局、国家海关总署缉私局、国家濒科委和东北林业大学的中国知名野生动植物保护领域专家授课，学员们赴浙江省临安、安吉、德清等野生动植物保护地区进行野外参观、考察和实习。来自巴勒斯坦、也门、斯里兰卡、尼泊尔、朝鲜、东帝汶、泰国、不丹、吉尔吉斯斯坦9个国家25名学员参加培训。

【全国林木种质资源利用与生态建设高级论坛】 7月21日，论坛由国家林木种质资源平台主办，凯里市委市政府、黔东南州林业局在贵州凯里市承办。论国家林业局国有林场与林木种苗工作总站、科技发展中心、植物新品种保护办公室，以及中国林科院、中国科学院、浙江大学的6名专家学者，分别报告了国内外林木种质资源现状与发展趋势、森林遗传资源相关国际公约、林业植物新品种保护、植物园建设、茶叶育种与发展、平台服务与创新等，并解答了听众关心的技术、政策和资金等热点问题。来自全国10多个林业科研单位及黔东南州林业系统500多人参加论坛。

【国家林木种质资源平台凯里基地揭牌】 7月22日，基地揭牌仪式在贵州凯里举行。该基地由国家林木种质资源平台、凯里市政府、贵州博艺苑公司共同建设，于2014年春启动。主要功能为收集保存国内外优良的林木种质资源、优良品种资源、野生乡土资源；开展科普展示，繁育技术研发；遗传资源、传统知识保护利用示范基地；植物新品种（知识产权）保护示范基地；优良种质资源推广利用示范基地等。基地建设规划面积133多公顷，已完成第1期10公顷的基础建设和资源收集，收集保存树种品种品系600多个。贵州省凯里市、国家林业局新品种保护处、黔东南州林业局领导揭牌，国家林业科学数据平台、中国科学院昆明植物所等单位专家参加揭牌仪式。

【中国林科院高层次人才交流工作总结会】 7月24日，总结会在中国林科院沙林中心召开。中国林科院分党组书记叶智出席会议并在讲话中总结了自2008年开展高层次人才交流工作以来取得的成效，对派出单位、接收单位、派出专家和管理部门提出了要求。第二批到各实验中心开展交流工作的7名专家汇报了两年来的工作情况，各接收单位和派出单位的领导就下一步如何更好地开展高层次人才交流工作提出了建议。会议还举行了第三批高层次交流人才聘书颁发仪式。中国林科院亚林所、热林所、森环森保所、资源所、热林中心、亚林中心、沙林中心、华林中心、荒漠化所、院人教处的有关负责人和相关专家参加会议。

【彭有冬到三峡库区森林生态系统定位站调研】 7月29日，国家林业局党组成员、科技司司长彭有冬以及科技发展中心、中国林科院、国际竹藤中心负责人，到长江三峡库区（秭归）森林生态系统定位观测研究站调研，听取了建设（依托）单位——中国林科院森环森保所关于定位站的情况汇报，考察了实验室仪器设备和野外监测设备，充分肯定了秭归定位站在三峡库区退耕还林工程效益监测、动植物生物多样性长期监测等方面取得的成绩，希望定位站进一步升级研究条件、拓展研究范围、加强对外交流合作，为当地的经济和生态环境建设做出更大的贡献。

【中国林科院参加“百家院所走进天津 京津冀协同与创新”系列活动】 8月8日，中国林科院副院长黄坚带队参加天津市科委在津主办“百家院所走进天津 京津冀协同与创新”系列活动，中国林科院盐碱地中心和木工所分别与天津海林环保科技有限公司和天津市橡胶工业研究所签订了科技合作协议。

【荣获中央国家机关第二届“创建文明机关 争做人民满意公务员”活动先进集体称号】 8月29日，中央国家机关践行社会主义核心价值观先进典型首场报告会暨第二届“创建文明机关 争做人民满意公务员”先进集体表彰大会在北京召开。中国林科院荣获中央国家机关第二届“创建文明机关 争做人民满意公务员”活动先进集体称号。中国林科院分党组书记叶智出席会议。此次活动经部门推荐、网上展示、网上投票、部门投票、工委审议、网上公示等程序评出。

【2014非洲法语国家竹子种植与加工技术培训班】 7月22日至9月12日，为期56天的培训班在竹子中心举行。该班是国家商务部主办、国家林业局竹子研究开发中心承办的国家人力资源援外培训项目。浙江省林业厅副厅长吴鸿出席结业仪式并讲话。来自15个非洲法语国家，即贝宁、布隆迪、刚果（金）、刚果（布）、几内亚、卢旺达、马里、塞内加尔、马达加斯加、科特迪瓦、突尼斯、乍得、中非、塞舌尔和尼日尔的学员，以及竹子中心的相关工作人员参加结业仪式。

【青海柴达木盆地和新疆塔干沙漠南缘戈壁综合科学考察】 9月5～16日，科学考察顺利完成。由中国林科院荒漠化所牵头、北京林业大学等5家科教机构17位队员组成的科考队，历时14天、累计行程2.4万千米，采集各类样品800余份（件），较为全面地摸清了该区域地质、地貌、气候、水文、土壤、动植物等生态本底，初步掌握了区域内主要灾害发生规律，将为区域生态环境建设提供科学依据。

【中国林科院第四届杰出青年】 9月10日，中国林科院发文公布并通报表彰。该评选是按照相关评选办法，经所在单位推荐、相关专家函审、15位候选人述职答辩、专家评审委员会评审，表决结果经中国林科院院长办公会研究通过，桉树中心陈帅飞、亚林所袁志林、木工所王小青、林化所徐俊明、森环森保所张于光、丁易、林业所张雄清、资源所符利勇共8位同志获第四届“中国林科院杰出青年”。

【中国林科院颁布“林科精神”方案】 9月16日，中国林科院分党组会议研究决定，将“脚踏实地、勇攀高峰、科学树木、厚德树人”16字作为中国林科院核心价值精神(简称“林科精神”)。“林科精神”是中国林科院全体职工共同的精神追求和价值取向，集中反映了中国林科院作为林业科研国家队的目标追求和责任担当。

【中国林科院2014年青年基层调研实践活动】 7月10日至9月23日，以“根在基层，情系民生”为主题的调研实践活动圆满结束。启动仪式上，中国林科院分党组书记叶智强调了活动的意义，并对参加活动的青年提出了要求。中国林科院副院长李岩泉为调研实践活动授旗，两个调研活动小组代表表态发言。活动总结汇报会上，调研活动小组分别汇报了调研成果，参加活动的青年谈了收获和体会。中国林科院京区各所(中心)党委(总支)书记、党办主任，京区青联常委、各单位团支部书记参加启动仪式、总结汇报会。

【西藏林业厅到中国林科院落实对口支援协议】 9月25日，西藏自治区林业厅副厅长索朗旺堆一行访中国林科院，与中国林科院院长张守攻、副院长储富祥等，探讨了进一步落实中国林科院与西藏自治区林木科学研究院对口援助协议。双方一致同意，根据西藏林业科技实际，通过项目、技术和智力等方面的对口帮扶，进一步加强西藏林业科技基础设施建设、学科培养、人力资源开发和人才储备。西藏自治区林木科学研究院林业厅计财处，中国林科院林业所、有关部门负责人和专家参加座谈。

【中国林科院历史图片展】 10月21日，以“奋斗历程难忘瞬间”的图片展在中国林科院举办。中国林科院分党组书记叶智致辞，副院长李岩泉、黄坚参加开幕式。1953年，中央人民政府在此设立了中央林业部林业科学研究所。1958年10月27日，中国林业科学研究院正式成立。经过50多年的持续发展，中国林科院的学科建设日益完善、研究领域不断拓展、科学研究硕果累累、科研队伍人才济济、科研条件不断改善。这些在图片展览中都得到了体现。中国林科院老专家、退休职工、在职职工和研究生100余人观看了展览。

【浙江省林木育种技术研究重点实验室成立】 10月26日，实验室成立大会和学术委员会第一次会议在中国林科院亚林所召开。会议宣读了浙江省科技厅、省财政厅和省发展与改革委员会确定依托中国林科院亚林所立项建设的“浙江省林木育种技术研究重点实验室”的文件，向中国林科院亚林所授牌。聘任了9位国内知名专家担任第一届学术委员会委员。重点实验室负责人汇报了实验室未来五年的学科发展和创新规划。学术委员会委员研讨了实验室的主要研究方向、研究内容、建设目标和实施方案等，提出了建设性意见和指导建议。

【2014发展中国家林业产业部级研讨班】 11月1日，由商务部、国家林业局主办，国家林业局竹子研究开发中心等承办的研讨班在杭州开班。国家林业局党组成员、科技司司长彭有冬，商务部国际商务官员研修学院院长金旭，中国林科院副院长李岩泉，乌干达环境国务部长穆娜巴·弗拉维亚(Flavia Nabugere)，浙江省林业厅副厅长杨幼平出席开班仪式并致辞。彭有冬作“把握国际大势，推动林业产业绿色发展”主题报告。国家木材储备战略联盟、印度尼西亚非木质林产品研究院、国家林业局林改司等单位的12位专家分别就中国林业产业发展、集体林权制度改革、非木质林产品、珍贵树种培育、林产化工、竹产品加工等内容与代表们交流。来自阿根廷、古巴、东帝汶、加蓬、印度、印度尼西亚、马拉维、尼泊尔、塞尔维亚、斯里兰卡、苏丹、泰国、乌干达和津巴布韦14个国家的32名部、司局级官员和专家参加研讨班。

【2014年度浙江省院省合作项目合同签订会暨项目管理培训会】 11月4日，该合同签订会暨管理培训会在浙江省临安市举行。中国林科院承担过浙江院省合作重大项目的木工所、亚林所专家分别介绍了项目在实施中的经验及各个环节的注意事项。举行了2014年度3个重大项目的签字仪式，全面回顾和总结了十年合作所取得的显著成效。2014年中国林科院与浙江省共同开展合作项目18个，其中，由中国林科院专家主持9个。

【国家林业局马尾松工程技术研究中心通过评审】 11月22日，依托中国林科院亚林所等申报的工程中心在浙江富阳通过专家评审。专家委员会对照中心认定条件对申报材料进行了认真审阅和质询，认为申报单位具有较强的科研实力，五十余年持续开展马尾松良种选育、高效栽培、加工利用及产业化与科技服务工作，形成了集中稳定、结构合理、学术水平高的专业研发队伍，及布局合理、基础雄厚的长期研究和成果转化基地，已具备了认定和建设条件，一致同意通过专家评审。国家林业局科技司、中国林科院、浙江省林业厅负责人和专家参加评审会。

【国家林业局竹家居工程技术研究中心授牌】 11月23日，依托国家林业局竹子研究开发中心和中国林科院亚林所联合共建的工程中心授牌仪式在竹子中心举行。国家林业局科技司副司长杜纪山、浙江省林业厅副厅长吴鸿、中国林科院副院长储富祥出席并在讲话中对工程中心下一步发展提出了要求。工程中心自5月初批复以来，组织编写了《国家林业局竹家居工程技术研究中心运行方案(试行)》，申报了“浙江省竹子高效加工重点实验室”并获得立项。

【《杜仲全基因组精细图》等系列研究成果新闻发布会】 11月26日，新闻发布会由中国林科院经济林研究开发中心等在中国社会科学院举办。国家发改委农经司巡视员胡恒洋、中国林科院分党组书记叶智等出席并致辞。该系列研究成果由中国林科院经济林研究开发中心主持，中国社会科学院杜仲项目国情调研课题组跨学科合作完成，是世界上第一个天然橡胶植物基因组精细图，也是第一个木本药用植物基因组精细图。编著的《中国杜仲图志》是我国首部大型图片型杜仲专著，全面系统介绍了杜仲的形态特征及其生长发育规律、种质资源、杜仲长期育种工程、杜仲良种繁育技术、综合利用与产业化开发等方面的最新研究成果。新华社、新华社电视台、中央电视台、《人民日报》《光明日报》《经济日报》、中国网等新闻媒体参加发布会，中国网进行了现场直播。

【中国林科院资源所与甘肃省小陇山林业调查规划院签订合作项目】 11月28日，双方签订了“甘肃省小陇山森林资源管理与更新标准规范制定及数据库建设”“甘肃省小陇山森林资源管理信息系统技术咨询”两个院地合作项目，以及“甘肃省小陇山森林资源管理信息系统合作协议”。旨在实现小陇山林业实验局森林资源的数据统计分析、信息动态查询、模拟预测、三维分析和森林资源档案自动更新等目标。

【广东省副省长邓海光到桉树中心调研】 12月3日，广东省副省长邓海光率省海洋渔业局、农业厅、林业厅和湛江市相关领导到国家林业局桉树研究开发中心调研，参观了桉树中心实验室，并提出，桉树在广东经济发展中发挥了不可替代的作用，桉树中心作为国家级科研机构，要加大基础研究，不断将科研成果转化为生产力，产生更大的社会效益和经济效益。并要求广东省林业厅和湛江市政府加强与桉树中心的合作，支持桉树科研工作，充分利用桉树中心的科研力量，促进地方桉树产业发展。桉树中心负责人和科技骨干介绍了桉树中心基本情况及我国桉树研究与产业发展概况，并对广东省桉树产业发展提出建议。

【桉树产业技术创新战略联盟2014年工作会议】 12月5日，联盟工作会议在湖南省长沙市召开。中南林业科技大学党委书记曾思出席会议。会议总结回顾了联盟成立八年来的工作，汇报了2014年工作报告，报告了2014年预算执行情况与2015年预算及2015年联盟动议。与会代表研讨了联盟创新任务，拓展合作研究领域，突破共性技术和关键技术，加强创新团队建设，共享创新成果及2015年工作计划等。中国林科院副院长孟平当选为联盟新一任理事长并在作总结讲话中对联盟加强分工和合作提出要求。21家联盟成员单位理事、部分专家委员会委员、观察会员等参加会议。

【国家林木(含竹藤花卉)种质资源平台挂牌】 12月18日，该平台在中国林科院林业所正式揭牌，是林业系统唯一一个实物资源共享服务平台。自2003年启动建设，2011年正式通过财政部、科技部共同认定。截至2014年年底，共整合全国70余个从事林木种质资源收集、保存、研究、利用的科研、教学、生产管理单位，基本建成覆盖全国的平台网络，整理与数字化描述林木、竹藤、花卉种质资源7.2万份。2010年以来，该平台共提供种质资源共享服务1.5万余份次，为500多个项目和课题提供了科技支撑服务，开展了大量的技术咨询、技术培训与技术服务工作。

【“库姆塔格沙漠综合科学考察(二期)”年度专家咨询会】 12月18~19日，专家咨询会在中国林科院召开，这是由中国林科院荒漠化研究所承担的国家科技基础性工作专项重点项目。中国林科院院长、项目领导小组组长张守攻研究员，项目咨询专家等出席会议。项目和各课题负责人分别汇报了各个学科取得的基础数据、最新研究进展和阶段性成果。专家们充分肯定了项目取得的进展，指出了下一步的研究思路和工作重点。项目各课题负责人及研究骨干参加了会议。

【林木遗传育种国家重点实验室第一届学术委员会第二次会议】 12月21日，会议在中国林科院举行。会议全面介绍了实验室建设期间的工作，汇报了实验室在科研项目申请、建设经费落实、研究进展及成果产出、实验室基础建设、人才队伍建设等方面的进展情况，提出了下一步的改进工作方案。学术委员会委员听取并讨论了实验室建设期间的总体进展，提出了凝练实验室研究方向、创新建设机制、提升学术成果产出等进一步发展的建议。

【中国林科院2014年度科技管理与学科建设培训会】 12月22日，培训会在广州召开。中国林科院副院长储富祥出席会议。会议介绍了科研院所科研管理先进经验和做法，新的审计要求下科研经费的合理使用报告，部署了中国林科院2015年度科技管理有关工作。中国林科院各所、中心汇报了2014年度科技管理工作动态，研讨和交流了工作对接、项目管理、人才培养、学科建设等工作中的经验和做法。中国林科院各所(中心)业务处负责人、院各部门有关人员参加会议。

此前，12月21日举办了中国林科院2014年度国家自然科学基金项目申报与管理培训班。

【广西黄日波副主席到中国林科院座谈林业科技合作】 12月26日，广西壮族自治区人民政府副主席、政协副主席黄日波到中国林科院，考察了林木遗传育种国家重点实验室，与中国林科院院长张守攻等，回顾了双方合作开展林业科技合作的历史和成绩，探讨了进一步深化林业科技合作的措施，并达成了初步共识。广西壮族自治区人民政府办公厅负责人等陪同考察和座谈。

【林地流转问题及政策研讨会】 12月28日，研讨会由中国林科院科信所等在中国林科院举行。国家林业局林改司司长刘拓出席会议并讲话。国家林业局林改司、经济发展研究中心，北京林业大学、中国林科院科信所和兰德萨农村发展研究所的专家，分别对农户集体林权流转意愿及影响因素、国内公司大规模收购林地问题、莫桑比克华人林业投资者调查评估等国内外林权流转相关问题做研究报告。财政部，国家林业局资源司、计财司等单位的领导和专家参加研讨会。

【中国林科院亚林所建所50年】 1964年，中国林科院亚热带林业科学研究站建立；1978年，更名为中国林科院亚林所。50年来，该所围绕“国家特色、行业一流、区域领先”的建所目标，开展了系列科学攻关，在用材林、竹林、经济林、花卉产业发展和生态建设等方面取得了重要的科技成就。累计完成国家、省部、国际合作及其他各类研究项目近千项，取得主要鉴（认、审）定科技成果465项，获得各类奖励300余项，省部级及以上奖励175项，其中国家科技进步二等奖3项、三等奖4项、发明奖四等奖1项，部(省)科技进步奖一等奖1项、二等奖28项、三等奖49项；审(认)定林木良种98个(含茶花及林木新品种11个)；制定国际、国家、行业和地方标准34项，授权发明专利19项；在国内外公开发表论文2100余篇，其中SCI论文87篇；出版著作100多部。65%以上的科研成果得到推广应用，取得了显著的生态效益、经济效益和社会效益。

【杨树高产优质高效工业资源材新品种培育与应用获国家科技进步二等奖】 该项目由中国林科院林业所苏晓华主持完成。项目针对我国杨树人工林生产力低、材质不能满足加工需求及品种老化单一等问题，经多家单位近20年的合作攻关，在其育种理论与技术方法、优良品种创制、种质资源创新、品种应用推广等方面取得了重大突破。首次将生态育种理念应用于杨树良种选育，并划分出了我国杨树九大育种区，突破了高效快速培育优良品种关键技术瓶颈，建立了现代杨树育种体系；首次从全自然分布区多水平收集我国极端缺乏的高生产潜力黑杨派种质资源，分7个气候生态区建立了8个黑杨种质资源保存库；提出了分区专适新品种群创制，选育出了适于我国东北、华北、西北、江淮及长江中下游等杨树主产区有地域特异性的高产优质高效工业资源材系列新品种30个。获国家"九五""十五"科技攻关认定成果4项，获地方科技鉴定成果4项，获山东省科技进步一等奖。已在我国26个省(区、市)推广应用。

【红树林快速恢复与重建技术研究获广东省科技进步一等奖】 该项目由中国林科院热带林业研究所廖宝文主持完成。项目针对红树林生态建设中存在的问题，重点开展了互花米草生态控制、红树林菌肥接种壮苗、消浪效应及其功能评价等试验研究与示范，系统地提出了红树林快速恢复与重建关键技术及其评价指标体系，为沿海滩涂消浪防护林体系建设提供了重要理论依据和技术支撑。在国内外首次开展速生红树林植物生态控制互花米草的红树林快速恢复技术研究，实现了红树林的大面积恢复与重建；首次成功研发出适用于滩涂育苗造林的红树林微胶囊菌肥，为突破红树林造林成活率低的技术瓶颈提供了新技术；系统研究滩涂后缘主要半红树植物的物候、育苗及造林技术，提出了真红树—半红树林带的消浪防护林构建技术。获发明专利2项，发表学术论文85篇，出版专著2部，制订行业标准2个。在广东、广西、海南等沿海省区建立试验示范林120公顷，推广3200公顷。

【国外松多世代育种体系构建与良种创制利用获浙江省科技进步二等奖】 该成果由中国林科院亚林所种质资源科技创新团队完成。项目依据针叶树种多世代轮回选择育种路线，构建育种群体架构，建设生产性种子园，并依据林木杂种优势理论，开展种间杂交及优良品系的选育，研建杂交松苗木扩繁系统。实施了两树种种质资源收集、各类经济性状测定技术研发、主要性状遗传变异规律研究、优树的遗传交配制种与子代测定、高世代核心育种群体的构建、一代种子园的遗传改造、二代种子园的营建、湿地松、火炬松与加勒比松的杂种评价、优良杂交组合的筛选、优良杂交品系采穗圃营建管理和扦插育苗技术等的系列研究与技术应用。

【"厚朴野生种群遗传多样性及繁育关键技术"获浙江省科技进步三等奖】 该成果由中国林科院亚林所林药科技创新团队完成。项目率先揭示出厚朴野生种群遗传多样性，首次划分了厚朴野生种群遗传结构，首次研究厚朴繁育系统和开花授粉生物学，阐述厚朴持续开花式样对遗传多样性影响，创建厚朴繁育关键技术。开展了种子生理生态及苗木扩繁培育等基础生物学研究，掌握了种实特征、种子地理变异规律、种子萌发光敏性特征、不同等级种子生理特性、不同等级种子对幼苗生长的影响，攻克了种子贮藏、萌发及幼苗繁育关键技术。

【"低质纤维原料化学机械浆节能清洁生产技术及核心装备"获中国轻工业联合会科技进步奖】 该成果由中国林科院林化所制浆造纸创新团队完成。项目针对我国化学机械浆生产过程中普遍存在的资源利用率低、能耗高、污染重等共性问题，研发高效均质化学预处理技术、节能磨技术、过程污染物高效低成本组合处理技术等多项专利技术，并集成产业化应用技术。研制出适合木材加工剩余物特点的专有节能预处理和磨浆的关键设备。该技术以循环经济理念为指导，以林木加工废弃物资源化高效利用为目标，生产过程严格控制污染，实现清洁生产，具有良好的社会与经济效益。

【2014年度中国林科院科技奖】 2014年度共评选出一等奖1项、二等奖4项。"小径材高得率制浆清洁生产关键技术及产业化"获中国林科院科技奖一等奖，"云杉属种质资源收集评价与繁殖利用""长江上游岷江流域森林植被生态水文过程的耦合与长期演变机制""国外松优良种质创制及良种繁育关键技术研究与应用""轻型木结构材料制造与应用技术"4项成果获2014年度中国林科院科技奖二等奖。

（中国林业科学研究院由王秋丽供稿）

国家林业局调查规划设计院

【综　述】 2014年，规划院全院干部职工深入学习贯彻党的十八届三中、四中全会和习近平总书记系列讲话精神，围绕"改革创新、巩固提高"主题，不断扩大党的群众路线教育实践活动成果，改进作风，强化管理，转变方式，积极服务于林业改革和生态林业与民生林业建设，各项工作取得了新成效，为推进国家林业治理体系和治理能力现代化作出了新贡献。

参与林业重点改革 编制完成了《重大自然灾害林业灾损调查评估技术规程》报批稿、林业"十三五"发展规划总体布局专题研究总体方案、《国家林业局设立国家公园和建立国家公园体制方案》《国家林业局建设国家公园试点方案》以及"建立健全湖泊湿地和地下水资源的产权制度"和"制止围垦占用湖泊湿地的行为"工作方案。完成了森林、荒漠、生物物种和湿地保护生态红线的研究测算工作，提交了生态红线划定方案。完成了"藏东南高原边缘森林生态功能区"等6个全国重点生态功能区生态保护建设规划，启动了"三江源草原草甸湿地生态功能态区"等14个国家重点生态功能区保护与建设规划编制工作。牵头负责局下达的"完善水治理体制专题研究"，提交了关于林业水治理背景情况材料和生态文明建设新形势下林业部门治水的思路等专题成果。参与生态文明制度体系建设，编制生态文明体系建设规划，对机制、政策、管理等进行了全面研究分析，提供重要研究成果。

完成局指令性工作任务 全面完成森林资源监测、荒漠化和沙化土地监测、湿地资源监测、野生动植物及自然保护区监测、林业碳汇计量监测、生态监测评估等森林与生态监测任务，充分发挥了技术支撑服务作用。完成了《全国优势特色经济林发展布局规划（2013～2020）》《全国林业扶贫规划》及《11个片区的林业扶贫规划》编制，并得到颁布实施。完成了全国森林经营规划大纲（2015～2050年）和京津冀协同发展生态保护与建设、国有林区防火应急道路建设、全国核桃产业发展、沙漠公园建设等重点规划。启动了《全国湿地保护"十三五"实施规划》《全国森林防火二期规划》《全国热带雨林保护规划》等一批重点林业专项规划编制工作。编制了《"十三五"采伐限额编制方案》，积极推进区域性森林抚育技术规程制修订，开展了全国"十三五"采伐限额编制培训工作，积极推进森林经营制度优化决策研究。

强化内部管理 组织编写《规划院中长期发展规划（2014～2020年）》，明确单位定位和发展方向，提出业务发展、队伍建设、人才培养、科技支撑等方面的发展目标和保障措施。根据党的群众路线教育实践活动查摆出的突出问题，立行立改，制订了详细整改方案，在发展定位、完善机制、规范程序、改进作风、强化监督上制订了具体办法措施。围绕林业改革和局工作要点，制订了院2014年工作要点，突出了业务和管理工作的重点任务，层层分解落实，加强督办，确保了全年业务和管理目标的实现。制订院内设机构调整和岗位设置方案，优化机构，理顺职责，构建职责明晰、运转协调，相互协作的组织机构保障体系。结合审计整改，积极推进院属公司改革，健全了公司管理制度，着力强化经营监管。完成院志编写和院标识设计，总结形成了"敬业奉献，求实创新"的规划院精神。加强党风廉政建设和反腐败工作，严格执行"八项规定"，建立了党风廉政建设责任制，院领导和各部门主要负责人签订《党风廉政建设责任书》。

【春季沙尘天气趋势会商】 1月7日，中国气象局和国家林业局在北京联合召开了2014年春季沙尘暴趋势预测会商会议，来自气候、林业、荒漠化、沙尘暴监测等领域的20多位专家，从各自专业角度对2014年春季我国北方地区沙尘天气趋势进行了分析预测，国家林业局治沙办和规划院有关技术人员参加了会议。

会议听取了国家气候中心、国家林业局荒漠化监测中心、国家卫星气象中心以及北京、河北、内蒙古、宁夏、新疆、甘肃省（区、市）气候中心等单位的专题报告。

【第二次全国湿地资源调查成果发布会】 1月13日，第二次全国湿地资源调查成果新闻发布会在国务院新闻办公室召开，规划院唐小平副院长及相关技术负责人参加了发布会。

规划院是第二次全国湿地资源调查的技术支撑牵头单位，先后组织起草了技术规程、工作方案、检查验收办法等技术文档10余项，全面负责地理信息、遥感数据的组织协调以及工作场所、计算存储设备的提供，具体承担了全国10个省（市、区）的外业调查指导，开展了全国调查数据的建库、检查、省际接边、数据入库、统计和汇总等工作，执笔起草了调查成果总报告、报告简本、11个重点生态功能区湿地专题报告、3条鸟类迁飞路线湿地专题报告、3个江河干流湿地专题报告、4个重点区域湿地专题报告等，此外还完成了新闻发布会主发布词、专业名词解释以及17期调查工作简报等材料的编写。第二次全国湿地资源调查历时5年，规划院共投入专职人员11人、15 000个工日以上。

【林业援外规划纲要】 1月21日，国家林业局计财司组织召开评审会，对规划院承担的《林业援外规划纲要（2015～2020年）》（以下简称《纲要》）进行评审。

与会专家在听取规划院技术人员的汇报后，经过充分的讨论和认真的审议，专家组一致认为：林业援外是我国对外援助的重要组成部分，是开展生态援外工作的主体。开展林业援外工作，对保护全球生态环境，应对气候变化，建立境外森林资源战略储备，帮助受援国加强森林、湿地、荒漠化、生物多样性的保护与管理，促进其经济发展与森林资源可持续经营具有重要的战略意义。《纲要》针对受援国林业发展需求，提出了林业援外工作的合作领域、合作方式和储备项目建议，对中国林业创造良好的国际发展环境、推动中国企业走出去、指导林业援外工作的良性发展具有重要作用。

【全国空气负氧离子监测初步方案】 1月20日，规划院编制完成的《全国空气负氧离子监测初步方案》（以下简称《初步方案》）通过了专家论证。

与会专家一致认为：空气负氧离子是森林、湿地等自然生态系统的重要生态服务产品之一，与生态环境保护、民生生活质量密切相关，是各级政府和公众社会关注的热点之一；开展空气负氧离子监测，对满足人们对生态环境认识的需要，弥补我国当前环境监测指标体系不足，充分体现林业生态建设成果具有重要意义；《初步方案》根据国家林业局推进生态林业、民生林业战略部署的需要，提出在全国省会城市、空气质量监测重点城市以及国家重点林区开展空气负氧离子监测，建设布局合理、重点突出；在部分城市开展先期的试点工作，有利于建设成果的全面推广。与会专家一致通过该方案，并建议将《初步方案》完善后尽快上报。

【传达全国林业厅局长会议精神】 1月21日，王忠武院长主持召开院务扩大会议，传达贯彻全国林业厅局长会议精神，院领导班子及处级以上干部、教授级高工参加了会议。

会上，王忠武院长传达了会议的主要内容，带领大家认真学习了汪洋副总理的重要讲话精神，传达了赵树丛局长作的“全面深化改革，完善治理体系，为生态林业民生林业建设注入强大动力”主题报告和张建龙副局长《2013年工作完成情况和2014年安排意见》的讲话。

结合工作实际，王忠武院长对进一步学习贯彻会议精神提出了要求：一是各部门要深入学习全国林业厅局长会议精神，深刻领会，深入思考，将会议精神落实到具体工作中。二是加强资源监测、生态修复、森林经营、绿色富民产业、碳监测卫星项目等重点工程的技术支撑工作，做好跟踪服务，更好的服务大局服务基层。三是根据会议提出的林业发展战略规划、重大问题和局今年的工作安排，进一步完善、细化规划院2014年的重点工作，并结合工作实际和业务特点，制定院的长远发展规划。四是要深化群众路线活动整改，将学习贯彻厅局长会议精神、“两转变两服务”活动和工作实际有机融合。五是要高度重视春节期间的安全管理，做好节日期间的安全、保卫、保密、值班和困难职工、老干部的走访慰问等工作。六是全院干部职工要有高度的政治觉悟，严格遵守法律法规和中央的各项廉政纪律规定，加强自我约束，厉行勤俭节约，树立节俭文明过节的新风气。

【重大自然灾害林业灾损调查与评估技术规程】 1月9日，国家林业局计财司组织召开会议，评审规划院编制完成的《重大自然灾害林业灾损调查与评估技术规程》（以下简称《技术规程》）。

与会专家听取规划院的汇报后，经过认真的讨论和审议，一致认为：《技术规程》的制定，有利于指导和规范林业资源、基础设施受重大自然灾害危害的实物量调查和价值量评估，对科学救灾和恢复重建具有重要意义。《技术规程》是在总结已有灾害调查、评估方法的基础上，结合林业资源的特点对受灾对象进行受害症状、受损程度的调查和评估，编制原则正确，思路清晰，内容全面，结构合理，具有科学性和可操作性。

【全国鸟类同步调查试点工作】 根据全国第二次陆生野生动物资源调查工作进度安排，国家林业局保护司定于2014年度开展全国鸟类同步调查试点工作。经过周密的部署，全国各地调查试点于3月2日开展了首次同步调查。

为更好地完成全国鸟类同步调查和本次试点工作，2013年底规划院下发了调查预通知，并于2014年2月编制完成了《全国第二次陆生野生动物资源调查鸟类同步调查技术方案（试行）》，技术方案已于2月下旬发至各省（市、区）。各地在完成人员和技术准备的基础上，3月2日如期开展了春季鸟类同步调查。

同步调查试点工作是各省（市、区）提高同步调查组织能力、培养锻炼队伍、熟悉技术方案的机会，也是对全国同步调查技术方案的实践检验。规划院将根据各地试点情况，认真总结经验，进一步修改完善同步调查技术方案，为获得更加科学可靠的同步调查结果、扎实推进全国第二次陆生野生动物资源调查奠定基础。

【中国林学会“先进挂靠单位”“先进学会工作者”】 根据《中国林学会关于“先进学会工作者”“先进学会”和“先进挂靠单位”评选结果的通报》（中林会办字〔2014〕4号）精神，作为中国林学会森林经理分会的挂靠单位，规划院荣获中国林学会“先进挂靠单位”荣誉称号，丰庆荣同志被评为“先进学会工作者”。

【中国林学会组织建设工作先进单位】 3月12日，2014年全国林学会秘书长会议在沈阳召开。各省（市、区）林学会和中国林学会各分会、专业委员会的秘书长参加了会议，规划院丰庆荣主任作为森林经理分会秘书处代表参加了会议。会议表彰了2013年度学会专项工作先进单位，挂靠在规划院的森林经理分会再次荣获中国林学会组织建设工作先进单位，自2010年起已连续4年获此殊荣。

【贫困地区森林覆盖率提升实施方案】 3月17日，国家林业局造林司组织召开专家评审会，审议规划院编制完成的《贫困地区森林覆盖率提升实施方案（2011～2020年）》（以下简称《方案》）。

与会专家听取了规划院技术人员的汇报，经过认真的审议和讨论，一致认为：《方案》的编制对落实国家扶贫开发所确定的建设任务，构建生态安全保障体系、建设生态文明具有重要意义。《方案》明确了全国14个贫困片区造林绿化布局，提出了依托国家重点生态修复工程、加大推进造林绿化力度的主要措施，符合贫困地区生态、经济、社会协调持续健康发展的客观要求，可作为提升贫困地区森林覆盖率的指导性文件。

【工程项目建设国家标准编制】 3月19日，国家林业局计财司组织召开了《自然保护区工程项目建设标准》和《湿地保护工程项目建设标准》编制工作启动会，作为建设标准的主编单位，规划院副院长唐小平率领相关技术人员参加了会议。

唐小平副院长宣布了编制组成立，介绍了编制的工作方案，并对编制工作进行了分工落实。会议还对建设标准的编制思路及框架进行了分组讨论。

5月20日，国家林业局计财司组织召开评审会，审议规划院编制完成的《自然保护区工程项目建设标准》和《湿地保护工程项目建设标准》两项国家标准的编制大纲。

会议由局计财司副司长杨冬主持，规划院副院长唐小平作为两项标准的主编详细地介绍了编制的工作方案。会议重点审议了编制大纲的章节结构及内容提要，经过认真的讨论和审议，专家组一致认为：编制大纲满足了国家工程项目建设标准收集资料、调查研究、编写征求意见稿的要求，同意编制大纲通过审查。

【2015 年全球森林资源评估中国国家报告】 4 月 3 日，《2015 年全球森林资源评估中国国家报告》专家论证会在京召开。专家组一致同意报告通过论证。

作为主编单位，规划院领导高度重视 2015 年评估中国国家报告的编制工作，抽调多名业务骨干组成了报告编制组，由张煜星总工任组长。在国家林业局资源司的组织协调下，先后派员参加了 FAO 2015 年全球森林资源评估国家联络员会议和东亚东南亚评估研讨会。

【森林抚育国家级抽查工作情况汇报】 4 月 17 日，局森林抚育经营工作领导小组召开会议，专题听取规划院 2012 年度中央财政森林抚育补贴国家级抽查工作情况的汇报。国家林业局党组成员、副局长张永利听取汇报并作讲话。

规划院作为 2012 年度中央财政森林抚育补贴国家级抽查工作牵头和技术总负责单位，具体承担了部分片区抽查、全国抽查结果汇总和起草抽查报告等工作。规划院副院长赵中南代表国家级抽查工作组详细汇报了抽查工作的基本情况、抽查组织与主要做法、抽查结果以及各地推进森林抚育工作的主要措施、存在问题和原因以及相关建议等。

张永利副局长充分肯定了 2012 年度国家级抽查工作所取得的成果，强调森林抚育工作是林业工作永恒的主题，要逐步提高森林抚育的规模、资金投入和抚育技术水平等，并提出了加强森林抚育顶层设计、完善现行政策和技术标准、科学编制抚育经营规划、提高森林抚育作业设计质量和水平、加强全过程监管和科技支撑、搞好技术培训以及抓好试点示范工作等具体要求。

【国家公园建设研讨会】 4 月 28 日，由国家林业局、云南省人民政府、世界自然保护联盟联合主办的国家公园建设研讨会在昆明召开，来自全国 31 个省（区、市）及森工集团的代表和来自科研机构、规划设计单位的专家共 130 余人参加了研讨会。国家林业局副局长陈凤学出席研讨会并致辞，规划院副院长唐小平代表规划院参加研讨会，并以“建立国家公园体制的几点思考”为题作了主题发言。

唐小平副院长在发言中分析了国家公园的定位、管理目标、土地权属、管理主体、管理体制、经营机制和投入机制等核心问题，提出了完善或优化自然保护体系、各类保护地重新定位、推动国家公园体系规划、形成国家公园法律体系和生态保护制度等几项政策建议。

【国家林业局优秀青年】 5 月 4 日，国家林业局召开“五四”青年表彰座谈会，表彰了 2012～2014 年度国家林业局“十佳优秀青年”“十佳优秀青年工作者”和局直属机关“优秀青年”“优秀青年工作者”。规划院夏朝宗、石田同志分别荣获国家林业局直属机关“优秀青年”和国家林业局“十佳优秀青年工作者”称号。

【2012 中国森林等自然资源旅游发展报告】 《2012 中国森林等自然资源旅游发展报告》正式出版。该报告是中国第一次正式出版全国性的森林等自然资源旅游发展报告。今后，编制并出版年度性的发展报告将成为国家林业局每年的常态工作。

发展报告从组织管理与工作部署、政策与法制、规划和标准化建设、景区发展与建设、产业发展、示范建设、宣传推介、网络建设与信息统计、国（境）内外交流与合作等 9 个方面，全面总结了 2012 年全国森林等自然资源旅游的总体发展情况。发展报告的出版发行，有助于社会各界了解全国森林等自然资源旅游的发展现状和趋势，便于各地相互借鉴成功经验和做法，加快我国森林旅游的建设步伐，促进森林旅游业更加健康有序的发展。

【重点生态功能区生态建设与保护规划编制工作会议】 5 月 16 日，国家林业局计财司组织召开全国第三批重点生态功能区生态建设与保护规划编制工作会议，部署《大小兴安岭森林生态功能区》《海南岛中部山区热带雨林生态功能区》等 14 个重点生态功能区生态建设与保护规划编制工作，负责规划编制的各有关单位参加会议。作为技术牵头单位，规划院委派相关负责同志参加了会议。

【全国“十三五”期间年森林采伐限额编制培训班】 为全面推进“十三五”期间年森林采伐限额编制工作，5 月 22 日，国家林业局在北京举办全国“十三五”期间年森林采伐限额编制培训班，规划院副院长唐小平参加培训班并做专题报告。

唐小平副院长从政策研究、技术服务、培训指导、测算审核等方面，全面介绍了规划院在“十三五”编限工作中承担的主要任务，并从政策性、技术性和程序性等方面，详细介绍了“十三五”编限的主要技术要求和政策导向。

【全国林地“一张图”建设工作】 5 月 23 日，国家林业局副局长刘东生到规划院检查指导工作，视察了林地数据管理系统平台、卫星影像处理与林地“一张图”制作，听取了全国林地“一张图”建设和林地变更调查情况的汇报，并与技术人员进行了座谈和交流。

刘东生副局长对全国林地“一张图”建设工作给予了充分肯定和高度评价。他指出，林地“一张图”是依托高分辨率遥感技术和现代网络技术建成的林地管理平台，是中国林业发展史上首张全国范围的林地图。资源司、规划院集中其他直属院和省院技术力量 160 余人连续作战，全国 5 万余名调查技术人员参与，在不到两年时间里，按统一标准建成了国家、省、市、县无缝拼接，落到山头地块的林地“一张图”，是中国生态林业民生林业建设的又一重大成果，令人鼓舞，非常振奋。规划院举全院之力，攻克系列技术难关，克服各种困难，为确保全国林地“一张图”如期建成做出了重要贡献。

【全国优势特色经济林发展布局规划】 5 月 26 日，国家林业局、国家发改委和财政部联合发布了《关于印发〈全国优势特色经济林发展布局规划（2013～2020年）〉的通知》（林函规字〔2014〕60号），要求各省、自治区、直辖市人民政府及新疆生产建设兵团认真贯彻执行。该通知的下发，标志着规划院编制完成的《全国优势特色经济林发展布局规划（2013～2020年）》（以下简称《规划》）正式获得国家批复。

《规划》共分为5个部分，细致分析了我国优势特色经济林的发展现状和面临形势，明确了经济林产业发展的战略意义和总体思路，确定了经济林区域布局和未来的建设重点，提出了产业发展的保障措施。《规划》的颁布和实施，对于切实发挥优势特色经济林产业的示范带动作用，促进农村经济和产业结构调整，推动山区农民增收致富，实现绿色经济可持续增长等都将发挥重要作用。

【局首批"百千万人才工程"省部级人选】 根据《国家林业局关于公布2013年"百千万人才工程"省部级人选的通知》（林人发〔2014〕63号），规划院张煜星总工、唐小平副院长、夏朝宗副处长3位同志被确定为国家林业局首批"百千万人才工程"省部级人选。

【全国湿地保护"十三五"工程实施规划】 按照全国林业系统"十三五"规划编制工作电视电话会议精神和全国湿地保护工程长期规划的总体部署，国家林业局湿地保护管理中心委托规划院开展《全国湿地保护"十三五"工程实施规划》（以下简称《规划》）编制工作。

《规划》编制将遵照加大湿地保护力度，扩大湿地面积，增强湿地生态功能，提高湿地生态产品供给能力，实施国家主体功能区战略的部署，依据进一步优化国土空间开发，严守湿地生态红线，坚持湿地生态保护优先、自然恢复为主等编制原则，开展围垦湿地退还、退还湿地恢复和综合治理、湿地保护体系、能力建设及合理利用示范等工程，恢复和维护湿地生态系统的健康，为建设美丽中国和实现中华民族伟大复兴的中国梦提供生态保障。

【中俄林业合作圆桌会】 6月30日至7月1日，商务部与俄罗斯工贸部在黑龙江省哈尔滨市共同举办了中俄森林资源开发利用常设工作小组第12次会议暨中俄林业合作圆桌会，会议旨在加快《中俄林业合作规划》的实施，研究探讨中俄双方林业合作机遇和挑战，进一步推进双方企业在森林资源开发与利用领域的合作。

应主办方邀请，规划院副院长唐小平带队参加了会议，并作了题为《积极参与中俄森林资源开发利用项目合作》的发言，重点介绍了规划院参与国内外资源调查、生态监测、规划设计等领域的工作业绩和技术优势，并提出了中俄两国在森林资源开发、合作、交流和服务等方面的建议。会上，俄罗斯工贸部副部长卡拉曼诺夫对规划院完成的中俄林业合作相关规划给予了高度肯定，赞扬规划院为中俄森林资源开发利用提供了良好的技术支撑。会议期间，规划院积极与参会的80余家中俄双方政府管理部门、林业企业、社会团体组织进行交流，就中俄森林开发规划、政策制定、技术应用以及金融保障等方面开展了深入的讨论。

【全国AAA级信用企业】 为适应国家工程项目招投标发展的新趋势，进一步拓展规划院招投标业务，规划院申请了中国信用管理协会审核的企业信用评级，并获得了"全国AAA级信用企业"资格，证书编号为CR2104100192。

招投标专项评级是企业信用评级的重要组成部分，也逐渐成为参与政府招投标项目中的必要条件之一。该资格的获得将为规划院的招投标工作中提供充分的信誉保障，为今后顺利开展招投标工作奠定了坚实的基础。

【全国质量信得过单位】 根据中国质量评价协会《关于开展"全国质量信得过单位"称号复审工作的通知》（中质评协〔2014〕第54号）精神，规划院组织了"全国质量信得过单位"复审的申报工作。根据通知有关要求，规划院认真梳理、总结了近两年的主要业绩和获奖情况，按时提交了复审申报材料。经过专家综合审核、测评，中国质量评价协会认为规划院质量管理体系健全，用户满意度高，同意通过复审，评定规划院为"2014年全国质量信得过单位"，并颁发了荣誉证书和奖牌。

【第五次全国荒漠化和沙化重点监测省区技术指导】 6月5日至7月18日，在国家林业局治沙办的统一安排下，规划院会同西北院抽调专业技术骨干组成了指导组，对全国11个荒漠化和沙化重点监测省区进行了技术指导工作。

指导组分别对黑龙江、吉林、辽宁、河北、内蒙古、青海、陕西、宁夏、甘肃、新疆、四川等11个荒漠化和沙化重点监测省区开展了技术指导。指导工作采取集中座谈和现地指导相结合的方式进行。各省区汇报了本地区第五次全国荒漠化和沙化监测的组织领导、技术力量、资金配套及后勤保障等情况。技术指导组对各省区遥感影像区划图斑进行了质量检查，对已开展外业调查的省区进行了现地指导，并针对各地技术操作环节存在的问题进行了技术指导，提出了具体的意见和建议。

【防护林造林工程投资估算指标】 7月29日，局计财司组织召开专家审定会，审议规划院编制完成的《防护林造林工程投资估算指标》（以下简称《估算指标》）修订工作大纲。

与会专家一致认为：工作大纲编制思路清晰，目标明确，工作计划合理，技术方案可行，具有较强的针对性和可操作性，同意大纲通过审定。防护林建设对构筑我国绿色生态屏障、确保生态安全具有重要的作用。《估算指标》是防护林建设的重要依据，对合理估算工程投资，保证造林技术先进科学，确保造林质量和成效，指导防护林工程的建设实施意义重大。

【全国推进林业改革座谈会】 7月31日，王忠武院长主持召开院务会议，传达贯彻全国推进林业改革座谈会议精神，院领导班子及各部门主要负责人参加了会议。

会上，王忠武院长传达了赵树丛局长《加快林业治理体系和治理能力现代化 充分发挥生态林业民生林业强大功能》重要讲话和张建龙副局长《上半年工作进展情况和下半年安排意见》的讲话精神。结合工作实际，王院长对进一步学习贯彻会议精神提出了两点要求：一是要抓学习，各部门要认真学习全国推进林业改革座谈会议精神，深入学习习近平总书记对生态文明建设和林业改革发展的重要论述和指示，认真领会精神实质，把思想行动统一到局党组的工作部署上来。二是要抓落实，8月下旬规划院将召开会议，对贯彻落实全国推进林业改革座谈会议精神进行再部署，根据局党组部署的下半年10项重点工作，安排规划院下半年的重点工作，将会议精神落实到具体工作中。

【太行山绿化工程建设成效评估】 8月7日，国家林业局造林司在山西省太原市组织召开太行山绿化工程建设成效评估座谈会。作为工程建设成效调查评估的技术支撑单位，规划院参加了本次会议。

会上，工程建设区涉及的北京、河北、山西和河南4省(市)林业厅(局)的代表分别就本省(市)太行山绿化工程建设实施进展情况进行了总结汇报，各省(市)调查设计院的技术人员对建设成效自评估工作作了发言。规划院针对4省(市)自评估工作中普遍存在的问题进行了归纳总结，并对工作中的重点和难点进行了指导，主要从太行山绿化工程区森林面积、覆盖率、蓄积量变化对比情况，工程建设涵养水源、保水保肥、庇护农田、遏制水土流失、增加就业收入的效益情况，工程实施的科技创新与推广、科技进步与管理等方面进行了细致的讲解，并与参会人员进行了深入的讨论。

【造林技术规程】 8月17日，规划院组织召开了《造林技术规程》修订工作专家咨询会。与会专家在听取项目负责人关于《造林技术规程》修订工作情况的介绍后，就标准内容、结构编排、技术方法和技术措施等问题展开了讨论，特别对生态保护、造林分区、树种选择、造林密度确定和整地等内容，提出了针对性的修改意见和建议。12月18日，国家林业局科技司组织召开专家审定会，审议规划院修订的国家标准《造林技术规程》。

专家组在听取规划院技术人员对标准修订过程、内容和征求意见处理等情况的汇报后，进行了细致的审议和认真的讨论。与会专家认为，该标准是在充分调研、深入研究、总结以往造林实践经验，广泛征求相关单位和专家意见的基础上完成的。标准编制程序规范，原则正确，技术路线合理，技术措施准确，具有科学性和可操作性，一致同意标准通过审定。

【全国空气负氧离子浓度监测试点前期调研】 3月，国家林业局和中国气象局联合启动了全国空气负氧离子浓度监测试点工作，制订了初步工作方案，并确定了湖北十堰、山西朔州、重庆南川、江西上饶、广西桂林、浙江丽水和河北张家口等7个城市作为全国首批空气负氧离子监测评价试点城市。

按照工作计划，6月底至8月下旬，规划院会同中国气象局组成了联合调研工作组，对首批试点城市进行了前期调研和监测网点布设的考察工作。根据监测网点设置原则并结合各地实际情况，调研组先后考察了30多处具有代表性的拟建监测点地址。通过本次调研，了解了各试点城市目前空气负氧离子监测工作的开展情况，掌握了有关单位监测点设置、监测设备配备以及数据管理和发布情况，初步确定了负氧离子监测试点的总体布局。

【蒙特利尔进程工作组会议】 8月17~23日，蒙特利尔进程第24次工作组会议在俄罗斯克拉斯诺亚尔斯克市举行。国家林业局代表中国政府组团参会，规划院高工夏朝宗应主办国邀请参加了此次会议。

会议听取了第23次工作组会议以来进程工作的情况报告，研究了2013~2015年进程工作重点、进程价值取向、中长期战略行动计划和圣地亚哥宣言修订等事项，研讨了区域绿色经济、适应性林业、资源利用监管、应对气候变化和北方林生态监测评估等方面内容。会上，夏朝宗高工作了题为《森林破碎化指标试验应用》的报告，介绍了蒙特利尔进程标准指标在中国推广应用的最新成果。

【局直属机关团委表彰】 为树立和宣传青年先进典型，引导和激励广大青年工作者立足本职岗位，国家林业局直属机关团委开展了2011~2013年度国家林业局直属机关优秀共青团员、优秀共青团干部和五四红旗团委(团支部)评选活动。经过严格的评审程序，规划院监测片联合团支部获五四红旗团支部称号，石田同志获优秀共青团干部称号，张晨同志获优秀共青团员称号。

【与西藏林业厅签署援建协议】 9月4日，全国林业援藏工作座谈会在拉萨市召开，西藏自治区主席洛桑江村、国家林业局副局长张建龙出席会议并讲话。国家林业局有关司局及直属单位、对口援藏省(市)林业厅(局)以及西藏自治区有关单位的120余人参加会议，规划院党委书记刘国强参加会议。

会上，刘国强书记与西藏林业厅雷桂龙厅长代表双方签署了对口援建协议。该协议旨在建立长期稳定的对口援助和合作关系，充分发挥技术和人才优势，通过人员培训、技术指导、项目合作等方式，提高西藏林业调查规划研究队伍的业务能力和技术水平，满足西藏林业发展对林业调查规划设计工作的要求，协议期限至2020年年底。

【质量管理工作暨培训会】 9月9日，规划院召开了2014年度质量管理工作暨培训会。会议由张煜星总工程师主持，院副总工程师、各业务部门负责人和主任工程师近40人参加了本次培训。

会上，总工办丰庆荣主任对近年来规划院质量管理工作情况进行了通报，着重分析了存在的问题，提出了改进措施，并对即将到来的ISO9001-2008质量管理体系认证的复审工作进行了部署。会议还针对全院质量工作中普遍存在的问题和难点开展了培训，主要包括解读《项目管理分级规定》《项目评审验收管理办法》《项目成果文件职签管理办法》《项目成品文件文本格式排版要求》等规划院质量管理文件，以及业务部门质量考核评价机制和科研项目的规范管理等内容。

【中国地理信息产业优秀工程金奖】 9月25日，2014中国地理信息产业大会在四川成都召开。会议举办了中国地理信息产业成果展，表彰了中国地理信息产业百强企业、地理信息科技进步奖、中国地理信息产业优秀工程和中国地理信息产业优秀论文。规划院承担的全国第二次湿地资源调查项目荣获2014中国地理信息产业优秀工程金奖。

全国第二次湿地资源调查项目由国家林业局湿地办组织开展，规划院为总技术支撑单位，联合局中南院、西北院以及其他科研院所、各省林业厅等共同承担。项目于2009年正式启动，2013年全面完成，调查工作历时5年，涉及省级以上调查单位203个，参与调查人员达2.2万人。作为项目的总技术支撑单位，规划院建立了科学、规范、系统的质量管理控制体系，重点强化项目质量过程的控制。制订了操作性较强的技术规定，采用了科学的技术路线，应用了先进的技术手段，有效地保证项目质量、提高效率、降低成本。规划院具体承担了起草《调查技术规程》等技术文件，处理基础地理信息，获取、处理和区划判读遥感影像，指导各省外业调查、处理内业资料和编写调查报告，并负责全国湿地资源数据汇总、制图和编写总报告等工作。共处理遥感影像1948景、区划湿地斑块27.62万块，初步建立了基于地理信息系统的全国湿地资源信息管理系统，取得了丰硕的调查成果。

【第五届梁希青年论文奖】 8月18日，中国林学会公布了第五届梁希青年论文奖的评选结果。规划院廖成章撰写的论文《The effects of plantation practice on soil properties based on the comparison between natural and planted forests: a meta-analysis》荣获二等奖，李宇昊撰写的《厘米级遥感影像用于伊春地区次生林空间结构调查》和付安民撰写的《基于MODIS数据的东北亚森林时序变化分析》获得三等奖。

【全国空气负氧离子浓度监测规范】 10月8日，规划院召开了《全国空气负氧离子浓度监测规范》（以下简称《规范》）专家咨询会，会议由唐小平副院长主持。

规划院技术人员就《规范》的编写背景、基本思路、重点内容等方面进行了详细的汇报，并针对《规范》编制过程中遇到的难点问题与专家进行了咨询讨论。专家们在听取汇报后，对《规范》总体思路、编写重点、相关技术标准等方面提出了修改意见。

【林业工程建设标准体系】 9月26日，国家林业局计财司组织召开了《林业工程建设标准体系》（以下简称《标准体系》）专家审查会。作为《标准体系》的主编单位，唐小平副院长代表规划院参加会议并就编制情况做了详细说明。会议重点审查了林业工程建设标准体系表，经过充分的讨论和认真的审议，形成了审查意见。

会议认为，《标准体系》是林业工程建设标准化工作的纲领性文件和顶层设计，是制定、修订和管理各项林业建设标准的基本依据。《标准体系》是在总结林业工程建设标准现状及存在问题的基础上，经过实际调查、反复研究和广泛征求意见后形成的。《标准体系》的指导思想和基本原则正确，结构严谨，层次分明，符合林业工程建设的实际，具有较强的前瞻性、系统性和可操作性。

【林业对非援助重点国别研究】 10月13日，局国际司组织召开会议，启动规划院承担的《林业对非援助重点国别研究》（以下简称《研究》）课题，并组织有关专家进行了课题讨论，规划院副院长蒋云安参加会议并讲话。

会上，蒋云安副院长对《研究》课题工作中的重点问题和技术路线进行了分析和说明。商务部康凯处长介绍了我国援非工作的现状，强调了做好对非援助工作的必要性和重要意义。局国际司夏军处长对《研究》课题工作进行了部署，要求课题组从国家林业援外战略的高度加强政策分析，高质量地完成课题研究任务。课题组就《研究》的框架提纲和工作进展情况进行了汇报。与会专家从政策、技术层面对课题研究提出了意见和建议。

【2013中国森林等自然资源旅游发展报告】 由国家林业局森林公园保护与发展中心组织、规划院负责编写的《2013中国森林等自然资源旅游发展报告》（以下简称《发展报告》）出版发行。

为了高水平、高质量地完成编写工作，规划院在总结上一期发展报告的基础上，组织精兵强将，全力推进编写工作，通过实地调研、广泛搜集文献、数据分析等一系列工作，圆满完成了《发展报告》的编写和出版任务。《发展报告》共分为9个部分，从组织管理与工作部署、政策与法制、规划和标准化建设、目的地发展与建设、目的地保护与管理、产业发展、示范建设、宣传推介、国（境）内外交流与合作等方面，全面介绍了2013年我国森林等自然资源旅游的现状和发展趋势，有助于社会各界了解、相互借鉴先进的经验和做法，从而加快我国自然资源旅游的步伐，推进和规范相关工作更加健康有序地发展。

【传达学习十八届四中全会精神】 10月28日，规划院召开党委理论中心组学习扩大会议，传达学习党的十八届四中全会精神和习近平总书记重要讲话精神。会议由刘国强书记主持，院领导班子成员、党委委员、纪委委员以及各部门主要负责人、党支部书记参加了学习。

会上，刘国强书记带领全体人员学习了党的十八届四中全会精神，传达了赵树丛局长在国家林业局学习贯彻党的十八届四中全会精神会议上的讲话。

【重大自然灾害林业灾损调查与评估技术规程】 10月29日，局科技司组织召开专家审定会，审议规划院编制完成的《重大自然灾害林业灾损调查与评估技术规程》。

与会专家在听取规划院技术人员关于技术规程编制情况的介绍后，就林业受害等级划分、调查评估对象、受灾损失调查方法和评估方法等内容进行了逐条审定。经过认真的讨论和细致的审议，与会专家一致同意技术规程通过审定。

【黄土丘陵区退耕还林技术规程】 10月29日，局科技司组织召开专家审定会，审议规划院编制完成的《黄土丘陵区退耕还林技术规程》。

与会专家在听取规划院编制组的介绍后，就黄土丘陵区造林区域、立地类型划分，以及树种选择、造林密度、整地方式、栽植技术、未成林抚育管护等造林技术方法和措施进行了逐条审定。经过认真的讨论和细致的审议，与会专家一致同意《黄土丘陵区退耕还林技术规程》通过审定。

【中俄森林资源合作开发利用五期规划】 商务部对《中俄森林资源合作开发利用五期规划》编制项目进行了公开招标，规划院凭借技术和人才优势，以及在中俄前期规划赢得的良好声誉和涉外项目取得的优秀业绩，在多家投标单位中竞标获胜。经过资格审查和公开评标等环节，规划院的投标方案以准确的现状分析、先进的规划理念、科学的工作方案和详细的编制提纲，在多个投标方案中脱颖而出，得到了评标专家委员会的一致认可，成功中标。

【第十八届中国行业电视节目展评】 中国电视艺术家协会行业电视委员会举办了“第十八届中国行业电视节目展评”，规划院作品在本次评选活动中获得多个奖项。

在专题片评选中，《寻找隐秘的动物伙伴》获一等奖、《亚太森林组织成立5周年》获得最佳创意奖和三等奖、《芳樟林里闻香识财富》获三等奖、《竹子“改性”身价高》获得了优秀奖。在科教片评选中，《保护湿地——筑梦中国 第二次全国湿地资源调查》获一等奖、《“天眼”执法捍卫生态红线》获二等奖。

【中德合作低碳土地利用项目技术研讨会】 为促进中德合作低碳土地利用项目与中国应对气候变化国家政策的有效衔接，更好地服务于中国森林低碳经营和森林碳汇工作，11月14~15日，规划院和德国国际合作机构GIZ联合召开了“中德合作低碳土地利用项目——碳监测为重点的森林可持续经营”国际技术研讨会。会议由规划院徐泽鸿教授和GIZ项目主任Bernhard von der Heyde共同主持。

会上，国家林业局气候办副主任吴秀丽作主旨发言，国家应对气候变化战略研究和国际合作中心副主任徐华清就我国碳排放权交易政策作了专题发言。研讨会回顾了中国湖南省作为项目实施试点单位取得的成绩，气候变化权威专家介绍了中国碳排放权交易试点政策和林业碳汇项目交易现状，来自德国和美国等林业碳汇发达国家的专家分别介绍了各自国家碳汇计量和碳交易实施经验和方法。会议还探讨了在中国碳排放权交易背景下，开展森林可持续碳汇经营、实现森林增汇减排的政策机制、技术方法和实现途径。

【2014年中国标准创新贡献奖】 经国家林业局推荐，中国标准化专家委员会评审，规划院编制完成的林业国家标准《GB/T 26424－2010 森林资源规划设计调查技术规程》荣获2014年中国标准创新贡献奖二等奖。

该标准基于中国数十年森林资源调查理论与实践，结合林业发达国家森林资源调查技术，在充分调研，汇聚生产、管理、科研和教学等方面专家意见基础上编写而成，是开展森林经营管理工作的基础性标准。自2010年颁布实施以来，该标准已广泛应用于全国的森林资源规划设计调查中，大大地提高了工作效率、调查质量和成果质量，有力地促进了中国森林可持续经营和管理科学有序地发展。

【质量管理体系认证】 根据ISO9001：2008质量管理体系认证工作的有关要求，每3年需要进行资格的再次认证，11月28日，规划院成功通过了再认证的复审，并取得了新的认证证书。

10月上旬，方圆标志认证集团有限公司派出4名审核专家，到规划院开展了再认证的现场审核工作。这是规划院自2011年通过质量管理体系认证以来，首次接受再认证的审核工作。此次现场复审采用“全覆盖”的形式，审核专家分成4个审核小组，分别对规划院20余个部门进行了审核，审核范围和内容覆盖了全院质量管理体系认证标准涉及的所有部门、所有条款。审核专家对规划院的质量管理体系工作给予了充分肯定和高度评价，认为规划院自首次通过认证以来，对质量管理工作高度重视，工作流程规范，管理过程控制有效，项目成果质量较高，质量管理体系运行良好，复审的各项结果符合质量管理体系再认证标准要求，审核专家同意规划院通过再认证的现场审核。后期经过相关材料提交、确认等一系列程序，11月28日向规划院颁发了新的认证证书。

新的证书对规划院认证范围进行了进一步的明确和完善，涵盖了林业调查规划设计、建设项目水资源论证、林业碳汇计量与监测的全过程，林业工程、生态建设和环境、农业、市政公用（风景园林）和通信信息的工程咨询，生态建设和环境、林业工程、市政公用（风景园林）的工程项目管理，农林行业（营造林工程、森林资源环境工程、森林工业工程）和风景园林的工程设计，以及地图编制、地理信息系统工程、工程测量、地籍测绘、摄影测量与遥感等测绘工作。

【森林资源资产评估技术规范】 12月9日，局科技司组织召开专家审定会，审议规划院编制完成的《森林资源资产评估技术规范》（以下简称《技术规范》）。

会议听取了规划院编制组对编制过程、内容、征求意见处理情况的介绍，与会专家在认真审阅文本、充分讨论后，一致认为：《技术规范》的发布，将充分发挥森林资源资产评估在森林资源资产管理中的作用，对统一森林资源资产评估技术标准、科学评估森林资源资产价值、提高森林资源资产评估机构专业水准具有重要作用，将为森林资源流转、林权抵押贷款、自然灾害森林资源损失的科学确认等提供重要的参考依据。该《技术规范》是在原国家国有资产管理局、林业部联合颁发的《森林资源资产评估技术规范（试行）》文件基础上，经过充分的调研，吸收了近年来森林资源资产评估理论研究和实践成果，广泛征求相关单位和专家意见后编制完成。《技术规范》原则正确、程序规范、内容全面、结构合理文字简练、技术路线科学，具有很强的操作性，能够满足工作实践的需要。专家组一致同意《技术规范》通过评审。

【联合国气候大会第20次缔约方大会】 12月1～13日，《气候变化框架公约》第20次缔约方大会暨《京都议定书》第10次缔约方大会在秘鲁首都利马召开。来自190多个国家和有关国际组织、民间团体的代表出席大会。作为《气候变化框架公约》林业谈判的技术支撑单位，规划院王国胜教授参加了本次会议。

会议围绕2020年后全球应对气候变化协议涉及的关键问题展开了艰苦激烈的谈判，最终就推进新协议谈判达了成共识并形成了大会决定，为2015年底如期签署新协议提供了重要保障。本次会议林业议题继续受到高度关注，各方就发达国家在支持发展中国家增加碳汇行动(“REDD+”行动)和清洁发展机制(CDM)的林业问题进行了谈判，对林业在新气候协议的作用与地位、林业碳汇核算规则等问题展开了磋商，并对将植被恢复纳入《京都议定书》第二承诺期新增项目达成了一致。

【2014年全国优秀测绘工程白金奖】 12月16～18日，中国测绘地理信息学会召开2014年学术年会，会上公布了《关于2014年测绘科学技术奖励的决定》(测学发〔2014〕118号)。规划院申报的“全国第二次湿地资源调查”成果荣获2014年全国优秀测绘工程奖最高奖项白金奖。

全国优秀测绘工程奖是经国家测绘地理信息局、科学技术部批准，由中国测绘地理信息学会设立，是中国测绘地理信息行业最高级别的工程奖项。规划院此次荣获的白金奖，是2014年220项全国优秀测绘工程奖中林业行业唯一的获奖成果，也是仅有的9项白金奖之一。

【建院60周年座谈会】 12月30日，规划院召开建院60周年座谈会，国家林业局党组副书记、副局长张建龙出席座谈会并作重要讲话。局资源司、人事司、机关党委等司局领导和北京市林业勘察设计院的领导，以及规划院离退休的老领导、老同志、在职职工代表共100余人参加了座谈，座谈会由刘国强书记主持。

王忠武院长简要回顾了建院60年来的风雨历程，总结了规划院为国家林业事业做出的贡献和取得的成绩。王忠武院长强调，规划院作为国家级林业专业团队，必须不断研究新时期林业发展的新情况、新问题，必须适应新形势、迎接新挑战，必须继续发扬艰苦奋斗、开拓进取的作风，以“敬业奉献、求实创新”的规划院精神，奋力拼搏，勇往直前，攻坚克难，再创辉煌，为我国林业大发展、为生态文明建设做出更大贡献，在实现中国梦伟大征途中昂扬奋进。

张建龙副局长发表了重要讲话。张建龙局长指出，规划院作为新中国最早组建的林业调查规划设计队伍之一，为支援新中国建设发挥了重要作用，为祖国生态建设贡献了积极的力量。60年来，规划院始终与我国林业事业紧密相伴、共同成长，取得了显著的成就，第一是建立了较为完备的林业资源调查监测体系，第二是形成较为全面的林业规划设计体系，第三是建设了较为先进的林业信息化体系。张建龙局长对规划院今后的工作提出了四点要求：一是要加强智库建设，做好林业顶层设计；二是要加强基础建设，做好林业数据支持；三是要加快科技创新，提升调查规划设计水平；四是要加强队伍建设。

资源司司长郝燕湘、局机关党委常务副书记高红电、人事司副司长丁立新分别对规划院60周年华诞表示了祝贺，对规划院取得的成绩给予了充分的肯定，对今后的工作提出了希望。

【第五次全国荒漠化和沙化重点监测省(区)质量检查】 10月13日至12月31日，在国家林业局治沙办的统一安排下，规划院抽调技术骨干会同西北院组成了质量检查组，对全国11个荒漠化和沙化重点监测省(区)开展了国家级质量检查工作。

质量检查组分别对内蒙古、黑龙江、吉林、青海、陕西、山西、辽宁、新疆、宁夏、甘肃、河北等11个重点省(区)的荒漠化和沙化监测工作进展情况进行了质量检查。按照《全国荒漠化和沙化监测技术规定》的要求，检查组听取了省级监测主管部门的工作情况汇报，检查了各省(区)荒漠化和沙化监测工作的组织管理、图斑区划和外业调查质量等内容。检查组对抽取的县、乡分别进行了图斑区划质量检查和外业检查，通过验证区划图斑、界线及各项调查因子的准确性，分析相关监测数据、资料，形成了质量检查报告。

检查工作中，检查组严把质量关，对存在的问题提出整改意见，为进一步提高第五次全国荒漠化和沙化监测工作质量，确保全国监测数据的科学、准确打下了坚实的基础。

(国家林业局调查规划设计院由院办公室供稿)

国家林业局林产工业规划设计院

【综　述】 2014年，国家林业局林产工业规划设计院全面贯彻落实党的十八大和十八届二中、三中、四中全会精神，进一步深化改革，承前启后、积聚力量、再攀高峰，按照国家林业局党组的重要指示，加强巩固近年来发展成果，不断深化管理体系改革，着力完善健全内部制度，认真梳理解决高速发展产生的矛盾问题，全力以赴打基础，拓市场，带队伍，惠民生，促进产业结构调整，优化技术和管理人才配置，奋力实现振兴腾飞的“设计院之梦”。

生产经营情况实现逆势发展 2014年，设计院克服我国经济结构调整、增速减缓，设计行业市场面下行等不利因素，全年实现收入1.6亿元，较2013年略有增长。

品牌效应初步形成 设计院在新疆、山西、河南、山东、内蒙古、黑龙江等地已初具品牌规模，一批以文化广场、市政公园、森林公园、湿地公园为代表的精品项目深得甲方客户和当地群众的好评，树立了良好口碑。

人力资源改革全面深化 设计院以明确管理部门岗位职责，强化绩效考核为着力点，邀请国内知名管理咨询公司进行强化培训，多措并举，进一步提升设计院管理水平，优化技术和管理人才资源配置。

质量管理水平不断提高 设计院以"质量建设月"系列活动和院级项目评优为抓手，进一步创新技术质量工作新方法，加强技术质量管理体系建设。

民生保障能力持续增强 设计院多措并举，切实提高广大干部职工收入。既有普惠性的保障措施，又实现了按劳分配的绩效改革。

党风廉政建设和从严治党力度加大 设计院继续巩固党的群众路线教育实践活动成果。深入开展党的群众路线教育实践活动"回头看"工作，认真总结经验，梳理查找不足，切实推动整改。

【2014年质量建设月系列活动】 2月14日，设计院召开方案汇报经验交流会动员大会，方案汇报经验交流研讨会系列活动动暨2014年质量建设月正式启动。院长郭青俊做总体动员，院领导张全洲、肖小兵、李玉印、徐新华出席会议，各所负责同志和设计师代表参加会议。会议强调，方案汇报经验交流研讨会是设计院在质量建设方面又一次全新举措，院领导班子对交流活动高度重视，各板块分管领导亲自牵头活动。2月24日，全院优秀方案汇报交流，着力加强项目汇报能力，提高客户对设计院优质项目的接受度和满意度，有利于设计院更好地服务市场。3月3日，全院方案汇报研讨会顺利召开，70余名专业设计人员踊跃到会观摩、学习，质量建设月系列活动至此圆满落下帷幕。

【院团委第三次全体委员(扩大)会议】 2月26日，设计院团委召开2013届第三次全体委员(扩大)会议。院团委委员和各基层团支部代表参加会议，院团委书记王拓主持会议。会议通报表扬孙丽荣获"2013年度中央国家机关青年岗位能手"荣誉称号，号召全院团员青年立足本职岗位，学习新知识、掌握新技能、创造新业绩，爱岗敬业、创先争优，努力在平凡的岗位上做出不平凡的业绩。会议发布了《关于组织成立设计院青年记者站的通知》(林设团字〔2014〕1号)文件，正式启动成立设计院青年记者站，进一步围绕中心工作，做好宣传。

【《广西来宾市国家森林城市建设总体规划》】 3月12日，来宾市人民政府组织召开专家评审会，审议设计院编制完成的《广西壮族自治区来宾市国家森林城市建设总体规划》(以下简称《规划》)评审会，会议邀请浙江农林大学、国家林业局速丰办、四川省林科院、西南林业大学、广西林科院等单位的专家担任评审。

会议听取了设计院咨询设计人员关于《规划》汇报，经认真讨论，专家组一致认为《规划》的基础资料翔实可靠，方法得当，对来宾市的自然条件、社会经济条件、森林资源等进行了深入分析和专题研究，客观评价了来宾市创建国家森林城市的优势、劣势、机遇和挑战，提出的指导思想明确、规划理念先进、规划依据充分、总体目标和建设布局合理，具有前瞻性和科学性，并一致同意通过评审，建议编制单位按照专家意见进一步修改完善，尽快按程序报批。

【设计院青年记者站正式成立】 3月17日，设计院召开青年记者站成立大会，为服务我院宣传工作作动员部署。党委书记李鹏出席会议并讲话。各部门、所通讯员参加会议，院团委书记王拓主持会议。会议部署了设计院宣传工作重点：一是加强宣传学习贯彻落实党的十八大精神和十八届三中全会精神，宣传学习习近平同志一系列重要讲话精神，宣传学习两会精神；二是加强宣传生态林业民生林业建设；三是加强宣传设计院的优秀业绩，特别是在业绩上和技术上填补院所空白的情况。要持续宣传设计院的辉煌历史和现在取得的优秀业绩，让更多人通过我们的工作了解设计院。

【优秀工程咨询设计成果奖评选】 3月17日至4月25日，设计院开展优秀工程咨询设计成果奖评选活动。活动分为4个阶段，按照申报预审、成果展示、专家评审、专家委员会评定等4个环节，最终评选出咨询类成果一等奖2项、二等奖4项、三等奖6项；设计类成果一等奖3项、二等奖2项、三等奖7项。

【开展湿地知识培训活动】 3月23日，设计院开展内部湿地相关知识的培训。培训围绕湿地公园项目展开，内容包括湿地的概念、湿地的类型、中国湿地公园批复现状、湿地公园申报审批流程以及总体规划编制等相关内容。同时，孙司衡还以具体湿地公园项目为例，深入讲解湿地公园建设的重点及在规划编制过程中易出现的误区。

【受国家林业局直属机关工会多项表彰】 3月28日，在国家林业局召开直属机关工会联合会全委会暨妇女工作会议中，设计院工会荣获优秀基层工会组织，院妇工委获得优秀妇女组织；设计院院长郭青俊获得优秀职工之友，王红霞获得优秀工会干部，彭蓉获得优秀工会积极分子。

【2014年度全院中层领导干部会议】 4月26日，设计院召开2014年度中层领导干部会议，共同研究生产经营形势、政策，谋划设计院发展蓝图。设计院院长郭青俊、党委书记李鹏、常务副院长张全洲、副院长李玉印出席会议，在京各部门副处级以上领导干部参加了会议。会议主要就《关于鼓励相关资质、新增业务领域市场开拓的暂行规定》《对〈市场开拓奖励实施细则(2010)〉中关于外协规定的修订说明》《关于合作项目管理的暂行规定》向全体中层干部征求了意见，并公布了新成立生产部门的相关事宜。

【"青年月"系列活动】 5月5日至7月1日，设计院团委举办"青年月"系列主题活动。活动自5月5日启动以来，先后开展了"树立典型，总结先进"——优秀青年、优秀共青团员评选活动、"歌颂时代，放飞梦想"——主题朗诵比赛、"用心雕刻，掌中光影"——手机摄影大赛、"欢乐相伴，青春同行"——主题团日活动等。7月1日，设计院党委、团委举办"向伟大中国共产党献礼，放飞设计院之梦"主题朗诵比赛暨"青年月"系列活动闭幕式。10个生产部门组成的8支队伍参加了朗诵比赛，会议宣读了《关于表彰设计院2013年度优秀青年和优秀共青团员的决定》，并展示了入围"掌中光影"设计院首届手机摄影大赛的28件作品，并公布了一二三等奖。

【"十三五"规划编制工作座谈会】 6月23日，设计院召开"十三五"规划编制工作座谈会，传达全国林业系统"十三五"规划编制工作电视电话会议精神，安排部署设计院规划编制相关工作。

会议强调，设计院在"十一五""十二五"期间曾编写了《全国集体林地林下经济规划纲要(2013～2020)》《全国人造板工业发展规划(2011～2015)》《全国林产化学工业发展规划(2011～2015)》《全国林业工作站建设"十二五"规划》《全国油茶产业发展规划》咨询等重要规划纲要。"十三五"期间，编制规划要进一步按林业发展的客观规律进行，要从国家层面、地方层面、行业层面、企业单位层面多角度思考问题，确保生态林业和民生林业齐头并进，服务生态文明，建设美丽中国。部分专家也在会上发言，分享编制规划的经验。

【《泰山森林防火总体规划》】 8月4日，泰安市人民政府主持召开评审会，审议设计院编制完成的《泰山森林防火总体规划》。

评审专家组听取了规划成果汇报，审阅了规划报告，经过认真评议和讨论，一致同意通过规划的评审。该项目自2013年4月正式启动，期间规划编制组多次考察现场，与泰山管委会反复交流意见，外聘业内专家内审，并先后向泰安市政府、国家林业局、建设部进行了项目汇报，获得了各方的充分肯定。在院领导的高度重视、高位推进下，在项目组的高点定位、高效运转下，该项目最终顺利通过评审。

【组织申报"创森"成功城市达全国总数1/4】 9月26日，中国城市森林建设座谈会在山东淄博举行，新一批"全国森林城市"在会上公布，共有17个城市获此殊荣。在17个城市当中，山东省枣庄市，浙江省温州市，湖北省襄阳市和随州市等4个城市由设计院组织申报，并成功获得"全国森林城市"荣誉称号，达到2014年"创森"成功城市总数的1/4。

【《林产工业》杂志创刊50周年座谈会】 10月20日，《林产工业》杂志创刊50周年座谈会在北京召开，座谈会以"回顾、思考、展望、寄语、感恩"为主题，总结了《林产工业》杂志50年来的工作成绩和经验，分析了大数据时代下科技期刊的机遇与挑战。

会议回顾总结了《林产工业》杂志50年来的发展历程并提出对未来的展望。会议指出，《林产工业》杂志顺应时代发展，在市场与责任之间，在传统与现代之间，不断地调整定位和经营方式，取得了一定的成绩，赢得了行业认可。会议站在整个林业产业的角度为当下业内科技期刊的发展提出思路与建议。会上有关领导还向退休干部颁发了返聘证书。 (王 拓)

国家林业局管理干部学院

【综 述】 2014年，国家林业局管理干部学院(简称学院)认真贯彻局党组决策部署，坚持围绕林业改革发展中心工作，以增强林业干部素质能力、提升生态林业民生林业治理能力为重点，扎实推进干部教育培训工作，各项事业取得显著成效。

培训工作 学院干部教育培训事业取得新突破，干部培训、党校教育、国际培训、远程教育和专业技术人员培训"五位一体"培训体系格局基本形成。全年举办各类培训班138期，培训林业干部11 972人次。主体班次综合满意率达到98.63%，其他培训班次总体满意率达到97.58%。

干部培训 精心实施国家林业局司处级干部深入学习贯彻习近平总书记系列讲话精神轮训，105名司局级领导和234名处级干部参加了培训，增强了领导干部用讲话精神武装头脑、指导实践、推动林业改革发展的能力和素质。

贯彻落实林业援疆工作座谈会和全国林业对口援疆工作座谈会精神，精心举办新疆党员领导干部能力建设培训和自然保护区建设、湿地保护管理、种苗管理、特色林果产业化经营等援疆培训班8期近500人次，为推进新疆林业发展提供有力支撑。

配合人事司开展了公务员在职、司处级领导干部任职、新录用人员和林业专业知识等培训，受天保中心、林科院等单位委托举办干部素质能力提升培训，增强了局机关及直属单位干部队伍的综合素质和岗位履职能力。

面向全国各省(区、市)国有林场组织实施3期国有林场场长培训，并针对不同区域国有林场改革需要，与江苏、新疆、山西等省(区)联合举办8期国有林场场长培训，累计培训国有林场场长近1500人次，为保障国有林场改革全面启动奠定人才基础。

实施地方党政领导干部湿地生态系统保护专题研究班，与地方联合开展委托培训和"送教上门"活动，累计培训地方林业干部和技术人才近4000人次，有力促进了地方林业改革发展和区域林业人才培养。

党校教育 充分发挥国家林业局党校阵地熔炉作

用，举办第44和45期党员干部进修班。局党校各项工作得到上级党校和局党组充分肯定，再次被中央党校评为“中央党校分校2012～2014学年教学管理先进集体”。

国际培训 实施了履行《国际森林文书》暨森林可持续经营管理官员研修、亚洲国家生物多样性跨国界保护研究及管理研修、非洲英语国家森林执法与施政官员研修等3期商务部援外培训项目，对外培训学员75名。与亚太社区林业培训中心(RECOFTC)合作举办社区林业项目——森林冲突管理研讨班、社区林业工作方法在农村林业改革中的应用(浙江)研讨班。组织和派出各类出国考察研修团组3个，邀请国外专家及代表来院访问或讲学3人次。受国家林业局国际合作司委托举办了国家林业局林业国际合作培训班。

远程教育 做好全国乡镇林业工作站人员在线学习平台建设，编制平台管理办法，开发地方性课程。推进“全国林木种苗质检人员网络培训项目”筹备建设，开发示范性专业网络课程和考评试题库。加强“局机关及直属事业单位干部学习档案系统及移动学习平台项目”的推广应用，配合人事司建设了中国林业教育培训网微信公众平台。

专业技术人员培训 国家级专业技术人员继续教育培训基地得到正式批复。与14个省区和甘肃庆阳、江西赣州、山东临沂等4个地市联合开展地方委托培训，赴广东高州开展了“送教上门”，干部教育培训向基层一线延伸。与国家信访局签订委托培训协议并实施了全国信访系统群众来访接待业务培训，培训领域和影响力不断扩大。

科研工作 协助人事司编制《国家林业局关于贯彻落实〈2013～2017年全国干部教育培训规划〉的实施意见》，配合局直属机关党委和人事司编制《2014～2017年局直属机关司处级党员干部参加局党校进修培训规划》，与保护司合作编写《国家级自然保护区干部教育培训规划(2014～2017年)》。

开展了《基层林业关键岗位干部素质能力模型研究》等科研项目，向科技司申报了《新形势下乡镇林业工作站站长培训机制问题研究》等6项重大科研项目，努力为林业干部教育培训决策提供研究支撑。

落实国家林业局教材建设工作部署，制订了《2014～2015年干部学习培训教材编制方案》，启动《林业基础知识读本》等5部教材建设，为完善林业教育培训教材体系建设奠定了基础。

【召开中国西部地区林业人才培养项目成果总结报告会】 1月16日，学院召开中日技术合作中国西部地区林业人才培养项目成果总结报告会。日本驻华大使馆参赞青户直哉、日本国际协力机构中国事务所所长小中铁雄、国家林业局国际合作司副司长章红燕、国家林业局人事司副司长丁立新等出席开幕式并分别致辞。学院常务副院长张健民主持开幕式。

会议听取了学院关于项目成果的总结报告和日本北海道水产林务部关于北海道道有林管理与人才培养专题报告。国家林业局林改司、国家林业局场圃总站以及四川、广西、宁夏、陕西4个试点省份的项目负责人和项目专家在会上介绍了各单位参与项目工作的成果、体会及建议。参会代表认为，项目办严格执行实施协议，顺利完成了计划任务，为西部地区培养了一批基层林业人才，一定程度上推进了西部地区林业改革工作，为集体林权制度改革和国有林场改革事业提供了智力支持，为西部地区林业人才培养事业发挥了示范作用。

会议还就如何推广利用好本项目“林业人才培训方式、方法手册”“培训精品课程”等一系列成果，以及如何进一步推进今后中日双方林业人才培养方面的务实合作等内容进行了充分讨论，提出了建设性的意见和建议。

【召开2014年工作会议】 3月6日，学院召开2014年工作会议，国家林业局党组副书记、副局长张建龙作讲话，国家林业局人事司司长谭光明，局机关党委常务副书记、局党校常务副校长高红电，局发展规划与资金管理司副司长杨冬出席会议。学院党委书记李向阳代表党委作学院工作报告，常务副院长张健民主持会议，副院长方怀龙、党委副书记黄桂荣、副院长梁宝君主持分组讨论。

张建龙副局长充分肯定学院“十二五”以来的改革发展成果，他强调要充分认识到加强林业干部教育培训是贯彻中央精神的根本要求，是服务生态林业民生林业发展的迫切需要，是提高林业治理能力的重要途径，进一步增强责任感、使命感和紧迫感，更好地服务生态林业民生林业发展和生态文明建设。张建龙副局长要求：面对新形势新任务，学院要积极改革创新，努力培养出更多林业干部人才。

李向阳书记全面总结了2013年学院改革发展取得的成绩，深入阐述了全面深化改革，以改革思维统领各项工作对学院取得新发展的重大意义，并从抓好事业单位分类改革、培训体制机制改革、后勤体制机制改革和合作办学机制改革4个方面对新一轮的改革发展做了具体部署。

【承办国家林业局司处级干部深入学习贯彻习近平总书记系列讲话精神轮训班】 3月24日至4月2日，国家林业局司处级干部深入学习贯彻习近平总书记系列讲话精神轮训班在学院举办。国家林业局党组书记、局长赵树丛在国家林业局直属机关两建工作会议暨司处级干部深入学习贯彻习近平总书记系列讲话精神轮训班动员会上对深入学习贯彻习近平总书记系列重要讲话精神作动员讲话。国家林业局党组副书记、副局长张建龙总结和部署直属机关两建工作。局党组成员、中央纪委驻局纪检组组长陈述贤，局党组成员彭有冬，国家森林防火指挥部专职副总指挥杜永胜，局总工程师封加平出席会议暨开班仪式。局党组成员、副局长陈凤学出席轮训班结业式并作总结讲话。

赵树丛指出，习近平总书记系列重要讲话涉及改革发展稳定、内政外交国防、治党治国治军，涵盖广泛、内容丰富。特别是习近平总书记关于生态文明建设和林业改革发展的系列重要讲话、批示、指示精神，为建设生态文明和美丽中国提供了基本遵循，为发展生态林业民生林业提供了根本指针。广大林业干部职工尤其是司处级领导干部要带头学习、全面掌握、深刻理解，切实用这些重要精神武装头脑、统一思想、指导工作，更好地推动林业改革发展。重点要深入学习领会生态决定人类文明兴衰、生态就是生产力、生态就是民生福祉、改善生态任重道远、创新林业治理体系、充分调动各方面造林育林护林积极性、增强森林生态功能、林业要为建设美丽中国和实现中国梦创造更好生态条件等重要论述。进一步增强指导林业改革发展的能力和水平，全面推进生态林业民生林业建设。

陈凤学要求，参加培训的领导干部要深刻认识学习活动的重大意义，继续深化学习，做好带头表率，将理论学习联系到实际工作当中，进一步促进生态林业民生林业发展。

本次轮训班共3期，由国家林业局直属机关党委主办，学院承办。来自国家林业局各司局及直属单位的105位主要党政领导，234位处级干部参加了培训。

【成立新疆分院】 5月9日，在全国林业对口援疆工作座谈会上，学院与新疆维吾尔自治区林业厅签署协议，共同建立国家林业局管理干部学院新疆分院，以加强林业智力援疆工作，更好地培养新疆林业人才。

根据协议，学院新疆分院将设在新疆林业厅培训中心，主要任务是承担学院下达的培训项目，面向新疆林业系统及各地州、县市开展林业管理干部培训、林业专业技术人员培训和基层实用技术人才培训。

学院负责对新疆分院进行业务指导，审核年度培训计划和项目班实施方案，检查监督培训实施质量。双方加大对新疆分院的培训条件建设和培训经费支持，加强新疆分院培训师资和管理人员队伍建设。根据新疆实际，着力加强新疆分院的林业远程教育培训发展，双方共同出资建设"新疆林业专业技术人员知识更新网络培训平台"和"新疆兴林富民实用技术远程教育平台"，为广大专业技术人员、果农、基层林业工作者提供便利、快捷、高效的远程教育培训。学院将利用开展国际合作的优势，由新疆分院定期组织新疆林业管理干部和专业技术人员参加国际培训或国际交流，进一步畅通新疆林业干部、专业技术人员出国培训、交流渠道。双方将以新疆分院为平台，紧紧围绕林业干部教育培训，在项目开发、课题研究、师资培养、远程教育等方面进行全方位合作。

9月15日，学院新疆分院正式在新疆维吾尔自治区林业厅培训中心挂牌成立。学院党委书记李向阳与新疆维吾尔自治区林业厅厅长艾则孜·克尤木共同为新疆分院揭牌。学院副院长方怀龙，新疆维吾尔自治区林业厅党委委员、政治部主任彭小明致辞，新疆维吾尔自治区林业厅培训中心有关负责同志参加揭牌仪式。仪式结束后，双方就进一步开展新疆林业干部教育培训合作进行了座谈。

【国家林业局2014年地方党政领导干部湿地生态系统保护专题研究班】 5月13～20日，由中共中央组织部主办，国家林业局人事司、湿地保护管理中心承办的国家林业局2014年地方党政领导干部湿地生态系统保护专题研究班在学院举办。国家林业局党组书记、局长兼学院院长赵树丛在开班式上为学员作题为《全面加强湿地生态保护　大力推进生态文明和美丽中国建设》的主题报告。中央组织部干部教育局副局长王新堂出席开班式并讲话。开班式由国家林业局人事司司长谭光明主持。国家林业局办公室主任张鸿文、湿地保护管理中心主任马广仁及学院领导班子全体成员出席开班式。来自全国27个省(区、市)的36位分管林业和湿地保护工作的县级领导干部参加本次培训。

赵树丛强调，要切实加大湿地生态系统保护力度，完善湿地保护制度体系建设，努力遏制湿地减少、退化势头，全面提升湿地保护能力和水平，努力实现中国湿地保护的战略目标，为子孙后代留下天蓝、地绿、水净的美丽家园，为生态文明和美丽中国、实现中华民族伟大复兴的中国梦提供良好的生态条件。王新堂介绍了中组部开展干部教育培训的基本情况，阐述了新形势下加强干部教育培训以及举办本期专题研究班的重要意义。

本期研究班采取了专题讲座、学员论坛、与国家林业局有关业务部门领导交流研讨、案例分析、情景模拟、结构化研讨和现场教学等多种培训形式。培训内容包括林业建设与生态文明、世界湿地保护形势及其对中国湿地保护管理的启示、中国湿地保护与管理、湿地相关政策法规解读、中国生态环境保护财政支持政策等。

【举办首期履行《国际森林文书》暨森林可持续经营官员研修班】 5月13～26日，学院举办了首期"履行《国际森林文书》暨森林可持续经营官员研修班"，这是学院结合履行《国际森林文书》中国行动开发的又一新的国家援外项目。联合国森林论坛(UNFF)主席团副主席、国家林业局对外合作项目中心常务副主任吴志民、学院常务副院长张健民出席开班式并致辞。古巴驻华使馆商务参赞 Ariel Ricardo Naranjo Zayas、国家林业局对外合作项目中心常务副主任吴志民、学院副院长方怀龙、国家林业局国际合作司双边处处长夏军出席结业式并为学员颁发证书。来自泰国、老挝、缅甸、斯里兰卡、吉尔吉斯斯坦、古巴、秘鲁、肯尼亚、巴拿马、瓦努阿图、巴勒斯坦11个国家的21名林业、农业、环保等部门官员及科研机构代表参加了培训。

研修班采取了课堂讲授、案例分析交流互动等多种授课方式，为学员开设了《国际森林文书》主要内容、实施目的及其政策原则，联合国森林问题谈判进展、《国际森林文书》实施原因及进程、国际森林文书国别报告的编写、中国森林可持续经营管理实践和经验、中国集体林权制度改革、森林可持续经营技术及示范等课程。组织学员赴浙江就地方履行《国际森林文书》行动和森林可持续经营实践进行了实地考察交流。结业式上，来自肯尼亚和巴拿马的学员代表分别发言，报告了培训情况及学习心得。

【获批国家级专业技术人员继续教育基地】 7月4日，经国家人力资源社会保障部批准学院成为第四批国家级专业技术人员继续教育基地，这是林业部门首个国家级专业技术人员继续教育基地。

国家级专业技术人员继续教育基地是经人力资源社会保障部认定，以对专业技术人员进行补充、更新知识，拓展知识结构、提高综合素质和创新能力为基本内容开展教育培训的机构，是国家培养经济社会发展重点领域高层次、急需紧缺和骨干专业技术人才的服务平台。

【举行新学期工作座谈会暨财经法规培训班】 9月2~3日，学院举行新学期工作座谈会暨财经法规培训班，深入传达贯彻全国推进林业改革座谈会精神，全面总结上学期工作情况，分析学院改革发展面临的新形势、新机遇，安排部署本学期工作，并就进一步增强干部职工的财经法纪意识，提高学院财务管理水平，开展财经法规培训。

党委书记李向阳带领大家进一步深入学习了全国推进林业改革座谈会精神，并代表党委作了题为《坚定信心 狠抓落实 以奋发有为精神状态圆满完成全年目标任务》的讲话。讲话从战略和全局的高度，全面阐述了干部教育培训和林业改革发展的新形势、新要求，深入分析了影响学院发展的制约因素和有利因素，明确了学院当前的重点工作领域，并就加强学院作风建设提出了具体要求。

常务副院长张健民在会上作了上学期工作报告，全面总结了学院各项工作，并从狠抓干部培训、推进开放办学、抓好贯标工作、强化能力建设、增强管理水平、加强党建和精神文明建设等6个方面对本学期工作作出了具体部署。

学院邀请国家审计署农林水利审计局、国家林业局计资司相关处室领导举行了预算执行审计常见问题、贯彻厉行节约要求全面加强预算管理专题讲座，学院财务处的同志作了财务管理工作要求讲解、学院新制度解读及报账注意事项的专题讲座。

【与中国经济林协会、天津市林业局、甘肃省林业厅、中国商业联合会和中国林产工业协会等单位签订教育培训战略合作协议】 4月11日，学院举行学院与中国经济林协会教育培训合作协议签署暨教育培训基地揭牌仪式。学院党委书记李向阳、常务副院长张健民，中国经济林协会会长张志达、常务副会长兼秘书长伍步生及双方相关部门负责人出席仪式。李向阳书记主持仪式。

9月4日，学院与天津市林业局签署干部教育培训合作协议，学院党委书记李向阳，天津市林业局党委副书记、纪委书记庞清顺出席签约仪式并致辞。

9月27日，学院与甘肃省林业厅签署干部教育培训战略合作协议并举行干部教育培训工作座谈会。学院常务副院长张健民在协议签署仪式上致辞，甘肃省林业厅党组成员、副厅长段昌盛主持会议。甘肃省林业厅党组成员、副厅长樊辉，副巡视员李海涛，白龙江林业管理局党委书记车克钧，厅机关各处室主要负责人及厅直属各单位分管干部教育培训工作的领导出席协议签署仪式并参加座谈。

10月29日，学院与中国商业联合会、中国林产工业协会签署木质林产品销售业店长培训项目合作协议。学院党委书记李向阳主持协议签署仪式，常务副院长张健民，中国商业联合会副秘书长刘勇，中国林产工业协会秘书长石峰、副秘书长祝远虹及三方相关部门负责人出席。（林干院由丁颖供稿）

国际竹藤中心

【科学研究】 2014年，国际竹藤中心紧紧围绕科技服务生态林业、民生林业，扎实推进竹藤科研创新工作，在竹藤关键领域技术方面取得了较大突破。国家林业局和国家统计局联合组织开展、竹藤中心主任江泽慧教授主持的"中国森林资源核算研究"项目，取得"林地林木资源核算"和"森林生态系统服务核算"两项重要研究成果，并召开新闻发布会进行通报。中心承担的"十二五"科技支撑计划"竹藤资源培育与高附加值加工利用技术研究""功能性竹（藤）基新材料制造技术研究""竹藤资源创新利用"和林业行业公益专项"大跨度竹质工程构件制造关键技术研究与示范"等一批重大科研项目取得重要进展。全年共申报科研项目42项，获批14项，通过中期评估6项，完成验收7项。全年在国内外科技期刊上共发表科技论文180篇，其中核心论文53篇，SCI收录57篇，EI收录4篇；出版专著22部，鉴定（认定）科技成果4项；申请专利14项，授权专利14项。荣获全国优秀科技工作者称号1人、茅以升木材科研奖一等奖1项，梁希优秀论文二等奖1项、三等奖3项，第十一届中国林业青年学术年会优秀论文二等奖1项、三等奖4项。

中国森林资源核算研究项目 采纳了当前国际上最前沿的综合环境经济核算基本框架和方法，同时紧密结合中国森林资源调查统计实际，提出了中国森林资源核算的理论框架和基本方法，取得"林地林木资源核算"和"森林生态系统服务核算"两项重要研究成果。10月22日，国家林业局和国家统计局召开项目研究成果新闻发布会。项目总负责人、全国政协人口资源环境委员会副主任、国家林业局科技委常务副主任、国际竹藤中心主任江泽慧通报了研究结果。项目领导小组副组长、国家林业局副局长孙扎根，项目领导小组副组长、国家统计局副局长许宪春出席发布会并回答记者提问。

江泽慧主任从核算结果中总结了四点结论：一是森林蕴育着巨大的自然财富，为绿色发展提供了重要的物质基础。二是森林提供了最普惠的民生福祉，为保护和发展生产力作出了突出贡献。三是提出了中国森林资源核算的理论框架，为完善国民经济核算体系作了有益探索。四是尽管林地林木资产稳步增长，但森林资源消耗形势依然严峻。

孙扎根副局长认为，全面科学核算森林资源价值研究具有全局性、战略性、前瞻性，对科学合理利用森林资源，发展现代林业、建设生态文明、促进经济社会可持续发展具有重要意义。有助于人们更加科学、全面地认识森林的功能和价值，提升人们的生态文明意识。有助于深化森林资源的资产管理体制改革。有助于促进生态文明制度建设，以森林资源的量化指标推动资源节约和绿色发展，有利于建立符合生态文明要求的发展方式。

竹藤资源培育与高附加值加工利用技术研究项目 在竹质工程材料标准与建筑规范、竹木结构示范房屋设计建造与评价、竹材低能耗高得率纸浆生产、竹子代谢产物提取、毛竹林养分精确管理和珍稀竹种种质资源筛选等技术方面取得阶段性创新成果。12月26日，项目召开中期进展评估会。竹藤中心主任江泽慧教授，国家林业局党组成员、科技司司长彭有冬出席会议并讲话。竹藤中心常务副主任费本华、项目咨询专家、项目课题负责人和研究骨干等50余人参加会议。5个课题的负责人分别汇报了课题中期进展情况，咨询专家组经过听取汇报、查阅中期检查报告、质疑和讨论，形成了中期检查综合意见，一致同意各课题通过中期考核检查。截至2014年，项目共申请专利49件，授权专利26项；研制标准4项，完成标准1项；获得新工艺3项、新装置2项、新品种2个、科研成果1项；发表论文15篇，其中SCI、EI收录40篇，出版专著1部；培养研究生44人，其中博士14人，培养博士后3人，培训技术人员70人；建立试验基地16个、中试线4个、生产线1个。

功能性竹(藤)基新材料制造技术研究项目 完成全部研究任务，研发制备出高耐候竹纤维增强高分子复合材料、高韧性抗冲击竹木复合材料、防腐防霉竹集成材、阻燃竹集成材、竹材固体颗粒燃料、竹材纤维素乙醇、竹材木质素发泡材料和竹材生物炼制剩余物改性胶黏剂等竹基材料产品8种；完成高韧性竹木复合材料、弯扭曲面的船壳、骨架、甲板构件等的设计、制造与评价研究；提出了棕榈藤材断裂韧性的测试方法，开发出棕榈藤材树脂型增强改性液配方和甲基丙烯酸甲酯浸渍处理藤材工艺；项目建成胶合竹层板、耐候防霉型竹塑复合材料和竹材固体颗粒燃料3条中试生产线，发表科技论文45篇(SCI收录25篇)，申请专利17项，起草相关技术标准3项，培养技术骨干和研究生15人。

大跨度竹质工程构建制造关键技术研究与示范项目 完成大跨度竹篾层积材、长竹束单板层积材、胶合竹层板的工艺研究、设备研制和性能评价，以及竹材室内、室外防腐处理、耐腐试验和防变色研究；完成示范大跨度房屋、桥梁的方案设计和选址；研发出新材料、新产品6种；建立年产500立方米胶合竹层板生产线、年产2000~4000立方米胶合竹层材和集成材单元防腐处理生产线、大跨度竹质工程构件生产线各1条，建立室外竹防变色技术应用示范基地；发表科技论文34篇(SCI收录8篇、EI收录4篇)，申请发明专利6件；研制行业标准1项，新装置1项。

竹子等林源植物精油生物调控及其利用研究项目 完成苦竹、金桂和紫藤等12种植物精油制备工作，分析、比较了不同精油香气成分的物质组成及含量，初步评估了8种竹藤植物精油的抑菌活性；从毛竹中成功克隆3个倍半萜合成酶基因，并实现其在酵母中的异源表达，明确了其对金合欢醇和橙花叔醇生物合成的催化功能；从桉树中获得萜烯类成分生物合成相关基因11个，构建了6种含倍半萜合成酶基因的工程菌株，明确了桉树单萜合成酶、倍半萜合成酶的分子特征及其功能；完成3个品种桂花转录组信息分析，发现芳樟醇、紫罗兰酮在不同品种桂花中的含量差异，明确了其合成途径中的4种差异关键酶；初步建成10公顷桂花栽培示范基地。撰写科技论文4篇，申请发明专利1项。

生态建设驱动模式与监测评价研究项目 由国际竹藤中心牵头，中国林科院科信所、林业所，北京林业大学等单位联合完成。项目开展了生态建设驱动理论研究，构建了生态建设驱动的动态模型，优化了科技支撑体系，研建出生态建设成效的监测评价指标体系，研制了生态建设驱动动态模拟与决策支持模型软件1套，建立生态建设驱动模型、技术支持体系和监测评价的基础数据库，建立了全国生态建设驱动科技信息服务网络平台、生态建设驱动监测评价指标体系数字化评价平台，出版专著4部，发表论文30篇。完成了预定的各项任务和指标，取得了良好的生态效益和经济效益。5月26日，项目通过国家林业局科技司组织的专家验收，并认定“生态建设驱动研究技术体系”“自然驱动生态恢复技术集成与示范”“生态建设驱动力耦合模型构建技术”3项成果。

中国主要竹种资源保存与培育标准体系研究项目 提出了中国主要竹种资源保存与培育标准体系框架，起草标准6个，发表论文12篇，培养研究生5人，建立资源保存基地1个，面积3.33公顷，收集竹种123种。

退耕竹林水土保持功能高效经营技术研究项目 以兼顾退耕地竹林水土保持功能与林地产量为目标，研究建立了退耕地丛生竹和散生竹水土保持功能监测评价技术体系2套；提出了以林分密度、年龄结构、母竹留养为核心指标的退耕地竹林合理经营模式3套，并对优化的技术模式进行了系统稳定性和水土保持功能监测与评价，建立了竹林结构调控技术与科学的肥料配比、施肥方式和施肥量、覆盖技术等林地管理组合技术3套；研究制定技术规程2个；发表核心期刊论文12篇；培养研究生5人，培训技术人员36人；项目认定成果“四川、江西退耕地竹林经营技术”1项。项目研究期内营建退耕示范竹林32.4公顷，示范林直接增益82万元，技术辐射面积1766.67公顷，辐射带动种植户700多户。

【获奖情况】

科技荣誉突出，科研成果显著 荣获“全国专业技术人才先进集体”，被授予科技部“国家级科技特派员创业培训基地”和国家林业局“第一批全国林业知识产权试点合格单位”，中国林学会竹藤资源利用分会荣获“先进学会”和“组织建设工作先进单位”称号。江泽慧主任荣获国际园艺生产者协会的个人最高奖项——“金玫瑰奖章”，这是对她为推动中国花卉产业和世界花卉园艺事业发展所作出突出贡献的表彰。范少辉研究员荣获“全国优秀科技工作者”。中心科研人员还荣获茅以升木材科学技术一等奖、第五届梁希青年论文奖等多项荣誉。

江泽慧主任获世界花卉园艺界最高荣誉 9月16日，在山东青岛召开的国际园艺生产者协会(AIPH)第66届年会上，国际竹藤中心主任、中国花卉协会会长江泽慧教授获得国际园艺生产者协会“金玫瑰奖章”。这是AIPH授予个人的最高奖项。颁奖仪式上，AIPH主席维克·克朗为江泽慧颁发“金玫瑰奖章”，高度评价了江泽慧近20年来在花卉园艺领域所取得的杰出成就，以及在促进中国花卉产业发展和推动世界花卉园艺事业发展所作出的突出贡献。在江泽慧的领导和推动下，中国成功举办了A1类的1999昆明世园会，A2＋B1类的2006沈阳世园会、2011西安世园会、2014青岛世园会，成功申请并认可了A1类的2019北京世园会，正在积极筹备2016唐山世园会；中国花卉协会代表中国，连续参加了3届荷兰世园会、2届泰国世园会，均取得优异成绩。

国际竹藤中心荣获“全国专业技术人才先进集体” 9月22日，第五届全国杰出专业技术人才表彰大会在北京举行。中央组织部、中央宣传部、人力资源和社会保障部、科技部联合表彰了99名全国杰出专业技术人才和96个专业技术人才先进集体。竹藤中心被授予“全国专业技术人才先进集体”称号。竹藤中心常务副主任费本华参加表彰大会。竹藤中心成立以来，牢牢把握科研这一核心任务，积极开展竹藤等生物资源领域的科学研究并取得丰硕成果；广泛开展国际合作与交流，国际影响力不断扩大；学科和人才队伍建设不断加强；竹藤科技服务与技术培训为生态林业、民生林业发展作出了积极贡献。

国际竹藤中心荣获科技部“国家级科技特派员创业培训基地”称号 4月18日，全国林业科技推广暨科技特派员工作会议在浙江临安举行。会议表彰了科技部授牌的“国家级科技特派员创业培训基地”“国家级科技特派员创业基地”和“国家级科技特派员创业链”等8家单位。竹藤中心近年来根据科技部和国家林业局的统一部署，不断加大林业科学研究和科技创新力度，研究成果丰硕，积极推进科技成果推广工作，在送科技下乡、林业科技特派员派遣和培训方面成绩显著，此次荣获“国家级科技特派员创业培训基地”称号。

国际竹藤中心获得“第一批全国林业知识产权试点合格单位” 6月，国家林业局公布了全国林业知识产权试点合格单位的名单，竹藤中心等26家第一批全国林业知识产权试点单位和27家第二批全国林业知识产权试点单位顺利完成试点工作并通过考核验收。竹藤中心自2010年被列为第一批全国林业知识产权试点单位以来，抓住机遇，不断加大对知识产权引导扶持力度，成立了知识产权领导小组和工作机构，建立了知识产权管理规章制度，制订了试点工作方案，强化宣传培训和服务管理，按照试点工作的目标任务，扎实有序地推进知识产权工作，为提高竹藤中心知识产权创造、运用、管理和保护能力打下了坚实的基础。

范少辉研究员荣获“全国优秀科技工作者” 12月15日，中国科协会员日暨第六届全国优秀科技工作者颁奖大会在人民大会堂小礼堂举行。大会表彰了第六届全国优秀科技工作者，全国共有4位林业科技工作者获得“全国优秀科技工作者”称号，国际竹藤中心竹藤资源与环境研究中心首席专家范少辉研究员获此殊荣。

【学术会议】

参加第十一届中国林业青年学术年会 9月3～5日，国际竹藤中心组团参加了中国林学会和西北农林科技大学在西安杨凌联合举办的第十一届中国林业青年学术年会。竹藤中心派出的10名科研人员和17名研究生参加了多个会场的学术交流活动，其中15人作了专题报告，与参会专家代表进行了学术交流和研讨，展示了竹藤中心近期科研工作进展和成果。大会开幕式上颁发了第五届梁希青年论文奖，竹藤中心李志强副研究员的参评论文荣获二等奖，余雁研究员等人的参评论文荣获三等奖5项。在分会场优秀报告的评选中，竹藤中心荣获一等奖1项，二等奖3项，三等奖2项。

参加第24届国际林联大会 10月5～11日，第24届国际林业研究组织联合会(国际林联，IUFRO)国际学术大会在美国犹他州盐湖城举行。国际竹藤中心(ICBR)派出5人代表团参加会议，并与国际竹藤组织(INBAR)共同组织了“可持续的竹藤资源”分会场，以及INBAR/ICBR推介边会。竹藤中心党委书记、中国林科院副院长刘世荣研究员在大会开幕式和闭幕式代表国际林联颁发“国际林联科学成就奖”“国际林联杰出博士生研究奖”“国际林联学生森林科学突出表现奖”“大会最佳墙报奖”等奖项，会议期间还组织了“国际林联杰出博士生研究奖学生经验交流”边会、“森林、水和人类”分会场。刘世荣研究员作了“变化环境下森林和水关系：在世界范围内不同空间尺度上的证据”学术报告。竹藤中心副主任李凤波在INBAR/ICBR推介边会上代表竹藤中心致欢迎词，表达了竹藤中心寻求全球合作，共同促进全球竹藤资源可持续发展的意愿。余雁研究员、李志强副研究员、苟航助理研究员分别介绍了竹藤中心近年来在竹基纳米纤维素材料制备、竹子生物能源转化技术、竹叶活性成分提取和利用等方面的研究工作。刘世荣研究员作为上届国际林联执行委员会的亚太区代表，在本届大会上再次当选执行委员会成员和国际林联第八学部森林环境学部副协调员。

【研究生教育】

研究生教育工作扎实推进，成效显著。导师队伍日益壮大，培养人数稳步增长，研究生科研创新能力不断加强，各项管理制度逐步健全，日常管理更加规范细致。全年共培养毕业研究生33名，招收博士、硕士研究生20名，目前在读研究生71名。新增博士生指导教师1人，现有博士生指导教师11人，硕士生指导教师11人。广泛开展研究生学术报告会、优秀论文评选、科技实践等活动，组织研究生参加国内外学术会议30余次。积极申报“研究生国家级奖学金”“茅以升木材科技教育奖学金”、梁希优秀学子奖、全国林科十佳毕业生和优秀毕业生、北京市优秀毕业生等，均获得较好成绩。

【机构和人才队伍建设】

事业单位分类改革工作 在机构和岗位设置聘任、人才队伍建设和教育发展等方面有所创新，取得成效。领导班子得到充实，加强了党政管理工作的领导力量；制订新一轮岗位设置工作方案，积极稳妥地推行岗位聘用工作；优化内设机构职能，研究提出内设机构调整方案；抓好人才培养和队伍建设，选派7人挂职锻炼和1

人国外学习；积极做好千人计划、科技创新推进计划领军人才和创新团队、百千万人才工程、享受政府特殊津贴人选等优秀人才和先进集体的推荐选拔工作；做好博士后科研工作站工作，建立完善博士后管理制度，规范加强博士后进、出站等管理，进站2名博士后，通过科研项目扶持、择优外派学习等方式，不断培养提高博士后的科研创新能力。

国际竹藤中心领导班子调整 6月10日，竹藤中心召开干部履新任命会议，竹藤中心主任江泽慧主持会议，国家林业局党组副书记、副局长张建龙出席会议并讲话，局人事司司长谭光明宣读了中共国家林业局党组关于刘世荣、李晓华2位同志任命的决定：任命刘世荣为中共国际竹藤中心委员会书记，正司局级，兼任生物资源利用科学研究院院长；李晓华为中共国际竹藤中心委员会副书记，副司局级；试用期一年。刘世荣、李晓华和竹藤中心常务副主任费本华分别在会上发言。

【国际合作交流】

全年派出12个团组28人次赴美国、法国、德国、加拿大等国家参加相关国际学术会议，开展竹藤生物质材料培育、加工利用和测试等方面合作研究；多次邀请国外专家学者做学术报告；与美国北德克萨斯大学签署科研合作备忘录；接待了世界竹子组织、印尼林业部、印度经济规划部、马来西亚木材工业委员会、英国剑桥大学、加拿大不列颠哥伦比亚大学等代表团来访；协办第三届森林科学论坛暨第十二届泛太平洋地区生物基复合材料国际学术研讨会，参加国家林业局中国—喀麦隆竹藤合作交流会、2015后国际森林安排研讨会；协助国际竹藤组织开展多项活动；成功举办主要面向国际竹藤组织成员国的援外培训班，做好商品共同基金“竹人造板预制房在亚非的开发和商品化”项目结题工作，申报“国际竹藤组织成员国竹藤可持续发展能力建设援助发展”“加强秘鲁竹资源可持续经营能力建设”项目和援外培训项目获得批准。

世界竹子组织执行主任苏珊娜·卢卡斯访问国际竹藤中心 3月24日，世界竹子组织执行主任苏珊娜·卢卡斯女士访问国际竹藤中心并开展工作交流。竹藤中心科研人员介绍了竹藤中心的总体情况以及近年来在竹子研究领域的重点方向，包括竹质工程材料、竹木复合示范房屋、毛竹基因组学等。卢卡斯主任对竹藤中心的接待表示感谢，表示世界竹子组织愿与竹藤中心共同推进国际竹子事业的发展，并希望竹藤中心的科研专家能够积极参加2015年在韩国举行的第十届世界竹子大会。

英国剑桥大学专家访问国际竹藤中心 3月28日，英国剑桥大学建筑学院海伦·穆利根博士和化学工程学院奥林·石曼教授访问竹藤中心，商谈双方签署合作备忘录等事宜，并交流竹材及其产品中英专业术语合作项目的进展。竹藤中心常务副主任费本华出席交流会，提出了双方的潜在合作领域，包括建筑用竹质工程材料的开发及标准化、竹材防护与性能改良等。双方还就人员互派、合作经费申请渠道等合作细节进行了探讨。海伦·穆利根博士积极回应竹藤中心的合作建议，表示会进一步研究细化，明确合作备忘录条款。

印尼林业部代表团访问国际竹藤中心 6月4日，印度尼西亚林业部流域管理与社区林业局局长亚伯拉罕·希尔曼·努格罗一行访问竹藤中心。竹藤中心副主任李凤波带领国际处和科教处负责人与印尼代表团就竹藤资源培育加工利用领域双边国际合作进行了交流讨论，双方表示可在竹藤种质资源保存和培育、访问学者交换和能力建设培训等方面先行开展合作。2010年世博会期间，两国林业部长签署了政府部门间竹藤合作谅解备忘录。在此框架协议下，竹藤中心与印尼林业部林业研究与发展局签署了竹藤科研合作的谅解备忘录。近年来，竹藤中心积极推动双方合作，共为11名印尼林业部门的官员提供了来华参加竹藤研修的机会。

马来西亚木材工业委员会代表团访问国际竹藤中心 9月17日，马来西亚种植业和商品部木材工业委员会主任嘉拉鲁第·哈润一行访问竹藤中心。竹藤中心常务副主任费本华，国际处、产业处负责人以及相关专家与代表团一行进行座谈。费本华向马方简要介绍了竹藤中心、中国竹林可持续经营技术以及中国竹产业发展的总体情况。马方介绍了马来西亚木材工业委员会的人员、机构、业务范围等情况。哈润对竹藤中心取得的成就表示赞赏。

国际竹藤中心与美国北德克萨斯大学签署科研合作备忘录 11月11日，国际竹藤组织董事会联合主席、国际竹藤中心主任江泽慧会见到访的美国北德克萨斯大学校长尼尔·斯马特一行，并代表竹藤中心与美方签署了科研合作备忘录。双方就可持续发展、人员互访机制和未来开展合作的方式等事宜进行了探讨。竹藤中心常务副主任费本华、党委书记刘世荣及有关处室负责人参加会见。

江泽慧会见加拿大不列颠哥伦比亚大学代表团 12月16日，国际竹藤组织董事会联合主席、国际竹藤中心主任江泽慧会见了到访的加拿大不列颠哥伦比亚大学(UBC)林学院副院长彼得·马歇尔一行。双方就开展合作交流、可持续发展、竹文化以及人员互访机制等事宜进行了讨论交流。会见前，竹藤中心与UBC林学院代表团召开学术交流报告会，竹藤中心党委书记刘世荣研究员主持报告会，UBC林学院森林资源管理系主任、博士生导师尤瑟瑞·卡萨比教授，竹藤中心高健研究员分别作学术报告。

刘世荣随中国林业科技代表团赴加拿大、德国交流访问 11月18～25日，中心党委书记刘世荣随国家林业局副局长孙扎根率领的中国林业科技代表团赴加拿大、德国访问。访问期间，代表团与加拿大哥伦比亚大学会谈同意在气候变化与林业适应性管理、森林可持续经营与森林认证领域开展合作，并明确了重点合作项目。与加拿大多伦多大学商谈同意在生物多样性保护、森林防火和森林碳循环以及林业生态经济学等领域开展合作，推动建立双方学生共同培养和专家互访机制。代表团还与总部设在德国的森林管理委员会探讨了今后双方开展合作的领域，同意将在标准制修订方面加强交流，共同提升森林认证标准指标的实用性和针对性。

【服务国际竹藤组织】

青岛世界园艺博览会国际竹藤组织馆日活动 4月26日，青岛世界园艺博览会国际竹藤组织园正式开园。

全国政协人口资源环境委员会副主任、国际竹藤组织董事会联合主席、中国花卉协会会长、国际竹藤中心主任江泽慧，国家林业局副局长孙扎根，青岛市委常委、副市长王晓方，国际竹藤组织总干事费翰思博士，以及来自20多个国家的驻华使节出席开园仪式。竹藤中心作为此次活动的支持方，在国际竹藤组织建园、布展和重要活动协调等方面给予了大力支持，竹藤中心常务副主任费本华带队组团参加开园仪式。江泽慧、孙扎根、费翰思和王晓方分别在开园仪式上致辞，表示竹藤是中国园艺中的重要组成部分，希望通过国际竹藤园能够展示竹藤领域的先进经验、技术以及园艺、景观领域的竹藤应用，分享竹藤创新成果，弘扬竹藤文化，倡导绿色生态，共建生态文明。

东盟国家竹资源可持续经营与利用研修班 6月18日至7月8日，国际竹藤中心成功举办商务部东盟国家竹资源可持续经营与利用研修班。来自东南亚8个国家的24名林业高级官员就竹资源可持续经营与利用专题，进行了为期21天的培训和交流。竹藤中心常务副主任费本华、党委书记刘世荣、国家林业局国际司处长夏军、国际竹藤组织副总干事李智勇，以及老挝驻华大使馆公使衔参赞、马来西亚驻华使馆一秘出席了开班式。研修班除在北京授课、交流、研讨外，还组织学员们赴浙江省安吉县参观考察毛竹丰产林基地、高新竹制品企业和国际竹产品贸易等。

拉美、加勒比及南太地区竹产业科技创新与政策研修班 9月3～23日，国际竹藤中心成功举办商务部“2014年拉美、加勒比及南太地区竹产业科技创新与政策研修班”。竹藤中心主任江泽慧，国家林业局党组成员彭有冬，商务部研修学院院长金旭，国家林业局国际司司长苏春雨，国际竹藤组织总干事费翰思博士出席开班式并致辞。来自巴西、巴拿马、巴哈马、哥伦比亚、古巴、牙买加等12个国家的林业、农业、环境和自然资源领域的25名官员参加了研修班。研修班针对学员的实际情况和研修主题，安排了专题讲座和座谈，并于9月14～19日组织学员赴浙江省安吉县参观考察。

【技术培训】

围绕民生林业和兴林富民，积极开展面向林业基层和林农的科技培训。全年共为广西、贵州、湖北、云南、四川等省区的贫困山区举办培训班，培训林业基层管理人员、专业技术人员、经济林种植户、林农、竹企业负责人以及残疾人学员等500余人，编纂教材6本，共计90余万字。为促进当地林业和竹产业发展、竹产区农村经济发展和农民脱贫致富作出了积极贡献。发挥联合国防治荒漠化公约国际培训中心的平台作用，举办了非洲英语国家荒漠化防治研修班，取得了积极成效和良好的国际影响。

非洲英语国家荒漠化防治研修班 6月17日至7月7日，国际竹藤中心和国家林业局治沙办联合承办了由商务部主办的“非洲英语国家荒漠化防治研修班”。竹藤中心常务副主任费本华、党委书记刘世荣，国家林业局治沙办副主任罗斌出席了研修班的开班和结业仪式。来自非洲10个英语国家的19名司处级官员参加研修班。6月17～29日，研修班在京授课。来自相关领域的专家、政府官员和企业负责人系统地讲授了荒漠化防治相关专题。6月30日至7月6日，研修班组织学员赴甘肃靖远、定西、武威、民勤等地实地考察了靖远县现代农业示范园、GEF/OP12项目点、钱学森沙产业展览馆和国家林业局甘肃濒危动物保护中心、民勤县治沙综合试验站和腾格里沙漠和巴丹吉林沙漠的边缘治理区域等，了解当地防沙治沙工程实施情况和所取得的突出成效，学习中国防沙治沙的有效举措和生态文明建设方面的成功经验。

2014年贵州竹编技术扶贫培训班 9月21日至11月6日，国际竹藤中心在四川青神中国竹艺城——川南农村社区学院为贵州省举办2014年贵州竹编技术扶贫培训班。来自贵州省麻阳河自然保护区和黔西南州的35名少数民族贫困学员，圆满完成了47天的平面竹编和竹编家具技术的学习培训，取得优异成绩。11月6日举行结业座谈会，竹藤中心党委书记刘世荣，四川省林业厅副厅长包建华，贵州省黔西南州林业局局长胡丹录，贵州省麻阳河自然保护区管理局局长魏鲁明，四川省教育厅巡视员、成都市艺术学院院长刁纯志，眉山市委副秘书长彭国超，青神县委副书记罗兴建等出席。

【科技产业】

完成竹藤工程中心中试基地主要生产线的安装、仪器设备布局以及配套设施建设，初步形成了竹藤科技成果工程化、产业化平台。与湖北、江西、浙江、福建、四川等省竹企业广泛开展横向合作研究和技术服务，与浙江鑫宙竹基复合材料科技有限公司联合研发的“竹缠绕复合压力管”技术通过国家林业局科技司的成果鉴定，并已进行示范应用；参与四川弘航集团沐川县竹产业园的规划工作。深入开展竹产业调研，与云南省林业调查规划院共同编制的《云南省竹产业发展规划》通过专家评审。与四川省泸州市签署竹产业发展合作协议，开展泸州市竹产业发展规划的编制工作；积极推进与广东中山市的技术合作。

“竹缠绕复合压力管”科技成果通过鉴定 8月9日，国家林业局科技司在浙江杭州召开科技成果鉴定会，对浙江鑫宙竹基复合材料科技有限公司和国际竹藤中心联合研发的“竹缠绕复合压力管”技术成果进行鉴定。来自相关领域的10位专家组成成果鉴定委员会，中国工程院张齐生院士担任主任委员。国家林业局科技司巡视员张志达主持会议并讲话，竹藤中心副主任李凤波参加鉴定会。鉴定委员会听取了成果完成单位的研究技术报告，审阅了相关技术资料及测试报告，考察了竹缠绕复合压力管生产装备、生产线以及产品，一致认为该成果思路独特，结构新颖，具有质量稳定、性能可靠、性价比高等优势，拓宽了竹材的应用领域，大幅度提高了竹材的附加值，具有显著的生态、经济和社会效益，达到了国际领先水平。该技术成果已在黑龙江、新疆和浙江3个水利示范工程进行示范应用，应用效果良好，具备了产业化生产条件，推广应用前景广阔。

《云南省竹产业发展规划》通过专家评审 10月30日，由国际竹藤中心与云南省林业调查规划院共同编制的《云南省竹产业发展规划（2014～2020年）》专家评审会在竹藤中心举行。竹藤中心主任江泽慧，国家林业局党组副书记、副局长张建龙，中共云南省委常委、省委高校工委书记、滇中产业新区党工委书记李培出席，国家林业局党组成员彭有冬主持评审会。来自国家林业局、国际竹藤组织、竹藤中心、中国林科院、中国林学会、中国竹产业协会、中国人民大学、北京林业大学、西南林业大学以及云南省相关领导和专家共40余人参加了评审会。评审会专家认为《规划》提出的竹产业发展总体思路清晰，重点突出，论证分析科学，可操作性强，对云南省竹产业发展具有指导意义和推动作用，一致通过评审。

【竹藤标准化】

紧紧围绕国家林业局和国家标准化管理委员会的部署，针对新形势下林业发展对标准化工作的新要求，积极完成各项工作任务。与国际竹藤组织沟通协商国际标准制修订、国际标准化组织竹藤技术委员会筹备成立工作，已完成提案文本及说明的编制和上报工作，取得重要进展。根据《林业标准化管理办法》的要求，对《主要商品竹苗质量分级》等2项国家标准、《城市主要绿化竹种苗木等级》等13项林业行业标准进行严格审查，并上报国标委和国家林业局待发布；审核并上报《竹质复合压力管》等10个2015年度林业行业标准制修订项目计划；完成《竹产品术语》等6项国家标准和林业行业标准征求意见；《毛竹笋栽培技术规程》等7项林业行业标准获国家林业局批准实施。组织《竹炭》《寝具竹炭》《空气净化用竹炭》和《重组竹地板》等4项国家标准宣贯培训，加强对行业内企业的技术指导，提高相关竹产品的生产水平。

“全国竹藤标准化技术委员会”2013年年会 于2月25日在国际竹藤中心召开。会议听取了竹藤标委会2013年工作总结的报告，讨论通过了2014年工作计划，对2015年拟征集竹藤标准项目、“慈竹林丰产栽培技术规程”等4个标准审查、调整委员计划、经费管理办法进行了讨论和投票，并对竹藤标准化下一步工作提出了意见建议。竹藤中心主任、竹藤标委会主任江泽慧，国家标准化管理委员会农业食品标准部副主任徐长兴，国家林业局科技发展中心主任胡章翠出席会议并讲话，竹藤中心常务副主任费本华、中国竹产业协会副会长刘红、国际竹藤组织副总干事李智勇、竹藤中心副主任李凤波及全国竹藤标委会委员等出席会议。

国际标准化组织竹藤技术委员会筹建工作组会议和专家论证会 6月27日，国际标准化组织竹藤技术委员会筹建工作组在国际竹藤中心召开筹备工作会议，讨论国际标准化组织竹藤技术委员会申报提案和提案说明文本，并梳理中国竹藤标准体系。会议由国家林业局科技司标准处处长冉东亚主持，国际竹藤组织副总干事李智勇，国标委处长李东方，人造板、木结构和木材等相关标委会秘书长及筹建工作小组的成员参加了会议。

7月15日，召开筹建专家论证会。会议由国家林业局科技司副司长、科技发展中心主任胡章翠主持，国标委国际合作部副主任郭晨光、农业食品部副主任徐长兴，竹藤中心常务副主任费本华、副主任李凤波，国际竹藤组织副总干事李智勇，国家林业局科技司标准处处长冉东亚及筹建工作小组成员参加。会议介绍了国际标准化组织竹藤技术委员会筹建背景、筹建工作小组工作进展情况以及提案和提案说明的文本准备情况。与会领导和专家对文本提出了具体的修改意见，并安排制作宣传册和视频材料，促进筹建工作的积极开展。

【条件平台建设】

竹藤科学与技术重点实验室建设和管理进一步完善，实验室扩建工程筹备工作稳步推进，组织申报了2014年北京市教委支持中央在京高校共建项目。安徽太平试验中心科研培训用房及配套设备设施改造项目有序推进，竹种引进、繁育和保存库管理工作得到加强，科研示范房屋及配套设施建设完成。海南三亚热带森林植物种质资源基地一期装修工程顺利完工，完成了二期项目初步设计、野外收集保存区作业道路等配套工程和国外竹藤的引种试验。国际竹藤组织青岛科技基地项目筹建取得突破进展，项目可研、初步设计和配套资金得到批复，已经完成项目用地划拨审批，正在组织一期建设和筹划二期建设方案。竹林生态定位站建设工作取得进展。

国际竹藤组织青岛科技基地项目 为进一步增强国际竹藤组织在科技应用和国际发展方面的优势，充分发挥其作为“南南合作”重要平台的作用，国家林业局决定在山东青岛即墨市组建国际竹藤组织(INBAR)青岛科技基地，成立了以赵树丛为组长，张建龙、江泽慧为副组长，国家林业局相关司局主要负责人组成的项目领导小组，并成立了项目筹建办公室，竹藤中心作为该项目的承建单位。2014年，项目筹建工作取得突破进展，取得了即墨市环保局的环评批复、国土局《关于项目用地的预审意见》、规划局《建设用地规划条件通知书》和《建设用地规划许可证》以及即墨市人民政府《关于项目用地使用权划拨方案的批复》。支付了土地划拨款，取得了《房地产权证》，项目用地划拨的审批程序基本完成，正在组织一期建设和筹划二期建设方案。

竹林生态定位站 完成前期筹备工作。完成了“安徽太平竹林生态系统定位观测研究站”“海南三亚竹藤伴生林生态系统定位观测研究站”“江苏宜兴竹林生态系统定位观测研究站”“广东珠江口城市群森林生态系统定位观测研究站”“广西凭祥竹林生态系统定位观测研究站”“福建福州竹林生态系统定位观测研究站”“四川长宁竹林生态系统定位观测研究站”“云南普洱竹林生态系统定位观测研究站”8个竹林生态定位站的申报工作，并完成安徽太平竹林生态站、海南三亚竹藤伴生林生态站、广东珠江口城市群森林生态站和江苏宜兴竹林生态站的现场考察工作。下一步将进一步做好其他4个生态站的现场考察工作，并提报国家林业局进行专家论证。

【创新平台建设】

“竹藤产业发展创新驱动联盟”成立 1月10日，由国际竹藤中心发起组建的“竹藤产业发展创新驱动联盟”成立并签订合作意向书。竹藤中心主任江泽慧，国家林业局副局长孙扎根出席签字仪式并讲话。国家林业局办公室、造林司、计财司、科技司、科技发展中心、中国林科院和中国竹产业协会等司局和单位领导，江苏、安徽、贵州、四川、江西、湖北等相关省林业厅（局）领导以及竹藤中心、安徽龙华竹业有限公司、四川川南农村社区学院和杭州斯科环保有限公司等15家联盟成员单位代表参加签字仪式。

城市森林生态文化绿色建筑创新驱动基地启动 为了贯彻习近平总书记关于加快实施创新驱动发展战略的重要讲话精神，国际竹藤中心、国家林业局城市森林研究中心、中国生态文化协会在深圳园山共同组织开展城市森林生态文化绿色建筑创新驱动基地示范园项目建设。8月22日，三方在竹藤中心签订合作协议书。8月25日，竹藤中心与深圳市园山林科投资发展有限公司在深圳签署合作协议，标志着深圳园山城市森林生态文化绿色建筑创新驱动基地，暨国际竹藤中心园山科研基地正式启动。这是我国首个城市森林生态文化绿色建筑创新驱动基地，具有城市森林科研、竹藤新材料成果展示和推广应用、森林生态文化综合示范等多种功能。国家林业局局长赵树丛，竹藤中心主任江泽慧，广东省委常委、深圳市委书记王荣，深圳市委副书记、市长许勤，国家林业局总工程师、计财司司长封加平，以及国家林业局科技司副司长、科技发展中心主任胡章翠，竹藤中心常务副主任费本华、党委副书记李晓华等出席基地启动座谈会。赵树丛、江泽慧等一行对深圳城市森林建设和园山基地项目区进行了实地调研。

【中美共建中国园项目】

2014年，在中美两国共同努力下，中国园项目取得实质性进展，开工前的各项准备工作基本就绪。在中方的努力下，中国江苏省企业承诺资助专款用于中国园施工设计的资金，并在第六轮中美战略与经济对话期间举行捐赠签字仪式。中美双方召开了第九次中美联合工作组会议和联合设计工作组会议以及多次项目内部工作组会议，共同推动筹资、设计与施工规划的进展，力争在2016年开工建设。

中国园项目捐赠仪式 7月8日，在第六轮中美战略与经济对话召开之际，中美共建中国园项目施工设计费捐赠仪式在国际竹藤中心举行。中国企业英成集团有限公司向全美中国园基金会捐赠资金3000万元人民币，专款用于中国园项目的施工设计费用。中国园项目中方总执行人江泽慧代表中美共建中国园项目中方执行单位、江苏英成集团董事长褚勤代表捐款企业、全美中国园基金会主席斯多曼代表全美中国园基金会代表三方签署协议书。国家林业局局长赵树丛，美国农业部常务副部长克丽斯塔·哈登，国家林业局副局长、中国园项目中方建设领导小组组长张永利，国家林业局党组成员彭有冬，国家林业局总工程师封加平，全美中国园基金会主席鲍勃·斯多曼以及外交部、商务部、美国驻华使馆和江苏省林业局、扬州市政府、捐赠企业代表等出席捐赠仪式。

中国园项目中美双方第九次联合工作组会议 应美国农业部全美中国园基金会邀请，9月9～13日，国际竹藤中心常务副主任、中国园项目中方建设领导小组办公室主任费本华率代表团赴美国出席中国园项目中美双方第九次联合工作组会议，同时出席联合设计工作组会议和全美中国园基金会主办的中国园中秋筹款晚宴活动。9月10日，中国园项目中秋筹款晚宴在美国华盛顿国家树木园举行。美国农业部长维尔萨克、中国驻美国大使馆公使衔参赞李朝晨、中国驻美国大使馆科技参赞梅建平，以及中国园项目中方代表团、全美中国园基金会、意向捐赠企业代表等共100余人出席。维尔萨克部长致词，美国国家树木园园长理查德·奥森代表树木园发表讲话。中美双方就中国园项目建设交换了意见。9月11日上午，联合设计工作组会议在美国国家树木园举行。中方代表团、全美中国园基金会及美国佩奇建筑设计公司代表参加会议。会议对中国园园区内水体来源、园区景观和安全等问题进行了讨论。会议约定中美双方建立定期沟通机制，加强交流，及时讨论，尽早完成设计。9月11日下午，中美双方第九次联合工作组会议在美国国家树木园举行。全美中国园基金会主席鲍勃·斯多曼主持会议，美国农业部副部长凯瑟琳·沃塔基、中方代表团、全美中国园基金会及美国佩奇建筑设计公司代表参加会议。沃塔基、斯多曼代表美方，费本华代表中方分别致辞。会议听取了中方和全美中国园基金会的工作进展情况汇报，并进一步讨论了关于英成集团捐赠资金的协议细节问题并达成共识。

【党建和机关建设】

深入贯彻落实党的十八大和十八届三中、四中全会精神，以贯彻落实习近平总书记系列重要讲话精神为主线，以巩固群众路线教育实践活动和两转变两服务活动为重点，努力打造学习型服务型创新型科研特色党组织。一是抓好政治理论学习，强化思想理论武装。二是认真抓好教育实践活动整改任务落实和“回头看”工作，取得成效。在查摆出的6个方面突出问题30条意见建议中，有28项已完成整改并建立长效机制，2项已提出落实整改措施，完成了17项建章立制工作。三是着力加强党的组织建设。召开了第二次党员大会，完成了党委和党支部的换届工作，选举产生第二届党委会和纪律检查委员会。培养入党积极分子28名，发展党员3名，预备党员转正2名。四是主题活动富有成效。开展纪念建党93周年系列纪念活动、“永葆本色强党性”党支部系列活动、学习林业生态文明建设先进典型、企业家报告会、“咏竹”演讲比赛、参观反腐倡廉警示教育基地等主题活动。五是利用多种渠道，加大党建和机关文化宣传力度。六是切实做好工青妇和统战工作。以党建带动、指导和加强工青妇工作，支持开展各类文体活动，屡获佳绩。七是积极开展评先评优工作。获中央国家机关“最具活力团支部奖”，2人获2012～2014年度局直属机关“优秀青年”和“优秀青年工作者”，5人获局2011～2013年度工会、妇女工作优秀个人称号。

中共国际竹藤中心第二次党员大会 11月13日，中共国际竹藤中心第二次党员大会在北京召开，竹藤中心主任江泽慧，国家林业局党组副书记、副局长、直属机关党委书记张建龙出席大会并讲话。局党组成员彭有冬，局直属机关党委常务副书记高红电，局人事司副司长丁立新，中国林科院分党组书记、京区党委书记、副院长叶智，竹藤中心领导班子成员费本华、刘世荣、李凤波、李晓华以及竹藤中心和国际竹藤组织全体党员、民主党派和党外人士等特邀代表近110人参加大会。大会审议通过了中共竹藤中心第一届委员会工作报告，选举刘世荣、李凤波、李晓华、陈瑞国、费本华(按姓氏笔画为序)为中共国际竹藤中心第二届委员会委员，刘世荣为书记，李晓华为副书记；选举王英、刘杏娥、李晓华、余雁、覃道春(按姓氏笔画为序)为中共国际竹藤中心纪律检查委员会委员，李晓华为书记。

竹藤中心工会换届暨妇工委成立大会 12月30日，竹藤中心召开工会换届暨妇工委成立大会。国家林业局直属机关工会联合会主席蒋周明出席会议并讲话。竹藤中心常务副主任费本华主持会议，党委书记刘世荣、副主任李凤波、党委副书记李晓华以及全体工会会员参会。大会听取、审议通过了第二届工会委员会工作报告，选举李晓华、李岚、代洪海、李兴军和宋虽花为竹藤中心第三届工会委员会委员。经职工推荐并经中心党委研究，报请局直属机关妇工委批准，选举董杰为妇工委主任，蔡春菊为妇工委副主任，牟少华为妇工委委员。

【考察调研】

江泽慧主任赴深圳调研 1月6~8日，国际竹藤中心主任江泽慧一行赴深圳调研，调研主题是深化竹藤资源科技体制改革，探索创新驱动模式，建立新型研发基地，交流基因科学和基因产业化信息。竹藤中心常务副主任费本华、首席科学家彭镇华等参加调研。江泽慧主任一行听取了深圳园山城市森林生态文化绿色建筑的综合规划情况，到现场进行了考察，并与深圳市市长许勤、常务副市长吕锐锋等进行座谈。

江泽慧主任赴上海考察调研 5月12~15日，国际竹藤中心主任江泽慧带领全国政协人口资源环境委员会调研组赴上海调研重点区域大气污染综合防治情况。竹藤中心党委书记刘世荣参加调研。调研组考察了上海市环境科学院、上海市气象局、日月光中心、崇明东滩大气综合观测站、崇明东滩鸟类国家级自然保护区、上海外高桥第三发电有限公司，了解了上海在大气污染成因研究、环境气象监测、扬尘污染治理、煤炭清洁综合利用以及区域联防联控等方面的积极做法，并与上海市政府相关部门、在沪全国政协委员、上海市政协委员等就上海市分解落实大气十条、建立区域大气污染联防联控机制、优化产业结构和能源结构、强化科技支撑等情况交流座谈。

江泽慧主任赴同济大学考察调研 5月15日，全国政协人口资源环境委员会副主任、国际竹藤中心主任、同济大学兼职教授江泽慧赴同济大学考察调研。同济大学原校长吴启迪，上海市政协秘书长贝晓曦，同济大学党委书记周祖翼、副校长吴志强等参加考察和交流座谈。江泽慧主任先后考察了同济大学土木工程学院大型防灾试验室、建筑与城市规划学院院史馆及学院教学创新基地，听取了相关情况介绍，询问了解师生的工作和生活情况，对同济大学取得的各项成果表示赞许，希望在城市森林、竹质工程材料、可再生资源利用、绿色建筑和城镇化建设等方面开展合作研究。江泽慧主任还向同济大学校图书馆捐赠了由她主编、编著的《世界竹藤》《绿竹神气——中国一百首咏竹古诗词精选》(中英文版)《生态文明时代的主流文化——中国生态文化体系研究总论》《中国棕榈藤》《竹乐器的世界》等一批图书著作。

【第八届中国竹文化节】

11月17~19日，第八届中国竹文化节在安徽省黄山市举行。本届竹文化节由国家林业局、安徽省政府、国际竹藤组织主办，中国竹产业协会、安徽省林业厅、黄山市人民政府承办，国际竹藤中心、中国林学会竹藤资源利用分会协办，主题为“弘扬竹文化，发展竹产业，建设美好乡村”。竹藤中心主任江泽慧，国家林业局副局长张永利，安徽省第十届政协副主席王鹤龄，国际竹藤组织总干事费翰思出席11月18日的开幕式。江泽慧宣布第八届中国竹文化节开幕并向第九届中国竹文化节举办地四川省眉山市政府授牌。

11月17日，江泽慧出席竹文化节系列活动之一的中国竹产业发展经验交流会并作主旨报告。交流会上，中国林科院、竹藤中心的专家介绍了竹林培育面临的挑战和对策、竹材开发和利用科研新成果。安徽省林业厅、福建省永安市和江苏宜兴亨达竹格填料有限公司的代表分享了竹产业发展经验。

11月19日，竹藤中心承办了竹产业绿色发展和创新驱动国际研讨会、第五届中国竹种园联席会议。江泽慧出席开幕式并作主旨发言。竹文化节期间，江泽慧一行还考察了黄山竹文化博物馆，出席了黄山韵竹园揭牌仪式，与国家林业局副局长张永利、安徽省第十届政协副主席王鹤龄等共同种植了纪念竹。竹藤中心常务副主任费本华、中国生态文化协会副会长汪绚、国际竹藤组织副总干事李智勇、竹藤中心党委副书记李晓华等参加竹文化节系列活动。

【林业大事】

1月16日 在中国林学会组织开展的2002~2013年先进学会工作者、先进学会和先进挂靠单位的评选活动中，竹藤资源利用分会荣获中国林学会“先进学会”称号。

3月12日 在全国林学会秘书长会议上，竹藤资源利用分会因工作成绩突出，被中国林学会评为“组织建设工作先进单位”。

3月24日~4月2日 竹藤中心组织参加国家林业局机关两建工作会议暨司处级干部深入学习贯彻习近平总书记系列讲话精神轮训班。竹藤中心全体司处级干部共17人分三批参加了集中轮训。

4月28~29日 大跨度竹质材料桥梁专题组在重庆交通大学召开竹桥建设方案专家评审会。会议邀请茅以升基金会秘书长茅玉麟、竹藤中心常务副主任费本华研究员和相关桥梁专家组成专家组。专家组一致同意方案通过评审。

4月 竹藤中心刘志佳副研究员荣获2013年度“茅以升科学技术奖—木材科学技术奖”一等奖，2011级硕士研究生张禄晟和2011级博士研究生封焕英荣获“茅以升科学技术奖-茅以升教育奖学金”。

5月4日 中国建筑设计研究院院长修龙一行到竹藤中心，就贵州国际生态会议中心建筑和材料等事宜进行技术交流。竹藤中心常务副主任费本华、副主任李凤波及相关处室负责人参加交流会。

5月13～15日 国家林业局科技司在北京组织开展林业公益性行业科研专项项目验收工作。竹藤中心承担的“竹质结构工程材料标准体系研究”“中国主要竹种资源保存与培育标准体系研究”和“退耕竹林水土保持功能高效经营技术研究”3个项目通过项目验收。

5月24日 中国共产党优秀党员、著名林学家、林业教育家、中国林科院首席科学家、竹藤中心首席科学家、中国林科院林业所彭镇华教授，因病医治无效，在北京逝世，享年83岁。5月30日，彭镇华教授遗体告别仪式在北京八宝山革命公墓举行。

6月19日 竹藤中心党委书记刘世荣研究员会见了到访的美国北德克萨斯大学工学院院长陶永心教授一行。双方就开展科研合作交流以及中国竹产业发展等方面问题进行座谈。

6月25日 美国西弗吉尼亚大学王景欣教授应邀到竹藤中心作了题为“从生物质到生物燃料和生物产品”的学术报告。竹藤中心党委书记刘世荣研究员主持报告会，中心干部职工和研究生80余人参加。

6月26日 中国驻乌拉圭大使严邦华、驻刚果(布)大使关键访问国际竹藤组织，并参观国际竹藤展厅。

6月28日 国家林业局造林司司长王祝雄、中国竹产业协会秘书长刘红、安徽省林业厅巡视员程鹏和黄山市副市长吴文达一行实地考察安徽太平试验中心作为第八届竹文化节考察点的筹备情况，竹藤中心副主任李凤波陪同考察。

7月3日 竹藤中心邀请江苏宜兴亨达竹格填料有限公司鲁继平董事长和浙江鑫宙竹基复合材料科技有限公司叶柃董事长作企业发展与竹质新材料研发专题报告。竹藤中心常务副主任费本华主持报告会，党委副书记李晓华及干部职工和研究生参加。

7月10～13日 竹藤中心副主任李凤波参加科技部在内蒙古呼伦贝尔市召开的第十七届农口国家工程技术研究中心主任联席会。

7月14～20日 竹藤中心承担的“毛竹林土壤氮循环15N示踪监测技术研究”项目聘请专家、加拿大阿尔伯塔大学张小川教授来华开展项目技术交流与培训。

8月18日 国家林业局科技发展中心组织专家对竹藤中心承担的“风机叶片用竹木复合材料加长技术”和“竹木复合系列专利技术”专利产业化推进项目进行验收。国家林业局科技司副司长、科技发展中心主任胡章翠主持验收会，竹藤中心常务副主任费本华参加。由国家林业局科技发展中心、中国林科院、北京航空航天大学的专家组成的验收委员会，一致同意项目通过验收。

8月20～28日 竹藤中心“基于X射线成像的木竹材无损检测技术研究”项目组杨淑敏、田根林博士赴美国普渡大学、威斯康新大学麦迪逊分校和美国农业部林产品实验室进行学术交流。

9月3日 全国政协人口资源环境委员会副主任、国际竹藤组织董事会联合主席、竹藤中心主任江泽慧，竹藤中心党委书记刘世荣出席马拉维加入国际竹藤组织升旗仪式。

9月11～17日 竹藤中心王戈博士随中国林学会代表团赴台湾进行两岸林业学术交流和考察。考察了台湾罗东林业文化园、竹炭加工基地、疏伐木崩塌地治理工程和触口自然教育中心等，参加了中国林学会和中华林学会在台北市共同举办的“2014两岸林业论坛”。

9月11～17日 竹藤中心“林地土壤有机碳遥感估测技术引进”项目组范少辉研究员等赴德国哥廷根大学、弗莱堡大学开展林地土壤有机碳遥感估测相关的技术交流与学习。

9月15日 竹藤中心副主任李凤波代表国家竹藤工程技术研究中心参加国家林业局科技司在福建农林大学召开的工程(技术)研究中心工作座谈会。

9月17日 马来西亚种植业和商品部木材工业委员会主任嘉拉鲁第·哈润一行访问竹藤中心。竹藤中心常务副主任费本华，国际处、产业处负责人及相关专家与代表团一行进行座谈。

9月18～22日 应“原竹分级及建筑应用研究”项目组邀请，英国考文垂大学教授大卫·特鲁杰罗一行到竹藤中心开展学术交流与合作。其间，竹藤中心党委副书记李晓华与大卫教授一行进行座谈，并一同赴安徽太平试验中心实地考察和工作交流。

10月22日 “深圳园山城市森林生态文化绿色建筑创新驱动基地”项目召开工作会议。竹藤中心主任江泽慧主持会议，竹藤中心常务副主任费本华、党委副书记李晓华，项目筹备工作领导小组顾问王世宽、办公室主任郑少波，国家林业局城市森林研究中心常务副主任王成等参加。经过会议研究讨论，同意成立“园山创新驱动基地”项目建设领导小组和“深圳国家森林城市建设总体规划”编制领导小组。

10月 《第一届竹藤资源利用分会学术研讨会论文集》被中国科学技术信息研究所(国家工程技术图书馆)《中国学术会议论文数据库》收录。

11月18～25日 竹藤中心党委书记刘世荣随国家林业局副局长孙扎根带领的林业国际合作代表团，赴加拿大和德国参加林业合作交流会，并访问加拿大不列颠哥伦比亚大学和森林管理委员会。

12月5日 由国家林业局对外合作项目中心主办，竹藤中心协办的2014林业援外培训管理座谈会在竹藤中心举行。国家林业局国际合作司司长苏春雨、管理干部学院常务副院长张健民、对外合作项目中心常务副主任吴志民，商务部国际商务官员研修学院副院长邹传明，竹藤中心副主任李凤波及20余家援外培训相关单位的40余名代表出席座谈会。

12月29日 竹藤中心召开2014年出国团组成果报告会。竹藤中心领导班子及干部职工和研究生参加会议。会上共有12个团组代表作了出访成果报告，其中开展中长期访问学习的团组4个，开展短期合作研究的团组5个，开展国际会议和文化交流的团组3个。

(国际竹藤中心由王刚供稿)

国家林业局森林病虫害防治总站

【综　述】 2014 年，坚持以科学发展观为指导，认真学习贯彻国务院办公厅《关于进一步加强林业有害生物防治工作的意见》(国办发〔2014〕26 号，以下简称"《国办意见》")，2014 年全国林业厅局长会议、长沙全国林业有害生物防治现场会、野生动物 H7N9 禽流感疫情监测防控工作会议，以及国家林业局领导多次重要批示精神，紧紧围绕发展生态林业和民生林业，突出重大林业有害生物防治和突发生物灾害应急处置，强化野生动物疫病监测信息管理和主要野生动物疫病主动预警，扎实开展党的群众路线教育实践、"转变职能、转变作风，服务大局、服务基层"等活动，全面推进林业有害生物防治工作、野生动物疫源疫病监测工作和森防总站自身建设。

《国办意见》贯彻落实 5 月 26 日，国务院办公厅《关于进一步加强林业有害生物防治工作的意见》印发后，森防总站在第一时间召开会议进行认真学习，并根据《国办意见》有关精神，结合目前林业有害生物防治工作面临的新形势和新任务，对有关问题进行了深入思考，在 6 月中旬召开的全国森防宣传工作会上就把握好机遇与挑战、认识好灾害观与生态观、处理好重点与全局、处理好技术与管理、处理好典型事件与重大事件宣传等 5 大关系进行了阐述，还组织部分省级森防站(局)长就如何深入贯彻落实《国办意见》进行学习讨论。组织力量撰写 12 万字的《〈国办意见〉释义》，印发基层森防机构，指导各地深入领会和贯彻落实。

整理各地《2011～2013 年松材线虫病等重大林业有害生物防控目标责任书》完成情况基础数据和材料，严格按照国务院同意国家林业局印发的《松材线虫病等重大林业有害生物防治目标责任检查考核办法》(林发明电〔2014〕2 号)，配合造林司于 10～11 月完成了对 31 个省(区、市)人民政府《2011～2013 年松材线虫病等重大林业有害生物防控目标责任书》履责情况实地抽查考核及总结报告撰写。配合造林司，组成国家林业局领导重要讲话起草、有关材料整理的工作小组，筹备召开了全国林业有害生物防治现场会。

领导检查指导 6 月 6～7 日，国家林业局副局长张永利到河北省北戴河区、辽宁省葫芦岛市检查美国白蛾、油松枯梢病等林业有害生物防治工作，出席在沈阳召开的"京津冀辽吉内蒙古美国白蛾防治工作座谈会"并发表讲话。造林司副司长赵良平，森防总站党委书记李青松、总站长宋玉双、纪检书记李永成及副处副高以上干部职工参加座谈会。张永利指出，要充分发挥森防总站作为林业有害生物防治工作"国家队""排头兵"的作用，大力弘扬"啄木鸟精神"，谋最要害的事，干最高水平的活，确保"有虫不成灾，有病不成疫"，为实现绿色增长和建设美丽中国提供重要保障。

6 月 27 日，国家林业局党组成员、科技司司长彭有冬莅临森防总站调研检查工作。彭有冬强调指出，森防总站要组建高水平团队，积极寻找创新点，加大林业行业专项、成果推广、行业标准、软科学等科技项目的申报力度；结合林业有害生物防治、野生动物疫源疫病监测和自身发展需要，探索加强工程技术研究中心等科技平台建设；充分发挥行业力量，大力宣传啄木鸟精神、"最美森林医生"等典型事迹，挖掘森防战线的先进典型；加强科学研究与技术推广，加大科技支撑力度，提高林业有害生物防治的科技水平。

机构队伍建设 5 月 26 日，人事司批复森防总站成立预警信息中心(办人字〔2014〕68 号)，人员编制内部调剂解决，处级领导职数按 1 正 2 副配备，森防总站处室数量增加到 18 个。7 月 1 日，森防总站预警信息中心正式成立(林防总〔2014〕77 号)，行政处更名为后勤处，信息处更名为编辑部。8 月 1 日，森防总站被辽宁省档案局评为"辽宁省直机关档案工作省一级单位"，办公室主任闫峻、副主任沈艳霞和彭鹏、游丰被评为"辽宁省机关档案工作突出贡献人员"。陈国发获国家林业局 2013 年"百千万人才工程"省部级人选荣誉称号，高薇被授予国家林业局"十佳优秀青年工作者"称号，董振辉被授予国家林业局直属机关"优秀青年"称号，孙淑萍获辽宁省直机关三八红旗手荣誉称号，阎合获辽宁省直机关"优秀团干部"荣誉称号。

科学技术成果 3 月 15 日，由森防总站联合山东省泰山林业科学研究院、北京市林木保护站、山西省林业有害生物防治检疫局完成的"侧柏重大蛀干类害虫植物源引诱剂防治技术推广"(编号：〔2011〕42 号)，通过科技司组织的专家验收。4 月 25 日，国家自然科学基金"林木枝梢及果类蛀虫寄生天敌研究"，通过国家自然科学基金委员会组织的专家验收。

6 月 20 日，森防总站主持的林业公益性行业科研专项"全国林业生物灾害精细化预报及管理基础应用研究"项目启动暨研讨会在合肥市召开，总站长、项目负责人宋玉双主持会议，并代表项目承担单位分别与安徽农业大学、安徽省潜山县林业局签订了项目委托协议，会议还研讨完善了项目技术方案。

11 月 24 日，由森防总站主持并联合 10 多家产学研单位完成的"气候变化对林业生物灾害的影响及适应对策研究"荣获 2014 年辽宁省科技进步二等奖。该项目首次从全国尺度系统研究气候变化对林业有害生物发生发展的影响及应对策略；首次深入研究了 CO_2浓度升高对单虫种生长发育的影响，更加微观、深入；首次建立了林业有害生物 4 级预警指标；突破传统常规气象因子框架，用更为长期、更加稳定的大气环流和海洋温度建立中长期预测指标；提出林业生物灾害气象预警风险区划，为预测预警更加科学客观开辟了新的手段和方法；首次分类提出了中国重点生态区位和林业重点工程区应对气候变化的防控策略，具有较强的针对性、可操作性和宏观指导性。

国际交流合作 5月29日，韩国环境部自然保全局局长南光熙一行5人访问森防总站，双方就候鸟H5N8禽流感防控等进行了座谈交流，一致希望建立长期合作机制和加强双边交流。根据国家自然科学基金国际合作项目计划及日本神奈川自然历史博物馆馆长渡辺恭平博士 Dr. Kyohei Watanabe 的请求，经国家林业局批准，10月1~12日，渡辺恭平博士来森防总站进行姬蜂标本镜检等学术交流。应国际膜翅目学会主席约翰·亨瑞特(John Heraty)教授的邀请，作为唯一中国学术代表团，7月20~25日，国家自然科学基金项目"姬蜂亚科分类及系统发育研究"项目组赴秘鲁库斯科参加第八届国际膜翅目学术大会，会上作了"中国林木叶蜂类害虫天敌姬蜂及研究进展"报告。

技术标准化建设 作为全国植物检疫标准化技术委员会林业检疫技术分委会秘书处、全国林业有害生物防治标准化技术委员会秘书处，先后于8月16日和10月26~28日在内蒙古牙克石市、浙江省杭州市组织召开了2个标准化技术委员会年会，审查通过了《椰心叶甲检疫技术规程》《薇甘菊防治技术规程》《松突圆蚧检疫技术规程》《苹果蠹蛾检疫技术规程》《林业植物检疫检验实验室建设规范》和《纵坑切梢小蠹综合防控技术规程》《林业有害生物监测预报总则》《林业有害生物监测预报技术规范》《侧柏蛀干害虫植物源引诱剂使用技术规程》《桑天牛防治技术规程》《喷雾防治林业有害生物技术规范》《杨小舟蛾防治技术规程》，还讨论了林业检疫性有害生物检疫技术规程、林业有害生物防治技术规程编写指南，总结了2014年工作，提出了拟申报2016年的标准范围和重点。

信息化建设 2月13日，"林业有害生物及野生动物疫源疫病监测预报国家级信息系统改扩建项目"公开招标开标会在沈阳市招标中心召开，经专家组评审，北京东蓝数码科技有限公司和北京中科软件有限公司为中标项目建设单位。4月10日，森防总站在沈阳召开了"林业有害生物及野生动物疫源疫病监测预报国家级信息系统改扩建"项目启动会，森防总站党委书记李青松主持会议，造林司司长王祝雄参加会议并讲话，保护司、信息办的有关部门负责人，部分省林业有害生物防治检疫局、项目承建单位、项目监理单位代表及森防总站相关处室负责人、项目联络员等参加会议，会议就项目实施过程中如何强化责任、加强协作、严格工程管理提出了具体要求。4月11日，项目建设合同正式签订。6月、9月，分别在山西太原和河北承德召开系统建设方案研讨会征求意见。至2014年年底，机房装饰装修、应用系统设计、网络系统集成、数据库和标准建设基本完成并通过初步验收。

行业文化建设 弘扬以"除害、敬业、厚德、求是"为主要内容的啄木鸟精神，开展"寻找最美森林医生"等宣传活动，召开全国森防宣传工作会议暨森防通讯员培训班，表彰18个单位先进集体、79名先进个人和115位"最美森林医生"。开展"啄木鸟"系列生态文学有奖征文活动，编辑出版《树木医生》《虫子的故事》和《我与野生动物》等系列生态文学丛书。开展美丽中国——人文古树保健行动，组织评选100棵人文古树监测保健名录。在中国森防信息网发布动态信息2.3万多条。编印《啄木鸟导刊》3期。与《绿叶》杂志合作，登载森防文化作品，累计报道60多篇次。

行业人员培训 组织编印出版了《林业有害生物防治技术》《陆生野生动物疫源疫病监测》等行业培训教材，举办昆虫信息素应用技术、昆虫生长调节剂、林业有害生物普查技术、松材线虫病检测鉴定技术、航空器防治技术、林木蛀干天牛防治技术、内蒙古森工林业有害生物防治岗位、森防信息管理员等专题培训班11期，培训基层技术人员900多人次。举办野生动物疫源疫病监测技术培训班2期，重点讲授了野鸟疫病、取样等课程，培训来自国家级野生动物疫源疫病监测站的监测技术骨干170多人。

啄木鸟大讲堂活动 为推进学习型、服务型、创新型党组织建设，深入贯彻落实习近平总书记系列重要讲话精神，继续开展"啄木鸟大讲堂"活动。3月21日，总站长宋玉双讲授"松材线虫病防治30年回顾与思考"。6月27日，党委书记李青松作《梁希：开国林垦部长》报告。9月10日，纪委书记李永成讲授"陆生野生动物疫源疫病检测防控现状与展望"。10月14日，预警信息中心副主任董振辉讲授"office办公软件应用"。

【林业有害生物发生】 2014年，中国林业有害生物继续沿袭近年来持续高发多发态势，呈现出传播速度快、防治难度大、发生面积广、危害程度重、复发次数多的阶段性特征。主要林业有害生物发生1190.38万公顷，其中重度发生77.88万公顷；与2013年同期相比发生面积下降1.69%，但重度发生面积下降明显、同比下降11.69%。其中，虫害发生840.79万公顷、同比上升4.36%，病害138.00万公顷、同比下降4.26%，鼠兔害211.58万公顷、同比下降5.65%。有害植物发生15.61万公顷。

发生特点 ①外来有害生物在国内传播扩散势头加剧。松材线虫病新增19个县级疫点。美国白蛾新增20个县级疫点，在安徽、浙江扩散迅速；苹果蠹蛾首次传入辽宁；广西柳州市城区首次发现锈色棕榈象；广西北海市发现锈色棕榈象、红火蚁疫情。②主要林业有害生物发生面积比重加重，整体发生危害种类多样化趋势明显。全国发生面积较大的种类主要为鼠兔害(大沙鼠、棕背平鼠、中华鼢鼠)、杨树食叶害虫(美国白蛾、春尺蠖、杨小舟蛾)和松树蛀干害虫(松褐天牛)。③经济林病虫日益加重，发生面积持续多年增加，危害种类多样，分布广泛。④突发林业有害生物灾害频发，多点暴发，局部成灾。⑤食叶害虫整体控制效果良好，杨树蛀干害虫、松蚧虫经过长期治理控灾效果显现，但松褐天牛、切梢小蠹等松钻蛀性害虫、鼠兔害危害加重。⑥气候变化对林业有害生物灾害的影响更加凸显。

森林鼠兔害 发生211.58万公顷、同比下降5.65%。新疆(含新疆生产建设兵团)发生面积达81.30万公顷，主要为大沙鼠在荒漠植被中发生。危害程度较重的区域，主要分布在东北北部、青藏高原大部和包括河北、宁夏、陕西、甘肃和内蒙古中西部在内的"三北"中部，其中棕背鼠平在东北北部的黑龙江森工、大兴安岭森工和黑龙江省，白尾松田鼠、藏仓鼠和高山鼠兔等在青藏高原的后藏地区中等以上危害程度占比超过

50%。森林鼠兔害在河北北部、甘肃中东部、内蒙古鄂尔多斯市等地局部地区成灾，个别重灾区林木死亡株率达30%以上。

松树钻蛀性害虫 发生82.84万公顷、同比上升5.62%。松褐天牛延续多年持续上升势头，危害进一步加重，发生面积达46.29万公顷、同比上升11.09%。切梢小蠹在云贵川危害持续加重，累计发生15.80万公顷、同比上升2.52%，在贵州威宁县等地局部呈点状暴发。华山松大小蠹累计发生4.42万公顷、同比上升7.10%，在湖北神农架林区和十堰市竹溪县多以中度以上发生，已累计致死华山松3.8万株，多处因清理死树呈现"天窗"。红脂大小蠹发生4.49万公顷、同比下降20.16%，山西、陕西、河北等主要发生省份均有不同程度下降。萧氏松茎象发生11.83万公顷、同比下降4.18%，总体危害减轻。

杨树食叶害虫 发生143.27万公顷、同比上升4.86%。春尺蠖发生60.99万公顷、同比上升25.54%，新疆(22.80万公顷、同比上升56.94%)、新疆建设兵团(10.52万公顷、同比上升24.14%)、河北(6.00万公顷、同比上升6.05%)、西藏(5.55万公顷、同比上升3.86%)、山东(3.70万公顷、同比上升41.01%)等地上升趋势明显，在新疆和田、喀什和阿克苏地区危害加重，在山东济南、济宁和河北廊坊、衡水短时间内集中暴发局部成灾，在西藏"一江两河"流域持续危害。以杨小舟蛾、杨扇舟蛾为主的杨树舟蛾类发生59.85万公顷、同比下降6.70%，但仍处在历史较高水位，主要发生区发生面积波动区域特征明显，在河北、山东发生面积显著增加(同比分别上升37.84%、24.59%)，在河南和湖北基本持平或略有增加，在江苏和安徽下降明显(同比分别下降54.37%、24.56%)。

杨树蛀干害虫 发生42.84万公顷、同比下降13.17%。桑天牛发生8.76万公顷、同比下降9.31%，在安徽、河南、湖南等主要发生区不同程度下降。光肩星天牛发生7.11万公顷、同比下降19.05%，主要发生在宁夏、河南、安徽和山东，在新疆伊犁河谷地区扩散势头严峻。杨干象发生7.00万公顷、同比下降3.13%，主要发生在辽宁和黑龙江。青杨天牛发生5.86万公顷、同比下降17.89%，主要发生在吉林、内蒙古和辽宁。白杨透翅蛾发生3.12万公顷、同比略有上升，主要发生在东北地区。

松材线虫病 发生4.24万公顷、病死树45.5万株，现有疫情发生区188个，其中新发生县级疫区19个。老疫区发生面积和病死树数量稳中有升，新发生县级疫区有较大幅度增加，其中四川、福建、江西、安徽等省发生形势呈加重趋势。

美国白蛾 发生69.68万公顷、同比下降11.06%。整体发生面积下降，危害程度减轻，呈现出北方老疫区持续控制效果良好、南方苏皖扩散凶猛的特征，新增20个县级疫点。发生期普遍提前，在北方第一代普遍重于二、三代，在苏皖三代普遍重于一、二代。

松毛虫 发生80.53万公顷、同比下降17.75%。马尾松毛虫发生43.25万公顷、同比下降8.77%，主要发生在湖南、湖北、重庆、安徽、福建等地；其中在湖南、湖北发生面积显著下降、整体危害较轻；在重庆和安徽危害有所加重，分别发生6.13万公顷和5.67万公顷，同比分别上升14.14%和28.68%。落叶松毛虫在东北发生面积和危害程度显著下降，累计发生12.07万公顷、同比下降42.44%。云南松毛虫发生9.75万公顷、同比下降5.12%。油松毛虫发生8.35万公顷、同比下降16.06%。

经济林病虫害 油茶、核桃、枣、八角等经济林及竹林病虫累计发生152.06万公顷、同比上升4.96%。新疆发生47.91万公顷、同比持平，主要危害种类有核桃腐烂病(4.65万公顷)、林果害螨(7.79万公顷)、林果蚧类害虫(7.36万公顷)、枣叶瘿蚊(6.13万公顷)等；枣实蝇在吐鲁番地区呈点状零星分布且有所扩散，发生6.08公顷；苹果蠹蛾虽分布广泛，但虫口密度较低。在陕西，核桃、板栗、花椒等经济林病虫发生10.80万公顷、同比上升6.34%。在广西，八角、竹林等病虫发生4.53万公顷。在湖南，竹林和油茶病虫危害加重；竹蝗发生2.82万公顷，与2013年大爆发时基本持平；油茶炭疽病和油茶软腐病累计发生3.21万公顷，各油茶栽植县均有发生。在江西，竹林病虫高发，累计发生1.96万公顷、同比上升30.84%。

林木病害 发生138.01万公顷、同比上升4.26%。在内蒙古，旱柳枯萎病在鄂尔多斯市灾情严重，发生面积达到2.18万公顷，病死株数已累计达48万多株。在内蒙古森工，林木病害累计发生11.52万公顷，其中樟子松红斑病、杨树叶锈病、桦树黑斑病、柳树锈病等暴发成灾，阔叶树受灾严重。在大兴安岭，松针红斑病发生1.58万公顷，同比略有下降，但危害程度加重。在甘肃，针叶林病害呈持续高发态势，云杉落针病在白龙江林区发生6.28万公顷。此外，全国杨树病害累计发生39.11万公顷、同比下降7.06%。

松蚧虫 发生53.47万公顷、同比下降7.13%。松突圆蚧发生42.21万公顷、同比下降8.59%，整体危害较轻。湿地松粉蚧发生6.88万公顷、同比增加7.95%。日本松干蚧发生4.39万公顷、同比下降12.85%。

有害植物 发生15.61万公顷、同比增加39.26%。薇甘菊在广东、云南、海南、广西发生3.78万公顷、同比下降2.40%，其中广东发生2.49万公顷、同比增加5.24%，云南发生1.17万公顷、同比下降15.81%。金钟藤在海南发生1.15万公顷，中部天然次生林区普遍发生，危害严重。葛藤在湖北呈迅速蔓延之势，发生10.27万公顷、同比上升65.30%。

其他有害生物 舞毒蛾发生12.57万公顷、同比上升10.53%，主要分布在内蒙古及东北地区，以轻度危害为主。蜀柏毒蛾发生30.92万公顷、同比下降1.99%，主要分布在四川、重庆。黄褐天幕毛虫发生13.97万公顷、同比下降31.33%，其中内蒙古发生6.55万公顷、同比下降45.65%，河北发生2.60万公顷、同比增加8.75%，辽宁发生2.02万公顷、同比增加1.35%。栗山天牛发生17.32万公顷、同比增加1.09%，主要发生在辽宁、吉林。松梢螟发生9.52万公顷、同比增加21.83%，其中湖南发生3.50万公顷、同比下降19.15%，在陕西发生2.56万公顷、同比上升105.40%。悬铃木方翅网蝽在山东发生0.62万公顷、同比上升76.76%。

【**林业有害生物防治**】 按统计，中国2014年共采取各种措施防治767.41万公顷，累计防治作业面积1346.61万公顷次，主要林业有害生物成灾率控制在4.5‰以下，无公害防治率达到85%以上。国家关注和重点治理的松材线虫病、美国白蛾、林业鼠(兔)害、薇甘菊、钻蛀性有害生物等重大林业有害生物，防治成效显著。根除9个松材线虫病县级疫区；美国白蛾整体发生面积下降，危害程度减轻，共计发生69.67万公顷，同比下降11.06%；森林鼠兔害发生面积得到一定压缩，共计发生211.58万公顷，同比下降5.65%；薇甘菊在广东、云南、海南、广西等4个省(区)发生3.78万公顷，同比下降2.40%；松毛虫发生面积大幅下降，共计发生80.52万公顷，同比下降17.75%，为自1998年以来历史最低水平。

监测预报 注重生产性预报，召开2次中短期趋势会商会。坚持面向社会，突出主动预警，通过中央电视台播发“西南部分地区旱情持续或发展可能引起切稍小蠹危害加重”“美国白蛾第一代发生期提前将在华北、黄淮局部区域偏重发生”“全国持续高温，多地食叶害虫可能爆发”的预警信息3次。利用《预防与控制生物灾害咨询报告(2014)》、中国林业网等平台，发布中国林业有害生物2013年发生情况及2014年发生趋势预报，2014年上半年林业有害生物发生情况。编印了《林业有害生物监测预警年报(2013)》。编发《病虫快讯》10期，编写《林业有害生物舆情处置报告》5期。初步提出国家级测报对象名单及国家级中心测报点调整和县级林业有害生物防治示范站(局)建设名单。

防治督导 深入16个松材线虫病发生省(区、市)的60个区(县)，开展2014年春季除治进度督查，以及贵州仁怀新疫情“回头看”再督查。组织召开鄂渝川陕区域联防协作会议，研究四省市松材线虫病疫情监测、检疫封锁、联防联治机制及三峡库区预防和除治对策措施，指导签署《鄂渝川陕四省(市)松材线虫病防控联防联治框架协议》。指导东北四省区开展美国白蛾联防联治，并对河北、安徽、内蒙古等地工作进展进行了督导。指导广东、云南，大力推广新药紫薇清防治薇甘菊，召开薇甘菊防治新技术推广会，提出了不同生长时期、不同危害及不同防治目标要求防治对策。

检疫监管 拟定2014年中国松材线虫病疫区和疫区撤销公告，分别以国家林业局第2号和3号公告发布。拟定2014年中国美国白蛾疫区公告，以国家林业局第4号公告发布。完成新版“林业植物检疫管理信息系统”中14种检疫对象和192种危险性林业有害生物的寄主数据库、中国各省检疫员信息以及县级以上林业有害生物防治检疫机构名单等数据信息更新。完成《森林植物检疫技术规程》修改意见稿。编著出版《中国林业检疫性有害生物检疫技术手册》《中国林业有害生物风险评估》。

应急处置 落实国家林业局领导重要批示，组成专家组对藏区林业鼠(兔)发生危害情况进行实地调查，起草《关于藏区林业鼠(兔)危害情况的调查报告》。对安徽省美国白蛾新发疫情、松毛虫灾情反弹，以及河南春季春尺蠖灾害、内蒙古森工樟子松红斑病灾害等，开展了应急处置督导。按照国家突发事件应急报告的有关要求，按时报送林业生物灾害应急月报12份、季报3份，年报1份。起草《2013年突发林业有害生物灾害应对工作总结评估报告》《2014年林业有害生物减灾工作素材和2015年减灾工作计划》。

有害生物普查 4月10日，造林司、森防总站召开全国林业有害生物普查工作座谈会，造林司司长王祝雄出席会议并讲话，森防总站党委书记李青松主持会议，会议就普查对象、普查队伍、新技术应用、普查成果等提出了明确要求。成立森防总站全国林业有害生物普查工作领导小组，总站领导分别任组长和副组长，检疫处、测报处、防治处、研究中心、宣传办、培训中心等处室为成员单位。组织2个调研组，分别到辽宁省、重庆市和云南省就高新技术在普查中的应用前景开展调研。6月13日，在沈阳召开《全国林业有害生物普查技术方案》论证会，森防总站总站长宋玉双主持会议，专家一致认为普查技术方案提出的普查目标和任务明确，普查对象、范围及成果设置合理，技术路线科学可行，具有较强的指导性和可操作性。7月1日，国家林业局办公室以办造字〔2014〕92号文件正式印发《全国林业有害生物普查技术方案》。

试点示范 完成28类常用药剂药械使用技术规程送审稿，36项新药剂登记林间试验。优化国家网络森林医院服务功能，开展用户林木健康卡推广，拍摄完成枣食蝇防治技术等专题片3部。开展灾害损失与防治成效评估，防治作业设计书制度和社会防治服务组织资质认定，松树蜂、椰子织蛾防治，华山松大小蠹性引诱剂，新药紫薇清静电施药防治薇甘菊，监测预报公共服务规范化，监测调查购买服务等10多项试点示范。

【**疫源疫病监测**】 以野生动物动态监测为中心，突出监测信息管理系统管理和主要野生动物疫病主动预警，逐步推进由候鸟禽流感监测为主向陆生野生动物疫病全面监测、由部门监测向全社会监测、由被动监测向主动监测预警的“三转变”，野生动物疫源疫病监测工作有序、扎实开展。

监测信息管理 严格执行信息日报告和异常情况零报告制度，认真执行应急值守和轮岗值班，全年应急值守率100%。及时收集、整理、汇总、分析各地监测信息，共计编发《野生动物疫源疫病监测信息报告》337期，并对野生动物异常事件提出应急处置指导意见。年初起草并由国家林业局下发《关于积极应对人感染H7N9禽流感疫情切实做好春季陆生野生动物疫源疫病监测防控工作的紧急通知》，强化各地春季候鸟迁飞重要时期的监测防控工作，并将出现人感染H7N9禽流感疫情的省份提升为野生动物疫源疫病监测防控重点时期。秋冬季候鸟迁徙期来临之前，起草并由国家林业局下发《关于切实强化秋冬季候鸟保护和疫源疫病监测防控工作的紧急通知》，对秋冬季禽流感高发期野生动物疫源疫病监测防控工作做出安排部署。

发生趋势研判 密切跟踪国内外主要野生动物疫病发生动态，发挥专家智慧优势，会商月度、季度、半年和全年野生疫情发生趋势和措施建议，上报分析评估报告18份。制订下发《2014年重要野生动物疫病主动预警试点工作实施方案》，起草《重点野生动物疫病和疫源物种名录》，指导开展 H7N9 禽流感紧急流行病学调查和主动预警，共采集样品 8600 余份，监测发现鸟类携带 H5N8、H5N6 禽流感病毒。修订出版《陆生野生动物疫源疫病监测》，举办陆生野生动物疫源疫病监测技术培训班 2 期，培训监测人员 170 多人。

突发疫情应对 针对 2014 年年初广东等地暴发的人感染 H7N9 禽流感，派员赴上海、江苏等 9 个 H7N9 疫区及辽宁、湖北等高风险区域，开展野生动物疫源疫病监测防控督导检查和野生动物 H7N9 禽流感病毒溯源排查采样。配合保护司，起草《国家林业局 H7N9 禽流感疫情防控应急工作指南》，开展应对人感染 H7N9 禽流感疫情联防联控工作机制日常工作。四川南充发现人感染 H5N6 禽流感、西藏日喀则南木通县发生岩羊大量死亡后，组织开展采样及实验室检测。针对非洲地区埃博拉出血热疫情，配合保护司提出暂停从疫区进口非人灵长类野生动物及其产品的建议并得以实施。配合保护司举办首期"全国野生动物疫源疫病监测防控示范站建设培训班"和突发野生动物疫情应急演练。

督导检查 利用电话抽查、网络直报系统等方式，督促国家级陆生野生动物疫源疫病监测站加强节假日期间应急准备，共计抽查 689 站（次），值守率 86.4%，比 2013 年提高 2.6%。按照国家卫生和计划生育委员会和国务院办公厅转发《关于切实履行〈国家卫生条例（2005）〉加快推进公共卫生应急核心能力建设指导意见的通知》（国办发〔2013〕84 号）的要求，指导各地开展建设工作，答复有关问卷，并派员参加农业部、国家林业局等 8 部局赴新疆、宁夏的联合检查。配合保护司，深入宁夏、山西等地，对《陆生野生动物疫源疫病监测防控管理办法》落实情况进行实地督导。

（国家林业局森林病虫害防治总站由柴守权、刘枫供稿）

国家林业局北方航空护林总站

【北方航空护林飞行灭火】 2014 年春、夏、秋航期自 2 月 16 日开始至 11 月 15 日结束（不含陕西省 2014 年 12 月 1 日至 2015 年 1 月 15 日期间的航空护林工作）。3 个航期历时 268 天，共租用 161 架护林飞机。其中直升机 101 架，固定翼 60 架。截至 11 月 15 日，总计飞行 2823 架次，5939 小时 29 分。其中，机降飞行 200 架次、222 小时 35 分、5370 人次；吊桶洒水飞行 135 架次、64 小时 38 分钟、817 吨；空中发现火场 69 个，参与扑救火场 42 个，运送扑火物资 18.5 吨、扑火设备配件 10 件，撒防火宣传单 26 万张。审批明日计划 3763 条，取消不合理计划 65 条；审批临时计划 284 条，取消不合理临时计划 14 条；审批飞行日报 9398 条。

【组织召开租机协调会】 春、夏、秋季开航前与北方各省（区）防火办联系，确认航期所需机型、数量、计划小时数、分配方案等具体事项，与各供机单位协调确定航期能提供的机型、数量等，充分做好前期准备工作，满足北方各省（区）航空护林工作实际需要。根据中央补助飞行费数额，测算、调整计划用机方案。协商、修改《租机协议书》条款，签订租机协议，保障航空护林工作顺利展开。

【开发机源 调整补充】 由于供机单位内部调度等原因，出现租机《协议》内飞机不能按时进场、提前离场等现象，为确保航空护林工作不受影响，与供机单位协商改用性能相近的飞机替代执行航空护林任务。在森林防火重要时期，总站及时协商供机单位，为部分省（区）增补调整飞机，提高预防和扑救森林火灾力量，如海直通航用 EC－135 替代 AS－350 到根河航站执行任务，湖北银燕用贝尔 206 替代 EC－120 在黑河航站执行任务；为吉林省新增配 1 架 EC－155、1 架 KA－32 直升机，为大兴安岭地区增加 1 架贝尔－212；西直公司的 EC－130 直升机被欧直公司召回检修，为保证扑火指挥使用，总站与飞龙公司协商派出 1 架 AS－350 直升机到嫩江航站执行任务，并重新签订替换飞机协议。

【调整"飞行任务书"签字方式】 北方航空护林总站北航字〔2014〕11 号文件下发《关于"飞行任务书"签字方式有关事宜的通知》，将作为结算飞行费原始凭证的原航空护林"飞行任务书"签字方式由"飞行观察员和机长签字"改为"飞行观察员、林业调度员（或航行管制员）和机长"3 方签字认定计费时间，加强对航空护林飞行费监管力度，确保使用安全，同时要求各航站将每日"飞行任务书"电子版上报总站。该文件一并抄送北京、新疆、辽宁、河北、山西、陕西防火办或航站。

【测算和结算飞行费】 根据已经签订的航空护林租机协议，在每个航期开始前测算航期租用飞机将要发生的飞行费数额。每个航期结束后，再对实际发生的飞行费进行结算，测算全年飞行费超（结余）情况，为调整飞机数量、增加飞行小时数等决策提供依据。按国家森防指要求完成北方航空护林（2016～2020 年）十三五规划、（2021～2025 年）十四五规划飞行费测算及 2015 年北方航空护林飞行费改革预算工作。

【举办气象员培训班】 2013 年 5 月 17 日，中国民用航空局局务会议通过《中国民用航空气象工作规则》，从 2014 年 1 月 1 日起，民航气象部门不再发布航路预报，以区域预报替代。为确保航空护林系统气象员能够熟练解读区域预报，2 月 26 日北方航空护林总站在沈阳举办为期 2 天的气象员培训班。聘请民航东北空管局气象中心 2 位高级工程师授课，讲授气象预报基础知识、解读重要天气预报图、高空风温预报图。总站和各航空护林站 36 名气象观测员参加培训。

【加强飞行安全管理】 结合东北地区通用航空安全发

展工作会议精神，起草、下发《关于贯彻落实东北地区通用航空安全发展工作会议精神切实做好东北航空护林飞行安全工作的通知》《关于认真做好2014年秋季航空护林飞行安全工作的通知》，对各航空护林站做好飞行安全工作提出明确要求。春航中，针对东北林区进入防火紧要期后，火险等级持续偏高，护林飞行架数大幅增加，飞行安全隐患增高的实际情况，下发《关于切实加强航空护林飞行安全的紧急通知》，通报3起违规事件，再次要求各航站对飞行安全工作提高认识，加强管理，落实责任，确保防火紧要期飞行安全运行。

【签订协议保障护林飞行】 航空气象本场预报和区域预报是航空护林飞行必不可少的依据。为确保航空护林飞行安全，及时为航站提供飞行气象情报服务。总调度室在春航期间，与民航黑龙江空中交通管理分局气象台协商并签订2014年度《国家林业局北方航空护林总站与民航黑龙江空管分局关于提供东北航空护林气象参考信息的协议》；与民航东北空中交通管理局气象中心签订2014年度《航空气象服务协议》；与呼伦贝尔空管站签订《民航呼伦贝尔空管站与北方航空护林总站飞行总调度室工作协议》。全年共处理气象报文26 544份。其中，接收航空护林站本场实况报10 207份，转发本场实况报10 207份，接收航站预报1929份，转发航站预报2935份，在民航东北地区空管局气象中心网下载和打印区域报1296份。

【严把飞行安全关】 飞行总调度室加强值班力量，狠抓安全管理，严格执行民航飞行管理有关规章制度，杜绝有章不循、违规操作现象，提高防范能力，严格放行标准。认真校对每架飞机飞行计划，调配飞行间隔。及时向空军长春指挥所申请航空护林飞行计划，向各林业自建机场准确通报调配指令。2014年共接受处理各类飞行计划4712条，其中，实飞2909条、取消1803条；安全指挥飞行4810架次；日均接打电话160多个。

【完成火场飞行保障工作】 4月30日13时俄罗斯森林大火越过额尔古纳河烧入内蒙古大兴安岭北部原始林区乌玛林业局伊木河林场，由于气候干旱、地物干燥，火势迅速蔓延，火情严峻。应内蒙古防火办请求，北方航空护林总站紧急调派驻加格达奇、五岔沟、海拉尔、嫩江、扎兰屯5个航站7架直升机赶赴火场支援。为保障调机转场和火场灭火飞行任务顺利，除增加值班人员加强值班力量外，又派出一名业务娴熟、经验丰富的老航管员进驻满归航站靠前指挥。协调军、民航管制部门，特别是进入国境线我侧10千米范围内的计划审批与通报，保证飞行计划快速审批和灭火飞行作业顺利实施。火灾期间，共保障火场作业9架直升机（根河航站2架）安全飞行494架次，其中5月1日一天就飞行140架次。

【为成立气象预报室培训专业人员】 根据北方航空护林总站成立气象预报室的总体部署，为培养气象预报人员，总调度室从2012年起，分别派出3批次共5人到南京中国人民解放军理工大学气象学院大气科学专业加一班进行为期一年的学习，结业后再到民航黑龙江空管分局气象台实习培训一年。第一批（2人）在2014年6月完成实习任务，取得中国民航航空局颁发的气象预报执照。第二批（2人）8月开始在黑龙江空管分局进行为期11个月实习。第三批（1人）到解放军理工大学学习培训。经与民航东北管理局多次协商，又派出2人参加黑龙江空管分局气象设备人员为期8个月的培训，主要学习气象信息库的维护，预计2015年5月返回单位，6月与预报人员一起参加民航内部数据库设备执照考试。

【完成支援陕西航空护林任务】 北航总站根据陕西省防火办请求，抽调航管、气象、调度、飞行观察等岗位业务骨干支援陕西航空护林站首次开航。支援人员服从领导，听从指挥，注重个人言行，严格遵守航站各项管理规定，为陕西航站业务人员培训专业知识和传授技能。支援组（包括各航站业务骨干）克服地理环境陌生，军、民航管制部门关系不顺，生活诸多不适等困难，在陕西执行春航、秋航任务期间，共同努力完成支援任务。秋航期间，应邀为陕西航空护林站的10名业务人员进行一个月的专业岗位培训，以缓解陕西省航空护林专业技术和工作经验不足的困难局面，对此，总站专门下发文件对培训工作提出具体要求，并指定佳木斯、加格达奇、嫩江、敦化4个航空护林站分别承担林业调度、飞行观察、航行管制、气象4个专业岗位具体培训任务。

【参加国家森防指综合调度指挥系统实战演练】 春航期间，总站赴火场第一工作组在嫩江航站进行综合通信实战测试演练。深度测试VSAT卫星通信系统和机载多媒体信息实时传输系统在实战环境下的运行状态及稳定性，进一步验证设备理论数据与实际应用效果的差距及性能极限，全面了解掌握各类通信设备在实战应用情况下的实际运行状态，及时发现和解决一些在简单模拟测试中难以察觉的问题隐患。秋航期间，为配合好国家森防指综合调度指挥系统演练，从8月24日开始与国家森防办和上广电进行设备检修和调试，持续到9月18日正式演练结束，按演练要求完成VSAT、BGAN卫星通信系统快速架设与链接；模拟火场视频实时传输；火场辅助侦察标绘系统绘制火场态势图；通卫星通信系统数据上传和ip视频电话火情会商5方面测试任务。每年开航初期实战演练已成为全面检验航期工作准备情况，排查隐患、解决问题、锻炼队伍、促进工作的重要手段。

【靠前驻防提升快速反应能力】 为有效应对东北、内蒙古林区防火紧要期严峻的森林防火形势，加强赴火场工作组预警响应、快速反应能力，赴火场第一工作组根据总站2014年春、秋两季处置北方地区重、特大森林火灾应急预案，分别在春、秋航期派出靠前驻防工作组，携带火场通信设备进行靠前驻防工作。完成黑河卧都河、大岭两个火场的侦察任务和转战内蒙古大兴安岭北部原始林区“4·30”火场任务，充分发挥靠前布防机动性强、响应迅速的优势，仅用3.5小时就抵达火场一线。开展飞行观察业务强化训练和学员带飞工作，借助航站巡护密度大、飞行时间充足的便利条件，以驻代训，提高总站飞行观察队伍的整体业务素质。2014年靠前驻防累计35天，共飞行104小时12分。

【完成内蒙古大兴安岭北部原始林区“4·30”火场赴火场任务】 内蒙古大兴安岭北部原始林区乌玛林业局伊木河林场4月30日13时出现火情。总站接到上级命令后立即启动应急预案，赴火场工作组携应急通信指挥等设备5月1日上午赶赴火场一线，协调、指导火灾扑救工作。工作组到达前指后，迅速架设火场应急通信、办公设备，快速搭建火场工作平台，第一时间与国家森防指建立通信链接；全面了解火场态势，每天从5时起连续侦察火场，及时向国家森林防火指挥部办公室上报火场态势、火情报告和火场实况图片。在扑火期间累计观察火场飞行12小时51分，采集、制作、下载火场态势图、火场报告、火场图像资料、卫星监测图像及相关文件报告20余份。

【第一次编写火灾案例分析】 按照国家森防指认真总结森林火灾扑救工作中的经验教训，全面提高扑火组织指挥水平，认真组织编写2014年度典型扑火案例评析材料的通知精神，森防协调处做足前期准备功课，通过专家咨询、资料搜集、信息整理和数据核实等，在规定时间内按要求完成《2014年内蒙古大兴安岭原始林区“4·30”入境森林火灾案例评析》的文字材料和多媒体课件两项内容的编写工作。

【切实履行对飞行观察员的行业管理职能】 2014年年初，北方航空护林总站向全系统航站下发北航函字〔2014〕2号文件，重新统计、汇总飞行观察员综合信息，从年龄组成、知识结构、岗位兼职、技术等级梯次分布和后备人才培养等方面深入分析当前飞行观察队伍建设情况及存在问题，全面了解飞行观察队伍现状。组织考核组对乌兰浩特、加格达奇、牡丹江、根河、黑河、海拉尔6个航站已具备考核条件的17名飞行观察员进行考核，放飞10人，晋级7人。协助武警森林指挥部举办武警森林部队空中观察指挥员培训班。着手制定《北方航空护林飞行观察员执照管理暂行办法》，统一更换总站更名后(原“东北航空护林中心”更名为“北方航空护林总站”)飞行观察执照，加强飞行观察岗位管理。

【提高林火监测精准度】 按照上级指示，卫星林火监测处对所辖黑龙江省、吉林省、辽宁省、内蒙古自治区的主要明显地物点(包括面状湖泊、线性水系、海岸线)进行标注，通过相关软件将所标注的明显地物点进行精准定位(其中包括经纬度、所在城市具体位置等详细信息)。通过以上明显地物点信息的标绘，提高卫星监测林区热点的精准度，更好地为地方防火部门服务，也为今后林火监测系统明显地物点数据库的创建提供基础资料。

【加强网络行为管理】 本着安全、稳定、高效的原则，卫星林火监测处重新对总站网络流量进行科学划分，做到各处室之间互不影响。加强对上网行为管理和内部网络病毒检测和查杀，不断优化总站网络结构，增加网络监控设备，对局域网内计算机进行网络流量监控及监测，使网络流量分配更加合理，保证网络快速高效运行。

【制定北方森林航空消防二期规划发展目标】 北航总站组织召开相关业务处室领导参加的座谈会，对“十二五”规划的实施进行回顾，主要对“十二五”规划中北方航空护林工作的目标、任务、投资、规划完成情况、成效、经验及存在的问题等方面进行讨论和汇报。重点提出在“十二五”期间，整体工作中存在的问题及未完成的各项工作，同时计划在“十三五”期间实施完成的工作。经过向各业务负责处室以及各航站广泛征集意见和建议，科技处进行材料的搜集整理工作，最终完成制定北方森林航空消防二期规划发展目标。

【调研化灭药剂使用情况】 北航总站科技处组织相关人员深入各航站开展化学灭火调研工作。实地察看各航站化学灭火药剂库及化学灭火药剂搅拌作业设备，询问药剂使用情况，听取一线工作人员的意见和建议，为未来航站化灭药剂的改良及引进提供明确方向。调研组走访多家化学灭火药剂制造厂家，了解各类新型药剂的药性、药效，采样留存以便对比试验，寻找并确定一种稳定高效的经济型化学灭火药剂。调研组还组织召开座谈会，邀请有经验的化学灭火药剂厂商及外国资深林业灭火专家，详细了解最新的灭火科学技术和先进的灭火药剂。积极寻找合作厂家进行新型化灭药剂的对比试验，尝试生产适宜北方航空护林灭火工作的新型灭火药剂。

【完成“十三五”规划制定前期调研和材料收集】 科技处广泛征求北航总站各处室及各航站对“十三五”规划制定工作的意见及建议，并派工件人员下基层，向发展较快较稳定，有典型灭火实绩和经验的航站了解情况，听取与其相关主要业务科室工作报告，详细记录提出的问题和建议，仅用半个月时间完成“十三五”规划制定前期调研和材料收集工作。

【完成总站预算执行审计】 2月19日，受国家审计署委托，审计署驻黑龙江特派办对总站近3年来预算执行情况进行全面、细致、严格的审计，对重要事项进行必要的延伸。计财部门全面配合做了大量解释说明及基础材料准备等工作。审计组在总站工作近20天，未发现重大问题，对总站近年来预算执行工作基本满意，对总站财务管理、资产管理、预算执行等各项工作给予肯定并给出一些较好建议。

【预算编制】 计财处按照国家林业局计资司预算处要求汇总总站2014年度各部门所需设备情况，编制总站2014年度直属单位维修和设备购置项目上报国家林业局预算处。结合总站2013年度预算批复情况和2014年度大致各项工作开支基本情况，做好部门预算“一上”各项准备工作。在“一下”控制数下达后，12月初完成了“二上”工作，基本确定2015年总站各项经费数额。同时严格各项预算执行，确保各项资金合理有序支出。

【资产管理】 北航总站按新会计制度要求，加强各项资产管理工作。利用新资产管理软件重新录入各类资产信息，完成统计、上报工作。在资产清查基础上，对一些年限较长不能继续使用的资产履行报废手续。

【林业大事】

1月14日 北航总站在沈阳组织召开2014年春夏季北方航空护林租机协调会议。国家森防指领导、北航总站领导与各通航单位代表。供机、需机双方签订2014年春、夏季北方航空护林租机协议书，北航总站与供机单位签订2014年春夏季航空护林飞行安全责任书。

2月15日 首批由北方航空护林总站和黑龙江、吉林、内蒙古各航空护林站抽调的业务骨干组成的业务支援组抵达陕西省航空护林站，开展业务指导和专业技术人员培训。

2月17日 陕西航站在调度指挥室组织召开航前动员会。北航总站副总站长张宝柱和赴陕支援组全体成员及航站有关人员参加会议。

2月18日 陕西省首次开展航空护林工作，调入3架直升机到陕西航站执行春季航空护林任务。

3月11日 北航总站赴陕第一支援组与第二支援组人员完成业务工作交接。

3月14日 黑龙江省黑森防〔2014〕6号文件，授予北方航空护林总站丁宁、李洪双、王留林，牡丹江航站何异、嫩江航站郝强、黑河航站李琳、加格达奇航站唐宝成、塔河航站徐松泽、伊春航站魏衍强、佳木斯航站周丹、幸福航站何兆春11名同志为“2013年森林草原防火先进个人”荣誉称号，授予嫩江航空护林站、塔河航空护林站、幸福航空护林站为“2013年森林草原防火先进单位”荣誉称号。

4月16日 结合内蒙古自治区森林草原防火宣传日，扎兰屯航站出动1架直升机、1架小鹰－500和4架Y－5飞机，在扎兰屯市中心及所属大兴安岭岭南各旗市、林业局施业区内进行较大规模的空中防火宣传活动。宣传飞行2小时45分，抛撒防火传单10万份。

4月17日 黑龙江电视台《新闻联播》栏目组到幸福航站采访。

4月20日 北航总站赴陕第二支援组完成支援任务，与第三支援组交接工作。

4月23日 扎兰屯航站飞行观察员14点05分空中监测到2个火场，并迅速完成卫星定位和数据采集，随即向基地领导报告并请求空中直接灭火。16点46分2个火场全部扑灭。

4月28日 按照《北方航空护林总站2014年春季处置北方地区重、特大森林火灾应急预案》的部署和要求，北航总站派出赴火场工作组进驻嫩江航空护林站，开展2014年春防紧要期靠前驻防工作。

4月29日 嫩江县卧都河林场施业区内突发林火，嫩江航站驻卧都河机降点第一梯队紧急出动，及时控制了火情。灭火直升机共机降森警官兵5架次61人，17时30分，林火全部扑灭。

4月29至5月4日 黑龙江卧都河、大岭和内蒙古大兴安岭乌玛接连发生森林火灾，靠前驻防工作组在连续4天的火场工作中，完成火场观察、态势图制作和信息上报等各项工作任务，4日中午返回嫩江航站。

4月30日至5月3日 俄罗斯境内的森林大火越过界河蔓延至中国大兴安岭北部原始林区乌玛林业局伊木河林场。航站的航管、航护、场务等科室人员连夜赶赴火灾现场，开展火场侦察、机降、吊桶、运送给养等飞行任务。

4月30日 俄罗斯边境火烧入中国内蒙古大兴安岭北部原始林区乌玛林业局伊木河林场。国家森防指启动三级响应，总站立即协调各方，用最短时间完成调机转场计划审核，紧急调动9架直升机赶往伊木河火场。国家林业局北方航空护林总站赴火场第一工作组5月1日赶赴火场协调指挥扑火。

5月6日 加格达奇航空护林站出动1架S－76直升机、3架AT－802F化灭飞机、2架Y－5固定翼飞机配合加格达奇地区在新世纪广场举行的“5·6”森林大火27周年反思宣传活动。

5月15日 国家林业局直属机关党委、青年联合会和直属机关团委组织开展2012～2014年度国家林业局“十佳优秀青年”“十佳优秀青年工作者”及国家林业局直属机关“优秀青年”“优秀青年工作者”的评选活动，经过严格评审程序，国家林业局林办发〔2014〕58号文件决定授予北航总站付东林2012～2014年度国家林业局直属机关“优秀青年”称号，授予张荣新2012～2014年度国家林业局直属机关“优秀青年工作者”称号。

5月29日 吉林省航空护林中心调度室接到国家林业局北方航空护林总站关于支援威海“5·29”森林火灾扑救工作的命令，迅速组织救援，这是吉林省航空护林中心近年来首次执行跨区扑火支援任务。

5月29～31日 山东省威海市环翠区仙姑顶附近发生森林火灾，北航总站紧急调机赶赴火场。

5月31日 北航总站第三支援组完成历时42天的支援任务。支援期间共安全飞行104小时。同时为陕西航站林调、飞行观察等岗位进行业务培训。

6月4日 北方航空护林总站在哈尔滨组织召开2014年东北夏季森林航空消防工作会议。黑龙江省森林防火指挥部、大兴安岭林管局森林防火指挥部、中国飞龙通用航空有限公司、江苏华宇通用航空有限公司、新疆开元通用航空有限公司、海直通用航空有限责任公司的有关领导参加会议。会议讨论并签订《2014年夏季直升机执行北方航空护林任务补充协议》。

6月9日 北方航空护林总站组织有关公司在加格达奇航空护林站进行航空护林应用条件下的无线高清图传实战测试。

6月20日 中共黑龙江省直机关工作委员会决定，表彰表现突出的优秀党务工作者、优秀党支部书记和优秀共产党员。经过严格评审程序，决定授予北航总站李长江“优秀党支部书记”荣誉称号，授予胡忠岩“优秀共产党员”荣誉称号。

7月9日 东北林业大学研究生院常务副院长、博士生导师王立海一行到北方航空护林总站，就加强人才培养规划、建立合作交流机制等方面与总站主要领导和有关部门同志进行座谈。

7月11日 北方航空护林总站召开2014年度新录用毕业生见面会。总站党政主要领导、人事部门有关人员以及2014年新录用的7名毕业生参加会议。

8月6～7日 北方航空护林总站在太原组织召开2014年度秋季航空护林租机协调暨行业管理工作会议。国家森防指、部队、民航、相关省(区)森林防火主管部门、各航空护林站以及通航公司有关人员参加。会议讨论并签订《2014年秋季北方航空护林直升机租机协议》《2014年秋季北方航空护林固定翼租机协议》和《2014年秋季航空护林飞行安全责任协议》。

9月11日 北航总站森防协调处为配合国家森防办"综合调度指挥系统演练"测试工作，分别在8月24日、9月11日和9月17日进行3次测试演练，9月18日完成正式演练任务。

9月18日 北方航空护林总站与海直通用航空公司签订《战略合作协议》。

9月20日 在牡丹江航站执行航空护林任务的飞龙公司Z-9、AS-3502飞机完成秋航首飞。

9月25日 伊春航站联合森警伊春支队直属大队、伊春市属扑火大队、M-26机组、陆航M171机组，实施对直升机登机的演练和M-26吊桶洒水演练。

9月30日 2014年秋防第一批赴火场工作组靠前驻防人员进驻根河航空护林站。

9月30日 北方航空护林总站应陕西省森防办关于陕西省航空护林站人员到北航总站学习培训的请示，决定秋航期间对陕西航站10名业务人员进行为期1个月的专业岗位培训。总站指定佳木斯、加格达奇、嫩江、敦化4个航空护林站分别承担林业调度、飞行观察、航行管制、气象4个专业岗位具体培训任务，并由经验丰富的专业人员担任教员。

10月9日 南方航空护林总站到北方航空护林总站考察调研。

10月10~16日 北航总站总调度室首次派出航管员赴内蒙古、大兴安岭、黑龙江，对扎兰屯、根河、塔河、嫩江等航空护林站进行航管工作检查。

11月3日 最后一架AS-350 7423飞机完成护林任务转场起飞，加格达奇航站2014年秋季航空护林任务完成。

11月10日 历时56天的东北、内蒙古林区秋季航空护林工作结束。2014年秋季东北、内蒙古林区共租用67架飞机，累计飞行855架次，1887时22分，完成空中监测、火情侦察、卫星热点核实、空中视察、"三清"(清山、清沟、清河套)及森林防火宣传等东北、内蒙古林区森林防火任务。

11月10日 北方航空护林总站2014年航空护林飞行保障工作结束。2014年春、夏、秋3个航期共计租用163架飞机，自3月15日至11月10日。北方航空护林总站总调度室共处理航空护林计划4712条，其中正常巡护计划3656条；临时火情计划1056条，安全保障飞行4810架次，日均接打电话162条。

12月8日 北航总站参加国家森防办在江西南昌组织的2013~2014年典型扑火案例评析会议。

12月9日 北航总站派员参加空军西安指挥所在西安组织召开的军民航协调会。空军西安飞行学院、空军西安指挥所、空三十六师、新疆军区陆航三旅、中航工业试飞院、民航西北空管局、陕西省防火办、西部机场集团、安康机场、榆阳机场、西安直升机公司、陕西凤凰国际飞行学院等有关单位32人参加会议。

12月21日 北方航空护林总站在沈阳利用3天时间，组织2014年度系统内航行管制员、气象观测员执照年检培训，共有82名航行管制员、气象观测员参加培训。 (北方航站由黄丽梅供稿)

国家林业局南方航空护林总站

【综　述】 2014年，在国家林业局的直接领导下，在滇、川、桂、赣、豫、粤、渝、鲁、湘、鄂10省(区、市)各级党委、政府及林业主管部门的关心支持下，认真履职，积极贯彻国家森林防火指挥部简称(森防指)、国家林业局的决策部署，在历次重大森林火灾扑救中，协调到位，处置到位，较好地完成了局党组交给的各项任务，各项工作取得了显著成绩，森林航空消防实现了安全高效的目标，并在改善生态改善民生发展林业中发挥了重要的支撑和保障作用，得到了上级领导和地方各级党委政府的充分肯定和高度评价。2014年南航总站的工作主要有以下5个方面：一是航护面积进一步扩大，森林航空消防对较大火灾的控制能力不断提升，科学扑火、科技防火的效果显著，地面保障能力得到加强，直升机扑火半径不断加大。二是基本建设项目有了新突破，保山、丽江、西昌站3个直升机场即将投入使用。三是班子建设得到加强，2014年7月，局党组派周俊亮到总站任党委副书记、副总站长，11月，袁俊杰副总站长从贵州毕节结束挂职，目前总站班子是团结的，有凝聚力和战斗力的。四是落实了航护飞行、交通车辆、财务资金、水电气等各方面的安全工作。

【森林航空消防】 2014年，南方林区气候异常，森林防火形势异常严峻，火灾集中爆发，持续时间较长，各航站(基地)直升机频繁跨区调动，灭火任务繁重。根据航期工作安排，总站春季共在南方9省(区、市)部署了19架次大中型直升机和2架固定翼飞机，基本覆盖了9省(区、市)的主要林区。夏季共部署了9架次直升机，除重庆、湖南有夏航任务外，还分别在云南、四川、广西、江西部署了值班飞机，以应对南方林区突发森林火灾。秋冬季共部署了15架大中型直升机和1架固定翼飞机，分别在8个省区执行任务，并首次在湖北省开展航护工作。据统计，总站全年共租用飞机53架次，在南方10省(区、市)共飞行934架次2014小时，空中发现和参与处置林火132起，对其中的102起林火实施了吊桶灭火，吊灭飞行295架次616小时，洒水3129桶(约11 860吨)，投撒防火宣传单23万份。

【森林防火协调】 2014年，西南森林防火协调中心按照国家森防指的指示，及时派出赴火场工作组，先后到达贵州福泉、云南保山隆阳、楚雄禄丰(2次)、昆明西山、安宁、迪庆建塘镇、中甸镇以及四川西昌等地，处置了9起影响较大的森林火灾。特别在处置云南安宁"5·21"和"5·24"重大森林火灾中，为国家森防指科学指挥扑救提供了重要的火场信息，得到了国家森防指和云南省委省政府的高度评价。此外，还组织承担了国家森林防火指挥部办公室在云南丽江高海拔林区进行的无人机火场侦察飞行测试任务。

【森林防火物资储备】 2014年，西南森林防火物资储备中心组织完成了国家林业局下达的森林防火物资储备招标采购任务，并按照国家森防指关于做好K-32直升机项目政府采购工作。同时，加大对森林防火物资储备库的管理力度，严把出入库关，按照国家林业局防火办的出库通知及时调拨物资。据统计，2014年西南森林防火物资储备中心共验收入库各类防火物资3510件(套)，分9批次向云南(3次)、四川(4次)、贵州、陕西调拨各类物资4000多件(套)。

【卫星林火监测】 2014年，西南卫星林火监测分中心不断加强监测管理，完善监测办法，维护监测设备，坚持24小时值班，认真接收和处理过境轨道，每天将热点信息及时发布到中国森林防火网及南方森林防火网，为地方扑救林火提供了快速、准确的信息。据统计，全年分中心共监测到南方10省区2个像素以上热点7088个，其中反馈为林火的517个，平均反馈率为99.75%，为监测区内各省区防火办提供了优质服务。

【召开2014年工作会议】 1月15日，南方航空护林总站在昆明召开了2014年工作会议。总站机关各处(室)处长(主任)、副处长(副主任)、机关离退休党支部书记以及普洱、保山、丽江、成都、西昌、百色等6个直属航站和江西、河南、广东、山东、重庆等5个省属航站的站长(支部书记)、副站长、办公室主任、航护科科长、计财科科长参加了会议，总站史永林总站长、吴灵副总站长、党委委员、办公室主任席善东出席了会议。会议传达了汪洋副总理在听取国家林业局工作汇报时的讲话精神，史永林总站长作了题为《深入贯彻三中全会精神 努力做好南方航空护林工作》的主题报告。他在报告中认真传达了党的十八届三中全会精神和刚刚闭幕的全国林业厅局长会议精神，对2013年南方航空护林各项工作进行了全面总结，并结合三中全会精神和南方林区森林防火实际，研究分析了当前南方航空护林存在的主要问题、主要矛盾和制约因素，以及所面临的新形势、新挑战和新机遇，对2014年工作作了部署。会议表彰了2013年度的先进集体和优秀个人，宣布南方森林航空消防系统征文活动评选结果，签订党风廉政建设责任书和项目资金安全运行责任书。

【召开2014年春季森林航空消防租机合同会】 1月17日，南方航空护林总站在昆明召开了2014年春季森林航空消防租机合同会。出席会议的有国家森林防火指挥部办公室、南方航空护林总站以及云南、四川、广西、重庆、山东、湖南6省(市、区)森林防火指挥部领导及相关通航公司领导。经总站与六省(市、区)和十家通航公司沟通协商，一共组织了14架直升机和1架固定翼飞机分别在云南保山、普洱、丽江、大理、四川西昌、九寨沟、广西田阳、重庆江北、山东聊城、湖南长沙等地开展森林航空消防工作，会上总站和云南、四川、广西、重庆、山东、湖南六省(市、区)分别与海直通航、青岛直升机、西安直升机、飞龙通航、华宇通航、奥林通航、西林凤腾、开元通航、东方通航、部队等十家单位签订了租机合同整个航期从1月1日起，到5月20日止，15架飞机计划飞行1451.77小时。

【定点挂钩扶贫工作】 为了认真贯彻落实党的十八大、十八届三中全会精神和习近平总书记关于扶贫开发的系列重要讲话精神，全力完成好2014年度定点挂钩扶贫工作。一是史永林总站长多次听取总站办公室和泸水县扶贫办的汇报，并亲自安排部署定点挂钩扶贫工作。二是为解决贫困地区群众的过冬问题，向机关在职职工发出倡议，组织开展"送温暖、献爱心"捐赠衣物活动。三是支持泸水县扶贫办15 000元，用于购买电脑，改善其办公条件；四是支持上江镇新建完小5000元作为施工费，用于架接水管，解决学生饮水问题。五是于1月22~24日派出扶贫工作组，由办公室副主任杨林带队，一行五人专程赶赴怒江州泸水县开展帮扶、调研和慰问工作。

【贯彻落实国家林业局直属机关党风廉政建设和反腐败工作会议精神】 2月18日，国家林业局召开局直属机关2014年党风廉政建设和反腐败工作会议，南方航空护林总站党委高度重视，认真贯彻落实局机关党风廉政建设和反腐败工作会议精神。总站领导、总站直属普洱、保山、丽江、成都、西昌、百色等6个航站站长、总站机关各处室处长(主任)、副处长(副主任)在昆明通过视频参加了会议。视频会议结束后，按照国家林业局要求，总站参会人员结合会议精神，认真学习了《习近平同志在第十八届中央纪律检查委员会第三次全体会议上的讲话》《习近平同志在党的群众路线教育实践活动第一批总结暨第二批部署会议上的讲话》，以及赵树丛局长、陈述贤组长在局直属机关2014年党风廉政建设和反腐败工作会议上的讲话。最后，总站长史永林强调：一是加强学习，研究政策，学习政策，掌握政策，做执行政策的明白人；二是加强管理，提高认识，用制度管人，做创新履职的明白人；三是加强自律，做廉洁自律的明白人。

【紧急调机救援云南怒江泥石流灾害重伤人员】 2月20日10时，怒江州贡山县独龙江乡巴坡村附近的公路上方突发一起泥石流灾害，山上石头滚落砸中一辆越野车，造成一死一伤。因大雪封山，独龙江对外交通中断，乡镇医院抢救条件有限，云南省政府应急办协调国家林业局南方航空护林总站紧急调机开展救援任务。接到通知后，总站立即协调相关部门，做好救援准备。16时15分，保山站M-171直升机从保山机场起飞，经过一个半小时飞行，飞至怒江州贡山县境内准备翻越高黎贡山时，由于山上天气条件恶劣，正在降雨降雪，能见度低，直升机无法飞越高黎贡山，只好返航。21日8时，飞机一早再次起飞前往怒江州贡山县独龙江乡。到达独龙江后，由于救援地地处高山峡谷底部，净空条件差，机降点难以选择。经过全体救援人员反复选择后，直升机克服了气候条件恶劣等不利因素，终于在独龙江乡巴坡村找到江边河滩上的一处着陆点，并于10时50分着陆。14时，飞机安全抵达保山机场后，医护人员立即将伤员送往医院救治。此次救援任务开创了森林航空消防在航程远、海拔高、靠近边境地带执行紧急救援任务的新篇章，树立了国家林业局的窗口形象。

【贯彻云南省领导干部电视电话会议精神】 3月3日，南方航空护林总站召开机关全体干部职工大会，第一时间传达了3月2日晚云南省委组织召开的全省领导干部电视电话会议精神。会上，总站长史永林传达了电视电话会议的基本情况，接着重点传达了习近平总书记、李克强总理就云南昆明火车站暴力恐怖案件作出的重要指示精神和云南省委书记秦光荣、省长李纪恒的讲话精神。最后，史永林强调，一要提高反恐认识，将思想认识统一到党中央、国务院和云南省委、省政府对“3·01”事件的部署要求上来，充分认识反恐维稳工作的长期性、严峻性和复杂性，增强忧患意识、责任意识，居安思危，坚决打击暴恐分子嚣张气焰，确保国家安全和社会稳定。二要加强航护飞机使用管理，严格登机审查，严禁与灭火无关人员登机，加强飞机隐患排查和隐患整治，进一步做好飞机安全管理工作，确保航期“安全高效”目标得以实现。三要切实加强职工政治思想工作，及时做好职工心理疏导，及时解疑释惑，提高职工工作积极性和主动性。

【快速处置云南省禄丰县勤丰镇森林火灾】 3月9日下午16时25分，云南省楚雄州禄丰县勤丰镇马关营村发生森林火灾，因地形复杂，山高坡陡，植被茂密，扑救难度较大，火灾迅速蔓延。3月10日上午，国家森防指明电通知总站派出赴火场工作组，前往火灾一线指导协调火灾扑救工作。接到通知后，总站立即派出由吴灵副总站长带队的赴火场工作组，携带多媒体应急通信装备迅速赶赴楚雄州禄丰县勤丰镇火场。到达火场后，工作组实地察看了火场总体情况，在前指听取了云南省防火办、楚雄州、禄丰县有关领导的火情汇报，传达了国家森防指领导的指示精神，协调地空配合灭火，并及时向国家森防指报告了火场态势及扑救情况。为迅速扑灭火灾，总站又紧急从普洱站调派1架米－171直升机于10日上午9时50分飞抵禄丰县勤丰镇火场，就近取水连续实施吊桶灭火，共计洒水18桶，对控制主要火线、清理火场余火发挥了重要作用。经过奋力扑救，至10日中午12时40分火场被控制。

【全力处置云南省禄丰县勤丰镇王家尖山火场】 3月12日凌晨1时30分，云南省楚雄州禄丰县勤丰镇王家尖山发生森林火灾，因地形复杂，气流紊乱，火势蔓延迅速，危及大面积森林资源，国家森防指领导高度重视，启动了国家森林火灾应急预案Ⅳ级响应。3月13日上午，国家森防指明电通知南方航空护林总站派出赴火场工作组，前往火灾一线指导协调扑救工作。南航总站立即启动赴火场工作应急预案，组成由吴灵副总站长带队的火场工作组，携带多媒体应急通信装备及大型通讯指挥车迅速赶赴火场，同时，紧急从大理基地调派M－26、AS－350B3直升机各一架，分别执行吊桶灭火和火场空中侦察指挥任务。工作组到达火场后，深入火场一线察看火情，并乘坐AS－350B3直升机对火场进行了空中侦察，全面掌握了火场总体态势，在前指听取当地有关领导汇报后，传达了国家森防指领导的指示精神，协调地空配合灭火，并及时向国家森防指报告了火场态势及扑救情况。经过军、警、民共计4000余人的奋力扑救，地空密切配合，火场明火于3月14日1时被扑灭。据统计，两架直升机共计飞行11架次，18小时38分，M－26直升机洒水29桶约232吨，对扑救主要火线和及时掌握火场态势发挥了重要作用。

【山东省副省长赵润田视察森林航空消防基地】 3月26日，山东省人民政府副省长赵润田到山东省航空护林莱芜基地视察，慰问执行航空护林任务的M－171机组人员，山东省林业厅厅长燕翔等陪同视察。赵润田副省长视察了基地调度室，听取了任方喜站长关于山东省航空护林工作开展和飞机驻防情况的汇报，详细询问了航空护林航线设置、吊桶灭火作业、巡航时间、高空发放宣传单等情况，对山东省航空护林取得的成绩给予充分肯定。赵润田副省长还对国家林业局南方航空护林总站对山东的大力支持和调派专家支援开展工作表示感谢。

【云南省应急办和怒江州到总站慰问】 3月28日，云南省应急办专职副主任陈建华和怒江州政府驻昆办副主任张慧灵一行五人，分别代表云南省人民政府和怒江州委、州政府到南方航空护林总站慰问。史永林总站长和党委委员、办公室主任席善东、航护处吴卫红处长等领导与陈建华副主任一行进行了座谈。会上，陈建华副主任首先就总站长期以来在森林防火和处置重特大森林火灾以及应急处突工作中，给予云南的大力支持表示感谢，特别对2014年2月紧急调机到怒江州贡山县独龙江乡开展紧急救援任务深表谢意。

【调研四川省森林航空消防工作】 根据《全国森林防火中长期发展规划》，为提升四川省森林航空消防应急抢险救灾的综合能力，在四川省阿坝州金川县、凉山州盐源县及乐山市峨眉山市选址建设森林航空消防直升机场。为加快推进直升机场项目的实施，同时，调研四川省“十三五”规划期间对森林航空消防工作的总体需求，4月10～14日，史永林总站长、吴灵副总站长及总站项目办人员组成的工作组到四川省有关地州进行实地调研，并就相关工作的推进与当地政府进行协调会商。

【紧急处置云南省保山市隆阳区森林火灾】 4月12日13时，云南省保山市隆阳区永昌街道办事处呢喃山发生森林火灾，引起各级领导和社会舆论的广泛关注。4月15日，国家森防指启动了森林火灾应急预案Ⅳ级响应，15时30分，国家森防指明电通知南方航空护林总站立即派出赴火场工作组，前往火灾一线指导协调扑救工作。接到通知后，总站立即启动赴火场工作应急预案，组成由吴灵副总站长带队的火场工作组，携带多媒体应急通信装备迅速赶赴火场。当晚22时30分，工作组到达保山市隆阳区火场，实地察看了火情，在前指听取有关领导汇报火场情况，传达了国家森防指领导的指示精神，对扑火工作提出了要求，协调地空配合灭火，并及时向国家森防指报告了火场态势及扑救情况。为迅速扑灭火灾，总站紧急从丽江站调派1架K—32直升机，与保山站的1架K—32直升机共同执行航空灭火及火场空中侦察指挥任务。据统计，两架K-32直升机共计飞行23架次，45小时，洒水248桶，约750吨，对扑救主要火线、准确掌握火场总体态势发挥了重要作用。经过军、警、民共计4600余人的奋力扑救，地空密切配合，火场明火于4月16日12时被全部扑灭。

【快速处置云南省昆明市西山区森林火灾】 4月16日15时，云南省昆明市西山区团结街道棋台社区利者村发生森林火灾，社会各界高度关注，国家森防指通知南方航空护林总站立即派出赴火场工作组，前往火灾一线指导协调扑救工作。接到国家森防指明电通知后，总站立即启动赴火场工作应急预案，组成赴火场工作组第一梯队，携带多媒体应急通信装备23时30分迅速赶赴火场。17日，在北京参加会议的史永林总站长紧急赶赴火场前线指挥部指导工作。18日下午，火场前指通过总站大型通讯指挥车与国家林业局局长赵树丛进行了视频通话，汇报了火灾扑救情况，赵树丛局长针对火灾扑救工作提出了明确要求。经过军、警、民共计3000多人的奋力扑救，火场明火于4月19日8时被全部扑灭。4月19日中午，赴火场工作组圆满完成火场处置任务，返回总站。

【国家林业局副局长陈凤学到总站调研】 4月28日，国家林业局党组成员、副局长陈凤学在国家林业局天保中心主任孙国吉的陪同下，到南方航空护林总站调研工作。陈凤学副局长一行视察了西南卫星林火监测分中心和南方森林航空消防调度指挥中心，看望了正在值班的同志，并与总站机关副处以上干部进行了座谈。座谈会上，史永林总站长代表全站职工，对陈凤学副局长一行的到来表示热烈欢迎，并就总站的各项工作以及存在的困难和问题作了简要汇报。听取汇报后，陈凤学副局长首先代表赵树丛局长向全站职工表示了亲切慰问，对总站所做的工作和取得的成绩给予了充分肯定和高度评价。

【成立青年联合会】 4月29日，南方航空护林总站在“五四”青年节到来之际，组织召开了“五四”青年节座谈会。会议选举产生了南方航空护林总站第一届青年联合委员会。会上，史永林总站长代表总站党委对青年同志提出了殷切期望和要求，一要加强锻炼，提高身体素质，保持健强体魄；二要加强学习，提高对学习重要性、必要性的认识，解决好“学什么和怎么学”的问题；三要树立正确的世界观、人生观、价值观和恋爱观、婚姻观和家庭观。

【云南省政府应急办召开使用直升机扑救森林火灾协调会】 为进一步建立直升机扑救森林火灾联动机制，以提高直升机的应急、应战、应变能力。5月6日，云南省应急办在省森林防火指挥中心组织召开了使用直升机扑救森林火灾协调会。南方航空护林总站、云南省森防办、民航云南安监局、民航空管云南分局、云南机场集团、中航油云南公司、云南省交通运输厅、云南省交警总队以及空军某部等单位和部门的有关领导参加了会议。会议研究和协商解决了滇中或云南其他林区发生较大森林火灾时、需要快速调集云南境内直升机联合扑救的运行程序和相关保障问题，并对今后进一步加强协调配合、提高航护效益、充分发挥航护飞机在森林防扑火工作中不可替代空中优势进行了探讨。同时，围绕确保安全和高效处置的目标，对直升机紧急调动、机群作业、空管保障、机场保障、后勤保障、野外起降点航油和电源车保障、空域冲突等方面的问题进行了梳理分析，并对今后服务于航护工作、进一步细化管理、简化工作流程、提前完善预案、加强安全监督、加强协调配合、加强信息沟通等提出了许多建设性意见和建议。

【全力处置云南安宁“5·21”和“5·24”森林火灾】 5月21日17时，云南安宁市禄脿街道办事处北冲村委会郑家沟村发生森林火灾(简称“5·21”火场)；5月24日14时40分，安宁市青龙街道办双湄村委会茶花箐又发生森林火灾(简称“5·24”火场)。为尽快扑灭安宁“5·21”和“5·24”森林火灾，南方航空护林总站紧急从普洱、丽江、西昌、保山调集4架直升机(3架卡-32和1架米-171)，并靠近火场选择野外起降场为飞机加油和指挥保障，对火场实施机群吊桶洒水灭火及空中侦查。22~27日，4架飞机总计飞行69架次116小时35分，洒水700余桶，约1965吨，对扑救两个火场的主要火线和火头发挥了重要作用，同时也创造了南航总站机群吊桶洒水灭火的多项最高纪录。

【国家森防指专职副总指挥杜永胜到总站检查指导工作】 5月29日，到昆明协调指导安宁森林火灾扑救工作的国家森林防火指挥部专职副总指挥杜永胜一行，在云南省森林防火指挥部专职副指挥长杜勇的陪同下，专程到南方航空护林总站检查指导森林航空消防工作，并看望了机关全体干部职工。杜永胜副总指挥一行与总站机关副处以上干部进行了座谈。会上，史永林总站长就总站各项工作以及存在的困难和问题作了简要汇报。听取汇报后，杜永胜首先代表国家林业局局长赵树丛、副局长孙扎根和国家森防指向全站职工表示亲切慰问，并对总站所做的工作和取得的成绩给予了充分肯定和高度评价。他指出，在扑救昆明安宁森林火灾中，总站举全站之力，全力以赴，因火而动，迅速调集4架直升机对火场实施机群灭火，反应快速，调度科学，为扑灭森林火灾作出了积极贡献。特别是看到总站新老班子顺利交接，班子团结，队伍稳定，各项工作取得较好成绩，感到十分高兴。希望总站领导班子要再接再厉，不断加强自身建设，团结和带领全站职工攻坚克难，把总站建设成为学习型团队、专业型团队和服务型团队，努力完成好国家林业局交给的各项任务，以优异的成绩回报局党组的关心和支持。

【召开2014年南方春季森林航空消防工作总结会】 6

月10日，南方航空护林总站在云南昆明召开2014年南方春季森林航空消防工作总结会议，总站系统的普洱、保山、丽江、成都、西昌、百色、江西、河南、广东、山东、重庆、湖南等12个航站的站长、业务副站长和航护科长以及总站机关各处（室）处长（主任）、副处长（副主任）共60余人参加了会议。国家森林防火指挥部对这次会议非常重视，专门委派航空消防处张连生处长到会指导。史永林总站长代表总站党委作了题为《交流经验 共同努力 继续推动南方森林航空消防事业向前发展》的讲话。

【山东省与俄罗斯签署森林消防M－26直升机采购合同】 6月16日，山东省人民政府与俄罗斯直升机集团在山东大厦举行山东省森林航空消防Mi－26TC直升机采购项目签约仪式。省政府副省长赵润田、俄罗斯直升机集团销售总监谢尔盖·阿斯塔宾科等出席签约仪式。罗斯托夫直升机制造有限公司第一副总裁瓦吉姆·巴拉尼科夫、灵盾航空器材供应有限公司董事长侯琪、中国航空技术国际控股有限公司副总经理付宇明、山东省航空护林站站长任方喜在合同书上签字。国家森林公安局政委焦德发、南方航空护林总站总站长史永林、省林业厅厅长燕翔等参加签字仪式。

【国家森林防火指挥部专家组到总站调研森林航空消防工作】 6月28日，国家森林防火专业委员会朴东赫主任带领国家森防指专家组到南方航空护林总站进行调研。副总站长吴灵和党委委员、办公室主任席善东，以及有关业务处室的负责同志与专家组进行了座谈。会上，专家组与总站技术人员就重特大森林火灾机群灭火、高山林区航空灭火、空地密切配合、卫星林火监测、航空灭火新技术的应用及森林航空消防今后发展趋势等方面进行了深入的交流和探讨，并希望加强与总站的合作交流，共同促进森林航空消防事业的发展。

【国家林业局八项规定检查组到总站检查指导】 7月1日，国家林业局直属机关党委副书记、纪委书记柏章良带领工作组到南方航空护林总站就贯彻落实中央八项规定精神、加强作风建设和党风廉政建设等方面情况进行检查，并与总站领导班子和中层以上干部进行座谈。史永林总站长代表总站党委向检查组作了工作汇报。检查组对总站在执行八项规定、加强党风廉政建设、厉行节约方面所做的工作给予了充分肯定，同时给总站提出了要求，一是要落实好在党风廉政建设中党委的主体责任和纪委的监督责任。二是严格执行中央关于作风建设的各项规定，进一步加强机关作风建设。三是要加强对领导干部的廉政教育，筑牢反腐倡廉思想防线。四是要加强对项目、资金管理工作，建立健全相关监管制度。

【保山站长岭岗直升机场项目通过竣工验收】 7月10日，保山站长岭岗直升机场项目竣工验收会议在保山市召开。南方航空护林总站吴灵副总站长带领项目办有关人员参加了项目验收，保山站全体人员、监理单位、设计单位、勘察单位、施工单位以及保山市和隆阳区的住建、规划、质监、安监、城建档案、防雷、工贸园区管委会等相关部门和单位的负责人共同进行了项目竣工验收。最后，保山市工程质量监督站负责人宣布该项目达到国家工程验收标准，质量等级评定为合格工程。

【丽江市人大代表检查指导丽江站白沙直升机场建设项目】 7月22日，丽江市人大常委会副主任贺国富、市人大民乔工委主任和志杰等一行三人来到南方航空护林总站丽江站处于收尾建设阶段的白沙直升机场进行检查指导工作，丽江站就机场建设的收尾工作情况进行汇报，并同时指出了项目建设中存在的困难，如用水难的问题、市政网管建设问题。听取汇报后，检查组表示将尽力向市政府反馈、协调，引起相关部门的重视，做好相应的协调联系。

【南航总站及时传达贯彻全国推进林业改革座谈会精神】 7月30日，南方航空护林总站召开机关副处以上干部会议，及时传达学习7月28日国家林业局在湖北省宜昌市召开的全国推进林业改革座谈会精神。会上，史永林总站长重点传达了国家林业局党组书记、局长赵树丛的重要讲话精神和国家林业局党组副书记、副局长张建龙代表局党组所作的关于2014年上半年工作进展情况和下半年安排意见的讲话精神，并就贯彻落实好此次座谈会精神提出了明确要求：一是要认真按照国家林业局的统一部署，把学习贯彻全国推进林业改革座谈会精神作为当前和今后一个时期的重要任务，深入学习领会习近平总书记关于生态文明建设和林业改革发展的重大战略思想，牢固树立中国特色社会主义生态观。二是要结合当前南方航空护林发展现状和国家林业局赋予总站的四项职能以及此次座谈会精神，加快建设南方航空护林体系，进一步提升南方森林航空消防能力建设。三是科学谋划和编制南方森林航空消防"十三五"发展规划，为推动南方森林航空消防事业发展打下坚实基础。四是要结合南方省区森林防火实际，不断完善任务目标、工作重点和具体措施，认真完成好下半年各项工作任务。

【云南楚雄州委领导到总站慰问】 8月25日，云南省楚雄州州委常委、副州长任锦云带领州森林防火指挥部专职副指挥长高培忠、防火办主任李之梁一行三人，代表楚雄州委、州政府和州森林防火指挥部到南方航空护林总站慰问。受史永林总站长委托，吴灵副总站长与任锦云副州长一行进行了座谈。会上，任锦云副州长表示，楚雄是少数民族地区，森林资源丰富，历来是滇中有名的老火灾区。由于过去得到总站的大力支持，将楚雄纳入护区范围，并安排飞机执行森林航空消防任务，为全州森林防火工作取得较好成绩打下了良好基础。特别在扑救"3·12""5·21"和"5·24"等几起较大森林火灾中，总站迅速调集多架飞机空中支援，实施机群灭火，为火灾最终扑灭发挥了至关重要的作用，充分体现了森林航空消防的尖兵形象，受到了地方各级党委政府和人民群众的高度评价。

【调研四川森林航空消防工作】 8月20～22日，南方航空护林总站史永林总站长和党委副书记、副总站长周俊亮及办公室副主任杨林一行三人，到四川调研森林航空消防工作，分别与成都站和西昌站的职工进行了座谈会，听取了两个航站负责人的工作汇报。在成都时，赴四川省林业厅与尧斯丹厅长、刘书贵副厅长及防火办负责人等就航站建设和直升机场建设进行了座谈；在西昌时，与凉山州委、西昌市委分管领导以及州、市林业局领导，分别就西昌站直升机场建设、移动航站建设以及应急救援能力建设等进行了座谈，并交换了意见，达成了共识。

【举办森林航空消防业务练兵培训班】 8月25日至9月3日，南方航空护林总站在云南保山举办了为期10天的"2014年南方森林航空消防业务练兵培训班"。来自南航总站机关航护处和下属的6个直属航站、7个省属航站近100名业务人员参加了练兵培训。本次练兵培训是南航总站近年来举办的人数最多、规模最大、内容最丰富、教学与实践结合最紧密的一次练兵与培训，是新形势下总站加强人才队伍建设、提高队伍素质的具体体现，也是对业务人员心理素质、身体素质和业务素质的一次验收，更是对业务人员的组织纪律性和精神风貌的一次检阅。此外，除练兵培训外，总站还对符合晋级条件的见习飞行观察员进行了晋级考试，对符合认证条件的业务人员进行了从业资格认证考试。

【湖南省航空护林站网站投入运行】 8月19日，湖南省森林消防航空护林站网站正式投入使用，网站域名：http：//www.hnhkhl.cn，备案号为：湘ICP备14011520号。网站主要由航站概况、新闻动态、航空护林、航站建设、政策法规、航护科技、日常工作及互动交流栏目组成。网站的建设和开通对于展示湖南省森林航空消防的建设成就，提升航站的良好形象，扩大社会影响力，提高管理与服务水平，加快森林航空消防的发展将起到十分重要的作用，成为宣传展示湖南航站的名片与窗口。

【召开2014年秋冬季～2015春季森林航空消防租机合同会】 9月18日，南方航空护林总站在昆明组织召开了"2014年秋冬季～2015年春季租机合同会"。出席会议的领导有国家森防办航空消防处处长张连生、南方航空护林总站总站长史永林、副总站长周俊亮和吴灵，以及江西、河南、广西、广东、山东、湖南、湖北等7省(区)森林防火指挥部、航空护林站和相关通航公司的领导。会议由党委副书记、副总站长周俊亮主持。会上，史永林总站长回顾总结了2014年春夏季南方森林航空消防工作开展情况，对近年南方森林航空消防工作存在的问题进行了剖析，并对做好下步工作提出了明确要求。张连生最后对今后各单位和部门如何加强协调配合、提高航护效益等提出了具体要求。此次会议，总站与7个省(区)森防办、航空护林站及8家通航公司共同签署了15架飞机的租机合同，其中直升机14架，固定翼1架，计划飞行2100小时。

【调研滇桂两省森林航空消防工作】 9月22～28日，南方航空护林总站总站长史永林、副总站长周俊亮等一行四人先后深入到云南、广西护区进行调研，对南方航空护林总站下属的丽江站、普洱站和百色站学习贯彻2014年全国秋冬季森林防火工作电视电话会议精神的情况进行了检查。调研期间，工作组与当地党委、政府分管领导以及森防指、防火办负责人和航站职工进行了座谈，对护区森林防火情况、航站建设情况、秋冬航准备情况和直升机场协调进展情况等进行了调研，与地方领导就做好当地森林航空消防工作交换了意见，达成了共识。同时，工作组还对航站班子建设、廉政建设、业务建设和安全生产等提出了要求，尤其对做好国庆和秋冬防期间森林航空消防工作作了强调。

【到北航总站实地考察交流森林航空消防工作】 为了进一步加强与北方航空护林总站的交流学习，借鉴北方航空护林总站开展森林航空消防工作的先进经验和做法，加快推进南方航空护林总站总调度室及各航站直升机场的建设及运行管理，提升南方航空护林总站应急抢险救灾的综合能力。10月8～12日，史永林总站长、周俊亮副总站长，吴灵副总站长带领由相关处室负责人和所属航站站长一行组成的考察组赴北方航空护林总站实地考察调研。调研组在北航总站总站长张惠新、党委书记江机生、副总站长张宝柱、总工程师张喜忠、黑龙江森工总局姜传军副总局长等领导的陪同下，考察组先后考察了北方航空护林总站、幸福航站、伊春航站。

【专职副总指挥杜永胜到南航总站西昌站检查指导工作】 10月28日，国家森林防火指挥部专职副总指挥杜永胜在出席"四川省森林防火工作暨基层基础建设现场会议"期间，在四川省森防指专职指挥长毛德忠的陪同下，专程到南方航空护林总站西昌站检查指导工作。杜永胜查看了西昌站办公情况和灭火机组驻防点，了解职工生活，与全职职工进行座谈。西昌站王凤成站长向杜永胜汇报了航站建设、组织建设、业务建设、队伍建设和支部建设等情况。杜永胜对西昌站的工作给予了充分肯定，对森林航空消防所发挥的作用给予高度评价，认为西昌站对护区生态文明建设和森林防火工作作出了重要贡献，真正树立了国家林业局"国家队"形象。他希望西昌站要继续加强管理，内强素质，外树形象，进一步提升西昌站和森林航空消防地位。

【湖南航站建立专家咨询机制】 为提升湖南省森林消防航空护林工作的科技含量和决策水平，推进湖南航空护林事业快速发展。10月27日，湖南省森林消防航空护林站召开专家顾问组成立大会，成立了由森林防火、飞行、安全监督、航空管制等方面省内权威专家组成的顾问组，出台了《湖南省森林消防航空护林专家顾问组工作细则》，确定了首届航空护林专家顾问名单。湖南省林业厅副厅长吴彦承任专家顾问组组长，并为首届航空护林专家颁发了聘书。

【南航总站开展反腐倡廉警示教育活动】 按照南方航空护林总站党委的统一安排部署，11月5日，总站机关全体职工前往云南省警示教育基地开展警示教育活动。在警示教育基地，全体人员观看了反腐警示教育短片《腐殇》，参观了"腐败——国之大敌、民之大敌""反腐败——重拳出击""警示启迪"三个展区以及反腐倡廉成就展。在教育基地报告厅，观看了警示教育专题片《黑白人生》。通过参观警示教育基地，总站的每一位干部职工进一步认清了贪污腐败对国家、对人民、对家庭、对自己的危害，大家受到了一次生动的教育和思想“洗礼”，表示要从反面典型案例中引以为戒，牢固树立宗旨意识、大局意识，要正确使用手中的权力，真正做到“自重、自省、自警、自励”，牢固树立廉洁奉公的思想，增强拒腐防变能力，筑牢拒腐防变的思想长城。

【湖南航站启用新标识】 为树立航站形象，提升航空护林工作认知度，加快航空护林事业发展，经湖南省林业厅同意，湖南航站启用单位标识。该标识以绿、蓝、红为主体色调，结合森林、飞机、灭火及灭火效果等基本元素，体现出航站与湖南林业的隶属关系；贯通“护林”两字的航站自有 R44 直升机，融合湖南三山四水的地理元素，体现出航空护林工作状态和工作效果。整个标识简洁流畅、时尚大气，寓意积极进取的航空护林人员吃苦耐劳、团结奋进的精神。航站形象标识的推出，既是航站自身发展的需要，也是航站内强素质外塑形象的要求。

【全力保障无人机侦察火场测试工作】 为了做好无人机在森林航空防火工作中的应用，国家森林防火指挥部办公室于2014 年12 月25～27 日在丽江白沙直升机场进行无人机侦察火场飞行测试，根据总站要求，南方航空护林总站丽江站高度重视，全体职工放弃周末休息日，进行人员明确分工，分头准备，布置好会议场地和测试现场，包括操作区、起降测试区、展示观摩区、休息等候区，设置警戒线，与民航丽江机场协调，做好飞行计划申报审批，拟定飞行航线和模拟侦察火场，保证了测试工作的顺利开展。测试期间，丽江站业务人员参与了无人机外观、飞行参数、火场侦察通信能力等数据的收集，为领导和专家的决策和将来的应用提供依据。同时，积极做好后勤服务，为全体参测人员提供了良好的食宿服务及便捷的交通条件，圆满完成了测试任务，得到上级领导及各参测单位的肯定和认可。

【调研湖北省森林航空消防工作】 12 月 12 日，南方航空护林总站总站长史永林、副总站长周俊亮等一行，到湖北省调研航空护林建设工作，并专程到湖北省武当山航空护林站老河口基地检查指导工作，看望全体航护工作人员。史永林总站长一行听取了航站工作情况汇报，深入作业基地办公区域和生活场地，与航站职工和 M－8 机组进行了交谈。史永林总站长指出，武当山站森林航空消防工作的开展，对推进湖北省生态文明建设和森林防火工作将会发挥重要作用，对保护鄂西北重点工程、世界文化遗产和重要生态资源将作出积极贡献。武当山站自开航以来，开局好，影响面广，条理清晰，措施得力，各项工作有序开展。

【国家森防指领导指到江西省航空护林站调研】 12 月 8 日，国家森林防火指挥部办公室副主任、国家林业局森林公安局副局长柳学军一行到江西省航空护林站调研，南方航空护林总站总站长史永林、江西省林业厅森林公安局政委、防火办主任钟世富等陪同。柳学军察看了航站设施，并在江西省森林航空消防指挥中心观看了航空护林纪录片、听取了巡护航线、来赣执行航空护林任务各架飞机的性能参数等情况的汇报。调研中，柳学军对江西省航空护林站各项工作给予了充分肯定，并要求航空护林站继续努力，再创佳绩。

【国家林业局森林防火预警监测信息中心领导到南航总站调研】 12 月 17 日，国家森林防火预警监测信息中心主任王元法一行到南方航空护林总站，就森林防火指挥调度及应急通讯保障等问题进行调研。南方航空护林总站史永林总站长及党委全体成员，总站航空护林处、森林防火协调处、卫星林火监测处及科技信息处的负责人参加了调研座谈。上午，调研组就国家林业局森林防指挥中心建设、指挥中心与火场工作组联动、火场应急通信保障、火场标绘、地理信息系统应用及值班调度工作存在问题等，进行了专题调研和座谈。下午，调研组一行在总站调度指挥中心听取了《南方森林航空消防航行管制及火情监测系统建设项目》实施方案专题汇报，并到西南森林防火物资储备库实地察看了防火物资储备情况以及赴火场大型通信指挥车使用情况。

【国家森防指杜永胜专职副总指挥到南航总站检查指导工作】 12 月 30 日，国家森林防火指挥部专职副总指挥杜永胜、国家森防办副主任柳学军一行，在云南省森林防火指挥部专职副指挥长杜勇等领导的陪同下，到南方航空护林总站检查指导森林航空消防工作，并看望了机关全体干部职工。杜永胜副总指挥一行视察了西南卫星林火监测分中心和南方森林航空消防调度指挥中心，并与总站机关副处以上干部进行了座谈。会上，史永林总站长首先代表全体职工，对杜永胜副总指挥一行的到来表示热烈欢迎，并就总站一年来的工作情况以及存在的问题和 2015 年工作安排作了简要汇报。听取汇报后，杜永胜副总指挥代表国家林业局赵树丛局长、孙扎根副局长和国家森防指向全站职工表示亲切慰问，并对总站所做的工作和取得的成绩给予了高度评价。

（南方航站由杨林供稿）

华东林业调查规划设计院

【综　述】 2014 年，华东林业调查规划设计院（以下简称华东院）完成国家林业局指令性任务 17 项，完成技术咨询服务项目 518 个，获奖项目 3 个，全面实现年度各项目标。

【森林资源监测工作】 承担并完成了包括森林资源清

查、林地年度变更调查、林地和林木采伐管理情况检查、营造林综合核查、东北内蒙古林区“三总量”检查、全国湿地监测评估和评价、退耕还林阶段重点核查验收、森林抚育补贴试点抽查、财政拨款项目支出定额标准编制、森林资源清查信息系统优化完善等国家林业局下达的各项指令性任务。

第九次森林资源清查 承担并完成浙江、安徽、上海3省市森林资源清查阶段性相关工作。完成指导性检查样地72个，检查固定样地295个，验收样地卡片19 295份。全面完成外业应查任务量。完成浙江省大样地调查遥感区划判读与现地核实工作。

全国林地年度变更调查工作 承担并完成浙江、江苏、山东3省林地变更督导指导检查工作。制订督导指导检查工作实施方案，完成3省调查操作细则的审核、技术培训指导工作。完成本监测区2013年接转的林地变更扩大试点工作。

全国林地和林木采伐管理情况检查工作 承担监测区林地和林木采伐管理情况检查工作。完成遥感判读、外业调查和内业统计等阶段工作。检查了45个县，核对林木采伐许可证13 069份，现地检查90个有证采伐伐区，伐区总面积573.69公顷，样圆面积(含全测)17.73公顷。遥感判读疑似无证采伐图斑4449个，判读总面积13 333.11公顷。现地查验或检查图斑72个，面积1165.87公顷。抽取105个项目进行现地复核、36个进行回收情况检查、297个疑似判读图斑进行现地检查。提交检查报告。完成浙江省龙泉、仙居两县(市)土地整理项目使用林地情况调研工作。

全国营造林综合核查 承担并完成监测区各省市营造林综合核查任务，抽查了38个县(市、区)、114个乡(镇、场)、3302个小班，核查营造林总面积1.3万公顷。查对营造林技术档案登记的小班数量10 568个，面积6.08万公顷，实地调查重复小班153个，面积1764.253公顷。提交监测区核查报告。

财政拨款项目支出定额标准编制 承担国家林业局森林资源清查与动态监测、森林资源管理与检查、林政执法与督查、全国林地保护利用年度变更调查及林业双增指标年度考核等4个项目支出定额标准的编制工作。提交编制成果。

东北内蒙古林区“三总量”检查 参加并完成东北内蒙古林区“三总量”检查。完成四大森工集团检查基础数据的整理核实及矢量化、多期遥感判读工作。完成松江河、白石山、加格达奇、和龙等4个林业局森林资源管理情况检查的外业现地检查核实工作。

森林资源清查信息系统优化完善 承担并完成森林资源清查信息系统优化完善工作。完成系统代码库和原始数据维护等程序模块的更新维护。优化完善统计分析程序模块以及Oracle数据库版本的升级。相关软件模块已在上海、安徽清查工作中进行测试。

退耕还林阶段重点核查验收 承担并完成江西省退耕还林阶段验收重点核查任务。抽查3319.16公顷退耕面积，49个县、203个乡、1301个小班，提交核查验收成果。

森林抚育补贴试点抽查 承担并完成浙江等8个省(区)和计划单列市森林抚育补贴试点抽查工作。抽查59县、348小班、6559.4公顷林地面积，提交森林抚育补贴试点抽查报告。

全国湿地监测评估和评价工作 完成全国湿地监测评估和评价的相关任务。完成5个省市11个国际重要湿地生态系统评价工作，提交评价报告。完成17个国际重要湿地、湿地类型自然保护区和国家湿地公园的中央财政湿地保护补助项目实施情况野外监测评估，提交监测评估报告。编制并提交全国重要湿地评价与预警方案。

其他森林资源监测工作 ①启动海防林建设三期工程规划编制工作。拟定规划工作方案和技术方案，起草规划大纲。②参加《防护林造林工程投资估算指标》修订。③完成《全国义务植树尽责形式折算办法》送审稿编制。④建设林业应对气候变化碳汇计量监测体系（碳汇计量监测试点），起草国家储备量林核查办法。⑤编制《国家森林资源连续清查固定样地标准》《全国森林采伐管理情况检查技术规程》《使用林地现状调查评估报告编制规范》等标准。⑥完成第八次全国森林资源清查汇总后续工作。

【技术咨询服务】 全院注重科技发展和对外技术服务，在完成好指令性任务的前提下，发挥人才技术优势，积极为地方林业发展提供技术服务。2014年共签订技术咨询服务项目518个，合同金额达8565万余元。

【林业科技工作】 全年完成森林资源监测和工程咨询技术成果500余项，发表论文33篇。开展技术交流活动，开设华东院网站学习平台。整理和归档全年技术成果档案，出版发行《华东森林经理》4期，刊载论文80余篇。获得2014年度全国林业优秀工程勘察设计奖2项，其中二等奖1项，三等奖1项。获得浙江省优秀工程咨询成果一等奖1项。

【人才队伍建设与管理】 吸收博士研究生1名、硕士研究生5名。组织完成对2013年新提拔的9名中层(处级)领导干部试用期满考核工作。加强人才培养，组织各类培训，受训人数200余人次。鼓励并安排职工参加政府部门的人才资格评定和职业技能鉴定。1人获得教授级高工专业技术职务任职资格，2人获得高工专业技术职务任职资格，3人获得工程师专业技术职务任职资格。

【财务管理】 2014年度全院财务收入总计8100万元，其中基本支出2691万元、项目支出1114万元、创收项目成本费用3606万元。收支结余689万元，全面完成年度预算任务。全年财政补助收入3068万元，实际财政资金支出3068，预算执行进度100%。在局直属单位预算进度考核中名列前十。

【科学制度建设】 收集整理汇编适用法律法规96个、技术标准规范569项、外来相关文件274个。编写项目作业指导书31个，修改完善华东院技术经济承包责任制、项目质量管理办法、合同管理办法、工作目标考核制度等内部管理规章制度10余个。工作质量、技术创新、廉政建设、劳动纪律与调查监测工作人员的考核晋级及经济利益直接挂钩。坚持培训考核合格上岗制、廉政与作风建设信息反馈卡制、项目分级质量控制与院、处、项目组三级质量检查制、技术创新与项目创优奖励制等行之有效的调查监测工作制度。优化完善华东院后勤保障制度。坚持厉行节约，以人为本，提供多样性服务。

【林业信息化建设】 完成中心机房运行环境建设。目前已有8台服务器和2台磁盘阵列投入使用，初步建成华东林业规划设计院数据中心。

【华东院通过ISO9001质量管理体系认证】 2月启动了ISO9001:2008质量管理体系标准“贯标认证”工作。在完成质量管理体系文件编写发布的基础上，顺利完成内部审核、模拟审核、管理评审等阶段工作。顺利通过外部审核认证，获得ISO9001质量管理体系标准认证证书。 （华东林业调查规划设计院办公室供稿）

中南林业调查规划设计院

【综　述】 2014年，国家林业局中南林业调查规划设计院（以下简称中南院）全体职工认真履行国家赋予的各项资源监测职能，围绕中南院年度工作总体目标，通过全面实施ISO9001质量管理体系认证、争创湖南省直机关文明标兵单位和践行社会主义核心价值观等一系列活动，组织开展森林资源监测、湿地资源监测、石漠化监测、碳汇计量监测和生态效益评估等工作，共承担完成湖南、湖北两省森林资源连续清查工作、西藏等5省（区）退耕还林工程退耕地还林阶段验收、中南监测区6省（区）营造林综合核查、中南监测区7省（区）占用征收林地管理情况检查和森林采伐管理情况检查、西藏自治区第五次荒漠化和沙化监测、全国湿地资源调查汇总、林地年度变更调查、国家珍贵树种培育示范县审核和西藏自治区第二次野生动物资源调查、西藏“两江四河”流域造林绿化工程规划等生产科研项目260项，全面完成2014年度各项工作目标和任务，获得“湖南省直机关2014届文明标兵单位”荣誉称号。

【召开中国共产党国家林业局中南院第八次党员大会】 6月27日，中南院组织召开中国共产党国家林业局中南院第八次党员大会。国家林业局人事司副司长郝育军、湖南省委组织部干部五处谭邵春调研员出席大会。会议由院长周光辉主持，全院有选举权的党员105人参加了此次会议。

会上，湖南省委组织部谭邵春宣读中共湖南省委组织部《关于同意召开中共国家林业局中南林业调查规划设计院党员大会的批复》。国家林业局人事司郝育军副司长宣读中共国家林业局党组《关于中南林业调查规划设计院新一届党委、纪委组成人员候选人预备人选的批复》，会议听取并审议了中南院党委书记彭长清所作中国共产党国家林业局中南院第七届委员会工作报告。报告指出，四年来，中南院按照“强化主业、开拓市场、科技兴院、人才强院”的思路和“建设一流队伍、培养一流作风、创造一流业绩”的目标，各党支部和全体党员团结协作、努力工作，在完成各项任务中充分发挥战斗堡垒作用和先锋模范作用，有力促进了全院各项工作的健康发展。

之后，会议表决通过了中南院第八次党员大会选举办法，表决通过了大会总监票人、监票人、计票人人选；并以无记名、差额选举方式选举产生了中国共产党国家林业局中南林业调查规划设计院第八届委员会和纪律检查委员会。

【中南院入选中央国家机关践行社会主义核心价值观先进典型报告团成员】 8月29日，中南院党委副书记、副院长周学武赴北京参加了由中央国家机关工委组织的中央国家机关践行社会主义核心价值观先进典型首场报告会暨第二届“创建文明机关 争做人民满意公务员”先进集体表彰大会。9月11日、16日、22日和10月10日，中南院作为中央国家机关践行社会主义核心价值观先进典型报告团成员之一，分别参加农业部、外交部、国家测绘局在陕西省延安市举办的中央国家机关践行社会主义核心价值观先进典型巡回报告会。报告会上，周学武围绕中南院在西藏开展森林资源调查工作涌现的感人事迹作了生动的主题报告。中南院作为国家林业局直属事业单位，长期以来，在森林资源监测战线上始终牢记使命，紧紧围绕中心、服务大局，充分发扬林业调查队伍“特别能吃苦、特别能忍耐、特别能战斗、特别能奉献”精神，努力践行社会主义核心价值观，以实际行动谱写了一曲生命绿色赞歌。

【中南院获“湖南省直机关2014届文明标兵单位”荣誉称号】 2014年，中南院组织开展争创湖南省直机关文明标兵单位活动，一是落实文明创建责任，完善文明创建机制。二是强化文明创建基础，提升文明创建能力。三是把握文明创建重点，突出文明创建成效。四是弘扬志愿服务理念，构建文明和谐单位。

经湖南省直机关文明办考核、湖南省直机关文明委审议，被湖南省直机关工委授予“2014届湖南省直机关文明标兵单位”荣誉称号。

【全面实施ISO9001质量管理体系认证】 为优化资源配置、提升管理水平、增强竞争实力、优化业务管理流程、提高服务质量、适应行业发展新要求，中南院于2014年3月开始全面实施ISO9001质量管理体系贯标和认证工作，并采用部门审核与过程审核相结合的方法，组织开展一系列ISO9001质量管理体系“贯标”培训和ISO9001质量管理体系内部审核。通过狠抓服务质量，细化服务指标，完善作业体系，规范业务流程，把先进的管理理念和体系与中南院资源监测和技术服务工作紧密结合，提升工作整体水平，使各项质量管理工作实现制度化、程序化、标准化、规范化，为创造更多更好的林业优质工程项目管理奠定了坚实基础。6月3～4日、6月16～18日，中大华远认证中心派出审查专家对中南院ISO9001质量管理体系贯标工作进行了全面审查。经中大华远认证中心认证，中南院及中南院环发新技术公司获得了ISO9001质量管理体系认证证书，认证范围涵盖工程咨询、工程设计和林业调查规划设计。

【召开2015～2017年深化改革工作动员会议】 12月12日，中南院组织召开2015～2017年深化改革工作动员大会。会议由中南院总工程师熊智平主持，全院在职职工参加了此次会议。

会上，中南院党委书记彭长清对《中南院2015～2017年深化改革工作实施方案》有关情况进行了详细说明，院长周光辉对中南院2015～2017年度深化改革暨岗位聘用管理工作进行了全面部署和动员。他指出，中南院岗位聘用管理工作实施以来，各项工作取得了显著成效，呈现出蓬勃向上的良好发展态势。一是明确了思路，规范了管理。二是转变了观念，创新了机制。三是取得了效益，改善了生活。四是培养了队伍，提高了能力。五是树立了品牌，扩大了影响。在国家林业局党组的关怀支持下，中南院党政领导班子带领全体职工齐心协力、共同奋斗，全院基础建设、业务建设、队伍自身建设和经济效益年年上台阶，综合实力不断增强。他强调，2015年，中南院将启动新的一轮人员聘用工作，通过深化改革各项工作，形成以人为本，统筹兼顾，以改革促发展，人员能进能出、职务能上能下、待遇能升能降、优秀人才能够脱颖而出、充满生机与活力的用人机制，促进中南院各项事业全面科学发展。

【森林资源监测】

森林资源连续清查 根据《国家林业局森林资源管理司关于开展第九次全国森林资源清查2014年清查准备工作的通知》（资调函〔2013〕44号）和《国家林业局办公室关于开展第九次全国森林资源清查2014年工作的通知》（办资字〔2014〕42号）要求，中南院承担国家森林资源连续清查湖南、湖北两省第七次复查的技术指导和质量检查以及成果编制等工作。

为切实加强对本年度森林资源连续清查工作的组织领导，中南院一是成立领导机构，明确任务分工。成立了以周光辉院长为组长，主管副院长、总工程师熊智平为副组长的森林资源清查工作领导小组，下设领导小组办公室，明确了目的任务、人员组织、工作重点和预案措施。二是开展技术培训，提高队伍素质。6月3～5日，中南院组织全院连清技术人员进行岗前培训和考核。三是加强与清查省工作联系与沟通，做好技术指导服务。从制订工作方案、技术方案、技术培训、队伍组织，中南院全程参与技术指导、审核和监督检查。同时，中南院连清技术人员全程参与了湖南、湖北两省连清技术培训指导工作。四是制订管理办法，强化质量管理。制定了《中南监测区森林资源连续清查技术指导与质量检查验收管理办法》，签订了“技术质量保证责任书”。全部森林资源清查工作管理严格按照《国家森林资源清查质量管理办法》和ISO9001：2008质量管理体系要求进行。外业期间，中南院与湖北省、湖南省林业主管部门分别组成联合质量检查组，开展“首件必检”、前期技术指导和质量检查验收等工作，加强了对项目进度控制和质量管理，确保本年度森林资源连续清查各项工作按时完成。五是做好大样地和森林资源“一体化”监测研究试点工作。按照国家林业局森林资源管理司的工作部署，中南院2014年在湖南省结合本次清查工作开展4千米×4千米大样地遥感判读区划和现地核实验证试点工作以及湖南省森林资源“一体化”监测研究试点工作。

营造林综合核查 根据国家林业局的统一部署，6月18日至10月16日，中南院先后组织51名专业技术人员对湖北、湖南、广东、广西、贵州、海南6省区开展2014年营造林综合核查，共抽查29个县级单位，105个乡级单位，2331个小班，抽查面积18 617.7公顷。查对营造林技术档案登记的小班数量11 167个，面积75 966.1公顷，实地调查重复小班179个，面积1252.9公顷。与此同时，中南院承担了综合核查全国技术业务工作，主要工作包括：负责综合核查全国技术管理工作，编制《2014年全国营造林综合核查技术方案》，修订《全国营造林综合核查办法》；牵头完成全国核查县的抽取，负责解决核查过程中发现的技术问题，完善《全国营造林综合核查信息管理系统（ZHHC）》统计软件；承担全国核查数据逻辑检查、汇总统计与分析，编写《2014年全国营造林综合核查总报告》、《2014年全国营造林综合核查主要结果报告》《2014年全国营造林综合核查天保工程报告》。

占用征收林地管理情况检查 根据国家林业局的统一部署，6～10月，中南院组织44名专业技术人员对中南监测区湖南、湖北、广东、广西、贵州、海南和云南7省（区）38个县级单位2014年1月1日以来占用征收林地管理情况进行检查。本次检查采用卫星遥感判读和现地检查相结合的方法进行，共检查各类占用征收林地项目215项，到期临时占地43项。

林木采伐管理情况检查 根据国家林业局的统一部署，7～9月，中南院组织27名专业技术人员完成了对湖北省麻城市、湖南省浏阳市、广东省清新区、广西区博白县、广西区上思县和贵州省黎平县等6县（市、区）的林木采伐管理情况检查，共检查6县（市、区）56个乡（镇、场）93个行政村、林班，查验19 764张林木采伐许可证，现地检查60个有证成片伐区和20个无证成片伐区。同年，中南院还参与东北国有林区的15个重点国有林区森工局的卫星遥感数据处理，参加完成吉林的敦化、天桥岭林业局、内蒙古的阿尔山林业局、黑龙江的通北林业局4个林业局的林木采伐管理外业检查工作。

退耕还林工程重点核查验收 根据国家林业局的统一部署，5～7月，中南院共组织55名专业技术人员完成了湖南、湖北、贵州、广西、西藏5个省（区）的退耕还林工程重点核查验收任务，共完成5省区142个县、442个乡、30 437个小班的核查验收任务，实际验收面积1.93万亩。同时，中南院还具体承担了全国退耕还林阶段验收技术组工作，主要工作包括：负责全国退耕还林阶段验收技术管理工作，编制《2014年退耕还林工程重点核查验收补充规定》，各工程省省级全面检查验收成果审核，2008～2014年全国省级全面检查验收和国家级重点核查验收数据的整理与合并，2014年全国退耕还林阶段验收汇总、分析与全国报告编写，2008～2014年全国退耕还林阶段验收汇总、分析与总报告编写，2014年退耕还林阶段验收成果汇编等。

2013年度中央财政补贴森林抚育国家级抽查 2014年，按照国家林业局的部署和工作安排，中南院承担了湖北省、湖南省、广东省、海南省、贵州省、云南省、四川省、西藏自治区等8省(区)的中央财政森林抚育补贴国家级抽查任务。外业工作从2014年10月16日开始至12月31日结束；内业工作从2014年11月5日开始至2015年1月18日结束，中南院共组织专业技术人员66人次，共抽查了8个省(区)、58个县(林业局)、360个小班，抽查面积6989.6公顷；收集查阅文件档案1278份，实地检查获取的数据及影像资料3232份。

【完成林地变更调查成果国家级核查工作】 2月11日至2月27日，为扎实推进湖南、湖北、贵州、广西等4省区林地变更调查试点国家级核查工作，确保林地年度变更调查试点工作成果质量，按照《国家林业局办公室关于做好全国林地变更调查扩大试点工作的通知》(办资字〔2013〕82号)文件要求，中南院组织12名专业技术人员对湖南、湖北、贵州、广西四省区林地年度变更调查成果进行了国家级核查，共随机抽查了55个单位，抽检的图斑数据近173万个。

【中南院承担完成西藏自治区第五次沙化和荒漠化监测外业工作】 西藏自治区第五次沙化荒漠化监测实地验证调查由中南院与西藏林规院共同承担，自2013年开始进行技术准备以来，中南院与西藏林规院一起通过不断努力，先后取得了西藏国土厅有关面状数据总计60余万条，2012年度西藏森林资源二类调查面状图斑数据40余万条，获得覆盖西藏全区的中巴高分辨率影像数据总计851景，总数据量约2.6T及历年营造林、防沙治沙工程任务下达及实际完成情况，为西藏自治区第五次沙化和荒漠化监测工作奠定了坚实基础。

中南院项目组自2014年5月中旬起，开展本次沙化荒漠化监测的前期数据处理工作，先后完成了第四次监测数据投影转换、格式转换、行政界线整理、图斑区划、与国土二类、林业二类数据套合验证等工作，最终区划完成图斑数约50万条。8月13日，西藏自治区第五次沙化和荒漠化监测外业调查工作正式启动，这是西藏自治区历次沙化和荒漠化监测外业工作中，调查面最广、调查行程最长的一次。中南院调查技术人员克服了西藏高原缺氧、自然条件恶劣等种种困难，行程近2万千米，拍摄照片上万张，圆满完成了全区63个县的外业调查任务。

【中南院承担完成西藏自治区“两江四河”流域造林绿化工程规划主体工作】 西藏“两江四河”流域造林绿化工程是西藏生态安全屏障建设的主体，是国家构建“两屏三带”生态安全战略新格局的重要组成部分。为科学有序地推进西藏生态安全屏障建设，西藏自治区党委、政府审时度势，及时提出了在雅鲁藏布江、怒江、拉萨河、年楚河、雅砻河、狮泉河等西藏主要人口聚集地和经济发展区实施“两江四河”流域造林绿化工程，并及时对工程的规划设计工作进行了安排和部署。为确保西藏“两江四河”流域造林绿化工程规划设计质量，研究决定由中南院和西北林业调查规划设计院共同承担规划设计工作。中南院主要承担了自治区级规划纲要和除拉萨市以外的日喀则、山南、林芝、昌都、那曲和阿里6个地(市)的总体规划编制工作。规划编制工作自2013年7月正式启动，先后经历调研、纲要编制、专业(土壤、水文气象、森林植被)调查、地区规划大纲编制、调查设计、地区规划编制等阶段。规划设计工作历时500余天，其中外业工作历时182天，先后进藏128人次，完成规划设计调查7个地(市)、48个县(市、区)、389个乡(镇)、3162个行政村；实地逐小班(地块)设计造林绿化面积71.6万公顷，设计小班16 410个，苗圃55处，道路绿化2105千米，并对相应水利灌溉工程进行了初步勘查设计。目前，主体工作圆满完成，及时提交了初步成果，后期技术交接、实地指导和技术服务工作正在进行中。在规划编制过程中，西藏自治区林业厅先后5次组织召开专题会议，对规划进行全方位讨论研究，并将规划初稿提交区内、外专家、相关厅局、拉萨市人民政府以及各地区行署和有关部门广泛征询意见。7月28日，在拉萨组织召开了规划成果专家评审会，与会专家对规划成果给予了高度评价，并一致同意成果通过评审。9月17日，西藏自治区规划编制工作领导小组在拉萨市组织召开了由自治区分管副主席边巴扎西主持，领导小组全体成员、各地(市)分管领导和林业主管部门参加的成果审查会，从政府决策和管理层面对规划成果进行了审查，对规划成果给予了充分肯定。

【开展西藏第二次陆生野生动物资源调查第二次外业调查工作】 根据《西藏第二次陆生野生动物资源调查工作方案》和《西藏第二次陆生野生动物资源调查技术细则》要求，5月6日，中南院组织有关专家和专业技术人员组成调查组赴西藏昌都地区开展第二次外业调查工作。本次调查工作主要内容包括为期4个月的金钱豹、雪豹等珍稀濒危物种的专项调查和鸟类常规补充调查，调查范围主要包括昌都地区7个县，3个常规调查地理单元，12个调查样区。在2014年5月26日11时30分，正在西藏昌都类乌齐县桑多镇扎通卡行政村哇萨达自然村开展西藏第二次陆生野生动物资源野外调查的中南院3名调查队员，在攀内龙攀上陡峭山崖时，正面突然发现一只正在捕食的成年雪豹。3名调查队员冒着生命受攻击的极端危险，克服高原上(海拔4653米)高强度登山的艰辛，在相距20多米近距离情况下，沉着冷静、从容应对、配合默契，在雪豹出现到消失的短短几秒时间内，迅速抢拍到高清晰度的雪豹照片和视频。这一发现与记录成为西藏第二次陆生野生动物资源调查工作中的新亮点，必将对西藏野生动物保护产生重要影响。

【湖南张家界大鲵国家级自然保护区功能区调整申报材料通过专家评审】 3月24日，湖南省环保厅与湖南省畜牧水产局在湖南长沙组织召开《湖南张家界大鲵国家级自然保护区功能区调整申报材料》专家评审会。此次专家评审委员会由湖南省人民政府、湖南省国土资源厅、省交通厅、省水利厅、省农业厅、张家界市政府、慈利县政府、湖南农业大学、湖南师范大学、湖南环境保护科学研究院、湖南省水产科学研究所、湖南省农林工业勘察设计院、张家界大鲵国家级自然保护区管理处等单位的专家和领导组成。

专家评审组认真听取了中南院项目组的情况汇报，仔细审阅了相关材料，一致认为：湖南张家界大鲵国家级自然保护区自建立以来，保护管理成果突出。但因历史与现实的原因，在保护区批准建立之前就存在部分城镇人口密集区被划为核心区和缓冲区范围，自然保护区保护与社区经济发展的矛盾日益突出，部分区域大鲵生境发生较大变化，使大鲵种群的保护形势日益严峻。同时，为满足黔张常铁路等国家重点工程建设需要，进行湖南张家界大鲵国家级自然保护区的功能区划调整很有必要。湖南张家界大鲵国家级自然保护区规划调整的《论证报告》和《总体规划》指导思想和保护目标明确，调整理由充分，内容翔实，资料齐全。通过科学考察，广泛征求当地政府和公众意见，在按照国家有关要求进行充分论证的基础上，提出该自然保护区的功能区调整的规划基本符合湖南张家界大鲵国家级自然保护区保护和发展的需要。一致同意《湖南张家界大鲵国家级自然保护区功能区调整申报材料》通过评审。

【西藏宜林县森林资源二类调查成果通过专家评审】 3月17~20日，中南院承担完成的西藏曲水等23个宜林县森林资源二类调查成果专家评审会分别在西藏那曲地区那曲镇、阿里地区狮泉河镇和拉萨市等地召开，参加会议的评审专家来自西藏自治区林业厅林政处，自治区林业调查规划研究院，地区行署，地区（市）林业局、商务局、发改委、国土局、财政局、农牧局、环保局、水利局、旅游局、交通局、农发办，各调查县人民政府、县林业局等单位。

与会专家认真听取了项目组的情况汇报，仔细审阅了相关材料，认为此次西藏宜林县森林资源二类调查成果对建立西藏完整的森林资源和森林生态状况技术档案意义重大、影响深远，并对成果的正式应用寄予了厚望。专家组一致同意西藏宜林县森林资源二类调查成果通过评审。

【西藏自治区第二次森林资源规划设计调查成果通过专家评审】 7月31日，西藏自治区林业厅在拉萨组织召开了“西藏自治区第二次森林资源规划设计调查成果”（以下简称西藏森林资源二类调查成果）专家评审会。评审专家组成员由西藏自治区政府办公厅、党委农工办、政府研究室、财政厅、国土资源厅、环境保护厅、水利厅、农牧厅、统计局和林业厅相关部门的领导和专家组成。

评审专家组认真听取了中南院项目组情况汇报，审阅了成果材料，经讨论与评议。达成了一致意见：一是西藏森林资源二类调查严格按照国家和自治区相关规范要求组织实施，将森林资源现状与森林生态状况落实到了山头地块，调查数据准确可靠，调查成果规范，充分展现了西藏森林资源特点，符合西藏林业发展实际，是推进西藏生态保护与建设和林业经营管理的基础资料。二是西藏森林资源二类调查综合应用了高分辨率卫星遥感技术、地理信息系统技术、全球定位技术、软件开发技术、模型技术等现代先进技术手段，引进了森林生态状况因子调查，增加了灌木林县生物多样性指数调查，丰富了调查成果，调查内容与方法具有创新性。三是本次调查首次在原界定为无林县的双湖、尼玛、安多、班戈、申扎、聂荣、改则、革吉、措勤等9县开展了森林资源调查，发现了成片的灌木林，填补了西藏林业调查史上的一项空白。四是调查成果在多专业兼容与包容方面进行了有益尝试，与第二次全国土地调查、林地保护利用规划“一张图”、生态公益林区划界定、林业重点工程建设等专题成果进行了有效衔接，将多源信息进行了有效集成，为共享平台建立和林业信息“一体化”建设打下了良好基础。评审专家组一致同意《西藏森林资源二类调查成果》通过评审。

【“西藏森林资源二类调查管理信息系统”通过专家验收】 7月31日，西藏自治区林业厅在拉萨组织召开了“西藏森林资源二类调查管理信息系统”（以下简称“系统”）验收会。验收专家组由西藏自治区党委农工办、发改委、财政厅、林业厅等相关部门的领导和专家组成。

与会领导和专家认真听取了中南院系统开发项目组的情况汇报，仔细审查了系统开发成果与相关材料，经答疑、讨论与评议，认为《系统》基于目前国际先进的ArcEngine组件、SQL Server数据库技术，利用.NET进行开发，实现了嵌入式GIS与数据库技术的高效集成。在图形拓扑检查、数据3D表达、自定义报表生成、数据缓存、数据共享等关键技术上实现了突破。系统开发技术先进，达到国内领先水平。《系统》技术文档齐全，系统开发方法、步骤规范，数据库设计与数据编码符合相关标准。《系统》界面友好、操作方便，运行稳定流畅，功能齐全，能满足西藏森林资源二类调查数据维护、数据管理和成果产出的需要，特别是《系统》已用于全区74个县（市、区）的小班区划、调查数据编辑和录入、矢量数据拓扑检查、属性数据逻辑检查、统计汇总报表和成果图制作，以及30个有林县和全区汇总等工作，极大地提高了工作实效，确保了调查成果的准确性，为西藏森林资源二类调查优质高效完成发挥了重要作用，为西藏林业信息“一体化”建设和森林资源管理打下了良好基础。验收专家组一致同意《西藏森林资源二类调查管理信息系统》通过验收。

【中国治沙暨沙业协会石漠化防治专业委员会2014年年会暨“加快推进石漠化综合治理”主题学术研讨会】 9月1~3日，中国治沙暨沙业协会石漠化防治专业委员会2014年年会暨“加快推进石漠化综合治理”主题学术研讨会议在贵州召开。会议由国家林业中国治沙暨沙业学会石漠化防治专业委员会主办，中南院承办，贵州省林业厅协办。来自石漠化防治专业委员会和石漠化地区的相关行业、科研院所的专业技术人员、管理人员等68人参加了会议。

会议分专业委员会2014年年会、主题学术研讨会议、石漠化地区管理处长工作会议和石漠化地区防治工作经验交流会4个分会议。专业委员会2014年年会全面总结了专业委员会成立以来的工作，增补了委员和副主任委员，安排了下一年的工作是加强国际国内学术交流、提高石漠化防治理论与技术水平、加快石漠化防治技术模式研究与推广、推动石漠化监测与防治事业的发展；主题学术研讨会议上来自中国科学院、大专院校、林业科学研究机构和企业的六位专家、代表，围绕加快推进石漠化综合治理的必要性和新理论、新方法、新技术做了经验交流；石漠化地区管理处长工作会议讨论了专业委员会今后年会与学术研讨会主办方案和2014年石漠化防治工作重点及下半年工作安排；石漠化地区防治工作经验交流会上10家单位做了主题发言，全面介绍各地方石漠化防治的工作经验。

【中南院6项成果分获广东省优秀工程咨询一等奖、湖南省优秀工程咨询成果奖】 2014年，中南院共获省（部）级优秀工程咨询成果奖6项，其中《森林资源年度出数主法研究——基于大样地区划调查》获2012～2013年度广东省优秀工程咨询一等奖，《山东青岛经济技术开发区唐岛湾国家湿地公园总体规划》获2014年度湖南省优秀工程咨询成果一等奖，《湖南张家界国家森林公园全国森林游旅示范区建设方案》、《江西省宜春市国家森林城市建设总体规划（2012～2020）》分别荣获2014年度湖南省优秀工程咨询成果二等奖，《长沙黑麋峰国家森林公园总体规划》《湖南华容东湖国家湿地公园总体规划（2013～2020）》分别荣获2014年度湖南省优秀工程咨询成果三等奖。

（中南林业调查规划设计院由齐建文供稿）

西北林业调查规划设计院

【综　述】 2014年，西北院认真贯彻党的十八大和十八届三中、四中全会精神，全面落实国家林业局各项部署安排，在重点做好资源监测工作的基础上，积极为林业生态建设提供高水平的技术服务，实现了"安全、高效、和谐"发展的预定目标。

【资源监测】 2014年，西北院共承担完成了国家林业局资源司及相关司（局）安排部署的各项监测任务25大项、484个子项。截至2014年年底，所有任务均按计划如期完成，成果质量进一步提高，得到资源司等相关司（局）的一致好评。

森林资源连续清查 2014年是第九次全国森林资源清查的启动年，西北院承担了陕西省清查工作的技术筹备、遥感数据处理、工作方案和技术方案的审查、操作细则审批、调查队伍培训、外业指导检查、成果统计分析和报告编制等工作。截至2014年年底，各项任务均按计划完成。

年度检查核查工作 全面完成了西北监测区营造林综合核查、林木采伐管理情况检查、林地管理情况检查和重点国有林区森林资源管理情况检查工作。2014年在西北监测区所有8个省（市、区、兵团）开展了营造林综合核查工作，共抽查34个县级、142个乡级单位，2167个小班、16个播区，核查面积6.47万公顷。在监测区除宁夏、兵团外的6个省（市、区）开展了林木采伐管理情况检查，共抽查7个县级单位，处理应用了80景遥感数据，判读出疑似采伐图斑123个，实地检查7个县级单位50个疑似采伐图斑、65个伐区。林地管理情况检查完成了监测区8个省（市、区、兵团）和四川省共39个县（局）的遥感判读和实地检查工作，处理遥感数据267景，判读出疑似占地图斑1898个，实地检查386个疑似占地图斑。另外，还承担了重点国有林区森林资源管理情况检查任务，共完成8个林业局的判读区划、资料核对及制图工作，配合当地专员办完成了4个林业局的现地检查工作。各项检查结果上报国家林业局后向受检省（市、区、兵团）进行了通报。

重点工程检查验收 承担完成了长江上游、黄河上中游12个省（市、区）的天保工程核查任务，参与了2014年度天保检查全国汇总工作。退耕还林工程退耕地还林阶段验收工作共完成本监测区7个省（区、市、兵团）、343个县级单位5.29万公顷验收任务。

荒漠化沙化监测 组织完成了第五次全国荒漠化和沙化监测技术指导与质量管理、沙化土地专题监测、荒漠化定位监测与检查技术指导，编制完成了《国家沙化土地封禁保护区管理办法》《国家沙化土地封禁保护区建设技术规范》《国家级沙化土地封禁保护区检查验收办法》和《国家防沙治沙综合示范区检查办法》。

其他监测工作 组织开展了全国森林资源一体化监测试点、林地年度变更调查以及光伏电站用林地情况调研工作。完成了全国重点省份泥炭沼泽炭库调查、"十二五"国家湿地保护与恢复工程评估、国际重要湿地生态系统评价、林业应对气候变化碳汇计量监测体系建设以及西南地区人工造林工程监测评估等工作。

【技术服务】 在全面完成各项指令性任务的同时，积极发挥技术优势，为监测区生态林业和民生林业建设提供技术服务，凸显了直属院在服务大局、服务基层方面的重要技术支撑作用。全年共签订技术服务合同325个，合同额再创历史新高，产值和到位资金均超额完成了年度目标，分别达到108%和117%。

服务林业中心工作 围绕林业中心工作开展技术服务。监测区各省（市、区）林地保护利用规划批复后，西北院及时为完善和实施规划内容、强化林地用途管制提供技术服务，承担了新疆、宁夏等划定生态保护红线工作，青海林地变更调查工作，新疆森林资源二类补充调查工作以及一些重大建设工程占用林地可行性研究工作。为推进林业生态红线保护行动，依法保护使用林地资源发挥了积极作用。

服务林业重点工程 积极参与国家林业重点工程与

生态建设，为天然林保护、退耕还林、京津风沙源治理、三北防护林体系建设、自然保护区、森林公园、湿地保护等提供规划设计、咨询、工程监理与评估等服务。承担完成了青海省退耕还林工程监理、陕西省天然林保护工程绩效评估等工作，为国家重点林业工程的顺利实施和地方生态建设提供了技术保障。

服务边疆地区林业发展 西北监测区林业发展相对落后，新疆、青海、宁夏等边疆地区、民族地区技术力量非常薄弱，2014 年把这些省区作为服务的重点，全方位开展技术交流、项目合作和人员支持。在以上三省（区）全年开展技术培训 360 人次，人员双向交流 4 批次，承担完成技术服务项目 109 项，为提升当地林业技术水平、按期完成国家林业局各项工作部署发挥了重要作用。

【“两建”工作】 以学习贯彻党的十八大精神为主线，以服务林业中心工作、加强党的作风建设为重点，认真开展党的群众路线教育实践活动整改工作和“两转变、两服务”活动，队伍作风进一步转变。

教育实践活动整改工作 按照国家局和省直机关工委的统一部署，以“深化整改、创新管理，改进作风、提升服务”为主要内容，及时开展整改落实和“回头看”，18 项整改事项全部整改到位和落实，巩固和扩大了教育实践活动成果。

推进“两转变、两服务”活动 结合业务工作开展“走基层、察民情、转作风”活动，深入基层、贴近林农，送政策、送技术、送服务，促进作风持续改进，进一步提升服务水平，巩固了“两转变两服务”活动成果。

贯彻落实“中央八项规定” 以深入贯彻落实中央“八项规定”和国家林业局“实施意见”为重点，突出领导干部和人财物、指令性工作等重点部门和岗位，加强对贯彻执行八项规定和廉政规定以及工作纪律情况的监督检查，实行廉政信息反馈卡制度和领导干部带队深入生产一线监督检查相结合，促进和带动了作风转变。进一步规范管理，在车辆管理、物资采购、基建项目、公务接待、办公消耗、压缩会议、减少院发文件等方面取得了新成效，财政“三公”经费支出减少，财务管理更加科学，规范了权力运行，作风进一步改进。

（西北林业调查规划设计院由王义贵供稿）

昆明勘察设计院

【综　述】 2014 年，在国家林业局的正确领导下，在十八大精神指引下，昆明院以“一院三中心”四位一体为基石，始终坚持“立足西南，服务林业；立足林业，服务社会”的方针，坚持发展生态林业，民生林业的旗帜不动摇，坚持服务大局服务基层的职责使命，按照发展现代林业、建设生态文明、推动科学发展的总体要求，围绕中心，服务大局，开拓创新、锐意进取，在国家公园建设、森林资源调查监测、林业科技等方面全方位为生态文明建设作出了贡献；在公路、市政、水利等领域也取得进展，经济效益再创新高，科技实力显著增强，精神文明建设卓有成效，社会影响力进一步提升。

【指令性调查、核查工作】 组织完成监测区 2014 年林地变更调查扩大试点工作指导检查验收和汇总工作；监测区林地变更调查成果报告编写工作；四川省、云南省林木采伐管理情况检查工作；四川省、云南省 2014 年营造林综合核查工作；组织完成了四川省 92 个县、云南省 44 个县的退耕还林工程国家级重点核查验收工作；东北、内蒙古重点国有林区森林资源管理情况检查和遥感判读的汇总工作等。

【森林资源清查、调查工作】 组织开展森林资源一体化监测大样地试点、探索和推进全国森林资源一体化监测工作；开展森林资源连续清查技术准备工作，参与《我国森林“双增”目标评估分析》《森林资源木材供给能力分析》《国家森林资源连续清查技术规定（2014 年修订稿）》的修改，完成两个专题分析；开展昆明市森林资源二类调查试点工作。

【林业碳汇计量工作】 作为全国林业碳汇计量监测体系建设技术支撑单位，指导云南省林业碳汇计量监测技术方案的编制、初审，会同局规划院研究完善土地利用、土地利用变化与林业碳汇计量监测技术，并督促指导省院完成 2014 年的体系建设任务；参与中国绿色碳汇基金会对西双版纳州等林业碳汇工作进行考察指导，并就农地天然林开发林业碳汇及 VCS 方法学在中国的实际应用等进行研讨。

【林业各项专题调研、科研工作】 完成国家林业局天保办委托的《天保工程区国有林区职工收入状况调查与评估工作方案》编制，在与中南院协作基础上，共同对全国 14 个省级单位的 21 家国有重点森工企业和 17 个国家级自然保护区进行调研，圆满完成《天保工程区国有职工收入状况调查与评估报告》的编写；完成《云南省并网光伏电站建设项目使用林地调研报告》，为并网光伏电站项目建设占用征收林地审核（批）管理提供决策依据；承担经研中心《生态文明评价指标体系的构建研究 ——以普洱市为例 》的课题研究；继续开展云南省国有林场改革研究、岩溶地区石漠化综合治理工程绩效考评办法拟定等工作。

【承担林业工程标准编制工作】 完成《湿地公园工程设计规范》《生物质能源林造林技术规程》《森林火险预警监测系统建设标准》3 个标准的报批稿，等待国家林业局批准后发布；完成《森林防火通信系统项目建设标准》及《南方林区营林用火技术规程》大纲的编制上报待批；参与《自然保护区工程项目建设标准》及《湿地保护工程建设标准》两个国标的编制工作。

【《林业建设》期刊编辑出版发行工作】 完成《林业建设》全年6期期刊的编辑和出版发行工作。

【服务林业生态建设工作】 充分发挥昆明院多专业、多资质综合设计院的特色和优势，在国家公园建设、生态环境修复、生态保护、绿色富民产业、林业法制化建设等方面提供了多元化、全方位的技术服务。

国家公园建设 昆明院作为国家林业局2008年首次在云南省开展国家公园试点建设的技术支撑单位，是中国最早开展国家公园理论和实践的单位，一直积极参与和推动林业开展国家公园建设。圆满承办了中国大陆首次"国家公园建设研讨会"；参与国家公园体制建设研究，开展了《全国国家公园发展规划纲要》和《国家公园标准》的编制工作，充分发挥技术优势，承揽了湖北神农架、云南怒江等国家公园的规划设计工作。

生态环境修复方 充分发挥昆明院多专业、多资质综合设计院的特色和优势，致力于"山、水、林、田、湖"生态环境综合治理，做出特色，树立昆明院品牌。所承担的《金沙江下游生态屏障建设重点示范工程小江流域生态环境修复及综合治理规划》，是一个真正意义上的生态环境综合治理规划。已完成的昆明市10条高速公路及滇池面山绿化等生态规划设计项目，使全院在生态文明建设中发挥更加有效的作用。

生态保护 完成多个国家沙漠公园、国家湿地公园规划设计、完成国家级自然保护区科考、第二次陆生野生动物资源调查外业调查等工作。在外业考察中不仅成功拍摄到贡山麂、豺、圆鼻巨蜥等珍稀濒危物种，还发现了多个物种分布的新记录，取得突出成果，成绩斐然。

绿色富民产业 先后完成全国集体林地林药林菌发展实施方案、西藏自治区林业产业发展规划、昌都地区林业产业示范基地规划、昆明市林下经济发展总体规划、云南砚山县平远街大白户村委会荒山生态治理及农林产业促进实施方案、石林县和盘龙区林业产业"十三五"发展规划等，为民生林业作出新的贡献。

林业法制化建设 经云南省司法厅批准，成立西南林业司法鉴定中心，开展林业司法鉴定业务，为依法治国林业领域提供优质法律服务。

服务社会工作 在服务林业的同时，服务社会方面业绩突出，取得了公路甲级资质，实现了公路行业的重大突破，在市政、水利、地勘领域取得新进展。全年新签合同330余项，累计合同产值1.67亿元。

职工队伍建设 根据国家林业局下达计划，依照严格的程序，2014年全院共录用新员工26人，其中博士1人，硕士生20人，为单位今后的长远发展提供了基础和保障。现有职工人数达288人，职工队伍平均年龄仅36岁，博士研究生近20人，硕士研究生近140人，92%以上职工具有本科以上学历，拥有各类注册执业资格人员70余人，涵盖30多个专业。年轻化、知识化、专业多样化成为昆明院职工队伍的主要特点。

质量技术管理 根据ISO9001:2008质量管理体系，对各类项目进行全面的质量控制及管理，做好事前指导，实行全过程管理，及时解决规划设计中遇到的技术问题，抓好质量监督与检查指导工作，全年质量管理安全运行，没有发生质量事故。

学术交流及科研工作 组建了院专家委员会，充分发挥专家委员会的咨询参谋作用，促进相关工作进一步规范化、制度化；积极开展技术和学术交流活动；开展了审查咨询工作；争取外部科技项目，开展院内科研项目。6个项目获全国林业优秀工程勘察设计奖；全年出版专著一部，发表文章100多篇。

建章立制，规范管理 结合党的群众路线教育活动整改，完善管理规定。对2000年以来的90个规章制度进行了认真清理，其中，已废止26个，拟修订19个，继续执行45个。新制定规章制度7个，涉及厉行节约反对浪费的规定、专家委员会章程、差旅费报销办法、外聘驾驶员管理、森林资源数据管理、市场开拓指导意见、公司管理办法等7个方面，使本院建章立制工作真正落到实处，也为各项工作的有效开展提供了有力保障。

思想政治工作 一是认真学习贯彻习近平总书记系列讲话精神、党的十八届四中全会精神、全国林业厅局长会议精神。二是按局领导小组要求，先后上报昆明院党的群众路线教育实践活动总结、整改落实情况小结、整改情况报告、"回头看"工作开展情况自查报告等，并按要求组织完成相关活动。三是参观云南省"以案说法·反腐倡廉"大型巡回展，开展"绿色大讲堂"、基层党建、职工思想教育等活动，推进全院的思想、作风建设。

精神文明和文化建设 作为20多年的省级文明单位，单位文化建设伴随着单位的发展而不断赋予新的内涵。特别是在民族团结方面成绩突出，经国家林业局推荐，被授予全国民族团结先进集体称号，是全国林业系统唯一获此殊荣的单位，在人民大会堂获得了表彰，充分证明了昆明院精神文明建设的优异成果。鲁甸抗震救灾、情系永胜贫困学子的爱心募捐活动都充分体现了全院职工用实际行动践行社会责任的优良品德。

【林业大事】

2月27日 西南林业司法鉴定中心在国家林业局昆明勘察设计院挂牌成立。

4月28日 国家林业局昆明勘察设计院圆满承办了由国家林业局、云南省人民政府、世界自然保护联盟共同主办的中国大陆第一次"国家公园建设研讨会"。

4月28日 国家林业局副局长陈凤学一行到昆明院视察指导工作。

9月25日 国家林业局人事司郝育军副司长、干部人事处程伟处长代表局党组到昆明院宣布任命周红斌为国家林业局昆明勘察设计院党委书记(正司局级)。

(昆明勘察设计院由张妍宇供稿)

国家林业局驻各地森林资源监督专员办事处工作

24

内蒙古自治区办事处(濒管办)工作

【综　述】

监督工作

案件督查督办　认真贯彻落实国家林业局领导关于派驻森林资源监督机构要切实担负起督查督办破坏森林资源案件第一职责等一系列重要指示精神，研究制定并完善了切实履行好森林案件督查督办职责的制度和措施，把查办督办案件作为硬指标和工作的重中之重，依法严厉打击了各种破坏森林资源违法犯罪行为。共督查督办涉林案件112起，其中：国家林业局领导批示和批转、通报整改案件35起；开展监督检查发现并督办案件63起；受理群众举报案件14起。处行政罚款2797多万元，刑事罚金143万多元，收回林地614多公顷。

典型案件和重大案件查处。对于国家林业局领导批示和上级批转的案件以及由政府主导的铁路公路等基础设施建设、矿产资源开发、经济开发区和城镇化建设等违法毁坏和占用林地案件，专员办都高度重视，快速启动联合办案、重点督查等工作机制，及时协调自治区林业厅等有关方面成立调查组，重拳出击，共督查督办局领导批转、信访转办等案件10起，司办发函调查督办3起，督办各项检查通报整改22起。

抓住监督检查重点环节不放松。坚持把行政许可被许可人监督检查、县级人民政府保护发展森林目标责任制检查、森林资源管理情况检查等专项检查和日常开展的监督检查，作为发现和处理打击破坏森林资源案件的重要环节来抓，严格执法，采取责令停工和下发监督通知书限期整改等措施依法开展督办。通过开展县级人民政府保护发展森林资源目标责任制检查和行政许可被许可人检查，发现各类违法占用林地案件29起，已督促处理26起。其中：刑事案件2起，追究刑事责任2人，刑事处罚5万元。行政案件24起，行政罚款28万多元，处罚32人；开展日常监督检查发现违法占用林地案件2起，1起已移交司法机关处理结案，另一起已责成有关单位对其在编制林地保护利用规划时调出的538.94公顷重新划回。开展日常监督检查和下发《监督通知书》，促使通辽市政府在全市范围内开展各类工程项目占用征收林地情况检查，共查出并立案查处违法占用林地案件31起，违法占用林地198多公顷；促使呼伦贝尔市政府对牙克石至海拉尔高速公路建设项目违法占用林地问题依法进行了处理，共处罚金2103多万元，按程序补办了占用林地手续，共交纳占用林地四项费用3823万元。

发挥社会群众耳目喉舌作用。共受理群众举报案件14起，接待受理群众举报28人次。经查核，交有关林业主管部门依法核实处理8起，其中，3起毁林开垦案件经移交司法机关追究刑事责任被判了实体刑，最高刑期为5.5年。6起正在调查核实中。

突出重点区域治理。针对大杨树、毕拉河等地区毁坏林地开垦等非法侵占林地行为屡禁不止的情况，与内蒙古森工集团公司(林管局)、内蒙古大兴安岭森林公安局联合，继续在重点国有林区范围内开展严厉打击毁坏林地开垦和非法侵占林地违法犯罪行为专项行动。全林区共立案查处毁林开垦林地行政案件330起，刑事案件24起；打击处理359人，收回林地223多公顷，林政罚款44万多元。

加强森林案件督查督办制度建设和责任落实。认真贯彻落实局领导就森林资源监督工作做出的重要批示和《国家林业局派驻森林资源监督机构督查督办破坏森林资源案件管理规定》，落实专员办主要领导对督查督办破坏森林资源案件负总责制度，按照不同类型案件和案件性质，确立了主要领导负总责、根据分工分级负责责任制度，明确了书面督办、电话督办、约谈督办和现地督办等办法；建立了案件督查督办登记和按季度上报制度。

非法侵占林地清理排查督查督办。认真贯彻落实国家林业局决策部署，对内蒙古自治区和内蒙古大兴安岭林管局开展非法侵占林地清理排查专项行动进行督查督办，有力地促进了推进了林地保护管理工作的规范化、法制化。经督查督办，内蒙古自治区地方林业系统共清理排查并移交森林公安毁林开垦和非法侵占林地案件842起，总面积5283.4公顷。其中：毁林开垦案件122起，总面积1108公顷；非法侵占林地案件720起，总面积4174多公顷。将情节严重、群众反映强烈、社会关注度高的10起违法占用林地案件，确定为自治区挂牌督办案件，进行重点督办。森林公安机关已行政处罚420人，罚款2616多万元，刑事立案254起，涉及人数259人，进入司法程序85起，涉及人数87人，已判决38起，涉及人数38人。行政问责45人。在内蒙古自治区全区范围内形成了严厉打击非法占用林地的高压态势。同时，内蒙古自治区还增加了清理整治未经批准流转、变更国有林场和自然保护区等国有森林经营单位林地和森林资源以及经营范围等内容，并将专项行动期限延长为一年左右。

内蒙古大兴安岭重点国有林区共排查并移交森林公安毁林开垦和非法侵占林地案件755起，总面积422多公顷。其中：毁林开垦案件547起，总面积376多公顷；非法侵占林地案件208起，总面积46多公顷。森林公安机关已行政处罚190人，罚款94.46万元，刑事立案16起，涉及人数18人，进入司法程序6起，涉及人数8人，已判决1起，涉及人数1人。共收回林地407多公顷。

林地监管　把林地监管作为工作重点，着眼全局，区别情况，重点监督，提前介入，严格把关。年初，对全年内蒙古自治区范围内在建和拟建需征占用林地的重点工程项目提前进行摸底调查，提前打招呼、提要求。不定期开展过程监督和稽查，规范使用林地行为，从严控制征占用林地规模。共受理占用征收林地项目申请

92项，经现场查验发现有未批先占行为8项，要求补充调查占地设计7项，对存在问题的项目均要求交由森林公安机关依法进行处罚，累计罚款314多万元。

森林资源监管 坚持“两项”检查与严把林木采伐行政许可关相结合，督促责任单位进行整改，有效地促进了林木采伐管理水平的提高，内蒙古重点国有林区伐区调查设计和伐区作业质量合格率分别为94.8%和84.2%。共提出监督意见122条，废除、补充设计和内业修正不合格伐区调查设计小班和附属设施设计3196个，其中，废除外业检查和内业逻辑审核不合格调查设计小班861个，修正内业调查设计因子填写不规范等问题小班2335个。对31个管理部门和林场(管护所)进行了通报批评，给予138名有关责任人以通报批评、行政记过、行政警告、撤职、调离工作岗位待分配、收回作业资格证等处理，对3个生产单位和246名相关责任人进行了经济处罚，累计罚款33万元。

根据“两项”检查情况，共受理林木采伐行政许可申请28 535份，不予许可217份，补正18份，实际发放林木采伐行政许可证28 300份，面积20多万公顷。

加强树木采挖监管。认真落实国家林业局有关切实加强和严格规范树木采挖移植管理要求，促使林管局出台关于树木采挖管理的细则，对采挖的胸径在5厘米以上的树木，全部纳入了采伐限额。

濒危物种进出口监管 积极协调满洲里海关、呼和浩特海关等部门，认真落实国家濒管办《关于做好新近列入CITES附录Ⅲ木材物种履约管理工作的通知》精神。完善办证制度和程序，加强进出口业务审查。共核发允许进出口证明书31份，总金额610万元，核发非进出口野生动植物种商品目录物种证明书1份，总金额69万元，收取进出口管理费共8万多元。开展行政许可被许可人监督检查，检查涵盖了包括被许可事项的执行、物种来源、去向、存活等在内的多方面内容，对辖区内涉及的大型类人猿、羊驼活体等单独进行了补充调查。加强履约执法协调和宣传，及时向被许可人转发有关文件和要求，向口岸、有关市场等地张贴和发放宣传画和宣传折页上千份，印发“保护濒危物种，履行国际公约”等宣传材料50份。加强执法协调，向内蒙古CITES履约执法协调小组成员单位印发了《CITES履约执法协调小组联席会议纪要》《内蒙古自治区部门间CITES执法协调工作规范》(试行)。开展了大宗敏感物种监测评估，完成了《内蒙古2013~2014年度肉苁蓉物种监测评估报告》《内蒙古2013~2014年度肉苁蓉物种监测评估工作报告》。举办2014年濒危物种履约执法管理培训班，对来内蒙古林业厅野生动植物保护中心、森林公安局，内蒙古工商行政管理局，内蒙古农牧业厅，呼和浩特海关、满洲里海关等履约执法协调小组成员单位30多人进行培训。

野生动物保护和疫源疫病监测防控督查 对重点国有林区的8个林业局和自治区范围内的13个旗县(区)、9个野生动物驯养场、5个湿地保护区和1个监测站进行了野生动物保护和疫源疫病防控和监测情况重点抽查。对检查中发现的基层野生动物保护机构不健全、野生动植物保护管理立法滞后、野生动物驯养繁殖及产品经营不规范等问题提出了相关意见和建议。对内蒙大兴安岭林区、呼伦贝尔市范围内的林下野生资源状况进行了调研，并向国家林业局提交了有价值的调研报告。

机关“两建”

制度建设 把巩固开展党的群众路线教育实践活动成果作为切实加强自身建设、转变工作作风的重要抓手，分步骤、按层次深入开展整改活动“回头看”，完善制度和措施。制订下发了《关于贯彻落实〈党政机关厉行节约反对浪费条例〉实施办法》，制定了涉及加强经费和预算编制管理、加强国内差旅和因公临时出国(境)管理、加强公务接待管理、加强公务用车管理、加强会议活动管理、加强办公用房管理、加强资源节约管理、加强宣传教育、落实人员责任、加强监督检查10个方面、共计34条具体措施的管理规定，并将厉行节约反对浪费工作情况，列为领导班子民主生活会和领导干部述职述廉的重要内容并接受评议。突出重点环节，严格程序，加强管理。针对监督工作出差量大等实际情况，加强和规范差旅费管理，制订了《内蒙古专员办(濒管办)机关差旅费管理暂行规定》《内蒙古专员办(濒管办)公出审批管理办法》。

落实“一岗双责” 8月12日至9月3日，在开展森林资源管理情况检查工作中，为确保检查客观公正和检查结果经得起检验，进一步巩固群众路线教育实践活动成果，以此次检查为载体，全面开展了以切实促进干部作风转变，树立为民务实清廉为主要内容的锤炼作风实践活动。成立了以检查组组长为支部书记、各检查小组组长为党小组组长的临时党支部，认真落实廉政建设“一岗双责”责任制，党支部书记和党小组组长既要对检查业务工作负责，又要对廉政和作风建设负责。

【争取高层重视】 通过向内蒙古自治区党委、政府有关领导汇报工作和提交森林资源监督通报，进一步畅通了沟通渠道，提高了自治区党委、政府对监督工作的重视。3月13日，自治区人民政府副主席王玉明在内蒙古专员办提交的《2013年度森林资源监督通报》上作出批示：“驻我区专员办认真履行监督职能，发挥自身的优势，为保护内蒙古森林安全，促进生态屏障建设做出了贡献。希望你们再接再厉，继续做好工作，对这个报告中反映的问题，望有关部门认真对待，采取有力措施进行解决。”

【县级人民政府保护发展森林资源任期目标责任制建立和执行情况检查】 4月17日至5月12日，全面核实了内蒙古4个旗县保护发展森林资源目标责任制建立和执行情况，发现违法使用林地案件3起，已查处1起，2起正在调查处理中。在内蒙古自治区103个涉林旗县中，已建立目标责任制旗县102个，占涉林旗县的99%，比2011年检查初期的55.4%提高了43.6个百分点。

【征占用林地行政许可被许可人监督检查】 6~8月，对经国家林业局行政许可的24个项目的占用征收林地行政许可被许可人使用林地情况进行监督检查，共涉及内蒙古自治区9个盟市的10个旗、县、区、市(局)和内蒙古大兴安岭林管局所属6个国有林业局。经检查，

24个占用征收林地项目实际占地面积587多公顷，占审核(批)面积的59.77%，其中：依法占用林地580多公顷，违法占用林地7多公顷。存在违法占用林地问题项目8项，占检查总数的33.3%。8项违法占用林地项目均已查处结案，处理有关单位8个，处理相关责任人18人，行政罚款74万多元。

【"森林资源管理情况"检查】 8月12日至9月3日，对内蒙古阿龙山、得耳布尔、阿里河、甘河和阿尔山5个林业局2012年7月1日至2014年6月30日期间的"森林资源管理情况"和"2013年1月1日至检查时止的林地管理情况"进行了全面检查。共检查科室(部门)26个、基层单位28个、铁路车站4个，走访森林公安局5个。累计查阅审核管理台账739册，审核各类野账37 932份，录入检查野账39 120份；检查林场(所)33个、小班557个(其中：作业伐区42个、遥感判读斑块85个、已审批占地小班430个)。另外，有13个疑似水毁图斑移交内蒙古大兴安岭林管局核实。检查总面积740多公顷(其中：检查作业伐区面积411多公顷)。样地、样带面积55多公顷，其中：全林检查小班6个，检查面积1多公顷；布设样圆848个，样圆面积50多顷；布设样带面积近3公顷。

完成2013年"森林资源管理情况"检查整改督办。对内蒙古根河、满归、莫尔道嘎和绰尔林业局在"森林资源管理情况"检查中发现问题的整改情况进行了督查整改。

【冬季资源林政和野生动物保护执法监督检查】 2月20日至3月10日，对内蒙古大兴安岭林区进行了冬季资源林政和野生动物保护执法监督检查。3月17日，与内蒙古森工集团公司(林管局)召开联席会议，通报监督检查情况，就进一步加强森林资源管理等问题进行了深入研究，明确了具体措施。

【建立案件督查督办统计上报制度】 2月11日，根据赵树丛局长在内蒙古专员办上报的《关于开展森林资源案件督查督办情况的报告》(局内林监字〔2014〕4号)作出的关于加强案件督查督办统计报告重要批示精神，立即召开会议，对落实国家林业局领导的批示精神，进一步突出工作重点，切实负起严查督办破坏森林资源案件进行了具体研究部署，完善案件督查督办制度，明确具体措施，落实部门和人员责任。下发了《关于认真做好案件督查督办统计上报工作的通知》，建立并落实案件督查督办统计上报制度。

【打击毁坏林地开垦和侵占林地违法犯罪行为专项行动】 4月18日至10月底，与内蒙古森工集团公司(林管局)、内蒙古大兴安岭森林公安局联合，在内蒙古重点国有林区范围内开展严厉打击毁坏林地开垦和非法侵占林地违法犯罪行为专项行动。分严密防控、清查摸底、打击处理、整章建制4个阶段，严厉打击各种形式的毁林开垦、非法侵占林地行为，包括未经国家林业局行政许可的采矿探矿、采石挖沙取土、建设项目非法占用林地；少批多占、未批先占、异地占用林地；超期使用临时占用林地、到期未按规定恢复林地用途等。共破获非法占用林地刑事案件37起，打击处理47人；共查处毁林开垦林政案件569起，处理600多人；收回林地192多公顷。

【参加自治区林业暨森林草原防火工作会议】 2月25日，应邀参加内蒙古自治区人民政府召开的全区林业暨森林草原防火工作会议，认真贯彻落实自治区党委九届九次全委(扩大)会议和全国林业厅局长会议精神，总结2013年林业及森林草原防火工作，安排部署2014年和今后一个时期林业及森林草原防火各项任务。刘树人专员对全面做好2014年森林资源监管和森林草原防火工作提出了要严格林地红线管理，维护林地林权安全；严格森林经营利用监管，确保森林资源恢复；严格落实县级政府森林资源保护发展目标责任制；继续加大对野生动植物保护执法力度。切实做好森林防火工作；认真落实国家林业局领导就加强森林资源监管工作所作的一系列重要指示精神，调整工作部署，突出工作重点，全力抓好落实等6个方面的具体要求。

【参加内蒙古重点国有林区年度工作会议】 3月28日，应邀参加内蒙古森工集团公司(林管局)召开的2014年度工作会议，全面贯彻落实党的十八大、十八届三中全会和全国林业厅局长会议精神，总结林区2013年各项工作，安排部署2014年工作任务。会上，对进一步强化森林资源保护管理工作提出了要切实严格林地红线管理，确保林业发展空间；要严格森林经营利用监管；要加强木材流通领域的监督检查，维护良好的林政秩序；要严厉查处破坏森林资源案件；要加强野生动物保护监管，加强宣传，加大防范和打击力度，确保候鸟迁徙通道畅通安全；要切实加强监督队伍建设，更好地发挥监管作用等6个方面的具体要求。

【举办濒危物种履约执法管理培训班】 11月5~6日，在呼和浩特举办2014年濒危物种履约执法管理培训班。邀请国家濒管办有负责同志分别就"濒危野生动植物种国际贸易公约与中国履约管理""我国CITES履约执法形势与应对措施"专题进行授课。结合培训内容，与会各成员单位分别从不同工作领域如何开展好履约执法工作展开了热烈讨论，提出了许多宝贵的意见和建议。来自国家濒管办内蒙古办事处濒管处、综合处，内蒙古林业厅野生动植物保护中心、森林公安局，内蒙古工商行政管理局，内蒙古农牧业厅，呼和浩特海关、满洲里海关等内蒙古CITES履约执法协调小组成员单位30多人参加了培训。

【开展非法侵占林地清理排查专项行动督查督办】 11月5日，根据国家林业局在全国范围内开展非法侵占林地清理排查专项行动部署要求，召开专门会议，研究制订督查督办方案，安排部署开展督查督办工作。积极主动协调自治区政府和林业主管部门，共同研究制订清理排查方案及具体措施。12月1日，向自治区政府分管领导传达了中央领导批示精神和国家林业局各项要求。12月8日，在认真学习中央领导批示和电视电话会议精神的基础上，进一步明确要求和任务，再次就督查督办工作进行认真研究，抽调精干人员组成两个督查督办组，自11月17日~25日，对内蒙古巴彦淖尔市及临河区、磴口县和杭锦后旗，包头市及固阳县、达茂联合旗，乌兰察布市及四子王旗、察右前旗和卓资县共3个市、8个旗县开展清理整治破坏和非法占用林地专项行动的部署安排、清理排查等情况进行了督查督办。12月9日开始至年底，开展了第二轮督查督办，扩大督查督办范围，努力做到对全区各盟市督查督办的基本覆盖；着重加强对重点地区、重点案件的督查督办，要求各地做到对责任人没有依法处理到位不放过、领导责任没追究不放过、整改措施不落实到位不放过。此轮共督查赤峰市松山区、宁城县、敖汉旗、翁牛特旗和克什克腾旗，锡林郭勒盟多伦县，呼和浩特市，通辽市林业局、扎鲁特旗，兴安盟林业局、科尔沁右翼中旗、突泉县，呼伦贝尔市鄂伦春自治旗、阿荣旗，鄂尔多斯市准格尔旗、东胜区、乌审旗和乌兰察布市等8个盟市24个旗县，督办案件710余起。派员参加了国家林业局第二督查督办组对内蒙古自治区的督查督办工作。

【督办和林格尔县忽通兔村毁林案】 4月18日，《北方新报》刊登了内蒙古和林格尔县忽通兔村毁林占地上万亩案件。根据国家林业局领导批示，与自治区林业厅、呼和浩特市林业局组成联合调查组，按照预先制订好的调查方案，先后3次赴现地进行调查督办，彻底查清了问题，如实上报了调查报告和督办意见。经查，报道中提及的"毁林占地上万亩"问题与事实差距较大，实际毁林占地合计60多公顷。已收回林地36多公顷，行政罚款13万多元，2名涉案人员正在网上追逃。8月28日，根据局领导指示精神，就案件的查办过程、结果和下一步工作建议等，形成专题报告上报了内蒙古自治区政府分管主席。

【林业大事】

1~12月 国家林业局驻内蒙古专员办与内蒙古大兴安岭林管局联合开展为期一年的打击毁林开垦和非法侵占林地违法犯罪行为专项行动。

2月13日 国家林业局驻内蒙古专员办组织内蒙古大兴安岭林管局、内蒙古大兴安岭森林公安局召开内蒙古重点国有林区野生动物保护执法监督检查工作座谈会。

2月20至3月10日 内蒙古专员办对内蒙古大兴安岭林区进行了冬季资源林政和野生动物保护执法监督检查。为确保检查工作取得实效，成立了以刘树人专员为组长、李国臣副专员为副组长，各处处长为成员的监督检查工作领导小组。

2月25日 国家林业局驻内蒙古专员办参加内蒙古自治区人民政府召开的全区林业暨森林草原防火工作会议。

2月26日 国家林业局驻内蒙古专员办参加由内蒙古林业厅、公安厅召开的全区森林公安工作会议。

3月13日 内蒙古自治区人民政府王玉明副主席在国家林业局驻内蒙古专员办提交的《2013年度森林资源监督通报》上作出批示。

3月17日 国家林业局驻内蒙古专员办与内蒙古森工集团公司召开联席会议，通报监督检查情况，就进一步加强森林资源管理等问题进行了深入研究，明确了具体措施。

5月10日 国家林业局驻内蒙古专员办刘树人专员率领各处室负责同志，与内蒙古森工集团（林管局）党政领导及机关干部一起开展义务植树活动。

3月26日 国家林业局驻内蒙古专员办领导和各处室负责同志参加内蒙古森工集团董事会议一届七次会议暨董事会专门委员会工作会议，听取内蒙古森工集团（林管局）派驻各林业局森林资源监督员2013年履职情况汇报，并就履职和述职情况进行点评和打分。

3月28日 国家林业局驻内蒙古专员办参加内蒙古森工集团公司（林管局）2014年度工作会议。

4月2日至6月10日 国家林业局驻内蒙古专员办对内蒙古自治区开展占用征收林地行政许可监督检查。

5月3~28日 国家林业局驻内蒙古专员办对内蒙古自治区县级人民政府保护发展森林资源任期目标责任制建立和执行情况进行检查。

5月21日 国家林业局驻内蒙古专员办与内蒙古森工集团（林管局）、内蒙古大兴安岭森林公安局召开联席会议，对在内蒙古大兴安岭林区开展的专项打击行动进行阶段性总结，研究部署下一阶段专项打击行动工作。

8月11至9月30日 国家林业局驻内蒙古专员办对内蒙古阿龙山、阿里河、阿尔山、得耳布尔、甘河林业局进行森林资源管理情况检查。

11月5~6日 国家濒管办内蒙古自治区办事处在呼和哈特举办2014年濒危物种履约执法管理培训班。

12月12日 国家林业局驻内蒙古专员办与内蒙古森工集团（林管局）、内蒙古大兴安岭森林公安局联合召开重点国有林区贯彻中央批示专题视频会议，对侵占林地清理排查专项行动做进一步安排部署。

（内蒙古专员办由夏宗林供稿）

长春办事处（濒管办）工作

【综　述】 2014年，国家林业局驻长春森林资源监督专员办事处（国家濒管办长春办事处）在国家林业局党组的正确领导下，在吉林、辽宁两省政府及相关部门的大力支持下，全面贯彻落实全国林业厅局长会议精神，认真履行职责，加强沟通协调，严格执法，热情服务，各方面工作都取得了明显成效。通过对吉林、辽宁两省开展伐区作业质量、绿化树木采挖管理、森林资源管理、综合执法、县级保护发展森林资源目标责任制、林政案件监督检查等工作，共处理各类林政案件235起，依法依规处理相关责任人448人（其中，追究刑事责任19人，党纪处分11人，行政处分143人，其他处分124人，行政处罚71人），罚款273.3万元，吊销木材经营加工许可证1家，依法收回林地49.77公顷；共审批林木采伐许可证13 606份，受理野生动植物进出口行政许可723件，核发进出口行政许可证明2596份，收取进出口管理费91.89万元，深入海关现场核查、查验12次；向两省政府提交了2013年度森林资源监督报告，监督建议得到两省政府的高度重视和充分肯定。

【查办林政案件】 督查督办国家林业局批转、群众信访举报等各类林政案件235起，依法依规处理相关责任人448人。对国家林业局批转交办的案件，坚持每个案件都由办领导带队，深入调查现场督查督办；对涉及面广、案情复杂的重大案件，坚持实行联合督查督办工作机制，避免重复办案和案件久拖不决；重点查处了吉林蛟河天岗石材产业园区违法侵占林地、鹤大高速、通梅高速公路非法采伐等几个大案。部署在集安市、靖宇县和安图县开展了打击毁林种参专项行动，督办3个市县共查破毁林种参案件1314起，收回非法开垦的林地282.3公顷，抓捕犯罪嫌疑人123人。制订了信访接待处理办法，对群众举报案件，件件有登记、有批示、有调查、有结论，做到督查及时、反馈及时、处理到位。专员办全力查办林政案件的做法得到局领导的充分肯定，纪检组长陈述贤批示指出："长春专员办认真履行监督职责，严肃查处违法侵占林地行为收到了较好效果。他们善于发现问题，勇于直面问题，敢抓敢管的做法值得肯定。"

【向两省政府提交监督报告】 2月，长春专员办分别向吉林、辽宁省政府提交2013年度森林资源监督报告，肯定两省2013年度森林资源保护管理成效，指出存在的主要问题，提出改进措施和建议。报告得到两省政府的高度重视。吉林省副省长隋忠诚批示指出："感谢国家林业局驻长春专员办对林业工作的有效监督和大力支持。吉林林业工作取得的一些成效与长春专员办的监督与帮助密不可分，希望吉林省林业厅对长春专员办所提意见认真研究解决，并认真做好沟通、反馈等工作"。辽宁省副省长赵化明作出批示，要求辽宁省林业主管部门认真落实长春办提出的意见，对反映的问题逐项研究解决。

【林木采伐监管】 针对黑龙江国有林区已经全面停采的实际，为防止超限采伐等现象的发生，长春专员办重点强化了林木采伐的监管。所有采伐申请均以正式文件批复，确保严格、及时、准确。全年共审批林木采伐许可证13 606份，发证面积77 309.44公顷，蓄积176.76万立方米；加大了伐区设计和作业质量检查力度。全年共实地检查31个作业单位，153个林场，实测小班213个，面积2181.86公顷。进一步规范了绿化树木采挖管理，下发了《关于切实加强绿化树木采挖管理和监督工作的通知》，规范了设计、拨交、采挖、验收各环节程序，并深入现地，对吉林省18个国有森工局2012年以来采挖作业小班逐块进行核查，纠正违规问题，提出整改建议；与国家林业局遥感专家组合作，对吉林省松江河、白石山、天桥岭、和龙、敦化5个林业局的2014年度森林资源管理情况实施检查，并对吉林省红石、三岔子、汪清和白河4个林业局2013年度森林资源管理检查整改情况进行跟踪检查，下达整改通知，督促相关部门依法依规处理了责任人。

【专项监督检查】 与吉林省林业厅、省工商局、省森林公安局组成联合检查组，分赴延边、白山、通化等地，开展野生动物保护执法监督检查；从全办抽调精干力量，分别对吉林省梅河口市、辽宁省建昌县森林资源管理情况实施检查，对吉林省通榆县、梅河口市、舒兰市，辽宁省建昌县、新民市、凤城市保护发展森林资源目标责任制建立和执行情况实施检查，并向各地政府通报检查情况，向国家林业局提交检查报告；结合几项大型检查，先后对辽宁省辽阳、岫岩、法库、建昌、新民、凤城、吉林省集安、梅河口8个县（市）和吉林18个国有森工局的58个林场（所）森林防火工作进行了明察暗访，发现了一些安全隐患，向两省政府提出了监督建议，向国家林业局提交了监督报告。孙扎根副局长批示指出：长春专员办自承担森林防火督查工作以来，积极主动、督察严格，成效明显，望继续努力，履行好相关职责。

【专项行动】 一是开展野生动物保护执法监督检查专项行动。1月9日，根据《国家林业局办公室关于开展野生动物保护执法监督检查的通知》精神，与两省林业主管部门沟通，向吉林省各地专员办下发了《国家林业局驻长春森林资源监督专员办事处关于开展野生动物保护执法监督检查的通知》。各监督机构立即行动，成立工作组，联合当地公安、交通、工商、海关等部门，协调联动，在候鸟越冬地、繁殖地、迁飞停歇地，开展打击乱捕滥猎滥食和损毁野生动物栖息地等违法犯罪活动。同时会同有关部门，开展形式多样、内容丰富的野生动物宣传教育活动，提高公众保护野生动物的关注度和参与度，增强消费非法来源野生动物及其产品也是违法的法律意识。设立举报电话，认真接受社会对野生动物保护工作的监督举报。此次专项行动从1月初开始到5月末结束，共分调查摸底、排查线索，打击处理，总结验收等几个阶段进行。二是开展非法侵占林地清理排查专项行动。12月8日，长春专员办全体收看了国家林业局"贯彻落实习近平总书记对打击非法侵占林地清理排查专项行动的重要批示精神视频会议"后，主动出击，集中精力，部署在吉林省人参种植相对集中的部分县（市），持续开展"以打击毁林种参违法犯罪为重点的非法侵占林地清理排查专项行动"。12月9日，长春专员办联合吉林省林业厅，对吉林省靖宇县、集安市、蛟河市、安图县等参业重点县（市）开展打击非法种参违法犯罪侵占林地清理排查专项督查行动。此次行动采取座谈会、实地调查、情况反馈会议等形式，在前期全面清理排查的基础上，突出重点，对吉林省参业用地管理及查处存在的突出问题进行督查。经过一个月的努力，督办4个市县共查破毁林种参案件1314起，收回非法开垦的林地282.3公顷，抓捕犯罪嫌疑人123人。

【濒危物种进出口监管】 2014年是沈阳办事处与长春专员办正式合署办公的第一年，在局党组及各部门的大力支持下，长春专员办于6月份更换了法人证书，更新了组织机构代码证，办理了新的收费账户，机构整合工作彻底完成。在此基础上，专员办克服困难，全力保证濒危物种进出口管理业务的顺利开展。全年受理野生动植物进出口行政许可723件，核发进出口行政许可证明2596份，收取进出口管理费91.89万元，没有出现差错；召开了吉、辽两省部门间CITES执法协调小组第一次联络员会议，讨论通过了《吉、辽两省部门间CITES执法协调工作规范》，明确了基层林业、渔业、海关等各部门协调执法的形式和方法，推进成立了大连市履约执法协调小组；连续第四年派出工作人员，为出口企业现场办理19 002千克松茸出口许可，受到企业称赞；为两省海关关员和进出口企业举办了3期进出口业务培训班，培训两省主管部门和进出口企业业务人员、海关关员170多人；开展了履约执法宣传活动，先后为两省海关提供物种鉴定和价值认定12次，与沈阳师范大学合作，完成了两栖爬行类物种监测工作。12月，国家濒管办对长春办事处2014年的业务工作进行了检查，给予充分肯定，认为长春办事处管理到位，服务到位，严格执行有关规定，证书核发工作规范。

【两转变两服务工作】 按照国家林业局党组“两转变、两服务”工作的要求，2014年长春专员办切实转变工作作风，扎实推进服务基层、服务大局工作，并取得丰硕成果。一是为基层和企业培训大量专业技术人员。分别在大石头林业局和黄泥河林业局举办两期森林资源监督业务培训班，长春专员办专业干部自编教材，分别讲授森林资源管理情况检查、林地管理情况监督检查、伐区调查设计和作业质量检查的技术细则及方式方法。来自各基层专员办的160余人接受培训；分别在吉林省梅河口市和辽宁省大连市举办两期濒危物种进出口业务培训班，来自两省110余家相关进出口企业和两省林业厅、海洋与渔业厅、海关等130多人参加培训；在吉林省林业宾馆举办2014年党政机关公文处理及网站信息宣传培训班，为22个基层专员办培训综合处领导以及信息员52人；与大连海关联合举办海关关员濒危物种业务培训班，来自大连海关机关和各基层海关，特别是驻大连机场海关的一线关员等共43人参加培训。二是为企业上门服务。按照年初“寓监管于服务之中”的工作安排，濒管处人员克服各种困难，于9月1～3日，自带证书及有关设备赴延吉市，现场为松茸出口企业核发允许出口证明书。3天内，共在现场核发允许出口证明书321份，及时出口鲜松茸19 002千克。长春专员办将行政许可审批窗口前移，提供服务到家门的做法受到出口企业称赞。三是开展自然保护区建设情况调研。组成调研组，重点深入两省国家和省级自然保护区，实地调查项目建设、生物保护、队伍建设、科学研究、行政执法、生态旅游、资金投入和社区共建等情况，重点了解各保护区目前的发展状况和存在的主要问题，并对相关解决措施和政策建议与各保护区工作人员进行探讨。调研结束后，长春专员办党组召开专题会议，对保护建设中存在的共性问题进行讨论研究，从强化立法、理顺管理体制、增加生态效益补偿、科学规划、增加造血功能等方面，向国家林业局提出建议。

【党的群众路线教育实践活动“回头看”】 一是系统开展了学习活动。利用参加国家林业局党组举办“绿色大讲堂”和吉林省委、吉林省林业厅举办报告会的方便条件，集中学习十八大，十八届二中、三中全会，习近平等中央领导同志一系列重要讲话精神，学习赵树丛局长一系列讲话精神，全员参加郝凤年、余锦柱、郭明义、孙建博事迹报告会，分别派员参加国家林业局司局级干部培训班、党务和纪检干部培训班和党校研修班等，共组织各类专题学习26次，召开专题研讨4次；办党组为每名党员干部发放《领导干部核心能力提升》《十八大后党政干部关注的重大理论与现实问题解读》《党的群众路线教育实践活动学习文件汇编》《厉行节约、反对浪费—重要论述摘编》等自学书籍，党员干部全部完成了自学，并撰写读书笔记和心得体会100余篇。二是集中开展制度完善和修订工作。在廉政建设方面，制订了长春专员办廉政建设七不准和关于勤俭节约、反对铺张浪费的有关规定；在管理方面，修订完善财务制度、群众信访接待处理办法、信息安全守则、网络宣传管理制度、网上办证系统管理规定、文书处理办法、公务接待有关规定、车辆管理规定、固定资产管理规定等；在推进工作方面，建立专员办公会议制度、重要工作事项督促检查办法、重大问题报告制度、重大问题民主决策制度等；在学习培训方面，建立完善党组理论中心组学习制度、关于进一步加强学习型专员办建设的有关规定、长春专员办关于干部培训工作的若干规定、关于结合林业建设实际开展调查研究的若干规定等；同时将过去已经建立的各项规章制度进行系统整理，“回头看”阶段，全办共新建规章制度11项，修订制度17项。

【廉政建设】 对照中央八项规定、局党组十八条实施意见和“两转变两服务”活动要求，长春专员办在突出解决“四风”问题上推出了诸多实际举措：一是结合实际制定了“长春专员办监督检查七不准”，即不准被检单位接送、不准出入娱乐场所、不准超标准接待、不准饮酒、不准吃野味、不准在野外吸烟、抽检的小班不准私自调换。七不准规定实施以来，专员办人员参加外业检查均是乘公交或火车前往，监督检查期间，坚持按实际标准交费，使用交通工具交纳燃油费；所有借调参加检查人员的食、宿、行及出差补助均由长春专员办承担。二是在驻省中直单位中率先开展清理办公用房工作，如实上报办公用房面积和使用情况，清退超标面积，按标准对办公室进行重新分配。三是在各专员办中率先开展超标准公务用车清理工作，取消专段车牌，全部办理成地方普通牌照。封存排放超标的越野车辆，全部改用低排量小轿车。四是结合实际，对厉行勤俭节约、反对铺张浪费作出新规定，淘汰大功率用电设备，办公室一律不得使用电暖气，办公室设备随用随开，做到人走电源关，努力节水节电。打印纸双面使用，提高网上办公的利用率，节约纸张。办公设备不到报废年限不予更新。尽量合并监督检查项目，减少检查次数，压缩检查人员数量，减轻基层负担。出差尽量使用公共交通工具，节约办公经费。到基层监督检查，无关人员不得陪同，检查车辆以坐满为宜，尽量减少检查用车数量。五是取消基层监督机构业务考核和林业工程专项资金监督检查，把国有森工伐区调查设计1%检查委托给基层专员办，将森林资源管理、林地林政、加工运输、森林防火、湿地和自然保护区、野生动物疫源疫病监测防控等单独分散的监督检查项目整合成综合检查，在大型综合检查中采取多部门联合办案，切实转变了职能，提高了办案效率，减轻了基层负担。

【林业大事】

1月9日 根据《国家林业局办公室关于开展野生动物保护执法监督检查的通知》精神，办党组召开会议，研究部署在监督区内开展野生动物保护执法监督检查专项行动。

2月16日 长春专员办向吉林省政府提交了2013年度森林资源监督报告，肯定了2013年吉林省森林资源保护管理工作取得的成效，指出了存在的主要问题，提出了改进措施和建议。

2月17日 长春专员办向辽宁省政府提交2013年度森林资源保护管理情况监督报告。

2月24日 吉林省副省长隋忠诚对长春专员办提交的《吉林省2013年森林资源监督报告》作出批示。

3月1日 长春办事处派人参加辽宁省暨沈阳市首个"世界野生动植物日"主题宣传活动，并提供《公约》宣传单300多份，分发给与会人员和群众。

4月22日 根据国家林业局的统一部署，长春专员办由副专员傅俊卿带队，组成两个检查组，分别对吉林省梅河口市、辽宁省建昌县保护发展森林资源目标责任制和森林资源管理情况开展监督检查。

3月15日至4月30日 长春专员办由3位专员带队，组成7个森林防火检查组，先后对辽宁省辽阳、岫岩、法库、建昌、新民、凤城、吉林省集安、梅河口8个县(市)和吉林18个国有森工局的58个林场(所)森林防火工作进行明察暗访。

5月21日 长春专员办向国家林业局提交《国家林业局驻长春森林资源监督专员办事处关于开展2014年吉林、辽宁两省春季森林防火工作检查情况的报告》。

5月27日 孙扎根副局长对长春专员办提交的《2014年吉林、辽宁两省春季森林防火检查报告》作出批示。

6月20日 国家林业局党组成员、中央纪委驻国家林业局纪检组组长陈述贤在长春专员办严肃查处天岗石材企业违法侵占林地案件的《情况反映》中作出批示。

8月4~6日 长春专员办在吉林省大石头林业局举办森林资源监督业务培训班。

8月12~24日 长春专员办代表国家林业局对吉林省松江河、白石山、天桥岭、和龙、敦化5个林业局2012年下半年至2014年上半年"森林资源管理情况"进行检查。

9月1~3日 国家濒管办长春办事处自带证书及有关设备赴延吉市，现场为松茸出口企业核发允许出口证明书。

9月23日至12月27日 长春专员办在副专员傅俊卿带领下，针对吉林、辽宁两省保护区建设情况开展调研。

9月25日 吉、辽两省部门间CITES执法协调小组第一次联络员会议在长春召开。

10月28~31日 长春专员办在黄泥河林业局举办森林资源监督业务培训班，来自吉林省森工企业局、国有分局、森林经营局和林业重点市(州)专员办的60余名业务骨干参加培训。

10月13~15日 国家林业局局长赵树丛先后到吉林省白石山、敦化、珲春等地进行调研，长春专员办专员王志高等领导陪同。

11月6日 国家濒管办长春办事处在吉林省梅河口市举办"吉林省2014年野生动植物进出口业务培训班"，来自吉林省47家相关进出口企业和吉林省林业厅、梅河口市林业局、梅河口市松子协会等有关部门和单位的共60人参加培训。

11月13日， 国家濒管办长春办事处在大连举办"辽宁省2014年野生动植物进出口业务培训班"。

11月14日 在国家濒管办长春办事处指导下，辽宁省大连市CITES履约执法协调小组在大连市宣告成立，这是中国第一个市级CITES履约执法协调小组。

11月14日 国家濒管办长春办事处与大连海关联合举办海关关员濒危物种业务培训班，来自大连海关机关和各基层海关，特别是驻大连机场海关的一线关员等共43人参加培训。

12月8日 长春专员办联合吉林省林业厅、吉林省森林公安局，在吉林省部署开展打击毁林种参专项行动。

12月11日 长春专员办在吉林省林业宾馆举办2014年党政机关公文处理及网站信息宣传培训班。

12月23~24日 长春专员办参加国家林业局在贵州省贵阳市举办的林政案件督查督办业务培训班并做典型发言。 (长春专员办由陈晓才供稿)

黑龙江办事处(濒管办)工作

【综　述】 2014年，黑龙江专员办(濒管办)深入贯彻落实党的十八大、十八届三中、四中全会和习近平总书记系列重要讲话精神，紧紧围绕局党组中心工作和主题主线，紧密结合持续推进党的群众路线教育实践活动和"两转变两服务"活动，找准定位、服务大局，注重加强机关党的建设和精神文明建设，进一步提升森林资源和濒危物种进出口监管工作的创新力、执行力和影响力。

【全面停伐监管】 突出对全面停止商业性采伐试点的监管，确保中央和国家林业局停伐决策的坚决执行。坚持把抓好停伐监管作为一项政治任务，注重源头监管和实施全过程监管，严格执行国家林业局"五个严格"的规定，有针对性地采取全面巡查、驻点巡查、重点巡查等措施。对停伐试点过渡期间森林资源保护管理情况进行了专项检查，共抽取20个林业局的40个林场80个小班。

【林地保护监管】 着力加大对林地湿地保护使用的监管，严守生态红线和生存发展的底线。坚持把强化对林地湿地保护使用的监管作为重中之重的任务，按期完成占用重点国有林区林地项目的现地审核。按照《行政许可法》规定和国家林业局森林资源管理司的统一部署，开展对20个单位征占用林地行政许可被许可人的检查。认真贯彻中央领导同志重要批示精神和国家林业局部署，全程开展非法侵占林地清理排查专项行动督查，专员办主要领导先后三次参加森工总局、林业厅召开的非法侵占林地清理排查专项行动会议，提出突出"四个重点"、抓好"五个环节"、严明"五条要求"，共同形成打击破坏林地资源的高压态势。

【森林抚育经营监管】 突出对森林抚育经营的监管，有效地控制森林资源不合理消耗。认真完成伐区设计、作业质量两个1%核查工作。对森工林区40个林业局及两个直属单位伐区作业质量及森林抚育质量进行1%核查，对40个森工林业局的伐区调查设计质量进行了1%普遍检查。认真完成森林资源管理情况检查。对龙江森工所属新青、红星、通北、双鸭山林业局2014年度森林资源管理情况开展了全面检查，现地核实疑似图斑267块、面积1184.1公顷，客观真实高效地完成检查任务。加强林木采伐许可证核发管理。严格执行2014年一季度的采伐量、出材量一律不超过年度木材生产计划的70%的要求，确保不突破控制总量。核发《林木采伐许可证》10 328份，全部按照规定程序和标准办理，做到阳光、快捷、规范、高效。

【目标责任制监管】 强化对地方县级人民政府政府主体行为的监管，初步构建起覆盖全省的保护发展森林资源目标责任制体系。与省林业厅共同建立了联合检查、联席会议、定期培训、一线核验、廉政约束、整改督查"六项制度"，全面审核了各县市目标责任制基础资料，有效地促进目标责任制的规范实施。与省林业厅共同对嘉荫县、海伦市、杜尔伯特蒙古族自治县、宁安市的目标责任制建立和执行情况进行了联合检查。全省具有林业职能的64个县市，已经全部建立了保护发展森林资源目标责任制体系。

【濒危物种履约监管】 积极推进对濒危物种贸易履约监管，全面提升服务地方经济发展水平。坚持依法行政，全年核发濒危物种贸易行政许可1820份，贸易额3.9亿元，其中，公约证书1093份、贸易额1.8亿元，物种证明727份、贸易额2.1亿元。在绥芬河市行政服务中心设立办证室，每年可以为企业减少办证差旅费支出400多万元，提高了服务质量和工作效率，有力地服务基层和地方经济发展。联合TRAFFIC、IFAW和哈尔滨海关，在多个口岸开展以"保护濒危物种、打击非法贸易"为主题的履约宣传活动。在国家濒管办的大力支持下，与绥芬河市人民政府签订了《濒危物种进出口履约合作协议》，创建了良好的进出口贸易和履约秩序。

【重点案件督查督办】 建立更加有力高效的联合工作机制，全面加大对毁林案件督办查处力度。注重从内部和外部两个方面，建立健全常态化、高效化、长效化的森林资源管理工作机制。在内部建立案件受理和督办查处一体化工作机制，确定专人负责案件受理，设立举报电话，完善来信来访接待制度，案件督办查处责任到人。在外部与省林业厅、森工总局共同协商建立更加有力高效的联合工作机制，即重大案件及时通报、案件信息定期交流、重点案件挂牌督办、责任领导约谈、重大案件联合查办5项制度，并着手起草可操作性的相关办法和规定。就林地清理排查专项行动和重大案件查处工作召开5次会议，下发纪要、方案和文件，开展两轮督查督办行动，约谈了6个县市区的政府主要领导和分管领导。2014年，共督查督办破坏森林资源案件88起，处理有关人员110人，其中，纪律处分36人、行政处分86人、移交司法机关追究刑事责任16人。

【重大问题调查研究】 认真开展重大问题的专题调研，积极提供有价值有分量的意见建议。坚持把局党组重大决策部署的贯彻落实情况作为调研工作的重点课题。主要领导亲自带队调研，主持撰写了《关于黑龙江森工林区全面停止天然林商业性采伐试点情况的调研报告》《黑龙江森工林区森林抚育情况的调研报告》，得到国家林业局的充分肯定。针对黑龙江省农村集体土地确权登记发证试点工作，向省政府提交《关于对黑龙江省农村土地承包经营权确权登记颁证工作有关问题的建议》，得到国家林业局和省政府的重视。针对伊春市政府在机构改革中，拟将各林业局监督机构人员纳入企业编制的情况，及时介入了解情况，向伊春市政府提出按照事业编制或参公管理的意见，为稳定监督机构队伍、发挥监督机构效能起到了积极作用。

【机关作风建设】 注重加强学习型机关建设，努力提升监督干部队伍的整体素质。坚持用科学的理论武装头脑、指导实践。大力开展以"学习四中全会精神，依法做好监督工作"为主题的学习活动，共举办学习班4期，组织全办集中学习38次，参加国家林业局党组和办党组专题学习9次，集体观看专题教育片《居安思危——苏共亡党的历史教训》《四风之害》等宣传片2部，进一步提高干部的理论素养，增强依法治林、依法监管的能力和水平。牢记作风建设永远在路上，坚持不懈地反"四风"改作风。专员办领导班子成员深入基层调研平均在3次以上，实行轻车简从，全办下基层检查一律坐火车或乘公共汽车，住招待所，吃自助餐，杜绝土特产和礼金礼品。全年文件简报数量减少了32%，质量得到全面提升；各类会议减少了50%，做到开短会、讲短话、讲真话、讲实话；严格控制"三公"经费支出，封存了部分公用车辆，"三公"经费较上年度有所降低；进一步加强制度建设，建立完善5大类39项规章制度，做到用制度管人管事，制度面前人人平等。

【党风廉政建设】 进一步加强党的建设和廉政建设，不断增强党组织的向心力、凝聚力和战斗力。坚持党要管党、从严治党，按照"三严三实"标准，全面加强党的建设。根据国家林业局教育实践活动领导小组《关于开展党的群众教育实践活动"回头看"工作的通知》要求，积极开展教育实践活动"回头看"工作，成立了"回头看"工作领导小组，实施分步推进，准确把握"五个到位"的工作重点，认真梳理查找不足，进一步巩固和拓展教育实践活动成果。认真查找在整改中发生的一些新情况、新问题，查缺补漏，及时整改到位。切实加强党风廉政教育。深入学习党中央、中纪委和国家林业局党组的各项规定，自觉打牢思想防线，做到警钟长鸣、红线常在、高压线绝不能碰，严格规范权力行使，做到清正、清廉、清明，为全面强化森林资源监督管理和濒危物种进出口管理工作提供坚强的组织保证和优良的作风保证。

【林业大事】 **1月6日** 黑龙江专员办召开2013年度工作总结暨述职述廉会议。认真总结2013年度各项工作，肯定成绩，查找不足，谋划2014年工作。

1月20日 黑龙江专员办与哈尔滨海关、黑龙江省森林公安、工商和渔政等5家黑龙江部门间CITES执法协调小组成员单位的业务负责人，就2014年如何做好部门间执法宣传与巡查工作进行工作交流。

1月20日 黑龙江专员办组织召开全省国有重点林区伐区调查设计矢量化培训班。

2月20日 黑龙江专员办专员赵恩举专员率各业务处室负责人出席全省森工工作会议。

2月24日 黑龙江专员办召开停伐冬采检查工作部署会议。根据国家林业局的安排，对龙江森工集团开展停伐检查。

2月27日 黑龙江专员办贯彻落实《国家林业局关于切实做好全面停止商业性采伐试点工作的通知》，召开对森工林区各林业局森林资源保护管理情况的检查部署会。

3月3~18日 黑龙江专员办对黑龙江省重点国有林区20个林业局停止商业性采伐试点过渡期间森林资源保护管理情况进行专项检查。

4月11日 黑龙江专员办与黑龙江省林业厅、黑龙江省森工总局联合下发《关于严禁违法采挖树木的紧急通知》(黑资监字〔2014〕11号)文件，要求严禁违法采挖树木。

4月24日 黑龙江专员办组成2个稽查组，针对黑龙江省个别市、县违法采挖、运输大树进城行为猖獗的实际进行了专项稽查。

4月29日 黑龙江专员办赴五常市开展2014年度义务植树活动。

5月8日至6月27日 黑龙江专员办组织3个伐区作业质量核查组对各林业局2013年下半年及2014年上半年伐区作业质量1%进行核查。

5月13日至6月20日 黑龙江专员办目标责任制检查小组对嘉荫等4个县开展保护发展森林资源目标责任制建立与执行情况的检查工作。

6月3~6日 国家濒管办行政许可检查组到黑龙江办事处检查指导工作。

6月4日 国家濒管办与黑龙江省部分野生动植物进出口企业负责人进行了座谈。

7月9日 黑龙江专员办全面完成森工林区2013年下半年至2014年上半年伐区作业质量1%核查工作。

7月12日 黑龙江专员办全面完成国家林业局下达的县级人民政府保护发展森林资源目标责任制检查任务。

8月8日 国家濒管办黑龙江办事处在绥芬河市召开濒危物种进出口管理座谈会。

8月28日 黑龙江专员办开展2014年度重点国有林区森林资源管理情况检查工作。

8月29日 黑龙江专员办赴双鸭山林业局开展2014年度重点国有林区森林资源管理情况检查工作。

9月17日 国家林业局宣布任命袁少青为黑龙江专员办(濒管办)党组书记、专员(主任)职务，免去赵恩举黑龙江专员办(濒管办)党组书记、专员(主任)职务。

9月23日 黑龙江专员办与省林业厅召开座谈会，交流研讨工作，新任专员袁少青主持会议并讲话。

9月24日 黑龙江专员办新任专员袁少青向省政府主管林业的吕维峰副省长汇报工作。

10月8日 黑龙江专员办全面完成目标责任制检查任务，建立六项制度。

10月10~16日 黑龙江专员办与森工总局联合开展食用菌原料来源调研工作。

10月20日 黑龙江专员办与黑龙江省林业厅共同开展督查督办破坏森林资源案件专项行动。

10月22日 黑龙江专员办与省森工总局共同开展督查督办破坏森林资源案件专项行动。

10月25~27日 黑龙江专员办参加东北、内蒙古重点国有林区"两项检查"研讨班。

10月29日 黑龙江专员办与省林业厅、森工总局采取联合行动，决定对全省10起重点破坏森林资源案件实行挂牌督办。

11月4日 黑龙江专员办参加全省森工转型发展研讨会暨产业项目建设推进会议。

11月11日 黑龙江专员办主要领导参加全省森工林区资源管理工作会议，对森工林区林地清理排查和森林抚育监管工作提出具体要求。

11月18日 国家濒管办黑龙江办事处在东宁、绥芬河口岸开展履约宣传活动。

11月19日 国家濒管办黑龙江办事处与绥芬河市人民政府签订《濒危物种进出口履约合作协议》并举行办证室揭牌仪式。

11月21日 黑龙江专员办听取省农垦总局关于处理黑龙江挠力河国家级自然保护区毁湿开垦等问题的

汇报。

12月10日 黑龙江专员办就在目标责任制检查中发现的问题约谈海伦市政府主要领导。

12月12日 黑龙江专员办主要领导参加黑龙江省森工总局推进非法侵占林地清理排查专项行动电视电话会议，并作出讲话提出工作要求。

12月13日 黑龙江专员办就在目标责任制检查中发现的问题约谈嘉荫县人民政府主要领导。

12月19~21日 黑龙江专员办主要领导带队，赴伊春、乌马河、鹤北对重点国有林区全面停止商业性采伐试点情况进行调研。

（黑龙江专员办由沈庆宇供稿）

大兴安岭办事处工作

【综 述】 2014年，在国家林业局党组的正确领导和有关职能部门的指导下，按照全局的统一部署和资源司、专员办的总体工作安排，紧紧围绕森林资源监督的中心任务，切实转变作风，进一步加强机关五大建设，不断强化资源监管、执法监督、服务协调等工作职责，完成了各项工作任务。为促进大兴安岭林区森林资源继续保持“森林资源面积、蓄积和覆被率三增长”发挥了积极作用，作出了应有贡献。

【全面停伐监管】 以全面停止商业性采伐为契机，强化森林资源监管，确保停伐顺利推进。按照国家林业局的总体部署，迅速行动，强化对全面停止天然林商业性采伐落实情况的监管，做到“三严”。一是严明要求。成立了停伐工作领导小组，与大兴安岭林业集团公司联合下发《关于做好停止商业性采伐试点工作的紧急通知》，要求各级各部门统一思想，顾全大局，认真履行职责，坚定不移地贯彻执行国家林业局的停伐决定。明令全面停止采伐时间、落实管护责任制，全力推进停伐工作落实。二是严守红线。抓住凭证采伐和总量控制两个关键环节，加强林木采伐审核审批工作，积极发挥采伐证控制采伐的决定性作用，坚决守住限额采伐红线。停伐前共审核拨交采伐蓄积75.35万立方米、出材24.86万立方米，分别占限额计划的44.3%和产量计划的44.0%，远低于国家林业局规定的采伐红线，确保了停伐试点稳步推进。三是严格监督。组成推进停伐试点督查组，采取暗访山场伐区作业点，明查道路支岔线，对林场、林业局采伐区域严格控制的监管措施，规范停伐过渡期林木采伐秩序，对达产的林业局或林场，立即下达停产通知书，9个有木材生产任务的林业局在规定时间内全部停止采伐。

【林地保护监管】 以保护林地为核心，强化重点工作环节监管，保障林地保护利用规划落实。一是加强前置审核，把好林地征占用关。对西林吉、十八站林业局拟上报审批的5个征占用林地项目进行现地核查，核查面积19.01公顷。召开两次会议，研究强化现场勘验的措施、办法，提出依法用地、规范施工、加强绿色矿山建设，及时恢复植被等要求。二是加强监督检查。对国家林业局审批的12项建设项目占用征用林地被许可人使用林地情况进行监督检查。检查发现有9个建设项目违法违规使用林地，占检查项目的75%，对超审核审批面积使用林地、异地占用和其他违法违规使用林地等问题进行严肃问责，共行政处分11人，罚款317 070元，收回林地3.53公顷。三是对发展林下经济使用林地情况加强监督，对使用林地较多的松岭等3个林业局进行约谈。及时掌握情况，进一步规范发展林下经济使用林地的行为。四是加强对“林地保护利用规划”落实情况的监督。重点监督检查和制止违反林地保护利用规划的行为，定期公布检查结果，加大执法力度，对擅自修改林地保护利用规划的行为严肃查处，追究责任。

【案件督查督办】 以督查督办案件为重点，切实增强查办实效，严惩破坏森林资源违法犯罪。按照局领导关于“专员办要抓案件督办，对破坏森林资源的案件要督办处理”的批示，进一步加强对案件的查办督办力度。一是强化林政案件查处，做到件件有回声、有震动、有效果，不走过场，力求实效。2014年，国家林业局批转督办案件3起，办结上报3起。查办拱地头、扩地边非法开垦林地案件7起，查办非法采伐、收购、运输木材案件10起，刑事处罚6人，行政处罚15人，收回林地62.01公顷。二是开展木材运输专项监督，抽查木材运输车辆65车，发现违规运输木材3车。对多装少算、一证多运、无证运输、变换材种等问题依法进行处理。三是加强日常监管，采取总量控制与监督检查相结合，对木材加工厂、贮木场进行监督检查，在事前和事中上下工夫，及时发现倾向性问题，木材流通领域违法案件大幅下降，木材运输销售总量得到有效控制，管理得到进一步规范。

【森林保护监督】 以打击破坏森林资源违法犯罪为目标，加强执法和宣传力度。一是加强对野生动物保护的监管。制订《开展野生动物保护执法监督检查工作方案》，对大兴安岭各县、局野生动物保护执法情况进行专项监督检查。积极组织参与“兴安六号”行动和“爱鸟周”宣传活动。悬挂宣传条幅、发放宣传单、图册、展出摄影图片，提高全社会自觉抵制乱捕滥猎野生动物、乱采滥挖野生植物的意识。二是认真落实国家林业局森林防火部署和要求，把对森林防火工作落实情况的监督列为重要内容，森林防火期，加强对森林防火工作的监督指导，深入基层监督检查，要求各林业局强化对森林防火工作的组织领导，层层落实责任，加大森林防火宣传工作力度，采取在广播电视、《大兴安岭日报》等媒体开设防火专栏，发放宣传单、悬挂条幅、展出图板、发手机短信等形式，集中开展森林防火宣传活动，全面提升全民森林防火意识。同时采取明察暗访等方式，督促检查森林防火落实情况，对责任不明确、各项要求落实不到位的，及时提出整改意见和建议，最大限度减少森林火灾发生，确保森林资源安全。

【强化资源监督】 以核查和整改为抓手，进一步加强源头管理监督，不断提高资源监管水平。一是严把林木采伐许可审批关，2014 年，累计审核发证 11 923 份，拨交林木采伐蓄积 76.68 万立方米、出材 24.99 万立方米，分别占采伐限额的 45.1% 和出材计划的 44.2%。二是认真开展"两项"核查。制订《作业质量 1% 核查和凭证采伐检查工作方案》，对集团公司各林业局凭证采伐、伐区作业质量进行核查。共核查小班 101 个，面积 1428.6 公顷，对存在不按设计作业、伐根超高、丢弃木材、应采未采和中幼林抚育不按规程作业等问题，下达整改通知书 47 份，要求林业局逐小班落实整改。伐区调查设计质量核查小班 206 个，核查面积 2647.2 公顷，作废处理 327 个不合格小班设计，针对进度滞后、森调内外业设计质量和队伍建设等问题，提出整改要求，督促相关林业局认真整改。三是严格督办，确保森林资源管理情况检查整改取得实效。按照国家林业局《森林资源管理情况检查结果通报》的要求，严把整改审核关，强化整改落实，对在森林资源管理情况检查中发现问题负有责任的人员严肃追究责任，共计行政问责科级领导干部和管理、管护人员 24 人，行政处罚 4 人，追究刑事责任 7 人。四是提升综合监管能力，召开资源监管业务技术交流研讨培训会议，对全区资源管理、监督、调查设计骨干进行了业务技术培训，提升资源监管系统业务水平。

【资源综合检查】 以保证质量为前提，精心组织、周密部署，圆满完成资源管理检查工作任务。根据国家林业局资源司、监督办的部署，对大兴安岭林业集团公司加格达奇林业局资源管理情况进行全面检查。一是严密方案，精心组织。制订《资源管理检查工作方案》，成立检查领导小组，本着"精干、高效"的原则抽调人员力量，成立质量监督组，对检查工作质量进行稽查。检查前召开动员培训会议，进行思想动员、业务培训和廉洁自律教育。二是严明纪律，严肃要求。领导小组对检查工作提出"标准要高、工作要细、作风要硬、纪律要严"的总体要求，每位参检人员都签订了《个人廉政承诺书》。检查期间，严格遵守廉政纪律和中央八项规定、国家林业局十八条实施意见。三是密切协作，严格检查。积极与国家林业局专家组沟通、协调，严格按照方案标准进行检查。检查工作实行组长负责制，对卫片判出的疑似图斑和抽检的地块逐块定点到位。共现地核查地块 143 块，查出各类森林资源违法案件 86 起，涉案林地面积 65.31 公顷、林木 792 立方米。其中：无证采伐 9 起、采伐面积 8.83 公顷、蓄积 111 立方米；非法开垦 53 起、开垦林地 45.83 公顷、损毁林木蓄积 545 立方米；违法占地 24 起、占地面积 10.56 公顷、损毁林木 136 立方米。

【专项行动督办】 以依法治林为目标，加强监督检查，保障专项行动取得实效。按照国家林业局开展"全国非法侵占林地清理排查专项行动"的部署，一是迅速召开会议，安排部署清理排查专项行动，把"专项行动"作为当年工作的重中之重，全力落实各项督查措施，打击违法行为，加强和规范林地管理，依法保护森林资源，守住林地红线。二是加强组织领导，成立以专员为组长的"专项行动督查领导小组"。同时与集团公司密切配合，形成合力，及时了解行动开展情况，做好督查工作。三是结合实际认真制订"专项行动督查工作方案"，规定各阶段的督查重点、督查内容、目标及时间要求，并将责任落实到人，确保行动顺利推进，收到预期成效。四是把握重点，开展督查。派出督查组对大兴安岭林业集团公司所属 10 个林业局的"非法侵占林地清理排查专项行动"进行督查，召开局场两级会议，宣传林地清理重要性、必要性，督促各林业局成立"专项行动领导小组"，制订"工作方案"，迅速对自然保护区、森林公园、湿地等重点区域进行清理排查。着重打击毁林开垦、建设项目、勘探采矿违法使用林地行为。五是严肃督办，从严问责。截至 12 月，查处违法侵占林地案件 25 起，其中：刑事案件 4 起、行政案件 21 起，收回林地面积 20.94 公顷。查处违法行为人 21 人，其中，追究刑事责任 2 人，经济处罚 23 人，行政问责 2 人，其中，给予林场场长 1 人在全区进行通报批评处分，给予林场分管副场长 1 人行政记大过处分。

【广泛调查研究】 深入开展调查研究，适时掌握新情况、新问题，为科学经营管理森林资源提供决策依据。一是开展剩余物清理利用专题调研。主要领导率队，对大兴安岭林业集团公司所属的塔河、新林、十八站、韩家园、松岭等林业局，林区剩余物清理利用情况进行专题调研。调研组分别到山场伐区、贮木场、林场、养殖基地、木材加工企业实地了解情况。与林业局、林场干部职工、加工企业负责人召开不同层次座谈会，广泛听取意见。与集团公司相关领导和有关部门沟通研讨，并召开专员办公会慎重讨论研究，提交专题报告，为上级决策提供有力参考。二是为总结大兴安岭林区火烧迹地天然更新和人工更新两种更新方式效果，科学指导火烧迹地森林更新，开展《大兴安岭火烧迹地天然更新与人工更新树木生长量对比研究》。实地选设并实测火烧迹地天然更新和人工更新样地，制作解析木，分析调查数据。为火烧迹地天然更新提供科学依据。三是强化对林地变更新趋势、新动向的调研。对大兴安岭塔河、新林、松岭、加格达奇城区建设用地侵占林地情况开展调研。在建设用地与林地重叠的 1294 个图斑中，抽取 67 个进行现地调查。分析原因、提出整改意见。四是组织力量对停止天然林商业性采伐试点工作开展情况进行调研，为进一步强化重点国有林区天然林保护管理奠定基础。五是为了规范大兴安岭林下经济的开展，防止破坏林地问题发生，对大兴安岭地区的林下经济发展情况开展调研工作，提出加强管理、清理地方政策文件、收回林地、恢复植被、严肃问责等建议。

【行政后勤管理】 强化制度建设，狠抓内部管理，为资源监督工作提供坚强保障。一是抓工作秩序。坚持工作计划制度，年有年计划，月有月安排。重大事项召开专员办公会议集体讨论研究决定，适时检查各项工作计划落实情况，实行重点工作领导负责、跟踪问效、层层抓落实的责任机制，形成工作主体明晰、职责明确、权责统一的工作格局。二是继续抓建章立制。制订完善了《制度落实监督办法》《加强对各驻局监督办业务指导的意见》等制度规定。三是抓资金管理。严格执行财务制度和预决算管理制度，加强对项目资金的监管，科学合理安排资金支出，确保资金按计划进度使用。完善内部审计监督，开展自查自纠，有效防控风险。四是严格资产管理，认真执行政府采购规定，定期清产核资。

【党建廉政建设】 以“两建”工作为统领，加强党的建设和廉政建设，提高监督队伍战斗力。一是创建学习型监督队伍。以学习贯彻习近平总书记系列讲话精神为主线，深入学习十八届三中、四中全会精神，习近平总书记在党的群众路线教育实践活动总结大会上的讲话、习近平总书记等中央领导同志及局领导的重要批示精神，加强思想理论建设，先后派出8名同志参加理论培训，每个办党组成员、处长作专题发言，分别谈学习体会。二是继续抓好群众路线教育实践活动聚焦突出问题的整改落实，集中开展党的群众路线教育实践活动“回头看”工作，对照要求认真自查，防止“四风”问题反弹。切实增强进取意识，责任意识，形成求真务实，敢于担当的工作作风，确保国家有关法规政策和国家林业局决策部署落到实处，见到实效。三是加强重要工作民主决策机制建设，加大干部队伍培养力度，加快公务用车等相关后勤工作改革步伐，深入推进“两转变、两服务”活动，巩固群众路线教育实践活动成果。四是认真抓好廉政建设。制订了《党风廉政建设和反腐败工作分解实施方案》，开展经常性的廉政思想教育。坚持和完善廉政谈话提醒和廉政反馈书制度，举办廉政建设专题党课，组织开展勤政廉政教育活动，深化廉政风险防控，加强反腐倡廉制度体系建设，构筑预防腐败的长效机制。

【林业大事】

1月20日 大兴安岭专员办与大兴安岭林业集团公司召开联席会议，研究部署资源综合检查工作。

2月13日 大兴安岭专员办专员蒋周明赴哈尔滨向省委副书记陈润儿和黑龙江省副省长吕维峰汇报2013年度森林资源监督工作。

2月17日 大兴安岭专员办与大兴安岭林业集团公司召开联席会议，研究查处破坏森林资源违法犯罪案件情况并提出督办意见。

3月30日 大兴安岭专员办专员蒋周明赴哈尔滨参加停止天然林商业性采伐试点启动会议。

5月20~24日 国家林业局资源林政管理司副司长冯树清一行3人，在大兴安岭专员办专员蒋周明、大兴安岭林管局副局长郑怀玉等陪同下，赴大兴安岭林业集团公司加格达奇、呼中、图强和西林吉林业局调研国有林区改革情况。

7~8月 大兴安岭专员办组成检查组对大兴安岭林业集团公司2013年度林地许可被许可人进行监督检查。

8月6~12日 国家林业局资源林政管理司司长郝燕湘一行3人，在大兴安岭专员办专员蒋周明、大兴安岭林管局副局长郑怀玉等陪同下，到大兴安岭林区调研森林经营抚育和停止天然林商业性采伐试点情况。

8月28至9月6日 大兴安岭专员办组成检查组对大兴安岭林业集团公司加格达奇林业局森林资源管理情况进行综合检查。

9月18日 国家林业局党组宣布任命陈彤为国家林业局驻大兴安岭林业集团公司森林资源监督专员办事处党组书记、专员，免去蒋周明的党组书记、专员职务。

10月17~21日 大兴安岭专员办专员陈彤率队深入大兴安岭林业集团公司塔河、新林、十八站、韩家园、松岭林业局调研停止天然林采伐、森林经营抚育和林区改革发展情况。

11月24~26日 大兴安岭专员办专员陈彤赴哈尔滨参加黑龙江省委第十一届委员会第五次全体会议。

12月8日 大兴安岭专员办与大兴安岭林业集团公司召开联席会议，安排部署全国林地清理排查专项行动。

12月19日 大兴安岭专员办巡视员王荣满率队到大兴安岭林业集团公司各林业局督查林地清理排查专项行动开展情况。

12月25日 大兴安岭专员办专员陈彤赴哈尔滨参加全省经济工作会议。

（大兴安岭专员办由艾笃亢供稿）

合肥办事处（濒管办）工作

【综　述】 2014年，合肥专员办以党的十八大、十八届三中、四中全会精神为指引，认真贯彻落实国家林业局2014年林业厅局长会议精神和局领导关于森林资源监督工作重要批示精神，紧紧围绕国家林业局资源司、监督办2014年森林资源管理监督工作要点，认真履行工作职责，圆满完成了各项监督检查任务，促进了安徽、山东两省森林资源管理和濒危物种进出口管理工作的提高，获得了国家林业局和两省党委、政府及林业部门的好评。

【资源监督】 2014年坚持以破坏森林资源案件的督查督办为工作重点，以林地保护管理为核心，创新监督方式、拓展监督领域、深化监督成果运用、提升监督成效，截至年底，所有任务均按计划如期完成，工作质量进一步提高。

完成森林资源监督年度报告 按时向国家林业局和

皖、鲁两省政府提交了2013年度森林资源监督报告，肯定成绩，指出问题，提出建议，获两省党委、政府高度重视。安徽省委书记张宝顺、常务副省长詹夏来、分管副省长梁卫国均作出重要批示，推动省委政府出台政策解决国有林场困难和生态公益林补偿标准低的问题。山东省委书记姜异康、分管副省长赵润田也对资源监督报告作出了批示，推动了山东防火手段的更新提高。高质量的监督报告进一步提升了监督工作的地位和价值。

案件督办 2014年，督查督办破坏森林资源案件73件，其中非法占用林地案件56件，破坏林地344.07公顷；滥砍滥伐林木案件17件，破坏森林蓄积148.14立方米。党纪处分5人，行政处分1人，行政处罚42人，刑事处罚7人，行政罚款142.8万元。2014年办理的案件，不仅数量多，而且单个案件规模大、社会影响面广，对这些案件的督办处理收到了良好的社会效果。

林地占用征收行政许可监督检查 完成了国家林业局7个建设项目的监督检查。检查安徽省宣城市、宿州市、安庆市的绩溪县、萧县、岳西县的12个乡镇、2个国有林场，共计581个小班，面积494.05公顷。检查山东省青岛市、烟台市、威海市、济南市的莱西市、芝罘区、环翠区、章丘市的34个乡镇(街道)，3个国有林场，170个小班，检查面积226.75公顷。从检查情况看，工程建设项目使用林地比较规范，没有发现超范围和超面积使用林地现象，对检查中发现的问题及时向两省林业主管部门和项目建设单位进行通报，并提出整改建议。

地方政府保护发展森林资源目标责任制建立和执行情况检查 完成了对安徽省泾县、贵池区、蒙城县和山东省费县、商河县、禹城市人民政府保护发展森林资源目标责任制建立和执行情况检查。在每个检查县听取当地政府及相关部门汇报，了解责任制建立和执行情况及取得的成效。按照检查评分标准，对检查县给予实事求是的评价，并及时反馈检查结果及得分情况，指出存在的问题，提出整改建议，同时也听取地方政府的相关建议。6个县均获得优秀等次。

野生动物保护执法、疫源疫病防控和繁育利用行业整顿情况检查 会同安徽、山东两省林业厅野生动物保护处赴各地开展野生动物保护执法、野生动物疫源疫病防控工作和野生动物繁育利用行业整顿情况检查。共检查了安徽省池州市、安庆市、黄山市和宣城市，山东省青岛、烟台、威海等市县区。重点检查了自然保护区、候鸟越冬地、迁飞停歇地、集群活动地的巡护、看守、野生动物保护执法情况，以及动物园有关动物驯养繁殖许可证和疫源疫病防控措施及应急预案建立情况。

非法侵占林地清理排查专项行动 精心制订行动督办方案并及时与两省林业厅沟通，督促两省林业厅快速动员部署。陆续开展了土地整理、森林公园、流转的大宗林地、到期的临时占用林地、依山傍水的房地产开发项目、新设立的采石采矿点、久拖不决的积案等7个方面的专项检查。通过检查，掌握了重点领域和地区的森林资源保护管理情况，发现案件线索35起，立案31件。

专员办与皖、鲁两省森林资源监督联席会议 5月中旬，在安徽省泾县召开专员办与安徽、山东两省森林资源监督工作会议。会议以林政执法和森林资源案件督办为主题，深入贯彻落实2014年全国林业厅局长会议和全国资源管理工作会议精神，传达习近平总书记和赵树丛局长对森林资源管理保护的相关批示，通报安徽、山东两省森林资源管理的情况，交流加强森林资源管理、深化监督、强化执法的经验，进一步密切联系、深化协作，创新新形势下森林资源保护管理和监督工作的新举措。会议还讨论了合肥专员办起草的《合肥专员办与监督区林业厅建立工作协作机制的若干制度》《合肥专员办林地保护管理绩效评价办法》《合肥专员办森林资源社会监督员管理办法》等文件。合肥专员办专员及安徽、山东工作处、综合处，安徽省林业厅厅长，安徽、山东省林业厅分管厅领导及办公室和政策法规、森林资源管理、野生动植物保护、森林公安局和国有林场管理局等处(办、站)负责同志，青岛市林业局分管局长、森林资源管理、野生动植物保护站负责同志及部分特邀地市、县共40多人参加了会议。

【濒危野生动植物进出口履约】 坚持以濒危物种进出口行政许可为重点，规范行政许可秩序、加强行政许可检查、积极协调履约执法、夯实履约管理基础、提升履约管理能力，努力提高濒危物种进出口管理水平。共办理各类进出口证书1134份，其中允许进出口证明书421份，物种证明713份，收取野生动植物进出口管理费46万元。涉及的进出口野生动植物物种主要有花卉、木材、活体动物、皮革、保健酒、中药材等。

服务青岛世界园艺博览会 2014年4月25日，世界园艺博览会在青岛开幕。濒管办合肥办事处以主动履行职责、加强部门协作、简化审批程序、优化服务意识、扩大宣传效果为主旨，为青岛世界园艺博览会的顺利开园提供保障，充分发挥山东省部门间CITES履约执法小组的作用，形成"一条龙"的服务格局。在世博会筹备和开园期间，交流和处理相关信息200余条，接受咨询1000余次。办理进出口证书15份。同时多渠道、多方式开展宣传活动。印制宣传单、宣传牌、宣传册2万份，制作音像短片1部，有效扩大中国履约的社会影响。

山东省野生动植物进出口专项监督检查 根据国家濒管办的统一部署，对2013年出具的被行政许可人的行政许可进行了书面和实地检查，形成检查统计报告。

山东省大宗贸易敏感物种监测评估检查 先后对2013年山东省的出口兰花、红木、公约附录皮革的来料加工等大宗贸易物种进行了实地监测检查，全面了解和掌握山东省进出口大宗贸易物种的基本情况，为野生动植物进出口科学管理提供了参考依据。由向可文专员、史瑞芳调研员撰写的《2010～2014年山东省红木产业情况分析报告》，刊登在《中国林业产业》杂志2015年第一期中。

打击非法猎捕野生鸟类检查 联合山东省林业厅，公安局、保护站等有关部门，在鸟类迁徙季节，对乱捕滥猎情况较为严重的沿海沿湖地区，进行了实地检查，督促各地主管部门开展打击乱捕滥猎野生鸟类的行为，产生了积极作用。

CITES执法协调机制建设 10月，在山东省青岛市召开了山东、安徽两省部门间CITES执法工作调协小组联席会议。各部门结合本部门职责，介绍了CITES履约执法工作的开展情况以及今后的工作计划和建议。海关详细介绍了“守卫者”专项行动的进展情况，并提出了需要支持配合的意见建议。履约执法协调机制的建设，最大限度地调动各部门履行法定职责的积极性，又充分发挥执法协调小组的平台作用，形成打击濒危物种走私犯罪的合力，取得了良好的社会效果。两省林业厅、农委、公安厅、工商行政管理局、出入境检验检疫局、青岛市林业局、青岛海关、济南海关、合肥海关等执法协调小组成员单位负责同志，共30余人出席会议。

【“两建”工作】 以巩固党的群众路线教育实践活动成果为抓手，切实加强专员办(濒管办合肥办事处)思想政治建设、业务能力建设和机关自身建设，确保专员办(濒管办合肥办事处)以良好的精神状态、务实的工作作风、过硬的监督本领，进一步提高履职能力和水平，为监督区生态林业、民生林业的健康发展作出贡献。

群众路线教育实践活动整改工作 按照国家林业局和中共安徽省直机关工委的统一部署，及时开展整改落实。一是坚持把作风整顿、整改贯穿教育实践活动全过程，边学边改，以学导改，以改促学；二是根据查找的问题和群众、基层单位所提意见、建议，结合局党组印发的“两个方案一个计划”科学制订《合肥专员办党的群众路线教育实践活动整改方案》，紧紧抓住集中整改的有利时机，着力解决思想、工作、作风上存在的突出问题；三是系统总结专员办党的群众路线教育实践活动的经验教训、成败得失，切实抓好专员办各项制度的新建、修改和完善工作，加强制度规范教育，着力建立持久管用的长效机制。28项的整改意见和措施共完成20项，完成率达71.4%。其余整改内容将长期落实推进。

群众路线教育实践活动“回头看” 按照国家林业局统一部署，及时从思想认识、四风整治、整改落实、建章立制、专项整治等5方面开展教育实践活动“回头看”工作，认真总结经验，梳理查找不足，切实推动整改。进一步坚定了理想信念、振奋了精神、强化了纪律、转变了作风、提升了业务能力、完善了制度、凝聚了合力，有力地促进自身建设。

贯彻落实“中央八项规定” 以贯彻落实中央《党政机关厉行节约反对浪费条例》为核心，出台《合肥专员办厉行节约制止奢侈浪费制度》，认真落实中央和中央纪委、国家林业局、安徽省委一系列禁令和制度规定，并纳入干部考核内容，严格规范内部管理和党员干部言行。针对本办实际，在车辆管理、政府采购、公务接待、办公消耗、压缩会议、减少发文等方面取得了新成效，财政“三公”经费支出减少，财务管理更加科学，规范了权力运行，作风进一步改进。

【林业大事】

3月3日 合肥专员办向国家林业局和安徽、山东两省人民政府提交了2013年度森林资源监督报告。

3月中旬 合肥专员办会同安徽省林业厅，对安徽省池州市、安庆市、黄山市和宣城市，开展野生动物保护执法、疫源疫病防控和繁育利用行业整顿情况检查。

4月上旬到5月下旬 合肥专员办开展林地占用征收行政许可监督检查工作。共检查安徽、山东两省7市7县7个建设项目，共计林地小班751个，面积720.80公顷。

5月中旬 召开了以林政执法和森林资源案件督办为主题的安徽、山东两省森林资源监督工作联席会议。

5月15～20日 合肥专员办联合山东省林业厅野生动物保护处对山东省青岛、烟台、威海等市县区开展野生动物保护执法、野生动物疫源疫病防控工作和野生动物繁育利用行业整顿情况检查。

6月中旬到7月中旬 合肥专员办开展地方政府保护发展森林资源目标责任制建立和执行情况检查。分别对安徽省泾县、贵池区、蒙城县和山东省费县、商河县、禹城市6个县(市、区)人民政府保护发展森林资源目标责任制建立和执行情况进行了检查。6个县(市、区)均获得优秀等次。

8月28日 合肥专员办在青岛组织召开了以“加强濒危野生动植物进出口履约工作，建立多部门间联动机制”为主题的2014青岛世园会CITES履约部门间协调会，国家林业局保护司、国家濒管办、山东省林业厅、青岛海关、山东出入境检验检疫局、青岛市林业局、青岛世园会执委会参加了会议。

11月12日和14日 根据国家林业局非法侵占林地清理排查专项行动部署电视电话会议要求，合肥专员办向可文专员出席安徽省和山东省非法侵占林地清理排查专项行动工作部署会，对开展国家林业局非法侵占林地清理排查专项行动提出要求。合肥专员办对专项行动实行全过程监督。

(合肥专员办由夏倩供稿)

福州办事处(濒管办)工作

【概　述】 2014年，国家林业局驻福州专员办按照局党组的决策部署和相关司局的具体要求，以“作风建设年”为载体，按照“突出一个重点、强化两项检查、完善三项制度”的思路，切实抓好森林资源监督工作。围绕“行政许可、执法协调”两个重点，扎实做好濒危物种履约管理工作。

【履行督查督办森林资源案件第一职责】 全年督查督办案件139起，其中国家林业局交办47起，自查88起，群众举报4起，涉案林木蓄积2700.4立方米，涉案林地面积97.57公顷。已经查结案件123起，其中刑事案件40起，通过督办刑事案件处罚26人，罚款

478.47万元；行政案件97起，通过督办行政案件纪律处分25人，行政处分26人，收回林地37.1公顷，罚款982.9万元。

【保护发展森林资源目标责任制检查】 根据国家林业局森林资源监督管理办公室《保护发展森林资源目标责任制检查方案》，通过听取被检查的县(市)人民政府及有关部门的汇报，查阅核对相关资料，对抽取的乡镇、行政村现地检查和对有关单位开展社会调查的基础上，完成了对闽赣两省6个县的检查，4个为优秀，2个为合格。

福建省		江西省	
县(市)	检查结果	县(市)	检查结果
三明市沙县	优秀	抚州市资溪县	优秀
莆田市仙游县	合格	宜春市奉新县	优秀
福州市闽清县	合格	景德镇市乐平市	优秀

【占用征收林地行政许可监督检查】 根据《国家林业局森林资源管理司关于下达2014年度占用征收林地行政许可监督检查任务的通知》下达的闽赣两省各6个行政许可项目的检查任务，检查人员严格按照方案开展检查，并对检查结果负责。检查结束后，及时向两省林业厅通报检查发现的问题，并共同督促基层限期依法查处和整改到位。

福建省	江西省
神华福建罗源湾煤炭应急储备基地项目	万载至宜春高速公路工程
福建省南平至龙岩铁路扩能工程	江西上饶民用机场工程项目
海西高速公路网沈海复线福安至蕉城漳湾段工程	资溪花山界(赣闽界)至里木高速公路
长汀县荣丰水库工程	南昌至上栗高速公路新建工程
海西高速公路网沈海复线仙游至南安金淘莆田段工程	江西省峡江水利枢纽工程(枢纽和库区防护工程)
光泽县肖家坑水库	江西大唐抚州电厂新建工程

【积极开展非法侵占林地清理排查专项行动督导】 根据《国家林业局关于开展侵占林地清理排查专项行动的通知》要求，积极开展对闽赣两省非法侵占林地清理排查专项行动的监督，以清查彻底和处理到位为目标，指导、督促两省深入开展专项行动。截至2014年12月底，福建省共清理排查非法侵占林地违法违规项目(点)1610个、面积670.7公顷，已行政问责28人，收回林地面积27.8公顷；江西省共清理排查出非法占用林地项目1159起，面积1306.67公顷，已立案721起，其中：刑事立案134起，行政案件587起，行政问责16人，收回林地106.88公顷。

【高效完成濒危物种进出口行政许可工作】 全年共办理进出口公约证书、野生动植物进出口证明书1680份，物种证明1529份。全面完成野生动植物进出口行政许可监督检查工作，共完成辖区内75家受检单位、18个人的书面监督检查，并开展了萨米维腊木、沉香、石斛、红木、红豆杉、参展花卉、麝香、欧洲鳗鲡、花龟、中华鳖、象牙、美丽硬仆骨舌鱼等物种的专项监督检查。

【积极开展履约执法培训工作】 4月，举办大宗贸易敏感物种资源监测体系培训研讨班；举办企业培训班，60多名企业申报员参加了培训；10月，召开闽赣两省部门间履约执法联席会议及履约执法培训班，举办海关濒危野生动植物进出口管理培训班，为福州海关、厦门海关近50名一线关员培训濒危物种进出口相关知识；11月和12月，分别与江西省、福建省林业厅联合举办野生动物保护管理培训班，培训两省市、县(区)陆生野生动植物保护管理人员130人。此外，专员办还派员为厦门海关缉私局培训班、福建省森林公安刑侦业务骨干培训班等共计130余人开展了培训。

【联合开展履约执法检查】 分别与福建、江西两省林业主管部门、森林公安局联合开展闽赣野生动物疫源疫病监测防控和保护执法监督检查；与海洋渔业部门联合开展CITES附录II新列鲨鱼库存核查、红珊瑚执法等各项检查。

【大力开展履约执法宣传教育活动】

与两省履约执法协调小组单位共同组织开展首个世界野生动植物日专场宣传活动；联合设计、印制、发放“市场非法交易常见敏感物种制品和象牙销毁”等内容的宣传单2万份；编发简报、利用各家媒体开展宣传。

【林业大事】

1月14日 国家林业局局长赵树丛来福建省出席全省深化集体林权制度改革会议和调研期间，听取了尹刚强专员关于专员办工作和干部队伍建设的汇报。

1月 国家濒管办福州办事处协调闽赣两省履约执法协调小组各成员单位积极参与“眼镜蛇二号行动”，福州办事处等4个单位被评为先进集体，2位同志被评为先进个人。

2月 专员办分别向福建、江西两省人民政府报送2013年度森林资源监督报告，福建省人民政府副省长陈荣凯和江西省人民政府副省长姚木根分别听取了尹刚强专员的汇报，并对监督报告作出批示。

2~3月 按照国家林业局关于福建、江西两省2013年林地和森林采伐管理情况检查存在问题的整改通知要求，专员办组织对相关县(市、区)的整改情况进行监督检查。

4月 根据国务院总理李克强在关于福建省泰宁县金绕山无序开采花岗岩信访件上的批示精神和国家林业局要求，专员办在派员参加国家林业局组织的工作组深入泰宁县开展现场督办的基础上，还多次进行督查督办，促使案件得到依法查处。

4 月和 11 月 专员办分别在江西省九江市和福建省晋江市举办森林资源监督联络员培训班。

5 月 12 日 CITES 公约秘书长斯甘伦来厦门参加亚洲区域 CITES 新列鲨鱼和蝠鲼履约能力评估研讨会期间，考察了福建省漳州市蝴蝶兰、石斛及仙人掌类等濒危植物的人工培植情况。

5 月 14 日 国家林业局副局长刘东生来福建参加会议和调研期间，专程到专员办听取工作汇报，并就进一步做好监督工作作出指示。

10 月 14～15 日 濒管办在福建省厦门市首次召开闽赣两省部门间 CITES 执法协调小组联席会暨履约执法培训班。会议同意增加福建出入境检验检疫局和厦门出入境检验检疫局为协调小组成员单位。

12 月 18～19 日 专员办在福建省厦门市举办闽赣两省森林资源管理监督工作交流暨业务培训班。

（福州专员办由宋师兰供稿）

武汉办事处（濒管办）工作

【综　述】 2014 年，在国家林业局党组的正确领导下，武汉专员办全体干部职工深入学习贯彻党的“十八大”“十八届三中、四中全会”和全国林业厅局长会议精神，紧紧围绕“推动生态文明建设，发展生态林业、民生林业”发展目标，以涉林案件督查督办为第一职责，着力强化森林资源监督和濒危物种履约管理，完成了各项工作任务。

【案件督查督办】 坚决贯彻落实赵树丛局长关于“督查督办破坏森林资源案件是专员办第一职责”重要批示精神，着力加强重点区域、重点领域森林资源监管，集中督查督办一批重大社会舆论影响案件，有力地打击涉林违法犯罪行为，树立了监督机构的执法权威和良好形象。一是加强重点地区资源监管。9 月，专员办针对神农架林区森林资源保护管理问题开展专项整顿，核查林区违法使用林地项目 10 个，面积 15.12 公顷，毁林开垦问题 3 处，面积 3.60 公顷。要求湖北省林业厅将神农架林区纳入湖北省非法侵占林地清理排查重点区域，从速从严依法查结案件。二是积极应对媒体、网络曝光案件。建立“网情舆情监测制度”，设置专职监督员，收集媒体和网络爆料的涉林案件线索，并积极协调有关部门，及时提出督办意见，适时赴实地开展核查。同时，主动与新闻媒体进行沟通，反映林业部门的工作进展，取得媒体的支持与理解。及时查处了“孝感双峰山炸山毁林建设别墅”“神农架削山造地”“神农顶餐厅经营熊掌”等媒体、网络曝光案件。三是建立资源监督诚信榜制度。将破坏森林资源问题较为突出的县市列入森林资源监督诚信黑名单，实行不定期跟踪回访，加大检查频率和惩处力度，将资源管理秩序良好、成绩突出的地区纳入红名单，总结推广其工作经验。四是实行案件分级督办和跟踪督办制度。2014 年，专员办共依法调查督办各类林政案件 82 起，结案 82 起，结案率 100%。涉及违法使用林地面积 81.53 公顷，违法采伐林木 541 立方米；行政处罚 54 人，刑事处罚 14 人，追究领导责任 11 人，罚款 820 万元，补缴森林植被恢复费 470 万元。

【开展监督检查】 一是开展占用征收林地行政许可监督检查。专员办共计检查鄂豫两省 14 个项目，涉及 19 个县（市、区），召开情况通报会 18 次，集中组织协调督办会和情况通报会 19 次，开展社会调查 16 次，调阅、审核、分析各类档案资料 480 多份，实测小班 800 多个，发现各类违法占用使用林地案件 52 起，面积 66.67 多公顷。二是开展保护发展森林资源目标责任制检查。专员办共计检查豫鄂两省 6 个县（市、区），13 个乡镇、7 个国有林场，召开座谈会 23 次，查阅资料 560 多份，实地检查造林小班 9 个、采伐小班 18 个，征占用林地现场 9 个。客观评价被检单位实绩。三是开展野生动物保护执法监督检查。专员办检查豫鄂两省自然保护区 6 个、动物园 5 个、养殖场 10 个、野生动物经营利用场所 12 处、疫源疫病监测站（点）6 个，先后组织座谈 30 余次，查阅资料 200 多份。检查发现个别地方存在野生动物栖息地的保护不够，基层站所设施落后、人员编制和工作经费缺乏等问题，向国家林业局提出进一步加强野生动物保护基础设施建设、强化野生动物繁育管理工作措施等建议。四是开展国家级自然保护区和国家森林公园建设管理情况检查。专员办抽检了湖北恩施州星斗山、木林子 2 个国家级保护区，襄阳市鹿门寺、谷城县薤山 2 个国家森林公园，召开座谈会 8 次、情况通报会 4 次，调阅、审核、分析各类档案资料 300 多份，实地检查管护站点 11 个，基础设施建设项目 8 处，林业工程 8 处。检查发现部分被检单位存在经费投入不足、管理体制不顺、破坏资源案件时有发生等问题，提出了监督建议。

【编制森林资源监督报告】 专员办在认真总结 2013 年度森林资源监督工作的基础上，编制了河南省、湖北省 2013 年度森林资源监督报告，分别上报两省人民政府，呈送两省党委、人大、政协及有关部门。河南、湖北两省政府分管领导分别对专员办监督报告做出了批示。在专员办的督办下，两省林业厅迅速制订方案，组织整改落实，并针对薄弱环节进一步加强森林资源保护管理工作。

【专项行动督办】 以依法治林为目标，加强监督检查，保障专项行动取得实效。按照国家林业局开展“全国非法侵占林地清理排查专项行动”的部署。一是成立督导机构。专员办成立了专项行动督查领导小组，分设河南督导组和湖北督导组，分别对两省行动进展情况跟踪督导，及时纠正工作偏差，督促和帮助两省解决专项行动中发现重点、难点问题，确保专项行动健康开展。积极加强与河南、湖北两省林业主管部门衔接，主动参与省级专项会议筹划，及时介入相应工作。就扎实开展好此次专项行动提出建设性意见和要求。二是落实督导机制。为了及时掌握专项行动进度，专员办与两省林业厅建立了日常联系制度，督导组与省厅链接，每日交换意见、掌握及时动态；建立周报制度，每周与省厅集中梳理相关信息，共同研究重大问题；建立小结制度，按布局、梳理、深查、总结等阶段，通过网站、专报、会议等多种形式发布信息，及时总结推广各地成绩经验，指出不足和问题，推动专项行动健康开展。三是强化内外配合。积极协调纪检、检察、公安配合支持，对行动中发现的重点案件特别是对政府领导违法、法人违法案件，及时依法处理，坚决依法查办一批大案要案。

【濒危物种进出口管理】 一是完成了证书核发工作。全年核发《允许进出口证明书》32 份、《物种证明》30 份，进出口总额 1097.5 万元，收取进出口管理费 8.5 万元。二是组织履约监管执法培训。举办“鄂豫两省部门间 CITES 执法工作协调小组成员单位暨野生动植物进出口企业培训会议”，两省林业、农业、公安、工商、海关、出入境检验检疫 7 个部门和 20 余家进出口企业的代表共计 70 余人参加了培训学习，国家濒管办常务副主任孟宪林亲自到会指导，并作了专题讲座，同时，为配合做好相关的业务培训工作，专员办编印和发放《濒危野生动植物进出口宣传手册》宣传折页 5000 份和《野生动物保护法》《野生植物保护条例》《濒危野生动植物进出口管理条例》《CITES 公约》《监管目录》《野生动植物进出口证书管理办法》等宣传培训资料 1000 余份，取得了很好的效果。三是巩固 CITES 联合执法机制。参加豫鄂两省打击野生动植物走私联合执法行动，查处非法邮寄、携带濒危野生动植物案件 2 起。召开 2014 年鄂豫两省部门间 CITES 履约执法工作协调小组联席会议暨业务培训会议。四是开展乌梢蛇等 3 种经济蛇类、鲟鳇鱼、海马 5 个重点物种的监测工作，开展鲟鳇鱼和猕猴 2 个重点物种的评估工作，完成相关数据的收集、监测评估报告的撰写及上报。

【开展调查研究】 针对当前森林资源保护管理中的热点问题，专员办在豫鄂两省组织开展丹江口库区生态公益林保护管理情况的调研，了解南水北调库区生态及水源保护问题，掌握相关情况，研究加强库区生态、水源保护的对策和建议，为上级和当地领导提供决策依据。

【党建廉政建设】 专员办认真落实局“两建”会议精神，全面推进机关党的思想、组织、作风、制度和反腐倡廉五大建设。一是加强理论学习。开展党的十八届三中全会、四中全会和两会精神专题学习；开展深入学习贯彻习近平总书记重要批示精神活动，结合专员办林业监管工作实际，开展学习宣传活动，在开展监督检查和调研工作过程中，积极向基层林业干部和职工做好宣传；组织“中国梦”主题教育活动。二是抓好作风建设。专员办按照局机关党委要求积极开展党的群众路线教育实践活动“回头看”活动。按照要求，严格自查，认真落实中央八项规定、国务院“约法三章”《党政机关厉行节约反对浪费条例》和局党组 18 条实施意见，坚持不懈抓“四风”问题，实现改进作风常态化。三是抓好组织建设。开展学习型党组织、服务型组织和创新型组织建设，做到机关党建与业务工作紧密结合，激发党员干部努力学习、积极干事的热情。四是创新制度建设。坚持“三会一课”制度，不断完善党内民主生活会制度；围绕学习践行社会主义核心价值观，专员办先后组织“营造和谐氛围”“我的平凡世界”“人生感悟”等 6 期特色党课，以及开展“谈心谈话”“家访”等活动，充分发挥党组织和工会作用。五是落实党风廉政责任。落实“一岗双责”，专员对全办党风廉政建设负总责，处长对本处职责范围内的反腐倡廉工作负直接责任。通过开展廉政警示教育活动和廉政风险防控工作，设立兼职纪检监察员，进一步强化自我监督。积极发挥群众监督作用，自觉接受群众监督。

【林业大事】

1 月 7 日 湖北省政府召开全省“绿满荆楚”行动现场推进会，周少舟专员应邀参加会议。

1 月 17 日 湖北省第十二届人民代表大会第二次会议在武汉召开，周少舟专员作为特邀代表列席会议。

2 月 26 日 周少舟专员陪同湖北省省委书记李鸿忠、省长王国生在武汉江夏区参加义务植树活动。

3 月 10 日 武汉专员办向豫鄂两省人民政府报送 2013 年度森林资源监督报告，两省分管副省长分别在报告上做出批示。

4 月 1 日 武汉专员办参加 2014 年全国暨湖北省“爱鸟周”活动启动仪式。

4 月 2 日 周少舟专员主持召开专题会议，研究部署《野生动植物进出口证书管理办法》的贯彻落实。

4 月 8 日 武汉专员办举办豫鄂两省部门间 CITES 执法工作协调小组成员单位暨野生动植物进出口企业培训会议。

4 月 22 日 武汉专员办派出检查组对湖北省野生动物保护执法开展专项监督检查。

5 月 5 日 武汉专员办派出检查组分赴豫鄂两省开展年度占用征收林地行政许可和保护发展森林资源目标责任制两项监督检查工作。

6 月 3 日 武汉专员办、湖北省林业厅和武汉海关联合在湖北省林业厅举办走私濒危植物移交仪式。

7 月 4 日 武汉专员办党支部荣获先进基层党组织光荣称号。

9 月 11 日 武汉专员办召开全办干部职工大会，传达学习贯彻 2014 年濒危物种履约管理工作暨培训会议精神。

10 月 8 日 周少舟专员主持召开全办会议，传达学习贯彻赵树丛局长、刘东生副局长对森林资源监督工作的批示精神。

10 月 21 日 武汉专员办派出检查组对湖北省国家级自然保护区及国家森林公园资源保护管理情况开展监督检查。

11 月 5 日 周少舟专员主持召开全办会议，传达贯彻国家林业局非法侵占林地清理排查专项行动电视电话会议精神。

12 月 11 日 湖北省推进非法侵占林地清理排查专项行动电视电话会议在武汉召开，周少舟专员出席会议，并作讲话。

12 月 12 日 武汉专员办在武汉主持召开了 2014 年鄂豫两省部门间 CITES 执法工作协调小组联席会议暨履约管理培训会议。 （武汉专员办由李建军供稿）

广州办事处（濒管办）工作

【综　述】 2014 年，广州专员办在国家林业局的正确领导下，认真贯彻落实党的十八届三中、四中全会精神和全国林业厅局长会议精神，紧密围绕生态林业和民生林业的核心任务，扎实工作，开拓创新，全面加强资源监督和物种管理。对三省（区）16 个由国家林业局审批的占用征收林地项目进行了重点检查，检查涉及 23 个市、县和单位，实际检查面积 3025.2 公顷；完成 8 个县（市）保护发展森林资源目标责任制建立和执行情况检查工作；共督查督办涉林违法案件 138 起，涉案林木 1053.32 立方米，涉案林地 611.73 公顷，共处理违法违纪人员 210 人，其中追究刑事责任 17 人，追究行政责任 167 人，追究党政机关行政责任人 26 人；共核发进出口证书 30 773 份，收取和上缴野生动植物进出口管理费 1640 万元，进出口贸易总额达 140.8 亿元；推动广西开展了由 7 个部门参与、为期 2 个月的清理整顿非法经营濒危物种专项联合行动。联合行动共出动执法人员 9517 人次，开展各类检查 175 次，立案 20 起，对 25 家问题单位做出处罚；开展履约执法培训，培训海关一线关员和森林公安一线执法人员 500 多人，培训企业 180 多家。

【提交 2013 年度森林资源监督通报】 分别向三省（区）人民政府提交 2013 年度森林资源监督通报，监督通报对三省（区）林业建设及资源保护管理情况进行了客观评价，指出了三省（区）当前森林资源及湿地和野生动植物保护管理中存在的困难和问题，提出了改进和完善的相关建议和意见。监督通报得到三省（区）人民政府的高度重视，政府主要领导均作出重要批示，三省（区）均以办公厅专函反馈了整改落实情况。

【林地保护管理监督检查工作】 对三省（区）16 个由国家林业局审批的占用征收林地项目进行了重点检查，检查涉及 23 个市、县和单位，实际检查面积 3025.2 公顷，检查发现违法使用林地 41 宗，面积 24.2 公顷。对存在的问题，专员办立即开展督办，当年，40 宗整改到位，共处理违法责任人 12 人，收缴罚款 124 万元。

【森林资源目标责任制监督检查工作】 于 7～9 月，对三省（区）8 个县（市）保护发展森林资源目标责任制建立和执行情况进行了检查，7 个县评为优秀等级，1 个县评为合格等级。被考核的 8 个县（市）均建立了县级政府保护发展森林资源目标责任制，责任制目标明确、内容全面、措施得力，考核机构健全、程序合理、方法科学、结果准确，对发现的问题提出整改措施并整改到位，奖惩制度较为完善。

【涉林违法案件督查督办工作】 全年共督查督办涉林违法案件 138 起，其中，刑事案件 42 起，行政案件 88 起，其他 8 起。涉案林木 1053.32 立方米，涉案林地 611.73 公顷。目前已结案 120 起，办结率为 87%。共处理违法违纪人员 210 人，其中追究刑事责任 17 人，追究行政责任 167 人，追究党政机关行政责任人 26 人。罚款（金）1703 万元，收回林地 129.87 公顷。

案件按来源分，国家林业局批转案件 69 起，监督发现 47 起，媒体、信访等途径 22 起。按监督区域分，广东省 49 起，广西壮族自治区 53 起，海南省 36 起。

【野生动物保护管理】

候鸟等野生动物保护和疫源疫病监测防控工作监督检查 在春季和秋季候鸟迁徙时节，先后两次对北部湾沿海地区、桂北地区和桂中九万山脉等广西重点三大候鸟迁徙通道的迁飞线路、停歇地、集群活动区和自然保护区、疫源疫病监测站、候鸟观测站、农贸市场、餐馆饭店进行了监督检查。针对北海市部分地区野生动物猎捕贩卖现象较为严重的实际情况，给北海市林业局下发了整改通知书，责令限期整改。自治区林业厅据此专门开展了野生动物保护专项督查活动，各地林业部门高度重视，及时采取措施进行整改，北海市林业局还将整改情况以《北海市林业局关于野生动植物非法贸易整治情况的报告》专文上报专员办。

野生动植物非法贸易督查 年初，先后对桂林、玉林等热点城市和广西九万大山山脉的融水、融安、三江、金秀等地开展了野生动植物保护与市场非法贸易情况的督查。在对桂林市城区的农贸市场、宾馆饭店和玉林市中药材交易市场的暗访中，未发现陆生野生动植物非法贸易情况。在对九万大山山脉各县的督查中，个别山区县仍存在少量野生动植物及其产品非法贸易现象。对此，专员办及时进行通报，并督促当地林业执法人员进行执法清查，进一步规范野生动植物市场秩序。

完成广东省野生动物保护执法监督检查 对 2013 年以来媒体曝光的广东省湛江、广州、佛山、惠州、东莞市及其部分县（市、区）野生动物保护执法工作情况开展了监督检查，初步掌握了广东省野生动物保护执法工作现状，指出存在问题，听取各市对加强野生动物保护执法的意见和建议。

【濒危物种行政许可管理工作】

证书核发工作 全年，共核发进出口证书 30 773

份。其中《允许进出口证明书》6706份，《非〈进出口野生动植物种商品目录〉物种证明》24 067份。收取和上缴野生动植物进出口管理费1640万元，进出口贸易总额达140.8亿元。

行政许可被许可人监督检查工作 6月至7月中旬，对三省(区)2013年度涉及实验动物(食蟹猴、猕猴)、龙鱼、红木类(国标红木)和石斛等进出口的40余家企业开展行政许可实地监督检查，检查中，对企业基本情况和证书实际使用情况进行了深入细致的了解，与被许可人进行互相协调沟通，并对一些问题企业进行纠正和指导，进一步规范企业的进出口行为。通过书面检查和实地检查，对相关数据进行比对分析，于10月份汇总形成专题报告后上报到国家濒管办。

【履约执法协作工作】 加强CITES执法协调小组协作 一是执法协调小组平台建设，年初，专员办逐一走访了三省(区)林业厅、森林公安局、水产畜牧兽医局、工商行政管理局、海关、出入境检验检疫局、武警边防总队等各执法协调小组成员单位，共商加强部门间履约执法合作事宜。二是9月在广州组织召开了广东2014年部门间CITES执法工作协调小组联席会议，海关总署广东分署、省林业厅、农业厅、公安厅等8个部门共计15人参加了会议。三是联合广东省林业厅、省森林公安局前往野生动物市场、酒楼、古玩市场等重点地区开展巡查，坚决遏制非法倒卖野生动物的违法犯罪活动。四是10月底，配合农业部、中国流加协会和省海洋渔业局在穗开展鲨鱼及蝠鲼的市场调研和标本收集工作。

粤港澳履约交流 继续保持信息交流和专题座谈，通过电话传真、邮件等形式保持紧密的信息沟通和交流，并对一些特殊问题进行专题座谈。11初，举办了粤港木材物种鉴定培训班。对香港渔护署和广州办事处人员共计14人进行木材物种鉴定培训，组织学员参观木材标本馆并实地进行堆材识别，参观考察了中山国林沉香科学研究所沉香种植、产品研发情况并了解中山市野生沉香分布情况。

地方政府履行公约 针对北海市野生动物特别是水生野生动物及其制品非法贸易现象反弹严重，甚至还出现了象牙、犀牛角、玳瑁、海马等国际敏感物种的公开贸易的问题。5月28日，专员办专门对北海市政府发出了整改通知，并抄送广西壮族自治区人民政府办公厅。专员办的函告，得到了广西各级政府和部门的高度重视，从8月初至9月底在全区范围内开展一次为期2个月的非法经营濒危物种及其制品清理整顿专项联合行动。据统计，联合行动期间，广西共出动执法人员9517人次，车辆2499台次，开展联合大检查25次，专项检查150次，检查濒危物种及其制品交易场所163家，检查花鸟市场及集贸市场352家，餐馆、饭店、夜市摊点3290家，车站、码头12个，水生野生动物养殖场101家、水族馆6家。立案20起，查处销售国家二级重点保护的水生野生动物“玳瑁”制品案件12件(已全部办结)，罚没款25 240元。查获海龟1只(此案还在调查处理中)，没收玳瑁标本14个，玳瑁手链479串，玳瑁项链69条，玳瑁梳9把，玳瑁手镯85只，玳瑁戒指282个，玳瑁扇1把，玳瑁皮带4条，玳瑁挂件7件，玳瑁玉钱23个，库氏砗磲螺壳6个。收缴并放生中国鲎9只，虎纹蛙7898只，蛤蚧及各种受保护蛇类209只(条)。对22家超出特许经营范围的经营单位下达了整改通知书；对3家水生野生动物特许证件逾期未年审的单位，依法责令其限期补办相关手续。

东盟博览会监管巡查工作 第11届中国—东盟博览会于9月16~19日在广西南宁举行。在博览会期间，专员办与南宁海关等单位联合开展了野生动植物及其制品巡查把关工作，对防范和发现濒危野生动植物及其制品在博览会上非法展出发挥了重要作用。

【濒危物种保护工作】

对边境地区野生动植物保护和非法贸易情况进行巡查 5月初，专员办与海关总署缉私局、南宁海关以及国际野生物贸易研究组织，对凭祥市和中越边境的德天边境互市点以及宾馆饭店开展联合巡查，并与水口海关进行了打击濒危物种非法贸易工作研讨交流。9月下旬，国家濒管办常务副主任孟宪林带队到广西指导边境巡查工作，并到防城港、崇左市边境沿线查看打私屏障——国防栏的建设和边境互市贸易情况，对红木进出口企业开展调研，有效地促进了广西边境巡查和物种进出口管理工作。

网上涉嫌非法交易濒危物种监测工作 共发现涉嫌非法交易濒危物种网站十余个，涉嫌非法交易濒危物种及其制品信息百余条。根据相关信息和线索，联合各省(区)林业厅、工商行和森林公安局等部门及时进行执法清查和打击行动，并通过新闻媒体曝光，对违法犯罪分子形成了强有力的威慑。

完成年度大宗贸易敏感物种和实验猴、红木、蟒蛇等物种的监测评估工作，按物种形成了年度监测评估报告。

【履约宣传培训工作】 分别对黄埔海关、拱北海关、南宁海关等一线关员和森林公安一线执法人员共500多人进行了公约知识培训。加强相关企业培训，4月底，在广州举办了野生动植物进出口企业培训班，来自毛皮、木材、活体动物、中药材等180多家企业183人参加了培训。利用“世界湿地日”“爱鸟周”野生动物宣传月等活动，大力宣传CITES公约相关知识。

【林业大事】

1月6~12日 广州专员办深入广东省云浮市、江门市、西江林场和广西区钦州市、钦廉林场、梧州市、苍梧县等地，对粤桂琼三省(区)森林采伐管理情况开展了调研。

1月6日 广州专员办协助开展执法查没象牙公开销毁活动，6.1吨近年来执法行动中查没的象牙被彻底销毁。

3月9~13日 广州专员办(濒管办)联合海关总署缉私局、南宁海关以及国际野生物贸易研究组织对广西崇左边境地区开展了以野生动植物保护和非常贸易情况调查为主题的边境巡查。

4月28日 国家林业局驻广州专员办召开全办会议，深入学习习近平总书记重要批示精神和系列重要讲话精神，以讲话精神为指导，进一步明确监督工作重点。

5月5日 广州专员办与海南省林业厅召开案件督查督办工作座谈会，专题就如何贯彻落实《国家林业局派驻森林资源监督机构督查督办破坏森林资源案件管理规定》，加大海南省案件查办力度进行座谈讨论。

5月13～20日 广州专员办会同广东省林业厅、广东省森林公安局组成检查组，对广东省湛江、惠州、佛山、广州、东莞等市野生动物保护执法情况进行监督检查。

7月20～25日 广州专员办会同广西壮族自治区林业厅及边境管理相关部门、社会保护人士对广西崇左、防城港、百色等3个边境城市的沿边集贸市场、宾馆饭店、口岸、边民互市点开展了2014年度的边境巡查。

9月1日 国家林业局驻广州专员办许辉专员带领专员办有关同志和广西区林业厅林政处、森林公安的相关同志与广西壮族自治区人民检察院召开工作座谈会。自治区检察院副检察长卫福喜和侦查监督处的相关同志参加会议。

11月20～22日 粤桂琼三省(区)森林资源监督管理联席会议在广西召开，三省区林业厅和广州专员办派员参加。

11月15日 国家林业局驻广州森林资源监督专员办事处许辉专员对广西桂林市在建的风力发电项目征占用林地使用情况进行了实地调查，并与当地林业主管部门、项目建设业主等单位展开交流。

12月2日 广州专员办针对广东省的实际情况和特点，及时调整，把秋冬季候鸟保护和疫源疫病防控列为阶段重点工作，强化监督检查力度，联合广东省林业厅组成以关进敏副专员为组长的检查组，赴茂名、湛江等地进行实地监督检查。

（广州专员办由胡玉飞供稿）

成都办事处(濒管办)工作

【综　述】 2014年成都专员办深入贯彻落实十八届三中、四中全会精神和习近平总书记系列讲话精神，认真学习贯彻局领导对森林资源监督工作的重要批示，结合实际，狠抓落实，保质保量地完成了各项工作任务。完成了监督区四川省、重庆市、西藏自治区2013年度森林资源监督报告，相继开展了占用征收林地行政许可检查、县级人民政府建立发展目标责任制检查、森林防火检查，认真督办涉林案件，积极开展非法侵占林地清理排查专项行动督查工作，积极开展野生动植物保护宣传和进出口管理及履约执法工作等。党建和机关建设方面，被评为落实党建工作责任制先进单位，专员办党组被评为开展“四好”活动先进班子，专员办党总支被评为先进基层党组织；专员办被四川省直机关工委和文明办评为精神文明单位。

【向川渝藏人民政府提交森林资源监督报告】 经过认真调查研究，分别向监督区内四川省、重庆市、西藏自治区人民政府提交了该省(市、区)2013年度森林资源监督报告，客观分析存在的问题，有针对性地提出建议和意见。报告引起高度重视，重庆市副市长张鸣、西藏自治区副主席边巴扎西分别对《报告》作出重要批示，对重庆市、西藏自治区林业主管部门提出工作要求。

【高质量完成占用征收林地检查】 按照国家林业局统一部署，对15个占用征收林地行政许可被许可人监督检查项目进行了检查，其中，上年度项目11个(四川8个、重庆2个、西藏1个)，指定检查项目4个(四川2个、重庆1个、西藏1个)，涉及21个市、区、县。按照“林地检查”工作方案，成立了3个外业检查组，克服气候、环境恶劣的影响，共检查2000多个林地小班，召开座谈会20次，开展社会调查22次，召开情况反馈会21次，被检查项目审核(批)林地面积合计2053.38公顷、缴纳植被恢复费1.37亿元，工作量合计215个工作日。15个项目中，3个项目没有开工建设，没有使用林地，12个项目已开工建设，全部或部分使用了林地。检查中发现重庆至贵阳铁路(重庆境内)扩能改造工程存在违法使用林地问题，发出了督办通知，责成当地林业主管部门调查核实、依法处理并上报查处结果。

【积极开展目标责任制检查】 按照国家林业局统一安排，对四川省的彭州、什邡、古蔺、犍为，重庆市的万州、涪陵，西藏自治区的亚东7个县级人民政府建立和执行保护发展森林资源目标责任制的情况进行检查。检查组深入17个乡镇、33个村(社)，召开座谈会46次，8月底完成了检查报告，已报送国家林业局。从检查情况来看，总体情况较好，三省(区、市)7个被检查县全部评定为优秀。成都专员办监督区内，四川省183个县(市、区)，应当建立目标责任制的178个，已建立158个；重庆市37个林区县建立了目标责任制；西藏74个县中65个有林县已全部建立责任制。

【督查督办一批涉林案件】 贯彻落实局领导批示精神，牢固树立“督查督办破坏森林资源案件是专员办第一职责”的理念，坚持以查处破坏林地案件为重点，重视多渠道案件信息来源，强化行政问责力度，严肃查处了一批涉林案件。2～3月，组成督导检查组，对2013年国家林业局在林地占用和森林采伐检查中发现的问题整改工作进行督查督办，深入监督区存在问题的11个区县共计68项问题进行实地查看，现场督促区县林业局和用地单位对存在问题进行整改。全年对国家林业局批转、群众来信举报、媒体曝光及在检查中发现的案件认真督查督办，督查督办了一批重大案件，2013年督办的拉萨至林芝高等级公路违法占用林地案件结案，相关责任人被处行政处罚732万元。开展案件督查督办"回头看"工作，对凉山州等地2012年和2013年督办的案件进行再督查，对案件查处过程中的有关遗留问题要求处理到位，限期报送结果。

2014年度督查督办破坏森林资源案件共94起，办结90起，涉案人员162人，其中行政处罚141人，刑事处罚24人，共计罚款1727万元，补种树木94 629株。

【非法侵占林地排查专项行动】 成立成都专员办"专项行动"督查工作领导小组，专员任组长，副专员任副组长，监督一处、二处、三处处长为成员，并成立了四川、重庆、西藏督查工作组；组织全体人员参加"专项行动"电视电话会议，认真学习、深刻领会习近平总书记重要批示精神，认真学习赵树丛局长、陈凤学副局长、刘东生副局长讲话精神，领会掌握国家林业局"专项行动"文件要求；从11月开始，先后多次派出办领导带队的督查组分赴川、渝、藏开展督查工作，根据日常监督工作中掌握了解的情况，督查组深入基层，重点督查四川、重庆的国家级自然保护区、森林公园、工业园区等使用林地情况，以及四川广安市邻水县开展"工矿废弃地复垦试点项目"非法侵占林地情况；参与国家林业局第四督查督办组在四川的"专项行动"督查督办工作。

【野生动植物保护和进出口管理及履约执法】 利用首个"世界野生动植物日"(3月3日)联合四川省野生动植物保护协会、成都市野生动植物保护协会、成都动物园、成都植物园举办了大型宣传活动，向林业、公安、海关等相关部门和野生动植物保护管理基层单位发放宣传资料；举办了打击破坏野生动植物及走私濒危物种履约执法培训班，四川和重庆相关单位近70人参加了培训；积极开展野生动物保护执法和疫源疫病监测防控工作，4~5月，赴四川达州、广安、内江、成都、资阳等市及重庆市开县和巫县开展检查；完善野生动植物进出口管理网络平台建设，对物种证明、松茸出口许可证网上申报系统进行了全面升级，大大方便野生动植物进出口企业；充分发挥CITES履约执法协调小组作用，进一步强化野生动植物保护、进出口管理及履约执法工作，2014年共办理允许进出口证明书1299份，物种证明216份，收取野生动植物进出口管理费588万元。

【与检察院建立联合办案机制】 按照国家林业局森林资源监督管理办公室《关于配合检察机关做好"破坏森林资源环境和危害食品安全犯罪专项立案监督活动"的通知》要求，积极与监督区川、渝、藏三省(市、区)检察院就林业主管部门配合检察机关开展专项检查活动、建立行政执法与刑事司法衔接的畅通机制进行沟通协商。与四川省检察院、重庆市检察院、西藏自治区检察院建立了联席会议、信息通报、业务培训通报、重大案件联合督办等工作衔接机制。

【召开第八次联席会议】 10月15~16日，与川、渝、藏三省(市、区)林业厅(局)第八次联席会议在西藏昌都召开，对三省(市、区)林业厅(局)和成都专员办一年来所做的工作进行总结，并提出下一步在严厉打击破坏森林资源违法犯罪行为、严格林地保护利用、加强森林防火和濒危物种管理等方面的要求。昌都地区地委委员、常务副专员邓巴扎西到会致辞，国家林业局资源司(监督办)副司长徐济德和国家濒管办副主任马爱国出席会议并作重要讲话。三省(市、区)林业厅(局)有关部门、国家林业局昆明院、中南院、西北院、武警四川森林总队、西藏森林总队以及川渝藏部分地、市林业局负责同志参加了会议。

【林业大事】

2月17日 成都专员办召开全办会议，传达学习国家林业局党的群众路线教育实践活动总结会精神。

3月3日 联合四川省野生动植物保护协会、成都市野生动植物保护协会、成都动物园、成都植物园举办了首个"世界野生动植物日"大型宣传活动。

3月12日 在第36个植树节到来之际，成都专员办青年干部赴成都邛崃市夹关镇的植树地点，与来自邛崃市40余家机关单位、镇乡的200余人一起参加植树活动。

5月8日 举办打击破坏野生动植物及走私濒危物种履约执法培训班，四川和重庆相关单位近70人参加培训。

6月26日 四川省直机关工委召开庆祝中国共产党成立93周年暨表彰大会，成都专员办荣获2012~2013年度省级机关开展"四好"活动先进班子称号、2012~2013年度落实党建工作责任制先进单位称号，成都专员办党总支荣获先进基层党组织称号。

7月8日 成都专员办召开中心组学习扩大会，集中学习习近平总书记关于"三严三实"的重要讲话精神，部署"学习先进典型、践行'三严三实'"，学习教育活动。

7月31日 成都专员办主要负责人应邀列席四川省人民政府在成都召开的第四次全体会议。

9月24日 国家林业局工作组到专员办召开全办大会，宣布国家林业局党组决定：黄建华任成都专员办党组书记、专员(主任)。

10月15日 成都专员办与川、渝、藏三省(市、区)林业厅(局)第八次联席会议在西藏昌都召开。昌都地区地委委员、常务副专员邓巴扎西到会致辞，国家林业局资源司(监督办)副司长徐济德和国家濒管办副主任马爱国出席会议并做了讲话。三省(市、区)林业厅(局)有关部门、国家林业局昆明院、中南院、西北院、武警四川森林总队、西藏森林总队以及川、渝、藏部分地、市林业局负责同志参加了会议。

12月3日 成都专员办与重庆市林业局2014年联席工作会在重庆召开，成都专员办、濒管办成都办事处、重庆市林业局分别通报了2014年主要工作情况和2015年工作思路。

12月22日 国家林业局人事司郝育军副司长带队的工作组到专员办指导召开民主生活会，会议结合干部交流任职民主推荐、领导班子年度考核和巡查工作进行，全办同志参加。 (成都专员办由周赞辉供稿)

贵阳办事处(濒管办)工作

【综　述】 国家林业局驻贵阳森林资源监督专员办事处(中华人民共和国濒危物种进出口管理办公室贵阳办事处)，于2003年12月在贵阳挂牌成立，监督范围为贵州省、湖南省。主要职责是受国家林业局委托，监督地方政府保护和发展森林资源目标责任制执行情况，监督森林资源管理和林政执法情况，督查督办各类破坏森林资源案件，对黔湘两省濒危野生动植物种进出口进行审核发证和监督管理。编制14人，截至2014年年底实有12人，其中司局级干部1人、处级干部6人、科级及以下干部5人。

2014年，贵阳专员办紧紧围绕国家林业局总体工作部署，立足黔湘两省实际，强化以林地为核心的森林资源监督，创新和完善森林资源监督和案件督查督办工作机制，加强与贵州省人民检察院等司法机关的工作联系，建立联席会议制度，联合印发《林业行政执法和刑事司法衔接工作制度》，加大重大问题和案件督办约谈力度，促进重大案件的依法查处和问题整改落实，全年督办各类案件159起；积极参与和开展国家林业局部署的非法侵占林地清理排查专项行动和贵州省委、省政府部署的森林保护"六个严禁"执法专项行动；扎实开展县级人民政府保护发展森林资源目标责任制检查、建设项目占用征收林地情况检查、野生动植物保护管理监督、森林防火督查等工作。全年工作取得较好成效，案件督查督办有关工作报告先后两次得到国家林业局赵树丛局长、刘东生副局长等领导批示肯定。

【案件督查督办工作】 认真贯彻落实赵树丛局长、刘东生副局长多次对案件查办的批示精神和《国家林业局派驻森林资源监督机构督查督办破坏森林资源案件管理规定》《国家林业局森林资源监督管理办公室关于做好督查督办破坏森林资源案件报告工作的通知》，全年共督查督办各类破坏森林资源案件159起，涉及违法使用林地252.55公顷、违法采伐林木534.4立方米，查结158起，查结率为99.4%；涉案6名责任人被追究刑事责任，7名责任人被追究党纪政纪责任；累计处行政罚款2131.23万元，为国家挽回经济损失(补收植被恢复费等)2409.56万元。

贵阳专员办将破坏森林资源案件督查督办作为森林资源监督的中心工作和重要抓手，采取有力措施，完善制度机制。一是强化约谈制度，促进重要案件依法查处和重大问题整改落实。相继约谈了遵义市、黔东南州、赤水市、普安县、习水县、凯里市、平塘县、松桃县、罗甸县、独山县、瓮安县等地党委或政府及有关企业负责人10余次。二是强化推动，促进贵州省出台加强森林资源管理文件。针对贵州省违法占用林地增多等问题，贵阳专员办在《贵州省2013年度森林资源监督报告》中，向贵州省人民政府建议出台加强森林资源保护管理工作的政策文件。经省政府同意后，贵州省林业厅于8月12日向市(州)、县(市、区)政府印发了《关于进一步加强森林资源管理工作的通知》(黔林资通〔2014〕160号)，就提高认识、用生态文明理念统领森林资源管理工作，加强林地管理，加强公益林管理，加强乡镇林业站队伍建设，强化督查督办、严肃责任追究提出了明确要求。三是强化与司法部门协作，形成打击破坏森林资源违法犯罪的合力。经与贵州省人民检察院、省林业厅深入研究，三方建立了破坏森林资源案件督查督办联席会议制度，并于6月20日联合制定《贵州省人民检察院 国家林业局驻贵阳专员办 贵州省林业厅行政执法与刑事司法衔接工作制度》(黔检会〔2014〕3号)，印发全省林业部门和检察机关，对破坏森林资源案件移送的职责和程序、联合工作方法等进行明确。

【常规监督检查工作】 一是完成建设项目占用征收林地行政许可被许可人监督检查。根据国家林业局资源司、监督办部署，7~8月，对黔、湘两省20个建设项目(贵州省16个、湖南省4个)实施了监督检查，重点抽查26个县(市、区)，其中贵州省20个，湖南省6个，共检查林地1233公顷、2202个林地小班。检查发现9个项目存在违法使用林地问题，督促全部依法查结。11月下旬，协助资源司在贵阳举办了2014年占用征收林地行政许可被许可人监督检查汇总会。二是完成县级人民政府保护发展森林资源目标责任制监督检查。根据监督办部署，6~8月，对贵州省的修文县、凯里市、独山县和湖南省的平江县、新化县、炎陵县等6个县(市)责任制情况进行了监督检查。对检查中发现的问题，及时向当地政府提出了整改工作意见和建议。三是按时完成野生动物保护执法监督检查。按照《国家林业局办公室关于开展野生动物保护执法监督检查的通知》要求，3~5月，对贵州江口县、湖南城步县等13个县(市、区)开展野生动物保护执法情况进行了现地监督检查，5月底向国家林业局呈报了检查报告。四是积极开展森林防火督查。先后深入湖南省邵阳市城步县、怀化洪江市，贵州省铜仁市江口县、松桃县，黔南州龙里县、贵州省龙里林场和梵净山国家级自然保护区等重点林区督查森林防火工作。

【森林资源保护专项行动】 一是开展非法侵占林地清理排查专项行动督查。11月5日，国家林业局召开全国非法侵占林地清理排查专项行动部署电视电话会后，贵阳专员办迅速成立领导小组，制订行动方案，在与贵州、湖南两省林业厅沟通基础上，组成督查组，先后深入贵州、湖南4个市州(贵州黔南州、贵阳市，湖南张家界市、湘西自治州)、5个县市区(贵州瓮安县、独山县、荔波县、三都县、南明区)、3个国家森林公园(三都尧人山国家森林公园、荔波兰鼎山国家森林公园、独山紫林山国家森林公园)、2个国有林场(三都县拉揽林场、独山县林场)、1个自然保护区(荔波国家级自然保护区)开展专项行动督查,促进有关工作的开展。二是支持参与贵州省森林保护"六个严禁"执法专项行动。9月23日,贵州省委、省政府召开全省森林保护"六个严禁"执法专项行动视频会议,贵阳专员办作为专项行动联席会议成员单位参加会议,康晓达专员在会上发言,提出了相关要求。9~11月,深入贵州毕节市、六盘水市、黔南州的6个重点市、县开展专项行动督查。

【濒危物种进出口管理业务启动准备工作】 一是向国家林业局报送了设立濒危物种进出口办证收费账户申请;二是11月和12月分别在湖南、贵州召开了由省林业厅(含省森林公安局)、省农委(农业厅)、省公安厅、省工商管理局、省检验检疫局、海关等参加的省级部门间CITES执法工作联席会议,并邀请专家对海关等一线工作人员进行培训。三是10月27~30日在湖南协办(国家濒管办主办)2014年度中央政府和港澳特区政府CITES管理机构履约协调会。

【林业大事】

3月6日 湖南省人民政府张硕辅副省长在长沙听取康晓达专员关于湖南省森林资源监督工作情况汇报及有关监督工作建议。

3月20日 贵阳专员办喻泽龙继续入选贵州省委办公厅"决策咨询专家库"专家。

4月2日 国家林业局赵树丛局长和刘东生副局长分别对贵阳专员办《关于贵州省赤水市违法使用林地案件督办的情况汇报》作出重要批示,对贵阳专员办案件督查督办工作给予肯定。

4月30日 贵阳专员办陈学锋被国家林业局授予"国家林业局2012~2014年度直属机关优秀青年"称号。

5月25日 国家林业局刘东生副局长到贵阳专员办检查指导工作,局《森林法》修改小组组长张蕾、政策法规司副司长王洪杰、贵州省林业厅副厅长黎平、厅长助理刘永敏等陪同。

6月9日 康晓达专员在贵阳参加贵州省生态文明建设大会。

6月20日 国家林业局驻贵阳专员办、贵州省人民检察院、贵州省林业厅制定《林业行政执法与刑事司法衔接工作制度》(黔检会〔2014〕3号),印发贵州全省林业部门和检察机关执行。

7月10日 国家林业局陈凤学副局长到贵阳专员办指导工作,国家林业局保护司司长张希武、贵州省林业厅厅长金小麒等陪同。

7月11日 康晓达专员出席"生态文明贵阳国际论坛2014年年会"开幕式并参加相关活动。

9月23日 康晓达专员出席贵州省委、省政府召开的贵州省森林保护"六个严禁"执法专项行动电视电话会议并发言,提出相关要求。

10月8日 贵州省人民政府刘远坤副省长专程到贵阳专员办调研,对贵阳专员办工作给予肯定。

12月10日 国家林业局赵树丛局长对贵阳专员办报送的信息专报《贵阳专员办与贵州省人民检察院、贵州省林业厅联合建立林业行政执法与刑事司法衔接工作机制》作出批示,肯定贵阳专员办的做法。

(贵阳专员办由陈学锋供稿)

云南办事处(濒管办)工作

【综　述】 2014年,在局党组的正确领导下,云南专员办深入学习贯彻党的十八届三中、四中全会精神和习近平总书记系列重要讲话,认真落实全国推进林业改革座谈会、专员院长座谈会和局直属机关"两建"会议精神,按照局有关各司(办)对2014年资源监督和濒管工作的总体部署和要求,结合云南省的实际情况,深入开展党的群众路线教育实践活动"回头看",进一步推进机关建设和党的建设;全面落实开展非法侵占林地清理排查专项行动;依法督办查处破坏森林资源案件及开展行政许可、野生动植物、履约执法等监督检查工作;深入基层开展专题调研;严格做好征占用林地报件审查及野生动植物进出口办证服务工作;与相关部门加强沟通协调,努力做好履约执法协调和监督服务工作。一年来,认真履行职责,在维护国家生态安全和生物多样性安全、加强森林资源及濒危物种保护、加快云南林业发展中发挥了重要作用。

【教育实践活动"回头看"】 按照局党组安排部署和局党的群众路线教育实践活动领导小组的要求,开展以学习教育、整改提高、巩固成果、加强机关党的建设为主要内容的党的群众路线教育实践活动"回头看"工作。专题学习习近平总书记系列讲话精神,特别是关于林业和生态建设的批示指示精神;组织学习习近平总书记在河北省委和河南兰考县委领导班子民主生活会上的讲话,观看中央政治局常委俞正声指导的云南武定县委常委领导班子专题民主生活会录像;扎实开展"回头看",分析评估了整改落实工作,对照中央八项规定、党风廉政建设责任制落实情况和机关建设实际,进一步开展自查整改,修改完善相关制度规定,巩固扩大了教育实践活动成果。通过"回头看",提高了全办党员干部思想认识,"四风"方面的突出问题得到了有力整治,工作作风明显好转,工作效率、工作质量进一步提高;党内民主气氛进一步增强,机关重大决策更加公开透明,民主集中制制度得到更好的贯彻落实;解决了长期以来积累的班子建设、干部队伍建设方面的问题,机关干事创业的气氛更加浓厚;服务意识进一步增强,监督服务并重的原则得到很好落实和充分体现,森林资源监督工作的社会影响进一步深化。

【督办查处违法违规案件】 2014年共督办查处国家林

业局批转、群众举报、新闻媒体曝光、监督检查工作中发现的案件74起，其中：结案56起，正在调查处理18起，共计罚款691.77万元；142人依法受到处理。其中，刑事追究24人，行政处理26人，林政处罚86人，其他处理6人。通过对破坏森林资源案件的督办查处，达到了提高群众依法保护森林资源的意识、教育群众、震慑犯罪的目的，维护了林业法律法规的严肃性，树立了林业主管部门的权威，也扩大了森林资源监督机构的影响。

【依法开展专项行动和监督检查】 全面落实开展非法侵占林地清理排查专项行动。认真学习中央领导批示和局领导的重要讲话精神，深刻理解专项行动的重大意义；成立领导小组，制订《云南专员办开展非法侵占林地清理排查专项行动督查工作方案》；加强与省林业厅的沟通，确保专项行动协调统一；派出督查组对曲靖、玉溪、大理、临沧三州(市)进行现地督查，上报了阶段性工作情况。按照国家林业局的统一部署，积极开展各项专项监督检查：一是完成了对国家林业局2013年度审批的12个涉林项目使用林地情况的检查，针对发现的问题，依法进行了督办查处；到16个州(市)、56个县(市、区)，对云南省、州(市)、县(市区)三级林业主管部门行政审批的182个使用林地项目重点检查，对发现的问题及时与省林业厅研究，督促地方政府、林业主管部门和森林公安机关依法处理。二是完成了西双版纳州的勐腊、保山市的昌宁、昭通市的镇雄、昆明市的禄劝4县人民政府2013年保护发展森林资源目标责任制建立和执行情况监督检查，4县均达到了优秀等级。三是认真开展了濒危野生动植物进出口行政许可自查自纠、监督检查、大宗贸易敏感物种监测评估调查工作。从野生动植物进出口行政许可管理、政策法规、制度建设、政务公开、档案管理等方面进行了自查自纠，对相关行政许可材料、档案等进行了清理和规范。对珍贵木材、石斛、实验用猴、花卉、红豆杉等相关贸易物种的进出口企业进行了后续监督检查，核实其进出口数据，并进行货物查验，在相关管理部门的配合下，完成了“被许可人实施行政许可情况监督检查报告”“大宗敏感物种监测评估项目实施计划”。四是配合国家濒管办开展行政许可检查，总结了经验和不足，进一步完善行政许可管理工作。五是按照国家林业局有关通知要求，对红河、德宏、玉溪等州(市)的农贸集市、餐馆酒店、花鸟市场、野生动物驯养繁殖经营场所等进行实地监督检查，了解云南省各地贯彻野生动物保护执法和疫源疫病监测防控情况，督促查处非法猎捕、倒卖、走私野生动物案件，要求各地落实履行国际公约的政府责任。六是联合开展了口岸履约执法检查，与海关组成联合履约执法检查组，赴滇西主要边境口岸开展联合履约执法检查。对濒危物种的进口报关、通关等进行现场核验；对木材进口《物种证明》使用情况、相关贸易管制情况进行查验，了解掌握海关对濒危野生动植物及其制品走私案件查处情况。

【森林资源监督报告】 按照监督职责，认真完成并向云南省委、省人大、省政府、省政协提交了《2013年云南省森林资源监督报告》，对云南省各级政府、林业主管部门履行森林资源保护管理职责的情况进行了客观评价，充分肯定了云南省在森林资源管理中取得的成绩，指出存在的主要问题，认真分析了产生问题的原因，有针对性地向国家林业局和云南省人民政府提出了意见建议，得到了上级领导的高度重视。报告中指出的问题及建议多数都得到整改和落实。

【深入基层开展专题调研】 一是继续开展对涉林重大问题的调研。用近两个月时间，派出3个调查组，到16个州(市)、67个县(县、市、区)对林地定额使用、涉林光伏发电项目等相关问题进行调研，并形成专题报告上报省政府和国家林业局，引起领导高度关注。二是开展云南省湿地保护管理专题调研。为认真贯彻党的十八大对生态文明建设的重大战略部署，以及赵树丛局长在全国“地方党政领导干部湿地生态系统保护专题研究班”上的讲话精神，结合《云南省湿地保护条例》颁布实施，成立专题调研组，围绕湿地管理体制机制、本底调查与监测、保护工作现状以及存在问题，对全省13个州市33个县的湿地保护管理进行专题调研，上报了《云南省湿地调研专题报告》。三是开展边境口岸野生动植物贸易专题调研。为了加强濒危野生动植物贸易的监管工作，根据边境小额贸易的实际情况，组成专题调研组前往边境地区对野生动植物进出口企业进行调研。四是深入云南全省各州市对30多家地方木材商会、大宗贸易、敏感濒危物种进出口企业和进出口濒危物种的种养殖企业、加工销售市场等实地现场调研。与当地的主管部门、海关等相关部门以及重点企业座谈，深入了解相关产业发展状况、进出口中存在的困难和问题，为下一步工作抓重点抓难点提供了基础资料。

【做好征占用林地报件审核及野生动植物进出口办证服务工作】 一是对云南省上报国家林业局审核审批的32个征占用林地项目，在认真审查的基础上，派员现地核实，及时上报初审意见，为国家林业局审核审批提供准确依据。二是办理各类进出口证书14 600份，其中：公约证(包括对港公约证)263份，贸易额11 158.2万元人民币，收取野生动植物进出口管理费522万元。

【履约执法协调和监督服务工作】 一是针对云南省在森林资源保护、发展、利用及破坏森林资源案件方面存在的问题，约谈州(市)政府5次，县(市、区)政府9次，强化了政府在森林资源管理中的职能和意识。二是与省林业厅召开联席会议3次，与地方林业主管部门召开多部门参加的工作座谈会近20次，进一步加强了与省州(市)县政府及林业主管部门沟通与协调，互通情况，有效推进云南省森林资源保护发展各项工作。三是加强履约执法协调工作。积极协调执法小组相关部门，在第二届中国—南亚博览会暨第二十二届中国昆明进出口商品交易会前，组织相关部门对参展会场进行濒危物种监督检查工作，同时向会展中心管理局通报了《国家濒管办关于以参展为目的进口及再出口濒危野生植物的管理规定》。对来自老挝、越南等国参展制品，均未出示相关公约允许进口证明书的问题，检查组向会展中心管理局负责人以及现场执法巡查的森林公安人员进行了通报，及时进行了妥善处理。四是加强培训。围绕履约执法检查内容，对芒市、畹町、瑞丽、章凤、盈江、腾冲等口岸的海关一线关员进行了履约执法培训。举办了2014年度云南省野生动植物进出口企业培训班。就野生动植物进出口管理与贸易面临的新形势、新内容、新任务，以及企业关心的《公约》附录管制物种和对缔约国履行《公约》提出的新要求、相关部门对野生动植物进出口贸易的各个环节、行政受理新政策与规定等，进行了详细讲解，全省登记备案的195家企业的229位业务人参加了培训。

【林业大事】

1月15日　云南专员办派出检查组到广南县对该县八宝镇和杨柳井乡风折木受灾现场进行检查核实。

3月4日　云南专员办专员兼国家濒管办云南省办事处主任万兆奇带队，前往德宏州瑞丽市边境一线，践行群众路线教育实践活动，对木材进出口企业进行实地调研。

5月13日　云南专员办召开了2014年占用征收林地行政许可检查结果通报会。云南专员办党组书记、专员万兆奇，党组成员、副专员连文海以及处级以上干部，省林业厅林政处领导、昭通等6个州市林业局分管领导、4个县市政府分管领导和6个涉嫌违法用地的项目建设单位负责人参加了会议。

7月8日　云南专员办派员参加了云南省人民政府铁路、高速公路建设督导组会议。

8月11日　国家濒管办云南省办事处与昆明海关组成联合履约执法检查组，赴滇西主要边境口岸芒市、畹町、瑞丽、章凤、盈江、腾冲开展联合履约执法检查活动。

9月10日　向国家林业局监督办上报了云南省昆明市禄劝县、保山市昌宁县、昭通市镇雄县、西双版纳州勐腊县2013年度保护森林资源目标责任制建立和执行情况检查报告。

9月11日　云南省12个占用征收林地行政许可项目监督检查。在外业检查的基础上，进行内业整理、案件督办处理、上报检查报告。

9月16日　云南专员办党组书记、专员万兆奇应邀参加云南省林业厅在昆明召开的全省资源林政管理暨森林资源二类调查、林地年度变更、“十三五”采伐限额编制培训工作会议。

9月28日　云南专员办召开专题会议，传达学习赵树丛局长、刘东生副局长关于专员办要依法督办查处案件的一系列批示精神。

10月8日至11月3日　云南专员办派出检查组对滇中产业新区、昆明市、迪庆州12个云南省林业厅批准的9个项目使用林地情况进行了专项检查，对项目使用林地情况逐一进行了现地核实。

11月11日　云南专员办派员参加了云南省林业厅在昆明召开的云南省清理排查非法侵占林地暨保护野生动物专项行动部署电视电话会议。

11月24日　云南专员办党组书记、专员万兆奇带队，对大理州清理排查非法侵占林地暨保护野生动物专项行动开展情况进行督导检查。

12月8日　云南专员办党组书记、专员万兆奇就云南专员办督查组在检查红河州河口县开展清理排查非法侵占林地专项行动中发现的问题约谈河口县人民政府领导。

12月30日　云南专员办党组书记、专员万兆奇就云南专员办督查组在检查红河州个旧市开展清理排查非法侵占林地专项行动中发现的问题约谈个旧市人民政府领导。　　（云南专员办由刘海平供稿）

西安办事处（濒管办）工作

【综　述】　2014年，在国家林业局党组的正确领导、有关司局指导及4省（区）各级党委政府和林业主管部门的大力支持配合下，西安专员办认真学习贯彻落实党的十八大及十八届三中、四中全会和习近平总书记系列重要讲话精神，坚决落实“事前服务、事中监督、事后反馈”工作机制，立足实际，勇于创新，较好地完成了全年工作任务。

业务方面　牢固树立督查督办破坏森林资源案件第一职责理念，强力督办涉林案件；全面完成县级政府保护发展森林资源目标责任制建立和落实情况检查、占用征收林地行政许可被许可人监督检查、森林抚育实施情况检查和濒危物种进出口行政许可执行情况检查工作；认真抓好林地保护利用规划落实及用途管制落实情况督查、林地清理整治专项行动实施情况督查、林业行政执法工作督查、森林火灾防控措施落实情况督查和野生动物保护及疫源疫病监测防控工作督查；扎实开展非法侵占林地清理排查专项行动督查工作；积极开展森林资源保护与管理重大问题调研活动；全力做好野生动植物保护宣传和进出口管理及履约执法工作。

党建和机关建设　深入开展学习贯彻党的十八大和十八届三中全会精神活动，深化党的群众路线教育实践活动；加强党组织建设，完成专员办机关党总支和党支部换届工作；加强党员教育管理和党员发展工作；深化党风廉政建设和反腐败工作；不断完善并落实好单位的各项内部管理制度；加强业务学习和培训；专员办机关党总支第一支部被陕西省直属机关工委评为优秀党支部。

【协调服务】　先后与四省（区）林业厅局召开联席会议5次，开展案件督办、履约执法座谈会议8次。主动向驻在地党委政府汇报工作、沟通案情，及时报送森林资源年度监督报告，4省（区）分管林业副省长（副主席）均作出批示，要求落实监督报告所提问题，积极帮助地方解决突出问题和向国家林业局反映实际困难，全力争取地方政府和部门对监督工作的理解和支持。

【建立联合督办工作机制】 在案件督办过程中与陕西省人民检察院达成建立联合工作机制共识。经过多次调研、沟通和反复论证，2014 年 11 月，专员办与陕西省人民检察院、陕西省林业厅建立督查督办破坏森林资源案件联合工作制度机制，得到赵树丛局长、陈述贤组长、刘东生副局长等局领导充分肯定。

【开展专项行动】 2014 年 8 月，专员办与陕西省林业厅在陕西全省范围内组织开展为期 4 个月的“严厉打击非法乱建别墅、采石、开矿等毁林占地专项行动”。11 月，国家林业局安排部署非法侵占林地清理排查专项行动后，专员办注重衔接，迅速行动，及时编制督查工作方案，成立领导小组，先后派出 7 个督查组，赴 4 省（区）12 个市（州、国有林业局）20 多个县（市、区、林场）开展督查，对 30 多起典型案件进行了督办，有力地推动了专项行动的开展。12 月 8 日，局贯彻中央领导批示专题电视电话会后，专员办及时召开会议，再动员、再部署，坚决落实习总书记重要批示和赵树丛局长重要讲话精神，通过召开联席会议，开展专项督查，监督地方扎实有效开展专项行动。据统计，专项行动以来，4 省（区）共查处案件 841 起，查处率 88.6 %，行政问责 101 人，刑事立案 50 起，收回林地 546.97 公顷。其中，陕西省共查处案件 658 起，查处率 93%，行政问责 38 人，刑事立案 33 起，收回林地 97.01 公顷；甘肃省共查处案件 91 起，查处率 72%，行政问责 30 人，刑事立案 2 起，收回林地面积 11.05 公顷；宁夏回族自治区共查案件 61 起，查处率 72%，行政问责 3 人，刑事立案 3 起，收回林地 375.67 公顷；青海省共查处案件 31 起，查处率 94%，行政问责 30 人，刑事立案 12 起，收回林地 63.24 公顷。

【调研督查】 制订《西安专员办调研工作管理办法》，建立办领导调研机制，围绕生态林业、民生林业建设目标和国家林业局总体要求，办领导带队先后 15 次深入林区、林户，对 4 省（区）15 个市、30 多个县（区）开展了专项调研督查，督促地方全面深化集体林权制度改革，稳步推进国有林场改革，认真落实林地保护利用规划及用途管制、林地清理排查专项行动、森林资源连续清查、林业行政执法、森林防火、野生动植物保护及疫源疫病监测防控等重点工作，全面完成了年初既定的调研督查任务。

【开展重点检查】 按时完成保护发展森林资源目标责任制建立和执行情况检查任务，共检查 8 个县（区）；完成占用征收林地项目行政许可被许可人监督检查任务，共检查项目 15 个，涉及 20 多个县（市、区）、国有林业局；派出 4 个检查组对 4 省（区）5 个市（州）、6 个县、2 个国有林业局 20 多个小班森林抚育项目进行了现场检查。通过开展检查，督促地方查处和整改了在工作中存在的问题，加强和规范森林资源保护管理措施。同时，按照局资源司安排，及时完成全国占用征收林地行政许可检查统计分析、数据处理及全国检查成果汇总、成果报告编写工作。

【全力督办案件】 落实“全结案、双落实、双提高”总要求，截至年底，共督查督办四省（区）破坏森林资源案件 109 起，涉及违法采伐林 1423 立方米，涉及违法占用破坏林地 1098.87。其中，国家林业局在全国通报的案件 7 起、转办 2 起、下发查办通知的 9 起、下达整改通知的 53 起，媒体曝光 6 起，群众举报及专员办自查案件 32 起。这些案件包括陕西 74 起、宁夏 10 起、甘肃 14 起，青海 11 起。目前已结案 107 起，结案率 98%。通过案件督办查处，行政处理违法责任人 96 人，刑事处理 22 人，共处罚金 716 万元。在案件督办过程中，专员办始终坚持刑事案件必须移送、行政问责必须到位、整改措施必须有效的原则，严格落实案件督办“五定”工作机制，严把督办案件报结材料“三关”，综合运用明察暗访、网情舆情监测、现地督办、会议督办、发文督办、约谈政府领导以及和检察院的联合工作机制等手段，共约谈市、县（区）政府主要领导或分管领导 15 次，召开案件督办协调会议 20 多次，有效推动了一批以政府行为主导的破坏森林资源案件的查处工作。

【全面开展履约监管服务工作】 一是强化履约宣传培训。创新开展西安地铁履约宣传，广泛开展“世界野生动植物日”主题宣传，积极开展媒体宣传，并采取集中培训、上门培训等多种形式积极开展履约监管培训工作，扩大了履约工作的社会影响。二是注重履约执法。继续强化与公安、海关、工商等部门履约执法协调机制，坚持明察暗访，注重市场监管，积极拓宽邮寄、物流等敏感重点领域履约执法，统筹督导各部门开展联合执法工作，有效打击濒危野生动植物非法贸易行为。三是做好证书办理。认真做好日常证书办理，强化档案管理，按期上报统计数据。截至年底，共办理进出口许可证书 265 份，其中《公约证》和非《公约证》72 份，物种证明 193 份，进出口贸易额达 4402 万元，收取进出口管理费 62.5 万元。四是扎实监测评估。持续开展入药蛇类、冬虫夏草等重点物种监测，认真开展肉苁蓉等重点评估物种专项调查，坚持开展网络交易监测，依法做好扶持和规范贸易工作。同时，积极开展行政许可检查。

【机关建设和党的建设】 一是加强教育培训。先后开展专员办党组中心组理论学习、干部集中学习等 15 次，举办业务培训班 4 次、森林资源监督联络员培训班 2 次，学习培训达 200 多人次。派员参加国家林业局、陕西省直属机关工委学习 10 期 20 人次。二是加强作风建设。扎实开展“抓整改、建机制、促工作”主题活动和教育实践活动“回头看”工作，严格执行中央八项规定和国家林业局十八条实施意见以及中央和国家林业局各项规定，强化年度目标任务考核，创新人才激励机制。三是加强制度建设。对原办内 48 项管理制度进行全面梳理，废除旧制度 18 项，修订 30 项，新制定 12 项，并将新订修订的42项内部管理长效机制统一汇编成册。四是加强廉政建设。坚持开展反腐倡廉警示教育活动，全面落实党风廉政建设责任制，严格预算执行和财务报销制度，规范来往接待、会议举办、车辆使用和出国(境)行为，严格控制"三公"经费支出。五是加强组织建设。完成办机关党总支、机关工会和两个党支部的换届工作，充实一批年轻党员干部进入办机关总支，配齐配强机关党务干部并分层次、多渠道进行培训，加大对党支部和机关工会的工作指导，充分发挥党组织和群众组织的作用，大力开展丰富多彩的党员组织生活和各项活动，提高机关党建工作水平。

【林业大事】

1月 西安专员办向国家林业局和陕西、宁夏、甘肃、青海4省(区)人民政府提交了年度森林资源监督报告。监督报告受到4省(区)人民政府的高度重视，陕西省人民政府副省长祝列克、宁夏回族自治区人民政府副主席屈冬玉、甘肃省人民政府副省长王玺玉、青海省人民政府副省长严金海分别对本省(区)森林资源监督报告作了重要批示。

1~3月 西安专员办积极拓展在邮寄、物流等敏感、重点领域开展濒危物种履约执法工作。经沟通联系和积极磋商，陕西邮政管理局复函同意专员办加入其寄递渠道治安管理协调小组并参与相关检查、宣传、培训等工作。

2月21日至3月1日 西安专员办对商洛市商南、丹凤、山阳3个县种植袋料香菇情况进行了实地调研，督促陕西省林业厅出台了两项管理制度《关于加强培植业用材管理工作的通知》(陕林资字〔2014〕105号)、《关于森林抚育项目有关天然林采伐问题的通知》(陕林资字〔2014〕143号)。

3月 西安专员办在陕西省组织开展首个"世界野生动植物日"宣传活动。联合辖区有关履约部门，采取编印宣传资料、联合检查、网络提倡等多种形式广泛开展"世界野生动植物日"主题宣传活动。

4月 西安专员办针对国家林业局通报的甘肃省4起违法占用林地项目进行了严格督办，并督促甘肃省政府办公厅出台了《加强建设项目使用林地管理工作的通知》

6月28日 西安专员办策划组织，主动地与西安地铁百年传媒广告公司反复协商制作两套多媒体宣传保护野生动植物短片，在西安地铁1号和2号线同时上线播放。10幅灯箱平面宣传广告从8月份开始在地铁站台或通道悬挂展出。

6月23日 西安专员办进行机关党总支和工会的换届工作，选举产生了新一届机关党总支和工会组织。

7月 《国内动态清样》(第2795期)反映"祁连山腹地水源涵养区正遭到严重破坏"后，按照国家林业局赵树丛局长的批示精神，国家林业局驻西安专员办督促协调甘肃、青海两省对《清样》反映的问题进行调查处理。青海省省长郝鹏、副省长严金海、甘肃省副省长王玺玉分别作出批示。针对该区域地处两省交界，历史上曾有行政勘界分歧等因素，为从根本上理顺该区域生态保护责任体制，青海省政府与甘肃省政府进行磋商，两省建立了祁连山联防、联保、联治机制。青海省人民政府办公厅印发了《进一步加大祁连山省级自然保护区保护与治理工作方案》，批复成立了青海省祁连山省级自然保护区管理局和祁连山省级自然保护区森林公安局，总共18个编制，其中政法干警8个，为祁连山生态资源的长治久安提供了保障。

8月 西安专员办与陕西省林业厅联合开展了《严厉打击非法采石、开矿、乱建别墅违法占地专项行动》陕西省政协《各界》杂志刊载了有关履约知识和专员办履约工作成效。

9月 西安专员办按时完成保护发展森林资源目标责任制建立执行情况和占用征收林地项目行政许可被许可人监督检查任务，涉及20多个县(市、区)国有林业局。

10月 西安专员办与陕西省林业厅和陕西省人民检察院联合印发了《关于在督办查处破坏森林资源违法犯罪案件工作中加强协作配合的意见》。

11月5日 国家林业局在全国开展了关于非法侵占林地清理排查专项行动，西安专员办对陕西、甘肃、宁夏、青海4省(区)此项工作进行了安排部署和严格督查。

11月 西安专员办举办了驻在省(区)森林资源监督联络员培训班。

12月15日 西安专员办、陕西省林业厅、陕西省人民检察院在西安召开案件督办查处联席会议，明确了领导小组成员名单。陕西省人民政府副秘书长王拴虎应邀出席了会议，陕西省人民检察院副检察长陈紫平，陕西省林业厅党组书记、厅长李三原，西安专员办党组书记、专员侯龙，西安专员办党组成员、副专员李彦华，西安专员办党组成员、副巡视员王彦龙参加了会议。

12月13日 西安专员办与甘肃省林业厅在兰州召开2014年度甘肃省森林资源管理暨非法侵占林地清查排查专项行动联席会议。兰州市人民政府副市长胥波出席了会议，甘肃省林业厅党组成员、副厅长樊辉，西安专员办党组成员、副巡视员王彦龙参加了会议。

12月17日 西安专员办与青海省林业厅在西宁召开2014年度森林资源监督管理暨非法侵占林地清理排查专项行动工作联席会。青海省人民政府副秘书长张文华、西宁市人民政府副市长金九辰出席了会议，甘肃省林业厅党组书记、厅长党晓勇，党组成员、副厅长赫万成，西安专员办党组成员、副巡视员王彦龙参加了会议。

12月29日 西安专员办与宁夏林业厅在银川召开2014年度宁夏森林资源管理暨非法侵占林地清查排查专项行动联席会议。宁夏回族自治区林业厅党组成员、副厅长徐庆林，西安专员办党组成员、副专员李彦华参加了会议。

12月 西安专员办借4省(区)履约执法培训之际，通报了辖区履约执法工作情况，安排部署了2015年的工作。

(西安专员办由潘自力供稿)

乌鲁木齐办事处(濒管办)工作

【综　述】　在国家林业局党组、新疆维吾尔自治区党委和生产建设兵团的正确领导下，在国家林业局有关司局和新疆林业厅、兵团林业局的全力支持下，专员办圆满完成了监督管理和“访惠聚”双重任务，扎实有效地开展机关党的建设和工会工作，锻炼了职工队伍，扩大了社会影响，打下了长远根基。

【森林资源监督】　认真学习贯彻全国林业厅局长会议精神，学习习近平总书记系列重要讲话，特别是关于生态文明、林业工作的重要指示及对非法侵占林地专项清理排查行动的批示，贯彻落实《国家林业局派驻森林资源监督机构督查督办破坏森林资源案件管理规定》，切实加强森林资源监督工作。

林地行政许可检查　林地行政许可检查对新疆维吾尔自治区6个地(州市)9个县(区市)和新疆兵团4个师4个团共13个项目进行了行政许可检查。发现凤凰—乌苏—伊犁750千伏输变电工程、克拉玛依经乌尔禾至阿勒泰公路、西气东输三线西段(霍尔果斯—中卫)新疆境兵团段项目(临时)存在未批先占林地问题，伊犁科克塔斯水库工程，用地单位在施工中，在行政许可范围以外林地内取石取土，破坏林地0.23亩，毁坏林木34.6立方米。各实施单位均按专员办要求进行了整改。

破坏森林资源案件督查督办　按照国家林业局有关情况通报和整改通知要求，对昌吉毁林开垦案、兵团四师61团企业违法占地案进行了现地督办，责成当地政府和师团依法追究有关责任人的法律责任和领导干部的党纪政纪责任，推动案件的规范查处。对局信访办转来的148团14连信访案进行了现地督办，核实报告了有关情况。对万欣公司林地被侵占一案配合自治区人大和国土厅进行了现场督办。全年共督办案件22件，其中国家林业局以通报、整改通知、督办通知、领导批示、信访转办等形式，要求专员办督办的13件，专员办接到群众举报督办的9件。已结案15件，7件处于调查处理中，其中国家林业局要求专员办督办的13件案件中，12件已结案或进入司法程序和党纪政纪处理中，1件正在处理，近期有望解决。党纪政纪处分4人，行政处罚5人(单位)，追究刑事责任1人，追回林地87.07公顷，罚款39万元。

森林资源监督报告　在总结2013年监督工作的基础上，结合专员办召开的新疆森林资源监督工作座谈会和兵团召开的林权改革和公益林管理座谈会，认真撰写森林资源监督报告。结合党的群众路线教育实践活动，专员办深入基层开展了公益林经营管理问题调研，对存在的突出问题进行深入研究，提出解决问题的建议。自治区和兵团分管领导高度重视，指示并要求林业主管部门研究落实。

卫片判读督办试点　针对新疆毁林开垦案件多发，基层监管不力，监督线索来源不够的实际，与西北林业规划院合作，对沙湾县及其行政区域内兵团有关团场开展卫片判读，地方部分共筛查出148个可疑图斑，涉及林地面积1130多公顷。与沙湾县交界处克拉玛依发现可疑图斑50个，涉及林地面积近60公顷，玛纳斯县发现可疑图斑14个，涉及面积40余公顷。沙湾县境内涉及兵团的可疑图斑427个，涉及林地面积2400多公顷。从克拉玛依区反馈的情况看，50个图斑均属实。卫片判读为扩大监督线索，掌握有力证据，督查督办到位，震慑毁林犯罪打下了坚实基础。

【濒危物种进出口管理】　认真学习国家林业局和海关总署发布的《野生动植物进出口证书管理办法》，参加濒危物种进出口管理培训，了解最新要求，增强服务本领。在做好进出口管理工作的同时，搞好履约执法协调，做好野生动植物保护监督工作。专员办被国家CITES履约执法协调小组授予“眼镜蛇2号行动”先进集体。专员办张彦刚荣获2012~2014年度国家林业局“十佳优秀青年”称号。

加强进出口管理　严格行政审批程序，做好证书办理工作。2014年共核发《公约证》5份、《物种证明》16份。主要涉及物种为盐生肉苁蓉、蝴蝶兰、长颈鹿、赤猴、草龟、崖豆木等。考察乌鲁木齐市动物园拟从民主刚果引进的CITES附录Ⅱ动物赤猴及从南非引进的长颈鹿的圈舍等饲养条件，并对雪豹、野马、天山马鹿、岩羊、北山羊等野生动物的驯养繁育情况进行了解。

加强履约执法协调　专员办向国家濒管办汇报红其拉甫海关查获没收黑池龟情况后，在国家濒管办高度重视和指导下，协调乌鲁木齐海关和新疆林业厅将查没的204只走私濒危物种活体黑池龟返还原产国巴基斯坦，并提供25只死亡黑池龟无害化处理证明。这是中国首次成功将没收的走私濒危物种活体动物返还来源国，也是专员办成功协调各相关部门促成的一次活动。积极协调相关部门和专家，协助和配合海关缉私部门对侦破的6起濒危物种走私案件进行了依法处理，涉及物种及衍生物有赛加羚羊、黑池龟、熊胆、熊皮、鳄鱼(死体)、蟒蛇(死体)、狼皮等。积极协调乌鲁木齐海关和新疆林业厅加快查获走私物品的规范化处理。经国家林业局批准，专员办积极协调乌鲁木齐海关等单位，将乌鲁木齐海关缉私局近年来查获库存的29 113根共计2411.75千克赛加羚羊角进行了处理。

野生动植物保护监督　会同林业厅赴巴州、克州、阿克苏地区和喀什地区对部分县市开展野外巡护、看守和逐级明确责任人和责任区情况，组织清查餐馆酒店、花鸟市场、野生动物驯养繁殖场所、野生动物加工经营场所及运输路线，开展保护宣传和公众教育及野生动物疫源疫病监测防控工作开展等情况进行了重点检查。对候鸟集中分布区的6处重要湿地等开展鸟类监测的情况进行实地检查。对巴音布鲁克国家级自然保护区进行调研。按照保护司领导要求，开展新疆野骆驼保护情况调研，与自治区环保厅领导面谈并将了解到的情况上报。

参与“新疆隼类繁育研究中心”项目的实施 该项目是经国家林业局批准，由新疆野生动植物保护协会与卡塔尔国家保护生态和鸟类协会共同合作建设的公益性项目，为期3年(2014～2016年)，总投资1500万美元，全部资金由卡塔尔生态保护与鸟类协会筹集，项目建成后可每年繁育200只隼类在中卡两国野外放飞，每年繁育1500只波斑鸨在新疆境内野外放飞。在7月3日，“新疆隼类繁育研究中心”在阿勒泰市巴里巴盖乡举行的开工仪式上，专员办刘家顺主任致辞。

宣传活动 除开展常规宣传外，专员办应邀在新疆电视台2套“真心话”栏目制作播出了一期关于裘皮生产与消费的访谈节目。由于新疆是裘皮制品消费大区，这期节目播出后，在社会上引起了强烈反响，对提高公众生态意识、理性消费野生动物制品，起到了积极的作用。

【访民情惠民生聚民心】 按照自治区党委部署，专员办派出深入阿克苏地区温宿县阿热勒镇阿克哈尼喀村开展访民情、惠民生、聚民心活动。工作组入户走访，建档立案，梳理和解决问题，联系帮扶群众；加强民族团结宣传教育，深入宣传党的民族政策、新疆“三史”和民族知识。扎实开展民族团结创建活动，积极开展手拉手结对子活动；加强村级阵地建设，组织开展文体活动，评选奖励模范人物，发挥现代文化引领功能；开阔村民视野，增加林果投入，做好技术指导，推动科学管理，促进林果增产，增加农民收入；认真接待群众来信来访，协调解决有关问题；加强基层组织建设，协助村党支部加强群团组织和党员队伍管理工作，健全完善工作组、村干部、村警、武工队“四位一体”工作机制，指导村级党组织扎实开展教育实践活动。

【党建和机关建设】 专员办围绕中心狠抓党建和机关建设工作，积极开展工会工作，形成良好的精神风貌和工作氛围，为做好各项工作提供了思想和组织保障。

理论武装 认真学习习近平总书记系列讲话精神，党的十八届四中全会、自治区党委八届八次全委(扩大)会议精神，深刻领会中央关于依法治国和新疆工作的决策部署。认真学习理解《政府工作报告》关于全面深化改革、生态、林业、农村和边疆建设发展的决策部署。认真学习全国林业厅局长会议和全国推进林业改革座谈会精神，国家林业局党的群众路线教育实践活动总结大会精神、森林资源监督工作会议和濒危物种进出口管理工作会议精神，明确了工作目标和工作重点。

整改落实 深入开展党的群众路线教育实践活动“回头看”工作，认真总结经验，梳理查找不足，及时纠正、改进提高，进一步推进整改工作。办党组严格制定整改任务书，并对各项整改项目进行实时跟进，建立整改台账，对照整改方案，逐项检查整改任务落实情况。把加强机关效能建设作为群众路线教育实践活动的重要抓手，进一步完善机关效能建设的目标体系，强化全办的目标意识、效率意识、服务意识。

廉政建设 严格执行党政机关厉行节约反对浪费条例和党政机关国内公务接待管理规定，认真落实上级纪委廉政要求。严格执行办公用房改造验收程序，落实专员办改进工作作风、密切联系群众的有关规定。坚持实行公务卡制度，按批复报废了到期资产。严控“三公”经费支出，三公经费总预算、公务用车、公务接待经费预算分别比2013年下降了34%、29%和53%。出国经费实际支出只占预算的1/3。严格预算编制，加强进度管理，提高了资金使用效益。

（乌鲁木齐专员办由刘斌供稿）

上海办事处(濒管办)工作

【综　述】 2014年，上海专员办(濒管办)在国家林业局党组的正确领导下，在全办同志的共同努力下，全办上下开拓进取、扎实工作，森林资源监督管理和濒危物种进出口管理工作都取得了显著成绩。

【森林资源监督管理工作】

督查督办涉林违规违法案件 全年督查督办涉林案件26起。其中国家林业局交办案件19起，群众向专员办举报案件2起，主动督办地方媒体曝光案件5起。26起案件中刑事案件5起，行政案件21起。查实涉及林木蓄积1093.6立方米，林地面积21.62公顷，追究刑事责任4人，行政问责13人，处理罚款4 420 241元。26起案件中专员办赴现场督办23起，跟踪督办3起。

完成年度森林资源监督报告 完成年度森林资源监督报告。提出的森林资源管理工作的主要成效、存在问题，以及如何加强森林资源管理工作的意见和建议等，得到了三地政府领导的高度重视，主要领导或分管领导都作出了批示。相关建议也责成有关部门、单位予以落实，提高了三地森林资源保护管理工作水平。

推进占用征收林地监督检查 专员办加强领导、制订方案、细化工作措施，完成了对江苏泗洪县、丹徒区，浙江省衢江区、瑞安市等11个县(市、区)9个占用征收林地项目行政许可被许可人的监督检查。发现违法违规占用林地1.46公顷，无证采伐林木蓄积66.2立方米，查处了5名责任人，收缴罚没款437 905元。并将检查结果及时上报了国家林业局。

森林资源目标责任制检查 专员办优化检查方案和办法，进一步提高了目标责任制检查的权威性。完成对江苏省盐城市大丰市、淮安市金湖县，上海市浦东新区，浙江省丽水市松阳县、金华市仙居县5个县(市、区)保护发展森林资源目标责任制建立和执行情况的监督检查。截至年底，3省市186个涉林县市区已全部建立了目标责任制。

深入一线扎实开展调查研究工作 针对浙江垦造耕地破坏森林问题时有发生的现象，王希玲专员带队到浙江省的余杭、仙居等地，通过召开协调会议、深入现场探查、走访等形式，研究对策。并向国家林业局提交报告，汇报情况，得到了局领导的高度重视和批示。组织开展浙江省湿地和自然保护区建设管理、江苏省秋冬季森林防火、上海市秋冬季候鸟保护和疫源疫病监测防控等调研，编写调研报告6篇。

专项监督检查工作 根据国家林业局部署和要求，王希玲专员带领班子成员，分别与三省市林业厅局和相关职能部门开展工作交流、对接，专门部署各项监督检查工作。组织队伍分别对三省市10县市的野生动物保护执法、野生动植物疫源疫病监测防控、秋冬季候鸟保护、春秋季森林防火工作开展专项监督检查。非法侵占林地清理排查专项行动的监督检查正在进行中。配合资源司、监督办在浙江省开展破坏森林资源案件调查。

构建资源监督工作联动机制 建立联席会议制度，在加强调研和强化案件督办、信息资源共享等方面进行交流研究。建立了林业重大活动(会议)列席、林业资源数据通报、重大林业案情通报联合查处、重大林业政策出台前联合调研、工作座谈、文件抄送等六大机制。召开了2014年三省市联席工作会议，制定并印发《国家林业局驻上海监督专员办与上海、江苏、浙江林业厅(局)森林资源监督管理联系工作制度》，为做好衔接协作，履行监督职责，保护好三地森林资源奠定了良好的基础。

创新监督管理工作的新举措 创新监管工作的手段和方式，探索创新监督管理工作新举措，与三省市林业厅局协商，制定并下发了《义务森林资源监督员制度(试行)》，开展了“义务森林资源监督员”试点工作。10月在丽水市举办了“丽水市义务森林资源监督员聘用仪式暨培训班”。12月中旬在上海、江苏等地相继开展试点。此举开辟了三地森林资源保护和监管信息来源渠道，借助社会力量监管森林资源，及时掌握破坏森林资源的动向。

【濒危物种进出口管理工作】

自贸区服务工作 配合国家林业局深入开展自贸区野生动植物进出口管理政策调研。承办国家林业局自贸区简政放权现场委托仪式。完成简政放权信息发布及区内办证企业培训，制作了简政放权政策指南手册，为区内企业开展贸易提供便利。

企业诚信评估 强化评估力量。将林业、渔业、海关、出入境检验检疫等CITES执法工作协调小组成员单位加入到评估小组，提高评估工作权威性和覆盖面。对评估实施办法进行梳理修订。新增对物种证明办证企业的评估工作，细化制定考核评估表，规范企业办证使用等行为。此做法得到局领导的批示和国家濒管办的赞扬及肯定，并专门行文转发，在全国推广。

证书核发工作 服务苏浙沪皖鄂5省(市)进出口企业727家(其中允许进出口办证企业256家，物种证明办证企业471家)。共计核发《允许进出口证明书》12 076份、《物种证明》16 469份，收取野生动植物进出口管理费首次突破千万元，达1402.7万元。办证量和收费额均创历史新高。

构建文明窗口形象 完成了对自贸区档案室、办公室窗口改造，优化内部空间布局，提升部门形象。完善规章制度，公开办事流程，强化岗位职责，注重受理人员岗位能力培训，提升管理服务水平，充分展示国家林业局工作人员良好形象。

加强宣传营造履约良好环境 联合上海市绿化和市容管理局、上海海关牵头启动完成对上海机场(浦东、虹桥)海关现场展柜升级工作。联合杭州海关、义乌海关和义乌市林业局在义乌国际商贸城开展了以“履行国际公约，保护濒危物种；杜绝非法贸易，弘扬生态文明”为主题的濒危物种进出口管理大型广场宣传活动，设立大型永久宣传广告。参加了上海市第33届“爱鸟周”宣传活动启动仪式，参与现场布展宣传，发放宣传手册200余份。

各项后续监管工作 开展许可检查，规范企业经营行为。共检查企业167家，两类三种证书2074份，并按经营物种、进出口类别及货物类型分别抽取50余家代表企业开展实地检查。开展监测评估，对两爬类等几十个物种的分布情况、贸易现状、国内经营利用状况及违法案件等开展了重点监测评估。其中浙江省区域内的两爬类监测工作，上报监测数据3479条，成效突出，得到国家濒管办领导的多次表扬。对往年监测的蝴蝶兰、石斛、西洋参和象牙原料等物种自发开展持续监测。

加强部门间的密切协作 召开三省市部门间CITES履约执法协调小组联席会议，并与各成员单位开展年度重点工作对接，谋划履约执法重点工作。组织协调浙江省林业、工商、海渔、公安，杭州海关，出入境检验检疫局等单位，开展集中打击清理违法野生动植物贸易活动的专项行动，检查店铺120余家；协调上海海关及出入境检验检疫局完成2家公司3批次进口木材的现场布控查验工作；完成走私出口10个柜子的微凹黄檀事件及两家木材进口企业涉假证书的调查取证；协助开展“警钟”专项行动，完成区域内重点象牙及红木企业的突击执法检查工作。召开上海地区野生动植物鉴定工作专题调研座谈，共同研发推进鉴定证书网络平台传输系统。联合上海市野生动植物鉴定中心、国家林业局华东木材及木制品质量监督检验中心完成各类野生动植物种鉴定近500批次。

履约培训工作 配合辖区内海关完成对濒危物种管理知识授课3次，培训海关贸易管制一线官员超过200人次。培训区域内出国劳务输出人员重点企业80余家，强化规范外服人员非法携带濒危物种制品行为。举办4期培训班，培训苏浙沪皖鄂进出口企业220多家，受训人员超过500人次。

【林业大事】

2月17日 向苏浙沪三省市提交《2013年度森林资源监督报告》，并得到了三省市人民政府领导的高度重视和相关批示。

3月6日 在上海市辰山植物园召开了2014年苏浙沪三省市森林资源管理工作联席会议。

4 月 10 日 联合杭州海关、义乌海关、义乌市林业局在浙江义乌国际商贸城举办了以“履行国际公约，保护濒危物种；杜绝非法贸易，弘扬生态文明”为主题的濒危物种进出口管理宣传活动。国家濒管办副主任周志华、王希玲主任参加了此次活动。

5 月 9 日 国家林业局支持中国(上海)自由贸易区建设、简化野生动植物管理工作程序现场委托仪式在专员办举行，国家林业局副局长陈凤学参加仪式。

5 月 11 日 由欧盟环境部官员 Madeleine 女士带队的欧盟履约代表团一行 4 人前来专员办开展交流访问。王希玲专员参与接见。

5 月 16 日 国家林业局驻上海森林资源监督专员办事处事业单位法人登记证书正式颁发。

6 月 4 日 组织协调浙江省林业厅、海洋与渔业局、公安厅、工商局，杭州海关，浙江出入境检验检疫局等单位，在杭州岳王路古玩市场、吴山花鸟市场、河坊街、南宋御街、通宝城等野生动植物重点经营区域有关野生动植物经营场所，开展了集中打击清理违法野生动植物贸易活动的专项行动。

6 月 30 日 专员办办公地点迁入铜仁路 331 号。

7 月 1 日 在外高桥保税区办公地点召开党员大会，选举产生专员办第一届总支部委员会。

9 月 1 日 在上海浦东国际机场举办了濒危物种实物宣传展柜启用仪式，国家林业局副局长刘东生、机场海关关长倪洪中为展柜揭幕。仪式结束后，刘东生副局长前往上海自贸区检查听取专员办服务自贸区各项工作情况，国家濒管办常务副主任孟宪林、上海市绿化和市容管理局副局长蔡友铭、王希玲专员等陪同。

10 月 11 日 国家林业局驻上海森林资源监督专员办事处组织机构代码证书正式颁发。

10 月 21 日 在浙江省丽水市召开丽水市“义务森林资源监督员”聘用仪式暨培训班。王希玲专员、李军副专员，浙江省林业厅领导等参加。

10 月 22～23 日 王希玲专员、李军副专员带队赴浙江省仙居县，对国家林业局挂牌督办的毁林造地问题开展现地督办，浙江省林业厅领导和相关处室负责人参加。

12 月 9～15 日 李军副专员带队赴苏浙沪三省市，对非法侵占林地清理排查专项行动开展情况和秋冬季森林防火工作进行检查。

12 月下旬 配合国家林业局对苏浙沪三省市非法侵占林地清理排查专项行动开展情况进行检查，并向三省市人民政府反馈检查情况。

12 月 26 日，在华东师范大学召开上海市 2015 年第一季度履约执法工作对接会。上海市林业局、上海海关、上海市野生动植物保护管理站、上海野生动植物鉴定中心、上海自贸区外高桥营运中心、上海尊木汇、上海雁鸣文化传播等部门和单位参加会议，万自明副巡视员主持会议。 （上海专员办由沈影峰供稿）

北京办事处(濒管办)工作

【综　述】 2014 年，北京专员办在国家林业局党组的领导下，在监督区人民政府的支持下，全体干部职工认真贯彻党的十八大和十八届三中、四中全会精神，深入学习习近平总书记系列重要讲话精神，紧紧围绕局党组中心工作，认真贯彻落实全国林业厅局长会议和全国森林资源管理工作会议精神，带领全办同志充分履行监督职责，突出监督工作重点，全面开展森林资源监督和濒危物种进出口管理工作，积极为地方林业发展服务，4 省市的森林资源管理工作取得了显著成绩，森林资源呈现稳步增长的态势。

【4 省市森林资源管理工作】 根据中央编办赋予国家林业局派驻监督机构的职能，北京专员办依法对 4 省市年度森林资源管理情况，重点对国家林业法律法规落实、森林资源管理、地方政府保护发展森林资源目标责任制建立执行实施监督检查，对涉林案件进行督查督办。在全面总结 2013 年监督工作的基础上，编写了北京、天津、河北、山西省(市)森林资源监督报告，并上报 4 省(市)人民政府和国家林业局。在监督报告中除肯定成绩外，主要查找问题和提出建议，做到查找问题实事求是，提出建议切实可行。就 4 省市林业工作实际问题向国家林业局党组提出了相关建议，做了大量协调工作。

【破坏森林资源大案的督查督办】 北京专员办贯彻落实赵树丛局长、刘东生副局长的批示精神，按照《国家林业局派驻森林资源监督机构督查督办破坏森林资源案件管理规定》，积极履行监督职责，认真督查各类林业案件。对领导批示、媒体曝光、群众举报的社会影响大、群众反映强烈的问题和线索，办主要领导负责，组织精干力量，联合地方有关部门，及时核实督办，坚持一查到底，违法必究。

根据赵树丛局长重要批示，北京专员办认真督办河北省张家口市尚义县退耕还林地复垦的信访案件。专员办党组书记、专员苏祖云高度重视，组织人员赴现地核实有关情况。及时约谈相关市、县领导，召开督办会，提出督办意见，问题得到了整改。该案件的督办，依法依规澄清了地方对该问题模糊界限和错误认识，巩固了退耕还林成果，得到了国家林业局相关部门的表扬。

国家林业局挂牌通报山西省洪洞县新建山西中南部铁路通道 ZNTJ－7 标段违法临时占用国家级公益林地 2.57 公顷案件。北京专员办高度重视，全过程参与督办。在发现该案件查处不到位的情况下，加大督办力度，促使相关责任人得到依法追究。

中央电视台报道天津市蓟县西龙虎峪镇南山存在挖山盗采问题后，北京专员办第一时间与市、县林业局有关人员组成联合调查组赴现地调查。经立案调查，5 名涉案人员被依法处理。

2014年，北京专员办共督查督办涉林案件49起。共处理违法违纪人员37人，其中追究刑事责任13人，追究行政责任24人；罚款(金)712.8万元，收回林地3.22公顷。

【监督管理工作】 一是针对一段时期河北省林业案件频发的问题，北京专员办组织召开了林业案件督办工作联席会议，与河北省林业厅就加强森林资源保护管理工作以及联合督查督办案件，进行了研究部署。二是为深入了解监督区的森林资源保护管理情况，提高监督和服务质量，办主要领导带队赴北京市朝阳、通州，河北省赞黄等区县，就林权证核发与管理、森林资源保护发展目标责任制建立执行及森林资源档案管理、平原造林绿化工程及林木资源管护等情况，进行了实地调研，与有关部门座谈讨论，共同研究加强森林资源管理工作措施和办法。三是组织召开森林资源监督工作联席会议。沟通交流森林资源保护管理工作情况，探讨分析当前森林资源管理中存在的问题，研究提出对策措施。

【依法保护森林资源认识提高】 组织开展了对4省市13个林地征占用行政许可项目被许可人使用林地情况和8个区县级人民政府保护发展森林资源目标责任制建立执行情况的监督检查。组成5个检查组，历时近2个月，召开了31次座谈会，走访了24个乡(镇)、村屯，查阅相关资料300余份。通过检查，提高了县级政府对林业重要性的认识，加强了对林业工作的指导，推进了当地森林资源的保护和发展。

【及时部署开展非法侵占林地清理排查专项行动】 根据《国家林业局关于开展非法侵占林地清理排查专项行动的通知》及电视电话会议精神，迅速行动，及时部署，一是与4省(市)林业厅(局)共同制订清理排查专项行动方案，联合召开部署清理排查专项行动工作会议。二是办领导密切关注监督区排查清理工作的质量和进展，专员、分管专员参加4省市再动员、再部署会议，提出相关监督意见。三是分管专员、处室负责人带队赴重点区域进行暗访暗查。并参加4省市林业厅局督查组，现场督办指导。

【野生动物保护执法情况监督检查工作】 根据《国家林业局办公室关于开展野生动物保护执法监督检查的通知》的要求，专员办分别对4省(市)的野生动物保护执法情况进行了监督检查。检查组就发现的一些问题，向当地林业主管部门提出了相关工作建议。

【提高濒危物种进出口管理工作水平】 一是完成证明书核发工作。全年共办理各类证书3800余份，其中：允许进出口证明书2450份，审批物种证明1350份，涉及进出口贸易额36亿元，收取进出口管理费307万元。二是为优化处室职能，简化行政许可流程，提高办证效率，更好地服务企业，积极探索进出口管理工作新途径。经办务会研究决定，将原三地承担的证明书核发业务，整合由北京濒管处负责。通过学习取经、发函征求意见、组织培训和试运行等筹备工作，保证2015年网上办证的顺利实施。

【加强机关两建工作】 学习党的十八大和十八届三中、四中全会精神，研读《习近平总书记系列重要讲话读本》。贯彻落实国家林业局党组加强党风廉政建设、作风建设的有关规定。坚持每周五学习日制度，采取集中学习与个人自学相结合、辅导与座谈相结合。班子成员积极参加局党组中心组、绿色大讲堂和司局级干部培训班的学习，并及时向全办传达学习内容，结合工作实际，研究制订贯彻落实措施。

【林业大事】

1月6日 苏祖云专员带队赴山西省珲源县督办非法占用林地案件。

1月14日 北京专员办(濒管办)党组书记、专员苏祖云主持召开北京专员办全体工作人员会议，传达学习全国林业厅局长会议精神。

2月26日 北京专员办召开办务会，讨论通过了4省市2013年度森林资源监督报告；研究确定2014年工作重点；根据中央和国家林业局有关规定，研究制定办财务制度等。

2月26~27日 北京专员办派员参加天津市林业资源管理工作会议暨林地年度变更调查培训班。

3月6日 按照《国家林业局办公室关于开展野生动物保护执法监督检查的通知》的要求，北京专员办对天津市执法保护情况进行督查。

3月17日 苏祖云主任主持召开办务会，研究决定北京、天津2市、河北、山西2省濒危物种进出口证书网上审批事宜。

3月24日至4月2日 苏祖云专员参加国家林业局机关两建工作会议暨司处级干部深入学习贯彻习近平总书记系列讲话精神轮训班。

4月3日 苏祖云专员一行赴北京市园林绿化局，调研《监督报告》所提整改问题的落实情况，并就加强管理部门与监督部门的协作等事宜进行了沟通。

4月11日 北京专员办组织召开案件查办督办协调会，对国家林业局管理干部学院廊坊实验林场林地被非法占用案的调查处理情况进行沟通协商。

5月7日 北京专员办就河北尚义县退耕还林地复垦的信访案件查处情况，约谈张家口市、尚义县政府及林业局相关负责人。

5月19日 北京专员办派员参加国家林业局工作组，督办山西洪洞县非法占地案件。

5月12日 根据国家林业局统一部署，北京专员办对北京市野生动物保护执法情况开展监督检查。

6月5日 苏祖云专员带队到北京市通州区开展森林资源管理工作，并考察平原造林绿化工程和林木资源管护情况。

6月至7月 根据国家林业局统一部署，北京专员办对北京、天津、河北、山西2013年度占用征收林地许可被许可人开展监督检查。

6月11日 北京专员办与河北省林业厅在石家庄市召开专题联席会议。

6月12日 国家濒管办北京办事处与北京海关举办履约培训班。

6月19日 根据国家林业局人事司批复，北京专员办组织开展处级干部竞争上岗工作。

9月15日 苏祖云专员参加国家森林防火指挥部、国家林业局召开的全国秋冬季森林防火电视电话会议。

9月18日 国家林业局宣布任命钱能志任北京专员办(办事处)党组成员、副专员(副主任)，贾节任北京专员办党组成员、副巡视员。

9月26日 北京专员办组织召开河北、山西两省CITES履约执法协调小组工作会议。

10月8日 北京专员办组织召开京津部门间CITES执法工作小组联席会议。

10月10日 北京专员办派员参加第十届敏感物种履约执法联席会议。

10月23日 北京专员办组织召开京津冀晋四省市林业厅(局)第二次联席会议。

11月5日 苏祖云专员参加国家林业局关于开展非法侵占林地清理排查专项行动电视电话会议。

11月6~7日 贾节副巡视员参加河北省非法侵占林地清理排查专项行动部署会并讲话。

11月13日 苏祖云专员主持召开办务会，传达国家林业局召开的非法侵占林地清理排查专项行动部署电视电话会议精神，并就贯彻落实会议精神作出具体部署。

12月19日 钱能志副专员参加河北省非法侵占林地清理排查专项行动视频调度会议并讲话。

（北京专员办由于伯康供稿）

林业社会团体

25

中国林学会

【综　述】

学会建设　1月16日召开了第十一次全国会员代表大会和十一届理事会第一次全体理事会议。会议全面总结了第十届理事会的工作，选举产生了新一届的理事会。4月28日召开了十一届一次全体常务理事会议。会议审议通过了学会2014年工作要点，讨论决定了各工作委员会组成人员名单，审议通过了成立古树名木分会、杉木专业委员会、珍贵树种分会和林下经济分会4个新设分会(专业委员会)。召开了全国林学会秘书长会议总结了2013年学会工作，部署今后5年和2014年学会工作的重点任务，通报了中国林学会关于2013年专项(学术、科普、组织)先进单位评选结果，表彰了专项工作先进单位等。为强化与会员及科技工作者的联系与服务，适应学会新的工作需要，经报请国家林业局人事司批准，学会调整了内设机构，增设了组织联络部，办公室更名为综合部，咨询服务部更名为研究咨询部。

国内主要学术会议　2014年学会及各分会共举办综合性和专题性国内学术会议39次，与会人数达5600余人次，交流论文约4000篇。举办了第三届中国林业学术大会主会场活动、第十一届中国林业青年学术年会、中国科协年会林业分会场等综合性学术活动。利用2014年1月举办全国会员代表大会的契机，举办了第三届中国林业学术大会的主会场活动，邀请了中国科学院院士傅伯杰等专家分别作大会特邀报告。会议设主会场和8个分会场，参会代表600余人，交流学术论文近1000篇。举办了第16届中国科协年会林业分会场。林业分会场以森林培育技术创新与特色资源产业发展为主题，全面总结探讨了森林培育技术的发展状况及创新模式、林业特色资源产业发展的成功经验、经营模式、综合效益及未来前景等，分析了存在的主要问题，深入研究探讨了下一步云南省林下经济发展、生态旅游产业发展的创新思路、对策和建议，为国家有关部门决策提供科学依据。会议共征集到学术论文120余篇，吸引了全国18个省(区、市)相关领域的近150位专家学者参加会议。召开了中国林业青年科学家成长与创新研讨会。中国工程院院士尹伟伦做了《人生历程和学术发展》的主题报告，中国科学院储成才研究员等青年专家作了专题报告。

桉树专业委员会、竹子、森林昆虫、森林病理、森林生态、古树名木、林下经济、森林公园、灌木、银杏等分支机构，结合学科发展前沿和地区经济发展重点领域，组织开展了10余项专题学术研讨活动，促进了学科发展和生态林业民生林业发展。成功举办了第五届中国森林保护学术大会。大会紧紧围绕森林健康——林业有害生物绿色防控进行了深入探讨，对中国森林健康所面临的挑战和绿色防控等进行了广泛的讨论与学术交流。大会设立国际研讨会、4个分段大会和青年学术沙龙进行交流研讨。来自全国各地从事森林保护科研、教学、管理和生产的专家学者300余人参加了本次大会。举办了第十届中国竹业学术大会。会议共收到涉及竹子分子育种、生理、生态、栽培、加工以及竹文化、竹业生产与管理等领域学术论文79篇。召开了首届古树名木保护学术研讨会，以及林下经济发展学术研讨会、森林生态分会学术年会、经济林分会学术年会、全国银杏研讨会、灌木学术研讨会等专题学术交流活动。

国际学术会议　举办了第三届森林科学论坛暨第十二届泛太平洋地区生物基复合材料国际学术研讨会。来自中国、加拿大、美国、智利、德国等11个国家，200多名专家学者出席会议。会议期间邀请国内外有关专家作了5个主题报告，分6个专题作了37个专题报告。《人民日报》《光明日报》《经济日报》、新华社、《中国绿色时报》《北京晚报》等10余家媒体与会采访报道。

国际交往　密切与国际林联的联系和磋商，在国际林联主席出席第三届森林科学论坛期间，学会理事长、国家林业局局长赵树丛与其会面。派员参加赴欧洲林业考察，赴瑞典、丹麦参加城市森林多样性国际会议与现代社会福祉的城市森林国际会议。由学会理事长赵树丛带队，组团赴台湾开展了两岸林业科技交流。学会与世界自然保护联盟共同举办了生态系统帮助降低自然灾害风险培训研讨会。中国、美国、加拿大等国专家分别就水土保持防御水灾害作用分析、森林的水土调节功能与管理、生态减灾及IUCN“生态系统保护基础设施和社区”项目、土壤及坡面稳定性及退耕环境项目点研究成果、土壤生物工程技术在陡坡和河岸稳定中的应用等专题作了学术报告。会议分享国内外采用生态系统修复、应对气候变化及降低自然风险等方面的经验和成果，对中国提升防灾减灾意识和降低自然灾害损失能力及研究方向具有重要参考和借鉴作用。

科普活动　2014年学会主办科普宣讲活动78次，活动受众人数达14 900人次，参加活动科技人员325人。组织开展了主题为“共建绿色美好家园，同享一片蓝天”的林业知识宣讲、花木栽植、森林经营、知识竞赛和森林体验等系列科普活动，来自上地实验小学的91名学生及其家长参加了活动；组织北京海淀、延庆、昌平6所小学的200余名青少年走进八达岭国家森林公园，开展手工创作与绘画、户外森林生态系统认知、森林植物识别、寻找身边的自然物等林业科普活动。举办了2014年科普日活动。活动期间，组织北京海淀区培星小学、上地实验小学的200余名青少年，实地参观了野鸭湖湿地博物馆序厅、认识湿地厅、鸟类展厅、保护湿地厅，体验了野鸭湖多功能360度全周放映，并在林业科普专家的指导下，开展湿地基础知识普及、湿地植物认知、池塘生态系统观测等活动。与国家林业局退耕办、中央电视台、《中国绿色时报》、果壳网、《少年科学画报》等相关单位合作，组织北京二中、西北5省

（区）的50名学生在陕西秦岭长青保护区举办青少年科学营活动，推动青少年生态文明教育工作。

组织召开了林业科普工作会议。会议总结、交流了林业科普工作经验，颁发了中国科协优秀全国科普教育基地证书，组织中国科协、中国科普研究所和《科技日报社》等部门的专家推介优秀林业科普教材、展教品、图书、影视作品、文艺节目，繁荣林业科普创作。启动了全国林业科普基地专家调研考察工作，推动林业科普基地信息管理平台的建设，进一步推动全国林业科普基地标准化、规范化和社会化发展。开展科普理论研究，开展了大数据时代林业科普信息化发展研究和媒体科普宣传的策划与节目制作等方面的理论性研究。组织开展《梁希》话剧编排工作，初步完成了话剧编排的《方案》。

决策咨询　学会2014年全年提供决策咨询报告14篇，举办决策咨询活动9次，参加活动专家人数约450人。反映科技工作者建议6条，其中获得上级领导批示3条。于2014年4月创办了《林业专家建议》专刊（内部发行），重点围绕国家林业局中心工作和政府关心、社会关注的林业重点、热点和难点问题，提出专家建议。2014年全年编印了《关于开展国家林业治理体系研究的建议》和《加强古树名木保护刻不容缓》《发展生态林业民生林业 急需加强林业科技服务》《突破林业生态建设瓶颈，灌木的作用不可忽视——关于充分发挥灌木在我国旱区造林中重要作用的建议》和《关于加快完善集体林区有害生物防治基层服务体系的建议》共5期。

承担中国科协的全国科技工作者状况调查站点信息报送工作。学会每季度定期向中国科协提交一份科技工作者调查信息。学会第一季度报送的“基层林业技术推广组织面临的困境”，经科协审核通过。

组织开展桉树科学发展与木材安全调研。学会联合中国生态学学会、中国水土保持学会、中国环境科学学会等多家单位、多学科专家赴广西进行了实地调研，了解桉树发展现状、存在问题，提出促进桉树科学发展的对策建议。

组织开展了生态文化遗产资源（林业类）调查活动，对布朗族、傣族等少数民族森林生态文化遗产进行了整理挖掘，形成了初步调研报告。

完成了中国科协决策咨询研究课题——预防与控制生物灾害咨询报告林业部分，编报了《2013年林业生物灾害状况和2014年预防与控制林业生物灾害的报告》。

学术期刊　学会主办期刊《林业科学》全年收稿1076篇，发稿300篇。完成了中国科协精品科技期刊第三期项目的各项任务。期刊稿源建设、数字化建设进一步加强，期刊影响因子等主要指标稳步上升。期刊再次被评为“百种中国杰出学术期刊”“中国国际影响力优秀学术期刊”。完成了学会与福建农林大学合办期刊相关事宜。组建了新一届编委会。

学科发展研究　召开了第二届林学名词审定委员会第六次全体扩大会议，各学科组召集人和主要编写人员共计30多人参加了会议。会议集中讨论了《林学名词（第二版）》样稿，对样稿提出了意见和建议。

表彰举荐优秀科技工作者　组织开展了全国优秀科技工作者评选，张齐生等4名林业科技工作者荣获中国科协全国优秀科技工作者，其中张齐生为全国十佳优秀工作者提名人选。组织开展了第四届梁希优秀学子奖的评选。评选活动共收到来自全国26所林业高等院校和设有林学院的农大、综合性大学上报的候选人70名，经形式审查、专家初审和评审委员会审定等程序，共评选出卢芸等39名获奖者。组织开展了第五届梁希青年论文奖的评选。本次论文评选共收到申报论文508篇，最终评选出获奖论文236篇，其中12篇论文荣获一等奖，52篇论文荣获二等奖，172篇论文荣获三等奖。

【中国林学会第十一次全国会员代表大会暨第三届中国林业学术大会】　2014年1月16～17日，中国林学会第十一次全国会员代表大会暨第三届中国林业学术大会在北京召开。来自各省（区、市）林学会，各分会、专业委员会，各有关高等院校、科研单位、相关国家机关、相关企事业等单位推选的236名会员代表出席会议。各省（区、市）和各分会专业委员会非会员代表的秘书长列席会议。

国家林业局局长、局党组书记赵树丛，中国科协副主席、书记处书记、党组副书记程东红、全国政协人口资源环境委员会副主任、中国林学会第十届理事长江泽慧，国家林业局副局长、局党组副书记张建龙，国家林业局副局长、局党组成员孙扎根等领导出席会议开幕式。江泽慧理事长致开幕词。国家林业局赵树丛局长、中国科协程东红副主席分别代表国家林业局、中国科协致辞。赵树丛局长和程东红副主席在致辞中充分肯定了中国林学会第十届理事会所取得的工作成绩，对学会今后的工作提出了殷切的希望。开幕式上还颁发了第十二届林业青年科技奖、第五届梁希林业科学技术奖、第四届梁希科普奖及中国林学会“先进学会工作者”“先进学会”和“先进挂靠单位”等奖项。

会议听取了江泽慧理事长代表第十届理事会所做的工作报告、《中国林学会章程》（修改草案）的说明、第十届理事会财务报告等。江泽慧理事长在报告中全面回顾了第十届理事会11年来的工作，总结提出了第十届理事会五条工作经验，对下一届理事会提出了六点建议。与会代表分组讨论并审议通过了《第十届理事会工作报告》《中国林学会章程》（修改草案）、《第十届理事会财务报告》《中国林学会会费标准》等。

根据《中国林学会第十一届理事会理事选举办法》选举产生了第十一届理事会理事170人。召开了第十一届理事会第一次全体理事会议，根据《中国林学会第十一届理事会理事长、副理事长、秘书长、常务理事选举办法》选举产生了第十一届理事会理事长，副理事长、秘书长、常务理事。赵树丛当选为中国林学会第十一届理事会理事长、张建龙、陈章良、尹伟伦、彭有冬、谭光明、张守攻、吴斌、杨传平、曹福亮、陈幸良、费本华当选为副理事长，陈幸良兼任秘书长，王志刚等54人当选为常务理事。第十一届理事会第一次全体理事会议还审议通过了《关于授予江泽慧同志为学会名誉理事长的决定》和《关于聘任沈贵、尹发权等2人为副秘书长的决定》。

会议期间，举办了第三届中国林业学术大会，邀请了中国科学院傅伯杰院士、国家林业局林改司张蕾司长、吉林森工集团柏广新董事长分别作了《中国生态系统管理战略》《不失时机加快推进与深化林权改革——关于深化集体林权制度改革的几点思考》《吉林森工转型发展战略与“采育林”经营模式》的学术报告。

学会新任理事长、国家林业局局长赵树丛在会议闭幕式上发表讲话指出，中国林学会要按照“继承、创新、改革、服务”的要求，努力做好各项工作。努力把中国林学会建设成为国内外一流的科技社团组织，为发展生态林业民生林业，为建设生态文明和美丽中国作出新的更大的贡献。

【森林培育技术创新与特色资源产业发展学术研讨会】 5月24~25日，森林培育技术创新与特色资源产业发展学术研讨会在云南省昆明市召开。本次研讨会是第十六届中国科协年会第11分会场，由中国科学技术协会和云南省人民政府联合主办，中国林学会、云南省林业厅、西南林业大学、中国林科院资源昆虫研究所共同承办，中国林学会造林分会、云南省林学会协办，中国生态学学会、中国环境科学学会、中国气象学会联办。中国林学会第八届理事长、中国工程院原副院长、北京林业大学原校长、沈国舫院士出席大会开幕式并作题为《“生态保护和建设”名称和内涵的探讨》的特邀报告，中国林学会副理事长兼秘书长陈幸良、云南省林业厅副厅长万勇、中国林科院昆虫资源研究所所长陈晓鸣、西南林业大学副校长胥辉出席论坛开幕式并致辞，陈幸良研究员、北京林业大学马履一教授、中国林科院陈晓鸣研究员、西南林业大学副校长杜官本教授作大会特邀报告。本次会议共征集到学术论文120余篇，吸引了全国18个省(区、市)相关领域的近150位专家学者参加会议。

【第三届森林科学论坛暨第十二届泛太平洋地区生物基复合材料学术研讨会】 6月5日，第三届森林科学论坛暨第十二届泛太平洋地区生物基复合材料学术研讨会在北京开幕。本次会议由中国林学会与国际林联(IUFRO)共同发起，中国林学会主办，中国林学会木材工业分会、中国林业科学研究院木材工业研究所、中国林学会竹藤资源利用分会共同承办。

本次会议以“绿色材料 美好生活”为主题，集中展示世界各深入研讨生物基复合材料的新工艺、新技术和新方法，促进环境保护、推动绿色发展。国际林联主席、丹麦哥本哈根大学著名景观设计专家尼尔森·科克教授出席大会并致辞，中国林学会副理事长兼秘书长陈幸良致开幕辞，中国林学会副理事长、国际竹藤中心常务副主任费本华研究员主持开幕式。

中国工程院院士、南京林业大学教授张齐生先生，加拿大林产品创新研究院首席研究员戴春平先生，美国康奈尔大学教授阿尼尔先生，德国不来梅应用科技大学教授乔格·莫西格先生，中国林学会木材工业分会理事长、中国林科院木材工业研究所所长叶克林研究员分别作主题报告。中国林学会副秘书长沈贵教授主持主题报告大会。

会议期间，分竹藤和秸秆复合材料、木材改性和材性、复合材料与胶黏剂、功能材料与纳米材料、木塑复合材料、定向刨花板/胶合板/交叉层积材6个专题邀请相关专家作37个专题报告。

来自中国、加拿大、美国、智利、德国、丹麦、葡萄牙、马来西亚、日本、韩国、印度尼西亚等11个国家，200多名专家学者出席会议。《人民日报》《光明日报》《经济日报》、新华社、《科技日报》《人民日报海外版》《中国绿色时报》《北京晚报》《中国科学报》《农民日报》人民网等10余家媒体与会采访报道。

【第30届林学夏令营暨青少年森林科学营】 7月25日，中国林学会主办的第30届林学夏令营暨青少年森林科学营开营仪式在陕西洋县华阳镇举行。中国林学会副秘书长沈贵教授出席活动开营仪式并讲话，陕西长青国家级自然保护区管理局、国家林业局退耕还林还(草)工程管理办公室、陕西省林学会等单位的相关领导，以及来自北京、内蒙古、辽宁、陕西、甘肃、宁夏、青海、新疆8省(区、市)的近100名中学生及指导老师参加活动开营仪式，中央电视台少儿频道、《中国绿色时报》《少年科学画报》的记者参与了活动的报道。

第30届林学夏令营暨青少年森林科学营活动持续一周，组织青少年走进秦岭深处，围绕秦岭的植物、动物、林业基本技能开展森林科学探秘及实践活动。活动具有以下特点，一是覆盖面广。组织北京、内蒙古、辽宁、陕西、甘肃、宁夏、青海、新疆8省(区、市)的中学生参加活动，营员有来自发达地区名校的学生，也有欠发达地区偏远农村的学生，实现了省会城市、市(县)、乡(镇)的全面覆盖、交流与融合。二是影响力大。中央电视台少儿频道、《中国绿色时报》《少年科学画报》3家媒体将以视频、新闻和专栏等形式，对活动进行全程、全方位跟踪报道。三是注重知识的区域性，活动内容既考虑宏观知识的介绍，又兼顾秦岭本土知识的传播，让营员既认识秦岭的特点，又了解自然的一般常识；活动对指导老师进行精心挑选，邀请西北农林科技大学、中国科学院水土保持研究所、长青自然保护区的老师和专家对营员进行指导。

【中国林业青年科学家成长与创新研讨会】 10月25~26日，中国林业青年科学家成长与创新研讨会在浙江省富阳市举办。会议由中国林学会和中国林业科学研究院联合主办，中国林科院亚热带林业研究所和中国林学会青年工作委员会共同承办。会议主题是林业青年科学家成长与创新。林业部原副部长刘于鹤，国家林业局党组成员、科技司司长彭有冬，中国林学会副理事长兼秘书长陈幸良，北京林业大学原校长、中国工程院院士尹伟伦，浙江省林业厅副厅长吴鸿等领导和专家出席会议并讲话。彭有冬司长从林业的新形势、新任务入手对林业青年科技工作者提出新要求。

会议举行了主题报告会和6个特邀专家报告，中国工程院院士尹伟伦做了《人生历程和学术发展》的主题报告。中国科学院遗传与发育生物学研究所储成才研究员，林木遗传育种国家重点实验室主任、中国林科院林业研究所卢孟柱研究员，中科院天津工业生物技术所田朝光研究员，南京林业大学尹佟明教授，亚林所栾启福副研究员和袁志林副研究员等专家也分别结合各自研究领域，就各自的成长经历、科研中的兴趣目标与创新、经验和感悟等方面的内容与参会代表做了交流报告，启发与会青年“怎么做学问，怎么成才”，为大家提供了很好的学习样板。

会议期间召开了青年专家座谈会和中国林学会青年工作委员会常委扩大会，参会代表针对影响青年科学家成长与创新中的问题开展研讨并提出对策建议；通过并宣读了林业青年科学家倡议。同时，通报了第十一届中国林业青年学术年会情况，交流了青工委各学科组组建及委员增补情况，讨论了2015年中国林业青年科技论坛和2016年第十二届中国林业青年学术年会的筹备工作。

来自科研机构、大专院校、林业基层单位60余名会议代表及中国林科院亚林所以青年职工为主体的科技人员、管理人员和研究生近200人参加。

【2014年全国桉树研讨会】 8月26～27日，2014年全国桉树研讨会在贵州省贵阳市召开。本次研讨会由中国林学会、贵州省林业厅主办，中国林学会桉树专业委员会、贵州省林学会、广东达一农林生态科技股份有限公司承办，国内外260余位专家学者参加了研讨会。中国林学会副理事长、中国林科院院长张守攻，中国林学会副理事长兼秘书长陈幸良，贵州省林业厅厅长金小麒，中国林科院副院长李岩泉等出席研讨会并讲话。

本次研讨会的主题是“提高林分质量，保障木材安全”。中国林科院张守攻院长，林业所王豁然研究员，国家林业局桉树中心谢耀坚书记，广西斯道拉恩索林业有限公司兰樟仁总监等应邀在大会作主题报告。

专题研讨会上，30多位专家、学者围绕桉树引种、良种繁育，栽培技术、营养及施肥管理、病虫害防治、可持续经营及产品、市场开发等议题进行了探讨，特别对桉树的生态、生产、管理、经营及市场开发、木材安全等多方面的问题展开了较为深入的讨论。

开幕式上还举行了2014年度“中国桉树发展突出贡献奖”颁发仪式。桉树中心陈少雄研究员等7位专家获奖。

【第十届中国竹业学术大会】 10月27～29日，第十届中国竹业学术大会在浙江省丽水市召开。会议由中国林学会、浙江省林业厅、丽水学院共同主办，中国林学会竹子分会、中国林科院亚林所、丽水学院生态学院、浙江省竹产业科技创新服务平台联合承办。

中国林学会副秘书长尹发权，竹子分会主任委员、浙江省政协农业与农村工作委员会主任楼国华，丽水学院党委书记肖建国，浙江省林业厅总工蓝晓光，丽水市人民政府副市长任淑女，中国林科院亚热带林业研究所所长王浩杰，丽水学院院长助理、丽水市政协副主席金爱武教授等领导和专家出席大会开幕式并讲话。

本次会议共收到涉及竹子分子育种、生理、生态、栽培、加工以及竹文化、竹业生产与管理等领域学术论文79篇。于文吉研究员等9位专家在大会做报告，24篇论文在大会上进行了交流，并进行了优秀论文的评选。

会议期间召开了竹子分会五届三次全委会，总结回顾了分会过去一年的工作，增补了8名委员、4名常务委员和1名副主任委员。

会后，与会代表考察了遂昌县竹产业示范园区、遂昌县竹炭博物馆。来自中国科学院、中国林科院、国际竹藤中心、台湾中央研究、有关大专院校和科研机构、全国14个省(市、区)的250余位会议代表和特邀嘉宾以及丽水学院生态学院200余名学生参加了会议。

【第五届中国森林保护学术大会暨林业有害生物绿色防控国际研讨会】 10月28～30日，第五届中国森林保护学术大会暨林业有害生物绿色防控国际研讨会日前在浙江农林大学隆重召开。来自全国各地从事森林保护科研、教学、管理和生产的专家学者300余人参加了本次大会。本届大会由中国林学会主办，浙江农林大学、中国林学会森林病理分会、森林昆虫分会、国家林业局森林病虫害防治总站、浙江省林学会等单位承办，中国林科院、北京林业大学、南京林业大学、东北林业大学、西北农林科技大学、中南林业科技大学协办。大会主题是：森林健康——林业有害生物绿色防控。

中国林学会副秘书长尹发权，浙江农林大学党委书记宣勇，国家林业局造林司原总工吴坚，中国林学会森林病理分会主任委员张星耀，中国林学会森林昆虫分会主任委员、北京林业大学副校长骆有庆，大会学术委员会主席、《昆虫学报》主编、中国科学院动物研究所研究员孙江华，南京林业大学副校长叶建仁，国家林业局森林病虫害防治总站站长宋玉双，国家林业局森林病虫害防治总站原常务副站长潘宏阳，浙江省林业厅副厅长杨幼平，浙江农林大学副校长张立钦等有关领导参加了开幕式并致辞。

本届大会围绕会议主题，对中国森林健康所面临的挑战和绿色防控等对策措施等进行了广泛的讨论与学术交流。本次大会设立国际研讨会、4个分段大会和青年学术沙龙进行报告交流。学术报告包括3个大会主题报告、5个国际报告、34个专题报告、38个青年学术沙龙学术报告。学术报告聚焦林业有害生物流行与生态控制，林业有害生物监测、预警及检疫，生物农药与绿色防控，林业有害生物基础理论等研究，全面反映了近年来中国森林保护学科研究的最新成果。

会议期间举行了中国林学会森林病理分会理事换届选举会议，南京林业大学副校长叶建仁当选为分会第八届理事会主任委员，中国林科院森环森保所研究员梁军当选为分会第八届理事会秘书长。此次大会还为青年学者搭建了学术交流平台，森林保护专业的硕博研究生踊跃参加青年沙龙，大会评选了2名一等奖，4名二等奖，9名三等奖共15个优秀学术报告。

【中国林学会古树名木分会成立大会暨首届中国古树名木学术研讨会】 11月7～9日，中国林学会古树名木分会成立大会暨首届中国古树名木学术研讨会在云南省昆明市召开，会议由中国林学会、西南林业大学主办，中国林学会古树名木分会、西南林业大学园林学院承办。全国绿化委员会办公室常务副秘书长赵良平、中国林学会副秘书长尹发权、西南林业大学党委书记陈宝昆、西南林业大学校长刘惠民等领导出席会议并讲话。

尹发权副秘书长指出古树名木承载了诸多生态文化

要素，在生态文明建设中发挥着重要作用。陈宝昆书记简要介绍了西南林业大学发展情况和古树名木方面开展的工作和取得的成果。中国林学会学术部主任曾祥谓宣读了《中国林学会关于同意成立古树名木分会等四分机构的通知》和《中国林学会古树名木委员会选举办法》。大会全票通过了中国林学会古树名木分会候选委员名单，选举了古树名木分会第一届委员会主任委员、副主任委员、常务委员、秘书长、副秘书长。新当选的分会第一届主任委员西南林业大学校长刘惠民作了讲话，提出了分会今后工作的重点和规划。

会议特邀全国绿化委员会常务副秘书长、国家林业局造林司副司长赵良平作大会报告。赵良平副司长重点介绍了当前中国古树名木资源与保护的基本情况、取得的成绩和存在的突出问题，提出加强古树名木保护的对策。西南林业大学邓莉兰教授在报告中详细介绍了云南古树名木资源调查与保护现状。北华大学戚继忠副校长以古树名木景观功能底蕴为题作了报告。大会其他8位专家分别从古树病虫害、古茶树资源、古树断裂风险性评估与防护等方面作了发言。

来自全国25所高校、科研院所、林业管理部门等单位的75名领导、专家及学者出席了本次会议。中国林学会古树名木分会挂靠在西南林业大学，这是该校目前获批的第一个一级学术学会。

【中国林学会林下经济分会成立大会暨2014林下经济发展学术研讨会】 12月19~21日，中国林学会林下经济分会成立大会暨2014林下经济发展学术研讨会在广西壮族自治区北海市召开。大会由中国林学会、广西壮族自治区林业厅共同主办，广西北海市林业局、广西林学会联合承办。中国工程院院士、中国科学院地理科学与资源研究所研究员李文华，中国林学会副理事长兼秘书长陈幸良，国家林业局农村林业改革发展司巡视员安丰杰，国家林业局国有林场和林木种苗工作总站总站长杨超，国家林业局科技司副巡视员杜纪山，广西壮族自治区林业厅副厅长韦纯良，北海市人民政府副市长叶山，浙江省林业厅副厅长吴鸿，中国林科院资源昆虫研究所所长陈晓鸣等有关领导出席会议并讲话。

陈幸良秘书长在开幕式上介绍了林下经济分会成立的背景。韦纯良副厅长简要介绍了广西林下经济发展情况。李文华院士在大会作了题为《农林复合经营与林下经济》的特邀报告。安丰杰巡视员、陈幸良秘书长、陈晓鸣所长、广西合浦佳永金花茶开发有限公司董事长傅镜远应邀在大会分别作了特邀报告。此外，章光101集团董事长赵章光、国家林业局科技发展中心认证处处长于玲、云南瑞丽市千紫木业有限公司董事长杨洪斌、北华大学林学院院长杜凤国等13位专家在会上作专题报告。

全体与会代表就林下经济与生态民生改善、集体林权制度进一步深化改革、林下经济发展理论研究、林下经济发展规划与示范基地建设研究、发展林下经济的政策支持与科技支撑、林下经济社会化服务与市场流通体系建设研究、林下经济发展模式及推广应用、种植业、养殖业、森林游憩与林下经济、林下经济发展的典型经验等深入展开交流。

会议期间召开了中国林学会林下经济分会成立大会，选举产生了中国林学会林下经济分会第一届委员会。成立大会由陈晓鸣所长主持，杨超总站长宣读了中国林学会关于成立林下经济分会的批复。会议选举产生了林下经济分会第一届委员会，李文华院士任分会第一届委员会主任委员，陈幸良任常务副主任委员，邓三龙、王秀忠、王慧敏、许绠、杨超、杨传平、陈晓鸣、周瑄、赵章光、唐忠、谭晓风任副主任委员，曾祥谓任秘书长。

来自国家林业局、中国科学院地理信息研究所、农业部农村社会事业发展中心、中国林科院、东北林业大学、南京林业大学等单位从事林下经济管理、科研、教学和生产实践的领导、专家、科技人员近200人参加会议。

【第十一届中国林业青年学术年会】 9月3~5日，第十一届中国林业青年学术年会在陕西省杨凌召开。大会由中国林学会、西北农林科技大学主办，中国林学会青年工作委员会、西北农林科技大学林学院、陕西省林学会承办。国家林业局党组成员、科技司司长彭有冬出席会议并讲话，西北农林科技大学党委书记梁桂致欢迎词。中国林学会副理事长兼秘书长陈幸良主持大会开幕布式。

年会举办了特邀学术报告会，中国工程院院士、西北农林科技大学教授山仑，北京林业大学校长助理、教授马履一，中国林科院副院长储富祥，南京林业大学副校长薛建辉，林木遗传育种国家重点实验室主任卢孟柱等专家学者作大会特邀学术报告。

年会共设8个专题分会场。林业青年科技工作者全面总结交流了近两年来的最新科研进展和成果。各分会场分别围绕美丽中国与森林培育、全球气候变化背景下的林木遗传育种、野生动植物与湿地景观设计、智慧林业与森林经营管理、林业生物质高效综合利用、森林灾害的发生规律与治理新技术、和谐林业发展、竹子科技创新与产业升级等内容组织学术报告，开展专题研讨并提出对策建议。

大会开幕布式上颁发了第五届梁希青年论文奖和第四届梁希优秀学子奖。来自科研、教学、管理和生产单位的600多名林业青年科技工作者参加了年会，西北农林科技大学300多名学生参与听会。

（中国林学会由郭丽萍供稿）

中国野生动物保护协会

【综　述】 2014年，中国野生动物保护协会在国家林业局和中国科学技术协会的正确领导以及社会各界的大力支持参与下，取得了一定成绩，为促进生态文明建设和野生动物保护事业的发展做出了积极贡献，并荣获中国科学技术协会“2014年度全国学会科普工作优秀单位”和“2013年度财务决算编报工作先进单位”称号。

【中国野生动物保护协会保护区委员会成立】 1月7日，中国野生动物保护协会保护区委员会成立大会在湖南省岳阳市召开。国家林业局野生动植物保护与自然保护区管理司巡视员孟沙、中国野生动物保护协会副秘书长赵胜利、湖南省林业厅副厅长李益荣、岳阳市副市长熊炜等领导，以及来自全国27个省56家自然保护区及志愿者150余名代表出席了此次会议，参会的56家自然保护区成为首批保护区委员会的成员单位。会议审议通过了保护区委员会章程草案、常务委员会建议名单、保护区委员会工作规则和保护区委员会2014年工作计划，大会选举孟沙副司长担任第一届保护区委员会主任委员。最后，新当选保护区委员会主任委员孟沙先生作大会讲话并宣布保护区委员会正式成立。

【举办首个“世界野生动植物日”公益宣传活动】 3月2日，由国家林业局、中国野生动物保护协会、中国野生植物保护协会共同举办的首个“世界野生动植物日”公益宣传活动在北京动物园象馆广场举行。活动引来众多游客踊跃参与，人们观看野生动植物保护图片展览，以积极态度表示对野生动植物保护事业的关心和支持。2013年12月20日第68届联合国大会将每年的3月3日确定为“世界野生动植物日”。美国、英国、肯尼亚、南非等国驻华使馆代表，UNEP(联合国环境规划署)、IUCN(世界自然保护联盟)等国际组织官员参加了此次活动。

【“改变消费行为 减少非法野生物制品需求”专家研讨会】 3月25～26日，由中国野生动物保护协会(CWCA)、国际野生物贸易研究组织(TRAFFIC)和世界自然基金会(WWF)联合举办的“改变消费行为·减少非法野生物制品需求”专家研讨会在北京举行，来自政府主管部门、非政府组织(NGO)和相关企业的代表共计50多人参加了会议。会议认为非法野生物贸易已经严重威胁着濒危野生物种的生存，在减少非法野生物制品的需求上，除政府执法部门严厉打击非法野生物制品的贸易外，还需要从多方面进行研究，一方面要减少非法野生物制品的市场供应，另一方面要对消费群体的消费行为做出研究与分析，通过创新的方法和措施，减少其对非法野生物制品的需求和消费行为。

【全国“爱鸟周”活动】 3月30日，由中国野生动物保护协会举办的全国“爱鸟周”活动启动仪式在北京市房山区举行。中国野生动物保护协会会长赵学敏、国家林业局野生动植物保护与自然保护区管理司总工程师严旬、北京市园林绿化局副局长高士武、中国生态书画院院长张虎等领导分别在启动仪式上致辞；5～6月，中国野生动物保护协会与搜狐网共同开展“网络爱鸟周”，吸引着732万网友踊跃参加网上观鸟和鸟类知识大闯关活动；6月5日“世界环境日”当天，中国野生动物保护协会在《中国绿色时报》上全版专题开展“爱鸟周”宣传，以图文并茂并数据全面地展示全国“爱鸟周”活动的盛况和影响。据统计全国共有30个省、941个县(区、市)、288个自然保护区和1047所基层学校举办了不同层次的“爱鸟周”活动，直接参与人数达126万人。在活动中，共摆放科普展板18 801块，举办科普讲座395次，举办科普展览428次，举办演讲比赛103场，组织观鸟活动125次，举办主题征文活动121次，先后有40多家国内主流媒体参与报道。

【金丝猴保护繁育技术培训班】 4月22～25日，由中国野生动物保护协会主办、陕西省野生动植物保护协会承办、中国三星总部协办的“金丝猴保护繁育技术培训活动”在陕西“秦岭四大国宝动物”集中救护饲养展示地——陕西楼观台举行了开班仪式，中国三星在陕西保护项目挂牌仪式、价值15万元三星电子产品捐赠仪式同时举行。中国野生动物保护协会副秘书长李青文，陕西省林业厅副厅长唐周怀、野生动植物保护协会会长高永民，中国三星总部副总裁王幼燕等参加了开幕式并致辞。来自全国各地的专家学者，陕西、四川、贵州等金丝猴主要分布省野生动物保护协会代表，国家级自然保护区代表，北京等金丝猴人工种群较大的养殖单位代表以及韩国三星爱宝乐园代表约50人参加此次培训活动。

【2014中外自然生态摄影师作品联展】 5月26日，由中国野生动物保护协会、中国科学院动物研究所、飞羽视界文化传媒(北京)有限公司共同主办的“2014中外自然生态摄影师作品联展”在国家动物博物馆开幕。展出时间为5月26日至7月15日。用影像记录“奇野中国”，用图片传播“奇境欧洲”。影展共展出作品108幅，包括54幅中国自然生态摄影师的“奇野中国”主题作品和54幅外国著名自然摄影师的“奇境欧洲”主题作品。参展作品不仅展示了中国与欧洲的自然生态之美，也体现了中外摄影师关注自然生态的共同理念和对自然生态摄影艺术的不同追求。

【鹊境人居——全国百位书法名家作品展】 7月6日，由中国野生动物保护协会、人民画报社主办，中国生态书画院、人民画报书画院、王振艺术工作承办的“鹊境人居——全国百位书法名家作品展”在全国政协礼堂举行。全国政协副主席马飚，十一届全国政协副主席李金华，百岁女红军、谢觉哉夫人王定国，中国文联党组成员、书记处书记、副主席左中一、夏潮，中国野生动物保护协会会长赵学敏，国家人力资源和社会保障部副部长杨士秋，国家质检总局副局长魏传忠，中纪委驻司法部纪检组长韩亨林，中国野生动物保护协会副秘书长李青文等有关领导、书法家、媒体记者300多人出席开幕式。中国野生动物保护协会会长赵学敏、副秘书长李青文先后致辞。

此次活动得到了全国人大、政协、中央国家部委有关领导和全国著名书法家的积极响应，十一届全国人大常委会副委员长周铁农，十一届全国政协副主席李金华，百岁女红军王定国，全国人大常委、外事委员会副主任陆浩，中国文联副主席夏潮，中国文联书记处书记罗成琰，中国野生动物保护协会会长赵学敏，书法家欧阳中石，中国书协顾问刘艺、谢云，中国书协主席张海等100多位书法家提供了作品。此次活动的成功举办，对传播生态文明，倡导人与自然和谐共处，动员更多的艺术家、社会爱心人士参与到保护野生动物行列中来，起到了积极的作用。

【《绿野寻踪》节目走进西藏自治区】 为进一步加强未成年人生态道德教育，9月19日至26日，中国野生动物保护协会、国家林业局宣传中心和中央电视台《绿野寻踪》节目组联合开展了《绿野寻踪》进校园互动活动。期间分别走进西藏拉鲁湿地国家级自然保护区、西藏自治区拉萨市海城小学、西藏自治区日喀则市定日县协戈尔镇白坝完小学以及西藏自治区林芝县八一镇小学，组织同学们观看《绿野寻踪》节目视频，开展野生动物保护知识互动。中国野生动物保护协会向学校赠送了野生动物系列图书、学习用品、和野生动物光盘。其中西藏自治区拉萨机关幼儿园的授课教师阿旺次仁还被评选成为中国野生动物保护协会西藏自治区首位“自然体验培训师”。

【第十届全国野生动物生态及资源保护研讨会】 11月13～16日，由中国野生动物保护协会科技委员会、中国动物学会兽类学分会、中国生态学会动物生态专业委员会共同主办，广西师范大学生命科学学院和广西动物学会承办的第十届全国野生动物生态与资源保护学术研讨会在广西桂林召开。来自全国116个单位的410名代表，其中学生代表171人，交流研究成果。本次大会收到摘要279篇。中国科学院动物研究所王德华研究员、李明研究员，复旦大学教授马志军，中国科学院西北高原生物研究所研究员边疆晖，广西师范大学教授周岐海等分别做了“长爪沙鼠适应环境的生理学策略”“金丝猴植食性适应机制及进化历史”“鸻鹬类在黄渤海滨海湿地的迁徙停歇生态学研究”“母体密度应激对根田鼠繁殖及免疫力的效应及其在种群波动中的调节作用”和“喀斯特石山灵长类的行为适应策略”大会报告。

【中国野生动物保护协会狼文化专业委员会】 11月19日，中国野生动物保护协会狼文化专业委员会在哈尔滨正式成立。中国野生动物保护协会会长赵学敏，黑龙江省林业厅副厅长杨克杰，中国公共外交协会副会长、著名书画家、文化学者舒乙出席了会议，部分省市有关部门领导、全国各地的动物保护和狼文化、狼科学资深专家学者、爱好者和有关新闻媒体，参加了成立大会。本会的成立，旨在促进狼文化不断发展和完善，对狼文化、狼科学挖掘研究、传播与普及，调动和集合全社会优势，共同保护野生狼种，为广大狼文化、狼科学专家、学者及爱好者搭建高端化专业平台。

【中国野生动物保护协会2014年理事会议】 12月26日，中国野生动物保护协会2014年理事会在北京召开。国家林业局领导、在京理事、常务理事、各省级协会秘书长、资深会员、特邀代表以及媒体记者等130余人出席了会议。国家林业局副局长刘东生作了重要讲话，中国科协学会学术部万玉刚处长对理事大会的成功召开表示祝贺，并对协会的工作给予了充分肯定。中国野生动物保护协会会长赵学敏作了题为《为野生动物保护事业做出更大贡献》的工作报告，从六方面对协会2014年工作进行了全面总结，并部署了2015年重点工作。

会议公布了《中国科协关于表彰2014年度全国优秀科技工作者的决定》和《中国野生动物保护协会关于表彰2014年度协会先进工作者的决定》，并为4名由中国野生动物保护协会上报的“2014年度全国优秀科技工作者”和32名“2014年度协会先进工作者”颁奖。国家森林防火指挥部专职副总指挥杜永胜、中国作家协会副主席张抗抗、中国野生动物保护协会副会长王玉庆、卓榕生等为受表彰同志颁奖。中国野生动物保护协会副会长、中国作家协会原副主席陈建功主持会议。

【国际交流与合作】 2月23日，大熊猫“星徽”“好好”顺利抵达比利时，比利时首相迪吕波及两位副首相和中国驻比利时大使廖力强等亲临机场迎接。3月20日，中比两国领导人在比利时天堂公园共同为大熊猫园揭幕，5月21日，两只大熊猫“福娃”和“凤仪”成功抵达马来西亚吉隆坡。6月25日，马来西亚政府在其国家动物园举行大熊猫馆的官方开馆仪式，马来西亚总理纳吉布偕夫人出席并致辞。国家林业局副局长刘东生出席仪式并致辞。

截至2014年年底，中国野生动物保护协会共与美国、日本、奥地利、泰国、澳大利亚、英国、新加坡、比利时、马来西亚9个国家的11个单位开展了大熊猫合作。通过合作项目的开展，加强了中外在大熊猫科研领域的广泛交流和合作，在大熊猫繁育、生理、疾病等方面取得了重要科研成果，相关培训与交流也提升了我国相关从业人员的业务水平。同时，增加了国外公众对我国了解的途径和机会，有效地传播了中华文化，在增进我国与国外民间的友谊等方面发挥了独特的作用。

（中国野生动物保护协会由王晓婷、曹丽萍供稿）

中国野生植物保护协会

【空灵之约——中国沉香文化展】 1月11日，中国野生植物保护协会沉香保育委员会与山东省文化厅、山东省文物局等单位在山东省博物馆联合主办"空灵之约——中国沉香文化展"。国家文物局副局长宋新潮和山东省人民政府党组成员、省政府特邀咨询张建国共同为展览揭幕。山东省委宣传部副部长、山东省文化厅厅长徐向红，国家林业局保护司副司长、中国野生植物保护协会副会长刘亚文分别致辞。本次展览于6月30日结束，展期半年。共展出历代香器和珍贵香料238件(套)，其中自战国直至近代的香器180件，产自越南、印尼及我国海南等世界各主要产地的顶级沉香58件。是国内迄今规模最大、展品最多、文物等级最高的沉香文化展。

【中国中医药企业社会责任与可持续发展论坛成立暨第一次会议】 2月17日，中国野生植物保护协会与国际野生物贸易研究组织(TRAFFIC)、中国中医药物资协会(CMPMA)、世界中医药学会联合会(WFCMS)联合主办中国中医药企业社会责任与可持续发展论坛成立暨第一次会议。来自欧盟、相关政府主管部门以及中医药企业、科研机构和非政府组织的70多名代表出席了此次会议。本届论坛围绕"中医药行业可持续发展与供应链管理"的话题展开讨论，议题涉及国内国际的可持续性行业标准，供应链的可追溯、透明性以及药用植物资源保护等方面。企业代表发表了《中医药企业社会责任倡议》，表达了中医药企业推动建立中草药绿色供应链，优化企业的社会责任战略，实现道德采购，保护资源和支持社区的意愿。

【2014(第三届)中国国际沉香文化博览会和中国沉香文化论坛】 9月24~25日，中国野生植物保护协会沉香保育委员会在北京展览馆举办了2014(第三届)中国国际沉香文化博览会和中国沉香文化论坛。国家林业局副局长陈凤学出席了开幕式，博览会旨在弘扬中国沉香文化、保护沉香野生资源、推动沉香产业可持续发展。同期举办的沉香文化论坛，汇集了沉香各领域的专家学者，交流了沉香文化、沉香科研、沉香保育开发等方面的经验成果。

【中国野生植物保护协会苏铁保育委员会成立大会】 10月28~31日，中国野生植物保护协会与中国植物学会在四川省攀枝花市联合举办了第六届全国苏铁学术会议暨中国野生植物保护协会苏铁保育委员会成立大会。来自苏铁重点省份的野生植物保护行政主管部门领导、保护区管理人员、专家学者等近百余人参加了会议。国家林业局保护司副司长刘亚文出席会议并讲话；国际自然保护联盟物种生存委员会苏铁专家组成员、国际知名苏铁专家丹尼斯·史蒂文森博士、中国生物多样性保护与绿色发展基金会副理事长张佐双等到会祝贺；会议选举确定了第一届苏铁保育委员会组成名单并颁发了聘书；审议通过了委员会工作条例；第一届苏铁保育委员会主任委员、深圳市中科院仙湖植物园"国家苏铁种质资源保护中心"负责人李楠向大会介绍了苏铁保育委员会近期工作计划和设想。来自攀枝花苏铁国家级自然保护区管理局、相关科研院校、研究机构的20余位苏铁保护管理人员、专家做了专题汇报和学术报告。

【2014年中国蕨类植物研讨会】 11月19~21日，由中国野生植物保护协会蕨类植物保育委员会和中国花卉协会蕨类植物分会联合主办，广西药用植物园承办的"2014年中国蕨类植物研讨会"在广西南宁市召开。来自全国36个单位的80余位代表参加了会议。研讨会报告内容涉及蕨类植物系统学、蕨类植物生理与分子生物学、蕨类植物多样性与迁地保育以及蕨类植物开发利用等研究领域，共25个专题报告，全面展示了我国蕨类植物学研究在各个领域的成果和进展。

【中国野生植物保护协会药用石斛保育与利用委员会成立大会】 11月28~30日，由中国野生植物保护协会主办，江西省野生动植物保护协会、中国科学院华南植物园、江西鹰潭市龙虎山风景名胜区管理委员会和江西龙虎天元生物科技有限公司联合承办的第二届全国药用石斛保育与产业发展研讨会暨中国野生植物保护协会药用石斛保育与利用委员会成立大会在江西省鹰潭市龙虎山召开。国家林业局保护司、国家濒管办、中国绿色时报社、江西省林业厅、江西省农业厅、鹰潭市政府以及中科院等相关部门领导出席了会议，来自石斛重点省份的野生植物保护行政主管部门负责人、相关专家学者和药用石斛产业界的企业代表二百余人参加了会议。

(中国野生植物保护协会由王晓婷、曹丽萍供稿)

中国花卉协会

【综　述】 2014年，中国花卉协会以党的十八大和十八届三中、四中全会精神为指导，以加快生态文明建设、建设美丽中国和建成小康社会为目标，以全面深化改革为主线，以贯彻落实《全国花卉产业发展规划

(2011～2020年)》为重点，积极推进中国现代花卉产业发展。据统计，全国花卉种植面积达到122.71万公顷，销售额达到1288.11亿元，出口创汇6.46亿美元。

【成功举办2014青岛世界园艺博览会】 2014青岛世界园艺博览会(A2+B1类)于4月25日至10月25日在青岛市李沧区百果山森林公园成功举办。青岛世园会经国务院批准，由国家林业局、山东省人民政府、中国贸促会和中国花卉协会共同主办，青岛市人民政府承办，主题是"让生活走进自然"，秉承"自然创造、科技创新、文化创意"的理念，坚持"惠民利民、节俭办会"的原则，实现了"安全、有序、欢乐、祥和"的目标。来自五大洲37个国家和国际组织，以及中国31个省、自治区、直辖市及港澳台地区全部参展，实现了"五洲聚会、中华团圆"，集中展示国内外最新的花卉园艺成就，109个室外展园、10项室内国际竞赛精彩呈现，在历时184天中，参观人数累计466万人次。

【完成《2013中国花卉产业发展报告》】 集全国花卉协会组织、科研院校、重点地区、龙头企业等各方面的智慧和力量，编辑出版了《2013中国花卉产业发展报告》。这是关于我国花卉产业的第一部年度发展报告。报告分《总论篇》《地方篇》和《典型篇》三大部分，共59章，72万字，全面总结了我国花卉产业30年来的发展成果和发展经验。

【完成《2014我国花卉产销形势分析报告》】 通过问卷调查、实地调研和组织召开形势分析会，形成了《2014我国花卉产销形势分析报告》。报告印发各省(区、市)花卉协会、中国花协各分支机构，并组织《中国花卉园艺》《中国绿色时报》等专业媒体进行宣传，对花卉生产和消费起到了重要的引导作用。

【举办第九届中国花卉产业论坛】 第九届中国花卉产业论坛于11月7～8日在江苏省常州市武进区举办，主题为"让花卉走进千家万户"，内容分为中国花协领导的主旨报告、政府和企业对话交流的圆桌会议、专家企业家的主题演讲、全体与会人员的专题讨论。中国花卉协会副会长赵光华作了题为"促进大众花卉消费　服务美丽中国建设"的主旨报告。国家发展改革委、国家林业局、质检总局等单位的司局领导，中国花卉协会和各省(区、市)花卉协会、花卉重点产区、花卉企业、科研院校等代表200多人参加。论坛发表了"常州倡议书"，分析了产业发展形势，提出了当前我国花卉苗木生产、研发、市场、流通、外贸、金融信贷、税收、检验检疫等环节存在的主要问题及政策建议。

【加强花卉标准化工作】 组织召开了第二届全国花卉标准化技术委员会会议，审议通过了第一届委员会工作报告、新的章程和工作细则，提出了第二届委员会的主要工作任务。国家标准化管理委员会副主任于欣丽、国家林业局副局长孙扎根和江泽慧会长出席会议并发表重要讲话。组织专家审定通过了《蜡梅切花生产技术规程》《盆栽竹芋生产技术规程》《四季秋海棠无土栽培技术规程》3个行业标准并报批。利用中国花卉园艺杂志和协会网站，发布了花卉产品质量标准研究指标，刊登了10多项花卉国家标准和行业标准，对现行花卉国家标准和行业标准汇编发送标委会委员。

【推举典型，引领产业发展】 组织参加2014年度国际种植者评选。推荐福建连城兰花股份有限公司代表我国花卉企业参加国际园艺生产者协会(AIPH)组织的"2014年度国际种植者"的评选，荣获国际种植者"银玫瑰奖"。评选2013中国花木产业年度人物。与中国绿色时报社联合评选出第四批花卉产业年度人物，并在2014中国(萧山)花木节期间举行了颁奖仪式和经验交流会。制定发布了《国家重点花文化示范基地认定管理办法(暂行)》。

【品种选育和审定工作】 有4个牡丹新品种获得国际登录，12个牡丹新品种获得国家林业植物新品种权；梅花蜡梅分会获得蜡梅品种国际登录权，梅花新品种选育及产业升级关键技术课题获教育部二等奖；兰花分会审定注册莲瓣兰、蕙兰、墨兰等24个新品种；茶花分会完成了23个茶花新品种命名登录；桂花分会扩建桂花种群库，新增彩叶桂2个新品种。

【完成2019北京世界园艺博览会认可工作】 2019北京世界园艺博览会是国务院同意，经国际园艺生产者协会批准、国际展览局认可的A1类专业性世界博览会。国家林业局、中国贸促会、中国花卉协会和北京市人民政府高度重视，紧密合作，扎实推进各项筹备工作，取得实质性进展。

一是成立组委会并召开组委会会议。成立了2019北京世园会组委会，确定了主任委员、副主任委员，37个部门和单位的分管领导为成员。2月11日，2019北京世园会组委会第一次全体会议在北京召开。组委会主任和4个主办单位分别进行了汇报和说明。

二是2019北京世界园艺博览会获得国际展览局认可。4月24日在国际展览局执委会会议上，进行陈述，并递交相关认可法律文件；6月11日，中国代表团参加国际展览局第155次大会，国际展览局168个成员国一致表决认可2019年北京世园会。至此，北京世园会申办和认可工作取得圆满成功，纳入认可类世博会范畴，上升为国家行为。

三是成立了北京世园会执委会和事务协调局。执委会主任由北京市委书记担任，执行主任由北京市、中国贸促会、国家林业局、中国花卉协会等7个单位主要负责同志担任。10月28日，北京世界园艺博览会事务协调局揭牌仪式在北京奥运大厦举行。

四是召开组委会联络小组会议。12月3日，召开了组委会主要筹备单位联络小组会议，总结了2014年筹备工作，研究确定了下一步工作计划，听取了北京世园会概念性规划优胜方案，对总体规划方案、健全组织机构、加强国内外招展、加大宣传力度等方面进行重点研究。

【启动第九届中国花卉博览会申办工作】 为规范中国

花卉博览会的申请、筹备和举办工作，在广泛征求意见的基础上，进一步修改、补充、完善，形成和印发了《中国花卉博览会管理办法》(中花协字〔2014〕22号)，并发文启动了第九届中国花卉博览会申办工作。

【举办首届中国杯盆景大赛】 首届中国杯盆景大赛于10月25日~11月2日在江苏省如皋市举办，来自16个省(区、市)的331件盆景作品参赛，参观人数达数万人次。大赛期间，还组织盆景大师现场创作表演，有200多名盆景爱好者观摩学习；设置了126个盆景展销区。

【成功举办第十六届中国国际花卉园艺展览会】 第十六届中国国际花卉园艺展览会于4月23~26日在北京展览馆成功举办。展出面积2.3万平方米，来自中国(包括中国香港、中国台湾)、俄罗斯、美国、荷兰、英国、印度、韩国、丹麦、澳大利亚、新加坡、沙特阿拉伯等27个国家的435家企业参展，荷兰、德国、法国、中国台湾以展团的形式参加展览会，并举办了中荷园艺发展研讨会、京津冀立体绿化治理雾霾论坛、温室设施与创新技术论坛、中国园艺企业发展交流会、企业技术交流会等专业活动。

【分支机构展会活动丰富多彩】 梅花蜡梅分会在云南昆明举办第十四届中国梅花蜡梅展览会，杜鹃花分会在湖北麻城举办第十二届中国杜鹃花展览会，兰花分会在河南郑州举办第二十四届中国兰花博览会，月季分会在山东莱州举办第六届中国月季花展、在北京举办了月季文化节、在河南举办2014南阳月季文化节，零售业分会在福建南平参与举办荷兰百合日(中国区)活动，荷花分会在江苏金湖和辽宁铁岭两地举办第二十八届全国荷花展览会，桂花分会在浙江金华举办“第五届中国仙源湖桂花节”。

【推进花卉信息化建设】 制订了《中国花卉信息工作管理办法(试行)》。办法共分6章26条，对信息工作的指导原则、机构职责、信息员要求、信息报送制度和考核办法等做了明确规定；更新维护局网站《花卉产业》和《林业产业》栏目50余次，点击量达818.36万人次，在国家林业局49个栏目中排行第8位，比2013年提前2位；开展名花网站群建设，首批15个和第二批20个名花网站已上线；举办了首期全国花卉行业信息管理培训班，建立起首支花卉信息员队伍36人，并颁发证书，建立中国花卉协会信息员QQ群，吸纳了49名成员加入该群；《中国花卉园艺》杂志全年编辑出版杂志24期，完成了年宵花、花卉标准等12个专题报道。

【承办第66届国际园艺生产者协会年会】 2014年国际园艺生产者协会(AIPH)年会于9月16~19日在青岛召开，由中国花卉协会和2014青岛世园会执委会承办。来自中国、澳大利亚、加拿大、丹麦、法国、印度尼西亚、日本、韩国、荷兰、泰国、土耳其、英国、阿联酋13个国家的100多位国际园艺生产者协会成员组织代表、国际种植者候选企业代表和国际展览局特别代表参加了本届年会。

开幕式上AIPH主席维克·克朗向江泽慧会长颁发了国际园艺生产者协会“金玫瑰奖章”。这是世界花卉园艺界最高荣誉，是国际组织对江泽慧会长在花卉园艺领域所取得的杰出成就，以及在促进中国花卉产业发展和推动世界花卉园艺事业发展所作出的突出贡献的高度赞扬，也是对中国花卉产业发展和中国花卉协会工作的充分肯定。江泽慧会长是该项殊荣的我国第一位获得者。

AIPH年会上，由中国花卉协会推荐的AIPH副主席候选人、北京林业大学副校长、中国花卉协会梅花蜡梅分会会长张启翔教授，作了自我介绍，赢得广泛认同；中国花卉协会推荐的福建连城兰花有限公司荣获2014年度国际种植者银玫瑰奖。

【顺利完成2014亚洲杯插花花艺大赛任务】 2014亚洲杯插花花艺大赛于7月19~29日在日本静冈县沼津市举办，来自中国大陆、中国台北、中国香港、日本、韩国、美国、澳大利亚、泰国和丹麦等9个国家和地区的16名选手参赛。中国花卉协会选派国内2名选手参赛，获得了第七名和第十二名的成绩。

【加强分支机构管理和建设】 一是组织召开了分支机构年度工作座谈会。1月8日，在云南昆明召开了2014年中国花协分支机构工作座谈会，交流了各分支机构2013年工作情况，传达了中国花协工作思路和工作重点，部署了2014年工作要点。

二是成立了中国花卉协会盆景分会。10月29日中国花卉协会组织在江苏如皋召开了中国花卉协会盆景分会第一届会员代表大会，审议通过了《中国花卉协会盆景分会工作条例》《中国花卉协会盆景分会会费标准及使用办法》，选举产生了第一届理事会组织机构。11月5日在北京召开了成立大会，来自全国盆景主产区的省(区、市)花卉协会代表、中国花卉协会相关分支机构代表和中国花卉协会盆景分会副会长单位、常务理事、盆景专家代表参加了会议。

三是分支机构自身建设不断加强。梅花蜡梅分会、盆栽植物分会、绿化观赏苗木分会、茶花分会、杜鹃花分会完成了换届工作；牡丹芍药分会成立了油用牡丹产业发展专业咨询委员会，盆栽植物分会成立了组合盆栽产业小组。

【组织开展中国花卉协会成立30周年系列宣传活动】 30年来，中国花卉协会伴随着中国花卉产业发展走过了不平凡的历程，取得了成功经验和丰硕成果。本着节俭、高效的原则，在《中国花卉园艺》进行了专题报道，在《中国绿色时报》开辟“纪念中国花卉协会成立30周年专栏——花让美丽中国绽放异彩”，刊登了6篇系列报道文章。 (中国花卉协会由宿友民供稿)

中国绿化基金会

【综 述】 2014年，在林业局党组和理事会的领导下，中国绿化基金会紧紧围绕全面提高生态林业民生林业发展水平，促进生态文明建设和实现美丽中国这一中心任务，以扩大社会募集资金规模、提高公众参与程度为目标，创新思路，开拓进取，团结奋进、务求实效，取得了较好成绩。截至2014年12月底，中国绿化基金会共募集到账资金4496万元，实施绿化公益项目28个；签订捐赠合作、实施等协议116个；组织开展各类公益活动34次，为中国林业生态建设发展作出积极贡献。

【2014"幸福家园·绿色金秀——全国志愿者生态扶贫植树交流"活动启动】 2月24日，由中国绿化基金会携手联合国环境规划署、东南卫视、广西壮族自治区林业厅共同举办的"幸福家园·绿色金秀——全国志愿者生态扶贫植树交流"公益活动在广西金秀县隆重启动。联合国环境规划署驻华代表处蒋南青博士、中国绿化基金会副秘书长杨旭东博士、广西壮族自治区林业厅副厅长韦纯良、来宾市人民政府副市长朱贾莲以及美国联合技术国际有限公司、普莱克斯(中国)投资有限公司、高露洁棕榈(中国)有限公司、曲美家具集团、杭州宏铭生物科技有限公司等捐资企业代表，东南卫视、《京华时报》、《新京报》、新浪网、《广西日报》、《来宾日报》等媒体代表和当地瑶族村民百余人出席了本次启动仪式并现场参与植树活动。

"幸福家园·绿色金秀"是"幸福家园——西部绿化行动"的第二期生态扶贫公益项目，在广西壮族自治区金秀县实施。该项目在"国际机构+媒体"两位一体的社会监督和公众传播机制下，突出了"替代保护"的创新公益理念，以10元一棵石崖茶树为标准援助金秀县612户家庭，种植160公顷石崖茶生态经济林。该项目通过公益机构募集资金、社会捐款、林业部门组织实施项目、村民种植生态经济林作物、企业收购、政府引导支持相关产业发展的"捐资人+政府+公益机构+企业+农户"五位一体模式，有效带动了金秀村民种植石崖茶、开展"替代保护"工作的积极性和参与度，为保护金秀大瑶山的水源涵养林做出了卓有成效的探索和贡献。

联合国环境规划署驻华代表处蒋南青博士在讲话中高度评价了中国绿化基金会"幸福家园——西部绿化行动(广西金秀)"生态扶贫公益项目。

【第六届中国网络植树节启动暨落地植树活动在北京举行】 4月11日，由中国绿化基金会、联合国环境规划署、东南卫视、新华社中国特稿社等联合主办的第六届中国网络植树节启动暨落地植树活动在北京隆重启动。国家林业局副局长张永利，中国绿化基金会副主席兼秘书长卓榕生，联合国环境规划署驻华代表处代表张世钢，新华社中国特稿社等领导、嘉宾以及新闻媒体记者百余人出席了本次活动，并现场参与落地植树活动。张永利副局长讲话："中国网络植树节"大型全民互动在线植树公益活动，自2009年3月启动以来，已成功举办5届，先后有数百万社会公众，以及腾讯公益慈善基金会、新浪微公益、新浪校园、渤海银行、美国联合技术国际公司、曲美家具、高露洁公司、杭州宏铭等机构积极加入支持这项公益活动。该项目已募集绿化公益资金近2000万元，全部用于支持"幸福家园——西部绿化行动"生态扶贫公益项目，一期项目援助甘肃省通渭县1.7万户贫困家庭，种植近0.67万公顷、1000多万株大果沙棘生态经济树；二期项目援助广西壮族自治区金秀县600户贫困家庭，种植160公顷，68万株石崖茶生态经济树。为绿化祖国、西部生态建设和扶贫开发事业做出了重要贡献。

2014年中国绿化基金会第六届中国网络植树节首次尝试利用移动互联渠道，通过运用手机扫描二维码的方式，真正意义上实现了线上线下相结合的方式，即线上认领植树，线下现场植树的模式。

【中国绿化基金会携手南方卫视打造环保艺术生活展】 4月11日，由中国绿化基金会携手南方卫视、广州太古汇共同打造的为期8天的环保生活艺术展在广州太古汇完美落幕。

这次环保展的主题是"旧物的循环利用"，展出的全部作品都由废弃物资进行再创作，例如各色塑料垃圾袋粘贴成的梵高的名画《星空》，旧皮带做成的椅子，鸡蛋包装盒做成的沙发，织衣服的毛线做成的小清新LOGO墙，还有废弃的水管做成的绿植花架。之后，环保艺术展将走进广州地区的大型写字楼、住宅小区、大学校园以及网络社交等领域。正值春暖花开的时节，《绿色南方"换"然一新》为活动内容，重点突出一个"换"字，以大家日常生活中经常接触到可收回资源为"交换物"，如报纸、杂志、办公废纸、包装用纸等，只要集够一拳头高度的纸制品就可兑换一株美丽的绿色小盆栽。

【中国绿化基金会携手国家发展改革委国际合作中心共同启动援疆生态扶贫公益项目】 为认真贯彻落实习近平总书记考察新疆工作时的重要指示，落实国家援疆工作部署和2014年林业援疆工作座谈会议精神，5月15日，中国绿化基金会与国家发展改革委国际合作中心签署合作协议，共同开展援疆生态扶贫公益活动。

国家发展改革委国际合作中心率先向中国绿化基金会捐赠本项目的启动资金，通过中国绿化基金会公益平台广泛开展劝募活动，积极动员社会力量及在华外国机构、企业履行社会责任，将所募集的资金优先用于新疆和田地区，营建林果经济林和防风固沙生态林，为贫困地区提供"造血"功能，改善当地生态环境，提高当地农牧民生产、生活水平，促进当地国民经济发展。

以生态扶贫公益项目为载体积极做好援疆工作，意义很大，事关新疆的长治久安，事关全面建成小康社会，事关中华民族伟大复兴。希望通过全社会的共同参与，为建设绿色、美丽、和谐的新疆作出贡献。

【“最亮的明天——暖灯行动”公益项目在宁夏实施】 7月18日，由中国绿化基金会携手腾讯公益慈善基金会、腾讯QQ邮箱共同开展的“最亮的明天——暖灯行动”公益项目第一期活动在宁夏回族自治区固原市彭阳县沟口寄宿制小学开展实施。中国绿化基金会副秘书长杨旭东博士、腾讯公益慈善基金助理秘书长刘琴女士、彭阳县教育体育局副局长杨田仓以及沟口小学百余名学生、教师和家长共同参加了本次活动。

2014年，为进一步关注偏远贫困地区的乡村学校教室照明条件、向更多的社会公众宣传节能环保的绿色低碳理念，由腾讯QQ邮箱联合腾讯公益慈善基金会、中国绿化基金会共同发起了“最亮的明天——暖灯行动”，该活动是集助学、扶贫和环保于一体的综合项目，通过对贫困地区照明条件差的乡村中小学校教室照明条件的改造，保护乡村儿童视力健康，促进乡村儿童的身心健康发展。

该项活动通过号召QQ邮箱用户删除不必要的邮件这种方式进行宣传筹款、腾讯公益慈善基金会捐资，中国绿化基金会执行，共同帮助贫困地区学校更换节能环保的LED节能灯，改善照明环境。截至6月17日，QQ邮箱用户累计1 607 982人参加了此次活动。

“最亮的明天——暖灯行动”公益项目第一期在宁夏回族自治区固原市彭阳县实施，资助16所农村寄宿制中小学校教室更换7500盏LED节能灯，总价值为30万元，为近5000名寄宿学校的学生改善照明条件。

【再启“旧爱地球，绿碳行动”】 7月29日，由曲美家具集团携手中国绿化基金会共同发起的“旧爱地球，绿碳行动”启动大会暨曲美家具2014全国以旧换新启动会在北京举行。中国绿化基金会副秘书长杨旭东博士、中国家具行业协会副会长兼秘书长张冰冰、曲美集团董事长赵瑞海等30位绿色卫士代表和相关媒体共同出席并见证了本次活动。

2014“旧爱地球，绿碳行动”是曲美集团携手中国绿化基金会共同发起“曲美·‘旧’爱地球，绿碳行动”公益计划的第二期。曲美家具集团通过旗下分布全国的600多家连锁店，开展为期50天的家具以旧换新活动，倡导循环利用、资源节约以及低碳生活的绿色理念，并将在该项活动中所获得的经济收入捐赠中国绿化基金会，支持“幸福家园·绿色宁夏”项目，以10元一棵枸杞生态经济树的捐赠标准，援助宁夏回族自治区固原市原州区贫困家庭种植枸杞生态经济树，更好地帮助当地环境保护和老百姓脱贫致富。

【“中基透明指数FTI指数”出炉 中国绿化基金会位居前列】 8月20日，基金会中心网旗下的“中基透明指数FTI指数”网站公布了中国境内基金会自身透明指数。该项指数设立时间为2012年8月29日，旨在让社会各界了解中国境内在民政部登记注册的所有基金会信息公开透明程度的排名，方便公众以透明指数为捐赠参考，促进慈善行业透明度的增加和公信力的增强。

中国绿化基金会在全部2598家基金会(经民政部门注册的公募基金会、非公募基金会)排名第16位，得分为100分(满分为107.2分)。基金会中心网是由国内35家知名基金会联合发起，于2010年7月8日正式上线。该网站旨在建立基金会行业信息披露平台，提供行业发展所需的能力建设服务，促进行业自律机制形成和公信力提升，培育良性、透明的公益文化。网站数据来源主要是各基金会官方网站和各级民管机构，内容摘自基金会年报、审计报告、项目报告和机构动态等。

【中国绿化基金会获评“2014年度中国公益慈善组织信息披露卓越组织”】 9月19日，由中华人民共和国民政部、国务院国有资产监督管理委员会、中华全国工商业联合会、广东省人民政府、深圳市人民政府、中国慈善联合会共同主办的第三届中国公益慈善项目交流展示会，在深圳市会展中心隆重开幕。展示会当天，中国慈善联合会对外发布了《中国慈善透明报告(2009～2014)》，中国绿化基金会获评“2014年度中国公益慈善组织信息披露卓越组织”。

《中国慈善透明报告》由中民慈善捐助信息中心根据民政部相关文件及委托展开调研，旨在针对全国性公益慈善机构展开抽样监测，通过监测数据展示和提升中国公益慈善行业的透明自律。

2014年共抽取1000家社会组织进行监测、统计和分析，结果显示1000家监测样本组织的透明指数平均值为44.10，比2013年提高了2.3%。其中，透明水平达到卓越的有81家，在全部监测样本中所占比例为8.1%；136家全国性组织中达到卓越的有39家。

【中国绿化基金会助力“关注和田·幸福洛浦”爱肝护肝健康普查公益活动】 9月25日，为积极响应国家卫生部、教育部、人社部关于“消除肝病歧视，共建和谐社会”的号召，中国绿化基金会、新疆维吾尔自治区和田地区洛浦县人民政府和爱心企业洛浦芳园林果有限责任公司、河南璞华科技有限公司共同启动了“关注和田·幸福洛浦”爱肝护肝健康普查大型公益活动。中国绿化基金会副秘书长杨旭东博士、洛浦县委县政府及有关单位领导出席此次活动。

此次“关注和田·幸福洛浦”爱肝护肝健康普查大型公益活动是为新疆和田地区社会弱势群体、孤寡老人以及公安林业等特殊部门的职工免费提供肝硬化诊断、赠送养肝护肝知识手册和相关救助治疗药品，帮助当地肝病患者做到早发现、早治疗。预计此活动将影响近万名百姓受益。

【YOOXYGEN全球时尚环保项目携手百万森林联合著名设计师独家推出慈善环保口罩系列】 10月16日，全球著名的时尚网络概念店yoox.com宣布其发起的可持续环保项目——YOOXYGEN正式登陆中国。为庆祝YOOXYGEN在中国上线，yoox.cn携手Masha Ma、邱昊、上官喆以及Xander Zhou4位中国知名设计师，为中国的时尚、环保爱好者们带来4款创意独特的“绿色正能量”设计师慈善环保口罩系列。此次义卖所得将捐赠给由气候组织、中国绿化基金会与联合国环境规划署共同发起的百万森林沙棘项目，在甘肃种植百万棵沙棘以帮助中国西部贫困地区改善生存环境，缓解气候变化带给他们的生存压力。

【中国绿化基金会联手2014年北京马拉松净霾公益跑活动在天安门广场开跑】 10月19日上午，北京天安门广场迎来3万多名跑步爱好者，由此拉开了2014年北京马拉松赛序幕。中国绿化基金会作为北京马拉松赛连续4年的钻石级公益合作伙伴，携手新浪移动门户（手机新浪网、新闻客户端）在2014年北京马拉松赛活动中联合推出了“追忆你童年 还我更蓝天”净霾公益跑活动。

此次公益跑活动共招募了103名参赛选手，为中国绿化基金会“中国网络植树网——幸福家园宁夏”项目募集了55 500元善款，援助宁夏回族自治区固原市原州区的8.4户贫困家庭种植5550株枸杞生态经济树，帮助西海固的贫困村民通过劳动获得稳定家庭经济收入、开展生态环境保护工作以实现可持续发展目标。

【中国绿化基金会公益传播大使张靓颖出席资生堂泊美环保新品发布及捐赠仪式】 11月4日，张靓颖作为中国绿化基金会公益传播大使和资生堂泊美品牌代言人出席了“牵手绿色·水润西部”泊美环保新品发布会及捐赠仪式。中国绿化基金会副秘书长杨旭东博士出席活动并接受捐赠。

在仪式上，资生堂公司向中国绿化基金会捐赠10万元善款，支持“幸福家园——西部绿化行动”生态扶贫（宁夏）项目，援助宁夏西海固地区的贫困家庭种植枸杞生态经济树，在保护当地生态环境的同时帮助他们通过劳动获得持续稳定的家庭经济收入，实现可持续发展目标。

张靓颖表示自己始终关注绿色环保事业，非常高兴出任中国绿化基金会公益传播大使，愿意通过自己身体力行的行动倡议和影响更多的粉丝参与到绿色公益活动中来，共同为保护我们的地球家园做出一份努力。

【启动“中国绿化基金会园林博物馆专项基金”】 11月18日，由中国园林博物馆携手中国绿化基金会共同发起的“中国绿化基金会园林博物馆专项基金”启动仪式在北京中国园林博物馆举行，中国绿化基金会陈蓬副秘书长、中国园林博物馆馆长李炜民、中国风景园林学会副理事长郑淑玲、北京博物馆学会副秘书长董纪平及多家媒体近200人出席了本次活动。

中国绿化基金会副秘书长陈蓬在活动现场讲话中指出，中国园林博物馆开馆一年来，免费向社会开放，大力弘扬中华民族的优秀园林文化和生态文明，提高了公民的生态意识，为绿化祖国，建设秀美家园营造了良好的环境。

启动仪式上，北京市建筑设计研究院有限公司、北京清尚建筑装饰工程有限公司 、北京方略博华文化传媒有限公司、北京天图设计工程有限公司 、北京水晶石数字科技股份有限公司、北京保发津樑装饰工程有限公司首批做出表率，向“中国园林博物馆专项基金”捐赠善款130万元。捐赠资金将用于中国园林博物馆的藏品征集、文创开发、展陈体系升级改造、绿化景观提升等公益项目，为中国园林绿化公益事业以及园林科普研究和增进学术交流作出积极贡献。

【第四届人与环境摄影大赛获奖作品展以及“2014生态摄影论坛”】 11月29日，由中国绿化基金会、中国绿色时报社、上海市摄影家协会、上海艺术摄影协会、国家林业局摄影协会、第一财经等单位联合主办的2014“人与环境摄影大赛”获奖作品展在上海群众艺术馆隆重举办。中国绿化基金会副秘书长杨旭东博士给获奖作者颁发了获奖证书。

本次大会吸引了来自十几个国家和地区的社会公众参与，赛事官网浏览量近40万，共收到参赛作品7207幅（组）。活动现场举办了“2014生态摄影论坛”，上海摄影家协会前副主席、上海哈苏相机沙龙会长杨信生、上海艺术摄影协会副会长管一明等大师作了精彩讲解和点评。

【2014绿色公民行动项目】 2014年绿色公民行动共募集资金1290.47万元，劝募普华永道、苏宁、联想、携程旅游信息技术有限公司等企业捐赠善款，先后在河北金山岭地区、内蒙古阿拉善、甘肃刘家峡等地开展植树造林、生态扶贫、防风治沙项目。其中金山岭植树造林主要用于环北京风沙源治理，主要种植树种为侧柏 、山杏。截至2014年11月13日，企业定向对河北金山岭植树捐赠款项37.07万元，2014年度，用于阿拉善地区总资金量为164.18万元，共植337 950株。2014年共投入10万元用于在甘肃刘家峡种植经济林。造林面积20公顷，共计13 200株。江西双仁实业有限公司于2014年，向绿化基金会捐赠900万元人民币，用于在南昌市举办绿色公民行动——动态版《清明上河图》走进南昌巡展公益活动。

【中国绿化基金会全体理事会议在北京召开】 12月11日，中国绿化基金会第六届理事会第九次全体会议在京召开。会议由绿化基金会主席王志宝主持。与会理事、监事共计16人，会议主要内容有两项，一是审议通过基金会2014年工作报告及2015年工作计划；二是审议修改《中国绿化基金会网络募款公益项目管理办法》。

会上各位理事、监事和理事代表纷纷发言，对一年来的工作给予充分肯定，并对今后工作提出合理化建议。最后，王志宝主席作总结发言，提出五点要求。

（张杨供稿）

中国林业产业联合会

【综　述】 2014年，中国林业产业联合会围绕国家林业局的重点工作安排，结合自身实际，强化服务，注重规范，培育品牌，积极承担国家林业局交办的工作，充分发挥联合会桥梁和纽带作用，各项工作稳步扎实推进。

重点工作　受托组织了国家“十三五”规划林业产业部分的编制工作，先后3次组织召开了“十三五”规划林业产业编制工作专题研讨会，听取各重点研究机构和省区林业产业主管部门对“十三五”林业产业发展总体思路、发展重点及实施措施提出的意见和建议，研究当前林业产业发展的主要特点和存在的主要问题，分析判断“十三五”期间林业产业发展新趋势，此项工作基本完成。

按照国家林业局2014年工作要点中关于盘活林业资本，激活产业转型的思路，与北京林业大学、华东商品交易所、广东浆纸交易所、大连商品交易所等单位分别开展了林产品电子交易、期货交易、产业基金设立、新三板上市等培训工作，开辟了对会员企业的金融服务业务。

在征求国家林业局有关司局单位意见的基础上，广泛开展深入的林业产业调研工作，重点就中国林业产业现状、林业产业竞争力分析、林业产业预警、诚信经营、红木产业等方面提出建议和措施。编撰出版了《2013中国林业产业重大问题调查研究报告》《2013中国林业产业发展指南》，发布了林产工业企业社会责任报告。

圆满完成国家林业局交办的第二届中国林业产业突出贡献奖的组织、评选工作，并首次以国家林业局和中国农林水利工会联合发文进行表彰。同时，开展了林业产业创新奖红木、木门、木结构、林浆纸、木地板等行业领域奖项的评比、表彰工作。

召开全国林业产业重点企业座谈会，了解林业企业发展现状，听取企业关于林业产业税费改革、林权流转制度、林权抵押政策、林业行政审批制定、林企参与国际市场经营活动话语权以及维权等方面的意见与建议。

林业产业信息综合服务平台　《中国林业产业》杂志、中国林业产业网、中产联门户网站和中国林业产业诚信网“一刊三网”的建设取得了突破性进展。目前，杂志社正在积极筹备成立中，杂志发行量稳步上升，各网站点击率直线上升，通过一刊三网发布产业政策和最新产业动态为更多受众所认可。

构建并着手打造全国重点林产品信息综合服务平台，以国家林业局委托产业协会的林业产业信息网络建设为基础，构建了全国重点林产品数据服务、林产品网上交易、林产品质量追溯和林业产业品牌的公信查询四大信息平台。目前，四大信息平台建设方案已经专家论证通过，林产品数据服务平台已开通试运行。同时启动了林业产业大数据平台建设。

林业产业品牌建设工作　由联合会承担的林业产业特色区域认定扩大到十多个省份，林业产业新产品、新项目的鉴定评审试点工作正式启动，在河北邢台召开了林业特色区域认定经验交流会，组织特色区域代表和品牌企业进行了对接和互访。

开展森林标志产品体系建设试点工作。以联合会名义发布了《森林标志产品体系通用规则》，编写了《森林标志产品符合性评估要求》《森林标志产品认定和运行监测管理办法》及相关的技术规范，目前，森林标志产品体系建设工作已经得到国家林业局认可。

中国林业产业诚信联盟建设进展顺利。召开了中国林业产业诚信联盟成立大会；起草了《中国林业产业信用体系建设规划纲要》并通过专家论证；通过专题片、诚信网和诚信中国行等方式加大对诚信工作宣传力度；评选了中国林业产业诚信功勋人物和领军人物。

积极配合国家林业局计财司，参加了首批国家级林业产业龙头企业的评审工作；指导中林天合森林认证中心启动了林下经济认证的试点工作。

国际交流合作　配合国际合作司起草中日会谈、中芬会谈、中奥（地利）会谈等外事活动的介绍材料和相关签报；与俄罗斯驻华商务代表处举行洽谈会，交流各自在林业行业领域的信息，并应俄方请求向俄方推荐中国产人造板生产配套设备；发布俄罗斯木材供应信息和厄瓜多尔轻木、柚木供应信息；参加与波黑共和国相关人员的会谈，积极协调双方的对接合作事宜；参加瑞士、丹麦和芬兰国际打击非法采伐工作会议；与多家出国服务机构联系，了解林业企业出访意向，积极组织企业的出国考察学习活动。

换届工作　在国家林业局党组关怀下，按照民政部民间组织管理局和联合会章程的有关规定，顺利完成了换届工作。会议总结了联合会第一届理事会的工作，选举产生了新一届理事会和组织机构，达到了预期目的。

分支机构及会展　推动分支机构建设。7月底在伊春成功召开首次社团分支机构工作会议，国家林业局领导作讲话；主持召开了森林食品分会、林业电子商务分会、国际贸易投资促进会、人力资源发展促进会、金融分会、森林矿泉水分会和流通分会等分支机构成立大会；编写与修订了分支机构工作流程、管理办法。目前联合会分支机构的总数达到26家，成为林业系统分支机构最多的社团。

培育和支持林业产业展会持续发展。参与主办、承办、协办的展会和论坛有中国国际造纸纤维年会、第八届生物产业大会、上海地面铺装材料与建筑材料展、世界木门大会、东阳木雕展、广州建博会、义乌森博会、三明海峡两岸林博会、武汉生态产品交易暨生态文明论坛等。

【首届中国林业产业木门及木结构诚信企业授牌仪式】 2014年3月11日，中国林业产业木门及木结构诚信企业授牌仪式在北京第十三届中国国际门业展览会上举行。国家林业局原副局长李育材、中国林业产业联合会秘书长王满等领导和嘉宾出席了授牌仪式，中国林业产业联合会秘书长助理、中国林业产业诚信联盟秘书长李志伟宣读了表彰决定。首届中国林业产业木门及木结构诚信企业的评定是为了贯彻中共中央关于社会诚信体系建设的精神和国务院办公厅《关于社会信用体系建设的若干意见》的精神，按照《中国林业产业木门及木结构诚信企业实施细则》以及《关于开展中国林业产业木门及木结构诚信企业评选申报工作的通知》(中产联〔2014〕2号)的要求，经专家认真评选和广泛征求意见后，授予山西安民木业有限公司、广东润成创展木业有限公司、吉林兄弟木业有限公司等32家企业为中国林业产业木门及木结构诚信企业。

【第十三届中国国际门业展览会】 3月11日，第十三届中国国际门业展览会暨2014中国集成定制家居展览会在北京国际展览中心新馆开幕。国家林业局原副局长李育材出席并宣布展会开幕。中国林业产业联合会秘书长王满等出席会议。本届展会由中国林产工业协会、中国木材与木制品流通协会、中国室内装饰协会主办，中国林产工业协会木门窗分会也在展会上成立。

【首届中国林业产业创新奖(林浆纸类)颁奖仪式】 由中国林业产业联合会、广东浆纸交易所、中国包装联合会、各省造纸行业协(学)会及亚太、欧美地区行业权威咨询机构共同发起的中国浆纸行业首个大型国际盛会——“2014中国国际浆周”于3月24~27日在上海召开。国务院核准的部级奖项——中国林业产业创新奖(林浆纸类)在会上举行了颁奖仪式。中国林业产业联合会驻会副会长寇文正、中国林业产业联合会秘书长王满出席会议并致辞。本次活动吸引了来自全球30多个国家的500多名行业领袖、专家参加。国际浆纸、UPM、伊利姆、金鱼、芬宝、天柏、灯塔亚洲、加拿大北缘、欧洲港口亚洲有限公司、斯道拉恩索、韩国韩松、浙江景兴、泰格林纸集团、岳阳林纸、广西贵糖、河南江河纸业、云南云景、丸红、安联、中基等国内外300多家大型制浆造纸和印刷企业代表齐聚一堂，共同探讨新形势下行业未来发展的新思路和新趋势。

【第二届中国林业产业创新奖(地板类)颁奖仪式】 3月25日，第二届中国林业产业创新奖(地板类)颁奖仪式在上海第十六届中国国际地面材料及铺装技术展览会举行。中国林业产业联合会秘书长、中国林产工业协会执行会长王满，中国林产工业协会顾问张森林，中国林业科学研究院木材工业研究所所长叶克林等领导和嘉宾出席，并向获奖项目研发单位颁发了证书及奖牌。来自全国各地100多位企业代表、近40家媒体代表参会。28个单位的29个项目获得了中国林业产业创新奖(地板类)。

【中国林业产业联合会换届大会】 4月22日，中国林业产业联合会换届大会在北京举行。全国政协原副主席王忠禹继续担任中国林业产业联合会名誉会长，全国政协人资环委主任、国家林业局原局长贾治邦再次当选为会长，国家质检总局原局长李长江担任名誉副会长。国家林业局局长赵树丛出席并讲话。会议审议了中国林业产业联合会第一届理事会工作报告、财务工作报告以及修订后的《中国林业产业联合会章程》，选举产生了中国林业产业联合会第二届组织机构，表彰了“中国林业产业突出贡献奖”单位及个人，为中国林业产业特色区域授牌，并发出中国林业产业诚信经营倡议。国家林业局副局长张建龙主持会议。国家林业局党组成员、中央纪委驻局纪检组组长陈述贤，局总工程师封加平，国家知识产权局党组成员、中央纪委驻国家知识产权局纪检组组长肖兴威，国家林业局原局长王志宝，国务院三峡办原副主任雷加富，黑龙江省人大常委会原副主任申立国出席会议。

【中国林业产业诚信联盟在北京成立】 4月22日，在北京召开的中国林业产业诚信联盟成立大会暨第一次主席团会议上，全国政协人口资源环境委员会主任、国家林业局原局长、中国林业产业联合会会长贾治邦当选中国林业产业诚信联盟主席。国家林业局副局长、中国林业产业联合会常务副会长张建龙主持会议。局党组成员、中央纪委驻局纪检组组长、中国林业产业联合会副会长陈述贤，局总工程师、中国林业产业联合会副会长封加平，武警森林指挥部原主任王佐明、原政委闫文彬等出席会议。陈述贤在会上宣读了《关于成立中国林业产业诚信联盟的决定》，封加平宣读了《关于授予中国林业产业诚信企业领军人物的决定》，柏广新、魏殿生、霍学义等30名企业家荣获“中国林业产业诚信企业领军人物”称号。会议审议了中国林业产业诚信联盟章程、联盟财务管理办法、联盟会员管理办法；表决通过了盟训、盟旗、盟徽、诚信标识企业图案等；选举产生了联盟的首届组织机构，吉林森工集团董事长柏广新等34位企业精英当选为轮值主席。与会领导共同启动了中国林业产业诚信联盟的官方网站——中国林业产业诚信网。为祝贺中国林业产业诚信联盟成立，4月23日，由全国政协人口环境资源委员会、教育部、共青团中央、全国少工委、国家林业局、中国科学技术协会和中国林业产业联合会联合主办的“中国林业产业诚信联盟林植树活动”在河北霸州举行。

【湖北枣阳荣获“中国玫瑰产业与文化示范市”荣誉称号】 4月30日，“中国玫瑰产业与文化示范市”揭牌暨“枣阳玫瑰之旅”启动仪式在湖北枣阳隆重举行。国家林业局党组成员、中央纪委驻国家林业局纪检组组长、中国林业产业联合会副会长陈述贤，中国林业产业联合会秘书长王满、副秘书长陈圣林，国家林业局退耕办总工程师敖安强，湖北省林业厅副厅长黄德华等领导出席启动仪式。枣阳市做大做强玫瑰产业，被中国林业产业联合会授予“中国玫瑰产业与文化示范市”，成为中国独家获得该荣誉称号的县(市)。

【第八届中国生物产业大会在天津召开】 6月18日，

由中国生物工程学会、中国林业产业联合会、中国石油和化学工业联合会等19家国家级学会、协会以及中国科学报社联合天津市人民政府共同主办的第八届中国生物产业大会，在天津市滨海新区开幕，以“利民惠民 发展生物产业”为主题，结合中国生物产业发展情况以及天津生物产业发展特色，为国内外从事生物技术和生物产业的研发机构和企业搭建政策研讨、学术交流、产品展示、项目合作、融投资对接的综合性平台，积极推动生物产业的发展。大会为期3天，展会面积达15 000平方米，参展商200余家。相关部门领导、院士专家约800人出席了开幕式及高层论坛。诺贝尔化学奖获得者巴里·夏普莱斯、诺贝尔物理学奖获得者乔治·斯穆特、中国工程院院士陈志南、中科院院士饶子和各自作了主题报告。大会还举行了干细胞研究应用与产业化发展论坛、生物制造论坛等7个大会论坛，战略性新兴产业与生物基纤维材料高峰论坛等3个专题研讨会以及项目对接洽谈会、科研成果产业化对接会等多项配套活动。中国生物产业大会自2007年开始举办，目前，中国生物产业大会已成为产学研沟通、交流、对接的重要平台，为推动中国生物产业快速稳健发展的同时，为全社会了解生物技术和生物产业发展提供了一扇重要的窗口。

【林产工业企业社会责任建设】 7月18日，吉林森工股份有限公司、大自然家居（中国）有限公司、重庆星星套装门（集团）有限公司、广西国有高峰林场、生活家地板和广西三威林产工业有限公司等6家企业在北京人民大会堂隆重发布社会责任报告，国家林业局副局长、中国林业产业联合会常务副会长张建龙、中国林业产业联合会副会长兼秘书长王满、国家林业局木材行业管理办公室主任孙健、中国林业科学研究院副院长储富祥和国家林业局经济发展研究中心副主任戴广翠等出席发布会。本次发布活动由中国林产工业协会主办，并得到了国家林业局和中国林业产业联合会的支持。

【全国林业产业特色区域座谈会召开】 7月6日，全国林业产业特色区域座谈会在河北省内丘县召开，会议代表就如何推动林业产业特色区域发展展开了交流与探讨。国家林业局副局长刘东生出席会议并讲话。中国林业产业联合会副会长、秘书长王满，国家林业局计财司副司长、木材行业管理办公室主任孙健，河北省林业厅厅长刘凤庭等出席会议。主办方中国林业产业联合会和中国林产工业协会就《关于加强林业产业特色区域建设的意见（讨论稿）》广泛征求意见，来自辽宁开原、浙江南浔、江苏横林等各特色区域和试点基地的代表们，结合自身区域特色就《意见（讨论稿）》提出了建议，交流了推进特色区域与试点基地发展与改革的经验。

【中国林业产业信用体系规划纲要暨诚信企业品牌建设专家座谈会召开】 7月4日，中国林业产业信用体系建设规划纲要暨诚信企业品牌建设专家座谈会在北京召开。中国林业产业联合会顾问寇文正、国家林业局人才中心主任黄正秋、国家林业局发展规划与资金管理司副司长张艳红、国家林业局人事司副司长蓝增寿及国家林业局林业基金管理总站、林产设计院等单位的领导和专家出席了会议，中国纸业投资集团、苏州大卫木业、山东日照中兴林产、广西三威、北京润成创展、宁夏西夏王葡萄酒业等来自全国各地林业产业10余家龙头企业的代表参加了座谈会。中国林业产业联合会秘书长助理、中国林业产业诚信联盟秘书长李志伟主持会议。会议以健全中国林业信用体系建设标准，建立符合林业企业特点的评价指标和统计系统，为林业产业诚信工作提供理论依据为目标，对一批林业产业诚信体系标准文件展开了深入探讨。中国林业产业诚信联盟相关负责人以及行业专家就《中国林业产业信用体系规划建设纲要（草案）》《中国林业产业行业诚信评价标准》《中国林业产业诚信企业品牌评定、品牌标识使用管理办法》等文件的主要内容、背景以及指导思想进行了详细的介绍，并鼓励林业产业诚信企业向转型升级、循环经济方向发展。

【首届全国绿化苗木产业专家精英年会召开】 9月21日，由中国林业产业联合会主办，苗木分会承办，长白山森工集团支持的“精英登高，苗木望远”2014首届全国生态绿化苗木产业专家精英年会在延边朝鲜族自治州举行，来自国内的33名苗木产业界的专家参加会议。中国林业产业联合会副会长、秘书长王满宣读了国家林业局副局长、中国林业产业联合会常务副会长、苗木分会名誉理事长张建龙给本次年会发来的贺信。中共延边朝鲜族自治州州委常委、延龙图一体化发展工作领导小组党委书记王福生致辞。国家林业局驻北京森林资源监督专员苏祖云、国家林业局国有林场和林木种苗工作总站站长杨超参会并讲话。中国林业产业联合会副会长、苗木分会理事长、长白山森工集团董事长霍学义作主旨讲话。会议分析我国苗木行业当前的形势与存在的困难，正确衡量和把握产业持续发展的关键节点。

【行业协会助推地方经济发展座谈会在北京召开】 9月24日，由民政部安排，山东省民政系统及山东省东阿县、高唐县等单位与中国林业产业联合会，就行业协会助推地方经济发展召开座谈会。中国林业产业联合会副会长兼秘书长王满和相关部门负责人与来自山东省民政局、东阿县人民政府、高唐县人民政府及相关企业的代表进行了座谈。座谈会围绕产业转型升级、林业产业链发展、地方林业经济发展、林业产业标准化建设、林业企业上市培训、打造林业品牌建设、林业机械加工制造、城市景观绿化、木本油料油用牡丹产品推广等10项议题展开。王满副会长为地方参会人员阐释了近年来国家出台的一系列林业产业政策，以及林业产业发展过程中存在的问题和应对举措，同时他还就联合会近年来的主要工作方向及重点工作做了说明。

【首届武汉绿交会暨生态文化论坛举办】 10月11日，由中国林业产业联合会、湖北省林业厅、武汉市政府等单位联合主办的首届中国·武汉绿色产品交易会暨中国·湖北生态文化论坛在武汉国际会展中心举行。全国政协人口与环境资源委员会主任、中国林业产业联合会会长贾治邦为论坛发来贺信。国家林业局副局长、中国林业产业联合会常务副会长张建龙出席活动并致辞，本届绿交会以"绿色发展、低碳生活"为主题，通过绿交会的展销结合，以展带销、以展促销，吸引更多企业和民众参与，推介林业招商项目，促进企业与资本的融合，推进绿色产业发展，服务"中部崛起"战略支点建设。论坛以"建设生态支点、推进绿色发展"为主题，呼吁全社会积极弘扬生态文化，倡导低碳生活，展场分布于八大交易区，分别为花卉苗木、森林食品、绿色家居、木竹产品、森林旅游森林文化、森林药材、珍稀动植物、境外和湖北省外交易区。中国工程院院士尹伟伦，中国林业产业联合会副会长兼秘书长王满，著名作家、湖北省文联主席熊召政等7名专家学者围绕"建设生态支点、推进绿色发展"主题作了精彩演讲。会上还宣读了《建设生态支点 推进绿色发展》倡议书。国家林业局副局长、中国林业产业联合会常务副会长张建龙，湖北省政协副主席郑心穗分别为十堰、宜城两座"湖北省森林城市"授牌，出席论坛的其他领导分别为湖北省生态工程学院等8个"湖北省生态文明教育基地"、武汉市黄陂区长岭街短岭村等20个"绿色示范乡村"代表授牌。

【首届中国林业产业创新奖(红木类)评审会】 10月，首届中国林业产业创新奖(红木类)评审会在福建举办，中国林业产业联合会副会长兼秘书长王满、国家林业局科技中心原主任黎云昆、中国林业科学研究院蒋笑梅、北京林业大学赵广杰、福建省林业厅邓荣佛等专家和学者组成评审专家委员会，对首届中国林业产业创新奖(红木类)的申报企业进行评审。本次评审会由中国林业产业联合会秘书长助理李志伟主持。中国红木产业创新战略联盟峰会也同时在六合院(福建)古典艺术家具有限公司同期举行，会上，领导和专家就传统工艺如何与现代科技文化相融合、红木企业怎样与市场形势接轨、如何把金融体系的重要资源转化成推动产业健康持续发展的有生力量等议题展开了讨论。峰会期间，"中国梦"木雕创作研讨会、六合院"中国梦"——中国工艺美术大师联合艺术创作启动仪式等活动同期举行。

【中国林业产业联合会林业电子商务分会成立】 11月5日，中国林业产业联合会林业电子商务分会第一次会员代表大会(成立大会)在福建三明市召开。国家林业局党组成员、中央纪委驻局纪检组组长陈述贤为中国林业产业联合会林业电子商务分会授牌，中国林业产业联合会副会长兼秘书长王满，三明市副市长罗蔺等领导和嘉宾出席会议。中国林业产业联合会林业电子商务分会的成立，标志着广大林业企业又增加了一个无限广阔的舞台。会议审议并表决通过了《中国林业产业联合会林业电子商务分会工作规则》，还选举产生了分会的理事长、常务副理事长、副理事长和秘书长。中国林业产业联合会林业电子商务分会由三明市政府倡导发起，得到了国家林业局、中国林业产业联合会和福建省林业厅的大力支持，也征得了全国入会企业代表的积极参与。

【中国林业产业联合会国际投资贸易促进会成立】 11月7日，中国林业产业联合会国际投资贸易促进会成立会在福建漳州召开。国家林业局党组成员、中央纪委驻局纪检组组长陈述贤出席会议并讲话。中国林业产业联合会国际投资贸易促进会主要在3个方面发挥重要作用。一是助推"走出去"，加快推进中国林业发展战略步伐。二是保障"引进来"，有效维护中国的木材安全。三是增加"话语权"，着力提升中国负责任大国形象。

【森林旅游分会特色生态旅游产品在北京发布】 10月25日，中国林业产业联合会森林旅游分会、森林国际旅行社特色生态旅游产品发布会暨森林国际旅行社成立20周年纪念活动在北京举行。国家林业局森林公园保护与发展中心主任杨超，中国林业产业联合会副会长兼秘书长王满，北京市旅游行业协会副会长郭泰来，中国林业产业联合会森林旅游分会理事长、森林国际旅行社总经理刘世勤等领导和嘉宾出席了会议。中国林业产业联合会森林旅游分会将重点围绕搭建会员服务信息平台、组织开展森林生态精品线路推广、开展2015年全国联合旅游年卡森林旅游年票推广、组织全国性森林旅游宣传活动"中国森林旅游节"或"森林旅游博览会"、制定《全国森林旅游解说员服务标准》、设计开发新的森林生态特色旅游精品线路、在"中国森林旅游网"增加森林旅游分会工作内容、组织全国森林公园开发、组织会员单位参加全国和区域性旅游产品、林特产品推介、积极开展森林旅游理论研究等10个方面做好服务工作。会上还发布了10个专线近20条精品森林生态特色线路；介绍了千岛湖淳牌有机鱼市场情况；推出了2015年北京地区森林生态游览年票和锦绣江山全国联和旅游年卡。

【中国林产工业协会第五届理事会召开】 12月28日，中国林产工业协会换届大会在北京召开，第五届理事会产生。国家林业局党组副书记、副局长张建龙，国家林业局原局长、中国绿化基金会主席王志宝，国家林业局总工程师封加平与民政部民间组织管理局副局长廖鸿等相关部门领导出席了会议并为获表彰单位和个人颁奖。会议进行了两项表彰活动。张齐生、张森林、等22人荣获"中国林业产业突出贡献奖"；大自然地板(中国)有限公司、广西三威林产工业有限公司、巴洛克木业(中山)有限公司、吉林森工股份有限公司等28家企业获得中国林产工业协会功勋会员企业。会议审议通过了中国林产工业协会第四届理事会工作报告、财务报告以及《中国林产工业协会章程》，选举产生了中国林产工业协会第五届组织机构。大自然地板(中国)有限公司董事长佘学彬等当选为中国林产工业协会第五届理事会轮值会长，中国林业产业联合会副会长兼秘书长王满当选为中国林产工业协会第五届理事会执行会长，中国林业产业联合会副秘书长石峰当选为中国林产工业协会第五届理事会秘书长，会议同时产生多名副会长和副秘书长，中国工程院院士尹伟伦等受聘担任中国林产工业协会顾问。

【中国林业产业联合会新成立4个分支机构】 12月27~28日，中国林业产业联合会流通分会、金融分会、人力资源发展促进会和森林矿泉水促进会在北京正式成立。国家林业局副局长张建龙，国家林业局原局长、中国绿化基金会主席王志宝，国家林业局总工程师封加平和民政部民间组织管理局相关领导为4个新成立的分支机构颁牌。中国林业产业联合会围绕林业产业要素成立的4个分支机构将为中国林业产业发展注入更具活力的元素，在政府、企业和市场间搭起信息交流和协调服务的桥梁。成立和完善分支机构是中国林业产业联合会落实国家林业局发展生态林业、民生林业总任务的重要举措。

【中国林业产业联合会流通分会】 中国林业产业联合会流通分会，以林业产业信息网络建设平台为基础，引导林业企业开展林产品信息数据化应用等基础信息建设；推进相关林产品的技术标准与规范编制工作；组建具有林业行业自主权的林产品特色营销流通体系，缩短林产品从森林到消费者之间的距离，为消费者提供更多更好的生态林产品。

【中国林业产业联合会金融分会】 中国林业产业联合会金融分会把解决林业产业发展资金短缺，融资难、不善于融资等难题作为分会重要工作目标，积极帮助企业拓宽林业投融资渠道，提高林业金融资源配置效率；帮助林业企业识别、规避、防范相关风险；为林业企业和金融机构搭建一个沟通交流的平台，促进金融资本进入林业领域的优势产业和潜力项目。

【中国林业产业联合会人力资源发展促进会】 中国林业产业联合会人力资源发展促进会承载着广大林业企业的殷切希望，以人才强林为己任，旨在帮助各会员单位了解掌握最新林业产业扶持政策，搭建企业与政府的互动平台。人力资源发展促进会努力凝聚人才智慧，为人才和企业畅通链接渠道；发挥创新平台作用，促进科技成果向现实生产力转化；发挥团结凝聚作用，把分会办成企业和社会需要，各类人才离不了的“人才之家”。

【中国林业产业联合会森林矿泉水促进会】 中国林业产业联合会森林矿泉水促进会将以适应新常态、推进新产业为总抓手，旨在创建“天然、森林、长白山”三大要素的森林矿泉水品牌。促进会还将对森林矿泉水产量、质量、价格进行自我规范，形成行业自律，为突破森林矿泉水产业发展瓶颈制约发挥“催化剂”作用；加快培育长白山森林矿泉水等中国优质矿泉水源地龙头企业和名牌产品，把森林矿泉水促进会打造成功能完备的森林矿泉水产业发展的服务平台。

【全国林业产业重点企业座谈会在北京召开】 12月28日，由中国林业产业联合会、中国林产工业协会主办的全国林业产业重点企业座谈会在北京召开。国家林业局党组副书记、副局长张建龙出席座谈会并讲话。来自财政部、国家发展改革委有关部门负责人在座谈会上表示，林业产业在满足中国市场需求当中发挥了重要作用。座谈会重点研讨了林业企业代表们在会上提出的问题，并结合实际制定相关产业发展规划，更好地扶持林业企业发展，从而促进中国林业产业的可持续发展。参会的林业重点企业提出了自身发展过程中遇到的问题，行业专家现场把脉，围绕林业产业发展和改革的重大问题建言献策，政府职能部门和决策层直面林产企业家，了解了企业发展的第一手信息，对于促进林业产业发展和林业改革有着重要意义。

（中国林业产业联合会由白会学供稿）

中国水土保持学会

【概　况】 中国水土保持学会是由全国水土保持科技工作者自愿组成依法登记的全国性、学术性、科普性的非营利性社会法人团体。于1985年3月由国家经济体制改革委员会批准成立，并加入成为中国科学技术协会团体会员。

中国水土保持学会于1986年5月、1992年5月和2006年1月在北京分别召开了第一、第二、第三次全国会员代表大会，杨振怀任第一、第二届理事会理事长，鄂竟平任第三届理事会理事长。2010年12月14日在北京召开了第四次全国会员代表大会，水利部副部长刘宁当选为第四届理事会理事长。

中国水土保持学会下设14个专业委员会，29个省（区、市）成立了省级水土保持学会。

【服务创新型国家和社会建设】 2014年，学会受理完成119家乙级、134家丙级水土保持方案编制资格证书持证单位的资质延续申请工作，共完成了201家单位名称、编制机构、法定代表人等信息的变更手续。受水利部委托，完成2014年度水土保持设施验收技术评估单位推荐工作。87家单位申报，经过评审向水利部推荐52家单位。申报中国科协承担社会化服务职能开展第三方科技评价项目并获得资助，项目内容为“加强生产建设项目水土保持方案编制资质管理，完善资格证书的认证评价体系”。承接水利部生产建设项目水土保持监测单位水平评价管理工作，并制定《生产建设项目水土保持监测单位水平评价管理办法（试行）》。指导、审核各省级水土保持学会对本省乙丙级资质单位水土保持方案编制技术人员培训，包括教材组织、课程设置和考试要求等。2014年，20个省级水土保持学会完成了乙丙级资质单位水土保持方案编制技术人员培训工作。

【学会能力提升计划】 2014年是学会承担中国科协“学会能力提升专项”收官之年。3年来，在项目经费的支持下，学会开展高水平国内外学术会议37次；加入世界水土保持学会；签订了《海峡两岸水土保持学术交流框架协议》；会刊《中国水土保持科学》进入中国科学院

CSCD 核心库；编辑出版的《水土保持读本(小学版)》，入选国家新闻出版广电总局向全国青少年推荐的百种优秀图书目录、农家书屋重点图书推荐目录；完成北京市新闻出版局 2013 年“北京市出版工程”(电子类)项目——制作面向小学生的水土保持科普动漫视频作品(汉语版、蒙语版)；开展《水土保持法》宣贯活动 3 次，防灾减灾日主题科普活动 3 次，参与主办科技场馆展品与技术设施国际展览会 1 次；举办培训 27 期，培训学员超过 4000 人次；评选各类奖项 108 项；改版充实学会网站；学会个人会员增加 1300 余人，学会力量不断充实，综合能力和业务水平得到了极大的提升。

【学会建设】 2014 年，召开了学会四届五次理事会会议，四届八次、四届九次常务理事会会议。

全年，中国水土保持学会网站(www. sbxh. org)点击量 36 万余人次，中国水土保持科学网站(www. sswcc. org)点击量 1700 余人次。

4 月 11 日，在安徽省合肥市召开学会秘书长工作会，14 个专委会、29 个省级学会的秘书长，尚未成立省级学会的 3 个省份主管水土保持工作的领导和学会秘书处人员 74 人参加了会议。

5 月 22 日，新疆生产建设兵团水土保持学会成立。

12 月 11 ~ 12 日，学会水土保持监测专业委员会在广东省广州市举办“中国水土保持学会水土保持监测专业委员会 2014 年年会暨学术研讨会”，大会选举产生了新一届委员会，水利部水土保持监测中心主任郭索彦当选主任委员。

【学会创新发展】 2014 年，启动水土保持从业人员培训系列丛书的编撰工作。培训丛书拟面向广大水土保持从业人员和基层农民，内容包括水土保持基础理论与法规标准、调查与规划、治理与开发、预防与监督、监测与评价、施工与监理、信息管理、廉政与风险防控等 8 个方面共 27 种。

2014 年，学会水土保持规划设计专业委员会启动了《水土保持设计手册》编撰工作，分专业基础、综合治理、生产建设项目 3 卷。

【两岸交流】 5 月 14 ~ 18 日，学会 5 名专家、学者应邀参加在台湾中兴大学水土保持系土石流防灾中心举办的“2014 海峡两岸水土保持策略讲习会”，并作专题讲座。

7 月 5 日，在湖南省张家界市协办“第十五届海峡两岸三地环境资源与生态保育学术研讨会”。会议主题是“共建生态文明、同享美丽家园”，来自各地的 400 余名代表参加了会议，130 余名专家、学者和青年学生作学术报告。

8 月 29 日，与台湾中华水土保持学会在湖北省武汉市正式签订了《海峡两岸水土保持学术交流框架协议》，旨在两岸水土保持人员交流、学术研讨、合作研究和信息交流 4 个领域开展更加深入和广泛的交流合作。8 月 30 日，与台湾中华水土保持学会在湖北省武汉市联合主办“2014 年海峡两岸水土保持学术研讨会”，会议主题是“水土保持与生态文明建设”，来自各地的 100 多名代表参加了会议，20 名专家、学者作学术报告。

10 月 18 ~ 22 日，与台湾中华水土保持学会在台湾中兴大学联合主办“海峡两岸水土保持及坡地防灾策略研讨会”。会议主题是“水土保持及坡地防灾策略”，来自各地的 100 余名代表参加了会议，10 名专家、学者作学术报告。

【国际学术会议】 9 月 25 ~ 26 日，与世界水土保持学会、北京水土保持学会联合主办“生态清洁小流域与美丽乡村建设国际研讨会”。会议主题是“生态清洁小流域与美丽乡村建设”，来自德国、澳大利亚、荷兰等国家以及国内 14 个省、市、自治区的 130 余名代表参加了会议，2 名院士和 9 名国内外水土保持专家作专题学术报告，共收到论文 30 篇。

10 月 2 ~ 3 日，学会泥石流滑坡防治专业委员会在台南成功大学举办“2014 年国际泥石流研讨会”，参会代表 120 人，其中，来自日本、马来西亚、印度尼西亚、意大利等国家的代表 31 人，在泥石流监测预警、启动机理、风险评估、工程防治和管理等方面展开了交流。

【国内主要学术会议】 8 月 7 ~ 9 日，在贵州省贵阳市举办“喀斯特地区边坡生态防护技术研讨会”。会议主题是“喀斯特地区边坡生态防护技术”。来自全国 27 家单位近 100 名代表参加了会议，交流论文 14 篇。

10 月 23 日，协办在安徽省合肥市举办的“中国科协第四届中国湖泊论坛”，推荐北京林业大学刘俊国教授参与建议稿讨论，并向大会推荐 4 篇学术论文。

11 月 29 ~ 30 日，针对“雾霾大气污染”，学会向中国科协申报并获批召开“植被对 PM2. 5 的影响”青年科学家论坛。论坛主题是“植被对 PM2. 5 的影响”。来自清华大学、北京林业大学、中国科学院生态环境研究中心等 45 家大学和科研院所的近 200 余名代表参加论坛，34 名专家、学者作学术报告。

12 月 11 ~ 12 日，学会受邀参加了中国科协“第三届山地城镇可持续发展专家论坛”，并推荐中国科学院院士、中国科学院水利部成都山地灾害与环境研究所崔鹏研究员和北京林业大学胡雨村教授作学术报告。

【学术期刊】 2014 年，学会会刊《中国水土保持科学》出版正刊 6 期，总印数 6000 册，收到来稿 300 多篇，刊出文章近 120 篇。

【科普活动】 学会主编的《水土保持读本(小学版)》入选 2013 ~ 2014 年农家书屋重点图书推荐目录。《水土保持读本(小学版)》暨科普宣传动漫视频作品顺利完成，主要内容涵盖了水土流失与水土保持的基本知识。通过三维动漫形式，以深受小学生喜爱的土精灵和水精灵两个小人物为主要角色，向小学生呈现水土流失和水土保持的基本内容，并教会小学生遇到地震、滑坡、泥石流、沙尘暴、洪水等自然灾害时如何自救避难。学会组织编写《水土保持科普读本》(中学版)、《生产建设项目水土保持》《水土保持农业技术手册》等科普读本，召开专家咨询会，与会专家在肯定《读本》的同时，也提出了具体的修改意见，具有很强的指导意义。

5月12日，在北京海淀区学院路街心广场举办了“防灾减灾日”主题宣传活动，活动的主题是“节约能源资源，保护生态环境，保障安全健康，促进创新创造”。

10月19日，在河北省固安县某房地产建设工地举办了2014新《水土保持法》进工地宣传贯彻活动。

【党建强会】 4月27～28日，学会党支部申报获得中国科协学会服务中心2014年“十百千”特色活动项目资助，在广西壮族自治区南宁市开展特色党支部活动。主题为“党建强会——林水专家传播科技至基层　共筑绿色中国梦”，为广西林业、水利一线科技工作者进行专业知识培训和现场技术推广，参加活动的党员专家6人，一线林业、水利科技工作者130人。

【评优表彰与举荐人才】 学会推荐的四届理事会常务理事、中国水利水电科学研究院院长曹文洪获得“全国优秀科技工作者”称号。

评选第六届中国水土保持学会科学技术奖8项，其中二等奖3项、三等奖5项；评选第九届中国水土保持学会青年科技奖5人。

《中国水土保持科学》编辑部组织评选出“沟道二维泥石流运动和冲淤数值模型研究”等5篇论文为《中国水土保持科学》第五届优秀论文。

【林业大事】

8月7～8日 学会生态修复专业委员会在四川省成都市召开“第六届全国水土保持生态修复学术研讨会”。6名专家分别以“对当代中国生态文明建设的思考”“岷江上游干旱河谷植被恢复研究进展”“水土保持生态修复”“防侵蚀纤维在护坡中的应用”“生态工程的新功能新用途”为题作学术报告。全国各行业的学者、科技人员130余名代表参加了会议。

8月21～23日 学会水土保持规划设计专业委员会在河南省郑州市召开“中国水土保持学会规划设计专委会2014年年会暨学术研讨会”。主题为“新时期水土保持发展与规划设计”。参会代表140人，其中台湾代表7人。共收到论文71篇，交流论文27篇，评选出12篇优秀论文、12名先进工作者、15永先进单位。

9月19～20日 学会崩岗专业委员会在贵州省铜仁市举办“水土保持与水生态文明学术研讨会”，大会围绕水土保持基础理论研究、技术应用研发以及人才培养等方面展开讨论。69家单位的130余名代表参加了会议，交流论文65篇。

10月11日 学会科技协作工作委员会在江西省南昌市召开“中国水土保持学会科技协作工作委员会2014年年会”。会议介绍了全国水土保持信息化发展思路及近期主要任务、信息化与流域泥沙研究、大数据时代水土保持信息化等成果，交流了国家科技支撑计划、水利部公益性行业专项、水利部“948”项目、国家自然科学基金等国家级重大科研项目的研究进展与成果，系统总结了2014年中国水土保持科技进展，全面分析了当前我国水土保持科技工作面临的新形势。来自80多家委员单位的100名代表参加了会议。

10月26日 学会泥石流滑坡防治专业委员会在四川省成都市召开“小流域水文地质灾害学术研讨会”。会议在小流域水文地质灾害的暴雨分析、遥感监测、工程防治、历时灾害调查等方面进行了交流和展示。参会代表40人，交流论文13篇。

12月11～12日 学会水土保持监测专业委员会在广东省广州市举办“中国水土保持学会水土保持监测专业委员会2014年年会暨学术研讨会”。为促进中国水土保持监测理论与方法创新，推进监测设备研发、生产与推广应用，大力提升水土保持监测信息化和现代化水平提供了理论和技术支撑。参会代表96人，其中13名专家、学者进行大会交流，29篇论文入选《第六届水土保持监测学术研讨会论文集》，6篇论文被评选为优秀论文。　（郑　慧　侯小龙）

中国林业教育学会

【综　述】 中国林业教育学会系国家一级学会，是具有独立法人资格的学术性、科普性、公益性、全国性的非营利性的社会团体。学会由教育部主管，业务挂靠国家林业局，秘书处设在北京林业大学，专职工作人员4名。截至2014年年底，学会下设有6个二级分会：高等教育分会(挂靠北京林业大学)、职业教育分会(挂靠南京森林警察学院)、成人教育分会(挂靠国家林业局管理干部学院)、基础教育分会(挂靠黑龙江森工总局)、教育信息化研究会(挂靠北京林业大学)、毕业生就业创业促进分会(挂靠国家林业局人才开发交流中心)。目前学会设有：组织、学术、学科建设与研究生教育、专业建设、图书与教材、交流与合作、现代教育技术指导等7个工作委员会。会刊《中国林业教育》。

中国林业教育学会成立于1996年12月，林业部原副部长刘于鹤任第一、第二届理事会理事长。2007年1月在珠海召开第三次全国会员代表大会，时任国家林业局党组成员、中纪委驻局纪检组组长杨继平当选为第三届理事会理事长，2011年8月在北京召开第四次全国会员代表大会，杨继平连任第四届理事会理事长。截至2014年年底，中国林业教育学会理事会共有理事175名，常务理事58名。

【组织建设】 充分把握国家取消全国性社会团体分支机构行政审批的机遇，学会新成立两个分会，根据有关单位的申请，在充分论证、明确职能任务的基础上，完成两个二级分会筹建工作，获得理事长办公会议审议通过，并于2014年12月召开大会，成立教育信息化研究会、毕业生就业创业促进分会，选举产生第一届理事会，通过了各自的工作规程和条例。

【2015 届全国林科十佳毕业生评选】 6 月至 12 月，历时 6 个月，采取学生自荐、院校推荐、组委会初审、有关院校初评，最后经专家组评审，完成 2015 届全国林科十佳毕业生评选工作。本届全国林科十佳评选活动以“展现真我风采，弘扬生态文明”为主题，活动于 2014 年 6 月在江西环境工程职业学院启动，12 月在南京林业大学举行颁奖仪式。经过公示，总计评选出研究生组十佳毕业生 10 名、优秀毕业生 40 名；本科生组十佳毕业生 10 名、优秀毕业生 41 名；高职生组十佳毕业生 10 名、优秀毕业生 42 名。

本次活动继续由北美枫情（上海）商贸有限公司独家冠名，中国林业教育学会、国家林业局人才开发交流中心联合主办。共吸引全国 27 所涉林院校和科研院所的 357 名毕业生参选。

表 25-1 “北美枫情杯”2015 届全国林科十佳毕业生名单（按姓氏拼音排序）

研究生组十佳毕业生名单

序号	姓名	性别	单位
1	包岩峰	男	北京林业大学
2	程芳超	男	东北林业大学
3	高　侃	男	浙江农林大学
4	刘　静	女	西北农林科技大学
5	刘志理	男	东北林业大学
6	马庆庆	女	四川农业大学
7	任　丹	女	国际竹藤中心
8	王新洲	男	南京林业大学
9	谢普军	男	中国林业科学研究院
10	朱晓丹	女	中南林业科技大学

本科生组十佳毕业生名单

序号	姓名	性别	单位
1	董　玥	女	北京林业大学
2	范　怡	女	南京林业大学
3	刘仪君	女	西南林业大学
4	孙艺伟	女	中南林业科技大学
5	王璐瑶	女	东北林业大学
6	徐　赫	男	南京森林警察学院
7	姚　琴	女	福建农林大学
8	于冬雪	女	山东农业大学
9	张　琛	男	西北农林科技大学
10	张　翔	男	北京林业大学

高职生组十佳毕业生名单

序号	姓名	性别	单位
1	黄　竹	女	云南林业职业技术学院
2	李　松	男	杨凌职业技术学院
3	李嘉诚	男	广西生态工程职业技术学院
4	刘　颖	女	辽宁林业职业技术学院
5	刘凤轩	女	辽宁林业职业技术学院
6	汤　鹏	男	丽水职业技术学院
7	田慧斌	女	山西林业职业技术学院
8	王　妍	女	江苏农林职业技术学院
9	魏　蕾	女	黑龙江生态工程职业学院
10	吴　月	女	江西环境工程职业学院

【课题研究】 2014 年，学会申报的“林业关键、特殊岗位建立准入制研究”获得国家林业局科技司林业软科学研究合同立项，项目编号：2014－R7，取得了学会在国家级课题申报中的新突破。为推进课题研究，组成了以杨继平理事长为组长的课题组，对研究方案进行完善，2014 年先后赴江西、黑龙江开展林业队伍专业化素质调研。调研采取深入基层林场实地考察、召开座谈会等形式，了解基层林业队伍专业化素质现状和相关数据，剖析体制机制和相关政策障碍的主要原因，为课题后续研究掌握第一手资料。

开展《中国普通高等林业教育发展报告（1997～2015）》编纂研究前期准备工作。2014 年 7 月召开林业高校研究座谈会进行发动工作，目前，编纂大纲、撰写体例和任务分工的起草工作已在有序推进。

【“百村千户看林改”调研报告汇编】 学会在 2013 年完成 100 名林科大学生“百村千户看林改”调研活动，2014 年完成该活动调研报告的汇编成册工作，并在全国林科十佳毕业生评选启动仪式上进行优秀调研报告颁奖活动，表彰奖励了 10 篇优秀调研报告及作者。

【学术会议】 3 月，学会和国家林业局人才开发交流中心共同在北京举办“部分涉林院校毕业生就业促进工作座谈会”，来自全国 9 所涉林院校的招生就业部门负责人，企业代表等共计 27 人参加会议。会上，就如何加强高校与社会各界的联系，畅通林科毕业生就业渠道，完善就业创业长效机制，提升人才培养的适合度，搭建就业平台，完善政策体系，共建共享就业实习基地资源，提升就业质量和企业人力资源补充的双赢等方面展开研讨。

7 月，与高教分会共同合作，在贵州省贵阳市召开“全国高等农林院校人才培养工作研讨会”，高教分会团体会员单位的近 80 名代表参加会议，教育部高教司、国家林业局人事司领导出席会议并讲话，会议邀请浙江大学陆国栋教授作主题报告。7 位高等林业院校领导、3 位职业技术学院领导、部分农业大学的林学院院长作大会交流发言。与会人员围绕如何实施卓越农林人才培养计划等展开分组研讨。会上，高教分会对 2013 年 12

月完成的"第三届高等林(农)业教育研究优秀论文、优秀研究成果奖"活动进行总结表彰。

11月，受国家林业局人事司委托，承办"提升生态林业民生林业学科支撑能力高级研讨班"，来自全国26个涉林教育科研单位的60余名专家学者参加培训。参训人员听取了国家林业局人事司、国家林业局计资司、国务院学位办、国家林业局学科建设专家咨询组做的林业教育改革、推进生态文明规划纲要解读、教育部学科建设新举措、林业学科建设的实践与思考等主题报告，围绕如何开展林业重点建设学科评审工作，规划林业学科顶层设计进行了研讨。

12月，与国家林业局人才开发交流中心、中国林业产业联合会共同举办第九届中国林业产业发展与人才开发论坛。

【期刊出版及信息】 2014年，学会编辑出版《中国林业教育》正刊6期，增刊1期；秘书处编辑、发行《高等林业院校林业教育信息简讯》(电子版)5期；职教分会秘书处编辑、出版、发行《林业职业教育动态》(纸质版)5期。

【分会工作】

高教分会 高教分会在中国高等教育学会立项的"十二五"高等教育科学研究重点课题"高等林业院校人才培养质量标准体系的研究与实践"完成中期检查，争取到了部分经费。北京林业大学、东北林业大学和黑龙江高等林业职业技术学院等单位的4项课题按照高教分会的要求和分会统一编制的"教育教学改革立项项目结题报告书"进行了结题和备案。

12月，高教分会会同教育部林学类专业教学指导委员会、北京林业大学林学院联合召开"农林拔尖创新人才培养模式改革研讨会暨全国农林高校林学院院长联席会议"，全国21所农林高校的林学院或开设林学类专业的相关学院院长参会。会议邀请教育部发展研究中心做"转型期大学教育变革"报告，与会代表对各自学院的人才培养、教师队伍建设、学科建设等学院发展的关键内容进行了深入交流。

成教分会 配合国家林业局成人教育中心，落实国家林业局重点教材建设工作部署，制定《2014~2015年干部学习培训教材编制方案》，启动建设《林业基础知识读本》《林业政策与法规读本》《林业改革知识读本》《林业科技知识读本》《林木种苗管理站站长必读》等5部教材的编写。

完成国家林业局人事司下达的"林业干部教育培训运行机制改革研究""行业干部素质能力模型构建研究"等两项中组部重要课题的研究工作。"基层林业关键岗位干部素质能力模型研究"结题。起草完成"林业行业师资库建设方案"。

组织林业教育培训信息宣传业务培训班，针对通信员新闻摄影和写作技巧进行培训，提升通讯员的业务能力，为网站新闻报送提供保障支撑。对2013~2014年优秀通讯员进行了表彰和奖励；修改完善《国家级自然保护区干部教育培训规划(2014~2017年)》，为自然保护区干部培训提供依据。

职教分会 会议：①11月5~8日，在黑龙江生态工程职业学院召开"全国林业职业院校协作会2014年度年会"，25所林业职业院校的领导和专家学者出席会议。起到加强林业职业院校之间的交流与合作，对国家林业职业教育的健康发展，协同协作具有促进的作用。②11月18日，在福建南平市召开"全国林业职业院校实训基地建设与管理工作研讨会"，全国19所林业院校60余名代表参加会议，6所院校作典型经验介绍。③11月25~27日，在湖北生态工程职业技术学院召开"全国林业职业院校学生工作研讨会"，共有28个单位的80余名领导、专家、相关管理人员参加，收到22个单位提交的会议交流材料22份，各院校结合自身工作实际，围绕学生管理工作进行交流研讨。

先后在广东省林业职业技术学院、福建三明林业学校组织召开中等职业教育园林绿化专业、现代林业技术专业教育部"十二五"规划教材组稿会，对22门教材的编写提纲、编写体例、编写思想、编写进度安排等进行审定。协助国家林业局完成《国家林业局关于加快发展现代林业职业教育工作的意见(讨论提纲)》起草，完成中国(南方、北方)现代林业职业教育集团筹建工作，完成《全国林业职业教育基本情况概述》起草，协助林业行指委做好全国林业职业教育教学指导委员会换届选举筹备工作。

协同全国林业职业教育教学指导委员会，组织推进林业职业教育国家级教学成果奖，江苏农林职业技术学院申报的"建园林工作室，育高职园林技术精英人才的创新与实践"、辽宁林业职业技术学院申报的"高职林业类重点专业(群)人才培养模式研究与实践"均获得2014年职业教育国家级教学成果二等奖。

发挥自身优势，开展园林类专业"就业与创业、学历证书与职业资格证书双融合教学体系的研究与实践""高职园林类专业工学结合创新研究"等课题的研究。按照教育部《关于申报参与"行业指导职业院校专业改革与实践项目"的通知》工作部署，积极组织相关林业职业院校进行项目的申报，申报6项，获批3项，项目研究进行中。

组织全国林业职业院校的有关教师和专家初步完成了《高等职业学校专业目录》的修订工作，在原有27个专业的基础上经过调整，最终确定为17个专业，基本完成此轮修订工作。重新修订了中职园林绿化、现代林业技术、森林资源保护与管理和木材加工4个专业的专业教学标准，材料上报教育部，教育部已公布首批4个专业的教学标准。

教育信息化研究会 12月2日，中国林业教育学会教育信息化研究会成立大会在北京召开。中国林业教育学会理事长杨继平、北京林业大学校长宋维明、北京林业大学副校长骆有庆、东北林业大学副校长李斌、南京林业大学副校长张金池、中南林业科技大学副校长曹福祥、国家林业局管理干部学院副院长梁宝君出席成立大会。来自全国各地涉林行业的25个单位，计80余名代表参加会议。大会通过了研究会第一届理事会主任委员、副主任委员及全体理事名单，通过了研究会工作规程。北京林业大学副校长骆有庆当选第一届理事会主任委员，北京林业大学信息中心主任黄国华担任秘书长。

12月10日，与全国林业高等院校特色网络课程资源联盟，在北京联合举办“信息化时代的高等院校教育教学”为主题的培训论坛，邀请了国内信息化教育教学研究方面的专家作专题培训讲座，来自全国涉林行业的25个单位代表参加培训。

毕业生就业创业促进分会 12月11日，中国林业教育学会毕业生就业创业促进分会成立大会在南京召开，中国林业教育学会理事长杨继平，国家林业局人才开发交流中心主任、中国林业教育学会副理事长黄正秋，中国林业教育学会秘书长骆有庆，南京林业大学党委副书记赵茂程，南京森林警察学院党委副书记兼政治部主任林平出席了成立大会。骆有庆秘书长主持会议。会议通过了《中国林业教育学会毕业生就业创业促进分会工作条例》，国家林业局人才开发交流中心主任黄正秋当选为理事长，国家林业局人才开发交流中心人才开发处处长何乐观当选秘书长。（陈　涛）

中国林场协会

【综　述】 按照三届四次常务理事会确定的工作任务，工作有较大进展。

国有林场场级干部挂职锻炼工作 协会秘书处在2013年年底协会秘书处就发函做出部署，分省、区提出了选派挂职锻炼人员的指导性计划。同时为适应挂职锻炼人员增加的需要，狠抓场长培训基地建设，新推出8个先进林场作为接收林场，使挂职锻炼人员可选择的接收林场达到48个。据统计，2014年实际参加挂职锻炼的人数达到100人，比2013年的90人增加了10人，是历年来挂职人数最多的一年。

国有林场年会活动 国有林场年会是组织会员开展活动的主要形式，也是会员之间进行合作、交流的重要平台。国有林场年会由每年分4个片区举行整合为2个片区，8月上旬，在山西省五台山国有林管理局召开了北方—西部地区国有林场年会暨国有林场场外造林现场会；11月中旬，在海南省三亚市三亚林场举办中南—华东地区国有林场年会。据统计，参加上两次年会的代表共计192人，其中省级国有林场主管部门负责同志28人，会员林场代表164人。共有22个典型单位的代表在大会上进行了发言，从不同的侧面交流了各自林场在加强内部管理、推进改革发展、开展森林经营、兴办绿色产业、做好危旧房改造工作等方面取得的成绩、经验和做法；场圃总站领导出席会议并通报了国有林场改革最新动态及改革试点进展情况，对下一步的工作进行部署及提出明确要求；协会秘书处还向与会代表通报了各项工作开展情况。

调查研究工作 协会组织开展了非试点省区国有林场改革情况调研和国有林场森林经营专题调研。工作组先后到四川、重庆、湖北、河南、宁夏、山西6省（区、市），通过召开省、市、县等不同范围的座谈会、听取情况介绍和现场走访等多种形式，了解国有林场改革发展情况，撰写了《坚持公益事业定位 推动国有林场改革》，反映了非试点省区林场改革的主要动态，分析了改革中存在的主要问题，提出了对改革中明确国有林场公益性定位、解决国有林场基础设施建设资金需求和允许国有林场继续兴办产业的政策建议。赵树丛局长、张建龙副局长在报告上作了重要批示。同时，报告在《中国经济导报》《中国绿色时报》上发表，引起社会广泛关注。

工作组还先后到广东、湖北、山西、山东、河北、海南、湖南等省，深入森林经营现场考察，召开座谈会研究探讨森林经营问题，形成了《关于对国有林场森林经营的调查报告》。

2013年度全国十佳林场推选工作 在协会三届四次常务理事会上，代表们以无记名投票方式，推选山东省泰安市徂徕山林场、广西壮族自治区大桂山林场、宁夏回族自治区灵武市白芨滩防沙林场等20个单位为2013年度全国十佳林场，由中国林场协会授牌并颁发证书。会后，协会组织力量对2013年度全国十佳林场的先进事迹材料进行了提炼、整理，在《中国绿色时报》上用两个版面集中进行了全面宣传报道，扩大了社会影响，收到了良好的效果。

2014年中国林场协会新增会员46个，会员总数达到588个。全年编辑发行《林场信息》21期，每期700份。

【召开全国十佳林场交流座谈会】 8月下旬，中国林场协会在山东省日照市大沙洼林场组织四届62位全国十佳林场的场长参加全国十佳林场交流座谈会。山东省日照市大沙洼林场、广西壮族自治区高峰林场等10个单位的代表在大会上作了发言。（场圃总站付光华）

中国生态文化协会

【“全国生态文化村”等遴选命名活动】 2014年4～9月，中国生态文化协会组织开展“全国生态文化村”“全国生态文化示范基地”遴选命名活动。全国有29个省（区、市）林业厅（局）、省级生态文化协会和部分协会常务理事共推荐申报“全国生态文化村”候选村157个，经专家组遴选、评审，最终确定“全国生态文化村”109

个、“全国生态文化示范基地”1 个。截至 2014 年年底，“全国生态文化村”已达 320 个，“全国生态文化示范基地”10 个，“全国生态文化示范企业”20 家，全国生态文化“三项”创建活动已在基层落地生根。

【全国生态文化村经验交流会】 9 月 16 日，中国生态文化协会以“建设美丽乡村　共享美好生活”为主题，在山东省青岛市召开“全国生态文化村”经验交流会，总结 5 年来“全国生态文化村”的经验和成果，深化创建活动的时代精神和社会价值。来自全国生态文化村、各省(区、市)的代表共 220 人参加会议。会上授予 2014 年 109 个“全国生态文化村”“青岛世博园区生态文化示范基地”和青岛市 258 名“生态文化小标兵”；中国生态文化协会会长江泽慧作主题报告，各地代表就“全国生态文化村”创建活动的经验体会进行了典型发言和座谈交流。

【“生态文化进校园”公益活动】 9 月 17 日，中国生态文化协会在山东省即墨市皋虞小学开展了“生态文化进校园”科普宣传活动。中国生态文化协会会长江泽慧向学校赠送了《生态文化让生活更美好》科普宣传册、图书和教学用品，并为获得“生态文化小标兵”称号的学生代表颁发了证书和学习机，给同学们讲述了生态文化的内涵和生态文明理念。协会的专家为同学们讲授了《森林与人类的故事》等科普主题课。在社会上产生了良好的反响。

【编制《中国生态文化发展纲要(2016～2020)》】 根据《国家林业局 2014 年工作要点分工落实方案》(办发字〔2014〕11 号)，在国家林业局计财司和宣传办的指导下，由中国生态文化协会负责《中国生态文化发展纲要(2016～2020 年)》(以下简称《纲要》)的编制写工作。2014 年 7 月，《纲要》编写大纲经计财司、宣传办审定后，呈报赵树丛局长、张建龙副局长、陈述贤组长，得到批准。经秘书处多次与国家林业局计财司和宣传办汇报，共同议定了《纲要》编写大纲。《纲要》涵盖生态文化发展总体思路、生态文化发展战略任务、推进生态文化发展的重大行动、生态文化发展的政策措施等主要章节。至 2014 年年底，协会以贯彻落实党的十八大和十八届三中、四中全会精神，弘扬生态文化，倡导绿色生活，共建生态文明为宗旨，以《林业发展“十二五”规划》和《推进生态文明建设规划纲要(2013～2020 年)》为指导，完成了《纲要》讨论稿初稿。

【编撰中国生态文化体系研究系列丛书】 根据“中国生态文化体系研究”项目进程，继《生态文明时代的主流文化——中国生态文化体系研究总论》正式出版之后，2014 年 3 月开始，中国生态文化协会组织各分会和有关省级生态文化协会，以《中国生态文化体系研究总论》为统领，全面开展了中国生态文化体系研究系列丛书的编撰工作。截至 2014 年年底，已完成《荒漠生态文化》和《湿地生态文化》初稿，《中华茶文化》《草原生态文化》《森林生态文化》撰稿工作正在进行；《中国海洋生态文化》《中国园林文化》《中华花文化》等完成了编写大纲。

【“中国生态文化村——美丽乡村纪实”项目】 中国生态文化协会自 2010 年开始，组织开展了全国生态文化村创建、命名活动，至 2013 年遴选出 212 个在传承和弘扬生态文化、发展生态文化产业、带动社会主义新农村建设和农民增收致富等方面具有广泛代表性和影响力的行政村。以全国生态文化村为基础和载体，2013 年中国生态文化协会申报国家林业局软科学研究项目获得批准。项目以全国生态文化村为载体，以弘扬人与自然和谐发展的理念为主线，贯穿于研究的全过程，增强美丽乡村建设的针对性和有效性。探索、感悟蕴含在自然山水、植物动物中的生态文化内涵；挖掘、整理蕴藏在典籍史志、民族风情、民俗习惯、人文轶事、工艺美术、建筑古迹、古树名木中的生态文化；调查收集带有时代印记、地域风格和民族特色的生态文化形态。2014 年，制定了项目实施要点，举办了参研人员培训班，组织 12 个省(区、市)40 个村参研互动，形成了项目组总报告“美丽乡村生态文化揽胜”和参研省(区、市)的子报告，通过了专家组论证。项目成果编辑为《生态文明世界》专刊，发行后深受欢迎，对弘扬中国乡村生态文化，发挥了良好的作用。

【“森林的文化价值评估研究”项目】 项目以中国森林资源核算项目为基础，结合当前弘扬生态文化、发展绿色经济的背景，构建符合中国国情的森林的文化价值评估指标体系，丰富和完善森林资源核算及其评价体系内容。一是开展森林的文化价值典型案例研究。二是开展森林的文化价值评估指标体系研究。2014 年开展了国内相关研究资料的收集分析，分别对不同典型类型和区域，开展典型案例选点及背景研究。初步确定了将森林的文化价值与对森林的社会价值分开，以“公众认同、边界清晰、相对独立、不宜过细”的指标选取原则，研究森林的文化价值的内涵、边界和价值评估体系框架，取得了良好开端。

【哈萨克斯坦中国文化日“中国美丽乡村”百幅摄影作品展】 为贯彻落实习近平总书记提出的与中亚各国共建“丝绸之路经济带”的战略构想，促进中国与哈萨克斯坦两国文化领域交流合作，中国生态文化协会在外交部、文化部的大力支持下，应哈萨克斯坦文化体育部邀请，由乐爱妹副会长率中国生态文化协会代表团，与中国文化部代表团一起，于 2014 年 9 月 25～28 日赴哈萨克斯坦阿斯塔纳市出席了“哈萨克斯坦中国文化日”活动，并在阿斯塔纳国家博物馆举办了“中国美丽乡村”百幅摄影作品展。作品集中体现了自然景观、山水田园、民俗文化、民族风情和文化遗产，“一村一景、一村一品、一村一韵”，透视出中国美丽乡村人与自然和谐共荣的生态文化底蕴。本次活动扩大了生态文化宣传，对于推动中亚各国文化交流与合作，共同续写丝绸之路文明发展新篇章具有积极作用。

【形成上下联动、横向互动的协会系统工作机制】 一是省级生态文化协会组建继续推进。在中国生态文化协会的推动和指导下，各省(区、市)主管部门对生态文化工作高度重视，2014年，江苏、上海、广西、青海4省(区、市)成立了省级生态文化协会，截至2014年年底，省级生态文化协会已覆盖了18个省(区、市)，协会体系稳步壮大，增强了工作的组织保障。二是省级生态文化协会与协会工作形成良性互动，活动各具特色、卓有成效。各省(区、市)级协会积极上报协会的年度工作总结。三是协会分会在各自领域积极策划开展了相关理论研究、实地调研和宣传教育等专题活动。

【2014年"生态文明贵阳国际论坛"】 2014年7月12日，中国生态文化协会参加了2014年生态文明贵阳国际论坛"生态文化与生态文明"主题论坛，中国生态文化协会副会长、人民日报社副总编辑陈俊宏在主题论坛发表了题为《全球化进程中绿色发展的必由之路——推动能源供应和生活方式的双重革命》的主旨演讲。协会还出席了黔东南"原生态民族文化论坛"，并就城镇化进程中原生态文化遗产的保护传承与创新发展进行了座谈发言。《生态文明世界》刊发"生态文明之州——黔东南苗侗森林文化大观"专题期刊，以《探秘森林之州，梦回世外桃源》《溯源生态文化，感悟苗侗生态哲学》《中国侗族生态文化考察与挖掘》《加榜梯田，月亮山区的田园图画》等多篇文章，呈献给与会专家学者，为世界认知黔东南苗侗人民与自然和谐共荣的生态智慧打开了生态文明之窗。

【省级生态文化论坛等活动】 各(省、区)市林业部门以林业系统为主体，以地方政府为支撑，以森林生态文化为基础，履行协会职责，完善协会功能，发挥协会作用，正逐步构建起协会的组织体系和相对稳定的骨干队伍，与中国生态文化协会形成了双向互动、上下联动，各项工作和活动的开展卓有成效。2014年，各(省、区)市林业部门吸纳有关部门、科研院所、高等院校以及相关单位参与，先后举办了上海市生态文化建设报告会暨"美丽上海，绿色生活"公益活动、"首届湖北生态文化论坛""首届生态文化北京论坛""内蒙古生态文化讲座"等，活动中，知名专家学者交流研讨，共谋绿色发展，为生态文明建设建言献策，传播生态文明理念，为加快推进生态文明建设进程发挥了积极的推动作用。

【"森林中国·2014中国生态英雄"大型公益活动】 2014年11月，在光明日报社、共青团中央和国家林业局特别支持下，光明日报社启动了"森林中国·2014中国生态英雄"大型公益活动，中国生态文化协会作为战略合作单位派员出席了活动启动仪式，活动宣传了在森林资源保护方面做出特殊贡献的生态英雄，激发了公众关注和参与森林资源保护意识。

(生态文化协会由生态文化协会秘书处供稿)

林业大事记与重要会议

26

2014 年中国林业大事记

1 月

2013 年 12 月 30 日~2014 年 1 月 27 日 国家林业局会同有关部门，与南非、美国、东盟野生动植物执法网络、南亚野生动植物执法网络、卢萨卡议定书执法特遣队联合组织亚洲、非洲和北美 28 个国家，开展代号为“眼镜蛇二号行动”的跨洲打击走私濒危物种违法犯罪活动专项行动，共破获 350 多起破坏野生动植物资源案件，缴获数百吨濒危物种及其制品，处理 400 多名违法犯罪人员，并获得濒危野生动植物种国际贸易公约(CITES)公约秘书长表彰证书。

1 月 3 日 国家林业局召开沙化土地封禁保护补助试点暨第五次全国荒漠化和沙化监测工作启动电视电话会议，副局长张永利出席会议并讲话。

1 月 5 日 国家林业局局长赵树丛在广东东莞会见前来参加中国执法查没象牙销毁活动的濒危野生动植物种国际贸易公约(CITES)秘书长约翰·斯甘伦。

1 月 6 日 国家林业局和海关总署联合在广州销毁了 6.15 吨象牙。

同日 林科院“紫胶资源高效培育与精加工技术体系创新集成”“农林剩余物多途径热解气化联产炭材料关键技术开发”“森林资源综合监测技术体系”3 项成果荣获国家科学技术进步奖二等奖。

1 月 9 日 国家林业局印发《关于切实做好全面停止商业性采伐试点工作的通知》(林资发〔2014〕3 号)。

1 月 9~10 日 2014 年全国林业厅局长会议在北京召开。国家林业局党组书记、局长赵树丛主持会议。会议传达学习了中共中央政治局委员、国务院副总理汪洋同志关于林业工作的重要讲话。国家林业局党组副书记、副局长张建龙代表局党组作《2013 年工作完成情况和 2014 年安排意见》的讲话。局领导印红、孙扎根、陈述贤、张永利、陈凤学、杜永胜出席。

1 月 10 日 竹藤产业发展创新驱动联盟在北京成立。全国政协人口资源环境委员会副主任、国际竹藤组织董事会联合主席、国际竹藤中心主任江泽慧，国家林业局副局长孙扎根出席签字仪式并讲话。

1 月 13 日 国家林业局在国务院新闻办公室召开新闻发布会，公布第二次全国湿地资源调查结果。调查结果显示：全国湿地总面积 5360 万公顷，湿地面积占国土面积的比率(即湿地率)为 5.58%。国家林业局副局长张永利介绍了第二次全国湿地资源调查结果的情况。

1 月 15 日 国家林业局、国家标准化管理委员会联合印发《国家林业标准化示范企业管理办法》(林科发〔2014〕5 号)。本办法自 2014 年 2 月 1 日起施行，有效期至 2018 年 12 月 31 日。

1 月 16~17 日 中国林学会第十一次全国会员代表大会暨第三届中国林业学术大会在北京召开，大会选举产生中国林学会第十一届理事会。国家林业局局长赵树丛新当选为中国林学会第十一届理事会理事长。局长赵树丛，副局长张建龙、孙扎根出席会议。

1 月 20 日 国家林业局印发《2014 年工作要点》(林办发〔2014〕1 号)。

1 月 23 日 国家林业局党的群众路线教育实践活动总结会在北京举行。中央第 31 督导组组长令狐安对局教育实践活动开展情况给予充分肯定。局长赵树丛要求，建立改进作风、密切联系群众的长效机制，把作风建设不断引向深入。副局长张建龙作教育实践活动总结。局领导孙扎根、陈述贤、陈凤学、杜永胜出席会议。

1 月 27 日 国家林业局发布 2014 年第 1 号公告，公布试点使用“中国野生动物经营利用管理专用标识”的企业及其产品。

同日 国家林业局印发《松材线虫病疫区和疫木管理办法》(林造发〔2014〕10 号)。

1 月 30 日 全国绿化委员会、国家林业局印发《关于进一步规范树木移植管理的通知》(全绿字〔2014〕2 号)。

2 月

2 月 9 日 国家林业局局长赵树丛、海关总署署长于广州共同签署第 34 号令，公布《野生动植物进出口证书管理办法》，自 2014 年 5 月 1 日起施行。

2 月 12 日 国家林业局发布 2014 年第 2 号公告，公布我国 2014 年松材线虫病疫区。

国家林业局发布 2014 年第 3 号公告，公布我国 2014 年撤销的松材线虫病疫区。

国家林业局发布 2014 年第 4 号公告，公布我国 2014 年美国白蛾疫区。

2 月 13 日 国家林业局发布 2014 年第 5 号公告，公布取消和下放的行政审批项目。

2 月 12~13 日 国家林业局副局长张建龙率团出席英国政府主办的“打击野生动植物非法贸易伦敦会议”。张建龙代表中国政府在会上发言，系统介绍中国政府高度重视并大力推进野生动物保护工作、严厉打击野生动物非法贸易、筹集资金支持大象等濒危物种保护执法取得的成效，重申了中国政府关于有效开展打击野生动物非法贸易国际合作主张。

2 月 17 日 中共中央组织部同意陈凤学、彭有冬同志任国家林业局党组成员。

2 月 25 日 国家林业局局长赵树丛在北京会见芬兰农业和林业部部长雅利·科斯基宁。双方就林业合作机制、生物质能源、森林可持续经营、联合国森林论坛和林业企业合作等问题交换了意见。

2 月 27 日 国务院决定，任命陈凤学、刘东生同志为国家林业局副局长。

2 月 18 日 国家林业局直属机关党风廉政建设和反腐败工作会议在北京举行。局长赵树丛出席会议并讲话，副局长张建龙主持会议，局领导孙扎根、张永利、陈凤学、杜永胜出席会议，中央纪委驻局纪检组组长陈述贤代表局党组作工作报告。

2月19日 国务院副总理、全国绿化委员会主任汪洋在北京主持召开全国绿化委员会全体会议，听取2013年国土绿化工作情况汇报，审议《全国绿化委员会工作规则》，研究部署2014年国土绿化工作。国家林业局局长、全国绿化委员会副主任赵树丛汇报2013年国土绿化工作和2014年工作安排意见。副局长张永利作《全国绿化委员会工作规则》说明。局领导张建龙、孙扎根、陈述贤、陈凤学、杜永胜出席会议。

2月25日 国务院新闻办公室举行发布会，公布第八次全国森林资源清查结果。结果显示，全国森林面积2.08亿公顷，森林覆盖率21.63%，森林蓄积量151.37亿立方米。人工林面积0.69亿公顷，蓄积量24.83亿立方米。国家林业局局长赵树丛出席发布会并讲话，副局长张建龙出席发布会。

2月26日 国家林业局与中国农林水利工会第十三次联席会议在北京召开，国家林业局党组成员、中央纪委驻局纪检组组长陈述贤，全国总工会党组成员，原副主席、书记处书记张世平出席会议并讲话。

2月27日 国家林业局办公室印发《2013年林业应对气候变化政策与行动白皮书》(办造字〔2014〕19号)。

3月

3月1日 《退耕还林工程生态效益监测国家报告(2013年)》正式发布，结果显示，截至2013年年底，冀、辽、鄂、湘、云、甘6个退耕还林工程重点监测省份每年的生态效益价值量总和为4502.39亿元。

3月3日 国家林业局党组中心组召开会议学习贯彻习近平总书记重要批示指示精神。国家林业局党组书记、局长赵树丛强调，要深刻领会习近平总书记重要批示指示蕴含的重大战略思想，坚持用习近平总书记重要批示指示精神武装头脑，为建设美丽中国创造更好的生态条件。局领导张建龙、孙扎根、陈述贤、张永利、陈凤学、杜永胜出席会议并发言。

3月5日 封加平同志任国家林业局总工程师。

3月6日 国家林业局印发《国际重要湿地生态特征变化预警方案(试行)》，对国际重要湿地生态特征变化实行由低到高的黄色、橙色和红色三级预警。《方案》于5月1日起试行。

国家林业局发布2014年第7号公告，公布下放的行政审批项目目录。

3月10日 国家林业局发布2014年第6号公告，将松树蜂和椰子织蛾增列为全国林业危险性有害生物。

3月12日 全国绿化委员会办公室发布《2013年中国国土绿化状况公报》。

3月19日 国家林业局局长赵树丛在北京会见世界自然保护联盟(IUCN)主席章新胜一行，双方就林业在生态文明中的作用、国家公园体制建设、IUCN绿色名录、世界保护大会、贵阳论坛等共同关心的议题深入交换了意见。

3月20日 以“绿色的梦想，共同的家园”为主题的“国际森林日”植树活动在北京举行。国家林业局局长赵树丛，局领导张永利、刘东生、彭有冬，联合国粮农组织驻中国代表伯西·米西卡等参加植树活动。

3月20～21日 2014年全国林业系统纪检组长、监察室主任培训班在广州市举办，局党组成员、中央纪委驻局纪检组组长陈述贤出席培训班并讲话。

3月21日 国务院在山东省济宁市召开全国春季农业生产暨森林草原防火工作会议。国务院总理李克强作出重要批示。国务院副总理汪洋出席会议并讲话。国务院副秘书长毕井泉主持会议，国家林业局局长赵树丛、副局长孙扎根、国家森林防火指挥部专职副总指挥杜永胜出席会议。

3月21～23日 第五届(2014)中国智慧政务最佳实践暨2013年度中国优秀政务平台推荐及综合影响力评估总结交流大会在北京举行，中国林业网被评为2014年度最具影响力政务网站，荣获2014年度“中国政务网站领先奖”。

3月24日 国家林业局直属机关两建工作会议暨司处级干部深入学习贯彻习近平总书记系列讲话精神轮训班动员会在北京举行。局长赵树丛对深入学习贯彻习近平总书记系列重要讲话精神作动员。副局长张建龙总结和部署直属机关两建工作。局领导陈述贤、彭有冬、杜永胜、封加平出席会议。

3月27日~4月1日 应尼泊尔森林与土壤保护部和老挝农林部邀请，国家林业局党组成员、中央纪委驻局纪检组组长陈述贤率中国林业代表团访问尼泊尔和老挝，局总工程师封加平随团出访。在尼泊尔，陈述贤会见了尼泊尔森林与土壤保护部部长马赫什·阿查里雅，与尼泊尔森林与土壤保护部副部长盖内什·乔希共同主持召开了中尼第三次林业工作组会议。在老挝，陈述贤会见了老挝农林部副部长蒂·蓬马萨克，出席并见证了亚欧林业示范项目协议签署仪式。

3月28日 国家林业局副局长刘东生在北京出席中瑞(典)林业合作组织专题研讨会并致辞。会前，刘东生会见了出席研讨会的瑞典农村事务部国务秘书麦纳斯·延布一行。

3月29日 由全国绿化委员会、中共中央直属机关绿化委员会、中央国家机关绿化委员会、首都绿化委员会联合举办的2014年共和国部长义务植树活动在位于昌平区的北京市平原造林工程项目区举行。172名部级领导干部参加义务植树活动。

3月31日 国家林业局、财政部在北京召开全面停止黑龙江重点国有林区天然林商业性采伐试点启动会。国家林业局局长赵树丛要求，积极探索停伐后林区治理新机制、落实好中央的决策部署。副局长张建龙主持启动会，副局长刘东生出席会议并讲话。4月1日起，我国在黑龙江重点国有林区50个林业局正式启动全面停止商业性采伐试点。中央财政从2014年起到2020年，每年对龙江森工、大兴安岭林业集团公司增加安排天保工程财政资金23.5亿元。

4月

4月1日 历时两年零九个月的第三次林业有害生物普查在全国启动。普查将全面查清我国林业有害生物种类、分布、危害、寄主等方面的基本情况，及时更新数据库，为科学制定防治规划、有效开展预防和治理提供全面、准确、客观的信息。2016年12月31日结束。

4月1日~6月30日 国家林业局组织在全国范围内开展代号为“2014天网行动”的集中打击破坏野生动物资源违法犯罪专项行动。

4月2日 国家林业局局长赵树丛在北京会见罗马尼亚驻华大使科斯泰亚。双方就加强两国在保护森林、保护湿地和野生动物、发展绿色经济和生态文化等领域的合作与交流交换意见并达成共识。

4月4日 党和国家领导人习近平、李克强、张德江、俞正声、刘云山、王岐山、张高丽等到北京市海淀区南水北调团城湖调节池参加首都义务植树活动。习近平强调，全国各族人民要一代人接着一代人干下去，坚定不移爱绿植绿护绿，把我国森林资源培育好、保护好、发展好，努力建设美丽中国。

4月9~18日 国家林业局局长赵树丛率领中国林业代表团访问波兰、罗马尼亚、芬兰。期间，赵树丛分别与波兰环境部部长格拉波夫斯基，罗马尼亚环境与气候变化部部长科洛迪，水、森林与渔业局特派部长帕讷举行了会谈。中波、中罗双方分别签署了《关于林业合作的谅解备忘录》《关于森林、湿地保护和野生动物保护合作的谅解备忘录》。在芬兰期间，赵树丛会见了芬兰农林部部长科斯基林，双方就推进森林可持续经营、加强生物质能源利用、扩大林业双向投资等进行了深入交流，达成广泛共识。

4月11日 由中国绿化基金会、联合国环境规划署、东南卫视等单位联合主办的第六届中国网络植树节暨落地植树活动在北京启动。国家林业局副局长张永利出席，并现场参与落地植树活动。

同日 国家林业局发布2014年第8号公告，公告毅杨1号等27个品种和认定通过的南方四季杨等10个品种作为林木良种。

4月14日 国家林业局办公室印发《国家储备林划定办法(试行)》(办丰字〔2014〕43号)，《办法》共7章27条，自发布之日起施行。

4月15日 重点省(区、市)森林防火工作座谈会在辽宁省沈阳市召开。国家森林防火指挥部副总指挥、国家林业局副局长孙扎根出席会议并讲话，国家森林防火指挥部专职副总指挥杜永胜通报全国森林火灾情况及当前火险形势。

4月16日 国家林业局与全国工商联、中国光彩事业促进会第八次联席会议在北京召开。国家林业局党组成员、中央纪委驻局纪检组组长陈述贤出席会议并讲话。

4月18日 全国林业科技推广暨科技特派员工作会议在浙江省临安市召开。国家林业局副局长孙扎根、浙江省人大常委会副主任程渭山出席会议并讲话。国家林业局党组成员彭有冬主持会议。

4月22日 国家林业局局长赵树丛在北京会见伊朗农业部副部长克霍达卡拉姆・亚拉里。双方同意进一步加强在森林保护与经营、防沙治沙等方面的合作，共同推进两国林业事业发展。

同日 国家林业局副局长刘东生与伊朗农业部副部长克霍达卡拉姆・亚拉里签署《中伊关于林业合作的谅解备忘录》。

4月25日 由国家林业局、山东省政府、中国贸促会和中国花卉协会共同主办的2014青岛世园会开幕，国家林业局局长赵树丛、副局长张永利、局党组成员彭有冬等出席开幕式。

4月26日 2014青岛世界园艺博览会国际竹藤组织园开园。全国政协人口资源环境委员会副主任、国际竹藤组织董事会联合主席、国际竹藤中心主任江泽慧，国家林业局副局长孙扎根，国际竹藤组织总干事费翰思等出席开园仪式。

4月29日 关注森林活动组委会2014年主任工作会议在北京召开，关注森林活动组委会主任王刚出席会议并讲话。国家林业局局长、关注森林活动组委会副主任赵树丛作《关注森林活动2013年工作情况及2014年安排意见》的报告。局领导陈述贤、张永利、刘东生、杜永胜、封加平出席会议。

同日 国家林业局印发《关于推进林业碳汇交易工作的指导意见》(林造发〔2014〕55号)，该《意见》自2014年6月1日起实施，有效期至2017年5月31日。

5月

5月4~11日 国家林业局副局长张永利率团出席在喀麦隆布埃亚市举行的大森林论坛2014年年会，并就当前全球林业发展面临的机遇与挑战、林权制度改革、森林经营、林业应对气候变化、林业机构建设等议题充分阐述了中方观点。会议期间，张永利会见了喀麦隆林业与野生动物部长恩格勒・菲利普・尼格维斯，双方就加强中喀两国林业与野生动物合作深入交换了意见，并就商签林业合作备忘录事宜进行了探讨。

5月7日 亚太经合组织(APEC)非法采伐及相关贸易专家组第五次会议在山东省青岛市召开，国家林业局副局长刘东生出席开幕式并就有关议题阐述中国的态度和立场。来自APEC18个经济体的近70名代表参加会议。

5月9日 2014年林业援疆工作座谈会在乌鲁木齐市举行，新疆维吾尔自治区党委书记张春贤、国家林业局局长赵树丛出席会议并讲话。新疆维吾尔自治区政府主席努尔・白克力、新疆生产建设兵团司令员刘新齐在会上发言。新疆维吾尔自治区党委常委、秘书长白志杰主持会议。自治区政府副主席钱智，国家林业局领导张建龙、彭有冬、封加平出席会议。

5月13日 由中组部主办、国家林业局承办的地方党政领导干部湿地生态系统保护专题研究班在国家林业局管理干部学院开班，国家林业局局长、国家林业局管理干部学院院长赵树丛在研究班上就加强湿地生态系统保护工作作专题讲座。

5月13~15日 国家濒管办会同《濒危野生动植物种国际贸易公约》秘书处、联合国粮农组织在福建厦门召开亚洲区域濒危野生动植物种国际贸易公约(CITES)新列附录鲨鱼和前口蝠鲼履约能力评估研讨会，国家林业局副局长、国家濒管办主任刘东生出席会议并讲话。

5月16日 国家林业局副局长刘东生在北京会见蒙古环境与绿色发展部副部长图尔加一行。双方就加强荒漠化防治、野生动植物保护、CITES公约履约合作以及打击非法野生动物贸易、林业有害生物防治等领域的合作交换意见并达成共识。

5月18日 水利部、国家林业局联合在广西壮族自治区百色召开滇桂黔石漠化片区区域发展与扶贫攻坚推进会。水利部部长陈雷、国务院扶贫办主任刘永富、国家林业局副局长张建龙、总工程师封加平出席会议。

5月20日 大熊猫"福娃""凤仪"启程赴马来西亚，开展为期10年的大熊猫国际科研合作。

5月21日 国家林业局发布2014年第9号公告，公告国家林业局委托上海市林业局实施的野生动物行政许可事项。

5月26日 国务院办公厅印发《关于进一步加强林业有害生物防治工作的意见》(国办发〔2014〕26号)，要求全面加强防治检疫队伍建设，到2020年林业有害生物成灾率控制在4‰以下。

同日 国家林业局、国家发展改革委、财政部联合印发《全国优势特色经济林发展布局规划(2013～2020年)》(林函规字〔2014〕60号)。

"2014·长江保护与发展论坛"在四川省成都市开幕，论坛主题为"加快生态文明制度建设"。国家林业局副局长张永利出席论坛并讲话。

5月27日 全国林业系统党委书记培训班在江西省井冈山市举办，国家林业局党组成员、中央纪委驻局纪检组组长陈述贤出席开班仪式并讲话。

6月

6月3日 中韩合作八达岭森林体验中心开放仪式在北京八达岭林场举行。国家林业局副局长刘东生、韩国驻华大使馆公使朴银夏等出席开放仪式。

6月4日 国家林业局局长、中国林学会理事长赵树丛在北京会见国际林业研究组织联盟(IUFRO)主席尼尔森·科克先生。双方探讨了林业研究在应对气候变化、消除贫困以及绿色发展中的重要作用，表达了进一步加强双方在林业科研领域合作与交流的愿望。

6月5日 国家林业局局长赵树丛与阿拉伯联盟秘书长阿拉比签署《中国国家林业局与阿拉伯联盟(阿拉伯干旱地区和旱地研究中心)关于荒漠化监测与防治合作的谅解备忘录》。双方表示愿意在荒漠化和干旱监测及防治领域建立合作和伙伴关系，开展有关项目及研究。

同日 国家林业局副局长张永利在北京出席首届中国绿色碳汇节·绿韵——竹乐器暨文化艺术展开幕式并致辞。

6月18日 国家林业局党组会研究决定，成立全国林业生物多样性保护委员会，野生动植物保护与自然保护区管理司作为国家林业局生物多样性保护的牵头单位，具体承担全国林业生物多样性保护委员会日常工作。

6月22～29日 联合国粮农组织第22届林委会会议暨第四届世界林业周在意大利罗马粮农组织总部开幕，本届会议的主题为"增加森林的社会经济效益"，重点议题包括世界林业状况、森林的社会经济效益、森林对全球进程的贡献、森林与民生、森林产品与服务价值核算等。来自联合国粮农组织100多个成员国的700多位代表出席会议。国家森林防火指挥部专职副总指挥杜永胜率中国林业代表团出席会议。

6月27日 中国(北方)现代林业职业教育集团在辽宁省沈阳市成立，国家林业局党组成员彭有冬出席成立大会。

7月

7月2日 国家林业局发布2014年第11号公告，公布取消的行政审批项目。

7月3日 在习近平主席和韩国总统朴槿惠的共同见证下，国家林业局副局长张建龙和韩国环境部部长尹成圭在首尔青瓦台签署《中华人民共和国国家林业局和大韩民国环境部关于野生动植物和生态系统保护合作的谅解备忘录》，决定在野生动植物保护、自然保护区管理、湿地保护与恢复、荒漠化防治等领域进一步发展合作关系，开展互利合作。

7月8日 中美共建中国园项目施工设计费捐赠仪式在北京举行，中国企业英成集团有限公司向全美中国园基金会捐赠资金3000万元人民币，专款用于中国园项目的施工设计费用。国家林业局局长赵树丛与美国农业部常务副部长克丽斯塔·哈登出席捐赠仪式，中国园项目中方总执行人、国际竹藤中心主任江泽慧，国家林业局领导张永利、彭有冬、封加平参加捐赠仪式。

7月9～10日 第六轮中美战略与经济对话在北京举行。中国国务院副总理汪洋、国务委员杨洁篪和美国国务卿克里、财政部长雅各布·卢共同主持对话。国家林业局局长赵树丛出席对话有关活动。9日，中美打击野生动植物非法交易宣传活动在北京举行，此次活动是第六轮中美战略与经济对话和第五轮中美人文交流高层磋商期间举行的一项联合活动。国务院副总理刘延东、国务委员杨洁篪、美国国务卿克里共同出席。国家林业局局长赵树丛主持宣传活动。美国副国务卿凯瑟琳·诺维莉，中国驻美大使崔天凯，国家林业局副局长刘东生出席宣传活动。

7月11日 国家木材储备战略联盟成立大会暨首届理事会在北京召开，会议审议通过了联盟组织机构、章程及工作运行机制。国家林业局副局长张建龙出席会议并讲话。

7月15日 国家林业局发布2014年第10号公告，授予月季"红五月"等95项植物新品种权。

7月16～18日 《联合国防治荒漠化公约》关于联合国可持续发展大会("里约+20")后续行动政府间工作组第二次磋商在北京举行。《联合国防治荒漠化公约》执行秘书莫妮卡·巴布、国家林业局副局长张永利出席会议并讲话。

7月17日 国家林业局局长赵树丛在北京会见《联合国防治荒漠化公约》执行秘书莫妮卡·巴布。双方就全球土地退化零增长目标、公约秘书处中方职员、公约能力建设以及公约相关事务等深入交换了意见。

同日 全国森林公安工作暨国家林业局森林公安局成立30周年座谈会在北京举行。国家林业局局长赵树丛、公安部副部长黄明出席会议并讲话。副局长孙扎根主持会议，局领导彭有冬、杜永胜出席会议。

同日 国家林业局发布2014年第11号公告，公布注销林木种子经营许可证的企业名单。

7月18日 中国(南方)现代林业职业教育集团在广西壮族自治区柳州市成立，国家林业局党组成员彭有冬出席成立大会。

7月23日 中俄第三次边境森林防火联防会议在

俄罗斯滨海边疆区首府海参崴召开。国家林业局副局长张建龙和俄罗斯联邦林务局副局长支林分别率代表团参加会议。双方就协调发挥外事和边防部门参与应急联络、联合开展边境扑火演习等重要事项达成了共识。

7月28~29日 全国推进林业改革座谈会在湖北省宜昌市召开。会议的主要任务是，深入学习贯彻习近平总书记系列重要讲话、批示指示精神，认真贯彻落实十八届三中全会精神，总结2014年上半年工作，部署下半年工作，全面深化林业改革，创新林业体制机制，加快推进林业治理体系和治理能力现代化，充分发挥生态林业民生林业强大功能，为建设生态文明和美丽中国创造更好的生态条件。局长赵树丛作重要讲话，副局长张建龙代表局党组作关于上半年工作进展情况和下半年安排意见的报告，局领导孙扎根、陈述贤、张永利、刘东生、彭有冬、杜永胜、封加平出席会议。

8月

8月1日 国家林业局印发《陆生野生动物收容救护管理规定》(林护发〔2014〕102号)。

同日 国家林业局印发《林业植物新品种保护行政执法办法》(林技发〔2014〕114号)。

8月5日 中蒙第二次边境森林防火联防会议在蒙古国首都乌兰巴托召开。会议由国家林业局副局长张建龙和蒙古国紧急事务管理局副局长特·巴德日勒上校共同主持。双方就继续推进边境防火隔离带建设、将国家级联防会的周期固定化、探索建立蒙中俄三国间的森林火灾联防机制等9个方面重要事项达成共识并签署会议纪要。

8月6~8日 亚太经合组织(APEC)非法采伐和相关贸易专家组第六次会议在北京举行，国家林业局副局长刘东生出席开幕式并致辞。来自APEC16个经济体的60余名代表出席会议。

8月21日 国家林业局发布2014年第12号公告，公布《森林生态系统生物多样性监测与评估规范》等183项林业行业标准，自2014年12月1日起实施。

8月28日 全国林业国际合作工作会议在北京举行。局长赵树丛强调，全面深化林业国际合作，推动生态林业民生林业建设。副局长刘东生作工作报告，局党组成员彭有冬出席会议。

9月

9月4日 全国林业援藏工作座谈会在拉萨市召开。会议强调，要深入实施以生态建设为主的林业发展战略，以建设生态文明、美丽西藏为总目标，为促进西藏经济社会发展和生态文明建设发挥更大作用。西藏自治区党委副书记、自治区主席洛桑江村，国家林业局党组副书记、副局长张建龙出席会议并讲话，国家林业局总工程师封加平主持会议。

9月5日 国家林业局发布2014年第13号公告，公布《林业工程名词术语及计量标准》等9项林业行业工程建设标准。

9月9日 国家林业局副局长刘东生在北京会见德国食品和农业部议会国务秘书彼得·布莱泽。双方决定进一步发挥中德林业工作组的作用，推动林业生物质能源利用、打击木材非法采伐和相关贸易、多功能林业、林业科技交流以及国际公约履约等领域的务实合作。

9月12日 国家林业局局长赵树丛在北京会见芬兰农业与林业部长佩特里·奥莱普一行。双方就森林可持续经营、生物质能源、联合国森林论坛和林权改革等共同关心的问题交换了意见，并强调要进一步深化两国林业务实合作。

同日 国家林业局举办第二届职工运动会。局长赵树丛宣布运动会开幕，局领导张建龙、陈述贤、陈凤学、刘东生、彭有冬、杜永胜、封加平参加开幕式，张建龙致开幕词。

9月15日 国家森林防火指挥部、国家林业局召开2014年全国秋冬季森林防火工作电视电话会议。国家森林防火指挥部副总指挥、国家林业局副局长孙扎根出席会议并讲话。国家森林防火指挥部专职副总指挥杜永胜主持会议。武警森林指挥部副司令员郭建雄等出席会议。

9月16日 由中国林学会和台湾中华林学会联合主办的首届海峡两岸林业论坛在台北市举行。国家林业局局长赵树丛出席论坛并发表主旨演讲。

9月19日 国家林业局、全国工商联、中国光彩事业促进会联合举办的第十期全国民营企业家及管理干部林业培训班在内蒙古库布其开班。国家林业局党组成员、中央纪委驻局纪检组组长陈述贤出席开班仪式并讲话。

9月24日 国家林业局副局长刘东生在北京会见蒙古环境与绿色发展部国务秘书(副部级)巴博德·贾姆斯朗一行。双方一致同意在戈壁熊保护繁育、森林病虫害生物防治、治沙造林等方面进一步深化务实合作。

9月28日 国家林业局召开全国退耕还林实施工作电视电话会议，贯彻落实国务院批准的《新一轮退耕还林还草总体方案》，安排部署新一轮退耕还林工作和2014年建设任务。局长赵树丛出席会议并讲话，副局长张永利主持会议。局总工程师封加平，国家发改委西部司、财政部农业司有关领导出席会议。

9月29日 国家林业局印发《森林抚育作业设计规定》和《森林抚育检查验收办法》(林造发〔2014〕140号)。

10月

10月8日 国家林业局发布2014年第14号公告，公告委托黑龙江省森林工业总局实施的野生动植物行政许可事项。

10月11日 国家林业局印发《松材线虫病等重大林业有害生物防治目标责任检查考核办法》(林发明电〔2014〕2号)。

10月15~25日 国家林业局组织15个检查考核组，对31个省(区、市)人民政府《2011~2013年松材线虫病等重大林业有害生物防控目标责任书》履责情况进行检查考核。

10月16日 国家林业局副局长刘东生在北京会见比利时联邦食品安全局局长黑曼·德瑞克斯，双方就比利时杜鹃花出口、大熊猫合作研究等问题交换了意见。

10月16~17日 国家林业局和全国总工会在重庆联合召开全国国有林场帮扶工作经验交流会。国家林业局党组成员、中央纪委驻局纪检组组长陈述贤，全国政协社会和法制委员会副主任、全国总工会党组成员、原副主席、书记处书记张世平出席会议并讲话。

10月20日 国家林业局副局长刘东生在北京会见奥地利农业、林业、环境与水资源管理部长安德烈·佩莱希特。双方探讨了在森林可持续经营、生态系统监测、生物质能源利用、林业机械制造、职业教育培训、林业科研交流等领域的合作前景。

10月24日 在习近平主席和坦桑尼亚总统基奎特的见证下，国家林业局局长赵树丛与坦桑尼亚外交和国际合作部部长门贝在北京签署《中华人民共和国国家林业局与坦桑尼亚自然资源和旅游部关于野生动植物和自然资源保护合作与交流的谅解备忘录》。

10月24~28日 国家林业局举办传达学习贯彻十八届四中全会精神暨司局长理论研修班，局领导赵树丛、张建龙、孙扎根、陈述贤、张永利、陈凤学、刘东生、彭有冬、杜永胜、封加平同志出席。

10月27日 中共国家林业局党组印发《关于落实党风廉政建设主体责任和监督责任的实施意见》(林发〔2014〕25号)。

10月29日 国家林业局林业改革领导小组扩大会议在北京召开。局长赵树丛要求，强化责任狠抓落实，全面完成林业改革任务。局领导张建龙、孙扎根、陈述贤、张永利、陈凤学、刘东生、彭有冬、杜永胜、封加平出席会议。

同日 2015后国际森林安排研讨会在北京开幕，来自55个国家和18个国际组织的近200名官员和专家就构筑未来全球森林治理体系进行磋商。国家林业局局长赵树丛出席开幕式并致辞，联合国森林论坛第十一届主席团主席、加蓬森林环境和自然资源保护部部长诺埃尔·纳尔逊·曼索尼等在开幕式上致辞，国家林业局副局长刘东生主持开幕式。

11月

11月3日 由外交部、国家林业局、北京市人民政府共同主办的2014年APEC会议碳中和林植树仪式在北京怀柔雁栖镇举行。国家林业局局长赵树丛，北京市副市长林克庆，外交部部长助理钱洪山等相关负责人出席。来自联合国粮农组织、联合国环境规划署和捐资企业的代表共100余人参加启动仪式和植树活动。

11月4日 国家林业局发布2014年第15号公告，公布已取消的"建设工程征占用林地预审"和"重点国有林区森林采伐限额审核"两项行政审批项目。同时，废止作为"建设工程征占用林地预审"项目设立依据的文件《建设项目占用征用林地预审办法》(林资发〔2008〕247号)。

同日 中国林业网4.0版正式上线。

11月5日 国家林业局召开"关于召开非法侵占林地清理排查专项行动部署电视电话会议"，决定从2014年11月初开始，在全国范围内开展一次为期两个月的非法侵占林地清理排查专项行动。

11月5~6日 全国油茶产业发展现场会在广西桂林召开。国家林业局局长赵树丛出席会议并讲话，局总工程师封加平主持。

11月12日 国家林业局副局长陈凤学出席在澳大利亚悉尼召开的亚太雨林恢复部长级峰会，并在会上介绍了中国在打击非法木材采伐和相关贸易方面所做的工作和取得的成绩。

11月13日 国家林业局在林业有害生物防治领域开展全国生态建设突出贡献奖评选表彰活动，授予50个单位"全国生态建设突出贡献先进集体"称号、200名同志"全国生态建设突出贡献先进个人"称号。

11月14日 世界自然保护联盟(IUCN)在悉尼举办的世界公园大会上公布首批保护地绿色名录，我国的唐家河国家级自然保护区等6个保护地入围首批保护地绿色名录，国家林业局副局长陈凤学出席绿色名录颁奖仪式。

11月15日 国家林业局局长赵树丛在北京会见韩国环境部部长尹成奎一行。双方交流了两国在朱鹮保护等领域的良好合作，希望继续加大野生动植物保护、湿地保护与恢复、荒漠化防治合作力度，并加强在区域发展机制和国际林业问题上的对话与沟通，分享发展经验。

11月18日 第八届中国竹文化节在安徽省黄山市开幕。全国政协人口资源环境委员会副主任、国际竹藤组织董事会联合主席、中国竹产业协会会长江泽慧宣布开幕。国家林业局副局长张永利、安徽省政协副主席王鹤龄、国际竹藤组织总干事费翰思出席开幕式并讲话。

11月18~25日 国家林业副局长孙扎根率中国林业科技代表团访问加拿大、德国。期间，出席了"气候变化与森林响应与适应"国际研讨会，会见了加拿大不列颠哥伦比亚大学副校长约翰·赫本和森林管理委员会总干事凯姆·卡斯滕森。在德国，听取了森林管理委员会业务发展和机构建设情况介绍，并就双方今后在森林认证领域的合作及互认等事项行了深入讨论。

11月21日 全国重大林业有害生物防治现场会在湖南长沙召开。国家林业局局长赵树丛出席会议并讲话，副局长张永利主持会议。

11月28日 国家林业局召开党的群众路线教育实践活动"回头看"情况汇报会，局领导张建龙、陈述贤分别听取42个司局及京内直属单位"回头看"情况汇报，并就进一步抓好整改工作提出要求。

12月

12月2日 国家林业局与国家质检总局在北京签署《关于促进生态林业民生林业发展合作备忘录》。共同推进林产品地理标志和生态原产地保护，树立生态文明的国家品牌，促进林产品国际贸易和林业持续健康发展。国家林业局局长赵树丛、国家质检总局局长支树平代表双方签字。国家林业局副局长张永利出席。

同日 国家林业局局长赵树丛在北京会见南非环境事务部部长莫莱瓦一行，双方就进一步推动两国在森林与湿地资源管理、荒漠化防治、野生动物保护等方面的合作达成广泛共识。

同日 国家林业局副局长刘东生在北京会见斯洛文尼亚农业、林业和食品事务部国务秘书米哈·麦伦斯一行。双方交流了两国林业发展情况，决定共同主办亚欧会议成员国森林可持续管理与利用政策与实践研讨会，并邀请亚太森林恢复与可持续管理组织(APFNet)作为协办方之一。

12月4日 全国深化集体林权制度改革座谈会在

河南省郑州市召开。国家林业局副局长张建龙出席会议并讲话。

12月8日 国家林业局召开专题电视电话会议，传达习近平总书记等中央领导对国家林业局开展林地保护和非法侵占林地清理排查专项行动作出的重要批示精神。局长赵树丛要求加大力度，再接再厉，确保专项行动取得实效。局领导张建龙主持会议，孙扎根、陈述贤、张永利、陈凤学、刘东生、彭有冬、杜永胜、封加平出席会议。

12月10日 国家林业局与河北省政府在北京签署《关于合作共建河北农业大学的协议》，支持河北农业大学发挥学科优势，为发展生态林业民生林业服务。国家林业局局长赵树丛、河北省省长张庆伟出席签字仪式。国家林业局副局长张建龙、河北省副省长沈小平代表双方签字，国家林业局副局长孙扎根主持签字仪式，局党组成员彭有冬出席签字仪式。

12月11日 国家林业局与国际非政府组织2014年度座谈会在北京举行，国家林业局副局长刘东生出席座谈会并致辞。

12月17日 国家林业局发布2014年第16号公告，公布授予"锦业楝"等74项植物新品种权名单。

12月18日 国家林业局印发《关于做好东北内蒙古重点国有林区2015年度森林采伐管理工作的通知》（林资发〔2014〕176号）。

12月25日 国家林业局印发《全国集体林地林下经济发展规划纲要（2014～2020年）》（林规发〔2014〕195号）。

12月26日 国务院办公厅印发《关于加快木本油料产业发展的指导意见》（国办发〔2014〕68号）。

12月30日 国家林业局副局长张建龙出席国家林业局调查规划设计院建院60周年座谈会并讲话。

（林军供稿）

2014年林业重要会议

【2014年全国林业厅局长会议】 1月9～10日，2014年全国林业厅局长会议在北京举行。会议的主要任务是学习贯彻习近平总书记系列重要讲话精神，深入落实党的十八大和十八届二中、三中全会，以及中央经济工作会议、中央农村工作会议精神，总结2013年林业工作，部署2014年和今后一个时期林业工作，推动生态林业民生林业建设再上新水平。

党中央、国务院对林业工作高度重视。会前，中共中央政治局委员、国务院副总理汪洋专门听取了国家林业局班子集体汇报，并就做好林业工作作出重要批示，2014年是全面贯彻落实党的十八届三中全会精神、全面深化改革的第一年，也是林业推进改革发展的关键之年。希望大家再接再厉，锐意创新，扎实工作，加大改革力度，加强生态保护，加快产业发展，全面提升生态林业民生林业发展水平，为建设生态文明和美丽中国作出新的更大贡献。

会议提出，今年和今后一个时期全国林业工作的总体要求是：全面贯彻落实党的十八大和十八届二中、三中全会精神，深入学习贯彻习近平总书记系列重要讲话精神，坚持以建设生态文明为总目标，以改善生态改善民生为总任务，以全面深化林业改革为总动力，紧紧围绕建设美丽中国，认真实施《推进生态文明建设规划纲要》，创新林业体制机制，完善生态文明制度，推进国家林业治理体系和治理能力现代化，增强生态林业民生林业发展内生动力，为全面建成小康社会、实现中华民族伟大复兴的中国梦创造更好的生态条件。

赵树丛说，党的十八大以来，习近平总书记相继发表了一系列重要讲话，深刻回答了新的历史条件下党和国家发展的一系列重大理论和现实问题，为全党全国在新的历史起点上实现新的奋斗目标提供了基本遵循。各级林业部门要认真学习领会这些重要讲话，切实用讲话精神武装头脑、统一思想、指导实践。要深入学习领会关于坚持和发展中国特色社会主义的重要论述，深刻理解中国特色社会主义的真谛要义，增强道路自信、理论自信、制度自信，毫不动摇地坚持、与时俱进地发展中国特色社会主义。要深入学习领会关于实现中华民族伟大复兴中国梦的重要论述，深刻理解中国梦的基本内涵、实现路径和实践要求，勇于承担林业在实现中华民族伟大复兴进程中的历史重任，加快林业发展步伐，为实现中国梦奠定坚实的生态基础。要深入学习领会关于全面深化改革开放的重要论述，深刻理解全面深化改革开放的重大意义、正确方向，坚定信心、凝聚共识、统筹谋划，全面推进各项林业改革，进一步激发林业发展内生动力。要深入学习领会关于生态文明建设的重要论述，牢固树立科学发展和生态文明理念，更加重视生态保护和民生改善，充分发挥林业的生态、经济等多种功能，推动经济社会全面协调可持续发展。要深入学习领会讲话贯穿的立场观点方法，准确把握讲话贯穿的坚定信仰追求、历史担当精神、真挚为民情怀和务实思想作风，坚持讲实话、办实事、求实效，奋力推进各项林业工作，努力实现好、维护好、发展好最广大人民的根本利益。

赵树丛指出，加快生态林业民生林业发展，既要把握中央的新要求，又要把握林业的新特征。现阶段我国林业发展呈现出八个基本特征：一是森林资源增长与木材供应不足并存，木材供需矛盾十分突出，对森林资源的压力日益加大；二是森林资源总量提升与森林粗放经营并存，提高森林质量潜力巨大，加强森林经营势在必行；三是生态改善与生态退化并存，自然生态系统依然十分脆弱，生态资源总量依然严重不足；四是生态需求增加与资金投入不足并存，资金短缺依然是林业生态建设重要的瓶颈制约；五是林业产业快速发展与林区民生问题突出并存，发展绿色富民产业、改善林区民生的任务仍然十分艰巨；六是林业科技进步与生产技术落后并存，提升林业发展质量效益还有很大空间；七是社会高度关注与生态破坏严重并存，增强生态意识、遏制生态破坏依然任重道远；八是战略机遇与严峻挑战并存，用好机遇、应对挑战已成为各级林业部门面临的重大考验。

赵树丛指出，八个"并存"的基本特征表明，我国林业发展正处在一个各种矛盾互相交织、正能量与负能量相互博弈的恢复发展阶段。森林总量不足、质量不高、功能不强、分布不均的基本林情没有根本改变，生态资源不足与日益增长的生态民生需求之间的矛盾仍然十分突出。要抓住新机遇，迎接新挑战，切实把落实和严守生态保护红线作为基本底线，把转变林业发展方式作为战略重点，全面提升生态林业民生林业发展水平，充分发挥林业在推进生态文明建设中的最大正能量。

赵树丛说，进入新世纪以来，我国林业改革已经取得三项重大成果。一是以实施以生态建设为主的林业发展战略为标志，我国自然生态系统保护与建设的体制机制初步建立。二是以集体林权制度改革为标志，赋予了亿万农民真正意义上的财产权利。三是以加入世界贸易组织为标志，我国林业产业市场化全球化发展格局基本形成。我国林业发展取得的巨大成就主要靠改革，解决林业发展中的困难和问题还要靠改革。

赵树丛强调，目前，全面深化林业改革的任务十分繁重，要按照十八届三中全会精神和习近平总书记关于改革的系列重要讲话精神，加快、分类、有序推进林业改革，不断为生态林业民生林业建设注入强大动力。一是加快完善集体林权制度改革、林业补贴制度、森林生态效益补偿基金制度、林权抵押贷款制度、森林保险制度、森林植被恢复费征收制度、育林基金征收制度、林业产业市场化、林业统计制度、考核党政干部的林业指标体系改革等一批改革措施。二是扎实抓好国有林场改革试点、林木采伐管理机制改革试点、沙化土地封禁保护制度试点、湿地保护制度试点、森林认证制度试点等一批改革试点。三是精心谋划国有林区改革、森林经营制度、自然生态系统保护体制机制、森林资源资产产权制度改革等一批改革顶层设计。四是深入研究生态文明制度体系建设、林业混合所有制经济发展、林业法制、林业重大战略等一批重大问题。赵树丛强调，加快发展生态林业民生林业，增加生态资源总量，提升生态系统功能，支撑经济社会可持续发展，是我国林业的核心任务。要高度重视并切实抓好各项林业重点工作。一是严守森林、湿地、沙区植被、物种保护 4 条生态红线，要把划定的红线落实到省、市、县，落实到地图上、地块上，制定最严格的生态保护红线管制原则和管理办法。二是认真总结推广干旱、半干旱地区造林绿化的成功经验，确保造一片活一片成林一片。三是科学制定长期森林经营规划和具体经营方案，确定森林经营目标，逐步推行以森林培育为目的的采伐方式，制修订不同树种林种的森林经营技术规程和检查验收办法，将森林经营纳入制度化、科学化轨道。四是进一步加强生态修复工程制度建设，实行生态修复工程精细化管理，修订完善造林、抚育和更新规程，健全各项标准和绩效评价体系，使每项生态修复工程都有科学的指标体系。五是切实把森林防火工作摆到更加突出的重要位置，认真实施《全国森林防火中长期发展规划》，加强森林防火队伍建设，完善森林防火应急预案，最大限度减少火灾发生和灾害损失。六是加快绿色富民产业发展，编制产业规划体系，完善产业政策，发挥特色优势，培育主导产业。七是加强城镇生态建设，把森林、湿地、绿地、各类公园等作为有生命的重要基础设施列入城镇建设规划，构建以森林为主体、城乡一体的城镇生态系统，让居民看得见青山绿水，享受到生态产品，生活在绿色美丽的城镇中。八是全面深化林业科技体制改革，加快建设林业科技创新体系，建立产学研协同创新机制，推进林业应用型技术研发市场化、企业化，促进林业科技成果资本化、产业化。九是正确处理好政府与市场的关系，既用好"有形的手"，又用好"无形的手"。十是充分利用两种资源、两个市场蕴藏的巨大潜力，进一步释放林业对外开放的巨大红利，同时认真履行国际公约，树立负责任大国形象，增强我国林业的国际影响力和话语权。十一是把宣传作为扩大林业影响、提升林业地位的重要措施，抓在手上，抓出成效，让全社会真正了解林业，高度关注林业，自觉支持林业。

赵树丛强调，当前，生态林业民生林业建设正在进行转型升级、提质增效的全新实践，比以往任何时候都有条件更加接近林业发展的奋斗目标，但面临的问题更加集中、肩负的任务更加繁重。越是面对复杂形势，越是面对艰巨任务，越需要思想认识上的统一、作风意志上的过硬、政府管理上的科学。各级林业部门要深入开展"转变职能、转变作风，服务大局、服务基层"活动，努力建设职能科学、结构优化、廉洁高效、人民满意的服务型机关，更好地发挥政府在推动生态林业民生林业建设中的重要作用。要转变政府职能，更好地发挥政府作用；转变工作作风，更好地服务基层群众；回应群众关切，更好地维护林区稳定；加强队伍建设，更好地提高治理能力。国家林业局副局长张建龙主持会议并代表局党组通报了 2013 年工作完成情况和 2014 年安排意见。会议邀请中央财经领导小组办公室副主任杨伟民作题为《深入领会三中全会精神 加快生态文明制度建设》的专题讲座。国家林业局副局长印红、孙扎根，局党组成员、中央纪委驻局纪检组组长陈述贤，副局长张永利，局总工程师陈凤学，国家森林防火指挥部专职副总指挥杜永胜，武警森林指挥部司令员何宏成，国家林业局原局长、中国绿化基金会主席王志宝，全国政协人资环委副主任、国家林业局原党组成员江泽慧出席会议。

【全国绿化委员会第 32 次全体会议】 2 月 19 日，中共中央政治局委员、国务院副总理、全国绿化委员会主任汪洋在京主持召开全国绿化委员会全体会议，贯彻落实党的十八大、十八届三中全会精神，学习贯彻习近平总书记关于生态文明建设的一系列重要论述，审议《全国绿化委员会工作规则》，总结 2013 年国土绿化工作，安排部署 2014 年国土绿化任务。会议听取了全国绿化委员会副主任、国家林业局局长赵树丛关于 2013 年国土绿化工作和 2014 年工作安排意见的工作报告，听取了全国绿化委员会委员、国家林业局副局长张永利关于《全国绿化委员会工作规则(审议稿)》的起草说明，审议了《全国绿化委员会工作规则(审议稿)》和 2014 年国土绿化工作安排意见，汪洋副总理作了重要讲话。

会议认为，2013 年，各地、各部门认真实施《全国造林绿化规划纲要》和《推进生态文明建设规划纲要》，义务植树运动深入开展，生态修复工程建设扎实推进，部门绿化成效明显，资源保护全面加强，政策措施逐步完善。全年共完成造林 609.2 万公顷，义务植树 25.2 亿株，中幼林抚育 79.33 万公顷，种草改良 117.33 万公顷，建设草原围栏 493.8 万公顷，新增水土流失综合治理面积 5.4 万平方千米。特别是 2013 年完成的第八次全国森林资源清查结果显示，我国森林面积和森林蓄积持续增长，森林质量逐步提高，生态功能继续增强。全国森林面积 2.08 亿公顷，森林覆盖率 21.63%，森林蓄积量 151.37 亿立方米，森林每公顷蓄积量 89.79 立方米；全国森林植被总碳储量 84.27 亿吨，生态服务功能年价值超过 13 万亿元。会议明确提出了 2014 年国土绿化工作的主要目标和重点工作任务。全年计划完成造林任务 600 万公顷，中幼林抚育 70 万公顷，义务植树 25 亿株。着力抓好推进国土绿化改革创新、全面完成国土绿化任务、重点抓好干旱半干旱地区造林绿化、切实加强生态资源保护、坚决遏制大树采挖移植行为等重点工作。

汪洋强调，国土绿化是建设生态文明和美丽中国的重要内容，是促进经济社会持续健康发展的有力保障。要认真贯彻中央关于加强国土绿化事业的决策部署，坚持尊重自然、顺应自然、保护自然的基本原则，严守生态红线；坚持生态效益、经济效益、社会效益相统一的基本要求，让人民群众更充分享受国土绿化成果；坚持生态效益、经济效益、社会效益相统一的基本要求，坚持全国动员、全民动手、全社会搞绿化的基本方针，推进国土绿化体制机制创新，充分发挥市场在资源配置中的决定性作用和更好发挥政府作用，调动农民、企业和社会参与的积极性，激发国土绿化事业发展活力，进一步加快国土绿化进程。

汪洋要求，国土绿化必须坚持保护和建设两手抓。要严守生态红线，加强现有生态资源保护，切实做好森林草原防火工作。加快生态修复步伐，最大限度地增加以林草植被为主体的生态资源总量。大力发展绿色产业，拓展农民就业增收渠道，努力满足社会对绿色产品的巨大需求。

全国绿化委员会全体成员，国家林业局负责同志及其有关司局主要负责人，全国绿化委员会成员单位联络员出席了会议。（伍赛珠）

【京津冀和内蒙古林业生态建设座谈会】 7 月 25 日，国家林业局在北京怀柔召开京津冀和内蒙古林业生态建设座谈会。国家林业局局长赵树丛、副局长张永利、局总工程师封加平，国家发改委、北京市政府有关领导，京津冀和内蒙古林业厅(局)主要负责人、造林处长以及有关新闻记者出席会议。会前，中共中央政治局委员、北京市委书记郭金龙在京接见了参加京津冀和内蒙古林业生态建设座谈会的部分代表。会议期间，与会代表现场参观了东郊森林公园华北树木园、湿地公园，平原造林潮白河沙坑治理工程以及潮白河森林公园建设现场；北京市副市长林克庆致辞；京津冀和内蒙古林业厅(局)主要负责人先后发言，介绍了推进京津冀和内蒙古林业生态建设的主要做法、成功经验，分析了存在的主要问题，提出了对策建议；国家林业局局长赵树丛做了重要讲话。

中共中央政治局委员、北京市委书记郭金龙在接见与会部分代表时指出，植树造林是建设生态文明最基础性的工作，党和国家领导人高度重视，每年身体力行参加义务植树活动。北京近年来大力推进林业建设，实施了百万亩平原绿化等一系列林业工程，生态状况明显改善，但与中央领导的要求和人民群众的期盼相比仍然有很大差距，需要国家林业局和兄弟省市继续给予支持。天津、河北、内蒙古与北京水乳交融，植树造林、防沙治沙直接关系着首都地区生态环境的改善。感谢天津、河北、内蒙古多年来为改善首都地区生态状况所作的巨大贡献，希望京津冀和内蒙古进一步完善机制，发挥各自优势，共同努力，为推进京津冀协同发展和改善首都地区生态环境贡献力量。

赵树丛强调，要深入学习领会习近平总书记重要讲话精神，切实把思想和行动统一到中央的决策部署上来，全面提升京津冀和内蒙古区域林业发展水平，为改善首都地区生态环境、推动京津冀协同发展创造更大的环境容量和生态空间。

赵树丛要求，加强京津冀和内蒙古林业生态建设，要突出抓好五项重点工作。一是编制发展规划。研究编制具体的专项规划，加大首都地区造林绿化、退耕还林还湖力度，建设一批环首都森林公园，推进风沙源治理、水源林保护、太行山绿化等生态工程建设，加强湿地保护和自然保护区建设，扩大绿化生态空间。二是完善政策措施。要用足用好现有政策，协调储备差别化政策，增加地方政府的林业投入，并向重点地区和重点项目倾斜。三是解决突出问题。加快造林绿化步伐，加强森林资源保护，构建集中连片防护林带，强化湿地恢复和保护，大力发展绿色富民产业。四是强化科技支撑。加强困难立地造林、退化林分修复、乡土树种培育等关键技术攻关和湿地科学研究，积极推广林业先进实用技术。五是建立工作机制。成立专门协调小组，建立工作联动、信息共享、资源共用等方面的机制，形成加强林业生态建设的合力。（王恩苓）

【全国推进林业改革座谈会】 7 月 28～29 日，全国推进林业改革座谈会在湖北宜昌举行。国家林业局局长赵树丛要求，进一步深入学习贯彻习近平总书记系列重要讲话和批示指示精神，全面深化林业改革，创新林业体制机制，加快推进林业治理体系和治理能力现代化，充分发挥生态林业民生林业的强大功能，为建设生态文明和美丽中国创造更好的生态条件。

赵树丛说，习近平总书记十分重视生态文明建设和林业改革发展，党的十八大以来就此所作的一系列重要讲话和批示指示，提出了许多重大战略思想，包括生态决定人类文明兴衰的观念、改善生态就是发展生产力的观念、生态就是民生福祉的观念、山水林田湖综合治理的观念、林业事关经济社会可持续发展的观念、创新林业治理体系的观念、充分调动各方面造林育林护林积极性的观念、增强森林生态功能的观念、科学造林绿化的观念等等，丰富发展了当代中国马克思主义理论，集中体现了中国特色社会主义生态观。各级林业部门要系统学习、深入贯彻习近平总书记系列重要讲话精神，牢固树立中国特色社会主义生态观，大力推进生态林业民生林业建设，为服务大局、服务基层作出更大的贡献。生态是林业多种属性中的本质属性，民生是我们党执政过程中始终关注的根本问题；改善生态、改善民生是党和国家工作的战略大局与中心任务，也是世界各国着力解决的全球性重大问题。我们不能把发展生态林业民生林业看成是简单的宣传口号，而是要把它变成贯穿始终的发展理念，变成忠实践行的自觉行动。

赵树丛说，林业治理体系主要体现为林业体制机制、法律法规等各种制度安排。经过几十年的实践探索，我国林业制度逐步建立，林业治理体系初步形成。但是，与建设生态文明和美丽中国的要求相比，林业治理体系还不适应，有些方面还制约了林业发展。要按照国家治理体系和治理能力现代化的总要求，加快建立健全生态资源产权制度、生态资源监管制度、自然生态系统保护制度、生态修复制度、生态监测评价制度、森林经营制度、生态资源市场配置和调控制度、生态补偿制度、财税金融扶持制度，力争到2020年形成更加成熟、更加定型的具有中国特色的林业制度。

赵树丛强调，建立健全林业制度，创新林业治理体系，是一项长期的战略任务和复杂的系统工程，既需要各级林业部门的共同努力，又需要争取党委政府和有关部门的支持。各级林业部门都要锐意改革、大胆探索，科学谋划、稳步推进。对已经建立但不适应的制度，要继续坚持和及时完善；对存在缺失急需建立的制度，各地要先行先试，在总结经验的基础上逐步健全。凡是已经成熟定型的制度，都要争取上升为法律法规，将其固定下来长期发挥作用。要通过一段时间的努力，使我国林业制度体系更加完善管用，为发展生态林业民生林业提供坚实可靠的制度保障。

赵树丛指出，林业治理能力主要表现为制度执行力，与林业治理体系相辅相成。面对日益繁重的林业改革发展任务和复杂多样的社会主体利益诉求，我们不仅要创新林业治理体系，还要提升林业治理能力，确保把林业治理体系的制度优势转化为国家治理林业的效能，更好地推动生态林业民生林业建设。一要全面加强组织保障能力建设。二要全面加强依法治林能力建设。三要全面加强科技支撑能力建设。四要全面加强灾害防控能力建设。五要全面加强林业信息化能力建设。六要全面加强基础设施支撑能力建设。七要全面加强生态文化传播能力建设。八要全面加强国际交流合作能力建设。九要全面加强人才队伍能力建设。

赵树丛要求，要扎实推进林业重点领域改革，继续全力推动国有林场、国有林区改革，深化完善集体林权制度改革，积极开展国家公园体制、森林资源资产负债表等问题研究。认真做好造林绿化和森林防火工作，着力抓好生态文明建设试点和重点生态功能区建设，切实加强项目和资金管理，科学谋划“十三五”林业工作，巩固扩大“两转变、两服务”活动成果，全面完成今年林业改革发展任务，为建设生态文明和美丽中国、全面建成小康社会、实现中华民族伟大复兴的中国梦作出新的更大贡献。会议期间，赵树丛会见了湖北省省长王国生。与会代表考察了夷陵区官庄村“绿色示范乡村”建设情况、刁家岗退耕还林示范基地和小鸦路绿色通道建设情况。

国家林业局副局长张建龙在会上通报了上半年林业工作进展情况和下半年安排意见。副局长孙扎根，局党组成员、中央纪委驻局纪检组组长陈述贤，副局长张永利、刘东生，局党组成员彭有冬，国家森林防火指挥部专职副总指挥杜永胜，局总工程师封加平，武警森林指挥部司令员何宏成，湖北省委常委、宜昌市委书记黄楚平出席会议。湖北省副省长梁惠玲致辞。会上，河北省林业厅、吉林省林业厅、湖南省林业厅、广东省林业厅、云南省林业厅、龙江森工集团、湖北省宜昌市、山东省临沂市、福建省武平县、新疆维吾尔自治区若羌县作典型发言。

【旱区造林绿化工作现场会】 9月22~23日，国家林业局在内蒙古自治区赤峰市召开旱区造林绿化工作现场会。国家林业局副局长张永利、有关司局、直属单位负责同志及有关专家，国家发展改革委等有关领导，内蒙古自治区党委副书记李佳，自治区党委副秘书长、农牧办主任于清理，全国31个省（区、市）林业厅（局）和新疆生产建设兵团林业局主要负责人、18个旱区省（区、市）造林处长、有关新闻记者出席会议。与会代表现场参观了赤峰市翁牛特旗东部沙化土地综合治理工程、松山区夏家店乡三家村干旱山地经济林基地以及松山区龙潭干旱山地综合治工程；中国林科院荒漠化研究所研究员卢琦作了学术报告，内蒙古自治区林业厅、宁夏回族自治区林业厅、甘肃省定西市政府、山西省偏关县政府、陕西省吴起县政府等5个单位代表，作了典型发言；国家林业局副局长张永利作了重要讲话。

（王恩苓）

附 录

国家林业局各司（局）和直属单位等全称简称对照

1. 国家林业局办公室（办公室）
2. 政策法规司（政法司）
3. 造林绿化管理司（造林司）
   长江流域防护林体系设管理办公室（长防办）
4. 森林资源管理司（资源司）
5. 野生动植物保护与自然保护区管理司（保护司）
   野生动植物保护及自然保护区建设工程管理办公室（保护办）
6. 农村林业改革发展司（林改司）
7. 森林公安局（公安局）
   国家森林防火指挥部办公室（防火办）
8. 发展规划与资金管理司（计资司）
   全国木材行业管理办公室（行管办）
9. 科学技术司（科技司）
10. 国际合作司（国际司）
11. 人事司（人事司）
12. 直属机关党委（机关党委）
13. 中央纪委、监察部驻国家林业局纪检组、监察局（监察局）
14. 离退休干部局（老干部局）
15. 机关服务局（服务局）
16. 国家林业局信息中心（信息中心）
17. 国有林场和林木种苗工作总站（场圃总站）
18. 林业工作站管理总站（工作总站）
    国家林业局森林资源行政案件稽查办公室（稽查办）
19. 林业基金管理总站（基金总站）
    审计中心
20. 宣传办公室（宣传中心）（宣传办）
21. 濒危物种进出口管理中心（濒管办）
    濒危物种进出口管理办公室
22. 天然林资源保护工程管理中心（天然林资源保护工程管理办公室）（天保办）
23. 西北华北东北防护林建设局（三北局）
24. 退耕还林（草）工程管理中心〔退耕还林（草）工程管理办公室〕（退耕办）
25. 防治荒漠化管理中心（环北京地区防沙治沙工程管理办公室）（治沙办）
26. 世界银行贷款项目管理中心（世行中心）
    速生丰产用材林基地建设工程管理办公室（速丰办）
27. 科技发展中心（科技中心）
    植物新品种办公室（新品办）
28. 经济发展研究中心（经研中心）
29. 人才开发交流中心（人才中心）
30. 对外合作项目中心（合作中心）
31. 森林防火预警监测信息中心（预警中心）
32. 湿地保护管理中心（湿地办）
33. 森林资源监督管理办公室（监督办）
34. 亚太森林网络管理中心（亚太中心）
35. 中国林业科学研究院（林科院）
36. 调查规划设计院（规划院）
37. 林产工业规划设计院（设计院）
38. 管理干部学院（林干院）
39. 中国绿色时报社（报社）
40. 中国林业出版社（出版社）
41. 国际竹藤中心（竹藤中心）
42. 中国林学会（林学会）
43. 中国野生动物保护协会（中动协）
    中国植物保护协会（中植协）
44. 中国花卉协会（花协）
45. 中国绿化基金会（中绿基）
46. 中国林业产业联合会（中产联）
47. 驻内蒙古自治区森林资源监督专员办事处（内蒙古专员办）
48. 驻长春森林资源监督专员办事处（长春专员办）
49. 驻黑龙江省森林资源监督专员办事处（黑龙江专员办）
50. 驻大兴安岭林业集团公司森林资源监督专员办事处
51. 驻成都森林资源监督专员办事处（成都专员办）
52. 驻云南省森林资源监督专员办事处（云南专员办）
53. 驻福州森林资源监督专员办事处（福州专员办）
54. 驻西安森林资源监督专员办事处（西安专员办）
55. 驻武汉森林资源监督专员办事处（武汉专员办）
56. 驻贵阳森林资源监督专员办事处（贵阳专员办）
57. 驻海口森林资源监督专员办事处（海口专员办）
58. 驻合肥森林资源监督专员办事处（合肥专员办）
59. 驻乌鲁木齐森林资源监督专员办事处（乌鲁木齐专员办）
60. 驻上海森林资源监督专员办事处（上海专员办）
61. 驻北京森林资源监督专员办事处（北京专员办）
62. 森林病虫害防治总站（森防总站）
    野生动物疫源疫病监测总站（监测总站）
63. 北方航空护林总站（北航总站）
64. 南方航空护林总站（南航总站）
65. 南京森林警察学院（南京警院）
66. 华东林业调查规划设计院（华东院）
67. 中南林业调查规划设计院（中南院）
68. 西北林业调查规划设计院（西北院）
69. 昆明勘察设计院（昆明院）

书中部分单位、词汇全称简称对照

北京林业大学（北林大）
长江流域防护林（长防林）
东北林业大学（东北林大）
国家发展和改革委员会（国家发展改革委）
国家工商行政管理总局（国家工商总局）
国家开发银行（国开行）
国家环境保护部（国家环保部）
国家森林防火指挥部（国家森防指）
国务院法制办公室（国务院法制办）
国务院纠正行业不正之风办公室（国务院纠风办）
国务院西部地区开发领导小组办公室（国务院西部开发办）
国有资产监督管理委员会（国资委）
林业工作站（林业站）
林业科学研究所（林科所）
林业科学研究院（林科院）
南京林业大学（南林大）
全国绿化委员会（全国绿委）
全国绿化委员会办公室（全国绿委办）
全国人大常委会法制工作委员会（全国人大常委会法工委）
全国人大环境与资源保护委员会（全国人大环资委）
全国人大农业与农村委员会（全国人大农委）
全国普及法律常识办公室（全国普法办）
全国政协人口资源环境委员会（全国政协人资环委）
森林病虫害防治（森防）
森林病虫害防治检疫站（森防站）
森林防火指挥部（森防指）
森林工业（森工）
世界银行（世行）
速生丰产林（速丰林）
天然林资源保护工程（天保工程）
西北、华北北部、东北西部风沙危害和水土流失严重地区防护林建设（三北防护林建设）
亚洲开发银行（亚行）
中国光彩事业促进会（中国光彩会）
中国吉林森林工业（集团）总公司（吉林森工集团）
中国科学院（中科院）
中国龙江森林工业（集团）总公司（龙江森工集团）
中国内蒙古森林工业集团有限责任公司（内蒙古森工集团）
中国农业发展银行（中国农发行）
中国农业科学院（中国农科院）
中国银行业监督管理委员会（中国银监会）
中国证券监督管理委员会（中国证监会）
中央机构编制委员会办公室（中央编办）
珠江流域防护林（珠防林）

书中部分国际组织中英文对照

濒危野生动植物种国际贸易公约(CITES, Convention on International Trade in Endangered Species of Wild Fauna and Floraesertification)
大自然保护协会(TNC, The Nature Conservancy)
国际热带木材组织(ITTA, International Tropical Timber Organization)
国际野生生物保护学会(WCS, The Wildlife Conservation Society)
国际植物新品种保护联盟(UPOV, Intemarional Union For The Protection of New Varieties of Plants)
联合国防治荒漠化公约（UNCCD, United Nations Convention to Combat Desertification)
联合国粮食及农业组织(FAO, Food and Agriculture Organization of the United Nations)
欧洲投资银行(EIB, European Investment Bank)
全球环境基金(GEF, Global Environment Facility)
森林管理委员会(FSC, Forest Stewardship Council)
森林认证认可计划委员会，泛欧森林认证体系(PEFC, Pan European Forest Certification)
湿地国际(WI, Wetlands International)
世界自然保护联盟(IUCN, International Union for Conservation of Nature and Natural Resources)
世界自然基金会（WWF, 旧称 World Wildlife Fund Intenational——世界野生生物基金会，现在更名 World Wide Fund for Nature)
亚太经济合作组织(APEC, Asia-Pacific Economic Cooperation)
亚太森林恢复与可持续管理网络(APFNet, Asia-Pacific Network for Sustainable Forest Management and Rehabilitation.)
亚洲开发银行（ADB, Bsian Development Bank)

附表索引

索　　引

M

N

P

Q

S

T

W

X